성채현
서울대 경제학부 2024년 입학
대구 효성여고 졸

Xi story Honors
[격려상 수상]

도저히 풀리지 않는 문제는 해설 단계별 첫 문장만 보고 다시 풀어 보자!

■ '메타인지 공부법'이라고 들어봤니?

나는 짧은 시간 동안 효과적으로 방대한 지식을 쌓고 다양한 시험에 대비하기 위해 '메타인지 공부법'을 활용했어. 메타인지 공부법은 최근 떠오르는 공부법으로, 스스로의 상황과 능력 등을 깊이 있게 성찰하고 자신이 약한 부분을 중심으로 보완하여 단시간 내에 효과적으로 실력을 상승시키는 공부법이야.

나는 이 공부법을 무의식적으로 체득하였는데, 바로 이 특별한 3가지 학습법을 사용하여 메타인지를 기르고 수학 과목 공부에 활용했어. 지금부터 내가 문과임에도 불구하고 수학 과목에서 높은 성적을 받을 수 있었던 3가지 비결을 알려줄게.

■ 답지는 단계적으로 활용해.

첫 번째는 답지를 단계적으로 활용하는 것이야. 수학 과목에서 가장 논란이 되는 것 중 하나가 '답지를 볼 것인가 말 것인가?'지? 어떤 사람은 답지를 절대 보지 않고 끝까지 풀어야 한다고 하고, 다른 사람은 그렇게 한 문제만을 붙잡고 있다가는 실력이 늘지 않기 때문에 풀리지 않는 문제는 빠르게 넘기고 나중에 답지를 보아야 한다고 해.

나는 심화 문제를 풀 때, 일정 시간 동안 답지를 보지 않고 풀다가 도저히 풀리지 않으면 답지를 '단계적으로' 참고하였어. 개념부터 탄탄히 공부했다면 자이스토리 교재의 기본 기출 문제와 수능 유형 기출 문제는 어느 정도 풀릴 거야. 별 3개인 문제부터 2등급, 1등급 대비 문제의 경우가 관건인데 나는 답지를 활용하여 문제를 풀었어. 한 문제 당 15분~30분 정도는 답지를 보지 않고 푸는 시간으로 잡고 이 시간 이후에도 풀지 못하면 일단 넘기고 오답하면서 답지를 참고했지.

이때 중요한 점은, 해설을 다 보는 것이 아니라 문장별로 끊어서 첫 문장만 보고 다시 풀어보는 것이야. 이렇게 해도 문제가 풀리지 않는다면 2번째 문장까지만 보고 다시 풀어보고, 그래도 풀리지 않는다면 그 다음 문장까지만 보고 다시 15분~30분 정도 문제를 풀어보는 식으로 문제를 풀었어. 가능한 해설지 없이 혼자 생각해서 풀려는 노력을 한 거지.

■ 모르는 문제가 없을 때까지 반복 또 반복해.

두 번째는 자이스토리 교재를 모르는 문제가 없을 때까지 N회독하는 것이야. 단순히 복습하는 것이 중요하다고 말하는 것이 아니라, 정말로 한 문제집에 내가 5초 이상 풀이 과정을 생각하는 데에 시간이 걸리는 문제가 없도록 실수하여 틀린 문제도 예외 없이 모두 처음부터 다시 풀었어. 실제로 나는 틀리거나 모르는 문제가 0문제가 될 수준까지 족히 10번은 풀었어. 실수로 틀린 문제여도 다시 푼 이유는 그래야 경각심을 가지고 신중히 문제를 풀어 훗날 시험에서 계산 실수를 줄일 수 있기 때문이야.

■ 또래 멘토링을 적극적으로 활용해.

세 번째는 또래 멘토링을 적극적으로 활용하는 것이야. 자신의 머릿속에 자이스토리 해설지가 있다고 생각하고 어떻게 하면 멘티에게 효과적으로 풀이를 가르쳐줄 수 있을지를 고민하는 거지. 그러면 선생님의 입장에서 개념과 문제를 생각해볼 수 있고, 친구들과 함께이기 때문에 혼자 오래 가만히 집중하는 것보다 재미있게, 오래 공부가 가능해.

설명을 하면서 자신도 모르던 공부의 구멍을 찾아낼 수 있다는 것도 큰 장점이야. 멘토링 학습을 통해 세세한 개념까지 가르쳐주는 연습을 하며 다른 친구들의 허점을 찌르는 질문, 내가 가르쳐주면서 어물쩍 넘어가려고 하는 개념적 구멍, 문제 응용 시 구멍 등을 잡아낼 수 있기에 무의식적으로 놓치고 있던 자신의 약점을 찾기 좋아.

만약 또래 멘토링을 할 역량이 부족하다고 생각한다면, 열정이 넘치는 친구들과 스터디를 하거나, 인형을 두고 멘토링을 한다고 생각하며 자신이 심화 문제를 풀이하는 단계별로 설명하는 연습을 하는 것도 수학 과목을 구조적으로 체계적으로 학습하는 데에 큰 도움이 될 거야.

My Story Xi Story [고3 수학 I]

자이스토리 32개년 역사

• 수능 난이도 상 빨간색
• 수능 난이도 중 검정색
• 수능 난이도 하 파란색

2024 11.14 축축하고 어색한 수능 날씨! 국어, 수학 난이도는 그냥저냥 했는데 영어는 까탈스러움. 선택과목별 난이도 편차가 커서 표준점수 영향력이 커질 듯. 의대 증원으로 21년만에 최대로 폭발한 최상위권 N수생. 과탐 응시자는 줄고 사과탐 혼합 응시는 늘고, 수능 등급을 짐작하기 너무나 어렵다 ㅠㅠ

2023 11.16 킬러를 없앤다고 했는데, 국어·영어는 매력적 오답들을 지뢰밭처럼 쫙 깔아 놨네ㅠㅠ 수학은 킬러 문제 대신에 무늬만 준킬러 문제들을 우중충하게 많이 깔아 놓고ㅠㅠ 서울대가 과탐Ⅱ과목 필수 응시를 폐지해서 표준 점수가 요동치지 않을까? 이과생들의 문과 침공이 또 다른 입시 변수가 될까?

2022 11.17 따뜻했지만 가슴은 쿵쿵! 떨렸던 1교시 국어, 휴~ 그렇게 어렵진 않았어. 수학은 킬러 문항은 없었지만 까다로운 문제가 많아서 등급이~ ㅠㅠ. 영어는 듣기 속도가 평소보다 빨라서 귀가 빨간 토끼처럼 되어버렸네. 통합 수능 2년차, n수생들이 많아서 입시 전략 짜기 머리가 뽀개질듯!

2021 11.18 창문을 열어도 춥지 않던 따뜻한 수능날이었어. 선택과목이 생겨서 안 그래도 혼란스러운 수학은 빈칸추론 문제의 등장으로 우리의 머리를 뜨겁게 달구는데... 마음을 다잡으며 풀기 시작한 영어는 듣기 뒷부분이 마치 독해처럼 길고 어려워서 채 식지 않은 열이 더욱 활활 타올랐어 @_@!

2020 12.03 코로나 때문에 플라스틱 칸막이 장벽을 마주하고 치러진 수능. 이러한 수험생들의 고충을 고려해서인지 대체로 평이하게 나왔어! 그렇지만 수학 가형 30번 문제는 까다로웠지. 마스크를 끼고, 쉬는 시간마다 창문을 열어 환기를 해서 춥고, 방호복까지 등장한 수능이었지만, 처음 겪는 멘붕 상황에서도 무사히 수능을 치른 것에 엄지 척! 올려 주고 싶어 :)

2019 11.14 별밭에 누워 너무 맑고 초롱한 눈으로, 8년 만에 바뀐 샤프로 수능을 보면 점수가 잘 나올까? 다행히 BIS비율 관련 지문을 제외하고 국어 난이도는 평이했어. 그러나 역시 수능은 수능! 수학 나형의 30번 문제, 좀 당황스럽더라. 국어와 영어는 까다롭지 않았지만 수학으로 변별력을 키운 2020 수능, 작은 실수가 뼈 때릴 듯!

2018 11.15 국어 너.... 좀 낯설다? 중국 천문학은 뭐고, 〈출생기〉는 또 뭐야? 국어는 독서와 문학 모두 낯섦의 결정체였어, 역대급 난이도의 국어를 풀고 나니 수학은 그래도 평이했어. 근데 작년보다 훨씬 어려워진 영어 때문에 또 다시 긴장 백배였지. 일명 "국어 쇼크, 역대 최저 등급컷!" but, 내가 어려웠으면 남도 어려웠을 것이니 마음 편히 먹으면 좋은 결과가 있을 듯^^

2017 11.23 어서 와~ 수능 연기는 처음이지? 일주일 동안 마음을 다잡고 힘겹게 수능 시험을 맞이했는데 날씨도 마음도 추운 시험 날이었어. 국어의 낯선 시와 긴 독서 지문, 수학은 그래프 유형 추론 문제, 어려워진 탐구 영역. 여진 올까 불안한데 문제까지 어려웠지. 올해 수능은 우리들의 정신력과 의지로 헤쳐 낸 〈강 건너간 노래〉였어.

2016 11.17 지문을 다 읽었는데 기억이 안 난다ㅠ 생소한 주제의 제시문과 복합 유형까지! 1교시 국어 영역은 길고 낯설었다. 2교시, 세트 문제가 없어지고, 언어적 독해력을 묻는 문제도 출제된 수학(나형), 안 그래도 이미 쿠크다스처럼 깨진 내 정신은 이제 먼지가 되어 사라짐;; 덕분에 상위권 변별력은 커졌으나 우리는 그 누구랑 다르게 오직 실력으로 당당히 대학 가자!!

2015 11.12 수능 날인데 날씨가 따뜻했다. 평가원에서는 포근한 난이도 출제를 발표하셨다. 하지만 EBS 체감 연계율이 하락한 영어와 국어에서 수험생들은 당황했다. 수학 A형에서는 귀납적 추론 문제 때문에 중하위권 수험생들의 심장이 요동쳤다. 모의평가보다 상승한 난이도로 '매운맛 수능'이 된 2016 수능!

2014 11.13 입시 한파가 수험생들을 꽁꽁 얼리고ㅠ.ㅠ 낯선 지문으로 까다롭게 출제된 국어 A·B형 때문에 수능 체감 난이도 급상승! 무난한 난이도였던 수학에서는 실수와의 싸움이 등급을 결정하고~ '쉬운 영어' 방침에 따라 변별력이 떨어진 영어의 등급 컷은 하늘을 찌를 듯... 들쭉날쭉한 난이도로 수험생들을 당황시킨 2015 수능!

2013 11.07 출제 위원도 수험생도 떨렸던 첫 수준별 수능!! 국어 A형의 과학 지문이 최상위권을 나누다... 수학 A·B형은 모두 주관식이 최고난도 문항으로 출제되고ㅠ.ㅠ 영어 B형에 상위권 학생들이 몰려 대입 당락의 변수가 될 전망!! 고난도 문제들은 EBS 연계와 전혀 무관했던 2014 수능~ 상위권 수험생들의 입시 경쟁이 치열할 터!

2012 11.08 수준별 A·B형 체제로 개편되기 전의 마지막 수능 – 변별력 있는 고난도 문제가 여러 개 나와 상위권의 수학 실력을 제대로 세분화시키고... 빈칸 추론 유형 때문에 난이도가 급상승한 외국어가 또 한 번 수험생들의 발목을 잡았다고 –_–

2011 11.10 쉬운 수능이었지만 복병은 존재~ 비문학 지문이 까다로웠던 언어 때문에 1교시부터 쩔쩔매다! 수리 가형은 조금 어려웠지만, 난이도 조절에 실패해서 너무 쉬웠던 외국어는 점수가 대폭 상승?? 변별력을 잃은 수능 때문에 논술이 더더욱 중요해지고~

2010 11.18 EBS와 연계 출제되었다고 하지만 체감 난이도는 더욱 더 상승↑ 비문학 지문 때문에 시간이 부족했던 언어와 최상위권 변별력 확보를 위해 확 어려워진 수리 영역~!! 외국어마저 어려운 어휘와 고난도 독해가 출제되어, EBS만 믿고 공부한 수험생들 제대로 배신 당하다...

2009 11.12 2009년을 휩쓴 신종 인플루엔자 때문에 공부하기도, 시험보기도 힘들었던 수험생들을 위해 언어와 수리는 몸풀기 난이도로 출제! 하지만 오후엔 강력 외국어 펀치를 날리고, 이어지는 들쑥날쑥 난이도의 사과탐 펀치... 이래저래 원서 접수로 머리가 뽀개질 2010 대학입시!!!

2008 11.13 표준점수와 백분위가 다시 부활한 09수능! 언어와 외국어, 사·과탐은 대체로 평이하게 출제되었으나 ~ 수험생들 간의 변별력 확보를 위해서인지 유독 까다로운 문항이 많았던 수리 가형과 수리 나형 때문에 체감 난이도 급상승↑ 수리 영역이 주요 변수로 작용하다!

2007 11.15 등급제가 처음으로 적용된 08수능! 언어와 수리 나형은 어렵게, 수리 가형, 사·과탐, 외국어는 평이한 수준으로 출제돼 등급 블랭크를 없애기 위한 등급 간 변별력 확보는 성공~ 하지만 등급 내 동점자의 대거 발생으로 단 1점 차이로 희비가 엇갈리다!

2006 11.16 수리 나형과 외국어는 만만~, 언어와 사·과탐은 지난해보다 유독 까다롭고 어려웠던 07수능! 결국 언어와 사·과탐 점수가 당락의 변수로 작용하다. 선택과목 간 난이도 조절 실패로, 휴~ 앞으로는 재수도 힘들다는데...

2005 11.23 2006 수능 기상도 '맑다가 차차 흐림'– "너무 쉬웠어. 하하~"(언어 영역 종료 후)→"머릴 얻어맞은 느낌이야."(수리 영역 종료 후)→"그냥 찍었어."(외국어 영역 종료 후)→"망했어!!"(탐구 영역 종료 후)

2004 11.17 ♪♬외로워도 슬퍼도 나는 안 울어~. 언어 듣기에 느닷없이 등장한 캔디 주제곡은 일종의 복선이었을까⋯. 수험생들을 1교시는 웃게, 2·3교시는 내리 울게 만들었던 2005 수능. 그래도 모의평가 수준으로 평이하게 출제된 데자뷰 효과 덕이었는지 중·상위권 인플레 또 다시 야기.

2003 11.05 대체로 교과서에 충실한 평이한 수준의 문제 출제가 이루어졌으나, 예상 지문 출제와 사상 첫 복수 정답 인정 논란으로 말도 많고 탈도 많던 2004 수능. 재수생의 연이은 강세로 고교 4학년 시대 가속화 되다!

2002 11.06 너무 쉬웠던 2001 수능과 너무 어려웠던 2002 수능 사이의 적정선을 유지하며 널뛰기 논란을 일순간 잠재우는 듯 했으나, 고3의 학력 수준을 고려하지 않은 문제 출제로 난이도 조절 실패~

2001 11.07 터무니없이 어려운 문제에 수험생들 쩔쩔~. 작년과는 반대로 언어와 수리가 오히려 점수 하락을 주도했으며, 쉬운 수능에 눈높이가 맞춰진 수험생들의 체감 난이도 상승으로 1, 2교시 이후 시험 중도 포기가 속출했다. 난이도 조절 大실패! 수능 평균 66점 하락↓

2000 11.15 수능 만점자 66명, 풍년이로세! 수능 무용론이 나돌 정도로 변별력 상실 지속~ 변별력을 잃은 언어와 수리가 점수밭으로 작용하며 널뛰기식 난이도가 도마 위에 올랐다.

1999 11.17 변별력을 아예 상실하다! 유독 깐깐했던 언어 영역을 제외하고 대체로 작년보다 쉽게 출제되면서 또다시 중·상위권 인플레 현상 야기. 1명의 수능 만점자 배출과 함께 300점 이상을 25만명까지 늘린 2000 수능!!

1998 11.18 쉽게 낸다는 애초 발표와는 달리 수리가 어렵고 까다롭게 출제되는 바람에 수험생들 배신감에 부들부들~. 그러나 나머지 영역이 총점의 하락폭을 상쇄시켜 평균 27점 상승↑수능에서 첫 만점자가 탄생했으나, 쉽기로 소문난 99 수능 하마터면 만점자가 쏟아질 뻔!—;

1997 11.19 교과서 내에서 자주 접해온 평이한 수준의 문제와 기출과 유사한 유형의 다수 출제로 평균 42점 상승↑ 변별력 논란을 일으키며, 상·하위권이 좁았던 기존의 항아리형에서 중·하위권이 비대한 꽃병형 점수대 분포로 변화!

1996 11.13 1교시 언어가 예상보다 쉬워 내쉬던 안도의 한숨을 여지없이 끊어버린 수리와 사·과탐의 연이은 高난이도 출제는 재수생들을 두 번 죽이는 일이었다! 수능 사적으로 볼 때, 바야흐로 이 시기는 수리 주관식 문제와 총점 400점이 처음 도입되고, 영어 듣기가 17문항으로 늘어난 수능 과도기 시점.

1995 11.22 영역별 난이도 예상과 달라 당황~ 수리&외국어=easy, 언어&사·과탐=hard 특히 생소한 지문으로 어렵게 1교시 언어와 통합 교과 소재의 高난이도 사·과탐이 수능 총점 초토화~! 지난해보다 평균 7점 down↓ 96 수능 시험 0점 지난해 3배!

1994 11.23 수능 연 1회 시행의 시발점이었으나, 수능 高난이도 연속 행진 계속! 10문항이 늘어난 수리와 외국어는 무난했으나, 의외의 복병이었던 사·과탐의 난이도가 특히 높아 점수를 마구 갉아먹다.

문제 유형을 촘촘히 분류해 개념을 적용시키면
수학이 쉬워집니다!

개념을 익히고 그 개념들을 단계별로
연결하여 파악하는 것이 수학 공부의 기본입니다.
만약 개념 이해 과정을 소홀히 하고, 문제만 반복하여 푼다면
개념 사이의 연계성을 파악할 수 없어
오랜 시간 공부해도 성적을 올릴 수 없습니다.

자이스토리 고3 수학은
최신 수능, 평가원, 학력평가 및 경찰대, 삼사 기출 문제를 정밀하게 분석해
개념의 연계성에 따라 문제 유형을 촘촘히 분류하였습니다.
따라서 유형별 기출 문제를 순서대로 차근차근 풀어가면
개념의 연계성이 명쾌하게 파악되어서 문제 풀이가 쉬워집니다.

또한, 자이스토리의 정확하고 자세한 단계별 해설과 풍부한 보충 첨삭은
문제를 풀어가면서 개념을 알맞게 적용하는 방법을
자연스럽게 익힐 수 있습니다.

이 책의 마지막 페이지를 넘길 때쯤 여러분은 이미
수학 1등급에 도달해 있을 것입니다.

– 대한민국 No.1 수능 문제집 자이스토리 –

수능 1등급 완성 학습 계획표 [35일]

Day	문항 번호	틀린 문제 / 헷갈리는 문제 번호 적기	날짜	복습 날짜
1	A 01~59		월 일	월 일
2	60~97		월 일	월 일
3	98~121		월 일	월 일
4	B 01~53		월 일	월 일
5	54~98		월 일	월 일
6	99~137		월 일	월 일
7	C 01~50		월 일	월 일
8	51~99		월 일	월 일
9	100~147		월 일	월 일
10	148~174		월 일	월 일
11	D 01~55		월 일	월 일
12	56~99		월 일	월 일
13	100~141		월 일	월 일
14	142~172		월 일	월 일
15	E 01~55		월 일	월 일
16	56~108		월 일	월 일
17	109~156		월 일	월 일
18	157~192		월 일	월 일
19	F 01~56		월 일	월 일
20	57~99		월 일	월 일
21	G 01~57		월 일	월 일
22	58~112		월 일	월 일
23	113~158		월 일	월 일
24	159~199		월 일	월 일
25	200~230		월 일	월 일
26	H 01~52		월 일	월 일
27	53~102		월 일	월 일
28	103~151		월 일	월 일
29	152~183		월 일	월 일
30	I 01~44		월 일	월 일
31	45~87		월 일	월 일
32	88~137		월 일	월 일
33	모의 1회		월 일	월 일
34	모의 2회		월 일	월 일
35	모의 3회		월 일	월 일

- 나는 ____________ 대학교 ____________ 학과 ________ 학번이 된다.
- 磨斧作針 (마부작침) – 도끼를 갈아 바늘을 만든다. (아무리 어려운 일이라도 끈기 있게 노력하면 이룰 수 있음을 비유하는 말)

자이스토리 고3 수학 I 활용법+α

❶ 개념 · 공식 학습 후 수능 출제 경향 확인!

- 각 단원에 필수적으로 알아야 하는 핵심 개념과 관련된 보충 설명을 꼼꼼히 살펴보세요.
- 최신 출제 경향을 파악하고 앞으로의 수능을 예측하세요.

❷ 수능과 모의고사에 나오는 모든 유형을 촘촘히 섭렵하자!

- 촘촘히 분류된 모든 유형을 확인하고 유형별 풀이 비법을 확인하세요.
- 유형 안에서 난이도 순으로 다시 분류된 문제를 보면서 각 유형에서 쉬운 문제는 어떻게 출제되는지, 고난도 문제는 어떻게 출제되는지 확인하세요.

❸ 부족한 유형을 다시 한 번 점검하자!

- 자신에게 부족한 유형을 찾아낸 후 부족한 부분을 여러 번 반복 학습해 보세요.
- 부족한 유형에 대한 특징과 핵심 개념을 다시 한 번 확인한 후 유형 해결 요령을 터득하세요.

❹ 1등급을 좌우하는 고난도 문항을 완벽하게 마스터하자!

- 1등급 대비 문제는 복합적인 개념을 묻기 때문에 여러 개념을 정확히 파악한 뒤 종합적 사고를 하세요.
- 1등급 문제의 핵심이 되는 (단서)로 조건을 파악하고 조건을 이용하여 접근하는 방법을 (발상)해서 문제 풀이에 (적용)하는 방법을 익히세요.

❺ 쉽게 이해되는 입체 첨삭 해설을 공부해서 다시는 틀리지 말자!

- [첨삭 해설]과 [실수, 함정, 주의 첨삭]을 따라가다 보면 풀이 과정에서 놓치기 쉬운 부분이나 이해가 어려운 부분을 쉽게 풀어 주어 해설을 완벽하게 이해할 수 있어요.
- 쉬운 풀이, 톡톡 풀이, 다른 풀이를 꼼꼼히 읽어서 시간을 줄일 수 있는 풀이법을 찾아보세요.
- 문제 해결 과정에 사용된 개념 · 공식을 다시 한 번 확인하여 놓치고 있었던 내용이 없는지 확인하세요.
- 수능 핵강으로 문제에 대한 개념을 완벽하게 이해하세요.

❻ 오답노트를 만들어 100% 활용하자!

- 반드시 오답노트를 만들어 보세요. 해설에 제시된 단서 또는 접근법도 같이 기록하여 풀어 봤던 문제는 다시는 틀리지 않도록 여러 번 풀어보세요.
- 시간이 지난 후 오답노트를 읽어 보며 해설의 아이디어를 바탕으로 풀이를 따라가 보고 자신만의 풀이도 추가해 보세요.

단원별 핵심 문제 + 최신 · 중요 문제
동영상 강의 QR코드

1. 개념 강의로 핵심 개념을 이해하고 개념이 문제에 적용되는 것을 확인해 보세요!
2. 동영상 문제 풀이로 해설을 좀 더 빠르게 이해할 수 있어요!
3. 해설의 풀이를 읽어보고 동영상 강의를 시청하면 더 쉽게 이해될 거예요!
4. 풀기 어려운 고난도 문제는 동영상 강의를 여러 번 반복 시청해 보세요!

차 례 [총 159개 유형 분류]

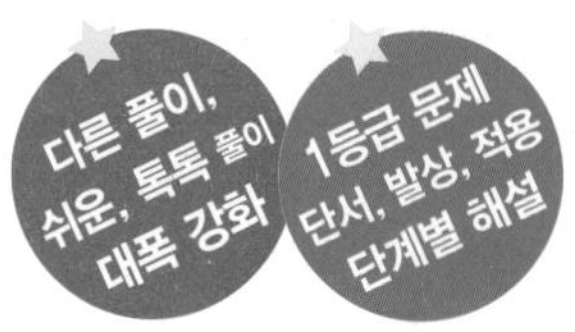

Ⅰ 지수함수와 로그함수

A 지수 – 12개 유형 분류

B 로그 – 15개 유형 분류

C 지수함수와 로그함수 – 22개 유형 분류

D 지수함수와 로그함수의 활용 – 19개 유형 분류

Ⅱ 삼각함수

E 삼각함수 – 29개 유형 분류

F 삼각함수의 활용 – 13개 유형 분류

Ⅲ 수열

G 등차수열과 등비수열 – 24개 유형 분류

H 수열의 합 – 15개 유형 분류

I 수학적 귀납법 – 10개 유형 분류

Special 수학 I 실전 기출 모의고사

개념&문제 풀이 강의 선생님 유튜브 채널

셀프수학

개념 총정리 + 촘촘한 유형 분류 기출 문제 = 수능 1등급

❶ 핵심 개념 정리 – 쉽게 이해되는 개념과 공식

가장 중요하고 꼭 알아야 하는 개념과 공식을 쉽게 이해할 수 있도록 요약 정리하였습니다. 또한, QR코드를 통해 제공되는 강의와 보충 설명으로 개념과 공식의 이해를 돕고 실전 문제에서 적절하게 개념을 사용할 수 있는 방법을 제시하였습니다.

- **중요도** ✪✪✪ : 시험에 자주 나오는 개념과 유형의 중요도 제시
- (+개념 보충), (한걸음 더!), (왜 그럴까?) : 공식이 유도되는 과정 중 반드시 알아야 하는 내용이나 확장 개념을 제시
- (출제) : 2025학년도 수능과 평가원 기출을 분석하여 출제된 개념과 경향을 제시

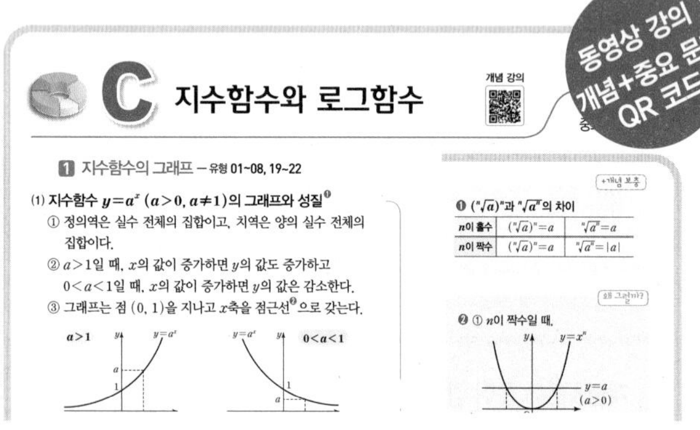

❷ 기본 기출 문제 – 쉬운 기출 문제로 개념 점검

앞에서 공부한 핵심 개념을 잘 기억하고 있는지, 놓친 것은 없는지 확인할 수 있도록 기본 개념과 공식을 확인하는 기출 문제를 수록하였습니다. 이는 개념 이해를 강화하고 응용 문제를 풀 수 있는 초석을 쌓는 과정입니다.

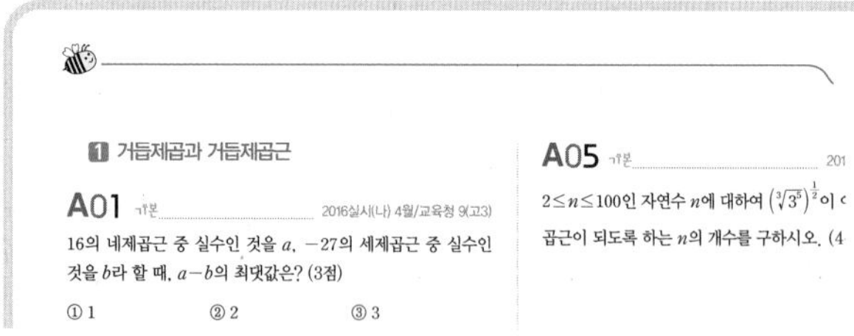

❸ 경찰대·삼사 기출 문제 – 최신 중요 기출 문제 수록

경찰대 기출과 삼사 기출 문제 중 수능 출제 기준에 맞는 중요 문항을 엄선하여 수록하였습니다.

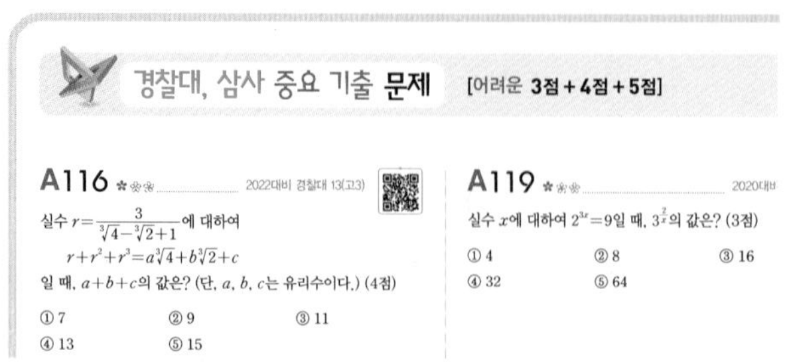

❹ 유형별 기출 문제 – 유형+개념+난이도에 따른 문제 배열

최신 수능 경향을 꼼꼼히 분석하여 유형, 개념, 난이도 순서대로 문항을 배열하였습니다. 기출 문제가 부족한 단원이나 유형은 고품격 수능 기출 변형 문제를 출제하여 추가 수록하였습니다.

- (tip) : 유형에 따라 다시 한 번 더 상기해야 할 개념과 접근법을 제시하였습니다.
- **QR코드** :  유형별 핵심 문제와 혼자 풀기 어려운 문제의 풀이 과정을 동영상 강의를 통해 한 번 더 학습할 수 있도록 하였습니다.

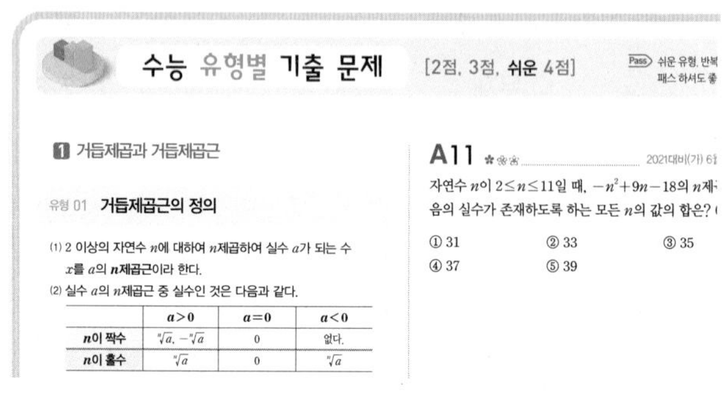

- **유형 분류** : (출제) – 2025 수능, 평가원에서 출제된 유형
  (고난도) – 여러 개념을 복합적으로 묻는 고난도 유형

- **난이도** : ❀❀❀ – 기본 문제　✿❀❀ – 중급 문제
  ✿✿❀ – 중상급 문제　✿✿✿ – 상급 문제
- (Pass) : 간단한 계산 문제로 패스해도 좋은 문제

- **출처표시** : 수능, 평가원 – 대비연도, 학력평가 – 실시연도
  - 2024대비 수능 1(고3) : 2023년 11월에 실시한 수능
  - 2024대비 6월 모평 2(고3) : 2023년 6월에 실시한 평가원
  - 2023실시 4월 학평 3(고3) : 2023년 4월에 실시한 학력평가
  - 2024대비 9월 모평 2(고3) : 2023년 9월에 실시한 평가원
  - 표시 없는 문제 : 기출 변형 문제

❺ 수학 I 실전 기출 모의고사

기출 문제로 구성한 3회의 실전 모의고사입니다.
수능을 대비하여 실력을 점검하는 데 큰 도움이 될 것입니다.

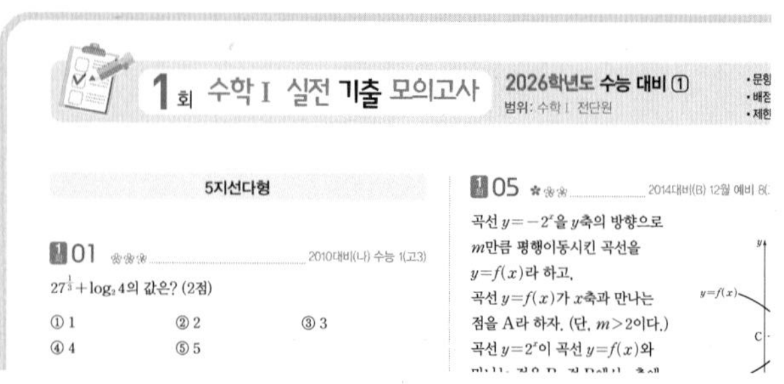

6 1등급 마스터 문제 – 1등급 대비, 2등급 대비, 4점 문제 수록

1등급을 가르는 변별력 있는 고난도 문제를 엄선하여 별도로 수록하였습니다. 종합적인 사고력과 응용력을 키워서 반드시 수학 1등급에 도달할 수 있습니다.

- ★★★ – 상급 문제
- ✪ 2등급 대비 – 정답률이 21~30%인 문제로 1, 2등급으로 발돋움하는 데 도움이 되는 고난도 문제
- ✪ 1등급 대비 – 정답률이 20% 이하인 문제로 1등급을 가르는 최고난도 문제

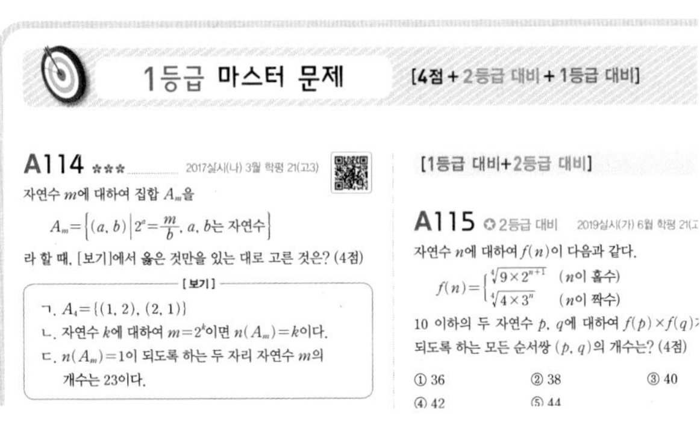

7 1등급 대비 · 2등급 대비 문제 특별 해설

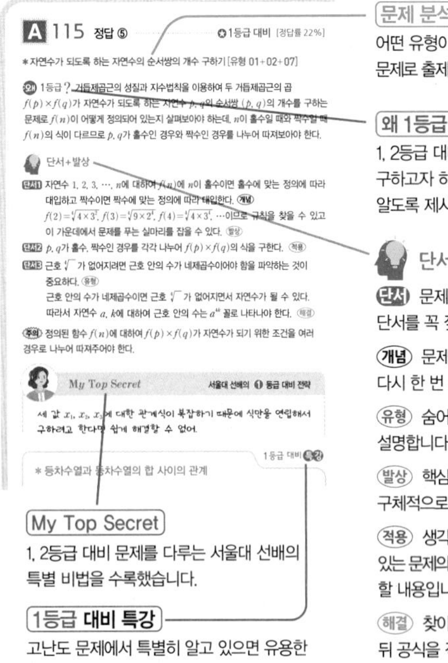

문제 분석
어떤 유형이 1, 2등급 대비 문제로 출제되었는지 알려줍니다.

왜 1등급, 왜 2등급
1, 2등급 대비 문제의 핵심 내용과 구하고자 하는 목표를 확실히 알도록 제시해줍니다.

단서+발상
- (단서) 문제 풀이의 핵심이 되는 단서를 꼭 짚어 설명합니다.
- (개념) 문제 풀이에 필요한 개념을 다시 한 번 확인합니다.
- (유형) 숨어 있는 기출 유형을 찾아 설명합니다.
- (발상) 핵심 단서로 문제 풀이 방법을 구체적으로 설명합니다.
- (적용) 생각하기 힘든 개념이나 꼬여 있는 문제의 답을 얻기 위해 적용해야 할 내용입니다.
- (해결) 찾아야 하는 것들을 다 찾은 뒤 공식을 적용하여 해결합니다.

My Top Secret
1, 2등급 대비 문제를 다루는 서울대 선배의 특별 비법을 수록했습니다.

1등급 대비 특강
고난도 문제에서 특별히 알고 있으면 유용한 개념이나 Tip을 제시합니다.

8 입체 첨삭 해설!

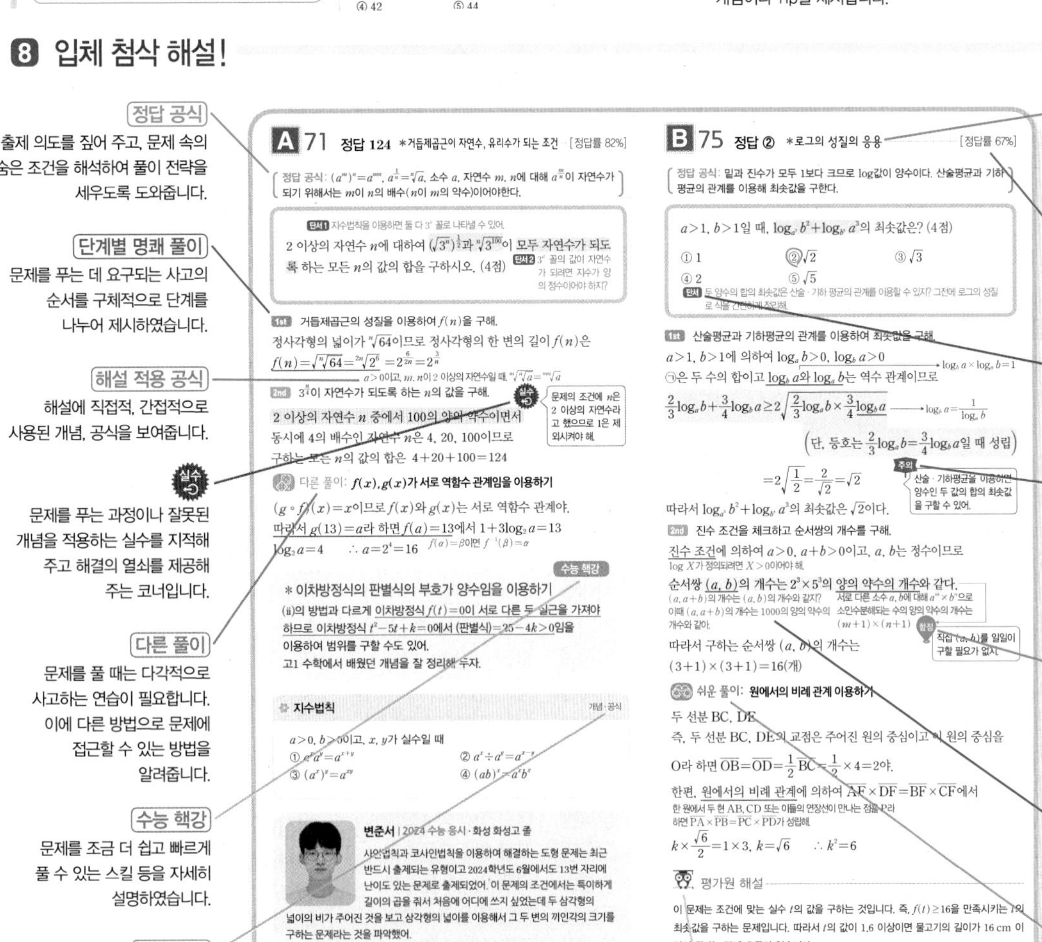

정답 공식
출제 의도를 짚어 주고, 문제 속의 숨은 조건을 해석하여 풀이 전략을 세우도록 도와줍니다.

단계별 명쾌 풀이
문제를 푸는 데 요구되는 사고의 순서를 구체적으로 단계를 나누어 제시하였습니다.

해설 적용 공식
해설에 직접적, 간접적으로 사용된 개념, 공식을 보여줍니다.

실수
문제를 푸는 과정이나 잘못된 개념을 적용하는 실수를 지적해 주고 해결의 열쇠를 제공해 주는 코너입니다.

다른 풀이
문제를 풀 때는 다각적으로 사고하는 연습이 필요합니다. 이에 다른 방법으로 문제에 접근할 수 있는 방법을 알려줍니다.

수능 핵강
문제를 조금 더 쉽고 빠르게 풀 수 있는 스킬 등을 자세히 설명하였습니다.

개념 공식
문제를 풀기 위해 요구되는 주요 개념과 공식을 정리하였습니다.

생생체험
수능을 먼저 정복한 선배들의 경험이 100% 녹아 있는 실제적인 조언을 담았습니다.

평가원 해설
오답 이의제기된 문항에 대해 평가원 출제 위원들이 요구한 사고 과정을 확인할 수 있습니다.

출제 개념
문제에 적용된 핵심 개념을 제시하여 비슷한 유형의 문제에서 같은 개념을 사용할 수 있도록 하였습니다.

정답률
교육청 자료, 기타 기관 공지 자료와 내부 분석 검토 과정을 거쳐서 제시됩니다.

핵심 단서
문제를 푸는 데 핵심이 되는 단서와 그 단서를 문제 풀이에 적용하는 방법을 설명하였습니다.

주의
풀이 과정에서 주어진 조건을 빼먹거나 잘못 이용할 가능성이 있을 때, 적절한 주의를 주어서 올바른 풀이로 나아갈 수 있도록 한 코너입니다.

함정
개념을 정확히 이해하지 못한다면 반드시 빠지게 되어 있는 함정을 체크해 주고 해결할 수 있는 방법을 제시하였습니다.

보충 설명
더욱 정확하고 완벽하게 해설을 이해할 수 있도록 해설에 내재된 내용을 설명하였습니다.

쉬운 풀이, 톡톡 풀이
직관적으로 풀거나, 교육과정 외의 개념 또는 특이한 풀이 방법을 알려줍니다.

집필진 · 감수진 선생님들

자이스토리는 수능 준비를 가장 효과적으로 할 수 있도록
수능, 평가원, 학력평가 기출문제를 개념별, 유형별, 난이도별로
수록하였으며, 명강의로 소문난 학교·학원 선생님들께서
명쾌한 해설을 입체 첨삭으로 집필하셨습니다.

[집필진]

김덕환 대전 대성여자고등학교
김대식 하남 하남고등학교
민경도 서울 강남 종로학원
박소희 안양외국어고등학교
박숙녀 아산 충남삼성고등학교
배수나 서울 가인아카데미
신건률 대치 다원교육
신명선 안양 신성고등학교
신현준 안양 신성고등학교
윤장노 안양 신성고등학교
이종석 일등급 수학 저자
이창희 서울 THE 다원수학
위경아 서울 강남대성기숙의대관
장광걸 김포외국어고등학교
장경호 오산 운천고등학교
장철희 서울 보성고등학교
전경준 서울 풍문고등학교
전준홍 서울 압구정 YEstudy
조승원 수원 경기과학고등학교
지강현 안양 신성고등학교
홍지언 부산대학교 수학 박사과정
홍지우 안양 평촌고등학교
황광희 시흥 시흥고등학교
수경 수학 컨텐츠 연구소

[다른 풀이 집필]

김연주 목동 쌤올림수학
김요셉 김포 대치명인학원
김호원 분당 원수학학원
사공원 의정부 호연지기
안병훈 부산 팀매쓰수학전문학원
유대호 평촌 플랜지에듀
이강수 반포 뉴파인 학원
장영환 제주 제로링수학교실
정광조 서울 로드맵수학
정태성 부산 하이스트

개념&문제 풀이
강의 선생님
유튜브 채널
셀프수학

[특별 감수진]

강진명 천안 엔씨스카이학원
김착한 서울 성북미래탐구
박우혁 광주 종로학원/원픽학원
배의정 서울 정명수학
양해영 서울 청출어람학원
전수현 전) 서울 페르마수학 학원
최선락 서울 중계수학의중심학원

[감수진]

강민영 서울 목동고대수학학원
강성일 부천 지에듀학원
강신성 창원 에임원수학학원
강하린 대전 퍼스트수학학원
고다해 서울 정현아카데미
공지환 대전 더안수학학원
권성현 부산 센텀해법수학학원
권정철 부산 가야고등학교
기미나 인천 기쌤수학
김가영 대전 홍인학원
김국환 서울 매쓰플러스수학학원
김다혜 평택 연세학원
김대한 인천 학산학원
김동건 서울 대치올깨
김동민 서울 호크마수학학원
김명후 서울 김명후수학학원
김민아 광주 매쓰온탑수학학원
김선정 서울 이룸학원
김성민 부산 직관수학학원
김성현 서울 하이탑수학학원
김우진 세종 정진수학학원
김우현 부산 조이수학학원
김원대 광주 메이블수학전문학원
김장훈 제주 프로젝트M수학학원
김진회 인천외국어고등학교
김진희 울산 김진수학학원
김창규 남양주 엠베스트SE다산학원
김태연 서울 선일여자고등학교
김현민 서울 구주이배잠실본원
나경희 광주 어썸수학학원
민태홈 안성 인스쿨입시학원
박기두 서울 강북(성북)종로학원
박문영 화성 동탄수학의봄
박영민 익산 이룸익산학원
백은진 순천 백강수학학원
백재훈 대구 폴리아수학학원
변지영 대구 수찾사수학
서미란 인천 파이데이아학원
서원호 서울 독산고등학교
손미나 경주 고대수학학원
손형래 창원 대산고등학교
신연준 대전 반석스카이학원
양은진 오산 수플러스수학
양희성 서울 대원고등학교
엄보용 안산 경안고등학교
윤세진 창원 매쓰플랜수학학원
이동수 서울 광문고등학교
이동훈 대구 이동훈수학학원
이명희 부산 조이수학학원
이범근 청주 한샘학원
이상민 서울 목동뉴스카이학원
이상협 인천 마스터수학학원
이연정 대전 이지탑학원
이원희 서울 대치수학공작소
이은정 파주 이화트리수학
이재호 화성 동탄플로우수학
이지훈 서울 백향목에듀학원
이진섭 부산 이진섭수학학원
이태형 서울 목동고대수학2관학원
이현석 서울 이현석수학학원
이형근 인천 더원수학학원
이효진 서울 올토수학학원
장세완 대구 장선생수학학원
장주영 고양 화수고등학교
정경란 평택 안중위플수학
조바울 고양 컨플러스학원
조일양 광주 서안수학
조충현 대전 로하스학원
주경원 부산 혜화여자고등학교
주용선 안산 sk수학,수풀림학원
주현진 목포 명문수학학원
진윤지 광주 더매쓰학원
최동호 서울 중앙수학학원
최지혜 부산 공명학원
최현성 대전 충남고등학교
최혜정 광주 이루다전문학원
한승희 부천 중원고등학교
한재철 당진 송악고등학교
허윤정 부산 올림수학전문학원
화창수 진주 삼현여자고등학교
황금일 원주 상지여자고등학교
황혜숙 창원 합포고등학교

[My Top Secret 집필]

곽지훈 서울대 수학교육과
김진형 서울대 약학과
정서린 서울대 약학과
정호재 서울대 경제학부
황대윤 서울대 수리과학부

수능 선배들의 비법 전수 – 수험장 생생 체험 소개

긴장되고 떨리는 수험장에서 선배들이
문제를 풀면서 겪은 생생한 체험과 나만의 풀이 비법을
자이스토리 해설편에 수록했습니다.

2025 응시

강다은
대구 계성고 졸업
– 문학 실전

김강민
광주 국제고 졸업
– 세계지리

김덕우
부산 해운대고 졸업
– 지구과학Ⅱ

김연우
대구 정화여고 졸업
– 화학Ⅰ

김효원
제주 제일고 졸업
– 고3 미적분

박서영
부산 금곡고 졸업
– 사회·문화

박정빈
대구 남산고 졸업
– 생활과 윤리

배지오
성남 낙생고 졸업
– 독해 실전, 어법·어휘 실전

백승준
광주 광주숭일고 졸업
– 독해 실전, 어법·어휘 실전

서정후
광주 숭덕고 졸업
– 지구과학Ⅰ

성예현
대전 대전전민고 졸업
– 언어와 매체 실전

안한민
익산 남성고 졸업
– 화법과 작문 실전

오현준
서울 한영고 졸업
– 생명과학Ⅱ

윤혁준
서울 강서고 졸업
– 생명과학Ⅰ

이예슬
서울 독산고 졸업
– 동아시아사

이정근
안양 평촌고 졸업
– 기하

이지원
대구 성화여고 졸업
– 고3 수학Ⅰ, 고3 수학Ⅱ

임지호
부산 동아고 졸업
– 물리학Ⅰ

장윤서
부산 사직여고 졸업
– 독서 실전

정규원
부산 남성여고 졸업
– 고3 확률과 통계

최승우
광주 광주서석고 졸업
– 화학Ⅱ

최아람
서울 광영고 졸업
– 윤리와 사상

최여진
광주 국제고 졸업
– 한국지리

한규진
대구 계성고 졸업
– 독해 실전, 어법·어휘 실전

한상효
성남 낙생고 졸업
– 수능 한국사

한성은
익산 남성여고 졸업
– 고3 수학Ⅰ, 고3 수학Ⅱ

• 2024년

곽지훈 서울 한영외고 졸 (서울대 자유전공학부)
권민재 서울 광영여고 졸 (강릉원주대 치의예과)
김동현 안성 안법고 졸 (연세대 실내건축학과)
김서현 대전한빛고 졸 (카이스트 새내기과정학부)
김신유 익산 남성고 졸 (순천향대 의예과)
김아린 대전한빛고 졸 (충남대 의예과)
김용희 화성 화성고 졸 (단국대 의예과)
김지희 광주 국제고 졸 (고려대 한국사학과)
김태현 부산 대연고 졸 (서울대 수리과학부)
류이레 광주대동고 졸 (연세대 의예과)
문지민 대구 정화여고 졸 (고려대 중어중문학과)
변준서 화성 화성고 졸 (연세대 실내건축학과)
심기현 대구 계성고 졸 (경북대 의예과)
오서윤 서울 광문고 졸 (충남대 의예과)
진성연 부산국제고 졸 (서울대 사회학과)
조수근 성남 태원고 졸 (순천향대 의예과)

• 2023년

강 한 서울 배재고 졸 (고려대 융합에너지공학과)
권주원 서울 배재고 졸 (서울대 정치외교학부)
김보겸 광주서석고 졸 (연세대 지구시스템과학과)
김수정 부산국제고 졸 (고려대 서어서문학과)
김준서 부산 대연고 졸 (부산대 의예과)
김태산 광주서석고 졸 (고려대 정치외교학과)
김현서 경기 평택고 졸 (서강대 정치외교학과)
나인규 광주 국제고 졸 (한양대 경영학과)
명준하 광주서석고 졸 (연세대 사회환경시스템공학부)
박서영 부산 해운대고 졸 (서울대 심리학과)
박세민 광주 광덕고 졸 (서울대 의예과)
장경은 서울 세화여고 졸 (고려대 통계학과)
장성욱 부산 대연고 졸 (동아대학교 의예과)
정서린 서울 세화여고 졸 (서울대 약학과)
조현준 익산 이리고 졸 (전북대 의예과)
최윤성 서울 양정고 졸 (서울대 공과대학 광역)
홍채연 서울 한영고 졸 (고려대 불어불문학과)

문항 배열 및 구성 [1478제]

❶ 개념 이해 체크를 위한 기본 기출 문제(67제)

핵심 개념 정리과 공식을 확인할 수 있는 기출 문제를 제시하여 개념 이해도를 높이고 기초 실력을 쌓도록 구성하였습니다.

❷ 최신 5개년 수능, 평가원 및 학력평가 기출 전 문항 수록(1345제)

- 최근 출제 경향을 파악할 수 있도록 최신 5개년 수능, 평가원 및 학력평가 기출 전 문항을 수록하였습니다.
- 2020~1994 수능, 평가원 및 학력평가 기출 문항 중 수능 출제 기준에 맞는 문항을 엄선하여 수록하였습니다.

❸ 경찰대, 삼사 중요 기출 문제 수록(73제)

경찰대, 삼사 기출 문항 중 중요 문항을 선별하여 수록하였습니다.

❹ 수능 대비를 위한 고품격 수능 기출 변형 문제(60제)

수능을 대비해서 충분한 문제로 훈련할 수 있도록 수능 기출 변형 문제를 추가 수록하였습니다.

[고3 수학 Ⅰ 수록 문항 구성표]

대비연도	3월	4·5월	6월	7월	9월	10월	수능	합계	비고
2025	11	11	11	11	11	11	11	77	*2026학년도 수능에 적합한 전 문항 수록
2024	11	11	11	11	11	11	11	77	
2023	11	11	11	11	11	11	11	77	
2022	11	11	11	11	11	11	11	77	
2021	27	29	19	20	16	19	17	147	
2020	15	11	7	7	6	6	7	59	*수능, 평가원, 학력평가 엄선 수록
2019	16	11	6	8	8	6	8	63	
2018	17	11	5	8	9	5	5	60	
2017	11	7	5	6	7	7	6	49	
2016	18	17	11	7	5	6	6	70	
2015	3	7	11	6	7	5	8	47	
2014	7	6	10	4	8	3	8	46	
2013	5	5	9	1	3	0	6	29	
2012	4	6	7	2	5	2	6	32	
2011	5	6	8	2	4	3	7	35	
2010이전	19	14	51	18	44	13	74	233	
2022, 2014, 2005 대비 예비 평가								25	
수능 기출 변형 문제								60	
고1/고2 학력평가								142	
삼사 및 경찰대								73	
총 문항 수								1478	

2025학년도 6월, 9월 평가원+수능

수학 Ⅰ+수학 Ⅱ 문항 배치표

문항 번호	6월		9월		수능	
	수록 교재	수록 번호	수록 교재	수록 번호	수록 교재	수록 번호
1	수Ⅰ	A27	수Ⅰ	A25	수Ⅰ	A23
2	수Ⅱ	C72	수Ⅱ	C73	수Ⅱ	C74
3	수Ⅰ	H14	수Ⅰ	G114	수Ⅰ	G113
4	수Ⅱ	A09	수Ⅱ	A11	수Ⅱ	B12
5	수Ⅱ	C38	수Ⅱ	C47	수Ⅱ	C48
6	수Ⅰ	E127	수Ⅰ	E115	수Ⅰ	E114
7	수Ⅱ	E26	수Ⅱ	B10	수Ⅱ	F119
8	수Ⅰ	G126	수Ⅰ	D85	수Ⅰ	B52
9	수Ⅱ	B09	수Ⅱ	F71	수Ⅱ	F78
10	수Ⅰ	F68	수Ⅰ	F16	수Ⅰ	E86
11	수Ⅱ	D22	수Ⅱ	E99	수Ⅱ	E88
12	수Ⅰ	C144	수Ⅰ	H103	수Ⅰ	H84
13	수Ⅱ	G29	수Ⅱ	G54	수Ⅱ	G30
14	수Ⅰ	D151	수Ⅰ	C131	수Ⅰ	F73
15	수Ⅱ	F201	수Ⅱ	F173	수Ⅱ	E42
16	수Ⅰ	D68	수Ⅰ	D66	수Ⅰ	D65
17	수Ⅱ	F13	수Ⅱ	F14	수Ⅱ	F15
18	수Ⅰ	H32	수Ⅰ	H10	수Ⅰ	H09
19	수Ⅱ	G90	수Ⅱ	D115	수Ⅱ	D116
20	수Ⅰ	E175	수Ⅰ	E171	수Ⅰ	D160
21	수Ⅱ	F183	수Ⅱ	E121	수Ⅱ	A164
22	수Ⅰ	I121	수Ⅰ	I47	수Ⅰ	I113

- 수Ⅰ: 2026 수능 대비 자이스토리 고3 수학Ⅰ
- 수Ⅱ: 2026 수능 대비 자이스토리 고3 수학Ⅱ

A 지수

★ 유형 차례

★ 최신 3개년 수능+모평 출제 경향

학년도		출제 유형	난이도
2025	수능	유형 04 지수법칙 – 밑이 같은 계산	❀❀❀
	9월	유형 04 지수법칙 – 밑이 같은 계산	❀❀❀
	6월	유형 04 지수법칙 – 밑이 같은 계산	❀❀❀
2024	수능	유형 05 지수법칙 – 밑이 다른 계산 (곱셈)	❀❀❀
	9월	유형 04 지수법칙 – 밑이 같은 계산	❀❀❀
	6월	유형 05 지수법칙 – 밑이 다른 계산 (곱셈)	❀❀❀
2023	수능	유형 04 지수법칙 – 밑이 같은 계산	❀❀❀
	9월	유형 03 거듭제곱근의 활용 유형 04 지수법칙 – 밑이 같은 계산	✿✿❀ ❀❀❀
	6월	유형 04 지수법칙 – 밑이 같은 계산	❀❀❀

★ 2025 수능 출제 경향 분석

• **지수법칙 – 밑이 같은 계산** : 밑을 통일하고 지수법칙을 이용하여 계산하는 기본 개념과 계산력을 판단하는 문제가 출제되었다. [A23 문항]

★ 2026 수능 예측

1. 거듭제곱근의 성질을 이용하여 거듭제곱근이 자연수가 되도록 하는 자연수를 구하는 유형의 문제가 출제 예상된다. 기본적인 거듭제곱근에 대한 성질을 정확히 알고 있으면 풀리는 문제들이다.
2. 지수법칙을 이용하는 간단한 계산 문제는 지수의 여러 가지 성질과 함께 항상 출제된다. 쉬운 문제이지만 계산 실수에 주의하여야 하고 지수법칙을 정확히 알고 있어야 한다.
3. 지수를 포함한 등식의 활용 문제가 출제 예상되므로 곱셈 공식, 인수분해, 유리식이나 비례식 등을 활용하여 변형하는 연습을 해야 한다. 고1 수학에서 배웠던 내용도 한 번 더 정리하자.

A 지수

개념 강의

중요도 ★★★

1 거듭제곱과 거듭제곱근❶ – 유형 01

(1) **거듭제곱**: 임의의 실수 a와 자연수 n에 대하여

$$a^n = \underbrace{a \times a \times a \times \cdots \times a}_{n\text{개}}$$

2^3 ← 지수, ↑ 밑

와 같이 a를 n번 곱한 것을 a의 n제곱이라 한다.
또, a의 제곱, 세제곱, 네제곱, …을 통틀어 a의 **거듭제곱**이라 하고, a^n에서 a를 거듭제곱의 **밑**, n을 거듭제곱의 **지수**라 한다.

(2) **거듭제곱근**: 2 이상의 자연수 n에 대하여 n제곱하여 실수 a가 되는 수, 즉 방정식 $x^n=a$를 만족시키는 x를 a의 **n제곱근**이라 한다.
이때, a의 제곱근, 세제곱근, 네제곱근, …을 통틀어 a의 **거듭제곱근**이라 한다.

(3) 실수 a의 n제곱근 중 실수인 것은 다음과 같다.❷

① **n이 짝수일 때**
$a>0$이면 양수 $\sqrt[n]{a}$와 음수 $-\sqrt[n]{a}$의 2개가 있고, 그 절댓값은 같다.
$a=0$이면 $\sqrt[n]{0}$, 즉 0뿐이다.
$a<0$이면 없다.

② **n이 홀수일 때**
a의 n제곱근 중 실수인 것은 $\sqrt[n]{a}$ 오직 하나뿐이다.

n \ a	$a>0$	$a=0$	$a<0$
n이 홀수일 때	$\sqrt[n]{a}$	0	$\sqrt[n]{a}$
n이 짝수일 때	$\sqrt[n]{a}$, $-\sqrt[n]{a}$	0	없다.

+개념 보충

❶ $(\sqrt[n]{a})^n$과 $\sqrt[n]{a^n}$의 차이

n이 홀수	$(\sqrt[n]{a})^n=a$	$\sqrt[n]{a^n}=a$
n이 짝수	$(\sqrt[n]{a})^n=a$	$\sqrt[n]{a^n}=\lvert a\rvert$

왜 그럴까?

❷ ① n이 짝수일 때,

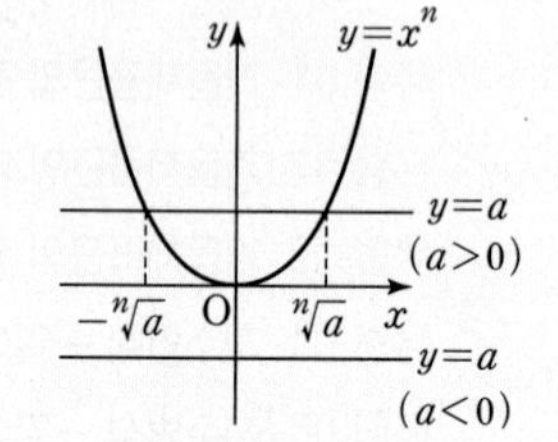

② n이 홀수일 때,

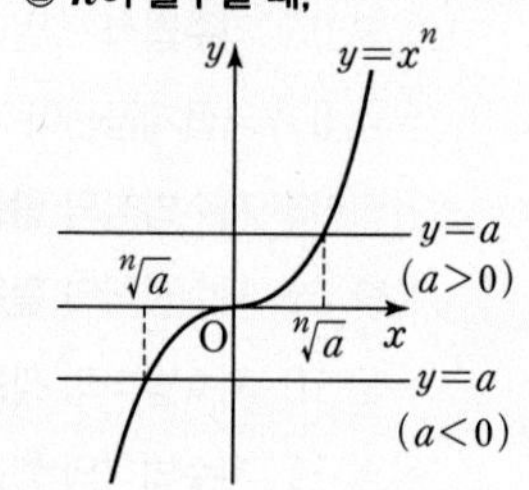

2 거듭제곱근의 성질❸ – 유형 02~03

$a>0$, $b>0$이고 m, n이 양의 정수일 때

① $\sqrt[n]{a}\sqrt[n]{b}=\sqrt[n]{ab}$ ② $\dfrac{\sqrt[n]{a}}{\sqrt[n]{b}}=\sqrt[n]{\dfrac{a}{b}}$ ③ $(\sqrt[n]{a})^m=\sqrt[n]{a^m}$

④ $\sqrt[m]{\sqrt[n]{a}}=\sqrt[mn]{a}$ ⑤ $\sqrt[np]{a^{mp}}=\sqrt[n]{a^m}$ (단, p는 자연수)

한걸음 더!

❸ $a>0$이고 n이 2 이상의 자연수일 때, $\sqrt[n]{a^n}=(\sqrt[n]{a})^n=a$

3 지수의 확장❹ – 유형 04~12

(1) **지수가 0 또는 음의 정수인 경우**

$a^0=1$, $a^{-n}=\dfrac{1}{a^n}$ (단, $a\neq0$, n은 자연수)

(2) **지수가 유리수인 경우**

$a^{\frac{m}{n}}=\sqrt[n]{a^m}$, $a^{\frac{1}{n}}=\sqrt[n]{a}$ (단, $a>0$, m, n은 정수, $n>0$)

(3) **지수법칙**❺

$a>0$, $b>0$이고 x, y가 실수일 때,
① $a^xa^y=a^{x+y}$ 예 $2^2\times2^3=2^{2+3}=2^5$
② $a^x\div a^y=a^{x-y}$ 예 $3^5\div3^2=3^{5-2}=3^3$
③ $(a^x)^y=a^{xy}$ 예 $(5^2)^4=5^{2\times4}=5^8$
④ $(ab)^x=a^xb^x$ 예 $(7\times11)^2=7^2\times11^2$

출제
2025 수능 1번
2025 9월 모평 1번
2025 6월 모평 1번

★ 주어진 식에서 밑을 통일하고 지수법칙을 이용하여 값을 구하는 아주 쉬운 문제가 수능과 9월, 6월에 모두 1번 문제로 출제되었다.

+개념 보충

❹ $a^{\frac{m}{n}}$과 같이 지수가 유리수인 경우, a가 소수일 때, $a^{\frac{m}{n}}$이 자연수가 되기 위한 조건은 m이 n의 배수 또는 n이 m의 약수일 때이다.

한걸음 더!

❺ 밑이 같을 때와 다를 때를 구분하자.
간단한 계산 문제뿐만 아니라 문장제 문제도 꼭 하나씩 출제된다.
지수법칙을 이용할 때는 먼저 밑이 같은지 다른지를 확인하고 같은 밑에 대해서 지수끼리 더할지, 곱할지를 정확하게 계산하자.

1 거듭제곱과 거듭제곱근

A01 기본 2016실시(나) 4월 학평 9(고3)

16의 네제곱근 중 실수인 것을 a, -27의 세제곱근 중 실수인 것을 b라 할 때, $a-b$의 최댓값은? (3점)

① 1 ② 2 ③ 3 ④ 4 ⑤ 5

2 거듭제곱근의 성질

A02 기본 2003대비(인) 수능 1(고3)

$\sqrt[3]{2}\times\sqrt[6]{16}$을 간단히 하면? (2점)

① 2 ② 4 ③ $\sqrt{2}$ ④ $2\sqrt{2}$ ⑤ $2\sqrt[3]{2}$

A03 기본 2013대비(나) 9월 모평 6(고3)

$\left(\sqrt{2\sqrt[3]{4}}\right)^3$보다 큰 자연수 중 가장 작은 것은? (3점)

① 4 ② 6 ③ 8 ④ 10 ⑤ 12

3 지수의 확장

A04 기본 2018실시(나) 10월 학평 1(고3)

$2^{\frac{5}{2}}\times2^{-\frac{1}{2}}$의 값은? (2점)

① 1 ② $\sqrt{2}$ ③ 2 ④ $2\sqrt{2}$ ⑤ 4

A05 기본 2013대비(나) 수능 26(고3)

$2\leq n\leq100$인 자연수 n에 대하여 $\left(\sqrt[3]{3^5}\right)^{\frac{1}{2}}$이 어떤 자연수의 n제곱근이 되도록 하는 n의 개수를 구하시오. (4점)

A06 기본 2006대비(나) 6월 모평 4(고3)

$a=\sqrt{2}$, $b=\sqrt[3]{3}$일 때, $\sqrt[6]{6}$을 a, b로 나타낸 것은? (3점)

① $a^{\frac{1}{3}}b^{\frac{1}{2}}$ ② $a^{\frac{1}{2}}b^{\frac{1}{3}}$ ③ $a^{\frac{1}{2}}b^{\frac{1}{6}}$ ④ $a^{\frac{1}{6}}b^{\frac{1}{3}}$ ⑤ $a^{\frac{1}{6}}b^{\frac{1}{6}}$

A07 기본 2009대비(나) 9월 모평 20(고3)

두 실수 a, b가 $3^{a+b}=4$, $2^{a-b}=5$를 만족할 때, $3^{a^2-b^2}$의 값을 구하시오. (3점)

A08 기본 2005대비(나) 12월 예비 26(고3)

어떤 호수에서 수면에서의 빛의 세기가 I_0일 때, 수심이 d m인 곳에서의 빛의 세기 I_d는 다음과 같이 나타내어진다고 한다.

$$I_d=I_0 2^{-0.25d}$$

이 호수에서 빛의 세기가 수면에서의 빛의 세기의 25 %인 곳의 수심은? (3점)

① 16 m ② 12 m ③ 10 m ④ 8 m ⑤ 4 m

❖ 정답 및 해설 2~3p

수능 유형별 기출 문제 [2점, 3점, 쉬운 4점]

Pass 쉬운 유형, 반복 계산 문제로 패스 하셔도 좋습니다.

1 거듭제곱과 거듭제곱근

유형 01 거듭제곱근의 정의

(1) 2 이상의 자연수 n에 대하여 n제곱하여 실수 a가 되는 수 x를 a의 **n제곱근**이라 한다.

(2) 실수 a의 n제곱근 중 실수인 것은 다음과 같다.

	$a>0$	$a=0$	$a<0$
n이 짝수	$\sqrt[n]{a}$, $-\sqrt[n]{a}$	0	없다.
n이 홀수	$\sqrt[n]{a}$	0	$\sqrt[n]{a}$

tip

a의 n제곱근 중 실수인 것의 개수는

1 n이 짝수일 때에는 a의 부호에 따라 0개, 1개, 2개가 될 수 있다.

2 n이 홀수일 때에는 항상 1개이다.

A09

2016실시(나) 11월 학평 13(고2)

실수 a, b에 대하여 a는 2의 세제곱근이고 $\sqrt{2}$는 b의 네제곱근일때, $\left(\frac{b}{a}\right)^3$의 값은? (3점)

① 2　② 4　③ 8　④ 16　⑤ 32

A10

2022실시 7월 학평 19(고3)

$n\geq2$인 자연수 n에 대하여 $2n^2-9n$의 n제곱근 중에서 실수인 것의 개수를 $f(n)$이라 할 때, $f(3)+f(4)+f(5)+f(6)$의 값을 구하시오. (3점)

A11

2021대비(가) 6월 모평 12(고3)

자연수 n이 $2\leq n\leq11$일 때, $-n^2+9n-18$의 n제곱근 중에서 음의 실수가 존재하도록 하는 모든 n의 값의 합은? (3점)

① 31　② 33　③ 35　④ 37　⑤ 39

A12

2020실시(가) 3월 학평 18(고3)

다음은 $1\leq|m|<n\leq10$을 만족시키는 두 정수 m, n에 대하여 m의 n제곱근 중에서 실수인 것이 존재하도록 하는 순서쌍 (m, n)의 개수를 구하는 과정이다.

(i) $m>0$인 경우
n의 값에 관계없이 m의 n제곱근 중에서 실수인 것이 존재한다. 그러므로 $m>0$인 순서쌍 (m, n)의 개수는 (가) 이다.

(ii) $m<0$인 경우
n이 홀수이면 m의 n제곱근 중에서 실수인 것이 항상 존재한다. 한편, n이 짝수이면 m의 n제곱근 중에서 실수인 것은 존재하지 않는다. 그러므로 $m<0$인 순서쌍 (m, n)의 개수는 (나) 이다.

(i), (ii)에 의하여 m의 n제곱근 중에서 실수인 것이 존재하도록 하는 순서쌍 (m, n)의 개수는
(가) + (나) 이다.

위의 (가), (나)에 알맞은 수를 각각 p, q라 할 때, $p+q$의 값은? (4점)

① 70　② 65　③ 60　④ 55　⑤ 50

A13 ✿✿✿ 2024실시 5월 학평 19(고3)

집합 $U=\{x\,|\,-5\le x\le 5,\ x$는 정수$\}$의 공집합이 아닌 부분집합 X에 대하여 두 집합 A, B를

$A=\{a\,|\,a$는 x의 실수인 네제곱근, $x\in X\}$,

$B=\{b\,|\,b$는 x의 실수인 세제곱근, $x\in X\}$

라 하자. $n(A)=9$, $n(B)=7$이 되도록 하는 집합 X의 모든 원소의 합의 최댓값을 구하시오. (3점)

2 거듭제곱근의 성질

유형 02 거듭제곱근의 계산

두 양수 a, b에 대하여 m, n이 2 이상의 자연수일 때,

① $\sqrt[n]{a}\sqrt[n]{b}=\sqrt[n]{ab}$ ② $\dfrac{\sqrt[n]{a}}{\sqrt[n]{b}}=\sqrt[n]{\dfrac{a}{b}}$

③ $\sqrt[n]{a^m}=(\sqrt[n]{a})^m$ ④ $\sqrt[m]{\sqrt[n]{a}}=\sqrt[mn]{a}$

⑤ $\sqrt[np]{a^{mp}}=\sqrt[n]{a^m}$ (단, p는 자연수)

tip

거듭제곱근의 성질은 양수에서만 적용된다.

A14 ✿✿✿ 2018실시(나) 3월 학평 2(고3)

$\sqrt{4}\times\sqrt[3]{8}$의 값은? (2점)

① 4 ② 6 ③ 8
④ 10 ⑤ 12

A15 ✿✿✿ 2009대비(나) 6월 모평 1(고3)

$(\sqrt{2\sqrt{6}}\,)^4$의 값은? (2점)

① 16 ② 18 ③ 20
④ 22 ⑤ 24

A16 ✿✿✿ 2001대비(인) 수능 1(고3)

$(\sqrt{2})^5$의 값은? (2점)

① $\sqrt{2}$ ② 2 ③ $2\sqrt{2}$
④ 4 ⑤ $4\sqrt{2}$

유형 03 거듭제곱근의 활용

(1) 거듭제곱근의 성질

두 양수 a, b에 대하여 m, n이 2 이상의 자연수일 때,

① $\sqrt[n]{a}\sqrt[n]{b}=\sqrt[n]{ab}$ ② $\dfrac{\sqrt[n]{a}}{\sqrt[n]{b}}=\sqrt[n]{\dfrac{a}{b}}$

③ $\sqrt[n]{a^m}=(\sqrt[n]{a})^m$ ④ $\sqrt[m]{\sqrt[n]{a}}=\sqrt[mn]{a}$

⑤ $\sqrt[np]{a^{mp}}=\sqrt[n]{a^m}$ (단, p는 자연수)

(2) 거듭제곱근의 대소 관계

자연수 n에 대하여 $a>0$, $b>0$일 때,

$\sqrt[n]{a}<\sqrt[n]{b}$이면 $a<b$이다.

tip

1 실수 a에 대하여 $\sqrt[n]{a^n}=\begin{cases}|a| & (n\text{이 짝수})\\ a & (n\text{이 홀수})\end{cases}$를 이용하여 식을 간단히 나타낼 수 있다.

2 거듭제곱근의 대소 비교는 $\sqrt[n]{\ }$에서 n의 값을 통일시킨다.

A17 ✿✿✿ 2023실시 7월 학평 9(고3)

2 이상의 자연수 n에 대하여 x에 대한 방정식

$(x^n-8)(x^{2n}-8)=0$

의 모든 실근의 곱이 -4일 때, n의 값은? (4점)

① 2 ② 3 ③ 4
④ 5 ⑤ 6

A18 ✿✿✿ 2020실시(나) 4월 학평 18(고3)

1이 아닌 세 양수 a, b, c와 1이 아닌 두 자연수 m, n이 다음 조건을 만족시킨다. 모든 순서쌍 $(m,\ n)$의 개수는? (4점)

> (가) $\sqrt[3]{a}$는 b의 m제곱근이다.
> (나) $\sqrt{b}$는 c의 n제곱근이다.
> (다) c는 a^{12}의 네제곱근이다.

① 4 ② 7 ③ 10
④ 13 ⑤ 16

❖ 정답 및 해설 3~6p

A19 ✿❀❀ 2018실시(나) 3월 학평 14(고3)

x에 대한 이차방정식 $x^2-\sqrt[3]{81}x+a=0$의 두 근이 $\sqrt[3]{3}$과 b일 때, ab의 값은? (단, a, b는 상수이다.) (4점)

① 6 ② $3\sqrt[3]{9}$ ③ $6\sqrt[3]{3}$
④ 12 ⑤ $6\sqrt[3]{9}$

A20 ✿✿❀ 2023대비 9월 모평 11(고3)

함수 $f(x)=-(x-2)^2+k$에 대하여 다음 조건을 만족시키는 자연수 n의 개수가 2일 때, 상수 k의 값은? (4점)

> $\sqrt{3}^{f(n)}$의 네제곱근 중 실수인 것을 모두 곱한 값이 -9이다.

① 8 ② 9 ③ 10
④ 11 ⑤ 12

A21 ✿✿❀ 2022대비 6월 모평 21(고3)

다음 조건을 만족시키는 최고차항의 계수가 1인 이차함수 $f(x)$가 존재하도록 하는 모든 자연수 n의 값의 합을 구하시오. (4점)

> (가) x에 대한 방정식 $(x^n-64)f(x)=0$은 서로 다른 두 실근을 갖고, 각각의 실근은 중근이다.
> (나) 함수 $f(x)$의 최솟값은 음의 정수이다.

A22 ✿✿❀ 2019실시(나) 3월 학평 15(고3)

자연수 n에 대하여 $n(n-4)$의 세제곱근 중 실수인 것의 개수를 $f(n)$이라 하고, $n(n-4)$의 네제곱근 중 실수인 것의 개수를 $g(n)$이라 하자. $f(n)>g(n)$을 만족시키는 모든 n의 값의 합은? (4점)

① 4 ② 5 ③ 6
④ 7 ⑤ 8

3 지수의 확장

유형 04 지수법칙 - 밑이 같은 계산

출제

$a>0$, $b>0$이고 m, n이 실수일 때,

① $a^m a^n=a^{m+n}$ ② $a^m \div a^n=a^{m-n}$
③ $(a^m)^n=a^{mn}$ ④ $(ab)^n=a^n b^n$
⑤ $\left(\frac{b}{a}\right)^n=\frac{b^n}{a^n}$ ⑥ $a^{-1}=\frac{1}{a}$, $a^0=1$

밑이 같은지 살펴보고, 지수에서 곱은 합으로, 나누기는 빼기로, 제곱의 제곱은 곱으로 바뀐다는 것을 확인하여 계산하자.

A23 ❀❀❀ 2025대비 수능 1(고3)

$\sqrt[3]{5}\times 25^{\frac{1}{3}}$의 값은? (2점)

① 1 ② 2 ③ 3
④ 4 ⑤ 5

A24 ❀❀❀ 2024실시 10월 학평 1(고3)

$\left(\frac{4}{\sqrt[3]{2}}\right)^{\frac{6}{5}}$의 값은? (2점)

① 1 ② 2 ③ 3
④ 4 ⑤ 5

A25 ❀❀❀ 2025대비 9월 모평 1(고3)

$\dfrac{\sqrt[4]{32}}{\sqrt[8]{4}}$의 값은? (2점)

① $\sqrt{2}$　② 2　③ $2\sqrt{2}$　④ 4　⑤ $4\sqrt{2}$

A26 ❀❀❀ 2024실시 7월 학평 1(고3)

$\sqrt[3]{16}\times 2^{-\frac{1}{3}}$의 값은? (2점)

① $\dfrac{1}{4}$　② $\dfrac{1}{2}$　③ 1　④ 2　⑤ 4

A27 ❀❀❀ 2025대비 6월 모평 1(고3)

$\left(\dfrac{5}{\sqrt[3]{25}}\right)^{\frac{3}{2}}$의 값은? (2점)

① $\dfrac{1}{5}$　② $\dfrac{\sqrt{5}}{5}$　③ 1　④ $\sqrt{5}$　⑤ 5

A28 ❀❀❀ 2024실시 5월 학평 1(고3)

$4^{1-\sqrt{3}}\times 2^{1+2\sqrt{3}}$의 값은? (2점)

① 1　② 2　③ 4　④ 8　⑤ 16

A29 ❀❀❀ 2022대비 수능 1(고3)

$(2^{\sqrt{3}}\times 4)^{\sqrt{3}-2}$의 값은? (2점)

① $\dfrac{1}{4}$　② $\dfrac{1}{2}$　③ 1　④ 2　⑤ 4

A30 ❀❀❀ 2022대비 9월 모평 1(고3)

$\dfrac{1}{\sqrt[4]{3}}\times 3^{-\frac{7}{4}}$의 값은? (2점)

① $\dfrac{1}{9}$　② $\dfrac{1}{3}$　③ 1　④ 3　⑤ 9

A31 ❀❀❀ 2022대비 6월 모평 1(고3)

$2^{\sqrt{3}}\times 2^{2-\sqrt{3}}$의 값은? (2점)

① $\sqrt{2}$　② 2　③ $2\sqrt{2}$　④ 4　⑤ $4\sqrt{2}$

A32 ❀❀❀ 2022대비 5월 예시 1(고2)

$\dfrac{3^{\sqrt{5}+1}}{3^{\sqrt{5}-1}}$의 값은? (2점)

① 1　② $\sqrt{3}$　③ 3　④ $3\sqrt{3}$　⑤ 9

A33 ❀❀❀ 2021대비(가) 수능 1(고3)

$\sqrt[3]{9}\times 3^{\frac{1}{3}}$의 값은? (2점)

① 1　② $3^{\frac{1}{2}}$　③ 3　④ $3^{\frac{3}{2}}$　⑤ 9

A34 ❀❀❀ 2021대비(나) 9월 모평 1(고3)

$\sqrt[3]{2}\times 2^{\frac{2}{3}}$의 값은? (2점)

① 1　② 2　③ 4　④ 8　⑤ 16

❖ 정답 및 해설 6~10p

A35 ❀❀❀ 2020실시(나) 7월 학평 1(고3)

32×2^{-3}의 값은? (2점)

① 1 ② 2 ③ 4
④ 8 ⑤ 16

A36 ❀❀❀ 2021대비(나) 6월 모평 1(고3)

$\sqrt[3]{8}\times4^{\frac{3}{2}}$의 값은? (2점)

① 1 ② 2 ③ 4
④ 8 ⑤ 16

A37 ❀❀❀ 2020실시(가) 3월 학평 1(고3)

$8^{\frac{4}{3}}\times2^{-2}$의 값은? (2점)

① 1 ② 2 ③ 3
④ 4 ⑤ 5

A38 ❀❀❀ 2020대비(나) 수능 1(고3)

16×2^{-3}의 값은? (2점)

① 1 ② 2 ③ 4
④ 8 ⑤ 16

A39 ❀❀❀ 2020대비(나) 9월 모평 1(고3)

$3^3\div81^{\frac{1}{2}}$의 값은? (2점)

① 1 ② 2 ③ 3
④ 4 ⑤ 5

A40 ❀❀❀ 2020대비(나) 6월 모평 1(고3)

$5^0\times25^{\frac{1}{2}}$의 값은? (2점)

① 1 ② 2 ③ 3
④ 4 ⑤ 5

A41 ❀❀❀ 2023실시 10월 학평 1(고3)

$2^{\sqrt{2}}\times\left(\frac{1}{2}\right)^{\sqrt{2}-1}$의 값은? (2점)

① 1 ② $\sqrt{2}$ ③ 2
④ $2\sqrt{2}$ ⑤ 4

A42 ❀❀❀ Pass 2019대비(나) 수능 1(고3)

$2^{-1}\times16^{\frac{1}{2}}$의 값은? (2점)

① 1 ② 2 ③ 3
④ 4 ⑤ 5

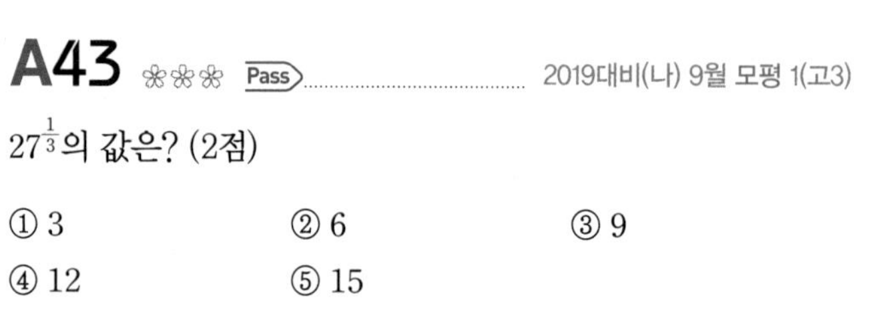

A43 ❀❀❀ Pass 2019대비(나) 9월 모평 1(고3)

$27^{\frac{1}{3}}$의 값은? (2점)

① 3 ② 6 ③ 9
④ 12 ⑤ 15

A44 ❀❀❀ Pass 2019대비(나) 6월 모평 1(고3)

$2^2\times8^{\frac{1}{3}}$의 값은? (2점)

① 2 ② 4 ③ 6
④ 8 ⑤ 10

A45 ❀❀❀ 2024대비 9월 모평 1(고3)

$3^{1-\sqrt{5}} \times 3^{1+\sqrt{5}}$의 값은? (2점)

① $\frac{1}{9}$ ② $\frac{1}{3}$ ③ 1
④ 3 ⑤ 9

A46 ❀❀❀ Pass 2018대비(나) 수능 1(고3)

$2 \times 16^{\frac{1}{4}}$의 값은? (2점)

① 2 ② 4 ③ 6
④ 8 ⑤ 10

A47 ❀❀❀ Pass 2017실시(나) 10월 학평 1(고3)

$3^{-1} \times 9$의 값은? (2점)

① 3 ② 6 ③ 9
④ 12 ⑤ 15

A48 ❀❀❀ Pass 2018대비(나) 9월 모평 1(고3)

$3^{\frac{2}{3}} \times 3^{\frac{1}{3}}$의 값은? (2점)

① 1 ② 2 ③ 3
④ 4 ⑤ 5

A49 ❀❀❀ Pass 2018대비(나) 6월 모평 1(고3)

$3 \times 27^{\frac{1}{3}}$의 값은? (2점)

① 3 ② 6 ③ 9
④ 12 ⑤ 15

A50 ❀❀❀ Pass 2017대비(나) 수능 1(고3)

8×2^{-2}의 값은? (2점)

① 1 ② 2 ③ 4
④ 8 ⑤ 16

A51 ❀❀❀ 2023대비 6월 모평 1(고3)

$(-\sqrt{2})^4 \times 8^{-\frac{2}{3}}$의 값은? (2점)

① 1 ② 2 ③ 3
④ 4 ⑤ 5

A52 ❀❀❀ 2022실시 3월 학평 1(고3)

$(3\sqrt{3})^{\frac{1}{3}} \times 3^{\frac{3}{2}}$의 값은? (2점)

① 1 ② $\sqrt{3}$ ③ 3
④ $3\sqrt{3}$ ⑤ 9

A53 ❀❀❀ 2023대비 9월 모평 1(고3)

$\left(\frac{2^{\sqrt{3}}}{2}\right)^{\sqrt{3}+1}$의 값은? (2점)

① $\frac{1}{16}$ ② $\frac{1}{4}$ ③ 1
④ 4 ⑤ 16

❖ 정답 및 해설 10~13p

A54 ❀❀❀ 2022실시 10월 학평 1(고3)

$\sqrt{8}\times4^{\frac{1}{4}}$의 값은? (2점)

① 2 ② $2\sqrt{2}$ ③ 4
④ $4\sqrt{2}$ ⑤ 8

A55 ❀❀❀ 2022실시 7월 학평 1(고3)

$3^{2\sqrt{2}}\times9^{1-\sqrt{2}}$의 값은? (2점)

① $\frac{1}{9}$ ② $\frac{1}{3}$ ③ 1
④ 3 ⑤ 9

A56 ❀❀❀ 2023대비 수능 1(고3)

$\left(\frac{4}{2^{\sqrt{2}}}\right)^{2+\sqrt{2}}$의 값은? (2점)

① $\frac{1}{4}$ ② $\frac{1}{2}$ ③ 1
④ 2 ⑤ 4

A57 ❀❀❀ 2023실시 7월 학평 1(고3)

$4^{1-\sqrt{3}}\times2^{2\sqrt{3}-1}$의 값은? (2점)

① $\frac{1}{4}$ ② $\frac{1}{2}$ ③ 1
④ 2 ⑤ 4

A58 ❀❀❀ 2023실시 3월 학평 1(고3)

$\sqrt[3]{8}\times\frac{2^{\sqrt{2}}}{2^{1+\sqrt{2}}}$의 값은? (2점)

① 1 ② 2 ③ 4
④ 8 ⑤ 16

A59 ❀❀❀ 2021실시 4월 학평 1(고3)

$\left(\sqrt{3^{\sqrt{2}}}\right)^{\sqrt{2}}$의 값은? (2점)

① 1 ② 3 ③ 5
④ 7 ⑤ 9

유형 05 지수법칙 – 밑이 다른 계산(곱셈)

$a>0$, $b>0$이고 m, n이 실수일 때,

① $a^ma^n=a^{m+n}$ ② $a^m\div a^n=a^{m-n}$
③ $(a^m)^n=a^{mn}$ ④ $(ab)^n=a^nb^n$
⑤ $\left(\frac{b}{a}\right)^n=\frac{b^n}{a^n}$ ⑥ $a^{-1}=\frac{1}{a}$, $a^0=1$

tip

밑이 다른 경우에는 먼저 밑이 같은 것끼리 지수법칙을 적용하여 간단히 한 후 계산한다.

A60 ❀❀❀ 2024실시 3월 학평 1(고3)

$\sqrt[3]{54}\times2^{\frac{5}{3}}$의 값은? (2점)

① 4 ② 6 ③ 8
④ 10 ⑤ 12

A61 ❀❀❀ 2021대비(나) 수능 1(고3)

$3^0\times8^{\frac{2}{3}}$의 값은? (2점)

① 1 ② 2 ③ 3
④ 4 ⑤ 5

A62 ❀❀❀ 2020실시(나) 4월 학평 1(고3)

$3\times8^{\frac{1}{3}}$의 값은? (2점)

① 3 ② 6 ③ 9 ④ 12 ⑤ 15

A63 ❀❀❀ 2018실시(나) 7월 학평 1(고3)

24×2^{-3}의 값은? (2점)

① 1 ② 2 ③ 3 ④ 4 ⑤ 5

A64 ❀❀❀ 2017실시(나) 3월 학평 3(고2)

$8^{\frac{2}{3}}\times27^{-\frac{1}{3}}$의 값은? (2점)

① $\frac{7}{6}$ ② $\frac{4}{3}$ ③ $\frac{3}{2}$ ④ $\frac{5}{3}$ ⑤ $\frac{11}{6}$

A65 ❀❀❀ 2024대비 수능 1(고3)

$\sqrt[3]{24}\times3^{\frac{2}{3}}$의 값은? (2점)

① 6 ② 7 ③ 8 ④ 9 ⑤ 10

A66 ❀❀❀ 2024대비 6월 모평 1(고3)

$\sqrt[3]{27}\times4^{-\frac{1}{2}}$의 값은? (2점)

① $\frac{1}{2}$ ② $\frac{3}{4}$ ③ 1 ④ $\frac{5}{4}$ ⑤ $\frac{3}{2}$

A67 ❀❀❀ Pass 2016대비(A) 9월 모평 1(고3)

$2\times27^{\frac{1}{3}}$의 값은? (2점)

① 6 ② 8 ③ 10 ④ 12 ⑤ 14

A68 ❀❀❀ Pass 2015대비(A) 수능 1(고3)

$5\times8^{\frac{1}{3}}$의 값은? (2점)

① 10 ② 15 ③ 20 ④ 25 ⑤ 30

A69 ❀❀❀ 2022실시 4월 학평 1(고3)

$(27\times\sqrt{8})^{\frac{2}{3}}$의 값은? (2점)

① 9 ② 12 ③ 15 ④ 18 ⑤ 21

❖ 정답 및 해설 13~15p

유형 06 지수법칙 - 밑이 다른 계산(덧셈)

$a>0$, $b>0$이고 m, n이 실수일 때,

① $a^m a^n = a^{m+n}$ ② $a^m \div a^n = a^{m-n}$

③ $(a^m)^n = a^{mn}$ ④ $(ab)^n = a^n b^n$

⑤ $\left(\frac{b}{a}\right)^n = \frac{b^n}{a^n}$ ⑥ $a^{-1} = \frac{1}{a}$, $a^0 = 1$

tip

1 지수법칙을 이용하여 주어진 식을 정리하면 식의 값을 구할 수 있다.

2 지수가 정수가 아닌 유리수인 경우에는 밑이 음수이면 지수법칙을 이용할 수 없다.

A70 ❀❀❀ 2017실시(나) 3월 학평 1(고3)

$4^{\frac{1}{2}} + 3^0$의 값은? (2점)

① 1 ② 2 ③ 3
④ 4 ⑤ 5

A71 ❀❀❀ 2016대비(A) 수능 2(고3)

$8^{\frac{1}{3}} + 27^{\frac{2}{3}}$의 값은? (2점)

① 8 ② 9 ③ 10
④ 11 ⑤ 12

A72 ❀❀❀ 2016대비(A) 6월 모평 2(고3)

$8^{\frac{1}{3}} + 9^{\frac{1}{2}}$의 값은? (2점)

① 1 ② 2 ③ 3
④ 4 ⑤ 5

유형 07 거듭제곱근이 자연수, 유리수가 되는 조건

(1) a가 소수이고, m, n이 자연수일 때, $a^{\frac{m}{n}}$이 자연수가 되려면 m은 n의 배수(또는 n은 m의 약수)이어야 한다.

(2) **거듭제곱근의 성질**

① $\sqrt[n]{a}\sqrt[n]{b} = \sqrt[n]{ab}$ ② $\frac{\sqrt[n]{a}}{\sqrt[n]{b}} = \sqrt[n]{\frac{a}{b}}$

③ $\sqrt[n]{a^m} = (\sqrt[n]{a})^m$ ④ $\sqrt[m]{\sqrt[n]{a}} = \sqrt[mn]{a}$

⑤ $\sqrt[np]{a^{mp}} = \sqrt[n]{a^m}$ (단, p는 자연수)

tip

1 주어진 식의 값이 자연수가 되는 조건을 묻는 문제는 다음의 순서로 풀어보자.

(i) 지수법칙을 이용하여 식을 $a^{\frac{m}{n}}$의 꼴로 나타낸다.

(ii) $a^{\frac{m}{n}}$이 자연수가 되는 조건을 따져본다.

2 분수의 거듭제곱근으로 표현된 어떤 수가 유리수가 되는 조건은 분자와 분모를 동시에 자연수가 되게 하는 조건과 같다.

A73 ❀❀❀ 2021실시 7월 학평 9(고3)

2 이상의 두 자연수 a, n에 대하여 $(\sqrt[n]{a})^3$의 값이 자연수가 되도록 하는 n의 최댓값을 $f(a)$라 하자. $f(4)+f(27)$의 값은? (4점)

① 13 ② 14 ③ 15
④ 16 ⑤ 17

A74 ❀❀❀ 2019실시(나) 10월 학평 8(고3)

$m \le 135$, $n \le 9$인 두 자연수 m, n에 대하여 $\sqrt[3]{2m} \times \sqrt{n^3}$의 값이 자연수일 때, $m+n$의 최댓값은? (3점)

① 97 ② 102 ③ 107
④ 112 ⑤ 117

A75 ❀❀❀ 2019실시(나) 3월 학평 7(고3)

10 이하의 자연수 a에 대하여 $\left(a^{\frac{2}{3}}\right)^{\frac{1}{2}}$의 값이 자연수가 되도록 하는 모든 a의 값의 합은? (3점)

① 5 ② 7 ③ 9
④ 11 ⑤ 13

A76 ❀❀❀ 2018실시(나) 4월 학평 27(고3)

2 이상의 자연수 n에 대하여 $(\sqrt{3^n})^{\frac{1}{2}}$과 $\sqrt[n]{3^{100}}$이 모두 자연수가 되도록 하는 모든 n의 값의 합을 구하시오. (4점)

A77 ❀❀❀ 2016실시(나) 3월 학평 24(고3)

100 이하의 자연수 n에 대하여 $\sqrt[3]{4^n}$이 정수가 되도록 하는 n의 개수를 구하시오. (3점)

A78 ✿❀❀ 2019실시(나) 9월 학평 26(고2)

2 이상의 자연수 n에 대하여 넓이가 $\sqrt[n]{64}$인 정사각형의 한 변의 길이를 $f(n)$이라 할 때, $f(4)\times f(12)$의 값을 구하시오. (4점)

A79 ✿❀❀ 2018실시(나) 9월 학평 27(고2)

$(\sqrt{2\sqrt[3]{4}})^n$이 네 자리 자연수가 되도록 하는 자연수 n의 값을 구하시오. (4점)

A80 ✿❀❀ 2015실시(A) 3월 학평 24(고3)

$30\le a\le 40$, $150\le b\le 294$일 때, $\sqrt{a}+\sqrt[3]{b}$의 값이 자연수가 되도록 하는 두 자연수 a, b에 대하여 $a+b$의 값을 구하시오. (3점)

A81 ✿❀❀ 2007대비(나) 9월 모평 20(고3)

세 양수 a, b, c에 대하여 $a^6=3$, $b^5=7$, $c^2=11$일 때, $(abc)^n$이 자연수가 되는 최소의 자연수 n의 값을 구하시오. (3점)

A82 ✿✿❀ 2017실시(나) 4월 학평 17(고3)

두 자연수 a, b에 대하여

$\sqrt{\dfrac{2^a\times 5^b}{2}}$이 자연수, $\sqrt[3]{\dfrac{3^b}{2^{a+1}}}$이 유리수

일 때, $a+b$의 최솟값은? (4점)

① 11 ② 13 ③ 15
④ 17 ⑤ 19

유형 08 지수법칙의 활용 – 문자로 표현

(1) **거듭제곱근의 성질**

$a>0$, $b>0$이고 m, n이 양의 정수일 때,

① $\sqrt[n]{a}\sqrt[n]{b}=\sqrt[n]{ab}$ ② $\dfrac{\sqrt[n]{a}}{\sqrt[n]{b}}=\sqrt[n]{\dfrac{a}{b}}$ ③ $\sqrt[n]{a^m}=(\sqrt[n]{a})^m$

④ $\sqrt[m]{\sqrt[n]{a}}=\sqrt[mn]{a}$ ⑤ $\sqrt[np]{a^{mp}}=\sqrt[n]{a^m}$ (단, p는 자연수)

(2) **지수법칙**

$a>0$, $b>0$이고 m, n이 실수일 때,

① $a^m a^n=a^{m+n}$ ② $a^m\div a^n=a^{m-n}$ ③ $(a^m)^n=a^{mn}$

④ $(ab)^n=a^n b^n$ ⑤ $\left(\dfrac{b}{a}\right)^n=\dfrac{b^n}{a^n}$

tip

1 주어진 조건을 거듭제곱근의 성질과 지수법칙을 이용하여 구하고자 하는 식으로 변형하자.

2 거듭제곱근의 꼴로 나타내어진 식은 지수의 꼴로 바꿔서 이용하면 좀더 계산하기 편리하다.

A83 ❀❀❀ 2016실시(나) 10월 학평 3(고3)

$a=\sqrt{2}$, $b=\sqrt[3]{3}$일 때, $(ab)^6$의 값은? (2점)

① 60 ② 66 ③ 72
④ 78 ⑤ 84

❖ 정답 및 해설 15~18p

A84 ❀❀❀ 2015실시(A) 3월 학평 7(고3)

두 실수 a, b에 대하여 $2^a=3$, $3^b=\sqrt{2}$가 성립할 때, ab의 값은? (3점)

① $\frac{1}{6}$ ② $\frac{1}{4}$ ③ $\frac{1}{3}$
④ $\frac{1}{2}$ ⑤ 1

A85 ❀❀❀ 2008대비(나) 수능 4(고3)

$a=\sqrt{2}$, $b^3=\sqrt{3}$일 때, $(ab)^2$의 값은? (단, b는 실수이다.) (3점)

① $2\cdot 3^{\frac{1}{3}}$ ② $2\cdot 3^{\frac{2}{3}}$ ③ $2^{\frac{1}{2}}\cdot 3^{\frac{1}{3}}$
④ $3\cdot 2^{\frac{1}{3}}$ ⑤ $3\cdot 2^{\frac{2}{3}}$

유형 09 지수법칙의 활용 – 식 변형

(1) $a^x=b^y=k$의 조건이 주어진 문제는 $a=k^{\frac{1}{x}}$, $b=k^{\frac{1}{y}}$으로 놓고 지수법칙을 이용하여 식의 값을 구한다.

(2) **지수법칙**

$a>0$, $b>0$이고 m, n이 실수일 때,

① $a^m a^n=a^{m+n}$ ② $a^m \div a^n=a^{m-n}$
③ $(a^m)^n=a^{mn}$ ④ $(ab)^n=a^n b^n$
⑤ $\left(\frac{b}{a}\right)^n=\frac{b^n}{a^n}$

tip

1 지수법칙을 적절히 써서 식을 분해하여 대입하고, 반복되는 것은 치환하여 간단하게 나타낸다.

2 네 양수 a, b, c, d에 대하여 $a^x=b^y=c^z=d$의 조건이 주어진 경우에는 세 등식 $a^x=d$, $b^y=d$, $c^z=d$로 놓으면 계산하기 편리하다.

A86 ❀❀❀ 2019실시(가) 6월 학평 4(고2)

실수 x가 $5^x=\sqrt{3}$을 만족시킬 때, $5^{2x}+5^{-2x}$의 값은? (3점)

① $\frac{19}{6}$ ② $\frac{10}{3}$ ③ $\frac{7}{2}$
④ $\frac{11}{3}$ ⑤ $\frac{23}{6}$

A87 ✿❀❀ 2019실시(나) 4월 학평 16(고3)

두 실수 a, b에 대하여 $2^a=3$, $6^b=5$일 때, 2^{ab+a+b}의 값은? (4점)

① 15 ② 18 ③ 21
④ 24 ⑤ 27

A88 ✿❀❀ 2018실시(나) 9월 학평 17(고2)

두 실수 a,b에 대하여

$2^{\frac{4}{a}}=100$, $25^{\frac{2}{b}}=10$

이 성립할 때, $2a+b$의 값은? (4점)

① 3 ② $\frac{13}{4}$ ③ $\frac{7}{2}$
④ $\frac{15}{4}$ ⑤ 4

A89 ✿❀❀ 2009실시(나) 7월 학평 10(고3)

세 양수 a, b, c가 $a^x=b^{2y}=c^{3z}=7$, $abc=49$를 만족할 때, $\frac{6}{x}+\frac{3}{y}+\frac{2}{z}$의 값은? (3점)

① 8 ② 10 ③ 12
④ 14 ⑤ 16

A90 ✿❀❀ 2009실시(나) 3월 학평 27(고3)

실수 a, b에 대하여 $3^a=12^b=6$이 성립할 때, $\frac{1}{a}+\frac{1}{b}$의 값은? (3점)

① 2 ② $\frac{5}{3}$ ③ $\frac{4}{3}$
④ 1 ⑤ $\frac{2}{3}$

A91 ✿✿✿ 2012실시(나) 3월 학평 10(고3)

$80^x=2$, $\left(\frac{1}{10}\right)^y=4$, $a^z=8$을 만족시키는 세 실수 x, y, z에 대하여 $\frac{1}{x}+\frac{2}{y}-\frac{1}{z}=1$이 성립할 때, 양수 a의 값은? (3점)

① 32 ② 64 ③ 96
④ 128 ⑤ 160

유형 10 지수법칙의 활용 - 특수한 꼴

(1) a^x+a^{-x} 꼴

$x>0$일 때,

① $(x^{\frac{1}{2}}\pm x^{-\frac{1}{2}})^2=x+x^{-1}\pm2$ (복호동순)

② $(x^{\frac{1}{3}}\pm x^{-\frac{1}{3}})^3=(x\pm x^{-1})\pm3(x^{\frac{1}{3}}\pm x^{-\frac{1}{3}})$(복호동순)

(2) $\frac{a^{kx}\pm a^{-kx}}{a^x+a^{-x}}$ 꼴

분자, 분모에 a^x, a^{kx} 등을 적절히 곱하여 식을 간단히 정리한 후, 주어진 조건을 이용하여 식의 값을 계산한다.

tip

1 주어진 조건식을 다음 곱셈 공식을 이용하여 대입하기 쉬운 꼴로 변형한다.

$a^2+b^2=(a+b)^2-2ab=(a-b)^2+2ab$

$a^2-b^2=(a+b)(a-b)$

2 $a>0$에 대하여 $a^xa^x=a^{2x}$, $a^xa^{-x}=1$이 성립함을 이용하자.

A92 ✿✿✿ 2018실시(가) 3월 학평 9(고2)

두 실수 a, b에 대하여

$a+b=2$, $2^{\frac{a}{2}}-2^{\frac{b}{2}}=3$

일 때, 2^a+2^b의 값은? (3점)

① 9 ② 10 ③ 11
④ 12 ⑤ 13

A93 ✿✿✿ 2012실시(나) 3월 학평 23(고3)

$a^{\frac{1}{2}}+a^{-\frac{1}{2}}=10$을 만족시키는 양수 a에 대하여 $a+a^{-1}$의 값을 구하시오. (3점)

A94 ✿✿✿ 2011실시(나) 3월 학평 4(고3)

$3^x+3^{1-x}=10$일 때, 9^x+9^{1-x}의 값은? (3점)

① 91 ② 92 ③ 93
④ 94 ⑤ 95

A95 ✿✿✿ 2018실시(나) 3월 학평 25(고3)

두 실수 a, b에 대하여

$2^a+2^b=2$, $2^{-a}+2^{-b}=\frac{9}{4}$

일 때, 2^{a+b}의 값은 $\frac{q}{p}$이다. $p+q$의 값을 구하시오.

(단, p와 q는 서로소인 자연수이다.) (3점)

A96 ✿✿✿ 2010대비(나) 6월 모평 4(고3)

실수 a가 $\frac{2^a+2^{-a}}{2^a-2^{-a}}=-2$를 만족시킬 때, 4^a+4^{-a}의 값은? (3점)

① $\frac{5}{2}$ ② $\frac{10}{3}$ ③ $\frac{17}{4}$
④ $\frac{26}{5}$ ⑤ $\frac{37}{6}$

A97 ✿✿✿ 2008대비(나) 9월 모평 4(고3)

다음 식을 간단히 한 것은? (3점)

$(2^{x+y}+2^{x-y})^2-(2^{x+y}-2^{x-y})^2$

① 2^{2x} ② 2^{2x+2} ③ 2^{2x+2y}
④ 2^{-2y} ⑤ 2^{-2y+2}

❖ 정답 및 해설 18~21p

(고난도)

유형 11 지수법칙의 활용

$a>0$, $b>0$이고 m, n이 실수일 때,

① $a^m a^n = a^{m+n}$ ② $a^m \div a^n = a^{m-n}$

③ $(a^m)^n = a^{mn}$ ④ $(ab)^n = a^n b^n$

⑤ $\left(\dfrac{b}{a}\right)^n = \dfrac{b^n}{a^n}$ ⑥ $a^{-1} = \dfrac{1}{a}$, $a^0 = 1$

tip

1 다른 단원과 통합된 문제들이 나올 수 있으므로 각 단원의 기본 개념을 정확하게 이해하여 문제 풀이에 적용할 수 있게 하자.

2 그래프를 활용하는 문제에서는 주어진 점의 좌표를 이용하면 쉽게 문제를 해결할 수 있다.

A98 ✿❀❀ 2016실시(가) 6월 학평 13(고2)

자연수 n에 대하여 직선 $x=n$이 두 무리함수 $y=\sqrt{x}$, $y=2\sqrt{x}$의 그래프와 만나는 점을 각각 A_n, B_n이라 하자. 삼각형 OA_nB_n의 넓이를 $S(n)$이라고 할 때, $S(2^{10})=2^k$이다. k의 값은? (단, O는 원점이다.) (3점)

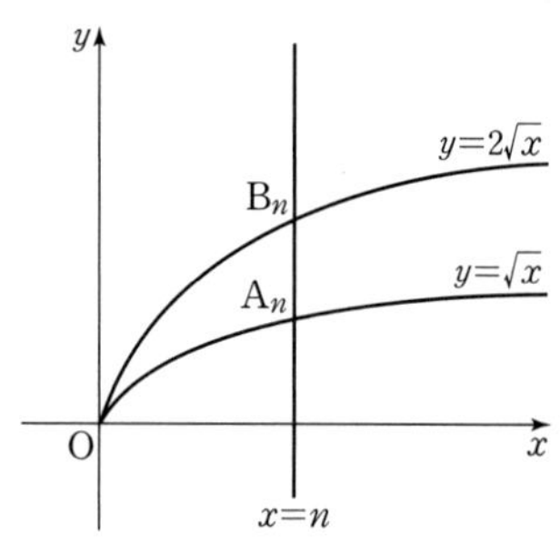

① 10 ② 11 ③ 12

④ 13 ⑤ 14

A99 ✿❀❀ 2009실시(나) 7월 학평 18(고3)

$a>0$, $a\neq 1$에 대하여 $\left\{\dfrac{\sqrt{a^3}}{\sqrt{\sqrt[3]{a^4}}} \times \sqrt{\left(\dfrac{1}{a}\right)^{-4}}\right\}^6 = a^k$일 때, 상수 k의 값을 구하시오. (3점)

A100 ✿✿❀ 2017실시(나) 3월 학평 15(고3)

그림과 같이 좌표평면에 두 함수 $f(x)=x^2$, $g(x)=x^3$의 그래프가 있다. 곡선 $y=f(x)$ 위의 한 점 $P_1(a, f(a))(a>1)$에서 x축에 내린 수선의 발을 Q_1이라 하자. 선분 OQ_1을 한 변으로 하는 정사각형 OQ_1AB의 한 변 AB가 곡선 $y=g(x)$와 만나는 점을 P_2, 점 P_2에서 x축에 내린 수선의 발을 Q_2라 하자. 선분 OQ_2를 한 변으로 하는 정사각형 OQ_2CD의 한 변 CD가 곡선 $y=f(x)$와 만나는 점을 P_3, 점 P_3에서 x축에 내린 수선의 발을 Q_3이라 하자. 두 점 Q_2, Q_3의 x좌표를 각각 b, c라 할 때, $bc=2$가 되도록 하는 점 P_1의 y좌표의 값은? (단, O는 원점이고, 두 점 A, C는 제1사분면에 있다.) (4점)

① 8 ② 10 ③ 12

④ 14 ⑤ 16

A101 ✿✿❀ 2010실시(나) 4월 학평 5(고3)

$P_n = 3^{\frac{1}{n(n+1)}}$에 대하여 $P_1 \times P_2 \times P_3 \times \cdots \times P_{2010} = 3^k$일 때, 상수 k의 값은? (단, n은 자연수이다.) (3점)

① $\dfrac{2009}{2010}$ ② $\dfrac{2010}{2011}$ ③ 1

④ $\dfrac{2011}{2010}$ ⑤ $\dfrac{2010}{2009}$

A102 ✿✿❀ 2009대비(나) 6월 모평 27(고3)

부등식 $1<m^{n-5}<n^{m-8}$을 만족시키는 자연수 m, n에 대하여

$$A=m^{\frac{1}{m-8}}\times n^{\frac{1}{n-5}}$$

$$B=m^{-\frac{1}{m-8}}\times n^{\frac{1}{n-5}}$$

$$C=m^{\frac{1}{m-8}}\times n^{-\frac{1}{n-5}}$$

이라고 할 때, A, B, C의 대소 관계로 옳은 것은? (4점)

① $A>B>C$ ② $A>C>B$ ③ $B>A>C$
④ $B>C>A$ ⑤ $C>A>B$

유형 12 지수법칙의 실생활 응용

(1) 지수로 표현된 관계식이 주어진 문제는 조건에서 주어진 값들을 관계식의 변수에 적절히 대입하여 해결한다.
(2) 관계식이 주어지지 않은 경우에는 주어진 상황을 식으로 나타내어 해결한다.

실생활 소재 문제는 문제의 길이가 긴 경우가 있지만, 대부분 식이 주어지므로 이것을 이용하면 쉽게 풀 수 있다. 문제를 읽어나가며 변수에 들어갈 값들을 체크하고, 주어진 관계식에 대입한 후, 지수법칙을 이용하자.

A103 ✿❀❀ 2019실시(나) 6월 학평 15(고2)

반지름의 길이가 r인 원형 도선에 세기가 I인 전류가 흐를 때, 원형 도선의 중심에서 수직 거리 x만큼 떨어진 지점에서의 자기장의 세기를 B라 하면 다음과 같은 관계식이 성립한다고 한다.

$$B=\frac{kIr^2}{2(x^2+r^2)^{\frac{3}{2}}}\text{ (단, }k\text{는 상수이다.)}$$

전류의 세기가 $I_0(I_0>0)$으로 일정할 때, 반지름의 길이가 r_1인 원형 도선의 중심에서 수직 거리 x_1만큼 떨어진 지점에서의 자기장의 세기를 B_1, 반지름의 길이가 $3r_1$인 원형 도선의 중심에서 수직 거리 $3x_1$만큼 떨어진 지점에서의 자기장의 세기를 B_2라 하자. $\frac{B_2}{B_1}$의 값은? (단, 전류의 세기의 단위는 A, 자기장의 세기의 단위는 T, 길이와 거리의 단위는 m이다.) (4점)

① $\frac{1}{6}$ ② $\frac{1}{4}$ ③ $\frac{1}{3}$
④ $\frac{5}{12}$ ⑤ $\frac{1}{2}$

A104 ✿❀❀ 2017실시(가) 6월 학평 13(고2)

폭약에 의한 수중 폭발이 일어나면 폭발 지점에서 가스버블이 생긴다. 수면으로부터 폭발 지점까지의 깊이가 D(m)인 지점에서 무게가 W(kg)인 폭약이 폭발했을 때의 가스버블의 최대반경을 R(m)라고 하면 다음과 같은 관계식이 성립한다고 한다.

$$R=k\left(\frac{W}{D+10}\right)^{\frac{1}{3}}\text{ (단, }k\text{는 양의 상수이다.)}$$

수면으로부터 깊이가 d(m)인 지점에서 무게가 160 kg인 폭약이 폭발했을 때의 가스버블의 최대반경을 R_1(m)이라 하고, 같은 폭발 지점에서 무게가 p(kg)인 폭약이 폭발했을 때의 가스버블의 최대반경을 R_2(m)라 하자.
$\frac{R_1}{R_2}=2$일 때, p의 값은? (단, 폭약의 종류는 같다.) (3점)

① 8 ② 12 ③ 16
④ 20 ⑤ 24

A105 ✿❀❀ 2016대비(A) 수능 16(고3)

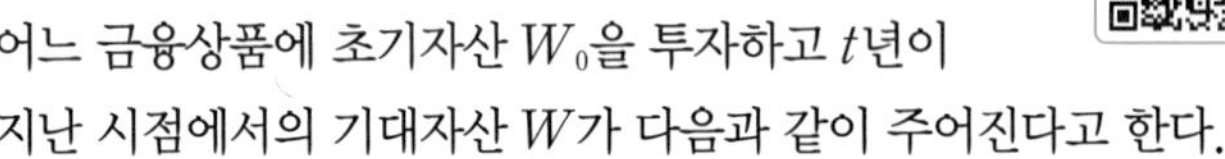

어느 금융상품에 초기자산 W_0을 투자하고 t년이 지난 시점에서의 기대자산 W가 다음과 같이 주어진다고 한다.

$$W=\frac{W_0}{2}10^{at}(1+10^{at})\text{ (단, }W_0>0,\ t\geq 0\text{이고, }a\text{는 상수이다.)}$$

이 금융상품에 초기자산 w_0을 투자하고 15년이 지난 시점에서의 기대자산은 초기자산의 3배이다. 이 금융상품에 초기자산 w_0을 투자하고 30년이 지난 시점에서의 기대자산이 초기자산의 k배일 때, 실수 k의 값은? (단, $w_0>0$) (4점)

① 9 ② 10 ③ 11
④ 12 ⑤ 13

❖ 정답 및 해설 21~23p

A106 ✽❀❀ 2013실시(B) 9월 학평 10(고2)

그림과 같이 세 개의 옥타브로 이루어진 어떤 피아노가 있다. 각 옥타브마다 '도'를 0번 음으로 하고 나머지 음에 순서대로 번호를 붙이면 '솔'은 7번 음, '라'는 9번 음이 된다.

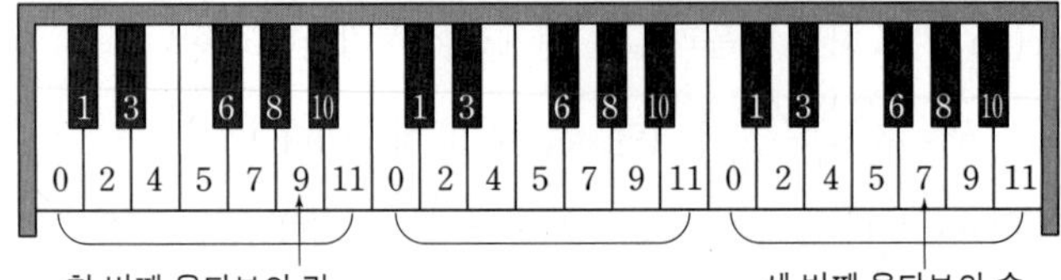

이 피아노의 m번째 옥타브의 p번 음의 진동수 $N(\mathrm{Hz})$는 다음과 같다.

$N=k\times 2^m\times(\sqrt[12]{2})^p$ (단, k는 상수이다.)

세 번째 옥타브의 '솔'의 진동수는 첫 번째 옥타브의 '라'의 진동수의 몇 배인가? (3점)

① $2^{\frac{7}{6}}$　② $2^{\frac{3}{2}}$　③ $2^{\frac{11}{6}}$　④ $2^{\frac{13}{6}}$　⑤ $2^{\frac{5}{2}}$

A107 ✽❀❀ 2014대비(A) 6월 모평 15(고3)

지면으로부터 H_1인 높이에서 풍속이 V_1이고 지면으로부터 H_2인 높이에서 풍속이 V_2일 때, 대기 안정도 계수 k는 다음 식을 만족시킨다.

$$V_2=V_1\times\left(\frac{H_2}{H_1}\right)^{\frac{2}{2-k}}$$

(단, $H_1<H_2$이고, 높이의 단위는 m, 풍속의 단위는 m/초이다.)

A지역에서 지면으로부터 12 m와 36 m인 높이에서 풍속이 각각 2(m/초)와 8(m/초)이고, B지역에서 지면으로부터 10 m와 90 m인 높이에서 풍속이 각각 a(m/초)와 b(m/초)일 때, 두 지역의 대기 안정도 계수 k가 서로 같았다. $\frac{b}{a}$의 값은?

(단, a, b는 양수이다.) (4점)

① 10　② 13　③ 16　④ 19　⑤ 22

A108 ✽❀❀ 2013실시(A) 6월 학평 15(고2)

어떤 물질의 부패지수 P와 일평균 습도 $H(\%)$, 일평균 기온 $t(℃)$ 사이에는 다음과 같은 관계식이 성립한다고 한다.

$$P=\frac{H-65}{14}\times(1.05)^t$$

일평균 습도가 72 %, 일평균 기온이 10 ℃인 날에 이 물질의 부패지수를 P_1이라 하자. 일평균 습도가 79 %, 일평균 기온이 x ℃인 날에 이 물질의 부패지수가 $4P_1$일 때, x의 값은?

(단, $1.05^{14}=2$로 계산한다.) (4점)

① 22　② 24　③ 26　④ 28　⑤ 30

A109 ✽❀❀ 2011대비(나) 9월 모평 6(고3)

양수기로 물을 끌어올릴 때, 펌프의 1분당 회전수 N, 양수량 Q, 양수할 높이 H와 양수기의 비교회전도 S 사이에는 다음과 같은 관계가 있다고 한다.

$$S=NQ^{\frac{1}{2}}H^{-\frac{3}{4}}$$

(단, N, Q, H의 단위는 각각 rpm, $\mathrm{m^3}$/분, m이다.)

펌프의 1분당 회전수가 일정한 양수기에 대하여 양수량이 24, 양수할 높이가 5일 때의 비교회전도를 S_1, 양수량이 12, 양수할 높이가 10일 때의 비교회전도를 S_2라 하자. $\frac{S_1}{S_2}$의 값은? (3점)

① $2^{\frac{3}{4}}$　② $2^{\frac{7}{8}}$　③ 2　④ $2^{\frac{9}{8}}$　⑤ $2^{\frac{5}{4}}$

A110 ✿❀❀ Pass 2010대비(나) 수능 10(고3)

조개류는 현탁물을 여과한다. 수온이 t(℃)이고 개체중량이 w(g)일 때, A 조개와 B 조개가 1시간 동안 여과하는 양(L)을 각각 Q_A, Q_B라고 하면 다음과 같은 관계식이 성립한다고 한다.

$Q_A = 0.01t^{1.25}w^{0.25}$

$Q_B = 0.05t^{0.75}w^{0.30}$

수온이 20 ℃이고 A 조개와 B 조개의 개체중량이 각각 8 g일 때, $\frac{Q_A}{Q_B}$의 값은 $2^a \times 5^b$이다. $a+b$의 값은? (단, a, b는 유리수이다.) (3점)

① 0.15 ② 0.35 ③ 0.55
④ 0.75 ⑤ 0.95

A111 ✿❀❀ Pass 2009실시(가) 3월 학평 16(고3)

원기둥 모양의 수도관에서 단면인 원의 넓이를 S, 원의 둘레의 길이를 L이라 하고, 수도관의 기울기를 I라 하자. 이 수도관에서 물이 가득 찬 상태로 흐를 때 물의 속력을 v라 하면

$v = c\left(\frac{S}{L}\right)^{\frac{2}{3}} \times I^{\frac{1}{2}}$ (단, c는 상수이다.)

이 성립한다고 한다.

단면인 원의 반지름의 길이가 각각 a, b인 원기둥 모양의 두 수도관 A, B에서 물이 가득 찬 상태로 흐르고 있다. 두 수도관 A, B의 기울기가 각각 0.01, 0.04이고, 흐르는 물의 속력을 각각 v_A, v_B라고 하자. $\frac{v_A}{v_B}=2$일 때, $\frac{a}{b}$의 값은? (단, 두 수도관 A, B에 대한 상수 c의 값은 서로 같다.) (4점)

① 4 ② $4\sqrt{2}$ ③ 8
④ $8\sqrt{2}$ ⑤ 16

A112 ✿❀❀ Pass 2008실시(가) 10월 학평 17(고3)

어떤 생물의 개체수를 측정하기 시작하여 시각 t에서의 개체수를 $N(t)$라 할 때, 다음 관계식이 성립한다고 한다.

$N(t) = \frac{K}{1+c \cdot a^{-bt}}$ (단, a, b, c는 양의 상수)

이때, K는 이 생물의 최대개체량이다.

이 생물의 개체수를 측정하기 시작하여 $t=5$일 때의 개체수는 최대개체량의 $\frac{1}{2}$이었고, $t=7$일 때의 개체수는 최대개체량의 $\frac{3}{4}$이었다. 이 생물의 개체수를 측정하기 시작하여 $t=9$일 때의 개체수를 나타내는 것은? (4점)

① $\frac{6}{7}K$ ② $\frac{7}{8}K$ ③ $\frac{8}{9}K$
④ $\frac{9}{10}K$ ⑤ $\frac{10}{11}K$

A113 ✿❀❀ Pass 2006실시(나) 3월 학평 16(고3)

어느 도시의 t년도 인구수를 $P \times 10^6$(명)이라 하면

$P = 5 \cdot 2^{\frac{t-2001}{15}}$

인 관계가 성립한다고 한다. 이 도시의 인구수가 2006년 인구수의 2배가 되는 해는? (4점)

① 2017년 ② 2019년 ③ 2021년
④ 2023년 ⑤ 2025년

❖ 정답 및 해설 24~26p

1등급 마스터 문제 [4점 + 2등급 대비 + 1등급 대비]

A114 ✲✲✲ 2017실시(나) 3월 학평 21(고3)

자연수 m에 대하여 집합 A_m을

$$A_m=\left\{(a,\ b)\ \middle|\ 2^a=\frac{m}{b},\ a,\ b\text{는 자연수}\right\}$$

라 할 때, [보기]에서 옳은 것만을 있는 대로 고른 것은? (4점)

[보기]

ㄱ. $A_4=\{(1,\ 2),\ (2,\ 1)\}$

ㄴ. 자연수 k에 대하여 $m=2^k$이면 $n(A_m)=k$이다.

ㄷ. $n(A_m)=1$이 되도록 하는 두 자리 자연수 m의 개수는 23이다.

① ㄱ ② ㄱ, ㄴ ③ ㄱ, ㄷ
④ ㄴ, ㄷ ⑤ ㄱ, ㄴ, ㄷ

[1등급 대비+2등급 대비]

A115 ✪ 2등급 대비 2019실시(가) 6월 학평 21(고2)

자연수 n에 대하여 $f(n)$이 다음과 같다.

$$f(n)=\begin{cases}\sqrt[4]{9\times 2^{n+1}} & (n\text{이 홀수})\\ \sqrt[4]{4\times 3^n} & (n\text{이 짝수})\end{cases}$$

10 이하의 두 자연수 p, q에 대하여 $f(p)\times f(q)$가 자연수가 되도록 하는 모든 순서쌍 $(p,\ q)$의 개수는? (4점)

① 36 ② 38 ③ 40
④ 42 ⑤ 44

A116 ✿❀❀ 2025대비 삼사 12(고3)

2 이상의 자연수 n에 대하여 $-(n-k)^2+8$의 n제곱근 중 실수인 것의 개수를 $f(n)$이라 하자.

$$f(3)+f(4)+f(5)+f(6)+f(7)=7$$

을 만족시키는 모든 자연수 k의 값의 합은? (4점)

① 14 ② 15 ③ 16
④ 17 ⑤ 18

A117 ✿❀❀ 2022대비 경찰대 13(고3)

실수 $r=\dfrac{3}{\sqrt[3]{4}-\sqrt[3]{2}+1}$에 대하여

$$r+r^2+r^3=a\sqrt[3]{4}+b\sqrt[3]{2}+c$$

일 때, $a+b+c$의 값은? (단, a, b, c는 유리수이다.) (4점)

① 7 ② 9 ③ 11
④ 13 ⑤ 15

A118 ✿❀❀ 2022대비 삼사 6(고3)

$\sqrt[m]{64}\times\sqrt[n]{81}$의 값이 자연수가 되도록 하는 2 이상의 자연수 m, n의 모든 순서쌍 (m, n)의 개수는? (3점)

① 2 ② 4 ③ 6
④ 8 ⑤ 10

A119 ✿❀❀ 2020대비 경찰대 1(고3)

실수 x에 대하여 $2^{3x}=9$일 때, $3^{\frac{2}{x}}$의 값은? (3점)

① 4 ② 8 ③ 16
④ 32 ⑤ 64

A120 ✿❀❀ 2019대비(나) 삼사 22(고3)

$\sqrt{3\sqrt[4]{27}}=3^{\frac{q}{p}}$일 때, $p+q$의 값을 구하시오.
(단, p와 q는 서로소인 자연수이다.) (3점)

A121 ✪ 2등급 대비 2018대비(나) 삼사 28(고3)

2 이상의 자연수 n에 대하여 $n^{\frac{4}{k}}$의 값이 자연수가 되도록 하는 자연수 k의 개수를 $f(n)$이라 하자. 예를 들어 $f(6)=3$이다. $f(n)=8$을 만족시키는 n의 최솟값을 구하시오. (4점)

❖ 정답 및 해설 26~29p

TNT

서울대학교 테니스 동아리

젊음의 열정을 터트리자! TNT

TNT는 경영대에서 창립되어 현재 20년이 넘는 전통을 자랑하는 테니스 동아리입니다. 저희는 입학과 졸업을 같이 하고픈 따뜻한 동아리이며, 졸업 이후에도 선배님들과의 교류를 꾸준히 이어나가고 있는 열정적인 동아리이기도 합니다. 그리고 경영대에 속한 동아리이지만 단과대나 나이, 성별 등을 불문하여 다양한 사람들과 테니스를 즐길 수 있습니다.

TNT는 매주 토요일에 정모를 통해서 그룹 개인지도를 진행하며, 평일 중 하루의 스쿨을 선택해 평일 레슨 또한 받을 수 있습니다. 그리고 학장배 테니스 대회, 동아리 교류전, 홈커밍 등의 행사를 통해 자신의 실력을 드러내고 인적 네트워크의 폭을 확장해 나갈 수 있습니다.

동아리에 들어오시려고 할 때 테니스가 처음이라 어려워하는 마음이 들 수 있지만, 걱정하지 마십시오. 열정이 있다면 실력이 어떠하든, 운동신경이 어떠하든 같이 즐겁게 추억을 남기며 운동할 수 있도록 도와드릴 것이라 약속합니다.

나의 몸의 리듬을 익히고, 같은 팀 동료와 호흡을 맞추며, 공에 열정을 담는 경험을 하며, 나의 폭발적인 잠재력을 일깨울 수 있는 동아리인 TNT에 여러분을 초대합니다.

로그

★ 유형 차례

유형 01 로그의 정의

유형 02 로그의 계산

중요 유형 03 로그의 여러 가지 성질

유형 04 로그의 성질의 활용 – 식의 값

유형 05 로그의 성질의 활용 – 식의 정리

중요 유형 06 로그의 성질의 응용

유형 07 로그의 성질의 활용 – 빈칸

유형 08 로그의 성질의 활용 – 진위형

유형 09 로그의 성질의 활용 – 추론

유형 10 로그와 이차방정식

유형 11 상용로그표의 이용

중요 유형 12 상용로그의 응용 – 식 대입

유형 13 상용로그의 응용 – 식 비교

유형 14 상용로그의 활용 – 소수 부분

유형 15 상용로그의 활용 – 정수 부분과 소수 부분

★ 최신 3개년 수능+모평 출제 경향

학년도		출제 유형	난이도
2025	수능	유형 03 로그의 여러 가지 성질	❀❀❀
	9월	출제되지 않음	
	6월	출제되지 않음	
2024	수능	유형 04 로그의 성질의 활용 – 식의 값	✿❀❀
	9월	유형 05 로그의 성질의 활용 – 식의 정리	✿❀❀
	6월	출제되지 않음	
2023	수능	출제되지 않음	
	9월	출제되지 않음	
	6월	유형 05 로그의 성질의 활용 – 식의 정리	✿✿✿

★ 2025 수능 출제 경향 분석

- **로그의 여러 가지 성질** : 밑이 다른 두 로그에서 로그의 밑의 변환 공식을 이용하여 밑을 통일하고 로그의 성질을 이용하여 두 로그의 곱을 계산하는 기본 문제가 출제되었다. [B52 문항]

★ 2026 수능 예측

1. 로그의 정의와 성질을 이용한 식의 값을 계산하는 간단한 문제가 출제 예상된다. 특히 로그의 정의 중 진수와 밑의 조건을 제대로 알고 있는지 묻는 간단한 문제로 출제될 것이다.
2. 로그의 정의인 $a^x=N \Leftrightarrow x=\log_a N$을 이용하여 로그의 값이 자연수 또는 정수가 될 조건을 만족시키는 실수의 값을 구하는 고난도 문제가 출제 예상된다. 로그의 정의를 정확히 이해하고 접근해야 한다.
3. 지수나 로그를 사용해 정의된 식이 주어지는 실생활 문제가 출제 예상된다. 지수와 로그의 성질을 활용하여 주어진 식에 빠르고 정확하게 대입하도록 연습하자.

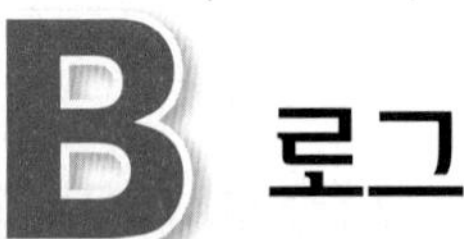

B 로그

개념 강의

중요도 ★★○

1 로그의 정의[1] – 유형 01

$a>0$, $a\neq1$일 때, 임의의 양수 b에 대하여 $a^x=b$를 만족시키는 실수 x를 $\log_a b$로 나타내고, 이 값 x를 a를 밑으로 하는 b의 **로그**라 한다.

$$a^x=b \Longleftrightarrow x=\log_a b$$

(진수: b, 밑: a)

2 로그의 성질 – 유형 02~10

(1) 로그의 성질[2]

$a>0$, $a\neq1$, $x>0$, $y>0$일 때,

① $\log_a 1=0$, $\log_a a=1$ 예 $\log_2 1=0$, $\log_2 2=1$

② $\log_a xy=\log_a x+\log_a y$ 예 $\log_3 6=\log_3 3+\log_3 2=1+\log_3 2$

③ $\log_a \frac{x}{y}=\log_a x-\log_a y$ 예 $\log_4 \frac{4}{7}=\log_4 4-\log_4 7=1-\log_4 7$

④ $\log_a x^k=k\log_a x$ (단, k는 실수) 예 $\log_5 2^6=6\log_5 2$

(2) 로그의 밑의 변환 공식

$a>0$, $a\neq1$이고 $b>0$일 때,

① $\log_a b=\frac{\log_c b}{\log_c a}$ (단, $c>0$, $c\neq1$) 예 $\log_2 5=\frac{\log_3 5}{\log_3 2}$

② $\log_a b=\frac{1}{\log_b a}$[3] (단, $b\neq1$) 예 $\log_2 3=\frac{1}{\log_3 2}$

(3) 로그의 여러 가지 성질[4]

$a>0$, $a\neq1$, $b>0$이고, m, n은 실수일 때,

① $\log_{a^m} b^n=\frac{n}{m}\log_a b$ (단, $m\neq0$)

② $a^{\log_c b}=b^{\log_c a}$ (단, $c>0$, $c\neq1$)

③ $a^{\log_a b}=b$

④ $\log_a b\times\log_b a=1$ (단, $b\neq1$)

출제 2025 수능 8번

★ 로그의 정의와 로그의 여러 가지 성질을 이용하여 두 로그의 곱을 계산하는 하 난이도의 문제가 출제되었다.

3 상용로그 – 유형 11~15

(1) 상용로그의 뜻

$\log_{10} N$과 같이 10을 밑으로 하는 로그를 **상용로그**라 하고, 흔히 밑 10을 생략하여 $\log N$으로 나타낸다.

즉, $\log_{10} N \Longleftrightarrow \log N$ (단, $N>0$)

(2) 상용로그의 정수 부분과 소수 부분

임의의 양수 N에 대하여 $\log N=n+\alpha$ (n은 정수, $0\leq\alpha<1$)로 나타낼 때, n을 $\log N$의 정수 부분, α를 $\log N$의 소수 부분이라 한다.

(3) 상용로그의 성질

① 정수 부분이 n자리인 수의 상용로그의 정수 부분은 $(n-1)$이다.[5]

② 소수점 아래 n째 자리에서 처음으로 0이 아닌 숫자가 나타내는 수의 상용로그의 정수 부분은 $-n$이다.

③ 숫자의 배열이 같고 소수점의 위치만 다른 양수의 상용로그의 소수 부분은 모두 같다.

+개념 보충

[1] $\log_a N$이 정의되기 위해서는
① 밑의 조건 : $a>0$, $a\neq1$
② 진수의 조건 : $N>0$

[2] 로그의 계산에서 다음에 주의한다.
① $\log_a (M+N)\neq\log_a M+\log_a N$
② $\log_a M\times\log_a N\neq\log_a M+\log_a N$
③ $\log_a (M-N)\neq\log_a M-\log_a N$
④ $\frac{\log_a M}{\log_a N}\neq\log_a M-\log_a N$
⑤ $\log_a N^k\neq(\log_a N)^k$

왜 그럴까?

[3] **로그의 밑의 변환**
$\log_a b$를 밑이 b인 로그로 나타내면
$\log_a b=\frac{\log_b b}{\log_b a}=\frac{1}{\log_b a}$

한걸음 더!

[4] 문장제 문제는 식이 복잡해도 간단하게 정리한 후 로그의 성질을 이용해서 계산할 수 있어야 한다. 이때, 로그의 정의를 정확히 기억해서 지수를 로그로, 로그를 지수로 바꾸는 게 자연스럽다면 계산하는 데에도 도움이 될 것이다.

왜 그럴까?

[5] n자리인 수를 A라 하면
$10^{n-1}\leq A<10^n$
각각 상용로그를 취하면
$\log 10^{n-1}\leq\log A<\log 10^n$
$\therefore n-1\leq\log A<n$
즉, $\log A$의 정수 부분은 $n-1$이 된다.

1 로그의 정의

B01 기본 2009실시(나) 4월 학평 19(고3)

$\log_{(x-3)}(-x^2+11x-24)$가 정의되기 위한 모든 정수 x의 합을 구하시오. (3점)

2 로그의 성질

B02 기본 2007대비(나) 9월 모평 1(고3)

$\log_2 16+\log_2 \frac{1}{8}$의 값은? (2점)

① 1 ② 2 ③ 3
④ 4 ⑤ 5

B03 기본 2005대비(나) 6월 모평 4(고3)

$\log_{\sqrt{3}} x=4$, $\log_3 y=6$일 때, $\log_x y$의 값은? (3점)

① 1 ② 2 ③ 3
④ 4 ⑤ 5

B04 기본 2006대비(나) 9월 모평 20(고3)

두 실수 a, b가

$a\log_3 2=4$

$\log_3 b=1-\log_3(\log_2 3)$

을 만족시킬 때, ab의 값을 구하시오. (3점)

B05 기본 2019대비(나) 6월 모평 13(고3)

좌표평면 위의 두 점 $(1, \log_2 5)$, $(2, \log_2 10)$을 지나는 직선의 기울기는? (3점)

① 1 ② 2 ③ 3
④ 4 ⑤ 5

B06 기본 2008실시(나) 7월 학평 7(고3)

1이 아닌 양의 실수 x, y에 대하여 ◎을 $x◎y=\log_x y+\log_y x$로 정의할 때, [보기]에서 옳은 것을 모두 고른 것은?
(단, a, b는 양수이다.) (3점)

[보기]

ㄱ. $4◎16=\frac{5}{2}$

ㄴ. $a^k◎b^k=a◎b$

ㄷ. $a^b◎b^a=a◎b^{\frac{a}{b}}$

① ㄱ ② ㄴ ③ ㄱ, ㄷ
④ ㄴ, ㄷ ⑤ ㄱ, ㄴ, ㄷ

3 상용로그

B07 기본 2012대비(나) 수능 4(고3)

어느 학교 학생회가 축제 기간에 운영하는 먹거리 장터에서 수학 동아리가 다음과 같은 차림표를 마련하였다.

차림표

품명	단위	가격(원)
유클리드 생수	병	$500\times\sqrt[3]{8}$
피타고라스 김밥	줄	$500\times\log_3 27$
가우스 떡볶이	접시	$500\times\sum_{k=1}^{3}k$
⋮	⋮	⋮

유클리드 생수 1병과 피타고라스 김밥 1줄을 살 때, 지불해야 할 금액은? (3점)

① 1500원 ② 2000원 ③ 2500원
④ 3000원 ⑤ 3500원

❖ 정답 및 해설 30~31p

수능 유형별 기출 문제 [2점, 3점, 쉬운 4점]

Pass 쉬운 유형, 반복 계산 문제로 패스 하셔도 좋습니다.

1 로그의 정의

유형 01 로그의 정의

(1) $a^x=N \Longleftrightarrow x=\log_a N$

(2) $\log_a N$에서 a를 로그의 밑, N을 로그의 진수라 한다.
이때, **로그가 정의되기 위한 조건은 다음과 같다.**
① 밑의 조건 : $a>0$, $a\neq1$
② 진수의 조건 : $N>0$

tip
1 지수를 로그로 바꿀 때, 지수의 밑은 로그의 밑으로 가고,
로그를 지수로 바꿀 때, 로그의 밑은 지수의 밑으로 간다.
2 로그가 정의되려면 밑이 1이 아닌 양수이고 진수는 양수이어야 한다.

B08 2021실시 10월 학평 1(고3)

$\log_3 x=3$일 때, x의 값은? (2점)

① 1 ② 3 ③ 9 ④ 27 ⑤ 81

B09 2019실시(나) 6월 학평 23(고2)

$\log_3(6-x)$가 정의되도록 하는 모든 자연수 x의 값의 합을 구하시오. (3점)

B10 2019대비(나) 9월 모평 25(고3)

양수 a에 대하여 $a^{\frac{1}{2}}=8$일 때, $\log_2 a$의 값을 구하시오. (3점)

B11 2018실시(나) 4월 학평 12(고3)

$\log_a(-2a+14)$가 정의되도록 하는 정수 a의 개수는? (3점)

① 1 ② 2 ③ 3 ④ 4 ⑤ 5

B12 2016실시(나) 3월 학평 22(고3)

$\log_4 a=\frac{7}{2}$일 때, a의 값을 구하시오. (3점)

B13 2015실시(A) 3월 학평 29(고3)

$\log_2(-x^2+ax+4)$의 값이 자연수가 되도록 하는 실수 x의 개수가 6일 때, 모든 자연수 a의 값의 곱을 구하시오. (4점)

B14 2019실시(가) 6월 학평 24(고2)

$\log_{(a+3)}(-a^2+3a+28)$이 정의되도록 하는 모든 정수 a의 개수를 구하시오. (3점)

2 로그의 성질

유형 02 로그의 계산

$a>0$, $a\neq1$, $x>0$, $y>0$일 때,
① $\log_a 1=0$, $\log_a a=1$
② $\log_a xy=\log_a x+\log_a y$
③ $\log_a \frac{x}{y}=\log_a x-\log_a y$
④ $\log_a x^k=k\log_a x$ (단, k는 실수)

tip
로그의 계산 문제에서는 지수법칙을 이용하는 경우가 많다.
지수법칙을 정확히 알아두고, 계산에서 실수하지 않도록 주의하자.

B15 2022대비 9월 모평 16(고3)

$\log_2 100-2\log_2 5$의 값을 구하시오. (3점)

B16 ❀❀❀ 2021실시 7월 학평 1(고3)

$4^{\frac{1}{2}}+\log_2 8$의 값은? (2점)

① 1　② 2　③ 3　④ 4　⑤ 5

B17 ❀❀❀ 2022대비 6월 모평 16(고3)

$\log_4 \frac{2}{3}+\log_4 24$의 값을 구하시오. (3점)

B18 ❀❀❀ 2021실시 3월 학평 1(고3)

$\log_8 16$의 값은? (2점)

① $\frac{7}{6}$　② $\frac{4}{3}$　③ $\frac{3}{2}$　④ $\frac{5}{3}$　⑤ $\frac{11}{6}$

B19 ❀❀❀ 2021대비(나) 수능 24(고3)

$\log_3 72-\log_3 8$의 값을 구하시오. (3점)

B20 ❀❀❀ 2020실시(나) 10월 학평 1(고3)

$\log_2 \sqrt{8}$의 값은? (2점)

① 1　② $\frac{3}{2}$　③ 2　④ $\frac{5}{2}$　⑤ 3

B21 ❀❀❀ 2020실시(가) 10월 학평 2(고3)

$\log_3 54+\log_9 \frac{1}{36}$의 값은? (2점)

① 1　② 2　③ 3　④ 4　⑤ 5

B22 ❀❀❀ 2021대비(나) 9월 모평 24(고3)

$\log_5 40+\log_5 \frac{5}{8}$의 값을 구하시오. (3점)

B23 ❀❀❀ 2020실시(나) 4월 학평 9(고3)

$\log_3 10+\log_3 \frac{9}{5}-\log_3 \frac{2}{3}$의 값은? (3점)

① 1　② 2　③ 3　④ 4　⑤ 5

B24 ❀❀❀ Pass 2019실시(나) 10월 학평 1(고3)

$\log_2 24-\log_2 3$의 값은? (2점)

① 1　② 2　③ 3　④ 4　⑤ 5

B25 ❀❀❀ Pass 2019실시(나) 7월 학평 12(고3)

1보다 큰 두 실수 a, b에 대하여 $\log_a \frac{a^3}{b^2}=2$가 성립할 때, $\log_a b+3\log_b a$의 값은? (3점)

① $\frac{9}{2}$　② 5　③ $\frac{11}{2}$　④ 6　⑤ $\frac{13}{2}$

❖ 정답 및 해설 31~34p

B26 ❀❀❀ Pass 2019실시(나) 4월 학평 5(고3)

$\log_2 3+\log_2 \frac{8}{3}$의 값은? (3점)

① 1 ② 2 ③ 3
④ 4 ⑤ 5

B27 ❀❀❀ Pass 2019실시(나) 3월 학평 1(고3)

$\log_6 2+\log_6 3$의 값은? (2점)

① 1 ② 2 ③ 3
④ 4 ⑤ 5

B28 ❀❀❀ Pass 2018실시(나) 7월 학평 22(고3)

$\log_6 3+\log_6 12$의 값을 구하시오. (3점)

B29 ❀❀❀ Pass 2018실시(나) 3월 학평 23(고3)

$\log_2(2^2\times 2^3)$의 값을 구하시오. (3점)

B30 ❀❀❀ Pass 2017실시(나) 7월 학평 2(고3)

$\log_2 2+\log_3 9$의 값은? (2점)

① 1 ② 3 ③ 5
④ 7 ⑤ 9

B31 ❀❀❀ Pass 2018대비(나) 6월 모평 25(고3)

$\log_3 \frac{9}{2}+\log_3 6$의 값을 구하시오. (3점)

B32 ❀❀❀ Pass 2017실시(나) 3월 학평 22(고3)

$\left(\frac{1}{4}\right)^{-2}\times\log_2 8$의 값을 구하시오. (3점)

B33 ❀❀❀ Pass 2017대비(나) 수능 3(고3)

$\log_{15} 3+\log_{15} 5$의 값은? (2점)

① 1 ② 2 ③ 3
④ 4 ⑤ 5

B34 ❀❀❀ Pass 2016실시(나) 10월 학평 1(고3)

$\log_6 4+\log_6 9$의 값은? (2점)

① 1 ② 2 ③ 3
④ 4 ⑤ 5

B35 ❀❀❀ Pass 2017대비(나) 9월 모평 4(고3)

$\log_3 6-\log_3 2$의 값은? (3점)

① 1 ② 2 ③ 3
④ 4 ⑤ 5

B36 ❀❀❀ Pass 2015실시(B) 10월 학평 22(고3)

$9^{\frac{1}{2}} \times \log_2 8$의 값을 구하시오. (3점)

B37 ❀❀❀ Pass 2015실시(A) 7월 학평 1(고3)

$\log_2 24 - \log_2 3$의 값은? (2점)

① 1 ② 2 ③ 3
④ 4 ⑤ 5

B38 ❀❀❀ Pass 2016대비(A) 6월 모평 5(고3)

$\log_2 5 + \log_2 \frac{4}{5}$의 값은? (3점)

① 1 ② 2 ③ 3
④ 4 ⑤ 5

B39 ❀❀❀ Pass 2015대비(A) 6월 모평 5(고3)

$\log_8 2 + \log_8 4$의 값은? (3점)

① 1 ② 2 ③ 3
④ 4 ⑤ 5

B40 ❀❀❀ 2014대비(A) 6월 모평 5(고3)

$\log_5(6-\sqrt{11}) + \log_5(6+\sqrt{11})$의 값은? (3점)

① 1 ② 2 ③ 3
④ 4 ⑤ 5

B41 ❀❀❀ Pass 2014대비(A) 12월 예비 1(고3)

$4^{-\frac{1}{2}} \times \log_3 9$의 값은? (2점)

① 1 ② 2 ③ 3
④ 4 ⑤ 5

B42 ❀❀❀ Pass 2013대비(나) 수능 2(고3)

$\log_2 40 - \log_2 5$의 값은? (2점)

① 1 ② 2 ③ 3
④ 4 ⑤ 5

B43 ❀❀❀ Pass 2011대비(나) 수능 1(고3)

$4^{\frac{3}{2}} \times \log_3 \sqrt{3}$의 값은? (2점)

① 5 ② 4 ③ 3
④ 2 ⑤ 1

B44 ❀❀❀ Pass 2011대비(나) 6월 모평 1(고3)

$\frac{1}{\sqrt[3]{8}} \times \log_3 81$의 값은? (2점)

① 1 ② 2 ③ 3
④ 4 ⑤ 5

B45 ❀❀❀ 2022실시 10월 학평 16(고3)

$\log_2 96 + \log_{\frac{1}{4}} 9$의 값을 구하시오. (3점)

❖ 정답 및 해설 34~36p

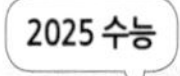

유형 03 로그의 여러 가지 성질

(1) 로그의 밑의 변환

$a>0$, $a\neq1$, $b>0$, $b\neq1$일 때,

① $\log_a b=\dfrac{\log_c b}{\log_c a}$ (단, $c>0$, $c\neq1$)

② $\log_a b=\dfrac{1}{\log_b a}$

(2) 로그의 여러 가지 성질

① $\log_{a^m} b^n=\dfrac{n}{m}\log_a b$ (단, $m\neq0$)

② $a^{\log_c b}=b^{\log_c a}$ (단, $c>0$, $c\neq1$)

③ $a^{\log_a b}=b$

1 로그의 밑이 같지 않은 경우에는 밑의 변환 공식을 이용하여 밑을 같게한 후 주어진 식을 간단히 정리한다.

2 착각하기 쉬운 로그의 성질

$\log_a(x+y)\neq\log_a x\times\log_a y$, $\log_a x\times\log_a y\neq\log_a x+\log_a y$

$\dfrac{\log_a x}{\log_a y}\neq\log_a x-\log_a y$, $(\log_a x)^n\neq n\log_a x$

B46 ❀❀❀ 2022대비 수능 16(고3)

$\log_2 120-\dfrac{1}{\log_{15} 2}$의 값을 구하시오. (3점)

B47 ❀❀❀ 2020실시(가) 7월 학평 1(고3)

$4^{\log_2 3}$의 값은? (2점)

① 3 ② 6 ③ 9 ④ 12 ⑤ 15

B48 ❀❀❀ 2023실시 3월 학평 16(고3)

$\log_2 96-\dfrac{1}{\log_6 2}$의 값을 구하시오. (3점)

B49 ❀❀❀ 2022실시 7월 학평 16(고3)

$\log_3 7\times\log_7 9$의 값을 구하시오. (3점)

B50 ❀❀❀ 2022실시 4월 학평 16(고3)

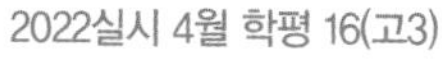

$\log_2 9\times\log_3 16$의 값을 구하시오. (3점)

B51 ❀❀❀ 2023실시 4월 학평 1(고3)

$\log_6 4+\dfrac{2}{\log_3 6}$의 값은? (2점)

① 1 ② 2 ③ 3 ④ 4 ⑤ 5

B52 ❀❀❀ 2025대비 수능 8(고3)

두 실수 $a=2\log\dfrac{1}{\sqrt{10}}+\log_2 20$, $b=\log 2$에 대하여 $a\times b$의 값은? (3점)

① 1 ② 2 ③ 3 ④ 4 ⑤ 5

B53 ✿❀❀ 2022실시 3월 학평 16(고3)

$\dfrac{\log_5 72}{\log_5 2}-4\log_2\dfrac{\sqrt{6}}{2}$의 값을 구하시오. (3점)

유형 04 **로그의 성질의 활용 - 식의 값**

(i) 주어진 조건식과 구하는 식의 밑을 통일한다.
(ii) 구하는 식의 진수를 곱의 형태로 바꾸고, 로그의 합으로 나타낸다.
(iii) (ii)에 주어진 조건식을 대입한다.

tip
쉬운 문제로 앞에서 배운 로그의 정의(유형 01)와 로그의 성질(유형 02)을 이용하여 구하고자 하는 식의 값이 바로 나오는 문제도 종종 출제되므로 다시 한 번 개념을 정리하고 넘어가자.

B54

2019실시(나) 3월 학평 10(고3)

$\log 1.44=a$일 때, $2\log 12$를 a로 나타낸 것은? (3점)

① $a+1$ ② $a+2$ ③ $a+3$
④ $a+4$ ⑤ $a+5$

B55

2018실시(나) 10월 학평 8(고3)

$10^{0.94}=k$라 할 때, $\log k^2+\log \frac{k}{10}$의 값은? (3점)

① 1.82 ② 1.85 ③ 1.88
④ 1.91 ⑤ 1.94

B56

2016실시(나) 4월 학평 4(고3)

두 양수 a, b에 대하여 $\log_2 a=54$, $\log_2 b=9$일 때, $\log_b a$의 값은? (3점)

① 3 ② 6 ③ 9
④ 12 ⑤ 15

B57

2016실시(나) 3월 학평 5(고3)

양수 a에 대하여 $\log_2 \frac{a}{4}=b$일 때, $\frac{2^b}{a}$의 값은? (3점)

① $\frac{1}{16}$ ② $\frac{1}{8}$ ③ $\frac{1}{4}$
④ $\frac{1}{2}$ ⑤ 1

B58

2016실시(나) 3월 학평 8(고3)

1이 아닌 두 양수 a, b에 대하여 $7\log a=2\log b$일 때, $\frac{8}{21}\log_a b$의 값은? (3점)

① $\frac{1}{3}$ ② $\frac{2}{3}$ ③ 1
④ $\frac{4}{3}$ ⑤ $\frac{5}{3}$

B59

Pass

2009대비(나) 수능 6(고3)

$a=\log_2 10$, $b=2\sqrt{2}$일 때, $a\log b$의 값은? (3점)

① 1 ② $\frac{3}{2}$ ③ 2
④ $\frac{5}{2}$ ⑤ 3

B60

2022대비 5월 예시 18(고2)

두 양수 x, y가

$$\log_2 (x+2y)=3,\ \log_2 x+\log_2 y=1$$

을 만족시킬 때, x^2+4y^2의 값을 구하시오. (3점)

❖ 정답 및 해설 37~39p

B61 ❀❀❀ 2020대비(나) 6월 모평 8(고3)

$\log_2 5=a$, $\log_5 3=b$일 때, $\log_5 12$를 a, b로 옳게 나타낸 것은? (3점)

① $\frac{1}{a}+b$ ② $\frac{2}{a}+b$ ③ $\frac{1}{a}+2b$

④ $a+\frac{1}{b}$ ⑤ $2a+\frac{1}{b}$

B62 ❀❀❀ 2019실시(가) 6월 학평 9(고2)

$\log 2=a$, $\log 3=b$라 할 때, $\log_5 18$을 a, b로 나타낸 것은? (3점)

① $\frac{2a+b}{1+a}$ ② $\frac{a+2b}{1+a}$ ③ $\frac{a+b}{1-a}$

④ $\frac{2a+b}{1-a}$ ⑤ $\frac{a+2b}{1-a}$

B63 ❀❀❀ 2018대비(나) 9월 모평 13(고3)

두 실수 a, b가

$ab=\log_3 5$, $b-a=\log_2 5$

를 만족시킬 때, $\frac{1}{a}-\frac{1}{b}$의 값은? (3점)

① $\log_5 2$ ② $\log_3 2$ ③ $\log_3 5$

④ $\log_2 3$ ⑤ $\log_2 5$

B64 ❀❀❀ 2017실시(나) 3월 학평 8(고3)

$\log 2=a$, $\log 3=b$라 할 때, $\log \frac{4}{15}$를 a, b로 나타낸 것은? (3점)

① $3a-b-1$ ② $3a+b-1$ ③ $2a-b+1$

④ $2a+b-1$ ⑤ $a-3b+1$

B65 ✿❀❀ 2020실시(나) 7월 학평 24(고3)

1보다 큰 두 실수 a, b에 대하여 $\log_{27} a=\log_3 \sqrt{b}$일 때, $20\log_b \sqrt{a}$의 값을 구하시오. (3점)

B66 ✿❀❀ 2024대비 수능 9(고3)

수직선 위의 두 점 $\mathrm{P}(\log_5 3)$, $\mathrm{Q}(\log_5 12)$에 대하여 선분 PQ를 $m:(1-m)$으로 내분하는 점의 좌표가 1일 때, 4^m의 값은? (단, m은 $0<m<1$인 상수이다.) (4점)

① $\frac{7}{6}$ ② $\frac{4}{3}$ ③ $\frac{3}{2}$

④ $\frac{5}{3}$ ⑤ $\frac{11}{6}$

유형 05 로그의 성질의 활용 – 식의 정리

(i) 주어진 조건식과 구하는 식의 밑을 통일하여 문자 사이의 관계식을 구한다.

(ii) 구하는 식의 진수를 곱의 형태로 바꾸고, 로그의 합으로 나타낸다.

(iii) (ii)에 주어진 조건식을 대입한다.

tip

식을 변형하고 계산하는 데 로그의 정의와 성질을 이용한다.
이때, 조건식이 다항식 또는 밑이 다른 로그로 주어져 있을 때에는 로그의 밑의 변환을 이용하여 밑을 통일시켜 주는 것이 중요하다.

B67 ❀❀❀ 2019실시(나) 10월 학평 23(고3)

1이 아닌 두 양수 a, b가 $\log_a b=3$을 만족시킬 때, $\log \frac{b}{a}\times\log_a 100$의 값을 구하시오. (3점)

B68 ✿❀❀ 2021대비(가) 9월 모평 11(고3)

1보다 큰 세 실수 a, b, c가

$$\log_a b = \frac{\log_b c}{2} = \frac{\log_c a}{4}$$

를 만족시킬 때, $\log_a b + \log_b c + \log_c a$의 값은? (3점)

① $\frac{7}{2}$ ② 4 ③ $\frac{9}{2}$
④ 5 ⑤ $\frac{11}{2}$

B69 ✿❀❀ 2019대비(나) 수능 15(고3)

2 이상의 자연수 n에 대하여 $5\log_n 2$의 값이 자연수가 되도록 하는 모든 n의 값의 합은? (4점)

① 34 ② 38 ③ 42
④ 46 ⑤ 50

B70 ✿❀❀ 2018대비(나) 수능 16(고3)

1보다 큰 두 실수 a, b에 대하여

$$\log_{\sqrt{3}} a = \log_9 ab$$

가 성립할 때, $\log_a b$의 값은? (4점)

① 1 ② 2 ③ 3
④ 4 ⑤ 5

B71 ✿❀❀ 2016실시(나) 10월 학평 25(고3)

1이 아닌 두 양수 a, b에 대하여

$$\frac{\log_a b}{2a} = \frac{18\log_b a}{b} = \frac{3}{4}$$

이 성립할 때, ab의 값을 구하시오. (3점)

B72 ✿❀❀ 2016실시(나) 7월 학평 24(고3)

1보다 큰 세 실수 a, b, c에 대하여

$$\log_c a : \log_c b = 2 : 3$$

일 때, $10\log_a b + 9\log_b a$의 값을 구하시오. (3점)

B73 ✿❀❀ 2015실시(B) 3월 학평 6(고3)

두 실수 x, y가 $2^x = 3^y = 24$를 만족시킬 때, $(x-3)(y-1)$의 값은? (3점)

① 1 ② 2 ③ 3
④ 4 ⑤ 5

B74 ✿❀❀ 2014실시(A) 4월 학평 15(고3)

1보다 크고 10보다 작은 세 자연수 a, b, c에 대하여

$$\frac{\log_c b}{\log_a b} = \frac{1}{2},\ \frac{\log_b c}{\log_a c} = \frac{1}{3}$$

일 때, $a+2b+3c$의 값은? (4점)

① 21 ② 24 ③ 27
④ 30 ⑤ 33

B75 ✿❀❀ 2024대비 9월 모평 7(고3)

두 실수 a, b가

$$3a+2b = \log_3 32,\ ab = \log_9 2$$

를 만족시킬 때, $\frac{1}{3a} + \frac{1}{2b}$의 값은? (3점)

① $\frac{5}{12}$ ② $\frac{5}{6}$ ③ $\frac{5}{4}$
④ $\frac{5}{3}$ ⑤ $\frac{25}{12}$

❖ 정답 및 해설 39~43p

B76

2007대비(나) 수능 8(고3)

1보다 큰 세 실수 a, b, c에 대하여 $\log_a c : \log_b c = 2 : 1$일 때, $\log_a b + \log_b a$의 값은? (3점)

① 1 ② $\frac{3}{2}$ ③ 2
④ $\frac{5}{2}$ ⑤ 3

유형 06 로그의 성질의 응용

$a>0$, $a \neq 1$, $x>0$, $y>0$일 때,

① $\log_a 1 = 0$, $\log_a a = 1$
② $\log_a xy = \log_a x + \log_a y$
③ $\log_a \frac{x}{y} = \log_a x - \log_a y$
④ $\log_{a^m} b^n = \frac{n}{m} \log_a b$ (단, $m \neq 0$)
⑤ $a^{\log_c b} = b^{\log_c a}$ (단, $c>0$, $c \neq 1$)

tip

다른 단원과 통합된 문제들이 나올 수 있으므로 각 단원마다 기본 개념을 정확히 알아두자.

1 이차방정식 $ax^2+bx+c=0$ $(a \neq 0)$의 두 근이 α, β이면

$\alpha+\beta = -\frac{b}{a}$, $\alpha\beta = \frac{c}{a}$

2 $a>0$, $b>0$일 때, $\frac{a+b}{2} \geq \sqrt{ab}$ (단, 등호는 $a=b$일 때 성립)

B77

2024실시 7월 학평 9(고3)

좌표평면 위의 서로 다른 세 점 $A(0, -\log_2 9)$, $B(2a, \log_2 7)$, $C(-\log_2 9, a)$를 꼭짓점으로 하는 삼각형 ABC가 있다. 삼각형 ABC의 무게중심의 좌표가 $(b, \log_8 7)$일 때, 2^{a+3b}의 값은? (4점)

① 63 ② 72 ③ 81
④ 90 ⑤ 99

B78

2024실시 10월 학평 9(고3)

좌표평면 위에 두 점

$A(4, \log_3 a)$, $B\left(\log_2 2\sqrt{2}, \log_3 \frac{3}{2}\right)$이 있다.

선분 AB를 $3:1$로 외분하는 점이 직선 $y=4x$ 위에 있을 때, 양수 a의 값은? (4점)

① $\frac{3}{8}$ ② $\frac{7}{16}$ ③ $\frac{1}{2}$
④ $\frac{9}{16}$ ⑤ $\frac{5}{8}$

B79

2024실시 3월 학평 9(고3)

좌표평면 위의 두 점 $(0, 0)$, $(\log_2 9, k)$를 지나는 직선이 직선 $(\log_4 3)x + (\log_9 8)y - 2 = 0$에 수직일 때, 3^k의 값은? (단, k는 상수이다.) (4점)

① 16 ② 32 ③ 64
④ 128 ⑤ 256

B80

2021대비(가) 6월 모평 6(고3)

두 양수 a, b에 대하여 좌표평면 위의 두 점 $(2, \log_4 a)$, $(3, \log_2 b)$를 지나는 직선이 원점을 지날 때, $\log_a b$의 값은? (단, $a \neq 1$) (3점)

① $\frac{1}{4}$ ② $\frac{1}{2}$ ③ $\frac{3}{4}$
④ 1 ⑤ $\frac{5}{4}$

B81

2021대비(나) 6월 모평 11(고3)

좌표평면 위의 두 점 $(2, \log_4 2)$, $(4, \log_2 a)$를 지나는 직선이 원점을 지날 때, 양수 a의 값은? (3점)

① 1 ② 2 ③ 3
④ 4 ⑤ 5

B82 ✿❀❀ 2022대비 수능 13(고3)

두 상수 a, $b(1<a<b)$에 대하여 좌표평면 위의 두 점 $(a, \log_2 a)$, $(b, \log_2 b)$를 지나는 직선의 y절편과 두 점 $(a, \log_4 a)$, $(b, \log_4 b)$를 지나는 직선의 y절편이 같다. 함수 $f(x)=a^{bx}+b^{ax}$에 대하여 $f(1)=40$일 때, $f(2)$의 값은? (4점)

① 760 ② 800 ③ 840 ④ 880 ⑤ 920

B83 ✿❀❀ 2020실시(나) 3월 학평 25(고3)

$10 \le x < 1000$인 실수 x에 대하여 $\log x^3 - \log \frac{1}{x^2}$의 값이 자연수가 되도록 하는 모든 x의 개수를 구하시오. (3점)

B84 ✿✿❀ 2017실시(나) 3월 학평 29(고3)

2 이상의 자연수 x에 대하여

$\log_x n$ (n은 $1 \le n \le 300$인 자연수)

가 자연수인 n의 개수를 $A(x)$라 하자.

예를 들어, $A(2)=8$, $A(3)=5$이다.

집합 $P=\{2, 3, 4, 5, 6, 7, 8\}$의 공집합이 아닌 부분집합 X에 대하여 집합 X에서 집합 X로의 대응 f를

$f(x)=A(x)\ (x \in X)$

로 정의하면 어떤 대응 f는 함수가 된다. 함수 f가 일대일대응이 되도록 하는 집합 X의 개수를 구하시오. (4점)

유형 07 로그의 성질의 활용 – 빈칸

$a>0$, $a \ne 1$, $x>0$, $y>0$일 때,

① $\log_a 1=0$, $\log_a a=1$

② $\log_a xy=\log_a x+\log_a y$

③ $\log_a \frac{x}{y}=\log_a x-\log_a y$

④ $\log_{a^m} b^n=\frac{n}{m}\log_a b$ (단, $m \ne 0$)

⑤ $a^{\log_c b}=b^{\log_c a}$ (단, $c>0$, $c \ne 1$)

tip

주어진 과정을 따라가며 앞뒤의 관계를 파악하여 빈칸을 채운다.
로그의 정의와 성질을 이용하여 빈칸에 알맞은 식을 구한다.

B85 ❀❀❀ 2005대비(나) 12월 예비 14(고3)

다음은 $\log_a b$를 임의의 양수 $c(c \ne 1)$를 밑으로 하는 로그로 바꾸어 나타낼 수 있음을 증명한 것이다.

[증명]

$\log_a b=x$, $\log_c a=y$라고 하면
$a^x=b$, $c^y=a$이다.
이때, $b=c^{(가)}$이므로 (가) $=\log_c b$이다.
즉, $\log_a b \cdot \log_c a=\log_c b$이다.
여기서 (나) 이므로 $\log_c a \ne 0$이다.
따라서 $\log_a b=\frac{\log_c b}{\log_c a}$

위의 증명에서 (가)와 (나)에 알맞은 것은? (3점)

	(가)	(나)
①	xy	$a \ne 1$
②	xy	$a>0$
③	$x+y$	$a \ne 1$
④	$x+y$	$a>0$
⑤	$\frac{x}{y}$	$a \ne 1$

B86 ❀❀❀ 2005대비(나) 9월 모평 15(고3)

다음은 로그의 성질 $\log_p q^r = r\log_p q$를 이용하여 m이 0이 아닌 실수일 때,

$$\log_{a^m} b^n = \frac{n}{m}\log_a b \text{ (단, } a\text{는 1이 아닌 양수, } b\text{는 양수)}$$

가 성립함을 증명한 것이다.

[증명]

$x = \log_{a^m} b^n$으로 놓으면

$b^n =$ (가) $= (a^x)^{\text{(나)}}$ 이므로

$a^x =$ (다)

따라서 $x = \log_a$ (다) $= \dfrac{n}{m}\log_a b$가 성립한다.

위의 증명에서 (가), (나), (다)에 알맞은 것을 차례로 나열한 것은? (3점)

	(가)	(나)	(다)
①	a^x	m	b^n
②	a^x	$\frac{m}{n}$	$b^{\frac{n}{m}}$
③	$(a^m)^x$	m	$b^{\frac{n}{m}}$
④	$(a^m)^x$	m	b^n
⑤	$(a^m)^x$	$\frac{m}{n}$	$b^{\frac{n}{m}}$

B87 ✿❀❀ 2006대비(나) 9월 모평 11(고3)

다음은 자연수 n에 대하여 $\log_2 n$이 유리수이면 n을

$$n = 2^k \text{ (단, } k\text{는 } k \geq 0\text{인 정수)}$$

의 꼴로 나타낼 수 있음을 증명한 것이다.

[증명]

자연수 n에 대하여 $\log_2 n$이 유리수라고 하자.

n이 자연수이므로

$$n = 2^k \times m$$

을 만족시키는 $k \geq 0$인 정수 k와 홀수인 자연수 m이 존재한다.

그러면

$\log_2 n =$ (가)

따라서 $\log_2 n$이 유리수이면 $\log_2 m$도 유리수이어야 하므로

$$\log_2 m = \frac{q}{p} \text{ (단, } p\text{는 자연수이고 } q\text{는 정수)}$$

로 놓을 수 있다. 그러면

(나)

m이 홀수이므로 m^p은 홀수이다.

따라서 2^q도 홀수이어야 하므로

(다)

이고 $m=1$이다. 따라서 n을

$$n = 2^k \text{ (단, } k\text{는 } k \geq 0\text{인 정수)}$$

의 꼴로 나타낼 수 있다.

위의 증명에서 (가), (나), (다)에 알맞은 것은? (3점)

	(가)	(나)	(다)
①	$k\log_2 m$	$m^q = 2^p$	$q=1$
②	$k\log_2 m$	$m^p = 2^q$	$q=1$
③	$k+\log_2 m$	$m^q = 2^p$	$q=0$
④	$k+\log_2 m$	$m^p = 2^q$	$q=1$
⑤	$k+\log_2 m$	$m^p = 2^q$	$q=0$

유형 08 로그의 성질의 활용 – 진위형

$a>0$, $a\neq1$, $x>0$, $y>0$일 때,

① $\log_a 1=0$, $\log_a a=1$

② $\log_a xy=\log_a x+\log_a y$

③ $\log_a \frac{x}{y}=\log_a x-\log_a y$

④ $\log_{a^m} b^n=\frac{n}{m}\log_a b$ (단, $m\neq0$)

⑤ $a^{\log_c b}=b^{\log_c a}$ (단, $c>0$, $c\neq1$)

tip

로그의 정의와 성질을 기억하고, 문제 풀이에 이용하자. 새롭게 정의된 함수나 식이 주어진 경우에는 조건에 숫자를 대입하여 문제를 해결한다.

B88 ✽❀❀ 2008대비(나) 6월 모평 10(고3)

2 이상인 두 자연수 a, b에 대하여 $R(a, b)$를 $R(a, b)=\sqrt[a]{b}$로 정의할 때, [보기]에서 옳은 것을 모두 고른 것은? (4점)

[보기]

ㄱ. $R(16, 4)=R(8, 2)$

ㄴ. $R(a, 5)\times R(b, 5)=R(a+b, 5)$

ㄷ. $R(a, b)=k$이면 $a=\log_k b$이다.

① ㄱ ② ㄴ ③ ㄱ, ㄷ
④ ㄴ, ㄷ ⑤ ㄱ, ㄴ, ㄷ

B89 ✽❀❀ 2007대비(나) 6월 모평 7(고3)

자연수 n에 대하여 $f(n)=2^n-\log_2 n$이라 할 때, [보기]에서 옳은 것을 모두 고른 것은? (3점)

[보기]

ㄱ. $f(2)=3$

ㄴ. $f(8)=-f(\log_2 8)$

ㄷ. $f(2^n)+n=\{f(2^{n-1})+n-1\}^2$

① ㄱ ② ㄴ ③ ㄱ, ㄴ
④ ㄱ, ㄷ ⑤ ㄴ, ㄷ

B90 ✽✽❀ 2010실시(나) 3월 학평 10(고3)

서로 다른 세 실수 x, y, z가 $2^x=3^y=6^z$을 만족시킬 때, 옳은 것만을 [보기]에서 있는 대로 고른 것은? (3점)

[보기]

ㄱ. $2^x\times3^y=36^z$

ㄴ. $2^z\times3^{z-y}=1$

ㄷ. $x+y=1$이면 $z=\log_6 2\times\log_6 3$이다.

① ㄱ ② ㄱ, ㄴ ③ ㄱ, ㄷ
④ ㄴ, ㄷ ⑤ ㄱ, ㄴ, ㄷ

고난도

유형 09 로그의 성질의 활용 – 추론

(i) 주어진 조건을 등식으로 나타내고, 이 식을 정리하여 간단히 나타낸다.

(ii) (i)의 식과 구하는 식의 밑을 통일한다.

(iii) 구하는 식의 진수를 곱의 형태로 바꾸고, 로그의 합으로 나타낸다.

(iv) (iii)에 주어진 조건식을 대입한다.

tip

1 공통된 한 문자로 나타내어 주어진 조건식을 정리하면 구하고자 하는 식의 값을 구할 수 있다.

2 $a^x=b^y=c^z=k$로 놓고 로그의 정의와 성질을 이용한다.

B91 ✽❀❀ 2020대비(나) 9월 모평 28(고3)

네 양수 a, b, c, k가 다음 조건을 만족시킬 때, k^2의 값을 구하시오. (4점)

(가) $3^a=5^b=k^c$

(나) $\log c=\log(2ab)-\log(2a+b)$

❖ 정답 및 해설 48~50p

B92 ✿❀❀ 2019실시(나) 6월 학평 16(고2)

두 양수 a, $b(b\neq1)$가 다음 조건을 만족시킬 때, a^2+b^2의 값은? (4점)

(가) $(\log_2 a)(\log_b 3)=0$
(나) $\log_2 a+\log_b 3=2$

① 3 ② 4 ③ 5
④ 6 ⑤ 7

B93 ✿❀❀ 2018실시(나) 4월 학평 19(고3)

2 이상의 세 실수 a, b, c가 다음 조건을 만족시킨다.

(가) $\sqrt[3]{a}$는 ab의 네제곱근이다.
(나) $\log_a bc+\log_b ac=4$

$a=\left(\frac{b}{c}\right)^k$이 되도록 하는 실수 k의 값은? (4점)

① 6 ② $\frac{13}{2}$ ③ 7
④ $\frac{15}{2}$ ⑤ 8

B94 ✿✿❀ 2021대비(가) 수능 27(고3)

$\log_4 2n^2-\frac{1}{2}\log_2 \sqrt{n}$의 값이 40 이하의 자연수가 되도록 하는 자연수 n의 개수를 구하시오. (4점)

B95 ✿✿❀ 2017대비(나) 6월 모평 30(고3)

다음 조건을 만족시키는 20 이하의 모든 자연수 n의 값의 합을 구하시오. (4점)

$\log_2(na-a^2)$과 $\log_2(nb-b^2)$은 같은 자연수이고
$0<b-a\leq\frac{n}{2}$인 두 실수 a, b가 존재한다.

B96 ✿✿❀ 2009실시(나) 10월 학평 10(고3)

세 자연수 a, b, c가 다음 조건을 만족시킨다.

(가) $a\log_{500}2+b\log_{500}5=c$
(나) a, b, c의 최대공약수는 2이다.

이때, $a+b+c$의 값은? (4점)

① 6 ② 12 ③ 18
④ 24 ⑤ 30

유형 10 로그와 이차방정식

이차방정식 $ax^2+bx+c=0$의 두 근이 $\log_k\alpha$, $\log_k\beta$라 하면 이차방정식의 근과 계수의 관계에 의해

(1) $\log_k\alpha+\log_k\beta=\log_k\alpha\beta=-\frac{b}{a}$

(2) $\log_k\alpha\times\log_k\beta=\frac{c}{a}$

tip

이차방정식의 두 근이 $\log_a\alpha$, $\log_a\beta$와 같이 로그로 표현될 때, $\alpha\beta$의 값을 구하라는 문제는 이차방정식의 근과 계수의 관계를 이용하면 쉽게 풀 수 있다.

B97 ✿❀❀ 2017실시(나) 4월 학평 8(고3)

이차방정식 $x^2-18x+6=0$의 두 근을 α, β라 할 때, $\log_2(\alpha+\beta)-2\log_2\alpha\beta$의 값은? (3점)

① -5 ② -4 ③ -3
④ -2 ⑤ -1

B98 ✿❀❀

이차방정식 $2x^2+5x+1=0$의 두 근을 $\log_2\alpha$, $\log_2\beta$라 할 때, $(\log_2\alpha)^2+(\log_2\beta)^2$의 값은? (3점)

① 5 ② $\frac{21}{4}$ ③ $\frac{11}{2}$
④ $\frac{23}{4}$ ⑤ 6

3 상용로그

유형 11 상용로그표의 이용

상용로그표는 1.00부터 9.99까지의 상용로그의 값을 반올림하여 소수점 아래 넷째 자리까지 나타낸 표이다.

예 $\log 1.23$을 구할 때, 1.2의 가로줄과 3의 세로줄이 만나는 수가 .0899이므로 $\log 1.23=0.0899$

수	0	1	2	3	4	5	…
1.0	.0000	.0043	.0086	.0128	.0170	.0212	…
1.1	.0414	.0453	.0492	.0531	.0569	.0607	…
1.2	.0792	.0828	.0864	.0899	.0934	.0969	…
1.3	.1139	.1173	.1206	.1239	.1271	.1303	…
…	…	…	…	…	…	…	…

tip

양수 x에 대하여 $\log x=p$일 때,
$\log x^n=np$, $\log(x\times10^n)=n+p$ (단, n은 자연수)

B99
2019실시(나) 6월 학평 5(고2)

다음은 상용로그표의 일부이다.

수	0	1	2	3	…
⋮	⋮	⋮	⋮	⋮	
3.0	.4771	.4786	.4800	.4814	…
3.1	.4914	.4928	.4942	.4955	…
3.2	.5051	.5065	.5079	.5092	…

이 표를 이용하여 구한 $\log 312$의 값은? (3점)

① 1.4786 ② 1.4942 ③ 2.4942
④ 2.5051 ⑤ 3.5051

B100
2019실시(가) 6월 학평 7(고2)

다음은 상용로그표의 일부이다.

수	…	4	5	6	…
⋮		⋮	⋮	⋮	
5.9	…	.7738	.7745	.7752	…
6.0	…	.7810	.7818	.7825	…
6.1	…	.7882	.7889	.7896	…

이 표를 이용하여 구한 $\log\sqrt{6.04}$의 값은? (3점)

① 0.3905 ② 0.7810 ③ 1.3905
④ 1.7810 ⑤ 2.3905

B101
2018실시(나) 3월 학평 10(고3)

다음은 상용로그표의 일부이다.

수	…	7	8	9
…	…	…	…	…
4.0	…	0.6096	0.6107	0.6117
4.1	…	0.6201	0.6212	0.6222
4.2	…	0.6304	0.6314	0.6325
…	…	…	…	…

위의 표를 이용하여 구한 $\log\sqrt{419}$의 값은? (3점)

① 1.3106 ② 1.3111 ③ 2.3106
④ 2.3111 ⑤ 3.3111

유형 12 상용로그의 응용 – 식 대입

(1) 실생활 관련 소재에 로그로 표현된 관계식이 주어지면 조건에서 주어진 값을 관계식의 변수에 적절히 대입하여 문제를 해결한다.

(2) A가 B의 몇 배인지 조건으로 주어지거나 그 값을 구해야 할 때에는 $\log A-\log B=\log\frac{A}{B}$를 이용한다.

tip

전파감쇄비, 반감기, 온도변화, 상대밀도, 이온 농도, 주파수 등 공식에 상용로그가 있는 것들은 언제든지 실생활 문제로 나올 수 있다.

B102
2016실시(가) 3월 학평 17(고2)

약물을 투여한 후 약물의 흡수율을 K, 배설률을 E, 약물의 혈중농도가 최고치에 도달하는 시간을 T(시간)라 할 때, 다음과 같은 관계식이 성립한다고 한다.

$$T=c\times\frac{\log K-\log E}{K-E}\ (\text{단, } c\text{는 양의 상수이다.})$$

흡수율이 같은 두 약물 A, B의 배설률은 각각 흡수율의 $\frac{1}{2}$배, $\frac{1}{4}$배이다. 약물 A를 투여한 후 약물 A의 혈중농도가 최고치에 도달하는 시간이 3시간일 때, 약물 B를 투여한 후 약물 B의 혈중농도가 최고치에 도달하는 시간은 a(시간)이다.
a의 값은? (4점)

① 3 ② 4 ③ 5
④ 6 ⑤ 7

❖ 정답 및 해설 50~54p

B103 ✽❀❀ 2016대비(A) 9월 모평 16(고3)

고속철도의 최고소음도 $L(\mathrm{dB})$을 예측하는 모형에 따르면 한 지점에서 가까운 선로 중앙 지점까지의 거리를 $d(\mathrm{m})$, 열차가 가까운 선로 중앙 지점을 통과할 때의 속력을 $v(\mathrm{km/h})$라 할 때, 다음과 같은 관계식이 성립한다고 한다.

$$L=80+28\log\frac{v}{100}-14\log\frac{d}{25}$$

가까운 선로 중앙 지점 P까지의 거리가 75 m인 한 지점에서 속력이 서로 다른 두 열차 A, B의 최고소음도를 예측하고자 한다. 열차 A가 지점 P를 통과할 때의 속력이 열차 B가 지점 P를 통과할 때의 속력의 0.9배일 때, 두 열차 A, B의 예측 최고소음도를 각각 L_A, L_B라 하자. L_B-L_A의 값은? (4점)

① $14-28\log 3$ ② $28-56\log 3$ ③ $28-28\log 3$
④ $56-34\log 3$ ⑤ $56-56\log 3$

B104 ✽❀❀ 2015실시(A) 4월 학평 16(고3)

어떤 앰프에 스피커를 접속 케이블로 연결하여 작동시키면 접속 케이블의 저항과 스피커의 임피던스(스피커에 교류전류가 흐를 때 생기는 저항)에 따라 전송 손실이 생긴다. 접속 케이블의 저항을 R, 스피커의 임피던스를 r, 전송 손실을 L이라 하면 다음과 같은 관계식이 성립한다고 한다.

$$L=10\log\left(1+\frac{2R}{r}\right)$$

(단, 전송 손실의 단위는 dB, 접속 케이블의 저항과 스피커의 임피던스의 단위는 Ω이다.)
이 앰프에 임피던스가 8인 스피커를 저항이 5인 접속 케이블로 연결하여 작동시켰을 때의 전송 손실은 저항이 a인 접속 케이블로 교체하여 작동시켰을 때의 전송 손실의 2배이다.
양수 a의 값은? (4점)

① $\frac{1}{2}$ ② 1 ③ $\frac{3}{2}$
④ 2 ⑤ $\frac{5}{2}$

B105 ✽❀❀ 2015대비(A) 수능 10(고3)

디지털 사진을 압축할 때 원본 사진과 압축한 사진의 다른 정도를 나타내는 지표인 최대 신호 대 잡음비를 P, 원본 사진과 압축한 사진의 평균제곱오차를 E라 하면 다음과 같은 관계식이 성립한다고 한다.

$$P=20\log 255-10\log E\ (E>0)$$

두 원본 사진 A, B를 압축했을 때 최대 신호 대 잡음비를 각각 P_A, P_B라 하고, 평균제곱오차를 각각 $E_A(E_A>0)$, $E_B(E_B>0)$이라 하자. $E_B=100E_A$일 때, P_A-P_B의 값은? (3점)

① 30 ② 25 ③ 20
④ 15 ⑤ 10

B106 ✽❀❀ 2015대비(A) 9월 모평 10(고3)

도로용량이 C인 어느 도로구간의 교통량을 V, 통행시간을 t라 할 때, 다음과 같은 관계식이 성립한다고 한다.

$$\log\left(\frac{t}{t_0}-1\right)=k+4\log\frac{V}{C}\ (t>t_0)$$

(단, t_0는 도로 특성 등에 따른 기준통행시간이고, k는 상수이다.)
이 도로구간의 교통량이 도로용량의 2배일 때 통행시간은 기준통행시간 t_0의 $\frac{7}{2}$배이다. k의 값은? (3점)

① $-4\log 2$ ② $1-7\log 2$ ③ $-3\log 2$
④ $1-6\log 2$ ⑤ $1-5\log 2$

B107 ✿❀❀ 2015대비(A) 6월 모평 15(고3)

세대당 종자의 평균 분산거리가 D이고 세대당 종자의 증식률이 R인 나무의 10세대 동안 확산에 의한 이동거리를 L이라 하면 다음과 같은 관계식이 성립한다고 한다.

$$L^2=100D^2\times\log_3 R$$

세대당 종자의 평균 분산거리가 20이고 세대당 종자의 증식률이 81인 나무의 10세대 동안 확산에 의한 이동거리 L의 값은? (단, 거리의 단위는 m이다.) (4점)

① 400 ② 500 ③ 600 ④ 700 ⑤ 800

B108 ✿❀❀ Pass 2013실시(A) 7월 학평 20(고3)

컴퓨터 통신이론에서 디지털 신호를 아날로그 신호로 바꾸는 통신장치의 성능을 평가할 때, 전송대역폭은 중요한 역할을 한다. 서로 다른 신호요소의 개수를 L, 필터링과 관련된 변수를 r, 데이터 전송률을 R(bps), 신호의 전송대역폭을 B(Hz)라고 할 때, 다음의 식이 성립한다고 한다.

$$B=\left(\frac{1+r}{\log_2 L}\right)\times R$$

데이터 전송률이 같은 두 통신장치 P, Q의 서로 다른 신호요소의 개수, 필터링과 관련된 변수, 신호의 전송대역폭이 다음과 같을 때, k의 값은? (4점)

	서로 다른 신호요소의 개수	필터링과 관련된 변수	신호의 전송대역폭
P	l^3	0.32	b
Q	l	k	$4b$

① 0.74 ② 0.75 ③ 0.76 ④ 0.77 ⑤ 0.78

B109 ✿❀❀ Pass 2013실시(A) 4월 학평 15(고3)

맥동변광성은 팽창과 수축을 반복하여 광도가 바뀌는 별이다. 맥동변광성의 반지름의 길이가 R_1(km), 표면온도가 T_1(K)일 때의 절대등급이 M_1이고, 이 맥동변광성이 팽창하거나 수축하여 반지름의 길이가 R_2(km), 표면온도가 T_2(K)일 때의 절대등급을 M_2라고 하면 이들 사이에는 다음 관계식이 성립한다고 한다.

$$M_2-M_1=5\log\frac{R_1}{R_2}+10\log\frac{T_1}{T_2}$$

어느 맥동변광성의 반지름의 길이가 5.88×10^6(km), 표면온도가 5000(K)일 때의 절대등급이 0.7이었고, 이 맥동변광성이 수축하여 반지름의 길이가 R(km), 표면온도가 7000(K)일 때의 절대등급이 -0.3이었다. 이때, R의 값은? (4점)

① $3\times10^{6.2}$ ② $2.5\times10^{6.2}$ ③ $3\times10^{6.1}$ ④ $2\times10^{6.2}$ ⑤ $2.5\times10^{6.1}$

B110 ✿❀❀ Pass 2011실시(나) 4월 학평 12(고3)

이상기체 1몰의 부피가 V_0에서 V_i로 변할 때, 엔트로피 변화량 S_i(J/K)는 다음과 같이 구할 수 있다고 한다.

$$S_i=C\log\frac{V_i}{V_0}$$ (단, C는 상수이고 부피의 단위는 m^3이다.)

이상기체 1몰의 부피가 V_0에서 V_1로 a배 변할 때 $S_1=6.02$이고, 이상기체 1몰의 부피가 V_0에서 V_2로 b배 변할 때 $S_2=36.02$이다. 이때, $\frac{b}{a}$의 값은? (단, 몰은 기체입자수의 단위이고 $C=20$(J/K)으로 계산한다.) (4점)

① 10 ② $6\sqrt{6}$ ③ $10\sqrt{10}$ ④ $15\sqrt{15}$ ⑤ 100

❖ 정답 및 해설 54~57p

B111 ✿❀❀ Pass 2011대비(나) 수능 9(고3)

지반의 상대밀도를 구하기 위하여 지반에 시험기를 넣어 조사하는 방법이 있다. 지반의 유효수직응력을 S, 시험기가 지반에 들어가면서 받는 저항력을 R라 할 때, 지반의 상대밀도 $D(\%)$는 다음과 같이 구할 수 있다고 한다.

$$D=-98+66\log\frac{R}{\sqrt{S}}$$

(단, S와 R의 단위는 metric ton/m^2이다.)

지반 A의 유효수직응력은 지반 B의 유효수직응력의 1.44배이고, 시험기가 지반 A에 들어가면서 받는 저항력은 시험기가 지반 B에 들어가면서 받는 저항력의 1.5배이다.

지반 B의 상대밀도가 65(%)일 때, 지반 A의 상대밀도(%)는? (단, $\log 2=0.3$으로 계산한다.) (3점)

① 81.5 ② 78.2 ③ 74.9
④ 71.6 ⑤ 68.3

B112 ✿❀❀ Pass 2010실시(나) 10월 학평 12(고3)

소리의 세기가 $I(\mathrm{W/m^2})$인 음원으로부터 $r(\mathrm{m})$만큼 떨어진 지점에서 측정된 소리의 상대적 세기 P(데시벨)는

$$P=10\left(12+\log\frac{I}{r^2}\right)$$

이다. 어떤 음원으로부터 1 m만큼 떨어진 지점에서 측정된 소리의 상대적 세기가 80(데시벨)일 때, 같은 음원으로부터 10 m만큼 떨어진 지점에서 측정된 소리의 상대적 세기가 a(데시벨)이다. a의 값은? (3점)

① 50 ② 55 ③ 60
④ 65 ⑤ 70

B113 ✿❀❀ Pass 2008대비(나) 수능 22(고3)

어느 지역에서 1년 동안 발생하는 규모 M 이상인 지진의 평균 발생 횟수 N은 다음 식을 만족시킨다고 한다.

$\log N=a-0.9M$(단, a는 양의 상수)

이 지역에서 규모 4 이상인 지진이 1년에 평균 64번 발생할 때, 규모 x 이상인 지진은 1년에 평균 한 번 발생한다. $9x$의 값을 구하시오. (단, $\log 2=0.3$으로 계산한다.) (4점)

B114 ✿❀❀ Pass 2007실시(나) 7월 학평 20(고3)

반사계수 (Γ)란 임피던스(교류 회로에서의 전압과 전류의 비)차에 의해 발생하는 반사량을 단순히 반사전압(V_-) 대 입력전압(V_+) 비, 즉 $\Gamma=\dfrac{V_-}{V_+}$로 계산한 값이다. 반사손실(RL)이란 반사계수(Γ)를 전력의 로그 스케일로 변환한 값을 말하며 반사계수(Γ)와 반사손실(RL)과의 관계식은 다음과 같다.

$$RL=20\log\frac{1}{|\Gamma|}$$

입력전압이 100, 반사전압이 2일 때의 반사손실을 A, 입력전압이 100, 반사전압이 20일 때의 반사손실을 B라고 할 때, $|A-B|$의 값을 구하시오. (3점)

B115 ✿❀❀ Pass　2007대비(나) 9월 모평 22(고3)

단일 재료로 만들어진 벽면의 소음차단 성능을 표시하는 방법 중의 하나는 음향투과손실을 측정하는 것이다. 어느 주파수 영역에서 벽면의 음향투과손실 L(데시벨)은 벽의 단위면적당 질량 $m(\text{kg/m}^2)$과 음향의 주파수 f(헤르츠)에 대하여

$$L=20\log mf-48$$

이라 한다. 주파수가 일정할 때, 벽의 단위 면적당 질량이 5배가 되면 음향투과손실은 a(데시벨)만큼 증가한다. a의 값을 구하시오. (단, $\log 2=0.3$으로 계산한다.) (4점)

B116 ✿❀❀ Pass　2006대비(나) 수능 25(고3)

어느 물탱크에 서식하고 있는 박테리아를 제거하기 위하여 약품을 투여하려고 한다. 물탱크에 있는 물 1 mL당 초기 박테리아 수를 C_0, 약품을 투여한 지 t시간이 지나는 순간 1 mL당 박테리아 수를 C라 할 때, 다음 관계식이 성립한다고 하자.

$$\log\frac{C}{C_0}=-kt \text{ (}k\text{는 양의 상수)}$$

물 1 mL당 초기 박테리아 수가 8×10^5이고, 약품을 투여한 지 3시간이 지나는 순간 1 mL당 박테리아 수는 2×10^5이 된다고 한다. 약품을 투여한 지 a시간 후에 처음으로 1 mL당 박테리아 수가 8×10^3 이하가 되었다. a의 값을 구하시오.

(단, $\log 2=0.3$으로 계산한다.) (4점)

유형 13 상용로그의 응용 – 식 비교

(i) 주어진 관계식에 알맞은 문자 또는 값을 대입한다.

(ii) (i)에서 로그의 정의 및 성질을 이용한다.

tip

실생활 소재 문제는 문제의 길이가 긴 경우가 있지만 대부분 식이 주어지므로 이것을 이용하면 쉽게 풀 수 있다. 문제를 읽어나가며 변수에 들어갈 값을 체크하고, 주어진 관계식에 대입하자.

B117 ✿❀❀　2016실시(나) 4월 학평 16(고3)

어떤 지역의 먼지농도에 따른 대기오염 정도는 여과지에 공기를 여과시켜 헤이즈계수를 계산하여 판별한다. 광화학적 밀도가 일정하도록 여과지 상의 빛을 분산시키는 고형물의 양을 헤이즈계수 H, 여과지 이동거리를 $L(\text{m})$ $(L>0)$, 여과지를 통과하는 빛전달률을 $S(0<S<1)$라 할 때, 다음과 같은 관계식이 성립한다고 한다.

$$H=\frac{k}{L}\log\frac{1}{S} \text{ (단, }k\text{는 양의 상수이다.)}$$

두 지역 A, B의 대기오염 정도를 판별할 때, 각각의 헤이즈계수를 H_A, H_B, 여과지 이동거리를 L_A, L_B, 빛전달률을 S_A, S_B라 하자. $\sqrt{3}H_A=2H_B$, $L_A=2L_B$일 때, $S_A=(S_B)^p$을 만족시키는 실수 p의 값은? (4점)

① $\sqrt{3}$　② $\frac{4\sqrt{3}}{3}$　③ $\frac{5\sqrt{3}}{3}$

④ $2\sqrt{3}$　⑤ $\frac{7\sqrt{3}}{3}$

B118 ✿❀❀　2013대비(나) 9월 모평 7(고3)

어떤 물질이 녹아 있는 용액에 단색광을 투과시킬 때 투과 전 단색광의 세기에 대한 투과 후 단색광의 세기의 비를 그 단색광의 투과도라고 한다. 투과도를 T, 단색광이 투과한 길이를 l, 용액의 농도를 d라 할 때, 다음 관계가 성립한다.

$$\log T=-kld \text{ (단, }k\text{는 양의 상수이다.)}$$

이 물질에 대하여 투과길이가 $l_0(l_0>0)$이고 용액의 농도가 $3d_0(d_0>0)$일 때의 투과도를 T_1, 투과길이가 $2l_0$이고 용액의 농도가 $4d_0$일 때의 투과도를 T_2라 하자. $T_2={T_1}^n$을 만족시키는 n의 값은? (3점)

① 2　② $\frac{13}{6}$　③ $\frac{7}{3}$

④ $\frac{5}{2}$　⑤ $\frac{8}{3}$

❖ 정답 및 해설 58~60p

B119 ✿❀❀ 2010대비(나) 9월 모평 6(고3)

어느 도시의 중심온도 u(℃), 근교의 농촌온도 r(℃), 도시화된 지역의 넓이 $a(\text{km}^2)$ 사이에는 다음과 같은 관계가 있다고 한다.

$u=r+0.65+1.6\log a$

10년 전에 비하여 이 도시의 도시화된 지역의 넓이가 25 % 확장되었고 근교의 농촌온도는 변하지 않았을 때, 도시의 중심온도는 10년 전에 비하여 x(℃) 높아졌다. x의 값은? (단, 도시 중심의 위치는 10년 전과 같고, $\log 2$는 0.30으로 계산한다.) (3점)

① 0.12 ② 0.13 ③ 0.14
④ 0.15 ⑤ 0.16

B120 ✿❀❀ 2009대비(나) 6월 모평 13(고3)

실외 공기 중의 이산화탄소 농도가 0.03 %일 때, 실내 공간에서 공기 중의 초기 이산화탄소 농도 $c(0)$(%)를 측정한 후, t시간 뒤의 실내 공간의 이산화탄소 농도 $c(t)$(%)와 환기량 $Q(\text{m}^3/\text{시})$의 관계는 다음과 같다.

$$Q=k\times\frac{V}{t}\log\frac{c(0)-0.03}{c(t)-0.03}$$

(단, k는 양의 상수이고, $V(\text{m}^3)$는 실내 공간의 부피이다.)

실외 공기 중의 이산화탄소 농도가 0.03 %이고 환기량이 일정할 때, 초기 이산화탄소 농도가 0.83 %인 빈 교실에서 환기를 시작 한 후 1시간 뒤의 이산화탄소 농도를 측정하였더니 0.43 %이었다. 환기를 시작한 후 t시간 뒤에 이산화탄소 농도가 0.08 %가 되었다. t의 값은? (4점)

① 3 ② 4 ③ 5
④ 6 ⑤ 7

유형 14 상용로그의 활용 – 소수 부분

(1) **상용로그** : 양수 N에 대하여 $\log_{10}N$과 같이 10을 밑으로 하는 로그를 상용로그라 하고, 상용로그 $\log_{10}N$은 보통 밑 10을 생략하여 $\log N$과 같이 나타낸다.

(2) 임의의 양수 N에 대하여

$\log N=n+\alpha$ (단, n은 정수, $0\le\alpha<1$)

로 나타날 때, **n을 $\log N$의 정수 부분**, **α를 $\log N$의 소수 부분**이라 한다.

tip

1 $\log A$가 정수이면 A는 10의 거듭제곱 꼴이다.

2 $\log A$와 $\log B$의 소수 부분의 합이 1이면 AB는 10의 거듭제곱 꼴이다.

B121 ✿❀❀ 2008대비(나) 수능 30(고3)

두 자리의 자연수 N에 대하여 $\log N$의 소수 부분이 α일 때,

$$\frac{1}{2}+\log N=\alpha+\log_4\frac{N}{8}$$

을 만족시키는 N의 값을 구하시오. (4점)

B122 ✿✿❀ 2014실시(A) 7월 학평 27(고3)

$10<x<100$인 x에 대하여 $\log\sqrt{x}$의 소수 부분이 $\log\frac{1}{x}$의 소수 부분의 5배이다. $\log x=\frac{q}{p}$일 때, $p+q$의 값을 구하시오. (단, p, q는 서로소인 자연수이다.) (4점)

B123 ✿✿✿ 2010대비(나) 6월 모평 10(고3)

100보다 작은 두 자연수 a, $b(a<b)$에 대하여 $\log a$의 소수 부분과 $\log b$의 소수 부분의 합이 1이 되는 순서쌍 (a, b)의 개수는? (4점)

① 2 ② 4 ③ 6
④ 8 ⑤ 10

B124 ✿✿✿ 2007대비(나) 6월 모평 23(고3)

$\log a^3$의 소수 부분과 $\log b^5$의 소수 부분이 모두 0이 되도록 하는 양의 실수 a, $b(1<a<10,\ 1<b<10)$에 대하여 ab의 최댓값이 $10^{\frac{q}{p}}$일 때, $p+q$의 값을 구하시오. (단, p와 q는 서로소인 자연수이다.) (4점)

고난도

유형 15 상용로그의 활용 - 정수 부분과 소수 부분

(1) 임의의 양수 N에 대하여

$\log N = n + \alpha$ (단, n은 정수, $0 \le \alpha < 1$)

로 나타날 때, **n을 $\log N$의 정수 부분,**
α를 $\log N$의 소수 부분이라 한다.

(2) 상용로그의 정수 부분이 n인 자연수를 A라 하면
$n \le \log A < n+1$, 즉 $10^n \le A < 10^{n+1}$이다.

tip

1 $\log A$의 정수 부분을 n이라 하면 소수 부분 α는 $\alpha = \log A - n$이다.
2 $\log M = m + \alpha$, $\log N = n + \alpha$ (m, n은 정수, $0 \le \alpha < 1$)와 같이 소수 부분이 같은 두 수 M, N의 숫자 배열은 같다.

B125 ✿✿✿ 2016대비(B) 수능 20(고3)

양수 x에 대하여 $\log x$의 정수 부분을 $f(x)$라 하자.

$f(n+10) = f(n) + 1$

을 만족시키는 100 이하의 자연수 n의 개수는? (4점)

① 11 ② 13 ③ 15
④ 17 ⑤ 19

B126 ✿✿✿ 2015실시(A) 3월 학평 14(고3)

양의 실수 x에 대하여 $f(x)$가 $f(x) = \log x$이다. $f(n)$의 정수 부분이 1, 소수 부분이 α일 때, 2α의 정수 부분이 1인 모든 자연수 n의 개수는? (단, $3.1 < \sqrt{10} < 3.2$) (4점)

① 64 ② 66 ③ 68
④ 70 ⑤ 72

B127 ✿✿✿ 2009대비(나) 6월 모평 24(고3)

$\log x$의 정수 부분이 4이고 $\log y$의 정수 부분이 1일 때, $\left(\log \frac{x}{y}\right)\left(\log \frac{y}{x}\right)$의 값 중에서 정수의 개수를 구하시오. (4점)

❖ 정답 및 해설 60~63p

1등급 마스터 문제 [4점 + 2등급 대비 + 1등급 대비]

B128 ✲✲✲ 2023대비 6월 모평 21(고3)

자연수 n에 대하여 $4\log_{64}\left(\frac{3}{4n+16}\right)$의 값이 정수가 되도록 하는 1000 이하의 모든 n의 값의 합을 구하시오. (4점)

B129 ✲✲✲ 2015실시(B) 4월 학평 27(고3)

양수 x에 대하여

$\log x = f(x) + g(x)$ ($f(x)$는 정수, $0 \leq g(x) < 1$)

이라 하자. $\{f(x)\}^2 + 3g(x)$의 값이 3이 되도록 하는 모든 x의 값의 곱은 $10^{\frac{q}{p}}$이다. $10(p+q)$의 값을 구하시오. (단, p, q는 서로소인 자연수이다.) (4점)

[1등급 대비+2등급 대비]

B130 ✪ 1등급 대비 2015실시(A) 10월 학평 30(고3)

양의 실수 x에 대하여 $\log x$의 소수 부분을 $f(x)$라 하자. 다음 조건을 만족시키는 a와 n에 대하여 모든 자연수 n의 값의 합을 구하시오. (4점)

> (가) $f(a) = f(a^{2n})$
> (나) $(n+1)\log a = 3n^2 - 4n + 4$

B131 ✪ 1등급 대비 2016대비(A) 6월 모평 20(고3)

양수 x에 대하여 $\log x$의 정수 부분을 $f(x)$라 할 때,

$f(ab) = f(a)f(b) + 2$

를 만족시키는 20 이하의 두 자연수 a, b의 순서쌍 (a, b)에 대하여 $a+b$의 최솟값은? (4점)

① 19 ② 20 ③ 21
④ 22 ⑤ 23

경찰대, 삼사 중요 기출 문제 [어려운 3점 + 4점 + 5점]

B132

2021대비 경찰대 23(고3)

$\log_a b=\frac{3}{2}$, $\log_c d=\frac{3}{4}$을 만족시키는 자연수 a, b, c, d에 대하여 $a-c=19$일 때, $b-d$의 값을 구하시오. (4점)

B133

2023대비 경찰대 22(고3)

실수 a, b, c가

$$\log \frac{ab}{2}=(\log a)(\log b),$$

$$\log \frac{bc}{2}=(\log b)(\log c),$$

$$\log (ca)=(\log c)(\log a)$$

를 만족시킬 때, $a+b+c$의 값을 구하시오. (단, a, b, c는 모두 10보다 크다.) (4점)

B134

2022대비 경찰대 1(고3)

두 양수 a, b가

$$\log_b a+\log_a b=\frac{26}{5},\ ab=27$$

을 만족시킬 때, a^2+b^2의 값은? (단, $a\neq 1$, $b\neq 1$) (3점)

① 240 ② 242 ③ 244 ④ 246 ⑤ 248

B135

2020대비(나) 삼사 15(고3)

두 양수 a, $b(a>b)$에 대하여 $9^a=2^{\frac{1}{b}}$, $(a+b)^2=\log_3 64$일 때, $\frac{a-b}{a+b}$의 값은? (4점)

① $\frac{\sqrt{6}}{6}$ ② $\frac{\sqrt{3}}{3}$ ③ $\frac{\sqrt{2}}{2}$ ④ $\frac{\sqrt{6}}{3}$ ⑤ $\frac{\sqrt{30}}{6}$

B136

2023대비 경찰대 9(고3)

집합 $A=\{1, 2, 3, 4, 5\}$에서 A로의 함수 중에서 다음 조건을 만족시키는 함수 $f(x)$의 개수는? (4점)

(가) $\log f(x)$는 일대일함수가 아니다.
(나) $\log \{f(1)+f(2)+f(3)\}=2\log 2+\log 3$
(다) $\log f(4)+\log f(5)\leq 1$

① 134 ② 140 ③ 146 ④ 152 ⑤ 158

B137

2022대비 삼사 8(고3)

그림과 같은 5개의 칸에 5개의 수 $\log_a 2$, $\log_a 4$, $\log_a 8$, $\log_a 32$, $\log_a 128$을 한 칸에 하나씩 적는다. 가로로 나열된 3개의 칸에 적힌 세 수의 합과 세로로 나열된 3개의 칸에 적힌 세 수의 합이 15로 서로 같을 때, a의 값은? (3점)

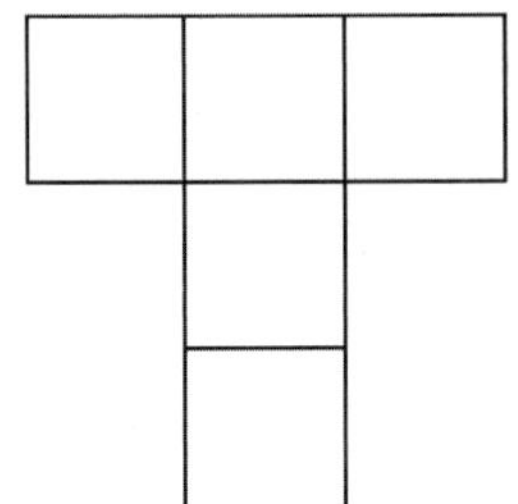

① $2^{\frac{1}{3}}$ ② $2^{\frac{2}{3}}$ ③ 2 ④ $2^{\frac{4}{3}}$ ⑤ $2^{\frac{5}{3}}$

❖ 정답 및 해설 63~68p

고려대학교 관현악단

고려대학교 관현악단 동아리

고려대학교 대표 아마추어 오케스트라!

고려대학교 관현악단은 1971년 창단된 고려대학교 최대 규모의 동아리로, 관악기와 현악기, 그리고 타악기로 이루어져 있어요. 입단 이후 악기를 고르고 시작하시는 학우들도 계실 만큼 실력은 전혀 상관없으며 학기 중 모든 활동의 참여는 자유입니다!

매년 3월과 9월에 신춘 음악회와 정기 연주회를 개최하고 있는데, 보통 다른 대학 아마추어 오케스트라는 연주회 횟수를 셀 때 3월과 9월의 연주회를 합산하여 '제○○회 정기 연주회'로 표기하지만, 고려대학교 관현악단은 신춘(3월)과 정기(9월)를 별도의 횟수로 세고 있어요.

이 연주회는 아마추어 오케스트라의 수준에서 높은 실력을 자랑해요.
1994년 9월 안드레아스 에카르트의 코리아 심포니를 세계 초연했고, 2005년에는 러시아 음악가 라린이 작곡한 고려대학교 개교 100주년 기념 교향곡인 〈자유 · 정의 · 진리를 위한 교향곡〉을 예술의 전당 콘서트홀에서 세계 초연했고, 해당 연주 실황 음원은 KBS 클래식 FM에서 방송되기도 했답니다.

음대가 없는 고려대학교의 특성상 학교로부터도 특별한 대접을 받고 있으며, 연주회 때에는 총장이 내빈으로 참석해요. 그동안 동아리 이름을 정하고자 수차례 협의를 했으나 그때마다 별도의 이름을 정하지 못했고, '고려대학교 관현악단'으로 남게 되었답니다.

악기를 배우고 싶었지만 기회가 없었던 분들, 대학에서 오케스트라 활동을 이어나가고 싶으신, 새내기 및 정든내기 여러분들 주목하세요. 단원을 상시 모집하고 있는 고려대학교 관현악단의 문을 두드리세요. 다양한 활동을 통해 음악을 즐기고 단원들과 친목을 다질 수 있을 거예요.

C 지수함수와 로그함수

★ 유형 차례

유형 01 지수함수의 그래프
유형 02 지수함수의 그래프의 평행이동
유형 03 지수함수의 그래프의 대칭이동
☆중요 유형 04 지수함수의 최대 · 최소 – 지수가 일차식
☆중요 유형 05 지수함수의 최대 · 최소 – 지수가 이차식
유형 06 지수함수의 최대 · 최소 – a^x이 반복되는 꼴
유형 07 지수함수를 이용한 대소 관계
☆중요 유형 08 지수함수의 그래프의 교점
유형 09 로그함수의 값
유형 10 로그함수의 그래프
☆중요 유형 11 로그함수의 그래프 위의 점
유형 12 로그함수의 그래프의 평행이동과 대칭이동
유형 13 로그함수의 최대 · 최소 – 기본
☆중요 유형 14 로그함수의 최대 · 최소 – 활용
유형 15 로그함수를 이용한 대소 관계
유형 16 로그함수의 그래프의 교점
유형 17 로그함수의 그래프의 교점의 개수
☆중요 유형 18 로그함수의 그래프의 교점의 활용
유형 19 로그함수와 지수함수의 역함수 구하기
유형 20 로그함수와 지수함수의 그래프 사이의 관계
유형 21 로그함수와 지수함수의 그래프와 도형
유형 22 도형의 넓이를 이용한 미지수의 결정

★ 최신 3개년 수능+모평 출제 경향

학년도		출제 유형	난이도
2025	수능	유형 08 지수함수의 그래프의 교점	✽✽✽
	9월	유형 20 로그함수와 지수함수의 그래프 사이의 관계	✽✽❀
	6월	유형 21 로그함수와 지수함수의 그래프와 도형	✽✽❀
2024	수능	유형 14 로그함수의 최대 · 최소 – 활용	✽✽✽
	9월	유형 03 지수함수의 그래프의 대칭이동	✽✽✽
	6월	유형 16 로그함수의 그래프의 교점 유형 20 로그함수와 지수함수의 그래프 사이의 관계	❀❀❀ ✽✽✽
2023	수능	출제되지 않음	
	9월	유형 08 지수함수의 그래프의 교점	✽✽✽
	6월	출제되지 않음	

★ 2025 수능 출제 경향 분석

• **지수함수의 그래프의 교점** : 밑의 범위가 $0<(\text{밑})<1$인 지수함수의 그래프와 직선 $y=x$의 교점의 x좌표에 의하여 새롭게 정의된 함수의 조건을 이용하여 주어진 값을 구하는 문제가 출제되었다. [C160 문항]

★ 2026 수능 예측

1. 지수함수와 로그함수의 그래프의 평행이동과 대칭이동은 매우 중요한 개념이므로 출제가 예상된다. 평행이동과 대칭이동에 의해 점근선도 똑같이 바뀌게 되므로 주의해야 한다.
2. 지수와 로그의 대소 관계를 따지는 문제가 출제 예상된다. 지수함수와 로그함수의 밑의 크기가 1보다 작은 양수인가, 1보다 큰 양수인가에 따라 증가, 감소가 다르니까 주의해야 한다.
3. 지수함수, 로그함수의 그래프와 다른 함수의 그래프의 교점 사이의 관계를 파악하는 문제가 출제 예상되므로 지수함수, 로그함수의 그래프를 그리는 연습을 충분히 해야 한다.

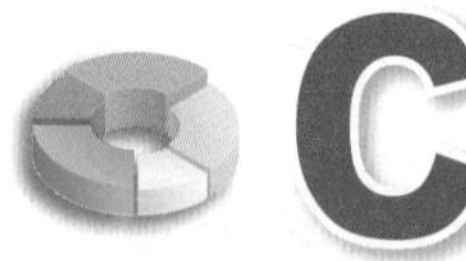

C 지수함수와 로그함수

개념 강의

중요도 ★★★

1 지수함수의 그래프 — 유형 01~08, 19~22

(1) 지수함수 $y=a^x$ $(a>0, a\neq1)$의 그래프와 성질❶

① 정의역은 실수 전체의 집합이고, 치역은 양의 실수 전체의 집합이다.

② $a>1$일 때, x의 값이 증가하면 y의 값도 증가하고 $0<a<1$일 때, x의 값이 증가하면 y의 값은 감소한다.

③ 그래프는 점 $(0, 1)$을 지나고 x축을 점근선❷으로 갖는다.

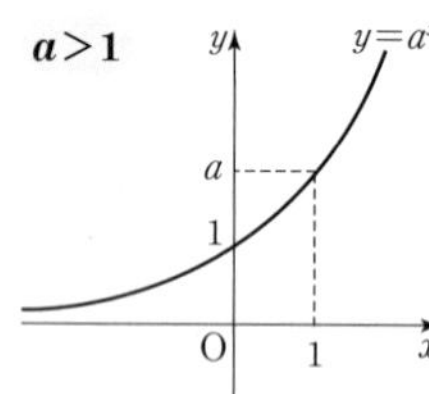

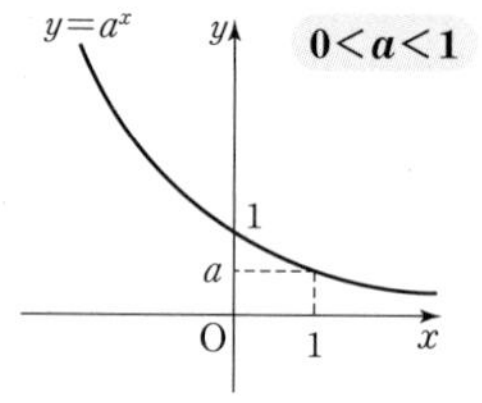

(2) 지수함수의 최대 · 최소

정의역이 $\{x|m\leq x\leq n\}$인 지수함수 $y=a^x(a>0, a\neq1)$은

① $a>1$이면 $x=n$일 때 최댓값 a^n, $x=m$일 때 최솟값 a^m을 갖는다.

② $0<a<1$이면 $x=m$일 때 최댓값 a^m, $x=n$일 때 최솟값 a^n을 갖는다.

출제 2025 수능 20번 / 2025 6월 모평 12번

★ 수능에는 지수함수의 그래프와 직선의 교점의 x좌표에 의하여 정의된 함수의 함숫값을 구하는 고난도 문제가 출제되었고, 6월에는 두 지수함수의 그래프 위의 점으로 만들어지는 사각형의 두 변의 길이 사이의 관계를 이용하여 사각형의 넓이를 구하는 중상 난이도의 문제가 출제되었다.

+개념 보충

❶ 지수함수 $y=a^x$ $(a>0, a\neq1)$의 그래프를

(1) x축의 방향으로 m만큼, y축의 방향으로 n만큼 평행이동하면 $y=a^{x-m}+n$

(2) x축에 대하여 대칭이동하면 $y=-a^x$

y축에 대하여 대칭이동하면 $y=a^{-x}$

원점에 대하여 대칭이동하면 $y=-a^{-x}$

❷ 곡선 위의 점이 어떤 직선에 한없이 가까워질 때, 이 직선을 그 곡선의 점근선이라 한다.

2 로그함수의 그래프 — 유형 09~22

(1) 로그함수 $y=\log_a x$ $(a>0, a\neq1)$의 그래프와 성질❸

① 정의역은 양의 실수 전체의 집합이고, 치역은 실수 전체의 집합이다.

② $a>1$일 때, x의 값이 증가하면 y의 값도 증가하고 $0<a<1$일 때, x의 값이 증가하면 y의 값은 감소한다.

③ 그래프는 점 $(1, 0)$을 지나고 y축을 점근선으로 갖는다.

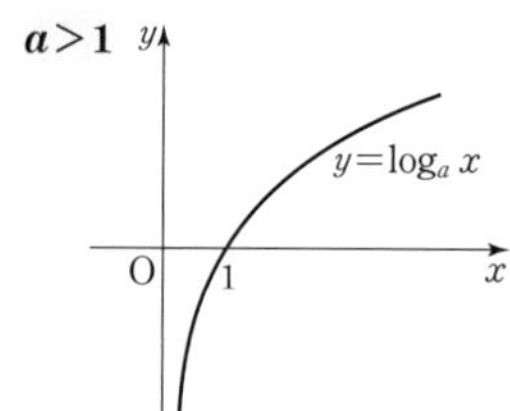

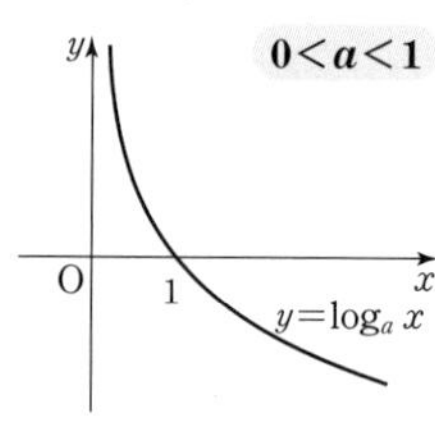

(2) 로그함수의 최대 · 최소

정의역이 $\{x|m\leq x\leq n\}$인 로그함수 $y=\log_a x\,(a>0, a\neq1)$는

① $a>1$이면 $x=n$일 때 최댓값 $\log_a n$, $x=m$일 때 최솟값 $\log_a m$을 갖는다.

② $0<a<1$이면 $x=m$일 때 최댓값 $\log_a m$, $x=n$일 때 최솟값 $\log_a n$을 갖는다.

(3) 지수함수와 로그함수의 관계❹

지수함수 $y=a^x$과 로그함수 $y=\log_a x$는 서로 역함수 관계이므로 두 함수의 그래프는 직선 $y=x$에 대하여 대칭이다.

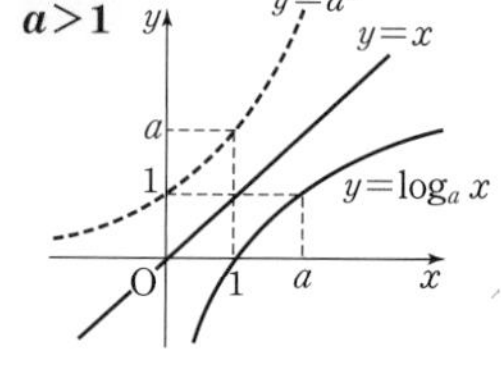

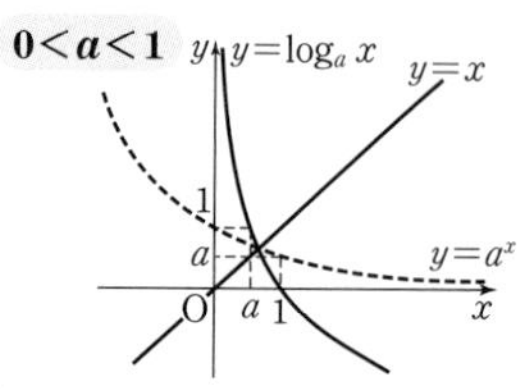

출제 2025 9월 모평 14번

★ 지수함수의 그래프 위의 두 점을 지나는 원이 지수함수의 역함수인 로그함수의 그래프와 만나는 점의 x좌표를 구하는 중상 난이도의 문제가 출제되었다.

+개념 보충

❸ 로그함수 $y=\log_a x$ $(a>0, a\neq1)$의 그래프를

(1) x축의 방향으로 m만큼, y축의 방향으로 n만큼 평행이동하면 $y=\log_a(x-m)+n$

(2) x축에 대하여 대칭이동하면 $y=-\log_a x$

y축에 대하여 대칭이동하면 $y=\log_a(-x)$

원점에 대하여 대칭이동하면 $y=-\log_a(-x)$

한걸음 더!

❹ 지수함수와 로그함수의 역함수 관계 이용하기

$a>0$, $a\neq1$일 때, 두 함수 $f(x)=a^x$, $g(x)=\log_a x$는 서로 역함수 관계임을 파악해야 한다. 즉, 두 함수 $y=f(x)$, $y=g(x)$의 그래프의 교점을 찾을 때 두 그래프가 직선 $y=x$에 대하여 대칭이거나 점 (α, β)가 함수 $y=f(x)$의 그래프 위의 점이면 점 (β, α)는 함수 $y=g(x)$의 그래프 위의 점임을 이용할 수 있어야 한다.

1 지수함수의 그래프

C01 기본 .... 2015실시(A) 4월 학평 6(고3)

실수 a, b에 대하여 좌표평면에서 함수 $y=a\times 2^x$의 그래프가 두 점 $(0, 4)$, $(b, 16)$을 지날 때, $a+b$의 값은? (3점)

① 6　② 7　③ 8　④ 9　⑤ 10

C02 기본 .... 2005대비(나) 6월 모평 6(고3)

함수 $y=5^{2x}$의 그래프를 x축의 방향으로 m만큼, y축의 방향으로 n만큼 평행이동시켰더니 함수 $y=25\cdot 5^{2x}+2$의 그래프가 되었다. $m+n$의 값은? (3점)

① 2　② 1　③ 0　④ -1　⑤ -2

C03 기본 .... 2007대비(나) 수능 4(고3)

정의역이 $\{x\,|\,-1\le x\le 3\}$인 두 지수함수 $f(x)=4^x$, $g(x)=\left(\dfrac{1}{2}\right)^x$에 대하여 $f(x)$의 최댓값을 M, $g(x)$의 최솟값을 m이라 할 때, Mm의 값은? (3점)

① 8　② 6　③ 4　④ 2　⑤ 1

C04 기본 .... 2006실시(나) 10월 학평 28(고3)

$0<a<b<c<1$을 만족하는 세 실수 a, b, c에 대하여

$$A=a^ab^bc^c,\ B=a^ab^cc^b,\ C=a^bb^cc^a$$

이라고 하자. 이때, A, B, C의 대소 관계로 옳은 것은? (4점)

① $C<B<A$　② $B<C<A$　③ $C<A<B$　④ $A<C<B$　⑤ $B<A<C$

C05 기본 .... 2008대비(나) 수능 10(고3)

지수함수 $f(x)=a^{x-m}$의 그래프와 그 역함수의 그래프가 두 점에서 만나고, 두 교점의 x좌표가 1과 3일 때, $a+m$의 값은? (3점)

① $2-\sqrt{3}$　② 2　③ $1+\sqrt{3}$　④ 3　⑤ $2+\sqrt{3}$

2 로그함수의 그래프

C06 기본 .... 2005실시(나) 10월 학평 3(고3)

두 함수 $f(x)=5^{3x}$, $g(x)=\dfrac{1}{3}\log_5 x$에 대하여 $f(g(5))$의 값은? (2점)

① 1　② 2　③ 3　④ 4　⑤ 5

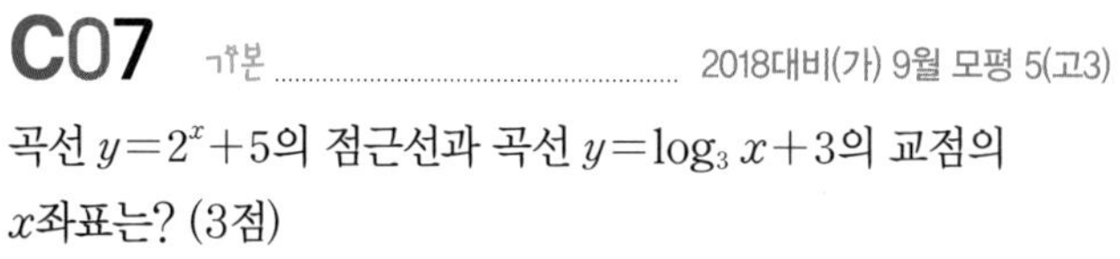

C07 기본 .... 2018대비(가) 9월 모평 5(고3)

곡선 $y=2^x+5$의 점근선과 곡선 $y=\log_3 x+3$의 교점의 x좌표는? (3점)

① 3　② 6　③ 9　④ 12　⑤15

C08 기본 .... 2012대비(나) 6월 모평 13(고3)

곡선 $y=\log_2(ax+b)$가 점 $(-1, 0)$과 점 $(0, 2)$를 지날 때, 두 상수 a, b의 합 $a+b$의 값은? (3점)

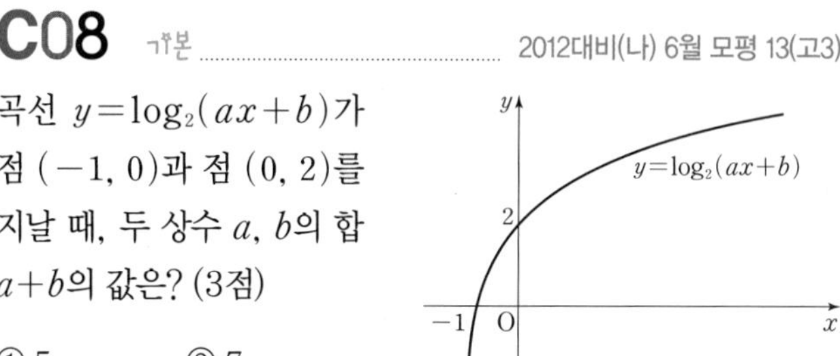

① 5　② 7　③ 9　④ 11　⑤ 13

수능 유형별 기출 문제 [2점, 3점, 쉬운 4점]

Pass 쉬운 유형, 반복 계산 문제로 패스 하셔도 좋습니다.

1 지수함수의 그래프

유형 01 지수함수의 그래프

함수 $y=f(x)$의 그래프가 점 (α, β)를 지나면 $\beta=f(\alpha)$가 성립한다. 즉, 지수함수 $y=a^x\,(a>0,\ a\neq1)$의 그래프가 점 (α, β)를 지나면 함수의 식에 $x=\alpha$를 대입하였을 때 $\beta=a^\alpha$이 성립한다.

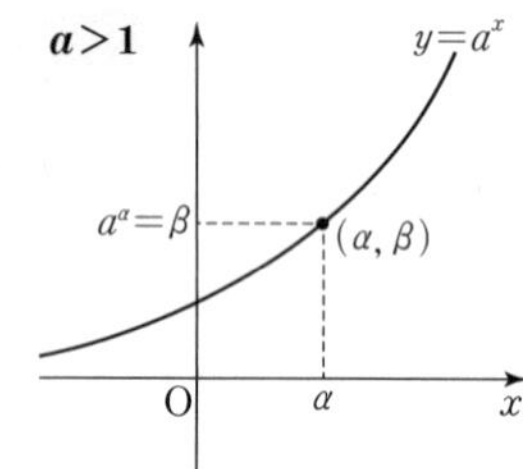

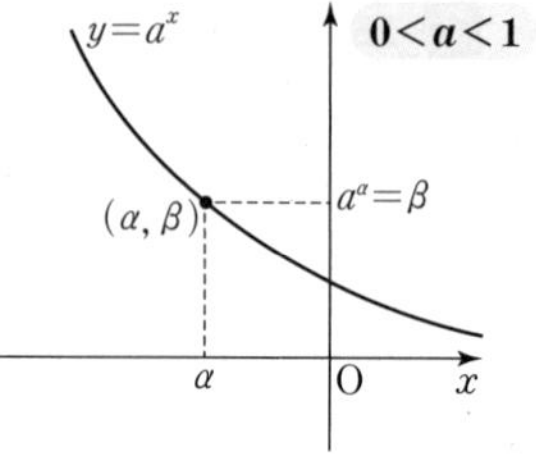

tip

함수 $y=a^x$에서

1. $a=1$이면 모든 실수 x에 대하여 $y=1^x=1$이다. 이때의 함수 $y=a^x$은 상수함수이므로 지수함수에서는 밑이 1이 아닌 양수인 경우만 생각한다.
2. a가 1이 아닌 양수일 때, 실수 x를 a^x에 대응시키면 그 값은 오직 하나로 정해지므로 $y=a^x$은 x의 함수이다.

C09 2015실시(A) 3월 학평 10(고3)

지수함수 $y=3^x$의 그래프 위의 한 점 A의 y좌표가 $\frac{1}{3}$이다.

이 그래프 위의 한 점 B에 대하여 선분 AB를 $1:2$로 내분하는 점 C가 y축 위에 있을 때, 점 B의 y좌표는? (3점)

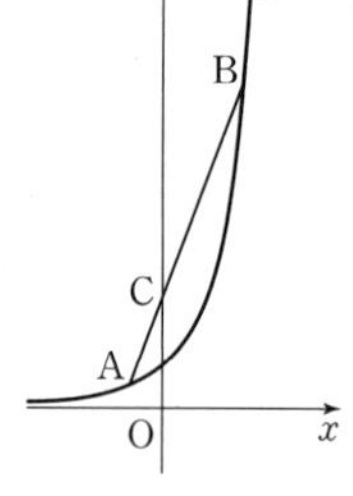

① 3　② $3\sqrt[3]{3}$　③ $3\sqrt{3}$　④ $3\sqrt[3]{9}$　⑤ 9

C10 2014실시(A) 10월 학평 8(고3)

지수함수 $f(x)=a^x$의 그래프가 그림과 같다.
$f(b)=3$, $f(c)=6$일 때,
$f\left(\frac{b+c}{2}\right)$의 값은? (3점)

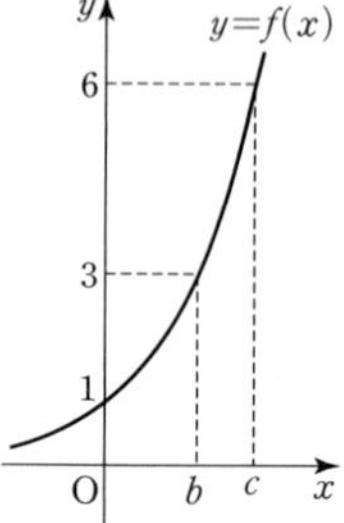

① 4　② $\sqrt{17}$　③ $3\sqrt{2}$　④ $\sqrt{19}$　⑤ $2\sqrt{5}$

C11 2009실시(나) 7월 학평 6(고3)

원점 O에서 함수 $f(x)=4^x$ 위의 한 점 P를 잇는 선분 OP가 있다. 함수 $g(x)=2^x$의 그래프가 선분 OP를 $1:3$으로 내분할 때, 점 P의 x좌표는? (3점)

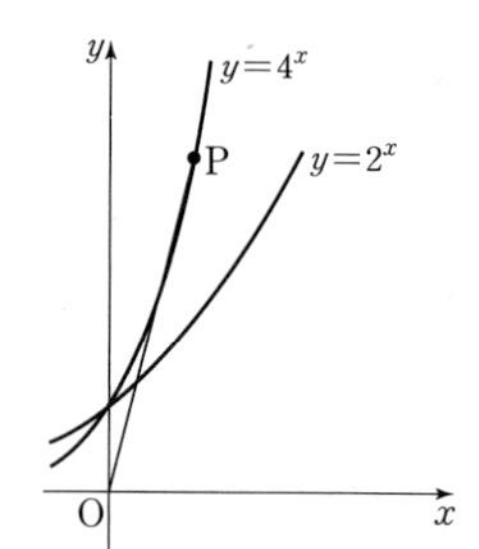

① $\frac{4}{7}$　② $\frac{5}{7}$　③ $\frac{6}{7}$　④ 1　⑤ $\frac{8}{7}$

C12 2020실시(나) 3월 학평 8(고3)

$a>1$인 실수 a에 대하여 직선 $y=-x$가 곡선 $y=a^x$과 만나는 점의 좌표를 $(p, -p)$, 곡선 $y=a^{2x}$과 만나는 점의 좌표를 $(q, -q)$라 할 때, $\log_a pq=-8$이다. $p+2q$의 값은? (3점)

① 0　② -2　③ -4　④ -6　⑤ -8

C13 ✿❀❀ 2005대비(나) 9월 모평 12(고3)

집합 $G=\{(x, y)\,|\,y=5^x,\ x$는 실수$\}$에 대하여 [보기]에서 항상 옳은 것을 모두 고르면? (3점)

[보기]

ㄱ. $(a, b)\in G$이면 $\left(\frac{a}{2}, \sqrt{b}\right)\in G$이다.

ㄴ. $(-a, b)\in G$이면 $\left(a, \frac{1}{b}\right)\in G$이다.

ㄷ. $(2a, b)\in G$이면 $(a, b^2)\in G$이다.

① ㄱ　② ㄱ, ㄴ　③ ㄱ, ㄷ
④ ㄴ, ㄷ　⑤ ㄱ, ㄴ, ㄷ

유형 02 지수함수의 그래프의 평행이동

지수함수 $y=a^x$ ($a>0$, $a\neq1$)의 그래프를 x축의 방향으로 m만큼, y축의 방향으로 n만큼 평행이동하면

(1) 그래프의 식은 $y=a^{x-m}+n$
(2) 정의역은 $\{x\,|\,x$는 실수$\}$, 치역은 $\{y\,|\,y>n$인 실수$\}$
(3) 점근선은 직선 $y=n$이다.
(4) a의 값에 상관없이 점 $(m, n+1)$을 지난다.

tip

함수 $f(x)$에 대하여 곡선 $y=f(x)$를 x축의 방향으로 m만큼, y축의 방향으로 n만큼 평행이동한 곡선의 식은 x 대신 $x-m$을, y 대신 $y-n$을 대입하여 구한다.

C14 ❀❀❀ 2022대비 5월 예시 3(고2)

함수 $y=2^x$의 그래프를 y축의 방향으로 m만큼 평행이동한 그래프가 점 $(-1, 2)$를 지날 때, 상수 m의 값은? (3점)

① $\frac{1}{2}$　② 1　③ $\frac{3}{2}$
④ 2　⑤ $\frac{5}{2}$

C15 ❀❀❀ 2020실시(가) 4월 학평 24(고3)

함수 $f(x)=2^{x+p}+q$의 그래프의 점근선이 직선 $y=-4$이고 $f(0)=0$일 때, $f(4)$의 값을 구하시오. (단, p와 q는 상수이다.) (3점)

C16 ❀❀❀ 2019실시(가) 6월 학평 6(고2)

함수 $f(x)=2^{x+3}-1$의 그래프의 점근선이 직선 $y=k$일 때, $f(k)$의 값은? (단, k는 상수이다.) (3점)

① 1　② 3　③ 5
④ 7　⑤ 9

C17 ❀❀❀ 2019실시(나) 6월 학평 11(고2)

함수 $y=2^{x-a}+b$의 그래프가 그림과 같을 때, 두 상수 a, b에 대하여 $a+b$의 값은? (단, 직선 $y=3$은 그래프의 점근선이다.) (3점)

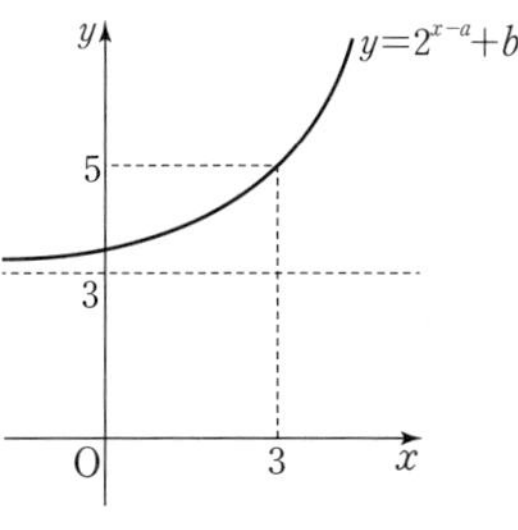

① 3　② 5　③ 7
④ 9　⑤ 11

❖ 정답 및 해설 71~73p

C18 ❀❀❀ 2023실시 4월 학평 17(고3)

함수 $y=4^x$의 그래프를 x축의 방향으로 1만큼, y축의 방향으로 a만큼 평행이동한 그래프가 점 $\left(\frac{3}{2}, 5\right)$를 지날 때, 상수 a의 값을 구하시오. (3점)

C19 ❀❀❀ 2014실시(A) 7월 학평 8(고3)

그림과 같이 함수 $y=3^{x+1}$의 그래프 위의 한 점 A와 함수 $y=3^{x-2}$의 그래프 위의 두 점 B, C에 대하여 선분 AB는 x축에 평행하고 선분 AC는 y축에 평행하다. $\overline{AB}=\overline{AC}$가 될 때, 점 A의 y좌표는? (단, 점 A는 제 1사분면 위에 있다.) (3점)

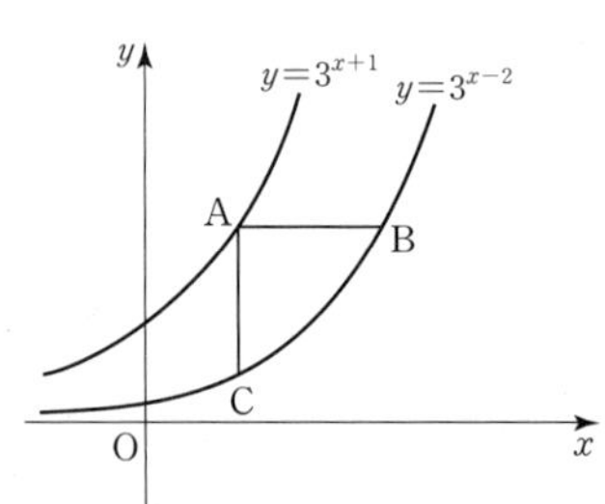

① $\frac{81}{26}$ ② $\frac{44}{13}$ ③ $\frac{95}{26}$
④ $\frac{101}{26}$ ⑤ $\frac{54}{13}$

C20 ✿❀❀ 2008대비(나) 수능 26(고3)

함수 $f(x)=2^x$의 그래프를 x축 방향으로 m만큼, y축 방향으로 n만큼 평행이동시키면 함수 $y=g(x)$의 그래프가 되고, 이 평행이동에 의하여 점 A$(1, f(1))$이 점 A$'(3, g(3))$으로 이동된다. 함수 $y=g(x)$의 그래프가 점 $(0, 1)$을 지날 때, $m+n$의 값은? (3점)

① $\frac{11}{4}$ ② 3 ③ $\frac{13}{4}$
④ $\frac{7}{2}$ ⑤ $\frac{15}{4}$

C21 ✿✿❀ 2021실시 3월 학평 13(고3)

함수

$$f(x)=\begin{cases} 2^x & (x<3) \\ \left(\frac{1}{4}\right)^{x+a}-\left(\frac{1}{4}\right)^{3+a}+8 & (x\geq 3) \end{cases}$$

에 대하여 곡선 $y=f(x)$ 위의 점 중에서 y좌표가 정수인 점의 개수가 23일 때, 정수 a의 값은? (4점)

① -7 ② -6 ③ -5
④ -4 ⑤ -3

유형 03 지수함수의 그래프의 대칭이동

지수함수 $y=a^x$ $(a>0, a\neq 1)$의 그래프를

(1) x축에 대하여 대칭이동한 그래프의 식은 $y=-a^x$

(2) y축에 대하여 대칭이동한 그래프의 식은 $y=a^{-x}=\left(\frac{1}{a}\right)^x$

(3) 원점에 대하여 대칭이동한 그래프의 식은 $y=-a^{-x}=-\left(\frac{1}{a}\right)^x$

tip

x축에 대하여 대칭이동, y축에 대하여 대칭이동한 곡선의 식은 각각 y 대신 $-y$, x 대신 $-x$를 대입하여 구하고 원점에 대하여 대칭이동한 곡선의 식은 x 대신 $-x$, y 대신 $-y$를 대입하여 구한다.

C22 ❀❀❀ 2012실시(나) 4월 학평 11(고3)

점근선의 방정식이 $y=2$인 지수함수 $y=2^{2x+a}+b$의 그래프를 y축에 대하여 대칭이동시킨 함수 $y=f(x)$의 그래프가 그림과 같다. 함수 $y=f(x)$의 그래프가 점 $(-1, 10)$을 지날 때, 두 상수 a, b에 대하여 $a+b$의 값은? (3점)

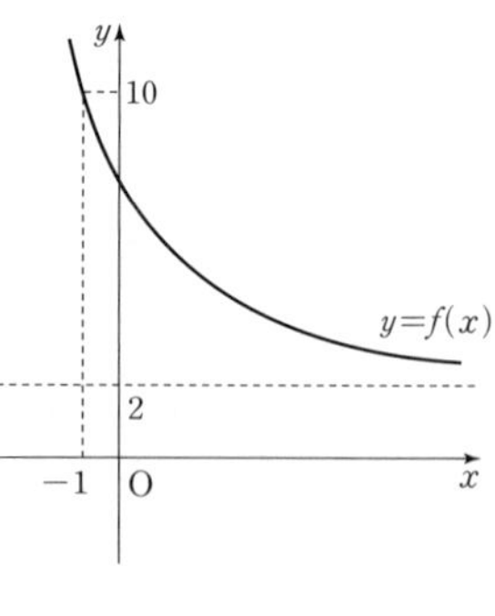

① $\frac{5}{2}$ ② 3 ③ $\frac{7}{2}$
④ 4 ⑤ $\frac{9}{2}$

C23 ❀❀❀ 2011대비(나) 수능 11(고3)

좌표평면에서 지수함수 $y=a^x$의 그래프를 y축에 대하여 대칭이동시킨 후, x축의 방향으로 3만큼, y축의 방향으로 2만큼 평행이동시킨 그래프가 점 $(1, 4)$를 지난다. 양수 a의 값은? (3점)

① $\sqrt{2}$ ② 2 ③ $2\sqrt{2}$
④ 4 ⑤ $4\sqrt{2}$

C24 ❀❀❀ 2002대비(인) 수능 11(고3)

지수함수의 그래프에 대한 [보기]의 설명 중 옳은 것을 모두 고른 것은? (2점)

[보기]

ㄱ. $y=2^x$의 그래프를 x축에 대하여 대칭이동하면 $y=\dfrac{1}{2^x}$의 그래프가 된다.
ㄴ. $y=2^x$의 그래프를 x축의 방향으로 1만큼 평행이동하면 $y=2^x$의 그래프보다 아래에 놓이게 된다.
ㄷ. $y=\sqrt{2}\cdot 2^x$의 그래프를 x축의 방향으로 평행이동하여 $y=2^x$의 그래프를 얻을 수 있다.

① ㄱ ② ㄴ ③ ㄴ, ㄷ
④ ㄱ, ㄷ ⑤ ㄱ, ㄴ, ㄷ

C25 ✿❀❀ 2019대비(가) 9월 모평 7(고3)

함수 $f(x)=-2^{4-3x}+k$의 그래프가 제2사분면을 지나지 않도록 하는 자연수 k의 최댓값은? (3점)

① 10 ② 12 ③ 14
④ 16 ⑤ 18

C26 ✿❀❀ 2017실시(가) 3월 학평 27(고3)

그림과 같이 곡선 $y=2^x$을 y축에 대하여 대칭이동한 후, x축의 방향으로 $\dfrac{1}{4}$만큼, y축의 방향으로 $\dfrac{1}{4}$만큼 평행이동한 곡선을 $y=f(x)$라 하자. 곡선 $y=f(x)$와 직선 $y=x+1$이 만나는 점 A와 점 B$(0, 1)$ 사이의 거리를 k라 할 때, $\dfrac{1}{k^2}$의 값을 구하시오. (4점)

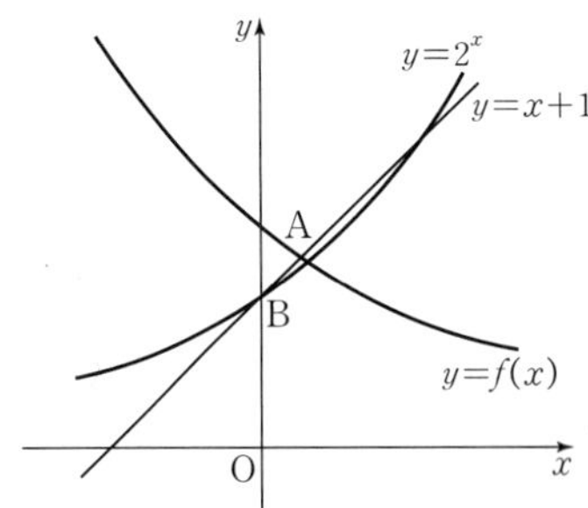

C27 ✿❀❀ 2012실시(A) 11월 학평 9(고2)

좌표평면에서 지수함수 $y=a\cdot 3^x\,(a\neq 0)$의 그래프를 원점에 대하여 대칭이동시킨 후, x축의 방향으로 2만큼, y축의 방향으로 3만큼 평행이동시킨 그래프가 점 $(1, -6)$을 지난다.
이때, 상수 a의 값은? (3점)

① 1 ② 2 ③ 3
④ 4 ⑤ 5

❖ 정답 및 해설 73~77p

C28 ✿❀❀ 2009대비(나) 수능 7(고3)

두 지수함수 $f(x)=a^{bx-1}$, $g(x)=a^{1-bx}$이 다음 조건을 만족시킨다.

> (가) 함수 $y=f(x)$의 그래프와 함수 $y=g(x)$의 그래프는 직선 $x=2$에 대하여 대칭이다.
>
> (나) $f(4)+g(4)=\frac{5}{2}$

두 상수 a, b의 합 $a+b$의 값은? (단, $0<a<1$) (3점)

① 1　② $\frac{9}{8}$　③ $\frac{5}{4}$
④ $\frac{11}{8}$　⑤ $\frac{3}{2}$

유형 04 지수함수의 최대 · 최소 – 지수가 일차식

지수함수 $y=a^x$ ($a>0$, $a\neq1$)의 정의역이 $\{x|\alpha\leq x\leq\beta\}$일 때,

① $a>1$이면 $x=\alpha$일 때 최솟값 a^α, $x=\beta$일 때 최댓값 a^β을 갖는다.
② $0<a<1$이면 $x=\alpha$일 때 최댓값 a^α, $x=\beta$일 때 최솟값 a^β을 갖는다.

$a>1$

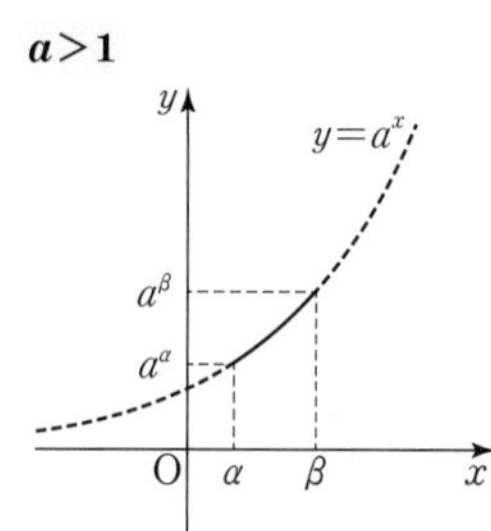

$0<a<1$

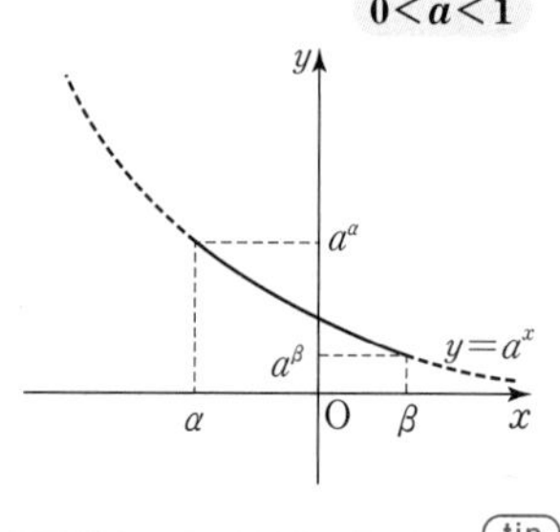

tip

지수함수 $y=a^x$ ($a>0$, $a\neq1$)은 a의 값의 범위에 따라 증가하는 함수이거나 감소하는 함수이므로 지수함수의 그래프의 개형을 정확히 파악하여 어떤 x의 값에서 최댓값, 최솟값을 갖는지를 구해야 한다.

C29 ❀❀❀ 2021실시 4월 학평 3(고3)

닫힌구간 $[0, 4]$에서 함수 $f(x)=\left(\frac{1}{3}\right)^{x-2}+1$의 최댓값은? (3점)

① 2　② 4　③ 6
④ 8　⑤ 10

C30 ❀❀❀ 2021대비(나) 6월 모평 9(고3)

닫힌구간 $[-1, 3]$에서 함수 $f(x)=2^{|x|}$의 최댓값과 최솟값의 합은? (3점)

① 5　② 7　③ 9
④ 11　⑤ 13

C31 ❀❀❀ 2019실시(나) 9월 학평 8(고2)

정의역이 $\{x|1\leq x\leq3\}$인 함수 $f(x)=5^{x-2}+3$의 최댓값은? (3점)

① 4　② 5　③ 6
④ 7　⑤ 8

C32 ❀❀❀ Pass 2018실시(가) 11월 학평 23(고2)

닫힌구간 $[1, 5]$에서 함수 $f(x)=\left(\frac{1}{3}\right)^{x-5}$의 최댓값을 구하시오. (3점)

C33 ❀❀❀ Pass 2018실시(가) 4월 학평 4(고3)

닫힌구간 $[2, 4]$에서 함수 $f(x)=\left(\frac{1}{2}\right)^{x-2}$의 최솟값은? (3점)

① $\frac{1}{32}$　② $\frac{1}{16}$　③ $\frac{1}{8}$
④ $\frac{1}{4}$　⑤ $\frac{1}{2}$

C34 ❀❀❀ Pass 2018대비(가) 수능 5(고3)

닫힌구간 $[1, 3]$에서 함수 $f(x)=1+\left(\frac{1}{3}\right)^{x-1}$의 최댓값은? (3점)

① $\frac{5}{3}$　② 2　③ $\frac{7}{3}$
④ $\frac{8}{3}$　⑤ 3

C35 ✿❀❀ 2019실시(가) 6월 학평 11(고2)

$-2 \le x \le 4$에서 정의된 함수 $f(x)=\left(\frac{1}{2}\right)^{x+a}$의 최솟값이 $\frac{1}{8}$일 때, 함수 $f(x)$의 최댓값은? (단, a는 상수이다.) (3점)

① 1 ② 2 ③ 4
④ 8 ⑤ 16

C36 ✿❀❀ 2019실시(가) 3월 학평 25(고3)

닫힌구간 [2, 3]에서 함수 $f(x)=\left(\frac{1}{3}\right)^{2x-a}$의 최댓값은 27, 최솟값은 m이다. $a \times m$의 값을 구하시오. (단, a는 상수이다.) (3점)

C37 ✿❀❀ 2018실시(가) 3월 학평 11(고3)

닫힌구간 $[-1, 2]$에서 함수 $f(x)=\left(\frac{3}{a}\right)^{x}$의 최댓값이 4가 되도록 하는 모든 양수 a의 값의 곱은? (3점)

① 16 ② 18 ③ 20
④ 22 ⑤ 24

C38 ✿❀❀ 2018대비(가) 9월 모평 7(고3)

$0<a<1$인 실수 a에 대하여 함수 $f(x)=a^x$은 닫힌구간 $[-2, 1]$에서 최솟값 $\frac{5}{6}$, 최댓값 M을 갖는다. $a \times M$의 값은? (3점)

① $\frac{2}{5}$ ② $\frac{3}{5}$ ③ $\frac{4}{5}$
④ 1 ⑤ $\frac{6}{5}$

유형 05 지수함수의 최대 · 최소 - 지수가 이차식

함수 $y=a^{f(x)}$ $(a>0,\ a\neq1)$에 대하여

(1) $a>1$이면 $f(x)$가 최대일 때 y도 최대이고, $f(x)$가 최소일 때 y도 최소이다.

(2) $0<a<1$이면 $f(x)$가 최대일 때 y는 최소이고, $f(x)$가 최소일 때 y는 최대이다.

tip

$y=a^{f(x)}$ $(a>0,\ a\neq1)$에서 $f(x)$가 이차함수일 때, $f(x)=k(x-p)^2+q$ 꼴로 변형하여 지수함수 $y=a^{f(x)}$의 최댓값, 최솟값을 구한다.

C39 ❀❀❀ 2019실시(나) 6월 학평 13(고2)

함수 $f(x)=\left(\frac{1}{5}\right)^{x^2-4x+1}$은 $x=a$에서 최댓값 M을 갖는다. $a+M$의 값은? (3점)

① 127 ② 129 ③ 131
④ 133 ⑤ 135

C40 ❀❀❀ 2006실시(나) 10월 학평 7(고3)

함수 $f(x)=2^{x^2}\times\left(\frac{1}{2}\right)^{2x-3}$의 최솟값은? (3점)

① $\frac{1}{8}$ ② $\frac{1}{4}$ ③ $\sqrt{2}$
④ $2\sqrt{2}$ ⑤ 4

C41 ✿❀❀ 2013실시(A) 3월 학평 18(고3)

두 함수 $f(x)$, $g(x)$를

$$f(x)=x^2-6x+3,\ g(x)=a^x\ (a>0,\ a\neq1)$$

이라 하자. $1\le x\le4$에서 함수 $(g\circ f)(x)$의 최댓값은 27, 최솟값은 m이다. m의 값은? (4점)

① $\frac{1}{27}$ ② $\frac{1}{3}$ ③ $\frac{\sqrt{3}}{3}$
④ 3 ⑤ $3\sqrt{3}$

❖ 정답 및 해설 77~80p

C42 ✿❀❀ 2008실시(나) 10월 학평 19(고3)

$0 \le x \le 3$에서 함수 $f(x)=2^{-x^2+4x+a}$의 최솟값이 4일 때, $f(x)$의 최댓값을 구하시오. (단, a는 상수이다.) (3점)

유형 06 지수함수의 최대·최소 - a^x이 반복되는 꼴

지수함수 $y=pa^{2x}+qa^x+r$ ($p\neq0$, p, q, r는 상수)의 최댓값 (최솟값)을 구할 때에는 $a^x=t$ $(t>0)$로 치환하여 이차함수 $y=pt^2+qt+r$ $(t>0)$의 최댓값(최솟값)을 구한다.

tip

1 $a^x=t$로 치환할 때, $a^x>0$이므로 $t>0$인 범위에서 이차함수의 최대·최소를 구해야 한다.

2 $y=\dfrac{pa^{2x}+qa^x+r}{a^x}$ ($p\neq0$, p, q, r는 상수) 꼴일 때에는 식을 정리하고, 산술평균과 기하평균의 관계를 이용하여 최대·최소를 구한다.

C43 ❀❀❀

함수 $y=16^x-4^{x+1}+6$의 최솟값은? (3점)

① $\log_4 3$ ② 1 ③ $\log_4 7$
④ $\log_4 11$ ⑤ 2

C44 ✿❀❀ 2011실시(나) 7월 학평 8(고3)

함수 $y=\dfrac{3^{2x}+3^x+9}{3^x}$의 최솟값은? (3점)

① 3 ② 4 ③ 5
④ 6 ⑤ 7

C45 ✿❀❀

정의역이 $\{x\,|\,-2\le x\le 1\}$인 함수 $y=-3^{2x}+2\times3^x+8$의 최솟값을 m, 최댓값을 M이라 할 때, $M+m$의 값을 구하시오. (3점)

C46 ✿❀❀

정의역이 $\{x\,|\,-2\le x\le 1\}$인 함수 $y=4\times9^{-x}-8\times3^{1-x}+37$은 $x=p$에서 최솟값을 갖고, $x=q$에서 최댓값을 갖는다. 이때, $p-q$의 값은? (3점)

① -2 ② -1 ③ 0
④ 1 ⑤ 2

유형 07 지수함수를 이용한 대소 관계

(1) 양수 a와 두 실수 m, n에 대하여 $a^n<a^m$일 때,
① $a>1$이면 $n<m$
② $0<a<1$이면 $n>m$

(2) 두 양수 a, b와 자연수 n에 대하여 $a^n<b^n$일 때, $a<b$

지수함수 $y=a^x$ ($a>0$, $a\neq1$)에서

1 $a>1$일 때, x의 값이 증가하면 y의 값도 증가하므로 $x_1<x_2$이면 $a^{x_1}<a^{x_2}$

2 $0<a<1$일 때, x의 값이 증가하면 y의 값은 감소하므로 $x_1<x_2$이면 $a^{x_1}>a^{x_2}$

C47 ✿❀❀ 2010대비(나) 6월 모평 27(고3)

지수함수 $f(x)=3^{-x}$에 대하여

$a_1=f(2)$, $a_{n+1}=f(a_n)$ $(n=1, 2, 3)$

일 때, a_2, a_3, a_4의 대소 관계를 옳게 나타낸 것은? (3점)

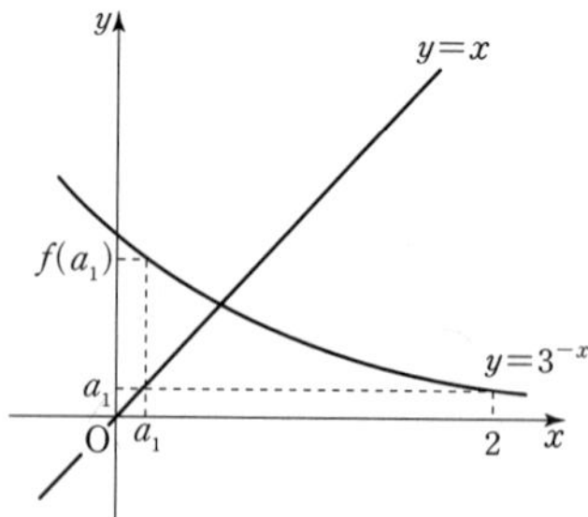

① $a_2<a_3<a_4$ ② $a_4<a_3<a_2$
③ $a_2<a_4<a_3$ ④ $a_3<a_2<a_4$
⑤ $a_3<a_4<a_2$

C48 ✿❀❀ 2008실시(가) 7월 학평 13(고3)

1이 아닌 양수 a, $b(a>b)$에 대하여 두 함수 $f(x)=a^x$, $g(x)=b^x$이라 하자. 양수 n에 대하여 [보기]에서 항상 옳은 것을 모두 고른 것은? (4점)

[보기]

ㄱ. $f(n)>g(n)$

ㄴ. $f(n)<g(-n)$이면 $a>1$이다.

ㄷ. $f(n)=g(-n)$이면 $f\left(\frac{1}{n}\right)=g\left(-\frac{1}{n}\right)$이다.

① ㄱ　② ㄴ　③ ㄱ, ㄷ

④ ㄴ, ㄷ　⑤ ㄱ, ㄴ, ㄷ

C49 ✿❀❀ 2007실시(나) 7월 학평 9(고3)

그림에서 함수 $y=2^x-1$의 그래프 위의 서로 다른 두 점 P, Q의 x좌표를 각각 a, b라 할 때, $A=\frac{2^a-1}{a}$, $B=\frac{2^b-1}{b}$, $C=\frac{2^b-2^a}{b-a}$의 대소 관계를 옳게 나타낸 것은? (단, $0<a<b<1$) (3점)

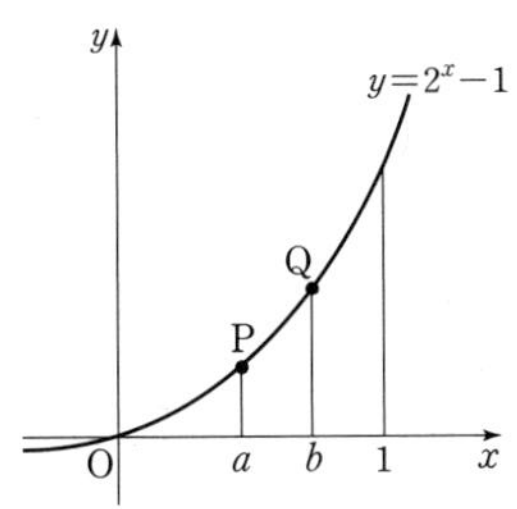

① $A<B<C$　② $A<C<B$　③ $B<A<C$

④ $B<C<A$　⑤ $C<A<B$

C50 ✿❀❀ 2006대비(나) 수능 9(고3)

부등식 $a^m<a^n<b^n<b^m$을 만족시키는 양수 a, b와 자연수 m, n에 대하여 옳은 것은? (3점)

① $a<1<b$, $m>n$　② $a<1<b$, $m<n$

③ $a<b<1$, $m<n$　④ $1<a<b$, $m>n$

⑤ $1<a<b$, $m<n$

유형 08 지수함수의 그래프의 교점

(1) 지수함수 $y=a^x$ $(a>0,\ a\neq1)$의 그래프와 직선 $x=k$의 교점의 x좌표는 k이므로 y좌표는 a^k이다.

(2) 두 지수함수 $y=a^x$, $y=b^x$ $(a>0,\ a\neq1,\ b>0,\ b\neq1)$의 그래프가 직선 $y=k$와 만나는 두 점을 각각 A, B라 하면, 이 두 점의 y좌표는 모두 k로 같으므로 선분 AB의 길이는 두 점 A, B의 x좌표의 차이다.

tip

1 지수함수와 그 역함수의 그래프의 교점을 구하는 경우 두 함수의 그래프가 만나는 점을 직접 구하는 것보다 지수함수와 직선 $y=x$의 교점을 구하는 것이 실수를 줄일 수 있다.

2 교점의 개수를 파악할 때는 실제로 그래프를 그려 확인한다.

3 주어진 두 곡선의 교점을 구하기 어려운 경우, 한 곡선을 평행이동 또는 대칭이동하면 다른 곡선에 겹쳐질 수 있는 경우가 대부분이므로 평행이동 또는 대칭이동된 식을 찾아본다.

C51 ✿❀❀ 2021대비(나) 6월 모평 21(고3)

두 곡선 $y=2^x$과 $y=-2x^2+2$가 만나는 두 점을 (x_1, y_1), (x_2, y_2)라 하자. $x_1<x_2$일 때, [보기]에서 옳은 것만을 있는 대로 고른 것은? (4점)

[보기]

ㄱ. $x_2>\frac{1}{2}$

ㄴ. $y_2-y_1<x_2-x_1$

ㄷ. $\frac{\sqrt{2}}{2}<y_1y_2<1$

① ㄱ　② ㄱ, ㄴ　③ ㄱ, ㄷ

④ ㄴ, ㄷ　⑤ ㄱ, ㄴ, ㄷ

C52 ✿❀❀ 2020대비(가) 수능 15(고3)

지수함수 $y=a^x\ (a>1)$의 그래프와 직선 $y=\sqrt{3}$이 만나는 점을 A라 하자. 점 B(4, 0)에 대하여 직선 OA와 직선 AB가 서로 수직이 되도록 하는 모든 a의 값의 곱은? (단, O는 원점이다.) (4점)

① $3^{\frac{1}{3}}$　② $3^{\frac{2}{3}}$　③ 3

④ $3^{\frac{4}{3}}$　⑤ $3^{\frac{5}{3}}$

❖ 정답 및 해설 81~85p

C53 ✿❀❀ 2014실시(B) 9월 학평 13(고2)

두 곡선 $y=2^x$, $y=4^x$이 직선 $x=k$와 만나는 점을 각각 A와 B, 직선 $y=m$ $(0<m<1)$과 만나는 점을 각각 C와 D라 하자. $k=\log_2 3$이고 $\overline{AB}=\overline{CD}$일 때, m의 값은? (3점)

① $\frac{1}{2^4}$　② $\frac{1}{2^6}$　③ $\frac{1}{2^8}$
④ $\frac{1}{2^{10}}$　⑤ $\frac{1}{2^{12}}$

C54 ✿❀❀ 2014실시(A) 3월 학평 10(고3)

세 지수함수

$$f(x)=a^{-x},\ g(x)=b^x,\ h(x)=a^x\ (1<a<b)$$

에 대하여 직선 $y=2$가 세 곡선 $y=f(x)$, $y=g(x)$, $y=h(x)$와 만나는 점을 각각 P, Q, R라 하자. $\overline{PQ}:\overline{QR}=2:1$이고 $h(2)=2$일 때, $g(4)$의 값은? (3점)

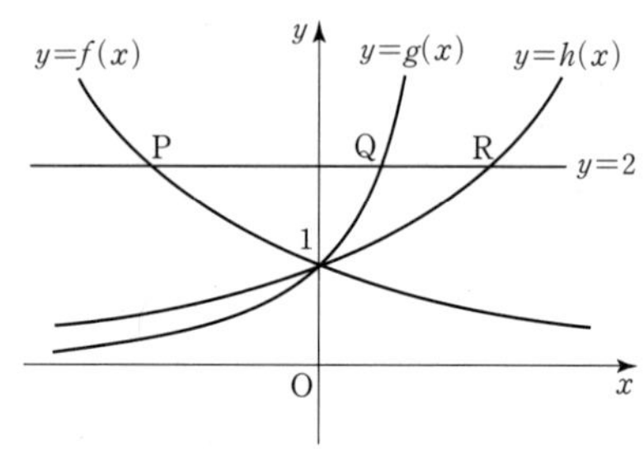

① 16　② $16\sqrt{2}$　③ 32
④ $32\sqrt{2}$　⑤ 64

C55 ✿❀❀ 2014대비(A) 12월 예비 9(고3)

좌표평면에서 함수 $f(x)=2^x$의 그래프와 함수 $g(x)=-x$의 그래프가 만나는 점을 $\mathrm{P}(a, -a)$라 할 때, 옳은 것만을 [보기]에서 있는 대로 고른 것은? (3점)

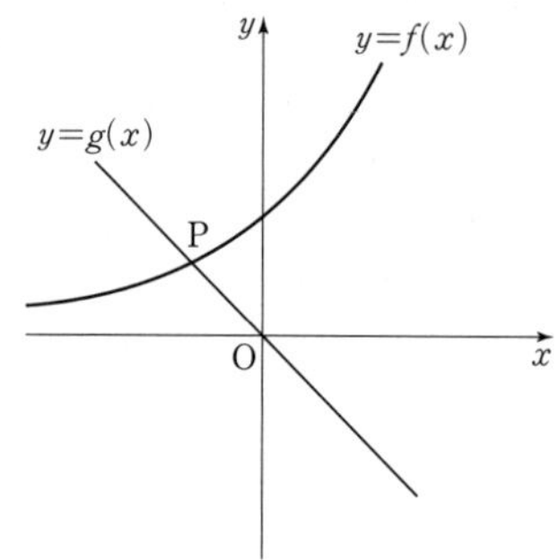

[보기]

ㄱ. $a<-1$
ㄴ. $t>0$이면 $|f(-t)-g(-t)|<|f(t)-g(t)|$이다.
ㄷ. 함수 $y=f^{-1}(x)$의 그래프와 함수 $y=g(x)$의 그래프가 만나는 점의 좌표는 $(-a, a)$이다.

① ㄱ　② ㄴ　③ ㄷ
④ ㄱ, ㄴ　⑤ ㄴ, ㄷ

C56 ✿❀❀ 2013실시(A) 3월 학평 10(고3)

자연수 n에 대하여 직선 $y=n$이 두 곡선 $y=2^x$, $y=2^{x-1}$과 만나는 점을 각각 A_n, B_n이라 하자. 또, 점 B_n을 지나고 y축과 평행한 직선이 곡선 $y=2^x$과 만나는 점을 C_n이라 하자.

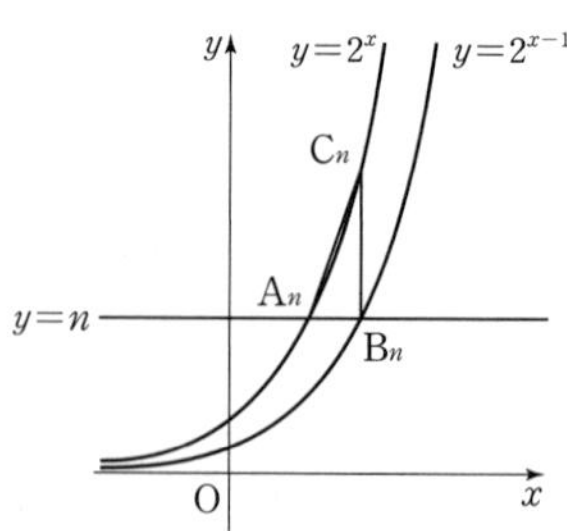

$n=3$일 때, 직선 $\mathrm{A}_n\mathrm{C}_n$의 기울기는? (3점)

① 2　② $\frac{5}{2}$　③ 3
④ $\frac{7}{2}$　⑤ 4

C57 ✿✿✿ 2022실시 4월 학평 9(고3)

그림과 같이 두 곡선 $y=2^{-x+a}$, $y=2^{x}-1$이 만나는 점을 A, 곡선 $y=2^{-x+a}$이 y축과 만나는 점을 B라 하자. 점 A에서 y축에 내린 수선의 발을 H라 할 때, $\overline{OB}=3\times\overline{OH}$이다. 상수 a의 값은? (단, O는 원점이다.) (4점)

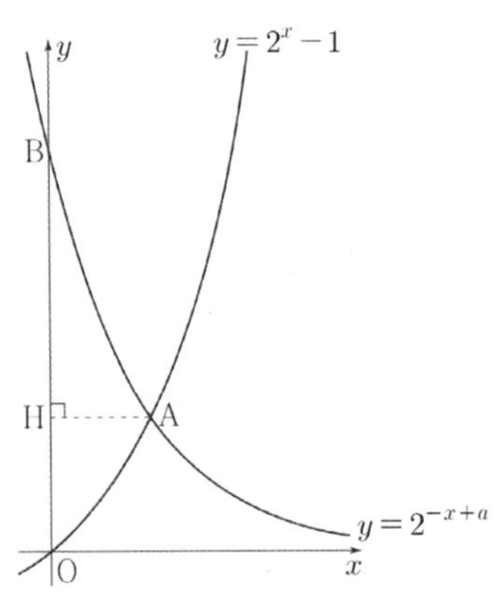

① 2 ② $\log_2 5$ ③ $\log_2 6$
④ $\log_2 7$ ⑤ 3

C58 ✿✿✿ 2023실시 10월 학평 13(고3)

그림과 같이 두 상수 $a(a>1)$, k에 대하여 두 함수

$$y=a^{x+1}+1,\ y=a^{x-3}-\frac{7}{4}$$

의 그래프와 직선 $y=-2x+k$가 만나는 점을 각각 P, Q라 하자. 점 Q를 지나고 x축에 평행한 직선이 함수 $y=-a^{x+4}+\frac{3}{2}$의 그래프와 점 R에서 만나고 $\overline{PR}=\overline{QR}=5$일 때, $a+k$의 값은? (4점)

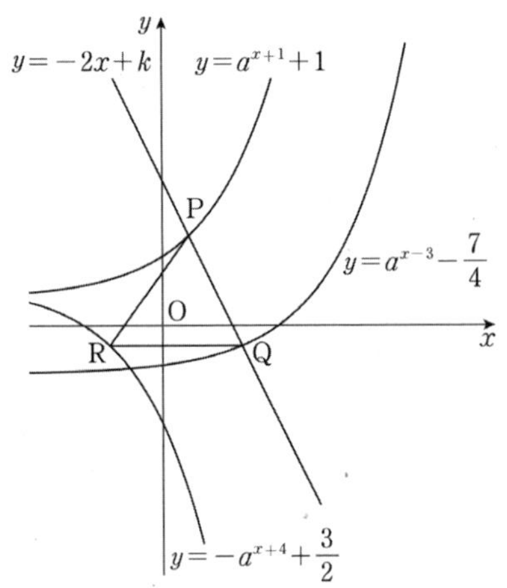

① $\frac{13}{2}$ ② $\frac{27}{4}$ ③ 7
④ $\frac{29}{4}$ ⑤ $\frac{15}{2}$

C59 ✿✿✿ 2024실시 5월 학평 13(고3)

두 상수 a, $b(b>0)$에 대하여 함수 $f(x)$를

$$f(x)=\begin{cases} 2^{x+3}+b & (x\le a) \\ 2^{-x+5}+3b & (x>a) \end{cases}$$

라 하자. 다음 조건을 만족시키는 실수 k의 최댓값이 $4b+8$일 때, $a+b$의 값은? (단, $k>b$) (4점)

> $b<t<k$인 모든 실수 t에 대하여 함수 $y=f(x)$의 그래프와 직선 $y=t$의 교점의 개수는 1이다.

① 9 ② 10 ③ 11
④ 12 ⑤ 13

C60 ✿✿✿ 2010실시(나) 10월 학평 10(고3)

실수 전체의 집합에서 정의된 함수 f가 다음 조건을 만족시킨다.

> (가) $-2\le x\le 0$일 때, $f(x)=|x+1|-1$
> (나) 모든 실수 x에 대하여 $f(x)+f(-x)=0$
> (다) 모든 실수 x에 대하여 $f(2-x)=f(2+x)$

$-10\le x\le 10$에서 $y=f(x)$의 그래프와 $y=\left(\frac{1}{2}\right)^{x}$의 그래프의 교점의 개수는? (4점)

① 2 ② 3 ③ 4
④ 5 ⑤ 6

C61 ✿✿✿ 2010대비(나) 6월 모평 9(고3)

함수 $f(x)$는 모든 실수 x에 대하여 $f(x+2)=f(x)$를 만족시키고,

$$f(x)=\left|x-\frac{1}{2}\right|+1\left(-\frac{1}{2}\le x<\frac{3}{2}\right)$$

이다. 자연수 n에 대하여 지수함수 $y=2^{\frac{x}{n}}$의 그래프와 함수 $y=f(x)$의 그래프의 교점의 개수가 5가 되도록 하는 모든 n의 값의 합은? (4점)

① 7 ② 9 ③ 11
④ 13 ⑤ 15

❖ 정답 및 해설 85~90p

2 로그함수의 그래프

유형 09 로그함수의 값

로그함수 $f(x)=\log_a x\ (a>0,\ a\neq1)$에서 $f(\alpha)$의 값은 x 대신 α를 대입한 값이므로
$f(\alpha)=\log_a \alpha$

tip
로그의 정의에 의해
$\log_a \alpha=\beta \Longleftrightarrow \alpha=a^{\beta}$

C62 ❀❀❀ 2019실시(나) 6월 학평 7(고2)

함수 $f(x)=\log_3(x+12)+2$에 대하여 $f^{-1}(5)$의 값은? (3점)

① 15　② 16　③ 17
④ 18　⑤ 19

C63 ❀❀❀ 2005대비(나) 9월 모평 19(고3)

함수 $f(x)=\begin{cases}\log_{\frac{1}{2}} x & (0<x<1)\\ \log_4 x & (x\geq1)\end{cases}$ 에 대하여 $f(x)=4$를 만족하는 모든 실수 x의 곱을 구하시오. (3점)

C64 ❀❀❀ 2005대비(나) 6월 모평 12(고3)

정의역이 $\{x\mid -1<x<1\}$일 때,
함수 $y=\log\dfrac{2001+x}{1-x}$의 치역은? (4점)

① $\{y\mid y>1\}$　② $\{y\mid y>2\}$　③ $\{y\mid y>3\}$
④ $\{y\mid y>4\}$　⑤ 실수 전체의 집합

유형 10 로그함수의 그래프

로그함수 $y=\log_a x\ (a>0,\ a\neq1)$의 성질
(1) 정의역은 양의 실수 전체의 집합이고, 치역은 실수 전체의 집합이다.
(2) 그래프는 두 점 $(1,\ 0)$, $(a,\ 1)$을 지나고, y축을 점근선으로 한다.
(3) 그래프가 점 $(\alpha,\ \beta)$를 지나면 $\beta=\log_a \alpha$가 성립한다.

tip
1 로그함수 $y=\log_a x\ (a>0,\ a\neq1)$는 $x>0$인 경우에만 정의된다. 즉, 로그함수의 그래프는 직선 $x=0$ (y축)을 점근선으로 한다.
2 $a\neq1$인 양수 a에 대하여 두 함수 $y=\log_a x^2$, $y=2\log_a x$의 정의역이 각각 $\{x\mid x\neq0\}$, $\{x\mid x>0\}$이므로 $\log_a x^2=2\log_a x$이지만 두 함수는 다른 함수이다.

C65 ❀❀❀ 2007대비(나) 9월 모평 5(고3)

함수 $y=\log(10-x^2)$의 정의역을 A, 함수 $y=\log(\log x)$의 정의역을 B라 할 때, $A\cap B$의 원소 중 정수의 개수는? (3점)

① 1　② 2　③ 3
④ 4　⑤ 5

C66 ❀❀❀ 2004대비(인) 수능 8(고3)

두 실수 a, b가 1이 아닌 양수일 때, 함수 $y=a^x$의 그래프와 함수 $y=\log_b x$의 그래프가 항상 만나는 경우를 [보기]에서 모두 고른 것은? (3점)

[보기]
ㄱ. $a>1$이고 $b>1$
ㄴ. $a>1$이고 $0<b<1$
ㄷ. $0<a<1$이고 $0<b<1$

① ㄱ　② ㄴ　③ ㄷ
④ ㄱ, ㄴ　⑤ ㄴ, ㄷ

C67 ✲✲❀ 2019실시(가) 6월 학평 20(고2)

함수 $f(x)=\log_3 x$에 대하여 두 양수 a, b가 다음 조건을 만족시킨다.

> (가) $|f(a)-f(b)|\leq 1$
> (나) $f(a+b)=1$

ab의 최솟값을 m이라 할 때, $f(m)=3-\log_3 k$이다. 자연수 k의 값은? (4점)

① 16　② 19　③ 22　④ 25　⑤ 28

유형 11 로그함수의 그래프 위의 점

로그함수 $y=\log_a(x-m)+n$ $(a>0, a\neq 1)$의 성질

(1) 정의역은 $\{x|x>m\}$이고 치역은 실수 전체의 집합이다.
(2) 그래프의 점근선의 방정식은 $x=m$이다.
(3) 그래프가 점 (α, β)를 지나면 $\beta=\log_a(\alpha-m)+n$이 성립한다.

tip

1 곡선 $y=f(x)$를 x축의 방향으로 m만큼 평행이동한 곡선이 $y=g(x)$일 때, 직선 $y=k$가 이 두 곡선과 만나는 점 사이의 거리는 m이다.
2 곡선 $y=f(x)$를 y축의 방향으로 n만큼 평행이동한 곡선이 $y=g(x)$일 때, 직선 $x=k$가 이 두 곡선과 만나는 점 사이의 거리는 n이다.

C68 ❀❀❀ 2020실시(나) 4월 학평 6(고3)

함수 $y=a+\log_2 x$의 그래프가 점 $(4, 7)$을 지날 때, 상수 a의 값은? (3점)

① 1　② 2　③ 3　④ 4　⑤ 5

C69 ❀❀❀ 2019실시(가) 4월 학평 4(고3)

함수 $y=\log_2 x+2$의 그래프가 점 $(a, 1)$을 지날 때, a의 값은? (3점)

① $\frac{1}{16}$　② $\frac{1}{8}$　③ $\frac{1}{4}$　④ $\frac{1}{2}$　⑤ 1

C70 ❀❀❀ 2011실시(나) 4월 학평 23(고3)

그림과 같이 좌표평면에서 곡선 $y=\log_a x$ 위의 점 $A(2, \log_a 2)$를 지나고 x축에 평행한 직선이 곡선 $y=\log_b x$와 만나는 점을 B, 점 B를 지나고 y축에 평행한 직선이 곡선 $y=\log_a x$와 만나는 점을 C라 하자. $\overline{AB}=\overline{BC}=2$일 때, a^2+b^2의 값을 구하시오.

(단, $1<a<b$) (3점)

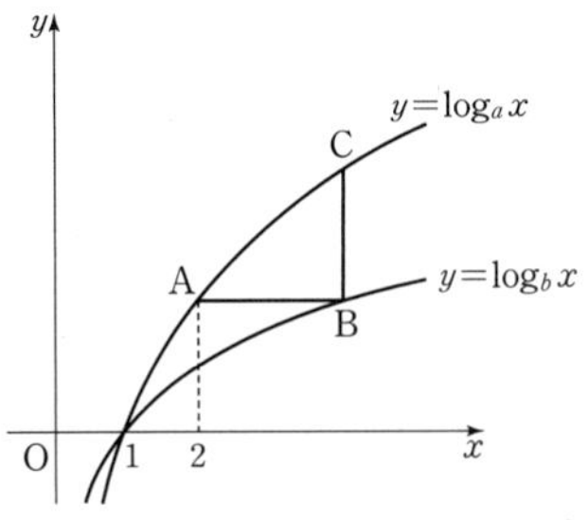

C71 ❀❀❀ 2011대비(나) 6월 모평 27(고3)

1보다 큰 양수 a에 대하여 두 곡선 $y=a^{-x-2}$과 $y=\log_a(x-2)$가 직선 $y=1$과 만나는 두 점을 각각 A, B라 하자. $\overline{AB}=8$일 때, a의 값은? (3점)

① 2　② 4　③ 6　④ 8　⑤ 10

❖ 정답 및 해설 90~93p

C72 ❀❀❀ 2023실시 3월 학평 8(고3)

두 점 $\mathrm{A}(m,\ m+3)$, $\mathrm{B}(m+3,\ m-3)$에 대하여
선분 AB를 $2:1$로 내분하는 점이
곡선 $y=\log_4(x+8)+m-3$ 위에 있을 때, 상수 m의 값은? (3점)

① 4 ② $\frac{9}{2}$ ③ 5
④ $\frac{11}{2}$ ⑤ 6

C73 ✿❀❀ 2015실시(A) 7월 학평 28(고3)

그림과 같이 세 로그함수 $f(x)=k\log x$,
$g(x)=k^2\log x$, $h(x)=4k^2\log x$의 그래프가 있다.
점 P(2, 0)을 지나고 y축에 평행한 직선이 두 곡선 $y=g(x)$, $y=h(x)$와 만나는 점의 y좌표를 각각 p, q라 하자. 직선 $y=p$와 곡선 $y=f(x)$가 만나는 점을 $\mathrm{Q}(a,\ p)$, 직선 $y=q$와 곡선 $y=g(x)$가 만나는 점을 $\mathrm{R}(b,\ q)$라 하자. 세 점 P, Q, R가 한 직선 위에 있을 때, 두 실수 a, b의 곱 ab의 값을 구하시오. (단, $k>1$) (4점)

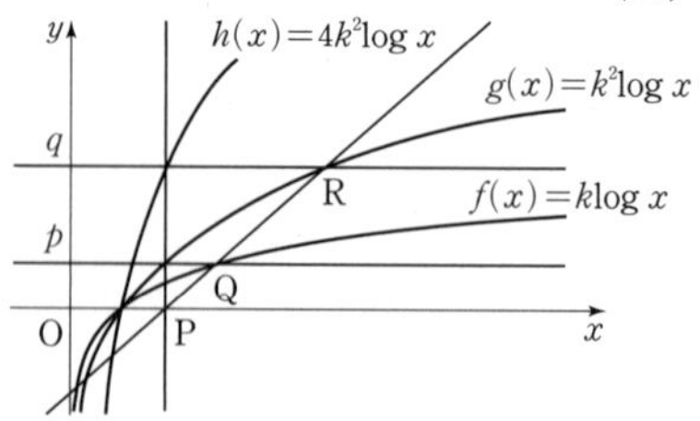

C74 ✿❀❀ 2015대비(B) 6월 모평 19(고3)

$0<a<1<b$인 두 실수 a, b에 대하여 두 함수

$$f(x)=\log_a(bx-1),\ g(x)=\log_b(ax-1)$$

이 있다. 곡선 $y=f(x)$와 x축의 교점이 곡선 $y=g(x)$의 점근선 위에 있도록 하는 a와 b 사이의 관계식과 a의 범위를 옳게 나타낸 것은? (4점)

① $b=-2a+2\ \left(0<a<\frac{1}{2}\right)$ ② $b=2a\ \left(0<a<\frac{1}{2}\right)$
③ $b=2a\ \left(\frac{1}{2}<a<1\right)$ ④ $b=2a+1\ \left(0<a<\frac{1}{2}\right)$
⑤ $b=2a+1\ \left(\frac{1}{2}<a<1\right)$

C75 ✿❀❀ 2014대비(B) 9월 모평 13(고3)

좌표평면에서 꼭짓점의 좌표가 O(0, 0), $\mathrm{A}(2^n,\ 0)$, $\mathrm{B}(2^n,\ 2^n)$, $\mathrm{C}(0,\ 2^n)$인 정사각형 OABC와 두 곡선 $y=2^x$, $y=\log_2 x$에 대하여 다음 물음에 답하시오. (단, n은 자연수이다.)

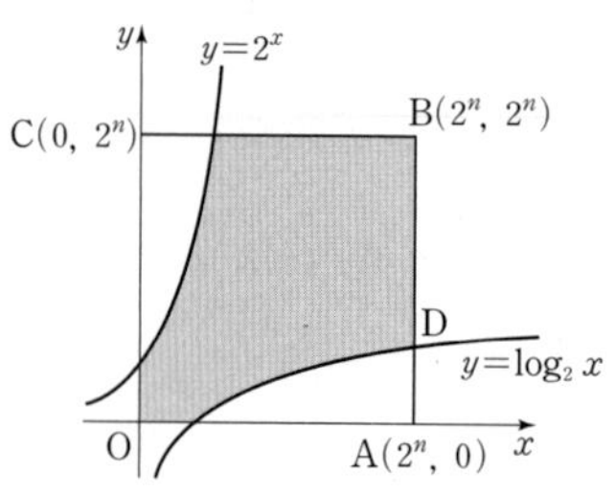

선분 AB가 곡선 $y=\log_2 x$와 만나는 점을 D라 하자.
선분 AD를 $2:3$으로 내분하는 점을 지나고 y축에 수직인 직선이 곡선 $y=\log_2 x$와 만나는 점을 E, 점 E를 지나고 x축에 수직인 직선이 곡선 $y=2^x$과 만나는 점을 F라 하자. 점 F의 y좌표가 16일 때, 직선 DF의 기울기는? (3점)

① $-\frac{13}{28}$ ② $-\frac{25}{56}$ ③ $-\frac{3}{7}$
④ $-\frac{23}{56}$ ⑤ $-\frac{11}{28}$

C76 ✿❀❀ 2011대비(나) 9월 모평 15(고3)

함수 $y=\log_2 4x$의 그래프 위의 두 점 A, B와
함수 $y=\log_2 x$의 그래프 위의 점 C에 대하여 선분 AC가 y축에 평행하고 삼각형 ABC가 정삼각형일 때,
점 B의 좌표는 $(p,\ q)$이다. $p^2\times 2^q$의 값은? (4점)

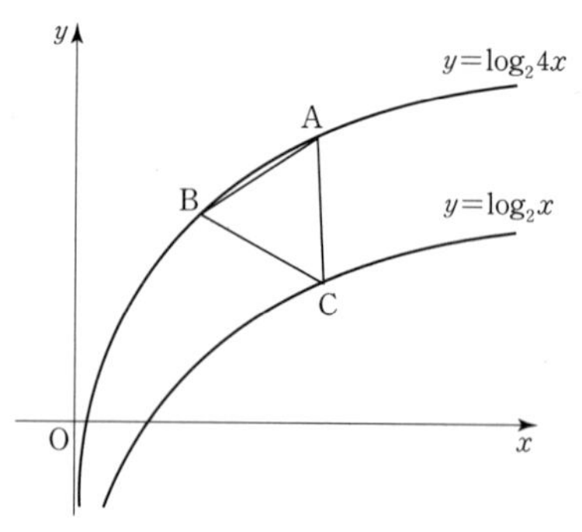

① $6\sqrt{3}$ ② $9\sqrt{3}$ ③ $12\sqrt{3}$
④ $15\sqrt{3}$ ⑤ $18\sqrt{3}$

C77 ✿❀❀ 2009실시(나) 10월 학평 14(고3)

그림과 같이 함수 $y=\log_3 x$의 그래프 위의 서로 다른 네 점 A, B, C, D에서 y축에 내린 수선의 발을 각각 P, Q, R, S라 하자. 두 사각형 ABQP, CDSR의 넓이를 각각 α, β라 하고, 네 점 P, Q, R, S의 y좌표를 각각 p, q, r, s라 하자. p, q, r, s가 이 순서대로 등차수열을 이루고, $\beta=3\alpha$일 때, $s-p$의 값은? (3점)

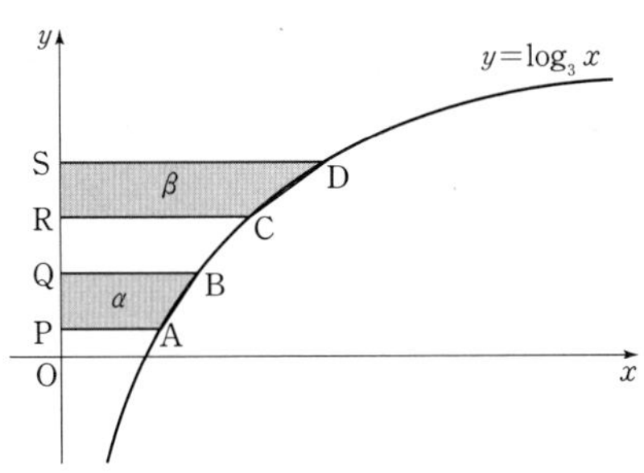

① $\frac{1}{2}$ ② 1 ③ $\frac{3}{2}$
④ 2 ⑤ $\frac{5}{2}$

C78 ✿❀❀ 2010대비(나) 9월 모평 24(고3)

좌표평면에서 세 점 (15, 4), (15, 1), (64, 1)을 꼭짓점으로 하는 삼각형과 로그함수 $y=\log_k x$의 그래프가 만나도록 하는 자연수 k의 개수를 구하시오. (4점)

C79 ✿❀❀ 2007대비(나) 9월 모평 23(고3)

자연수 n에 대하여 두 함수 $y=2^x$, $y=\log_2 x$의 그래프가 직선 $x=n$과 만나는 교점의 y좌표를 각각 a, b라 하자. $a+b$가 세 자리의 자연수일 때, $a+b$의 값을 구하시오. (4점)

C80 ✿❀❀ 2005실시(가) 4월 학평 9(고3)

두 함수 $y=x$와 $y=\log_2 x$의 그래프를 이용하여 [보기]에서 옳은 것을 모두 고른 것은? (4점)

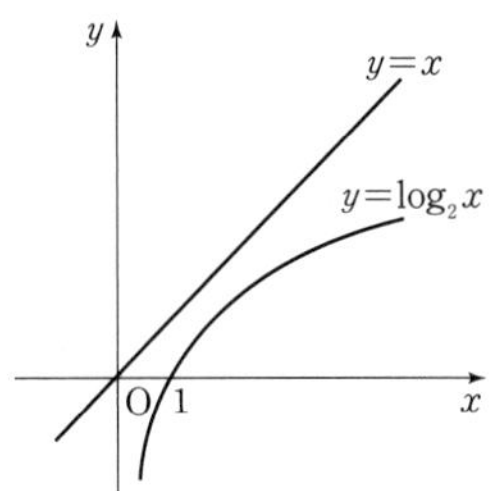

[보기]

ㄱ. $\frac{\log_2 x}{x}<1$

ㄴ. $\frac{\log_2 x}{x-1}<1\ (x\neq1)$

ㄷ. $\frac{\log_2 (x+1)}{x}<1\ (x\neq0)$

① ㄱ ② ㄴ ③ ㄱ, ㄷ
④ ㄴ, ㄷ ⑤ ㄱ, ㄴ, ㄷ

C81 ✿✿❀ 2019실시(가) 6월 학평 19(고2)

그림과 같이 함수 $f(x)=2^{1-x}+a-1$의 그래프가 두 함수 $g(x)=\log_2 x$, $h(x)=a+\log_2 x$의 그래프와 만나는 점을 각각 A, B라 하자. 점 A를 지나고 x축에 수직인 직선이 함수 $h(x)$의 그래프와 만나는 점을 C, x축과 만나는 점을 H라 하고, 함수 $g(x)$의 그래프가 x축과 만나는 점을 D라 하자. [보기]에서 옳은 것만을 있는 대로 고른 것은? (단, $a>0$) (4점)

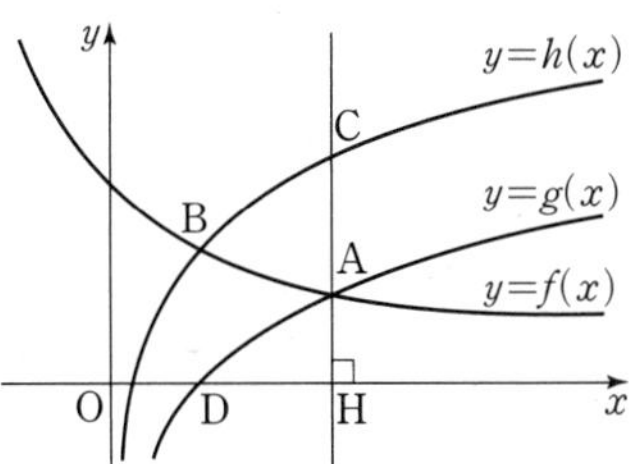

[보기]

ㄱ. 점 B의 좌표는 $(1, a)$이다.

ㄴ. 점 A의 x좌표가 4일 때,
사각형 ACBD의 넓이는 $\frac{69}{8}$이다.

ㄷ. $\overline{CA}:\overline{AH}=3:2$이면 $0<a<3$이다.

① ㄱ ② ㄷ ③ ㄱ, ㄴ
④ ㄴ, ㄷ ⑤ ㄱ, ㄴ, ㄷ

❖ 정답 및 해설 93~98p

C82 ✿✿✿ 2019실시(가) 3월 학평 27(고3)

그림과 같이 직선 $y=2$가 두 곡선 $y=\log_2 4x$, $y=\log_2 x$와 만나는 점을 각각 A, B라 하고, 직선 $y=k(k>2)$가 두 곡선 $y=\log_2 4x$, $y=\log_2 x$와 만나는 점을 각각 C, D라 하자. 점 B를 지나고 y축과 평행한 직선이 직선 CD와 만나는 점을 E라 하면 점 E는 선분 CD를 1 : 2로 내분한다.
사각형 ABDC의 넓이를 S라 할 때, $12S$의 값을 구하시오. (4점)

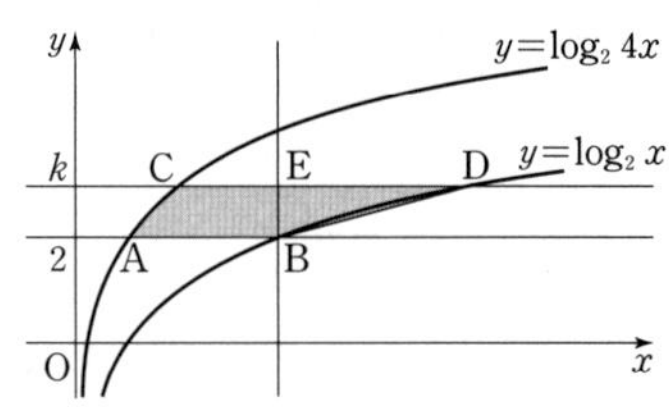

유형 12 로그함수의 그래프의 평행이동과 대칭이동

로그함수 $y=\log_a x\ (a>0,\ a\neq1)$의 그래프를

(1) x축의 방향으로 m만큼, y축의 방향으로 n만큼 평행이동한 그래프의 식은 $y=\log_a(x-m)+n$

(2) x축에 대하여 대칭이동한 그래프의 식은 $y=-\log_a x$

(3) y축에 대하여 대칭이동한 그래프의 식은 $y=\log_a(-x)$

(4) 원점에 대하여 대칭이동한 그래프의 식은 $y=-\log_a(-x)$

(5) 직선 $y=x$에 대하여 대칭이동한 그래프의 식은 $y=a^x$

tip

1 두 함수 $y=a^x$, $y=\log_a x$는 서로 역함수 관계이다. 즉, 두 함수의 그래프는 직선 $y=x$에 대하여 대칭이다.

2 함수 $y=\log_a(x-m)+n$의 정의역은 $\{x|x>m\}$이고 그래프는 직선 $x=m$을 점근선으로 한다.

3 곡선 $y=f(x)$를 연속하여 대칭이동과 평행이동시키는 경우 이동된 곡선의 방정식을 구할 때는 반드시 주어진 순서대로 이동시킨다.

C83 ✿✿✿ 2017실시(가) 7월 학평 24(고3)

함수 $f(x)=\log_6(x-a)+b$의 그래프의 점근선이 직선 $x=5$이고, $f(11)=9$이다.
상수 a, b에 대하여 $a+b$의 값을 구하시오. (3점)

C84 ✿✿✿ 2017대비(가) 9월 모평 23(고3)

곡선 $y=\log_2(x+5)$의 점근선이 직선 $x=k$이다.
k^2의 값을 구하시오. (단, k는 상수이다.) (3점)

C85 ✿✿✿ 2015실시(A) 4월 학평 25(고3)

함수 $y=\log x$의 그래프를 x축의 방향으로 a만큼, y축의 방향으로 b만큼 평행이동시킨 그래프가 두 점 $(4,\ b)$, $(13,\ 11)$을 지날 때, 상수 a, b의 곱 ab의 값을 구하시오. (3점)

C86 ✿✿✿ 2012실시(나) 3월 학평 24(고3)

함수 $y=\log_3\left(\dfrac{x}{9}-1\right)$의 그래프는 함수 $y=\log_3 x$의 그래프를 x축의 방향으로 m만큼, y축의 방향으로 n만큼 평행이동시킨 것이라 할 때, $10(m+n)$의 값을 구하시오. (3점)

C87 ✿✿✿ 2007대비(나) 9월 모평 7(고3)

함수 $y=\log_2 \dfrac{2}{x-1}$의 그래프의 개형으로 알맞은 것은? (3점)

①
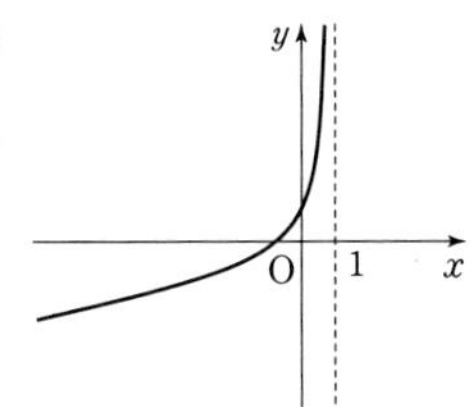

②
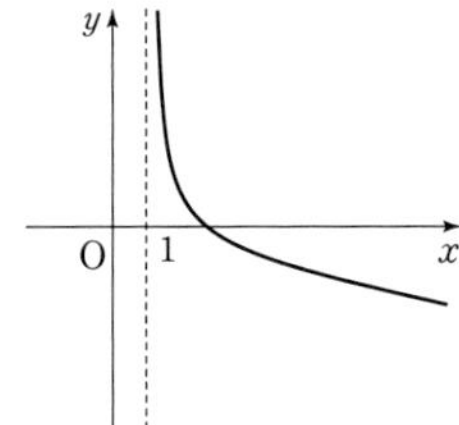

③
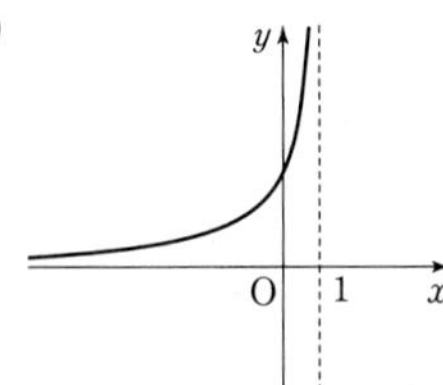

④
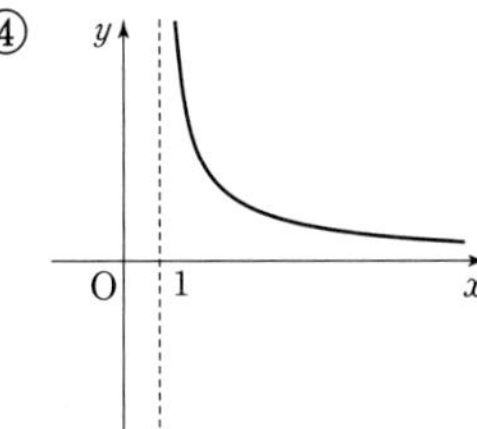

⑤
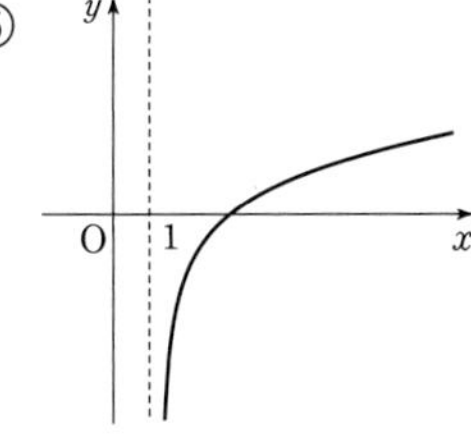

C88 ✿✿✿ 2019실시(가) 6월 학평 12(고2)

함수 $y=2+\log_2 x$의 그래프를 x축의 방향으로 -8만큼, y축의 방향으로 k만큼 평행이동한 그래프가 제4사분면을 지나지 않도록 하는 실수 k의 최솟값은? (3점)

① -1 ② -2 ③ -3
④ -4 ⑤ -5

C89 ✿✿✿ 2018실시(가) 11월 학평 15(고2)

함수 $y=\log_3 x$의 그래프 위에 두 점 $\mathrm{A}(a, 1)$, $\mathrm{B}(27, b)$가 있다. 함수 $y=\log_3 x$의 그래프를 x축의 방향으로 m만큼 평행이동한 그래프가 두 점 A, B의 중점을 지날 때, 상수 m의 값은? (4점)

① 6 ② 7 ③ 8
④ 9 ⑤ 10

C90 ✿✿✿ 2011실시(가) 6월 학평 15(고2)

함수 $y=\log_a(x+b)$ $(a>0,\ a\neq 1)$의 그래프가 그림과 같다.

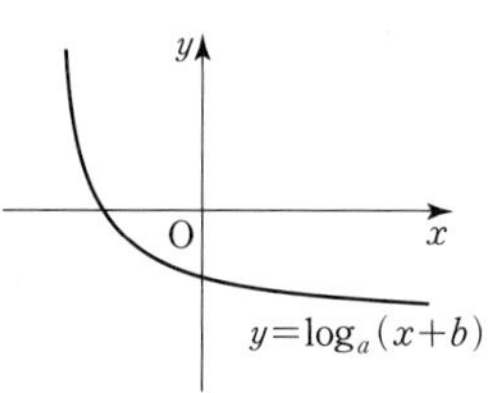

이때, 함수 $y=\log_b(x+a)$의 그래프로 알맞은 것은? (4점)

①
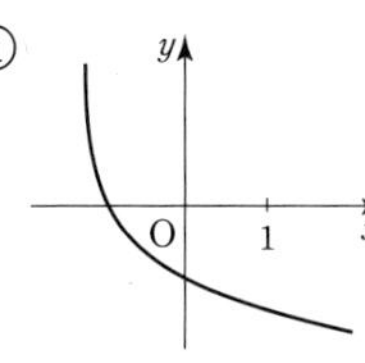

②
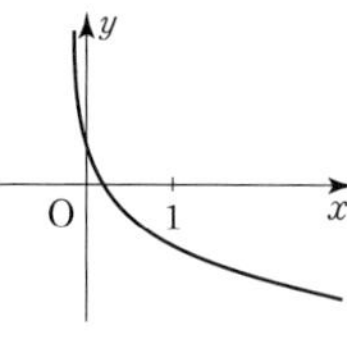

③
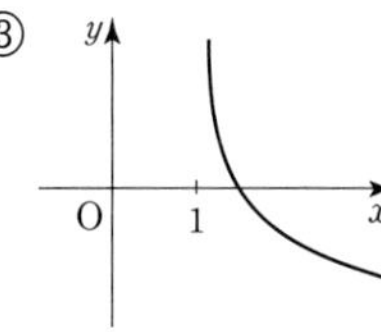

④
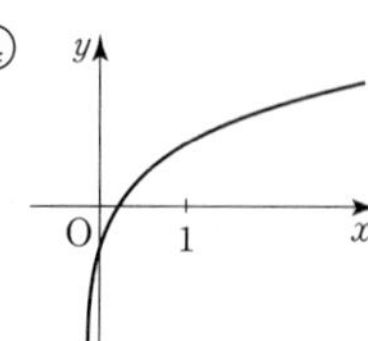

⑤
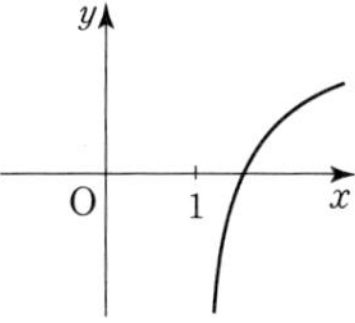

C91 ✿✿✿ 2019실시(나) 9월 학평 16(고2)

그림과 같이 두 함수 $f(x)=\log_2 x$, $g(x)=\log_2 3x$의 그래프 위에 네 점 $\mathrm{A}(1, f(1))$, $\mathrm{B}(3, f(3))$, $\mathrm{C}(3, g(3))$, $\mathrm{D}(1, g(1))$이 있다. 두 함수 $y=f(x)$, $y=g(x)$의 그래프와 선분 AD, 선분 BC로 둘러싸인 부분의 넓이는? (4점)

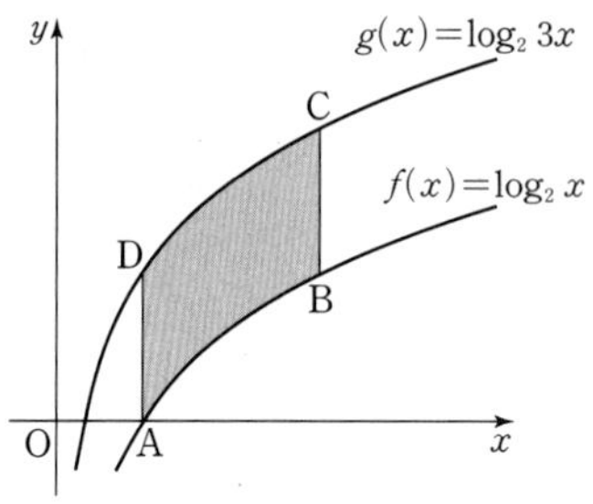

① 3 ② $2\log_2 3$ ③ 4
④ $3\log_2 3$ ⑤ 5

❖ 정답 및 해설 98~101p

C92 ✿✿✿ 2019실시(나) 6월 학평 28(고2)

곡선 $y=\log_2 x$를 원점에 대하여 대칭이동한 후 x축의 방향으로 $\frac{5}{2}$만큼 평행이동한 곡선을 $y=f(x)$라 하자. 두 곡선 $y=\log_2 x$와 $y=f(x)$의 두 교점을 A, B라 할 때,

직선 AB의 기울기는 $\frac{q}{p}$이다. $10p+q$의 값을 구하시오.

(단, p와 q는 서로소인 자연수이다.) (4점)

C93 ✿✿✿ 2009대비(나) 6월 모평 17(고3)

함수 $y=\log_2|5x|$의 그래프와 함수 $y=\log_2(x+2)$의 그래프가 만나는 서로 다른 두 점을 각각 A, B라고 하자. $m>2$인 자연수 m에 대하여 함수 $y=\log_2|5x|$의 그래프와 함수 $y=\log_2(x+m)$의 그래프가 만나는 서로 다른 두 점을 각각 C$(p,\ q)$, D$(r,\ s)$라고 하자. [보기]에서 항상 옳은 것을 모두 고른 것은? (단, 점 A의 x좌표는 점 B의 x좌표보다 작고 $p<r$이다.) (4점)

[보기]

ㄱ. $p<-\frac{1}{3},\ r>\frac{1}{2}$

ㄴ. 직선 AB의 기울기와 직선 CD의 기울기는 같다.

ㄷ. 점 B의 y좌표와 점 C의 y좌표가 같을 때, 삼각형 CAB의 넓이와 삼각형 CBD의 넓이는 같다.

① ㄱ ② ㄴ ③ ㄱ, ㄴ
④ ㄱ, ㄷ ⑤ ㄱ, ㄴ, ㄷ

유형 13 로그함수의 최대 · 최소 – 기본

(1) 로그함수 $y=\log_a x\ (a>0,\ a\neq1)$의 정의역이 $\{x|\alpha\leq x\leq\beta\}$일 때,

① $a>1$이면 $x=\alpha$일 때 최솟값 $\log_a \alpha$, $x=\beta$일 때 최댓값 $\log_a \beta$를 갖는다.

② $0<a<1$이면 $x=\alpha$일 때 최댓값 $\log_a \alpha$, $x=\beta$일 때 최솟값 $\log_a \beta$를 갖는다.

(2) 로그함수 $y=\log_a f(x)\ (a>0,\ a\neq1)$에 대하여

① $a>1$이면 $f(x)$가 최대일 때 y도 최대이고, $f(x)$가 최소일 때 y도 최소이다.

② $0<a<1$이면 $f(x)$가 최대일 때 y는 최소이고, $f(x)$가 최소일 때 y는 최대이다.

tip

로그함수 $y=\log_a x\ (a>0,\ a\neq1)$는 a의 값의 범위에 따라서 증가하는 함수이거나 감소하는 함수이므로 로그함수의 그래프의 개형을 정확히 파악하여 어떤 x의 값에서 최댓값, 최솟값을 갖는지를 구한다.

C94 ✿✿✿ 2021대비(가) 6월 모평 9(고3)

함수 $f(x)=2\log_{\frac{1}{2}}(x+k)$가 닫힌구간 $[0,\ 12]$에서 최댓값 -4, 최솟값 m을 갖는다. $k+m$의 값은? (단, k는 상수이다.) (3점)

① -1 ② -2 ③ -3
④ -4 ⑤ -5

C95 ✿✿✿ 2019실시(가) 9월 학평 10(고2)

$-3\leq x\leq3$에서 함수 $f(x)=\log_2(x^2-4x+20)$의 최솟값은? (3점)

① 3 ② 4 ③ 5
④ 6 ⑤ 7

C96 ✿✿✿ 2019실시(나) 6월 학평 9(고2)

$0\leq x\leq4$에서 정의된 함수 $f(x)=\log_5(x+1)-2$의 최댓값은? (3점)

① -2 ② -1 ③ 0
④ 1 ⑤ 2

C97 ❀❀❀ 2017실시(가) 11월 학평 12(고2)

닫힌구간 $[-1, 2]$에서 함수 $f(x)=\log_2(x^2-2x+a)$의 최솟값이 3일 때, 상수 a의 값은? (3점)

① 7 ② 9 ③ 11
④ 13 ⑤ 15

C98 ❀❀❀ 2009대비(나) 수능 4(고3)

함수 $y=3+\log_3(x^2-4x+31)$의 최솟값은? (3점)

① 4 ② 5 ③ 6
④ 7 ⑤ 8

C99 ❀❀❀ 2023실시 4월 학평 6(고3)

함수 $y=\log_{\frac{1}{2}}(x-a)+b$가 닫힌구간 $[2, 5]$에서 최댓값 3, 최솟값 1을 갖는다. $a+b$의 값은? (단, a, b는 상수이다.) (3점)

① 1 ② 2 ③ 3
④ 4 ⑤ 5

유형 14 로그함수의 최대 · 최소 – 활용

(1) **로그함수 $y=\log_a x\ (a>0,\ a\neq1)$의 정의역이 $\{x|\alpha\le x\le\beta\}$일 때,**

① $a>1$이면 $x=\alpha$일 때 최솟값 $\log_a \alpha$, $x=\beta$일 때 최댓값 $\log_a \beta$를 갖는다.

② $0<a<1$이면 $x=\alpha$일 때 최댓값 $\log_a \alpha$, $x=\beta$일 때 최솟값 $\log_a \beta$를 갖는다.

(2) **로그함수 $y=\log_a f(x)\ (a>0,\ a\neq1)$에 대하여**

① $a>1$이면 $f(x)$가 최대일 때 y도 최대이고, $f(x)$가 최소일 때 y도 최소이다.

② $0<a<1$이면 $f(x)$가 최대일 때 y는 최소이고, $f(x)$가 최소일 때 y는 최대이다.

$\log_a x$의 꼴이 반복되는 함수는 $\log_a x=t$ (t는 실수)로 치환한 후 최댓값, 최솟값을 각각 구한다.

C100 ❀❀❀ 2006대비(나) 수능 24(고3)

정의역이 $\{x|1\le x\le 81\}$인 함수

$$y=(\log_3 x)(\log_{\frac{1}{3}} x)+2\log_3 x+10$$

의 최댓값을 M, 최솟값을 m이라 할 때, $M+m$의 값을 구하시오. (4점)

C101 ✿❀❀ 2021대비(나) 9월 모평 17(고3)

$\angle A=90°$이고 $\overline{AB}=2\log_2 x$, $\overline{AC}=\log_4 \frac{16}{x}$인 삼각형 ABC의 넓이를 $S(x)$라 하자. $S(x)$가 $x=a$에서 최댓값 M을 가질 때, $a+M$의 값은? (단, $1<x<16$) (4점)

① 6 ② 7 ③ 8
④ 9 ⑤ 10

C102 ✿❀❀ 2014실시(A) 10월 학평 26(고3)

두 함수 $f(x)=\log_2(x+10)$, $g(x)=\log_{\frac{1}{2}}(x-10)$의 그래프가 그림과 같다.

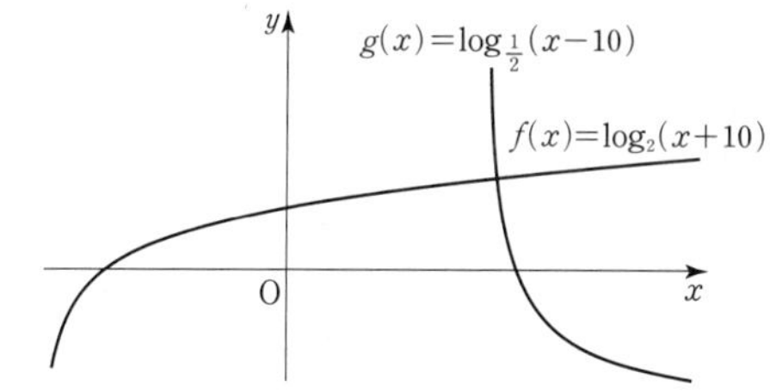

구간 $x>10$에서 정의된 함수 $y=|f(x)-g(x)|$는 $x=p$일 때, 최솟값을 갖는다. p^2의 값을 구하시오. (4점)

C103 ✿❀❀ 2010실시(가) 4월 학평 23(고3)

$\frac{1}{3}\le x\le 3$에서 정의된 함수 $f(x)=9x^{-2+\log_3 x}$의 최댓값을 M, 최솟값을 m이라 할 때, $M+m$의 값을 구하시오. (4점)

❖ 정답 및 해설 102~105p

유형 15 로그함수를 이용한 대소 관계

로그함수 $y=\log_a x$ $(a>0,\ a\neq1)$에서

(1) $a>1$일 때, x의 값이 증가하면 y의 값도 증가하므로

$0<x_1<x_2$이면 $\log_a x_1<\log_a x_2$

(2) $0<a<1$일 때, x의 값이 증가하면 y의 값은 감소하므로

$0<x_1<x_2$이면 $\log_a x_1>\log_a x_2$

tip

1 두 수 A, B의 대소 관계를 비교할 때는 $A-B$의 값 또는 $\frac{A}{B}$의 값을 이용한다.

2 로그함수를 이용하여 대소 관계를 비교할 때 다음의 성질이 자주 이용된다.

$\log_a x-\log_a y=\log_a \frac{x}{y}$, $a=\log_b c \Longleftrightarrow c=b^a$

C104 ✿❀❀ 2007실시(나) 7월 학평 10(고3)

함수 $f(x)=\log_a x$, $g(x)=\log_b x$가 $0<x<1$에서 $f(x)>g(x)$가 성립하기 위한 조건으로 [보기]에서 옳은 것을 모두 고른 것은? (4점)

[보기]

ㄱ. $1<b<a$

ㄴ. $0<a<b<1$

ㄷ. $0<a<1<b$

① ㄱ ② ㄴ ③ ㄱ, ㄷ

④ ㄴ, ㄷ ⑤ ㄱ, ㄴ, ㄷ

C105 ✿❀❀ 2008대비(나) 6월 모평 27(고3)

함수 $f(x)=\log_5 x$이고 $a>0$, $b>0$일 때, [보기]에서 항상 옳은 것을 모두 고른 것은? (4점)

[보기]

ㄱ. $\left\{f\left(\frac{a}{5}\right)\right\}^2=\left\{f\left(\frac{5}{a}\right)\right\}^2$

ㄴ. $f(a+1)-f(a)>f(a+2)-f(a+1)$

ㄷ. $f(a)<f(b)$이면 $f^{-1}(a)<f^{-1}(b)$이다.

① ㄱ ② ㄴ ③ ㄱ, ㄴ

④ ㄱ, ㄷ ⑤ ㄱ, ㄴ, ㄷ

C106 ✿❀❀ 2003대비(인) 수능 14(고3)

n이 자연수일 때, [보기]의 부등식 중 항상 성립하는 것을 모두 고르면? (3점)

[보기]

ㄱ. $\log_2(n+3)>\log_2(n+2)$

ㄴ. $\log_2(n+2)>\log_3(n+2)$

ㄷ. $\log_2(n+2)>\log_3(n+3)$

① ㄱ ② ㄱ, ㄴ ③ ㄱ, ㄷ

④ ㄴ, ㄷ ⑤ ㄱ, ㄴ, ㄷ

C107 ✿✿❀ 2010대비(나) 수능 16(고3)

자연수 $n\,(n\geq2)$에 대하여 직선 $y=-x+n$과 곡선 $y=|\log_2 x|$가 만나는 서로 다른 두 점의 x좌표를 각각 a_n, $b_n\,(a_n<b_n)$이라 할 때, 옳은 것만을 [보기]에서 있는 대로 고른 것은? (4점)

[보기]

ㄱ. $a_2<\frac{1}{4}$

ㄴ. $0<\frac{a_{n+1}}{a_n}<1$

ㄷ. $1-\frac{\log_2 n}{n}<\frac{b_n}{n}<1$

① ㄱ ② ㄴ ③ ㄷ

④ ㄴ, ㄷ ⑤ ㄱ, ㄴ, ㄷ

유형 16 로그함수의 그래프의 교점

(1) 두 로그함수 $y=\log_a x$, $y=\log_b x$ $(a>0,\ a\neq1,\ b>0,\ b\neq1)$ 의 그래프의 교점은 $(1,\ 0)$이다.

(2) 로그함수와 그 역함수의 그래프의 교점이 존재한다면 두 그래프는 직선 $y=x$에 대하여 대칭이므로 교점은 직선 $y=x$ 위에 위치한다. 즉, 교점의 좌표는 $(k,\ k)$로 놓을 수 있다.

tip

1 두 함수의 그래프의 교점의 개수가 2이고 이 두 교점의 좌표가 각각 $\mathrm{A}(x_1,\ y_1)$, $\mathrm{B}(x_2,\ y_2)$일 때, x_1, x_2, y_1, y_2 사이의 관계식이 주어진다면 원점 O에 대하여 세 직선 OA, OB, AB의 직선의 기울기를 생각해 본다.

2 주어진 두 곡선의 교점을 구하기 어려운 경우, 한 곡선을 평행이동 또는 대칭이동하면 다른 곡선에 겹쳐질 수 있는 경우가 대부분이므로 평행이동 또는 대칭이동된 식을 찾아본다.

C108

2017실시(가) 3월 학평 11(고3)

그림과 같이 두 곡선 $y=\log_a x$, $y=\log_b x$ $(1<a<b)$와 직선 $y=1$이 만나는 점을 $\mathrm{A_1}$, $\mathrm{B_1}$이라 하고, 직선 $y=2$가 만나는 점을 $\mathrm{A_2}$, $\mathrm{B_2}$라 하자. 선분 $\mathrm{A_1B_1}$의 중점의 좌표는 $(2,\ 1)$이고 $\overline{\mathrm{A_1B_1}}=1$일 때, $\overline{\mathrm{A_2B_2}}$의 값은? (3점)

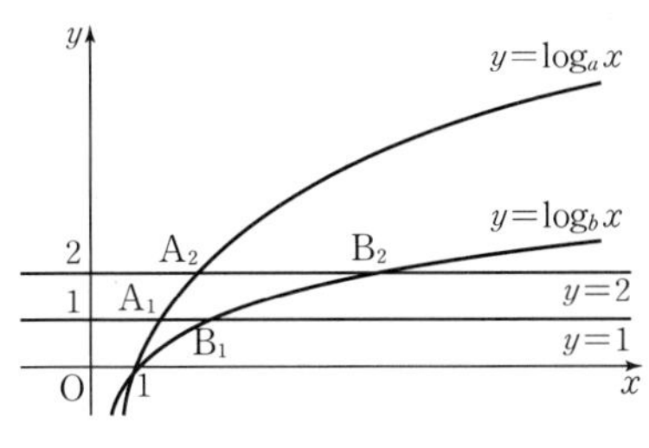

① 4 ② $3\sqrt{2}$ ③ 5
④ $4\sqrt{2}$ ⑤ 6

C109

2016실시(가) 4월 학평 4(고3)

좌표평면에서 두 곡선 $y=\log_2 x$, $y=\log_4 x$가 직선 $x=16$과 만나는 점을 각각 P, Q라 하자. 두 점 P, Q 사이의 거리는? (4점)

① 1 ② 2 ③ 3
④ 4 ⑤ 5

C110

2024대비 6월 모평 7(고3)

상수 $a(a>2)$에 대하여 함수 $y=\log_2(x-a)$의 그래프의 점근선이 두 곡선 $y=\log_2\dfrac{x}{4}$, $y=\log_{\frac{1}{2}} x$와 만나는 점을 각각 A, B라 하자. $\overline{\mathrm{AB}}=4$일 때, a의 값은? (3점)

① 4 ② 6 ③ 8
④ 10 ⑤ 12

C111

2009대비(나) 수능 11(고3)

$0<a<\dfrac{1}{2}$인 상수 a에 대하여 직선 $y=x$가 곡선 $y=\log_a x$와 만나는 점을 $(p,\ p)$, 직선 $y=x$가 곡선 $y=\log_{2a} x$와 만나는 점을 $(q,\ q)$라 하자. [보기]에서 옳은 것만을 있는 대로 고른 것은? (4점)

[보기]

ㄱ. $p=\dfrac{1}{2}$이면 $a=\dfrac{1}{4}$이다.

ㄴ. $p<q$

ㄷ. $a^{p+q}=\dfrac{pq}{2^q}$

① ㄱ ② ㄱ, ㄴ ③ ㄱ, ㄷ
④ ㄴ, ㄷ ⑤ ㄱ, ㄴ, ㄷ

C112

2022실시 10월 학평 10(고3)

$a>1$인 실수 a에 대하여 두 곡선

$y=-\log_2(-x)$, $y=\log_2(x+2a)$

가 만나는 두 점을 A, B라 하자. 선분 AB의 중점이 직선 $4x+3y+5=0$ 위에 있을 때, 선분 AB의 길이는? (4점)

① $\dfrac{3}{2}$ ② $\dfrac{7}{4}$ ③ 2
④ $\dfrac{9}{4}$ ⑤ $\dfrac{5}{2}$

❖ 정답 및 해설 106~110p

C113 ✽❀❀ 2005실시(가) 4월 학평 14(고3)

$y=10^x$의 그래프를 x축 방향으로 k만큼, $y=\log_{10}x$의 그래프를 y축 방향으로 k만큼 평행이동하였더니 두 함수의 그래프가 두 점에서 만났다. 이 두 점 사이의 거리가 $\sqrt{2}$일 때, 상수 k의 값은? (4점)

① $\frac{1}{9}+2\log_{10}3$ ② $\frac{1}{9}+3\log_{10}3$ ③ $9-\log_{10}3$

④ $9-2\log_{10}3$ ⑤ $9+\log_{10}3$

(고난도)

유형 17 로그함수의 그래프의 교점의 개수

두 로그함수 $y=\log_a x$, $y=\log_b x$ $(a>0,\ a\neq1,\ b>0,\ b\neq1)$의 그래프에 대하여

(1) 직선 $x=\alpha$와 만나는 두 점을 각각 A, B라 하면 이 두 점의 x좌표는 모두 α로 같으므로 선분 AB의 길이는 두 점 A, B의 y좌표의 차이다.

(2) 직선 $y=\beta$와 만나는 두 점을 각각 C, D라 하면 이 두 점의 y좌표는 모두 β로 같으므로 선분 CD의 길이는 두 점 C, D의 x좌표의 차이다.

tip

1 교점의 개수를 파악할 때는 실제로 그래프를 그려 확인한다.

2 지수함수 $y=a^x$과 로그함수 $y=\log_a x$는 밑인 a의 값의 범위에 따라 증가함수인지 감소함수인지 정해지므로 a의 값을 잘 살펴보자.

C114 ✽❀❀ 2006대비(나) 수능 10(고3)

오른쪽 그림은 중심이 $(1,\ 1)$이고 반지름의 길이가 각각

$$\frac{1}{3},\ \frac{2}{3},\ 1,\ \frac{4}{3},\ \frac{5}{3},\ 2$$

인 6개의 반원을 그린 것이다.

세 함수

$y=\log_{\frac{1}{4}}x$

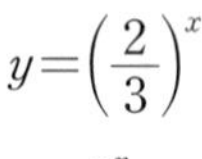

$y=\left(\frac{2}{3}\right)^x$

$y=3^x$

의 그래프가 반원과 만나는 교점의 개수를 각각 a, b, c라 하자. a, b, c의 대소 관계를 옳게 나타낸 것은?

(단, $x\geq1$이고 반원은 지름의 양 끝점을 포함한다.) (4점)

① $a<b<c$ ② $a<c<b$ ③ $b<c<a$

④ $c<a<b$ ⑤ $c<b<a$

C115 ✽✽❀ 2014대비(A) 12월 예비 20(고3)

정의역이 $\{x\,|\,1\leq x<100\}$이고 함숫값이 $\log x$의 소수 부분인 함수를 $f(x)$라 하자. 함수 $y=f(x)$의 그래프와 직선 $y=2-\frac{x}{n}$가 만나는 점의 개수가 2가 되도록 하는 자연수 n의 개수는? (4점)

① 1 ② 2 ③ 3

④ 4 ⑤ 5

유형 18 로그함수의 그래프의 교점의 활용

두 로그함수 $y=\log_a x$, $y=\log_b x$ $(a>0,\ a\neq1,\ b>0,\ b\neq1)$의 그래프에 대하여

(1) 직선 $x=\alpha$와 만나는 두 점을 각각 A, B라 하면 이 두 점의 x좌표는 모두 α로 같으므로 선분 AB의 길이는 두 점 A, B의 y좌표의 차이다.

(2) 직선 $y=\beta$와 만나는 두 점을 각각 C, D라 하면 이 두 점의 y좌표는 모두 β로 같으므로 선분 CD의 길이는 두 점 C, D의 x좌표의 차이다.

tip

1 밑이 모두 a인 지수함수와 로그함수의 그래프의 교점을 파악하는 경우에는 두 함수가 서로 역함수 관계에 있을 수 있음을 인지하고 문제 풀이에 들어간다.

2 주어진 곡선 또는 함수의 그래프를 좌표평면에 나타내고, 점의 좌표를 이용하면 문제를 쉽게 해결할 수 있다.

C116 ✽❀❀ 2021대비(나) 수능 18(고3)

$\frac{1}{4}<a<1$인 실수 a에 대하여 직선 $y=1$이 두 곡선 $y=\log_a x$, $y=\log_{4a}x$와 만나는 점을 각각 A, B라 하고, 직선 $y=-1$이 두 곡선 $y=\log_a x$, $y=\log_{4a}x$와 만나는 점을 각각 C, D라 하자. [보기]에서 옳은 것만을 있는 대로 고른 것은? (4점)

[보기]

ㄱ. 선분 AB를 $1:4$로 외분하는 점의 좌표는 $(0,\ 1)$이다.

ㄴ. 사각형 ABCD가 직사각형이면 $a=\frac{1}{2}$이다.

ㄷ. $\overline{AB}<\overline{CD}$이면 $\frac{1}{2}<a<1$이다.

① ㄱ ② ㄷ ③ ㄱ, ㄴ

④ ㄴ, ㄷ ⑤ ㄱ, ㄴ, ㄷ

C117 ✿❀❀ 2020실시(가) 10월 학평 15(고3)

그림과 같이 좌표평면에서 곡선 $y=a^x$ $(0<a<1)$ 위의 점 P가 제2사분면에 있다. 점 P를 직선 $y=x$에 대하여 대칭이동시킨 점 Q와 곡선 $y=-\log_a x$ 위의 점 R에 대하여 $\angle PQR=45°$이다. $\overline{PR}=\frac{5\sqrt{2}}{2}$이고 직선 PR의 기울기가 $\frac{1}{7}$일 때, 상수 a의 값은? (4점)

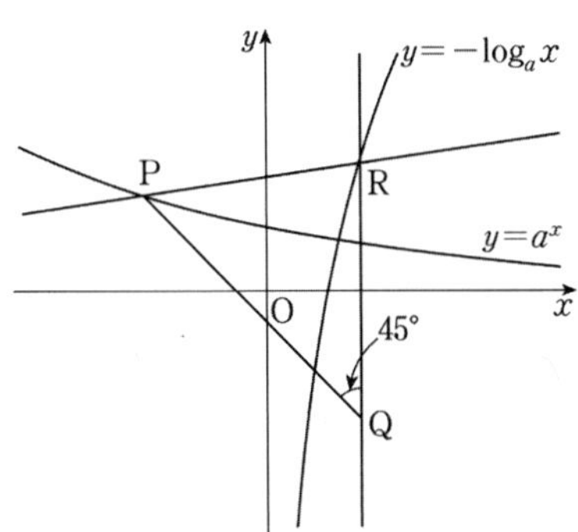

① $\frac{\sqrt{2}}{3}$ ② $\frac{\sqrt{3}}{3}$ ③ $\frac{2}{3}$ ④ $\frac{\sqrt{5}}{3}$ ⑤ $\frac{\sqrt{6}}{3}$

C118 ✿❀❀ 2020실시(나) 3월 학평 16(고3)

그림과 같이 자연수 m에 대하여 두 함수 $y=3^x$, $y=\log_2 x$의 그래프와 직선 $y=m$이 만나는 점을 각각 A_m, B_m이라 하자. 선분 A_mB_m의 길이 중 자연수인 것을 작은 수부터 크기순으로 나열하여 a_1, a_2, a_3, $\cdots$이라 할 때, a_3의 값은? (4점)

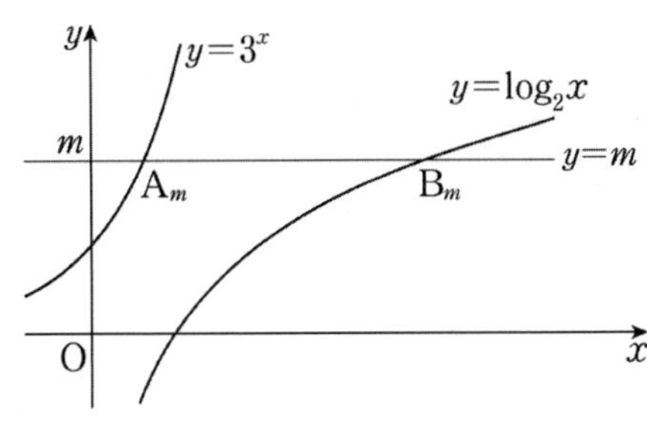

① 502 ② 504 ③ 506 ④ 508 ⑤ 510

C119 ✿❀❀ 2018대비(가) 9월 모평 16(고3)

$a>1$인 실수 a에 대하여 곡선 $y=\log_a x$와 원 $C:\left(x-\frac{5}{4}\right)^2+y^2=\frac{13}{16}$의 두 교점을 P, Q라 하자. 선분 PQ가 원 C의 지름일 때, a의 값은? (4점)

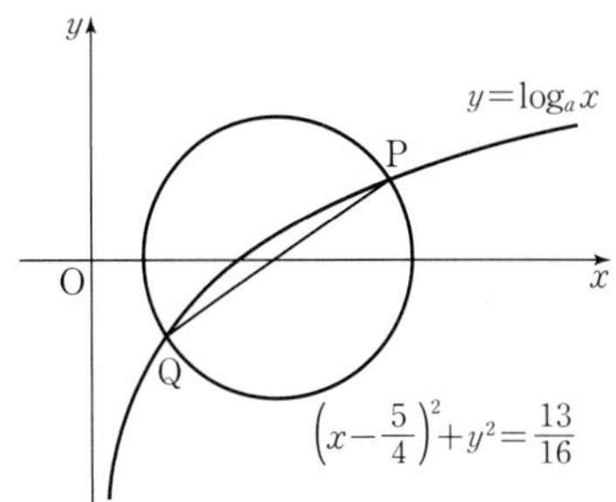

① 3 ② $\frac{7}{2}$ ③ 4 ④ $\frac{9}{2}$ ⑤ 5

C120 ✿❀❀ 2008대비(나) 수능 16(고3)

직선 $y=2-x$가 두 로그함수 $y=\log_2 x$, $y=\log_3 x$의 그래프와 만나는 점을 각각 (x_1, y_1), (x_2, y_2)라 할 때, [보기]에서 옳은 것을 모두 고른 것은? (4점)

[보기]

ㄱ. $x_1>y_2$
ㄴ. $x_2-x_1=y_1-y_2$
ㄷ. $x_1y_1>x_2y_2$

① ㄱ ② ㄷ ③ ㄱ, ㄴ ④ ㄴ, ㄷ ⑤ ㄱ, ㄴ, ㄷ

❖ 정답 및 해설 110~114p

C121 ✽✽✽ 2006대비(나) 6월 모평 12(고3)

두 점 $(1,\ 0)$, $(0,\ -m)$을 지나는 직선이 두 곡선 $y=2\log x$, $y=3\log x$와 각각 두 점에서 만날 때, $(1,\ 0)$이 아닌 교점을 각각 $(p,\ 2\log p)$, $(q,\ 3\log q)$라 하자. [보기]에서 옳은 것을 모두 고른 것은? (단, $m>0$, $p>1$, $q>1$이다.) (4점)

[보기]

ㄱ. $p>q$

ㄴ. $m=\dfrac{3\log q-2\log p}{q-p}$

ㄷ. $m>\dfrac{3\log q}{q}$

① ㄴ ② ㄷ ③ ㄱ, ㄴ
④ ㄴ, ㄷ ⑤ ㄱ, ㄴ, ㄷ

C122 ✽✽✽ 2020실시(나) 10월 학평 21(고3)

두 곡선 $y=2^{-x}$과 $y=|\log_2 x|$가 만나는 두 점을 $(x_1,\ y_1)$, $(x_2,\ y_2)$라 하자. $x_1<x_2$일 때, [보기]에서 옳은 것만을 있는 대로 고른 것은? (4점)

[보기]

ㄱ. $\dfrac{1}{2}<x_1<\dfrac{\sqrt{2}}{2}$

ㄴ. $\sqrt[3]{2}<x_2<\sqrt{2}$

ㄷ. $y_1-y_2<\dfrac{3\sqrt{2}-2}{6}$

① ㄱ ② ㄱ, ㄴ ③ ㄱ, ㄷ
④ ㄴ, ㄷ ⑤ ㄱ, ㄴ, ㄷ

C123 ✽✽✽ 2011대비(나) 수능 16(고3)

좌표평면에서 두 곡선 $y=|\log_2 x|$와 $y=\left(\dfrac{1}{2}\right)^x$이 만나는 두 점을 $\mathrm{P}(x_1,\ y_1)$, $\mathrm{Q}(x_2,\ y_2)(x_1<x_2)$라 하고, 두 곡선 $y=|\log_2 x|$와 $y=2^x$이 만나는 점을 $\mathrm{R}(x_3,\ y_3)$이라 하자. 옳은 것만을 [보기]에서 있는 대로 고른 것은? (4점)

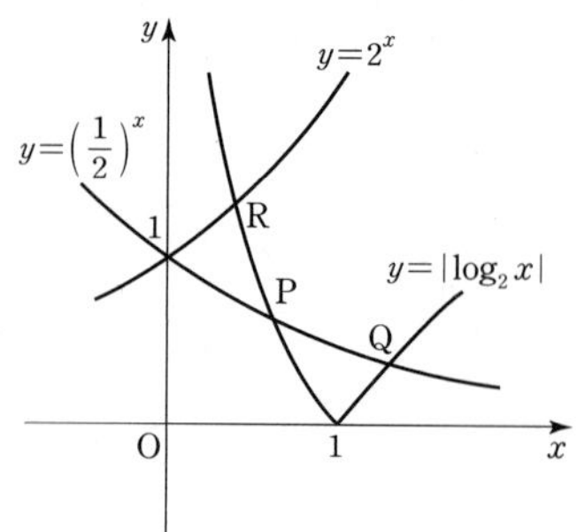

[보기]

ㄱ. $\dfrac{1}{2}<x_1<1$

ㄴ. $x_2y_2-x_3y_3=0$

ㄷ. $x_2(x_1-1)>y_1(y_2-1)$

① ㄱ ② ㄷ ③ ㄱ, ㄴ
④ ㄴ, ㄷ ⑤ ㄱ, ㄴ, ㄷ

유형 19 로그함수와 지수함수의 역함수 구하기

역함수가 존재하는 함수 $f(x)$에 대하여

(1) 함수 $y=f(x)$의 역함수 $y=f^{-1}(x)$를 구하는 순서

(i) $y=f(x)$를 x에 대하여 풀어 $x=f^{-1}(y)$ 꼴로 나타낸다.

(ii) $x=f^{-1}(y)$의 x와 y를 서로 바꾸어 $y=f^{-1}(x)$로 나타낸다.

(2) 함수 $f(x)$의 역함수를 $g(x)$라 할 때,
$f(a)=b \Longleftrightarrow g(b)=a$가 성립한다.

tip

1 두 함수 $f(x)$, $g(x)$가 서로 역함수 관계이면 두 함수의 그래프는 직선 $y=x$에 대하여 대칭이고 $(f\circ g)(x)=(g\circ f)(x)=x$가 성립한다.

2 함수 $y=\log_a x$의 그래프를 x축의 방향으로 m만큼, y축의 방향으로 n만큼 평행이동시킨 그래프의 식은 $y=\log_a(x-m)+n$이다.

C124 ✽✽✽ 2017실시(가) 3월 학평 5(고3)

좌표평면에서 곡선 $y=a^x$을 직선 $y=x$에 대하여 대칭이동한 곡선이 점 $(2,\ 3)$을 지날 때, 양수 a의 값은? (3점)

① $\sqrt{3}$ ② $\log_2 3$ ③ $\sqrt[4]{3}$
④ $\sqrt[3]{2}$ ⑤ $\log_3 2$

C125

2016대비(A) 6월 모평 15(고3)

함수 $y=\log_3 x$의 그래프를 x축의 방향으로 a만큼, y축의 방향으로 2만큼 평행이동한 그래프를 나타내는 함수를 $y=f(x)$라 하자. 함수 $f(x)$의 역함수가 $f^{-1}(x)=3^{x-2}+4$일 때, 상수 a의 값은? (4점)

① 1 ② 2 ③ 3 ④ 4 ⑤ 5

C126

2007대비(나) 6월 모평 21(고3)

함수 $f(x)=1+3\log_2 x$에 대하여 함수 $g(x)$가 $(g \circ f)(x)=x$를 만족시킬 때, $g(13)$의 값을 구하시오. (4점)

C127

2014실시(B) 6월 학평 7(고2)

지수함수 $y=3^{\frac{x-1}{2}}-4$의 역함수가 $y=a\log_3(x+b)+c$일 때, 세 상수 a, b, c의 합 $a+b+c$의 값은? (3점)

① 3 ② 4 ③ 5 ④ 6 ⑤ 7

C128

2013실시(A) 4월 학평 19(고3)

함수 $f(x)=2^{x-2}$의 역함수의 그래프를 x축의 방향으로 -2만큼, y축의 방향으로 a만큼 평행이동시키면 함수 $y=g(x)$의 그래프가 된다. 두 함수 $y=f(x)$, $y=g(x)$의 그래프가 직선 $y=1$과 만나는 점을 각각 A, B라 할 때, 선분 AB의 중점의 좌표가 $(8, 1)$이다. 이때, 실수 a의 값은? (4점)

① -8 ② -7 ③ -6 ④ -5 ⑤ -4

고난도

유형 20 로그함수와 지수함수의 그래프 사이의 관계

출제

(1) 두 함수 $y=a^x$, $y=\log_a x$는 서로 역함수 관계이므로 두 함수의 그래프는 직선 $y=x$에 대하여 대칭이다.

(2) 두 함수 $y=a^x$, $y=\log_a x$의 그래프의 교점을 구하기 위해서는 두 함수 중 한 함수의 그래프와 직선 $y=x$의 교점을 생각하자.

tip

함수 $f(x)$, $g(x)$가 서로 역함수 관계이면 두 함수의 그래프는 직선 $y=x$에 대하여 대칭이고 $(f \circ g)(x)=(g \circ f)(x)=x$가 성립한다.

C129

2019실시(가) 7월 학평 11(고3)

양수 k에 대하여 함수 $f(x)=3^{x-1}+k$의 역함수의 그래프를 x축의 방향으로 k^2만큼 평행이동시킨 곡선을 $y=g(x)$라 하자. 두 곡선 $y=f(x)$, $y=g(x)$의 점근선의 교점이 직선 $y=\frac{1}{3}x$ 위에 있을 때, k의 값은? (3점)

① 1 ② $\frac{3}{2}$ ③ 2 ④ $\frac{5}{2}$ ⑤ 3

C130

2019대비(가) 수능 5(고3)

함수 $y=2^x+2$의 그래프를 x축의 방향으로 m만큼 평행이동한 그래프가 함수 $y=\log_2 8x$의 그래프를 x축의 방향으로 2만큼 평행이동한 그래프와 직선 $y=x$에 대하여 대칭일 때, 상수 m의 값은? (3점)

① 1 ② 2 ③ 3 ④ 4 ⑤ 5

❖ 정답 및 해설 115~118p

C131 ✿✿❀ 2025대비 9월 모평 14(고3)

자연수 n에 대하여 곡선 $y=2^x$ 위의 두 점 A_n, B_n이 다음 조건을 만족시킨다.

> (가) 직선 A_nB_n의 기울기는 3이다.
> (나) $\overline{A_nB_n}=n\times\sqrt{10}$

중심이 직선 $y=x$ 위에 있고 두 점 A_n, B_n을 지나는 원이 곡선 $y=\log_2 x$와 만나는 두 점의 x좌표 중 큰 값을 x_n이라 하자. $x_1+x_2+x_3$의 값은? (4점)

① $\frac{150}{7}$　② $\frac{155}{7}$　③ $\frac{160}{7}$
④ $\frac{165}{7}$　⑤ $\frac{170}{7}$

C132 ✿✿❀ 2024실시 3월 학평 21(고3)

$a>2$인 실수 a에 대하여 기울기가 -1인 직선이 두 곡선

$$y=a^x+2,\ y=\log_a x+2$$

와 만나는 점을 각각 A, B라 하자. 선분 AB를 지름으로 하는 원의 중심의 y좌표가 $\frac{19}{2}$이고 넓이가 $\frac{121}{2}\pi$일 때, a^2의 값을 구하시오. (4점)

C133 ✿✿❀ 2019실시(가) 10월 학평 14(고3)

곡선 $y=\log_{\sqrt{2}}(x-a)$와 직선 $y=\frac{1}{2}x$가 만나는 점 중 한 점을 A라 하고, 점 A를 지나고 기울기가 -1인 직선이 곡선 $y=(\sqrt{2})^x+a$와 만나는 점을 B라 하자. 삼각형 OAB의 넓이가 6일 때, 상수 a의 값은? (단, $0<a<4$이고, O는 원점이다.) (4점)

① $\frac{1}{2}$　② 1　③ $\frac{3}{2}$
④ 2　⑤ $\frac{5}{2}$

C134 ✿✿❀ 2017실시(가) 4월 학평 29(고3)

좌표평면에서 2 이상의 자연수 n에 대하여 두 곡선 $y=3^x-n$, $y=\log_3(x+n)$으로 둘러싸인 영역의 내부 또는 그 경계에 포함되고 x좌표와 y좌표가 모두 자연수인 점의 개수가 4가 되도록 하는 자연수 n의 개수를 구하시오. (4점)

C135 ✿✿❀ 2009대비(나) 9월 모평 15(고3)

두 함수 $f(x)=2^{x-2}+1$, $g(x)=\log_2(x-1)+2$에 대하여 [보기]에서 옳은 것만을 있는 대로 고른 것은? (3점)

[보기]

ㄱ. $f^{-1}(5)\cdot\{g(5)+1\}=20$이다.
ㄴ. $y=f(x)$의 그래프와 $y=g(x)$의 그래프는 직선 $y=x$에 대하여 대칭이다.
ㄷ. $y=f(x)$의 그래프와 $y=g(x)$의 그래프는 만나지 않는다.

① ㄴ　② ㄷ　③ ㄱ, ㄴ
④ ㄴ, ㄷ　⑤ ㄱ, ㄴ, ㄷ

유형 21 로그함수와 지수함수의 그래프와 도형 출제

(1) 두 함수 $y=\log_a x$, $y=b^x$ $(a>0,\ a\neq1,\ b>0,\ b\neq1)$의 그래프의 교점이 $(\alpha,\ \beta)$이면 $\beta=\log_a \alpha$, $\beta=b^\alpha$이 성립한다.

(2) 1이 아닌 양수 a와 양수 n에 대하여 두 함수 $y=a^x$, $y=a^x+n$의 그래프(또는 두 함수 $y=\log_a x$, $y=\log_a x+n$의 그래프)와 두 직선 $x=\alpha$, $x=\beta$로 둘러싸인 도형의 넓이는 그림과 같이 사각형 ABCD의 넓이와 같다.

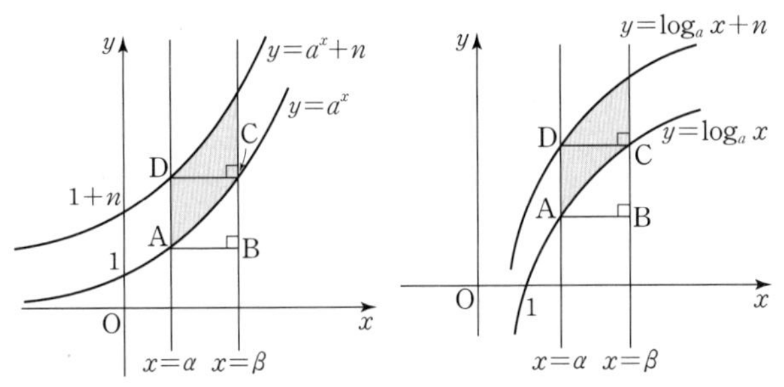

tip

지수함수와 로그함수의 그래프를 이용한 도형에 대한 문제는 지수함수, 로그함수의 그래프의 성질이나 교점의 특징을 파악하는 것이 중요하다. 다음과 같은 중요 유형을 기출 문제로 연습하자.

1 지수함수와 로그함수의 그래프와 직선 등에 의하여 나타나는 도형의 넓이를 구하기

2 주어진 넓이를 이용하여 미지수 또는 식의 값을 구하기

C136

2019실시(가) 9월 학평 11(고2)

두 곡선 $y=\left(\frac{1}{3}\right)^x$, $y=\left(\frac{1}{9}\right)^x$이 직선 $y=9$와 만나는 점을 각각 A, B라 할 때, 삼각형 OAB의 넓이는? (단, O는 원점이다.) (3점)

① $\frac{9}{2}$　② 5　③ $\frac{11}{2}$　④ 6　⑤ $\frac{13}{2}$

C137

2018실시(가) 10월 학평 24(고3)

그림과 같이 두 곡선 $y=\log_2 x$, $y=\log_{\frac{1}{2}} x$가 만나는 점을 A라 하고, 직선 $x=k\ (k>1)$이 두 곡선과 만나는 점을 각각 B, C라 하자. 삼각형 ACB의 무게중심의 좌표가 $(3,\ 0)$일 때, 삼각형 ACB의 넓이를 구하시오. (3점)

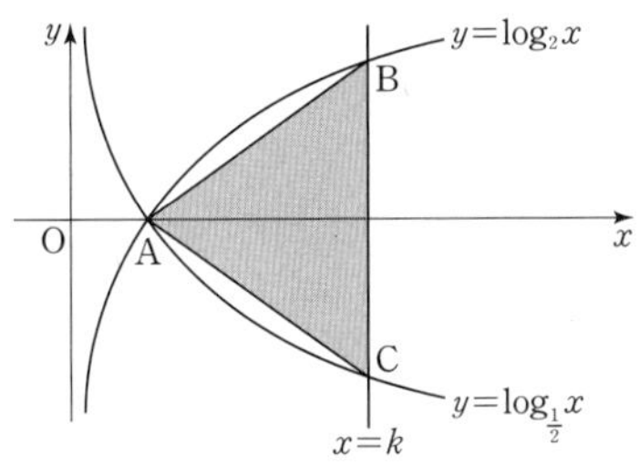

C138

2019실시(가) 4월 학평 11(고3)

그림과 같이 두 함수 $f(x)=\frac{2^x}{3}$, $g(x)=2^x-2$의 그래프가 y축과 만나는 점을 각각 A, B라 하고, 두 곡선 $y=f(x)$, $y=g(x)$가 만나는 점을 C라 할 때, 삼각형 ABC의 넓이는? (3점)

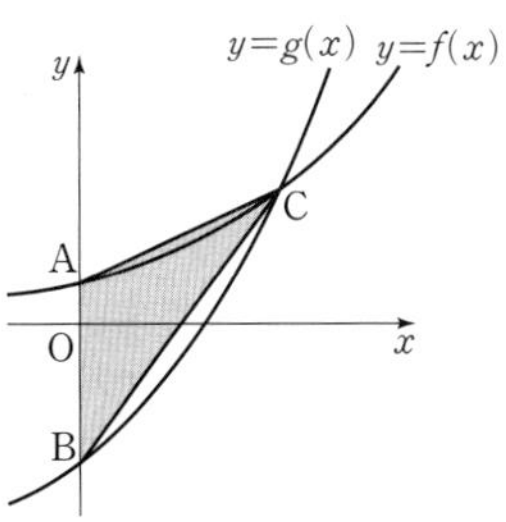

① $\frac{1}{3}\log_2 3$　② $\frac{2}{3}\log_2 3$　③ $\log_2 3$　④ $\frac{4}{3}\log_2 3$　⑤ $\frac{5}{3}\log_2 3$

C139

2018실시(가) 7월 학평 15(고3)

점 $A(4,\ 0)$을 지나고 y축에 평행한 직선이 곡선 $y=\log_2 x$와 만나는 점을 B라 하고, 점 B를 지나고 기울기가 -1인 직선이 곡선 $y=2^{x+1}+1$과 만나는 점을 C라 할 때, 삼각형 ABC의 넓이는? (4점)

① 3　② $\frac{7}{2}$　③ 4　④ $\frac{9}{2}$　⑤ 5

C140

2016실시(가) 7월 학평 15(고3)

두 곡선 $y=2^x$, $y=-4^{x-2}$이 y축과 평행한 한 직선과 만나는 서로 다른 두 점을 각각 A, B라 하자. $\overline{OA}=\overline{OB}$일 때, 삼각형 AOB의 넓이는? (단, O는 원점이다.) (4점)

① 64　② 68　③ 72　④ 76　⑤ 80

C

❖ 정답 및 해설 119~123p

C141

2022실시 7월 학평 11(고3)

기울기가 $\frac{1}{2}$인 직선 l이 곡선 $y=\log_2 2x$와 서로 다른 두 점에서 만날 때, 만나는 두 점 중 x좌표가 큰 점을 A라 하고, 직선 l이 곡선 $y=\log_2 4x$와 만나는 두 점 중 x좌표가 큰 점을 B라 하자. $\overline{AB}=2\sqrt{5}$일 때, 점 A에서 x축에 내린 수선의 발 C에 대하여 삼각형 ACB의 넓이는? (4점)

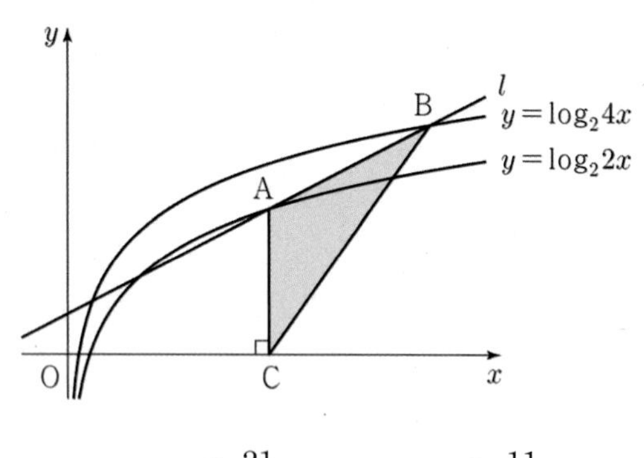

① 5 ② $\frac{21}{4}$ ③ $\frac{11}{2}$
④ $\frac{23}{4}$ ⑤ 6

C142

2015대비(A) 9월 모평 11(고3)

그림과 같이 두 곡선 $y=3^{x+1}-2$, $y=\log_2(x+1)-1$이 y축과 만나는 점을 각각 A, B라 하자. 점 A를 지나고 x축에 평행한 직선이 곡선 $y=\log_2(x+1)-1$과 만나는 점을 C, 점 B를 지나고 x축에 평행한 직선이 곡선 $y=3^{x+1}-2$와 만나는 점을 D라 할 때, 사각형 ADBC의 넓이는? (3점)

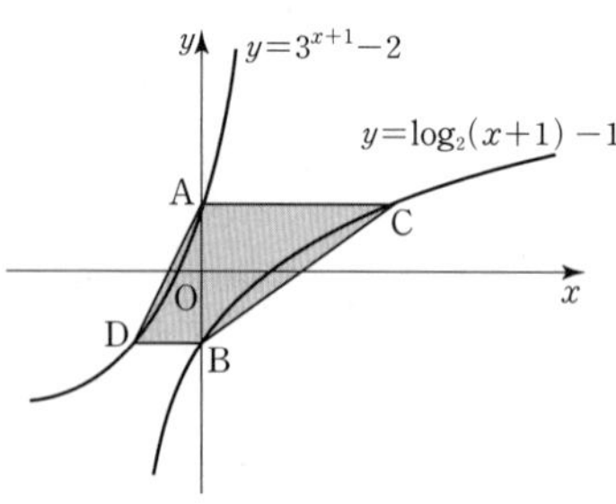

① 3 ② $\frac{13}{4}$ ③ $\frac{7}{2}$
④ $\frac{15}{4}$ ⑤ 4

C143

2010실시(나) 10월 학평 20(고3)

그림과 같이 두 곡선 $y=2^x$, $y=2^{x-2}$과 직선 $y=k$의 교점을 각각 P_k, Q_k라 하고, 삼각형 $\mathrm{OP}_k\mathrm{Q}_k$의 넓이를 A_k라 하자. $A_1+A_4+A_7+A_{10}$의 값을 구하시오.

(단, k는 자연수이고, O는 원점이다.) (3점)

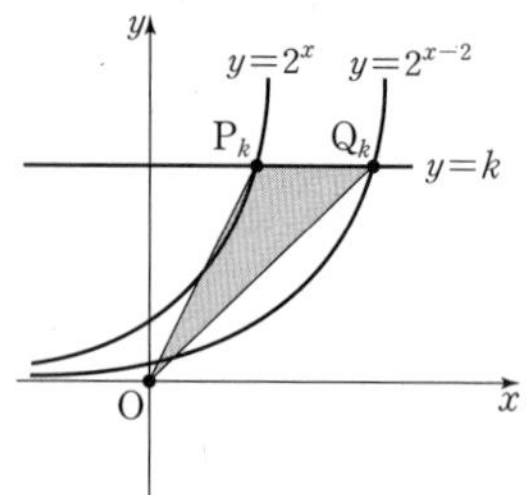

C144

2025대비 6월 모평 12(고3)

그림과 같이 곡선 $y=1-2^{-x}$ 위의 제1사분면에 있는 점 A를 지나고 y축에 평행한 직선이 곡선 $y=2^x$과 만나는 점을 B라 하자. 점 A를 지나고 x축에 평행한 직선이 곡선 $y=2^x$과 만나는 점을 C, 점 C를 지나고 y축에 평행한 직선이 곡선 $y=1-2^{-x}$과 만나는 점을 D라 하자. $\overline{AB}=2\overline{CD}$일 때, 사각형 ABCD의 넓이는? (4점)

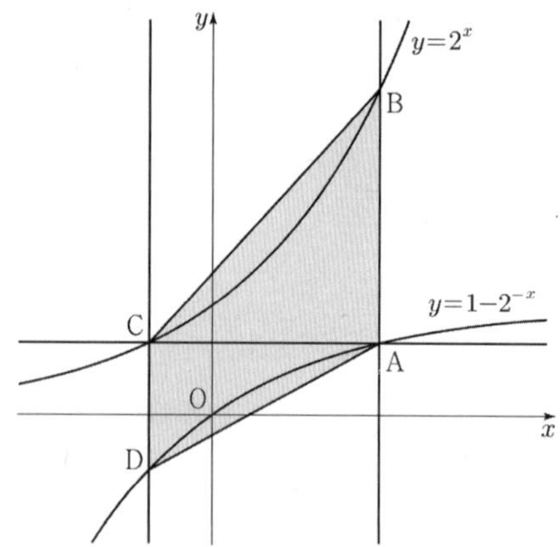

① $\frac{5}{2}\log_2 3-\frac{5}{4}$ ② $3\log_2 3-\frac{3}{2}$ ③ $\frac{7}{2}\log_2 3-\frac{7}{4}$
④ $4\log_2 3-2$ ⑤ $\frac{9}{2}\log_2 3-\frac{9}{4}$

C145 ✽✽❀ 2022실시 3월 학평 11(고3)

그림과 같이 두 상수 a, k에 대하여 직선 $x=k$가 두 곡선 $y=2^{x-1}+1$, $y=\log_2(x-a)$와 만나는 점을 각각 A, B라 하고, 점 B를 지나고 기울기가 -1인 직선이 곡선 $y=2^{x-1}+1$과 만나는 점을 C라 하자.
$\overline{AB}=8$, $\overline{BC}=2\sqrt{2}$일 때, 곡선 $y=\log_2(x-a)$가 x축과 만나는 점 D에 대하여 사각형 ACDB의 넓이는? (단, $0<a<k$) (4점)

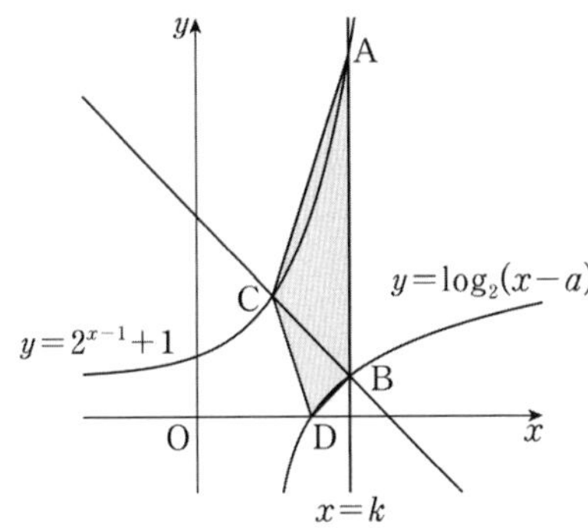

① 14 ② 13 ③ 12
④ 11 ⑤ 10

C146 ✽✽❀ 2022대비 9월 모평 21(고3)

$a>1$인 실수 a에 대하여 직선 $y=-x+4$가 두 곡선

$y=a^{x-1}$, $y=\log_a(x-1)$

과 만나는 점을 각각 A, B라 하고, 곡선 $y=a^{x-1}$이 y축과 만나는 점을 C라 하자. $\overline{AB}=2\sqrt{2}$일 때, 삼각형 ABC의 넓이는 S이다. $50\times S$의 값을 구하시오. (4점)

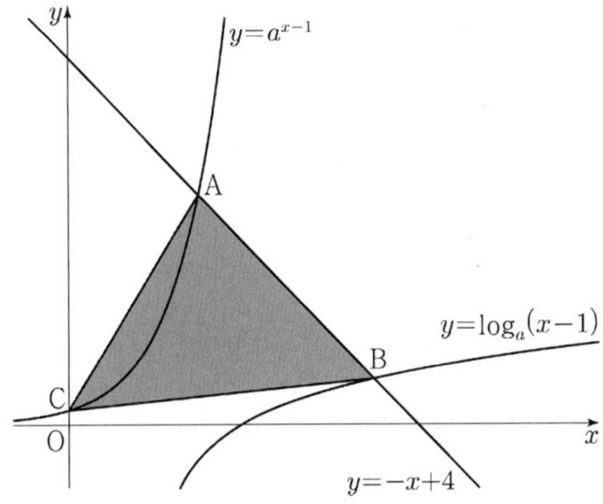

C147 ✽✽❀ 2010대비(나) 6월 모평 16(고3)

그림과 같이 함수 $y=\log_2 x$의 그래프 위의 한 점 A_1에서 y축에 평행한 직선을 그어 직선 $y=x$와 만나는 점을 B_1이라 하고, 점 B_1에서 x축에 평행한 직선을 그어 이 그래프와 만나는 점을 A_2라 하자. 이와 같은 과정을 반복하여 점 A_2로부터 점 B_2와 점 A_3을, 점 A_3으로부터 점 B_3과 점 A_4를 얻는다.
네 점 A_1, A_2, A_3, A_4의 x좌표를 차례로 a, b, c, d라 하자.
네 점 $(c, 0)$, $(d, 0)$, $(d, \log_2 d)$, $(c, \log_2 c)$를 꼭짓점으로 하는 사각형의 넓이를 함수 $f(x)=2^x$을 이용하여 a, b로 나타낸 것과 같은 것은? (3점)

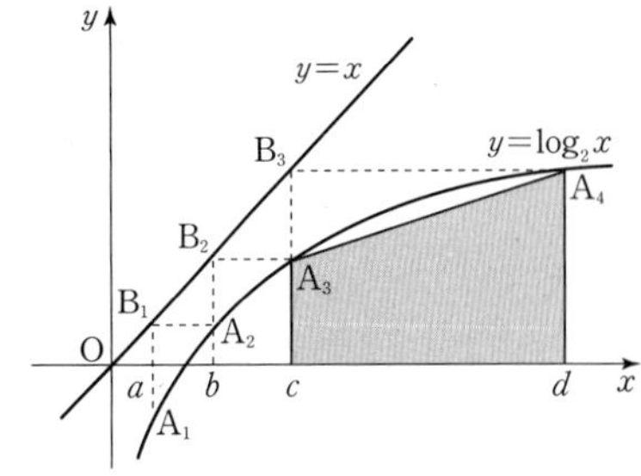

① $\frac{1}{2}\{f(b)+f(a)\}\{(f\circ f)(b)-(f\circ f)(a)\}$

② $\frac{1}{2}\{f(b)-f(a)\}\{(f\circ f)(b)+(f\circ f)(a)\}$

③ $\{f(b)+f(a)\}\{(f\circ f)(b)+(f\circ f)(a)\}$

④ $\{f(b)+f(a)\}\{(f\circ f)(b)-(f\circ f)(a)\}$

⑤ $\{f(b)-f(a)\}\{(f\circ f)(b)+(f\circ f)(a)\}$

❖ 정답 및 해설 124~128p

유형 22 도형의 넓이를 이용한 미지수의 결정

(1) 두 함수 $y=a^x$, $y=\log_a x$는 서로 역함수 관계이므로 두 함수의 그래프는 직선 $y=x$에 대하여 대칭이다.

(2) 두 함수 $y=\log_a x$, $y=b^x$ $(a>0,\ a\neq1,\ b>0,\ b\neq1)$의 그래프의 교점이 $(\alpha,\ \beta)$이면 $\beta=\log_a \alpha$, $\beta=b^\alpha$이 성립한다.

tip

도형의 넓이를 이용하여 함수의 미정계수를 결정하는 유형의 문제는 다른 단원과의 통합 문제로도 많이 출제되므로 다음의 개념을 다시 확인하고 넘어가자.

1 두 점 $P(x_1,\ y_1)$, $Q(x_2,\ y_2)$에 대하여 선분 PQ의 중점의 좌표는 $\left(\frac{x_1+x_2}{2},\ \frac{y_1+y_2}{2}\right)$이고, 선분 PQ를 $m:n$으로 내분하는 점의 좌표는 $\left(\frac{mx_2+nx_1}{m+n},\ \frac{my_2+ny_1}{m+n}\right)$이다.

2 두 점 $(x_1,\ y_1)$, $(x_2,\ y_2)$ 사이의 거리는 $\sqrt{(x_2-x_1)^2+(y_2-y_1)^2}$이다.

3 닮음인 두 도형의 닮음비가 $m:n$이면 두 도형의 넓이의 비는 $m^2:n^2$이고, 높이가 같은 두 삼각형의 넓이의 비는 밑변의 길이의 비와 같다.

C148

2020실시(나) 7월 학평 10(고3)

두 곡선 $y=\log_2 x$, $y=\log_a x$ $(0<a<1)$이 x축 위의 점 A에서 만난다. 직선 $x=4$가 곡선 $y=\log_2 x$와 만나는 점을 B, 곡선 $y=\log_a x$와 만나는 점을 C라 하자. 삼각형 ABC의 넓이가 $\frac{9}{2}$일 때, 상수 a의 값은? (3점)

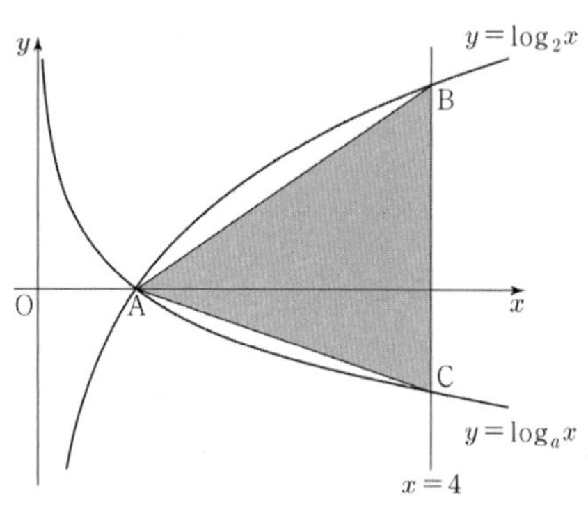

① $\frac{1}{16}$　② $\frac{1}{8}$　③ $\frac{3}{16}$
④ $\frac{1}{4}$　⑤ $\frac{5}{16}$

C149

2021실시 10월 학평 18(고3)

그림과 같이 3 이상의 자연수 n에 대하여 두 곡선 $y=n^x$, $y=2^x$이 직선 $x=1$과 만나는 점을 각각 A, B라 하고, 두 곡선 $y=n^x$, $y=2^x$이 직선 $x=2$와 만나는 점을 각각 C, D라 하자. 사다리꼴 ABDC의 넓이가 18 이하가 되도록 하는 모든 자연수 n의 값의 합을 구하시오. (3점)

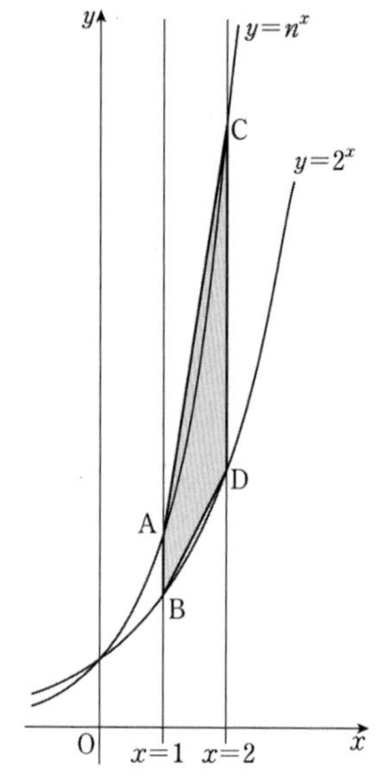

C150

2021실시 7월 학평 11(고3)

$a>1$인 실수 a에 대하여 두 함수

$$f(x)=\frac{1}{2}\log_a(x-1)-2,\ g(x)=\log_{\frac{1}{a}}(x-2)+1$$

이 있다. 직선 $y=-2$와 함수 $y=f(x)$의 그래프가 만나는 점을 A라 하고, 직선 $x=10$과 두 함수 $y=f(x)$, $y=g(x)$의 그래프가 만나는 점을 각각 B, C라 하자. 삼각형 ACB의 넓이가 28일 때, a^{10}의 값은? (4점)

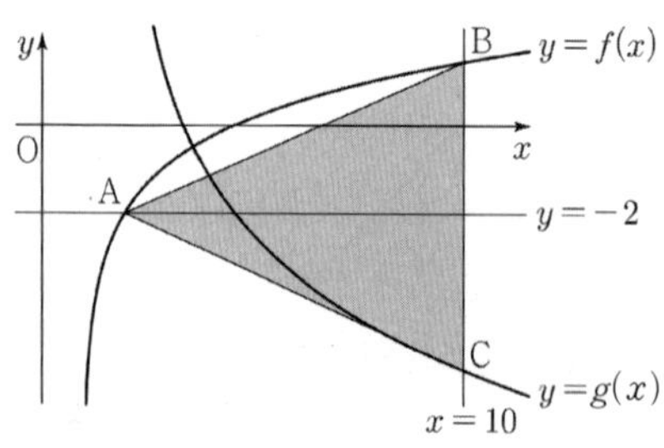

① 15　② 18　③ 21
④ 24　⑤ 27

C151 ✿❀❀ 2020실시(나) 4월 학평 20(고3)

두 함수 $f(x)=2^x$, $g(x)=2^{x-2}$에 대하여 두 양수 a, b $(a<b)$가 다음 조건을 만족시킬 때, $a+b$의 값은? (4점)

> (가) 두 곡선 $y=f(x)$, $y=g(x)$와 두 직선 $y=a$, $y=b$로 둘러싸인 부분의 넓이가 6이다.
> (나) $g^{-1}(b)-f^{-1}(a)=\log_2 6$

① 15 ② 16 ③ 17
④ 18 ⑤ 19

C152 ✿❀❀ 2018실시(가) 4월 학평 14(고3)

그림과 같이 $a>1$인 실수 a에 대하여 두 곡선 $y=a\log_2(x-a+1)$과 $y=2^{x-a}-1$이 서로 다른 두 점 A, B에서 만난다. 점 A가 x축 위에 있고 삼각형 OAB의 넓이가 $\frac{7}{2}a$일 때, 선분 AB의 중점은 $\mathrm{M}(p, q)$이다. $p+q$의 값은?
(단, O는 원점이다.) (4점)

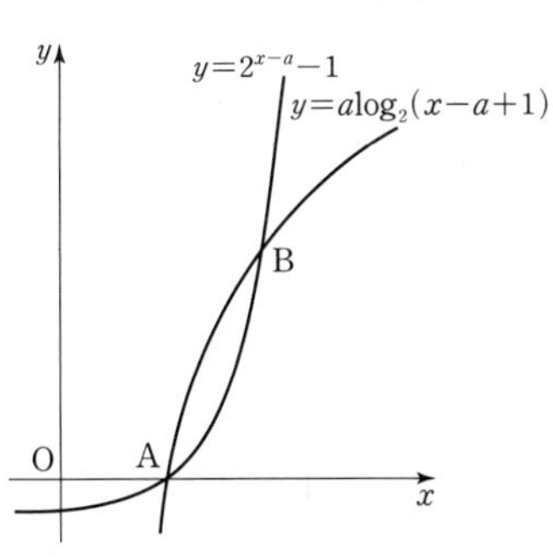

① $\frac{13}{2}$ ② 7 ③ $\frac{15}{2}$
④ 8 ⑤ $\frac{17}{2}$

C153 ✿❀❀ 2015실시(A) 3월 학평 11(고3)

그림과 같이 함수 $y=\log_2 x$의 그래프 위의 두 점 A, B에서 x축에 내린 수선의 발을 각각 $\mathrm{C}(p, 0)$, $\mathrm{D}(2p, 0)$이라 하자. 삼각형 BCD와 삼각형 ACB의 넓이의 차가 8일 때, 실수 p의 값은? (단, $p>1$) (4점)

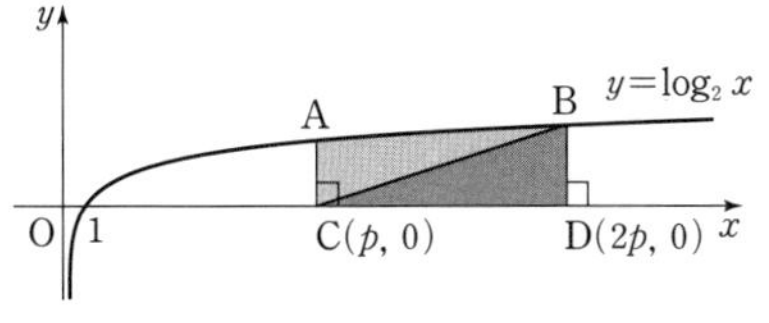

① 4 ② 8 ③ 12
④ 16 ⑤ 20

C154 ✿❀❀ 2023실시 4월 학평 10(고3)

상수 $a(a>1)$에 대하여 곡선 $y=a^x-1$과 곡선 $y=\log_a(x+1)$이 원점 O를 포함한 서로 다른 두 점에서 만난다. 이 두 점 중 O가 아닌 점을 P라 하고, 점 P에서 x축에 내린 수선의 발을 H라 하자. 삼각형 OHP의 넓이가 2일 때, a의 값은? (4점)

① $\sqrt{2}$ ② $\sqrt{3}$ ③ 2
④ $\sqrt{5}$ ⑤ $\sqrt{6}$

❖ 정답 및 해설 128~131p

C155 ✽✽❀ 2015실시(A) 10월 학평 17(고3)

그림과 같이 기울기가 -1인 직선이 두 곡선 $y=2^x$, $y=\log_2 x$와 만나는 두 점을 각각 A, B라 하고, 점 B를 지나고 x축과 평행한 직선이 곡선 $y=2^x$과 만나는 점을 C라 하자. 선분 AB의 길이가 $12\sqrt{2}$, 삼각형 ABC의 넓이가 84이다. 점 A의 x좌표를 a라 할 때, $a-\log_2 a$의 값은? (4점)

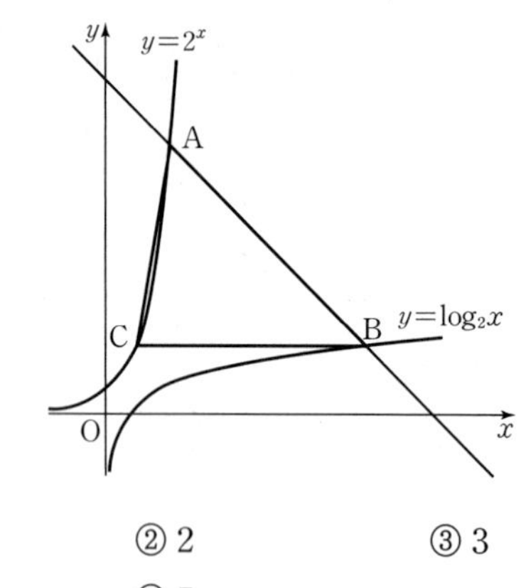

① 1 ② 2 ③ 3
④ 4 ⑤ 5

C156 ✽✽❀ 2015실시(A) 3월 학평 18(고3)

그림과 같이 직선 $y=-x+a$가 두 곡선 $y=2^x$, $y=\log_2 x$와 만나는 점을 각각 A, B라 하고, x축과 만나는 점을 C라 할 때, 점 A, B, C가 다음 조건을 만족시킨다.

> (가) $\overline{AB}:\overline{BC}=3:1$
> (나) 삼각형 OBC의 넓이는 40이다.

점 A의 좌표를 A(p, q)라 할 때, $p+q$의 값은?
(단, O는 원점이고, a는 상수이다.) (4점)

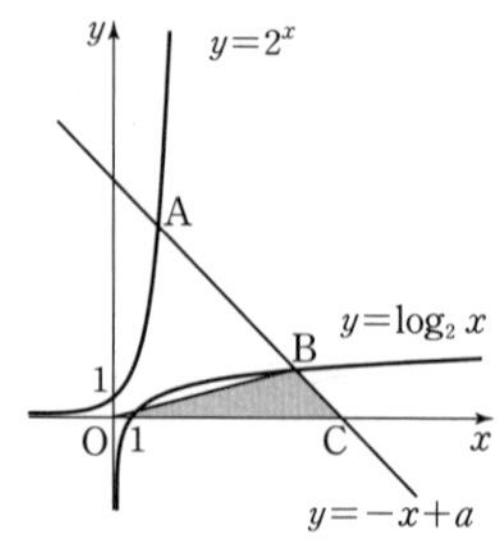

① 10 ② 15 ③ 20
④ 25 ⑤ 30

C157 ✽✽❀ 2013실시(A) 3월 학평 14(고3)

그림과 같이 기울기가 1인 직선 l이 곡선 $y=\log_2 x$와 서로 다른 두 점 A$(a, \log_2 a)$, B$(b, \log_2 b)$에서 만난다. 직선 l과 두 직선 $x=b$, $y=\log_2 a$로 둘러싸인 부분의 넓이가 2일 때, $a+b$의 값은? (단, $0<a<b$이다.) (4점)

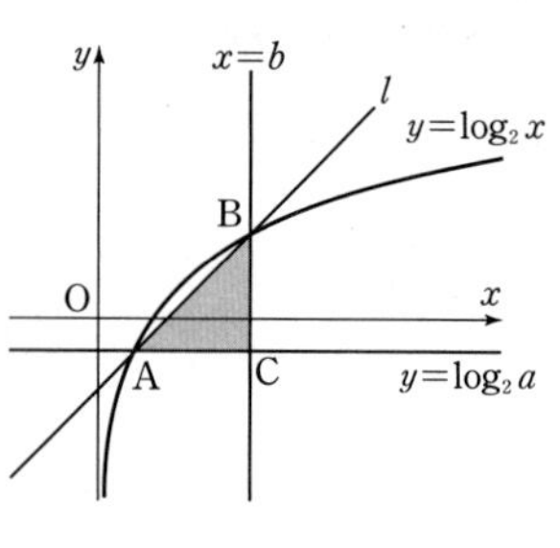

① 2 ② $\frac{7}{3}$ ③ $\frac{8}{3}$
④ 3 ⑤ $\frac{10}{3}$

C158 ✽✽❀ 2010실시(나) 7월 학평 12(고3)

그림과 같이 함수 $y=\log_2 x$의 그래프와 직선 $y=mx$의 두 교점을 A, B라 하고, 함수 $y=2^x$의 그래프와 직선 $y=nx$의 두 교점을 C, D라 하자. 사각형 ABDC는 등변사다리꼴이고 삼각형 OBD의 넓이는 삼각형 OAC의 넓이의 4배일 때, $m+n$의 값은? (단, O는 원점) (3점)

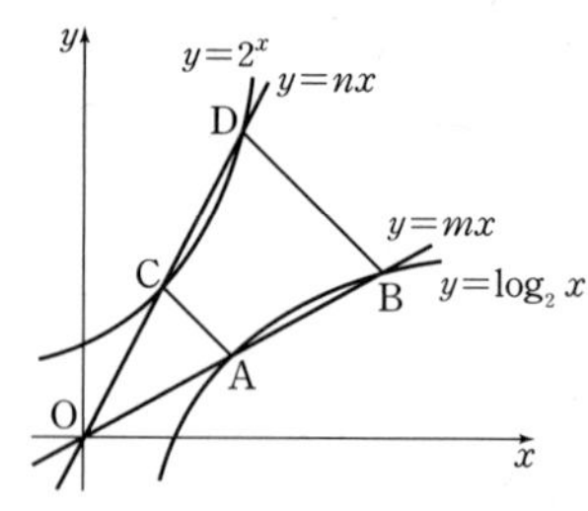

① 2 ② $\frac{5}{2}$ ③ 3
④ $\frac{10}{3}$ ⑤ 4

1등급 마스터 문제 [4점 + 2등급 대비 + 1등급 대비]

C159 ✲✲✲ 2024대비 9월 모평 14(고3)

두 자연수 a, b에 대하여 함수

$$f(x)=\begin{cases} 2^{x+a}+b & (x\le -8) \\ -3^{x-3}+8 & (x>-8) \end{cases}$$

이 다음 조건을 만족시킬 때, $a+b$의 값은? (4점)

> 집합 $\{f(x)\mid x\le k\}$의 원소 중 정수인 것의 개수가 2가 되도록 하는 모든 실수 k의 값의 범위는 $3\le k<4$이다.

① 11　② 13　③ 15　④ 17　⑤ 19

C160 ✲✲✲ 2025대비 수능 20(고3)

곡선 $y=\left(\frac{1}{5}\right)^{x-3}$과 직선 $y=x$가 만나는 점의 x좌표를 k라 하자. 실수 전체의 집합에서 정의된 함수 $f(x)$가 다음 조건을 만족시킨다.

> $x>k$인 모든 실수 x에 대하여
> $f(x)=\left(\frac{1}{5}\right)^{x-3}$이고 $f(f(x))=3x$이다.

$f\left(\frac{1}{k^3\times 5^{3k}}\right)$의 값을 구하시오. (4점)

C161 ✲✲✲ 2023실시 7월 학평 21(고3)

그림과 같이 곡선 $y=2^{x-m}+n$($m>0$, $n>0$)과 직선 $y=3x$가 서로 다른 두 점 A, B에서 만날 때, 점 B를 지나며 직선 $y=3x$에 수직인 직선이 y축과 만나는 점을 C라 하자. 직선 CA가 x축과 만나는 점을 D라 하면 점 D는 선분 CA를 5 : 3으로 외분하는 점이다. 삼각형 ABC의 넓이가 20일 때, $m+n$의 값을 구하시오. (단, 점 A의 x좌표는 점 B의 x좌표보다 작다.) (4점)

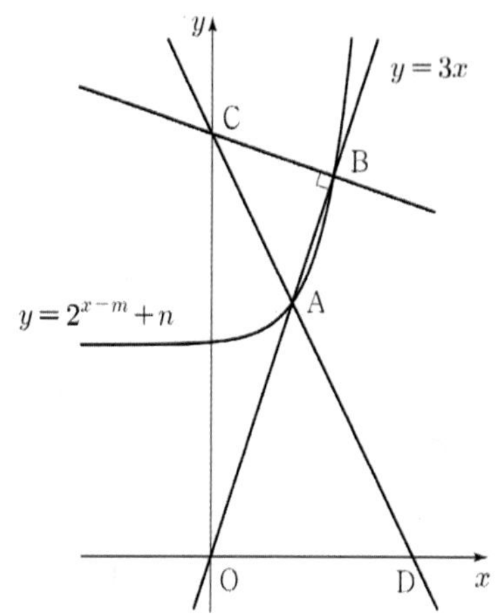

❖ 정답 및 해설 131~136p

C162 ✲✲✲ 2022실시 10월 학평 21(고3)

그림과 같이 $a>1$인 실수 a에 대하여 두 곡선 $y=a^{-2x}-1$, $y=a^{x}-1$이 있다. 곡선 $y=a^{-2x}-1$과 직선 $y=-\sqrt{3}x$가 서로 다른 두 점 O, A에서 만난다. 점 A를 지나고 직선 OA에 수직인 직선이 곡선 $y=a^{x}-1$과 제1사분면에서 만나는 점을 B라 하자. $\overline{\mathrm{OA}}:\overline{\mathrm{OB}}=\sqrt{3}:\sqrt{19}$일 때, 선분 AB의 길이를 구하시오. (단, O는 원점이다.) (4점)

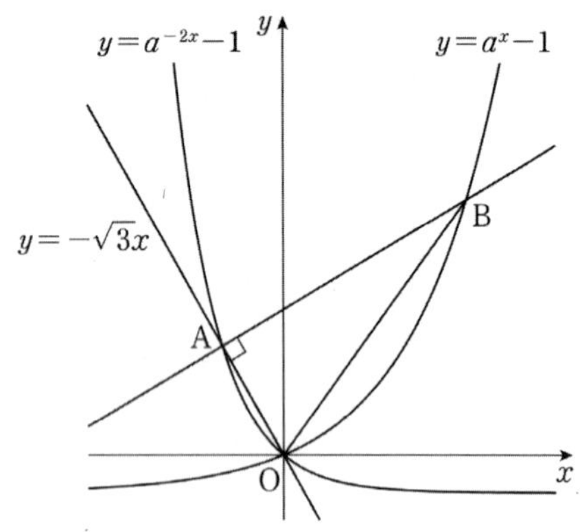

C163 ✲✲✲ 2024대비 수능 21(고3)

양수 a에 대하여 $x\geq-1$에서 정의된 함수 $f(x)$는

$$f(x)=\begin{cases}-x^{2}+6x & (-1\leq x<6)\\ a\log_{4}(x-5) & (x\geq6)\end{cases}$$

이다. $t\geq0$인 실수 t에 대하여 닫힌구간 $[t-1,\ t+1]$에서의 $f(x)$의 최댓값을 $g(t)$라 하자. 구간 $[0,\ \infty)$에서 함수 $g(t)$의 최솟값이 5가 되도록 하는 양수 a의 최솟값을 구하시오. (4점)

C164 ✲✲✲ 2023실시 3월 학평 21(고3)

그림과 같이 1보다 큰 두 실수 a, k에 대하여 직선 $y=k$가 두 곡선 $y=2\log_{a}x+k$, $y=a^{x-k}$가 만나는 점을 각각 A, B라 하고, 직선 $x=k$가 두 곡선 $y=2\log_{a}x+k$, $y=a^{x-k}$과 만나는 점을 각각 C, D라 하자. $\overline{\mathrm{AB}}\times\overline{\mathrm{CD}}=85$이고 삼각형 CAD의 넓이가 35일 때, $a+k$의 값을 구하시오. (4점)

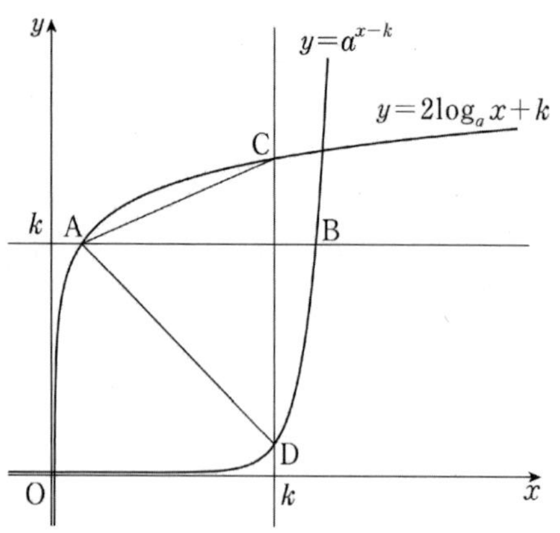

C165 ✲✲✲ 2020실시(가) 7월 학평 27(고3)

$k>1$인 실수 k에 대하여 두 곡선 $y=\log_{3k} x$, $y=\log_k x$가 만나는 점을 A라 하자. 양수 m에 대하여 직선 $y=m(x-1)$이 두 곡선 $y=\log_{3k} x$, $y=\log_k x$와 제1사분면에서 만나는 점을 각각 B, C라 하자. 점 C를 지나고 y축에 평행한 직선이 곡선 $y=\log_{3k} x$, x축과 만나는 점을 각각 D, E라 할 때, 세 삼각형 ADB, AED, BDC가 다음 조건을 만족시킨다.

> (가) 삼각형 BDC의 넓이는 삼각형 ADB의 넓이의 3배이다.
> (나) 삼각형 BDC의 넓이는 삼각형 AED의 넓이의 $\dfrac{3}{4}$배이다.

$\dfrac{k}{m}$의 값을 구하시오. (4점)

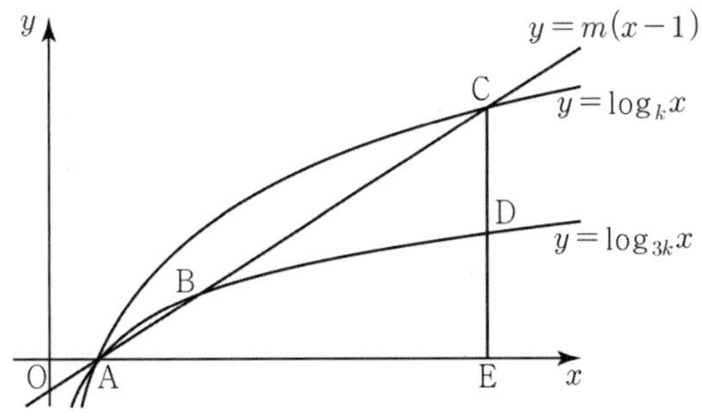

[1등급 대비+2등급 대비]

C166 ✪ 2등급 대비 2023대비 9월 모평 21(고3)

그림과 같이 곡선 $y=2^x$ 위에 두 점 $\mathrm{P}(a,\ 2^a)$, $\mathrm{Q}(b,\ 2^b)$이 있다. 직선 PQ의 기울기를 m이라 할 때, 점 P를 지나며 기울기가 $-m$인 직선이 x축, y축과 만나는 점을 각각 A, B라 하고, 점 Q를 지나며 기울기가 $-m$인 직선이 x축과 만나는 점을 C라 하자.

$$\overline{\mathrm{AB}}=4\overline{\mathrm{PB}},\ \overline{\mathrm{CQ}}=3\overline{\mathrm{AB}}$$

일 때, $90\times(a+b)$의 값을 구하시오. (단, $0<a<b$) (4점)

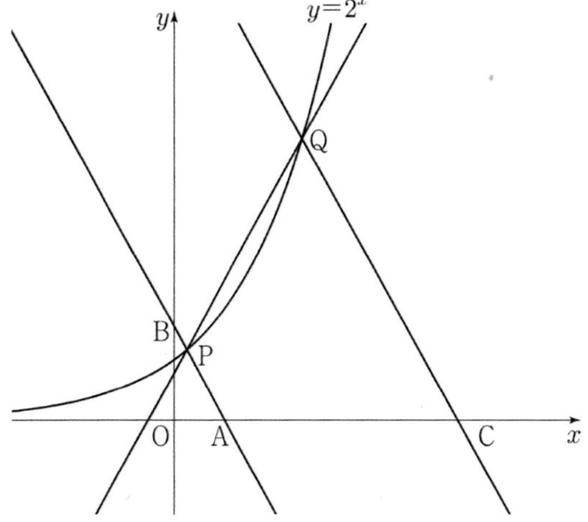

C167 ✪ 2등급 대비 2024실시 10월 학평 21(고3)

두 자연수 a, b에 대하여 함수 $f(x)$는

$$f(x)=\begin{cases} \dfrac{4}{x-3}+a & (x<2) \\ |5\log_2 x-b| & (x\geq 2) \end{cases}$$

이다. 실수 t에 대하여 x에 대한 방정식 $f(x)=t$의 서로 다른 실근의 개수를 $g(t)$라 하자. 함수 $g(t)$가 다음 조건을 만족시킬 때, $a+b$의 최솟값을 구하시오. (4점)

> (가) 함수 $g(t)$의 치역은 $\{0,\ 1,\ 2\}$이다.
> (나) $g(t)=2$인 자연수 t의 개수는 6이다.

❖ 정답 및 해설 136~142p

C168 ✪2등급 대비 .... 2021실시 4월 학평 15(고3)

그림과 같이 1보다 큰 실수 k에 대하여 두 곡선 $y=\log_2|kx|$와 $y=\log_2(x+4)$가 만나는 서로 다른 두 점을 A, B라 하고, 점 B를 지나는 곡선 $y=\log_2(-x+m)$이 곡선 $y=\log_2|kx|$와 만나는 점 중 B가 아닌 점을 C라 하자. 세 점 A, B, C의 x좌표를 각각 x_1, x_2, x_3이라 할 때, [보기]에서 옳은 것만을 있는 대로 고른 것은?

(단, $x_1<x_2$이고, m은 실수이다.) (4점)

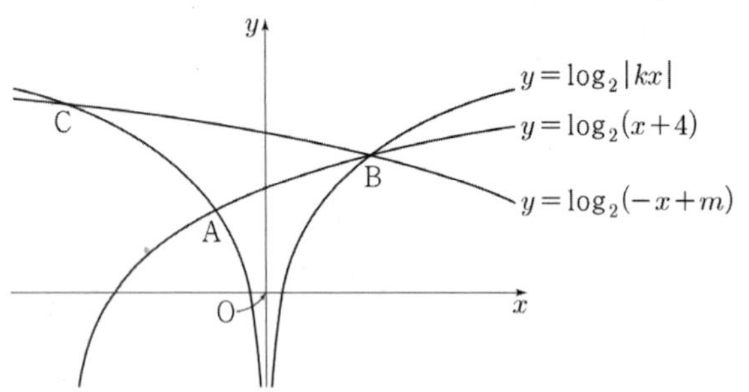

[보기]

ㄱ. $x_2=-2x_1$이면 $k=3$이다.

ㄴ. $x_2{}^2=x_1x_3$

ㄷ. 직선 AB의 기울기와 직선 AC의 기울기의 합이 0일 때, $m+k^2=19$이다.

① ㄱ ② ㄷ ③ ㄱ, ㄴ
④ ㄴ, ㄷ ⑤ ㄱ, ㄴ, ㄷ

C169 ✪1등급 대비 .... 2024대비 6월 모평 21(고3)

실수 t에 대하여 두 곡선 $y=t-\log_2 x$와 $y=2^{x-t}$이 만나는 점의 x좌표를 $f(t)$라 하자.
[보기]의 각 명제에 대하여 다음 규칙에 따라 A, B, C의 값을 정할 때, $A+B+C$의 값을 구하시오. (단, $A+B+C\neq0$)

(4점)

명제 ㄱ이 참이면 $A=100$, 거짓이면 $A=0$이다.
명제 ㄴ이 참이면 $B=10$, 거짓이면 $B=0$이다.
명제 ㄷ이 참이면 $C=1$, 거짓이면 $C=0$이다.

[보기]

ㄱ. $f(1)=1$이고 $f(2)=2$이다.

ㄴ. 실수 t의 값이 증가하면 $f(t)$의 값도 증가한다.

ㄷ. 모든 양의 실수 t에 대하여 $f(t)\geq t$이다.

경찰대, 삼사 중요 기출 문제 [어려운 3점 + 4점 + 5점]

C

C170 ✿✿❀ 2024대비 삼사 11(고3)

함수 $f(x)=-2^{|x-a|}+a$의 그래프가 x축과 두 점 A, B에서 만나고, $\overline{\text{AB}}=6$이다. 함수 $f(x)$가 $x=p$에서 최댓값 q를 가질 때, $p+q$의 값은? (단, a는 상수이다.) (4점)

① 14 ② 15 ③ 16
④ 17 ⑤ 18

C171 ✿✿❀ 2022대비 삼사 13(고3)

$a>1$인 실수 a에 대하여 좌표평면에 두 곡선

$$y=a^x,\ y=|a^{-x-1}-1|$$

이 있다. [보기]에서 옳은 것만을 있는 대로 고른 것은? (4점)

[보기]

ㄱ. 곡선 $y=|a^{-x-1}-1|$은 점 $(-1, 0)$을 지난다.
ㄴ. $a=4$이면 두 곡선의 교점의 개수는 2이다.
ㄷ. $a>4$이면 두 곡선의 모든 교점의 x좌표의 합은 -2보다 크다.

① ㄱ ② ㄱ, ㄴ ③ ㄱ, ㄷ
④ ㄴ, ㄷ ⑤ ㄱ, ㄴ, ㄷ

C172 ✿❀❀ 2025대비 삼사 10(고3)

$-\frac{1}{2}<t<0$인 실수 t에 대하여 직선 $x=t$가 두 곡선

$$y=\log_2(x+1),\ y=\log_{\frac{1}{2}}(-x)+1$$

과 만나는 점을 각각 A, B라 하고, 점 B를 지나고 x축에 평행한 직선이 곡선 $y=\log_2(x+1)$과 만나는 점을 C라 하자. $\overline{\text{AB}}=\log_2 9$일 때, 선분 BC의 길이는? (4점)

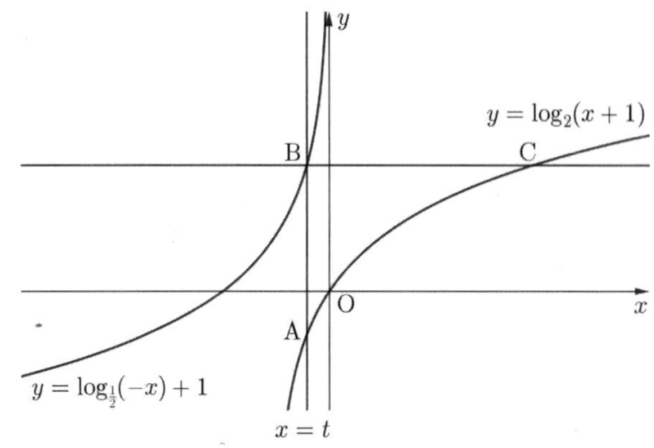

① 4 ② $\frac{13}{3}$ ③ $\frac{14}{3}$
④ 5 ⑤ $\frac{16}{3}$

C173 ✿✿❀ 2021대비(나) 삼사 21(고3)

두 곡선 $y=|2^x-4|$, $y=\log_2 x$가 만나는 두 점의 x좌표를 x_1, $x_2(x_1<x_2)$라 할 때, [보기]에서 옳은 것만을 있는 대로 고른 것은? (4점)

[보기]

ㄱ. $\log_2 3<x_1<x_2<\log_2 6$

ㄴ. $(x_2-x_1)(2^{x_2}-2^{x_1})<3$

ㄷ. $2^{x_1}+2^{x_2}>8+\log_2(\log_3 6)$

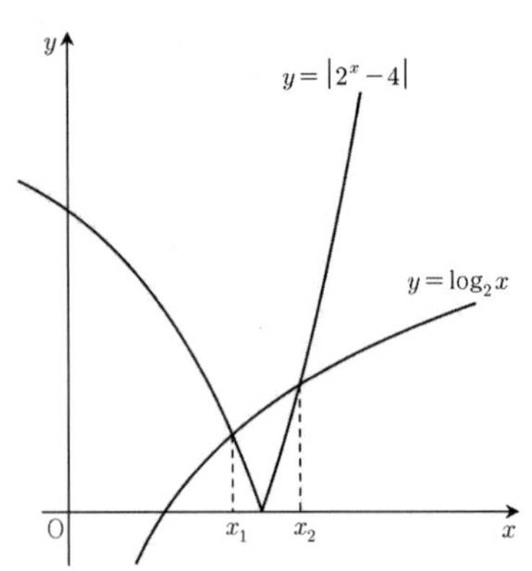

① ㄱ ② ㄱ, ㄴ ③ ㄱ, ㄷ
④ ㄴ, ㄷ ⑤ ㄱ, ㄴ, ㄷ

C174 ✿✿❀ 2020대비(가) 삼사 16(고3)

그림과 같이 1보다 큰 두 상수 a, b에 대하여 점 A(1, 0)을 지나고 y축에 평행한 직선이 곡선 $y=a^x$과 만나는 점을 B라 하고, 점 C(0, 1)에 대하여 점 B를 지나고 직선 AC와 평행한 직선이 곡선 $y=\log_b x$와 만나는 점을 D라 하자. $\overline{AC}\perp\overline{AD}$이고, 사각형 ADBC의 넓이가 6일 때, $a\times b$의 값은? (4점)

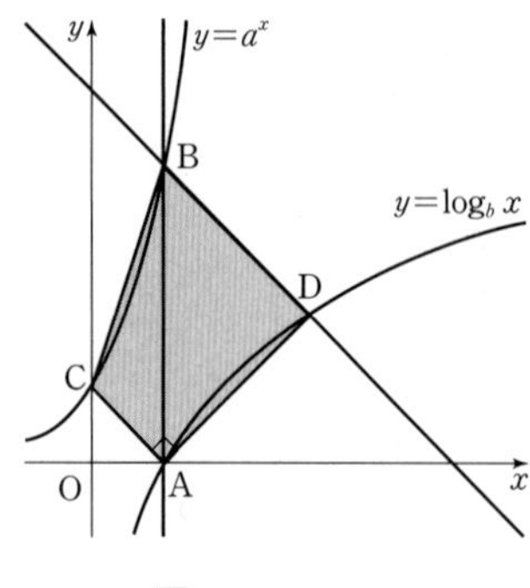

① $4\sqrt{2}$ ② $4\sqrt{3}$ ③ 8
④ $4\sqrt{5}$ ⑤ $4\sqrt{6}$

❖ 정답 및 해설 146~147p

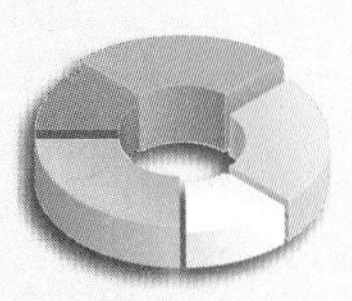

D 지수함수와 로그함수의 활용

★ 유형 차례

★ 최신 3개년 수능+모평 출제 경향

학년도		출제 유형	난이도
2025	수능	유형 09 로그방정식의 해 – 밑을 같게 만드는 경우	❀❀❀
	9월	유형 09 로그방정식의 해 – 밑을 같게 만드는 경우	❀❀❀
		유형 12 로그방정식의 활용	❀❀❀
	6월	유형 09 로그방정식의 해 – 밑을 같게 만드는 경우	❀❀❀
		유형 18 로그부등식의 활용	✿✿❀
2024	수능	유형 01 지수방정식의 해 – 밑을 같게 만드는 경우	❀❀❀
	9월	유형 09 로그방정식의 해 – 밑을 같게 만드는 경우	❀❀❀
	6월	유형 06 지수부등식의 해 – 밑을 같게 만드는 경우	❀❀❀
2023	수능	유형 09 로그방정식의 해 – 밑을 같게 만드는 경우	❀❀❀
		유형 12 로그방정식의 활용	✿✿✿
	9월	유형 09 로그방정식의 해 – 밑을 같게 만드는 경우	❀❀❀
	6월	유형 09 로그방정식의 해 – 밑을 같게 만드는 경우	❀❀❀

★ 2025 수능 출제 경향 분석

- **로그방정식의 해** : 로그의 진수에 미지수가 포함된 방정식으로 로그의 성질을 이용하여 양변의 밑을 통일하고 진수끼리 비교하여 해를 구하는 문제가 출제되었다. 이때, 로그의 진수 조건에 주의하여 해를 구해야 함에 주의한다. [D65 문항]

★ 2026 수능 예측

1. 밑이 같거나 밑을 같게 만들 수 있는 지수 또는 로그가 포함된 간단한 방정식과 부등식의 해를 구하는 문제가 출제 예상되므로 지수법칙과 여러 가지 로그의 성질을 적용하여 방정식과 부등식의 해를 구하는 연습을 하자.
2. 지수함수의 그래프와 그 역함수인 로그함수의 그래프의 교점을 구하는 문제가 출제될 수 있는데, 지수함수와 로그함수를 직접 연립하여 해를 구하는 것보다는 지수함수 또는 로그함수의 그래프와 직선 $y=x$의 교점을 구하는 것이 더 낫다.

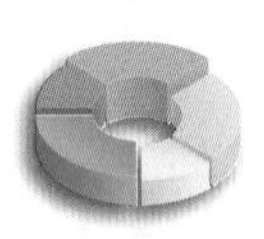

지수함수와 로그함수의 활용

개념 강의

중요도 ★★★

1 지수방정식과 지수부등식 – 유형 01~08

(1) **지수방정식의 풀이**

① **밑을 같게 할 수 있는 경우❶**

(i) $a^{f(x)}=a^{g(x)}$ $(a>0, a\neq1)$ 꼴로 변형한다.

(ii) 방정식 $f(x)=g(x)$를 푼다.

② **a^x 꼴이 반복되는 경우❷**

(i) $a^x=t$ $(t>0)$로 치환한다.

(ii) t에 대한 방정식을 푼 다음 x의 값을 구한다.

(2) **지수부등식의 풀이❸**

① **밑을 같게 할 수 있는 경우**

(i) $a>1$일 때, $a^{f(x)}<a^{g(x)} \Longleftrightarrow f(x)<g(x)$

(ii) $0<a<1$일 때, $a^{f(x)}<a^{g(x)} \Longleftrightarrow f(x)>g(x)$

② **a^x 꼴이 반복되는 경우**

(i) $a^x=t$ $(t>0)$로 치환한다.

(ii) t에 대한 부등식을 푼 다음 x의 값의 범위를 구한다.

+개념 보충

❶ 지수를 포함한 방정식에서 밑에 미지수가 있는 경우는 밑이 1인 경우도 생각해줘야 한다. 즉, $x^{f(x)}=x^{g(x)}$ $\Longleftrightarrow x=1$ 또는 $f(x)=g(x)$

❷ 지수가 같은 지수방정식의 경우 밑이 같거나 지수가 0인 경우이다.

❸ 밑이 1보다 큰지 작은지에 따라 부등호의 방향이 달라짐에 유의하자.

2 로그방정식과 로그부등식 – 유형 09~19

(1) **로그방정식의 풀이❹**

① **밑을 같게 할 수 있는 경우**

(i) $\log_a f(x)=\log_a g(x)$ $(a>0, a\neq1)$ 꼴로 변형한다.

(ii) 방정식 $f(x)=g(x)$를 푼다. (단, $f(x)>0, g(x)>0$)

② **$\log_a x$ 꼴이 반복되는 경우**

(i) $\log_a x=t$로 치환한다.

(ii) t에 대한 방정식을 푼 다음 x의 값을 구한다.

(단, $x>0$)

③ **지수에 로그가 있는 경우**

양변에 로그를 취하여 푼다.

2025 수능 16번
2025 9월 모평 16번
2025 6월 모평 16번

★ 로그의 성질을 이용하여 밑을 통일하고 밑이 같은 두 로그는 진수가 같음을 이용하여 로그를 포함한 방정식의 해를 구하는 쉬운 문제가 수능, 9월, 6월에 각각 한 문항씩 출제되었다.

(2) **로그부등식의 풀이❺**

① **밑을 같게 할 수 있는 경우**

(i) $a>1$일 때, $\log_a f(x)<\log_a g(x) \Longleftrightarrow 0<f(x)<g(x)$

(ii) $0<a<1$일 때, $\log_a f(x)<\log_a g(x) \Longleftrightarrow f(x)>g(x)>0$

② **$\log_a x$ 꼴이 반복되는 경우**

(i) $\log_a x=t$로 치환한다.

(ii) t에 대한 부등식을 푼 다음 x의 값의 범위를 구한다. (단, $x>0$)

③ **지수에 로그가 있는 경우**

양변에 로그를 취하여 푼다.

이때, $0<(\text{밑})<1$이면 부등호의 방향이 바뀐다.

(3) **지수, 로그를 포함한 방정식과 부등식의 활용❻**

① 방정식과 부등식을 이용하여 지수함수와 로그함수의 그래프의 교점의 좌표를 찾거나 교점의 개수를 구한다.

② 지수나 로그를 포함한 실생활에 관련된 관계식이 나오면 주어진 조건을 관계식에 대입하여 방정식 또는 부등식을 푼다.

2025 9월 모평 8번
2025 6월 모평 14번

★ 9월에는 두 로그의 합과 곱을 방정식으로 나타내어 로그의 성질을 이용하여 밑을 통일하고 해를 구하는 중하 난이도의 문제가 출제되었다. 6월에는 로그의 값이 양수가 되도록 하는 n의 값의 범위를 찾아 조건을 만족시키는 자연수 k의 값을 구하는 중상 난이도의 문제가 출제되었다.

+개념 보충

❹ 로그를 포함한 방정식에서 $\log_a f(x)=b$ 꼴인 경우는 지수와 로그 사이의 관계를 이용하여 푼다. 즉, $\log_a f(x)=b \Longleftrightarrow f(x)=a^b$ (단, $f(x)>0$)

한걸음 더!

❺ **로그부등식의 풀이에서 주의할 점**

① 로그의 밑 a에 대하여 $a>1$일 때에는 부등호의 방향은 그대로, $0<a<1$일 때에는 부등호의 방향은 반대가 된다.

② 로그부등식을 푼 후 진수의 조건과 밑의 조건을 동시에 만족시키는 범위에서 해를 구해야 한다.

③ 양변에 로그를 취할 때, 밑이 1보다 큰 로그를 취하면 부등호 방향은 그대로, 밑이 0보다 크고 1보다 작은 로그를 취하면 부등호 방향은 반대가 된다.

❻ **지수함수와 로그함수의 역함수 관계 이용하기**

지수함수 또는 로그함수의 그래프가 주어지고 그에 따른 도형의 길이, 넓이 또는 교점의 개수 등을 구하는 문제에서는 기본적으로 지수, 로그를 포함한 방정식과 부등식의 정확한 풀이가 뒷받침되어야 한다.

1 지수방정식과 지수부등식

D01 기본 2016실시(가) 3월 학평 22(고3)

방정식 $2^{\frac{1}{8}x-1}=16$의 해를 구하시오. (3점)

D02 기본 2008대비(나) 6월 모평 9(고3)

두 함수 $y=2^x$, $y=-\left(\frac{1}{2}\right)^x+k$의 그래프가 서로 다른 두 점 A, B에서 만난다. 선분 AB의 중점의 좌표가 $\left(0, \frac{5}{4}\right)$일 때, 상수 k의 값은? (3점)

① $\frac{1}{2}$　② 1　③ $\frac{3}{2}$
④ 2　⑤ $\frac{5}{2}$

D03 기본 2000대비(인) 수능 7(고3)

시간 t에 따라 감소하는 함수 $f(t)$에 대하여

$$f(t+c)=\frac{1}{2}f(t)$$

를 만족하는 양의 실수 c를 $f(t)$의 반감기라 한다.
함수 $f(t)=3^{-t}$의 반감기는? (3점)

① $\frac{1}{3}\log_3 2$　② $\frac{1}{2}\log_3 2$　③ $\log_3 2$
④ $2\log_3 2$　⑤ $3\log_3 2$

D04 기본 2012실시(나) 4월 학평 5(고3)

지수부등식 $4^{-x^2}>\left(\frac{1}{2}\right)^{4x}$의 해가 $\alpha<x<\beta$일 때, $\alpha+\beta$의 값은? (3점)

① 2　② 4　③ 6
④ 8　⑤ 10

2 로그방정식과 로그부등식

D05 기본 2014대비(A) 9월 모평 25(고3)

방정식 $(\log_3 x)^2-6\log_3\sqrt{x}+2=0$의 서로 다른 두 실근을 α, β라 할 때, $\alpha\beta$의 값을 구하시오. (3점)

D06 기본 2014대비(A) 6월 모평 27(고3)

방정식 $x^{\log_2 x}=8x^2$의 두 실근을 α, β라 할 때, $\alpha\beta$의 값을 구하시오. (4점)

D07 기본 2009대비(나) 9월 모평 19(고3)

지진의 규모 R와 지진이 일어났을 때 방출되는 에너지 E 사이에는 다음과 같은 관계가 있다고 한다.

$$R=0.67\log(0.37E)+1.46$$

지진의 규모가 6.15일 때 방출되는 에너지를 E_1, 지진의 규모가 5.48일 때 방출되는 에너지를 E_2라 할 때, $\frac{E_1}{E_2}$의 값을 구하시오. (3점)

D08 기본 2016실시(가) 11월 학평 7(고2)

부등식 $\log_3(2x+1)\ge1+\log_3(x-2)$를 만족시키는 모든 자연수 x의 값의 합은? (3점)

① 10　② 15　③ 20
④ 25　⑤ 30

❖ 정답 및 해설 148~149p

수능 유형별 기출 문제 [2점, 3점, 쉬운 4점]

Pass 쉬운 유형, 반복 계산 문제로 패스 하셔도 좋습니다.

1 지수방정식과 지수부등식

유형 01 지수방정식의 해 – 밑을 같게 만드는 경우

밑을 같게 할 수 있는 지수방정식은 다음과 같이 푼다.

(i) $a^{f(x)}=a^{g(x)}$ $(a>0,\ a\neq1)$ 꼴로 변형한다.

(ii) 방정식 $f(x)=g(x)$를 푼다.

tip

지수함수 $y=a^x$ $(a>0,\ a\neq1)$은 실수 전체의 집합에서 양의 실수 전체의 집합으로의 일대일대응이므로 양수 k에 대하여 방정식 $a^x=k$는 단 하나의 해를 갖는다. 즉, 밑을 같게 할 수 있는 지수방정식은 다음을 이용하여 푼다.

$$a^{f(x)}=a^{g(x)} \Longleftrightarrow f(x)=g(x)$$

D09 ❀❀❀ 2024실시 10월 학평 16(고3)

방정식 $\left(\frac{1}{3}\right)^x=27^{x-8}$을 만족시키는 실수 x의 값을 구하시오. (3점)

D10 ❀❀❀ 2024실시 3월 학평 16(고3)

방정식 $4^x=\left(\frac{1}{2}\right)^{x-9}$을 만족시키는 실수 x의 값을 구하시오. (3점)

D11 ❀❀❀ 2020실시(나) 3월 학평 2(고3)

방정식 $\left(\frac{1}{4}\right)^{-x}=64$를 만족시키는 실수 x의 값은? (2점)

① -3 ② $-\frac{1}{3}$ ③ $\frac{1}{3}$ ④ 3 ⑤ 9

D12 ❀❀❀ 2017실시(가) 7월 학평 22(고3)

방정식 $\left(\frac{1}{5}\right)^{5-x}=25$를 만족시키는 실수 x의 값을 구하시오. (3점)

D13 ❀❀❀ 2024대비 수능 16(고3)

방정식 $3^{x-8}=\left(\frac{1}{27}\right)^x$을 만족시키는 실수 x의 값을 구하시오. (3점)

D14 ❀❀❀ 2013실시(B) 3월 학평 5(고3)

4의 세제곱근 중 실수인 것을 a라 할 때, 지수방정식 $\left(\frac{1}{2}\right)^{x+1}=a$의 해는? (3점)

① $-\frac{5}{3}$ ② $-\frac{4}{3}$ ③ -1 ④ $-\frac{2}{3}$ ⑤ $-\frac{1}{3}$

D15 ❀❀❀ 2001실시(가) 10월 학평 6(고3)

두 함수 $f(x)=x+1$, $g(x)=x^2-2x+1$이 $(g\circ f)(2^x)=\frac{1}{4}$을 만족시킬 때, x의 값은? (2점)

① -2 ② -1 ③ 0 ④ 1 ⑤ 2

유형 02 지수방정식의 해 – a^x 꼴이 반복되는 경우

a^x 꼴이 반복되는 지수방정식은 다음과 같이 푼다.

(i) $a^x=t\ (t>0)$로 치환한다.

(ii) $t>0$임에 주의하여 t에 대한 방정식을 푼다.

(iii) x의 값을 구한다.

tip

1 실수 전체의 집합에서 $a^x>0$이므로 $a^x=t$라 하면 $t>0$이다.

2 실수 전체의 집합에서 $a^x>0$, $a^{-x}>0$이므로 산술평균과 기하평균의 관계에 의하여 $a^x+a^{-x}\geq 2\sqrt{a^x\times a^{-x}}=2$

즉, $a^x+a^{-x}=t$라 하면 $t\geq 2$이다.

D16 ❀❀❀ 2019실시(가) 10월 학평 6(고3)

x에 대한 방정식

$4^x-k\times 2^{x+1}+16=0$

이 오직 하나의 실근 α를 가질 때, $k+\alpha$의 값은?

(단, k는 상수이다.) (3점)

① 3　② 4　③ 5　④ 6　⑤ 7

D17 ❀❀❀ 2019실시(가) 9월 학평 24(고2)

방정식 $3^x-3^{4-x}=24$를 만족시키는 실수 x의 값을 구하시오. (3점)

D18 ❀❀❀ 2015실시(A) 4월 학평 24(고3)

지수방정식 $4^x+2^{x+3}-128=0$을 만족시키는 실수 x의 값을 구하시오. (3점)

D19 ❀❀❀ 2014실시(B) 11월 학평 5(고2)

지수방정식 $2^{2x+1}-9\times 2^x+4=0$의 모든 실근의 합은? (3점)

① -2　② -1　③ 0　④ 1　⑤ 2

D20 ❀❀❀ 2014실시(A) 4월 학평 8(고3)

지수방정식 $9^x-11\times 3^x+28=0$의 두 실근을 α, β라 할 때, $9^\alpha+9^\beta$의 값은? (3점)

① 59　② 61　③ 63　④ 65　⑤ 67

D21 ❀❀❀ 2012대비(나) 9월 모평 5(고3)

방정식 $2^x+2^{5-x}=33$의 모든 실근의 합은? (3점)

① 4　② 5　③ 6　④ 7　⑤ 8

D22 ❀❀❀ 2011실시(나) 4월 학평 15(고3)

지수방정식 $2^x-6+2^{3-x}=0$의 두 근을 α, β라 할 때, $\alpha+2\beta$의 값은? (단, $\alpha<\beta$) (3점)

① 5　② 7　③ 9　④ 11　⑤ 13

❖ 정답 및 해설 150~152p

D23 ❀❀❀ Pass 2010대비(나) 수능 4(고3)

지수방정식 $2^x+2^{2-x}=5$의 모든 실근의 합은? (3점)

① -2 ② -1 ③ 0
④ 1 ⑤ 2

D24 ❀❀❀ Pass 2010대비(나) 9월 모평 19(고3)

지수방정식 $6-2^x=2^{3-x}$의 모든 실근의 합을 구하시오. (3점)

D25 ❀❀❀ Pass 2010대비(나) 6월 모평 18(고3)

지수방정식 $9^x-3^{x+2}+8=0$의 두 근을 α, β라 할 때, $3^{2\alpha}+3^{2\beta}$의 값을 구하시오. (3점)

D26 ❀❀❀ Pass 2006대비(나) 수능 21(고3)

방정식 $4^x-7\times 2^x+12=0$의 두 근을 α, β라 할 때, $2^{2\alpha}+2^{2\beta}$의 값을 구하시오. (3점)

D27 ✿❀❀ 2016실시(가) 10월 학평 16(고3)

함수 $f(x)=\dfrac{3^x}{3^x+3}$에 대하여 점 (p, q)가 곡선 $y=f(x)$ 위의 점이면 실수 p의 값에 관계없이 점 $(2a-p, a-q)$도 항상 곡선 $y=f(x)$위의 점이다. 다음은 상수 a의 값을 구하는 과정이다.

> 점 $(2a-p, a-q)$가 곡선 $y=f(x)$ 위의 점이므로
>
> $\dfrac{3^{2a-p}}{3^{2a-p}+3}=a-$ (가) $\cdots$ ㉠
>
> 이다. ㉠은 실수 p의 값에 관계없이 항상 성립하므로
>
> $p=0$일 때, $\dfrac{3^{2a}}{3^{2a}+3}=a-\dfrac{1}{4}$ $\cdots$ ㉡
>
> 이고,
>
> $p=1$일 때, $\dfrac{3^{2a}}{3^{2a}+\text{(나)}}=a-\dfrac{1}{2}$ $\cdots$ ㉢
>
> 이다. ㉡, ㉢에서
>
> $(3^{2a}+3)(3^{2a}+\text{(나)})=24\times 3^{2a}$
>
> 이므로
>
> $a=\dfrac{1}{2}$ 또는 $a=$ (다)
>
> 이다. 이때, ㉢에서 좌변이 양수이므로 $a>\dfrac{1}{2}$이다.
>
> 따라서 $a=$ (다) 이다.

위의 (가)에 알맞은 식을 $g(p)$라 하고 (나)와 (다)에 알맞은 수를 각각 m, n이라 할 때, $(m-n)\times g(2)$의 값은? (4점)

① 4 ② $\dfrac{9}{2}$ ③ 5
④ $\dfrac{11}{2}$ ⑤ 6

D28 ✿❀❀ 2012실시(나) 3월 학평 7(고3)

지수방정식 $5^{2x}-5^{x+1}+k=0$이 서로 다른 두 개의 양의 실근을 갖도록 하는 정수 k의 개수는? (3점)

① 1 ② 2 ③ 3
④ 4 ⑤ 5

D29 ✿❀❀ 2008실시(나) 7월 학평 19(고3)

방정식 $16^x - 4^{x+3} + 100 = 0$의 두 근을 α, β라 할 때, $2^{\alpha+\beta}$의 값을 구하시오. (3점)

유형 03 여러 가지 지수방정식의 풀이

(1) 방정식 $x^{f(x)} = x^{g(x)}$ $(x>0)$의 해는
$f(x)=g(x)$ 또는 $x=1$임을 이용하여 구한다.

(2) 방정식 $\{f(x)\}^x = \{g(x)\}^x$ $(f(x)>0,\ g(x)>0)$의 해는
$f(x)=g(x)$ 또는 $x=0$임을 이용하여 구한다.

tip

1 $1^2=1^3=1^4=\cdots=1$이므로 (1)에서 지수가 서로 달라도 밑이 1이면 등식이 성립한다.
따라서 방정식 $x^{f(x)} = x^{g(x)}$ $(x>0)$의 해는
$f(x)=g(x)$ 또는 $x=1$임을 이용하여 구한다.

2 $2^0=3^0=4^0=\cdots=1$이므로 (2)에서 밑이 서로 달라도 지수가 0이면 등식이 성립한다.
따라서 방정식 $\{f(x)\}^x = \{g(x)\}^x$ $(f(x)>0,\ g(x)>0)$의 해는
$f(x)=g(x)$ 또는 $x=0$임을 이용하여 구한다.

D30 ✿❀❀ 2013대비(나) 6월 모평 29(고3)

방정식 $4^x + 4^{-x} + a(2^x - 2^{-x}) + 7 = 0$이 실근을 갖기 위한 양수 a의 최솟값을 m이라 할 때, m^2의 값을 구하시오. (4점)

D31 ✿❀❀ 2009실시(나) 7월 학평 22(고3)

x, y에 대한 연립방정식 $\begin{cases} 2^x - 3^{y-1} = 5 \\ 2^{x+1} - 3^y = -17 \end{cases}$ 을 만족하는 해를 $x=a$, $y=b$라 하자. a, b의 곱 ab의 값을 구하시오. (3점)

D32 ✿❀❀ 2009대비(나) 6월 모평 20(고3)

함수 $f(x)=2^{-x}$에 대하여

$$f(2a)f(b)=4,\ f(a-b)=2$$

일 때, $2^{3a}+2^{3b}$의 값은 $\frac{q}{p}$이다. $p+q$의 값을 구하시오.
(단, p, q는 서로소인 자연수이다.) (3점)

유형 04 지수방정식의 활용

(1) 방정식 $f(x)=0$의 해는 함수 $y=f(x)$의 그래프와 x축의 교점의 x좌표이다.

(2) 방정식 $f(x)=g(x)$의 해는 두 함수 $y=f(x)$, $y=g(x)$의 그래프의 교점의 x좌표이다.

tip

지수방정식과 일차방정식 또는 두 지수방정식의 연립방정식의 경우 주어진 두 방정식 중 정리하기 쉬운 것부터 정리하여 해를 구한다.

D33 ❀❀❀ 2021실시 10월 학평 6(고3)

곡선 $y=6^{-x}$ 위의 두 점 $\mathrm{A}(a,\ 6^{-a})$, $\mathrm{B}(a+1,\ 6^{-a-1})$에 대하여 선분 AB는 한 변의 길이가 1인 정사각형의 대각선이다. 6^{-a}의 값은? (3점)

① $\frac{6}{5}$ ② $\frac{7}{5}$ ③ $\frac{8}{5}$
④ $\frac{9}{5}$ ⑤ 2

D34 ❀❀❀ 2018실시(가) 3월 학평 9(고3)

그림과 같이 두 함수 $f(x)=2^x+1$, $g(x)=-2^{x-1}+7$의 그래프가 y축과 만나는 점을 각각 A, B라 하고, 곡선 $y=f(x)$와 곡선 $y=g(x)$가 만나는 점을 C라 할 때, 삼각형 ACB의 넓이는? (3점)

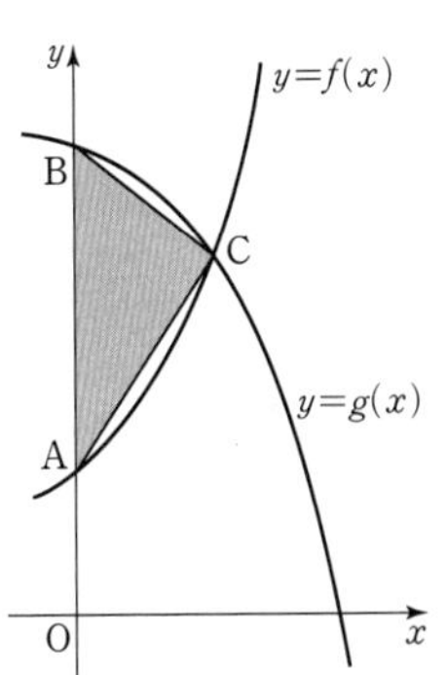

① $\frac{5}{2}$ ② 3 ③ $\frac{7}{2}$
④ 4 ⑤ $\frac{9}{2}$

D35 ❀❀❀ 2015실시(A) 4월 학평 27(고3)

자연수 n에 대하여 그림과 같이 세 곡선 $y=\log_2 x+1$, $y=\log_2 x$, $y=\log_2(x-4^n)$이 직선 $y=n$과 만나는 세 점을 각각 A_n, B_n, C_n이라 하자. 두 삼각형 A_nOB_n, B_nOC_n의 넓이를 각각 S_n, T_n이라 할 때, $\frac{T_n}{S_n}=64$를 만족시키는 n의 값을 구하시오. (단, O는 원점이다.) (4점)

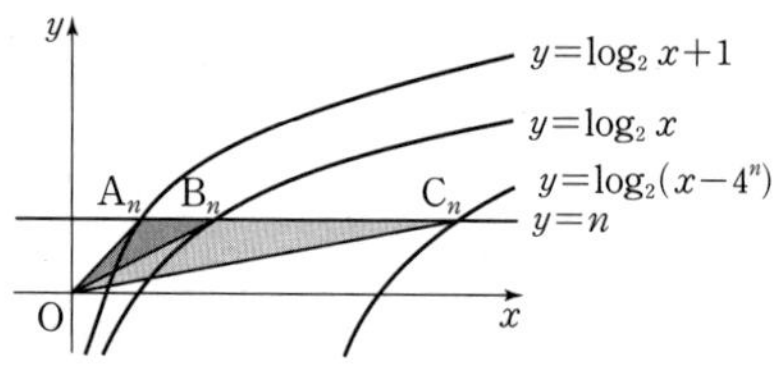

D36 ❀❀❀ 2010대비(나) 9월 모평 26(고3)

양의 실수 전체의 집합에서 연산 $*$을 $a*b=a^b b^{-\frac{a}{2}}$으로 정의하자. $(2*4)*x=8x^{-2}$일 때, x의 값은? (3점)

① $\frac{1}{2}$ ② $\frac{3}{4}$ ③ 1 ④ $\frac{5}{4}$ ⑤ $\frac{3}{2}$

D37 ❀❀❀ 2022대비 수능 9(고3)

직선 $y=2x+k$가 두 함수

$$y=\left(\frac{2}{3}\right)^{x+3}+1,\ y=\left(\frac{2}{3}\right)^{x+1}+\frac{8}{3}$$

의 그래프와 만나는 점을 각각 P, Q라 하자. $\overline{PQ}=\sqrt{5}$일 때, 상수 k의 값은? (4점)

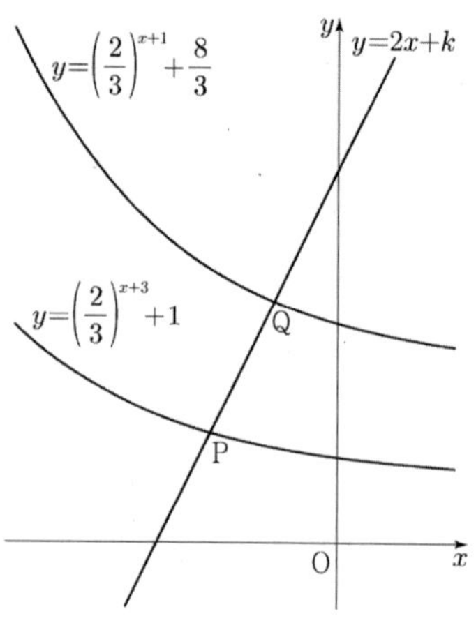

① $\frac{31}{6}$ ② $\frac{16}{3}$ ③ $\frac{11}{2}$ ④ $\frac{17}{3}$ ⑤ $\frac{35}{6}$

D38 ❀❀❀ 2020실시(나) 10월 학평 13(고3)

실수 t에 대하여 직선 $x=t$가 곡선 $y=3^{2-x}+8$과 만나는 점을 A, x축과 만나는 점을 B라 하자. 직선 $x=t+1$이 x축과 만나는 점을 C, 곡선 $y=3^{x-1}$과 만나는 점을 D라 하자. 사각형 ABCD가 직사각형일 때, 이 사각형의 넓이는? (3점)

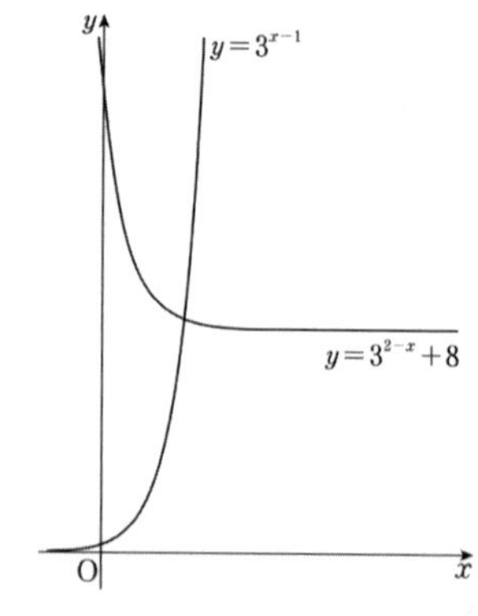

① 9 ② 10 ③ 11 ④ 12 ⑤ 13

D39 ✿❀❀ 2021대비(나) 9월 모평 15(고3)

곡선 $y=2^{ax+b}$과 직선 $y=x$가 서로 다른 두 점 A, B에서 만날 때, 두 점 A, B에서 x축에 내린 수선의 발을 각각 C, D라 하자. $\overline{AB}=6\sqrt{2}$이고 사각형 ACDB의 넓이가 30일 때, $a+b$의 값은? (단, a, b는 상수이다.) (4점)

① $\frac{1}{6}$　② $\frac{1}{3}$　③ $\frac{1}{2}$
④ $\frac{2}{3}$　⑤ $\frac{5}{6}$

D40 ✿❀❀ 2020실시(가) 7월 학평 13(고3)

두 함수 $f(x)=2^x+1$, $g(x)=2^{x+1}$의 그래프가 점 P에서 만난다. 서로 다른 두 실수 a, b에 대하여 두 점 $A(a, f(a))$, $B(b, g(b))$의 중점이 P일 때, 선분 AB의 길이는? (3점)

① $2\sqrt{2}$　② $2\sqrt{3}$　③ 4
④ $2\sqrt{5}$　⑤ $2\sqrt{6}$

D41 ✿❀❀ 2013실시(A) 9월 학평 28(고2)

두 함수 $f(x)=2^x$과 $g(x)=10-2^{4-x}$의 그래프의 교점을 각각 A, B라 하고 A와 B에서 x축에 내린 수선의 발을 각각 C, D라 할 때, 사다리꼴 ACDB의 넓이를 구하시오. (4점)

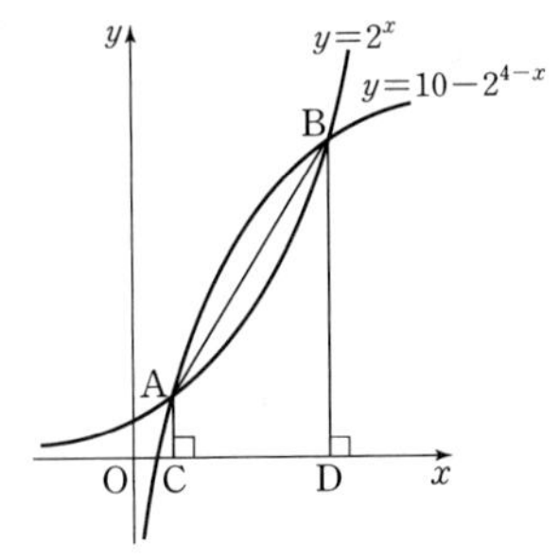

D42 ✿❀❀ 2009대비(나) 9월 모평 25(고3)

연립방정식

$$\begin{cases} 3\cdot 2^x-2\cdot 3^y=6 \\ 2^{x-2}-3^{y-1}=-1 \end{cases}$$

의 해를 $x=\alpha$, $y=\beta$라 할 때, $\alpha^2+\beta^2$의 값을 구하시오. (3점)

유형 05 지수방정식의 실생활 응용

(1) 방정식 $f(x)=0$의 해는 함수 $y=f(x)$의 그래프와 x축의 교점의 x좌표이다.
(2) 방정식 $f(x)=g(x)$의 해는 두 함수 $y=f(x)$, $y=g(x)$의 그래프의 교점의 x좌표이다.

tip
지수방정식의 실생활 응용 문제는 다양한 분야에서 쓰이는 지수를 포함한 관계식이 주어지는 경우가 많다. 주어진 관계식에서 문자가 의미하는 것을 정확히 파악한 후 관계식에 조건을 정확히 대입해야 한다.

D43 ❀❀❀ 2018실시(가) 3월 학평 8(고3)

최대 충전 용량이 $Q_0(Q_0>0)$인 어떤 배터리를 완전히 방전시킨 후 t시간 동안 충전한 배터리의 충전 용량을 $Q(t)$라 할 때, 다음 식이 성립한다고 한다.

$$Q(t)=Q_0\left(1-2^{-\frac{t}{a}}\right)$$ (단, a는 양의 상수이다.)

$\frac{Q(4)}{Q(2)}=\frac{3}{2}$일 때, a의 값은?
(단, 배터리의 충전 용량의 단위는 mAh이다.) (3점)

① $\frac{3}{2}$　② 2　③ $\frac{5}{2}$
④ 3　⑤ $\frac{7}{2}$

❖ 정답 및 해설 156~159p

D44 ❀❀❀ 2016실시(가) 11월 학평 12(고2)

지진의 세기를 나타내는 수정머칼리진도가 x이고 km당 매설관 파괴 발생률을 n이라 하면 다음과 같은 관계식이 성립한다고 한다.

$n=C_dC_g10^{\frac{4}{5}(x-9)}$

(단, C_d는 매설관의 지름에 따른 상수이고, C_g는 지반 조건에 따른 상수이다.)

C_g가 2인 어느 지역에 C_d가 $\frac{1}{4}$인 매설관이 묻혀 있다. 이 지역에 수정머칼리진도가 a인 지진이 일어났을 때, km당 매설관 파괴 발생률이 $\frac{1}{200}$이었다. a의 값은? (3점)

① 5 ② $\frac{11}{2}$ ③ 6
④ $\frac{13}{2}$ ⑤ 7

D45 ❀❀❀ 2007대비(나) 수능 11(고3)

주위가 순간적으로 어두워지더라도 사람의 눈은 그 변화를 서서히 지각하게 된다. 빛의 세기가 1000에서 10으로 순간적으로 바뀐 후 t초가 경과했을 때, 사람이 지각하는 빛의 세기 $I(t)$는

$I(t)=10+990\times a^{-5t}$ (단, a는 $a>1$인 상수)

이라 한다. 빛의 세기가 1000에서 10으로 순간적으로 바뀐 후, 사람이 빛의 세기를 21로 지각하는 순간까지 s초가 경과했다고 할 때, s의 값은? (단, 빛의 세기의 단위는 Td(트롤랜드)이다.) (3점)

① $\frac{1+2\log 3}{5\log a}$ ② $\frac{1+3\log 3}{5\log a}$ ③ $\frac{2+\log 3}{5\log a}$
④ $\frac{2+2\log 3}{5\log a}$ ⑤ $\frac{2+3\log 3}{5\log a}$

유형 06 지수부등식의 해 – 밑을 같게 만드는 경우

밑을 같게 할 수 있는 지수부등식은 다음과 같이 푼다.

(i) $a^{f(x)}<a^{g(x)}$ $(a>0, a\neq 1)$ 꼴로 변형한다.

(ii) 밑의 크기에 따라 해를 구한다.

① $a>1$일 때, $a^{f(x)}<a^{g(x)} \Longleftrightarrow f(x)<g(x)$

② $0<a<1$일 때, $a^{f(x)}<a^{g(x)} \Longleftrightarrow f(x)>g(x)$

tip

지수함수 $y=a^x$ $(a>0, a\neq 1)$에서 $a>1$이면 x의 값이 증가하면 y의 값도 증가하고, $0<a<1$이면 x의 값이 증가하면 y의 값은 감소한다. 따라서 밑을 같게 한 후 지수를 비교할 때는 밑의 값의 범위에 주의해야 한다.

1 (밑)>1이면 부등호 방향은 그대로

2 0<(밑)<1이면 부등호 방향은 반대로

D46 ❀❀❀ 2021실시 7월 학평 5(고3)

부등식 $5^{2x-7}\leq\left(\frac{1}{5}\right)^{x-2}$을 만족시키는 자연수 x의 개수는? (3점)

① 1 ② 2 ③ 3
④ 4 ⑤ 5

D47 ❀❀❀ 2020실시(가) 4월 학평 4(고3)

부등식 $2^{x-4}\leq\left(\frac{1}{2}\right)^{x-2}$을 만족시키는 모든 자연수 x의 값의 합은? (3점)

① 6 ② 7 ③ 8
④ 9 ⑤ 10

D48 ❀❀❀ 2024대비 6월 모평 16(고3)

부등식 $2^{x-6}\leq\left(\frac{1}{4}\right)^{x}$을 만족시키는 모든 자연수 x의 값의 합을 구하시오. (3점)

D49 ❀❀❀ 2021대비(나) 수능 7(고3)

부등식 $\left(\frac{1}{9}\right)^{x}<3^{21-4x}$을 만족시키는 자연수 x의 개수는? (3점)

① 6 ② 7 ③ 8
④ 9 ⑤ 10

D50 ❀❀❀ 2019대비(가) 6월 모평 7(고3)

부등식 $\frac{27}{9^x} \geq 3^{x-9}$을 만족시키는 모든 자연수 x의 개수는? (3점)

① 1 ② 2 ③ 3
④ 4 ⑤ 5

D51 ❀❀❀ 2017실시(가) 3월 학평 22(고3)

부등식 $3^{x-4} \leq \frac{1}{9}$을 만족시키는 모든 자연수 x의 값의 합을 구하시오. (3점)

D52 ❀❀❀ 2015실시(A) 4월 학평 15(고3)

지수부등식 $(2^x-32)\left(\frac{1}{3^x}-27\right)>0$을 만족시키는 모든 정수 x의 개수는? (4점)

① 7 ② 8 ③ 9
④ 10 ⑤ 11

D53 ❀❀❀ Pass 2015대비(A) 수능 15(고3)

지수부등식 $\left(\frac{1}{5}\right)^{1-2x} \leq 5^{x+4}$을 만족시키는 모든 자연수 x의 값의 합은? (4점)

① 11 ② 12 ③ 13
④ 14 ⑤ 15

D54 ❀❀❀ Pass 2006대비(나) 9월 모평 3(고3)

지수부등식 $2^{x^2} < 4 \cdot 2^x$의 해가 $\alpha < x < \beta$일 때, $\alpha+\beta$의 값은? (2점)

① 1 ② 2 ③ 3
④ 4 ⑤ 5

D55 ❀❀❀ 2019실시(가) 6월 학평 27(고2)

함수 $f(x)=\begin{cases} -3x+6 & (x<3) \\ 3x-12 & (x\geq 3) \end{cases}$의 그래프가 그림과 같다.

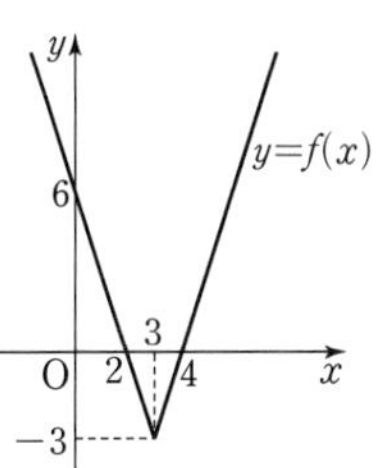

부등식 $2^{f(x)} \leq 4^x$을 만족시키는 x의 최댓값과 최솟값을 각각 M, m이라 할 때, $M+m=\frac{q}{p}$이다. $p+q$의 값을 구하시오.
(단, p와 q는 서로소인 자연수이다.) (4점)

유형 07 지수부등식의 해 - a^x 꼴이 반복되는 경우

a^x 꼴이 반복되는 지수부등식은 다음과 같이 푼다.
(i) $a^x=t$ $(t>0)$로 치환한다.
(ii) $t>0$임에 주의하여 t에 대한 부등식을 푼다.
(iii) x의 값의 범위를 구한다.

tip
a^x+a^{-x} 꼴이 반복되는 지수부등식은 $a^x+a^{-x}=t$ $(t\geq 2)$로 치환한 후 $t\geq 2$에서 t에 대한 부등식을 푼다.

D56 ❀❀❀ 2018실시(가) 7월 학평 23(고3)

부등식 $4^x-10\times 2^x+16\leq 0$을 만족시키는 모든 자연수 x의 값의 합을 구하시오. (3점)

❖ 정답 및 해설 160~163p

D57 ❀❀❀ 2011대비(나) 수능 4(고3)

지수부등식 $(3^x-5)(3^x-100)<0$을 만족시키는 모든 자연수 x의 값의 합은? (3점)

① 5　② 7　③ 9
④ 11　⑤ 13

D58 ❀❀❀ Pass 2007대비(나) 9월 모평 19(고3)

부등식 $9^x-3^{x+2}+18<0$의 해가 $\alpha<x<\beta$일 때,
$3^\alpha\cdot3^\beta$의 값을 구하시오. (3점)

D59 ✿❀❀ Pass 2005실시(나) 7월 학평 15(고3)

임의의 실수 x에 대하여 부등식 $2^{x+1}-2^{\frac{x+4}{2}}+a\geq0$이
성립하도록 하는 실수 a의 최솟값은? (4점)

① 1　② 2　③ 3
④ 4　⑤ 5

D60 ✿✿❀ 2009실시(나) 7월 학평 26(고3)

모든 실수 x에 대하여 부등식 $k\cdot2^x\leq4^x-2^x+4$가
성립하도록 하는 실수 k값의 범위는? (3점)

① $k\leq-1$　② $-4\leq k\leq3$　③ $-1\leq k\leq3$
④ $k\leq3$　⑤ $k\geq0$

유형 08 지수부등식의 활용

(1) 부등식 $f(x)>g(x)$의 해는 함수 $y=f(x)$의 그래프가
함수 $y=g(x)$의 그래프보다 위쪽에 있는 x의 값의 범위이다.

(2) 모든 실수 x에 대하여
부등식 $(a^x)^2+pa^x+q>0$ (p, q는 상수)이 성립할 때,
$a^x=t$ $(t>0)$로 치환하면 t에 대한 부등식 $t^2+pt+q>0$은
$t>0$에서 항상 성립한다.

tip

문제가 길게 주어져 어려워 보이나 문제의 의미를 정확히 파악한 후 부등식을 세우면 앞에서 배운 지수부등식의 풀이 방법을 이용하여 쉽게 풀 수 있는 것이 대부분이다.

D61 ✿❀❀ 2019대비(가) 수능 14(고3)

이차함수 $y=f(x)$의 그래프와 일차함수 $y=g(x)$의
그래프가 그림과 같을 때, 부등식 $\left(\frac{1}{2}\right)^{f(x)g(x)}\geq\left(\frac{1}{8}\right)^{g(x)}$을
만족시키는 모든 자연수 x의 값의 합은? (4점)

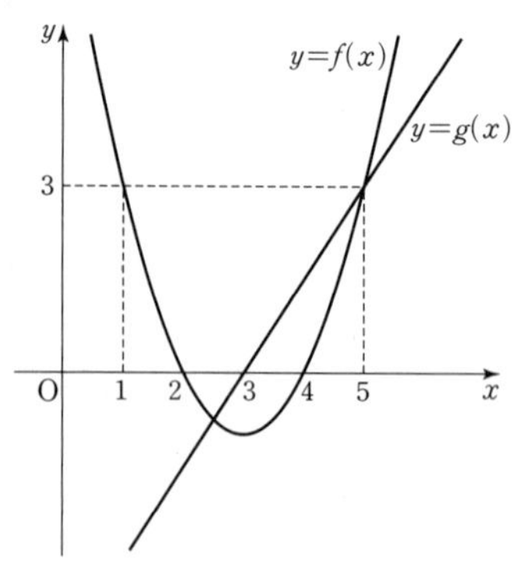

① 7　② 9　③ 11
④ 13　⑤ 15

D62 ✽❀❀ 2016대비(B) 6월 모평 18(고3)

좌표평면 위의 두 곡선 $y=|9^{x}-3|$과 $y=2^{x+k}$이 만나는 서로 다른 두 점의 x좌표를 x_1, $x_2(x_1<x_2)$라 할 때, $x_1<0$, $0<x_2<2$를 만족시키는 모든 자연수 k의 값의 합은? (4점)

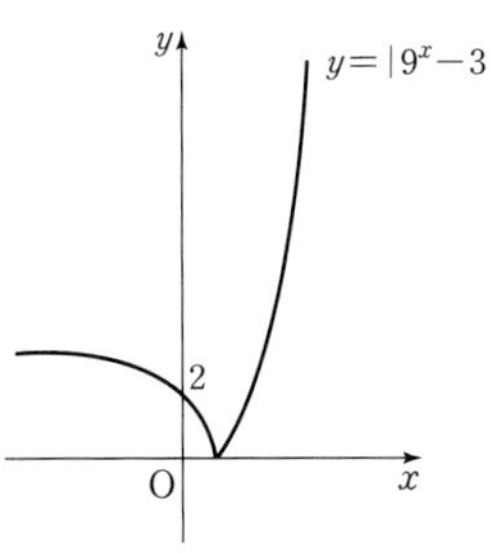

① 8 ② 9 ③ 10
④ 11 ⑤ 12

D63 ✽❀❀ 2016대비(A) 6월 모평 28(고3)

일차함수 $y=f(x)$의 그래프가 그림과 같고 $f(-5)=0$이다. 부등식 $2^{f(x)}\le 8$의 해가 $x\le -4$일 때, $f(0)$의 값을 구하시오. (4점)

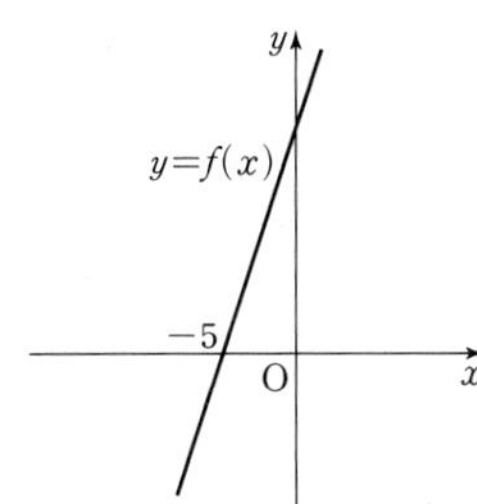

D64 ✽✽❀ 2011실시(가) 6월 학평 28(고2)

모든 실수 x에 대하여 지수부등식 $5^{2x}\ge k\cdot 5^{x}-2k-5$가 항상 성립하도록 하는 실수 k의 값의 범위는 $\alpha\le k\le\beta$이다. $|\alpha\beta|$의 값을 구하시오. (4점)

2 로그방정식과 로그부등식

2025 수능, 9월, 6월 출제

유형 09 로그방정식의 해 - 밑을 같게 만드는 경우

(1) $\log_a f(x)=b$ 꼴인 로그방정식은
$\log_a f(x)=b \Longleftrightarrow f(x)=a^{b}$임을 이용하여 푼다.

(2) **밑을 같게 할 수 있는 로그방정식의 풀이 순서**
(i) $\log_a f(x)=\log_a g(x)$ $(a>0,\ a\neq 1)$ 꼴로 변형한다.
(ii) 방정식 $f(x)=g(x)$를 푼다.

tip

1 로그방정식을 풀 때는 구한 해가 밑 또는 진수 조건을 만족시키는지 반드시 확인한다.

2 로그함수 $y=\log_a x\,(a>0,\ a\neq 1)$는 양의 실수 전체의 집합에서 실수 전체의 집합으로의 일대일 대응이므로 임의의 실수 k에 대하여 방정식 $\log_a x=k$는 단 하나의 해를 갖는다.
즉, 로그방정식은 다음을 이용하여 푼다.
$\log_a f(x)=\log_a g(x) \Longleftrightarrow f(x)=g(x)$

D65 ❀❀❀ 2025대비 수능 16(고3)

방정식 $\log_2(x-3)=\log_4(3x-5)$를 만족시키는 실수 x의 값을 구하시오. (3점)

D66 ❀❀❀ 2025대비 9월 모평 16(고3)

방정식 $\log_3(x+2)-\log_{\frac{1}{3}}(x-4)=3$을 만족시키는 실수 x의 값을 구하시오. (3점)

D67 ❀❀❀ 2024실시 7월 학평 16(고3)

방정식 $\log_5(x+9)=\log_5 4+\log_5(x-6)$을 만족시키는 실수 x의 값을 구하시오. (3점)

❖ 정답 및 해설 163~167p

D68 ❀❀❀ 2025대비 6월 모평 16(고3)

방정식 $\log_2(x+1)-5=\log_{\frac{1}{2}}(x-3)$을 만족시키는 실수 x의 값을 구하시오. (3점)

D69 ❀❀❀ 2024실시 5월 학평 16(고3)

방정식

$$\log_2(x-3)=1-\log_2(x-4)$$

를 만족시키는 실수 x의 값을 구하시오. (3점)

D70 ❀❀❀ 2023실시 10월 학평 16(고3)

방정식

$$\log_2(x-2)=1+\log_4(x+6)$$

을 만족시키는 실수 x의 값을 구하시오. (3점)

D71 ❀❀❀ 2023대비 6월 모평 16(고3)

방정식 $\log_2(x+2)+\log_2(x-2)=5$를 만족시키는 실수 x의 값을 구하시오. (3점)

D72 ❀❀❀ 2024대비 9월 모평 16(고3)

방정식 $\log_2(x-1)=\log_4(13+2x)$를 만족시키는 실수 x의 값을 구하시오. (3점)

D73 ❀❀❀ 2023실시 7월 학평 16(고3)

방정식 $\log_2(x-5)=\log_4(x+7)$을 만족시키는 실수 x의 값을 구하시오. (3점)

D74 ❀❀❀ 2023대비 수능 16(고3)

방정식 $\log_2(3x+2)=2+\log_2(x-2)$를 만족시키는 실수 x의 값을 구하시오. (3점)

D75 ❀❀❀ 2023대비 9월 모평 16(고3)

방정식 $\log_3(x-4)=\log_9(x+2)$를 만족시키는 실수 x의 값을 구하시오. (3점)

D76 ✿❀❀ 2021대비(가) 9월 모평 24(고3)

방정식 $\log_2 x = 1 + \log_4 (2x-3)$을 만족시키는 모든 실수 x의 값의 곱을 구하시오. (3점)

유형 10 로그방정식의 해 - $\log_a x$ 꼴 반복되는 경우

$\log_a x$ 꼴이 반복되는 로그방정식의 풀이 순서

(i) $\log_a x = t$로 치환한다.

(ii) t에 대한 방정식을 푼다.

(iii) x의 값을 구한다.

tip

$\log_a x$, $\log_x a$ 꼴이 같이 있는 로그방정식은 $\log_a x = t$로 치환하면 $\log_x a = \frac{1}{\log_a x} = \frac{1}{t}$임을 이용하여 방정식을 푼다.

D77 ❀❀❀ 2015실시(B) 4월 학평 5(고3)

방정식 $(\log_3 x)^2 + 4\log_9 x - 3 = 0$의 모든 실근의 곱은? (3점)

① $\frac{1}{9}$ ② $\frac{1}{3}$ ③ $\frac{5}{9}$
④ $\frac{7}{9}$ ⑤ 1

D78 ❀❀❀ 2009대비(나) 6월 모평 6(고3)

로그방정식 $\left(\log_3 \frac{x}{3}\right)^2 - 20\log_9 x + 26 = 0$의 두 근을 α, β라 할 때, $\alpha\beta$의 값은? (3점)

① 3^8 ② 3^9 ③ 3^{10}
④ 3^{11} ⑤ 3^{12}

D79 ❀❀❀ 2002대비(인) 수능 28(고3)

다음 방정식의 모든 해의 곱을 구하시오. (2점)

$$(\log_2 x)^3 + \log_2 x^3 = 4(\log_2 x)^2 + \log_2 x$$

D80 ✿❀❀ 2019실시(나) 6월 학평 26(고2)

방정식 $\left(\log_2 \frac{x}{2}\right)(\log_2 4x) = 4$의 서로 다른 두 실근 α, β에 대하여 $64\alpha\beta$의 값을 구하시오. (4점)

유형 11 여러 가지 로그방정식의 풀이

(1) **진수가 같은 로그방정식의 풀이**

밑이 같거나 진수가 1임을 이용하여 푼다.

$\log_a f(x) = \log_b f(x) \Longleftrightarrow a = b$ 또는 $f(x) = 1$

(단, $f(x) > 0$, $a > 0$, $a \neq 1$, $b > 0$, $b \neq 1$)

(2) 지수에 로그가 있는 경우 양변에 로그를 취한 후 로그방정식을 푼다.

tip

$\log_2 1 = \log_3 1 = \log_4 1 = \cdots = 0$이므로 (1)에서 밑이 서로 달라도 진수가 1이면 등식이 성립한다. 따라서 방정식 $\log_a f(x) = \log_b f(x)$의 해는 $a = b$ 또는 $f(x) = 1$임을 이용하여 구한다.

D81 ✿❀❀ 2015실시(A) 4월 학평 12(고3)

두 양수 a, $b(a<b)$가 다음 조건을 만족시킬 때, $\log \frac{b}{a}$의 값은? (3점)

(가) $ab = 10^2$
(나) $\log a \times \log b = -3$

① 4 ② 5 ③ 6
④ 7 ⑤ 8

❖ 정답 및 해설 167~170p

D82 ✿❀❀ 2013실시(A) 4월 학평 26(고3)

두 실수 x, y에 대한 연립방정식 $\begin{cases} 2^x-2\cdot 4^{-y}=7 \\ \log_2(x-2)-\log_2 y=1 \end{cases}$의 해를 $x=\alpha$, $y=\beta$라 할 때, $10\alpha\beta$의 값을 구하시오. (4점)

D83 ✿❀❀ 2012실시(나) 4월 학평 26(고3)

두 실수 x, y에 대한 연립방정식

$$\begin{cases} 3^x=9^y \\ (\log_2 8x)(\log_2 4y)=-1 \end{cases}$$

의 해를 $x=\alpha$, $y=\beta$라 할 때, $\frac{1}{\alpha\beta}$의 값을 구하시오. (3점)

D84 ✿❀❀ 2011실시(나) 4월 학평 28(고3)

연립방정식 $\begin{cases} \log_2 x+\log_3 y=5 \\ \log_3 x\cdot\log_2 y=6 \end{cases}$의 해를 $x=\alpha$, $y=\beta$라 할 때, $\beta-\alpha$의 최댓값을 구하시오. (4점)

2025 9월 출제

유형 12 로그방정식의 활용

(1) 방정식 $(\log_a x)^2+p\log_a x+q=0$의 두 근을 α, β라 할 때, $\log_a x=t$로 치환하면 t에 대한 이차방정식 $t^2+pt+q=0$의 두 근은 $\log_a \alpha$, $\log_a \beta$이다.

(2) 방정식 $f(x)=g(x)$의 해는 두 함수 $y=f(x)$, $y=g(x)$의 그래프의 교점의 x좌표이다.

tip

1 이차방정식의 근의 개수에 대한 문제가 주어지면 이차방정식의 판별식을 떠올린다.

2 '이차방정식의 두 근~'이라는 표현이 나오면 이차방정식의 근과 계수의 관계를 떠올린다.

D85 ❀❀❀ 2025대비 9월 모평 8(고3)

$a>2$인 상수 a에 대하여 두 수 $\log_2 a$, $\log_a 8$의 합과 곱이 각각 4, k일 때, $a+k$의 값은? (3점)

① 11 ② 12 ③ 13 ④ 14 ⑤ 15

D86 ✿❀❀ 2021실시 10월 학평 8(고3)

2보다 큰 상수 k에 대하여 두 곡선 $y=|\log_2(-x+k)|$, $y=|\log_2 x|$가 만나는 세 점 P, Q, R의 x좌표를 각각 x_1, x_2, x_3이라 하자. $x_3-x_1=2\sqrt{3}$일 때, x_1+x_3의 값은? (단, $x_1<x_2<x_3$) (3점)

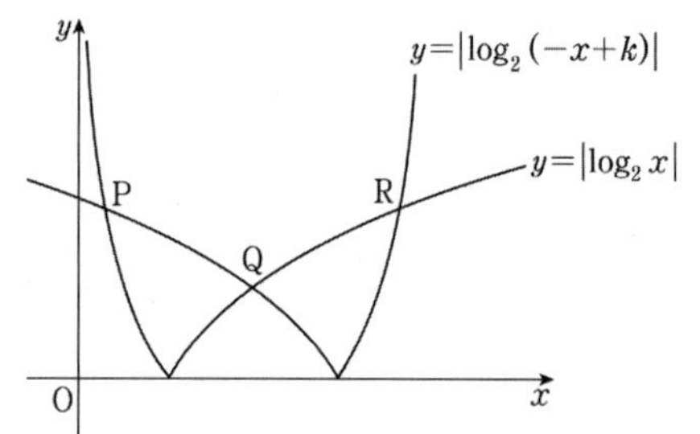

① $\frac{7}{2}$ ② $\frac{15}{4}$ ③ 4 ④ $\frac{17}{4}$ ⑤ $\frac{9}{2}$

D87 ✿❀❀ 2022대비 5월 예시 10(고2)

$\frac{1}{2}<\log a<\frac{11}{2}$인 양수 a에 대하여 $\frac{1}{3}+\log\sqrt{a}$의 값이 자연수가 되도록 하는 모든 a의 값의 곱은? (4점)

① 10^{10} ② 10^{11} ③ 10^{12} ④ 10^{13} ⑤ 10^{14}

D88 ✿❀❀ 2020실시(가) 4월 학평 28(고3)

그림과 같이 1보다 큰 실수 a에 대하여 곡선 $y=|\log_a x|$가 직선 $y=k\ (k>0)$과 만나는 두 점을 각각 A, B라 하고, 직선 $y=k$가 y축과 만나는 점을 C라 하자. $\overline{\mathrm{OC}}=\overline{\mathrm{CA}}=\overline{\mathrm{AB}}$일 때, 곡선 $y=|\log_a x|$와 직선 $y=2\sqrt{2}$가 만나는 두 점 사이의 거리는 d이다. $20d$의 값을 구하시오. (단, O는 원점이고, 점 A의 x좌표는 점 B의 x좌표보다 작다.) (4점)

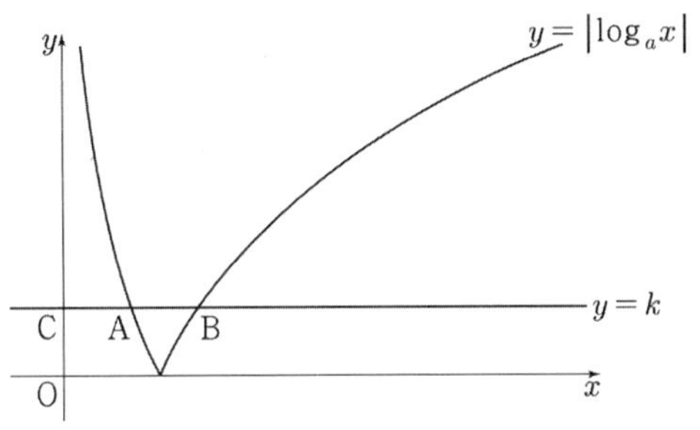

D89 ✿❀❀ 2020실시(가) 3월 학평 14(고3)

함수 $y=\log_3|2x|$의 그래프와 함수 $y=\log_3(x+3)$의 그래프가 만나는 서로 다른 두 점을 각각 A, B라 하자. 점 A를 지나고 직선 AB와 수직인 직선이 y축과 만나는 점을 C라 할 때, 삼각형 ABC의 넓이는?

(단, 점 A의 x좌표는 점 B의 x좌표보다 작다.) (4점)

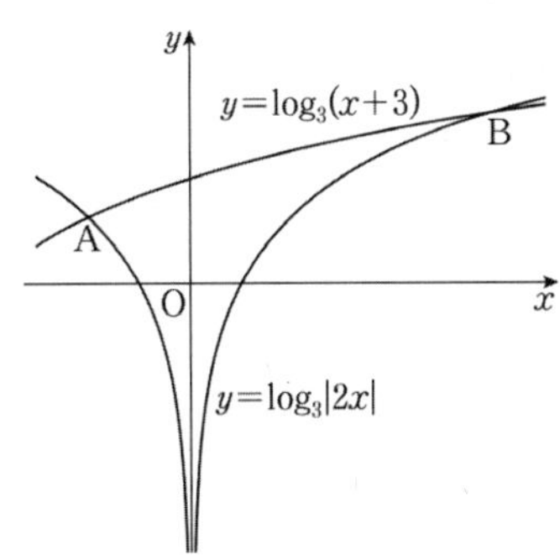

① $\frac{13}{2}$ ② 7 ③ $\frac{15}{2}$

④ 8 ⑤ $\frac{17}{2}$

D90 ✿❀❀ 2016대비(A) 9월 모평 12(고3)

그림과 같이 두 함수 $y=\log_2 x$, $y=\log_2(x-2)$의 그래프가 x축과 만나는 점을 각각 A, B라 하자.

직선 $x=k\ (k>3)$가 두 함수 $y=\log_2 x$, $y=\log_2(x-2)$의 그래프와 만나는 점을 각각 P, Q라 하고, x축과 만나는 점을 R라 하자. 점 Q가 선분 PR의 중점일 때, 사각형 ABQP의 넓이는? (3점)

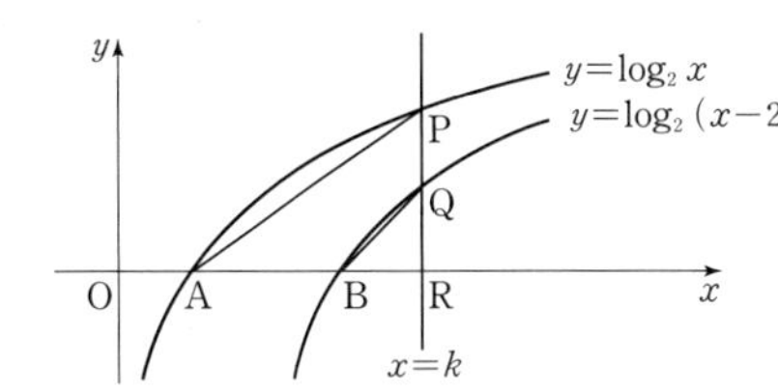

① $\frac{3}{2}$ ② 2 ③ $\frac{5}{2}$

④ 3 ⑤ $\frac{7}{2}$

D91 ✿❀❀ 2015실시(B) 3월 학평 16(고3)

그림과 같이 두 곡선 $y=a^x$, $y=b^x\ (1<a<b)$이 직선 $y=t\ (t>1)$와 만나는 점의 x좌표를 각각 $f(t)$, $g(t)$라 할 때, $2f(a)=3g(a)$가 성립한다. $f(c)=g(27)$을 만족시키는 실수 c의 값은? (4점)

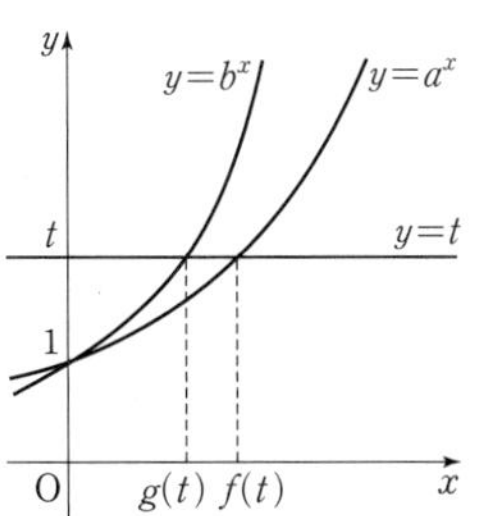

① 6 ② 9 ③ 12

④ 15 ⑤ 18

D92 ✿❀❀ 2011실시(나) 9월 학평 12(고2)

함수 $y=\log_2 x+1$의 그래프 위의 서로 다른 두 점 A, B에서 x축에 내린 수선의 발을 각각 P, Q라 하자. 점 P의 좌표가 $\left(\frac{3}{2}, 0\right)$이고 $\overline{AB}=\overline{AQ}$일 때, △ABQ의 넓이는? (4점)

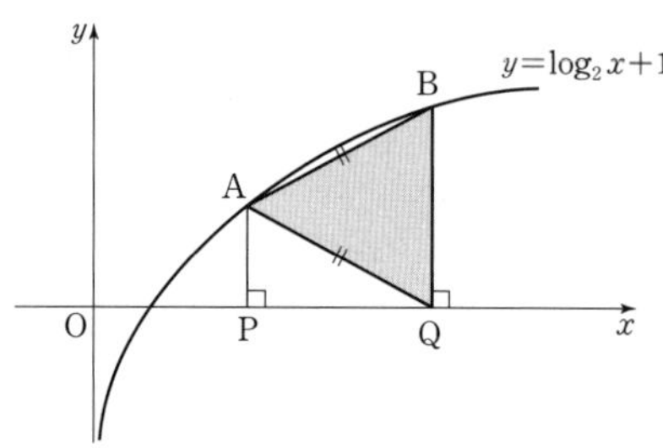

① $2\log_2 3$ ② $\frac{5}{2}\log_2 3$ ③ $3\log_2 3$
④ $\frac{7}{2}\log_2 3$ ⑤ $4\log_2 3$

D93 ✿✿❀ 2019대비(가) 6월 모평 14(고3)

직선 $x=k$가 두 곡선 $y=\log_2 x$, $y=-\log_2(8-x)$와 만나는 점을 각각 A, B라 하자. $\overline{AB}=2$가 되도록 하는 모든 실수 k의 값의 곱은? (단, $0<k<8$) (4점)

① $\frac{1}{2}$ ② 1 ③ $\frac{3}{2}$
④ 2 ⑤ $\frac{5}{2}$

D94 ✿✿❀ 2014대비(A) 수능 14(고3)

자연수 n에 대하여 $f(n)$이 다음과 같다.

$$f(n)=\begin{cases}\log_3 n & (n\text{이 홀수})\\ \log_2 n & (n\text{이 짝수})\end{cases}$$

20 이하의 두 자연수 m, n에 대하여 $f(mn)=f(m)+f(n)$을 만족시키는 순서쌍 (m, n)의 개수는? (4점)

① 220 ② 230 ③ 240
④ 250 ⑤ 260

유형 13 로그방정식의 실생활 응용 - 비율 구하기

$a>0$, $a\neq1$, $x>0$, $y>0$일 때

(1) **로그의 기본 성질**
① $\log_a 1=0$, $\log_a a=1$
② $\log_a xy=\log_a x+\log_a y$
③ $\log_a \frac{x}{y}=\log_a x-\log_a y$

(2) **로그방정식의 풀이**
① $\log_a f(x)=b \Longleftrightarrow f(x)=a^b$
② $\log_a f(x)=\log_a g(x) \Longleftrightarrow f(x)=g(x)$

tip
실생활 문제에서 각 대상에 해당하는 값을 대입하고, 로그의 성질을 이용하여 두 값의 비를 구한다.

D95 ❀❀❀ 2016실시(가) 4월 학평 10(고3)

진동가속도레벨 $V(\text{dB})$는 공해진동에 사용되는 단위로 진동가속도 크기를 의미하며 편진폭 $A(\text{m})$, 진동수 $w(\text{Hz})$에 대하여 다음과 같은 관계식이 성립한다고 한다.

$$V=20\log\frac{Aw^2}{k} \text{ (단, } k\text{는 양의 상수이다.)}$$

편진폭이 A_1, 진동수가 10π일 때 진동가속도레벨이 83이고, 편진폭이 A_2, 진동수가 80π일 때 진동가속도레벨이 91이다. $\frac{A_2}{A_1}$의 값은? (3점)

① $\frac{1}{32}\times10^{\frac{1}{5}}$ ② $\frac{1}{32}\times10^{\frac{2}{5}}$ ③ $\frac{1}{64}\times10^{\frac{1}{5}}$
④ $\frac{1}{64}\times10^{\frac{2}{5}}$ ⑤ $\frac{1}{64}\times10^{\frac{3}{5}}$

D96

2015실시(B) 7월 학평 25(고3)

총 공기흡인량이 $V(\mathrm{m}^3)$이고 공기 포집 전후 여과지의 질량 차가 $W(\mathrm{mg})$일 때의 공기 중 먼지 농도 $C(\mu\mathrm{g/m}^3)$는 다음 식을 만족시킨다고 한다.

$$\log C=3-\log V+\log W\,(W>0)$$

A 지역에서 총 공기흡인량이 V_0이고 공기 포집 전후 여과지의 질량 차가 W_0일 때의 공기 중 먼지 농도를 C_A, B 지역에서 총 공기흡인량이 $\frac{1}{9}V_0$이고 공기 포집 전후 여과지의 질량 차가 $\frac{1}{27}W_0$일 때의 공기 중 먼지 농도를 C_B라 하자. $C_\mathrm{A}=kC_\mathrm{B}$를 만족시키는 상수 k의 값을 구하시오. (단, $W_0>0$) (3점)

D97

2013실시(A) 10월 학평 12(고3)

어떤 무선 수신기에서 수신 가능한 신호의 최소 크기 P와 수신기의 잡음 지수 $F(\mathrm{dB})$ 그리고 수신기의 주파수 대역 $B(\mathrm{Hz})$ 사이에는 다음과 같은 관계가 있다고 한다.

$$P=a+F+10\log B \text{ (단, } a\text{는 상수이다.)}$$

잡음 지수가 5이고 주파수 대역이 B_1일 때의 수신 가능한 신호의 최소 크기와 잡음 지수가 15이고 주파수 대역이 B_2일 때의 수신 가능한 신호의 최소 크기가 같을 때, $\frac{B_2}{B_1}$의 값은? (3점)

① $\frac{1}{20}$ ② $\frac{1}{10}$ ③ $\frac{1}{5}$
④ 10 ⑤ 20

D98

2013대비(나) 6월 모평 7(고3)

밀폐된 용기 속의 액체에서 증발과 응축이 계속하여 같은 속도로 일어나는 동적 평형 상태의 증기압을 포화 증기압이라 한다. 밀폐된 용기 속에 있는 어떤 액체의 경우 포화 증기압 $P(\mathrm{mmHg})$와 용기 속의 온도 $t(℃)$ 사이에 다음과 같은 관계식이 성립한다고 한다.

$$\log P=8.11-\frac{1750}{t+235}\ (0<t<60)$$

용기 속의 온도가 15℃일 때의 포화 증기압을 P_1, 45℃일 때의 포화 증기압을 P_2라 할 때, $\frac{P_2}{P_1}$의 값은? (3점)

① $10^{\frac{1}{4}}$ ② $10^{\frac{1}{2}}$ ③ $10^{\frac{3}{4}}$
④ 10 ⑤ $10^{\frac{5}{4}}$

D99

2010대비(나) 6월 모평 11(고3)

어느 무선시스템에서 송신기와 수신기 사이의 거리 R와 수신기의 수신 전력 S 사이에는 다음과 같은 관계식이 성립한다고 한다.

$$S=P-20\log\left(\frac{4\pi fR}{c}\right)$$

(단, P는 송신기의 송신 전력, f와 c는 각각 주파수와 빛의 속도를 나타내는 상수이고, 거리의 단위는 m, 송·수신 전력의 단위는 dBm이다.)

어느 실험실에서 송신기의 위치를 고정하고 송신기와 수신기 사이의 거리에 따른 수신 전력의 변화를 측정하였다. 그 결과 두 지점 A, B에서 측정한 수신 전력이 각각 -25, -5로 나타났다. 두 지점 A, B에서 송신기까지의 거리를 각각 R_A, R_B라 할 때, $\frac{R_\mathrm{A}}{R_\mathrm{B}}$의 값은? (3점)

① $\frac{1}{100}$ ② $\frac{1}{10}$ ③ $\sqrt{10}$
④ 10 ⑤ 100

❖ 정답 및 해설 175~178p

유형 14 로그방정식의 실생활 응용 – 상수 구하기

(1) 방정식 $(\log_a x)^2 + p\log_a x + q = 0$의 두 근을 α, β라 할 때, $\log_a x = t$로 치환하면 t에 대한 이차방정식 $t^2 + pt + q = 0$의 두 근은 $\log_a \alpha$, $\log_a \beta$이다.

(2) 방정식 $f(x) = g(x)$의 해는 두 함수 $y = f(x)$, $y = g(x)$의 그래프의 교점의 x좌표이다.

tip

로그방정식의 실생활 응용 문제는 다양한 분야에서 쓰이는 로그를 포함한 관계식이 주어지는 경우가 많다. 주어진 관계식에서 문자가 의미하는 것을 정확히 파악한 후 대입해야 한다.

D100 ❀❀❀ 2016실시(가) 10월 학평 10(고3)

Wi−Fi 네트워크의 신호 전송 범위 d와 수신 신호 강도 R 사이에는 다음과 같은 관계식이 성립한다고 한다.

$R = k - 10\log d^n$ (단, 두 상수 k, n은 환경에 따라 결정된다.)

어떤 환경에서 신호 전송 범위 d와 수신 신호 강도 R 사이의 관계를 나타낸 그래프가 다음과 같다. 이 환경에서 수신 신호 강도가 -65일 때, 신호 전송 범위는? (3점)

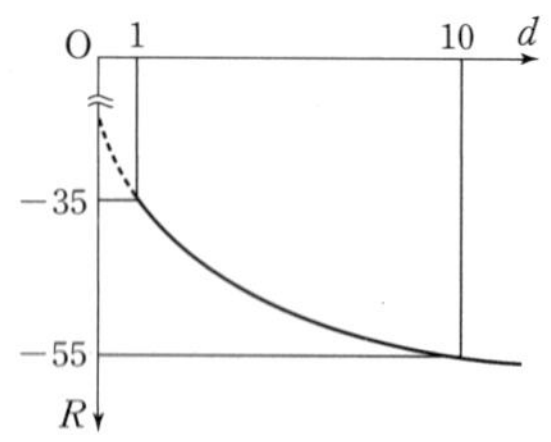

① $10^{\frac{6}{5}}$ ② $10^{\frac{13}{10}}$ ③ $10^{\frac{7}{5}}$
④ $10^{\frac{3}{2}}$ ⑤ $10^{\frac{8}{5}}$

D101 ❀❀❀ 2015실시(B) 10월 학평 10(고3)

어떤 약물을 사람의 정맥에 일정한 속도로 주입하기 시작한 지 t분 후 정맥에서의 약물 농도가 C(ng/mL)일 때, 다음 식이 성립한다고 한다.

$\log(10 - C) = 1 - kt$ (단, $C < 10$이고, k는 양의 상수이다.)

이 약물을 사람의 정맥에 일정한 속도로 주입하기 시작한 지 30분 후 정맥에서의 약물 농도는 2 ng/mL이고, 주입하기 시작한 지 60분 후 정맥에서의 약물 농도가 a(ng/mL)일 때, a의 값은? (3점)

① 3 ② 3.2 ③ 3.4
④ 3.6 ⑤ 3.8

D102 ❀❀❀ 2015대비(B) 6월 모평 10(고3)

세대당 종자의 평균 분산거리가 D이고 세대당 종자의 증식률이 R인 나무의 10세대 동안 확산에 의한 이동거리를 L이라 하면 다음과 같은 관계식이 성립한다고 한다.

$L^2 = 100D^2 \times \log_3 R$

세대당 종자의 평균 분산거리가 각각 20, 30인 A나무와 B나무의 세대당 종자의 증식률을 각각 R_A, R_B라 하고 10세대 동안 확산에 의한 이동거리를 각각 L_A, L_B라 하자. $\frac{R_A}{R_B} = 27$이고 $L_A = 400$일 때, L_B의 값은? (단, 거리의 단위는 m이다.) (3점)

① 200 ② 300 ③ 400
④ 500 ⑤ 600

D103 ❀❀❀ 2014대비(A) 9월 모평 17(고3)

질량 a(g)의 활성탄 A를 염료 B의 농도가 c(%)인 용액에 충분히 오래 담가 놓을 때 활성탄 A에 흡착되는 염료 B의 질량 b(g)는 다음 식을 만족시킨다고 한다.

$\log\frac{b}{a} = -1 + k\log c$ (단, k는 상수이다.)

10 g의 활성탄 A를 염료 B의 농도가 8 %인 용액에 충분히 오래 담가 놓을 때 활성탄 A에 흡착되는 염료 B의 질량은 4 g이다. 20 g의 활성탄 A를 염료 B의 농도가 27 %인 용액에 충분히 오래 담가 놓을 때 활성탄 A에 흡착되는 염료 B의 질량(g)은? (단, 각 용액의 양은 충분하다.) (4점)

① 10 ② 12 ③ 14
④ 16 ⑤ 18

D104

2014대비(A) 12월 예비 28(고3)

통신이론에서 신호의 주파수 대역폭이 $B(\mathrm{Hz})$이고 신호잡음전력비가 x일 때, 전송할 수 있는 신호의 최대 전송 속도 $C(\mathrm{bps})$는 다음과 같이 계산된다고 한다.

$$C=B\times\log_2(1+x)$$

신호의 주파수 대역폭이 일정할 때, 신호잡음전력비를 a에서 $33a$로 높였더니 신호의 최대 전송 속도가 2배가 되었다. 양수 a의 값을 구하시오. (단, 신호잡음전력비는 잡음전력에 대한 신호전력의 비이다.) (4점)

D105

2013실시(A) 3월 학평 26(고3)

공기 중의 암모니아 농도가 C일 때 냄새의 세기 I는 다음 식을 만족시킨다고 한다.

$$I=k\log C+a \text{ (단, } k\text{와 } a\text{는 상수이다.)}$$

공기 중의 암모니아 농도가 40일 때 냄새의 세기는 5이고, 공기 중의 암모니아 농도가 10일 때 냄새의 세기는 4이다. 공기 중의 암모니아 농도가 p일 때 냄새의 세기는 2.5이다. $100p$의 값을 구하시오. (단, 암모니아 농도의 단위는 ppm이다.) (4점)

D106

2013대비(나) 수능 7(고3)

화재가 발생한 화재실의 온도는 시간에 따라 변한다. 어떤 화재실의 초기 온도를 T_0(℃), 화재가 발생한 지 t분 후의 온도를 T(℃)라고 할 때, 다음 식이 성립한다고 한다.

$$T=T_0+k\log(8t+1) \text{ (단, } k\text{는 상수이다.)}$$

초기 온도가 20 ℃인 이 화재실에서 화재가 발생한 지 $\frac{9}{8}$분 후의 온도는 365 ℃이었고, 화재가 발생한 지 a분 후의 온도는 710 ℃이었다. a의 값은? (3점)

① $\frac{99}{8}$ ② $\frac{109}{8}$ ③ $\frac{119}{8}$ ④ $\frac{129}{8}$ ⑤ $\frac{139}{8}$

D107

Pass 2012대비(나) 수능 7(고3)

누에나방 암컷은 페로몬을 분비하여 수컷을 유인한다. 누에나방 암컷이 페로몬을 분비한 후 t초가 지났을 때 분비한 곳으로부터 거리가 x인 곳에서 측정한 페로몬의 농도 y는 다음 식을 만족시킨다고 한다.

$$\log y=A-\frac{1}{2}\log t-\frac{Kx^2}{t} \text{ (단, } A\text{와 } K\text{는 양의 상수이다.)}$$

누에나방 암컷이 페로몬을 분비한 후 1초가 지났을 때 분비한 곳으로부터 거리가 2인 곳에서 측정한 페로몬의 농도는 a이고, 분비한 후 4초가 지났을 때 분비한 곳으로부터 거리가 d인 곳에서 측정한 페로몬의 농도는 $\frac{a}{2}$이다. d의 값은? (3점)

① 7 ② 6 ③ 5 ④ 4 ⑤ 3

D108

Pass 2006대비(나) 6월 모평 23(고3)

해저에서 발생한 지진이 지진해일을 일으킬 때, 지진해일의 높이가 $H(\mathrm{m})$이면 지진해일의 규모 M은 다음과 같다고 한다.

$$M=\log_8 H$$

어떤 지점에서 지진해일의 높이가 a m인 지진해일의 규모는 지진해일의 높이가 9 m일 때의 지진해일의 규모의 1.5배이다. a의 값을 구하시오. (3점)

D109

Pass 2014실시(B) 7월 학평 25(고3)

화학 퍼텐셜 이론에 의하면 절대온도 $T(\mathrm{K})$에서 이상 기체의 압력을 P_1(기압)에서 P_2(기압)으로 변화시켰을 때의 이상 기체의 화학 퍼텐셜 변화량을 $E(\mathrm{kJ/mol})$이라 하면 다음 관계식이 성립한다고 한다.

$$E=RT\log_a\frac{P_2}{P_1} \text{ (단, } a, R\text{는 1이 아닌 양의 상수이다.)}$$

절대온도 300K에서 이상 기체의 압력을 1기압에서 16기압으로 변화시켰을 때의 이상 기체의 화학 퍼텐셜 변화량을 E_1, 절대온도 240K에서 이상 기체의 압력을 1기압에서 x기압으로 변화시켰을 때의 이상 기체의 화학 퍼텐셜 변화량을 E_2라 하자. $E_1=E_2$를 만족시키는 x의 값을 구하시오. (3점)

❖ 정답 및 해설 179~182p

D110 ✿❀❀ 2014대비(A) 수능 10(고3)

단면의 반지름의 길이가 $R(R<1)$인 원기둥 모양의 어느 급수관에 물이 가득 차 흐르고 있다. 이 급수관의 단면의 중심에서의 물의 속력을 v_c, 급수관의 벽면으로부터 중심 방향으로 $x(0<x\le R)$만큼 떨어진 지점에서의 물의 속력을 v라 하면 다음과 같은 관계식이 성립한다고 한다.

$$\frac{v_c}{v}=1-k\log\frac{x}{R}$$

(단, k는 양의 상수이고, 길이의 단위는 m, 속력의 단위는 m/초이다.)

$R<1$인 이 급수관의 벽면으로부터 중심 방향으로 $R^{\frac{27}{23}}$만큼 떨어진 지점에서의 물의 속력이 중심에서의 물의 속력의 $\frac{1}{2}$일 때, 급수관의 벽면으로부터 중심 방향으로 R^a만큼 떨어진 지점에서의 물의 속력이 중심에서의 물의 속력의 $\frac{1}{3}$이다. a의 값은? (3점)

① $\frac{39}{23}$ ② $\frac{37}{23}$ ③ $\frac{35}{23}$
④ $\frac{33}{23}$ ⑤ $\frac{31}{23}$

D111 ✿❀❀ 2011대비(나) 6월 모평 9(고3)

어느 세라믹 재료의 열전도 계수(k)는 적절한 실험 조건에서 일정하고, 다음과 같이 계산된다고 한다.

$$k=C\frac{\log t_2-\log t_1}{T_2-T_1}$$

(단, C는 0보다 큰 상수, T_1(℃), T_2(℃)는 실험을 시작한 후 각각 t_1(초), t_2(초)일 때 세라믹 재료의 측정 온도이다.)

이 세라믹 재료의 열전도 계수를 측정하는 실험에서 실험을 시작한 후 10초일 때와 20초일 때의 측정 온도가 각각 200 ℃, 202 ℃이었다. 실험을 시작한 후 x초일 때 측정 온도가 206 ℃가 되었다. x의 값은? (3점)

① 70 ② 80 ③ 90
④ 100 ⑤ 110

D112 ✿❀❀ 1995대비(인) 수능 29(고3)

어떤 산업에서 노동의 투입량을 x, 자본의 투입량을 y라 할 때, 그 산업의 생산량 z는 다음과 같다.

$z=2x^{\alpha}y^{1-\alpha}$ (α는 $0<\alpha<1$인 상수)

자료에 의하면 1993년도의 노동 및 자본의 투입량은 1980년도보다 각각 4배와 2배이고, 1993년도 산업생산량은 1980년도 산업생산량의 2.5배이다. 이 사실로부터 상수 α의 값을 소수점 아래 둘째 자리까지 구하면? (단, $\log_{10}2=0.30$) (2점)

① 0.50 ② 0.33 ③ 0.25
④ 0.20 ⑤ 0.10

유형 15 로그부등식의 해 - 밑을 같게 만드는 경우

밑을 같게 할 수 있는 로그부등식은 다음과 같이 푼다.

(i) $\log_a f(x)<\log_a g(x)$ $(f(x)>0,\ g(x)>0,\ a>0,\ a\ne1)$ 꼴로 변형한다.

(ii) 밑의 크기에 따라 해를 구한다.

① $a>1$일 때, $\log_a f(x)<\log_a g(x) \Longleftrightarrow 0<f(x)<g(x)$

② $0<a<1$일 때, $\log_a f(x)<\log_a g(x) \Longleftrightarrow f(x)>g(x)>0$

tip

로그함수 $y=\log_a x$ $(a>0,\ a\ne1)$에서 $a>1$이면 x의 값이 증가하면 y의 값도 증가하고, $0<a<1$이면 x의 값이 증가하면 y의 값은 감소한다. 따라서 밑을 같게 한 후 진수를 비교할 때는 밑의 값의 범위에 주의해야 한다.

1 (밑)>1이면 부등호 방향은 그대로

2 0<(밑)<1이면 부등호 방향은 반대로

D113 ❀❀❀ 2020실시(가) 10월 학평 8(고3)

부등식 $\log_2(x^2-7x)-\log_2(x+5)\le1$을 만족시키는 모든 정수 x의 값의 합은? (3점)

① 22 ② 24 ③ 26
④ 28 ⑤ 30

D114 ❀❀❀ 2020실시(가) 3월 학평 6(고3)

부등식 $\log_{18}(n^2-9n+18)<1$을 만족시키는 모든 자연수 n의 값의 합은? (3점)

① 14 ② 15 ③ 16
④ 17 ⑤ 18

D115 ❀❀❀ 2019실시(가) 7월 학평 5(고3)

부등식 $\log_3(x-3)+\log_3(x+3)\le3$을 만족시키는 모든 정수 x의 값의 합은? (3점)

① 15 ② 17 ③ 19 ④ 21 ⑤ 23

D116 ❀❀❀ 2019실시(가) 6월 학평 13(고2)

부등식

$$\log_4(x+3)-\log_2(x-3)\ge0$$

을 만족시키는 모든 자연수 x의 값의 합은? (3점)

① 13 ② 14 ③ 15 ④ 16 ⑤ 17

D117 ❀❀❀ 2019실시(가) 3월 학평 10(고3)

부등식

$$\log_2(x^2-1)+\log_2 3\le5$$

를 만족시키는 정수 x의 개수는? (3점)

① 1 ② 2 ③ 3 ④ 4 ⑤ 5

D118 ❀❀❀ 2018실시(가) 11월 학평 9(고2)

부등식 $2-\log_{\frac{1}{2}}(x-2)<\log_2(3x+4)$를 만족시키는 정수 x의 개수는? (3점)

① 6 ② 7 ③ 8 ④ 9 ⑤ 10

D119 ❀❀❀ 2018실시(가) 3월 학평 22(고3)

부등식 $\log_2(x-2)<2$를 만족시키는 모든 자연수 x의 값의 합을 구하시오. (3점)

D120 ❀❀❀ 2017실시(가) 11월 학평 7(고2)

부등식 $1+\log_2 x\le\log_2(x+5)$를 만족시키는 모든 정수 x의 값의 합은? (3점)

① 15 ② 16 ③ 17 ④ 18 ⑤ 19

D121 ❀❀❀ 2017실시(가) 10월 학평 1(고3)

부등식 $\log_2 x\le2$를 만족시키는 정수 x의 개수는? (2점)

① 1 ② 2 ③ 3 ④ 4 ⑤ 5

D122 ❀❀❀ 2017대비(가) 6월 모평 10(고3)

부등식 $\log_3(x-1)+\log_3(4x-7)\le3$을 만족시키는 정수 x의 개수는? (3점)

① 1 ② 2 ③ 3 ④ 4 ⑤ 5

D123 ❀❀❀ Pass 2014대비(A) 12월 예비 6(고3)

로그부등식 $\log_{\sqrt{2}}|x|<5$를 만족시키는 정수 x의 개수는? (3점)

① 6 ② 8 ③ 10 ④ 12 ⑤ 14

❖ 정답 및 해설 182~186p

D124 ❀❀❀ Pass 2013대비(나) 6월 모평 25(고3)

로그부등식

$$\log_2(7-x)+\log_2(7+x)>4$$

를 만족시키는 정수 x의 개수를 구하시오. (3점)

D125 ❀❀❀ 2022실시 4월 학평 5(고3)

부등식 $\log_2 x \le 4-\log_2(x-6)$을 만족시키는 모든 정수 x의 값의 합은? (3점)

① 15 ② 19 ③ 23 ④ 27 ⑤ 31

D126 ❀❀❀ Pass 2011대비(나) 6월 모평 7(고3)

로그부등식 $\log_2(x^2+x-2)<\log_2(-2x+2)$의 해가 $\alpha<x<\beta$일 때, $\alpha\beta$의 값은? (3점)

① 2 ② 4 ③ 6 ④ 8 ⑤ 10

D127 ❀❀❀ Pass 2010대비(나) 9월 모평 20(고3)

로그부등식 $\log_3 x+\log_3(12-x)\le 3$을 만족시키는 모든 정수 x의 합을 구하시오. (3점)

D128 ❀❀❀ Pass 2010대비(나) 6월 모평 21(고3)

부등식

$$1+\log_{\frac{1}{2}} x^2>\log_{\frac{1}{2}}(5x-8)$$

의 해가 $\alpha<x<\beta$일 때, $\alpha\beta$의 값을 구하시오. (3점)

D129 ❀❀❀ Pass 2008대비(나) 9월 모평 20(고3)

부등식

$$\log_3(x-3)+\log_3(x+1)<1+\log_3 4$$

의 해가 $a<x<b$일 때, ab의 값을 구하시오. (3점)

D130 ❀❀❀ Pass 2008대비(나) 6월 모평 6(고3)

부등식 $\log_{\frac{1}{2}}(x-5)+\log_{\frac{1}{2}}(x-6)>-1$의 해가 $\alpha<x<\beta$일 때, $\alpha+\beta$의 값은? (3점)

① 7 ② 10 ③ 13 ④ 16 ⑤ 19

D131 ✿❀❀ 2018대비(가) 6월 모평 8(고3)

부등식 $2\log_2|x-1|\le 1-\log_2\frac{1}{2}$을 만족시키는 모든 정수 x의 개수는? (3점)

① 2 ② 4 ③ 6 ④ 8 ⑤ 10

D132 ✿❀❀ 2016대비(A) 수능 11(고3)

x에 대한 로그부등식 $\log_5(x-1)\le\log_5\left(\frac{1}{2}x+k\right)$를 만족시키는 모든 정수 x의 개수가 3일 때, 자연수 k의 값은? (4점)

① 1 ② 2 ③ 3 ④ 4 ⑤ 5

D133 ✿❀❀ 2012대비(나) 6월 모평 16(고3)

부등식 $\log_2 x^2 - \log_2 |x| \le 3$을 만족시키는 정수 x의 개수는? (4점)

① 12 ② 13 ③ 14 ④ 15 ⑤ 16

D134 ✿❀❀ 2008대비(나) 6월 모평 8(고3)

$1 \le \log n < 3$인 자연수 n에 대하여 $\log_2 n$이 정수가 되도록 하는 n의 개수는? (3점)

① 3 ② 4 ③ 5 ④ 6 ⑤ 7

유형 16 로그부등식의 해 - $\log_a x$ 꼴이 반복되는 경우

(1) $\log_a x$ 꼴이 반복되는 로그부등식의 풀이 순서
 (i) $\log_a x = t$로 치환한다.
 (ii) t에 대한 부등식을 푼다.
 (iii) x의 값의 범위를 구한다.

(2) 지수에 로그가 있는 경우에는 양변에 로그를 취한 후 로그부등식을 푼다. 이때, 취한 로그의 밑이 (밑)>1인 경우 부등호의 방향은 그대로, $0<$(밑)<1인 경우 부등호의 방향이 바뀜에 주의한다.

tip

로그함수 $y=\log_a x\ (a>0,\ a\ne 1)$의 정의역은 $\{x \mid x>0\}$이고 치역은 실수 전체의 집합이다. 즉, $\log_a x$ 꼴이 반복되는 로그부등식을 풀 때는 지수방정식 또는 지수부등식과 달리 $\log_a x = t$로 치환하여도 t의 범위에 신경을 쓰지 않아도 된다.

D135 ❀❀❀ 2011대비(나) 9월 모평 5(고3)

로그부등식 $(1+\log_3 x)(a-\log_3 x)>0$의 해가 $\frac{1}{3}<x<9$일 때, 상수 a의 값은? (3점)

① 1 ② 2 ③ 3 ④ 4 ⑤ 5

D136 ❀❀❀ 2005대비(나) 12월 예비 3(고3)

다음 부등식의 해는? (3점)

$$(\log_2 x)^2 + \log_2 x - 2 \ge 0$$

① $\frac{1}{4} \le x \le 2$ ② $\frac{1}{2} \le x \le 4$

③ $2 \le x \le 4$ ④ $0 < x \le \frac{1}{4}$ 또는 $x \ge 2$

⑤ $0 < x \le \frac{1}{2}$ 또는 $x \ge 4$

D137 ❀❀❀ 2005대비(나) 6월 모평 8(고3)

로그부등식 $(\log_2 x)^2 - \log_2 x^5 + 6 < 0$의 해가 $\alpha < x < \beta$일 때, $\alpha\beta$의 값은? (3점)

① 6 ② 8 ③ 16 ④ 24 ⑤ 32

D138 ✿❀❀ 2008대비(나) 수능 19(고3)

부등식 $(\log_3 x)(\log_3 3x) \le 20$을 만족시키는 자연수 x의 최댓값을 구하시오. (3점)

❖ 정답 및 해설 186~189p

유형 17 여러 가지 로그부등식의 풀이

부등식 $x^{\log_a x} > f(x)$ 꼴의 부등식에서 양변에 밑이 a인 로그를 취하면

(1) $a>1$일 때, $\log_a x^{\log_a x} > \log_a f(x)$에서 $(\log_a x)^2 > \log_a f(x)$

(2) $0<a<1$일 때, $\log_a x^{\log_a x} < \log_a f(x)$에서 $(\log_a x)^2 < \log_a f(x)$

tip

절댓값이 진수에 포함되어 있는 경우 로그의 진수 조건을 고려하여 절댓값을 없앤다.

D139 ✽❀❀ 2020대비(가) 6월 모평 24(고3)

이차함수 $y=f(x)$의 그래프와 직선 $y=x-1$이 그림과 같을 때, 부등식

$$\log_3 f(x) + \log_{\frac{1}{3}}(x-1) \le 0$$

을 만족시키는 모든 자연수 x의 값의 합을 구하시오.

(단, $f(0)=f(7)=0$, $f(4)=3$) (3점)

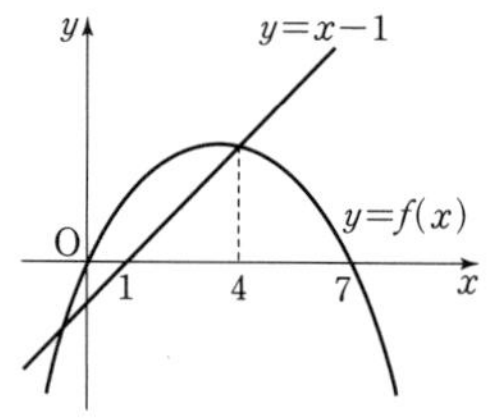

D140 ✽❀❀ 2007대비(나) 6월 모평 6(고3)

연립부등식

$$\begin{cases} 2^{x+3} > 4 \\ 2\log(x+3) < \log(5x+15) \end{cases}$$

를 만족시키는 정수 x의 개수는? (3점)

① 2 ② 4 ③ 6
④ 8 ⑤ 10

D141 ✽❀❀ 2005대비(나) 수능 19(고3)

연립부등식

$$\begin{cases} \log_3 |x-3| < 4 \\ \log_2 x + \log_2 (x-2) \ge 3 \end{cases}$$

을 만족시키는 정수 x의 개수를 구하시오. (3점)

2025 6월

유형 18 로그부등식의 활용

모든 실수 x에 대하여 이차부등식이 항상 성립할 조건

(1) $ax^2+bx+c>0 \Longleftrightarrow a>0,\ b^2-4ac<0$

(2) $ax^2+bx+c<0 \Longleftrightarrow a<0,\ b^2-4ac<0$

(3) $ax^2+bx+c\ge 0 \Longleftrightarrow a>0,\ b^2-4ac\le 0$

(4) $ax^2+bx+c\le 0 \Longleftrightarrow a<0,\ b^2-4ac\le 0$

tip

이차함수 $f(x)$와 모든 실수 x에 대하여 부등식 $f(x)>0$이 성립하면 함수 $y=f(x)$의 그래프는 x축과 만나지 않는다. 즉, 함수 $f(x)$의 최고차항의 계수는 양수이고, 방정식 $f(x)=0$의 판별식을 D라 하면 $D<0$이다.

D142 ✽❀❀ 2022대비 6월 모평 10(고3)

$n\ge 2$인 자연수 n에 대하여 두 곡선

$$y=\log_n x,\ y=-\log_n(x+3)+1$$

이 만나는 점의 x좌표가 1보다 크고 2보다 작도록 하는 모든 n의 값의 합은? (4점)

① 30 ② 35 ③ 40
④ 45 ⑤ 50

D143 ✿❀❀ 2021실시 3월 학평 17(고3)

모든 실수 x에 대하여 이차부등식
$3x^2-2(\log_2 n)x+\log_2 n>0$이 성립하도록 하는 자연수 n의 개수를 구하시오. (3점)

D144 ✿❀❀ 2020실시(가) 4월 학평 16(고3)

두 함수 $f(x)=x^2-6x+11$, $g(x)=\log_3 x$가 있다.
정수 k에 대하여

$$k<(g\circ f)(n)<k+2$$

를 만족시키는 자연수 n의 개수를 $h(k)$라 할 때,
$h(0)+h(3)$의 값은? (4점)

① 11 ② 13 ③ 15
④ 17 ⑤ 19

D145 ✿❀❀ 2019실시(가) 4월 학평 12(고3)

정수 전체의 집합의 두 부분집합

$$A=\{x\mid\log_2(x+1)\le k\}$$
$$B=\{x\mid\log_2(x-2)-\log_{\frac{1}{2}}(x+1)\ge 2\}$$

에 대하여 $n(A\cap B)=5$를 만족시키는 자연수 k의 값은? (3점)

① 3 ② 4 ③ 5
④ 6 ⑤ 7

D146 ✿❀❀ 2017실시(가) 4월 학평 17(고3)

두 집합

$$A=\{x\mid x^2-5x+4\le 0\},$$
$$B=\{x\mid(\log_2 x)^2-2k\log_2 x+k^2-1\le 0\}$$

에 대하여 $A\cap B\ne\varnothing$을 만족시키는 정수 k의 개수는? (4점)

① 5 ② 6 ③ 7
④ 8 ⑤ 9

D147 ✿❀❀ 2014실시(A) 3월 학평 14(고3)

자연수 n에 대하여 좌표평면에서 직선 $\frac{x}{3}+\frac{y}{4}=\left(\frac{3}{4}\right)^n$을 l_n이라 하자.
직선 l_n과 x축, y축으로 둘러싸인 부분의 넓이가 $\frac{1}{10}$ 이하가 되도록 하는 자연수 n의 최솟값은?
(단, $\log 2=0.30$, $\log 3=0.48$로 계산한다.) (4점)

① 6 ② 7 ③ 8
④ 9 ⑤ 10

D148 ✿❀❀ 2009대비(나) 6월 모평 26(고3)

부등식 $|a-\log_2 x|\le 1$을 만족시키는 x의 최댓값과 최솟값의 차가 18일 때, 2^a의 값은? (3점)

① 10 ② 12 ③ 14
④ 16 ⑤ 18

D149 ✿❀❀ 2007대비(나) 수능 13(고3)

정수 n에 대하여 두 집합 $A(n)$, $B(n)$이

$$A(n)=\{x\mid\log_2 x\le n\}$$
$$B(n)=\{x\mid\log_4 x\le n\}$$

일 때, [보기]에서 옳은 것을 모두 고른 것은? (4점)

[보기]

ㄱ. $A(1)=\{x\mid 0<x\le 1\}$
ㄴ. $A(4)=B(2)$
ㄷ. $A(n)\subset B(n)$일 때, $B(-n)\subset A(-n)$이다.

① ㄱ ② ㄴ ③ ㄷ
④ ㄱ, ㄷ ⑤ ㄴ, ㄷ

❖ 정답 및 해설 189~193p

D150 ✿❀❀ 2007대비(나) 수능 27(고3)

$0<a<1$인 a에 대하여 10^a을 3으로 나눌 때, 몫이 정수이고 나머지가 2가 되는 모든 a의 값의 합은? (4점)

① $3\log 2$ ② $6\log 2$ ③ $1+3\log 2$
④ $1+6\log 2$ ⑤ $2+3\log 2$

D151 ✿✿❀ 2025대비 6월 모평 14(고3)

다음 조건을 만족시키는 모든 자연수 k의 값의 합은? (4점)

> $\log_2 \sqrt{-n^2+10n+75}-\log_4(75-kn)$의 값이 양수가 되도록 하는 자연수 n의 개수가 12이다.

① 6 ② 7 ③ 8
④ 9 ⑤ 10

D152 ✿✿❀ 2007실시(나) 10월 학평 27(고3)

두 집합

$A=\{x\,|\,2^{x(x-3a)}<2^{a(x-3a)}\}$, $B=\{x\,|\,\log_3(x^2-2x+6)<2\}$

에 대하여 $A\cap B=A$가 성립하도록 하는 실수 a의 값의 범위는? (3점)

① $-1\le a\le 0$ ② $-1\le a\le \frac{1}{3}$ ③ $-\frac{1}{3}\le a\le 1$
④ $\frac{1}{3}\le a\le 3$ ⑤ $1\le a\le 3$

D153 ✿✿❀ 1994대비(2차) 수능 13(고3)

부등식 $|\log_2 a-\log_2 10|+\log_2 b\le 1$을 만족시키는 두 자연수 a, b의 순서쌍 (a, b)의 개수는? (2점)

① 15 ② 17 ③ 19
④ 21 ⑤ 23

유형 19 로그부등식의 실생활 응용

로그부등식의 실생활 응용 문제 풀이 순서

(i) 문장으로 나타난 것을 로그부등식 꼴로 나타낸다.
(ii) 로그부등식의 풀이를 이용하여 해를 구한다.
로그부등식으로 나타낼 때 '최초, 처음으로'라는 말이 있을 경우 구한 범위를 만족시키는 값 중 가장 작은 것을 구한다.

tip

로그부등식의 실생활 응용 문제는 로그를 포함한 다양한 관계식이 주어진다. 이 관계식에서 문자가 의미하는 것을 정확히 파악한 후 관계식에 조건을 정확히 대입해서 부등식을 세워야 한다.

D154 ✿❀❀ 2012대비(나) 9월 모평 7(고3)

특정 환경의 어느 웹사이트에서 한 메뉴 안에 선택할 수 있는 항목이 n개 있는 경우, 항목을 1개 선택하는 데 걸리는 시간 T(초)가 다음 식을 만족시킨다.

$$T=2+\frac{1}{3}\log_2(n+1)$$

메뉴가 여러 개인 경우, 모든 메뉴에서 항목을 1개씩 선택하는 데 걸리는 전체 시간은 각 메뉴에서 항목을 1개씩 선택하는 데 걸리는 시간을 모두 더하여 구한다. 예를 들어, 메뉴가 3개이고 각 메뉴 안에 항목이 4개씩 있는 경우, 모든 메뉴에서 항목을 1개씩 선택하는 데 걸리는 전체 시간은 $3\left(2+\frac{1}{3}\log_2 5\right)$초이다.

메뉴가 10개이고 각 메뉴 안에서 항목이 n개씩 있을 때, 모든 메뉴에서 항목을 1개씩 선택하는 데 걸리는 전체 시간이 30초 이하가 되도록 하는 n의 최댓값은? (3점)

① 7 ② 8 ③ 9
④ 10 ⑤ 11

D155 ✿❀❀ 2012대비(나) 6월 모평 12(고3)

두 원소 A, B가 들어있는 기체 K가 기체확산장치를 통과하면 A, B의 농도가 변한다. 기체확산장치를 통과하기 전 기체 K에 들어 있는 A, B의 농도를 각각 a_0, b_0이라 하고, 기체확산장치를 n번 통과한 기체에 들어 있는 A, B의 농도를 각각 a_n, b_n이라 하자.

$c_0=\frac{a_0}{b_0}$, $c_n=\frac{a_n}{b_n}$이라 하면 다음 관계식이 성립한다고 한다.

$$c_n=1.004\times c_{n-1}$$

$c_0=\frac{1}{99}$일 때, 기체 K가 기체확산장치를 n번 통과하면 $c_n\geq\frac{1}{9}$이 된다. 자연수 n의 최솟값은? (단, $\log 1.1=0.0414$, $\log 1.004=0.0017$로 계산한다.) (3점)

① 593 ② 613 ③ 633
④ 653 ⑤ 673

D156 ✿❀❀ 2009대비(나) 9월 모평 14(고3)

어느 제과점에서는 다음과 같은 방법으로 빵의 가격을 실질적으로 인상한다.

> 빵의 개당 가격은 그대로 유지하고, 무게를 그 당시 무게에서 10 % 줄인다.

이 방법을 n번 시행하면 빵의 단위 무게당 가격이 처음의 1.5배 이상이 된다. n의 최솟값은? (단, $\log 2=0.3010$, $\log 3=0.4771$로 계산한다.) (3점)

① 3 ② 4 ③ 5
④ 6 ⑤ 7

D157 ✿❀❀ 2006대비(나) 6월 모평 13(고3)

어떤 학생이 MP3 플레이어를 구입하기 위하여 가격에 대한 정보를 알아보았더니, 현재 제품 A의 가격은 24만 원, 제품 B의 가격은 16만 원이고, 3개월마다 제품 A는 10 %, 제품 B는 5 %의 가격 하락이 있었다. 이런 추세가 계속된다고 가정할 때, 두 제품의 가격 차이가 구입 시점의 제품 B 가격의 20 % 이하가 되면 제품 A를 구입하기로 하였다. 이 학생이 제품 A를 구입할 수 있는 최초의 시기는? (단, $\log 2=0.30$, $\log 3=0.48$, $\log 0.95=-0.02$로 계산한다.) (4점)

① 12개월 후 ② 15개월 후 ③ 18개월 후
④ 21개월 후 ⑤ 24개월 후

D158 ✿❀❀ 2006대비(나) 6월 모평 27(고3) 오답 이의제기

아열대 해역에 서식하는 수명이 짧은 어류의 성장 정도를 알아보는 방법 중의 하나는 길이(cm)를 측정하는 것이다. 이 해역에 서식하는 어떤 물고기의 연령 t에 따른 길이 $f(t)$를 근사적으로 추정하면 다음과 같다고 한다.

$$f(t)=20\left\{1-a^{-0.7(t+0.4)}\right\}$$

이 물고기의 길이가 16 cm 이상 되기 위한 최소 연령은? (단, a는 $a>1$인 상수이고, $\log_a 5=1.4$로 계산한다.) (4점)

① 1 ② 1.6 ③ 2
④ 2.6 ⑤ 3

❖ 정답 및 해설 193~196p

D159 ✿❀❀ 2005대비(나) 수능 15(고3)

소리가 건물의 벽을 통과할 때, 일정 비율만 실내로 투과되고 나머지는 반사되거나 흡수된다. 이때, 실내로 투과되는 소리의 비율을 투과율이라 한다.
확성기의 음향출력이 W(와트)일 때, 투과율이 α인 건물에서 r(m)만큼 떨어진 지점에 있는 확성기로부터 실내로 투과되는 소리의 세기 P(데시벨)는 다음과 같다.

$$P=10\log\frac{\alpha W}{I_0}-20\log r-11$$

(단, $I_0=10^{-12}$(와트/m^2)이고 $r>1$이다.)

확성기에서 음향출력이 100(와트)인 소리가 나오고 있다. 투과율이 $\frac{1}{100}$인 건물의 실내로 투과되는 소리의 세기가 59(데시벨) 이하가 되게 할 때, 확성기와 건물 사이의 최소 거리는? (단, 소리는 공간으로 골고루 퍼져나가고, 투과율 이외의 다른 요인은 고려하지 않는다고 가정한다.) (4점)

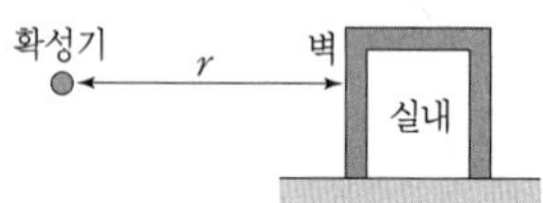

① 10^2 m ② $10^{\frac{17}{8}}$ m ③ $10^{\frac{13}{6}}$ m
④ $10^{\frac{9}{4}}$ m ⑤ $10^{\frac{5}{2}}$ m

D160 ✿❀❀ 2005대비(나) 수능 17(고3)

총 인구에서 65세 이상 인구가 차지하는 비율이 20 % 이상인 사회를 '초고령화 사회'라고 한다.
2000년 어느 나라의 총 인구는 1000만 명이고 65세 이상 인구는 50만 명이었다. 총 인구는 매년 전년도보다 0.3 %씩 증가하고 65세 이상 인구는 매년 전년도보다 4 %씩 증가한다고 가정할 때, 처음으로 '초고령화 사회'가 예측되는 시기는?
(단, $\log 1.003=0.0013$, $\log 1.04=0.0170$, $\log 2=0.3010$) (4점)

① 2048년 ~ 2050년 ② 2038년 ~ 2040년
③ 2028년 ~ 2030년 ④ 2018년 ~ 2020년
⑤ 2008년 ~ 2010년

D161 ✿❀❀ 2000대비(인) 수능 24(고3)

컴퓨터 중앙처리장치의 속도는 1985년 1MHz이던 것이 매 3년마다 약 4배의 비율로 빨라지고 있다. 한 연구에 의하면, 현재 기술로 이와 같은 발전을 지속할 수 있는 중앙처리장치 속도의 한계는 약 4000MHz라고 한다. 이 연구에서 현재 기술이 한계에 도달할 것으로 예측되는 해는? (단, MHz는 중앙처리장치 속도의 단위이며, $\log 2=0.3$으로 계산한다.) (3점)

① 2003년 ② 2006년 ③ 2009년
④ 2012년 ⑤ 2024년

1등급 마스터 문제 [4점+2등급 대비+1등급 대비]

D162 ✲✲❀ 2023대비 수능 21(고3)

자연수 n에 대하여 함수 $f(x)$를

$$f(x)=\begin{cases} |3^{x+2}-n| & (x<0) \\ |\log_2(x+4)-n| & (x\ge 0) \end{cases}$$

이라 하자. 실수 t에 대하여 x에 대한 방정식 $f(x)=t$의 서로 다른 실근의 개수를 $g(t)$라 할 때, 함수 $g(t)$의 최댓값이 4가 되도록 하는 모든 자연수 n의 값의 합을 구하시오. (4점)

D163 ✲✲✲ 2015대비(A) 수능 30(고3)

좌표평면에서 자연수 n에 대하여 다음 조건을 만족시키는 삼각형 OAB의 개수를 $f(n)$이라 할 때, $f(1)+f(2)+f(3)$의 값을 구하시오. (단, O는 원점이다.) (4점)

> (가) 점 A의 좌표는 $(-2, 3^n)$이다.
> (나) 점 B의 좌표를 (a, b)라 할 때, a와 b는 자연수이고 $b\le\log_2 a$를 만족시킨다.
> (다) 삼각형 OAB의 넓이는 50 이하이다.

D164 ✲✲✲ 2014대비(A) 6월 모평 20(고3)

그림과 같이 함수 $y=2^x$의 그래프 위의 한 점 A를 지나고 x축에 평행한 직선이 함수 $y=15\cdot 2^{-x}$의 그래프와 만나는 점을 B라 하자. 점 A의 x좌표를 a라 할 때, $1<\overline{AB}<100$을 만족시키는 2 이상의 자연수 a의 개수는? (4점)

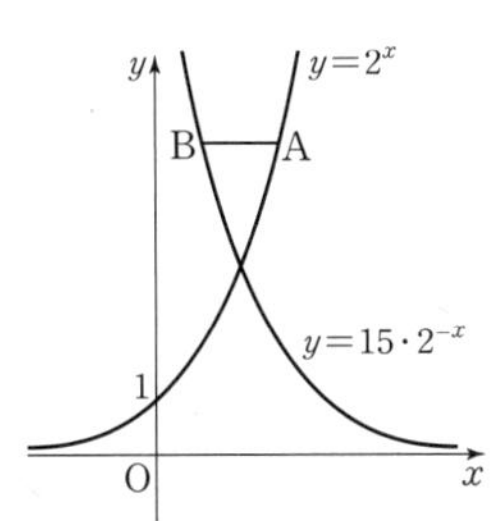

① 40　② 43　③ 46　④ 49　⑤ 52

[1등급 대비+2등급 대비]

D165 ✪ 2등급 대비 2022실시 3월 학평 21(고3)

상수 k에 대하여 다음 조건을 만족시키는 좌표평면의 점 $A(a, b)$가 오직 하나 존재한다.

> (가) 점 A는 곡선 $y=\log_2(x+2)+k$ 위의 점이다.
> (나) 점 A를 직선 $y=x$에 대하여 대칭이동한 점은 곡선 $y=4^{x+k}+2$ 위에 있다.

$a\times b$의 값을 구하시오. (단, $a\ne b$) (4점)

D166 ✪ 2등급 대비 2024실시 7월 학평 21(고3)

$m\le -10$인 상수 m에 대하여 함수 $f(x)$는

$$f(x)=\begin{cases} |5\log_2(4-x)+m| & (x\le 0) \\ 5\log_2 x+m & (x>0) \end{cases}$$

이다. 실수 $t(t>0)$에 대하여 x에 대한 방정식 $f(x)=t$의 모든 실근의 합을 $g(t)$라 하자. 함수 $g(t)$가 다음 조건을 만족시킬 때, $f(m)$의 값을 구하시오. (4점)

> $t\ge a$인 모든 실수 t에 대하여 $g(t)=g(a)$가 되도록 하는 양수 a의 최솟값은 2이다.

❖ 정답 및 해설 197~202p

경찰대, 삼사 중요 기출 문제 [어려운 3점+4점+5점]

D167 2023대비 경찰대 3(고3)

직선 $x=a$와 세 함수 $f(x)=4^x$, $g(x)=2^x$, $h(x)=-\left(\frac{1}{2}\right)^{x-1}$의 그래프가 만나는 점을 각각 P, Q, R라 하자. $\overline{PQ}:\overline{QR}=8:3$일 때, 상수 a의 값은? (3점)

① 1 ② $\frac{3}{2}$ ③ 2 ④ $\frac{5}{2}$ ⑤ 3

D168 2024대비 삼사 15(고3)

0이 아닌 실수 전체의 집합에서 정의된 함수

$$f(x)=\begin{cases}\log_4(-x) & (x<0)\\ 2-\log_2 x & (x>0)\end{cases}$$

이 있다. 직선 $y=a$와 곡선 $y=f(x)$가 만나는 두 점 A, B의 x좌표를 각각 x_1, $x_2(x_1<x_2)$라 하고, 직선 $y=b$와 곡선 $y=f(x)$가 만나는 두 점 C, D의 x좌표를 각각 x_3, $x_4(x_3<x_4)$라 하자. $\left|\frac{x_2}{x_1}\right|=\frac{1}{2}$이고 두 직선 AC와 BD가 서로 평행할 때, $\left|\frac{x_4}{x_3}\right|$의 값은? (단, a, b는 $a\neq b$인 상수이다.) (4점)

① $3+3\sqrt{3}$ ② $5+2\sqrt{3}$ ③ $4+3\sqrt{3}$ ④ $6+2\sqrt{3}$ ⑤ $5+3\sqrt{3}$

D169 2023대비 삼사 9(고3)

곡선 $y=|\log_2(-x)|$를 y축에 대하여 대칭이동한 후 x축의 방향으로 k만큼 평행이동한 곡선을 $y=f(x)$라 하자. 곡선 $y=f(x)$와 곡선 $y=|\log_2(-x+8)|$이 세 점에서 만나고 세 교점의 x좌표의 합이 18일 때, k의 값은? (4점)

① 1 ② 2 ③ 3 ④ 4 ⑤ 5

D170 2023대비 경찰대 4(고3)

자연수 $k(k\geq 2)$에 대하여 집합

$A=\{(a, b)\,|\,a, b$는 자연수, $2\leq a\leq k$, $\log_a b\leq 2\}$

의 원소의 개수가 54일 때, 집합 A의 원소 (a, b)에 대하여 $a+b+k$의 최댓값은? (3점)

① 27 ② 29 ③ 31 ④ 33 ⑤ 35

D171 2022대비 경찰대 5(고3)

두 양수 a, b에 대하여 $0\leq\log_2 a\leq 2$, $0\leq\log_2 b\leq 2$이고 $\log_2(a+b)$가 정수일 때, 두 점 $(4, 2)$와 (a, b) 사이의 거리의 최솟값을 m, 최댓값을 M이라 하자. m^2+M^2의 값은? (4점)

① 12 ② 14 ③ 16 ④ 18 ⑤ 20

D172 2020대비 경찰대 19(고3)

두 실수 x, y가 $\log_2(x+\sqrt{2}y)+\log_2(x-\sqrt{2}y)=2$를 만족할 때, $|x|-|y|$의 최솟값은? (5점)

① $\frac{\sqrt{2}}{4}$ ② $\frac{1}{2}$ ③ $\frac{\sqrt{2}}{2}$ ④ 1 ⑤ $\sqrt{2}$

❖ 정답 및 해설 203~205p

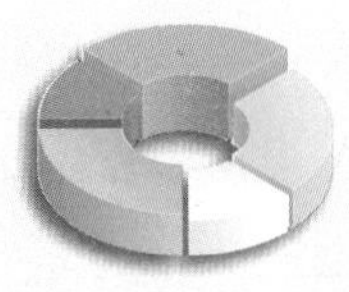

삼각함수

★ 유형 차례

★ 최신 3개년 수능+모평 출제 경향

학년도		출제 유형	난이도
2025	수능	유형 17 삼각함수의 주기	✿❀❀
		유형 23 삼각함수의 성질	❀❀❀
	9월	유형 23 삼각함수의 성질	❀❀❀
		유형 29 삼각방정식과 삼각부등식의 활용	✿✿❀
	6월	유형 20 삼각함수의 그래프의 평행이동	✿✿✿
		유형 23 삼각함수의 성질	✿❀❀
2024	수능	유형 23 삼각함수의 성질	❀❀❀
		유형 28 삼각부등식 – 이차식 꼴	✿✿❀
	9월	유형 09 삼각함수 사이의 관계	❀❀❀
		유형 27 삼각부등식 – 일차식 꼴	✿❀❀
	6월	유형 20 삼각함수의 그래프의 평행이동	✿❀❀
		유형 23 삼각함수의 성질	✿❀❀
2023	수능	유형 21 삼각함수의 미정계수 구하기	✿❀❀
		유형 23 삼각함수의 성질	✿❀❀
	9월	유형 23 삼각함수의 성질	❀❀❀
		유형 29 삼각방정식과 삼각부등식의 활용	✿❀❀
	6월	유형 09 삼각함수 사이의 관계	❀❀❀
		유형 16 삼각함수의 최대 · 최소	✿❀❀

★ 2025 수능 출제 경향 분석

- **삼각함수의 주기와 최댓값** : 코사인함수의 주기와 최댓값을 이용하여 주어진 구간에서 함수의 최댓값의 조건을 만족시키는 미정계수를 구하는 문제가 출제되었다. [E86 문항]
- **삼각함수의 성질** : 조건식에서 $\sin\theta$의 값을 구하고 삼각함수 사이의 관계를 이용하여 주어진 값을 구하는 문제가 출제되었다. [E114 문항]

★ 2026 수능 예측

1. 삼각함수의 최대, 최소를 구하는 문제 또는 삼각방정식, 삼각부등식의 해를 구하는 문제가 출제 가능성이 높다. 특히, 이차식 꼴일 때, $\sin^2 x+\cos^2 x=1$임을 이용하여 삼각함수를 하나로 통일하여 해결한다.

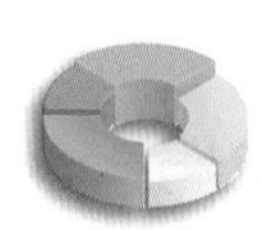

E 삼각함수

개념 강의

중요도 ★★○

1 삼각함수의 뜻과 그 성질 – 유형 01~12

(1) 부채꼴의 호의 길이와 넓이

반지름의 길이가 r, 중심각의 크기가 θ (라디안)인 부채꼴의 호의 길이를 l, 넓이를 S라 하면 $l=r\theta$, $S=\frac{1}{2}r^2\theta=\frac{1}{2}rl$

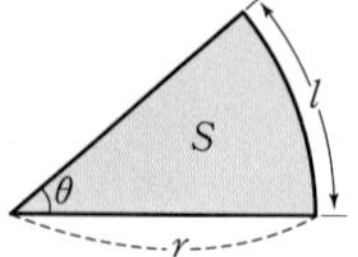

(2) 삼각함수 사이의 관계

① $\tan\theta=\frac{\sin\theta}{\cos\theta}$

② $\sin^2\theta+\cos^2\theta=1$, $1+\tan^2\theta=\frac{1}{\cos^2\theta}$ ❶

왜 그럴까?

❶ $\sin^2\theta+\cos^2\theta=1$의 양변을 $\cos^2\theta$로 나누면

$\frac{\sin^2\theta}{\cos^2\theta}+1=\frac{1}{\cos^2\theta}$

$\therefore \tan^2\theta+1=\frac{1}{\cos^2\theta}$

2 삼각함수의 그래프❷ – 유형 13~24

(1) 함수 $y=\sin x$, $y=\cos x$의 성질

① 정의역은 실수 전체의 집합이고, 치역은 $\{y\mid -1\le y\le 1\}$이다.

② 주기가 2π인 주기함수❸이다.

③ $y=\sin x$의 그래프는 원점, $y=\cos x$의 그래프는 y축에 대하여 대칭이다.

출제
2025 수능 10번
2025 9월 모평 20번
2025 6월 모평 20번

★ 수능에는 코사인함수의 주기와 최댓값을 이용하여 미정계수를 구하는 중 난이도의 문제가 출제되었고 6월과 9월에는 평행이동한 삼각함수의 그래프와 x축에 평행한 직선이 만나는 서로 다른 점의 개수에 대한 조건을 해석하는 중상 난이도의 문제가 출제되었다.

(2) 함수 $y=\tan x$의 성질

① 정의역은 $x\neq n\pi+\frac{\pi}{2}$ (n은 정수)인 실수 전체의 집합이고, 치역은 실수 전체의 집합이다.

② 주기가 π인 주기함수이다.

③ 그래프는 원점에 대하여 대칭이고, 점근선은 직선 $x=n\pi+\frac{\pi}{2}$ (n은 정수)이다.

(3) 일반각에 대한 삼각함수의 성질❹(복호동순)

① $\sin(-\theta)=-\sin\theta$, $\cos(-\theta)=\cos\theta$, $\tan(-\theta)=-\tan\theta$

② $\sin(\pi\pm\theta)=\mp\sin\theta$, $\cos(\pi\pm\theta)=-\cos\theta$, $\tan(\pi\pm\theta)=\pm\tan\theta$

③ $\sin\left(\frac{\pi}{2}\pm\theta\right)=\cos\theta$, $\cos\left(\frac{\pi}{2}\pm\theta\right)=\mp\sin\theta$, $\tan\left(\frac{\pi}{2}\pm\theta\right)=\mp\frac{1}{\tan\theta}$

출제
2025 수능 6번
2025 9월 모평 6번
2025 6월 모평 6번

★ 수능에는 $\frac{\pi}{2}+\theta$, 9월에는 $\pi+\theta$, 6월에는 $\theta-\frac{\pi}{2}$에 대한 삼각함수의 성질을 이용하는 쉬운 문제가 출제되었다.

한걸음 더!

❷ (1) 함수 $y=a\sin(bx+c)+d$, $y=a\cos(bx+c)+d$의

① 치역 : $\{y\mid -|a|+d\le y\le |a|+d\}$

② 주기 : $\frac{2\pi}{|b|}$

(2) 함수 $y=a\tan(bx+c)+d$의

① 치역 : 실수 전체의 집합

② 주기 : $\frac{\pi}{|b|}$

❸ 함수 $f(x)$가 모든 실수 x에 대하여 $f(x)=f(x+p)$를 만족시키는 0이 아닌 상수 p가 존재하면 함수 $f(x)$를 주기함수라 한다. 상수 p 중에서 최소인 양수를 그 함수의 주기라 한다.

+개념 보충

❹ $\frac{n}{2}\pi\pm\theta$의 삼각함수

(단, n은 정수, θ는 예각)

여러 가지 각의 삼각함수는 각을 $\frac{n}{2}\pi\pm\theta$ (n은 정수)의 꼴로 고친 후 다음의 순서로 그 값을 구한다.

(i) n이 짝수이면 삼각함수는 그대로

(ii) n이 홀수이면 $\sin\to\cos$, $\cos\to\sin$, $\tan\to\frac{1}{\tan}$로 바뀐다.

(iii) 부호는 동경이 어느 사분면에 있는지 알아본다. 이때, 그 사분면에서 처음 주어진 삼각함수의 부호가 양이면 $+$, 음이면 $-$를 붙인다.

3 삼각방정식과 삼각부등식❺ – 유형 25~29

(1) 삼각방정식

$\sin x=k$ (또는 $\cos x=k$ 또는 $\tan x=k$)의 해는 $y=\sin x$ 또는 $y=\cos x$ 또는 $y=\tan x$의 그래프와 직선 $y=k$의 교점의 x좌표의 값이다.

(2) 삼각부등식

$\sin x>k$ (또는 $\cos x>k$ 또는 $\tan x>k$)의 해는 $y=\sin x$ 또는 $y=\cos x$ 또는 $y=\tan x$의 그래프가 직선 $y=k$의 위쪽에 있는 x좌표의 값의 범위이다.

한걸음 더!

❺ 여러 삼각함수가 포함된 삼각방정식 또는 삼각부등식은 삼각함수 사이의 관계를 이용하여 삼각함수를 하나로 통일하고, 통일된 삼각함수를 t로 치환한 후 방정식 또는 부등식의 해를 구한다.

1 삼각함수의 뜻과 성질

E01 기본 2018실시(가) 4월 학평 2(고3)

반지름의 길이가 4, 중심각의 크기가 $\frac{\pi}{4}$인 부채꼴의 호의 길이는? (2점)

① $\frac{\pi}{4}$ ② $\frac{\pi}{2}$ ③ $\frac{3}{4}\pi$ ④ π ⑤ $\frac{5}{4}\pi$

2 삼각함수의 그래프

E02 기본 2018실시(가) 4월 학평 24(고3)

좌표평면에서 곡선 $y=4\sin\left(\frac{\pi}{2}x\right)(0\leq x\leq 2)$ 위의 점 중 y좌표가 정수인 점의 개수를 구하시오. (3점)

E03 기본 2007실시 3월 학평 14(고2)

함수 $y=-4\cos^2 x+4\sin x+3$의 최댓값을 M, 최솟값을 m이라 할 때, $M+m$의 값은? (3점)

① 1 ② 2 ③ 3 ④ 4 ⑤ 5

E04 기본 2006실시 3월 학평 25(고2)

그림은 함수 $f(x)=a\sin b\left(x+\frac{\pi}{4}\right)$의 그래프이다.

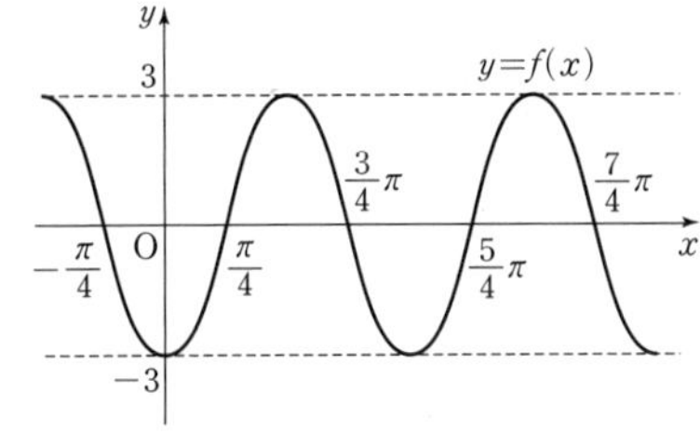

a^2+b^2의 값을 구하시오. (단, a, b는 상수이다.) (3점)

3 삼각방정식과 삼각부등식

E05 기본 2001실시(자) 제2회 학평 13(고3)

$\tan 5x=\tan 40^\circ$, $\tan 6x=\tan 120^\circ$일 때, 다음 중 $\tan 7x$와 같은 것은? (3점)

① $\tan 10^\circ$ ② $\tan 20^\circ$ ③ $\tan 30^\circ$ ④ $\tan 50^\circ$ ⑤ $\tan 70^\circ$

E06 기본 1997대비(인) 수능 3(고3)

이차방정식 $x^2-2\sqrt{3}x+2=0$의 두 근을 α, $\beta(\alpha>\beta)$라고 할 때, $\tan\theta=\frac{\alpha-\beta}{\alpha+\beta}$를 만족하는 θ의 크기는? $\left(단, -\frac{\pi}{2}<\theta<\frac{\pi}{2}\right)$ (2점)

① $\frac{\pi}{6}$ ② $\frac{\pi}{4}$ ③ $\frac{\pi}{3}$ ④ $-\frac{\pi}{4}$ ⑤ $-\frac{\pi}{3}$

E07 기본 2018실시(가) 4월 학평 9(고3)

$0\leq x<2\pi$에서 부등식 $2\sin x+1<0$의 해가 $\alpha<x<\beta$일 때, $\cos(\beta-\alpha)$의 값은? (3점)

① $-\frac{\sqrt{3}}{2}$ ② $-\frac{1}{2}$ ③ 0 ④ $\frac{1}{2}$ ⑤ $\frac{\sqrt{3}}{2}$

❖ 정답 및 해설 206~207p

수능 유형별 기출 문제 [2점, 3점, 쉬운 4점]

Pass 쉬운 유형, 반복 계산 문제로 패스 하셔도 좋습니다.

1 삼각함수의 뜻과 성질

유형 01 사분면과 일반각

정수 n과 각 θ에 대하여

(1) 제1사분면의 각 : $360°n<\theta<360°n+90°$

(2) 제2사분면의 각 : $360°n+90°<\theta<360°n+180°$

(3) 제3사분면의 각 : $360°n+180°<\theta<360°n+270°$

(4) 제4사분면의 각 : $360°n+270°<\theta<360°n+360°$

tip

각이 주어지면 일반각으로 나타내어 $360°n+\alpha°$에서 $\alpha°$가 몇 사분면에 있는지 확인한다.

E08 ✿❀❀

θ가 제2사분면의 각일 때, $\frac{\theta}{2}$는 몇 사분면의 각인지 모두 구하면? (3점)

① 제1, 2사분면 ② 제1, 3사분면 ③ 제2, 3사분면
④ 제2, 4사분면 ⑤ 제3, 4사분면

E09 ✿❀❀

θ가 제4사분면의 각일 때, $\frac{\theta}{3}$를 나타내는 동경이 있을 수 <u>없는</u> 사분면을 모두 구하면? (3점)

① 제1사분면 ② 제2사분면 ③ 제1, 2사분면
④ 제2, 3사분면 ⑤ 제3, 4사분면

E10 ✿❀❀

2θ가 제1사분면의 각일 때, θ는 몇 사분면의 각인지 모두 구하면? (3점)

① 제1, 2사분면 ② 제1, 3사분면 ③ 제1, 4사분면
④ 제2, 4사분면 ⑤ 제3, 4사분면

유형 02 호도법

(1) **호도법** : 반지름의 길이와 호의 길이가 같은 부채꼴의 중심각의 크기를 1라디안이라 하고, 이것을 단위로 하여 각의 크기를 나타내는 방법을 호도법이라 한다.

(2) **육십분법과 호도법 사이의 관계** :

$\pi=180°$에서 $1°=\frac{\pi}{180}$라디안, 1라디안$=\frac{180°}{\pi}$

tip

반지름의 길이가 r인 원에서 길이가 r인 호에 대한 중심각의 크기를 $\alpha°$라 하면 호의 길이는 중심각의 크기에 정비례하므로

$r:2\pi r=\alpha°:360°$에서 $\alpha°=\frac{180°}{\pi}$

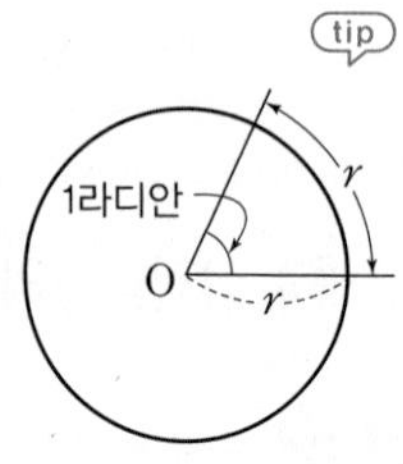

따라서 중심각의 크기 $\alpha°$는 원의 반지름의 길이에

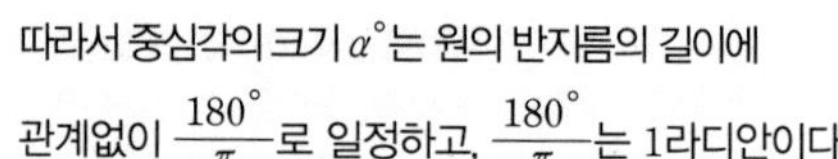

관계없이 $\frac{180°}{\pi}$로 일정하고, $\frac{180°}{\pi}$는 1라디안이다.

E11 ❀❀❀ 2001실시(인) 제1회 학평 17(고3)

다음은 호도법에 대한 설명이다.

그림과 같이 반지름의 길이가 r, 중심이 O인 원에서 길이가 l인 호 AB에 대한 중심각 AOB의 크기를 $\alpha°$라 하면, 호 AB의 길이는 중심각의 크기 $\alpha°$에 비례한다.

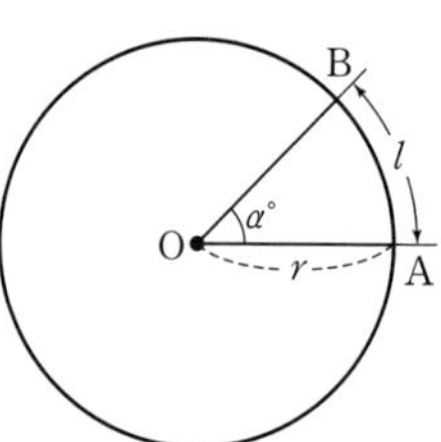

따라서 $\frac{l}{\boxed{(가)}}=\frac{\alpha°}{360°}$

여기서 $l=r$이면 $\alpha°=\boxed{(나)}$

이 경우 중심각의 크기 $\alpha°$는 원의 반지름의 길이에 관계없이 항상 일정하다. 이 일정한 각의 크기를 1라디안이라 하고, 이것을 단위로 하여 각의 크기를 나타내는 방법을 호도법이라 한다.

위에서 (가), (나)에 알맞은 것을 순서대로 적으면? (3점)

① $2\pi r$, $\frac{180°}{\pi}$ ② $2\pi r$, $\frac{\pi}{180°}$

③ $2\pi r$, $\frac{360°}{\pi}$ ④ πr, $\frac{\pi}{180°}$

⑤ πr, $\frac{360°}{\pi}$

E12 ❀❀❀

다음 [보기]에서 옳은 것만을 있는 대로 고른 것은? (3점)

[보기]

ㄱ. $\frac{120^\circ}{\pi}=\frac{2}{3}$　　ㄴ. $60^\circ=\frac{\pi}{6}$

ㄷ. $3\pi=270^\circ$　　ㄹ. $\frac{5}{3}\pi=300^\circ$

① ㄱ　② ㄱ, ㄷ　③ ㄱ, ㄹ
④ ㄴ, ㄷ　⑤ ㄴ, ㄷ, ㄹ

유형 03 두 동경의 위치 관계

정수 n에 대하여 두 각 α, β를 나타내는 동경의 위치 관계가 다음과 같을 때,

(1) 일치하는 경우 : $\alpha-\beta=2n\pi$
(2) 원점에 대하여 대칭인 경우 : $\alpha-\beta=(2n+1)\pi$
(3) x축에 대하여 대칭인 경우 : $\alpha+\beta=2n\pi$
(4) y축에 대하여 대칭인 경우 : $\alpha+\beta=(2n+1)\pi$

두 각 α, β를 나타내는 동경이 직선 $y=x$에 대하여 대칭인 경우
$\alpha+\beta=2n\pi+\frac{\pi}{2}$ (단, n은 정수)

E13 ❀❀❀

두 각 2θ와 8θ의 동경이 일치할 때, 각 θ의 크기는?
$\left(\text{단, } \frac{\pi}{2}<\theta<\pi\right)$ (3점)

① $\frac{2}{3}\pi$　② $\frac{3}{4}\pi$　③ $\frac{3}{5}\pi$
④ $\frac{4}{5}\pi$　⑤ $\frac{5}{6}\pi$

E14 ❀❀❀

두 각 3θ와 7θ의 동경이 원점에 대하여 대칭일 때, 각 θ의 개수를 구하시오. $\left(\text{단, } 0<\theta<\frac{3}{2}\pi\right)$ (3점)

E15 ❀❀❀

두 각 θ와 5θ의 동경이 x축에 대하여 대칭일 때, 모든 θ의 크기의 합은? (단, $\pi<\theta<2\pi$) (4점)

① $\frac{7}{3}\pi$　② $\frac{5}{2}\pi$　③ $\frac{8}{3}\pi$　④ $\frac{17}{6}\pi$　⑤ 3π

유형 04 부채꼴의 호의 길이

반지름의 길이가 r인 원에서 중심각의 크기가 θ(라디안)인
부채꼴의 호의 길이를 l이라 하면
$l=r\theta$

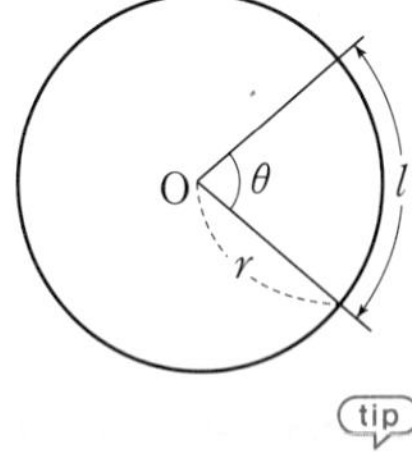

tip

부채꼴의 중심각의 크기 θ는 호도법으로 나타낸 각임에 주의한다. 중심각의 크기가 육십분법으로 주어진 경우 호도법으로 고쳐서 공식을 적용한다.

E16 ❀❀❀　2019실시(가) 9월 학평 4(고2)

반지름의 길이가 4, 중심각의 크기가 $\frac{\pi}{6}$인 부채꼴의 호의 길이는? (3점)

① $\frac{\pi}{3}$　② $\frac{\pi}{2}$　③ $\frac{2}{3}\pi$　④ $\frac{5}{6}\pi$　⑤ π

E17 ❀❀❀　2019실시(나) 9월 학평 5(고2)

반지름의 길이가 3, 중심각의 크기가 $\frac{2}{3}\pi$인 부채꼴의 호의 길이는? (3점)

① π　② $\frac{4}{3}\pi$　③ $\frac{5}{3}\pi$　④ 2π　⑤ $\frac{7}{3}\pi$

E18 ❀❀❀　2019실시(가) 6월 학평 3(고2)

반지름의 길이가 6이고 중심각의 크기가 $\frac{5}{6}\pi$인 부채꼴의 호의 길이는? (2점)

① π　② 2π　③ 3π　④ 4π　⑤ 5π

❖ 정답 및 해설 208~211p

E19 ✿❀❀ 2009실시(나) 6월 학평 20(고2)

중심각이 θ이고 반지름의 길이가 2인 부채꼴 PAB의 중심 P가 반지름의 길이가 1인 원 O 위에 있다. 그림과 같이 부채꼴 PAB가 원 O에 접하며 한 바퀴 돌아서 중심 P가 제자리에 왔다. 이때, 중심각 θ의 값은? (4점)

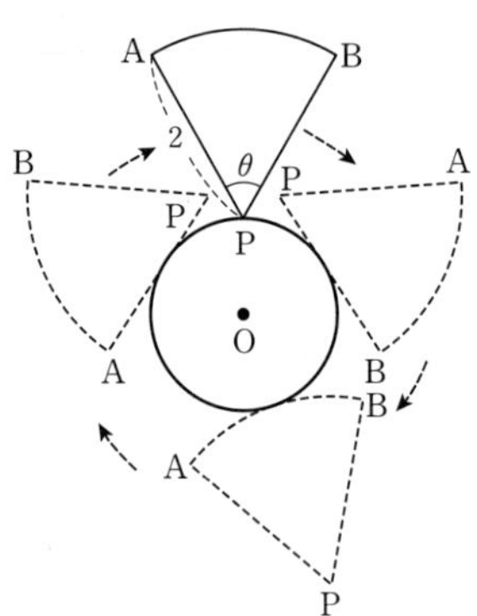

① $\pi-\frac{5}{2}$　② $\pi-2$　③ $\pi-\frac{3}{2}$

④ $\pi-1$　⑤ $\pi-\frac{1}{2}$

E20 ✿✿❀ 2008실시(가) 6월 학평 18(고2)

그림과 같이 $\triangle$ABC와 $\triangle$CDE는 한 변의 길이가 a인 정삼각형이고, $\angle$ACE$=\frac{2}{3}\pi$이다. 반지름의 길이가 $\sqrt{3}$인 원 P가 $\triangle$ABC와 $\triangle$CDE의 둘레를 외접하면서 시계 방향으로 한 바퀴 돌아 처음 출발한 자리로 왔을 때, 원 P의 중심이 움직인 거리가 $23+\frac{8\sqrt{3}}{3}\pi$이다. a의 값은? (4점)

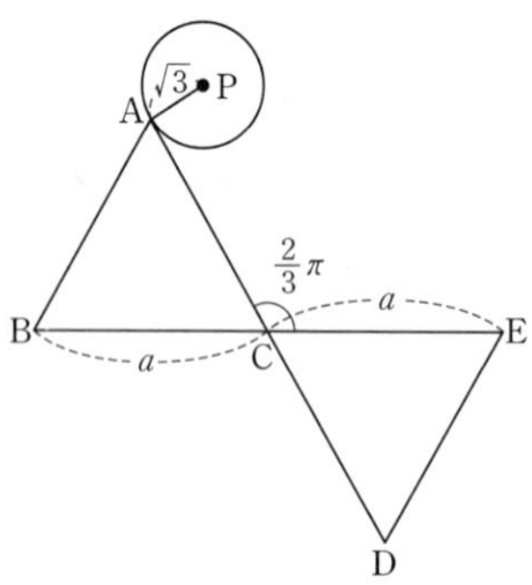

① 4　② $\frac{9}{2}$　③ 5

④ $\frac{11}{2}$　⑤ 6

유형 05 부채꼴의 넓이

반지름의 길이가 r인 원에서 중심각의 크기가 θ(라디안)인 부채꼴의 넓이를 S라 하면

$$S=\frac{1}{2}r^2\theta=\frac{1}{2}rl$$

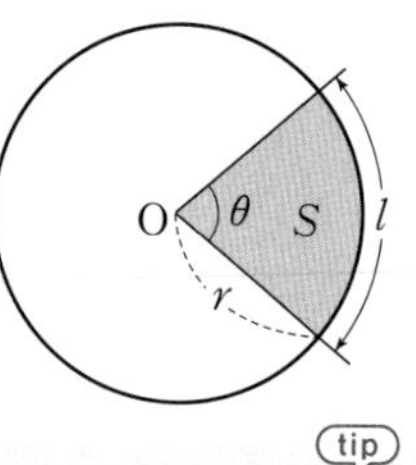

tip
부채꼴의 중심각의 크기 θ는 호도법으로 나타낸 각임에 주의한다.

E21 ❀❀❀ 2020실시(가) 3월 학평 24(고3)

중심각의 크기가 1라디안이고 둘레의 길이가 24인 부채꼴의 넓이를 구하시오. (3점)

E22 ❀❀❀ 2009실시 3월 학평 7(고1)

그림과 같이 부채꼴 모양의 종이로 고깔모자를 만들었더니, 밑면의 반지름의 길이가 8 cm이고, 모선의 길이가 20 cm인 원뿔 모양이 되었다. 이 종이의 넓이는?

(단, 종이는 겹치지 않도록 한다.) (3점)

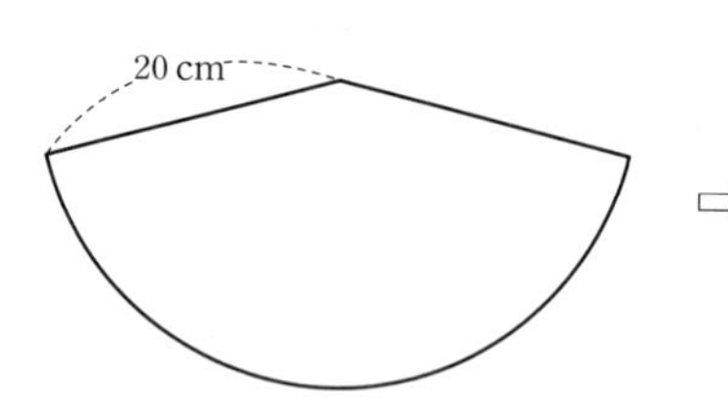

⇨

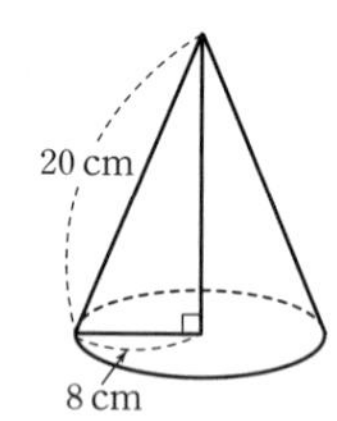

① 160π cm^2　② 170π cm^2　③ 180π cm^2

④ 190π cm^2　⑤ 200π cm^2

E23 ✿❀❀ 2021실시 3월 학평 11(고3)

그림과 같이 두 점 O, O′을 각각 중심으로 하고 반지름의 길이가 3인 두 원 O, O'이 한 평면 위에 있다. 두 원 O, O'이 만나는 점을 각각 A, B라 할 때, $\angle\text{AOB}=\frac{5}{6}\pi$이다.

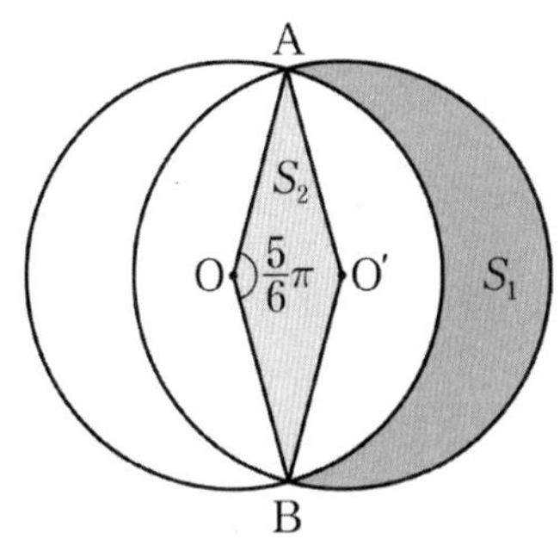

원 O의 외부와 원 O'의 내부의 공통부분의 넓이를 S_1, 마름모 AOBO′의 넓이를 S_2라 할 때, S_1-S_2의 값은? (4점)

① $\frac{5}{4}\pi$ ② $\frac{4}{3}\pi$ ③ $\frac{17}{12}\pi$
④ $\frac{3}{2}\pi$ ⑤ $\frac{19}{12}\pi$

E24 ✿❀❀ 2001대비(인) 수능 9(고3)

반지름의 길이가 r이고 높이가 1인 원기둥에 물이 들어 있다. 원기둥을 수평으로 뉘였을 때 수면과 옆면이 만나서 이루는 현에 대한 중심각을 θ라 하자. 원기둥을 세웠을 때 수면의 높이 h를 θ로 표시하면? $\left(\text{단, } 0<\theta<\pi,\ 0<h<\frac{1}{2}\right)$ (2점)

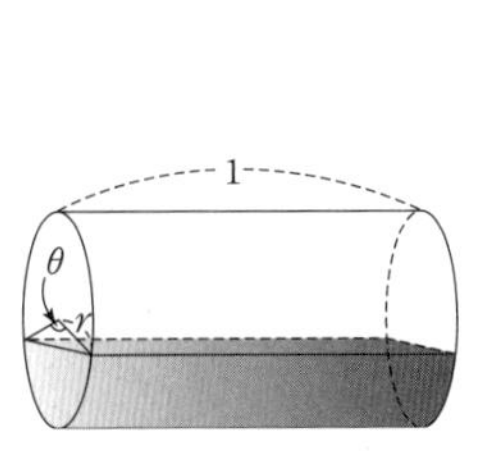

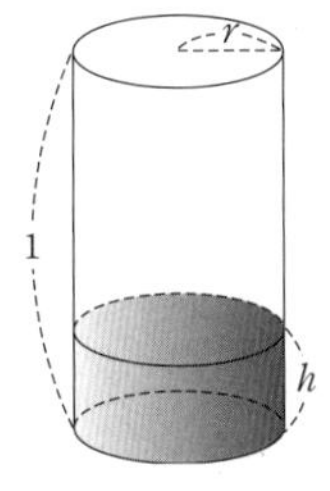

① $h=\frac{1}{2\pi}\theta$ ② $h=\frac{1}{2\pi}\sin\theta$
③ $h=\theta-\sin\theta$ ④ $h=\frac{1}{2\pi}(\theta+\sin\theta)$
⑤ $h=\frac{1}{2\pi}(\theta-\sin\theta)$

E25 ✿✿❀ 2019실시(가) 6월 학평 17(고2)

그림과 같이 반지름의 길이가 4이고 중심각의 크기가 $\frac{\pi}{6}$인 부채꼴 OAB가 있다. 선분 OA 위의 점 P에 대하여 선분 PA를 지름으로 하고 선분 OB에 접하는 반원을 C라 할 때, 부채꼴 OAB의 넓이를 S_1, 반원 C의 넓이를 S_2라 하자. S_1-S_2의 값은? (4점)

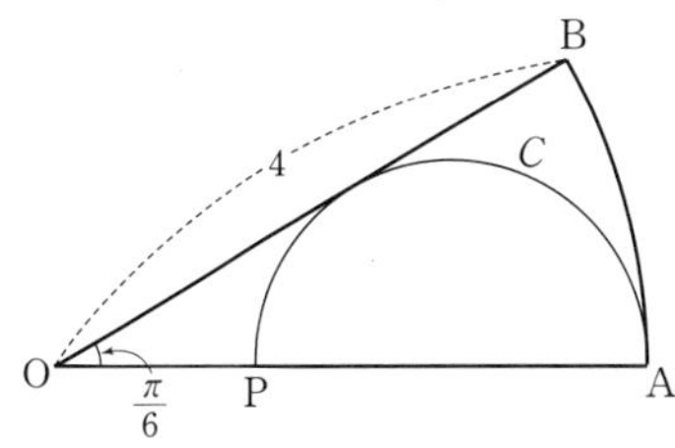

① $\frac{\pi}{9}$ ② $\frac{2}{9}\pi$ ③ $\frac{\pi}{3}$
④ $\frac{4}{9}\pi$ ⑤ $\frac{5}{9}\pi$

E26 ✿✿❀ 2007실시(가) 6월 학평 11(고2)

반지름의 길이가 2인 원 O에 내접하는 정육각형이 있다. 그림과 같이 정육각형의 각 변을 지름으로 하는 원 6개를 그릴 때, 어두운 부분의 넓이는? (4점)

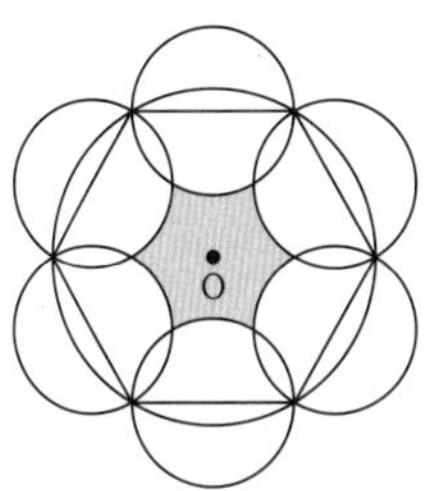

① $3\sqrt{3}-\pi$ ② $3\sqrt{3}+\pi$ ③ $2\sqrt{3}-\frac{\pi}{3}$
④ $2\sqrt{3}+\frac{\pi}{3}$ ⑤ $\frac{\sqrt{3}}{4}+\frac{\pi}{3}$

❖ 정답 및 해설 211~214p

유형 06 부채꼴의 넓이와 둘레의 길이의 최대 · 최소

반지름의 길이가 r, 둘레의 길이가 k인 부채꼴의 넓이 S는

$S=\frac{1}{2}r(k-2r)$ $\left(단, 0<r<\frac{k}{2}\right)$

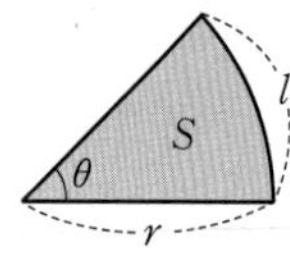

tip

반지름의 길이가 r, 호의 길이가 l인 부채꼴의 둘레의 길이가 k일 때,

$k=r+r+l=2r+l$, $l=k-2r$

즉, 부채꼴의 넓이를 S라 하면

$S=\frac{1}{2}rl=\frac{1}{2}r(k-2r)=-r^2+\frac{k}{2}r=-\left(r-\frac{k}{4}\right)^2+\frac{k^2}{16}$

이므로 $r=\frac{k}{4}$일 때 부채꼴의 넓이는 $\frac{k^2}{16}$으로 최대가 된다.

E27

둘레의 길이가 12인 부채꼴의 넓이가 최대가 되는 반지름의 길이는? (4점)

① $\frac{3}{2}$ ② 2 ③ $\frac{5}{2}$
④ 3 ⑤ $\frac{7}{2}$

E28

길이가 20 cm인 끈을 이용하여 부채꼴 모양을 만들려고 한다. 이 부채꼴의 모양의 넓이의 최댓값은? (4점)

① 20 cm^2 ② 25 cm^2 ③ 30 cm^2
④ 35 cm^2 ⑤ 40 cm^2

E29

부채꼴의 넓이가 64일 때, 둘레의 길이의 최솟값은? (4점)

① 16 ② 20 ③ 24
④ 28 ⑤ 32

유형 07 삼각함수의 정의

좌표평면에서 중심이 원점이고 반지름의 길이가 r인 원 위의 동점 $P(x, y)$에 대하여 동경 OP가 나타내는 일반각의 크기를 θ라 할 때,

$\sin\theta=\frac{y}{r}$, $\cos\theta=\frac{x}{r}$,

$\tan\theta=\frac{y}{x}$ $(x\neq0)$로 정의한다.

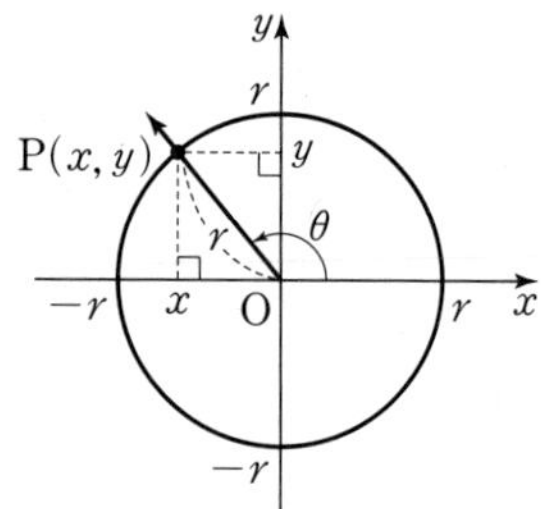

tip

특수한 각인 30°, 45°, 60°에 대한 삼각비는 다음 표와 같다.

삼각비 \ 각	30°	45°	60°
sin	$\frac{1}{2}$	$\frac{\sqrt{2}}{2}$	$\frac{\sqrt{3}}{2}$
cos	$\frac{\sqrt{3}}{2}$	$\frac{\sqrt{2}}{2}$	$\frac{1}{2}$
tan	$\frac{1}{\sqrt{3}}$	1	$\sqrt{3}$

E30

2022대비 6월 모평 3(고3)

$\pi<\theta<\frac{3}{2}\pi$인 θ에 대하여 $\tan\theta=\frac{12}{5}$일 때, $\sin\theta+\cos\theta$의 값은? (3점)

① $-\frac{17}{13}$ ② $-\frac{7}{13}$ ③ 0
④ $\frac{7}{13}$ ⑤ $\frac{17}{13}$

E31

2007실시 3월 학평 8(고1)

그림과 같이 $\angle A=90°$인 직각삼각형 ABC에서 변 BC의 중점을 M이라 하자. $\angle AMC=60°$일 때, $\frac{\overline{AB}}{\overline{AC}}$의 값은? (3점)

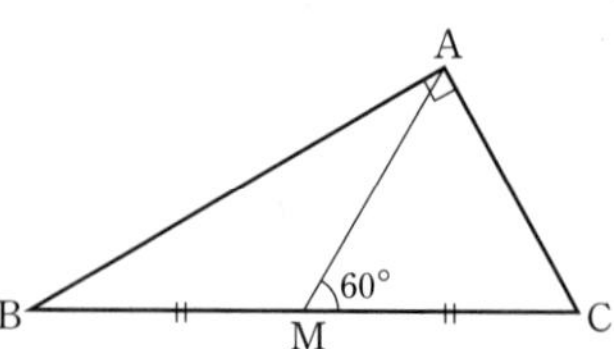

① $\frac{2\sqrt{3}}{3}$ ② $\sqrt{2}$ ③ $\sqrt{3}$
④ 2 ⑤ $\frac{3\sqrt{2}}{2}$

E32 ✿❀❀ 2020실시(가) 3월 학평 26(고3)

좌표평면에서 제1사분면에 점 P가 있다. 점 P를 직선 $y=x$에 대하여 대칭이동한 점을 Q라 하고, 점 Q를 원점에 대하여 대칭이동한 점을 R라 할 때, 세 동경 OP, OQ, OR가 나타내는 각을 각각 α, β, γ라 하자. $\sin\alpha=\frac{1}{3}$일 때, $9(\sin^2\beta+\tan^2\gamma)$의 값을 구하시오. (단, O는 원점이고, 시초선은 x축의 양의 방향이다.) (4점)

E33 ✿❀❀ 2019실시(가) 6월 학평 8(고2)

좌표평면 위의 원점 O에서 x축의 양의 방향으로 시초선을 잡을 때, 원점 O와 점 P(5, 12)를 지나는 동경 OP가 나타내는 각의 크기를 θ라 하자. $\sin\left(\frac{3}{2}\pi+\theta\right)$의 값은? (3점)

① $-\frac{12}{13}$ ② $-\frac{7}{13}$ ③ $-\frac{5}{13}$
④ $\frac{5}{13}$ ⑤ $\frac{7}{13}$

E34 ✿❀❀ 2019실시(가) 6월 학평 18(고2)

좌표평면 위의 두 점 A(−1, 0), B(1, 0)에 대하여 선분 AB를 지름으로 하는 원 C가 있다. $a>1$인 실수 a에 대하여 함수 $y=\log_a x$의 그래프와 원 C가 만나는 두 점 중에서 B가 아닌 점을 P라 하자. $\overline{\mathrm{AP}}=\sqrt{3}$일 때, $a^{\sqrt{3}}$의 값은? (4점)

① 3 ② 4 ③ 5
④ 6 ⑤ 7

E35 ✿❀❀ 2006실시 3월 학평 13(고1)

그림과 같이 $\angle A=90^\circ$, $\angle C=30^\circ$인 직각삼각형 ABC의 꼭짓점 A에서 빗변 BC에 내린 수선의 발을 D라 할 때, 옳은 내용을 [보기]에서 모두 고른 것은? (4점)

[보기]
ㄱ. $z=\frac{1}{2}c$ ㄴ. $\frac{z}{x}=\frac{y}{z}$ ㄷ. $y+z=\frac{1+\sqrt{3}}{2}b$

① ㄴ ② ㄷ ③ ㄱ, ㄴ
④ ㄴ, ㄷ ⑤ ㄱ, ㄴ, ㄷ

E36 ✿❀❀ 2006실시 3월 학평 25(고1)

그림과 같이 $\angle A=120^\circ$, $\overline{\mathrm{CD}}=6$ cm인 사각형 ABCD가 있다. 이 사각형이 원에 내접하고 $\angle BDC=90^\circ$일 때, 외접원의 지름의 길이는 x cm이다. x의 값을 구하시오. (3점)

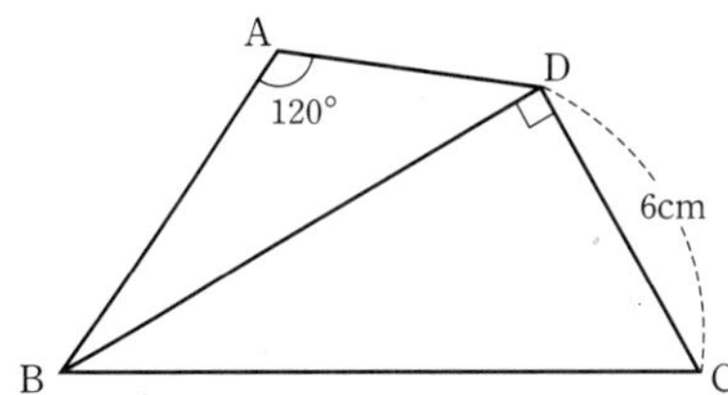

E37 ✿❀❀ 2000대비(인) 수능 27(고3)

직선 $y=x$에 대하여 대칭인 두 직선 $y=ax$, $y=bx$가 이루는 각이 30°일 때, $3(a^2+b^2)$의 값을 구하시오. (3점)

E38 ✲✲❀ 2002대비(인) 수능 23(고3)

직선거리가 500 m인 A 지점과 B 지점을 연결하는 도로를 건설하려고 했지만, 경사도가 37°여서 우회도로가 필요하였다. 그래서 그림과 같이 12°인 경사도를 유지하는 도로를 건설하기로 결정하였다. A 지점에서 B 지점까지 이 우회도로의 거리는 약 몇 m인가?

(단, $\sin 12° = 0.2$, $\sin 37° = 0.6$으로 계산한다.) (3점)

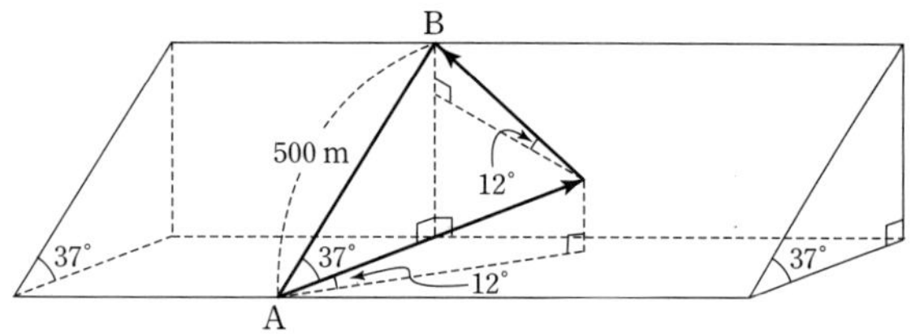

① 800 m ② 1000 m ③ 1200 m
④ 1500 m ⑤ 1800 m

유형 08 삼각함수의 값의 부호

각 θ가 속한 사분면에 대한 삼각함수의 값의 부호는 다음과 같다.

삼각함수 \ 사분면	제1사분면	제2사분면	제3사분면	제4사분면
$\sin\theta$	+	+	−	−
$\cos\theta$	+	−	−	+
$\tan\theta$	+	−	+	−

tip

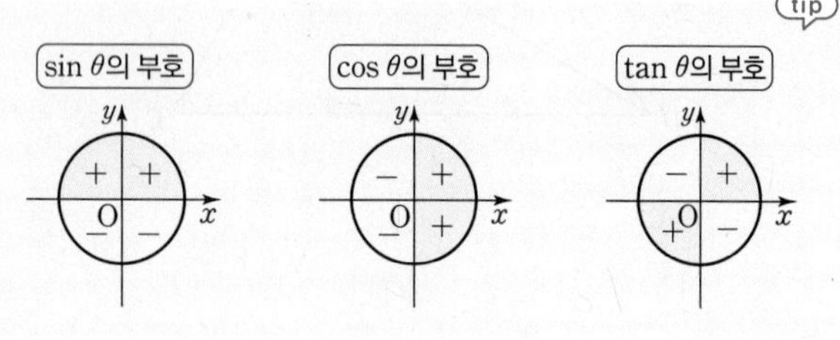

E39 ❀❀❀

$\sin\theta - \cos\theta > 0$, $\sin\theta\cos\theta < 0$을 동시에 만족시킬 때, 다음 중 옳은 것은? (3점)

① $\sin\theta < 0$ ② $\cos\theta > 0$
③ $\tan\theta > 0$ ④ $\sin\theta\tan\theta > 0$
⑤ $\dfrac{\cos\theta}{\tan\theta} > 0$

E40 ✲❀❀ 2022대비 수능 7(고3)

$\pi < \theta < \dfrac{3}{2}\pi$인 θ에 대하여 $\tan\theta - \dfrac{6}{\tan\theta} = 1$일 때, $\sin\theta + \cos\theta$의 값은? (3점)

① $-\dfrac{2\sqrt{10}}{5}$ ② $-\dfrac{\sqrt{10}}{5}$ ③ 0
④ $\dfrac{\sqrt{10}}{5}$ ⑤ $\dfrac{2\sqrt{10}}{5}$

E41 ✲❀❀

$\dfrac{3}{2}\pi < \theta < 2\pi$일 때,

$$\sqrt{\cos^2\theta} + |\sin\theta - \cos\theta| - 2\cos\theta + \sin\theta$$

를 간단히 한 것은? (3점)

① 0 ② $\sin\theta$ ③ $\cos\theta$
④ $2\sin\theta$ ⑤ $2\cos\theta$

유형 09 삼각함수 사이의 관계 – 값 구하기

(1) $\tan\theta = \dfrac{\sin\theta}{\cos\theta}$

(2) $\sin^2\theta + \cos^2\theta = 1$

(3) $1 + \tan^2\theta = \dfrac{1}{\cos^2\theta}$

tip

$\dfrac{1}{\tan\theta} = \dfrac{\cos\theta}{\sin\theta}$, $\cos^2\theta = 1 - \sin^2\theta$ 등으로 적절히 변형하여 이용한다.

E42 ❀❀❀ 2024실시 10월 학평 3(고3)

$\dfrac{3}{2}\pi < \theta < 2\pi$인 θ에 대하여 $\sin^2\theta = \dfrac{4}{5}$일 때, $\dfrac{\tan\theta}{\cos\theta}$의 값은? (3점)

① $-3\sqrt{5}$ ② $-2\sqrt{5}$ ③ $-\sqrt{5}$
④ $\sqrt{5}$ ⑤ $2\sqrt{5}$

E43 ❀❀❀ 2024실시 3월 학평 3(고3)

$\cos\theta > 0$이고 $\sin\theta + \cos\theta\tan\theta = -1$일 때, $\tan\theta$의 값은? (3점)

① $-\sqrt{3}$ ② $-\dfrac{\sqrt{3}}{3}$ ③ $\dfrac{\sqrt{3}}{3}$
④ 1 ⑤ $\sqrt{3}$

E44 ❀❀❀ 2023실시 10월 학평 5(고3)

$\pi<\theta<\frac{3}{2}\pi$인 θ에 대하여

$$\frac{1}{1-\cos\theta}+\frac{1}{1+\cos\theta}=18$$

일 때, $\sin\theta$의 값은? (3점)

① $-\frac{2}{3}$ ② $-\frac{1}{3}$ ③ 0

④ $\frac{1}{3}$ ⑤ $\frac{2}{3}$

E45 ❀❀❀ 2024대비 9월 모평 3(고3)

$\frac{3}{2}\pi<\theta<2\pi$인 θ에 대하여 $\cos\theta=\frac{\sqrt{6}}{3}$일 때, $\tan\theta$의 값은? (3점)

① $-\sqrt{2}$ ② $-\frac{\sqrt{2}}{2}$ ③ 0

④ $\frac{\sqrt{2}}{2}$ ⑤ $\sqrt{2}$

E46 ❀❀❀ 2021대비(가) 수능 3(고3)

$\frac{\pi}{2}<\theta<\pi$인 θ에 대하여 $\sin\theta=\frac{\sqrt{21}}{7}$일 때, $\tan\theta$의 값은? (2점)

① $-\frac{\sqrt{3}}{2}$ ② $-\frac{\sqrt{3}}{4}$ ③ 0

④ $\frac{\sqrt{3}}{4}$ ⑤ $\frac{\sqrt{3}}{2}$

E47 ❀❀❀ 2023대비 6월 모평 3(고3)

$\frac{\pi}{2}<\theta<\pi$인 θ에 대하여 $\cos^2\theta=\frac{4}{9}$일 때, $\sin^2\theta+\cos\theta$의 값은? (3점)

① $-\frac{4}{9}$ ② $-\frac{1}{3}$ ③ $-\frac{2}{9}$

④ $-\frac{1}{9}$ ⑤ 0

E48 ❀❀❀ 2020실시(나) 3월 학평 3(고3)

θ가 제3사분면의 각이고 $\cos\theta=-\frac{4}{5}$일 때, $\tan\theta$의 값은? (2점)

① $-\frac{4}{3}$ ② $-\frac{3}{4}$ ③ 0

④ $\frac{3}{4}$ ⑤ $\frac{4}{3}$

E49 ❀❀❀ 2022실시 3월 학평 5(고3)

$\frac{\pi}{2}<\theta<\pi$인 θ에 대하여 $\cos\theta\tan\theta=\frac{1}{2}$일 때, $\cos\theta+\tan\theta$의 값은? (3점)

① $-\frac{5\sqrt{3}}{6}$ ② $-\frac{2\sqrt{3}}{3}$ ③ $-\frac{\sqrt{3}}{2}$

④ $-\frac{\sqrt{3}}{3}$ ⑤ $-\frac{\sqrt{3}}{6}$

E50 ✿❀❀ 2022대비 9월 모평 6(고3)

$\frac{\pi}{2}<\theta<\pi$인 θ에 대하여 $\frac{\sin\theta}{1-\sin\theta}-\frac{\sin\theta}{1+\sin\theta}=4$ 일 때, $\cos\theta$의 값은? (3점)

① $-\frac{\sqrt{3}}{3}$ ② $-\frac{1}{3}$ ③ 0

④ $\frac{1}{3}$ ⑤ $\frac{\sqrt{3}}{2}$

E51 ✿❀❀ 2022실시 10월 학평 5(고3)

$\frac{\pi}{2}<\theta<\pi$인 θ에 대하여 $\sin\theta=2\cos(\pi-\theta)$일 때, $\cos\theta\tan\theta$의 값은? (3점)

① $-\frac{2\sqrt{5}}{5}$ ② $-\frac{\sqrt{5}}{5}$ ③ $\frac{1}{5}$

④ $\frac{\sqrt{5}}{5}$ ⑤ $\frac{2\sqrt{5}}{5}$

❖ 정답 및 해설 218~222p

유형 10 삼각함수 사이의 관계 - $\sin\theta \times \cos\theta$, $\sin\theta \pm \cos\theta$

$\sin\theta \times \cos\theta$, $\sin\theta \pm \cos\theta$의 값이 주어진 경우
$(\sin\theta \pm \cos\theta)^2 = \sin^2\theta \pm 2\sin\theta\cos\theta + \cos^2\theta$을 이용한다.

tip
$\sin^2\theta + \cos^2\theta = 1$이므로 주어진 식을 $\sin^2\theta + \cos^2\theta$가 나오도록 적절히 변형하여 대입한다.

E52

2022대비 5월 예시 5(고2)

$\frac{\pi}{2} < \theta < \pi$인 θ에 대하여 $\sin\theta\cos\theta = -\frac{12}{25}$일 때, $\sin\theta - \cos\theta$의 값은? (3점)

① $\frac{4}{5}$　② 1　③ $\frac{6}{5}$
④ $\frac{7}{5}$　⑤ $\frac{8}{5}$

E53

2022실시 4월 학평 6(고3)

$\sin\theta + \cos\theta = \frac{1}{2}$일 때, $(2\sin\theta + \cos\theta)(\sin\theta + 2\cos\theta)$의 값은? (3점)

① $\frac{1}{8}$　② $\frac{1}{4}$　③ $\frac{3}{8}$
④ $\frac{1}{2}$　⑤ $\frac{5}{8}$

E54

2021실시 4월 학평 17(고3)

$0 < \theta < \frac{\pi}{2}$인 θ에 대하여 $\sin\theta\cos\theta = \frac{7}{18}$일 때, $30(\sin\theta + \cos\theta)$의 값을 구하시오. (3점)

E55

2020실시(나) 7월 학평 11(고3)

$\sin\theta + \cos\theta = \frac{1}{2}$일 때, $\frac{1+\tan\theta}{\sin\theta}$의 값은? (3점)

① $-\frac{7}{3}$　② $-\frac{4}{3}$　③ $-\frac{1}{3}$
④ $\frac{2}{3}$　⑤ $\frac{5}{3}$

유형 11 삼각함수 사이의 관계의 활용

(1) $\tan\theta = \frac{\sin\theta}{\cos\theta}$
(2) $\sin^2\theta + \cos^2\theta = 1$
(3) $1 + \tan^2\theta = \frac{1}{\cos^2\theta}$

tip
$\frac{1}{\tan\theta} = \frac{\cos\theta}{\sin\theta}$, $\cos^2\theta = 1 - \sin^2\theta$ 등으로 적절히 변형하여 이용한다.

E56

$(\sin\theta - \cos\theta)(\sin\theta + \cos\theta)(\sin^n\theta + \cos^n\theta) = \sin^8\theta - \cos^8\theta$일 때, 자연수 n의 값은? (3점)

① 4　② 5　③ 6
④ 7　⑤ 8

E57

2020실시(가) 4월 학평 12(고3)

$\pi < \theta < 2\pi$인 θ에 대하여
$\frac{\sin\theta\cos\theta}{1-\cos\theta} + \frac{1-\cos\theta}{\tan\theta} = 1$ 일 때, $\cos\theta$의 값은? (3점)

① $-\frac{2\sqrt{5}}{5}$　② $-\frac{\sqrt{5}}{5}$　③ $\frac{1}{5}$
④ $\frac{\sqrt{5}}{5}$　⑤ $\frac{2\sqrt{5}}{5}$

E58

$0 < \cos\theta < \sin\theta$일 때, $\sqrt{1+2\sin\theta\cos\theta} - \sqrt{1-2\sin\theta\cos\theta}$를 간단히 하면? (4점)

① $-2\cos\theta$　② $-2\sin\theta$　③ 0
④ $2\sin\theta$　⑤ $2\cos\theta$

E59 ✿✿✿ 2019실시(나) 9월 학평 20(고2)

그림과 같이 길이가 2인 선분 AB를 지름으로 하고 중심이 O인 반원이 있다. 호 AB 위에 점 P를 $\cos(\angle\mathrm{BAP})=\frac{4}{5}$가 되도록 잡는다. 부채꼴 OBP에 내접하는 원의 반지름의 길이가 r_1, 호 AP를 이등분하는 점과 선분 AP의 중점을 지름의 양 끝점으로 하는 원의 반지름의 길이가 r_2일 때, $r_1 r_2$의 값은? (4점)

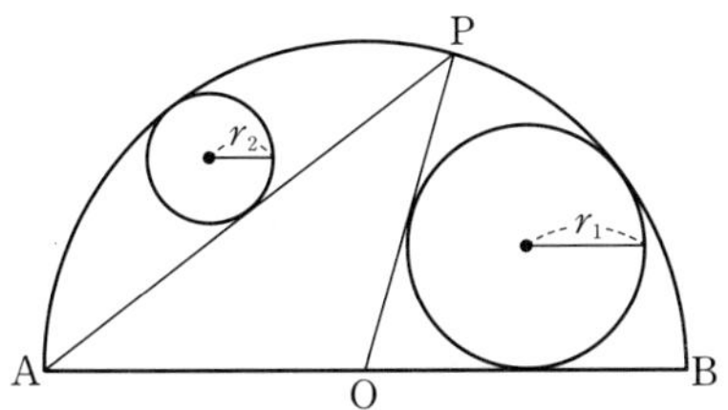

① $\frac{3}{40}$ ② $\frac{1}{10}$ ③ $\frac{1}{8}$

④ $\frac{3}{20}$ ⑤ $\frac{7}{40}$

E60 ✿✿✿ 2019실시(나) 6월 학평 17(고2)

다음은 $0<\theta<2\pi$에서 $3+2\sin^2\theta+\frac{1}{3-2\cos^2\theta}$의 최솟값을 구하는 과정이다.

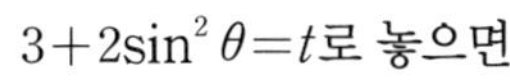

$3+2\sin^2\theta=t$로 놓으면

$$3+2\sin^2\theta+\frac{1}{3-2\cos^2\theta}=t+\frac{1}{\boxed{(가)}}$$

이다. $0<\theta<2\pi$에서 $t\geq 3$이므로 $\boxed{(가)}>0$이다.

$$t+\frac{1}{\boxed{(가)}}=t-2+\frac{1}{\boxed{(가)}}+2\geq 4$$

이다. (단, 등호는 $t=\boxed{(나)}$일 때 성립한다.)

따라서 $3+2\sin^2\theta+\frac{1}{3-2\cos^2\theta}$은 $\theta=\boxed{(다)}$에서 최솟값 4를 갖는다.

위의 (가)에 알맞은 식을 $f(t)$, (나)와 (다)에 알맞은 수를 각각 p, q라 할 때, $f(p)+\tan^2\left(q+\frac{\pi}{3}\right)$의 값은? (4점)

① 4 ② 5 ③ 6

④ 7 ⑤ 8

유형 12 삼각함수와 이차방정식의 근과 계수의 관계

이차함수 $ax^2+bx+c=0$의 두 근이 삼각함수 꼴로 나타나면 이차방정식의 근과 계수의 관계를 이용하여 삼각함수 사이의 관계식을 유도한다.

tip

이차함수 $ax^2+bx+c=0$의 두 근이 $\sin\theta$, $\cos\theta$일 때,

근과 계수의 관계에 의해 $\sin\theta+\cos\theta=-\frac{b}{a}$, $\sin\theta\cos\theta=\frac{c}{a}$

E61 ✿✿✿

이차방정식 $3x^2-kx+1=0$의 두 근이 $\sin\theta$, $\cos\theta$일 때, 상수 k에 대하여 k^2의 값을 구하시오. (4점)

E62 ✿✿✿

이차방정식 $3x^2-4x+k=0$의 두 근이 $3\sin\theta$, $\sin\theta$일 때, 상수 k의 값을 구하시오. (4점)

E63 ✿✿✿

이차방정식 $x^2-ax+\sqrt{3}+1=0$의 두 근이 $\tan\theta$, $1+\frac{1}{\tan\theta}$일 때, $a+\sin\theta\cos\theta$의 값은? $\left(\text{단, } a\text{는 상수이고, } 0<\theta<\frac{\pi}{2}\right)$ (4점)

① $\frac{19}{12}\sqrt{3}-1$ ② $\frac{19}{12}\sqrt{3}$ ③ $\frac{19}{12}\sqrt{3}+1$

④ $\frac{19}{12}\sqrt{3}+2$ ⑤ $\frac{19}{12}\sqrt{3}+3$

❖ 정답 및 해설 222~225p

2 삼각함수의 그래프

유형 13 삼각함수의 그래프

(1) **함수 $y=\sin\theta$, $y=\cos\theta$의 그래프**

① 정의역은 실수 전체의 집합이다.

② 치역은 $\{y \mid -1\le y\le 1\}$이다.

③ 함수 $y=\sin\theta$의 그래프는 원점에 대하여 대칭이고, 함수 $y=\cos\theta$의 그래프는 y축에 대하여 대칭이다.

④ 주기가 2π인 주기함수이다.

(2) **함수 $y=\tan\theta$의 그래프**

① 정의역은 $x\ne n\pi+\frac{\pi}{2}$ (단, n은 정수)인 실수 전체의 집합이다.

② 치역은 실수 전체의 집합이다.

③ 함수의 그래프는 원점에 대하여 대칭이다.

④ 주기가 π인 주기함수이다.

⑤ 그래프의 점근선은 $\theta=n\pi+\frac{\pi}{2}$ (단, n은 정수)이다.

tip

1 삼각함수는 주기함수이므로 주기함수의 성질을 이용하여 삼각함수의 식을 간단히 고칠 수 있다. 이는 앞으로 나오는 삼각함수 문제 풀이의 기본이 되므로 반드시 이해해야 한다.

2 함수 $y=f(x)$의 그래프가
y축에 대하여 대칭이면 $f(x)=f(-x)$가 성립하고
원점에 대하여 대칭이면 $f(x)=-f(-x)$가 성립한다.

E64

2019실시(나) 6월 학평 25(고2)

상수 k에 대하여 함수 $f(x)=2\sqrt{3}\tan x+k$ 의 그래프가 점 $\left(\frac{\pi}{6}, 7\right)$을 지날 때, $f\left(\frac{\pi}{3}\right)$의 값을 구하시오. (3점)

E65

2019실시(나) 6월 학평 18(고2)

직선 $y=-\frac{1}{5\pi}x+1$과 함수 $y=\sin x$의 그래프의 교점의 개수는? (4점)

① 7 ② 8 ③ 9
④ 10 ⑤ 11

E66

2019실시(가) 3월 학평 26(고3)

$0\le x\le \pi$일 때, 2 이상의 자연수 n에 대하여 두 곡선 $y=\sin x$와 $y=\sin(nx)$의 교점의 개수를 a_n이라 하자. a_3+a_5의 값을 구하시오. (4점)

유형 14 삼각함수의 값의 대소 관계

(1) **$0<\theta\le\frac{\pi}{4}$일 때,**

$\sin\theta\le\cos\theta$, $\sin\theta<\tan\theta$

(2) **$\frac{\pi}{4}\le\theta<\frac{\pi}{2}$일 때,**

$\cos\theta\le\sin\theta$, $\sin\theta<\tan\theta$

(3) **$0<\theta_1<\theta_2<\frac{\pi}{2}$일 때,**

$\sin\theta_1<\sin\theta_2$, $\cos\theta_1>\cos\theta_2$, $\tan\theta_1<\tan\theta_2$

tip

1 $0\le\theta\le\frac{\pi}{2}$에서 $\sin\theta=\cos\theta$를 만족시키는 θ의 값은 $\frac{\pi}{4}$이다.

2 $\cos 0=\sin\frac{\pi}{2}=\tan\frac{\pi}{4}=1$

E67

함수 $f(x)=\cos x$에 대하여 다음 함숫값 중 가장 작은 것은? (3점)

① $f\left(\frac{\pi}{4}\right)$ ② $f\left(\frac{2}{5}\pi\right)$ ③ $f\left(\frac{\pi}{6}\right)$
④ $f\left(\frac{5}{12}\pi\right)$ ⑤ $f\left(\frac{7}{20}\pi\right)$

E68

다음 중 대소 관계로 옳은 것은? (4점)

① $\sin\frac{\pi}{5}<\sin\frac{\pi}{7}$ ② $\cos\frac{7}{24}\pi<\cos\frac{7}{20}\pi$
③ $\tan\frac{\pi}{5}<\tan\frac{\pi}{8}$ ④ $\sin\frac{\pi}{8}<\cos\frac{\pi}{8}$
⑤ $\tan\frac{3}{17}\pi<\sin\frac{3}{17}\pi$

E69

2019실시(나) 6월 학평 20(고2)

$0<\theta<\frac{\pi}{4}$인 θ에 대하여 [보기]에서 옳은 것만을 있는 대로 고른 것은? (4점)

[보기]

ㄱ. $0<\sin\theta<\cos\theta<1$
ㄴ. $0<\log_{\sin\theta}\cos\theta<1$
ㄷ. $(\sin\theta)^{\cos\theta}<(\cos\theta)^{\cos\theta}<(\cos\theta)^{\sin\theta}$

① ㄱ ② ㄱ, ㄴ ③ ㄱ, ㄷ
④ ㄴ, ㄷ ⑤ ㄱ, ㄴ, ㄷ

유형 15 삼각함수의 대칭성

(1) $0<x<\pi$에서 함수 $y=\sin x$의 그래프와 직선 $y=k\ (k>0)$가 만나는 점의 x좌표가 α, β이면 α와 β는 직선 $x=\frac{\pi}{2}$에 대하여 대칭이다.

$\therefore \frac{\alpha+\beta}{2}=\frac{\pi}{2}$

(2) $0<x<2\pi$에서 함수 $y=\cos x$의 그래프와 직선 $y=k$가 만나는 점의 x좌표가 α, β이면 α와 β는 직선 $x=\pi$에 대하여 대칭이다.

$\therefore \frac{\alpha+\beta}{2}=\pi$

tip

$\tan x=k$를 만족시키는 x가 α, β이면 $\alpha-\beta=n\pi$ (n은 정수)

E70

$0<x<2\pi$에서 함수 $y=\cos x$의 그래프와 직선 $y=-\frac{1}{3}$이 만나는 점의 x좌표가 α, β일 때, $\cos\left(\frac{\alpha+\beta}{8}\right)$의 값은? (4점)

① 0 ② $\frac{1}{2}$ ③ $\frac{\sqrt{2}}{2}$

④ $\frac{\sqrt{3}}{2}$ ⑤ 1

E71

$0<x<\pi$에서 함수 $y=\sin x$의 그래프와 직선 $y=\frac{1}{4}$이 만나는 점의 x좌표가 α, β이고, 함수 $y=\sin x$의 그래프와 직선 $y=\frac{1}{5}$이 만나는 점의 x좌표가 γ, δ일 때, $\alpha+\beta+\gamma+\delta$의 값은? (4점)

① π ② 2π ③ 3π

④ 4π ⑤ 5π

E72

2011실시 3월 학평 17(고2)

함수 $f(x)=\sin \pi x\ (x\geq 0)$의 그래프와 직선 $y=\frac{2}{3}$가 만나는 점의 x좌표를 작은 것부터 차례대로 α, β, γ라 할 때, $f(\alpha+\beta+\gamma+1)+f\left(\alpha+\beta+\frac{1}{2}\right)$의 값은? (4점)

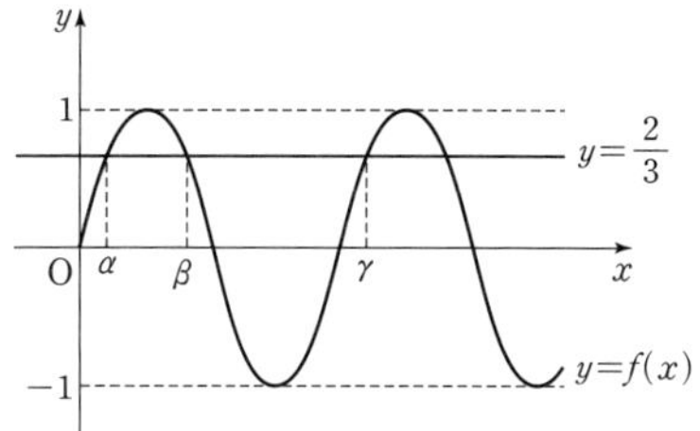

① $-\frac{2}{3}$ ② $-\frac{1}{3}$ ③ 0

④ $\frac{1}{3}$ ⑤ $\frac{2}{3}$

E73

2009실시 3월 학평 13(고2)

그림과 같이 함수 $y=\sin 2x\ (0\leq x\leq \pi)$의 그래프가 직선 $y=\frac{3}{5}$과 두 점 A, B에서 만나고, 직선 $y=-\frac{3}{5}$과 두 점 C, D에서 만난다. 네 점 A, B, C, D의 x좌표를 각각 α, β, γ, δ라 할 때, $\alpha+2\beta+2\gamma+\delta$의 값은? (4점)

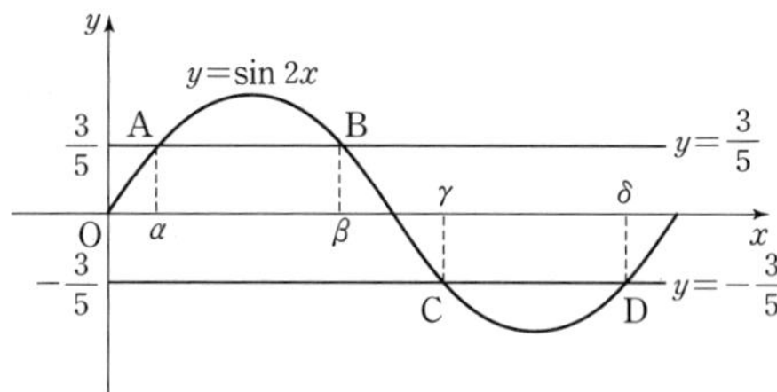

① $\frac{9}{4}\pi$ ② $\frac{5}{2}\pi$ ③ 3π

④ $\frac{7}{2}\pi$ ⑤ 4π

❖ 정답 및 해설 226~228p

E74 ✿❀❀

$0<x<2\pi$에서 함수 $y=\sin x$의 그래프와 함수 $y=\cos x$의 그래프가 직선 $y=\frac{3}{5}$과 만나는 점의 x좌표가 각각 α, β와 γ, δ라 할 때, $\frac{\gamma+\delta}{2(\alpha+\beta)}$의 값은? (4점)

① $\frac{1}{2}$ ② 1 ③ $\frac{3}{2}$
④ 2 ⑤ $\frac{5}{2}$

유형 16 삼각함수의 최대 · 최소 - 일차식 꼴

(1) 두 함수 $y=a\sin b(x-m)+n$, $y=a\cos b(x-m)+n$에 대하여

① 두 함수의 그래프의 주기는 $\frac{2\pi}{|b|}$

② 최댓값과 최솟값은 각각 $|a|+n$, $-|a|+n$

(2) 함수 $y=a\tan b(x-m)+n$에 대하여

① 이 함수의 그래프의 주기는 $\frac{\pi}{|b|}$

② 최댓값과 최솟값은 없다.

tip

두 함수 $y=a\sin b(x-m)+n$, $y=a\cos b(x-m)+n$에 대하여 $a>0$, $b>0$인 경우는 주기가 $\frac{2\pi}{b}$, 최댓값은 $a+n$, 최솟값은 $-a+n$이다.

E75 ❀❀❀ 2021대비(나) 수능 4(고3)

함수 $f(x)=4\cos x+3$의 최댓값은? (3점)

① 6 ② 7 ③ 8
④ 9 ⑤ 10

E76 ❀❀❀ 2021대비(나) 6월 모평 22(고3)

함수 $f(x)=5\sin x+1$의 최댓값을 구하시오. (3점)

E77 ❀❀❀ 2019실시(나) 9월 학평 6(고2)

함수 $f(x)=2\cos\left(x+\frac{\pi}{2}\right)+3$의 최솟값은? (3점)

① 1 ② 2 ③ 3
④ 4 ⑤ 5

E78 ❀❀❀ 2017실시(가) 4월 학평 2(고3)

함수 $y=2\sin x+1$의 최댓값은? (2점)

① 1 ② 2 ③ 3
④ 4 ⑤ 5

E79 ✿❀❀ 2019실시(가) 4월 학평 10(고3)

두 상수 a, b에 대하여 함수 $f(x)=a\cos bx$의 그래프가 그림과 같다. 함수 $g(x)=b\sin x+a$의 최댓값은? (단, $b>0$) (3점)

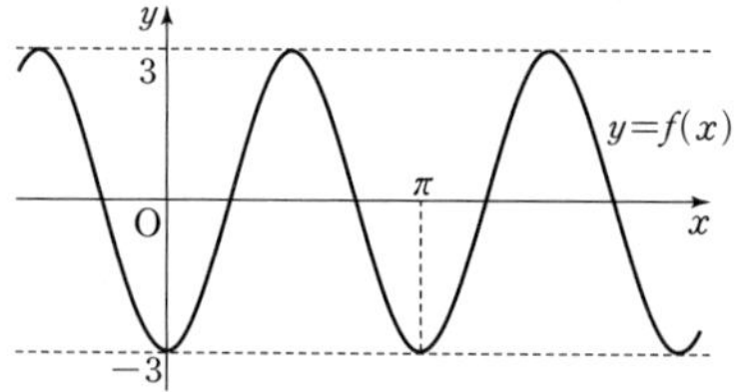

① -2 ② -1 ③ 0
④ 1 ⑤ 2

E80 ✿❀❀ 2023대비 6월 모평 7(고3)

닫힌구간 $[0, \pi]$에서 정의된 함수 $f(x)=-\sin 2x$가 $x=a$에서 최댓값을 갖고 $x=b$에서 최솟값을 갖는다. 곡선 $y=f(x)$ 위의 두 점 $(a, f(a))$, $(b, f(b))$를 지나는 직선의 기울기는? (3점)

① $\frac{1}{\pi}$ ② $\frac{2}{\pi}$ ③ $\frac{3}{\pi}$
④ $\frac{4}{\pi}$ ⑤ $\frac{5}{\pi}$

E81 ✿✿✿ 2019실시(나) 6월 학평 27(고2)

두 함수 $f(x)=\log_3 x+2$, $g(x)=3\tan\left(x+\frac{\pi}{6}\right)$가 있다. $0\le x\le\frac{\pi}{6}$에서 정의된 합성함수 $(f\circ g)(x)$의 최댓값과 최솟값을 각각 M, m이라 할 때, $M+m$의 값을 구하시오. (4점)

2025 수능 출제

유형 17 삼각함수의 주기

(1) **두 함수 $y=a\sin b(x-m)+n$, $y=a\cos b(x-m)+n$에 대하여**

① 두 함수의 그래프의 주기는 $\frac{2\pi}{|b|}$이다.

② 최댓값과 최솟값은 각각 $|a|+n$, $-|a|+n$이다.

(2) **함수 $y=a\tan b(x-m)+n$에 대하여**

① 이 함수의 그래프의 주기는 $\frac{\pi}{|b|}$이다.

② 최댓값과 최솟값은 없다.

tip

두 함수 $y=a\sin b(x-m)+n$, $y=a\cos b(x-m)+n$에 대하여 $a>0$, $b>0$인 경우는 주기가 $\frac{2\pi}{b}$, 최댓값은 $a+n$, 최솟값은 $-a+n$이다.

E82 ✿✿✿ 2021실시 10월 학평 3(고3)

함수 $y=\tan\left(\pi x+\frac{\pi}{2}\right)$의 주기는? (3점)

① $\frac{1}{2}$ ② $\frac{\pi}{4}$ ③ 1
④ $\frac{3}{2}$ ⑤ $\frac{\pi}{2}$

E83 ✿✿✿ 2020실시(가) 7월 학평 5(고3)

두 양수 a, b에 대하여 함수 $f(x)=a\cos bx+3$이 있다. 함수 $f(x)$는 주기가 4π이고 최솟값이 -1일 때, $a+b$의 값은? (3점)

① $\frac{9}{2}$ ② $\frac{11}{2}$ ③ $\frac{13}{2}$
④ $\frac{15}{2}$ ⑤ $\frac{17}{2}$

E84 ✿✿✿ 2017실시(가) 3월 학평 6(고3)

함수 $y=a\sin\frac{\pi}{2b}x$의 최댓값은 2이고 주기는 2이다. 두 양수 a, b의 합 $a+b$의 값은? (3점)

① 2 ② $\frac{17}{8}$ ③ $\frac{9}{4}$
④ $\frac{19}{8}$ ⑤ $\frac{5}{2}$

E85 ✿✿✿ 2022실시 7월 학평 10(고3)

곡선 $y=\sin\frac{\pi}{2}x$ $(0\le x\le 5)$가 직선 $y=k$ $(0<k<1)$과 만나는 서로 다른 세 점을 y축에서 가까운 순서대로 A, B, C라 하자. 세 점 A, B, C의 x좌표의 합이 $\frac{25}{4}$일 때, 선분 AB의 길이는? (4점)

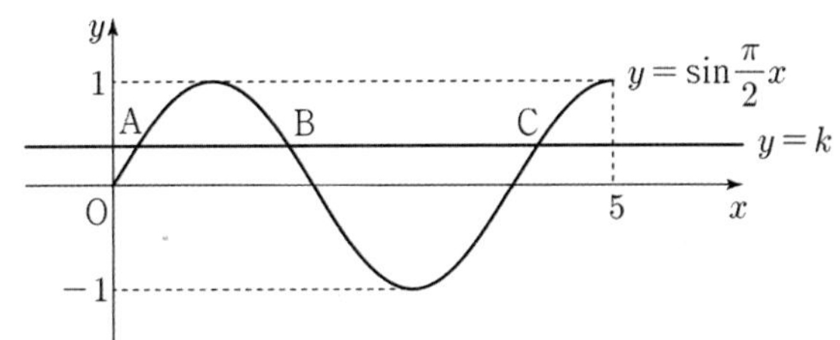

① $\frac{5}{4}$ ② $\frac{11}{8}$ ③ $\frac{3}{2}$
④ $\frac{13}{8}$ ⑤ $\frac{7}{4}$

E86 ✿✿✿ 2025대비 수능 10(고3)

닫힌구간 $[0, 2\pi]$에서 정의된 함수 $f(x)=a\cos bx+3$이 $x=\frac{\pi}{3}$에서 최댓값 13을 갖도록 하는 두 자연수 a, b의 순서쌍 (a, b)에 대하여 $a+b$의 최솟값은? (4점)

① 12 ② 14 ③ 16
④ 18 ⑤ 20

❖ 정답 및 해설 229~232p

E87 ✿❀❀ 2020실시(나) 4월 학평 15(고3)

두 함수

$f(x)=\cos(ax)+1,\ g(x)=|\sin 3x|$

의 주기가 서로 같을 때, 양수 a의 값은? (4점)

① 5 ② 6 ③ 7
④ 8 ⑤ 9

E88 ✿❀❀ 2022대비 수능 11(고3)

양수 a에 대하여 집합 $\left\{x \,\middle|\, -\frac{a}{2}<x\le a,\ x\ne\frac{a}{2}\right\}$에서 정의된 함수

$f(x)=\tan\frac{\pi x}{a}$

가 있다. 그림과 같이 함수 $y=f(x)$의 그래프 위의 세 점 O, A, B를 지나는 직선이 있다. 점 A를 지나고 x축에 평행한 직선이 함수 $y=f(x)$의 그래프와 만나는 점 중 A가 아닌 점을 C라 하자. 삼각형 ABC가 정삼각형일 때, 삼각형 ABC의 넓이는? (단, O는 원점이다.) (4점)

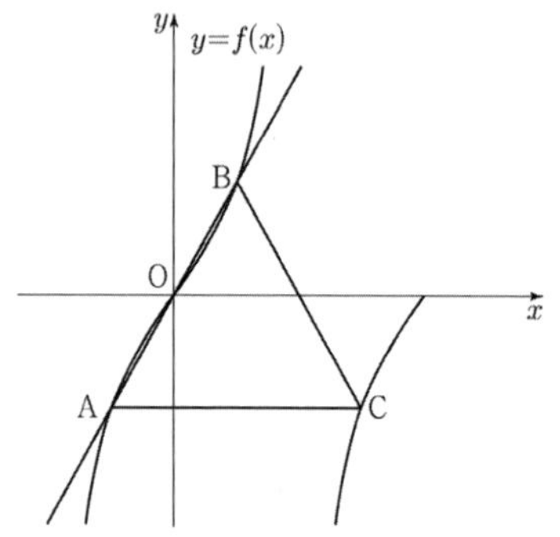

① $\frac{3\sqrt{3}}{2}$ ② $\frac{17\sqrt{3}}{12}$ ③ $\frac{4\sqrt{3}}{3}$
④ $\frac{5\sqrt{3}}{4}$ ⑤ $\frac{7\sqrt{3}}{6}$

유형 18 삼각함수의 최대·최소 – 이차식 꼴

주어진 삼각함수가 이차식 꼴일 때, 다음과 같은 과정으로 푼다.

(i) $\sin^2 x+\cos^2 x=1$을 이용하여 삼각함수를 한 종류로 통일한다.

(ii) 삼각함수를 t로 치환한다.

(iii) t에 대한 그래프를 그려서 이차식의 최대·최소를 구한다.

tip

1 $\sin x=t$ 또는 $\cos x=t$로 치환할 때, t의 범위가 $-1\le t\le 1$이 됨에 유의하자.

2 $\alpha\le x\le\beta$에서 이차함수 $y=f(x)$의 그래프의 꼭짓점의 x좌표가 m일 때

(1) $\alpha\le m\le\beta$이면 함숫값 $f(\alpha)$, $f(\beta)$, $f(m)$ 중 가장 큰 값이 최댓값, 가장 작은 값이 최솟값이다.

(2) $m<\alpha$ 또는 $m>\beta$이면 $f(\alpha)$, $f(\beta)$ 중 큰 값이 최댓값, 작은 값이 최솟값이다.

E89 ✿❀❀ 2019대비(가) 9월 모평 14(고3)

실수 k에 대하여 함수

$f(x)=\cos^2\left(x-\frac{3}{4}\pi\right)-\cos\left(x-\frac{\pi}{4}\right)+k$

의 최댓값은 3, 최솟값은 m이다. $k+m$의 값은? (4점)

① 2 ② $\frac{9}{4}$ ③ $\frac{5}{2}$
④ $\frac{11}{4}$ ⑤ 3

E90 ✿✿❀ 1997대비(인) 수능 27(고3)

a, b는 양수이고 $\alpha+\beta+\gamma=\pi$이다.
$a^2+b^2=3ab\cos\gamma$일 때, $9\sin^2(\pi+\alpha+\beta)+9\cos\gamma$의 최댓값을 구하시오. (3점)

E91 ✿✿❀

$0\le x<2\pi$에서 함수 $y=-\sin^2 x+6\cos x+k$는 $x=\alpha\pi$에서 최솟값 2를 가질 때, 실수 k, α에 대하여 $k\alpha$의 값을 구하시오. (4점)

유형 19 삼각함수의 최대·최소 – 분수식 꼴

주어진 삼각함수가 분수식 꼴일 때, 다음과 같은 과정으로 푼다.

(i) 삼각함수를 t로 치환한다.

(ii) t에 대한 분수식의 그래프를 그려서 최대·최소를 구한다.

tip

1 $\sin x=t$ 또는 $\cos x=t$로 치환할 때, t의 범위가 $-1\le t\le 1$이 됨에 유의하자.

2 함수 $y=\dfrac{k}{x-m}+n$의 그래프 그리는 순서

(i) 점근선 $x=m$, $y=n$을 그린다.

(ii) $k>0$이면 점근식의 교점을 기준으로 왼쪽 아래와 오른쪽 위에 그래프를 나타내고, $k<0$이면 점근식의 교점을 기준으로 왼쪽 위와 오른쪽 아래에 그래프를 나타낸다.

E92

함수 $y=\dfrac{\sin x-2}{\sin x+2}$의 최솟값은? (3점)

① -3 ② -1 ③ 0 ④ 1 ⑤ 3

E93

함수 $y=\dfrac{-3\cos x+k}{\cos x+2}$의 최솟값이 $-\dfrac{5}{3}$일 때, 상수 k의 값은? (단, $k>-6$) (4점)

① -1 ② -2 ③ -3 ④ -4 ⑤ -5

E94

다음 중 함수 $y=\dfrac{\tan x}{\tan x-2}$에 대하여 함숫값이 될 수 없는 것은? (단, $\tan x\ne 2$) (4점)

① $\dfrac{1}{2}$ ② 1 ③ $\dfrac{3}{2}$ ④ 2 ⑤ $\dfrac{5}{2}$

유형 20 삼각함수의 그래프의 평행이동

함수 $y=a\sin(bx+c)+d=a\sin b\left(x+\dfrac{c}{b}\right)+d$의 그래프는 함수 $y=a\sin bx$의 그래프를 x축의 방향으로 $-\dfrac{c}{b}$만큼 y축의 방향으로 d만큼 평행이동한 그래프이다.

1 함수 $y=a\cos(bx+c)+d=a\cos b\left(x+\dfrac{c}{b}\right)+d$의 그래프도 함수 $y=a\cos bx$의 그래프를 마찬가지 방법으로 평행이동한 것이다.

2 두 함수 $y=a\sin(bx+c)+d$, $y=a'\sin(b'x+c')+d'$의 그래프가 평행이동으로 일치가 되기 위한 조건은 $a=a'$, $b=b'$이다.

E95

2020실시(나) 3월 학평 7(고3)

$0\le x<2\pi$일 때, 두 곡선 $y=\cos\left(x-\dfrac{\pi}{2}\right)$와 $y=\sin 4x$가 만나는 점의 개수는? (3점)

① 2 ② 4 ③ 6 ④ 8 ⑤ 10

E96

2024대비 6월 모평 19(고3)

두 자연수 a, b에 대하여 함수

$f(x)=a\sin bx+8-a$

가 다음 조건을 만족시킬 때, $a+b$의 값을 구하시오. (3점)

(가) 모든 실수 x에 대하여 $f(x)\ge 0$이다.

(나) $0\le x<2\pi$일 때, x에 대한 방정식 $f(x)=0$의 서로 다른 실근의 개수는 4이다.

❖ 정답 및 해설 232~236p

E97 ✿✿✿ 2021실시 10월 학평 11(고3)

닫힌구간 $[0, 2\pi]$에서 정의된 함수 $f(x)$는

$$f(x)=\begin{cases} \sin x & \left(0\le x\le \dfrac{k}{6}\pi\right) \\ 2\sin\left(\dfrac{k}{6}\pi\right)-\sin x & \left(\dfrac{k}{6}\pi<x\le 2\pi\right) \end{cases}$$

이다. 곡선 $y=f(x)$와 직선 $y=\sin\left(\dfrac{k}{6}\pi\right)$의 교점의 개수를 a_k라 할 때, $a_1+a_2+a_3+a_4+a_5$의 값은? (4점)

① 6 ② 7 ③ 8
④ 9 ⑤ 10

E98 ✿✿✿ 2020실시(나) 10월 학평 26(고3)

함수 $y=\tan\left(nx-\dfrac{\pi}{2}\right)$의 그래프가 직선 $y=-x$와 만나는 점의 x좌표가 구간 $(-\pi, \pi)$에 속하는 점의 개수를 a_n이라 할 때, a_2+a_3의 값을 구하시오. (4점)

E99 ✿✿✿ 2019실시(나) 6월 학평 29(고2)

함수 $y=k\sin\left(2x+\dfrac{\pi}{3}\right)+k^2-6$의 그래프가 제1사분면을 지나지 않도록 하는 모든 정수 k의 개수를 구하시오. (4점)

유형 21 삼각함수의 미정계수 구하기

(1) 함수 $y=a\sin bx+c$(또는 $y=a\cos bx+c$)에서 상수 a, c는 함수의 최댓값과 최솟값을 결정하고, 상수 b는 함수의 주기를 결정한다.

(2) 함수 $y=a\tan bx+c$에서 상수 b는 함수의 주기와 점근선을 결정한다.

tip

그래프로 주어질 때, 삼각함수 $y=a\sin bx+c$, $y=a\cos bx+c$, $y=a\tan bx+c$의 a, b, c는 최대, 최소, 주기를 살펴서 결정한다.

E100 ✿✿✿ 2024실시 5월 학평 8(고3)

두 양수 a, b에 대하여 함수 $f(x)=a\cos bx$의 주기가 6π이고 닫힌구간 $[\pi, 4\pi]$에서 함수 $f(x)$의 최댓값이 1일 때, $a+b$의 값은? (3점)

① $\dfrac{5}{3}$ ② $\dfrac{11}{6}$ ③ 2
④ $\dfrac{13}{6}$ ⑤ $\dfrac{7}{3}$

E101 ✿✿✿ 2019실시(나) 6월 학평 14(고2)

함수 $y=a\sin bx+c$의 그래프가 그림과 같을 때, 세 상수 a, b, c에 대하여 $2a+b+c$의 값은? (단, $a>0$, $b>0$) (4점)

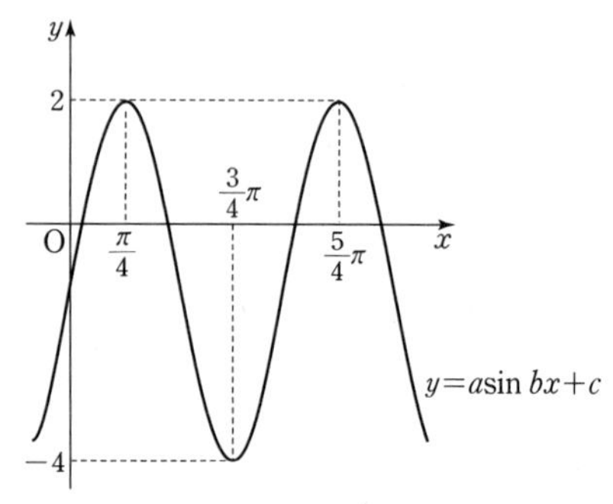

① 1 ② 3 ③ 5
④ 7 ⑤ 9

E102 ✿✿✿ 2023실시 4월 학평 8(고3)

그림과 같이 함수 $y=a\tan b\pi x$의 그래프가 두 점 $(2, 3)$, $(8, 3)$을 지날 때, $a^2\times b$의 값은? (단, a, b는 양수이다.) (3점)

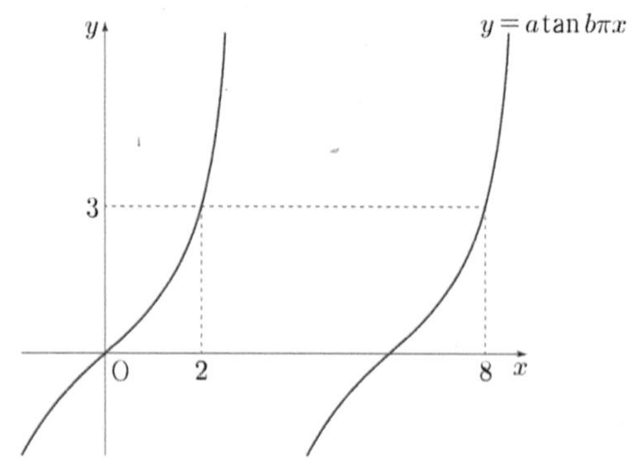

① $\dfrac{1}{6}$ ② $\dfrac{1}{3}$ ③ $\dfrac{1}{2}$
④ $\dfrac{2}{3}$ ⑤ $\dfrac{5}{6}$

E103 ✿❀❀ 2024실시 7월 학평 19(고3)

양수 a에 대하여 $0 \le x \le 3$에서 정의된 두 함수

$$f(x)=a\sin \pi x,\ g(x)=a\cos \pi x$$

가 있다. 두 곡선 $y=f(x)$와 $y=g(x)$가 만나는 서로 다른 세 점을 꼭짓점으로 하는 삼각형의 넓이가 2일 때, a^2의 값을 구하시오. (3점)

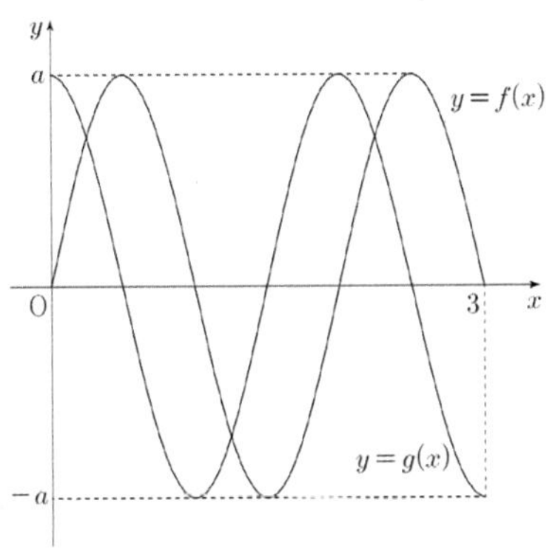

E104 ✿❀❀ 2023실시 10월 학평 11(고3)

그림과 같이 두 상수 a, b에 대하여 함수

$$f(x)=a\sin \frac{\pi x}{b}+1\ \left(0 \le x \le \frac{5}{2}b\right)$$

의 그래프와 직선 $y=5$가 만나는 점을 x좌표가 작은 것부터 차례로 A, B, C라 하자.

$\overline{BC}=\overline{AB}+6$이고 삼각형 AOB의 넓이가 $\frac{15}{2}$일 때, a^2+b^2의 값은? (단, $a>4$, $b>0$이고, O는 원점이다.) (4점)

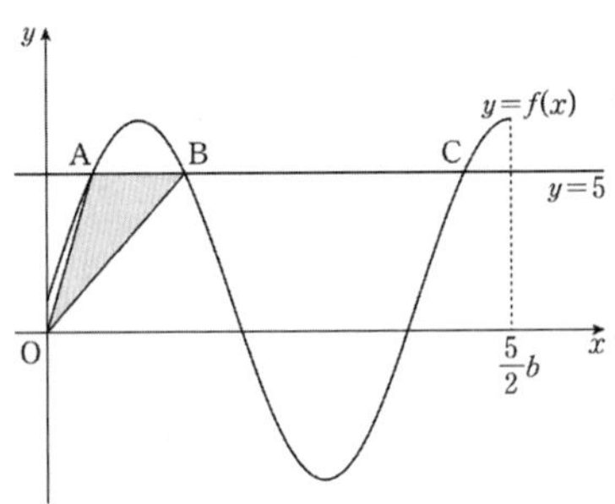

① 68 ② 70 ③ 72
④ 74 ⑤ 76

E105 ✿❀❀ 2023대비 수능 9(고3)

함수 $f(x)=a-\sqrt{3}\tan 2x$가 닫힌구간 $\left[-\frac{\pi}{6},\ b\right]$에서 최댓값 7, 최솟값 3을 가질 때, $a \times b$의 값은? (단, a, b는 상수이다.) (4점)

① $\frac{\pi}{2}$ ② $\frac{5\pi}{12}$ ③ $\frac{\pi}{3}$
④ $\frac{\pi}{4}$ ⑤ $\frac{\pi}{6}$

E106 ✿❀❀ 2022대비 9월 모평 10(고3)

두 양수 a, b에 대하여 곡선 $y=a\sin b\pi x\left(0 \le x \le \frac{3}{b}\right)$이 직선 $y=a$와 만나는 서로 다른 두 점을 A, B라 하자. 삼각형 OAB의 넓이가 5이고 직선 OA의 기울기와 직선 OB의 기울기의 곱이 $\frac{5}{4}$일 때, $a+b$의 값은? (단, O는 원점이다.) (4점)

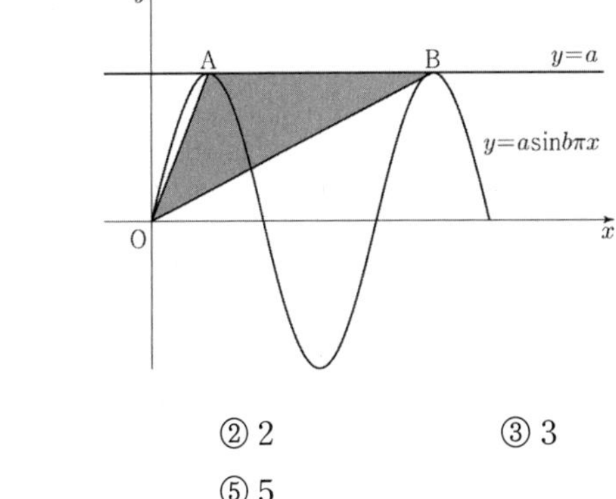

① 1 ② 2 ③ 3
④ 4 ⑤ 5

E107 ✿❀❀ 2020실시(가) 4월 학평 26(고3)

$0 \le x \le 2\pi$에서 정의된 함수 $y=a\sin 3x+b$의 그래프가 두 직선 $y=9$, $y=2$와 만나는 점의 개수가 각각 3, 7이 되도록 하는 두 양수 a, b에 대하여 $a \times b$의 값을 구하시오. (4점)

❖ 정답 및 해설 236~242p

E108 ✿✿✿ 2020실시(가) 3월 학평 28(고3)

$0<a<\frac{4}{7}$인 실수 a와 유리수 b에 대하여 닫힌구간 $\left[-\frac{\pi}{a}, \frac{2\pi}{a}\right]$에서 정의된 함수 $f(x)=2\sin(ax)+b$가 있다. 함수 $y=f(x)$의 그래프가 두 점 $\mathrm{A}\left(-\frac{\pi}{2}, 0\right)$, $\mathrm{B}\left(\frac{7}{2}\pi, 0\right)$을 지날 때, $30(a+b)$의 값을 구하시오. (4점)

유형 22 삼각함수의 그래프 – 절댓값 기호 포함

(1) **함수 $y=f(|x|)$의 그래프**

$x\geq 0$일 때의 함수 $y=f(x)$의 그래프를 그리고, y축에 대하여 대칭이동하여 구간 $x<0$의 그래프를 그린다.

(2) **함수 $y=|f(x)|$의 그래프**

함수 $y=f(x)$의 그래프에서 x축의 아랫 부분의 그래프를 x축에 대하여 대칭이동하여 그린다.

tip

1 $f(x)$가 y축에 대하여 대칭인 함수이면 $y=f(x)$의 그래프와 $y=f(|x|)$의 그래프는 같다.

2 $y=|\sin bx|$, $y=|\cos bx|$, $y=|\tan bx|$의 주기는 $\frac{\pi}{|b|}$이다.

3 $y=a|\sin(bx+c)|+d$ 또는 $y=a|\cos(bx+c)|+d$에서

(1) $a>0$일 때, 최솟값 : d, 최댓값 : $a+d$, 주기 $\frac{\pi}{|b|}$

(2) $a<0$일 때, 최솟값 : $a+d$, 최댓값 : d, 주기 $\frac{\pi}{|b|}$

E109 ✿✿✿

함수 $y=8|\cos\pi(x+1)|-7$의 최댓값을 M, 주기를 k라 할 때, $k+M$의 값은? (4점)

① $\frac{3}{2}$ ② 2 ③ $\frac{5}{2}$

④ 3 ⑤ $\frac{7}{2}$

E110 ✿✿✿ 2023실시 7월 학평 10(고3)

$0\leq x<2\pi$일 때, 곡선 $y=|4\sin 3x+2|$와 직선 $y=2$가 만나는 서로 다른 점의 개수는? (4점)

① 3 ② 6 ③ 9

④ 12 ⑤ 15

E111 ✿✿✿

함수 $y=|\sin x|$의 그래프와 직선 $y=\frac{1}{6\pi}x$의 교점의 개수를 m, 함수 $y=|\cos x|$의 그래프와 직선 $y=\frac{1}{6\pi}x$의 교점의 개수를 n이라 할 때, $m+n$의 값을 구하시오. (4점)

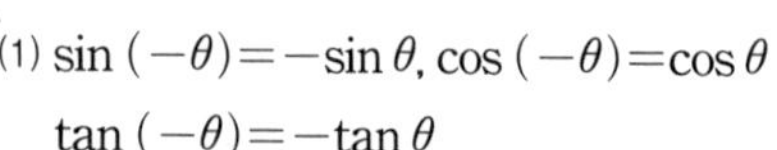

2025 수능, 9월, 6월 출제

유형 23 삼각함수의 성질

(1) $\sin(-\theta)=-\sin\theta$, $\cos(-\theta)=\cos\theta$

$\tan(-\theta)=-\tan\theta$

(2) $\sin(\pi\pm\theta)=\mp\sin\theta$, $\cos(\pi\pm\theta)=-\cos\theta$

$\tan(\pi\pm\theta)=\pm\tan\theta$ (복호동순)

(3) $\sin\left(\frac{\pi}{2}\pm\theta\right)=\cos\theta$, $\cos\left(\frac{\pi}{2}\pm\theta\right)=\mp\sin\theta$

$\tan\left(\frac{\pi}{2}\pm\theta\right)=\mp\frac{1}{\tan\theta}$ (복호동순)

tip

삼각함수 $\left(\frac{n\pi}{2}\pm\theta\right)$를 $\pm$(삼각함수)θ로 바꾸는 방법을 공식화하여 기억하자.

(i) n이 짝수이면 삼각함수는 그대로 두고, n이 홀수이면 $\sin \Longleftrightarrow \cos$, $\tan \Longleftrightarrow \frac{1}{\tan}$로 서로 바꾼다.

(ii) 부호는 처음의 삼각함수의 동경의 위치에 따라 결정한다. (단, θ는 예각으로 간주한다.)

E112 ✿✿✿ 2020실시(가) 7월 학평 2(고3)

$\tan\frac{4}{3}\pi$의 값은? (2점)

① $-\sqrt{3}$ ② -1 ③ $\frac{\sqrt{3}}{3}$

④ 1 ⑤ $\sqrt{3}$

E113 ✿✿✿ 2020실시(나) 7월 학평 4(고3)

$\sin\frac{\pi}{4}+\cos\frac{3}{4}\pi$의 값은? (3점)

① -1 ② $-\frac{\sqrt{2}}{2}$ ③ 0

④ $\frac{\sqrt{2}}{2}$ ⑤ 1

E114 ❀❀❀ 2025대비 수능 6(고3)

$\cos\left(\frac{\pi}{2}+\theta\right)=-\frac{1}{5}$일 때, $\frac{\sin\theta}{1-\cos^2\theta}$의 값은? (3점)

① -5 ② $-\sqrt{5}$ ③ 0

④ $\sqrt{5}$ ⑤ 5

E115 ❀❀❀ 2025대비 9월 모평 6(고3)

$\frac{\pi}{2}<\theta<\pi$인 θ에 대하여 $\cos(\pi+\theta)=\frac{2\sqrt{5}}{5}$일 때,

$\sin\theta+\cos\theta$의 값은? (3점)

① $-\frac{2\sqrt{5}}{5}$ ② $-\frac{\sqrt{5}}{5}$ ③ 0

④ $\frac{\sqrt{5}}{5}$ ⑤ $\frac{2\sqrt{5}}{5}$

E116 ❀❀❀ 2024실시 5월 학평 5(고3)

$\sin(-\theta)+\cos\left(\frac{\pi}{2}+\theta\right)=\frac{8}{5}$이고 $\cos\theta<0$일 때,

$\tan\theta$의 값은? (3점)

① $-\frac{5}{3}$ ② $-\frac{4}{3}$ ③ 0

④ $\frac{4}{3}$ ⑤ $\frac{5}{3}$

E117 ❀❀❀ 2024대비 수능 3(고3)

$\frac{3}{2}\pi<\theta<2\pi$인 θ에 대하여 $\sin(-\theta)=\frac{1}{3}$일 때,

$\tan\theta$의 값은? (3점)

① $-\frac{\sqrt{2}}{2}$ ② $-\frac{\sqrt{2}}{4}$ ③ $-\frac{1}{4}$

④ $\frac{1}{4}$ ⑤ $\frac{\sqrt{2}}{4}$

E118 ❀❀❀ 2023실시 3월 학평 5(고3)

$\cos(\pi+\theta)=\frac{1}{3}$이고 $\sin(\pi+\theta)>0$일 때,

$\tan\theta$의 값은? (3점)

① $-2\sqrt{2}$ ② $-\frac{\sqrt{2}}{4}$ ③ 1

④ $\frac{\sqrt{2}}{4}$ ⑤ $2\sqrt{2}$

E119 ❀❀❀ 2023실시 7월 학평 3(고3)

$\sin\left(\frac{\pi}{2}+\theta\right)=\frac{3}{5}$이고 $\sin\theta\cos\theta<0$일 때,

$\sin\theta+2\cos\theta$의 값은? (3점)

① $-\frac{2}{5}$ ② $-\frac{1}{5}$ ③ 0

④ $\frac{1}{5}$ ⑤ $\frac{2}{5}$

E120 ❀❀❀ 2024대비 6월 모평 6(고3)

$\cos\theta<0$이고 $\sin(-\theta)=\frac{1}{7}\cos\theta$일 때, $\sin\theta$의 값은? (3점)

① $-\frac{3\sqrt{2}}{10}$ ② $-\frac{\sqrt{2}}{10}$ ③ 0

④ $\frac{\sqrt{2}}{10}$ ⑤ $\frac{3\sqrt{2}}{10}$

E121 ❀❀❀ 2023대비 9월 모평 3(고3)

$\sin(\pi-\theta)=\frac{5}{13}$이고 $\cos\theta<0$일 때,

$\tan\theta$의 값은? (3점)

① $-\frac{12}{13}$ ② $-\frac{5}{12}$ ③ 0

④ $\frac{5}{12}$ ⑤ $\frac{12}{13}$

❖ 정답 및 해설 242~247p

E122 ❀❀❀ 2020실시(가) 10월 학평 24(고3)

$\sin\left(\frac{\pi}{2}+\theta\right)\tan(\pi-\theta)=\frac{3}{5}$일 때, $30(1-\sin\theta)$의 값을 구하시오. (3점)

E123 ❀❀❀ 2021실시 7월 학평 6(고3)

$\cos(-\theta)+\sin(\pi+\theta)=\frac{3}{5}$일 때, $\sin\theta\cos\theta$의 값은? (3점)

① $\frac{1}{5}$ ② $\frac{6}{25}$ ③ $\frac{7}{25}$
④ $\frac{8}{25}$ ⑤ $\frac{9}{25}$

E124 ❀❀❀ 2022실시 7월 학평 6(고3)

$0<\theta<\frac{\pi}{2}$인 θ에 대하여 $\sin\theta=\frac{4}{5}$일 때,

$\sin\left(\frac{\pi}{2}-\theta\right)-\cos(\pi+\theta)$의 값은? (3점)

① $\frac{9}{10}$ ② 1 ③ $\frac{11}{10}$
④ $\frac{6}{5}$ ⑤ $\frac{13}{10}$

E125 ❀❀❀ 2021대비(나) 9월 모평 3(고3)

$\cos^2\left(\frac{\pi}{6}\right)+\tan^2\left(\frac{2\pi}{3}\right)$의 값은? (2점)

① $\frac{3}{2}$ ② $\frac{9}{4}$ ③ 3
④ $\frac{15}{4}$ ⑤ $\frac{9}{2}$

E126 ✿❀❀ 2024실시 7월 학평 3(고3)

$\frac{\pi}{2}<\theta<\pi$인 θ에 대하여 $\tan\theta=-2$일 때,

$\sin(\pi+\theta)$의 값은? (3점)

① $-\frac{2\sqrt{5}}{5}$ ② $-\frac{\sqrt{10}}{5}$ ③ $-\frac{\sqrt{5}}{5}$
④ $\frac{\sqrt{5}}{5}$ ⑤ $\frac{2\sqrt{5}}{5}$

E127 ✿❀❀ 2025대비 6월 모평 6(고3)

$\pi<\theta<\frac{3}{2}\pi$인 θ에 대하여 $\sin\left(\theta-\frac{\pi}{2}\right)=\frac{3}{5}$일 때,

$\sin\theta$의 값은? (3점)

① $-\frac{4}{5}$ ② $-\frac{3}{5}$ ③ $\frac{3}{5}$
④ $\frac{3}{4}$ ⑤ $\frac{4}{5}$

E128 ✿❀❀ 2023대비 수능 5(고3)

$\tan\theta<0$이고 $\cos\left(\frac{\pi}{2}+\theta\right)=\frac{\sqrt{5}}{5}$일 때, $\cos\theta$의 값은? (3점)

① $-\frac{2\sqrt{5}}{5}$ ② $-\frac{\sqrt{5}}{5}$ ③ 0
④ $\frac{\sqrt{5}}{5}$ ⑤ $\frac{2\sqrt{5}}{5}$

E129 ✿❀❀ 2021실시 4월 학평 6(고3)

양수 a에 대하여 함수 $f(x)=\sin\left(ax+\frac{\pi}{6}\right)$의 주기가 4π일 때, $f(\pi)$의 값은? (3점)

① 0 ② $\frac{1}{2}$ ③ $\frac{\sqrt{2}}{2}$
④ $\frac{\sqrt{3}}{2}$ ⑤ 1

유형 24 삼각함수의 성질의 활용

(1) 삼각함수의 정의

좌표평면에서 중심이 원점이고, 반지름의 길이가 r인 원 위의 동점 $\mathrm{P}(x, y)$에 대하여 동경 OP가 나타내는 일반각의 크기를 θ라 할 때, $\sin\theta=\frac{y}{r}$, $\cos\theta=\frac{x}{r}$, $\tan\theta=\frac{y}{x}\ (x\neq0)$로 정의한다.

(2) 삼각함수의 성질 (복호동순)

① $\sin(\pi\pm\theta)=\mp\sin\theta$

② $\cos(\pi\pm\theta)=-\cos\theta$

③ $\tan(\pi\pm\theta)=\pm\tan\theta$

tip

1 보조선을 그어 삼각함수의 정의와 성질을 가장 잘 활용할 수 있는 직각삼각형을 찾아야 한다.

2 삼각함수의 값의 부호는 각이 몇 사분면의 각인지에 따라 달라지므로 조건을 만족시키는 각 θ가 몇 사분면의 각인지 따져주는 것이 중요하다.

E130 2013실시(A) 3월 학평 27(고2)

한 개의 주사위를 던져서 나오는 눈의 수를 원소로 가지는 집합 A에 대하여 집합 X를

$$X=\left\{x \,\middle|\, x=\sin\frac{a}{6}\pi,\ a\in A\right\}$$

라 하자. 집합 X의 원소의 개수를 구하시오. (4점)

E131 2017실시(가) 3월 학평 25(고3)

그림과 같이 길이가 12인 선분 AB를 지름으로 하는 반원이 있다. 반원 위에서 호 BC의 길이가 4π인 점 C를 잡고 점 C에서 선분 AB에 내린 수선의 발을 H라 하자. $\overline{\mathrm{CH}}^2$의 값을 구하시오. (3점)

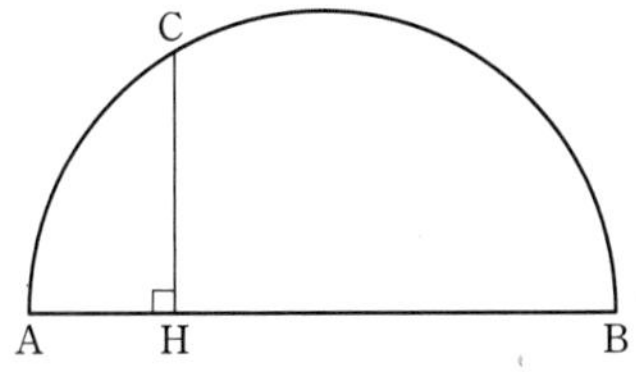

E132 2007실시 6월 학평 21(고1)

선원들은 항해하는 배와 등대 사이의 거리를 측정하는 방법 중 각을 두 배로 하여 측정하는 방법을 쓰고 있다. 그림과 같이 시속 10 km의 속도로 지점 A에서 지점 P를 향해 일직선으로 항해하는 배가 지점 B까지 2시간 동안 항해하여 $2\angle\mathrm{LAP}=\angle\mathrm{LBP}$가 되었다. $\angle\mathrm{LAP}=30^\circ$일 때, 지점 A에서 등대 L까지의 거리는? (4점)

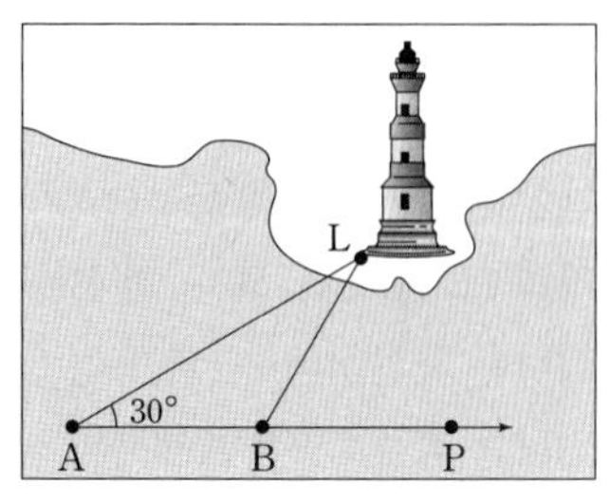

① $15\sqrt{2}$ km ② $15\sqrt{3}$ km ③ $20\sqrt{2}$ km
④ $20\sqrt{3}$ km ⑤ $25\sqrt{2}$ km

E133 2007실시 3월 학평 7(고1)

그림과 같이 평평한 지면 위에 설치된 가로등이 있다. 지면에 수직으로 세워진 기둥의 길이는 4 m이고, 그 위로 길이가 2 m인 기둥이 수직인 기둥과 150°의 각을 이루며 연결되어 있다. 이 가로등의 지면으로부터의 높이가 h m일 때, h의 값은? (3점)

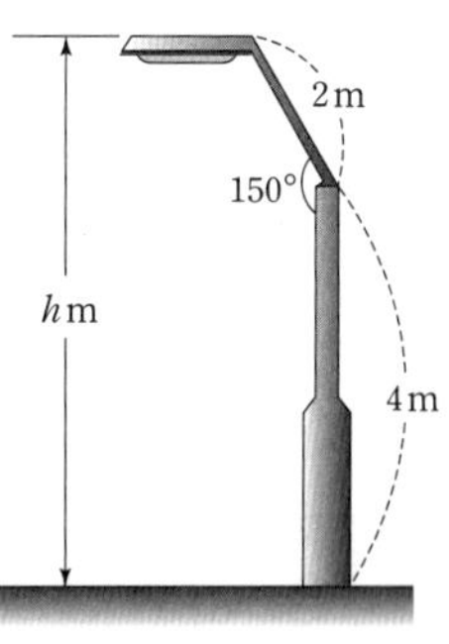

① 5 ② $\frac{11}{2}$ ③ $4+\sqrt{2}$
④ $4+2\sqrt{2}$ ⑤ $4+\sqrt{3}$

E134 2002실시(인) 3월 학평 9(고3)

$\triangle\mathrm{ABC}$에서 $A=30^\circ$, $\overline{\mathrm{AC}}=8$, $\overline{\mathrm{BC}}=4\sqrt{2}$일 때, 예각 C의 크기는? (3점)

① 15° ② 30° ③ 45°
④ 60° ⑤ 75°

❖ 정답 및 해설 247~251p

E135 ✿✿❀ 2010실시 3월 학평 21(고2)

그림과 같이 원점 O를 중심으로 하고 반지름의 길이가 1인 원 위의 점 A가 제2사분면에 있을 때 동경 OA가 나타내는 각의 크기를 θ라 하자. 점 B$(-1,\ 0)$을 지나는 직선 $x=-1$과 동경 OA가 만나는 점을 C, 점 A에서의 접선이 x축과 만나는 점을 D라 하자. 다음 중 삼각형 OCD의 넓이에서 부채꼴 OAB의 넓이를 뺀 어두운 부분의 넓이와 항상 같은 것은? $\left(단,\ \frac{\pi}{2}<\theta<\pi\right)$ (4점)

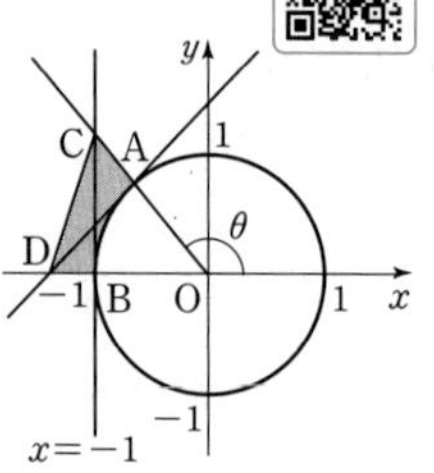

① $\frac{1}{2}\left(-\frac{\cos\theta}{\sin^2\theta}-\pi+\theta\right)$　② $\frac{1}{2}\left(-\frac{\sin\theta}{\cos^2\theta}-\pi+\theta\right)$

③ $\frac{1}{2}\left(\frac{\cos^2\theta}{\sin\theta}-\theta\right)$　④ $\frac{1}{2}\left(\frac{\sin\theta}{\cos^2\theta}-\pi+\theta\right)$

⑤ $\frac{1}{2}\left(\frac{\sin^2\theta}{\cos\theta}-\theta\right)$

E136 ✿✿❀ 2003대비(인) 수능 9(고3)

중심이 O이고 반지름의 길이가 R인 구면거울이 있다. 그림과 같이 OX축에 평행하게 입사된 빛이 거울에 반사된 후 X축과 만나는 점을 A라고 할 때, 선분 OA의 길이는?
(단, 입사각과 반사각의 크기는 θ로 같고, $0°<\theta<20°$이다.) (2점)

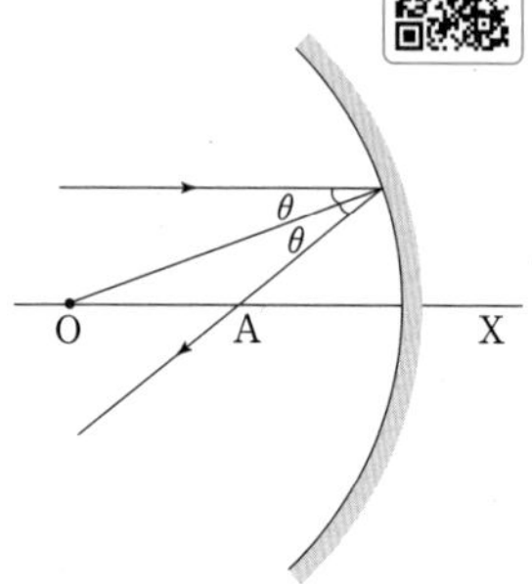

① $\frac{R}{2\cos\theta}$　② $\frac{R}{2\sin\theta}$　③ $R(1-\cos\theta)$

④ $\frac{R}{2\cos 2\theta}$　⑤ $\frac{R}{2\sin 2\theta}$

3 삼각방정식과 삼각부등식

유형 25 삼각방정식 – 일차식 꼴

일차식 꼴인 삼각방정식의 풀이

(i) $\sin x=a$ (또는 $\cos x=a$ 또는 $\tan x=a$)의 형태로 고친다.

(ii) 함수 $y=\sin x$ (또는 $y=\cos x$ 또는 $y=\tan x$)의 그래프와 직선 $y=a$의 교점의 x좌표를 구한다.

tip

1 $\sin x=t$ 또는 $\cos x=t$로 치환할 때, t의 범위가 $-1\le t\le 1$이 됨에 유의하자.

2 $\sin(ax+b)=k$ 꼴의 방정식은 $ax+b=l$로 치환하여 해를 구한다. 이때, l의 값의 범위에 주의한다.

3 두 종류 이상의 삼각함수를 포함한 방정식은 삼각함수 사이의 관계를 이용하여 한 종류의 삼각함수로 통일하여 해를 구한다.

E137 ❀❀❀ 2021실시 3월 학평 3(고3)

$0\le x<2\pi$일 때, 방정식 $\sin 4x=\frac{1}{2}$의 서로 다른 실근의 개수는? (3점)

① 2　② 4　③ 6
④ 8　⑤ 10

E138 ❀❀❀ 2019실시(나) 9월 학평 10(고2)

$0\le x\le\pi$일 때, 방정식 $2\sin x-1=0$의 모든 해의 합은? (3점)

① $\frac{\pi}{2}$　② π　③ $\frac{3}{2}\pi$
④ 2π　⑤ $\frac{5}{2}\pi$

E139 ❀❀❀ 2019실시(나) 6월 학평 3(고2)

방정식 $\sin\left(x-\frac{\pi}{6}\right)=\frac{1}{2}$의 해는? $\left(단,\ 0\le x\le\frac{\pi}{2}\right)$ (2점)

① 0　② $\frac{\pi}{6}$　③ $\frac{\pi}{4}$
④ $\frac{\pi}{3}$　⑤ $\frac{\pi}{2}$

E140 ❀❀❀ 2019실시(가) 6월 학평 5(고2)

$0 \le x \le 2\pi$일 때, 방정식 $2\cos x - 1 = 0$의 모든 해의 합은? (3점)

① π ② $\frac{3}{2}\pi$ ③ 2π
④ $\frac{5}{2}\pi$ ⑤ 3π

E141 ❀❀❀ 2018실시(가) 7월 학평 8(고3)

$0 \le x \le 2\pi$일 때, 방정식 $\sin 2x = \frac{1}{3}$의 모든 해의 합은? (3점)

① $\frac{3}{2}\pi$ ② 2π ③ $\frac{5}{2}\pi$
④ 3π ⑤ $\frac{7}{2}\pi$

E142 ❀❀❀ 2018대비(가) 9월 모평 6(고3)

$0 \le x \le \pi$일 때, 방정식 $1 + \sqrt{2}\sin 2x = 0$의 모든 해의 합은? (3점)

① π ② $\frac{5}{4}\pi$ ③ $\frac{3}{2}\pi$
④ $\frac{7}{4}\pi$ ⑤ 2π

E143 ❀❀❀ 2001대비(인) 수능 19(고3)

$0 < \theta < \frac{\pi}{2}$일 때,

$$\log(\sin\theta) - \log(\cos\theta) = \frac{1}{2}\log 3$$

을 만족시키는 θ의 값은? (단, log는 상용로그이다.) (3점)

① $\frac{\pi}{6}$ ② $\frac{\pi}{4}$ ③ $\frac{2}{7}\pi$
④ $\frac{\pi}{3}$ ⑤ $\frac{2}{5}\pi$

E144 ✿❀❀ 2020실시(나) 10월 학평 7(고3)

$0 \le x < 2\pi$일 때, 두 함수 $y = \sin x$와 $y = \cos\left(x + \frac{\pi}{2}\right) + 1$의 그래프가 만나는 모든 점의 x좌표의 합은? (3점)

① $\frac{\pi}{2}$ ② π ③ $\frac{3}{2}\pi$
④ 2π ⑤ $\frac{5}{2}\pi$

E145 ✿❀❀ 2004실시(가) 4월 학평 27(고3)

삼각방정식 $\sin(\pi\cos x) = 0$의 해의 개수는? (단, $0 \le x < 2\pi$) (4점)

① 0 ② 1 ③ 2
④ 3 ⑤ 4

유형 26 삼각방정식 – 이차식 꼴

이차식 꼴인 삼각방정식의 풀이

(ⅰ) $\sin^2 x + \cos^2 x = 1$을 이용하여 삼각함수를 한 종류로 통일한다.
(ⅱ) 삼각함수를 t로 치환하여 t에 대한 이차방정식으로 변형한다.
(ⅲ) 이차방정식의 해를 구한 후, t를 원래의 삼각함수로 바꾼다.
(ⅳ) 일차식 꼴의 삼각방정식의 풀이를 이용하여 x의 값을 구한다.

tip
삼각방정식의 해를 구할 때, x의 값의 범위에 주의해야 한다.
만약 x의 범위가 제시되지 않으면 해는 일반각의 형태로 나타낸다.

E146 ❀❀❀ 2021실시 7월 학평 10(고3)

$0 \le x < 2\pi$일 때, 방정식 $3\cos^2 x + 5\sin x - 1 = 0$의 모든 해의 합은? (4점)

① π ② $\frac{3}{2}\pi$ ③ 2π
④ $\frac{5}{2}\pi$ ⑤ 3π

❖ 정답 및 해설 251~255p

E147 ❀❀❀ 2018대비(가) 수능 7(고3)

$0 \le x < 2\pi$일 때, 방정식

$$\cos^2 x = \sin^2 x - \sin x$$

의 모든 해의 합은? (3점)

① 2π ② $\frac{5}{2}\pi$ ③ 3π

④ $\frac{7}{2}\pi$ ⑤ 4π

E148 ❀❀❀ 2017실시(가) 7월 학평 11(고3)

$0 \le x \le \pi$일 때, 방정식 $(\sin x + \cos x)^2 = \sqrt{3}\sin x + 1$의 모든 실근의 합은? (3점)

① $\frac{7}{6}\pi$ ② $\frac{4}{3}\pi$ ③ $\frac{3}{2}\pi$

④ $\frac{5}{3}\pi$ ⑤ $\frac{11}{6}\pi$

E149 ❀❀❀ 2017대비(가) 수능 25(고3)

$0 < x < 2\pi$일 때, 방정식 $\cos^2 x - \sin x = 1$의 모든 실근의 합은 $\frac{q}{p}\pi$이다. $p+q$의 값을 구하시오. (단, p, q는 서로소인 자연수이다.) (3점)

E150 ❀❀❀ 2017대비(가) 9월 모평 7(고3)

$0 \le x < 2\pi$일 때, 방정식 $2\sin^2 x + 3\cos x = 3$의 모든 해의 합은? (3점)

① $\frac{\pi}{2}$ ② π ③ $\frac{3}{2}\pi$

④ 2π ⑤ $\frac{5}{2}\pi$

E151 ✿❀❀ 2021실시 4월 학평 11(고3)

$0 < x < 2\pi$일 때, 방정식 $2\cos^2 x - \sin(\pi + x) - 2 = 0$의 모든 해의 합은? (4점)

① π ② $\frac{3}{2}\pi$ ③ 2π

④ $\frac{5}{2}\pi$ ⑤ 3π

E152 ✿❀❀ 2021대비(나) 수능 16(고3)

$0 \le x < 4\pi$일 때, 방정식

$$4\sin^2 x - 4\cos\left(\frac{\pi}{2} + x\right) - 3 = 0$$

의 모든 해의 합은? (4점)

① 5π ② 6π ③ 7π

④ 8π ⑤ 9π

E153 ✿❀❀ 2020실시(가) 10월 학평 11(고3)

$0 \le x < 2\pi$일 때, 방정식 $\sin x = \sqrt{3}(1+\cos x)$의 모든 해의 합은? (3점)

① $\frac{\pi}{3}$ ② $\frac{2}{3}\pi$ ③ π
④ $\frac{4}{3}\pi$ ⑤ $\frac{5}{3}\pi$

E154 ✿✿❀ 2024실시 3월 학평 20(고3)

두 함수 $f(x)=2x^2+2x-1$, $g(x)=\cos\frac{\pi}{3}x$에 대하여 $0 \le x < 12$에서 방정식

$$f(g(x))=g(x)$$

를 만족시키는 모든 실수 x의 값의 합을 구하시오. (4점)

E155 ✿✿❀ 2023실시 3월 학평 13(고3)

두 함수 $f(x)=x^2+ax+b$, $g(x)=\sin x$가 다음 조건을 만족시킬 때, $f(2)$의 값은? (단, a, b는 상수이고, $0 \le a \le 2$이다.) (4점)

> (가) $\{g(a\pi)\}^2=1$
> (나) $0 \le x \le 2\pi$일 때, 방정식 $f(g(x))=0$의 모든 해의 합은 $\frac{5}{2}\pi$이다.

① 3 ② $\frac{7}{2}$ ③ 4
④ $\frac{9}{2}$ ⑤ 5

E156 ✿✿❀ 2023실시 4월 학평 11(고3)

$0 \le x \le 2\pi$일 때, 방정식 $2\sin^2 x - 3\cos x = k$의 서로 다른 실근의 개수가 3이다. 이 세 실근 중 가장 큰 실근을 α라 할 때, $k \times \alpha$의 값은? (단, k는 상수이다.) (4점)

① $\frac{7}{2}\pi$ ② 4π ③ $\frac{9}{2}\pi$
④ 5π ⑤ $\frac{11}{2}\pi$

유형 27 삼각부등식 - 일차식 꼴

일차식 꼴인 삼각부등식의 풀이

(i) $\sin x < a$ (또는 $\cos x < a$ 또는 $\tan x < a$)의 형태로 고친다.
(ii) 함수 $y=\sin x$ (또는 $y=\cos x$ 또는 $y=\tan x$)의 그래프와 직선 $y=a$의 교점의 x좌표를 구한다.
(iii) 함수 $y=\sin x$ (또는 $y=\cos x$ 또는 $y=\tan x$)의 그래프가 직선 $y=a$보다 아래쪽에 있는 x의 값의 범위를 구한다.

tip

$\sin x > a$ (또는 $\cos x > a$ 또는 $\tan x > a$)의 형태일 때, 함수 $y=\sin x$ (또는 $y=\cos x$ 또는 $y=\tan x$)의 그래프가 직선 $y=a$ 보다 위쪽에 있는 x의 값의 범위를 구한다.

E157 ❀❀❀

삼각부등식 $\sin x > \frac{1}{\sqrt{2}}$ (단, $0 \le x < 2\pi$)의 해가 $a < x < b$일 때, $a+b$의 값은? (2점)

① $\frac{\pi}{6}$ ② $\frac{\pi}{3}$ ③ $\frac{\pi}{2}$
④ π ⑤ $\frac{5}{6}\pi$

E158 ❀❀❀ 2018실시(가) 10월 학평 12(고3)

열린 구간 $(0, \pi)$에서 부등식

$$(2^x-8)\left(\cos x - \frac{1}{2}\right) < 0$$

의 해가 $a < x < b$ 또는 $c < x < d$일 때, $(b-a)+(d-c)$의 값은? (단, $b < c$) (3점)

① $\pi-3$ ② $\frac{7}{6}\pi-3$ ③ $\frac{4}{3}\pi-3$
④ $3-\frac{\pi}{3}$ ⑤ $3-\frac{\pi}{6}$

❖ 정답 및 해설 255~260p

E159 ✲❀❀ 2024대비 9월 모평 9(고3)

$0\le x\le 2\pi$일 때, 부등식

$$\cos x\le \sin\frac{\pi}{7}$$

를 만족시키는 모든 x의 값의 범위는 $\alpha\le x\le \beta$이다. $\beta-\alpha$의 값은? (4점)

① $\frac{8}{7}\pi$ ② $\frac{17}{14}\pi$ ③ $\frac{9}{7}\pi$
④ $\frac{19}{14}\pi$ ⑤ $\frac{10}{7}\pi$

유형 28 **삼각부등식 - 이차식 꼴**

이차식 꼴인 삼각부등식의 풀이

(i) $\sin^2 x+\cos^2 x=1$을 이용하여 삼각함수를 한 종류로 통일한다.
(ii) 삼각함수를 t로 치환하여 t에 대한 이차부등식으로 변형한다.
(iii) 이차부등식의 해를 구한 후, t를 원래의 삼각함수로 바꾼다.
(iv) 일차식 꼴의 삼각방정식의 풀이를 이용하여 x의 값의 범위를 구한다.

1 $\sin(ax+b)>k$ 꼴의 부등식은 $ax+b=l$로 치환하여 해를 구한다. 이때, l의 값의 범위에 주의한다.
2 이차식 꼴인 삼각부등식은 대부분 인수분해를 통해 해를 구할 수 있다. 이때, $\sin x$ 또는 $\cos x$를 t라 하면 t의 값의 범위가 $-1\le t\le 1$임에 유의한다.

E160 ✲❀❀

$\frac{\pi}{2}\le x\le 2\pi$에서 부등식 $2\cos^2 x-3\sin x\ge 0$의 해는? (3점)

① $\frac{\pi}{2}\le x\le\frac{2}{3}\pi$ ② $\frac{2}{3}\pi\le x\le 2\pi$ ③ $\frac{2}{3}\pi\le x\le\frac{5}{6}\pi$
④ $\frac{\pi}{2}\le x\le\frac{5}{6}\pi$ ⑤ $\frac{5}{6}\pi\le x\le 2\pi$

E161 ✲❀❀

$0\le\theta<2\pi$에서 x에 대한 방정식 $x^2-(2\sin\theta-1)x+1=0$이 실근을 갖는 θ의 범위가 $\alpha\le\theta\le\beta$일 때, $\beta-\alpha$의 값은? (4점)

① $\frac{\pi}{6}$ ② $\frac{\pi}{3}$ ③ $\frac{\pi}{2}$
④ $\frac{2}{3}\pi$ ⑤ $\frac{5}{6}\pi$

E162 ✲❀❀

모든 실수 x에 대하여 부등식 $\cos^2 x-8\sin x+k\ge 0$이 성립하도록 하는 실수 k의 최솟값은? (4점)

① 5 ② 6 ③ 7
④ 8 ⑤ 9

E163 ✲✲❀ 2024대비 수능 19(고3)

함수 $f(x)=\sin\frac{\pi}{4}x$라 할 때, $0<x<16$에서 부등식

$$f(2+x)f(2-x)<\frac{1}{4}$$

을 만족시키는 모든 자연수 x의 값의 합을 구하시오. (3점)

유형 29 삼각방정식과 삼각부등식의 활용

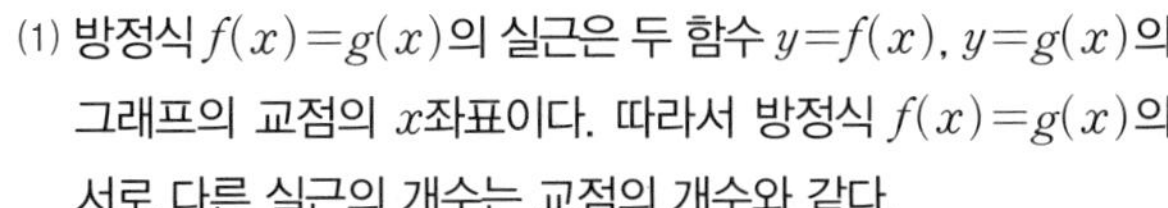

(1) 방정식 $f(x)=g(x)$의 실근은 두 함수 $y=f(x)$, $y=g(x)$의 그래프의 교점의 x좌표이다. 따라서 방정식 $f(x)=g(x)$의 서로 다른 실근의 개수는 교점의 개수와 같다.

(2) 계수가 삼각함수인 이차방정식 또는 이차부등식의 근에 대한 조건이 주어진 경우 이차방정식의 판별식을 이용한다.

tip

삼각방정식(삼각부등식)의 활용 문제는 삼각함수의 그래프와 연관되어 출제되는 경우가 많다. 따라서 삼각함수의 주기와 최대, 최소를 정확히 파악하여 그래프를 그리는 연습을 충분히 해야 한다.

E164

2021대비(가) 6월 모평 14(고3)

$0\le\theta<2\pi$일 때, x에 대한 이차방정식

$$x^2-(2\sin\theta)x-3\cos^2\theta-5\sin\theta+5=0$$

이 실근을 갖도록 하는 θ의 최솟값과 최댓값을 각각 α, β라 하자. $4\beta-2\alpha$의 값은? (4점)

① 3π ② 4π ③ 5π ④ 6π ⑤ 7π

E165

2023대비 9월 모평 9(고3)

닫힌구간 $[0, 12]$에서 정의된 두 함수

$$f(x)=\cos\frac{\pi x}{6},\ g(x)=-3\cos\frac{\pi x}{6}-1$$

이 있다. 곡선 $y=f(x)$와 직선 $y=k$가 만나는 두 점의 x좌표를 α_1, α_2라 할 때, $|\alpha_1-\alpha_2|=8$이다. 곡선 $y=g(x)$와 직선 $y=k$가 만나는 두 점의 x좌표를 β_1, β_2라 할 때, $|\beta_1-\beta_2|$의 값은? (단, k는 $-1<k<1$인 상수이다.) (4점)

① 3 ② $\frac{7}{2}$ ③ 4 ④ $\frac{9}{2}$ ⑤ 5

E166

2022실시 4월 학평 11(고3)

자연수 k에 대하여 $0\le x<2\pi$일 때, x에 대한 방정식 $\sin kx=\frac{1}{3}$의 서로 다른 실근의 개수가 8이다.

$0\le x<2\pi$일 때, x에 대한 방정식 $\sin kx=\frac{1}{3}$의 모든 해의 합은? (4점)

① 5π ② 6π ③ 7π ④ 8π ⑤ 9π

E167

2022실시 3월 학평 8(고3)

그림과 같이 양의 상수 a에 대하여 곡선 $y=2\cos ax\left(0\le x\le\frac{2\pi}{a}\right)$와 직선 $y=1$이 만나는 두 점을 각각 A, B라 하자. $\overline{AB}=\frac{8}{3}$일 때, a의 값은? (3점)

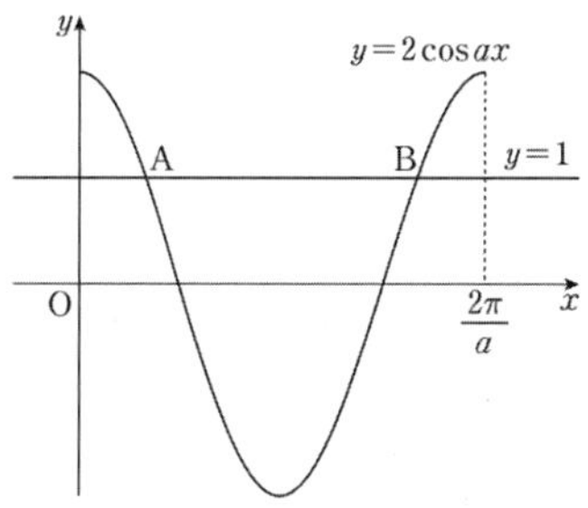

① $\frac{\pi}{3}$ ② $\frac{5\pi}{12}$ ③ $\frac{\pi}{2}$ ④ $\frac{7\pi}{12}$ ⑤ $\frac{2\pi}{3}$

E168

2022대비 5월 예시 8(고2)

함수 $y=6\sin\frac{\pi}{12}x\ (0\le x\le 12)$의 그래프와 직선 $y=3$이 만나는 두 점을 각각 A, B라 할 때, 선분 AB의 길이는? (3점)

① 6 ② 7 ③ 8 ④ 9 ⑤ 10

❖ 정답 및 해설 260~265p

E169 ✻❀❀ 2020실시(가) 4월 학평 9(고3)

$0<x\le 2\pi$일 때, 방정식 $\sin^2 x=\cos^2 x+\cos x$와 부등식 $\sin x>\cos x$를 동시에 만족시키는 모든 x의 값의 합은? (3점)

① $\frac{4}{3}\pi$ ② $\frac{5}{3}\pi$ ③ 2π

④ $\frac{7}{3}\pi$ ⑤ $\frac{8}{3}\pi$

E170 ✻❀❀ 2020대비(가) 수능 7(고3)

$0<x<2\pi$일 때, 방정식 $4\cos^2 x-1=0$과 부등식 $\sin x\cos x<0$을 동시에 만족시키는 모든 x의 값의 합은? (3점)

① 2π ② $\frac{7}{3}\pi$ ③ $\frac{8}{3}\pi$

④ 3π ⑤ $\frac{10}{3}\pi$

E171 ✻✻❀ 2025대비 9월 모평 20(고3)

닫힌구간 $[0, 2\pi]$에서 정의된 함수

$$f(x)=\begin{cases} \sin x-1 & (0\le x<\pi) \\ -\sqrt{2}\sin x-1 & (\pi\le x\le 2\pi) \end{cases}$$

가 있다. $0\le t\le 2\pi$인 실수 t에 대하여 x에 대한 방정식 $f(x)=f(t)$의 서로 다른 실근의 개수가 3이 되도록 하는 모든 t의 값의 합은 $\frac{q}{p}\pi$이다. $p+q$의 값을 구하시오.

(단, p와 q는 서로소인 자연수이다.) (4점)

E172 ✻✻❀ 2023실시 4월 학평 13(고3)

그림과 같이 닫힌구간 $[0, 2\pi]$에서 정의된 두 함수 $f(x)=k\sin x$, $g(x)=\cos x$에 대하여 곡선 $y=f(x)$와 곡선 $y=g(x)$가 만나는 서로 다른 두 점을 A, B라 하자. 선분 AB를 3 : 1로 외분하는 점을 C라 할 때, 점 C는 곡선 $y=f(x)$ 위에 있다. 점 C를 지나고 y축에 평행한 직선이 곡선 $y=g(x)$와 만나는 점을 D라 할 때, 삼각형 BCD의 넓이는? (단, k는 양수이고, 점 B의 x좌표는 점 A의 x좌표보다 크다.) (4점)

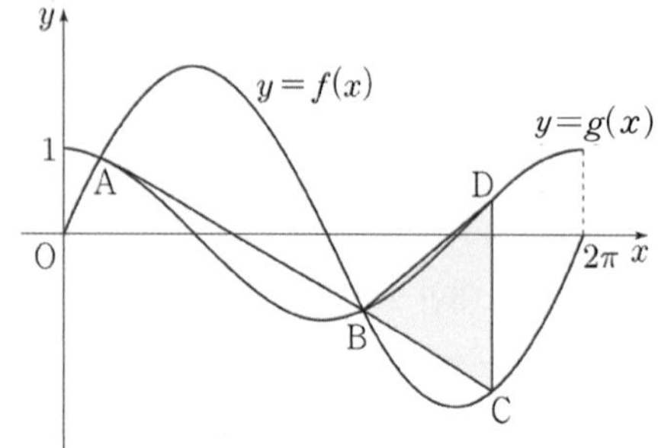

① $\frac{\sqrt{15}}{8}\pi$ ② $\frac{9\sqrt{5}}{40}\pi$ ③ $\frac{\sqrt{5}}{4}\pi$

④ $\frac{3\sqrt{10}}{16}\pi$ ⑤ $\frac{3\sqrt{5}}{10}\pi$

E173 ✻✻❀ 2022실시 10월 학평 12(고3)

양수 a에 대하여 함수

$$f(x)=\left|4\sin\left(ax-\frac{\pi}{3}\right)+2\right| \left(0\le x<\frac{4\pi}{a}\right)$$

의 그래프가 직선 $y=2$와 만나는 서로 다른 점의 개수는 n이다. 이 n개의 점의 x좌표의 합이 39일 때, $n\times a$의 값은? (4점)

① $\frac{\pi}{2}$ ② π ③ $\frac{3\pi}{2}$

④ 2π ⑤ $\frac{5\pi}{2}$

1등급 마스터 문제 [4점+2등급 대비+1등급 대비]

E174 ✲✲✲ 2010실시 6월 학평 30(고1)

두 점 A, B를 지름의 양 끝으로 하고 반지름의 길이가 10인 원 O 위를 움직이는 두 점 P, Q가 있다. 두 선분 OP, OQ는 각각 선분 OA, OB에서 동시에 출발하여 점 O를 중심으로 시계 방향으로 회전한다.

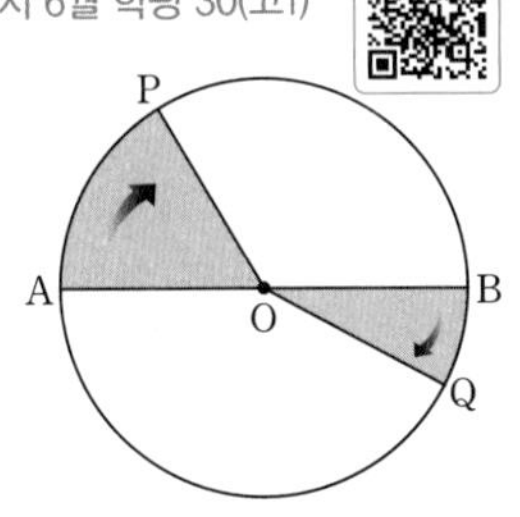

각각 일정한 속도로 한 바퀴 도는 데 선분 OP는 30초, OQ는 60초 걸린다. 원의 내부가 처음에는 흰색이나, 두 선분 OP, OQ가 회전하면서 지나간 부분은 흰색은 검은색으로, 검은색은 흰색으로 바뀐다. 두 선분 OP, OQ가 출발한 지 800초 후의 검은색 부분의 넓이가 $\frac{q}{p}\pi$ (p와 q는 서로소인 자연수)일 때, $p+q$의 값을 구하시오. (4점)

E175 ✲✲✲ 2025대비 6월 모평 20(고3)

5 이하의 두 자연수 a, b에 대하여 열린구간 $(0, 2\pi)$에서 정의된 함수 $y=a\sin x+b$의 그래프가 직선 $x=\pi$와 만나는 점의 집합을 A라 하고, 두 직선 $y=1$, $y=3$과 만나는 점의 집합을 각각 B, C라 하자. $n(A\cup B\cup C)=3$이 되도록 하는 a, b의 순서쌍 (a, b)에 대하여 $a+b$의 최댓값을 M, 최솟값을 m이라 할 때, $M\times m$의 값을 구하시오. (4점)

E176 ✲✲✲ 2024실시 10월 학평 19(고3)

두 상수 a, b $(a>0)$에 대하여 함수

$f(x)=|\sin a\pi x+b|$가 다음 조건을 만족시킬 때,

$60(a+b)$의 값을 구하시오. (3점)

> (가) $f(x)=0$이고 $|x|\le\frac{1}{a}$인 모든 실수 x의 값의 합은 $\frac{1}{2}$이다.
>
> (나) $f(x)=\frac{2}{5}$이고 $|x|\le\frac{1}{a}$인 모든 실수 x의 값의 합은 $\frac{3}{4}$이다.

E177 ✲✲✲ 2021대비(가) 9월 모평 21(고3)

닫힌구간 $[-2\pi, 2\pi]$에서 정의된 두 함수

$$f(x)=\sin kx+2,\ g(x)=3\cos 12x$$

에 대하여 다음 조건을 만족시키는 자연수 k의 개수는? (4점)

> 실수 a가 두 곡선 $y=f(x)$, $y=g(x)$의 교점의 y좌표이면 $\{x|f(x)=a\}\subset\{x|g(x)=a\}$이다.

① 3 ② 4 ③ 5
④ 6 ⑤ 7

❖ 정답 및 해설 265~271p

[1등급 대비+2등급 대비]

E178 ✪ 2등급 대비 2019실시(나) 9월 학평 29(고2)

그림과 같이 반지름의 길이가 6인 원 O_1이 있다.
원 O_1 위에 서로 다른 두 점 A, B를 $\overline{\mathrm{AB}}=6\sqrt{2}$가 되도록 잡고, 원 O_1의 내부에 점 C를 삼각형 ACB가 정삼각형이 되도록 잡는다. 정삼각형 ACB의 외접원을 O_2라 할 때, 원 O_1과 원 O_2의 공통부분의 넓이는 $p+q\sqrt{3}+r\pi$이다. $p+q+r$의 값을 구하시오. (단, p, q, r는 유리수이다.) (4점)

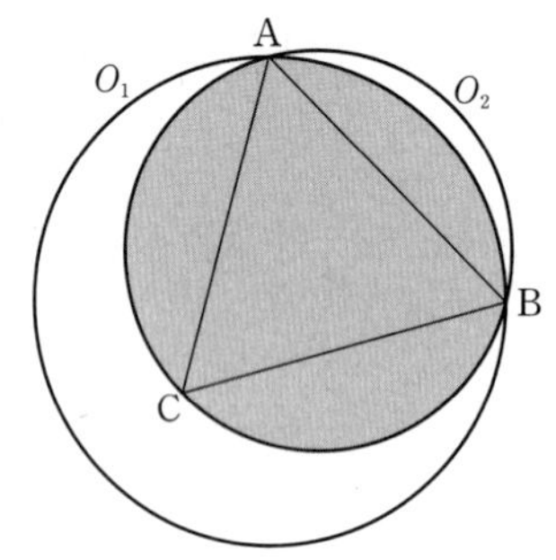

E179 ✪ 2등급 대비 2019실시(나) 6월 학평 21(고2)

음이 아닌 세 정수 a, b, n에 대하여

$$(a^2+b^2+2ab-4)\cos\frac{n}{4}\pi+(b^2+ab+2)\tan\frac{2n+1}{4}\pi=0$$

일 때, $a+b+\sin^2\frac{n}{8}\pi$의 값은? (단, $a\geq b$) (4점)

① 4 ② $\frac{19}{4}$ ③ $\frac{11}{2}$
④ $\frac{25}{4}$ ⑤ 7

E180 ✪ 2등급 대비 2020실시(가) 4월 학평 21(고3)

자연수 k에 대하여 집합 A_k를

$$A_k=\left\{\sin\frac{2(m-1)}{k}\pi \,\middle|\, m\text{은 자연수}\right\}$$

라 할 때, [보기]에서 옳은 것만을 있는 대로 고른 것은? (4점)

[보기]

ㄱ. $A_3=\left\{-\frac{\sqrt{3}}{2},\ 0,\ \frac{\sqrt{3}}{2}\right\}$

ㄴ. 1이 집합 A_k의 원소가 되도록 하는 두 자리 자연수 k의 개수는 22이다.

ㄷ. $n(A_k)=11$을 만족시키는 모든 k의 값의 합은 33이다.

① ㄱ ② ㄱ, ㄴ ③ ㄱ, ㄷ
④ ㄴ, ㄷ ⑤ ㄱ, ㄴ, ㄷ

E181 ✪ 2등급 대비 2022대비 6월 모평 15(고3)

$-1\leq t\leq 1$인 실수 t에 대하여 x에 대한 방정식

$$\left(\sin\frac{\pi x}{2}-t\right)\left(\cos\frac{\pi x}{2}-t\right)=0$$

의 실근 중에서 집합 $\{x\,|\,0\leq x<4\}$에 속하는 가장 작은 값을 $\alpha(t)$, 가장 큰 값을 $\beta(t)$라 하자. [보기]에서 옳은 것만을 있는 대로 고른 것은? (4점)

[보기]

ㄱ. $-1\leq t<0$인 모든 실수 t에 대하여 $\alpha(t)+\beta(t)=5$이다.

ㄴ. $\{t\,|\,\beta(t)-\alpha(t)=\beta(0)-\alpha(0)\}=\left\{t\,\middle|\,0\leq t\leq\frac{\sqrt{2}}{2}\right\}$

ㄷ. $\alpha(t_1)=\alpha(t_2)$인 두 실수 t_1, t_2에 대하여 $t_2-t_1=\frac{1}{2}$이면 $t_1\times t_2=\frac{1}{3}$이다.

① ㄱ ② ㄱ, ㄴ ③ ㄱ, ㄷ
④ ㄴ, ㄷ ⑤ ㄱ, ㄴ, ㄷ

경찰대, 삼사 중요 기출 문제 [어려운 3점+4점+5점]

E182
2024대비 경찰대 3(고3)

[보기]에서 옳은 것만을 있는 대로 고른 것은? (3점)

[보기]

ㄱ. 함수 $y=\tan\frac{3\pi}{2}x-\sin 2\pi x$의 주기는 2이다.

ㄴ. 함수 $y=2\pi+\cos 2\pi x\sin\frac{4\pi}{3}x$의 주기는 3이다.

ㄷ. 함수 $y=\sin\pi x-\left|\cos\frac{3\pi}{2}x\right|$의 주기는 2이다.

① ㄱ ② ㄷ ③ ㄱ, ㄴ
④ ㄴ, ㄷ ⑤ ㄱ, ㄴ, ㄷ

E183
2022대비 삼사 7(고3)

함수 $f(x)=\cos^2 x-4\cos\left(x+\frac{\pi}{2}\right)+3$의 최댓값은? (3점)

① 1 ② 3 ③ 5
④ 7 ⑤ 9

E184
2021대비(나) 삼사 10(고3)

$0\le x<2\pi$일 때, 방정식 $|\sin 2x|=\frac{1}{2}$의 모든 실근의 합은? (3점)

① 4π ② 6π ③ 8π
④ 10π ⑤ 12π

E185
2021대비 경찰대 21(고3)

자연수 n에 대하여 $0\le x\le 2\pi$에서 방정식 $|\sin nx|=\frac{2}{3}$의 서로 다른 실근의 개수를 a_n, 서로 다른 모든 실근의 합을 b_n이라 할 때, $a_5 b_6=k\pi$이다. 자연수 k의 값을 구하시오. (3점)

E186
2023대비 경찰대 24(고3)

모든 실수 x에 대하여 부등식
$(a\sin^2 x-4)\cos x+4\ge 0$을 만족시키는 실수 a의 최댓값과 최솟값의 합을 구하시오. (4점)

E187
2023대비 경찰대 6(고3)

두 정수 a, b에 대하여

$$a^2+b^2\le 13,\ \cos\frac{(a-b)\pi}{2}=0$$

을 만족시키는 모든 순서쌍 (a, b)의 개수는? (4점)

① 16 ② 20 ③ 24
④ 28 ⑤ 32

❖ 정답 및 해설 271~280p

E188 ✿✿❀ 2024대비 경찰대 20(고3)

$0 \le x < 2\pi$일 때, 함수

$$f(x)=2\cos^2 x-|1+2\sin x|-2|\sin x|+2$$

에 대하여 집합

$$A=\{x \mid f(x)\text{의 값은 0 이하의 정수}\}$$

라 하자. 집합 A의 원소의 개수는? (5점)

① 6 ② 7 ③ 8
④ 9 ⑤ 10

E189 ✿✿❀ 2024대비 삼사 21(고3)

두 양수 a, b에 대하여 두 함수

$$y=3a\tan bx,\ y=2a\cos bx$$

의 그래프가 만나는 점 중에서 x좌표가 0보다 크고 $\frac{5\pi}{2b}$보다 작은 세 점을 x좌표가 작은 점부터 x좌표의 크기순으로 A_1, A_2, A_3이라 하자. 선분 A_1A_3을 지름으로 하는 원이 점 A_2를 지나고 이 원의 넓이가 π일 때, $\left(\frac{a}{b}\pi\right)^2=\frac{q}{p}$이다. $p+q$의 값을 구하시오. (단, p와 q는 서로소인 자연수이다.) (4점)

E190 ✿✿❀ 2023대비 경찰대 17(고3)

두 자연수 a, b에 대하여 함수

$$f(x)=\sin(a\pi x)+2b\ (0 \le x \le 1)$$

이 있다. 집합 $\{x \mid \log_2 f(x)\text{는 정수}\}$의 원소의 개수가 8이 되도록 하는 서로 다른 모든 a의 값의 합은? (5점)

① 12 ② 15 ③ 18
④ 21 ⑤ 24

E191 ✪ 2등급 대비 2022대비 경찰대 19(고3)

두 함수 $f(x)$와 $g(x)$가

$$f(x)=\begin{cases}\cos x & (\cos x \ge \sin x)\\ \sin x & (\cos x < \sin x)\end{cases},$$

$$g(x)=\cos ax\ (a>0\text{인 상수})$$

이다. 닫힌구간 $\left[0, \frac{\pi}{4}\right]$에서 두 곡선 $y=f(x)$와 $y=g(x)$의 교점의 개수가 3이 되도록 하는 a의 최솟값을 p라 하자. 닫힌구간 $\left[0, \frac{11}{12}\pi\right]$에서 두 곡선 $y=f(x)$와 $y=\cos px$의 교점의 개수를 q라 할 때, $p+q$의 값은? (5점)

① 16 ② 17 ③ 18
④ 19 ⑤ 20

E192 ✪ 2등급 대비 2023대비 삼사 15(고3)

함수 $f(x)=\left|2a\cos\frac{b}{2}x-(a-2)(b-2)\right|$가 다음 조건을 만족시키도록 하는 10 이하의 자연수 a, b의 모든 순서쌍 (a, b)의 개수는? (4점)

(가) 함수 $f(x)$는 주기가 π인 주기함수이다.
(나) $0 \le x \le 2\pi$에서 함수 $y=f(x)$의 그래프와 직선 $y=2a-1$의 교점의 개수는 4이다.

① 11 ② 13 ③ 15
④ 17 ⑤ 19

❖ 정답 및 해설 280~284p

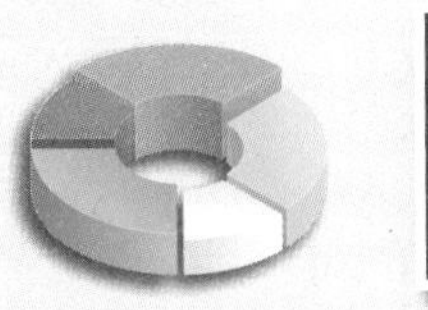

F 삼각함수의 활용

★ 유형 차례

★ 최신 3개년 수능+모평 출제 경향

학년도		출제 유형	난이도
2025	수능	유형 11 삼각형의 넓이의 활용	★★☆
	9월	유형 02 사인법칙과 삼각형의 외접원	★☆☆
	6월	유형 10 삼각형의 넓이	★★☆
2024	수능	유형 05 사인법칙과 코사인법칙	★☆☆
	9월	유형 05 사인법칙과 코사인법칙	★☆☆
	6월	유형 05 사인법칙과 코사인법칙	★★★
2023	수능	유형 05 사인법칙과 코사인법칙	★☆☆
	9월	유형 05 사인법칙과 코사인법칙	★★☆
	6월	유형 04 코사인법칙	★☆☆

★ 2025 수능 출제 경향 분석

- **삼각형의 넓이의 활용** : 사인법칙을 이용하여 삼각형의 각 변의 길이를 결정하고 코사인법칙을 이용하여 삼각형의 한 내각의 크기에 대한 코사인값을 구한 후 삼각형의 넓이가 최대가 되는 점을 찾아 그때의 넓이를 구하는 문제가 출제되었다. [F73 문항]

★ 2026 수능 예측

1. 사인법칙과 삼각형의 외접원의 반지름의 관계를 이용한 문제가 출제 예상된다. 사인법칙을 유도하는 과정에서 원주각의 성질이나 삼각비의 이용 등 여러 개념들이 혼합되어 있으므로 잘 익혀두자.
2. 사인법칙과 코사인법칙이 혼합된 문제가 출제가 예상된다. 특히, 사인법칙을 변형하여 외접원의 반지름으로 표현하여 이용할 수 있는가, 코사인법칙을 변형하여 세 변의 길이를 알 때 특수한 각의 크기를 알 수 있는가 등 문제가 출제될 것이다.
3. 삼각형의 넓이를 이용한 활용 문제가 출제 예상된다. 두 변의 길이와 그 사잇각의 크기를 알면 삼각형의 넓이를 구할 수 있다. 그리고 평행사변형과 사각형의 넓이도 활용 문제로 등장하므로 공식을 적절히 이용할 수 있어야 한다.

삼각함수의 활용

개념 강의

중요도 ✪✪○

1 사인법칙 – 유형 01~03, 05

(1) **사인법칙** ❶

삼각형 ABC의 외접원의 반지름의 길이를 R라 하면 삼각형의 세 변의 길이와 세 각의 크기 사이에는 다음과 같은 관계가 성립한다.

$$\frac{a}{\sin A}=\frac{b}{\sin B}=\frac{c}{\sin C}=2R$$

즉, 삼각형에서 변의 길이와 마주 보는 각의 크기에 대한 사인함수의 값의 비는 일정하다.

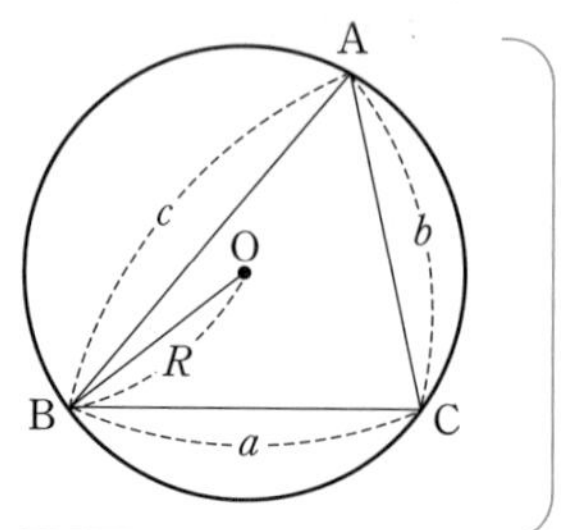

(2) **사인법칙의 변형** ❷

① $\sin A=\frac{a}{2R}$, $\sin B=\frac{b}{2R}$, $\sin C=\frac{c}{2R}$

② $a=2R\sin A$, $b=2R\sin B$, $c=2R\sin C$

③ $a:b:c=\sin A:\sin B:\sin C$

2025 9월 모평 10번

★ 삼각형의 외접원의 반지름의 길이, 내각의 크기에 대한 사인값을 이용하여 삼각형의 변의 길이를 나타내는 중 난이도의 문제가 출제되었다.

한걸음 더!

❶ **사인법칙의 적용**

(1) 한 변의 길이와 그 양 끝각의 크기를 알 때, 나머지 두 변의 길이 구하기

(2) 두 변의 길이와 끼인각이 아닌 한 각의 크기를 알 때, 나머지 한 변의 길이 구하기

❷ 삼각형에서 외접원의 반지름의 길이와 관련된 문제는 사인법칙을 이용하자.

2 코사인법칙 – 유형 04~09

(1) **코사인법칙** ❸

삼각형 ABC의 세 변의 길이와 세 각의 크기 사이에는 다음과 같은 관계가 성립한다.

$a^2=b^2+c^2-2bc\cos A$

$b^2=c^2+a^2-2ca\cos B$

$c^2=a^2+b^2-2ab\cos C$

(2) **코사인법칙의 변형** ❹

$\cos A=\frac{b^2+c^2-a^2}{2bc}$

$\cos B=\frac{c^2+a^2-b^2}{2ca}$

$\cos C=\frac{a^2+b^2-c^2}{2ab}$

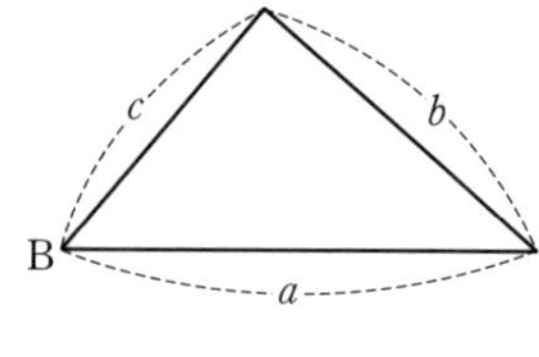

한걸음 더!

❸ **코사인법칙의 적용**

(1) 세 변의 길이가 모두 주어질 때, 세 각의 크기 구하기

(2) 두 변의 길이와 끼인각의 크기가 주어질 때, 나머지 한 변의 길이 구하기

❹ **삼각형의 결정**

각을 변으로 바꿀 때, 사인법칙과 코사인법칙의 변형을 이용하여 변과 변 사이의 관계를 구한다.
두 변의 길이가 같으면 이등변삼각형이고, 피타고라스 정리가 성립되면 직각삼각형이다.

3 삼각형의 넓이 – 유형 10~13

삼각형 ABC의 넓이를 S라 하면 ❺

(1) $S=\frac{1}{2}bc\sin A=\frac{1}{2}ca\sin B=\frac{1}{2}ab\sin C$

(2) 외접원의 반지름의 길이 R를 알 때,

$S=\frac{abc}{4R}=2R^2\sin A\sin B\sin C$ ❻

(3) 내접원의 반지름의 길이 r를 알 때,

$S=\frac{1}{2}r(a+b+c)$

(4) 헤론의 정리

$S=\sqrt{s(s-a)(s-b)(s-c)}$ $\left(\text{단, } s=\frac{a+b+c}{2}\right)$

2025 수능 14번
2025 6월 모평 10번

★ 수능과 6월 모두 사인법칙으로 삼각형의 각 변의 길이의 비를 구하고 코사인법칙으로 삼각형의 각 변의 길이를 결정한 후 삼각형의 넓이를 구하는 중상 난이도의 문제가 출제되었다.

+개념 보충

❺ **사각형의 넓이**

(1) 평행사변형의 이웃하는 두 변의 길이가 a, b이고 그 끼인각의 크기가 θ일 때, 평행사변형의 넓이 S는
$S=ab\sin\theta$

(2) 사각형의 두 대각선의 길이가 p, q이고 두 대각선이 이루는 각의 크기가 θ일 때, 사각형의 넓이 S는
$S=\frac{1}{2}pq\sin\theta$

왜 그럴까?

❻ 삼각형 ABC의 외접원의 반지름의 길이를 R라 하면

$\sin A=\frac{a}{2R}$이므로

$S=\frac{1}{2}bc\sin A$

$=\frac{1}{2}bc\times\frac{a}{2R}=\frac{abc}{4R}$

1 사인법칙

F01 기본

삼각형 ABC에서 $\angle B=60°$, $\overline{BC}=12\sqrt{2}$, $\overline{AC}=12\sqrt{3}$일 때, $\angle A$의 크기는? (3점)

① 150° ② 135° ③ 90° ④ 45° ⑤ 30°

F02 기본

2011실시 3월 학평 25(고2)

그림과 같이 한 원에 내접하는 두 삼각형 ABC, ABD에서 $\overline{AB}=16\sqrt{2}$, $\angle ABD=45°$, $\angle BCA=30°$일 때, 선분 AD의 길이를 구하시오. (3점)

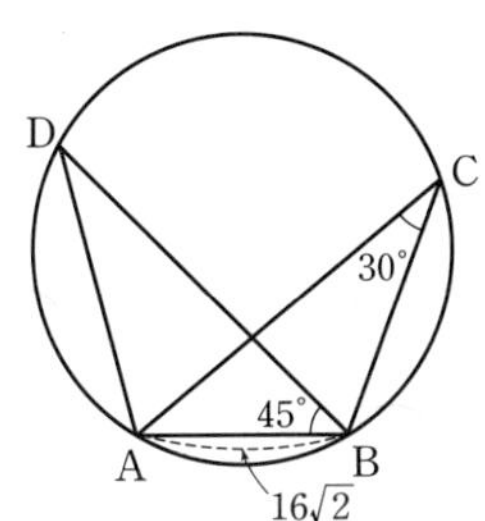

F03 기본

2000대비(인) 수능 12(고3)

$\triangle ABC$에서 $6\sin A=2\sqrt{3}\sin B=3\sin C$가 성립할 때, $\angle A$의 크기는? (3점)

① 120° ② 90° ③ 60° ④ 45° ⑤ 30°

2 코사인법칙

F04 기본

삼각형 ABC에서 $\angle A=45°$, $\overline{AB}=6$, $\overline{AC}=4\sqrt{2}$일 때, $\overline{BC}^2$의 값을 구하시오. (2점)

F05 기본

2004대비(인) 수능 21(고3)

두 직선 $y=2x$와 $y=\frac{1}{2}x$가 이루는 예각의 크기를 θ라 할 때, 오른쪽 그림을 이용하여 $\cos\theta$의 값을 구하면? (3점)

① $\frac{4}{5}$ ② $\frac{3}{5}$ ③ $\frac{\sqrt{5}}{5}$ ④ $\frac{2}{5}$ ⑤ $\frac{1}{5}$

3 삼각형의 넓이

F06 기본

$\angle A=120°$, $\overline{AB}=12$, $\overline{AC}=6$인 삼각형 ABC에서 $\angle A$의 이등분선이 선분 BC와 만나는 점을 D라 할 때, 선분 AD의 길이를 구하시오. (3점)

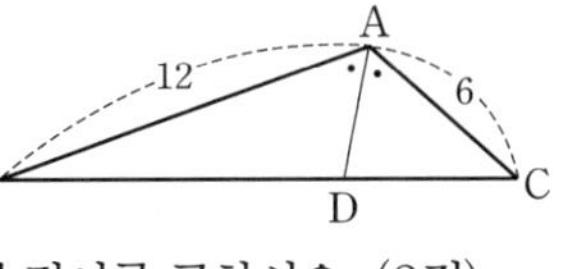

F07 기본

오른쪽 그림과 같이 $\overline{AB}=3$, $B=45°$인 평행사변형 ABCD의 넓이가 $9\sqrt{2}$일 때, $\overline{BC}$의 길이는? (3점)

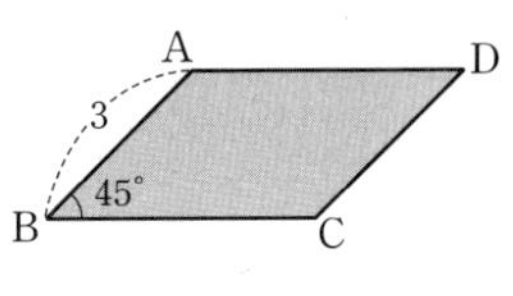

① 5 ② 6 ③ 7 ④ 8 ⑤ 9

❖ 정답 및 해설 284~285p

수능 유형별 기출 문제 [2점, 3점, 쉬운 4점]

Pass 쉬운 유형, 반복 계산 문제로 패스 하셔도 좋습니다.

1 사인법칙

유형 01 사인법칙

삼각형 ABC의 세 변의 길이와 세 각의 크기 사이에는 다음과 같은 관계가 성립한다.

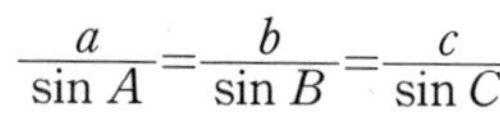

$$\frac{a}{\sin A}=\frac{b}{\sin B}=\frac{c}{\sin C}$$

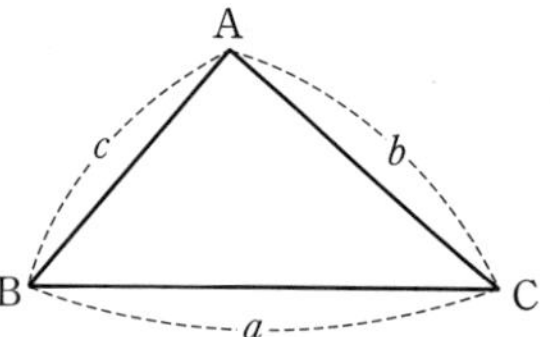

즉, 삼각형에서 변의 길이와 마주 보는 각에 대한 사인함수의 값의 비는 일정하다.

tip

1 두 변의 길이 a, b와 한 대각의 크기 A를 알 때, $\frac{a}{\sin A}=\frac{b}{\sin B}$를 이용하여 B의 크기를 구한다.

2 특수각에 대한 삼각비

각 \ 삼각비	sin	cos	tan
30°	$\frac{1}{2}$	$\frac{\sqrt{3}}{2}$	$\frac{1}{\sqrt{3}}$
45°	$\frac{\sqrt{2}}{2}$	$\frac{\sqrt{2}}{2}$	1
60°	$\frac{\sqrt{3}}{2}$	$\frac{1}{2}$	$\sqrt{3}$

F08 ❀❀❀ 2021대비(나) 9월 모평 9(고3)

$\overline{AB}=8$이고 $\angle A=45°$, $\angle B=15°$인 삼각형 ABC에서 선분 BC의 길이는? (3점)

① $2\sqrt{6}$　② $\frac{7\sqrt{6}}{3}$　③ $\frac{8\sqrt{6}}{3}$　④ $3\sqrt{6}$　⑤ $\frac{10\sqrt{6}}{3}$

F09 ❀❀❀ 2013실시(B) 3월 학평 8(고2)

삼각형 ABC에서 $\angle A=105°$, $\angle B=30°$이고 $\overline{AB}=12$일 때, $\overline{AC}^2$의 값은? (3점)

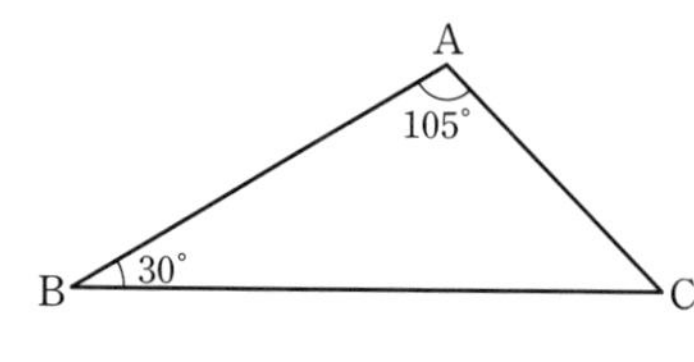

① 72　② 76　③ 80　④ 84　⑤ 88

F10 ✿✿❀

그림과 같이 두 반직선 OX, OY가 점 O에서 30°의 각을 이루고 있다. 반직선 OX 위의 점 P와 반직선 OY 위의 점 Q가 $\overline{PQ}=4$일 때, 선분 OQ의 길이의 최댓값은? (단, 두 점 P, Q는 점 O가 아니다.) (4점)

① 8　② 7　③ 6　④ 5　⑤ 4

유형 02 사인법칙과 삼각형의 외접원

삼각형 ABC의 외접원의 반지름의 길이를 R라 하면 삼각형의 세 변의 길이와 세 각의 크기 사이에는 다음과 같은 관계가 성립한다.

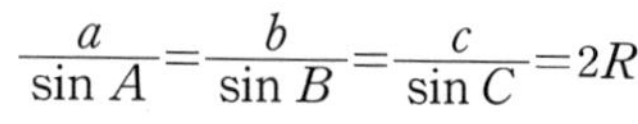

$$\frac{a}{\sin A}=\frac{b}{\sin B}=\frac{c}{\sin C}=2R$$

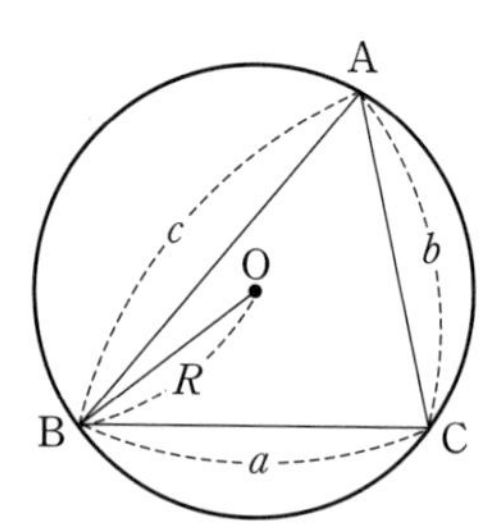

즉, 삼각형에서 변의 길이와 마주 보는 각에 대한 사인함수의 값의 비는 일정하다.

tip

1 삼각형에서 외접원의 반지름의 길이와 관련된 문제는 사인법칙을 이용하여 해결한다.

2 한 원에서 같은 호에 대한 원주각의 크기는 같고, 그 각의 크기는 중심각의 크기의 $\frac{1}{2}$임을 잘 기억해 두자.

F11 ❀❀❀ 2019실시(가) 9월 학평 7(고2)

반지름의 길이가 5인 원에 내접하는 삼각형 ABC에 대하여 $\angle BAC=\frac{\pi}{4}$일 때, 선분 BC의 길이는? (3점)

① $3\sqrt{2}$　② $\frac{7\sqrt{2}}{2}$　③ $4\sqrt{2}$　④ $\frac{9\sqrt{2}}{2}$　⑤ $5\sqrt{2}$

F12 ❀❀❀ 2019실시(나) 9월 학평 12(고2)

선분 BC의 길이가 5이고, $\angle \text{BAC}=\frac{\pi}{6}$인 삼각형 ABC의 외접원의 반지름의 길이는? (3점)

① 3 ② $\frac{7}{2}$ ③ 4
④ $\frac{9}{2}$ ⑤ 5

F13 ❀❀❀ 2021대비(나) 6월 모평 5(고3)

반지름의 길이가 15인 원에 내접하는 삼각형 ABC에서 $\sin B=\frac{7}{10}$일 때, 선분 AC의 길이는? (3점)

① 15 ② 18 ③ 21
④ 24 ⑤ 27

F14 ❀❀❀ 2020실시(나) 4월 학평 13(고3)

그림과 같이 반지름의 길이가 4인 원에 내접하고 변 AC의 길이가 5인 삼각형 ABC가 있다. $\angle \text{ABC}=\theta$라 할 때, $\sin\theta$의 값은? (단, $0<\theta<\pi$) (3점)

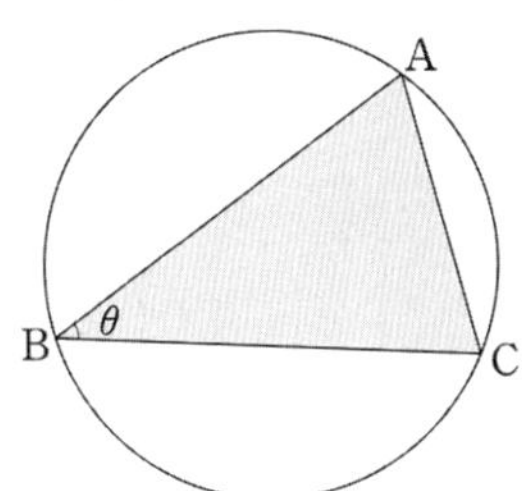

① $\frac{1}{4}$ ② $\frac{3}{8}$ ③ $\frac{1}{2}$
④ $\frac{5}{8}$ ⑤ $\frac{3}{4}$

F15 ❀❀❀

$\angle \text{A}=30°$, $\overline{\text{BC}}=8$인 삼각형 ABC의 외접원의 반지름의 길이는? (2점)

① 4 ② 6 ③ 8
④ $4\sqrt{2}$ ⑤ $6\sqrt{2}$

F16 ✿❀❀ 2025대비 9월 모평 10(고3)

$\angle \text{A}>\frac{\pi}{2}$인 삼각형 ABC의 꼭짓점 A에서 선분 BC에 내린 수선의 발을 H라 하자. $\overline{\text{AB}}:\overline{\text{AC}}=\sqrt{2}:1$, $\overline{\text{AH}}=2$이고, 삼각형 ABC의 외접원의 넓이가 50π일 때, 선분 BH의 길이는? (4점)

① 6 ② $\frac{25}{4}$ ③ $\frac{13}{2}$
④ $\frac{27}{4}$ ⑤ 7

F17 ✿❀❀ 2020실시(가) 10월 학평 17(고3)

그림과 같이 $\angle \text{ABC}=\frac{\pi}{2}$인 삼각형 ABC에 내접하고 반지름의 길이가 3인 원의 중심을 O라 하자. 직선 AO가 선분 BC와 만나는 점을 D라 할 때, $\overline{\text{DB}}=4$이다. 삼각형 ADC의 외접원의 넓이는? (4점)

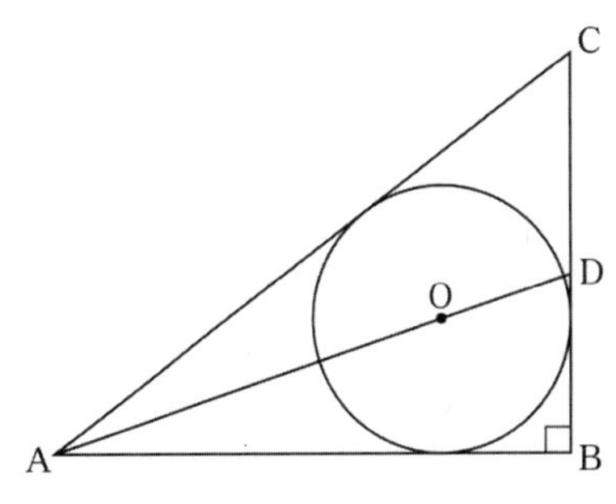

① $\frac{125}{2}\pi$ ② 63π ③ $\frac{127}{2}\pi$
④ 64π ⑤ $\frac{129}{2}\pi$

❖ 정답 및 해설 286~289p

F18 ✿❀❀ 2013실시(A) 3월 학평 14(고2)

그림과 같이 넓이가 100π이고 중심이 O인 원 위의 두 점 A, B에 대하여 호 AB의 길이는 반지름의 길이의 2배이다.
선분 AB의 길이는? (단, 호 AB에 대한 중심각 θ의 크기는 $0<\theta<\pi$이다.) (4점)

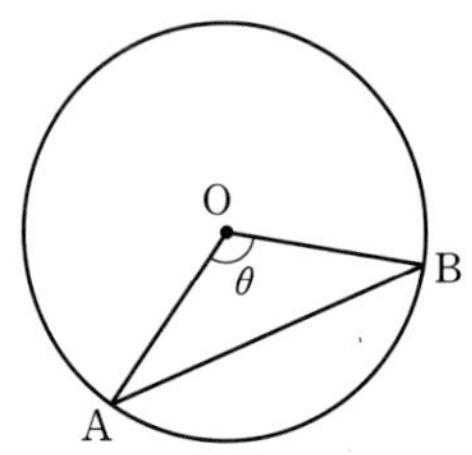

① 18sin 1 ② 20sin 1 ③ 22sin 1
④ 18sin 2 ⑤ 20sin 2

F19 ✿❀❀ 2004실시(가) 6월 학평 28(고2)

두 원 C_1, C_2가 그림과 같이 두 점 A, B에서 만난다.
선분 AB의 길이는 12이고, 그에 대한 원주각의 크기는 각각 60°, 30°이다. 두 원 C_1, C_2의 반지름의 길이를 각각 R_1, R_2라고 할 때, $R_1^2+R_2^2$의 값을 구하시오. (4점)

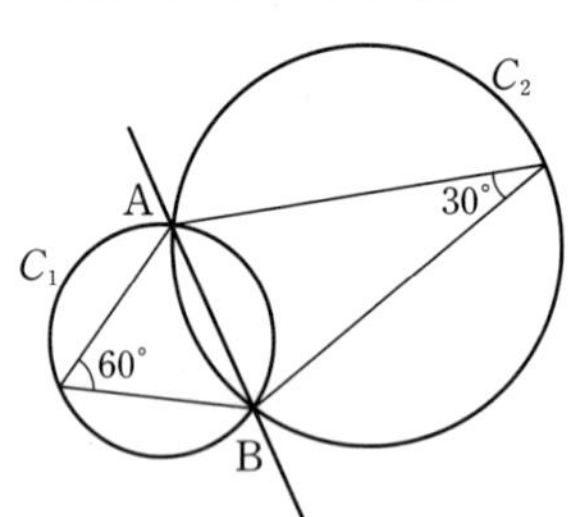

F20 ✿✿❀ 2009실시 3월 학평 19(고2)

그림과 같이 $\overline{AB}=10$, $\overline{BC}=6$, $\overline{CA}=8$인 삼각형 ABC와 그 삼각형의 내부에 $\overline{AP}=6$인 점 P가 있다.
점 P에서 변 AB와 변 AC에 내린 수선의 발을 각각 Q, R라 할 때, 선분 QR의 길이는? (4점)

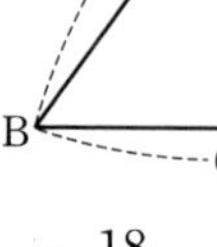

① $\frac{14}{5}$ ② 3
③ $\frac{16}{5}$ ④ $\frac{17}{5}$ ⑤ $\frac{18}{5}$

유형 03 사인법칙의 변형

사인법칙을 다음과 같이 변형할 수 있다.

(1) $\sin A=\frac{a}{2R}$, $\sin B=\frac{b}{2R}$, $\sin C=\frac{c}{2R}$
(2) $a=2R\sin A$, $b=2R\sin B$, $c=2R\sin C$
(3) $a:b:c=\sin A:\sin B:\sin C$

tip
1 한 변의 길이 a와 그 양 끝각의 크기 B, C를 알 때, $\frac{a}{\sin A}=\frac{b}{\sin B}$, $\frac{a}{\sin A}=\frac{c}{\sin C}$임을 이용하여 b, c의 값을 각각 구한다.
2 삼각형의 세 각의 크기의 비 또는 세 변의 길이의 비를 알 때, 사인법칙의 변형을 이용하자.

F21 ❀❀❀ 2002실시(인) 6월 학평 5(고2)

오른쪽 그림과 같이 $\overline{AB}=2$, $\overline{BC}=3$, $\overline{CA}=4$인 △ABC에서 $\frac{\sin B}{\sin A}$의 값은? (2점)

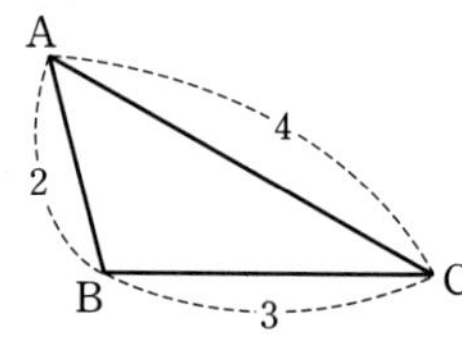

① $\frac{1}{2}$ ② $\frac{2}{3}$ ③ $\frac{3}{2}$
④ $\frac{3}{4}$ ⑤ $\frac{4}{3}$

F22 ❀❀❀

삼각형 ABC에서 $\overline{BC}=a$, $\overline{CA}=b$, $\overline{AB}=c$일 때,
$(a+b):(b+c):(c+a)=15:13:12$
이 성립한다. $\sin A:\sin B:\sin C$는? (3점)

① 8 : 7 : 5 ② 8 : 7 : 6 ③ 7 : 8 : 5
④ 7 : 8 : 4 ⑤ 4 : 8 : 7

F23 ✿❀❀

삼각형 ABC에서 $ab:bc:ca=12:20:15$일 때, $\frac{\sin A+\sin B}{\sin C}$의 값은? (3점)

① 1 ② $\frac{6}{5}$ ③ $\frac{7}{5}$
④ $\frac{8}{5}$ ⑤ $\frac{9}{5}$

F24 ✿✿❀

삼각형 ABC에서 $\overline{AB}=2\sqrt{2}$, $\angle A=105°$, $\angle B=45°$일 때, 선분 BC 위로 움직이는 점 P에 대하여 $\dfrac{\overline{CP}}{\sin(\angle CAP)}$의 최솟값은? (4점)

① $\sqrt{2}$ ② $\sqrt{3}$ ③ 2
④ $\sqrt{6}$ ⑤ 4

2 코사인법칙

유형 04 코사인법칙

삼각형 ABC의 세 변의 길이와 세 각의 크기 사이에는 다음과 같은 관계가 성립한다.

$a^2=b^2+c^2-2bc\cos A$
$b^2=c^2+a^2-2ca\cos B$
$c^2=a^2+b^2-2ab\cos C$

tip
두 변의 길이와 그 끼인각의 크기를 알 때, 코사인법칙을 이용하여 나머지 한 변의 길이를 구한다.

F25 ❀❀❀ 1998대비(인) 수능 26(고3)

$\triangle$ABC에서 $b=8$, $c=7$, $\angle A=120°$일 때, a의 값을 구하시오. (3점)

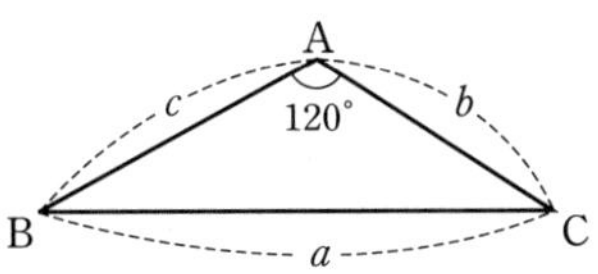

F26 ✿❀❀ 2019실시(나) 9월 학평 27(고2)

그림과 같이 $\overline{AB}=3$, $\overline{BC}=6$인 직사각형 ABCD에서 선분 BC를 1 : 5로 내분하는 점을 E라 하자. $\angle EAC=\theta$라 할 때, $50\sin\theta\cos\theta$의 값을 구하시오. (4점)

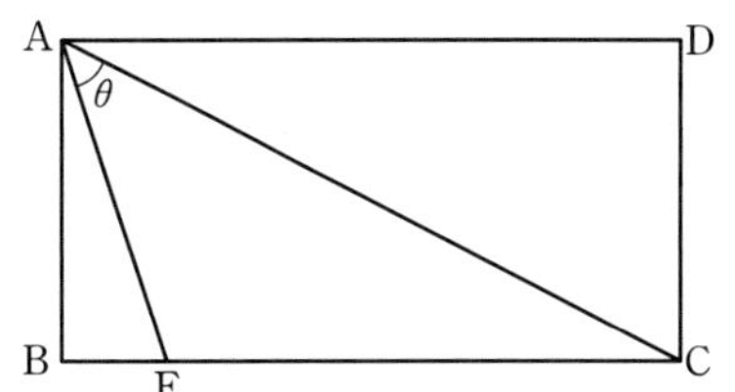

F27 ✿❀❀ 2023대비 6월 모평 10(고3)

그림과 같이 $\overline{AB}=3$, $\overline{BC}=2$, $\overline{AC}>3$이고 $\cos(\angle BAC)=\dfrac{7}{8}$인 삼각형 ABC가 있다. 선분 AC의 중점을 M, 삼각형 ABC의 외접원이 직선 BM과 만나는 점 중 B가 아닌 점을 D라 할 때, 선분 MD의 길이는? (4점)

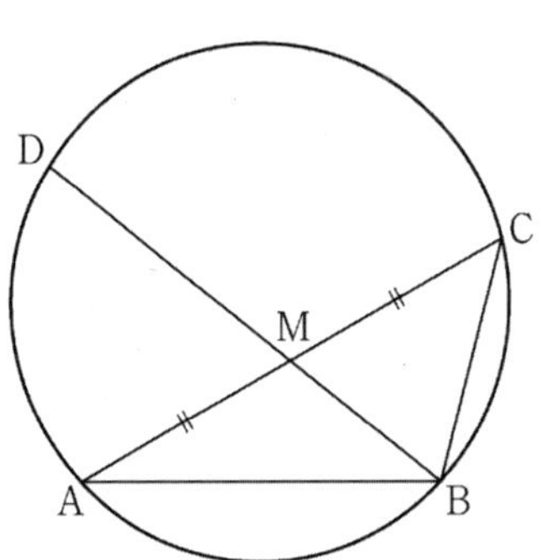

① $\dfrac{3\sqrt{10}}{5}$ ② $\dfrac{7\sqrt{10}}{10}$ ③ $\dfrac{4\sqrt{10}}{5}$
④ $\dfrac{9\sqrt{10}}{10}$ ⑤ $\sqrt{10}$

❖ 정답 및 해설 289~292p

F28 ✲❀❀ 2005실시(나) 6월 학평 18(고2)

그림과 같이 한 변의 길이가 3인 정육각형 F_1의 각 변을 $2:1$로 내분하는 점들을 이어 정육각형 F_2를 만들었다. F_1, F_2의 넓이를 각각 S_1, S_2라 할 때, $\frac{S_2}{S_1}$의 값은? (3점)

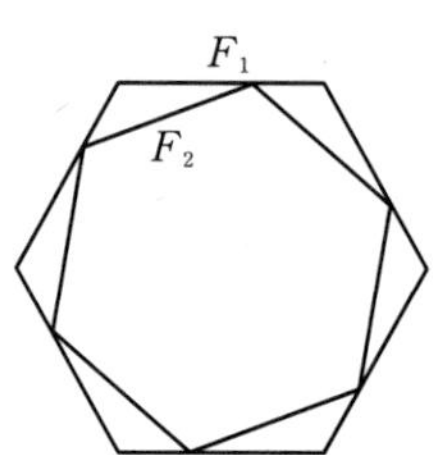

① $\frac{1}{3}$　② $\frac{4}{9}$　③ $\frac{5}{9}$　④ $\frac{2}{3}$　⑤ $\frac{7}{9}$

F29 ✲✲❀ 2024실시 10월 학평 13(고3)

그림과 같이 한 원에 내접하는 사각형 ABCD에 대하여 $\overline{AB}=4$, $\overline{BC}=2\sqrt{30}$, $\overline{CD}=8$이다. $\angle BAC=\alpha$, $\angle ACD=\beta$라 할 때, $\cos(\alpha+\beta)=-\frac{5}{12}$이다. 두 선분 AC와 BD의 교점을 E라 할 때, 선분 AE의 길이는? $\left(단, 0<\alpha<\frac{\pi}{2}, 0<\beta<\frac{\pi}{2}\right)$ (4점)

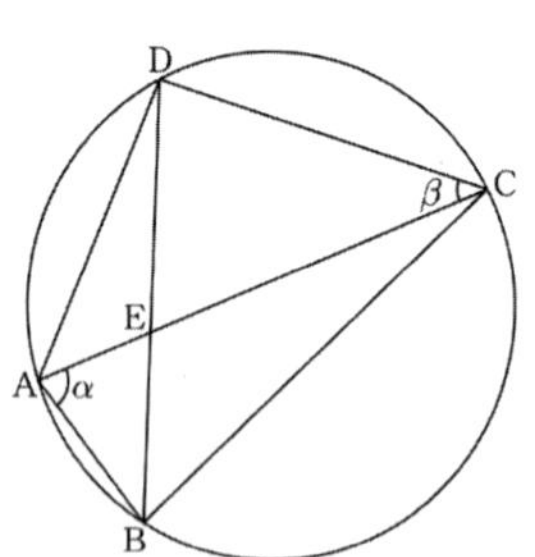

① $\sqrt{6}$　② $\frac{\sqrt{26}}{2}$　③ $\sqrt{7}$　④ $\frac{\sqrt{30}}{2}$　⑤ $2\sqrt{2}$

F30 ✲✲❀ 2022대비 수능 15(고3)

두 점 O_1, O_2를 각각 중심으로 하고 반지름의 길이가 $\overline{O_1O_2}$인 두 원 C_1, C_2가 있다. 그림과 같이 원 C_1 위의 서로 다른 세 점 A, B, C와 원 C_2 위의 점 D가 주어져 있고, 세 점 A, O_1, O_2와 세 점 C, O_2, D가 각각 한 직선 위에 있다. 이때 $\angle BO_1A=\theta_1$, $\angle O_2O_1C=\theta_2$, $\angle O_1O_2D=\theta_3$이라 하자.

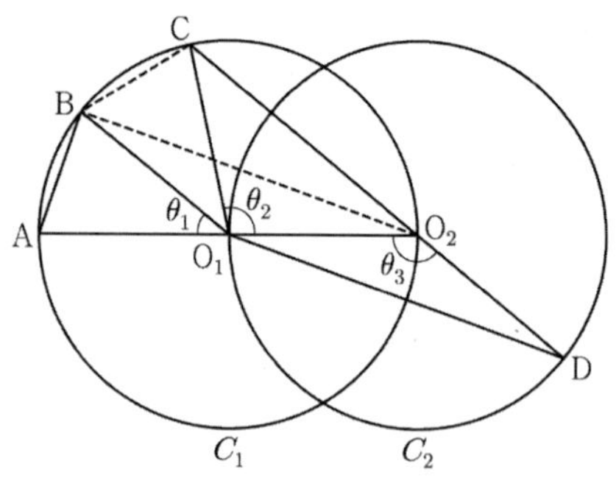

다음은 $\overline{AB}:\overline{O_1D}=1:2\sqrt{2}$이고 $\theta_3=\theta_1+\theta_2$일 때, 선분 AB와 선분 CD의 길이의 비를 구하는 과정이다.

> $\angle CO_2O_1+\angle O_1O_2D=\pi$이므로 $\theta_3=\frac{\pi}{2}+\frac{\theta_2}{2}$이고
> $\theta_3=\theta_1+\theta_2$에서 $2\theta_1+\theta_2=\pi$이므로 $\angle CO_1B=\theta_1$이다.
> 이때 $\angle O_2O_1B=\theta_1+\theta_2=\theta_3$이므로 삼각형 O_1O_2B와 삼각형 O_2O_1D는 합동이다.
> $\overline{AB}=k$라 할 때 $\overline{BO_2}=\overline{O_1D}=2\sqrt{2}k$이므로
> $\overline{AO_2}=$ (가) 이고, $\angle BO_2A=\frac{\theta_1}{2}$이므로
> $\cos\frac{\theta_1}{2}=$ (나) 이다.
> 삼각형 O_2BC에서 $\overline{BC}=k$, $\overline{BO_2}=2\sqrt{2}k$,
> $\angle CO_2B=\frac{\theta_1}{2}$이므로 코사인법칙에 의하여
> $\overline{O_2C}=$ (다) 이다.
> $\overline{CD}=\overline{O_2D}+\overline{O_2C}=\overline{O_1O_2}+\overline{O_2C}$이므로
> $\overline{AB}:\overline{CD}=k:\left(\frac{(가)}{2}+(다)\right)$이다.

위의 (가), (다)에 알맞은 식을 각각 $f(k)$, $g(k)$라 하고, (나)에 알맞은 수를 p라 할 때, $f(p)\times g(p)$의 값은? (4점)

① $\frac{169}{27}$　② $\frac{56}{9}$　③ $\frac{167}{27}$　④ $\frac{166}{27}$　⑤ $\frac{55}{9}$

F31 ✿✿❀ 2022대비 6월 모평 12(고3)

그림과 같이 $\overline{AB}=4$, $\overline{AC}=5$이고

$\cos(\angle BAC)=\frac{1}{8}$인 삼각형 ABC가 있다.

선분 AC 위의 점 D와 선분 BC 위의 점 E에 대하여

$\angle BAC=\angle BDA=\angle BED$

일 때, 선분 DE의 길이는? (4점)

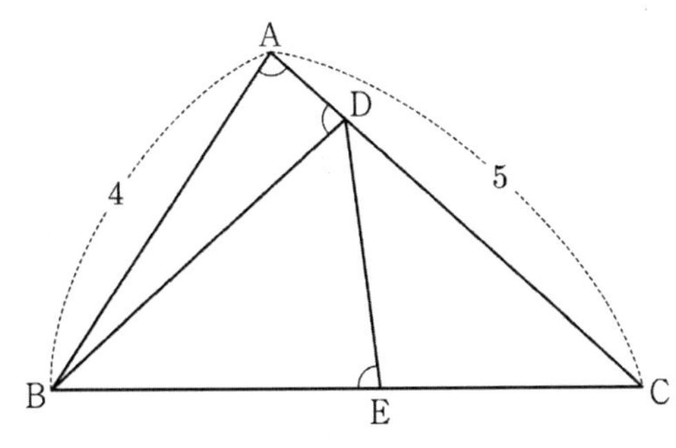

① $\frac{7}{3}$　② $\frac{5}{2}$　③ $\frac{8}{3}$

④ $\frac{17}{6}$　⑤ 3

유형 05 사인법칙과 코사인법칙

(1) **사인법칙** : $\sin A=\frac{a}{2R}$, $\sin B=\frac{b}{2R}$, $\sin C=\frac{c}{2R}$

(단, R는 외접원의 반지름의 길이)

(2) **코사인법칙** : $a^2=b^2+c^2-2bc\cos A$

$b^2=c^2+a^2-2ca\cos B$

$c^2=a^2+b^2-2ab\cos C$

tip

1 두 변의 길이와 그 끼인각의 크기가 주어지면 사인법칙과 코사인법칙을 이용한다.

2 세 변의 길이가 주어지면 코사인법칙의 변형을 이용한다.

F32 ❀❀❀

삼각형 ABC에서 $\sin A : \sin B : \sin C=2\sqrt{3} : \sqrt{3} : 3$일 때, 삼각형 ABC 내각 중 가장 큰 각의 크기는? (3점)

① 60°　② 90°　③ 120°

④ 135°　⑤ 150°

F33 ✿❀❀ 2022대비 9월 모평 12(고3)

반지름의 길이가 $2\sqrt{7}$인 원에 내접하고 $\angle A=\frac{\pi}{3}$인 삼각형 ABC가 있다. 점 A를 포함하지 않는 호 BC 위의 점 D에 대하여 $\sin(\angle BCD)=\frac{2\sqrt{7}}{7}$일 때, $\overline{BD}+\overline{CD}$의 값은? (4점)

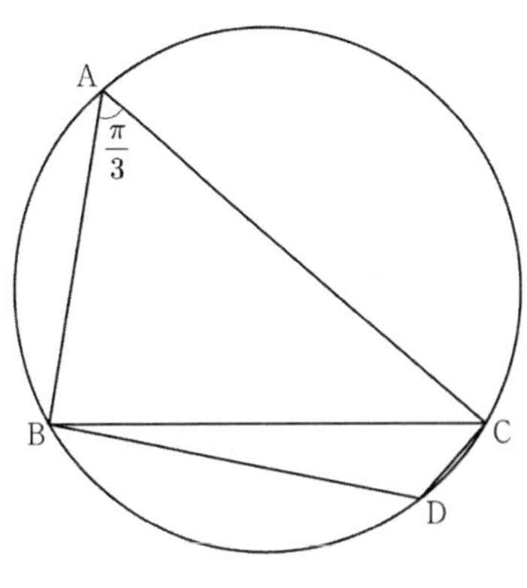

① $\frac{19}{2}$　② 10　③ $\frac{21}{2}$

④ 11　⑤ $\frac{23}{2}$

F34 ✿❀❀ 2021대비(나) 수능 28(고3)

$\angle A=\frac{\pi}{3}$이고 $\overline{AB} : \overline{AC}=3 : 1$인 삼각형 ABC가 있다.

삼각형 ABC의 외접원의 반지름의 길이가 7일 때, 선분 AC의 길이를 k라 하자. k^2의 값을 구하시오. (4점)

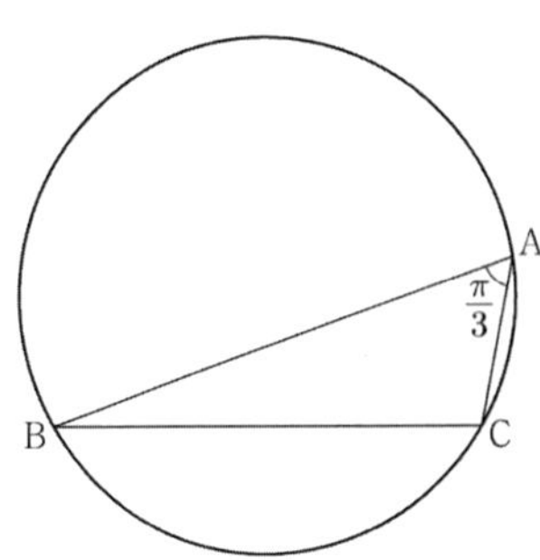

F

❖ 정답 및 해설 292~296p

F35 ✲❀❀ 2020실시(나) 3월 학평 19(고3)

길이가 각각 10, a, b인 세 선분 AB, BC, CA를 각 변으로 하는 예각삼각형 ABC가 있다. 삼각형 ABC의 세 꼭짓점을 지나는 원의 반지름의 길이가 $3\sqrt{5}$이고 $\dfrac{a^2+b^2-ab\cos C}{ab}=\dfrac{4}{3}$일 때, ab의 값은? (4점)

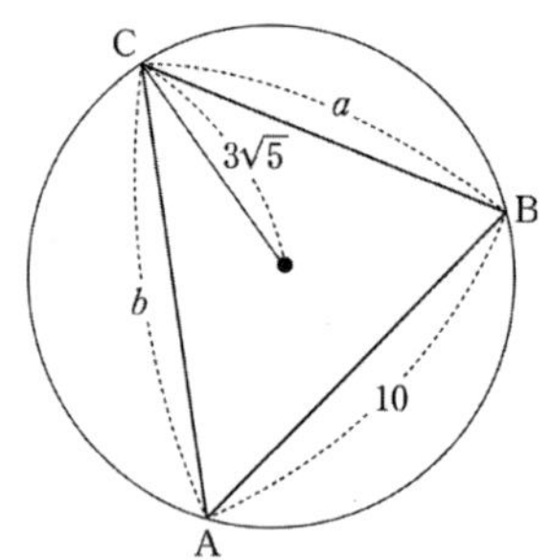

① 140 ② 150 ③ 160
④ 170 ⑤ 180

F36 ✲❀❀ 2023대비 수능 11(고3)

그림과 같이 사각형 ABCD가 한 원에 내접하고

$$\overline{AB}=5,\ \overline{AC}=3\sqrt{5},\ \overline{AD}=7,\ \angle BAC=\angle CAD$$

일 때, 이 원의 반지름의 길이는? (4점)

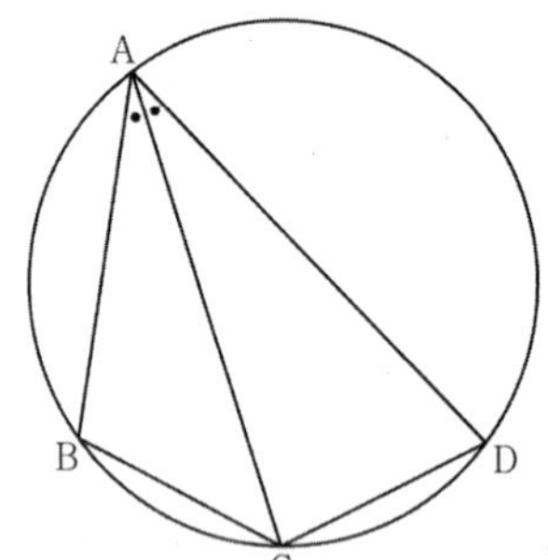

① $\dfrac{5\sqrt{2}}{2}$ ② $\dfrac{8\sqrt{5}}{5}$ ③ $\dfrac{3\sqrt{5}}{3}$
④ $\dfrac{8\sqrt{2}}{3}$ ⑤ $\dfrac{9\sqrt{3}}{4}$

F37 ✲❀❀ 2024대비 9월 모평 20(고3)

그림과 같이

$$\overline{AB}=2,\ \overline{AD}=1,\ \angle DAB=\frac{2}{3}\pi,\ \angle BCD=\frac{3}{4}\pi$$

인 사각형 ABCD가 있다. 삼각형 BCD의 외접원의 반지름의 길이를 R_1, 삼각형 ABD의 외접원의 반지름의 길이를 R_2라 하자.

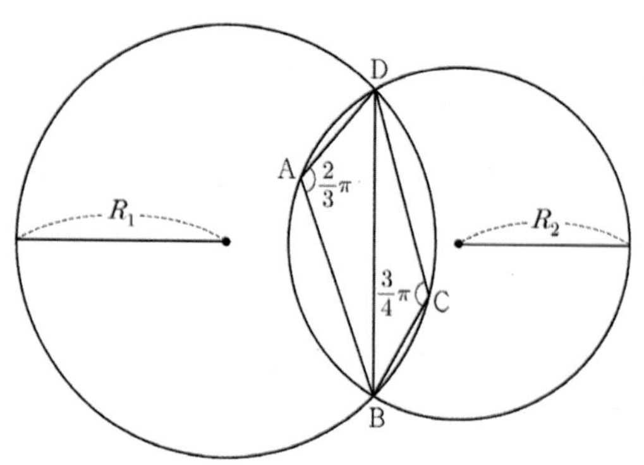

다음은 $R_1\times R_2$의 값을 구하는 과정이다.

> 삼각형 BCD에서 사인법칙에 의하여
>
> $R_1=\dfrac{\sqrt{2}}{2}\times\overline{BD}$
>
> 이고, 삼각형 ABD에서 사인법칙에 의하여
>
> $R_2=$ (가) $\times\overline{BD}$
>
> 이다. 삼각형 ABD에서 코사인법칙에 의하여
>
> $\overline{BD}^2=2^2+1^2-($ (나) $)$
>
> 이므로
>
> $R_1\times R_2=$ (다)
>
> 이다.

위의 (가), (나), (다)에 알맞은 수를 각각 p, q, r이라 할 때, $9\times(p\times q\times r)^2$의 값을 구하시오. (4점)

F38 ✿✿✿ 2024대비 수능 13(고3)

그림과 같이

$$\overline{AB}=3,\ \overline{BC}=\sqrt{13},\ \overline{AD}\times\overline{CD}=9,\ \angle BAC=\frac{\pi}{3}$$

인 사각형 ABCD가 있다. 삼각형 ABC의 넓이를 S_1, 삼각형 ACD의 넓이를 S_2라 하고, 삼각형 ACD의 외접원의 반지름의 길이를 R이라 하자.

$S_2=\frac{5}{6}S_1$일 때, $\frac{R}{\sin(\angle ADC)}$의 값은? (4점)

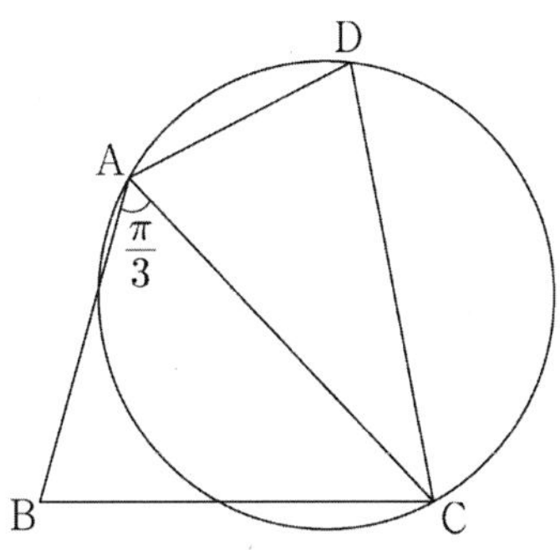

① $\frac{54}{25}$ ② $\frac{117}{50}$ ③ $\frac{63}{25}$ ④ $\frac{27}{10}$ ⑤ $\frac{72}{25}$

F39 ✿✿✿ 2024실시 3월 학평 13(고3)

그림과 같이 $2\overline{AB}=\overline{BC}$, $\cos(\angle ABC)=-\frac{5}{8}$인 삼각형 ABC의 외접원을 O라 하자. 원 O 위의 점 P에 대하여 삼각형 PAC의 넓이가 최대가 되도록 하는 점 P를 Q라 할 때, $\overline{QA}=6\sqrt{10}$이다. 선분 AC 위의 점 D에 대하여 $\angle CDB=\frac{2}{3}\pi$일 때, 삼각형 CDB의 외접원의 반지름의 길이는? (4점)

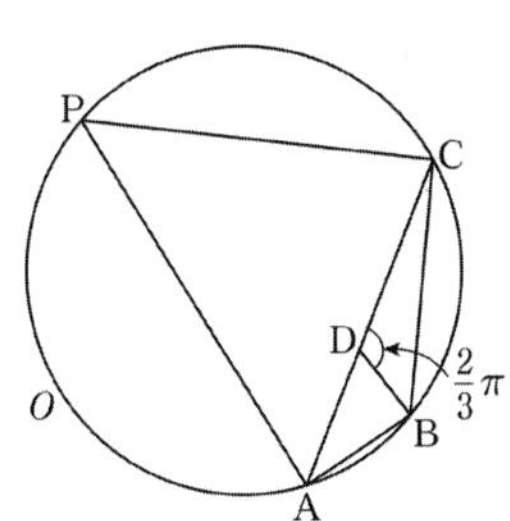

① $3\sqrt{3}$ ② $4\sqrt{3}$ ③ $3\sqrt{6}$ ④ $5\sqrt{3}$ ⑤ $4\sqrt{6}$

F40 ✿✿✿ 2024실시 7월 학평 13(고3)

그림과 같이

$$\overline{BC}=\frac{36\sqrt{7}}{7},\ \sin(\angle BAC)=\frac{2\sqrt{7}}{7},\ \angle ACB=\frac{\pi}{3}$$

인 삼각형 ABC가 있다. 삼각형 ABC의 외접원의 중심을 O, 직선 AO가 변 BC와 만나는 점을 D라 하자. 삼각형 ADC의 외접원의 중심을 O′이라 할 때, $\overline{AO'}=5\sqrt{3}$이다. $\overline{OO'}^2$의 값은?

$\left(\text{단, } 0<\angle BAC<\frac{\pi}{2}\right)$ (4점)

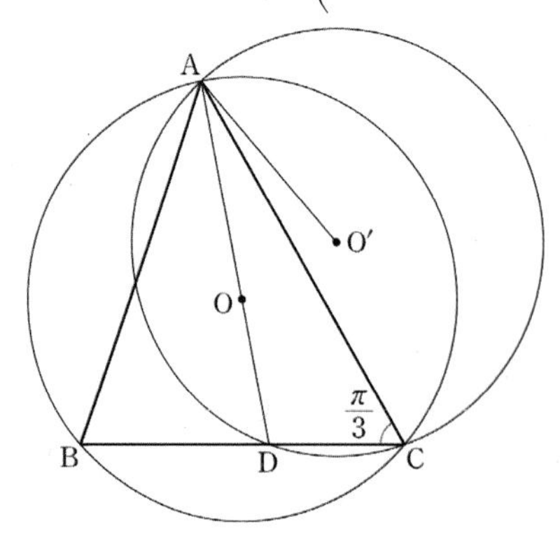

① 21 ② $\frac{91}{4}$ ③ $\frac{49}{2}$ ④ $\frac{105}{4}$ ⑤ 28

F41 ✿✿✿ 2023대비 9월 모평 13(고3)

그림과 같이 선분 AB를 지름으로 하는 반원의 호 AB 위에 두 점 C, D가 있다. 선분 AB의 중점 O에 대하여 두 선분 AD, CO가 점 E에서 만나고,

$$\overline{CE}=4,\ \overline{ED}=3\sqrt{2},\ \angle CEA=\frac{3}{4}\pi$$

이다. $\overline{AC}\times\overline{CD}$의 값은? (4점)

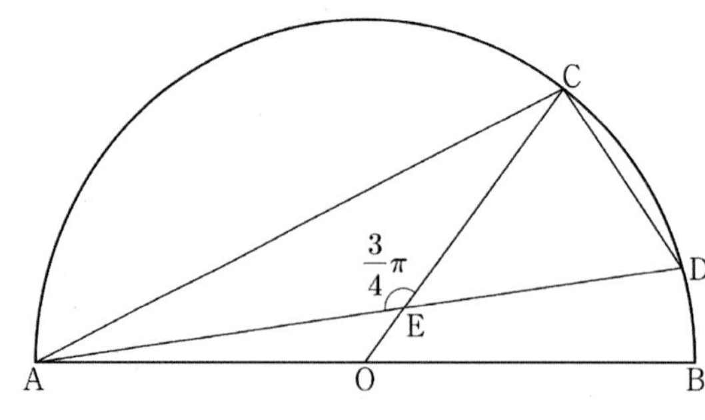

① $6\sqrt{10}$ ② $10\sqrt{5}$ ③ $16\sqrt{2}$ ④ $12\sqrt{5}$ ⑤ $20\sqrt{2}$

F42 ✲✲❀ 2022실시 4월 학평 15(고3)

그림과 같이 반지름의 길이가 $R(5<R<5\sqrt{5})$인 원에 내접하는 사각형 ABCD가 다음 조건을 만족시킨다.

- $\overline{AB}=\overline{AD}$이고 $\overline{AC}=10$이다.
- 사각형 ABCD의 넓이는 40이다.

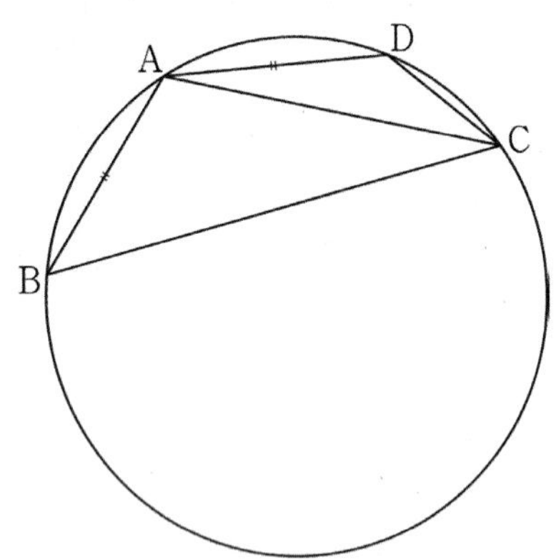

다음은 선분 BD의 길이와 R의 비를 구하는 과정이다.

> $\overline{AB}=\overline{AD}=k$라 할 때
> 두 삼각형 ABC, ACD에서 각각 코사인법칙에 의하여
> $\cos(\angle ACB)=\frac{1}{20}\left(\overline{BC}+\frac{\boxed{(가)}}{\overline{BC}}\right)$,
> $\cos(\angle DCA)=\frac{1}{20}\left(\overline{CD}+\frac{\boxed{(가)}}{\overline{CD}}\right)$
> 이다.
> 이때 두 호 AB, AD에 대한 원주각의 크기가 같으므로
> $\cos(\angle ACB)=\cos(\angle DCA)$이다.
> 사각형 ABCD의 넓이는
> 두 삼각형 ABD, BCD의 넓이의 합과 같으므로
> $\frac{1}{2}k^2\sin(\angle BAD)+\frac{1}{2}\times\overline{BC}\times\overline{CD}\times\sin(\pi-\angle BAD)$
> $=40$
> 에서 $\sin(\angle BAD)=\boxed{(나)}$이다.
> 따라서 삼각형 ABD에서 사인법칙에 의하여
> $\overline{BD}:R=\boxed{(다)}:1$이다.

위의 (가)에 알맞은 식을 $f(k)$라 하고, (나), (다)에 알맞은 수를 각각 p, q라 할 때, $\frac{f(10p)}{q}$의 값은? (4점)

① $\frac{25}{2}$ ② 15 ③ $\frac{35}{2}$ ④ 20 ⑤ $\frac{45}{2}$

F43 ✲✲❀ 2022실시 3월 학평 15(고3)

그림과 같이 원에 내접하는 사각형 ABCD에 대하여

$$\overline{AB}=\overline{BC}=2,\ \overline{AD}=3,\ \angle BAD=\frac{\pi}{3}$$

이다. 두 직선 AD, BC의 교점을 E라 하자.

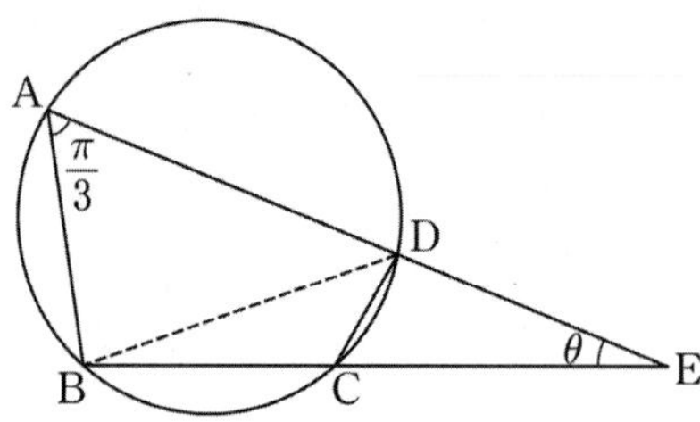

다음은 $\angle AEB=\theta$일 때, $\sin\theta$의 값을 구하는 과정이다.

> 삼각형 ABD와 삼각형 BCD에서
> 코사인법칙을 이용하면 $\overline{CD}=\boxed{(가)}$이다.
> 삼각형 EAB와 삼각형 ECD에서
> $\angle AEB$는 공통, $\angle EAB=\angle ECD$이므로
> 삼각형 EAB와 삼각형 ECD는 닮음이다.
> 이를 이용하면 $\overline{ED}=\boxed{(나)}$이다.
> 삼각형 ECD에서 사인법칙을 이용하면
> $\sin\theta=\boxed{(다)}$이다.

위의 (가), (나), (다)에 알맞은 수를 각각 p, q, r라 할 때, $(p+q)\times r$의 값은? (4점)

① $\frac{\sqrt{3}}{2}$ ② $\frac{4\sqrt{3}}{7}$ ③ $\frac{9\sqrt{3}}{14}$ ④ $\frac{5\sqrt{3}}{7}$ ⑤ $\frac{11\sqrt{3}}{14}$

F44 ✲✲❀ 2021실시 7월 학평 20(고3)

그림과 같이 선분 AB를 지름으로 하는 원 위의 점 C에 대하여 $\overline{BC}=12\sqrt{2}$, $\cos(\angle CAB)=\frac{1}{3}$이다. 선분 AB를 $5:4$로 내분하는 점을 D라 할 때, 삼각형 CAD의 외접원의 넓이는 S이다. $\frac{S}{\pi}$의 값을 구하시오. (4점)

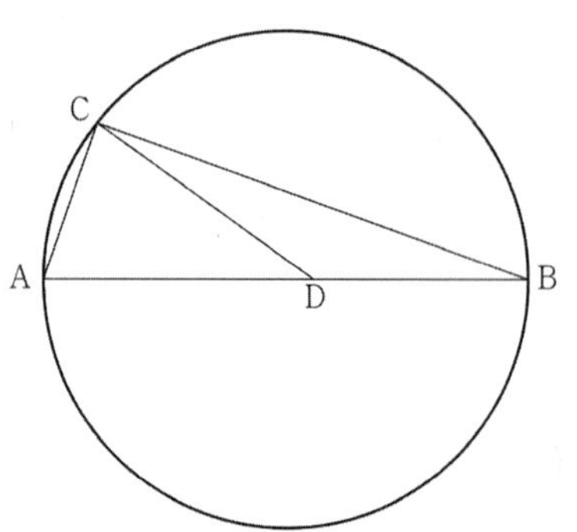

F45 ✿✿❀ 2023실시 7월 학평 13(고3)

그림과 같이 평행사변형 ABCD가 있다. 점 A에서 선분 BD에 내린 수선의 발을 E라 하고, 직선 CE가 선분 AB와 만나는 점을 F라 하자. $\cos(\angle \mathrm{AFC})=\frac{\sqrt{10}}{10}$, $\overline{\mathrm{EC}}=10$이고 삼각형 CDE의 외접원의 반지름의 길이가 $5\sqrt{2}$일 때, 삼각형 AFE의 넓이는? (4점)

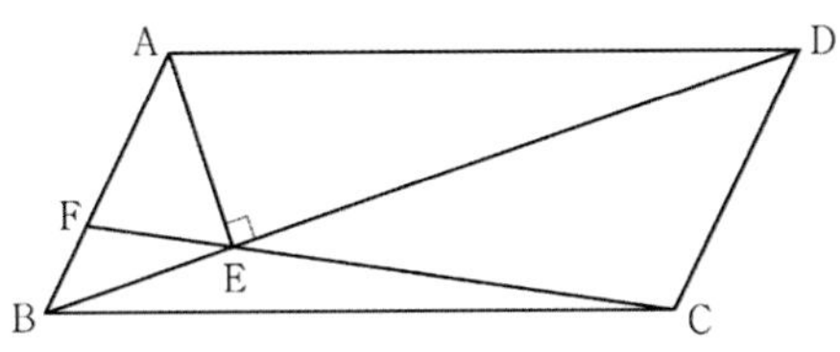

① $\frac{20}{3}$ ② 7 ③ $\frac{22}{3}$ ④ $\frac{23}{3}$ ⑤ 8

F46 ✿✿❀ 2023실시 3월 학평 11(고3)

그림과 같이 $\angle \mathrm{BAC}=60°$, $\overline{\mathrm{AB}}=2\sqrt{2}$, $\overline{\mathrm{BC}}=2\sqrt{3}$인 삼각형 ABC가 있다. 삼각형 ABC의 내부의 점 P에 대하여 $\angle \mathrm{PBC}=30°$, $\angle \mathrm{PCB}=15°$일 때, 삼각형 APC의 넓이는? (4점)

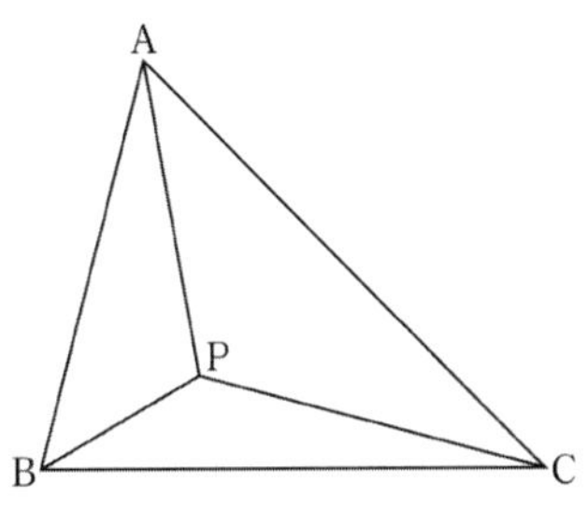

① $\frac{3+\sqrt{3}}{4}$ ② $\frac{3+2\sqrt{3}}{4}$ ③ $\frac{3+\sqrt{3}}{2}$ ④ $\frac{3+2\sqrt{3}}{2}$ ⑤ $2+\sqrt{3}$

F47 ✿✿❀ 2021실시 4월 학평 20(고3)

$\overline{\mathrm{AB}} : \overline{\mathrm{BC}} : \overline{\mathrm{CA}}=1 : 2 : \sqrt{2}$인 삼각형 ABC가 있다. 삼각형 ABC의 외접원의 넓이가 28π일 때, 선분 CA의 길이를 구하시오. (4점)

F48 ✿✿❀ 2022대비 5월 예시 21(고2)

그림과 같이 한 평면 위에 있는 두 삼각형 ABC, ACD의 외심을 각각 O, O′이라 하고 $\angle \mathrm{ABC}=\alpha$, $\angle \mathrm{ADC}=\beta$라 할 때,

$$\frac{\sin\beta}{\sin\alpha}=\frac{3}{2},\ \cos(\alpha+\beta)=\frac{1}{3},\ \overline{\mathrm{OO'}}=1$$

이 성립한다. 삼각형 ABC의 외접원의 넓이가 $\frac{q}{p}\pi$일 때, $p+q$의 값을 구하시오.

(단, p와 q는 서로소인 자연수이다.) (4점)

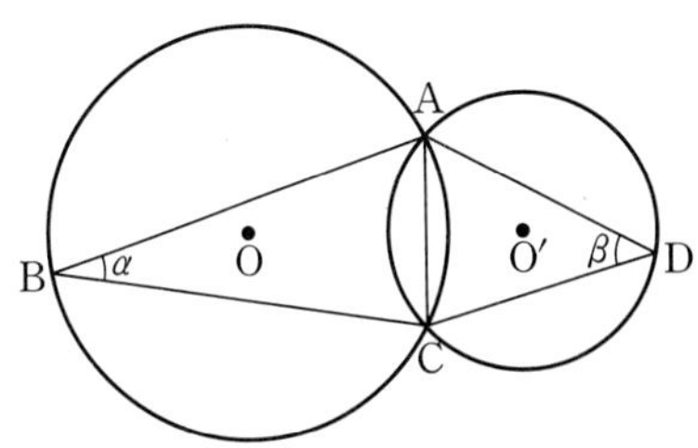

F49 ✿✿❀ 2020실시(나) 10월 학평 19(고3)

정삼각형 ABC가 반지름의 길이가 r인 원에 내접하고 있다. 선분 AC와 선분 BD가 만나고 $\overline{\mathrm{BD}}=\sqrt{2}$가 되도록 원 위에서 점 D를 잡는다. $\angle \mathrm{DBC}=\theta$라 할 때, $\sin\theta=\frac{\sqrt{3}}{3}$이다. 반지름의 길이 r의 값은? (4점)

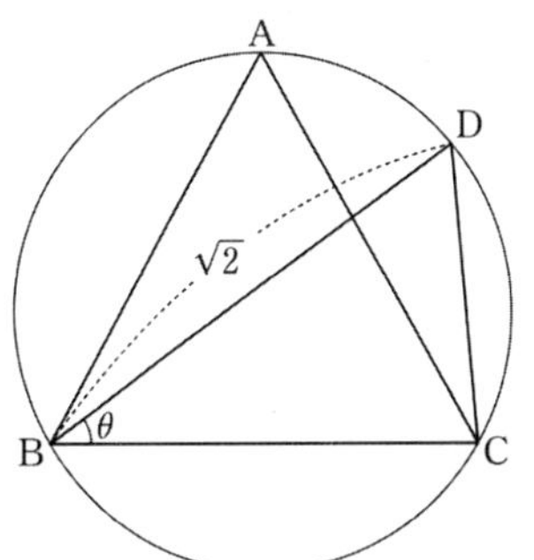

① $\frac{6-\sqrt{6}}{5}$ ② $\frac{6-\sqrt{5}}{5}$ ③ $\frac{4}{5}$ ④ $\frac{6-\sqrt{3}}{5}$ ⑤ $\frac{6-\sqrt{2}}{5}$

❖ 정답 및 해설 300~305p

유형 06 코사인법칙의 변형

코사인법칙 $a^2=b^2+c^2-2bc\cos A$에서

$2bc\cos A$를 좌변으로, a^2을 우변으로 이항하면

$2bc\cos A=b^2+c^2-a^2$

이때, $b>0$, $c>0$이므로 $bc>0$

$\therefore \cos A=\dfrac{b^2+c^2-a^2}{2bc}$

마찬가지로 $b^2=c^2+a^2-2ca\cos B$와 $c^2=a^2+b^2-2ab\cos C$의 식을 각각 정리하면

$\cos B=\dfrac{c^2+a^2-b^2}{2ca}$, $\cos C=\dfrac{a^2+b^2-c^2}{2ab}$이다.

tip

1 세 변의 길이의 비를 알 때, 양수 k에 대하여 세 변의 길이를 각각 $a=lk$, $b=mk$, $c=nk$로 놓고 코사인법칙의 변형을 이용하여 세 각의 크기를 구한다.

2 두 변의 길이와 그 끼인각의 크기가 주어지거나 세 변의 길이가 주어질 때 이용한다.

F50

2021대비(나) 9월 모평 25(고3)

$\overline{AB}=6$, $\overline{AC}=10$인 삼각형 ABC가 있다. 선분 AC 위에 점 D를 $\overline{AB}=\overline{AD}$가 되도록 잡는다. $\overline{BD}=\sqrt{15}$일 때, 선분 BC의 길이를 k라 하자. k^2의 값을 구하시오. (3점)

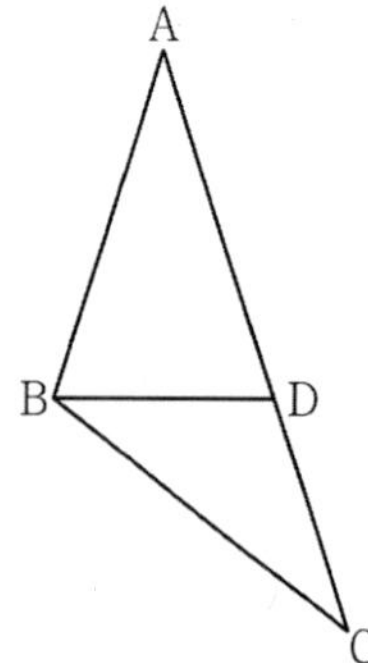

F51

2006실시(가) 6월 학평 21(고2)

사각형 ABCD에서 변 AB와 변 CD는 평행이고 $\overline{BC}=2$, $\overline{AB}=\overline{AC}=\overline{AD}=3$일 때, 대각선 BD의 길이는? (4점)

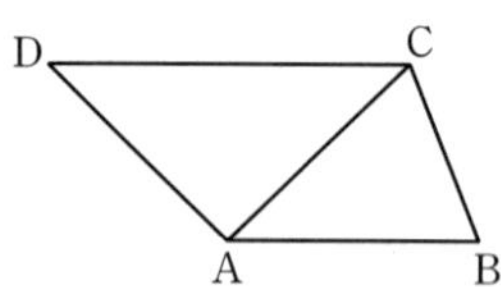

① 5 ② $4\sqrt{2}$ ③ 6 ④ $5\sqrt{2}$ ⑤ 8

F52

2022실시 10월 학평 13(고3)

그림과 같이 $\overline{AB}=2$, $\overline{BC}=3\sqrt{3}$, $\overline{CA}=\sqrt{13}$인 삼각형 ABC가 있다. 선분 BC 위에 점 B가 아닌 점 D를 $\overline{AD}=2$가 되도록 잡고, 선분 AC 위에 양 끝점 A, C가 아닌 점 E를 사각형 ABDE가 원에 내접하도록 잡는다.

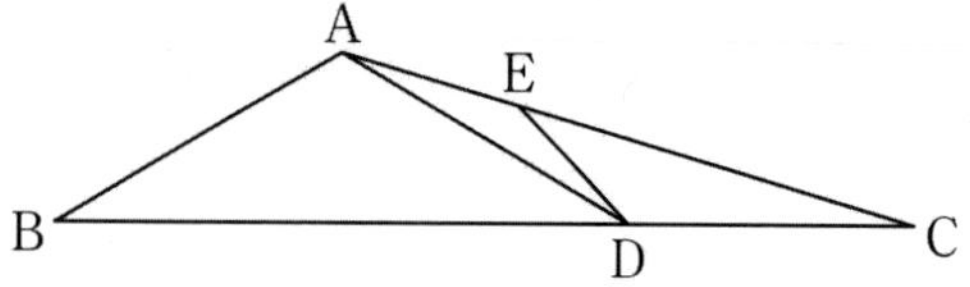

다음은 선분 DE의 길이를 구하는 과정이다.

> 삼각형 ABC에서 코사인법칙에 의하여
> $\cos(\angle ABC)=$ (가) 이다.
> 삼각형 ABD에서
> $\sin(\angle ABD)=\sqrt{1-(\boxed{(가)})^2}$이므로
> 사인법칙에 의하여 삼각형 ABD의 외접원의 반지름의 길이는 (나) 이다.
> 삼각형 ADC에서 사인법칙에 의하여
> $\dfrac{\overline{CD}}{\sin(\angle CAD)}=\dfrac{\overline{AD}}{\sin(\angle ACD)}$이므로
> $\sin(\angle CAD)=\dfrac{\overline{CD}}{\overline{AD}}\times\sin(\angle ACD)$이다.
> 삼각형 ADE에서 사인법칙에 의하여 $\overline{DE}=$ (다) 이다.

위의 (가), (나), (다)에 알맞은 수를 각각 p, q, r라 할 때, $p\times q\times r$의 값은? (4점)

① $\dfrac{6\sqrt{13}}{13}$ ② $\dfrac{7\sqrt{13}}{13}$ ③ $\dfrac{8\sqrt{13}}{13}$ ④ $\dfrac{9\sqrt{13}}{13}$ ⑤ $\dfrac{10\sqrt{13}}{13}$

유형 07 코사인법칙의 활용

(1) **코사인법칙** : $a^2=b^2+c^2-2bc\cos A$

$b^2=c^2+a^2-2ca\cos B$

$c^2=a^2+b^2-2ab\cos C$

(2) **코사인법칙의 변형** :

$\cos A=\dfrac{b^2+c^2-a^2}{2bc}$, $\cos B=\dfrac{c^2+a^2-b^2}{2ca}$, $\cos C=\dfrac{a^2+b^2-c^2}{2ab}$

tip

1 주어진 상황에서 삼각형의 각의 크기, 변의 길이 등을 알아내어 코사인법칙에 대입한다.

2 모든 공식을 외우기보다는 삼각형에서 상황을 이해하고 하나의 공식만 정확하게 외워서 적용하는 연습을 하자.

F53 ✿❀❀ 2020실시(나) 7월 학평 15(고3)

그림과 같이 평면 위에 한 변의 길이가 3인 정사각형 ABCD와 한 변의 길이가 4인 정사각형 CEFG가 있다.
$\angle\mathrm{DCG}=\theta\ (0<\theta<\pi)$라 할 때, $\sin\theta=\dfrac{\sqrt{11}}{6}$이다.
$\overline{\mathrm{DG}}\times\overline{\mathrm{BE}}$의 값은? (4점)

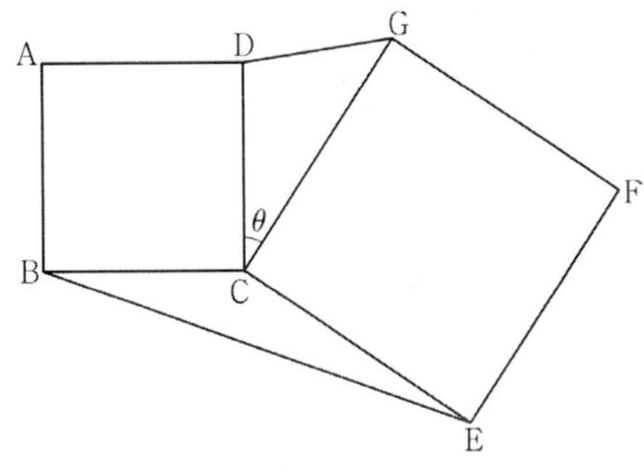

① 15　② 17　③ 19　④ 21　⑤ 23

F54 ✿✿❀ 2020실시(가) 4월 학평 19(고3)

그림과 같이 원 C에 내접하고 $\overline{\mathrm{AB}}=3$, $\angle\mathrm{BAC}=\dfrac{\pi}{3}$인 삼각형 ABC가 있다.
원 C의 넓이가 $\dfrac{49}{3}\pi$일 때, 원 C 위의 점 P에 대하여 삼각형 PAC의 넓이의 최댓값은? (단, 점 P는 점 A도 아니고 점 C도 아니다.) (4점)

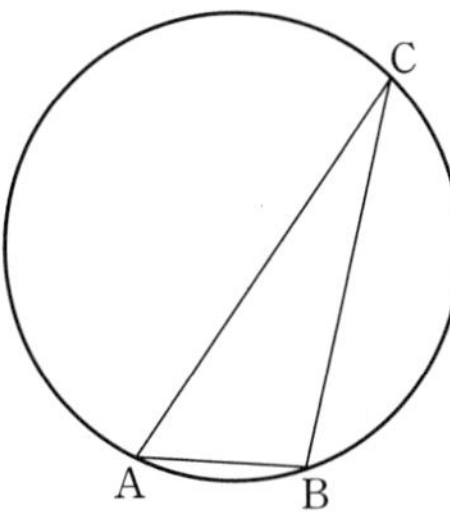

① $\dfrac{32\sqrt{3}}{3}$　② $\dfrac{34\sqrt{3}}{3}$　③ $12\sqrt{3}$　④ $\dfrac{38\sqrt{3}}{3}$　⑤ $\dfrac{40\sqrt{3}}{3}$

F55 ✿✿❀ 2022실시 7월 학평 14(고3)

길이가 14인 선분 AB를 지름으로 하는 반원의 호 AB 위에 점 C를 $\overline{\mathrm{BC}}=6$이 되도록 잡는다. 점 D가 호 AC 위의 점일 때, [보기]에서 옳은 것만을 있는 대로 고른 것은?
(단, 점 D는 점 A와 점 C가 아닌 점이다.) (4점)

[보기]

ㄱ. $\sin(\angle\mathrm{CBA})=\dfrac{2\sqrt{10}}{7}$

ㄴ. $\overline{\mathrm{CD}}=7$일 때, $\overline{\mathrm{AD}}=-3+2\sqrt{30}$

ㄷ. 사각형 ABCD의 넓이의 최댓값은 $20\sqrt{10}$이다.

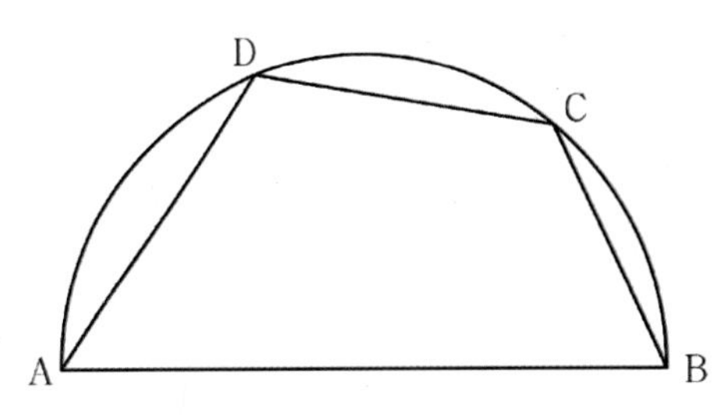

① ㄱ　② ㄱ, ㄴ　③ ㄱ, ㄷ　④ ㄴ, ㄷ　⑤ ㄱ, ㄴ, ㄷ

F56 ✿✿❀ 2006실시(가) 3월 학평 19(고2)

그림과 같이 $\overline{\mathrm{AB}}=3$, $\overline{\mathrm{BC}}=a$, $\overline{\mathrm{AC}}=4$인 삼각형 ABC가 원에 내접하고 있다.
이 원의 반지름의 길이를 R라 할 때, 옳은 내용을 [보기]에서 모두 고른 것은? (4점)

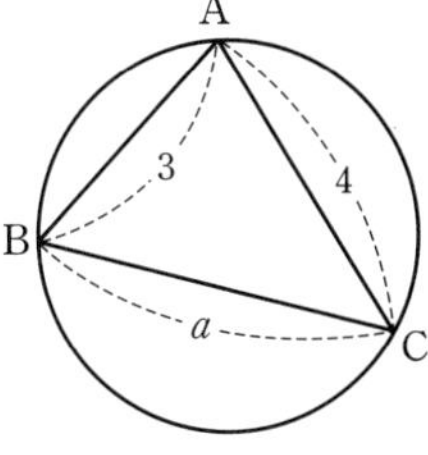

[보기]

ㄱ. $a=5$이면 $R=\dfrac{5}{2}$이다.

ㄴ. $R=4$이면 $a=8\sin A$이다.

ㄷ. $1<a^2\le 13$일 때, $\angle\mathrm{A}$의 최댓값은 $60°$이다.

① ㄱ　② ㄷ　③ ㄱ, ㄴ　④ ㄴ, ㄷ　⑤ ㄱ, ㄴ, ㄷ

❖ 정답 및 해설 305~309p

유형 08 코사인법칙의 실생활 응용

코사인법칙과 코사인법칙의 변형을 문제의 상황에 맞게 적절하게 적용하여 해결한다.

(1) **코사인법칙** : $a^2=b^2+c^2-2bc\cos A$

$b^2=c^2+a^2-2ca\cos B$

$c^2=a^2+b^2-2ab\cos C$

(2) **코사인법칙의 변형** :

$\cos A=\dfrac{b^2+c^2-a^2}{2bc}$, $\cos B=\dfrac{c^2+a^2-b^2}{2ca}$,

$\cos C=\dfrac{a^2+b^2-c^2}{2ab}$

tip

1 주어진 상황에서 삼각형의 각의 크기, 변의 길이 등을 알아내어 코사인법칙에 대입한다.

2 모든 공식을 외우기보다는 삼각형에서 상황을 이해하고 하나의 공식만 정확하게 외워서 적용하는 연습을 하자.

F57 ✲❀❀ 2008실시 3월 학평 21(고2)

원 모양의 호수의 넓이를 구하기 위해 호수의 가장자리의 세 지점 A, B, C에서 거리와 각을 측정한 결과가 다음과 같았다.

$\overline{AB}=80\text{ m}$, $\overline{AC}=100\text{ m}$, $\angle CAB=60^\circ$

이때, 이 호수의 넓이는? (4점)

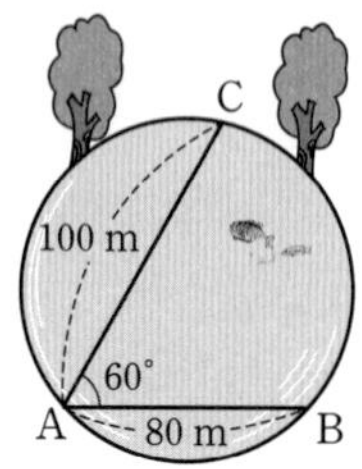

① $2400\pi\text{ m}^2$ ② $2500\pi\text{ m}^2$

③ $2600\pi\text{ m}^2$ ④ $2700\pi\text{ m}^2$

⑤ $2800\pi\text{ m}^2$

F58 ✲❀❀ 2002대비(인) 수능 22(고3)

어떤 물질은 원자를 구로 나타낼 경우 똑같은 구들을 규칙적으로 배열하여 얻은 정육각형 격자구조를 갖는다. 아래 그림은 이 격자구조의 한 단면에 놓여 있는 원자의 중심을 연결한 것이다. 이 구조에서 한 원자의 에너지는 인접한 원자의 수와 거리에 영향을 받는다. 가장 인접한 원자의 중심간의 거리가 모두 1일 때, 동일 평면상에서 고정된 한 원자와 중심 사이의 거리가 $\sqrt{7}$인 원자의 개수는? (3점)

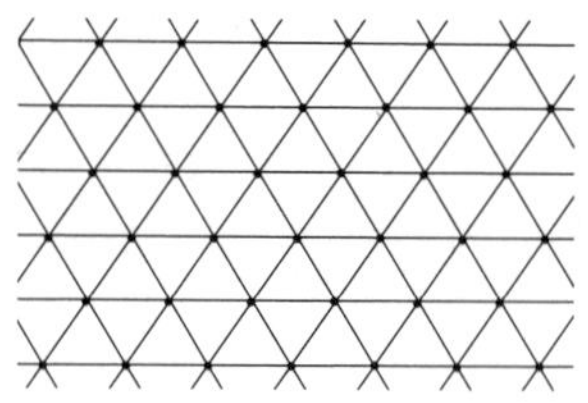

① 4 ② 6 ③ 8

④ 12 ⑤ 16

유형 09 삼각형의 결정

삼각형 ABC에서 세 각 A, B, C에 대한 관계식이 주어지면

(1) **사인법칙** : $\sin A=\dfrac{a}{2R}$, $\sin B=\dfrac{b}{2R}$, $\sin C=\dfrac{c}{2R}$

(단, R는 외접원의 반지름의 길이)

(2) **코사인법칙의 변형** :

$\cos A=\dfrac{b^2+c^2-a^2}{2bc}$, $\cos B=\dfrac{c^2+a^2-b^2}{2ca}$,

$\cos C=\dfrac{a^2+b^2-c^2}{2ab}$

을 이용하여 세 변 a, b, c에 대한 식으로 나타낸다.

tip

1 삼각형의 모양은 각의 크기 사이의 관계를 변의 길이 사이의 관계로 변형하여 결정하고, 삼각형의 세 변의 길이는 모두 양수이므로 두 변의 길이의 합 또는 세 변의 길이의 합은 항상 양수임을 기억하자.

2 $c^2=a^2+b^2$을 만족시키는 삼각형 ABC는 $\angle C=90^\circ$인 직각삼각형이다.

F59 ✲❀❀

등식 $\sin^2 A-\sin^2 B=\cos^2 A-\cos^2 B$를 만족시키는 삼각형 ABC는 어떤 삼각형인가? (3점)

① 정삼각형 ② $\angle A=90^\circ$인 직각삼각형

③ $\angle C=90^\circ$인 직각삼각형 ④ $\angle A=\angle B$인 이등변삼각형

⑤ $\angle A=\angle C$인 이등변삼각형

F60 ✽❀❀

등식 $\cos^2 A+\cos^2 C=1+\cos^2 B$를 만족시키는 삼각형 ABC는 어떤 삼각형인가? (3점)

① $\angle A=90^\circ$인 직각삼각형 ② $\angle B=90^\circ$인 직각삼각형
③ $a=b$인 이등변삼각형 ④ $b=c$인 이등변삼각형
⑤ $c=a$인 이등변삼각형

3 삼각형의 넓이

유형 10 삼각형의 넓이

삼각형 ABC의 두 변의 길이와 그 끼인각의 크기를 알 때, 삼각형 ABC의 넓이를 S라 하면

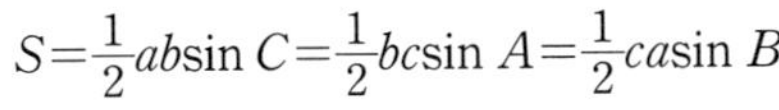

$S=\frac{1}{2}ab\sin C=\frac{1}{2}bc\sin A=\frac{1}{2}ca\sin B$

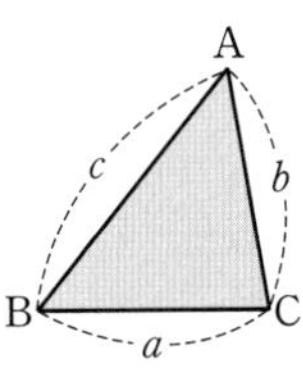

tip

1 세 변의 길이를 알 때, 코사인법칙을 이용하여 한 각의 크기를 구한 뒤에 위의 공식을 이용하여 삼각형의 넓이를 구한다.

2 삼각형 ABC의 $\angle A$의 이등분선이 변 BC와 만나는 점을 D라 하면 $\overline{AB}:\overline{AC}=\overline{BD}:\overline{CD}$가 성립한다.

F61 ❀❀❀ 2020실시(가) 7월 학평 7(고3)

$\overline{AB}=2$, $\overline{AC}=\sqrt{7}$인 예각삼각형 ABC의 넓이가 $\sqrt{6}$이다. $\angle A=\theta$일 때, $\sin\left(\frac{\pi}{2}+\theta\right)$의 값은? (3점)

① $\frac{\sqrt{3}}{7}$ ② $\frac{2}{7}$ ③ $\frac{\sqrt{5}}{7}$
④ $\frac{\sqrt{6}}{7}$ ⑤ $\frac{\sqrt{7}}{7}$

F62 ❀❀❀ 2020실시(나) 4월 학평 17(고3)

그림과 같이 길이가 12인 선분 AB를 지름으로 하는 반원의 호 AB 위에 점 C가 있다. 호 CB의 길이가 2π일 때, 두 선분 AB, AC와 호 CB로 둘러싸인 부분의 넓이는? (4점)

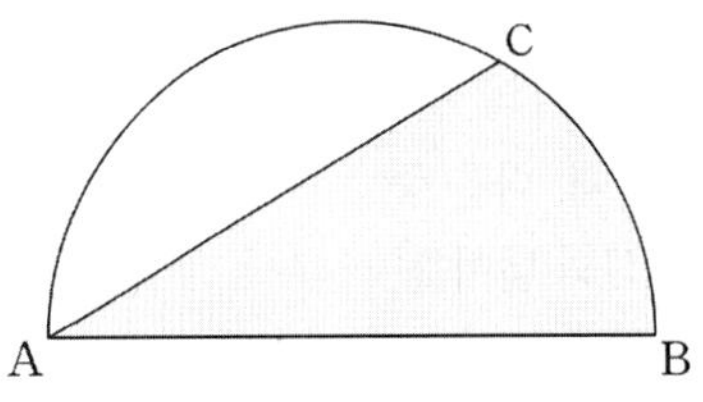

① $5\pi+9\sqrt{3}$ ② $5\pi+10\sqrt{3}$ ③ $6\pi+9\sqrt{3}$
④ $6\pi+10\sqrt{3}$ ⑤ $7\pi+9\sqrt{3}$

F63 ❀❀❀ 2010실시 6월 학평 27(고1)

그림과 같이 세 정사각형 OABC, ODEF, OGHI와 세 삼각형 OCD, OFG, OIA는 한 점 O에서 만나고, $\angle COD=\angle FOG=\angle IOA=30^\circ$이다. 세 삼각형 넓이의 합이 26이고, 세 정사각형 둘레 길이의 합이 72일 때, 세 정사각형 넓이의 합을 구하시오. (4점)

❖ 정답 및 해설 310~312p

F64 ✿❀❀ 2009실시 3월 학평 15(고2)

그림과 같이 직각삼각형 ABC의 세 변 AB, BC, CA를 각각 한 변으로 하는 정사각형 APQB, BRSC, CTUA를 그린다.
세 변 AB, BC, CA의 길이를 각각 c, a, b라 할 때, 다음 중 육각형 PQRSTU의 넓이를 나타낸 것은? (4점)

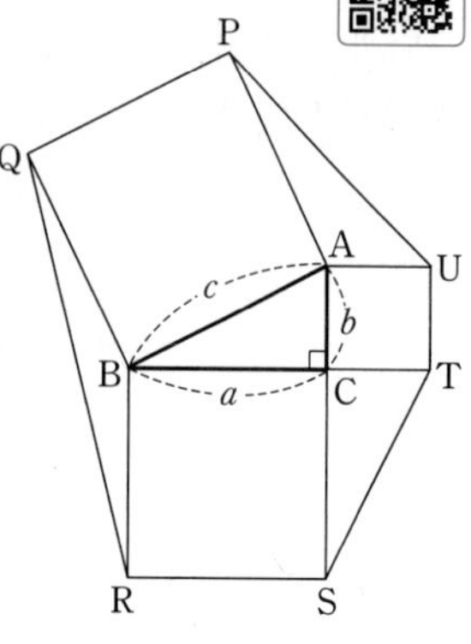

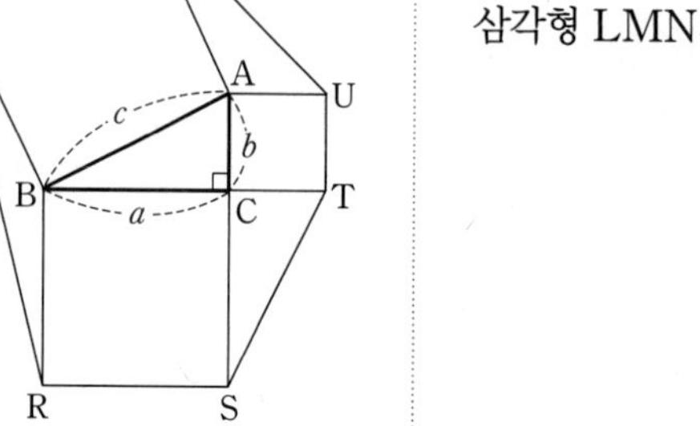

① $2(a^2+bc)$　② $2(b^2+ca)$
③ $2(c^2+ab)$　④ $ab+bc+ca+2a^2$
⑤ $ab+bc+ca+2c^2$

F65 ✿❀❀ 2005실시(가) 6월 학평 11(고2)

그림은 세 도시 A, B, C를 서로 잇는 직선도로를 나타낸 것이다. $\angle A=120°$, $\overline{AB}=15$ km, $\overline{AC}=20$ km이고 두 도시 B, C 사이에 선분 BC를 3 : 4로 내분하는 지점 D에 도서관을 세울 때, 직선도로 $\overline{AD}$의 길이는 몇 km인가? (4점)

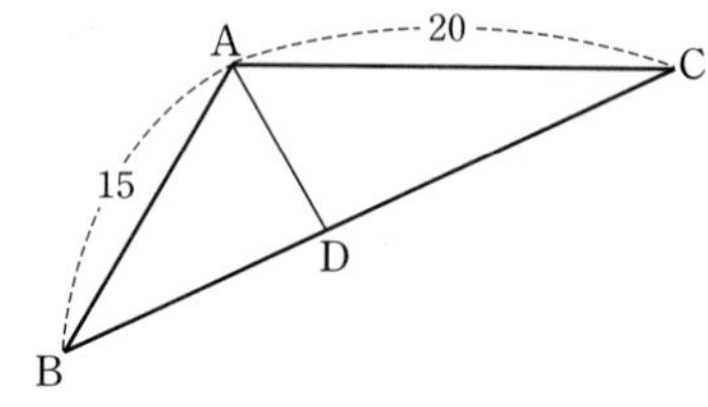

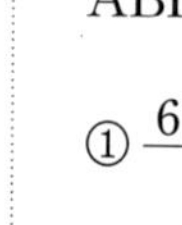

① $\frac{60}{7}$　② $\frac{64}{7}$　③ $\frac{68}{7}$
④ $\frac{72}{7}$　⑤ $\frac{76}{7}$

F66 ✿❀❀ 2005실시 6월 학평 30(고1)

그림과 같이 넓이가 18인 삼각형 ABC가 있다. 각 변 위의 점 L, M, N은 $\overline{AL}=2\overline{BL}$, $\overline{BM}=\overline{CM}$, $\overline{CN}=2\overline{AN}$을 만족할 때, 삼각형 LMN의 넓이를 구하시오. (4점)

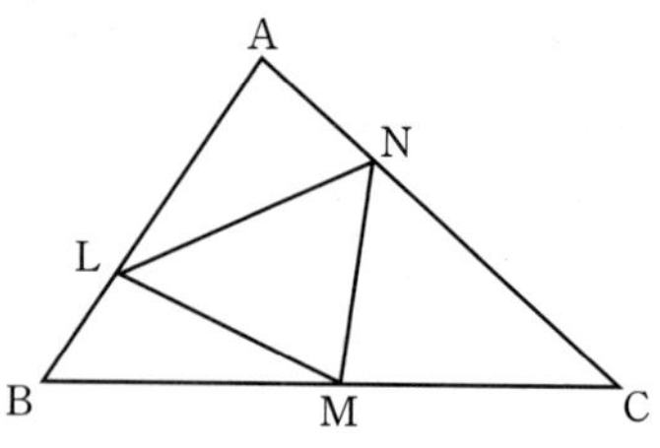

F67 ✿❀❀

그림과 같이 $\overline{AB}=10$, $\overline{AC}=6$, $\angle A=60°$인 삼각형 ABC에서 $\angle A$의 이등분선이 선분 BC와 만나는 점을 D라 할 때, 삼각형 ABD의 넓이는? (3점)

① $\frac{67\sqrt{3}}{8}$　② $\frac{69\sqrt{3}}{8}$　③ $\frac{71\sqrt{3}}{8}$
④ $\frac{73\sqrt{3}}{8}$　⑤ $\frac{75\sqrt{3}}{8}$

F68 ✿✿❀ 2025대비 6월 모평 10(고3)

다음 조건을 만족시키는 삼각형 ABC의 외접원의 넓이가 9π일 때, 삼각형 ABC의 넓이는? (4점)

(가) $3\sin A=2\sin B$
(나) $\cos B=\cos C$

① $\frac{32\sqrt{2}}{9}$　② $\frac{40\sqrt{2}}{9}$　③ $\frac{16\sqrt{2}}{3}$
④ $\frac{56\sqrt{2}}{9}$　⑤ $\frac{64\sqrt{2}}{9}$

F69 ✿✿❀ 1995대비(인) 수능 21(고3)

그림과 같은 사다리꼴 ABCD가 있다.

$\overline{AB}=\overline{AD}=1$, $\overline{BC}=2$, $\angle A$와 $\angle B$의 크기는 $\frac{\pi}{2}$이다.

윗변 AD에 임의의 점 P를 잡아 $\overline{PB}=x$, $\overline{PC}=y$라 할 때, 다음 [보기] 중 옳은 것을 모두 고르면? (1.5점)

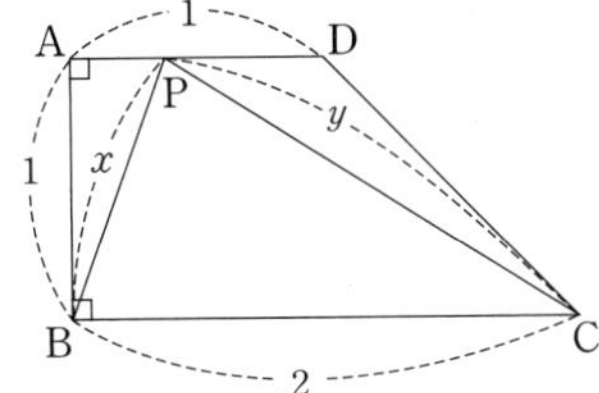

[보기]

ㄱ. $xy\geq 2$이다.
ㄴ. $xy=2$이면, $\triangle$BCP는 직각삼각형이다.
ㄷ. $xy\leq\sqrt{5}$이다.

① ㄱ　② ㄷ　③ ㄱ, ㄷ
④ ㄴ, ㄷ　⑤ ㄱ, ㄴ, ㄷ

유형 11 삼각형의 넓이의 활용

삼각형 ABC의 넓이를 S라 하면

(1) 두 변의 길이와 그 끼인각의 크기를 알 때,

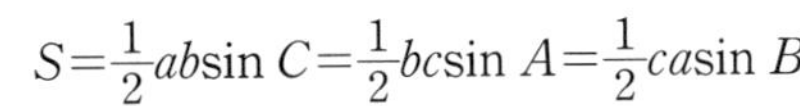

$S=\frac{1}{2}ab\sin C=\frac{1}{2}bc\sin A=\frac{1}{2}ca\sin B$

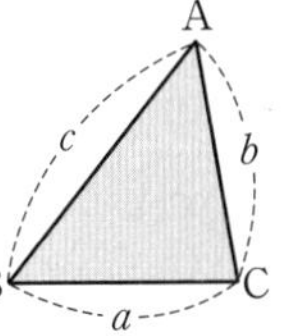

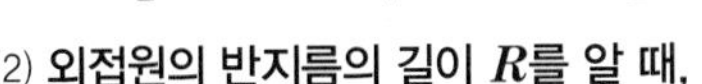

(2) 외접원의 반지름의 길이 R를 알 때,

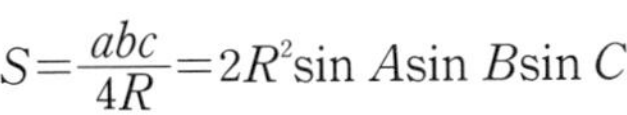

$S=\frac{abc}{4R}=2R^2\sin A\sin B\sin C$

tip

세 변의 길이를 알 때, 코사인법칙을 이용하여 한 각의 크기를 구한 뒤에 (1)의 공식을 이용하여 삼각형의 넓이를 구한다.

F70 ❀❀❀ 2020실시(가) 4월 학평 10(고3)

그림과 같이 중심각의 크기가 $\frac{\pi}{3}$인 부채꼴 OAB에서 선분 OA를 $3:1$로 내분하는 점을 P, 선분 OB를 $1:2$로 내분하는 점을 Q라 하자. 삼각형 OPQ의 넓이가 $4\sqrt{3}$일 때, 호 AB의 길이는? (3점)

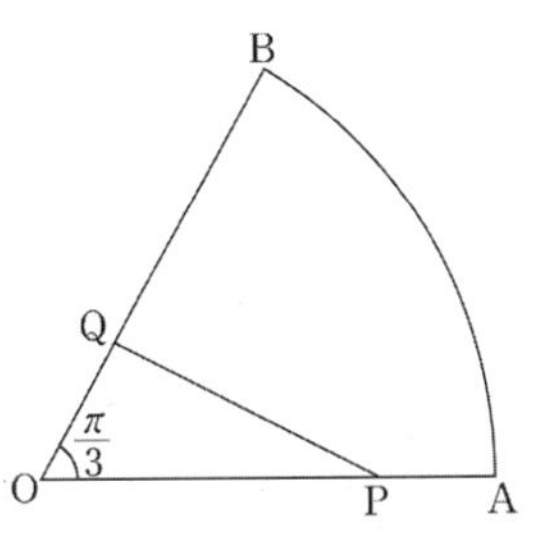

① $\frac{5}{3}\pi$　② 2π　③ $\frac{7}{3}\pi$
④ $\frac{8}{3}\pi$　⑤ 3π

F71 ✿❀❀

그림과 같이 반지름의 길이가 10인 원에서 $\overset{\frown}{AB}:\overset{\frown}{BC}:\overset{\frown}{CA}=1:4:3$일 때, 삼각형 ABC의 넓이는? (4점)

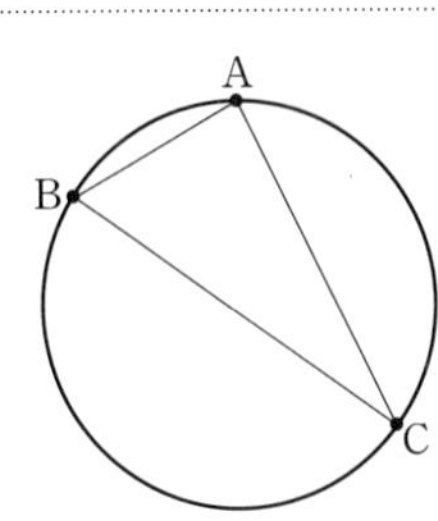

① $40\sqrt{2}$　② $45\sqrt{2}$
③ $50\sqrt{2}$　④ $55\sqrt{2}$
⑤ $60\sqrt{2}$

F

❖ 정답 및 해설 312~316p

F72 ✿❀❀

그림과 같은 삼각형 ABC에서 $\overline{AB}=5$, $\overline{BC}=4$, $\overline{CA}=7$일 때, 삼각형 ABC의 넓이는? (3점)

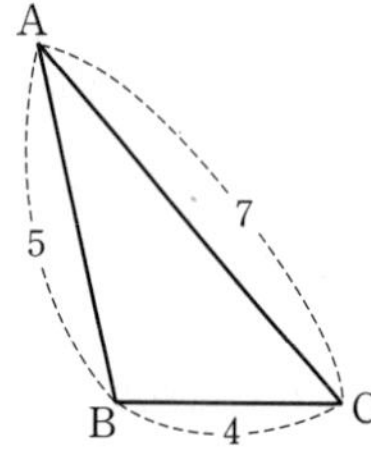

① $\sqrt{6}$ ② $2\sqrt{6}$
③ $3\sqrt{6}$ ④ $4\sqrt{6}$
⑤ $5\sqrt{6}$

F73 ✿✿❀

2025대비 수능 14(고3)

그림과 같이 삼각형 ABC에서 선분 AB 위에 $\overline{AD}:\overline{DB}=3:2$인 점 D를 잡고, 점 A를 중심으로 하고 점 D를 지나는 원을 O, 원 O와 선분 AC가 만나는 점을 E라 하자. $\sin A:\sin C=8:5$이고, 삼각형 ADE와 삼각형 ABC의 넓이의 비가 $9:35$이다. 삼각형 ABC의 외접원의 반지름의 길이가 7일 때, 원 O 위의 점 P에 대하여 삼각형 PBC의 넓이의 최댓값은? (단, $\overline{AB}<\overline{AC}$) (4점)

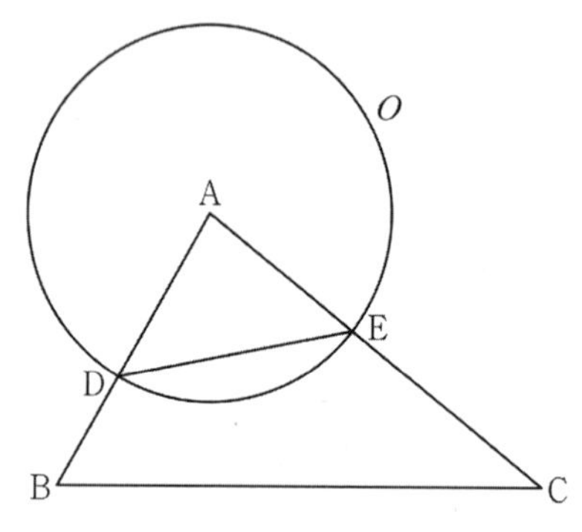

① $18+15\sqrt{3}$ ② $24+20\sqrt{3}$ ③ $30+25\sqrt{3}$
④ $36+30\sqrt{3}$ ⑤ $42+35\sqrt{3}$

F74 ✿✿❀

2020실시(가) 3월 학평 19(고3)

그림과 같이 중심이 O이고 반지름의 길이가 $\sqrt{10}$인 원에 내접하는 예각삼각형 ABC에 대하여 두 삼각형 OAB, OCA의 넓이를 각각 S_1, S_2라 하자.
$3S_1=4S_2$이고 $\overline{BC}=2\sqrt{5}$일 때, 선분 AB의 길이는? (4점)

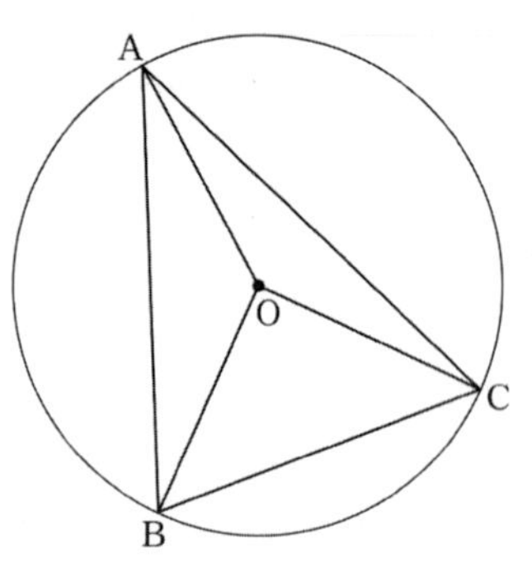

① $2\sqrt{7}$ ② $\sqrt{30}$ ③ $4\sqrt{2}$
④ $\sqrt{34}$ ⑤ 6

F75 ✿✿❀

2020실시(나) 3월 학평 29(고3)

그림과 같이 예각삼각형 ABC가 한 원에 내접하고 있다. $\overline{AB}=6$이고, $\angle ABC=\alpha$라 할 때 $\cos\alpha=\frac{3}{4}$이다.
점 A를 지나지 않는 호 BC 위의 점 D에 대하여 $\overline{CD}=4$이다.
두 삼각형 ABD, CBD의 넓이를 각각 S_1, S_2라 할 때, $S_1:S_2=9:5$이다. 삼각형 ADC의 넓이를 S라 할 때, S^2의 값을 구하시오. (4점)

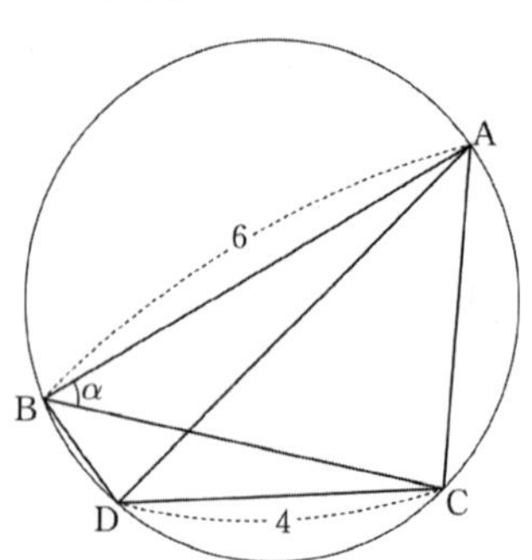

F76 ✲✲❀ 2011실시 11월 학평 16(고1)

좌표평면 위에 중심의 좌표가 $\left(-\frac{1}{2},\ 0\right)$이고 반지름의 길이가 1인 원 O_1이 있다. 원 O_1을 y축에 대하여 대칭이동한 원을 O_2라 하고 x축의 방향으로 2만큼 평행이동한 원을 O_3이라 하자. 원 O_1의 내부와 원 O_2의 내부의 공통부분의 넓이와 원 O_2의 내부와 원 O_3의 내부의 공통부분의 넓이의 합은? (4점)

① $\frac{4}{3}\pi-2\sqrt{3}$　② $\frac{2}{3}\pi-\frac{\sqrt{3}}{2}$　③ $\frac{4}{3}\pi-\sqrt{3}$
④ $\frac{2}{3}\pi+\frac{\sqrt{3}}{2}$　⑤ $\frac{2}{3}\pi+\sqrt{3}$

F77 ✲✲❀

그림과 같이 $\overline{AB}=5$, $\overline{AC}=6$, $\angle A=60°$인 삼각형 ABC에서 두 선분 AB, AC 위에 각각 두 점 P, Q를 잡을 때, 선분 PQ에 의하여 삼각형 ABC의 넓이가 이등분되는 선분 PQ의 길이의 최솟값은? (4점)

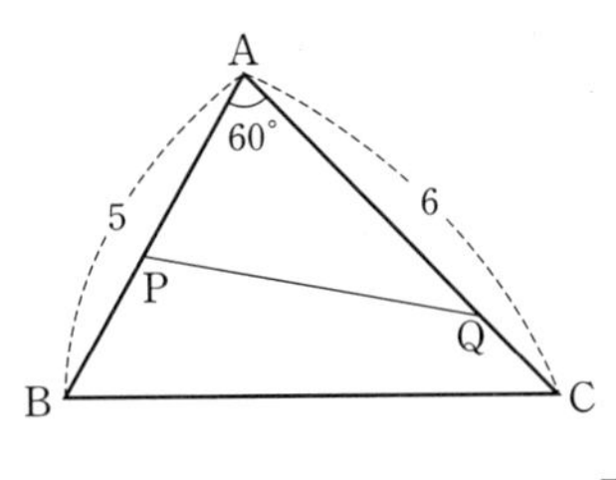

① $\sqrt{11}$　② $\sqrt{13}$　③ $\sqrt{15}$
④ $\sqrt{17}$　⑤ $\sqrt{19}$

유형 12 사각형의 넓이

두 대각선의 길이가 a, b이고
두 대각선이 이루는 각의 크기가 θ인
사각형의 넓이 S는

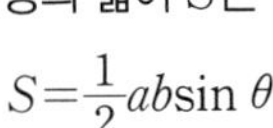

$$S=\frac{1}{2}ab\sin\theta$$

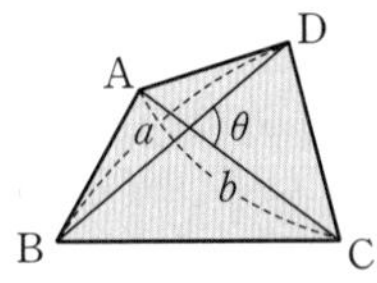

tip

두 대각선이 이루는 각은 예각과 둔각으로 2개가 있으나 $\sin\theta$에 대입했을 때 그 값이 같으므로 어느 것을 택해도 관계없다.

F78 ❀❀❀

그림과 같이 $\overline{AB}=5$, $\overline{BC}=8$, $\overline{CD}=4$, $\angle ABD=30°$, $\angle BCD=60°$인 사각형 ABCD의 넓이는? (3점)

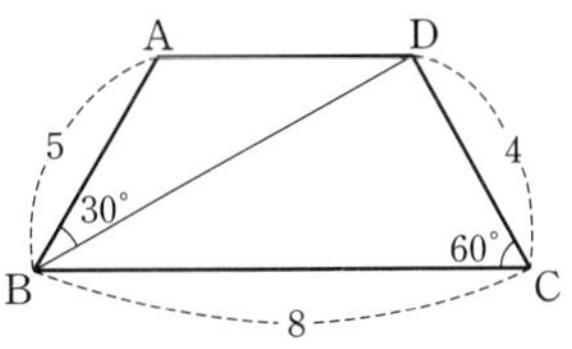

① $13\sqrt{3}$　② $14\sqrt{3}$　③ $15\sqrt{3}$
④ $16\sqrt{3}$　⑤ $17\sqrt{3}$

F79 ✲❀❀ 2008실시 3월 학평 18(고1)

그림은 선분 AB를 지름으로 하는 원 O에 내접하는 사각형 APBQ를 나타낸 것이다.
$\overline{AP}=4$, $\overline{BP}=2$이고 $\overline{QA}=\overline{QB}$일 때, 선분 PQ의 길이는? (4점)

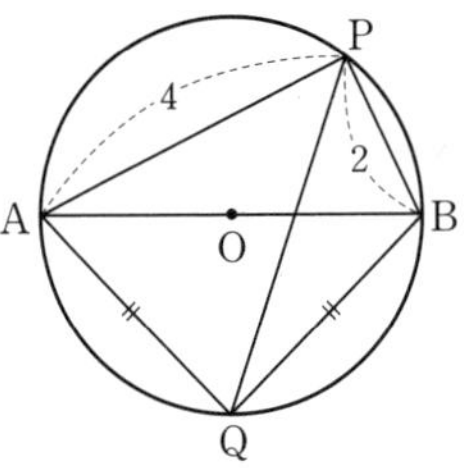

① $3\sqrt{2}$　② $\frac{10\sqrt{2}}{3}$　③ $\sqrt{14}$
④ $\frac{4\sqrt{10}}{3}$　⑤ 4

❖ 정답 및 해설 316~320p

F80 ✿✿✿

그림과 같이 $\overline{AB}=2\sqrt{3}$, $\overline{BC}=6$인 평행사변형 ABCD의 넓이가 18일 때, $\overline{AC}^2$의 값은? (단, $0°<B<90°$) (4점)

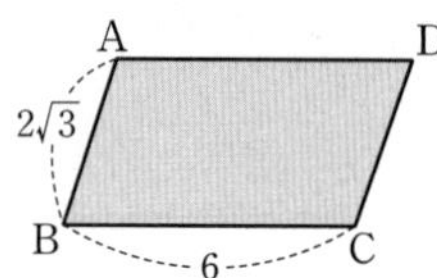

① $46-12\sqrt{3}$　② $48-12\sqrt{3}$　③ $50-12\sqrt{3}$
④ $48-6\sqrt{3}$　⑤ $52-6\sqrt{3}$

F81 ✿✿✿

그림과 같이 원에 내접하는 사각형 ABCD에서 $\overline{AB}=2$, $\overline{BC}=3$, $\overline{CD}=5$, $\overline{DA}=6$일 때, 사각형 ABCD의 넓이는? (4점)

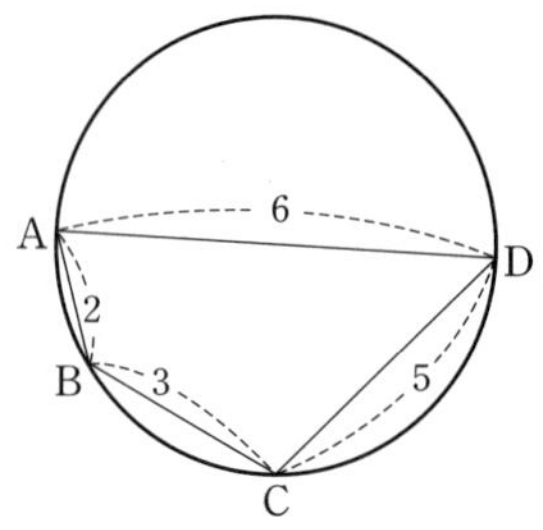

① $6\sqrt{3}$　② 12　③ $6\sqrt{5}$
④ $6\sqrt{6}$　⑤ $6\sqrt{7}$

유형 13 사각형의 넓이의 활용

두 대각선의 길이가 a, b이고
두 대각선이 이루는 각의 크기가 θ인
사각형의 넓이 S는

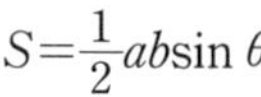

$$S=\frac{1}{2}ab\sin\theta$$

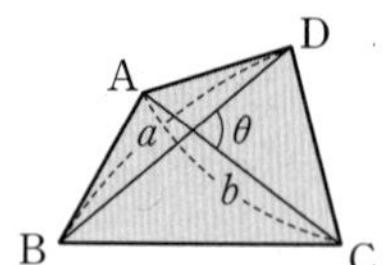

tip

두 대각선이 이루는 각은 예각과 둔각으로 2개가 있으나 $\sin\theta$에 대입했을 때 그 값이 같으므로 어느 것을 택해도 관계없다.

F82 ✿✿✿

2005실시 6월 학평 28(고1)

한 변의 길이가 $4\sqrt{3}$인 정사각형 모양의 시계에서 1과 2 사이의 어두운 사각형의 넓이가 $a-b\sqrt{3}$일 때, ab를 구하시오.
(단, a와 b는 유리수) (4점)

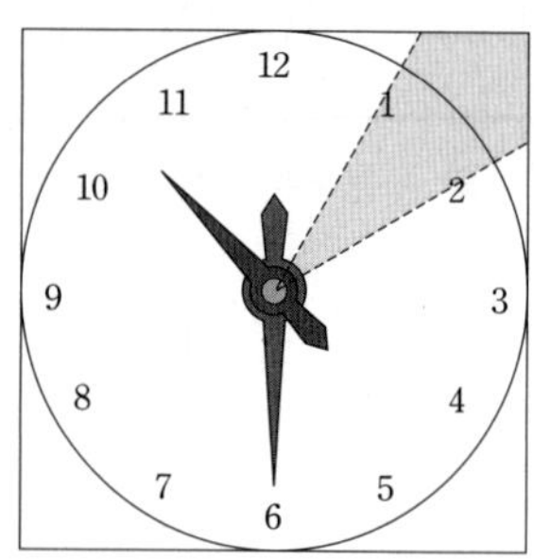

F83 ✿✿✿

두 대각선의 길이의 합이 8인 사각형의 넓이의 최댓값은? (4점)

① 7　② 8　③ 9
④ 10　⑤ 11

F84 ✿✿✿

둘레의 길이가 12인 평행사변형 중 넓이가 최대가 되는 평행사변형의 넓이를 구하시오. (4점)

1등급 마스터 문제 [4점 + 2등급 대비 + 1등급 대비]

F85 ★★★ 2021실시 10월 학평 21(고3)

$\overline{AB}=6$, $\overline{AC}=8$인 예각삼각형 ABC에서 $\angle A$의 이등분선과 삼각형 ABC의 외접원이 만나는 점을 D, 점 D에서 선분 AC에 내린 수선의 발을 E라 하자. 선분 AE의 길이를 k라 할 때, $12k$의 값을 구하시오. (4점)

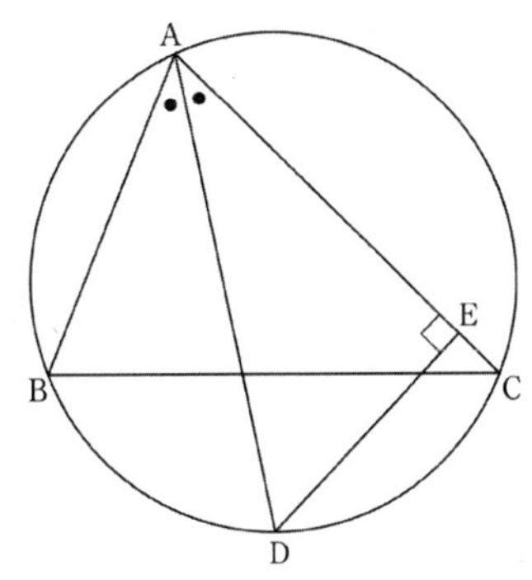

F86 ★★★ 2023실시 4월 학평 21(고3)

좌표평면 위의 두 점 O(0, 0), A(2, 0)과 y좌표가 양수인 서로 다른 두 점 P, Q가 다음 조건을 만족시킨다.

(가) $\overline{AP}=\overline{AQ}=2\sqrt{15}$이고 $\overline{OP}>\overline{OQ}$이다.

(나) $\cos(\angle OPA)=\cos(\angle OQA)=\dfrac{\sqrt{15}}{4}$

사각형 OAPQ의 넓이가 $\dfrac{q}{p}\sqrt{15}$일 때, $p\times q$의 값을 구하시오.
(단, p와 q는 서로소인 자연수이다.) (4점)

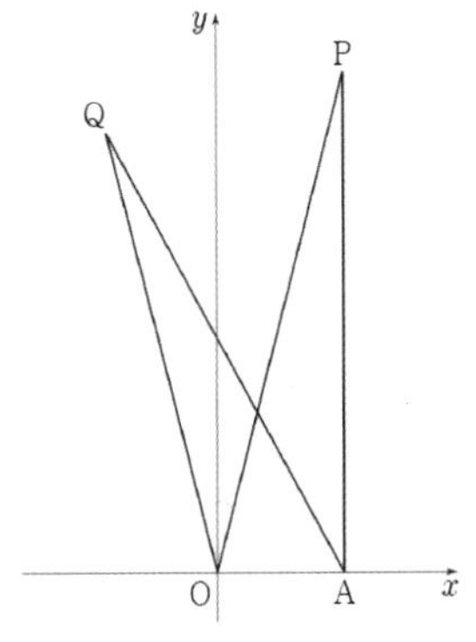

F87 ★★★ 2024대비 6월 모평 13(고3)

그림과 같이

$$\overline{BC}=3,\ \overline{CD}=2,\ \cos(\angle BCD)=-\frac{1}{3},\ \angle DAB>\frac{\pi}{2}$$

인 사각형 ABCD에서 두 삼각형 ABC와 ACD는 모두 예각삼각형이다. 선분 AC를 $1:2$로 내분하는 점 E에 대하여 선분 AE를 지름으로 하는 원이 두 선분 AB, AD와 만나는 점 중 A가 아닌 점을 각각 P_1, P_2라 하고, 선분 CE를 지름으로 하는 원이 두 선분 BC, CD와 만나는 점 중 C가 아닌 점을 각각 Q_1, Q_2라 하자. $\overline{P_1P_2}:\overline{Q_1Q_2}=3:5\sqrt{2}$이고 삼각형 ABD의 넓이가 2일 때, $\overline{AB}+\overline{AD}$의 값은? (단, $\overline{AB}>\overline{AD}$) (4점)

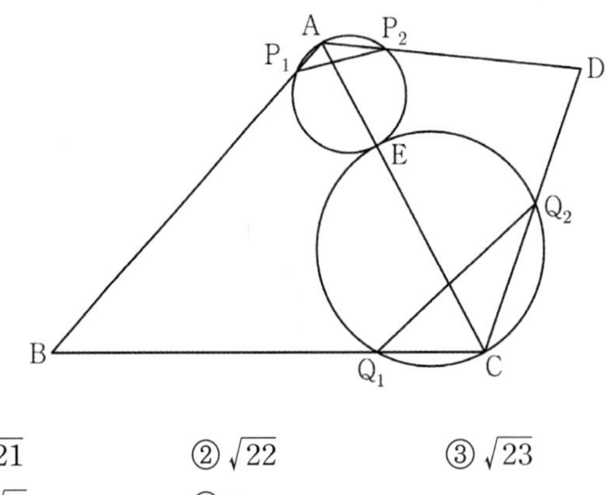

① $\sqrt{21}$ ② $\sqrt{22}$ ③ $\sqrt{23}$
④ $2\sqrt{6}$ ⑤ 5

F88 ★★★ 2023실시 10월 학평 21(고3)

그림과 같이 선분 BC를 지름으로 하는 원에 두 삼각형 ABC와 ADE가 모두 내접한다. 두 선분 AD와 BC가 점 F에서 만나고

$$\overline{BC}=\overline{DE}=4,\ \overline{BF}=\overline{CE},\ \sin(\angle CAE)=\frac{1}{4}$$

이다. $\overline{AF}=k$일 때, k^2의 값을 구하시오. (4점)

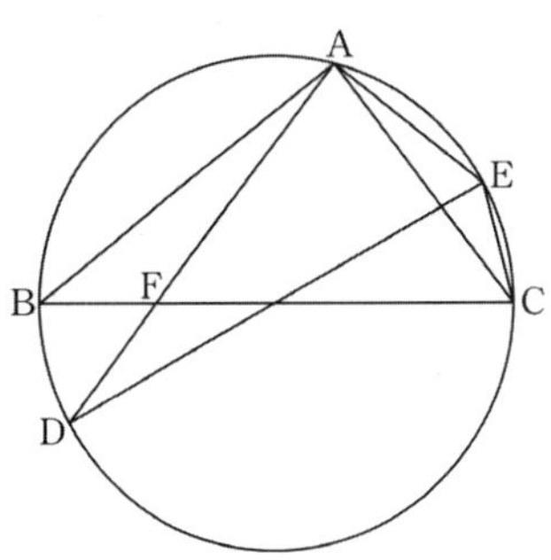

❖ 정답 및 해설 320~324p

F89 ★★★ 2021실시 3월 학평 15(고3)

그림과 같이 $\overline{AB}=5$, $\overline{BC}=4$, $\cos(\angle ABC)=\frac{1}{8}$ 인 삼각형 ABC가 있다. $\angle ABC$의 이등분선과 $\angle CAB$의 이등분선이 만나는 점을 D, 선분 BD의 연장선과 삼각형 ABC의 외접원이 만나는 점을 E라 할 때, [보기]에서 옳은 것만을 있는 대로 고른 것은? (4점)

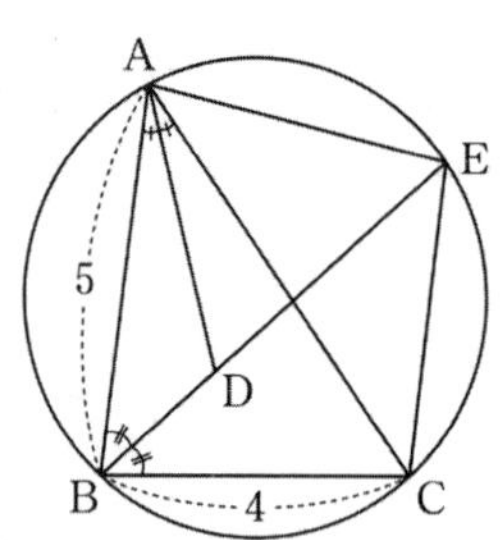

[보기]

ㄱ. $\overline{AC}=6$
ㄴ. $\overline{EA}=\overline{EC}$
ㄷ. $\overline{ED}=\frac{31}{8}$

① ㄱ ② ㄱ, ㄴ ③ ㄱ, ㄷ
④ ㄴ, ㄷ ⑤ ㄱ, ㄴ, ㄷ

F90 ★★★ 2013실시(B) 3월 학평 29(고2)

그림과 같이 바다에 인접해 있는 두 해안 도로가 60°의 각을 이루며 만나고 있다. 두 해안 도로가 만나는 지점에서 바다쪽으로 $x\sqrt{3}$ m 떨어져 있는 배에서 출발하여 두 해안 도로를 차례대로 한 번씩 거쳐 다시 배로 되돌아오는 수영코스의 최단길이가 300 m일 때, x의 값을 구하시오. (단, 배는 정지해 있고, 두 해안 도로는 일직선 모양이며 그 폭은 무시한다.) (4점)

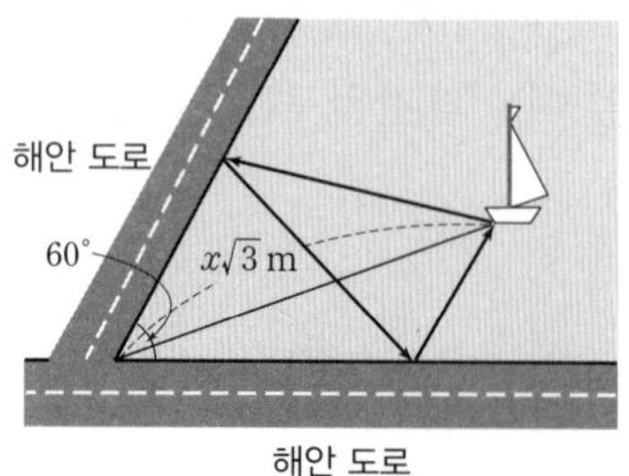

[1등급 대비+2등급 대비]

F91 ✪ 1등급 대비 2024실시 5월 학평 21(고3)

그림과 같이 중심이 O, 반지름의 길이가 6이고 중심각의 크기가 $\frac{\pi}{2}$인 부채꼴 OAB가 있다. 호 AB 위에 점 C를 $\overline{AC}=4\sqrt{2}$가 되도록 잡는다. 호 AC 위의 한 점 D에 대하여 점 D를 지나고 선분 OA에 평행한 직선과 점 C를 지나고 선분 AC에 수직인 직선이 만나는 점을 E라 하자. 삼각형 CED의 외접원의 반지름의 길이가 $3\sqrt{2}$일 때, $\overline{AD}=p+q\sqrt{7}$을 만족시키는 두 유리수 p, q에 대하여 $9\times|p\times q|$의 값을 구하시오.
(단, 점 D는 점 A도 아니고 점 C도 아니다.) (4점)

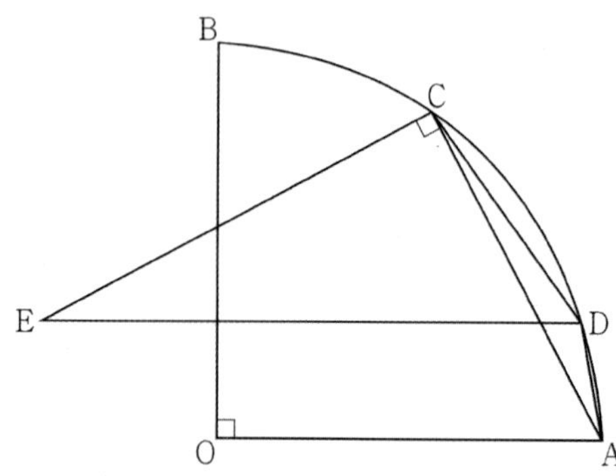

F92 ✪ 2등급 대비 2021실시 3월 학평 21(고3)

그림과 같이 $\overline{AB}=2$, $\overline{AC}\,/\!/\,\overline{BD}$, $\overline{AC}:\overline{BD}=1:2$인 두 삼각형 ABC, ABD가 있다. 점 C에서 선분 AB에 내린 수선의 발 H는 선분 AB를 $1:3$으로 내분한다.

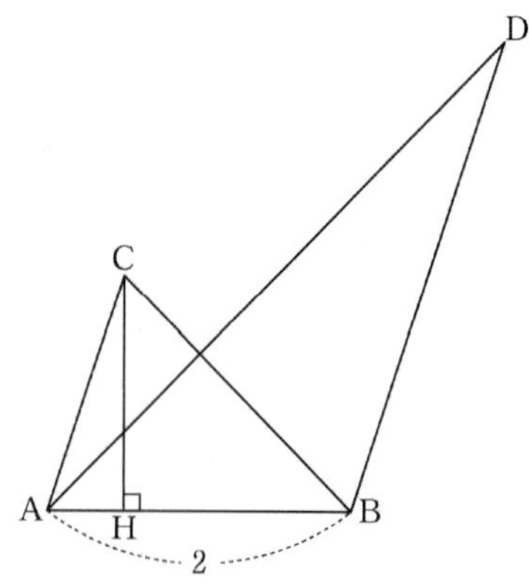

두 삼각형 ABC, ABD의 외접원의 반지름의 길이를 각각 r, R라 할 때, $4(R^2-r^2)\times\sin^2(\angle CAB)=51$이다. $\overline{AC}^2$의 값을 구하시오. $\left(\text{단, } \angle CAB<\frac{\pi}{2}\right)$ (4점)

경찰대, 삼사 중요 기출 문제 [어려운 3점+4점+5점]

F93

2021대비(나) 삼사 19(고3)

그림과 같이 $\overline{\mathrm{AB}}=\overline{\mathrm{AC}}$인 이등변삼각형 ABC에서 선분 AC를 5 : 3으로 내분하는 점을 D라 하자.

$2\sin(\angle\mathrm{ABD})=5\sin(\angle\mathrm{DBC})$일 때, $\dfrac{\sin C}{\sin A}$의 값은? (4점)

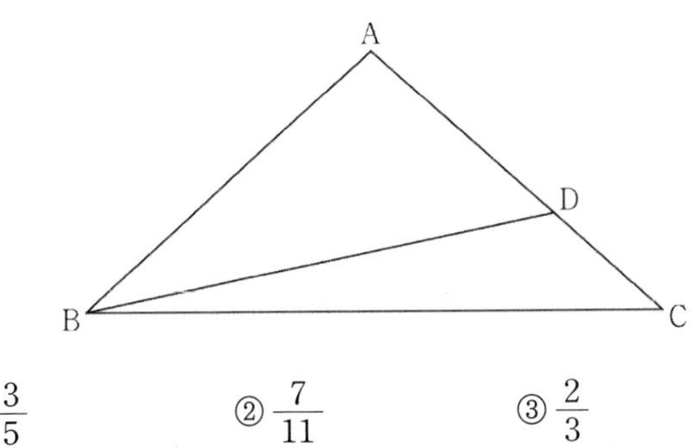

① $\dfrac{3}{5}$　② $\dfrac{7}{11}$　③ $\dfrac{2}{3}$
④ $\dfrac{9}{13}$　⑤ $\dfrac{5}{7}$

F94

2024대비 경찰대 13(고3)

삼각형 ABC가 다음 조건을 만족시킨다.

> (가) $\cos^2 A+\cos^2 B-\cos^2 C=1$
> (나) $2\sqrt{2}\cos A+2\cos B+\sqrt{2}\cos C=2\sqrt{3}$

삼각형 ABC의 외접원의 반지름의 길이가 3일 때, 삼각형 ABC의 넓이는? (4점)

① $4\sqrt{3}$　② $5\sqrt{2}$　③ $6\sqrt{2}$
④ $5\sqrt{3}$　⑤ $6\sqrt{3}$

F95

2022대비 삼사 21(고3)

$\angle\mathrm{BAC}=\theta\left(\dfrac{2}{3}\pi\le\theta<\dfrac{3}{4}\pi\right)$인 삼각형 ABC의 외접원의 중심을 O, 세 점 B, O, C를 지나는 원의 중심을 O′이라 하자. 다음은 점 O′이 선분 AB 위에 있을 때, $\dfrac{\overline{\mathrm{BC}}}{\overline{\mathrm{AC}}}$의 값을 θ에 대한 식으로 나타내는 과정이다.

> 삼각형 ABC의 외접원의 반지름의 길이를 R라 하면 사인법칙에 의하여
> $\dfrac{\overline{\mathrm{BC}}}{\sin\theta}=2R$
> 세 점 B, O, C를 지나는 원의 반지름의 길이를 r라 하자. 선분 O′O는 선분 BC를 수직이등분하므로 이 두 선분의 교점을 M이라 하면
> $\overline{\mathrm{O'M}}=r-\overline{\mathrm{OM}}=r-|R\cos\theta|$
> 직각삼각형 O′BM에서 $R=$ (가) $\times r$이므로
> $\sin(\angle\mathrm{O'BM})=$ (나)
> 따라서 삼각형 ABC에서 사인법칙에 의하여
> $\dfrac{\overline{\mathrm{BC}}}{\overline{\mathrm{AC}}}=$ (다)

위의 (가), (나), (다)에 알맞은 식을 각각 $f(\theta)$, $g(\theta)$, $h(\theta)$라 하자. $\cos\alpha=-\dfrac{3}{5}$, $\cos\beta=-\dfrac{\sqrt{10}}{5}$인 α, β에 대하여 $f(\alpha)+g(\beta)+\left\{h\left(\dfrac{2}{3}\pi\right)\right\}^2=\dfrac{q}{p}$이다. $p+q$의 값을 구하시오.

(단, p와 q는 서로소인 자연수이다.) (4점)

❖ 정답 및 해설 325~329p

F96 ✿✿❀ 2023대비 삼사 13(고3)

그림과 같이 중심이 O_1이고 반지름의 길이가 $r(r>3)$인 원 C_1과 중심이 O_2이고 반지름의 길이가 1인 원 C_2에 대하여 $\overline{O_1O_2}=2$이다. 원 C_1 위를 움직이는 점 A에 대하여 직선 AO_2가 원 C_1과 만나는 점 중 A가 아닌 점을 B라 하자. 원 C_2 위를 움직이는 점 C에 대하여 직선 AC가 원 C_1과 만나는 점 중 A가 아닌 점을 D라 하자. 다음은 $\overline{BD}$가 최대가 되도록 네 점 A, B, C, D를 정할 때, $\overline{O_1C}^2$을 r에 대한 식으로 나타내는 과정이다.

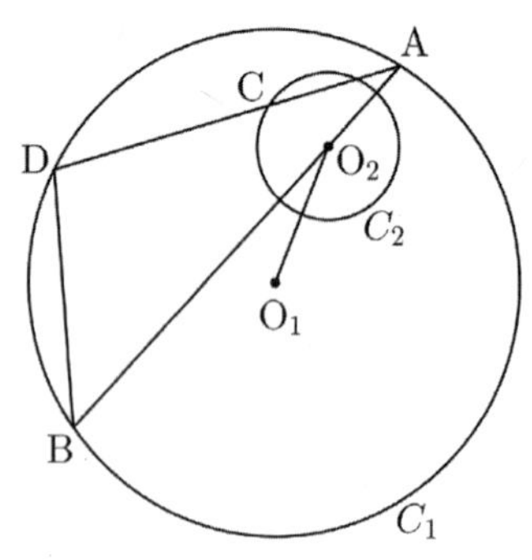

> 삼각형 ADB에서 사인법칙에 의하여
> $\dfrac{\overline{BD}}{\sin A}=$ (가) 이므로 $\overline{BD}$가 최대이려면 직선 AD가 원 C_2와 점 C에서 접해야 한다.
> 이때 직각삼각형 ACO_2에서 $\sin A=\dfrac{1}{\overline{AO_2}}$이므로
> $\overline{BD}=\dfrac{1}{\overline{AO_2}}\times$ (가) 이다.
> 그러므로 직선 AD가 원 C_2와 점 C에서 접하고 $\overline{AO_2}$가 최소일 때 $\overline{BD}$는 최대이다.
> $\overline{AO_2}$의 최솟값은 (나) 이므로 $\overline{BD}$가 최대일 때, $\overline{O_1C}^2=$ (다) 이다.

위의 (가), (나), (다)에 알맞은 식을 각각 $f(r)$, $g(r)$, $h(r)$라 할 때, $f(4)\times g(5)\times h(6)$의 값은? (4점)

① 216 ② 192 ③ 168
④ 144 ⑤ 120

F97 ✿✿❀ 2021대비 경찰대 20(고3)

$\overline{AB}=5$, $\overline{BC}=7$, $\overline{AC}=6$인 삼각형 ABC가 있다. 두 선분 AB, AC 위에 삼각형 ADE의 외접원이 선분 BC에 접하도록 점 D, E를 각각 잡을 때, 선분 DE의 길이의 최솟값은? (5점)

① $\dfrac{64}{15}$ ② $\dfrac{81}{20}$ ③ 4
④ $\dfrac{121}{30}$ ⑤ $\dfrac{144}{35}$

F98 ✿❀❀ 2025대비 경찰대 8(고3)

넓이가 $4\sqrt{3}$이고 $\angle A=\dfrac{\pi}{3}$인 삼각형 ABC의 외접원의 반지름의 길이가 4일 때, $\overline{AB}+\overline{BC}+\overline{CA}$의 값은? (4점)

① $4(\sqrt{2}+\sqrt{3})$ ② $4(2+\sqrt{3})$ ③ $4(\sqrt{3}+\sqrt{5})$
④ $4(\sqrt{3}+\sqrt{6})$ ⑤ $4(\sqrt{3}+\sqrt{7})$

F99 ✿❀❀ 2025대비 삼사 19(고3)

그림과 같이 $\overline{AB}=7$, $\overline{BC}=13$, $\overline{CA}=10$인 삼각형 ABC가 있다. 선분 AB 위의 점 P와 선분 AC 위의 점 Q를 $\overline{AP}=\overline{CQ}$이고 사각형 PBCQ의 넓이가 $14\sqrt{3}$이 되도록 잡을 때, $\overline{PQ}^2$의 값을 구하시오. (3점)

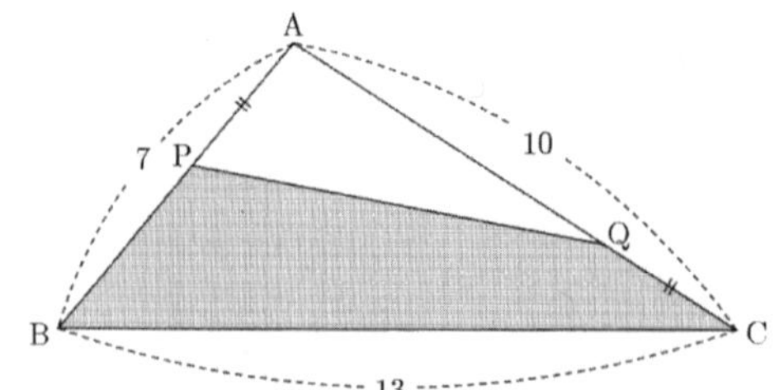

❖ 정답 및 해설 330~332p

G 등차수열과 등비수열

★ 유형 차례

- 유형 01 등차수열의 특정항 구하기 – 첫째항 이용
- 유형 02 등차수열의 특정항 구하기 – 공차 이용
- 유형 03 등차수열의 특정항 구하기 – 특정항 이용
- 중요 유형 04 등차중항
- 유형 05 등차수열의 변형
- 유형 06 등차수열의 활용 – 그래프와 도형
- 유형 07 여러 가지 등차수열의 활용
- 중요 유형 08 등차수열의 합
- 중요 유형 09 등차수열의 합의 활용
- 유형 10 등차수열의 합의 응용
- 유형 11 등비수열의 특정항 구하기 – 첫째항 이용
- 유형 12 등비수열의 특정항 구하기 – 공비 이용
- 유형 13 등비수열의 특정항 구하기 – 특정항 이용
- 중요 유형 14 등비중항
- 유형 15 등비중항의 활용
- 유형 16 등비수열의 변형
- 유형 17 등비수열의 활용
- 중요 유형 18 등비수열의 합
- 유형 19 등비수열의 합의 활용
- 유형 20 등비수열의 합의 응용
- 유형 21 등비수열의 합의 응용 – 원리합계
- 중요 유형 22 수열의 합과 일반항 사이의 관계
- 유형 23 수열의 합과 일반항 사이의 관계 활용
- 유형 24 수열의 규칙 찾기

★ 최신 3개년 수능+모평 출제 경향

학년도		출제 유형	난이도
2025	수능	유형 13 등비수열의 특정항 구하기 – 특정항 이용	❀❀❀
	9월	유형 13 등비수열의 특정항 구하기 – 특정항 이용	❀❀❀
	6월	유형 13 등비수열의 특정항 구하기 – 특정항 이용	✽❀❀
2024	수능	유형 19 등비수열의 합의 활용	✽❀❀
	9월	유형 13 등비수열의 특정항 구하기 – 특정항 이용	❀❀❀
	6월	유형 07 여러 가지 등차수열의 활용	✽✽❀
2023	수능	유형 13 등비수열의 특정항 구하기 – 특정항 이용	❀❀❀
	9월	유형 03 등차수열의 특정항 구하기 – 특정항 이용	❀❀❀
	6월	유형 11 등비수열의 특정항 구하기 – 첫째항 이용 유형 17 등비수열의 활용	❀❀❀ ✽❀❀

★ 2025 수능 출제 경향 분석

- **등비수열의 특정항 구하기** : 첫째항과 공비가 양수 k인 등비수열에서 두 항의 비에 대한 조건이 주어졌을 때 k의 값을 구하는 문제가 출제되었다. 두 항의 비를 공비로 나타내거나 일반항을 이용하여 나타내어 해결하는 문제였다. [G113 문항]

★ 2026 수능 예측

1. 등차수열 또는 등비수열의 특정항을 주고, 다른 특정항을 구하는 문제가 출제 예상된다. 단순한 대입으로 특정항을 구할 수 있었던 과거 출제 경향에서 특정항을 주고 다른 특정항을 구하는 경향으로 바뀌고 있다.
2. 좌표평면 위의 점 또는 도형과 관련된 수열의 규칙을 추론하는 고난도 문제가 출제될 것으로 예상되므로 등차중항, 등비중항 등 여러 개념을 정확히 알고 적용하는 연습을 하자.
3. 수열의 합과 일반항 사이의 관계를 이해하여 활용하는 문제는 꾸준히 출제될 것으로 예상되므로 $a_n=S_n-S_{n-1}(n\geq 2)$, $a_1=S_1$의 개념을 정확히 이해하자.

G 등차수열과 등비수열

개념 강의

중요도 ★★★

1 수열❶

(1) **수열**: 차례대로 나열된 수의 열

(2) **항**: 수열을 이루는 각각의 수를 그 수열의 항이라 하고, 각 항을 앞에서부터 차례대로 첫째항, 둘째항, 셋째항, … 또는 제1항, 제2항, 제3항, …이라고 한다.

(3) **수열의 일반항**: 수열을 나타낼 때에는 a_1, a_2, a_3, …, a_n, …과 같이 나타낸다. n번째 항 a_n을 수열의 일반항이라 하고, 일반항이 a_n인 수열을 간단히 $\{a_n\}$과 같이 나타낸다.❷

한걸음 더!

❶ 일정한 규칙 없이 수를 나열한 것도 수열이지만 여기서는 규칙성이 있는 수열을 주로 다룬다.

❷ 수열의 일반항 a_n이 n에 대한 식으로 주어지면 n에 1, 2, 3, …을 차례로 대입하여 수열의 모든 항을 구할 수 있다.

2 등차수열❸ – 유형 01~10

(1) **등차수열** : 첫째항부터 차례대로 일정한 수를 더하여 만든 수열

(2) **공차** : 등차수열에서 더하는 일정한 수

(3) **등차수열의 일반항** : 첫째항이 a_1, 공차가 d인 등차수열 $\{a_n\}$의 일반항 a_n은
$a_n=a_1+(n-1)d$

(4) **등차중항** : 세 수 a, b, c가 이 순서대로 등차수열을 이룰 때,
b를 a와 c의 **등차중항**이라 하고, $b=\frac{a+c}{2}$가 성립한다.

(5) **등차수열의 합**❹
등차수열의 첫째항부터 제n항까지의 합을 S_n이라 하면
① 첫째항이 a, 공차가 d일 때, $S_n=\frac{n\{2a+(n-1)d\}}{2}$
② 첫째항이 a, 제n항이 l일 때, $S_n=\frac{n(a+l)}{2}$

+개념보충

❸ 등차수열을 이루는 수를 다음과 같이 놓으면 계산이 편리하다.
① 세 수가 등차수열을 이루면
⇨ $a-d$, a, $a+d$
② 네 수가 등차수열을 이루면
⇨ $a-3d$, $a-d$, $a+d$, $a+3d$

왜 그럴까?

❹ 첫째항이 a이고 공차가 d인 등차수열 $\{a_n\}$의 제n항을 l이라 하면 $a_n=l=a+(n-1)d$이므로 수열 $\{a_n\}$의 첫째항부터 제n항까지의 합 S_n은

$$S_n=\frac{n\{2a+(n-1)d\}}{2}=\frac{n\{a+a+(n-1)d\}}{2}=\frac{n(a+l)}{2}$$

3 등비수열 – 유형 11~21

(1) **등비수열** : 첫째항부터 차례대로 일정한 수를 곱하여 만든 수열

(2) **공비** : 등비수열에서 곱하는 일정한 수

(3) **등비수열의 일반항** : 첫째항이 a_1, 공비가 r인 등비수열 $\{a_n\}$의 일반항 a_n은 $a_n=a_1r^{n-1}$

(4) **등비중항** : 0이 아닌 세 수 a, b, c가 이 순서대로 등비수열을 이룰 때, b를 a와 c의 **등비중항**이라 하고, $b^2=ac$가 성립한다.

(5) **등비수열의 합**❺
첫째항이 a_1, 공비가 r인 등비수열의 첫째항부터 제 n항까지의 합을 S_n이라 하면
① $r\neq1$일 때, $S_n=\frac{a_1(1-r^n)}{1-r}=\frac{a_1(r^n-1)}{r-1}$
② $r=1$일 때, $S_n=na_1$

출제 2025 수능 3번
2025 9월 모평 3번
2025 6월 모평 8번

★ 수능에는 등비수열의 두 항의 비에 대한 조건을 이용하여 미지수를 구하는 쉬운 문제가 출제되었고, 6월과 9월에는 등비수열의 두 항 사이의 관계에 대한 식과 한 항에 대한 조건을 주고 특정항을 구하는 쉬운 문제가 출제되었다.

+개념보충

❺ **원리합계**
연이율 r의 복리로 매년 초에 a원씩 n년 간 적립할 때, n년 말의 원리합계 S_n은

$$S_n=a(1+r)^n+a(1+r)^{n-1}+\cdots+a(1+r)=\frac{a(1+r)\{(1+r)^n-1\}}{r}$$

4 수열의 합 S_n과 일반항 a_n 사이의 관계❻ – 유형 22~24

수열 $\{a_n\}$의 첫째항부터 제n항까지의 합을 S_n이라 하면
$a_1=S_1$, $a_n=S_n-S_{n-1}$ $(n\geq2)$

+개념보충

❻ **$a_1=S_1$과 $a_n=S_n-S_{n-1}$ $(n\geq2)$ 구하기**
일반적으로 쉽게 풀리는 문제 이외에 수열 $\{S_n\}$, $\{S_n+p\}$, $\{S_{2n-1}\}$ 등의 다양한 형태와 등차·등비수열의 조건이 같이 주어지므로 첫째항, 공차, 공비와 규칙을 정확히 파악하자.

1+2 수열, 등차수열

G01 기본 2013대비(나) 9월 모평 3(고3)

등차수열 $\{a_n\}$에 대하여 $a_1=1$, $a_4=7$일 때, a_2+a_3의 값은? (2점)

① 5 ② 6 ③ 7
④ 8 ⑤ 9

G02 기본 2016실시(나) 11월 학평 22(고2)

등차수열 $\{a_n\}$에 대하여 $a_5-a_3=4$일 때, 수열 $\{a_n\}$의 공차를 구하시오. (3점)

G03 기본 2017실시(나) 6월 학평 23(고2)

네 수 3, a, b, 12가 이 순서대로 등차수열을 이룰 때, $a+b$의 값을 구하시오. (3점)

G04 기본 2005대비(나) 수능 3(고3)

등차수열 $\{a_n\}$에 대하여

$$a_1+a_2=10,\ a_3+a_4+a_5=45$$

가 성립할 때, a_{10}의 값은? (3점)

① 47 ② 45 ③ 43
④ 41 ⑤ 39

3 등비수열

G05 기본 2018실시(가) 9월 학평 3(고2)

공비가 2인 등비수열 $\{a_n\}$에 대하여 $a_2=6$일 때, a_4의 값은? (2점)

① 16 ② 18 ③ 20
④ 22 ⑤ 24

G

G06 기본 2007대비(나) 수능 6(고3)

세 수 a, 0, b가 이 순서로 등차수열을 이루고, 세 수 $2b$, a, -7이 이 순서로 등비수열을 이룰 때, a의 값은? (3점)

① 10 ② 12 ③ 14
④ 16 ⑤ 18

G07 기본 2012대비(나) 9월 모평 8(고3)

등비수열 $\{a_n\}$의 첫째항부터 제n항까지의 합 S_n에 대하여 $\frac{S_4}{S_2}=9$일 때, $\frac{a_4}{a_2}$의 값은? (3점)

① 3 ② 4 ③ 6
④ 8 ⑤ 9

4 수열의 합 S_n과 일반항 a_n 사이의 관계

G08 기본 2005대비(나) 6월 모평 19(고3)

수열 $\{a_n\}$의 첫째항부터 제n항까지의 합 S_n이 $S_n=2n^2-3n$일 때, a_{10}의 값을 구하시오. (3점)

❖ 정답 및 해설 332~334p

수능 유형별 기출 문제 [2점, 3점, 쉬운 4점]

Pass 쉬운 유형, 반복 계산 문제로 패스 하셔도 좋습니다.

1+2 수열, 등차수열

유형 01 등차수열의 특정항 구하기 - 첫째항 이용

(1) **등차수열** : 첫째항부터 차례로 일정한 수를 더하여 만든 수열

(2) 첫째항이 a, 공차가 d인 등차수열 $\{a_n\}$의 일반항 a_n은

$a_n=a+(n-1)d$

tip

1 첫째항이 주어진 등차수열의 공차를 d라 하고, 주어진 조건을 이용하여 d의 값을 구하자.

2 공차가 d인 등차수열은 제n항에 d를 더하면 $(n+1)$번째 항이 된다. 즉, $a_{n+1}=a_n+d$가 성립한다.

G09 ❀❀❀ 2020실시(가) 4월 학평 23(고3)

등차수열 $\{a_n\}$에 대하여 $a_1=6$, $a_3+a_6=a_{11}$일 때, a_4의 값을 구하시오. (3점)

G10 ❀❀❀ 2020실시(나) 4월 학평 24(고3)

첫째항이 6인 등차수열 $\{a_n\}$에 대하여 $2a_4=a_{10}$일 때, a_9의 값을 구하시오. (3점)

G11 ❀❀❀ 2019실시(나) 3월 학평 2(고3)

첫째항이 7, 공차가 3인 등차수열의 제7항은? (2점)

① 24 ② 25 ③ 26 ④ 27 ⑤ 28

G12 ❀❀❀ 2020실시(나) 3월 학평 4(고3)

등차수열 $\{a_n\}$에 대하여

$a_2+a_3=2(a_1+12)$

일 때, 수열 $\{a_n\}$의 공차는? (3점)

① 2 ② 4 ③ 6 ④ 8 ⑤ 10

G13 ❀❀❀ 2019대비(나) 수능 5(고3)

첫째항이 4인 등차수열 $\{a_n\}$에 대하여

$a_{10}-a_7=6$

일 때, a_4의 값은? (3점)

① 10 ② 11 ③ 12 ④ 13 ⑤ 14

G14 ❀❀❀ 2018실시(나) 3월 학평 22(고3)

첫째항이 10이고 공차가 5인 등차수열 $\{a_n\}$에 대하여 a_3의 값을 구하시오. (3점)

G15 ❀❀❀ Pass 2016대비(B) 수능 22(고3)

첫째항이 2인 등차수열 $\{a_n\}$에 대하여 $2(a_2+a_3)=a_9$일 때, 수열 $\{a_n\}$의 공차를 구하시오. (3점)

G16 ❀❀❀ Pass 2016대비(B) 6월 모평 23(고3)

첫째항이 2인 등차수열 $\{a_n\}$이 $a_7+a_{11}=20$을 만족시킬 때, a_{10}의 값을 구하시오. (3점)

G17 ❀❀❀ Pass 2015실시(B) 4월 학평 6(고3)

등차수열 $\{a_n\}$에 대하여

$a_1=1$, $a_4+a_5+a_6+a_7+a_8=55$

일 때, a_{11}의 값은? (3점)

① 21 ② 24 ③ 27 ④ 30 ⑤ 33

G18 ❀❀❀ Pass
2015대비(A) 6월 모평 6(고3)

등차수열 $\{a_n\}$에 대하여 $a_1=2$, $a_3=10$일 때, a_5의 값은? (3점)

① 14 ② 15 ③ 16 ④ 17 ⑤ 18

G19 ❀❀❀ Pass
2014대비(B) 수능 4(고3)

첫째항이 2인 등차수열 $\{a_n\}$에 대하여 $a_9=3a_3$일 때, a_5의 값은? (3점)

① 10 ② 11 ③ 12 ④ 13 ⑤ 14

G20 ❀❀❀ Pass
2012실시(나) 3월 학평 22(고3)

등차수열 $\{a_n\}$에서 $a_1=4$, $a_2+a_3=17$일 때, a_4의 값을 구하시오. (3점)

유형 02 등차수열의 특정항 구하기 – 공차 이용

(1) **공차** : 등차수열에서 일정하게 더해지는 수

(2) 첫째항이 a, 공차가 d인 등차수열 $\{a_n\}$의 일반항 a_n은

$a_n=a+(n-1)d$

tip

1 등차수열 $\{a_n\}$의 공차를 d라 하면

$d=a_2-a_1=a_3-a_2=a_4-a_3=\cdots$

2 등차수열 $\{a_n\}$의 공차를 d라 하면

$a_m-a_n=(m-n)d$

G21 ❀❀❀
2021실시 4월 학평 2(고3)

공차가 2인 등차수열 $\{a_n\}$에 대하여 a_5-a_2의 값은? (2점)

① 6 ② 7 ③ 8 ④ 9 ⑤ 10

G22 ❀❀❀
2021대비(나) 9월 모평 7(고3)

공차가 -3인 등차수열 $\{a_n\}$에 대하여

$a_3a_7=64$, $a_8>0$

일 때, a_2의 값은? (3점)

① 17 ② 18 ③ 19 ④ 20 ⑤ 21

G23 ❀❀❀
2016대비(A) 6월 모평 4(고3)

공차가 7인 등차수열 $\{a_n\}$에 대하여 $a_{13}-a_{11}$의 값은? (3점)

① 10 ② 12 ③ 14 ④ 16 ⑤ 18

G24 ❀❀❀ Pass
2009대비(나) 수능 19(고3)

공차가 2인 등차수열 $\{a_n\}$에 대하여

$a_1+a_5+a_9=45$

일 때, a_1+a_{10}의 값을 구하시오. (3점)

G25 ✿❀❀
2017실시(나) 3월 학평 10(고2)

첫째항이 a이고 공차가 -2인 등차수열 $\{a_n\}$에 대하여

$a_3\neq0$, $(a_2+a_4)^2=16a_3$

일 때, a의 값은? (3점)

① 5 ② 6 ③ 7 ④ 8 ⑤ 9

❖ 정답 및 해설 334~338p

G26 ✿❀❀ 2012대비(나) 6월 모평 6(고3)

공차가 6인 등차수열 $\{a_n\}$에 대하여

$$|a_2-3|=|a_3-3|$$

일 때, a_5의 값은? (3점)

① 15 ② 18 ③ 21
④ 24 ⑤ 27

유형 03 등차수열의 특정항 구하기 - 특정항 이용

(ⅰ) 등차수열 $\{a_n\}$의 첫째항을 a_1, 공차를 d라 하고, 주어진 조건을 이용하여 방정식을 세운다.
(ⅱ) (ⅰ)의 방정식을 풀어 a_1, d의 값을 각각 구한다.
(ⅲ) $a_n=a_1+(n-1)d$에 a_1, d의 값을 대입하여 일반항을 구한다.

tip

1 연립방정식의 해를 구하는 방법
(1) 가감법 : 두 방정식을 더하거나 빼서 한 미지수를 소거하는 방법
(2) 대입법 : 두 방정식 중 한 방정식을 한 미지수에 대하여 풀고, 이것을 다른 방정식에 대입하여 해를 구하는 방법

2 등차수열의 연속된 세 개의 항의 합이 주어지면 $a_{n-1}+a_n+a_{n+1}=3a_n$임을 이용한다. ($\because$ $a_{n-1}+a_{n+1}=2a_n$)

G27 ❀❀❀ 2024실시 5월 학평 3(고3)

첫째항이 1인 등차수열 $\{a_n\}$에 대하여 $a_5-a_3=8$일 때, a_2의 값은? (3점)

① 3 ② 4 ③ 5
④ 6 ⑤ 7

G28 ❀❀❀ 2022대비 수능 3(고3)

등차수열 $\{a_n\}$에 대하여 $a_2=6$, $a_4+a_6=36$일 때, a_{10}의 값은? (3점)

① 30 ② 32 ③ 34
④ 36 ⑤ 38

G29 ❀❀❀ 2021실시 3월 학평 2(고3)

공차가 3인 등차수열 $\{a_n\}$에 대하여 $a_4=100$일 때, a_1의 값은? (2점)

① 91 ② 93 ③ 95
④ 97 ⑤ 99

G30 ❀❀❀ 2022대비 5월 예시 16(고2)

등차수열 $\{a_n\}$에 대하여 $a_3=7$, $a_2+a_5=16$일 때, a_{10}의 값을 구하시오. (3점)

G31 ❀❀❀ 2020실시(가) 3월 학평 2(고3)

등차수열 $\{a_n\}$에 대하여 $a_2=5$, $a_5=11$일 때, a_8의 값은? (2점)

① 17 ② 18 ③ 19
④ 20 ⑤ 21

G32 ❀❀❀ 2023대비 9월 모평 5(고3)

등차수열 $\{a_n\}$에 대하여

$$a_1=2a_5,\ a_8+a_{12}=-6$$

일 때, a_2의 값은? (3점)

① 17 ② 19 ③ 21
④ 23 ⑤ 25

G33 ❀❀❀ 2020실시(나) 10월 학평 5(고3)

등차수열 $\{a_n\}$에 대하여

$a_1+a_2+a_3=15$, $a_3+a_4+a_5=39$일 때, 수열 $\{a_n\}$의 공차는? (3점)

① 1 ② 2 ③ 3
④ 4 ⑤ 5

G34 ❀❀❀ 2019실시(나) 4월 학평 3(고3)

등차수열 $\{a_n\}$에 대하여 $a_2=3$, $a_4=9$일 때, 수열 $\{a_n\}$의 공차는? (2점)

① 1 ② 2 ③ 3
④ 4 ⑤ 5

G35 ❀❀❀ 2019대비(나) 6월 모평 24(고3)

등차수열 $\{a_n\}$에 대하여

$a_5=5$, $a_{15}=25$

일 때, a_{20}의 값을 구하시오. (3점)

G36 ❀❀❀ 2018대비(나) 9월 모평 25(고3)

첫째항과 공차가 같은 등차수열 $\{a_n\}$이

$a_2+a_4=24$

를 만족시킬 때, a_5의 값을 구하시오. (3점)

G37 ❀❀❀ Pass 2017실시(나) 4월 학평 23(고3)

등차수열 $\{a_n\}$에 대하여 $a_2=8$, $a_6=16$일 때, a_4의 값을 구하시오. (3점)

G38 ❀❀❀ Pass 2017실시(나) 3월 학평 23(고3)

등차수열 $\{a_n\}$에 대하여 $a_2=2$, $a_5-a_3=6$일 때, a_6의 값을 구하시오. (3점)

G39 ❀❀❀ Pass 2017대비(나) 6월 모평 12(고3)

등차수열 $\{a_n\}$에 대하여

$a_8=a_2+12$, $a_1+a_2+a_3=15$

일 때, a_{10}의 값은? (3점)

① 17 ② 19 ③ 21
④ 23 ⑤ 25

G40 ❀❀❀ Pass 2016대비(A) 수능 22(고3)

등차수열 $\{a_n\}$에 대하여 $a_8-a_4=28$일 때, 수열 $\{a_n\}$의 공차를 구하시오. (3점)

G41 ❀❀❀ Pass 2015실시(A) 10월 학평 25(고3)

등차수열 $\{a_n\}$에 대하여 $a_2+a_4=54$, $a_{12}+a_{14}=254$일 때, a_{14}의 값을 구하시오. (3점)

G42 ❀❀❀ 2022실시 3월 학평 3(고3)

등차수열 $\{a_n\}$에 대하여

$a_4=6$, $2a_7=a_{19}$

일 때, a_1의 값은? (3점)

① 1 ② 2 ③ 3
④ 4 ⑤ 5

❖ 정답 및 해설 338~341p

G43 ❀❀❀ Pass 2014대비(A) 6월 모평 22(고3)

등차수열 $\{a_n\}$에 대하여 $a_3=8$, $a_6-a_4=12$일 때, a_6의 값을 구하시오. (3점)

G44 ❀❀❀ Pass 2014대비(B) 6월 모평 22(고3)

등차수열 $\{a_n\}$에 대하여 $a_3=10$, $a_2+a_5=24$일 때, a_6의 값을 구하시오. (3점)

G45 ❀❀❀ Pass 2013대비(나) 6월 모평 24(고3)

등차수열 $\{a_n\}$이

$$a_{10}+a_6=6,\ a_{10}-a_6=-12$$

를 만족시킬 때, a_2의 값을 구하시오. (3점)

G46 ❀❀❀ Pass 2012대비(나) 9월 모평 23(고3)

등차수열 $\{a_n\}$이 $a_2=1$이고, $a_1+a_6=8$일 때, a_{21}의 값을 구하시오. (3점)

G47 ❀❀❀ Pass 2010대비(나) 수능 18(고3)

등차수열 $\{a_n\}$이 $a_2+a_4=8$, $a_7=52$를 만족시킬 때, 공차를 구하시오. (3점)

G48 ❀❀❀ Pass 2008대비(나) 수능 18(고3)

등차수열 $\{a_n\}$이 $a_2=3$, $a_5=24$일 때, a_7의 값을 구하시오. (3점)

G49 ✿❀❀ 2019대비(나) 9월 모평 13(고3)

등차수열 $\{a_n\}$에 대하여

$$a_1=-15,\ |a_3|-a_4=0$$

일 때, a_7의 값은? (3점)

① 21 ② 23 ③ 25 ④ 27 ⑤ 29

유형 04 등차중항

세 수 a, b, c가 이 순서대로 등차수열을 이룰 때

$b=\dfrac{a+c}{2}$가 성립한다. 이때, b를 a와 c의 등차중항이라 한다.

tip

세 수 a, b, c가 이 순서대로 등차수열을 이룬다. 즉,

$$b-a=c-b \Longleftrightarrow 2b=a+c \Longleftrightarrow b=\frac{a+c}{2}$$

G50 ❀❀❀ 2020실시(가) 10월 학평 3(고3)

등차수열 $\{a_n\}$에 대하여 $a_3=2$, $a_7=62$일 때, a_5의 값은? (2점)

① 30 ② 32 ③ 34 ④ 36 ⑤ 38

G51 ❀❀❀ 2021대비(나) 6월 모평 3(고3)

등차수열 $\{a_n\}$에 대하여 $a_1+a_3=20$일 때, a_2의 값은? (2점)

① 6 ② 7 ③ 8 ④ 9 ⑤ 10

G52

2017실시(나) 10월 학평 6(고3)

등차수열 $\{a_n\}$에 대하여 세 수 a_1, a_1+a_2, a_2+a_3이 이 순서대로 등차수열을 이룰 때, $\frac{a_3}{a_2}$의 값은? (단, $a_1 \neq 0$) (3점)

① $\frac{1}{2}$ ② 1 ③ $\frac{3}{2}$
④ 2 ⑤ $\frac{5}{2}$

G53

2010대비(나) 6월 모평 19(고3)

네 수 1, x, y, z가 이 순서대로 등차수열을 이루고 $6x+z=5y$를 만족시킨다. $x+y+z$의 값을 구하시오. (3점)

G54

2016실시(나) 4월 학평 26(고3)

세 실수 a, b, c가 이 순서대로 등차수열을 이루고 다음 조건을 만족시킬 때, abc의 값을 구하시오. (4점)

(가) $\frac{2^a \times 2^c}{2^b}=32$
(나) $a+c+ca=26$

G55

2015실시(A) 3월 학평 13(고3)

양의 실수 x에 대하여 $f(x)$가 $f(x)=\log x$이다. 세 실수 $f(3)$, $f(3^t+3)$, $f(12)$가 이 순서대로 등차수열을 이룰 때, 실수 t의 값은? (3점)

① $\frac{1}{4}$ ② $\frac{1}{2}$ ③ $\frac{3}{4}$
④ 1 ⑤ $\frac{5}{4}$

G56

2020대비(나) 6월 모평 13(고3)

자연수 n에 대하여 x에 대한 이차방정식

$$x^2-nx+4(n-4)=0$$

이 서로 다른 두 실근 α, β $(\alpha<\beta)$를 갖고, 세 수 1, α, β가 이 순서대로 등차수열을 이룰 때, n의 값은? (3점)

① 5 ② 8 ③ 11
④ 14 ⑤ 17

G57

2013실시(A) 7월 학평 26(고3)

0이 아닌 세 실수 α, β, γ가 이 순서대로 등차수열을 이룬다. $x^{\frac{1}{\alpha}}=y^{-\frac{1}{\beta}}=z^{\frac{2}{\gamma}}$일 때, $16xz^2+9y^2$의 최솟값을 구하시오. (단, x, y, z는 1이 아닌 양수이다.) (4점)

유형 05 등차수열의 변형

(1) 등차수열의 활용 문제는 공차, 등차중항 등의 성질을 이용한다.
(2) 등차수열의 일반항은 n에 대한 일차식 또는 상수로 표현된다.
이때, n의 계수가 공차이다.

tip

1 주어진 조건으로부터 등차수열의 첫째항과 공차를 찾아 일반항을 구할 수 있어야 한다.
2 수열 $\{a_n\}$이 공차가 d인 등차수열이면, 자연수 k에 대하여 수열 $\{a_{kn}\}$, $\{ka_n\}$은 공차가 kd인 등차수열이다.

G58

2014실시(A) 7월 학평 25(고3)

수열 $\{a_n\}$과 공차가 3인 등차수열 $\{b_n\}$에 대하여

$$b_n-a_n=2n$$

이 성립한다. $a_{10}=11$일 때, b_5의 값을 구하시오. (3점)

❖ 정답 및 해설 342~346p

G59 ❀❀❀ 2010실시(나) 3월 학평 26(고3)

다음과 같이 정의된 수열 $\{a_n\}$이 있다.

$$a_1=1, \ \frac{1}{a_{n+1}}-\frac{1}{a_n}=\frac{1}{2} \ (n=1, 2, 3, \cdots)$$

a_{20}의 값은? (3점)

① $\frac{2}{21}$ ② $\frac{4}{21}$ ③ $\frac{5}{21}$
④ $\frac{2}{7}$ ⑤ $\frac{3}{7}$

G60 ✿❀❀ 2020대비(나) 9월 모평 7(고3)

등차수열 $\{a_n\}$에 대하여

$$a_1=a_3+8, \ 2a_4-3a_6=3$$

일 때, $a_k<0$을 만족시키는 자연수 k의 최솟값은? (3점)

① 8 ② 10 ③ 12
④ 14 ⑤ 16

G61 ✿❀❀ 2017대비(나) 수능 15(고3)

공차가 양수인 등차수열 $\{a_n\}$이 다음 조건을 만족시킬 때, a_2의 값은? (4점)

> (가) $a_6+a_8=0$
> (나) $|a_6|=|a_7|+3$

① -15 ② -13 ③ -11
④ -9 ⑤ -7

G62 ✿❀❀ 2007실시(나) 7월 학평 4(고3)

등차수열 $\{a_n\}$, $\{b_n\}$의 공차가 각각 -2, 3일 때, 등차수열 $\{3a_n+5b_n\}$의 공차는? (3점)

① 4 ② 6 ③ 8
④ 9 ⑤ 15

G63 ✿❀❀ 2006실시(나) 10월 학평 5(고3)

첫째항이 400, 공차가 -5인 등차수열 $\{a_n\}$에 대하여

$$\frac{1}{\sqrt{a_1}+\sqrt{a_3}}+\frac{1}{\sqrt{a_3}+\sqrt{a_5}}+\cdots+\frac{1}{\sqrt{a_{59}}+\sqrt{a_{61}}}$$

의 값은? (3점)

① 1 ② 3 ③ 5
④ 7 ⑤ 9

고난도

유형 06 등차수열의 활용 – 그래프와 도형

등차수열을 이루는 수는 다음과 같이 놓으면 계산이 편리하다.
① 등차수열을 이루는 세 수 ⇨ $a-d$, a, $a+d$
② 등차수열을 이루는 네 수 ⇨ $a-3d$, $a-d$, $a+d$, $a+3d$

tip
세 수 a, b, c가 이 순서대로 등차수열을 이루면 $2b=a+c$가 성립한다.

G64 ✿❀❀ 2015실시(A) 7월 학평 13(고3)

두 함수 $f(x)=x^2$과 $g(x)=-(x-3)^2+k(k>0)$에 대하여 직선 $y=k$와 함수 $y=f(x)$의 그래프가 만나는 두 점을 A, B라 하고, 함수 $y=g(x)$의 꼭짓점을 C라 하자.
세 점 A, B, C의 x좌표가 이 순서대로 등차수열을 이룰 때, 상수 k의 값은? (단, A는 제2사분면 위의 점이다.) (3점)

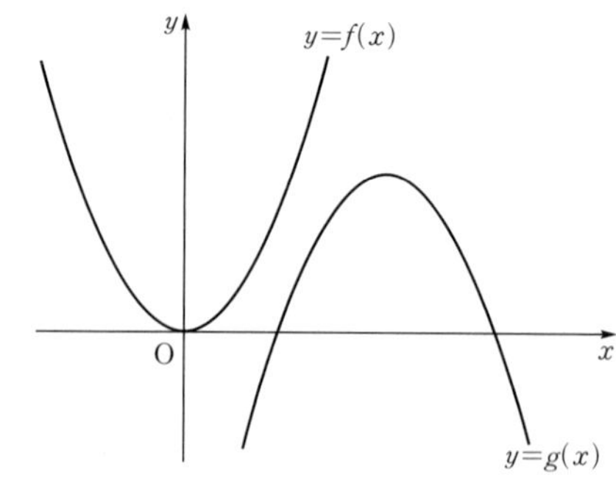

① 1 ② $\frac{5}{4}$ ③ $\frac{3}{2}$
④ $\frac{7}{4}$ ⑤ 2

G65 ✲❀❀ 2009대비(나) 9월 모평 10(고3)

자연수 n에 대하여 함수 $y=2^{x+n}$의 그래프가 함수 $y=\left(\frac{1}{2}\right)^x$의 그래프와 만나는 점을 P_n이라 하자. 점 P_n의 x좌표를 a_n, y좌표를 b_n이라 할 때, [보기]에서 옳은 것만을 있는 대로 고른 것은? (4점)

[보기]

ㄱ. 수열 $\{a_n\}$은 등차수열이다.
ㄴ. 임의의 자연수 m, n에 대하여 $b_m b_n = b_{m+n}$이다.
ㄷ. $2b_n < b_{n+1}$을 만족하는 자연수 n이 존재한다.

① ㄱ ② ㄴ ③ ㄱ, ㄴ
④ ㄴ, ㄷ ⑤ ㄱ, ㄴ, ㄷ

G66 ✲✲❀ 2014실시(A) 4월 학평 20(고3)

그림과 같이 함수 $y=|x^2-9|$의 그래프가 직선 $y=k$와 서로 다른 네 점에서 만날 때, 네 점의 x좌표를 각각 a_1, a_2, a_3, a_4라 하자. 네 수 a_1, a_2, a_3, a_4가 이 순서대로 등차수열을 이룰 때, 상수 k의 값은? (단, $a_1<a_2<a_3<a_4$) (4점)

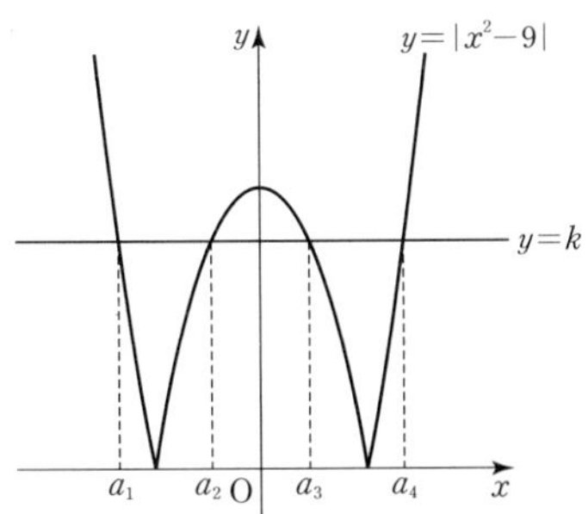

① $\frac{34}{5}$ ② 7 ③ $\frac{36}{5}$
④ $\frac{37}{5}$ ⑤ $\frac{38}{5}$

G67 ✲✲❀ 2008대비(나) 수능 14(고3)

다음과 같이 정사각형을 가로 방향으로 3등분하여 [도형 1]을 만들고, 세로 방향으로 3등분하여 [도형 2]를 만든다.

[도형 1] [도형 2]

[도형 1]과 [도형 2]를 번갈아 가며 계속 붙여 아래와 같은 도형을 만든다. 그림과 같이 첫 번째 붙여진 [도형 1]의 왼쪽 맨 위 꼭짓점을 A라 하고, [도형 1]의 개수와 [도형 2]의 개수를 합하여 n개 붙여 만든 도형의 오른쪽 맨 아래 꼭짓점을 B_n이라 하자.

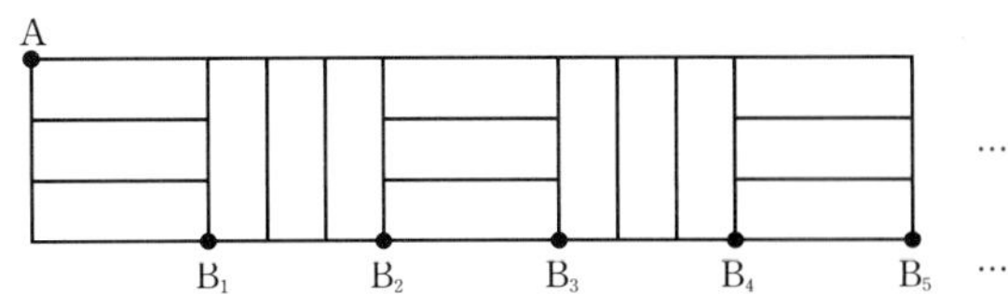

꼭짓점 A에서 꼭짓점 B_n까지 선을 따라 최단거리로 가는 경로의 수를 a_n이라 할 때, a_3+a_7의 값은? (4점)

① 26 ② 28 ③ 30
④ 32 ⑤ 34

G68 ✲✲❀ 2008대비(나) 6월 모평 23(고3)

다음 그림은 동심원 O_1, O_2, O_3, $\cdots$과 직선 l_1, l_2, l_3, l_4의 교점 위에 자연수를 1부터 차례로 적은 것이다.

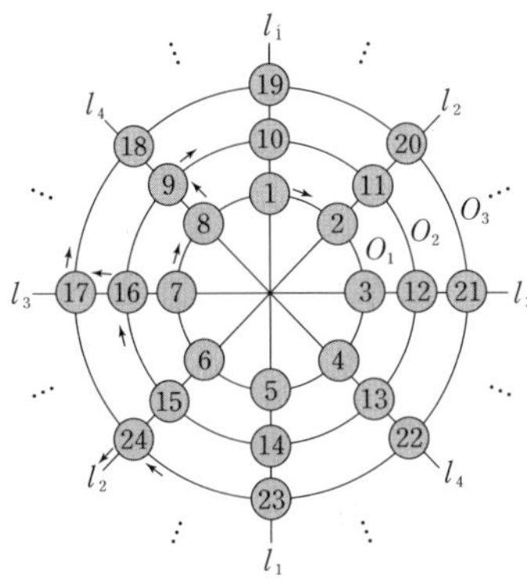

이미 채워진 수들의 규칙에 따라 계속하여 적어 나가면 475는 원 O_m과 직선 l_n의 교점 위에 있다. $m+n$의 값을 구하시오. (4점)

❖ 정답 및 해설 346~349p

G69 ✿✿✿ 2006실시(가) 4월 학평 13(고3)

원 O 위에 두 점 A, B가 있다. 점 A에서 원 O에 접하는 접선 l과 선분 AB가 이루는 예각의 크기가 $18°$이다. 선분 OB 위의 한 점 C에 대하여 삼각형 OAC의 세 내각의 크기가 등차수열을 이룰 때, 가장 큰 내각의 크기는? (4점)

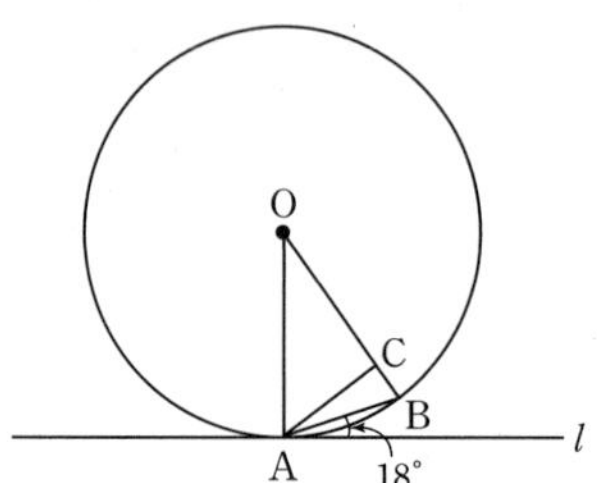

① $68°$ ② $72°$ ③ $76°$
④ $80°$ ⑤ $84°$

G70 ✿✿✿ 2006실시(나) 3월 학평 14(고3)

그림과 같이 좌표축 위의 다섯 개의 점 A, B, C, D, E에 대하여 $\overline{AB}\perp\overline{BC}$, $\overline{BC}\perp\overline{CD}$, $\overline{CD}\perp\overline{DE}$가 성립한다. 세 선분 AO, OC, EA의 길이가 이 순서대로 등차수열을 이룰 때, 직선 AB의 기울기는? (단, O는 원점이고 $\overline{OA}<\overline{OB}$이다.) (4점)

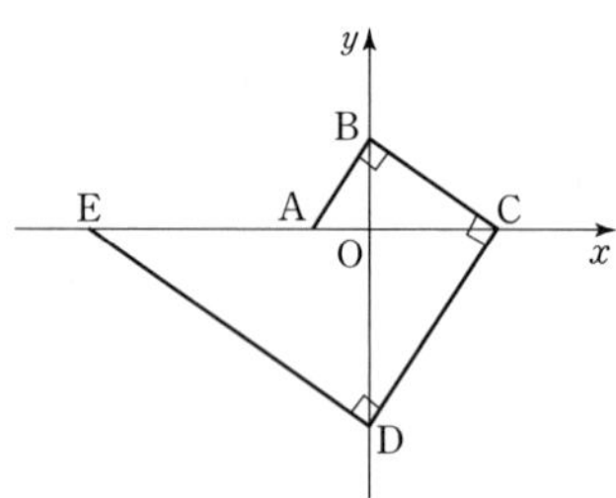

① $\sqrt{2}$ ② $\sqrt{3}$ ③ 2
④ $\sqrt{5}$ ⑤ $\sqrt{6}$

G71 ✿✿✿ 2005대비(나) 6월 모평 14(고3)

함수 $f(x)=\log_4 x$일 때, [보기]에서 옳은 것을 모두 고른 것은? (4점)

[보기]

ㄱ. 양수 x에 대하여 $f\left(\frac{x}{4}\right)=f(x)+1$이다.
ㄴ. 수열 $\{f(2^n)\}$은 등차수열이다.
ㄷ. $x>1$일 때, $f(f(x))>0$이다.

① ㄱ ② ㄴ ③ ㄱ, ㄷ
④ ㄴ, ㄷ ⑤ ㄱ, ㄴ, ㄷ

고난도

유형 07 여러 가지 등차수열의 활용

등차수열의 일반항은 n에 대한 일차식 또는 상수로 표현된다.
이때, n의 계수가 공차이다.

tip

1 첫째항이 a, 공차가 d인 등차수열의 일반항 a_n은 $a_n=a+(n-1)d$
2 수열 $\{a_n\}$이 공차가 d인 등차수열이면, 자연수 k에 대하여 수열 $\{a_{kn}\}$, $\{ka_n\}$은 공차가 kd인 등차수열이다.

G72 ✿✿✿ 2013대비(나) 수능 23(고3)

등차수열 $\{a_n\}$에 대하여 $a_2=16$, $a_5=10$일 때, $a_k=0$을 만족시키는 k의 값을 구하시오. (3점)

G73 ✿✿✿ 2007실시(나) 10월 학평 11(고3)

첫째항이 3이고 공차가 d인 등차수열 $\{a_n\}$에 대하여 $a_n=3d$를 만족시키는 n이 존재하도록 하는 모든 자연수 d의 값의 합은? (3점)

① 3 ② 4 ③ 5
④ 6 ⑤ 7

G74 ✿✿✿ 2024실시 10월 학평 11(고3)

모든 항이 자연수인 두 등차수열 $\{a_n\}$, $\{b_n\}$에 대하여 $a_5-b_5=a_6-b_7=0$이다. $a_7=27$이고 $b_7\leq 24$일 때, b_1-a_1의 값은? (4점)

① 4 ② 6 ③ 8
④ 10 ⑤ 12

G75 ✿✿✿ 2024대비 6월 모평 12(고3)

$a_2=-4$이고 공차가 0이 아닌 등차수열 $\{a_n\}$에 대하여 수열 $\{b_n\}$을 $b_n=a_n+a_{n+1}\ (n\geq 1)$이라 하고, 두 집합 A, B를

$$A=\{a_1, a_2, a_3, a_4, a_5\},\ B=\{b_1, b_2, b_3, b_4, b_5\}$$

라 하자. $n(A\cap B)=3$이 되도록 하는 모든 수열 $\{a_n\}$에 대하여 a_{20}의 값의 합은? (4점)

① 30 ② 34 ③ 38
④ 42 ⑤ 46

G76 ✿✿✿ 2006대비(나) 6월 모평 11(고3)

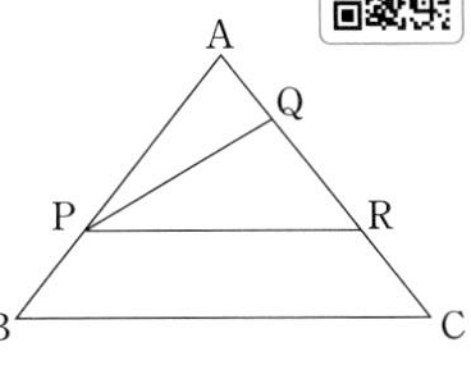

오른쪽 그림과 같이 삼각형 ABC의 변 AB를 2 : 1로 내분하는 내분점을 P로 잡고, 변 AC 위에 두 점 Q, R를 잡자. 삼각형 APQ, PRQ와 사각형 PBCR의 넓이가 차례로 첫째항이 a이고 공차가 d인 등차수열을 이룰 때, 다음은 $\dfrac{\overline{CQ}}{\overline{AR}}$의 값을 a와 d로 나타내는 과정이다.

> 삼각형 APQ의 넓이는 a이므로 삼각형 APR의 넓이는 $2a+d$가 되어
>
> $a : 2a+d = \triangle APQ : \triangle APR$
>
> $\qquad = \frac{1}{2}\overline{AP}\times\overline{AQ}\sin A : \frac{1}{2}\overline{AP}\times\overline{AR}\sin A$
>
> 가 성립한다. 따라서 $\dfrac{\overline{AQ}}{\overline{AR}} = \dfrac{a}{2a+d}$ … ㉠
>
> 같은 방법으로, 삼각형 ABC의 넓이는 (가) 이므로
>
> $a :$ (가) $= \triangle APQ : \triangle ABC$
>
> $\qquad = \frac{1}{2}\overline{AP}\times\overline{AQ}\sin A : \frac{1}{2}\overline{AB}\times\overline{AC}\sin A$
>
> 또한, 점 P는 변 AB를 2 : 1로 내분하는 내분점이므로
>
> $\overline{AP} = \frac{2}{3}\overline{AB}$
>
> 따라서 $\dfrac{\overline{AQ}}{\overline{AC}} =$ (나)
>
> 그러므로 $\dfrac{\overline{CQ}}{\overline{AQ}} = \dfrac{\overline{AC}-\overline{AQ}}{\overline{AQ}} =$ (다) … ㉡
>
> ㉠, ㉡에 의해 $\dfrac{\overline{CQ}}{\overline{AR}} = \dfrac{\overline{CQ}}{\overline{AQ}}\cdot\dfrac{\overline{AQ}}{\overline{AR}} = \dfrac{a+2d}{2a+d}$

위의 과정에서 (가), (나), (다)에 알맞은 것은? (4점)

	(가)	(나)	(다)
①	$a+2d$	$\dfrac{a}{3(a+d)}$	$\dfrac{2a+3d}{a}$
②	$a+2d$	$\dfrac{a+d}{2a+3d}$	$\dfrac{a+2d}{a+d}$
③	$3(a+d)$	$\dfrac{a}{2(a+d)}$	$\dfrac{a+2d}{a+d}$
④	$3(a+d)$	$\dfrac{a}{2(a+d)}$	$\dfrac{a+2d}{a}$
⑤	$3(a+d)$	$\dfrac{a}{3(a+d)}$	$\dfrac{2a+3d}{a}$

G77 ✿✿✿ 2007실시(나) 3월 학평 7(고3)

공차가 $d(d\neq0)$인 등차수열 $\{a_n\}$에 대하여 수열 $\{T_n\}$을

$$T_n = a_1 - a_2 + a_3 - a_4 + \cdots + (-1)^{n-1}a_n \quad (n=1, 2, 3, \cdots)$$

으로 정의할 때, [보기]에서 옳은 것을 모두 고른 것은? (3점)

[보기]

ㄱ. $T_4 = 2d$

ㄴ. $T_5 = a_3$

ㄷ. 수열 $\{T_{2n}\}$은 등차수열이다.

① ㄱ ② ㄴ ③ ㄱ, ㄴ
④ ㄱ, ㄷ ⑤ ㄴ, ㄷ

유형 08 등차수열의 합

등차수열의 첫째항부터 제n항까지의 합 S_n은

(1) **첫째항 a, 공차 d가 주어졌을 때**

$$S_n = \frac{n\{2a+(n-1)d\}}{2}$$

(2) **첫째항 a, 제n항(끝항) l이 주어졌을 때**

$$S_n = \frac{n(a+l)}{2}$$

tip

1 $S_n = a_1 + a_2 + \cdots + a_n = \dfrac{n(a_1+a_n)}{2}$

2 등차수열은 다음의 성질이 있다.
$a_1 + a_n = a_2 + a_{n-1} = a_3 + a_{n-2} = \cdots$

3 등차수열의 합 S_n은 $\square n^2 + \Diamond n$ 꼴이다.

G78 ✿✿✿ 2022대비 6월 모평 7(고3)

첫째항이 2인 등차수열 $\{a_n\}$의 첫째항부터 제n항까지의 합을 S_n이라 하자. $a_6 = 2(S_3 - S_2)$일 때, S_{10}의 값은? (3점)

① 100 ② 110 ③ 120
④ 130 ⑤ 140

❖ 정답 및 해설 350~354p

G79

2017실시(나) 4월 학평 5(고3)

첫째항이 3이고 공차가 2인 등차수열 $\{a_n\}$의 첫째항부터 제10항까지의 합은? (3점)

① 80　② 90　③ 100
④ 110　⑤ 120

G80

2023실시 10월 학평 7(고3)

등차수열 $\{a_n\}$의 첫째항부터 제n항까지의 합을 S_n이라 할 때,

$$S_7-S_4=0,\ S_6=30$$

이다. a_2의 값은? (3점)

① 6　② 8　③ 10
④ 12　⑤ 14

G81

2024실시 7월 학평 11(고3)

공차가 $d\,(0<d<1)$인 등차수열 $\{a_n\}$이 다음 조건을 만족시킨다.

(가) a_5는 자연수이다.
(나) 수열 $\{a_n\}$의 첫째항부터 제n항까지의 합을 S_n이라 할 때, $S_8=\dfrac{68}{3}$이다.

a_{16}의 값은? (4점)

① $\dfrac{19}{3}$　② $\dfrac{77}{12}$　③ $\dfrac{13}{2}$
④ $\dfrac{79}{12}$　⑤ $\dfrac{20}{3}$

G82

2014대비(A) 수능 6(고3)

첫째항이 6이고 공차가 d인 등차수열 $\{a_n\}$의 첫째항부터 제n항까지의 합을 S_n이라 할 때,

$$\frac{a_8-a_6}{S_8-S_6}=2$$

가 성립한다. d의 값은? (3점)

① -1　② -2　③ -3
④ -4　⑤ -5

유형 09 등차수열의 합의 활용

(1) 등차수열의 합 S_n의 최댓값과 최솟값

① S_n의 최댓값은 양수인 항만 최대로 더할 때 나온다.
⇨ 음수인 항이 나오는 n의 값을 구하자.

② S_n의 최솟값은 음수인 항만 최대로 더할 때 나온다.
⇨ 양수인 항이 나오는 n의 값을 구하자.

(2) 두 수 a, b 사이에 n개의 수를 넣어서 만든 등차수열의 합을 S라 하면 S는 첫째항이 a, 끝항이 b, 항수가 $n+2$인 등차수열의 합이다.

tip

어떤 수열의 첫째항부터 제n항까지의 합이 $S_n=An^2+Bn+C$로 주어졌을 때,
• $C=0$이면 수열 $\{a_n\}$은 첫째항부터 등차수열을 이룬다.
• $C\neq0$이면 수열 $\{a_n\}$은 둘째항부터 등차수열을 이룬다.

G83

2018실시(나) 7월 학평 25(고3)

등차수열 $\{a_n\}$의 첫째항부터 제n항까지의 합을 S_n이라 하자.

$$a_2=7,\ S_7-S_5=50$$

일 때, a_{11}의 값을 구하시오. (3점)

G84

2021대비(나) 6월 모평 18(고3)

공차가 2인 등차수열 $\{a_n\}$의 첫째항부터 제n항까지의 합을 S_n이라 하자. $S_k=-16$, $S_{k+2}=-12$를 만족시키는 자연수 k에 대하여 a_{2k}의 값은? (4점)

① 6　② 7　③ 8
④ 9　⑤ 10

G85

2015실시(B) 3월 학평 9(고3)

등차수열 $\{a_n\}$에 대하여 $a_3=26$, $a_9=8$일 때, 첫째항부터 제n항까지의 합이 최대가 되도록 하는 자연수 n의 값은? (3점)

① 11　② 12　③ 13
④ 14　⑤ 15

G86 ✿❀❀ 2014실시(B) 3월 학평 28(고3)

첫째항이 a이고 공차가 -4인 등차수열 $\{a_n\}$의 첫째항부터 제n항까지의 합을 S_n이라 하자. 모든 자연수 n에 대하여 $S_n < 200$일 때, 자연수 a의 최댓값을 구하시오. (4점)

G87 ✿❀❀ 2010실시(나) 7월 학평 6(고3)

첫째항과 공차가 같은 등차수열 $\{a_n\}$의 첫째항부터 제n항까지의 합을 S_n이라 할 때, $S_n = ka_n$을 만족하는 k가 두 자리 자연수가 되게 하는 n의 최댓값은? (단, $a_1 \neq 0$) (3점)

① 191 ② 193 ③ 195
④ 197 ⑤ 199

G88 ✿❀❀ 2009실시(나) 4월 학평 21(고3)

등차수열 $\{a_n\}$에서 $a_3 = 40$, $a_8 = 30$일 때, $|a_2 + a_4 + \cdots + a_{2n}|$이 최소가 되는 자연수 n의 값을 구하시오. (3점)

G89 ✿❀❀ 2008실시(나) 3월 학평 25(고3)

그림과 같이 반지름의 길이가 15인 원을 5개의 부채꼴로 나누었더니 부채꼴의 넓이가 작은 것부터 차례로 등차수열을 이루었다. 가장 큰 부채꼴의 넓이가 가장 작은 부채꼴의 넓이의 2배일 때, 가장 큰 부채꼴의 넓이는 $k\pi$이다. 이때, k의 값을 구하시오. (4점)

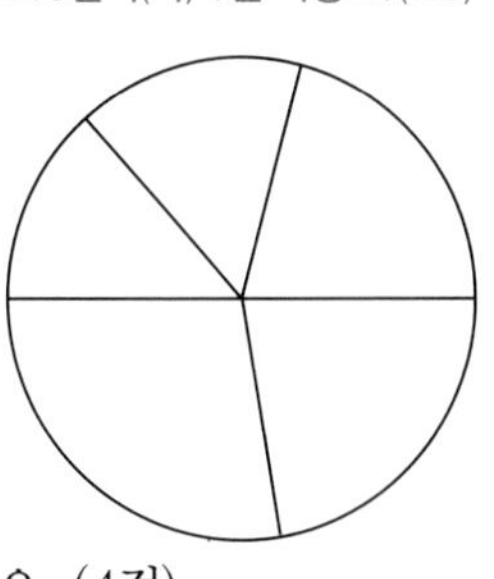

G90 ✿❀❀ 2007실시(나) 3월 학평 21(고3)

그림과 같이 두 직선 $y=x$, $y=a(x-1)$ $(a>1)$의 교점에서 오른쪽 방향으로 y축에 평행한 14개의 선분을 같은 간격으로 그었다.

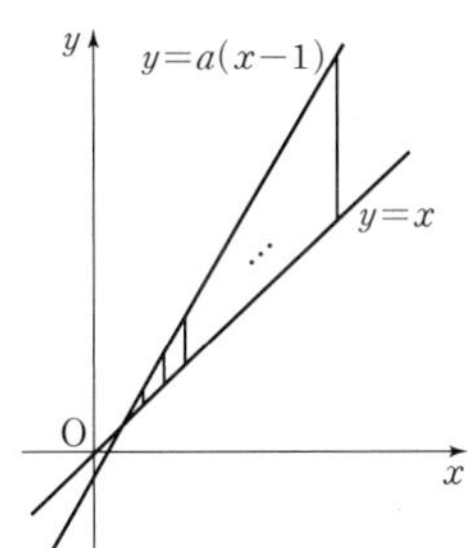

이들 중 가장 짧은 선분의 길이는 3이고, 가장 긴 선분의 길이는 42일 때, 14개의 선분의 길이의 합을 구하시오.
(단, 각 선분의 양 끝점은 두 직선 위에 있다.) (3점)

❖ 정답 및 해설 354~358p

G91 ✲✲❀ 2020실시(나) 3월 학평 17(고3)

등차수열 $\{a_n\}$의 첫째항부터 제n항까지의 합을 S_n이라 하자. $a_3=42$일 때, 다음 조건을 만족시키는 4 이상의 자연수 k의 값은? (4점)

> (가) $a_{k-3}+a_{k-1}=-24$
> (나) $S_k=k^2$

① 13 ② 14 ③ 15
④ 16 ⑤ 17

G92 ✲✲❀ 2019실시(나) 4월 학평 14(고3)

공차가 양수인 등차수열 $\{a_n\}$의 첫째항부터 제n항까지의 합을 S_n이라 하자. $S_9=|S_3|=27$일 때, a_{10}의 값은? (4점)

① 23 ② 24 ③ 25
④ 26 ⑤ 27

G93 ✲✲❀ 2007실시(나) 3월 학평 22(고3)

n개의 항으로 이루어진 등차수열 $a_1, a_2, a_3, \cdots, a_n$이 다음 조건을 만족한다.

> (가) 처음 4개 항의 합은 26이다.
> (나) 마지막 4개 항의 합은 134이다.
> (다) $a_1+a_2+a_3+\cdots+a_n=260$

이때, n의 값을 구하시오. (4점)

유형 10 등차수열의 합의 응용

(1) 등차수열의 특정항 또는 몇 개의 항들의 합이 주어지면 주어진 조건을 첫째항 a와 공차 d에 대한 식으로 나타내자.
(2) 도형 또는 실생활 활용 문제에서 일정한 크기로 증가, 감소하는 조건을 찾아 등차수열의 일반항 또는 합에 대한 식을 구한다.

tip

1 첫째항이 a, 공차가 d인 등차수열의 일반항 a_n은 $a_n=a+(n-1)d$
2 첫째항이 a, 공차가 d, 제n항이 l인 등차수열의 첫째항부터 제n항까지의 합 S_n은

$$S_n=\frac{n\{2a+(n-1)d\}}{2}=\frac{n(a+l)}{2}$$

G94 ✲❀❀ 2006실시(나) 3월 학평 25(고3)

선미는 문제 수가 x인 수학책을 첫째 날에는 15문제를 풀고 둘째 날부터 매일 문제 수를 d만큼씩 증가시키면서 풀어 아홉째 날까지 문제를 풀고 나면 24문제가 남게 된다.
또, 첫째 날에는 30문제를 풀고 둘째 날부터 매일 문제 수를 d만큼씩 증가시키면서 풀어 일곱째 날까지 문제를 풀고 나면 39문제가 남게 된다. 선미가 풀고자 하는 이 수학책의 문제 수 x의 값을 구하시오. (4점)

G95 ✲✲❀ 2008실시(나) 4월 학평 27(고3)

수학자 드 므와브르에 대하여 다음과 같은 일화가 전해지고 있다.

> 드 므와브르는 자신의 수면 시간이 매일 15분씩 길어진다는 것을 깨닫고, 수면 시간이 24시간이 되는 날을 계산하여 그날에 자신이 죽을 것이라고 예측하였다. 그런데 놀랍게도 그날에 수면하는 상태에서 생을 마쳤다.

드 므와브르가 매일 밤 12시에 잠든다고 가정할 때, 처음 이 사실을 알게 된 날의 수면 시간이 14시간이었다면 그날부터 생을 마칠 때까지 깨어있는 시간의 합은? (3점)

① 197 ② 205 ③ 214
④ 224 ⑤ 235

G96 ✽✽✽ 2007실시(나) 7월 학평 24(고3)

어느 게임은 [예시]와 같이 엔터키를 누르면 게임이 시작되면서 어두운 부분의 막대가 아래쪽으로 계속 내려가고 더 이상 내려가지 않으면 게임은 끝난다. 방향키로는 어두운 부분의 막대를 왼쪽, 오른쪽으로만 이동시킬 수 있고 마우스를 한 번 클릭할 때마다 어두운 부분의 막대 맨 위의 숫자가 맨 아래로, 나머지 숫자들은 한 칸씩 올라간다. 더 이상 내려가지 않는 어두운 부분의 막대와 이웃한 막대들 속의 세 숫자들이 상하, 좌우 또는 대각선 방향 순서대로 등차수열이 될 때, 그 숫자들을 더한 점수들의 합을 득점으로 하는 게임이 있다.

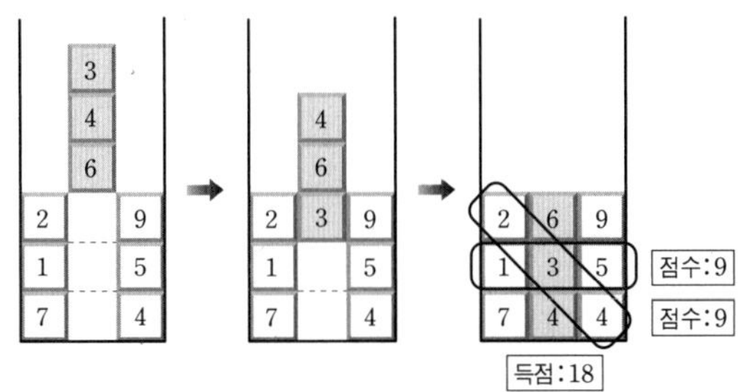

[예시]

다음 게임에서 얻을 수 있는 득점의 최댓값을 구하시오. (4점)

		3		
		4		
		6		
7				7
9				9
1		4		2
5		8		8
8		6	5	3

3 등비수열

유형 11 등비수열의 특정항 구하기 – 첫째항 이용

(1) **등비수열** : 첫째항부터 차례로 일정한 수를 곱하여 만든 수열

(2) 첫째항이 a, 공비가 r인 등비수열 $\{a_n\}$의 일반항 a_n은

$a_n=ar^{n-1}$

tip

첫째항이 주어진 등비수열의 공비를 r라 하고, 주어진 조건에 대입하여 r의 값을 구한다.

G97 ✽✽✽ 2022대비 9월 모평 3(고3)

등비수열 $\{a_n\}$에 대하여 $a_1=2$, $a_2a_4=36$일 때, $\frac{a_7}{a_3}$의 값은? (3점)

① 1 ② $\sqrt{3}$ ③ 3
④ $3\sqrt{3}$ ⑤ 9

G98 ✽✽✽ 2021대비(가) 6월 모평 3(고3)

첫째항이 1이고 공비가 양수인 등비수열 $\{a_n\}$에 대하여

$a_3=a_2+6$

일 때, a_4의 값은? (2점)

① 18 ② 21 ③ 24
④ 27 ⑤ 30

G99 ✽✽✽ 2020실시(나) 4월 학평 3(고3)

첫째항이 2이고 공비가 5인 등비수열 $\{a_n\}$에 대하여 a_2의 값은? (2점)

① 5 ② 10 ③ 15
④ 20 ⑤ 25

G100 ✽✽✽ 2023실시 4월 학평 2(고3)

모든 항이 양수인 등비수열 $\{a_n\}$에 대하여

$a_1=3$, $\frac{a_5}{a_3}=4$일 때, a_4의 값은? (2점)

① 15 ② 18 ③ 21
④ 24 ⑤ 27

G101 ✽✽✽ Pass 2017대비(나) 9월 모평 6(고3)

첫째항이 1이고 공비가 양수인 등비수열 $\{a_n\}$에 대하여

$\frac{a_7}{a_5}=4$

일 때, a_4의 값은? (3점)

① 6 ② 8 ③ 10
④ 12 ⑤ 14

G102 ✽✽✽ Pass 2016대비(A) 9월 모평 22(고3)

공비가 0이 아닌 등비수열 $\{a_n\}$에 대하여 $a_1=4$, $3a_5=a_7$일 때, a_3의 값을 구하시오. (3점)

❖ 정답 및 해설 358~361p

G103 ❀❀❀ 2023대비 6월 모평 5(고3)

모든 항이 양수인 등비수열 $\{a_n\}$에 대하여

$$a_1=\frac{1}{4},\ a_2+a_3=\frac{3}{2}$$

일 때, a_6+a_7의 값은? (3점)

① 16 ② 20 ③ 24
④ 28 ⑤ 32

G104 ❀❀❀ Pass 2017대비(나) 6월 모평 25(고3)

모든 항이 양수인 등비수열 $\{a_n\}$에 대하여

$a_1=3$, $\frac{a_4a_5}{a_2a_3}=16$일 때, a_6의 값을 구하시오. (3점)

G105 ✿❀❀ 2021실시 4월 학평 19(고3)

첫째항이 $\frac{1}{4}$이고 공비가 양수인 등비수열 $\{a_n\}$에 대하여

$$a_3+a_5=\frac{1}{a_3}+\frac{1}{a_5}$$

일 때, a_{10}의 값을 구하시오. (3점)

G106 ✿❀❀ 2018대비(나) 6월 모평 26(고3)

첫째항이 3인 등비수열 $\{a_n\}$에 대하여

$$\frac{a_3}{a_2}-\frac{a_6}{a_4}=\frac{1}{4}$$

일 때, $a_5=\frac{q}{p}$이다. $p+q$의 값을 구하시오.

(단, p와 q는 서로소인 자연수이다.) (4점)

유형 12 등비수열의 특정항 구하기 – 공비 이용

(1) **등비수열** : 첫째항부터 차례로 일정한 수를 곱하여 만든 수열
(2) 첫째항이 a, 공비가 r인 등비수열 $\{a_n\}$의 일반항 a_n은
$a_n=ar^{n-1}$

tip

공비가 주어진 등비수열의 첫째항을 a_1이라 하고,
주어진 조건에 대입하여 a_1의 값을 구한다.

G107 ❀❀❀ 2021대비(나) 수능 2(고3)

첫째항이 $\frac{1}{8}$인 등비수열 $\{a_n\}$에 대하여 $\frac{a_3}{a_2}=2$일 때, a_5의 값은? (2점)

① $\frac{1}{4}$ ② $\frac{1}{2}$ ③ 1
④ 2 ⑤ 4

G108 ❀❀❀ 2019실시(나) 4월 학평 22(고3)

공비가 5인 등비수열 $\{a_n\}$에 대하여 $\frac{a_5}{a_3}$의 값을 구하시오.

(단, $a_3\neq0$) (3점)

G109 ❀❀❀ 2017실시(나) 7월 학평 22(고3)

공비가 2인 등비수열 $\{a_n\}$에 대하여 $a_3=8$일 때, a_5의 값을 구하시오. (3점)

G110 ❀❀❀ 2023실시 10월 학평 3(고3)

공차가 3인 등차수열 $\{a_n\}$과 공비가 2인 등비수열 $\{b_n\}$이

$$a_2=b_2,\ a_4=b_4$$

를 만족시킬 때, a_1+b_1의 값은? (3점)

① -2 ② -1 ③ 0
④ 1 ⑤ 2

G111 ❀❀❀ 2015대비(B) 9월 모평 22(고3)

공비가 2인 등비수열 $\{a_n\}$에 대하여 $a_1+a_2+a_4=55$일 때, a_3의 값을 구하시오. (3점)

G112 ❀❀❀ 2016실시 11월 학평 10(고2)

공비가 $\frac{1}{3}$이고 모든 항이 양수인 등비수열 $\{a_n\}$에 대하여 $a_3a_5=1$일 때, a_2의 값은? (3점)

① 1 ② 3 ③ 6
④ 9 ⑤ 12

2025 수능, 9월, 6월

유형 13 등비수열의 특정항 구하기 - 특정항 이용 출제

(1) **등비수열** : 첫째항부터 차례로 일정한 수를 곱하여 만든 수열
(2) 첫째항이 a, 공비가 r인 등비수열 $\{a_n\}$의 일반항 a_n은
$a_n=ar^{n-1}$

tip
공비가 r인 등비수열은 제n항에 r를 곱하면 $(n+1)$번째 항이 된다.
즉, $a_{n+1}=r\times a_n$이 성립한다.

G113 ❀❀❀ 2025대비 수능 3(고3)

첫째항과 공비가 모두 양수 k인 등비수열 $\{a_n\}$이

$$\frac{a_4}{a_2}+\frac{a_2}{a_1}=30$$

을 만족시킬 때, k의 값은? (3점)

① 1 ② 2 ③ 3
④ 4 ⑤ 5

G114 ❀❀❀ 2025대비 9월 모평 3(고3)

모든 항이 실수인 등비수열 $\{a_n\}$에 대하여

$$a_2a_3=2,\ a_4=4$$

일 때, a_6의 값은? (3점)

① 10 ② 12 ③ 14
④ 16 ⑤ 18

G115 ❀❀❀ 2024실시 7월 학평 6(고3)

모든 항이 양수인 등비수열 $\{a_n\}$에 대하여

$$\frac{a_3+a_4}{a_1+a_2}=4,\ a_2a_4=1$$

일 때, a_6+a_7의 값은? (3점)

① 16 ② 18 ③ 20
④ 22 ⑤ 24

G116 ❀❀❀ 2020실시(나) 7월 학평 2(고3)

등비수열 $\{a_n\}$에 대하여 $a_2=3$, $a_3=6$일 때, $\frac{a_2}{a_1}$의 값은? (2점)

① 1 ② 2 ③ 3
④ 4 ⑤ 5

G117 ❀❀❀ 2020실시(가) 7월 학평 22(고3)

등비수열 $\{a_n\}$에서 $a_2=6$, $a_5=48$이다. a_6의 값을 구하시오. (3점)

G118 ❀❀❀ 2022실시 7월 학평 2(고3)

등비수열 $\{a_n\}$에 대하여 $a_2=\frac{1}{2}$, $a_3=1$일 때, a_5의 값은? (2점)

① 2 ② 4 ③ 6
④ 8 ⑤ 10

G119  2022실시 4월 학평 4(고3)

등비수열 $\{a_n\}$에 대하여 $a_2=1$, $a_5=2(a_3)^2$일 때, a_6의 값은? (3점)

① 8 ② 10 ③ 12
④ 14 ⑤ 16

❖ 정답 및 해설 361~366p

G120 ❀❀❀ 2022대비 6월 모평 18(고3)

모든 항이 양수인 등비수열 $\{a_n\}$에 대하여

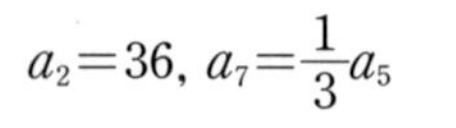

$$a_2=36,\ a_7=\frac{1}{3}a_5$$

일 때, a_6의 값을 구하시오. (3점)

G121 ❀❀❀ 2020실시(가) 3월 학평 13(고3)

공비가 1보다 큰 등비수열 $\{a_n\}$이 다음 조건을 만족시킨다.

(가) $a_3\times a_5\times a_7=125$

(나) $\dfrac{a_4+a_8}{a_6}=\dfrac{13}{6}$

a_9의 값은? (3점)

① 10 ② $\frac{45}{4}$ ③ $\frac{25}{2}$ ④ $\frac{55}{4}$ ⑤ 15

G122 ❀❀❀ 2024대비 9월 모평 5(고3)

모든 항이 양수인 등비수열 $\{a_n\}$에 대하여

$$\frac{a_3a_8}{a_6}=12,\ a_5+a_7=36$$

일 때, a_{11}의 값은? (3점)

① 72 ② 78 ③ 84 ④ 90 ⑤ 96

G123 ❀❀❀ 2023실시 7월 학평 6(고3)

모든 항이 양수인 등비수열 $\{a_n\}$에 대하여

$$a_3^{\ 2}=a_6,\ a_2-a_1=2$$

일 때, a_5의 값은? (3점)

① 20 ② 24 ③ 28 ④ 32 ⑤ 36

G124 ❀❀❀ 2023실시 3월 학평 3(고3)

등비수열 $\{a_n\}$이 $a_5=4$, $a_7=4a_6-16$을 만족시킬 때, a_8의 값은? (3점)

① 32 ② 34 ③ 36 ④ 38 ⑤ 40

G125 ❀❀❀ 2023대비 수능 3(고3)

공비가 양수인 등비수열 $\{a_n\}$이

$$a_2+a_4=30,\ a_4+a_6=\frac{15}{2}$$

를 만족시킬 때, a_1의 값은? (3점)

① 48 ② 56 ③ 64 ④ 72 ⑤ 80

G126 ✿❀❀ 2025대비 6월 모평 8(고3)

$a_1a_2<0$인 등비수열 $\{a_n\}$에 대하여 $a_6=16$, $2a_8-3a_7=32$일 때, a_9+a_{11}의 값은? (3점)

① $-\frac{5}{2}$ ② $-\frac{3}{2}$ ③ $-\frac{1}{2}$ ④ $\frac{1}{2}$ ⑤ $\frac{3}{2}$

G127 ✿❀❀ 2020대비(나) 수능 23(고3)

모든 항이 양수인 등비수열 $\{a_n\}$에 대하여

$$\frac{a_{16}}{a_{14}}+\frac{a_8}{a_7}=12$$

일 때, $\dfrac{a_3}{a_1}+\dfrac{a_6}{a_3}$의 값을 구하시오. (3점)

G128 ✿❀❀ 2019실시(나) 9월 학평 14(고2)

등비수열 $\{a_n\}$에 대하여 $a_1a_9=16$일 때, $a_3a_7+a_4a_6$의 값은? (4점)

① 16 ② 20 ③ 24
④ 28 ⑤ 32

G129 ✿❀❀ 2019실시(나) 3월 학평 27(고3)

모든 항이 실수인 등비수열 $\{a_n\}$에 대하여

$a_3+a_2=1,\ a_6-a_4=18$

일 때, $\frac{1}{a_1}$의 값을 구하시오. (4점)

G130 ✿❀❀ 2017실시(나) 9월 학평 9(고2)

모든 항이 양수인 등비수열 $\{a_n\}$에 대하여

$a_2=2\sqrt{2},\ a_4 : a_7=1 : 2\sqrt{2}$

일 때, a_8의 값은? (3점)

① 8 ② $8\sqrt{2}$ ③ 16
④ $16\sqrt{2}$ ⑤ 32

유형 14 등비중항

0이 아닌 세 수 a, b, c가 이 순서대로 등비수열을 이룰 때 $b^2=ac$가 성립한다. 이때, b를 a와 c의 **등비중항**이라 한다.

tip

0이 아닌 세 수 a, b, c가 이 순서대로 등비수열을 이룬다. 즉,

$\frac{b}{a}=\frac{c}{b}$ (=공비) $\Longleftrightarrow b^2=ac$

G131 ❀❀❀ 2020실시(가) 4월 학평 3(고3)

등비수열 $\{a_n\}$에 대하여 $a_5=2$일 때, $a_4\times a_6$의 값은? (2점)

① 4 ② 8 ③ 12
④ 16 ⑤ 20

G132 ❀❀❀ 2018실시(나) 10월 학평 23(고3)

세 수 $a+3$, a, 4가 이 순서대로 등비수열을 이룰 때, 양수 a의 값을 구하시오. (3점)

G133 ❀❀❀ 2018실시(나) 4월 학평 24(고3)

두 양수 a, b에 대하여 세 수 a^2, 12, b^2이 이 순서대로 등비수열을 이룰 때, $a\times b$의 값을 구하시오. (3점)

G134 ❀❀❀ 2018실시(나) 3월 학평 4(고3)

세 수 3, -6, a가 이 순서대로 등비수열을 이룰 때, a의 값은? (3점)

① 8 ② 10 ③ 12
④ 14 ⑤ 16

G135 ❀❀❀ 2022실시 10월 학평 3(고3)

모든 항이 양수인 등비수열 $\{a_n\}$에 대하여

$a_1a_3=4,\ a_3a_5=64$

일 때, a_6의 값은? (3점)

① 16 ② $16\sqrt{2}$ ③ 32
④ $32\sqrt{2}$ ⑤ 64

G136 ❀❀❀ 2012대비(나) 6월 모평 8(고3)

등비수열 $\{a_n\}$에 대하여 $a_3=\sqrt{5}$일 때, $a_1\times a_2\times a_4\times a_5$의 값은? (3점)

① $\sqrt{5}$ ② 5 ③ $5\sqrt{5}$
④ 25 ⑤ $25\sqrt{5}$

❖ 정답 및 해설 366~370p

G137 ✿❀❀ 2019실시(나) 4월 학평 27(고3)

세 실수 3, a, b가 이 순서대로 등비수열을 이루고
$\log_a 3b+\log_3 b=5$를 만족시킨다. $a+b$의 값을 구하시오. (4점)

유형 15 등비중항의 활용

0이 아닌 세 수 a, b, c가 이 순서대로 등비수열을 이룰 때
$b^2=ac$가 성립한다. 이때, b를 a와 c의 **등비중항**이라 한다.

tip

등차중항과 등비중항의 개념이 섞인 문제가 종종 출제되므로 두 개념을 정확하게 기억하자.

1 세 수 a, b, c가 이 순서대로 등차수열을 이루면 $2b=a+c$

2 0이 아닌 세 수 a, b, c가 이 순서대로 등비수열을 이루면 $b^2=ac$

G138 ❀❀❀ 2005실시(나) 7월 학평 18(고3)

세 수 1, x, 5는 이 순서대로 등차수열을 이루고, 세 수 1, y, 5는 이 순서대로 등비수열을 이룰 때, x^2+y^2의 값을 구하시오.
(2점)

G139 ✿❀❀ 2018실시(나) 9월 학평 14(고2)

x에 대한 다항식 x^3-ax+b를 $x-1$로 나눈 나머지가 57이다.
세 수 1, a, b가 이 순서대로 공비가 양수인 등비수열을 이룰 때,
$\frac{b}{a}$의 값은? (단, a와 b는 상수이다.) (4점)

① 2 ② 4 ③ 8
④ 16 ⑤ 32

G140 ✿❀❀ 2017실시(나) 3월 학평 15(고2)

유리함수 $f(x)=\frac{k}{x}$와 $a<b<12$인 두 자연수 a, b에 대하여
$f(a)$, $f(b)$, $f(12)$가 이 순서대로 등비수열을 이룬다.
$f(a)=3$일 때, $a+b+k$의 값은? (단, k는 상수이다.) (4점)

① 10 ② 12 ③ 14
④ 16 ⑤ 18

G141 ✿❀❀ 2016대비(A) 6월 모평 16(고3)

공차가 6인 등차수열 $\{a_n\}$에 대하여 세 항 a_2, a_k, a_8은
이 순서대로 등차수열을 이루고, 세 항 a_1, a_2, a_k는
이 순서대로 등비수열을 이룬다. $k+a_1$의 값은? (4점)

① 7 ② 8 ③ 9
④ 10 ⑤ 11

G142 ✿❀❀ 2013실시(A) 4월 학평 12(고3)

그림과 같이 두 함수 $y=3\sqrt{x}$, $y=\sqrt{x}$의 그래프와 직선 $x=k$가 만나는 점을 각각 A, B라 하고, 직선 $x=k$가 x축과 만나는 점을 C라 하자.

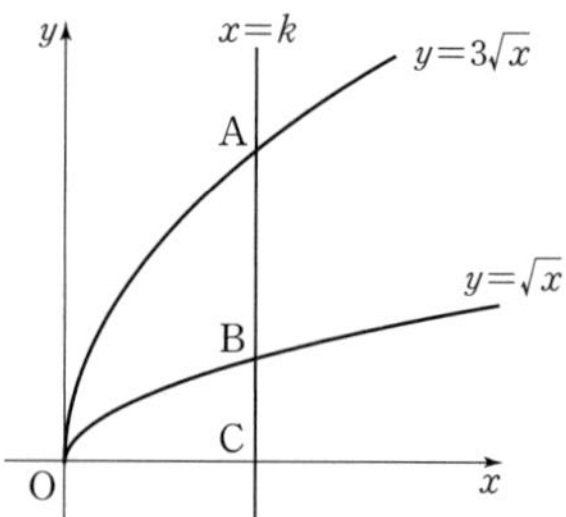

$\overline{BC}$, $\overline{OC}$, $\overline{AC}$가 이 순서대로 등비수열을 이룰 때, 양수 k의 값은? (단, $k>0$이고, O는 원점이다.) (3점)

① 1 ② $\sqrt{3}$ ③ 3
④ $3\sqrt{3}$ ⑤ 9

G143 ✿❀❀ 2012실시(나) 4월 학평 10(고3)

두 양수 a, b에 대하여 세 수 $a+3$, 3, b는 이 순서대로 등차수열을 이루고, 세 수 $\frac{2}{b}$, 1, $\frac{2}{a+3}$는 이 순서대로 등비수열을 이룬다. 이때, $b-a$의 값은? (3점)

① $-5-2\sqrt{5}$ ② $-3-2\sqrt{5}$ ③ $-1-2\sqrt{5}$
④ $1-2\sqrt{5}$ ⑤ $3-2\sqrt{5}$

G144 ✿❀❀ 2012대비(나) 수능 25(고3)

세 수 a, $a+b$, $2a-b$는 이 순서대로 등차수열을 이루고, 세 수 1, $a-1$, $3b+1$은 이 순서대로 공비가 양수인 등비수열을 이룬다. a^2+b^2의 값을 구하시오. (3점)

G145 ✿❀❀ 2011대비(나) 수능 22(고3)

공차가 0이 아닌 등차수열 $\{a_n\}$의 세 항 a_2, a_4, a_9가 이 순서대로 공비 r인 등비수열을 이룰 때, $6r$의 값을 구하시오. (4점)

G146 ❀❀❀ 2010실시(나) 4월 학평 10(고3)

모든 항이 양수인 두 수열 $\{a_n\}$, $\{b_n\}$에 대하여 a_n, b_n, a_{n+1}은 이 순서대로 등차수열을 이루고 b_n, a_{n+1}, b_{n+1}은 이 순서대로 등비수열을 이룰 때, 일반항 a_n과 b_n을 구하는 과정이다.

(단, $a_1=1$, $a_2=3$, $b_1=2$)

> a_n, b_n, a_{n+1}은 이 순서대로 등차수열을 이루므로
> $2b_n=a_n+a_{n+1}$ ⋯ ㉠
> 이다.
> b_n, a_{n+1}, b_{n+1}은 이 순서대로 등비수열을 이루므로
> $(a_{n+1})^2=b_nb_{n+1}$
> 이고, $a_{n+1}>0$, $a_{n+2}>0$이므로
> $a_{n+1}=\sqrt{b_nb_{n+1}}$, $a_{n+2}=\sqrt{b_{n+1}b_{n+2}}$ ⋯ ㉡
> 이다.
> 또한, ㉠, ㉡에서 얻어진 $2b_{n+1}=\sqrt{b_nb_{n+1}}+\sqrt{b_{n+1}b_{n+2}}$의 양변을 $\sqrt{b_{n+1}}$로 나누면 $2\sqrt{b_{n+1}}=\sqrt{b_n}+\sqrt{b_{n+2}}$이므로
> 수열 $\{\sqrt{b_n}\}$은 (가) 수열이다.
> 그러므로 $a_2=3$, $b_1=2$, $(a_2)^2=b_1b_2$에서
> $b_2=\frac{9}{2}$이므로 $b_n=$ (나) 이다.
> 따라서 $a_n=$ (다) 이다.

위 증명에서 (가), (나), (다)에 알맞은 것은? (4점)

	(가)	(나)	(다)
①	등차	$\frac{1}{2}(n+1)^2$	$\frac{n(n+1)}{4}$
②	등비	$\frac{1}{2}(n+1)^2$	$\frac{n(n+1)}{2}$
③	등차	$\frac{1}{4}(n+1)^2$	$\frac{n(n+1)}{4}$
④	등비	$\frac{1}{4}(n+1)^2$	$\frac{n(n+1)}{4}$
⑤	등차	$\frac{1}{2}(n+1)^2$	$\frac{n(n+1)}{2}$

G147 ✿❀❀ 2009대비(나) 수능 5(고3)

네 수 1, a, b, c는 이 순서대로 공비가 r인 등비수열을 이루고 $\log_8 c=\log_a b$를 만족시킨다. 공비 r의 값은? (단, $r>1$) (3점)

① 2 ② $\frac{5}{2}$ ③ 3
④ $\frac{7}{2}$ ⑤ 4

❖ 정답 및 해설 370~373p

G148 2008대비(나) 9월 모평 23(고3)

이차방정식 $x^2-kx+125=0$의 두 근 α, $\beta(\alpha<\beta)$에 대하여 α, $\beta-\alpha$, β가 이 순서로 등비수열을 이룰 때, 양수 k의 값을 구하시오. (4점)

G149 2005대비(나) 12월 예비 27(고3)

[보기]의 함수 중에서 그 그래프 위의 서로 다른 세 점 $\mathrm{A}(a, p)$, $\mathrm{B}(b, q)$, $\mathrm{C}(c, r)$를 선택하되, x좌표 a, b, c는 차례로 등차수열을 이루고 y좌표 p, q, r는 차례로 등비수열을 이루게 할 수 있는 것을 모두 고른 것은? (4점)

[보기]

ㄱ. $f(x)=x$ ㄴ. $g(x)=\dfrac{1}{x}$ ㄷ. $h(x)=2^x$

① ㄱ ② ㄴ ③ ㄷ
④ ㄱ, ㄴ ⑤ ㄴ, ㄷ

G150 2016실시(나) 10월 학평 27(고3)

등차수열 $\{a_n\}$과 공비가 1보다 작은 등비수열 $\{b_n\}$이

$$a_1+a_8=8,\ b_2b_7=12,\ a_4=b_4,\ a_5=b_5$$

를 모두 만족시킬 때, a_1의 값을 구하시오. (4점)

G151 2010실시(나) 4월 학평 29(고3)

서로 다른 세 자연수 a, b, c가 다음 세 조건을 모두 만족시킬 때, $a+b+c$의 값은? (4점)

(가) a, b, c는 이 순서대로 등비수열을 이룬다.
(나) $b-a=n^2$ (단, n은 자연수이다.)
(다) $\log_6 a+\log_6 b+\log_6 c=3$

① 26 ② 28 ③ 30
④ 32 ⑤ 34

G152 2010대비(나) 수능 24(고3)

두 자연수 a와 b에 대하여 세 수 a^n, $2^4\times3^6$, b^n이 이 순서대로 등비수열을 이룰 때, ab의 최솟값을 구하시오.
(단, n은 자연수이다.) (4점)

G153 2007실시(나) 3월 학평 14(고3)

a, b, c가 서로 다른 세 실수일 때, 이차함수

$$f(x)=ax^2+2bx+c$$

에 대한 [보기]의 설명 중 옳은 것을 모두 고른 것은? (4점)

[보기]

ㄱ. a, b, c가 이 순서로 등차수열을 이루면 $f(1)=4b$이다.
ㄴ. a, b, c가 이 순서로 등차수열을 이루면 $y=f(x)$의 그래프는 x축과 서로 다른 두 점에서 만난다.
ㄷ. a, b, c가 이 순서로 등비수열을 이루면 $y=f(x)$의 그래프는 x축과 만나지 않는다.

① ㄱ ② ㄷ ③ ㄱ, ㄴ
④ ㄴ, ㄷ ⑤ ㄱ, ㄴ, ㄷ

G154 2005대비(나) 6월 모평 11(고3)

다섯 개의 실수 a, b, c, d, e를 적당히 배열하여 공비가 1보다 큰 등비수열을 만들었다. a, b, c, d, e가 다음 조건을 만족시킬 때, b가 이 수열의 제n항이라면, n의 값은? (4점)

(가) $e=\sqrt{cd}$ (나) $\dfrac{a}{e}=\dfrac{c}{d}$ (다) $a<b$

① 1 ② 2 ③ 3
④ 4 ⑤ 5

유형 16 등비수열의 변형

(1) **등비수열의 활용 문제는 공비, 등비중항 등의 성질을 이용한다.**

$\frac{a_{n+1}}{a_n}=r$ (r는 상수) $\Longleftrightarrow$ $\{a_n\}$은 공비가 r인 등비수열

$a_n{}^2=a_{n-1}\times a_{n+1}$ $\Longleftrightarrow$ $\{a_n\}$은 등비수열

(2) 주어진 조건을 첫째항 a와 공비 r로 나타내어 방정식을 풀자. a와 r의 값을 알면, 일반항을 구할 수 있다.

tip

1 등비수열의 일반항은 $a_n=A\times B^n$ 꼴이다.
이때, 첫째항은 AB이고, 공비는 B이다.

2 등비수열에서는 두 개의 식 ⓐ=ⓑ, ⓒ=ⓓ를 연립할 때 $\frac{ⓐ}{ⓒ}=\frac{ⓑ}{ⓓ}$와 같이 양변을 나누는 방법을 자주 이용한다.

G155 ❀❀❀ 2013대비(나) 6월 모평 8(고3)

첫째항이 1이고 공비가 2인 등비수열 $\{a_n\}$에 대하여

$$b_n=(a_{n+1})^2-(a_n)^2$$

일 때, $\frac{b_6}{b_3}$의 값은? (3점)

① 56 ② 58 ③ 60 ④ 62 ⑤ 64

G156 ✿❀❀ 2020실시(나) 3월 학평 11(고3)

등차수열 $\{a_n\}$, 등비수열 $\{b_n\}$에 대하여
$a_1=b_1=3$이고

$$b_3=-a_2,\ a_2+b_2=a_3+b_3$$

일 때, a_3의 값은? (3점)

① -9 ② -3 ③ 0 ④ 3 ⑤ 9

G157 ✿❀❀ 2019실시(나) 7월 학평 17(고3)

공차가 자연수인 등차수열 $\{a_n\}$과 공비가 자연수인 등비수열 $\{b_n\}$이 $a_6=b_6=9$이고, 다음 조건을 만족시킨다.

(가) $a_7=b_7$
(나) $94<a_{11}<109$

a_7+b_8의 값은? (4점)

① 96 ② 99 ③ 102 ④ 105 ⑤ 108

G158 ✿✿❀ 2010실시(나) 3월 학평 15(고3)

각 항이 양수인 등비수열 $\{a_n\}$에 대하여 수열 $\{b_n\}$을 다음과 같이 정의한다.

$$b_n=\log_3 a_n\,(n=1,\ 2,\ 3,\ \cdots)$$

수열 $\{b_n\}$이 다음 조건을 만족시킬 때, a_{11}의 값은? (4점)

(가) $b_1+b_3+b_5+\cdots+b_{15}+b_{17}=36$
(나) $b_2+b_4+b_6+\cdots+b_{16}+b_{18}=45$

① 3^5 ② 3^6 ③ 3^7 ④ 3^8 ⑤ 3^9

고난도

유형 17 등비수열의 활용

(1) 주어진 조건을 첫째항 a와 공비 r로 나타내어 방정식을 풀자. a와 r의 값을 알면, 일반항을 구할 수 있다.

(2) 0이 아닌 세 수 a, b, c가 이 순서대로 등비수열을 이룰 때, $b^2=ac$가 성립한다.

tip

1 등비수열의 일반항은 $a_n=A\times B^n$ 꼴이다.
이때, 첫째항은 AB이고, 공비는 B이다.

2 도형 또는 실생활 활용 문제에서 일정한 비율로 증가, 감소할 때, 처음 몇 개의 항을 나열하여 규칙성을 파악하고, 등비수열의 일반항 또는 합에 대한 식을 구한다.

G159 ❀❀❀ 2005대비(나) 수능 21(고3)

공비가 r이고 $a_2=1$인 등비수열 $\{a_n\}$에서 첫째항부터 제10항까지의 곱을 $\omega=a_1a_2a_3\cdots a_{10}$이라 할 때, $\log_r \omega$의 값을 구하시오. (단, $r>0$이고 $r\neq 1$이다.) (3점)

❖ 정답 및 해설 373~378p

G160 ✿❀❀ 2015실시(B) 7월 학평 13(고3)

구간 $x>0$에서 정의된 함수 $f(x)=\dfrac{p}{x}\,(p>1)$의 그래프는 그림과 같다. 세 수 $f(a)$, $f(\sqrt{3})$, $f(a+2)$가 이 순서대로 등비수열을 이룰 때, 양수 a의 값은? (3점)

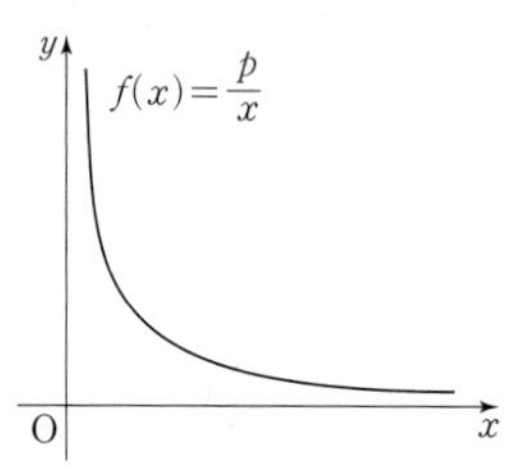

① 1　　② $\dfrac{9}{8}$　　③ $\dfrac{5}{4}$

④ $\dfrac{11}{8}$　　⑤ $\dfrac{3}{2}$

G161 ✿❀❀ 2014실시(A) 4월 학평 13(고3)

그림과 같이 좌표평면 위의 두 원

$C_1 : x^2+y^2=1$

$C_2 : (x-1)^2+y^2=r^2$

$(0<r<\sqrt{2})$

이 제1사분면에서 만나는 점을 P라 하고, 원 C_1이 x축과 만나는 점 중에서 x좌표가 0보다 작은 점을 Q, 원 C_2가 x축과 만나는 점 중에서 x좌표가 1보다 큰 점을 R라 하자.

$\overline{\text{OP}}$, $\overline{\text{OR}}$, $\overline{\text{QR}}$가 이 순서대로 등비수열을 이룰 때, 원 C_2의 반지름의 길이는? (단, O는 원점이다.) (3점)

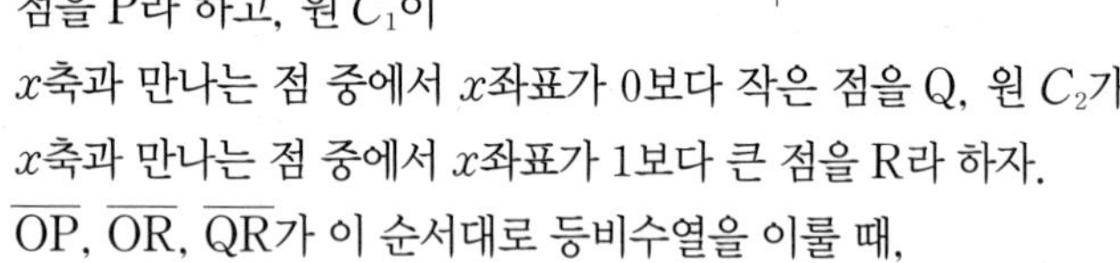

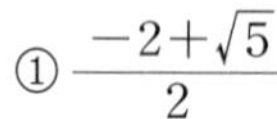

① $\dfrac{-2+\sqrt{5}}{2}$　　② $\dfrac{2-\sqrt{3}}{2}$　　③ $\dfrac{-1+\sqrt{3}}{2}$

④ $\dfrac{-1+\sqrt{5}}{2}$　　⑤ $\dfrac{3-\sqrt{3}}{2}$

G162 ✿❀❀ 2014대비(A) 9월 모평 8(고3)

모든 항이 양수인 수열 $\{a_n\}$이 $a_1=2$이고,

$$\log_2 a_{n+1}=1+\log_2 a_n\ (n\ge 1)$$

을 만족시킨다. $a_1\times a_2\times a_3\times\cdots\times a_8=2^k$일 때, 상수 k의 값은? (3점)

① 36　　② 40　　③ 44

④ 48　　⑤ 52

G163 ✿❀❀ 2023대비 6월 모평 13(고3)

두 곡선 $y=16^x$, $y=2^x$과 한 점 $\text{A}(64,\ 2^{64})$이 있다.

점 A를 지나며 x축과 평행한 직선이 곡선 $y=16^x$과 만나는 점을 P_1이라 하고, 점 P_1을 지나며 y축과 평행한 직선이 곡선 $y=2^x$과 만나는 점을 Q_1이라 하자.

점 Q_1을 지나며 x축과 평행한 직선이 $y=16^x$과 만나는 점을 P_2라 하고, 점 P_2를 지나며 y축과 평행한 직선이 곡선 $y=2^x$과 만나는 점을 Q_2라 하자.

이와 같은 과정을 계속하여 n번째 얻은 두 점을 각각 P_n, Q_n이라 하고 점 Q_n의 x좌표를 x_n이라 할 때, $x_n<\dfrac{1}{k}$을 만족시키는 n의 최솟값이 6이 되도록 하는 자연수 k의 개수는? (4점)

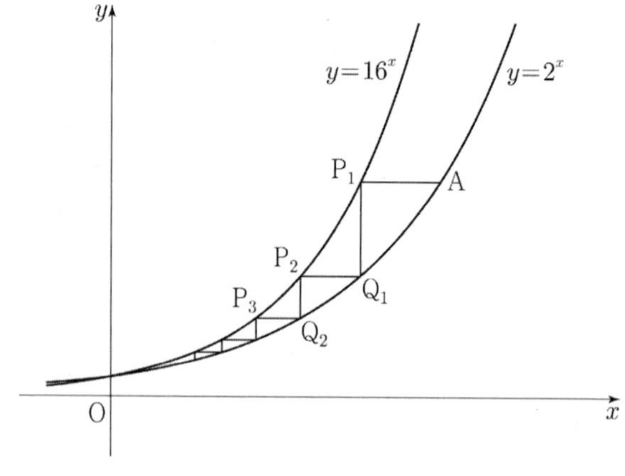

① 48　　② 51　　③ 54

④ 57　　⑤ 60

G164 ✿✿✿ 2014실시(A) 10월 학평 15(고3)

자연수 n에 대하여 곡선 $y=ax^2(a>0)$ 위의 점 P_n을 다음 규칙에 따라 정한다.

> (가) 점 P_1의 좌표는 $(x_1,\ ax_1^2)$이다.
> (나) 점 P_{n+1}은 점 $P_n(x_n,\ ax_n^2)$을 지나는 직선 $y=-ax_nx+2ax_n^2$과 곡선 $y=ax^2$이 만나는 점 중에서 점 P_n이 아닌 점이다.

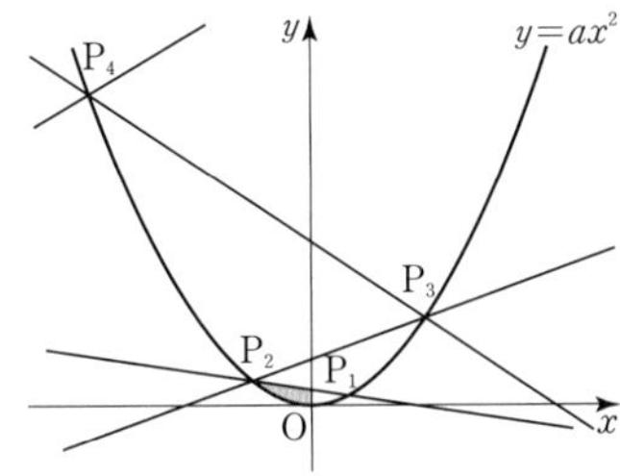

점 P_n의 x좌표로 이루어진 수열 $\{x_n\}$에서 $x_1=\frac{1}{2}$일 때, x_{10}의 값은? (4점)

① -1024　② -512　③ -256
④ 512　⑤ 1024

G165 ✿✿✿ 2011대비(나) 6월 모평 25(고3)

첫째항이 16이고 공비가 $2^{\frac{1}{10}}$인 등비수열 $\{a_n\}$에 대하여 $\log a_n$의 소수 부분을 b_n이라 하자.

$$b_1,\ b_2,\ b_3,\ \cdots,\ b_{k-1},\ b_k,\ b_{k+1}+1$$

이 주어진 순서로 등차수열을 이룰 때, k의 값을 구하시오.
(단, $\log 2=0.301$로 계산한다.) (4점)

유형 18 등비수열의 합

첫째항이 a, 공비가 r인 등비수열의 첫째항부터 제n항까지의 합 S_n은

$$S_n=\frac{a(r^n-1)}{r-1}=\frac{a(1-r^n)}{1-r}\ (\text{단, } r\neq1)$$

tip

$$S_n=\frac{(\text{첫째항})\{1-(\text{공비})^{(\text{항의 개수})}\}}{1-(\text{공비})}=\frac{(\text{첫째항})\{(\text{공비})^{(\text{항의 개수})}-1\}}{(\text{공비})-1}$$

G166 ✿✿✿ 2013실시(A) 4월 학평 14(고3)

모든 항이 양수인 등비수열 $\{a_n\}$에 대하여 $a_1a_2=a_{10}$, $a_1+a_9=20$일 때, $(a_1+a_3+a_5+a_7+a_9)(a_1-a_3+a_5-a_7+a_9)$의 값은? (4점)

① 494　② 496　③ 498
④ 500　⑤ 502

G167 ✿✿✿ 2005실시(나) 10월 학평 6(고3)

첫째항이 1, 공비가 3인 등비수열 $\{a_n\}$에서 첫째항부터 제n항까지의 합을 S_n이라 하자. 수열 $\{S_n+p\}$가 등비수열을 이루도록 하는 상수 p의 값은? (3점)

① 1　② $\frac{1}{2}$　③ $\frac{1}{3}$
④ $\frac{1}{4}$　⑤ $\frac{1}{5}$

G168 ✿✿✿ 2015실시(나) 9월 학평 20(고2)

집합 $X=\{x\,|\,x$는 10 이하의 자연수$\}$의 원소 n에 대하여 X의 부분집합 중 n을 최소의 원소로 갖는 모든 집합의 개수를 $f(n)$이라 하자. [보기]에서 옳은 것만을 있는 대로 고른 것은? (4점)

[보기]

ㄱ. $f(8)=4$
ㄴ. $a\in X$, $b\in X$일 때, $a<b$이면 $f(a)<f(b)$
ㄷ. $f(1)+f(3)+f(5)+f(7)+f(9)=682$

① ㄱ　② ㄱ, ㄴ　③ ㄱ, ㄷ
④ ㄴ, ㄷ　⑤ ㄱ, ㄴ, ㄷ

유형 19 등비수열의 합의 활용

첫째항이 a, 공비가 r인 등비수열의 첫째항부터 제n항까지의 합 S_n은

$$S_n=\frac{a(r^n-1)}{r-1}=\frac{a(1-r^n)}{1-r} \text{ (단, } r\neq1)$$

1 등비수열은 다음의 성질이 있다.
$a_1\times a_n=a_2\times a_{n-1}=a_3\times a_{n-2}=\cdots$

2 등비수열의 합 S_n은 $\square(r^n-1)$꼴이다.

G169 ❀❀❀ 2024실시 10월 학평 6(고3)

공비가 양수인 등비수열 $\{a_n\}$의 첫째항부터 제n항까지의 합을 S_n이라 하자.

$4(S_4-S_2)=S_6-S_4$, $a_3=12$

일 때, S_3의 값은? (3점)

① 18 ② 21 ③ 24 ④ 27 ⑤ 30

G170 ❀❀❀ 2024실시 3월 학평 6(고3)

공비가 1 보다 큰 등비수열 $\{a_n\}$의 첫째항부터 제n항까지의 합을 S_n이라 하자.

$\frac{S_4}{S_2}=5$, $a_5=48$

일 때, a_1+a_4의 값은? (3점)

① 39 ② 36 ③ 33 ④ 30 ⑤ 27

G171 ❀❀❀ 2021실시 7월 학평 8(고3)

첫째항이 $a(a>0)$이고, 공비가 r인 등비수열 $\{a_n\}$의 첫째항부터 제n항까지의 합을 S_n이라 하자. $2a=S_2+S_3$, $r^2=64a^2$일 때, a_5의 값은? (3점)

① 2 ② 4 ③ 6 ④ 8 ⑤ 10

G172 ❀❀❀ 2021대비(나) 6월 모평 25(고3)

등비수열 $\{a_n\}$의 첫째항부터 제n항까지의 합을 S_n이라 하자.

$a_1=1$, $\frac{S_6}{S_3}=2a_4-7$

일 때, a_7의 값을 구하시오. (3점)

G173 ✿❀❀ 2020실시(나) 10월 학평 25(고3)

함수 $f(x)=(1+x^4+x^8+x^{12})(1+x+x^2+x^3)$일 때, $\frac{f(2)}{\{f(1)-1\}\{f(1)+1\}}$의 값을 구하시오. (3점)

G174 ✿❀❀ 2021대비(가) 9월 모평 27(고3)

등비수열 $\{a_n\}$의 첫째항부터 제n항까지의 합을 S_n이라 하자. 모든 자연수 n에 대하여

$S_{n+3}-S_n=13\times3^{n-1}$

일 때, a_4의 값을 구하시오. (4점)

G175 ✿❀❀ 2019대비(나) 수능 24(고3)

첫째항이 7인 등비수열 $\{a_n\}$의 첫째항부터 제n항까지의 합을 S_n이라 하자.

$\frac{S_9-S_5}{S_6-S_2}=3$

일 때, a_7의 값을 구하시오. (3점)

G176 ✿❀❀ 2019대비(나) 9월 모평 26(고3)

모든 항이 양수인 등비수열 $\{a_n\}$의 첫째항부터 제n항까지의 합을 S_n이라 하자.

$S_4-S_3=2$, $S_6-S_5=50$

일 때, a_5의 값을 구하시오. (4점)

G177 ✿❀❀ 2017실시(가) 3월 학평 18(고2)

첫째항이 2인 등비수열 $\{a_n\}$의 첫째항부터 제n항까지의 합 S_n이 다음 조건을 만족시킬 때, a_4의 값은? (4점)

> (가) $S_{12}-S_2=4S_{10}$
> (나) $S_{12}<S_{10}$

① -24 ② -16 ③ -8
④ 16 ⑤ 24

G178 ✿❀❀ 2024대비 수능 6(고3)

등비수열 $\{a_n\}$의 첫째항부터 제n항까지의 합을 S_n이라 하자.

$$S_4-S_2=3a_4,\ a_5=\frac{3}{4}$$

일 때, a_1+a_2의 값은? (3점)

① 27 ② 24 ③ 21
④ 18 ⑤ 15

G179 ✿❀❀ 2006실시(나) 10월 학평 13(고3)

다항식 $x^{10}+x^9+\cdots+x^2+x+1$을 $x-1$로 나눈 몫을 $f(x)$라고 할 때, $f(x)$를 $x-2$로 나눈 나머지는? (3점)

① $2^{10}-10$ ② $2^{10}+11$ ③ $2^{11}-12$
④ $2^{11}-10$ ⑤ $2^{11}+11$

G180 ✿✿❀ 2019실시(나) 3월 학평 16(고3)

첫째항이 양수이고 공비가 -2인 등비수열 $\{a_n\}$에 대하여

$$\sum_{k=1}^{9}(|a_k|+a_k)=66$$

일 때, a_1의 값은? (4점)

① $\frac{3}{31}$ ② $\frac{5}{31}$ ③ $\frac{7}{31}$
④ $\frac{9}{31}$ ⑤ $\frac{11}{31}$

(고난도)

유형 20 등비수열의 합의 응용

(1) 도형의 길이, 넓이, 부피 등이 일정한 비율로 변하는 문제는 처음 몇 개의 항을 구하여 첫째항과 공비를 각각 구하자.
(2) 등비수열의 특정항 또는 몇 개의 항들의 합이 주어지면, 조건을 첫째항 a와 공비 r의 식으로 나타내자.

tip

1 수열의 활용 문제에서 주어진 조건으로 몇 개의 항을 나열하여 등차수열 또는 등비수열인지 파악하는 것이 중요하다.
2 문제에서 제시된 규칙을 가지고
- 점의 x좌표 또는 y좌표
- 제 n번째 행이나 열의 수의 합

에서 등비수열의 합의 공식을 이용한다.

G181 ❀❀❀ 2020실시(나) 3월 학평 10(고3)

그림은 16개의 칸 중 3개의 칸에 다음 규칙을 만족시키도록 수를 써 넣은 것이다.

> (가) 가로로 인접한 두 칸에서 오른쪽 칸의 수는 왼쪽 칸의 수의 2배이다.
> (나) 세로로 인접한 두 칸에서 아래쪽 칸의 수는 위쪽 칸의 수의 2배이다.

첫 번째 줄 →
두 번째 줄 → 2 4
세 번째 줄 → 4
네 번째 줄 →

이 규칙을 만족시키도록 나머지 칸에 수를 써 넣을 때, 네 번째 줄에 있는 모든 수의 합은? (3점)

① 119 ② 127 ③ 135
④ 143 ⑤ 151

G182 ✿✿✿ 2015실시(A) 4월 학평 21(고3)

그림과 같이 한 변의 길이가 2인 정사각형 모양의 종이 ABCD에서 각 변의 중점을 각각 A_1, B_1, C_1, D_1이라 하고 $\overline{A_1B_1}$, $\overline{B_1C_1}$, $\overline{C_1D_1}$, $\overline{D_1A_1}$을 접는 선으로 하여 네 점 A, B, C, D가 한 점에서 만나도록 접은 모양을 S_1이라 하자. S_1에서 정사각형 $A_1B_1C_1D_1$의 각 변의 중점을 각각 A_2, B_2, C_2, D_2라 하고 $\overline{A_2B_2}$, $\overline{B_2C_2}$, $\overline{C_2D_2}$, $\overline{D_2A_2}$를 접는 선으로 하여 네 점 A_1, B_1, C_1, D_1이 한 점에서 만나도록 접은 모양을 S_2라 하자.
이와 같은 과정을 계속하여 n번째 얻은 모양을 S_n이라 하고, S_n을 정사각형 모양의 종이 ABCD와 같도록 펼쳤을 때 접힌 모든 선들의 길이의 합을 l_n이라 하자. 예를 들어, $l_1=4\sqrt{2}$이다. l_5의 값은? (단, 종이의 두께는 고려하지 않는다.) (4점)

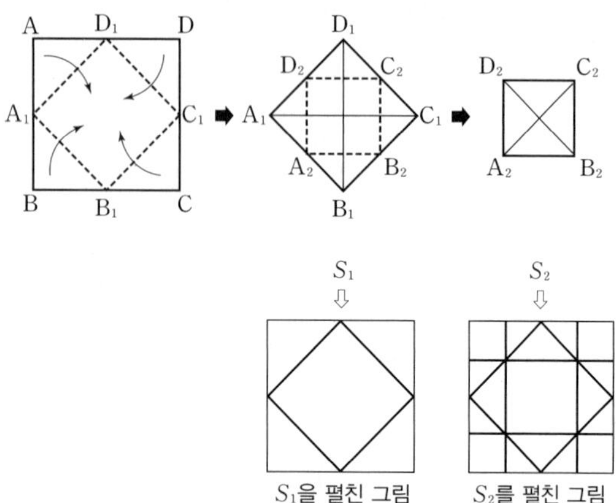

① $24+28\sqrt{2}$ ② $28+28\sqrt{2}$ ③ $28+32\sqrt{2}$
④ $32+32\sqrt{2}$ ⑤ $36+32\sqrt{2}$

G183 ✿✿✿ 2010실시(나) 4월 학평 21(고3)

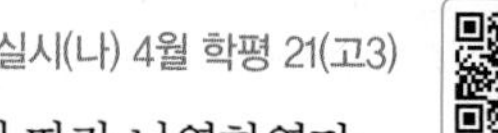

그림과 같이 자연수를 다음 규칙에 따라 나열하였다.

[규칙1] 1행에는 2, 3, 6의 3개의 수를 차례대로 나열한다.
[규칙2] $n+1$행에 나열된 수는 1열에 2, 2열부터는 n행에 나열된 각 수에 2를 곱하여 차례대로 나열한다.

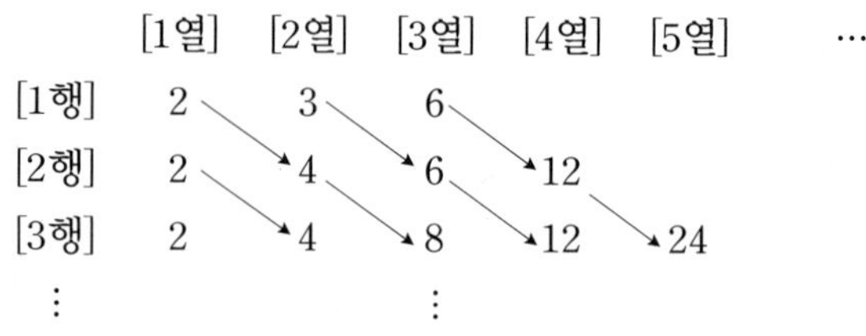

10행에 나열된 모든 자연수의 합을 S라 할 때, $S=p\times 2^9-2$이다. 이때, p의 값을 구하시오. (3점)

G184 ✿✿✿ 2007대비(나) 9월 모평 16(고3)

자연수 n에 대하여 점 P_n을 다음 규칙에 따라 정한다.

(가) 점 P_1의 좌표는 $(1, 1)$이다.
(나) 점 P_n의 좌표가 (a, b)일 때,
$b<2^a$이면 점 P_{n+1}의 좌표는 $(a, b+1)$이고
$b=2^a$이면 점 P_{n+1}의 좌표는 $(a+1, 1)$이다.

점 P_n의 좌표가 $(10, 2^{10})$일 때, n의 값은? (4점)

① $2^{10}-2$ ② $2^{10}+2$ ③ $2^{11}-2$
④ 2^{11} ⑤ $2^{11}+2$

G185 ✿✿✿ 2007대비(나) 6월 모평 14(고3)

다음은 어느 회사의 연봉에 관한 규정이다.

(가) 입사 첫째 해 연봉은 a원이고, 입사 19년째 해까지의 연봉은 해마다 직전 연봉에서 8 %씩 인상된다.
(나) 입사 20년째 해부터의 연봉은 입사 19년째 해 연봉의 $\frac{2}{3}$로 한다.

이 회사에 입사한 사람이 28년 동안 근무하여 받는 연봉의 총합은? (단, $1.08^{18}=4$로 계산한다.) (4점)

① $\frac{101}{2}a$ ② $\frac{111}{2}a$ ③ $\frac{121}{2}a$
④ $\frac{131}{2}a$ ⑤ $\frac{141}{2}a$

유형 21 등비수열의 합의 응용 – 원리합계

연이율 r, 1년마다 복리로 매년 a원씩 n년 동안 적립할 때 원리합계를 S_n이라 하면

(1) **매년 초에 적립하는 경우**

첫째항이 $a(1+r)$이고 공비가 $(1+r)$인 등비수열의 합이므로

$$S_n=\frac{a(1+r)\{(1+r)^n-1\}}{r}\text{ (원)}$$

(2) **매년 말에 적립하는 경우**

첫째항이 a이고 공비가 $(1+r)$인 등비수열의 합이므로

$$S_n=\frac{a\{(1+r)^n-1\}}{r}\text{ (원)}$$

tip

처음의 양을 a, 매시간 일정한 증가율을 r, 일정한 감소율을 s라 하면 n시간 후의 양은 $a(1+r)^n$ 또는 $a(1-s)^n$이다.

G186 ✽❀❀

2005대비(나) 12월 예비 16(고3)

한 은행은 고객으로부터 100만 원을 연이율 5 %의 5년 만기 정기예금으로 받으면, 그 중에서 90만 원을 연이율 r %로 5년 동안 대출하고 나머지 10만 원은 예비비로 보관한다. 5년 후 은행은 대출금을 이자와 함께 회수하고 고객에게 정기예금을 이자와 함께 지불하여 20만 원의 수익을 얻으려고 한다. 이때, 대출 이율 r를 구하는 식은? (단, 모든 이자는 1년 마다의 복리로 계산한다.) (4점)

① $10^6\left(1+\frac{5}{100}\right)^5-9\times10^5\left(1+\frac{r}{100}\right)^5=10^5$

② $10^6\left(1+\frac{5}{100}\right)^5-9\times10^5\left(1+\frac{r}{100}\right)^5=2\times10^5$

③ $10^6\left(1+\frac{5}{100}\right)^5-9\times10^5\left(1+\frac{r}{100}\right)^5=3\times10^5$

④ $9\times10^5\left(1+\frac{r}{100}\right)^5-10^6\left(1+\frac{5}{100}\right)^5=10^5$

⑤ $9\times10^5\left(1+\frac{r}{100}\right)^5-10^6\left(1+\frac{5}{100}\right)^5=2\times10^5$

G187 ✽✽❀

2008대비(나) 6월 모평 28(고3)

다음 표는 어느 학교에서 한 달 전에 구입한 휴대용 저장 장치의 용량에 따른 1개당 가격과 개수의 현황을 나타낸 것이다.

용량	128MB	256MB	512MB	1GB	2GB
1개당 가격	a	$\frac{3}{2}a$	$\left(\frac{3}{2}\right)^2a$	$\left(\frac{3}{2}\right)^3a$	$\left(\frac{3}{2}\right)^4a$
개수	$16b$	$8b$	$4b$	$2b$	b

현재 모든 휴대용 저장 장치의 가격이 한 달 전보다 모두 40 %씩 하락하였다. 이 학교에서 휴대용 저장 장치의 용량과 개수를 위 표와 동일하게 현재의 가격으로 구입한다면 지불해야 하는 금액은? (단, $a>0$이고, $b>0$이다.) (4점)

① $\frac{128}{5}ab\left\{1-\left(\frac{1}{4}\right)^5\right\}$

② $32ab\left\{1-\left(\frac{3}{4}\right)^5\right\}$

③ $32ab\left\{1-\left(\frac{1}{4}\right)^5\right\}$

④ $\frac{192}{5}ab\left\{1-\left(\frac{3}{4}\right)^5\right\}$

⑤ $\frac{192}{5}ab\left\{1-\left(\frac{1}{4}\right)^5\right\}$

G188 ✽✽❀

2007실시(나) 4월 학평 26(고3)

어느 회사원이 2011년 초에 200만 원을 적립하고 다음 해부터 매년 초에 전년도 적립금액의 5 %를 증액하여 적립하기로 하였다. 2030년 말까지 적립되는 원리합계는? (단, 연이율 5 %, 1년마다의 복리로 계산하고, $(1.05)^{20}=2.65$로 계산한다.) (3점)

① 9600만 원 ② 10600만 원 ③ 11600만 원 ④ 12600만 원 ⑤ 13600만 원

❖ 정답 및 해설 386~389p

4 수열의 합 S_n과 일반항 a_n 사이의 관계

유형 22 수열의 합과 일반항 사이의 관계

수열 $\{a_n\}$의 첫째항부터 제 n 항까지의 합을 S_n이라 하면

(i) $a_1=S_1$

(ii) $a_n=S_n-S_{n-1}\ (n\geq 2)$

tip

1 (ii)에 $n=1$을 대입한 값 a_1과 (i)의 S_1의 값이 같으면, 모든 자연수 n에 대하여 $a_n=S_n-S_{n-1}$이 성립한다.

2 수열의 합과 일반항 사이의 관계는 모든 수열에서 성립한다.

G189 ❀❀❀ 2018실시(가) 10월 학평 5(고3)

수열 $\{a_n\}$의 첫째항부터 제 n 항까지의 합 S_n이 $S_n=2n^2+n$일 때, $a_3+a_4+a_5$의 값은? (3점)

① 30 ② 35 ③ 40
④ 45 ⑤ 50

G190 ❀❀❀ 2015실시(A) 7월 학평 6(고3)

수열 $\{a_n\}$의 첫째항부터 제 n 항까지의 합 S_n이 $S_n=n+2^n$일 때, a_6의 값은? (3점)

① 31 ② 33 ③ 35
④ 37 ⑤ 39

G191 ❀❀❀ 2015실시(A) 3월 학평 23(고3)

수열 $\{a_n\}$의 첫째항부터 제 n항까지의 합 S_n이 $S_n=n^2$일 때, a_{50}의 값을 구하시오. (3점)

G192 ❀❀❀ 2015대비(A) 수능 9(고3)

수열 $\{a_n\}$의 첫째항부터 제n항까지의 합 S_n이 $S_n=\dfrac{n}{n+1}$일 때, a_4의 값은? (3점)

① $\dfrac{1}{22}$ ② $\dfrac{1}{20}$ ③ $\dfrac{1}{18}$
④ $\dfrac{1}{16}$ ⑤ $\dfrac{1}{14}$

G193 ❀❀❀ 2014대비(A) 12월 예비 24(고3)

수열 $\{a_n\}$의 첫째항부터 제 n 항까지의 합 S_n이 $S_n=2^{n-1}+5$일 때, a_1+a_5의 값을 구하시오. (3점)

G194 ❀❀❀ Pass 2011실시(나) 4월 학평 7(고3)

수열 $\{a_n\}$에 대하여 첫째항부터 제 n 항까지의 합 S_n이 $S_n=n^2+3n+1$일 때, a_1+a_6의 값은? (3점)

① 17 ② 18 ③ 19
④ 20 ⑤ 21

G195 ❀❀❀ Pass 2010대비(나) 9월 모평 5(고3)

수열 $\{a_n\}$의 첫째항부터 제 n 항까지의 합 S_n이 $S_n=n^2+2^n$일 때, a_1+a_5의 값은? (3점)

① 26 ② 28 ③ 30
④ 32 ⑤ 34

G196 ❀❀❀ Pass 2009대비(나) 9월 모평 18(고3)

수열 $\{a_n\}$의 첫째항부터 제 n 항까지의 합 S_n이 $S_n=2^n-1$일 때, a_9의 값을 구하시오. (3점)

G197 ❀❀❀ 2021실시 10월 학평 4(고3)

공차가 d인 등차수열 $\{a_n\}$의 첫째항부터 제 n 항까지의 합이 n^2-5n일 때, a_1+d의 값은? (3점)

① -4 ② -2 ③ 0
④ 2 ⑤ 4

G198 ❀❀❀ 2020실시(가) 3월 학평 5(고3)

수열 $\{a_n\}$의 첫째항부터 제n항까지의 합을 S_n이라 할 때, $S_n=2n^2-3n$이다. $a_n>100$을 만족시키는 자연수 n의 최솟값은? (3점)

① 25 ② 27 ③ 29
④ 31 ⑤ 33

G199 ❀❀❀ Pass 2014대비(A) 6월 모평 12(고3)

수열 $\{a_n\}$의 첫째항부터 제n항까지의 합 S_n이 $S_n=n^2-10n$일 때, $a_n<0$을 만족시키는 자연수 n의 개수는? (3점)

① 5 ② 6 ③ 7
④ 8 ⑤ 9

유형 23 수열의 합과 일반항 사이의 관계 활용

(1) $S_n=An^2+Bn+C$로 주어졌을 때,
① $C=0$이면 수열 $\{a_n\}$은 **첫째항부터 등차수열**을 이룬다.
② $C\neq0$이면 수열 $\{a_n\}$은 **둘째항부터 등차수열**을 이룬다.

(2) $S_n=Ar^n+B$로 주어졌을 때,
① $A+B=0$이면 수열 $\{a_n\}$은 **첫째항부터 등비수열**을 이룬다.
② $A+B\neq0$이면 수열 $\{a_n\}$은 **둘째항부터 등비수열**을 이룬다.

둘째항부터 등차수열을 이루거나 등비수열을 이루는 경우를 잘 따지자.

G200 ❀❀❀ 2016실시(나) 7월 학평 13(고3)

수열 $\{a_n\}$의 첫째항부터 제n항까지의 합을 S_n이라 할 때, 이차함수 $f(x)=-\frac{1}{2}x^2+3x$에 대하여 $S_n=2f(n)$이다. a_6의 값은? (3점)

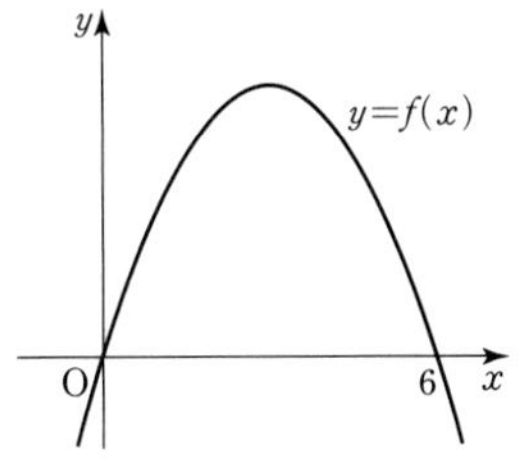

① -9 ② -7 ③ -5
④ -3 ⑤ -1

G201 ✿❀❀ 2024실시 5월 학평 9(고3)

수열 $\{a_n\}$의 첫째항부터 제n항까지의 합을 S_n이라 하자. 모든 자연수 n에 대하여

$a_{n+1}=1-4\times S_n$

이고 $a_4=4$일 때, $a_1\times a_6$의 값은? (4점)

① 5 ② 10 ③ 15
④ 20 ⑤ 25

G202 ✿❀❀ 2010대비(나) 수능 30(고3)

수열 $\{a_n\}$에 대하여 첫째항부터 제n항까지의 합을 S_n이라 하자. 수열 $\{S_{2n-1}\}$은 공차가 -3인 등차수열이고, 수열 $\{S_{2n}\}$은 공차가 2인 등차수열이다. $a_2=1$일 때, a_8의 값을 구하시오. (4점)

G203 ✿✿❀ 2009대비(나) 6월 모평 16(고3)

공차가 d_1, d_2인 두 등차수열 $\{a_n\}$, $\{b_n\}$의 첫째항부터 제n항까지의 합을 각각 S_n, T_n이라 하자.

$S_nT_n=n^2(n^2-1)$

일 때, [보기]에서 항상 옳은 것을 모두 고른 것은? (4점)

[보기]
ㄱ. $a_n=n$이면 $b_n=4n-4$이다.
ㄴ. $d_1d_2=4$
ㄷ. $a_1\neq0$이면 $a_n=n$이다.

① ㄱ ② ㄴ ③ ㄱ, ㄴ
④ ㄱ, ㄷ ⑤ ㄱ, ㄴ, ㄷ

❖ 정답 및 해설 389~393p

고난도

유형 24 수열의 규칙 찾기

수열의 규칙을 찾는 방법

(1) $n=1, 2, 3, \cdots$를 차례로 대입해본다.

(2) 조건에 $(-1)^n$과 같은 식을 포함하는 경우에는 n의 값이 홀수, 짝수일 때를 나누어 각각의 일반항을 구한다.

(3) 모든 자연수 n에 대하여 $a_n=a_{n+k}(k>1)$를 만족시키면 주기성을 이용한다.

(4) 변하는 양에 일정한 차이가 있을 때 등차수열을, 일정한 비율이 있을 때 등비수열을 이용한다.

tip

1 수열 $\{a_n\}$이 등차수열일 때,
$a_1+a_n=a_2+a_{n-1}=a_3+a_{n-2}=\cdots$

2 수열 $\{a_n\}$이 등비수열일 때,
$a_1\times a_n=a_2\times a_{n-1}=a_3\times a_{n-2}=\cdots$

G204

2015대비(A) 6월 모평 28(고3)

자연수 n에 대하여 순서쌍 (x_n, y_n)을 다음 규칙에 따라 정한다.

> (가) $(x_1, y_1)=(1, 1)$
> (나) n이 홀수이면 $(x_{n+1}, y_{n+1})=(x_n, (y_n-3)^2)$이고,
> n이 짝수이면 $(x_{n+1}, y_{n+1})=((x_n-3)^2, y_n)$이다.

순서쌍 (x_{2015}, y_{2015})에서 $x_{2015}+y_{2015}$의 값을 구하시오. (4점)

G205

2014대비(A) 12월 예비 18(고3)

수열 $\{a_n\}$이 $a_1=0$이고 $a_{n+1}=(-1)^n a_n+\sin\left(\frac{n\pi}{2}\right)(n\ge1)$을 만족시킬 때, a_{50}의 값은? (4점)

① -50 ② -25 ③ 0 ④ 25 ⑤ 50

G206

2009대비(나) 9월 모평 28(고3)

수열 $\{a_n\}$에서 $a_n=3+(-1)^n$일 때, 좌표평면 위의 점 P_n을

$$P_n\left(a_n\cos\frac{2n\pi}{3}, a_n\sin\frac{2n\pi}{3}\right)$$

라 하자. 점 P_{2009}와 같은 점은? (3점)

① P_1 ② P_2 ③ P_3 ④ P_4 ⑤ P_5

G207

2006실시(나) 3월 학평 22(고3)

양수 x에 대하여 $\langle x\rangle$는 x보다 크거나 같은 최소의 정수를 나타내기로 한다. 예를 들면, $\langle 2\rangle=2$, $\langle 2.5\rangle=3$이다.
수열 $\{a_n\}$을

$$a_1=10,\ a_n=a_{\langle\frac{n}{2}\rangle}+1(n=2, 3, 4, \cdots)$$

로 정의할 때, a_{50}의 값을 구하시오. (4점)

G208

2015실시(A) 10월 학평 18(고3)

수열 $\{a_n\}$에 대하여

$$n=2^p\times q(p\text{는 음이 아닌 정수, }q\text{는 홀수})$$

일 때, $a_n=p$이다. 예를 들어, $20=2^2\times5$이므로 $a_{20}=2$이다.
$a_m=1$일 때,

$$a_m+a_{2m}+a_{3m}+a_{4m}+a_{5m}+a_{6m}+a_{7m}+a_{8m}+a_{9m}+a_{10m}$$

의 값은? (4점)

① 15 ② 16 ③ 17 ④ 18 ⑤ 19

G209

2014실시(B) 4월 학평 18(고3)

자연수 n에 대하여 좌표평면 위의 점 A_n을 다음 규칙에 따라 정한다.

> (가) 점 A_1의 좌표는 $(0, 0)$이다.
> (나) n이 짝수이면 점 A_n은 점 A_{n-1}을 y축의 방향으로 $(-1)^{\frac{n}{2}}\times(n+1)$만큼 평행이동한 점이다.
> (다) n이 3 이상의 홀수이면 점 A_n은 점 A_{n-1}을 x축의 방향으로 $(-1)^{\frac{n-1}{2}}\times n$만큼 평행이동한 점이다.

위의 규칙에 따라 정해진 점 A_{30}의 좌표를 (p, q)라 할 때, $p+q$의 값은? (4점)

① -6 ② -3 ③ 0 ④ 3 ⑤ 6

G210 ✲✲❀ 2011실시(나) 3월 학평 21(고3)

좌표평면 위의 원점 O와 점 $P_1(1, 0)$이 있다. 모든 자연수 n에 대하여 점 $P_n(x_n, y_n)$은 다음 조건을 만족시킨다.

(가) 동경 OP_n이 나타내는 각의 크기는 $\frac{n-1}{3}\pi$이다.

(나) $\overline{OP_{n+1}}=\begin{cases} \frac{1}{2}\overline{OP_n} & (y_n>0) \\ \overline{OP_n} & (y_n=0) \\ \frac{4}{3}\overline{OP_n} & (y_n<0) \end{cases}$

$\overline{OP_{50}}$의 값은? (4점)

① $\left(\frac{2}{3}\right)^8$　② $\left(\frac{2}{3}\right)^{16}$　③ $\frac{1}{2}\left(\frac{4}{3}\right)^7$　④ $\frac{1}{3}\left(\frac{2}{3}\right)^{14}$　⑤ $\frac{1}{4}\left(\frac{4}{3}\right)^8$

G211 ✲✲❀ 2009대비(나) 6월 모평 28(고3)

자연수 n의 모든 양의 약수를 $a_1, a_2, \cdots, a_k$라 할 때,

$x_n=(-1)^{a_1}+(-1)^{a_2}+\cdots+(-1)^{a_k}$

이라 하자. [보기]에서 옳은 것을 모두 고른 것은? (4점)

[보기]

ㄱ. $x_8=2$

ㄴ. $n=3^m$이면 $x_n=-m+1$이다.

ㄷ. $n=10^m$이면 $x_n=m^2-1$이다.

① ㄱ　② ㄴ　③ ㄱ, ㄴ　④ ㄱ, ㄷ　⑤ ㄱ, ㄴ, ㄷ

G212 ✲✲❀ 2008대비(나) 9월 모평 16(고3)

거리가 3인 두 점 O, O′이 있다. 점 O를 중심으로 반지름의 길이가 각각 1, 2, ⋯, n인 n개의 원과 점 O′을 중심으로 반지름의 길이가 각각 1, 2, ⋯, n인 n개의 원이 있다. 이 $2n$개 원의 모든 교점의 개수를 a_n이라 하자. 예를 들어, 그림에서와 같이 $a_3=14$, $a_4=26$이다. a_{20}의 값은? (4점)

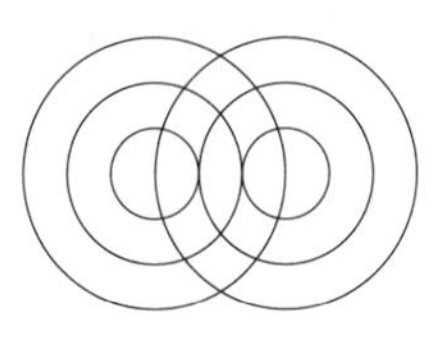

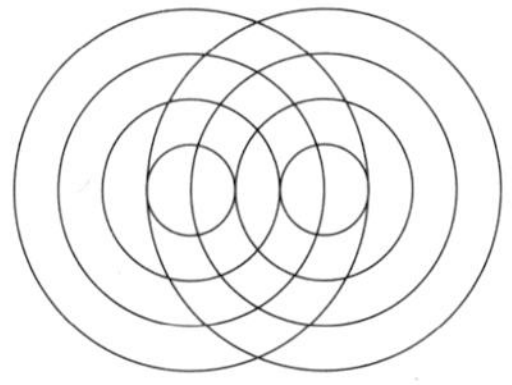

① 214　② 218　③ 222　④ 226　⑤ 230

G213 ✲✲❀ 2006대비(나) 6월 모평 14(고3)

한 변의 길이가 1인 정사각형 모양의 검은 타일과 흰 타일이 있다.

(가) [그림 1]과 같이 검은 타일 3개와 흰 타일 1개를 붙여 한 변의 길이가 2인 정사각형이 되도록 한다.

(나) [그림 2]와 같이 [그림 1]의 정사각형의 바깥쪽에 타일을 붙여 한 변의 길이가 4인 정사각형이 되도록 한다. 이때, [그림 1]에 있는 흰 타일의 둘레에는 검은 타일을, 검은 타일의 둘레에는 흰 타일을 붙인다.

(다) [그림 3]과 같이 [그림 2]의 정사각형의 바깥쪽에 타일을 붙여 한 변의 길이가 6인 정사각형이 되도록 한다. 이때, [그림 2]에 있는 흰 타일의 둘레에는 검은 타일을, 검은 타일의 둘레에는 흰 타일을 붙인다.

이와 같은 과정을 계속하여 전체 타일의 개수가 400개가 되었을 때, 검은 타일의 개수와 흰 타일의 개수 사이의 관계를 옳게 나타낸 것은? (4점)

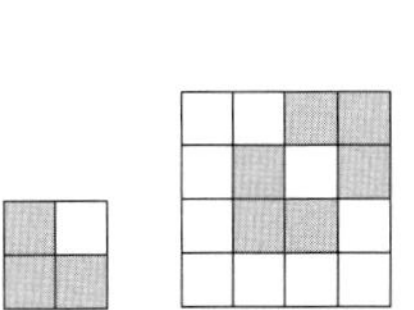

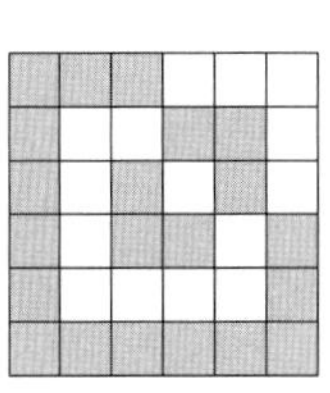

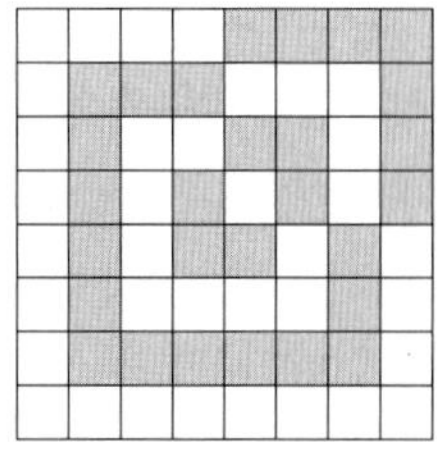

[그림 1]　[그림 2]　[그림 3]

① 검은 타일과 흰 타일의 개수가 같다.
② 검은 타일의 개수가 흰 타일의 개수보다 18개 많다.
③ 검은 타일의 개수가 흰 타일의 개수보다 20개 많다.
④ 흰 타일의 개수가 검은 타일의 개수보다 18개 많다.
⑤ 흰 타일의 개수가 검은 타일의 개수보다 20개 많다.

❖ 정답 및 해설 393~397p

1등급 마스터 문제 [4점 + 2등급 대비 + 1등급 대비]

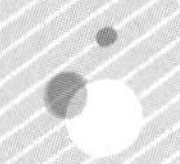

G214 ★★★ 2023실시 4월 학평 20(고3)

등차수열 $\{a_n\}$의 첫째항부터 제n항까지의 합을 S_n이라 하자. S_n이 다음 조건을 만족시킬 때, a_{13}의 값을 구하시오. (4점)

(가) S_n은 $n=7$, $n=8$에서 최솟값을 갖는다.
(나) $|S_m|=|S_{2m}|=162$인 자연수 $m(m>8)$이 존재한다.

G215 ★★★ 2022실시 3월 학평 13(고3)

첫째항이 양수인 등차수열 $\{a_n\}$의 첫째항부터 제n항까지의 합을 S_n이라 하자.

$|S_3|=|S_6|=|S_{11}|-3$

을 만족시키는 모든 수열 $\{a_n\}$의 첫째항의 합은? (4점)

① $\frac{31}{5}$ ② $\frac{33}{5}$ ③ 7
④ $\frac{37}{5}$ ⑤ $\frac{39}{5}$

G216 ★★★ 2019실시(나) 7월 학평 29(고3)

첫째항이 0이 아닌 등차수열 $\{a_n\}$의 첫째항부터 제n항까지의 합 S_n에 대하여 $S_9=S_{18}$이다. 집합 T_n을

$T_n=\{S_k \mid k=1, 2, 3, \cdots, n\}$

이라 하자. 집합 T_n의 원소의 개수가 13이 되도록 하는 모든 자연수 n의 값의 합을 구하시오. (4점)

G217 ★★★ 2019실시(나) 3월 학평 29(고3)

자연수 m에 대하여 다음 조건을 만족시키는 모든 자연수 k의 값의 합을 $A(m)$이라 하자.

3×2^m은 첫째항이 3이고 공비가 2 이상의 자연수인 등비수열의 제k항이다.

예를 들어, 3×2^2은 첫째항이 3이고 공비가 2인 등비수열의 제3항, 첫째항이 3이고 공비가 4인 등비수열의 제2항이 되므로 $A(2)=3+2=5$이다. $A(200)$의 값을 구하시오. (4점)

G218 ★★★ 2006대비(나) 9월 모평 21(고3)

두 자연수 m과 n의 최대공약수를 p, 최소공배수를 q라 할 때, 이런 관계를 만족시키는 수를 [그림 1]과 같이 나타내기로 하자. [그림 2]는 [그림 1]의 관계를 만족시키도록 수를 연결하여 나타낸 것이다. 세 자연수 e, 12, f가 이 순서대로 등비수열을 이룰 때, $e+f$의 값을 구하시오. (4점)

[그림 1]

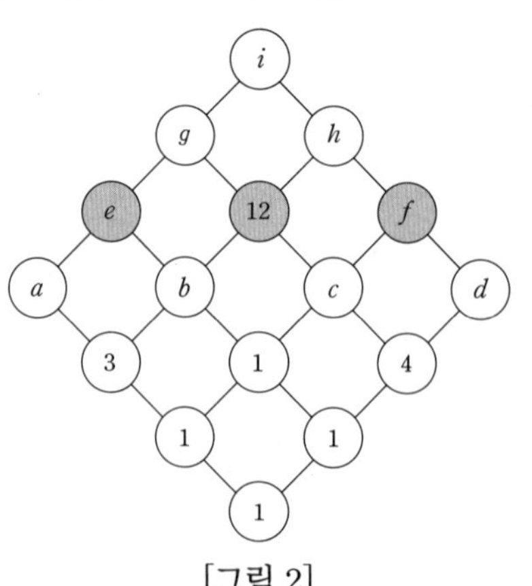

[그림 2]

[1등급 대비+2등급 대비]

G219 ✪ 2등급 대비 2013실시(A) 3월 학평 30(고3)

첫째항이 60인 등차수열 $\{a_n\}$에 대하여 수열 $\{T_n\}$을

$$T_n = |a_1 + a_2 + a_3 + \cdots + a_n|$$

이라 하자. 수열 $\{T_n\}$이 다음 조건을 만족시킨다.

> (가) $T_{19} < T_{20}$　　(나) $T_{20} = T_{21}$

$T_n > T_{n+1}$을 만족시키는 n의 최솟값과 최댓값의 합을 구하시오. (4점)

G220 ✪ 1등급 대비 2021실시 7월 학평 21(고3)

공차가 d이고 모든 항이 자연수인 등차수열 $\{a_n\}$이 다음 조건을 만족시킨다.

> (가) $a_1 \leq d$
> (나) 어떤 자연수 $k(k \geq 3)$에 대하여 세 항 a_2, a_k, a_{3k-1}이 이 순서대로 등비수열을 이룬다.

$90 \leq a_{16} \leq 100$일 때, a_{20}의 값을 구하시오. (4점)

G221 ✪ 2등급 대비 2013실시(A) 10월 학평 30(고3)

두 수열 $\{a_n\}$, $\{b_n\}$이 다음 조건을 만족시킨다.

> (가) $a_1 = b_1 = 6$
> (나) 수열 $\{a_n\}$은 공차가 p인 등차수열이고, 수열 $\{b_n\}$은 공비가 p인 등비수열이다.

수열 $\{b_n\}$의 모든 항이 수열 $\{a_n\}$의 항이 되도록 하는 1보다 큰 모든 자연수 p의 합을 구하시오. (4점)

G222 ✪ 2등급 대비 2022실시 10월 학평 15(고3)

수열 $\{a_n\}$의 첫째항부터 제n항까지의 합을 S_n이라 하자. 두 자연수 p, q에 대하여 $S_n = pn^2 - 36n + q$일 때, S_n이 다음 조건을 만족시키도록 하는 p의 최솟값을 p_1이라 하자.

> 임의의 두 자연수 i, j에 대하여 $i \neq j$이면 $S_i \neq S_j$이다.

$p = p_1$일 때, $|a_k| < a_1$을 만족시키는 자연수 k의 개수가 3이 되도록 하는 모든 q의 값의 합은? (4점)

① 372　② 377　③ 382　④ 387　⑤ 392

G223 ✪ 2등급 대비 2010대비(나) 9월 모평 22(고3)

수열 $\{a_n\}$의 제n항 a_n을 $\dfrac{n}{3^k}$이 자연수가 되게 하는 음이 아닌 정수 k의 최댓값이라 하자. 예를 들어, $a_1 = 0$이고 $a_6 = 1$이다. $a_m = 3$일 때, $a_m + a_{2m} + a_{3m} + \cdots + a_{9m}$의 값을 구하시오. (4점)

❖ 정답 및 해설 397~404p

경찰대, 삼사 중요 기출 문제 [어려운 3점+4점+5점]

G224 ✲✲❀ 2023대비 삼사 21(고3)

등차수열 $\{a_n\}$이 다음 조건을 만족시킨다.

(가) $a_6+a_7=-\frac{1}{2}$
(나) $a_l+a_m=1$이 되도록 하는 두 자연수 l, $m(l<m)$의 모든 순서쌍 (l, m)의 개수는 6이다.

등차수열 $\{a_n\}$의 첫째항부터 제14항까지의 합을 S라 할 때, $2S$의 값을 구하시오. (4점)

G225 ✲❀❀ 2021대비(나) 삼사 16(고3)

두 실수 a, b와 수열 $\{c_n\}$이 다음 조건을 만족시킨다.

(가) $(m+2)$개의 수
$$a, \log_2 c_1, \log_2 c_2, \log_2 c_3, \cdots, \log_2 c_m, b$$
가 이 순서대로 등차수열을 이룬다.
(나) 수열 $\{c_n\}$의 첫째항부터 제m항까지의 항을 모두 곱한 값은 32이다.

$a+b=1$일 때, 자연수 m의 값은? (4점)

① 6 ② 8 ③ 10 ④ 12 ⑤ 14

G226 ✲❀❀ 2021대비 경찰대 7(고3)

모든 항이 양수이고 공비가 서로 같은 두 등비수열 $\{a_n\}$, $\{b_n\}$이 모든 자연수 n에 대하여
$$a_nb_n=\frac{(a_{n+1})^2+4(b_{n+1})^2}{5}$$
를 만족시킬 때, 공비의 최댓값은? (4점)

① $\frac{5\sqrt{5}}{2}$ ② $\frac{5}{2}$ ③ $\frac{\sqrt{5}}{2}$ ④ $\sqrt{5}$ ⑤ 1

G227 ✲❀❀ 2022대비 경찰대 6(고3)

모든 항이 양수인 등비수열 $\{a_n\}$에 대하여
$$a_1=2a_4,\ a_3^{\log_2 3}=27$$
일 때, 집합 $\left\{n \,\middle|\, \log_4 a_n-\log_2 \frac{1}{a_n}\text{은 자연수}\right\}$의 모든 원소의 개수는? (4점)

① 4 ② 5 ③ 6 ④ 7 ⑤ 8

G228 ✲❀❀ 2019대비(나) 삼사 5(고3)

모든 항이 양수인 등비수열 $\{a_n\}$에 대하여
$$a_2a_4=2a_5,\ a_5=a_4+12a_3$$
일 때, $\log_2 a_{10}$의 값은? (3점)

① 15 ② 16 ③ 17 ④ 18 ⑤ 19

G229 ✲✲❀ 2019대비 경찰대 22(고3)

각 항이 양수인 수열 $\{a_n\}$의 첫째항부터 제n항까지의 합을 S_n이라 할 때 $S_n+S_{n+1}=(a_{n+1})^2$이 성립한다. $a_1=10$일 때, a_{10}의 값을 구하시오. (4점)

G230 ✲✲❀ 2020대비 경찰대 18(고3)

1부터 12까지의 모든 자연수를 임의로 나열하여 $a_1, a_2, a_3, \cdots, a_{12}$라 할 때,
$$|a_1-a_2|+|a_2-a_3|+|a_3-a_4|+\cdots+|a_{11}-a_{12}|$$
의 최댓값은? (5점)

① 67 ② 68 ③ 69 ④ 70 ⑤ 71

❖ 정답 및 해설 404~407p

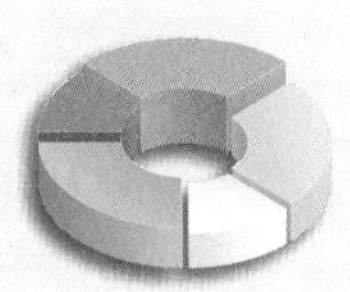

H 수열의 합

★ 유형 차례

★ 최신 3개년 수능+모평 출제 경향

학년도		출제 유형	난이도
2025	수능	유형 01 합의 기호 $\sum$	❀❀❀
		유형 07 $\sum_{k=1}^{n} a_k$와 a_n 사이의 관계	✿❀❀
	9월	유형 01 합의 기호 $\sum$	❀❀❀
		유형 10 $\sum$의 활용 – 새롭게 정의된 수열	✿❀❀
	6월	유형 02 합의 기호 $\sum$의 성질	❀❀❀
		유형 03 자연수의 거듭제곱의 합	❀❀❀
2024	수능	유형 02 합의 기호 $\sum$의 성질	❀❀❀
		유형 08 $\sum$의 활용 – 부분분수	✿✿❀
	9월	유형 02 합의 기호 $\sum$의 성질	❀❀❀
		유형 04 자연수의 거듭제곱의 합의 활용	✿✿✿
	6월	유형 02 합의 기호 $\sum$의 성질	❀❀❀
		유형 08 $\sum$의 활용 – 부분분수	✿❀❀
2023	수능	유형 02 합의 기호 $\sum$의 성질	❀❀❀
		유형 09 $\sum$의 활용 – 유리화	✿❀❀
		유형 10 $\sum$의 활용 – 새롭게 정의된 수열	✿✿❀
	9월	유형 02 합의 기호 $\sum$의 성질	❀❀❀
		유형 08 $\sum$의 활용 – 부분분수	✿❀❀
	6월	유형 03 자연수의 거듭제곱의 합	❀❀❀
		유형 05 $\sum$와 등차수열의 합	✿❀❀

★ 2025 수능 출제 경향 분석

- **합의 기호 $\sum$** : 주어진 식에 n 대신 $1, 2, 3, \cdots$를 대입하여 규칙을 찾은 후 $\sum$의 정의를 이용하여 수열 $\{a_n\}$의 합을 구하는 문제가 출제되었다. [H09 문항]
- **$\sum_{k=1}^{n} a_k$와 a_n 사이의 관계** : 수열의 첫째항부터 제n항까지의 합이 주어졌을 때 수열의 일반항을 구하고 그 수열의 첫째항부터 제5항까지의 합을 자연수의 거듭제곱의 합 공식을 이용하여 구하는 문제가 출제되었다. [H84 문항]

★ 2026 수능 예측

1. $\sum$의 뜻과 성질을 이해하고 적용하는 문제가 출제 예상된다. 특히, $\sum_{k=i}^{n} a_k$가 주어진 경우는 수열 $\{a_n\}$의 제i항부터 제n항까지의 합이므로 $\sum$의 아래, 위 숫자를 정확히 확인해야 한다.
2. 새롭게 정의된 수열에 대한 합을 구하는 문제가 출제 예상된다. 새롭게 정의된 수열에서 무엇을 구해야 하는지 집중해야 한다.

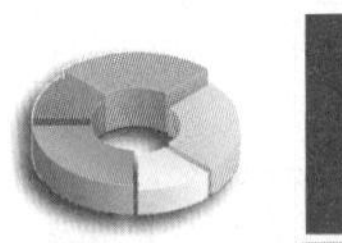

수열의 합

개념 강의

중요도 ★★○

1 합의 기호 $\sum$ ❶ – 유형 01

수열 $\{a_n\}$의 첫째항부터 제n항까지의 합
$a_1+a_2+a_3+\cdots+a_n$을 기호 $\sum$를 사용하여
다음과 같이 나타낸다.

$$a_1+a_2+a_3+\cdots+a_n=\sum_{k=1}^{n}a_k \text{ ❷}$$

예) 수열 $\{a_n\}$의 일반항이 $a_n=2n$일 때, 수열 $\{a_n\}$의 첫째항부터 제n항까지의 합을 기호 $\sum$를 사용하여 나타내면 다음과 같다.

$$2+4+6+\cdots+2n=\sum_{k=1}^{n}2k$$

2025 수능 18번
2025 9월 모평 12번
2025 9월 모평 18번

★ 수능에는 두 항의 합에 대한 조건이 주어진 수열의 합을 구하는 쉬운 문제가 출제되었고, 9월에는 $\sum$로 정의된 수열의 합을 구하는 중 난이도의 문제와 $\sum$의 정의에 의하여 각 항을 '+'로 나열한 뒤 두 식을 연립하여 주어진 값을 구하는 중하 난이도의 문제가 출제되었다.

한걸음 더!

❶ k 대신에 다른 문자를 사용해도 된다.

$$\sum_{k=1}^{n}a_k=\sum_{i=1}^{n}a_i=\sum_{j=1}^{n}a_j$$

❷ **시그마의 합**
시그마의 합에서 첫째항과 끝항이 반드시 a_1, a_n을 뜻하지는 않으므로 간단한 계산 문제라 하더라도 시작항과 끝항을 반드시 확인하자.

예) $\displaystyle\sum_{k=m}^{n}a_k=\sum_{k=1}^{n}a_k-\sum_{k=1}^{m-1}a_k$ (단, $n>m$)

2 $\sum$의 성질 ❸ – 유형 02

두 수열 $\{a_n\}$, $\{b_n\}$과 상수 c에 대하여 다음이 성립한다.

(1) $\displaystyle\sum_{k=1}^{n}(a_k+b_k)=\sum_{k=1}^{n}a_k+\sum_{k=1}^{n}b_k$

(2) $\displaystyle\sum_{k=1}^{n}(a_k-b_k)=\sum_{k=1}^{n}a_k-\sum_{k=1}^{n}b_k$

(3) $\displaystyle\sum_{k=1}^{n}ca_k=c\sum_{k=1}^{n}a_k$ (4) $\displaystyle\sum_{k=1}^{n}c=cn$

예) 두 수열 $\{a_n\}$, $\{b_n\}$의 일반항이 $a_n=3n+2$, $b_n=n-2$일 때,

$$2\sum_{k=1}^{n}a_k+3\sum_{k=1}^{n}b_k=\sum_{k=1}^{n}2a_k+\sum_{k=1}^{n}3b_k=\sum_{k=1}^{n}(2a_k+3b_k)$$
$$=\sum_{k=1}^{n}\{2(3k+2)+3(k-2)\}=\sum_{k=1}^{n}(9k-2)$$

2025 6월 모평 3번

★ $\sum$의 성질을 이용한 쉬운 계산 문제가 출제되었다. $\sum$의 성질은 수열의 합을 간단하게 구할 수 있는 도구이므로 성질을 꼭 기억한다.

❸ **틀리기 쉬운 $\sum$의 성질**

(1) $\displaystyle\sum_{k=1}^{n}a_kb_k\neq\left(\sum_{k=1}^{n}a_k\right)\times\left(\sum_{k=1}^{n}b_k\right)$

(2) $\displaystyle\sum_{k=1}^{n}\frac{a_k}{b_k}\neq\frac{\sum_{k=1}^{n}a_k}{\sum_{k=1}^{n}b_k}$

(3) $\displaystyle\sum_{k=1}^{n}a_k^2\neq\left(\sum_{k=1}^{n}a_k\right)^2$

3 자연수의 거듭제곱의 합 ❹ – 유형 03~04

$1^3+2^3+3^3+\cdots+n^3=(1+2+3+\cdots+n)^2$이므로
$\displaystyle\sum_{k=1}^{n}k^3=\left(\sum_{k=1}^{n}k\right)^2$으로 외우고 있으면 공식이 헷갈리지 않고, 정확히 기억할 수 있다.

(1) $\displaystyle\sum_{k=1}^{n}k=1+2+3+\cdots+n=\frac{n(n+1)}{2}$

(2) $\displaystyle\sum_{k=1}^{n}k^2=1^2+2^2+3^2+\cdots+n^2=\frac{n(n+1)(2n+1)}{6}$

(3) $\displaystyle\sum_{k=1}^{n}k^3=1^3+2^3+3^3+\cdots+n^3=\left\{\frac{n(n+1)}{2}\right\}^2$

예) $\displaystyle\sum_{k=1}^{5}k=\frac{5\times6}{2}=15$, $\displaystyle\sum_{k=1}^{5}k^2=\frac{5\times6\times11}{6}=55$, $\displaystyle\sum_{k=1}^{5}k^3=\left(\frac{5\times6}{2}\right)^2=225$

출제

2025 수능 12번
2025 6월 모평 18번

★ 수능에는 수열의 합과 일반항 사이의 관계를 이용하여 일반항을 구하고 수열의 합을 구하는 중 난이도의 문제가 출제되었고, 6월에는 $\sum$의 성질을 이용하여 식을 정리한 후 자연수의 거듭제곱의 합을 이용하여 값을 구하는 쉬운 문제가 출제되었다.

한걸음 더!

❹ **일반항이 $k(k+1)$, $k(k+1)(k+2)$인 수열의 합**

(1) $\displaystyle\sum_{k=1}^{n}k(k+1)=\frac{n(n+1)(n+2)}{3}$

(2) $\displaystyle\sum_{k=1}^{n}k(k+1)(k+2)=\frac{n(n+1)(n+2)(n+3)}{4}$

4 여러 가지 수열의 합 ❺ – 유형 05~15

(1) $\displaystyle\sum_{k=1}^{n}\frac{1}{k(k+1)}=\sum_{k=1}^{n}\left(\frac{1}{k}-\frac{1}{k+1}\right)$

(2) $\displaystyle\sum_{k=1}^{n}\frac{1}{(k+a)(k+b)}=\frac{1}{b-a}\sum_{k=1}^{n}\left(\frac{1}{k+a}-\frac{1}{k+b}\right)$ $(a\neq b)$

(3) $\displaystyle\sum_{k=1}^{n}\frac{1}{\sqrt{k+1}+\sqrt{k}}=\sum_{k=1}^{n}(\sqrt{k+1}-\sqrt{k})$

+개념보충

❺ (1) **부분분수**

$$\frac{1}{AB}=\frac{1}{B-A}\left(\frac{1}{A}-\frac{1}{B}\right) \quad (A\neq B)$$

(2) **분모의 유리화**

$$\frac{1}{\sqrt{A}-\sqrt{B}}=\frac{\sqrt{A}+\sqrt{B}}{A-B} \quad (A\neq B)$$

1+2 합의 기호 Σ의 성질

H01 기본 2017대비(나) 9월 모평 9(고3)

수열 $\{a_n\}$이

$$\sum_{k=1}^{7} a_k = \sum_{k=1}^{6}(a_k+1)$$

을 만족시킬 때, a_7의 값은? (3점)

① 6 ② 7 ③ 8 ④ 9 ⑤ 10

H02 기본 2006대비(나) 9월 모평 18(고3)

첫째항이 2인 등차수열 $\{a_n\}$에서 $\sum_{n=1}^{10} a_n = 200$일 때, a_{11}의 값을 구하시오. (3점)

3+4 여러 가지 수열의 합

H03 기본 2017실시(가) 3월 학평 7(고3)

좌표평면에서 자연수 n에 대하여 두 곡선

$y=\log_2 x$, $y=\log_2(2^n-x)$

가 만나는 점의 x좌표를 a_n이라 할 때, $\sum_{n=1}^{5} a_n$의 값은? (3점)

① 31 ② 32 ③ 33 ④ 34 ⑤ 35

H04 기본 2006대비(나) 9월 모평 4(고3)

수열 $\{a_n\}$에서 $a_n=2^n+(-1)^n$일 때, $a_1+a_2+a_3+\cdots+a_9$의 값은? (3점)

① $2^{10}-3$ ② $2^{10}-1$ ③ 2^{10} ④ $2^{10}+1$ ⑤ $2^{10}+3$

H05 기본 2018실시(가) 9월 학평 6(고2)

수열 $\{a_n\}$이 모든 자연수 n에 대하여 $\sum_{k=1}^{n} a_k = n^2+5n$을 만족시킬 때, a_6의 값은? (3점)

① 8 ② 12 ③ 16 ④ 20 ⑤ 24

H06 기본 2015대비(A) 6월 모평 10(고3)

$\sum_{k=1}^{n} \frac{4}{k(k+1)} = \frac{15}{4}$일 때, n의 값은? (3점)

① 11 ② 12 ③ 13 ④ 14 ⑤ 15

H07 기본 2018실시(가) 6월 학평 25(고2)

두 수열 $\{a_n\}$, $\{b_n\}$이

$a_n=$(자연수 n을 3으로 나누었을 때의 몫),

$b_n=(-1)^{n-1}\times 5^{a_n}$

일 때, $\sum_{k=1}^{9} b_k$의 값을 구하시오. (3점)

H08 기본 2012실시(나) 7월 학평 11(고3)

자연수 n에 대하여 두 함수 $f(x)=x^2-(n+1)x+n^2$, $g(x)=n(x-1)$의 그래프의 두 교점의 x좌표를 a_n, b_n이라 할 때, $\sum_{n=1}^{19} \frac{100}{a_nb_n}$의 값은? (3점)

① 80 ② 85 ③ 90 ④ 95 ⑤ 100

❖ 정답 및 해설 407~409p

수능 유형별 기출 문제 [2점, 3점, 쉬운 4점]

Pass 쉬운 유형, 반복 계산 문제로 패스 하셔도 좋습니다.

1 합의 기호 $\sum$

유형 01 합의 기호 $\sum$

출제

수열 $\{a_n\}$의 첫째항부터 제n항까지의 합 $a_1+a_2+a_3+\cdots+a_n$을 합의 기호 $\sum$를 사용하여 다음과 같이 나타낸다.

$a_1+a_2+a_3+\cdots+a_n=\sum_{k=1}^{n}a_k$

tip

$\sum_{k=1}^{n}a_k$의 값을 구하는 문제에서

1 수열 $\{a_n\}$이 등차수열이나 등비수열인 경우 등차수열의 합의 공식 또는 등비수열의 합의 공식으로 구할 수 있다.

2 수열 $\{a_n\}$이 등차수열이나 등비수열이 아닌 경우 $\sum$를 풀어 $a_1+a_2+a_3+\cdots+a_n$으로 나타내 본다.

H09 2025대비 수능 18(고3)

수열 $\{a_n\}$이 모든 자연수 n에 대하여

$a_n+a_{n+4}=12$를 만족시킬 때, $\sum_{n=1}^{16}a_n$의 값을 구하시오. (3점)

H10 2025대비 9월 모평 18(고3)

수열 $\{a_n\}$에 대하여

$$\sum_{k=1}^{10}ka_k=36,\ \sum_{k=1}^{9}ka_{k+1}=7$$

일 때, $\sum_{k=1}^{10}a_k$의 값을 구하시오. (3점)

H11 2020대비(나) 9월 모평 12(고3)

$\sum_{k=1}^{9}(k+1)^2-\sum_{k=1}^{10}(k-1)^2$의 값은? (3점)

① 91 ② 93 ③ 95
④ 97 ⑤ 99

H12 2021대비(나) 수능 12(고3)

수열 $\{a_n\}$은 $a_1=1$이고, 모든 자연수 n에 대하여

$\sum_{k=1}^{n}(a_k-a_{k+1})=-n^2+n$을 만족시킨다. a_{11}의 값은? (3점)

① 88 ② 91 ③ 94
④ 97 ⑤ 100

H13 2020실시(나) 10월 학평 14(고3)

공차가 양수인 등차수열 $\{a_n\}$에 대하여 $a_5=5$이고

$\sum_{k=3}^{7}|2a_k-10|=20$이다. a_6의 값은? (4점)

① 6 ② $\frac{20}{3}$ ③ $\frac{22}{3}$
④ 8 ⑤ $\frac{26}{3}$

2 $\sum$의 성질

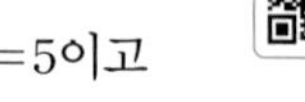

유형 02 합의 기호 $\sum$의 성질

출제

(1) $\sum_{k=1}^{n}(a_k+b_k)=\sum_{k=1}^{n}a_k+\sum_{k=1}^{n}b_k$ (2) $\sum_{k=1}^{n}(a_k-b_k)=\sum_{k=1}^{n}a_k-\sum_{k=1}^{n}b_k$

(3) $\sum_{k=1}^{n}ca_k=c\sum_{k=1}^{n}a_k$ (단, c는 상수) (4) $\sum_{k=1}^{n}c=cn$ (단, c는 상수)

tip

1 시그마는 곱과 나눗셈에서는 분리할 수 없고, 시그마에서 변수는 앞으로 나올 수 없다.

$\sum_{k=1}^{n}a_kb_k\neq\left(\sum_{k=1}^{n}a_k\right)\times\left(\sum_{k=1}^{n}b_k\right)$, $\sum_{k=1}^{n}\frac{a_k}{b_k}\neq\frac{\sum_{k=1}^{n}a_k}{\sum_{k=1}^{n}b_k}$, $\sum_{k=1}^{n}ka_k\neq k\sum_{k=1}^{n}a_k$

2 $\sum_{k=1}^{n}c$는 c를 n번 더한 것이므로 $\sum_{k=1}^{n}c=cn$이다.

H14 2025대비 6월 모평 3(고3)

수열 $\{a_n\}$에 대하여 $\sum_{k=1}^{5}(a_k+1)=9$이고 $a_6=4$일 때,

$\sum_{k=1}^{6}a_k$의 값은? (3점)

① 6 ② 7 ③ 8
④ 9 ⑤ 10

H15 ❀❀❀ 2024실시 10월 학평 18(고3)

수열 $\{a_n\}$과 상수 c에 대하여

$$\sum_{n=1}^{9} ca_n=16,\ \sum_{n=1}^{9}(a_n+c)=24$$

일 때, $\sum_{n=1}^{9} a_n$의 값을 구하시오. (3점)

H16 ❀❀❀ 2024실시 7월 학평 18(고3)

수열 $\{a_n\}$에 대하여

$$\sum_{k=1}^{15}(3a_k+2)=45,\ \ 2\sum_{k=1}^{15} a_k=42+\sum_{k=1}^{14} a_k$$

일 때, a_{15}의 값을 구하시오. (3점)

H17 ❀❀❀ 2020실시(나) 4월 학평 5(고3)

두 수열 $\{a_n\}$, $\{b_n\}$에 대하여

$\sum_{k=1}^{10} a_k=10$, $\sum_{k=1}^{10} b_k=3$일 때, $\sum_{k=1}^{10}(2a_k-b_k)$의 값은? (3점)

① 17 ② 18 ③ 19
④ 20 ⑤ 21

H18 ❀❀❀ 2020실시(가) 4월 학평 5(고3)

수열 $\{a_n\}$에 대하여 $\sum_{k=1}^{10} a_k=4$, $\sum_{k=1}^{10}(a_k+2)^2=67$일 때,

$\sum_{k=1}^{10}(a_k)^2$의 값은? (3점)

① 7 ② 8 ③ 9
④ 10 ⑤ 11

H19 ❀❀❀ 2024대비 9월 모평 17(고3)

두 수열 $\{a_n\}$, $\{b_n\}$에 대하여

$$\sum_{k=1}^{10}(2a_k-b_k)=34,\ \sum_{k=1}^{10} a_k=10$$

일 때, $\sum_{k=1}^{10}(a_k-b_k)$의 값을 구하시오. (3점)

H20 ❀❀❀ 2024대비 6월 모평 3(고3)

수열 $\{a_n\}$에 대하여 $\sum_{k=1}^{10}(2a_k+3)=60$일 때,

$\sum_{k=1}^{10} a_k$의 값은? (3점)

① 10 ② 15 ③ 20
④ 25 ⑤ 30

H21 ❀❀❀ 2024대비 수능 18(고3)

두 수열 $\{a_n\}$, $\{b_n\}$에 대하여

$$\sum_{k=1}^{10} a_k=\sum_{k=1}^{10}(2b_k-1),\ \sum_{k=1}^{10}(3a_k+b_k)=33$$

일 때, $\sum_{k=1}^{10} b_k$의 값을 구하시오. (3점)

H22 ❀❀❀ 2023대비 수능 18(고3)

두 수열 $\{a_n\}$, $\{b_n\}$에 대하여

$$\sum_{k=1}^{5}(3a_k+5)=55,\ \sum_{k=1}^{5}(a_k+b_k)=32$$

일 때, $\sum_{k=1}^{5} b_k$의 값을 구하시오. (3점)

H23 ❀❀❀ 2023대비 9월 모평 18(고3)

수열 $\{a_n\}$에 대하여 $\sum_{k=1}^{5} a_k=10$일 때,

$$\sum_{k=1}^{5} ca_k=65+\sum_{k=1}^{5} c$$

를 만족시키는 상수 c의 값을 구하시오. (3점)

❖ 정답 및 해설 409~413p

H24 ❀❀❀ 2022대비 수능 18(고3)

수열 $\{a_n\}$에 대하여

$$\sum_{k=1}^{10} a_k - \sum_{k=1}^{7} \frac{a_k}{2} = 56, \ \sum_{k=1}^{10} 2a_k - \sum_{k=1}^{8} a_k = 100$$

일 때, a_8의 값을 구하시오. (3점)

H25 ❀❀❀ 2022대비 9월 모평 18(고3)

두 수열 $\{a_n\}$, $\{b_n\}$에 대하여

$$\sum_{k=1}^{10} (a_k + 2b_k) = 45, \ \sum_{k=1}^{10} (a_k - b_k) = 3$$

일 때, $\sum_{k=1}^{10} \left(b_k - \frac{1}{2}\right)$의 값을 구하시오. (3점)

H26 ❀❀❀ 2021대비(나) 수능 10(고3)

두 수열 $\{a_n\}$, $\{b_n\}$에 대하여

$$\sum_{k=1}^{5} a_k = 8, \ \sum_{k=1}^{5} b_k = 9$$

일 때, $\sum_{k=1}^{5} (2a_k - b_k + 4)$의 값은? (3점)

① 19 ② 21 ③ 23
④ 25 ⑤ 27

H27 ❀❀❀ 2023실시 10월 학평 18(고3)

두 수열 $\{a_n\}$, $\{b_n\}$에 대하여

$$\sum_{k=1}^{10} (a_k - b_k + 2) = 50, \ \sum_{k=1}^{10} (a_k - 2b_k) = -10$$

일 때, $\sum_{k=1}^{10} (a_k + b_k)$의 값을 구하시오. (3점)

H28 ❀❀❀ 2023실시 7월 학평 18(고3)

두 수열 $\{a_n\}$, $\{b_n\}$에 대하여

$$\sum_{k=1}^{10} (2a_k + 3) = 40, \ \sum_{k=1}^{10} (a_k - b_k) = -10$$

일 때, $\sum_{k=1}^{10} (b_k + 5)$의 값을 구하시오. (3점)

H29 ✿❀❀ 2024실시 3월 학평 18(고3)

수열 $\{a_n\}$에 대하여

$$\sum_{k=1}^{10} a_k + \sum_{k=1}^{9} a_k = 137, \ \sum_{k=1}^{10} a_k - \sum_{k=1}^{9} 2a_k = 101$$

일 때, a_{10}의 값을 구하시오. (3점)

H30 ✿❀❀ 2017실시(나) 10월 학평 25(고3)

수열 $\{a_n\}$에 대하여

$$\sum_{k=1}^{n} a_k = \log_2(n^2 + n)$$

일 때, $\sum_{n=1}^{15} a_{2n+1}$의 값을 구하시오. (3점)

H31 ✿❀❀ 2018대비(나) 9월 모평 11(고3)

두 수열 $\{a_n\}$, $\{b_n\}$이 모든 자연수 n에 대하여 $a_n + b_n = 10$을 만족시킨다. $\sum_{k=1}^{10} (a_k + 2b_k) = 160$일 때, $\sum_{k=1}^{10} b_k$의 값은? (3점)

① 60 ② 70 ③ 80
④ 90 ⑤ 100

3 자연수의 거듭제곱의 합

유형 03 자연수의 거듭제곱의 합

(1) $\sum_{k=1}^{n} k = 1+2+\cdots+n = \frac{n(n+1)}{2}$

(2) $\sum_{k=1}^{n} k^2 = 1^2+2^2+\cdots+n^2 = \frac{n(n+1)(2n+1)}{6}$

(3) $\sum_{k=1}^{n} k^3 = 1^3+2^3+\cdots+n^3 = \left\{\frac{n(n+1)}{2}\right\}^2$

tip

Σ의 아래끝, 위끝이 같으면 합칠 수 있다.

즉, $\sum_{k=1}^{n} a_k + \sum_{k=1}^{n} b_k = \sum_{k=1}^{n} (a_k+b_k)$이 성립한다.

H32 ❀❀❀ 2025대비 6월 모평 18(고3)

$\sum_{k=1}^{9}(ak^2-10k)=120$일 때, 상수 a의 값을 구하시오. (3점)

H33 ❀❀❀ 2023대비 6월 모평 18(고3)

$\sum_{k=1}^{10}(4k+a)=250$일 때, 상수 a의 값을 구하시오. (3점)

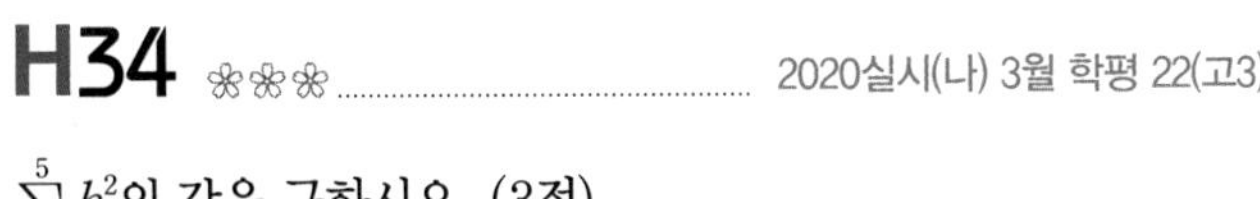

H34 ❀❀❀ 2020실시(나) 3월 학평 22(고3)

$\sum_{k=1}^{5} k^2$의 값을 구하시오. (3점)

H35 ❀❀❀ 2016대비(A) 6월 모평 24(고3)

$\sum_{k=1}^{10}(2k+a)=300$일 때, 상수 a의 값을 구하시오. (3점)

H36 ❀❀❀ 2008대비(나) 9월 모평 18(고3)

$\sum_{k=1}^{10}(k+2)(k-2)$의 값을 구하시오. (3점)

H37 ✿❀❀ 2022실시 10월 학평 18(고3)

$\sum_{k=1}^{6}(k+1)^2-\sum_{k=1}^{5}(k-1)^2$의 값을 구하시오. (3점)

유형 04 자연수의 거듭제곱의 합의 활용

(1) $\sum_{k=1}^{n} k = 1+2+\cdots+n = \frac{n(n+1)}{2}$

(2) $\sum_{k=1}^{n} k^2 = 1^2+2^2+\cdots+n^2 = \frac{n(n+1)(2n+1)}{6}$

(3) $\sum_{k=1}^{n} k^3 = 1^3+2^3+\cdots+n^3 = \left\{\frac{n(n+1)}{2}\right\}^2$

tip

Σ의 아래끝이 1이 아니면 다음을 이용한다.

$\sum_{k=m}^{n} a_k = \sum_{k=1}^{n} a_k - \sum_{k=1}^{m-1} a_k \ (2\le m<n)$

H38 ❀❀❀ 2017대비(나) 수능 25(고3)

함수 $f(x)=\frac{1}{2}x+2$에 대하여 $\sum_{k=1}^{15} f(2k)$의 값을 구하시오. (3점)

H39 ❀❀❀ 2021대비(나) 9월 모평 11(고3)

n이 자연수일 때, x에 대한 이차방정식

$$(n^2+6n+5)x^2-(n+5)x-1=0$$

의 두 근의 합을 a_n이라 하자. $\sum_{k=1}^{10}\frac{1}{a_k}$의 값은? (3점)

① 65 ② 70 ③ 75
④ 80 ⑤ 85

❖ 정답 및 해설 413~416p

H40 ❀❀❀ 2016실시(나) 3월 학평 10(고3)

x에 대한 이차방정식 $nx^2-(2n^2-n)x-5=0$의 두 근의 합을 a_n (n은 자연수)이라 하자. $\sum_{k=1}^{10} a_k$의 값은? (3점)

① 88 ② 91 ③ 94
④ 97 ⑤ 100

H41 ❀❀❀ 2021실시 3월 학평 7(고3)

수열 $\{a_n\}$의 일반항이

$$a_n=\begin{cases} \dfrac{(n+1)^2}{2} & (n\text{이 홀수인 경우}) \\ \dfrac{n^2}{2}+n+1 & (n\text{이 짝수인 경우}) \end{cases}$$

일 때, $\sum_{n=1}^{10} a_n$의 값은? (3점)

① 235 ② 240 ③ 245
④ 250 ⑤ 255

H42 ✿❀❀ 2020실시(가) 4월 학평 13(고3)

$\sum_{n=1}^{20} (-1)^n n^2$의 값은? (3점)

① 195 ② 200 ③ 205
④ 210 ⑤ 215

H43 ✿❀❀ 2020대비(나) 수능 25(고3)

자연수 n에 대하여 다항식 $2x^2-3x+1$을 $x-n$으로 나누었을 때의 나머지를 a_n이라 할 때, $\sum_{n=1}^{7} (a_n-n^2+n)$의 값을 구하시오. (3점)

H44 ✿❀❀ 2017실시(나) 7월 학평 16(고3)

수열 $\{a_n\}$의 각 항이

$a_1=1$
$a_2=1+3$
$a_3=1+3+5$
$\vdots$
$a_n=1+3+5+\cdots+(2n-1)$
$\vdots$

일 때, $\log_4(2^{a_1}\times 2^{a_2}\times 2^{a_3}\times\cdots\times 2^{a_{12}})$의 값은? (4점)

① 315 ② 320 ③ 325
④ 330 ⑤ 335

H45 ✿❀❀ 2009실시(나) 4월 학평 27(고3)

$\sum_{k=1}^{12} k^2+\sum_{k=2}^{12} k^2+\sum_{k=3}^{12} k^2+\cdots+\sum_{k=12}^{12} k^2$의 값은? (4점)

① 3376 ② 4356 ③ 5324
④ 5840 ⑤ 6084

H46 ✿✿❀ 2015대비(B) 수능 21(고3)

자연수 n에 대하여 다음 조건을 만족시키는 가장 작은 자연수 m을 a_n이라 할 때, $\sum_{n=1}^{10} a_n$의 값은? (4점)

(가) 점 A의 좌표는 $(2^n, 0)$이다.
(나) 두 점 $B(1, 0)$과 $C(2^m, m)$을 지나는 직선 위의 점 중 x좌표가 2^n인 점을 D라 할 때, 삼각형 ABD의 넓이는 $\frac{m}{2}$보다 작거나 같다.

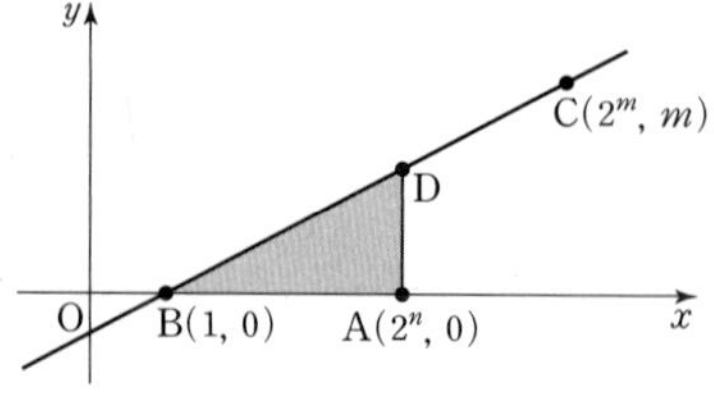

① 109 ② 111 ③ 113
④ 115 ⑤ 117

H47 ✲✲❀ 2014실시(A) 4월 학평 29(고3)

함수 $f(x)$가 다음 조건을 만족시킨다.

(가) $-1 \le x < 1$에서 $f(x)=|2x|$이다.
(나) 모든 실수 x에 대하여 $f(x+2)=f(x)$이다.

자연수 n에 대하여 함수 $y=f(x)$의 그래프와 함수 $y=\log_{2n} x$의 그래프가 만나는 점의 개수를 a_n이라 하자. $\sum_{n=1}^{7} a_n$의 값을 구하시오. (4점)

4 여러 가지 수열의 합

유형 05 Σ와 등차수열의 합

등차수열의 첫째항, 공차, 항의 수를 구하고
등차수열의 합의 공식을 이용한다.
즉, 첫째항이 a, 공차가 d, 항의 수가 n인 등차수열 $\{a_n\}$에 대하여 $\sum_{k=1}^{n} a_k$의 값은

$$\sum_{k=1}^{n} a_k = \frac{n\{2a+(n-1)d\}}{2}$$

tip
1 첫째항이 a이고, 공차가 d인 등차수열 $\{a_n\}$의 일반항은 $a_n=a+(n-1)d$임을 이용한다.
2 다항식의 Σ 계산은 자연수의 거듭제곱의 합 공식을 이용한다.

H48 ❀❀❀ 2021대비(가) 수능 25(고3)

첫째항이 3인 등차수열 $\{a_n\}$에 대하여 $\sum_{k=1}^{5} a_k = 55$일 때, $\sum_{k=1}^{5} k(a_k-3)$의 값을 구하시오. (3점)

H49 ✲❀❀ 2022대비 5월 예시 20(고2)

공차가 정수인 등차수열 $\{a_n\}$에 대하여

$$a_3+a_5=0,\ \sum_{k=1}^{6}(|a_k|+a_k)=30$$

일 때, a_9의 값을 구하시오. (4점)

H50 ✲❀❀ 2020실시(가) 7월 학평 17(고3)

등차수열 $\{a_n\}$에 대하여

$$S_n=\sum_{k=1}^{n} a_k,\ T_n=\sum_{k=1}^{n} |a_k|$$

라 할 때, S_n, T_n은 다음 조건을 만족시킨다.

(가) $S_7=T_7$
(나) 6 이상의 모든 자연수 n에 대하여 $S_n+T_n=84$이다.

T_{15}의 값은? (4점)

① 96 ② 102 ③ 108
④ 114 ⑤ 120

H51 ✲❀❀ 2019실시(나) 7월 학평 14(고3)

공차가 0이 아닌 등차수열 $\{a_n\}$에 대하여 $a_9=2a_3$일 때, $\sum_{n=1}^{24} \frac{(a_{n+1}-a_n)^2}{a_n a_{n+1}}$의 값은? (4점)

① $\frac{3}{14}$ ② $\frac{2}{7}$ ③ $\frac{5}{14}$
④ $\frac{3}{7}$ ⑤ $\frac{1}{2}$

H52 ✲❀❀ 2023실시 3월 학평 10(고3)

공차가 양수인 등차수열 $\{a_n\}$이 다음 조건을 만족시킬 때, a_{10}의 값은? (4점)

(가) $|a_4|+|a_6|=8$
(나) $\sum_{k=1}^{9} a_k = 27$

① 21 ② 23 ③ 25
④ 27 ⑤ 29

❖ 정답 및 해설 417~421p

H53 ✿❀❀ 2018대비(나) 6월 모평 15(고3)

공차가 양수인 등차수열 $\{a_n\}$에 대하여 이차방정식 $x^2-14x+24=0$의 두 근이 a_3, a_8이다. $\sum_{n=3}^{8} a_n$의 값은? (4점)

① 40 ② 42 ③ 44 ④ 46 ⑤ 48

H54 ✿❀❀ 2016실시(나) 7월 학평 26(고3)

첫째항이 3인 등차수열 $\{a_n\}$에 대하여 $\sum_{n=1}^{10}(a_{5n}-a_n)=440$일 때, $\sum_{n=1}^{10} a_n$의 값을 구하시오. (4점)

H55 ✿❀❀ 2015실시(A) 4월 학평 9(고3)

수열 $\{a_n\}$에서 $a_n=2n-3$일 때, $\sum_{k=2}^{m} a_{k+1}=48$을 만족시키는 m의 값은? (3점)

① 4 ② 5 ③ 6 ④ 7 ⑤ 8

H56 ✿❀❀ 2015대비(A) 수능 17(고3)

등차수열 $\{a_n\}$이 $\sum_{k=1}^{n} a_{2k-1}=3n^2+n$을 만족시킬 때, a_8의 값은? (4점)

① 16 ② 19 ③ 22 ④ 25 ⑤ 28

H57 ✿❀❀ 2015대비(A) 9월 모평 24(고3)

등차수열 $\{a_n\}$에 대하여 $a_1+a_{10}=22$일 때, $\sum_{k=2}^{9} a_k$의 값을 구하시오. (3점)

H58 ✿❀❀ 2015대비(A) 6월 모평 26(고3)

수열 $\{a_n\}$은 $a_1=15$이고,

$$\sum_{k=1}^{n}(a_{k+1}-a_k)=2n+1 \ (n\geq 1)$$

을 만족시킨다. a_{10}의 값을 구하시오. (4점)

H59 ✿❀❀ 2014대비(B) 9월 모평 24(고3)

등차수열 $\{a_n\}$이 $a_2=-2$, $a_5=7$일 때, $\sum_{k=1}^{10} a_{2k}$의 값을 구하시오. (3점)

H60 ✿❀❀ 2012대비(나) 수능 11(고3)

첫째항이 -5이고 공차가 2인 등차수열 $\{a_n\}$에 대하여 $\sum_{k=11}^{20} a_k$의 값은? (3점)

① 260 ② 255 ③ 250 ④ 245 ⑤ 240

H61 ✿❀❀ 2012대비(나) 6월 모평 23(고3)

첫째항이 2인 등차수열 $\{a_n\}$에 대하여 $a_4-a_2=4$일 때, $\sum_{k=11}^{20} a_k$의 값을 구하시오. (4점)

H62 ✿❀❀ 2007대비(나) 수능 22(고3)

첫째항이 0이고 공차가 0이 아닌 등차수열 $\{a_n\}$에 대하여 수열 $\{b_n\}$이 $a_{n+1}b_n=\sum_{k=1}^{n}a_k$를 만족시킬 때, b_{27}의 값을 구하시오. (4점)

H63 ✿❀❀ 2005실시(나) 7월 학평 27(고3)

수열 $\{a_n\}$에 대하여 $\sum_{k=1}^{n}a_k=2n^2$일 때, $\sum_{k=1}^{10}a_{2k}$의 값은? (3점)

① 240 ② 300 ③ 360
④ 420 ⑤ 480

H64 ✿❀❀ 2023대비 6월 모평 12(고3)

공차가 3인 등차수열 $\{a_n\}$이 다음 조건을 만족시킬 때, a_{10}의 값은? (4점)

(가) $a_5\times a_7<0$
(나) $\sum_{k=1}^{6}|a_{k+6}|=6+\sum_{k=1}^{6}|a_{2k}|$

① $\frac{21}{2}$ ② 11 ③ $\frac{23}{2}$
④ 12 ⑤ $\frac{25}{2}$

H65 ✿✿❀ 2024실시 5월 학평 11(고3)

공차가 정수인 두 등차수열 $\{a_n\}$, $\{b_n\}$과 자연수 $m(m\geq 3)$이 다음 조건을 만족시킨다.

(가) $|a_1-b_1|=5$
(나) $a_m=b_m$, $a_{m+1}<b_{m+1}$

$\sum_{k=1}^{m}a_k=9$일 때, $\sum_{k=1}^{m}b_k$의 값은? (4점)

① -6 ② -5 ③ -4
④ -3 ⑤ -2

H66 ✿✿❀ 2024실시 3월 학평 11(고3)

공차가 음의 정수인 등차수열 $\{a_n\}$에 대하여

$$a_6=-2,\ \sum_{k=1}^{8}|a_k|=\sum_{k=1}^{8}a_k+42$$

일 때, $\sum_{k=1}^{8}a_k$의 값은? (4점)

① 40 ② 44 ③ 48
④ 52 ⑤ 56

H67 ✿✿❀ 2022대비 9월 모평 13(고3)

첫째항이 -45이고 공차가 d인 등차수열 $\{a_n\}$이 다음 조건을 만족시키도록 하는 모든 자연수 d의 값의 합은? (4점)

(가) $|a_m|=|a_{m+3}|$인 자연수 m이 존재한다.
(나) 모든 자연수 n에 대하여 $\sum_{k=1}^{n}a_k>-100$이다.

① 44 ② 48 ③ 52
④ 56 ⑤ 60

H68 ✿✿❀ 2020실시(나) 7월 학평 17(고3)

등차수열 $\{a_n\}$에 대하여

$$S_n=\sum_{k=1}^{n}a_k,\ T_n=\sum_{k=1}^{n}|a_k|$$

라 할 때, 수열 $\{a_n\}$이 다음 조건을 만족시킨다.

(가) $a_7=a_6+a_8$
(나) 6 이상의 모든 자연수 n에 대하여 $S_n+T_n=84$이다.

T_{15}의 값은? (4점)

① 96 ② 102 ③ 108
④ 114 ⑤ 120

❖ 정답 및 해설 421~427p

H69 ✿✿✿ 2020대비(나) 수능 15(고3)

첫째항이 50이고 공차가 -4인 등차수열의 첫째항부터 제n항까지의 합을 S_n이라 할 때, $\sum_{k=m}^{m+4} S_k$의 값이 최대가 되도록 하는 자연수 m의 값은? (4점)

① 8　② 9　③ 10　④ 11　⑤ 12

H70 ✿✿✿ 2023실시 7월 학평 12(고3)

모든 항이 정수이고 공차가 5인 등차수열 $\{a_n\}$과 자연수 m이 다음 조건을 만족시킨다.

> (가) $\sum_{k=1}^{2m+1} a_k < 0$
>
> (나) $|a_m| + |a_{m+1}| + |a_{m+2}| < 13$

$24 < a_{21} < 29$일 때, m의 값은? (4점)

① 10　② 12　③ 14　④ 16　⑤ 18

유형 06 $\sum$와 등비수열의 합

첫째항이 a, 공비가 r인 등비수열 $\{a_n\}$의 합은

$$\sum_{k=1}^{n} ar^{k-1} = \frac{a(r^n-1)}{r-1} = \frac{a(1-r^n)}{1-r} \text{ (단, } r \neq 1)$$

tip

1. 지수식의 $\sum$ 계산은 등비수열의 합 공식을 이용한다.
2. $\sum_{k=1}^{n} r^k$은 첫째항이 r이고, 공비가 r인 등비수열의 첫째항부터 제n항까지의 합을 나타낸다.

H71 ✿✿✿ 2020대비(나) 6월 모평 24(고3)

공비가 양수인 등비수열 $\{a_n\}$에 대하여

$$a_1 = 2,\ \frac{a_5}{a_3} = 9$$

일 때, $\sum_{k=1}^{4} a_k$의 값을 구하시오. (3점)

H72 ✿✿✿ 2019대비(나) 6월 모평 15(고3)

등비수열 $\{a_n\}$에 대하여

$$a_3 = 4(a_2 - a_1),\ \sum_{k=1}^{6} a_k = 15$$

일 때, $a_1 + a_3 + a_5$의 값은? (4점)

① 3　② 4　③ 5　④ 6　⑤ 7

H73 ✿✿✿ 2022실시 4월 학평 8(고3)

공비가 $\sqrt{3}$인 등비수열 $\{a_n\}$과 공비가 $-\sqrt{3}$인 등비수열 $\{b_n\}$에 대하여

$$a_1 = b_1,\ \sum_{n=1}^{8} a_n + \sum_{n=1}^{8} b_n = 160$$

일 때, $a_3 + b_3$의 값은? (3점)

① 9　② 12　③ 15　④ 18　⑤ 21

H74 ✿✿✿ 2022실시 3월 학평 18(고3)

부등식 $\sum_{k=1}^{5} 2^{k-1} < \sum_{k=1}^{n} (2k-1) < \sum_{k=1}^{5} (2 \times 3^{k-1})$을 만족시키는 모든 자연수 n의 값의 합을 구하시오. (3점)

H75 ✿✿✿ 2020실시(가) 4월 학평 17(고3)

모든 항이 양수인 등비수열 $\{a_n\}$이 다음 조건을 만족시킬 때, a_3의 값은? (4점)

> (가) $\sum_{k=1}^{4} a_k = 45$
>
> (나) $\sum_{k=1}^{6} \frac{a_2 \times a_5}{a_k} = 189$

① 12　② 15　③ 18　④ 21　⑤ 24

H76 ✿❀❀ 2019실시(나) 7월 학평 26(고3)

첫째항이 2이고 모든 항이 양수인 수열 $\{a_n\}$이 있다. x에 대한 이차방정식 $a_nx^2-a_{n+1}x+a_n=0$이 모든 자연수 n에 대하여 중근을 가질 때, $\sum_{k=1}^{8} a_k$의 값을 구하시오. (4점)

H77 ✿❀❀ 2018실시(가) 3월 학평 16(고3)

그림과 같이 제 1 사분면에 있는 곡선 $y=\log_2(x+1)$ 위의 점 P를 지나고 기울기가 -1인 직선이 x축과 만나는 점을 Q라 하자. 자연수 n에 대하여 $\overline{PQ}=\sqrt{2}n$이 되도록 하는 점 Q의 x좌표를 x_n이라 할 때, $\sum_{k=1}^{5} x_k$의 값은? (4점)

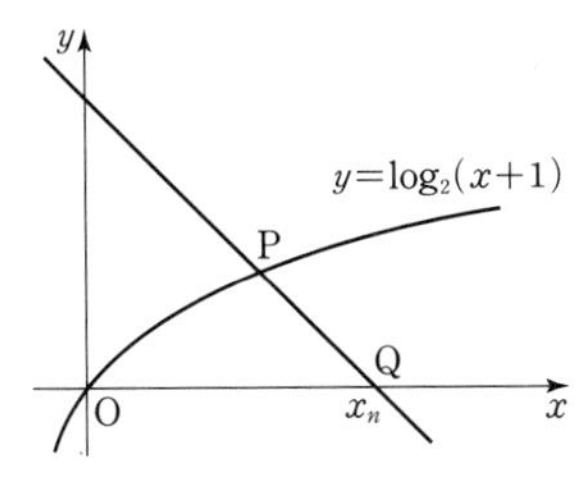

① 72 ② 84 ③ 96 ④ 108 ⑤ 120

H78 ✿✿❀ 2019실시(가) 9월 학평 26(고2)

첫째항과 공비가 모두 자연수인 등비수열 $\{a_n\}$에 대하여 $5\le a_2\le 6$, $42\le a_4\le 96$일 때, $\sum_{n=1}^{5} a_n$의 값을 구하시오. (4점)

H79 ✿✿❀ 2020대비(나) 6월 모평 28(고3)

첫째항이 2이고 공비가 정수인 등비수열 $\{a_n\}$과 자연수 m이 다음 조건을 만족시킬 때, a_m의 값을 구하시오. (4점)

(가) $4<a_2+a_3\le 12$
(나) $\sum_{k=1}^{m} a_k=122$

H

H80 ✿✿❀ 2018실시(나) 11월 학평 27(고2)

모든 항이 양수인 등비수열 $\{a_n\}$이 다음 조건을 만족시킬 때, a_3의 값을 구하시오. (4점)

(가) $a_1\times a_2=2a_3$
(나) $\sum_{k=1}^{20} a_k=\frac{a_{21}-a_1}{3}$

H81 ✿✿❀ 2015실시(B) 3월 학평 27(고3)

모든 항이 양의 실수인 등비수열 $\{a_n\}$의 첫째항부터 제n항까지의 합을 S_n이라 하자. $S_3=7a_3$일 때, $\sum_{n=1}^{8}\frac{S_n}{a_n}$의 값을 구하시오. (4점)

❖ 정답 및 해설 427~433p

H82 ✿✿❀ 2014실시(B) 10월 학평 26(고3)

수열 $\{a_n\}$은 첫째항이 양수이고 공비가 1보다 큰 등비수열이다. $a_3a_5=a_1$일 때, $\sum_{k=1}^{n}\frac{1}{a_k}=\sum_{k=1}^{n}a_k$를 만족시키는 자연수 n의 값을 구하시오. (4점)

2025 수능 출제

유형 07 $\sum_{k=1}^{n}a_k$와 a_n 사이의 관계

$S_n=\sum_{k=1}^{n}a_k$가 주어지면

(i) $a_1=\sum_{k=1}^{1}a_k$

(ii) $a_n=\sum_{k=1}^{n}a_k-\sum_{k=1}^{n-1}a_k\ (n\geq 2)$

임을 이용하여 수열 $\{a_n\}$의 일반항을 구한다.

tip

수열의 합 $\sum_{k=1}^{n}a_k$와 일반항 a_n 사이의 관계

⇨ $a_n=\sum_{k=1}^{n}a_k-\sum_{k=1}^{n-1}a_k\ (n\geq 2)$

H83 ❀❀❀ 2016실시(나) 3월 학평 23(고3)

수열 $\{a_n\}$이 $\sum_{k=1}^{n}a_k=2n-1$을 만족시킬 때, a_{10}의 값을 구하시오. (3점)

H84 ✿❀❀ 2025대비 수능 12(고3)

$a_1=2$인 수열 $\{a_n\}$과 $b_1=2$인 등차수열 $\{b_n\}$이 모든 자연수 n에 대하여 $\sum_{k=1}^{n}\frac{a_k}{b_{k+1}}=\frac{1}{2}n^2$을 만족시킬 때, $\sum_{k=1}^{5}a_k$의 값은? (4점)

① 120 ② 125 ③ 130 ④ 135 ⑤ 140

H85 ✿❀❀ 2021대비(나) 6월 모평 28(고3)

수열 $\{a_n\}$이 모든 자연수 n에 대하여 $\sum_{k=1}^{n}\frac{4k-3}{a_k}=2n^2+7n$을 만족시킨다. $a_5\times a_7\times a_9=\frac{q}{p}$일 때, $p+q$의 값을 구하시오.

(단, p와 q는 서로소인 자연수이다.) (4점)

H86 ✿❀❀ 2015대비(B) 6월 모평 13(고3)

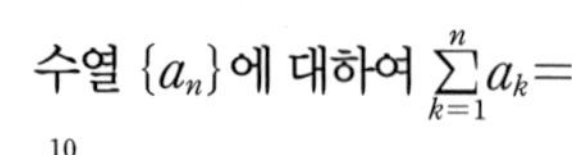

수열 $\{a_n\}$에 대하여 $\sum_{k=1}^{n}a_k=n^2-n\ (n\geq 1)$일 때, $\sum_{k=1}^{10}ka_{4k+1}$의 값은? (3점)

① 2960 ② 3000 ③ 3040 ④ 3080 ⑤ 3120

H87 ✿❀❀ 2014대비(A) 수능 13(고3)

자연수 n에 대하여 $f(n)$이 다음과 같다.

$$f(n)=\begin{cases}\log_3 n & (n\text{이 홀수})\\ \log_2 n & (n\text{이 짝수})\end{cases}$$

수열 $\{a_n\}$이 $a_n=f(6^n)-f(3^n)$일 때, $\sum_{n=1}^{15}a_n$의 값은? (3점)

① $120(\log_2 3-1)$ ② $105\log_3 2$ ③ $105\log_2 3$ ④ $120\log_2 3$ ⑤ $120(\log_3 2+1)$

H88 ✿✿❀ 2017실시(나) 7월 학평 26(고3)

첫째항이 2, 공차가 4인 등차수열 $\{a_n\}$에 대하여 $\sum_{k=1}^{n}a_kb_k=4n^3+3n^2-n$일 때, b_5의 값을 구하시오. (4점)

H89 ✿✿❀ 2017실시(나) 4월 학평 27(고3)

수열 $\{a_n\}$에 대하여

$$\sum_{k=1}^{n}(2k-1)a_k=n(n+1)(4n-1)$$

일 때, a_{20}의 값을 구하시오. (4점)

H90 ✿✿✿ 2013대비(나) 6월 모평 11(고3)

첫째항이 2이고, 각 항이 양수인 수열 $\{a_n\}$의 첫째항부터 제n항까지의 합을 S_n이라 하자.

$\sum_{k=1}^{10} \frac{a_{k+1}}{S_k S_{k+1}} = \frac{1}{3}$일 때, S_{11}의 값은? (3점)

① 6 ② 7 ③ 8
④ 9 ⑤ 10

유형 08 Σ의 활용 – 부분분수

부분분수를 이용한 수열의 합

$$\sum_{k=1}^{n} \frac{1}{k(k+1)} = \sum_{k=1}^{n} \left(\frac{1}{k} - \frac{1}{k+1} \right)$$

tip

1 분수 꼴로 나타내어진 수열의 합을 구할 때는 부분분수로 고친다.

$\frac{1}{AB} = \frac{1}{B-A} \left(\frac{1}{A} - \frac{1}{B} \right)$ (단, $A \neq B$)

2 항이 연쇄적으로 소거될 때, 앞에서 남는 항과 뒤에서 남는 항은 서로 대칭이 되는 위치에 있다.

H91 ✿✿✿ 2020실시(가) 7월 학평 8(고3)

수열 $\{a_n\}$의 일반항이 $a_n = 2n+1$일 때, $\sum_{n=1}^{12} \frac{1}{a_n a_{n+1}}$의 값은? (3점)

① $\frac{1}{9}$ ② $\frac{4}{27}$ ③ $\frac{5}{27}$
④ $\frac{2}{9}$ ⑤ $\frac{7}{27}$

H92 ✿✿✿ 2019실시(나) 9월 학평 15(고2)

수열 $\{a_n\}$이 모든 자연수 n에 대하여

$a_n = {}_{n+1}C_2$

를 만족시킬 때, $\sum_{n=1}^{9} \frac{1}{a_n}$의 값은? (4점)

① $\frac{7}{5}$ ② $\frac{3}{2}$ ③ $\frac{8}{5}$
④ $\frac{17}{10}$ ⑤ $\frac{9}{5}$

H93 ✿✿✿ 2018실시(나) 7월 학평 12(고3)

n이 자연수일 때, x에 대한 다항식 $x^3+(1-n)x^2+n$을 $x-n$으로 나눈 나머지를 a_n이라 하자.

$\sum_{n=1}^{10} \frac{1}{a_n}$의 값은? (3점)

① $\frac{7}{8}$ ② $\frac{8}{9}$ ③ $\frac{9}{10}$
④ $\frac{10}{11}$ ⑤ $\frac{11}{12}$

H94 ✿✿✿ 2023대비 9월 모평 7(고3)

수열 $\{a_n\}$의 첫째항부터 제n항까지의 합을 S_n이라 하자. $S_n = \frac{1}{n(n+1)}$일 때, $\sum_{k=1}^{10} (S_k - a_k)$의 값은? (3점)

① $\frac{1}{2}$ ② $\frac{3}{5}$ ③ $\frac{7}{10}$
④ $\frac{4}{5}$ ⑤ $\frac{9}{10}$

H95 ✿✿✿ 2024대비 6월 모평 9(고3)

수열 $\{a_n\}$이 모든 자연수 n에 대하여

$$\sum_{k=1}^{n} \frac{1}{(2k-1)a_k} = n^2+2n$$

을 만족시킬 때, $\sum_{n=1}^{10} a_n$의 값은? (4점)

① $\frac{10}{21}$ ② $\frac{4}{7}$ ③ $\frac{2}{3}$
④ $\frac{16}{21}$ ⑤ $\frac{6}{7}$

H96 ✿✿✿ 2024대비 수능 11(고3)

공차가 0이 아닌 등차수열 $\{a_n\}$에 대하여

$$|a_6| = a_8, \ \sum_{k=1}^{5} \frac{1}{a_k a_{k+1}} = \frac{5}{96}$$

일 때, $\sum_{k=1}^{15} a_k$의 값은? (4점)

① 60 ② 65 ③ 70
④ 75 ⑤ 80

❖ 정답 및 해설 433~437p

H97 ✿✿✿ 2017실시(나) 3월 학평 27(고3)

함수 $f(x)=x^2+x-\frac{1}{3}$에 대하여 부등식

$$f(n)<k<f(n)+1(n=1,\ 2,\ 3,\ \cdots)$$

을 만족시키는 정수 k의 값을 a_n이라 하자. $\sum_{n=1}^{100}\frac{1}{a_n}=\frac{q}{p}$일 때, $p+q$의 값을 구하시오. (단, p와 q는 서로소인 자연수이다.) (4점)

H98 ✿✿✿ 2011실시(나) 10월 학평 30(고3)

수열 $\{a_n\}$이

$$a_1=3,\ a_n=8n-4\ (n=2,\ 3,\ 4,\ \cdots)$$

를 만족시키고, 수열 $\{a_n\}$의 첫째항부터 제n항까지의 합을 S_n이라 하자. $\sum_{n=1}^{10}\frac{1}{S_n}=\frac{q}{p}$일 때, $p+q$의 값을 구하시오.

(단, p와 q는 서로소인 자연수이다.) (4점)

유형 09 $\sum$의 활용 - 유리화

근호를 포함한 식으로 나타내어지는 수열의 합은

(i) 일반항의 분모를 유리화한다.

(ii) 합의 기호 $\sum$를 풀어 계산한다.

tip

1 분모에 근호가 포함된 식은 분모를 유리화한다.

$$\frac{1}{\sqrt{a}+\sqrt{b}}=\frac{\sqrt{a}-\sqrt{b}}{a-b}\ (\text{단, } a\neq b)$$

2 항이 연쇄적으로 소거될 때, 앞에서 남는 항과 뒤에서 남는 항은 서로 대칭이 되는 위치에 있다.

H99 ✿✿✿ 2017대비(나) 9월 모평 14(고3)

첫째항이 4이고 공차가 1인 등차수열 $\{a_n\}$에 대하여

$$\sum_{k=1}^{12}\frac{1}{\sqrt{a_{k+1}}+\sqrt{a_k}}$$

의 값은? (4점)

① 1 ② 2 ③ 3
④ 4 ⑤ 5

H100 ✿✿✿ 2023대비 수능 7(고3)

모든 항이 양수이고 첫째항과 공차가 같은 등차수열 $\{a_n\}$이 $\sum_{k=1}^{15}\frac{1}{\sqrt{a_k}+\sqrt{a_{k+1}}}=2$를 만족시킬 때, a_4의 값은? (3점)

① 6 ② 7 ③ 8
④ 9 ⑤ 10

H101 ✿✿✿ 2020대비(나) 9월 모평 26(고3)

n이 자연수일 때, x에 대한 이차방정식

$$x^2-(2n-1)x+n(n-1)=0$$

의 두 근을 α_n, β_n이라 하자. $\sum_{n=1}^{81}\frac{1}{\sqrt{\alpha_n}+\sqrt{\beta_n}}$의 값을 구하시오.

(4점)

H102 ✿✿✿ 2018실시(나) 9월 학평 16(고2)

자연수 n에 대하여 직선 $x=n$이 두 곡선 $y=\sqrt{x}$, $y=-\sqrt{x+1}$과 만나는 점을 각각 A_n, B_n이라 하자. 삼각형 A_nOB_n의 넓이를 T_n이라 할 때, $\sum_{n=1}^{24}\frac{n}{T_n}$의 값은? (단, O는 원점이다.) (4점)

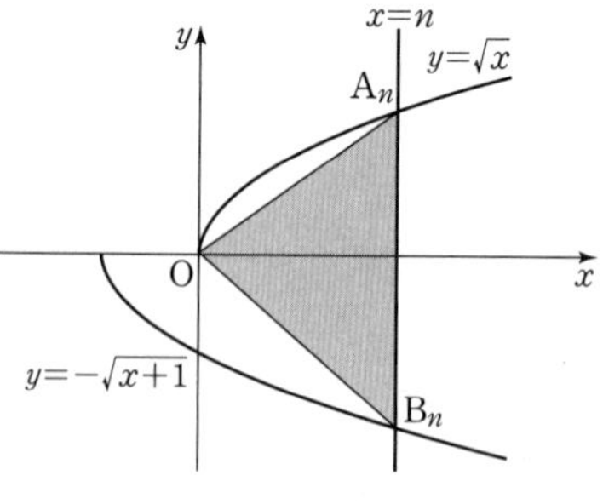

① $\frac{13}{2}$ ② 7 ③ $\frac{15}{2}$
④ 8 ⑤ $\frac{17}{2}$

유형 10 $\sum$의 활용 – 새롭게 정의된 수열

(i) 주어진 조건을 이용하여 일반항 a_n을 찾는다.
(ii) 합의 기호 $\sum$의 성질 또는 자연수의 거듭제곱의 합을 이용하여 구하고자 하는 값을 찾는다.

자주 사용되는 다음 공식은 꼭 암기하자.

1 $\sum_{k=1}^{n} k=1+2+\cdots+n=\frac{n(n+1)}{2}$

2 $\sum_{k=1}^{n} k^2=1^2+2^2+\cdots+n^2=\frac{n(n+1)(2n+1)}{6}$

3 $\sum_{k=1}^{n} c=cn$ (단, c는 상수)

4 $\sum_{k=1}^{n} ar^{k-1}=\frac{a(r^n-1)}{r-1}=\frac{a(1-r^n)}{1-r}$ (단, $r\neq1$)

H103 2025대비 9월 모평 12(고3)

수열 $\{a_n\}$은 등차수열이고, 수열 $\{b_n\}$은 모든 자연수 n에 대하여

$$b_n=\sum_{k=1}^{n}(-1)^{k+1}a_k$$

를 만족시킨다. $b_2=-2$, $b_3+b_7=0$일 때, 수열 $\{b_n\}$의 첫째항부터 제9항까지의 합은? (4점)

① -22 ② -20 ③ -18 ④ -16 ⑤ -14

H104 2020실시(나) 7월 학평 27(고3)

자연수 n에 대하여 $0\leq x<2^{n+1}$일 때, 부등식

$$\cos\left(\frac{\pi}{2^n}x\right)\leq-\frac{1}{2}$$

을 만족시키는 서로 다른 모든 자연수 x의 개수를 a_n이라 하자. $\sum_{n=1}^{7}a_n$의 값을 구하시오. (4점)

H105 2020실시(가) 4월 학평 14(고3)

2 이상의 자연수 n에 대하여 $(n-5)$의 n제곱근 중 실수인 것의 개수를 $f(n)$이라 할 때, $\sum_{n=2}^{10}f(n)$의 값은? (4점)

① 8 ② 9 ③ 10 ④ 11 ⑤ 12

H106 2023실시 3월 학평 18(고3)

n이 자연수일 때, x에 대한 이차방정식 $x^2-5nx+4n^2=0$의 두 근을 α_n, β_n이라 하자. $\sum_{n=1}^{7}(1-\alpha_n)(1-\beta_n)$의 값을 구하시오. (3점)

H107 2023실시 10월 학평 9(고3)

자연수 $n(n\geq2)$에 대하여 $n^2-16n+48$의 n제곱근 중 실수인 것의 개수를 $f(n)$이라 할 때, $\sum_{n=2}^{10}f(n)$의 값은? (4점)

① 7 ② 9 ③ 11 ④ 13 ⑤ 15

H108 2023대비 수능 13(고3)

자연수 $m(m\geq2)$에 대하여 m^{12}의 n제곱근 중에서 정수가 존재하도록 하는 2 이상의 자연수 n의 개수를 $f(m)$이라 할 때, $\sum_{m=2}^{9}f(m)$의 값은? (4점)

① 37 ② 42 ③ 47 ④ 52 ⑤ 57

H109 2020대비(나) 수능 17(고3)

자연수 n의 양의 약수의 개수를 $f(n)$이라 하고, 36의 모든 양의 약수를 a_1, a_2, a_3, $\cdots$, a_9라 하자. $\sum_{k=1}^{9}\{(-1)^{f(a_k)}\times\log a_k\}$의 값은? (4점)

① $\log 2+\log 3$ ② $2\log 2+\log 3$ ③ $\log 2+2\log 3$ ④ $2\log 2+2\log 3$ ⑤ $3\log 2+2\log 3$

❖ 정답 및 해설 438~444p

H110 ✲✲❀ 2016실시(나) 3월 학평 20(고3)

자연수 n에 대하여

$$\left|\left(n+\frac{1}{2}\right)^2-m\right|<\frac{1}{2}$$

을 만족시키는 자연수 m을 a_n이라 하자. $\sum_{k=1}^{5}a_k$의 값은? (4점)

① 65 ② 70 ③ 75
④ 80 ⑤ 85

H111 ✲✲❀ 2015실시(A) 3월 학평 25(고3)

자연수 n에 대하여 2^{n-1}의 모든 양의 약수의 합을 a_n이라 할 때, $\sum_{n=1}^{8}a_n$의 값을 구하시오. (3점)

H112 ✲✲❀ 2015실시(A) 3월 학평 30(고3)

집합 $U=\{x\,|\,x$는 30 이하의 자연수$\}$의 부분집합 $A=\{a_1, a_2, a_3, \cdots, a_{15}\}$가 다음 조건을 만족시킨다.

(가) 집합 A의 임의의 두 원소 a_i, $a_j\ (i\neq j)$에 대하여 $a_i+a_j\neq 31$
(나) $\sum_{i=1}^{15}a_i=264$

$\frac{1}{31}\sum_{i=1}^{15}a_i^2$의 값을 구하시오. (4점)

H113 ✲✲❀ 2013대비(나) 6월 모평 30(고3)

3보다 큰 자연수 n에 대하여 $f(n)$을 다음 조건을 만족시키는 가장 작은 자연수 a라 하자.

(가) $a\geq 3$
(나) 두 점 $(2, 0)$, $(a, \log_n a)$를 지나는 직선의 기울기는 $\frac{1}{2}$보다 작거나 같다.

예를 들어 $f(5)=4$이다. $\sum_{n=4}^{30}f(n)$의 값을 구하시오. (4점)

H114 ✲✲❀ 2010실시(나) 4월 학평 23(고3)

$(1+2x+3x^2+4x^3+\cdots+11x^{10})^2$의 전개식에서 x^{10}의 계수를 구하시오. (4점)

H115 ✲✲❀ 2009대비(나) 수능 23(고3)

자연수 $n(n\geq 2)$으로 나누었을 때, 몫과 나머지가 같아지는 자연수를 모두 더한 값을 a_n이라 하자. 예를 들어 4로 나누었을 때, 몫과 나머지가 같아지는 자연수는 5, 10, 15이므로 $a_4=5+10+15=30$이다. $a_n>500$을 만족시키는 자연수 n의 최솟값을 구하시오. (4점)

H116 ✲✲❀ 2009대비(나) 9월 모평 22(고3)

수열 $\{a_n\}$의 제n항 a_n을 자연수 k의 양의 제곱근 $\sqrt{k}$를 소수점 아래 첫째 자리에서 반올림하여 n이 되는 k의 개수라 하자. $\sum_{i=1}^{10}a_i$의 값을 구하시오. (4점)

유형 11 $\sum$의 활용 – 대입

(1) 합의 기호 $\sum$의 정의에 의하여 $\sum_{k=1}^{n} a_k = a_1 + a_2 + \cdots + a_n$이므로

$n=1, 2, 3, \cdots$을 차례로 대입하면서 각 항의 규칙을 찾는다.

(2) **시그마의 성질**

① $\sum_{k=1}^{n}(a_k \pm b_k) = \sum_{k=1}^{n} a_k \pm \sum_{k=1}^{n} b_k$ (복호동순)

② $\sum_{k=1}^{n} ca_k = c\sum_{k=1}^{n} a_k$, $\sum_{k=1}^{n} c = cn$ (단, c는 상수)

(3) **자연수의 거듭제곱의 합**

① $\sum_{k=1}^{n} k = \frac{n(n+1)}{2}$

② $\sum_{k=1}^{n} k^2 = \frac{n(n+1)(2n+1)}{6}$

tip

$\sum_{k=1}^{n} a_k$에서 n이 큰 수일 때에는 수열 $\{a_n\}$의 각 항이 특정한 값으로 반복되거나 몇 개의 항을 묶어서 계산하면 쉽게 문제를 해결할 수 있다.

H117 2022대비 9월 모평 7(고3)

수열 $\{a_n\}$은 $a_1 = -4$이고, 모든 자연수 n에 대하여

$$\sum_{k=1}^{n} \frac{a_{k+1} - a_k}{a_k a_{k+1}} = \frac{1}{n}$$

을 만족시킨다. a_{13}의 값은? (3점)

① -9 ② -7 ③ -5 ④ -3 ⑤ -1

H118 2022대비 6월 모평 13(고3)

실수 전체의 집합에서 정의된 함수 $f(x)$가 구간 $(0, 1]$에서

$$f(x) = \begin{cases} 3 & (0 < x < 1) \\ 1 & (x = 1) \end{cases}$$

이고 모든 실수 x에 대하여 $f(x+1) = f(x)$를 만족시킨다.

$\sum_{k=1}^{20} \frac{k \times f(\sqrt{k})}{3}$의 값은? (4점)

① 150 ② 160 ③ 170 ④ 180 ⑤ 190

H119 2021대비(가) 6월 모평 21(고3)

수열 $\{a_n\}$의 일반항은

$$a_n = \log_2 \sqrt{\frac{2(n+1)}{n+2}}$$

이다. $\sum_{k=1}^{m} a_k$의 값이 100 이하의 자연수가 되도록 하는 모든 자연수 m의 값의 합은? (4점)

① 150 ② 154 ③ 158 ④ 162 ⑤ 166

H120 2015실시(A) 4월 학평 28(고3)

수열 $\{a_n\}$은 다음 조건을 만족시킨다.

> (가) $a_1 = 1$, $a_2 = 2$
> (나) a_n은 a_{n-2}와 a_{n-1}의 합을 4로 나눈 나머지 $(n \geq 3)$

$\sum_{k=1}^{m} a_k = 166$일 때, m의 값을 구하시오. (4점)

H121 2010대비(나) 6월 모평 8(고3)

수열 $\{a_n\}$에서 $a_n = (-1)^{\frac{n(n+1)}{2}}$일 때, $\sum_{n=1}^{2010} na_n$의 값은? (4점)

① -2011 ② -2010 ③ 0 ④ 2010 ⑤ 2011

❖ 정답 및 해설 444~448p

H122 ✲✲❀ 2006대비(나) 수능 29(고3)

$p\geq 2$인 자연수 p에 대하여 수열 $\{a_n\}$이
다음 세 조건을 만족시킨다.

(가) $a_1=0$
(나) $a_{k+1}=a_k+1\ (1\leq k\leq p-1)$
(다) $a_{k+p}=a_k\ (k=1,\ 2,\ 3,\ \cdots)$

[보기]에서 옳은 것을 모두 고른 것은? (4점)

[보기]

ㄱ. $a_{2k}=2a_k$
ㄴ. $a_1+a_2+\cdots+a_p=\dfrac{p(p-1)}{2}$
ㄷ. $a_p+a_{2p}+\cdots+a_{kp}=k(p-1)$

① ㄱ ② ㄴ ③ ㄷ
④ ㄴ, ㄷ ⑤ ㄱ, ㄴ, ㄷ

H123 ✲✲❀ 2005대비(나) 9월 모평 30(고3)

방정식 $x^3+1=0$의 한 허근을 ω라 하자.
자연수 n에 대하여 $f(n)$을 ω^n의 실수 부분으로 정의할 때,
$\sum_{k=1}^{999}\left\{f(k)+\dfrac{1}{3}\right\}$의 값을 구하시오. (3점)

유형 12 $\sum$의 활용 – 빈칸

(1) 빈칸을 채우는 문제는 앞뒤의 계산 과정을 비교해 나가며 빈칸을 채운다.
(2) **시그마의 성질**

① $\sum_{k=1}^{n}(a_k\pm b_k)=\sum_{k=1}^{n}a_k\pm\sum_{k=1}^{n}b_k$ (복호동순)
② $\sum_{k=1}^{n}ca_k=c\sum_{k=1}^{n}a_k$, $\sum_{k=1}^{n}c=cn$ (단, c는 상수)

(3) **자연수의 거듭제곱의 합**

① $\sum_{k=1}^{n}k=\dfrac{n(n+1)}{2}$
② $\sum_{k=1}^{n}k^2=\dfrac{n(n+1)(2n+1)}{6}$

tip

1 앞뒤의 계산 과정을 비교하며 시그마의 성질과 자연수의 거듭제곱의 합의 계산을 이용하여 주어진 식을 간단히 한다.
2 $\sum_{i=1}^{n}ki$에서 k는 상수이다.

H124 ✲❀❀ 2021실시 3월 학평 10(고3)

자연수 n에 대하여 $A_n(n,\ n^2)$을 지나고
직선 $y=nx$에 수직인 직선이 x축과 만나는 점을 B_n이라 하자.

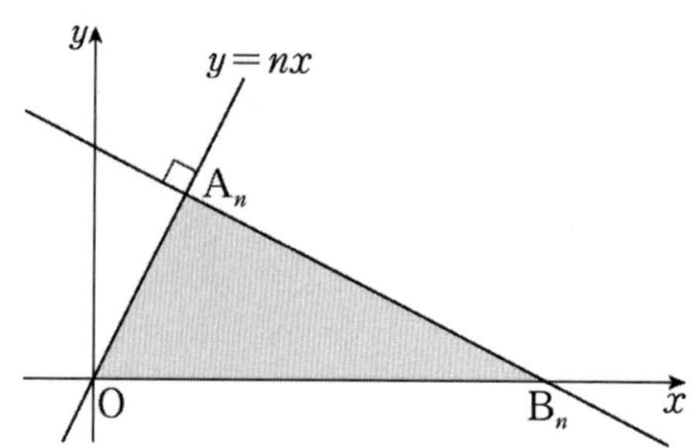

다음은 삼각형 A_nOB_n의 넓이를 S_n이라 할 때, $\sum_{n=1}^{8}\dfrac{S_n}{n^3}$의 값을 구하는 과정이다. (단, O는 원점이다.)

점 $A_n(n,\ n^2)$을 지나고 직선 $y=nx$에 수직인 직선의 방정식은
$y=$ (가) $\times x+n^2+1$
이므로 두 점 A_n, B_n의 좌표를 이용하여 S_n을 구하면
$S_n=$ (나)
따라서 $\sum_{n=1}^{8}\dfrac{S_n}{n^3}=$ (다) 이다.

위의 (가), (나)에 알맞은 식을 각각 $f(n)$, $g(n)$이라 하고, (다)에 알맞은 수를 r라 할 때, $f(1)+g(2)+r$의 값은? (4점)

① 105 ② 110 ③ 115
④ 120 ⑤ 125

H125 ✿❀❀ 2018실시(나) 11월 학평 18(고2)

다음은 $\sum_{k=1}^{14}\log_2\{\log_{k+1}(k+2)\}$의 값을 구하는 과정이다.

> 자연수 n에 대하여
>
> $\log_{n+1}(n+2)=\dfrac{\boxed{(가)}}{\log_2(n+1)}$이므로
>
> $\sum_{k=1}^{14}\log_2\{\log_{k+1}(k+2)\}$
>
> $=\log_2\left(\dfrac{\boxed{(나)}}{\log_2 2}\right)$
>
> 따라서
>
> $\sum_{k=1}^{14}\log_2\{\log_{k+1}(k+2)\}=\boxed{(다)}$

위의 (가)에 알맞은 식을 $f(n)$이라 하고, (나), (다)에 알맞은 수를 각각 p, q라 할 때, $f(p+q)$의 값은? (4점)

① 3　② 4　③ 5　④ 6　⑤ 7

H126 ✿❀❀ 2007대비(나) 9월 모평 11(고3)

수열 $\{a_n\}$이 $a_1=0$, $a_n+a_{n+1}=n$을 만족시킨다. 다음은 두 자연수 m, n에 대하여 $\sum_{k=n-m+1}^{n+m}a_k$의 값을 구하는 과정이다. (단, $m<n$)

> $\sum_{k=n-m+1}^{n+m}a_k$
>
> $=a_{n-m+1}+a_{n-m+2}+\cdots+a_{n+m-1}+a_{n+m}$
>
> $=(n-m+1)+(n-m+3)+\cdots+(n+m-3)+(\boxed{(가)})$
>
> $=\dfrac{(\boxed{(나)})\{(n-m+1)+(\boxed{(가)})\}}{2}$
>
> $=\boxed{(다)}$

위 과정에서 (가), (나), (다)에 알맞은 것은? (3점)

	(가)	(나)	(다)
①	$n+m-1$	m	mn
②	$n+m-1$	m	n^2
③	$n+m-1$	n	n^2
④	$n+m$	$m-1$	mn
⑤	$n+m$	$n-1$	n^2

H127 ✿❀❀ 2022실시 7월 학평 12(고3)

첫째항이 2인 수열 $\{a_n\}$의 첫째항부터 제n항까지의 합을 S_n이라 하자. 다음은 모든 자연수 n에 대하여

$$\sum_{k=1}^{n}\frac{3S_k}{k+2}=S_n$$

이 성립할 때, a_{10}의 값을 구하는 과정이다.

> $n\geq2$인 모든 자연수 n에 대하여
>
> $a_n=S_n-S_{n-1}=\sum_{k=1}^{n}\dfrac{3S_k}{k+2}-\sum_{k=1}^{n-1}\dfrac{3S_k}{k+2}=\dfrac{3S_n}{n+2}$
>
> 이므로 $3S_n=(n+2)\times a_n\ (n\geq2)$이다.
>
> $S_1=a_1$에서 $3S_1=3a_1$이므로
>
> $3S_n=(n+2)\times a_n\ (n\geq1)$이다.
>
> $3a_n=3(S_n-S_{n-1})$
>
> $=(n+2)\times a_n-(\boxed{(가)})\times a_{n-1}\ (n\geq2)$
>
> $\dfrac{a_n}{a_{n-1}}=\boxed{(나)}\ (n\geq2)$
>
> 따라서
>
> $a_{10}=a_1\times\dfrac{a_2}{a_1}\times\dfrac{a_3}{a_2}\times\dfrac{a_4}{a_3}\times\cdots\times\dfrac{a_9}{a_8}\times\dfrac{a_{10}}{a_9}=\boxed{(다)}$

위의 (가), (나)에 알맞은 식을 각각 $f(n)$, $g(n)$이라 하고, (다)에 알맞은 수를 p라 할 때, $\dfrac{f(p)}{g(p)}$의 값은? (4점)

① 109　② 112　③ 115　④ 118　⑤ 121

❖ 정답 및 해설 448~451p

H128 ✲✲❀ 2021실시 10월 학평 14(고3)

모든 자연수 n에 대하여 직선 $l : x-2y+\sqrt{5}=0$ 위의 점 P_n과 x축 위의 점 Q_n이 다음 조건을 만족시킨다.

> • 직선 $\mathrm{P}_n\mathrm{Q}_n$과 직선 l이 서로 수직이다.
> • $\overline{\mathrm{P}_n\mathrm{Q}_n}=\overline{\mathrm{P}_n\mathrm{P}_{n+1}}$이고 점 P_{n+1}의 x좌표는 점 P_n의 x좌표보다 크다.

다음은 점 P_1이 원 $x^2+y^2=1$과 직선 l의 접점일 때, 2 이상의 모든 자연수 n에 대하여 삼각형 $\mathrm{OQ}_n\mathrm{P}_n$의 넓이를 구하는 과정이다. (단, O는 원점이다.)

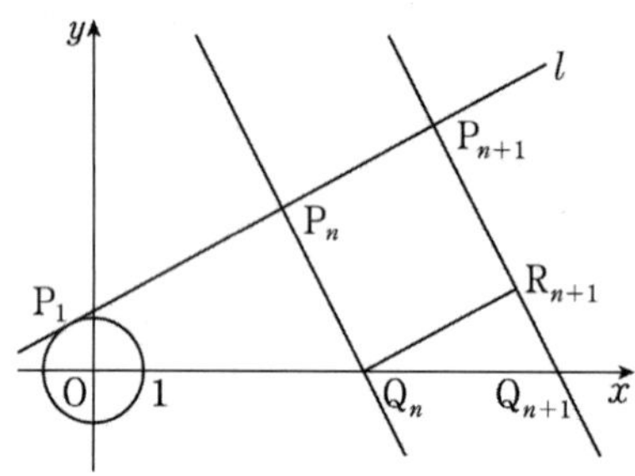

자연수 n에 대하여 점 Q_n을 지나고 직선 l과 평행한 직선이 선분 $\mathrm{P}_{n+1}\mathrm{Q}_{n+1}$과 만나는 점을 R_{n+1}이라 하면 사각형 $\mathrm{P}_n\mathrm{Q}_n\mathrm{R}_{n+1}\mathrm{P}_{n+1}$은 정사각형이다.

직선 l의 기울기가 $\frac{1}{2}$이므로

$\overline{\mathrm{R}_{n+1}\mathrm{Q}_{n+1}}=$ (가) $\times\overline{\mathrm{P}_n\mathrm{P}_{n+1}}$이고

$\overline{\mathrm{P}_{n+1}\mathrm{Q}_{n+1}}=(1+$ (가) $)\times\overline{\mathrm{P}_n\mathrm{Q}_n}$이다.

이때, $\overline{\mathrm{P}_1\mathrm{Q}_1}=1$이므로 $\overline{\mathrm{P}_n\mathrm{Q}_n}=$ (나) 이다.

그러므로 2 이상의 자연수 n에 대하여

$\overline{\mathrm{P}_1\mathrm{P}_n}=\sum_{k=1}^{n-1}\overline{\mathrm{P}_k\mathrm{P}_{k+1}}=$ (다) 이다.

따라서 2 이상의 자연수 n에 대하여 삼각형 $\mathrm{OQ}_n\mathrm{P}_n$의 넓이는 $\frac{1}{2}\times\overline{\mathrm{P}_n\mathrm{Q}_n}\times\overline{\mathrm{P}_1\mathrm{P}_n}=\frac{1}{2}\times$ (나) $\times($ (다) $)$이다.

위의 (가)에 알맞은 수를 p, (나)와 (다)에 알맞은 식을 각각 $f(n)$, $g(n)$이라 할 때, $f(6p)+g(8p)$의 값은? (4점)

① 3 ② 4 ③ 5 ④ 6 ⑤ 7

H129 ✲✲❀ 2021실시 4월 학평 14(고3)

4 이상의 자연수 n에 대하여 다음 조건을 만족시키는 n 이하의 네 자연수 a, b, c, d가 있다.

> • $a>b$
> • 좌표평면 위의 두 점 $\mathrm{A}(a,\ b)$, $\mathrm{B}(c,\ d)$와 원점 O에 대하여 삼각형 OAB는 $\angle\mathrm{A}=\frac{\pi}{2}$인 직각이등변삼각형이다.

다음은 a, b, c, d의 모든 순서쌍 $(a,\ b,\ c,\ d)$의 개수를 T_n이라 할 때, $\sum_{n=4}^{20}T_n$의 값을 구하는 과정이다.

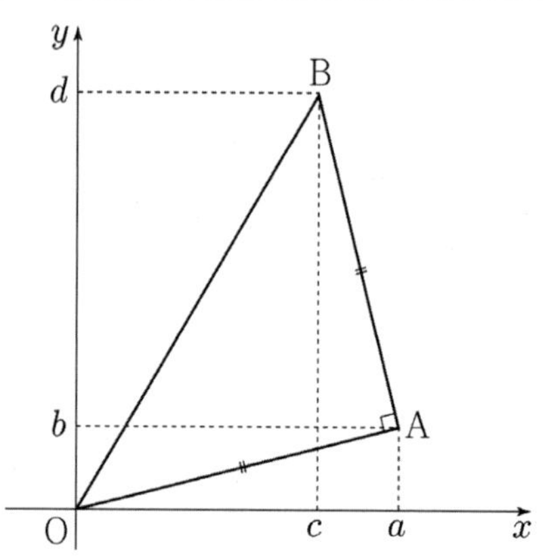

점 $\mathrm{A}(a,\ b)$에 대하여 점 $\mathrm{B}(c,\ d)$가 $\overline{\mathrm{OA}}\perp\overline{\mathrm{AB}}$, $\overline{\mathrm{OA}}=\overline{\mathrm{AB}}$를 만족시키려면 $c=a-b$, $d=a+b$이어야 한다.

이때, $a>b$이고 d가 n 이하의 자연수이므로 $b<\frac{n}{2}$이다.

$\frac{n}{2}$ 미만의 자연수 k에 대하여 $b=k$일 때, $a+b\le n$을 만족시키는 자연수 a의 개수는 $n-2k$이다.

2 이상의 자연수 m에 대하여

(i) $n=2m$인 경우

b가 될 수 있는 자연수는 1부터 (가) 까지이므로

$T_{2m}=\sum_{k=1}^{(가)}(2m-2k)=$ (나)

(ii) $n=2m+1$인 경우

$T_{2m+1}=$ (다)

(i), (ii)에 의해 $\sum_{n=4}^{20}T_n=614$

위의 (가), (나), (다)에 알맞은 식을 각각 $f(m)$, $g(m)$, $h(m)$이라 할 때, $f(5)+g(6)+h(7)$의 값은? (4점)

① 71 ② 74 ③ 77 ④ 80 ⑤ 83

H130 ✿✿✿ 2018실시(나) 9월 학평 18(고2)

다음은 모든 자연수 n에 대하여

$$1\cdot 2n+3\cdot(2n-2)+5\cdot(2n-4)+\cdots+(2n-1)\cdot 2=\frac{n(n+1)(2n+1)}{3}$$

이 성립함을 보이는 과정이다.

> $1\cdot 2n+3\cdot(2n-2)+5\cdot(2n-4)+\cdots+(2n-1)\cdot 2$
>
> $=\sum_{k=1}^{n}(\boxed{(가)})\{2n-(2k-2)\}$
>
> $=\sum_{k=1}^{n}(\boxed{(가)})\{2(n+1)-2k\}$
>
> $=2(n+1)\sum_{k=1}^{n}(\boxed{(가)})-2\sum_{k=1}^{n}(2k^2-k)$
>
> $=2(n+1)\{n(n+1)-n\}$
>
> $\qquad -2\left\{\frac{n(n+1)(2n+1)}{\boxed{(나)}}-\frac{n(n+1)}{2}\right\}$
>
> $=2(n+1)n^2-\frac{1}{3}n(n+1)(\boxed{(다)})$
>
> $=\frac{n(n+1)(2n+1)}{3}$
>
> 이다.

위의 (가), (다)에 알맞은 식을 각각 $f(k)$, $g(n)$이라 하고, (나)에 알맞은 수를 a라 할 때, $f(a)\times g(a)$의 값은? (4점)

① 50 ② 55 ③ 60
④ 65 ⑤ 70

H131 ✿✿✿ 2017실시(나) 3월 학평 18(고3)

다음은 2 이상의 자연수 n에 대하여 함수 $y=\sqrt{x}$의 그래프와 x축 및 직선 $x=n^2$으로 둘러싸인 도형의 내부에 있는 점 중에서 x좌표와 y좌표가 모두 정수인 점의 개수 a_n을 구하는 과정이다.

> $n=2$일 때, 곡선 $y=\sqrt{x}$, x축 및 직선 $x=4$로 둘러싸인 도형의 내부에 있는 점 중에서 x좌표와 y좌표가 모두 정수인 점은 $(2,\ 1)$, $(3,\ 1)$이므로
>
> $a_2=\boxed{(가)}$
>
> 이다.
>
> 3 이상의 자연수 n에 대하여 a_n을 구하여 보자.
>
> 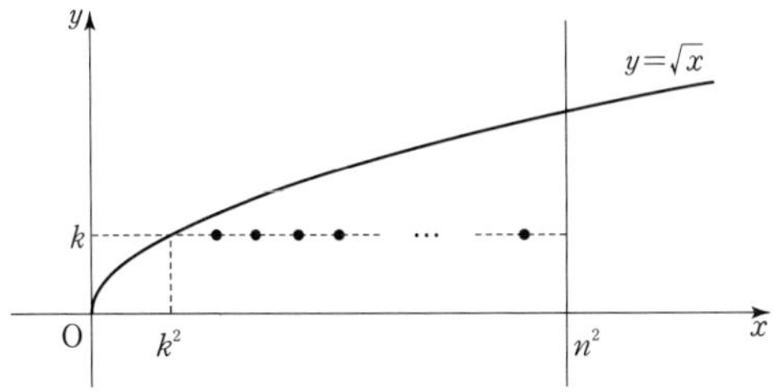
>
>
> 위의 그림과 같이 $1\le k\le n-1$인 정수 k에 대하여 주어진 도형의 내부에 있는 점 중에서 x좌표가 정수이고, y좌표가 k인 점은
>
> $(k^2+1,\ k)$, $(k^2+2,\ k)$, $\cdots$, $(\boxed{(나)},\ k)$
>
> 이므로 이 점의 개수를 b_k라 하면
>
> $b_k=\boxed{(나)}-k^2$
>
> 이다. 따라서
>
> $a_n=\sum_{k=1}^{n-1}b_k=\boxed{(다)}$
>
> 이다.

위의 (가)에 알맞은 수를 p라 하고, (나), (다)에 알맞은 식을 각각 $f(n)$, $g(n)$이라 할 때, $p+f(4)+g(6)$의 값은? (4점)

① 131 ② 133 ③ 135
④ 137 ⑤ 139

❖ 정답 및 해설 451~454p

H132 ✿✿✿ 2009대비(나) 6월 모평 12(고3)

자연수 n과 $0 \le p < r \le n+1$, $0 \le q < s \le n$을 만족시키는 네 정수 p, q, r, s에 대하여 좌표평면에서 네 점 $\mathrm{A}(p, q)$, $\mathrm{B}(r, q)$, $\mathrm{C}(r, s)$, $\mathrm{D}(p, s)$를 꼭짓점으로 하고 넓이가 k^2인 정사각형의 개수를 a_k라고 하자. 다음은 $\sum_{k=1}^{n} a_k$의 값을 구하는 과정이다. (단, k는 n 이하의 자연수이다.)

> 그림과 같이 넓이가 k^2인 정사각형 ABCD를 만들 때, 두 점 A, B 의 y좌표가 주어지면 x좌표의 차가 $r-p=k$인 변 AB를 택하는 경우의 수는 (가) 이다. 또
>
> 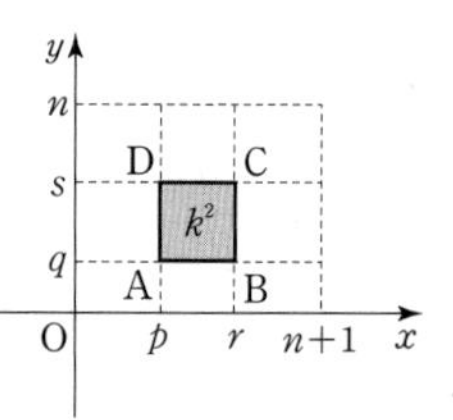
>
>
> 두 점 A, D의 x좌표가 주어지면 y좌표의 차가 $s-q=k$인 변 AD를 택하는 경우의 수는 (나) 이다. 따라서
> $a_k=(n+1)(n+2)-(2n+3)k+k^2$
> 이다. 그러므로
> $$\sum_{k=1}^{n} a_k=\sum_{k=1}^{n}\{(n+1)(n+2)-(2n+3)k+k^2\}$$
> $$=\boxed{(다)}$$

(가), (나), (다)에 들어갈 식으로 알맞은 것은? (3점)

	(가)	(나)	(다)
①	$n-k+1$	$n-k+2$	$\frac{n(n+1)(n+2)}{6}$
②	$n-k+2$	$n-k+1$	$\frac{n(n+1)(n+2)}{6}$
③	$n-k+1$	$n-k+2$	$\frac{n(n+1)(n+2)}{3}$
④	$n-k+2$	$n-k+1$	$\frac{n(n+1)(n+2)}{3}$
⑤	$n-k+1$	$n-k+2$	$\frac{n(n+1)(n+2)}{2}$

유형 13 Σ의 활용 - 도형

(1) $\sum_{k=1}^{n} k=1+2+\cdots+n=\frac{n(n+1)}{2}$

(2) $\sum_{k=1}^{n} k^2=1^2+2^2+\cdots+n^2=\frac{n(n+1)(2n+1)}{6}$

(3) $\sum_{k=1}^{n} k^3=1^3+2^3+\cdots+n^3=\left\{\frac{n(n+1)}{2}\right\}^2$

tip

좌표평면 위의 두 점 (x_1, y_1), (x_2, y_2)에 대하여 이 두 점을 이은 선분을

1 $m:n$으로 내분하는 점 $\left(\frac{mx_2+nx_1}{m+n}, \frac{my_2+ny_1}{m+n}\right)$

2 $m:n$으로 외분하는 점 $\left(\frac{mx_2-nx_1}{m-n}, \frac{my_2-ny_1}{m-n}\right)$ $(m \ne n)$

3 두 점 사이의 거리 $\sqrt{(x_2-x_1)^2+(y_2-y_1)^2}$

H133 ✿✿✿ 2017대비(나) 9월 모평 17(고3)

자연수 n에 대하여 곡선 $y=\frac{3}{x}$ $(x>0)$ 위의 점 $\left(n, \frac{3}{n}\right)$과 두 점 $(n-1, 0)$, $(n+1, 0)$을 세 꼭짓점으로 하는 삼각형의 넓이를 a_n이라 할 때, $\sum_{n=1}^{10} \frac{9}{a_n a_{n+1}}$의 값은? (4점)

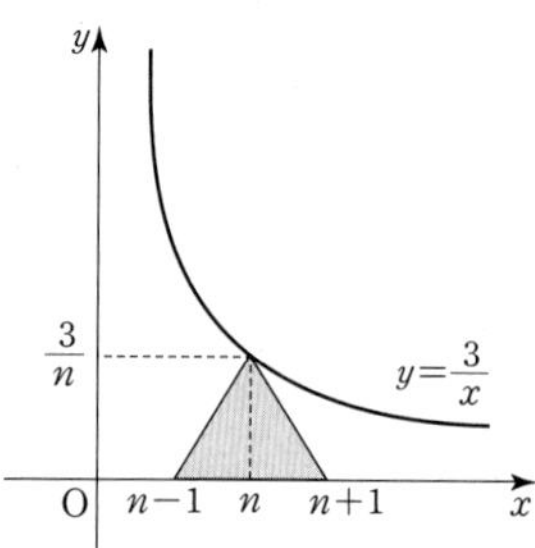

① 410 ② 420 ③ 430
④ 440 ⑤ 450

H134 ✻❀❀ 2015실시(A) 4월 학평 14(고3)

좌표평면에서 자연수 n에 대하여 그림과 같이 곡선 $y=x^2$과 직선 $y=\sqrt{n}x$가 제1사분면에서 만나는 점을 P_n이라 하자. 점 P_n을 지나고 직선 $y=\sqrt{n}x$와 수직인 직선이 x축, y축과 만나는 점을 각각 Q_n, R_n이라 하자. 삼각형 $\mathrm{OQ}_n\mathrm{R}_n$의 넓이를 S_n이라 할 때, $\sum_{n=1}^{5}\frac{2S_n}{\sqrt{n}}$의 값은? (단, O는 원점이다.) (4점)

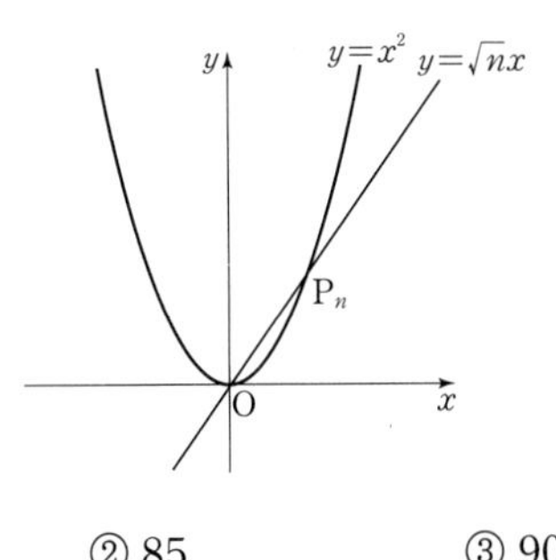

① 80 ② 85 ③ 90
④ 95 ⑤ 100

H135 ✻✻❀ 2018실시(나) 4월 학평 20(고3)

그림과 같이 자연수 n에 대하여 한 변의 길이가 $2n$인 정사각형 ABCD가 있고, 네 점 E, F, G, H가 각각 네 변 AB, BC, CD, DA 위에 있다. 선분 HF의 길이는 $\sqrt{4n^2+1}$이고 선분 HF와 선분 EG가 서로 수직일 때, 사각형 EFGH의 넓이를 S_n이라 하자. $\sum_{n=1}^{10}S_n$의 값은? (4점)

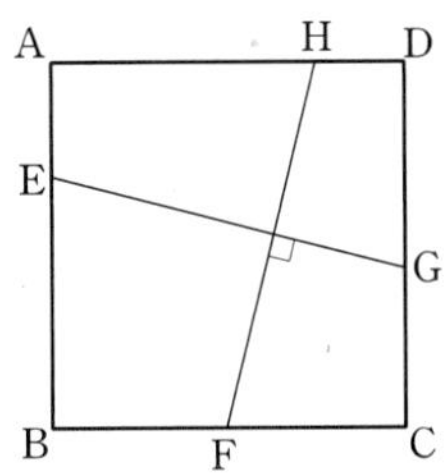

① 765 ② 770 ③ 775
④ 780 ⑤ 785

H136 ✻✻❀ 2015실시(A) 9월 학평 14(고2)

자연수 n에 대하여 함수 $f(x)$가 다음과 같다.

$$f(x)=\frac{x+2n^2+n}{x-n}$$

$n=k(k=1, 2, 3, \cdots)$일 때, 곡선 $y=f(x)$의 제1사분면 위의 점 중에서 x축, y축까지의 거리가 같게 되는 점을 P_k라 하고, 점 P_k에서 x축, y축에 내린 수선의 발을 각각 Q_k, R_k라 하자. 사각형 $\mathrm{OQ}_k\mathrm{P}_k\mathrm{R}_k$의 넓이를 A_k라 할 때, $\sum_{k=1}^{10}A_k$의 값은? (4점)

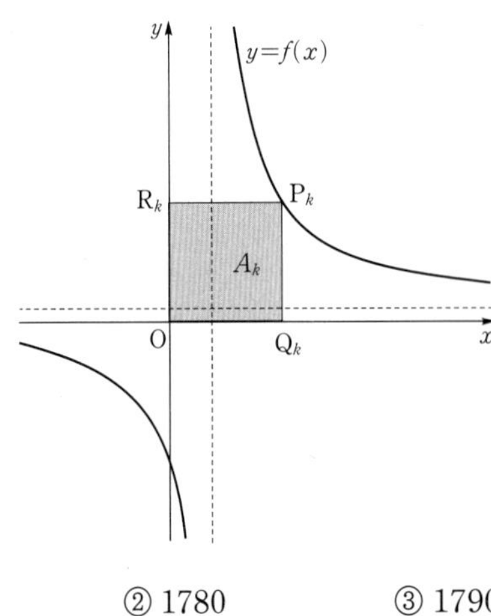

① 1770 ② 1780 ③ 1790
④ 1800 ⑤ 1810

❖ 정답 및 해설 454~456p

유형 14 $\sum$의 활용 - 그래프

(1) **정수 순서쌍의 개수로 정의된 수열 문제**
$n=1, 2, 3, \cdots$을 차례로 대입해 나가며 순서쌍의 개수에 대한 규칙을 찾는다.

(2) **두 함수의 교점으로 정의된 수열 문제**
그래프를 그리고 교점을 구한 후, $n=1, 2, 3, \cdots$을 차례로 대입해 나가며 일반항의 규칙을 찾는다.

tip

1 분수 꼴로 나타내어진 수열의 합을 구할 때는 부분분수로 고친다.
$\frac{1}{AB}=\frac{1}{B-A}\left(\frac{1}{A}-\frac{1}{B}\right)$ (단, $A\neq B$)

2 좌표평면 위의 두 점 (x_1, y_1), (x_2, y_2)에 대하여
두 점 사이의 거리는 $\sqrt{(x_2-x_1)^2+(y_2-y_1)^2}$이다.

H137 ✲❀❀ 2015실시(나) 6월 학평 14(고2)

자연수 n에 대하여 직선 $x=n$이 무리함수 $f(x)=\sqrt{2x+2}+3$의 그래프와 만나는 점을 A_n, x축과 만나는 점을 B_n이라 하자.

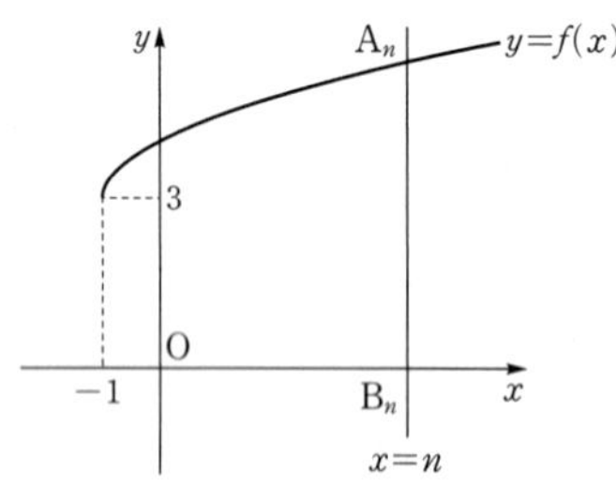

선분 A_nB_n의 길이보다 크지 않은 최대의 정수를 a_n이라 할 때, $\sum_{n=1}^{10} a_n$의 값은? (4점)

① 61 ② 62 ③ 63
④ 64 ⑤ 65

H138 ✲✲❀ 2019대비(나) 9월 모평 29(고3)

좌표평면에서 그림과 같이 길이가 1인 선분이 수직으로 만나도록 연결된 경로가 있다. 이 경로를 따라 원점에서 멀어지도록 움직이는 점 P의 위치를 나타내는 점 A_n을 다음과 같은 규칙으로 정한다.

> (ⅰ) A_0은 원점이다.
> (ⅱ) n이 자연수일 때, A_n은 점 A_{n-1}에서 점 P가 경로를 따라 $\frac{2n-1}{25}$만큼 이동한 위치에 있는 점이다.

예를 들어, 점 A_2와 A_6의 좌표는 각각 $\left(\frac{4}{25}, 0\right)$, $\left(1, \frac{11}{25}\right)$이다.
자연수 n에 대하여 점 A_n 중 직선 $y=x$ 위에 있는 점을 원점에서 가까운 순서대로 나열할 때, 두 번째 점의 x좌표를 a라 하자. a의 값을 구하시오. (4점)

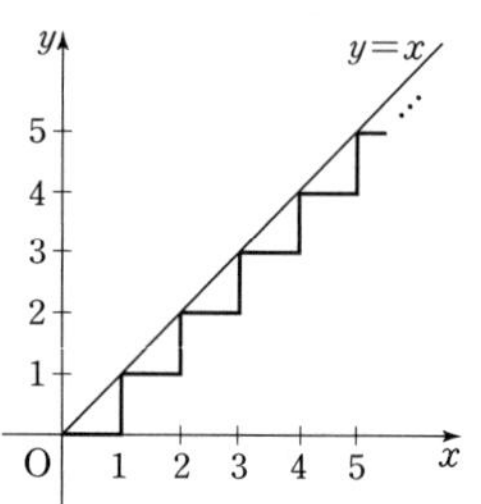

H139 ✲✲❀ 2018실시(나) 3월 학평 28(고3)

좌표평면에 그림과 같이 직선 l이 있다. 자연수 n에 대하여 점 $(n, 0)$을 지나고 x축에 수직인 직선이 직선 l과 만나는 점의 y좌표를 a_n이라 하자. $a_4=\frac{7}{2}$, $a_7=5$일 때, $\sum_{k=1}^{25} a_k$의 값을 구하시오. (4점)

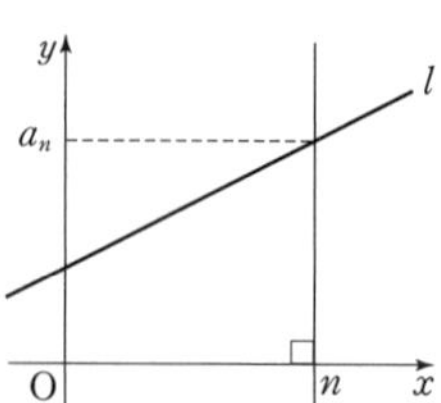

H140 ✱✱❀ 2010대비(나) 9월 모평 7(고3)

다음 그림은 좌표평면에서 원점을 중심으로 하고 반지름의 길이가 1부터 1씩 증가하는 원들이 두 직선 $y=\frac{3}{4}x$, $y=0$과 각각 만나는 점들의 일부를 P_1부터 시작하여 화살표 방향을 따라 P_1, P_2, P_3, $\cdots$으로 나타낸 것이다.

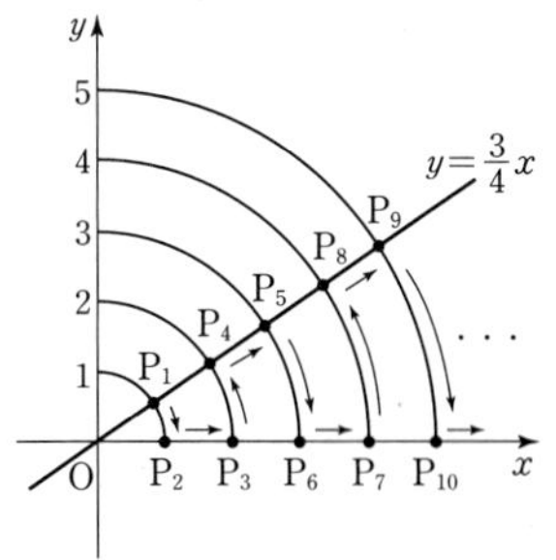

점 P_{25}의 x좌표는? (3점)

① $\frac{52}{5}$　② 11　③ $\frac{56}{5}$
④ 12　⑤ $\frac{64}{5}$

고난도
유형 15 ∑의 활용 - 규칙

주어진 수열이 규칙성을 갖도록 묶는다.

(1) 숫자가 행과 열로 나열될 때, 행 또는 열을 기준으로 규칙을 찾는다.
(2) 도형의 둘레에 숫자가 나열될 때, 단계별로 새로 생기는 숫자의 개수를 구하여 규칙을 찾는다.

tip
규칙을 찾아서 유추한 수열의 일반항이 조건에 맞는지 확인하기 위하여 주어진 조건으로 하나씩 구한 값과 일반항에 숫자를 넣은 값을 비교해보자.

H141 ✱❀❀ 2019실시(나) 3월 학평 11(고3)

그림과 같이 한 변의 길이가 1인 정사각형 3개로 이루어진 도형 R가 있다.

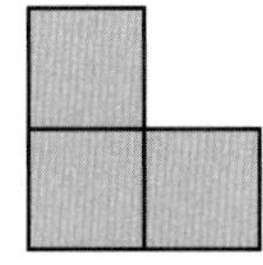

자연수 n에 대하여 $2n$개의 도형 R를 겹치지 않게 빈틈없이 붙여서 만든 직사각형의 넓이를 a_n이라 할 때, $\sum_{n=10}^{15} a_n$의 값은? (3점)

① 378　② 396　③ 414
④ 432　⑤ 450

H142 ✱❀❀ 2018실시(가) 9월 학평 17(고2)

첫째항이 3이고 공비가 $r(r>1)$인 등비수열 $\{a_n\}$에 대하여 수열 $\{b_n\}$의 각 항이

$$b_1=\log_{a_1} a_2$$
$$b_2=(\log_{a_1} a_2)\times(\log_{a_2} a_3)$$
$$b_3=(\log_{a_1} a_2)\times(\log_{a_2} a_3)\times(\log_{a_3} a_4)$$
$$\vdots$$
$$b_n=(\log_{a_1} a_2)\times(\log_{a_2} a_3)\times(\log_{a_3} a_4)\times\cdots\times(\log_{a_n} a_{n+1})$$
$$\vdots$$

일 때, $\sum_{k=1}^{10} b_k=120$이다. $\log_3 r$의 값은? (4점)

① $\frac{1}{2}$　② 1　③ $\frac{3}{2}$
④ 2　⑤ $\frac{5}{2}$

H143 ✱❀❀ 2016실시(나) 10월 학평 15(고3)

자연수 n에 대하여 좌표평면 위의 점 P_n을 다음 규칙에 따라 정한다.

(가) 점 A의 좌표는 $(1, 0)$이다.
(나) 점 P_n은 선분 OA를 $2^n : 1$로 내분하는 점이다.

$l_n=\overline{OP_n}$이라 할 때, $\sum_{n=1}^{10} \frac{1}{l_n}$의 값은? (단, O는 원점이다.) (4점)

① $10-\left(\frac{1}{2}\right)^{10}$　② $10+\left(\frac{1}{2}\right)^{10}$　③ $11-\left(\frac{1}{2}\right)^{10}$
④ $11+\left(\frac{1}{2}\right)^{10}$　⑤ $12-\left(\frac{1}{2}\right)^{10}$

❖ 정답 및 해설 457~460p

H144 ✿✿✿ 2004실시(나) 4월 학평 11(고3)

1부터 9까지 번호가 적힌 9개의 공이 있다. 아래 그림과 같이 가로, 세로, 대각선의 방향에 놓여 있는 공에 적힌 수들의 합이 각각 15가 되도록 3×3 격자판 위에 빈칸 없이 공을 배열하였다.

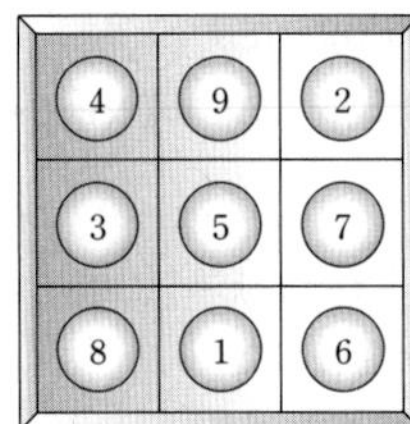

위와 같은 방법으로 5부터 40까지 번호가 적힌 36개의 공을 가로, 세로, 대각선 방향에 놓여 있는 공에 적힌 수들의 합이 각각 m이 되도록 $n\times n$ 격자판 위에 빈칸 없이 모두 배열할 때, $m+n$의 값은? (4점)

① 137 ② 139 ③ 141
④ 143 ⑤ 145

H145 ✿✿✿ 2015실시(B) 10월 학평 13(고3)

그림과 같이 좌표평면에 x축 위의 두 점 F, F′과 점 $\mathrm{P}(0,\ n)\,(n>0)$이 있다. 삼각형 PF′F가 $\angle\mathrm{FPF'}=90°$인 직각이등변삼각형이다. n이 자연수일 때, 삼각형 PF′F의 세 변 위에 있는 점 중에서 x좌표와 y좌표가 모두 정수인 점의 개수를 a_n이라 하자. $\sum_{n=1}^{5} a_n$의 값은? (3점)

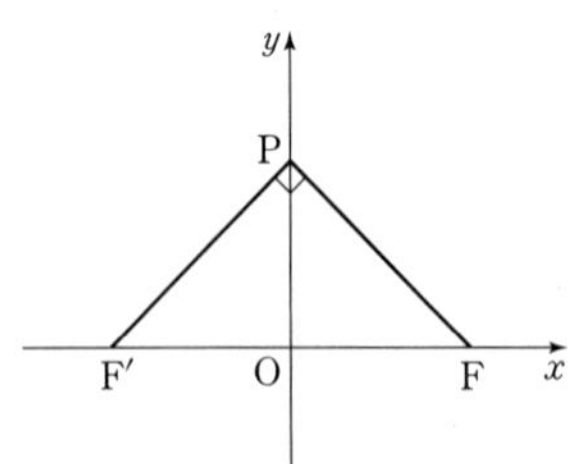

① 40 ② 45 ③ 50
④ 55 ⑤ 60

H146 ✿✿✿ 2014실시(A) 7월 학평 14(고3)

좌표평면의 원점에 점 P가 있다. 한 개의 동전을 1번 던질 때마다 다음 규칙에 따라 점 P를 이동시키는 시행을 한다.

> (가) 앞면이 나오면 x축의 방향으로 1만큼 평행이동시킨다.
> (나) 뒷면이 나오면 y축의 방향으로 1만큼 평행이동시킨다.

시행을 1번 한 후 점 P가 위치할 수 있는 점들을 x좌표가 작은 것부터 차례로 P_1, P_2라 하고, 시행을 2번 한 후 점 P가 위치할 수 있는 점들을 x좌표가 작은 것부터 차례로 P_3, P_4, P_5라 하자. 예를 들어, 점 P_5의 좌표는 $(2,\ 0)$이고 점 P_6의 좌표는 $(0,\ 3)$이다. 이와 같은 방법으로 정해진 점 P_{100}의 좌표를 $(a,\ b)$라 할 때, $a-b$의 값은? (4점)

① 1 ② 3 ③ 5
④ 7 ⑤ 9

H147 ✿✿✿ 2013실시(A) 7월 학평 16(고3)

다음과 같이 제n행에 첫째항이 $\frac{1}{2^n}$이고 공차가 $\frac{1}{2^n}$인 등차수열의 항을 첫째항부터 차례로 (2^n-1)개 나열한다.

> 제1행 $\frac{1}{2}$
> 제2행 $\frac{1}{2^2},\ \frac{2}{2^2},\ \frac{3}{2^2}$
> 제3행 $\frac{1}{2^3},\ \frac{2}{2^3},\ \frac{3}{2^3},\ \frac{4}{2^3},\ \frac{5}{2^3},\ \frac{6}{2^3},\ \frac{7}{2^3}$
> ⋮ ⋮
> 제n행 $\frac{1}{2^n},\ \frac{2}{2^n},\ \frac{3}{2^n},\ \frac{4}{2^n},\ \cdots,\ \frac{2^n-2}{2^n},\ \frac{2^n-1}{2^n}$

위와 같이 나열할 때, 제n행에서 $\frac{1}{2}$보다 큰 수의 개수를 a_n이라 하자. $\sum_{n=1}^{10} a_n$의 값은? (4점)

① 1003 ② 1008 ③ 1013
④ 1018 ⑤ 1023

H148 ✲✲❀ 2011대비(나) 9월 모평 25(고3)

그림과 같이 1행에는 1개, 2행에는 2개, …, n행에는 n개의 원을 나열하고 그 안에 다음 규칙에 따라 0 또는 1을 써넣는다.

> (가) 1행의 원 안에는 1을 써넣는다.
> (나) $n\geq2$일 때, 1행부터 $(n-1)$행까지 나열된 모든 원 안의 수의 합이 n 이상이면 n행에 나열된 모든 원 안에 0을 써넣고, n 미만이면 n행에 나열된 모든 원 안에 1을 써넣는다.

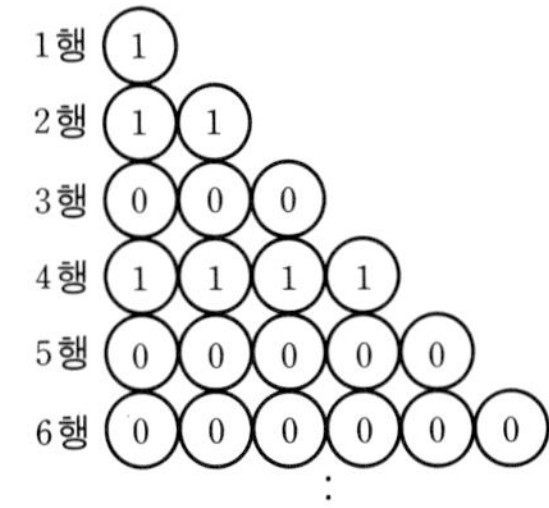

1행부터 32행까지 나열된 원 안에 써넣은 모든 수의 합을 구하시오. (4점)

H149 ✲✲❀ 2010실시(나) 3월 학평 27(고3)

1부터 연속된 자연수를 나열하여 각 자릿수로 다음과 같은 수열을 만들었다.

$$1,\ 2,\ 3,\ 4,\ 5,\ 6,\ 7,\ 8,\ 9,\ 1,\ 0,\ 1,\ 1,\ 1,\ 2,\ 1,\ 3,\ 1,\ 4,\ \cdots$$

이 수열의 제n항부터 연속된 네 개의 항이 차례로 2, 0, 1, 0일 때, 자연수 n의 최솟값은? (4점)

① 2960 ② 2964 ③ 2968
④ 2972 ⑤ 2976

H150 ✲✲❀ 2009실시(나) 4월 학평 17(고3)

다음과 같이 규칙적으로 나열된 수가 있다.

1행	1				
2행	$\frac{1}{3}$	1			
3행	$\frac{1}{3^2}$	$\frac{1}{3}$	1		
4행	$\frac{1}{3^3}$	$\frac{1}{3^2}$	$\frac{1}{3}$	1	
⋮					
10행	$\frac{1}{3^9}$	$\frac{1}{3^8}$	$\frac{1}{3^7}$	$\cdots$	1

1행부터 10행까지의 수를 모두 더한 값은? (4점)

① $\frac{3}{4}\left\{19+\left(\frac{1}{3}\right)^{11}\right\}$ ② $\frac{3}{2}\left\{19+\left(\frac{1}{3}\right)^{11}\right\}$
③ $\frac{3}{4}\left\{19+\left(\frac{1}{3}\right)^{10}\right\}$ ④ $\frac{3}{2}\left\{19+\left(\frac{1}{3}\right)^{10}\right\}$
⑤ $\frac{3}{2}\left\{19+\left(\frac{1}{3}\right)^{9}\right\}$

H151 ✲✲❀ 2009실시(가) 3월 학평 17(고3)

그림은 다음과 같은 규칙으로 제n행에 n개의 바둑돌을 놓은 것이다. ($n=1,\ 2,\ 3,\ \cdots$)

> (가) 제1행에는 검은 돌, 제2행에는 흰 돌을 놓는다.
> (나) 각 행에 놓은 바둑돌은 좌우대칭이 되도록 한다.
> (다) 각 행에서 두 검은 돌 사이에는 흰 돌을 두 개 놓는다.
> (라) 각 행에서 흰 돌은 세 개 이상 연속되지 않게 놓는다.

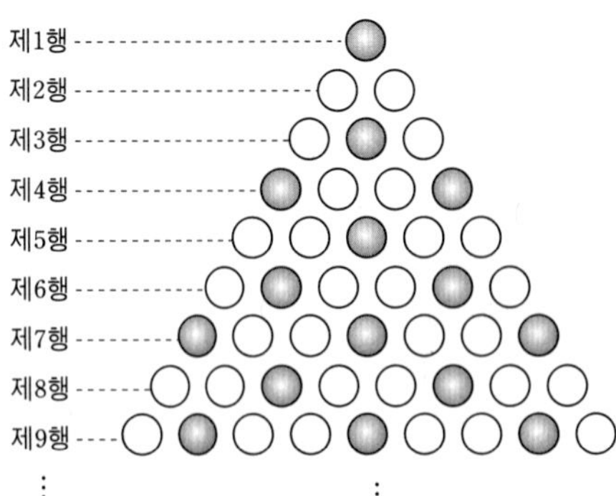

제n행에 놓인 검은 돌의 개수를 a_n이라 할 때, $\sum_{n=1}^{30} a_n$의 값은? (4점)

① 135 ② 140 ③ 145
④ 150 ⑤ 155

❖ 정답 및 해설 460~464p

H152 ✲✲❀ 2008실시(나) 7월 학평 20(고3)

그림과 같이 넓이가 1인 정삼각형 모양의 타일을 다음과 같은 규칙으로 붙인다.

> [1단계] : 정삼각형 모양의 타일을 한 개 붙인다.
> [n단계] : ($n-1$)단계에서 붙여진 타일의 바깥쪽 테두리의 각변에 정삼각형 모양의 타일을 붙인다.

이와 같이 10단계를 시행했을 때, 타일로 덮인 부분의 전체의 넓이를 구하시오. (3점)

[1단계] [2단계] [3단계]

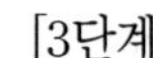

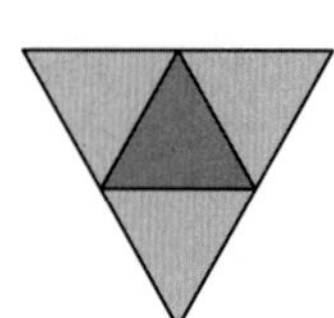

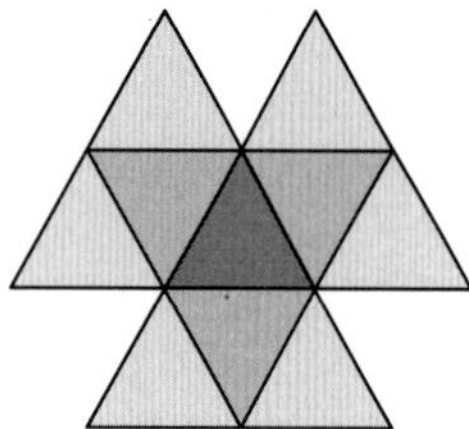

H153 ✲✲❀ 2009대비(나) 6월 모평 15(고3)

그림과 같이 나무에 55개의 전구가 맨 위 첫 번째 줄에는 1개, 두 번째 줄에는 2개, 세 번째 줄에는 3개, ⋯, 열 번째 줄에는 10개가 설치되어 있다.
전원을 넣으면 이 전구들은 다음 규칙에 따라 작동한다.

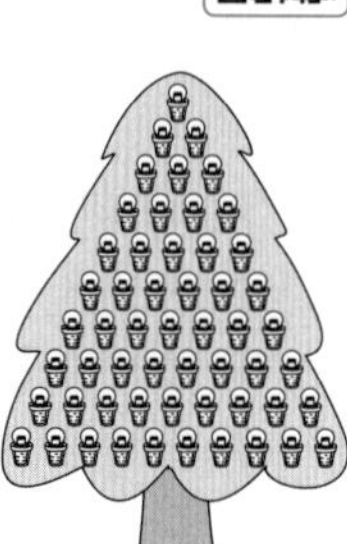

> (가) n이 10 이하의 자연수일 때, n번째 줄에 있는 전구는 n초가 되는 순간 처음 켜진다.
> (나) 모든 전구는 처음 켜진 후 1초 간격으로 꺼짐과 켜짐을 반복한다.

전원을 넣고 n초가 되는 순간 켜지는 모든 전구의 개수를 a_n이라고 하자. 예를 들어 $a_1=1$, $a_2=2$, $a_4=6$, $a_{11}=25$이다.
$\sum_{n=1}^{14} a_n$의 값은? (3점)

① 215 ② 220 ③ 225
④ 230 ⑤ 235

H154 ✲✲❀ 2008대비(나) 수능 28(고3)

좌표평면 위에 다음 [단계]와 같은 순서로 점을 찍는다.

> [단계 1] $(0, 1)$에 점을 찍는다.
> [단계 2] $(0, 3)$, $(1, 3)$, $(2, 3)$에 이 순서대로 3개의 점을 찍는다.
> ⋮
> [단계 k] $(0, 2k-1)$, $(1, 2k-1)$, $(2, 2k-1)$, ⋯, $(2k-2, 2k-1)$에 이 순서대로 $(2k-1)$개의 점을 찍는다. (단, k는 자연수이다.)
> ⋮

이와 같은 과정으로 [단계 1]부터 시작하여 점을 찍어 나갈 때, 100번째 찍히는 점의 좌표는 (p, q)이다. $p+q$의 값은? (4점)

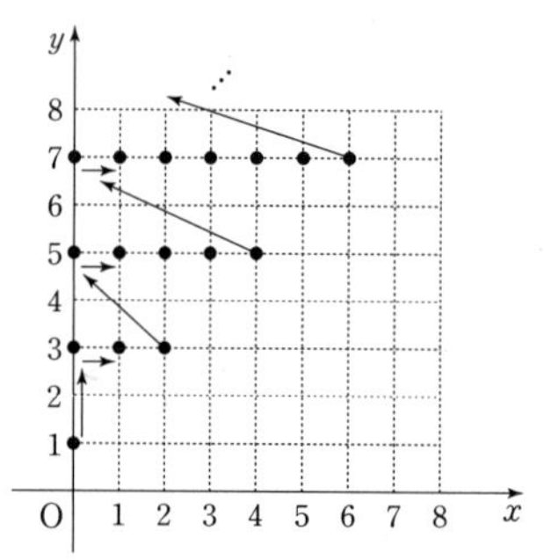

① 46 ② 43 ③ 40
④ 37 ⑤ 34

H155 ✲✲❀ 2006실시(가) 4월 학평 25(고3)

어떤 학생이 계발 활동 시간에 목걸이를 만들고자 한다.
그림과 같이 세 종류의 인조 보석 ◈, ◎, ☆을 사용하여 처음에는 ◈ 1개, ◎ 1개, ☆ 2개를 꿰고 난 뒤, 다음 규칙을 순서대로 반복한다.

> Ⅰ. ◈는 바로 전 단계에 꿴 ◈의 개수보다 1개 더 많이 꿴다.
> Ⅱ. ◎는 바로 전 단계에 꿴 ◎의 개수보다 2개 더 많이 꿴다.
> Ⅲ. ☆는 Ⅰ과 Ⅱ에서 꿴 ◈과 ◎의 개수를 더한 만큼 꿴다.

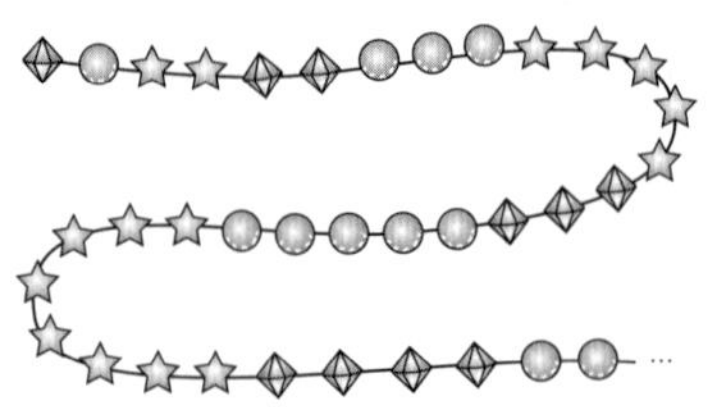

인조 보석 200개를 사용하여 목걸이를 만들었을 때, 목걸이에 있는 ◎의 개수를 구하시오. (4점)

H156 ✲✲❀ 2005실시(나) 4월 학평 30(고3)

다음과 같이 1, 3, 5, 7, 9를 규칙적으로 나열했을 때, 제20행에 나열된 수들의 합을 구하시오. (4점)

제1행				1			
제2행			3	5	7		
제3행		9	1	3	5	7	
제4행	9	1	3	5	7	9	1
⋮				⋮			

H157 ✲✲❀ 2005대비(나) 12월 예비 24(고3)

2 이상의 자연수 n에 대하여 분모는 2^n 꼴이고, 분자는 분모보다 작은 홀수인 모든 분수로 이루어진 다음 수열에서 첫째항부터 제126항까지의 합을 구하시오. (4점)

$$\frac{1}{2^2},\ \frac{3}{2^2},\ \frac{1}{2^3},\ \frac{3}{2^3},\ \frac{5}{2^3},\ \frac{7}{2^3},\ \frac{1}{2^4},\ \frac{3}{2^4},\ \cdots$$

H158 ✲✲❀ 2004실시(나) 10월 학평 25(고3)

오른쪽 표는 어느 달 국내 원유 수입량의 70 %를 차지하는 두바이(Dubai)유의 1배럴당 국제 가격을 일주일 간격으로 나타낸 것이다. 이 표에 있는 두바이유의 가격 a_n은 다음 관계식을 만족한다.

$a_n=34.4+0.3\times b_n$ (단, n은 자연수)

이러한 추세로 가격이 결정될 때, $\sum_{k=1}^{8} b_k$의 값을 구하시오. (4점)

(가격 단위 : 달러)

n째주	두바이유 가격 a_n
1	34.7
2	35.0
3	35.6
4	36.8
5	39.2
⋮	⋮

H159 ✲✲❀ 2004실시(나) 3월 학평 18(고3)

1부터 99까지의 홀수 중 서로 다른 10개를 택하여 그들의 합을 S라 하자. 이러한 S의 값 중 서로 다른 것을 작은 수부터 차례로 a_1, a_2, a_3, …이라 할 때, a_{100}의 값은? (4점)

① 268　② 278　③ 288　④ 298　⑤ 308

❖ 정답 및 해설 464~468p

1등급 마스터 문제 [4점 + 2등급 대비 + 1등급 대비]

H160 ✲✲✲ 2024대비 9월 모평 21(고3)

모든 항이 자연수인 등차수열 $\{a_n\}$의 첫째항부터 제n항까지의 합을 S_n이라 하자. a_7이 13의 배수이고 $\sum_{k=1}^{7} S_k = 644$일 때, a_2의 값을 구하시오. (4점)

H161 ✲✲✲ 2020실시(가) 10월 학평 29(고3)

다음 조건을 만족시키는 자연수 a, b, c의 모든 순서쌍 (a, b, c)의 개수를 구하시오. (4점)

(가) $a < b < c \leq 20$
(나) 세 변의 길이가 a, b, c인 삼각형이 존재한다.

H162 ✲✲✲ 2022실시 7월 학평 21(고3)

수열 $\{a_n\}$이 모든 자연수 n에 대하여 다음 조건을 만족시킨다.

(가) $\sum_{k=1}^{2n} a_k = 17n$
(나) $|a_{n+1} - a_n| = 2n - 1$

$a_2 = 9$일 때, $\sum_{n=1}^{10} a_{2n}$의 값을 구하시오. (4점)

H163 ✲✲✲ 2020실시(가) 3월 학평 29(고3)

자연수 n에 대하여 두 점 $\mathrm{A}(0, n+5)$, $\mathrm{B}(n+4, 0)$과 원점 O를 꼭짓점으로 하는 삼각형 AOB가 있다. 삼각형 AOB의 내부에 포함된 정사각형 중 한 변의 길이가 1이고 꼭짓점의 x좌표와 y좌표가 모두 자연수인 정사각형의 개수를 a_n이라 하자. $\sum_{n=1}^{8} a_n$의 값을 구하시오. (4점)

H164 ✲✲✲ 2007대비(나) 수능 16(고3)

좌표평면에서 자연수 n에 대하여 A_n을 4개의 점

$(n^2,\ n^2),\ (4n^2,\ n^2),\ (4n^2,\ 4n^2),\ (n^2,\ 4n^2)$

을 꼭짓점으로 하는 정사각형이라 하자.

정사각형 A_n과 함수 $y=k\sqrt{x}$의 그래프가 만나도록 하는 자연수 k의 개수를 a_n이라 할 때, [보기]에서 옳은 것을 모두 고른 것은? (4점)

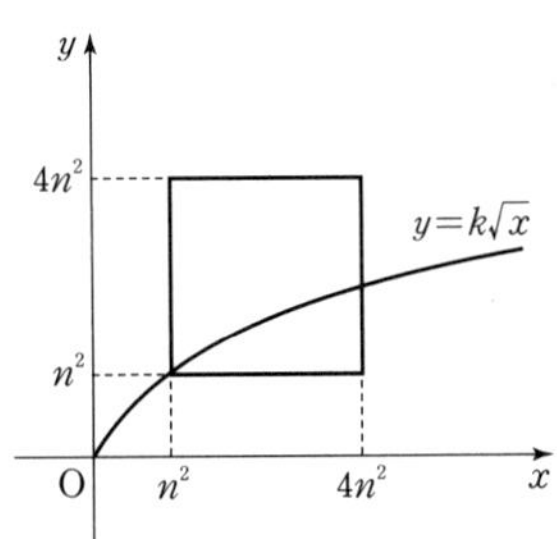

[보기]

ㄱ. $a_5=15$　　ㄴ. $a_{n+2}-a_n=7$　　ㄷ. $\sum_{k=1}^{10} a_k=200$

① ㄴ　② ㄷ　③ ㄱ, ㄴ

④ ㄴ, ㄷ　⑤ ㄱ, ㄴ, ㄷ

H165 ✲✲✲ 2016실시(나) 3월 학평 30(고3)

유리함수 $f(x)=\dfrac{8x}{2x-15}$와 수열 $\{a_n\}$에 대하여 $a_n=f(n)$이다. $\sum_{n=1}^{m} a_n \leq 73$을 만족시키는 자연수 m의 최댓값을 구하시오. (4점)

H166 ✲✲✲ 2017대비(나) 수능 21(고3)

좌표평면에서 함수

$$f(x)=\begin{cases} -x+10 & (x<10) \\ (x-10)^2 & (x\geq 10) \end{cases}$$

과 자연수 n에 대하여 점 $(n,\ f(n))$을 중심으로 하고 반지름의 길이가 3인 원 O_n이 있다. x좌표와 y좌표가 모두 정수인 점 중에서 원 O_n의 내부에 있고 함수 $y=f(x)$의 그래프의 아랫부분에 있는 모든 점의 개수를 A_n, 원 O_n의 내부에 있고 함수 $y=f(x)$의 그래프의 윗부분에 있는 모든 점의 개수를 B_n이라 하자. $\sum_{n=1}^{20}(A_n-B_n)$의 값은? (4점)

① 19　② 21　③ 23

④ 25　⑤ 27

[1등급 대비+2등급 대비]

H167 ✪ 1등급 대비 2022실시 4월 학평 21(고3)

공차가 자연수 d이고 모든 항이 정수인 등차수열 $\{a_n\}$이 다음 조건을 만족시키도록 하는 모든 d의 값의 합을 구하시오. (4점)

(가) 모든 자연수 n에 대하여 $a_n \neq 0$이다.

(나) $a_{2m}=-a_m$이고 $\sum_{k=m}^{2m}|a_k|=128$인 자연수 m이 존재한다.

H168 ✪ 2등급 대비 .... 2019대비(나) 수능 29(고3)

첫째항이 자연수이고 공차가 음의 정수인 등차수열 $\{a_n\}$과 첫째항이 자연수이고 공비가 음의 정수인 등비수열 $\{b_n\}$이 다음 조건을 만족시킬 때, a_7+b_7의 값을 구하시오. (4점)

(가) $\sum_{n=1}^{5}(a_n+b_n)=27$

(나) $\sum_{n=1}^{5}(a_n+|b_n|)=67$

(다) $\sum_{n=1}^{5}(|a_n|+|b_n|)=81$

H169 ✪ 2등급 대비 .... 2022대비 수능 21(고3)

수열 $\{a_n\}$이 다음 조건을 만족시킨다.

(가) $|a_1|=2$

(나) 모든 자연수 n에 대하여 $|a_{n+1}|=2|a_n|$이다.

(다) $\sum_{n=1}^{10}a_n=-14$

$a_1+a_3+a_5+a_7+a_9$의 값을 구하시오. (4점)

H170 ✪ 1등급 대비 2018실시(나) 3월 학평 30(고3)

n이 자연수일 때, 함수 $f(x)=\frac{x+2n}{2x-p}$이

$f(1)<f(5)<f(3)$

을 만족시키도록 하는 자연수 p의 최솟값을 m이라 하자. 자연수 n에 대하여 $p=m$일 때의 함수 $f(x)$와 함수 $g(x)=\frac{2x+n}{x+q}$이

$g(f(5))<g(f(3))<g(f(1))$

을 만족시키도록 하는 자연수 q의 개수를 a_n이라 하자. $\sum_{k=1}^{20}a_k$의 값을 구하시오. (4점)

H171 ✪ 2등급 대비 ...... 2015실시(B) 3월 학평 30(고3)

함수 $f(x)$가 닫힌구간 $[0, 2]$에서 $f(x)=|x-1|$이고, 모든 실수 x에 대하여 $f(x)=f(x+2)$를 만족시킬 때, 함수 $g(x)$를 $g(x)=x+f(x)$라 하자. 자연수 n에 대하여 다음 조건을 만족시키는 두 자연수 a, b의 순서쌍 (a, b)의 개수를 a_n이라 할 때, $\sum_{n=1}^{15}a_n$의 값을 구하시오. (4점)

(가) $n\le a\le n+2$

(나) $0<b\le g(a)$

경찰대, 삼사 중요 기출 문제 [어려운 3점 + 4점 + 5점]

H172 2023대비 경찰대 11(고3)

수열 $\{a_n\}$의 일반항이

$$a_n=\frac{\sqrt{9n^2-3n-2}+6n-1}{\sqrt{3n+1}+\sqrt{3n-2}}$$

일 때, $\sum_{n=1}^{16} a_n$의 값은? (4점)

① 110 ② 114 ③ 118
④ 122 ⑤ 126

H173 2020대비 경찰대 23(고3)

자연수 n에 대하여 $\left|n-\sqrt{m-\frac{1}{2}}\right|<1$을 만족하는 자연수 m의 개수를 a_n이라 하자. $\frac{1}{100}\sum_{n=1}^{100} a_n$의 값을 구하시오. (4점)

H174 2021대비(나) 삼사 29(고3)

수열 $\{a_n\}$이 모든 자연수 n에 대하여

$$\sum_{k=1}^{n} a_k=n^2+cn \ (c\text{는 자연수})$$

를 만족시킨다. 수열 $\{a_n\}$의 각 항 중에서 3의 배수가 아닌 수를 작은 것부터 크기순으로 모두 나열하여 얻은 수열을 $\{b_n\}$이라 하자. $b_{20}=199$가 되도록 하는 모든 c의 값의 합을 구하시오. (4점)

H175 2025대비 경찰대 22(고3)

자연수 n에 대하여 집합

$$\{x \mid x\le\log_2(x+n),\ x\text{는 자연수}\}$$

의 원소의 개수를 $f(n)$이라 할 때, $\sum_{n=1}^{20} f(n)$의 값을 구하시오. (4점)

H176 2025대비 삼사 14(고3)

다음 조건을 만족시키는 모든 수열 $\{a_n\}$에 대하여 $|a_5|$의 최댓값과 최솟값을 각각 M, m이라 할 때, $M+m$의 값은? (4점)

(가) $a_2=27$, $a_3a_4>0$
(나) 2 이상의 모든 자연수 n에 대하여 $\sum_{k=1}^{n} a_k=2|a_n|$이다.

① 224 ② 232 ③ 240
④ 248 ⑤ 256

H177 2024대비 삼사 13(고3)

수열 $\{a_n\}$이 $a_1=-3$, $a_{20}=1$이고, 3 이상의 모든 자연수 n에 대하여 $\sum_{k=1}^{n} a_k=a_{n-1}$을 만족시킨다. $\sum_{n=1}^{50} a_n$의 값은? (4점)

① 2 ② 1 ③ 0
④ -1 ⑤ -2

H

❖ 정답 및 해설 474~482p

H178 ✲✲✲ 2021대비 경찰대 25(고3)

좌표평면 위에 5개의 점 $P_1(-2, 1)$, $P_2(-1, 2)$, $P_3(0, 3)$, $P_4(1, 2)$, $P_5(2, 4)$가 있다. 점 P_i $(i=1, 2, 3, 4, 5)$의 x좌표를 x_i, y좌표를 y_i라 할 때, $\sum_{i=1}^{5}(ax_i+b-y_i)^2$의 값이 최소가 되도록 하는 두 실수 a, b에 대하여 $a+b$의 값을 구하시오. (5점)

H179 ✲✲✲ 2022대비 경찰대 16(고3)

자연수 n에 대하여 곡선

$y=n\sin(n\pi x)(0\le x\le 1)$

위의 점 중 y좌표가 자연수인 점의 개수를 a_n이라 할 때, $\sum_{n=1}^{10}a_n$의 값은? (4점)

① 340 ② 350 ③ 360 ④ 370 ⑤ 380

H180 ✲✲✲ 2023대비 경찰대 16(고3)

좌표평면에 네 점 $A(0, 0)$, $B(1, 0)$, $C(1, 1)$, $D(0, 1)$이 있다. 자연수 n에 대하여 집합 X_n은 다음 조건을 만족시키는 모든 점 (a, b)를 원소로 하는 집합이다.

(가) 점 (a, b)는 정사각형 ABCD의 내부에 있다.
(나) 정사각형 ABCD의 변 위를 움직이는 점 P와 점 (a, b) 사이의 거리의 최솟값은 $\frac{1}{2^n}$이다.
(다) $a=\frac{1}{2^k}$이고 $b=\frac{1}{2^m}$인 자연수 k, m이 존재한다.

집합 X_n의 원소의 개수를 a_n이라 할 때, $\sum_{n=1}^{10}a_n$의 값은? (4점)

① 100 ② 120 ③ 140 ④ 160 ⑤ 180

H181 ✲✲✲ 2020대비 경찰대 24(고3)

자연수 n에 대하여 $S_n=\sum_{k=1}^{n}\frac{1}{\sqrt{2k+1}}$이라 할 때, S_{180}의 정수 부분을 구하시오. (4점)

H182 ✲✲✲ 2025대비 경찰대 11(고3)

첫째항과 공차가 정수인 등차수열 $\{a_n\}$에 대하여 수열 $\{b_n\}$이 $b_n=n^2\sin(\pi a_n)+n\cos(\pi a_n)+1$, $\sum_{n=1}^{7}b_n=3$을 만족시킬 때, $b_{48}+b_{49}+b_{50}$의 값은? (4점)

① 48 ② 50 ③ 52 ④ 54 ⑤ 56

H183 ✪ 2등급 대비 2016대비(A) 삼사 29(고3)

좌표평면에서 자연수 n에 대하여 세 직선

$y=x+1$, $y=-x+2n+1$, $y=\frac{x}{n+1}$

로 둘러싸인 삼각형의 내부(경계선 제외)에 있는 점 (x, y) 중에서 x, y가 모두 자연수인 점의 개수를 a_n이라 하자. $a_n=133$인 n의 값을 구하시오. (4점)

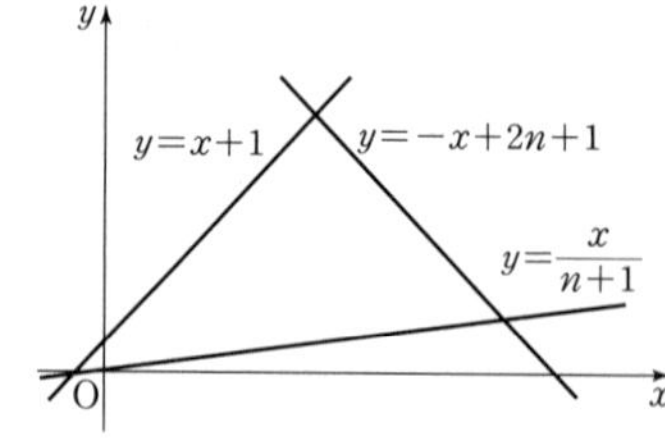

❖ 정답 및 해설 482~486p

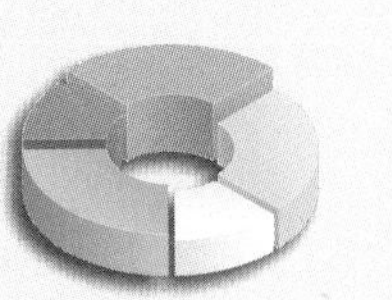
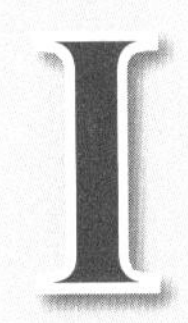

수학적 귀납법

★ 유형 차례

★ 최신 3개년 수능+모평 출제 경향

학년도		출제 유형	난이도
2025	수능	유형 05 수열의 귀납적 정의 – 경우 나누기	✿✿✿
	9월	유형 05 수열의 귀납적 정의 – 경우 나누기	✿✿❀
	6월	유형 05 수열의 귀납적 정의 – 경우 나누기	✿✿✿
2024	수능	유형 05 수열의 귀납적 정의 – 경우 나누기	✿✿❀
	9월	유형 05 수열의 귀납적 정의 – 경우 나누기	✿✿❀
	6월	유형 05 수열의 귀납적 정의 – 경우 나누기	✿✿✿
2023	수능	유형 05 수열의 귀납적 정의 – 경우 나누기	✿✿✿
	9월	유형 05 수열의 귀납적 정의 – 경우 나누기	✿✿✿
	6월	유형 05 수열의 귀납적 정의 – 경우 나누기	✿✿✿

★ 2025 수능 출제 경향 분석

• **수열의 귀납적 정의** : a_n의 값에 따라 a_{n+1}의 값이 결정되는 수열 $\{a_n\}$이 조건을 만족시킬 때 가능한 모든 a_1의 값을 구하는 문제가 출제되었다. 조건을 만족시키는 m의 최솟값보다 작은 m에 대하여 조건이 만족하면 안 됨에 주의하여 수열 $\{a_n\}$의 각 항을 찾아야 한다. [I111 문항]

★ 2026 수능 예측

1. 수열의 전체적인 흐름을 파악하여 규칙을 찾는 문제가 출제 예상된다. 이때, 수열의 일반항에 $n=1, 2, 3, \cdots$을 차례로 대입해서 몇 개의 항을 구해본다.
2. 빈칸 추론형 문항이 출제될 것으로 예상이 된다. 주어진 풀이에서 빈칸의 앞, 뒤 과정을 살펴 파악하면 답을 구할 수 있지만 이 유형을 연습할 때에는 문제에 주어진 모든 과정을 따라가며 직접 써보는 연습이 필요하다.

수학적 귀납법

개념 강의

중요도 ✪✪○

1 수열의 귀납적 정의❶ – 유형 01

(1) 처음 몇 개의 항과 이웃하는 여러 항 사이의 관계식으로 수열 $\{a_n\}$을 정의하는 것을 **수열의 귀납적 정의**라고 한다.
일반적으로 수열 $\{a_n\}$을 다음과 같이 귀납적으로 정의할 수 있다.
① 첫째항 a_1의 값
② 두 항 a_n, a_{n+1} 사이의 관계식

(2) **등차수열과 등비수열의 귀납적 정의**❷
수열 $\{a_n\}$에서 $n=1, 2, 3, \cdots$일 때,
① $a_{n+1}-a_n=d$ (일정) $\Rightarrow$ 공차가 d인 등차수열
$2a_{n+1}=a_n+a_{n+2}$ (또는 $a_{n+1}-a_n=a_{n+2}-a_{n+1}$) $\Rightarrow$ 등차수열
② $a_{n+1}\div a_n=r$ (일정) $\Rightarrow$ 공비가 r인 등비수열
${a_{n+1}}^2=a_na_{n+2}$ (또는 $a_{n+1}\div a_n=a_{n+2}\div a_{n+1}$) $\Rightarrow$ 등비수열

한걸음 더!

❶ (1) $2a_{n+1}=a_n+a_{n+2}$ (등차수열)
(2) $a_{n+1}=a_n+d$ (등차수열)
(3) $(a_{n+1})^2=a_na_{n+2}$ (등비수열)
(4) $2\log a_{n+1}=\log a_n+\log a_{n+2}$ (등비수열)
(5) $a_{n+1}=ra_n$ (등비수열)

+개념보충

❷ 연속된 수가 일정한 '크기'로 증가, 감소하는 것을 등차수열이라 한다.
연속된 수가 일정한 '비율'로 증가, 감소하는 것을 등비수열이라 한다.

2 여러 가지 수열의 귀납적 정의❸ – 유형 02~08

(1) $\boldsymbol{a_{n+1}=a_n+f(n)}$ **꼴**
n에 1, 2, 3, $\cdots$, $n-1$을 차례로 대입하여 변끼리 더한다.

$$\begin{aligned} a_2&=a_1+f(1)\\ a_3&=a_2+f(2)\\ &\vdots\\ +)\ a_n&=a_{n-1}+f(n-1)\\ \hline a_n&=a_1+f(1)+f(2)+\cdots+f(n-1)=a_1+\sum_{k=1}^{n-1}f(k)\end{aligned}$$

(2) $\boldsymbol{a_{n+1}=a_nf(n)}$ **꼴**
n에 1, 2, 3, $\cdots$, $n-1$을 차례로 대입하여 변끼리 곱한다.

$$\begin{aligned} a_2&=a_1f(1)\\ a_3&=a_2f(2)\\ &\vdots\\ \times)\ a_n&=a_{n-1}f(n-1)\\ \hline a_n&=a_1f(1)f(2)\cdots f(n-1)\end{aligned}$$

(3) $\boldsymbol{a_{n+1}=pa_n+q\ (p\neq1,\ pq\neq0)}$ **꼴**
$a_{n+1}-\alpha=p(a_n-\alpha)$ (α는 상수)로 변형하여 수열 $\{a_n-\alpha\}$는 첫째항이 $a_1-\alpha$, 공비가 p인 등비수열임을 이용한다.

출제 2025 수능 22번
2025 9월 모평 22번
2025 6월 모평 22번

★ 수능에는 $|a_n|$이 홀수, 짝수일 때에 따라 a_{n+1}이 결정되는 고난도 문제가, 9월에는 주어진 식에서 a_n과 a_{n+1}의 관계식을 찾아 해결하는 중상 난이도 문제가, 6월에는 n의 값과 a_n의 부호에 따라 a_{n+1}이 결정되는 고난도 문제가 출제되었다.

한걸음 더!

❸ **관계식이 주어지면 직접 수를 대입해!**
두 항 사이의 관계식이 주어질 때, 이 관계식에 n 대신 1, 2, 3, $\cdots$을 차례로 대입해 보자. 그리고 변변끼리 합하거나 곱해서 필요 없는 항들을 없애는 방법을 잘 연습해 두자. 문제에서 묻는 항이 마지막에 나오도록 하는게 포인트이다.
등차수열 또는 등비수열이 아닌 수열이 귀납적으로 정의된 경우, 이웃하는 항 사이의 관계가 복잡한 경우가 많으므로 n 대신 1, 2, 3, $\cdots$을 대입하여 항의 값을 하나씩 구하자.

3 수학적 귀납법❹ – 유형 09~10

자연수 n에 대한 명제 $p(n)$이 모든 자연수 n에 대하여 성립한다는 것을 증명하려면 다음 두 가지를 보이면 된다.
(ⅰ) $n=1$일 때, 명제 $p(n)$이 성립한다.
(ⅱ) $n=k$일 때, 명제 $p(n)$이 성립한다고 가정하면 $n=k+1$일 때도 명제 $p(n)$이 성립한다.
이와 같이 자연수에 대하여 어떤 명제가 참임을 증명하는 방법을 **수학적 귀납법**이라고 한다.

+개념보충

❹ $n\geq a$(a는 자연수)인 모든 자연수 n에 대하여 명제 $p(n)$이 성립함을 증명하려면
(ⅰ) $n=a$일 때, 명제 $p(n)$이 성립한다.
(ⅱ) $n=k(k\geq a)$일 때, 명제 $p(n)$이 성립한다고 가정하면 $n=k+1$일 때도 명제 $p(n)$이 성립한다.
(ⅰ), (ⅱ)를 보이면 된다.

1 수열의 귀납적 정의

I01 기본 2019실시(나) 3월 학평 25

첫째항이 4인 수열 $\{a_n\}$이 모든 자연수 n에 대하여

$$a_{n+2}=a_{n+1}+a_n$$

을 만족시킨다. $a_4=34$일 때, a_2의 값을 구하시오. (3점)

I02 기본 2017실시(나) 4월 학평 25(고3)

수열 $\{a_n\}$이 $a_1=2$이고, 모든 자연수 n에 대하여

$$a_{n+1}=2(a_n+2)$$

를 만족시킨다. a_5의 값을 구하시오. (3점)

2+3 여러 가지 수열의 귀납적 정의, 수학적 귀납법

I03 기본 2013실시(A) 10월 학평 15(고3)

수열 $\{a_n\}$은 $a_1=1$이고

$$a_{n+1}=\frac{na_n+6}{n+2}\ (n\geq 2)$$

을 만족시킨다. 다음은 일반항 a_n을 구하는 과정이다.

> 주어진 식에 의하여
> $$(n+2)a_{n+1}=na_n+6$$
> 이다. $b_n=n(n+1)a_n$이라 하면
> $$b_{n+1}=b_n+\boxed{(가)}$$
> 이고, $b_1=2$이므로
> $$b_n=\boxed{(나)}\ (n\geq 1)$$
> 이다. 따라서
> $$a_n=\frac{\boxed{(나)}}{n(n+1)}\ (n\geq 1)$$
> 이다.

위의 (가), (나)에 들어갈 식을 각각 $f(n)$, $g(n)$이라 할 때, $f(4)+g(10)$의 값은? (4점)

① 356 ② 357 ③ 358 ④ 359 ⑤ 360

I04 기본 2019실시(나) 9월 학평 13(고2)

수열 $\{a_n\}$은 $a_1=3$이고, 모든 자연수 n에 대하여

$$a_{n+1}=\begin{cases} a_n+3 & (n\text{이 홀수인 경우}) \\ 2a_n & (n\text{이 짝수인 경우}) \end{cases}$$

를 만족시킨다. a_6의 값은? (3점)

① 27 ② 30 ③ 33 ④ 36 ⑤ 39

I05 기본 2012대비(나) 6월 모평 10(고3)

수열 $\{a_n\}$은 $a_1=1$이고

$$a_{n+1}=\sum_{k=1}^{n}2^{n-k}a_k\ (n\geq 1)$$

를 만족시킨다. 다음은 일반항 a_n을 구하는 과정이다.

> 주어진 식으로부터 $a_2=\boxed{(가)}$이다.
> 자연수 n에 대하여
> $$a_{n+2}=\sum_{k=1}^{n+1}2^{n+1-k}a_k=\sum_{k=1}^{n}2^{n+1-k}a_k+a_{n+1}$$
> $$=\boxed{(나)}\sum_{k=1}^{n}2^{n-k}a_k+a_{n+1}=\boxed{(다)}a_{n+1}$$
> 이다.
> 따라서 $a_1=1$이고, $n\geq 2$일 때, $a_n=(\boxed{(다)})^{n-2}$이다.

위의 (가), (나), (다)에 알맞은 수를 각각 p, q, r라 할 때, $p+q+r$의 값은? (3점)

① 3 ② 4 ③ 5 ④ 6 ⑤ 7

I06 기본 2013대비(나) 수능 27(고3)

자연수 n에 대하여 좌표평면 위의 점 P_n을 다음 규칙에 따라 정한다.

> (가) 세 점 P_1, P_2, P_3의 좌표는 각각 $(-1, 0)$, $(1, 0)$, $(-1, 2)$이다.
> (나) 선분 P_nP_{n+1}의 중점과 선분 $P_{n+2}P_{n+3}$의 중점은 같다.

예를 들어, 점 P_4의 좌표는 $(1, -2)$이다. 점 P_{25}의 좌표가 (a, b)일 때, $a+b$의 값을 구하시오. (4점)

❖ 정답 및 해설 486~488p

수능 유형별 기출 문제 [2점, 3점, 쉬운 4점]

Pass 쉬운 유형, 반복 계산 문제로 패스 하셔도 좋습니다.

1 수열의 귀납적 정의

유형 01 수열의 귀납적 정의

(1) 일반적으로 수열 $\{a_n\}$을
① 첫째항 a_1의 값
② 두 항 a_n, a_{n+1} 사이의 관계식 $(n=1, 2, 3, \cdots)$
과 같이 처음 몇 개의 항과 이웃하는 여러 항 사이의 관계식으로 정의하는 것을 수열의 귀납적 정의라 한다.

(2) **등차수열의 귀납적 정의**
첫째항이 a이고 공차가 d인 등차수열 $\{a_n\}$의 귀납적 정의는
$a_1=a$, $a_{n+1}=a_n+d$ $(n=1, 2, 3, \cdots)$

(3) **등비수열의 귀납적 정의**
첫째항이 a이고 공비가 r $(r\neq 0)$인 등비수열 $\{a_n\}$의 귀납적 정의는
$a_1=a$, $a_{n+1}=ra_n$ $(n=1, 2, 3, \cdots)$

tip

1 등차수열을 나타내는 관계식
(1) $a_{n+1}-a_n=d$ (일정)
(2) $2a_{n+1}=a_n+a_{n+2}$ (등차중항)

2 등비수열을 나타내는 관계식
(1) $\frac{a_{n+1}}{a_n}=r$ 또는 $a_{n+1}\div a_n=r$ (일정)
(2) $a_{n+1}{}^2=a_na_{n+2}$ (등비중항)

I07 2007대비(나) 수능 26(고3)

수열 $\{a_n\}$에 대하여 $a_1=2$이고 $a_{n+1}=2a_n+2$일 때, a_{10}의 값은? (3점)

① 1022 ② 1024 ③ 2021
④ 2046 ⑤ 2082

I08 2017실시(나) 3월 학평 4(고3)

수열 $\{a_n\}$이 모든 자연수 n에 대하여 $a_{n+1}=3a_n$을 만족시킨다. $a_2=2$일 때, a_4의 값은? (3점)

① 6 ② 9 ③ 12
④ 15 ⑤ 18

I09 2014대비(나) 수능 24(고3)

수열 $\{a_n\}$이 다음 조건을 만족시킨다.

(가) $a_1=a_2+3$
(나) $a_{n+1}=-2a_n$ $(n\geq 1)$

a_9의 값을 구하시오. (3점)

I10 2006대비(나) 9월 모평 14(고3)

수열 $\{a_n\}$에 대하여 첫째항부터 제n항까지의 합을 S_n이라 하자. (단, $a_1<a_2<a_3<\cdots<a_n<\cdots$이다.)

$a_1=1$, $a_2=3$, $(S_{n+1}-S_{n-1})^2=4a_na_{n+1}+4$ $(n=2, 3, 4, \cdots)$

일 때, a_{20}의 값은? (3점)

① 39 ② 43 ③ 47
④ 51 ⑤ 55

I11 2021대비(나) 수능 21(고3)

수열 $\{a_n\}$은 $0<a_1<1$이고, 모든 자연수 n에 대하여 다음 조건을 만족시킨다.

(가) $a_{2n}=a_2\times a_n+1$
(나) $a_{2n+1}=a_2\times a_n-2$

$a_7=2$일 때, a_{25}의 값은? (4점)

① 78 ② 80 ③ 82
④ 84 ⑤ 86

I12 ✿✿❀ 2021대비(가) 수능 21(고3)

수열 $\{a_n\}$은 $0<a_1<1$이고, 모든 자연수 n에 대하여 다음 조건을 만족시킨다.

> (가) $a_{2n}=a_2\times a_n+1$
> (나) $a_{2n+1}=a_2\times a_n-2$

$a_8-a_{15}=63$일 때, $\frac{a_8}{a_1}$의 값은? (4점)

① 91 ② 92 ③ 93
④ 94 ⑤ 95

2 여러 가지 수열의 귀납적 정의

유형 02 수열의 귀납적 정의 - $a_{n+1}=a_n+f(n)$

$a_{n+1}=a_n+f(n)$ 꼴
(i) $a_{n+1}=a_n+f(n)$의 n 대신 1, 2, 3, ⋯ $n-1$을 차례로 대입한다.
(ii) 변끼리 더한다.
$\therefore\ a_n=a_1+f(1)+f(2)+\cdots+f(n-1)=a_1+\sum_{k=1}^{n-1}f(k)$

tip
두 항 사이의 관계식이 주어질 때, 이 관계식에 n대신 1, 2, 3, ⋯을 차례로 대입해 보자.
$a_{n+1}=a_n+f(n)$ 꼴일 때, 각 변끼리 더하면 필요 없는 항들이 소거된다. 문제에서 묻는 항이 마지막에 나오도록 하는게 포인트이다.

I13 ❀❀❀ 2019실시(가) 9월 학평 9(고2)

수열 $\{a_n\}$에 대하여

$$a_1=6,\ a_{n+1}=a_n+3^n\ (n=1,\ 2,\ 3,\ \cdots)$$

일 때, a_4의 값은? (3점)

① 39 ② 42 ③ 45
④ 48 ⑤ 51

I14 ❀❀❀ 2010대비(나) 수능 26(고3)

수열 $\{a_n\}$이 $a_{n+1}-a_n=2n$을 만족시킨다. $a_{10}=94$일 때, a_1의 값은? (3점)

① 5 ② 4 ③ 3
④ 2 ⑤ 1

I15 ✿❀❀ 2015실시(A) 4월 학평 26(고3)

수열 $\{a_n\}$이 다음 조건을 만족시킨다.

> (가) $a_1=36$
> (나) $a_{n+1}-a_n=2n-14\ (n\geq1)$

$a_n=6$일 때, 모든 n의 값의 합을 구하시오. (4점)

I16 ✿❀❀ 2013실시(A) 3월 학평 8(고3)

수열 $\{a_n\}$이 다음 조건을 만족시킨다.

> (가) $a_1=1,\ a_2=3,\ a_3=7$
> (나) 수열 $\{a_{n+1}-a_n\}$은 등차수열이다.

a_8의 값은? (3점)

① 49 ② 51 ③ 53
④ 55 ⑤ 57

유형 03 수열의 귀납적 정의 - $a_{n+1}=f(n)a_n$

$a_{n+1}=f(n)a_n$ 꼴
(i) $a_{n+1}=f(n)a_n$의 n 대신 1, 2, 3, ⋯, $n-1$을 차례로 대입한다.
(ii) 변끼리 곱한다.
$\therefore\ a_n=a_1\times f(1)\times f(2)\times\cdots\times f(n-1)$

tip
두 항 사이의 관계식이 주어질 때, 이 관계식에 n 대신 1, 2, 3, ⋯을 차례로 대입해 보자.
$a_{n+1}=f(n)a_n$ 꼴일 때, 각 변끼리 곱하여 일반항을 구하면 된다. 구하고자 하는 항이 마지막에 나오도록 하는 것이 중요하다.

I17 ❀❀❀ 2012대비(나) 수능 5(고3)

수열 $\{a_n\}$이 $a_1=1$이고, 모든 자연수 n에 대하여

$$a_{n+1}=\frac{2n}{n+1}a_n$$

을 만족시킬 때, a_4의 값은? (3점)

① $\frac{3}{2}$ ② 2 ③ $\frac{5}{2}$
④ 3 ⑤ $\frac{7}{2}$

❖ 정답 및 해설 488~491p

I18 ✿❀❀ 2012실시(나) 4월 학평 24(고3)

수열 $\{a_n\}$이 $a_1=1$이고, 모든 자연수 n에 대하여

$$\frac{a_{n+1}}{a_n}=1-\frac{1}{(n+1)^2}$$

을 만족시킬 때, $100a_{10}$의 값을 구하시오. (3점)

유형 04 수열의 귀납적 정의 - 하나의 식

이웃하는 항 사이의 관계가 수식이나 문장으로 주어지고 특정한 항의 값을 구하는 문제는

(i) 주어진 조건을 수식으로 나타낸다.

(ii) $n=1, 2, 3, \cdots$을 차례로 대입한다.

(iii) 여러 가지 수열의 귀납적 정의를 이용하여 일반항을 찾는다.

tip

1 수열 $\{a_n\}$의 일반항을 구할 수 없는 경우 주어진 식의 n 대신에 $1, 2, 3, \cdots$을 차례대로 대입하여 항을 구한다.

2 주어진 식의 n 대신에 $1, 2, 3, \cdots$을 차례대로 대입하여 같은 수가 반복되는 규칙을 찾는다.

3 $a_1=S_1$, $a_n=S_n-S_{n-1}\,(n\geq 2)$임을 이용하여 주어진 등식을 a_n 또는 S_n에 대한 식으로 변형한다.

I19 ❀❀❀ 2020대비(나) 6월 모평 9(고3)

수열 $\{a_n\}$은 $a_1=1$이고, 모든 자연수 n에 대하여

$$a_{n+1}+(-1)^n\times a_n=2^n$$

을 만족시킨다. a_5의 값은? (3점)

① 1 ② 3 ③ 5
④ 7 ⑤ 9

I20 ❀❀❀ 2018실시(나) 4월 학평 11(고3)

수열 $\{a_n\}$이 $a_1=1$이고 모든 자연수 n에 대하여

$$a_{n+1}=\frac{a_n+1}{3a_n-2}$$

을 만족시킬 때, a_4의 값은? (3점)

① 1 ② 3 ③ 5
④ 7 ⑤ 9

I21 ❀❀❀ 2021대비(가) 9월 모평 10(고3)

수열 $\{a_n\}$은 $a_1=12$이고, 모든 자연수 n에 대하여

$$a_{n+1}+a_n=(-1)^{n+1}\times n$$

을 만족시킨다. $a_k>a_1$인 자연수 k의 최솟값은? (3점)

① 2 ② 4 ③ 6
④ 8 ⑤ 10

I22 ❀❀❀ 2018실시(나) 11월 학평 19(고2)

수열 $\{a_n\}$이 모든 자연수 n에 대하여

$$a_{n+1}+a_n=2n^2$$

을 만족시킨다. $a_3+a_5=26$일 때, a_2의 값은? (4점)

① 1 ② 2 ③ 3
④ 4 ⑤ 5

I23 ❀❀❀ 2019대비(나) 9월 모평 11(고3)

수열 $\{a_n\}$이 모든 자연수 n에 대하여

$$a_na_{n+1}=2n$$

이고 $a_3=1$일 때, a_2+a_5의 값은? (3점)

① $\frac{13}{3}$ ② $\frac{16}{3}$ ③ $\frac{19}{3}$
④ $\frac{22}{3}$ ⑤ $\frac{25}{3}$

I24 ❀❀❀ 2018실시(나) 7월 학평 13(고3)

수열 $\{a_n\}$은 $a_1=2$, $a_2=3$이고, 모든 자연수 n에 대하여

$$a_{n+2}-a_{n+1}+2a_n=5$$

를 만족시킨다. a_6의 값은? (3점)

① -1 ② 0 ③ 1
④ 2 ⑤ 3

I25 ✿❀❀ 2021실시 10월 학평 9(고3)

수열 $\{a_n\}$이 모든 자연수 n에 대하여

$a_n+a_{n+1}=2n$

을 만족시킬 때, a_1+a_{22}의 값은? (4점)

① 18 ② 19 ③ 20
④ 21 ⑤ 22

I26 ✿❀❀ 2020실시(나) 4월 학평 27(고3)

수열 $\{a_n\}$은 $a_1=1$이고 모든 자연수 n에 대하여

$a_{n+1}+3a_n=(-1)^n\times n$

을 만족시킨다. a_5의 값을 구하시오. (4점)

I27 ✿❀❀ 2020실시(나) 3월 학평 15(고3)

수열 $\{a_n\}$이 모든 자연수 n에 대하여

$a_{n+1}=\sum_{k=1}^{n} ka_k$

를 만족시킨다. $a_1=2$일 때, $a_2+\frac{a_{51}}{a_{50}}$의 값은? (4점)

① 47 ② 49 ③ 51
④ 53 ⑤ 55

I28 ✿❀❀ 2020대비(나) 9월 모평 24(고3)

수열 $\{a_n\}$이 모든 자연수 n에 대하여

$a_{n+1}+a_n=3n-1$

을 만족시킨다. $a_3=4$일 때, a_1+a_5의 값을 구하시오. (3점)

I29 ✿❀❀ 2022실시 10월 학평 8(고3)

첫째항이 20인 수열 $\{a_n\}$이 모든 자연수 n에 대하여

$a_{n+1}=|a_n|-2$

를 만족시킬 때, $\sum_{n=1}^{30} a_n$의 값은? (3점)

① 88 ② 90 ③ 92
④ 94 ⑤ 96

I30 ✿✿❀ 2021실시 3월 학평 19(고3)

수열 $\{a_n\}$의 첫째항부터 제n항까지의 합을 S_n이라 하자. $a_1=2$, $a_2=4$이고 2 이상의 모든 자연수 n에 대하여

$a_{n+1}S_n=a_nS_{n+1}$

이 성립할 때, S_5의 값을 구하시오. (3점)

I31 ✿✿❀ 2018대비(나) 9월 모평 19(고3)

두 수열 $\{a_n\}$, $\{b_n\}$은 $a_1=a_2=1$, $b_1=k$이고, 모든 자연수 n에 대하여

$a_{n+2}=(a_{n+1})^2-(a_n)^2$, $b_{n+1}=a_n-b_n+n$

을 만족시킨다. $b_{20}=14$일 때, k의 값은? (4점)

① -3 ② -1 ③ 1
④ 3 ⑤ 5

I32 ✿✿❀ 2013대비(나) 6월 모평 28(고3)

수열 $\{a_n\}$에서 $a_1=2$이고, $n\geq1$일 때, a_{n+1}은

$\frac{1}{n+2}<\frac{a_n}{k}<\frac{1}{n}$

을 만족시키는 자연수 k의 개수이다. a_{10}의 값을 구하시오. (4점)

❖ 정답 및 해설 491~497p

고난도

2025 수능, 9월, 6월

유형 05 수열의 귀납적 정의 – 경우 나누기

출제

이웃하는 항 사이의 관계가 수식이나 문장으로 주어지고 특정한 항의 값을 구하는 문제는
(i) 주어진 조건을 수식으로 나타낸다.
(ii) $n=1, 2, 3, \cdots$을 차례로 대입한다.
(iii) 여러 가지 수열의 귀납적 정의를 이용하여 일반항을 찾는다.

tip

1 수열 $\{a_n\}$의 일반항을 구할 수 없는 경우 주어진 식의 n 대신에 $1, 2, 3, \cdots$을 차례대로 대입하여 항을 구한다.

2 주어진 식의 n 대신에 $1, 2, 3, \cdots$을 차례대로 대입하여 같은 수가 반복되는 규칙을 찾는다.

3 $a_1=S_1$, $a_n=S_n-S_{n-1}\ (n\geq 2)$임을 이용하여 주어진 등식을 a_n 또는 S_n에 대한 식으로 변형한다.

I33 ❀❀❀ 2022대비(나) 수능 5(고3)

첫째항이 1인 수열 $\{a_n\}$이 모든 자연수 n에 대하여

$$a_{n+1}=\begin{cases} 2a_n & (a_n<7) \\ a_n-7 & (a_n\geq 7) \end{cases}$$

일 때, $\sum_{k=1}^{8} a_k$의 값은? (3점)

① 30 ② 32 ③ 34 ④ 36 ⑤ 38

I34 ❀❀❀ 2021실시 7월 학평 7(고3)

수열 $\{a_n\}$은 $a_1=10$이고, 모든 자연수 n에 대하여

$$a_{n+1}=\begin{cases} 5-\dfrac{10}{a_n} & (a_n\text{이 정수인 경우}) \\ -2a_n+3 & (a_n\text{이 정수가 아닌 경우}) \end{cases}$$

를 만족시킨다. a_9+a_{12}의 값은? (3점)

① 5 ② 6 ③ 7 ④ 8 ⑤ 9

I35 ❀❀❀ 2022실시 7월 학평 7(고3)

첫째항이 $\frac{1}{2}$인 수열 $\{a_n\}$이 모든 자연수 n에 대하여

$$a_{n+1}=\begin{cases} a_n+1 & (a_n<0) \\ -2a_n+1 & (a_n\geq 0) \end{cases}$$

일 때, $a_{10}+a_{20}$의 값은? (3점)

① -2 ② -1 ③ 0 ④ 1 ⑤ 2

I36 ❀❀❀ 2020실시(가) 7월 학평 11(고3)

수열 $\{a_n\}$이 $a_1=1$이고 모든 자연수 n에 대하여

$$a_{n+1}=\begin{cases} 2^{a_n} & (a_n\leq 1) \\ \log_{a_n}\sqrt{2} & (a_n>1) \end{cases}$$

을 만족시킬 때, $a_{12}\times a_{13}$의 값은? (3점)

① $\frac{1}{2}$ ② 1 ③ $\sqrt{2}$ ④ 2 ⑤ $2\sqrt{2}$

I37 ❀❀❀ 2021대비(나) 6월 모평 14(고3)

수열 $\{a_n\}$은 $a_1=1$이고, 모든 자연수 n에 대하여

$$\begin{cases} a_{3n-1}=2a_n+1 \\ a_{3n}=-a_n+2 \\ a_{3n+1}=a_n+1 \end{cases}$$

을 만족시킨다. $a_{11}+a_{12}+a_{13}$의 값은? (4점)

① 6 ② 7 ③ 8 ④ 9 ⑤ 10

I38 ❀❀❀ 2020실시(가) 3월 학평 9(고3)

수열 $\{a_n\}$은 $a_1=7$이고, 모든 자연수 n에 대하여

$$a_{n+1}=\begin{cases} \dfrac{a_n+3}{2} & (a_n\text{이 소수인 경우}) \\ a_n+n & (a_n\text{이 소수가 아닌 경우}) \end{cases}$$

를 만족시킨다. a_8의 값은? (3점)

① 11 ② 13 ③ 15 ④ 17 ⑤ 19

I39 ✿❀❀ 2024실시 10월 학평 15(고3)

모든 항이 자연수인 수열 $\{a_n\}$이 모든 자연수 n에 대하여

$$a_{n+1}=\begin{cases}\dfrac{a_n}{n} & (n\text{이 } a_n\text{의 약수인 경우})\\ 3a_n+1 & (n\text{이 } a_n\text{의 약수가 아닌 경우})\end{cases}$$

를 만족시킬 때, $a_6=2$가 되도록 하는 모든 a_1의 값의 합은? (4점)

① 254 ② 264 ③ 274 ④ 284 ⑤ 294

I40 ✿❀❀ 2021실시 10월 학평 19(고3)

수열 $\{a_n\}$이 다음 조건을 만족시킨다.

(가) $a_{n+2}=\begin{cases}a_n-3 & (n=1,\ 3)\\ a_n+3 & (n=2,\ 4)\end{cases}$

(나) 모든 자연수 n에 대하여 $a_n=a_{n+6}$이 성립한다.

$\sum\limits_{k=1}^{32} a_k=112$일 때, a_1+a_2의 값을 구하시오. (3점)

I41 ✿❀❀ 2022대비 6월 모평 9(고3)

수열 $\{a_n\}$이 모든 자연수 n에 대하여

$$a_{n+1}=\begin{cases}\dfrac{1}{a_n} & (n\text{이 홀수인 경우})\\ 8a_n & (n\text{이 짝수인 경우})\end{cases}$$

이고 $a_{12}=\dfrac{1}{2}$일 때, a_1+a_4의 값은? (4점)

① $\dfrac{3}{4}$ ② $\dfrac{9}{4}$ ③ $\dfrac{5}{2}$ ④ $\dfrac{17}{4}$ ⑤ $\dfrac{9}{2}$

I42 ✿❀❀ 2019대비(나) 수능 13(고3)

수열 $\{a_n\}$은 $a_1=2$이고, 모든 자연수 n에 대하여

$$a_{n+1}=\begin{cases}\dfrac{a_n}{2-3a_n} & (n\text{이 홀수인 경우})\\ 1+a_n & (n\text{이 짝수인 경우})\end{cases}$$

를 만족시킨다. $\sum\limits_{n=1}^{40} a_n$의 값은? (3점)

① 30 ② 35 ③ 40 ④ 45 ⑤ 50

I43 ✿❀❀  2018실시(나) 3월 학평 26(고3)

첫째항이 6인 수열 $\{a_n\}$이 모든 자연수 n에 대하여

$$a_{n+1}=\begin{cases}2-a_n & (a_n\ge 0)\\ a_n+p & (a_n<0)\end{cases}$$

을 만족시킨다. $a_4=0$이 되도록 하는 모든 실수 p의 값의 합을 구하시오. (4점)

I44 ✿❀❀ 2018실시(나) 3월 학평 26(고2)

$a_3=3$인 수열 $\{a_n\}$이 모든 자연수 n에 대하여

$$a_{n+1}=\begin{cases}\dfrac{a_n+3}{2} & (a_n\text{이 홀수인 경우})\\ \dfrac{a_n}{2} & (a_n\text{이 짝수인 경우})\end{cases}$$

이다. $a_1\ge 10$일 때, $\sum\limits_{k=1}^{5} a_k$의 값을 구하시오. (4점)

I

❖ 정답 및 해설 497~501p

I145 ✿❀❀ 2018대비(나) 수능 13(고3)

수열 $\{a_n\}$은 $a_1=2$이고, 모든 자연수 n에 대하여

$$a_{n+1}=\begin{cases} a_n-1 & (a_n\text{이 짝수인 경우}) \\ a_n+n & (a_n\text{이 홀수인 경우}) \end{cases}$$

를 만족시킨다. a_7의 값은? (3점)

① 7 ② 9 ③ 11 ④ 13 ⑤ 15

I146 ✿❀❀ 2022실시 4월 학평 12(고3)

수열 $\{a_n\}$이 다음 조건을 만족시킨다.

> (가) $1\le n\le 4$인 모든 자연수 n에 대하여 $a_n+a_{n+4}=15$이다.
> (나) $n\ge 5$인 모든 자연수 n에 대하여 $a_{n+1}-a_n=n$이다.

$\sum_{n=1}^{4} a_n=6$일 때, a_5의 값은? (4점)

① 1 ② 3 ③ 5 ④ 7 ⑤ 9

I147 ✿✿❀ 2025대비 9월 모평 22(고3)

양수 k에 대하여 $a_1=k$인 수열 $\{a_n\}$이 다음 조건을 만족시킨다.

> (가) $a_2\times a_3<0$
> (나) 모든 자연수 n에 대하여 $\left(a_{n+1}-a_n+\frac{2}{3}k\right)(a_{n+1}+ka_n)=0$이다.

$a_5=0$이 되도록 하는 서로 다른 모든 양수 k에 대하여 k^2의 값의 합을 구하시오. (4점)

I148 ✿✿❀ 2024실시 7월 학평 15(고3)

첫째항이 자연수인 수열 $\{a_n\}$이 모든 자연수 n에 대하여

$$a_{n+1}=\begin{cases} \frac{1}{2}a_n & \left(\frac{1}{2}a_n\text{이 자연수인 경우}\right) \\ (a_n-1)^2 & \left(\frac{1}{2}a_n\text{이 자연수가 아닌 경우}\right) \end{cases}$$

를 만족시킬 때, $a_7=1$이 되도록 하는 모든 a_1의 값의 합은? (4점)

① 120 ② 125 ③ 130 ④ 135 ⑤ 140

I149 ✿✿❀ 2024실시 5월 학평 15(고3)

첫째항이 자연수인 수열 $\{a_n\}$이 모든 자연수 n에 대하여

$$a_{n+1}=\begin{cases} \frac{a_n}{3} & (a_n\text{이 3의 배수인 경우}) \\ \frac{a_n^2+5}{3} & (a_n\text{이 3의 배수가 아닌 경우}) \end{cases}$$

를 만족시킬 때, $a_4+a_5=5$가 되도록 하는 모든 a_1의 값의 합은? (4점)

① 63 ② 66 ③ 69 ④ 72 ⑤ 75

I150 ✿✿❀ 2024실시 3월 학평 15(고3)

수열 $\{a_n\}$이 모든 자연수 n에 대하여

$$a_{n+1}=\begin{cases} a_n & (a_n>n) \\ 3n-2-a_n & (a_n\le n) \end{cases}$$

을 만족시킬 때, $a_5=5$가 되도록 하는 모든 a_1의 값의 곱은? (4점)

① 20 ② 30 ③ 40 ④ 50 ⑤ 60

I51 ✿✿❀ 2024대비 수능 15(고3)

첫째항이 자연수인 수열 $\{a_n\}$이 모든 자연수 n에 대하여

$$a_{n+1}=\begin{cases} 2^{a_n} & (a_n\text{이 홀수인 경우}) \\ \frac{1}{2}a_n & (a_n\text{이 짝수인 경우}) \end{cases}$$

를 만족시킬 때, $a_6+a_7=3$이 되도록 하는 모든 a_1의 값의 합은? (4점)

① 139 ② 146 ③ 153 ④ 160 ⑤ 167

I52 ✿✿❀ 2024대비 9월 모평 12(고3)

첫째항이 자연수인 수열 $\{a_n\}$이 모든 자연수 n에 대하여

$$a_{n+1}=\begin{cases} a_n+1 & (a_n\text{이 홀수인 경우}) \\ \frac{1}{2}a_n & (a_n\text{이 짝수인 경우}) \end{cases}$$

를 만족시킬 때, $a_2+a_4=40$이 되도록 하는 모든 a_1의 값의 합은? (4점)

① 172 ② 175 ③ 178 ④ 181 ⑤ 184

I53 ✿✿❀ 2023실시 3월 학평 15(고3)

모든 항이 자연수인 수열 $\{a_n\}$이 모든 자연수 n에 대하여

$$a_{n+2}=\begin{cases} a_{n+1}+a_n & (a_{n+1}+a_n\text{이 홀수인 경우}) \\ \frac{1}{2}(a_{n+1}+a_n) & (a_{n+1}+a_n\text{이 짝수인 경우}) \end{cases}$$

를 만족시킨다. $a_1=1$일 때, $a_6=34$가 되도록 하는 모든 a_2의 값의 합은? (4점)

① 60 ② 64 ③ 68 ④ 72 ⑤ 76

I54 ✿✿❀ 2022대비 5월 예시 15(고2)

다음 조건을 만족시키는 모든 수열 $\{a_n\}$에 대하여 $\sum_{k=1}^{100} a_k$의 최댓값과 최솟값을 각각 M, m이라 할 때, $M-m$의 값은? (4점)

> (가) $a_5=5$
> (나) 모든 자연수 n에 대하여
> $$a_{n+1}=\begin{cases} a_n-6 & (a_n\geq 0) \\ -2a_n+3 & (a_n<0) \end{cases}$$
> 이다.

① 64 ② 68 ③ 72 ④ 76 ⑤ 80

I55 ✿✿❀ 2022실시 3월 학평 20(고3)

수열 $\{a_n\}$은 $1<a_1<2$이고, 모든 자연수 n에 대하여

$$a_{n+1}=\begin{cases} -2a_n & (a_n<0) \\ a_n-2 & (a_n\geq 0) \end{cases}$$

을 만족시킨다. $a_7=-1$일 때, $40\times a_1$의 값을 구하시오. (4점)

❖ 정답 및 해설 501~509p

유형 06 수열의 귀납적 정의 - 항의 수

(i) n의 값에 따라 a_n의 값이 달라지는 경우에는 규칙이 발견될 때까지 n 대신 1, 2, 3, …을 차례로 대입해 보자.
(ii) 추론한 결과를 이용하여 구하고자 하는 값을 구하자.

tip

규칙이 바로 보이지 않을 때에는 n 대신에 1, 2, 3, …을 차례대로 대입하여 첫째항부터 몇 개의 항을 구해보며 규칙을 찾는다.

I56

2021대비(가) 6월 모평 24(고3)

수열 $\{a_n\}$은 $a_1=9$, $a_2=3$이고, 모든 자연수 n에 대하여

$$a_{n+2}=a_{n+1}-a_n$$

을 만족시킨다. $|a_k|=3$을 만족시키는 100 이하의 자연수 k의 개수를 구하시오. (3점)

I57

2015실시(B) 4월 학평 26(고3)

수열 $\{a_n\}$이 $a_1=3$이고,

$$a_{n+1}=\begin{cases} \dfrac{a_n}{2} & (a_n\text{은 짝수}) \\ \dfrac{a_n+93}{2} & (a_n\text{은 홀수}) \end{cases}$$

가 성립한다. $a_k=3$을 만족시키는 50 이하의 모든 자연수 k의 값의 합을 구하시오. (4점)

I58

2009실시(나) 7월 학평 28(고3)

수열 $\{a_n\}$은

$$a_1=5\times6^5+5\times6^4+5\times6^3+5\times6^2+5\times6+5,$$

$$a_{n+1}=\begin{cases} \dfrac{1}{6}a_n & (a_n\text{이 6의 배수일 때}) \\ a_n-1 & (a_n\text{이 6의 배수가 아닐 때}) \end{cases}$$

이다. $a_k=1$일 때, k의 값은? (4점)

① 34 ② 35 ③ 36
④ 37 ⑤ 38

고난도

유형 07 수열의 귀납적 정의 - 빈칸

이웃하는 항 사이의 관계가 수식이나 문장으로 주어지고 특정한 항의 값을 구하는 문제는
(i) 주어진 조건을 수식으로 나타낸 후
(ii) $n=1, 2, 3, \cdots$을 차례로 대입해보거나
(iii) 여러 가지 수열의 귀납적 정의를 이용하여 일반항을 찾는다.

tip

1 n의 값에 따라 점화식이 달라지는 경우, 몇 개의 항을 구해보며 규칙을 찾는다.
2 익숙하지 않은 점화식이 나오는 경우, 익숙한 모양이 나오도록 식을 적절히 변형한다.

I59

2022대비 5월 예시 13(고2)

수열 $\{a_n\}$의 첫째항부터 제n항까지의 합을 S_n이라 하자. 다음은 모든 자연수 n에 대하여

$$\sum_{k=1}^{n}\frac{S_k}{k!}=\frac{1}{(n+1)!}$$

이 성립할 때, $\displaystyle\sum_{k=1}^{n}\frac{1}{a_k}$을 구하는 과정이다.

> $n=1$일 때, $a_1=S_1=\frac{1}{2}$이므로 $\frac{1}{a_1}=2$이다.
> $n=2$일 때, $a_2=S_2-S_1=-\frac{7}{6}$이므로 $\displaystyle\sum_{k=1}^{2}\frac{1}{a_k}=\frac{8}{7}$이다.
> $n\ge3$인 모든 자연수 n에 대하여
> $$\frac{S_n}{n!}=\sum_{k=1}^{n}\frac{S_k}{k!}-\sum_{k=1}^{n-1}\frac{S_k}{k!}=-\frac{\boxed{(가)}}{(n+1)!}$$
> 즉, $S_n=-\dfrac{\boxed{(가)}}{n+1}$이므로
> $a_n=S_n-S_{n-1}=-(\boxed{(나)})$
> 이다. 한편 $\displaystyle\sum_{k=3}^{n}k(k+1)=-8+\sum_{k=1}^{n}k(k+1)$이므로
> $$\sum_{k=1}^{n}\frac{1}{a_k}=\frac{8}{7}-\sum_{k=3}^{n}k(k+1)$$
> $$=\frac{64}{7}-\frac{n(n+1)}{2}-\sum_{k=1}^{n}\boxed{(다)}$$
> $$=-\frac{1}{3}n^3-n^2-\frac{2}{3}n+\frac{64}{7}$$
> 이다.

위의 (가), (나), (다)에 알맞은 식을 각각 $f(n)$, $g(n)$, $h(k)$라 할 때, $f(5)\times g(3)\times h(6)$의 값은? (4점)

① 3 ② 6 ③ 9
④ 12 ⑤ 15

160 ✿✿✿ 2015실시(A) 7월 학평 17(고3)

모든 항이 양수인 수열 $\{a_n\}$은 $a_1=\frac{1}{4}$이고

$$(n+1)a_n=a_{n+1}(3n-2a_n)\ (n\geq1)$$

을 만족시킨다. 다음은 일반항 a_n을 구하는 과정이다.

> 주어진 식의 양변을 a_na_{n+1}로 나누면
>
> $$\frac{n+1}{a_{n+1}}=\frac{3n-2a_n}{a_n}$$
>
> 이다. $b_n=\frac{n}{a_n}$이라 하면
>
> $$b_{n+1}=3b_n+\boxed{(가)}$$
>
> 이고, $b_{n+1}-1=3(b_n-1)$이다.
>
> $b_1=4$이므로 $b_n-1=\boxed{(나)}$
>
> $$b_n=\boxed{(나)}+1$$
>
> 이다. 그러므로
>
> $$a_n=\frac{n}{\boxed{(나)}+1}\ (n\geq1)$$
>
> 이다.

위의 (가)에 알맞은 값을 p, (나)에 알맞은 식을 $f(n)$이라 할 때, $p+f(3)$의 값은? (4점)

① 24 ② 25 ③ 26 ④ 27 ⑤ 28

161 ✿✿✿ 2014실시(A) 7월 학평 15(고3)

수열 $\{a_n\}$은 $a_1=12$이고, $\frac{a_{n+1}}{n}=\frac{2a_n}{n+1}+\frac{2^{n+1}}{n+1}\ (n\geq1)$을 만족시킨다. 다음은 일반항 a_n을 구하는 과정이다.

> 주어진 식에 의하여 $(n+1)a_{n+1}=2na_n+n\times2^{n+1}$이다.
>
> $b_n=\frac{n}{2^n}a_n$이라 하면 $b_{n+1}=b_n+\boxed{(가)}\ (n\geq1)$이고
>
> $b_1=\boxed{(나)}$이므로 $b_n=\boxed{(다)}\ (n\geq1)$이다.
>
> 그러므로 $a_n=\frac{2^n}{n}\times\boxed{(다)}\ (n\geq1)$이다.

위의 (가), (다)에 알맞은 식을 각각 $f(n)$, $g(n)$이라 하고, (나)에 알맞은 수를 p라 할 때, $f(p)+g(p)$의 값은? (4점)

① 15 ② 18 ③ 21 ④ 24 ⑤ 27

162 ✿✿✿ 2012대비(나) 9월 모평 19(고3)

수열 $\{a_n\}$은 $a_1=1$이고,

$$a_{n+1}=\frac{3a_n-1}{4a_n-1}\ (n\geq1)$$

을 만족시킨다. 다음은 일반항 a_n을 구하는 과정의 일부이다.

> 모든 자연수 n에 대하여
>
> $$4a_{n+1}-1=4\times\frac{3a_n-1}{4a_n-1}-1=2-\frac{1}{4a_n-1}$$
>
> 이다. 수열 $\{b_n\}$을
>
> $$b_1=1,\ b_{n+1}=(4a_n-1)b_n\ (n\geq1)\ \cdots\cdots\ (*)$$
>
> 이라 하면,
>
> ⋮
>
> $$b_{n+2}-b_{n+1}=b_{n+1}-b_n\text{이다.}$$
>
> 즉, $\{b_n\}$은 등차수열이므로 $(*)$에 의하여
>
> $b_n=\boxed{(가)}$이고, $a_n=\boxed{(나)}$이다.

위의 (가), (나)에 알맞은 식을 각각 $f(n)$, $g(n)$이라 할 때, $f(14)\times g(5)$의 값은? (4점)

① 15 ② 16 ③ 17 ④ 18 ⑤ 19

163 ✲✲✲ 2011실시(나) 4월 학평 17(고3)

수열 $\{a_n\}$은 $a_1=10$이고,

$$a_{n+1}=a_1+\frac{1}{2}a_2+\frac{1}{3}a_3+\cdots+\frac{1}{n}a_n \ (n=1, 2, 3, \cdots)$$

을 만족시킨다. 다음은 일반항 a_n을 구하는 과정이다.

> $n\geq 2$인 자연수 n에 대하여
>
> $$a_{n+1}-a_n=\left(a_1+\frac{1}{2}a_2+\frac{1}{3}a_3+\cdots+\frac{1}{n}a_n\right)-\left(a_1+\frac{1}{2}a_2+\frac{1}{3}a_3+\cdots+\frac{1}{n-1}a_{n-1}\right)$$
>
> 이므로
>
> $a_{n+1}=$ (가) $\times a_n$이다.
>
> $n=2, 3, 4, \cdots, n-1$을 차례로 대입하면
>
> $a_3=\frac{3}{2}a_2$
>
> $a_4=\frac{4}{3}a_3$
>
> ⋮
>
> $a_n=\frac{n}{n-1}a_{n-1}$이므로
>
> $a_n=$ (나) $(n\geq 2)$
>
> 따라서 주어진 수열 $\{a_n\}$의 일반항은
>
> $a_1=10$이고, $a_n=$ (나) $(n\geq 2)$

위의 (가)에 알맞은 식을 $f(n)$, (나)에 알맞은 식을 $g(n)$이라 할 때, $f(5)\times g(10)$의 값은? (4점)

① 60 ② 75 ③ 90
④ 105 ⑤ 120

164 ✲✲✲ 2021실시 7월 학평 13(고3)

첫째항이 1인 수열 $\{a_n\}$의 첫째항부터 제n항까지의 합을 S_n이라 하자. 다음은 모든 자연수 n에 대하여

$$(n+1)S_{n+1}=\log_2(n+2)+\sum_{k=1}^{n}S_k \cdots (*)$$

가 성립할 때, $\sum_{k=1}^{n}ka_k$를 구하는 과정이다.

> 주어진 식 $(*)$에 의하여
>
> $nS_n=\log_2(n+1)+\sum_{k=1}^{n-1}S_k(n\geq 2) \cdots$ ㉠
>
> 이다. $(*)$에서 ㉠을 빼서 정리하면
>
> $(n+1)S_{n+1}-nS_n$
>
> $=\log_2(n+2)-\log_2(n+1)+\sum_{k=1}^{n}S_k-\sum_{k=1}^{n-1}S_k(n\geq 2)$
>
> 이므로 ((가)) $\times a_{n+1}=\log_2\frac{n+2}{n+1}(n\geq 2)$이다.
>
> $a_1=1=\log_2 2$이고, $2S_2=\log_2 3+S_1=\log_2 3+a_1$이므로
>
> 모든 자연수 n에 대하여 $na_n=$ (나) 이다.
>
> 따라서 $\sum_{k=1}^{n}ka_k=$ (다) 이다.

위의 (가), (나), (다)에 알맞은 식을 각각 $f(n)$, $g(n)$, $h(n)$이라 할 때, $f(8)-g(8)+h(8)$의 값은? (4점)

① 12 ② 13 ③ 14
④ 15 ⑤ 16

165 ✿✿❀ 2016대비(A) 9월 모평 17(고3)

모든 항이 양수인 수열 $\{a_n\}$은 $a_1=10$이고

$$(a_{n+1})^{n+1}=\frac{a_1+(a_2)^2+(a_3)^3+\cdots+(a_n)^n}{n}\ (n\ge1)$$

을 만족시킨다. 다음은 일반항 a_n을 구하는 과정의 일부이다.

> $b_n=(a_n)^n$이라 하면 $b_1=10$이고 주어진 식으로부터
>
> $$b_{n+1}=\frac{b_1+b_2+\cdots+b_n}{n}\ (n\ge1)$$
>
> 이다. $S_n=\sum_{k=1}^{n}b_k$라 하면 $S_{n+1}=$ (가) $\times S_n$이다.
>
> $$S_1=10,\ S_n=S_1\times\frac{S_2}{S_1}\times\frac{S_3}{S_2}\times\cdots\times\frac{S_n}{S_{n-1}}\ (n\ge2)$$
>
> 를 이용하여 S_n을 구하면 $S_n=$ (나) $(n\ge1)$이다.
>
> ⋮

위의 (가), (나)에 알맞은 식을 각각 $f(n)$, $g(n)$이라 할 때, $f(5)\times g(6)$의 값은? (4점)

① 72 ② 76 ③ 80 ④ 84 ⑤ 88

166 ✿✿❀ 2016대비(A) 6월 모평 19(고3)

첫째항이 1인 수열 $\{a_n\}$에 대하여 $S_n=\sum_{k=1}^{n}a_k$라 할 때,

$$a_{n+1}=(2^n-1)(S_n+1)\ (n\ge1)\ \cdots\ (*)$$

이 성립한다. 다음은 일반항 a_n을 구하는 과정이다.

> 식 $(*)$의 양변에 S_n을 더하여 정리하면
>
> $S_{n+1}+1=2^n(S_n+1)$
>
> 이다. $b_n=\log_2(S_n+1)$이라 하면 $b_1=1$이고
>
> $b_{n+1}=$ (가) $+b_n$
>
> 이다. 수열 $\{b_n\}$의 일반항을 구하면
>
> $$b_n=\frac{n^2-n+2}{2}\ (n\ge1)$$
>
> 이므로 $S_n=2^{\frac{n^2-n+2}{2}}-1\ (n\ge1)$
>
> 이다. 그러므로 $a_1=1$이고, $n\ge2$일 때
>
> $a_n=S_n-S_{n-1}$
>
> $=2^{\frac{n^2-n+2}{2}}-2^{(나)}$
>
> $=2^{(나)}\times(2^{n-1}-1)$
>
> 이다.

위의 (가)와 (나)에 알맞은 식을 각각 $f(n)$, $g(n)$이라 할 때, $f(12)-g(5)$의 값은? (4점)

① 1 ② 2 ③ 3 ④ 4 ⑤ 5

❖ 정답 및 해설 513~515p

167 ✿✿✿ 2015실시(A) 4월 학평 17(고3)

수열 $\{a_n\}$에서 $S_n=\sum_{k=1}^{n}a_k$라 할 때,

$$2S_n=3a_n-4n+3\ (n\geq1)$$

을 만족시킨다. 다음은 일반항 a_n을 구하는 과정이다.

> $2S_n=3a_n-4n+3$ …… ㉠
> 에서 $n=1$일 때, $2S_1=3a_1-1$이므로 $a_1=1$이다.
> $2S_{n+1}=3a_{n+1}-4(n+1)+3$ …… ㉡
> ㉡에서 ㉠을 뺀 식으로부터
> $a_{n+1}=3a_n+$ (가)
> 이다. 수열 $\{a_n+2\}$가 등비수열이므로
> 일반항 a_n을 구하면
> $a_n=$ (나) $(n\geq1)$
> 이다.

위의 (가)에 알맞은 수를 p, (나)에 알맞은 식을 $f(n)$이라 할 때, $p+f(5)$의 값은? (4점)

① 225 ② 230 ③ 235 ④ 240 ⑤ 245

168 ✿✿✿ 2015실시(B) 3월 학평 19(고3)

수열 $\{a_n\}$은 $a_1=1$, $a_2=5$이고, 모든 자연수 n에 대하여

$$a_{n+2}=\begin{cases}a_{n+1}-2a_n & (n\text{이 홀수})\\ 6a_{n+1}-a_n & (n\text{이 짝수})\end{cases}$$

를 만족시킨다. 다음은 일반항 a_n을 구하는 과정이다.

> 주어진 식에서 모든 자연수 n에 대하여
> $a_{2n+1}=a_{2n}-2a_{2n-1}$ … ㉠
> $a_{2n+2}=6a_{2n+1}-a_{2n}$ … ㉡
> $a_{2n+3}=a_{2n+2}-2a_{2n+1}$ … ㉢
> 이므로 ㉠, ㉡, ㉢을 연립하여 정리하면
> $a_{2n+3}-a_{2n+1}=2(a_{2n+1}-a_{2n-1})$
> 이고, ㉠에서 $n=1$일 때 $a_3=3$이므로
> $a_{2n+1}-a_{2n-1}=$ (가) $(n\geq1)$
> 이다. 따라서
> $a_{2n-1}=$ (나) $(n\geq1)$
> 이고, ㉠으로부터
> $a_{2n}=a_{2n+1}+2a_{2n-1}$
> 이므로
> $a_{2n}=$ (다) $(n\geq1)$
> 이다. 그러므로 모든 자연수 n에 대하여
> $a_{2n-1}=$ (나), $a_{2n}=$ (다)
> 이다.

위의 (가)에 알맞은 식을 $f(n)$, (나)에 알맞은 식을 $g(n)$, (다)에 알맞은 식을 $h(n)$이라 할 때, $\dfrac{f(5)g(10)}{h(10)-1}$의 값은? (4점)

① 4 ② 8 ③ 12 ④ 16 ⑤ 20

169 ✿✿✿ 2015대비(B) 수능 17(고3)

수열 $\{a_n\}$은 $a_1=1$이고, $S_n=\sum_{k=1}^{n} a_k$라 할 때,

$$a_{n+1}=(n+1)S_n+n!\ (n\geq 1)$$

을 만족시킨다. 다음은 일반항 a_n을 구하는 과정이다.

> 자연수 n에 대하여 $a_{n+1}=S_{n+1}-S_n$이므로 주어진 식에 의하여 $S_{n+1}=(n+2)S_n+n!\ (n\geq 1)$
> 이다. 양변을 $(n+2)!$로 나누면
> $$\frac{S_{n+1}}{(n+2)!}=\frac{S_n}{(n+1)!}+\frac{1}{(n+1)(n+2)}$$
> 이다. $b_n=\frac{S_n}{(n+1)!}$이라 하면 $b_1=\frac{1}{2}$이고
> $$b_{n+1}=b_n+\frac{1}{(n+1)(n+2)}$$
> 이다. 수열 $\{b_n\}$의 일반항을 구하면
> $$b_n=\frac{\boxed{(가)}}{n+1}$$
> 이므로
> $$S_n=\boxed{(가)}\times n!$$
> 이다. 그러므로
> $$a_n=\boxed{(나)}\times(n-1)!\ (n\geq 1)$$
> 이다.

위의 (가), (나)에 알맞은 식을 각각 $f(n)$, $g(n)$이라 할 때, $f(7)+g(6)$의 값은? (4점)

① 44 ② 41 ③ 38 ④ 35 ⑤ 32

170 ✿✿✿ 2015대비(A) 9월 모평 16(고3)

첫째항이 1인 수열 $\{a_n\}$에 대하여 $S_n=\sum_{k=1}^{n} a_k$라 할 때,

$$\frac{S_{n+1}}{n+1}=\sum_{k=1}^{n} S_k\ (n\geq 1)\ \cdots\ (*)$$

이 성립한다. 다음은 일반항 a_n을 구하는 과정이다.

> 주어진 식 $(*)$에 의하여 $\frac{S_n}{n}=\sum_{k=1}^{n-1} S_k\ (n\geq 2)\ \cdots$ ㉠
> 이다. $(*)$에서 ㉠을 빼서 정리하면
> $$\frac{S_{n+1}}{S_n}=\frac{\boxed{(가)}}{n}\ (n\geq 2)$$
> 이다. ㉠으로부터 $S_2=2$이고,
> $$S_n=\frac{S_n}{S_{n-1}}\times\frac{S_{n-1}}{S_{n-2}}\times\cdots\times\frac{S_3}{S_2}\times S_2\ (n\geq 3)$$
> 이므로 $S_n=n!\times\boxed{(나)}\ (n\geq 3)$
> 이다. 그러므로 a_n은
> $$a_n=\begin{cases}1 & (n=1,\ 2)\\ \frac{n^2-n+1}{2}\times(n-1)! & (n\geq 3)\end{cases}$$
> 이다.

위의 (가), (나)에 알맞은 식을 각각 $f(n)$, $g(n)$이라 할 때, $f(4)\times g(20)$의 값은? (4점)

① 225 ② 250 ③ 275 ④ 300 ⑤ 325

❖ 정답 및 해설 515~517p

I71 ✲✲❀ 2015대비(A) 6월 모평 17(고3)

수열 $\{a_n\}$은 $a_1=3$이고,

$$2a_{n+1}=3a_n-\frac{6n+2}{(n+1)!}\ (n\geq 1)$$

를 만족시킨다. 다음은 일반항 a_n을 구하는 과정이다.

> 주어진 식에 의하여
>
> $2a_{n+1}=3a_n-\dfrac{6(n+1)-4}{(n+1)!}$이다.
>
> $2a_{n+1}-\dfrac{4}{(n+1)!}=3a_n-3\times$ (가)
>
> 이므로, $b_n=a_n-$ (가) 라 하면 $2b_{n+1}=3b_n$이다.
>
> $b_{n+1}=\dfrac{3}{2}b_n$이고, $b_1=1$이므로 $b_n=$ (나)
>
> 이다. 그러므로 $a_n=$ (가) $+$ (나) 이다.

위의 (가), (나)에 알맞은 식을 각각 $f(n)$, $g(n)$이라 할 때, $f(3)\times g(3)$의 값은? (4점)

① $\frac{1}{2}$ ② $\frac{7}{12}$ ③ $\frac{2}{3}$
④ $\frac{3}{4}$ ⑤ $\frac{5}{6}$

I72 ✲✲❀ 2014실시(A) 4월 학평 16(고3)

수열 $\{a_n\}$은 $a_1=1$이고,

$$a_{n+1}=\left(\frac{n^2-1}{n^2}\right)^2a_n+\frac{2n+1}{n^4}\ (n\geq 1)$$

을 만족시킨다. 다음은 일반항 a_n을 구하는 과정이다.

> 주어진 식의 양변에 $\left(\dfrac{n}{n+1}\right)^2$을 곱하면
>
> $\left(\dfrac{n}{n+1}\right)^2a_{n+1}=\left(\dfrac{n-1}{n}\right)^2a_n+$ (가)
>
> 이다. $b_n=\left(\dfrac{n-1}{n}\right)^2a_n$이라 하면, $b_1=0$이고
>
> $b_{n+1}=b_n+\dfrac{1}{n^2}-$ (나) $(n\geq 1)$
>
> 이다. 수열 $\{b_n\}$의 일반항을 구하면
>
> $b_n=$ (다) $(n\geq 1)$
>
> 이다. 그러므로
>
> $a_n=\begin{cases}1 & (n=1)\\ \text{(다)}\times\left(\dfrac{n}{n-1}\right)^2 & (n\geq 2)\end{cases}$
>
> 이다.

위의 (가), (나), (다)에 알맞은 식을 각각 $f(n)$, $g(n)$, $h(n)$이라 할 때, $\dfrac{f(1)\times h(4)}{g(7)}$의 값은? (4점)

① 39 ② 42 ③ 45
④ 48 ⑤ 51

I73 ✲✲❀ 2014대비(B) 9월 모평 16(고3)

수열 $\{a_n\}$은 $a_1=3$이고

$$na_{n+1}-2na_n+\frac{n+2}{n+1}=0\ (n\geq1)$$

을 만족시킨다. 다음은 일반항 a_n을 구하는 과정이다.

> $a_{n+1}-2a_n+\dfrac{n+2}{n(n+1)}=0$에서
>
> $a_n-2a_{n-1}+\dfrac{n+1}{n(n-1)}=0\ (n\geq2)$이므로
>
> $a_{n+1}-a_n-2(a_n-a_{n-1})+\dfrac{1}{n(n+1)}-\boxed{(가)}=0\ (n\geq2)$
>
> 이다. $b_n=a_{n+1}-a_n\ (n\geq1)$이라 놓으면 $b_1=\dfrac{3}{2}$이고,
>
> $b_n+\dfrac{1}{n(n+1)}=2b_{n-1}+\boxed{(가)}\ (n\geq2)$
>
> 이다. 따라서
>
> $b_n+\dfrac{1}{n(n+1)}=2^n\ (n\geq1)$
>
> 이다. 즉, $b_n=2^n-\dfrac{1}{n(n+1)}\ (n\geq1)$
>
> 이므로 $a_n=a_1+\sum_{k=1}^{n-1}b_k=\boxed{(나)}\ (n\geq2)$이다.
>
> $n=1$일 때에도 이 식을 만족시키므로
> 모든 자연수 n에 대하여 $a_n=\boxed{(나)}$이다.

위의 (가), (나)에 알맞은 식을 각각 $f(n)$, $g(n)$이라 할 때, $g(6)-f(4)$의 값은? (4점)

① 64　② 66　③ 68
④ 70　⑤ 72

I74 ✲✲❀ 2014대비(A) 6월 모평 19(고3)

수열 $\{a_n\}$은 $a_1=2$이고,

$$n^2a_{n+1}=(n^2-1)a_n+n(n+1)2^n\ (n\geq1)$$

을 만족시킨다. 다음은 일반항 a_n을 구하는 과정이다.

> 주어진 식에 의하여
>
> $a_{n+1}=\dfrac{(n+1)(n-1)}{n^2}a_n+\dfrac{n+1}{n}2^n$
>
> 이다. $b_n=\dfrac{n-1}{n}a_n$이라 하면
>
> $b_{n+1}=b_n+\boxed{(가)}\ (n\geq1)$
>
> 이고, $b_1=0$이므로
>
> $b_n=\boxed{(나)}\ (n\geq1)$
>
> 이다. 그러므로
>
> $a_n=\begin{cases}2 & (n=1)\\ \dfrac{n}{n-1}\times(\boxed{(나)}) & (n\geq2)\end{cases}$
>
> 이다.

위의 (가), (나)에 알맞은 식을 각각 $f(n)$, $g(n)$이라 할 때, $f(5)+g(10)$의 값은? (4점)

① 1014　② 1024　③ 1034
④ 1044　⑤ 1054

I75 ✲✲❀ 2013실시(A) 4월 학평 20(고3)

수열 $\{a_n\}$의 첫째항부터 제n항까지의 합을 S_n이라 할 때,

$$\begin{cases}a_1=1\\ 4S_{n+1}=3a_{n+1}+10a_n\ (n=1,\ 2,\ 3,\ \cdots)\end{cases}$$

이 성립한다. 다음은 $\sum_{k=1}^{n}a_{k+1}-5\sum_{k=1}^{n}a_k$를 구하는 과정이다.

> $4S_{n+2}=3a_{n+2}+10a_{n+1}$에서
>
> $a_{n+2}=7a_{n+1}+\boxed{(가)}\times a_n$이다.
>
> $a_{n+1}-5a_n=b_n$이라 하면,
>
> 수열 $\{b_n\}$은 공비가 2인 등비수열이다.
>
> $\therefore b_n=\boxed{(나)}\ (n=1,\ 2,\ 3,\ \cdots)$
>
> 따라서 $\sum_{k=1}^{n}a_{k+1}-5\sum_{k=1}^{n}a_k=\boxed{(다)}$

위의 (가)에 알맞은 수를 p, (나), (다)에 알맞은 식을 각각 $f(n)$, $g(n)$이라 할 때, $\dfrac{2\times p\times g(10)}{5\times f(3)}$의 값은? (4점)

① -1027　② -1025　③ -1023
④ -1021　⑤ -1019

❖ 정답 및 해설 518~521p

I176 ✿✿✿ 2013대비(나) 수능 17(고3)

수열 $\{a_n\}$은 $a_1=4$이고,

$$a_{n+1}=n\times 2^n+\sum_{k=1}^{n}\frac{a_k}{k}\ (n\geq 1)$$

을 만족시킨다. 다음은 일반항 a_n을 구하는 과정이다.

> 주어진 식에 의하여
>
> $$a_n=(n-1)\times 2^{n-1}+\sum_{k=1}^{n-1}\frac{a_k}{k}\ (n\geq 2)$$
>
> 이다. 따라서 2 이상의 자연수 n에 대하여
>
> $$a_{n+1}-a_n=\boxed{(가)}+\frac{a_n}{n}$$
>
> 이므로
>
> $$a_{n+1}=\frac{(n+1)a_n}{n}+\boxed{(가)}$$
>
> 이다. $b_n=\frac{a_n}{n}$이라 하면
>
> $$b_{n+1}=b_n+\frac{\boxed{(가)}}{n+1}\ (n\geq 2)$$
>
> 이고, $b_2=3$이므로
>
> $$b_n=\boxed{(나)}\ (n\geq 2)$$
>
> 이다. 그러므로
>
> $$a_n=\begin{cases}4 & (n=1)\\ n\times\boxed{(나)} & (n\geq 2)\end{cases}$$
>
> 이다.

위의 (가), (나)에 알맞은 식을 각각 $f(n)$, $g(n)$이라 할 때, $f(4)+g(7)$의 값은? (4점)

① 90 ② 95 ③ 100 ④ 105 ⑤ 110

I177 ✿✿✿ 2013대비(나) 6월 모평 15(고3)

수열 $\{a_n\}$은 $a_1=2$이고, $S_n=\sum_{k=1}^{n}a_k$라 할 때,

$$a_{n+1}=\frac{S_n}{a_n}\ (n\geq 1)$$

을 만족시킨다. 다음은 S_n을 구하는 과정이다.

> 주어진 식으로부터 $a_2=\frac{S_1}{a_1}=1$이다.
>
> $n\geq 3$일 때,
>
> $$a_n=\frac{S_{n-1}}{a_{n-1}}=\frac{S_{n-2}+a_{n-1}}{a_{n-1}}=\frac{a_{n-2}a_{n-1}+a_{n-1}}{a_{n-1}}$$
>
> 이므로
>
> $$a_n=a_{n-2}+1$$
>
> 이다. 따라서 일반항 a_n을 구하면, 자연수 k에 대하여
>
> $n=2k-1$일 때, $a_{2k-1}=k+1$
>
> $n=2k$일 때, $a_{2k}=\boxed{(가)}$
>
> 이다. 한편, $S_n=a_na_{n+1}$이므로
>
> $$S_n=\begin{cases}(k+1)\times\boxed{(가)} & (n=2k-1)\\ \boxed{(나)} & (n=2k)\end{cases}$$
>
> 이다.

위의 (가), (나)에 알맞은 식을 각각 $f(k)$, $g(k)$라 할 때, $f(6)+g(7)$의 값은? (4점)

① 65 ② 67 ③ 69 ④ 71 ⑤ 73

I78 ✿✿✿ 2012대비(나) 수능) 17(고3)

첫째항이 1인 수열 $\{a_n\}$에 대하여 $S_n=\sum_{k=1}^{n}a_k$라 할 때,

$$nS_{n+1}=(n+2)S_n+(n+1)^3\ (n\geq1)$$

이 성립한다. 다음은 수열 $\{a_n\}$의 일반항을 구하는 과정의 일부이다.

> 자연수 n에 대하여 $S_{n+1}=S_n+a_{n+1}$이므로
>
> $na_{n+1}=2S_n+(n+1)^3\ \cdots$ ㉠
>
> 이다. 2 이상의 자연수 n에 대하여
>
> $(n-1)a_n=2S_{n-1}+n^3\ \cdots$ ㉡
>
> 이고, ㉠에서 ㉡을 뺀 식으로부터
>
> $na_{n+1}=(n+1)a_n+$ (가)
>
> 를 얻는다. 양변을 $n(n+1)$로 나누면
>
> $\dfrac{a_{n+1}}{n+1}=\dfrac{a_n}{n}+\dfrac{(가)}{n(n+1)}$
>
> 이다. $b_n=\dfrac{a_n}{n}$이라 하면,
>
> $b_{n+1}=b_n+3+$ (나) $(n\geq2)$
>
> 이므로
>
> $b_n=b_2+$ (다) $(n\geq3)$
>
> 이다.
>
> ⋮

위의 (가), (나), (다)에 들어갈 식을 각각 $f(n)$, $g(n)$, $h(n)$이라 할 때, $\dfrac{f(3)}{g(3)h(6)}$의 값은? (4점)

① 30 ② 36 ③ 42
④ 48 ⑤ 54

유형 08 수열의 귀납적 정의의 활용

(ⅰ) n의 값에 따라 a_n의 값이 달라지는 경우에는 규칙이 발견될 때까지 n 대신 1, 2, 3, …을 차례로 대입해 보자.

(ⅱ) 추론한 결과를 이용하여 구하고자 하는 값을 구하자.

tip

규칙이 바로 보이지 않을 때에는 n 대신에 1, 2, 3, …을 차례대로 대입하여 첫째항부터 몇 개의 항을 구해보며 규칙을 찾는다.

I79 ✿✿✿ 2021대비(가) 수능 16(고3)

상수 $k(k>1)$에 대하여 다음 조건을 만족시키는 수열 $\{a_n\}$이 있다.

> 모든 자연수 n에 대하여 $a_n<a_{n+1}$이고 곡선 $y=2^x$ 위의 두 점 $\mathrm{P}_n(a_n,\ 2^{a_n})$, $\mathrm{P}_{n+1}(a_{n+1},\ 2^{a_{n+1}})$을 지나는 직선의 기울기는 $k\times2^{a_n}$이다.

점 P_n을 지나고 x축에 평행한 직선과 점 P_{n+1}을 지나고 y축에 평행한 직선이 만나는 점을 Q_n이라 하고 삼각형 $\mathrm{P}_n\mathrm{Q}_n\mathrm{P}_{n+1}$의 넓이를 A_n이라 하자.

다음은 $a_1=1$, $\dfrac{A_3}{A_1}=16$일 때, A_n을 구하는 과정이다.

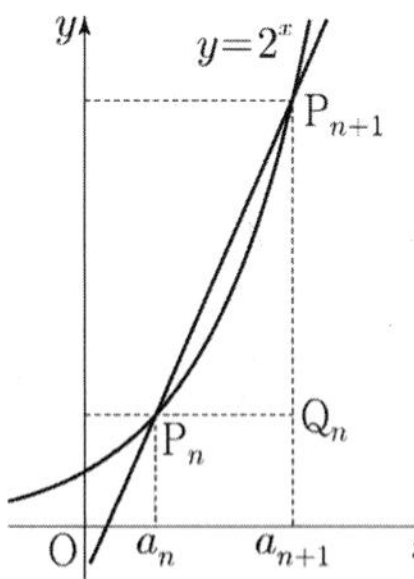

> 두 점 P_n, P_{n+1}을 지나는 직선의 기울기가 $k\times2^{a_n}$이므로 $2^{a_{n+1}-a_n}=k(a_{n+1}-a_n)+1$이다.
>
> 즉, 모든 자연수 n에 대하여 $a_{n+1}-a_n$은 방정식 $2^x=kx+1$의 해이다.
>
> $k>1$이므로 방정식 $2^x=kx+1$은 오직 하나의 양의 실근 d를 갖는다. 따라서 모든 자연수 n에 대하여 $a_{n+1}-a_n=d$이고, 수열 $\{a_n\}$은 공차가 d인 등차수열이다.
>
> 점 Q_n의 좌표가 $(a_{n+1},\ 2^{a_n})$이므로
>
> $A_n=\dfrac{1}{2}(a_{n+1}-a_n)(2^{a_{n+1}}-2^{a_n})$
>
> 이다. $\dfrac{A_3}{A_1}=16$이므로 d의 값은 (가) 이고, 수열 $\{a_n\}$의 일반항은 $a_n=$ (나) 이다.
>
> 따라서 모든 자연수 n에 대하여 $A_n=$ (다) 이다.

위의 (가)에 알맞은 수를 p, (나)와 (다)에 알맞은 식을 각각 $f(n)$, $g(n)$이라 할 때, $p+\dfrac{g(4)}{f(2)}$의 값은? (4점)

① 118 ② 121 ③ 124
④ 127 ⑤ 130

❖ 정답 및 해설 521~524p

I80 ✿❀❀ 2021대비(나) 9월 모평 16(고3)

모든 자연수 n에 대하여 다음 조건을 만족시키는 x축 위의 점 P_n과 곡선 $y=\sqrt{3x}$ 위의 점 Q_n이 있다.

> • 선분 OP_n과 선분 P_nQ_n이 서로 수직이다.
> • 선분 OQ_n과 선분 Q_nP_{n+1}이 서로 수직이다.

다음은 점 P_1의 좌표가 $(1, 0)$일 때, 삼각형 $OP_{n+1}Q_n$의 넓이 A_n을 구하는 과정이다. (단, O는 원점이다.)

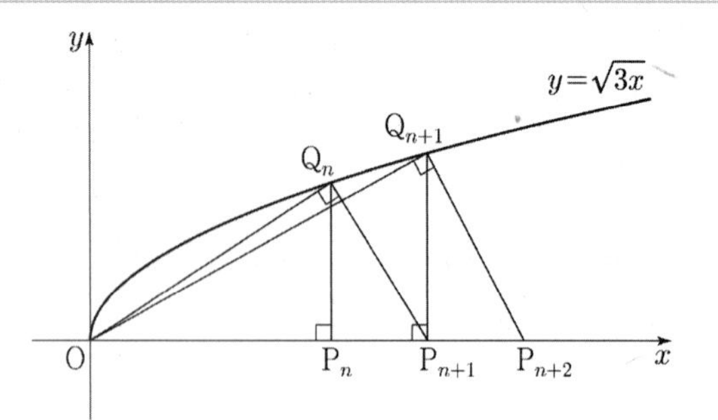

> 모든 자연수 n에 대하여 점 P_n의 좌표를 $(a_n, 0)$이라 하자.
> $\overline{OP_{n+1}}=\overline{OP_n}+\overline{P_nP_{n+1}}$이므로 $a_{n+1}=a_n+\overline{P_nP_{n+1}}$
> 이다. 삼각형 OP_nQ_n과 삼각형 $Q_nP_nP_{n+1}$이 닮음이므로
> $\overline{OP_n} : \overline{P_nQ_n}=\overline{P_nQ_n} : \overline{P_nP_{n+1}}$
> 이고, 점 Q_n의 좌표는 $(a_n, \sqrt{3a_n})$이므로
> $\overline{P_nP_{n+1}}=$ (가)
> 이다. 따라서 삼각형 $OP_{n+1}Q_n$의 넓이 A_n은
> $A_n=\frac{1}{2}\times($ (나) $)\times\sqrt{9n-6}$이다.

위의 (가)에 알맞은 수를 p, (나)에 알맞은 식을 $f(n)$이라 할 때, $p+f(8)$의 값은? (4점)

① 20 ② 22 ③ 24
④ 26 ⑤ 28

I81 ✿❀❀ 2007대비(나) 9월 모평 28(고3)

다음은 어느 시력검사표에 표시된 시력과 그에 해당되는 문자의 크기를 나타낸 것의 일부이다.

시력	0.1	0.2	0.3	0.4	…	1.0
문자의 크기	a_1	a_2	a_3	a_4	…	a_{10}

문자의 크기 a_n은 다음 관계식을 만족시킨다.

$$a_1=10A,\ a_{n+1}=\frac{10A\times a_n}{10A+a_n}$$

(단, A는 상수이고, $n=1, 2, 3, \cdots, 9$)

이 시력검사표에서 0.8에 해당되는 문자의 크기는? (4점)

① $2A$ ② $\frac{3}{2}A$ ③ $\frac{4}{3}A$
④ $\frac{5}{4}A$ ⑤ $\frac{6}{5}A$

I82 ✿✿❀ 2017실시(나) 10월 학평 29(고3)

자연수 n에 대하여 좌표평면 위의 점 P_n의 좌표를 $(n, an-a)$라 하자. 두 점 Q_n, Q_{n+1}에 대하여 점 P_n이 삼각형 $Q_nQ_{n+1}Q_{n+2}$의 무게중심이 되도록 점 Q_{n+2}를 정한다. 두 점 Q_1, Q_2의 좌표가 각각 $(0, 0)$, $(1, -1)$이고 점 Q_{10}의 좌표가 $(9, 90)$이다. 점 Q_{13}의 좌표를 (p, q)라 할 때, $p+q$의 값을 구하시오. (단, $a>1$) (4점)

183 ✿✿❀ 2014대비(A) 9월 모평 29(고3)

그림과 같이 직사각형에서 세로를 각각 이등분하는 점 2개를 연결하는 선분을 그린 그림을 [그림 1]이라 하자.

[그림 1]을 $\frac{1}{2}$만큼 축소시킨 도형을 [그림 1]의 오른쪽 맨 아래 꼭짓점을 하나의 꼭짓점으로 하여 오른쪽에 이어 붙인 그림을 [그림 2]라 하자.

이와 같이 3 이상의 자연수 k에 대하여 [그림 1]을 $\frac{1}{2^{k-1}}$만큼 축소시킨 도형을 [그림 $k-1$]의 오른쪽 맨 아래 꼭짓점을 하나의 꼭짓점으로 하여 오른쪽에 이어 붙인 그림을 [그림 k]라 하자.
자연수 n에 대하여 [그림 n]에서 왼쪽 맨 위 꼭짓점을 A_n, 오른쪽 맨 아래 꼭짓점을 B_n이라 할 때, 점 A_n에서 점 B_n까지 선을 따라 최단거리로 가는 경로의 수를 a_n이라 하자. a_7의 값을 구하시오. (4점)

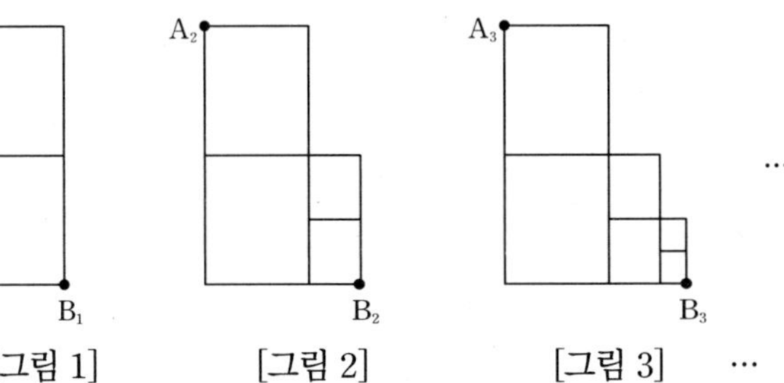

[그림 1] [그림 2] [그림 3] …

184 ✿✿❀ 2011실시(나) 3월 학평 20(고3)

어느 공원에는 아래 그림과 같이 A 지점에서 출발하여 A 지점으로 돌아오는 제1산책로, A 지점에서 출발하여 B 지점으로 이어지는 제2산책로, B 지점에서 출발하여 A 지점으로 이어지는 제3산책로가 있고, 각 산책로의 거리는 1 km이다.

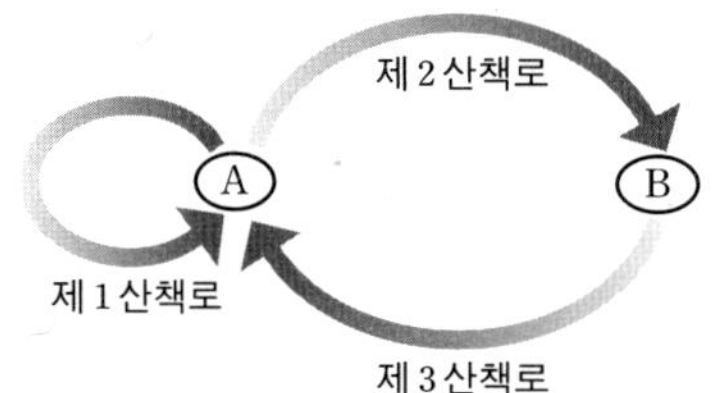

이 산책로들을 따라 다음과 같은 규칙으로 산책한 거리가 n km일 때, A 지점에서 출발하여 A 지점에 도착하는 방법의 수를 a_n, A 지점에서 출발하여 B 지점에 도착하는 방법의 수를 b_n이라 하자.

> (가) 각 산책로에서는 화살표 방향으로만 진행해야 한다.
> (나) 같은 산책로를 반복할 수 있다.
> (다) 지나지 않는 산책로가 있을 수 있다.

a_7+b_7의 값은? (단, n은 자연수이다.) (4점)

① 21 ② 29 ③ 34
④ 42 ⑤ 55

❖ 정답 및 해설 524~526p

185 ✲✲❀ 2010실시(나) 3월 학평 30(고3)

수직선 위에 점 $P_n(n=1, 2, 3, \cdots)$을 다음 규칙에 따라 정한다.

> (가) 점 P_1의 좌표는 $P_1(0)$이다.
> (나) $\overline{P_1P_2}=1$이다.
> (다) $\overline{P_nP_{n+1}}=\dfrac{n-1}{n+1}\times\overline{P_{n-1}P_n}$ $(n=2, 3, 4, \cdots)$

선분 P_nP_{n+1}을 밑변으로 하고 높이가 1인 직각삼각형의 넓이를 S_n이라 하자. $S_1+S_2+S_3+\cdots+S_{50}=\dfrac{q}{p}$일 때, $p+q$의 값을 구하시오. (단, p, q는 서로소인 자연수이다.) (4점)

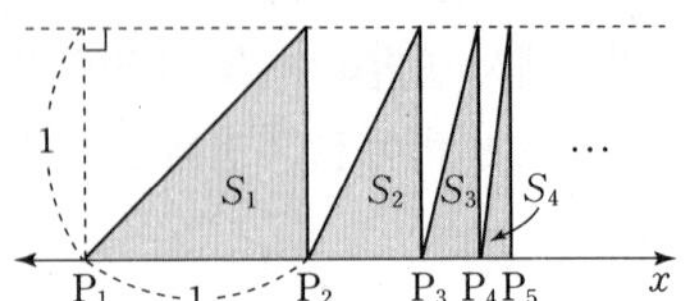

186 ✲✲❀ 2010대비(나) 수능 22(고3)

자연수 n에 대하여 점 A_n이 x축 위의 점일 때, 점 A_{n+1}을 다음 규칙에 따라 정한다.

> (가) 점 A_1의 좌표는 $(2, 0)$이다.
> (나) (1) 점 A_n을 지나고 y축에 평행한 직선이 곡선 $y=\dfrac{1}{x}(x>0)$과 만나는 점을 P_n이라 한다.
> (2) 점 P_n을 직선 $y=x$에 대하여 대칭이동한 점을 Q_n이라 한다.
> (3) 점 Q_n을 지나고 y축에 평행한 직선이 x축과 만나는 점을 R_n이라 한다.
> (4) 점 R_n을 x축의 방향으로 1만큼 평행이동한 점을 A_{n+1}이라 한다.

점 A_n의 x좌표를 x_n이라 하자. $x_5=\dfrac{q}{p}$일 때, $p+q$의 값을 구하시오. (단, p, q는 서로소인 자연수이다.) (3점)

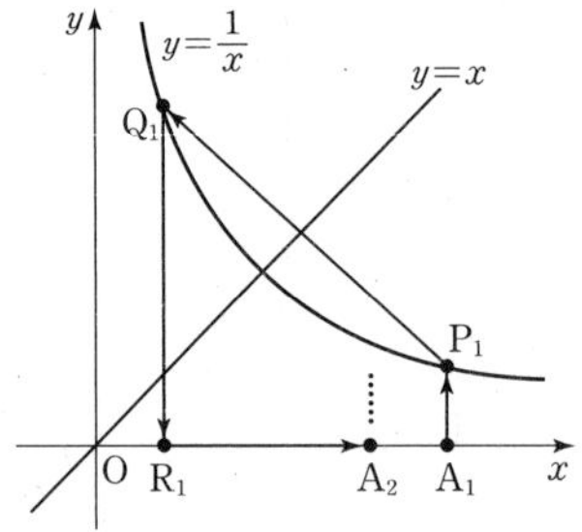

187 ✿✿❀ 2008대비(나) 6월 모평 16

다음은 19세기 초 조선의 유학자 홍길주가 소개한 제곱근을 구하는 계산법의 일부를 재구성한 것이다.

> 1보다 큰 자연수 p에서 1을 뺀 수를 p_1이라 한다.
> p_1이 2보다 크면 p_1에서 2를 뺀 수를 p_2라 한다.
> p_2가 3보다 크면 p_2에서 3을 뺀 수를 p_3이라 한다.
> $\vdots$
> p_{k-1}이 k보다 크면 p_{k-1}에서 k를 뺀 수를 p_k라 한다.
> 이와 같은 과정을 계속하여 n번째 얻은 수 p_n이 $(n+1)$보다 작으면 이 과정을 멈춘다.
> 이때, $2p_n$이 $(n+1)$과 같으면 p는 (가) 이다.

(가)에 들어갈 식으로 알맞은 것은? (4점)

① $n+1$ ② $\dfrac{(n+1)^2}{2}$ ③ $\left\{\dfrac{n(n+1)}{2}\right\}^2$
④ 2^{n+1} ⑤ $(n+1)!$

3 수학적 귀납법

유형 09 수학적 귀납법 – 등식의 증명

모든 자연수 n에 대하여 등식이 성립함을 증명하려면 다음을 보인다.
(i) $n=1$일 때, 등식이 성립함을 확인한다.
(ii) $n=k$일 때, 등식이 성립한다고 가정한다.
(iii) $n=k+1$일 때, 등식이 성립함을 확인한다.

tip

$n \geq m$ (m은 2 이상의 자연수)인 모든 자연수 n에 대하여 등식이 성립함을 보이려면
(i) $n=m$일 때, 등식이 성립함을 확인한다.
(ii) $n=k\ (k \geq m)$일 때 등식이 성립한다고 가정하고 $n=k+1$일 때 등식이 성립함을 보인다.

188 ✿❀❀ 2020실시(나) 10월 학평 18(고3)

3 이상의 자연수 n에 대하여 집합

$A_n=\{(p,\ q)\,|\,p<q$이고 $p,\ q$는 n 이하의 자연수$\}$

이다. 집합 A_n의 모든 원소 $(p,\ q)$에 대하여 q의 값의 평균을 a_n이라 하자. 다음은 3 이상의 자연수 n에 대하여

$a_n=\dfrac{2n+2}{3}$임을 수학적 귀납법을 이용하여 증명한 것이다.

> (i) $n=3$일 때, $A_3=\{(1,\ 2),\ (1,\ 3),\ (2,\ 3)\}$이므로
> $a_3=\dfrac{2+3+3}{3}=\dfrac{8}{3}$이고 $\dfrac{2\times3+2}{3}=\dfrac{8}{3}$이다.
> 그러므로 $a_n=\dfrac{2n+2}{3}$가 성립한다.
> (ii) $n=k\ (k\geq3)$일 때, $a_k=\dfrac{2k+2}{3}$가 성립한다고 가정하자.
> $n=k+1$일 때,
> $A_{k+1}=A_k\cup\{(1,\ k+1),\ (2,\ k+1),\ \cdots,\ (k,\ k+1)\}$
> 이고 집합 A_k의 원소의 개수는 (가) 이므로
> $$a_{k+1}=\dfrac{\boxed{(가)}\times\dfrac{2k+2}{3}+\boxed{(나)}}{{}_{k+1}\mathrm{C}_2}$$
> $$=\dfrac{2k+4}{3}=\dfrac{2(k+1)+2}{3}$$
> 이다. 따라서 $n=k+1$일 때도 $a_n=\dfrac{2n+2}{3}$가 성립한다.
> (i), (ii)에 의하여 3 이상의 자연수 n에 대하여
> $a_n=\dfrac{2n+2}{3}$이다.

위의 (가), (나)에 알맞은 식을 각각 $f(k)$, $g(k)$라 할 때, $f(10)+g(9)$의 값은? (4점)

① 131 ② 133 ③ 135
④ 137 ⑤ 139

❖ 정답 및 해설 526~528p

189 ✿❀❀ 2021대비(가) 6월 모평 15(고3)

수열 $\{a_n\}$의 일반항은

$$a_n=(2^{2n}-1)\times 2^{n(n-1)}+(n-1)\times 2^{-n}$$

이다. 다음은 모든 자연수 n에 대하여

$$\sum_{k=1}^{n} a_k=2^{n(n+1)}-(n+1)\times 2^{-n} \cdots\cdots (*)$$

임을 수학적 귀납법을 이용하여 증명한 것이다.

> (i) $n=1$일 때, (좌변)$=3$, (우변)$=3$이므로 $(*)$이 성립한다.
>
> (ii) $n=m$일 때, $(*)$이 성립한다고 가정하면
>
> $\sum_{k=1}^{m} a_k=2^{m(m+1)}-(m+1)\times 2^{-m}$이다.
>
> $n=m+1$일 때,
>
> $$\sum_{k=1}^{m+1} a_k=2^{m(m+1)}-(m+1)\times 2^{-m}+(2^{2m+2}-1)\times \boxed{(가)}+m\times 2^{-m-1}$$
>
> $$=\boxed{(가)}\times\boxed{(나)}-\frac{m+2}{2}\times 2^{-m}$$
>
> $$=2^{(m+1)(m+2)}-(m+2)\times 2^{-(m+1)}$$
>
> 이다. 따라서 $n=m+1$일 때도 $(*)$이 성립한다.
>
> (i), (ii)에 의하여 모든 자연수 n에 대하여
>
> $\sum_{k=1}^{n} a_k=2^{n(n+1)}-(n+1)\times 2^{-n}$이다.

위의 (가), (나)에 알맞은 식을 각각 $f(m)$, $g(m)$이라 할 때, $\frac{g(7)}{f(3)}$의 값은? (4점)

① 2　② 4　③ 8　④ 16　⑤ 32

190 ✿❀❀ 2018실시(가) 3월 학평 17(고2)

다음은 모든 자연수 n에 대하여

$$\sum_{k=1}^{n} k\{k+(k+1)+(k+2)+\cdots+n\}=\frac{n(n+1)(n+2)(3n+1)}{24} \cdots\cdots (*)$$

이 성립함을 수학적 귀납법으로 증명하는 과정이다.

> **[증명]**
>
> (i) $n=1$일 때,
>
> (좌변)$=$(우변)$=\boxed{(가)}$이므로 $(*)$이 성립한다.
>
> (ii) $n=m$일 때, $(*)$이 성립한다고 가정하면
>
> $$\sum_{k=1}^{m} k\{k+(k+1)+(k+2)+\cdots+m\}=\frac{m(m+1)(m+2)(3m+1)}{24}$$
>
> 이다. $n=m+1$일 때, $(*)$이 성립함을 보이자.
>
> $$\sum_{k=1}^{m+1} k\{k+(k+1)+(k+2)+\cdots+(m+1)\}$$
>
> $$=\sum_{k=1}^{m} k\{k+(k+1)+(k+2)+\cdots+(m+1)\}+\boxed{(나)}$$
>
> $$=\boxed{(다)}+\frac{m(m+1)^2}{2}+\boxed{(나)}$$
>
> $$=\frac{(m+1)(m+2)(m+3)(3m+4)}{24}$$
>
> 따라서 $n=m+1$일 때도 성립한다.
>
> (i), (ii)에 의하여 모든 자연수 n에 대하여 $(*)$이 성립한다.

위의 (가)에 알맞은 수를 a, (나), (다)에 알맞은 식을 각각 $f(m)$, $g(m)$이라 할 때, $a+f(2)+g(3)$의 값은? (4점)

① 35　② 36　③ 37　④ 38　⑤ 39

191 ✿❀❀ 2016실시(나) 4월 학평 18(고3)

다음은 모든 자연수 n에 대하여

$$\frac{4}{3}+\frac{8}{3^2}+\frac{12}{3^3}+\cdots+\frac{4n}{3^n}=3-\frac{2n+3}{3^n}\ \cdots\ (*)$$

이 성립함을 수학적 귀납법으로 증명한 것이다.

[증명]

(1) $n=1$일 때,

(좌변)$=\frac{4}{3}$, (우변)$=3-\frac{5}{3}=\frac{4}{3}$

이므로 $(*)$이 성립한다.

(2) $n=k$일 때, $(*)$이 성립한다고 가정하면

$$\frac{4}{3}+\frac{8}{3^2}+\frac{12}{3^3}+\cdots+\frac{4k}{3^k}=3-\frac{2k+3}{3^k}$$

이다.

위 등식의 양변에 $\frac{4(k+1)}{3^{k+1}}$을 더하여 정리하면

$$\frac{4}{3}+\frac{8}{3^2}+\frac{12}{3^3}+\cdots+\frac{4k}{3^k}+\frac{4(k+1)}{3^{k+1}}$$

$$=3-\frac{1}{3^k}\{(2k+3)-(\boxed{(가)})\}$$

$$=3-\frac{\boxed{(나)}}{3^{k+1}}$$

따라서 $n=k+1$일 때도 $(*)$이 성립한다.

(1), (2)에 의하여 모든 자연수 n에 대하여 $(*)$이 성립한다.

위의 (가), (나)에 알맞은 식을 각각 $f(k)$, $g(k)$이라 할 때, $f(3)\times g(2)$의 값은? (4점)

① 36 ② 39 ③ 42 ④ 45 ⑤ 48

192 ✿❀❀ 2016실시(나) 3월 학평 16(고3)

다음은 모든 자연수 n에 대하여

$$\sum_{k=1}^{n}(-1)^{k+1}k^2=(-1)^{n+1}\times\frac{n(n+1)}{2}\ \cdots\ (*)$$

이 성립함을 수학적 귀납법으로 증명한 것이다.

[증명]

(i) $n=1$일 때,

(좌변)$=(-1)^2\times 1^2=1$

(우변)$=(-1)^2\times\frac{1\times 2}{2}=1$

따라서 $(*)$이 성립한다.

(ii) $n=m$일 때, $(*)$이 성립한다고 가정하면

$$\sum_{k=1}^{m+1}(-1)^{k+1}k^2=\sum_{k=1}^{m}(-1)^{k+1}k^2+\boxed{(가)}$$

$$=\boxed{(나)}+\boxed{(가)}$$

$$=(-1)^{m+2}\times\frac{(m+1)(m+2)}{2}$$

이다.

따라서 $n=m+1$일 때도 $(*)$이 성립한다.

(i), (ii)에 의하여 모든 자연수 n에 대하여 $(*)$이 성립한다.

위의 (가), (나)에 알맞은 식을 각각 $f(m)$, $g(m)$이라 할 때, $\frac{f(5)}{g(2)}$의 값은? (4점)

① 8 ② 10 ③ 12 ④ 14 ⑤ 16

❖ 정답 및 해설 529~531p

193 ✿❀❀ 2009실시(나) 4월 학평 9(고3)

다음은 모든 자연수 n에 대하여

$$1-\frac{1}{2}+\frac{1}{3}-\frac{1}{4}+\cdots+\frac{1}{2n-1}-\frac{1}{2n}$$
$$=\frac{1}{n+1}+\frac{1}{n+2}+\cdots+\frac{1}{2n}$$

이 성립함을 수학적 귀납법으로 증명한 것이다.

[증명]

i) $n=1$일 때, (좌변)=(우변)= (가) 이므로 주어진 등식은 성립한다.

ii) $n=k(k\geq 1)$일 때, 성립한다고 가정하면

$$1-\frac{1}{2}+\frac{1}{3}-\frac{1}{4}+\cdots+\frac{1}{2k-1}-\frac{1}{2k}$$
$$=\frac{1}{k+1}+\frac{1}{k+2}+\cdots+\frac{1}{2k}\text{이다.}$$

$n=k+1$일 때,

$$1-\frac{1}{2}+\frac{1}{3}-\frac{1}{4}+\cdots+\frac{1}{2k-1}-\frac{1}{2k}+\boxed{(\text{나})}$$
$$=\frac{1}{k+1}+\frac{1}{k+2}+\cdots+\frac{1}{2k}+\boxed{(\text{나})}$$
$$=\frac{1}{k+2}+\frac{1}{k+3}+\cdots+\frac{1}{2k+1}+\boxed{(\text{다})}$$
$$=\frac{1}{k+2}+\frac{1}{k+3}+\cdots+\frac{1}{2k+1}+\frac{1}{2k+2}\text{이다.}$$

그러므로 $n=k+1$일 때도 성립한다.

따라서 i), ii)에 의하여 모든 자연수 n에 대하여 주어진 등식은 성립한다.

이 증명에서 (가)~(다)에 알맞은 것을 바르게 짝지은 것은? (3점)

	(가)	(나)	(다)
①	1	$\frac{1}{2k+2}$	$\frac{1}{2k}-\frac{1}{2k+2}$
②	1	$\frac{1}{2k+1}-\frac{1}{2k+2}$	$\frac{1}{k+1}-\frac{1}{2k+2}$
③	$\frac{1}{2}$	$\frac{1}{2k+2}$	$\frac{1}{2k}-\frac{1}{2k+2}$
④	$\frac{1}{2}$	$\frac{1}{2k+1}-\frac{1}{2k+2}$	$\frac{1}{k+1}-\frac{1}{2k+2}$
⑤	$\frac{1}{2}$	$\frac{1}{2k+1}-\frac{1}{2k+2}$	$\frac{1}{2k}-\frac{1}{2k+2}$

194 ✿❀❀ 2008실시(나) 3월 학평 13(고3)

자연수 n에 대하여 $a_n=1+\frac{1}{2}+\frac{1}{3}+\cdots+\frac{1}{n}$로 정의한다.

다음은 2 이상인 모든 자연수 n에 대하여 등식

$$a_1+a_2+a_3+\cdots+a_{n-1}=n(a_n-1)$$

이 성립함을 증명한 것이다.

[증명]

(1) $n=2$일 때, (좌변)=(우변)= (가) 이므로 주어진 등식은 성립한다.

(2) $n=k$일 때, 주어진 등식이 성립한다고 가정하면

$$a_1+a_2+a_3+\cdots+a_{k-1}=k(a_k-1)$$

양변에 a_k를 더하면

$$a_1+a_2+a_3+\cdots+a_k=\boxed{(\text{나})}$$

그런데 $a_k=a_{k+1}-\boxed{(\text{다})}$이므로

$$a_1+a_2+a_3+\cdots+a_k=(k+1)(a_{k+1}-1)$$

그러므로 $n=k+1$일 때도 성립한다.

따라서 2 이상인 모든 자연수 n에 대하여 주어진 등식은 성립한다.

위 증명에서 (가), (나), (다)에 알맞은 것은? (3점)

	(가)	(나)	(다)
①	1	$ka_{k+1}-k$	$\frac{1}{k}$
②	1	$(k+1)a_k-k$	$\frac{1}{k+1}$
③	1	$(k+1)a_k-k$	$\frac{1}{k}$
④	$\frac{3}{2}$	$ka_{k+1}-k$	$\frac{1}{k+1}$
⑤	$\frac{3}{2}$	$(k+1)a_k-k$	$\frac{1}{k+1}$

195 ✿❀❀ 2005대비(나) 9월 모평 16(고3)

다음은 모든 자연수 n에 대하여

$$1\cdot n+2\cdot(n-1)+3\cdot(n-2)+\cdots+(n-1)\cdot 2+n\cdot 1 =\frac{n(n+1)(n+2)}{6}$$

가 성립함을 수학적 귀납법으로 증명한 것이다.

[증명]

(i) $n=1$일 때, (좌변)$=1$, (우변)$=1$이므로 주어진 식은 성립한다.

(ii) $n=k$일 때, 성립한다고 가정하면

$$1\cdot k+2\cdot(k-1)+3\cdot(k-2)+\cdots+k\cdot 1 =\frac{k(k+1)(k+2)}{6}$$

이다. $n=k+1$일 때, 성립함을 보이자.

$$\begin{aligned}&1\cdot(k+1)+2\cdot k+3\cdot(k-1)+\cdots+(k+1)\cdot 1\\&=1\cdot k+2\cdot(k-1)+3\cdot(k-2)+\cdots+k\cdot 1\\&\qquad+(1+2+3+\cdots+k)+\boxed{(가)}\\&=\frac{k(k+1)(k+2)}{6}+\boxed{(나)}\\&=\boxed{(다)}\end{aligned}$$

그러므로 $n=k+1$일 때도 성립한다.

따라서 모든 자연수 n에 대하여 주어진 등식은 성립한다.

위의 증명에서 (가), (나), (다)에 알맞은 것을 차례로 나열한 것은? (4점)

	(가)	(나)	(다)
①	k	$\frac{k(k+1)}{2}$	$\frac{(k+1)(k+2)(k+3)}{6}$
②	k	$\frac{k(k+3)}{2}$	$\frac{(k+1)(k+2)(k+3)}{6}$
③	k	$\frac{(k+1)(k+2)}{2}$	$\frac{k(k+1)(k+2)}{6}$
④	$k+1$	$\frac{(k+1)(k+2)}{2}$	$\frac{(k+1)(k+2)(k+3)}{6}$
⑤	$k+1$	$\frac{(k+1)(k+2)}{2}$	$\frac{k(k+1)(k+2)}{6}$

196 ✿✿❀ 2020실시(가) 10월 학평 19(고3)

다음은 모든 자연수 n에 대하여

$$\sum_{k=1}^{n}\frac{(-1)^{k-1}{}_{n}\mathrm{C}_{k}}{k}=\sum_{k=1}^{n}\frac{1}{k}\ \cdots\cdots\ (*)$$

이 성립함을 수학적 귀납법을 이용하여 증명한 것이다.

(i) $n=1$일 때 (좌변)$=1$, (우변)$=1$이므로 $(*)$이 성립한다.

(ii) $n=m$일 때 $(*)$이 성립한다고 가정하면

$\sum_{k=1}^{m}\frac{(-1)^{k-1}{}_{m}\mathrm{C}_{k}}{k}=\sum_{k=1}^{m}\frac{1}{k}$이다. $n=m+1$일 때,

$$\begin{aligned}&\sum_{k=1}^{m+1}\frac{(-1)^{k-1}{}_{m+1}\mathrm{C}_{k}}{k}\\&=\sum_{k=1}^{m}\frac{(-1)^{k-1}{}_{m+1}\mathrm{C}_{k}}{k}+\boxed{(가)}\\&=\sum_{k=1}^{m}\frac{(-1)^{k-1}({}_{m}\mathrm{C}_{k}+{}_{m}\mathrm{C}_{k-1})}{k}+\boxed{(가)}\\&=\sum_{k=1}^{m}\frac{1}{k}+\sum_{k=1}^{m+1}\left\{\frac{(-1)^{k-1}}{k}\times\frac{\boxed{(나)}}{(m-k+1)!(k-1)!}\right\}\\&=\sum_{k=1}^{m}\frac{1}{k}+\sum_{k=1}^{m+1}\left\{\frac{(-1)^{k-1}}{\boxed{(다)}}\times\frac{(m+1)!}{(m-k+1)!k!}\right\}\\&=\sum_{k=1}^{m}\frac{1}{k}+\frac{1}{m+1}\\&=\sum_{k=1}^{m+1}\frac{1}{k}\end{aligned}$$

이다. 따라서 $n=m+1$일 때도 $(*)$이 성립한다.

(i), (ii)에 의하여 모든 자연수 n에 대하여 $(*)$이 성립한다.

위의 (가), (나), (다)에 알맞은 식을 각각 $f(m)$, $g(m)$, $h(m)$이라 할 때, $\frac{g(3)+h(3)}{f(4)}$의 값은? (4점)

① 40 ② 45 ③ 50 ④ 55 ⑤ 60

❖ 정답 및 해설 531~534p

197 ✲✲❀ 2017실시(가) 3월 학평 16(고2)

자연수 N을 음이 아닌 정수 m과 홀수 p에 대하여

$N=2^m\times p$

로 나타낼 때, $f(N)=m$이라 하자.

예를 들어, $40=2^3\times 5$이므로 $f(40)=3$이다.

다음은 모든 자연수 n에 대하여

$f(3^{2n-1}+1)=2$ …… (*)

임을 수학적 귀납법을 이용하여 증명한 것이다.

[증명]

(i) $n=1$일 때,

$3^1+1=2^2\times 1$이므로 $f(3^1+1)=2$이다.

따라서 $n=1$일 때 (*)이 성립한다.

(ii) $n=k$일 때 (*)이 성립한다고 가정하면

$f(3^{2k-1}+1)=2$

음이 아닌 정수 m과 홀수 p에 대하여

$3^{2k-1}+1=2^m\times p$

로 나타낼 수 있으므로

$3^{2k-1}+1=$ (가) $\times p$

이다.

$3^{2(k+1)-1}+1=9\times 3^{2k-1}+1=2^2($ (나) $)$

이고, p는 홀수이므로 (나) 도 홀수이다.

따라서 $f(3^{2(k+1)-1}+1)=2$이다.

그러므로 $n=k+1$일 때도 (*)이 성립한다.

(i), (ii)에 의하여 모든 자연수 n에 대하여

$f(3^{2n-1}+1)=2$이다.

위의 (가)에 알맞은 수를 a, (나)에 알맞은 식을 $g(p)$라 할 때, $a+g(7)$의 값은? (4점)

① 65 ② 67 ③ 69
④ 71 ⑤ 73

198 ✲✲❀ 2016실시(나) 7월 학평 19(고3)

다음은 모든 자연수 n에 대하여

$$\sum_{k=1}^{n}(2k-1)(2n+1-2k)^2=\frac{n^2(2n^2+1)}{3}$$

이 성립함을 수학적 귀납법으로 증명한 것이다.

[증명]

(i) $n=1$일 때, (좌변)$=1$, (우변)$=1$

이므로 주어진 등식은 성립한다.

(ii) $n=m$일 때, 등식

$$\sum_{k=1}^{m}(2k-1)(2m+1-2k)^2=\frac{m^2(2m^2+1)}{3}$$

이 성립한다고 가정하자. $n=m+1$일 때,

$$\sum_{k=1}^{m+1}(2k-1)(2m+3-2k)^2$$

$$=\sum_{k=1}^{m}(2k-1)(2m+3-2k)^2+\boxed{(가)}$$

$$=\sum_{k=1}^{m}(2k-1)(2m+1-2k)^2$$

$$+\boxed{(나)}\times\sum_{k=1}^{m}(2k-1)(m+1-k)+\boxed{(가)}$$

$$=\frac{(m+1)^2\{2(m+1)^2+1\}}{3}$$

이다. 따라서 $n=m+1$일 때도 주어진 등식이 성립한다.

(i), (ii)에 의하여 모든 자연수 n에 대하여 주어진 등식이 성립한다.

위의 (가)에 알맞은 식을 $f(m)$, (나)에 알맞은 수를 p라 할 때, $f(3)+p$의 값은? (4점)

① 11 ② 13 ③ 15
④ 17 ⑤ 19

I99 ✿✿❀ 2014대비(A) 9월 모평 12(고3)

수열 $\{a_n\}$은 $a_1=3$이고

$$na_{n+1}-2na_n+\frac{n+2}{n+1}=0\,(n\geq 1)$$

을 만족시킨다. 다음은 일반항 a_n이 $a_n=2^n+\frac{1}{n}$ ⋯ (*)임을 수학적 귀납법을 이용하여 증명한 것이다.

[증명]

(ⅰ) $n=1$일 때, (좌변)$=a_1=3$, (우변)$=2^1+\frac{1}{1}=3$이므로 (*)이 성립한다.

(ⅱ) $n=k$일 때, (*)이 성립한다고 가정하면

$a_k=2^k+\frac{1}{k}$이므로

$$ka_{k+1}=2ka_k-\frac{k+2}{k+1}$$

$$=\boxed{(가)}-\frac{k+2}{k+1}=k2^{k+1}+\boxed{(나)}$$

이다. 따라서 $a_{k+1}=2^{k+1}+\frac{1}{k+1}$이므로

$n=k+1$일 때도 (*)이 성립한다.

(ⅰ), (ⅱ)에 의하여 모든 자연수 n에 대하여 $a_n=2^n+\frac{1}{n}$이다.

위의 (가), (나)에 알맞은 식을 각각 $f(k)$, $g(k)$라 할 때, $f(3)\times g(4)$의 값은? (3점)

① 32 ② 34 ③ 36 ④ 38 ⑤ 40

I100 ✿✿❀ 2011실시(나) 10월 학평 12(고3)

다음 모든 자연수 n에 대하여 등식

$$\sum_{k=1}^{n}(-1)^{k-1}(n+1-k)^2=\sum_{k=1}^{n}k \cdots ㉠$$

가 성립함을 수학적 귀납법으로 증명한 것이다.

[증명]

(1) $n=1$일 때, (좌변)$=1$, (우변)$=1$이므로 ㉠이 성립한다.

(2) $n=m$일 때, ㉠이 성립한다고 가정하면

$$\sum_{k=1}^{m}(-1)^{k-1}(m+1-k)^2=\sum_{k=1}^{m}k$$

이다. $n=m+1$일 때 ㉠이 성립함을 보이자.

$$\sum_{k=1}^{m+1}(-1)^{k-1}(m+2-k)^2$$

$$=(-1)^0(m+1)^2+(-1)^1m^2+\cdots+(-1)^m\cdot 1^2$$

$$=(m+1)^2+\boxed{(가)}\cdot\sum_{k=1}^{m}(-1)^{k-1}(m+1-k)^2$$

$$=(m+1)^2+\boxed{(나)}=\sum_{k=1}^{m+1}k$$

그러므로 $n=m+1$일 때도 ㉠이 성립한다.

따라서 (1), (2)에 의하여 모든 자연수 n에 대하여 ㉠이 성립한다.

위의 증명에서 (가)에 알맞은 수를 a라 하고, (나)에 알맞은 식을 $f(m)$이라 할 때, $a+f(9)$의 값은? (4점)

① -46 ② -44 ③ -42 ④ -40 ⑤ -38

❖ 정답 및 해설 534~536p

I101 ✲✲❀ 2011실시(나) 7월 학평 19(고3)

수열 $\{a_n\}$이

$$T_n=2a_1+3a_2+\cdots+(n+1)a_n=\frac{n}{2n+4}\text{(단, }n=1, 2, 3, \cdots)$$

을 만족할 때, 다음은 모든 자연수 n에 대하여

$$\sum_{k=1}^{n}a_k=\sum_{k=1}^{n}\frac{1}{(k+1)^2}-T_n \cdots (*)$$

이 성립함을 수학적 귀납법으로 증명한 것이다.

[증명]

(i) $n=1$일 때,

(좌변)$=a_1=$ (가)

(우변)$=\dfrac{1}{(1+1)^2}-T_1=$ (가)

이므로 $(*)$이 성립한다.

(ii) $n=m$일 때, $(*)$이 성립한다고 가정하면

$$\sum_{k=1}^{m}a_k=\sum_{k=1}^{m}\frac{1}{(k+1)^2}-T_m$$

이다. $n=m+1$일 때, $(*)$이 성립함을 보이자.

$$\begin{aligned}\sum_{k=1}^{m+1}a_k&=\sum_{k=1}^{m}\frac{1}{(k+1)^2}-T_m+a_{m+1}\\&=\sum_{k=1}^{m}\frac{1}{(k+1)^2}-T_m+\boxed{(나)}(T_{m+1}-T_m)\\&=\sum_{k=1}^{m}\frac{1}{(k+1)^2}-T_{m+1}+\frac{m+3}{m+2}(T_{m+1}-T_m)\\&=\sum_{k=1}^{m}\frac{1}{(k+1)^2}-T_{m+1}+\frac{1}{(m+2)^2}\\&=\sum_{k=1}^{m+1}\frac{1}{(k+1)^2}-T_{m+1}\end{aligned}$$

그러므로 $n=m+1$일 때도 $(*)$이 성립한다.

따라서 모든 자연수 n에 대하여 $(*)$이 성립한다.

위의 (가)에 알맞은 수를 α, (나)에 알맞은 식을 $f(m)$이라 할 때, $\dfrac{\alpha}{f(2)}$의 값은? (3점)

① $\frac{1}{12}$ ② $\frac{1}{6}$ ③ $\frac{1}{4}$

④ $\frac{1}{3}$ ⑤ $\frac{1}{2}$

I102 ✲✲❀ 2011실시(나) 3월 학평 17(고3)

다음은 자연수 n에 대하여 등식

$$\sum_{i=1}^{2n-1}\{i+(n-1)^2\}=(n-1)^3+n^3 \cdots (*)$$

이 성립함을 수학적 귀납법으로 증명한 것이다.

[증명]

(1) $n=1$일 때, $1+0^2=0^3+1^3$이므로 $(*)$이 성립한다.

(2) $n=k$일 때, $(*)$이 성립한다고 가정하고,

$n=k+1$일 때 $(*)$이 성립함을 보이자.

$$\begin{aligned}&\sum_{i=1}^{2k+1}(i+k^2)\\&=\sum_{i=1}^{2k-1}\{i+(k-1)^2\}+\sum_{i=1}^{2k-1}(2k-1)+\boxed{(가)}\\&=\boxed{(나)}\end{aligned}$$

그러므로 $n=k+1$일 때도 $(*)$이 성립한다.

따라서 (1), (2)에 의하여 모든 자연수 n에 대하여 $(*)$이 성립한다.

위의 (가)에 알맞은 식을 $f(k)$, (나)에 알맞은 식을 $g(k)$라 할 때, $\dfrac{g(4)}{f(4)}$의 값은? (3점)

① $\frac{23}{7}$ ② $\frac{24}{7}$ ③ $\frac{25}{7}$

④ $\frac{26}{7}$ ⑤ $\frac{27}{7}$

I103 ✲✲❀ 2011대비(나) 6월 모평 13(고3)

수열 $\{a_n\}$이 $a_1=\alpha(\alpha\neq0)$이고, 모든 $n(n\geq2)$에 대하여 $(n-1)a_n+\sum_{m=1}^{n-1}ma_m=0$을 만족시킨다. 다음은

$$a_n=\frac{(-1)^{n-1}}{(n-1)!}\alpha\ (n\geq1)$$

임을 수학적 귀납법을 이용하여 증명한 것이다.

[증명]

(1) $n=1$일 때, $a_1=\alpha=\frac{(-1)^{1-1}}{(1-1)!}\alpha$이다.

(2) i) $n=2$일 때, $a_2+a_1=0$이므로

$a_2=-a_1=\frac{(-1)^{2-1}}{(2-1)!}\alpha$이다.

따라서 주어진 식이 성립한다.

ii) $n=k(k\geq2)$일 때 성립한다고 가정하고, $n=k+1$일 때 성립함을 보이자.

$$0=ka_{k+1}+\sum_{m=1}^{k}ma_m$$
$$=ka_{k+1}+\sum_{m=1}^{k-1}ma_m+ka_k$$
$$=ka_{k+1}+(\boxed{(가)})\times a_k+ka_k$$

이므로

$$a_{k+1}=\boxed{(나)}\times a_k=\frac{(-1)^k}{k!}\alpha$$

이다.

따라서 모든 자연수 n에 대하여

$a_n=\frac{(-1)^{n-1}}{(n-1)!}\alpha$이다.

위의 (가), (나)에 알맞은 식의 곱을 $f(k)$라 할 때, $f(10)$의 값은? (4점)

① $\frac{1}{10}$ ② $\frac{3}{10}$ ③ $\frac{1}{2}$ ④ $\frac{7}{10}$ ⑤ $\frac{9}{10}$

I104 ✲✲❀ 2009대비(나) 수능 10(고3)

수열 $\{a_n\}$이

$$a_1=\frac{1}{2},\ (n+1)(n+2)a_{n+1}=n^2a_n(n=1,\ 2,\ 3,\ \cdots)$$

일 때, 다음은 모든 자연수 n에 대하여

$$\sum_{k=1}^{n}a_k=\sum_{k=1}^{n}\frac{1}{k^2}-\frac{n}{n+1}\ \cdots\ (*)$$

이 성립함을 수학적 귀납법으로 증명한 것이다.

[증명]

(1) $n=1$일 때, (좌변)$=\frac{1}{2}$, (우변)$=1-\frac{1}{2}=\frac{1}{2}$이므로 $(*)$이 성립한다.

(2) $n=m$일 때, $(*)$이 성립한다고 가정하면

$$\sum_{k=1}^{m}a_k=\sum_{k=1}^{m}\frac{1}{k^2}-\frac{m}{m+1}$$

이다. $n=m+1$일 때, $(*)$이 성립함을 보이자.

$$\sum_{k=1}^{m+1}a_k=\sum_{k=1}^{m}\frac{1}{k^2}-\frac{m}{m+1}+a_{m+1}$$
$$=\sum_{k=1}^{m}\frac{1}{k^2}-\frac{m}{m+1}+\boxed{(가)}a_m$$
$$=\sum_{k=1}^{m}\frac{1}{k^2}-\frac{m}{m+1}+\frac{m^2}{(m+1)(m+2)}\cdot\frac{(m-1)^2}{m(m+1)}\cdot\cdots\cdot\frac{1^2}{2\times3}a_1$$
$$=\sum_{k=1}^{m}\frac{1}{k^2}-\frac{m}{m+1}+\boxed{(나)}$$
$$=\sum_{k=1}^{m}\frac{1}{k^2}-\frac{m}{m+1}+\frac{1}{(m+1)^2}-\boxed{(다)}$$
$$=\sum_{k=1}^{m+1}\frac{1}{k^2}-\frac{m+1}{m+2}$$

그러므로 $n=m+1$일 때도 $(*)$이 성립한다.

따라서 모든 자연수 n에 대하여 $(*)$이 성립한다.

위 증명에서 (가), (나), (다)에 들어갈 식으로 알맞은 것은? (3점)

	(가)	(나)	(다)
①	$\frac{m}{(m+1)(m+2)}$	$\frac{1}{(m+1)^2(m+2)}$	$\frac{1}{(m+1)(m+2)^2}$
②	$\frac{m}{(m+1)(m+2)}$	$\frac{m}{(m+1)^2(m+2)}$	$\frac{1}{(m+1)(m+2)}$
③	$\frac{m^2}{(m+1)(m+2)}$	$\frac{1}{(m+1)^2(m+2)}$	$\frac{1}{(m+1)(m+2)^2}$
④	$\frac{m^2}{(m+1)(m+2)}$	$\frac{1}{(m+1)^2(m+2)}$	$\frac{1}{(m+1)(m+2)}$
⑤	$\frac{m^2}{(m+1)(m+2)}$	$\frac{m}{(m+1)^2(m+2)}$	$\frac{1}{(m+1)(m+2)^2}$

❖ 정답 및 해설 536~539p

I105 ✿✿❀ 2008대비(나) 수능 11(고3)

다음은 모든 자연수 n에 대하여

$$(1^2+1)\cdot 1!+(2^2+1)\cdot 2!+\cdots+(n^2+1)\cdot n!=n\cdot(n+1)!$$

이 성립함을 수학적 귀납법으로 증명한 것이다.

[증명]

(1) $n=1$일 때, (좌변)$=2$, (우변)$=2$이므로 주어진 등식은 성립한다.

(2) $n=k$일 때, 성립한다고 가정하면

$$(1^2+1)\cdot 1!+(2^2+1)\cdot 2!+\cdots+(k^2+1)\cdot k!=k\cdot(k+1)!$$

이다. $n=k+1$일 때, 성립함을 보이자.

$$(1^2+1)\cdot 1!+(2^2+1)\cdot 2!+\cdots+(k^2+1)\cdot k!+\{(k+1)^2+1\}\cdot(k+1)!$$
$$=\boxed{(가)}+\{(k+1)^2+1\}\cdot(k+1)!$$
$$=(\boxed{(나)})\cdot(k+1)!$$
$$=(k+1)\cdot\boxed{(다)}$$

그러므로 $n=k+1$일 때도 성립한다.

따라서 모든 자연수 n에 대하여 주어진 등식은 성립한다.

위 증명에서 (가), (나), (다)에 들어갈 식으로 알맞은 것은? (3점)

	(가)	(나)	(다)
①	$k\cdot(k+1)!$	k^2+2k+1	$(k+1)!$
②	$k\cdot(k+1)!$	k^2+3k+2	$(k+2)!$
③	$k\cdot(k+1)!$	k^2+3k+2	$(k+1)!$
④	$(k+1)\cdot(k+1)!$	k^2+3k+2	$(k+2)!$
⑤	$(k+1)\cdot(k+1)!$	k^2+2k+1	$(k+1)!$

I106 ✿✿❀ 2006대비(나) 수능 16(고3)

다음은 모든 자연수 n에 대하여

$$\sum_{k=1}^{n}(5k-3)\left(\frac{1}{k}+\frac{1}{k+1}+\frac{1}{k+2}+\cdots+\frac{1}{n}\right)=\frac{n(5n+3)}{4}$$

이 성립함을 수학적 귀납법으로 증명한 것이다.

[증명]

(1) $n=1$일 때, (좌변)$=2$, (우변)$=2$이므로 주어진 등식은 성립한다.

(2) $n=m$일 때 성립한다고 가정하면

$$\sum_{k=1}^{m}(5k-3)\left(\frac{1}{k}+\frac{1}{k+1}+\frac{1}{k+2}+\cdots+\frac{1}{m}\right)=\frac{m(5m+3)}{4}$$

이다. $n=m+1$일 때 성립함을 보이자.

$$\sum_{k=1}^{m+1}(5k-3)\left(\frac{1}{k}+\frac{1}{k+1}+\cdots+\frac{1}{m+1}\right)$$
$$=\sum_{k=1}^{m}(5k-3)\left(\frac{1}{k}+\frac{1}{k+1}+\cdots+\frac{1}{m+1}\right)+\frac{\boxed{(가)}}{m+1}$$
$$=\sum_{k=1}^{m}(5k-3)\left(\frac{1}{k}+\frac{1}{k+1}+\cdots+\frac{1}{\boxed{(나)}}\right)+\frac{1}{m+1}\sum_{k=1}^{m}(5k-3)+\frac{\boxed{(가)}}{m+1}$$
$$=\frac{m(5m+3)}{4}+\frac{1}{m+1}\sum_{k=1}^{m+1}(\boxed{(다)})$$
$$=\frac{(m+1)(5m+8)}{4}$$

그러므로 $n=m+1$일 때도 성립한다.

따라서 모든 자연수 n에 대하여 주어진 등식은 성립한다.

위의 증명에서 (가), (나), (다)에 알맞은 것은? (4점)

	(가)	(나)	(다)
①	$5m-3$	m	$5k+2$
②	$5m-3$	$m+1$	$5k+2$
③	$5m+2$	m	$5k-3$
④	$5m+2$	m	$5k+2$
⑤	$5m+2$	$m+1$	$5k-3$

유형 10 수학적 귀납법 - 부등식의 증명

명제 $P(n)$에 대하여
(i) $n=1$일 때, 명제 $P(n)$이 성립한다.
(ii) $n=k$일 때, 명제 $P(k)$가 성립한다고 가정하면,
$n=k+1$일 때 명제 $P(k+1)$도 성립한다.
위의 (i), (ii)가 성립함을 보이면 모든 자연수 n에 대하여 명제 $P(n)$이 성립한다.

tip

모든 자연수 n에 대하여 부등식이 성립함을 증명할 때,
(i) $n=1$일 때, 부등식이 성립함을 확인한다.
(ii) $n=k$일 때, 부등식이 성립한다고 가정하고,
$n=k+1$일 때 부등식이 성립함을 확인한다.

I107 ✽❀❀ 2008대비(나) 6월 모평 14(고3)

다음은 모든 자연수 n에 대하여 부등식

$$\frac{1!+2!+3!+\cdots+n!}{(n+1)!}<\frac{2}{n+1}$$

가 성립함을 수학적 귀납법으로 증명한 것이다.

[증명]

자연수 n에 대하여

$$a_n=\frac{1!+2!+3!+\cdots+n!}{(n+1)!}$$

이라 할 때, $a_n<\frac{2}{n+1}$임을 보이면 된다.

(1) $n=1$일 때, $a_1=\frac{1!}{2!}=\frac{1}{2}<1$이므로 주어진 부등식은 성립한다.

(2) $n=k$일 때, $a_k<\frac{2}{k+1}$라고 가정하면

$n=k+1$일 때,

$$a_{k+1}=\frac{1!+2!+3!+\cdots+(k+1)!}{(k+2)!}$$
$$=\boxed{(가)}(1+a_k)$$
$$<\boxed{(가)}\left(1+\frac{2}{k+1}\right)$$
$$=\frac{1}{k+2}+\boxed{(나)}$$

이다.

자연수 k에 대하여 $\frac{2}{k+1}\leq 1$이므로 $\boxed{(나)}\leq\frac{1}{k+2}$

이고 $a_{k+1}<\frac{2}{k+2}$이다.

따라서 $n=k+1$일 때도 주어진 부등식은 성립한다.
그러므로 모든 자연수 n에 대하여 주어진 부등식은 성립한다.

위 증명에서 (가), (나)에 들어갈 식으로 알맞은 것은? (3점)

	(가)	(나)
①	$\frac{1}{k+2}$	$\frac{1}{(k+1)(k+2)}$
②	$\frac{1}{k+2}$	$\frac{2}{(k+1)(k+2)}$
③	$\frac{1}{k+1}$	$\frac{1}{(k+1)(k+2)}$
④	$\frac{1}{k+1}$	$\frac{2}{(k+1)(k+2)}$
⑤	$\frac{1}{k+1}$	$\frac{2}{(k+1)^2}$

I108 ✽✽❀ 2017실시(나) 6월 학평 17(고2)

다음은 $n\geq 2$인 모든 자연수 n에 대하여 부등식

$$\left(1+\frac{1}{2}+\frac{1}{3}+\cdots+\frac{1}{n}\right)(1+2+3+\cdots+n)>n^2 \cdots\cdots (*)$$

이 성립함을 수학적 귀납법을 이용하여 [증명]하는 과정이다.

[증명]

주어진 식 $(*)$의 양변을 $\frac{n(n+1)}{2}$로 나누면

$$1+\frac{1}{2}+\frac{1}{3}+\cdots+\frac{1}{n}>\frac{2n}{n+1} \cdots\cdots ㉠$$

이다. $n\geq 2$인 자연수 n에 대하여

(i) $n=2$일 때,

(좌변)$=\boxed{(가)}$, (우변)$=\frac{4}{3}$이므로 ㉠이 성립한다.

(ii) $n=k\ (k\geq 2)$일 때, ㉠이 성립한다고 가정하면

$$1+\frac{1}{2}+\frac{1}{3}+\cdots+\frac{1}{k}>\frac{2k}{k+1} \cdots\cdots ㉡$$

이다. ㉡의 양변에 $\frac{1}{k+1}$을 더하면

$$1+\frac{1}{2}+\frac{1}{3}+\cdots+\frac{1}{k}+\frac{1}{k+1}>\frac{2k+1}{k+1}$$

이 성립한다. 한편,

$$\frac{2k+1}{k+1}-\boxed{(나)}=\frac{k}{(k+1)(k+2)}>0$$

이므로

$$1+\frac{1}{2}+\frac{1}{3}+\cdots+\frac{1}{k}+\frac{1}{k+1}>\boxed{(나)}$$

이다. 따라서 $n=k+1$일 때도 ㉠이 성립한다.

(i), (ii)에 의하여 $n\geq 2$인 모든 자연수 n에 대하여 ㉠이 성립하므로 $(*)$도 성립한다.

위의 (가)에 알맞은 수를 p, (나)에 알맞은 식을 $f(k)$라 할 때, $8p\times f(10)$의 값은? (4점)

① 14 ② 16 ③ 18
④ 20 ⑤ 22

❖ 정답 및 해설 540~542p

I109 ✲✲❀ 2013실시(A) 7월 학평 15(고3)

다음은 모든 자연수 n에 대하여

$$\frac{1}{2}\times\frac{3}{4}\times\frac{5}{6}\times\cdots\times\frac{2n-1}{2n}\le\frac{1}{\sqrt{3n+1}}\ \cdots\ (*)$$

이 성립함을 증명하는 과정이다.

[증명]

(i) $n=1$일 때,

$\frac{1}{2}\le\frac{1}{\sqrt{4}}$이므로 $(*)$이 성립한다.

(ii) $n=k$일 때, $(*)$이 성립한다고 가정하면

$$\frac{1}{2}\times\frac{3}{4}\times\frac{5}{6}\times\cdots\times\frac{2k-1}{2k}\times\frac{2k+1}{2k+2}$$

$$\le\frac{1}{\sqrt{3k+1}}\times\frac{2k+1}{2k+2}=\frac{1}{\sqrt{3k+1}}\times\frac{1}{1+\boxed{(가)}}$$

$$=\frac{1}{\sqrt{3k+1}}\times\frac{1}{\sqrt{(1+\boxed{(가)})^2}}$$

$$=\frac{1}{\sqrt{3k+1+2(3k+1)\times(\boxed{(가)})+(3k+1)\times(\boxed{(가)})^2}}$$

$$<\frac{1}{\sqrt{3k+1+2(3k+1)\times(\boxed{(가)})+(\boxed{(나)})\times(\boxed{(가)})^2}}$$

$$=\frac{1}{\sqrt{3(k+1)+1}}$$

따라서 $n=k+1$일 때도 $(*)$이 성립한다.

그러므로 (i), (ii)에 의하여 모든 자연수 n에 대하여 $(*)$이 성립한다.

위의 증명에서 (가), (나)에 알맞은 식을 각각 $f(k)$, $g(k)$라 할 때, $f(4)\times g(13)$의 값은? (4점)

① 1　② 2　③ 3　④ 4　⑤ 5

I110 ✲✲❀ 2005대비(나) 수능 12(고3)

다음은 모든 자연수 n에 대하여 부등식

$$\sum_{i=1}^{2n+1}\frac{1}{n+i}=\frac{1}{n+1}+\frac{1}{n+2}+\cdots+\frac{1}{3n+1}>1$$

이 성립함을 수학적 귀납법으로 증명한 것이다.

[증명]

자연수 n에 대하여

$a_n=\frac{1}{n+1}+\frac{1}{n+2}+\cdots+\frac{1}{3n+1}$이라 할 때,

$a_n>1$임을 보이면 된다.

(1) $n=1$일 때, $a_1=\frac{1}{2}+\frac{1}{3}+\frac{1}{4}>1$이다.

(2) $n=k$일 때, $a_k>1$이라고 가정하면

$n=k+1$일 때,

$$a_{k+1}=\frac{1}{k+2}+\frac{1}{k+3}+\cdots+\frac{1}{3k+4}$$

$$=a_k+\left(\frac{1}{3k+2}+\frac{1}{3k+3}+\frac{1}{3k+4}\right)-\boxed{(가)}$$

한편, $(3k+2)(3k+4)\boxed{(나)}(3k+3)^2$이므로

$$\frac{1}{3k+2}+\frac{1}{3k+4}>\boxed{(다)}$$

그런데 $a_k>1$이므로

$$a_{k+1}>a_k+\left(\frac{1}{3k+3}+\boxed{(다)}\right)-\boxed{(가)}>1$$

그러므로 (1), (2)에 의해서 모든 자연수 n에 대하여 $a_n>1$이다.

위의 증명에서 (가), (나), (다)에 알맞은 것은? (3점)

	(가)	(나)	(다)
①	$\frac{1}{k+1}$	$>$	$\frac{2}{3k+3}$
②	$\frac{1}{k+1}$	$<$	$\frac{2}{3k+3}$
③	$\frac{1}{k+1}$	$<$	$\frac{4}{3k+3}$
④	$\frac{2}{k+1}$	$>$	$\frac{4}{3k+3}$
⑤	$\frac{2}{k+1}$	$<$	$\frac{1}{k+1}$

1등급 마스터 문제 [4점 + 2등급 대비 + 1등급 대비]

I111 ✲✲✲ 2025대비 수능 22(고3)

모든 항이 정수이고 다음 조건을 만족시키는 모든 수열 $\{a_n\}$에 대하여 $|a_1|$의 값의 합을 구하시오. (4점)

> (가) 모든 자연수 n에 대하여
>
> $$a_{n+1}=\begin{cases} a_n-3 & (|a_n|\text{이 홀수인 경우}) \\ \frac{1}{2}a_n & (a_n=0 \text{ 또는 } |a_n|\text{이 짝수인 경우}) \end{cases}$$
>
> 이다.
>
> (나) $|a_m|=|a_{m+2}|$인 자연수 m의 최솟값은 3이다.

I112 ✲✲✲ 2023실시 10월 학평 15(고3)

모든 항이 자연수인 수열 $\{a_n\}$이 다음 조건을 만족시킨다.

> (가) 모든 자연수 n에 대하여
>
> $$a_{n+1}=\begin{cases} \frac{1}{2}a_n+2n & (a_n\text{이 4의 배수인 경우}) \\ a_n+2n & (a_n\text{이 4의 배수가 아닌 경우}) \end{cases}$$
>
> 이다.
>
> (나) $a_3>a_5$

$50<a_4+a_5<60$이 되도록 하는 a_1의 최댓값과 최솟값을 각각 M, m이라 할 때, $M+m$의 값은? (4점)

① 224 ② 228 ③ 232 ④ 236 ⑤ 240

I113 ✲✲✲ 2023실시 7월 학평 15(고3)

모든 항이 자연수인 수열 $\{a_n\}$이 다음 조건을 만족시킨다.

> (가) $a_1<300$
>
> (나) 모든 자연수 n에 대하여
>
> $$a_{n+1}=\begin{cases} \frac{1}{3}a_n & (\log_3 a_n\text{이 자연수인 경우}) \\ a_n+6 & (\log_3 a_n\text{이 자연수가 아닌 경우}) \end{cases}$$
>
> 이다.

$\sum_{k=4}^{7} a_k=40$이 되도록 하는 모든 a_1의 값의 합은? (4점)

① 315 ② 321 ③ 327 ④ 333 ⑤ 339

I114 ✲✲✲ 2024대비 6월 모평 15(고3)

자연수 k에 대하여 다음 조건을 만족시키는 수열 $\{a_n\}$이 있다.

> $a_1=k$이고, 모든 자연수 n에 대하여
>
> $$a_{n+1}=\begin{cases} a_n+2n-k & (a_n\le 0) \\ a_n-2n-k & (a_n>0) \end{cases}$$
>
> 이다.

$a_3\times a_4\times a_5\times a_6<0$이 되도록 하는 모든 k의 값의 합은? (4점)

① 10 ② 14 ③ 18 ④ 22 ⑤ 26

❖ 정답 및 해설 542~548p

I115 ✲✲✲ 2023실시 4월 학평 15(고3)

다음 조건을 만족시키는 모든 수열 $\{a_n\}$에 대하여 a_1의 최댓값을 M, 최솟값을 m이라 할 때, $\log_2 \frac{M}{m}$의 값은? (4점)

(가) 모든 자연수 n에 대하여

$$a_{n+1}=\begin{cases} 2^{n-2} & (a_n<1) \\ \log_2 a_n & (a_n\ge 1) \end{cases}$$

이다.

(나) $a_5+a_6=1$

① 12 ② 13 ③ 14 ④ 15 ⑤ 16

I116 ✲✲✲ 2021실시 4월 학평 21(고3)

첫째항이 자연수인 수열 $\{a_n\}$이 모든 자연수 n에 대하여

$$a_{n+1}=\begin{cases} a_n-2 & (a_n\ge 0) \\ a_n+5 & (a_n<0) \end{cases}$$

을 만족시킨다. $a_{15}<0$이 되도록 하는 a_1의 최솟값을 구하시오. (4점)

I117 ✲✲✲ 2023대비 9월 모평 15(고3)

수열 $\{a_n\}$이 다음 조건을 만족시킨다.

(가) 모든 자연수 k에 대하여 $a_{4k}=r^k$이다.
(단, r는 $0<|r|<1$인 상수이다.)

(나) $a_1<0$이고, 모든 자연수 n에 대하여

$$a_{n+1}=\begin{cases} a_n+3 & (|a_n|<5) \\ -\frac{1}{2}a_n & (|a_n|\ge 5) \end{cases}$$

이다.

$|a_m|\ge 5$를 만족시키는 100 이하의 자연수 m의 개수를 p라 할 때, $p+a_1$의 값은? (4점)

① 8 ② 10 ③ 12 ④ 14 ⑤ 16

I118 ✲✲✲ 2023대비 6월 모평 15(고3)

자연수 k에 대하여 다음 조건을 만족시키는 수열 $\{a_n\}$이 있다.

$a_1=0$이고, 모든 자연수 n에 대하여

$$a_{n+1}=\begin{cases} a_n+\frac{1}{k+1} & (a_n\le 0) \\ a_n-\frac{1}{k} & (a_n>0) \end{cases}$$

이다.

$a_{22}=0$이 되도록 하는 모든 k의 값의 합은? (4점)

① 12 ② 14 ③ 16 ④ 18 ⑤ 20

[1등급 대비+2등급 대비]

I119 ✪ 1등급 대비 .... 2025대비 6월 모평 22(고3)

수열 $\{a_n\}$은 $a_2=-a_1$이고, $n\geq2$인 모든 자연수 n에 대하여

$$a_{n+1}=\begin{cases} a_n-\sqrt{n}\times a_{\sqrt{n}} & (\sqrt{n}\text{이 자연수이고 } a_n>0\text{인 경우}) \\ a_n+1 & (\text{그 외의 경우}) \end{cases}$$

를 만족시킨다. $a_{15}=1$이 되도록 하는 모든 a_1의 값의 곱을 구하시오. (4점)

I120 ✪ 2등급 대비 .... 2022대비 9월 모평 15(고3)

수열 $\{a_n\}$은 $|a_1|\leq1$이고, 모든 자연수 n에 대하여

$$a_{n+1}=\begin{cases} -2a_n-2 & \left(-1\leq a_n<-\frac{1}{2}\right) \\ 2a_n & \left(-\frac{1}{2}\leq a_n\leq\frac{1}{2}\right) \\ -2a_n+2 & \left(\frac{1}{2}<a_n\leq1\right) \end{cases}$$

을 만족시킨다. $a_5+a_6=0$이고 $\sum_{k=1}^{5}a_k>0$이 되도록 하는 모든 a_1의 값의 합은? (4점)

① $\frac{9}{2}$　② 5　③ $\frac{11}{2}$
④ 6　⑤ $\frac{13}{2}$

I121 ✪ 2등급 대비 .... 2021대비(나) 9월 모평 21(고3)

수열 $\{a_n\}$은 모든 자연수 n에 대하여

$$a_{n+2}=\begin{cases} 2a_n+a_{n+1} & (a_n\leq a_{n+1}) \\ a_n+a_{n+1} & (a_n>a_{n+1}) \end{cases}$$

을 만족시킨다. $a_3=2$, $a_6=19$가 되도록 하는 모든 a_1의 값의 합은? (4점)

① $-\frac{1}{2}$　② $-\frac{1}{4}$　③ 0
④ $\frac{1}{4}$　⑤ $\frac{1}{2}$

I122 ✪ 2등급 대비 .... 2020실시(나) 7월 학평 21(고3)

첫째항이 양수이고 공차가 -1보다 작은 등차수열 $\{a_n\}$에 대하여 수열 $\{b_n\}$은 다음과 같다.

$$b_n=\begin{cases} a_{n+1}-\frac{n}{2} & (a_n\geq0) \\ a_n+\frac{n}{2} & (a_n<0) \end{cases}$$

수열 $\{b_n\}$의 첫째항부터 제n항까지의 합을 S_n이라 할 때, 수열 $\{b_n\}$은 다음 조건을 만족시킨다.

(가) $b_5<b_6$
(나) $S_5=S_9=0$

$S_n\leq-70$을 만족시키는 자연수 n의 최솟값은? (4점)

① 13　② 15　③ 17
④ 19　⑤ 21

❖ 정답 및 해설 548~555p

I123 ✪ 2등급 대비 .... 2023대비 수능 15(고3)

모든 항이 자연수이고 다음 조건을 만족시키는 모든 수열 $\{a_n\}$에 대하여 a_9의 최댓값과 최솟값을 각각 M, m이라 할 때, $M+m$의 값은? (4점)

(가) $a_7=40$

(나) 모든 자연수 n에 대하여

$$a_{n+2}=\begin{cases} a_{n+1}+a_n & (a_{n+1}\text{이 3의 배수가 아닌 경우}) \\ \frac{1}{3}a_{n+1} & (a_{n+1}\text{이 3의 배수인 경우}) \end{cases}$$

이다.

① 216 ② 218 ③ 220
④ 222 ⑤ 224

I124 ✪ 2등급 대비 ...... 2020실시(가) 4월 학평 30(고3)

두 수열 $\{a_n\}$, $\{b_n\}$이 모든 자연수 n에 대하여 다음 조건을 만족시킨다.

(가) $a_{2n}=b_n+2$

(나) $a_{2n+1}=b_n-1$

(다) $b_{2n}=3a_n-2$

(라) $b_{2n+1}=-a_n+3$

$a_{48}=9$이고 $\sum_{n=1}^{63} a_n - \sum_{n=1}^{31} b_n = 155$일 때, b_{32}의 값을 구하시오. (4점)

경찰대, 삼사 중요 기출 문제 [어려운 3점 + 4점 + 5점]

I125 2016대비(A) 삼사 6(고3)

첫째항이 1이고, 둘째항이 p인 수열 $\{a_n\}$이

$a_{n+2}=a_n+2\ (n\geq 1)$

를 만족시킨다. $\sum_{k=1}^{10} a_k=70$일 때, 상수 p의 값은? (3점)

① 5 ② 6 ③ 7 ④ 8 ⑤ 9

I126 2022대비 경찰대 10(고3)

두 수열 $\{a_n\}$, $\{b_n\}$이

$a_n=\sum_{k=1}^{n} k$,

$b_1=1,\ b_n=b_{n-1}\times\dfrac{a_n}{a_n-1}\ (n\geq 2)$

를 만족시킬 때, b_{100}의 값은? (4점)

① $\dfrac{44}{17}$ ② $\dfrac{46}{17}$ ③ $\dfrac{48}{17}$ ④ $\dfrac{50}{17}$ ⑤ $\dfrac{52}{17}$

I127 2021대비 경찰대 9(고3)

$a_1=1$인 수열 $\{a_n\}$이 모든 자연수 n에 대하여

$(4-a_{n+1})(2+a_n)=8$

을 만족시킬 때, $\sum_{k=1}^{9}\dfrac{8}{a_k}$의 정수 부분은? (4점)

① 43 ② 44 ③ 45 ④ 46 ⑤ 47

I128 2021대비(나) 삼사 13(고3)

수열 $\{a_n\}$은 $a_1=\dfrac{3}{2}$이고, 모든 자연수 n에 대하여

$a_{2n-1}+a_{2n}=2a_n$

을 만족시킨다. $\sum_{n=1}^{16} a_n$의 값은? (3점)

① 22 ② 24 ③ 26 ④ 28 ⑤ 30

I129 2021대비(가) 삼사 18(고3)

수열 $\{a_n\}$이 모든 자연수 n에 대하여 다음 조건을 만족시킨다.

(가) $a_{2n+1}=-a_n+3a_{n+1}$
(나) $a_{2n+2}=a_n-a_{n+1}$

$a_1=1,\ a_2=2$일 때, $\sum_{n=1}^{16} a_n$의 값은? (4점)

① 31 ② 33 ③ 35 ④ 37 ⑤ 39

I130 2018대비 경찰대 22(고3)

수열 $\{a_n\}$이

$a_1=1,\ a_{n+1}=\dfrac{a_n}{a_n+1}\ (n\geq 1)$

을 만족시킬 때, $A=\sum_{k=1}^{9} a_k a_{k+1}$, $B=\sum_{k=1}^{9}\dfrac{1}{a_k a_{k+1}}$이라 하자. AB의 값을 구하시오. (4점)

❖ 정답 및 해설 555~560p

I131 ✲✲❀ .... 2021대비 경찰대 11(고3)

함수 $g(x)$와 수열 $\{a_n\}$이 음이 아닌 모든 정수 k와 모든 자연수 m에 대하여

$$a_1=1,\ a_2=3,\ a_{2k+1}+2a_m=g(m+k)$$

를 만족시킬 때, $\sum_{k=1}^{10} g(k)$의 값은? (4점)

① 170 ② 180 ③ 190 ④ 200 ⑤ 210

I132 ✲✲❀ .... 2022대비 삼사 15(고3)

다음 조건을 만족시키는 모든 수열 $\{a_n\}$에 대하여 a_1의 최솟값을 m이라 하자.

(가) 수열 $\{a_n\}$의 모든 항은 정수이다.
(나) 모든 자연수 n에 대하여
$a_{2n}=a_3\times a_n+1,\ a_{2n+1}=2a_n-a_2$이다.

$a_1=m$인 수열 $\{a_n\}$에 대하여 a_9의 값은? (4점)

① -53 ② -51 ③ -49 ④ -47 ⑤ -45

I133 ✲✲❀ .... 2020대비(나) 삼사 14(고3)

수열 $\{a_n\}$은 $a_1=4$이고, 모든 자연수 n에 대하여

$$a_{n+1}=\begin{cases} \dfrac{a_n}{2-a_n} & (a_n>2) \\ a_n+2 & (a_n\le 2) \end{cases}$$

이다. $\sum_{k=1}^{m} a_k=12$를 만족시키는 자연수 m의 최솟값은? (4점)

① 7 ② 8 ③ 9 ④ 10 ⑤ 11

I134 ✲✲❀ .... 2016대비(A) 삼사 19(고3)

수열 $\{a_n\}$은 $a_1=-\frac{5}{3}$이고

$$a_{n+1}=-\frac{3a_n+2}{a_n}\ (n\ge 1)\ \cdots\cdots\ (*)$$

다음은 일반항 a_n을 구하는 과정이다.

$(*)$에서

$$a_{n+1}+2=-\frac{a_n+\boxed{(가)}}{a_n}\ (n\ge 1)$$

이다. 여기서

$$b_n=\frac{1}{a_n+2}\ (n\ge 1)$$

이라 하면 $b_1=3$이고

$$b_{n+1}=2b_n-\boxed{(나)}\ (n\ge 1)$$

이다. 수열 $\{b_n\}$의 일반항을 구하면

$$b_n=\boxed{(다)}\ (n\ge 1)$$

이므로

$$a_n=\frac{1}{\boxed{(다)}}-2\ (n\ge 1)$$

이다.

위의 (가)와 (나)에 알맞은 수를 각각 p, q라 하고, (다)에 알맞은 식을 $f(n)$이라 할 때, $p\times q\times f(5)$의 값은? (4점)

① 54 ② 58 ③ 62 ④ 66 ⑤ 70

I135 ✿❀❀ 2021대비(나) 삼사 18(고3)

다음은 모든 자연수 n에 대하여 부등식

$$\sum_{k=1}^{n} \frac{{}_{2k}\mathrm{P}_k}{2^k} \le \frac{(2n)!}{2^n} \quad \cdots\cdots (*)$$

이 성립함을 수학적 귀납법으로 증명한 것이다.

(i) $n=1$일 때,

(좌변)$=\frac{{}_2\mathrm{P}_1}{2^1}=1$이고, (우변)$=$ (가) 이므로 $(*)$이 성립한다.

(ii) $n=m$일 때, $(*)$이 성립한다고 가정하면

$$\sum_{k=1}^{m} \frac{{}_{2k}\mathrm{P}_k}{2^k} \le \frac{(2m)!}{2^m}$$

이다. $n=m+1$일 때,

$$\begin{aligned}\sum_{k=1}^{m+1} \frac{{}_{2k}\mathrm{P}_k}{2^k} &= \sum_{k=1}^{m} \frac{{}_{2k}\mathrm{P}_k}{2^k} + \frac{{}_{2m+2}\mathrm{P}_{m+1}}{2^{m+1}} \\ &= \sum_{k=1}^{m} \frac{{}_{2k}\mathrm{P}_k}{2^k} + \frac{\boxed{(\text{나})}}{2^{m+1}\times(m+1)!} \\ &\le \frac{(2m)!}{2^m} + \frac{\boxed{(\text{나})}}{2^{m+1}\times(m+1)!} \\ &= \frac{\boxed{(\text{나})}}{2^{m+1}} \times \left\{ \frac{1}{\boxed{(\text{다})}} + \frac{1}{(m+1)!} \right\} \\ &< \frac{(2m+2)!}{2^{m+1}}\end{aligned}$$

이다. 따라서 $n=m+1$일 때도 $(*)$이 성립한다.

(i), (ii)에 의하여 모든 자연수 n에 대하여

$\sum_{k=1}^{n} \frac{{}_{2k}\mathrm{P}_k}{2^k} \le \frac{(2n)!}{2^n}$이다.

위의 (가)에 알맞은 수를 p, (나), (다)에 알맞은 식을 각각 $f(m)$, $g(m)$이라 할 때, $p+\frac{f(2)}{g(4)}$의 값은? (4점)

① 16 ② 17 ③ 18 ④ 19 ⑤ 20

I136 ✿✿✿ 2022대비 경찰대 25(고3)

두 집합 X, Y를

$X=\{\{a_n\} \mid \{a_n\}$은 모든 항이 자연수인 수열이고, $\log a_n+\log a_{n+1}=2n\}$,

$Y=\{a_4 \mid \{a_n\}\in X\}$

라 하자. 집합 Y의 모든 원소의 합이 $p\times 100$일 때, p의 값을 구하시오. (5점)

I137 ✪ 1등급 대비 2020대비(나) 삼사 29(고3)

수열 $\{a_n\}$은 a_1이 자연수이고, 모든 자연수 n에 대하여

$$a_{n+1}=\begin{cases} a_n-d & (a_n\ge 0) \\ a_n+d & (a_n<0) \end{cases} \quad (d\text{는 자연수})$$

이다. $a_n<0$인 자연수 n의 최솟값을 m이라 할 때, 수열 $\{a_n\}$은 다음 조건을 만족시킨다.

(가) $a_{m-2}+a_{m-1}+a_m=3$

(나) $a_1+a_{m-1}=-9(a_m+a_{m+1})$

(다) $\sum_{k=1}^{m-1} a_k=45$

a_1의 값을 구하시오. (단, $m\ge 3$) (4점)

❖ 정답 및 해설 560~564p

연세 국궁부

연세대학교 스포츠 동아리

전통 활쏘기의 매력 속으로!

우리나라의 전통 활쏘기를 이르는 말인 국궁은 생활체육 중 하나이며, 국궁을 통해 스트레스 해소와 심신단련, 전통의 매력을 동시에 느낄 수 있다. 연세 국궁부는 국궁의 기초부터 심화 과정까지 차근차근 가르쳐줌은 물론, 동아리의 공용 장비를 자유롭게 이용할 수도 있다. 현재 70여 명의 부원이 매주 자율적으로 활쏘기 연습에 참여해 국궁을 연마하고, 동아리 국궁대회를 개최하고 있다.

그 밖에도 매 홀수 달마다 자체 대회인 '사회'를 개최하여 부원들이 쌓아온 실력을 서로 겨룰 수 있는 기회를 마련한다. 또한 국궁 연고전을 개최해 양교 궁사들 간의 화합을 도모하기도 하고, 14개의 서울 국궁 동아리가 모여 연합 교류전을 개최하는 등 외부 대회에도 적극적으로 참여하고 있다.

매년 다양한 궁도대회에서 대학부 1위를 차지하는 등 꾸준히 좋은 성적을 내고 있는 연세 국궁부의 일원이 되고 싶다면 매년 5월과 11월에 실시되는 신입부원 모집에 관심을 가져보길 바란다.

★ 수학 Ⅰ

실전 기출 모의고사

[11문항형 / 제한시간 30분]

1회 모의고사 – 2026학년도 수능 대비 [1]

2회 모의고사 – 2026학년도 수능 대비 [2]

3회 모의고사 – 2026학년도 수능 대비 [3]

1회 수학 I 실전 기출 모의고사

2026학년도 수능 대비 ①

범위: 수학 I 전단원

- 문항 수 11개
- 배점 37점
- 제한시간 30분

5지선다형

1회 01 ✿✿✿ 2010대비(나) 수능 1(고3)

$27^{\frac{1}{3}}+\log_2 4$의 값은? (2점)

① 1 ② 2 ③ 3 ④ 4 ⑤ 5

1회 02 ✿✿✿ 2016실시(가) 3월 학평 5(고3)

함수 $f(x)=a\sin x+1$의 최댓값을 M, 최솟값을 m이라 하자. $M-m=6$일 때, 양수 a의 값은? (3점)

① 2 ② $\frac{5}{2}$ ③ 3 ④ $\frac{7}{2}$ ⑤ 4

1회 03 ✿✿✿ 2016실시(가) 7월 학평 6(고3)

$\sin\theta-\cos\theta=\frac{\sqrt{3}}{2}$일 때, $\tan\theta+\frac{1}{\tan\theta}$의 값은? (3점)

① 6 ② 7 ③ 8 ④ 9 ⑤ 10

1회 04 ✿✿✿ 2017실시(나) 4월 학평 13(고3)

모든 실수 x에 대하여 $\log_a(x^2+2ax+5a)$가 정의되기 위한 모든 정수 a의 값의 합은? (3점)

① 9 ② 11 ③ 13 ④ 15 ⑤ 17

1회 05 ✿✿✿ 2014대비(B) 12월 예비 8(고3)

곡선 $y=-2^x$을 y축의 방향으로 m만큼 평행이동시킨 곡선을 $y=f(x)$라 하고, 곡선 $y=f(x)$가 x축과 만나는 점을 A라 하자. (단, $m>2$이다.) 곡선 $y=2^x$이 곡선 $y=f(x)$와 만나는 점을 B, 점 B에서 y축에 내린 수선의 발을 C라 하자. $\overline{OA}=2\overline{BC}$일 때, m의 값은? (4점)

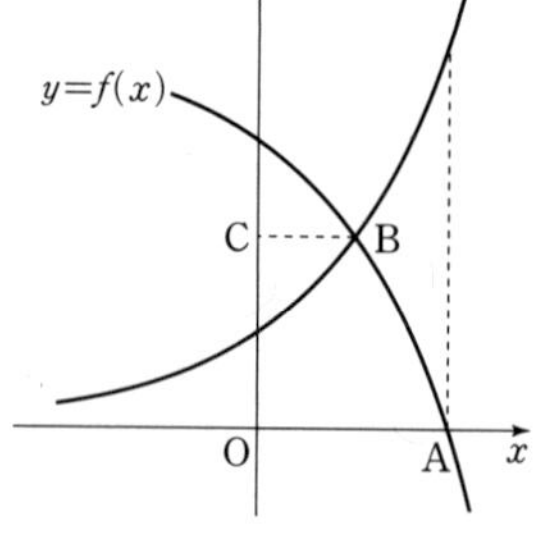

① $2\sqrt{2}$ ② 4 ③ $4\sqrt{2}$ ④ 8 ⑤ $8\sqrt{2}$

1회 06 ✿✿✿ 2014대비(A) 수능 16(고3)

모든 항이 양수인 수열 $\{a_n\}$은 $a_1=10$이고

$$(a_{n+1})^n=10(a_n)^{n+1}\ (n\geq 1)$$

을 만족시킨다. 다음은 일반항 a_n을 구하는 과정이다.

> 주어진 식의 양변에 상용로그를 취하면
> $n\log a_{n+1}=(n+1)\log a_n+1$
> 이다. 양변을 $n(n+1)$로 나누면
> $$\frac{\log a_{n+1}}{n+1}=\frac{\log a_n}{n}+\boxed{(가)}$$
> 이다. $b_n=\frac{\log a_n}{n}$이라 하면 $b_1=1$이고
> $$b_{n+1}=b_n+\boxed{(가)}$$
> 이다. 수열 $\{b_n\}$의 일반항을 구하면
> $$b_n=\boxed{(나)}$$
> 이므로
> $$\log a_n=n\times\boxed{(나)}$$
> 이다. 그러므로 $a_n=10^{n\times\boxed{(나)}}$이다.

위의 (가)와 (나)에 알맞은 식을 각각 $f(n)$과 $g(n)$이라 할 때, $\frac{g(10)}{f(4)}$의 값은? (4점)

① 38 ② 40 ③ 42 ④ 44 ⑤ 46

1회 07 ★★★ 2014대비(A) 6월 학평 16(고3)

자연수 n에 대하여 좌표평면 위의 점 $P_n(x_n, y_n)$을 다음 규칙에 따라 정한다.

(가) $x_1=y_1=1$

(나) $\begin{cases} x_{n+1}=x_n+(n+1) \\ y_{n+1}=y_n+(-1)^n\times(n+1) \end{cases} (n\geq 1)$

점 Q는 원점 O를 출발하여 $\overline{OP_1}$을 따라 점 P_1에 도착한다. 자연수 n에 대하여 점 P_n에 도착한 점 Q는 점 P_{n+1}을 향하여 $\overline{P_nP_{n+1}}$을 따라 이동한다. 점 Q는 한 번에 $\sqrt{2}$만큼 이동한다. 예를 들어, 원점에서 출발하여 7번 이동한 점 Q의 좌표는 $(7, 1)$이다. 원점에서 출발하여 55번 이동한 점 Q의 y좌표는? (4점)

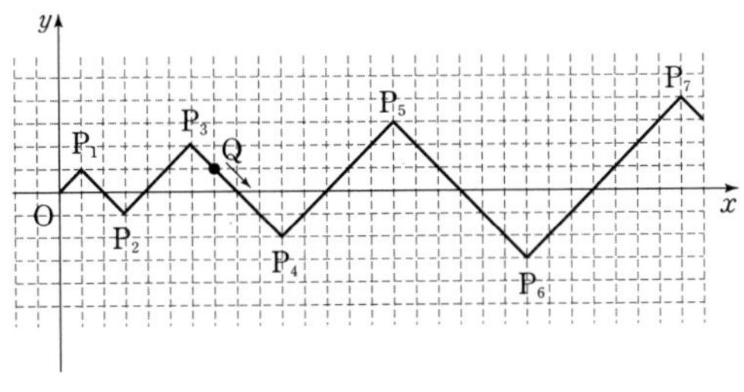

① -5　② -6　③ -7　④ -8　⑤ -9

단답형

1회 08 ★ 2007실시(나) 3월 학평 18(고3)

등비수열 $\{a_n\}$에 대하여

$$a_7=12,\ \frac{a_6a_{10}}{a_5}=36$$

이 성립할 때, a_{15}의 값을 구하시오. (3점)

1회 09 2015대비(A) 6월 학평 24(고3)

닫힌구간 $[-1, 3]$에서 두 함수

$$f(x)=2^x,\ g(x)=\left(\frac{1}{2}\right)^{2x}$$

의 최댓값을 각각 a, b라 하자. ab의 값을 구하시오. (3점)

1회 10 ★ 2014대비(A) 6월 학평 28(고3)

수열 $\{a_n\}$은 $a_1=7$이고, 다음 조건을 만족시킨다.

(가) $a_{n+2}=a_n-4$ $(n=1, 2, 3, 4)$

(나) 모든 자연수 n에 대하여 $a_{n+6}=a_n$이다.

$\sum_{k=1}^{50} a_k=258$일 때, a_2의 값을 구하시오. (4점)

1회 11 ★★

그림과 같이 갑이 탄 배는 항구 A에서 출발하여 800 m 떨어진 등대 B를 향해 속력 100 m/분으로 직선 경로를 따라서 항해하고, 을이 탄 배는 섬 C에서 출발하여 1000 m 떨어진 항구 A를 향해 속력 200 m/분으로 직선 경로를 따라서 항해하고 있다.

$\angle BAC=\frac{\pi}{3}$일 때, 항구 A와 섬 C를 각각 동시에 출발한 갑, 을이 탄 두 배가 같은 시간에 지나는 지점을 잇는 선분이 B지점과 C지점을 잇는 선분과 평행이 되는 순간의 두 배 사이의 거리는 $\frac{q}{p}\sqrt{21}$이다. $q-p$의 값을 구하시오. (단, p, q는 서로소인 자연수이고, 두 배의 크기는 무시한다.) (4점)

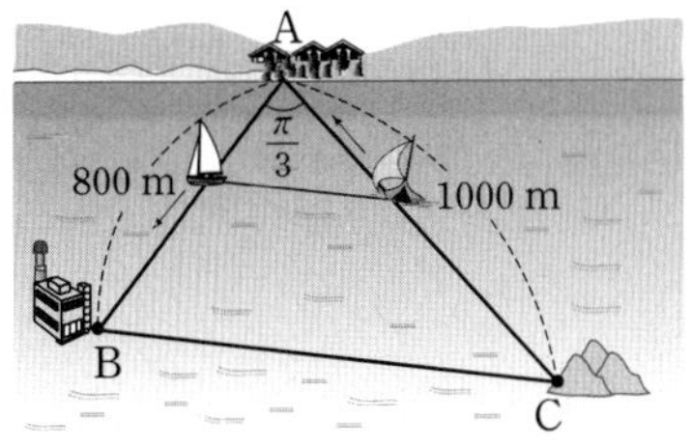

❖ 정답 및 해설 564~568p

2회 수학 I 실전 기출 모의고사

2026학년도 수능 대비 ②

범위: 수학 I 전단원

- 문항 수 11개
- 배점 37점
- 제한시간 30분

5지선다형

2회 01 ❀❀❀ 2014대비(A) 수능 1(고3)

$8^{\frac{2}{3}}\times 9^{\frac{1}{2}}$의 값은? (2점)

① 12 ② 10 ③ 8
④ 6 ⑤ 4

2회 02 ❀❀❀ 2019실시(가) 9월 학평 8(고2)

$0<\theta<\frac{\pi}{2}$이고 $\tan\theta=\frac{3}{4}$일 때,

$\cos\left(\frac{\pi}{2}-\theta\right)+2\sin(\pi-\theta)$의 값은? (3점)

① $\frac{6}{5}$ ② $\frac{7}{5}$ ③ $\frac{8}{5}$
④ $\frac{9}{5}$ ⑤ 2

2회 03 ❀❀❀ 2016실시(나) 9월 학평 5(고2)

모든 항이 양수인 등비수열 $\{a_n\}$에 대하여
$a_1=1$, $a_2+a_3=6$일 때, a_6의 값은? (3점)

① 8 ② 16 ③ 32
④ 64 ⑤ 128

2회 04 ❀❀❀

그림과 같은 삼각형 ABC에서 $\angle A=\frac{\pi}{3}$, $\overline{BC}=4$일 때, 외접원의 반지름 R의 길이는? (3점)

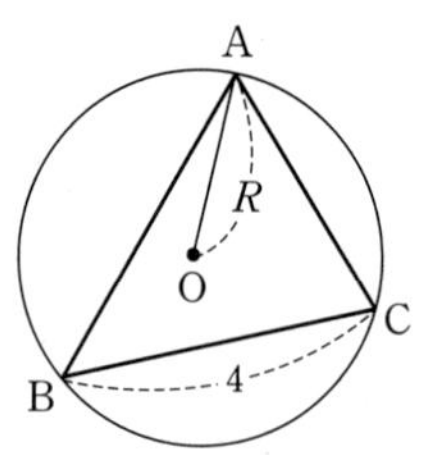

① $\frac{\sqrt{3}}{3}$ ② $\frac{2\sqrt{3}}{3}$ ③ $\sqrt{3}$
④ $\frac{4\sqrt{3}}{3}$ ⑤ $\frac{5\sqrt{3}}{3}$

2회 05 ✿❀❀ 2015실시(A) 3월 학평 21(고3)

수열 $\{a_n\}$은 15와 서로소인 자연수를 작은 수부터 차례대로 모두 나열하여 만든 것이다.

예를 들면 $a_2=2$, $a_4=7$이다. $\sum_{n=1}^{16}a_n$의 값은? (4점)

① 240 ② 280 ③ 320
④ 360 ⑤ 400

2회 06 ✿❀❀ 2009대비(나) 6월 학평 10(고3)

그림과 같이 곡선 $y=2\log_2 x$ 위의 한 점 A를 지나고 x축에 평행한 직선이 곡선 $y=2^{x-3}$과 만나는 점을 B라 하자. 점 B를 지나고 y축에 평행한 직선이 곡선 $y=2\log_2 x$와 만나는 점을 D라 하자. 점 D를 지나고 x축에 평행한 직선이 곡선 $y=2^{x-3}$과 만나는 점을 C라 하자. $\overline{AB}=2$, $\overline{BD}=2$일 때, 사각형 ABCD의 넓이는? (4점)

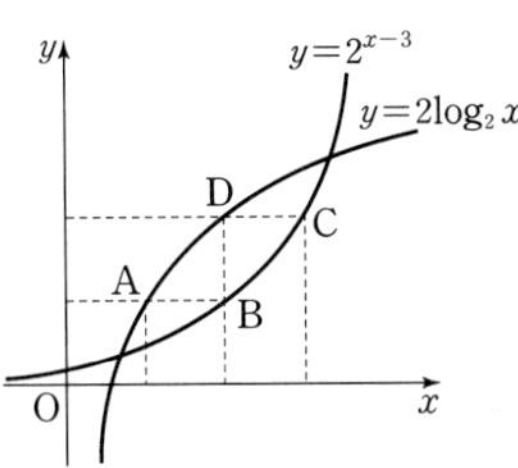

① 2 ② $1+\sqrt{2}$ ③ $\frac{5}{2}$

④ 3 ⑤ $2+\sqrt{2}$

2회 07 ✿✿❀ 2011대비(나) 수능 15(고3)

수열 $\{a_n\}$은 $a_1=1$이고,

$$a_{n+1}=n+1+\frac{(n-1)!}{a_1a_2\cdots a_n}\ (n\geq1)$$

을 만족시킨다. 다음은 일반항 a_n을 구하는 과정의 일부이다.

> 모든 자연수 n에 대하여
> $a_1a_2\cdots a_na_{n+1}=a_1a_2\cdots a_n\times(n+1)+(n-1)!$
> 이다. $b_n=\frac{a_1a_2\cdots a_n}{n!}$이라 하면, $b_1=1$이고
> $b_{n+1}=b_n+$ (가)
> 이다. 수열 $\{b_n\}$의 일반항을 구하면
> $b_n=$ (나) 이므로 $\frac{a_1a_2\cdots a_n}{n!}=$ (나) 이다.
> ⋮
> 따라서 $a_1=1$이고, $a_n=\frac{(n-1)(2n-1)}{2n-3}\ (n\geq2)$이다.

위의 (가)에 알맞은 식을 $f(n)$, (나)에 알맞은 식을 $g(n)$이라 할 때, $f(13)\times g(7)$의 값은? (4점)

① $\frac{1}{70}$ ② $\frac{1}{77}$ ③ $\frac{1}{84}$

④ $\frac{1}{91}$ ⑤ $\frac{1}{98}$

단답형

2회 08 ❀❀❀ 2015대비(B) 9월 학평 23(고3)

로그방정식 $\log_8 x-\log_8(x-7)=\frac{1}{3}$의 해를 구하시오. (3점)

2회 09 ✿❀❀ 2019실시(나) 9월 학평 24(고2)

이차방정식 $x^2-24x+10=0$의 두 근 α, β에 대하여 세 수 α, k, β가 이 순서대로 등차수열을 이룬다. 상수 k의 값을 구하시오. (3점)

2회 10 ✿❀❀ 2005실시(나) 3월 학평 22(고3)

$f(n)=a^{\frac{1}{n}}$(단, $a>0$, $a\neq1$)일 때,

$$f(2\times3)\times f(3\times4)\times\cdots\times f(9\times10)=f(k)$$

를 만족하는 상수 k에 대하여 $10k$의 값을 구하시오. (4점)

2회 11 ✪ 2등급 대비 2012대비(나) 6월 학평 30(고3)

100 이하의 자연수 전체의 집합을 S라 할 때, $n\in S$에 대하여 집합

$$\{k\,|\,k\in S\text{이고 }\log_2 n-\log_2 k\text{는 정수}\}$$

의 원소의 개수를 $f(n)$이라 하자. 예를 들어, $f(10)=5$이고 $f(99)=1$이다. 이때, $f(n)=1$인 n의 개수를 구하시오. (4점)

모의고사 2회

3회 수학 I 실전 기출 모의고사

2026학년도 수능 대비 ③
범위: 수학 I 전단원

- 문항 수 11개
- 배점 37점
- 제한시간 30분

5지선다형

3회 01 ❀❀❀ 2017실시(가) 7월 학평 2(고3)

$\sin \frac{7}{6}\pi$의 값은? (2점)

① -1　② $-\frac{\sqrt{3}}{2}$　③ $-\frac{\sqrt{2}}{2}$
④ $-\frac{1}{2}$　⑤ 0

3회 02 ❀❀❀ 2005대비(나) 수능 1(고3)

$3^{\frac{2}{3}} \times 9^{\frac{3}{2}} \div 27^{\frac{8}{9}}$의 값은? (3점)

① 1　② $\sqrt{3}$　③ 3
④ $3\sqrt{3}$　⑤ 9

3회 03 ❀❀❀ 2017실시(가) 4월 학평 9(고3)

$0 \le x < 2\pi$일 때, 방정식 $|\sin 2x| = \frac{1}{2}$의 모든 실근의 개수는? (3점)

① 2　② 4　③ 6
④ 8　⑤ 10

3회 04 ❀❀❀ 2011대비(나) 6월 학평 6(고3)

1과 2 사이에 n개의 수를 넣어 만든 등차수열

$$1,\ a_1,\ a_2,\ \cdots,\ a_n,\ 2$$

의 합이 24일 때, n의 값은? (3점)

① 11　② 12　③ 13
④ 14　⑤ 15

3회 05 ❀❀❀ 2019실시(나) 4월 학평 10(고3)

수열 $\{a_n\}$은 $a_1=1$이고, 모든 자연수 n에 대하여

$$a_{n+1} = \begin{cases} (a_n)^2+1 & (a_n\text{이 짝수인 경우}) \\ 3a_n-1 & (a_n\text{이 홀수인 경우}) \end{cases}$$

를 만족시킨다. a_4의 값은? (4점)

① 10　② 11　③ 12
④ 13　⑤ 14

3회 06 ✿❀❀

다음은 반지름의 길이가 6인 원의 두 현 AC, BD가 원의 내부에서 수직으로 만날 때, $\overline{\mathrm{AB}}+\overline{\mathrm{CD}}$의 최댓값을 구하는 과정이다.

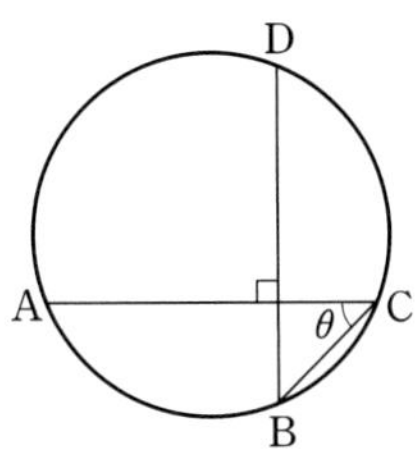

$\angle \mathrm{ACB}=\theta$라 하면 $\angle \mathrm{DBC}=$ (가) 이다.
사인법칙에 의하여
$\dfrac{\overline{\mathrm{AB}}}{\sin\theta}=12$이고 $\overline{\mathrm{CD}}=$ (나) 이다.
따라서, $\overline{\mathrm{AB}}+\overline{\mathrm{CD}}$의 최댓값은 (다) 이다.

위의 과정에서 (가), (다)에 들어갈 알맞은 수를 각각 a, b라 하고, (나)에 들어갈 알맞은 식을 $f(\theta)$라 할 때, $b+f(a+\theta)$의 값은? (4점)

① $12\sqrt{2}$ ② $12\sqrt{3}$ ③ 24
④ $12\sqrt{5}$ ⑤ $12\sqrt{6}$

3회 07 ✿✿❀ 2019실시(나) 10월 학평 17(고3)

수열 $\{a_n\}$의 첫째항부터 제n항까지의 합 S_n이 다음 조건을 만족시킨다.

(가) S_n은 n에 대한 이차식이다.
(나) $S_{10}=S_{50}=10$
(다) S_n은 $n=30$에서 최댓값 410을 갖는다.

50보다 작은 자연수 m에 대하여 $S_m>S_{50}$을 만족시키는 m의 최솟값을 p, 최댓값을 q라 할 때, $\sum_{k=p}^{q} a_k$의 값은? (4점)

① 39 ② 40 ③ 41
④ 42 ⑤ 43

단답형

3회 08 ❀❀❀ 2017대비(가) 6월 학평 25(고3)

방정식 $3^{-x+2}=\dfrac{1}{9}$을 만족시키는 실수 x의 값을 구하시오. (3점)

3회 09 ✿❀❀ 2018실시(가) 3월 학평 25(고3)

함수 $f(x)=\sin^2 x+\sin\left(x+\dfrac{\pi}{2}\right)+1$의 최댓값을 M이라 할 때, $4M$의 값을 구하시오. (3점)

3회 10 ✿❀❀ 2019실시(나) 3월 학평 26(고3)

$\log_x(-x^2+4x+5)$가 정의되기 위한 모든 정수 x의 값의 합을 구하시오. (4점)

3회 11 ✪ 1등급 대비 2015대비(A) 9월 학평 30(고3)

다음 조건을 만족시키는 두 자연수 a, b의 모든 순서쌍 (a, b)의 개수를 구하시오. (4점)

(가) $1\le a\le 10$, $1\le b\le 100$
(나) 곡선 $y=2^x$이 원 $(x-a)^2+(y-b)^2=1$과 만나지 않는다.
(다) 곡선 $y=2^x$이 원 $(x-a)^2+(y-b)^2=4$와 적어도 한 점에서 만난다.

❖ 정답 및 해설 572~576p

빠른 정답 찾기 Xi story 고3 수학 I

A 지수

01 ⑤ 02 ① 03 ② 04 ⑤ 05 16 06 ① 07 25 08 ④ 09 ⑤ 10 4
11 ① 12 ② 13 11 14 ① 15 ⑤ 16 ⑤ 17 ② 18 ① 19 ④ 20 ②
21 24 22 ③ 23 ⑤ 24 ④ 25 ② 26 ④ 27 ④ 28 ④ 29 ② 30 ①
31 ④ 32 ⑤ 33 ③ 34 ② 35 ③ 36 ⑤ 37 ④ 38 ② 39 ③ 40 ⑤
41 ③ 42 ② 43 ① 44 ④ 45 ⑤ 46 ② 47 ① 48 ③ 49 ③ 50 ②
51 ① 52 ⑤ 53 ④ 54 ③ 55 ⑤ 56 ⑤ 57 ④ 58 ① 59 ② 60 ⑤
61 ④ 62 ② 63 ③ 64 ② 65 ① 66 ⑤ 67 ① 68 ① 69 ④ 70 ③
71 ④ 72 ⑤ 73 ③ 74 ⑤ 75 ③ 76 124 77 33 78 2 79 12 80 252
81 30 82 ① 83 ③ 84 ④ 85 ① 86 ② 87 ① 88 ⑤ 89 ③ 90 ①
91 ② 92 ⑤ 93 98 94 ④ 95 17 96 ② 97 ② 98 ⑤ 99 17 100 ⑤
101 ② 102 ① 103 ③ 104 ④ 105 ② 106 ③ 107 ③ 108 ② 109 ⑤ 110 ②
111 ③ 112 ④ 113 ③ 114 ⑤ 115 ⑤ 116 ② 117 ⑤ 118 ③ 119 ② 120 15
121 64

61 ② 62 ① 63 16 64 ③ 65 ② 66 ⑤ 67 ① 68 ⑤ 69 ④ 70 6
71 ② 72 ⑤ 73 88 74 ③ 75 ⑤ 76 ③ 77 ③ 78 63 79 259 80 ①
81 ⑤ 82 54 83 13 84 25 85 30 86 70 87 ② 88 ⑤ 89 ① 90 ④
91 ② 92 34 93 ④ 94 ④ 95 ② 96 ② 97 ② 98 ③ 99 ④ 100 13
101 ① 102 101 103 246 104 ③ 105 ⑤ 106 ⑤ 107 ④ 108 ① 109 ② 110 ③
111 ⑤ 112 ⑤ 113 ① 114 ④ 115 ⑤ 116 ③ 117 ⑤ 118 ⑤ 119 ③ 120 ⑤
121 ④ 122 ⑤ 123 ③ 124 ④ 125 ④ 126 16 127 ⑤ 128 ④ 129 ③ 130 ③
131 ⑤ 132 13 133 ④ 134 16 135 ③ 136 ① 137 6 138 ② 139 ① 140 ①
141 ⑤ 142 ⑤ 143 22 144 ③ 145 ⑤ 146 192 147 ① 148 ④ 149 18 150 ④
151 ① 152 ⑤ 153 ④ 154 ② 155 ② 156 ③ 157 ⑤ 158 ② 159 ② 160 36
161 13 162 8 163 10 164 12 165 12 166 220 167 15 168 ③ 169 110 170 ②
171 ② 172 ⑤ 173 ② 174 ②

B 로그

01 18 02 ① 03 ③ 04 12 05 ① 06 ⑤ 07 ③ 08 ④ 09 15 10 6
11 ⑤ 12 128 13 30 14 8 15 2 16 ⑤ 17 2 18 ② 19 2 20 ②
21 ② 22 2 23 ③ 24 ③ 25 ⑤ 26 ③ 27 ① 28 2 29 5 30 ②
31 3 32 48 33 ① 34 ② 35 ① 36 9 37 ③ 38 ② 39 ① 40 ②
41 ① 42 ③ 43 ② 44 ② 45 5 46 3 47 ③ 48 4 49 2 50 8
51 ② 52 ① 53 5 54 ② 55 ① 56 ② 57 ③ 58 ④ 59 ② 60 56
61 ② 62 ⑤ 63 ④ 64 ① 65 15 66 ④ 67 4 68 ① 69 ① 70 ③
71 16 72 21 73 ③ 74 ④ 75 ④ 76 ④ 77 ③ 78 ① 79 ③ 80 ③
81 ② 82 ② 83 10 84 7 85 ① 86 ③ 87 ⑤ 88 ③ 89 ④ 90 ⑤
91 75 92 ② 93 ① 94 13 95 78 96 ② 97 ⑤ 98 ② 99 ③ 100 ①
101 ② 102 ② 103 ② 104 ④ 105 ③ 106 ④ 107 ① 108 ③ 109 ① 110 ③
111 ④ 112 ③ 113 54 114 20 115 14 116 10 117 ② 118 ⑤ 119 ⑤ 120 ②
121 64 122 31 123 ③ 124 37 125 ⑤ 126 ③ 127 11 128 426 129 70 130 44
131 ③ 132 973 133 250 134 ④ 135 ④ 136 ⑤ 137 ②

C 지수함수와 로그함수

01 ① 02 ② 03 ① 04 ① 05 ③ 06 ⑤ 07 ③ 08 ② 09 ⑤ 10 ③
11 ⑤ 12 ⑤ 13 ② 14 ③ 15 60 16 ② 17 ② 18 3 19 ① 20 ①
21 ③ 22 ② 23 ① 24 ③ 25 ④ 26 8 27 ③ 28 ① 29 ⑤ 30 ③
31 ⑤ 32 81 33 ④ 34 ② 35 ④ 36 21 37 ② 38 ⑤ 39 ① 40 ⑤
41 ④ 42 64 43 ⑤ 44 ⑤ 45 14 46 ④ 47 ⑤ 48 ③ 49 ① 50 ①
51 ⑤ 52 ② 53 ⑤ 54 ⑤ 55 ⑤ 56 ③ 57 ③ 58 ② 59 ① 60 ⑤

D 지수함수와 로그함수의 활용

01 40 02 ⑤ 03 ③ 04 ① 05 27 06 4 07 10 08 ④ 09 6 10 3
11 ④ 12 7 13 2 14 ① 15 ② 16 ④ 17 3 18 3 19 ④ 20 ④
21 ② 22 ① 23 ⑤ 24 3 25 65 26 25 27 ⑤ 28 ② 29 10 30 36
31 20 32 17 33 ① 34 ⑤ 35 5 36 ⑤ 37 ④ 38 ① 39 ④ 40 ①
41 10 42 13 43 ② 44 ④ 45 ① 46 ③ 47 ① 48 3 49 ⑤ 50 ④
51 3 52 ① 53 ⑤ 54 ① 55 71 56 6 57 ③ 58 18 59 ② 60 ④
61 ④ 62 ② 63 15 64 25 65 7 66 7 67 11 68 7 69 5 70 10
71 6 72 6 73 9 74 10 75 7 76 12 77 ① 78 ⑤ 79 16 80 32
81 ① 82 15 83 32 84 23 85 ① 86 ③ 87 ① 88 75 89 ⑤ 90 ③
91 ② 92 ③ 93 ② 94 ① 95 ④ 96 3 97 ② 98 ③ 99 ④ 100 ④
101 ④ 102 ② 103 ⑤ 104 31 105 125 106 ① 107 ④ 108 27 109 32 110 ⑤
111 ② 112 ② 113 ③ 114 ⑤ 115 ① 116 ③ 117 ④ 118 ④ 119 12 120 ①
121 ④ 122 ③ 123 ③ 124 11 125 ① 126 ④ 127 36 128 16 129 15 130 ③
131 ② 132 ① 133 ⑤ 134 ④ 135 ② 136 ④ 137 ⑤ 138 81 139 15 140 ①
141 80 142 ② 143 6 144 ③ 145 ① 146 ① 147 ③ 148 ② 149 ⑤ 150 ③
151 ④ 152 ③ 153 ② 154 ① 155 ② 156 ② 157 ② 158 ② 159 ⑤ 160 ②
161 ① 162 33 163 120 164 ④ 165 12 166 8 167 ③ 168 ⑤ 169 ④ 170 ⑤
171 ① 172 ⑤

E 삼각함수

01 ④ 02 9 03 ⑤ 04 13 05 ② 06 ① 07 ② 08 ② 09 ① 10 ②
11 ① 12 ③ 13 ① 14 3 15 ⑤ 16 ③ 17 ④ 18 ⑤ 19 ② 20 ②
21 32 22 ① 23 ④ 24 ⑤ 25 ④ 26 ① 27 ④ 28 ② 29 ⑤ 30 ①
31 ③ 32 80 33 ③ 34 ② 35 ④ 36 12 37 10 38 ④ 39 ⑤ 40 ①
41 ① 42 ② 43 ② 44 ② 45 ② 46 ① 47 ④ 48 ④ 49 ① 50 ①
51 ⑤ 52 ④ 53 ① 54 40 55 ② 56 ① 57 ② 58 ⑤ 59 ① 60 ①
61 15 62 1 63 ③ 64 11 65 ⑤ 66 9 67 ④ 68 ④ 69 ⑤ 70 ③
71 ② 72 ② 73 ③ 74 ② 75 ② 76 6 77 ① 78 ③ 79 ② 80 ④
81 6 82 ③ 83 ① 84 ⑤ 85 ③ 86 ③ 87 ② 88 ③ 89 ③ 90 11
91 8 92 ① 93 ② 94 ② 95 ④ 96 8 97 ④ 98 10 99 5 100 ⑤
101 ④ 102 ③ 103 2 104 ① 105 ③ 106 ③ 107 14 108 40 109 ② 110 ③
111 25 112 ⑤ 113 ③ 114 ⑤ 115 ② 116 ④ 117 ② 118 ⑤ 119 ⑤ 120 ④
121 ② 122 48 123 ④ 124 ④ 125 ④ 126 ① 127 ① 128 ⑤ 129 ④ 130 4
131 27 132 ④ 133 ⑤ 134 ① 135 ④ 136 ① 137 ④ 138 ② 139 ④ 140 ③
141 ④ 142 ③ 143 ④ 144 ② 145 ⑤ 146 ⑤ 147 ④ 148 ① 149 7 150 ④
151 ③ 152 ② 153 ⑤ 154 36 155 ④ 156 ② 157 ④ 158 ③ 159 ③ 160 ⑤
161 ④ 162 ④ 163 32 164 ① 165 ③ 166 ③ 167 ③ 168 ③ 169 ① 170 ②
171 15 172 ③ 173 ④ 174 103 175 24 176 84 177 ② 178 13 179 ① 180 ②
181 ② 182 ⑤ 183 ④ 184 ③ 185 480 186 14 187 ③ 188 ⑤ 189 29 190 ①
191 ② 192 ⑤

F 삼각함수의 활용

01 ④ 02 32 03 ⑤ 04 20 05 ① 06 4 07 ② 08 ③ 09 ① 10 ①
11 ⑤ 12 ⑤ 13 ③ 14 ④ 15 ③ 16 ① 17 ① 18 ② 19 192 20 ⑤
21 ⑤ 22 ③ 23 ③ 24 ⑤ 25 13 26 25 27 ③ 28 ⑤ 29 ⑤ 30 ②
31 ③ 32 ② 33 ② 34 21 35 ② 36 ① 37 98 38 ① 39 ② 40 ①
41 ⑤ 42 ⑤ 43 ④ 44 27 45 ① 46 ③ 47 7 48 26 49 ① 50 41
51 ② 52 ① 53 ① 54 ① 55 ⑤ 56 ⑤ 57 ⑤ 58 ④ 59 ④ 60 ②
61 ⑤ 62 ③ 63 116 64 ③ 65 ① 66 5 67 ⑤ 68 ⑤ 69 ⑤ 70 ④
71 ③ 72 ④ 73 ④ 74 ③ 75 63 76 ③ 77 ③ 78 ① 79 ① 80 ②
81 ③ 82 48 83 ② 84 9 85 84 86 22 87 ① 88 6 89 ② 90 100
91 64 92 15 93 ③ 94 ③ 95 27 96 ④ 97 ⑤ 98 ④ 99 64

G 등차수열과 등비수열

01 ④ 02 2 03 15 04 ⑤ 05 ⑤ 06 ③ 07 ④ 08 35 09 12 10 22
11 ② 12 ④ 13 ① 14 20 15 3 16 11 17 ① 18 ⑤ 19 ① 20 13
21 ① 22 ③ 23 ③ 24 32 25 ④ 26 ② 27 ③ 28 ⑤ 29 ① 30 21
31 ① 32 ③ 33 ④ 34 ③ 35 35 36 20 37 12 38 14 39 ③ 40 7
41 137 42 ④ 43 26 44 22 45 21 46 39 47 12 48 38 49 ① 50 ②
51 ⑤ 52 ③ 53 15 54 80 55 ④ 56 ③ 57 24 58 16 59 ① 60 ②
61 ① 62 ④ 63 ① 64 ① 65 ③ 66 ③ 67 ④ 68 64 69 ⑤ 70 ①
71 ② 72 10 73 ② 74 ③ 75 ⑤ 76 ④ 77 ⑤ 78 ② 79 ⑤ 80 ②
81 ⑤ 82 ① 83 43 84 ② 85 ① 86 37 87 ④ 88 22 89 60 90 315
91 ③ 92 ① 93 13 94 375 95 ② 96 33 97 ⑤ 98 ④ 99 ② 100 ④
101 ② 102 12 103 ③ 104 96 105 16 106 19 107 ④ 108 25 109 32 110 ③
111 20 112 ④ 113 ⑤ 114 ④ 115 ⑤ 116 ② 117 96 118 ② 119 ⑤ 120 4
121 ② 122 ⑤ 123 ④ 124 ① 125 ① 126 ① 127 36 128 ⑤ 129 12 130 ④
131 ① 132 6 133 12 134 ③ 135 ③ 136 ④ 137 36 138 14 139 ③ 140 ⑤
141 ② 142 ③ 143 ⑤ 144 10 145 15 146 ⑤ 147 ⑤ 148 25 149 ③ 150 18
151 ① 152 108 153 ③ 154 ⑤ 155 ⑤ 156 ① 157 ⑤ 158 ② 159 35 160 ①
161 ④ 162 ① 163 ① 164 ③ 165 27 166 ② 167 ② 168 ③ 169 ② 170 ⑤
171 ② 172 64 173 257 174 9 175 63 176 10 177 ② 178 ④ 179 ③ 180 ①
181 ② 182 ① 183 13 184 ③ 185 ④ 186 ④ 187 ④ 188 ② 189 ④ 190 ②
191 99 192 ② 193 14 194 ③ 195 ② 196 256 197 ② 198 ② 199 ① 200 ③
201 ① 202 16 203 ③ 204 8 205 ④ 206 ⑤ 207 16 208 ④ 209 ② 210 ②
211 ①, ④ 212 ② 213 ⑤ 214 30 215 ① 216 273 217 477 218 25 219 61 220 117
221 11 222 ① 223 31 224 35 225 ③ 226 ③ 227 ② 228 ⑤ 229 13 230 ⑤

H 수열의 합

01 ① 02 42 03 ① 04 ① 05 ③ 06 ⑤ 07 105 08 ④ 09 96 10 29
11 ⑤ 12 ② 13 ② 14 ③ 15 12 16 37 17 ① 18 ⑤ 19 24 20 ②
21 9 22 22 23 13 24 12 25 9 26 ⑤ 27 110 28 65 29 113 30 4
31 ① 32 2 33 3 34 55 35 19 36 345 37 109 38 150 39 ① 40 ⑤
41 ⑤ 42 ④ 43 91 44 ③ 45 ⑤ 46 ① 47 553 48 160 49 25 50 ④
51 ① 52 ② 53 ② 54 120 55 ④ 56 ④ 57 88 58 34 59 250 60 ⑤
61 310 62 13 63 ④ 64 ③ 65 ① 66 ② 67 ② 68 ④ 69 ④ 70 ③
71 80 72 ③ 73 ② 74 105 75 ① 76 510 77 ① 78 242 79 162 80 128
81 502 82 13 83 2 84 ① 85 58 86 ④ 87 ④ 88 15 89 120 90 ①
91 ② 92 ⑤ 93 ④ 94 ⑤ 95 ① 96 ① 97 201 98 31 99 ② 100 ④
101 9 102 ④ 103 ② 104 169 105 ③ 106 427 107 ① 108 ③ 109 ① 110 ②
111 502 112 184 113 86 114 286 115 11 116 110 117 ④ 118 ⑤ 119 ④ 120 123
121 ① 122 ④ 123 332 124 ⑤ 125 ① 126 ① 127 ① 128 ⑤ 129 ⑤ 130 ②
131 ④ 132 ④ 133 ④ 134 ③ 135 ③ 136 ① 137 ① 138 8 139 200 140 ①
141 ⑤ 142 ④ 143 ③ 144 ③ 145 ⑤ 146 ③ 147 ③ 148 63 149 ④ 150 ③
151 ⑤ 152 136 153 ⑤ 154 ④ 155 64 156 199 157 63 158 255 159 ④ 160 19
161 525 162 180 163 164 164 ④ 165 16 166 ④ 167 170 168 117 169 678 170 320
171 427 172 ② 173 202 174 282 175 64 176 ① 177 ⑤ 178 3 179 ⑤ 180 ①
181 17 182 ③ 183 12

I 수학적 귀납법

01 15 02 92 03 ① 04 ③ 05 ④ 06 23 07 ④ 08 ⑤ 09 256 10 ①
11 ③ 12 ② 13 ③ 14 ② 15 15 16 ⑤ 17 ② 18 55 19 ④ 20 ④
21 ④ 22 ② 23 ② 24 ① 25 ⑤ 26 139 27 ④ 28 8 29 ② 30 162
31 ① 32 513 33 ① 34 ④ 35 ② 36 ③ 37 ③ 38 ④ 39 ④ 40 7
41 ⑤ 42 ① 43 8 44 27 45 ② 46 ③ 47 8 48 ② 49 ④ 50 ③
51 ③ 52 ① 53 ③ 54 ③ 55 70 56 33 57 235 58 ② 59 ⑤ 60 ②
61 ⑤ 62 ① 63 ① 64 ① 65 ① 66 ⑤ 67 ⑤ 68 ② 69 ③ 70 ②
71 ④ 72 ③ 73 ① 74 ⑤ 75 ③ 76 ④ 77 ③ 78 ② 79 ⑤ 80 ⑤
81 ④ 82 132 83 255 84 ③ 85 101 86 21 87 ② 88 ③ 89 ④ 90 ①
91 ⑤ 92 ③ 93 ④ 94 ② 95 ④ 96 ③ 97 ① 98 ③ 99 ⑤ 100 ①
101 ④ 102 ⑤ 103 ⑤ 104 ④ 105 ② 106 ③ 107 ② 108 ⑤ 109 ③ 110 ②
111 64 112 ② 113 ④ 114 ② 115 ④ 116 5 117 ③ 118 ② 119 231 120 ①
121 ② 122 ④ 123 ⑤ 124 79 125 ① 126 ④ 127 ① 128 ② 129 ① 130 297
131 ⑤ 132 ① 133 ③ 134 ④ 135 ② 136 217 137 17

〈고3 수학 I 실전 기출 모의고사〉

1회 2026학년도 수능 대비 ①

01 ⑤ 02 ③ 03 ③ 04 ① 05 ② 06 ① 07 ① 08 108 09 32 10 11
11 987

2회 2026학년도 수능 대비 ②

01 ① 02 ④ 03 ③ 04 ④ 05 ① 06 ④ 07 ⑤ 08 14 09 12 10 25
11 25

3회 2026학년도 수능 대비 ③

01 ④ 02 ③ 03 ④ 04 ④ 05 ⑤ 06 ① 07 ① 08 4 09 9 10 9
11 196

Xi story

대한민국 No.1 수능 기출 문제집

국어
- 비문학 독해 1(고1), 2(고2)
- 문학 독해 1(고1), 2(고2)
- 국어 기본(고1) ★
- 언어(문법) 기본
- 언어와 매체 실전(고3)
- 화법과 작문 실전(고3)
- 독서 기본(고1)
- 독서 완성(고2)
- 독서 실전(고3) ★
- 문학 기본(고1)
- 문학 완성(고2)
- 문학 실전(고3) ★
- 개념어 총정리
- 고전 시가 총정리 ★
- 고등 국어 문법 총정리 ★
- 고난도 국어 독서 · 문학
- 전국연합 모의고사 고1 국어 ★
- 전국연합 모의고사 고2 국어 ★
- 연도별 모의고사 고3 국어(화법과 작문)
- 연도별 모의고사 고3 국어(언어와 매체)

영어
- 독해 기본(고1) ★
- 독해 완성(고2) ★
- 독해 실전(고3) ★
- 고난도 영어 독해
- 고등 영문법 기본
- 어법 · 어휘 기본(고1) ★
- 어법 · 어휘 완성(고2)
- 어법 · 어휘 실전(고3) ★
- 듣기 기본(고1 전국연합 모의고사 24회)
- 듣기 완성(고2 전국연합 모의고사 24회)
- 듣기 실전(고3 수능 대비 모의고사 35회)
- 전국연합 모의고사 고1 영어
- 전국연합 모의고사 고2 영어
- 연도별 모의고사 고3 영어

edu.ingang.go.kr Xistory 강남구청

★는 강남인강 강의교재

수학
- 공통수학 1 ★
- 공통수학 2 ★
- 고2 수학 I ★
- 고2 수학 II ★
- 고2 미적분
- 고2 확률과 통계
- 고3 수학 I ★
- 고3 수학 II ★
- 고3 미적분 ★
- 고3 확률과 통계 ★
- 고3 기하
- 고난도 1등급 수학 (수학 I, 수학 II, 확률과 통계) (수학 I, 수학 II, 미적분)
- 전국연합 모의고사 고1 공통수학
- 연도별 모의고사 고3 수학
- 내신 핵심 기출 1000제 공통수학 1
- 내신 핵심 기출 1000제 공통수학 2

사회
- 통합사회 1, 2 ★
- 내신 한국사 1, 2
- 사회 · 문화 ★
- 한국지리
- 세계지리
- 윤리와 사상
- 생활과 윤리 ★
- 수능 한국사 ★
- 동아시아사
- 전국연합 모의고사 고1 통합사회

과학
- 통합과학 1, 2 ★
- 개념 화학 I
- 개념 생명과학 I
- 개념 물리학 I
- 개념 지구과학 I
- 화학 I ★
- 화학 II
- 생명과학 I ★
- 생명과학 II
- 물리학 I ★
- 지구과학 I ★
- 지구과학 II
- 전국연합 모의고사 고1 통합과학

학교 시험+수능 **1등급**을 위한 고품격 유형서!

일등급 수학
- 공통수학 1 ★
- 공통수학 2 ★
- 수학 I ★
- 수학 II ★
- 확률과 통계 ★
- 미적분 ★
- 기하 ★

Xistory stands for e**X**tra **I**ntensive story for the University Entrance Examination.
Xistory는 e**X**tra **I**ntensive story의 약자로 [**특별한 수능 단련 이야기**]라는 의미입니다.

자이스토리는...
수능 문제 은행 최고의 교재입니다.

수능 공부는 자이스토리가 제일 중요합니다. 자이스토리에 수록된 수능 기출문제는 일반 문제와 달리 출제위원들이 심혈을 기울여 만든 고품격의 문제들이면서, 수능에 또다시 출제될 수 있기 때문입니다. 그래서 일반 문제집 10권을 푸는 것보다 자이스토리를 한 번 더 푸는 게 훨씬 효과적입니다.

자이스토리는...
수능 유형 분석이 쉽고 빠릅니다.

자이스토리는 수능 문제와 평가원 모의고사 문제를 유형별, 단원별로 수록했습니다. 문제를 풀면서 답을 구하는 과정을 통해 출제자의 의도와 유형을 쉽게 파악할 수 있습니다. 더불어 자주 출제되는 유형, 정답을 빨리 찾는 방법, 매력적인 오답을 피하는 방법 등도 자연스럽게 체득할 수 있습니다.

자이스토리는...
수능 문제를 수험생 스스로 예측합니다.

단원별, 유형별, 난이도별로 분류된 자이스토리를 차례대로 풀어 가면 난이도의 흐름, 출제 빈도의 흐름, 신유형 문제의 출제 변화 양상 등을 쉽게 파악할 수 있습니다. 그래서 '이번 수능에는 이런 문제들이 반드시 출제될 거야.'라는 예측을 수험생 스스로 할 수 있습니다.

검색 수경출판사 · 자이스토리 | ID: xistory_insta

등록번호 제2013-000088호 **발행처** (주)수경출판사 **발행인** 박영란 **발행일** 2025년 3월 15일(제3쇄)
홈페이지 www.book-sk.co.kr **대표전화** 02-333-6080 **구입문의** 02-333-7812 **팩스** 02-333-7197
주소 서울시 영등포구 양평로 21길 26(양평동 5가) IS비즈타워 807호(우07207)
내용문의 02-333-5976 **편집책임** 강병주/라지혜/이윤경/장효선/김성근/유주리
디자인 박지영/전찬우 **마케팅** 임순규/손형관/서정훈/김민주 **제작물류** 조인호/류혜리/임영훈

자이스토리 · 고3 수학 I

ISBN 979-11-6240-696-0

정가 22,000원

Xi story

대한민국 No.1 수능 기출 문제집

Xistory stands for eXtra Intensive story for the University Entrance Examination.

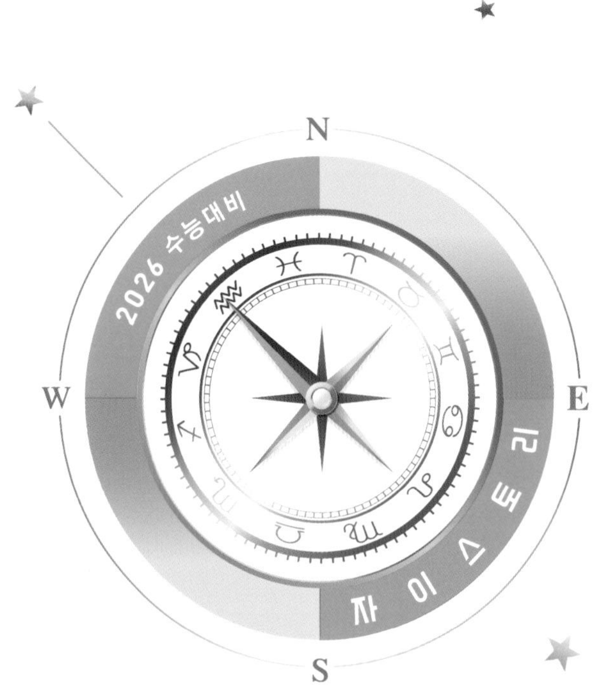

해설편

고3 수학 I

수경출판사

입체 첨삭 해설!

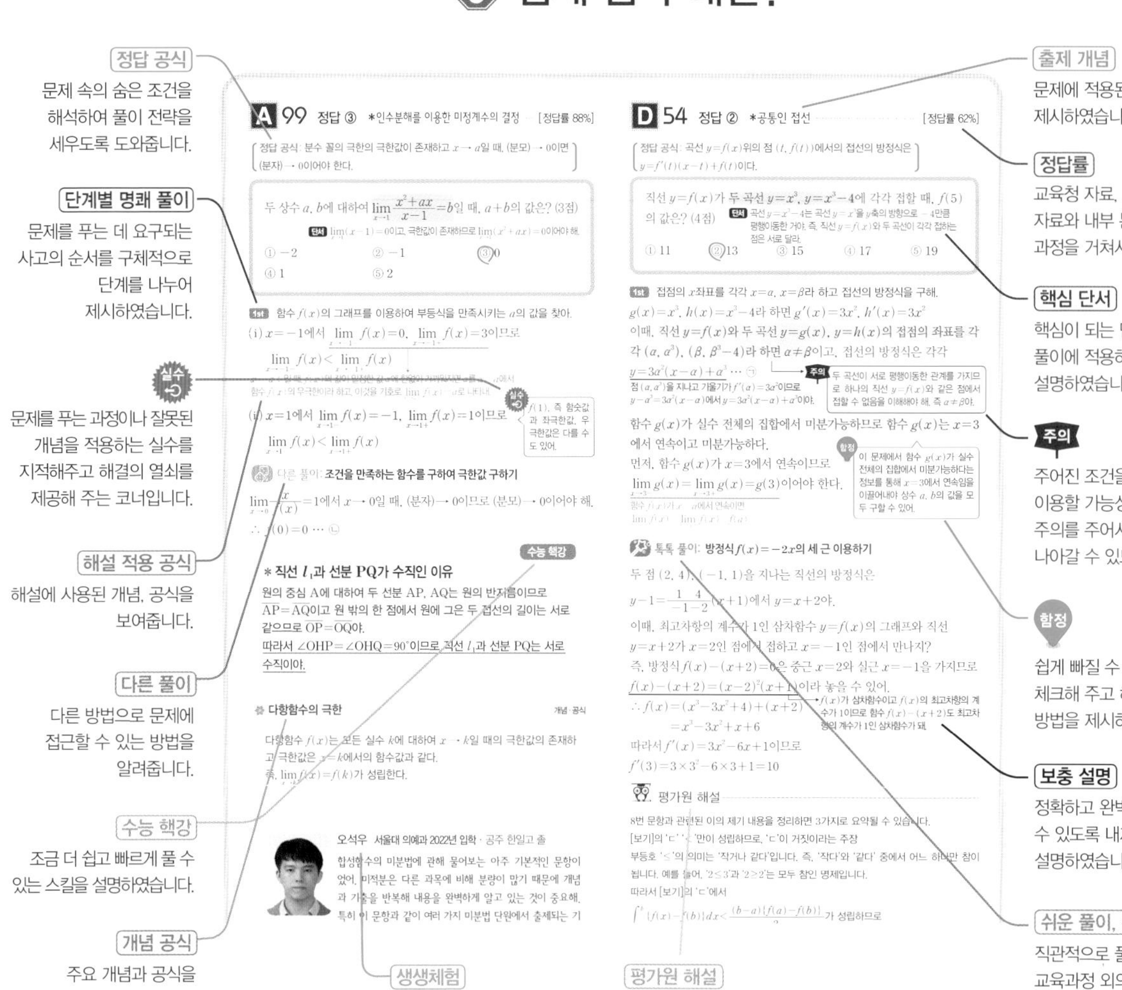

정답 공식
문제 속의 숨은 조건을 해석하여 풀이 전략을 세우도록 도와줍니다.

단계별 명쾌 풀이
문제를 푸는 데 요구되는 사고의 순서를 구체적으로 단계를 나누어 제시하였습니다.

실수
문제를 푸는 과정이나 잘못된 개념을 적용하는 실수를 지적해주고 해결의 열쇠를 제공해 주는 코너입니다.

해설 적용 공식
해설에 사용된 개념, 공식을 보여줍니다.

다른 풀이
다른 방법으로 문제에 접근할 수 있는 방법을 알려줍니다.

수능 핵강
조금 더 쉽고 빠르게 풀 수 있는 스킬을 설명하였습니다.

개념 공식
주요 개념과 공식을 정리하였습니다.

생생체험
수능을 먼저 정복한 선배들의 경험이 100% 녹아 있는 실제적인 조언을 담았습니다.

평가원 해설
오답 이의 제기된 문항에 대해 평가원 출제 위원들이 요구한 사고 과정을 확인할 수 있습니다.

출제 개념
문제에 적용된 핵심 개념을 제시하였습니다.

정답률
교육청 자료, 기타 기관 공지 자료와 내부 분석 검토 과정을 거쳐서 제시됩니다.

핵심 단서
핵심이 되는 단서와 문제 풀이에 적용하는 방법을 설명하였습니다.

주의
주어진 조건을 빠뜨리거나 잘못 이용할 가능성이 있을 때, 주의를 주어서 올바른 풀이로 나아갈 수 있도록 하였습니다.

함정
쉽게 빠질 수 있는 함정을 체크해 주고 해결할 수 있는 방법을 제시하였습니다.

보충 설명
정확하고 완벽하게 이해할 수 있도록 내재된 내용을 설명하였습니다.

쉬운 풀이, 톡톡 풀이
직관적으로 풀거나, 교육과정 외의 개념 또는 특이한 풀이 방법을 알려줍니다.

★1등급 대비 · 2등급 대비 문제 특별 해설

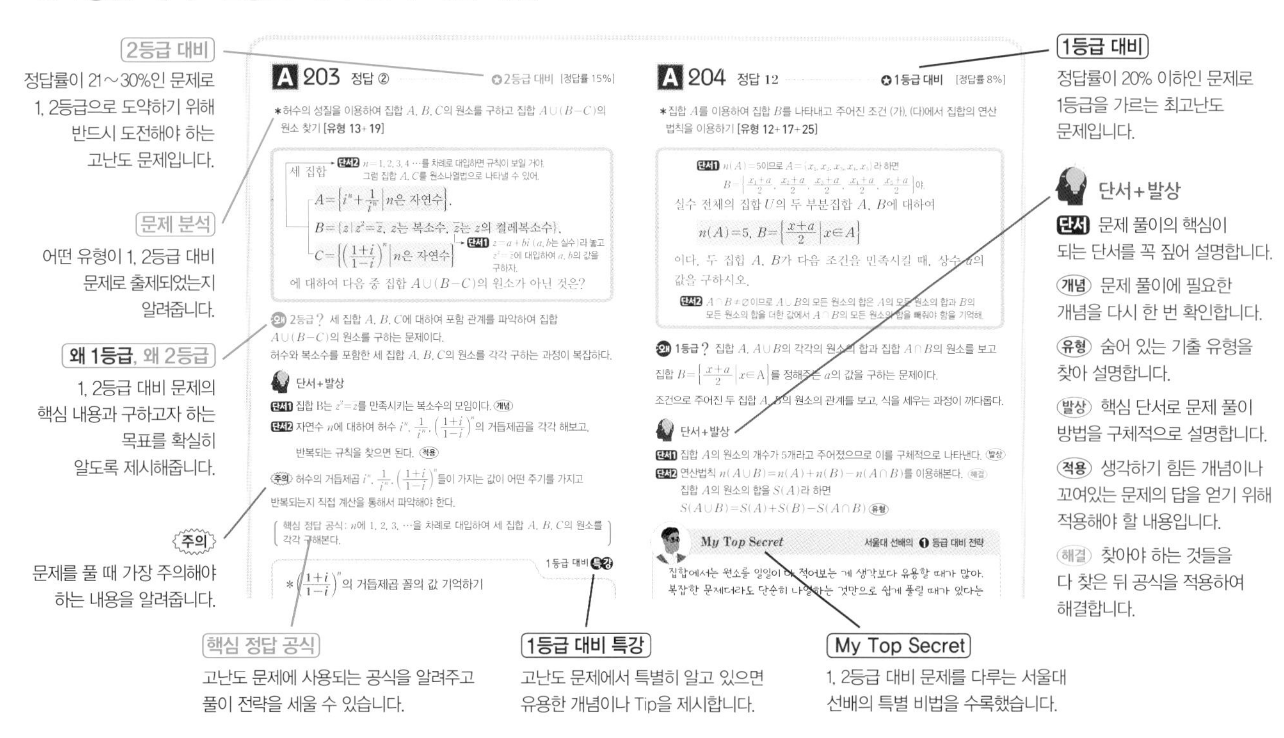

2등급 대비
정답률이 21~30%인 문제로 1, 2등급으로 도약하기 위해 반드시 도전해야 하는 고난도 문제입니다.

문제 분석
어떤 유형이 1, 2등급 대비 문제로 출제되었는지 알려줍니다.

왜 1등급, 왜 2등급
1, 2등급 대비 문제의 핵심 내용과 구하고자 하는 목표를 확실히 알도록 제시해줍니다.

주의
문제를 풀 때 가장 주의해야 하는 내용을 알려줍니다.

핵심 정답 공식
고난도 문제에 사용되는 공식을 알려주고 풀이 전략을 세울 수 있습니다.

1등급 대비 특강
고난도 문제에서 특별히 알고 있으면 유용한 개념이나 Tip을 제시합니다.

My Top Secret
1, 2등급 대비 문제를 다루는 서울대 선배의 특별 비법을 수록했습니다.

1등급 대비
정답률이 20% 이하인 문제로 1등급을 가르는 최고난도 문제입니다.

단서+발상
단서 문제 풀이의 핵심이 되는 단서를 꼭 짚어 설명합니다.
개념 문제 풀이에 필요한 개념을 다시 한 번 확인합니다.
유형 숨어 있는 기출 유형을 찾아 설명합니다.
발상 핵심 단서로 문제 풀이 방법을 구체적으로 설명합니다.
적용 생각하기 힘든 개념이나 꼬여있는 문제의 답을 얻기 위해 적용해야 할 내용입니다.
해결 찾아야 하는 것들을 다 찾은 뒤 공식을 적용하여 해결합니다.

차 례

I 지수함수와 로그함수

II 삼각함수

III 수열

Special 수학 I 실전 기출 모의고사

A 지수

기본 기출 문제

A 01 정답 ⑤ *거듭제곱근의 정의 [정답률 89%]

(정답 공식: 16의 네제곱근 중 실수인 것은 $\pm\sqrt[4]{16}$, -27의 세제곱근 중 실수는 $\sqrt[3]{-27}$이다.)

❶ 16의 네제곱근 중 실수인 것을 a, ❷ -27의 세제곱근 중 실수인 것을 b라 할 때, $a-b$의 최댓값은? (3점)

① 1 ② 2 ③ 3 ④ 4 ⑤ 5

단서 거듭제곱근의 정의를 알아야 해. 이때, ❶은 양수, ❷는 음수의 거듭제곱근이니까 주의하자.

1st 거듭제곱근의 정의를 이용하여 실수 a, b의 값을 찾자.

$x^n=a$(a는 상수)라 할 때, x는 a의 n제곱근이야.

16의 네제곱근을 x라 하면

$x^4=16$이므로

$x^4-16=(x-2)(x+2)(x^2+4)=0$

$x^2=-4$에서 $x=\pm\sqrt{-4}=\pm\sqrt{4}i$

$x=\pm2$ 또는 $x=\pm2i$ → 실수가 아닌 허수이지?

$\therefore a=2$ 또는 $a=-2$

주의 판별식을 이용하면 $D=0^2-4\times1\times4<0$으로 허근을 가져.

-27의 세제곱근을 x라 하면

$x^3=-27$이므로

$x^3+27=(x+3)(x^2-3x+9)=0$

→ 판별식을 이용하면 $D=3^2-4\times9<0$으로 허근이야.

$x=-3$ 또는 $x=\dfrac{3\pm3\sqrt{3}i}{2}$

$\therefore b=-3$

2nd $a-b$의 최댓값을 구해.

$a-b=2-(-3)=5$ 또는 $a-b=-2-(-3)=1$

이므로 $a-b$의 최댓값은 5이다.

두 수의 차의 최대는 a가 양수, b가 음수일 때야.

A 02 정답 ① *거듭제곱근의 계산 [정답률 91%]

(정답 공식: $\sqrt[mk]{a^{nk}}=\sqrt[m]{a^n}$)

$\sqrt[3]{2}\times\sqrt[6]{16}$을 간단히 하면? (2점) 단서 $16=2^4$이니까 2의 거듭제곱근으로 정리해 볼까?

① 2 ② 4 ③ $\sqrt{2}$ ④ $2\sqrt{2}$ ⑤ $2\sqrt[3]{2}$

1st 거듭제곱근의 성질을 이용하여 계산해.

$\sqrt[3]{2}\times\sqrt[6]{16}=\sqrt[3]{2}\times\sqrt[6]{2^4}=\sqrt[3]{2}\times\sqrt[3]{2^2}$

밑이 2인 수로 정리해 볼까? $\sqrt[mk]{a^{nk}}=\sqrt[m]{a^n}$

$=\sqrt[3]{2\times2^2}=\sqrt[3]{2^3}=2$

다른 풀이: **유리수인 지수로 나타낸 후 지수법칙을 이용하여 계산하기**

$\sqrt[3]{2}\times\sqrt[6]{16}=2^{\frac{1}{3}}\times(2^4)^{\frac{1}{6}}=2^{\frac{1}{3}}\times2^{\frac{2}{3}}$

$\sqrt[n]{a}=a^{\frac{1}{n}}$, $a^m\times a^n=a^{m+n}$

$=2^{\frac{1}{3}+\frac{2}{3}}=2$

A 03 정답 ② *거듭제곱근의 계산 [정답률 71%]

(정답 공식: 괄호 안의 제일 안쪽 근호부터 정리하여 밑을 2로 바꾼다.)

단서 $\sqrt{\sqrt{\ }}$ 꼴은 근호를 줄여나가야 해. 이때, 이 수보다 큰 자연수를 찾자.

$\left(\sqrt{2\sqrt[3]{4}}\right)^3$보다 큰 자연수 중 가장 작은 것은? (3점)

① 4 ② 6 ③ 8 ④ 10 ⑤ 12

1st 거듭제곱근을 지수로 바꿔 간단히 정리하여 값을 구해.

$\left(\sqrt{2\sqrt[3]{4}}\right)^3=\left(2\times\sqrt[3]{4}\right)^{\frac{3}{2}}=\left(2\times2^{\frac{2}{3}}\right)^{\frac{3}{2}}=\left(2^{\frac{5}{3}}\right)^{\frac{3}{2}}=2^{\frac{5}{2}}=\sqrt{32}$

$=\left\{(2\sqrt[3]{4})^{\frac{1}{2}}\right\}^3$ $\quad (a^x)^y=a^{xy}$

이때, $5=\sqrt{25}<\sqrt{32}<\sqrt{36}=6$이므로

$\left(\sqrt{2\sqrt[3]{4}}\right)^3$보다 큰 자연수 중 가장 작은 것은 6이다.

6, 7, 8, ⋯

실수 $a^x\times a^y=a^{x+y}$과 $(a^x)^y=a^{xy}$를 잘 구별하자.

다른 풀이: **유리수인 지수로 나타낸 후 조건을 만족시키는 자연수 구하기**

$\left(\sqrt{2\sqrt[3]{4}}\right)^3=2^{\frac{5}{2}}$이므로 자연수 n에 대하여 $n>2^{\frac{5}{2}}$이라 하면 $n^2>2^5$

$\therefore n=6,\ 7,\ \cdots$

따라서 가장 작은 자연수는 6이다.

A 04 정답 ⑤ *지수법칙 – 밑이 같은 계산 [정답률 98%]

(정답 공식: 밑이 같을 때 곱한 값은 지수끼리 더한 값과 같다.)

$2^{\frac{5}{2}}\times2^{-\frac{1}{2}}$의 값은? (2점)

단서 밑이 같은 경우의 곱의 계산을 묻는 거야.

① 1 ② $\sqrt{2}$ ③ 2 ④ $2\sqrt{2}$ ⑤ 4

1st 지수법칙을 이용하여 계산해.

$2^{\frac{5}{2}}\times2^{-\frac{1}{2}}=2^{\frac{5}{2}+\left(-\frac{1}{2}\right)}=2^2=4$

$a^ma^n=a^{m+n}$을 이용한 거야.

지수법칙 개념·공식

$a>0$, $b>0$이고, x, y가 실수일 때

① $a^x\times a^y=a^{x+y}$ ② $a^x\div a^y=a^{x-y}$

③ $(a^x)^y=a^{xy}$ ④ $(ab)^x=a^xb^x$

⑤ $\left(\dfrac{a}{b}\right)^x=\dfrac{a^x}{b^x}$

A 05 정답 16 *거듭제곱근이 자연수, 유리수가 되는 조건 [정답률 67%]

(정답 공식: 어떤 자연수의 n제곱근이라는 것은 n제곱했을 때 자연수가 되어야 한다는 의미이다.)

단서 어떤 자연수를 N이라 하면 $\sqrt[n]{N}$ 이지? 이때, n은 자연수이고 $2\le n\le100$이야.

$2\le n\le100$인 자연수 n에 대하여 $\left(\sqrt[3]{3^5}\right)^{\frac{1}{2}}$이 어떤 자연수의 n제곱근이 되도록 하는 n의 개수를 구하시오. (4점)

1st 어떤 자연수를 $\left(\sqrt[3]{3^5}\right)^{\frac{1}{2}}$으로 나타내.

어떤 자연수를 N이라 하면 $\left(\sqrt[3]{3^5}\right)^{\frac{1}{2}}$이 자연수 N의 n제곱근이므로

x가 a의 n제곱근이면 $x^n=a$이야.

$\left\{\left(\sqrt[3]{3^5}\right)^{\frac{1}{2}}\right\}^n=\left\{\left(3^{\frac{5}{3}}\right)^{\frac{1}{2}}\right\}^n=3^{\frac{5n}{6}}=N$

$\sqrt[m]{a^n}=a^{\frac{n}{m}}$

실수 복잡한 거듭제곱근을 지수 형태로 고치는 과정에서 실수가 많아.

2nd N, n이 자연수이니까 $2 \le n \le 100$에서 n의 개수를 구해.

n이 6의 배수이면 N은 3의 거듭제곱으로 자연수가 된다.
$n=6k$ (k는 자연수)라 하면 $\frac{5}{6}n=\frac{5}{6}\times 6k=5k$도 자연수야.

즉, n의 개수는 100 이하의 자연수 중 6의 배수의 개수와 같다.

따라서 자연수 n의 개수는 16이다. $\frac{100}{6}=16.\times\times\times$

수능 핵강

＊n 이하의 자연수 중 k의 배수의 개수 구하기

1부터 n까지의 자연수 중 2, 3, 4, …의 배수의 개수를 쉽게 구하는 방법은 몫을 구하는 거야.

2의 배수 : $\frac{n}{2}$의 몫　　3의 배수 : $\frac{n}{3}$의 몫　　4의 배수 : $\frac{n}{4}$의 몫

5의 배수 : $\frac{n}{5}$의 몫　　m의 배수 : $\frac{n}{m}$의 몫

A 06 정답 ① ＊지수법칙의 활용 – 문자로 표현 [정답률 85%]

(정답 공식: $\sqrt[6]{6}=6^{\frac{1}{6}}=2^{\frac{1}{6}}\times 3^{\frac{1}{6}}$)

❶$a=\sqrt{2}$, ❷$b=\sqrt[3]{3}$일 때, $\sqrt[6]{6}$을 a, b로 나타낸 것은? (3점)

① $a^{\frac{1}{3}}b^{\frac{1}{2}}$　② $a^{\frac{1}{2}}b^{\frac{1}{3}}$　③ $a^{\frac{1}{2}}b^{\frac{1}{6}}$　④ $a^{\frac{1}{6}}b^{\frac{1}{3}}$　⑤ $a^{\frac{1}{6}}b^{\frac{1}{6}}$

단서 6의 6제곱근이니까 ❶, ❷를 이용하기 위하여 2와 3의 거듭제곱근으로 표현해.

1st 지수법칙을 이용하여 $\sqrt[6]{6}$을 a, b로 나타내.

$a=\sqrt{2}=2^{\frac{1}{2}}$, $b=\sqrt[3]{3}=3^{\frac{1}{3}}$이므로

$\sqrt[6]{6}=6^{\frac{1}{6}}=2^{\frac{1}{6}}\times 3^{\frac{1}{6}}=(2^{\frac{1}{2}})^{\frac{1}{3}}\times(3^{\frac{1}{3}})^{\frac{1}{2}}=a^{\frac{1}{3}}b^{\frac{1}{2}}$

주의 $(ab)^n=a^n\times b^n$

다른 풀이: **거듭제곱근의 성질을 이용하기**

$\sqrt[6]{6}=\sqrt[6]{2\times 3}=\sqrt[6]{2}\times\sqrt[6]{3}$ $\Rightarrow \sqrt[n]{ab}=\sqrt[n]{a}\sqrt[n]{b}$

$=\sqrt[3]{\sqrt{2}}\times\sqrt{\sqrt[3]{3}}$ $\Rightarrow \sqrt[mn]{a}=\sqrt[n]{\sqrt[m]{a}}=\sqrt[m]{\sqrt[n]{a}}$

$=\sqrt[3]{a}\times\sqrt{b}=a^{\frac{1}{3}}\times b^{\frac{1}{2}}$

A 07 정답 25 ＊지수법칙의 활용 – 식 변형 [정답률 73%]

(정답 공식: $3^{a^2-b^2}=(3^{a+b})^{a-b}$)

두 실수 a, b가 ❶$3^{a+b}=4$, ❷$2^{a-b}=5$를 만족할 때, $3^{a^2-b^2}$의 값을 구하시오. (3점)

단서 지수에 a^2-b^2이 나오게 하려면 ❶과 ❷를 이용해서 거듭제곱을 해야 되겠지? 실수로 식 ❶, ❷를 곱하면 안 돼!

1st 주어진 조건 중 $a^2-b^2=(a+b)(a-b)$를 이용하자.

$3^{a^2-b^2}=3^{(a+b)(a-b)}=(3^{a+b})^{a-b}=4^{a-b}=(2^2)^{a-b}=(2^{a-b})^2=5^2=25$
$a^{nm}=(a^n)^m$

다른 풀이: **로그의 정의를 이용하여 $a+b$, $a-b$를 나타내어 값 구하기**

$3^{a+b}=4$에서 $a+b=\log_3 4$ … ㉠

$2^{a-b}=5$에서 $a-b=\log_2 5$ … ㉡

[로그의 정의] $a^x=N$에 대하여 $(a>0, a\ne1)$ $x=\log_a N$

㉠, ㉡의 각 변을 각각 곱하면

$a^2-b^2=(a+b)(a-b)=\log_3 4\times\log_2 5$

$=\frac{\log 4}{\log 3}\times\frac{\log 5}{\log 2}=\frac{2\log 2}{\log 3}\times\frac{\log 5}{\log 2}=2\times\frac{\log 5}{\log 3}$

$=2\log_3 5=\log_3 5^2=\log_3 25$　　$\frac{\log_c b}{\log_c a}=\log_a b$

따라서 $a^2-b^2=\log_3 25$이므로 $3^{a^2-b^2}=3^{\log_3 25}=25$ ($\because a^{\log_a b}=b$)

A 08 정답 ④ ＊지수법칙의 실생활 응용 [정답률 63%]

(정답 공식: $I_d=0.25I_0$일 때, d의 값을 구한다.)

어떤 호수에서 수면에서의 빛의 세기가 I_0일 때, 수심이 d m인 곳에서의 빛의 세기 I_d는 다음과 같이 나타내어진다고 한다.

$I_d=I_0 2^{-0.25d}$ … ⓐ

이 호수에서 빛의 세기가 수면에서의 빛의 세기의 25 %인 곳의 수심은? (3점)

단서 I_d와 I_0의 관계식이 하나 더 있으니까 ⓐ와 연립하여 d의 값을 구해.

① 16 m　② 12 m　③ 10 m　④ 8 m　⑤ 4 m

1st 단서에서 주어진 조건에 맞게 I_d, I_0의 식을 세워.

수심이 d m인 곳에서의 빛의 세기가 수면에서의 빛의 세기의 25 %이므로
(I_d)　(I_0)

$I_d=0.25I_0$ … ㉠

그런데 주어진 조건에 의하여 $I_d=I_0 2^{-0.25d}$ … ㉡

㉠=㉡에 의하여 $0.25I_0=I_0 2^{-0.25d}$　$\therefore 2^{-0.25d}=0.25$

2nd 우변의 값을 지수 형태로 변형해.

$0.25=\frac{1}{4}=2^{-2}$이므로 $2^{-0.25d}=2^{-2}$　$a>0$, $a\ne1$인 실수 a에 대하여 $a^x=a^y$이면 $x=y$야.

$-0.25d=-2$　$\therefore d=\frac{2}{0.25}=8$

따라서 구하는 수심은 8 m이다.

수능 유형별 기출 문제 [2점, 3점, 쉬운 4점]

A 09 정답 ⑤ ＊거듭제곱근의 정의 [정답률 81%]

(정답 공식: a의 n제곱근은 $\sqrt[n]{a}$이다.)

실수 a, b에 대하여 a는 2의 세제곱근이고 $\sqrt{2}$는 b의 네제곱근일 때, $\left(\frac{b}{a}\right)^3$의 값은? (3점)

단서 거듭제곱근의 정의를 알고 있는지 물어보고 있어.

① 2　② 4　③ 8　④ 16　⑤ 32

1st a, b를 거듭제곱근을 이용하여 표현해 봐.

a는 2의 세제곱근이므로 $a^3=2$

$\sqrt{2}$는 b의 네제곱근이므로 $(\sqrt{2})^4=b$

2nd 1st에서 구한 값을 $\left(\frac{b}{a}\right)^3$에 대입하자.

$\left(\frac{b}{a}\right)^3=\frac{b^3}{a^3}=\frac{\{(\sqrt{2})^4\}^3}{2}=\frac{2^6}{2}=2^5=32$

A 10 정답 4 ＊거듭제곱근의 정의 [정답률 66%]

(정답 공식: 실수 a의 n제곱근 중 실수인 것의 개수는 n이 홀수이면 1개이고, n이 짝수이면 $a>0$일 때 2개, $a=0$일 때 1개, $a<0$일 때 0개이다.)

$n\ge2$인 자연수 n에 대하여 $2n^2-9n$의 n제곱근 중에서 실수인 것의 개수를 $f(n)$이라 할 때, $f(3)+f(4)+f(5)+f(6)$의 값을 구하시오. (3점)

단서 n이 홀수일 때와 n이 짝수일 때로 나누어 생각하면 돼. 또한 n이 짝수일 때에는 $2n^2-9n$의 부호가 양수인지 음수인지, 그 값이 0인지로 나누어 생각해야겠지?

1st n이 홀수일 때와 짝수일 때로 나누어 $f(n)$의 값을 구해.

(i) n이 $n\geq 2$인 홀수일 때,

$2n^2-9n$의 n제곱근 중에서 실수인 것의 개수는 1이므로
$f(n)=1$이다. 이때의 실수 $2n^2-9n$의 n제곱근 중 실수인 것은 $\sqrt[n]{2n^2-9n}$의 1개야.

(ii) n이 $n\geq 2$인 짝수일 때,

i) $2n^2-9n>0$에서 $n>\frac{9}{2}$, 즉 n이 6 이상인 짝수이면
n은 양수이므로 $2n^2-9n>0$의 양변을 n으로 나누면 $2n-9>0$ $\therefore n>\frac{9}{2}$
→ 이때의 실수 $2n^2-9n$의 n제곱근 중 실수는 $\sqrt[n]{2n^2-9n}$, $-\sqrt[n]{2n^2-9n}$의 2개야.
$2n^2-9n$의 n제곱근 중에서 실수인 것의 개수는 2이므로
$f(n)=2$이다.

ii) $2n^2-9n=0$을 만족시키는 2 이상의 자연수 n은 존재하지 않는다. $2n^2-9n=n(2n-9)=0$에서 $n=0$ 또는 $n=\frac{9}{2}$
그런데 $n\geq 2$인 자연수이므로 이 방정식을 만족시키는 n의 값은 없어.

iii) $2n^2-9<0$에서 $n<\frac{9}{2}$, 즉 n이 4 이하인 짝수이면 $2n^2-9n$의 n제곱근 중에서 실수인 것의 개수는 0이므로 $f(n)=0$이다.

2nd $f(3)+f(4)+f(5)+f(6)$의 값을 구해.

(i)에 의하여 $n=3$, $n=5$일 때 $f(n)=1$이고
(ii)에 의하여 $n=4$일 때 $f(n)=0$, $n=6$일 때 $f(n)=2$이므로
$f(3)+f(4)+f(5)+f(6)=1+0+1+2=4$

쉬운 풀이: n 대신 3, 4, 5, 6을 직접 대입하여 제곱근 중 실수인 것의 개수 구하기

(i) $n=3$일 때
$2n^2-9n=2\times 3^2-9\times 3=18-27=-9<0$의 세제곱근 중에서 실수인 것은 $\sqrt[3]{-9}$로 1개야.
$\therefore f(3)=1$

(ii) $n=4$일 때
$2n^2-9n=2\times 4^2-9\times 4=32-36=-4<0$의 네제곱근 중에서 실수인 것은 없어.
$\therefore f(4)=0$

(iii) $n=5$일 때
$2n^2-9n=2\times 5^2-9\times 5=50-45=5>0$의 다섯제곱근 중에서 실수인 것은 $\sqrt[5]{5}$로 1개야.
$\therefore f(5)=1$

(iv) $n=6$일 때
$2n^2-9n=2\times 6^2-9\times 6=72-54=18>0$의 여섯제곱근 중에서 실수인 것은 $\sqrt[6]{18}$, $-\sqrt[6]{18}$로 2개야.
$\therefore f(6)=2$

(i)~(iv)에 의하여
$f(3)+f(4)+f(5)+f(6)=1+0+1+2=4$

A 11 정답 ① *거듭제곱근의 정의 [정답률 67%]

정답 공식: a의 n제곱근 중 음의 실수가 존재하려면 n이 홀수일 때 a가 음수이어야 하고 n이 짝수일 때 a가 양수이어야 한다.

자연수 n이 $2\leq n\leq 11$일 때, $-n^2+9n-18$의 n제곱근 중에서 음의 실수가 존재하도록 하는 모든 n의 값의 합은? (3점)

단서 x에 대한 방정식 $x^n=-n^2+9n-18$을 만족시키는 음의 실근이 존재하는 경우를 찾는 것과 같아.

①31 ② 33 ③ 35 ④ 37 ⑤ 39

1st $-n^2+9n-18$의 값의 부호에 따라 조건을 만족시키는 n의 값을 구해.
a의 n제곱근 중 음의 실수가 존재하려면 a가 양수이고 n이 짝수이거나 a가 음수이고 n이 홀수이어야 해.

(i) $-n^2+9n-18>0$일 때, n이 짝수이면 $-n^2+9n-18$의 n제곱근 중 음의 실수가 존재한다.
이때, $-n^2+9n-18>0$에서 $n^2-9n+18<0$
$(n-3)(n-6)<0$ $\therefore 3<n<6$ → $\alpha<\beta$일 때, 이차부등식 $(x-\alpha)(x-\beta)<0$의 해는 $\alpha<x<\beta$
이때, $2\leq n\leq 11$이므로 $3<n<6$
따라서 이것을 만족시키고 n이 짝수이어야 하므로 $n=4$

(ii) $-n^2+9n-18<0$일 때, n이 홀수이면 $-n^2+9n-18$의 n제곱근 중 음의 실수가 존재한다.
이때, $-n^2+9n-18<0$에서 $n^2-9n+18>0$
$(n-3)(n-6)>0$ $\therefore n<3$ 또는 $n>6$ → $\alpha<\beta$일 때, 이차부등식 $(x-\alpha)(x-\beta)>0$의 해는 $x<\alpha$ 또는 $x>\beta$
이때, $2\leq n\leq 11$이므로 $2\leq n<3$ 또는 $6<n\leq 11$
따라서 이것을 만족시키고 n이 홀수이어야 하므로
$n=7$ 또는 $n=9$ 또는 $n=11$

(i), (ii)에 의하여 모든 자연수 n의 값의 합은 $4+7+9+11=31$

A 12 정답 ② *거듭제곱근의 정의 [정답률 75%]

정답 공식: a의 n제곱근 중 실수인 것은 n이 짝수일 때 a가 양수이어야 존재하고, n이 홀수일 때 a가 실수이면 존재한다.

다음은 $1\leq |m|<n\leq 10$을 만족시키는 두 정수 m, n에 대하여 m의 n제곱근 중에서 실수인 것이 존재하도록 하는 순서쌍 (m, n)의 개수를 구하는 과정이다. 단서 실수의 홀수제곱근 중 실수는 1개이고 양수의 짝수제곱근 중 실수는 2개야.

> (i) $m>0$인 경우
> n의 값에 관계없이 m의 n제곱근 중에서 실수인 것이 존재한다. 그러므로 $m>0$인 순서쌍 (m, n)의 개수는 (가)이다.
> (ii) $m<0$인 경우
> n이 홀수이면 m의 n제곱근 중에서 실수인 것이 항상 존재한다. 한편, n이 짝수이면 m의 n제곱근 중에서 실수인 것은 존재하지 않는다. 그러므로 $m<0$인 순서쌍 (m, n)의 개수는 (나)이다.
> (i), (ii)에 의하여 m의 n제곱근 중에서 실수인 것이 존재하도록 하는 순서쌍 (m, n)의 개수는 (가)+(나)이다.

위의 (가), (나)에 알맞은 수를 각각 p, q라 할 때, $p+q$의 값은? (4점)

① 70 ②65 ③ 60 ④ 55 ⑤ 50

1st $m>0$일 때 순서쌍 (m, n)의 개수를 구해.

(i) $m>0$인 경우
n의 값에 관계없이 m의 n제곱근 중에서 실수인 것이 존재한다.
따라서 $m>0$인 순서쌍 (m, n)의 개수는 부등식 $1\leq m<n\leq 10$을 만족시키는 자연수 m, n의 순서쌍 (m, n)의 개수와 같다.
즉, 1에서 10까지의 자연수 중 서로 다른 2개의 숫자를 뽑아 그 중 작은 수가 m, 큰 수가 n으로 결정되는 것과 같다.
따라서 이때의 순서쌍 (m, n)의 개수는

${}_{10}C_2=\frac{10\times 9}{2\times 1}=45$ 이다. ←(가) → 서로 다른 n개 중에서 순서를 생각하지 않고 r개를 택하는 것을 n개 중에서 r개를 택하는 조합이라 하고 이때의 조합의 수는 ${}_nC_r$로 나타내.

2nd $m<0$일 때 순서쌍 (m, n)의 개수를 구해.

(ii) $m<0$인 경우

n이 홀수이면 m의 n제곱근 중에서 실수인 것이 항상 존재한다.

한편, n이 짝수이면 m의 n제곱근 중에서 실수인 것은 존재하지 않는다.

따라서 $m<0$인 순서쌍 (m, n)의 개수는 n이 홀수일 때, 부등식 $1\le|m|<n\le10$을 만족시키는 정수 m, n의 순서쌍 (m, n)의 개수와 같다. 문제에서 n이 짝수이면 m의 n제곱근 중에서 실수인 것이 존재하지 않는다고 했으니까 n이 홀수인 경우만 따져주면 돼.

i) $n=1$일 때, 부등식 $1\le|m|<n\le10$을 만족시키는 m의 값은 존재하지 않는다.

ii) $n=3$일 때, 부등식 $1\le|m|<n\le10$을 만족시키는 m의 값은 -1, -2로 2개이다.

iii) $n=5$일 때, 부등식 $1\le|m|<n\le10$을 만족시키는 m의 값은 -1, -2, -3, -4로 4개이다.

iv) $n=7$일 때, 부등식 $1\le|m|<n\le10$을 만족시키는 m의 값은 -1, -2, -3, -4, -5, -6으로 6개이다.

v) $n=9$일 때, 부등식 $1\le|m|<n\le10$을 만족시키는 m의 값은 -1, -2, $\cdots$, -8로 8개이다.

i)~ v)에 의하여 이때의 순서쌍 (m, n)의 개수는

$0+2+4+6+8=20$ 이다. (나)

(i), (ii)에 의하여 m의 n제곱근 중에서 실수인 것이 존재하도록 하는 순서쌍 (m, n)의 개수는 $45+20=65$이다.

3rd $p+q$의 값을 구해.

따라서 $p=45$, $q=20$이므로 $p+q=45+20=65$

A 13 정답 11 *거듭제곱근의 정의 [정답률 50%]

(정답 공식: a가 실수이고, n은 2 이상의 자연수일 때, n제곱해서 a가 되는 수 즉, $x^n=a$가 되는 x를 a의 n제곱근이라 한다.)

집합 $U=\{x|-5\le x\le5,\ x\text{는 정수}\}$의 공집합이 아닌 부분집합 X에 대하여 두 집합 A, B를

$A=\{a|a\text{는 }x\text{의 실수인 네제곱근, }x\in X\}$,

단서1 집합 A는 x의 네제곱근 중 실수인 것만을 원소로 가져.

$B=\{b|b\text{는 }x\text{의 실수인 세제곱근, }x\in X\}$

단서2 집합 B는 x의 세제곱근 중 실수인 것만을 원소로 가져.

라 하자. $n(A)=9$, $n(B)=7$이 되도록 하는 집합 X의 모든 원소의 합의 최댓값을 구하시오. (3점)

1st $n(A)=9$인 경우를 생각하자.

집합 $U=\{-5, -4, -3, -2, -1, 0, 1, 2, 3, 4, 5\}$이고

집합 U의 공집합이 아닌 부분집합 X에 대하여

집합 X의 원소 중 양수의 개수를 p, 음수의 개수를 q라 하자.

x의 n제곱근 중 실수의 개수는 x의 부호에 따라 달라져.
$x>0$이면 네제곱근 중 실수는 2개이고, 세제곱근 중 실수는 1개야.
$x<0$이면 네제곱근 중 실수는 없고, 세제곱근 중 실수는 1개야.
$x=0$이면 0의 거듭제곱근은 0이 유일하므로 네제곱근 중 실수는 1개, 세제곱근 중 실수인 것도 1개야.

$0\notin X$이면 $n(A)=2p$이므로 $n(A)=9$를 만족시키지 않는다.

x의 네제곱근 중 실수인 것은 $x>0$이면 2개, $x<0$이면 없어.
따라서 $0\notin X$이면 $n(A)$는 0이거나 짝수야.

$\therefore 0\in X$

즉, $n(A)=2p+1=9$에서 $p=4$

즉, 집합 X의 원소 중에는 0과 양수 4개가 있어야 해.

2nd $n(B)=7$인 경우를 생각하자.

$n(B)=p+q+1=7$에서 $q=2$

x의 세제곱근 중 실수인 것의 개수는 x의 값에 상관없이 1개씩 존재해.
즉, 집합 X의 원소가 7개라는 말이야.

즉, 집합 X는 0, 양수 4개, 음수 2개로 이루어진 집합이다.

따라서 집합 X의 모든 원소의 합의 최댓값은

$X=\{-2, -1, 0, 2, 3, 4, 5\}$일 때

집합 U의 원소 중 0과 양수 4개, 음수 2개를 큰 수부터 차례로 뽑아.

$(-2)+(-1)+0+2+3+4+5=11$이다.

A 14 정답 ① *거듭제곱근의 계산 [정답률 93%]

(정답 공식: $\sqrt[n]{a^n}=a(a>0)$임을 이용한다.)

$\sqrt{4}\times\sqrt[3]{8}$의 값은? (2점)

단서 $a>0$일 때, $\sqrt[n]{a^n}$은 a임을 이용하자.

① 4 ② 6 ③ 8 ④ 10 ⑤ 12

1st $a>0$일 때, $\sqrt[n]{a^n}=a$지?

$\sqrt{4}\times\sqrt[3]{8}=\sqrt{2^2}\times\sqrt[3]{2^3}=2\times2=4$

$\sqrt[n]{a^n}=a\ (a>0)$

다른 풀이: 유리수인 지수로 나타낸 후 지수법칙을 이용하여 계산하기

$\sqrt{4}\times\sqrt[3]{8}=4^{\frac{1}{2}}\times8^{\frac{1}{3}}=(2^2)^{\frac{1}{2}}\times(2^3)^{\frac{1}{3}}=2\times2=4$

A 15 정답 ⑤ *거듭제곱근의 계산 [정답률 91%]

(정답 공식: 거듭제곱근의 성질에 의하여 $\sqrt{2\sqrt{6}}=\sqrt{\sqrt{24}}=\sqrt[4]{24}$이다.)

$(\sqrt{2\sqrt{6}})^4$의 값은? (2점) 단서 $\sqrt{\sqrt{\ }}$ 꼴은 제곱근을 줄여서 나가야 해.

① 16 ② 18 ③ 20 ④ 22 ⑤ 24

1st $\sqrt[n]{a^m}=a^{\frac{m}{n}}$을 이용하여 $\sqrt{\ }$를 줄여 나가면서 계산해.

$(\sqrt{2\sqrt{6}})^4=\{(2\sqrt{6})^{\frac{1}{2}}\}^4=(2\sqrt{6})^2=24$

$(a^m)^n=a^{mn}$

거듭제곱근의 성질 개념·공식

$a>0$, $b>0$이고 m, n이 2 이상의 정수일 때,

① $\sqrt[n]{a}\sqrt[n]{b}=\sqrt[n]{ab}$ ② $\dfrac{\sqrt[n]{a}}{\sqrt[n]{b}}=\sqrt[n]{\dfrac{a}{b}}$

③ $(\sqrt[n]{a})^m=\sqrt[n]{a^m}$ ④ $\sqrt[m]{\sqrt[n]{a}}=\sqrt[mn]{a}$

A 16 정답 ⑤ *거듭제곱근의 계산 [정답률 95%]

(정답 공식: 거듭제곱근의 성질에 의하여 $(\sqrt{2})^5=\sqrt{2^5}$이다.)

$(\sqrt{2})^5$의 값은? (2점) 단서 2의 제곱근이니까 $2^{\frac{1}{2}}$이네.

① $\sqrt{2}$ ② 2 ③ $2\sqrt{2}$ ④ 4 ⑤ $4\sqrt{2}$

1st 거듭제곱근의 성질을 이용하여 간단히 정리해.

$(\sqrt{2})^5=\{(\sqrt{2})^2\}^2\times\sqrt{2}=2^2\times\sqrt{2}=4\sqrt{2}$

$\to (\sqrt{2})^{2+2+1}$

A 17 정답 ② *거듭제곱근의 활용 [정답률 62%]

(정답 공식: 자연수 n에 대하여 방정식 $x^n=k(k>0)$의 실근은 n이 홀수일 때 $x=k^{\frac{1}{n}}$이고, n이 짝수일 때 $x=k^{\frac{1}{n}}$, $x=-k^{\frac{1}{n}}$이다.)

2 이상의 자연수 n에 대하여 x에 대한 방정식

$(x^n-8)(x^{2n}-8)=0$

단서 n이 홀수일 때와 짝수일 때 방정식의 실근이 다르므로 n이 홀수일 때와 짝수일 때로 나누어 생각해.

의 모든 실근의 곱이 -4일 때, n의 값은? (4점)

① 2 ② 3 ③ 4 ④ 5 ⑤ 6

1st 방정식을 풀어.

$(x^n-8)(x^{2n}-8)=0$에서 $x^n=8$ 또는 $x^{2n}=8$ → $AB=0$이면 $A=0$ 또는 $B=0$

2nd n이 홀수일 때와 짝수일 때로 나누어 조건을 만족시키는 n의 값을 구해.

(i) n이 홀수일 때,

$x^n=8$에서 $x=8^{\frac{1}{n}}$ → 실수 a와 홀수 n에 대하여 방정식 $x^n=a$의 실근은 $x=a^{\frac{1}{n}}=\sqrt[n]{a}$로 1개야.

$x^{2n}=8$에서 $x=8^{\frac{1}{2n}}$ 또는 $x=-8^{\frac{1}{2n}}$ → 양수 a와 짝수 n에 대하여 방정식 $x^n=a$의 실근은 $x=a^{\frac{1}{n}}=\sqrt[n]{a}$, $x=-a^{\frac{1}{n}}=-\sqrt[n]{a}$로 2개야.

자연수 n의 값에 상관없이 $2n$은 짝수야.

따라서 이때의 모든 실근의 곱은

$8^{\frac{1}{n}}\times 8^{\frac{1}{2n}}\times\left(-8^{\frac{1}{2n}}\right)=2^{\frac{3}{n}}\times 2^{\frac{3}{2n}}\times\left(-2^{\frac{3}{2n}}\right)$

$8=2^3$이므로 $8^{\frac{1}{n}}=(2^3)^{\frac{1}{n}}=2^{\frac{3}{n}}$이고 $8^{\frac{1}{2n}}=(2^3)^{\frac{1}{2n}}=2^{\frac{3}{2n}}$이야.

$=-2^{\frac{3}{n}+\frac{3}{2n}+\frac{3}{2n}}=-2^{\frac{6}{n}}$

그런데 모든 실근의 곱이 -4이므로 $-2^{\frac{6}{n}}=-4$에서

$2^{\frac{6}{n}}=2^2$, $\frac{6}{n}=2$ $\therefore n=3$

(ii) n이 짝수일 때,

$x^n=8$에서 $x=8^{\frac{1}{n}}$ 또는 $x=-8^{\frac{1}{n}}$

$x^{2n}=8$에서 $x=8^{\frac{1}{2n}}$ 또는 $x=-8^{\frac{1}{2n}}$

따라서 이때의 모든 실근의 곱은

$8^{\frac{1}{n}}\times\left(-8^{\frac{1}{n}}\right)\times 8^{\frac{1}{2n}}\times\left(-8^{\frac{1}{2n}}\right)=2^{\frac{3}{n}}\times\left(-2^{\frac{3}{n}}\right)\times 2^{\frac{3}{2n}}\times\left(-2^{\frac{3}{2n}}\right)$

$=2^{\frac{3}{n}+\frac{3}{n}+\frac{3}{2n}+\frac{3}{2n}}=2^{\frac{9}{n}}$

그런데 모든 실근의 곱이 -4이므로 $2^{\frac{9}{n}}=-4$

이것을 만족시키는 짝수 n은 존재하지 않는다.

(i), (ii)에 의하여 조건을 만족시키는 자연수 n의 값은 3이다.

수능 핵강

*** 방정식 $(x^n-8)(x^{2n}-8)=0$의 모든 실근의 곱의 부호**

$(x^n-8)(x^{2n}-8)=0$에서 $x^n=8$ 또는 $x^{2n}=8$

(i) n이 홀수일 때,

$x^n=8$에서 실근은 양수 1개

$x^{2n}=8$에서 실근은 양수 1개와 음수 1개

즉, 이때의 모든 실근의 곱은 (양수)×(양수)×(음수)=(음수)야.

(ii) n이 짝수일 때,

$x^n=8$에서 실근은 양수 1개와 음수 1개

$x^{2n}=8$에서 실근은 양수 1개와 음수 1개

즉, 이때의 모든 실근의 곱은 (양수)×(음수)×(양수)×(음수)=(양수)야.

그런데 문제에서 주어진 방정식의 모든 실근의 곱이 -4로 음수이므로 n은 홀수일 수밖에 없어.

이것을 알고 있다면 n이 짝수일 때는 따져주지 않아도 답을 구할 수 있겠지?

A 18 정답 ① *거듭제곱근의 활용 [정답률 69%]

(정답 공식: x가 a의 n제곱근이면 $x^n=a$)

1이 아닌 세 양수 a, b, c와 1이 아닌 두 자연수 m, n이 다음 조건을 만족시킨다. 모든 순서쌍 (m, n)의 개수는? (4점)

단서1 m, n 사이의 관계식을 구해서 이를 만족시키는 m, n의 순서쌍 (m, n)의 개수를 구하라는 거야.

(가) $\sqrt[3]{a}$는 b의 m제곱근이다.
(나) $\sqrt{b}$는 c의 n제곱근이다.
(다) c는 a^{12}의 네제곱근이다.

단서2 이 조건들을 수식으로 표현한 다음 m, n 사이의 관계식을 찾아야 해.

① 4 ② 7 ③ 10 ④ 13 ⑤ 16

1st 주어진 조건을 수식으로 나타내자.

조건 (가)에서 $\sqrt[3]{a}$는 b의 m제곱근이므로

$b=(\sqrt[3]{a})^m=(a^{\frac{1}{3}})^m=a^{\frac{m}{3}}$ … ㉠ → $\sqrt[n]{a^m}=a^{\frac{m}{n}}$

조건 (나)에서 $\sqrt{b}$는 c의 n제곱근이므로

$c=(\sqrt{b})^n=(b^{\frac{1}{2}})^n=b^{\frac{n}{2}}$ … ㉡ → $(a^m)^n=a^{mn}$

조건 (다)에서 c는 a^{12}의 네제곱근이므로

$a^{12}=c^4$ … ㉢

2nd m, n에 대한 관계식을 구하자.

㉠을 ㉡에 대입하면

$c=(a^{\frac{m}{3}})^{\frac{n}{2}}=a^{\frac{mn}{6}}$ … ㉣

다시 ㉣을 ㉢에 대입하면

$a^{12}=(a^{\frac{mn}{6}})^4=a^{\frac{2mn}{3}}$, $12=\frac{2mn}{3}$ $\therefore mn=18$

3rd 주어진 조건을 만족시키는 순서쌍 (m, n)의 개수를 구하자.

따라서 1이 아닌 두 자연수 m, n에 대하여 $mn=18$을 만족시키는 순서쌍 (m, n)은 $(2, 9)$, $(3, 6)$, $(6, 3)$, $(9, 2)$로 4개이다.

1이 아닌 두 자연수라는 조건을 놓치게 되면 $(1, 18)$, $(18, 1)$도 조건을 만족시키는 순서쌍으로 착각할 수 있어.

A 19 정답 ④ *거듭제곱근의 활용 [정답률 68%]

(정답 공식: $\sqrt[n]{a}\sqrt[n]{b}=\sqrt[n]{ab}$임을 이용한다.)

x에 대한 이차방정식 $x^2-\sqrt[3]{81}x+a=0$의 두 근이 $\sqrt[3]{3}$과 b일 때, ab의 값은? (단, a, b는 상수이다.) (4점)

단서 이차방정식에서 두 근이 주어졌으니 근과 계수의 관계를 이용해.

① 6 ② $3\sqrt[3]{9}$ ③ $6\sqrt[3]{3}$ ④ 12 ⑤ $6\sqrt[3]{9}$

1st 이차방정식의 근과 계수의 관계를 이용하여 a, b에 관한 식을 구해.

x에 대한 이차방정식 $x^2-\sqrt[3]{81}x+a=0$의 두 근이 $\sqrt[3]{3}$과 b이므로 이차방정식의 근과 계수의 관계에 의하여

x에 대한 이차방정식 $ax^2+bx+c=0$의 두 근이 α, β이면 $\alpha+\beta=-\frac{b}{a}$, $\alpha\beta=\frac{c}{a}$

$\sqrt[3]{3}+b=\sqrt[3]{81}$, $\sqrt[3]{3}b=a$

2nd a, b에 관한 식을 이용하여 ab를 계산해야 해.

$b=\sqrt[3]{81}-\sqrt[3]{3}=\sqrt[3]{3^4}-\sqrt[3]{3}=3\sqrt[3]{3}-\sqrt[3]{3}=2\sqrt[3]{3}$

→ $\sqrt[3]{3^4}=\sqrt[3]{3^3\times 3}=\sqrt[3]{3^3}\times\sqrt[3]{3}=3\times\sqrt[3]{3}=3\sqrt[3]{3}$

$a=\sqrt[3]{3}b=\sqrt[3]{3}\times 2\sqrt[3]{3}=2\sqrt[3]{3^2}$

$\therefore ab=2\sqrt[3]{3^2}\times 2\sqrt[3]{3}=4\sqrt[3]{3^3}=4\times 3=12$

$2\sqrt[3]{3^2}\times 2\sqrt[3]{3}=2\times 2\times\sqrt[3]{3\times 3^2}=4\sqrt[3]{3^3}$

A 20 정답 ② *거듭제곱근의 활용 [정답률 55%]

(정답 공식: 양수 a의 n제곱근 중 실수인 것의 개수는 $\sqrt[n]{a}$, $-\sqrt[n]{a}$로 2이다.)

단서1 함수 $y=f(x)$의 그래프는 직선 $x=2$에 대하여 대칭인 위로 볼록한 포물선이야.

함수 $f(x)=-(x-2)^2+k$에 대하여 다음 조건을 만족시키는 자연수 n의 개수가 2일 때, 상수 k의 값은? (4점)

> $\sqrt{3^{f(n)}}$의 네제곱근 중 실수인 것을 모두 곱한 값이 -9이다.

단서2 $\sqrt{3^{f(n)}}$은 양수이므로 $\sqrt{3^{f(n)}}$의 네제곱근 중 실수인 것은 양수와 음수 2개가 있어.

① 8 ② 9 ③ 10
④ 11 ⑤ 12

1st $\sqrt{3^{f(n)}}$의 네제곱근 중 실수인 것의 곱을 이용하여 $f(n)$의 조건을 찾아.

$\sqrt{3^{f(n)}}$의 네제곱근 중 실수인 것은 $\sqrt[4]{\sqrt{3^{f(n)}}}$, $-\sqrt[4]{\sqrt{3^{f(n)}}}$이므로

$$\sqrt[4]{\sqrt{3^{f(n)}}}\times\left\{-\sqrt[4]{\sqrt{3^{f(n)}}}\right\}=-\sqrt{3^{\frac{1}{4}f(n)}}\times\sqrt{3^{\frac{1}{4}f(n)}}$$

$\sqrt[m]{a^n}=a^{\frac{n}{m}}$

$$=-3^{\frac{1}{8}f(n)}\times3^{\frac{1}{8}f(n)}=-3^{\frac{1}{8}f(n)+\frac{1}{8}f(n)}$$

$$=-3^{\frac{1}{4}f(n)}$$

$a^m\times a^n=a^{m+n}$

이것이 -9이므로

$-3^{\frac{1}{4}f(n)}=-9$에서 $3^{\frac{1}{4}f(n)}=3^2$

$\frac{1}{4}f(n)=2$

$\therefore f(n)=8 \cdots$ ㉠

2nd 상수 k의 값을 구해.

㉠을 만족시키는 자연수 n의 개수가 2이므로 함수 $y=f(x)$의 그래프와 직선 $y=8$은 두 점에서 만나고 이 두 점의 x좌표가 자연수이어야 한다.

한편, 이차함수 $f(x)=-(x-2)^2+k$의 그래프의 축은 직선 $x=2$이므로

이차함수 $y=a(x-p)^2+q$의 그래프는 직선 $x=p$에 대하여 대칭이야.

함수 $y=f(x)$의 그래프와 직선 $y=8$이 만나는 두 점은 $x=2$에 대하여 대칭이다. 즉, 양수 t에 대하여 두 교점의 x좌표를 각각 $2-t$, $2+t$라 하면 $2-t$, $2+t$가 모두 자연수이어야 하므로 $t=1$이다.

따라서 두 교점의 x좌표는 1, 3이고 함수 $y=f(x)$의 그래프는 두 점 $(1, 8)$, $(3, 8)$을 지나야 하므로

함수 $y=f(x)$의 그래프와 직선 $y=8$의 교점이므로 교점의 y좌표는 8이야.

(2, k)
y=8
t t
x=2
y=f(x)

$f(1)=8$에서 $-(1-2)^2+k=8$, $-1+k=8$ $\therefore k=9$

실수 a의 실수인 n제곱근 개념·공식

n이 2 이상인 자연수일 때,

	$a>0$	$a=0$	$a<0$
n이 짝수	$\sqrt[n]{a}$, $-\sqrt[n]{a}$	0	없다
n이 홀수	$\sqrt[n]{a}$	0	$\sqrt[n]{a}$

A 21 정답 24 *거듭제곱근의 활용 [정답률 41%]

(정답 공식: n이 짝수일 때 양수 a의 n제곱근 중에서 실수인 것의 개수는 2이고 n이 홀수일 때 실수 a의 n제곱근 중에서 실수인 것의 개수는 1이다.)

다음 조건을 만족시키는 최고차항의 계수가 1인 이차함수 $f(x)$가 존재하도록 하는 모든 자연수 n의 값의 합을 구하시오. (4점)

단서2 단서1에서 찾은 $f(x)=0$의 실근이 모두 방정식 $x^n-64=0$의 실근이 되어야 각각의 실근이 중근이 돼.

> (가) x에 대한 방정식 $(x^n-64)f(x)=0$은 서로 다른 두 실근을 갖고, 각각의 실근은 중근이다.
>
> (나) 함수 $f(x)$의 최솟값은 음의 정수이다.

단서1 이차함수 $f(x)$의 최고차항의 계수가 1이고 최솟값이 음의 정수이므로 방정식 $f(x)=0$의 실근의 개수를 알 수 있어.

1st 자연수 n의 조건을 찾아내.

이차함수 $f(x)$의 최고차항의 계수가 1이고 최솟값이 음의 정수이므로 방정식 $f(x)=0$은 서로 다른 두 실근을 갖는다.

최고차항의 계수가 양수인 이차함수의 그래프는 아래로 볼록한 포물선이야. 그런데 $f(x)$의 최솟값이 음수이므로 함수 $y=f(x)$의 그래프의 개형은 그림과 같아. 따라서 방정식 $f(x)=0$은 서로 다른 두 실근을 가져.

y=f(x)
x

이때, $(x^n-64)f(x)=0$에서 $x^n-64=0$ 또는 $f(x)=0$이므로 방정식 $f(x)=0$의 서로 다른 두 실근이 방정식 $x^n-64=0$의 실근이 되어야 조건 (가)를 만족시킨다.

(i) n이 홀수일 때,

$x^n-64=0$의 실근은 $x=\sqrt[n]{64}$로 1개이다.

따라서 방정식 $(x^n-64)f(x)=0$의 실근이 모두 중근일 수 없다.

$x=\sqrt[n]{64}$가 방정식 $f(x)=0$의 실근이면 $x=\sqrt[n]{64}$는 중근이 돼. 그런데 방정식 $f(x)=0$의 실근이 또 하나 있고 그 실근은 중근이 될 수 없지?

(ii) n이 짝수일 때,

$x^n-64=0$의 실근은 $x=\sqrt[n]{64}$ 또는 $x=-\sqrt[n]{64}$로 2개이다.

따라서 $x=\sqrt[n]{64}$, $x=-\sqrt[n]{64}$가 방정식 $f(x)=0$의 실근이면 방정식 $(x^n-64)f(x)=0$의 실근이 모두 중근일 수 있다.

(i), (ii)에 의하여 n은 짝수이다.

2nd 함수 $f(x)$를 구하고 $f(x)$의 최솟값이 음의 정수가 되기 위한 자연수 n의 값을 모두 구해.

(ii)에 의하여 $x=\sqrt[n]{64}$, $x=-\sqrt[n]{64}$가 방정식 $f(x)=0$의 실근이 되어야 하므로 $f(x)=(x-\sqrt[n]{64})(x+\sqrt[n]{64})=(x-2^{\frac{6}{n}})(x+2^{\frac{6}{n}})$이어야 한다.

이때, 함수 $f(x)$의 최솟값은 $f(0)=-2^{\frac{6}{n}}\times2^{\frac{6}{n}}=-2^{\frac{12}{n}}$이고 이 값이 음의 정수이어야 하므로 $\frac{12}{n}$는 자연수가 되어야 한다.

이차함수의 그래프는 축에 대하여 대칭이지? 그리고 최고차항의 계수가 양수인 이차함수는 꼭짓점에서 최솟값을 가져. 이때, 방정식 $f(x)=0$의 실근이 $x=2^{\frac{6}{n}}$ 또는 $x=-2^{\frac{6}{n}}$이므로 $f(x)$는 $x=\frac{2^{\frac{n}{6}}+(-2^{\frac{n}{6}})}{2}=0$에서 최솟값을 가져.

즉, 자연수 n은 12의 약수이면서 짝수이어야 하므로 가능한 n의 값은 2, 4, 6, 12이다.

따라서 조건을 만족시키는 모든 자연수 n의 값의 합은

$2+4+6+12=24$이다.

a의 n제곱근 개념·공식

① n이 짝수일 때

양수 a의 n제곱근 중에서 실수인 것은 양수와 음수 두 개이고 양인 것은 $\sqrt[n]{a}$, 음인 것은 $-\sqrt[n]{a}$로 나타낸다.

② n이 홀수일 때

실수 a의 n제곱근 중에서 실수인 것은 하나이고 $\sqrt[n]{a}$로 나타낸다.

A 22 정답 ③ *거듭제곱근의 활용 [정답률 55%]

정답 공식: $x^n=a$를 만족시키는 실근의 개수는
n이 짝수이면 $\begin{cases} 2\text{개 } (a>0) \\ 1\text{개 } (a=0) \\ 0\text{개 } (a<0) \end{cases}$
n이 홀수이면 a의 값에 관계없이 항상 1개임을 적용한다.

단서 자연수 n에 대하여 $x^3=n(n-4)$를 만족시키는 x의 개수를 구하는 거야.

자연수 n에 대하여 $n(n-4)$의 세제곱근 중 실수인 것의 개수를 $f(n)$이라 하고, $n(n-4)$의 네제곱근 중 실수인 것의 개수를 $g(n)$이라 하자. $f(n)>g(n)$을 만족시키는 모든 n의 값의 합은? (4점)

① 4 ② 5 ③ 6 ④ 7 ⑤ 8

1st 세제곱근의 성질을 이용하여 조건을 만족시키는 값을 구해.

자연수 n에 대하여 $n(n-4)$의 세제곱근은
$x^3=n(n-4)$ — a의 세제곱근은 $x^3=a$를 만족시키는 x를 구하는 것이고 a의 세제곱은 a^3이야. 혼동하지 말자!!
이때, $y=x^3$이라 하면 원점에 대하여 대칭이므로
$n(n-4)$의 값이 음수이든 양수이든 항상 실수인 것은 1개이다.
$\therefore f(n)=1$
→ $f(x)=x^3$에서 $f(-x)=(-x)^3=-x^3=-f(x)$이므로 $y=x^3$은 원점에 대하여 대칭인 그래프야.

2nd 네제곱근의 성질을 이용하여 조건을 만족시키는 값을 구해.

자연수 n에 대하여 $n(n-4)$의 네제곱근은
$x^4=n(n-4)$
이때, $y=x^4$이라 하면 y축에 대하여 대칭이므로

$$g(n)=\begin{cases} 0 & (n(n-4)<0) \\ 1 & (n(n-4)=0) \\ 2 & (n(n-4)>0) \end{cases}$$

$f(x)=x^4$에서 $f(-x)=(-x)^4=x^4=f(x)$이므로 $y=x^4$은 y축에 대하여 대칭인 그래프야.

3rd $f(n)>g(n)$을 만족시키는 자연수 n의 값을 구해.

$f(n)>g(n)$을 만족시키는 경우는 $g(n)=0$일 때이므로
$n(n-4)<0$
$\therefore 0<n<4$
따라서 자연수 n은 1, 2, 3으로 합은
$1+2+3=6$

톡톡 풀이: **$f(n)$의 값은 항상 1임을 이용하여 조건을 만족시키는 $g(n)$의 값 구하기**

자연수 n의 값에 상관없이 $n(n-4)$의 세제곱근 중 실수인 것의 개수는 1이므로 $f(n)=1$
$f(n)=1>g(n)$이 성립하는 경우는 $n(n-4)$의 네제곱근 중 실수인 것의 개수는 0이다.
$n(n-4)<0$ $\quad\therefore 0<n<4$
따라서 자연수 n의 값은 1, 2, 3이므로 합은 $1+2+3=6$

A 23 정답 ⑤ *지수법칙-밑이 같은 계산 [정답률 93%]

정답 공식: $\sqrt[m]{a^n}=a^{\frac{n}{m}}$

$\sqrt[3]{5}\times 25^{\frac{1}{3}}$의 값은? (2점)

단서 밑을 5로 통일한 후 지수법칙을 이용하여 계산해.

① 1 ② 2 ③ 3 ④ 4 ⑤ 5

1st 지수법칙을 이용하여 값을 구해.

$\sqrt[3]{5}=5^{\frac{1}{3}}$, $25^{\frac{1}{3}}=(5^2)^{\frac{1}{3}}=5^{2\times\frac{1}{3}}=5^{\frac{2}{3}}$이므로
($\sqrt[m]{a^n}=a^{\frac{n}{m}}$, $(a^m)^n=a^{mn}$)
$\sqrt[3]{5}\times 25^{\frac{1}{3}}=5^{\frac{1}{3}}\times 5^{\frac{2}{3}}=5^{\frac{1}{3}+\frac{2}{3}}=5^1=5$
($a^m\times a^n=a^{m+n}$)

이지원 | 2025 수능 응시 · 대구 성화여고 졸
1번 문제의 전형적인 지수법칙 문제야. 밑을 통일시키고, 세제곱근 형태가 아닌 지수 형태로 나타내면 암산도 가능하지! $\sqrt[3]{5}$를 $5^{\frac{1}{3}}$로, $25^{\frac{1}{3}}$을 $5^{\frac{2}{3}}$로 바꾸고 계산하면 돼. 시험장에서 가장 첫 번째로 푸는 문제인 만큼 실수하지 말고 제대로 풀자!

A 24 정답 ④ *지수법칙-밑이 같은 계산 [정답률 91%]

정답 공식: $\sqrt[m]{a^n}=a^{\frac{n}{m}}$

$\left(\dfrac{4}{\sqrt[3]{2}}\right)^{\frac{6}{5}}$의 값은? (2점)

단서 분모, 분자를 2의 거듭제곱으로 나타내.

① 1 ② 2 ③ 3 ④ 4 ⑤ 5

1st 지수법칙을 이용하여 값을 구해.

$4=2^2$, $\sqrt[3]{2}=2^{\frac{1}{3}}$이므로 $\dfrac{4}{\sqrt[3]{2}}=\dfrac{2^2}{2^{\frac{1}{3}}}=2^{2-\frac{1}{3}}=2^{\frac{5}{3}}$
($\sqrt[m]{a^n}=a^{\frac{n}{m}}$, $a^m\div a^n=a^{m-n}$)
$\therefore \left(\dfrac{4}{\sqrt[3]{2}}\right)^{\frac{6}{5}}=(2^{\frac{5}{3}})^{\frac{6}{5}}=2^{\frac{5}{3}\times\frac{6}{5}}=2^2=4$
($(a^m)^n=a^{m\times n}=a^{mn}$)

A 25 정답 ② *지수법칙-밑이 같은 계산 [정답률 93%]

정답 공식: $\sqrt[m]{a^n}=a^{\frac{n}{m}}$

$\dfrac{\sqrt[4]{32}}{\sqrt[8]{4}}$의 값은? (2점)

단서 2의 거듭제곱으로 나타내.

① $\sqrt{2}$ ② 2 ③ $2\sqrt{2}$ ④ 4 ⑤ $4\sqrt{2}$

1st 지수법칙을 이용하여 값을 구해.

$\sqrt[4]{32}=\sqrt[4]{2^5}=2^{\frac{5}{4}}$, $\sqrt[8]{4}=\sqrt[8]{2^2}=2^{\frac{2}{8}}=2^{\frac{1}{4}}$이므로
($\sqrt[m]{a^n}=a^{\frac{n}{m}}$)
$\dfrac{\sqrt[4]{32}}{\sqrt[8]{4}}=\dfrac{2^{\frac{5}{4}}}{2^{\frac{1}{4}}}=2^{\frac{5}{4}-\frac{1}{4}}=2^1=2$
($a^m\div a^n=a^{m-n}$)

A 26 정답 ④ *지수법칙-밑이 같은 계산 [정답률 94%]

정답 공식: $\sqrt[m]{a^n}=a^{\frac{n}{m}}$, $(a^m)^n=a^{mn}$, $a^m\times a^n=a^{m+n}$

$\sqrt[3]{16}\times 2^{-\frac{1}{3}}$의 값은? (2점)

단서 두 수를 곱하기 위해서 밑이 2인 수로 변형해.

① $\dfrac{1}{4}$ ② $\dfrac{1}{2}$ ③ 1 ④ 2 ⑤ 4

1st 지수법칙을 이용하여 주어진 값을 구해.

$\sqrt[3]{16}=16^{\frac{1}{3}}=(2^4)^{\frac{1}{3}}=2^{\frac{4}{3}}$이므로

$\sqrt[3]{16}\times 2^{-\frac{1}{3}}=\underline{2^{\frac{4}{3}}\times 2^{-\frac{1}{3}}=2^{\frac{4}{3}+\left(-\frac{1}{3}\right)}}$ ($a^m\times a^n=a^{m+n}$)

$=2^1=2$

다른 풀이: $a^{-n}=\frac{1}{a^n}$ 임을 이용하여 값 구하기

$\sqrt[3]{16}\times 2^{-\frac{1}{3}}=\sqrt[3]{16}\times\frac{1}{\sqrt[3]{2}}=\sqrt[3]{\frac{16}{2}}=\sqrt[3]{8}=\sqrt[3]{2^3}=2$

A 27 정답 ④ *지수법칙 - 밑이 같은 계산 [정답률 92%]

(정답 공식: $\sqrt[m]{a^n}=a^{\frac{n}{m}}$)

$\left(\frac{5}{\sqrt[3]{25}}\right)^{\frac{3}{2}}$의 값은? (2점)

단서 5의 거듭제곱으로 나타내.

① $\frac{1}{5}$ ② $\frac{\sqrt{5}}{5}$ ③ 1 ④ $\sqrt{5}$ ⑤ 5

1st 지수법칙을 이용하여 값을 구해.

$\left(\frac{5}{\sqrt[3]{25}}\right)^{\frac{3}{2}}=\left(\frac{5}{\sqrt[3]{5^2}}\right)^{\frac{3}{2}}=\left(\frac{5}{5^{\frac{2}{3}}}\right)^{\frac{3}{2}}=(5^{1-\frac{2}{3}})^{\frac{3}{2}}=(5^{\frac{1}{3}})^{\frac{3}{2}}=5^{\frac{1}{3}\times\frac{3}{2}}$ ($\sqrt[m]{a^n}=a^{\frac{n}{m}}$, $a^m\div a^n=a^{m-n}$, $(a^m)^n=a^{mn}$)

$=5^{\frac{1}{2}}=\sqrt{5}$

A 28 정답 ④ *지수법칙 - 밑이 같은 계산 [정답률 94%]

(정답 공식: $(a^m)^n=a^{mn}$, $a^x\times a^y=a^{x+y}$)

$4^{1-\sqrt{3}}\times 2^{1+2\sqrt{3}}$의 값은? (2점)

단서 밑을 같게 바꿔야겠지?

① 1 ② 2 ③ 4 ④ 8 ⑤ 16

1st 지수법칙을 이용하자.

$4^{1-\sqrt{3}}\times 2^{1+2\sqrt{3}}=(2^2)^{1-\sqrt{3}}\times 2^{1+2\sqrt{3}}$

$=\underline{2^{2-2\sqrt{3}}\times 2^{1+2\sqrt{3}}=2^{(2-2\sqrt{3})+(1+2\sqrt{3})}}$ ($(a^m)^n=a^{mn}$, $a^x\times a^y=a^{x+y}$)

$=2^3=8$

A 29 정답 ② *지수법칙 - 밑이 같은 계산 [정답률 91%]

(정답 공식: $a^m\times a^n=a^{m+n}$, $(a^m)^n=a^{mn}$)

$(2^{\sqrt{3}}\times 4)^{\sqrt{3}-2}$의 값은? (2점)

단서 지수법칙을 이용하여 계산해.

① $\frac{1}{4}$ ② $\frac{1}{2}$ ③ 1 ④ 2 ⑤ 4

1st $(2^{\sqrt{3}}\times 4)^{\sqrt{3}-2}$의 값을 구해.

$(2^{\sqrt{3}}\times 4)^{\sqrt{3}-2}=\underline{(2^{\sqrt{3}}\times 2^2)^{\sqrt{3}-2}}=\underline{(2^{\sqrt{3}+2})^{\sqrt{3}-2}}$ ($a^m\times a^n=a^{m+n}$, $(a^m)^n=a^{mn}$)

$=2^{\underline{(\sqrt{3}+2)(\sqrt{3}-2)}}=2^{3-4}=2^{-1}=\frac{1}{2}$ ($(a+b)(a-b)=a^2-b^2$)

김찬우 전남대 의예과 2022년 입학 · 전북 이리고 졸

1번 문제부터 지수에 무리수가 있어서 순간 당황했지? 근데 지수법칙으로 식을 정리하면 지수는 $(a-b)(a+b)=a^2-b^2$을 이용하여 간단히 정리가 돼. 지수에 무리수가 나왔다고 당황하지 말고 차분히 계산하면 쉽게 풀 수 있는 문제였어!

A 30 정답 ① *지수법칙 - 밑이 같은 계산 [정답률 93%]

(정답 공식: $a^m\times a^n=a^{m+n}$)

$\frac{1}{\sqrt[4]{3}}\times 3^{-\frac{7}{4}}$의 값은? (2점)

단서 밑이 3인 지수로 나타내.

① $\frac{1}{9}$ ② $\frac{1}{3}$ ③ 1 ④ 3 ⑤ 9

1st 지수법칙을 이용하여 주어진 값을 구해.

$\frac{1}{\sqrt[4]{3}}\times 3^{-\frac{7}{4}}=\frac{1}{3^{\frac{1}{4}}}\times 3^{-\frac{7}{4}}=\underline{3^{-\frac{1}{4}}\times 3^{-\frac{7}{4}}=3^{-\frac{1}{4}+\left(-\frac{7}{4}\right)}}=3^{-2}=\frac{1}{9}$ ($\sqrt[n]{a^m}=a^{\frac{m}{n}}$, $\frac{1}{a^m}=a^{-m}$, $a^m\times a^n=a^{m+n}$)

A 31 정답 ④ *지수법칙 - 밑이 같은 계산 [정답률 95%]

(정답 공식: $a^m\times a^n=a^{m+n}$)

$2^{\sqrt{3}}\times 2^{2-\sqrt{3}}$의 값은? (2점)

단서 밑이 2로 같으니까 지수법칙을 이용해서 계산해.

① $\sqrt{2}$ ② 2 ③ $2\sqrt{2}$ ④ 4 ⑤ $4\sqrt{2}$

1st 지수법칙을 이용하여 주어진 값을 구해.

$\underline{2^{\sqrt{3}}\times 2^{2-\sqrt{3}}=2^{\sqrt{3}+(2-\sqrt{3})}}=2^2=4$ ($a^m\times a^n=a^{m+n}$)

A 32 정답 ⑤ *지수법칙 - 밑이 같은 계산 [정답률 96%]

(정답 공식: $a^m\div a^n=a^{m-n}$임을 이용한다.)

$\frac{3^{\sqrt{5}+1}}{3^{\sqrt{5}-1}}$의 값은? (2점)

단서 밑이 3으로 같은 두 수의 나눗셈은 지수끼리의 차로 계산할 수 있어.

① 1 ② $\sqrt{3}$ ③ 3 ④ $3\sqrt{3}$ ⑤ 9

1st 지수법칙을 이용하여 계산해.

$\underline{\frac{3^{\sqrt{5}+1}}{3^{\sqrt{5}-1}}=3^{(\sqrt{5}+1)-(\sqrt{5}-1)}}=3^2=9$

양수 a와 두 실수 m, n에 대하여 $\frac{a^m}{a^n}=a^{m-n}$

A 33 정답 ③ *지수법칙 - 밑이 같은 계산 [정답률 97%]

(정답 공식: $(a^m)^n=a^{mn}$, $a^m\times a^n=a^{m+n}$임을 이용한다.)

$\sqrt[3]{9}\times 3^{\frac{1}{3}}$의 값은? (2점)

단서 지수법칙을 이용하여 계산해.

① 1 ② $3^{\frac{1}{2}}$ ③ 3 ④ $3^{\frac{3}{2}}$ ⑤ 9

1st 지수법칙을 이용하여 주어진 식의 값을 구해.

$\sqrt[3]{9}\times 3^{\frac{1}{3}}=9^{\frac{1}{3}}\times 3^{\frac{1}{3}}=(3^2)^{\frac{1}{3}}\times 3^{\frac{1}{3}}=3^{2\times\frac{1}{3}}\times 3^{\frac{1}{3}}=3^{\frac{2}{3}}\times 3^{\frac{1}{3}}$

$\sqrt[m]{a^n}=a^{\frac{n}{m}}$, $(a^m)^n=a^{mn}$, $a^m\times a^n=a^{m+n}$

$=3^{\frac{2}{3}+\frac{1}{3}}=3^1=3$

윤혁 서울대 건설환경공학부 2021년 입학 · 서울 동양고 졸

시험을 시작하고 처음 보는 문제라서 정확하고 빠르게 넘기는 것이 중요해. 이 문제는 지수법칙에 대한 간단한 문제였어. 이런 문제는 풀 때 조금 귀찮더라도 밑을 소수로, 지수를 분수로 표현해서 계산하는 것이 계산 실수를 줄이는 방법이 될 수 있어. 따라서 $3^{\frac{2}{3}}\times 3^{\frac{1}{3}}=3^{\frac{2+1}{3}}=3$으로 써주고 넘어가면 사소한 계산 실수를 확인할 때 효과적일거야.

A 34 정답 ② *지수법칙 - 밑이 같은 계산 [정답률 97%]

(정답 공식: $a^m\times a^n=a^{m+n}$, $a^{\frac{1}{n}}=\sqrt[n]{a}$이다.)

$\sqrt[3]{2}\times 2^{\frac{2}{3}}$의 값은? (2점)

단서 밑이 2인 지수로 고칠 수 있어.

① 1 ② 2 ③ 4 ④ 8 ⑤ 16

1st 주어진 식을 2의 거듭제곱으로 나타내.

$\sqrt[3]{2}\times 2^{\frac{2}{3}}=2^{\frac{1}{3}}\times 2^{\frac{2}{3}}=2^{\frac{1}{3}+\frac{2}{3}}=2^1=2$

$\sqrt[n]{a}=a^{\frac{1}{n}}$, $a^m\times a^n=a^{m+n}$

A 35 정답 ③ *지수법칙 - 밑이 같은 계산 [정답률 95%]

(정답 공식: $a^m\times a^n=a^{m+n}$임을 이용한다.)

32×2^{-3}의 값은? (2점)

단서 32를 밑이 2인 지수로 바꾸어 계산해.

① 1 ② 2 ③ 4 ④ 8 ⑤ 16

1st 지수법칙을 이용하여 계산해.

$32\times 2^{-3}=2^5\times 2^{-3}=2^{5+(-3)}=2^2=4$

$a^m\times a^n=a^{m+n}$

지수법칙 개념 · 공식

$a>0$, $b>0$이고, x, y가 실수일 때

① $a^x\times a^y=a^{x+y}$ ② $a^x\div a^y=a^{x-y}$

③ $(a^x)^y=a^{xy}$ ④ $(ab)^x=a^xb^x$

⑤ $\left(\frac{a}{b}\right)^x=\frac{a^x}{b^x}$

A 36 정답 ⑤ *지수법칙 - 밑이 같은 계산 [정답률 95%]

(정답 공식: $(a^m)^n=a^{mn}$, $a^m\times a^n=a^{m+n}$임을 이용한다.)

$\sqrt[3]{8}\times 4^{\frac{3}{2}}$의 값은? (2점)

단서 $\sqrt[3]{8}$, $4^{\frac{3}{2}}$을 밑이 2인 지수로 바꾸어 계산해.

① 1 ② 2 ③ 4 ④ 8 ⑤ 16

1st 지수법칙을 이용하여 계산해.

$\sqrt[3]{8}\times 4^{\frac{3}{2}}=8^{\frac{1}{3}}\times 4^{\frac{3}{2}}=(2^3)^{\frac{1}{3}}\times(2^2)^{\frac{3}{2}}=2^{3\times\frac{1}{3}}\times 2^{2\times\frac{3}{2}}$

$\sqrt[n]{a^m}=a^{\frac{m}{n}}$, $(a^m)^n=a^{mn}$

$=2^1\times 2^3=2^{1+3}$

$=2^4=16$ $a^m\times a^n=a^{m+n}$

수능 핵강

*거듭제곱을 유리수 지수로 나타내기

거듭제곱근은 지수로 고칠 수 있어. $\sqrt[n]{a^m}=a^{\frac{m}{n}}$에서 m은 정수이고 n은 자연수야. 이때, 지수가 유리수인 경우 거듭제곱근으로 바꿀 때 실수하지 않도록 주의해. $a^{-\frac{3}{4}}={}^{-4}\sqrt{a^3}$이 아닌 $a^{-\frac{3}{4}}=\sqrt[4]{a^{-3}}$이야.

A 37 정답 ④ *지수법칙 - 밑이 같은 계산 [정답률 94%]

(정답 공식: $(a^m)^n=a^{mn}$, $a^m\times a^n=a^{m+n}$임을 이용한다.)

$8^{\frac{4}{3}}\times 2^{-2}$의 값은? (2점)

단서 $8^{\frac{4}{3}}$을 밑이 2가 되도록 변형하여 계산해.

① 1 ② 2 ③ 3 ④ 4 ⑤ 5

1st 지수법칙을 이용하여 계산해.

$8^{\frac{4}{3}}\times 2^{-2}=(2^3)^{\frac{4}{3}}\times 2^{-2}=2^{3\times\frac{4}{3}}\times 2^{-2}=2^4\times 2^{-2}$

$(a^m)^n=a^{mn}$, $a^m\times a^n=a^{m+n}$

$=2^{4+(-2)}=2^2=4$

A 38 정답 ② *지수법칙 - 밑이 같은 계산 [정답률 96%]

(정답 공식: $a^x\times a^y=a^{x+y}$)

16×2^{-3}의 값은? (2점)

단서 $16=2^4$이니까 밑을 같게 만들 수 있지?

① 1 ② 2 ③ 4 ④ 8 ⑤ 16

1st 지수법칙을 이용하여 식의 값을 구하자.

$16\times 2^{-3}=2^4\times 2^{-3}$

$=2^{4+(-3)}$

$=2^1=2$

$a>0$, $b>0$이고 x, y가 실수일 때,
① $a^x\times a^y=a^{x+y}$
② $a^x\div a^y=a^{x-y}$
③ $(a^x)^y=a^{xy}$
④ $(ab)^x=a^xb^x$

A 39 정답 ③ *지수법칙 – 밑이 같은 계산 [정답률 94%]

(정답 공식: $(a^m)^n=a^{mn}$)

$3^3\div81^{\frac{1}{2}}$의 값은? (2점)
단서 81을 밑이 3인 지수로 바꿀 수 있어.
① 1 ② 2 ③ 3 ④ 4 ⑤ 5

1st 밑을 같게 만든 후 지수법칙을 이용해.

$3^3\div81^{\frac{1}{2}}=3^3\div(3^4)^{\frac{1}{2}}=3^3\div3^{4\times\frac{1}{2}}$ → $(a^m)^n=a^{mn}$
$=3^3\div3^2=3^{3-2}=3$

[지수법칙]
$a>0$, $b>0$이고, x, y가 실수일 때
(1) $a^x\times a^y=a^{x+y}$ (2) $a^x\div a^y=a^{x-y}$
(3) $(a^x)^y=a^{xy}$ (4) $(ab)^x=a^xb^x$
(5) $\left(\frac{a}{b}\right)^x=\frac{a^x}{b^x}$

A 40 정답 ⑤ *지수법칙 – 밑이 같은 계산 [정답률 98%]

(정답 공식: $a\neq0$일 때, $a^0=1$, $(a^m)^n=a^{mn}$)

$5^0\times25^{\frac{1}{2}}$의 값은? (2점)
단서 밑이 5와 $25=5^2$이므로 밑을 5로 같게 만들 수 있어.
① 1 ② 2 ③ 3 ④ 4 ⑤ 5

1st 주어진 지수들의 밑을 같게 만들어 계산하자.

$5^0\times25^{\frac{1}{2}}=1\times(5^2)^{\frac{1}{2}}$
$=5^1=5$ ($a\neq0$일 때, $a^0=1$이야.)

A 41 정답 ③ *지수법칙 – 밑이 같은 계산 [정답률 95%]

(정답 공식: $(a^m)^n=a^{mn}$, $a^m\times a^n=a^{m+n}$)

$2^{\sqrt{2}}\times\left(\frac{1}{2}\right)^{\sqrt{2}-1}$의 값은? (2점)
단서 밑이 2가 되도록 변형하여 주어진 값을 구하면 돼.
① 1 ② $\sqrt{2}$ ③ 2 ④ $2\sqrt{2}$ ⑤ 4

1st 주어진 값을 구해.

$\frac{1}{2}=2^{-1}$이므로 $\left(\frac{1}{2}\right)^{\sqrt{2}-1}=(2^{-1})^{\sqrt{2}-1}=2^{(-1)\times(\sqrt{2}-1)}=2^{-\sqrt{2}+1}$ ($(a^m)^n=a^{mn}$)

$\therefore 2^{\sqrt{2}}\times\left(\frac{1}{2}\right)^{\sqrt{2}-1}=2^{\sqrt{2}}\times2^{-\sqrt{2}+1}=2^{\sqrt{2}+(-\sqrt{2}+1)}=2^1=2$ ($a^m\times a^n=a^{m+n}$)

A 42 정답 ② *지수법칙 – 밑이 같은 계산 [정답률 98%]

(정답 공식: $(a^m)^n=a^{mn}$, $a^m\times a^n=a^{m+n}$)

$2^{-1}\times16^{\frac{1}{2}}$의 값은? (2점)
단서 밑을 2로 통일할 수 있지?
① 1 ② 2 ③ 3 ④ 4 ⑤ 5

1st 지수법칙을 이용하여 계산해.
주의 지수법칙을 적용하기 위해서는 밑이 같아야해!

$2^{-1}\times16^{\frac{1}{2}}=2^{-1}\times(2^4)^{\frac{1}{2}}=2^{-1}\times2^{4\times\frac{1}{2}}=2^{-1}\times2^2$
$=2^{-1+2}=2^1=2$

[지수법칙]
$a>0$, $b>0$이고, x, y가 실수일 때
① $a^x\times a^y=a^{x+y}$ ② $a^x\div a^y=a^{x-y}$
③ $(a^x)^y=a^{xy}$ ④ $(ab)^x=a^xb^x$
⑤ $\left(\frac{a}{b}\right)^x=\frac{a^x}{b^x}$

A 43 정답 ① *지수법칙 – 밑이 같은 계산 [정답률 98%]

(정답 공식: $(a^m)^n=a^{mn}$임을 이용한다.)

$27^{\frac{1}{3}}$의 값은? (2점)
단서 $27=3^3$이지? 지수법칙을 이용해.
① 3 ② 6 ③ 9 ④ 12 ⑤ 15

1st 지수법칙을 이용해.

$27^{\frac{1}{3}}=(3^3)^{\frac{1}{3}}=3^{3\times\frac{1}{3}}$ ($(a^m)^n=a^{mn}$)
$=3^1=3$

A 44 정답 ④ *지수법칙 – 밑이 같은 계산 [정답률 98%]

(정답 공식: $a>0$이고, m, n이 유리수일 때, $(a^m)^n=a^{mn}$이다.)

$2^2\times8^{\frac{1}{3}}$의 값은? (2점)
단서 밑을 같은 숫자로 만들어야 해.
① 2 ② 4 ③ 6 ④ 8 ⑤ 10

1st 지수법칙을 이용해.

$2^2\times8^{\frac{1}{3}}=2^2\times(2^3)^{\frac{1}{3}}=4\times2=8$
$(a^m)^n=a^{mn}$임을 이용한 거야.

지수법칙 개념·공식

$a>0$, $b>0$이고, x, y가 실수일 때
① $a^xa^y=a^{x+y}$ ② $a^x\div a^y=a^{x-y}$
③ $(a^x)^y=a^{xy}$ ④ $(ab)^x=a^xb^x$

A 45 정답 ⑤ *지수법칙 – 밑이 같은 계산 [정답률 95%]

(정답 공식: $a^m\times a^n=a^{m+n}$)

$3^{1-\sqrt{5}}\times3^{1+\sqrt{5}}$의 값은? (2점)
단서 밑이 같은 지수의 곱셈을 계산하는 거야.
① $\frac{1}{9}$ ② $\frac{1}{3}$ ③ 1 ④ 3 ⑤ 9

1st 지수법칙을 이용하여 주어진 값을 구해.

$3^{1-\sqrt{5}}\times3^{1+\sqrt{5}}=3^{(1-\sqrt{5})+(1+\sqrt{5})}=3^2=9$
밑이 같은 지수의 곱셈은 지수끼리의 합으로 계산하면 돼.

A 46 정답 ② *지수법칙 – 밑이 같은 계산 [정답률 93%]

(정답 공식: 지수법칙에 의하여 $16^{\frac{1}{4}}=(2^4)^{\frac{1}{4}}=2^1=2$이다.)

$2\times16^{\frac{1}{4}}$의 값은? (2점)
단서 밑을 2로 통일할 수 있지?
① 2 ② 4 ③ 6
④ 8 ⑤ 10

1st 밑을 통일한 후 지수법칙을 이용하자.

주의 지수법칙을 이용하려면 $2^4=16$이니까 밑을 2로 같게 만들어야 해.

$2\times16^{\frac{1}{4}}=2\times\underline{(2^4)^{\frac{1}{4}}}=2\times2=4$
$(a^m)^n=a^{mn}$

A 47 정답 ① *지수법칙 – 밑이 같은 계산 [정답률 94%]

(정답 공식: $a^{-1}=\frac{1}{a}$)

$3^{-1}\times9$의 값은? (2점)
단서 $9=3^2$으로 바꾸면 밑이 모두 3인 거듭제곱이니까 지수법칙을 이용할 수 있어.
① 3 ② 6 ③ 9
④ 12 ⑤ 15

1st 9를 3의 거듭제곱으로 바꾸고 지수법칙을 이용하자.

$3^{-1}\times9=\underline{3^{-1}\times3^2}=3$

[지수법칙]
① $a^m\times a^n=a^{m+n}$ ② $a^m\div a^n=a^{m-n}$
③ $(a^m)^n=a^{mn}$ ④ $\left(\frac{b}{a}\right)^n=\frac{b^n}{a^n}$

A 48 정답 ③ *지수법칙 – 밑이 같은 계산 [정답률 95%]

(정답 공식: $a^m\times a^n=a^{m+n}$)

$3^{\frac{2}{3}}\times3^{\frac{1}{3}}$의 값은? (2점)
단서 밑이 3으로 같으니까 지수끼리 더할 수 있어.
① 1 ② 2 ③ 3
④ 4 ⑤ 5

1st 지수법칙을 이용하여 계산하자.

$\underline{3^{\frac{2}{3}}\times3^{\frac{1}{3}}}=3^{\frac{2}{3}+\frac{1}{3}}=3^1=3$
$a^m\times a^n=a^{m+n}$

A 49 정답 ③ *지수법칙 – 밑이 같은 계산 [정답률 93%]

(정답 공식: $(a^m)^{\frac{1}{m}}=a$)

$3\times27^{\frac{1}{3}}$의 값은? (2점) 단서 $27=3^3$이므로 지수법칙을 이용해서 두 자연수의 곱으로 계산해.
① 3 ② 6 ③ 9 ④ 12 ⑤ 15

1st 지수법칙을 이용하여 계산하자.

$3\times27^{\frac{1}{3}}=3\times(3^3)^{\frac{1}{3}}=3\times\underline{3^{3\times\frac{1}{3}}}=3\times3^1=9$
$(a^m)^n=a^{mn}$

A 50 정답 ② *지수법칙 – 밑이 같은 계산 [정답률 92%]

(정답 공식: 지수법칙에 의하여 $a^m\times a^n=a^{m+n}$이다.)

8×2^{-2}의 값은? (2점)
단서 8을 2의 거듭제곱으로 나타내어 지수법칙을 이용해 볼까?
① 1 ② 2 ③ 4 ④ 8 ⑤ 16

1st 지수법칙을 이용하여 계산해.

필수 지수법칙을 이용하려면 $8=2^3$이니까 밑을 2로 같게 만들어야 해.

$8\times2^{-2}=\underline{2^3\times2^{-2}}$ → $a^xa^y=a^{x+y}$
$=2^{3+(-2)}=2$

다른 풀이: $a^{-n}=\frac{1}{a^n}$임을 이용하여 값 구하기

$\underline{2^{-2}=\frac{1}{4}}$이므로 구하는 값은 $8\times2^{-2}=8\times\frac{1}{4}=2$
$a\neq0$이고 n이 양의 정수일 때 $a^{-n}=\frac{1}{a^n}$

A 51 정답 ① *지수법칙–밑이 같은 계산 [정답률 95%]

(정답 공식: $(a^m)^n=a^{mn}$)

$(-\sqrt{2})^4\times8^{-\frac{2}{3}}$의 값은? (2점)
단서 밑이 2인 지수로 나타내어 값을 구해.
① 1 ② 2 ③ 3 ④ 4 ⑤ 5

1st 지수법칙을 이용하여 주어진 값을 구해.

$(-\underline{\sqrt{2}})^4\times8^{-\frac{2}{3}}=(-2^{\frac{1}{2}})^4\times(2^3)^{-\frac{2}{3}}=(-1)^4\times\underline{(2^{\frac{1}{2}})^4\times(2^3)^{-\frac{2}{3}}}$
$\sqrt[m]{a^n}=a^{\frac{n}{m}}$ $\qquad (a^m)^n=a^{mn}$
$=1\times2^{\frac{1}{2}\times4}\times2^{3\times\left(-\frac{2}{3}\right)}=\underline{2^2\times2^{-2}}$
$=2^{2+(-2)}=2^0=1$ $\qquad a^m\times a^n=a^{m+n}$

A 52 정답 ⑤ *지수법칙–밑이 같은 계산 [정답률 92%]

(정답 공식: $a^m\times a^n=a^{m+n}$, $(a^m)^n=a^{mn}$이다.)

$(3\sqrt{3})^{\frac{1}{3}}\times3^{\frac{3}{2}}$의 값은? (2점)
단서 밑을 3으로 바꿀 수 있겠지?
① 1 ② $\sqrt{3}$ ③ 3 ④ $3\sqrt{3}$ ⑤ 9

1st 지수법칙을 이용해.

$\underline{(3\sqrt{3})}^{\frac{1}{3}}\times3^{\frac{3}{2}}=\underline{\left(3^{\frac{3}{2}}\right)^{\frac{1}{3}}}\times3^{\frac{3}{2}}=3^{\frac{3}{2}\times\frac{1}{3}}\times3^{\frac{3}{2}}$
$3\sqrt{3}=3\times3^{\frac{1}{2}}=3^{1+\frac{1}{2}}=3^{\frac{3}{2}}$ $\qquad (a^m)^n=a^{mn}$
$=\underline{3^{\frac{1}{2}}\times3^{\frac{3}{2}}}=3^{\frac{1}{2}+\frac{3}{2}}=3^2=9$
$a^m\times a^n=a^{m+n}$

A 53 정답 ④ *지수법칙 – 밑이 같은 계산 [정답률 95%]

(정답 공식: $a^m\times a^n=a^{m+n}$, $(a^m)^n=a^{mn}$)

$\left(\frac{2^{\sqrt{3}}}{2}\right)^{\sqrt{3}+1}$의 값은? (2점)
단서 괄호 안의 수를 밑이 2인 지수로 나타내.
① $\frac{1}{16}$ ② $\frac{1}{4}$ ③ 1 ④ 4 ⑤ 16

1st 지수법칙을 이용하여 주어진 값을 구해.

$\frac{2^{\sqrt{3}}}{2}=2^{\sqrt{3}}\times\frac{1}{2}=2^{\sqrt{3}}\times2^{-1}=2^{\sqrt{3}-1}$이므로 ($\frac{1}{a}=a^{-1}$)

$\left(\frac{2^{\sqrt{3}}}{2}\right)^{\sqrt{3}+1}=(2^{\sqrt{3}-1})^{\sqrt{3}+1}=2^{(\sqrt{3}-1)(\sqrt{3}+1)}=2^{3-1}=2^2=4$ ($(a-b)(a+b)=a^2-b^2$)

A 54 정답 ③ ＊지수법칙–밑이 같은 계산 [정답률 95%]

(정답 공식: $(a^m)^n=a^{mn}$, $a^m\times a^n=a^{m+n}$)

$\sqrt{8}\times4^{\frac{1}{4}}$의 값은? (2점)

단서 밑이 2인 지수로 나타내어 계산해.

① 2 ② $2\sqrt{2}$ ③ 4 ④ $4\sqrt{2}$ ⑤ 8

1st 지수법칙을 이용하여 주어진 값을 구해.

$\sqrt{8}=\sqrt{2^3}=2^{\frac{3}{2}}$, $4^{\frac{1}{4}}=(2^2)^{\frac{1}{4}}=2^{2\times\frac{1}{4}}=2^{\frac{1}{2}}$이므로 ($\sqrt[m]{a^n}=a^{\frac{n}{m}}$, $(a^m)^n=a^{mn}$)

$\sqrt{8}\times4^{\frac{1}{4}}=2^{\frac{3}{2}}\times2^{\frac{1}{2}}=2^{\frac{3}{2}+\frac{1}{2}}=2^2=4$ ($a^m\times a^n=a^{m+n}$)

A 55 정답 ⑤ ＊지수법칙–밑이 같은 계산 [정답률 96%]

(정답 공식: $a^m\times a^n=a^{m+n}$, $(a^m)^n=a^{mn}$)

$3^{2\sqrt{2}}\times9^{1-\sqrt{2}}$의 값은? (2점)

단서 $9=3^2$임을 이용하여 밑을 3으로 통일하여 계산해.

① $\frac{1}{9}$ ② $\frac{1}{3}$ ③ 1 ④ 3 ⑤ 9

1st 주어진 값을 구해.

$9^{1-\sqrt{2}}=(3^2)^{1-\sqrt{2}}=3^{2(1-\sqrt{2})}=3^{2-2\sqrt{2}}$이므로 ($(a^m)^n=a^{mn}$)

$3^{2\sqrt{2}}\times9^{1-\sqrt{2}}=3^{2\sqrt{2}}\times3^{2-2\sqrt{2}}=3^{2\sqrt{2}+(2-2\sqrt{2})}=3^2=9$ ($a^m\times a^n=a^{m+n}$)

A 56 정답 ⑤ ＊지수법칙 – 밑이 같은 계산 [정답률 92%]

(정답 공식: $(a^m)^n=a^{mn}$임을 이용한다.)

$\left(\frac{4}{2^{\sqrt{2}}}\right)^{2+\sqrt{2}}$의 값은? (2점)

단서 괄호 안을 밑이 2인 지수로 나타내.

① $\frac{1}{4}$ ② $\frac{1}{2}$ ③ 1 ④ 2 ⑤ 4

1st 지수법칙을 이용하여 주어진 값을 구해.

$\frac{4}{2^{\sqrt{2}}}=\frac{2^2}{2^{\sqrt{2}}}=2^{2-\sqrt{2}}$이므로 ($\frac{a^m}{a^n}=a^{m-n}$)

$\left(\frac{4}{2^{\sqrt{2}}}\right)^{2+\sqrt{2}}=(2^{2-\sqrt{2}})^{2+\sqrt{2}}=2^{(2-\sqrt{2})(2+\sqrt{2})}=2^{4-2}=2^2=4$ ($(a-b)(a+b)=a^2-b^2$)

최윤성 서울대 공과대학 광역 2023년 입학 · 서울 양정고 졸

나온 지수법칙을 이용하여 푸는 간단한 계산 문제! 수능 이틀 전에 2022수능을 풀어봤었는데 2022수능 1번 문제와 너무 유사해서 수학 시험을 편하게 시작할 수 있었어. 괄호 안을 밑이 2인 지수로 나타내고 지수끼리의 곱으로 괄호를 풀면 해결되는 문제야. 쉬운 문제라고 방심하지 말고 계산 조심!

A 57 정답 ④ ＊지수법칙 – 밑이 같은 계산 [정답률 92%]

(정답 공식: $(a^m)^n=a^{mn}$, $a^m\times a^n=a^{m+n}$)

$4^{1-\sqrt{3}}\times2^{2\sqrt{3}-1}$의 값은? (2점)

단서 $4=2^2$임을 이용하여 밑을 2로 통일하여 계산해.

① $\frac{1}{4}$ ② $\frac{1}{2}$ ③ 1 ④ 2 ⑤ 4

1st 주어진 값을 구해.

$4^{1-\sqrt{3}}=(2^2)^{1-\sqrt{3}}=2^{2\times(1-\sqrt{3})}=2^{2-2\sqrt{3}}$이므로 ($(a^m)^n=a^{mn}$)

$4^{1-\sqrt{3}}\times2^{2\sqrt{3}-1}=2^{2-2\sqrt{3}}\times2^{2\sqrt{3}-1}=2^{(2-2\sqrt{3})+(2\sqrt{3}-1)}=2^1=2$ ($a^m\times a^n=a^{m+n}$)

다른 풀이: $a^{-n}=\frac{1}{a^n}$임을 이용하여 값 구하기

$4^{1-\sqrt{3}}\times2^{2\sqrt{3}-1}=4^1\times4^{-\sqrt{3}}\times2^{2\sqrt{3}}\times2^{-1}$ ($2^{2\sqrt{3}}=(2^2)^{\sqrt{3}}=4^{\sqrt{3}}$)

$=4\times\frac{1}{4^{\sqrt{3}}}\times4^{\sqrt{3}}\times\frac{1}{2}=\frac{4}{2}=2$

A 58 정답 ① ＊지수법칙–밑이 같은 계산 [정답률 91%]

(정답 공식: $(a^m)^n=a^{mn}$, $a^x\div a^y=a^{x-y}$이다.)

$\sqrt[3]{8}\times\frac{2^{\sqrt{2}}}{2^{1+\sqrt{2}}}$의 값은? (2점)

단서 각 항을 밑이 2인 지수로 바꿀 수 있겠지?

① 1 ② 2 ③ 4 ④ 8 ⑤ 16

1st 지수법칙을 이용하자.

$\sqrt[3]{8}\times\frac{2^{\sqrt{2}}}{2^{1+\sqrt{2}}}=(2^3)^{\frac{1}{3}}\times2^{\sqrt{2}-(1+\sqrt{2})}$ ($\sqrt[3]{8}=8^{\frac{1}{3}}$, $a^m\div a^n=a^{m-n}$)

주의: 밑이 같을 때만 지수법칙을 쓸 수 있어.

$=2\times2^{-1}=2^{1+(-1)}=2^0=1$ ($(a^m)^n=a^{mn}$, $a^m\times a^n=a^{m+n}$, $a\neq0$일 때, $a^0=1$)

A 59 정답 ② ＊지수법칙–밑이 같은 계산 [정답률 87%]

(정답 공식: $\sqrt[m]{a^n}=a^{\frac{n}{m}}$)

$\left(\sqrt{3^{\sqrt{2}}}\right)^{\sqrt{2}}$의 값은? (2점)

단서 밑이 3인 지수 꼴로 바꾸어 계산해.

① 1 ② 3 ③ 5 ④ 7 ⑤ 9

1st 지수법칙을 이용하여 주어진 값을 구해.

$\left(\sqrt{3^{\sqrt{2}}}\right)^{\sqrt{2}}=\left\{\left(3^{\sqrt{2}}\right)^{\frac{1}{2}}\right\}^{\sqrt{2}}=3^{\sqrt{2}\times\frac{1}{2}\times\sqrt{2}}=3^{\frac{2}{2}}=3^1=3$ ($\sqrt{a}=a^{\frac{1}{2}}$, $(a^m)^n=a^{mn}$)

다른 풀이: $\sqrt{a^m}=(\sqrt{a})^m$을 이용하기

$\left(\sqrt{3^{\sqrt{2}}}\right)^{\sqrt{2}}=\{(\sqrt{3})^{\sqrt{2}}\}^{\sqrt{2}}=(\sqrt{3})^{\sqrt{2}\times\sqrt{2}}=(\sqrt{3})^2=3$ ($\sqrt{a^m}=(\sqrt{a})^m$)

A 60 정답 ⑤ *지수법칙-밑이 다른 계산(곱셈) …… [정답률 92%]

(정답 공식: 실수 m, n에 대하여 $(a^m)^n=a^{mn}$, $a^m\times a^n=a^{m+n}$이다.)

$\sqrt[3]{54}\times2^{\frac{5}{3}}$의 값은? (2점)
단서 54를 소인수분해해 봐.

① 4　② 6　③ 8　④ 10　⑤ 12

1st 지수법칙을 이용해.

$\sqrt[3]{54}\times2^{\frac{5}{3}}=54^{\frac{1}{3}}\times2^{\frac{5}{3}}=(3^3\times2)^{\frac{1}{3}}\times2^{\frac{5}{3}}$　($\sqrt[n]{a}=a^{\frac{1}{n}}$, $(ab)^n=a^nb^n$)

$=(3^3)^{\frac{1}{3}}\times2^{\frac{1}{3}}\times2^{\frac{5}{3}}=3^1\times2^{\frac{1}{3}+\frac{5}{3}}=3\times2^2=12$　($(a^m)^n=a^{mn}$, $a^m\times a^n=a^{m+n}$)

A 61 정답 ④ *지수법칙-밑이 다른 계산(곱셈) …… [정답률 95%]

(정답 공식: $(a^m)^n=a^{mn}$임을 이용하여 주어진 값을 구한다.)

$3^0\times8^{\frac{2}{3}}$의 값은? (2점)
단서 $a\neq0$일 때, $a^0=1$이야. 또한 $8^{\frac{2}{3}}$을 지수법칙을 이용하여 간단히 나타내.

① 1　② 2　③ 3　④ 4　⑤ 5

1st 지수법칙을 이용하여 값을 계산해.

$3^0\times8^{\frac{2}{3}}=3^0\times(2^3)^{\frac{2}{3}}=3^0\times2^{3\times\frac{2}{3}}=3^0\times2^2=1\times4=4$　($(a^m)^n=a^{mn}$, $a^0=1$)

강혜윤 서울대 인문계열 2021년 입학 · 경기 수지고 졸

2021학년도 6월, 9월 평가원 모의고사에서 모두 1번으로 출제되었던 유형이라 예상하고 있던 문제였어. 간단한 지수의 계산이라서, 이 문제를 몰라서 틀리는 경우는 거의 없을 거야. 하지만 쉽다고 해도 방심하면 안 되는 거 알지? 수학은 시간이 많이 남지 않을 수 있어. 그러니까 앞의 쉬운 문제들은 빠르고 정확하게 풀어내야 해. 시험이 시작되고 푸는 첫 번째 문제라서 급한 마음이 있겠지만, 결코 대충 넘어가선 안 돼! 이런 쉬운 문항들은 '다시 검토할 일은 없다!'라고 되새기면서 풀어내자.

A 62 정답 ② *지수법칙-밑이 다른 계산(곱셈) …… [정답률 96%]

(정답 공식: $(a^m)^n=a^{mn}$임을 이용한다.)

$3\times8^{\frac{1}{3}}$의 값은? (2점) 단서 $8^{\frac{1}{3}}$을 밑이 2인 지수로 바꾸어 계산해.

① 3　② 6　③ 9　④ 12　⑤ 15

1st 지수법칙을 이용하여 계산해.

$3\times8^{\frac{1}{3}}=3\times(2^3)^{\frac{1}{3}}=3\times2^{3\times\frac{1}{3}}=3\times2=6$　($(a^m)^n=a^{mn}$)

A 63 정답 ③ *지수법칙-밑이 다른 계산(곱셈) …… [정답률 97%]

(정답 공식: $a^{-n}=\frac{1}{a^n}$)

24×2^{-3}의 값은? (2점) 단서 $a^{-n}=\frac{1}{a^n}$이지?

① 1　② 2　③ 3　④ 4　⑤ 5

1st 지수법칙을 이용해.

$24\times2^{-3}=24\times\frac{1}{8}=3$　($2^{-n}=\frac{1}{2^n}$)

A 64 정답 ② *지수법칙-밑이 다른 계산(곱셈) …… [정답률 92%]

(정답 공식: $(a^m)^n=a^{mn}$, $a^{-1}=\frac{1}{a}$임을 이용한다.)

$8^{\frac{2}{3}}\times27^{-\frac{1}{3}}$의 값은? (2점)
단서 $8=2^3$, $27=3^3$임을 이용하자.

① $\frac{7}{6}$　② $\frac{4}{3}$　③ $\frac{3}{2}$　④ $\frac{5}{3}$　⑤ $\frac{11}{6}$

1st 지수법칙을 이용하자.

$8^{\frac{2}{3}}\times27^{-\frac{1}{3}}=(2^3)^{\frac{2}{3}}\times(3^3)^{-\frac{1}{3}}$

$=2^2\times3^{-1}$　($(a^m)^n=a^{mn}$)

$=\frac{4}{3}$　($a^{-1}=\frac{1}{a}$)

A 65 정답 ① *지수법칙 - 밑이 다른 계산(곱셈) …… [정답률 91%]

(정답 공식: $\sqrt[n]{ab}=\sqrt[n]{a}\times\sqrt[n]{b}$, $\sqrt[n]{a^m}=a^{\frac{m}{n}}$)

$\sqrt[3]{24}\times3^{\frac{2}{3}}$의 값은? (2점)
단서 $\sqrt[3]{24}$를 간단히 한 후 지수법칙을 이용하여 값을 구하면 돼.

① 6　② 7　③ 8　④ 9　⑤ 10

1st 주어진 값을 구해.

$\sqrt[3]{24}=\sqrt[3]{2^3\times3}=\sqrt[3]{2^3}\times\sqrt[3]{3}=2\times3^{\frac{1}{3}}$이므로　($\sqrt[n]{ab}=\sqrt[n]{a}\times\sqrt[n]{b}$, $\sqrt[n]{a^m}=a^{\frac{m}{n}}$)

$\sqrt[3]{24}\times3^{\frac{2}{3}}=\left(2\times3^{\frac{1}{3}}\right)\times3^{\frac{2}{3}}=2\times\left(3^{\frac{1}{3}}\times3^{\frac{2}{3}}\right)$　($a^m\times a^n=a^{m+n}$)

$=2\times3^{\frac{1}{3}+\frac{2}{3}}=2\times3=6$

변준서 | 연세대 실내건축학과 2024년 입학 · 화성 화성고 졸

너무 기본적인 문제라서 이런 문제에 시간을 빼앗기면 수험장에서 약간 초조해질 수 있어서 암산이나 대충 빠르게 푸는 친구들도 많아. 하지만 수학 영역 100분이라는 시간은 생각보다 길기 때문에 이런 거듭제곱근 문제는 확실하게 소인수분해를 한 다음, 제곱근 형태로 나타내주고 그다음 침착하게 계산하는 것이 훨씬 낫다고 생각해. 이렇게 차근차근 풀어도 금방 풀 수 있기 때문에 더 빠르게 풀다가 실수하면 너무 아쉽잖아. 시간을 조금 아끼는 것보다 더 중요한 것은 이런 문제는 확실히 맞히어야 한다는 거! 기억해!

A 66 정답 ⑤ *지수법칙- 밑이 다른 계산(곱셈) …… [정답률 91%]

(정답 공식: $\sqrt[m]{a^n}=a^{\frac{n}{m}}$)

$\sqrt[3]{27}\times 4^{-\frac{1}{2}}$의 값은? (2점)
단서 지수법칙을 이용하여 간단히 나타낸 후 계산하면 돼.

① $\frac{1}{2}$ ② $\frac{3}{4}$ ③ 1 ④ $\frac{5}{4}$ ⑤ $\frac{3}{2}$

1st 지수법칙을 이용하여 주어진 값을 구해.

$\sqrt[3]{27}\times 4^{-\frac{1}{2}}=\sqrt[3]{3^3}\times(2^2)^{-\frac{1}{2}}=3\times 2^{-1}=3\times\frac{1}{2}=\frac{3}{2}$
($\sqrt[3]{3^3}=3^{\frac{3}{3}}$, $(a^m)^n=a^{mn}$)

A 67 정답 ① *지수법칙 - 밑이 다른 계산(곱셈) …… [정답률 95%]

(정답 공식: $27^{\frac{1}{3}}=3^{3\times\frac{1}{3}}$임을 이용한다.)

$2\times 27^{\frac{1}{3}}$의 값은? (2점) 단서 $27=3^3$이니까 두 자연수의 곱으로 계산해.

① 6 ② 8 ③ 10 ④ 12 ⑤ 14

1st $27^{\frac{1}{3}}$을 정리하여 계산해.

$2\times 27^{\frac{1}{3}}=2\times(3^3)^{\frac{1}{3}}=2\times 3^{3\times\frac{1}{3}}=2\times 3^1=6$
($(a^m)^n=a^{mn}$)

A 68 정답 ① *지수법칙 - 밑이 다른 계산(곱셈) …… [정답률 97%]

(정답 공식: $(a^m)^n=a^{mn}$)

$5\times 8^{\frac{1}{3}}$의 값은? (2점) 단서 $8=2^3$이니까 두 자연수의 곱으로 계산해.

① 10 ② 15 ③ 20 ④ 25 ⑤ 30

1st $8^{\frac{1}{3}}$을 정리하여 계산해.

$5\times 8^{\frac{1}{3}}=5\times(2^3)^{\frac{1}{3}}=5\times 2^{3\times\frac{1}{3}}=5\times 2=10$
($(a^m)^n=a^{mn}$)

실수 2와 5로 밑이 다르니까 둘 사이에서 지수법칙을 사용하면 안 돼.

A 69 정답 ④ *밑이 다른 계산(곱셈) …… [정답률 94%]

(정답 공식: $\sqrt[m]{a^n}=a^{\frac{n}{m}}$)

$(27\times\sqrt{8})^{\frac{2}{3}}$의 값은? (2점)
단서 지수법칙을 이용하여 값을 구해.

① 9 ② 12 ③ 15 ④ 18 ⑤ 21

1st 지수법칙을 이용하여 주어진 값을 구해.

$27=3^3$, $8=2^3$이므로

$(27\times\sqrt{8})^{\frac{2}{3}}=(3^3\times\sqrt{2^3})^{\frac{2}{3}}=(3^3\times 2^{\frac{3}{2}})^{\frac{2}{3}}=(3^3)^{\frac{2}{3}}\times(2^{\frac{3}{2}})^{\frac{2}{3}}$
($\sqrt[m]{a^n}=a^{\frac{n}{m}}$, $(ab)^n=a^nb^n$, $(a^m)^n=a^{mn}$)

$=3^{3\times\frac{2}{3}}\times 2^{\frac{3}{2}\times\frac{2}{3}}=3^2\times 2^1=9\times 2=18$

A 70 정답 ③ *지수법칙 - 밑이 다른 계산(덧셈) …… [정답률 92%]

(정답 공식: $a^0=1\ (a\neq 0)$이고, 지수법칙에 의하여 $4=2^2$이다.)

$4^{\frac{1}{2}}+3^0$의 값은? (2점) 단서 지수법칙을 이용하여 값을 구할 수 있지?

① 1 ② 2 ③ 3 ④ 4 ⑤ 5

1st $(a^m)^n=a^{mn}$, $a^0=1(a>0)$임을 이용하자.

$4^{\frac{1}{2}}+3^0=(2^2)^{\frac{1}{2}}+3^0=2^{2\times\frac{1}{2}}+1=2+1=3$

주의 $a>0$에 대하여 $(a^m)^n=a^{mn}$, $a^0=1$임을 이용한 거야.

A 71 정답 ④ *지수법칙 - 밑이 다른 계산(덧셈) …… [정답률 93%]

(정답 공식: 밑을 2와 3으로 바꾼다.)

$8^{\frac{1}{3}}+27^{\frac{2}{3}}$의 값은? (2점) 단서 밑이 8, 27로 다르므로 각각을 지수법칙으로 계산해.

① 8 ② 9 ③ 10 ④ 11 ⑤ 12

1st 밑이 다른 두 수의 합이니까 각각에 지수법칙을 적용해 봐.
($(a^m)^n\times(b^x)^y=a^{mn}\times b^{xy}$)

$8^{\frac{1}{3}}+27^{\frac{2}{3}}=(2^3)^{\frac{1}{3}}+(3^3)^{\frac{2}{3}}$
$=2+3^2=11$

A 72 정답 ⑤ *지수법칙 - 밑이 다른 계산(덧셈) …… [정답률 93%]

(정답 공식: 밑을 2와 3으로 바꾼다.)

$8^{\frac{1}{3}}+9^{\frac{1}{2}}$의 값은? (2점) 단서 밑을 각각 2, 3으로 나타내어 정리해 보자.

① 1 ② 2 ③ 3 ④ 4 ⑤ 5

1st 주어진 식을 밑이 2, 3인 거듭제곱으로 나타내어 값을 구해.

$8^{\frac{1}{3}}+9^{\frac{1}{2}}=(2^3)^{\frac{1}{3}}+(3^2)^{\frac{1}{2}}=2^{3\times\frac{1}{3}}+3^{2\times\frac{1}{2}}=2+3=5$
($(a^x)^y=a^{xy}$)

A 73 정답 ③ *거듭제곱근이 자연수, 유리수가 되는 조건 …… [정답률 82%]

(정답 공식: $(a^m)^n=a^{mn}$, $a^{\frac{1}{n}}=\sqrt[n]{a}$)

2 이상의 두 자연수 a, n에 대하여 $(\sqrt[n]{a})^3$의 값이 자연수가 되도록 하는 n의 최댓값을 $f(a)$라 하자. $f(4)+f(27)$의 값은? (4점)
단서 $a=4$일 때 n의 최댓값과 $a=27$일 때 n의 최댓값의 합을 구하는 거야.

① 13 ② 14 ③ 15 ④ 16 ⑤ 17

1st $f(4)$의 값을 구해.

$(\sqrt[n]{a})^3=(a^{\frac{1}{n}})^3=a^{\frac{3}{n}}$이므로

(i) $a=4$일 때, $4^{\frac{3}{n}}=(2^2)^{\frac{3}{n}}=2^{2\times\frac{3}{n}}=2^{\frac{6}{n}}$

이것이 자연수가 되려면 $\frac{6}{n}$이 자연수이어야 하므로 가능한 자연수 n의 값은 2, 3, 6이다.
→ n은 6의 양의 약수이어야 해. 그런데 n이 2 이상의 자연수이므로 가능한 n의 값은 2, 3, 6이야.

$\therefore f(4)=6$

2nd $f(27)$의 값을 구해.

(ii) $a=27$일 때, $27^{\frac{3}{n}}=(3^3)^{\frac{3}{n}}=3^{3\times\frac{3}{n}}=3^{\frac{9}{n}}$

이것이 자연수가 되려면 $\frac{9}{n}$가 자연수이어야 하므로 가능한 자연수 n의 값은 3, 9이다. → n은 9의 양의 약수이어야 해. 그런데 n이 2 이상의 자연수이므로 가능한 n의 값은 3, 9야.

$\therefore f(27)=9$

$\therefore f(4)+f(27)=6+9=15$

A 74 정답 ⑤ *거듭제곱근이 자연수, 유리수가 되는 조건 … [정답률 63%]

(정답 공식: $a>0$일 때, $\sqrt[n]{a^m}=a^{\frac{m}{n}}$, $\sqrt[n]{a^n}=a$)

$m\le135$, $n\le9$인 두 자연수 m, n에 대하여 $\sqrt[3]{2m}\times\sqrt{n^3}$의 값이 자연수일 때, $m+n$의 최댓값은? (3점) 단서 $\sqrt[3]{2m}\times\sqrt{n^3}$이 자연수가 되기 위해서는 $\sqrt[3]{2m}$, $\sqrt{n^3}$ 각각이 자연수가 되어야 해.

① 97 ② 102 ③ 107
④ 112 ⑤ 117

1st $\sqrt[3]{2m}$이 자연수가 되는 조건을 살펴보자.

$\sqrt[3]{2m}=(2m)^{\frac{1}{3}}$이 자연수이므로 $m=2^2k^3$ (k는 자연수) 꼴이어야 한다. → $\sqrt[3]{2m}=(2m)^{\frac{1}{3}}$이므로 자연수가 되기 위해서는 $2m$이 어떤 자연수의 세제곱이 되어야 해. 즉, $m=2^2k^3$이면 $(2m)^{\frac{1}{3}}=(2^3k^3)^{\frac{1}{3}}=2k$로 자연수가 되지.

$m\le135$인 자연수 m이 될 수 있는 값은 $2^2\times1^3$, $2^2\times2^3$, $2^2\times3^3$이다. 실수 ⑤ $2^2\times1^3=4$, $2^2\times2^3=32$, $2^2\times3^3=108$, $2^2\times4^3=256$이니까 $k\ge4$인 자연수에서는 $m>135$가 돼.

2nd $\sqrt{n^3}$이 자연수가 되는 조건을 살펴보자.

또, $\sqrt{n^3}=n^{\frac{3}{2}}$이 자연수이므로 $n=l^2$ (l은 자연수) 꼴이다. → $\sqrt{n^3}=n^{\frac{3}{2}}$이므로 자연수가 되기 위해서는 n이 어떤 자연수의 제곱이 되어야 해. 즉, $n=l^2$이면 $n^{\frac{3}{2}}=(l^2)^{\frac{3}{2}}=l^3$으로 자연수가 되지.

$n\le9$인 자연수 중 n이 될 수 있는 값은 1^2, 2^2, 3^2이다.

따라서 $m+n$의 최댓값은 m, n 각각이 최댓값을 가질 때이므로

$2^2\times3^3+3^2=108+9=117$

A 75 정답 ③ *거듭제곱근이 자연수, 유리수가 되는 조건 [정답률 63%]

(정답 공식: 지수법칙 $(a^n)^m=a^{nm}$를 적용한다.)

10 이하의 자연수 a에 대하여 $\left(a^{\frac{2}{3}}\right)^{\frac{1}{2}}$의 값이 자연수가 되도록 하는 모든 a의 값의 합은? (3점) 단서 $(a^m)^n=a^{mn}$을 이용하여 간단히 나타내고 자연수가 되기 위한 조건을 생각해.

① 5 ② 7 ③ 9
④ 11 ⑤ 13

1st 지수법칙을 이용하여 식을 정리해보자.

지수법칙을 이용하여 식을 정리하면

$\left(a^{\frac{2}{3}}\right)^{\frac{1}{2}}=a^{\frac{2}{3}\times\frac{1}{2}}=a^{\frac{1}{3}}$

2nd $a^{\frac{1}{3}}$의 값이 자연수가 되는 조건을 생각해

$a^{\frac{1}{3}}$의 값이 자연수가 되기 위해서는 $a=k^3$ (k는 자연수) 꼴이므로 $a^{\frac{1}{3}}=(k^3)^{\frac{1}{3}}=k$

$1\le k^3\le10$

즉, $a=1^3=1$, $a=2^3=8$이므로 모든 a의 값의 합은 $1+8=9$

→ $1\le k^3\le10$에서 $1\le k\le10^{\frac{1}{3}}$이므로 $k=1$, $k=2$

A 76 정답 124 *거듭제곱근이 자연수, 유리수가 되는 조건 … [정답률 82%]

(정답 공식: $(a^m)^n=a^{mn}$, $a^{\frac{1}{n}}=\sqrt[n]{a}$, 소수 a, 자연수 m, n에 대해 $a^{\frac{m}{n}}$이 자연수가 되기 위해서는 m이 n의 배수(n이 m의 약수)이어야 한다.)

단서1 지수법칙을 이용하면 둘 다 3^a 꼴로 나타낼 수 있어.

2 이상의 자연수 n에 대하여 $(\sqrt{3^n})^{\frac{1}{2}}$과 $\sqrt[n]{3^{100}}$이 모두 자연수가 되도록 하는 모든 n의 값의 합을 구하시오. (4점) 단서2 3^a 꼴의 값이 자연수가 되려면 지수가 양의 정수이어야 하지?

1st 우선 지수법칙을 이용하여 주어진 값을 3^a 꼴로 나타내보자.

$(\sqrt{3^n})^{\frac{1}{2}}=(3^{\frac{n}{2}})^{\frac{1}{2}}=3^{\frac{n}{4}}$, $\sqrt[n]{3^{100}}=3^{\frac{100}{n}}$ → $(a^m)^n=a^{mn}$과 $a^{\frac{1}{n}}=\sqrt[n]{a}$을 이용한 거야.

2nd $3^{\frac{n}{4}}$이 자연수가 되도록 하는 n의 값을 구해.

$3^{\frac{n}{4}}$이 자연수가 되도록 하려면 지수 $\frac{n}{4}$이 양의 정수이어야 하므로 자연수 n은 4의 배수이어야 한다. 만약 지수 $\frac{n}{4}$가 양의 정수가 아니고, 예를 들어 $n=2$이면 $3^{\frac{n}{4}}=3^{\frac{1}{2}}=\sqrt{3}$처럼 $3^{\frac{n}{4}}$은 자연수가 아니야. 즉, 지수 $\frac{n}{4}$은 양의 정수이어야 해.

즉, $n=4k$ ($k=1, 2, 3, \cdots$)

3rd $3^{\frac{100}{n}}$이 자연수가 되도록 하는 n의 값을 구해.

또한, $3^{\frac{100}{n}}$이 자연수가 되도록 하려면 마찬가지로 지수가 양의 정수이어야 하므로 2 이상의 자연수 n은 100의 양의 약수이어야 한다.
$n=2, 4, 5, 10, 20, 25, 50, 100$

따라서 2 이상의 자연수 n 중에서 100의 양의 약수이면서 동시에 4의 배수인 자연수 n은 4, 20, 100이므로 구하는 모든 n의 값의 합은 실수 ⑤ 문제의 조건에 n은 2 이상의 자연수라고 했으므로 1은 제외시켜야 해.

$4+20+100=124$

수능 핵강

***지수법칙을 적용할 때의 주의점**

① 지수가 유리수인 경우, 밑이 양수일 때에만 지수법칙이 성립해.
밑이 음수일 때 유리수 지수를 허용하면
$(-2)^{\frac{1}{2}}\times(-2)^{\frac{1}{2}}=\{(-2)\times(-2)\}^{\frac{1}{2}}$에서 $-2=2$이므로
지수법칙 $a^nb^n=(ab)^n$을 만족시키지 않아.

② $a^{\frac{m}{n}}=\sqrt[n]{a^m}$으로 정의할 때, m은 정수이고 n은 자연수임에 특히 주의하자.
즉, $a^{-\frac{3}{2}}=a^{\frac{3}{-2}}=\sqrt[-2]{a^3}$ $(a>0)$은 잘못된 표현이야.
올바른 표현은 $a^{-\frac{3}{2}}=a^{\frac{-3}{2}}=\sqrt[2]{a^{-3}}$

③ 밑이 음수이고 지수가 분수일 때는 지수법칙이 성립하지 않아.

A 77 정답 33 *거듭제곱근이 자연수, 유리수가 되는 조건 … [정답률 85%]

(정답 공식: 4^n이 세제곱수이어야 한다. 즉, n이 3의 배수이어야 한다.)

100 이하의 자연수 n에 대하여 $\sqrt[3]{4^n}$이 정수가 되도록 하는 n의 개수를 구하시오. (3점) 단서 정수 꼴이 되려면 $\sqrt[3]{\ }$가 사라져야 하니까 $4^{\square}$에서 □가 자연수가 되도록 하는 n의 값을 찾자.

1st 거듭제곱근의 성질을 이용하여 식부터 간단히 하여 n의 조건을 찾자.

$\sqrt[m]{a^n}=a^{\frac{n}{m}}$

$\sqrt[3]{4^n}=4^{\frac{n}{3}}=2^{\frac{2n}{3}}$이 → $\frac{2n}{3}$이 자연수가 아닌 유리수이면 $2^{\frac{2n}{3}}=\sqrt[3]{2^{2n}}$으로 무리수이지? 하지만 자연수이면 $2^{\square}$으로 2의 거듭제곱이야.

정수가 되기 위해서는 $\frac{2n}{3}$이 자연수이어야 하므로 n은 3의 배수이다.
분자의 수가 분모의 수의 배수이면 되니까

2nd 조건을 만족시키는 n의 개수를 구해.

이때, n은 100 이하의 자연수이고, 100 이하의 자연수 중 3의 배수의 개수는 33이므로 n의 개수는 33이 된다. $\frac{100}{3}=33.\times\times\times$

A 78 정답 2 *거듭제곱근이 자연수, 유리수가 되는 조건 … [정답률 68%]

(정답 공식: $a>0$이고, m, n이 2 이상의 자연수일 때, $\sqrt[m]{\sqrt[n]{a}}=\sqrt[mn]{a}=a^{\frac{1}{mn}}$이다.)

2 이상의 자연수 n에 대하여 넓이가 $\sqrt[n]{64}$인 정사각형의 한 변의 길이를 $f(n)$이라 할 때, $f(4)\times f(12)$의 값을 구하시오. (4점)
단서 넓이가 a인 정사각형의 한 변의 길이는 $\sqrt{a}$이지?

1st 거듭제곱근의 성질을 이용하여 $f(n)$을 구해.

정사각형의 넓이가 $\sqrt[n]{64}$이므로 정사각형의 한 변의 길이 $f(n)$은

$f(n)=\sqrt{\sqrt[n]{64}}=\sqrt[2n]{2^6}$ → $a>0$이고, m, n이 2 이상의 자연수일 때, $\sqrt[m]{\sqrt[n]{a}}=\sqrt[mn]{a}$

$=2^{\frac{6}{2n}}=2^{\frac{3}{n}}$ → $a>0$이고, m, $n(n\geq 2)$이 정수일 때, $\sqrt[n]{a^m}=a^{\frac{m}{n}}$

2nd 지수법칙을 이용하여 $f(4)\times f(12)$의 값을 구하자.

따라서 $f(4)=2^{\frac{3}{4}}$, $f(12)=2^{\frac{3}{12}}=2^{\frac{1}{4}}$이므로

$f(4)\times f(12)=2^{\frac{3}{4}}\times 2^{\frac{1}{4}}=2^{\frac{3}{4}+\frac{1}{4}}=2$

A 79 정답 12 *거듭제곱근이 자연수, 유리수가 되는 조건 … [정답률 75%]

(정답 공식: $\sqrt[n]{a^m}=a^{\frac{m}{n}}$의 꼴로 변형한 후 계산한다.)

$(\sqrt{2\sqrt[3]{4}})^n$이 네 자리 자연수가 되도록 하는 자연수 n의 값을 구하시오. (4점) 단서 $\sqrt[n]{a^m}=a^{\frac{m}{n}}$으로 변형하여 나타내자.

1st 거듭제곱근의 성질을 사용하여 식을 간단히 정리하자.

$(\sqrt{2\sqrt[3]{4}})^n=\left(\sqrt{2\times 4^{\frac{1}{3}}}\right)^n=2^{\frac{5n}{6}}$ → $(\sqrt{2\sqrt[3]{4}})^n=\left(\sqrt{2\times 4^{\frac{1}{3}}}\right)^n=\left(2^{\frac{5}{3}}\right)^{\frac{n}{2}}=2^{\frac{5n}{6}}$

2nd $10^3\leq 2^{\frac{5}{6}n}<10^4$을 만족시키는 자연수 n의 값을 구하자.

이것이 네 자리의 자연수이므로 $1000\leq 2^{\frac{5}{6}n}<10000$

이때, $2^{10}=1024$, $2^{13}=8192$이므로 $2^{10}\leq 2^{\frac{5}{6}n}<2^{14}$

$\therefore 10\leq \frac{5}{6}n<14$ ⋯ ㉠ → $\frac{5}{6}n$이 자연수가 되는 n은 6의 배수이므로 $n=6k$ (k는 자연수) 꼴이야.

이때, $\frac{5}{6}n$이 자연수가 되어야 $(\sqrt{2\sqrt[3]{4}})^n$이 자연수가 되고

㉠을 만족시켜야 $(\sqrt{2\sqrt[3]{4}})^n$이 네 자리 자연수가 되므로 구하는 자연수 n의 값은 $n=12$이다.

A 80 정답 252 *거듭제곱근이 자연수, 유리수가 되는 조건 … [정답률 72%]

(정답 공식: $\sqrt{a}$, $\sqrt[3]{b}$ 모두 자연수가 되어야 한다.)

$30\leq a\leq 40$, $150\leq b\leq 294$일 때, $\sqrt{a}+\sqrt[3]{b}$의 값이 자연수가 되도록 하는 두 자연수 a, b에 대하여 $a+b$의 값을 구하시오. (3점)
단서 $\sqrt{a}+\sqrt[3]{b}$의 값이 자연수가 되려면 자연수 m, n에 대하여 $a=m^2$, $b=n^3$ 꼴이어야 해.

1st 거듭제곱근의 성질을 이용해서 주어진 조건에 맞는 a, b의 값을 구하자.

$\sqrt{a}+\sqrt[3]{b}$이 자연수가 되기 위해서는 $\sqrt{a}$도 자연수, $\sqrt[3]{b}$도 자연수이어야 한다. → a는 어떤 자연수의 제곱 꼴이고 b는 어떤 자연수의 세제곱 꼴이어야 해.

함정 두 개 이상의 거듭제곱근의 덧셈, 뺄셈으로 자연수를 나타내려면 두 개 이상의 거듭제곱근은 모두 자연수이어야 해.

$5^2<30\leq a\leq 40<7^2$이므로 $a=6^2$

또, $5^3<150=5^2\times 6<6^3$이고 $6^3<294=7^2\times 6<7^3$이므로

$5^3<b<7^3$, $5<\sqrt[3]{b}<7$, $\sqrt[3]{b}=6$, $b=6^3=216$

$\therefore a+b=36+216=252$ → $\sqrt[3]{b}$가 자연수여야 하므로 $5<\sqrt[3]{b}<7$을 만족하는 $\sqrt[3]{b}$은 6뿐이야.

A 81 정답 30 *거듭제곱근이 자연수, 유리수가 되는 조건 … [정답률 69%]

(정답 공식: n은 지수 2, 5, 6의 공배수가 되어야 한다.)

세 양수 a, b, c에 대하여 $a^6=3$, $b^5=7$, $c^2=11$일 때, $(abc)^n$이 자연수가 되는 최소의 자연수 n의 값을 구하시오. (3점)
단서 $(abc)^n$이 자연수가 되려면 (abc)의 지수가 0, 1, 2, ⋯가 되어야 해. 이때, a, b, c는 지수가 유리수이니까 그 곱의 지수가 자연수가 되는 경우를 생각해 보자.

1st 세 양수 a, b, c를 지수가 유리수인 수로 간단히 나타내.

$a^6=3$에서 $a=3^{\frac{1}{6}}$
$a^6=3$이면 a는 3의 6제곱근이지? 즉, $a=\sqrt[6]{3}=3^{\frac{1}{6}}$이야.

$b^5=7$에서 $b=7^{\frac{1}{5}}$

$c^2=11$에서 $c=11^{\frac{1}{2}}$

$\therefore (abc)^n=\left(3^{\frac{1}{6}}\times 7^{\frac{1}{5}}\times 11^{\frac{1}{2}}\right)^n$ ⋯ ㉠

2nd 주어진 값이 자연수가 되기 위한 조건을 생각하여 n의 값을 구해.

㉠이 자연수가 되려면 n은 6, 5, 2의 공배수가 되어야 한다.
세 수 a, b, c를 곱한 수의 지수가 0 또는 자연수이어야 해. 즉 ㉠의 지수로 자연수를 만들어야 하니까 지수의 분수를 통분해야 해.

따라서 최소의 자연수 n은 6, 5, 2의 최소공배수이므로 30이다.
공배수 중에서 가장 작은 것을 최소공배수라 해.

A 82 정답 ① *거듭제곱근이 자연수, 유리수가 되는 조건 [정답률 59%]

(정답 공식: n제곱근을 없애기 위해서는 n제곱근 안의 수가 n제곱수가 되어야 하고 즉, 지수가 n의 배수여야 한다.)

두 자연수 a, b에 대하여 (단서1 자연수가 되기 위해 제곱근을 없애야겠지?)

$\sqrt{\frac{2^a\times 5^b}{2}}$이 자연수, $\sqrt[3]{\frac{3^b}{2^{a+1}}}$이 유리수

일 때, $a+b$의 최솟값은? (4점)

단서2 유리수가 되기 위해서는 $\frac{(\text{자연수})}{(\text{자연수})}$ 꼴이 되어야 하므로 세제곱근을 없애기 위한 조건을 생각해보자.

① 11 ② 13 ③ 15 ④ 17 ⑤ 19

1st 지수법칙을 활용해서 $\sqrt{\frac{2^a\times 5^b}{2}}$이 자연수가 되기 위한 a, b의 값을 추론하자.

$\sqrt{\frac{2^a\times 5^b}{2}}=\sqrt{2^{a-1}\times 5^b}=2^{\frac{a-1}{2}}\times 5^{\frac{b}{2}}$ ⋯ ㉠이 자연수이므로
→ $\sqrt[m]{a}=a^{\frac{1}{m}}$, $(ab)^x=a^xb^x$

$\frac{a-1}{2}=m$에서 $a=2m+1$ (m은 음이 아닌 정수)이므로 $a=1, 3, 5, \cdots$

$\frac{b}{2}=n$에서 $b=2n$ (n은 자연수)이므로 $b=2, 4, 6, \cdots$

2nd 지수법칙을 활용해서 $\sqrt[3]{\frac{3^b}{2^{a+1}}}$이 유리수가 되기 위한 a, b의 값을 추론하자.

$\sqrt[3]{\frac{3^b}{2^{a+1}}}=\frac{\sqrt[3]{3^b}}{\sqrt[3]{2^{a+1}}}=\frac{3^{\frac{b}{3}}}{2^{\frac{a+1}{3}}}$ ⋯ ㉡이 유리수이므로
→ $\sqrt[n]{\frac{a}{b}}=\frac{\sqrt[n]{a}}{\sqrt[n]{b}}=\frac{a^{\frac{1}{n}}}{b^{\frac{1}{n}}}$

$\frac{a+1}{3}=k$에서 $a=3k-1$ (k는 자연수)이므로 $a=2, 5, 8, \cdots$

$\frac{b}{3}=l$에서 $b=3l$ (l은 자연수)이므로 $b=3, 6, 9, \cdots$

3rd a, b의 최솟값을 각각 구하자.

1st, 2nd에 의하여
→ ㉠에서 $a-1$은 짝수이므로 $a+1$도 짝수야. ㉡에서 $a+1$은 3의 배수이기도 하니까 6의 배수지. 그래서 $a+1$의 최솟값은 6, 즉 a의 최솟값은 5야.

a의 최솟값은 5, b의 최솟값은 6
→ b는 ㉠에서 짝수, ㉡에서 3의 배수이므로 6의 배수지. 즉, b의 최솟값은 6이야.

따라서 $a+b$의 최솟값은 11

A 83 정답 ③ *지수법칙의 활용 - 문자로 표현 …… [정답률 92%]

(정답 공식: $(ab)^m = a^m b^m$)

$a=\sqrt{2}$, $b=\sqrt[3]{3}$일 때, $(ab)^6$의 값은? (2점)

단서 a, b를 밑이 자연수인 수로 나타낸 후 지수법칙을 이용하여 계산해.

① 60 ② 66 ③ 72 ④ 78 ⑤ 84

1st 지수법칙을 이용해.

$(ab)^6 = a^6b^6 = (\sqrt{2})^6(\sqrt[3]{3})^6$ ← $(ab)^n = a^n b^n$

$= \left(2^{\frac{1}{2}}\right)^6 \times \left(3^{\frac{1}{3}}\right)^6$ ← 거듭제곱근을 지수형태로 고쳐 봐. 즉 $\sqrt[n]{\triangle} = \triangle^{\frac{1}{n}}$

$= 2^3 \times 3^2 = 8 \times 9 = 72$

A 84 정답 ④ *지수법칙의 활용 - 문자로 표현 …… [정답률 88%]

(정답 공식: 주어진 식을 적절히 변형한다.)

두 실수 a, b에 대하여 $2^a=3$, $3^b=\sqrt{2}$가 성립할 때, ab의 값은? (3점)

단서 $3^b=\sqrt{2}$의 3에 2^a을 대입해 봐.

① $\frac{1}{6}$ ② $\frac{1}{4}$ ③ $\frac{1}{3}$ ④ $\frac{1}{2}$ ⑤ 1

1st $2^a=3$을 $3^b=\sqrt{2}$에 대입하자.

$2^a=3$이므로 이 식을 $3^b=\sqrt{2}$에 대입하면

$(2^a)^b=\sqrt{2}$ ← $(a^m)^n = a^{mn}$

이 식을 정리하면 $2^{ab}=2^{\frac{1}{2}}$이므로 $ab=\frac{1}{2}$

$a>0$이고 x, y가 실수일 때, $a^x=a^y$이면 $x=y$야.

함정: a, b를 직접 구하기보다는 두 식을 잘 연립해서 지수법칙을 이용해서 구해야 해.

다른 풀이: **로그의 정의를 이용하여 ab의 값 구하기**

로그의 정의에 의해

$a=\log_2 3$, $b=\log_3 \sqrt{2}$

$\therefore ab = \log_2 3 \cdot \log_3 \sqrt{2} = \log_2 \sqrt{2} = \frac{1}{2}$

A 85 정답 ① *지수법칙의 활용 - 문자로 표현 …… [정답률 87%]

(정답 공식: 지수법칙에 의하여 $b^3=\sqrt{3}=3^{\frac{1}{2}}$이면 $b=3^{\frac{1}{6}}$이다.)

$a=\sqrt{2}$, $b^3=\sqrt{3}$일 때, $(ab)^2$의 값은? (단, b는 실수이다.) (3점)

① $2\cdot 3^{\frac{1}{3}}$ ② $2\cdot 3^{\frac{2}{3}}$ ③ $2^{\frac{1}{2}}\cdot 3^{\frac{1}{3}}$ ④ $3\cdot 2^{\frac{1}{3}}$ ⑤ $3\cdot 2^{\frac{2}{3}}$

단서 $(ab)^2=a^2b^2$의 값을 구하기 위해 이 식의 양변을 $\frac{2}{3}$제곱해야겠지?

1st $b^3=\sqrt{3}$의 양변을 $\frac{2}{3}$제곱하여 $(ab)^2$의 값을 구해.

$b^3=\sqrt{3}$에서

$(b^3)^{\frac{2}{3}} = (\sqrt{3})^{\frac{2}{3}}$ ← $b^{3\times\frac{2}{3}} = 3^{\frac{1}{2}\times\frac{2}{3}}$

$\therefore b^2 = \left(3^{\frac{1}{2}}\right)^{\frac{2}{3}} = 3^{\frac{1}{3}}$

$\therefore (ab)^2 = a^2b^2 = (\sqrt{2})^2 \times 3^{\frac{1}{3}} = 2\times 3^{\frac{1}{3}}$ ← $(ab)^m = a^m b^m$

A 86 정답 ② *지수법칙의 활용 - 식 변형 …… [정답률 88%]

(정답 공식: $a>0$, 실수 x에 대하여 $a^{2x}=(a^x)^2$이다.)

실수 x가 $5^x=\sqrt{3}$을 만족시킬 때, $5^{2x}+5^{-2x}$의 값은? (3점)

단서 $5^x=\sqrt{3}$이므로 지수법칙을 이용하여 5^{2x}과 5^{-2x}의 값을 계산할 수 있지.

① $\frac{19}{6}$ ② $\frac{10}{3}$ ③ $\frac{7}{2}$ ④ $\frac{11}{3}$ ⑤ $\frac{23}{6}$

1st 지수법칙을 이용하여 식을 변형해.

$5^x=\sqrt{3}$이므로 $5^{2x}=3$, $5^{-2x}=\frac{1}{3}$

← $5^{2x}=(5^x)^2=(\sqrt{3})^2=3$이고, $5^{-2x}=(5^x)^{-2}=\frac{1}{(5^x)^2}=\frac{1}{(\sqrt{3})^2}=\frac{1}{3}$이지.

$\therefore 5^{2x}+5^{-2x}=3+\frac{1}{3}=\frac{10}{3}$

A 87 정답 ① *지수법칙의 활용 - 식 변형 …… [정답률 70%]

(정답 공식: $a^xa^y=a^{x+y}$, $(a^x)^y=a^{xy}$)

두 실수 a, b에 대하여 $2^a=3$, $6^b=5$일 때, 2^{ab+a+b}의 값은? (4점)

단서 $6^b=2^b\times 3^b$을 이용하여 밑을 2와 3으로 바꿔서 쓸 수 있어.

① 15 ② 18 ③ 21 ④ 24 ⑤ 27

1st 지수법칙을 이용하여 계산해보자.

$2^{ab+a+b}=(2^a)^b\times 2^a\times 2^b$ 지수법칙을 이용하여 밑이 2인 지수들의 곱으로 나타낸거야.

$=3^b\times 3\times 2^b\ (\because 2^a=3)$

$=(3\times 2)^b\times 3$ ← 지수법칙에 의해 $(ab)^x=a^xb^x$이므로 $2^a=3$을 이용하여 2^{ab+a+b}에서 6^b으로 나타낼 수 있어.

$=5\times 3\ (\because 6^b=5)=15$

다른 풀이: **주어진 조건을 구하는 식의 꼴로 나타내어 값 계산하기**

$6^b=(2\times 3)^b=(2\times 2^a)^b\ (\because 2^a=3)=2^{ab+b}=5$이므로

$2^{ab+a+b}=2^{ab+b}\times 2^a=5\times 3=15$

A 88 정답 ⑤ *지수법칙의 활용 - 식 변형 …… [정답률 66%]

(정답 공식: $a^mb^m=(ab)^m$, $(a^m)^n=a^{mn}$이다.)

두 실수 a, b에 대하여

❶ $2^{\frac{4}{a}}=100$, ❷ $25^{\frac{2}{b}}=10$ 단서 ❶과 ❷를 각각 밑이 2, 5인 수로 나타낼 수 있지?

이 성립할 때, $2a+b$의 값은? (4점)

① 3 ② $\frac{13}{4}$ ③ $\frac{7}{2}$ ④ $\frac{15}{4}$ ⑤ 4

1st 두 등식을 2, 5가 밑이 되도록 변형하여 $2a+b$의 값을 구하자.

$2^{\frac{4}{a}}=100$에서 $2^4=100^a=10^{2a}$ ← $100=10^2$

$25^{\frac{2}{b}}=10$에서 $25^2=10^b$이므로 $5^4=10^b$

← $25=5^2$이므로 $(a^m)^n=a^{mn}$임을 이용하면 $25^2=(5^2)^2=5^4$

지수법칙에 의하여

$10^{2a+b}=10^{2a}\times 10^b=2^4\times 5^4=10^4$ ← $a^nb^n=(ab)^n$

$\therefore 2a+b=4$

A 89 정답 ③ *지수법칙의 활용 - 식 변형 [정답률 65%]

(정답 공식: $a^x=7$이면 $a=7^{\frac{1}{x}}$으로 나타낼 수 있다.)

세 양수 a, b, c가 $a^x=b^{2y}=c^{3z}=7$, $abc=49$를 만족할 때, $\frac{6}{x}+\frac{3}{y}+\frac{2}{z}$의 값은? (3점)

단서 거듭제곱근의 정의에 의하여 a, b, c를 밑이 7인 수로 표현해 볼까?

① 8 ② 10 ③12 ④ 14 ⑤ 16

1st 거듭제곱근의 정의에 의하여 a, b, c를 밑이 7인 수로 나타내어 7의 지수를 각각 $\frac{6}{x}, \frac{3}{y}, \frac{2}{z}$로 표현해.

$x^n=a$에서 x는 a의 n제곱근이야. 즉, 이 방정식의 해는 $x=\sqrt[n]{a}=a^{\frac{1}{n}}$

$a^x=b^{2y}=c^{3z}=7$에서

$a^x=7 \Rightarrow a=7^{\frac{1}{x}} \Rightarrow a^6=7^{\frac{6}{x}}$ (7의 x제곱근이 $a \Rightarrow a=\sqrt[x]{7}$)

$b^{2y}=7 \Rightarrow b=7^{\frac{1}{2y}} \Rightarrow b^6=7^{\frac{3}{y}}$ (7의 $2y$제곱근이 $b \Rightarrow b=\sqrt[2y]{7}$)

$c^{3z}=7 \Rightarrow c=7^{\frac{1}{3z}} \Rightarrow c^6=7^{\frac{2}{z}}$ (7의 $3z$제곱근이 $c \Rightarrow c=\sqrt[3z]{7}$)

2nd $abc=49$를 이용하여 $\frac{6}{x}+\frac{3}{y}+\frac{2}{z}$의 값을 구해.

즉, $a^6b^6c^6=7^{\frac{6}{x}}\times7^{\frac{3}{y}}\times7^{\frac{2}{z}}=7^{\frac{6}{x}+\frac{3}{y}+\frac{2}{z}}$이고 $abc=49$이므로 (밑이 같으니까 $a^m\times a^n=a^{m+n}$)

$(abc)^6=49^6=(7^2)^6=7^{12}=7^{\frac{6}{x}+\frac{3}{y}+\frac{2}{z}}$

$\therefore \frac{6}{x}+\frac{3}{y}+\frac{2}{z}=12$

다른 풀이: **로그의 정의를 이용하여 값 구하기**

$a^x=7 \Rightarrow x=\log_a 7 \Rightarrow \frac{1}{x}=\log_7 a$ ($\frac{1}{\log_a b}=\log_b a$)

$b^{2y}=7 \Rightarrow 2y=\log_b 7 \Rightarrow \frac{1}{2y}=\log_7 b$

$c^{3z}=7 \Rightarrow 3z=\log_c 7 \Rightarrow \frac{1}{3z}=\log_7 c$

$6\left(\frac{1}{x}+\frac{1}{2y}+\frac{1}{3z}\right)=6(\log_7 a+\log_7 b+\log_7 c)$
$=6(\log_7 abc)$
$=6\log_7 49=12$

$\therefore \frac{6}{x}+\frac{3}{y}+\frac{2}{z}=12$

톡톡 풀이: **지수를 $6xyz$로 나타내어 값 구하기**

$a^{6xyz}=7^{6yz}$, $b^{6xyz}=7^{3xz}$, $c^{6xyz}=7^{2xy}$에서 $(abc)^{6xyz}=7^{6yz+3xz+2xy}$이므로

$abc=49$를 위의 식에 대입하면

$49^{6xyz}=7^{6yz+3xz+2xy}$, $7^{12xyz}=7^{6yz+3xz+2xy}$

$\therefore 12xyz=6yz+3xz+2xy$

양변을 xyz로 나누면

$\frac{6}{x}+\frac{3}{y}+\frac{2}{z}=12$

지수법칙 개념·공식

$a>0$, $b>0$이고, x, y가 실수일 때

① $a^xa^y=a^{x+y}$ ② $a^x\div a^y=a^{x-y}$
③ $(a^x)^y=a^{xy}$ ④ $(ab)^x=a^xb^x$

A 90 정답 ① *지수법칙의 활용 - 식 변형 [정답률 67%]

(정답 공식: $3=6^{\frac{1}{a}}$, $12=6^{\frac{1}{b}}$)

실수 a, b에 대하여 $3^a=12^b=6$이 성립할 때, $\frac{1}{a}+\frac{1}{b}$의 값은? (3점)

단서 6의 a제곱근이 3, 6의 b제곱근이 12로 같으니까 3, 12를 6으로 나타내 볼까?

① 2 ② $\frac{5}{3}$ ③ $\frac{4}{3}$ ④ 1 ⑤ $\frac{2}{3}$

1st 단서를 이용하여 3, 12를 6으로 표현해 볼까? ($a^x=b \Rightarrow a=b^{\frac{1}{x}}$임을 이용하자.)

$3^a=6$에서 $3=6^{\frac{1}{a}}$이고 $12^b=6$에서 $12=6^{\frac{1}{b}}$이다.

(6의 a제곱근이 3이니까 $3=\sqrt[a]{6}$ 6의 b제곱근이 12이니까 $12=\sqrt[b]{6}$)

2nd $\frac{1}{a}+\frac{1}{b}$의 값을 구해.

이때, $6^{\frac{1}{a}}\times6^{\frac{1}{b}}=3\times12$에서 $6^{\frac{1}{a}+\frac{1}{b}}=36=6^2$이므로

$\frac{1}{a}+\frac{1}{b}=2$ (밑이 같으니까 $a^m=a^n$이면 $m=n$이야.)

A 91 정답 ② *지수법칙의 활용 - 식 변형 [정답률 49%]

(정답 공식: $80=2^{\frac{1}{x}}$, $\frac{1}{10}=2^{\frac{2}{y}}$, $a=2^{\frac{3}{z}}$이므로 지수법칙을 이용하여 식을 변형해 보자.)

$80^x=2$, $\left(\frac{1}{10}\right)^y=4$, $a^z=8$을 만족시키는 세 실수 x, y, z에 대하여 $\frac{1}{x}+\frac{2}{y}-\frac{1}{z}=1$이 성립할 때, 양수 a의 값은? (3점)

① 32 ② 64 ③ 96 ④ 128 ⑤ 160

단서 세 등식의 우변이 2의 거듭제곱으로 표현되지? 즉, 80, $\frac{1}{10}$, a를 밑이 2인 수로 표현하여 정리해 보자.

1st 주어진 세 등식에서 2를 밑으로 하는 수로 만들자.

$80^x=2 \Rightarrow 2^{\frac{1}{x}}=80 \cdots$ ㉠ (2의 x거듭제곱근이 80이니까.)

$\left(\frac{1}{10}\right)^y=4=2^2 \Rightarrow 2^{\frac{2}{y}}=\frac{1}{10} \cdots$ ㉡ (4의 y거듭제곱근이 $\frac{1}{10}$이니까.)

$a^z=8=2^3 \Rightarrow 2^{\frac{3}{z}}=a \cdots$ ㉢ (8의 z거듭제곱근이 a이니까.)

2nd 2의 지수의 합을 조건과 같게 변형하여 양수 a의 값을 구해.

조건에서 $\frac{1}{x}+\frac{2}{y}-\frac{1}{z}=1$이므로

㉠×㉡÷㉢을 하면 $2^{\frac{1}{x}+\frac{2}{y}-\frac{1}{z}}=\frac{80\times\frac{1}{10}}{\sqrt[3]{a}}=2$, $\frac{8}{\sqrt[3]{a}}=2$ $\therefore \sqrt[3]{a}=4$

(밑이 같을 때 곱하기와 나누기는 지수의 더하기와 빼기야.)

따라서 양변을 세제곱하면 $a=4^3=64$

다른 풀이: **로그의 정의를 이용하여 값 구하기**

지수의 미지수를 이용하기 위하여 등식의 양변에 알맞은 로그를 취하자.

$\frac{1}{x}=\log_2 80$, $\frac{1}{y}=\log_4 \frac{1}{10} \Rightarrow \frac{2}{y}=\log_2 \frac{1}{10}$, ($\log_{2^2}■=\frac{1}{2}\log_2■$)

$\frac{1}{z}=\log_8 a=\log_2 \sqrt[3]{a}$ ($\log_{2^3}■=\frac{1}{3}\log_2■=\log_2■^{\frac{1}{3}}$)

따라서 $\frac{1}{x}+\frac{2}{y}-\frac{1}{z}=\log_2\frac{80\times\frac{1}{10}}{\sqrt[3]{a}}=1$이므로 $\frac{80\times\frac{1}{10}}{\sqrt[3]{a}}=2$ ($\log_2■=▲ \Rightarrow ■=2^▲$)

(이하 동일)

A 92 정답 ⑤ *지수법칙의 활용 – 특수한 꼴 [정답률 66%]

(정답 공식: $(a-b)^2=a^2-2ab+b^2$이고, $a^m\times a^n=a^{m+n}$이다.)

> 두 실수 a, b에 대하여
> $a+b=2$, ❶ $2^{\frac{a}{2}}-2^{\frac{b}{2}}=3$
> 일 때, ❷ 2^a+2^b의 값은 (3점)
> 단서 ❶의 양변을 제곱하면 곱셈 공식에 의하여 ❷의 꼴이 나오지?
> ① 9 ② 10 ③ 11
> ④ 12 ⑤ 13

1st $2^{\frac{a}{2}}-2^{\frac{b}{2}}=3$의 양변을 제곱하여 2^a+2^b 꼴로 나타내.

$2^{\frac{a}{2}}-2^{\frac{b}{2}}=3$의 양변을 제곱하면 $(a-b)^2=a^2-2ab+b^2$

$\left(2^{\frac{a}{2}}-2^{\frac{b}{2}}\right)^2=9$에서 $2^a-2\times2^{\frac{a}{2}}\times2^{\frac{b}{2}}+2^b=9$이므로

$2^a-2^{\frac{a+b}{2}+1}+2^b=9$ ($a^ma^n=a^{m+n}$)

이때, $a+b=2$이므로 $2^a-2^2+2^b=9$

$\therefore 2^a+2^b=9+4=13$

A 93 정답 98 *지수법칙의 활용 – 특수한 꼴 [정답률 83%]

(정답 공식: 양변을 제곱해 본다.)

> ❶ $a^{\frac{1}{2}}+a^{-\frac{1}{2}}=10$을 만족시키는 양수 a에 대하여 ❷ $a+a^{-1}$의 값을 구하시오. (3점) 단서 ❶의 양변을 제곱하면 곱셈 공식에 의하여 ❷의 꼴이 나오지?

1st 지수법칙과 곱셈 공식을 이용하자.

$a^{\frac{1}{2}}+a^{-\frac{1}{2}}=10$의 양변을 제곱하면

$\left(a^{\frac{1}{2}}+a^{-\frac{1}{2}}\right)^2=100$ ($a^{\frac{1}{2}}=t$라 하면 조건은 $t+t^{-1}=10$이고 구해야 하는 것은 t^2+t^{-2}이니까 곱셈 공식으로 구할 수 있지.)

$a+2+a^{-1}=100$ $\therefore a+a^{-1}=98$

다른 풀이: **곱셈 공식의 변형을 이용하여 값 구하기**

$a+a^{-1}=\left(a^{\frac{1}{2}}+a^{-\frac{1}{2}}\right)^2-2=100-2=98$ ($a^2+b^2=(a+b)^2-2ab$)

A 94 정답 ④ *지수법칙의 활용 – 특수한 꼴 [정답률 75%]

(정답 공식: 양변을 제곱해 본다.)

> $3^x+3^{1-x}=10$일 때, 9^x+9^{1-x}의 값은? (3점)
> 단서 밑을 3으로 만들어 조건을 이용하도록 변형해 볼까?
> ① 91 ② 92 ③ 93
> ④ 94 ⑤ 95

1st 3^x+3^{1-x}과 9^x+9^{1-x}의 관계를 알자.

3^x+3^{1-x}을 제곱하면 ($9^x+9^{1-x}=3^{2x}+3^{2-2x}=(3^x)^2+(3^{1-x})^2$이니까.)

$(3^x+3^{1-x})^2=(3^x)^2+2\times3^x\times3^{1-x}+(3^{1-x})^2=9^x+6+9^{1-x}$ ⋯ ㉠ ($(a^x)^y=(a^y)^x=a^{xy}$)

2nd 주어진 조건을 이용하여 9^x+9^{-x}의 값을 구해.

주의 지수법칙에 의해 $3^{1-x}=3^1\times3^{-x}$야.

$3^x+3^{1-x}=10$이므로 ㉠에 대입하면

$10^2=9^x+6+9^{1-x}$ $\therefore 9^x+9^{1-x}=10^2-6=94$

다른 풀이: **치환을 이용하여 주어진 값 구하기**

$3^x=t(t>0)$라 하면

$3^{1-x}=\frac{3}{3^x}=\frac{3}{t}$ ($=3^1\times3^{-x}$) $\therefore 3^x+3^{1-x}=t+\frac{3}{t}=10$ ⋯ ㉡

그런데 $9^x=3^{2x}=t^2$, $9^{1-x}=\frac{9}{9^x}=\frac{9}{t^2}$이므로

$9^x+9^{1-x}=t^2+\frac{9}{t^2}=\left(t+\frac{3}{t}\right)^2-2\times t\times\frac{3}{t}=10^2-6=94$ ($\because$ ㉡)

A 95 정답 17 *지수법칙의 활용 – 특수한 꼴 [정답률 75%]

(정답 공식: $a^{-n}=\frac{1}{a^n}$)

> 두 실수 a, b에 대하여 단서 $2^{-a}+2^{-b}$을 $2^a+2^b=2$를 이용하도록 변형해볼까?
> $2^a+2^b=2$, $2^{-a}+2^{-b}=\frac{9}{4}$
> 일 때, 2^{a+b}의 값은 $\frac{q}{p}$이다. $p+q$의 값을 구하시오.
> (단, p와 q는 서로소인 자연수이다.) (3점)

1st 주어진 식을 간단히 고치고 두 식을 연립해.

$2^{-a}+2^{-b}=\frac{1}{2^a}+\frac{1}{2^b}=\frac{2^a+2^b}{2^{a+b}}=\frac{9}{4}$ ⋯ ㉠ ($a^{-n}=\frac{1}{a^n}$)

주의 $2^{a+b}=2^a\times2^b$이야. 2^a+2^b과 혼동하지 않도록 주의해야 해.

그런데 $2^a+2^b=2$이므로 이 값을 ㉠에 대입하면

$\frac{2}{2^{a+b}}=\frac{9}{4}$ $\therefore 2^{a+b}=2\times\frac{4}{9}=\frac{8}{9}$

따라서 $p=9$, $q=8$이므로 $p+q=17$

A 96 정답 ② *지수법칙의 활용 – 특수한 꼴 [정답률 73%]

(정답 공식: $(a^m+a^{-m})^2=a^{2m}+a^{-2m}+2$)

> 실수 a가 ❶ $\frac{2^a+2^{-a}}{2^a-2^{-a}}=-2$를 만족시킬 때, ❷ 4^a+4^{-a}의 값은? (3점)
> 단서 ❶의 양변을 제곱하면 곱셈 공식에 의하여 ❷의 꼴이 나오지?
> ① $\frac{5}{2}$ ② $\frac{10}{3}$ ③ $\frac{17}{4}$
> ④ $\frac{26}{5}$ ⑤ $\frac{37}{6}$

1st 주어진 식의 양변을 제곱하여 4^a+4^{-a} 꼴로 나타내.

주어진 식에서 $2^a+2^{-a}=-2(2^a-2^{-a})$

양변을 제곱하면 $4^a+4^{-a}+2=4(4^a+4^{-a}-2)$이므로 ($\left(t+\frac{1}{t}\right)^2=t^2+\frac{1}{t^2}+2$)

$3(4^a+4^{-a})=10$

$\therefore 4^a+4^{-a}=\frac{10}{3}$

다른 풀이: **4^a, 4^{-a}의 값을 직접 구하여 4^a+4^{-a}의 값 계산하기**

$\frac{2^a+2^{-a}}{2^a-2^{-a}}=-2$의 좌변의 분모, 분자에 2^a을 곱하면

$\frac{2^{2a}+1}{2^{2a}-1}=-2$, $2^{2a}+1=-2\times2^{2a}+2$, $2^{2a}=\frac{1}{3}$ (이항하면 $3\times2^{2a}=1$)

따라서 $4^a=\frac{1}{3}$, $4^{-a}=3$이므로 $4^a+4^{-a}=\frac{1}{3}+3=\frac{10}{3}$ (역수를 취해.)

A 97 정답 ② *지수법칙의 활용 – 특수한 꼴 [정답률 69%]

(정답 공식: $2^{x+y}=s$, $2^{x-y}=t$로 치환한다.)

다음 식을 간단히 한 것은? (3점) 단서 복잡해 보이는 식은 공통인 것을 치환하면 좀 더 간단히 보여.

$$(2^{x+y}+2^{x-y})^2-(2^{x+y}-2^{x-y})^2$$

① 2^{2x} ② 2^{2x+2} ③ 2^{2x+2y}
④ 2^{-2y} ⑤ 2^{-2y+2}

1st 반복되는 것을 문자로 치환하여 주어진 식을 간단히 하자.

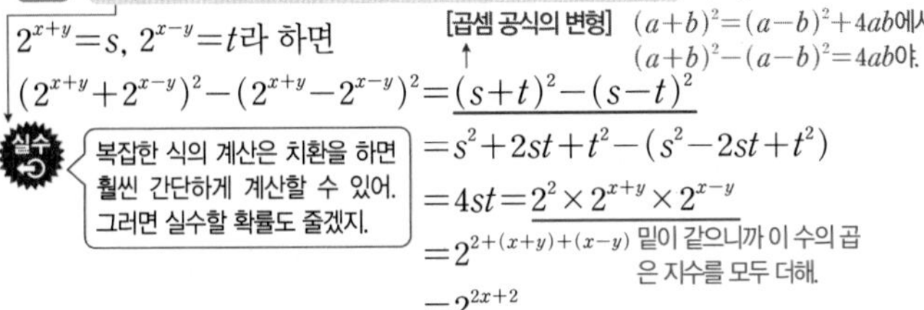

$2^{x+y}=s$, $2^{x-y}=t$라 하면

[곱셈 공식의 변형] $(a+b)^2=(a-b)^2+4ab$에서 $(a+b)^2-(a-b)^2=4ab$야.

$(2^{x+y}+2^{x-y})^2-(2^{x+y}-2^{x-y})^2=(s+t)^2-(s-t)^2$

$=s^2+2st+t^2-(s^2-2st+t^2)$

$=4st=2^2\times2^{x+y}\times2^{x-y}$

$=2^{2+(x+y)+(x-y)}$ 밑이 같으니까 이 수의 곱은 지수를 모두 더해.

$=2^{2x+2}$

실수 복잡한 식의 계산은 치환을 하면 훨씬 간단하게 계산할 수 있어. 그러면 실수할 확률도 줄겠지.

A 98 정답 ⑤ *지수법칙의 활용 [정답률 67%]

(정답 공식: $a>0$, m, $n(n\geq2)$이 정수일 때, $a^{\frac{m}{n}}=\sqrt[n]{a^m}$이다.)

자연수 n에 대하여 직선 $x=n$이 두 무리함수 $y=\sqrt{x}$, $y=2\sqrt{x}$의 그래프와 만나는 점을 각각 A_n, B_n이라 하자. 삼각형 OA_nB_n의 넓이를 $S(n)$이라고 할 때, $S(2^{10})=2^k$이다. k의 값은? (단, O는 원점이다.) (3점) 단서 두 점 A_n, B_n의 좌표를 구해보자.

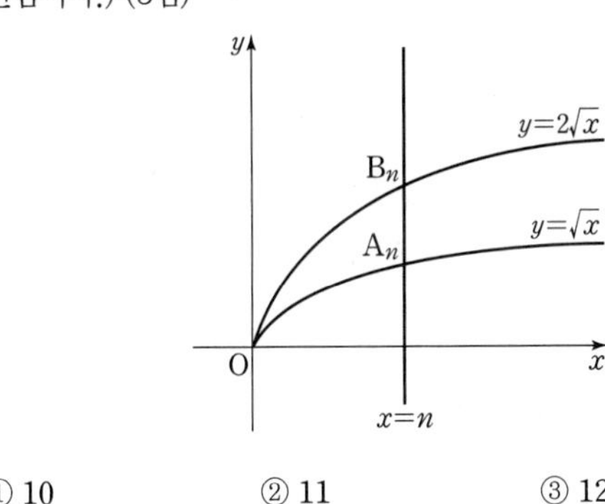

① 10 ② 11 ③ 12
④ 13 ⑤ 14

1st 삼각형 OA_nB_n의 넓이를 n에 대한 식으로 나타내 봐.

두 점 A_n, B_n의 좌표는 $A_n(n, \sqrt{n})$, $B_n(n, 2\sqrt{n})$

삼각형 OA_nB_n은 선분 A_nB_n을 밑변으로 하고 높이가 n이므로 넓이 $S(n)$은

좌표평면에서 삼각형의 넓이를 구하는 경우 좌표축과 평행한 변이 있는지 꼭 확인해. 그 변을 밑변으로 하고 높이를 잡으면 넓이를 쉽게 구할 수 있어.

$S(n)=\frac{1}{2}\times(2\sqrt{n}-\sqrt{n})\times n$

$=\frac{1}{2}n\sqrt{n}$

2nd $S(2^{10})$의 값을 2의 거듭제곱꼴로 나타내야 해.

$S(2^{10})=\frac{1}{2}\times\sqrt{2^{10}}\times2^{10}$ ← $a>0$, m, $n\,(n\geq2)$이 정수일 때 $a^{\frac{m}{n}}=\sqrt[n]{a^m}$

$=\frac{1}{2}\times2^5\times2^{10}$ 실수 $\frac{1}{2^n}=2^{-n}$임을 알고 있어야 해.

$=2^{14}$

따라서 $2^{14}=2^k$에서 $k=14$이다.

A 99 정답 17 *지수법칙의 활용 [정답률 75%]

(정답 공식: 좌변의 근호들을 지수로 표현해서 식을 정리한다.)

$a>0$, $a\neq1$에 대하여 $\left\{\frac{\sqrt{a^3}}{\sqrt{\sqrt[3]{a^4}}}\times\sqrt{\left(\frac{1}{a}\right)^{-4}}\right\}^6=a^k$일 때, 상수 k의 값을 구하시오. (3점)

단서 거듭제곱근의 성질과 지수법칙을 이용하여 식을 정리하자.

1st 거듭제곱근의 성질을 이용하여 식을 정리해 보자.

$a>0$, $a\neq1$인 a에 대하여

$$\left\{\frac{\sqrt{a^3}}{\sqrt{\sqrt[3]{a^4}}}\times\sqrt{\left(\frac{1}{a}\right)^{-4}}\right\}^6=\left(\frac{\sqrt{a^3}}{\sqrt[6]{a^4}}\times\sqrt{a^4}\right)^6 \Leftarrow \sqrt[n]{\sqrt[m]{a}}=\sqrt[mn]{a},\ a^{-1}=\frac{1}{a}$$

$$=\left(\frac{a^{\frac{3}{2}}}{a^{\frac{4}{6}}}\times a^{\frac{4}{2}}\right)^6=\left(a^{\frac{3}{2}-\frac{2}{3}+2}\right)^6 \Leftarrow a^x\times a^y\div a^z=a^{x+y-z}$$

$$=\left(a^{\frac{17}{6}}\right)^6=a^{17}=a^k$$

$\therefore k=17$

A 100 정답 ⑤ *지수법칙의 활용 [정답률 53%]

(정답 공식: 두 점 P_2, P_3의 좌표를 주어진 조건에 맞게 구해본다.)

그림과 같이 좌표평면에 두 함수 $f(x)=x^2$, $g(x)=x^3$의 그래프가 있다. 곡선 $y=f(x)$ 위의 한 점 $P_1(a, f(a))(a>1)$에서 x축에 내린 수선의 발을 Q_1이라 하자. 선분 OQ_1을 한 변으로 하는 정사각형 OQ_1AB의 한 변 AB가 곡선 $y=g(x)$와 만나는 점을 P_2, 점 P_2에서 x축에 내린 수선의 발을 Q_2라 하자. 선분 OQ_2를 한 변으로 하는 정사각형 OQ_2CD의 한 변 CD가 곡선 $y=f(x)$와 만나는 점을 P_3, 점 P_3에서 x축에 내린 수선의 발을 Q_3이라 하자. 두 점 Q_2, Q_3의 x좌표를 각각 b, c라 할 때, $bc=2$가 되도록 하는 점 P_1의 y좌표의 값은? (단, O는 원점이고, 두 점 A, C는 제1사분면에 있다.) (4점)

단서 정사각형은 변의 길이가 모두 같아. 좌표평면에서 $\overline{OQ_1}=\overline{OB}$, $\overline{OQ_2}=\overline{OD}$임을 이용하자.

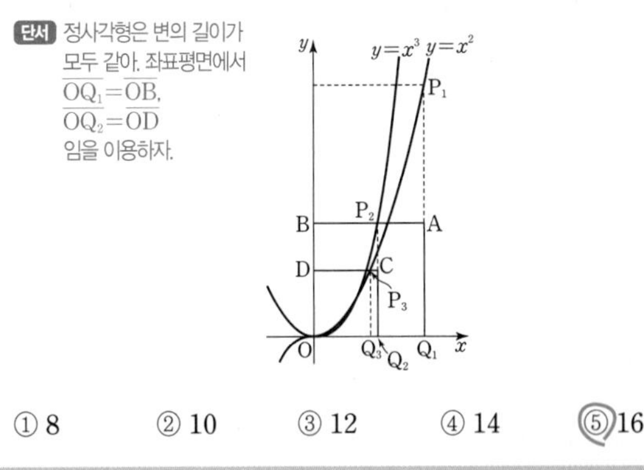

① 8 ② 10 ③ 12 ④ 14 ⑤ 16

1st 사각형 OQ_1AB가 정사각형임을 이용하여 점 B의 좌표를 구하자.

점 $P_1(a, f(a))(a>1)$이므로 점 Q_1의 좌표는 $(a, 0)$이다.

점 P에서 x축에 내린 수선의 발이 Q_1이라니까 x좌표가 같아.

사각형 OQ_1AB가 정사각형이므로 $\overline{OQ_1}=\overline{OB}=a$

즉, 점 B의 좌표는 $(0, a)$이다.

2nd b, c를 a에 대한 식으로 유도하자.

점 Q_2의 좌표는 $(b, 0)$이고,

$g(b)=$(점 P_2의 y좌표의 값)$=$(점 B의 y좌표의 값)$=a$

즉, $b^3=a$ $\therefore b=\sqrt[3]{a}$ $\cdots$ ㉠

점 Q_3의 좌표는 $(c, 0)$이고,

사각형 OQ_2CD가 정사각형이므로 $\overline{OQ_2}=\overline{OD}=b$

즉, 점 D의 좌표는 $(0,\ b)$이므로 $(0,\ \sqrt[3]{a})$

$f(c)=$(점 P_3의 y좌표의 값)$=$(점 D의 y좌표의 값)$=\sqrt[3]{a}$이므로

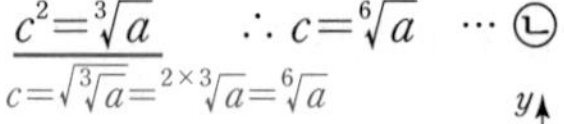

$c^2=\sqrt[3]{a}$ $\quad\therefore c=\sqrt[6]{a}$ $\cdots$ ㉡

$c=\sqrt{\sqrt[3]{a}}=\sqrt[2\times3]{a}=\sqrt[6]{a}$

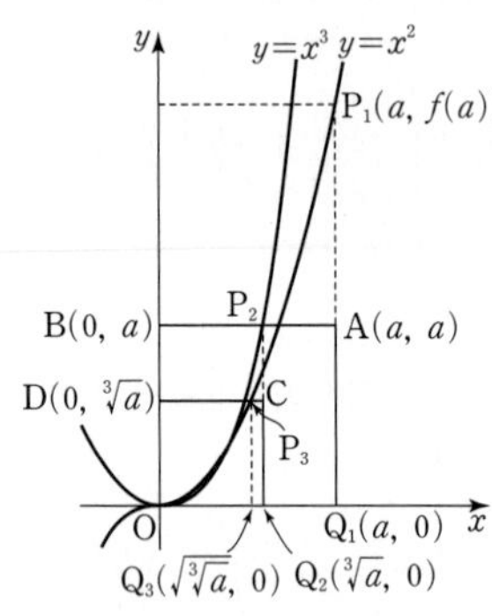

3rd $bc=2$를 이용하여 점 P_1의 y좌표의 값을 구하자.

$bc=2$이므로 ㉠, ㉡을 대입하면

$bc=\sqrt[3]{a}\sqrt[6]{a}=a^{\frac{1}{3}}a^{\frac{1}{6}}=a^{\frac{1}{3}+\frac{1}{6}}=a^{\frac{1}{2}}=2$ $\quad\therefore a=4$

주의: 지수법칙에 의하여 $\sqrt[3]{a}\sqrt[6]{a}=a^{\frac{1}{3}+\frac{1}{6}}$임을 알고 있어야 해.

따라서 구하는 것은 점 P_1의 y좌표의 값, 즉 $f(a)$이므로

$f(a)=a^2=4^2=16$

A 101 정답 ② *지수법칙의 활용 [정답률 47%]

[정답 공식: $\frac{1}{n(n+1)}=\frac{1}{n}-\frac{1}{n+1}$]

$P_n=3^{\frac{1}{n(n+1)}}$에 대하여 $P_1\times P_2\times P_3\times\cdots\times P_{2010}=3^k$일 때, 상수 k의 값은? (단, n은 자연수이다.) (3점)

① $\frac{2009}{2010}$ ② $\frac{2010}{2011}$ ③ 1
④ $\frac{2011}{2010}$ ⑤ $\frac{2010}{2009}$

단서 좌변의 함숫값을 대입하면 밑을 3으로 한 수이지? 이때, 좌변의 밑이 3으로 같으니까 곱은 지수의 합으로 정리되겠네.

1st 좌변의 3의 지수가 부분분수이니까 지수의 합을 간단히 정리할 수 있지.

$P_n=3^{\frac{1}{n(n+1)}}=3^{\frac{1}{n}-\frac{1}{n+1}}$이므로 → $\frac{1}{AB}=\frac{1}{B-A}\left(\frac{1}{A}-\frac{1}{B}\right)$

$P_1\times P_2\times P_3\times\cdots\times P_{2010}=3^{1-\frac{1}{2}}\times3^{\frac{1}{2}-\frac{1}{3}}\times\cdots\times3^{\frac{1}{2010}-\frac{1}{2011}}$

$=3^{\left(1-\frac{1}{2}\right)+\left(\frac{1}{2}-\frac{1}{3}\right)+\cdots+\left(\frac{1}{2010}-\frac{1}{2011}\right)}$ 밑이 같으니까 $a^m\times a^n=a^{m+n}$이야.

$=3^{1-\frac{1}{2011}}=3^{\frac{2010}{2011}}=3^k$

$\therefore k=\frac{2010}{2011}$

A 102 정답 ① *지수법칙의 활용 [정답률 45%]

[정답 공식: 양수 A, B에 대하여 $\frac{A}{B}>1$이면 $A>B$이다.]

부등식 $1<m^{n-5}<n^{m-8}$을 만족시키는 자연수 m, n에 대하여

$A=m^{\frac{1}{m-8}}\times n^{\frac{1}{n-5}}$

$B=m^{-\frac{1}{m-8}}\times n^{\frac{1}{n-5}}$

$C=m^{\frac{1}{m-8}}\times n^{-\frac{1}{n-5}}$

이라고 할 때, A, B, C의 대소 관계로 옳은 것은? (4점)

단서 A, B, C의 지수의 종류가 다르므로 주어진 부등식을 활용하기 위해 $A\div B$, $B\div C$, $C\div A$로 크기를 비교해 보자.

① $A>B>C$ ② $A>C>B$ ③ $B>A>C$
④ $B>C>A$ ⑤ $C>A>B$

1st 자연수 m, n의 범위를 알아볼까?

$1<m^{n-5}<n^{m-8}$이고, m, n이 자연수인데, 만일 $n-5\le0$, $m-8\le0$이면 $m^{n-5}\le1$, $n^{m-8}\le1$이 되어 모순이다. 지수가 음수이면 이 수는 1보다 작은 수가 돼. 즉, $a>1$일 때 $a^{-b}=\frac{1}{a^b}<1$

따라서 m, n은 $n-5>0$, $m-8>0$인 자연수이다.

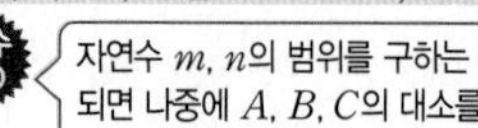

실수: 자연수 m, n의 범위를 구하는 과정을 빼먹는 경우가 많아. 그렇게 되면 나중에 A, B, C의 대소를 비교할 수가 없어.

2nd $\frac{A}{B}$로 A, B의 대소 관계를 파악하자.

양수 A, B에 대하여 $\frac{A}{B}>1$이면 $A>B$, $\frac{A}{B}<1$이면 $A<B$야.

$\frac{A}{B}=\frac{m^{\frac{1}{m-8}}\times n^{\frac{1}{n-5}}}{m^{-\frac{1}{m-8}}\times n^{\frac{1}{n-5}}}=m^{\frac{1}{m-8}+\frac{1}{m-8}}=m^{\frac{2}{m-8}}$ $\cdots$ ㉠

$1<m^{n-5}<n^{m-8}$에서 $1<m^{\frac{1}{m-8}}<n^{\frac{1}{n-5}}$ $\cdots$ ㉡이므로

양변에 $\frac{1}{(n-5)(m-8)}$을 거듭제곱하면 돼. 단, 1st에서 $n-5>0$, $m-8>0$이니까 부등호 방향은 그대로야.

㉠에서 $\frac{A}{B}>1$ $\quad\therefore A>B$

3rd $\frac{B}{C}$로 B, C의 대소 관계를 파악해 볼까?

$\frac{B}{C}=\frac{m^{-\frac{1}{m-8}}\times n^{\frac{1}{n-5}}}{m^{\frac{1}{m-8}}\times n^{-\frac{1}{n-5}}}=m^{-\frac{2}{m-8}}\times n^{\frac{2}{n-5}}=\left(\frac{n^{\frac{1}{n-5}}}{m^{\frac{1}{m-8}}}\right)^2$ $\cdots$ ㉢

㉡의 $m^{\frac{1}{m-8}}<n^{\frac{1}{n-5}}$에서 $\frac{n^{\frac{1}{n-5}}}{m^{\frac{1}{m-8}}}>1$이므로

$m^{\frac{1}{m-8}}>0$이니까 양변을 이 수로 나누어 주면 돼.

㉢에서 $\frac{B}{C}>1$ $\quad\therefore B>C$

$\therefore A>B>C$ → A와 C의 대소 관계는 $A>B$, $B>C$로 결정되니까 확인할 필요 없어.

다른 풀이: **$(n-5)(m-8)$을 거듭제곱하여 대소 관계 비교하기**

A, B, C에 $\alpha=(n-5)(m-8)$을 거듭제곱하면

$A^\alpha=m^{n-5}n^{m-8}$, $B^\alpha=m^{-(n-5)}n^{m-8}$, $C^\alpha=m^{n-5}n^{-(m-8)}$

이때, $\frac{A^\alpha}{B^\alpha}=\frac{m^{n-5}n^{m-8}}{m^{-(n-5)}n^{m-8}}=(m^{n-5})^2>1$이므로 $A^\alpha>B^\alpha$

$m-8>0$이니까. $A>1$, $B>1$일 때 $A>B$가 성립해.

$\therefore A>B$

$\frac{B^\alpha}{C^\alpha}=\frac{m^{-(n-5)}n^{m-8}}{m^{n-5}n^{-(m-8)}}=\left(\frac{n^{m-8}}{m^{n-5}}\right)^2>1$이므로 ($m^{n-5}<n^{m-8}$)

$B^\alpha>C^\alpha$ $\quad\therefore B>C$ $\quad\therefore A>B>C$

A 103 정답 ③ *지수법칙의 실생활 응용 [정답률 65%]

[정답 공식: 자기장의 세기 B_1, B_2를 각각 $B_1=\frac{kI_0{r_1}^2}{2({x_1}^2+{r_1}^2)^{\frac{3}{2}}}$, $B_2=\frac{kI_0(3r_1)^2}{2\{(3x_1)^2+(3r_1)^2\}^{\frac{3}{2}}}$으로 나타내어 지수법칙을 이용한다.]

반지름의 길이가 r인 원형 도선에 세기가 I인 전류가 흐를 때, 원형 도선의 중심에서 수직 거리 x만큼 떨어진 지점에서의 자기장의 세기를 B라 하면 다음과 같은 관계식이 성립한다고 한다.

$$B=\frac{kIr^2}{2(x^2+r^2)^{\frac{3}{2}}}\ (\text{단, } k\text{는 상수이다.})$$

전류의 세기가 $I_0(I_0>0)$으로 일정할 때, 반지름의 길이가 r_1인 원형 도선의 중심에서 수직 거리 x_1만큼 떨어진 지점에서의 자기장의 세기를 B_1, 반지름의 길이가 $3r_1$인 원형 도선의 중심에서 수직 거리 $3x_1$만큼 떨어진 지점에서의 자기장의 세기를 B_2라 하자. $\frac{B_2}{B_1}$의 값은? (단, 전류의 세기의 단위는 A, 자기장의 세기의 단위는 T, 길이와 거리의 단위는 m이다.) (4점)

단서 자기장의 세기 B를 구하는 식은 복잡하지만 도선의 반지름의 길이 r, 전류의 세기 I와 수직 거리 x를 대입하여 계산할 수 있는 거야.

① $\frac{1}{6}$ ② $\frac{1}{4}$ ③ $\frac{1}{3}$ ④ $\frac{5}{12}$ ⑤ $\frac{1}{2}$

1st 주어진 조건을 이용하여 자기장의 세기 B_1, B_2를 각각 나타내자.

전류의 세기가 $I_0(I_0>0)$으로 일정할 때,

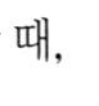

문제에 주어진 요소들을 하나씩 차근차근 대입해서 식으로 표현해봐.

$$B_1=\frac{kI_0r_1^2}{2(x_1^2+r_1^2)^{\frac{3}{2}}}$$

$$B_2=\frac{kI_0(3r_1)^2}{2\{(3x_1)^2+(3r_1)^2\}^{\frac{3}{2}}}$$

2nd 지수법칙을 이용하여 B_2를 B_1에 대하여 정리하자.

$$B_2=\frac{kI_0(3r_1)^2}{2\{(3x_1)^2+(3r_1)^2\}^{\frac{3}{2}}}=\frac{kI_0\times9r_1^2}{2(9x_1^2+9r_1^2)^{\frac{3}{2}}}$$

$$=\frac{9kI_0r_1^2}{2\times9^{\frac{3}{2}}(x_1^2+r_1^2)^{\frac{3}{2}}}=\frac{kI_0r_1^2}{3\times2(x_1^2+r_1^2)^{\frac{3}{2}}}$$

$$=\frac{1}{3}\times\frac{kI_0r_1^2}{2(x_1^2+r_1^2)^{\frac{3}{2}}}$$

$$=\frac{1}{3}B_1$$

[지수법칙]
$a>0$, $b>0$이고, x, y가 실수일 때
(1) $a^x\times a^y=a^{x+y}$ (2) $a^x\div a^y=a^{x-y}$
(3) $(a^x)^y=a^{xy}$ (4) $(ab)^x=a^xb^x$
(5) $\left(\frac{a}{b}\right)^x=\frac{a^x}{b^x}$

$$\therefore \frac{B_2}{B_1}=\frac{1}{3}$$

A 104 정답 ④ *지수법칙의 실생활 응용 [정답률 77%]

(정답 공식: 두 양수 a, b에 대하여 n이 실수일 때, $\frac{a^n}{b^n}=\left(\frac{a}{b}\right)^n$이다.)

폭약에 의한 수중 폭발이 일어나면 폭발 지점에서 가스버블이 생긴다. 수면으로부터 폭발 지점까지의 깊이가 $D(\text{m})$인 지점에서 무게가 $W(\text{kg})$인 폭약이 폭발했을 때의 가스버블의 최대반경을 $R(\text{m})$라고 하면 다음과 같은 관계식이 성립한다고 한다.

$$R=k\left(\frac{W}{D+10}\right)^{\frac{1}{3}} \text{ (단, } k\text{는 양의 상수이다.)}$$

수면으로부터 깊이가 $d(\text{m})$인 지점에서 무게가 160 kg인 폭약이 폭발했을 때의 가스버블의 최대반경을 $R_1(\text{m})$이라 하고, 같은 폭발 지점에서 무게가 $p(\text{kg})$인 폭약이 폭발했을 때의 가스버블의 최대반경을 $R_2(\text{m})$라 하자. **단서** 수면으로부터 깊이, 폭약의 무게, 가스버블의 최대반경 등을 주어진 식에 대입해 봐.

$\frac{R_1}{R_2}=2$일 때, p의 값은? (단, 폭약의 종류는 같다.) (3점)

① 8 ② 12 ③ 16
④ 20 ⑤ 24

1st 주어진 관계식에 조건을 대입해 보자.

수면으로부터 깊이가 $d(\text{m})$인 지점에서 무게가 160 kg인 폭약이 폭발했을 때의 가스버블의 최대반경이 $R_1(\text{m})$이므로

$D=d$, $W=160$, $R=R_1$을 주어진 관계식에 대입하면

$$R_1=k\left(\frac{160}{d+10}\right)^{\frac{1}{3}}\cdots ㉠$$

같은 폭발 지점에서 무게가 $p(\text{kg})$인 폭약이 폭발했을 때의 가스버블의 최대반경이 $R_2(\text{m})$이므로 $D=d$, $W=p$, $R=R_2$를 주어진 관계식에 대입하면

$$R_2=k\left(\frac{p}{d+10}\right)^{\frac{1}{3}}\cdots ㉡$$

2nd $\frac{R_1}{R_2}=2$를 만족시키는 p의 값을 구해봐.

k는 양의 상수이므로 $\frac{R_1}{R_2}$을 계산하면 약분되어 사라져.

㉠÷㉡을 하면

$$\frac{R_1}{R_2}=\frac{k\left(\frac{160}{d+10}\right)^{\frac{1}{3}}}{k\left(\frac{p}{d+10}\right)^{\frac{1}{3}}}=\left(\frac{160}{p}\right)^{\frac{1}{3}}$$

a, b가 양수이고 r가 실수일 때 $\frac{a^r}{b^r}=\left(\frac{a}{b}\right)^r$

$\frac{R_1}{R_2}=2$이므로

$$2=\left(\frac{160}{p}\right)^{\frac{1}{3}}$$

따라서 $\sqrt[3]{\frac{160}{p}}=2$에서

$\frac{160}{p}=2^3=8$이므로 $p=20$

지수법칙 개념·공식

$a>0$, $b>0$이고, x, y가 실수일 때
① $a^xa^y=a^{x+y}$ ② $a^x\div a^y=a^{x-y}$
③ $(a^x)^y=a^{xy}$ ④ $(ab)^x=a^xb^x$

A 105 정답 ② *지수법칙의 실생활 응용 [정답률 66%]

(정답 공식: 15년이 지난 시점에서의 기대자산 값을 통해 10^{15a}의 값을 구한 뒤, 이를 이용해 30년이 지난 시점에서의 기대자산 값을 구한다.)

어느 금융상품에 초기자산 W_0을 투자하고 t년이 지난 시점에서의 기대자산 W가 다음과 같이 주어진다고 한다.

$$W=\frac{W_0}{2}10^{at}(1+10^{at}) \text{ (단, } W_0>0,\ t\geq0\text{이고, } a\text{는 상수이다.)} \cdots ⓐ$$

이 금융상품에 ❶초기자산 w_0을 투자하고 15년이 지난 시점에서의 기대자산은 초기자산의 3배이다. 이 금융상품에 ❷초기자산 w_0을 투자하고 30년이 지난 시점에서의 기대자산이 초기자산의 k배일 때, 실수 k의 값은? (단, $w_0>0$) (4점) **단서** ⓐ에 의하여 자료 ❶로 a의 값을 찾아, $t=30$(자료 ❷)일 때, $\frac{W}{W_0}=k$의 값을 구해.

① 9 ② 10 ③ 11 ④ 12 ⑤ 13

1st 15년이 지난 시점의 주어진 자료를 관계식에 대입하자.

어느 금융상품에 초기자산 w_0을 투자하고 15년이 지난 시점에서의 기대자산이 $3w_0$이므로 $W_0=w_0$, $t=15$, $W=3w_0$ ❶에 의하여 초기자산의 3배이니까.

이것을 주어진 관계식에 대입하면

$$3w_0=\frac{w_0}{2}\times10^{15a}(1+10^{15a}) \qquad \therefore 6=10^{15a}(1+10^{15a})$$

2nd 공통인 부분을 치환하여 10^{15a}의 값을 구해.

이때, $10^{15a}=X(X>0)$라 하면 $6=X(1+X)$에서

$X^2+X-6=0$

$(X+3)(X-2)=0$

$\therefore X=2\ (\because X>0) \Rightarrow 10^{15a}=2\cdots ㉠$

함정 치환을 할 때 범위는 필수야. $10>0$이니까 $10^n>0$

3rd 30년이 지난 시점의 주어진 자료를 대입하여 k의 값을 구해.

한편, 이 금융상품에 초기자산 w_0을 투자하고 30년이 지난 시점에서의 기대자산이 kw_0이므로 ❷에 의하여 초기자산의 k배이니까.

$W_0=w_0$, $t=30$, $W=kw_0$

이것을 주어진 관계식에 대입하면

$$kw_0=\frac{w_0}{2}\times10^{30a}(1+10^{30a})$$

$$\therefore k=\frac{1}{2}\times(10^{15a})^2\{1+(10^{15a})^2\}=\frac{1}{2}\times2^2\times(1+2^2)\ (\because ㉠)=10$$

A 106 정답 ③ *지수법칙의 실생활 응용 [정답률 67%]

(정답 공식: 관계식의 각 문자에 해당하는 값을 대입하고 비의 값을 찾는다.)

그림과 같이 세 개의 옥타브로 이루어진 어떤 피아노가 있다. 각 옥타브마다 '도'를 0번 음으로 하고 나머지 음에 순서대로 번호를 붙이면 '솔'은 7번 음, '라'는 9번 음이 된다.

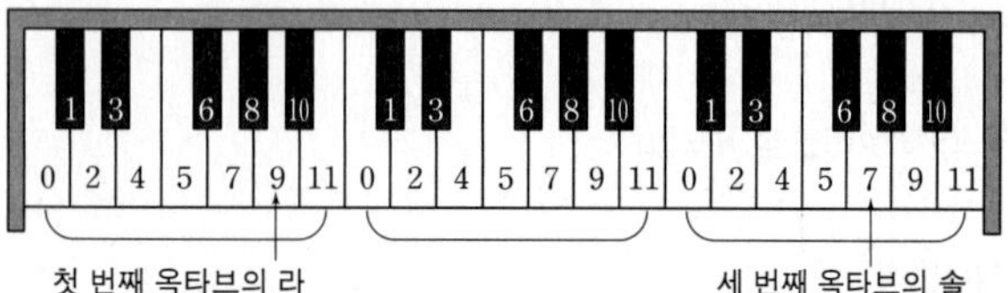

이 피아노의 m번째 옥타브의 p번 음의 진동수 $N(\mathrm{Hz})$는 다음과 같다.

$N=k\times 2^m\times(\sqrt[12]{2})^p$ (단, k는 상수이다.) … ⓐ

❶세 번째 옥타브의 '솔'의 진동수는 ❷첫 번째 옥타브의 '라'의 진동수의 몇 배인가? (3점)

단서 ⓐ를 가지고 ❶과 ❷의 자료를 대입하여 정리해. 이때, $\frac{❶}{❷}$의 값을 알아야겠지?

① $2^{\frac{7}{6}}$ ② $2^{\frac{3}{2}}$ ③ $2^{\frac{11}{6}}$ ④ $2^{\frac{13}{6}}$ ⑤ $2^{\frac{5}{2}}$

1st 미지수 m, p가 무엇인지 파악하여 두 음의 진동수를 각각 구해.

첫 번째 옥타브 '라'의 진동수를 N_a라 하면 $m=1$, $p=9$이므로 (1번째 옥타브의 9번 음이니까)

$N_a=k\times 2\times(\sqrt[12]{2})^9$

세 번째 옥타브 '솔'의 진동수를 N_b라 하면 $m=3$, $p=7$이므로 (3번째 옥타브의 7번 음이니까)

$N_b=k\times 2^3\times(\sqrt[12]{2})^7$

N_b가 N_a의 t배라 하면 $\frac{N_b}{N_a}=t$이므로 ($N_b=tN_a$)

$\therefore \frac{N_b}{N_a}=\frac{k\times 2^3\times(\sqrt[12]{2})^7}{k\times 2\times(\sqrt[12]{2})^9}$ → $2^3\times 2^{\frac{7}{12}}\times 2^{-1}\times 2^{-\frac{9}{12}}$

$=\frac{2^3\times 2^{\frac{7}{12}}}{2\times 2^{\frac{9}{12}}}=\frac{2^2}{2^{\frac{2}{12}}}=2^{2-\frac{2}{12}}=2^{\frac{11}{6}}$

A 107 정답 ③ *지수법칙의 실생활 응용 [정답률 69%]

(정답 공식: A지역에서의 높이와 풍속을 이용해 대기 안정도 계수를 구한 뒤, B지역에 대입한다.)

지면으로부터 H_1인 높이에서 풍속이 V_1이고 지면으로부터 H_2인 높이에서 풍속이 V_2일 때, 대기 안정도 계수 k는 다음 식을 만족시킨다.

$V_2=V_1\times\left(\frac{H_2}{H_1}\right)^{\frac{2}{2-k}}$ … ⓐ

(단, $H_1<H_2$이고, 높이의 단위는 m, 풍속의 단위는 m/초이다.)

❶A지역에서 지면으로부터 12 m와 36 m인 높이에서 풍속이 각각 2(m/초)와 8(m/초)이고, ❷B지역에서 지면으로부터 10 m와 90 m인 높이에서 풍속이 각각 a(m/초)와 b(m/초)일 때, 두 지역의 대기 안정도 계수 k가 서로 같았다. $\frac{b}{a}$의 값은? (단, a, b는 양수이다.) (4점)

단서 ⓐ를 가지고 ❶과 ❷의 자료를 대입하여 정리해. 이때, k가 같지?

① 10 ② 13 ③ 16 ④ 19 ⑤ 22

1st A, B 두 지역의 조건을 대기 안정도 계수 k에 대한 식에 대입하자.

A지역에서 지면으로부터 $H_1=12(\mathrm{m})$와 $H_2=36(\mathrm{m})$인 높이에서 풍속이 각각 $V_1=2(\mathrm{m/초})$와 $V_2=8(\mathrm{m/초})$이므로

$8=2\times\left(\frac{36}{12}\right)^{\frac{2}{2-k}}$ ⇒ ⓐ에 대입

$\therefore 4=3^{\frac{2}{2-k}}$ … ㉠

B지역에서 지면으로부터 $H_1=10(\mathrm{m})$와 $H_2=90(\mathrm{m})$인 높이에서 풍속이 각각 $V_1=a(\mathrm{m/초})$와 $V_2=b(\mathrm{m/초})$이므로

$b=a\times\left(\frac{90}{10}\right)^{\frac{2}{2-k}}=a\times 9^{\frac{2}{2-k}}$ ⇒ ⓐ에 대입

$\therefore \frac{b}{a}=9^{\frac{2}{2-k}}=(3^2)^{\frac{2}{2-k}}$ → $(a^m)^n=(a^n)^m$을 이용하여 ㉠의 꼴을 만들자.

$=\left(3^{\frac{2}{2-k}}\right)^2$

$=4^2(\because ㉠)=16$

실수 $a\geq 0$, $b\geq 0$일 때 $a^2=b^2$이면 $a=b$라고 할 수 있어.

A 108 정답 ② *지수법칙의 실생활 응용 [정답률 65%]

(정답 공식: 부패지수가 각각 P_1, $4P_1$일 때 관계식의 각 문자에 해당하는 값을 대입하고, 두 식을 나눠서 구하고자 하는 값을 찾는다.)

어떤 물질의 부패지수 P와 일평균 습도 $H(\%)$, 일평균 기온 $t(℃)$ 사이에는 다음과 같은 관계식이 성립한다고 한다.

$P=\frac{H-65}{14}\times(1.05)^t$ … ⓐ

❶일평균 습도가 72 %, 일평균 기온이 10 ℃인 날에 이 물질의 부패지수를 P_1이라 하자. ❷일평균 습도가 79 %, 일평균 기온이 x ℃인 날에 이 물질의 부패지수가 $4P_1$일 때, x의 값은? (단, $1.05^{14}=2$로 계산한다.) (4점)

단서 ⓐ를 가지고 ❶과 ❷의 자료를 대입하여 정리해. 이때, ❷는 ❶의 4배이지?

① 22 ② 24 ③ 26
④ 28 ⑤ 30

1st 주어진 식에 조건을 각각 대입해.

P_1일 때 $H=72(\%)$, $t=10(℃)$이므로

$P_1=\frac{72-65}{14}\times(1.05)^{10}=\frac{1}{2}\times(1.05)^{10}$ … ㉠

P_2일 때 $H=79(\%)$, $t=x(℃)$이므로

$4P_1=\frac{79-65}{14}\times(1.05)^x=(1.05)^x$ … ㉡

㉠, ㉡에서 → ㉡은 ㉠의 4배이니까 $4\times$㉠$=$㉡

$4\times\left\{\frac{1}{2}\times(1.05)^{10}\right\}=(1.05)^x$ → $a^m=a^n$일 때 $a^m\div a^n=1$, 즉 $a^{m-n}=1$

$(1.05)^{x-10}=2$

그런데 $1.05^{14}=2$이므로

$(1.05)^{x-10}=1.05^{14}$ → 밑이 1.05로 같으니까 지수를 비교해.

$x-10=14$

$\therefore x=24$

지수법칙 (개념·공식)

$a>0$, $b>0$이고, x, y가 실수일 때

① $a^xa^y=a^{x+y}$ ② $a^x\div a^y=a^{x-y}$
③ $(a^x)^y=a^{xy}$ ④ $(ab)^x=a^xb^x$

A 109 정답 ⑤ *지수법칙의 실생활 응용 [정답률 63%]

(정답 공식: S_1, S_2를 관계식을 이용해 구한 뒤, 비를 계산한다.)

양수기로 물을 끌어올릴 때, 펌프의 1분당 회전수 N, 양수량 Q, 양수할 높이 H와 양수기의 비교회전도 S 사이에는 다음과 같은 관계가 있다고 한다.

$S=NQ^{\frac{1}{2}}H^{-\frac{3}{4}}$ … ⓐ

단서 ⓐ를 가지고 ❶과 ❷의 자료를 대입하여 $\frac{S_1}{S_2}$의 값을 구해.

(단, N, Q, H의 단위는 각각 rpm, m^3/분, m이다.)
N은 일정한 상수

펌프의 1분당 회전수가 일정한 양수기에 대하여 ❶양수량이 24, 양수할 높이가 5일 때의 비교회전도를 S_1, ❷양수량이 12, 양수할 높이가 10일 때의 비교회전도를 S_2라 하자. $\frac{S_1}{S_2}$의 값은? (3점)

① $2^{\frac{3}{4}}$ ② $2^{\frac{7}{8}}$ ③ 2
④ $2^{\frac{9}{8}}$ ⑤ $2^{\frac{5}{4}}$

1st 주어진 자료를 가지고 S_1과 S_2를 각각 나타내어 보자.

분당 회전수가 일정하다고 했으므로 분당 회전수를 N이라 하면 (변수가 아니라 상수야.)

S_1일 때 양수량이 24, 양수할 높이가 5이므로

$S_1=N\times 24^{\frac{1}{2}}\times 5^{-\frac{3}{4}}$ ($Q=24$, $H=5$)

S_2일 때 양수량이 12, 양수할 높이가 10이므로

$S_2=N\times 12^{\frac{1}{2}}\times 10^{-\frac{3}{4}}$ ($Q=12$, $H=10$)

2nd S_1과 S_2를 밑이 같은 수로 나타내어 $\frac{S_1}{S_2}$의 값을 구해.

$$\therefore \frac{S_1}{S_2}=\frac{N\times 24^{\frac{1}{2}}\times 5^{-\frac{3}{4}}}{N\times 12^{\frac{1}{2}}\times 10^{-\frac{3}{4}}}=\frac{N\times 2^{\frac{1}{2}}\times 12^{\frac{1}{2}}\times 5^{-\frac{3}{4}}}{N\times 12^{\frac{1}{2}}\times 2^{-\frac{3}{4}}\times 5^{-\frac{3}{4}}}=\frac{2^{\frac{1}{2}}}{2^{-\frac{3}{4}}}$$

→ 분모 12에 의하여 $24=2\times 12$
→ 분자 5에 의하여 $10=2\times 5$
밑이 같으니까 $\frac{a^n}{a^m}=a^{n-m}$

$=2^{\frac{1}{2}+\frac{3}{4}}=2^{\frac{5}{4}}$

A 110 정답 ② *지수법칙의 실생활 응용 [정답률 57%]

(정답 공식: 관계식의 각 문자에 해당하는 값을 대입하고 비의 값을 찾는다.)

조개류는 현탁물을 여과한다. 수온이 t(℃)이고 개체중량이 w(g)일 때, A 조개와 B 조개가 1시간 동안 여과하는 양(L)을 각각 Q_A, Q_B라고 하면 다음과 같은 관계식이 성립한다고 한다.

$Q_A=0.01t^{1.25}w^{0.25}$ … ⓐ

$Q_B=0.05t^{0.75}w^{0.30}$ … ⓑ

단서 ⓐ, ⓑ에서 미지수 t, w가 문제에서 무엇으로 주어졌는지 확인하는 게 우선이지?

수온이 20 ℃이고 A 조개와 B 조개의 개체중량이 각각 8 g일 때, $\frac{Q_A}{Q_B}$의 값은 $2^a\times 5^b$이다. $a+b$의 값은? (단, a, b는 유리수이다.) (3점)

$\Rightarrow t=20$, $\Rightarrow w_A=w_B=8$

① 0.15 ② 0.35 ③ 0.55
④ 0.75 ⑤ 0.95

1st Q_A와 Q_B의 식에 각각 $t=20$, $w=8$을 대입하여 $\frac{Q_A}{Q_B}$의 값을 구해.

수온이 20 ℃이므로 $t=20$, A, B 두 조개의 개체중량이 8 g이므로 $w=8$을 Q_A, Q_B에 각각 대입하면

$$\frac{Q_A}{Q_B}=\frac{0.01\times 20^{1.25}\times 8^{0.25}}{0.05\times 20^{0.75}\times 8^{0.30}}=\frac{20^{0.50}}{5\times 8^{0.05}}$$

→ 20, 8을 소인수분해해. 즉, $20=2^2\times 5$, $8=2^3$

밑이 같은 것끼리 정리하자. 이때, $\frac{a^n}{a^m}=a^{n-m}$임을 이용해.

$$=\frac{(2^2\times 5)^{0.50}}{5\times (2^3)^{0.05}}=\frac{2\times 5^{0.50}}{5\times 2^{0.15}}$$ ($\frac{a^n}{a^m}=a^{n-m}$)

$=2^{0.85}\times 5^{-0.50}=2^a\times 5^b$

따라서 $a=0.85$, $b=-0.50$이므로

$a+b=0.85-0.50=0.35$

A 111 정답 ③ *지수법칙의 실생활 응용 [정답률 63%]

(정답 공식: 반지름의 길이를 이용하여 S, L을 나타낸다.)

원기둥 모양의 수도관에서 단면인 원의 넓이를 S, 원의 둘레의 길이를 L이라 하고, 수도관의 기울기를 I라 하자. 이 수도관에서 물이 가득 찬 상태로 흐를 때 물의 속력을 v라 하면

$v=c\left(\frac{S}{L}\right)^{\frac{2}{3}}\times I^{\frac{1}{2}}$ (단, c는 상수이다.) … ⓐ

이 성립한다고 한다. $\Rightarrow L_A=2a\pi$, $L_B=2b\pi$

단면인 원의 반지름의 길이가 각각 a, b인 원기둥 모양의 두 수도관 A, B에서 물이 가득 찬 상태로 흐르고 있다. 두 수도관 A, B의 기울기가 각각 0.01, 0.04이고, 흐르는 물의 속력을 각각 v_A, v_B라고 하자. $\frac{v_A}{v_B}=2$일 때, $\frac{a}{b}$의 값은? (단, 두 수도관 A, B에 대한 상수 c의 값은 서로 같다.) (4점)

$\Rightarrow I_A=0.01$, $I_B=0.04$

단서 ⓐ에서 미지수 S, L, I가 문제에서 무엇으로 주어졌는지 확인하는 게 우선!! 그 후 두 수도관에 대한 자료를 정리하자.

① 4 ② $4\sqrt{2}$ ③ 8 ④ $8\sqrt{2}$ ⑤ 16

1st 수도관 A, B의 물의 속도를 구하자.

수도관 A의 기울기 $I_A=0.01=\frac{1}{100}$이고 단면인 원의 넓이 $S_A=\pi a^2$, 원의 둘레의 길이 $L_A=2\pi a$이므로

→ 단면인 원의 반지름의 길이가 a, 수도관의 기울기가 0.01
반지름의 길이가 r인 원의 넓이는 $r^2\pi$, 원의 둘레의 길이는 $2\pi r$

$$v_A=c\left(\frac{\pi a^2}{2\pi a}\right)^{\frac{2}{3}}\times\left(\frac{1}{100}\right)^{\frac{1}{2}}=c\times\left(\frac{a}{2}\right)^{\frac{2}{3}}\times\frac{1}{10}$$

수도관 B의 기울기 $I_B=0.04=\frac{4}{100}$이고 단면인 원의 넓이 $S_B=\pi b^2$, 원의 둘레의 길이 $L_B=2\pi b$이므로

→ 단면인 원의 반지름의 길이가 b, 수도관의 기울기가 0.04

$$v_B=c\left(\frac{\pi b^2}{2\pi b}\right)^{\frac{2}{3}}\times\left(\frac{4}{100}\right)^{\frac{1}{2}}=c\times\left(\frac{b}{2}\right)^{\frac{2}{3}}\times\frac{2}{10}$$

2nd $\frac{v_A}{v_B}=2$를 이용하여 $\frac{a}{b}$의 값을 구하자.

$v_A=2v_B$에 의하여

$$c\times\left(\frac{a}{2}\right)^{\frac{2}{3}}\times\frac{1}{10}=2\times c\times\left(\frac{b}{2}\right)^{\frac{2}{3}}\times\frac{2}{10}$$

주의 $\frac{v_A}{v_B}=2$를 고치는 과정에서 $v_B=2v_A$로 잘못 고치는 경우가 많아. 답이 전혀 다르게 나와버리니까 주의하자.

$\left(\frac{a}{b}\right)^{\frac{2}{3}}=4$ → $a^{\frac{2}{3}}=4b^{\frac{2}{3}} \Rightarrow \frac{a^{\frac{2}{3}}}{b^{\frac{2}{3}}}=4 \Rightarrow \left(\frac{a}{b}\right)^{\frac{2}{3}}=4$

$\therefore \frac{a}{b}=4^{\frac{3}{2}}=2^{2\times\frac{3}{2}}=2^3=8$ ($=(2^2)^{\frac{3}{2}}$)

지수법칙 개념·공식

$a>0$, $b>0$이고, x, y가 실수일 때

① $a^xa^y=a^{x+y}$ ② $a^x\div a^y=a^{x-y}$
③ $(a^x)^y=a^{xy}$ ④ $(ab)^x=a^xb^x$

A 112 정답 ④ *지수법칙의 실생활 응용 [정답률 65%]

(정답 공식: $t=5$, 7일 때의 $N(t)$의 값을 이용하여 c, a^{-b}의 값을 구한다.)

어떤 생물의 개체수를 측정하기 시작하여 시각 t에서의 개체수를 $N(t)$라 할 때, 다음 관계식이 성립한다고 한다.

$$N(t)=\frac{K}{1+c\cdot a^{-bt}} \text{ (단, } a, b, c\text{는 양의 상수)} \cdots ⓐ$$

이때, K는 이 생물의 최대개체량이다.❶

이 생물의 개체수를 측정하기 시작하여 $t=5$일 때의 개체수는 최대개체량의 $\frac{1}{2}$이었고, $t=7$일 때의 개체수는 최대개체량의 $\frac{3}{4}$이었다.❷

$\Rightarrow N(5)=\frac{1}{2}K$ $\Rightarrow N(7)=\frac{3}{4}K$

이 생물의 개체수를 측정하기 시작하여 $t=9$일 때의 개체수를 나타내는 것은? (4점)

단서 ⓐ를 가지고 ❶과 ❷의 자료를 대입한 후 정리하여 $N(9)=\frac{K}{(1+c\cdot a^{-9b})}$를 구하기 위한 $c\cdot a^{-9b}$의 값을 찾자.

① $\frac{6}{7}K$ ② $\frac{7}{8}K$ ③ $\frac{8}{9}K$ ④ $\frac{9}{10}K$ ⑤ $\frac{10}{11}K$

1st $t=5$일 때와 $t=7$일 때 나오는 식을 각각 정리하자.

(i) $t=5$일 때의 개체수는 최대개체량의 $\frac{1}{2}$이므로 $=\frac{1}{2}K$

$$N(5)=\frac{K}{1+c\cdot a^{-5b}}=\frac{1}{2}K \Rightarrow \frac{1}{1+c\cdot a^{-5b}}=\frac{1}{2}\text{이니까 분모가 같으면 돼.}$$

즉, $1+c\cdot a^{-5b}=2$에서

$c\cdot a^{-5b}=1 \cdots ㉠$

(ii) $t=7$일 때의 개체수는 최대개체량의 $\frac{3}{4}$이므로 $=\frac{3}{4}K$

$$N(7)=\frac{K}{1+c\cdot a^{-7b}}=\frac{3}{4}K$$

즉, $3+3c\cdot a^{-7b}=4$에서

$c\cdot a^{-7b}=\frac{1}{3} \cdots ㉡$

2nd ㉠과 ㉡의 식을 이용하여 상수를 정하자.

㉡÷㉠에서

c를 소거하기 위해서야.

$a^{-7b+5b}=\frac{1}{3} \Rightarrow a^{-2b}=\frac{1}{3} \Rightarrow a^{2b}=3 \Rightarrow a^{b}=\sqrt{3}$ $\quad a^{-1}=b \Rightarrow a=\frac{1}{b}$

한편, ㉠에서 $c\cdot(\sqrt{3})^{-5}=1$이므로

$c=(\sqrt{3})^{5}$

3rd 이제 $t=9$일 때의 개체수를 구해 보자.

$t=9$일 때의 개체수는

$$N(9)=\frac{K}{1+c\cdot a^{-9b}}=\frac{K}{1+(\sqrt{3})^{5}\cdot(\sqrt{3})^{-9}}$$

$(\sqrt{3})^{5}\cdot(\sqrt{3})^{-9}=(\sqrt{3})^{5-9}=(\sqrt{3})^{-4}$

$$=\frac{K}{1+\frac{1}{9}}=\frac{9}{10}K$$

A 113 정답 ③ *지수법칙의 실생활 응용 [정답률 71%]

(정답 공식: 2006년도 인구수를 구하고 그 값의 2배가 될 때, t의 값은 어떻게 될지 구해본다.)

어느 도시의 t년도 인구수를 $P\times10^{6}$(명)이라 하면

$$P=5\cdot2^{\frac{t-2001}{15}}$$

$t=2006$을 대입! 단서 2006년의 인구수를 구한 뒤, 그 2배가 되는 해를 찾자.

인 관계가 성립한다고 한다. 이 도시의 인구수가 2006년 인구수의 2배가 되는 해는? (4점)

① 2017년 ② 2019년 ③ 2021년 ④ 2023년 ⑤ 2025년

1st 먼저 2006년도의 인구수 P를 구해야겠지?

2006년도의 인구수를 $P\times10^{6}$(명)이라 하면

$P=5\times2^{\frac{2006-2001}{15}}$

$=5\times2^{\frac{5}{15}}=5\times2^{\frac{1}{3}} \cdots ㉠$

2nd 인구수가 2배가 되는 해를 구하자.

이 도시의 인구수 $P'\times10^{6}$(명)이 2006년 인구수의 2배가 되는 해를 t라 하자.

$P'=5\times2^{\frac{t-2001}{15}}=2P$

㉠에서 $2P=2\times5\times2^{\frac{1}{3}}=5\times2^{\frac{4}{3}}$이므로 지수를 비교하면

[지수법칙] $a^{n}\times a^{m}=a^{n+m}$

$\frac{4}{3}=\frac{t-2001}{15}$, $20=t-2001$

$\therefore t=2021$

1등급 마스터 문제 [4점+2등급 대비+1등급 대비]

A 114 정답 ⑤ *지수법칙의 활용 [정답률 34%]

(정답 공식: $2^{a}\times b=m$, $m=2^{k}$이면 a는 1부터 k까지 가능하다.)

자연수 m에 대하여 집합 A_m을

$$A_m=\left\{(a, b)\,\middle|\,2^{a}=\frac{m}{b},\ a, b\text{는 자연수}\right\}$$

라 할 때, [보기]에서 옳은 것만을 있는 대로 고른 것은? (4점)

[보기]

ㄱ. $A_4=\{(1, 2), (2, 1)\}$ 단서1 $m=4$를 직접 대입해서 A_4의 원소를 나타내봐.

ㄴ. 자연수 k에 대하여 $m=2^{k}$이면 $n(A_m)=k$이다.

ㄷ. $n(A_m)=1$이 되도록 하는 두 자리 자연수 m의 개수는 23이다. 단서2 $n(A_m)=1$이 되도록 하는 집합 A_m의 원소 (a, b)에 대하여 a, b의 조건을 따져보자.

① ㄱ ② ㄱ, ㄴ ③ ㄱ, ㄷ ④ ㄴ, ㄷ ⑤ ㄱ, ㄴ, ㄷ

1st $m=4$를 대입하여 ㄱ의 진위를 판단하자.

ㄱ. 집합 A_4는 $2^{a}=\frac{4}{b}$에서 $4=2^{a}\times b$인 자연수의 순서쌍을 원소로 갖는 집합이므로 $4=2^{1}\times2$, $4=2^{2}\times1$

$\therefore A_4=\{(1, 2), (2, 1)\}$ (참)

2nd $m=2^k$을 대입하여 집합 A_m을 직접 구해보자.

ㄴ. $m=2^k$일 때, $A_m=A_{2^k}$

A_{2^k}은 $2^a=\dfrac{2^k}{b}$에서

→ 지수법칙에 의해 $2^{k-a}=b$

$2^k=2^a\times b$인 자연수 a, b의 순서쌍 (a, b)를 원소로 갖는 집합이므로

$A_m=\{(1, 2^{k-1}), (2, 2^{k-2}), (3, 2^{k-3}), \cdots, (k, 2^0)\}$

$\therefore n(A_m)=k$ (참)

3rd $n(A_m)=1$이 되기 위한 조건을 따져보고 두 자리 자연수 m의 개수를 구하자.

ㄷ. $2^a=\dfrac{m}{b}$에서 $m=2^a\times b$인 자연수 a, b의 순서쌍 (a, b)가 존재한다고 하자.

이때, b가 짝수, 즉 $b=2b'$ (b'은 자연수)이면

b'은 자연수이고 b가 짝수일 때 $b=2b'$으로 나타낼 수 있고 b가 홀수일 때 $b=2b'-1$로 나타낼 수 있어.

$m=2^a\times 2b'=2^{a+1}\times b'$이므로 순서쌍 $(a+1, b')$도 집합 A_m의 원소이다. 즉, b가 짝수이면 $n(A_m)\geq 2$가 되므로 $n(A_m)=1$이 되기 위해서는 b는 홀수이어야 한다. 또, $n(A_m)=1$이 되기 위해서는 $b=\dfrac{m}{2^k}$이 자연수가 되도록 하는 자연수 k가 오직 하나만 존재하므로 $k=1$이어야 한다.

$k\geq 2$인 경우, $b=\dfrac{m}{2^k} \Longleftrightarrow 2b=\dfrac{m}{2^{k-1}}$이므로 $(k-1, 2b)$도 주어진 방정식을 만족하므로 $n(A_m)\neq 1$

즉, $m=2\times$(홀수)이어야 한다.

두 자리의 자연수 중에서 $2\times$(홀수)인 자연수는

2×5, 2×7, 2×9, $\cdots$, 2×49

$n(A_m)=1$이 되도록 하는 두 자리 자연수 m은 5, 7, 9, $\cdots$, 49의 개수와 같으므로 조건을 만족시키는 두 자리의 자연수 m의 개수는 23이다. (참)

따라서 옳은 것은 ㄱ, ㄴ, ㄷ이다.

A 115 정답 ⑤

✪2등급 대비 [정답률 22%]

*주어진 식이 자연수가 되도록 하는 자연수의 순서쌍의 개수 구하기 [유형 01+02+07]

> 단서1 $f(n)$이 어떻게 정의되어 있는지 살펴봐.
>
> 자연수 n에 대하여 $f(n)$이 다음과 같다.
>
> $$f(n)=\begin{cases}\sqrt[4]{9\times 2^{n+1}} & (n\text{이 홀수})\\ \sqrt[4]{4\times 3^n} & (n\text{이 짝수})\end{cases}$$
>
> 단서3 자연수가 되기 위해서는 거듭제곱근의 근호가 없어져야 하지.
>
> 10 이하의 두 자연수 p, q에 대하여 $f(p)\times f(q)$가 자연수가 되도록 하는 모든 순서쌍 (p, q)의 개수는? (4점)
>
> 단서2 두 자연수 p, q를 $f(n)$에 각각 대입해 보라는 거야.
>
> ① 36 ② 38 ③ 40 ④ 42 ⑤ 44

왜 2등급? 거듭제곱근의 성질과 지수법칙을 이용하여 두 거듭제곱근의 곱 $f(p)\times f(q)$가 자연수가 되도록 하는 자연수 p, q의 순서쌍 (p, q)의 개수를 구하는 문제로 $f(n)$이 어떻게 정의되어 있는지 살펴보아야 하는데, n이 홀수일 때와 짝수일 때 $f(n)$의 식이 다르므로 p, q가 홀수인 경우와 짝수인 경우를 나누어 따져보아야 한다.

단서+발상

단서1 자연수 1, 2, 3, $\cdots$, n에 대하여 $f(n)$에 n이 홀수이면 홀수에 맞는 정의에 따라 대입하고 짝수이면 짝수에 맞는 정의에 따라 대입한다. 즉, $f(1)=\sqrt[4]{9\times 2^2}$, $f(2)=\sqrt[4]{4\times 3^2}$, $f(3)=\sqrt[4]{9\times 2^4}$, $f(4)=\sqrt[4]{4\times 3^4}$, $\cdots$이므로 규칙을 찾을 수 있고 이 가운데에서 문제를 푸는 실마리를 잡을 수 있다. (발상)

단서2 $f(n)$의 식을 파악했다면 p, q가 홀수, 짝수인 경우를 각각 나누어 $f(p)\times f(q)$의 식을 구한다. (적용)

단서3 근호 $\sqrt[4]{\ }$가 없어지려면 근호 안의 수가 네제곱수이어야 함을 파악하는 것이 중요하다. (적용)

즉, $f(p)\times f(q)$를 정리한 식에서 근호 안의 수가 네제곱수이면 근호 $\sqrt[4]{\ }$가 없어지면서 자연수가 될 수 있다. 따라서 자연수 a, k에 대하여 근호 안의 수는 a^{4k} 꼴로 나타나야 한다. (해결)

주의 정의된 함수 $f(n)$에 대하여 $f(p)\times f(q)$가 자연수가 되기 위한 조건을 여러 경우로 나누어 따져주어야 한다. 특히, 이 문제의 경우 $(2, 3)$, $(3, 2)$는 서로 다른 경우이므로 모든 경우를 놓치지 말고 따져주어야 한다.

> 핵심 정답 공식: 자연수 a에 대하여 $\sqrt[n]{a^m}$이 자연수가 되기 위해서는 m이 n의 배수(n이 m의 약수)이어야 한다.

[문제 풀이 순서]

1st p, q가 모두 홀수일 때, 순서쌍 (p, q)의 개수를 구하자.

(i) p, q가 모두 홀수일 때,

→ $\sqrt[n]{a}\sqrt[n]{b}=\sqrt[n]{ab}\,(a>0, b>0)$

$f(p)\times f(q)=\sqrt[4]{9\times 2^{p+1}}\times\sqrt[4]{9\times 2^{q+1}}=\sqrt[4]{81\times 2^{p+q+2}}$

$=\sqrt[4]{81}\times\sqrt[4]{2^{p+q+2}}=3\times\sqrt[4]{2^{p+q+2}}$ → $\sqrt[n]{a^n}=a\,(a>0)$

여기서 $p+q+2$가 4의 배수일 때, $f(p)\times f(q)$는 자연수이다.

두 자연수 p, q가 각각 10 이하의 홀수이므로 조건에 맞는 순서쌍 (p, q)는

→ $p+q+2=4m$ (m은 자연수)이면 $\sqrt[4]{2^{p+q+2}}=\sqrt[4]{2^{4m}}=(\sqrt[4]{2^4})^m=2^m$

i) $p+q+2=4$일 때, $p+q=2$이므로 $(1, 1)$

ii) $p+q+2=8$일 때, $p+q=6$이므로 $(1, 5)$, $(3, 3)$, $(5, 1)$

iii) $p+q+2=12$일 때, $p+q=10$이므로 $(1, 9)$, $(3, 7)$, $(5, 5)$, $(7, 3)$, $(9, 1)$

→ $p+q=6$인 두 자연수 p, q의 순서쌍을 구하기 위해서는 p가 홀수이므로 1, 3, 5를 대입하여 q의 값을 찾으면 돼.

iv) $p+q+2=16$일 때, $p+q=14$이므로 $(5, 9)$, $(7, 7)$, $(9, 5)$

v) $p+q+2=20$일 때, $p+q=18$이므로 $(9, 9)$

즉, 모든 순서쌍 (p, q)의 개수는 $1+3+5+3+1=13$이다.

2nd p가 홀수, q가 짝수일 때, 순서쌍 (p, q)의 개수를 구하자.

(ii) p는 홀수, q는 짝수일 때,

$f(p)\times f(q)=\sqrt[4]{9\times 2^{p+1}}\times\sqrt[4]{4\times 3^q}=\sqrt[4]{2^{p+3}\times 3^{q+2}}=\sqrt[4]{2^{p+3}}\times\sqrt[4]{3^{q+2}}$

여기서 $p+3$과 $q+2$가 각각 4의 배수일 때,

$f(p)\times f(q)$는 자연수이다.

→ $p+3$과 $q+2$가 각각 4의 배수이어야 $\sqrt[4]{2^{p+3}}$, $\sqrt[4]{3^{q+2}}$이 각각 자연수가 되지.

두 자연수 p, q가 각각 10 이하의 홀수, 짝수이므로

$p+3$은 4, 8, 12이고, $q+2$는 4, 8, 12

즉, p는 1, 5, 9 중 하나이고, q는 2, 6, 10 중 하나이다.

조건에 맞는 순서쌍 (p, q)는

→ p가 될 수 있는 수가 1, 5, 9이고, q가 될 수 있는 수가 2, 6, 10이므로 순서쌍 (p, q)의 개수는 $3\times 3=9$야.

$(1, 2)$, $(1, 6)$, $(1, 10)$, $(5, 2)$, $(5, 6)$, $(5, 10)$, $(9, 2)$, $(9, 6)$, $(9, 10)$이므로 모든 순서쌍 (p, q)의 개수는 9이다.

3rd p가 짝수, q가 홀수일 때, 순서쌍 (p, q)의 개수를 구하자.

(iii) p는 짝수, q는 홀수일 때,

$f(p)\times f(q)=\sqrt[4]{4\times 3^p}\times\sqrt[4]{9\times 2^{q+1}}=\sqrt[4]{2^{q+3}\times 3^{p+2}}=\sqrt[4]{2^{q+3}}\times\sqrt[4]{3^{p+2}}$

여기서 $q+3$과 $p+2$가 각각 4의 배수일 때,

$f(p)\times f(q)$는 자연수이다.

두 자연수 p, q가 각각 10 이하의 짝수, 홀수이므로 $p+2$는 4, 8, 12이고, $q+3$는 4, 8, 12

즉, p는 2, 6, 10 중 하나이고, q는 1, 5, 9 중 하나이다.

조건에 맞는 순서쌍 (p, q)는

$(2, 1)$, $(2, 5)$, $(2, 9)$, $(6, 1)$, $(6, 5)$, $(6, 9)$, $(10, 1)$, $(10, 5)$, $(10, 9)$이므로 모든 순서쌍 (p, q)의 개수는 9이다.

4th p, q가 모두 짝수일 때, 순서쌍 (p, q)의 개수를 구하자.

(iv) p, q가 모두 짝수일 때,

$$f(p)\times f(q)=\sqrt[4]{4\times3^p}\times\sqrt[4]{4\times3^q}=\sqrt[4]{16\times3^{p+q}}$$
$$=\sqrt[4]{16}\times\sqrt[4]{3^{p+q}}=2\times\sqrt[4]{3^{p+q}}$$

$p+q$가 4의 배수일 때, $f(p)\times f(q)$는 자연수이다. 두 자연수 p, q가 각각 10 이하의 짝수이므로 조건에 맞는 순서쌍 (p, q)는

i) $p+q=4$일 때, (2, 2)

ii) $p+q=8$일 때, (2, 6), (4, 4), (6, 2)

iii) $p+q=12$일 때, (2, 10), (4, 8), (6, 6), (8, 4), (10, 2)

iv) $p+q=16$일 때, (6, 10), (8, 8), (10, 6)

v) $p+q=20$일 때, (10, 10)

즉, 모든 순서쌍 (p, q)의 개수는 $1+3+5+3+1=13$이다.

따라서 (i), (ii), (iii), (iv)에 의해 구하는 모든 순서쌍 (p, q)의 개수는 $13+9+9+13=44$이다.

1등급 대비 특강

* 문제 풀이 핵심 알아보기

$f(n)$의 식을 보면 복잡해서 어떻게 풀어야 할지 방향을 잡기 어려워. 하지만 자연수 a에 대하여 $\sqrt[4]{a}$, 즉 $a^{\frac{1}{4}}$이 자연수가 되려면 a는 p^{4k} (p, k는 자연수) 꼴이 되어야 함을 파악하고 p, q의 경우를 나누어 접근하다보면 p, q 사이의 관계식을 찾아 조건을 만족시키는 순서쌍 (p, q)를 구할 수 있어.

경찰대, 사삼 중요 기출 문제 [어려운 3점+4점+5점]

A 116 정답 ② *거듭제곱근의 정의 [정답률 67%]

(정답 공식: 실수 a와 2 이상의 자연수 n에 대하여 a의 n제곱근 중 실수인 것의 개수는 n이 홀수일 때 1, n이 짝수일 때 $a>0$이면 2, $a=0$이면 1, $a<0$이면 0이다.)

2 이상의 자연수 n에 대하여 $-(n-k)^2+8$의 n제곱근 중 실수인 것의 개수를 $f(n)$이라 하자.

단서 n제곱근 중 실수인 것의 개수는 0 또는 1 또는 2이므로 $f(n)$의 값은 0 또는 1 또는 2야. 이때, n이 홀수인 경우 n제곱근 중 실수인 것의 개수는 항상 1이야. 따라서 n의 값이 짝수인 경우의 조건을 만족시키는 $f(n)$의 값을 구해야 해.

$$f(3)+f(4)+f(5)+f(6)+f(7)=7$$

을 만족시키는 모든 자연수 k의 값의 합은? (4점)

① 14 ② 15 ③ 16 ④ 17 ⑤ 18

1st 조건을 만족시키기 위한 $f(n)$의 값을 구해.

n이 홀수이면 $f(n)=1$이므로 $f(3)=f(5)=f(7)=1$

n이 홀수인 경우 $-(n-k)^2+8$의 n제곱근 중 실수인 것의 개수는 $-(n-k)^2+8$의 값에 관계없이 항상 1이야.

즉, $f(3)+f(4)+f(5)+f(6)+f(7)=7$에서

$1+f(4)+1+f(6)+1=7$ $\therefore f(4)+f(6)=4$ ⋯ ㉠

한편, n이 짝수이면 $f(n)=\begin{cases}2 & (-(n-k)^2+8>0)\\ 1 & (-(n-k)^2+8=0)\\ 0 & (-(n-k)^2+8<0)\end{cases}$이므로

n이 짝수인 경우 $-(n-k)^2+8$의 n제곱근 중 실수인 것의 개수는 $-(n-k)^2+8$가 양수일 때는 2, 0일 때는 1, 음수일 때는 0이야.

㉠을 만족시키려면 $f(4)=2$, $f(6)=2$이어야 한다.

$f(4)$, $f(6)$의 값은 0 또는 1 또는 2이므로 $f(4)+f(6)=4$를 만족시키는 경우는 $f(4)=2$, $f(6)=2$인 경우 뿐이야.

2nd 조건을 만족시키는 자연수 k의 값을 모두 구해.

(i) $f(4)=2$이려면 $-(4-k)^2+8>0$이어야 한다.

즉, $(k-4)^2<8$에서 $-2\sqrt{2}<k-4<2\sqrt{2}$

$\therefore 4-2\sqrt{2}<k<4+2\sqrt{2}$

(ii) $f(6)=2$이려면 $-(6-k)^2+8>0$이어야 한다.

즉, $(k-6)^2<8$에서 $-2\sqrt{2}<k-6<2\sqrt{2}$

$\therefore 6-2\sqrt{2}<k<6+2\sqrt{2}$

(i), (ii)에 의하여 조건을 만족시키는 k의 값의 범위는 $6-2\sqrt{2}<k<4+2\sqrt{2}$이다.

$\sqrt{8}=2.\times\times\times$이므로 $6-2\sqrt{2}=6-\sqrt{8}=3.\times\times\times$, $4+2\sqrt{2}=4+\sqrt{8}=6.\times\times\times$이지? 따라서 이 부등식을 만족시키는 자연수 k의 값은 4, 5, 6이야.

따라서 구하는 자연수 k의 값은 4, 5, 6이므로 그 합은 $4+5+6=15$이다.

A 117 정답 ⑤ *거듭제곱근의 계산 [정답률 61%]

(정답 공식: $x^3+1=(x+1)(x^2-x+1)$임을 이용한다.)

실수 $r=\dfrac{3}{\sqrt[3]{4}-\sqrt[3]{2}+1}$에 대하여 단서 먼저 r를 간단히 한 후 r^2, r^3을 구해 봐.

$$r+r^2+r^3=a\sqrt[3]{4}+b\sqrt[3]{2}+c$$

일 때, $a+b+c$의 값은? (단, a, b, c는 유리수이다.) (4점)

① 7 ② 9 ③ 11 ④ 13 ⑤ 15

1st 실수 r를 간단히 하자.

$\sqrt[3]{2}=t$라 하면 $\sqrt[3]{4}=t^2$이므로

$a>0$이고 m, n이 양의 정수일 때 $\sqrt[n]{a^m}=(\sqrt[n]{a})^m$이지? 이를 이용하면 $\sqrt[3]{4}=\sqrt[3]{2^2}=(\sqrt[3]{2})^2=t^2$

$$r=\frac{3}{\sqrt[3]{4}-\sqrt[3]{2}+1}=\frac{3}{t^2-t+1}=\frac{3(t+1)}{(t^2-t+1)(t+1)}$$

분모, 분자에 $t+1$을 각각 곱한 거야.

$$=\frac{3(t+1)}{t^3+1}=\frac{3(t+1)}{2+1}=t+1$$

$t=\sqrt[3]{2}$이므로 양변을 세제곱하면 $t^3=2$

2nd $r+r^2+r^3$의 값을 구해.

$$\therefore r+r^2+r^3=(t+1)+(t+1)^2+(t+1)^3$$
$$=(t+1)+(t^2+2t+1)+(t^3+3t^2+3t+1)$$
$$=t^3+4t^2+6t+3=4t^2+6t+5\ (\because t^3=2)$$
$$=4\sqrt[3]{4}+6\sqrt[3]{2}+5$$

따라서 $a=4$, $b=6$, $c=5$이므로 $a+b+c=4+6+5=15$

다른 풀이: **실수 r의 분자 3을 $\sqrt[3]{2}$로 나타내어 해결하기**

$\sqrt[3]{2}=t$라 하면 $\sqrt[3]{4}=t^2$이고 $t^3=2$이므로 $3=2+1=t^3+1$이지?

$$\therefore r=\frac{3}{\sqrt[3]{4}-\sqrt[3]{2}+1}=\frac{3}{t^2-t+1}=\frac{t^3+1}{t^2-t+1}$$
$$=\frac{(t+1)(t^2-t+1)}{t^2-t+1}=t+1$$

(이하 동일)

A 118 정답 ③ *거듭제곱근의 활용 [정답률 83%]

(정답 공식: $\sqrt[n]{a^m}=a^{\frac{m}{n}}$임을 이용한다.)

$\sqrt[m]{64}\times\sqrt[n]{81}$의 값이 자연수가 되도록 하는 2 이상의 자연수 m, n의 모든 순서쌍 (m, n)의 개수는? (3점)

단서 거듭제곱근을 밑이 소수인 지수로 나타내어 주어진 값이 자연수가 되도록 하는 m, n의 값을 찾아.

① 2 ② 4 ③ 6 ④ 8 ⑤ 10

1st 주어진 값이 자연수가 되도록 하는 m, n의 값을 구해.

$\sqrt[m]{64}\times\sqrt[n]{81}=\sqrt[m]{2^6}\times\sqrt[n]{3^4}=2^{\frac{6}{m}}\times3^{\frac{4}{n}}$

이 값이 자연수가 되려면 $2^{\frac{6}{m}}$, $3^{\frac{4}{n}}$의 값이 모두 자연수가 되어야 한다.

이때, $2^{\frac{6}{m}}$의 값이 자연수가 되려면 m은 6의 양의 약수가 되어야 하므로 가능한 m의 값은 2, 3, 6으로 3개이고, $3^{\frac{4}{n}}$의 값이 자연수가 되려면 n은 4의 양의 약수가 되어야 하므로 가능한 n의 값은 2, 4로 2개이다.

(m은 2 이상의 자연수야.) (n은 2 이상의 자연수야.)

따라서 m, n의 모든 순서쌍 (m, n)의 개수는 $3\times2=6$이다.

$(2, 2), (2, 4), (3, 2), (3, 4), (6, 2), (6, 4)$

A 119 정답 ② *지수법칙의 활용 – 식 변형 [정답률 79%]

(정답 공식: $x^n=a$에서 x는 a의 n제곱근이다. $(a>0)$)

실수 x에 대하여 $2^{3x}=9$일 때, $3^{\frac{2}{x}}$의 값은? (3점)

단서 $3^{\frac{2}{x}}=(3^2)^{\frac{1}{x}}=9^{\frac{1}{x}}$이므로 9의 x제곱근을 찾으면 되지.

① 4 ② 8 ③ 16 ④ 32 ⑤ 64

1st 지수법칙을 이용하여 식을 변형하자.

$2^{3x}=(2^3)^x=8^x$이므로 $8^x=9$에서 $9^{\frac{1}{x}}=8$ (8은 9의 x제곱근이야.)

$\therefore\ 3^{\frac{2}{x}}=(3^2)^{\frac{1}{x}}=9^{\frac{1}{x}}=8$ ($(a^x)^y=a^{xy}$임을 이용해.)

다른 풀이: 주어진 식에서 $3^{\frac{2}{x}}$ 꼴이 나타나도록 변형하여 값 구하기

$2^{3x}=9=3^2$이므로 양변에 $\frac{1}{x}$제곱을 하면

$(2^{3x})^{\frac{1}{x}}=(3^2)^{\frac{1}{x}}$에서 $2^3=3^{\frac{2}{x}}$ $\therefore\ 3^{\frac{2}{x}}=8$

양변에 똑같이 거듭제곱을 해도 등식은 변하지 않지.

A 120 정답 15 *거듭제곱근의 계산 [정답률 84%]

(정답 공식: $\sqrt[n]{a^m}=a^{\frac{m}{n}}$임을 이용하여 밑이 3인 거듭제곱으로 나타낸다.)

$\sqrt{3\sqrt[4]{27}}=3^{\frac{q}{p}}$일 때, $p+q$의 값을 구하시오. (단, p와 q는 서로소인 자연수이다.) (3점)

단서 거듭제곱근의 성질을 이용해.

1st 거듭제곱근을 지수로 바꾸어 지수법칙을 이용하자.

$\sqrt{3\sqrt[4]{27}}=(3\sqrt[4]{3^3})^{\frac{1}{2}}=\left(3\times3^{\frac{3}{4}}\right)^{\frac{1}{2}}=\left(3^{1+\frac{3}{4}}\right)^{\frac{1}{2}}=3^{\frac{7}{4}\times\frac{1}{2}}=3^{\frac{7}{8}}$

(1) $a^{\frac{1}{n}}=\sqrt[n]{a}$
(2) $a^{\frac{m}{n}}=\sqrt[n]{a^m}$

즉, $p=8$, $q=7$이므로 $p+q=8+7=15$

실수 거듭제곱근을 지수로 바꿀 줄 알아야 해.

A 121 정답 64 ✪2등급 대비 [정답률 29%]

*주어진 식이 자연수가 되도록 하는 자연수의 개수 구하기 [유형 01+02+07]

2 이상의 자연수 n에 대하여 $n^{\frac{4}{k}}$의 값이 자연수가 되도록 하는 자연수 k의 개수를 $f(n)$이라 하자. 예를 들어 $f(6)=3$이다. $f(n)=8$을 만족시키는 n의 최솟값을 구하시오. (4점)

단서 $6^{\frac{4}{k}}$의 값이 자연수가 되도록 하는 자연수 k는 1, 2, 4인 3가지이므로 $f(6)=3$이야.

왜 2등급? $n^{\frac{4}{k}}$의 값이 자연수가 되도록 하는 자연수 k의 개수를 구하는 문제로 n이 거듭제곱수인 경우에 $f(n)$의 값이 어떻게 변화하는지 살펴보고 규칙을 찾아야한다.

단서+발상

단서1 $n\geq2$인 자연수 n에 대하여 직접 k, $f(n)$의 값을 찾아보고 규칙을 살펴보자. (발상)

단서2 $n=p$(p는 소수)이거나 $n=pq$ 꼴(p, q는 소수)이면 $f(n)$의 값은 4의 약수의 개수와 같으므로 $f(n)=3$이다. $n=m^a$ 꼴이면 $n^{\frac{4}{k}}=(m^a)^{\frac{4}{k}}=m^{\frac{4a}{k}}$이므로 $f(n)$의 값은 $4a$의 양의 약수의 개수와 같다. (적용)

단서3 $f(n)=8$이려면 $n=m^p$의 꼴이어야 하므로 $p=1, 2, 3, \cdots$에 대하여 차례로 살펴봐야 한다. 또한, n의 최솟값을 구해야 하므로 $n=2^p$ 꼴이다. (해결)

주의 n이 거듭제곱수인 경우를 고려하여 $f(n)$의 값의 변화를 살펴봐야 한다.

(핵심 정답 공식: 거듭제곱근이 자연수가 되는 지수와 밑의 조건을 하나씩 따진다.)

[문제 풀이 순서]

1st $n^{\frac{4}{k}}$이 자연수가 되는 경우를 생각해봐.

2 이상의 자연수 n에 대하여 $n^{\frac{4}{k}}$의 값이 자연수가 되려면 우선 자연수 k는 4의 약수인 1, 2, 4의 3가지가 가능하다. 이때 n이 거듭제곱수인 경우에는 그 이외의 숫자가 더 생길 수 있다.

($f(n)=8$인 n의 값을 찾으려면 n이 거듭제곱수여야만 해.)

함정 $n^{\frac{4}{k}}$가 자연수가 되도록 하는 k는 4의 약수뿐이라고 생각하기 쉽지만, n이 거듭제곱수인 경우를 놓치면 안 돼.

2nd 거듭제곱수인 n의 값에 따라 $f(n)$의 값의 변화를 차례대로 살펴봐.

소수 m에 대하여 n이 m^2, m^3, $\cdots$인 경우를 차례로 생각해보자.

(i) $n=m^2$

$(m^2)^{\frac{4}{k}}=m^{\frac{8}{k}}$이 자연수가 되도록 하는 k의 개수는 8의 양의 약수의 개수인 4와 같다. $\therefore\ f(m^2)=4$

($8=2^3$이므로 약수의 개수는 $3+1=4$(개))

(ii) $n=m^3$

$(m^3)^{\frac{4}{k}}=m^{\frac{12}{k}}$이 자연수가 되도록 하는 k의 개수는 12의 양의 약수의 개수인 6과 같다. $\therefore\ f(m^3)=6$

($12=2^2\times3$이므로 약수의 개수는 $(2+1)\times(1+1)=6$(개))

(iii) $n=m^4$

$(m^4)^{\frac{4}{k}}=m^{\frac{16}{k}}$이 자연수가 되도록 하는 k의 개수는 16의 양의 약수의 개수인 5와 같다. $\therefore\ f(m^4)=5$

($16=2^4$이므로 약수의 개수는 $4+1=5$(개))

(iv) $n=m^5$

$(m^5)^{\frac{4}{k}}=m^{\frac{20}{k}}$이 자연수가 되도록 하는 k의 개수는 20의 양의 약수의 개수인 6과 같다. $\therefore\ f(m^5)=6$

($20=2^2\times5$이므로 약수의 개수는 $(2+1)\times(1+1)=6$(개))

(v) $n=m^6$

$(m^6)^{\frac{4}{k}}=m^{\frac{24}{k}}$이 자연수가 되도록 하는 k의 개수는 24의 양의 약수의 개수인 8과 같다. $\therefore\ f(m^6)=8$

($24=2^3\times3$이므로 약수의 개수는 $(3+1)\times(1+1)=8$(개))

따라서 $f(n)=8$을 만족시키는 n의 최솟값은 $2^6=64$이다.

1등급 대비 특강

＊ $n^{\frac{4}{k}}$가 자연수가 되도록 하는 자연수 k의 개수

거듭제곱수가 아닌 자연수의 정수가 아닌 유리수의 거듭제곱은 무리수야.
따라서 $n^{\frac{4}{k}}$에서 밑이 거듭제곱수가 아닌 자연수가 되도록 변형하였을 때 지수가 자연수가 아니라면 $n^{\frac{4}{k}}$의 값이 자연수가 될 수 없어. 즉, 자연수 m, p에 대하여 $n=m^p$으로 나타낼 때 $n^{\frac{4}{k}}$의 값이 자연수가 될 수 있는 k의 개수는 $4p$의 약수의 개수와 같음을 알 수 있어.

로그

기본 기출 문제

B 01 정답 18 *로그의 정의 [정답률 85%]

(정답 공식: log가 정의되기 위해서는 밑이 1이 아닌 양수여야 하고, 진수가 양수여야 한다.)

$\log_{(x-3)}(-x^2+11x-24)$가 정의되기 위한 모든 정수 x의 합을 구하시오. (3점) 단서 로그가 정의되기 위해서는 밑과 진수의 범위를 확인해야겠지?

1st 로그가 정의되기 위해서는 밑은 1이 아닌 양수, 진수는 양수라는 조건을 모두 만족시켜야 하니까 x의 범위를 찾아 모든 정수 x의 합을 구해.

$\log_{(x-3)}(-x^2+11x-24)$가 정의되기 위해서는

로그 $\log_a N$의 ① 밑 조건: $a\neq1$, $a>0$ ② 진수 조건: $N>0$

(i) 밑의 조건에 의하여 $x-3>0$이고 $x-3\neq1$

$\therefore x>3\ (x\neq4)$

(ii) 진수 조건에 의하여 $-x^2+11x-24>0$

$x^2-11x+24<0$, $(x-3)(x-8)<0$

$\therefore 3<x<8$

이차함수 $f(x)=(x-3)(x-8)$의 그래프에서 $f(x)<0$을 만족시키는 영역은 그림과 같아.

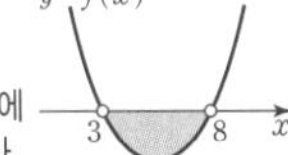

(i), (ii)를 동시에 만족시키는 x는

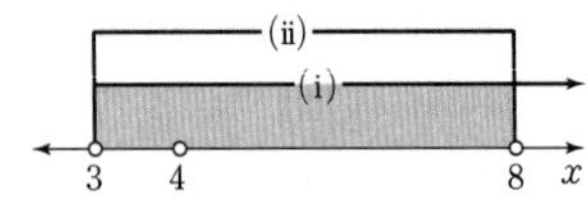

$3<x<8\ (x\neq4)$인 정수이어야 하므로

$x=5,\ 6,\ 7$

따라서 모든 정수 x의 합은 $5+6+7=18$

B 02 정답 ① *로그의 계산 [정답률 95%]

(정답 공식: $\log_a b+\log_a c=\log_a bc$)

$\log_2 16+\log_2 \frac{1}{8}$의 값은? (2점)

단서 밑이 2로 같으니까 로그의 합은 진수의 곱으로~

①1 ②2 ③3 ④4 ⑤5

1st 로그의 성질을 이용하여 간단히 정리해.

밑이 같을 때는 $\log_a b+\log_a c=\log_a bc$

$\log_2 16+\log_2\frac{1}{8}=\log_2\left(16\times\frac{1}{8}\right)=\log_2 2=1$

밑이 2로 같지. $\log_a a=1$

다른 풀이: **진수를 2의 거듭제곱 꼴로 나타내어 값 구하기**

$\log_2 16+\log_2\frac{1}{8}=\log_2 2^4+\log_2 2^{-3}=4-3=1$

밑이 2로 같으니까 진수를 2의 거듭제곱으로 나타내. $\log_a a^n=n\log_a a=n$

B 03 정답 ③ *로그의 성질의 활용-식의 값 [정답률 91%]

(정답 공식: $\log_{a^m} b^n=\frac{n}{m}\log_a b$, $\log_a b=\frac{\log_c b}{\log_c a}$)

❶ $\log_{\sqrt{3}} x=4$, ❷ $\log_3 y=6$일 때, $\log_x y$의 값은? (3점)

단서 밑의 변환으로 ❶, ❷를 이용하도록 해.

①1 ②2 ③3 ④4 ⑤5

1st 로그의 밑을 3으로 통일해.

로그의 성질을 이용하기 위해서는 밑을 통일하는 것이 편리해. 그렇기 때문에 로그의 밑을 변형하는 로그의 성질들을 익히고 사용할 줄 알아야 해.

$\log_{\sqrt{3}} x=4$에서 $\log_{\sqrt{3}} x=\log_{3^{\frac{1}{2}}} x=2\log_3 x=4$이므로 $\log_3 x=2$

$\log_{a^m} b^n=\frac{n}{m}\log_a b$

2nd $\log_3 x$, $\log_3 y$를 이용하기 위해 밑의 변환으로 $\log_x y$의 값을 구해.

또, $\log_3 y=6$이므로

$\log_x y=\frac{\log_3 y}{\log_3 x}=\frac{6}{2}=3$

$\log_a b=\frac{\log_c b}{\log_c a}$

B 04 정답 12 *로그의 성질의 활용-식의 값 [정답률 85%]

(정답 공식: $\log_a b\cdot\log_b a=1$)

두 실수 a, b가

❶ $a\log_3 2=4$

❷ $\log_3 b=1-\log_3(\log_2 3)$ 단서 ❶, ❷를 각각 a, b에 대한 식으로 정리해.

을 만족시킬 때, ab의 값을 구하시오. (3점)

1st 첫 번째 식에서 a의 값을 구해.

$a\log_3 2=4$에서 → 방정식의 풀이처럼 미지수를 좌변에 두고, 나머지를 이항하여 식을 정리해.

$a=\frac{4}{\log_3 2}$

2nd 두 번째 식에서 로그의 성질을 이용하여 b의 값을 구해.

$\log_3 b=1-\log_3(\log_2 3)$의 우변에서

실수 1을 $\log_3 3$으로 고칠 수 있는지가 핵심이지.

$1-\log_3(\log_2 3)=\log_3 3-\log_3(\log_2 3)$

$1=\log_a a$ $\quad\log_a x-\log_a y=\log_a\frac{x}{y}$

$=\log_3\frac{3}{\log_2 3}$

따라서 $\log_3 b=\log_3\frac{3}{\log_2 3}$에서

$b=\frac{3}{\log_2 3}$

$\log_3 ■=\log_3 ▲$처럼 밑이 3인 로그에서 ■=▲야.

3rd 로그의 성질을 이용해서 ab를 계산하면 끝!

$\therefore ab=\frac{4}{\log_3 2}\times\frac{3}{\log_2 3}=\frac{12}{\log_3 2\times\log_2 3}=12$

$\log_b a=\frac{1}{\log_a b}$이니까 $\log_b a\times\log_a b=1$

다른 풀이: **b의 값을 다른 방법으로 구하기**

$\log_3 b=1-\log_3(\log_2 3)$에서 $\log_3 b+\log_3(\log_2 3)=1$

$\log_3(b\log_2 3)=1$, $b\log_2 3=3^1$ $\quad\log_a m+\log_a n=\log_a mn$

$\therefore b=\frac{3}{\log_2 3}$ $\quad\log_a x=N \Longleftrightarrow x=a^N$

B 05 정답 ① *로그의 성질의 응용 [정답률 82%]

(정답 공식: 두 점 (x_1, y_1), (x_2, y_2)를 지나는 직선의 기울기는 $\frac{y_2-y_1}{x_2-x_1}\ (x_1\neq x_2)$이다.)

좌표평면 위의 두 점 $(1, \log_2 5)$, $(2, \log_2 10)$을 지나는 직선의 기울기는? (3점) 단서 두 점을 지나는 직선의 기울기는 $\frac{(y\text{의 값의 변화량})}{(x\text{의 값의 변화량})}$과 같아.

①1 ②2 ③3 ④4 ⑤5

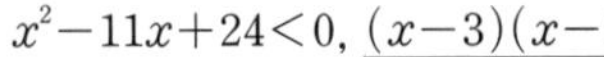

1st 두 점의 좌표를 이용하여 직선의 기울기를 구해보자.

두 점 $(1, \log_2 5)$, $(2, \log_2 10)$을 지나는 직선의 기울기는

두 점 (x_1, y_1), (x_2, y_2)를 지나는 직선의 기울기는 $\frac{y_2-y_1}{x_2-x_1}(x_1 \neq x_2)$이야.

$$\frac{\log_2 10-\log_2 5}{2-1}=\frac{\log_2 \frac{10}{5}}{1}$$

$\log_a M-\log_a N=\log_a \frac{M}{N}$

$$=\log_2 2=1$$

B 06 정답 ⑤ *로그의 성질의 활용 - 진위형 [정답률 71%]

(정답 공식: $\log_{a^b}(a^c)=\frac{c}{b}$를 이용한다.)

1이 아닌 양의 실수 x, y에 대하여 ◎을 $x◎y=\log_x y+\log_y x$로 정의할 때, [보기]에서 옳은 것을 모두 고른 것은? (단, a, b는 양수이다.) (3점)

단서 주어진 연산식에 ㄱ, ㄴ, ㄷ의 수나 문자를 대입하여 등식이 성립함을 판단하자.

[보기]

ㄱ. $4◎16=\frac{5}{2}$

ㄴ. $a^k◎b^k=a◎b$

ㄷ. $a^b◎b^a=a◎b^{\frac{a}{b}}$

① ㄱ ② ㄴ ③ ㄱ, ㄷ ④ ㄴ, ㄷ ⑤ ㄱ, ㄴ, ㄷ

1st 주어진 연산의 정의에 따라 연산을 해 보자.

1이 아닌 양의 실수 x, y에 대하여 $x◎y=\log_x y+\log_y x$이므로

ㄱ. $4◎16=\log_4 16+\log_{16} 4=\log_4 4^2+\log_{4^2} 4$ ← $\log_{a^m} b^n=\frac{n}{m}\log_a b$

$=2\log_4 4+\frac{1}{2}\log_4 4=2+\frac{1}{2}=\frac{5}{2}$ (참) ($\log_4 4=1$)

ㄴ. $a^k◎b^k=\log_{a^k} b^k+\log_{b^k} a^k=\frac{k}{k}\log_a b+\frac{k}{k}\log_b a$ ← $\log_{a^m} b^n=\frac{n}{m}\log_a b$

$=\log_a b+\log_b a=a◎b$ (참)

ㄷ. $a^b◎b^a=\log_{a^b} b^a+\log_{b^a} a^b=\frac{a}{b}\log_a b+\frac{b}{a}\log_b a$ ← $\log_{a^m} b^n=\frac{n}{m}\log_a b$

$=\log_a b^{\frac{a}{b}}+\log_{b^{\frac{a}{b}}} a=a◎b^{\frac{a}{b}}$ (참) ← $m\log_a b=\log_a b^m=\log_{a^{\frac{1}{m}}} b$

따라서 ㄱ, ㄴ, ㄷ 모두 옳다.

B 07 정답 ③ *상용로그의 응용 - 식 대입 [정답률 85%]

(정답 공식: $\log_a a^m=m$, $(a^m)^n=a^{mn}$)

어느 학교 학생회가 축제 기간에 운영하는 먹거리 장터에서 수학 동아리가 다음과 같은 차림표를 마련하였다.

차림표

	품명	단위	가격(원)
❶	유클리드 생수	병	$500\times\sqrt[3]{8}$
❷	피타고라스 김밥	줄	$500\times\log_3 27$
	가우스 떡볶이	접시	$500\times\sum_{k=1}^{3}k$
	⋮	⋮	

유클리드 생수 1병과 피타고라스 김밥 1줄을 살 때, 지불해야 할 금액은? (3점) 단서 (지불 금액)=(개수)×(한 개당 가격)이니까 ❶, ❷로 한 개당 가격을 알아야겠지?

① 1500원 ② 2000원 ③ 2500원 ④ 3000원 ⑤ 3500원

1st 유클리드 생수 1병과 피타고라스 김밥 1줄을 살 때, 지불 금액을 구해.

유클리드 생수 1병의 가격은 $500\times\sqrt[3]{8}$원이고,

피타고라스 김밥 1줄은 $500\times\log_3 27$원이므로

지불해야 하는 금액은 (개수)×(한 개당 가격)

$500\times\sqrt[3]{8}+500\times\log_3 27=500\times(2^3)^{\frac{1}{3}}+500\times\log_3 3^3$ ← $(a^m)^n=a^{mn}$, $\log_a a^m=m$

$=500\times2+500\times3=2500$(원)

수능 유형별 기출 문제 [2점, 3점, 쉬운 4점]

B 08 정답 ④ *로그의 정의 [정답률 95%]

(정답 공식: $a^x=b \Longleftrightarrow x=\log_a b$)

$\log_3 x=3$일 때, x의 값은? (2점)

단서 로그의 정의를 이용하여 x의 값을 구하면 돼.

① 1 ② 3 ③ 9 ④ 27 ⑤ 81

1st x의 값을 구해.

$\log_3 x=3$에서 $x=3^3=27$ ← $\log_a x=b \Longleftrightarrow x=a^b$

B 09 정답 15 *로그의 정의 [정답률 91%]

(정답 공식: $\log_a x$가 정의되기 위해서는 $a>0$, $a\neq1$, $x>0$이어야 한다.)

$\log_3(6-x)$가 정의되도록 하는 모든 자연수 x의 값의 합을 구하시오. (3점)

단서 $a>0$, $a\neq1$일 때, $a^x=N$이면 $x=\log_a N$이므로 로그의 진수 N은 항상 양수야.

1st 로그의 진수가 되기 위한 조건을 이용하자.

진수 조건에 의해 $6-x>0$이므로 $x<6$이다.

따라서 자연수 x의 값은 1, 2, 3, 4, 5이고, 모든 자연수 x의 값의 합은 $1+2+3+4+5=15$이다.

실수 $\log_a x$가 정의되려면 밑의 조건 $a>0$, $a\neq1$과 진수 조건 $x>0$이 성립해야 해.

B 10 정답 6 *로그의 정의 [정답률 96%]

(정답 공식: a를 2의 거듭제곱으로 나타내고 로그의 성질을 이용한다.)

양수 a에 대하여 $a^{\frac{1}{2}}=8$일 때, $\log_2 a$의 값을 구하시오. (3점)

단서 양변을 제곱하면 a의 값이 나오겠지?

1st a를 2의 거듭제곱으로 나타내보자.

$a^{\frac{1}{2}}=8$의 양변을 제곱하면 $\left(a^{\frac{1}{2}}\right)^2=a=8^2=(2^3)^2=2^{3\times2}=2^6$ ← $(a^m)^n=a^{mn}$

2nd 로그의 정의를 이용하여 $\log_2 a$의 값을 구해.

$\therefore \log_2 a=\log_2 2^6=6$ ← $\log_a b^k=k\log_a b$

B 11 정답 ⑤ *로그의 정의 [정답률 84%]

(정답 공식: log가 정의되기 위해서는 밑이 1이 아닌 양수여야 하고, 진수가 양수여야 한다.)

$\log_a(-2a+14)$가 정의되도록 하는 정수 a의 개수는? (3점)
단서 로그의 밑과 진수 조건. 즉, 밑은 1이 아닌 양수, 진수는 양수임을 이용해.

① 1 ② 2 ③ 3 ④ 4 ⑤ 5

1st 로그가 정의되기 위해서는 밑은 1이 아닌 양수, 진수는 양수이어야 해.

a는 로그의 밑이므로 $a>0$, $a\neq1$ ⋯ ㉠ ($\log_a x$가 정의되려면 $a>0$, $a\neq1$이고 $x>0$이어야 해.)

$-2a+14$는 진수이므로 $-2a+14>0$ ∴ $a<7$ ⋯ ㉡

2nd 밑과 진수 조건을 만족시키는 정수 a의 개수를 구해.

㉠, ㉡에 의하여 $0<a<7$, $a\neq1$

따라서 로그가 정의되도록 하는 정수 a는 2, 3, 4, 5, 6으로 5개이다.

B 12 정답 128 *로그의 정의 [정답률 98%]

(정답 공식: $\log_a b=c \Longleftrightarrow a^c=b$)

$\log_4 a=\frac{7}{2}$일 때, a의 값을 구하시오. (3점)
단서 $\log_\star \blacklozenge=$(상수)일 때, 로그의 정의를 이용하면 미지수 ◆의 값을 쉽게 구할 수 있지?

1st 로그의 정의를 이용하여 a의 값을 구해. ($\log_a x=b \Longleftrightarrow x=a^b$)

$a=4^{\frac{7}{2}}=(2^2)^{\frac{7}{2}}=2^7=128$

B 13 정답 30 *로그의 정의 [정답률 62%]

(정답 공식: $-x^2+ax+4=2^n$ 꼴이 되어야 한다. $y=-x^2+ax+4$와 $y=2^n$의 그래프를 그려 교점이 6개 나타나는 상황을 찾고, 이를 통해 a의 값의 범위를 구한다.)

단서1 주어진 로그의 값이 존재하려면 진수인 $-x^2+ax+4>0$이어야 해.
$\log_2(-x^2+ax+4)$의 값이 자연수가 되도록 하는 실수 x의 개수가 6일 때, 모든 자연수 a의 값의 곱을 구하시오. (4점)
단서2 $\log_2(-x^2+ax+4)$의 값이 자연수가 되려면 자연수 n에 대하여 $-x^2+ax+4$의 값이 2^n 꼴이어야 해.

1st 로그의 정의와 조건을 만족시키는 $f(x)=-x^2+ax+4$의 그래프의 모양을 유추해 봐.

$f(x)=-x^2+ax+4$라 하면 로그의 진수 조건에 의하여 $f(x)>0$

$f(x)=-x^2+ax+4$

$=-\left(x^2-ax+\frac{a^2}{4}-\frac{a^2}{4}\right)+4$

$=-\left(x-\frac{a}{2}\right)^2+\frac{a^2}{4}+4$

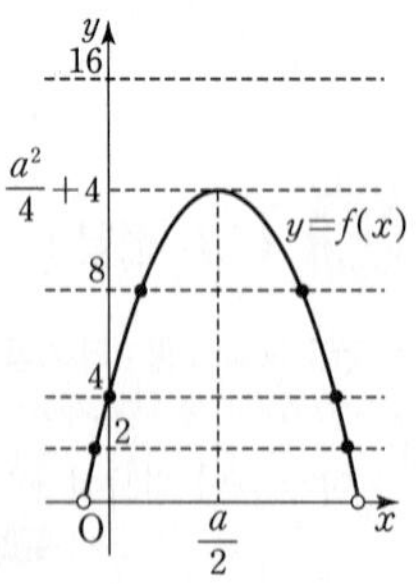

$\log_2(-x^2+ax+4)$의 값이 자연수가 되는 실수 x의 개수가 6이므로 $y=f(x)$의 그래프는 그림과 같이 $y=2$, $y=2^2$, $y=2^3$과 각각 2개의 점에서 만나고 $y=2^n(n\geq4)$과는 만나지 않는다.

주의 $\log_2 f(x)$에 관한 식이므로 값이 자연수가 되려면 $f(x)=2^n$ 꼴이어야 해.

2nd 조건에 맞는 자연수 a의 값을 구하자.

즉, $2^3<\frac{a^2}{4}+4<2^4$

($\log_2(-x^2+ax+4)$의 값이 자연수가 되려면 자연수 n에 대하여 $f(x)=-x^2+ax+4$의 값이 2^n 꼴이어야 해.)

$16<a^2<48$이고, a가 자연수이므로 $a=5$, 6

∴ (모든 자연수 a의 값의 곱)$=5\times6=30$

B 14 정답 8 *로그의 정의 [정답률 75%]

(정답 공식: log가 정의되기 위해서는 밑이 1이 아닌 양수여야 하고, 진수가 양수여야 한다.)

$\log_{(a+3)}(-a^2+3a+28)$이 정의되도록 하는 모든 정수 a의 개수를 구하시오. (3점)
단서 로그가 정의되기 위해서는 밑과 진수의 조건 즉, 밑은 1이 아닌 양수, 진수는 양수임을 이용하자.

1st 로그의 밑의 조건을 찾자.

$\log_{(a+3)}(-a^2+3a+28)$이 정의되기 위해서는

로그의 밑의 조건에 의해 (로그 $\log_a N$의 밑의 조건 : $a\neq1$, $a>0$)

$a+3>0$, $a+3\neq1$

$a>-3$, $a\neq-2$ ⋯ ㉠

2nd 로그의 진수의 조건을 찾자.

로그의 진수의 조건에 의해

로그 $\log_a N$의 진수의 조건 : $N>0$

$-a^2+3a+28>0$

$a^2-3a-28<0$

$(a-7)(a+4)<0$

∴ $-4<a<7$ ⋯ ㉡

(이차함수 $f(a)=(a-7)(a+4)$의 그래프에서 $f(a)<0$을 만족시키는 영역은 그림과 같아.)

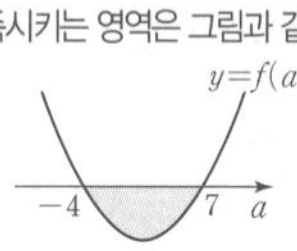

3rd 두 조건을 동시에 만족하는 범위를 구한다.

㉠, ㉡을 동시에 만족하는 범위는

$-3<a<-2$ 또는 $-2<a<7$

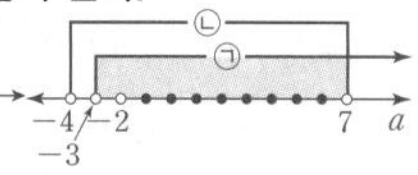

따라서 모든 정수 a는 -1, 0, 1, 2, 3, 4, 5, 6으로 8개이다.

B 15 정답 2 *로그의 계산 [정답률 92%]

(정답 공식: $\log_a M-\log_a N=\log_a\frac{M}{N}$임을 이용한다.)

$\log_2 100-2\log_2 5$의 값을 구하시오. (3점)
단서 로그의 성질을 이용하여 값을 구해.

1st 주어진 식의 값을 구하자.

$\log_2 100-2\log_2 5=\log_2 100-\log_2 5^2=\log_2 100-\log_2 25$ ($m\log_a k=\log_a k^m$, $\log_a M-\log_a N=\log_a\frac{M}{N}$)

$=\log_2\frac{100}{25}=\log_2 4=\log_2 2^2=2\log_2 2$ ($\log_a a=1$)

$=2\times1=2$

B 16 정답 ⑤ *로그의 계산 [정답률 96%]

(정답 공식: $(a^m)^n=a^{mn}$, $\log_a b^k=k\log_a b$임을 이용한다.)

$4^{\frac{1}{2}}+\log_2 8$의 값은? (2점)
단서 지수법칙과 로그의 성질을 이용하여 계산해.

① 1 ② 2 ③ 3
④ 4 ⑤ 5

1st 주어진 값을 구해.

$4^{\frac{1}{2}}=(2^2)^{\frac{1}{2}}=2^{2\times\frac{1}{2}}=2^1=2$이고 ($(a^m)^n=a^{mn}$)

$\log_2 8=\log_2 2^3=3\log_2 2=3\times1=3$

∴ $4^{\frac{1}{2}}+\log_2 8=2+3=5$ ($\log_a b^k=k\log_a b$, $\log_a a=1$)

B 17 정답 2 *로그의 계산 [정답률 92%]

(정답 공식: $\log_a m+\log_a n=\log_a mn$임을 이용한다.)

$\log_4 \frac{2}{3}+\log_4 24$의 값을 구하시오. (3점)

단서 로그의 성질을 이용하여 값을 구해.

1st 주어진 식의 값을 구하자.

$$\underbrace{\log_4 \frac{2}{3}+\log_4 24=\log_4\left(\frac{2}{3}\times 24\right)}_{\log_a m+\log_a n=\log_a mn}=\log_4 16=\underbrace{\log_4 4^2}_{\log_a k^m=m\log_a k}$$
$$=2\underbrace{\log_4 4}_{\log_a a=1}=2\times 1=2$$

B 18 정답 ② *로그의 계산 [정답률 95%]

(정답 공식: $\log_{a^m} a^n=\frac{n}{m}\log_a a=\frac{n}{m}$)

$\log_8 16$의 값은? (2점)

단서 밑과 진수를 2의 거듭제곱으로 나타낼 수 있어.

① $\frac{7}{6}$ ② $\frac{4}{3}$ ③ $\frac{3}{2}$ ④ $\frac{5}{3}$ ⑤ $\frac{11}{6}$

1st 로그의 성질을 이용하여 주어진 값을 구해.

$$\log_8 16=\log_{2^3} 2^4=\frac{4}{3}\log_2 2=\frac{4}{3}\times 1=\frac{4}{3}$$

로그의 밑과 진수가 같은 로그의 값은 1이야. 즉, $\log_a a=1$

B 19 정답 2 *로그의 계산 [정답률 91%]

(정답 공식: $\log_a m-\log_a n=\log_a \frac{m}{n}$임을 이용한다.)

$\log_3 72-\log_3 8$의 값을 구하시오. (3점)

단서 로그의 성질을 이용하여 값을 구해.

1st 주어진 식의 값을 구하자.

$$\underbrace{\log_3 72-\log_3 8=\log_3 \frac{72}{8}}_{\log_a m-\log_a n=\log_a \frac{m}{n}}=\log_3 9=\underbrace{\log_3 3^2}_{\log_a b^n=n\log_a b}$$
$$=2\underbrace{\log_3 3}_{\log_a a=1}=2\times 1=2$$

강혜윤 서울대 인문계열 2021년 입학 · 경기 수지고 졸

답이 정수 꼴로 나와야 하는 주관식 문제의 특성상 이 문제는 실수하기도 어려웠던 것 같아. 로그의 진수가 반드시 3의 거듭제곱 꼴로 나와야 하기 때문이지. 그래서 나는 긴장감 없이 이 문제를 풀었어. 답이 자연수로 나와야 한다는 것을 인지하고 문제를 풀면 사소하더라도 도움이 되는 부분이 있어. 예를 들어서, 검토 시간이 부족할 때 이 문제는 검토하지 않을 수도 있는 거지. 반복된 기출 문제 학습으로 이와 같은 실전 감각을 길렀으면 좋겠어!

B 20 정답 ② *로그의 계산 [정답률 95%]

(정답 공식: $\log_a a^n=n\log_a a=n$, $a^{\frac{1}{n}}=\sqrt[n]{a}$이다.)

$\log_2 \sqrt{8}$의 값은? (2점)

단서 $\sqrt{8}$은 2의 거듭제곱으로 나타낼 수 있어.

① 1 ② $\frac{3}{2}$ ③ 2 ④ $\frac{5}{2}$ ⑤ 3

1st 지수법칙과 로그의 성질을 이용하여 값을 계산해.

$$\log_2 \underbrace{\sqrt{8}}_{\sqrt[n]{a}=a^{\frac{1}{n}}}=\log_2 \underbrace{(2^3)^{\frac{1}{2}}}_{(a^m)^n=a^{mn}}=\underbrace{\log_2 2^{\frac{3}{2}}=\frac{3}{2}\log_2 2}_{\log_a b^n=n\log_a b}=\frac{3}{2}$$

($\log_2 2$: $\log_a a=1$)

B 21 정답 ② *로그의 계산 [정답률 91%]

(정답 공식: $\log_a M+\log_a N=\log_a MN$)

$\log_3 54+\log_9 \frac{1}{36}$의 값은? (2점)

단서 로그의 성질을 이용하여 밑을 통일해.

① 1 ② 2 ③ 3 ④ 4 ⑤ 5

1st 로그의 밑을 같게 하여 주어진 식의 값을 구해.

$$\log_3 54+\log_9 \frac{1}{36}=\log_3 54+\log_{3^2}\left(\frac{1}{6}\right)^2 \quad \log_a b^n=n\log_a b,\ \log_{a^n} b=\frac{1}{n}\log_a b$$
$$=\log_3 54+\log_3 \frac{1}{6} \quad \log_a m+\log_a n=\log_a mn$$
$$=\log_3\left(54\times\frac{1}{6}\right)=\log_3 9=2$$

$\log_3 9=\log_3 3^2=2\log_3 3=2\times 1=2$

B 22 정답 2 *로그의 계산 [정답률 94%]

(정답 공식: $\log_a M+\log_a N=\log_a MN$)

$\log_5 40+\log_5 \frac{5}{8}$의 값을 구하시오. (3점)

단서 밑이 같은 로그의 합은 진수끼리의 곱을 이용하여 계산할 수 있어.

1st 로그의 성질을 이용하여 계산하자.

$$\underbrace{\log_5 40+\log_5 \frac{5}{8}=\log_5\left(40\times\frac{5}{8}\right)}_{\log_a m+\log_a n=\log_a mn}=\underbrace{\log_5 5^2}_{\log_a b^n=n\log_a b}=2\underbrace{\log_5 5}_{\log_a a=1}=2$$

B 23 정답 ③ *로그의 계산 [정답률 92%]

(정답 공식: $\log_a m+\log_a n=\log_a mn$, $\log_a m-\log_a n=\log_a \frac{m}{n}$)

$\log_3 10+\log_3 \frac{9}{5}-\log_3 \frac{2}{3}$의 값은? (3점)

단서 밑이 같은 두 로그의 합은 진수끼리의 곱셈으로, 밑이 같은 두 로그의 차는 진수끼리의 나눗셈으로 나타낼 수 있어.

① 1 ② 2 ③ 3 ④ 4 ⑤ 5

1st 로그의 밑이 3으로 같으니까 로그의 성질을 이용하여 계산하자.

$$\log_3 10+\log_3 \frac{9}{5}-\log_3 \frac{2}{3}=\log_3\left(10\times\frac{9}{5}\div\frac{2}{3}\right)=\log_3\left(10\times\frac{9}{5}\times\frac{3}{2}\right)$$
$$=\log_3 27=\underbrace{\log_3 3^3=3\log_3 3}_{\log_a b^n=n\log_a b,\ \log_a a=1}=3$$

B 24 정답 ③ *로그의 계산 [정답률 92%]

(정답 공식: $a>0$, $a\neq1$, $M>0$, $N>0$일 때, $\log_a M-\log_a N=\log_a \frac{M}{N}$)

$\log_2 24-\log_2 3$의 값은? (2점)

단서 로그의 밑이 2로 같지? 로그의 성질을 이용하자.

① 1 ② 2 ③ 3 ④ 4 ⑤ 5

1st 로그의 밑이 2로 같으니까 로그의 성질을 이용하여 계산해.

$\log_2 24-\log_2 3=\log_2 \frac{24}{3}$ ← $\log_a M-\log_a N=\log_a \frac{M}{N}$

$=\log_2 8=\log_2 2^3=3$ ← $\log_a a^n=n$

B 25 정답 ⑤ *로그의 계산 [정답률 84%]

(정답 공식: $\log_a b=\frac{\log_c b}{\log_c a}$, $\log_{a^m} b^n=\frac{n}{m}\log_a b$)

1보다 큰 두 실수 a, b에 대하여 $\log_a \frac{a^3}{b^2}=2$가 성립할 때, $\log_a b+3\log_b a$의 값은? (3점)

단서 미지수는 a, b로 두 개이고 주어진 조건의 식은 하나이므로 a, b의 각각의 값을 구하는 것보다 $\log_a b$의 값을 구하자.

① $\frac{9}{2}$ ② 5 ③ $\frac{11}{2}$ ④ 6 ⑤ $\frac{13}{2}$

1st 로그의 성질을 이용해서 $\log_a b$의 값을 구하자.

$\log_a \frac{a^3}{b^2}=\log_a a^3-\log_a b^2=3-2\log_a b=2$에서 $2\log_a b=1$

← $\log_a \frac{M}{N}=\log_a M-\log_a N$

따라서 $\log_a b=\frac{1}{2}$이므로

$\log_a b+3\log_b a=\log_a b+3\times\frac{1}{\log_a b}$

$=\frac{1}{2}+6=\frac{13}{2}$ ← $\log_b a=\frac{1}{\log_a b}$

다른 풀이: $\log_a b=\frac{1}{\log_b a}$ 임을 이용하여 값 구하기

$\log_a \frac{a^3}{b^2}=\log_a a^3-\log_a b^2=3-2\log_a b=2$

$\log_a b=\frac{1}{2}$ $\therefore \log_b a=2$

$\therefore \log_a b+3\log_b a=\frac{1}{2}+6=\frac{13}{2}$

B 26 정답 ③ *로그의 계산 [정답률 95%]

(정답 공식: $\log_a MN=\log_a M+\log_a N$, $\log_a a^n=n$)

$\log_2 3+\log_2 \frac{8}{3}$의 값은? (3점)

단서 밑이 같을 때 로그의 합은 진수끼리 곱한 값과 같지.

① 1 ② 2 ③ 3 ④ 4 ⑤ 5

1st 로그의 성질을 이용하여 계산하자.

$\log_2 3+\log_2 \frac{8}{3}=\log_2\left(3\times\frac{8}{3}\right)=\log_2 8$ ← $\log_a MN=\log_a M+\log_a N$

$=\log_2 2^3=3$ ← $\log_a a^n=n$

B 27 정답 ① *로그의 계산 [정답률 92%]

(정답 공식: $\log_a x+\log_a y=\log_a xy$ ($a>0$, $a\neq1$, $x>0$, $y>0$))

$\log_6 2+\log_6 3$의 값은? (2점)

단서 주어진 로그의 밑이 같은지 확인하고 같으면 로그의 성질을 사용하자.

① 1 ② 2 ③ 3 ④ 4 ⑤ 5

1st 밑이 6으로 같으니까 로그의 성질을 이용하여 계산하자.

$\log_6 2+\log_6 3=\log_6(2\times3)=\log_6 6=1$

← $\log_a x+\log_a y=\log_a xy$를 이용해.

다른 풀이: 로그의 정의를 이용하여 값 구하기

$\log_6 2=a$, $\log_6 3=b$라 하면 $6^a=2$, $6^b=3$

변변 곱하면 $6^{a+b}=6$ $\therefore a+b=1$

B 28 정답 2 *로그의 계산 [정답률 94%]

(정답 공식: $\log_a M+\log_a N=\log_a MN$, $\log_a a^b=b$)

$\log_6 3+\log_6 12$의 값을 구하시오. (3점)

단서 밑이 같은 로그의 합은 진수의 곱으로 나타낼 수 있어.

1st 로그의 성질을 이용하여 계산하자.

$\log_6 3+\log_6 12=\log_6 36=\log_6 6^2=2$

← $\log_a a^m=m$

B 29 정답 5 *로그의 계산 [정답률 93%]

(정답 공식: $\log_a a^n=n\log_a a=n$)

$\log_2(2^2\times2^3)$의 값을 구하시오. (3점)

단서 거듭제곱꼴은 지수법칙, 로그는 로그의 성질을 이용하여 간단히 해.

1st 지수법칙과 로그의 성질을 이용하여 값을 계산해.

$\log_2(2^2\times2^3)=\log_2 2^5=5\log_2 2=5$

→ 밑과 진수가 같은 로그의 값은 1이야. 즉, $\log_a a=1$

→ $\log_a M^k=k\log_a M$ (단, k는 실수이다.)

로그의 성질 개념·공식

$a>0$, $a\neq1$, $x>0$, $y>0$일 때,

① $\log_a a=1$ ② $\log_a 1=0$

③ $\log_a x+\log_a y=\log_a xy$ ④ $\log_a x-\log_a y=\log_a \frac{x}{y}$

B 30 정답 ② *로그의 계산 [정답률 89%]

(정답 공식: $\log_a a^n=n$)

$\log_2 2+\log_3 9$의 값은? (2점)

① 1 ② 3 ③ 5

④ 7 ⑤ 9

단서 로그의 밑이 다르네? 그런데 $9=3^2$으로 바꿔 놓고 로그의 기본적인 공식을 쓰면 금방 풀리지.

1st 로그의 성질 중 $\log_a a=1$($a\neq1$, $a>0$)임을 이용하자.

$\log_2 2+\log_3 9=\log_2 2+\log_3 3^2=\log_2 2+2\log_3 3=1+2=3$

$a\neq1$, $a>0$에 대하여 $\log_a a^n=n$임을 이용한 거야.

B 31 정답 3 *로그의 계산 [정답률 87%]

(정답 공식: $\log_a b+\log_a c=\log_a bc$, $\log_a a^b=b$)

$\log_3 \frac{9}{2}+\log_3 6$의 값을 구하시오. (3점)

단서 로그의 밑이 3으로 같으니까 로그의 '합'은 진수의 '곱'을 이용하여 계산해.

1st 로그의 성질을 이용하여 계산하자.

$\log_3 \frac{9}{2}+\log_3 6=\log_3\left(\frac{9}{2}\times 6\right)$ ← $\log_a b+\log_a c=\log_a bc$, $\log_a b^n=n\log_a b$, $\log_a a=1$

로그의 덧셈 ⇒ 진수의 곱셈

$=\log_3 27=\log_3 3^3=3$

B 32 정답 48 *로그의 계산 [정답률 88%]

(정답 공식: $\log_a a^n=n$)

$\left(\frac{1}{4}\right)^{-2}\times\log_2 8$의 값을 구하시오. (3점)

단서 로그의 성질, 지수법칙을 이용하면 값을 구할 수 있어.

1st 로그의 성질과 지수법칙을 이용하자.

$\left(\frac{1}{4}\right)^{-2}\times\log_2 8=(2^{-2})^{-2}\times\log_2 2^3$ ← $\log_a a^n=n$, $(a^m)^n=a^{mn}$을 이용한 거야.

$=2^{-2\times(-2)}\times 3=16\times 3=48$

B 33 정답 ① *로그의 계산 [정답률 92%]

(정답 공식: $\log_a b+\log_a c=\log_a bc$)

$\log_{15} 3+\log_{15} 5$의 값은? (2점)

단서 $\log_{15} 3$과 $\log_{15} 5$가 밑이 15로 같네. 그럼 로그의 합은 진수의 곱으로 계산할 수 있지?

①1 ②2 ③3 ④4 ⑤5

1st 밑이 같을 때 로그의 성질을 이용하여 계산해.

$\log_{15}3+\log_{15}5=\log_{15}(3\times 5)=\log_{15} 15=1$

[로그의 성질] $\log_a M+\log_a N=\log_a MN$

다른 풀이: **로그의 정의를 이용하여 값 구하기**

$\log_{15} 3=x$, $\log_{15} 5=y$라 하면 로그의 정의에 의하여

[로그의 정의] $a>0$, $a\neq 1$, $N>0$일 때, $a^x=N \iff x=\log_a N$

$15^x=3$, $15^y=5$

$15^x\times 15^y=3\times 5$ ← $a^{\star}=a^{\blacktriangle}(a>0)$일 때, $\star=\blacktriangle$야.

따라서 $15^{x+y}=15$이므로

$\log_{15} 3+\log_{15} 5=x+y=1$

B 34 정답 ② *로그의 계산 [정답률 91%]

(정답 공식: $\log_a b+\log_a c=\log_a bc$)

$\log_6 4+\log_6 9$의 값은? (2점) 단서 로그의 밑이 같은지 꼭 확인해야 해.

①1 ②2 ③3 ④4 ⑤5

1st 로그의 합을 계산해.

$\log_6 4+\log_6 9$

$=\log_6 36$ ← 밑이 6으로 같지? 그럼 로그의 합은 진수의 곱으로~!

$=\log_6 6^2=2\log_6 6=2$

B 35 정답 ① *로그의 계산 [정답률 86%]

(정답 공식: $\log_a \frac{b}{c}=\log_a b-\log_a c$)

$\log_3 6-\log_3 2$의 값은? (3점)

①1 ②2 ③3
④4 ⑤5

단서 두 로그의 밑이 같으니까 로그의 성질을 활용할 수 있지? 로그 계산에서는 밑을 반드시 확인하도록 하자.

1st 밑이 같으니까 로그의 성질을 이용하여 계산하자.

$\log_3 6-\log_3 2=\log_3 \frac{6}{2}$ ← $\log_a b-\log_a c=\log_a \frac{b}{c}$

$=\log_3 3=1$

로그에서 밑과 진수가 같다면, 즉 $\log_a a=1$이야. 반대로 생각하면 1은 언제나 $\log_a a$로 바꿔 생각할 수 있다는 것도 꼭 기억하자.

다른 풀이: **$\log_a bc=\log_a b+\log_a c$를 이용하여 값 구하기**

로그의 성질을 이용하여 $\log_3 6$의 진수를 바꿔볼까?

$\log_3 6=\log_3 (2\times 3)$ ← $\log_a bc=\log_a b+\log_a c$

$=\log_3 2+\log_3 3$

$\therefore \log_3 6-\log_3 2=\log_3 2+\log_3 3-\log_3 2=\log_3 3=1$

B 36 정답 9 *로그의 계산 [정답률 91%]

(정답 공식: $\log_a a^n=n$)

$9^{\frac{1}{2}}\times\log_2 8$의 값을 구하시오. (3점)

단서 거듭제곱 꼴은 지수법칙, 로그는 로그의 성질을 이용하여 간단히 해.

1st 지수법칙과 로그의 성질을 이용해서 식을 정리해.

$9^{\frac{1}{2}}\times\log_2 8=(3^2)^{\frac{1}{2}}\times\log_2 2^3$ ← $\log_a a^n=n$

$=3\times 3=9$

로그의 성질 개념·공식

$a>0$, $a\neq 1$, $x>0$, $y>0$일 때,

① $\log_a a=1$

② $\log_a 1=0$

③ $\log_a x+\log_a y=\log_a xy$

④ $\log_a x-\log_a y=\log_a \frac{x}{y}$

B 37 정답 ③ *로그의 계산 [정답률 95%]

(정답 공식: $\log_a b-\log_a c=\log_a \frac{b}{c}$)

$\log_2 24-\log_2 3$의 값은? (2점) 단서 로그의 밑이 2로 같으니까 로그의 '차'는 진수의 '나누기'를 이용하여 계산해.

①1 ②2 ③3 ④4 ⑤5

1st 로그의 성질을 이용하여 주어진 식의 값을 구해. 실수 5

밑이 같으니까 $\log_a b-\log_a c=\log_a \frac{b}{c}$

밑이 같은 로그의 차는 진수의 나눗셈으로 바꿀 수 있지.

$\log_2 24-\log_2 3=\log_2 \frac{24}{3}=\log_2 8$

로그의 − ⇒ 진수의 ÷

$=\log_2 2^3=3\log_2 2=3$ ← $\log_a a=1$

B 38 정답 ② *로그의 계산 [정답률 95%]

(정답 공식: $\log_a \frac{b}{c}+\log_a d=\log_a\left(\frac{b}{c}\times d\right)$)

$\log_2 5+\log_2 \frac{4}{5}$의 값은? (3점) 단서 로그의 밑이 2로 같으니까 로그의 '합'은 진수의 '곱'을 이용하여 계산해.

① 1 ② 2 ③ 3 ④ 4 ⑤ 5

1st 로그의 성질을 이용하여 계산해.

밑이 같으니까 $\log_a b+\log_a c=\log_a bc$

$\log_2 5+\log_2 \frac{4}{5}=\log_2\left(5\times\frac{4}{5}\right)=\log_2 4=\log_2 2^2=2\log_2 2=2$

로그의 + ⇒ 진수의 ×, $\log_a b^n=n\log_a b$

다른 풀이: $\log_a \frac{b}{c}=\log_a b-\log_a c$를 이용하여 값 구하기

$\log_2 5+\log_2 \frac{4}{5}=\log_2 5+\log_2 2^2-\log_2 5=2\log_2 2=2$

$\log_a \frac{c}{b}=\log_a c-\log_a b$, $\log_a a=1$

B 39 정답 ① *로그의 계산 [정답률 97%]

(정답 공식: $(a^m)^n=a^{mn}$, $\log_a a^m=m$)

$\log_8 2+\log_8 4$의 값은? (3점)
단서 로그의 밑이 8로 같으니까 로그의 '합'은 진수의 '곱'을 이용하여 계산해.

① 1 ② 2 ③ 3 ④ 4 ⑤ 5

1st 로그의 성질을 이용하여 계산하자.

밑이 같으니까 $\log_a b+\log_a c=\log_a bc$

$\log_8 2+\log_8 4=\log_8(2\times4)=\log_8 8=1$

로그의 + ⇒ 진수의 ×

B 40 정답 ② *로그의 계산 [정답률 95%]

(정답 공식: $\log_a b+\log_a c=\log_a bc$)

$\log_5(6-\sqrt{11})+\log_5(6+\sqrt{11})$의 값은? (3점)
단서 로그의 밑이 5로 같네? 로그의 '합'은 진수의 '곱'을 이용하여 계산해.

① 1 ② 2 ③ 3 ④ 4 ⑤ 5

1st 로그의 성질을 이용하여 식을 계산해.

밑이 같으니까 $\log_a b+\log_a c=\log_a bc$

$\log_5(6-\sqrt{11})+\log_5(6+\sqrt{11})=\log_5(6-\sqrt{11})(6+\sqrt{11})$

로그의 + ⇒ 진수의 ×

$=\log_5(36-11)=\log_5 25$

$(a+b)(a-b)=a^2-b^2$

$=\log_5 5^2=2$

$\log_a a^n=n$

함정 복잡해 보이지만 로그의 성질을 이용하면 간단해지지?

B 41 정답 ① *로그의 계산 [정답률 93%]

(정답 공식: $\log_a a^n=n$)

$4^{-\frac{1}{2}}\times\log_3 9$의 값은? (2점) 단서 거듭제곱 꼴은 지수법칙, 로그는 로그의 성질을 이용하여 간단히 해.

① 1 ② 2 ③ 3 ④ 4 ⑤ 5

1st 지수법칙과 로그의 성질을 이용하여 계산해.

거듭제곱의 밑을 소수(2, 3, 5, …)의 거듭제곱 꼴로, log의 밑과 진수도 소수의 거듭제곱 꼴로 나타내는 것이 중요해.

$4^{-\frac{1}{2}}\times\log_3 9=(2^2)^{-\frac{1}{2}}\times\log_3 3^2=2^{-1}\times2=1$

$=2\log_3 3=2$

B 42 정답 ③ *로그의 계산 [정답률 95%]

(정답 공식: $\log_a b-\log_a c=\log_a \frac{b}{c}$)

$\log_2 40-\log_2 5$의 값은? (2점) 단서 로그의 밑이 2로 같네? 로그의 '차'는 진수의 '나누기'를 이용하여 계산해.

① 1 ② 2 ③ 3
④ 4 ⑤ 5

1st 로그의 성질을 이용하여 식을 간단히 하자.

밑이 같으니까 $\log_a b-\log_a c=\log_a \frac{b}{c}$

$\log_2 40-\log_2 5=\log_2 \frac{40}{5}=\log_2 8=\log_2 2^3=3$

B 43 정답 ② *로그의 계산 [정답률 91%]

(정답 공식: $(a^m)^n=a^{mn}$, $\log_a a^m=m$)

$4^{\frac{3}{2}}\times\log_3\sqrt{3}$의 값은? (2점) 단서 거듭제곱 꼴은 지수법칙, 로그는 로그의 성질을 이용하여 간단히 해.

① 5 ② 4 ③ 3 ④ 2 ⑤ 1

1st 지수법칙과 로그의 성질을 적절히 활용하자.

거듭제곱의 밑을 소수(2, 3, 5, …)의 거듭제곱 꼴로, log의 밑과 진수도 소수의 거듭제곱 꼴로 나타내는 것이 중요해.

$4^{\frac{3}{2}}\times\log_3\sqrt{3}=(2^2)^{\frac{3}{2}}\times\log_3 3^{\frac{1}{2}}=2^3\times\frac{1}{2}=8\times\frac{1}{2}=4$

$(a^m)^n=a^{mn}$

실수 $\sqrt{3}$을 $3^{\frac{1}{2}}$로 고칠 수 있어야 해. 잘 모르겠으면 지수 단원을 복습하자.

B 44 정답 ② *로그의 계산 [정답률 95%]

(정답 공식: $\sqrt[n]{a^n}=a\,(a>0)$, $\log_a a^m=m$)

$\frac{1}{\sqrt[3]{8}}\times\log_3 81$의 값은? (2점) 단서 거듭제곱 꼴은 지수법칙, 로그는 로그의 성질을 이용하여 간단히 해.

① 1 ② 2 ③ 3 ④ 4 ⑤ 5

1st 지수법칙과 로그의 성질을 이용해.

거듭제곱의 밑을 소수(2, 3, 5, …)의 거듭제곱 꼴로, log의 밑과 진수도 소수의 거듭제곱 꼴로 나타내는 것이 중요해.

$\frac{1}{\sqrt[3]{8}}\times\log_3 81=\frac{1}{\sqrt[3]{2^3}}\times\log_3 3^4=\frac{1}{2}\times4=2$

n이 홀수, $a>0$일 때, $\sqrt[n]{a^n}=a$, $\log_a a^n=n$

B 45 정답 5 *로그의 계산 [정답률 91%]

(정답 공식: $\log_{a^m} b^n=\frac{n}{m}\log_a b$)

$\log_2 96+\log_{\frac{1}{4}} 9$의 값을 구하시오. (3점)
단서 밑을 2로 통일하여 계산해.

1st 주어진 식의 값을 구해.

$\log_{\frac{1}{4}} 9=\log_{2^{-2}} 3^2=\frac{2}{-2}\log_2 3=-\log_2 3$이므로

$\log_{a^m} b^n=\frac{n}{m}\log_a b$, $\log_a M-\log_a N=\log_a \frac{M}{N}$

$\log_2 96+\log_{\frac{1}{4}} 9=\log_2 96-\log_2 3=\log_2 \frac{96}{3}=\log_2 32=\log_2 2^5$

$\log_a b^k=k\log_a b$

$=5\log_2 2=5\times1=5$

$\log_a a=1$

B 46 정답 3 *로그의 여러 가지 성질 [정답률 93%]

(정답 공식: $\log_a b=\frac{\log_c b}{\log_c a}$임을 이용한다.)

$\log_2 120-\frac{1}{\log_{15} 2}$의 값을 구하시오. (3점)

단서 로그의 성질을 이용하여 계산하면 돼.

1st 주어진 식의 값을 구하자.

$$\log_2 120-\frac{1}{\log_{15} 2}=\log_2 120-\log_2 15=\log_2\frac{120}{15}=\log_2 8$$

→ $\log_a M-\log_a N=\log_a\frac{M}{N}$

$$=\log_2 2^3=3\log_2 2=3\times1=3$$

$\log_a b^k=k\log_a b$, $\log_a a=1$

$\log_{15} 2=\frac{\log_2 2}{\log_2 15}=\frac{1}{\log_2 15}$이므로 $\frac{1}{\log_{15} 2}=\frac{1}{\frac{1}{\log_2 15}}=\log_2 15$

김찬우 전남대 의예과 2022년 입학 · 전북 이리고 졸

두 로그의 밑을 통일하여 식의 값을 구하는 문제야. 근데 로그의 밑을 통일하려면 어떻게 해야 할까? 로그의 밑 변환 공식을 이용하면 돼! 로그의 밑 변환 공식으로 밑을 통일하면 그 다음은 2점짜리 문제 수준과 같아져. 이런 문제는 절대로 틀리면 안 되는 문제야.

B 47 정답 ③ *로그의 여러 가지 성질 [정답률 94%]

(정답 공식: $a^{\log_c b}=b^{\log_c a}$, $a^{\log_a b}=b$)

$4^{\log_2 3}$의 값은? (2점)

단서 지수의 $\log_2 3$의 밑이 2이므로 주어진 수의 밑도 2로 바꾸어 계산해.

① 3 ② 6 ③ 9 ④ 12 ⑤ 15

1st $4^{\log_2 3}$의 값을 구해.

$$4^{\log_2 3}=(2^2)^{\log_2 3}=2^{2\log_2 3}=2^{\log_2 3^2}=2^{\log_2 9}=9$$

$(a^m)^n=a^{mn}$, $k\log_a b=\log_a b^k$, $a^{\log_a b}=b$

다른 풀이: $\log_2 3=t$라 하고, 로그의 정의를 이용하여 값 구하기

$\log_2 3=t$라 하면 $3=2^t$이므로 → $a^b=x \Longleftrightarrow b=\log_a x$

$$4^{\log_2 3}=(2^2)^{\log_2 3}=(2^2)^t=(2^t)^2=3^2=9$$

B 48 정답 4 *로그의 여러 가지 성질 [정답률 95%]

(정답 공식: $\log_a b=\frac{1}{\log_b a}$ (단, $a>0$, $a\neq1$, $b>0$, $b\neq1$))

$\log_2 96-\frac{1}{\log_6 2}$의 값을 구하시오. (3점)

단서 밑이 2인 로그로 바꿀 수 있겠지?

1st 로그의 밑을 통일하여 식의 값을 구해.

$\log_6 2=\frac{\log_2 2}{\log_2 6}=\frac{1}{\log_2 6}$이므로

$$\log_2 96-\frac{1}{\log_6 2}=\log_2 96-\log_2 6=\log_2\frac{96}{6}=\log_2 16=\log_2 2^4=4$$

$\log_a M-\log_a N=\log_a\frac{M}{N}$

$\log_a b^n=n\log_a b$, $\log_a a=1$이야.

B 49 정답 2 *로그의 여러 가지 성질 [정답률 92%]

(정답 공식: $\log_a b=\frac{\log_c b}{\log_c a}$, $\log_a b=\frac{1}{\log_b a}$)

$\log_3 7\times\log_7 9$의 값을 구하시오. (3점)

단서 두 로그의 밑을 통일하여 값을 구해.

1st 밑을 3으로 통일시켜 계산해.

$\log_7 9=\frac{\log_3 9}{\log_3 7}$이므로 → $\log_a b=\frac{\log_c b}{\log_c a}$

$$\log_3 7\times\log_7 9=\log_3 7\times\frac{\log_3 9}{\log_3 7}=\log_3 9=\log_3 3^2$$

$\log_a b^k=k\log_a b$

$$=2\log_3 3=2\times1=2$$

$\log_a a=1$

다른 풀이: 밑을 7로 하는 로그를 취하여 값 구하기

밑을 7로 통일시키면 $\log_3 7=\frac{1}{\log_7 3}$이므로 → $\log_3 7=\frac{\log_7 7}{\log_7 3}=\frac{1}{\log_7 3}$

$$\log_3 7\times\log_7 9=\frac{1}{\log_7 3}\times\log_7 3^2=\frac{1}{\log_7 3}\times2\log_7 3=2$$

B 50 정답 8 *로그의 여러 가지 성질 [정답률 83%]

(정답 공식: 로그의 밑의 변환 공식 $\log_a b=\frac{\log_c b}{\log_c a}$를 이용한다.)

$\log_2 9\times\log_3 16$의 값을 구하시오. (3점)

단서 로그의 여러 가지 성질을 이용하여 값을 구해.

1st 주어진 식의 값을 구해.

$$\log_2 9\times\log_3 16=\log_2 3^2\times\log_3 2^4=2\log_2 3\times4\log_3 2$$

→ $\log_a b^k=k\log_a b$

$$=8\times\log_2 3\times\log_3 2=8\times\log_2 3\times\frac{\log_2 2}{\log_2 3}$$

$$=8\times\log_2 2=8\times1=8$$

$\log_a a=1$

→ $\log_2 3$을 밑이 3인 로그로 변환하거나 $\log_3 2$를 밑이 2인 로그로 변환하여 계산해.

B 51 정답 ② *로그의 여러 가지 성질 [정답률 90%]

(정답 공식: $\log_a b=\frac{1}{\log_b a}$ (단, $a>0$, $a\neq1$, $b>0$, $b\neq1$))

$\log_6 4+\frac{2}{\log_3 6}$의 값은? (2점)

단서 밑이 6이 되도록 바꿀 수 있지?

① 1 ② 2 ③ 3 ④ 4 ⑤ 5

1st 로그의 성질을 이용하여 식의 값을 구해.

$\log_3 6=\frac{\log_6 6}{\log_6 3}=\frac{1}{\log_6 3}$이므로 $\frac{2}{\log_3 6}=2\log_6 3=\log_6 3^2=\log_6 9$

$k\log_a b=\log_a b^k$

→ $\log_a b=\frac{\log_c b}{\log_c a}$

$$\therefore \log_6 4+\frac{2}{\log_3 6}=\log_6 4+\log_6 9$$

$\log_a M+\log_a N=\log_a MN$

$$=\log_6(4\times9)=\log_6 36=\log_6 6^2$$

$\log_a M^k=k\log_a M$

$$=2\log_6 6$$

$$=2\times1=2$$

B 52 정답 ① *로그의 여러 가지 성질 [정답률 84%]

(정답 공식: $a>0, a\neq1, b>0, c>0, c\neq1$일 때, $\log_a b=\frac{\log_c b}{\log_c a}$)

두 실수 $a=2\log\frac{1}{\sqrt{10}}+\log_2 20$, $b=\log 2$에 대하여 $a\times b$의 값은? (3점)

단서 두 수 a, b의 곱을 구해야 하니까 로그의 밑의 변환 공식을 이용하여 밑을 통일하여 계산해.

① 1 ② 2 ③ 3 ④ 4 ⑤ 5

1st a를 정리한 후 $a\times b$의 값을 구해.

$2\log\frac{1}{\sqrt{10}}=2\log 10^{-\frac{1}{2}}=2\times\left(-\frac{1}{2}\right)\times\log 10=-1$이고

$\log_a b^n=n\log_a b$

밑이 10인 상용로그지? 즉, $\log 10=\log_{10}10=1$이야.

$\log_2 20=\frac{\log 20}{\log 2}=\frac{\log(2\times10)}{\log 2}=\frac{\log 2+\log 10}{\log 2}$

$\log_a b=\frac{\log_c b}{\log_c a}$ $\quad\log_a MN=\log_a M+\log_a N$

$=\frac{\log 2+1}{\log 2}=1+\frac{1}{\log 2}$

이므로

$a=2\log\frac{1}{\sqrt{10}}+\log_2 20=-1+\left(1+\frac{1}{\log 2}\right)=\frac{1}{\log 2}$

$\therefore a\times b=\frac{1}{\log 2}\times\log 2=1$

한성은 | 2025 수능 응시 · 익산 남성여고 졸

로그의 형태를 자유자재로 바꾸는 능력이 필요한 문제야. 로그의 개념을 배울 때 개념서에 나와 있는 로그의 형태 변환과 성질을 잘 알아둔다면 이런 기본 계산 문제 말고도 고난도 문제에서 유용하게 사용할 수 있어.

B 53 정답 5 *로그의 여러 가지 성질 [정답률 77%]

(정답 공식: $\log_a b=\frac{\log_c b}{\log_c a}$임을 이용한다.)

$\frac{\log_5 72}{\log_5 2}-4\log_2\frac{\sqrt{6}}{2}$의 값을 구하시오. (3점)

단서 밑이 각각 5, 2인 로그니까 밑을 통일하여 계산해.

1st 밑이 2인 로그로 바꾸어 식의 값을 구해.

$\frac{\log_5 72}{\log_5 2}=\log_2 72$이고

분모, 분자를 모두 밑이 2인 로그로 변환하면 $\frac{\log_5 72}{\log_5 2}=\frac{\frac{\log_2 72}{\log_2 5}}{\frac{\log_2 2}{\log_2 5}}=\frac{\log_2 72}{\log_2 2}=\log_2 72$

$k\log_a b=\log_a b^k$

$4\log_2\frac{\sqrt{6}}{2}=\log_2\left(\frac{\sqrt{6}}{2}\right)^4=\log_2\frac{36}{16}=\log_2\frac{9}{4}$이므로

$\frac{\log_5 72}{\log_5 2}-4\log_2\frac{\sqrt{6}}{2}=\log_2 72-\log_2\frac{9}{4}=\log_2\frac{72}{\frac{9}{4}}$

$\log_a M-\log_a N=\log_a\frac{M}{N}$

$=\log_2 32=\log_2 2^5$

$=5\log_2 2=5$

$\log_a a=1$

다른 풀이: $-\log_a\frac{c}{b}=\log_a\frac{b}{c}$를 이용하여 값 구하기

$\frac{\log_5 72}{\log_5 2}-4\log_2\frac{\sqrt{6}}{2}=\log_2 72-\log_2\frac{9}{4}=\log_2 72+\log_2\frac{4}{9}$

$-\log_2\frac{9}{4}=\log_2\left(\frac{9}{4}\right)^{-1}=\log_2\frac{4}{9}$ $\quad\log_a M+\log_a N=\log_a MN$

$=\log_2\left(72\times\frac{4}{9}\right)=\log_2 32=\log_2 2^5$

$=5\log_2 2=5$

B 54 정답 ② *로그의 성질의 활용 – 식의 값 [정답률 76%]

(정답 공식: A가 양수일 때 $A=10^n\times a$ $(1\le a\le 9.99$, n은 정수$)$의 꼴로 변형하여 $\log A=\log(10^n\times a)=n+\log a$ $(0\le\log a<1)$로 계산한다.)

$\log 1.44=a$일 때, $2\log 12$를 a로 나타낸 것은? (3점)

단서 $2\log 12=\log 12^2=\log 144$

① $a+1$ ② $a+2$ ③ $a+3$ ④ $a+4$ ⑤ $a+5$

1st 주어진 로그를 계산하여 그 값을 문자로 표현해보자.

$2\log 12=\log 12^2=\log 144=\log(1.44\times100)$ $\quad n\log_a b=\log_a b^n$

$=\log 1.44+\log 100=\log 1.44+\log 10^2$ $\quad\log_a xy=\log_a x+\log_a y$

$=\log 1.44+2=a+2$

$\log_a a^n=n$

B 55 정답 ① *로그의 성질의 활용 – 식의 값 [정답률 90%]

(정답 공식: 양수 N에 대하여 $a^x=N(a>0, a\neq1)$이면 $x=\log_a N$이다.)

$10^{0.94}=k$라 할 때, $\log k^2+\log\frac{k}{10}$의 값은? (3점)

단서 로그의 성질을 이용하면 $\log k$를 포함한 식으로 나타낼 수 있어.

① 1.82 ② 1.85 ③ 1.88 ④ 1.91 ⑤ 1.94

1st 로그의 정의를 이용하자.

$10^{0.94}=k$에서 $\log k=0.94$ ⋯ ㉠

로그의 정의를 이용하여 나타내는 과정이야. $a>0, a\neq1$일 때, 양수 N에 대하여 등식 $a^x=N$을 만족시키는 x는 오직 하나 존재하고 $x=\log_a N$이라고 해. 특히 10을 밑으로 하는 로그를 상용로그라 하고, 일반적으로 밑 10을 생략해. $\log_{10}N=\log N$

2nd 로그의 성질을 이용하여 값을 계산해.

$\log k^2+\log\frac{k}{10}$

$=2\log k+(\log k-\log 10)$

$\log_a b^c=c\log_a b$, $\log_a\frac{x}{y}=\log_a x-\log_a y$

$=3\log k-1$

$=3\times0.94-1$ $(\because$ ㉠$)$

실수 방지: 식을 끝까지 정리한 후에 대입해야 실수를 줄일 수 있어.

$=2.82-1=1.82$

B 56 정답 ② *로그의 성질의 활용 – 식의 값 [정답률 90%]

(정답 공식: $\frac{\log_c a}{\log_c b}=\log_b a$)

두 양수 a, b에 대하여 ❶ $\log_2 a=54$, $\log_2 b=9$일 때, ❷ $\log_b a$의 값은? (3점)

단서 $\log_2 a$, $\log_2 b$(❶)를 가지고 $\log_b a$(❷)를 만들려면 밑의 변환 공식을 생각해 보면 어떨까?

① 3 ② 6 ③ 9 ④ 12 ⑤ 15

1st 밑의 변환 공식을 이용하여 $\log_b a$를 밑이 2인 로그로 만들어 계산하자.

$\log_b a=\frac{\log_2 a}{\log_2 b}=\frac{54}{9}=6$

[밑의 변환 공식] $\log_a b=\frac{\log_c b}{\log_c a}$

다른 풀이: **로그의 정의를 이용하여 값 구하기**

밑의 변환 공식이 생각 안 나면 그냥 a, b의 값을 로그의 정의로 해결해.

$\log_2 a=54 \Rightarrow a=2^{54}$ $\log_\star \blacklozenge=$(상수)일 때, ◆에 대한 값은 $\star^{(상수)}$이야.

$\log_2 b=9 \Rightarrow b=2^9$

$\therefore \log_b a=\log_{2^9} 2^{54}=\frac{54}{9}\log_2 2=6$

$\log_{a^m} a^n=\frac{n}{m}$

B 57 정답 ③ *로그의 성질의 활용 – 식의 값 [정답률 81%]

(정답 공식: $\log_a b=c \Longleftrightarrow a^c=b$)

> 양수 a에 대하여 $\log_2 \frac{a}{4}=b$일 때, $\frac{2^b}{a}$의 값은? (3점)
>
> 단서 로그의 정의를 이용하여 밑이 2인 수로 나타내어 구하고자 하는 식에 대입해.
>
> ① $\frac{1}{16}$ ② $\frac{1}{8}$ ③ $\frac{1}{4}$ ④ $\frac{1}{2}$ ⑤ 1

1st 로그의 정의를 이용하여 a, b 사이의 관계를 찾아.

$\log_a x=b \Longleftrightarrow x=a^b$

$\log_2 \frac{a}{4}=b$에서 $\frac{a}{4}=2^b$

양변을 양수 a로 나누면 $\frac{2^b}{a}=\frac{1}{4}$

B 58 정답 ④ *로그의 성질의 활용 – 식의 값 [정답률 81%]

(정답 공식: $\log_a b=\frac{\log b}{\log a}$)

> 1이 아닌 두 양수 a, b에 대하여
>
> ❶$7\log a=2\log b$일 때, ❷$\frac{8}{21}\log_a b$의 값은? (3점)
>
> 단서 $\log a$, $\log b$(❶)를 가지고 $\log_a b$(❷)를 만들려면 밑 변환 공식을 떠올려야지.
>
> ① $\frac{1}{3}$ ② $\frac{2}{3}$ ③ 1 ④ $\frac{4}{3}$ ⑤ $\frac{5}{3}$

1st 밑의 변환 공식을 이용하여 식의 값을 구하자.

$\log_a b=\frac{\log b}{\log a}$

$7\log a=2\log b$에서 $\frac{7}{2}=\frac{\log b}{\log a}=\log_a b$

$\log a=\log_{10} a$는 같은 의미로 사용하고 있어.

$\therefore \frac{8}{21}\log_a b=\frac{8}{21}\times\frac{7}{2}=\frac{4}{3}$

다른 풀이: **주어진 식을 정리하고, $\log_a b=\frac{\log b}{\log a}$를 이용하여 값 구하기**

$7\log a=2\log b$에서 $\log a=\frac{2}{7}\log b$

주어진 식을 $\log b$로 만들자.

$\therefore \frac{8}{21}\log_a b=\frac{8}{21}\times\frac{\log b}{\log a}=\frac{8}{21}\times\frac{\log b}{\frac{2}{7}\log b}=\frac{8}{21}\times\frac{7}{2}=\frac{4}{3}$

톡톡 풀이: **$\log_a=2$, $\log_b=7$이라 하고 로그의 정의를 이용하여 값 구하기**

$7\log a=2\log b$에서 $\log a=2$, $\log b=7$이라 하면 $a=10^2$, $b=10^7$

$\log_a x=b \Longleftrightarrow x=a^b$

$\therefore \frac{8}{21}\log_a b=\frac{8}{21}\log_{10^2} 10^7=\frac{8}{21}\times\frac{7}{2}=\frac{4}{3}$

$\log_{a^m} b^n=\frac{n}{m}\log_a b$

B 59 정답 ② *로그의 성질의 활용 – 식의 값 [정답률 91%]

(정답 공식: $\log_a b=\frac{1}{\log_b a}$)

> ❶$a=\log_2 10$, $b=2\sqrt{2}$일 때, ❷$a\log b$의 값은? (3점)
>
> 단서 ❶을 ❷에 대입하여 식을 정리해.
>
> ① 1 ② $\frac{3}{2}$ ③ 2 ④ $\frac{5}{2}$ ⑤ 3

1st $a=\log_2 10$, $b=2\sqrt{2}$를 $a\log b$에 대입해.

$a\log b=\log_2 10\times\log 2\sqrt{2}=\log_2 10\times\frac{3}{2}\log 2$ ($\log 2^{\frac{3}{2}}$)

$=\frac{3}{2}\log_2 10\times\frac{1}{\log_2 10}=\frac{3}{2}$

$\log_a b=\frac{1}{\log_b a}$임을 이용하여 밑을 10이나 2로 통일해.

B 60 정답 56 *로그의 성질의 활용–식의 값 [정답률 81%]

(정답 공식: $\log_a b=c \Longleftrightarrow a^c=b$)

> 두 양수 x, y가
>
> $\log_2(x+2y)=3$, $\log_2 x+\log_2 y=1$
>
> 을 만족시킬 때, x^2+4y^2의 값을 구하시오. (3점)
>
> 단서 로그의 정의를 이용하여 x, y에 대한 관계식을 log를 없애고 나타내.

1st 주어진 조건식을 간단히 해.

$\log_2(x+2y)=3$에서 $x+2y=2^3=8$ ⋯ ㉠

$\log_2 x+\log_2 y=1$에서 $\log_2 xy=1$ $\therefore xy=2^1=2$ ⋯ ㉡

$\log_a m+\log_a n=\log_a mn$

2nd x^2+4y^2의 값을 구해.

㉠, ㉡에 의하여

$x^2+4y^2=(x+2y)^2-4xy=8^2-4\times2=56$

$(x+2y)^2=x^2+4xy+4y^2$이므로 $x^2+4y^2=(x+2y)^2-4xy$

B 61 정답 ② *로그의 성질의 활용 – 식의 값 [정답률 74%]

(정답 공식: 밑의 변환공식 $\log_a b=\frac{\log_c b}{\log_c a}$를 이용하여 로그의 밑을 변환한다.)

> $\log_2 5=a$, $\log_5 3=b$일 때, $\log_5 12$를 a, b로 옳게 나타낸 것은? (3점)
>
> 단서 로그의 성질을 이용하기 위해 일단 밑을 같게 만들어야 해.
>
> ① $\frac{1}{a}+b$ ② $\frac{2}{a}+b$ ③ $\frac{1}{a}+2b$
>
> ④ $a+\frac{1}{b}$ ⑤ $2a+\frac{1}{b}$

1st 주어진 로그의 밑을 5로 같게 만들자.

$\log_2 5=\frac{1}{\log_5 2}$이므로

$\log_a b=\frac{1}{\log_b a}$을 이용한 거야.

$\log_5 2=\frac{1}{a}$ ⋯ ㉠

2nd 로그의 성질을 이용하여 a, b로 나타내자.

$\log_5 12=\log_5(2^2\times3)=\log_5 2^2+\log_5 3$

$=2\log_5 2+\log_5 3$ 로그의 성질 $\log_a MN=\log_a M+\log_a N$ $(a>0, a\neq1, M>0, N>0)$을 이용한 거야.

$=2\times\frac{1}{a}+b$ ($\because$ ㉠, $\log_5 3=b$)

$=\frac{2}{a}+b$

B 62 정답 ⑤ *로그의 성질의 활용 – 식의 값 [정답률 63%]

(정답 공식: $a>0$, $a\neq1$, $b>0$, $c>0$, $c\neq1$일 때, $\log_a b=\frac{\log_c b}{\log_c a}$)

$\log 2=a$, $\log 3=b$라 할 때, $\log_5 18$을 a, b로 나타낸 것은? (3점)

단서 a와 b 모두 밑이 10인 로그이므로 $\log_5 18$을 밑이 10이 되도록 변형하면 되지.

① $\frac{2a+b}{1+a}$ ② $\frac{a+2b}{1+a}$ ③ $\frac{a+b}{1-a}$ ④ $\frac{2a+b}{1-a}$ ⑤ $\frac{a+2b}{1-a}$

1st 로그의 성질을 이용하여 $\log_5 18$을 $\log 2$, $\log 3$으로 나타내보자.

$$\log_5 18=\frac{\log 18}{\log 5}=\frac{\log 2+2\log 3}{\log 10-\log 2}=\frac{a+2b}{1-a}$$

로그의 밑 변환 공식에 의하여 $\log_5 18=\frac{\log 18}{\log 5}$이 성립해. 이때, 로그의 성질에 의하여
$\log 18=\log_2(2\times3^2)=\log 2+\log 3^2=\log 2+2\log 3$이고,
$\log 5=\log\frac{10}{2}=\log 10-\log 2$로 바꿀 수 있지.

B 63 정답 ④ *로그의 성질의 활용–식의 값 [정답률 76%]

(정답 공식: $\frac{1}{a}-\frac{1}{b}=\frac{b-a}{ab}$에 주어진 값을 대입한다.)

두 실수 a, b가

$ab=\log_3 5$, $b-a=\log_2 5$

를 만족시킬 때, $\frac{1}{a}-\frac{1}{b}$의 값은? (3점)

단서 $\frac{1}{a}-\frac{1}{b}=\frac{b-a}{ab}$에서 주어진 조건을 바로 쓸 수 있어.

① $\log_5 2$ ② $\log_3 2$ ③ $\log_3 5$ ④ $\log_2 3$ ⑤ $\log_2 5$

1st 주어진 식을 간단히 하고, 식의 값을 로그의 성질을 이용하여 구하자.

$ab=\log_3 5$, $b-a=\log_2 5$이므로

$$\frac{1}{a}-\frac{1}{b}=\frac{b-a}{ab}=\frac{\log_2 5}{\log_3 5}$$

→ $\log_2 5$, $\log_3 5$의 밑이 다르므로 로그의 밑을 같게 해.

$$=\frac{\frac{\log 5}{\log 2}}{\frac{\log 5}{\log 3}}=\frac{\log 3}{\log 2}=\log_2 3$$

→ $\frac{\log 3}{\log 2}=\frac{\log_2 3}{\log_2 2}=\frac{\log_2 3}{1}=\log_2 3$

다른 풀이: **밑을 5로 하는 로그를 취하여 값 구하기**

$$\frac{1}{a}-\frac{1}{b}=\frac{b-a}{ab}=\frac{\log_2 5}{\log_3 5}=\frac{\log_5 3}{\log_5 2}=\log_2 3$$

로그의 성질 (개념·공식)

$a>0$, $a\neq1$, $x>0$, $y>0$일 때,
① $\log_a a=1$
② $\log_a 1=0$
③ $\log_a x+\log_a y=\log_a xy$
④ $\log_a x-\log_a y=\log_a\frac{x}{y}$

B 64 정답 ① *로그의 성질의 활용 – 식의 값 [정답률 74%]

(정답 공식: $\log_a\frac{b}{c}=\log_a b-\log_a c$, $\log 2=1-\log 5$를 이용한다.)

$\log 2=a$, $\log 3=b$라 할 때, $\log\frac{4}{15}$를 a, b로 나타낸 것은? (3점)

단서 로그의 성질을 이용하여 주어진 식을 변형하자.

① $3a-b-1$ ② $3a+b-1$ ③ $2a-b+1$ ④ $2a+b-1$ ⑤ $a-3b+1$

1st 로그의 성질을 이용하여 주어진 식을 $\log 2$, $\log 3$으로 표현해보자.

$$\log\frac{4}{15}=\log 4-\log 15$$

→ $\log_a\frac{x}{y}=\log_a x-\log_a y$

$$=\log 2^2-\log\frac{3\times10}{2}$$
$$=2\log 2-(\log 3+\log 10-\log 2)$$
$$=2\log 2-\log 3-1+\log 2$$
$$=3\log 2-\log 3-1$$

2nd $\log 2=a$, $\log 3=b$로 나타내자.

$$\therefore \log\frac{4}{15}=3a-b-1$$

B 65 정답 15 *로그의 성질의 활용 – 식의 값 [정답률 80%]

(정답 공식: 로그의 밑의 변환 공식 $\log_a b=\frac{\log_c b}{\log_c a}$를 이용한다.)

1보다 큰 두 실수 a, b에 대하여 $\log_{27} a=\log_3\sqrt{b}$일 때, $20\log_b\sqrt{a}$의 값을 구하시오. (3점)

단서1 양변의 밑을 3으로 통일해.
단서2 밑이 3인 로그로 바꾸어 계산해.

1st 양변의 로그의 밑을 같게 만든 후 $20\log_b\sqrt{a}$의 값을 구해.

$\log_{27} a=\log_3\sqrt{b}$에서

$\log_{3^3} a=\log_3 b^{\frac{1}{2}}$ ($\log_{a^k} b=\frac{1}{k}\log_a b$, $\log_a b^k=k\log_a b$)

$\frac{1}{3}\log_3 a=\frac{1}{2}\log_3 b$, $\frac{\log_3 a}{\log_3 b}=\frac{3}{2}$

$$\therefore 20\log_b\sqrt{a}=20\log_b a^{\frac{1}{2}}=20\times\frac{1}{2}\log_b a=10\log_b a$$

($\log_a b=\frac{\log_c b}{\log_c a}$)

$$=10\times\frac{\log_3 a}{\log_3 b}=10\times\frac{3}{2}=15$$

다른 풀이: **$\log_a f(x)=\log_a g(x)$이면 $f(x)=g(x)$임을 이용하여 값 구하기**

$\log_{27} a=\log_3\sqrt{b}$에서

$\log_{3^3} a=\log_3 b^{\frac{1}{2}}$, $\frac{1}{3}\log_3 a=\frac{1}{2}\log_3 b$

$\log_3 a=\frac{3}{2}\log_3 b$, $\log_3 a=\log_3 b^{\frac{3}{2}}$ $\quad\therefore a=b^{\frac{3}{2}}$

($\log_a f(x)=\log_a g(x)$이면 $f(x)=g(x)$)

$$\therefore 20\log_b\sqrt{a}=20\log_b a^{\frac{1}{2}}=20\log_b(b^{\frac{3}{2}})^{\frac{1}{2}}=20\log_b b^{\frac{3}{4}}$$

($(b^m)^n=b^{mn}$)

$$=20\times\frac{3}{4}\log_b b=20\times\frac{3}{4}\times1=15$$

($\log_b b=1$)

B 66 정답 ④ *로그의 성질의 활용 [정답률 77%]

(정답 공식: 수직선 위의 두 점 $A(\alpha)$, $B(\beta)$를 $m:n$으로 내분하는 점을 C라 하면 $C\left(\frac{m\times\beta+n\times\alpha}{m+n}\right)$이다.)

> 수직선 위의 두 점 $P(\log_5 3)$, $Q(\log_5 12)$에 대하여 선분 PQ를 $m:(1-m)$으로 내분하는 점의 좌표가 1일 때,
> 단서 내분점을 구하는 공식을 이용하여 식을 세워봐.
> 4^m의 값은? (단, m은 $0<m<1$인 상수이다.) (4점)
>
> ① $\frac{7}{6}$ ② $\frac{4}{3}$ ③ $\frac{3}{2}$ ④ $\frac{5}{3}$ ⑤ $\frac{11}{6}$

1st 선분 PQ를 내분하는 점의 좌표를 구해.

직선 위의 두 점 $P(\log_5 3)$, $Q(\log_5 12)$에 대하여 선분 PQ를 $m:(1-m)$으로 내분하는 점을 C라 하면

$C\left(\frac{m\log_5 12+(1-m)\log_5 3}{m+(1-m)}\right)$에서

$C(m\log_5 12+(1-m)\log_5 3)$이다.

2nd 조건을 만족시키는 m에 대하여 4^m의 값을 구해.

이때, 선분 PQ를 내분하는 점 C의 좌표가 1이므로

$m\log_5 12+(1-m)\log_5 3=1$ ⋯ ㉠에서

($k\log_a b=\log_a b^k$)

$\log_5 12^m+\log_5 3^{1-m}=1$, $\log_5(12^m\times 3^{1-m})=1$

($\log_a M+\log_a N=\log_a MN$, $\log_a x=b \Longleftrightarrow x=a^b$)

$12^m\times 3^{1-m}=5^1$, $(4\times 3)^m\times 3^{1-m}=5$, $4^m\times 3^m\times 3^{1-m}=5$

($(ab)^n=a^nb^n$, $a^m\times a^n=a^{m+n}$)

$4^m\times 3^{m+(1-m)}=5$, $4^m\times 3^1=5$ $\therefore 4^m=\frac{5}{3}$

다른 풀이: m의 값을 직접 구하기

위의 풀이의 ㉠에서

$m\log_5 12+(1-m)\log_5 3=1$

$m\log_5 12+\log_5 3-m\log_5 3=\log_5 5$ ($\log_a a=1$)

$m(\log_5 12-\log_5 3)=\log_5 5-\log_5 3$, $m\log_5\frac{12}{3}=\log_5\frac{5}{3}$

($\log_a M-\log_a N=\log_a\frac{M}{N}$)

$m\log_5 4=\log_5\frac{5}{3}$ $\therefore m=\frac{\log_5\frac{5}{3}}{\log_5 4}=\frac{\frac{\log_4\frac{5}{3}}{\log_4 5}}{\frac{\log_4 4}{\log_4 5}}=\log_4\frac{5}{3}$

($\log_a b=\frac{\log_c b}{\log_c a}$)

$\therefore 4^m=4^{\log_4\frac{5}{3}}=\frac{5}{3}$ ($a^{\log_a b}=b$)

변준서 | 연세대 실내건축학과 2024년 입학 · 화성 화성고 졸

사설 모의고사에서도 거의 못 봤던 선분의 내분점이 나와서 속으로 살짝 헛웃음이 나왔었어. 물론 어려운 문항은 아니지만 내분점에 대한 개념을 잊고 있던 친구들은 수험장에서 내분점을 구하는 데 시간이 걸렸을 수도 있을 것 같아. 이 문제를 통해서 고1 수학 개념이 '엄청 중요하다.' 이렇게 말하기는 그렇지만 그래도 개념을 잊으면 안 된다는 것을 상기시켜줬던 문제였어.

B 67 정답 4 *로그의 성질의 활용 – 식의 정리 [정답률 78%]

(정답 공식: $a>0$, $a\neq 1$, $x>0$일 때, $\log_a x=y \Longleftrightarrow x=a^y$, $\log_a a^n=n$)

> 1이 아닌 두 양수 a, b가 $\log_a b=3$을 만족시킬 때,
> 단서 로그의 정의를 이용해서 b를 a로 나타내자.
> $\log\frac{b}{a}\times\log_a 100$의 값을 구하시오. (3점)

1st 로그의 정의에 의해 로그를 지수로 변형하자.

$\log_a b=3$에서 $b=a^3$ ($a>0$, $a\neq 1$, $x>0$일 때, $\log_a x=y \Longleftrightarrow x=a^y$)

2nd 로그의 성질을 이용하여 주어진 식의 값을 계산하자.

$\therefore \log\frac{b}{a}\times\log_a 100=\log\frac{a^3}{a}\times\frac{\log 10^2}{\log a}$

(로그의 성질 $\log_a b=\frac{\log_c b}{\log_c a}$ (단, $c>0$, $c\neq 0$)을 이용한 거야. 즉, 밑이 10인 상용로그를 만든 거야.)

$=\log a^2\times\frac{\log 10^2}{\log a}$ ($a>0$일 때, $\log_a a^n=n$)

$=2\log a\times\frac{2}{\log a}=4$

B 68 정답 ① *로그의 성질의 활용 – 식의 정리 [정답률 63%]

(정답 공식: $c>0$, $c\neq 1$일 때, $\log_a b=\frac{\log_c b}{\log_c a}$이다.)

> 1보다 큰 세 실수 a, b, c가
> $$\log_a b=\frac{\log_b c}{2}=\frac{\log_c a}{4}$$ 단서 밑을 통일하여 생각해.
> 를 만족시킬 때, $\log_a b+\log_b c+\log_c a$의 값은? (3점)
>
> ① $\frac{7}{2}$ ② 4 ③ $\frac{9}{2}$ ④ 5 ⑤ $\frac{11}{2}$

1st 밑을 a로 통일하여 생각해.

$\log_a b=\frac{\log_b c}{2}$에서 $\log_a b=\frac{1}{2}\times\frac{\log_a c}{\log_a b}$ (밑이 a인 로그로 변환하면 $\log_b c=\frac{\log_a c}{\log_a b}$)

$\therefore \log_a c=2(\log_a b)^2$ ⋯ ㉠

또, $\log_a b=\frac{\log_c a}{4}$에서 (밑이 a인 로그로 변환하면 $\log_c a=\frac{\log_a a}{\log_a c}=\frac{1}{\log_a c}$)

$\log_a b=\frac{1}{4}\times\frac{1}{\log_a c}$ ⋯ ㉡

㉠을 ㉡에 대입하면 $\log_a b=\frac{1}{4}\times\frac{1}{2(\log_a b)^2}$

$(\log_a b)^3=\frac{1}{8}$ $\therefore \log_a b=\frac{1}{2}$

따라서 $\log_b c=2\log_a b=2\times\frac{1}{2}=1$, $\log_c a=4\log_a b=4\times\frac{1}{2}=2$

이므로 $\log_a b+\log_b c+\log_c a=\frac{1}{2}+1+2=\frac{7}{2}$

다른 풀이: (주어진 식)$=t$라 하고 정리하여 주어진 식의 값 구하기

$a>1$, $b>1$, $c>1$이므로 $\log_a b>0$, $\log_b c>0$, $\log_c a>0$

즉, 양수 t에 대하여 $\log_a b=\frac{\log_b c}{2}=\frac{\log_c a}{4}=t$라 하면

$\log_a b=t$, $\log_b c=2t$, $\log_c a=4t$

이때, $\log_a b\times\log_b c\times\log_c a=1$이므로 $t\times 2t\times 4t=1$에서

(밑이 10인 로그로 변환하면 $\log_a b\times\log_b c\times\log_c a=1$에서 $\frac{\log b}{\log a}\times\frac{\log c}{\log b}\times\frac{\log a}{\log c}=1$)

$8t^3=1$, $t^3=\frac{1}{8}$ $\therefore t=\frac{1}{2}$

$\therefore \log_a b+\log_b c+\log_c a=t+2t+4t=7t=7\times\frac{1}{2}=\frac{7}{2}$

B 69 정답 ① *로그의 성질의 활용 – 식의 정리 [정답률 63%]

(정답 공식: 로그의 정의를 이용하여 n을 2의 거듭제곱 꼴로 바꾼다.)

2 이상의 자연수 n에 대하여 $5\log_n 2$의 값이 자연수가 되도록 하는 모든 n의 값의 합은? (4점) 단서 n과 $5\log_n 2$의 값이 자연수인 경우에 대해서만 생각해야 해.

① 34 ② 38 ③ 42 ④ 46 ⑤ 50

1st n에 대한 식으로 표현해봐.

$5\log_n 2=k$ (단, k는 자연수)라고 하자.

$\log_n 2=\frac{k}{5}$

$n^{\frac{k}{5}}=2$ ($\because \log_a x=N \Longleftrightarrow x=a^N$)

$\therefore n=2^{\frac{5}{k}}$ → 지수와 로그의 성질을 이용하여 n에 대한 식으로 정리한 거야.

2nd n이 자연수인 경우를 따져봐.

n이 2 이상의 자연수이므로

$2^{\frac{5}{k}}\geq 2$, $\frac{5}{k}\geq 1$

$\therefore k\leq 5$

이때 $2^{\frac{5}{k}}$이 자연수이므로 $k=1$ 또는 $k=5$

즉, $n=2$ 또는 $n=2^5$ $k=2, 3, 4$인 경우 $2^{\frac{5}{k}}$의 값은 자연수가 아니야.

따라서 모든 n의 값의 합은

$2+2^5=34$

로그의 성질 개념·공식

$a>0$, $a\neq 1$, $x>0$, $y>0$일 때,

① $\log_a a=1$ ② $\log_a 1=0$

③ $\log_a x+\log_a y=\log_a xy$ ④ $\log_a x-\log_a y=\log_a \frac{x}{y}$

B 70 정답 ③ *로그의 성질의 활용 – 식의 정리 [정답률 69%]

(정답 공식: a와 b의 관계식을 구하고, 로그의 성질을 이용한다.)

1보다 큰 두 실수 a, b에 대하여

$\log_{\sqrt{3}} a=\log_9 ab$ 단서 로그의 성질을 이용하여 밑을 같게 만들고 진수끼리 같다는 식을 세우면 돼.

가 성립할 때, $\log_a b$의 값은? (4점)

① 1 ② 2 ③ 3 ④ 4 ⑤ 5

1st 로그의 밑을 9로 통일해서 a, b에 대한 관계식을 구해보자.

$\log_{\sqrt{3}} a=2\log_3 a=4\log_9 a=\log_9 a^4$이므로

$\log_9 a^4=\log_9 ab$ $2\log_3 a=2\log_{3^2} a^2=4\log_9 a=\log_9 a^4$

$a^4=ab$

$a(a^3-b)=0$ 함정 로그 $\log_a N$의 밑 조건은 $a\neq 1$, $a>0$이어야 해.

a는 1보다 큰 실수이므로 양변을 a로 나누면

$b=a^3$ ⋯ ㉠

2nd $b=a^3$을 이용해서 $\log_a b$의 값을 구해.

㉠을 $\log_a b$에 대입하면

$\log_a b=\log_a a^3=3$

$\log_x y^n=n\log_x y$

B 71 정답 16 *로그의 성질의 활용 – 식의 정리 [정답률 71%]

(정답 공식: $\frac{\log_a b}{2a}$, $\frac{18\log_b a}{b}$를 곱하면 log가 소거된다.)

1이 아닌 두 양수 a, b에 대하여

$\frac{\log_a b}{2a}=\frac{18\log_b a}{b}=\frac{3}{4}$ 단서 로그의 성질을 이용하여 $\log_a b$와 $\log_b a$를 정리하고, a, b의 식으로 나타내 봐.

이 성립할 때, ab의 값을 구하시오. (3점)

1st 등식을 두 부분으로 나누어 관계식을 구해.

$\frac{\log_a b}{2a}=\frac{3}{4}$, $\frac{18\log_b a}{b}=\frac{3}{4}$

양변을 각각 곱하면 $\frac{\log_a b}{2a}\times\frac{18\log_b a}{b}=\frac{9}{16}$

2nd 로그의 성질을 이용하여 ab의 값을 구해.

$\log_a b\times\log_b a=1$이므로 $\frac{9}{ab}=\frac{9}{16}$ $\therefore ab=16$ ($\log_b a=\frac{1}{\log_a b}$)

다른 풀이: $\log_a b=\frac{1}{\log_b a}$ 임을 이용하여 값 구하기

$\log_a b=\frac{1}{\log_b a}$이므로 $\frac{\log_a b}{2a}=\frac{18\log_b a}{b}$에서

$\frac{\log_a b}{2a}=\frac{18}{b\log_a b}$ $\therefore (\log_a b)^2=\frac{36a}{b}$ ⋯ ㉠

a, b, $\log_a b$를 각각 구하려고 하지 말고, $\log_a b$를 소거하여 ab의 값을 바로 구해야 해.

$\frac{\log_a b}{2a}=\frac{3}{4}$에서 $\log_a b=\frac{3}{2}a$

㉠에 대입하면 $\left(\frac{3}{2}a\right)^2=\frac{36a}{b}$ $\therefore ab=16$

B 72 정답 21 *로그의 성질의 활용 – 식의 정리 [정답률 71%]

(정답 공식: $\log_c a : \log_c b=\log a : \log b$, $\log_a b=\frac{\log_c b}{\log_c a}$이다.)

1보다 큰 세 실수 a, b, c에 대하여

❶ $\log_c a : \log_c b=2 : 3$일 때,

❷ $10\log_a b+9\log_b a$의 값을 구하시오. (3점)

단서 $\log_c a$, $\log_c b$(❶)를 가지고 $\log_a b$, $\log_b a$(❷)의 식의 값을 구하기 위해서 밑의 변환 공식을 사용해.

1st $\log_c a$, $\log_c b$에 대한 비례식으로 그 값을 임의로 정해 볼까?

$\log_c a : \log_c b=2 : 3$이므로 → $x:y=$★$:$◆이라 하면 $x=$★t, $y=$◆t라 하고 식에 대입할 수 있어.

$\log_c a=2k$, $\log_c b=3k$ (단, k는 0이 아닌 실수)라 하자.

2nd 밑의 변환 공식을 이용하여 $\log_a b$, $\log_b a$의 값을 찾아 $10\log_a b+9\log_b a$의 값을 구해.

함정 값의 비로 나타낸 로그함수 값을 0이 아닌 실수 k를 이용하여 나타낼 수 있어야 해.

$\log_a b=\frac{\log_c b}{\log_c a}=\frac{3k}{2k}=\frac{3}{2}$

[밑의 변환 공식] $\log_a b=\frac{\log_c b}{\log_c a}$

$\log_b a=\frac{1}{\log_a b}=\frac{2}{3}$

$\therefore 10\log_a b+9\log_b a=10\times\frac{3}{2}+9\times\frac{2}{3}=21$

다른 풀이: 비례식과 $\log_a b=\frac{\log b}{\log a}$를 이용하여 값 구하기

$\log_c a : \log_c b=2 : 3$이므로 $3\log_c a=2\log_c b$, $\frac{\log_c b}{\log_c a}=\frac{3}{2}$

$a:b=c:d$이면 $ad=bc$

$\therefore \log_a b=\frac{\log_c b}{\log_c a}=\frac{3}{2}$

(이하 동일)

톡톡 풀이: 비례식을 만족시키는 적당한 수를 대입하여 값 구하기

적당한 수를 대입하여 해결해도 돼.

$\log_c a : \log_c b = 2 : 3$을 만족시키는 세 수를 $c=2$, $a=4$, $b=8$이라 둘 수 있어. $a=c^2$, $b=c^3$이라 하고, c의 값을 정하면 a, b의 값도 결정 돼.

$\therefore 10\log_a b + 9\log_b a = 10\log_4 8 + 9\log_8 4$

$= 10\log_{2^2} 2^3 + 9\log_{2^3} 2^2$

$= 10 \times \frac{3}{2} + 9 \times \frac{2}{3} = 21$

B 73 정답 ③ *로그의 성질의 활용 – 식의 정리 …… [정답률 75%]

(정답 공식: 로그의 정의를 이용해 x, y의 값을 먼저 구한다.)

> 두 실수 x, y가 $2^x=3^y=24$를 만족시킬 때, $(x-3)(y-1)$의 값은? (3점)
> 단서 지수의 미지수에 대한 식으로 나타내기 위해서는 로그를 사용하는 게 좋겠지?
>
> ① 1 ② 2 ③ 3 ④ 4 ⑤ 5

1st 로그의 정의를 이용하여 $x-3$, $y-1$의 값을 구해.

$2^x=24$에서 ($a^m=n$이면 $m=\log_a n$)

$x=\log_2 24 = \log_2(2^3\times 3) = \log_2 2^3 + \log_2 3 = 3+\log_2 3$ ($\log_a a^n = n$, $\log_a bc = \log_a b + \log_a c$)

$\therefore x-3 = \log_2 3$

또한, $3^y=24$에서

$y=\log_3 24 = \log_3(2^3\times 3) = \log_3 2^3 + \log_3 3 = 3\log_3 2 + 1$ ($\log_a a = 1$)

$\therefore y-1 = 3\log_3 2$

2nd $(x-3)(y-1)$의 값을 구하자.

$\therefore (x-3)(y-1) = \log_2 3 \times 3\log_3 2 = \log_2 3 \times \frac{3}{\log_2 3} = 3$ ($\log_a b = \frac{1}{\log_b a}$)

다른 풀이: 주어진 식을 변형하여 2^{x-3}, 3^{y-1}의 값을 찾아 값 구하기

$2^x=24$이므로

$2^x \div 2^3 = 24 \div 2^3$ ($a^m \div a^n = a^{m-n}$)

$\therefore 2^{x-3} = 3 \cdots$ ㉠

또한, $3^y=24$이므로

$3^y \div 3 = 24 \div 3$

$\therefore 3^{y-1} = 8 \cdots$ ㉡

㉡에 ㉠을 대입하면 ($(a^m)^n = a^{mn}$)

$(2^{x-3})^{y-1} = 8$이므로

$2^{(x-3)(y-1)} = 8 = 2^3$ 밑이 같을 때 $a^{f(x)} = a^{g(x)}$ $(a>0, a\neq 1)$이면 $f(x)=g(x)$야.

$\therefore (x-3)(y-1) = 3$

B 74 정답 ④ *로그의 성질의 활용 – 식의 정리 …… [정답률 75%]

(정답 공식: $\frac{\log_c b}{\log_a b} = \frac{\log a}{\log c}$)

> 1보다 크고 10보다 작은 세 자연수 a, b, c에 대하여
>
> ❶ $\frac{\log_c b}{\log_a b} = \frac{1}{2}$, ❷ $\frac{\log_b c}{\log_a c} = \frac{1}{3}$ 단서 ❶, ❷가 모두 밑이 다르므로 각각 밑이 같게 만들어 볼까?
>
> 일 때, $a+2b+3c$의 값은? (4점)
>
> ① 21 ② 24 ③ 27 ④ 30 ⑤ 33

1st 로그의 밑 변환 공식을 이용하여 a, b, c의 관계를 지수 꼴로 나타내.

$\frac{\log_c b}{\log_a b} = \frac{1}{2}$에서 → 분자와 분모의 밑이 다르니까 밑을 통일시켜야 해.

$\frac{\frac{\log b}{\log c}}{\frac{\log b}{\log a}} = \frac{\log a}{\log c} = \frac{1}{2}$이므로 ① $\log_a b = \frac{1}{\log_b a}$ ② $\log_a b = \frac{\log b}{\log a}$

$2\log a = \log c$ ($\log a^2 = \log c$) $\therefore c=a^2$

마찬가지로 $\frac{\log_b c}{\log_a c} = \frac{1}{3}$에서 실수 $\log a = \log_{10} a$는 같은 의미로 사용하고 있어.

$\frac{\frac{\log c}{\log b}}{\frac{\log c}{\log a}} = \frac{\log a}{\log b} = \frac{1}{3}$이므로

$3\log a = \log b$ ($\log a^3 = \log b$) $\therefore b=a^3$

2nd 세 자연수 a, b, c의 조건을 이용하여 값을 구해.

세 자연수 a, b, c는 1보다 크고 10보다 작은 자연수이므로 $1<b=a^3<10$에서 $a=2$

그럼 a의 값이 될 수 있는 것은 $a\neq 1$ ($\because a>1$), $a=2$ ($\because a^3=8<10$), $a\neq 3$ ($\because a^3>10$)

따라서 $b=a^3=2^3=8$, $c=a^2=2^2=4$이므로

$a+2b+3c = 2+2\times 8+3\times 4 = 2+16+12 = 30$

다른 풀이: 밑이 b, c로 각각 같은 로그를 이용하여 값 구하기

$\log_c b = \frac{1}{2}\log_a b$이므로 $\log_b c = 2\log_b a$ (밑이 같으니까 $\log_b$ ■$=\log_b$ ▲이면 ■$=$▲)

$\frac{1}{\log_b c} = \frac{1}{2} \times \frac{1}{\log_b a}$

$\therefore c=a^2$

마찬가지로 $\log_b c = \frac{1}{3}\log_a c$이므로 $\log_c b = 3\log_c a$

$\therefore b=a^3$

(이하 동일)

B 75 정답 ④ *로그의 성질의 활용 – 식의 정리 …… [정답률 77%]

(정답 공식: $\log_{a^m} b^n = \frac{n}{m}\log_a b$)

> 두 실수 a, b가
>
> $3a+2b=\log_3 32$, $ab=\log_9 2$
>
> 를 만족시킬 때, $\frac{1}{3a}+\frac{1}{2b}$의 값은? (3점)
> 단서 주어진 조건식을 활용할 수 있도록 식을 변형해.
>
> ① $\frac{5}{12}$ ② $\frac{5}{6}$ ③ $\frac{5}{4}$ ④ $\frac{5}{3}$ ⑤ $\frac{25}{12}$

1st 로그의 성질을 이용하여 조건식을 변형해.

$3a+2b = \log_3 32 = \log_3 2^5 = 5\log_3 2 \cdots$ ㉠ ($\log_a b^n = n\log_a b$)

$ab = \log_9 2 = \log_{3^2} 2 = \frac{1}{2}\log_3 2 \cdots$ ㉡ ($\log_{a^m} b = \frac{1}{m}\log_a b$)

2nd $\frac{1}{3a}+\frac{1}{2b}$의 값을 구해.

㉠, ㉡에 의하여

$\frac{1}{3a}+\frac{1}{2b} = \frac{3a+2b}{6ab} = \frac{5\log_3 2}{6\times\frac{1}{2}\log_3 2} = \frac{5}{3}$

B 76 정답 ④ *로그의 성질의 활용 - 식의 정리 [정답률 87%]

(정답 공식: $\log_a c : \log_b c = \frac{1}{\log a} : \frac{1}{\log b}$)

1보다 큰 세 실수 a, b, c에 대하여 $\log_a c : \log_b c = 2 : 1$일 때, $\log_a b + \log_b a$의 값은? (3점)

단서 외항의 곱과 내항의 곱이 같음을 이용해!

① 1 ② $\frac{3}{2}$ ③ 2 ④ $\frac{5}{2}$ ⑤ 3

1st 먼저 비례식을 정리하자.

실수 주어진 관계식을 로그의 성질을 이용해서 a와 b의 관계식을 얻는거지? 로그의 성질을 알아야만 구할 수 있어.

$\log_a c : \log_b c = 2 : 1$에서

$\log_a c = 2\log_b c$, $\frac{1}{\log_c a} = \frac{2}{\log_c b}$

$2\log_c a = \log_c b$, $\log_c a^2 = \log_c b$

$\therefore a^2 = b$ ← [로그의 성질] $\log_a b^n = n\log_a b$

$\therefore$ (주어진 식)$= \log_a a^2 + \log_{a^2} a = 2\log_a a + \frac{1}{2}\log_a a = 2 + \frac{1}{2} = \frac{5}{2}$

B 77 정답 ③ *로그의 성질의 응용 [정답률 88%]

(정답 공식: 세 점 (x_1, y_1), (x_2, y_2), (x_3, y_3)을 꼭짓점으로 하는 삼각형의 무게중심의 좌표는 $\left(\frac{x_1+x_2+x_3}{3}, \frac{y_1+y_2+y_3}{3}\right)$이다.)

좌표평면 위의 서로 다른 세 점 $A(0, -\log_2 9)$, $B(2a, \log_2 7)$, $C(-\log_2 9, a)$를 꼭짓점으로 하는 삼각형 ABC가 있다. 삼각형 ABC의 무게중심의 좌표가 $(b, \log_8 7)$일 때, 2^{a+3b}의 값은? (4점)

단서 삼각형 ABC에서 A의 좌표가 $A(x_1, y_1)$, $B(x_2, y_2)$, $C(x_3, y_3)$일 때, 삼각형 ABC의 무게중심의 좌표는 $G\left(\frac{x_1+x_2+x_3}{3}, \frac{y_1+y_2+y_3}{3}\right)$야.

① 63 ② 72 ③ 81 ④ 90 ⑤ 99

1st 삼각형 ABC의 무게중심의 좌표를 구해.

삼각형 ABC의 무게중심의 좌표는

$\left(\frac{0+2a+(-\log_2 9)}{3}, \frac{-\log_2 9 + \log_2 7 + a}{3}\right)$, 즉

$\left(\frac{2a-\log_2 9}{3}, \frac{\log_2 \frac{7}{9}+a}{3}\right)$이다. ← $\log_a \frac{x}{y} = \log_a x - \log_a y$

2nd 두 좌표를 비교해 a, b의 값을 구해.

삼각형 ABC의 무게중심의 좌표가 $(b, \log_8 7)$이므로

$b = \frac{2a - \log_2 9}{3}$ … ㉠, $\frac{\log_2 \frac{7}{9}+a}{3} = \log_8 7$

$\frac{\log_2 \frac{7}{9}+a}{3} = \log_8 7$에서 $\frac{\log_2 \frac{7}{9}+a}{3} = \frac{1}{3}\log_2 7$

$\therefore a = \log_2 7 - \log_2 \frac{7}{9} = \log_2 9$ ← $\log_{a^m} x = \frac{1}{m}\log_a x$

$\log_2 7 - \log_2 \frac{7}{9} = \log_2 7 - (\log_2 7 - \log_2 9)$
$= \log_2 7 - \log_2 7 + \log_2 9 = \log_2 9$

이를 ㉠의 식에 대입하여 정리하면

$3b = 2\log_2 9 - \log_2 9 = \log_2 9$

3rd 2^{a+3b}의 값을 구해.

$2^a = 2^{\log_2 9} = 9$, $2^{3b} = 2^{\log_2 9} = 9$이므로

$2^{a+3b} = 2^a \times 2^{3b} = 9 \times 9 = 81$

B 78 정답 ① *로그방정식의 활용 [정답률 82%]

(정답 공식: 두 점 (x_1, y_1), (x_2, y_2)를 잇는 선분을 $m : n$(단, $m \neq n$)으로 외분하는 점의 좌표는 $\left(\frac{mx_2 - nx_1}{m-n}, \frac{my_2 - ny_1}{m-n}\right)$이다.)

좌표평면 위에 두 점 $A(4, \log_3 a)$, $B\left(\log_2 2\sqrt{2}, \log_3 \frac{3}{2}\right)$이 있다. 선분 AB를 3 : 1로 외분하는 점이 직선 $y=4x$ 위에 있을 때, 양수 a의 값은? (4점)

단서 외분점의 좌표를 $y=4x$에 대입하면 식이 성립하겠지?

① $\frac{3}{8}$ ② $\frac{7}{16}$ ③ $\frac{1}{2}$ ④ $\frac{9}{16}$ ⑤ $\frac{5}{8}$

1st 선분 AB를 3 : 1로 외분하는 점의 좌표를 구해.

두 점 $A(4, \log_3 a)$, $B\left(\log_2 2\sqrt{2}, \log_3 \frac{3}{2}\right)$에 대하여 선분 AB를 3 : 1로 외분하는 점을 $Q(\alpha, \beta)$라 하면

$2\sqrt{2} = 2 \times 2^{\frac{1}{2}} = 2^{1+\frac{1}{2}} = 2^{\frac{3}{2}}$이므로
$\log_2 2\sqrt{2} = \log_2 2^{\frac{3}{2}} = \frac{3}{2}\log_2 2 = \frac{3}{2} \times 1 = \frac{3}{2}$

$\alpha = \frac{3 \times \log_2 2\sqrt{2} - 1 \times 4}{3-1} = \frac{3\log_2 2^{\frac{3}{2}} - 4}{3-1} = \frac{\frac{9}{2} - 4}{2} = \frac{1}{4}$

$\beta = \frac{3 \times \log_3 \frac{3}{2} - 1 \times \log_3 a}{3-1} = \frac{\log_3 \left(\frac{3}{2}\right)^3 - \log_3 a}{2} = \frac{1}{2}\log_3 \frac{27}{8a}$

$\therefore Q\left(\frac{1}{4}, \frac{1}{2}\log_3 \frac{27}{8a}\right)$ ← $n\log_a b = \log_a b^n$, $\log_a m - \log_a n = \log_a \frac{m}{n}$

2nd 양수 a의 값을 구해.

이때, 점 Q가 직선 $y=4x$ 위에 있으므로 $x = \frac{1}{4}$, $y = \frac{1}{2}\log_3 \frac{27}{8a}$를 대입하면

$\frac{1}{2}\log_3 \frac{27}{8a} = 4 \times \frac{1}{4}$에서 $\log_3 \frac{27}{8a} = 2$, $\frac{27}{8a} = 3^2$ $\therefore a = \frac{3}{8}$

$\log_a x = n \Leftrightarrow x = a^n$

B 79 정답 ③ *로그의 성질의 응용 [정답률 81%]

(정답 공식: $a>0$, $a \neq 1$, $b>0$일 때, $\log_{a^n} b^m = \frac{m}{n}\log_a b$)

좌표평면 위의 두 점 $(0, 0)$, $(\log_2 9, k)$를 지나는 직선이 직선 $(\log_4 3)x + (\log_9 8)y - 2 = 0$에 수직일 때, 3^k의 값은? (단, k는 상수이다.) (4점)

단서 서로 수직인 두 직선의 기울기의 곱은 -1이야.

① 16 ② 32 ③ 64 ④ 128 ⑤ 256

1st 두 직선의 기울기를 각각 구해.

두 점 $(0, 0)$, $(\log_2 9, k)$를 지나는 직선의 기울기는

두 점 (x_1, y_1), (x_2, y_2)를 지나는 직선의 기울기는 $\frac{y_2 - y_1}{x_2 - x_1}$이야.

$\frac{k-0}{\log_2 9 - 0} = \frac{k}{\log_2 9} = \frac{k}{2\log_2 3}$

$\log_2 9 = \log_2 3^2 = 2\log_2 3$

직선 $(\log_4 3)x + (\log_9 8)y - 2 = 0$, 즉 $y = -\frac{\log_4 3}{\log_9 8}x + \frac{2}{\log_9 8}$의

기울기는 $-\frac{\log_4 3}{\log_9 8} = -\frac{\frac{1}{2}\log_2 3}{\frac{3}{2}\log_3 2} = -\frac{\log_2 3}{3\log_3 2}$

$\log_4 3 = \log_{2^2} 3 = \frac{1}{2}\log_2 3$, $\log_9 8 = \log_{3^2} 2^3 = \frac{3}{2}\log_3 2$

2nd 수직인 두 직선의 기울기의 곱이 -1임을 이용해.

두 직선이 서로 수직이므로

$\frac{k}{2\log_2 3}\times\left(-\frac{\log_2 3}{3\log_3 2}\right)=-1$에서

$-\frac{k}{6\log_3 2}=-1 \quad \therefore k=6\log_3 2=\log_3 2^6=\log_3 64$

$\therefore 3^k=3^{\log_3 64}=64$ ($a^{\log_a b}=b$)

B 80 정답 ③ *로그의 성질의 응용 [정답률 85%]

(정답 공식: 서로 다른 세 점이 한 직선 위의 점이면 세 점 중 두 점을 연결한 직선의 기울기는 모두 같다.)

두 양수 a, b에 대하여 좌표평면 위의 두 점 $(2, \log_4 a)$, $(3, \log_2 b)$를 지나는 직선이 원점을 지날 때, $\log_a b$의 값은? (단, $a\neq1$) (3점)

단서 원점과 두 점 $(2, \log_4 a)$, $(3, \log_2 b)$에 대하여 세 점 중 두 점을 지나는 직선의 기울기가 모두 같음을 이용해봐.

① $\frac{1}{4}$ ② $\frac{1}{2}$ ③ $\frac{3}{4}$ ④ 1 ⑤ $\frac{5}{4}$

1st 원점과 점 $(2, \log_4 a)$를 지나는 직선의 기울기를 구하자.

원점과 점 $(2, \log_4 a)$를 지나는 직선의 기울기는

$\frac{\log_4 a-0}{2-0}=\frac{\log_4 a}{2}=\frac{\log_2 a}{4}$이다.

두 점 (x_1, y_1), (x_2, y_2)를 지나는 직선의 기울기는 $\frac{y_2-y_1}{x_2-x_1}$이야.

$\frac{\log_4 a}{2}=\frac{1}{2}\times\log_{2^2} a=\frac{1}{2}\times\frac{1}{2}\log_2 a=\frac{1}{4}\log_2 a$

2nd 원점과 점 $(3, \log_2 b)$를 지나는 직선의 기울기를 구하자.

또, 원점과 점 $(3, \log_2 b)$를 지나는 직선의 기울기는

$\frac{\log_2 b-0}{3-0}=\frac{\log_2 b}{3}$이다.

3rd 구한 두 직선의 기울기가 서로 같음을 이용하여 $\log_a b$의 값을 구하자.

이때, 두 점 $(2, \log_4 a)$, $(3, \log_2 b)$를 지나는 직선이 원점을 지나므로 원점과 점 $(2, \log_4 a)$를 지나는 직선의 기울기와 원점과 점 $(3, \log_2 b)$를 지나는 직선의 기울기는 서로 같다.

두 점 A, B를 지나는 직선이 또 다른 한 점 C를 지나면 두 점 A, C를 지나는 직선의 기울기와 두 점 B, C를 지나는 직선의 기울기는 서로 같아.

즉, $\frac{\log_2 a}{4}=\frac{\log_2 b}{3}$에서 $\frac{\log_2 b}{\log_2 a}=\frac{3}{4}$

$\therefore \log_a b=\frac{\log_2 b}{\log_2 a}=\frac{3}{4}$ ($\log_a b=\frac{\log_c b}{\log_c a}$)

다른 풀이: 두 점을 지나는 직선의 방정식을 구하여 값 구하기

두 점 $(2, \log_4 a)$, $(3, \log_2 b)$를 지나는 직선의 방정식을 구하면

$y-\log_4 a=\frac{\log_2 b-\log_4 a}{3-2}(x-2)$

이 직선이 원점을 지나므로 $x=0$, $y=0$을 대입하면

$-\log_4 a=-2(\log_2 b-\log_4 a)$, $-\log_4 a=-2\log_2 b+2\log_4 a$

$2\log_2 b=3\log_4 a$, $2\log_2 b=\frac{3}{2}\log_2 a$, $\frac{\log_2 b}{\log_2 a}=\frac{3}{4}$

$\therefore \log_a b=\frac{3}{4}$

로그의 성질 개념·공식

$a>0$, $a\neq1$, $x>0$, $y>0$일 때,

① $\log_a a=1$

② $\log_a 1=0$

③ $\log_a x+\log_a y=\log_a xy$

④ $\log_a x-\log_a y=\log_a \frac{x}{y}$

B 81 정답 ② *로그의 성질의 응용 [정답률 83%]

(정답 공식: 서로 다른 세 점이 한 직선 위의 점이면 세 점 중 두 점을 연결한 직선의 기울기는 모두 같다.)

좌표평면 위의 두 점 $(2, \log_4 2)$, $(4, \log_2 a)$를 지나는 직선이 원점을 지날 때, 양수 a의 값은? (3점)

단서 원점과 두 점 $(2, \log_4 2)$, $(4, \log_2 a)$에 대하여 세 점 중 두 점을 지나는 직선의 기울기가 모두 같음을 이용해.

① 1 ② 2 ③ 3 ④ 4 ⑤ 5

1st 원점과 점 $(2, \log_4 2)$를 지나는 직선의 기울기를 구하자.

원점과 점 $(2, \log_4 2)$를 지나는 직선의 기울기는

$\frac{\log_4 2-0}{2-0}=\frac{\frac{1}{2}-0}{2}=\frac{1}{4}$이다.

두 점 (x_1, y_1), (x_2, y_2)를 지나는 직선의 기울기는 $\frac{y_2-y_1}{x_2-x_1}$이야.

2nd 원점과 점 $(4, \log_2 a)$를 지나는 직선의 기울기를 구하자.

또, 원점과 점 $(4, \log_2 a)$를 지나는 직선의 기울기는

$\frac{\log_2 a-0}{4-0}=\frac{\log_2 a}{4}$이다.

3rd 구한 두 직선의 기울기가 서로 같음을 이용하여 양수 a의 값을 구하자.

이때, 두 점 $(2, \log_4 2)$, $(4, \log_2 a)$를 지나는 직선이 원점을 지나므로 원점과 점 $(2, \log_4 2)$를 지나는 직선의 기울기와 원점과 점 $(4, \log_2 a)$를 지나는 직선의 기울기는 서로 같다.

두 점 A, B를 지나는 직선이 또 다른 한 점 C를 지나면 두 점 A, C를 지나는 직선의 기울기와 두 점 B, C를 지나는 직선의 기울기는 서로 같아.

즉, $\frac{1}{4}=\frac{\log_2 a}{4}$에서 $\log_2 a=1$ ($a^x=N \Longleftrightarrow x=\log_a N$)

$\therefore a=2^1=2$

다른 풀이: 두 점을 지나는 직선의 방정식을 구하여 값 구하기

두 점 $(2, \log_4 2)$, $(4, \log_2 a)$를 지나는 직선의 방정식을 구하면

$y-\log_4 2=\frac{\log_2 a-\log_4 2}{4-2}(x-2)$

서로 다른 두 점 (x_1, y_1), (x_2, y_2)를 지나는 직선의 방정식은 $y-y_1=\frac{y_2-y_1}{x_2-x_1}(x-x_1)$

이때, 이 직선이 원점을 지나므로 $x=0$, $y=0$을 대입하면

$-\log_4 2=\frac{\log_2 a-\log_4 2}{2}\times(-2)$, $-\log_4 2=-\log_2 a+\log_4 2$

$\log_2 a=2\log_4 2$, $\log_2 a=\log_4 2^2=\log_4 4=1$

$\therefore a=2$

B 82 정답 ② *로그의 성질의 응용 [정답률 62%]

(정답 공식: 두 점 (x_1, y_1), (x_2, y_2)를 지나는 직선의 방정식은 $y=\frac{y_2-y_1}{x_2-x_1}(x-x_1)+y_1$이다.)

두 상수 a, b $(1<a<b)$에 대하여 좌표평면 위의 두 점 $(a, \log_2 a)$, $(b, \log_2 b)$를 지나는 직선의 y절편과 두 점 $(a, \log_4 a)$, $(b, \log_4 b)$를 지나는 직선의 y절편이 같다. 함수 $f(x)=a^{bx}+b^{ax}$에 대하여 $f(1)=40$일 때, $f(2)$의 값은? (4점)

단서1 $f(1)=a^b+b^a$ 단서2 $f(2)=a^{2b}+b^{2a}$

① 760 ② 800 ③ 840 ④ 880 ⑤ 920

1st 두 점 $(a, \log_2 a)$, $(b, \log_2 b)$를 지나는 직선의 y절편을 구해.

두 점 $(a, \log_2 a)$, $(b, \log_2 b)$를 지나는 직선의 방정식은

$y=\frac{\log_2 b-\log_2 a}{b-a}(x-a)+\log_2 a$

즉, $y=\frac{\log_2 b-\log_2 a}{b-a}x-\frac{a(\log_2 b-\log_2 a)}{b-a}+\log_2 a$이므로

이 직선의 y절편은 $-\frac{a(\log_2 b-\log_2 a)}{b-a}+\log_2 a$ …㉠이다.

직선의 y절편은 직선의 방정식에 $x=0$을 대입해서 구해.

2nd 두 점 $(a, \log_4 a)$, $(b, \log_4 b)$를 지나는 직선의 y절편을 구해.

두 점 $(a, \log_4 a)$, $(b, \log_4 b)$를 지나는 직선의 방정식은

$y=\frac{\log_4 b-\log_4 a}{b-a}(x-a)+\log_4 a$에서

$\log_{a^k} b=\frac{1}{k}\log_a b$

$y=\frac{\frac{1}{2}(\log_2 b-\log_2 a)}{b-a}(x-a)+\frac{1}{2}\log_2 a$

$\therefore y=\frac{\log_2 b-\log_2 a}{2(b-a)}x-\frac{a(\log_2 b-\log_2 a)}{2(b-a)}+\frac{1}{2}\log_2 a$

따라서 이 직선의 y절편은

$-\frac{a(\log_2 b-\log_2 a)}{2(b-a)}+\frac{1}{2}\log_2 a$ …㉡이다.

3rd 조건을 만족시키는 함수 $f(x)$에 대하여 $f(2)$의 값을 구해.

㉠=㉡이므로

$-\frac{a(\log_2 b-\log_2 a)}{b-a}+\log_2 a=-\frac{a(\log_2 b-\log_2 a)}{2(b-a)}+\frac{1}{2}\log_2 a$

에서 $\frac{a(\log_2 b-\log_2 a)}{2(b-a)}=\frac{1}{2}\log_2 a$

$\frac{a\log_2 b}{2(b-a)}-\frac{a\log_2 a}{2(b-a)}=\frac{1}{2}\log_2 a$

$\frac{a\log_2 b}{b-a}=\frac{a\log_2 a}{b-a}+\log_2 a$

$\frac{a\log_2 b}{b-a}=\frac{a\log_2 a}{b-a}+\frac{(b-a)\log_2 a}{b-a}$

$\frac{a\log_2 b}{b-a}=\frac{b\log_2 a}{b-a}$

$a\log_2 b=b\log_2 a$, $\log_2 b^a=\log_2 a^b$

$\therefore b^a=a^b$ …㉢

이때, $f(x)=a^{bx}+b^{ax}$에 대하여 $f(1)=40$이므로

$a^b+b^a=40$에서 $2a^b=40$ ($\because$ ㉢) $\qquad \therefore a^b=20$

$\therefore f(2)=a^{2b}+b^{2a}=(a^b)^2+(b^a)^2=2(a^b)^2=2\times 20^2=800$

$(a^m)^n=a^{mn}$

쉬운 풀이: 두 직선의 y절편이 같음을 이용하여 서로 닮은 삼각형의 닮음비를 구하여 값 구하기

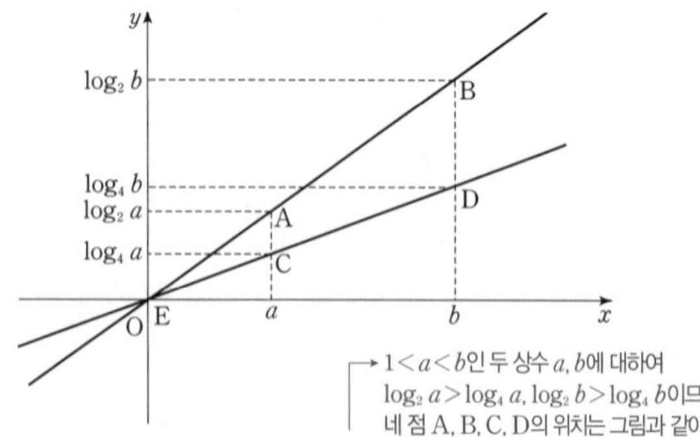

→ $1<a<b$인 두 상수 a, b에 대하여 $\log_2 a>\log_4 a$, $\log_2 b>\log_4 b$이므로 네 점 A, B, C, D의 위치는 그림과 같아.

그림과 같이 두 점 $(a, \log_2 a)$, $(b, \log_2 b)$를 각각 A, B라 하고 두 점 $(a, \log_4 a)$, $(b, \log_4 b)$를 각각 C, D라 하자. 이때, 직선 AB와 직선 CD의 y절편이 같으므로 이 두 직선이 y축과 만나는 점을 E라 하면 두 삼각형 AEC, BED는 서로 닮음이고 닮음비는 $a : b$야.

두 삼각형 AEC, BED의 밑변을 각각 $\overline{AC}$, $\overline{BD}$라 하면 이 두 삼각형의 높이는 각각 a, b이므로 두 삼각형의 닮음비는 $a : b$야.

즉, $\overline{AC} : \overline{BD}=a : b$에서

$(\log_2 a-\log_4 a) : (\log_2 b-\log_4 b)=a : b$

$\log_2 a-\log_4 a=\log_2 a-\log_{2^2} a=\log_2 a-\frac{1}{2}\log_2 a=\frac{1}{2}\log_2 a$이고

마찬가지로 계산하면 $\log_2 b-\log_4 b=\frac{1}{2}\log_2 b$야.

$\frac{1}{2}\log_2 a : \frac{1}{2}\log_2 b=a : b$, $\log_2 a : \log_2 b=a : b$

$b\log_2 a=a\log_2 b$, $\log_2 a^b=\log_2 b^a$

$\therefore a^b=b^a$

(이하 동일)

김찬우 전남대 의예과 2022년 입학 · 전북 이리고 졸

개념은 간단한 문제야. 다만 식이 복잡해서 딱 실수하기 좋은 문제지. 나는 이 문제를 각각 두 점을 지나는 두 직선의 방정식을 찾아 y절편을 구해서 두 직선의 y절편이 같다고 식을 세우고 정리하여 a, b 사이의 관계식을 찾아 해결했어. 근데 쉽게 풀 수 있는 방법이 시험이 끝난 후에 생각났어. 두 직선의 교점을 A라 하고 네 점 $(a, \log_2 a)$, $(b, \log_2 b)$, $(a, \log_4 a)$, $(b, \log_4 b)$를 각각 B, C, D, E라 하면 두 삼각형 ADB, AEC가 닮음이므로 닮음비를 구할 수 있고 닮음비를 이용하면 a, b 사이의 관계식이 쉽게 찾아져. 이처럼 문제를 푸는 방법은 여러 가지가 존재할 수 있기 때문에 연습할 때는 최대한 많은 풀이를 찾아보려고 해 봐.

B 83 정답 10 *로그의 성질의 응용 [정답률 69%]

정답 공식: $\log_a \frac{1}{x}=-\log_a x$, $\log_a x+\log_a y=\log_a xy$임을 이용하여 주어진 식을 간단히 한다.

$10\le x<1000$인 실수 x에 대하여 $\log x^3-\log \frac{1}{x^2}$의 값이 자연수가 되도록 하는 모든 x의 개수를 구하시오. (3점)

단서 밑이 10으로 같은 두 로그의 차를 간단히 나타내.

1st 로그의 성질을 이용하여 주어진 식을 간단히 해.

$\log x^3-\log \frac{1}{x^2}=\log x^3-(-\log x^2)=\log x^3+\log x^2$

$\log_a \frac{1}{x}=-\log_a x$, $\log_a x+\log_a y=\log_a xy$

$=\log (x^3\times x^2)=\log x^5=5\log x$

$x^3\times x^2=x^{3+2}=x^5$, $\log_a x^n=n\log_a x$

2nd 주어진 식의 값이 자연수가 되도록 하는 모든 실수 x의 개수를 구해.

이때, $10\le x<1000$에서 $\log 10\le \log x<\log 1000$

$1\le \log x<3$

$\therefore 5\le 5\log x<15$

따라서 주어진 식의 값이 자연수인 경우는 5, 6, 7, …, 14로 10개이므로 실수 x의 개수도 10이다.

로그함수 $y=\log x$는 일대일함수이므로 y의 값 하나에 대응되는 x의 값은 오직 하나야. 따라서 $5\log x$의 값으로 가능한 자연수의 개수와 이를 만족시키는 실수 x의 개수는 같아.

수능 핵강

$*5\log x$의 값이 자연수가 되는 실수 x를 직접 구하기

$10\le x<1000$에서 $5\log x$의 값이 자연수가 되는 모든 실수 x를 직접 구해 보면

$5\log x=5$에서 $\log x=1 \qquad \therefore x=10$

$5\log x=6$에서 $\log x=\frac{6}{5} \qquad \therefore x=10^{\frac{6}{5}}$

⋮

$5\log x=14$에서 $\log x=\frac{14}{5} \qquad \therefore x=10^{\frac{14}{5}}$

B 84 정답 7 *로그의 성질의 응용 [정답률 42%]

(정답 공식: $A(2), A(3), \cdots, A(8)$의 값을 차례로 구한다.)

2 이상의 자연수 x에 대하여

$\log_x n$ (n은 $1\le n\le 300$인 자연수)

가 자연수인 n의 개수를 $A(x)$라 하자. 예를 들어, $A(2)=8$, $A(3)=5$이다.

단서1 자연수 k에 대하여 $\log_x n=k$, 즉 $n=x^k$이므로 $1\le 2^k\le 300$을 만족하는 k는 1, 2, 3, 4, 5, 6, 7, 8이야. n의 값은 $2^1, 2^2, 2^3, 2^4, 2^5, 2^6, 2^7, 2^8$로 8개야. 즉, $A(2)=8$

집합 $P=\{2, 3, 4, 5, 6, 7, 8\}$의 공집합이 아닌 부분집합 X에 대하여 집합 X에서 집합 X로의 대응 f를

$f(x)=A(x)\,(x\in X)$

단서2 집합 X는 $A(x)$의 값들을 원소로 가지는 집합이 돼.

로 정의하면 어떤 대응 f는 함수가 된다. 함수 f가 일대일대응이 되도록 하는 집합 X의 개수를 구하시오. (4점)

1st 로그의 성질을 이용하여 $A(x)$의 값을 찾아봐.

$\log_x n$이 자연수가 되려면 n은 x의 거듭제곱이어야 하므로 $A(x)$의 값은 1부터 300 사이의 자연수 중 x의 거듭제곱으로 나타내어지는 수의 개수이다.

→ 자연수 k에 대하여 $\log_x n=k$, 즉 $n=x^k$이므로 n은 x의 거듭제곱이어야 해.

$2^8<300<2^9$이므로

→ $2^8=256$, $2^9=512$이니까 $2^8<300<2^9$

$A(2)=8$

이와 같은 방법으로 2 이상의 자연수 x에 대하여

$3^5<300<3^6$이므로 $A(3)=5$

$4^4<300<4^5$이므로 $A(4)=4$

$5^3<300<5^4$이므로 $A(5)=3$

$6^3<300<6^4$이므로 $A(6)=3$

$7^2<300<7^3$이므로 $A(7)=2$

$8^2<300<8^3$이므로 $A(8)=2$

$\cdots$

$f(f(4))=f(4)=4$
$f(f(3))=f(5)=3$
$f(f(2))=f(8)=2$

실수: 일대일대응의 정의를 잊진 않았지? 기억이 잘 안 난다면 꼭 복습하자. 정말 자주 출제되는 개념이야.

2nd 함수 f가 일대일대응이 되도록 하는 집합 X의 개수를 구해봐.

전체집합 P의 공집합이 아닌 부분집합 X에 대하여 집합 X에서 집합 X로의 대응 f가 일대일대응이 되려면 집합 X는 집합 $\{2, 3, 4, 5, 8\}$의 부분집합이어야 한다.

x의 값을 2, 3, 4, 5, 6, 7, 8을 대입했을 때, $A(x)$의 값으로 2, 3, 4, 5, 8만 가질 수 있으므로 대응 f가 일대일대응이 되기 위해서는 집합 X는 $\{2, 3, 4, 5, 8\}$의 부분집합이 되어야 해.

함수 f가 일대일대응이므로 임의의 $a\in X$에 대하여 $f(a)\in X$, $f(f(a))=a$를 만족시키는 집합 X는 $\{4\}$, $\{2, 8\}$, $\{3, 5\}$, $\{2, 4, 8\}$, $\{3, 4, 5\}$, $\{2, 3, 5, 8\}$, $\{2, 3, 4, 5, 8\}$이다.

따라서 함수 $f: X \longrightarrow X$가 일대일대응이 되도록 하는 집합 X의 개수는 7이다.

다른 풀이: **구하려는 집합 X의 개수가 집합 $\{\{2, 8\}, \{3, 5\}, \{4\}\}$의 공집합이 아닌 부분집합의 개수와 같음을 이용하기**

함수 $f: X \longrightarrow X$가 일대일대응이므로

$f(8)=2\in X \Longleftrightarrow f(2)=8\in X$

$f(5)=3\in X \Longleftrightarrow f(3)=5\in X$

$4\in X \Longleftrightarrow f(4)=4\in X$

$6\notin X$, $7\notin X$이어야 한다.

따라서 문제의 조건을 만족하는 집합 X의 개수는 집합 $\{\{2, 8\}, \{3, 5\}, \{4\}\}$의 공집합이 아닌 부분집합의 개수와 같고, 그 개수는 $2^3-1=7$이다.

B 85 정답 ① *로그의 성질의 활용 – 빈칸 [정답률 91%]

(정답 공식: $\log_a b=c \Longleftrightarrow a^c=b$, log의 밑은 1이 아닌 양수이다.)

다음은 $\log_a b$를 임의의 양수 $c\,(c\ne1)$를 밑으로 하는 로그로 바꾸어 나타낼 수 있음을 증명한 것이다.

[증명]

$\log_a b=x$, $\log_c a=y$라고 하면 ❶ $a^x=b$, $c^y=a$이다.

단서 ❶을 ❷와 같이 나타내기 위해서는 ❶의 두 식을 연립해야겠네.

이때, ❷ $b=c^{\boxed{(가)}}$이므로 $\boxed{(가)}=\log_c b$이다.

즉, $\log_a b\cdot\log_c a=\log_c b$이다.

여기서 $\boxed{(나)}$이므로 $\log_c a\ne0$이다.

따라서 $\log_a b=\dfrac{\log_c b}{\log_c a}$

위의 증명에서 (가)와 (나)에 알맞은 것은? (3점)

	(가)	(나)		(가)	(나)
①	xy	$a\ne1$	②	xy	$a>0$
③	$x+y$	$a\ne1$	④	$x+y$	$a>0$
⑤	$\dfrac{x}{y}$	$a\ne1$			

1st 로그의 정의로 로그를 지수로 변형하여 (가)를 유추해.

→ $a^x=N \Longleftrightarrow x=\log_a N$

$\log_a b=x$, $\log_c a=y$ … ㉠라 하면

$a^x=b$, $c^y=a$

이때, $b=a^x=(c^y)^x=c^{xy}$이므로 (가)

$xy=\log_c b$

즉, $\log_a b\cdot\log_c a=\log_c b$ ($\because$ ㉠)이다.

2nd 로그의 조건을 이용해.

(밑)>0, (밑)$\ne1$, (진수)>0 위 식의 양변을 $\log_c a$로 나누어 줄 수 있지.

여기서, $a\ne1$이므로 $\log_c a\ne0$이다.

(나) $\log_c a$에서 a는 진수이니까 $a>0$이지만 $\log_a b$에서 a는 밑이니까 $a\ne1$, $a>0$이야.

$\therefore \log_a b=\dfrac{\log_c b}{\log_c a}$

로그 개념·공식

(1) 로그가 정의될 조건

① $a^x=N \Longleftrightarrow x=\log_a N$

② $\log_a N$에서 a를 로그의 밑 N을 로그의 진수라고 한다. 이때, 로그가 정의되기 위한 조건은 다음과 같다.

(i) 밑의 조건 : $a>0$, $a\ne1$

(ii) 진수의 조건 : $N>0$

(2) 로그의 중요한 성질

a, b, c, x, y가 양수이고, $a\ne1$, $b\ne1$, $c\ne1$일 때,

① $\log_a a=1$

② $\log_a 1=0$

③ $\log_a x+\log_a y=\log_a xy$

④ $\log_a x-\log_a y=\log_a \dfrac{x}{y}$

⑤ $\log_a b=\dfrac{\log_c b}{\log_c a}$

⑥ $\log_a b=\dfrac{1}{\log_b a}$

⑦ $\log_a b\times\log_b c\times\log_c a=1$

⑧ $\log_{a^m} b^n=\dfrac{n}{m}\log_a b\ (m\ne0)$

B 86 정답 ③ *로그의 성질의 활용 – 빈칸 [정답률 87%]

(정답 공식: $\log_a b=c \Longleftrightarrow a^c=b$를 이용하여 (가)를 구하고 지수법칙을 이용해 나머지를 구한다.)

다음은 로그의 성질 $\log_p q^r=r\log_p q$를 이용하여 m이 0이 아닌 실수일 때,

$$\log_{a^m} b^n=\frac{n}{m}\log_a b \text{ (단, } a\text{는 1이 아닌 양수, } b\text{는 양수)}$$

가 성립함을 증명한 것이다.

[증명]

❶ $x=\log_{a^m} b^n$으로 놓으면

❷ $b^n=$ (가) $=(a^x)^{(나)}$이므로

❸ $a^x=$ (다)

따라서 $x=\log_a$ (다) $=\frac{n}{m}\log_a b$가 성립한다.

단서 ❶의 식을 로그의 정의로 ❷와 같이 정리할 수 있지? 또한, 지수법칙으로 a^x에 대한 식(❸)으로 표현하면 돼.

위의 증명에서 (가), (나), (다)에 알맞은 것을 차례로 나열한 것은? (3점)

	(가)	(나)	(다)
①	a^x	m	b^n
②	a^x	$\frac{m}{n}$	$b^{\frac{n}{m}}$
③	$(a^m)^x$	m	$b^{\frac{n}{m}}$
④	$(a^m)^x$	m	b^n
⑤	$(a^m)^x$	$\frac{m}{n}$	$b^{\frac{n}{m}}$

1st 로그의 정의를 이용하여 (가)를, 지수법칙으로 (나), (다)를 유추해.

$x=\log_{a^m}b^n$으로 놓으면 로그의 정의에 의하여 ($y=\log_a x \Longleftrightarrow x=a^y$)

$b^n=(a^m)^x=(a^x)^m$ ← (나) [(가): $(a^m)^x$]

$(a^m)^x=a^{mx}=a^{xm}=(a^x)^m$

양변을 $\frac{1}{m}$제곱하면 $a^x=(b^n)^{\frac{1}{m}}=b^{\frac{n}{m}}$ ← (다)

따라서 $x=\log_a b^{\frac{n}{m}}=\frac{n}{m}\log_a b$가 성립한다.

지수의 확장 (개념·공식)

(1) 지수가 0 또는 음의 정수인 경우

① $a^0=1$

② $a^{-n}=\frac{1}{a^n}$ (단, $a>0$, n은 자연수)

(2) 지수가 유리수인 경우

m, n은 정수 $a>0$, $m>0$일 때,

① $a^{\frac{n}{m}}=\sqrt[m]{a^n}$

② $a^{\frac{1}{m}}=\sqrt[m]{a}$

(3) 지수법칙

$a>0$, $b>0$, x, y는 실수일 때,

① $a^x\times a^y=a^{x+y}$

② $a^x\div a^y=a^{x-y}$

③ $(a^x)^y=a^{xy}$

④ $(ab)^x=a^xb^x$

⑤ $\left(\frac{a}{b}\right)^x=\frac{a^x}{b^x}$ $(b\neq 0)$

B 87 정답 ⑤ *로그의 성질의 활용 – 빈칸 [정답률 75%]

(정답 공식: 양변에 로그를 취해 (가)를 구한다. n이 자연수일 때 2^n은 항상 짝수이다.)

다음은 자연수 n에 대하여 $\log_2 n$이 유리수이면 n을

$n=2^k$ (단, k는 $k\geq 0$인 정수)

의 꼴로 나타낼 수 있음을 증명한 것이다.

[증명]

자연수 n에 대하여 $\log_2 n$이 유리수라고 하자.

n이 자연수이므로 $n=2^k\times m$ … ⓐ

을 만족시키는 $k\geq 0$인 정수 k와 홀수인 자연수 m이 존재한다.

그러면 단서1 ⓐ를 이용하기 위해서 양변에 $\log_2$를 취하면 되겠지?

$\log_2 n=$ (가)

따라서 $\log_2 n$이 유리수이면 $\log_2 m$도 유리수이어야 하므로

$\log_2 m=\frac{q}{p}$ (단, p는 자연수이고 q는 정수)

로 놓을 수 있다. 그러면

단서2 선택지의 (나)에서 m과 2의 거듭제곱으로 표현되므로 로그의 정의로 이것을 이용해.

(나)

m이 홀수이므로 m^p은 홀수이다.

따라서 2^q도 홀수이어야 하므로

단서3 선택지의 (다)에서 q의 값이 주어져 있으니까 이것을 만족시키는 q의 값을 구해.

(다)

이고 $m=1$이다. 따라서 n을

$n=2^k$ (단, k는 $k\geq 0$인 정수)

의 꼴로 나타낼 수 있다.

위의 증명에서 (가), (나), (다)에 알맞은 것은? (3점)

	(가)	(나)	(다)
①	$k\log_2 m$	$m^q=2^p$	$q=1$
②	$k\log_2 m$	$m^p=2^q$	$q=1$
③	$k+\log_2 m$	$m^q=2^p$	$q=0$
④	$k+\log_2 m$	$m^p=2^q$	$q=1$
⑤	$k+\log_2 m$	$m^p=2^q$	$q=0$

1st 로그의 성질을 이용해서 (가)에 들어갈 걸 찾아 봐.

자연수 n에 대하여 $n=2^k\times m$을 만족시키는 $k\geq 0$인 정수 k와 홀수인 자연수 m이 존재하므로 … (*)

$\log_2 n=\log_2(2^k\times m)=\log_2 2^k+\log_2 m=k+\log_2 m$ ← (가)

($\log_a bc=\log_a b+\log_a c$, $k\log_2 2=k$)

2nd $\log_2 m=\frac{q}{p}$를 변형하여 m^p이 표현되는 꼴로 만들어 (나)를 찾아 봐.

$\log_2 n$이 유리수이면 $\log_2 m=\log_2 n-k$도 유리수이어야 하므로

(유리수)−(유리수)=(유리수)이니까

$\log_2 m=\frac{q}{p}$ (단, p는 자연수이고 q는 정수)로 놓으면 로그의 정의에 의하여 $m=2^{\frac{q}{p}}$에서 양변에 p제곱을 해주면

($a^x=N \Longleftrightarrow x=\log_a N$)

$m^p=(2^{\frac{q}{p}})^p$ $\quad\therefore m^p=2^q$ … ㉠ ← (나)

3rd 2^q이 홀수일 때, q의 값을 구해.

그런데 (*)에서 m이 홀수이므로 m^p도 홀수가 된다.

그러면, 2^q도 홀수이므로 $q=0$ ← (다)

2의 거듭제곱이 홀수인 경우는 $2^0=1$뿐이야.

즉, ㉠에서 $m^p=2^0=1$이므로 $m=1$ ($\because$ p는 자연수)

따라서 $\log_2 n$이 유리수이면 n을 $n=2^k$(단, k는 $k\geq 0$인 정수)의 꼴로 나타낼 수 있다.

주의: 짝수의 거듭제곱 꼴이 홀수가 된다는 조건이 있을 시에 항상 $a^0=1$만 가능하다는 것을 알고 있어야 해.

수능 핵강

∗(∗)의 내용 이해하기

사실 이건 증명 자체에서 주어진 내용이므로 굳이 증명할 필요는 없지만 정확히 이해는 하고 가자구.
우선 자연수 n에 대해 생각해 봐. 자연수 n은 홀수 또는 짝수잖아? 그런데 증명에서는 n이 자연수이므로 $n=2^k\times m$을 만족시키는 $k\geq0$인 정수 k와 홀수인 자연수 m이 존재한다고 했지.
즉, $n=2^k\times m$이 홀수 또는 짝수를 표현할 수 있으면 OK!
(i) 과연 홀수를 표현할 수 있을까?
물론이지! m은 홀수인 자연수이고 k는 $k\geq0$인 정수라니까 $k=0$인 경우를 생각해 봐. 그럼, $n=2^0\times m=m$이니까 자연수 n은 홀수가 돼.
(ii) 그렇다면 짝수도 표현할 수 있을까?
마찬가지로 가능해. k가 $k\geq0$인 정수라니까 $k=1, 2, 3, \cdots$인 모든 경우에 $n=2^k\times m$은 2의 배수, 즉 짝수가 되거든.
이제 (∗)의 내용, 무리없이 이해하겠지?

B 88 정답 ③ ∗로그의 성질의 활용-진위형 [정답률 85%]

(정답 공식: $R(a, b)=\sqrt[a]{b}=b^{\frac{1}{a}}$)

2 이상인 두 자연수 a, b에 대하여 $R(a, b)$를 $R(a, b)=\sqrt[a]{b}$로 정의할 때, [보기]에서 옳은 것을 모두 고른 것은? (4점)

[보기]
ㄱ. $R(16, 4)=R(8, 2)$
ㄴ. $R(a, 5)\times R(b, 5)=R(a+b, 5)$
ㄷ. $R(a, b)=k$이면 $a=\log_k b$이다.

단서 주어진 연산식에 ㄱ, ㄴ, ㄷ의 수나 문자를 대입하여 등식이 성립하는지를 판단하자.

① ㄱ ② ㄴ ③ ㄱ, ㄷ ④ ㄴ, ㄷ ⑤ ㄱ, ㄴ, ㄷ

1st 주어진 정의에 따라 하나씩 풀어 보자.

ㄱ. $R(16, 4)=\sqrt[16]{4}=\sqrt[8\times2]{2^2}$ ($\sqrt[mn]{a^n}=\sqrt[m]{a}$)
$=\sqrt[8]{2}$
$=R(8, 2)$ (참)

ㄴ. $R(a, 5)\times R(b, 5)=\sqrt[a]{5}\times\sqrt[b]{5}=5^{\frac{1}{a}}\times5^{\frac{1}{b}}=5^{\frac{1}{a}+\frac{1}{b}}$ ($\sqrt[n]{a}=a^{\frac{1}{n}}$)

주의 지수법칙 $a^m\times a^n=a^{m+n}$을 이용하자.

$=R\left(\dfrac{ab}{a+b}, 5\right)$ (거짓)
($\dfrac{ab}{a+b}\neq a+b\,(a\geq2, b\geq2)$)

2nd 거듭제곱근을 로그로 바꾸어 ㄷ을 풀어 보자.

ㄷ. $R(a, b)=k \Longleftrightarrow \sqrt[a]{b}=k$ ($=b^{\frac{1}{a}}$)
양변을 a제곱하면 $b=k^a$
$\therefore a=\log_k b$ (참)
따라서 옳은 것은 ㄱ, ㄷ이다.

거듭제곱근의 성질 개념·공식

$a>0$, $b>0$이고 m, n이 양의 정수일 때,
① $\sqrt[n]{a}\sqrt[n]{b}=\sqrt[n]{ab}$
② $\dfrac{\sqrt[n]{a}}{\sqrt[n]{b}}=\sqrt[n]{\dfrac{a}{b}}$
③ $(\sqrt[n]{a})^m=\sqrt[n]{a^m}$
④ $\sqrt[m]{\sqrt[n]{a}}=\sqrt[mn]{a}$
⑤ $\sqrt[np]{a^{mp}}=\sqrt[n]{a^m}$ (단, p는 자연수)

B 89 정답 ④ ∗로그의 성질의 활용-진위형 [정답률 75%]

(정답 공식: $a^{\log_a b}=b$, $\log_a(a^b)=b$를 이용하여 식을 계산한다.)

자연수 n에 대하여 $f(n)=2^n-\log_2 n$이라 할 때, [보기]에서 옳은 것을 모두 고른 것은? (3점)

[보기]
ㄱ. $f(2)=3$ 단서1 $n=2$일 때, 함숫값을 구해.
ㄴ. $f(8)=-f(\log_2 8)$
ㄷ. $f(2^n)+n=\{f(2^{n-1})+n-1\}^2$

단서2 양변에 n의 값을 각각 대입하여 등식이 성립함을 보여야겠네.

① ㄱ ② ㄴ ③ ㄱ, ㄴ ④ ㄱ, ㄷ ⑤ ㄴ, ㄷ

1st 각 함숫값을 구하여 ㄱ, ㄴ의 진위를 판별해.

ㄱ. $f(2)=2^2-\log_2 2=4-1=3$ (참)
ㄴ. $f(8)=2^8-\log_2 8=2^8-3$ ($=\log_2 2^3=3\log_2 2$)
$f(\log_2 8)=2^{\log_2 8}-\log_2(\log_2 8)=8-\log_2 3$ ($a^{\log_c b}=b^{\log_c a}=b$)
$\therefore f(8)\neq-f(\log_2 8)$ (거짓)

2nd 좌변과 우변의 결과가 같은지 확인하여 ㄷ의 진위를 판별해.

ㄷ. $f(2^n)=2^{2^n}-\log_2 2^n=2^{2^n}-n$이므로
$f(2^n)+n=2^{2^n}$
$f(2^{n-1})=2^{2^{n-1}}-\log_2 2^{n-1}=2^{2^{n-1}}-(n-1)$에서
$f(2^{n-1})+n-1=2^{2^{n-1}}$이므로
$\{f(2^{n-1})+(n-1)\}^2=(2^{2^{n-1}})^2=2^{2^{(n-1)+1}}=2^{2^n}$ ($(2^{2^{n-1}})^2=2^{2^{n-1}\times2}$)
$\therefore f(2^n)+n=\{f(2^{n-1})+n-1\}^2$ (참)
따라서 옳은 것은 ㄱ, ㄷ이다.

함정 지수에 제곱이 있는 형태로 $(2^{n-1})^2$으로 계산하는 것이 아니라 $2^{n-1}\times2$로 계산하도록 하자.

B 90 정답 ⑤ ∗로그의 성질의 활용-진위형 [정답률 53%]

(정답 공식: $2^z\times3^{z-y}=\dfrac{2^z\times3^z}{3^y}=\dfrac{6^z}{3^y}$이고, 주어진 등식에 로그를 취해본다.)

서로 다른 세 실수 x, y, z가 ❶$2^x=3^y=6^z$을 만족시킬 때, 옳은 것만을 [보기]에서 있는 대로 고른 것은? (3점)

[보기]
ㄱ. $2^x\times3^y=36^z$ 단서1 ❶을 ㄱ, ㄴ의 좌변에 대입하여 정리하자.
ㄴ. $2^z\times3^{z-y}=1$ 단서2 ❷를 변형하여 ❶에 대입하여 z에 대한 식으로 표현하자.
ㄷ. ❷$x+y=1$이면 $z=\log_6 2\times\log_6 3$이다.

① ㄱ ② ㄱ, ㄴ ③ ㄱ, ㄷ ④ ㄴ, ㄷ ⑤ ㄱ, ㄴ, ㄷ

1st $2^x=3^y=6^z$을 ㄱ, ㄴ의 좌변에 대입하여 그 진위를 판단하자.

$2^x=3^y=6^z$에서
ㄱ. $2^x\times3^y=6^z\times6^z=6^{2z}=36^z$ (참) ($=(6^2)^z$, $a^m\times a^n=a^{m+n}$)
ㄴ. $2^z\times3^{z-y}=\dfrac{2^z\times3^z}{3^y}=\dfrac{(2\times3)^z}{3^y}=\dfrac{6^z}{6^z}=1$ (참)
($=2^z\times3^z\times3^{-y}$, $a^nb^n=(ab)^n$, 조건에서 $3^y=6^z$이니까.)

2nd $\log_k u=v \Longleftrightarrow u=k^v$임을 이용하자.

ㄷ. $x+y=1 \Rightarrow y=1-x$이면
$2^x=3^y$에서 $2^x=3^{1-x} \Rightarrow 2^x=3\times3^{-x} \Rightarrow 6^x=3 \Rightarrow x=\log_6 3$
($2^x\times3^x=3 \Rightarrow (2\times3)^x=3$, $\log_k u=v \Longleftrightarrow u=k^v$)
즉, $6^z=2^x=2^{\log_6 3}$에서
$z=\log_6 2^{\log_6 3}=\log_6 2\times\log_6 3$ (참) ($\log x^m=m\log x$)
양변에 밑이 6인 로그를 취하면 z에 대한 식을 만들 수 있지.
따라서 옳은 것은 ㄱ, ㄴ, ㄷ이다.

B 91 정답 75 *로그의 성질의 활용 – 추론 [정답률 45%]

(정답 공식: $a^x=N \Longleftrightarrow x=\log_a N$ (단, $a>0$, $a\neq1$, $N>0$))

네 양수 a, b, c, k가 다음 조건을 만족시킬 때, k^2의 값을 구하시오. (4점)

단서 조건 (가)에서는 로그의 정의를 이용하여 a, b, c를 적절한 문자로 나타낼 수 있고, 조건 (나)의 식을 적절히 정리하면 a, b, c 사이의 관계식을 구할 수 있어.

(가) $3^a=5^b=k^c$

(나) $\log c=\log(2ab)-\log(2a+b)$

1st 조건 (가)에서 a, b, c를 로그로 나타내자.

조건 (가)에서 $3^a=5^b=k^c=d\ (d>1)$라 놓자.

$3^a=d$에서 $a=\log_3 d=\dfrac{1}{\log_d 3}$ ⋯ ㉠

$5^b=d$에서 $b=\log_5 d=\dfrac{1}{\log_d 5}$ ⋯ ㉡

$k^c=d$에서 $c=\log_k d=\dfrac{1}{\log_d k}$ ⋯ ㉢

→ 로그의 정의와 $\log_a b=\dfrac{1}{\log_b a}$ (단, $a>0$, $a\neq1$, $b>0$, $b\neq1$)임을 이용한 거야.

2nd 조건 (나)를 간단히 하자.

조건 (나)에서 $\log c=\log(2ab)-\log(2a+b)$

$\log c=\log\dfrac{2ab}{2a+b}$ ← $\log_a M-\log_a N=\log_a\dfrac{M}{N}$

즉, $c=\dfrac{2ab}{2a+b}$이므로 $c(2a+b)=2ab$ ⋯ ㉣

3rd k^2의 값을 계산하자.

㉠, ㉡, ㉢을 ㉣에 대입하면

$\dfrac{1}{\log_d k}\left(\dfrac{2}{\log_d 3}+\dfrac{1}{\log_d 5}\right)=2\times\dfrac{1}{\log_d 3}\times\dfrac{1}{\log_d 5}$

양변에 $\log_d k\times\log_d 3\times\log_d 5$를 곱하면

$2\log_d 5+\log_d 3=2\log_d k$

$\log_d(5^2\times3)=\log_d k^2$ ← $\log_a M+\log_a N=\log_a MN$, $k\log_a M=\log_a M^k$

$\therefore k^2=5^2\times3=75$

다른 풀이: 조건 (가)에서 $3=$(k에 관한 식), $5=$(k에 관한 식)으로 정리한 뒤 조건 (나)의 식을 이용하여 값 구하기

조건 (가)에서 $3=k^{\frac{c}{a}}$, $5=k^{\frac{c}{b}}$ ⋯ ㉠

→ 지수법칙 $(a^x)^y=a^{xy}$을 이용한 거야.
$3^a=k^c$에서 $(3^a)^{\frac{1}{a}}=(k^c)^{\frac{1}{a}} \Rightarrow 3=k^{\frac{c}{a}}$
$5^b=k^c$에서 $(5^b)^{\frac{1}{b}}=(k^c)^{\frac{1}{b}} \Rightarrow 5=k^{\frac{c}{b}}$

조건 (나)에서

$\log c=\log(2ab)-\log(2a+b)$

$\log c=\log\dfrac{2ab}{2a+b}$, $c=\dfrac{2ab}{2a+b}$, $\dfrac{1}{c}=\dfrac{2a+b}{2ab}=\dfrac{1}{b}+\dfrac{1}{2a}$

양변에 c를 곱하면 $\dfrac{c}{b}+\dfrac{c}{2a}=1$ ⋯ ㉡

$k^1=k^{\frac{c}{b}+\frac{c}{2a}}\ (\because ㉡)=k^{\frac{c}{b}}\times k^{\frac{c}{2a}}=k^{\frac{c}{b}}\times\left(k^{\frac{c}{a}}\right)^{\frac{1}{2}}$

$=k^{\frac{c}{b}}\times\sqrt{k^{\frac{c}{a}}}=5\times\sqrt{3}\ (\because ㉠)$

$\therefore k^2=5^2\times(\sqrt{3})^2=75$

쉬운 풀이: 조건 (나)에서 $c=\dfrac{2ab}{2a+b}$이므로 조건 (가)의 식을 변형하여 $2ab$, $2a+b$가 나오도록 하여 값 구하기

조건 (가)의 $3^a=k^c$에서 $3^{ab}=k^{bc}$ ⋯ ㉠

또, $5^b=k^c$에서 $5^{2ab}=k^{2ac}$ $\quad\therefore 25^{ab}=k^{2ac}$ ⋯ ㉡

한편, 조건 (나)에 의하여 $c=\dfrac{2ab}{2a+b}$ ⋯ ㉢

㉠×㉡을 하면 $(3\times25)^{ab}=k^{bc+2ac}=k^{(2a+b)c}=k^{2ab}\ (\because ㉢)$

$\therefore k^2=3\times25=75$

B 92 정답 ② *로그의 성질의 활용 – 추론 [정답률 57%]

(정답 공식: $a>0$, $a\neq1$일 때, 양수 N에 대하여 $\log_a N=x$이면 $a^x=N$이다.)

두 양수 a, $b(b\neq1)$가 다음 조건을 만족시킬 때, a^2+b^2의 값은? (4점)

(가) $(\log_2 a)(\log_b 3)=0$ 단서 $(\log_2 a)(\log_b 3)=0$이므로 $\log_2 a=0$ 또는 $\log_b 3=0$이야.

(나) $\log_2 a+\log_b 3=2$

① 3 ② 4 ③ 5 ④ 6 ⑤ 7

1st 조건 (가)를 이용하여 a의 값을 구하자.

조건 (가)에서 $(\log_2 a)(\log_b 3)=0$이므로 $\log_2 a=0$ 또는 $\log_b 3=0$

이때, $\log_b 3=0$을 만족시키는 양수 b는 존재하지 않는다.

즉, $\log_2 a=0$에서 $2^0=a$이므로 $a=1$

→ 로그의 정의에 의해 $\log_b 3=0$이면 $b^0=3$이라고 할 수 있는데 이것은 일반적인 지수의 성질인 $b^0=1$에 모순이 돼. 따라서 $\log_b 3\neq0$이라는 사실을 알 수 있어. $\log_2 a=0$이면 $2^0=a$라고 할 수 있어. 즉, $2^0=1=a$야.

2nd 조건 (나)를 이용하여 a^2+b^2의 값을 계산하자.

조건 (나)에서 $\log_b 3=2$이므로 $b^2=3$

← 로그의 정의를 이용하여 $\log_b 3=2$이면 $b^2=3$이야.

$\therefore a^2+b^2=1+3=4$

B 93 정답 ① *로그의 성질의 활용 – 추론 [정답률 59%]

(정답 공식: $\log_a MN=\log_a M+\log_a N$, $\log_{a^m} b^n=\dfrac{n}{m}\log_a b$)

2 이상의 세 실수 a, b, c가 다음 조건을 만족시킨다.

(가) $\sqrt[3]{a}$는 ab의 네제곱근이다. 단서1 ab의 네제곱근을 x라 하면 $x^4=ab$지?

(나) $\log_a bc+\log_b ac=4$ 단서2 로그의 성질을 이용해.

$a=\left(\dfrac{b}{c}\right)^k$이 되도록 하는 실수 k의 값은? (4점)

① 6 ② $\dfrac{13}{2}$ ③ 7 ④ $\dfrac{15}{2}$ ⑤ 8

1st 조건 (가)를 이용하여 b를 a에 관한 식으로 나타내자.

조건 (가)에서 $\sqrt[3]{a}$는 ab의 네제곱근이므로

→ $\sqrt[3]{a}=a^{\frac{1}{3}}$

$(\sqrt[3]{a})^4=ab$에서 $a^{\frac{4}{3}}=ab$ $\quad\therefore b=a^{\frac{4}{3}}\div a=a^{\frac{4}{3}-1}=a^{\frac{1}{3}}$

2nd 조건 (가), (나)를 이용하여 c를 a에 관한 식으로 나타내자.

조건 (나)에서

$\log_a bc+\log_b ac$

$=\log_a a^{\frac{1}{3}}c+\log_{a^{\frac{1}{3}}} ac$ ← $\log_{a^m} b^n=\dfrac{n}{m}\log_a b$, $\log_a MN=\log_a M+\log_a N$

$=\log_a a^{\frac{1}{3}}+\log_a c+3\log_a ac$

$=\dfrac{1}{3}\log_a a+\log_a c+3(\log_a a+\log_a c)$ ← $\log_a a=1$

$=\dfrac{10}{3}+4\log_a c=4$

$\log_a c=\dfrac{1}{6}$ $\quad\therefore c=a^{\frac{1}{6}}$

→ [로그의 정의] $\log_a x=b \Longleftrightarrow x=a^b$

3rd $\left(\dfrac{b}{c}\right)^k$을 a에 관한 식으로 나타내자.

$a=\left(\dfrac{b}{c}\right)^k=\left(\dfrac{a^{\frac{1}{3}}}{a^{\frac{1}{6}}}\right)^k=\left(a^{\frac{1}{3}-\frac{1}{6}}\right)^k=a^{\frac{k}{6}}$이므로 $k=6$

← $\dfrac{a^x}{a^y}=a^x\div a^y=a^{x-y}$

B 94 정답 13 *로그의 성질의 활용 – 추론 ············ [정답률 55%]

(정답 공식: $\log_a m-\log_a n=\log_a \frac{m}{n}$, $\log_{a^n} b^m=\frac{m}{n}\log_a b$)

> $\log_4 2n^2-\frac{1}{2}\log_2 \sqrt{n}$의 값이 40 이하의 자연수가 되도록 하는
> **단서** 로그의 성질을 활용하여 간단하게 나타내 봐.
> 자연수 n의 개수를 구하시오. (4점)

1st $\log_4 2n^2-\frac{1}{2}\log_2 \sqrt{n}$을 간단히 하자.

$\log_a m-\log_a n=\log_a \frac{m}{n}$

$$\log_4 2n^2-\frac{1}{2}\log_2 \sqrt{n}=\log_4 2n^2-\log_4 n^{\frac{1}{2}}=\log_4 \frac{2n^2}{n^{\frac{1}{2}}}$$

$\log_{a^n} b=\frac{1}{n}\log_a b$

$$=\log_4 2n^{2-\frac{1}{2}}=\log_4 2n^{\frac{3}{2}}$$

2nd 주어진 식이 40 이하의 자연수가 되도록 하는 자연수 n의 개수를 구해.

이때, 40 이하의 자연수 k에 대하여 $\log_4 2n^{\frac{3}{2}}=k$라 하면

$2n^{\frac{3}{2}}=4^k$에서 $4n^3=4^{2k}$, $n^3=4^{2k-1}$

$\therefore n=4^{\frac{2k-1}{3}}$

한편, n이 자연수이므로 $\frac{2k-1}{3}$은 자연수가 되어야 한다.

사실 n이 자연수이려면 $\frac{2k-1}{3}$은 음이 아닌 정수이어야 해. 그런데 $\frac{2k-1}{3}=0$일 때, $k=\frac{1}{2}$이지? 따라서 k가 40 이하의 자연수를 만족시키지 않으므로 $\frac{2k-1}{3}$을 자연수라고 생각해도 무방해.

즉, $2k-1$은 3의 배수이어야 하므로 가능한 k의 값은 2, 5, 8, $\cdots$, 38의 13개이다.

자연수 k는 3으로 나누었을 때 나머지가 2인 수이어야 해.

따라서 조건을 만족시키는 자연수 n의 개수는 자연수 k의 개수와 같으므로 13개이다.

$k=2$일 때 $n=4$, $k=5$일 때 $n=4^3$, $\cdots$, $k=38$일 때 $n=4^{25}$이야.

윤혁 서울대 건설환경공학부 2021년 입학 · 서울 동양고 졸

$a\neq1$인 자연수 a에 대하여 $\log_a x$가 자연수이려면 자연수 k에 대하여 x는 a^k 꼴이어야 해. 이 문제는 이것을 이용하여 풀면 돼. 즉, 주어진 식을 로그의 성질을 이용하여 밑이 2 또는 4인 하나의 로그로 나타낸 후 그 값이 자연수가 되도록 하는 자연수 n의 개수를 구하면 돼. 이때, 주의할 점은 구하는 식이 40 이하의 자연수가 되도록 하는 자연수 n을 찾아야 하니까 주어진 식의 값이 1, 2, 3, $\cdots$, 40일 때의 자연수 n만을 구해야 해.

B 95 정답 78 *로그의 성질의 활용 – 추론 ············ [정답률 55%]

(정답 공식: 진수가 양수라는 것과 a, b의 조건을 구한다. 정리한 a, b의 조건식을 좌표평면 위에 그래프를 나타내어 가능한 n의 값의 범위를 구한다.)

> 다음 조건을 만족시키는 20 이하의 모든 자연수 n의 값의 합을 구하시오. (4점)
> **단서** 조건에서 찾을 수 있는 key는 ❶, ❷, ❸이야. 이 세 가지 key로 a, b를 n의 식으로 나타내는 방법을 생각해 보자.
>
> $\log_2(na-a^2)$과 $\log_2(nb-b^2)$은 ❶같은 ❷자연수이고
> ❸$0<b-a\le\frac{n}{2}$인 두 실수 a, b가 존재한다.

1st 진수의 조건과 두 수가 같음(❶)을 이용하여 관계식부터 찾자.

진수의 조건에 의하여 $na-a^2>0$, $nb-b^2>0$이므로

$\log_a x$에서 x가 진수이고, 이것은 $x>0$이어야 해.

$a^2-na=a(a-n)<0$ $\quad\therefore 0<a<n$

부등식 $(x-\alpha)(x-\beta)<0$ $(\alpha<\beta)$이면 그 해는 $\alpha<x<\beta$야.

$b^2-nb=b(b-n)<0$ $\quad\therefore 0<b<n$

또, $\log_2(na-a^2)$, $\log_2(nb-b^2)$이 같다고 하므로

$\log_2(na-a^2)=\log_2(nb-b^2)$

$na-a^2=nb-b^2$ 밑이 2로 같으니까 진수가 같지?

$n(a-b)-(a^2-b^2)=0$, $n(a-b)-(a-b)(a+b)=0$

$(b-a)(b+a-n)=0$

$\therefore b+a-n=0$ ($\because b-a>0$) $\cdots$ ㉠

2nd $\log_2(na-a^2)$, $\log_2(nb-b^2)$이 자연수(❷)임을 이용하여 식을 세우자.

이때, $\log_2(na-a^2)$이 자연수이므로

진수인 $na-a^2$은 2의 거듭제곱이어야 한다.

즉, $na-a^2=2^k$ $(k=1, 2, 3, \cdots)$이라 하면 ㉠에서 $n=b+a$이므로

$(b+a)a-a^2=2^k$ $\quad\therefore ab=2^k$ $(k=1, 2, 3, \cdots)$ $\cdots$ ㉡

3rd $0<b-a\le\frac{n}{2}$(❸)을 이용하여 a, b의 범위를 찾아 ㉠, ㉡을 만족시키도록 k의 조건을 유추하자.

$0<b-a\le\frac{n}{2}$에 ㉠을 대입하면 $0<(n-a)-a\le\frac{n}{2}$

$0<n-2a\le\frac{n}{2} \Rightarrow -n<-2a\le-\frac{n}{2}$

$0<b-(n-b)\le\frac{n}{2}$

$\therefore \frac{n}{4}\le a<\frac{n}{2}$, $\frac{n}{2}<b\le\frac{3n}{4}$ $\cdots$ ㉢

㉠, ㉡을 a, b를 축으로 하는 평면에 나타내면 그림과 같이

직선 $b+a=n$과 곡선 $b=\frac{2^k}{a}$이 ㉢의 범위에서 만나야 한다.

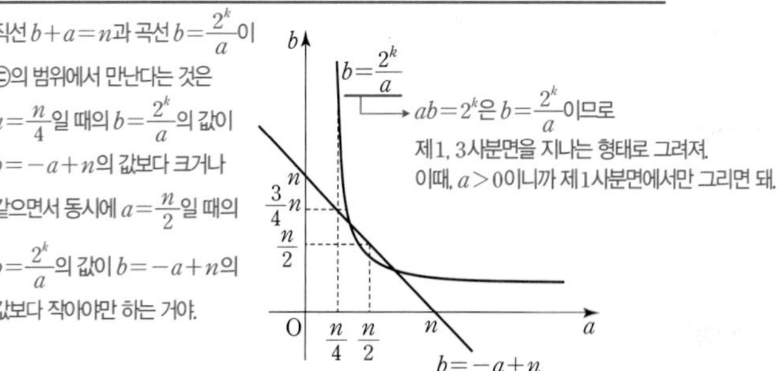

즉, 두 함수 $f(a)=-a+n$, $g(a)=\frac{2^k}{a}$에 대하여

$g\left(\frac{n}{4}\right)\ge f\left(\frac{n}{4}\right)$, $g\left(\frac{n}{2}\right)<f\left(\frac{n}{2}\right)$이어야 한다.

즉, $\frac{2^k}{\frac{n}{4}}\ge\frac{3n}{4}$, $\frac{2^k}{\frac{n}{2}}<\frac{n}{2}$이므로 $\frac{3n^2}{16}\le2^k<\frac{n^2}{4}$

$\therefore 3n^2\le2^{k+4}<4n^2$ $(k=1, 2, 3, \cdots)$

4th n의 범위를 나타내어 20 이하의 모든 자연수 n의 값의 합을 구해.

$\frac{2^{k+4}}{4}<n^2\le\frac{2^{k+4}}{3}$에서 $2^{k+2}<n^2\le\frac{2^{k+4}}{3}$이므로

$k=1, 2, 3, \cdots$에 대하여

한편, $k=2$일 때, $2^4=16<n^2\le\frac{2^6}{3}=21.\times\times\times$이므로 n의 값이 없고, $k=7$일 때, $2^9=512<n^2$을 만족시키는 n은 23 이상인 수야.

$k=1$일 때, $2^3=8<n^2\le\frac{2^5}{3}=10.\times\times\times$ $\quad\therefore n=3$

$k=3$일 때, $2^5=32<n^2\le\frac{2^7}{3}=42.\times\times\times$ $\quad\therefore n=6$

$k=4$일 때, $2^6=64<n^2\le\frac{2^8}{3}=85.\times\times\times$ $\quad\therefore n=9$

$k=5$일 때, $2^7=128<n^2\le\frac{2^9}{3}=170.\times\times\times$ $\quad\therefore n=12, 13$

$k=6$일 때, $2^8=256<n^2\le\frac{2^{10}}{3}=341.\times\times\times$ $\quad\therefore n=17, 18$

따라서 조건을 만족시키는 20 이하의 자연수 n은 3, 6, 9, 12, 13, 17, 18이고 그 합은 $3+6+9+12+13+17+18=78$

톡톡 풀이: 이차방정식을 활용하여 n^2의 값의 범위를 k로 나타내기

$\log_2(na-a^2)=\log_2(nb-b^2)=k$($k$는 자연수)라 하면
$na-a^2=2^k$, $nb-b^2=2^k$이므로 a, b는 이차방정식
$nx-x^2=2^k$, 즉 $x^2-nx+2^k=0$의 두 근이야.
이 이차방정식의 두 근의 차는 $b-a=\sqrt{n^2-4\times2^k}$이므로
이차방정식 $ax^2+bx+c=0$의 두 근이 α, β일 때 $|\beta-\alpha|=\frac{\sqrt{b^2-4ac}}{|a|}$

$0<b-a\le\frac{n}{2}$에서 $0<\sqrt{n^2-4\times2^k}\le\frac{n}{2}$, $n^2-4\times2^k\le\frac{n^2}{4}$

$\frac{3}{4}n^2\le4\times2^k$ $\quad\therefore n^2\le\frac{16\times2^k}{3}=\frac{2^{k+4}}{3}$ ⋯ ㉠

이차방정식 $x^2-nx+2^k=0$은 서로 다른 두 실근 a, b를 가지므로
이 이차방정식의 판별식을 D라 하면
$D=n^2-4\times2^k>0$에서 $n^2>4\times2^k=2^{k+2}$ ⋯ ㉡

㉠, ㉡에 의하여 $2^{k+2}<n^2\le\frac{2^{k+4}}{3}$

(이하 동일)

B 96 정답 ② ＊로그의 성질의 활용 – 추론 [정답률 53%]

(정답 공식: 조건 (가)를 정리하여 a, b, c에 대한 식을 유도한다.)

세 자연수 a, b, c가 다음 조건을 만족시킨다.

(가) $a\log_{500}2+b\log_{500}5=c$ ⇒ 밑이 500으로 같으니까 로그의 정의로 로그를 없애고, a, b, c의 식을 세울 수 있지?
(나) a, b, c의 최대공약수는 2이다.

이때, $a+b+c$의 값은? (4점) 단서 조건 (가), (나)를 가지고, a, b, c의 값을 구해야 하니까 식 3개를 만들어야 해.

① 6 ② 12 ③ 18 ④ 24 ⑤ 30

1st 조건 (가)를 로그의 기본 성질을 이용하여 정리해. 실수 로그의 정의와 성질은 꼭 알고 있어야 해.

조건 (가) $a\log_{500}2+b\log_{500}5=c$에서 → $\log_a x^n=n\log_a x$, $\log_a x+\log_a y=\log_a xy$
$\log_{500}2^a+\log_{500}5^b=c$
$\log_{500}2^a5^b=c$ → [로그의 정의] $a^x=N \iff \log_a N=x$
$2^a5^b=500^c$ ⋯ ㉠

2nd 500을 2, 5의 소인수로 만들어 a, b, c의 관계식을 간단히 해.

$500=5\times10^2=5\times(2\times5)^2=2^2\times5^3$이므로
㉠에서 $2^a5^b=(2^25^3)^c=2^{2c}5^{3c}$ → $(a^mb^n)^l=a^{ml}b^{nl}$
$\therefore a=2c$, $b=3c$

3rd 조건 (나)에서 a, b, c의 최대공약수가 2임을 이용하여 a, b, c의 값을 구하자.

즉, $a=2c$, $b=3c$, c의 최대공약수는 c이고,
조건 (나)에 의하여 a, b, c의 최대공약수가 2라 하므로 $c=2$
따라서 $a=4$, $b=6$, $c=2$이므로 $c\,\underline{)\,2c\ \ 3c\ \ c}$ / $2\ \ 3\ \ 1$
$a+b+c=12$

지수법칙 개념·공식

$a>0$, $b>0$이고, x, y가 실수일 때
① $a^x\times a^y=a^{x+y}$ ② $a^x\div a^y=a^{x-y}$
③ $(a^x)^y=a^{xy}$ ④ $(ab)^x=a^xb^x$
⑤ $\left(\frac{a}{b}\right)^x=\frac{a^x}{b^x}$ ⑥ $a^0=1$
⑦ $a^{-1}=\frac{1}{a}$

B 97 정답 ⑤ ＊로그와 이차방정식 [정답률 73%]

(정답 공식: 근과 계수의 관계를 통해 두 근의 합과 곱을 구할 수 있다.)

이차방정식 $x^2-18x+6=0$의 두 근을 α, β라 할 때,
$\log_2(\alpha+\beta)-2\log_2\alpha\beta$의 값은? (3점)

① -5 ② -4 ③ -3
④ -2 ⑤ -1 단서 '이차방정식의 두 근이 α, β~'에서 이차방정식의 근과 계수의 관계가 떠올라야 해.

1st 주어진 이차방정식에서 근과 계수의 관계를 적용하여 $\alpha+\beta$, $\alpha\beta$의 값을 구해.

이차방정식 $x^2-18x+6=0$의 두 근을 α, β라 하므로 근과 계수의 관계에 의하여 $\alpha+\beta=18$, $\alpha\beta=6$ ⋯ ㉠
(이차방정식 $ax^2+bx+c=0$의 두 근을 α, β라 하면 $\alpha+\beta=-\frac{b}{a}$, $\alpha\beta=\frac{c}{a}$)

2nd 로그의 성질을 이용하여 식을 간단히 하자.

$\log_2(\alpha+\beta)-2\log_2\alpha\beta=\log_2 18-\log_2 6^2$ ($\because$ ㉠)
$=\log_2\frac{18}{36}=\log_2\frac{1}{2}=-1$

로그의 성질 개념·공식

$a>0$, $a\ne1$, $M>0$, $N>0$일 때
① $\log_a MN=\log_a M+\log_a N$
② $\log_a\frac{M}{N}=\log_a M-\log_a N$
③ $\log_a M^k=k\log_a M$ (단, k는 실수이다.)

B 98 정답 ② ＊로그와 이차방정식 [정답률 60%]

(정답 공식: 이차방정식 $ax^2+bx+c=0$의 두 근을 α, β라 하면 $\alpha+\beta=-\frac{b}{a}$, $\alpha\beta=\frac{c}{a}$이다.)

이차방정식 $2x^2+5x+1=0$의 두 근을 $\log_2\alpha$, $\log_2\beta$라 할 때,
$(\log_2\alpha)^2+(\log_2\beta)^2$의 값은? (3점) 단서 '이차방정식의 두 근~'이라고 하면 근과 계수의 관계가 생각나야 해.

① 5 ② $\frac{21}{4}$ ③ $\frac{11}{2}$ ④ $\frac{23}{4}$ ⑤ 6

1st 이차방정식의 근과 계수의 관계를 이용하여 두 근 $\log_2\alpha$, $\log_2\beta$의 합과 곱을 구하자.

이차방정식 $2x^2+5x+1=0$의 두 근이 $\log_2\alpha$, $\log_2\beta$이므로
이차방정식의 근과 계수의 관계에 의해

$$\begin{cases}\log_2\alpha+\log_2\beta=-\frac{5}{2}\\ \log_2\alpha\times\log_2\beta=\frac{1}{2}\end{cases}\cdots ㉠$$

[이차방정식의 근과 계수의 관계] 이차방정식 $ax^2+bx+c=0$의 두 근을 α, β라 하면 $\alpha+\beta=-\frac{b}{a}$, $\alpha\beta=\frac{c}{a}$

2nd 곱셈 공식의 변형을 이용하여 값을 구하자.

$\therefore (\log_2\alpha)^2+(\log_2\beta)^2=(\log_2\alpha+\log_2\beta)^2-2\log_2\alpha\times\log_2\beta$
$=\left(-\frac{5}{2}\right)^2-2\times\frac{1}{2}$ ($\because$ ㉠)
$=\frac{25}{4}-1=\frac{21}{4}$

이차방정식의 근과 계수의 관계 개념·공식

이차방정식 $ax^2+bx+c=0$의 두 근을 α, β라 하면
$\alpha+\beta=-\frac{b}{a}$, $\alpha\beta=\frac{c}{a}$이다.

B 99 정답 ③ *상용로그표의 이용 [정답률 85%]

(정답 공식: 진수의 소수 첫째 자리까지의 수의 가로줄과 소수 둘째 자리의 수의 세로줄이 만나는 부분의 값이 상용로그의 값임을 이용한다.)

다음은 상용로그표의 일부이다.

수	0	1	2	3	…
⋮	⋮	⋮	⋮	⋮	
3.0	.4771	.4786	.4800	.4814	…
3.1	.4914	.4928	.4942	.4955	…
3.2	.5051	.5065	.5079	.5092	…

이 표를 이용하여 구한 $\log 312$의 값은? (3점)

단서 주어진 상용로그표에서 진수가 3.0에서 3.23까지의 값이 있으므로 진수 312를 3.12×10^2으로 바꾸어보자.

① 1.4786 ② 1.4942 ③ 2.4942 ④ 2.5051 ⑤ 3.5051

1st 진수 N의 범위가 $1.0\le N\le9.9$이므로 진수 312를 적절히 변형한 후 상용로그표를 이용한다.

수	0	1	2	3	…
⋮	⋮	⋮	⋮	⋮	
3.0	.4771	.4786	.4800	.4814	…
3.1	.4914	.4928	.4942	.4955	…
3.2	.5051	.5065	.5079	.5092	…

$\log 312=\log(3.12\times10^2)$

실수 진수 312를 1.0에서 9.9까지의 수가 나오도록 3.12×10^2과 같이 변형한 거야.

$=\log 3.12+\log 10^2=0.4942+2$

$=2.4942$

$\log 3.12$를 상용로그표를 이용하여 구하고, $\log 10^2$은 상용로그가 밑이 10인 로그이므로 $\log 10^2=\log_{10}10^2=2$

B 100 정답 ① *상용로그표의 이용 [정답률 77%]

(정답 공식: $\log 6.04$의 값을 상용로그표에서 구하려면 6.0의 가로줄과 4의 세로줄이 만나는 곳의 수를 찾으면 된다.)

다음은 상용로그표의 일부이다.

수	…	4	5	6	…
⋮		⋮	⋮	⋮	
5.9	…	.7738	.7745	.7752	…
6.0	…	.7810	.7818	.7825	…
6.1	…	.7882	.7889	.7896	…

이 표를 이용하여 구한 $\log\sqrt{6.04}$의 값은? (3점)

단서 상용로그표를 이용하여 $\log 6.04$의 값을 구하고 로그의 성질을 이용하여 $\log\sqrt{6.04}$의 값을 구해.

① 0.3905 ② 0.7810 ③ 1.3905 ④ 1.7810 ⑤ 2.3905

1st 로그의 성질과 상용로그표를 이용하여 $\log\sqrt{6.04}$의 값을 구하자.

상용로그표에서 $\log 6.04=0.7810$이므로

$\log\sqrt{6.04}=\frac{1}{2}\log 6.04=\frac{1}{2}\times0.7810=0.3905$

로그의 성질에 의하여 $\log_a b^n=n\log_a b$

B 101 정답 ② *상용로그표의 이용 [정답률 78%]

(정답 공식: 로그의 성질을 이용하여 상용로그표에 있는 수에 맞춘다.)

다음은 상용로그표의 일부이다.

수	…	7	8	9
…	…	…	…	…
4.0	…	0.6096	0.6107	0.6117
4.1	…	0.6201	0.6212	0.6222
4.2	…	0.6304	0.6314	0.6325
…	…	…	…	…

위의 표를 이용하여 구한 $\log\sqrt{419}$의 값은? (3점)

단서 이 표를 활용하려면 진수를 $a\times10^n(1\le a<10,\ n$은 정수$)$ 꼴로 변형해야 해.

① 1.3106 ② 1.3111 ③ 2.3106 ④ 2.3111 ⑤ 3.3111

1st 로그의 성질을 이용하여 $\log\sqrt{419}$을 간단히 해야 해.

$\log\sqrt{419}=\frac{1}{2}\log 419$ $\quad\log\sqrt{419}=\log(419)^{\frac{1}{2}}=\frac{1}{2}\log 419$

$=\frac{1}{2}\log(4.19\times100)$

$=\frac{1}{2}(\log 4.19+\log 100)$

$=\frac{1}{2}(\log 4.19+2)$

2nd 상용로그표를 이용하여 로그값을 구해야 해.

상용로그표에서 $\log 4.19=0.6222$이므로

$\log\sqrt{419}=\frac{1}{2}\times(0.6222+2)$

상용로그표에서 $\log 4.19$의 값은 표의 왼쪽 줄에서 진수의 소수 첫째 자리까지의 수 4.1에서 그은 가로선과 표의 위의 줄에서 진수의 소수 둘째 자리의 수 9에서 그은 세로선이 만나는 곳에 있는 수 0.6222야.

$=\frac{1}{2}\times2.6222$

$=1.3111$

로그 개념·공식

(1) 로그의 정의

$a>0,\ a\ne1,\ b>0$에 대해

$a^x=b\Longleftrightarrow x=\log_a b$

(2) 로그의 중요한 성질

$a,\ b,\ c,\ x,\ y$가 양수이고, $a\ne1,\ b\ne1,\ c\ne1$일 때,

① $\log_a a=1$

② $\log_a 1=0$

③ $\log_a x+\log_a y=\log_a xy$

④ $\log_a x-\log_a y=\log_a\frac{x}{y}$

⑤ $\log_a b=\frac{\log_c b}{\log_c a}$

⑥ $\log_a b=\frac{1}{\log_b a}$

⑦ $\log_a b\times\log_b c\times\log_c a=1$

⑧ $\log_{a^m}b^n=\frac{n}{m}\log_a b\ (m\ne0)$

B 102 정답 ② *상용로그의 응용 – 식 대입 .... [정답률 66%]

(정답 공식: 약물 A와 관련된 조건을 관계식에 대입하여 c의 값을 얻는다. c의 값과 약물 B와 관련된 조건을 관계식에 대입해 a를 얻는다.)

약물을 투여한 후 약물의 흡수율을 K, 배설률을 E, 약물의 혈중농도가 최고치에 도달하는 시간을 T(시간)라 할 때, 다음과 같은 관계식이 성립한다고 한다. 단서 주어진 조건을 잘 따져보고 관계식에 대입하자.

$$T=c\times\frac{\log K-\log E}{K-E}\text{ (단, }c\text{는 양의 상수이다.)}$$

흡수율이 같은 두 약물 A, B의 배설률은 각각 흡수율의 $\frac{1}{2}$배, $\frac{1}{4}$배이다. 약물 A를 투여한 후 약물 A의 혈중농도가 최고치에 도달하는 시간이 3시간일 때, 약물 B를 투여한 후 약물 B의 혈중농도가 최고치에 도달하는 시간은 a(시간)이다. a의 값은? (4점)

① 3 ② 4 ③ 5
④ 6 ⑤ 7

1st 주어진 조건을 이용해서 A, B의 흡수율과 배설률, 시간에 대한 관계식을 얻어야 해. 복잡해 보이지만 주어진 조건을 관계식에 대입하면 간단히 정리할 수 있어.

두 약물 A, B의 흡수율을 각각 K_A, K_B, 배설률을 각각 E_A, E_B, 혈중농도가 최고치에 도달하는 시간을 각각 T_A, T_B라 하면

두 약물의 흡수율이 같으므로 $K_A=K_B$

두 약물 A, B의 배설률은 각각 흡수율의 $\frac{1}{2}$, $\frac{1}{4}$배이므로

$E_A=\frac{1}{2}K_A$, $E_B=\frac{1}{4}K_B$ → 두 약물의 관계식을 세운 후 주어진 관계식에 대입하면 간단히 정리가 돼.

약물 A를 투여한 후 약물 A의 혈중농도가 최고치에 도달하는 시간이 3시간이므로 $T_A=3$, 즉

$$T_A=c\times\frac{\log K_A-\log E_A}{K_A-E_A}=c\times\frac{\log K_A-\log\frac{1}{2}K_A}{K_A-\frac{1}{2}K_A}=c\times\frac{\log 2}{\frac{1}{2}K_A}=c\times\frac{2\log 2}{K_A}=3$$

$$\therefore c=\frac{3K_A}{2\log 2}$$

2nd 약물 B에 대한 관계식을 세우고 앞에서 구한 상수 c를 대입해서 정리해.

한편, 약물 B를 투여한 후 약물 B의 혈중농도가 최고치에 도달하는 시간을 T_B라 하면

$$T_B=c\times\frac{\log K_B-\log E_B}{K_B-E_B}$$

이 식에 $K_A=K_B$, $E_B=\frac{1}{4}K_B=\frac{1}{4}K_A$, $c=\frac{3K_A}{2\log 2}$를 대입하면

$$T_B=\frac{3K_A}{2\log 2}\times\frac{\log K_A-\log\frac{1}{4}K_A}{K_A-\frac{1}{4}K_A}$$ → $\log\frac{K_A}{\frac{1}{4}K_A}=\log 4$

$$=\frac{3K_A}{2\log 2}\times\frac{\log 4}{\frac{3}{4}K_A}$$ → $2\log 2$

$$=\frac{3}{\frac{3}{4}}=4$$

$\therefore a=4$

B 103 정답 ② *상용로그의 응용 – 식 대입 .... [정답률 67%]

(정답 공식: 열차 A, B에 대한 식을 각각 만들고, 두 식을 뺀다.)

고속철도의 최고소음도 L(dB)을 예측하는 모형에 따르면 한 지점에서 가까운 선로 중앙 지점까지의 거리를 d(m), 열차가 가까운 선로 중앙 지점을 통과할 때의 속력을 v(km/h)라 할 때, 다음과 같은 관계식이 성립한다고 한다.

$$L=80+28\log\frac{v}{100}-14\log\frac{d}{25}\ \cdots ⓐ$$

가까운 선로 ❶중앙 지점 P까지의 거리가 75 m인 한 지점에서 속력이 서로 다른 두 열차 A, B의 최고소음도를 예측하고자 한다. ❷열차 A가 지점 P를 통과할 때의 속력이 열차 B가 지점 P를 통과할 때의 속력의 0.9배일 때, 두 열차 A, B의 예측 최고소음도를 각각 L_A, L_B라 하자. L_B-L_A의 값은? (4점)

단서 ⓐ를 가지고 ❶과 ❷의 자료를 대입하여 L_A, L_B를 정리하자. 이때, ❷에서 $v_A=0.9v_B$지?

① $14-28\log 3$ ② $28-56\log 3$ ③ $28-28\log 3$
④ $56-34\log 3$ ⑤ $56-56\log 3$

1st 주어진 L, d, v의 관계식을 이용하여 L_A와 L_B를 각각 구해.

열차 A가 지점 P를 통과할 때의 속력을 v_A, 열차 B가 지점 P를 통과할 때의 속력을 v_B라 하면 v_A가 v_B의 0.9배이므로 $v_A=0.9v_B$

또한, 두 열차 모두 가까운 선로 중앙 지점 P까지의 거리 d가 75 m로 같으므로 두 열차 A, B의 최고소음도인 L_A와 L_B를 각각 구하면

$$L_A=80+28\log\frac{v_A}{100}-14\log\frac{75}{25}=80+28\log\frac{0.9v_B}{100}-14\log\frac{75}{25}\ \cdots ㉠$$ (v_B로 나타내기)

$$L_B=80+28\log\frac{v_B}{100}-14\log\frac{75}{25}\ \cdots ㉡$$

2nd L_B-L_A의 값을 구하자.

㉡−㉠을 하면

$$L_B-L_A=28\log\frac{v_B}{100}-28\log\frac{0.9v_B}{100}$$

$n\log a-n\log b=n(\log a-\log b)=n\log\frac{a}{b}$

$$=28\log\frac{\frac{v_B}{100}}{\frac{0.9v_B}{100}}=28\log\frac{1}{0.9}$$ 선택지의 값이 log 3으로 표현되었으니까 변형하자.

$$=28\log\frac{10}{9}=28(\log 10-\log 9)$$ ($\log_a a=1$, $=\log 3^2=2\log 3$)

$$=28(1-2\log 3)=28-56\log 3$$

수능 핵강

***로그 활용 문제 해결하는 방법**

로그의 활용 문제에서 제일 중요한 것은 주어진 숫자나 조건을 주어진 식에 대입하는 거야. 문제를 꼼꼼히 읽어 각 문자가 뜻하는 것을 알아차리는 게 문제 해결의 key란 얘기지. 앞에 길게 나온 설명에서 각 문자가 뜻하는 것을 밑줄치고 파악하는 것도 좋은 방법이야.

로그의 성질 개념·공식

$a>0$, $a\neq1$, $M>0$, $N>0$일 때

① $\log_a MN=\log_a M+\log_a N$

② $\log_a\frac{M}{N}=\log_a M-\log_a N$

③ $\log_a M^k=k\log_a M$ (단, k는 실수이다.)

B 104 정답 ④ *상용로그의 응용 – 식 대입 [정답률 72%]

(정답 공식: 주어진 값을 관계식에 대입해서 비를 구한다.)

어떤 앰프에 스피커를 접속 케이블로 연결하여 작동시키면 접속 케이블의 저항과 스피커의 임피던스(스피커에 교류전류가 흐를 때 생기는 저항)에 따라 전송 손실이 생긴다. 접속 케이블의 저항을 R, 스피커의 임피던스를 r, 전송 손실을 L이라 하면 다음과 같은 관계식이 성립한다고 한다.

$$L=10\log\left(1+\frac{2R}{r}\right) \cdots ⓐ$$

(단, 전송 손실의 단위는 dB, 접속 케이블의 저항과 스피커의 임피던스의 단위는 Ω이다.)

이 앰프에 임피던스가 8인 스피커를 저항이 5인 접속 케이블로 연결하여 작동시켰을 때의 전송 손실❶은 저항이 a인 접속 케이블로 교체하여 작동시켰을 때의 전송 손실의 2배❷이다. 양수 a의 값은? (4점)

단서 식 ⓐ에 ❶과 ❷의 자료를 대입해서 전송 손실 L에 관한 관계식을 구해.

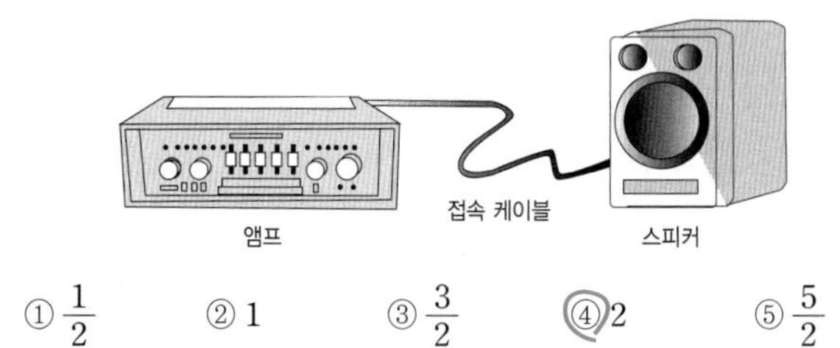

① $\frac{1}{2}$ ② 1 ③ $\frac{3}{2}$ ④ 2 ⑤ $\frac{5}{2}$

1st 주어진 식에 각각 r과 R의 자료를 대입해 관계식을 만들어.

임피던스가 8인 스피커를 저항이 5인 접속 케이블로 연결하여 작동시켰을 때의 전송 손실은 저항이 a인 접속 케이블로 교체하여 작동시켰을 때의 전송 손실의 2배이므로 ($r=8$, $R=5$, $R=a$)

$$10\log\left(1+\frac{2\times5}{8}\right)=2\times10\log\left(1+\frac{2a}{8}\right)$$

임피던스는 8로 같고, 저항이 5일 때의 전송 손실이 저항이 a일 때의 2배 되는 거야.

$$\log\frac{9}{4}=\log\left(1+\frac{2a}{8}\right)^2$$

$$\left(1+\frac{a}{4}\right)^2=\frac{9}{4}=\left(\frac{3}{2}\right)^2$$

주의 $\log_a b=\log_a c$이면 $b=c$임을 이용하자.

$1+\frac{a}{4}=\frac{3}{2}$ ($\because a>0$) $\therefore a=2$

수능 핵강

* $A^2=B^2$ 꼴의 방정식 풀기

$A^2=B^2$ 꼴의 방정식은 실수가 많이 나오는 부분 중에 하나야.

위의 문제에서 보면, $\left(1+\frac{a}{4}\right)^2=\left(\frac{3}{2}\right)^2$에서 $1+\frac{a}{4}=\frac{3}{2}$으로 넘어갈 때, 이를 당연하게 생각하는 사람도 있겠지만 "$a>0$"라는 이유가 붙어있지? $1+\frac{a}{4}$는 $\frac{3}{2}$뿐 아니라 $-\frac{3}{2}$도 될 수 있기 때문에 적어준거야.

$A^2=B^2$에서 양변에 $\frac{1}{2}$제곱을 하고 $A=B$인 경우만 고려하는 실수가 많이 나오지만, $A^2-B^2=(A+B)(A-B)=0$에서 $A=B$ 또는 $A=-B$이기 때문에, 두 경우로 나누어서 풀고, 둘 중 문제의 조건에 맞는 값을 골라야 해.

이 문제에서는 $a>0$이기 때문에 $1+\frac{a}{4}>0$이고, $1+\frac{a}{4}=\frac{3}{2}$과 $1+\frac{a}{4}=-\frac{3}{2}$ 중 $1+\frac{a}{4}=\frac{3}{2}$만 고려한 거지.

참고로 $A^2=B^2$ 꼴의 방정식은 $|A|=|B|$ 꼴의 방정식과 동일해!

B 105 정답 ③ *상용로그의 응용 – 식 대입 [정답률 85%]

(정답 공식: P_A, P_B에 대한 식을 정리한 뒤, 두 식의 양변을 각각 뺀다.)

디지털 사진을 압축할 때 원본 사진과 압축한 사진의 다른 정도를 나타내는 지표인 최대 신호 대 잡음비를 P, 원본 사진과 압축한 사진의 평균제곱오차를 E라 하면 다음과 같은 관계식이 성립한다고 한다.

$$P=20\log255-10\log E\,(E>0) \cdots ⓐ$$

두 원본 사진 A, B를 압축했을 때 최대 신호 대 잡음비를 각각 P_A, P_B라 하고, 평균제곱오차를 각각 $E_A(E_A>0)$, $E_B(E_B>0)$이라 하자. $E_B=100E_A$일 때, P_A-P_B의 값은? (3점)

① 30 ② 25 ③ 20 ④ 15 ⑤ 10

단서 식 ⓐ에 대입하여 P_A-P_B를 정리해. 이때, $\frac{E_B}{E_A}=100$이니까 $\log\frac{E_B}{E_A}=2$이지?

1st 주어진 관계식에 두 원본 사진 A, B에 대한 각각의 조건을 대입해.

두 원본 사진 A, B를 압축했을 때 최대 신호 대 잡음비가 각각 P_A, P_B이고, 평균제곱오차가 각각 E_A, E_B이므로 주어진 관계식에 대입하면

$P_A=20\log255-10\log E_A \cdots ㉠$

$P_B=20\log255-10\log E_B \cdots ㉡$

2nd $E_B=100E_A$를 이용하여 P_A-P_B의 값을 구하자.

㉠−㉡을 하면

$$P_A-P_B=20\log255-10\log E_A-(20\log255-10\log E_B)$$
$$=10\log E_B-10\log E_A \quad n\log a-n\log b=n(\log a-\log b)=n\log\frac{a}{b}$$
$$=10\log\frac{E_B}{E_A}=10\log100 \quad E_B=100E_A\text{이니까 }\frac{E_B}{E_A}=100$$
$$=10\log10^2=20$$

상용로그는 밑이 10이니까 $\log_{10}10^2=2\log_{10}10=2$

로그 (개념·공식)

(1) 로그의 정의

$a>0$, $a\neq1$, $b>0$에 대해

$a^x=b \iff x=\log_a b$

(2) 로그의 중요한 성질

a, b, c, x, y가 양수이고, $a\neq1$, $b\neq1$, $c\neq1$일 때,

① $\log_a a=1$

② $\log_a 1=0$

③ $\log_a x+\log_a y=\log_a xy$

④ $\log_a x-\log_a y=\log_a\frac{x}{y}$

⑤ $\log_a b=\frac{\log_c b}{\log_c a}$

⑥ $\log_a b=\frac{1}{\log_b a}$

⑦ $\log_a b\times\log_b c\times\log_c a=1$

⑧ $\log_{a^m} b^n=\frac{n}{m}\log_a b\ (m\neq0)$

B 106 정답 ④ *상용로그의 응용-대입 [정답률 85%]

(정답 공식: $\frac{V}{C}=2$, $\frac{t}{t_0}=\frac{7}{2}$일 때 k의 값을 구한다.)

도로용량이 C인 어느 도로구간의 교통량을 V, 통행시간을 t라 할 때, 다음과 같은 관계식이 성립한다고 한다.

$$\log\left(\frac{t}{t_0}-1\right)=k+4\log\frac{V}{C}\ (t>t_0)\ \cdots ⓐ$$

(단, t_0는 도로 특성 등에 따른 기준통행시간이고, k는 상수이다.)
이 도로구간의 교통량이 도로용량의 2배일 때 통행시간은 기준 통행시간 t_0의 $\frac{7}{2}$배이다. k의 값은? (3점)

단서 $V=2C$, $t=\frac{7}{2}t_0$이니까 식 ⓐ에 대하여 정리해야겠네.

① $-4\log 2$　② $1-7\log 2$　③ $-3\log 2$
④ $1-6\log 2$　⑤ $1-5\log 2$

1st 주어진 조건에서 V와 C, t와 t_0의 비를 확인하여 관계식에 대입하자.

교통량이 도로용량의 2배이고 통행시간은 기준통행시간의 $\frac{7}{2}$배이므로
$\frac{V}{C}=2$　$\frac{t}{t_0}=\frac{7}{2}$

관계식 $\log\left(\frac{t}{t_0}-1\right)=k+4\log\frac{V}{C}$에 대입하면

$\log\left(\frac{7}{2}-1\right)=k+4\log 2$

실수 상용로그는 밑이 10이므로 $\log 2=\log_{10}2$로 생각하자.

$\log\frac{a}{b}=\log a-\log b$

$\therefore k=\log\frac{5}{2}-4\log 2$
$=(\log 5-\log 2)-4\log 2$
$=\log 5-5\log 2$
$=(1-\log 2)-5\log 2$
$=1-6\log 2$

함정 로그함수의 성질을 이용하여 다른 수로 나타낼 수 있으면 문제를 풀 때 도움이 돼.

$\log\frac{10}{2}=\log 10-\log 2$, 즉 $\log 5$를 $\log 2$로 표현하는 방법을 알고 있으면 좋아.

B 107 정답 ① *상용로그의 응용-식 대입 [정답률 87%]

(정답 공식: $D=20$, $R=81$을 대입한다.)

세대당 종자의 평균 분산거리가 D이고 세대당 종자의 증식률이 R인 나무의 10세대 동안 확산에 의한 이동거리를 L이라 하면 다음과 같은 관계식이 성립한다고 한다.

$$L^2=100D^2\times\log_3 R\ \cdots ⓐ$$

단서 식 ⓐ에서 미지수 D, R가 문제에서 무엇으로 주어졌는지 확인하는 게 우선이지?

세대당 종자의 평균 분산거리가 20이고 세대당 종자의 증식률이 81인 나무의 10세대 동안 확산에 의한 이동거리 L의 값은? ($\Rightarrow D$, $\Rightarrow R$)
(단, 거리의 단위는 m이다.) (4점)

① 400　② 500　③ 600
④ 700　⑤ 800

1st 주어진 조건을 관계식에 대입하여 L의 값을 구해.

주어진 조건에서 평균 분산거리가 20이고, 세대당 종자의 증식률이 81이므로 관계식에 대입하면 ($D=20$, $R=81$)

$L^2=100\times 20^2\times\log_3 81=100\times 20^2\times\log_3 3^4$　($\log_a a^n=n$)
$=100\times 20^2\times 4=400^2$

$\therefore L=400$

■^{2}=▲^{2}일 때, ■, ▲가 둘 다 양수이면 ■=▲야.

B 108 정답 ③ *상용로그의 응용-식 대입 [정답률 79%]

(정답 공식: P, Q에 대해서 식을 각각 정리하고 두 식을 나누면 다른 문자들은 소거되고 k만 남는다.)

컴퓨터 통신이론에서 디지털 신호를 아날로그 신호로 바꾸는 통신장치의 성능을 평가할 때, 전송대역폭은 중요한 역할을 한다. 서로 다른 신호요소의 개수를 L, 필터링과 관련된 변수를 r, 데이터 전송률을 R(bps), 신호의 전송대역폭을 B(Hz)라고 할 때, 다음의 식이 성립한다고 한다.

$$B=\left(\frac{1+r}{\log_2 L}\right)\times R\ \cdots ⓐ$$

단서 ⓐ를 가지고 ❶과 ❷의 자료를 대입하여 정리해. 이때, P, Q의 데이터 전송률이 같으니까 $R_P=R_Q$야.

데이터 전송률이 같은 두 통신장치 P, Q의 서로 다른 신호요소의 개수, 필터링과 관련된 변수, 신호의 전송대역폭이 다음과 같을 때, k의 값은? (4점)

	서로 다른 신호요소의 개수	필터링과 관련된 변수	신호의 전송대역폭
❶P	l^3	0.32	b
❷Q	l	k	$4b$

① 0.74　② 0.75　③ 0.76　④ 0.77　⑤ 0.78

1st 주어진 식에 두 통신장치 P, Q의 조건의 값들을 각각 대입하여 k의 값을 구해.

두 통신장치 P, Q에서의 신호의 전송대역폭을 각각 구하면
P : $L=l^3$, $r=0.32$, $B=b$ / Q : $L=l$, $r=k$, $B=4b$

$b=\left(\frac{1+0.32}{\log_2 l^3}\right)\times R\ \cdots ㉠$, $4b=\left(\frac{1+k}{\log_2 l}\right)\times R\ \cdots ㉡$

㉠을 ㉡에 대입하면

$4\left(\frac{1+0.32}{\log_2 l^3}\right)\times R=\left(\frac{1+k}{\log_2 l}\right)\times R$　($\log_a b^n=n\log_a b$)

$\frac{4\times 1.32}{3\log_2 l}=\frac{1+k}{\log_2 l}$

$1.76=1+k$　$\therefore k=0.76$

로그 (개념·공식)

(1) 로그가 정의될 조건
① $a^x=N \iff x=\log_a N$
② $\log_a N$에서 a를 로그의 밑 N을 로그의 진수라고 한다.
이때, 로그가 정의되기 위한 조건은 다음과 같다.
(i) 밑의 조건 : $a>0$, $a\neq 1$
(ii) 진수의 조건 : $N>0$

(2) 로그의 중요한 성질
a, b, c, x, y가 양수이고, $a\neq 1$, $b\neq 1$, $c\neq 1$일 때,
① $\log_a a=1$
② $\log_a 1=0$
③ $\log_a x+\log_a y=\log_a xy$
④ $\log_a x-\log_a y=\log_a\frac{x}{y}$
⑤ $\log_a b=\frac{\log_c b}{\log_c a}$
⑥ $\log_a b=\frac{1}{\log_b a}$
⑦ $\log_a b\times\log_b c\times\log_c a=1$
⑧ $\log_{a^m} b^n=\frac{n}{m}\log_a b\ (m\neq 0)$

B 109 정답 ① *상용로그의 응용 – 식 대입 ··········· [정답률 67%]

(정답 공식: 주어진 값을 관계식에 대입해서 식을 정리한 후, 구하고자 하는 값을 찾는다.)

맥동변광성은 팽창과 수축을 반복하여 광도가 바뀌는 별이다. 맥동변광성의 반지름의 길이가 R_1(km), 표면온도가 T_1(K)일 때의 절대등급이 M_1이고, 이 맥동변광성이 팽창하거나 수축하여 반지름의 길이가 R_2(km), 표면온도가 T_2(K)일 때의 절대등급을 M_2라고 하면 이들 사이에는 다음 관계식이 성립한다고 한다.

$$M_2 - M_1 = 5\log\frac{R_1}{R_2} + 10\log\frac{T_1}{T_2} \cdots ⓐ$$

어느 ❶맥동변광성의 반지름의 길이가 5.88×10^6(km), 표면온도가 5000(K)일 때의 절대등급이 0.7이었고, 이 ❷맥동변광성이 수축하여 반지름의 길이가 R(km), 표면온도가 7000(K)일 때의 절대등급이 -0.3이었다. 이때, R의 값은? (4점)

① $3\times10^{6.2}$　② $2.5\times10^{6.2}$　③ $3\times10^{6.1}$
④ $2\times10^{6.2}$　⑤ $2.5\times10^{6.1}$

단서 ⓐ를 가지고 수축 전후의 ❶과 ❷의 자료를 대입하여 정리해. 이때, ❷가 수축 시 자료이니까 실수없이 대입하자.

1st 수축 전후로 자료를 정리하여 식을 세우자.

어느 맥동변광성의 반지름의 길이가 5.88×10^6(km) ($=R_1$), 표면온도가 5000(K) ($=T_1$)일 때의 절대등급이 0.7 ($=M_1$)이었고, 이 맥동변광성이 수축하여 반지름의 길이가 R(km) ($=R_2$), 표면온도가 7000(K) ($=T_2$)일 때의 절대등급이 -0.3 ($=M_2$)이었으므로

$M_2 - M_1 = 5\log\frac{R_1}{R_2} + 10\log\frac{T_1}{T_2}$에 대입하면

$$-0.3-0.7 = 5\log\frac{5.88\times10^6}{R} + 10\log\frac{5000}{7000}$$

주의 문제에서 얻은 정보를 해당하는 식에 정확하게 비교하여 대입할 수 있어야 해.

2nd 로그의 성질을 사용하여 식을 계산하여 R의 값을 구해.

$-1 = 5\log\frac{5.88\times10^6}{R} + 10\log\frac{5}{7}$의 양변을 5로 나누면

$$-0.2 = \log\frac{5.88\times10^6}{R} + 2\log\frac{5}{7}$$

$\log a + n\log b = \log a + \log b^n = \log ab^n$

$$= \log\left\{\frac{5.88\times10^6}{R}\times\left(\frac{5}{7}\right)^2\right\}$$

$$= \log\frac{\frac{588}{100}\times10^6\times25}{49R} = \log\frac{3\times10^6}{R}$$

$10^{-0.2} = \frac{3\times10^6}{R}$　로그의 정의를 이용하여 진수에 있는 R에 대한 식으로 표현해. 즉 $\log x = a$이므로 $x = 10^a$이야.

$\therefore R = \frac{3\times10^6}{10^{-0.2}} = 3\times10^{6.2}$　$\left(\frac{a\times b^m}{b^n} = ab^{m-n}\right)$

상용로그 (개념·공식)

$\log_{10} N$과 같이 10을 밑으로 하는 로그를 상용로그라 하고, 흔히 밑 10을 생략하여 $\log N$으로 나타낸다.
즉, $\log_{10} N \Longleftrightarrow \log N$ (단, $N>0$)

B 110 정답 ③ *상용로그의 응용 – 식 대입 ··········· [정답률 75%]

(정답 공식: S_1, S_2를 각각 구하여 빼면 $\frac{b}{a}$의 값을 구할 수 있다.)

이상기체 1몰의 부피가 V_0에서 V_i로 변할 때, 엔트로피 변화량 S_i(J/K)는 다음과 같이 구할 수 있다고 한다.

$$S_i = C\log\frac{V_i}{V_0} \cdots ⓐ \quad \text{(단, } C\text{는 상수이고 부피의 단위는 m}^3\text{이다.)}$$

❶이상기체 1몰의 부피가 V_0에서 V_1로 a배 변할 때 $S_1 = 6.02$이고,
❷이상기체 1몰의 부피가 V_0에서 V_2로 b배 변할 때 $S_2 = 36.02$이다.

이때, $\frac{b}{a}$의 값은? (단, 몰은 기체입자수의 단위이고 $C = 20$(J/K)으로 계산한다.) (4점)

① 10　② $6\sqrt{6}$　③ $10\sqrt{10}$
④ $15\sqrt{15}$　⑤ 100

단서 ❶, ❷에서 $\frac{V_1}{V_0} = a$, $\frac{V_2}{V_0} = b$이니까 식 ⓐ의 ❶, ❷의 자료를 각각 대입하여 정리해야겠네. 이때, C는 상수이니까 ❶, ❷에서 동일!!

1st S_1과 S_2를 주어진 공식을 이용하여 구하자.

$C = 20$(J/K)이고 이상기체 1몰의 부피가 V_0에서 V_1로 a배 변할 때, $S_1 = 6.02$이므로　($V_1 = aV_0$이니까 $\frac{V_1}{V_0} = a$)

$S_1 = 20\log\frac{V_1}{V_0} = 20\log\frac{aV_0}{V_0}$　⇒ ⓐ에 $i=1$을 대입해.

$= 20\log a = 6.02 \cdots ㉠$

또, 이상기체 1몰의 부피가 V_0에서 V_2로 b배 변할 때, $S_2 = 36.02$이므로　($V_2 = bV_0$이니까 $\frac{V_2}{V_0} = b$)

$S_2 = 20\log\frac{V_2}{V_0} = 20\log\frac{bV_0}{V_0}$　⇒ ⓐ에 $i=2$를 대입해.

$= 20\log b = 36.02 \cdots ㉡$

2nd 로그의 성질을 이용하여 $\frac{b}{a}$의 값을 구해.

㉡−㉠을 하면

$36.02 - 6.02 = 20\log b - 20\log a$　($c\log b - c\log a = c\log\frac{b}{a}$)

$30 = 20\log\frac{b}{a}$

$\log\frac{b}{a} = \frac{3}{2}$ → [로그의 정의] $\log_a N = x \Longleftrightarrow a^x = N$

$\therefore \frac{b}{a} = 10^{\frac{3}{2}} = 10\sqrt{10}$

로그의 성질 (개념·공식)

a, b, c, x, y가 양수이고, $a\neq1$, $b\neq1$, $c\neq1$
① $\log_a a = 1$
② $\log_a 1 = 0$
③ $\log_a x + \log_a y = \log_a xy$
④ $\log_a x - \log_a y = \log_a \frac{x}{y}$
⑤ $\log_a b = \frac{\log_c b}{\log_c a}$
⑥ $\log_a b = \frac{1}{\log_b a}$
⑦ $\log_a b\cdot\log_b c\cdot\log_c a = 1$
⑧ $\log_{a^m} b^n = \frac{n}{m}\log_a b$

B 111 정답 ④ *상용로그의 응용 - 식 대입 ········· [정답률 63%]

(정답 공식: 지반 A, B 각각에 대한 상대밀도 D_A, D_B의 식을 정리하고 뺀다.)

지반의 상대밀도를 구하기 위하여 지반에 시험기를 넣어 조사하는 방법이 있다. 지반의 유효수직응력을 S, 시험기가 지반에 들어가면서 받는 저항력을 R라 할 때, 지반의 상대밀도 D(%)는 다음과 같이 구할 수 있다고 한다.

$$D=-98+66\log\frac{R}{\sqrt{S}} \cdots ⓐ$$

단서 ❶, ❷, ❸으로 주어진 지반 A, B의 자료를 가지고 식 ⓐ에 대입하여 정리해야겠네.

(단, S와 R의 단위는 metric ton/m²이다.)

❶지반 A의 유효수직응력은 지반 B의 유효수직응력의 1.44배이고, ❷시험기가 지반 A에 들어가면서 받는 저항력은 시험기가 지반 B에 들어가면서 받는 저항력의 1.5배이다. ❸지반 B의 상대밀도가 65(%)일 때, 지반 A의 상대밀도(%)는? (단, $\log 2=0.3$으로 계산한다.) (3점)

① 81.5 ② 78.2 ③ 74.9 ④ 71.6 ⑤ 68.3

1st 주어진 문자의 뜻을 정확히 파악한 후에 A, B 사이의 관계를 따져 보자.

지반 A의 유효수직응력을 S_A, 저항력을 R_A, 상대밀도를 D_A라 하고, 지반 B의 경우에도 각각 S_B, R_B, D_B라 하면

$S_A=1.44S_B$, $R_A=1.5R_B$ (조건❶, 조건❷)

2nd 각 값을 주어진 식에 대입하여 지반 A의 상대밀도 D_A를 구하자.

지반 B의 상대밀도가 65 %이므로

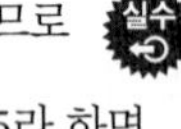

실수 지반 B에 대한 값을 알고 그것을 바탕으로 지반 A에 대한 값을 구하는 거니까 A에 대한 값을 B에 대한 값으로 표현하는 것이 편리해.

$D_B=-98+66\log\frac{R_B}{\sqrt{S_B}}=65$라 하면

$D_A=-98+66\log\frac{R_A}{\sqrt{S_A}}$ ← R_A, S_A를 R_B, S_B로 나타내.

$=-98+66\log\frac{1.5R_B}{\sqrt{1.44S_B}}$

$=-98+66\log\frac{1.5R_B}{1.2\sqrt{S_B}}$ ← $1.44=(1.2)^2$이니까 $\sqrt{(1.2)^2S_B}=1.2\sqrt{S_B}$

$=-98+66\log\frac{5R_B}{4\sqrt{S_B}}$ ← $a\log bc=a\log b+a\log c$

$=-98+66\log\frac{5}{4}+66\log\frac{R_B}{\sqrt{S_B}}$ ← D_B

$=D_B+66\times(\log 5-2\log 2)$ ← $\log 2$로 표현하면 $\log 5=\log\frac{10}{2}=\log 10-\log 2=1-\log 2$

$=65+66\times(1-3\log 2)=65+6.6$ ($\because \log 2=0.3$) $=71.6$

로그의 성질 (개념·공식)

$a>0$, $b>0$, $c>0$, $a\neq1$, $c\neq1$, $x>0$, $y>0$일 때

① $\log_a 1=0$, $\log_a a=1$, $n=\log_a a^n$

② $\log_a xy=\log_a x+\log_a y$

③ $\log_a \frac{x}{y}=\log_a x-\log_a y$

④ $\log_a x^n=n\log_a x$ (n은 실수)

⑤ $\log_a b=\frac{\log_c b}{\log_c a}$

⑥ $\log_{a^m} b^n=\frac{n}{m}\log_a b$

B 112 정답 ③ *상용로그의 응용 - 식 대입 ········· [정답률 75%]

(정답 공식: 1 m만큼 떨어진 지점에서의 소리의 세기를 통해 $\log I$의 값을 구한다.)

소리의 세기가 I(W/m²)인 음원으로부터 r(m)만큼 떨어진 지점에서 측정된 소리의 상대적 세기 P(데시벨)는

$$P=10\left(12+\log\frac{I}{r^2}\right) \cdots ⓐ$$

이다. ❶어떤 음원으로부터 1 m만큼 떨어진 지점에서 측정된 소리의 상대적 세기가 80(데시벨)일 때, ❷같은 음원으로부터 10 m만큼 떨어진 지점에서 측정된 소리의 상대적 세기가 a(데시벨)이다. a의 값은? (3점)

단서 식 ⓐ로 ❶, ❷의 자료를 정리해. 이때, 같은 음원이니까 소리의 세기는 같지?

① 50 ② 55 ③ 60 ④ 65 ⑤ 70

1st 주어진 공식에서 1 m만큼 떨어진 지점에서 소리의 세기 I를 구해 보자.

어떤 음원으로부터 1 m만큼 떨어진 지점에서 측정된 소리의 상대적 세기가 80데시벨이라 하므로 ($r=1$, $P=80$)

$80=10\left(12+\log\frac{I}{1^2}\right)=120+10\log I$

$\log I=-4$

[로그의 정의] $\log_a N=x \Longleftrightarrow a^x=N$

$\therefore I=10^{-4}$

2nd 이제 같은 음원으로부터 10 m 떨어진 지점에서 측정된 소리의 상대적 세기 a의 값을 구하자.

같은 음원으로부터 10 m만큼 떨어진 지점에서 측정된 소리의 상대적 세기가 a데시벨이라 하므로 ($r=10$, $P=a$)

$a=10\left(12+\log\frac{10^{-4}}{10^2}\right)$ ← $\frac{a^m}{a^n}=a^{m-n}$

$=10(12+\log 10^{-6})$ ← $=-6\log 10$

$=10(12-6)=60$

다른 풀이: **$\log I$의 값을 직접 구하지 않고, 상용로그의 성질을 이용하여 값 구하기**

$80=10\left(12+\log\frac{I}{1^2}\right)=10(12+\log I)$이므로

$a=10\left(12+\log\frac{I}{10^2}\right)$

$=10(12+\log I-\log 100)$

$=10(12+\log I)-20$ ← $=\log 10^2=2\log 10=2$

$=10\times8-20=60$

지수법칙 (개념·공식)

$a>0$, $b>0$이고, x, y가 실수일 때

(1) $a^x\times a^y=a^{x+y}$

(2) $a^x\div a^y=a^{x-y}$

(3) $(a^x)^y=a^{xy}$

(4) $(ab)^x=a^xb^x$

(5) $\left(\frac{a}{b}\right)^x=\frac{a^x}{b^x}$

(6) $a^0=1$

(7) $a^{-1}=\frac{1}{a}$

B 113 정답 54 * 상용로그의 응용 – 식 대입 ······ [정답률 71%]

(정답 공식: 규모 4 이상인 지진에 대해 식을 정리하여 a의 값을 구한다.)

어느 지역에서 1년 동안 발생하는 규모 M 이상인 지진의 평균 발생 횟수 N은 다음 식을 만족시킨다고 한다.

$\log N = a - 0.9M$ (단, a는 양의 상수) ··· ⓐ

이 지역에서 ❶규모 4 이상인 지진이 1년에 평균 64번 발생할 때, ❷규모 x 이상인 지진은 1년에 평균 한 번 발생한다. $9x$의 값을 구하시오. (단, $\log 2 = 0.3$으로 계산한다.) (4점)

단서 ⓐ에 의하여 ❶로 상수 a의 값을 찾아 자료 ❷의 규모를 구해.

1st 자료 ❶을 이용하여 a부터 구해 보자.

규모 4 이상인 지진이 1년에 평균 64번 발생하므로 ($M=4$, $N=64$)

$\log 64 = a - 0.9 \times 4$ ($\log 2^6$)

$\therefore a = \log 64 + 3.6 = 6\log 2 + 3.6 = 6 \times 0.3 + 3.6 = 5.4$

2nd 자료 ❷를 주어진 관계식에 대입하여 x의 값을 구하자.

규모 x 이상인 지진은 1년에 평균 1번 발생하므로 ($M=x$, $N=1$)

$\log 1 = a - 0.9 \times x$, $0 = 5.4 - 0.9x$

$a^0 = 1$이니까 $\log_a 1 = 0$이야.

$0.9x = 5.4$

$\therefore 9x = 54$

B 114 정답 20 *상용로그의 응용 – 식 대입 ······ [정답률 77%]

(정답 공식: 두 반사손실 A, B를 구하기 위해 각각의 반사계수를 구한다.)

반사계수(Γ)란 임피던스(교류 회로에서의 전압과 전류의 비) 차에 의해 발생하는 반사량을 단순히 반사전압(V_-) 대 입력전압(V_+) 비, 즉 $\Gamma = \frac{V_-}{V_+}$로 계산한 값이다. ··· ⓐ 반사손실(RL)이란 반사계수(Γ)를 전력의 로그 스케일로 변환한 값을 말하며 반사계수(Γ)와 반사손실(RL)과의 관계식은 다음과 같다.

$RL = 20\log \frac{1}{|\Gamma|}$ ··· ⓑ

단서 반사계수(ⓐ)와 반사손실(ⓑ)을 구하는 식을 가지고 A, B의 자료를 대입해.

입력전압이 100, 반사전압이 2일 때의 반사손실을 A, 입력전압이 100, 반사전압이 20일 때의 반사손실을 B라고 할 때, $|A-B|$의 값을 구하시오. (3점)

1st 먼저 주어진 조건에 의해 반사계수를 구하자.

반사전압(V_-) 대 입력전압(V_+) 비, 즉 $\Gamma = \frac{V_-}{V_+}$로 계산한 값이지?

입력전압이 100($=V_+$), 반사전압이 2($=V_-$)일 때의 반사계수를 Γ_A라 하면 $\Gamma_A = \frac{1}{50}$ ($\Gamma_A = \frac{2}{100} = \frac{1}{50}$)

입력전압이 100($=V_+$), 반사전압이 20($=V_-$)일 때의 반사계수를 Γ_B라 하면 $\Gamma_B = \frac{1}{5}$ ($\Gamma_B = \frac{20}{100} = \frac{1}{5}$)

2nd 주어진 공식의 요소들을 반사손실(RL)에 적절히 대입하여 A, B의 값을 구해. ($RL = 20\log \frac{1}{|\Gamma|}$)

Γ_A, Γ_B에 대한 각각의 반사손실 A, B를 구하면

$A = 20\log \frac{1}{|\Gamma_A|} = 20\log 50$, $B = 20\log \frac{1}{|\Gamma_B|} = 20\log 5$ ($\frac{1}{|\Gamma_A|} = 50$, $\frac{1}{|\Gamma_B|} = 5$)

$\therefore |A-B| = 20\log 50 - 20\log 5 = 20\log \frac{50}{5} = 20\log 10 = 20$

$n\log a - n\log b = n(\log a - \log b) = n\log \frac{a}{b}$

함정 문자도 많이 나오고, 관계식도 많이 나와서 어려울 것 같지만, 해당하는 문자에 정확한 값만 대입해주면 풀리는 간단한 문제야.

B 115 정답 14 *상용로그의 응용 – 식 대입 ······ [정답률 73%]

(정답 공식: 단위 면적당 질량이 5배가 되므로 m 대신 $5m$을 대입하면 된다.)

단일 재료로 만들어진 벽면의 소음차단 성능을 표시하는 방법 중의 하나는 음향투과손실을 측정하는 것이다. 어느 주파수 영역에서 벽면의 음향투과손실 L(데시벨)은 벽의 단위면적당 질량 $m(\text{kg/m}^2)$과 음향의 주파수 f(헤르츠)에 대하여

$L = 20\log mf - 48$ ··· ⓐ

이라 한다. 주파수가 일정할 때, 벽의 단위 면적당 질량이 5배가($\Rightarrow 5m$) 되면 음향투과손실은 a(데시벨)만큼 증가한다($\Rightarrow L+a$). a의 값을 구하시오. (단, $\log 2 = 0.3$으로 계산한다.) (4점)

단서 면적당 질량이 5배 증가 전후로 L, m의 값을 확인한 후 ⓐ에 대입하여 식을 정리해. 이때, f는 일정!

1st 처음에 비해 질량이 5배가 될 때 조건에 맞게 주어진 식에 대입하여 식을 세워.

처음의 주파수를 f_1, 단위 면적당 질량을 m_1, 음향투과손실을 L_1이라 하면

$L_1 = 20\log m_1 f_1 - 48$

주파수가 일정하고, 질량이 5배가 되었을 때의 음향투과손실 L은

이때에도 f_1이야. $\log ab = \log a + \log b$이니까 $\log 5m_1 f_1 = \log 5 + \log m_1 f_1$

$L = 20\log 5m_1 f_1 - 48 = 20(\log 5 + \log m_1 f_1) - 48$

$= 20\log 5 + 20\log m_1 f_1 - 48 = 20\log 5 + L_1$ ($=L_1$)

2nd 음향투과손실이 얼마만큼 증가했는지를 알 수 있으니깐 a를 구할 수 있겠지.

따라서 음향투과손실은 $20\log 5$만큼 증가하였으므로

$a = 20\log 5 = 20(1 - \log 2) = 20(1 - 0.3) = 14$

$= \log \frac{10}{2} = \log 10 - \log 2$로 $\log 2 = 0.3$을 이용해야 하니까.

실수 $\log 5 = 1 - \log 2$는 정말 많이 쓰이는 성질이니까 꼭 외워둬!

B 116 정답 10 *상용로그의 응용 – 식 대입 ······ [정답률 65%]

(정답 공식: 3시간 후 박테리아 수가 제시되어 있으므로 k의 값을 구한다. k의 값을 알면 박테리아 수가 주어졌을 때 시간을 구할 수 있다.)

어느 물탱크에 서식하고 있는 박테리아를 제거하기 위하여 약품을 투여하려고 한다. 물탱크에 있는 물 1 mL당 초기 박테리아 수를 C_0, 약품을 투여한 지 t시간이 지나는 순간 1 mL당 박테리아 수를 C라 할 때, 다음 관계식이 성립한다고 하자.

$\log \frac{C}{C_0} = -kt$ (k는 양의 상수) ··· ⓐ

❶물 1 mL당 초기 박테리아 수가 8×10^5($\Rightarrow C_0$)이고, 약품을 투여한 지 3시간($\Rightarrow t$)이 지나는 순간 1 mL당 박테리아 수는 2×10^5($\Rightarrow C$)이 된다고 한다. 약품을 투여한 지 ❷a시간 후에 처음으로 1 mL당 박테리아 수가 8×10^3 이하가 되었다. a의 값을 구하시오. (단, $\log 2 = 0.3$으로 계산한다.) (4점)

단서 초기와 a시간 전, 후의 C_0, C, t의 값을 확인한 후 ⓐ에 대입하여 식을 정리해. 이때, 초기 박테리아 수는 변함이 없지?

1st 처음에 주어진 상황에서 k의 값을 구해.

물 1 mL당 초기 박테리아 수가 8×10^5($=C_0$)이고, 약품을 투여한 지 3시간($=t$)이 지나는 순간 1 mL당 박테리아 수는 2×10^5($=C$)이 되므로

$\log \frac{C}{C_0} = -kt$, $\log \frac{2 \times 10^5}{8 \times 10^5} = \log \frac{1}{4} = -3k$이므로

$\log 2^{-2} = -3k$, $-2\log 2 = -3k$ $\Rightarrow$ $\log 2 = 0.3$으로 계산하자.

$2 \times 0.3 = 3k$

$\therefore k = 0.2$

2nd 다음 상황에서 $t=a$의 값을 구하면 완료!

또, 약품을 투여한 지 a시간 후에 처음으로 1 mL당 박테리아 수가 8×10^3 이하가 되므로 $\log\frac{C}{C_0}=-0.2t$에서

(a시간 $=t$, $8\times10^3=C$)

$\log\frac{8\times10^3}{8\times10^5}=\log\frac{1}{10^2}=-0.2a$이므로

$\log10^{-2}=-0.2a \qquad -2=-0.2a \qquad \therefore a=10$

$\log a^n=n\log a,\ \log10=1$

B 117 정답 ② *상용로그의 응용 – 식 비교 [정답률 74%]

(정답 공식: A, B 각각에 대해 식을 만들고 두 식을 나누면 p만 남는다.)

어떤 지역의 먼지농도에 따른 대기오염 정도는 여과지에 공기를 여과시켜 헤이즈계수를 계산하여 판별한다. 광화학적 밀도가 일정하도록 여과지 상의 빛을 분산시키는 고형물의 양을 헤이즈계수 H, 여과지 이동거리를 $L(\mathrm{m})\ (L>0)$, 여과지를 통과하는 빛전달률을 $S(0<S<1)$라 할 때, 다음과 같은 관계식이 성립한다고 한다.

$$H=\frac{k}{L}\log\frac{1}{S}\ (\text{단, } k\text{는 양의 상수이다.}) \cdots ⓐ$$

두 지역 A, B의 대기오염 정도를 판별할 때, 각각의 헤이즈계수를 H_A, H_B, 여과지 이동거리를 L_A, L_B, 빛전달률을 S_A, S_B라 하자. $\sqrt{3}H_A=2H_B$, $L_A=2L_B$일 때, $S_A=(S_B)^p$을 만족시키는 실수 p의 값은? (4점) **단서** 이것을 이용하여 식 ⓐ에서 A와 B의 $\frac{H_A}{H_B}$를 $\frac{S_A}{S_B}$의 식으로 나타내어 볼까?

① $\sqrt{3}$ ② $\frac{4\sqrt{3}}{3}$ ③ $\frac{5\sqrt{3}}{3}$ ④ $2\sqrt{3}$ ⑤ $\frac{7\sqrt{3}}{3}$

1st $\frac{H_A}{H_B}$를 L_A, L_B, S_A, S_B로 나타내보자.

$L_A=2L_B$이므로

$$\frac{H_A}{H_B}=\frac{\frac{k}{L_A}\log\frac{1}{S_A}}{\frac{k}{L_B}\log\frac{1}{S_B}}=\frac{\frac{k}{2L_B}\log\frac{1}{S_A}}{\frac{k}{L_B}\log\frac{1}{S_B}}=\frac{1}{2}\times\frac{\log S_A}{\log S_B}\cdots ㉠$$

$\log\frac{1}{S}=\log S^{-1}=-\log S$

2nd $S_A=(S_B)^p$을 만족시키는 실수 p의 값을 구해.

$\sqrt{3}H_A=2H_B$, $\frac{H_A}{H_B}=\frac{2}{\sqrt{3}}$이므로 ㉠에서 $\frac{1}{2}\times\frac{\log S_A}{\log S_B}=\frac{2}{\sqrt{3}}$

$\frac{\log S_A}{\log S_B}=\frac{4}{\sqrt{3}}=\frac{4\sqrt{3}}{3}$, $\log S_A=\frac{4\sqrt{3}}{3}\log S_B=\log(S_B)^{\frac{4\sqrt{3}}{3}}$

$a\log b=\log b^a$

$S_A=(S_B)^{\frac{4\sqrt{3}}{3}} \qquad \therefore p=\frac{4\sqrt{3}}{3}$

$\log ★=\log ◆$이면 $★=◆$이야.

다른 풀이: 밑의 변환 공식을 이용하여 식을 정리하여 값 구하기

$\frac{\log S_A}{\log S_B}=\frac{4}{\sqrt{3}}=\frac{4\sqrt{3}}{3}$, $\log_{S_B}S_A=\frac{4\sqrt{3}}{3}$ 로그의 정의를 이용하면 S_A에 대한 식을 알 수 있으니까.

$\frac{\log b}{\log a}=\log_a b$

$S_A=(S_B)^{\frac{4\sqrt{3}}{3}} \qquad \therefore p=\frac{4\sqrt{3}}{3}$

수능 핵강

*로그 활용 문제 해결하는 방법

로그의 활용 문제에서 제일 중요한 것은 주어진 숫자나 조건을 주어진 식에 대입하는 거야. 문제를 꼼꼼히 읽어 각 문자가 뜻하는 것을 알아차리는 게 문제 해결의 key란 얘기지. 앞에 길게 나온 설명에서 각 문자가 뜻하는 것을 밑줄치고 파악하는 것도 좋은 방법이야.

B 118 정답 ⑤ *상용로그의 응용 – 식 비교 [정답률 77%]

(정답 공식: T_1, T_2 각각에 대해 식을 만들고 두 식을 나누면 $\log T_1$, $\log T_2$의 비를 구할 수 있다.)

어떤 물질이 녹아 있는 용액에 단색광을 투과시킬 때 투과 전 단색광의 세기에 대한 투과 후 단색광의 세기의 비를 그 단색광의 투과도라고 한다. 투과도를 T, 단색광이 투과한 길이를 l, 용액의 농도를 d라 할 때, 다음 관계가 성립한다.

$$\log T=-kld\ (\text{단, } k\text{는 양의 상수이다.}) \cdots ⓐ$$

이 물질에 대하여 ❶투과길이가 $l_0(l_0>0)$이고 용액의 농도가 $3d_0(d_0>0)$일 때의 투과도를 T_1, ❷투과길이가 $2l_0$이고 용액의 농도가 $4d_0$일 때의 투과도를 T_2라 하자. $T_2=T_1^{\ n}$을 만족시키는 n의 값은? (3점) **단서** ⓐ를 가지고 ❶과 ❷의 자료를 대입하여 정리해. $\frac{\log T_2}{\log T_1}=n$이지?

① 2 ② $\frac{13}{6}$ ③ $\frac{7}{3}$ ④ $\frac{5}{2}$ ⑤ $\frac{8}{3}$

1st 주어진 조건으로 $\log T_1$, $\log T_2$의 관계식을 만들어야 해. ($\log T=-kld$)

투과길이가 l_0, 용액의 농도가 $3d_0$일 때의 투과도가 T_1이므로

$\log T_1=-kl_0(3d_0)=-3kl_0d_0$

투과길이가 $2l_0$, 용액의 농도가 $4d_0$일 때의 투과도가 T_2이므로

$\log T_2=-k(2l_0)(4d_0)=-8kl_0d_0$

2nd 두 식을 연립하여 T_1, T_2의 관계식을 구해야 해.

이때, $T_2=T_1^{\ n}$을 만족시키므로 $\log T_2=n\log T_1$

1st에서 $\log T_1$, $\log T_2$의 값을 구하였으므로 이 식의 양변에 로그를 취해.

$$\therefore n=\frac{\log T_2}{\log T_1}=\frac{-8kl_0d_0}{-3kl_0d_0}=\frac{8}{3}$$

B 119 정답 ⑤ *상용로그의 응용 – 식 비교 [정답률 65%]

(정답 공식: 도시화된 지역의 넓이가 25 % 확장되었을 때 도시의 중심온도는 1.6log 1.25만큼 높아진다.)

어느 도시의 중심온도 u(℃), 근교의 농촌온도 r(℃), 도시화된 지역의 넓이 $a(\mathrm{km}^2)$ 사이에는 다음과 같은 관계가 있다고 한다.

$$u=r+0.65+1.6\log a \cdots ⓐ$$

10년 전에 비하여 이 도시의 도시화된 지역의 넓이가 25 % 확장 ($\Rightarrow a(1+0.25)$)되었고 근교의 농촌온도는 변하지 않았을 때, 도시의 중심온도는 10년 전에 비하여 x(℃) 높아졌다 ($\Rightarrow u+x$). x의 값은? (단, 도시 중심의 위치는 10년 전과 같고, log2는 0.30으로 계산한다.) (3점)

① 0.12 ② 0.13 ③ 0.14
④ 0.15 ⑤ 0.16

단서 10년 전후로 u, r, a의 값을 확인한 후 ⓐ에 대입하여 식을 정리해. 이때, 농촌온도 r는 일정!!

1st 10년 전과 현재의 중심온도에 대한 관계식을 각각 세워 봐.

10년 전의 중심온도를 u_0, 현재의 중심온도를 u, 도시화된 지역의 넓이를 a라 하자. $\Rightarrow u_0=r+0.65+1.6\log a$

10년 전에 비하여 이 도시의 도시화된 지역의 넓이가 25 % 확장되었고 근교의 농촌온도가 변하지 않았다고 하므로

$a(1+0.25)$로 나타낼 수 있지? 이때, 축소이면 $a(1-0.25)$까지 알아 두자.

$u=r+0.65+1.6\log1.25a$ ($\log ab=\log a+\log b$)

$=r+0.65+1.6\log a+1.6\log1.25$

$=u_0+1.6\log1.25$

주의 문제에서 얻은 정보를 해당하는 식에 정확하게 대입하자.

2nd 10년 전후로 도시의 중심온도의 차가 x(℃)이므로 그 값을 구해.

→ $u>u_0$이니까 $x=u-u_0$이야.

$x=u-u_0=1.6\log 1.25=1.6\log\frac{5}{4}$ ⇒ $\log 2=0.3$을 이용하기 위해 분수의 분모, 분자에 2를 곱해.

$=\frac{125}{100}$

$=1.6\log\frac{10}{8}=1.6(1-3\log 2)$

→ $=\log 10-\log 8=1-\log 2^3$

$=1.6\times 0.1(\because \log 2=0.30)=0.16$

로그의 성질 개념·공식

a, b, c, x, y가 양수이고, $a\neq1$, $b\neq1$, $c\neq1$일 때,

① $\log_a a=1$ ② $\log_a 1=0$

③ $\log_a x+\log_a y=\log_a xy$ ④ $\log_a x-\log_a y=\log_a\frac{x}{y}$

⑤ $\log_a b=\frac{\log_c b}{\log_c a}$ ⑥ $\log_a b=\frac{1}{\log_b a}$

⑦ $\log_a b\times\log_b c\times\log_c a=1$ ⑧ $\log_{a^m} b^n=\frac{n}{m}\log_a b\ (m\neq0)$

B 120 정답 ② *상용로그의 응용-식 비교 [정답률 71%]

(정답 공식: 1시간 뒤의 이산화탄소 농도를 이용하여 환기량 Q를 구하고 t시간 뒤의 이산화탄소 농도를 이용해 식을 만들어서 값을 비교한다.)

실외 공기 중의 이산화탄소 농도가 0.03 %일 때, 실내 공간에서 공기 중의 초기 이산화탄소 농도 $c(0)$(%)를 측정한 후, t시간 뒤의 실내 공간의 이산화탄소 농도 $c(t)$(%)와 환기량 $Q(\text{m}^3/\text{시})$의 관계는 다음과 같다.

$$Q=k\times\frac{V}{t}\log\frac{c(0)-0.03}{c(t)-0.03}$$

(단, k는 양의 상수이고, $V(\text{m}^3)$는 실내 공간의 부피이다.)

실외 공기 중의 이산화탄소 농도가 0.03 %이고 환기량이 일정할 때, 초기 이산화탄소 농도가 0.83 %인 빈 교실에서 환기를 시작한 후 1시간 뒤의 이산화탄소 농도를 측정하였더니 0.43 %이었다. 환기를 시작한 후 t시간 뒤에 이산화탄소 농도가 0.08 %가 되었다. t의 값은? (4점)

(1시간 뒤 / t시간 뒤)

단서 주어진 식에 겁먹지 말고, 환기량이 일정하다는 조건을 토대로 주어진 정보들을 대입하여 1시간 뒤의 환기량, t시간 뒤의 환기량을 비교하자.

① 3 ② 4 ③ 5
④ 6 ⑤ 7

1st 1시간 후의 이산화탄소 농도와 환기량 Q를 구해.

초기 이산화탄소의 농도는 $c(0)=0.83$이고 1시간 후의 이산화탄소의 농도는 $c(1)=0.43$이므로 1시간 후의 이산화탄소 농도와 환기량의 관계는

$$Q=k\times\frac{V}{1}\log\frac{0.83-0.03}{0.43-0.03}=kV\log 2$$

2nd t시간 후의 이산화탄소 농도와 환기량 Q를 구해.

또, t시간 후의 이산화탄소의 농도는 $c(t)=0.08$이므로 t시간 후의 이산화탄소 농도와 환기량의 관계는

$$Q=k\times\frac{V}{t}\log\frac{0.83-0.03}{0.08-0.03}=\frac{kV}{t}\log 2^4$$

→ $\frac{0.8}{0.05}=\frac{80}{5}=16=2^4$

3rd 환기량 Q는 일정함을 이용하여 t의 값을 구해.

이때, 환기량 Q는 일정하므로

실수 '환기량이 일정'하다는 문제의 조건을 놓치면 안돼.

$kV\log 2=\frac{kV}{t}\log 2^4$, $1=\frac{4}{t}$

$\therefore t=4$

B 121 정답 64 *상용로그의 활용-소수 부분 [정답률 65%]

(정답 공식: N이 두 자리 자연수이면 $\log N=1+\alpha\ (0\le\alpha<1)$이다.)

두 자리의 자연수 N에 대하여 $\log N$의 소수 부분이 α일 때,

단서1 자리의 수는 상용로그의 정수 부분 n에 대하여 $n+1$이지?

$$\frac{1}{2}+\log N=\alpha+\log_4\frac{N}{8}$$

단서2 $\log N=n+\alpha$(n은 정수)라 하고 이 식을 N의 방정식으로 나타내 볼까?

을 만족시키는 N의 값을 구하시오. (4점)

1st N이 두 자리 정수이면 $\log N$의 정수 부분은 1임을 이용하여 α의 식을 세워.

$\log N=n+\alpha$(n은 정수)이면 $N=10^{n+\alpha}=10^n\times10^\alpha$으로 N의 자리의 수는 $(n+1)$이야.

N이 두 자리의 자연수이므로 $\log N$의 정수 부분은 1이다.

$\log N=1+\alpha(0\le\alpha<1)$

$\therefore \alpha=\log N-1$ ⋯ ㉠

실수 α는 소수 부분으로 범위가 제한되어 있으므로 이에 유의하여 식 $\log N=1+\alpha$를 완성시킬 수 있어야 해.

2nd α를 주어진 식에 대입하여 N의 값을 구해.

㉠을 $\frac{1}{2}+\log N=\alpha+\log_4\frac{N}{8}$에 대입하면

$\frac{1}{2}+\log N=(\log N-1)+\log_4\frac{N}{8}$에서

$\frac{3}{2}=\log_4\frac{N}{8}$ → [로그의 정의] $\log_a N=x\Longleftrightarrow N=a^x$

$\frac{N}{8}=4^{\frac{3}{2}}=(2^2)^{\frac{3}{2}}=2^3=8$ $\quad\therefore N=64$

$=2^{2\times\frac{3}{2}}$

B 122 정답 31 *상용로그의 활용-소수 부분 [정답률 45%]

(정답 공식: $1<\log x<2$이므로 정수 부분이 1이다. 각각의 로그 값의 정수 부분이 얼마인지 확인한다.)

$10<x<100$인 x에 대하여 $\log\sqrt{x}$의 소수 부분이 $\log\frac{1}{x}$의 소수 부분의 5배이다. $\log x=\frac{q}{p}$일 때, $p+q$의 값을 구하시오.

(단, p, q는 서로소인 자연수이다.) (4점)

단서 두 상용로그의 소수 부분을 구하여 조건에 맞게 식을 세워 볼까?

1st $\log\sqrt{x}$와 $\log\frac{1}{x}$의 소수 부분을 구하자.

→ α라 하면 α의 값의 범위는 $0\le\alpha<1$이야.

$10<x<100$에서 $\frac{1}{2}<\log\sqrt{x}<1$이므로

→ $1<\log x<2$이니까 $\frac{1}{2}<\frac{1}{2}\log x<1$이야.

$\log\sqrt{x}$의 정수 부분은 0이고 소수 부분은 $\log\sqrt{x}$이다.

→ $1<\log x<2$에서 $-2<-\log x=\log x^{-1}<-1$이니까.

또, $-2<\log\frac{1}{x}<-1$이므로

$\log\frac{1}{x}$의 정수 부분은 -2이고 소수 부분은 $\log\frac{1}{x}+2$이다.

$\log N=$(정수 부분)+(소수 부분) ⇒ (소수 부분)$=\log N-$(정수 부분)

함정 $-2<\log\frac{1}{x}<-1$에서의 소수 부분이 $\log\frac{1}{x}+2$임을 알기 어려울 수 있으므로 (소수 부분)$=\log N-$(정수 부분)을 외워두자.

2nd $\log\sqrt{x}$의 소수 부분이 $\log\frac{1}{x}$의 소수 부분의 5배임을 이용하여 $\log x$의 값을 구해.

이때, $\log\sqrt{x}$의 소수 부분이 $\log\frac{1}{x}$의 소수 부분의 5배이므로

$\log\sqrt{x}=5\left(\log\frac{1}{x}+2\right)$에서 $\frac{1}{2}\log x=5(-\log x+2)$

$=\log x^{\frac{1}{2}}$

$\frac{11}{2}\log x=10$ $\quad\therefore \log x=\frac{20}{11}$

따라서 $p=11$, $q=20$이므로 $p+q=11+20=31$

다른 풀이: **10 < x < 100에서 log x의 정수 부분이 1임을 이용하여 값 구하기**

$10<x<100$에서 $1<\log x<2$이므로 $\log x$의 정수 부분은 1이야. ($\log x=1.\times\times\times$)
즉, $\log x=1+\alpha$ (단, $0<\alpha<1$)라 하면

$\log\sqrt{x}=\frac{1}{2}\log x=\frac{1+\alpha}{2}$이고, $0<\frac{\alpha}{2}<\frac{1}{2}$에서 $\frac{1}{2}<\frac{1+\alpha}{2}<1$이므로 (소수의 범위로 OK)

$\log\sqrt{x}$의 소수 부분은 $\frac{1+\alpha}{2}$야.

또, $\log\frac{1}{x}=-\log x=-1-\alpha=-2+(1-\alpha)$이므로 $\log\frac{1}{x}$의 소수 부분은 $1-\alpha$야.
($-1<-\alpha<0$이니까 $0<1-\alpha<1$로 변형해야 해.)

한편, $\log\sqrt{x}$의 소수 부분이 $\log\frac{1}{x}$의 소수 부분의 5배이므로

$\frac{1+\alpha}{2}=5(1-\alpha)$에서 $1+\alpha=10-10\alpha$ $\quad\therefore \alpha=\frac{9}{11}$

따라서 $\log x=1+\frac{9}{11}=\frac{20}{11}=\frac{q}{p}$이므로

$p+q=11+20=31$

B 123 정답 ③ *상용로그의 활용 – 소수 부분 [정답률 45%]

(정답 공식: $\log a+\log b$의 값이 정수이다. 가능한 정수의 값을 찾아본다.)

> 100보다 작은 두 자연수 a, $b(a<b)$에 대하여 $\log a$의 소수 부분과 $\log b$의 소수 부분의 합이 1이 되는 순서쌍 (a, b)의 개수는? (4점)
> 단서 두 상용로그의 소수 부분의 합이 1이므로 두 상용로그의 합은 정수가 되겠지?
>
> ① 2 ② 4 ③ 6 ④ 8 ⑤ 10

1st 두 상용로그의 소수 부분의 합이 1이면 그 합은 정수가 됨을 이용하여 ab의 조건을 찾자.

실수 α와 β는 소수 부분으로 범위가 제한되어 있으므로 이에 유의하여 식 $\log a=n+\alpha$, $\log b=m+\beta$를 완성시킬 수 있어야 해.

$\log a=n+\alpha$(단, n은 정수, $0<\alpha<1$),
$\log b=m+\beta$(단, m은 정수, $0<\beta<1$)라 하면 (상용로그 $\log N$은 (정수 부분)+(소수 부분)으로 정리할 수 있어.)
$\log a+\log b=\log ab=n+m+1$ ($\because \alpha+\beta=1$)
따라서 $\log ab$는 정수이다. (m, n은 정수이니까 (정수)+(정수)=(정수)야.)

2nd a와 b가 100보다 작은 자연수라는 조건으로 ab의 값을 찾자.

$\log ab$는 정수이므로 ab는 10의 거듭제곱 꼴이다. (정수를 x라 하면 $\log ab=x \Rightarrow ab=10^x$이야.)
그리고 a와 b는 100보다 작은 자연수이므로 ab는 10, 10^2, 10^3이 될 수 있다.
($a\neq b$이니까 $ab\neq1$, $ab=10^4$이면 a 또는 b가 100보다 크거나 같아야 하니까 안 돼.)

3rd 세 가지 경우에 대해 순서쌍 (a, b)의 개수를 각각 구하자.

$a<b$이므로

실수 문제에서 α와 β는 소수 부분이지만 $\alpha+\beta=1$임을 만족한다고 나와있으니까 두 식을 합쳤을 때 $\log ab=n+m+1$로 표현해야 해.

(i) $ab=10$일 때, $(2, 5)$ ⇒ 1가지
(ii) $ab=100$일 때, $(2, 50)$, $(4, 25)$, $(5, 20)$ ⇒ 3가지
(iii) $ab=1000$일 때, $(20, 50)$, $(25, 40)$ ⇒ 2가지
따라서 (a, b)의 순서쌍은 6개이다.

수능 핵강

*ab=10에서 (1, 10)이 안 되는 이유

$\log a$의 소수 부분과 $\log b$의 소수 부분의 합이 1이므로 $\alpha+\beta=1$이야.
그런데 $\alpha=0$이면 $\beta=1$이 되어 β가 $\log b$의 소수 부분이라는 사실에 모순이야. 즉, $\alpha\neq0$이고 마찬가지로 $\beta\neq0$이야.
따라서 α, β의 범위는 $0<\alpha<1$, $0<\beta<1$인데, $a=1$, $b=10$이면 $\alpha=\beta=0$이 되므로 $(a, b)\neq(1, 10)$이 되어야 해.

B 124 정답 37 *상용로그의 활용 – 소수 부분 [정답률 51%]

(정답 공식: a, b의 값의 범위를 알고 있으므로 $\log a^3$, $\log b^5$의 값의 범위를 알고, 가능한 정수의 최댓값을 구할 수 있다.)

> $\log a^3$의 소수 부분과 $\log b^5$의 소수 부분이 모두 0이 되도록 하는 양의 실수 a, $b(1<a<10,\ 1<b<10)$에 대하여 ab의 최댓값이 $10^{\frac{q}{p}}$일 때, $p+q$의 값을 구하시오. (단, p와 q는 서로소인 자연수이다.) (4점)
> 단서 로그값이 정수 부분만 있다는 말이니까 a^3, b^5이 10의 거듭제곱이라고 이해하면 쉬워. 즉, $\log a^3=n$, $\log b^5=m$ (n, m은 정수)이라 두고 지수의 거듭제곱으로 나타내면 주어진 $10^{\frac{q}{p}}$의 꼴과 비교할 수 있지?

1st $\log a^3$, $\log b^5$을 각각 m, n으로 놓고 간단히 계산해.

$\log a^3=m$, $\log b^5=n$(m, n은 정수)으로 놓으면 (log의 소수 부분이 0이니까 정수 부분만 있다는 뜻이야.)
$\log a=\frac{m}{3}$, $\log b=\frac{n}{5}$

2nd 주어진 조건을 이용하여 m과 n의 범위를 구해.

$1<a<10$, $1<b<10$이므로 $0<\log a<1$, $0<\log b<1$

$0<\frac{m}{3}<1$, $0<\frac{n}{5}<1$ $\quad\therefore 0<m<3$, $0<n<5$

m, n은 정수이므로 $m=1, 2$이고, $n=1, 2, 3, 4$

$$\therefore \begin{cases} a=10^{\frac{1}{3}},\ 10^{\frac{2}{3}} \\ b=10^{\frac{1}{5}},\ 10^{\frac{2}{5}},\ 10^{\frac{3}{5}},\ 10^{\frac{4}{5}} \end{cases}$$

3rd ab의 최댓값을 이용하여 $p+q$의 값을 구해.

따라서 ab의 최댓값은 $10^{\frac{2}{3}}\times10^{\frac{4}{5}}=10^{\frac{22}{15}}$이므로 $\frac{q}{p}=\frac{22}{15}$ ([지수법칙] $a^n\times a^m=a^{n+m}$)
$\therefore p+q=15+22=37$

B 125 정답 ⑤ *상용로그의 활용 – 정수 부분과 소수 부분 [정답률 67%]

(정답 공식: n이 100 이하이므로 가능한 $f(n)$의 값은 0, 1, 2이다. 각각에 대해 n의 값을 추려본다.)

> 양수 x에 대하여 $\log x$의 정수 부분을 $f(x)$라 하자.
> $$f(n+10)=f(n)+1$$
> 단서 밑이 10인 상용로그 $\log x$이니까 10의 거듭제곱으로 나누어 $f(x)$를 유추하자.
>
> 을 만족시키는 100 이하의 자연수 n의 개수는? (4점)
>
> ① 11 ② 13 ③ 15 ④ 17 ⑤ 19

1st 100 이하의 자연수 n에 대하여 $\log n$의 정수 부분 $f(n)$의 값을 유추해.

100 이하의 자연수 n에 대하여 $f(n)$은 $\log n$의 정수 부분이므로 ($f(n)=0$ 또는 1 또는 2)
$f(n)=0$ 또는 $f(n)=1$ 또는 $f(n)=2$
($1\le n<10$, $10\le n<100$, $n=100$)

함정 100 이하의 자연수 n에 대하여 $\log n$의 정수부분 $f(n)$이 0일 때, 1일 때, 2일 때의 n의 범위를 나누어서 문제를 접근할 수 있어야 해.

(i) $f(n)=0$, 즉 $1\le n<10$ … ㉠일 때
$f(n+10)=f(n)+1=1$에서
$10\le n+10<100$ ($n+10$의 정수 부분이 1이니까 $1\le\log(n+10)<2$)
$\therefore 0\le n<90$ … ㉡
㉠, ㉡에 의하여 $1\le n<10$이므로 구하는 자연수 n의 개수는
1, 2, 3, …, 9로 9이다.

(ii) $f(n)=1$, 즉 $10\le n<100$ … ㉢일 때,
$f(n+10)=f(n)+1=2$에서
$100\le n+10<1000$ ($2\le\log(n+10)<3$)
$\therefore 90\le n<990$ … ㉣
㉢, ㉣에 의하여 $90\le n<100$이므로 구하는 자연수 n의 개수는
90, 91, 92, …, 99로 10이다.

(iii) $f(n)=2$, 즉 $n=100$ ⋯ ㉤일 때,

$f(n+10)=f(n)+1=3$에서 → $3\le\log(n+10)<4$

$1000\le n+10<10000$

$\therefore 990\le n<9990$ ⋯ ㉥ → n은 100 이하의 자연수이니까

㉤, ㉥에 의하여 이때의 자연수 n은 존재하지 않는다.

(i), (ii), (iii)에 의하여 주어진 조건을 만족시키는 자연수 n의 개수는

$9+10=19$

B 126 정답 ③ *상용로그의 활용-정수 부분과 소수 부분 ⋯ [정답률 58%]

(정답 공식: 주어진 조건에 따라 $\log n=1+\alpha$이다. α의 값의 범위가 주어져 있으므로 n의 값의 범위도 구할 수 있다.)

양의 실수 x에 대하여 $f(x)$가 $f(x)=\log x$이다. $f(n)$의 정수 부분이 1, 소수 부분이 α일 때, 2α의 정수 부분이 1인 모든 자연수 n의 개수는? (단, $3.1<\sqrt{10}<3.2$) (4점)

단서 2α의 정수 부분이 1이므로 $1\le 2\alpha<2$야.

① 64 ② 66 ③ 68 ④ 70 ⑤ 72

1st 조건을 이용해서 α의 범위를 구하자.

2α의 정수 부분이 1이므로 $1\le 2\alpha<2$ $\quad\therefore \frac{1}{2}\le\alpha<1$

2nd 로그의 성질을 이용해서 n의 범위를 구하자.

$f(n)$의 정수 부분이 1, 소수 부분이 α이므로

$f(n)=\log n=1+\alpha$

$1+\frac{1}{2}\le\log n<1+1$, $10^{\frac{3}{2}}\le n<10^2$ → $10^{\frac{3}{2}}=(10^{\frac{1}{2}})^3=(\sqrt{10})^3=10\sqrt{10}$

$3.1<\sqrt{10}<3.2$라 하므로 각 변에 10을 곱하면 $31<10\sqrt{10}<32$

즉, $10\sqrt{10}=31.\cdots$이므로 $31.\cdots\le n<10^2$

그런데 n은 자연수이므로 $32\le n<100$

따라서 자연수 n의 개수는 68이다.

자연수 a, b, n에 대하여 $a\le n<b$ 또는 $a<n\le b$이면 자연수 n의 개수는 $b-a$야.

B 127 정답 11 *상용로그의 활용-정수 부분과 소수 부분 ⋯ [정답률 47%]

(정답 공식: $\log\frac{x}{y}=\log x-\log y$를 이용해서 식을 정리하고, $\log x$, $\log y$의 값의 범위로 정리한 식의 범위를 구한다.)

$\log x$의 정수 부분이 4이고 $\log y$의 정수 부분이 1일 때,

단서1 두 상용로그의 범위를 정할 수 있지?

$\left(\log\frac{x}{y}\right)\left(\log\frac{y}{x}\right)$의 값 중에서 정수의 개수를 구하시오. (4점)

단서2 단서1을 이용하여 이 식의 범위를 구해 볼까?

1st 로그의 성질을 이용하여 $\left(\log\frac{x}{y}\right)\left(\log\frac{y}{x}\right)$를 간단히 정리해.

$\left(\log\frac{x}{y}\right)\left(\log\frac{y}{x}\right)=-\left(\log\frac{x}{y}\right)^2=-(\log x-\log y)^2$ ⋯ ㉠ ← $\log\frac{b}{a}=-\log\frac{a}{b}$

2nd $\log a$의 정수 부분이 n일 때, $n\le\log a<n+1$을 이용하여 $\left(\log\frac{x}{y}\right)\left(\log\frac{y}{x}\right)$의 값의 범위를 구해.

이때, $4\le\log x<5$, $1\le\log y<2$이므로 → $-2<-\log y\le-1$이고 $\log x$, $-\log y$로 표현된 두 부등식을 더하면 돼.

$2<\log x-\log y<4$

㉠에 의하여

$-16<\left(\log\frac{x}{y}\right)\left(\log\frac{y}{x}\right)<-4$

$a\le x\le b$ ⋯ ⓐ
$c<y<d$ ⋯ ⓑ
ⓐ+ⓑ을 하면 $a+c<x+y<b+d$
ⓐ−ⓑ을 하면 $a-d<x-y<b-c$

따라서 조건을 만족시키는 정수의 개수는 11이다.

$-15, -14, \cdots, -5$로 $-5-(-15)+1=11$

1등급 마스터 문제 [4점+2등급 대비+1등급 대비]

B 128 정답 426 *로그의 성질의 활용-식의 정리 ⋯ [정답률 33%]

(정답 공식: $\log_a x=b$이면 $x=a^b$이다.)

자연수 n에 대하여 $4\log_{64}\left(\frac{3}{4n+16}\right)$의 값이 정수가 되도록 하는 1000 이하의 모든 n의 값의 합을 구하시오. (4점)

단서 정수 k에 대하여 $4\log_{64}\left(\frac{3}{4n+16}\right)=k$라 놓고 조건을 만족시키는 n의 값을 구해.

1st 주어진 값이 정수가 되도록 하는 자연수 n을 식으로 나타내.

정수 k에 대하여 $4\log_{64}\left(\frac{3}{4n+16}\right)=k$라 하면

$4\log_{2^6}\left(\frac{3}{4n+16}\right)=k$, $\frac{4}{6}\log_2\left(\frac{3}{4n+16}\right)=k$ ← $\log_{a^n}k=\frac{1}{n}\log_a k$

$\frac{2}{3}\log_2\left(\frac{3}{4n+16}\right)=k$, $\log_2\left(\frac{3}{4n+16}\right)=\frac{3}{2}k$ ← $\log_a x=t \Leftrightarrow x=a^t$

$\therefore \frac{3}{4n+16}=2^{\frac{3}{2}k}=(2^3)^{\frac{k}{2}}=8^{\frac{k}{2}}$ ⋯ ㉠ ← $a^{mn}=(a^m)^n$

이때, 자연수 n에 대하여 $0<\frac{3}{4n+16}<1$이므로 $0<8^{\frac{k}{2}}<1$이어야 한다.

n이 자연수이므로 $4n+16>20$이야.

즉, $k<0$이어야 한다.

또, $\frac{3}{4n+16}$이 유리수이므로 $8^{\frac{k}{2}}$도 유리수가 되어야 한다.

따라서 자연수 m에 대하여 $k=-2m$이라 하면 ㉠에서

$\frac{3}{4n+16}=8^{-m}$, $\frac{4n+16}{3}=8^m$

$\therefore 4n+16=3\times8^m$

자연수 m에 대하여 $k=-(2m-1)=-2m+1$이라 하면 $8^{\frac{k}{2}}=8^{\frac{-2m+1}{2}}=8^{-m}\times8^{\frac{1}{2}}=\frac{\sqrt{8}}{8^m}$이므로 무리수가 돼. 따라서 $k=-2m$이어야 해.

2nd 조건을 만족시키는 자연수 n의 값을 구해.

(i) $m=1$일 때

$4n+16=3\times8=24$에서 $4n=8$

$\therefore n=2$

(ii) $m=2$일 때

$4n+16=3\times8^2=192$에서 $4n=176$

$\therefore n=44$

(iii) $m=3$일 때

$4n+16=3\times8^3=1536$에서 $4n=1520$

$\therefore n=380$

(iv) $m\ge4$일 때 n의 값은 1000보다 크다.

(i)~(iv)에 의하여 조건을 만족시키는 모든 n의 값의 합은

$2+44+380=426$이다.

로그의 성질 개념·공식

$a>0$, $a\ne1$, $x>0$, $y>0$일 때,

① $\log_a a=1$ ② $\log_a 1=0$

③ $\log_a x+\log_a y=\log_a xy$ ④ $\log_a x-\log_a y=\log_a\frac{x}{y}$

B 129 정답 70 *상용로그의 활용-정수 부분과 소수 부분 [정답률 38%]

(정답 공식: $\{f(x)\}^2+3g(x)=3$에서 $f(x)$가 정수이므로 가능한 값은 ±1이다. 각각에 대해 $\log x$의 값을 구할 수 있다.)

양수 x에 대하여 단서1 상용로그의 정수 부분이 $f(x)$, 소수 부분이 $g(x)$야.

$\log x=f(x)+g(x)$ ($f(x)$는 정수, $0\le g(x)<1$)

이라 하자. $\{f(x)\}^2+3g(x)$의 값이 3이 되도록 하는 모든 x의 값의 곱은 $10^{\frac{q}{p}}$이다. $10(p+q)$의 값을 구하시오. (단, p, q는 서로소인 자연수이다.) (4점) 단서2 소수 부분 $g(x)$의 범위로 정수 $f(x)$의 값을 유추하여 x의 값을 찾아 볼까?

1st 조건을 만족시키는 정수 $f(x)$의 값을 구해.

$\{f(x)\}^2+3g(x)=3$에서

$g(x)=\frac{3-\{f(x)\}^2}{3}$ … ㉠이고 $0\le g(x)<1$이므로

$0\le\frac{3-\{f(x)\}^2}{3}<1$ $\therefore 0<\{f(x)\}^2\le3$ → $\{f(x)\}^2=1, 2, 3$

그런데 $f(x)$는 정수이므로 $f(x)=1$ 또는 $f(x)=-1$이다.

2nd $f(x)$의 값에 따라 $\{f(x)\}^2+3g(x)=3$을 만족시키는 x의 값을 구하자.

(i) $f(x)=1$일 때, ㉠에 대입하면

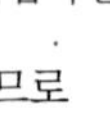

실수 문제에서 $f(x)$는 정수라 하였으므로 $\{f(x)\}^2=1, 2, 3$일 때를 모두 고려하지 않아도 돼. 이 중에서 제곱수는 1뿐이므로 $f(x)=\pm1$일 때만 해당되겠지.

$g(x)=\frac{3-1^2}{3}=\frac{2}{3}$이므로

$\log x=f(x)+g(x)=1+\frac{2}{3}=\frac{5}{3}$ $\therefore x=10^{\frac{5}{3}}$

[로그의 정의] $\log_a N=x \Longleftrightarrow a^x=N$

(ii) $f(x)=-1$일 때, ㉠에 대입하면

$g(x)=\frac{3-(-1)^2}{3}=\frac{2}{3}$이므로

$\log x=f(x)+g(x)=-1+\frac{2}{3}=-\frac{1}{3}$ $\therefore x=10^{-\frac{1}{3}}$

3rd 모든 x의 값의 곱을 구하여 p, q의 값을 구할 수 있겠지?

(i), (ii)에 의하여 모든 x의 값의 곱은 $10^{\frac{5}{3}}\times10^{-\frac{1}{3}}=10^{\frac{4}{3}}$ ($a^m\times a^n=a^{m+n}$)

따라서 $p=3$, $q=4$이므로 $10(p+q)=10(3+4)=70$

다른 풀이: $g(x)$의 값을 기준으로 가능한 $f(x)$의 값을 유추하여 값 구하기

$\{f(x)\}^2+3g(x)=3$ … ㉠에서 $f(x)$가 정수이므로 $3g(x)$도 정수여야 해. ($3g(x)=3-\{f(x)\}^2=$(정수)$-$(정수)$=$(정수))

그런데 $0\le g(x)<1$에서 $0\le3g(x)<3$이므로 $3g(x)$의 값은 0 또는 1 또는 2야.

(i) $3g(x)=0$, 즉 $g(x)=0$일 때,

㉠에서 $\{f(x)\}^2=3$ $\therefore f(x)=\pm\sqrt{3}$ ⇒ 무리수

그런데 이것은 $f(x)$가 정수라는 조건에 맞지 않아.

(ii) $3g(x)=1$, 즉 $g(x)=\frac{1}{3}$일 때,

㉠에서 $\{f(x)\}^2+1=3$ $\therefore f(x)=\pm\sqrt{2}$ ⇒ 무리수

이것도 $f(x)$는 정수라는 조건에 맞지 않아.

(iii) $3g(x)=2$, 즉 $g(x)=\frac{2}{3}$일 때,

㉠에서 $\{f(x)\}^2+2=3$ $\therefore f(x)=\pm1$

따라서 주어진 조건을 만족시키는 x의 값은

$f(x)=1$, $g(x)=\frac{2}{3}$일 때, $\log x=1+\frac{2}{3}=\frac{5}{3}$에서 $x=10^{\frac{5}{3}}$

$f(x)=-1$, $g(x)=\frac{2}{3}$일 때, $\log x=-1+\frac{2}{3}=-\frac{1}{3}$에서 $x=10^{-\frac{1}{3}}$

(이하 동일)

B 130 정답 44 ✪1등급 대비 [정답률 12%]

*두 상용로그의 소수 부분이 같도록 하는 자연수 n의 값 구하기 [유형 14]

양의 실수 x에 대하여 $\log x$의 소수 부분을 $f(x)$라 하자. 다음 조건을 만족시키는 a와 n에 대하여 모든 자연수 n의 값의 합을 구하시오. (4점) 단서1 $\log a$와 $\log a^{2n}$의 소수 부분이 같으므로 두 수의 차는 정수가 되겠지? 나머지를 찾아야 해.

(가) $f(a)=f(a^{2n})$

(나) $(n+1)\log a=3n^2-4n+4$

단서2 다음과 같이 고쳐보자.

$\log_a=\frac{(n\text{에 대한 2차식})}{(n\text{에 대한 1차식})}=(n\text{에 대한 1차식})+\frac{k}{(n\text{에 대한 1차식})}$

왜 1등급? 두 로그의 소수 부분이 같도록 하는 자연수 n의 값을 구하는 것이다. 이를 위해서는 두 수의 소수 부분이 같으면 두 수의 차 $\log a^{2n}-\log a$의 값이 정수가 되므로 이를 n에 대하여 나타내어 따져 볼 수 있어야 한다.

단서+발상

단서1 조건 (가)에서 $\log a$와 $\log a^{2n}$의 소수 부분이 같으므로 두 수의 차의 소수 부분은 0이다. (개념)

따라서 두 수의 차는 두 수의 정수 부분의 차와 같으므로 정수가 된다. (발상)

단서2 조건 (나)에서 주어진 식을 $\log a=$ ☐ 로 정리하여 $\log a$의 정수 부분과 소수 부분을 구분한다. (적용)

로그의 성질에 의해 $\log a^{2n}=2n\log a$이므로 $\log a^{2n}-\log a$를 $\log a$로 묶어 나타내어 $\log a^{2n}-\log a$의 값이 정수가 되도록 하는 자연수 n의 값을 구한다. (해결)

(주의) $\log a$와 $\log a^{2n}$의 소수 부분을 각각 구해 비교하기보다는 두 수의 차가 정수가 됨을 이용하면 쉽게 구할 수 있다.

(핵심 정답 공식: 소수 부분이 같다는 것은 로그 값을 서로 뺀 값이 정수라는 뜻이다.)

[문제 풀이 순서]

1st 두 상용로그의 소수 부분이 같으면 그 차가 정수가 됨을 이용해서 식을 세우자.

조건 (나)에서 $(n+1)\log a=3n^2-4n+4$이므로 양변을 $n+1$로 나누면

$\log a=3n-7+\frac{11}{n+1}$ … ㉠

실수 정말 자주 쓰이는 성질이니까 잘 익혀둬.

$\frac{3n^2-4n+4}{n+1}=\frac{(3n-7)(n+1)+11}{n+1}=3n-7+\frac{11}{n+1}$

조건 (가)에서 $f(a)=f(a^{2n})$

즉, $\log a$와 $\log a^{2n}$의 소수 부분이 같으므로 $\log a^{2n}-\log a$의 값이 정수여야 한다.

$\log a=m+\alpha$, $\log a^{2n}=m'+\alpha$ (m, m'은 정수, $0\le\alpha<1$)이면 $\log a^{2n}-\log a=(m'+\alpha)-(m+\alpha)=(m'-m)=$(정수)

$2n\log a-\log a=(2n-1)\log a=$(정수)이므로

㉠의 양변에 $(2n-1)$을 곱하면

$(2n-1)\log a=(2n-1)(3n-7)+\frac{11(2n-1)}{n+1}$

$=\underset{\text{정수}}{(2n-1)(3n-7)+22}-\frac{33}{n+1}$

2nd 조건에 맞는 자연수 n의 값을 구하자.

$\frac{33}{n+1}$이 정수이면 $(2n-1)\log a$가 정수이다. n은 자연수이므로 $n+1$은 3, 11, 33이어야 한다. 즉, n은 2, 10, 32이다.

$\frac{33}{n+1}$이 정수가 되려면 $n+1$은 33의 약수이어야 하는데 n이 자연수이니까 $n+1$로 가능한 수는 3, 11, 33 이야.

따라서 모든 자연수 n의 값의 합은

$2+10+32=44$

1등급 대비 **특강**

＊소수 부분이 같은 두 수의 차가 정수인 이유

$\log a^{2n}$의 정수 부분과 소수 부분을 각각 m, α $(0\le\alpha<1)$, $\log a$의 정수 부분과 소수 부분을 각각 m', β $(0\le\beta<1)$라 하고 두 수 $\log a^{2n}$, $\log a$의 차를 k라 하면 $k=\log a^{2n}-\log a=(m+\alpha)-(m'+\beta)=(m-m')+(\alpha-\beta)$이지? 그런데 문제에서 두 수 $\log a^{2n}$, $\log a$의 소수 부분이 같다고 했으니까 $\alpha=\beta$에서 $\alpha-\beta=0$이고 m, m'은 정수이므로 $m-m'$로 정수야.

$\therefore \log a^{2n}-\log a=(m-m')+(\alpha-\beta)=m-m'=$(정수)

My Top Secret 서울대 선배의 ❶ 등급 대비 전략

소수 부분이 같다는 조건을 두 수의 차가 정수가 된다는 조건으로 바꾸어 활용하는 이유는 조건 (나)에서 주어진 $\log a$의 식을 이용하여 계산 실수를 줄이기 위해서라고 볼 수 있어.
왜냐하면 각 수의 소수 부분을 직접 계산해서 서로 비교하면 계산이 복잡해지기 때문에 실수하기 쉽기 때문이야.

B 131 정답 ③

✪1등급 대비 [정답률 15%]

＊주어진 등식을 만족시키는 자연수 a, b의 값 구하기 [유형 15]

양수 x에 대하여 $\log x$의 정수 부분을 $f(x)$라 할 때, $f(ab)=f(a)f(b)+2$를 만족시키는 20 이하의 두 자연수 a, b의 순서쌍 (a, b)에 대하여 $a+b$의 최솟값은? (4점)

① 19 ② 20 ③ 21
④ 22 ⑤ 23

단서 a, b의 값의 범위에 따라 $1\le ab\le 400$이니까 $f(ab)=0$ 또는 1 또는 2가 되지?

왜 1등급? 정수 부분을 활용하여 주어진 등식을 만족시키는 자연수를 구하는 문제이다.
두 자연수 a, b의 값의 범위를 나누어 $f(ab)$의 값을 따져 볼 수 있어야 한다.

단서+발상

단서 $\log x$의 정수 부분인 $f(x)$는 $1\le x<10$일 때 $f(x)=0$, $10\le x<100$일 때 $f(x)=1$, $100\le x<1000$일 때 $f(x)=2$이다. (개념)
a와 b는 20 이하의 자연수이므로 $f(a)$와 $f(b)$는 0 또는 1의 값을 갖고, ab는 $1\le ab\le 400$이므로 $f(ab)$는 0, 1, 2의 값을 갖는다. (적용)
$f(ab)\le 2$이고 $f(a)f(b)\ge 0$인 것을 활용하여 $f(ab)=f(a)f(b)+2$에서 등호가 성립하려면 $f(ab)=2$이고 $f(a)f(b)=0$임을 알 수 있다. (발상)
따라서 $100\le ab\le 400$이고, $1\le a<10$ 또는 $1\le b<10$이다. (해결)

주의 a와 b의 값의 범위에 주의하여 $a+b$의 값이 최소가 되는 경우를 찾아야 한다.

(핵심 정답 공식: a, b가 20 이하의 두 자연수이므로 $f(a)$, $f(b)$의 값은 0 또는 1이다. 각각에 대해 경우의 수를 나눈다.)

[문제 풀이 순서]

1st 20 이하의 자연수 k에 대하여 $f(k)=0$ 또는 $f(k)=1$임을 이용해.

주의 상용로그는 밑이 10이므로 $\log a$의 정수 부분이 자연수이려면 $a\ge 10$을 만족해야 해.

다음과 같이 두 자연수 a, b의 범위를 나누어 $f(ab)=f(a)f(b)+2$를 만족시키는 자연수 (a, b)의 순서쌍을 구하자.

(i) $1\le a\le 9$, $1\le b\le 9$인 경우
a, b는 한 자리의 수이므로 $\log a$의 정수 부분은 0이다.
(a가 n자리의 수일 때, $\log a$의 정수 부분은 $n-1$이야.)
마찬가지로 $\log b$의 정수 부분도 0이다.
즉, $f(a)=f(b)=0$이므로
$f(ab)=f(a)f(b)+2=0\times 0+2=2$ ⋯ ㉠
그런데 $1\le ab\le 81$이므로 $\log 1=0\le\log ab\le\log 81<\log 10^2=2$
이때, ㉠에서 $f(ab)=2$이어야 하는데 $\log ab$의 정수 부분 $f(ab)$의 값은 2가 될 수 없으므로 주어진 조건을 만족시키는 자연수 (a, b)의 순서쌍은 존재하지 않는다.

(ii) $1\le a\le 9$, $10\le b\le 20$인 경우
a는 한 자리의 수이고, b는 두 자리의 수이므로 $\log a$의 정수 부분은 0이고, $\log b$의 정수 부분은 1이다. (a가 n자리의 수일때 $\log a$의 정수 부분은 $n-1$이야.)
즉, $f(a)=0$, $f(b)=1$이므로
$f(a)f(b)+2=0\times 1+2=2$ ⋯ ㉡ (ab가 두 자리 수이면 $\log ab$의 정수 부분은 1이야.)
이때, $10\le ab\le 180$인데, $10\le ab<100$일 때는 $f(ab)=1$이므로 ㉡에 의하여 $f(ab)=2$이면 두 자연수 a, b는 $100\le ab\le 180$을 만족해야만 한다.
따라서 주어진 조건을 만족시키는 순서쌍 (a, b)는
$(5, 20)$ → 각각에서 $a+b$의 최솟값을 구할 수 있을 거야.
$(6, 17)$, $(6, 18)$, $(6, 19)$, $(6, 20)$ ⇐ $6\times 16=96<100$
$(7, 15)$, $(7, 16)$, ⋯, $(7, 20)$ ⇐ $7\times 14=98<100$
$(8, 13)$, $(8, 14)$, ⋯, $(8, 20)$ ⇐ $8\times 12=96<100$
$(9, 12)$, $(9, 13)$, ⋯, $(9, 20)$ ⇐ $9\times 11=99<100$
이므로 $a+b$의 최솟값은
$8+13=9+12=21$

(iii) $10\le a\le 20$, $1\le b\le 9$인 경우
(ii)와 마찬가지로 $a+b$의 최솟값은 21이다.

(iv) $10\le a\le 20$, $10\le b\le 20$인 경우
$\log a$, $\log b$의 정수 부분이 모두 1로 $f(a)=f(b)=1$이므로
$f(a)f(b)+2=1\times 1+2=3$ ⋯ ㉢
$\log 100=2\le\log ab\le\log 400<\log 10^3=3$ (ab는 세 자리 수이니까 $\log ab$의 정수 부분이 2야.)
이때, ㉢에서 $f(ab)=3$이어야 하는데 $100\le ab\le 400$이므로 $\log ab$의 정수 부분 $f(ab)$의 값은 3이 될 수 없으므로 주어진 조건을 만족시키는 자연수 (a, b)의 순서쌍은 존재하지 않는다.

(i)~(iv)에 의하여 $a+b$의 최솟값은 21이다.

My Top Secret 서울대 선배의 ❶ 등급 대비 전략

주어진 범위에서 로그의 정수 부분이 갖는 값의 범위는 한정적이므로 그 값에 따라 경우를 나누어 구할 수 있어. 따라서 a와 b의 값의 범위를 나누고, ab의 값의 범위를 나누어 등식을 만족시키는 경우를 구할 수 있어.

상용로그의 정수 부분과 소수 부분 개념·공식

① $\log N$의 정수 부분이 n자리이면
$n<\log N<n+1$, 즉 $10^n<N<10^{n+1}$이다.
② $\log A$와 $\log B$의 소수 부분이 같으면
$\log A-\log B=$(정수)
③ $\log A$와 $\log B$의 소수 부분의 합이 정수이면
$\log A+\log B=$(정수)

B 132 정답 973 *로그의 정의 [정답률 74%]

(정답 공식: $a^x=b$이면 $x=\log_a b$이고 $\log_a x=b$이면 $x=a^b$이다.)

> 단서1 로그의 정의를 이용하여 b를 a로, d를 c로 나타내 봐.
> 단서2 a, b, c, d가 자연수라는 조건이 이 문제의 핵심이야. 단서1에서 b, d가 자연수가 되기 위한 조건이 무엇인지 생각해야 해.
>
> $\log_a b=\frac{3}{2}$, $\log_c d=\frac{3}{4}$을 만족시키는 자연수 a, b, c, d에 대하여 $a-c=19$일 때, $b-d$의 값을 구하시오. (4점)
>
> 단서3 단서2에서 찾아낸 조건과 $a-c=19$를 이용하여 a, c의 값을 각각 결정할 수 있어.

1st b, d를 a, b로 나타내자.

$\log_a b=\frac{3}{2}$에서 $b=a^{\frac{3}{2}}$ ··· ㉠, $\log_c d=\frac{3}{4}$에서 $d=c^{\frac{3}{4}}$ ··· ㉡ ($\log_a b=x \Leftrightarrow b=a^x$)

2nd a, c의 값을 각각 구하자.

a, b, c, d는 자연수이므로 ㉠에서 a는 제곱수가 되어야 하고 ㉡에서 c는 네제곱수가 되어야 한다.

즉, 가능한 a의 값은 제곱수인 4, 9, 16, 25, ···이고 가능한 c의 값은 네제곱수인 16, 81, 256, 625, ···이다.

이 중 $a-c=19$를 만족시키는 a와 c의 값은 $a=100$, $c=81$이다. ··· (★)

3rd $b-d$의 값을 구하자.

㉠에서 $b=a^{\frac{3}{2}}=100^{\frac{3}{2}}=(10^2)^{\frac{3}{2}}=10^{2\times\frac{3}{2}}=10^3=1000$이고 ($(a^m)^n=a^{mn}$)

㉡에서 $d=c^{\frac{3}{4}}=81^{\frac{3}{4}}=(3^4)^{\frac{3}{4}}=3^{4\times\frac{3}{4}}=3^3=27$이므로

$b-d=1000-27=973$

수능 핵강

*(★)에서 $a-c=19$를 만족시키는 a와 c의 값이 하나뿐인 이유

자연수 s, t에 대하여 a는 제곱수이므로 $a=s^2$이라 하고 c는 네제곱수이므로 $c=t^4$이라 하면 $a-c=19$에서 $s^2-t^4=19$야.

이를 인수분해하면 $(s+t^2)(s-t^2)=19$이고 s, t가 자연수이므로 $s+t^2$, $s-t^2$도 모두 자연수가 되어야 해. 또, 19를 두 자연수의 곱으로 나타내면 $19=1\times19$이므로 $s+t^2=1$, $s-t^2=19$ 또는 $s+t^2=19$, $s-t^2=1$이어야 해.

(i) $s+t^2=1$, $s-t^2=19$일 때,
s, t^2은 모두 자연수이므로 $s+t^2=1$을 만족시키는 경우는 없어. 따라서 $s+t^2=1$, $s-t^2=19$를 만족시키는 자연수 s, t는 존재하지 않아.

(ii) $s+t^2=19$, $s-t^2=1$일 때,
i) $s+t^2=19$에서 $t^2=1$일 때, $s=18$인데 $s-t^2=1$을 만족시키지 않아.
ii) $s+t^2=19$에서 $t^2=4$일 때, $s=15$인데 $s-t^2=1$을 만족시키지 않아.
iii) $s+t^2=19$에서 $t^2=9$일 때, $s=10$이고 $s-t^2=1$을 만족시켜.
$\therefore s=10, t=3$
iv) $s+t^2=19$에서 $t^2=16$일 때, $s=3$인데 $s-t^2=1$을 만족시키지 않아.
v) $t^2\geq25$이면 $s+t^2=19$를 만족시키는 자연수 s는 존재하지 않아.

(i), (ii)에 의하여 조건을 만족시키는 s, t의 값은 각각 $s=10$, $t=3$이므로 $a=s^2=10^2=100$, $c=t^4=3^4=81$

B 133 정답 250 *로그의 성질의 활용–식의 정리 [정답률 72%]

(정답 공식: $\log_a MN=\log_a M+\log_a N$, $\log_a \frac{M}{N}=\log_a M-\log_a N$)

> 실수 a, b, c가
>
> $\log\frac{ab}{2}=(\log a)(\log b)$,
>
> $\log\frac{bc}{2}=(\log b)(\log c)$,
>
> $\log(ca)=(\log c)(\log a)$
>
> 단서1 로그의 성질을 이용하여 $\log a$, $\log b$, $\log c$에 대한 식으로 나타내.
>
> 를 만족시킬 때, $a+b+c$의 값을 구하시오. (단, a, b, c는 모두 10보다 크다.) (4점)
>
> 단서2 $\log a$, $\log b$, $\log c$의 값은 모두 1보다 커.

1st 치환을 이용하여 연립방정식을 만들어.

$\log a=A$, $\log b=B$, $\log c=C$라 하면

$\log\frac{ab}{2}=(\log a)(\log b)$에서 $\log(ab)-\log 2=(\log a)(\log b)$ ($\log_a MN=\log_a M+\log_a N$, $\log_a\frac{M}{N}=\log_a M-\log_a N$)

$\log a+\log b-\log 2=(\log a)(\log b)$

$\therefore A+B-\log 2=AB$ ··· ㉠

$\log\frac{bc}{2}=(\log b)(\log c)$에서 $\log(bc)-\log 2=(\log b)(\log c)$

$\log b+\log c-\log 2=(\log b)(\log c)$

$\therefore B+C-\log 2=BC$ ··· ㉡

$\log(ca)=(\log c)(\log a)$에서 $\log c+\log a=(\log c)(\log a)$

$\therefore C+A=CA$ ··· ㉢

2nd A, B, C에 대한 방정식을 풀자.

㉠−㉡을 하면 $A-C=AB-BC$에서 $A-C=B(A-C)$

$B(A-C)-(A-C)=0$, $(A-C)(B-1)=0$

$\therefore A=C$ ($\because B>1$) ($b>10$이므로 $\log b>\log 10=1$ $\therefore B>1$)

이것을 ㉢에 대입하면 $C+C=C^2$에서 $C^2-2C=0$, $C(C-2)=0$

$\therefore C=2$ ($\because C>1$) $\Rightarrow A=2$ ($c>10$이므로 $\log c>\log 10=1$ $\therefore C>1$)

$A=2$를 ㉠에 대입하면 $2+B-\log 2=2B$에서

$B=2-\log 2=\log 100-\log 2=\log\frac{100}{2}=\log 50$

3rd a, b, c의 값을 각각 구하고 $a+b+c$를 계산해.

$A=2$에서 $\log a=2$ $\therefore a=10^2=100$ ($\log_a x=k \Leftrightarrow x=a^k$)

$B=\log 50$에서 $\log b=\log 50$ $\therefore b=50$

$C=2$에서 $\log c=2$ $\therefore c=10^2=100$

$\therefore a+b+c=100+50+100=250$

B 134 정답 ④ *로그의 성질의 활용–식의 정리 [정답률 72%]

(정답 공식: $\log_a b=\frac{1}{\log_b a}$임을 이용한다.)

> 두 양수 a, b가 (단서 미지수가 a, b로 2개이고 식도 2개이므로 연립방정식을 풀어야 해.)
>
> $\log_b a+\log_a b=\frac{26}{5}$, $ab=27$
>
> 을 만족시킬 때, a^2+b^2의 값은? (단, $a\neq1$, $b\neq1$) (3점)
>
> ① 240 ② 242 ③ 244 ④ 246 ⑤ 248

1st $\log_a b$의 값을 구해.

$\log_b a + \log_a b = \frac{26}{5}$에서 $\frac{1}{\log_a b} + \log_a b = \frac{26}{5}$

→ [로그의 밑 변환 공식] $\log_a b = \frac{1}{\log_b a}$, $\log_a b = \frac{\log_c b}{\log_c a}$

이때, $\log_a b = t$라 하면 $\frac{1}{t} + t = \frac{26}{5}$

양변에 $5t$를 곱하면 $5 + 5t^2 = 26t$

$5t^2 - 26t + 5 = 0$, $(5t-1)(t-5) = 0$ $\quad \therefore t = \frac{1}{5}$ 또는 $t = 5$

$\therefore \log_a b = \frac{1}{5}$ 또는 $\log_a b = 5$

2nd $a^2 + b^2$의 값을 구해.

(i) $\log_a b = \frac{1}{5}$이면 $b = a^{\frac{1}{5}}$에서 $a = b^5$ ⋯ ㉠

→ $\log_a x = b \Leftrightarrow x = a^b$

이것을 $ab = 27$에 대입하면 $b^5 \times b = 27$, $b^6 = 27$ → $a^m \times a^n = a^{m+n}$

$(b^2)^3 = 3^3$ $\quad \therefore b^2 = 3$ → $(a^m)^n = a^{mn}$

㉠의 양변을 제곱하면 $a^2 = b^{10} = (b^2)^5 = 3^5 = 243$

$\therefore a^2 + b^2 = 243 + 3 = 246$

(ii) $\log_a b = 5$이면 $b = a^5$ ⋯ ㉡

이것을 $ab = 27$에 대입하면 $a \times a^5 = 27$, $a^6 = 27$

$(a^2)^3 = 3^3$ $\quad \therefore a^2 = 3$

㉡의 양변을 제곱하면 $b^2 = a^{10} = (a^2)^5 = 3^5 = 243$

$\therefore a^2 + b^2 = 3 + 243 = 246$

(i), (ii)에 의하여 $a^2 + b^2 = 246$

B 135 정답 ④ *로그와 이차방정식 [정답률 73%]

(정답 공식: $a^x = b \Rightarrow a = b^{\frac{1}{x}}$, $\log_a b = x \Longleftrightarrow a^x = b$)

두 양수 a, $b(a > b)$에 대하여 $9^a = 2^{\frac{1}{b}}$, $(a+b)^2 = \log_3 64$일 때, $\frac{a-b}{a+b}$의 값은? (4점)

단서 두 식을 변형하여 a, b에 관한 식을 유도하자.

① $\frac{\sqrt{6}}{6}$ ② $\frac{\sqrt{3}}{3}$ ③ $\frac{\sqrt{2}}{2}$ ④ $\frac{\sqrt{6}}{3}$ ⑤ $\frac{\sqrt{30}}{6}$

1st 지수법칙과 로그의 정의를 이용한다.

$9^a = 2^{\frac{1}{b}}$에서 $3^{2a} = 2^{\frac{1}{b}}$ → 양변에 양수인 b제곱을 하면 돼.

$\therefore 3^{2ab} = 2$ ⋯ ㉠

$(a+b)^2 = \log_3 64$에서 $3^{(a+b)^2} = 64 = 2^6$ → 로그의 정의 $\log_a b = x \Longleftrightarrow a^x = b$

$\therefore 3^{\frac{(a+b)^2}{6}} = 2$ ⋯ ㉡ → 양변에 $\frac{1}{6}$제곱을 한 거야.

㉠, ㉡에 의해 $3^{2ab} = 3^{\frac{(a+b)^2}{6}}$

밑이 3으로 같으므로 지수끼리 같으면 된다.

즉, $2ab = \frac{(a+b)^2}{6}$에서 $12ab = a^2 + 2ab + b^2$, $a^2 - 10ab + b^2 = 0$

양변에 $\frac{1}{b^2}$을 곱하면 $\left(\frac{a}{b}\right)^2 - 10\left(\frac{a}{b}\right) + 1 = 0$

2nd $t = \frac{a}{b}$라 치환하여 이차방정식의 해를 구하자.

이때 $t = \frac{a}{b}$라 하면 $a > b > 0$에서 $t > 1$이고

$t^2 - 10t + 1 = 0$ → 근의 공식을 이용하여 t의 값을 구하자.

$\therefore t = 5 + 2\sqrt{6}$ ($\because t > 1$) $\quad t = -(-5) \pm \sqrt{(-5)^2 - 1 \times 1} = 5 \pm 2\sqrt{6}$

$$\therefore \frac{a-b}{a+b} = \frac{\frac{a}{b} - 1}{\frac{a}{b} + 1} = \frac{t-1}{t+1} = \frac{4 + 2\sqrt{6}}{6 + 2\sqrt{6}} \quad (\because t = 5 + 2\sqrt{6})$$

$$= \frac{2 + \sqrt{6}}{3 + \sqrt{6}} = \frac{(2+\sqrt{6})(3-\sqrt{6})}{(3+\sqrt{6})(3-\sqrt{6})} = \frac{\sqrt{6}}{3}$$

로그 개념·공식

(1) 로그의 정의

$a > 0$, $a \neq 1$, $b > 0$에 대해

$a^x = b \Longleftrightarrow x = \log_a b$

(2) 로그의 중요한 성질

a, b, c, x, y가 양수이고, $a \neq 1$, $b \neq 1$, $c \neq 1$일 때,

① $\log_a a = 1$

② $\log_a 1 = 0$

③ $\log_a x + \log_a y = \log_a xy$

④ $\log_a x - \log_a y = \log_a \frac{x}{y}$

⑤ $\log_a b = \frac{\log_c b}{\log_c a}$

⑥ $\log_a b = \frac{1}{\log_b a}$

⑦ $\log_a b \times \log_b c \times \log_c a = 1$

⑧ $\log_{a^m} b^n = \frac{n}{m} \log_a b$ $(m \neq 0)$

B 136 정답 ⑤ *로그의 성질의 응용 [정답률 62%]

(정답 공식: $k\log_a b = \log_a b^k$, $\log_a M + \log_a N = \log_a MN$)

집합 $A = \{1, 2, 3, 4, 5\}$에서 A로의 함수 중에서 다음 조건을 만족시키는 함수 $f(x)$의 개수는? (4점)

단서1 함수 $\log f(x)$의 치역이 $\{1, 2, 3, 4, 5\}$이면 이 함수는 일대일함수이므로 치역의 원소의 개수는 4 이하이어야 해.

(가) $\log f(x)$는 일대일함수가 아니다.

(나) $\log\{f(1) + f(2) + f(3)\} = 2\log 2 + \log 3$

(다) $\log f(4) + \log f(5) \le 1$

단서2 $f(1)$, $f(2)$, $f(3)$ 사이의 관계식이야.

단서3 $f(4)$, $f(5)$ 사이의 관계식이야.

① 134 ② 140 ③ 146 ④ 152 ⑤ 158

1st 조건 (나)를 만족시키는 $f(1)$, $f(2)$, $f(3)$의 순서쌍 $(f(1), f(2), f(3))$의 개수를 구해.

조건 (나)에서

$\log\{f(1) + f(2) + f(3)\} = 2\log 2 + \log 3 = \log 2^2 + \log 3$ → $k\log_a b = \log_a b^k$

$= \log 4 + \log 3 = \log 12$

$\therefore f(1) + f(2) + f(3) = 12$ $\quad \log_a M + \log_a N = \log_a MN$

이때, 12를 5 이하의 세 자연수의 합으로 나타내면

$12 = 2 + 5 + 5 = 3 + 4 + 5 = 4 + 4 + 4$이므로

(i) $f(1) + f(2) + f(3) = 2 + 5 + 5$일 때

순서쌍 $(f(1), f(2), f(3))$의 개수는 $(2, 5, 5)$, $(5, 2, 5)$, $(5, 5, 2)$로 3이다.

→ 같은 것이 있는 순열로 구하면 $\frac{3!}{2!} = \frac{3 \times 2 \times 1}{2 \times 1} = 3$(가지)야.

(ii) $f(1) + f(2) + f(3) = 3 + 4 + 5$일 때

순서쌍 $(f(1), f(2), f(3))$의 개수는 $(3, 4, 5)$, $(3, 5, 4)$, $(4, 3, 5)$, $(4, 5, 3)$, $(5, 3, 4)$, $(5, 4, 3)$으로 6이다.

→ 서로 다른 3개를 일렬로 나열하는 경우의 수와 같으므로 $3! = 3 \times 2 \times 1 = 6$(가지)야.

(iii) $f(1) + f(2) + f(3) = 4 + 4 + 4$일 때

순서쌍 $(f(1), f(2), f(3))$의 개수는 $(4, 4, 4)$로 1이다.

(i) ~ (iii)에 의하여 조건 (나)를 만족시키는 순서쌍 $(f(1), f(2), f(3))$의 개수는 $3 + 6 + 1 = 10$ ⋯ ㉠이다.

2nd 조건 (다)를 만족시키는 $f(4)$, $f(5)$의 순서쌍 $(f(4), f(5))$의 개수를 구해.

조건 (다)의 $\log f(4)+\log(5)\le 1$에서

$\log\{f(4)\times f(5)\}\le\log 10$ $\quad\therefore f(4)\times f(5)\le 10$

양변의 밑이 10으로 1보다 크므로 진수끼리 크기를 비교해도 부등호의 방향은 바뀌지 않아.

(Ⅰ) $f(4)=1$이면 $f(5)$로 가능한 값은 1, 2, 3, 4, 5이므로
순서쌍 $(f(4), f(5))$의 개수는 (1, 1), (1, 2), (1, 3), (1, 4), (1, 5)로 5이다.

(Ⅱ) $f(4)=2$이면 $f(5)$로 가능한 값은 1, 2, 3, 4, 5이므로
순서쌍 $(f(4), f(5))$의 개수는 (2, 1), (2, 2), (2, 3), (2, 4), (2, 5)로 5이다.

(Ⅲ) $f(4)=3$이면 $f(5)$로 가능한 값은 1, 2, 3이므로
순서쌍 $(f(4), f(5))$의 개수는 (3, 1), (3, 2), (3, 3)으로 3이다.

(Ⅳ) $f(4)=4$이면 $f(5)$로 가능한 값은 1, 2이므로
순서쌍 $(f(4), f(5))$의 개수는 (4, 1), (4, 2)로 2이다.

(Ⅴ) $f(4)=5$이면 $f(5)$로 가능한 값은 1, 2이므로
순서쌍 $(f(4), f(5))$의 개수는 (5, 1), (5, 2)로 2이다.

(Ⅰ) ~ (Ⅴ)에 의하여 조건 (다)를 만족시키는 순서쌍 $(f(4), f(5))$의 개수는 $5+5+3+2+2=17$ ⋯ ㉡이다.

3rd 주어진 조건을 모두 만족시키는 함수 $f(x)$의 개수를 구해.

㉠, ㉡에 의하여 두 조건 (나), (다)를 만족시키는 함수 $f(x)$의 개수는 $10\times 17=170$이다.

그런데 조건 (가)에 의하여 함수 $\log f(x)$는 일대일함수가 아니어야 하므로 함수 $f(x)$의 치역의 원소의 개수가 4 이하이어야 한다.

함수 $f(x)$의 정의역의 원소의 개수가 5이므로 치역의 원소의 개수가 5가 되면 함수 $f(x)$는 일대일함수가 돼. 따라서 치역의 원소의 개수는 5보다 작아야 해.

한편, 함수 $f(x)$의 치역의 원소의 개수가 5인 경우는

1st의 (ii)인 경우일 때 $f(4)=1$, $f(5)=2$ 또는 $f(4)=2$, $f(5)=1$인

$f(1), f(2), f(3)$의 값이 모두 다를 때야.

경우이므로 함수 $\log f(x)$가 일대일함수가 되는 함수 $f(x)$의 개수는 $6\times 2=12$이다.

따라서 주어진 조건을 모두 만족시키는 함수 $f(x)$의 개수는 $170-12=158$이다.

B 137 정답 ② *로그의 성질의 활용 – 추론 ············ [정답률 75%]

(정답 공식: $\log_a b=k \Leftrightarrow b=a^k$)

단서1 먼저 주어진 수들을 간단히 나타내.

그림과 같은 5개의 칸에 5개의 수 $\log_a 2$, $\log_a 4$, $\log_a 8$, $\log_a 32$, $\log_a 128$을 한 칸에 하나씩 적는다. 가로로 나열된 3개의 칸에 적힌 세 수의 합과 세로로 나열된 3개의 칸에 적힌 세 수의 합이 15로 서로 같을 때, a의 값은? (3점) **단서2** 5개의 수 중 가로에도 포함되고 세로에도 포함되는 수를 찾아야 해.

① $2^{\frac{1}{3}}$ ② $2^{\frac{2}{3}}$ ③ 2 ④ $2^{\frac{4}{3}}$ ⑤ $2^{\frac{5}{3}}$

1st 주어진 수를 간단히 나타내.

$\log_a 4=\log_a 2^2=2\log_a 2$, $\log_a 8=\log_a 2^3=3\log_a 2$

$\log_a 32=\log_a 2^5=5\log_a 2$, $\log_a 128=\log_a 2^7=7\log_a 2$ → $\log_a b^k=k\log_a b$

2nd 가로에도 포함되고 세로에도 포함되는 수를 찾아.

주어진 5개의 수의 합은

$\log_a 2+\log_a 4+\log_a 8+\log_a 32+\log_a 128$

$=\log_a 2+2\log_a 2+3\log_a 2+5\log_a 2+7\log_a 2=18\log_a 2$

이때, 가로에도 포함되고 세로에도 포함되는 수를 $k\log_a 2$($k=1, 2, 3, 5, 7$)라 하면 가로로 나열된 3개의 칸에 적힌 세 수의 합과 세로로 나열된 3개의 칸에 적힌 세 수의 합은 모두

$\dfrac{18\log_a 2+k\log_a 2}{2}=\dfrac{18+k}{2}\log_a 2$이다.

그런데 $\dfrac{18+k}{2}$는 1, 2, 3, 5, 7 중 세 수의 합이므로 $\dfrac{18+k}{2}$는 자연수가 되어야 한다. 즉, k는 짝수이어야 하므로 $k=2$

k가 홀수, 즉 자연수 n에 대하여 $k=2n-1$이라 하면 $\dfrac{18+k}{2}=\dfrac{18+(2n-1)}{2}=n+\dfrac{17}{2}$로 자연수가 될 수 없어.

따라서 가로에도 포함되고 세로에도 포함되는 수는 $2\log_a 2$이다.

3rd 조건을 만족시키는 a의 값을 구해.

$2\log_a 2$를 제외한 4개의 수 $\log_a 2$, $3\log_a 2$, $5\log_a 2$, $7\log_a 2$에 대하여 $\log_a 2+7\log_a 2=3\log_a 2+5\log_a 2$이므로 가로(또는 세로)로 나열된 3개의 칸에 적힌 세 수의 합은

$\log_a 2+2\log_a 2+7\log_a 2=10\log_a 2=15$이고 세로(또는 가로)로 나열된 3개의 칸에 적힌 세 수의 합은

$2\log_a 2+3\log_a 2+5\log_a 2=10\log_a 2=15$이므로

$\log_a 2=\dfrac{15}{10}=\dfrac{3}{2}$에서 $2=a^{\frac{3}{2}}$ $\quad\therefore a=2^{\frac{2}{3}}$

[로그의 정의]
$a^x=N \Leftrightarrow x=\log_a N$

다른 풀이: (가로줄의 합과 세로줄의 합을 2로 나눈 값)=15임을 이용하기

위의 풀이에서 가로에도 포함되고 세로에도 포함되는 수는 $2\log_a 2$이므로 가로(또는 세로)에 적힌 세 수의 합은

$\dfrac{\log_a 2+2\log_a 2+3\log_a 2+5\log_a 2+7\log_a 2+2\log_a 2}{2}=10\log_a 2$야.

즉, $10\log_a 2=15$이므로 $\log_a 2=\dfrac{3}{2}$, $2=a^{\frac{3}{2}}$ $\quad\therefore a=2^{\frac{2}{3}}$

로그의 성질 개념·공식

$a>0$, $a\neq 1$, $M>0$, $N>0$일 때

① $\log_a MN=\log_a M+\log_a N$

② $\log_a \dfrac{M}{N}=\log_a M-\log_a N$

③ $\log_a M^k=k\log_a M$ (단, k는 실수이다.)

C 지수함수와 로그함수

기본 기출 문제

C 01 정답 ① *지수함수의 그래프 [정답률 95%]

(정답 공식: 함수 $y=f(x)$의 그래프가 점 (a, b)를 지나면 $f(a)=b$가 성립한다.)

실수 a, b에 대하여 좌표평면에서 함수 $y=a\times2^x$의 그래프가 두 점 $(0, 4)$, $(b, 16)$을 지날 때, $a+b$의 값은? (3점)

단서 두 점의 좌표를 각각 주어진 함수의 식에 대입해 봐.

①6 ②7 ③8 ④9 ⑤10

1st 점 $(0, 4)$의 좌표를 주어진 함수식에 대입하여 a의 값을 구해.

$y=a\times2^x$의 그래프가 점 $(0, 4)$를 지나므로

$x=0$, $y=4$를 $y=a\times2^x$에 대입하면

$4=a\times\underline{2^0}=a\times1=a$ ($a\neq0$일 때, $a^0=1$)

$\therefore a=4$

2nd 점 $(b, 16)$의 좌표를 주어진 함수식에 대입하여 b의 값을 구해.

$a=4$이므로 주어진 함수의 식은 $y=4\times2^x$, 즉 $y=2^{x+2}$이다. ($4\times2^x=2^2\times2^x=2^{2+x}$)

함수 $y=2^{x+2}$의 그래프가 점 $(b, 16)$을 지나므로

$x=b$, $y=16$을 $y=2^{x+2}$에 대입하면

$16=2^{b+2}$, $2^4=2^{b+2}$

$4=b+2$

$\therefore b=2$

따라서 $a=4$, $b=2$이므로

$a+b=4+2=6$

C 02 정답 ② *지수함수의 그래프의 평행이동 [정답률 94%]

(정답 공식: 함수 $y=5^{2x}$의 그래프를 주어진 조건에 맞게 평행이동시킨 그래프의 식을 구한다.)

함수 $y=5^{2x}$의 그래프를 x축의 방향으로 m만큼, y축의 방향으로 n만큼 평행이동시켰더니 함수 $y=25\cdot5^{2x}+2$의 그래프가 되었다. $m+n$의 값은? (3점)

단서 $y=5^{2x}$의 x 대신에 $x-m$, y 대신에 $y-n$을 대입하면 $y=25\cdot5^{2x}+2$가 된다는 뜻이야.

① 2 ②1 ③ 0 ④ −1 ⑤ −2

1st x 대신 $x-m$, y 대신 $y-n$을 대입해.

함수 $y=5^{2x}$의 그래프를 x축의 방향으로 m만큼, y축의 방향으로 n만큼 평행이동시켰으므로 x 대신 $x-m$, y 대신 $y-n$을 대입하자.

$y-n=5^{2(x-m)} \Rightarrow y=\underline{5^{2x-2m}+n} \rightarrow 5^{-2m}\times5^{2x}+n$

그런데 함수 $y=5^{2x}$의 그래프를 평행이동시켰더니 함수 $y=25\times5^{2x}+2$의 그래프가 되었으므로

$5^{-2m}\times5^{2x}+n=25\times5^{2x}+2 \Rightarrow 5^{-2m}=25$

$n=2$

여기서 $\underline{5^{-2m}=5^2}$이므로 → 양수 a에 대하여 $a^{f(x)}=a^{g(x)}$이면 $a=1$ 또는 $f(x)=g(x)$

$-2m=2 \Rightarrow m=-1$

$\therefore m+n=-1+2=1$

C 03 정답 ① *지수함수의 최대 · 최소 – 지수가 일차식 [정답률 93%]

(정답 공식: 지수함수 $y=a^x$은 $a>1$이면 증가함수, $0<a<1$이면 감소함수임을 안다.)

정의역이 $\{x|-1\le x\le3\}$인 두 지수함수 $f(x)=4^x$, $g(x)=\left(\frac{1}{2}\right)^x$에 대하여 $f(x)$의 최댓값을 M, $g(x)$의 최솟값을 m이라 할 때, Mm의 값은? (3점)

단서 지수함수는 (밑)>1이면 증가함수이고 $0<$(밑)<1이면 감소함수야.

①8 ② 6 ③ 4 ④ 2 ⑤ 1

1st 먼저 $f(x)=4^x$의 최댓값을 구해.

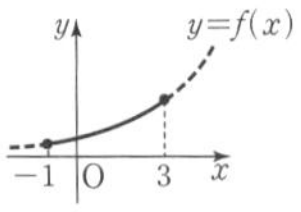

$f(x)=4^x$은 (밑)>1이므로 증가함수이다.

따라서 $x=3$일 때, 최댓값 $4^3=64$를 가지므로 $M=64$

2nd $g(x)$의 최솟값을 구해 볼까?

$g(x)=\left(\frac{1}{2}\right)^x$은 $0<$(밑)<1이므로 감소함수이다.

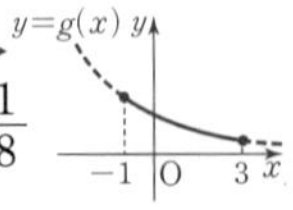

따라서 $x=3$일 때, 최솟값 $\left(\frac{1}{2}\right)^3=\frac{1}{8}$을 가지므로 $m=\frac{1}{8}$

$\therefore Mm=64\times\frac{1}{8}=8$

지수함수의 최댓값과 최솟값 개념·공식

정의역이 $\{x|x_1\le x\le x_2\}$인 지수함수 $y=a^x$에 대하여

① $a>1$이면 최솟값은 $x=x_1$일 때 a^{x_1}이고, 최댓값은 $x=x_2$일 때 a^{x_2}이다.

② $0<a<1$이면 최솟값은 $x=x_2$일 때 a^{x_2}이고, 최댓값은 $x=x_1$일 때 a^{x_1}이다.

C 04 정답 ① *지수함수를 이용한 대소 관계 [정답률 82%]

(정답 공식: $A>0$, $B>0$일 때, $\frac{A}{B}>1$일 경우 $A>B$임을 이용한다. 혹은 조건을 만족시키는 임의의 숫자를 넣어서 구할 수도 있다.)

$0<a<b<c<1$을 만족하는 세 실수 a, b, c에 대하여

$A=a^ab^bc^c$, $B=a^ab^cc^b$, $C=a^bb^cc^a$

이라고 하자. 이때, A, B, C의 대소 관계로 옳은 것은? (4점)

단서 A, B, C가 세 양수 a, b, c의 거듭제곱의 곱의 꼴로 주어졌으므로 두 수의 비를 이용하여 대소 관계를 구할 수 있어.

①$C<B<A$ ② $B<C<A$ ③ $C<A<B$ ④ $A<C<B$ ⑤ $B<A<C$

1st 두 양수 A, B가 $A>B$를 만족할 필요충분조건은 $\frac{A}{B}>1$임을 이용하자.

a, b, c가 양수이므로 A, B, C도 양수이다. 즉, $0<a<b<c<1$에서

$\frac{A}{B}=\frac{a^ab^bc^c}{a^ab^cc^b}=\frac{b^{b-c}}{c^{b-c}}$

$=\left(\frac{b}{c}\right)^{b-c}>1\left(\because 0<\frac{b}{c}<1,\ b-c<0\right)$

$\therefore \underline{A>B}$ ⋯ ㉠ → $m>0$, $n>0$일 때, ① $\frac{m}{n}>1$이면 $m>n$ ② $\frac{m}{n}<1$이면 $m<n$

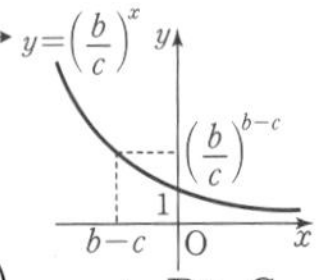

$\frac{B}{C}=\frac{a^ab^cc^b}{a^bb^cc^a}=\frac{a^{a-b}}{c^{a-b}}$

$=\left(\frac{a}{c}\right)^{a-b}>1\left(\because 0<\frac{a}{c}<1,\ a-b<0\right)$ $\therefore B>C$ ⋯ ㉡

㉠, ㉡에서 $C<B<A$

톡톡 풀이: 조건 $0<a<b<c<1$을 만족시키는 밑이 같은 지수로 변형이 가능한 세 실수를 직접 대입하여 결과를 비교하기

조건 $0<a<b<c<1$을 만족하는 임의의 세 실수 a, b, c에 대하여 A, B, C의 대소 관계는 변하지 않으므로 적당한 세 실수 $a=\frac{1}{8}$, $b=\frac{1}{4}$, $c=\frac{1}{2}$을 대입해 보면

$$A=\left(\frac{1}{8}\right)^{\frac{1}{8}}\left(\frac{1}{4}\right)^{\frac{1}{4}}\left(\frac{1}{2}\right)^{\frac{1}{2}}=\left(\frac{1}{2}\right)^{\frac{3}{8}}\left(\frac{1}{2}\right)^{\frac{2}{4}}\left(\frac{1}{2}\right)^{\frac{1}{2}}=\left(\frac{1}{2}\right)^{\frac{3+4+4}{8}}=\left(\frac{1}{2}\right)^{\frac{11}{8}}$$

$$B=\left(\frac{1}{8}\right)^{\frac{1}{8}}\left(\frac{1}{4}\right)^{\frac{1}{2}}\left(\frac{1}{2}\right)^{\frac{1}{4}}=\left(\frac{1}{2}\right)^{\frac{3}{8}}\left(\frac{1}{2}\right)^{\frac{2}{2}}\left(\frac{1}{2}\right)^{\frac{1}{4}}=\left(\frac{1}{2}\right)^{\frac{3+8+2}{8}}=\left(\frac{1}{2}\right)^{\frac{13}{8}}$$

$$C=\left(\frac{1}{8}\right)^{\frac{1}{4}}\left(\frac{1}{4}\right)^{\frac{1}{2}}\left(\frac{1}{2}\right)^{\frac{1}{8}}=\left(\frac{1}{2}\right)^{\frac{3}{4}}\left(\frac{1}{2}\right)^{\frac{2}{2}}\left(\frac{1}{2}\right)^{\frac{1}{8}}=\left(\frac{1}{2}\right)^{\frac{6+8+1}{8}}=\left(\frac{1}{2}\right)^{\frac{15}{8}}$$

밑이 $0<\frac{1}{2}<1$이므로 지수가 클수록 작겠지?

즉, $\frac{11}{8}<\frac{13}{8}<\frac{15}{8}$이므로 $C<B<A$야.

C 05 정답 ③ *지수함수의 그래프의 교점 [정답률 84%]

(정답 공식: 함수 $f(x)$의 그래프와 그 역함수의 그래프는 $y=x$에 대하여 대칭이고, 함수 $f(x)$의 그래프와 그 역함수의 그래프의 교점은 함수 $f(x)$의 그래프와 직선 $y=x$의 교점과 같다.)

지수함수 $f(x)=a^{x-m}$의 그래프와 그 역함수의 그래프가 두 점에서 만나고, 두 교점의 x좌표가 1과 3일 때, $a+m$의 값은? (3점)

단서 함수 $f(x)$와 그 역함수의 그래프의 교점은 $f(x)$의 그래프와 직선 $y=x$의 교점과 같음을 이용해.

① $2-\sqrt{3}$ ② 2 ③ $1+\sqrt{3}$
④ 3 ⑤ $2+\sqrt{3}$

1st 역함수 문제 중 그래프가 나오면? 직선 $y=x$에 대하여 대칭임에 착안해야 해.

두 함수 $f(x)$와 $f^{-1}(x)$의 그래프의 교점은 $f(x)$의 그래프와 직선 $y=x$의 교점과 같다.

즉, $f(x)=a^{x-m}$의 그래프와 그 역함수의 그래프가 두 점에서 만나므로 $f(x)=a^{x-m}$과 직선 $y=x$는 두 점에서 만난다.

이때, 두 교점의 x좌표가 1, 3이므로 두 교점의 좌표는 각각 $(1, 1)$, $(3, 3)$이다.

두 교점은 직선 $y=x$ 위의 점이기도 해. 즉, x좌표와 y좌표가 같지.

$\therefore 1=a^{1-m}$ ⋯ ㉠, $3=a^{3-m}$ ⋯ ㉡

또, a는 지수함수의 밑이므로 $a>0$, $a\neq1$ ⋯ ㉢

실수 지수함수의 밑의 조건이므로 항상 범위에 유의하여 문제를 풀도록 하자.

2nd ㉠, ㉡, ㉢으로 a, m의 값을 각각 정하자.

㉠에서 $1=a^{1-m}$이므로 ($1 \to a^0$)

$1-m=0$

$\therefore m=1$

이를 ㉡에 대입하면 $3=a^{3-1}$이므로 $3=a^2$

$\therefore a=\sqrt{3}$ ($\because$ ㉢)

$\therefore a+m=1+\sqrt{3}$

지수함수 $y=a^x(a>0, a\neq1)$의 성질 개념·공식

① 정의역은 실수 전체의 집합이고, 치역은 양의 실수 전체의 집합이다.
② $a>1$일 때, x의 값이 증가하면 y의 값도 증가한다.
$0<a<1$일 때, x의 값이 증가하면 y의 값은 감소한다.
③ 그래프는 두 점 $(0, 1)$, $(1, a)$를 지나고, 그래프의 점근선은 x축(직선 $y=0$)이다.

C 06 정답 ⑤ *로그함수의 값 [정답률 92%]

(정답 공식: $\log_a a=1$임을 이용한다.)

두 함수 $f(x)=5^{3x}$, $g(x)=\frac{1}{3}\log_5 x$에 대하여 $f(g(5))$의 값은? (2점)

단서 합성함수의 함숫값을 구할 때는 무엇을 어디에 대입하느냐가 중요해. 즉, $f(g(5))$는 $g(5)$의 값을 함수 $f(x)$의 식의 x에 대입하라는 뜻이야.

① 1 ② 2 ③ 3
④ 4 ⑤ 5

1st 먼저 $g(5)$의 값을 구하자.

함수 $g(x)=\frac{1}{3}\log_5 x$에 대하여

합성함수에서는 함숫값을 구하는 순서가 중요해. 즉, $(f\circ g)(a)=f(g(a))$는 $x=a$를 먼저 $g(x)$의 식에 대입한 다음 그 값을 $f(x)$에 대입해야 해.

$g(5)=\frac{1}{3}\log_5 5=\frac{1}{3}$

$\therefore f(g(5))=f\left(\frac{1}{3}\right)$

2nd 이제 $f\left(\frac{1}{3}\right)$의 값을 구하자.

함수 $f(x)=5^{3x}$에 대하여

$f\left(\frac{1}{3}\right)=5^{3\times\frac{1}{3}}=5$

$\therefore f(g(5))=5$

톡톡 풀이: 두 함수 $f(x)$, $g(x)$가 서로 역함수 관계임을 이용하여 $f(g(5))$의 값 구하기

$y=5^{3x}$에서 x와 y를 서로 바꾸면 $x=5^{3y}$

$3y=\log_5 x$ $\therefore y=\frac{1}{3}\log_5 x$

즉, 두 함수 $f(x)$, $g(x)$에 대하여 $g(x)=f^{-1}(x)$이므로

$f(g(5))=f(f^{-1}(5))=5$

역함수가 존재하는 함수 f와 항등함수 I에 대하여 $f\circ f^{-1}=I$, $f^{-1}\circ f=I$가 성립해.

C 07 정답 ③ *로그함수의 그래프의 교점 [정답률 94%]

(정답 공식: 그래프를 평행이동 시킬 시 점근선도 같이 이동한다.)

곡선 $y=2^x+5$의 점근선과 곡선 $y=\log_3 x+3$의 교점의 x좌표는? (3점)

단서 곡선 $y=2^x+5$는 곡선 $y=2^x$을 y축의 방향으로 5만큼 평행이동한 것이야. 그럼 점근선도 평행이동 되겠지?

① 3 ② 6 ③ 9
④ 12 ⑤ 15

1st 곡선 $y=2^x+5$의 점근선을 구하자.

곡선 $y=2^x+5$는 곡선 $y=2^x$을 y축의 방향으로 5만큼 평행이동한 것이므로 곡선 $y=2^x+5$의 점근선은 직선 $y=5$이다.

곡선 $y=2^x$의 점근선은 직선 $y=0$이므로 곡선 $y=2^x$을 y축의 방향으로 5만큼 평행이동한 곡선 $y=2^x+5$의 점근선은 직선 $y=5$가 되는 거야.

2nd 직선 $y=5$와 곡선 $y=\log_3 x+3$의 교점의 x좌표를 구하자.

$y=5$를 $y=\log_3 x+3$에 대입하면

$5=\log_3 x+3$에서

$\log_3 x=2$

$\therefore x=3^2=9$

$a>0$, $a\neq1$, $N>0$일 때, $a^x=N \Longleftrightarrow x=\log_a N$

따라서 구하는 교점의 x좌표는 9이다.

C 08 정답 ② *로그함수의 그래프 위의 점 [정답률 90%]

(정답 공식: 함수 $y=f(x)$의 그래프가 점 (a, b)를 지나면 $f(a)=b$가 성립한다.)

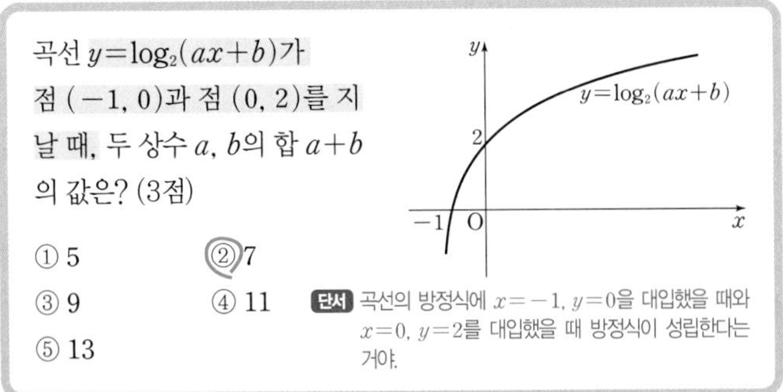

1st 곡선 $y=f(x)$가 점 (α, β)를 지나면 $\beta=f(\alpha)$가 성립해.

$y=\log_2(ax+b)$가 두 점 $(-1, 0)$, $(0, 2)$를 지나므로

$0=\log_2(-a+b)$에서 $-a+b=1$이므로 ($-a+b=2^0=1$)

$a=b-1$ ⋯ ㉠

$2=\log_2 b$에서 $b=4$ ⋯ ㉡ ($b=2^2=4$)

㉡을 ㉠에 대입하면 $a=3$이므로

$a+b=3+4=7$

2nd 내분점의 좌표를 구하는 공식을 이용해 점 C의 좌표를 구해봐.

점 $A\left(-1, \frac{1}{3}\right)$이고 점 B의 x좌표를 b라 하면 점 $B(b, 3^b)$ ⋯ ㉠이다.

선분 AB를 1 : 2로 내분하는 점 C의 좌표를 구하면

$$C\left(\frac{1\times b+2\times(-1)}{1+2}, \frac{1\times 3^b+2\times\frac{1}{3}}{1+2}\right)=C\left(\frac{b-2}{3}, \frac{3^b+\frac{2}{3}}{3}\right)$$

그런데 점 C는 y축 위의 점이므로 (y축 위의 점의 x좌표는 0이야.)

$\frac{b-2}{3}=0 \quad \therefore b=2$

따라서 ㉠에 의하여 점 B의 y좌표는 $3^b=3^2=9$이다.

[선분의 내분점] 두 점 $P(x_1, y_1)$, $Q(x_2, y_2)$를 이은 선분 PQ를 $m:n$으로 내분하는 점의 좌표는 $\left(\frac{mx_2+nx_1}{m+n}, \frac{my_2+ny_1}{m+n}\right)$

톡톡 풀이: **점 $B(b, 3^b)$라 하면 점 A에서 y축에, 점 C에서 직선 $x=b$에 각각 수선의 발을 내려 만든 두 직각삼각형의 닮음비가 1 : 2임을 이용하기**

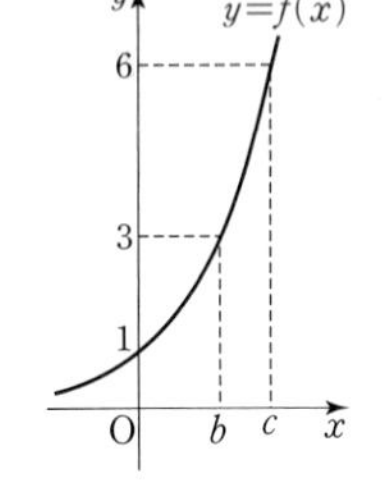

두 점 A, B에서 x축에 내린 수선의 발을 각각 D, E라 하면 y축 위의 점 C에 대하여 $\overline{AC}:\overline{CB}=1:2$이므로 $\overline{DO}:\overline{OE}=1:2$가 돼.

그런데 점 A와 점 D의 x좌표는 같으므로 점 D의 x좌표는 -1이야.

즉, $\overline{DO}=1$이고, $\overline{DO}:\overline{OE}=1:2$에서 $\overline{OE}=2$이므로 점 B의 x좌표가 2임을 알 수 있어.

따라서 지수함수 $y=3^x$의 그래프 위의 점 B의 x좌표가 2이므로 y좌표는 $3^2=9$야. (두 점 E와 B의 x좌표가 같아.)

수능 유형별 기출 문제 [2점, 3점, 쉬운 4점]

C 09 정답 ⑤ *지수함수의 그래프 [정답률 84%]

(정답 공식: 점 A의 x좌표를 구한 후 내분점의 좌표를 구하는 공식을 이용한다.)

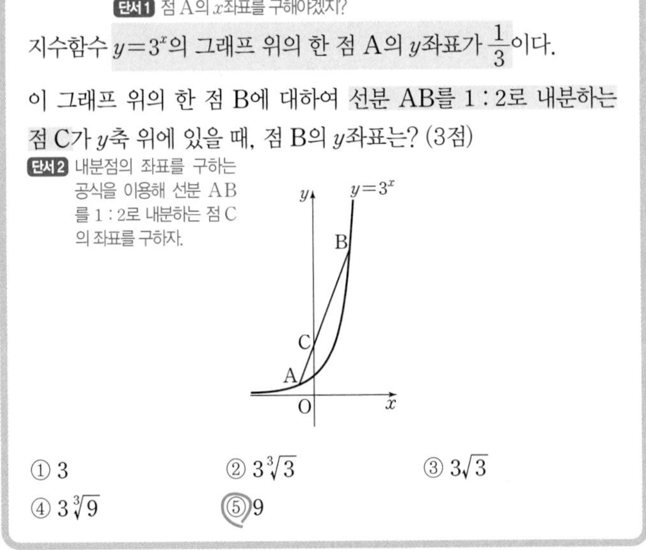

1st 점 A의 y좌표를 이용하여 x좌표를 구하자.

지수함수 $y=3^x$의 그래프 위의 점 A의 x좌표를 a라 하면 y좌표가 $\frac{1}{3}$이므로

$3^a=\frac{1}{3}=3^{-1} \quad \therefore a=-1$

즉, 점 A의 좌표는 $A\left(-1, \frac{1}{3}\right)$이다.

C 10 정답 ③ *지수함수의 그래프 [정답률 92%]

(정답 공식: 함수 $f(x)$에 대하여 $f(a)$는 함수 $f(x)$의 식에 $x=a$를 대입하여 나온 결과를 의미한다.)

지수함수 $f(x)=a^x$의 그래프가 그림과 같다.

$f(b)=3$, $f(c)=6$일 때, $f\left(\frac{b+c}{2}\right)$의 값은? (3점)

단서 $f(b)=3$, $f(c)=6$이므로 $a^b=3$, $a^c=6$이야.

① 4 ② $\sqrt{17}$
③ $3\sqrt{2}$ ④ $\sqrt{19}$
⑤ $2\sqrt{5}$

1st $a^m\times a^n=a^{m+n}$, $a^{mn}=(a^m)^n$임을 이용하자.

$f(b)=a^b=3$, $f(c)=a^c=6$이므로

$$f\left(\frac{b+c}{2}\right)=a^{\frac{b+c}{2}}=(a^{b+c})^{\frac{1}{2}}=(a^b a^c)^{\frac{1}{2}}$$

$$=(3\times6)^{\frac{1}{2}}=18^{\frac{1}{2}}=3\sqrt{2}$$

($18^{\frac{1}{2}}=\sqrt{18}=\sqrt{3^2\times2}=3\sqrt{2}$)

다른 풀이: **로그의 정의를 이용하여 값 구하기**

$f(b)=a^b=3$, $f(c)=a^c=6$에서 $b=\log_a 3$, $c=\log_a 6$

[로그의 정의] $a>0$, $a\neq1$, $b>0$일 때, $a^x=b \Longleftrightarrow x=\log_a b$

이때, $b+c=\log_a 3+\log_a 6$

$=\log_a(3\times6)$

$=\log_a 18$이므로

$$f\left(\frac{b+c}{2}\right)=a^{\frac{b+c}{2}}=(a^{b+c})^{\frac{1}{2}}$$

$$=(a^{\log_a 18})^{\frac{1}{2}}=18^{\frac{1}{2}}=3\sqrt{2}$$

($a^{\log_a b}=b$, $a^{\log_c b}=b^{\log_c a}$)

C 11 정답 ⑤ ＊지수함수의 그래프 [정답률 82%]

(정답 공식: 점 P의 x좌표를 a라 하면 점 P의 좌표는 $(a, 4^a)$으로 나타낼 수 있다. 선분 OP의 내분점의 좌표를 a를 이용해 나타낸 뒤 $y=2^x$에 대입한다.)

원점 O에서 함수 $f(x)=4^x$ 위의 한 점 P를 잇는 선분 OP가 있다. 함수 $g(x)=2^x$의 그래프가 선분 OP를 1 : 3으로 내분할 때, 점 P의 x좌표는? (3점)

단서 선분 OP의 내분점의 좌표를 먼저 구한 후 이 점이 함수 $g(x)$의 그래프 위의 점임을 이용하자.

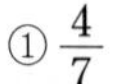

① $\frac{4}{7}$ ② $\frac{5}{7}$ ③ $\frac{6}{7}$ ④ 1 ⑤ $\frac{8}{7}$

1st 점 P의 x좌표를 a라 놓고 선분 OP를 1 : 3으로 내분하는 점의 좌표를 구해.

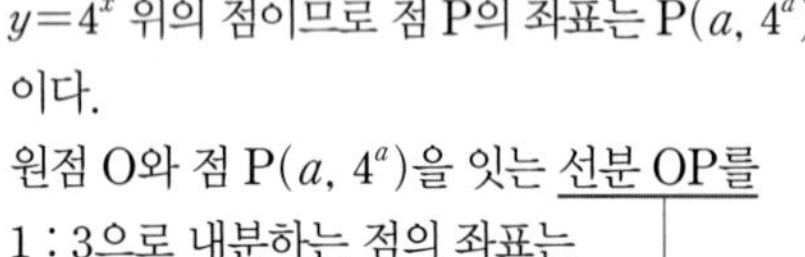

점 P의 x좌표를 a라 하면 점 P는 지수함수 $y=4^x$ 위의 점이므로 점 P의 좌표는 $P(a, 4^a)$이다.

원점 O와 점 $P(a, 4^a)$을 잇는 선분 OP를 1 : 3으로 내분하는 점의 좌표는

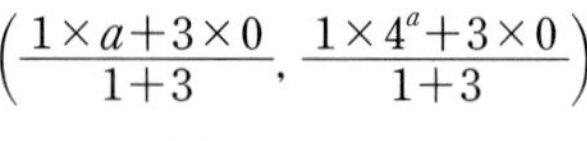

$\left(\frac{1\times a+3\times 0}{1+3}, \frac{1\times 4^a+3\times 0}{1+3}\right)$

$=\left(\frac{a}{4}, \frac{4^a}{4}\right)=\left(\frac{a}{4}, 2^{2a-2}\right)$ ⋯ ㉠

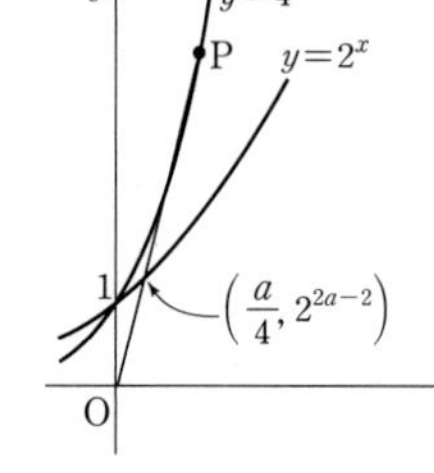

[선분의 내분점] 두 점 $P(x_1, y_1)$, $Q(x_2, y_2)$를 이은 선분 PQ를 $m : n$으로 내분하는 점의 좌표는 $\left(\frac{mx_2+nx_1}{m+n}, \frac{my_2+ny_1}{m+n}\right)$

2nd $a^m=a^n(a>0, a\neq1)$이 성립하려면 $m=n$이어야 해.

이 내분점 ㉠이 지수함수 $g(x)=2^x$의 그래프 위의 점이므로

$2^{2a-2}=2^{\frac{a}{4}}$, $2a-2=\frac{a}{4}$

$\therefore a=\frac{8}{7}$

톡톡 풀이: 두 직각삼각형의 닮음비를 이용하여 값 구하기

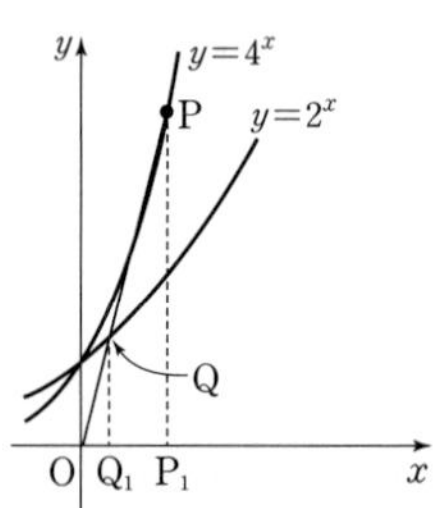

점 P의 좌표를 $P(a, 4^a)$이라 하고, 선분 OP를 1 : 3으로 내분하는 함수 $g(x)$의 그래프 위의 점을 $Q(b, 2^b)$이라 하자.

두 점 P, Q에서 x축에 내린 수선의 발을 각각 P_1, Q_1이라 하면

$\overline{PP_1}/\!/\overline{QQ_1}$이고, $\overline{OQ} : \overline{OP}=1 : 4$이므로

$\overline{OQ_1} : \overline{OP_1}=1 : 4$에서 $b : a=1 : 4$, $4b=a$

$\therefore b=\frac{a}{4}$ ⋯ ㉠

또한, $\overline{QQ_1} : \overline{PP_1}=1 : 4$에서 $2^b : 4^a=1 : 4$

$\therefore 4\times 2^b=4^a$ ⋯ ㉡

㉠을 ㉡에 대입하면

$4\times 2^{\frac{a}{4}}=4^a$, $2^2\times 2^{\frac{a}{4}}=2^{2a}$, $2^{2+\frac{a}{4}}=2^{2a}$

$2+\frac{a}{4}=2a$, $\frac{7}{4}a=2$

$\therefore a=\frac{8}{7}$

C 12 정답 ⑤ ＊지수함수의 그래프 [정답률 77%]

(정답 공식: $a>0$일 때, $a^\alpha=\beta$가 성립하면 $\alpha=\log_a \beta$가 성립한다.)

단서1 점 $(p, -p)$는 곡선 $y=a^x$ 위의 점이야.

$a>1$인 실수 a에 대하여 직선 $y=-x$가 곡선 $y=a^x$과 만나는 점의 좌표를 $(p, -p)$, 곡선 $y=a^{2x}$과 만나는 점의 좌표를 $(q, -q)$라 할 때, $\log_a pq=-8$이다. $p+2q$의 값은? (3점)

단서2 점 $(q, -q)$는 곡선 $y=a^{2x}$ 위의 점이야.

① 0 ② -2 ③ -4 ④ -6 ⑤ -8

1st 주어진 조건을 이용하여 p, q에 대한 식을 각각 구해.

곡선 $y=a^x$이 점 $(p, -p)$를 지나므로 $-p=a^p$ ⋯ ㉠

또, 곡선 $y=a^{2x}$이 점 $(q, -q)$를 지나므로 $-q=a^{2q}$ ⋯ ㉡

함수 $y=f(x)$의 그래프가 점 (a, b)를 지나면 $b=f(a)$가 성립해.

2nd 구한 식을 변형하여 $p+2q$의 값을 구해.

㉠, ㉡을 변변 곱하면 $(-p)\times(-q)=a^p\times a^{2q}$에서 $pq=a^{p+2q}$

$a^m\times a^n=a^{m+n}$

따라서 로그의 정의에 의하여 $p+2q=\log_a pq=-8$

$a^x=N$이면 $x=\log_a N$

다른 풀이: 로그의 정의 이용하기

로그의 정의에 의하여 ㉠에서 $p=\log_a(-p)$이고 ㉡에서 $2q=\log_a(-q)$이다. 이 두 식을 변변 더하면

$p+2q=\log_a(-p)+\log_a(-q)=\log_a(-p)\times(-q)$

$=\log_a pq=-8$

$\log_a M+\log_a N=\log_a MN$

C 13 정답 ② ＊지수함수의 그래프 [정답률 73%]

(정답 공식: 집합 G의 원소가 의미하는 것은 함수 $y=5^x$의 그래프 위의 점이다.)

집합 $G=\{(x, y)\,|\,y=5^x$, x는 실수$\}$에 대하여 [보기]에서 항상 옳은 것을 모두 고르면? (3점)

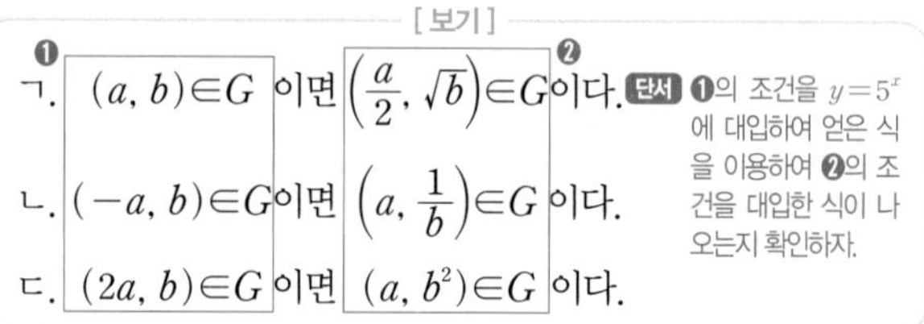

[보기]

ㄱ. ❶ $(a, b)\in G$ 이면 ❷ $\left(\frac{a}{2}, \sqrt{b}\right)\in G$이다.

ㄴ. $(-a, b)\in G$이면 $\left(a, \frac{1}{b}\right)\in G$ 이다.

ㄷ. $(2a, b)\in G$ 이면 $(a, b^2)\in G$ 이다.

단서 ❶의 조건을 $y=5^x$에 대입하여 얻은 식을 이용하여 ❷의 조건을 대입한 식이 나오는지 확인하자.

① ㄱ ② ㄱ, ㄴ ③ ㄱ, ㄷ ④ ㄴ, ㄷ ⑤ ㄱ, ㄴ, ㄷ

1st 주어진 식에 대입해 보고 조건을 만족시키는지를 판별해.

집합 $G=\{(x, y)\,|\,y=5^x$, x는 실수$\}$에 대하여

ㄱ. $(a, b)\in G$이므로 $b=5^a$ ⋯ ㉠이다.

㉠의 양변을 $\frac{1}{2}$제곱하면 $\sqrt{b}=5^{\frac{a}{2}}$ $\therefore \left(\frac{a}{2}, \sqrt{b}\right)\in G$ (참)

$b^{\frac{1}{2}}=(5^a)^{\frac{1}{2}}$ $\therefore \sqrt{b}=5^{\frac{a}{2}}$

ㄴ. $(-a, b)\in G$이므로 $b=5^{-a}$ ⋯ ㉡이다.

㉡의 양변을 -1제곱하면 $\frac{1}{b}=5^a$ $\therefore \left(a, \frac{1}{b}\right)\in G$ (참)

$b^{-1}=(5^{-a})^{-1}$ $\therefore \frac{1}{b}=5^a$

ㄷ. $(2a, b)\in G$이므로 $b=5^{2a}$ ⋯ ㉢이다.

㉢의 양변을 제곱하면 $b^2=5^{4a}$

$\therefore (4a, b^2)\in G \Rightarrow (a, b^2)\notin G$ (거짓)

따라서 옳은 것은 ㄱ, ㄴ이다.

C 14 정답 ③ ＊지수함수의 그래프의 평행이동 ······ [정답률 92%]

(정답 공식: 함수 $y=f(x)$의 그래프를 y축의 방향으로 m만큼 평행이동한 그래프의 함수식은 $y=f(x)+m$이다.)

단서1 함수 $y=2^x$의 그래프를 y축의 방향으로 m만큼 평행이동한 그래프의 함수식은 $y=2^x$에 y 대신 $y-m$을 대입하여 구하면 돼.

함수 $y=2^x$의 그래프를 y축의 방향으로 m만큼 평행이동한 그래프가 점 $(-1, 2)$를 지날 때, 상수 m의 값은? (3점)

단서2 함수 $y=f(x)$의 그래프가 점 (a, b)를 지나면 $b=f(a)$가 성립하지?

① $\frac{1}{2}$ ② 1 ③ $\frac{3}{2}$ ④ 2 ⑤ $\frac{5}{2}$

1st 평행이동한 그래프의 함수식을 구하자.

함수 $y=2^x$의 그래프를 y축의 방향으로 m만큼 평행이동한 그래프의 함수식은 $y=2^x$에 y 대신 $y-m$을 대입하면 되므로 $y-m=2^x$, 즉 $y=2^x+m$이다.

함수 $y=f(x)$의 그래프를 x축의 방향으로 m만큼, y축의 방향으로 n만큼 평행이동한 그래프의 함수식은 $y=f(x-m)+n$이야.

2nd 그래프가 지나는 점을 이용하여 상수 m의 값을 구하자.

함수 $y=2^x+m$의 그래프가 점 $(-1, 2)$를 지나므로 함수식에 $x=-1$, $y=2$를 대입하면 $2=2^{-1}+m$ $\therefore m=2-2^{-1}=2-\frac{1}{2}=\frac{3}{2}$

C 15 정답 60 ＊지수함수의 그래프의 평행이동 ······ [정답률 92%]

(정답 공식: 함수 $y=f(x-a)+b$의 그래프는 함수 $y=f(x)$의 그래프를 x축의 방향으로 a만큼, y축의 방향으로 b만큼 평행이동한 것이다.)

함수 $f(x)=2^{x+p}+q$의 그래프의 점근선이 직선 $y=-4$이고 $f(0)=0$일 때, $f(4)$의 값을 구하시오. (단, p와 q는 상수이다.) (3점)

단서 함수 $y=f(x)$의 그래프는 함수 $y=2^x$의 그래프를 x축의 방향으로 $-p$만큼, y축의 방향으로 q만큼 평행이동한 것과 같아.

1st 주어진 조건으로 함수 $f(x)$의 식을 완성하고 $f(4)$의 값을 구해.

함수 $y=2^x$의 그래프를 x축의 방향으로 $-p$만큼, y축의 방향으로 q만큼 평행이동시킨 그래프의 함수식이 $f(x)=2^{x+p}+q$이므로 $y=f(x)$의 그래프의 점근선은 직선 $y=q$이다.

함수 $y=2^x$의 치역은 $\{y\,|\,y>0\}$이므로 이 함수의 그래프의 점근선은 직선 $y=0$이야. 그럼 이 함수의 그래프를 x축의 방향으로 $-p$만큼, y축의 방향으로 q만큼 평행이동시킨 것을 그래프로 하는 함수인 $f(x)=2^{x+p}+q$의 치역은 $\{y\,|\,y>q\}$이므로 이 함수의 그래프의 점근선은 직선 $y=q$가 돼.

이것이 $y=-4$이므로 $q=-4$

또, $f(0)=0$에서 $2^p+q=2^p-4=0$

$2^p=4=2^2$ $\therefore p=2$

따라서 $f(x)=2^{x+2}-4$이므로 $f(4)=2^6-4=64-4=60$

C 16 정답 ② ＊지수함수의 그래프의 평행이동 ······ [정답률 72%]

(정답 공식: 지수함수 $f(x)=a^{x+p}+q$ $(a>0, a\neq1)$의 그래프의 점근선은 직선 $y=q$이다.)

함수 $f(x)=2^{x+3}-1$의 그래프의 점근선이 직선 $y=k$일 때, $f(k)$의 값은? (단, k는 상수이다.) (3점)

단서 함수 $f(x)=2^{x+3}-1$의 그래프의 점근선은 직선 $y=-1$이지.

① 1 ② 3 ③ 5 ④ 7 ⑤ 9

1st $y=2^{x+3}-1$의 그래프는 $y=2^x$의 그래프를 평행이동한 그래프임을 이용하여 점근선을 구해.

함수 $f(x)=2^{x+3}-1$의 그래프의 점근선은 직선 $y=-1$이므로 $k=-1$이다.

함수 $y=2^{x+3}-1$의 그래프는 함수 $y=2^x$의 그래프를 x축의 방향으로 -3, y축의 방향으로 -1만큼 평행이동한 것이지. 이때, 함수 $y=2^x$의 점근선은 $y=0$(x축)이므로 함수 $y=2^{x+3}-1$의 그래프의 점근선은 $y=-1$이야.

$\therefore f(-1)=2^{-1+3}-1=2^2-1=3$

C 17 정답 ② ＊지수함수의 그래프의 평행이동 ······ [정답률 78%]

(정답 공식: 지수함수 $y=a^x$의 그래프의 점근선은 x축$(y=0)$이다.)

함수 $y=2^{x-a}+b$의 그래프가 그림과 같을 때, 두 상수 a, b에 대하여 $a+b$의 값은? (단, 직선 $y=3$은 그래프의 점근선이다.) (3점)

단서 지수함수의 그래프를 이해해야 해. $y=2^x$의 그래프를 x축의 방향으로 a만큼, y축의 방향으로 b만큼 평행이동한 그래프라고 할 수 있어.

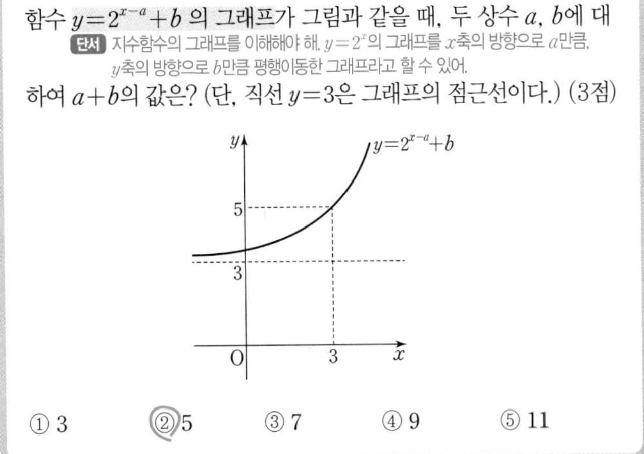

① 3 ② 5 ③ 7 ④ 9 ⑤ 11

1st 지수함수 $y=2^{x-a}+b$ 의 그래프의 점근선을 찾아 상수 b의 값을 구하자.

함수 $y=2^{x-a}+b$ 의 그래프의 점근선이 $y=3$이므로 $b=3$이다.

$y=2^x$의 그래프의 점근선이 $y=0$이므로 $y=2^{x-a}+b$의 그래프의 점근선은 $y=b$야.

2nd 그래프가 지나는 점 $(3, 5)$의 좌표를 대입하여 a의 값을 구하자.

함수 $y=2^{x-a}+3$의 그래프가 점 $(3, 5)$를 지나므로

$5=2^{3-a}+3$, $2^{3-a}=2^1$

밑이 2인 지수방정식이므로 지수가 같아야 한다. 즉,

$3-a=1$ $\therefore a=2$

$a>0$, $a\neq1$일 때, $a^x=a^y$이면 $x=y$

$\therefore a+b=5$

C 18 정답 3 ＊지수함수의 그래프의 평행이동 ······ [정답률 91%]

(정답 공식: 함수 $y=f(x)$의 그래프를 x축의 방향으로 a만큼, y축의 방향으로 b만큼 평행이동한 그래프의 식은 $y-b=f(x-a)$이다.)

함수 $y=4^x$의 그래프를 x축의 방향으로 1만큼, y축의 방향으로 a만큼 평행이동한 그래프가 점 $\left(\frac{3}{2}, 5\right)$를 지날 때, 상수 a의 값을 구하시오. (3점)

단서 이 그래프의 식은 $y=4^x$에 x 대신 $x-1$, y 대신 $y-a$를 대입하여 구해.

1st 평행이동한 그래프의 식을 구해.

함수 $y=4^x$의 그래프를 x축의 방향으로 1만큼, y축의 방향으로 a만큼 평행이동한 그래프는 $y=4^{x-1}+a$이다.

평행이동한 식 $y-a=4^{x-1}$을 정리한 모양이야.

2nd 점 $\left(\frac{3}{2}, 5\right)$의 좌표를 대입하여 상수 a의 값을 구해.

함수 $y=4^{x-1}+a$의 그래프가 점 $\left(\frac{3}{2}, 5\right)$를 지나므로 $x=\frac{3}{2}$, $y=5$를 대입하면

곡선 $y=f(x)$가 점 (a, b)를 지나면 $b=f(a)$가 성립해.

$5=4^{\frac{3}{2}-1}+a$에서 $5=4^{\frac{1}{2}}+a$, $5=2+a$

$\therefore a=3$

도형의 평행이동 개념·공식

방정식 $f(x, y)=0$이 나타내는 도형 F를 x축의 방향으로 a만큼, y축의 방향으로 b만큼 평행이동한 도형 F'의 방정식은 $f(x-a, y-b)=0$이다.

C 19 정답 ① *지수함수의 그래프의 평행이동 [정답률 83%]

(정답 공식: 주어진 두 함수의 그래프는 x축에 대하여 평행이동에 의하여 겹쳐질 수 있다.)

그림과 같이 함수 $y=3^{x+1}$의 그래프 위의 한 점 A와 함수 $y=3^{x-2}$의 그래프 위의 두 점 B, C에 대하여 선분 AB는 x축에 평행하고 선분 AC는 y축에 평행하다. $\overline{AB}=\overline{AC}$가 될 때, 점 A의 y좌표는? (단, 점 A는 제1사분면 위에 있다.) (3점)

단서 $\overline{AB}$가 x축과 서로 평행하므로 함수 $y=3^{x-2}$의 그래프가 함수 $y=3^{x+1}$의 그래프를 x축의 방향으로 얼마만큼 평행이동시킨 것인지 알면 $\overline{AB}$의 길이를 구할 수 있어.

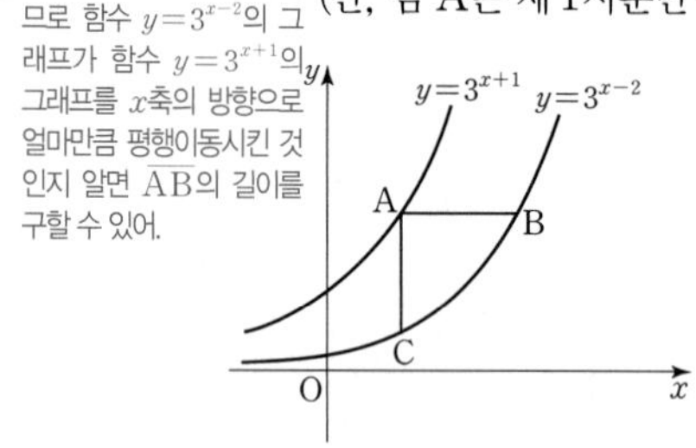

① $\frac{81}{26}$ ② $\frac{44}{13}$ ③ $\frac{95}{26}$ ④ $\frac{101}{26}$ ⑤ $\frac{54}{13}$

1st 함수 $y=3^{x+1}$의 그래프를 x축의 방향으로 3만큼 평행이동하면 함수 $y=3^{x-2}$의 그래프가 됨을 이용하자.

함수 $y=3^{x+1}$의 그래프를 x축의 방향으로 3만큼 평행이동한 그래프의 식은 $y=3^{x+1-3}=3^{x-2}$이고, $\overline{AB}$가 x축과 평행하므로 $\overline{AB}=3$

$\therefore \overline{AC}=\overline{AB}=3$ $A(x_1, 3^{x_1+1})$, $B(x_2, 3^{x_2-2})$이라 하면 $\overline{AB}=x_2-x_1$이야. 이때, $\overline{AB}$가 x축에 평행하므로 $3^{x_1+1}=3^{x_2-2}$이지? $3\times3^{x_1}=3^{x_2-2}$에서 $3^{x_1}=3^{x_2-2}\div3=3^{x_2-3}$이므로 $x_1=x_2-3$ $\therefore x_2-x_1=3$

주의 x축의 방향으로 m만큼 평행이동 하였을 때 $x-m$이므로 $(x-m)+1=x-2$로 식을 쓸 수 있어. 하지만 x축의 방향으로 $+3$만큼 움직인거지 3^3만큼 움직인 것은 아니야.

2nd 점 A의 x좌표를 a로 놓자.

점 A의 좌표를 $(a, 3^{a+1})$이라 하면 $\overline{AC}$가 y축과 평행하므로 점 C의 x좌표는 점 A의 x좌표와 같다.
즉, 점 C의 좌표는 $(a, 3^{a-2})$이므로

$$\overline{AC}=3^{a+1}-3^{a-2}=3\times3^a-\frac{1}{9}\times3^a=\frac{26}{9}\times3^a=3$$

$$\therefore 3^a=\frac{27}{26}$$

따라서 점 A의 y좌표는

$$3^{a+1}=3^a\times3=\frac{27}{26}\times3=\frac{81}{26}$$

도형의 평행이동과 대칭이동 (개념·공식)

도형 $f(x, y)=0$을
① x축의 방향으로 a만큼, y축의 방향으로 b만큼 평행이동하면 $f(x-a, y-b)=0$
② x축에 대하여 대칭이동하면 $f(x, -y)=0$
③ y축에 대하여 대칭이동하면 $f(-x, y)=0$
④ 원점에 대하여 대칭이동하면 $f(-x, -y)=0$
⑤ 직선 $y=x$에 대하여 대칭이동하면 $f(y, x)=0$

C 20 정답 ① *지수함수의 그래프의 평행이동 [정답률 89%]

(정답 공식: 점의 이동과 함수 $y=f(x)$의 그래프가 점 (a, b)를 지나면 $f(a)=b$가 성립함을 이용한다.)

함수 $f(x)=2^x$의 그래프를 x축 방향으로 m만큼, y축 방향으로 n만큼 평행이동시키면 함수 $y=g(x)$의 그래프가 되고, 이 평행이동에 의하여 점 $A(1, f(1))$이 점 $A'(3, g(3))$으로 이동된다. 함수 $y=g(x)$의 그래프가 점 $(0, 1)$을 지날 때, $m+n$의 값은? (3점)

① $\frac{11}{4}$ ② 3 ③ $\frac{13}{4}$ ④ $\frac{7}{2}$ ⑤ $\frac{15}{4}$

단서 점 (x_1, y_1)을 점 (x_2, y_2)로 옮기는 평행이동은 x축의 방향으로 x_2-x_1만큼, y축의 방향으로 y_2-y_1만큼의 평행이동이야.

1st $y=f(x)$의 그래프를 x축의 방향으로 m만큼, y축의 방향으로 n만큼 평행이동하면 $y-n=f(x-m)$의 그래프가 되지?

$f(x)=2^x$의 그래프를 x축의 방향으로 m만큼, y축의 방향으로 n만큼 평행이동시키면 $g(x)=2^{x-m}+n$ ⋯ ㉠

2nd $A(1, f(1)) \to A'(3, g(3))$으로 이동됨을 이용하여 m을 구해.

$A \to A'$으로 이동되었고, x좌표가 1에서 3으로 바뀌었으므로 x축의 방향으로 2만큼 평행이동한 것이다. ($3-1=2$)
$\therefore m=2$

[점의 평행이동] 점 $P(x_1, y_1)$을 x축의 방향으로 a만큼, y축의 방향으로 b만큼 평행이동한 점 P′의 좌표는 $P'(x_1+a, y_1+b)$

3rd $g(x)$의 그래프가 점 $(0, 1)$을 지남을 이용하여 n을 구해.

$m=2$를 ㉠에 대입하면 $g(x)=2^{x-2}+n$이고, 이 그래프가 점 $(0, 1)$을 지나므로 $1=2^{0-2}+n$, $n=\frac{3}{4}$ $\therefore m+n=2+\frac{3}{4}=\frac{11}{4}$

지수함수의 그래프의 평행이동 (개념·공식)

지수함수 $y=a^x$ $(a>0, a\neq1)$의 그래프를 x축의 방향으로 m만큼, y축의 방향으로 n만큼 평행이동한 그래프의 식은 $y=a^{x-m}+n$이다.

C 21 정답 ③ *지수함수의 그래프의 평행이동 [정답률 52%]

(정답 공식: 지수함수 $f(x)=a^x(a>0, a\neq1)$에 대하여 $a>1$이면 $f(x)$는 증가함수이고 $0<a<1$이면 $f(x)$는 감소함수이다.)

함수

$$f(x)=\begin{cases} 2^x & (x<3) \\ \left(\frac{1}{4}\right)^{x+a}-\left(\frac{1}{4}\right)^{3+a}+8 & (x\geq3) \end{cases}$$

에 대하여 곡선 $y=f(x)$ 위의 점 중에서 y좌표가 정수인 점의 개수가 23일 때, 정수 a의 값은? (4점)

단서1 $2>1$이므로 $f(x)$는 $x<3$에서 증가하고, $0<\frac{1}{4}<1$이므로 $f(x)$는 $x\geq3$에서 감소함을 이용하여 좌표평면에 곡선 $y=f(x)$를 나타내 봐.

단서2 정수 k에 대하여 직선 $y=k$와 곡선 $y=f(x)$의 서로 다른 교점의 개수가 23이라는 거야.

① -7 ② -6 ③ -5 ④ -4 ⑤ -3

1st 곡선 $y=f(x)$를 좌표평면에 나타내.

$g(x)=2^x$, $h(x)=\left(\frac{1}{4}\right)^{x+a}-\left(\frac{1}{4}\right)^{3+a}+8$이라 하면 곡선 $y=g(x)$의

$y=h(x)$는 밑이 $\frac{1}{4}$인 지수함수이고 그래프는 지수함수 $y=\left(\frac{1}{4}\right)^x$의 그래프를 x축의 방향으로 $-a$만큼, y축의 방향으로 $-\left(\frac{1}{4}\right)^{3+a}+8$만큼 평행이동한 거야.

점근선의 방정식은 $y=0$이고 곡선 $y=h(x)$의 점근선의 방정식은 $y=-\left(\frac{1}{4}\right)^{3+a}+8$이다.

곡선 $y=f(x)$ 위의 점 중에서 y좌표가 정수인 점의 개수가 23이려면 $-\left(\frac{1}{4}\right)^{3+a}+8<0$이어야 해.

이때, $g(3)=2^3=8$, $h(3)=\left(\frac{1}{4}\right)^{3+a}-\left(\frac{1}{4}\right)^{3+a}+8=8$이므로 곡선 $y=f(x)$를 좌표평면에 나타내면 다음과 같다.

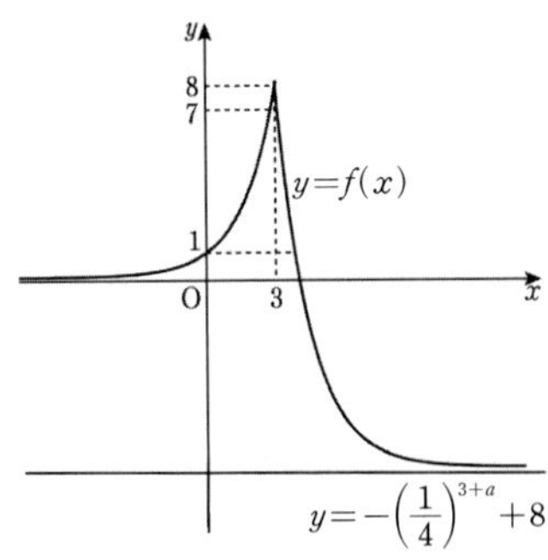

2nd 곡선 $y=f(x)$ 위의 점 중에서 y좌표가 정수인 점의 개수가 23임을 이용하여 정수 a의 값을 구해.

직선 $y=\alpha(\alpha=1, 2, 3, \cdots, 7)$와 곡선 $y=f(x)$의 교점의 개수는 2이고 직선 $y=8$과 곡선 $y=f(x)$의 교점의 개수는 1이므로 곡선 $y=f(x)$ 위의 점 중에서 y좌표가 양의 정수인 점의 개수는 $2\times7+1=15$이다.

한편, 곡선 $y=f(x)$ 위의 점 중에서 y좌표가 정수인 점의 개수가 23이므로 양의 정수가 아닌 정수 β에 대하여 직선 $y=\beta$와 곡선 $y=f(x)$의 서로 다른 교점의 개수가 $23-15=8$이어야 한다. 가능한 β의 값은 $0, -1, -2, \cdots, -7$이야.

따라서 함수 $y=h(x)$의 그래프의 점근선 $y=-\left(\frac{1}{4}\right)^{3+a}+8$에 대하여 $-\left(\frac{1}{4}\right)^{3+a}+8$의 값은 -8 이상, -7 미만이어야 한다.

즉, $-8\le-\left(\frac{1}{4}\right)^{3+a}+8<-7$에서

$-16\le-\left(\frac{1}{4}\right)^{3+a}<-15$, $15<\left(\frac{1}{4}\right)^{3+a}\le16$

$4^1<15<4^{-a-3}\le4^2$, $1<-a-3\le2$, $-2\le a+3<-1$

$\therefore -5\le a<-4$ 밑이 4로 1보다 크므로 지수끼리 비교할 때 부등호의 방향은 바뀌지 않아.

따라서 조건을 만족시키는 정수 a의 값은 -5이다.

C 22 정답 ② *지수함수의 그래프의 대칭이동 [정답률 83%]

정답 공식: 점근선의 방정식을 이용한다. 함수 $y=f(x)$의 그래프가 점 (a, b)를 지나면 $f(a)=b$가 성립한다.

점근선의 방정식이 $y=2$인 지수함수 $y=2^{2x+a}+b$의 그래프를 y축에 대하여 대칭이동시킨 함수 $y=f(x)$의 그래프가 그림과 같다.

단서 지수함수 $y=2^{2x+a}$의 그래프의 점근선은 x축, 즉 직선 $y=0$이야. 그렇다면 이 함수를 y축의 방향으로 b만큼 평행이동한 그래프의 점근선은 직선 $y=0+b=b$이겠지?

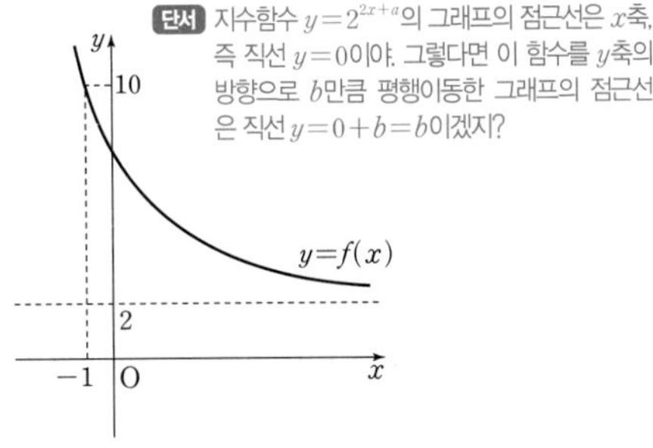

함수 $y=f(x)$의 그래프가 점 $(-1, 10)$을 지날 때, 두 상수 a, b에 대하여 $a+b$의 값은? (3점)

① $\frac{5}{2}$ ② 3 ③ $\frac{7}{2}$
④ 4 ⑤ $\frac{9}{2}$

1st 지수함수 $y=2^{px+q}+r$의 점근선의 방정식은 $y=r$이야.

지수함수 $y=2^{2x+a}+b$의 그래프에서 $2^{2x+a}>0$이므로 $y>b$가 되어야 한다.
즉, 점근선의 방정식이 $y=2$이므로 $b=2$이다. $y=2^{2x+a}+b$에서 $y-b=2^{2x+a}$ 이때, $2^{2x+a}>0$이므로 $y-b>0$ $\therefore y>b$

$\therefore y=2^{2x+a}+2$

2nd 함수 $y=g(x)$를 y축에 대하여 대칭이동시킨 함수는 $y=g(-x)$야.

$y=2^{2x+a}+2$의 그래프를 y축에 대하여 대칭이동시키면
$f(x)=2^{-2x+a}+2$이고 $f(-1)=10$이므로 x 대신에 $-x$를 대입!
$10=2^{2+a}+2$, $2^{2+a}=8=2^3$
$2+a=3$ $\therefore a=1$
$\therefore a+b=1+2=3$

C 23 정답 ① *지수함수의 그래프의 대칭이동 [정답률 87%]

정답 공식: 함수 $y=a^x$의 그래프를 y축에 대하여 대칭이동시킨 후 평행이동시킨 그래프의 식을 구한다.

단서1 y축에 대하여 대칭이동 : x 대신에 $-x$를 대입!

좌표평면에서 지수함수 $y=a^x$의 그래프를 y축에 대하여 대칭이동시킨 후, x축의 방향으로 3만큼, y축의 방향으로 2만큼 평행이동시킨 그래프가 점 $(1, 4)$를 지난다. 양수 a의 값은? (3점)

단서2 x축의 방향으로 3만큼, y축의 방향으로 2만큼 평행이동 : x 대신에 $x-3$, y 대신에 $y-2$를 대입!

① $\sqrt{2}$ ② 2 ③ $2\sqrt{2}$
④ 4 ⑤ $4\sqrt{2}$

1st $y=f(x)$를 y축에 대하여 대칭이동하면 $y=f(-x)$임을 이용해.

$y=a^x$의 그래프를 y축에 대하여 대칭이동하면 $y=a^{-x}$
또, x축의 방향으로 3만큼, y축의 방향으로 2만큼 평행이동하면
$y-2=a^{-(x-3)}$ $x-3$ 대입! $y-2$ 대입!
$\therefore y=a^{-x+3}+2$
이 그래프가 점 $(1, 4)$를 지나므로
$4=a^{-1+3}+2$, $2=a^2$
$\therefore a=\sqrt{2}$ $(\because a>0)$

C 24 정답 ③ *지수함수의 그래프의 대칭이동 [정답률 85%]

정답 공식: 함수를 대칭이동, 평행이동시켰을 때 식의 변화와 그래프 모양을 함께 고려한다.

지수함수의 그래프에 대한 [보기]의 설명 중 옳은 것을 모두 고른 것은? (2점)

[보기]

단서1 x축에 대하여 대칭이동한 식은 y 대신에 $-y$를 대입하면 돼.

ㄱ. $y=2^x$의 그래프를 x축에 대하여 대칭이동하면 $y=\frac{1}{2^x}$의 그래프가 된다.

단서2 주어진 함수의 그래프와 평행이동한 함수의 그래프의 개형을 좌표평면 위에 그려 비교해 봐.

ㄴ. $y=2^x$의 그래프를 x축의 방향으로 1만큼 평행이동하면 $y=2^x$의 그래프보다 아래에 놓이게 된다.

ㄷ. $y=\sqrt{2}\cdot2^x$의 그래프를 x축의 방향으로 평행이동하여 $y=2^x$의 그래프를 얻을 수 있다.

① ㄱ ② ㄴ ③ ㄴ, ㄷ
④ ㄱ, ㄷ ⑤ ㄱ, ㄴ, ㄷ

1st 지수함수의 성질에서 대칭이동과 평행이동을 잘 생각해 봐.

ㄱ. $y=2^x \xrightarrow{x\text{축에 대하여 대칭이동}} -y=2^x$

$\Rightarrow y=-2^x$ (거짓)

도형 $f(x, y)=0$을 x축에 대하여 대칭이동 $\Rightarrow f(x, -y)=0$

ㄴ. $y=2^x \xrightarrow[\text{1만큼 평행이동}]{x\text{축의 방향으로}} y=2^{x-1}$

오른쪽 그래프를 보면 $y=2^{x-1}$의 그래프는 $y=2^x$의 그래프보다 항상 아래에 있다. (참)

$2^{x-1}-2^x=-\frac{1}{2}\times 2^x<0$ 즉, $2^{x-1}<2^x$이야.

ㄷ. $y=\sqrt{2}\times 2^x=2^{\frac{1}{2}}\times 2^x=2^{x+\frac{1}{2}}$을 x축의 방향으로 $\frac{1}{2}$만큼 평행이동하면 $y=2^{\left(x-\frac{1}{2}\right)+\frac{1}{2}}=2^x$ (참)

따라서 옳은 것은 ㄴ, ㄷ이다.

C 25 정답 ④ ＊지수함수의 그래프의 대칭이동 ········ [정답률 72%]

(정답 공식: 함수 $f(x)=-2^{4-3x}+k=-\left(\frac{1}{8}\right)^{x-\frac{4}{3}}+k$이므로 함수 $y=f(x)$의 그래프는 함수 $y=\left(\frac{1}{8}\right)^x$의 그래프를 x축에 대하여 대칭이동한 후 x축의 방향으로 $\frac{4}{3}$만큼, y축의 방향으로 k만큼 평행이동한 것이다.)

함수 $f(x)=-2^{4-3x}+k$의 그래프가 제2사분면을 지나지 않도록 하는 자연수 k의 최댓값은? (3점)

단서 그래프의 개형을 그려서 제2사분면, 즉 $x<0$이고 $y>0$인 부분을 지나지 않을 조건을 만족시키도록 해.

① 10 ② 12 ③ 14 ④ 16 ⑤ 18

1st 그래프의 개형을 쉽게 알 수 있도록 지수함수 $f(x)$의 식을 정리하여 함수의 대칭이동과 평행이동을 이용하자.

$f(x)=-2^{-3\left(x-\frac{4}{3}\right)}+k=-\left(\frac{1}{8}\right)^{x-\frac{4}{3}}+k$

지수함수 $y-q=a^{x-p}$의 그래프는 함수 $y=a^x$의 그래프를 x축의 방향으로 p만큼, y축의 방향으로 q만큼 평행이동한 거야.

즉, 함수 $y=f(x)$의 그래프는 $y=\left(\frac{1}{8}\right)^x$의 그래프를 x축에 대하여 대칭이동한 후 x축의 방향으로 $\frac{4}{3}$만큼, y축의 방향으로 k만큼 평행이동한 그래프이다.

지수함수 $y=a^x$을 x축에 대하여 대칭이동하면 $-y=a^x$이므로 $y=-a^x$

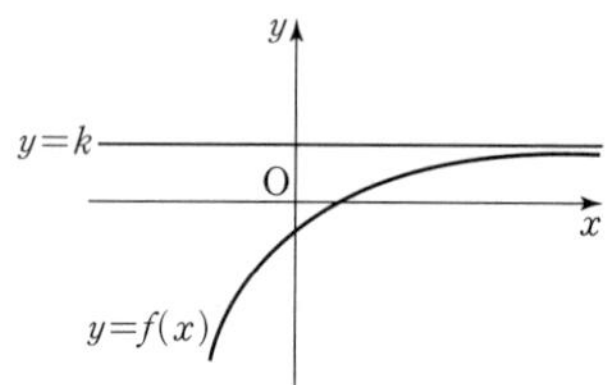

2nd 함수 $y=f(x)$의 그래프가 제2사분면을 지나지 않도록 하는 상수 k의 최댓값을 구하자.

즉, 함수 $f(x)$에 대하여 $f(0)\leq 0$이면 함수 $y=f(x)$의 그래프는 제2사분면을 지나지 않으므로

$f(0)=-2^4+k\leq 0$에서 $k\leq 16$

x축과 y축은 어떤 사분면에도 속하지 않으므로 등호($=$)가 포함되어야 해.

따라서 자연수 k의 최댓값은 16이다.

지수함수 $y=a^x$의 그래프 개념·공식

① $a>1$일 때 ② $0<a<1$일 때

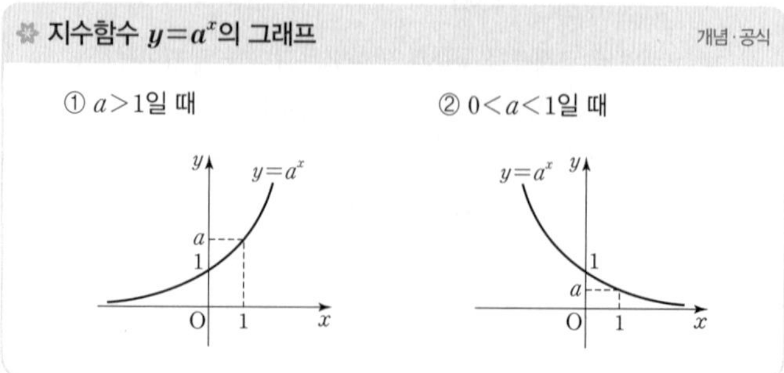

C 26 정답 8 ＊지수함수의 그래프의 대칭이동 ············ [정답률 61%]

(정답 공식: 곡선과 직선이 만나는 점의 좌표를 구한다.)

그림과 같이 곡선 $y=2^x$을 y축에 대하여 대칭이동한 후, x축의 방향으로 $\frac{1}{4}$만큼, y축의 방향으로 $\frac{1}{4}$만큼 평행이동한 곡선을 $y=f(x)$라 하자. 곡선 $y=f(x)$와 직선 $y=x+1$이 만나는 점 A와 점 B$(0, 1)$ 사이의 거리를 k라 할 때, $\frac{1}{k^2}$의 값을 구하시오. (4점)

단서 방정식 $f(x)=x+1$을 풀면 점 A의 좌표를 구할 수 있지?

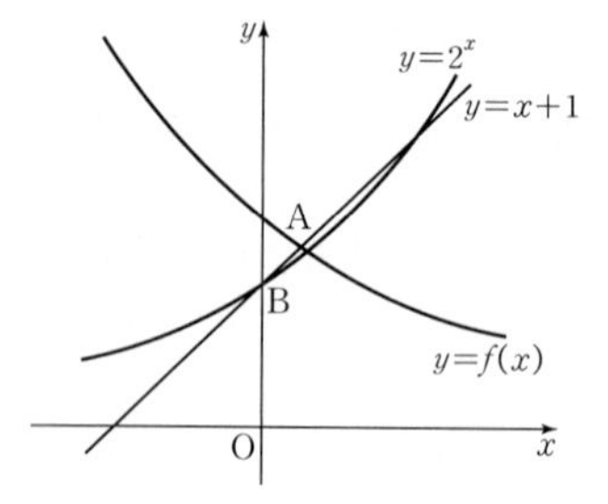

1st 곡선 $y=f(x)$의 방정식을 구해.

곡선 $y=2^x$을 y축에 대하여 대칭이동한 곡선은 $y=2^{-x}$이고, 곡선 $y=2^{-x}$을 x축의 방향으로 $\frac{1}{4}$만큼, y축의 방향으로 $\frac{1}{4}$만큼 평행이동한 곡선은 $y=2^{-x+\frac{1}{4}}+\frac{1}{4}$이다.

함수 $y=f(x)$의 그래프를 y축에 대하여 대칭이동한 그래프의 식은 x 대신 $-x$를 대입하면 돼.

함수 $y=f(x)$의 그래프를 x축의 방향으로 m만큼, y축의 방향으로 n만큼 평행이동한 그래프의 식은 x 대신 $x-m$을, y 대신 $y-n$을 대입하면 돼.

$\therefore f(x)=2^{-x+\frac{1}{4}}+\frac{1}{4}$

2nd 점 A의 좌표를 구한 후, 두 점 A, B 사이의 거리를 구해.

곡선 $y=f(x)$와 직선 $y=x+1$이 만나는 점 A의 x좌표는

$2^{-x+\frac{1}{4}}+\frac{1}{4}=x+1$에서 $2^{-x+\frac{1}{4}}=x+\frac{3}{4}$ $\quad\therefore x=\frac{1}{4}$

$x=\frac{1}{4}$일 때, (좌변)$=2^0=1$이고, (우변)$=\frac{1}{4}+\frac{3}{4}=1$이므로 주어진 방정식의 해는 $x=\frac{1}{4}$이야.

$x=\frac{1}{4}$을 $y=x+1$에 대입하면 $y=\frac{1}{4}+1=\frac{5}{4}$

즉, 점 A의 좌표는 $\left(\frac{1}{4}, \frac{5}{4}\right)$이다.

따라서 두 점 $\mathrm{A}\left(\frac{1}{4}, \frac{5}{4}\right)$, B$(0, 1)$ 사이의 거리 k는

$k=\sqrt{\left(\frac{1}{4}-0\right)^2+\left(\frac{5}{4}-1\right)^2}=\frac{\sqrt{2}}{4}$이므로 $\frac{1}{k^2}=8$

쉬운 풀이: 두 점 A, B의 좌표 쉽게 구하기

곡선 $y=2^x$을 y축에 대하여 대칭이동한 곡선은 $y=2^{-x}$이고

곡선 $y=2^{-x}$은 직선 $y=x+1$과 점 B$(0, 1)$에서 만나.

한편, 곡선 $y=2^{-x}$을 x축의 방향으로 $\frac{1}{4}$만큼, y축의 방향으로 $\frac{1}{4}$만큼 평행이동한 곡선은 $y=f(x)$이고, 직선 $y=x+1$은 x축의 방향으로 $\frac{1}{4}$만큼, y축의 방향으로 $\frac{1}{4}$만큼 평행이동하여도 직선 $y=x+1$이 되므로 점 B$(0, 1)$을 x축의 방향으로 $\frac{1}{4}$만큼, y축의 방향으로 $\frac{1}{4}$만큼 평행이동하면 곡선 $y=f(x)$와 직선 $y=x+1$이 만나는 점 A와 일치해.

즉, 점 A의 좌표는 $\left(0+\frac{1}{4}, 1+\frac{1}{4}\right)$에서 $\left(\frac{1}{4}, \frac{5}{4}\right)$야.

(이하 동일) 점 $\mathrm{P}(x_1, y_1)$을 x축의 방향으로 a만큼, y축의 방향으로 b만큼 평행이동한 점 P′의 좌표는 $\mathrm{P}'(x_1+a, y_1+b)$

수능 핵강

＊그래프의 평행이동과 대칭이동

함수 $y=f(x)$의 그래프가 단순한 것에서 복잡하게 되는 이유는 평행이동과 대칭이동 때문이야. 사실 평행이동과 대칭이동한 것만 알면 아무리 복잡한 그래프라도 분석을 할 수 있어.
함수 $y=f(x)$의 그래프를 x축의 방향으로 m만큼, y축의 방향으로 n만큼 평행이동한 그래프는 $y=f(x)$에 x 대신 $x-m$, y 대신 $y-n$을 대입하기만 해도 돼. 그런데 문제가 되는 것은 이미 평행이동과 대칭이동이 된 것을 역으로 어떻게 평행이동과 대칭이동이 되었는지 알아야 하는 경우가 많아. 이것은 함수의 기본 꼴을 잘 알고 있으면 돼.

C 27 정답 ③ ＊지수함수의 그래프의 대칭이동 ······· [정답률 88%]

(정답 공식: $y=f(x)$의 그래프를 원점에 대해 대칭시키면 $-y=f(-x)$이고, x축의 방향으로 m, y축의 방향으로 n만큼 평행이동시키면 $y-n=f(x-m)$이다.)

좌표평면에서 지수함수 $y=a\cdot3^x\ (a\neq0)$의 그래프를 원점에 대하여 대칭이동시킨 후, x축의 방향으로 2만큼, y축의 방향으로 3만큼 평행이동시킨 그래프가 점 $(1, -6)$을 지난다. 이때, 상수 a의 값은? (3점)

단서 주어진 조건에 맞게 함수 $y=a\cdot3^x$의 그래프를 이동시킨 그래프가 나타내는 식을 구해.

① 1 ② 2 ③ 3 ④ 4 ⑤ 5

1st 주어진 조건에 맞게 지수함수 $y=a\cdot3^x$의 그래프를 이동시켜.

주의 원점에 대해 대칭이동할 때 x, y를 각각 $-x$, $-y$로 식을 바꿔주자.

지수함수 $y=a\cdot3^x$의 그래프를 원점에 대하여 대칭이동시킨 그래프의 식은
$-y=a\cdot3^{-x}$
$\therefore y=-a\cdot3^{-x}$

지수함수 $y=a^x\ (a>0, a\neq1)$의 그래프를 x축, y축, 원점에 대하여 대칭이동한 그래프가 나타내는 식은 각각 $y=-a^x$, $y=a^{-x}$, $y=-a^{-x}$

이 함수의 그래프를 x축의 방향으로 2만큼, y축의 방향으로 3만큼 평행이동시킨 그래프의 식은 $y-3=-a\cdot3^{-(x-2)}$
$\therefore y=-a\cdot3^{-x+2}+3$

2nd 그래프가 점 $(1, -6)$을 지난다는 것을 이용하여 상수 a의 값을 구해.

따라서 함수 $y=-a\cdot3^{-x+2}+3$의 그래프가 점 $(1, -6)$을 지나므로
$-6=-a\cdot3^{-1+2}+3$, $3a=9$ $\therefore a=3$

톡톡 풀이: 주어진 점을 대칭이동, 평행이동시켜서 값 구하기

지수함수 $y=a\cdot3^x$의 그래프가 점 (m, n)을 지난다고 하자.
점 (m, n)을 원점에 대하여 대칭이동시키면 점 $(-m, -n)$이고,
점 $(-m, -n)$을 x축의 방향으로 2만큼, y축의 방향으로 3만큼 평행이동시키면 점 $(-m+2, -n+3)$이 돼.
이때, 점 $(-m+2, -n+3)$이 점 $(1, -6)$이면
$-m+2=1$, $-n+3=-6$ $\therefore m=1, n=9$
따라서 지수함수 $y=a\cdot3^x$의 그래프가 점 $(1, 9)$를 지나므로
$9=3a$에서 $a=3$이야.

지수함수의 그래프의 대칭이동 개념·공식

지수함수 $y=a^x(a>0, a\neq1)$의 그래프를
① x축에 대하여 대칭이동한 그래프의 식은 $y=-a^x$
② y축에 대하여 대칭이동한 그래프의 식은 $y=a^{-x}=\left(\frac{1}{a}\right)^x$
③ 원점에 대하여 대칭이동한 그래프의 식은 $y=-a^{-x}=-\left(\frac{1}{a}\right)^x$

C 28 정답 ① ＊지수함수의 그래프의 대칭이동 ······· [정답률 72%]

(정답 공식: 함수 $y=f(x)$의 그래프와 함수 $y=g(x)$의 그래프가 직선 $x=a$에 대칭일 경우 $f(a)=g(a)$이다.)

두 지수함수 $f(x)=a^{bx-1}$, $g(x)=a^{1-bx}$이 다음 조건을 만족시킨다.

(가) 함수 $y=f(x)$의 그래프와 함수 $y=g(x)$의 그래프는 직선 $x=2$에 대하여 대칭이다.
(나) $f(4)+g(4)=\frac{5}{2}$

단서 $x=2$일 때, 두 함수의 함숫값이 존재하므로 두 함수 $f(x)$, $g(x)$의 그래프가 $x=2$에 대하여 대칭이면 $x=2$일 때의 두 함숫값이 같아야 해. 즉 $f(2)=g(2)$여야 하지.

두 상수 a, b의 합 $a+b$의 값은? (단, $0<a<1$) (3점)

① 1 ② $\frac{9}{8}$ ③ $\frac{5}{4}$ ④ $\frac{11}{8}$ ⑤ $\frac{3}{2}$

1st 두 함수 $y=f(x)$, $y=g(x)$의 그래프가 직선 $x=2$에 대하여 대칭이므로 $f(2)=g(2)$임을 먼저 적용해.

두 함수 $y=f(x)$, $y=g(x)$의 그래프가 직선 $x=2$에 대하여 대칭이므로 $f(2)=g(2)$
이때, $f(2)=a^{2b-1}$
$g(2)=a^{1-2b}$이므로
$a^{2b-1}=a^{1-2b}$

$f(x)=a^{bx-1}$, $g(x)=a^{-bx+1}$에서 $a^b\times a^{-b}=1$이므로 a^b과 a^{-b} 중 하나는 1보다 크고 나머지는 1보다 작은 양수야. 즉, 직선 $x=2$에 대하여 대칭인 두 함수의 그래프의 개형은 그림과 같아. $\therefore f(2)=g(2)$

$2b-1=1-2b$ $\therefore b=\frac{1}{2}$

2nd 조건 (나)를 이용하여 a의 값을 구해.

따라서 $f(4)=a^{\frac{1}{2}\times4-1}=a$, $g(4)=a^{1-\frac{1}{2}\times4}=a^{-1}$이므로
조건 (나)에 의하여
$f(4)+g(4)=a+a^{-1}=\frac{5}{2}$
양변에 $2a$를 곱하면
$2a^2-5a+2=0$
$(2a-1)(a-2)=0$ $\therefore a=\frac{1}{2}$ ($\because 0<a<1$)

실수 문제에서 주어진 a의 값의 범위에 유의하자.

$\therefore a+b=\frac{1}{2}+\frac{1}{2}=1$

C 29 정답 ⑤ ＊지수함수의 최대·최소-지수가 일차식 ···· [정답률 91%]

(정답 공식: 지수함수 $f(x)=a^x$에 대하여 $a>1$이면 $f(x)$는 증가함수이고 $0<a<1$이면 $f(x)$는 감소함수이다.)

닫힌구간 $[0, 4]$에서 함수 $f(x)=\left(\frac{1}{3}\right)^{x-2}+1$의 최댓값은? (3점)

단서1 닫힌구간 $[a, b]$는 x의 값의 범위가 $a\le x\le b$라는 거야.
단서2 $f(x)$는 밑이 $\frac{1}{3}$인 지수함수야.

① 2 ② 4 ③ 6 ④ 8 ⑤ 10

1st 주어진 구간에서 함수 $f(x)$의 최댓값을 구해.

지수함수 $f(x)$의 밑이 $0<\frac{1}{3}<1$이므로 $f(x)$는 감소함수이다.
즉, x의 값이 최소일 때 $f(x)$는 최댓값을 가지므로

x의 값이 커질수록 y의 값도 커지는 함수를 증가함수, x의 값이 커질수록 y의 값은 작아지는 함수를 감소함수라 해.

$f(x)$는 감소함수이므로 닫힌구간 $[0, 4]$에서 $f(x)$의 최댓값과 최솟값은 각각 $f(0)$, $f(4)$야.

함수 $f(x)$의 최댓값은 $f(0)=\left(\frac{1}{3}\right)^{-2}+1=9+1=10$

$\left(\frac{1}{3}\right)^{-2}=(3^{-1})^{-2}=3^{(-1)\times(-2)}=3^2=9$

C 30 정답 ③ *지수함수의 최대, 최소 – 지수가 일차식 [정답률 89%]

(정답 공식: 함수 $y=a^x$은 $a>1$이면 증가함수, $0<a<1$이면 감소함수이다.)

닫힌구간 $[-1, 3]$에서 함수 $f(x)=2^{|x|}$의 최댓값과 최솟값의 합은? (3점)

단서1 x의 값의 범위가 $-1\le x\le 3$이라는 거야.
단서2 $x<0$일 때와 $x\ge 0$일 때로 나눠서 생각해.

① 5 ② 7 ③ 9 ④ 11 ⑤ 13

1st 함수 $y=f(x)$의 그래프를 그리자.

$x\ge 0$일 때 $f(x)=2^{|x|}=2^x$, $x<0$일 때 $f(x)=2^{|x|}=2^{-x}=\left(\frac{1}{2}\right)^x$

$$\therefore f(x)=\begin{cases}2^x & (x\ge 0)\\ \left(\frac{1}{2}\right)^x & (x<0)\end{cases}$$

절댓값이 포함된 함수의 그래프는 절댓값 안이 0이 되는 x의 값을 기준으로 나누어 그려야 해.

따라서 $-1\le x\le 3$에서 함수 $y=f(x)$의 그래프는 다음과 같다.

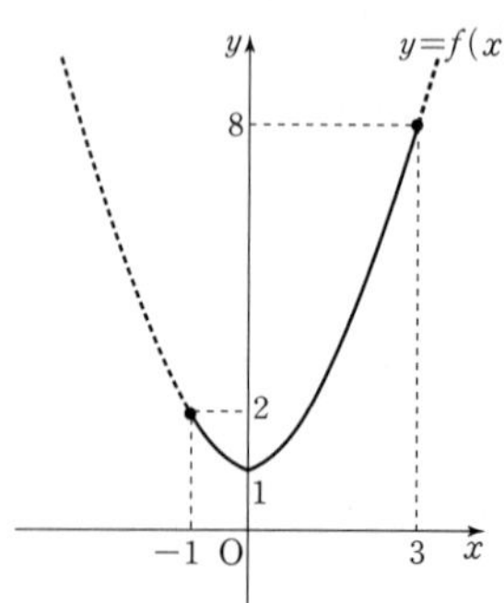

2nd 함수 $f(x)$의 최댓값과 최솟값을 구하자.

함수 $y=f(x)$의 그래프에서 $x=0$일 때 y의 값이 최소지?

즉, 닫힌구간 $[-1, 3]$에서 함수 $f(x)$는 $x=0$일 때 최솟값 $f(0)=2^0=1$을 갖고, $x=3$일 때 최댓값 $f(3)=2^3=8$을 가지므로

마찬가지로 함수 $y=f(x)$의 그래프에서 $x=3$일 때 y의 값이 최대야.

함수 $f(x)$의 최댓값과 최솟값의 합은 $8+1=9$이다.

C 31 정답 ⑤ *지수함수의 최대 · 최소 – 지수가 일차식 [정답률 88%]

(정답 공식: 밑이 1보다 큰 지수함수 $y=a^x(a>1)$의 그래프는 x의 값이 증가함에 따라 y의 값도 증가한다.)

정의역이 $\{x\mid 1\le x\le 3\}$인 함수 $f(x)=5^{x-2}+3$의 최댓값은? (3점)

단서 지수함수의 그래프를 이용하면 함수 $f(x)$의 최댓값을 구할 수 있지.

① 4 ② 5 ③ 6 ④ 7 ⑤ 8

1st 지수함수의 그래프를 이용하여 함수 $f(x)$의 최댓값을 구하자.

지수함수 $f(x)=5^{x-2}+3$은 x의 값이 증가함에 따라 함숫값이 증가한다.

따라서 정의역 $\{x\mid 1\le x\le 3\}$에서 함수 $f(x)$의 최댓값은

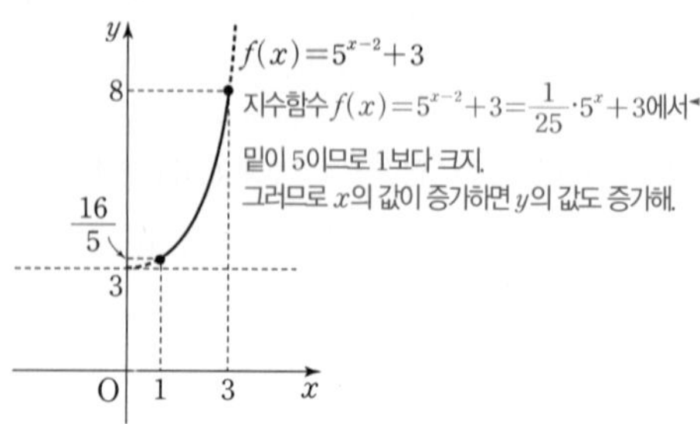

지수함수 $f(x)=5^{x-2}+3=\frac{1}{25}\cdot 5^x+3$에서 밑이 5이므로 1보다 크지. 그러므로 x의 값이 증가하면 y의 값도 증가해.

$f(3)=5^{3-2}+3=5+3=8$

함수 $f(x)$의 최솟값은 $f(1)=5^{1-2}+3=\frac{1}{5}+3=\frac{16}{5}$

C 32 정답 81 *지수함수의 최대 · 최소 – 지수가 일차식 [정답률 78%]

(정답 공식: 함수 $y=a^x$의 그래프는
(i) $a>1$일 때, x의 값이 증가하면 y의 값도 증가한다.
(ii) $0<a<1$일 때, x의 값이 증가하면 y의 값은 감소한다.)

닫힌구간 $[1, 5]$에서 함수 $f(x)=\left(\frac{1}{3}\right)^{x-5}$의 최댓값을 구하시오. (3점)

단서 지수함수의 밑의 크기가 1보다 큰지 작은지에 따라 함수 $f(x)$가 증가함수인지 감소함수인지 결정돼.

1st 함수 $f(x)$가 감소함수임을 이용해서 최댓값을 구해.

지수함수 $f(x)$에서 밑은 $\frac{1}{3}$이고 $0<\frac{1}{3}<1$이므로

함수 $f(x)=\left(\frac{1}{3}\right)^{x-5}$은 닫힌구간 $[1, 5]$에서 감소한다.

따라서 함수 $f(x)$는 $x=1$일 때 최대이고, 구하는 최댓값은

함수 $f(x)$가 닫힌구간 $[a, b]$에서 감소함수이면 함수 $f(x)$의 최댓값은 $f(a)$이고, 최솟값은 $f(b)$야.

$f(1)=\left(\frac{1}{3}\right)^{1-5}=81$

[지수법칙]
① $\frac{1}{a}=a^{-1}$
② $(a^x)^y=a^{xy}$

C 33 정답 ④ *지수함수의 최대 · 최소 – 지수가 일차식 [정답률 95%]

(정답 공식: 함수 $y=a^x$에서 $a>1$이면 증가함수이고, $0<a<1$이면 감소함수이다.)

닫힌구간 $[2, 4]$에서 함수 $f(x)=\left(\frac{1}{2}\right)^{x-2}$의 최솟값은? (3점)

① $\frac{1}{32}$ ② $\frac{1}{16}$ ③ $\frac{1}{8}$ ④ $\frac{1}{4}$ ⑤ $\frac{1}{2}$

단서 지수함수 $f(x)$의 밑이 $0<\frac{1}{2}<1$이므로 함수 $f(x)$는 감소함수야.

1st 지수함수의 그래프의 개형을 이용하여 닫힌구간 $[2, 4]$에서 언제 최솟값을 갖는지 생각해.

함수 $f(x)$의 밑이 1보다 작으므로 함수 $f(x)=\left(\frac{1}{2}\right)^{x-2}$은 모든 실수 x에 대하여 감소한다. 즉, 함수 $f(x)$는 닫힌구간 $[2, 4]$에서 $x=4$일 때 최솟값을 갖는다.

함수 $y=f(x)$의 그래프는 그림과 같아.

y
4
$y=\left(\frac{1}{2}\right)^{x-2}$
O x

즉, 구하는 최솟값은

$f(4)=\left(\frac{1}{2}\right)^{4-2}=\left(\frac{1}{2}\right)^2=\frac{1}{4}$

C 34 정답 ② *지수함수의 최대 · 최소 – 지수가 일차식 [정답률 97%]

(정답 공식: 함수 $y=a^x$에서 $a>1$이면 증가함수, $0<a<1$이면 감소함수이다.)

닫힌구간 $[1, 3]$에서 함수 $f(x)=1+\left(\frac{1}{3}\right)^{x-1}$의 최댓값은? (3점)

단서 지수함수 $f(x)$의 밑의 범위로 언제 최댓값을 갖는지 파악할 수 있어.

① $\frac{5}{3}$ ② 2 ③ $\frac{7}{3}$ ④ $\frac{8}{3}$ ⑤ 3

1st 주어진 구간에서 지수함수 $f(x)$가 증가함수인지 감소함수인지 파악해서 언제 최댓값을 갖는지 알아 봐. 함수 $y=a^x(a>0, a\neq1)$에 대하여
① $a>1$일 때, x의 값이 증가하면 y의 값도 증가해.
② $0<a<1$일 때, x의 값이 증가하면 y의 값은 감소해.

함수 $f(x)=1+\left(\frac{1}{3}\right)^{x-1}$의 밑 $\frac{1}{3}$이 1보다 작으므로 x의 값이 증가하면 y의 값은 감소한다. 함수 $f(x)$의 그래프는 함수 $y=\left(\frac{1}{3}\right)^x$의 그래프를 x축의 방향으로 1만큼, y축의 방향으로 1만큼 평행이동한 거야.

즉, 함수 $f(x)$는 닫힌구간 $[1, 3]$에서 $x=1$일 때, 최댓값 $f(1)$을 가진다.

2nd 닫힌구간 $[1, 3]$에서 함수 $f(x)$의 최댓값을 구해.

함정 지수함수의 밑에 따른 성질을 외워두고 있자.

따라서 닫힌구간 $[1, 3]$에서 함수 $f(x)$의 최댓값은

$f(1)=1+\left(\frac{1}{3}\right)^{1-1}=1+1=2$

C 35 정답 ④ *지수함수의 최대 · 최소 – 지수가 일차식 ···· [정답률 77%]

(정답 공식: 지수함수 $y=a^x(a>0, a\neq1)$은 $a>1$일 때, x의 값이 증가하면 y의 값도 증가하고, $0<a<1$일 때, x의 값이 증가하면 y의 값은 감소한다.)

> $-2\leq x\leq4$에서 정의된 함수 $f(x)=\left(\frac{1}{2}\right)^{x+a}$의 최솟값이 $\frac{1}{8}$일 때,
>
> **단서** 함수 $f(x)=\left(\frac{1}{2}\right)^{x+a}$은 밑이 1보다 작은 양수이므로 x의 값이 증가하면 y의 값은 감소하지. 즉, $x=4$에서 최솟값이 $\frac{1}{8}$임을 알 수 있어.
>
> 함수 $f(x)$의 최댓값은? (단, a는 상수이다.) (3점)
>
> ① 1 ② 2 ③ 4 ④ 8 ⑤ 16

1st 최솟값을 이용하여 a의 값을 구한 뒤 최댓값을 구해.

함수 $f(x)=\left(\frac{1}{2}\right)^{x+a}$은 x의 값이 증가하면 y의 값이 감소하므로

함수 $f(x)=\left(\frac{1}{2}\right)^{x+a}$의 그래프는
(i) 함수 $y=\left(\frac{1}{2}\right)^x$의 그래프를 x축의 방향으로 $-a$만큼 평행이동한 그래프야.
(ii) 밑이 $0<\frac{1}{2}<1$이므로 x의 값이 증가하면 y의 값은 감소하는 함수야.
(iii) 그래프는 점 $(-a, 1)$을 지나고, 그래프의 점근선은 x축이야.

$x=-2$에서 최댓값을 가지고, $x=4$에서 최솟값 $\frac{1}{8}$을 가진다.

$f(4)=\left(\frac{1}{2}\right)^{4+a}=\frac{1}{8}=\left(\frac{1}{2}\right)^3$에서 $4+a=3$이므로 $a=-1$

$\therefore f(x)=\left(\frac{1}{2}\right)^{x-1}$

$a^{-n}=\left(\frac{1}{a}\right)^n$

따라서 최댓값은 $f(-2)=\left(\frac{1}{2}\right)^{-3}=2^3=8$이다.

C 36 정답 21 *지수함수의 최대 · 최소 – 지수가 일차식 ·· [정답률 68%]

(정답 공식: $y=a^x\ (a>0, a\neq1)$의 그래프는 $0<a<1$일 때 감소함수이다.)

> **단서1** $0<a<1$이면 지수함수 $y=a^x$은 감소함수이다.
>
> 닫힌 구간 $[2, 3]$에서 함수 $f(x)=\left(\frac{1}{3}\right)^{2x-a}$의 최댓값은 27, 최솟값은 m이다. $a\times m$의 값을 구하시오. (단, a는 상수이다.) (3점)
>
> **단서2** 감소함수의 최댓값은 정의역 x의 값이 최소일 때이고 최솟값은 x의 값이 최대일 때이다.

1st 지수함수의 그래프의 성질을 이용하자.

함수 $f(x)=\left(\frac{1}{3}\right)^{2x-a}$의 밑은 $0<\frac{1}{3}<1$이므로 함수 $f(x)$는 감소함수이다.

즉, 닫힌 구간 $[2, 3]$에서 함수 $f(x)$는 $x=2$일 때 최댓값을 갖는다.

지수함수 $y=a^x\ (a>0, a\neq1)$는 $a>1$일 때 증가함수이고, $0<a<1$일 때 감소함수야.

따라서 $f(2)=\left(\frac{1}{3}\right)^{4-a}=27$에서 $3^{a-4}=3^3$

$a-4=3 \quad \therefore a=7$

2nd 주어진 구간에서 함수 $f(x)$의 최솟값을 구하자.

함수 $f(x)=\left(\frac{1}{3}\right)^{2x-7}$은 닫힌 구간 $[2, 3]$에서 $x=3$일 때 최솟값을 가지므로

감소함수이므로 $x=3$일 때 최솟값을 갖지.

$m=f(3)=\left(\frac{1}{3}\right)^{6-7}=3$

$\therefore a\times m=7\times3=21$

다른 풀이: 지수법칙 이용하기

함수 $f(x)$는 감소함수이므로

$x=2$에서 최댓값 $\left(\frac{1}{3}\right)^{4-a}=27 \Rightarrow 3^{a-4}=27$ ··· ㉠

$x=3$에서 최솟값 $\left(\frac{1}{3}\right)^{6-a}=m \Rightarrow 3^{a-6}=m$ ··· ㉡

㉠÷㉡을 하면 $3^2=\frac{27}{m} \quad \therefore m=3$

㉡에서 $a=7$

$\therefore a\times m=7\times3=21$

C 37 정답 ② *지수함수의 최대 · 최소 – 지수가 일차식 ···· [정답률 88%]

(정답 공식: 함수 $y=a^x$에서 $a>1$이면 증가함수이고, $0<a<1$이면 감소함수이다.)

> 닫힌구간 $[-1, 2]$에서 함수 $f(x)=\left(\frac{3}{a}\right)^x$의 최댓값이 4가 되도록 하는 모든 양수 a의 값의 곱은? (3점)
>
> **단서** 양수 a의 값에 따라서 함수 $f(x)$는 지수함수일 수도, 상수함수일 수도 있어. a의 값의 범위를 나누어 $f(x)$의 최댓값을 구해.
>
> ① 16 ② 18 ③ 20
> ④ 22 ⑤ 24

1st $\frac{3}{a}>1$, $\frac{3}{a}=1$, $0<\frac{3}{a}<1$일 때로 나누어 함수 $f(x)$의 최댓값이 4일 때의 양수 a의 값을 구해. 함수 $f(x)$가 증가함수인지, 상수함수인지, 감소함수인지를 나누어 생각해야 해.

$f(x)=\left(\frac{3}{a}\right)^x$에서

$\frac{3}{a}>1$이면 함수 $y=f(x)$의 그래프는 그림과 같아.

(i) $\frac{3}{a}>1$, 즉 $0<a<3$일 때,

함수 $f(x)$는 증가함수이므로 $x=2$에서 최댓값을 가진다.

즉, $f(2)=4$에서 $\left(\frac{3}{a}\right)^2=4$, $\frac{9}{a^2}=4$, $a^2=\frac{9}{4}$

$\therefore a=\frac{3}{2}\ (\because 0<a<3)$

주의 밑의 값이 1보다 클 때의 a의 범위가 정해지므로 이 범위에 알맞은 값을 구하도록 하자.

(ii) $\frac{3}{a}=1$, 즉 $a=3$일 때,

$f(x)=1$이므로 함수 $f(x)$의 최댓값은 4가 될 수 없다.

(iii) $0<\frac{3}{a}<1$, 즉 $a>3$일 때, $\frac{3}{a}=1$이면 $f(x)=1$이므로 x의 값에 관계없이 함숫값은 항상 1이야. 즉, 이때의 최댓값은 1이야.

함수 $f(x)$는 감소함수이므로 $x=-1$에서 최댓값을 가진다.

즉, $f(-1)=4$에서

$0<\frac{3}{a}<1$이면 함수 $y=f(x)$의 그래프는 그림과 같아.

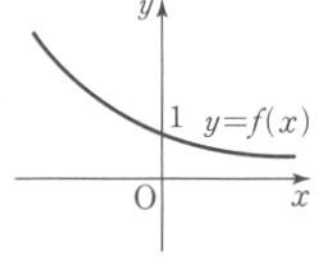

$\left(\frac{3}{a}\right)^{-1}=4$, $\frac{a}{3}=4 \quad \therefore a=12$

2nd 주어진 조건을 만족시키는 모든 양수 a의 값을 곱해.

(i)~(iii)에 의하여 모든 양수 a의 값의 곱은 $\frac{3}{2}\times12=18$이다.

C 38 정답 ⑤ *지수함수의 최대 · 최소 – 지수가 일차식 … [정답률 94%]

(정답 공식: $0<a<1$이면 지수함수 $y=a^x$은 감소함수임을 안다.)

$0<a<1$인 실수 a에 대하여 함수 $f(x)=a^x$은 닫힌구간 $[-2, 1]$에서 최솟값 $\frac{5}{6}$, 최댓값 M을 갖는다. $a\times M$의 값은? (3점)

단서1 지수함수 $f(x)$의 밑 a가 $0<a<1$이지?

단서2 주어진 구간에서 함수가 증가하거나 감소하면 양 끝점에서 최댓값 또는 최솟값을 갖겠지?

① $\frac{2}{5}$ ② $\frac{3}{5}$ ③ $\frac{4}{5}$ ④ 1 ⑤ $\frac{6}{5}$

1st 주어진 구간에서 함수 $f(x)=a^x$이 증가하는지 감소하는지 파악해.

함수 $y=a^x(a>0, a\neq1)$에 대하여 $a>1$이면 x의 값이 증가할 때 y의 값도 증가하고 $0<a<1$이면 x의 값이 증가할 때 y의 값은 감소해.

$0<a<1$이므로 함수 $f(x)=a^x$은 x의 값이 증가하면 $f(x)$는 감소한다.

즉, $x=1$에서 최솟값 $\frac{5}{6}$를 가지므로

$f(1)=a=\frac{5}{6}$

$x=-2$에서 최댓값 M을 가지므로

$M=f(-2)=a^{-2}=\left(\frac{5}{6}\right)^{-2}$

2nd $a\times M$의 값을 구해.

$\therefore a\times M=\frac{5}{6}\times\left(\frac{5}{6}\right)^{-2}=\left(\frac{5}{6}\right)^{-1}=\frac{6}{5}$

$\left(\frac{5}{6}\right)^1\times\left(\frac{5}{6}\right)^{-2}=\left(\frac{5}{6}\right)^{1+(-2)}=\left(\frac{5}{6}\right)^{-1}$

C 39 정답 ① *지수함수의 최대 · 최소 – 지수가 이차식 … [정답률 69%]

(정답 공식: 밑의 크기가 0과 1 사이인 지수함수는 x의 값이 증가할 때, y의 값은 감소한다.)

함수 $f(x)=\left(\frac{1}{5}\right)^{x^2-4x+1}$은 $x=a$에서 최댓값 M을 갖는다. $a+M$의 값은? (3점)

단서 밑이 $\frac{1}{5}$로 1보다 작은 양수이므로 지수 x^2-4x+1이 최소가 될 때 함수 $f(x)$는 최댓값을 가지지.

① 127 ② 129 ③ 131 ④ 133 ⑤ 135

1st 지수함수의 성질을 이용하여 최댓값을 갖는 경우를 파악하자.

함수 $f(x)=\left(\frac{1}{5}\right)^{x^2-4x+1}$에 대하여 $g(x)=x^2-4x+1$라 하면 함수 $g(x)$가 최솟값을 가질 때, 함수 $f(x)$가 최댓값을 갖는다.

지수함수는 밑의 크기에 따라 (밑)>1이면 증가하고, $0<$(밑)<1이면 감소하지.

지수함수의 밑이 $\frac{1}{5}$, 즉 밑이 0과 1 사이에 있으므로 감소함수야. 따라서 지수의 값이 최소일 때, 함숫값이 최대가 돼.

2nd 함수 $g(x)$가 최소일 때, 함수 $f(x)$의 최댓값을 찾자.

이차함수 $g(x)$를 $y=p(x-q)^2+r$ 꼴로 정리하면

$g(x)=x^2-4x+1=(x-2)^2-3$에서 $g(x)\geq-3$이므로

아래로 볼록인 이차함수에서 최솟값을 찾으려면 $y=p(x-q)^2+r$ 꼴로 바꿔야 해.

함수 $f(x)=\left(\frac{1}{5}\right)^{x^2-4x+1}$은 $x=2$에서

최댓값 $\left(\frac{1}{5}\right)^{-3}=5^3=125$를 갖는다.

따라서 $a=2$, $M=125$이므로

$a+M=2+125=127$

C 40 정답 ⑤ *지수함수의 최대 · 최소 – 지수가 이차식 … [정답률 87%]

(정답 공식: $\left(\frac{1}{2}\right)^{2x-3}$을 2^{-2x+3}으로 바꾸어 지수법칙을 이용하여 함수식을 정리한다.)

함수 $f(x)=2^{x^2}\times\left(\frac{1}{2}\right)^{2x-3}$의 최솟값은? (3점)

단서 지수함수에서 밑이 1보다 크면 지수가 최소일 때 함수도 최솟값을 가져.

① $\frac{1}{8}$ ② $\frac{1}{4}$ ③ $\sqrt{2}$ ④ $2\sqrt{2}$ ⑤ 4

1st 주어진 함수의 식을 밑을 2로 고정하고 지수 부분을 정리하자.

$f(x)=2^{x^2}\times\left(\frac{1}{2}\right)^{2x-3}$

$=2^{x^2}\times(2^{-1})^{2x-3}$

$=2^{x^2-2x+3}=2^{(x-1)^2+2}$

→ 이차함수 $y=(x-1)^2+2$는 $x=1$일 때 최솟값 2를 가져.

2nd 지수함수의 밑이 1보다 큰 경우 지수가 커질수록 함숫값도 커지지?

이때, 지수함수 $f(x)$의 밑은 $2>1$이므로 지수가 최솟값을 가지면 함숫값도 최소가 된다. 따라서 $x=1$일 때 지수의 최솟값이 2이므로 함수 $f(x)$의 최솟값은 $2^2=4$이다.

C 41 정답 ④ *지수함수의 최대 · 최소 – 지수가 이차식 [정답률 61%]

(정답 공식: 함수 $g(x)$는 a의 값의 범위에 따라 증가함수, 감소함수가 달라지므로 a의 값의 범위를 나눠서 생각한다.)

두 함수 $f(x)$, $g(x)$를

$f(x)=x^2-6x+3$, $g(x)=a^x$ $(a>0, a\neq1)$

이라 하자. $1\leq x\leq4$에서 함수 $(g\circ f)(x)$의 최댓값은 27, 최솟값은 m이다. m의 값은? (4점)

단서 $(g\circ f)(x)=g(f(x))=a^{f(x)}$이야. 이때, $a>1$이면 $f(x)$가 최대일 때 $a^{f(x)}$도 최대이고 $0<a<1$이면 $f(x)$가 최대일 때 $a^{f(x)}$은 최소임을 이용해.

① $\frac{1}{27}$ ② $\frac{1}{3}$ ③ $\frac{\sqrt{3}}{3}$ ④ 3 ⑤ $3\sqrt{3}$

1st 함수 $f(x)$의 값의 범위를 구하자.

$f(x)=x^2-6x+3=(x-3)^2-6$이므로

$1\leq x\leq4$에서 함수 $f(x)$는 $x=3$에서 최솟값 $f(3)=-6$을 갖고 $x=1$에서 최댓값 $f(1)=-2$를 갖는다.

$\therefore -6\leq f(x)\leq-2$

2nd 지수함수의 밑의 범위에 따라 증가함수인지 감소함수인지를 구별할 수 있어.

(i) $0<a<1$일 때, 함수 $g(x)=a^x$은 감소함수이므로 함수 $(g\circ f)(x)=g(f(x))=a^{f(x)}$은 $f(3)=-6$일 때 최댓값을, $f(1)=-2$일 때 최솟값을 갖는다.

즉, $a^{-6}=27$이므로 $a=\frac{\sqrt{3}}{3}$

→ $a^{-6}=27$에서 $a^{-6}=3^3$이므로 $a=(3^3)^{-\frac{1}{6}}=3^{-\frac{1}{2}}=\frac{1}{\sqrt{3}}=\frac{\sqrt{3}}{3}$ $(\because a>0)$

$\therefore m=a^{-2}=\left(\frac{\sqrt{3}}{3}\right)^{-2}=\left(\frac{3}{\sqrt{3}}\right)^2=3$

(ii) $a>1$일 때, 함수 $g(x)=a^x$은 증가함수이므로 함수 $(g\circ f)(x)=a^{f(x)}$은 $f(1)=-2$일 때 최댓값을, $f(3)=-6$일 때 최솟값을 갖는다.

즉, $a^{-2}=27$에서 $a=\frac{\sqrt{3}}{9}$인데 이것은 $a>1$에 모순이다.

→ $a^{-2}=27$에서 $a^{-2}=3^3$이므로 $a=(3^3)^{-\frac{1}{2}}=3^{-\frac{3}{2}}=\frac{1}{3\sqrt{3}}=\frac{\sqrt{3}}{9}$ $(\because a>0)$

(i), (ii)에 의하여 $m=3$이다.

C 42 정답 64 *지수함수의 최대 · 최소 – 지수가 이차식 …… [정답률 72%]

(정답 공식: 밑이 1보다 큰 지수함수는 증가함수이다.)

> $0\le x\le 3$에서 함수 $f(x)=2^{-x^2+4x+a}$의 최솟값이 4일 때, $f(x)$의 최댓값을 구하시오. (단, a는 상수이다.) (3점)
>
> 단서 $0\le x\le 3$일 때, $-x^2+4x+a$의 값의 범위를 구한 후, 2^{-x^2+4x+a}의 값의 범위를 구하면 함수 $f(x)$의 최댓값과 최솟값을 구할 수 있어.

1st 주어진 x의 값의 범위에 대하여 $-x^2+4x+a$의 값의 범위를 구해 봐.

$g(x)=-x^2+4x+a$라 하면

$g(x)=-x^2+4x+a$

$=-(x-2)^2+a+4$

함정 이차함수가 위로 볼록인지 아래로 볼록인지 먼저 파악해.

이때, $0\le x\le 3$에서 함수 $g(x)$는

$x=0$일 때, 최솟값이 a이고, $x=2$일 때, 최댓값이 $a+4$이다.

$g(x)=-x^2+4x+a=-(x-2)^2+a+4$의 그래프는 위로 볼록인 이차함수의 그래프이고, 꼭짓점의 x좌표가 $0\le x\le 3$에 포함되므로 꼭짓점에서 최댓값을 갖게 돼.
한편, 꼭짓점의 x좌표인 $x=2$에서 $x=0$이 더 멀리 떨어져 있으므로 함수 $g(x)$의 최솟값은 $g(0)$이야.

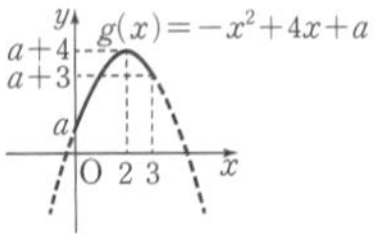

2nd 함수 $f(x)$의 최솟값이 4임을 이용하여 상수 a의 값을 구하자.

즉, 함수 $f(x)=2^{-x^2+4x+a}=2^{g(x)}$에 대하여

$a\le g(x)\le a+4$이므로 $2^a\le 2^{g(x)}\le 2^{a+4}$이다.

① $a>1$일 때, $x_1<x_2 \Longleftrightarrow a^{x_1}<a^{x_2}$
② $0<a<1$일 때, $x_1<x_2 \Longleftrightarrow a^{x_1}>a^{x_2}$

그런데 함수 $f(x)$의 최솟값이 4이므로

$2^a=4$ $\quad\therefore a=2$ ($4=2^2$)

3rd 함수 $f(x)$의 최댓값을 구해.

따라서 함수 $f(x)$의 최댓값은

$2^{a+4}=2^{2+4}=2^6=64$

지수함수 $y=a^x\ (a>0,\ a\ne 0)$의 그래프 (개념 · 공식)

① 정의역은 실수 전체의 집합이고, 치역은 양의 실수 전체의 집합이다.
② $a>0$일 때 증가함수이고, $0<a<1$일 때 감소함수이다.
③ 점 $(0,\ 1)$을 지나고 점근선이 x축이다.
④ $y=a^x$과 $y=\left(\frac{1}{a}\right)^x=a^{-x}$의 그래프는 y축에 대하여 대칭이다.

C 43 정답 ⑤ *지수함수의 최대 · 최소 – a^x이 반복되는 꼴 … [정답률 78%]

(정답 공식: 이차함수 $y=a(x-p)^2+q\ (a>0)$는 $x=p$일 때, 최솟값 q를 가진다.)

> 함수 $y=16^x-4^{x+1}+6$의 최솟값은? (3점)
>
> 단서 $16^x=4^{2x}$이므로 $4^x=t$로 치환한 함수의 최솟값을 구하자.
>
> ① $\log_4 3$ ② 1 ③ $\log_4 7$
> ④ $\log_4 11$ ⑤ 2

1st 주어진 함수에서 $4^x=t$로 치환하여 최솟값을 구하자.

함수 $y=16^x-4^{x+1}+6=(4^x)^2-4\times 4^x+6$에서

$4^x=t\ (t>0)$로 치환하면

$a>0$일 때, 실수 전체의 집합에서 a^x은 0보다 크니까 $a^x>0$이야.

$y=t^2-4t+6=(t^2-4t+4)+2$

$=(t-2)^2+2\ (t>0)$

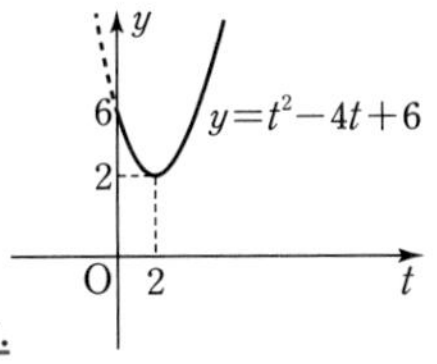

즉, 이 함수는 $t=2$일 때, 최솟값 2를 갖는다.

$t=4^x$이므로 $4^x=2$, 즉 $x=\frac{1}{2}$일 때 최솟값 2를 갖는 거야.

C 44 정답 ⑤ *지수함수의 최대 · 최소 – a^x이 반복되는 꼴 … [정답률 88%]

(정답 공식: 산술평균과 기하평균의 관계를 이용한다.)

> 함수 $y=\dfrac{3^{2x}+3^x+9}{3^x}$의 최솟값은? (3점)
>
> 단서 $y=\dfrac{3^{2x}+3^x+9}{3^x}=3^x+\dfrac{9}{3^x}+1$에서 $3^x>0,\ \dfrac{1}{3^x}>0$이지? 즉, 두 양수 조건이 주어진 합의 최솟값은 우선 산술평균과 기하평균의 관계를 떠올려 봐.
>
> ① 3 ② 4 ③ 5 ④ 6 ⑤ 7

1st 식을 적절히 변형하자.

$y=\dfrac{3^{2x}+3^x+9}{3^x}$를 적절히 변형하면

$y=3^x+1+\dfrac{9}{3^x}=3^x+\dfrac{9}{3^x}+1$

함정 최솟값을 구할 때 주어진 조건을 충족하면 산술, 기하평균을 사용하여 쉽게 구할 수 있으니까 알아두도록 하자.

2nd 산술평균과 기하평균의 관계를 이용하자.

이때, $3^x>0,\ \dfrac{1}{3^x}>0$이므로 ($a>0,\ b>0$일 때, $\frac{a+b}{2}\ge\sqrt{ab}$ (단, 등호는 $a=b$일 때 성립))

$3^x+\dfrac{9}{3^x}+1\ge 2\sqrt{3^x\times\dfrac{9}{3^x}}+1$

$=6+1=7$ $\left(\text{단, 등호는 } 3^x=\dfrac{9}{3^x}\text{일 때 성립}\right)$

따라서 주어진 함수의 최솟값은 7이다.

C 45 정답 14 *지수함수의 최대 · 최소 – a^x이 반복되는 꼴 … [정답률 63%]

(정답 공식: $m\le x\le n$일 때, 이차함수 $y=a(x-p)^2+q$는 $x=m,\ x=n,\ x=p$일 때의 함숫값 중에서 최댓값과 최솟값을 가진다.)

> 단서 정의역에서 $3^x=t$로 치환하여 함수의 최댓값과 최솟값을 구하자.
>
> 정의역이 $\{x\mid -2\le x\le 1\}$인 함수 $y=-3^{2x}+2\times 3^x+8$의 최솟값을 m, 최댓값을 M이라 할 때, $M+m$의 값을 구하시오. (3점)

1st 주어진 함수에서 $3^x=t$로 치환하자.

지수함수 $y=-3^{2x}+2\times 3^x+8$에서 $3^x=t\ (t>0)$로 치환하면

$y=-t^2+2t+8=-(t^2-2t+1)+9=-(t-1)^2+9$

2nd t에 대한 이차함수의 최댓값과 최솟값을 구하자.

$-2\le x\le 1$에서 $\frac{1}{9}\le t\le 3$이므로 ($3^x=t$이므로 $3^{-2}\le 3^x\le 3^1$, 즉 $\frac{1}{9}\le t\le 3$)

이차함수 $y=-t^2+2t+8$의 그래프를 그리면 그림과 같다.

[이차함수의 그래프]
이차함수 $y=ax^2+bx+c=a(x-p)^2+q$의 그래프는
(i) $a>0$일 때, 아래로 볼록이고 $x=p$에서 최솟값 q를 갖는다.
(ii) $a<0$일 때, 위로 볼록이고 $x=p$에서 최댓값 q를 갖는다.

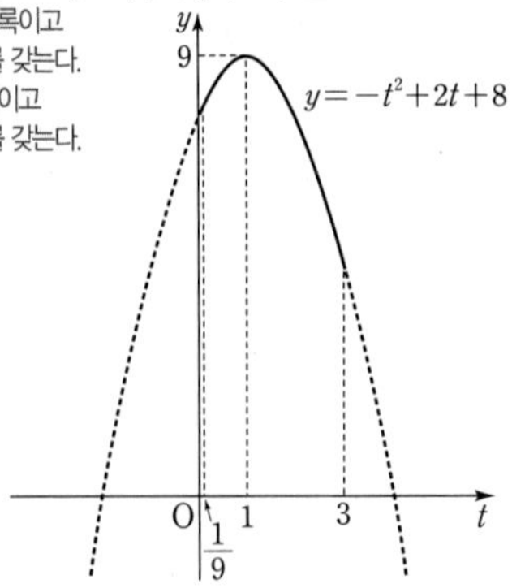

$t=3$일 때, $y=-(3-1)^2+9=5$이므로 최솟값 m은 $m=5$

$t=1$일 때, $y=-(1-1)^2+9=9$이므로 최댓값 M은 $M=9$

$\therefore\ M+m=9+5=14$

C 46 정답 ④ *지수함수의 최대 · 최소 – a^x이 반복되는 꼴 [정답률 61%]

(정답 공식: $m\le x\le n$일 때, 이차함수 $y=a(x-p)^2+q\ (a\ne0)$는 $x=m$, $x=n$, $x=p$일 때의 함숫값 중에서 최댓값과 최솟값을 가진다.)

단서 정의역에서 $3^{-x}=t$로 치환하여 함수의 최솟값과 최댓값을 구하자.

정의역이 $\{x|-2\le x\le1\}$인 함수 $y=4\times9^{-x}-8\times3^{1-x}+37$은 $x=p$에서 최솟값을 갖고, $x=q$에서 최댓값을 갖는다. 이때, $p-q$의 값은? (3점)

① -2 ② -1 ③ 0 ④ 1 ⑤ 2

1st 주어진 함수에서 $3^{-x}=t$로 치환하자.

주어진 지수함수가 $y=4\times9^{-x}-8\times3^{1-x}+37=4\times(3^{-x})^2-24\cdot3^{-x}+37$ ($8\cdot3^{1-x}=8\cdot3\cdot3^{-x}=24\cdot3^{-x}$)

이므로

$3^{-x}=t\ (t>0)$로 치환하면

$y=4t^2-24t+37=4(t-3)^2+1$

2nd t에 대한 이차함수의 최댓값과 최솟값을 구하자. ($3^{-x}=t$이므로 $-1\le -x\le2$, $3^{-1}\le3^{-x}\le3^2$, $\frac{1}{3}\le t\le9$)

$-2\le x\le1$에서 $\frac{1}{3}\le t\le9$이므로

함수 $y=4(t-3)^2+1$의 그래프를 그리면 그림과 같다.

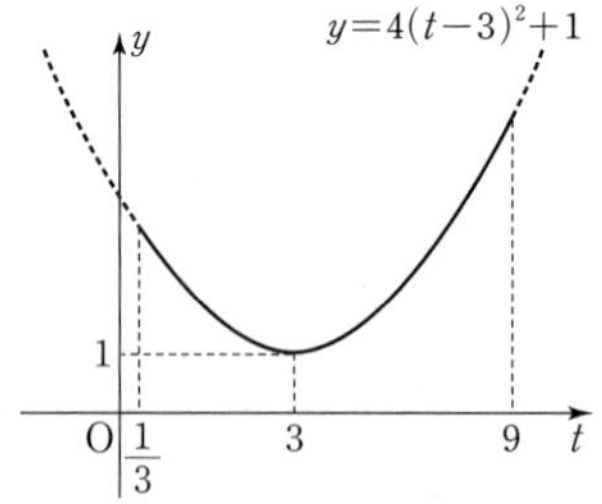

이 함수는 $t=3$일 때 최솟값을 갖고, $t=9$일 때 최댓값을 가지므로

$3^{-p}=3$에서 $p=-1$

$3^{-q}=9$에서 $q=-2$

$\therefore p-q=(-1)-(-2)=1$

x의 값의 범위가 제한된 이차함수의 최대, 최소 (개념·공식)

$a\le x\le b$에서 이차함수 $f(x)=a(x-p)^2+q$의 최대, 최소는 다음과 같다.

① 꼭짓점의 x좌표가 $a\le x\le b$에 포함되는 경우

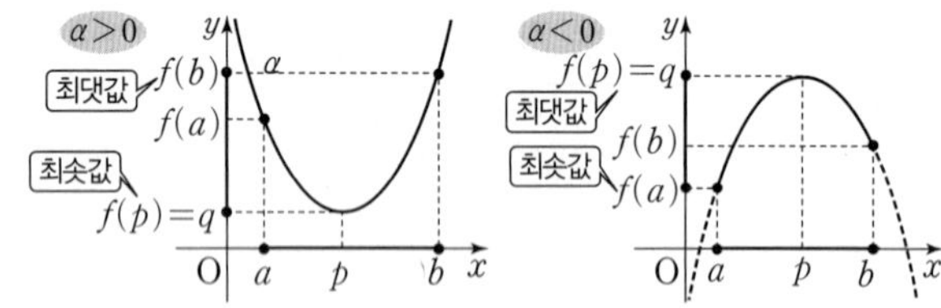

⇨ $f(a)$, $f(b)$, $f(p)$의 값 중 가장 큰 것이 최댓값, 가장 작은 것이 최솟값이다.

② 꼭짓점의 x좌표가 $a\le x\le b$에 포함되지 않는 경우

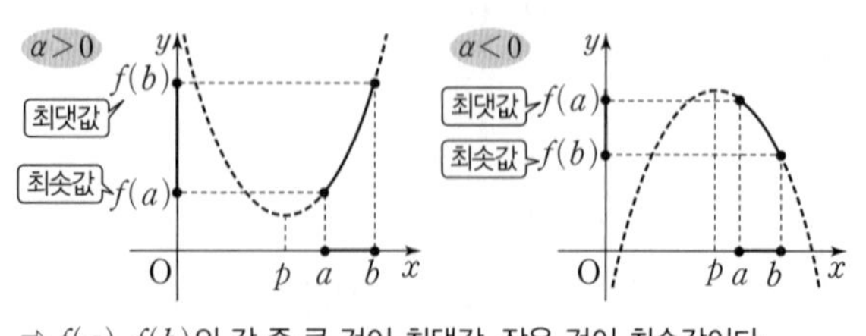

⇨ $f(a)$, $f(b)$의 값 중 큰 것이 최댓값, 작은 것이 최솟값이다.

C 47 정답 ⑤ *지수함수를 이용한 대소 관계 [정답률 71%]

(정답 공식: 주어진 조건을 이용해 직접 그래프에 좌표를 나타낸다.)

지수함수 $f(x)=3^{-x}$에 대하여

$a_1=f(2),\ a_{n+1}=f(a_n)\ (n=1,\ 2,\ 3)$

일 때, a_2, a_3, a_4의 대소 관계를 옳게 나타낸 것은? (3점)

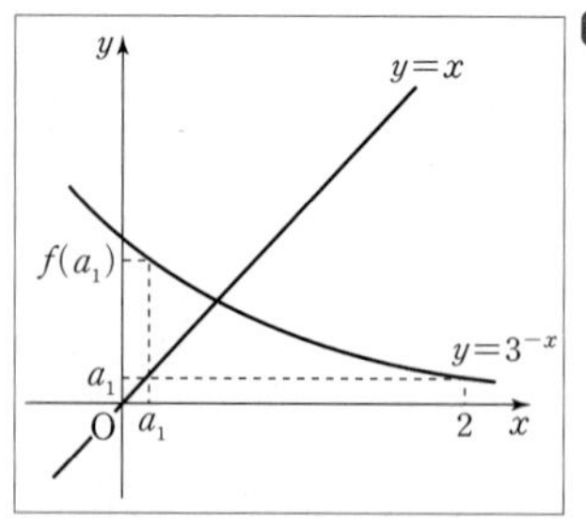

단서 직선 $y=x$ 위의 점은 x좌표와 y좌표가 같지? a_1부터 그래프를 따라가며 a_2, a_3, a_4의 위치를 확인해.

① $a_2<a_3<a_4$ ② $a_4<a_3<a_2$ ③ $a_2<a_4<a_3$
④ $a_3<a_2<a_4$ ⑤ $a_3<a_4<a_2$

1st 주어진 조건을 이용해서 그래프를 따라가면서 a_2, a_3, a_4를 구해 보자.

$a_1=f(2)$, $a_{n+1}=f(a_n)$이고, 직선 $y=x$ 위의 점은 x좌표와 y좌표가 같음을 이용하자.

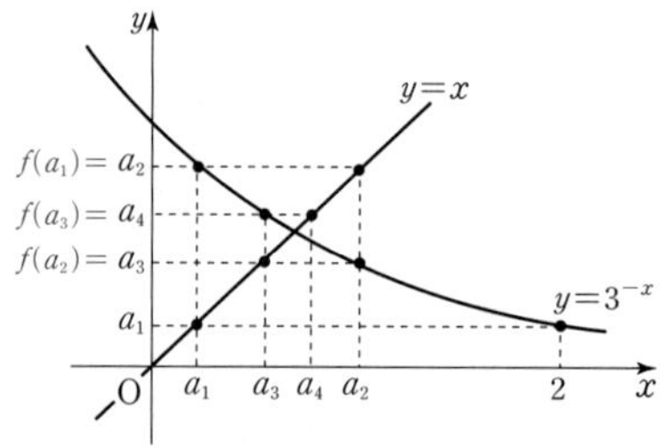

따라서 $a_2=f(a_1)$, $a_3=f(a_2)$, $a_4=f(a_3)$이므로 그래프에 의해 $a_3<a_4<a_2$이다.

C 48 정답 ③ *지수함수를 이용한 대소 관계 [정답률 61%]

(정답 공식: $1<b<a$, $0<b<1<a$, $0<b<a<1$ 세 경우로 나누어 생각한다.)

1이 아닌 양수 a, $b\,(a>b)$에 대하여 두 함수 $f(x)=a^x$, $g(x)=b^x$이라 하자. 양수 n에 대하여 [보기]에서 항상 옳은 것을 모두 고른 것은? (4점)

[보기]

ㄱ. $f(n)>g(n)$ 단서1 a, b의 값의 범위에 따라 두 함수 $f(x)$와 $g(x)$의 그래프의 개형을 그려봐.

ㄴ. $f(n)<g(-n)$이면 $a>1$이다.

ㄷ. $f(n)=g(-n)$이면 $f\left(\frac{1}{n}\right)=g\left(-\frac{1}{n}\right)$이다.

단서2 $f(n)=g(-n)$에서 얻은 a, b 사이의 관계식을 이용하여 $f\left(\frac{1}{n}\right)=g\left(-\frac{1}{n}\right)$의 식이 만들어지는지 확인해.

① ㄱ ② ㄴ ③ ㄱ, ㄷ
④ ㄴ, ㄷ ⑤ ㄱ, ㄴ, ㄷ

1st a, b의 값에 따라 $f(x)$, $g(x)$의 그래프의 개형이 달라지지? 각 경우를 그려서 [보기]가 참인지 거짓인지 알아보자. → $a>b$인 것만 주어졌으므로 $a>b>1$인 경우와 $a>1>b$인 경우, $0<b<a<1$인 경우로 나눌 수 있어.

ㄱ. (i) $1<b<a$

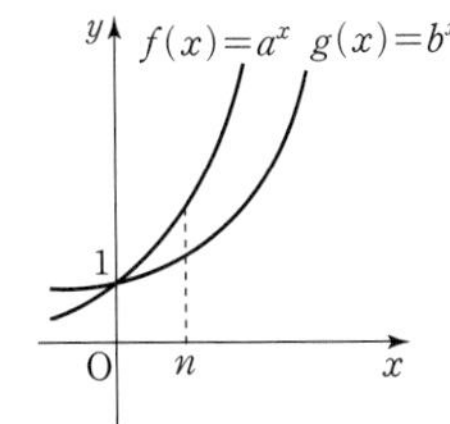

(ii) $0<b<1<a$

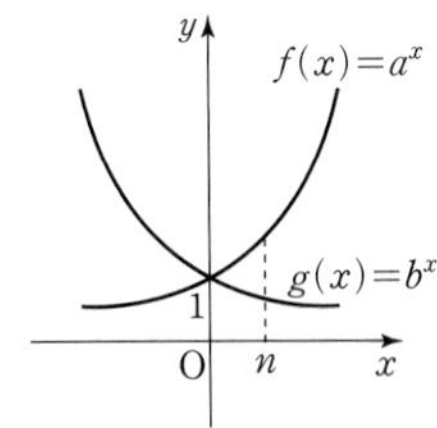

(iii) $0<b<a<1$

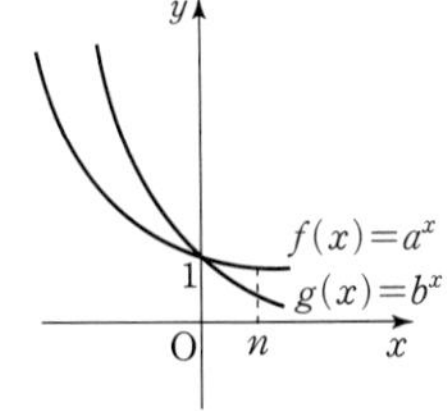

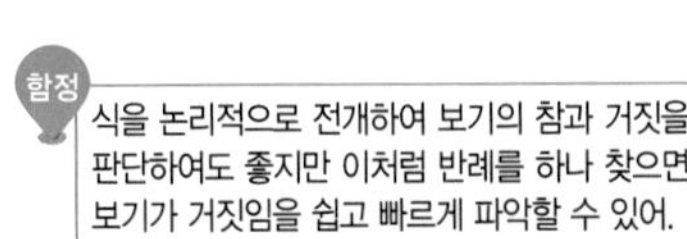
함정 식을 논리적으로 전개하여 보기의 참과 거짓을 판단하여도 좋지만 이처럼 반례를 하나 찾으면 보기가 거짓임을 쉽고 빠르게 파악할 수 있어.

(i), (ii), (iii)의 경우의 그래프에서 양수 n에 대하여 항상 $a^n>b^n$이므로 $f(n)>g(n)$ (참)

2nd 반례를 하나 잡아서 거짓임을 밝히자.

ㄴ. 【반례】 $a=\frac{1}{2}$, $b=\frac{1}{3}$, $n=1$이라 하면

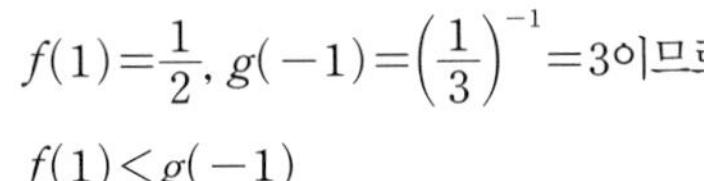

$f(1)=\frac{1}{2}$, $g(-1)=\left(\frac{1}{3}\right)^{-1}=3$이므로

$f(1)<g(-1)$

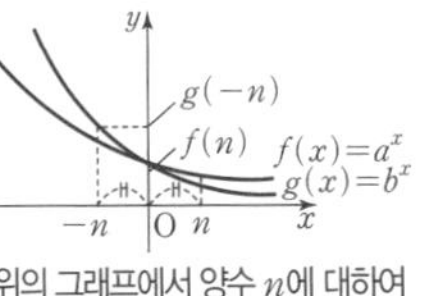

위의 그래프에서 양수 n에 대하여 $f(n)<g(-n)$이지만 $a<1$이야.

즉, $f(n)<g(-n)$이 성립할 때 반드시 $a>1$인 것은 아니다. (거짓)

3rd $f(n)=g(-n)$에서 a, b 사이의 관계식을 찾아.

ㄷ. $f(n)=g(-n)$이면 $a^n=b^{-n}$이므로 $a^n=\left(\frac{1}{b}\right)^n$

$\therefore f\left(\frac{1}{n}\right)=a^{\frac{1}{n}}=\left(\frac{1}{b}\right)^{\frac{1}{n}}=(b^{-1})^{\frac{1}{n}}=b^{-\frac{1}{n}}=g\left(-\frac{1}{n}\right)$ (참)

따라서 옳은 것은 ㄱ, ㄷ이다.

C 49 정답 ① *지수함수를 이용한 대소 관계 [정답률 84%]

(정답 공식: A는 원점과 점 P를 잇는 직선의 기울기, B는 원점과 점 Q를 잇는 직선의 기울기, C는 두 점 P, Q를 잇는 직선의 기울기를 나타낸다.)

단서1 함수 $y=2^x-1$의 그래프 위의 두 점 P, Q의 좌표는 각각 $P(a, 2^a-1)$, $Q(b, 2^b-1)$이야.

그림에서 함수 $y=2^x-1$의 그래프 위의 서로 다른 두 점 P, Q의 x좌표를 각각 a, b라 할 때, $A=\frac{2^a-1}{a}$, $B=\frac{2^b-1}{b}$, $C=\frac{2^b-2^a}{b-a}$의 대소 관계를 옳게 나타낸 것은? (단, $0<a<b<1$) (3점)

단서2 원점과 두 점 P, Q에 대하여 A, B, C가 뜻하는 것이 무엇인지 알아야 해.

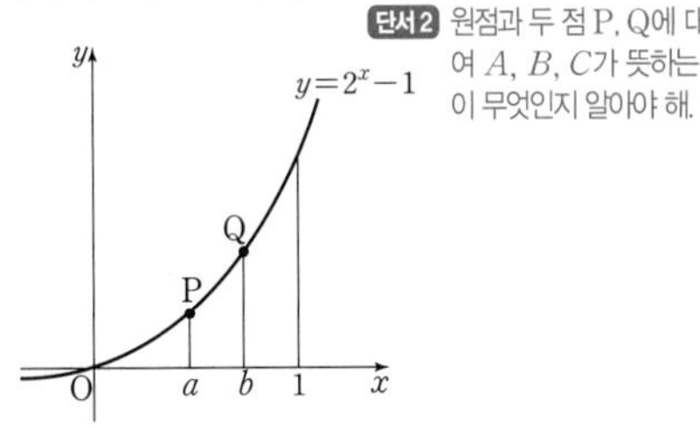

① $A<B<C$ ② $A<C<B$ ③ $B<A<C$
④ $B<C<A$ ⑤ $C<A<B$

1st 주어진 A, B, C가 무엇을 의미하는지 알아보자.

점 $P(a, 2^a-1)$에 대하여

$A=\frac{2^a-1}{a}=\frac{(2^a-1)-0}{a-0}$은 원점과 점 P를 잇는 직선의 기울기를 의미한다.
→ y좌표끼리의 차 / x좌표끼리의 차

두 점 (x_1, y_1), (x_2, y_2)를 잇는 직선의 기울기는 $\frac{y_2-y_1}{x_2-x_1}$

주의 원점 $(0, 0)$에서 점 P, Q까지의 기울기 공식과 값이 같으므로 바로 기울기를 이용하는 방향으로 접근할 수 있지.

마찬가지로 점 $Q(b, 2^b-1)$에 대하여

$B=\frac{2^b-1}{b}=\frac{(2^b-1)-0}{b-0}$

은 원점과 점 Q를 잇는 직선의 기울기를 의미하고,

$C=\frac{2^b-2^a}{b-a}=\frac{(2^b-1)-(2^a-1)}{b-a}$은 두 점 P와 Q를 잇는 직선의 기울기를 의미한다.

2nd 각각의 기울기를 그림에서 직관적으로 파악해 보자.

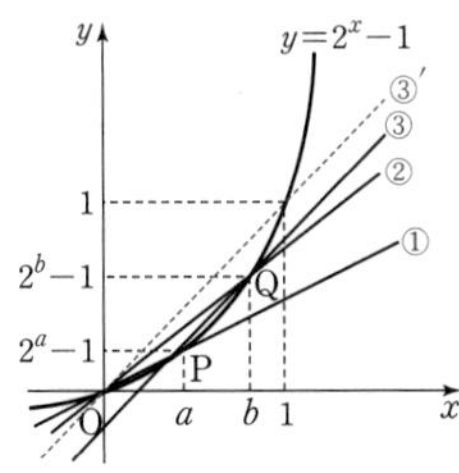

따라서 그림과 같이 세 직선의 기울기를 비교하면 $A<B<C$이다.
직선 ③을 원점을 지나도록 평행이동시킨 직선을 ③′이라 하면 세 직선의 기울기를 비교하기 쉬워.

C 50 정답 ① *지수함수를 이용한 대소 관계 [정답률 64%]

(정답 공식: $m>n$인 경우와 $n>m$인 경우로 나눠 생각한다.)

부등식 $a^m<a^n<b^n<b^m$을 만족시키는 양수 a, b와 자연수 m, n에 대하여 옳은 것은? (3점)

단서 자연수 m과 n의 대소 관계를 기준으로 각 경우에 맞는 a, b의 값의 범위를 구하자.

① $a<1<b$, $m>n$ ② $a<1<b$, $m<n$
③ $a<b<1$, $m<n$ ④ $1<a<b$, $m>n$
⑤ $1<a<b$, $m<n$

1st $m>n$인 경우부터 살펴봐.

(i) $m>n$일 때,

m, n은 자연수이고 주어진 부등식에서

$a^m<a^n$이므로 $0<a<1$ ⋯ ㉠

또한, $b^n<b^m$이므로 $b>1$ ⋯ ㉡

㉠, ㉡에서 $0<a<1<b$

주어진 부등식에서 $a^n<b^n$이라 했지? $a<b$일 때, $a^n<b^n$이 성립해.

2nd 같은 방법으로 $m<n$인 경우도 따져봐야겠지?

(ii) $m<n$일 때,

m, n은 자연수이고 주어진 부등식에서

$a^m<a^n$이므로 $a>1$ ⋯ ㉢

또한, $b^n<b^m$이므로 $0<b<1$ ⋯ ㉣

㉢, ㉣에서 $0<b<1<a$ → $a>b$이므로 자연수 n에 대하여 $a^n>b^n$

그런데 이 경우 $a^n<b^n$이 될 수 없으므로 모순이다.

따라서 (i), (ii)에서 $a<1<b$이고 $m>n$이다.

C 51 정답 ⑤ *지수함수의 그래프의 교점 [정답률 61%]

(정답 공식: 두 함수 $y=2^x$, $y=-2x^2+2$의 그래프를 그려 x_1, x_2, y_1, y_2 사이의 관계를 파악한다.)

두 곡선 $y=2^x$과 $y=-2x^2+2$가 만나는 두 점을 (x_1, y_1), (x_2, y_2)라 하자. $x_1<x_2$일 때, [보기]에서 옳은 것만을 있는 대로 고른 것은? (4점)

단서1 두 곡선을 좌표평면에 되도록 정확하게 나타내 봐.

[보기]

ㄱ. $x_2>\frac{1}{2}$

ㄴ. $y_2-y_1<x_2-x_1$ 단서2 $x_2\neq x_1$이므로 양변을 x_2-x_1로 나누어 생각해.

ㄷ. $\frac{\sqrt{2}}{2}<y_1y_2<1$

① ㄱ ② ㄱ, ㄴ ③ ㄱ, ㄷ
④ ㄴ, ㄷ ⑤ ㄱ, ㄴ, ㄷ

1st 두 곡선의 그래프를 그려 x_2의 값의 범위를 찾아.

$f(x)=2^x$, $g(x)=-2x^2+2$라 하면 두 곡선 $y=f(x)$, $y=g(x)$는 그림과 같다.
위로 볼록하고 y축을 축으로 하며, 점 $(0, 2)$를 꼭짓점으로 하는 포물선이야.

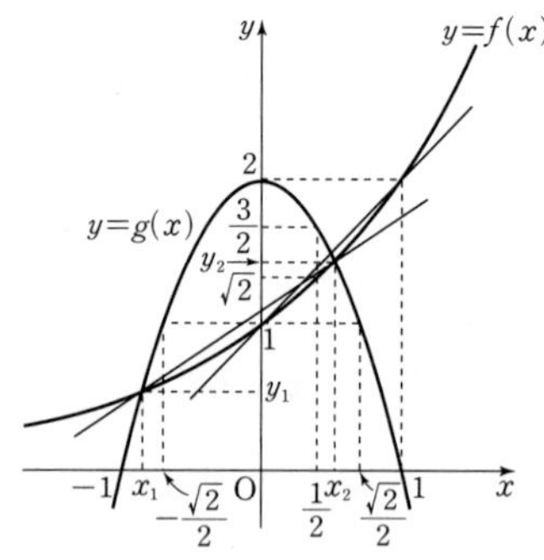

ㄱ. $f\left(\frac{1}{2}\right)=2^{\frac{1}{2}}=\sqrt{2}$, $g\left(\frac{1}{2}\right)=-2\times\left(\frac{1}{2}\right)^2+2=\frac{3}{2}$이고

$\sqrt{2}<\frac{3}{2}$이므로 $f\left(\frac{1}{2}\right)<g\left(\frac{1}{2}\right)$이다.

$\sqrt{2}=\sqrt{\frac{8}{4}}$, $\frac{3}{2}=\sqrt{\frac{9}{4}}$이므로 $\sqrt{2}<\frac{3}{2}$이야.

즉, 그래프에서 $x_2>\frac{1}{2}$이다. (참)

그래프에서 $f(x)<g(x)$인 x의 값의 범위는 $x_1<x<x_2$이고 $x=\frac{1}{2}$일 때, $f(x)<g(x)$이므로 $x_1<\frac{1}{2}<x_2$야.

2nd 직선의 기울기를 이용하여 ㄴ의 참, 거짓을 따져.

ㄴ. 두 곡선 $y=f(x)$, $y=g(x)$의 두 교점 (x_1, y_1), (x_2, y_2)를 지나는 직선의 기울기는 $\frac{y_2-y_1}{x_2-x_1}$이고 두 점 $(0, 1)$, $(1, 2)$를 지나는 직선의 기울기는 1이다. 그런데 그래프에서 두 점 (x_1, y_1), (x_2, y_2)를 지나는 직선의 기울기는 두 점 $(0, 1)$, $(1, 2)$를 지나는 직선의 기울기보다 작으므로

$\frac{y_2-y_1}{x_2-x_1}<1$ $x_1<x_2$이므로 $x_2-x_1>0$이야. 따라서 양변에 x_2-x_1을 곱해도 부등호의 방향은 바뀌지 않아.

$\therefore y_2-y_1<x_2-x_1$ (참)

3rd y_1y_2의 값의 범위를 찾자.

ㄷ. $y_1=f(x_1)=2^{x_1}$, $y_2=f(x_2)=2^{x_2}$이므로

$y_1y_2=2^{x_1}\times2^{x_2}=2^{x_1+x_2}$ ⋯ ㉠ $a^m\times a^n=a^{m+n}$

한편, 직선 $y=1$이 곡선 $y=g(x)$와 만나는 점의 x좌표는 $g(x)=1$에서

$-2x^2+2=1$, $2x^2=1$, $x^2=\frac{1}{2}$

$\therefore x=\pm\frac{\sqrt{2}}{2}$

즉, 그래프에서 $-1<x_1<-\frac{\sqrt{2}}{2}$, $\frac{1}{2}<x_2<\frac{\sqrt{2}}{2}$이므로

$-\frac{1}{2}<x_1+x_2<0$에서 $2^{-\frac{1}{2}}<2^{x_1+x_2}<2^0$

$\therefore \frac{\sqrt{2}}{2}<y_1y_2<1$ ($\because$ ㉠) (참)

$a>1$일 때, $a^{f(x)}>a^{g(x)}$이면 $f(x)>g(x)$
$0<a<1$일 때, $a^{f(x)}>a^{g(x)}$이면 $f(x)<g(x)$

따라서 옳은 것은 ㄱ, ㄴ, ㄷ이다.

다른 풀이: **함수 $y=f(x)$가 증가함수인 것과 곡선 $y=g(x)$는 y축에 대하여 대칭임을 이용하여 ㄷ의 참·거짓 판단하기**

ㄷ. $f(-1)=2^{-1}=\frac{1}{2}$이므로 $y_1=f(x_1)>\frac{1}{2}$

$x_1>-1$이고 함수 $y=f(x)$는 증가함수이므로 $f(x_1)>f(-1)$

또, $f\left(\frac{1}{2}\right)=2^{\frac{1}{2}}=\sqrt{2}$이므로 $y_2=f(x_2)>\sqrt{2}$ 마찬가지로 $x_2>\frac{1}{2}$이므로 $f(x_2)>f\left(\frac{1}{2}\right)$

$\therefore y_1y_2=f(x_1)f(x_2)>\frac{1}{2}\times\sqrt{2}=\frac{\sqrt{2}}{2}$ ⋯ ㉡

한편, 곡선 $y=g(x)$는 y축에 대하여 대칭이므로

$-x_1>x_2$ $\therefore x_1+x_2<0$

곡선 $y=g(x)$는 y축에 대하여 대칭이므로 $-x_1=x_2$이면 $g(x_1)=g(x_2)$이고 $-x_1<x_2$이면 $g(x_1)>g(x_2)$야. 그런데 $g(x_1)<g(x_2)$이므로 $-x_1>x_2$이어야 해.

이때, $y_1=f(x_1)=2^{x_1}$, $y_2=f(x_2)=2^{x_2}$이므로

$y_1y_2=2^{x_1}\times2^{x_2}=2^{x_1+x_2}<2^0=1$ ⋯ ㉢

따라서 ㉡, ㉢에 의하여

$\frac{\sqrt{2}}{2}<y_1y_2<1$ (참)

C 52 정답 ② *지수함수의 그래프의 교점 [정답률 56%]

(정답 공식: 서로 수직인 두 직선의 기울기의 곱은 -1이다.)

단서 점 A의 y의 좌표가 $\sqrt{3}$일 때 x의 좌표를 구해.

지수함수 $y=a^x\ (a>1)$의 그래프와 직선 $y=\sqrt{3}$이 만나는 점을 A라 하자. 점 B$(4, 0)$에 대하여 직선 OA와 직선 AB가 서로 수직이 되도록 하는 모든 a의 값의 곱은? (단, O는 원점이다.) (4점)

① $3^{\frac{1}{3}}$ ② $3^{\frac{2}{3}}$ ③ 3
④ $3^{\frac{4}{3}}$ ⑤ $3^{\frac{5}{3}}$

1st 직선 OA와 직선 AB가 수직이 되도록 하는 점 A의 x좌표의 값을 구하자.

지수함수 $y=a^x(a>1)$의 그래프와 직선 $y=\sqrt{3}$이 만나는 점 A의 x좌표를 t라 하면

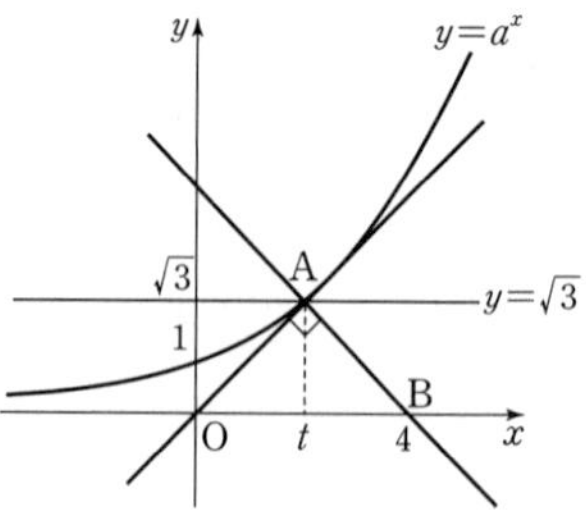

점 A의 좌표는 $(t, \sqrt{3})$이므로

직선 OA의 기울기는

$\frac{\sqrt{3}-0}{t-0}=\frac{\sqrt{3}}{t}$

직선 AB의 기울기는

$\frac{0-\sqrt{3}}{4-t}=-\frac{\sqrt{3}}{4-t}$

이때, 두 직선이 서로 수직이므로

$\frac{\sqrt{3}}{t}\times\left(-\frac{\sqrt{3}}{4-t}\right)=-1$ 두 직선이 서로 수직일 때, 두 직선의 기울기의 곱은 항상 -1이야.

즉, $t^2-4t+3=0$

$(t-1)(t-3)=0$

$\therefore t=1$ 또는 $t=3$

2nd 점 A가 지수함수의 그래프 위의 점임을 이용하여 a의 값을 구하자.

점 A의 좌표는 $y=a^x(a>1)$의 그래프 위의 점이므로
점 A의 좌표는 $(1, a)$ 또는 $(3, a^3)$이다.
그런데 점 A는 직선 $y=\sqrt{3}$ 위에 있으므로 y좌표의 값이 항상 $\sqrt{3}$이어야 한다.

$a^3=\sqrt{3}=3^{\frac{1}{2}}$에서 $(a^3)^{\frac{1}{3}}=\left(3^{\frac{1}{2}}\right)^{\frac{1}{3}}$ $\therefore a=3^{\frac{1}{6}}$

즉, $a=\sqrt{3}$ 또는 $a^3=\sqrt{3}$
따라서 $a=3^{\frac{1}{2}}$ 또는 $a=3^{\frac{1}{6}}$이고
모든 a의 값의 곱은 $3^{\frac{1}{2}}\times3^{\frac{1}{6}}=3^{\frac{1}{2}+\frac{1}{6}}=3^{\frac{2}{3}}$

$a>0, a\neq1$일 때, $a^x\times a^y=a^{x+y}$

다른 풀이: 점 A의 좌표를 a를 이용하여 나타내어 해결하기

지수함수 $y=a^x(a>1)$의 그래프와 직선 $y=\sqrt{3}$의 교점을 구하자.
$a^x=\sqrt{3}$에서
$x=\log_a\sqrt{3}$

→ 지수와 로그의 관계를 이용한 거야. 즉, $a>0, a\neq1, N>0$일 때 $a^x=N \iff x=\log_a N$을 이용한 거야.

즉, $A(\log_a\sqrt{3}, \sqrt{3})$
직선 OA의 기울기는
$\dfrac{\sqrt{3}-0}{\log_a\sqrt{3}-0}=\dfrac{\sqrt{3}}{\log_a\sqrt{3}}$

→ 두 점 $A(x_1, y_1)$, $B(x_2, y_2)$를 지나는 직선 AB의 기울기 m은 $m=\dfrac{y_2-y_1}{x_2-x_1}$

직선 AB의 기울기는
$\dfrac{\sqrt{3}-0}{\log_a\sqrt{3}-4}=\dfrac{\sqrt{3}}{\log_a\sqrt{3}-4}$
두 직선이 서로 수직이므로
$\dfrac{\sqrt{3}}{\log_a\sqrt{3}}\times\dfrac{\sqrt{3}}{\log_a\sqrt{3}-4}=-1$에서 $(\log_a\sqrt{3})^2-4\log_a\sqrt{3}=-3$
$(\log_a\sqrt{3})^2-4\log_a\sqrt{3}+3=0$, $(\log_a\sqrt{3}-1)(\log_a\sqrt{3}-3)=0$
$\therefore \log_a\sqrt{3}=1$ 또는 $\log_a\sqrt{3}=3$
로그의 정의에 의해 $a=\sqrt{3}$ 또는 $a^3=\sqrt{3}$ $\quad\therefore a=3^{\frac{1}{2}}$ 또는 $a=3^{\frac{1}{6}}$
따라서 모든 a의 값들의 곱은 $3^{\frac{1}{2}+\frac{1}{6}}=3^{\frac{2}{3}}$

쉬운 풀이: 직각삼각형 AOB의 변의 길이를 이용하여 a의 값 구하기

점 A의 좌표를 $(t, \sqrt{3})$이라 하고 점 A에서 x축에 내린 수선의 발을 H라 하면 $\overline{AH}=\sqrt{3}$, $\overline{OH}=t$, $\overline{BH}=4-t$이므로
직각삼각형의 성질에 의하여 $\overline{AH}^2=\overline{OH}\times\overline{HB}$에서
$(\sqrt{3})^2=t(4-t)$, $3=-t^2+4t$, $t^2-4t+3=0$
$(t-1)(t-3)=0$ $\quad\therefore t=1$ 또는 $t=3$
(이하 동일)

C 53 정답 ⑤ *지수함수의 그래프의 교점 [정답률 71%]

(정답 공식: 점 A, B, C, D의 좌표를 k와 m에 대한 식으로 나타낸다.)

두 곡선 $y=2^x$, $y=4^x$이 직선 $x=k$와 만나는 점을 각각 A와 B, 직선 $y=m$ $(0<m<1)$과 만나는 점을 각각 C와 D라 하자. $k=\log_2 3$이고 $\overline{AB}=\overline{CD}$일 때, m의 값은? (3점)

① $\dfrac{1}{2^4}$ ② $\dfrac{1}{2^6}$ ③ $\dfrac{1}{2^8}$
④ $\dfrac{1}{2^{10}}$ ⑤ $\dfrac{1}{2^{12}}$

단서 두 점 A, B의 x좌표는 k이므로 두 점 A, B가 두 곡선 $y=2^x$, $y=4^x$ 위의 점임을 이용하여 두 점 A, B의 좌표를 k에 관한 식으로 표현해 봐. 마찬가지로 두 점 C, D의 좌표를 m에 관한 식으로 표현해 봐.

1st 네 점 A, B, C, D의 좌표를 각각 k, m에 관한 식으로 나타내자.

곡선 $y=2^x$이 직선 $x=k$와 만나는 점이 A이므로 $A(k, 2^k)$
곡선 $y=4^x$이 직선 $x=k$와 만나는 점이 B이므로 $B(k, 4^k)$
또한, 곡선 $y=2^x$이 직선 $y=m$와 만나는 점이 C이므로
$m=2^x$에서 $x=\log_2 m$
$\therefore C(\log_2 m, m)$
곡선 $y=4^x$이 직선 $y=m$과 만나는 점이 D이므로
$m=4^x$에서 $x=\log_4 m$
$\therefore D(\log_4 m, m)$

2nd $\overline{AB}$의 길이를 구한 후, $\overline{AB}=\overline{CD}$임을 이용하자.

이때, $k=\log_2 3$이므로
$\overline{AB}=4^k-2^k=4^{\log_2 3}-2^{\log_2 3}=2^{2\log_2 3}-2^{\log_2 3}=9-3=6$

→ $2^{2\log_2 3}=2^{\log_2 3^2}=2^{\log_2 9}=9$

한편, $0<m<1$이므로

→ $\log_4 m>\log_2 m$이야.

$\overline{CD}=\log_4 m-\log_2 m$
$=\dfrac{1}{2}\log_2 m-\log_2 m=-\dfrac{1}{2}\log_2 m$
따라서 $\overline{AB}=\overline{CD}$이므로 $-\dfrac{1}{2}\log_2 m=6$
$\log_2 m=-12$ $\quad\therefore m=2^{-12}=\dfrac{1}{2^{12}}$

C 54 정답 ⑤ *지수함수의 그래프의 교점 [정답률 72%]

(정답 공식: 점 P와 y축 사이의 거리와 점 R와 y축 사이의 거리가 같음을 이용하여 점 Q의 x좌표를 구한다.)

세 지수함수
$f(x)=a^{-x}$, $g(x)=b^x$, $h(x)=a^x$ $(1<a<b)$
에 대하여 직선 $y=2$가 세 곡선 $y=f(x)$, $y=g(x)$, $y=h(x)$와 만나는 점을 각각 P, Q, R라 하자. $\overline{PQ}:\overline{QR}=2:1$이고 $h(2)=2$일 때, $g(4)$의 값은? (3점)

단서1 두 함수 $f(x)=a^{-x}$과 $h(x)=a^x$의 그래프는 y축에 대하여 대칭이지? 즉, 점 R의 x좌표가 2이고 두 점 P, R가 x축에 평행한 직선 위의 점이므로 점 P의 x좌표는 -2야.

단서2 점 Q의 x좌표를 α라 하면 $\overline{PQ}=\alpha+2$, $\overline{QR}=2-\alpha$임을 이용해.

① 16 ② $16\sqrt{2}$ ③ 32 ④ $32\sqrt{2}$ ⑤ 64

1st $h(2)=2$임을 이용하여 두 점 P, Q의 x좌표를 구하자.

두 함수 $y=f(x)$와 $y=h(x)$의 그래프는 y축에 대하여 대칭이고 점 R의 x좌표가 2이므로 점 P의 x좌표는 -2이다.
따라서 점 Q의 x좌표를 α라 하면
$\overline{PQ}=\alpha-(-2)=\alpha+2$, $\overline{QR}=2-\alpha$이고,
$\overline{PQ}:\overline{QR}=2:1$에서 $\overline{PQ}=2\overline{QR}$이므로
$\alpha+2=2(2-\alpha)$
$\alpha+2=4-2\alpha$
$3\alpha=2$
$\therefore \alpha=\dfrac{2}{3}$

2nd $g(4)=b^4$의 값을 구하자.

즉, 함수 $g(x)=b^x$의 그래프는 점 $\left(\frac{2}{3}, 2\right)$를 지나므로

$g\left(\frac{2}{3}\right)=2$에서 $b^{\frac{2}{3}}=2$ $\quad\therefore b=2^{\frac{3}{2}}$

$\therefore g(4)=b^4=\left(2^{\frac{3}{2}}\right)^4=2^6=64$

[지수법칙] $(a^m)^n=a^{mn}=(a^n)^m$

지수함수 $y=a^x(a>0, a\neq1)$의 그래프의 성질 개념·공식

① 정의역은 실수 전체의 집합이고, 치역은 양의 실수 전체의 집합이다.
② $a>1$일 때, x가 증가하면 y도 증가한다.
$0<a<1$일 때, x가 증가하면 y는 감소한다.
③ 그래프는 점 $(0, 1)$을 지나고, 점근선은 x축이다.

C 55 정답 ⑤ *지수함수의 그래프의 교점 [정답률 62%]

(정답 공식: 각각의 조건들을 그래프 상에 나타내 직관적으로 본다.)

좌표평면에서 함수 $f(x)=2^x$의 그래프와 함수 $g(x)=-x$의 그래프가 만나는 점을 $\mathrm{P}(a, -a)$라 할 때, 옳은 것만을 [보기]에서 있는 대로 고른 것은? (3점)

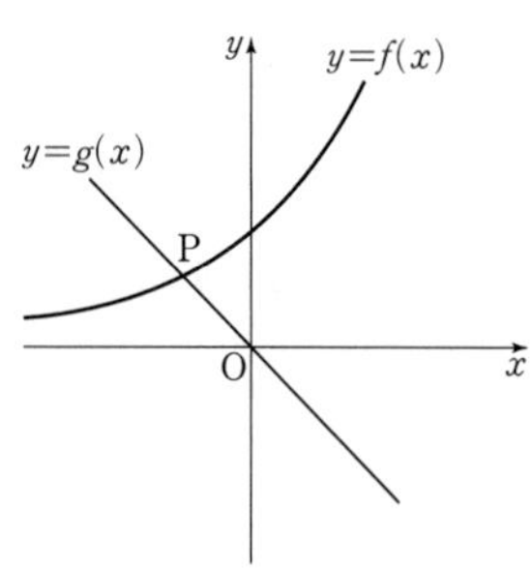

[보기]

단서1 $|f(t)-g(t)|$는 $x=t$일 때의 두 함숫값 $f(t)$와 $g(t)$의 차를 의미하므로 그래프에서 x좌표가 음수일 때와 양수일 때의 두 함숫값의 차를 비교해 봐.

ㄱ. $a<-1$

ㄴ. $t>0$이면 $|f(-t)-g(-t)|<|f(t)-g(t)|$이다.

ㄷ. 함수 $y=f^{-1}(x)$의 그래프와 함수 $y=g(x)$의 그래프가 만나는 점의 좌표는 $(-a, a)$이다.

단서2 함수 $y=f(x)$와 그 역함수 $y=f^{-1}(x)$의 그래프는 직선 $y=x$에 대하여 서로 대칭임을 이용해.

① ㄱ ② ㄴ ③ ㄷ ④ ㄱ, ㄴ ⑤ ㄴ, ㄷ

1st $y=f(x)$와 $y=g(x)$의 그래프 위에 [보기]의 조건을 각각 그려서 비교해 봐.

ㄱ.

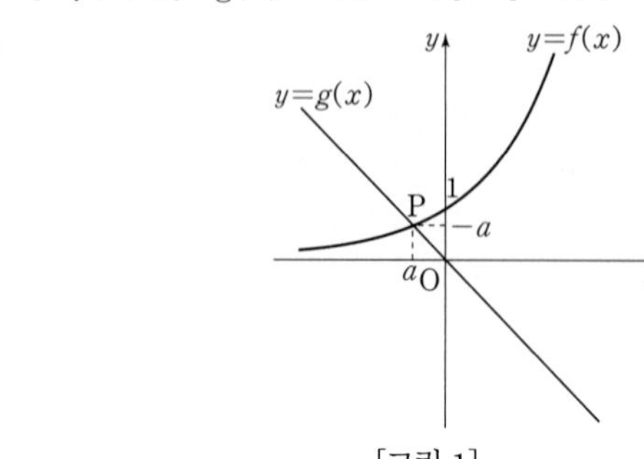

[그림 1]

[그림 1]에서 $f(x)$의 y절편이 1이므로 두 함수 $f(x)$와 $g(x)$의 교점 $\mathrm{P}(a, -a)$의 y좌표는 그래프에서 $0<-a<1$임을 알 수 있다.

$\therefore -1<a<0$ (거짓)

ㄴ. $t>0$이면 $|f(-t)-g(-t)|$는 $x=-t$에서의 $f(x)$와 $g(x)$의 두 함숫값의 차를 뜻하고, $|f(t)-g(t)|$는 $x=t$에서의 $f(x)$와 $g(x)$의 두 함숫값의 차를 뜻한다.

함정 보기에서 주어진 식이 의미하는 바를 이해하면 쉽게 문제에 접근할 수 있어.

즉, [그림 2]에서

$\overline{\mathrm{CD}}=|f(-t)-g(-t)|$,

$\overline{\mathrm{AB}}=|f(t)-g(t)|$이고

$\overline{\mathrm{CD}}<\overline{\mathrm{AB}}$이므로

$|f(-t)-g(-t)|<|f(t)-g(t)|$ (참)

→ 그래프에서 절댓값이 같고 부호가 다른 임의의 x에서의 함숫값의 차를 비교하면 $t>0$일 때, $|f(-t)-g(-t)|$보다 $|f(t)-g(t)|$가 항상 크다는 것을 알 수 있어.

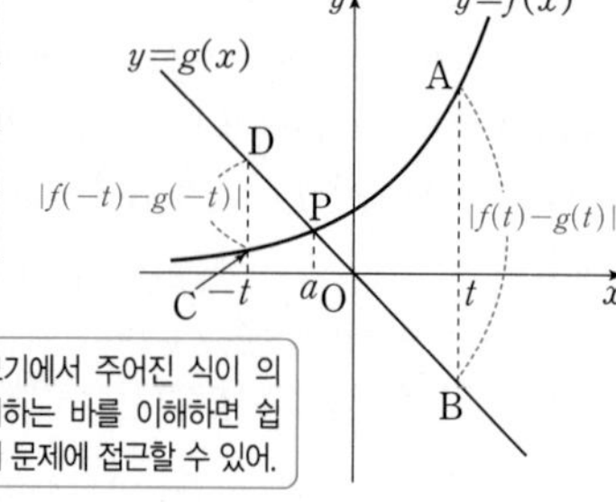

[그림 2]

ㄷ. 두 함수 $y=f(x)$와 $y=f^{-1}(x)$의 그래프는 직선 $y=x$에 대하여 대칭이고 함수 $y=g(x)$의 그래프도 직선 $y=x$에 대하여 대칭이므로 구하는 교점은 $y=f(x)$와 $y=g(x)$의 그래프의 교점인 점 $\mathrm{P}(a, -a)$와 직선 $y=x$에 대하여 대칭인 점이다.

점 (p, q)를 직선 $y=x$에 대하여 대칭이동한 점의 좌표는 (q, p)

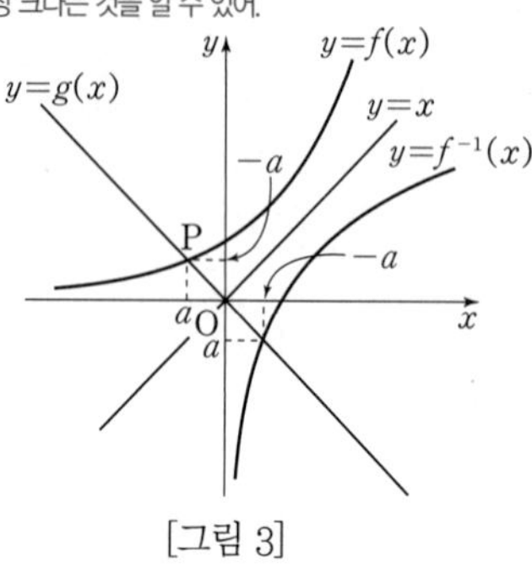

[그림 3]

따라서 함수 $y=f^{-1}(x)$의 그래프와 함수 $y=g(x)$의 그래프가 만나는 점의 좌표는 [그림 3]과 같이 $(-a, a)$이다. (참)

따라서 옳은 것은 ㄴ, ㄷ이다.

C 56 정답 ③ *지수함수의 그래프의 교점 [정답률 72%]

(정답 공식: $n=3$을 대입하여 각 점의 좌표를 구하고 직선 $\mathrm{A}_n\mathrm{C}_n$의 기울기를 계산한다.)

자연수 n에 대하여 직선 $y=n$이 두 곡선 $y=2^x$, $y=2^{x-1}$과 만나는 점을 각각 A_n, B_n이라 하자. 또, 점 B_n을 지나고 y축과 평행한 직선이 곡선 $y=2^x$과 만나는 점을 C_n이라 하자.

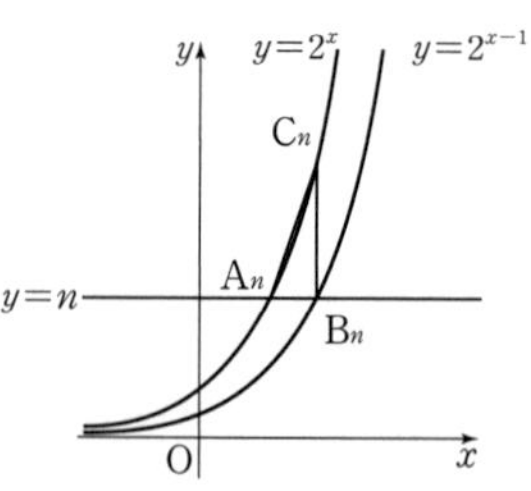

$n=3$일 때, 직선 $\mathrm{A}_n\mathrm{C}_n$의 기울기는? (3점)

단서 두 점 A_3, C_3의 좌표를 각각 구해서 이 두 점을 지나는 직선의 기울기를 구해.

① 2 ② $\frac{5}{2}$ ③ 3 ④ $\frac{7}{2}$ ⑤ 4

1st $n=3$일 때 세 점 A_n, B_n, C_n의 좌표를 각각 구하자.

$n=3$일 때, 직선 $y=3$과 두 곡선 $y=2^x$, $y=2^{x-1}$이 만나는 점이 각각 A_3, B_3이므로 두 점 A_3, B_3의 좌표를 각각 $(a, 3)$, $(b, 3)$이라 하면

$3=2^a$에서 $a=\log_2 3$ → $a^x=b \Longleftrightarrow x=\log_a b$

$3=2^{b-1}$에서 $b-1=\log_2 3$ $\quad\therefore b=1+\log_2 3=\log_2 6$

$\log_2 2+\log_2 3=\log_2(2\times3)=\log_2 6$

$\therefore \mathrm{A}_3(\log_2 3, 3)$, $\mathrm{B}_3(\log_2 6, 3)$

또, 점 B_3을 지나고 y축과 평행한 직선 $x=\log_2 6$이 곡선 $y=2^x$과 만나는 점이 C_3이므로 점 C_3의 좌표를 $(\log_2 6, c)$라 하면 $c=2^{\log_2 6}=6$

$\therefore C_3(\log_2 6, 6)$

2nd 직선 A_3C_3의 기울기를 구하자.

$$(\text{직선 } A_3C_3\text{의 기울기})=\frac{6-3}{\log_2 6-\log_2 3}=\frac{3}{\log_2 \frac{6}{3}}=\frac{3}{\log_2 2}=3$$

[직선의 기울기] $\dfrac{y\text{의 값의 변화량}}{x\text{의 값의 변화량}}$

쉬운 풀이: 그래프의 평행이동을 이용하여 기울기 구하기

곡선 $y=2^{x-1}$은 곡선 $y=2^x$을 x축의 방향으로 1만큼 평행이동시킨 것이므로 $\overline{A_3B_3}=1$

함수 $y=f(x)$의 그래프를 x축의 방향으로 a, y축의 방향으로 b만큼 평행이동시킨 그래프의 식은 $y=f(x-a)+b$

점 B_3의 좌표를 $(a, 3)$이라 하면 $2^{a-1}=3$ ⋯ ㉠

또, 점 B_3과 x좌표가 같은 점 C_3의 좌표를 (a, b)라 하면

$b=2^a=2\times 2^{a-1}=2\times 3$ ($\because$ ㉠)$=6$

따라서 $\overline{B_3C_3}=b-3=6-3=3$이므로

$$(\text{직선 } A_3C_3\text{의 기울기})=\frac{\overline{B_3C_3}}{\overline{A_3B_3}}=\frac{3}{1}=3$$

직선의 기울기 개념·공식

일차함수 $f(x)=mx+n$에 대하여

① 직선 $y=f(x)$가 두 점 (a, b), (c, d)를 지나면

$m=\dfrac{b-d}{a-c}$

② 직선 $y=f(x)$와 x축의 양의 방향이 이루는 각의 크기가 θ이면

$m=\tan\theta$

C 57 정답 ③ *지수함수의 그래프의 교점 [정답률 76%]

정답 공식: 점 A는 두 곡선 위의 점이므로 점 A의 좌표를 각각 두 곡선의 방정식에 대입하면 식이 성립한다.

그림과 같이 두 곡선 $y=2^{-x+a}$, $y=2^x-1$이 만나는 점을 A, 곡선 $y=2^{-x+a}$이 y축과 만나는 점을 B라 하자. 점 A에서 y축에 내린 수선의 발을 H라 할 때, $\overline{OB}=3\times\overline{OH}$이다. 상수 a의 값은? (단, O는 원점이다.) (4점)

단서1 점 B의 y좌표는 $y=2^{-x+a}$에 $x=0$을 대입해서 구할 수 있어.

단서2 점 A의 y좌표는 점 B의 y좌표의 $\frac{1}{3}$배야.

y, $y=2^x-1$, B, H, A, $y=2^{-x+a}$, O, x

① 2 ② $\log_2 5$ ③ $\log_2 6$

④ $\log_2 7$ ⑤ 3

1st 선분 OH의 길이를 a로 나타내.

점 B는 곡선 $y=2^{-x+a}$이 y축과 만나는 점이므로 점 B의 x좌표는 0이다.

즉, $x=0$을 $y=2^{-x+a}$에 대입하면 $y=2^{0+a}=2^a$이므로 점 B의 좌표는 $(0, 2^a)$이다.

따라서 $\overline{OB}=2^a$이고 $\overline{OB}=3\times\overline{OH}$이므로 $2^a=3\times\overline{OH}$에서

$\overline{OH}=\dfrac{2^a}{3}$이다.

2nd 점 A가 두 곡선의 교점임을 이용하여 a의 값을 구해.

점 A의 x좌표를 k라 하면 $A\left(k, \dfrac{2^a}{3}\right)$이고 점 A는 곡선 $y=2^{-x+a}$ 위의 점이므로 $x=k$, $y=\dfrac{2^a}{3}$을 대입하면

$x<0$에서 $2^x-1<0$, $x>0$에서 $2^x-1>0$이고 모든 실수 x에 대하여 $2^{-x+a}>0$이므로 두 곡선 $y=2^x-1$, $y=2^{-x+a}$은 제1사분면에서 만나. 즉, 점 A의 x좌표와 y좌표는 모두 양수야.

점 H의 y좌표는 선분 OH의 길이 $\frac{2^a}{3}$이고 점 A의 y좌표는 점 H의 y좌표와 같아.

$\dfrac{2^a}{3}=2^{-k+a}$에서 $\dfrac{2^a}{3}=2^{-k}\times 2^a$, $2^{-k}=\dfrac{1}{3}$ $\quad\therefore 2^k=3$ ⋯ ㉠

또, 점 A는 곡선 $y=2^x-1$ 위의 점이므로 $x=k$, $y=\dfrac{2^a}{3}$을 대입하면

$\dfrac{2^a}{3}=2^k-1$이고 여기에 ㉠을 대입하면

$\dfrac{2^a}{3}=3-1=2$에서 $2^a=6$ $\quad\therefore a=\log_2 6$

$a^x=t \Leftrightarrow x=\log_a t$

다른 풀이: 점 A의 y좌표를 t라 한 뒤 점 B의 좌표도 t를 이용하여 나타내고 두 곡선 위에 점 A가 있음을 이용하여 값 구하기

점 A의 y좌표를 t라 하면 점 H의 y좌표도 t이므로 $\overline{OH}=t$야.

이때, $\overline{OB}=3\times\overline{OH}=3t$에서 점 B의 좌표는 $(0, 3t)$이고

점 B는 곡선 $y=2^{-x+a}$ 위의 점이므로 $x=0$, $y=3t$를 대입하면

$3t=2^{0+a}$ $\quad\therefore 2^a=3t$ ⋯ ㉡

한편, 점 A는 곡선 $y=2^x-1$ 위의 점이고 y좌표가 t이므로

$y=t$를 대입하면 $t=2^x-1$에서 $2^x=t+1$ $\quad\therefore x=\log_2(t+1)$

따라서 점 A의 좌표는 $(\log_2(t+1), t)$이고 점 A는 곡선 $y=2^{-x+a}$ 위의 점이기도 하므로 $x=\log_2(t+1)$, $y=t$를 대입하면

$t=2^{-\log_2(t+1)+a}$에서 $t=2^{\log_2\frac{1}{t+1}}\times 2^a$, $t=\dfrac{1}{t+1}\times 2^a$

$-\log_2(t+1)=\log_2(t+1)^{-1}=\log_2\frac{1}{t+1}$

$a^{m+n}=a^m\times a^n$

$\therefore t^2+t=2^a$

여기에 ㉡을 대입하면 $t^2+t=3t$에서 $t^2-2t=0$

$t(t-2)=0$ $\quad\therefore t=2$ ($\because t>0$)

점 A는 제1사분면 위의 점이므로 x좌표와 y좌표가 모두 양수야. 그런데 t는 점 A의 y좌표이므로 $t>0$이야.

이것을 ㉡에 대입하면 $2^a=3\times 2=6$

$\therefore a=\log_2 6$

지수함수 $y=a^x$ $(a>0, a\neq 0)$의 그래프 개념·공식

① 정의역은 실수 전체의 집합이고, 치역은 양의 실수 전체의 집합이다.

② $a>1$일 때 증가함수이고, $0<a<1$일 때 감소함수이다.

③ 점 $(0, 1)$을 지나고 점근선이 x축이다.

C 58 정답 ② *지수함수의 그래프의 교점 .... [정답률 48%]

정답 공식: 기울기가 m인 직선 위의 두 점 (x_1, y_1), (x_2, y_2)에 대하여 $\frac{y_2-y_1}{x_2-x_1}=m$이다.

그림과 같이 두 상수 $a(a>1)$, k에 대하여 두 함수

$$y=a^{x+1}+1,\ y=a^{x-3}-\frac{7}{4}$$

단서1 두 점 P, Q는 기울기가 -2인 직선 위의 점이므로 -2는 두 점 P, Q의 x의 값의 변화량에 대한 y의 값의 변화량의 비율이야.

의 그래프와 직선 $y=-2x+k$가 만나는 점을 각각 P, Q라 하자. 점 Q를 지나고 x축에 평행한 직선이 함수 $y=-a^{x+4}+\frac{3}{2}$의 그래프와 점 R에서 만나고 $\overline{PR}=\overline{QR}=5$일 때, $a+k$의 값은? (4점)

단서2 두 점 R, Q는 x축에 평행한 직선 위의 점이므로 두 점 R, Q의 x좌표의 차는 5야.

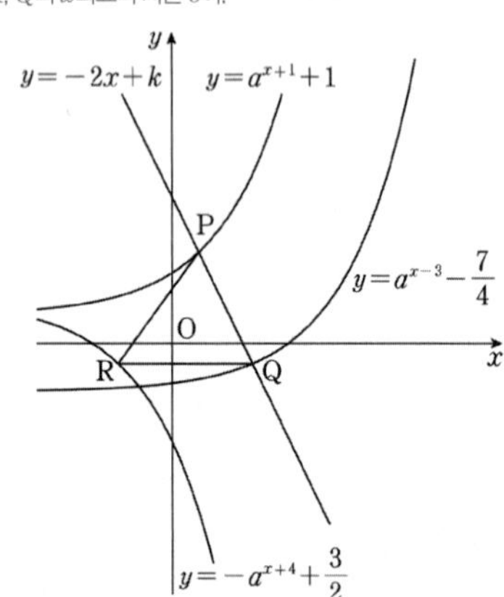

① $\frac{13}{2}$ ② $\frac{27}{4}$ ③ 7
④ $\frac{29}{4}$ ⑤ $\frac{15}{2}$

1st 직선의 기울기를 이용하여 각 선분의 길이를 구해.

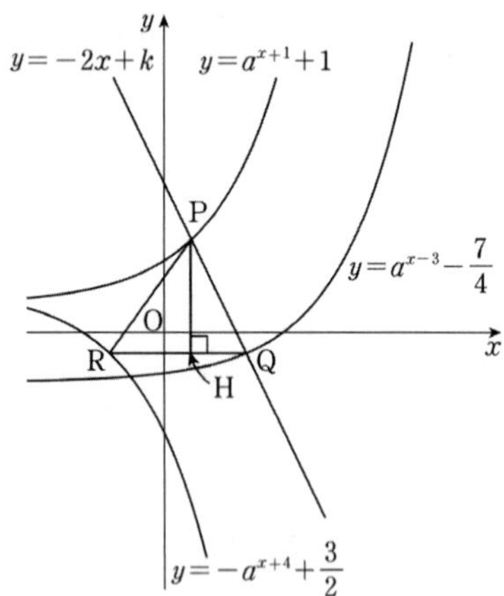

그림과 같이 점 P에서 선분 RQ에 내린 수선의 발을 H라 하고 $\overline{HQ}=t(0<t<5)$라 하면 두 점 P, Q가 직선 $y=-2x+k$ 위의 점이므로 $-\frac{\overline{PH}}{\overline{HQ}}=-2$에서 $-\frac{\overline{PH}}{t}=-2$ $\quad\therefore \overline{PH}=2t$

이때, $\overline{RH}=\overline{RQ}-\overline{HQ}=5-t$이므로 직각삼각형 PRH에서 피타고라스 정리에 의하여 $\overline{PR}^2=\overline{RH}^2+\overline{PH}^2$

$5^2=(5-t)^2+(2t)^2$, $25=25-10t+t^2+4t^2$, $5t^2-10t=0$

$5t(t-2)=0$ $\quad\therefore t=2(\because 0<t<5)$

$\therefore \overline{PH}=2t=2\times2=4$, $\overline{RH}=5-t=5-2=3$

2nd 세 점 P, Q, R의 y좌표를 이용하여 a의 값을 구해.

점 R의 x좌표를 m이라 하면 두 점 P, Q의 x좌표는 각각 $m+3$, $m+5$

선분 RH의 길이는 두 점 P, R의 x좌표의 차이고 선분 QR의 길이는 두 점 R, Q의 x좌표의 차야.

이므로 $\mathrm{P}(m+3, a^{m+4}+1)$, $\mathrm{Q}\left(m+5, a^{m+2}-\frac{7}{4}\right)$

$\mathrm{R}\left(m, -a^{m+4}+\frac{3}{2}\right)$이다.

이때, 점 P의 y좌표는 점 R의 y좌표보다 4만큼 크므로

선분 PH의 길이만큼 크지?

$a^{m+4}+1=\left(-a^{m+4}+\frac{3}{2}\right)+4$에서

$2a^{m+4}=\frac{9}{2}$ $\quad\therefore a^{m+4}=\frac{9}{4}$ $\cdots$ ㉠

또, 두 점 R, Q의 y좌표는 같으므로

두 점 R, Q는 x축에 평행한 직선 위의 점이지?

$a^{m+2}-\frac{7}{4}=-a^{m+4}+\frac{3}{2}$에서

$a^{-2}\times a^{m+4}-\frac{7}{4}=-a^{m+4}+\frac{3}{2}$

여기에 ㉠을 대입하면

$a^{-2}\times\frac{9}{4}-\frac{7}{4}=-\frac{9}{4}+\frac{3}{2}$, $\frac{9}{4}a^{-2}=1$, $a^2=\frac{9}{4}$

$\therefore a=\frac{3}{2}(\because a>1)$

3rd 점 P는 직선 $y=-2x+k$ 위의 점임을 이용하여 k의 값을 구해.

$a=\frac{3}{2}$을 ㉠에 대입하면

$\left(\frac{3}{2}\right)^{m+4}=\frac{9}{4}=\left(\frac{3}{2}\right)^2$에서 $m+4=2$ $\quad\therefore m=-2$

$a^{f(x)}=a^{g(x)}(a>0, a\neq1)$이면 $f(x)=g(x)$

즉, 점 P의 좌표는 $\left(-2+3, \frac{9}{4}+1\right)$에서 $\left(1, \frac{13}{4}\right)$이고 점 P는 직선 $y=-2x+k$ 위의 점이므로

$\frac{13}{4}=-2\times1+k$ $\quad\therefore k=\frac{21}{4}$

$\therefore a+k=\frac{3}{2}+\frac{21}{4}=\frac{27}{4}$

C 59 정답 ① *지수함수의 그래프의 교점 .... [정답률 44%]

정답 공식: 지수함수 $y=a^x$의 그래프는 $a>1$이면 증가하고, $0<a<1$이면 감소한다.

두 상수 a, $b(b>0)$에 대하여 함수 $f(x)$를

$$f(x)=\begin{cases}2^{x+3}+b & (x\le a)\\ 2^{-x+5}+3b & (x>a)\end{cases}$$

단서 지수함수이니 그래프가 증가인지 감소인지 구별해야 해.

라 하자. 다음 조건을 만족시키는 실수 k의 최댓값이 $4b+8$일 때, $a+b$의 값은? (단, $k>b$) (4점)

> $b<t<k$인 모든 실수 t에 대하여 함수 $y=f(x)$의 그래프와 직선 $y=t$의 교점의 개수는 1이다.

① 9 ② 10 ③ 11
④ 12 ⑤ 13

1st 함수 $y=f(x)$의 그래프를 생각해.

$f_1(x)=2^{x+3}+b$, $f_2(x)=2^{-x+5}+3b$라 하면

$f_2(x)=2^{-x+5}+3b=\left(\frac{1}{2}\right)^{x-5}+3b$

함수 $y=f_1(x)$의 그래프는 x의 값이 증가하면 y의 값도 증가하고, 함수 $y=f_2(x)$의 그래프는 x의 값이 증가하면 y의 값은 감소한다.

또한, 두 함수 $y=f_1(x)$, $y=f_2(x)$의 그래프의 점근선이 각각 $y=b$, $y=3b$이고 $f_1(a)=2^{a+3}+b$, $f_2(a)=2^{-a+5}+3b$이므로

$\{f_1(x)\mid x\le a\}=\{y\mid b<y\le 2^{a+3}+b\}$,

$\{f_2(x)\mid x>a\}=\{y\mid 3b<y<2^{-a+5}+3b\}$이다.

따라서 두 수 $2^{a+3}+b$와 $3b$, $2^{-a+5}+3b$의 대소 관계에 따라 함수 $y=f(x)$의 그래프는 다음 그림과 같다.

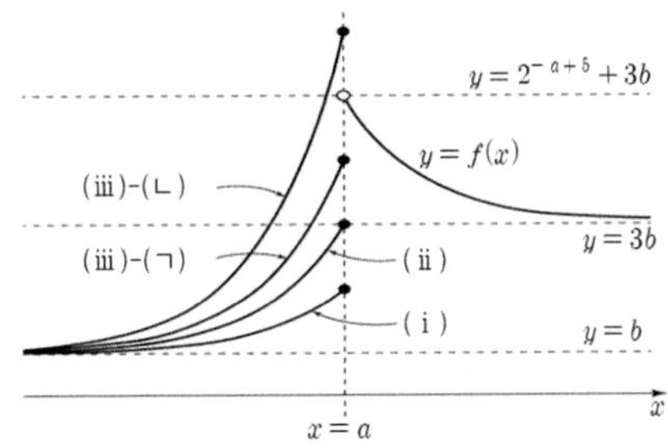

2nd 조건을 만족시키는 a, b 사이의 관계식을 찾아.

(i) $2^{a+3}+b<3b$일 때,

$2^{a+3}+b<t<3b$인 모든 실수 t에 대하여 함수 $y=f(x)$의 그래프와 직선 $y=t$는 만나지 않으므로 조건을 만족시키는 실수 k의 최댓값은 $4b+8$이 아니다.

$b<t\le 2^{a+3}+b$이면 교점이 1개이지만, t의 값이 $2^{a+3}+b$보다 커지면서 교점이 없어.

이때의 교점의 개수가 1인 k의 최댓값은 $2^{a+3}+b$인데 $2^{a+3}+b<3b<4b+8$이지?

(ii) $2^{a+3}+b=3b$일 때,

$b<t<2^{-a+5}+3b$인 모든 실수 t에 대하여

함수 $y=f(x)$의 그래프와 직선 $y=t$의 교점의 개수는 1이고

$t\ge 2^{-a+5}+3b$인 모든 실수 t에 대하여

함수 $y=f(x)$의 그래프와 직선 $y=t$는 만나지 않는다.

따라서 조건을 만족시키는 실수 k의 최댓값은 $2^{-a+5}+3b$이다.

(iii) $2^{a+3}+b>3b$일 때,

(ㄱ) $2^{a+3}+b\le 2^{-a+5}+3b$일 때,

$3b<t<2^{a+3}+b$인 모든 실수 t에 대하여

함수 $y=f(x)$의 그래프와 직선 $y=t$의 교점의 개수는 2이므로

조건을 만족시키는 실수 k의 최댓값은 $4b+8$이 아니다.

$b<t\le 3b$일 때는 교점이 1개야. 즉, k의 최댓값은 $3b$이고 $b>0$이므로 $3b<4b+8$이야.

(ㄴ) $2^{a+3}+b>2^{-a+5}+3b$일 때,

$3b<t<2^{-a+5}+3b$인 모든 실수 t에 대하여

함수 $y=f(x)$의 그래프와 직선 $y=t$의 교점의 개수는 2이므로

조건을 만족시키는 실수 k의 최댓값은 $4b+8$이 아니다.

$b<t\le 3b$일 때는 교점이 1개야. 즉, k의 최댓값은 $3b$

이때, 조건을 만족시키는 실수 k의 최댓값은 $4b+8$이므로

(i), (ii), (iii)에 의하여 $2^{a+3}+b=3b$이고, $2^{-a+5}+3b=4b+8$이다.

k의 최댓값이 $4b+8$이 될 수 있는 경우는 (ii)가 유일해.
이때, k의 최댓값은 $2^{-a+5}+3b$라고 할 수 있겠지?

3rd $a+b$의 값을 구하자.

$2^{a+3}+b=3b$에서 $2b=2^{a+3}$ $\quad\therefore b=2^{a+2}$ ⋯ ㉠

$2^{-a+5}+3b=4b+8$에서 $b=2^{-a+5}-8$ ⋯ ㉡

즉, ㉠, ㉡을 연립하면 $2^{a+2}=2^{-a+5}-8$에서 $2^a=2^{-a+3}-2$,

$(2^a)^2=2^3-2\times 2^a$, $(2^a)^2+2\times 2^a-8=0$, $(2^a+4)(2^a-2)=0$

$2^a>0$이므로 $2^a=2$

따라서 $a=1$이고 ㉠에 의하여 $b=2^{1+2}=8$

$\therefore a+b=1+8=9$

C 60 정답 ⑤ ＊지수함수의 그래프의 교점 [정답률 58%]

정답 공식: 조건을 통해 함수 $y=f(x)$의 그래프를 그린 후 $y=\left(\frac{1}{2}\right)^x$의 그래프를 직접 그려 교점의 개수를 센다.

실수 전체의 집합에서 정의된 함수 f가 다음 조건을 만족시킨다.

단서1 우선 $-2\le x\le 0$에서의 $f(x)=|x+1|-1$의 그래프를 그려봐야겠지?

(가) $-2\le x\le 0$일 때, $f(x)=|x+1|-1$

(나) 모든 실수 x에 대하여 $f(x)+f(-x)=0$

(다) 모든 실수 x에 대하여 $f(2-x)=f(2+x)$

단서2 조건 (나)와 (다)에 의하여 함수 $f(x)$의 그래프는 원점과 직선 $x=2$에 대하여 대칭이야. 단서1 의 그래프를 이용하여 조건에 맞게 그래프를 그려.

$-10\le x\le 10$에서 $y=f(x)$의 그래프와 $y=\left(\frac{1}{2}\right)^x$의 그래프의 교점의 개수는? (4점) 단서3 감소하는 함수 $y=\left(\frac{1}{2}\right)^x$의 그래프를 그려 함수 $y=f(x)$의 그래프와의 교점의 개수를 따져 봐.

① 2 ② 3 ③ 4 ④ 5 ⑤ 6

1st 세 조건을 이용하여 함수 $f(x)$의 그래프의 개형을 그려보자.

$-2\le x\le 0$에 대하여 $f(x)=|x+1|-1$이고 이것은 $y=|x|$의 그래프를 x축의 방향으로 -1만큼, y축의 방향으로 -1만큼 평행이동한 그래프이다.

실수 함수 $y=|x+1|-1$처럼 함수의 그래프를 직접 파악하기 어려울 경우 파악하기 쉬운 함수 $y=|x|$의 그래프를 평행이동한 것으로 판단하는 방법이 있어.

조건 (나) $f(x)+f(-x)=0$에서 $f(-x)=-f(x)$이므로 함수 $f(x)$는 원점에 대하여 대칭이다.

- $f(-x)=-f(x)$: 원점에 대하여 대칭
- $f(-x)=f(x)$: y축에 대하여 대칭

또한, 조건 (다) $f(2-x)=f(2+x)$에서 $f(x)=f(4-x)$이므로 함수 $f(x)$는 $x=2$에 대하여 대칭이다.

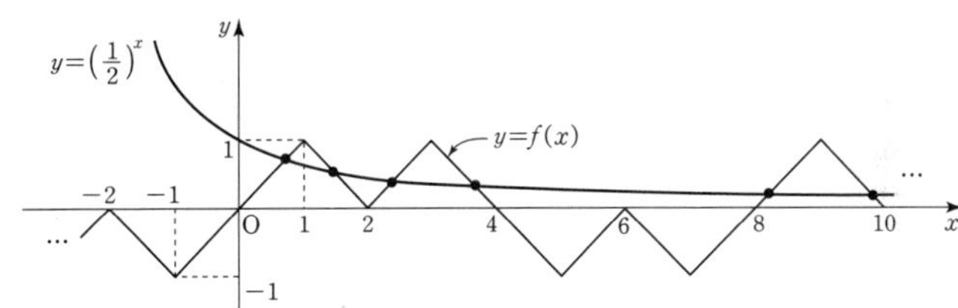

따라서 모든 실수 x에 대하여 함수 $f(x)$의 그래프의 개형은 그림과 같고 함수 $y=\left(\frac{1}{2}\right)^x$은 점 $(0, 1)$을 지나고 감소하는 지수함수이므로 구간 $[-10, 10]$에서 두 그래프의 교점은 6개이다.

C 61 정답 ② ＊지수함수의 그래프의 교점 [정답률 45%]

정답 공식: 함수 $y=f(x)$의 그래프를 그린 후 n에 숫자를 넣어가며 교점의 개수를 비교한다.

단서1 조건을 만족시키는 $y=f(x)$의 그래프를 그리자.

함수 $f(x)$는 모든 실수 x에 대하여 $f(x+2)=f(x)$를 만족시키고,

$$f(x)=\left|x-\frac{1}{2}\right|+1\ \left(-\frac{1}{2}\le x<\frac{3}{2}\right)$$

이다. 자연수 n에 대하여 지수함수 $y=2^{\frac{x}{n}}$의 그래프와 함수 $y=f(x)$의 그래프의 교점의 개수가 5가 되도록 하는 모든 n의 값의 합은? (4점) 단서2 $n=1, 2, 3, \cdots$을 대입하여 지수함수 $y=2^{\frac{x}{n}}$의 그래프를 그려가면서 조건을 만족시키는 자연수 n의 값을 찾아.

① 7 ② 9 ③ 11 ④ 13 ⑤ 15

1st 먼저 함수 $f(x)$의 그래프를 그려보자.

$f(x)=\left|x-\frac{1}{2}\right|+1\left(-\frac{1}{2}\le x<\frac{3}{2}\right)$에서

$f(x)-1=\left|x-\frac{1}{2}\right|$이므로 → $f(x)=\begin{cases}-x+\frac{3}{2} & \left(-\frac{1}{2}\le x<\frac{1}{2}\right)\\ x+\frac{1}{2} & \left(\frac{1}{2}\le x<\frac{3}{2}\right)\end{cases}$

$f(x)$는 $y=|x|$를 x축의 방향으로 $\frac{1}{2}$만큼, y축의 방향으로 1만큼 평행이동한 것이다.

또한, 주어진 조건에서 $f(x)=f(x+2)$이므로 $f(x)$는 주기가 2인 주기함수이므로 $f(x)$의 그래프는 그림과 같다.

실수 5: 함수 $y=\left|x-\frac{1}{2}\right|+1$처럼 직접 파악하기 어려울 경우 파악하기 쉬운 함수 $y=|x|$의 그래프를 평행이동한 것으로 판단하는 방법이 있어.

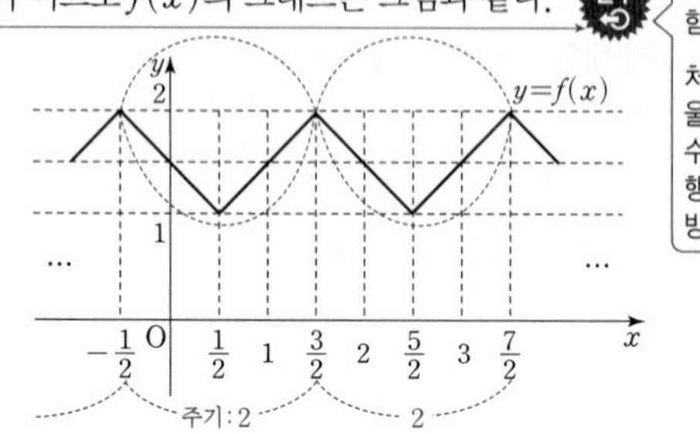

2nd 이제 자연수 n에 따른 지수함수의 그래프를 그려보자.

지수함수 $y=2^{\frac{x}{n}}$의 그래프는 두 점 $(0,\ 1)$과 $(n,\ 2)$를 지나는 함수이므로 그래프를 그려보면 다음과 같다.

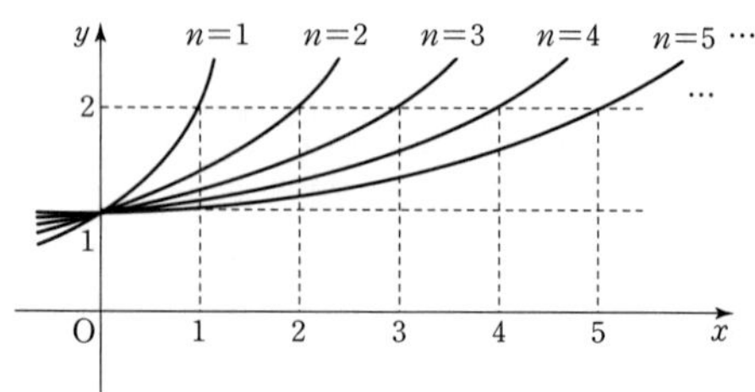

3rd 두 그래프의 교점의 개수가 5가 되는 자연수 n을 구해 보자.

이때, $y=f(x)$의 그래프와 $y=2^{\frac{x}{n}}$의 그래프의 교점의 개수가 5가 되려면 다음 그림과 같이 $n=4$ 또는 $n=5$일 때뿐이다.

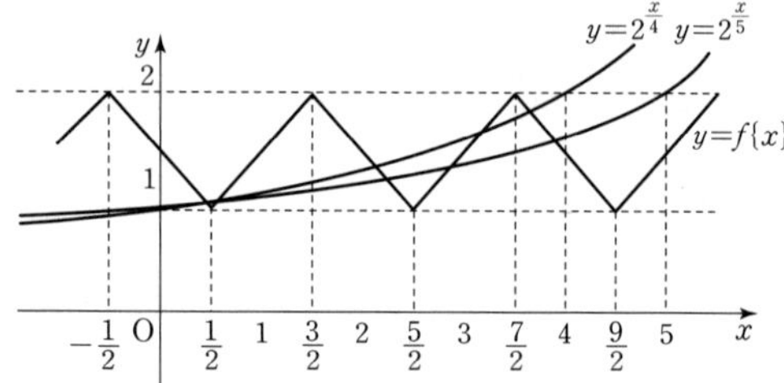

따라서 모든 n의 값의 합은 $4+5=9$

다른 풀이: **함수 $y=f(x)$의 그래프와 지수함수의 그래프의 교점의 개수가 5가 되도록 그려 보고 $x=\frac{7}{2}$, $x=\frac{11}{2}$일 때, 두 함숫값을 비교하여 값 구하기**

함수 $y=f(x)$의 그래프와 지수함수 $y=2^{\frac{x}{n}}$의 그래프의 교점의 개수가 5가 되려면 다음 그림과 같아야 해.

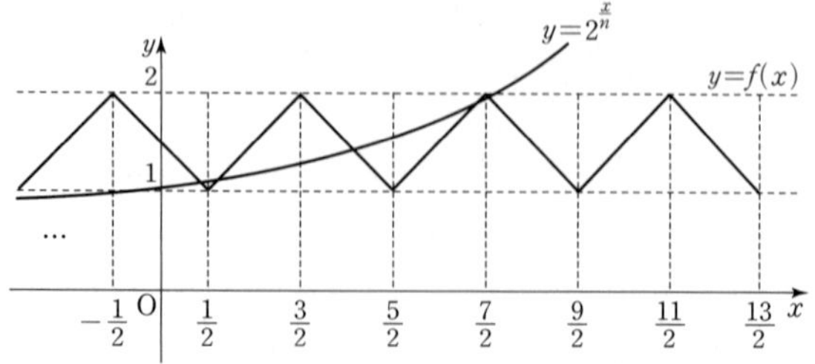

즉, $x=\frac{7}{2}$일 때 함수 $y=f(x)$의 그래프가 지수함수 $y=2^{\frac{x}{n}}$의 그래프보다 위쪽에 있어야 하고, $x=\frac{11}{2}$일 때 함수 $y=f(x)$의 그래프가 지수함수 $y=2^{\frac{x}{n}}$의 그래프보다 아래쪽에 있어야 하므로

$2^{\frac{7}{2n}}<f\left(\frac{7}{2}\right)$, $f\left(\frac{11}{2}\right)<2^{\frac{11}{2n}}$

그런데 $f\left(\frac{7}{2}\right)=f\left(\frac{11}{2}\right)=2$이므로 → $f\left(\frac{11}{2}\right)=f\left(\frac{7}{2}\right)=f\left(\frac{3}{2}\right)=f\left(-\frac{1}{2}\right)=2$

$2^{\frac{7}{2n}}<2$, $2<2^{\frac{11}{2n}}$에서 $2^{\frac{7}{2n}}<2^1<2^{\frac{11}{2n}}$이야.

$\frac{7}{2n}<1<\frac{11}{2n}$, $7<2n<11$ → 밑이 $2>1$이므로 지수는 부등호 방향이 같아.

$\therefore \frac{7}{2}<n<\frac{11}{2}$

따라서 $\frac{7}{2}<n<\frac{11}{2}$을 만족시키는 자연수 n은 4 또는 5이므로 구하는 모든 자연수 n의 값의 합은 $4+5=9$가 돼.

C 62 정답 ① *로그함수의 값 [정답률 82%]

(정답 공식: $f^{-1}(a)=b \Longleftrightarrow f(b)=a$, $\log_a x=b \Longleftrightarrow x=a^b$)

함수 $f(x)=\log_3(x+12)+2$에 대하여 $f^{-1}(5)$의 값은? (3점)

단서 역함수의 성질인 $f^{-1}(a)=b \Longleftrightarrow a=f(b)$임을 이용하자.

① 15 ② 16 ③ 17 ④ 18 ⑤ 19

1st 역함수의 성질을 이용하여 주어진 식을 변형하자.

$f^{-1}(5)=k$로 놓으면 $f(k)=5$

2nd 로그의 정의를 이용하여 k의 값을 구하자.

$f(k)=\log_3(k+12)+2=5$이므로

$\log_3(k+12)=3$

$k+12=3^3=27$ ($\log_a x=b \Longleftrightarrow x=a^b$)

$\therefore k=27-12=15 \Rightarrow f^{-1}(5)=15$

다른 풀이: **$\log_3 f(x)=\log_3 g(x)$이면 $f(x)=g(x)$임을 이용하기**

$\log_3(k+12)=3$에서

$\log_3(k+12)=3\log_3 3=\log_3 3^3=\log_3 27$

$k+12=27$ ($\log_a a=1,\ n\log_a b=\log_a b^n$)

$\therefore k=15$

C 63 정답 16 *로그함수의 값 [정답률 93%]

(정답 공식: x의 범위에 따른 함수 $y=f(x)$를 조건에 대입하여 각각 계산한다.)

함수 $f(x)=\begin{cases}\log_{\frac{1}{2}} x & (0<x<1)\\ \log_4 x & (x\ge 1)\end{cases}$에 대하여 $f(x)=4$를 만족하는 모든 실수 x의 곱을 구하시오. (3점)

단서 $f(x)$의 식이 $0<x<1$인 경우와 $x\ge1$인 경우로 나뉘어 있으므로 각 경우에 대한 $f(x)=4$인 x의 값을 구하자.

1st $0<x<1$일 때와 $x\ge1$일 때로 나누어 계산한 후 $f(x)=4$를 만족하는 모든 실수 x의 곱을 구해.

함수 $f(x)=\begin{cases}\log_{\frac{1}{2}} x & (0<x<1)\\ \log_4 x & (x\ge 1)\end{cases}$에 대하여 $f(x)=4$를 만족하므로

$0<x<1$, $x\ge1$인 경우로 나눠서 풀자.

(i) $0<x<1$일 때,

$f(x)=4$에서 $\log_{\frac{1}{2}} x=4$이므로 $x=\left(\frac{1}{2}\right)^4=\frac{1}{16}$

(ii) $x\geq1$일 때,

$f(x)=4$에서 $\log_4 x=4$이므로 $x=4^4=256$

$0<\frac{1}{16}<1$, $256\geq1$이지? 즉, 구한 x의 값이 정해진 범위에 속하는지 확인해봐야 해.

따라서 $f(x)=4$를 만족하는 x의 값은 $\frac{1}{16}$, 256이므로 모든 실수 x의 값의 곱은 $\frac{1}{16}\times256=16$

C 64 정답 ③ *로그함수의 값 [정답률 68%]

(정답 공식: $y=\frac{2001+x}{1-x}$의 그래프의 개형을 먼저 파악하고 $y=\log\frac{2001+x}{1-x}$가 증가함수임을 알아낸다.)

정의역이 $\{x|-1<x<1\}$일 때, 함수 $y=\log\frac{2001+x}{1-x}$의 치역은? (4점)

단서 $f(x)=\frac{2001+x}{1-x}$로 놓으면 함수 $y=\log f(x)$는 밑이 10, 즉 1보다 크므로 증가함수야. 즉, $f(x)>a$이면 $\log f(x)>\log a$임을 이용해.

① $\{y|y>1\}$ ② $\{y|y>2\}$ ③ $\{y|y>3\}$
④ $\{y|y>4\}$ ⑤ 실수 전체의 집합

1st $y=\frac{ax+b}{cx+d}$ 꼴을 $y=\frac{k}{x-p}+q$ 꼴로 변형해.

함수 $y=\log\frac{2001+x}{1-x}$에서 $f(x)=\frac{2001+x}{1-x}$라 하면

$$f(x)=\frac{-(1-x)+2002}{1-x}=-1+\frac{2002}{1-x}=-\frac{2002}{x-1}-1$$

점근선의 방정식이 $x=1$, $y=-1$인 유리함수네~.

2nd 주어진 정의역에서 함수의 그래프를 그린 다음 치역을 구해.

함수 $y=f(x)$의 그래프는 $y=-\frac{2002}{x}$의 그래프를 x축의 방향으로 1만큼, y축의 방향으로 -1만큼 평행이동한 것이므로 그림과 같다.

즉, $-1<x<1$에서 $f(x)>1000$이므로

$f(-1)=\frac{-2002}{-1-1}-1=1000$이고, 함수 $y=f(x)$의 그래프의 한 점근선이 직선 $x=1$이므로 $x\to1-$일 때 $f(x)$의 값은 1000보다 한없이 커지게 돼.

$y=\log\frac{2001+x}{1-x}>\log1000=3$

함수 $y=\log_a x$에서 $a>1$일 때 x의 값이 증가하면 y의 값도 증가하고, $0<a<1$일 때 x의 값이 증가하면 y의 값은 감소해.

따라서 주어진 정의역에서 함수 $y=\log\frac{2001+x}{1-x}$의 치역은 (함숫값의 범위) $\{y|y>3\}$이다.

C 65 정답 ② *로그함수의 그래프 [정답률 89%]

(정답 공식: 로그의 진수는 항상 0보다 커야 한다.)

함수 $y=\log(10-x^2)$의 정의역을 A, 함수 $y=\log(\log x)$의 정의역을 B라 할 때, $A\cap B$의 원소 중 정수의 개수는? (3점)

단서 함수 $y=\log_a f(x)$ $(a>0, a\neq1)$의 정의역은 $f(x)>0$인 x의 값들의 집합이야.

① 1 ② 2 ③ 3 ④ 4 ⑤ 5

1st 각각의 함수의 정의역을 구해 A, B의 공통 범위를 찾자.

$y=\log(10-x^2)$의 정의역은 $10-x^2>0$에서

$x^2-10<0$, $(x-\sqrt{10})(x+\sqrt{10})<0$ $\therefore -\sqrt{10}<x<\sqrt{10}$

$\therefore A=\{x|-\sqrt{10}<x<\sqrt{10}\}$

$y=\log(\log x)$의 정의역은 $\log x>0$에서

$x>1$

함정 로그함수 문제가 나오면 항상 진수 조건을 확인하자.

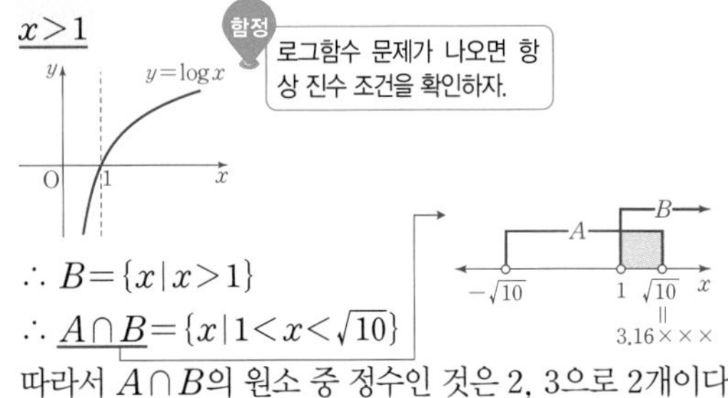

$\therefore B=\{x|x>1\}$

$\therefore A\cap B=\{x|1<x<\sqrt{10}\}$

따라서 $A\cap B$의 원소 중 정수인 것은 2, 3으로 2개이다.

수능 핵강

*진수 조건의 중요성

로그 문제가 나왔을 때, 진수의 조건을 떠올리는 것은 밥 먹을 때 숟가락을 준비하는 것과 같아. 설사 진수의 조건을 써먹는 문제가 아닐지라도... 항상 만반의 준비를 하는 자세가 필요해.

C 66 정답 ⑤ *로그함수의 그래프 [정답률 87%]

(정답 공식: 각 조건을 만족하는 함수의 그래프를 직접 그려본다.)

두 실수 a, b가 1이 아닌 양수일 때, 함수 $y=a^x$의 그래프와 함수 $y=\log_b x$의 그래프가 항상 만나는 경우를 [보기]에서 모두 고른 것은? (3점)

[보기]

ㄱ. $a>1$이고 $b>1$
ㄴ. $a>1$이고 $0<b<1$
ㄷ. $0<a<1$이고 $0<b<1$

단서 각 경우에 대하여 지수함수와 로그함수의 그래프의 개형을 그려봐.

① ㄱ ② ㄴ ③ ㄷ
④ ㄱ, ㄴ ⑤ ㄴ, ㄷ

1st 그래프를 그려 가면서 옳고 그름을 판별해.

$y=a^x$ ⋯ ㉠, $y=\log_b x$ ⋯ ㉡에 대하여

ㄱ. $a=2$, $b=2$일 때, $y=a^x$의 그래프는 항상 직선 $y=x$의 위쪽, $y=\log_b x$의 그래프는 항상 직선 $y=x$의 아래쪽에 존재하므로 두 그래프는 만나지 않는다.

ㄴ. $a>1$이고 $0<b<1$이면 두 그래프는 항상 한 점에서 만난다.

ㄷ. $0<a<1$이고 $0<b<1$이면 두 그래프는 항상 한 점에서 만난다.

[지수함수, 로그함수]
① 지수함수 $y=a^x$ $(a>0, a\neq1)$
(i) $a>1$일 때 (ii) $0<a<1$일 때

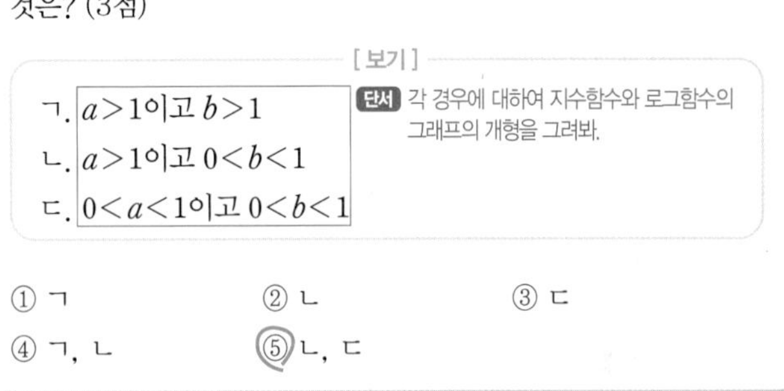

② 로그함수 $y=\log_a x$ $(a>0, a\neq1)$
(i) $a>1$일 때 (ii) $0<a<1$일 때

ㄱ.

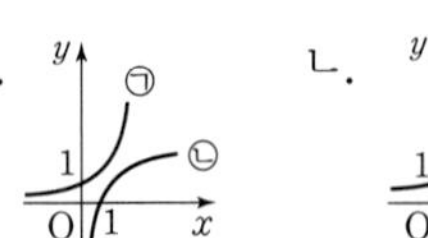

ㄴ.

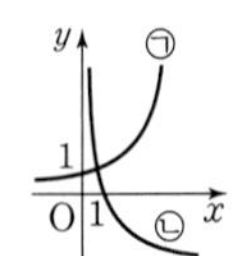

ㄷ.

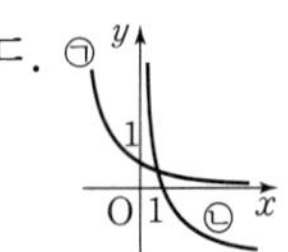

따라서 두 그래프가 항상 만나는 것은 ㄴ, ㄷ이다.

C 67 정답 ① *로그함수의 그래프 [정답률 43%]

(정답 공식: $a\le x\le b$에서 이차함수 $y=f(x)$의 최솟값은 $x=a$, $x=b$ 또는 $y=f(x)$의 그래프의 꼭짓점에서 생긴다.)

함수 $f(x)=\log_3 x$에 대하여 두 양수 a, b가 다음 조건을 만족시킨다.

(가) $|f(a)-f(b)|\le 1$
(나) $f(a+b)=1$

ab의 최솟값을 m이라 할 때, $f(m)=3-\log_3 k$이다. 자연수 k의 값은? (4점) 단서 ab의 최솟값을 구하기 위해서는 a, b의 관계식을 구하여 a 또는 b 중 하나의 문자로 표현된 식을 구해야 해.

① 16 ② 19 ③ 22 ④ 25 ⑤ 28

1st 조건을 이용하여 두 양수 a, b의 관계를 구하자.

조건 (가)에서 $|\log_3 a-\log_3 b|\le 1$이므로 ($A>0$일 때 $|x|\le A \Longleftrightarrow -A<x<A$)

$-1\le\log_3\frac{a}{b}\le 1$이고 $\frac{1}{3}\le\frac{a}{b}\le 3$ ($-1\le\log_3\frac{a}{b}\le 1$이므로 $\log_3 3^{-1}\le\log_3\frac{a}{b}\le\log_3 3$이고, 함수 $y=\log_3 x$의 밑이 1보다 크기 때문에 $\frac{1}{3}\le\frac{a}{b}\le 3$이야.)

이때, $b>0$이므로 $\frac{1}{3}b\le a\le 3b$

조건 (나)에서 $a=3-b$이므로 ($f(a+b)=\log_3(a+b)=1$에서 $a+b=3^1=3$이므로 $a=3-b$가 성립하지.)

$\frac{1}{3}b\le 3-b\le 3b$ (i) (ii)

(i) $\frac{1}{3}b\le 3-b$에서 $\frac{4}{3}b\le 3$ $\quad\therefore b\le\frac{9}{4}$

(ii) $3-b\le 3b$에서 $3\le 4b$ $\quad\therefore b\ge\frac{3}{4}$

(i), (ii)에 의해 $\frac{3}{4}\le b\le\frac{9}{4}$

2nd 양수 b의 범위를 이용하여 ab의 최솟값을 구해.

$ab=(3-b)b=-\left(b-\frac{3}{2}\right)^2+\frac{9}{4}$

$\frac{3}{4}\le b\le\frac{9}{4}$이므로

ab는 $b=\frac{3}{4}$ 또는 $b=\frac{9}{4}$에서 최솟값을 가진다. (b에 관한 이차함수 $ab=(3-b)b=-\left(b-\frac{3}{2}\right)^2+\frac{9}{4}$의 그래프는 최고차항의 계수의 부호가 음수이고 위로 볼록이기 때문에 꼭짓점에서 최솟값이 생기지 않지. 즉, b의 범위 양 끝만 조사하면 돼.)

$g(b)=-\left(b-\frac{3}{2}\right)^2+\frac{9}{4}$라 할 때

$g\left(\frac{3}{4}\right)=-\left(-\frac{3}{4}\right)^2+\frac{9}{4}=-\frac{9}{16}+\frac{36}{16}=\frac{27}{16}$ ($b=\frac{3}{4}$과 $b=\frac{9}{4}$의 값을 대입해야 하는데 $g(b)=-\left(b-\frac{3}{2}\right)^2+\frac{9}{4}$이므로 꼭짓점의 b좌표 $\frac{3}{2}=\frac{6}{4}$과 $b=\frac{3}{4}$, $b=\frac{9}{4}$와의 차가 $\frac{3}{4}$으로 같기 때문에 $g\left(\frac{3}{4}\right)=g\left(\frac{9}{4}\right)$야.)

$\therefore m=\frac{27}{16}$

즉, $f\left(\frac{27}{16}\right)=\log_3\frac{27}{16}=\log_3 27-\log_3 16$

$=\log_3 3^3-\log_3 16=3-\log_3 16$

$\therefore k=16$

C 68 정답 ⑤ *로그함수의 그래프 위의 점 [정답률 92%]

(정답 공식: 함수 $y=f(x)$의 그래프가 점 (a, b)를 지나면 $b=f(a)$가 성립한다.)

함수 $y=a+\log_2 x$의 그래프가 점 $(4, 7)$을 지날 때, 상수 a의 값은? (3점) 단서 $x=4$, $y=7$을 함수식에 대입하면 식이 성립한다는 의미지?

① 1 ② 2 ③ 3 ④ 4 ⑤ 5

1st 주어진 점의 좌표를 함수의 식에 대입하면 식이 성립함을 이용하여 상수 a의 값을 구해.

함수 $y=a+\log_2 x$의 그래프가 점 $(4, 7)$을 지나므로 $x=4$, $y=7$을 대입하면 식이 성립한다. 즉, $7=a+\log_2 4$에서

$7=a+\log_2 2^2$, $7=a+2\log_2 2$, $7=a+2$ ($\log_a b^n=n\log_a b$, $\log_a a=1$)

$\therefore a=5$

C 69 정답 ④ *로그함수의 그래프 위의 점 [정답률 88%]

(정답 공식: 함수의 그래프 위에 있는 점의 좌표를 함수를 나타내는 식에 대입하면 등식이 성립한다.)

함수 $y=\log_2 x+2$의 그래프가 점 $(a, 1)$을 지날 때, a의 값은? (3점)
단서 함수의 그래프가 지나는 점의 좌표를 대입하면 함수식이 성립해.

① $\frac{1}{16}$ ② $\frac{1}{8}$ ③ $\frac{1}{4}$ ④ $\frac{1}{2}$ ⑤ 1

1st 점 $(a, 1)$의 좌푯값을 주어진 식에 대입하자.

함수 $y=\log_2 x+2$의 그래프가 점 $(a, 1)$을 지나므로 $1=\log_2 a+2$

2nd 로그의 정의를 이용하여 진수 a의 값을 구하자.

$\log_2 a=-1$

$\therefore a=\frac{1}{2}$

(로그의 정의를 이용하여 a의 값을 구할 수 있어. $a>0$, $a\ne 1$일 때, 양수 N에 대하여 등식 $a^x=N$이면 $x=\log_a N$이니까 $\log_2 a=-1$에서 $a=2^{-1}$임을 알 수 있어.)

C 70 정답 6 *로그함수의 그래프 위의 점 [정답률 82%]

(정답 공식: x축에 평행한 직선 위의 점들의 y좌표, y축에 평행한 직선 위의 점들의 x좌표가 같음을 이용한다.)

단서1 두 점 A, B는 y좌표가 같고, 두 점 B, C는 x좌표가 같아.

그림과 같이 좌표평면에서 곡선 $y=\log_a x$ 위의 점 $A(2, \log_a 2)$를 지나고 x축에 평행한 직선이 곡선 $y=\log_b x$와 만나는 점을 B, 점 B를 지나고 y축에 평행한 직선이 곡선 $y=\log_a x$와 만나는 점을 C라 하자. $\overline{AB}=\overline{BC}=2$일 때, a^2+b^2의 값을 구하시오. (단, $1<a<b$) (3점)

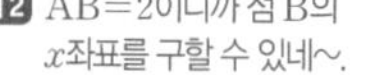
단서2 $\overline{AB}=2$이니까 점 B의 x좌표를 구할 수 있네~.

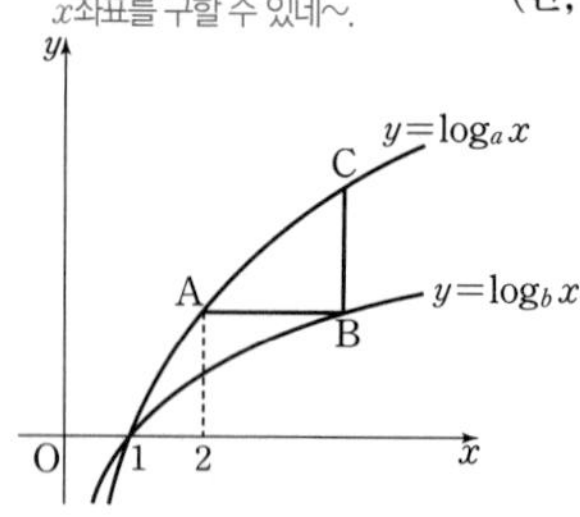

1st 먼저 주어진 조건을 이용하여 a, b에 관한 식을 구하자.

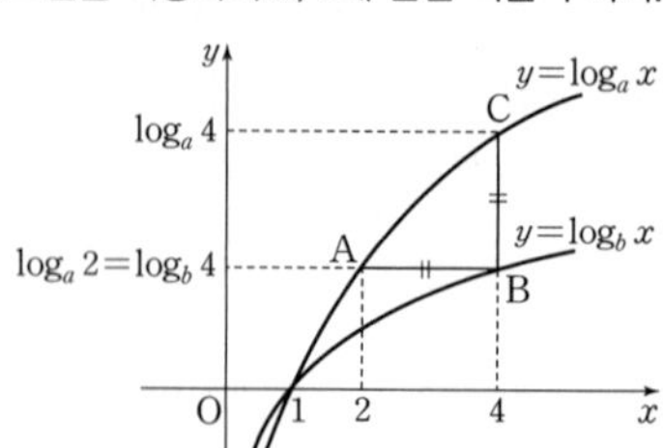

주어진 조건에서 점 A의 x좌표가 2이고, $\overline{AB}=2$이므로 점 B의 x좌표는 $2+2=4$이다.

즉, 점 B의 x좌표가 4이므로 점 C의 y좌표는 $\log_a 4$, 점 B의 y좌표는 $\log_b 4$에서 $\overline{BC}=\log_a 4-\log_b 4=2$ ⋯ ㉠ (y축에 평행한 직선 위의 점들의 x좌표는 같아.)

두 점 A, B의 y좌표가 같으므로 $\log_a 2=\log_b 4$ ⋯ ㉡ (x축에 평행한 직선 위의 점들의 y좌표는 같지.)

2nd 구한 식을 연립하여 a, b의 값을 구하자.

㉡을 ㉠에 대입하면 $\log_a 4-\log_a 2=2$, $2\log_a 2-\log_a 2=2$

$\log_a 2=2$, $a^2=2$ $\quad\therefore a=\sqrt{2}$ ($\because a>1$)

따라서 ㉡에서 $\log_{\sqrt{2}} 2=\log_b 4$이므로 $2=\log_b 4$

$b^2=4$이므로 $b=2$ ($\because b>1$) $\quad\therefore a^2+b^2=(\sqrt{2})^2+2^2=2+4=6$

C 71 정답 ② *로그함수의 그래프 위의 점 ············ [정답률 85%]

(정답 공식: $\overline{AB}=|$(A의 x좌표)$-$(B의 x좌표)$|$임을 이용한다.)

1보다 큰 양수 a에 대하여 두 곡선 $y=a^{-x-2}$과 $y=\log_a(x-2)$가 직선 $y=1$과 만나는 두 점을 각각 A, B라 하자. $\overline{AB}=8$일 때, a의 값은? (3점)

단서 $y=a^{-x-2}$, $y=\log_a(x-2)$에 $y=1$을 대입하여 구한 x의 값이 각각 두 점 A, B의 x좌표야.

① 2 ② 4 ③ 6 ④ 8 ⑤ 10

1st 두 곡선과 $y=1$이 만나는 두 점 A, B의 좌표를 구해봐.

$y=a^{-x-2}$과 $y=1$을 연립하면

$1=a^{-x-2}$에서 $-x-2=0$ $\quad\therefore x=-2 \Rightarrow A(-2,\ 1)$ ($1 = a^0$)

또, $y=\log_a(x-2)$와 $y=1$을 연립하면

$1=\log_a(x-2)$에서 $x-2=a$ $\quad\therefore x=a+2 \Rightarrow B(a+2,\ 1)$ ($1=\log_a a$)

2nd 두 점 A, B의 y좌표가 같으므로 선분 AB의 길이는 x좌표의 차이야.

따라서 $\overline{AB}$의 길이는 두 점 A, B의 x좌표의 차이므로

$\overline{AB}=(a+2)-(-2)=8$ ($\because a$는 1보다 큰 양수)

$a+4=8$ $\quad\therefore a=4$

C 72 정답 ⑤ *로그함수의 그래프 위의 점 ············ [정답률 85%]

(정답 공식: 두 점 $P(x_1,\ y_1)$, $Q(x_2,\ y_2)$에 대하여, $\overline{PQ}$를 $m:n$으로 내분하는 점의 좌표는 $\left(\dfrac{mx_2+nx_1}{m+n},\ \dfrac{my_2+ny_1}{m+n}\right)$이다.)

두 점 $A(m,\ m+3)$, $B(m+3,\ m-3)$에 대하여 선분 AB를 $2:1$로 내분하는 점이 곡선 $y=\log_4(x+8)+m-3$ 위에 있을 때, 상수 m의 값은? (3점)

단서 내분점 공식을 알아야해. 내분점의 좌표를 m에 대한 식으로 나타낼 수 있어.

① 4 ② $\dfrac{9}{2}$ ③ 5 ④ $\dfrac{11}{2}$ ⑤ 6

1st 선분 AB를 $2:1$로 내분하는 점을 구하자.

선분 AB를 $2:1$로 내분하는 점의 좌표는

$\left(\dfrac{2\times(m+3)+1\times m}{2+1},\ \dfrac{2\times(m-3)+1\times(m+3)}{2+1}\right)$에서

(내분점을 구하는 공식 $\left(\dfrac{mx_2+nx_1}{m+n},\ \dfrac{my_2+ny_1}{m+n}\right)$에 대입한 형태야.)

$(m+2,\ m-1)$이다.

2nd 내분점의 좌표를 곡선의 방정식에 대입하여 m의 값을 구해.

점 $(m+2,\ m-1)$이 곡선 $y=\log_4(x+8)+m-3$ 위에 있으므로

$m-1=\log_4(m+10)+m-3$이 성립한다.

($(m+2,\ m-1)$이 곡선 $y=\log_4(x+8)+m-3$ 위에 있으므로 x에 $m+2$, y에 $m-1$을 대입하면 등식이 성립해.)

이를 정리하면 $\log_4(m+10)=2$에서 $m+10=4^2$ $\quad\therefore m=6$

C 73 정답 88 *로그함수의 그래프 위의 점 ············ [정답률 67%]

(정답 공식: 한 직선 위에 있는 임의의 두 점의 기울기는 모두 같다.)

그림과 같이 세 로그함수 $f(x)=k\log x$, $g(x)=k^2\log x$, $h(x)=4k^2\log x$의 그래프가 있다. 점 $P(2,\ 0)$을 지나고 y축에 평행한 직선이 두 곡선 $y=g(x)$, $y=h(x)$와 만나는 점의 y좌표를 각각 p, q라 하자. 직선 $y=p$와 곡선 $y=f(x)$가 만나는 점을 $Q(a,\ p)$, 직선 $y=q$와 곡선 $y=g(x)$가 만나는 점을 $R(b,\ q)$라 하자. 세 점 P, Q, R가 한 직선 위에 있을 때, 두 실수 a, b의 곱 ab의 값을 구하시오. (단, $k>1$) (4점)

단서2 세 점 P, Q, R이 한 직선 위에 있으면 직선 PQ와 직선 PR의 기울기가 같겠지?

단서1 주어진 조건을 이용해 두 점 Q, R의 좌표를 각각 k에 대한 식으로 나타내자.

$h(x)=4k^2\log x$
$g(x)=k^2\log x$
$f(x)=k\log x$
y, q, p, R, Q, O, P, x

1st 각각의 곡선과 직선의 교점을 이용하여 p, q의 값을 구해야겠지?

점 $P(2,\ 0)$을 지나고 y축에 평행한 직선의 방정식은 $x=2$이다.

직선 $x=2$와 곡선 $y=g(x)$가 만나는 점의 y좌표가 p이므로 $p=k^2\log 2$이고 직선 $x=2$와 곡선 $y=h(x)$가 만나는 점의 y좌표가 q이므로 $q=4k^2\log 2$이다.

2nd 두 점 Q, R의 좌표를 k에 대한 식으로 나타내.

곡선 $y=f(x)$ 위의 점 $Q(a,\ p)$에 대하여 $p=f(a)$이므로

$k^2\log 2=k\log a$에서 $\log a=k\log 2$ ($\because k\neq 0$)

$\log a=\log 2^k$ $\quad\therefore a=2^k$ ⋯ ㉠ $\Rightarrow Q(2^k,\ k^2\log 2)$

곡선 $y=g(x)$ 위의 점 $R(b,\ q)$에 대하여 $q=g(b)$이므로

$4k^2\log 2=k^2\log b$에서 $\log b=4\log 2$ ($\because k\neq 0$)

$\log b=\log 2^4$ $\quad\therefore b=2^4=16$ ⋯ ㉡ $\Rightarrow R(16,\ 4k^2\log 2)$

3rd 세 점이 한 직선 위에 있으므로 직선 PQ의 기울기와 직선 PR의 기울기가 같음을 이용하자.

(세 점 P, Q, R가 같은 직선 위에 있으면 (직선 PQ의 기울기)=(직선 QR의 기울기)=(직선 PR의 기울기)임을 명심하자.)

세 점 $P(2,\ 0)$, $Q(2^k,\ k^2\log 2)$, $R(16,\ 4k^2\log 2)$가 한 직선 위에 있으므로 (직선 PQ의 기울기)=(직선 PR의 기울기)에서

[직선의 기울기]
두 점 $(x_1,\ y_1)$, $(x_2,\ y_2)$를 지나는 직선의 기울기는 $\dfrac{y_2-y_1}{x_2-x_1}$이다.

$\dfrac{k^2\log 2-0}{2^k-2}=\dfrac{4k^2\log 2-0}{16-2}$에 의하여 $\dfrac{1}{2^k-2}=\dfrac{2}{7}$

($\dfrac{k^2\log 2}{2^k-2}=\dfrac{4k^2\log 2}{14}$에서 $k\neq 0$, $\log 2\neq 0$이므로 $\dfrac{1}{2^k-2}=\dfrac{4}{14}=\dfrac{2}{7}$)

$2^k-2=\dfrac{7}{2}$ $\quad\therefore 2^k=\dfrac{11}{2}$

따라서 ㉠, ㉡에 의하여 $a=\dfrac{11}{2}$, $b=16$이므로

$ab=\dfrac{11}{2}\times 16=88$

직선의 기울기 개념·공식

일차함수 $f(x)=mx+n$에 대하여

① 직선 $y=f(x)$가 두 점 $(a,\ b)$, $(c,\ d)$를 지나면

$m=\dfrac{b-d}{a-c}$

② 직선 $y=f(x)$와 x축의 양의 방향이 이루는 각의 크기가 θ이면

$m=\tan\theta$

C 74 정답 ③ *로그함수의 그래프 위의 점 [정답률 62%]

(정답 공식: 점근선과 교점을 각각 구해 두 미지수 사이의 관계식을 구한다.)

$0<a<1<b$인 두 실수 a, b에 대하여 두 함수

$f(x)=\log_a(bx-1)$, $g(x)=\log_b(ax-1)$

이 있다. 곡선 $y=f(x)$와 x축의 교점이 곡선 $y=g(x)$의 점근선 위에 있도록 하는 a와 b 사이의 관계식과 a의 범위를 옳게 나타낸 것은? (4점) 단서 로그함수 $y=\log_a(px+q)$의 점근선은 $px+q=0$, 즉 $x=-\frac{q}{p}$야.

① $b=-2a+2\left(0<a<\frac{1}{2}\right)$

② $b=2a\left(0<a<\frac{1}{2}\right)$

③ $b=2a\left(\frac{1}{2}<a<1\right)$

④ $b=2a+1\left(0<a<\frac{1}{2}\right)$

⑤ $b=2a+1\left(\frac{1}{2}<a<1\right)$

1st 곡선 $y=f(x)$와 x축의 교점의 좌표와 곡선 $y=g(x)$의 점근선을 구하자.

곡선 $y=f(x)$와 x축의 교점은 $\log_a(bx-1)=0$에서 ($\Longleftrightarrow bx-1=a^0=1$)

$bx-1=1$

$\therefore x=\frac{2}{b}$

$\log_a(bx-1)=0$이 되려면 로그함수이기 때문에 $bx-1=0$이 아닌 $bx-1=1$이 되어야 해.

즉, 곡선 $y=f(x)$와 x축의 교점의 좌표는 $\left(\frac{2}{b}, 0\right)$이다. … ㉠

이때, $g(x)=\log_b(ax-1)=\log_b a\left(x-\frac{1}{a}\right)$

$=\log_b\left(x-\frac{1}{a}\right)+\log_b a$

$y=g(x)$의 그래프는 $y=\log_b x$의 그래프를 x축의 방향으로 $\frac{1}{a}$만큼, y축의 방향으로 $\log_b a$만큼 평행이동한 거야.

이므로 곡선 $y=g(x)$의 점근선의 방정식은 $x=\frac{1}{a}$이다. … ㉡

함수 $y=\log_b x$의 그래프의 점근선은 $x=0$이고 함수 $y=g(x)$의 그래프는 함수 $y=\log_b x$의 그래프를 x축의 방향으로 $\frac{1}{a}$만큼, y축의 방향으로 $\log_b a$만큼 평행이동한 거니까 함수 $y=g(x)$의 그래프의 점근선은 $x=\frac{1}{a}$이야.

2nd 연립하여 a, b 사이의 관계식을 구하자.

곡선 $y=f(x)$와 x축의 교점이 곡선 $y=g(x)$의 점근선 위에 있어야 하므로 ㉠을 ㉡에 대입하면

함수 $y=\log_a(bx+c)$의 점근선의 방정식은 $bx+c=0$에서 $x=-\frac{c}{b}$

$\frac{2}{b}=\frac{1}{a}$ $\quad\therefore b=2a$

이때, $0<a<1$이고, $b>1$에서 $2a>1$, 즉 $a>\frac{1}{2}$이므로 만족시키는 a의 값의 범위는 $\frac{1}{2}<a<1$

따라서 구하는 관계식과 a의 값의 범위는 $b=2a\left(\frac{1}{2}<a<1\right)$이다.

로그함수 $y=\log_a x\ (a>0, a\neq1)$의 성질 (개념·공식)

① 함수 $y=a^x$의 역함수이다.

② $a>1$일 때, x가 증가하면 y도 증가한다.

③ $0<a<1$일 때, x가 증가하면 y는 감소한다.

④ 그래프는 점 $(1, 0)$을 지나고, 점근선은 y축이다.

C 75 정답 ⑤ *로그함수의 그래프 위의 점 [정답률 68%]

(정답 공식: 점 E의 y좌표와 $\overline{AD}$를 $2:3$으로 내분하는 점의 y좌표가 같음을 이용한다.)

좌표평면에서 꼭짓점의 좌표가 $O(0, 0)$, $A(2^n, 0)$, $B(2^n, 2^n)$, $C(0, 2^n)$인 정사각형 OABC와 두 곡선 $y=2^x$, $y=\log_2 x$에 대하여 다음 물음에 답하시오. (단, n은 자연수이다.)

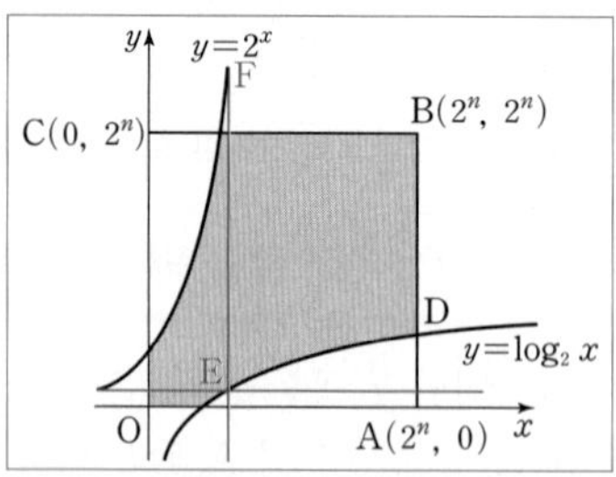

단서 곡선 $y=2^x$ 위의 점 F의 y좌표가 16이라 주어졌으므로 이를 이용해 두 점 F, E의 좌표를 구할 수 있어. 또한, 점 E의 y좌표를 이용해 점 D의 좌표도 구할 수 있지.

선분 AB가 곡선 $y=\log_2 x$와 만나는 점을 D라 하자. 선분 AD를 $2:3$으로 내분하는 점을 지나고 y축에 수직인 직선이 곡선 $y=\log_2 x$와 만나는 점을 E, 점 E를 지나고 x축에 수직인 직선이 곡선 $y=2^x$과 만나는 점을 F라 하자. 점 F의 y좌표가 16일 때, 직선 DF의 기울기는? (3점)

① $-\frac{13}{28}$ ② $-\frac{25}{56}$ ③ $-\frac{3}{7}$

④ $-\frac{23}{56}$ ⑤ $-\frac{11}{28}$

1st 점 E의 좌표를 (a, b)라 하고 두 점 E, F의 좌표를 구하자.

점 E의 좌표를 (a, b)라 하면 두 점 E, F는 x좌표가 같고 점 F는 곡선 $y=2^x$ 위의 점이므로 점 F의 좌표는 $(a, 2^a)$이다.

이때, 점 F의 y좌표가 16이므로

$2^a=16=2^4$에서 $a=4$

$\therefore F(4, 16)$

또, 점 E는 x좌표가 4이고 곡선 $y=\log_2 x$ 위의 점이므로

$b=\log_2 4=2$

$\therefore E(4, 2)$

2nd 선분 AD를 $2:3$으로 내분하는 점의 y좌표와 점 E의 y좌표가 같아.

점 $A(2^n, 0)$에 대하여 x좌표가 같은 점 D의 좌표는 $(2^n, n)$이다.

점 D는 곡선 $y=\log_2 x$ 위의 점이므로 $y=\log_2 2^n=n$

한편, 선분 AD를 $2:3$으로 내분하는 점의 y좌표가 점 E의 y좌표와 같으므로

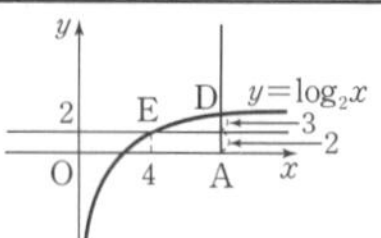

$\frac{2}{5}n=2$에서

$n=5$

$\therefore D(32, 5)$ ($2^5=32$)

3rd 직선 DF의 기울기를 구해.

따라서 두 점 $D(32, 5)$, $F(4, 16)$을 지나는 직선 DF의 기울기는

$\frac{16-5}{4-32}=-\frac{11}{28}$

두 점 (x_1, y_1), (x_2, y_2)를 지나는 직선의 기울기는 $\frac{y_2-y_1}{x_2-x_1}$

C 76 정답 ③ *로그함수의 그래프 위의 점 [정답률 65%]

정답 공식: 점 A의 좌표를 $(a, \log_2 4a)$라 하고 로그의 성질과 정삼각형의 높이를 이용하여 점 B의 좌표를 나타낸다.

단서1 두 점 A, C의 x좌표가 같음을 이용하면 $\overline{AC}$의 길이를 구할 수 있어.

함수 $y=\log_2 4x$의 그래프 위의 두 점 A, B와 함수 $y=\log_2 x$의 그래프 위의 점 C에 대하여 선분 AC가 y축에 평행하고 삼각형 ABC가 정삼각형일 때, 점 B의 좌표는 (p, q)이다. $p^2\times 2^q$의 값은? (4점)

단서2 정삼각형의 한 변의 길이를 알면 높이를 구할 수 있지? 이를 이용하면 점 B의 x좌표도 구할 수 있을 거야.

① $6\sqrt{3}$ ② $9\sqrt{3}$ ③ $12\sqrt{3}$ ④ $15\sqrt{3}$ ⑤ $18\sqrt{3}$

1st 삼각형 ABC가 정삼각형이라는 것을 이용하여 정삼각형의 한 변의 길이를 구하자.

$y=\log_2 4x$ 위의 점 A와 $y=\log_2 x$ 위의 점 C에 대하여 선분 AC가 y축에 평행하므로 두 점 A, C의 좌표를 각각 (두 점 A, C의 x좌표가 같아.)
$A(a, \log_2 4a)$, $C(a, \log_2 a)$라 하자.

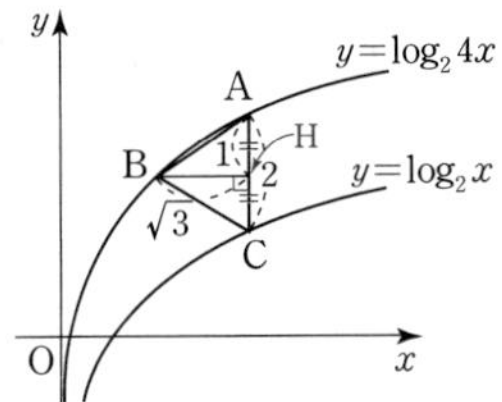

선분 AC의 길이를 구하면 $\overline{AC}=\log_2 4a-\log_2 a=\log_2 4=2$ ($=\log_2 \frac{4a}{a}$)

2nd 점 B의 좌표를 구하자.

그런데 삼각형 ABC가 한 변의 길이가 2인 정삼각형이므로 점 B의 x좌표는 점 A보다 $\sqrt{3}$만큼 작고 y좌표는 1만큼 작다.

점 B에서 $\overline{AC}$에 내린 수선의 발을 H라 하면 $\overline{BH}$의 길이는 정삼각형 ABC의 높이와 같으므로 $\overline{BH}=\frac{\sqrt{3}}{2}\times 2=\sqrt{3}$이야. 또, $\overline{AH}=\frac{1}{2}\overline{AC}$이므로 $\overline{AH}=\frac{1}{2}\times 2=1$

즉, 점 $A(a, \log_2 4a)$이므로 점 B의 좌표는 $B(a-\sqrt{3}, \log_2 4a-1)$

이때, 점 B는 함수 $y=\log_2 4x$의 그래프 위의 점이므로

$\log_2 4a-1=\log_2 \{4(a-\sqrt{3})\}$

$\log_2 4+\log_2 a-1=\log_2 4+\log_2 (a-\sqrt{3})$

$\log_2 a-\log_2 (a-\sqrt{3})=1$

$\log_2 \frac{a}{a-\sqrt{3}}=1$

$a=2(a-\sqrt{3})$ ($\frac{a}{a-\sqrt{3}}=2$이므로 $a=2(a-\sqrt{3})$)

$\therefore a=2\sqrt{3}$

따라서 점 B의 좌표를 구하면 $a-\sqrt{3}=2\sqrt{3}-\sqrt{3}=\sqrt{3}$

$\log_2 4a-1=\log_2 8\sqrt{3}-1=\log_2 \frac{8\sqrt{3}}{2}=\log_2 4\sqrt{3}$ ($\log_2 8\sqrt{3}-\log_2 2=\log_2 \frac{8\sqrt{3}}{2}$)

에서 $B(\sqrt{3}, \log_2 4\sqrt{3})$이므로

$p=\sqrt{3}$, $q=\log_2 4\sqrt{3}$ ① $a^{\log_a b}=b$ ② $a^{\log_c b}=b^{\log_c a}$

$\therefore p^2\times 2^q=(\sqrt{3})^2\times 2^{\log_2 4\sqrt{3}}=3\times 4\sqrt{3}=12\sqrt{3}$

다른 풀이: 점 A의 좌표를 점 B의 좌표로 나타내어 해결하기

$\log_2 4x=\log_2 x+\log_2 4=\log_2 x+2$이므로 함수 $y=\log_2 4x$의 그래프는 함수 $y=\log_2 x$의 그래프를 y축의 방향으로 2만큼 평행이동한 그래프야. 이때, 선분 AC가 y축과 평행하므로 $\overline{AC}=2$

한편, 삼각형 ABC가 정삼각형이고 한 변의 길이가 $\overline{AC}=2$이므로 선분 AC의 중점을 D라 하면 $\overline{BD}=\sqrt{3}$, $\overline{AD}=1$이야.

점 A는 점 B를 x축의 방향으로 $\sqrt{3}$만큼, y축의 방향으로 1만큼 평행이동한 점이야.

즉, 점 $B(p, q)$에 대하여 $A(p+\sqrt{3}, q+1)$이고 두 점 A, B는 함수 $y=\log_2 x+2$의 그래프 위의 점이므로 대입하면

$q=\log_2 p+2$ ⋯ ㉠, $q+1=\log_2 (p+\sqrt{3})+2$ ⋯ ㉡

㉡－㉠을 하면 $\log_2 (p+\sqrt{3})-\log_2 p=1$

$\log_2\left(1+\frac{\sqrt{3}}{p}\right)=1$, $1+\frac{\sqrt{3}}{p}=2$, $\frac{\sqrt{3}}{p}=1$ $\therefore p=\sqrt{3}$

이것을 ㉠에 대입하면 $q=\log_2 \sqrt{3}+2=\log_2 4\sqrt{3}$

(이하 동일)

C 77 정답 ③ *로그함수의 그래프 위의 점 [정답률 65%]

정답 공식: p, q, r, s가 등차수열을 이루므로 q, r, s를 p에 관한 식으로 나타낼 수 있다.

단서2 두 사각형 ABQP, CDSR는 모두 높이가 d인 사다리꼴이야.

그림과 같이 함수 $y=\log_3 x$의 그래프 위의 서로 다른 네 점 A, B, C, D에서 y축에 내린 수선의 발을 각각 P, Q, R, S라 하자. 두 사각형 ABQP, CDSR의 넓이를 각각 α, β라 하고, 네 점 P, Q, R, S의 y좌표를 각각 p, q, r, s라 하자. p, q, r, s가 이 순서대로 등차수열을 이루고, $\beta=3\alpha$일 때, $s-p$의 값은? (3점)

단서1 p, q, r, s가 이 순서대로 등차수열을 이루므로 공차를 d라 하면 네 수는 $p, p+d, p+2d, p+3d$가 돼. 이를 이용하면 네 점 A, B, C, D의 x좌표도 구할 수 있지.

① $\frac{1}{2}$ ② 1 ③ $\frac{3}{2}$ ④ 2 ⑤ $\frac{5}{2}$

1st y좌표가 등차수열이니까 그것에 맞추어서 x좌표를 찾자.

네 점 A, B, C, D의 y좌표 p, q, r, s가 등차수열을 이루므로 공차를 d라 하면 $q=p+d$, $r=p+2d$, $s=p+3d$

이때, 네 점 A, B, C, D의 x좌표를 각각 p', q', r', s'이라 하면 A, B, C, D 네 점들은 모두 함수 $y=\log_3 x$의 그래프 위의 점이므로

$\log_3 p'=p$, $\log_3 q'=q=p+d$,

$\log_3 r'=r=p+2d$, $\log_3 s'=s=p+3d$

2nd p', q', r', s'을 p, d에 관한 식으로 나타내.

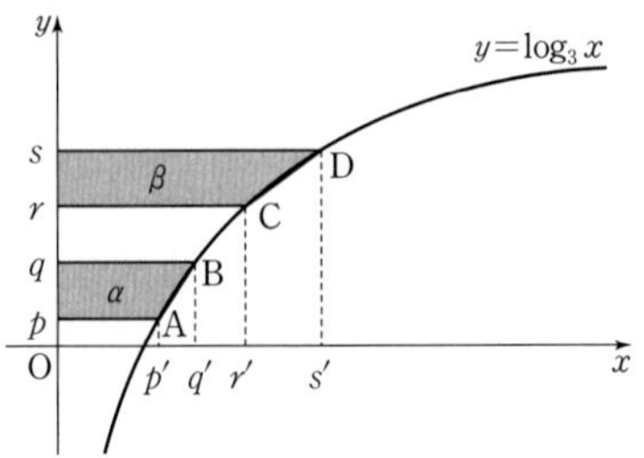

즉, $p'=3^p$, $q'=3^{p+d}$, $r'=3^{p+2d}$, $s'=3^{p+3d}$이다.

한편, 두 사각형 ABQP, CDSR는 모두 높이가 d인 사다리꼴이므로 그 넓이를 각각 구하면

사다리꼴 ABQP의 높이는 $\overline{PQ}$의 길이와 같고, 두 점 P, Q는 모두 y축 위의 점이므로 $\overline{PQ}=q-p=(p+d)-p=d$

마찬가지로 사다리꼴 CDSR의 높이는 $\overline{SR}$의 길이와 같으므로 $\overline{SR}=s-r=(p+3d)-(p+2d)=d$

$\square CDSR=\beta=\frac{1}{2}\times(r'+s')\times d$

$=\frac{1}{2}\times(3^{p+2d}+3^{p+3d})\times d$

$\square ABQP=\alpha=\frac{1}{2}\times(p'+q')\times d=\frac{1}{2}\times(3^p+3^{p+d})\times d$

3rd 주어진 조건을 이용하여 공차 d를 구하자.

이때, $\beta=3\alpha$이므로 $\frac{1}{2}\times(3^{p+2d}+3^{p+3d})\times d=3\times\frac{1}{2}\times(3^p+3^{p+d})\times d$

$3^{p+2d}+3^{p+3d}=3(3^p+3^{p+d})$

$3^{p+2d}(1+3^d)=3\times3^p(1+3^d)$ — $3^p\times3^{2d}\times(1+3^d)=3\times3^p(1+3^d)$에서 $3^p>0$, $1+3^d>0$이므로 양변을 $3^p(1+3^d)$으로 나눌 수 있어.

$3^{2d}=3=3^1 \quad \therefore d=\frac{1}{2}$

$\therefore s-p=p+3d-p=3d=3\times\frac{1}{2}=\frac{3}{2}$

C 78 정답 63 *로그함수의 그래프 위의 점 [정답률 65%]

(정답 공식: 좌표평면에 삼각형을 그린 뒤 삼각형과 만나는 로그함수의 그래프를 그려본다.)

> 좌표평면에서 세 점 $(15, 4)$, $(15, 1)$, $(64, 1)$을 꼭짓점으로 하는 삼각형과 로그함수 $y=\log_k x$의 그래프가 만나도록 하는 자연수 k의 개수를 구하시오. (4점)
>
> 단서 좌표평면에 세 점을 꼭짓점으로 하는 삼각형을 그리고 함수 $y=\log_k x$의 그래프가 삼각형과 만나도록 그려본 후 생각해.

1st 그림을 그려서 조건에 맞게 로그함수의 그래프를 그려 봐.

그림과 같이 로그함수 $y=\log_k x$의 그래프가 점 $(15, 4)$와 $(64, 1)$을 지나갈 때의 k의 값이 각각 최소와 최대이다.

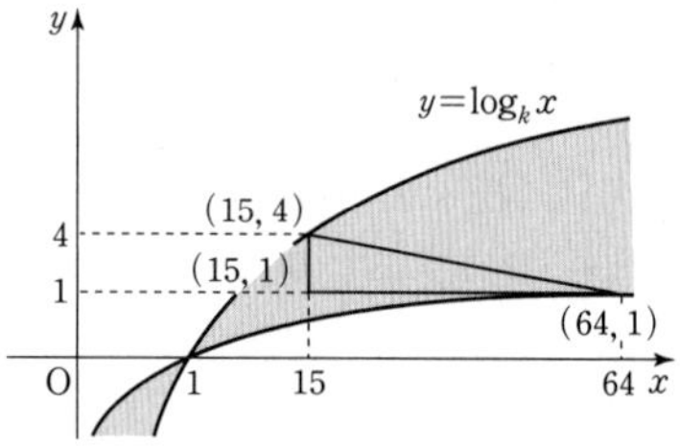

(i) 점 $(15, 4)$를 지날 때,
$\log_k 15=4$에서 $k=\sqrt[4]{15}$

(ii) 점 $(64, 1)$을 지날 때, $\log_k 64=1$에서 $k=64$

(i), (ii)에서 k의 값의 범위는 $\sqrt[4]{15}\le k\le64$

2nd $\sqrt[4]{15}$가 어떤 범위에 속하는 수인지 생각해 보자.

$1<\sqrt[4]{15}<\sqrt[4]{16}=\sqrt[4]{2^4}=2$이므로 조건을 만족시키는 자연수 k의 값의 범위는 $2\le k\le64$

두 자연수 a, b에 대하여 부등식 $a\le x\le b$를 만족시키는 자연수 x의 개수는 $b-a+1$이야.

따라서 자연수 k의 개수는 $64-2+1=63$이다.

주의 $\sqrt[4]{15}$처럼 크기를 직관적으로 파악하기 어려울 경우에는 정수를 $1=\sqrt[4]{1}$, $2=\sqrt[4]{16}$처럼 비슷한 형태로 바꾸어서 대략적인 크기를 비교하면 돼.

로그함수 $y=\log_a x\,(a>0, a\ne1)$의 성질 (개념·공식)

① 함수 $y=a^x$의 역함수이다.
② $a>1$일 때, x가 증가하면 y도 증가한다.
③ $0<a<1$일 때, x가 증가하면 y는 감소한다.
④ 그래프는 점 $(1, 0)$을 지나고, 점근선은 y축이다.

C 79 정답 259 *로그함수의 그래프 위의 점 [정답률 67%]

(정답 공식: $\log_a b$가 자연수가 되기 위해서는 b는 a의 거듭제곱 꼴이어야 한다.)

> 자연수 n에 대하여 두 함수 $y=2^x$, $y=\log_2 x$의 그래프가 직선 $x=n$과 만나는 교점의 y좌표를 각각 a, b라 하자. $a+b$가 세 자리의 자연수일 때, $a+b$의 값을 구하시오. (4점)
>
> 단서 $a+b=2^n+\log_2 n$이 자연수가 되게 하는 자연수 n의 조건을 찾아야겠지?

1st 주어진 두 함수를 각각 a, b로 나타내.

$a=2^n$, $b=\log_2 n$이므로 — $a+b=2^n+\log_2 n$에서 자연수 n에 대하여 2^n은 당연히 자연수야. 따라서 $\log_2 n$이 정수가 나와야 하므로 n은 2의 거듭제곱 꼴이어야 해.

$a+b=2^n+\log_2 n$이 자연수이려면 n은 2의 거듭제곱 꼴이어야 한다.

또, $a+b$가 세 자리의 자연수이고, $2^6=64$, $2^{10}=1024$이므로

$n\le6$일 때, $a+b\le2^6+\log_2 6<100$ → $a+b$는 두 자리 또는 한 자리의 수

$n\ge10$일 때, $a+b\ge2^{10}+\log_2 10>1000$ → $a+b$는 네 자리 이상의 수

$\therefore 6<n<10$

따라서 $6<n<10$인 자연수 중 2의 거듭제곱 꼴은 $8=2^3$이므로 $n=8$이다.

$\therefore a+b=2^8+\log_2 8=256+3=259$

C 80 정답 ① *로그함수의 그래프 위의 점 [정답률 62%]

(정답 공식: $\frac{\log_2 x}{x}$는 함수 $y=\log_2 x$ 위의 한 점과 원점을 이은 직선의 기울기를 의미한다.)

> 두 함수 $y=x$와 $y=\log_2 x$의 그래프를 이용하여 [보기]에서 옳은 것을 모두 고른 것은? (4점)
>
> 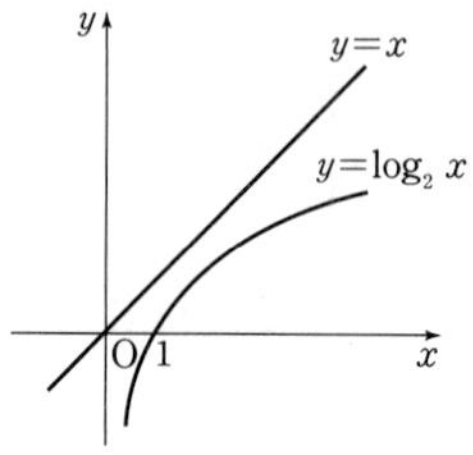
>
>
> [보기]
>
> ㄱ. $\frac{\log_2 x}{x}<1$ — 단서1 함수 $y=\log_2 x$가 정의되려면 $x>0$이어야 하지? 그래프를 이용해 $\log_2 x$와 x의 대소 관계를 비교해 봐.
>
> ㄴ. $\frac{\log_2 x}{x-1}<1\ (x\ne1)$
>
> ㄷ. $\frac{\log_2(x+1)}{x}<1\ (x\ne0)$
>
> 단서2 적절한 반례를 찾아보는 것도 하나의 방법이 될 수 있지.
>
> ① ㄱ ② ㄴ ③ ㄱ, ㄷ
> ④ ㄴ, ㄷ ⑤ ㄱ, ㄴ, ㄷ

1st 두 함수 $y=x$와 $y=\log_2 x$의 그래프를 이용하자.

ㄱ. 함수 $\log_2 x$가 정의되어 있으므로 $x>0$이다.

이때, $x>0$인 부분에서 함수 $y=\log_2 x$의 그래프보다 직선 $y=x$가 항상 위에 있으므로 $\log_2 x<x$가 성립한다.

$\log_2 x<x$의 양변을 x로 나누면

$\frac{\log_2 x}{x}<1$ (참)

실수 로그함수의 진수 조건에 의하여 $x>0$이므로 x로 나누어도 부등호의 방향은 변하지 않아.

2nd 틀린 것은 반례를 하나 찾자.

ㄴ. 【반례】 $x=\frac{1}{2}$일 때, $\dfrac{\log_2 \frac{1}{2}}{\frac{1}{2}-1}=\dfrac{-1}{-\frac{1}{2}}=2>1$ (거짓)

ㄷ. 【반례】 $x=1$일 때, $\dfrac{\log_2(1+1)}{1}=\log_2 2=1$ (거짓)

따라서 옳은 것은 ㄱ이다.

함정 식을 논리적으로 전개하여 보기의 참과 거짓을 판단하여도 좋지만 이처럼 반례를 하나 찾으면 보기가 거짓임을 쉽고 빠르게 파악할 수 있어.

다른 풀이: **세 부등식의 좌변을 기하학적인 의미로 접근하여 참·거짓 판단하기**

[보기]의 세 부등식의 좌변을 직선의 기울기라 생각하고 참, 거짓을 판별해보자.

두 점 (x_1, y_1), (x_2, y_2)를 지나는 직선의 기울기는 $\frac{y_2-y_1}{x_2-x_1}$

ㄱ. $\dfrac{\log_2 x}{x}=\dfrac{\log_2 x-0}{x-0}$은 원점 $(0, 0)$과 함수 $y=\log_2 x$의 그래프 위의 임의의 점 $(x, \log_2 x)$를 지나는 직선의 기울기를 의미해.

즉, [그림 1]과 같이 함수 $y=\log_2 x$의 그래프 위의 임의의 점과 원점을 지나는 직선의 기울기는 직선 $y=x$의 기울기보다 작으므로

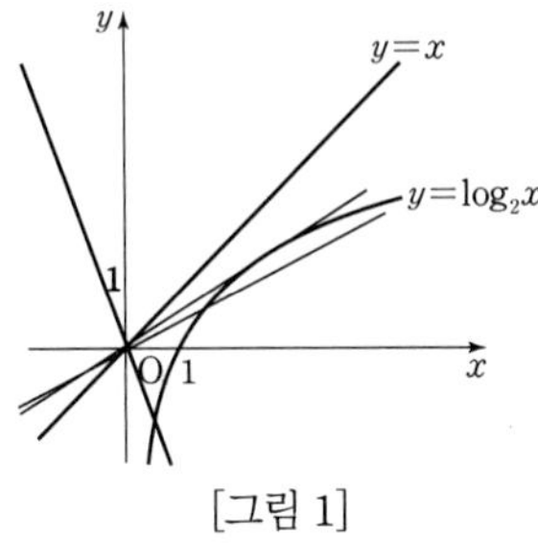

[그림 1]

$\dfrac{\log_2 x}{x}<1$이 성립해. (참)

↳ 직선 $y=x$의 기울기

ㄴ. $\dfrac{\log_2 x}{x-1}=\dfrac{\log_2 x-0}{x-1}$은 점 $(1, 0)$과 함수 $y=\log_2 x$의 그래프 위의 임의의 점 $(x, \log_2 x)$를 지나는 직선의 기울기를 의미해.

그런데 [그림 2]와 같이 함수 $y=\log_2 x$의 그래프 위의 임의의 점과 점 $(1, 0)$을 이은 직선의 기울기가 직선 $y=x$의 기울기보다 클 때도 존재하므로 $\dfrac{\log_2 x}{x-1}<1$이 항상 성립하지는 않아. (거짓)

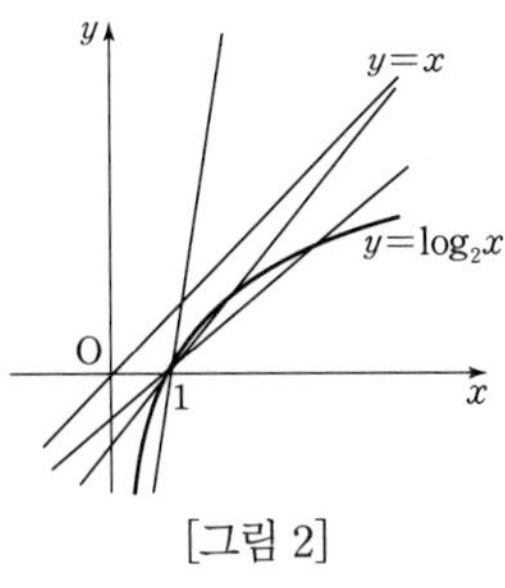

[그림 2]

ㄷ. $\dfrac{\log_2(x+1)}{x}=\dfrac{\log_2(x+1)-0}{(x+1)-1}$은 점 $(1, 0)$과 함수 $y=\log_2 x$의 그래프 위의 임의의 점 $(x+1, \log_2(x+1))$을 지나는 직선의 기울기를 의미하지?

그런데 이 경우도 ㄴ의 [그림 2]와 같이 함수 $y=\log_2 x$의 그래프 위의 임의의 점과 점 $(1, 0)$을 이은 직선의 기울기가 직선 $y=x$의 기울기보다 클때도 존재하므로 $\dfrac{\log_2(x+1)}{x}<1$이 항상 성립하지는 않아.

(거짓)

따라서 옳은 것은 ㄱ이야.

직선의 기울기 개념·공식

일차함수 $f(x)=mx+n$에 대하여

① 직선 $y=f(x)$가 두 점 (a, b), (c, d)를 지나면

$m=\dfrac{b-d}{a-c}$

② 직선 $y=f(x)$와 x축의 양의 방향이 이루는 각의 크기가 θ이면

$m=\tan\theta$

C 81 정답 ⑤ ＊로그함수의 그래프 위의 점 [정답률 44%]

정답 공식: 두 함수 $y=f(x)$, $y=g(x)$의 그래프의 교점의 x좌표는 방정식 $f(x)=g(x)$의 해와 같다.

단서1 두 함수 $g(x)=\log_2 x$, $h(x)=a+\log_2 x$의 그래프에서 $y=h(x)$의 그래프는 $y=g(x)$의 그래프를 y축의 방향으로 a만큼 평행이동한 것임을 알 수 있지.

그림과 같이 함수 $f(x)=2^{1-x}+a-1$의 그래프가 두 함수 $g(x)=\log_2 x$, $h(x)=a+\log_2 x$의 그래프와 만나는 점을 각각 A, B라 하자. 점 A를 지나고 x축에 수직인 직선이 함수 $h(x)$의 그래프와 만나는 점을 C, x축과 만나는 점을 H라 하고, 함수 $g(x)$의 그래프가 x축과 만나는 점을 D라 하자. [보기]에서 옳은 것만을 있는 대로 고른 것은? (단, $a>0$) (4점)

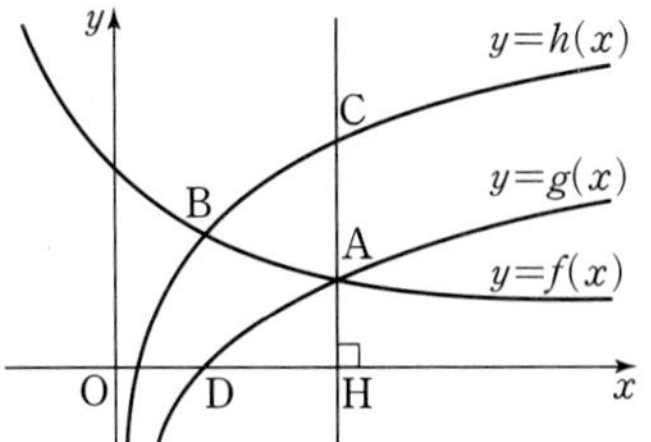

[보기]

ㄱ. 점 B의 좌표는 $(1, a)$이다.

ㄴ. 점 A의 x좌표가 4일 때, 사각형 ACBD의 넓이는 $\frac{69}{8}$이다.

단서2 점 A의 x좌표가 4이므로 두 함수 $y=f(x)$, $y=g(x)$에 대입할 수 있어.

ㄷ. $\overline{CA}:\overline{AH}=3:2$이면 $0<a<3$이다.

단서3 세 점 C, A, H의 x좌표가 모두 같아.

① ㄱ ② ㄷ ③ ㄱ, ㄴ ④ ㄴ, ㄷ ⑤ ㄱ, ㄴ, ㄷ

1st 점 B는 두 함수 $y=f(x)$, $y=h(x)$의 그래프의 교점이야.

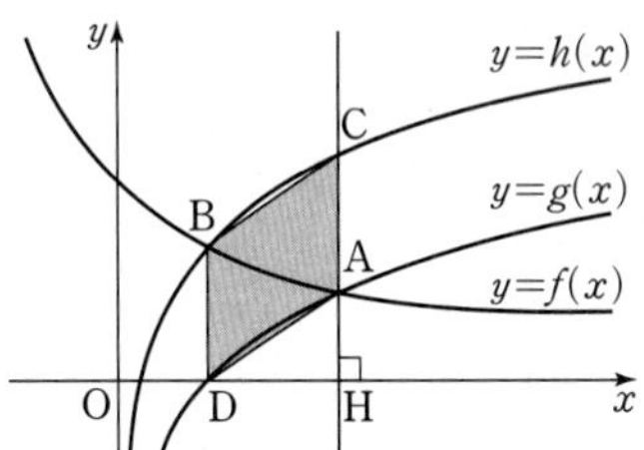

ㄱ. $f(1)=h(1)=a$이므로 점 B의 좌표는 $(1, a)$이다. (참)

2nd 점 A는 두 함수 $y=f(x)$, $y=g(x)$의 그래프의 교점이야.

ㄴ. 점 A는 두 함수 $y=f(x)$, $y=g(x)$의 그래프의 교점이므로 점 A의 x좌표가 4일 때, $\log_2 4=2^{1-4}+a-1$이므로

$2=\frac{1}{8}+a-1 \quad \therefore a=2+1-\frac{1}{8}=\frac{23}{8}$

$\overline{BD}$와 $\overline{CA}$가 평행하고, $\overline{BD}=\overline{CA}=a$이므로 사각형 ACBD는 평행사변형이다.

ㄱ에서 점 B의 좌표가 $(1, a)$이고 점 D의 좌표는 함수 $y=g(x)$의 그래프가 x축과 만나는 점이므로 $(1, 0)$이지. 따라서 두 점의 x좌표가 같아. 직선 BD는 x축에 수직임을 알 수 있어. 직선 CA도 x축에 수직이므로 $\overline{BD}/\!/\overline{CA}$

$\therefore$ (사각형 ACBD의 넓이)$=3\times\frac{23}{8}=\frac{69}{8}$ (참)

3rd 점 A의 x좌표를 k라 놓고 $\overline{CA}$, $\overline{AH}$를 구해.

ㄷ. $\overline{CA}:\overline{AH}=3:2$에서 $2\overline{CA}=3\overline{AH}$이다.

점 A의 x좌표를 k라 놓으면 $\overline{CA}=a$, $\overline{AH}=\log_2 k$이므로

$2a=3\log_2 k$ … ㉠

또한 점 A는 두 함수 $y=f(x)$, $y=g(x)$의 그래프의 교점이므로

$\log_2 k=2^{1-k}+a-1$ … ㉡

㉠, ㉡에 의하여 $2^{1-k}=1-\frac{a}{3}$이다.

$a>0$일 때 점 A의 x좌표 k는 1보다 크므로

$0<2^{1-k}<1$ ㉠에서 $\log_2 k=\frac{2}{3}a$이고, $\log_2 k=2^{1-k}+a-1$에 대입하면 $\frac{2}{3}a=2^{1-k}+a-1$

즉, $0<1-\frac{a}{3}<1$에서 식을 정리하면 $2^{1-k}=\frac{2}{3}a-a+1=1-\frac{a}{3}$

$-1<-\frac{a}{3}<0$ $\quad\therefore 0<a<3$ (참)

따라서 옳은 것은 ㄱ, ㄴ, ㄷ이다.

C 82 정답 54 ＊로그함수의 그래프 위의 점 ············ [정답률 45%]

(정답 공식: 사각형 ABDC는 사다리꼴이므로 윗변의 길이, 밑변의 길이, 높이를 구하면 넓이를 구할 수 있다.)

단서1 두 점 A, B 좌표의 y의 값을 알고 있으므로 x의 값을 구할 수 있지.

그림과 같이 직선 $y=2$가 두 곡선 $y=\log_2 4x$, $y=\log_2 x$와 만나는 점을 각각 A, B라 하고, 직선 $y=k$ $(k>2)$가 두 곡선 $y=\log_2 4x$, $y=\log_2 x$와 만나는 점을 각각 C, D라 하자. 점 B를 지나고 y축과 평행한 직선이 직선 CD와 만나는 점을 E라 하면 점 E는 선분 CD를 1 : 2로 내분한다. 사각형 ABDC의 넓이를 S라 할 때, $12S$의 값을 구하시오. (4점)

단서3 사다리꼴 넓이는 
$S=\frac{1}{2}(\overline{AB}+\overline{CD})\overline{BE}$

단서2 두 점 C, D 좌표의 y의 값이 $y=k$이므로 x의 값을 k로 나타낼 수 있지.

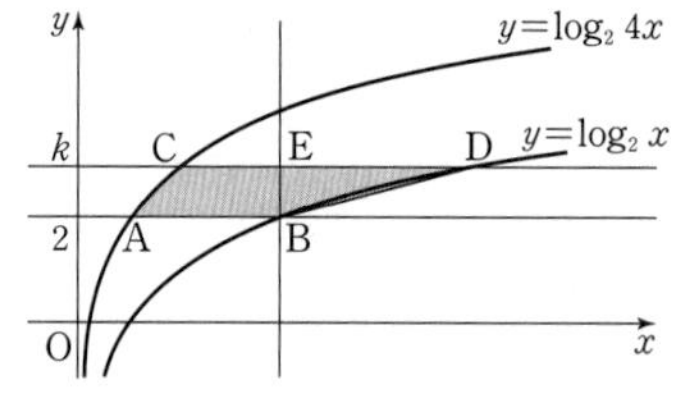

1st $y=2$, $y=k$를 이용하여 네 점 A, B, C, D의 좌표를 구하자.

점 A의 x좌표를 a라 하면 점 A$(a, 2)$는 곡선 $y=\log_2 4x$ 위의 점이므로

$2=\log_2 4a$ $\quad\therefore a=1 \Rightarrow$ A$(1, 2)$

점 B의 x좌표를 b라 하면 점 B$(b, 2)$는 곡선 $y=\log_2 x$ 위의 점이므로

$2=\log_2 b$ $\quad\therefore b=4 \Rightarrow$ B$(4, 2)$

점 C의 x좌표를 c라 하면 점 C(c, k)는 곡선 $y=\log_2 4x$ 위의 점이므로

$k=\log_2 4c$ $\quad\therefore c=2^{k-2} \Rightarrow$ C$(2^{k-2}, k)$

→ $k=\log_2 4c$, $2^k=4c$, $c=\frac{2^k}{4}=\frac{2^k}{2^2}=2^{k-2}$

점 D의 x좌표를 d라 하면 점 D(d, k)는 곡선 $y=\log_2 x$ 위의 점이므로

$k=\log_2 d$ $\quad\therefore d=2^k \Rightarrow$ D$(2^k, k)$

2nd 두 점 C, D를 1 : 2로 내분한 점 E의 좌표를 구하자.

점 E의 x좌표는 점 B의 x좌표와 같으므로 4이고, 점 E가 선분 CD를 1 : 2로 내분하므로

$4=\frac{1\times 2^k+2\times 2^{k-2}}{1+2}=\frac{2\times 2^{k-1}+2^{k-1}}{3}=\frac{3\times 2^{k-1}}{3}=2^{k-1}$

$2^2=2^{k-1}$

$k-1=2$ $\quad\therefore k=3$

두 점 A(x_1), B(x_2)를 $m:n$ $(m>0, n>0)$으로 내분하는 점을 P(x)라 하면 $x=\frac{mx_2+nx_1}{m+n}$

$\therefore$ C$(2, 3)$, D$(8, 3)$, E$(4, 3)$

3rd 사각형 ABCD는 한 쌍의 변이 평행이니까 사다리꼴이지?

$\overline{AB}=3$, $\overline{CD}=6$, $\overline{BE}=1$이므로 사각형 ABDC의 넓이 S는

$S=\frac{1}{2}\times(\overline{AB}+\overline{CD})\times\overline{BE}$

$=\frac{1}{2}\times(3+6)\times 1=\frac{9}{2}$

$\therefore 12S=12\times\frac{9}{2}=54$

다른 풀이: 사각형을 2개의 삼각형으로 나누어 넓이 구하기

$S=\square\text{ABDC}=\triangle\text{ABC}+\triangle\text{CDB}$

$=\frac{1}{2}\times\overline{AB}\times\overline{BE}+\frac{1}{2}\times\overline{CD}\times\overline{BE}$

$=\frac{1}{2}\times 3\times 1+\frac{1}{2}\times 6\times 1=\frac{9}{2}$

$\therefore 12S=12\times\frac{9}{2}=54$

쉬운 풀이: $\overline{ED}=2\overline{CE}$임을 이용하여 k의 값 구하기

위의 풀이에 의하여 C$(2^{k-2}, k)$, D$(2^k, k)$, E$(4, k)$이고

$\overline{CE}:\overline{DE}=1:2$에서 $\overline{DE}=2\overline{CE}$이므로

$2^k-4=2(4-2^{k-2})$, $2^k+2^{k-1}=12$, $2^k\left(1+\frac{1}{2}\right)=12$

$\frac{3}{2}\times 2^k=12$, $2^k=8=2^3$ $\quad\therefore k=3$

톡톡 풀이: 주어진 두 곡선의 관계를 이용하여 각 점의 좌표 구하기

$f(x)=\log_2 x$, $g(x)=\log_2 4x$라 하면 $g(x)=f(4x)$이므로

곡선 $y=f(x)$는 곡선 $y=g(x)$를 x축의 방향으로 4배 확대한 거지?

따라서 점 C의 x좌표를 m이라 하면 두 점 C, D의 좌표는 각각 (m, k), $(4m, k)$야.

이때, $\overline{CD}=4m-m=3m$이고 $\overline{CE}:\overline{DE}=1:2$이므로

$\overline{CE}=m$에서 점 E의 좌표는 $(2m, k)$이고 점 B의 x좌표가 4이므로

$2m=4$에서 $m=2$

따라서 점 D의 좌표는 $(8, k)$이고 점 D가 곡선 $y=\log_2 x$ 위의 점이므로

$k=\log_2 8=3$

$\therefore$ C$(2, 3)$, D$(8, 3)$, E$(4, 3)$

(이하 동일)

C 83 정답 13 ＊로그함수의 그래프의 평행이동과 대칭이동 ·· [정답률 89%]

(정답 공식: 로그함수의 그래프를 평행이동시키면 점근선도 같이 이동한다.)

함수 $f(x)=\log_6(x-a)+b$의 그래프의 점근선이 직선 $x=5$이고, $f(11)=9$이다. 상수 a, b에 대하여 $a+b$의 값을 구하시오. (3점)

단서 함수 $y=\log_6 x$의 그래프를 x축의 방향으로 a만큼, y축의 방향으로 b만큼 평행이동한 것이므로 함수 $y=\log_6 x$의 그래프의 점근선 $x=0$도 그만큼 평행이동하겠지?

1st 로그함수 $f(x)=\log_a(x-p)+q$의 그래프의 점근선은 $x=p$임을 이용해.

함수 $f(x)=\log_6(x-a)+b$의 그래프의 점근선은 직선 $x=a$이므로

$a=5$

2nd $f(11)=9$를 이용해.

$f(11)=\log_6(11-5)+b=9$에서 $1+b=9$이므로 $b=8$

→ $\log_a a=1$ $(a>0, a\neq 1)$이므로 $\log_6 6=1$

따라서 $a=5$, $b=8$이므로 $a+b=13$

로그함수 $y=\log_a(x-p)+q$ $(a>0, a\neq 1)$의 성질 개념·공식

① 그래프는 함수 $y=\log_a x$의 그래프를 x축의 방향으로 p만큼, y축의 방향으로 q만큼 평행이동한 것이다.

② 정의역은 $\{x|x>p\}$, 치역은 $\{y|y$는 실수$\}$

③ $a>1$일 때, x의 값이 증가하면 y의 값도 증가한다.
$0<a<1$일 때, x의 값이 증가하면 y의 값은 감소한다.

④ 그래프는 점 $(p+1, q)$를 지나고, 직선 $x=p$를 점근선으로 한다.

C 84 정답 25 *로그함수의 그래프의 평행이동과 대칭이동 ··· [정답률 89%]

(정답 공식: 그래프를 평행이동시킬 시 점근선도 같이 이동한다.)

곡선 $y=\log_2(x+5)$의 점근선이 직선 $x=k$이다. k^2의 값을 구하시오. (단, k는 상수이다.) (3점)

단서 곡선 $y=\log_2(x+5)$는 곡선 $y=\log_2 x$를 x축의 방향으로 -5만큼 평행이동시킨 곡선임을 이해해야 해.

1st 로그함수 $y=\log_a(x-p)+q$의 점근선은 $x=p$야.

곡선 $y=\log_2(x+5)$는 곡선 $y=\log_2 x$를 x축의 방향으로 -5만큼 평행이동시킨 곡선이다. 이때, 곡선 $y=\log_2 x$의 점근선이 $x=0$이므로 x축의 방향으로 -5만큼 평행이동시킨 곡선 $y=\log_2(x+5)$의 점근선은 $x=-5$이다.

→ 곡선 $y=f(x)$를 x축의 방향으로 m만큼, y축의 방향으로 n만큼 평행이동시킨 곡선의 식은 $y-n=f(x-m)$이야.

따라서 $k=-5$이므로 $k^2=25$

톡톡 풀이: 정의역을 파악하여 점근선 구하기

로그의 진수는 양수지? 즉, 로그함수 $y=\log_a x$의 정의역은 $x>0$이야.

로그함수 $y=\log_2(x+5)$의 정의역은 $x+5>0$에서 $x>-5$지?

즉, 로그함수 $y=\log_2(x+5)$의 그래프는 $x>-5$의 범위에서 그려지게 돼. 따라서 곡선 $y=\log_2(x+5)$의 점근선은 $x=-5$야.

C 85 정답 30 *로그함수의 그래프의 평행이동과 대칭이동 ··· [정답률 91%]

(정답 공식: 함수 $y=f(x)$를 x축의 방향으로 a만큼, y축의 방향으로 b만큼 평행이동시킨 그래프의 식은 $y=f(x)$에 x 대신 $x-a$, y 대신 $y-b$를 대입하여 얻을 수 있다.)

단서 함수 $y=\log x$의 그래프를 x축의 방향으로 a만큼, y축의 방향으로 b만큼 평행이동한 그래프가 나타내는 식은 $y-b=\log(x-a)$이지?

함수 $y=\log x$의 그래프를 x축의 방향으로 a만큼, y축의 방향으로 b만큼 평행이동시킨 그래프가 두 점 $(4, b)$, $(13, 11)$을 지날 때, 상수 a, b의 곱 ab의 값을 구하시오. (3점)

1st 함수 $y=\log x$의 그래프를 평행이동시킨 그래프가 나타내는 식을 세우자.

함수 $y=\log x$의 그래프를 x축의 방향으로 a만큼, y축의 방향으로 b만큼 평행이동시킨 그래프가 나타내는 식은 $y=\log(x-a)+b$이다.

이때, 함수 $y=\log(x-a)+b$의 그래프가 점 $(4, b)$를 지나므로

이 식에 $x=4$, $y=b$를 대입하면 (실수: x 대신 $x-a$, y 대신 $y-b$를 대입하면 돼.)

$b=\log(4-a)+b$에서 $\log(4-a)=0$ ($0=\log 1$)

$4-a=1 \quad \therefore a=3$

2nd 평행이동시킨 그래프가 나타내는 식에 점 $(13, 11)$의 좌표를 대입해.

또, 함수 $y=\log(x-3)+b$의 그래프가 점 $(13, 11)$을 지나므로

이 식에 $x=13$, $y=11$을 대입하면

$11=\log 10+b \quad \therefore b=11-1=10$ ($\log_{10} 10=1$)

$\therefore ab=3\times10=30$

평행이동 개념·공식

$f:(x, y)\to(x+m, y+n)$에 대하여

① 점 (x, y)를 f에 의하여 옮기면 (즉, 평행이동시키면)
$\Rightarrow (x+m, y+n)$

② 그래프 $y=g(x)$를 f에 의하여 옮기면 (즉, 평행이동시키면)
$\Rightarrow y-n=g(x-m)$

C 86 정답 70 *로그함수의 그래프의 평행이동과 대칭이동 ··· [정답률 83%]

(정답 공식: 조건에 맞게 평행이동시킨 함수를 구하고 로그의 성질을 이용해 식을 변형시켜 m과 n의 값을 알아낸다.)

단서 로그의 성질을 이용하여 주어진 함수의 식을 $y=\log_3(x-m)+n$ 꼴로 고치자.

함수 $y=\log_3\left(\frac{x}{9}-1\right)$의 그래프는 함수 $y=\log_3 x$의 그래프를 x축의 방향으로 m만큼, y축의 방향으로 n만큼 평행이동시킨 것이라 할 때, $10(m+n)$의 값을 구하시오. (3점)

1st 로그함수의 그래프를 평행이동시키자.

함수 $y=\log_3 x$의 그래프를 x축의 방향으로 m만큼, y축의 방향으로 n만큼 평행이동시키면 $y=\log_3(x-m)+n$ ··· ㉠

2nd 로그의 성질을 이용하여 식을 변형하자.

$y=\log_3\left(\frac{x}{9}-1\right)=\log_3\frac{x-9}{9}=\log_3(x-9)-\log_3 9$

$=\log_3(x-9)-2$ ··· ㉡

이때, ㉠과 ㉡의 식이 같으므로

$m=9$, $n=-2$

$\therefore 10(m+n)=10\times\{9+(-2)\}=70$

[로그의 성질]
① $\log_a xy=\log_a x+\log_a y$
② $\log_a \frac{x}{y}=\log_a x-\log_a y$
③ $\log_{a^m} x^n=\frac{n}{m}\log_a x$

C 87 정답 ② *로그함수의 그래프의 평행이동과 대칭이동 ··· [정답률 86%]

(정답 공식: 로그의 성질을 이용해 식을 변형한 뒤 대칭이동과 평행이동시킨 함수의 그래프를 찾는다.)

함수 $y=\log_2\frac{2}{x-1}$의 그래프의 개형으로 알맞은 것은? (3점)

단서 주어진 함수의 식을 $y-n=a\log_2(x-m)$ (단, $a=\pm1$) 꼴로 변형하자. 그럼, $y=\log_2 x$의 그래프를 평행이동 또는 대칭이동하여 주어진 함수의 그래프를 그릴 수 있어.

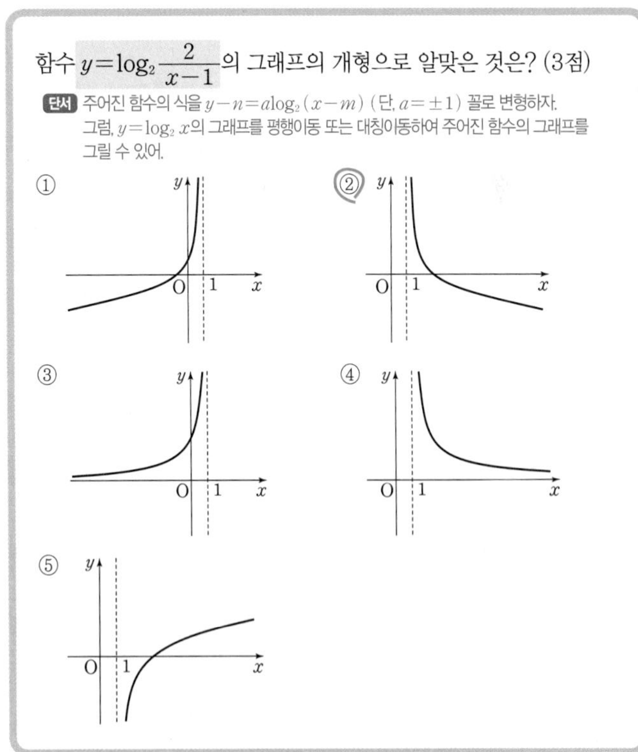

1st $\log_a\frac{x}{y}=\log_a x-\log_a y$임을 이용하여 주어진 식을 변형해.

$y=\log_2\frac{2}{x-1}$에서

$y=\log_2 2-\log_2(x-1)$

$\therefore y-1=-\log_2(x-1)$

2nd x축, y축의 방향으로 얼마만큼 평행이동 또는 대칭이동했는지를 살펴봐.

즉, 함수 $y=\log_2 \frac{2}{x-1}$의 그래프는 $y=\log_2 x$의 그래프를 x축에 대하여 대칭이동한 후 다시 x축의 방향으로 1만큼, y축의 방향으로 1만큼 평행이동한 것이다.
함수 $y=\log_2 x$의 그래프를 x축에 대하여 대칭이동한 그래프의 식은 $-y=\log_2 x$, 즉 $y=-\log_2 x$야.

따라서 $y=\log_2 \frac{2}{x-1}$의 그래프의 개형으로 알맞은 것은 ②이다.
점근선의 방정식 : $x=1$, x절편 : $\frac{2}{x-1}=1$에서 $x=3$

수능 핵강

＊점근선을 이용하여 그래프의 개형 그리기

주어진 로그함수의 그래프의 개형을 다음과 같이 대략적으로 알 수 있어.

$x \to 1+$일 때, $\frac{2}{x-1} \to \infty$이므로 $\log_2 \frac{2}{x-1} \to \infty$ … ㉠

$x \to \infty$일 때, $\frac{2}{x-1} \to 0$이므로 $\log_2 \frac{2}{x-1} \to -\infty$ … ㉡

따라서 ㉠, ㉡을 만족시키는 그래프는 ②야.
즉, 점근선을 이용하여 함수의 그래프가 각각 어디로 수렴하는지 알 수 있다면 쉽게 풀리는 문제야.

로그함수 $y=\log_a(x-p)+q(a>0, a\neq1)$의 성질 개념·공식

① 그래프는 함수 $y=\log_a x$의 그래프를 x축의 방향으로 p만큼, y축의 방향으로 q만큼 평행이동한 것이다.
② 정의역은 $\{x|x>p\}$, 치역은 $\{y|y$는 실수$\}$
③ $a>1$일 때, x의 값이 증가하면 y의 값도 증가한다.
$0<a<1$일 때, x의 값이 증가하면 y의 값은 감소한다.
④ 그래프는 점 $(p+1, q)$를 지나고, 직선 $x=p$를 점근선으로 한다.

C 88 정답 ⑤ ＊로그함수의 그래프의 평행이동과 대칭이동 … [정답률 61%]

(정답 공식: 로그함수 $y=\log_a x\ (a>0, a\neq1)$는 $a>1$일 때, x의 값이 증가하면 y의 값도 증가하고, $0<a<1$일 때, x의 값이 증가하면 y의 값은 감소한다.)

함수 $y=2+\log_2 x$의 그래프를 x축의 방향으로 -8만큼, y축의 방향으로 k만큼 평행이동한 그래프가 제4사분면을 지나지 않도록 하는 실수 k의 최솟값은? (3점)

단서1 함수 $y=2+\log_2 x$의 그래프는 밑이 $2>1$이므로 x의 값이 증가하면 y의 값도 증가하지. 이 함수의 그래프를 평행이동한 그래프도 마찬가지로 x의 값이 증가하면 y의 값이 증가해.

단서2 증가하는 함수의 그래프가 제4사분면을 지나지 않도록 하려면 x축 또는 y축과의 교점을 이용하면 되지.

① -1　② -2　③ -3　④ -4　⑤ -5

1st 로그함수의 그래프가 제4사분면을 지나지 않기 위해 x축 또는 y축을 어떻게 지나야 하는지 조건을 구해.

함수 $y=2+\log_2 x$의 그래프를 x축의 방향으로 -8만큼, y축의 방향으로 k만큼 평행이동한 그래프를 나타내는 함수는 $y=\log_2(x+8)+k+2$이다.
함수 $y=2+\log_2 x$에서 x 대신 $x+8$, y 대신 $y-k$를 대입하면 되지.

이때, 이 함수의 그래프가 제4사분면을 지나지 않으려면 $x=0$일 때 함숫값이 0 이상이어야 한다.

$y=\log_2(x+8)+k+2$; -8 ; O ; x ; y

즉, $\log_2 8+k+2\geq0$에서
$\log_2 2^3+k+2\geq0$
$3+k+2\geq0$
$\therefore k\geq-5$
따라서 실수 k의 최솟값은 -5이다.

다른 풀이: **$y=0$일 때, x의 좌표가 0 이하가 되도록 지수와 로그의 관계를 이용하여 값 구하기**

이 함수의 그래프가 제4사분면을 지나지 않으려면 $y=0$일 때 x의 좌표가 0 이하가 되도록 해야 해.
함수 $y=\log_2(x+8)+k+2$에서 $y=0$일 때
$0=\log_2(x+8)+k+2$, $\log_2(x+8)=-k-2$
$x+8=2^{-k-2}$　$\therefore x=2^{-k-2}-8$
$x=2^{-k-2}-8\leq0$에서 $2^{-k-2}\leq2^3$, $-k-2\leq3$ ($\because$ (밑)$=2>1$)
$\therefore k\geq-5$
따라서 실수 k의 최솟값은 -5가 돼.

C 89 정답 ① ＊로그함수의 그래프의 평행이동과 대칭이동 … [정답률 73%]

(정답 공식: 함수 $y=\log_a x$의 그래프를 x축의 방향으로 m만큼, y축의 방향으로 n만큼 평행이동한 그래프가 나타내는 식은 $y=\log_a(x-m)+n$이다.)

함수 $y=\log_3 x$의 그래프 위에 두 점 $\mathrm{A}(a, 1)$, $\mathrm{B}(27, b)$가 있다. 함수 $y=\log_3 x$의 그래프를 x축의 방향으로 m만큼 평행이동한 그래프가 두 점 A, B의 중점을 지날 때, 상수 m의 값은? (4점)

단서 함수 $y=f(x)$의 그래프를 x축의 방향으로 m만큼 평행이동한 그래프가 나타내는 식은 $y=f(x-m)$임을 이용해.

① 6　② 7　③ 8
④ 9　⑤ 10

1st 두 점 A, B의 좌표를 함수 $y=\log_3 x$에 대입하자.

함수 $y=\log_3 x$의 그래프 위에 점 $\mathrm{A}(a, 1)$이 있으므로
$\log_3 a=1$
$\therefore a=3$
또, 함수 $y=\log_3 x$의 그래프 위에 점 $\mathrm{B}(27, b)$가 있으므로
$b=\log_3 27=\log_3 3^3=3$
즉, 두 점은 $\mathrm{A}(3, 1)$, $\mathrm{B}(27, 3)$이고 이 두 점의 중점의 좌표를 구하면
두 점 $\mathrm{A}(x_1, y_1)$, $\mathrm{B}(x_2, y_2)$의 중점의 좌표는 $\left(\frac{x_1+x_2}{2}, \frac{y_1+y_2}{2}\right)$
$\left(\frac{3+27}{2}, \frac{1+3}{2}\right)=(15, 2)$

2nd 평행이동한 그래프가 나타내는 식을 이용하여 m의 값을 구하자.

함수 $y=\log_3 x$의 그래프를 x축의 방향으로 m만큼 평행이동한 그래프가 나타내는 식은 $y=\log_3(x-m)$ ← x 대신 $x-m$을 대입해.
이 그래프가 점 $(15, 2)$를 지나므로
$2=\log_3(15-m)$에서
$15-m=9$
$\therefore m=6$

도형의 평행이동과 대칭이동 개념·공식

도형 $f(x, y)=0$을
① x축의 방향으로 a만큼, y축의 방향으로 b만큼 평행이동하면
$f(x-a, y-b)=0$
② x축에 대하여 대칭이동하면 $f(x, -y)=0$
③ y축에 대하여 대칭이동하면 $f(-x, y)=0$
④ 원점에 대하여 대칭이동하면 $f(-x, -y)=0$
⑤ 직선 $y=x$에 대하여 대칭이동하면 $f(y, x)=0$

C 90 정답 ④ *로그함수의 그래프의 평행이동과 대칭이동 [정답률 71%]

(정답 공식: 주어진 그래프를 통해 구한 a, b의 값의 범위를 이용하여 $y=\log_b(x+a)$의 그래프를 예상한다.)

함수 $y=\log_a(x+b)$ $(a>0,\ a\neq1)$의 그래프가 그림과 같다.

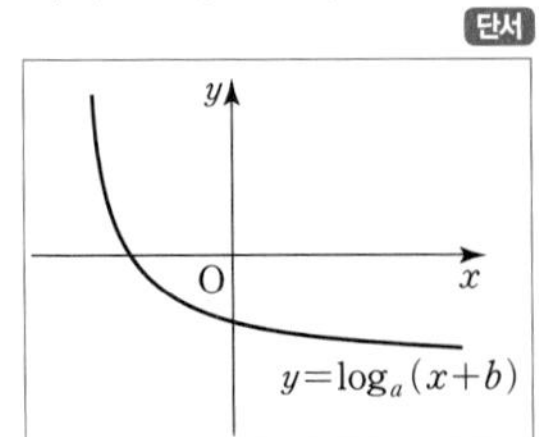

단서 함수 $y=\log_a(x+b)$의 그래프는 함수 $y=\log_a x$의 그래프를 어떻게 이동시킨 것인지 파악해야 해. 그래야 a의 값과 b의 값의 범위를 알 수 있어.

이때, 함수 $y=\log_b(x+a)$의 그래프로 알맞은 것은? (4점)

①
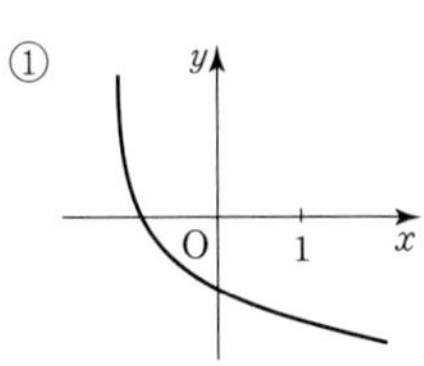

②
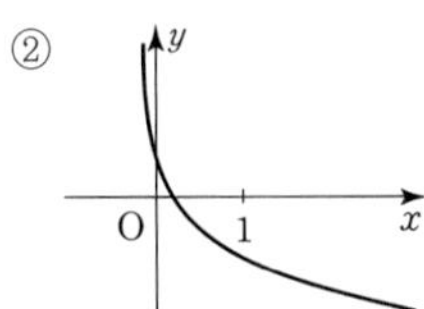

③
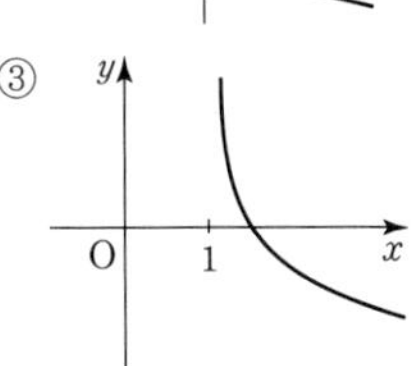

④
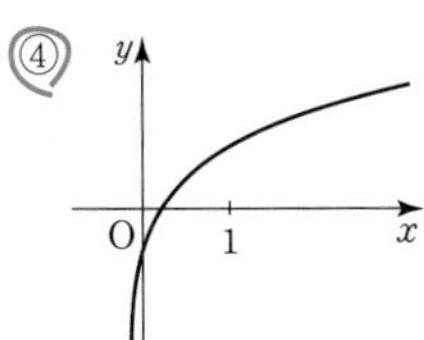

⑤
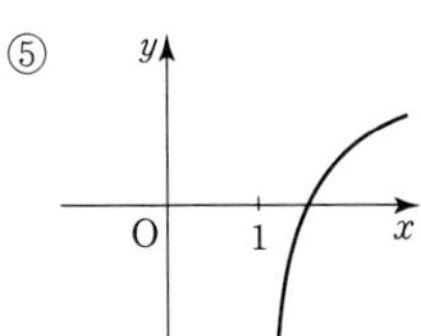

1st 주어진 그래프 개형을 이용하여 a, b의 값의 범위를 각각 구해야 해.

함수 $y=\log_a(x+b)$의 그래프는 함수 $y=\log_a x$의 그래프를 x축의 방향으로 $-b$만큼 평행이동시킨 것이다.

이때, 주어진 그래프가 x의 값이 증가할 때, y의 값이 감소하는 감소함수이므로 함수 $y=\log_a x$의 그래프도 감소함수가 된다.

즉, $0<a<1$이다. (x축과 만나는 점의 y좌표는 0이지? 즉, $0=\log_a(x+b)$에서 $x+b=1$ $\therefore x=1-b$)

또한, 함수 $y=\log_a(x+b)$의 그래프가 x축과 만나는 점의 x좌표는 $1-b$에서 $1-b<0$이므로 $b>1$이다.

2nd **1st**에서 구한 a, b의 값의 범위를 이용하여 함수 $y=\log_b(x+a)$의 그래프의 개형을 찾아.

한편, 함수 $y=\log_b(x+a)$의 그래프는 함수 $y=\log_b x$의 그래프를 x축의 방향으로 $-a$만큼 평행이동시킨 것이다.

따라서 $0<a<1$에서 $-1<-a<0$이고, $b>1$이므로 함수 $y=\log_b(x+a)$의 그래프의 개형은 ④이다.

→ $-a<0$이므로 $y=\log_b x$의 그래프를 x축의 방향에서 왼쪽으로 a만큼 평행이동!

→ 함수 $y=\log_b(x+a)$에서 $b>1$이므로 이 함수의 그래프는 x의 값이 증가하면 y의 값도 증가하는 증가함수야.

로그함수 $y=\log_a(x-p)+q(a>0,\ a\neq1)$의 성질 (개념·공식)

① 그래프는 함수 $y=\log_a x$의 그래프를 x축의 방향으로 p만큼, y축의 방향으로 q만큼 평행이동한 것이다.
② 정의역은 $\{x|x>p\}$, 치역은 $\{y|y$는 실수$\}$
③ $a>1$일 때, x의 값이 증가하면 y의 값도 증가한다.
$0<a<1$일 때, x의 값이 증가하면 y의 값은 감소한다.
④ 그래프는 점 $(p+1,\ q)$를 지나고, 직선 $x=p$를 점근선으로 한다.

C 91 정답 ② *로그함수의 그래프의 평행이동과 대칭이동 [정답률 51%]

(정답 공식: 도형 $f(x,\ y)=0$을 x축의 방향으로 m만큼, y축의 방향으로 n만큼 평행이동한 도형은 $f(x-m,\ y-n)=0$이다.)

그림과 같이 두 함수 $f(x)=\log_2 x$, $g(x)=\log_2 3x$의 그래프 위에 네 점 $\mathrm{A}(1,\ f(1))$, $\mathrm{B}(3,\ f(3))$, $\mathrm{C}(3,\ g(3))$, $\mathrm{D}(1,\ g(1))$이 있다. 두 함수 $y=f(x)$, $y=g(x)$의 그래프와 선분 AD, 선분 BC로 둘러싸인 부분의 넓이는? (4점)

단서 두 함수 $f(x)$와 $g(x)$의 관계를 파악하면 색칠한 부분의 넓이를 어떤 다각형으로 바꿀 수 있는지 파악할 수 있어.

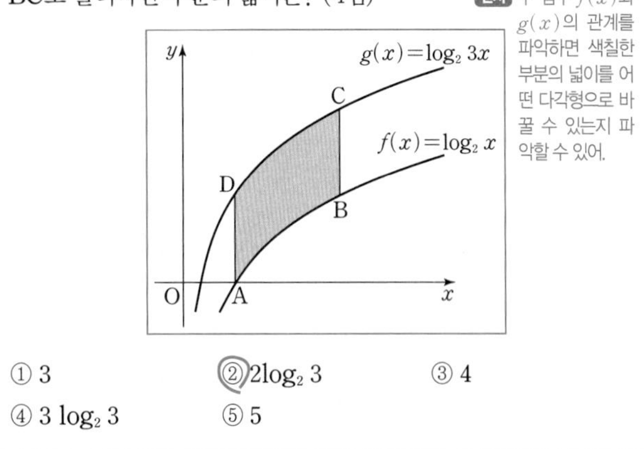

① 3 ② $2\log_2 3$ ③ 4
④ $3\log_2 3$ ⑤ 5

1st 두 함수 $f(x)$와 $g(x)$의 그래프 사이의 관계를 파악하자.

$g(x)=\log_2 3x=\log_2 x+\log_2 3=f(x)+\log_2 3$

[로그의 성질] $a>0,\ a\neq1,\ M>0,\ N>0$일 때, $\log_a MN=\log_a M+\log_a N$

즉, 함수 $g(x)=\log_2 3x$의 그래프는 함수 $f(x)=\log_2 x$의 그래프를 y축의 방향으로 $\log_2 3$만큼 평행이동한 것이다. (함수 $g(x)$의 그래프를 y축의 방향으로 $-\log_2 3$만큼 평행이동하면 함수 $f(x)$의 그래프와 겹쳐지지.)

2nd 평행이동을 이용하여 색칠한 부분의 넓이와 같은 넓이를 갖는 다각형을 찾자.

직선 BC와 x축이 만나는 점을 E라 하면 점 E의 좌표는 $(3,\ 0)$이다.

그림과 같이 함수 $y=g(x)$의 그래프와 선분 DB, 선분 BC로 둘러싸인 부분의 넓이는 함수 $y=f(x)$의 그래프와 선분 AE, 선분 EB로 둘러싸인 부분의 넓이와 같다.

점 B의 y좌표와 점 D의 y좌표가 모두 $\log_2 3$이므로 선분 DB는 x축과 평행해. 따라서 함수 $g(x)$의 그래프와 선분 DB, 선분 BC로 둘러싸인 부분을 y축의 방향으로 $-\log_2 3$만큼 평행이동하면 함수 $y=f(x)$의 그래프와 선분 AE, 선분 EB로 둘러싸인 부분과 겹쳐지게 되지.

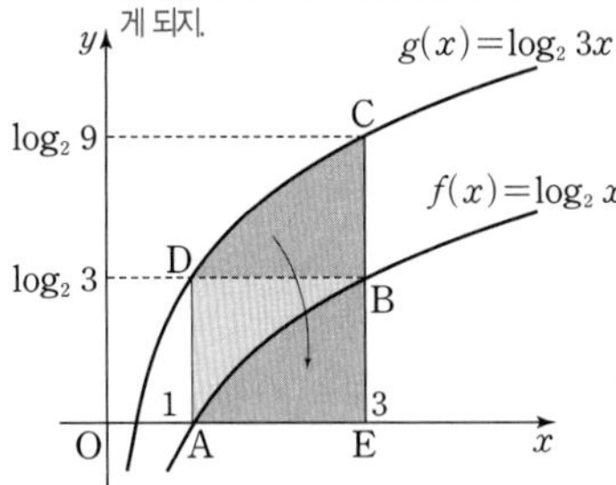

→ 선분 AD의 길이는 점 D의 y좌표와 같아.

즉, 두 함수 $y=f(x)$, $y=g(x)$의 그래프와 선분 AD, 선분 BC로 둘러싸인 부분의 넓이는 직사각형 AEBD의 넓이와 같다.

$\overline{\mathrm{AD}}=\log_2 3$, $\overline{\mathrm{AE}}=3-1=2$이므로

→ $\overline{\mathrm{AE}}=$(점 E의 x좌표)$-$(점 A의 x좌표)$=3-1=2$

(구하는 넓이)$=2\times\log_2 3=2\log_2 3$

C 92 정답 34 *로그함수의 그래프의 평행이동과 대칭이동 ··· [정답률 33%]

(정답 공식: 방정식 $f(x, y)=0$이 나타내는 도형을 원점에 대하여 대칭이동한 도형의 방정식은 $f(-x, -y)=0$이고, x축의 방향으로 a만큼 평행이동한 도형의 방정식은 $f(x-a, y)=0$이다.)

단서 곡선을 원점에 대하여 대칭이동한 후 x축의 방향으로 평행이동시킨 곡선을 찾아야 해.

곡선 $y=\log_2 x$를 원점에 대하여 대칭이동한 후 x축의 방향으로 $\frac{5}{2}$만큼 평행이동한 곡선을 $y=f(x)$라 하자. 두 곡선 $y=\log_2 x$와 $y=f(x)$의 두 교점을 A, B라 할 때, 직선 AB의 기울기는 $\frac{q}{p}$이다. $10p+q$의 값을 구하시오. (단, p와 q는 서로소인 자연수이다.) (4점)

1st 곡선 $y=f(x)$의 함수식을 구하자.

곡선 $y=\log_2 x$를 원점에 대하여 대칭이동한 곡선은

곡선 $y=\log_2 x$를 원점에 대하여 대칭이동하면 x 대신 $-x$, y 대신 $-y$를 대입한 식과 같으므로 $-y=\log_2(-x)$, 즉 $y=-\log_2(-x)$

$y=-\log_2(-x)$이고, 이것을 x축의 방향으로 $\frac{5}{2}$만큼 평행이동한 곡선은

$y=-\log_2\left(-\left(x-\frac{5}{2}\right)\right)=-\log_2\left(-x+\frac{5}{2}\right)$ — $y=-\log_2(-x)$를 x축의 방향으로 $\frac{5}{2}$만큼 평행이동하면 x에 $x-\frac{5}{2}$를 대입한 식과 같으므로 $y=-\log_2\left(-\left(x-\frac{5}{2}\right)\right)$

즉, $f(x)=-\log_2\left(-x+\frac{5}{2}\right)$

2nd 두 교점 A, B의 좌표를 각각 구하자.

두 점 A, B의 x좌표를 각각 α, $\beta(\alpha<\beta)$라 하면 두 실수 α, β는 방정식 $\log_2 x=-\log_2\left(-x+\frac{5}{2}\right)$의 해와 같다.

$\log_2 x=-\log_2\left(-x+\frac{5}{2}\right)$

$\log_2 x+\log_2\left(-x+\frac{5}{2}\right)=0$

$\log_2\left(x\left(-x+\frac{5}{2}\right)\right)=0$ — $\log_a x+\log_a y=\log_a xy$

$x\left(-x+\frac{5}{2}\right)=1$

$-x^2+\frac{5}{2}x=1$

$2x^2-5x+2=0$

$(2x-1)(x-2)=0$

$\therefore x=\frac{1}{2},\ x=2 \Rightarrow \alpha=\frac{1}{2},\ \beta=2$

따라서 $A\left(\frac{1}{2}, -1\right)$, $B(2, 1)$이고, 직선 AB의 기울기는

$\frac{1-(-1)}{2-\frac{1}{2}}=\frac{4}{3}$이므로 $p=3$, $q=4$

$\therefore 10p+q=10\times3+4=34$

평행이동 개념·공식

$f:(x, y) \to (x+m, y+n)$에 대하여

① 점 (x, y)를 f에 의하여 옮기면 (즉, 평행이동시키면)
$\Rightarrow (x+m, y+n)$

② 그래프 $y=g(x)$를 f에 의하여 옮기면 (즉, 평행이동시키면)
$\Rightarrow y-n=g(x-m)$

C 93 정답 ④ *로그함수의 그래프의 평행이동과 대칭이동 ··· [정답률 43%]

(정답 공식: 두 점의 좌표를 알면 두 점을 지나는 직선의 기울기를 구할 수 있다. 두 점 B, C의 y좌표가 같으므로 삼각형의 넓이는 (점 D의 y좌표)$-$(점 B의 y좌표)와 (점 B의 y좌표)$-$(점 A의 y좌표)를 비교하면 된다.)

함수 $y=\log_2|5x|$의 그래프와 함수 $y=\log_2(x+2)$의 그래프가 만나는 서로 다른 두 점을 각각 A, B라고 하자. $m>2$인 자연수 m에 대하여 함수 $y=\log_2|5x|$의 그래프와 함수 $y=\log_2(x+m)$의 그래프가 만나는 서로 다른 두 점을 각각 $C(p, q)$, $D(r, s)$라고 하자. [보기]에서 항상 옳은 것을 모두 고른 것은?

(단, 점 A의 x좌표는 점 B의 x좌표보다 작고 $p<r$이다.) (4점)

[보기]

단서1 세 함수 $y=\log_2|5x|$, $y=\log_2(x+2)$, $y=\log_2(x+m)(m>2)$의 그래프를 그려 네 점 A, B, C, D의 위치를 찾아봐.

ㄱ. $p<-\frac{1}{3}$, $r>\frac{1}{2}$

ㄴ. 직선 AB의 기울기와 직선 CD의 기울기는 같다.

ㄷ. 점 B의 y좌표와 점 C의 y좌표가 같을 때, 삼각형 CAB의 넓이와 삼각형 CBD의 넓이는 같다.

단서2 두 점 B, C의 y좌표가 같음을 이용하면 m의 값을 구할 수 있어. 이를 이용해 두 삼각형 CAB, CBD의 넓이를 각각 구하자.

① ㄱ ② ㄴ ③ ㄱ, ㄴ ④ ㄱ, ㄷ ⑤ ㄱ, ㄴ, ㄷ

1st 로그함수의 그래프와 주어진 조건을 이용하여 ㄱ~ㄷ의 참, 거짓을 판별해.

주어진 로그함수의 그래프는 다음과 같다. — $y=\log_2|5x|=\begin{cases}\log_2(-5x) & (x<0)\\ \log_2 5x & (x>0)\end{cases}$

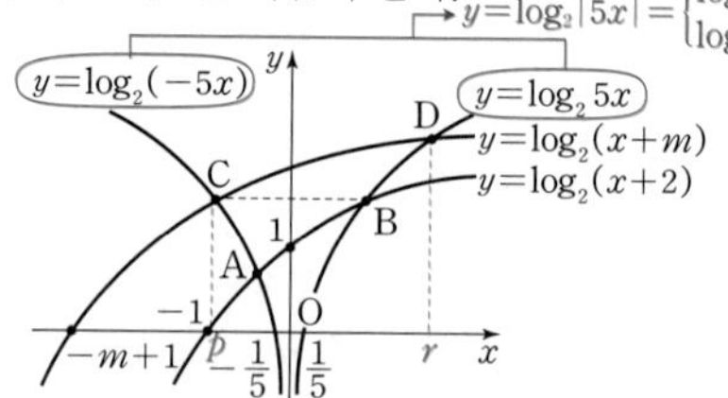

ㄱ. $\log_2(-5x)=\log_2(x+2)$에서 $-5x=x+2$ $\quad\therefore x=-\frac{1}{3}$

즉, 점 A의 좌표를 $A(x_1, y_1)$이라 하면 $x_1=-\frac{1}{3}$

$\log_2 5x=\log_2(x+2)$에서 $5x=x+2$ $\quad\therefore x=\frac{1}{2}$

즉, 점 B의 좌표를 $B(x_2, y_2)$라 하면 $x_2=\frac{1}{2}$

그림에서 $p<x_1$, $r>x_2$이므로 $p<-\frac{1}{3}$, $r>\frac{1}{2}$ (참)

ㄴ. 각 그래프의 교점인 A, B, C, D의 좌표를 구하면 $A\left(-\frac{1}{3}, \log_2\frac{5}{3}\right)$, $B\left(\frac{1}{2}, \log_2\frac{5}{2}\right)$, $C\left(-\frac{m}{6}, \log_2\frac{5m}{6}\right)$, $D\left(\frac{m}{4}, \log_2\frac{5m}{4}\right)$

$(\overline{AB}$의 기울기$)=\dfrac{\log_2\frac{5}{2}-\log_2\frac{5}{3}}{\frac{1}{2}-\left(-\frac{1}{3}\right)}=\dfrac{\log_2\frac{3}{2}}{\frac{5}{6}}=\frac{6}{5}\log_2\frac{3}{2}$

$(\overline{CD}$의 기울기$)=\dfrac{\log_2\frac{5m}{4}-\log_2\frac{5m}{6}}{\frac{m}{4}-\left(-\frac{m}{6}\right)}=\dfrac{\log_2\frac{3}{2}}{\frac{5m}{12}}=\frac{12}{5m}\log_2\frac{3}{2}$

이때, $m>2$이므로 $\frac{12}{5m}<\frac{6}{5}$이다. — $m>2$에서 $\frac{1}{m}<\frac{1}{2}$이고, 부등식의 양변에 $\frac{12}{5}$를 곱하면 $\frac{12}{5m}<\frac{6}{5}$이야.

$\therefore (\overline{AB}$의 기울기$)\neq(\overline{CD}$의 기울기$)$ (거짓)

ㄷ. 두 점 B, C의 y좌표가 같으므로

$\log_2 \frac{5}{2} = \log_2 \frac{5m}{6}$, $\frac{5}{2} = \frac{5m}{6}$ $\quad \therefore m=3$

$\triangle CAB = \frac{1}{2} \times \overline{BC} \times$ (두 점 B와 A의 y좌표의 차)

$= \frac{1}{2} \times \overline{BC} \times \left(\log_2 \frac{5}{2} - \log_2 \frac{5}{3}\right)$

$= \frac{1}{2} \times \overline{BC} \times \log_2 \frac{3}{2}$ $\quad$ ↳ $= \log_2 \frac{\frac{5}{2}}{\frac{5}{3}} = \log_2 \frac{15}{10} = \log_2 \frac{3}{2}$

$\triangle CBD = \frac{1}{2} \times \overline{BC} \times$ (두 점 B와 D의 y좌표의 차)

↳ $m=3$이므로 $D\left(\frac{3}{4}, \log_2 \frac{15}{4}\right)$

$= \frac{1}{2} \times \overline{BC} \times \left(\log_2 \frac{15}{4} - \log_2 \frac{5}{2}\right)$

$= \frac{1}{2} \times \overline{BC} \times \log_2 \frac{3}{2}$ $\quad$ ↳ $= \log_2 \frac{\frac{15}{4}}{\frac{5}{2}} = \log_2 \frac{30}{20} = \log_2 \frac{3}{2}$

즉, 두 삼각형의 넓이는 같다. (참)

따라서 옳은 것은 ㄱ, ㄷ이다.

톡톡 풀이: m의 값에 따른 직선 CD의 기울기의 변화 파악하기

ㄴ. 직선 AB의 기울기는 일정하나 m의 값이 증가함에 따라 $y=\log_2(x+m)$의 그래프는 점점 왼쪽으로 이동하며, 이때 직선 CD의 기울기는 점점 작아지므로 두 직선의 기울기는 같지 않아. (거짓)

C 94 정답 ④ *로그함수의 최대, 최소 .... [정답률 93%]

정답 공식: 함수 $f(x)=\log_a x$에 대하여 $a>1$이면 $f(x)$는 증가함수이고 $0<a<1$이면 $f(x)$는 감소함수이다.

함수 $f(x)=2\log_{\frac{1}{2}}(x+k)$가 닫힌구간 $[0, 12]$에서 최댓값 -4, 최솟값 m을 갖는다. $k+m$의 값은? (단, k는 상수이다.) (3점)

단서1 로그함수 $f(x)$의 밑의 범위를 보고 $f(x)$가 증가함수인지, 감소함수인지 파악해.

단서2 $0 \le x \le 12$에서의 함수 $f(x)$의 최댓값과 최솟값을 구해야 하는 거야.

① -1 ② -2 ③ -3 ④ -4 ⑤ -5

1st 최댓값을 이용하여 상수 k의 값을 구해.

함수 $f(x)=2\log_{\frac{1}{2}}(x+k)$의 밑이 $0<\frac{1}{2}<1$이므로 함수 $f(x)$는 감소함수이다. 즉, $f(x)$는 주어진 구간에서 x가 최소일 때 최댓값을 가지므로

$f(0)=2\log_{\frac{1}{2}} k = -2\log_2 k = -4$에서 $\log_2 k = 2$ $\quad a^x=N \Longleftrightarrow x=\log_a N$

$\therefore k=2^2=4$ $\quad \log_{\frac{1}{2}} k = \log_{2^{-1}} k = \frac{1}{-1}\log_2 k = -\log_2 k$

2nd 함수 $f(x)$의 최솟값을 구하자.

또, 함수 $f(x)$는 주어진 구간에서 x가 최대일 때 최솟값을 가지므로

$m=f(12)=2\log_{\frac{1}{2}}(12+k)=2\log_{\frac{1}{2}}(12+4)=-2\log_2 16$

$=-2\log_2 2^4=-8$ $\quad \log_a b^k = k\log_a b$

$\therefore k+m=4+(-8)=-4$

C 95 정답 ② *로그함수의 최대·최소 – 기본 .... [정답률 73%]

정답 공식: 로그함수 $f(x)=\log_a x$의 그래프는 $a>1$일 때, 증가함수이고 $0<a<1$일 때 감소함수이다.

$-3 \le x \le 3$에서 함수 $f(x)=\log_2(x^2-4x+20)$의 최솟값은? (3점)

단서 로그의 밑이 1보다 크므로 로그함수는 증가함수야. 즉, 진수가 최솟값을 가지면 함숫값도 최솟값을 갖게 돼.

① 3 ② 4 ③ 5 ④ 6 ⑤ 7

1st 진수의 값에 따른 함수 $f(x)$의 증가와 감소를 파악해.

함수 $f(x)=\log_2(x^2-4x+20)$의 밑이 1보다 크므로 진수 $x^2-4x+20$이 최소일 때, 함수 $f(x)$는 최솟값을 갖는다.

2nd 로그함수의 최솟값을 구하자.

$x^2-4x+20=(x-2)^2+16$이므로 $-3 \le x \le 3$에서 $x^2-4x+20$은 $x=2$일 때, 최솟값 16을 갖는다.

$g(x)=(x-2)^2+16$이라 하면 축의 방정식 $x=2$가 $-3 \le x \le 3$의 범위에 포함되니까 $x=2$에서 최솟값을 가지게 돼.

따라서 함수 $f(x)$의 최솟값은 $\log_2 16 = \log_2 2^4 = 4$ $\quad \log_a a^n = n$

C 96 정답 ② *로그함수의 최대·최소 – 기본 .... [정답률 80%]

정답 공식: 함수 $y=\log_a x$에서 a의 값이 1보다 큰 경우 x의 값이 증가하면 y의 값도 증가한다.

$0 \le x \le 4$에서 정의된 함수 $f(x)=\log_5(x+1)-2$의 최댓값은? (3점)

단서 로그함수는 밑인 5가 1보다 크니까 증가함수지?

① -2 ② -1 ③ 0 ④ 1 ⑤ 2

1st 주어진 로그함수의 밑이 1보다 큰 수인지 아닌지 파악하여 증가함수인지 감소함수인지 알아내자.

함수 $f(x)=\log_5(x+1)-2$는 밑이 1보다 크므로 x의 값이 증가하면 y의 값도 증가한다. 로그함수에서 밑이 1보다 크면 증가함수이고, 밑이 1보다 작은 양수이면 감소함수야.

2nd 정의역에서 x의 값이 최대일 때의 함숫값을 구하자.

$0 \le x \le 4$에서 함수 $f(x)=\log_5(x+1)-2$는 $x=4$에서 최댓값을 가지므로

증가함수 $f(x)$에 대하여 정의역의 범위가 $a \le x \le b$이면 함수 $f(x)$의 최댓값은 $f(b)$가 되는 거야.

$f(4)=\log_5(4+1)-2=\log_5 5-2$ $\quad \log_a a=1$

$=1-2=-1$

C 97 정답 ② *로그함수의 최대·최소 – 기본 .... [정답률 83%]

정답 공식: 함수 $y=\log_a x$에서 a가 1보다 클 경우 x의 값이 증가하면 y의 값도 증가한다.

닫힌구간 $[-1, 2]$에서 함수 $f(x)=\log_2(x^2-2x+a)$의 최솟값이 3일 때, 상수 a의 값은? (3점)

단서 함수 $f(x)=\log_2(x^2-2x+a)$의 밑이 $2>1$이므로 x의 값이 증가하면 y의 값도 증가해.

① 7 ② 9 ③ 11 ④ 13 ⑤ 15

1st 정의역에서 최솟값이 3일 때의 x의 값을 구해.

함수 $f(x)=\log_2(x^2-2x+a)$는 밑이 1보다 크므로 x의 값이 증가하면 y의 값도 증가한다. 로그함수에서 밑이 1보다 크면 증가함수이므로 x의 값이 증가하면 y의 값도 증가하지?

즉, x^2-2x+a가 최소일 때, 최솟값 3을 갖는다.

$x^2-2x+a=(x-1)^2+a-1 \ge a-1$이므로

$x=1$일 때, 최솟값 $a-1$을 갖는다.

2nd $x=1$을 대입하여 a의 값을 구해.

$f(1)=3$이므로

$\log_2(1-2+a)=\log_2(a-1)=3$ $\quad$ [로그의 정의] $a>0, a\ne1, b>0$일 때, $x=\log_a b \Longleftrightarrow a^x=b$

$a-1=2^3$ $\quad \therefore a=8+1=9$

로그의 정의 개념·공식

$a>0$, $a\ne1$이고 $N>0$일 때,

$a^x=N \Longleftrightarrow x=\log_a N$

$\log_a N$은 a를 밑으로 하는 N의 로그라고 한다. 또, N을 진수라고 한다.

C 98 정답 ③ *로그함수의 최대·최소 – 기본 [정답률 83%]

(정답 공식: 함수 $y=\log_a x$에서 a가 1보다 클 경우 x의 값이 증가하면 y의 값이 증가한다.)

함수 $y=3+\log_3(x^2-4x+31)$의 최솟값은? (3점)

단서 주어진 로그함수는 밑이 $3>1$이므로 진수가 최소일 때, 최솟값을 가져. 그럼, 진수인 $x^2-4x+31$의 최솟값을 구하면 주어진 로그함수의 최솟값도 구할 수 있겠지?

① 4 ② 5 ③ 6 ④ 7 ⑤ 8

1st 주어진 함수의 최솟값을 구하자.

$y=3+\log_3(x^2-4x+31)$에서 → $\log_a f(x)$에서 $a>1$이면 $f(x)$가 최소일 때 $\log_a f(x)$도 최소야.

$x^2-4x+31=(x-2)^2+27\geq 27$이므로

$y=3+\log_3(x^2-4x+31)$
$\geq 3+\log_3 27$
$=3+3$
$=6$

C 99 정답 ④ *로그함수의 최대·최소–기본 [정답률 82%]

(정답 공식: $0<a<1$일 때 함수 $y=\log_a x$는 x가 최소일 때 y는 최대, x가 최대일 때 y는 최소이다.)

함수 $y=\log_{\frac{1}{2}}(x-a)+b$가 닫힌구간 $[2, 5]$에서 최댓값 3,

단서1 밑이 $\frac{1}{2}$인 로그함수이므로 그래프는 감소함수야.

최솟값 1을 갖는다. $a+b$의 값은? (단, a, b는 상수이다.) (3점)

단서2 주어진 함수는 구간의 양끝에서 최댓값과 최솟값을 가져.

① 1 ② 2 ③ 3 ④ 4 ⑤ 5

1st 주어진 최댓값, 최솟값을 이용하여 a, b에 대한 연립방정식을 세워.

함수 $y=\log_{\frac{1}{2}}(x-a)+b$에서 밑이 $0<\frac{1}{2}<1$이므로 주어진 함수는 감소함수이다.

따라서 함수 $y=\log_{\frac{1}{2}}(x-a)+b$는 닫힌구간 $[2, 5]$에서 $x=2$일 때 최댓값을 갖고, $x=5$일 때 최솟값을 가진다.

이때, 최댓값이 3, 최솟값이 1이므로

$3=\log_{\frac{1}{2}}(2-a)+b$ ⋯ ㉠

$1=\log_{\frac{1}{2}}(5-a)+b$ ⋯ ㉡

2nd a, b의 값을 각각 구하고 $a+b$를 계산해.

㉠−㉡을 하면

$\log_{\frac{1}{2}}(2-a)-\log_{\frac{1}{2}}(5-a)=2$에서 → $\log_a M-\log_a N=\log_a \frac{M}{N}$

$\log_{\frac{1}{2}}\frac{2-a}{5-a}=\log_{\frac{1}{2}}\left(\frac{1}{2}\right)^2$, $\frac{2-a}{5-a}=\frac{1}{4}$, $4(2-a)=5-a$

$3a=3$ $\therefore a=1$

$a=1$을 ㉠에 대입하면 $3=\log_{\frac{1}{2}}1+b$ $\therefore b=3$

$\therefore a+b=1+3=4$

C 100 정답 13 *로그함수의 최대·최소 – 활용 [정답률 83%]

(정답 공식: $\log_3 x$를 문자로 치환하여 푼다. 이때, 정의역에 따라 치환된 문자의 값의 범위도 제한된다.)

정의역이 $\{x|1\leq x\leq 81\}$인 함수

$y=(\log_3 x)(\log_{\frac{1}{3}}x)+2\log_3 x+10$

단서 주어진 함수식을 $\log_3 x=t$로 치환한 후 정리하자. 이때, $1\leq x\leq 81$이므로 t의 값의 범위에 주의해야 해!

의 최댓값을 M, 최솟값을 m이라 할 때, $M+m$의 값을 구하시오. (4점)

1st 로그의 밑을 3으로 통일시켜 봐.

$y=(\log_3 x)(\log_{\frac{1}{3}}x)+2\log_3 x+10$
$=(\log_3 x)(-\log_3 x)+2\log_3 x+10$
$=-(\log_3 x)^2+2\log_3 x+10$ → $\log_{a^m}b^n=\frac{n}{m}\log_a b$

2nd $\log_3 x=t$로 치환한 후 완전제곱 꼴로 변형해.

이때, $\log_3 x=t$로 치환하면 주어진 함수는

$y=-t^2+2t+10=-(t-1)^2+11$

3rd 정의역에서 최댓값, 최솟값을 구해.

정의역이 $1\leq x\leq 81$에서 $0\leq t\leq 4$이므로

그림과 같이 $t=1$일 때 최댓값 $M=11$,

$t=4$일 때 최솟값 $m=2$를 갖는다.

$\therefore M+m=11+2=13$

→ $1\leq x\leq 81$에서 $\log_3 1\leq \log_3 x\leq \log_3 3^4$ $\therefore 0\leq t\leq 4$

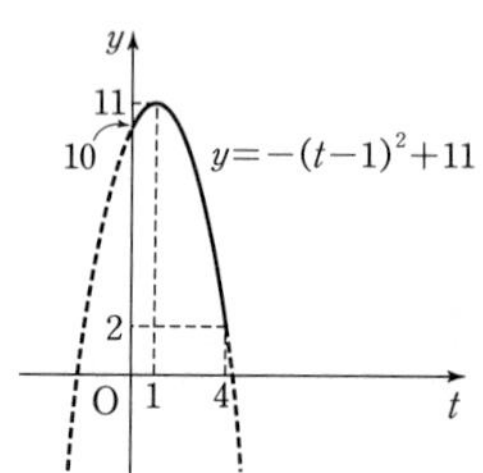

C 101 정답 ① *로그함수의 최대, 최소 – 활용 [정답률 71%]

(정답 공식: $\log_a x$가 반복되어 나타나는 함수의 최대, 최소를 구할 때는 $\log_a x$를 치환하여 생각한다.)

$\angle A=90°$이고 $\overline{AB}=2\log_2 x$, $\overline{AC}=\log_4\frac{16}{x}$인 삼각형 ABC의 넓이를 $S(x)$라 하자. $S(x)$가 $x=a$에서 최댓값 M을 가질 때, $a+M$의 값은? (단, $1<x<16$) (4점)

단서 삼각형 ABC가 $\angle A=90°$인 직각삼각형이므로 두 변 AB, AC의 길이를 이용하여 넓이 $S(x)$를 구할 수 있어.

① 6 ② 7 ③ 8 ④ 9 ⑤ 10

1st 삼각형 ABC의 넓이 $S(x)$를 구해.

삼각형 ABC의 넓이 $S(x)$는 → $\log_a\frac{m}{n}=\log_a m-\log_a n$

$S(x)=\frac{1}{2}\times\overline{AB}\times\overline{AC}=\frac{1}{2}\times 2\log_2 x\times\log_4\frac{16}{x}$

$\log_a b^n=n\log_a b$, $\log_a a=1$

$=\log_2 x\times(\log_4 16-\log_4 x)$ → $\log_{a^n}b=\frac{1}{n}\log_a b$

$=\log_2 x\times\left(2-\frac{1}{2}\log_2 x\right)=-\frac{1}{2}(\log_2 x)^2+2\log_2 x$ ⋯ ㉠

2nd $S(x)$의 최댓값을 구하자.

이때, ㉠에서 $\log_2 x=t$라 하면 $0<t<4$이고

→ 조건에서 $1<x<16$이고 각 변에 $\log_2$를 취하면 $\log_2 1<\log_2 x<\log_2 16$ $\therefore 0<t<4$

$S(x)=-\frac{1}{2}t^2+2t=-\frac{1}{2}(t^2-4t)=-\frac{1}{2}(t-2)^2+2$

따라서 $S(x)$는 $t=2$, 즉 $x=4$일 때 최댓값 2를 가지므로

$t=\log_2 x$이므로 $t=2$이면 $\log_2 x=2$에서 $x=2^2=4$

$a=4$, $M=2$

$\therefore a+M=4+2=6$

$0<t<4$에서 함수 $y=-\frac{1}{2}(t-2)^2+2$의 그래프는 그림과 같으므로 $t=2$일 때 최댓값 2를 가져.

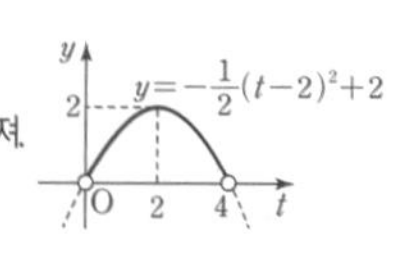

C 102 정답 101 *로그함수의 최대·최소 – 활용 ··· [정답률 67%]

정답 공식: 함수 $y=|f(x)-g(x)|$를 로그의 계산을 통해 구한다. 구간이 $(10, \infty)$로 정의 되어 있으므로 진수가 0과 1 사이일 때와 진수가 1보다 클 때를 구분해서 구한다.

두 함수 $f(x)=\log_2(x+10)$, $g(x)=\log_{\frac{1}{2}}(x-10)$의 그래프가 그림과 같다.

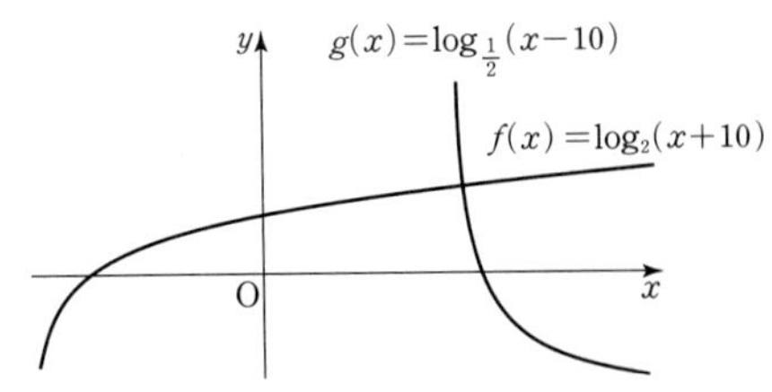

구간 $x>10$에서 정의된 함수 $y=|f(x)-g(x)|$는 $x=p$일 때, 최솟값을 갖는다. p^2의 값을 구하시오. (4점)

단서 $f(x)-g(x)=h(x)$라 하고 $h(x)$의 식을 정리하자. 이때, 구간 $(10, \infty)$에서 함수 $h(x)$의 함숫값의 범위를 이용하여 $y=|h(x)|$의 최솟값을 구해.

1st 함수 $g(x)$를 밑이 2인 로그함수로 만들어 함수 $y=|f(x)-g(x)|$를 구하자.

두 함수 $f(x)=\log_2(x+10)$, $g(x)=\log_{\frac{1}{2}}(x-10)$에 대하여

$f(x)-g(x)=\log_2(x+10)-\log_{\frac{1}{2}}(x-10)$

$=\log_2(x+10)+\log_2(x-10)$

$=\log_2(x^2-100)$

$\therefore y=|f(x)-g(x)|=|\log_2(x^2-100)|$

주의 로그함수 문제에서는 항상 진수조건을 확인하도록 하자.

2nd 함수 $y=|f(x)-g(x)|$의 최솟값과 그때의 x의 값을 구해.

한편, 구간 $x>10$에서 $x^2-100>0$이므로 ($x>10$에서 $x^2>100$ $\therefore x^2-100>0$)

$h(x)=f(x)-g(x)=\log_2(x^2-100)$이라 하면

$0<x^2-100<1$일 때, $h(x)<0$, $x^2-100\ge1$일 때, $h(x)\ge0$이다.

따라서 $|h(x)|\ge0$이므로 함수 $y=|h(x)|$의 최솟값은 0이다.

즉, $x=p$에서 함수 $y=|h(x)|=|f(x)-g(x)|$는 최솟값 0을 가지므로 $|f(p)-g(p)|=0$에서

$f(p)-g(p)=\log_2(p^2-100)=0$

$\log_2(p^2-100)=\log_2 1$, $p^2-100=1$

$\therefore p^2=101$

톡톡 풀이: **두 함수의 그래프의 교점에서 $|f(x)-g(x)|$가 최소가 됨을 이용하기**

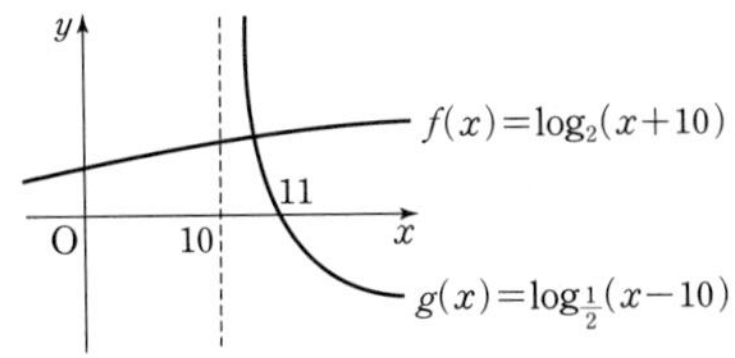

$0=\log_{\frac{1}{2}}(x-10)$에서 $x-10=1$ $\therefore x=11$

즉, $g(x)=\log_{\frac{1}{2}}(x-10)$의 그래프의 x절편은 11이고 점근선의 방정식은 $x=10$이야.

한편, $|f(x)-g(x)|$는 두 함수 $y=f(x)$와 $y=g(x)$의 같은 x좌표에 대한 함숫값의 차를 뜻하므로 항상 0 이상이야. 그런데 그림과 같이 $x>10$일 때, 두 함수의 그래프가 만나고 이때 두 함숫값의 차는 0이므로 $|f(x)-g(x)|$의 최솟값은 0이 돼.

(이하 동일)

수능 핵강

*$|A|\ge0$임을 이용하여 해결하기

단순하게 절댓값은 0 이상이라는 사실을 가지고 구해 보자.

$|f(x)-g(x)|\ge0$이므로 함수 $y=|f(x)-g(x)|$는 $f(x)-g(x)=0$인 x에서 최솟값을 가지지?

$f(x)-g(x)=\log_2(x+10)-\log_{\frac{1}{2}}(x-10)$

$=\log_2(x+10)+\log_2(x-10)=\log_2(x^2-100)=0$

따라서 $p^2-100=1$에서 $p^2=101$이야.

풀이처럼 문제의 조건을 하나하나씩 따져서 문제를 이해하는 것은 연습할 때 꼭 필요해. 하지만 실전에서 위와 같이 핵심조건만 쏙쏙 뽑아서 바로 답을 구하는 것도 중요해!!

C 103 정답 246 *로그함수의 최대·최소 – 활용 ··· [정답률 60%]

정답 공식: 양변에 밑이 3인 로그를 취한 뒤 $\log_3 x$를 문자로 치환한다. 단, x의 값의 범위에 따라 문자의 범위를 구해주어야 한다.

$\frac{1}{3}\le x\le3$에서 정의된 함수 $f(x)=9x^{-2+\log_3 x}$의 최댓값을 M,

단서 함수 $f(x)$의 식을 보니 x의 지수에 log가 있네? 이럴 경우는 양변에 로그를 취해 함수식을 간단히 한 후 공통부분을 치환하자. 이때, 치환한 문자의 값의 범위에 주의하자구~.

최솟값을 m이라 할 때, $M+m$의 값을 구하시오. (4점)

1st 주어진 함수의 양변에 밑이 3인 로그를 취해서 간단히 정리해 보자.

$f(x)=9x^{-2+\log_3 x}$의 양변에 밑이 3인 로그를 취하면

$\log_3 f(x)=\log_3 9x^{-2+\log_3 x}$ (x의 지수에 $\log_3 x$가 있지? 양변에 밑이 3인 로그를 취하면 로그로 나타낸 지수부분을 없앨 수 있어.)

$=\log_3 9+(-2+\log_3 x)\log_3 x$

$=(\log_3 x)^2-2\log_3 x+2$

2nd $\log_3 x=t$로 치환하여 t에 관한 이차함수의 최대 · 최소를 이용하자.

$\log_3 x=t$로 치환하면 $\frac{1}{3}\le x\le3$에서 $-1\le t\le1$이고 ($\log_3\frac{1}{3}\le\log_3 x\le\log_3 3$)

$\log_3 f(x)=t^2-2t+2=(t-1)^2+1$

$t=-1$일 때, $\log_3 f(x)$는 최댓값 5를 가지므로 함수 $f(x)$의 최댓값 M에 대하여

$\log_3 M=5$에서 $M=3^5=243$

주의 $\log_3 x=t$로 치환하여 문제를 풀 때에는 항상 범위를 잘 확인해야 해.

$t=1$일 때, $\log_3 f(x)$는 최솟값 1을 가지므로 함수 $f(x)$의 최솟값 m에 대하여

$\log_3 m=1$에서 $m=3^1=3$

$\therefore M+m=243+3=246$

제한된 범위에서의 이차함수의 최대 · 최소 (개념·공식)

$f(x)=a(x-m)^2+n$ $(a\ne0, \alpha\le x\le\beta)$에 대하여

① $\alpha\le m\le\beta$일 때 : $f(\alpha)$, $f(\beta)$, n 중에서 가장 큰 것이 최댓값, 가장 작은 것이 최솟값이다.

② $m<\alpha$ 또는 $m>\beta$일 때 : $f(\alpha)$, $f(\beta)$ 중에서 큰 것이 최댓값, 작은 것이 최솟값이다.

C 104 정답 ③ *로그함수를 이용한 대소 관계 …… [정답률 72%]

(정답 공식: 밑의 범위에 따라 로그함수 그래프의 개형이 달라진다. 조건을 만족시키는 임의의 숫자를 넣어서 그래프를 그려봐도 된다.)

함수 $f(x)=\log_a x$, $g(x)=\log_b x$가 $0<x<1$에서 $f(x)>g(x)$가 성립하기 위한 조건으로 [보기]에서 옳은 것을 모두 고른 것은? (4점)

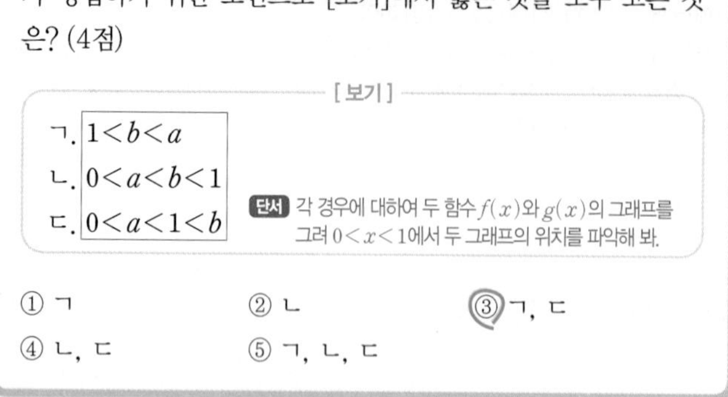

[보기]

ㄱ. $1<b<a$

ㄴ. $0<a<b<1$

ㄷ. $0<a<1<b$

단서 각 경우에 대하여 두 함수 $f(x)$와 $g(x)$의 그래프를 그려 $0<x<1$에서 두 그래프의 위치를 파악해 봐.

① ㄱ ② ㄴ ③ ㄱ, ㄷ

④ ㄴ, ㄷ ⑤ ㄱ, ㄴ, ㄷ

1st 밑이 1보다 큰 경우 $0<x<1$에서 밑이 클수록 함숫값도 크지?

ㄱ. $1<b<a$일 때, $f(x)$와 $g(x)$의 그래프를 그리면 그림과 같이 $0<x<1$에서 $f(x)>g(x)$이다. (참)

→ 밑이 모두 1보다 크므로 $f(x)$, $g(x)$는 모두 증가함수야.

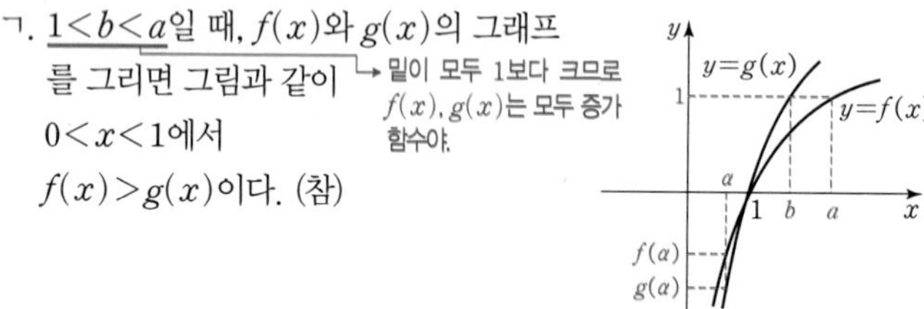

2nd 밑의 범위에 따라 $f(x)$와 $g(x)$의 그래프를 그려 보자.

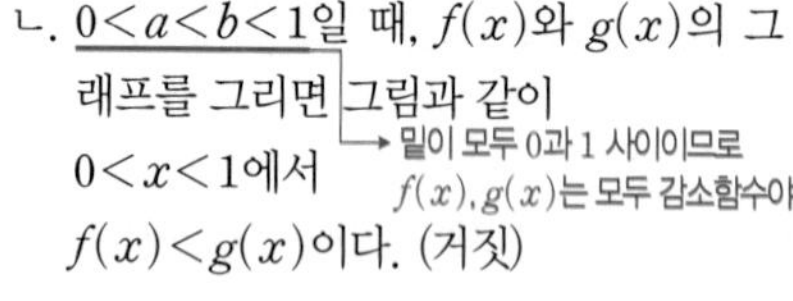

ㄴ. $0<a<b<1$일 때, $f(x)$와 $g(x)$의 그래프를 그리면 그림과 같이 $0<x<1$에서 $f(x)<g(x)$이다. (거짓)

→ 밑이 모두 0과 1 사이이므로 $f(x)$, $g(x)$는 모두 감소함수야.

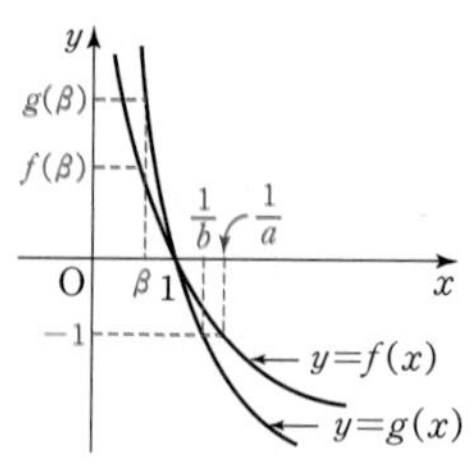

ㄷ. $0<a<1<b$일 때, $f(x)$와 $g(x)$의 그래프를 그리면 그림과 같이 $0<x<1$에서 $f(x)>g(x)$이다. (참)

→ $0<a<1$이므로 $f(x)$는 감소함수, $b>1$이므로 $g(x)$는 증가함수지.

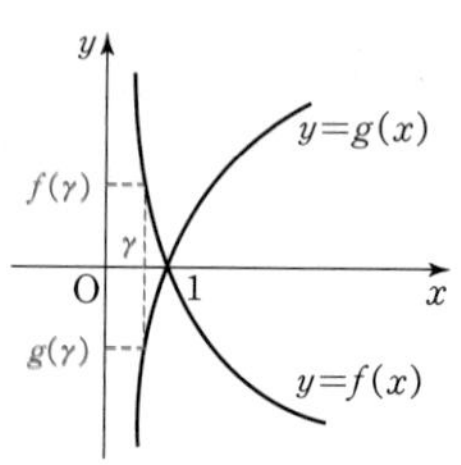

따라서 옳은 것은 ㄱ, ㄷ이다.

톡톡 풀이: a, b의 대소 관계에 따라 $f(x)$, $g(x)$의 대소 관계를 수식으로 비교하기

$f(x)=\log_a x=\dfrac{1}{\log_x a}$, $g(x)=\log_b x=\dfrac{1}{\log_x b}$

ㄱ. $0<x<1$이므로 $1<b<a$이면 $0>\log_x b>\log_x a$

즉, $\dfrac{1}{\log_x b}<\dfrac{1}{\log_x a}$이므로 $g(x)<f(x)$ (참)

ㄴ. $0<x<1$이므로 $0<a<b<1$이면 $\log_x a>\log_x b>0$

즉, $\dfrac{1}{\log_x a}<\dfrac{1}{\log_x b}$이므로 $f(x)<g(x)$ (거짓)

ㄷ. $0<x<1$이므로 $0<a<1<b$이면 $\log_x a>0>\log_x b$

그런데 $\log_x a$, $\log_x b$의 부호가 서로 다르므로 역수를 취해도 부등호의 방향은 변하지 않아.

즉, $\dfrac{1}{\log_x a}>\dfrac{1}{\log_x b}$이므로 $f(x)>g(x)$ (참)

따라서 옳은 것은 ㄱ, ㄷ이야.

C 105 정답 ⑤ *로그함수를 이용한 대소 관계 …… [정답률 75%]

(정답 공식: 로그의 성질을 이용한다.)

함수 $f(x)=\log_5 x$이고 $a>0$, $b>0$일 때, [보기]에서 항상 옳은 것을 모두 고른 것은? (4점)

[보기]

ㄱ. $\left\{f\left(\dfrac{a}{5}\right)\right\}^2=\left\{f\left(\dfrac{5}{a}\right)\right\}^2$

ㄴ. $f(a+1)-f(a)>f(a+2)-f(a+1)$

ㄷ. $f(a)<f(b)$이면 $f^{-1}(a)<f^{-1}(b)$이다.

단서 $f(x)=\log_5 x$에서 밑인 5가 1보다 크므로 $f(x)$는 증가함수야. 즉, $m<n \Longleftrightarrow f(m)<f(n)$임을 이용해.

① ㄱ ② ㄴ ③ ㄱ, ㄴ

④ ㄱ, ㄷ ⑤ ㄱ, ㄴ, ㄷ

1st 로그의 성질을 이용하여 옳은 것을 고르자.

ㄱ. $\left\{f\left(\dfrac{a}{5}\right)\right\}^2=\left(\log_5 \dfrac{a}{5}\right)^2=(\log_5 a-1)^2=(1-\log_5 a)^2$

$=\left(\log_5 \dfrac{5}{a}\right)^2=\left\{f\left(\dfrac{5}{a}\right)\right\}^2$ (참)

→ [로그의 성질] ① $\log_m \dfrac{x}{y}=\log_m x-\log_m y$ ② $\log_m m=1$

2nd $f(a+1)-f(a)$와 $f(a+2)-f(a+1)$을 각각 구해 보자.

ㄴ. $f(a+1)-f(a)=\log_5(a+1)-\log_5 a$

$=\log_5 \dfrac{a+1}{a}=\log_5\left(1+\dfrac{1}{a}\right)$

$f(a+2)-f(a+1)=\log_5(a+2)-\log_5(a+1)$

$=\log_5 \dfrac{a+2}{a+1}=\log_5\left(1+\dfrac{1}{a+1}\right)$

그런데 $a>0$일 때, $\dfrac{1}{a}>\dfrac{1}{a+1}$이므로 $1+\dfrac{1}{a}>1+\dfrac{1}{a+1}$

→ $a<a+1$에서 $\dfrac{1}{a}>\dfrac{1}{a+1}$

즉, $\log_5\left(1+\dfrac{1}{a}\right)>\log_5\left(1+\dfrac{1}{a+1}\right)$이므로

$f(a+1)-f(a)>f(a+2)-f(a+1)$ (참)

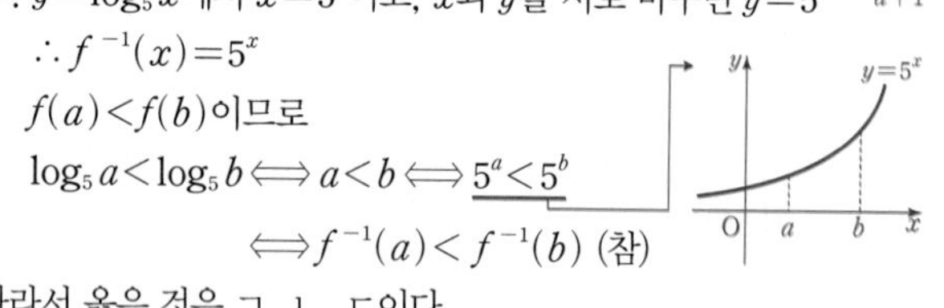

3rd $a=\log_b c \Longleftrightarrow b^a=c$임을 이용하여 $f^{-1}(x)$를 구하자.

ㄷ. $y=\log_5 x$에서 $x=5^y$이고, x와 y를 서로 바꾸면 $y=5^x$

$\therefore f^{-1}(x)=5^x$

$f(a)<f(b)$이므로

$\log_5 a<\log_5 b \Longleftrightarrow a<b \Longleftrightarrow 5^a<5^b$

$\Longleftrightarrow f^{-1}(a)<f^{-1}(b)$ (참)

y $y=5^x$ O a b x

따라서 옳은 것은 ㄱ, ㄴ, ㄷ이다.

다른 풀이: ㄴ의 부등식을 적당히 이항하여 참·거짓 판단하기

ㄴ. $f(a+1)-f(a)>f(a+2)-f(a+1)$에서

$2f(a+1)>f(a)+f(a+2)$가 성립함을 보이면 되지?

$2f(a+1)=2\log_5(a+1)=\log_5(a+1)^2$

$f(a)+f(a+2)=\log_5 a+\log_5(a+2)=\log_5 a(a+2)$

이때, $(a+1)^2=a^2+2a+1>a^2+2a=a(a+2)$이고

함수 $y=\log_5 x$는 증가함수이므로 $\log_5(a+1)^2>\log_5 a(a+2)$야.

즉, $2f(a+1)>f(a)+f(a+2)$에서

$f(a+1)-f(a)>f(a+2)-f(a+1)$ (참)

C 106 정답 ⑤ *로그함수를 이용한 대소 관계 …… [정답률 63%]

(정답 공식: 두 함수 $y=\log_2 x$와 $y=\log_3 x$의 그래프를 그려 직관적으로 함숫값의 크기를 비교한다.)

n이 자연수일 때, [보기]의 부등식 중 항상 성립하는 것을 모두 고르면? (3점)

단서 로그의 대소 관계는 그래프를 그려보면 해결되는 경우가 많아. [보기]에서 로그의 밑이 2와 3이므로 두 함수 $y=\log_2 x$, $y=\log_3 x$의 그래프를 그린 후 대소 비교를 해 봐.

[보기]

ㄱ. $\log_2(n+3)>\log_2(n+2)$

ㄴ. $\log_2(n+2)>\log_3(n+2)$

ㄷ. $\log_2(n+2)>\log_3(n+3)$

① ㄱ ② ㄱ, ㄴ ③ ㄱ, ㄷ ④ ㄴ, ㄷ ⑤ ㄱ, ㄴ, ㄷ

1st 그래프를 이용하여 항상 성립하는 값을 구해.

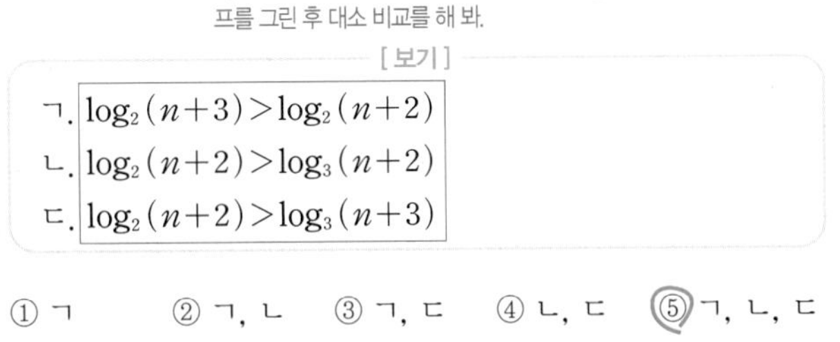

$a>1$일 때 $y=\log_a x$는 증가함수, $0<a<1$일 때 $y=\log_a x$는 감소함수야.

ㄱ. $y=\log_2 x$는 증가함수이므로 $\log_2(n+3)>\log_2(n+2)$ (참)

ㄴ. $x>1$에서 그래프를 보면 $y=\log_2 x$의 그래프가 $y=\log_3 x$의 그래프보다 항상 위에 있다. $\therefore \log_2(n+2)>\log_3(n+2)$ (참)

ㄷ. $y=\log_2(x+2)$, $y=\log_3(x+3)$의 그래프를 그리면 오른쪽과 같으므로 $x>0$일 때 항상 $\log_2(x+2)>\log_3(x+3)$이다. (n은 자연수이므로 $n>0$이야.)

$\therefore \log_2(n+2)>\log_3(n+3)$ (참)

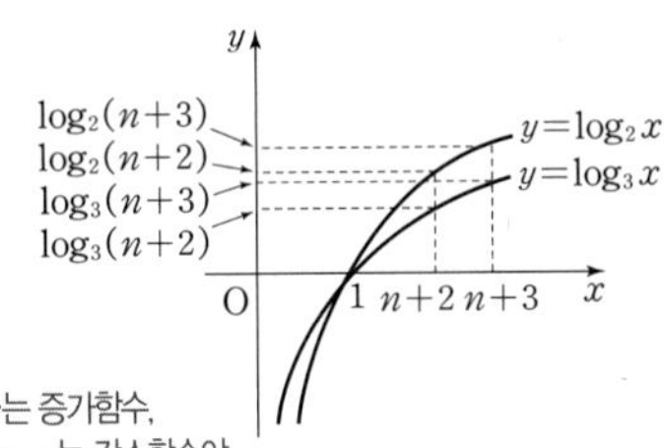

따라서 항상 성립하는 것은 ㄱ, ㄴ, ㄷ이다.

다른 풀이: 로그의 밑의 변환 공식을 이용하여 ㄴ의 참·거짓 판단하기

ㄴ. $\dfrac{\log_2(n+2)}{\log_3(n+2)}=\dfrac{\log_{(n+2)}3}{\log_{(n+2)}2}=\log_2 3>1$ ($\rightarrow \log_2 2$)

이므로 $\log_2(n+2)>\log_3(n+2)$ (참)

[로그의 밑의 변환 공식]
① $\log_a b=\dfrac{\log_c b}{\log_c a}$
② $\log_a b=\dfrac{1}{\log_b a}$

톡톡 풀이: 로그함수의 밑의 크기에 따른 그래프로 ㄷ의 참·거짓 판단하기

ㄷ. $x>1$에서 그림과 같이 두 함수 $y=\log_2 x$와 $y=\log_3 x$의 그래프의 간격이 x의 값이 커질수록 커져.

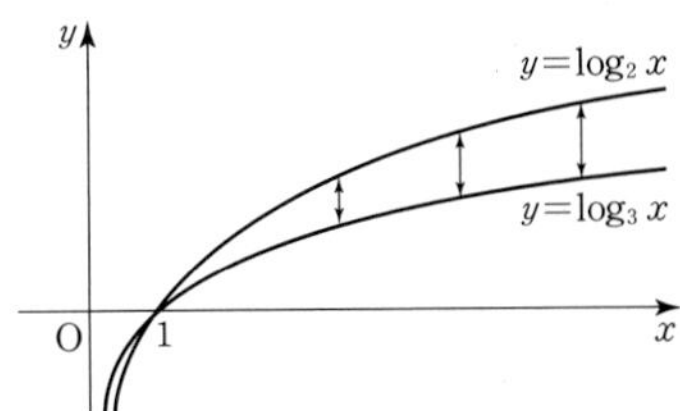

즉, $\log_2(n+2)$와 $\log_3(n+3)$에서 $n=1$일 때, $\log_2 3>\log_3 4$이므로 $n\ge1$인 자연수 n에 대하여 $\log_2(n+2)>\log_3(n+3)$은 항상 성립해. (참)

C 107 정답 ④ *로그함수를 이용한 대소 관계 …… [정답률 48%]

(정답 공식: 곡선 $y=|\log_2 x|$와 직선 $y=-x+n$, $y=-x+n+1$을 직접 그려 본다. $1<b_n<n$을 이용한다.)

단서1 곡선 $y=|\log_2 x|$는 곡선 $y=\log_2 x$의 x축의 아랫부분을 x축에 대하여 대칭이동하여 그리면 돼.

자연수 $n(n\ge2)$에 대하여 직선 $y=-x+n$과 곡선 $y=|\log_2 x|$가 만나는 서로 다른 두 점의 x좌표를 각각 a_n, $b_n(a_n<b_n)$이라 할 때, 옳은 것만을 [보기]에서 있는 대로 고른 것은? (4점)

[보기]

ㄱ. $a_2<\dfrac{1}{4}$

ㄴ. $0<\dfrac{a_{n+1}}{a_n}<1$

ㄷ. $1-\dfrac{\log_2 n}{n}<\dfrac{b_n}{n}<1$

단서2 $n=2, 3, 4, \cdots$를 대입하여 곡선 $y=|\log_2 x|$ 위에 직선 $y=-x+n$을 그려보면 두 교점의 위치가 어떻게 변하는지 알 수 있을 거야.

① ㄱ ② ㄴ ③ ㄷ ④ ㄴ, ㄷ ⑤ ㄱ, ㄴ, ㄷ

1st 그래프를 그려 a_n, b_n을 나타낸 후에 ㄱ, ㄴ을 따져보자.

먼저 직선 $y=-x+n$과 함수 $y=|\log_2 x|$의 그래프를 그리면 [그림 1]과 같다.

실수 $y=\log_2 x$의 그래프에서 x축의 아랫부분을 x축에 대하여 대칭이동시켜서 그려.

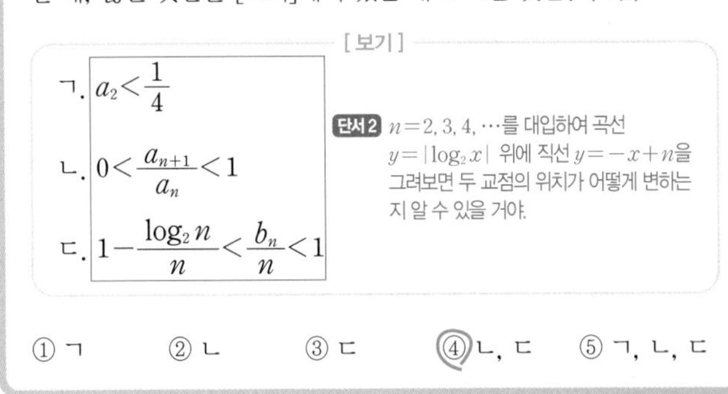

a_n은 n의 값이 커질수록 감소하여 0에 한없이 가까워지고 b_n은 n의 값이 커질수록 증가함을 알 수 있네~.

[그림 1]

ㄱ. a_2는 [그림 2]와 같이 직선 $y=-x+2$와 함수 $y=|\log_2 x|$의 그래프의 교점의 x좌표이다.

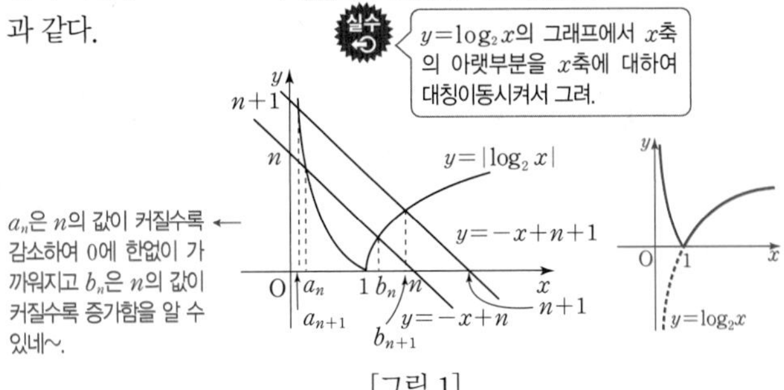

[그림 2]

이때, $2=|\log_2 x|$에서 $\log_2 x=\pm2$ $\quad\therefore x=\dfrac{1}{4}$ 또는 $x=4$

즉, [그림 2]에서 $a_2>\dfrac{1}{4}$ (거짓)

ㄴ. [그림 1]과 같이 a_{n+1}은 직선 $y=-x+n+1$과 함수 $y=|\log_2 x|$의 그래프의 교점의 x좌표 중 작은 값이므로 $0<a_{n+1}<a_n<1$

$\therefore 0<\dfrac{a_{n+1}}{a_n}<1$ (참)

2nd b_n의 범위와 b_n이 직선 $y=-x+n$과 곡선 $y=\log_2 x$의 교점의 x좌표임을 이용해.

ㄷ. [그림 1]에서 $1<b_n<n$이므로 $\dfrac{b_n}{n}<1$이다. … ㉠

또, b_n은 직선 $y=-x+n$과 함수 $y=\log_2 x$의 그래프의 교점의 x좌표이므로 $-b_n+n=\log_2 b_n$

$\therefore b_n=n-\log_2 b_n$ … ㉡

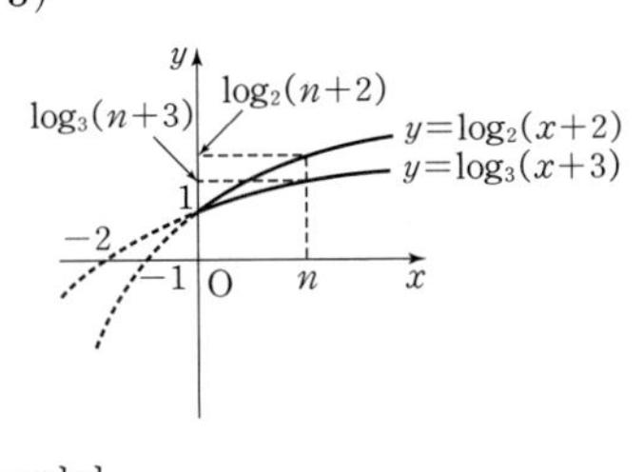

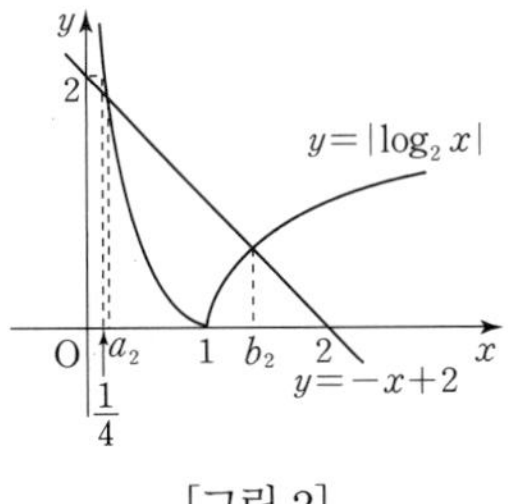

이때, $\log_2 b_n < \log_2 n$이므로 $-\frac{\log_2 b_n}{n} > -\frac{\log_2 n}{n}$이고
→ $b_n < n$이므로 $\log_2 b_n < \log_2 n$

$1-\frac{\log_2 b_n}{n} > 1-\frac{\log_2 n}{n}$

즉, $1-\frac{\log_2 b_n}{n} = \frac{n-\log_2 b_n}{n} = \frac{b_n}{n}$ ($\because$ ㉡)이므로

$\frac{b_n}{n} > 1-\frac{\log_2 n}{n}$ … ㉢

실수: 양변에 $-\frac{1}{n}$을 곱하였으므로 부등호의 방향이 달라져야 해.

$\therefore 1-\frac{\log_2 n}{n} < \frac{b_n}{n} < 1$ ($\because$ ㉠, ㉢) (참)

따라서 옳은 것은 ㄴ, ㄷ이다.

다른 풀이: **함숫값을 비교하여 ㄷ의 참·거짓 판단하기**

ㄷ. [그림 1]에서 $b_n < n$이므로 $\frac{b_n}{n} < 1$

또한, $\log_2 n$은 $y=\log_2 x$에서 $x=n$일 때의 함숫값이고, $-b_n+n$은 $y=-x+n$에서 $x=b_n$일 때의 함숫값이야.

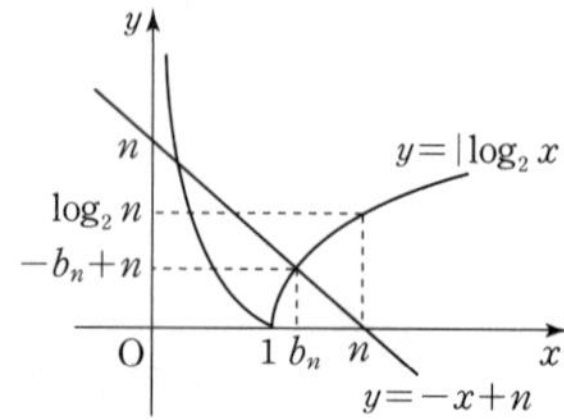

따라서 위의 그림에서 $\log_2 n > -b_n+n$, 즉 $b_n > n-\log_2 n$이므로

$\frac{b_n}{n} > \frac{n-\log_2 n}{n} = 1-\frac{\log_2 n}{n}$ $\quad\therefore 1-\frac{\log_2 n}{n} < \frac{b_n}{n} < 1$ (참)

C 108 정답 ① *로그함수의 그래프의 교점 [정답률 85%]

(정답 공식: 두 점의 중점을 나타내는 식을 안다.)

그림과 같이 두 곡선 $y=\log_a x$, $y=\log_b x\,(1<a<b)$와 직선 $y=1$이 만나는 점을 A_1, B_1이라 하고, 직선 $y=2$가 만나는 점을 A_2, B_2라 하자. 선분 A_1B_1의 중점의 좌표는 $(2, 1)$이고 $\overline{A_1B_1}=1$일 때, $\overline{A_2B_2}$의 값은? (3점)

단서 두 점 A_1, B_1의 좌표를 a, b에 대하여 나타내고 선분 A_1B_1의 중점의 좌표와 길이를 이용하여 a, b에 대한 연립방정식을 세워서 a, b를 구해야 해.

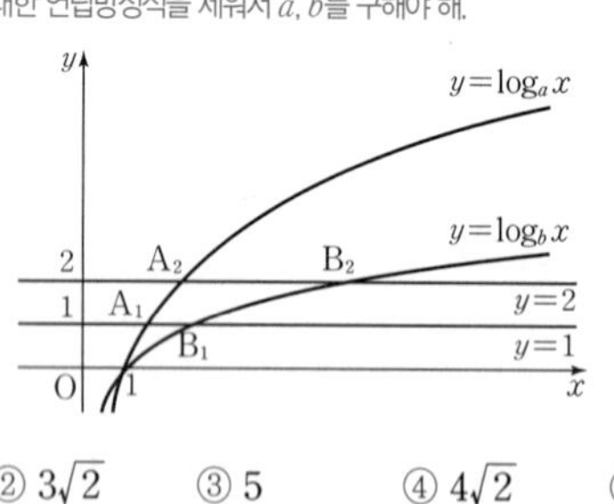

① 4 ② $3\sqrt{2}$ ③ 5 ④ $4\sqrt{2}$ ⑤ 6

1st 두 점 A_1, B_1의 좌표를 이용해서 상수 a, b의 값을 구하자.

두 곡선 $y=\log_a x$, $y=\log_b x$와 직선 $y=1$이 만나는 두 점 A_1, B_1의 x좌표는 $\log_a x=1$에서 $x=a$, $\log_b x=1$에서 $x=b$이므로 두 점 A_1, B_1의 좌표는 각각 $(a, 1)$, $(b, 1)$이다.

한편, 조건에서 두 점 A_1, B_1의 중점의 좌표가 $(2, 1)$이고 $\overline{A_1B_1}=1$이므로 $\frac{a+b}{2}=2$, $b-a=1$

→ 두 점 (x_1, y_1), (x_2, y_2)의 중점의 좌표는 $\left(\frac{x_1+x_2}{2}, \frac{y_1+y_2}{2}\right)$

두 식을 연립하면 $a=\frac{3}{2}$, $b=\frac{5}{2}$

2nd a, b의 값을 이용하여 $\overline{A_2B_2}$의 값을 구하자.

두 곡선 $y=\log_a x$, $y=\log_b x$와 직선 $y=2$가 만나는 두 점 A_2, B_2의 x좌표는 $\log_a x=2$에서 $x=a^2$, $\log_b x=2$에서 $x=b^2$이므로 두 점 A_2, B_2의 좌표는 각각 $(a^2, 2)$, $(b^2, 2)$이다.

함정: 로그함수에 대입하여 미지수를 구하기보다는 지수함수 꼴로 바꾸어서 미지수를 구하는 것이 더 편하게 구할 수 있어.

$\therefore \overline{A_2B_2}=b^2-a^2=\left(\frac{5}{2}\right)^2-\left(\frac{3}{2}\right)^2=\frac{25}{4}-\frac{9}{4}=\frac{16}{4}=4$

$\frac{a+b}{2}=2$에서 $b+a=4$이고 $b-a=1$이므로 $\overline{A_2B_2}$의 값은 다음과 같은 방법으로도 구할 수 있어.
$\overline{A_2B_2}=b^2-a^2=(b-a)(b+a)=1\times4=4$

로그함수 개념·공식

① 로그함수 : $y=\log_a x\,(a>0, a\neq1)$ 꼴로 나타내어지는 함수를 a를 밑으로 하는 로그함수라 한다.
② 로그함수 $y=\log_a x\,(a>0, a\neq1)$의 성질
(1) 함수 $y=a^x$의 역함수이다.
(2) 정의역은 양의 실수 전체의 집합이고 치역은 실수 전체의 집합이다.
(3) $a>1$일 때, x가 증가하면 y도 증가한다.
$0<a<1$일 때, x가 증가하면 y는 감소한다.
(4) 그래프는 점 $(1, 0)$을 지나고, 점근선은 y축이다.

C 109 정답 ② *로그함수의 그래프의 교점 [정답률 89%]

(정답 공식: 두 점의 거리를 구할 때 두 점의 x좌표가 같을 경우는 y좌표의 차를 계산하면 된다.)

좌표평면에서 두 곡선 $y=\log_2 x$, $y=\log_4 x$가 직선 $x=16$과 만나는 점을 각각 P, Q라 하자. 두 점 P, Q 사이의 거리는? (4점)

단서 두 점 P, Q의 x좌표가 동일하니까 이 두 점 사이의 거리는 두 점의 y좌표의 차야.

① 1 ② 2 ③ 3
④ 4 ⑤ 5

1st 두 점 P, Q의 좌표를 구하자.

두 곡선 $y=\log_2 x$, $y=\log_4 x$가 직선 $x=16$과 만나는 점이 각각 P, Q이므로 두 점 P, Q의 x좌표는 모두 16이다.

즉, 두 곡선의 방정식에 $x=16$을 대입하여 두 점 P, Q의 y좌표를 구하면

$\log_2 16=\log_2 2^4=4$, $\log_4 16=\log_4 4^2=2$이므로

P$(16, 4)$, Q$(16, 2)$ $\quad \log_a b^n=n\log_a b$이고 $\log_a a=1$이야.

따라서 두 점 P, Q 사이의 거리는

$\overline{PQ}=4-2=2$

로그의 성질 개념·공식

$a>0$, $a\neq1$, $c>0$, $c\neq1$, $m>0$, $n>0$일 때,
① $\log_a 1=0$, $\log_a a=1$
② $\log_a mn=\log_a m+\log_a n$
③ $\log_a \frac{m}{n}=\log_a m-\log_a n$
④ $\log_a m^r=r\log_a m$ (r는 실수)
⑤ $\log_a b=\frac{\log_c b}{\log_c a}$ (단, $b>0$)
⑥ $\log_a b=\frac{1}{\log_b a}$ (단, $b>0$, $b\neq1$)

C 110 정답 ③ *로그함수의 그래프의 교점 [정답률 83%]

(정답 공식: 함수 $y=\log_2 x$의 그래프의 점근선은 $x=0$ (y축)이다.)

상수 $a(a>2)$에 대하여 함수 $y=\log_2(x-a)$의 그래프의

단서1 함수 $y=\log_2 x$의 그래프를 x축의 방향으로 a만큼 평행이동한 그래프야.

점근선이 두 곡선 $y=\log_2 \frac{x}{4}$, $y=\log_{\frac{1}{2}} x$와 만나는 점을 각각 A, B라 하자. $\overline{AB}=4$일 때, a의 값은? (3점)

단서2 함수 $y=\log_2(x-a)$의 그래프의 점근선은 y축과 평행해. 즉, 두 점 A, B 사이의 거리는 이 두 점의 y좌표의 차의 절댓값과 같아.

① 4 ② 6 ③ 8 ④ 10 ⑤ 12

1st 두 점 A, B의 좌표를 a로 나타내.

함수 $y=\log_2(x-a)$의 그래프의 점근선은 $x=a$이다.

함수 $y=\log_2(x-a)$의 그래프는 함수 $y=\log_2 x$의 그래프를 x축의 방향으로 a만큼 평행이동한 그래프이므로 함수 $y=\log_2(x-a)$의 그래프의 점근선은 함수 $y=\log_2 x$의 그래프의 점근선 $x=0$을 x축의 방향으로 a만큼 평행이동한 $x=a$야.

이때, 점 A는 곡선 $y=\log_2 \frac{x}{4}$와 직선 $x=a$가 만나는 점이므로 좌표는 $\left(a, \log_2 \frac{a}{4}\right)$이고 점 B는 곡선 $y=\log_{\frac{1}{2}} x$와 직선 $x=a$가 만나는 점이므로 좌표는 $\left(a, \log_{\frac{1}{2}} a\right)$이다.

2nd $\overline{AB}=4$임을 이용하여 a의 값을 구해.

$a>2$에서 $\log_2 \frac{a}{4}>\log_2 \frac{2}{4}=-1$, $\log_{\frac{1}{2}} a<\log_{\frac{1}{2}} 2=-1$이므로

$\log_2 \frac{2}{4}=\log_2 \frac{1}{2}=\log_2 2^{-1}=-1$

$\log_{\frac{1}{2}} 2=\log_{2^{-1}} 2=-\log_2 2=-1$

$\log_2 \frac{a}{4}>\log_{\frac{1}{2}} a$이다.

즉, $\overline{AB}=\log_2 \frac{a}{4}-\log_{\frac{1}{2}} a=(\log_2 a-\log_2 4)+\log_2 a$

$=2\log_2 a-2=4$

에서 $2\log_2 a=6$, $\log_2 a=3$ $\therefore a=2^3=8$

$\log_a N=x \Rightarrow a^x=N$

쉬운 풀이: 그래프를 이용하여 선분 AB의 길이를 a로 나타내기

두 곡선 $y=\log_2 \frac{x}{4}$, $y=\log_{\frac{1}{2}} x$의 점근선은 둘다 $x=0$이야.

밑이 1보다 크므로 증가함수야. / 밑이 1보다 작으므로 감소함수야.

즉, 함수 $y=\log_2(x-a)$의 그래프의 점근선 $x=a(a>2)$와 두 곡선 $y=\log_2 \frac{x}{4}$, $y=\log_{\frac{1}{2}} x$를 좌표평면에 나타내면 그림과 같아.

두 곡선 $y=\log_2 \frac{x}{4}$, $y=\log_{\frac{1}{2}} x$의 교점의 x좌표를 구하기 위해 연립하면

$\log_2 \frac{x}{4}=\log_{\frac{1}{2}} x$에서 $\log_2 \frac{x}{4}=\log_2 \frac{1}{x}$

$\frac{x}{4}=\frac{1}{x}$, $x^2=4$ $\therefore x=2(\because x>0)$

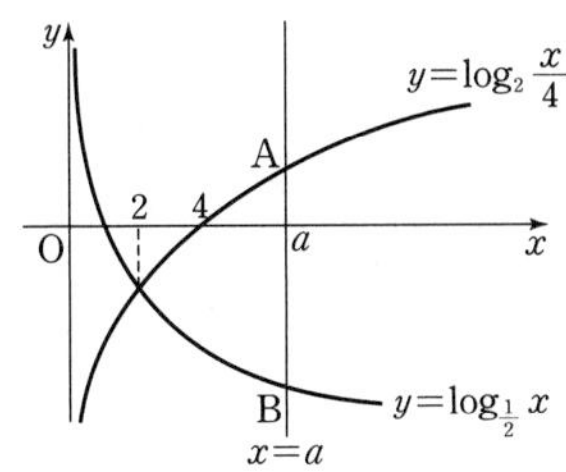

이때, 두 점 A, B의 y좌표는 각각 $\log_2 \frac{a}{4}$, $\log_{\frac{1}{2}} a$이므로

$\overline{AB}=4$에서 $\log_2 \frac{a}{4}-\log_{\frac{1}{2}} a=4$, $\log_2 \frac{a}{4}+\log_2 a=4$

$\log_a M+\log_a N=\log_a MN$

$\log_2 \frac{a^2}{4}=\log_2 2^4$, $\frac{a^2}{4}=16$, $a^2=64$ $\therefore a=8(\because a>2)$

$\log_{\frac{1}{2}} a=\log_{2^{-1}} a=-\log_2 a$

C 111 정답 ⑤ *로그함수의 그래프의 교점 [정답률 66%]

(정답 공식: 직접 그래프를 그려 p, q의 대소를 파악한다. 함수의 그래프와 점이 만난다는 것은 그 점이 함수의 그래프 위에 있음을 의미한다.)

$0<a<\frac{1}{2}$인 상수 a에 대하여 직선 $y=x$가 곡선 $y=\log_a x$와 만나는 점을 (p, p), 직선 $y=x$가 곡선 $y=\log_{2a} x$와 만나는 점을 (q, q)라 하자. [보기]에서 옳은 것만을 있는 대로 고른 것은? (4점)

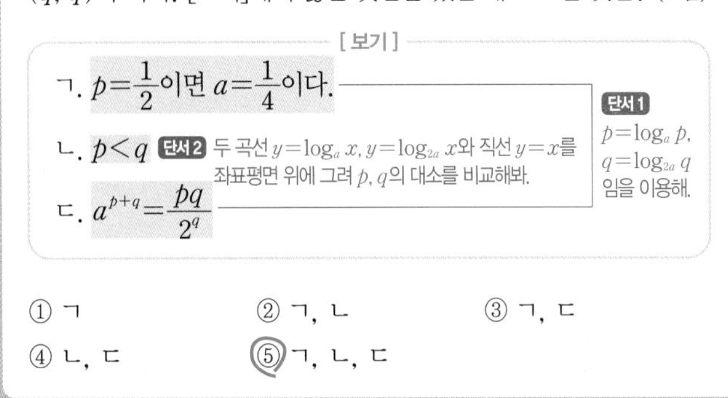

[보기]

ㄱ. $p=\frac{1}{2}$이면 $a=\frac{1}{4}$이다.

ㄴ. $p<q$ 단서2 두 곡선 $y=\log_a x$, $y=\log_{2a} x$와 직선 $y=x$를 좌표평면 위에 그려 p, q의 대소를 비교해봐.

ㄷ. $a^{p+q}=\frac{pq}{2^q}$

단서1 $p=\log_a p$, $q=\log_{2a} q$임을 이용해.

① ㄱ ② ㄱ, ㄴ ③ ㄱ, ㄷ

④ ㄴ, ㄷ ⑤ ㄱ, ㄴ, ㄷ

1st 먼저 조건에 맞게 그림을 그려보자.

$0<a<\frac{1}{2}$인 상수 a에 대하여 곡선 $y=\log_a x$, $y=\log_{2a} x$와 직선 $y=x$를 그리면 그림과 같다.

주의 $0<a<\frac{1}{2}$이고 $0<2a<1$이므로 두 함수는 모두 감소함수야.

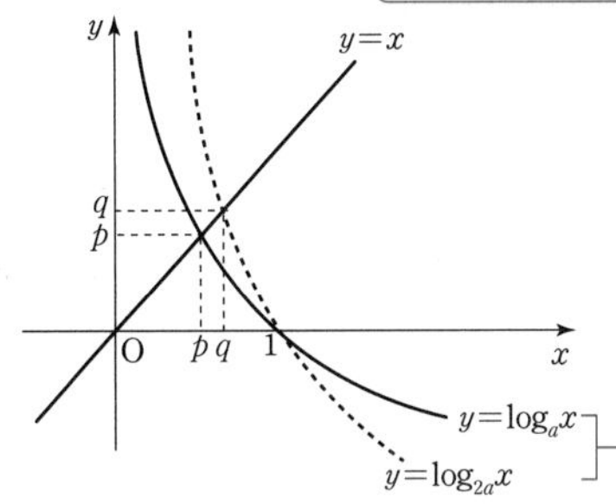

$a<2a$이므로 $x>1$일 때, $y=\log_{2a} x$의 그래프가 $y=\log_a x$의 그래프보다 x축에서 더 멀리 떨어져 있어.

2nd ㄱ, ㄴ, ㄷ의 참 · 거짓을 하나씩 따져보자.

ㄱ. $p=\frac{1}{2}$이면 $\log_a \frac{1}{2}=\frac{1}{2}$

$\frac{1}{2}=a^{\frac{1}{2}}=\sqrt{a}$ $\therefore a=\frac{1}{4}$ (참)

ㄴ. 그림에서 $p<q$이다. (참)

ㄷ. $\log_a p=p$에서 $a^p=p$ ⋯ ㉠

$\log_{2a} q=q$에서 $(2a)^q=q$이므로 $2^q\times a^q=q$

$\therefore a^q=\frac{q}{2^q}$ ⋯ ㉡

이때, ㉠, ㉡의 식을 변끼리 곱하면

$a^p\times a^q=p\times\frac{q}{2^q}$ $\therefore a^{p+q}=\frac{pq}{2^q}$ (참)

따라서 옳은 것은 ㄱ, ㄴ, ㄷ이다.

로그함수 $y=\log_a x\,(a>0, a\neq1)$의 성질 개념·공식

① 함수 $y=a^x$의 역함수이다.
② $a>1$일 때, x가 증가하면 y도 증가한다.
③ $0<a<1$일 때, x가 증가하면 y는 감소한다.
④ 그래프는 점 $(1, 0)$을 지나고, 점근선은 y축이다.

C 112 정답 ⑤ *로그함수의 그래프의 교점 [정답률 61%]

정답 공식: 두 곡선 $y=f(x)$, $y=g(x)$의 그래프의 교점의 x좌표는 방정식 $f(x)=g(x)$의 실근과 같다.

$a>1$인 실수 a에 대하여 두 곡선

$y=-\log_2(-x)$, $y=\log_2(x+2a)$

가 만나는 두 점을 A, B라 하자. 선분 AB의 중점이 직선 $4x+3y+5=0$ 위에 있을 때, 선분 AB의 길이는? (4점)

단서1 두 점 A, B는 곡선 $y=-\log_2(-x)$ 위의 점이면서 곡선 $y=\log_2(x+2a)$ 위의 점이야.

단서2 선분 AB의 중점을 a에 대하여 나타낸 후 중점의 좌표를 직선의 방정식에 대입하면 a의 값을 구할 수 있어.

① $\frac{3}{2}$ ② $\frac{7}{4}$ ③ 2 ④ $\frac{9}{4}$ ⑤ $\frac{5}{2}$

1st 선분 AB의 중점의 좌표를 a로 나타내.

두 곡선 $y=-\log_2(-x)$, $y=\log_2(x+2a)$의 교점의 좌표를 구하기 위해 연립하면 $-\log_2(-x)=\log_2(x+2a)$에서

$\log_2(-x)+\log_2(x+2a)=0$, $\log_2\{(-x)\times(x+2a)\}=0$

$\log_a M+\log_a N=\log_a MN$

$\log_2(-x^2-2ax)=0$, $-x^2-2ax=2^0$

$\therefore x^2+2ax+1=0 \cdots ㉠$ ($\log_a x=k \Leftrightarrow x=a^k$)

한편, x에 대한 이차방정식 ㉠의 서로 다른 두 실근이 두 점 A, B의 x좌표이므로 이 두 점의 좌표를 각각 (x_1, y_1), (x_2, y_2)라 하면 이차방정식의 근과 계수의 관계에 의하여

문제의 조건에서 두 곡선이 두 점에서 만나므로 이차방정식 ㉠은 서로 다른 두 실근을 갖고 이 두 실근은 두 함수 $y=-\log_2(-x)$, $y=\log_2(x+2a)$의 정의역에 포함돼.

이차방정식 $ax^2+bx+c=0$의 두 근을 α, β라 하면 $\alpha+\beta=-\frac{b}{a}$, $\alpha\beta=\frac{c}{a}$야.

$x_1+x_2=-2a$, $x_1x_2=1 \cdots ㉡$

이때, 두 점 A, B는 모두 곡선 $y=-\log_2(-x)$ 위의 점이므로

$y_1=-\log_2(-x_1)$, $y_2=-\log_2(-x_2) \cdots ㉢$이다.

따라서 선분 AB의 중점의 좌표를 $M(\alpha, \beta)$라 하면

두 점 (x_1, y_1), (x_2, y_2)를 잇는 선분의 중점의 좌표는 $\left(\frac{x_1+x_2}{2}, \frac{y_1+y_2}{2}\right)$야.

㉡, ㉢에 의하여 $\alpha=\frac{x_1+x_2}{2}=\frac{-2a}{2}=-a$이고

$$\beta=\frac{y_1+y_2}{2}=\frac{-\log_2(-x_1)-\log_2(-x_2)}{2}=\frac{-\log_2 x_1x_2}{2}$$

$$=\frac{-\log_2 1}{2}=0$$

$\therefore M(-a, 0)$

2nd a의 값을 구해.

점 M이 직선 $4x+3y+5=0$ 위에 있으므로 $x=-a$, $y=0$을 대입하면

$4\times(-a)+3\times0+5=0$, $4a=5$ $\therefore a=\frac{5}{4}$

3rd 선분 AB의 길이를 구해.

$a=\frac{5}{4}$를 ㉠에 대입하면 $x^2+\frac{5}{2}x+1=0$에서

$2x^2+5x+2=0$, $(2x+1)(x+2)=0$

$\therefore x=-\frac{1}{2}$ 또는 $x=-2$

$y=-\log_2(-x)$에 $x=-\frac{1}{2}$을 대입하면 $y=-\log_2\frac{1}{2}=-\log_2 2^{-1}=\log_2 2=1$

또, $x=-2$를 대입하면 $y=-\log_2 2=-1$

따라서 두 곡선이 만나는 두 점 A, B의 좌표는

$\left(-\frac{1}{2}, 1\right)$, $(-2, -1)$이므로

$$\overline{AB}=\sqrt{\left\{-\frac{1}{2}-(-2)\right\}^2+\{1-(-1)\}^2}$$

$$=\sqrt{\frac{9}{4}+4}=\sqrt{\frac{25}{4}}=\frac{5}{2}$$

두 점 (x_1, y_1), (x_2, y_2)를 잇는 선분의 길이를 d라 하면 $d=\sqrt{(x_2-x_1)^2+(y_2-y_1)^2}$이야.

수능 핵강

*문제의 두 곡선이 두 점에서 만나는지 확인하기

위의 풀이에 의하여 두 곡선 $y=-\log_2(-x)$, $y=\log_2(x+2a)$를 연립하여 구한 방정식은 $x^2+2ax+1=0$이므로 두 곡선의 교점의 개수가 2이려면 x에 대한 이차방정식 $x^2+2ax+1=0$의 서로 다른 실근의 개수가 2이면서 이 두 실근이 로그의 진수 조건을 만족시켜야 해.

이때, 로그의 진수 조건에 의하여

$-x>0$, $x+2a>0$에서 $-2a<x<0$

이므로 $f(x)=x^2+2ax+1$이라 하면

함수 $y=f(x)$의 그래프의 개형은 그림과 같아야 해.

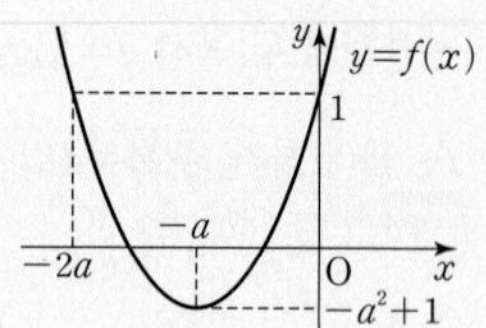

즉, $f(x)$의 최솟값은 0보다 작아야 하고 $f(-2a)>0$, $f(0)>0$이어야 해.

한편, $a>1$이고 $f(x)=x^2+2ax+1=(x+a)^2-a^2+1$이므로

$f(x)$의 최솟값은 $f(-a)=-a^2+1<0$이고

$f(-2a)=(-2a)^2+2a\times(-2a)+1=1>0$,

$f(0)=0^2+2a\times0+1=1>0$이야.

따라서 방정식 $x^2+2ax+1=0$의 서로 다른 실근의 개수는 2이고 두 실근은 로그의 진수 조건을 만족하므로 두 곡선은 서로 다른 두 점에서 만나.

C 113 정답 ① *로그함수의 그래프의 교점 [정답률 69%]

정답 공식: 두 함수가 서로 역함수 관계일 때, 두 함수의 그래프의 교점은 한 함수의 그래프와 직선 $y=x$의 교점과 같다.

단서1 주어진 평행이동에 의하여 옮겨진 함수 $y=10^{x-k}$와 $y=\log_{10}x+k$는 서로 역함수 관계야.

$y=10^x$의 그래프를 x축 방향으로 k만큼, $y=\log_{10}x$의 그래프를 y축 방향으로 k만큼 평행이동하였더니 두 함수의 그래프가 두 점에서 만났다. 이 두 점 사이의 거리가 $\sqrt{2}$일 때, 상수 k의 값은? (4점)

단서2 함수의 그래프와 직선 $y=x$의 교점은 함수와 그 역함수의 그래프의 교점이야.

① $\frac{1}{9}+2\log_{10}3$ ② $\frac{1}{9}+3\log_{10}3$ ③ $9-\log_{10}3$ ④ $9-2\log_{10}3$ ⑤ $9+\log_{10}3$

1st 지수함수 $y=10^{x-k}$과 로그함수 $y=\log_{10}x+k$는 역함수 관계에 있어.

$y=10^x$의 그래프를 x축의 방향으로 k만큼, $y=\log_{10}x$의 그래프를 y축의 방향으로 k만큼 평행이동한 두 함수는 각각 $y=10^{x-k}$, $y=\log_{10}x+k$이므로 두 함수는 서로 역함수 관계이다.

$y=10^{x-k}$에서 $x=10^{y-k}$, $\log_{10}x=y-k$ $\therefore y=\log_{10}x+k$

즉, 두 함수의 그래프가 만나는 점은 직선 $y=x$와 함수 $y=\log_{10}x+k$의 그래프의 교점과 같다.

또는 직선 $y=x$와 함수 $y=10^{x-k}$의 그래프의 교점과 같지.

2nd 직선 $y=x$와 $y=\log_{10}x+k$의 그래프의 두 교점을 $P(\alpha, \alpha)$, $Q(\beta, \beta)$ $(\alpha<\beta)$로 놓자.

직선 $y=x$와 함수 $y=\log_{10}x+k$의 그래프의 두 교점의 좌표를 각각 $P(\alpha, \alpha)$, $Q(\beta, \beta)$ $(\alpha<\beta)$로 놓으면

두 점 사이의 거리가 $\sqrt{2}$이므로

$\sqrt{(\beta-\alpha)^2+(\beta-\alpha)^2}=\sqrt{2}(\beta-\alpha)=\sqrt{2}$ ($\beta-\alpha>0$)

$\therefore \beta-\alpha=1 \cdots ㉠$

[두 점 사이의 거리] 두 점 (x_1, y_1), (x_2, y_2) 사이의 거리는 $\sqrt{(x_2-x_1)^2+(y_2-y_1)^2}$

한편, 두 교점 $P(\alpha, \alpha)$, $Q(\beta, \beta)$는 곡선 $y=\log_{10}x+k$ 위의 점이므로

$\begin{cases}\alpha=\log_{10}\alpha+k & \cdots ㉡\\ \beta=\log_{10}\beta+k & \cdots ㉢\end{cases}$

㉢−㉡을 하면 $\beta-\alpha=\log_{10}\beta-\log_{10}\alpha=\log_{10}\frac{\beta}{\alpha}$

㉠에서 $\beta-\alpha=1$이므로 $\log_{10}\frac{\beta}{\alpha}=1$ $\quad\therefore \frac{\beta}{\alpha}=10$ … ㉣

㉠과 ㉣을 연립하면

$\beta=\alpha+1$에서 $\frac{\alpha+1}{\alpha}=10$, $\alpha+1=10\alpha$ $\quad\therefore \alpha=\frac{1}{9}$

$\beta=\alpha+1=\frac{1}{9}+1=\frac{10}{9}$

㉡에 $\alpha=\frac{1}{9}$, $\beta=\frac{10}{9}$을 대입하면 $\frac{1}{9}=\log_{10}\frac{1}{9}+k$이므로

$k=\frac{1}{9}-\log_{10}3^{-2}=\frac{1}{9}+2\log_{10}3$

C 114 정답 ④ *로그함수의 그래프의 교점의 개수 … [정답률 67%]

정답 공식: 함수 $y=\log_{\frac{1}{4}}x$는 점 (1, 0), 함수 $y=\left(\frac{2}{3}\right)^x$은 점 $\left(1, \frac{2}{3}\right)$, 함수 $y=3^x$은 점 (1, 3)을 지난다. 지나는 점을 하나씩 찾아 더 그리기 쉽게 한다.

오른쪽 그림은 중심이 (1, 1)이고 반지름의 길이가 각각

$\frac{1}{3}$, $\frac{2}{3}$, 1, $\frac{4}{3}$, $\frac{5}{3}$, 2

인 6개의 반원을 그린 것이다.

세 함수

$y=\log_{\frac{1}{4}}x$

$y=\left(\frac{2}{3}\right)^x$

$y=3^x$

단서 세 함수의 그래프가 y축과 만나는 점 또는 직선 $x=1$과 만나는 점을 찾은 후 세 함수의 그래프를 주어진 반원 위에 그려봐.

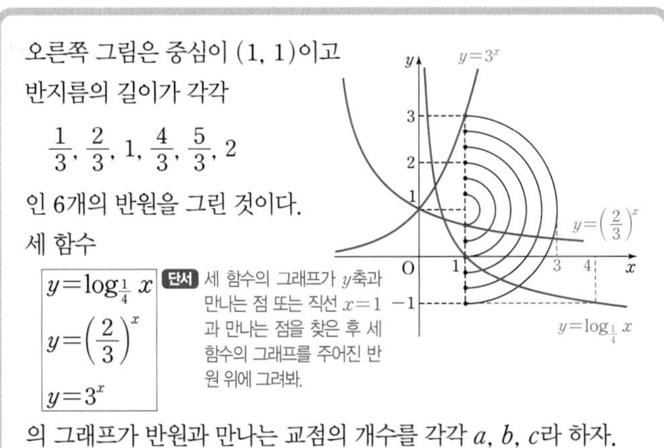

의 그래프가 반원과 만나는 교점의 개수를 각각 a, b, c라 하자. a, b, c의 대소 관계를 옳게 나타낸 것은? (단, $x\geq1$이고 반원은 지름의 양 끝점을 포함한다.) (4점)

① $a<b<c$ ② $a<c<b$ ③ $b<c<a$
④ $c<a<b$ ⑤ $c<b<a$

1st 세 함수의 그래프부터 그려.

$y=\log_{\frac{1}{4}}x$는 $0<$(밑)$=\frac{1}{4}<1$이므로 점 (1, 0)을 지나고 감소하는 로그함수이다.

→ 점 $\left(1, \frac{2}{3}\right)$를 지나.

$y=\left(\frac{2}{3}\right)^x$은 $0<$(밑)$=\frac{2}{3}<1$이므로 점 (0, 1)을 지나고 감소하는 지수함수이고, $y=3^x$은 (밑)>1이므로 점 (0, 1)을 지나고 증가하는 지수함수이다.

점 (1, 3)을 지나.

즉, 주어진 반원 위에 세 함수의 그래프를 그리면 그림과 같다.

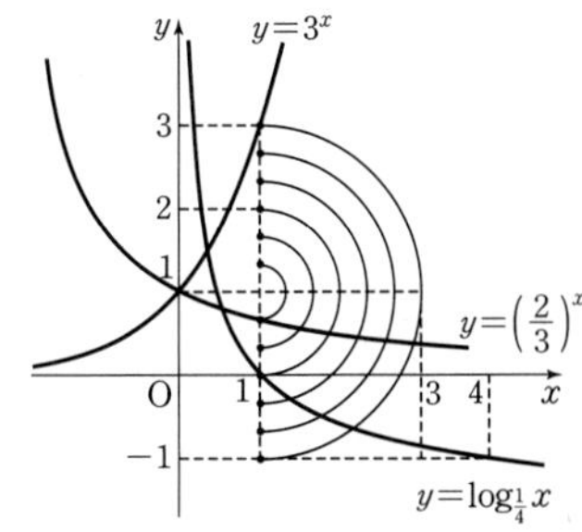

따라서 $a=4$, $b=6$, $c=1$이므로 $c<a<b$이다.

C 115 정답 ⑤ *로그함수의 그래프의 교점의 개수 … [정답률 41%]

정답 공식: x의 값의 범위를 나누어 함수 $f(x)$를 구한다. $x=10$일 때 불연속이므로 두 점 (10, 0)과 (10, 1)을 각각 지나는 n의 값을 구해본다.

단서1 $1\leq x<10$일 때 $\log x$의 정수 부분은 0, $10\leq x<100$일 때 $\log x$의 정수 부분은 1이므로 각 범위에서의 소수 부분을 $\log x$에 대한 식으로 나타낼 수 있겠지?

정의역이 $\{x|1\leq x<100\}$이고 함숫값이 $\log x$의 소수 부분인 함수를 $f(x)$라 하자. 함수 $y=f(x)$의 그래프와 직선 $y=2-\frac{x}{n}$가 만나는 점의 개수가 2가 되도록 하는 자연수 n의 개수는? (4점)

단서2 $y=f(x)$의 그래프를 그린 후 직선 $y=2-\frac{x}{n}$와 두 점에서 만나도록 직선을 움직여 봐.

① 1 ② 2 ③ 3 ④ 4 ⑤ 5

1st 함수 $y=f(x)$의 그래프를 그려봐.

함수 $f(x)$는 $\log x$의 소수 부분이므로 $0\leq f(x)<1$이고

$1\leq x<10$일 때, $\log x=f(x)$ → $0\leq\log x<1$에서 $\log x$의 정수 부분은 0

$10\leq x<100$일 때, $\log x=1+f(x)$ → $1\leq\log x<2$에서 $\log x$의 정수 부분은 1

$\therefore f(x)=\begin{cases}\log x & (1\leq x<10)\\ \log x-1 & (10\leq x<100)\end{cases}$

함정 x의 범위에 따라 함수 $f(x)$가 달라지지. 등호에 유의하여 문제를 풀자.

즉, 곡선 $y=f(x)$와 직선 $y=2-\frac{x}{n}$는 그림과 같다.

n의 값에 관계없이 점 (0, 2)를 지나는 직선이야.

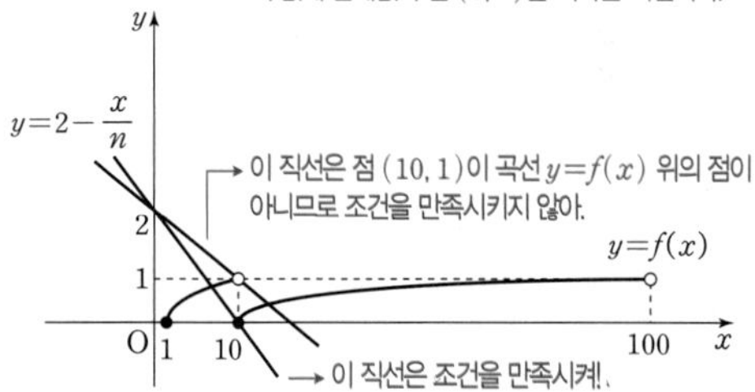

2nd 그림에서 교점이 2개가 되도록 하는 n의 값의 범위를 구해 봐.

직선 $y=2-\frac{x}{n}$는 y절편이 2이므로 점 (10, 1)을 지날 때와 점 (10, 0)을 지날 때 사이에 위치하면 곡선 $y=f(x)$와 직선 $y=2-\frac{x}{n}$의 교점이 2개가 된다.

(i) 직선 $y=2-\frac{x}{n}$가 점 (10, 0)을 지날 때,

$2-\frac{10}{n}\geq0$ $\quad\therefore n\geq5$

(ii) 직선 $y=2-\frac{x}{n}$가 점 (10, 1)을 지날 때,

$2-\frac{10}{n}<1$ $\quad\therefore n<10$

즉, $5\leq n<10$일 때, 직선 $y=2-\frac{x}{n}$와 곡선 $y=f(x)$는 두 점에서 만난다.

3rd 조건을 만족시키는 자연수 n의 개수를 찾자.

따라서 조건을 만족시키는 자연수 n은 5, 6, 7, 8, 9로 모두 5개이다.

로그함수 $y=\log_a x\ (a>0, a\neq1)$의 성질 개념·공식

① 함수 $y=a^x$의 역함수이다.
② $a>1$일 때, x가 증가하면 y도 증가한다.
③ $0<a<1$일 때, x가 증가하면 y는 감소한다.
④ 그래프는 점 (1, 0)을 지나고, 점근선은 y축이다.

C 116 정답 ③ *로그함수의 그래프의 교점의 활용 [정답률 62%]

(정답 공식: 함수 $y=\log_a f(x)$의 그래프가 직선 $y=n$과 만나는 점의 x좌표는 $\log_a f(x)=n$을 만족시키는 x의 값이다.)

단서1 $\frac{1}{4}<a<1$이므로 $y=\log_a x$는 감소하는 함수이고 $\frac{1}{4}<a<1$에서 $1<4a<4$이므로 $y=\log_{4a} x$는 증가하는 함수야.

$\frac{1}{4}<a<1$인 실수 a에 대하여 직선 $y=1$이 두 곡선 $y=\log_a x$, $y=\log_{4a} x$와 만나는 점을 각각 A, B라 하고, 직선 $y=-1$이 두 곡선 $y=\log_a x$, $y=\log_{4a} x$와 만나는 점을 각각 C, D라 하자. [보기]에서 옳은 것만을 있는 대로 고른 것은? (4점)

단서2 두 점 A, B의 y좌표는 모두 1이야.

단서3 두 점 C, D의 y좌표는 모두 -1이야.

[보기]

ㄱ. 선분 AB를 1 : 4로 외분하는 점의 좌표는 (0, 1)이다.

ㄴ. 사각형 ABCD가 직사각형이면 $a=\frac{1}{2}$이다.

ㄷ. $\overline{AB}<\overline{CD}$이면 $\frac{1}{2}<a<1$이다.

단서4 두 선분 AB, CD가 각각 x축과 서로 평행하므로 사각형 ABCD가 직사각형이려면 두 선분 AD, BC는 x축과 서로 수직이어야 해.

① ㄱ ② ㄷ ③ ㄱ, ㄴ
④ ㄴ, ㄷ ⑤ ㄱ, ㄴ, ㄷ

1st 네 점 A, B, C, D의 좌표를 각각 구하자.

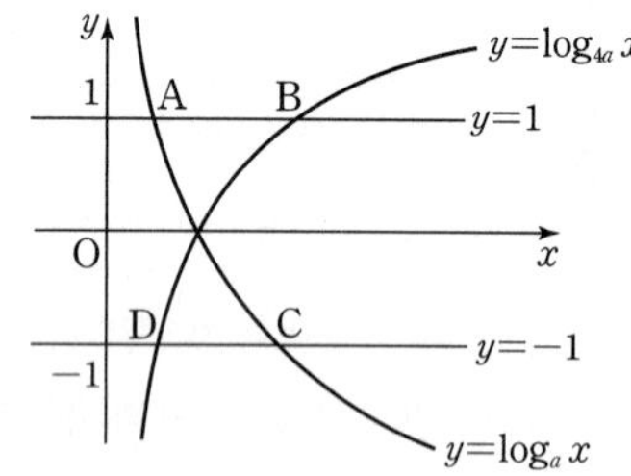

점 A는 곡선 $y=\log_a x$와 직선 $y=1$이 만나는 점이므로 점 A의 x좌표는 $\log_a x=1$에서 $x=a$ ∴ A$(a, 1)$

($\log_a b=x \Longleftrightarrow b=a^x$)

점 B는 곡선 $y=\log_{4a} x$와 직선 $y=1$이 만나는 점이므로 점 B의 x좌표는 $\log_{4a} x=1$에서 $x=4a$ ∴ B$(4a, 1)$

점 C는 곡선 $y=\log_a x$와 직선 $y=-1$이 만나는 점이므로 점 C의 x좌표는 $\log_a x=-1$에서 $x=a^{-1}=\frac{1}{a}$ ∴ C$\left(\frac{1}{a}, -1\right)$

점 D는 곡선 $y=\log_{4a} x$와 직선 $y=-1$이 만나는 점이므로 점 D의 x좌표는 $\log_{4a} x=-1$에서 $x=(4a)^{-1}=\frac{1}{4a}$ ∴ D$\left(\frac{1}{4a}, -1\right)$

2nd 네 점 A, B, C, D의 좌표를 이용하여 ㄱ, ㄴ, ㄷ의 참, 거짓을 따져.

ㄱ. 두 점 A, B의 좌표가 각각 $(a, 1)$, $(4a, 1)$이므로 선분 AB를 1 : 4로 외분하는 점의 좌표를 P라 하면 점 P의 좌표는

(두 점 (x_1, y_1), (x_2, y_2)를 잇는 선분을 $m : n$으로 외분하는 점의 좌표는 $\left(\frac{m\times x_2-n\times x_1}{m-n}, \frac{m\times y_2-n\times y_1}{m-n}\right)$ (단, $m\neq n$))

$\left(\frac{1\times 4a-4\times a}{1-4}, \frac{1\times 1-4\times 1}{1-4}\right)$, 즉 $(0, 1)$이다. (참)

ㄴ. 두 선분 AB, CD가 각각 직선 $y=1$, $y=-1$ 위에 있으므로 두 선분 AB, CD는 모두 x축과 평행하다. 따라서 사각형 ABCD가 직사각형이 되려면 두 직선 AD, BC는 모두 x축과 서로 수직이어야 한다. 즉, 두 점 A, D의 x좌표가 같아야 하므로

(선분 BC도 x축과 수직이어야 하므로 두 점 B, C의 x좌표가 같아야 함을 이용하여 a의 값을 구해도 돼.)

$a=\frac{1}{4a}$에서 $4a^2=1$, $a^2=\frac{1}{4}$

$\therefore a=\frac{1}{2}\left(\because \frac{1}{4}<a<1\right)$ (참)

ㄷ. $\overline{AB}=4a-a=3a$, $\overline{CD}=\frac{1}{a}-\frac{1}{4a}=\frac{4-1}{4a}=\frac{3}{4a}$이므로

(1st의 그래프에서 점 B가 점 A 보다 오른쪽에 있지? / 마찬가지로 점 C가 점 D보다 오른쪽에 있지?)

$\overline{AB}<\overline{CD}$에서 $3a<\frac{3}{4a}$, $4a^2<1$, $4a^2-1<0$

$(2a+1)(2a-1)<0$ $\therefore -\frac{1}{2}<a<\frac{1}{2}$ ⋯ ㉠

그런데 실수 a의 값의 범위가 $\frac{1}{4}<a<1$이므로 구하는 a의 값의 범위는 ㉠에 의하여 $\frac{1}{4}<a<\frac{1}{2}$ (거짓)

따라서 옳은 것은 ㄱ, ㄴ이다.

윤혁 서울대 건설환경공학부 2021년 입학 · 서울 동양고 졸

이 문제의 핵심은 로그함수의 그래프를 정확히 그리는 것이었어. 특히 조건에서 $\frac{1}{4}<a<1$이라는 조건을 주고 로그함수의 밑을 a, $4a$로 준 것은 누가 봐도 노골적이었지. ㄱ은 두 점 A, B의 좌표를 a로 나타낼 수 있어서 맞다는 것을 쉽게 확인할 수 있어. ㄴ의 평가원의 의도는 두 점 A, D와 두 점 B, C를 각각 x축에 대하여 대칭이 되도록 만드는 것이라고 생각해. 마지막으로 ㄷ은 두 선분 AB, CD의 길이를 a로 나타내어 부등식을 풀면 되는 것이었어. 이때, 주의할 점은 a의 값의 범위가 주어졌기 때문에 ㄷ의 부등식의 해가 답이 아니라는 거야. a의 값의 범위에서 부등식의 해를 구해야 해.

C 117 정답 ⑤ *로그함수의 그래프의 교점의 활용 [정답률 69%]

(정답 공식: 좌표평면 위의 점 (a, b)를 직선 $y=x$에 대하여 대칭이동한 점의 좌표는 (b, a)이다.)

그림과 같이 좌표평면에서 곡선 $y=a^x$ $(0<a<1)$ 위의 점 P가 제2사분면에 있다. 점 P를 직선 $y=x$에 대하여 대칭이동시킨 점 Q와 곡선 $y=-\log_a x$ 위의 점 R에 대하여 $\angle PQR=45°$이다. $\overline{PR}=\frac{5\sqrt{2}}{2}$이고 직선 PR의 기울기가 $\frac{1}{7}$일 때, 상수 a의 값은? (4점)

단서2 직선 RQ는 x축과 수직이야.

단서1 직선 PQ는 기울기가 -1인 직선이야.

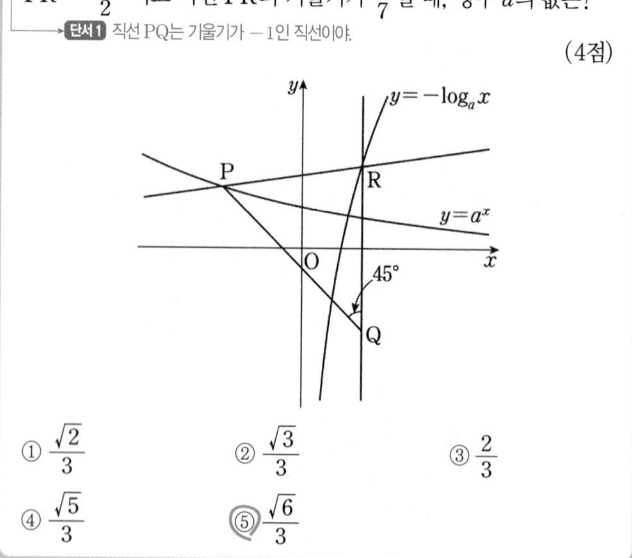

① $\frac{\sqrt{2}}{3}$ ② $\frac{\sqrt{3}}{3}$ ③ $\frac{2}{3}$
④ $\frac{\sqrt{5}}{3}$ ⑤ $\frac{\sqrt{6}}{3}$

1st 점 P의 x좌표를 t라 하고 점 R의 좌표를 구하자.

점 P의 좌표를 (t, a^t) $(t<0)$라 하면 점 P를 직선 $y=x$에 대하여 대칭이동한 점 Q의 좌표는 (a^t, t)이다.

(점 P가 제2사분면 위의 점이므로 x좌표가 음수이어야 해.)

이때, 직선 PQ와 직선 QR가 이루는 예각의 크기가 $45°$이므로 직선 QR는 x축과 수직인 직선이다. 따라서 점 R의 x좌표는 점 Q의 x좌표와 같으므로 점 R의 좌표는 $(a^t, -t)$이다.

두 점 P, Q가 서로 직선 $y=x$에 대하여 대칭이므로 직선 PQ는 기울기가 -1이야. 이때, 기울기가 -1인 직선이 x축과 이루는 예각의 크기는 $45°$이므로 직선 QR는 x축에 수직인 직선이야.

점 R의 x좌표가 a^t이고 곡선 $y=-\log_a x$ 위의 점이므로 $y=-\log_a a^t=-t$에서 점 R의 y좌표는 $-t$야.

2nd 직선 PR의 기울기를 이용하여 a, t 사이의 관계식을 하나 구하자.

직선 PR의 기울기가 $\frac{1}{7}$이므로 $\frac{a^t-(-t)}{t-a^t}=\frac{1}{7}$에서

두 점 (a, b), (c, d)를 지나는 직선의 기울기는 $\frac{d-b}{c-a}$야.

$t-a^t=7a^t+7t$, $8a^t=-6t$

$\therefore a^t=-\frac{3}{4}t \cdots ㉠$

3rd 선분 PR의 길이를 이용하여 a, t 사이의 관계식을 하나 더 구하자.

$\overline{PR}=\frac{5\sqrt{2}}{2}$에서 $\overline{PR}^2=\frac{25}{2}$이므로 $(t-a^t)^2+\{a^t-(-t)\}^2=\frac{25}{2}$

두 점 (a, b), (c, d)를 지나는 선분의 길이를 d라 하면 $d=\sqrt{(c-a)^2+(d-b)^2}$

$t^2-2ta^t+a^{2t}+a^{2t}+2ta^t+t^2=\frac{25}{2}$

$2t^2+2a^{2t}=\frac{25}{2} \qquad \therefore 4t^2+4a^{2t}=25 \cdots ㉡$

4th 상수 a의 값을 구하자.

㉠을 ㉡에 대입하면 $4t^2+4\times\left(-\frac{3}{4}t\right)^2=25$, $\frac{25}{4}t^2=25$

$t^2=4 \qquad \therefore t=-2\ (\because t<0)$

이것을 ㉠에 대입하면 $a^{-2}=-\frac{3}{4}\times(-2)=\frac{3}{2}$, $a^2=\frac{2}{3}$

$\therefore a=\sqrt{\frac{2}{3}}=\frac{\sqrt{6}}{3}\ (\because 0<a<1)$

톡톡 풀이: 점 P의 x좌표와 y좌표 사이의 관계식을 찾아 a의 값 구하기

점 P의 좌표를 (α, β)라 하면 점 Q의 좌표는 (β, α)야.

이때, 점 P에서 선분 QR에 내린 수선의 발을 H라 하면 직선 PR의 기울기가 $\frac{1}{7}$이므로 $\frac{\overline{RH}}{\overline{PH}}=\frac{1}{7}$

즉, 양수 k에 대하여 $\overline{PH}=7k$, $\overline{RH}=k$라 하면 직각삼각형 PHR에서 피타고라스 정리에 의하여 $\overline{PR}^2=\overline{PH}^2+\overline{RH}^2$에서

$\left(\frac{5\sqrt{2}}{2}\right)^2=(7k)^2+k^2$, $50k^2=\frac{25}{2}$, $k^2=\frac{1}{4} \qquad \therefore k=\frac{1}{2}(\because k>0)$

$\therefore \overline{PH}=\frac{7}{2}$, $\overline{RH}=\frac{1}{2}$

한편, 두 점 P, Q의 x좌표의 차는 선분 PH의 길이와 같으므로

$\beta-\alpha=\frac{7}{2} \cdots ㉠$

또, 점 R의 좌표는 $(\beta, -\log_a \beta)$이고 두 점 P, R의 y좌표의 차는 선분 RH의 길이와 같으므로 $-\log_a \beta-\beta=\frac{1}{2} \cdots ㉡$

이때, 점 $P(\alpha, \beta)$는 곡선 $y=a^x$ 위의 점이므로

$\beta=a^\alpha$에서 $\alpha=\log_a \beta$

$\log_a x=N \Longleftrightarrow x=a^N$

이것을 ㉡에 대입하면 $-\alpha-\beta=\frac{1}{2} \qquad \therefore \alpha+\beta=-\frac{1}{2} \cdots ㉢$

㉠+㉢을 하면 $2\beta=3 \qquad \therefore \beta=\frac{3}{2}$

이것을 ㉢에 대입하면 $\alpha+\frac{3}{2}=-\frac{1}{2} \qquad \therefore \alpha=-2$

따라서 점 P의 좌표는 $\left(-2, \frac{3}{2}\right)$이므로 곡선 $y=a^x$의 식에 대입하면

$\frac{3}{2}=a^{-2}$에서 $a^2=\frac{2}{3} \qquad \therefore a=\frac{\sqrt{6}}{3}(\because a>0)$

C 118 정답 ⑤ *로그함수의 그래프의 교점의 활용 [정답률 69%]

(정답 공식: 선분 A_mB_m의 길이가 자연수가 되기 위한 조건을 찾는다.)

그림과 같이 자연수 m에 대하여 두 함수 $y=3^x$, $y=\log_2 x$의 그래프와 직선 $y=m$이 만나는 점을 각각 A_m, B_m이라 하자. 선분 A_mB_m의 길이 중 자연수인 것을 작은 수부터 크기순으로 나열하여 $a_1, a_2, a_3, \cdots$이라 할 때, a_3의 값은? (4점)

단서 두 점 A_m, B_m이 직선 $y=m$ 위의 점이므로 이 두 점의 y좌표가 같아. 즉, 선분 A_mB_m의 길이는 두 점 A_m, B_m의 x좌표의 차와 같아.

① 502 ② 504 ③ 506 ④ 508 ⑤ 510

1st 선분 A_mB_m의 길이를 m에 대하여 나타내.

$3^x=m$에서 $x=\log_3 m$이므로 점 A_m의 좌표는 $(\log_3 m, m)$이다.

로그의 정의를 이용한 거야.

또, $\log_2 x=m$에서 $x=2^m$이므로 점 B_m의 좌표는 $(2^m, m)$이다.

$\log_2 x=m$에서 $\log_2 x=\log_2 2^m \quad \therefore x=2^m$

$\therefore \overline{A_mB_m}=2^m-\log_3 m$

문제의 그림에서 로그함수 $y=\log_2 x$의 그래프가 지수함수 $y=3^x$의 그래프보다 오른쪽에 존재하므로 두 점 $A_m(\log_3 m, m)$, $B_m(2^m, m)$에 대하여 항상 $2^m>\log_3 m$이 성립해.

2nd 선분 A_mB_m의 길이가 자연수가 되기 위한 조건을 찾자.

이때, m이 자연수이므로 2^m도 자연수이다.

따라서 선분 A_mB_m의 길이, 즉 $2^m-\log_3 m$의 값이 자연수가 되려면 $\log_3 m$의 값이 음이 아닌 정수가 되어야 하므로 가능한 m의 값은 음이 아닌 정수 k에 대하여 3^k 꼴이어야 한다.

3rd a_3의 값을 구하자.

주어진 그래프에서 m의 값이 커질수록 두 점 A_m, B_m 사이의 거리도 멀어지지?

한편, m의 값이 커질수록 선분 A_mB_m의 길이가 길어지므로

(i) $k=0$, 즉 $m=3^0=1$일 때, $a_1=2^1-\log_3 1=2-0=2$

(ii) $k=1$, 즉 $m=3^1=3$일 때, $a_2=2^3-\log_3 3=8-1=7$

(iii) $k=2$, 즉 $m=3^2=9$일 때, $a_3=2^9-\log_3 9=512-2=510$

$\therefore a_3=510$

C 119 정답 ③ *로그함수의 그래프의 교점의 활용 [정답률 73%]

(정답 공식: 지름의 양 끝점의 중점은 원의 중심이다. 이차방정식 $ax^2+bx+c=0$의 두 근을 p, q라 할 때, $p+q=-\frac{b}{a}$, $pq=\frac{c}{a}$이다.)

$a>1$인 실수 a에 대하여 곡선 $y=\log_a x$와 원 $C:\left(x-\frac{5}{4}\right)^2+y^2=\frac{13}{16}$의 두 교점을 P, Q라 하자. 선분 PQ가 원 C의 지름일 때, a의 값은? (4점)

단서 원 C의 중심은 선분 PQ의 중점이야. 즉, 두 점 P, Q는 원 C의 중심에 대하여 대칭이야.

① 3 ② $\frac{7}{2}$ ③ 4 ④ $\frac{9}{2}$ ⑤ 5

1st 두 점 P, Q가 원 C의 중심에 대하여 대칭임을 이용하여 점 P의 좌표를 구해.

두 점 P, Q의 중점이 원 C의 중심 $\left(\frac{5}{4}, 0\right)$이므로 양수 t에 대하여

점 P의 x좌표를 $\frac{5}{4}+t$라 하면 점 Q의 x좌표는 $\frac{5}{4}-t$이다.

원의 지름의 양 끝점은 그 원의 중심에 대하여 대칭이므로 지름의 양 끝점의 x좌표는 원의 중심을 지나고 x축에 수직인 직선에 대하여 대칭이야. 즉, 두 점 P, Q의 x좌표는 직선 $x=\frac{5}{4}$에 대하여 대칭이지.

즉, 두 점 P, Q의 좌표는 각각 $\left(\frac{5}{4}+t, \log_a\left(\frac{5}{4}+t\right)\right)$,

$\left(\frac{5}{4}-t, \log_a\left(\frac{5}{4}-t\right)\right)$이고 두 점 P, Q의 y좌표의 절댓값은 같고 부호는 서로 다르므로

두 점 P, Q의 y좌표는 x축에 대하여 대칭이니까 두 점 P, Q의 y좌표의 절댓값은 같고 부호는 서로 달라.

$\log_a\left(\frac{5}{4}+t\right)=-\log_a\left(\frac{5}{4}-t\right)$에서 $\log_a\left(\frac{5}{4}+t\right)+\log_a\left(\frac{5}{4}-t\right)=0$

$\left(\frac{5}{4}+t\right)\left(\frac{5}{4}-t\right)=1$, $\frac{25}{16}-t^2=1$, $t^2=\frac{9}{16}$

$\log_a x+\log_a y=\log_a xy$
$\log_a x=b \Longleftrightarrow x=a^b$

$\therefore t=\frac{3}{4}$ ($\because t>0$)

주의 원의 중심의 좌표가 주어졌으므로 점 P, Q가 대칭인 것을 이용하여 양수 t를 통해 점 P, Q의 좌표를 나타냈어. 이때 t의 범위에 유의하자.

따라서 점 P의 좌표는 $\left(\frac{5}{4}+\frac{3}{4}, \log_a\left(\frac{5}{4}+\frac{3}{4}\right)\right)$, 즉 $(2, \log_a 2)$이다.

2nd 점 P가 원 C 위의 점임을 이용하여 a의 값을 구해.

점 P는 원 C 위의 점이므로

$\left(2-\frac{5}{4}\right)^2+(\log_a 2)^2=\frac{13}{16}$에서 $(\log_a 2)^2=\frac{1}{4}$

이때, $a>1$이므로 $\log_a 2>0$

함수 $y=\log_a x\,(a>1)$의 그래프는 그림과 같으므로 $x=2$일 때의 함숫값은 양수야. 즉, $\log_a 2>0$이야.

따라서 $\log_a 2=\frac{1}{2}$이므로 $a^{\frac{1}{2}}=2$에서 $a=4$

다른 풀이: 선분 PQ의 중점이 원의 중심임을 이용하기

두 점 P, Q의 좌표를 각각 $\mathrm{P}(p, \log_a p)$, $\mathrm{Q}(q, \log_a q)$ $(p>q)$라 하면

선분 PQ의 중점이 원의 중심 $\left(\frac{5}{4}, 0\right)$이므로

$\frac{p+q}{2}=\frac{5}{4}$, $\frac{\log_a p+\log_a q}{2}=0$에서

$\frac{\log_a p+\log_a q}{2}=0$에서 $\log_a pq=0$이므로 $pq=1$

$p+q=\frac{5}{2}$, $pq=1$

이때, p, q를 두 실근으로 갖는 t에 대한 이차방정식은

$t^2-\frac{5}{2}t+1=0$에서 $2t^2-5t+2=0$

두 수 α, β를 근으로 갖고, x^2의 계수가 1인 이차방정식은 $x^2-(\alpha+\beta)x+\alpha\beta=0$

$(2t-1)(t-2)=0$

$\therefore t=\frac{1}{2}$ 또는 $t=2$

즉, $p=2$, $q=\frac{1}{2}$($\because p>q$)이므로 두 점 P, Q의 좌표는 각각

$(2, \log_a 2)$, $\left(\frac{1}{2}, -\log_a 2\right)$야.

한편, 선분 PQ의 길이는 원 C의 지름의 길이 $\frac{\sqrt{13}}{2}$이므로

중심이 (a, b)이고 반지름의 길이가 r인 원의 방정식은 $(x-a)^2+(y-b)^2=r^2$

$\left(2-\frac{1}{2}\right)^2+\{\log_a 2-(-\log_a 2)\}^2=\left(\frac{\sqrt{13}}{2}\right)^2$에서 $(\log_a 4)^2=1$

그런데 $a>1$이므로 $\log_a 4>0$이야.

따라서 $\log_a 4=1$이므로 $a=4$

C 120 정답 ⑤ *로그함수의 그래프의 교점의 활용 ··· [정답률 67%]

정답 공식: x_1y_1은 네 점 (x_1, y_1), $(0, 0)$, $(x_1, 0)$, $(0, y_1)$을 꼭짓점으로 하는 사각형의 넓이를 의미한다.

직선 $y=2-x$가 두 로그함수 $y=\log_2 x$, $y=\log_3 x$의 그래프와 만나는 점을 각각 (x_1, y_1), (x_2, y_2)라 할 때, [보기]에서 옳은 것을 모두 고른 것은? (4점)

[보기]

ㄱ. $x_1>y_2$
단서1 두 함수 $y=\log_2 x$와 $y=\log_3 x$의 그래프와 직선 $y=2-x$를 그려 두 점 (x_1, y_1), (x_2, y_2)의 위치를 따져봐.

ㄴ. $x_2-x_1=y_1-y_2$

ㄷ. $x_1y_1>x_2y_2$
단서2 x_1y_1과 x_2y_2는 각각 원점과 점 (x_1, y_1), 원점과 점 (x_2, y_2)를 대각선으로 하는 직사각형의 넓이와 같음을 이용하자.

① ㄱ ② ㄷ ③ ㄱ, ㄴ
④ ㄴ, ㄷ ⑤ ㄱ, ㄴ, ㄷ

1st 그래프를 그려 x_1, y_2의 범위를 구해.

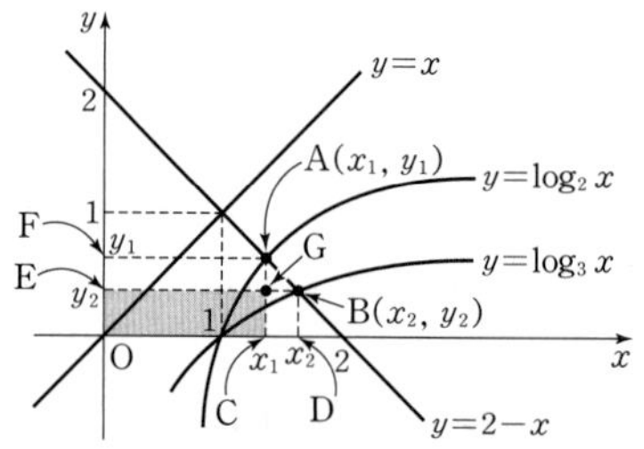

ㄱ. 그림에서 $1<x_1<2$이고, $0<y_2<1$

$\therefore x_1>y_2$ (참)

ㄴ. A, B는 모두 직선 $y=2-x$ 위의 점이므로

$y_1=2-x_1$, $y_2=2-x_2$이다.

$\therefore y_1-y_2=2-x_1-(2-x_2)=x_2-x_1$ (참)

2nd 사각형의 넓이를 이용하여 ㄷ을 해결해.

ㄷ. 그림과 같이 $\mathrm{C}(x_1, 0)$, $\mathrm{D}(x_2, 0)$, $\mathrm{E}(0, y_2)$, $\mathrm{F}(0, y_1)$로 잡으면

$x_1y_1=$(□OCAF의 넓이), $x_2y_2=$(□ODBE의 넓이)

이때, 두 사각형의 공통부분인 □OCGE를 뺀 나머지 부분을 비교하자.

ㄱ, ㄴ에 의해 $y_1-y_2=x_2-x_1$, $x_1>y_2$이고

□CDBG$=(x_2-x_1)\times y_2$, □GAFE$=x_1(y_1-y_2)$이므로

□GAFE>□CDBG

$x_2-x_1=y_1-y_2$인데 $x_1>y_2$이므로 $x_1(y_1-y_2)>(x_2-x_1)\times y_2$

$\therefore x_1y_1>x_2y_2$ (참)

□GAFE>□CDBG에서 □GAFE+□OCGE>□CDBG+□OCGE
∴ □OCAF>□ODBE
즉, $x_1y_1>x_2y_2$야.

따라서 옳은 것은 ㄱ, ㄴ, ㄷ이다.

다른 풀이: 두 점을 지나는 직선의 기울기를 이용하여 ㄴ의 참·거짓 판단하기

ㄴ. 두 점 A, B를 지나는 직선의 기울기가 $y=2-x$에서 -1이므로

$\frac{y_2-y_1}{x_2-x_1}=-1$이 성립해.

$\therefore x_2-x_1=y_1-y_2$ (참)

C 121 정답 ④ *로그함수의 그래프의 교점의 활용 [정답률 66%]

정답 공식: $\frac{3\log q-2\log p}{q-p}$는 두 점 $(p,\ 2\log p)$와 $(q,\ 3\log q)$를 지나는 직선의 기울기이고 $\frac{3\log q}{q}$는 원점과 점 $(q,\ 3\log q)$를 지나는 직선의 기울기를 의미한다.

단서1 두 점 $(1,\ 0)$, $(0,\ -m)$을 지나는 직선의 방정식을 구해.

두 점 $(1,\ 0)$, $(0,\ -m)$을 지나는 직선이 두 곡선 $y=2\log x$, $y=3\log x$와 각각 두 점에서 만날 때, $(1,\ 0)$이 아닌 교점을 각각 $(p,\ 2\log p)$, $(q,\ 3\log q)$라 하자. [보기]에서 옳은 것을 모두 고른 것은? (단, $m>0$, $p>1$, $q>1$이다.) (4점)

단서2 두 곡선 $y=2\log x$, $y=3\log x$와 단서1 의 직선을 좌표평면 위에 그려 교점 $(p,\ 2\log p)$, $(q,\ 3\log q)$의 위치를 판단해.

[보기]

ㄱ. $p>q$

ㄴ. $m=\frac{3\log q-2\log p}{q-p}$

ㄷ. $m>\frac{3\log q}{q}$

① ㄴ ② ㄷ ③ ㄱ, ㄴ
④ ㄴ, ㄷ ⑤ ㄱ, ㄴ, ㄷ

1st 두 점 $(1,\ 0)$, $(0,\ -m)$을 지나는 직선의 방정식을 구해.

ㄱ. 두 점 $(1,\ 0)$, $(0,\ -m)$을 지나는 직선의 방정식은 $y=m(x-1)$이므로 주어진 조건을 가지고 그래프를 그려보면 그림과 같다.

$\therefore p<q$ (거짓) 기울기: $\frac{-m-0}{0-1}=m$

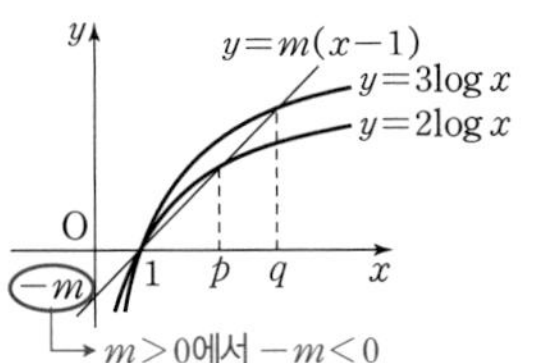

ㄴ. 두 점 $(p,\ 2\log p)$, $(q,\ 3\log q)$가 직선 $y=m(x-1)$ 위의 점이므로 기울기 m을 구하면

$m=\frac{3\log q-2\log p}{q-p}$ (참)

ㄷ. $\frac{3\log q}{q}$는 원점과 점 $(q,\ 3\log q)$를 지나는 직선의 기울기이므로 $\frac{3\log q-0}{q-0}$

그림에서 $m>\frac{3\log q}{q}$ (참)

따라서 옳은 것은 ㄴ, ㄷ이다.

직선의 기울기 (개념·공식)

일차함수 $f(x)=mx+n$에 대하여

① 직선 $y=f(x)$가 두 점 $(a,\ b)$, $(c,\ d)$를 지나면

$m=\frac{b-d}{a-c}$

② 직선 $y=f(x)$와 x축의 양의 방향이 이루는 각의 크기가 θ이면

$m=\tan\theta$

C 122 정답 ⑤ *로그함수의 그래프의 교점의 활용 [정답률 45%]

정답 공식: 두 곡선을 좌표평면에 나타내어 교점의 x좌표, y좌표에 대한 부등식의 참, 거짓을 따진다.

두 곡선 $y=2^{-x}$과 $y=|\log_2 x|$가 만나는 두 점을 $(x_1,\ y_1)$, $(x_2,\ y_2)$라 하자. $x_1<x_2$일 때, [보기]에서 옳은 것만을 있는 대로 고른 것은? (4점)

단서 $|\log_2 x|=\begin{cases}\log_2 x & (x\ge1)\\ -\log_2 x & (0<x<1)\end{cases}$

[보기]

ㄱ. $\frac{1}{2}<x_1<\frac{\sqrt{2}}{2}$

ㄴ. $\sqrt[3]{2}<x_2<\sqrt{2}$

ㄷ. $y_1-y_2<\frac{3\sqrt{2}-2}{6}$

① ㄱ ② ㄱ, ㄴ ③ ㄱ, ㄷ
④ ㄴ, ㄷ ⑤ ㄱ, ㄴ, ㄷ

1st 두 곡선을 좌표평면에 나타내어 x_1의 값의 범위를 확인해.

ㄱ. $0<x<1$일 때, $y=|\log_2 x|=-\log_2 x$이고 이 곡선은 곡선 $y=2^{-x}$과 직선 $y=x$에 대하여 대칭이다. 즉, $0<x<1$에서 두 곡선 $y=2^{-x}$, $y=|\log_2 x|$의 교점은 직선 $y=x$ 위에 있고 이 교점의 x좌표가 x_1이다.

$y=2^{-x}$에서 x, y를 서로 바꾸면 $x=2^{-y}$에서 $-y=\log_2 x$ $\therefore y=-\log_2 x$
즉, 두 함수 $y=2^{-x}$, $y=-\log_2 x$는 서로 역함수 관계이므로 그래프는 직선 $y=x$에 대하여 대칭이야.

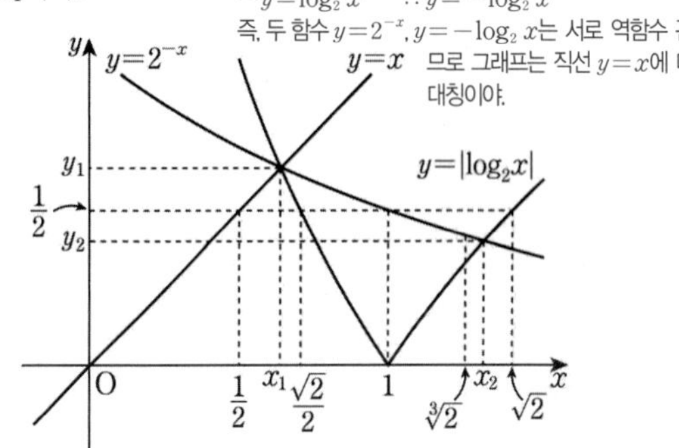

한편, 직선 $y=\frac{1}{2}$이 직선 $y=x$와 만나는 점의 x좌표는 $\frac{1}{2}$이고 직선 $y=\frac{1}{2}$이 곡선 $y=-\log_2 x\ (0<x<1)$와 만나는 점의 x좌표는

$\frac{1}{2}=-\log_2 x$에서 $\log_{\frac{1}{2}}\left(\frac{1}{2}\right)^{\frac{1}{2}}=\log_{\frac{1}{2}} x$

$\therefore x=\left(\frac{1}{2}\right)^{\frac{1}{2}}=\sqrt{\frac{1}{2}}=\frac{\sqrt{2}}{2}$

그런데 직선 $y=x$, 곡선 $y=-\log_2 x\ (0<x<1)$가 직선 $y=\frac{1}{2}$과 만나는 점의 x좌표의 위치는 그림과 같으므로

$\frac{1}{2}<x_1<\frac{\sqrt{2}}{2}$ (참)

2nd $x=\sqrt[3]{2}$, $x=\sqrt{2}$일 때 두 곡선의 위치를 비교하자.

ㄴ. $f(x)=2^{-x}$, $g(x)=\log_2 x\,(x>1)$라 하면

두 곡선 $y=2^{-x}$, $y=|\log_2 x|$는 $x>1$일 때 $x=x_2$에서 만나고 $x<x_2$일 때 $2^{-x}>\log_2 x$, $x>x_2$일 때 $2^{-x}<\log_2 x$지? 이를 이용하여 x_2의 값의 범위를 결정해야 해.

(i) $x=\sqrt[3]{2}$일 때, $f(\sqrt[3]{2})=2^{-\sqrt[3]{2}}=\frac{1}{2^{\sqrt[3]{2}}}$,

$g(\sqrt[3]{2})=\log_2\sqrt[3]{2}=\log_2 2^{\frac{1}{3}}=\frac{1}{3}$이다.

이때, $8<9$이므로 $2^{\frac{3}{2}}<3$ ⋯ ㉠

또, $(\sqrt[3]{2})^3=2$, $\left(\frac{3}{2}\right)^3=\frac{27}{8}$이므로 $(\sqrt[3]{2})^3<\left(\frac{3}{2}\right)^3$에서

$\sqrt[3]{2}<\frac{3}{2}$ $\therefore 2^{\sqrt[3]{2}}<2^{\frac{3}{2}}$ ⋯ ㉡

㉠, ㉡에 의하여 $2^{\sqrt[3]{2}}<2^{\frac{3}{2}}<3$이므로 $\frac{1}{2^{\sqrt[3]{2}}}>\frac{1}{3}$

따라서 $f(\sqrt[3]{2})>g(\sqrt[3]{2})$이므로 $x_2>\sqrt[3]{2}$

(ii) $x=\sqrt{2}$일 때, $f(\sqrt{2})=2^{-\sqrt{2}}=\frac{1}{2^{\sqrt{2}}}$,

$g(\sqrt{2})=\log_2\sqrt{2}=\log_2 2^{\frac{1}{2}}=\frac{1}{2}$이다.

이때, $2^{\sqrt{2}}>2$이므로 $\frac{1}{2^{\sqrt{2}}}<\frac{1}{2}$

따라서 $f(\sqrt{2})<g(\sqrt{2})$이므로 $x_2<\sqrt{2}$

(i), (ii)에 의하여 $\sqrt[3]{2}<x_2<\sqrt{2}$ (참)

3rd ㄱ, ㄴ을 이용하여 ㄷ의 참, 거짓을 따져.

ㄷ. $0<x<1$일 때 두 곡선 $y=2^{-x}$과 $y=|\log_2 x|$의 교점의 x좌표가 x_1이고 이 교점은 직선 $y=x$ 위의 점이므로 $y_1=x_1$

즉, ㄱ에 의하여 $\frac{1}{2}<y_1<\frac{\sqrt{2}}{2}$ … ㉢

또, $y_2=\log_2 x_2$이고 ㄴ에 의하여 $\sqrt[3]{2}<x_2<\sqrt{2}$에서

$\log_2\sqrt[3]{2}<\log_2 x_2<\log_2\sqrt{2}$

$\therefore \frac{1}{3}<y_2<\frac{1}{2}$ … ㉣

㉢, ㉣에서 $y_1-y_2<\frac{\sqrt{2}}{2}-\frac{1}{3}=\frac{3\sqrt{2}-2}{6}$ (참)

→ $a<x<b$, $c<y<d$이면 $a-d<x-y<b-c$야.

따라서 옳은 것은 ㄱ, ㄴ, ㄷ이다.

로그함수 $y=\log_a x\,(a>0,\ a\neq1)$의 성질 개념·공식

① 함수 $y=a^x$의 역함수이다.
② $a>1$일 때, x가 증가하면 y도 증가한다.
③ $0<a<1$일 때, x가 증가하면 y는 감소한다.
④ 그래프는 점 $(1, 0)$을 지나고, 점근선은 y축이다.

C 123 정답 ③ *로그함수의 그래프의 교점의 활용 [정답률 57%]

(정답 공식: 두 함수 $y=\log_2 x$와 $y=2^x$은 서로 역함수 관계이고, 두 함수 $y=-\log_2 x$와 $y=\left(\frac{1}{2}\right)^x$은 서로 역함수 관계이다. $\frac{y_1-1}{x_1}$은 점 P와 점 $(0, 1)$을 이은 직선의 기울기이고 $\frac{y_2-1}{x_2}$은 점 Q와 점 $(0, 1)$을 이은 직선의 기울기이다.)

좌표평면에서 두 곡선 $y=|\log_2 x|$와 $y=\left(\frac{1}{2}\right)^x$이 만나는 두 점을 $\mathrm{P}(x_1, y_1)$, $\mathrm{Q}(x_2, y_2)(x_1<x_2)$라 하고, 두 곡선 $y=|\log_2 x|$와 $y=2^x$이 만나는 점을 $\mathrm{R}(x_3, y_3)$이라 하자. 옳은 것만을 [보기]에서 있는 대로 고른 것은? (4점)

[보기]

ㄱ. $\frac{1}{2}<x_1<1$ **단서1** x좌표가 $\frac{1}{2}$인 점의 위치를 찾아봐.

ㄴ. $x_2y_2-x_3y_3=0$ **단서2** 로그함수의 밑이 2이고 지수함수의 밑이 각각 $\frac{1}{2}$, 2이므로 역함수 관계에 있는 두 함수를 찾아봐야겠지?

ㄷ. $x_2(x_1-1)>y_1(y_2-1)$ **단서3** 두 점 P, Q의 위치와 점 $(0, 1)$을 이용하여 직선의 기울기를 생각해 봐.

① ㄱ ② ㄷ ③ ㄱ, ㄴ ④ ㄴ, ㄷ ⑤ ㄱ, ㄴ, ㄷ

1st $y=1$일 때의 각 그래프의 x좌표를 구해 보자.

ㄱ. $y=-\log_2 x$의 그래프에서 y좌표가 1일 때의 x좌표는 $\frac{1}{2}$이므로 그림에서 $\frac{1}{2}<x_1<1$ (참)

→ $1=-\log_2 x$, 즉 $\log_2 x=-1$에서 $x=2^{-1}=\frac{1}{2}$

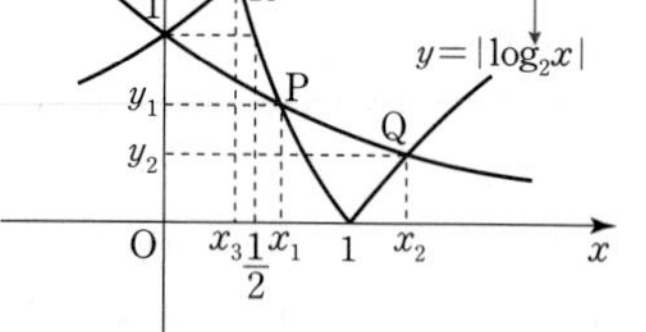

ㄴ. 두 점 Q, R는 각각 두 곡선 $y=\log_2 x$와 $y=\left(\frac{1}{2}\right)^x$, $y=-\log_2 x$와 $y=2^x$의 교점이므로 두 점 Q, R는 직선 $y=x$에 대하여 대칭이다.

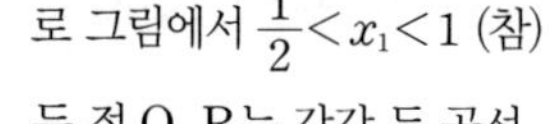

즉, $x_2=y_3$, $y_2=x_3$이므로

$x_2y_2-x_3y_3=x_2x_3-x_3x_2=0$ (참)

→ 점 $\mathrm{Q}(x_2, y_2)$를 직선 $y=x$에 대하여 대칭이동시킨 점의 좌표는 (y_2, x_2)이고 이 점이 $\mathrm{R}(x_3, y_3)$이므로 $x_3=y_2$, $y_3=x_2$야.

2nd 두 점을 지나는 직선의 기울기를 이용해 보자.

ㄷ. 그림과 같이 점 A의 좌표를 A$(0, 1)$이라 하면

($\overline{\mathrm{AP}}$의 기울기)$=\frac{y_1-1}{x_1}$,

($\overline{\mathrm{AQ}}$의 기울기)$=\frac{y_2-1}{x_2}$이고

($\overline{\mathrm{AP}}$의 기울기)<($\overline{\mathrm{AQ}}$의 기울기)

이므로 $\frac{y_1-1}{x_1}<\frac{y_2-1}{x_2}$

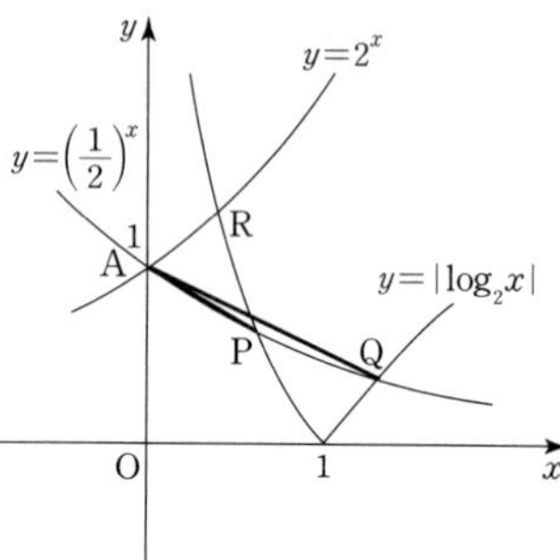

이때, 점 $\mathrm{P}(x_1, y_1)$은 역함수 관계인 두 곡선 $y=-\log_2 x$와 $y=\left(\frac{1}{2}\right)^x$의 교점이므로 직선 $y=x$ 위의 점이다. 즉, $y_1=x_1$에서

$\frac{x_1-1}{y_1}<\frac{y_2-1}{x_2}$

주의 두 함수가 역함수 관계이면 $y=x$에 대하여 대칭이야. 따라서 두 함수의 교점은 둘 중 한 함수와 $y=x$의 교점과 일치해.

$\therefore x_2(x_1-1)<y_1(y_2-1)$ ($\because x_2>0$, $y_1>0$) (거짓)

따라서 옳은 것은 ㄱ, ㄴ이다.

C 124 정답 ④ *로그함수와 지수함수의 역함수 구하기 [정답률 86%]

(정답 공식: 두 함수 $y=a^x$, $y=\log_a x$는 서로 역함수 관계이다.)

좌표평면에서 곡선 $y=a^x$을 직선 $y=x$에 대하여 대칭이동한 곡선이 점 $(2, 3)$을 지날 때, 양수 a의 값은? (3점)

단서 지수함수 $y=a^x$의 그래프와 로그함수 $y=\log_a x$의 그래프는 직선 $y=x$에 대하여 대칭이야.

① $\sqrt{3}$ ② $\log_2 3$ ③ $\sqrt[4]{3}$ ④ $\sqrt[3]{2}$ ⑤ $\log_3 2$

1st 곡선 $y=a^x$을 직선 $y=x$에 대하여 대칭이동하자.

곡선 $y=a^x$을 직선 $y=x$에 대하여 대칭이동한 곡선은 $y=\log_a x$이다.

곡선 $y=\log_a x$가 점 $(2, 3)$을 지나므로

$3=\log_a 2$에서 $a^3=2$

→ $y=\log_a x \iff a^y=x\ (a>0)$

따라서 양수 a의 값은 $\sqrt[3]{2}$

지수함수 $y=a^x$의 그래프를 직선 $y=x$에 대하여 대칭이동한 곡선은 $y=a^x$의 역함수의 그래프야. 함수 $y=a^x$의 역함수를 구하면 $y=a^x$에서 x와 y를 바꾸면 $y=\log_a x$이지.

주의 로그함수와 지수함수는 $y=x$에 대칭인 역함수 관계임을 알고 있어야 해.

다른 풀이: **함수의 그래프가 (p, q)를 지나면 역함수의 그래프는 (q, p)를 지남을 이용하여 값 구하기**

곡선 $y=a^x$을 직선 $y=x$에 대하여 대칭이동한 곡선은 $y=a^x$의 역함수의 그래프이고, 역함수의 그래프가 점 $(2, 3)$을 지나므로 곡선 $y=a^x$은 점 $(3, 2)$를 지나. 따라서 $2=a^3$에서 양수 a의 값은 $\sqrt[3]{2}$야.

C 125 정답 ④ *로그함수와 지수함수의 역함수 구하기 [정답률 90%]

(정답 공식: 함수 $y=f(x)$의 역함수를 나타내는 식은 x, y를 서로 바꾼 후 y에 대하여 정리하면 된다.)

함수 $y=\log_3 x$의 그래프를 x축의 방향으로 a만큼, y축의 방향으로 2만큼 평행이동한 그래프를 나타내는 함수를 $y=f(x)$라 하자. 함수 $f(x)$의 역함수가 $f^{-1}(x)=3^{x-2}+4$일 때, 상수 a의 값은? (4점)

단서 $y=\log_3 x$의 그래프를 평행이동한 후 이 함수의 역함수를 구하면 $y=3^{x-2}+4$가 된다는 뜻이야. 차례로 함수를 구해나가자.

① 1 ② 2 ③ 3 ④ 4 ⑤ 5

1st $y=\log_3 x$의 그래프를 평행이동시킨 후 역함수를 구해.

$y=\log_3 x$의 그래프를 x축의 방향으로 a만큼, y축의 방향으로 2만큼 평행이동한 그래프를 나타내는 식은

(도형 $f(x, y)=0$을 x축의 방향으로 m만큼, y축의 방향으로 n만큼 평행이동한 도형의 방정식은 $f(x-m, y-n)=0$)

$y=\log_3(x-a)+2$ ⋯ ㉠

$\therefore f(x)=\log_3(x-a)+2$

함수 $f(x)$의 역함수를 구하기 위해 ㉠의 x와 y를 서로 바꾸면

$x=\log_3(y-a)+2$에서 $\log_3(y-a)=x-2$이므로

$y-a=3^{x-2}$

$\therefore y=3^{x-2}+a$

따라서 함수 $f(x)$의 역함수는 $f^{-1}(x)=3^{x-2}+4$이므로 $a=4$

다른 풀이: **역함수의 역함수를 구하여 해결하기**

함수 $f(x)$의 역함수가 $f^{-1}(x)=3^{x-2}+4$이므로 이 함수의 역함수를 구하기 위해 $y=3^{x-2}+4$로 놓고 x와 y를 서로 바꾸면

$x=3^{y-2}+4$에서 $3^{y-2}=x-4$이므로

$y-2=\log_3(x-4)$

$\therefore y=\log_3(x-4)+2 \Rightarrow f(x)=\log_3(x-4)+2$

따라서 위의 풀이에서 $f(x)=\log_3(x-a)+2$라 했으므로 $a=4$야.

C 126 정답 16 *지수함수와 로그함수의 역함수 구하기 [정답률 87%]

(정답 공식: 두 함수 $f(x)$와 $g(x)$가 서로 역함수 관계인 경우 $f(a)=b$이면 $g(b)=a$이다.)

함수 $f(x)=1+3\log_2 x$에 대하여 함수 $g(x)$가 $(g\circ f)(x)=x$를 만족시킬 때, $g(13)$의 값을 구하시오. (4점)

단서 $(g\circ f)(x)=x$이므로 $g(x)$는 $f(x)$의 역함수야.

1st $f(x)$와 $g(x)$는 서로 역함수임을 이용해.

$(g\circ f)(x)=x$를 만족시키는 함수 $g(x)$는 $f(x)$의 역함수이다.

(항등함수 $I(x)=x$라 할 때, $g\circ f=I$에서 f^{-1}가 존재하면 $(g\circ f)\circ f^{-1}=I\circ f^{-1}$, $g\circ(f\circ f^{-1})=f^{-1}$ $\therefore g=f^{-1}$)

$y=1+3\log_2 x$에서 x, y를 서로 바꾸면

$x=1+3\log_2 y$, $\dfrac{x-1}{3}=\log_2 y$ $\therefore y=2^{\frac{x-1}{3}}$

($\log_a b=x \Longleftrightarrow b=a^x$)

따라서 $g(x)=2^{\frac{x-1}{3}}$이므로 $g(13)=2^{\frac{13-1}{3}}=2^4=16$

다른 풀이: **$f(x)$, $g(x)$가 서로 역함수 관계임을 이용하기**

$(g\circ f)(x)=x$이므로 $f(x)$와 $g(x)$는 서로 역함수 관계야.

따라서 $g(13)=a$라 하면 $f(a)=13$에서 $1+3\log_2 a=13$

($f(\alpha)=\beta$이면 $f^{-1}(\beta)=\alpha$)

$\log_2 a=4$ $\therefore a=2^4=16$

C 127 정답 ⑤ *로그함수와 지수함수의 역함수 구하기 [정답률 78%]

(정답 공식: 함수 $y=f(x)$의 역함수는 주어진 함수를 x에 대하여 정리한 후 x와 y를 서로 바꿔 얻을 수 있다.)

지수함수 $y=3^{\frac{x-1}{2}}-4$의 역함수가 $y=a\log_3(x+b)+c$일 때, 세 상수 a, b, c의 합 $a+b+c$의 값은? (3점)

① 3 ② 4 ③ 5 ④ 6 ⑤ 7

단서 지수함수 $y=3^{\frac{x-1}{2}}-4$의 역함수를 구하여 $y=a\log_3(x+b)+c$의 꼴로 나타내 봐.

1st 주어진 지수함수를 x에 관하여 나타내 봐.

지수함수 $y=3^{\frac{x-1}{2}}-4$에서 $y+4=3^{\frac{x-1}{2}}$

양변에 밑이 3인 로그를 취하면

(주의 로그함수 문제를 풀 때에는 항상 진수 조건을 잊지 말자.)

$\log_3(y+4)=\dfrac{x-1}{2}$ $(y>-4)$이므로

($y+4$는 진수이므로 $y+4>0$이어야 해. 따라서 $y>-4$인 거야.)

$x=2\log_3(y+4)+1$

따라서 구하는 역함수는 $y=2\log_3(x+4)+1$ $(x>-4)$이므로

(주어진 함수를 x에 대하여 정리한 후 x와 y를 서로 바꾸면 돼.)

$a=2$, $b=4$, $c=1$

$\therefore a+b+c=2+4+1=7$

다른 풀이: **역함수의 역함수를 구하여 해결하기**

함수 $y=a\log_3(x+b)+c$의 역함수를 구해 보자.

$y-c=a\log_3(x+b)$에서 $\log_3(x+b)=\dfrac{y-c}{a}$

$x+b=3^{\frac{y-c}{a}}$, $x=3^{\frac{y-c}{a}}-b$ $(x>-b)$

즉, 구하는 역함수는 $y=3^{\frac{x-c}{a}}-b$ $(y>-b)$야.

따라서 함수 $y=3^{\frac{x-c}{a}}-b$의 그래프는 지수함수 $y=3^{\frac{x-1}{2}}-4$의 그래프와 일치하므로 $a=2$, $b=4$, $c=1$이지.

$\therefore a+b+c=2+4+1=7$

C 128 정답 ④ *로그함수와 지수함수의 역함수 구하기 [정답률 80%]

(정답 공식: 함수 $f(x)=2^{x-2}$의 역함수를 주어진 조건에 맞게 평행이동시킨 함수 $g(x)$를 구한다. y좌표가 주어져 있을 경우 x좌표를 구할 수 있다.)

단서1 $y=2^{x-2}$으로 놓고 x와 y를 서로 바꾼 후 $y=$ ☐ 꼴로 정리한 것이 $f(x)$의 역함수야.

함수 $f(x)=2^{x-2}$의 역함수의 그래프를 x축의 방향으로 -2만큼, y축의 방향으로 a만큼 평행이동시키면 함수 $y=g(x)$의 그래프가 된다. 두 함수 $y=f(x)$, $y=g(x)$의 그래프가 직선 $y=1$과 만나는 점을 각각 A, B라 할 때, 선분 AB의 중점의 좌표가 $(8, 1)$이다. 이때, 실수 a의 값은? (4점)

단서2 두 점 $A(x_1, 1)$, $B(x_2, 1)$에 대하여 선분 AB의 중점의 x좌표는 $\dfrac{x_1+x_2}{2}$지?

① -8 ② -7 ③ -6 ④ -5 ⑤ -4

1st 함수 $g(x)$를 구하자.

함수 $f(x)=2^{x-2}$에서 $y=2^{x-2}$으로 놓고 이 함수의 역함수를 구하면

$x=2^{y-2}$에서

($f(x)$와 $f^{-1}(x)$는 직선 $y=x$에 대하여 대칭이므로 x와 y를 서로 바꾼 후 식을 정리하는 거야.)

$\log_2 x=y-2$

$\therefore y=\log_2 x+2$

이 함수의 그래프를 x축의 방향으로 -2만큼, y축의 방향으로 a만큼 평행이동시킨 함수의 식은 $g(x)=\log_2(x+2)+a+2$ ⋯ ㉠

2nd 두 점 A, B의 좌표를 구하자.

(i) 직선 $y=1$과 함수 $f(x)=2^{x-2}$의 그래프의 교점 A의 x좌표는

$1=2^{x-2}$에서 $x-2=0$이므로 $x=2$

$\therefore$ A$(2, 1)$

(ii) 직선 $y=1$과 함수 $g(x)=\log_2(x+2)+a+2$의 그래프의 교점 B의 x좌표는

$1=\log_2(x+2)+a+2$에서 $\log_2(x+2)=-a-1$이므로

$x=2^{-a-1}-2$

$\therefore$ B$(2^{-a-1}-2, 1)$

따라서 선분 AB의 중점의 좌표가 $(8, 1)$이므로 (i), (ii)에서

$\frac{2+2^{-a-1}-2}{2}=8$, $2^{-a-1}=16=2^4$, $-a-1=4$

두 점 A(x_1, y_1), B(x_2, y_2)에 대하여 선분 AB의 중점의 좌표는 $\left(\frac{x_1+x_2}{2}, \frac{y_1+y_2}{2}\right)$

$\therefore a=-5$

다른 풀이: **점 B의 좌표를 먼저 구해서 해결하기**

점 A$(2, 1)$이고 선분 AB의 중점의 좌표가 $(8, 1)$이므로 점 B의 좌표를 $(b, 1)$이라 하면 $\left(\frac{2+b}{2}, \frac{1+1}{2}\right)=(8, 1)$

즉, $\frac{2+b}{2}=8$에서

$b=14$이므로 B$(14, 1)$

따라서 점 B는 함수 $y=g(x)$의 그래프 위의 점이므로 ㉠에 의해

$1=\log_2(14+2)+a+2=\log_2 16+a+2=a+6$

$\log_2 16=\log_2 2^4=4$

$\therefore a=-5$

좌표평면 위의 선분의 내분점과 외분점 개념·공식

두 점 A(x_1, y_1), B(x_2, y_2)에 대하여

선분 AB를 $m:n$ $(m>0, n>0, m\neq n)$으로

내분하는 점을 P, 외분하는 점을 Q라 하면

$\mathrm{P}\left(\frac{mx_2+nx_1}{m+n}, \frac{my_2+ny_1}{m+n}\right)$, $\mathrm{Q}\left(\frac{mx_2-nx_1}{m-n}, \frac{my_2-ny_1}{m-n}\right)$

C 129 정답 ③
*로그함수와 지수함수의 그래프 사이의 관계 [정답률 62%]

(정답 공식: 로그함수 $y=\log_a x$는 지수함수 $y=a^x$의 역함수이다.)

양수 k에 대하여 함수 $f(x)=3^{x-1}+k$의 역함수의 그래프를 x축의 방향으로 k^2만큼 평행이동시킨 곡선을 $y=g(x)$라 하자. 두 곡선 $y=f(x)$, $y=g(x)$의 점근선의 교점이 직선 $y=\frac{1}{3}x$위에 있을 때, k의 값은? (3점)

단서 지수함수의 역함수는 로그함수이므로 각각의 함수의 정의역과 치역을 알면 점근선을 구할 수 있어.

① 1 ② $\frac{3}{2}$ ③ 2 ④ $\frac{5}{2}$ ⑤ 3

1st 함수 $f(x)$의 역함수 $f^{-1}(x)$를 구해.

$f(x)=y=3^{x-1}+k$의 x와 y를 바꾸어 함수 $f(x)$의 역함수를 구하면

$x=3^{y-1}+k$

$x-k=3^{y-1}$ $a^b=c \Longleftrightarrow b=\log_a c$

$y-1=\log_3(x-k)$

$y=\log_3(x-k)+1$

즉, $f^{-1}(x)=\log_3(x-k)+1$

2nd $y=f(x)$를 x축의 방향으로 p만큼 평행이동한 것은 $y=f(x-p)$야.

$y=\log_3(x-k)+1$을 x축의 방향으로 k^2만큼 평행이동하면

$y=\log_3(x-k^2-k)+1$이므로

$g(x)=\log_3(x-k^2-k)+1$

곡선 $y=f(x)$의 점근선은 $y=k$이고

함수 $f(x)=3^{x-1}+k$의 정의역은 모든 실수이고 $3^{x-1}>0$이므로 치역은 $y>k$야. 즉, 점근선은 $y=k$

곡선 $y=g(x)$의 점근선은 $x=k^2+k$이다.

두 점근선의 교점의 좌표는 (k^2+k, k)이고, 이 점이

함수 $g(x)=\log_3(x-k^2-k)+1$의 정의역은 $x>k^2+k$이므로 점근선은 $x=k^2+k$야.

직선 $y=\frac{1}{3}x$ 위에 있으므로

$k=\frac{1}{3}(k^2+k)$, $3k=k^2+k$

$k^2-2k=0$, $k(k-2)=0$

$\therefore k=0$ 또는 $k=2$

따라서 $k>0$이므로 $k=2$

C 130 정답 ③
*로그함수와 지수함수의 그래프 사이의 관계 [정답률 77%]

(정답 공식: 함수 $y=f(x)$의 그래프를 x축의 방향으로 m만큼, y축의 방향으로 n만큼 평행이동한 그래프의 식은 $y=f(x-m)+n$이고, $y=f(x)$의 그래프를 직선 $y=x$에 대하여 대칭이동한 그래프의 식은 $x=f(y)$이다.)

단서1 x 대신 $x-m$를 대입해.

함수 $y=2^x+2$의 그래프를 x축의 방향으로 m만큼 평행이동한 그래프가 함수 $y=\log_2 8x$의 그래프를 x축의 방향으로 2만큼 평행이동한 그래프와 직선 $y=x$에 대하여 대칭일 때, 상수 m의 값은? (3점)

단서2 x 대신 $x-2$를 대입해.

단서3 x와 y를 서로 바꾸어 y에 대하여 정리해.

① 1 ② 2 ③ 3 ④ 4 ⑤ 5

1st 주어진 조건에 맞게 평행이동 또는 대칭이동한 그래프가 나타내는 함수의 식을 각각 구해.

함수 $y=2^x+2$의 그래프를 x축의 방향으로 m만큼 평행이동한 그래프를 나타내는 함수의 식은

$y=2^{x-m}+2$ ⋯ ㉠

실수 $\log_2 8x=\log_2 8+\log_2 x=\log_2 2^3+\log_2 x=3+\log_2 x$

또, 함수 $y=\log_2 8x=\log_2 x+3$의 그래프를 x축의 방향으로 2만큼 평행이동한 그래프를 나타내는 함수의 식은

$y=\log_2(x-2)+3$이고 이 함수의 그래프를 직선 $y=x$에 대하여 대칭이동한 그래프를 나타내는 함수의 식은

$x=\log_2(y-2)+3$에서

$\log_2(y-2)=x-3$, $y-2=2^{x-3}$ [로그의 정의] $a>0, a\neq1, b>0$일 때, $a^x=b \Longleftrightarrow x=\log_a b$

$\therefore y=2^{x-3}+2$ ⋯ ㉡

㉠, ㉡이 일치해야 하므로 $m=3$

도형의 평행이동과 대칭이동 개념·공식

도형 $f(x, y)=0$을

① x축의 방향으로 a만큼, y축의 방향으로 b만큼 평행이동하면 $f(x-a, y-b)=0$

② x축에 대하여 대칭이동하면 $f(x, -y)=0$

③ y축에 대하여 대칭이동하면 $f(-x, y)=0$

④ 원점에 대하여 대칭이동하면 $f(-x, -y)=0$

⑤ 직선 $y=x$에 대하여 대칭이동하면 $f(y, x)=0$

C 131 정답 ⑤ *로그함수와 지수함수의 그래프 사이의 관계 [정답률 47%]

(정답 공식: 서로 역함수 관계인 두 함수의 그래프는 직선 $y=x$에 대하여 대칭이다.)

자연수 n에 대하여 곡선 $y=2^x$ 위의 두 점 A_n, B_n이 다음 조건을 만족시킨다.

(가) 직선 A_nB_n의 기울기는 3이다.
단서1 두 점을 지나는 직선의 기울기는 $\frac{(y\text{값의 변화량})}{(x\text{값의 변화량})}$으로 구하지?

(나) $\overline{A_nB_n}=n\times\sqrt{10}$

중심이 직선 $y=x$ 위에 있고 두 점 A_n, B_n을 지나는 원이 곡선
단서2 두 함수 $y=2^x$, $y=\log_2 x$는 서로 역함수 관계이므로 그래프는 직선 $y=x$에 대하여 대칭이지? 즉, 주어진 원과 곡선 $y=\log_2 x$가 만나는 두 점은 두 점 A_n, B_n과 직선 $y=x$에 대하여 대칭이야.
$y=\log_2 x$와 만나는 두 점의 x좌표 중 큰 값을 x_n이라 하자. $x_1+x_2+x_3$의 값은? (4점)

① $\frac{150}{7}$ ② $\frac{155}{7}$ ③ $\frac{160}{7}$ ④ $\frac{165}{7}$ ⑤ $\frac{170}{7}$

1st 두 점 A_n, B_n 중에서 x좌표가 더 큰 점을 B_n이라 하고 점 B_n의 y좌표를 n에 대하여 나타내.

두 점 A_n, B_n의 x좌표를 각각 a_n, $b_n(a_n<b_n)$이라 하면 이 두 점은 곡선 $y=2^x$ 위의 점이므로 $A_n(a_n,\ 2^{a_n})$, $B_n(b_n,\ 2^{b_n})$

이때, 조건 (가)에 의하여 직선 A_nB_n의 기울기가 3이므로
두 점 (a,b), (c,d)를 지나는 직선의 기울기는 $\frac{d-b}{c-a}$야.

$\frac{2^{b_n}-2^{a_n}}{b_n-a_n}=3$ $\quad\therefore 2^{b_n}-2^{a_n}=3(b_n-a_n)$ ⋯ ㉠

또, 조건 (나)에 의하여 $\overline{A_nB_n}=n\times\sqrt{10}$이므로

$\overline{A_nB_n}=\sqrt{(b_n-a_n)^2+(2^{b_n}-2^{a_n})^2}=n\times\sqrt{10}$
두 점 (a,b), (c,d)를 잇는 선분의 길이는 $\sqrt{(c-a)^2+(d-b)^2}$이야.

여기에 ㉠을 대입하면 $\sqrt{(b_n-a_n)^2+\{3(b_n-a_n)\}^2}=n\times\sqrt{10}$

$\sqrt{10(b_n-a_n)^2}=n\times\sqrt{10}$

$(b_n-a_n)\times\sqrt{10}=n\times\sqrt{10}$ ($\because a_n<b_n$)

$\therefore b_n-a_n=n$ ⋯ ㉡

㉡에서 $a_n=b_n-n$이고 이것을 ㉠에 대입하면

$2^{b_n}-2^{b_n-n}=3n$, $2^{b_n}\left(1-\frac{1}{2^n}\right)=3n$, $2^{b_n}\times\frac{2^n-1}{2^n}=3n$

$\therefore 2^{b_n}=\frac{3n\times2^n}{2^n-1}$

2nd x_n을 n으로 나타내어 $x_1+x_2+x_3$의 값을 구해.

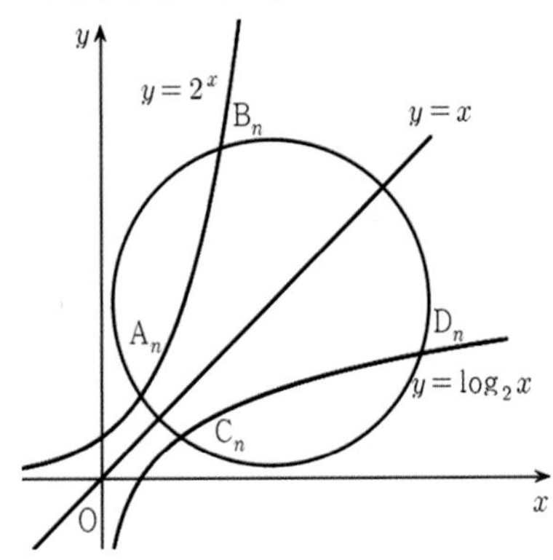

한편, 중심이 직선 $y=x$ 위에 있고 두 점 A_n, B_n을 지나는 원이 곡선 $y=\log_2 x$와 만나는 두 점 중 x좌표가 더 작은 점을 C_n, x좌표가 더 큰 점을 D_n이라 하면 두 곡선 $y=2^x$, $y=\log_2 x$는 직선 $y=x$에 대하여 대칭이므로 두 점 A_n, C_n과 두 점 B_n, D_n은 직선 $y=x$에 대하여 대칭이다.
원의 중심을 지나는 직선은 현을 수직이등분하지? 즉, 직선 $y=x$는 두 현 A_nC_n, B_nD_n을 수직이등분하므로 두 점 A_n, C_n과 두 점 B_n, D_n은 직선 $y=x$에 대하여 대칭이야.

즉, x_n은 점 B_n의 y좌표 2^{b_n}과 같다.

따라서 $x_n=2^{b_n}=\frac{3n\times2^n}{2^n-1}$이므로

$x_1=\frac{3\times1\times2^1}{2^1-1}=6$, $x_2=\frac{3\times2\times2^2}{2^2-1}=8$, $x_3=\frac{3\times3\times2^3}{2^3-1}=\frac{72}{7}$

$\therefore x_1+x_2+x_3=6+8+\frac{72}{7}=\frac{170}{7}$

C 132 정답 13 *로그함수와 지수함수의 그래프 사이의 관계 [정답률 42%]

(정답 공식: 두 함수 $y=a^x$, $y=\log_a x$는 서로 역함수 관계이다.)

$a>2$인 실수 a에 대하여 기울기가 -1인 직선이 두 곡선
$y=a^x+2$, $y=\log_a x+2$
단서1 역함수 관계인 두 함수 $y=a^x$, $y=\log_a x$의 그래프를 각각 y축의 방향으로 2만큼 평행이동한 함수지?
와 만나는 점을 각각 A, B라 하자. 선분 AB를 지름으로 하는 원의 중심의 y좌표가 $\frac{19}{2}$이고 넓이가 $\frac{121}{2}\pi$일 때, a^2의 값을 구하시오. (4점)
단서2 선분 AB의 길이를 구할 수 있어.

1st 두 곡선을 평행이동하여 생각해.

선분 AB를 지름으로 하는 원의 중심을 점 $C\left(k,\ \frac{19}{2}\right)$라 할 때, 점 C는 선분 AB의 중점이다.

이때, 두 곡선 $y=a^x+2$, $y=\log_a x+2$를 y축의 방향으로 각각 -2만큼 평행이동한 두 곡선 $y=a^x$, $y=\log_a x$가 직선 $y=x$에 대하여 대칭이므로
두 함수 $y=a^x$, $y=\log_a x$는 서로 역함수 관계지? 즉, 두 곡선 $y=a^x$, $y=\log_a x$는 직선 $y=x$에 대하여 대칭이야.

두 점 A, B를 y축의 방향으로 각각 -2만큼 평행이동한 두 점 A′, B′도 직선 $y=x$에 대하여 대칭이다.

점 C를 y축의 방향으로 -2만큼 평행이동한 점 $C'\left(k,\ \frac{15}{2}\right)$가 선분 A′B′의 중점이므로 점 C′은 직선 $y=x$ 위에 있다.

$\therefore k=\frac{15}{2}$

2nd 점 A′의 좌표를 이용하여 a^2의 값을 구해.

넓이가 $\frac{121}{2}\pi$인 원의 반지름의 길이를 r이라 하면

$\pi r^2=\frac{121}{2}\pi$에서 $r^2=\frac{121}{2}$ $\quad\therefore r=\sqrt{\frac{121}{2}}=\frac{11\sqrt{2}}{2}$

$\therefore \overline{A'C'}=r=\frac{11\sqrt{2}}{2}$

한편, 직선 A′B′의 기울기가 -1이므로 점 A′을 지나고 x축에 수직인 직선과 점 C′을 지나고 y축에 수직인 직선이 만나는 점을 H라 하면 삼각형 A′HC′은 직각이등변삼각형이다.

이때, $\overline{A'C'}=\frac{11\sqrt{2}}{2}$이므로 $\overline{A'H}=\overline{C'H}=\frac{11}{2}$
삼각형 A′HC′은 직각이등변삼각형이므로 $\overline{A'H}:\overline{C'H}:\overline{A'C'}=1:1:\sqrt{2}$야.
즉, $\overline{A'H}=\overline{C'H}=\frac{1}{\sqrt{2}}\overline{A'C'}=\frac{1}{\sqrt{2}}\times\frac{11\sqrt{2}}{2}=\frac{11}{2}$이야.

따라서 점 A′는 점 C′을 x축의 방향으로 $-\frac{11}{2}$만큼, y축의 방향으로 $\frac{11}{2}$만큼 평행이동한 점이다.

따라서 점 A′의 좌표는 $\left(\frac{15}{2}-\frac{11}{2}, \frac{15}{2}+\frac{11}{2}\right)$, 즉 (2, 13)이고

점 A′이 곡선 $y=a^x$ 위의 점이므로 $x=2$, $y=13$을 대입하면 $a^2=13$

C 133 정답 ④ *로그함수와 지수함수의 그래프 사이의 관계 [정답률 53%]

정답 공식: $a>0$, $a\neq1$일 때, 로그함수 $y=\log_a x$와 지수함수 $y=a^x$은 서로 역함수 관계이므로 두 그래프는 직선 $y=x$에 대하여 대칭이다.

단서1 곡선 $y=\log_{\sqrt{2}}(x-a)$에서 x와 y를 바꾸어 식을 y에 관하여 정리해 봐. 그러면 두 곡선 사이의 관계를 파악할 수 있고, 두 점 A, B 사이의 관계도 파악할 수 있겠지?

곡선 $y=\log_{\sqrt{2}}(x-a)$와 직선 $y=\frac{1}{2}x$가 만나는 점 중 한 점을 A라 하고, 점 A를 지나고 기울기가 -1인 직선이 곡선 $y=(\sqrt{2})^x+a$와 만나는 점을 B라 하자. 삼각형 OAB의 넓이가 6일 때, 상수 a의 값은? (단, $0<a<4$이고, O는 원점이다.) (4점)

단서2 삼각형 OAB의 특징을 파악하여 점 A의 좌표를 구해봐.

① $\frac{1}{2}$　② 1　③ $\frac{3}{2}$　④ 2　⑤ $\frac{5}{2}$

1st 점 A의 좌표를 구하자.

그림과 같이 두 곡선 $y=\log_{\sqrt{2}}(x-a)$와 $y=(\sqrt{2})^x+a$는 직선 $y=x$에 대하여 대칭이고, 직선 AB는 직선 $y=x$에 수직이므로 두 점 A, B는 직선 $y=x$에 대하여 대칭이다. 직선 AB의 기울기가 -1이고, 직선 $y=x$의 기울기가 1이므로 두 기울기의 곱이 -1이야. 따라서 직선 AB는 직선 $y=x$에 수직이야.

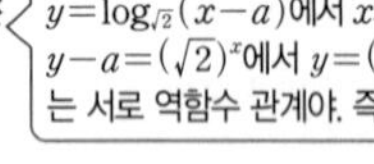

$y=\log_{\sqrt{2}}(x-a)$에서 x와 y를 바꾸면 $x=\log_{\sqrt{2}}(y-a)$이고, 이를 y에 관하여 정리하면 $y-a=(\sqrt{2})^x$에서 $y=(\sqrt{2})^x+a$이므로 두 함수 $y=\log_{\sqrt{2}}(x-a)$와 $y=(\sqrt{2})^x+a$는 서로 역함수 관계야. 즉, 두 곡선은 직선 $y=x$에 대하여 대칭이지.

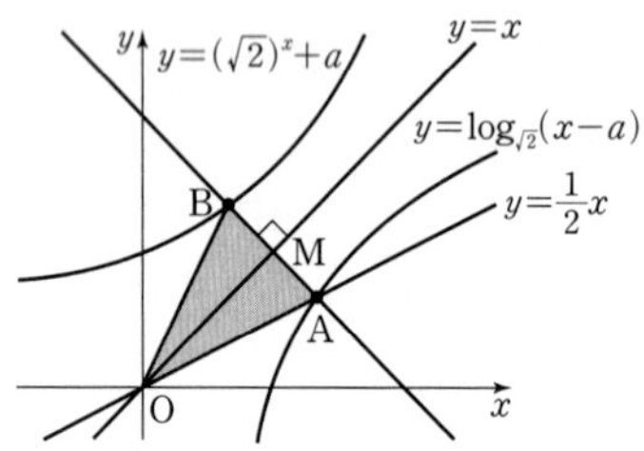

점 A의 좌표를 $A\left(t, \frac{1}{2}t\right)$ $(t>0)$라 하면 (점 A는 직선 $y=\frac{1}{2}x$ 위의 점이므로 점 A의 좌표를 $A\left(t, \frac{1}{2}t\right)$ $(t>0)$라 놓을 수 있어.)

점 B의 좌표는 $B\left(\frac{1}{2}t, t\right)$이므로 (점 (a, b)를 직선 $y=x$에 대하여 대칭이동한 점의 좌표는 (b, a)야.)

$\overline{AB}=\sqrt{\left(t-\frac{1}{2}t\right)^2+\left(\frac{1}{2}t-t\right)^2}=\frac{\sqrt{2}}{2}t$

[좌표평면에서 두 점 사이의 거리] 두 점 $A(x_1, y_1)$, $B(x_2, y_2)$에 대하여 $\overline{AB}=\sqrt{(x_2-x_1)^2+(y_2-y_1)^2}$

선분 AB의 중점을 M이라 하면 $M\left(\frac{3}{4}t, \frac{3}{4}t\right)$

이므로 $\overline{OM}=\frac{3\sqrt{2}}{4}t$

[중점의 좌표] 두 점 $A(x_1, y_1)$, $B(x_2, y_2)$에 대하여 선분 AB의 중점 M의 좌표는 $M\left(\frac{x_1+x_2}{2}, \frac{y_1+y_2}{2}\right)$

삼각형 OAB는 $\overline{OA}=\overline{OB}$인 이등변삼각형이므로 (직선 $y=x$는 선분 AB의 수직이등분선이므로 $\overline{OA}=\overline{OB}$야.)

삼각형 OAB의 넓이가 6이므로

$\frac{1}{2}\times\overline{AB}\times\overline{OM}=\frac{1}{2}\times\frac{\sqrt{2}}{2}t\times\frac{3\sqrt{2}}{4}t=\frac{3}{8}t^2=6$, $t^2=16$

$\therefore t=4$ ($\because t>0$)

즉, 점 A의 좌표는 A(4, 2)이다.

2nd 상수 a의 값을 구해.

따라서 점 A(4, 2)가 곡선 $y=\log_{\sqrt{2}}(x-a)$ 위의 점이므로

$2=\log_{\sqrt{2}}(4-a)$에서 $(\sqrt{2})^2=4-a$

$\therefore a=2$

C 134 정답 16 *로그함수와 지수함수의 그래프 사이의 관계 [정답률 49%]

정답 공식: 두 함수가 역함수 관계이므로 점 (a, b)가 포함되면 점 (b, a)도 포함된다. 자연수인 점의 개수는 4로, 즉 (1, 1), (2, 2), (1, 2), (2, 1)로 고정시킬 수 있다.

좌표평면에서 2 이상의 자연수 n에 대하여 두 곡선 $y=3^x-n$, $y=\log_3(x+n)$으로 둘러싸인 영역의 내부 또는 그 경계에 포함

단서1 지수함수의 밑과 로그함수의 밑이 모두 3으로 같으니까 혹시 두 함수가 서로 역함수 관계가 아닌지 의심해봐야 해.

되고 x좌표와 y좌표가 모두 자연수인 점의 개수가 4가 되도록 하는 자연수 n의 개수를 구하시오. (4점)

단서2 x좌표와 y좌표가 모두 자연수인 점의 개수가 4가 되도록 하는 4개의 점을 찾아.

1st x좌표와 y좌표가 모두 자연수인 4개의 점을 생각해.

두 곡선 $y=3^x-n$, $y=\log_3(x+n)$은 직선 $y=x$에 대하여 대칭이므로 점 (a, b)가 주어진 영역에 포함되면 점 (b, a)도 포함된다.

($y=3^x-n$에서 $y+n=3^x$, $\log_3(y+n)=\log_3 3^x$　$\therefore x=\log_3(y+n)$
여기서 x, y를 서로 바꾸면 $y=\log_3(x+n)$
따라서 두 곡선이 나타내는 함수는 서로 역함수 관계야.)

따라서 영역의 내부 또는 경계에 포함되는 점의 개수가 4일 때의 네 점은 (1, 1), (2, 2), (2, 1), (1, 2)이므로 다음의 그래프를 생각하자.

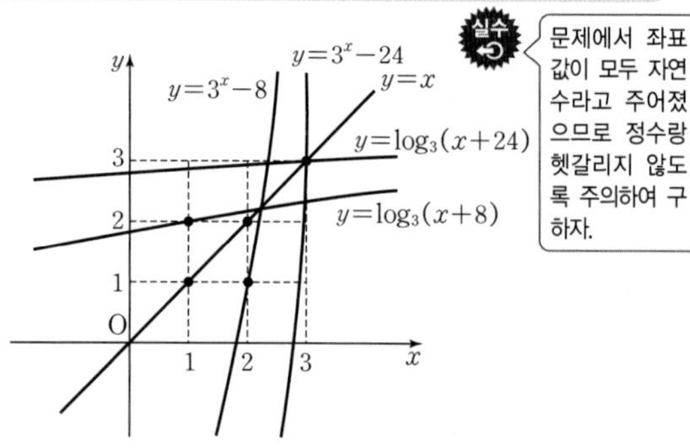

2nd x좌표와 y좌표가 모두 자연수인 점의 개수가 4가 되는 n의 개수를 구하자.

$f(x)=3^x-n$이라 할 때, 구한 네 점만 주어진 영역에 포함되려면 $f(2)\le1$, $f(3)>3$을 만족시켜야 한다.

즉, $f(2)\le1$에서 $3^2-n\le1$

$\therefore n\ge8$ ⋯ ㉠

또, $f(3)>3$에서 $3^3-n>3$

$\therefore n<24$ ⋯ ㉡

㉠, ㉡을 모두 만족시키는 n의 값의 범위는 $8\le n<24$이므로 구하는 자연수 n은 8, 9, ⋯, 23의 16개이다.

(정수 a, b에 대하여 $a\le x<b$를 만족시키는 정수 x의 개수는 $b-a$야.)

지수함수와 로그함수의 관계 (개념·공식)

지수함수 $y=a^x$과 로그함수 $y=\log_a x$는 서로 역함수 관계이므로 두 함수의 그래프는 직선 $y=x$에 대하여 대칭이다.

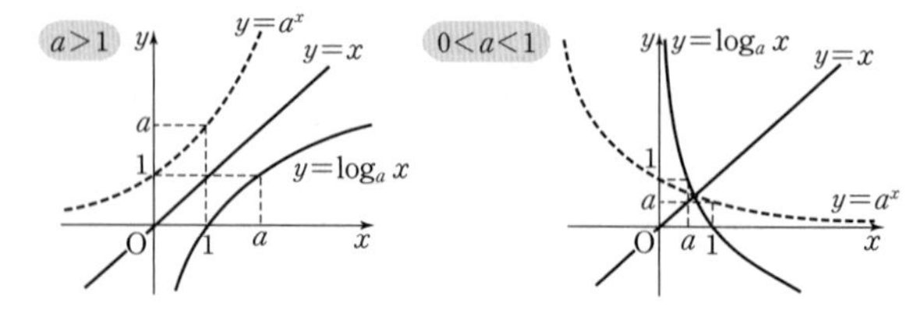

C 135 정답 ③ *로그함수와 지수함수의 그래프 사이의 관계 [정답률 58%]

(정답 공식: 두 함수 $f(x)$와 $g(x)$가 역함수임을 확인한다. 두 함수의 교점은 직선 $y=x$와의 교점을 찾으면 된다.)

단서1 $f(x)$의 역함수를 구해보면 $f^{-1}(x)=g(x)$임을 알 수 있어.

두 함수 $f(x)=2^{x-2}+1$, $g(x)=\log_2(x-1)+2$에 대하여 [보기]에서 옳은 것만을 있는 대로 고른 것은? (3점)

[보기]

ㄱ. $f^{-1}(5)\cdot\{g(5)+1\}=20$이다.

ㄴ. $y=f(x)$의 그래프와 $y=g(x)$의 그래프는 직선 $y=x$에 대하여 대칭이다.

ㄷ. $y=f(x)$의 그래프와 $y=g(x)$의 그래프는 만나지 않는다.

단서2 역함수 $f^{-1}(x)$가 존재하는 함수 $f(x)$에 대하여 곡선 $y=f(x)$와 직선 $y=x$의 교점은 두 곡선 $y=f(x)$, $y=f^{-1}(x)$의 교점이야. 즉, $f(x)$와 $g(x)$의 그래프의 교점의 유무는 $f(x)$의 그래프와 직선 $y=x$의 교점의 유무로 파악할 수 있어.

① ㄴ ② ㄷ ③ ㄱ, ㄴ
④ ㄴ, ㄷ ⑤ ㄱ, ㄴ, ㄷ

1st 함수 $f(x)$의 역함수를 구해 $g(x)$와 비교해 보자.

먼저 $f(x)$의 역함수를 구하기 위해 x와 y를 서로 바꾸면

$x=2^{y-2}+1$에서 $2^{y-2}=x-1$, $y-2=\log_2(x-1)$

$\therefore y=\log_2(x-1)+2\ (x>1)$

즉, $f^{-1}(x)=\log_2(x-1)+2$에서 $f^{-1}(x)=g(x)$임을 알 수 있다.

2nd 위 사실을 이용하여 각각을 따져보자.

ㄱ. $f^{-1}(5)=g(5)=\log_2(5-1)+2=2+2=4$이므로
$f^{-1}(5)\{g(5)+1\}=g(5)\{g(5)+1\}=4\times(4+1)=20$ (참)

ㄴ. $f^{-1}(x)=g(x)$이므로 $y=f(x)$의 그래프와 $y=g(x)$의 그래프는 직선 $y=x$에 대하여 대칭이다. (참)

3rd 함수의 그래프와 직선 $y=x$의 교점은 함수와 그 역함수의 그래프의 교점이야.

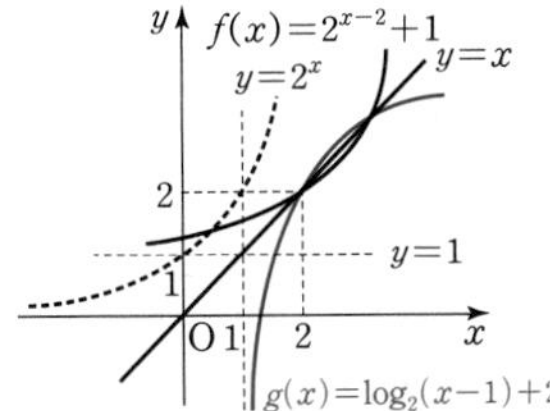

점 $(0, 1)$을 x축의 방향으로 2만큼, y축의 방향으로 1만큼 평행이동하면 점 $(0+2, 1+1)=(2, 2)$가 돼.

ㄷ. $y=f(x)$의 그래프는 $y=2^x$의 그래프를 x축의 방향으로 2만큼, y축의 방향으로 1만큼 평행이동한 것이므로 $y=2^x$의 그래프 위의 점 $(0, 1)$은 $y=f(x)$의 그래프 위의 점 $(2, 2)$로 평행이동하게 된다. 이때, 점 $(2, 2)$는 직선 $y=x$ 위의 점이므로 $y=f(x)$의 그래프와 직선 $y=x$는 적어도 한 점에서 만난다.
즉, $y=f(x)$의 그래프와 역함수 $y=g(x)$의 그래프는 적어도 한 점에서 만난다. (거짓)

따라서 옳은 것은 ㄱ, ㄴ이다.

수능 핵강

*** 역함수를 구하는 과정**

역함수를 구하는 과정은 다음과 같아.

(i) 함수 $y=f(x)$가 일대일대응인지 확인한다.

(ii) $y=f(x)$에서 x와 y를 서로 바꾼 후 $y=\square$의 꼴로 고친다.

C 136 정답 ① *지수함수의 그래프의 교점 [정답률 64%]

(정답 공식: $a>0$, $a\neq1$일 때, $a^{x_1}=a^{x_2}\Longleftrightarrow x_1=x_2$)

두 곡선 $y=\left(\frac{1}{3}\right)^x$, $y=\left(\frac{1}{9}\right)^x$이 직선 $y=9$와 만나는 점을 각각 A, B라 할 때, 삼각형 OAB의 넓이는? (단, O는 원점이다.) (3점)

단서 두 곡선과 직선이 만나는 점을 구하려면 먼저 각 곡선과 직선을 연립한 방정식의 해를 구해야 해.

① $\frac{9}{2}$ ② 5 ③ $\frac{11}{2}$
④ 6 ⑤ $\frac{13}{2}$

1st 두 점 A, B의 좌표를 구하자.

$\left(\frac{1}{3}\right)^x=9$에서 $\left(\frac{1}{3}\right)^x=\left(\frac{1}{3}\right)^{-2}$
($a>0$, $a\neq1$일 때, $a^{x_1}=a^{x_2}\Longleftrightarrow x_1=x_2$)

$\therefore x=-2$

즉, 곡선 $y=\left(\frac{1}{3}\right)^x$이 직선 $y=9$와 만나는 점의 x좌표는 -2이므로 A$(-2, 9)$
(점 A의 x좌표는 $y=\left(\frac{1}{3}\right)^x$와 직선 $y=9$를 연립한 해에서 구했고, y좌표는 직선 $y=9$에 의해 9라는 것을 알 수 있어.)

또, $\left(\frac{1}{9}\right)^x=9$에서 $\left(\frac{1}{9}\right)^x=\left(\frac{1}{9}\right)^{-1}$

$\therefore x=-1$

즉, 곡선 $y=\left(\frac{1}{9}\right)^x$이 직선 $y=9$와 만나는 점의 x좌표는 -1이므로 B$(-1, 9)$

2nd 삼각형 OAB의 넓이를 구하려면 밑변의 길이와 높이를 알아야겠지?

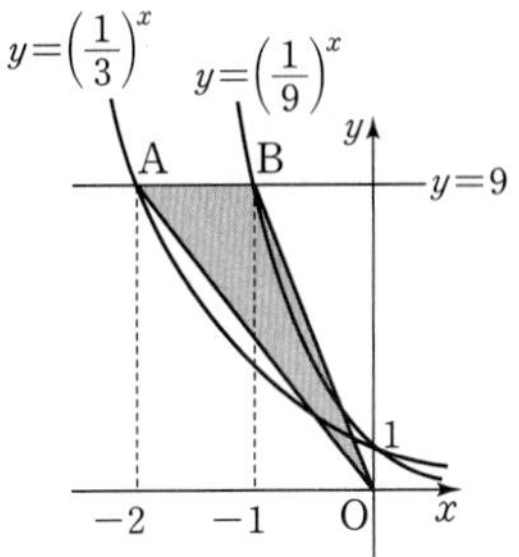

그림에서 삼각형 OAB의 넓이는

$\frac{1}{2}\times1\times9=\frac{9}{2}$
(삼각형 OAB의 밑변의 길이는 $\overline{AB}=1$, 높이는 $y=9$와 x축 사이의 거리인 9가 되겠지?)

지수함수 $y=a^x(a>0, a\neq1)$의 성질 개념·공식

① 정의역은 실수 전체의 집합이고, 치역은 양의 실수 전체의 집합이다.

② $a>1$일 때, x의 값이 증가하면 y의 값도 증가한다.
$0<a<1$일 때, x의 값이 증가하면 y의 값은 감소한다.

③ 그래프는 두 점 $(0, 1)$, $(1, a)$를 지나고, 그래프의 점근선은 x축(직선 $y=0$)이다.

C 137 정답 6 *로그함수와 지수함수의 그래프와 도형 … [정답률 78%]

(정답 공식: 세 점 $A(a_1, b_1)$, $B(a_2, b_2)$, $C(a_3, b_3)$에 대하여 삼각형 ABC의 무게중심 G의 좌표는 $G\left(\frac{a_1+a_2+a_3}{3}, \frac{b_1+b_2+b_3}{3}\right)$이다.)

그림과 같이 두 곡선 $y=\log_2 x$, $y=\log_{\frac{1}{2}} x$가 만나는 점을 A라 하고, 직선 $x=k(k>1)$이 두 곡선과 만나는 점을 각각 B, C라 하자. 삼각형 ACB의 무게중심의 좌표가 $(3, 0)$일 때, 삼각형 ACB의 넓이를 구하시오. (3점)

단서1 두 곡선 $y=\log_2 x$, $y=\log_{\frac{1}{2}} x$는 x축에 대하여 대칭이므로 두 점 B, C도 x축에 대하여 대칭이야. 따라서 선분 BC는 x축과 서로 수직이야.

단서2 두 점 B, C의 y좌표의 합은 0이고 점 A의 y좌표는 0이므로 k의 값은 세 점 A, B, C의 x좌표에 의하여 결정돼.

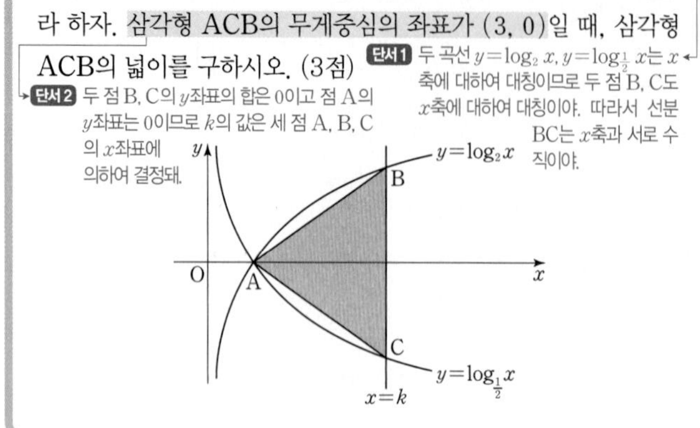

1st 세 점 A, B, C의 좌표를 각각 구하자.

점 A는 두 곡선 $y=\log_2 x$, $y=\log_{\frac{1}{2}} x$가 x축과 만나는 점이므로 점 A의 좌표는 $(1, 0)$이다.

→ 두 곡선의 교점의 x좌표는 $\log_2 x=\log_{\frac{1}{2}} x$에서 $\log_2 x=-\log_2 x$, $\log_2 x=0$ $\therefore x=1$

한편, 직선 $x=k$와 두 곡선 $y=\log_2 x$, $y=\log_{\frac{1}{2}} x$가 만나는 점의 x좌표는 k이므로 두 점 B, C의 좌표는 각각 $(k, \log_2 k)$, $(k, \log_{\frac{1}{2}} k)$이다.

이때, 삼각형 ABC의 무게중심의 좌표는

$\left(\frac{1+k+k}{3}, \frac{0+\log_2 k+\log_{\frac{1}{2}} k}{3}\right)$, 즉 $\left(\frac{1+2k}{3}, 0\right)$이고 이것이

$(3, 0)$이므로 $\frac{1+2k}{3}=3$에서

$1+2k=9$, $2k=8$

$\therefore k=4$

따라서 두 점 B, C의 좌표는 각각 $(4, 2)$, $(4, -2)$이다.

2nd 삼각형 ACB의 넓이를 구해.

$\therefore \triangle ACB=\frac{1}{2}\times\{2-(-2)\}\times(4-1)=6$

직선 BC가 x축과 만나는 점을 H라 하면 삼각형 ACB의 밑변과 높이를 각각 $\overline{BC}$, $\overline{AH}$로 두고 넓이를 구한거야.

지수함수 $y=ax$ $(a>0, a\neq1)$의 그래프와 성질 개념·공식

① 정의역은 실수 전체의 집합이고, 치역은 양의 실수 전체의 집합이다.
② $a>1$일 때, x의 값이 증가하면 y의 값도 증가하고
$0<a<1$일 때, x의 값이 증가하면 y의 값은 감소한다.
③ 그래프는 점 $(0, 1)$을 지나고 x축을 점근선으로 갖는다.

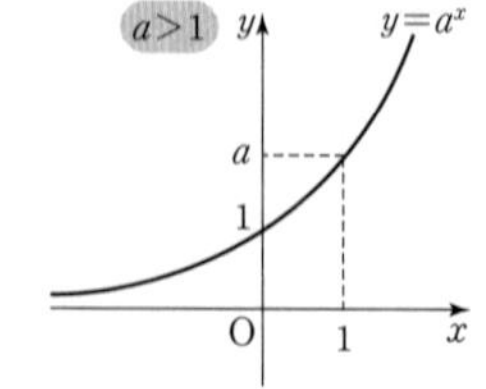

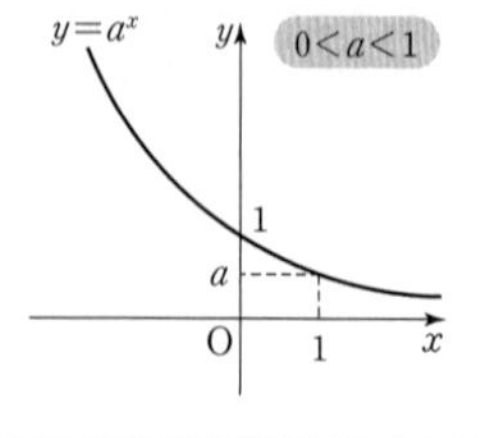

C 138 정답 ② *지수함수의 그래프의 교점 ……… [정답률 62%]

(정답 공식: 삼각형의 세 꼭짓점의 좌표를 구하면 삼각형의 넓이를 구할 수 있다.)

단서 그래프가 y축과 만나는 점이므로 $x=0$을 대입하여 좌표를 구할 수 있어.

그림과 같이 두 함수 $f(x)=\frac{2^x}{3}$, $g(x)=2^x-2$의 그래프가 y축과 만나는 점을 각각 A, B라 하고, 두 곡선 $y=f(x)$, $y=g(x)$가 만나는 점을 C라 할 때, 삼각형 ABC의 넓이는? (3점)

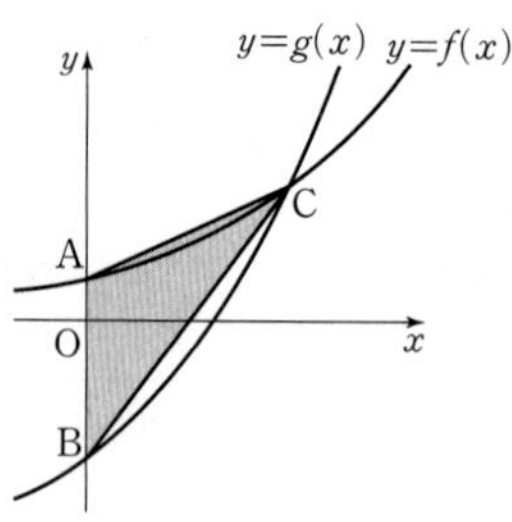

① $\frac{1}{3}\log_2 3$ ② $\frac{2}{3}\log_2 3$ ③ $\log_2 3$
④ $\frac{4}{3}\log_2 3$ ⑤ $\frac{5}{3}\log_2 3$

1st y축과 만나는 두 점 A, B의 좌표를 각각 구하자.

$f(0)=\frac{2^0}{3}=\frac{1}{3}$, $g(0)=2^0-2=-1$이므로

두 함수 $f(x)=\frac{2^x}{3}$, $g(x)=2^x-2$의 그래프가 y축과 만나는 점은 각각

$A\left(0, \frac{1}{3}\right)$, $B(0, -1)$이다.

2nd 두 곡선의 교점 C를 구하자.

두 곡선 $y=f(x)$, $y=g(x)$의 식을 연립하면

$\frac{2^x}{3}=2^x-2$

$\frac{2}{3}\times2^x=2$

$2^x=3$

$\therefore x=\log_2 3$

로그의 정의를 이용하여 x의 값을 구할 수 있어.

이를 함수 $f(x)$(또는 $g(x)$)에 대입하면

$\frac{1}{3}\cdot2^{\log_2 3}=\frac{1}{3}\cdot3^{\log_2 2}=1$ ← $a^{\log_c b}=b^{\log_c a}$

즉, $C(\log_2 3, 1)$

3rd 삼각형의 넓이를 구하자.

점 C에서 y축에 내린 수선의 발을 H라 하면 $\overline{CH}=\log_2 3$

$\therefore \triangle ABC=\frac{1}{2}\times\overline{AB}\times\overline{CH}$

점 C에서 y축에 내린 수선의 발이 H이므로 $\overline{CH}$의 길이는 점 C의 x좌표와 같아.

$=\frac{1}{2}\times\frac{4}{3}\times\log_2 3$

$=\frac{2}{3}\log_2 3$

로그의 정의 개념·공식

$a>0$, $a\neq1$일 때, 양수 N에 대하여 등식 $a^x=N$을 만족시키는 x는 오직 하나 존재한다.
이때 x를 a를 밑으로 하는 N의 로그라고 한다.
$x=\log_a N$

C 139 정답 ① *로그함수와 지수함수의 그래프와 도형 [정답률 63%]

(정답 공식: x축에 평행한 직선 위의 점들의 y좌표, y축에 평행한 직선 위의 점들의 x좌표가 같음을 이용한다. 기울기가 -1인 직선은 직선 $y=x$에 대해 대칭임을 이용해 점 C의 좌표를 구한다.)

점 A(4, 0)을 지나고 y축에 평행한 직선이 곡선 $y=\log_2 x$와 만나는 점을 B라 하고, 점 B를 지나고 기울기가 -1인 직선이 곡선 $y=2^{x+1}+1$과 만나는 점을 C라 할 때, 삼각형 ABC의 넓이는? (4점)

단서 기울기가 -1인 직선은 직선 $y=x$에 대하여 대칭이므로 점 C를 직선 $y=x$에 대하여 대칭이동하면 함수 $y=2^{x+1}+1$의 역함수의 그래프 위에 위치하겠지?

① 3 ② $\frac{7}{2}$ ③ 4 ④ $\frac{9}{2}$ ⑤ 5

1st 점 B의 좌표를 구하자.

점 A(4, 0)을 지나고 y축에 평행한 직선이 곡선 $y=\log_2 x$와 만나는 점이 B이므로 점 B의 x좌표는 4이다. 즉, $\log_2 4=2$에서 점 B의 좌표는 (4, 2)이다.

2nd 곡선 $y=\log_2(x-1)-1$을 $y=\log_2 x$로의 평행이동을 이용하여 점 C의 좌표를 구해.

한편, $y=2^{x+1}+1(y>1)$에서 x와 y를 서로 바꾸면 $x=2^{y+1}+1$

이 식을 y에 대하여 풀면

$2^{y+1}=x-1,\ y+1=\log_2(x-1)$

$\therefore y=\log_2(x-1)-1\ (x>1)$

따라서 함수 $y=2^{x+1}+1$의 역함수는 $y=\log_2(x-1)-1$이다.

[함수 $y=f(x)$의 역함수 $y=f^{-1}(x)$ 구하는 순서]
(i) 함수 $y=f(x)$에서 x와 y를 서로 바꾼다.
(ii) $x=f(y)$를 y에 관하여 풀어 $y=f^{-1}(x)$의 꼴로 만든다.
(iii) $y=f(x)$의 치역을 $y=f^{-1}(x)$의 정의역으로 한다.

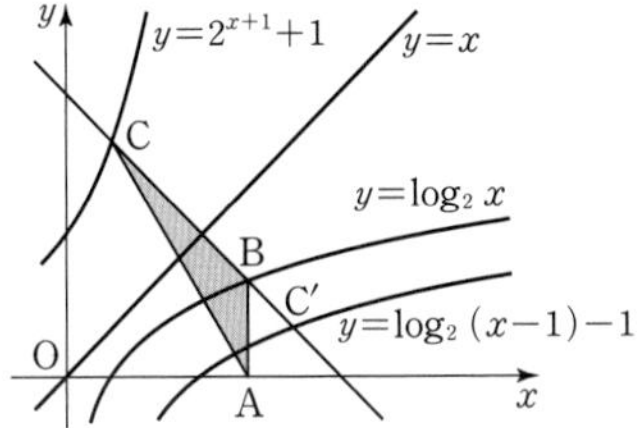

이때, 점 B를 지나고 기울기가 -1인 직선이 곡선 $y=2^{x+1}+1$과 만나는 점 C의 좌표를 (a, b)라 하면 점 C를 직선 $y=x$에 대하여 대칭이동시킨 점 C′(b, a)는 곡선 $y=\log_2(x-1)-1$ 위의 점이면서 점 B를 지나고 기울기가 -1인 직선 위의 점이다.

기울기가 -1인 직선은 항상 직선 $y=x$에 대하여 대칭이야.

함수 $y=\log_2 x$를 x축으로 m, y축으로 n만큼 평행이동하면 $y-n=\log_2(x-m)$이야.

또, 곡선 $y=\log_2 x$는 곡선 $y=\log_2(x-1)-1$를 x축의 방향으로 -1만큼, y축의 방향으로 1만큼 평행이동한 것이므로 점 C′을 x축의 방향으로 -1만큼, y축의 방향으로 1만큼 평행이동시킨 점 $(b-1, a+1)$은 곡선 $y=\log_2 x$ 위의 점 B(4, 2)와 일치한다.

곡선 $y=\log_2(x-1)-1$을 x축의 방향으로 -1만큼, y축의 방향으로 1만큼 평행이동한 곡선의 식은 $y-1=\log_2(x+1-1)-1$에서 $y=\log_2 x$야.

즉, $a+1=2,\ b-1=4$에서 $a=1,\ b=5$이므로 점 C의 좌표는 (1, 5)이다.

3rd 삼각형 ABC의 넓이를 구해.

따라서 삼각형 ABC의 넓이를 S라 하면

$S=\frac{1}{2}\times\overline{AB}\times\{(\text{점 A의 } x\text{좌표})-(\text{점 C의 } x\text{좌표})\}$

선분 AB의 길이는 점 B의 y좌표와 같아.

$=\frac{1}{2}\times 2\times(4-1)=\frac{1}{2}\times 2\times 3=3$

쉬운 풀이: 기울기가 -1이고 점 B를 지나는 직선의 방정식과 곡선 $y=2^{x+1}+1$을 연립하여 점 C의 좌표 구하기

점 B(4, 2)를 지나고 기울기가 -1인

점 (a, b)를 지나고 기울기가 m인 직선의 방정식은 $y=m(x-a)+b$야.

직선은 $y=-(x-4)+2=-x+6$이야.

이때, 점 C는 곡선 $y=2^{x+1}+1$과 직선 $y=-x+6$의 교점이므로

$2^{x+1}+1=-x+6$에서 $2^{x+1}=-x+5$ $\quad\therefore x=1$

따라서 점 C의 좌표는 (1, 5)야.

C 140 정답 ① *지수함수의 그래프의 교점 [정답률 85%]

(정답 공식: $\overline{OA}=\overline{OB}$이므로 두 점 사이의 거리를 구하는 공식을 이용한다.)

두 곡선 $y=2^x$, $y=-4^{x-2}$이 y축과 평행한 한 직선과 만나는 서로 다른 두 점을 각각 A, B라 하자. $\overline{OA}=\overline{OB}$일 때, 삼각형 AOB의 넓이는? (단, O는 원점이다.) (4점)

단서 y축과 평행한 직선을 $x=k$로 놓고 두 점 A, B의 좌표를 구해서 $\overline{OA}=\overline{OB}$를 만족시키는 k의 값을 구해야 해.

① 64 ② 68 ③ 72 ④ 76 ⑤ 80

1st y축과 평행한 직선을 $x=k$라 놓고 $\overline{OA}=\overline{OB}$를 만족하는 k의 값을 구하자.

y축과 평행한 한 직선을 $x=k$(k는 실수)라 하면 두 점 A, B의 좌표는 각각 $(k, 2^k)$, $(k, -4^{k-2})$이다.

이때, 직선 $x=k$와 x축이 만나는 점을 C라 하면 조건에서 삼각형 AOB는 $\overline{OA}=\overline{OB}$인 이등변삼각형이므로 $\overline{AC}=\overline{BC}$이다.

이등변삼각형의 꼭지각에서 밑변에 내린 수선은 밑변을 수직이등분해.

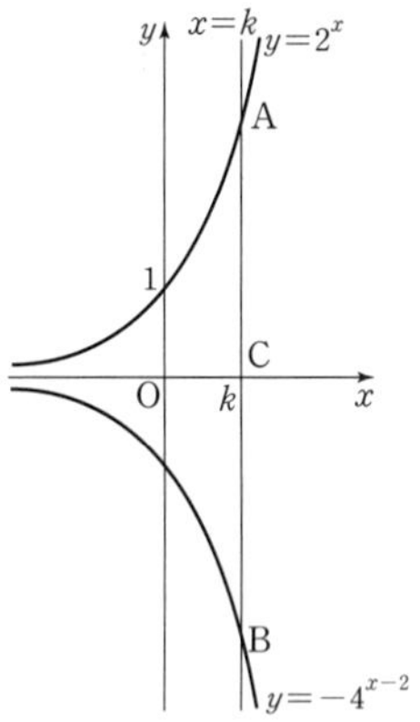

즉, $|2^k|=|-4^{k-2}|$에서

$2^k=4^{k-2},\ 2^k=2^{2k-4}$

$k=2k-4$

밑이 같은, 즉 방정식 $a^{f(x)}=a^{g(x)}(a\neq 1)$의 해는 $f(x)=g(x)$를 풀면 돼.

$\therefore k=4$

A(4, 16), B(4, −16)이야.

2nd 삼각형 OAB의 넓이를 구하자.

따라서 $\overline{OC}=4,\ \overline{AB}=\overline{AC}+\overline{BC}=2\overline{AC}=2\times 2^4=32$이므로 삼각형 AOB의 넓이는

$\triangle AOB=\frac{1}{2}\times\overline{AB}\times\overline{OC}=\frac{1}{2}\times 32\times 4=64$

다른 풀이: $\overline{OA}=\overline{OB}$이므로 두 점 사이의 거리 공식을 이용하여 넓이 구하기

y축과 평행한 한 직선을 $x=k$(k는 실수)라 하면

$A(k, 2^k)$, $B(k, -4^{k-2})$이고 조건에서 $\overline{OA}=\overline{OB}$이므로

$\sqrt{(k-0)^2+(2^k-0)^2}=\sqrt{(k-0)^2+(-4^{k-2}-0)^2}$에서

$\sqrt{k^2+2^{2k}}=\sqrt{k^2+4^{2k-4}}$

두 점 $A(x_1, y_1)$, $B(x_2, y_2)$ 사이의 거리는 $\overline{AB}=\sqrt{(x_2-x_1)^2+(y_2-y_1)^2}$

양변을 제곱하면

$k^2+2^{2k}=k^2+4^{2k-4}$

$2^{2k}=4^{2k-4},\ 4^k=4^{2k-4}$

$k=2k-4 \quad\therefore k=4$

따라서 $\overline{AB}=2^k-(-4^{k-2})=16+16=32$이므로 삼각형 AOB의 넓이는

$\triangle AOB=\frac{1}{2}\times k\times\overline{AB}=\frac{1}{2}\times 4\times 32=64$

C 141 정답 ⑤ *로그함수와 지수함수의 그래프와 도형 -- [정답률 63%]

(정답 공식: 두 점 (x_1, y_1), (x_2, y_2)를 지나는 직선의 기울기는 $\frac{y_2-y_1}{x_2-x_1}$이다.)

단서1 두 점 A, B는 기울기가 $\frac{1}{2}$인 직선 위의 점이야.

기울기가 $\frac{1}{2}$인 직선 l이 곡선 $y=\log_2 2x$와 서로 다른 두 점에서 만날 때, 만나는 두 점 중 x좌표가 큰 점을 A라 하고, 직선 l이 곡선 $y=\log_2 4x$와 만나는 두 점 중 x좌표가 큰 점을 B라 하자. $\overline{AB}=2\sqrt{5}$일 때, 점 A에서 x축에 내린 수선의 발 C에 대하여 삼각형 ACB의 넓이는? (4점)

단서2 삼각형 ACB의 밑변을 $\overline{AC}$라 하면 이 삼각형의 높이는 두 점 A, B의 x좌표의 차야.

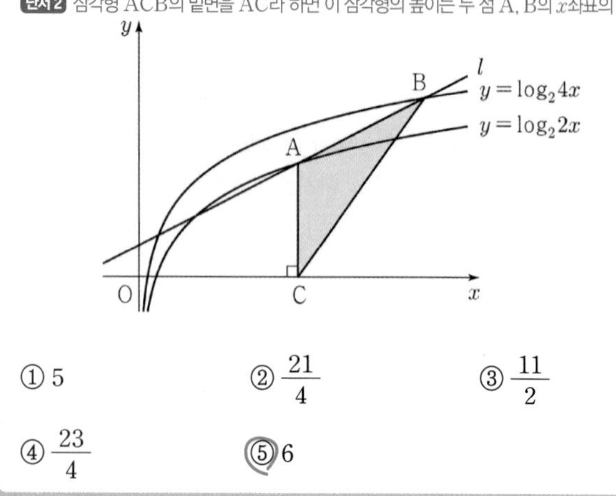

① 5 ② $\frac{21}{4}$ ③ $\frac{11}{2}$

④ $\frac{23}{4}$ ⑤ 6

1st 세 점 A, B, C의 좌표를 구해.

$a<b$인 두 상수 a, b에 대하여 두 점 A, B의 좌표를 각각 $(a, \log_2 2a)$, $(b, \log_2 4b)$라 하면 직선 AB의 기울기가 $\frac{1}{2}$이므로

두 점 A, B는 직선 l 위의 점이므로 직선 AB의 기울기는 직선 l의 기울기와 같아.

$\frac{\log_2 4b-\log_2 2a}{b-a}=\frac{1}{2}$에서 $\log_2 4b-\log_2 2a=\frac{1}{2}(b-a)$ ⋯ ㉠

한편, $\overline{AB}=2\sqrt{5}$에서 $\sqrt{(b-a)^2+(\log_2 4b-\log_2 2a)^2}=2\sqrt{5}$

두 점 (x_1, y_1), (x_2, y_2)를 잇는 선분의 길이는 $\sqrt{(x_2-x_1)^2+(y_2-y_1)^2}$이야.

여기에 ㉠을 대입하면

$\sqrt{(b-a)^2+\left\{\frac{1}{2}(b-a)\right\}^2}=2\sqrt{5}$, $\sqrt{\frac{5}{4}(b-a)^2}=2\sqrt{5}$

$a<b$이므로 $\sqrt{(b-a)^2}=|b-a|=b-a$야.

$\frac{\sqrt{5}}{2}(b-a)=2\sqrt{5}$

$\therefore b-a=4$ ⋯ ㉡

㉡을 ㉠에 대입하면

$\log_2 4b-\log_2 2a=\frac{1}{2}\times 4$ → $\log_a M-\log_a N=\log_a \frac{M}{N}$

$\log_2 \frac{4b}{2a}=2$, $\log_2 \frac{2b}{a}=\log_2 4$, $\frac{2b}{a}=4$, $2b=4a$

$\therefore b=2a$ ⋯ ㉢

㉢을 ㉡에 대입하면

$2a-a=4$

$\therefore a=4$, $b=2a=8$

따라서 세 점 A, B, C의 좌표는 각각 $(4, 3)$, $(8, 5)$, $(4, 0)$이다.

$a=4$이므로 $\log_2 2a=\log_2 8=\log_2 2^3=3$이고 $b=8$이므로 $\log_2 4b=\log_2 32=\log_2 2^5=5$야.
또, 점 C의 x좌표는 점 A의 x좌표와 같고 y좌표는 0이야.

2nd 삼각형 ACB의 넓이를 구해.

선분 AC를 삼각형 ACB의 밑변으로 하면 $\overline{AC}=3$이고 높이는 두 점 A, B의 x좌표의 차이므로 $8-4=4$이다.

$\therefore \triangle ACB=\frac{1}{2}\times 3\times 4=6$

다른 풀이: $\overline{AB}$를 빗변으로 하는 삼각형의 밑변과 높이의 비가 직선 l의 기울기와 같음을 이용하여 넓이 구하기

점 A를 지나고 x축과 평행한 직선이 점 B를 지나고 y축과 평행한 직선과 만나는 점을 H라 하면 직선 AB의 기울기가 $\frac{1}{2}$이므로 $\frac{\overline{BH}}{\overline{AH}}=\frac{1}{2}$에서 $\overline{AH}=2\overline{BH}$야.

즉, 양수 k에 대하여 $\overline{AH}=2k$, $\overline{BH}=k$라 하면 선분 AB의 길이가 $2\sqrt{5}$이고 직각삼각형 AHB에서 피타고라스 정리에 의하여 $\overline{AH}^2+\overline{BH}^2=\overline{AB}^2$이므로

$(2k)^2+k^2=(2\sqrt{5})^2$, $5k^2=20$

$k^2=4$

$\therefore k=2(\because k>0)$

따라서 $\overline{AH}=4$, $\overline{BH}=2$이므로 점 A의 좌표를 $(t, \log_2 2t)$라 하면 점 B의 좌표는 $(t+4, \log_2 2t+2)$가 돼. 점 A를 x축의 방향으로 4만큼, y축의 방향으로 2만큼 평행이동한 점이 B야.

그런데 점 B는 곡선 $y=\log_2 4x$ 위의 점이므로 $x=t+4$, $y=\log_2 2t+2$를 대입하면 $\log_2 2t+2=\log_2 4(t+4)$에서

$\log_a MN=\log_a M+\log_a N$

$\log_2 2t+\log_2 4=\log_2 4+\log_2 (t+4)$, $\log_2 2t-\log_2 (t+4)=0$

$\log_2 2t=\log_2 (t+4)$, $2t=t+4$

$\therefore t=4$

따라서 점 A의 좌표는 $(4, \log_2 (2\times 4))$, 즉 $(4, 3)$이고 점 B의 좌표는 $(4+4, \log_2 (2\times 4)+2)$, 즉 $(8, 5)$야.

(이하 동일)

C 142 정답 ⑤ *로그함수와 지수함수의 그래프와 도형 -- [정답률 81%]

(정답 공식: x축에 평행한 직선 위의 점들의 y좌표, y축에 평행한 직선 위의 점들의 x좌표가 같음을 이용한다.)

단서1 y축과 만나는 점의 x좌표는 0임을 이용해.

그림과 같이 두 곡선 $y=3^{x+1}-2$, $y=\log_2(x+1)-1$이 y축과 만나는 점을 각각 A, B라 하자. 점 A를 지나고 x축에 평행한 직선이 곡선 $y=\log_2(x+1)-1$과 만나는 점을 C, 점 B를 지나고 x축에 평행한 직선이 곡선 $y=3^{x+1}-2$와 만나는 점을 D라 할 때, 사각형 ADBC의 넓이는? (3점)

단서2 점 C는 점 A와, 점 D는 점 B와 y좌표가 같으므로 두 점 C, D의 좌표도 구할 수 있어.

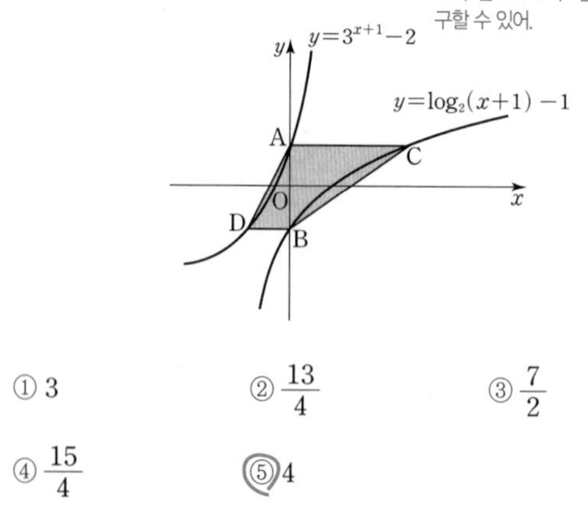

① 3 ② $\frac{13}{4}$ ③ $\frac{7}{2}$

④ $\frac{15}{4}$ ⑤ 4

1st 두 점 A, B의 좌표를 각각 구하자.

두 곡선 $y=3^{x+1}-2$, $y=\log_2(x+1)-1$이 y축과 만나는 점이 각각 A, B이므로 $x=0$을 대입하여 y절편을 각각 구하면

$y=3^{0+1}-2=3^1-2=1$에서 $A(0, 1)$

$y=\log_2(0+1)-1=\log_2 1-1=-1$에서 $B(0, -1)$

2nd 두 점 A, B의 y좌표를 이용하여 두 점 C, D의 좌표를 각각 구하자.

이때, 곡선 $y=\log_2(x+1)-1$과 직선 $y=1$의 교점이 C이므로

$1=\log_2(x+1)-1$에서 두 점 A, C의 y좌표가 1로 같아.

$\log_2(x+1)=2,\ x+1=2^2=4\quad \therefore x=3 \Rightarrow \mathrm{C}(3,\ 1)$

또, 곡선 $y=3^{x+1}-2$와 직선 $y=-1$의 교점이 D이므로

$-1=3^{x+1}-2$에서 두 점 B, D의 y좌표가 -1로 같아.

$3^{x+1}=1,\ x+1=0\quad \therefore x=-1 \Rightarrow \mathrm{D}(-1,\ -1)$

따라서 사다리꼴인 사각형 ADBC의 넓이는

$\square\mathrm{ADBC}=\frac{1}{2}\times(\overline{\mathrm{AC}}+\overline{\mathrm{BD}})\times\overline{\mathrm{AB}}=\frac{1}{2}\times(3+1)\times 2=4$

C 143 정답 22 *지수함수의 그래프의 교점 ········· [정답률 83%]

(정답 공식: 함수 $y=a^{x-b}$의 그래프는 함수 $y=a^x$의 그래프를 x축의 방향으로 b만큼 평행이동시킨 것이다.)

단서1 함수 $y=2^{x-2}$의 그래프는 함수 $y=2^x$의 그래프를 평행이동한 것임을 알 수 있어.

그림과 같이 두 곡선 $y=2^x$, $y=2^{x-2}$과 직선 $y=k$의 교점을 각각 P_k, Q_k라 하고, 삼각형 $\mathrm{OP}_k\mathrm{Q}_k$의 넓이를 A_k라 하자.

$A_1+A_4+A_7+A_{10}$의 값을 구하시오. (단, k는 자연수이고, O는 원점이다.) (3점) 단서2 삼각형 $\mathrm{OP}_k\mathrm{Q}_k$에서 밑변을 $\overline{\mathrm{P}_k\mathrm{Q}_k}$로 하면 높이는 k가 돼.

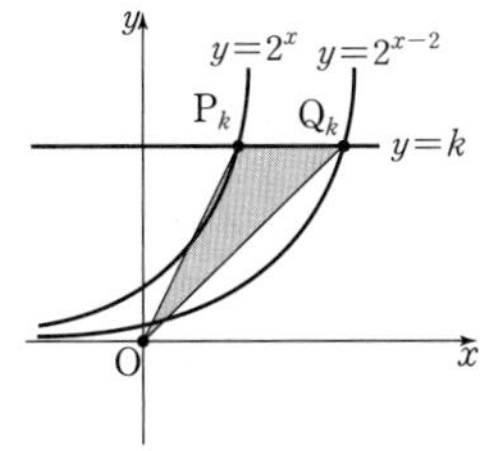

1st 주어진 두 함수가 어떤 관계인지 파악하자.

$y=2^{x-2}$의 그래프는 $y=2^x$의 그래프를 x축의 방향으로 2만큼 평행이동한 것이므로

$\overline{\mathrm{P}_k\mathrm{Q}_k}=2$

두 점 P_k, Q_k의 y좌표가 k로 같으니까 두 점 사이의 거리는 항상 2로 일정해.

2nd A_k는 삼각형 $\mathrm{OP}_k\mathrm{Q}_k$의 넓이이므로 밑변의 길이와 높이를 알면 되지?

$A_k=\frac{1}{2}\times\overline{\mathrm{P}_k\mathrm{Q}_k}\times k=\frac{1}{2}\times 2\times k=k$

$\therefore A_1+A_4+A_7+A_{10}=1+4+7+10=22$

다른 풀이: **교점의 x좌표를 방정식으로 구해서 해결하기**

$k=2^x$에서 $x=\log_2 k$이므로 점 P_k의 x좌표는 $\log_2 k$야.

또, $k=2^{x-2}$에서 $x-2=\log_2 k$, 즉 $x=2+\log_2 k$이므로

점 Q_k의 x좌표는 $2+\log_2 k$야.

따라서 $\overline{\mathrm{P}_k\mathrm{Q}_k}=(2+\log_2 k)-\log_2 k=2$이므로

$A_k=\frac{1}{2}\times 2\times k=k$

(이하 동일)

지수함수의 그래프의 평행이동 개념·공식

지수함수 $y=a^x\ (a>0,\ a\neq1)$의 그래프를 x축의 방향으로 m만큼, y축의 방향으로 n만큼 평행이동한 그래프의 식은 $y=a^{x-m}+n$이다.

C 144 정답 ③ *로그함수와 지수함수의 그래프와 도형 ··· [정답률 53%]

(정답 공식: 점 A의 x좌표로 두 선분 AB, CD의 길이를 나타내고 $\overline{\mathrm{AB}}=2\overline{\mathrm{CD}}$를 이용하여 점 A의 x좌표를 구한다.)

그림과 같이 곡선 $y=1-2^{-x}$ 위의 제1사분면에 있는 점 A를 지나고 y축에 평행한 직선이 곡선 $y=2^x$과 만나는 점을 B라 하자.

단서1 두 점 A, B의 x좌표는 서로 같아.

점 A를 지나고 x축에 평행한 직선이 곡선 $y=2^x$과 만나는 점을 C,

단서2 두 점 A, C의 y좌표는 서로 같아.

점 C를 지나고 y축에 평행한 직선이 곡선 $y=1-2^{-x}$과 만나는

단서3 두 점 C, D의 x좌표는 서로 같아.

점을 D라 하자. $\overline{\mathrm{AB}}=2\overline{\mathrm{CD}}$일 때, 사각형 ABCD의 넓이는? (4점)

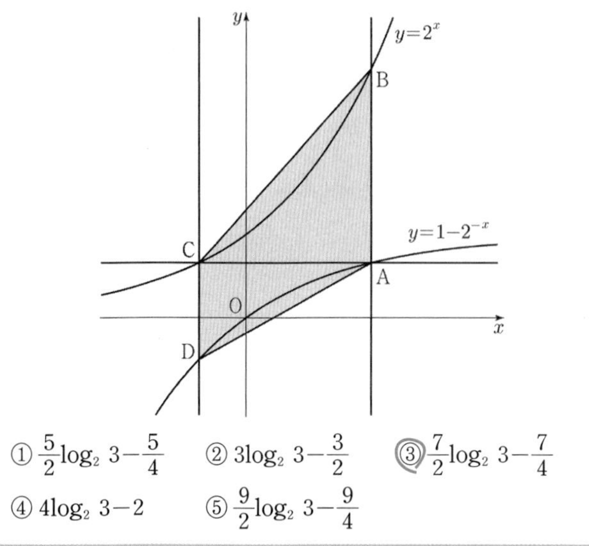

① $\frac{5}{2}\log_2 3-\frac{5}{4}$ ② $3\log_2 3-\frac{3}{2}$ ③ $\frac{7}{2}\log_2 3-\frac{7}{4}$

④ $4\log_2 3-2$ ⑤ $\frac{9}{2}\log_2 3-\frac{9}{4}$

1st 두 선분 AB, CD의 길이를 점 A의 x좌표로 나타내.

점 A가 곡선 $y=1-2^{-x}$ 위의 제1사분면에 있는 점이므로

이 점의 x좌표를 $k(k>0)$라 하면 $\mathrm{A}(k,\ 1-2^{-k})$ ··· ㉠

점 B의 x좌표는 점 A의 x좌표와 같고 곡선 $y=2^x$ 위의 점이므로 $\mathrm{B}(k,\ 2^k)$

$\therefore \overline{\mathrm{AB}}=2^k-(1-2^{-k})=2^k+2^{-k}-1$ ··· ㉡

선분 AB의 길이는 점 B의 y좌표에서 점 A의 y좌표를 빼서 구해.

점 C의 y좌표는 점 A의 y좌표와 같고 곡선 $y=2^x$ 위의 점이므로

$1-2^{-k}=2^x$에서 $x=\log_2(1-2^{-k})$

$\therefore \mathrm{C}(\log_2(1-2^{-k}),\ 1-2^{-k})$ ··· ㉢

점 D의 x좌표는 점 C의 x좌표와 같고 곡선 $y=1-2^{-x}$ 위의 점이므로

$y=1-2^{-\log_2(1-2^{-k})}=1-\frac{1}{1-2^{-k}}$ ($a^{\log_a x}=x$)

$\therefore \mathrm{D}\left(\log_2(1-2^{-k}),\ 1-\frac{1}{1-2^{-k}}\right)$

$\therefore \overline{\mathrm{CD}}=(1-2^{-k})-\left(1-\frac{1}{1-2^{-k}}\right)=\frac{1}{1-2^{-k}}-2^{-k}$

선분 CD의 길이는 점 C의 y좌표에서 점 D의 y좌표를 빼서 구해. 분모, 분자에 2^k을 각각 곱해 정리해.

$=\frac{2^k}{2^k-1}-2^{-k}$ ··· ㉣

2nd $\overline{\mathrm{AB}}=2\overline{\mathrm{CD}}$를 이용하여 k의 값을 구해.

$\overline{\mathrm{AB}}=2\overline{\mathrm{CD}}$에서 $2^k+2^{-k}-1=2\left(\frac{2^k}{2^k-1}-2^{-k}\right)$

이때, $2^k=t(t>0)$라 하면 $2^{-k}=\frac{1}{t}$이므로

$t+\frac{1}{t}-1=2\left(\frac{t}{t-1}-\frac{1}{t}\right)$

양변에 $t(t-1)$을 곱하면

$t^2(t-1)+(t-1)-t(t-1)=2t^2-2(t-1)$

$t^3-t^2+t-1-t^2+t=2t^2-2t+2$

$t^3-4t^2+4t-3=0$

$(t-3)(t^2-t+1)=0$

$\therefore t=3$ ($\because$ t는 실수)

즉, $2^k=3$에서 $k=\log_2 3$

3rd 사각형 ABCD의 넓이를 구해.

㉠, ㉢에 의하여

$\overline{AC}=k-\log_2(1-2^{-k})=k-\log_2\left(1-\frac{1}{t}\right)=\log_2 3-\log_2\left(1-\frac{1}{3}\right)$

선분 AC의 길이는 점 A의 x좌표에서 점 C의 x좌표를 빼서 구해.

$=\log_2 3-\log_2 \frac{2}{3}=\log_2 \frac{3}{\frac{2}{3}}=\log_2 \frac{9}{2}$

$=\log_2 9-\log_2 2=2\log_2 3-1$

㉡에 의하여 $\overline{AB}=t+\frac{1}{t}-1=3+\frac{1}{3}-1=\frac{7}{3}$

㉣에 의하여 $\overline{CD}=\frac{t}{t-1}-\frac{1}{t}=\frac{3}{3-1}-\frac{1}{3}=\frac{7}{6}$

이때, 사각형 ABCD의 넓이는 두 삼각형 ABC, ACD의 넓이의 합과 같으므로 구하는 넓이를 S라 하면

$S=\triangle ABC+\triangle ACD$

$=\frac{1}{2}\times\overline{AB}\times\overline{AC}+\frac{1}{2}\times\overline{CD}\times\overline{AC}$

$=\frac{1}{2}\times\overline{AC}\times(\overline{AB}+\overline{CD})$

$=\frac{1}{2}\times(2\log_2 3-1)\times\left(\frac{7}{3}+\frac{7}{6}\right)$

$=\frac{1}{2}\times(2\log_2 3-1)\times\frac{7}{2}=\frac{7}{2}\log_2 3-\frac{7}{4}$

수능 핵강

＊두 곡선 $y=1-2^{-x}$, $y=2^x$의 위치 관계

임의의 실수 k에 대하여 직선 $x=k$와 두 곡선 $y=1-2^{-x}$, $y=2^x$이 만나는 두 점을 각각 A, B라 하면 $A(k, 1-2^{-k})$, $B(k, 2^k)$이야.

이때, $2^k>0$, $2^{-k}>0$이므로 산술평균과 기하평균의 관계에 의하여 $2^k+2^{-k}\geq 2\sqrt{2^k\times 2^{-k}}=2\times1=2$이므로 $2^k+2^{-k}-1\geq 2-1=1$이지?

즉, 점 B의 y좌표는 점 A의 y좌표보다 항상 크므로 곡선 $y=2^x$은 곡선 $y=1-2^{-x}$보다 위쪽에 위치해.

따라서 선분 AB의 길이는 점 B의 y좌표에서 점 A의 y좌표를 빼서 구하면 돼.

물론 문제의 주어진 그림에서도 쉽게 알 수 있지만 수식으로 나타내어 확인하니 더 정확히 알 수 있지?

지수함수와 로그함수의 관계 개념·공식

지수함수 $y=a^x$과 로그함수 $y=\log_a x$는 서로 역함수 관계이므로 두 함수의 그래프는 직선 $y=x$에 대하여 대칭이다.

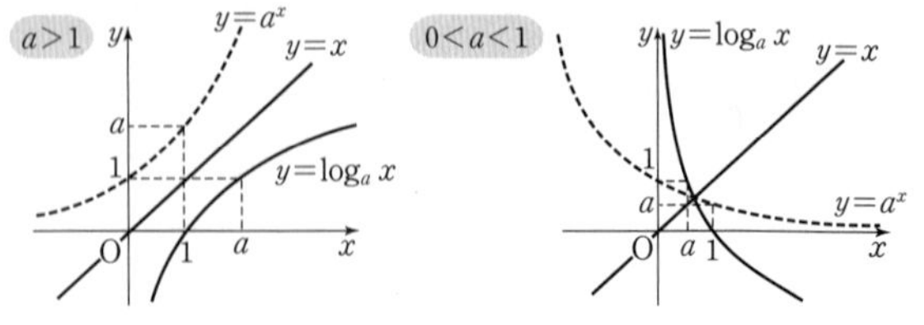

C 145 정답 ⑤ ＊로그함수와 지수함수의 그래프와 도형 [정답률 57%]

(정답 공식: $\log_a N=x$이면 $N=a^x$이다.)

그림과 같이 두 상수 a, k에 대하여 직선 $x=k$가 두 곡선 $y=2^{x-1}+1$, $y=\log_2(x-a)$와 만나는 점을 각각 A, B라 하고, 점 B를 지나고 기울기가 -1인 직선이 곡선 $y=2^{x-1}+1$과 만나는 점을 C라 하자. $\overline{AB}=8$, $\overline{BC}=2\sqrt{2}$일 때, 곡선 $y=\log_2(x-a)$가 x축과 만나는 점 D에 대하여 사각형 ACDB의 넓이는? (단, $0<a<k$) (4점)

단서1 두 점 A, B의 x좌표가 k야.

단서2 두 점 A, B의 x좌표가 같으므로 선분 AB의 길이는 점 A의 y좌표에서 점 B의 y좌표를 뺀 값이야.

단서3 사각형 ACDB의 넓이는 두 삼각형 ACB, BCD의 넓이의 합으로 구해.

① 14 ② 13 ③ 12 ④ 11 ⑤ 10

1st 세 점 A, B, C의 좌표를 k로 나타내.

점 A는 곡선 $y=2^{x-1}+1$과 직선 $x=k$의 교점이므로 점 A의 좌표는 $(k, 2^{k-1}+1)$이다. 점 B는 직선 $x=k$ 위의 점이고 $\overline{AB}=8$이므로 점 B의 좌표는 $(k, 2^{k-1}+1-8)$에서 $(k, 2^{k-1}-7)$이다.

점 B는 점 A를 y축의 방향으로 8만큼 평행이동한 점이야.

한편, 점 C를 지나고 x축과 평행한 직선이 선분 AB와 만나는 점을 H라 하면 직선 BC의 기울기가 -1이므로 직각삼각형 BHC는 $\angle CBH=\angle BCH=45°$인 직각이등변삼각형이다.

직선 BC의 기울기가 -1이므로 직선 BC와 x축과 평행한 직선이 이루는 예각의 크기는 $45°$야.

따라서 $\overline{BC}=2\sqrt{2}$에서 $\overline{BH}=\overline{CH}=2$이므로 점 C의 좌표는

직각이등변삼각형의 세 변의 길이의 비는 $1:1:\sqrt{2}$야.

점 C는 점 B를 x축의 방향으로 -2만큼, y축의 방향으로 2만큼 평행이동한 점이야.

$(k-2, 2^{k-1}-7+2)$, 즉 $(k-2, 2^{k-1}-5)$이다.

2nd 세 점 A, B, C의 좌표를 구해.

점 C가 곡선 $y=2^{x-1}+1$ 위의 점이므로 $x=k-2$, $y=2^{k-1}-5$를 대입하면 $2^{k-1}-5=2^{k-2-1}+1$에서

$2^{k-1}-5=2^{k-3}+1$, $2^{k-1}-2^{k-3}=6$, $2^{k-3}(2^2-1)=6$

$2^{k-3}\times3=6$, $2^{k-3}=2$, $k-3=1$ $\quad\therefore k=4$

$a^{f(x)}=a^{g(x)}$이면 $f(x)=g(x)$

따라서 점 A의 좌표는 $(4, 2^{4-1}+1)$에서 $(4, 9)$, 점 B의 좌표는 $(4, 2^{4-1}-7)$에서 $(4, 1)$, 점 C의 좌표는 $(4-2, 2^{4-1}-5)$에서 $(2, 3)$이다.

3rd 점 D의 좌표를 구해.

점 $B(4, 1)$이 곡선 $y=\log_2(x-a)$ 위의 점이므로 $x=4$, $y=1$을 대입하면 $1=\log_2(4-a)$에서 $4-a=2$ $\quad\therefore a=2$

$\log_a k=x$이면 $k=a^x$

곡선 $y=\log_2(x-2)$가 x축과 만나는 점 D의 좌표를 구하기 위해

풀이처럼 점 D의 y좌표가 0임을 이용하여 구해도 되지만 곡선 $y=\log_2(x-2)$는 곡선 $y=\log_2 x$를 x축의 방향으로 2만큼 평행이동한 것임을 이용해서 구할 수도 있어. 곡선 $y=\log_2 x$가 x축과 만나는 점의 좌표는 $(1, 0)$이므로 곡선 $y=\log_2(x-2)$가 x축과 만나는 점 D의 좌표는 $(1+2, 0)$, 즉 $(3, 0)$이야.

$y=0$을 대입하면 $\log_2(x-2)=0$에서 $x-2=1$ $\quad\therefore x=3$

따라서 점 D의 좌표는 $(3, 0)$이다.

4th 사각형 ACDB의 넓이를 구해.

$\overline{AB}=8$, $\overline{CH}=2$, $\overline{BC}=2\sqrt{2}$, $\overline{BD}=\sqrt{(4-3)^2+(1-0)^2}=\sqrt{2}$이다.

따라서 $\triangle ACB=\frac{1}{2}\times\overline{AB}\times\overline{CH}=\frac{1}{2}\times8\times2=8$이고,

$\overline{BC}\perp\overline{BD}$에서 $\triangle BCD=\frac{1}{2}\times\overline{BC}\times\overline{BD}=\frac{1}{2}\times2\sqrt{2}\times\sqrt{2}=2$이므로

두 점 B, D를 지나는 직선의 기울기는 $\frac{1-0}{4-3}=1$이므로 두 직선 BC, BD의 기울기의 곱은 $(-1)\times1=-1$이야. 따라서 두 직선 BC, BD는 서로 수직이야.

$\square ACDB=\triangle ACB+\triangle BCD=8+2=10$

다른 풀이: 사각형 ACDB의 넓이를 구하는 다른 방법

직선 $x=k$, 즉 $x=4$가 x축과 만나는 점을 E라 하고 점 C에서 x축에 내린 수선의 발을 F라 하면

$\square ACFE=\frac{1}{2}\times(\overline{CF}+\overline{AE})\times\overline{EF}=\frac{1}{2}\times(3+9)\times2=12$

$\triangle CFD=\frac{1}{2}\times\overline{DF}\times\overline{CF}=\frac{1}{2}\times(3-2)\times3=\frac{3}{2}$

$\triangle BDE=\frac{1}{2}\times\overline{DE}\times\overline{BE}=\frac{1}{2}\times(4-3)\times1=\frac{1}{2}$

$\therefore \square ACDB=\square ACFE-\triangle CFD-\triangle BDE=12-\frac{3}{2}-\frac{1}{2}=10$

C 146 정답 192 *로그함수와 지수함수의 그래프와 도형 [정답률 43%]

(정답 공식: 두 곡선을 같은 방향으로 평행이동해도 두 곡선이 가지는 성질은 변하지 않는다.)

$a>1$인 실수 a에 대하여 직선 $y=-x+4$가 두 곡선 $y=a^{x-1}$, $y=\log_a(x-1)$ 과 만나는 점을 각각 A, B라 하고, 곡선 $y=a^{x-1}$이 y축과 만나는 점을 C라 하자. $\overline{AB}=2\sqrt{2}$일 때, 삼각형 ABC의 넓이는 S이다. $50\times S$의 값을 구하시오. (4점)

단서1 두 곡선 $y=a^{x-1}$, $y=\log_a(x-1)$은 각각 곡선 $y=a^x$, $y=\log_a x$를 x축의 방향으로 1만큼 평행이동한 거야.

단서2 선분 AB를 삼각형 ABC의 밑변이라 하면 높이는 점 C에서 직선 $y=-x+4$까지의 거리지?

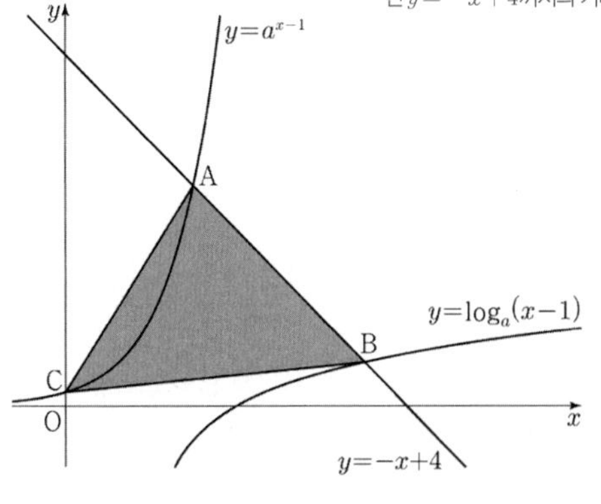

1st 점 A의 좌표를 구해.

두 곡선 $y=a^{x-1}$, $y=\log_a(x-1)$은 각각 곡선 $y=a^x$, $y=\log_a x$를 x축의 방향으로 1만큼 평행이동한 것이다.

곡선 $y=f(x)$를 x축의 방향으로 m만큼, y축의 방향으로 n만큼 평행이동한 곡선의 방정식은 $y=f(x-m)+n$이야.

이때, 두 곡선 $y=a^x$, $y=\log_a x$는 직선 $y=x$에 대하여 대칭이므로

두 함수 $y=a^x$, $y=\log_a x$는 서로 역함수 관계이므로 두 곡선 $y=a^x$, $y=\log_a x$는 직선 $y=x$에 대하여 대칭이야.

두 곡선 $y=a^{x-1}$, $y=\log_a(x-1)$은 직선 $y=x-1$에 대하여 대칭이다.

두 곡선 $y=a^x$, $y=\log_a x$가 직선 $y=x$에 대하여 대칭이므로 이 두 곡선을 각각 x축의 방향으로 1만큼 평행이동한 두 곡선 $y=a^{x-1}$, $y=\log_a(x-1)$은 직선 $y=x$를 x축의 방향으로 1만큼 평행이동한 직선 $y=x-1$에 대하여 대칭이야.

이때, 두 직선 $y=-x+4$, $y=x-1$의 교점을 M이라 하고 점 M의 좌표를 구하기 위해 두 직선의 방정식을 연립하면 $-x+4=x-1$에서

$2x=5 \quad \therefore x=\frac{5}{2}$

점 M의 y좌표는 $x=\frac{5}{2}$를 직선 $y=-x+4$ 또는 직선 $y=x-1$의 방정식에 대입하여 구하면 돼.

따라서 점 M의 좌표는 $\left(\frac{5}{2}, \frac{3}{2}\right)$이고 점 A가 직선 $y=-x+4$ 위의 점이므로 상수 k에 대하여 점 A의 좌표를 $(k, -k+4)$라 하면

$\overline{AM}=\sqrt{\left(k-\frac{5}{2}\right)^2+\left\{(-k+4)-\frac{3}{2}\right\}^2}=\sqrt{2k^2-10k+\frac{25}{2}}$ … ㉠

두 점 $A(x_1, y_1)$, $B(x_2, y_2)$에 대하여 $\overline{AB}=\sqrt{(x_2-x_1)^2+(y_2-y_1)^2}$이야.

한편, 점 M은 선분 AB의 중점이므로

두 곡선 $y=a^{x-1}$, $y=\log_a(x-1)$은 직선 $y=x-1$에 대하여 대칭이므로 두 점 A, B의 중점은 직선 $y=x-1$ 위에 있어.

$\overline{AM}=\frac{1}{2}\overline{AB}=\frac{1}{2}\times2\sqrt{2}=\sqrt{2}$ … ㉡

㉠, ㉡에 의하여 $\sqrt{2k^2-10k+\frac{25}{2}}=\sqrt{2}$

양변을 제곱하면 $2k^2-10k+\frac{25}{2}=2$

$4k^2-20k+25=4$, $4k^2-20k+21=0$, $(2k-3)(2k-7)=0$

$\therefore k=\frac{3}{2}$ 또는 $k=\frac{7}{2}$

그런데 점 A의 x좌표는 점 M의 x좌표보다 작으므로 $k=\frac{3}{2}$

따라서 점 A의 좌표는 $\left(\frac{3}{2}, \frac{5}{2}\right)$이다.

2nd 실수 a의 값을 구해.

점 A는 곡선 $y=a^{x-1}$ 위의 점이므로 $\frac{5}{2}=a^{\frac{3}{2}-1}$에서

$a^{\frac{1}{2}}=\frac{5}{2} \quad \therefore a=\frac{25}{4}$

3rd 삼각형 ABC의 넓이를 구해.

점 C는 곡선 $y=a^{x-1}$이 y축과 만나는 점이므로 점 C의 좌표는 $\left(0, \frac{1}{a}\right)$, 즉 $\left(0, \frac{4}{25}\right)$이다.

이때, 점 C에서 직선 $y=-x+4$, 즉 $x+y-4=0$에 내린 수선의 발을 H라 하면 $\overline{CH}=\frac{\left|0+\frac{4}{25}-4\right|}{\sqrt{1^2+1^2}}=\frac{\frac{96}{25}}{\sqrt{2}}=\frac{96}{25\sqrt{2}}$

점 (x_1, y_1)과 직선 $ax+by+c=0$ 사이의 거리를 d라 하면 $d=\frac{|ax_1+by_1+c|}{\sqrt{a^2+b^2}}$야.

따라서 삼각형 ABC의 넓이 S는

$S=\frac{1}{2}\times\overline{AB}\times\overline{CH}=\frac{1}{2}\times2\sqrt{2}\times\frac{96}{25\sqrt{2}}=\frac{96}{25}$

$\therefore 50\times S=50\times\frac{96}{25}=192$

쉬운 풀이: 1st에서 구한 점 A의 좌표와 $\overline{CH}$의 길이를 직각삼각형의 세 변의 길이의 비를 이용하여 구하기

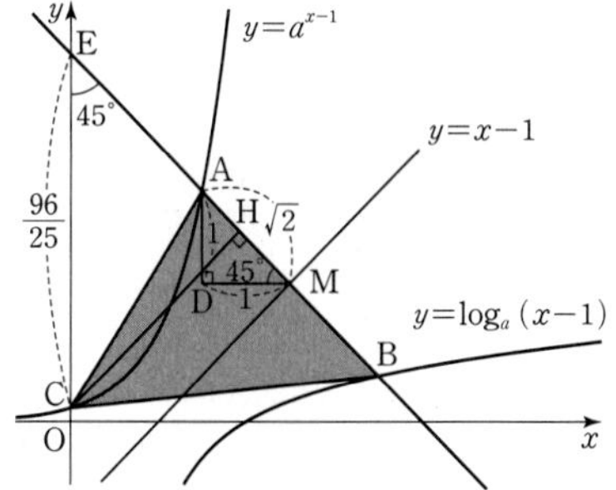

점 A를 지나고 y축과 평행한 직선과 점 M을 지나고 x축과 평행한 직선이 만나는 점을 D, 직선 $y=-x+4$가 y축과 만나는 점을 E라 하면 직선 $y=-x+4$의 기울기가 -1이므로 $\angle AMD=45°$, $\angle CEH=45°$야.

따라서 직각삼각형 ADM에서 $\overline{AD}:\overline{DM}:\overline{AM}=1:1:\sqrt{2}$이고
한 내각의 크기가 45°인 직각삼각형의 세 변의 길이의 비는 $1:1:\sqrt{2}$야.

$\overline{AM}=\sqrt{2}$이므로 $\overline{AD}=\overline{DM}=1$이야. 즉, 점 A는 점 M을 x축의 방향으로 -1만큼, y축의 방향으로 1만큼 평행이동한 점이므로 점 A의 좌표는 $\left(\frac{5}{2}-1, \frac{3}{2}+1\right)$에서 $\left(\frac{3}{2}, \frac{5}{2}\right)$야.

→ 점 (a, b)를 x축의 방향으로 m만큼, y축의 방향으로 n만큼 평행이동한 점의 좌표는 $(a+m, b+n)$이야.

또, 직각삼각형 CHE에서 $\overline{CH}:\overline{CE}=1:\sqrt{2}$이고 두 점 C, E의 좌표는 각각 $\left(0, \frac{4}{25}\right)$, $(0, 4)$이므로 $\overline{CE}=4-\frac{4}{25}=\frac{96}{25}$이야.

$\therefore \overline{CH}=\frac{\overline{CE}}{\sqrt{2}}=\frac{96}{25\sqrt{2}}$

(이하 동일)

또한, $c=\log_2 d$에서 $d=2^c$이고 $c=2^b$이라 했으므로
$d=2^c=2^{2^b}=f(f(b))=(f\circ f)(b)$

2nd 사다리꼴의 넓이를 구하는 공식을 이용하자.

따라서 구하는 사각형의 넓이를 S라 하면

$S=\frac{1}{2}\times\{(\text{점 }A_3\text{의 }y\text{좌표})+(\text{점 }A_4\text{의 }y\text{좌표})\}\times(d-c)$

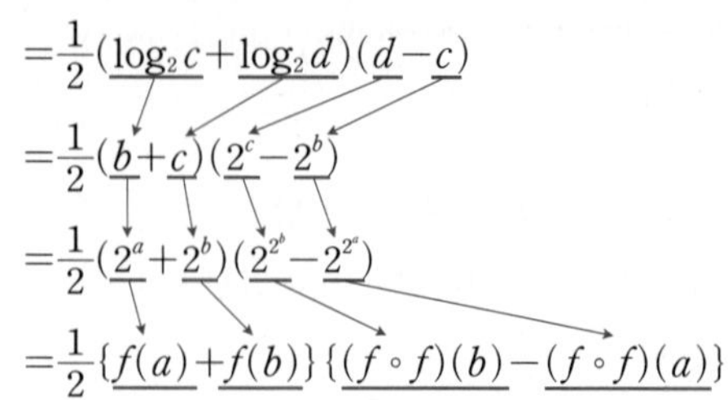

$=\frac{1}{2}(\log_2 c+\log_2 d)(d-c)$

$=\frac{1}{2}(b+c)(2^c-2^b)$

$=\frac{1}{2}(2^a+2^b)(2^{2^b}-2^{2^a})$

$=\frac{1}{2}\{f(a)+f(b)\}\{(f\circ f)(b)-(f\circ f)(a)\}$

C 147 정답 ① *로그함수와 지수함수의 그래프와 도형 … [정답률 47%]

(정답 공식: 함수 $y=\log_2 x$는 함수 $y=2^x$과 역함수 관계이고, 두 함수 $f(x)$와 $g(x)$가 역함수일 때, $f(a)=b$이면 $g(b)=a$이다.)

그림과 같이 함수 $y=\log_2 x$의 그래프 위의 한 점 A_1에서 y축에 평행한 직선을 그어 직선 $y=x$와 만나는 점을 B_1이라 하고, 점 B_1에서 x축에 평행한 직선을 그어 이 그래프와 만나는 점을 A_2라 하자. 이와 같은 과정을 반복하여 점 A_2로부터 점 B_2와 점 A_3을, 점 A_3으로부터 점 B_3과 점 A_4를 얻는다. 네 점 A_1, A_2, A_3, A_4의 x좌표를 차례로 a, b, c, d라 하자.
네 점 $(c, 0)$, $(d, 0)$, $(d, \log_2 d)$, $(c, \log_2 c)$를 꼭짓점으로 하는 사각형의 넓이를 함수 $f(x)=2^x$을 이용하여 a, b로 나타낸 것과 같은 것은? (3점)

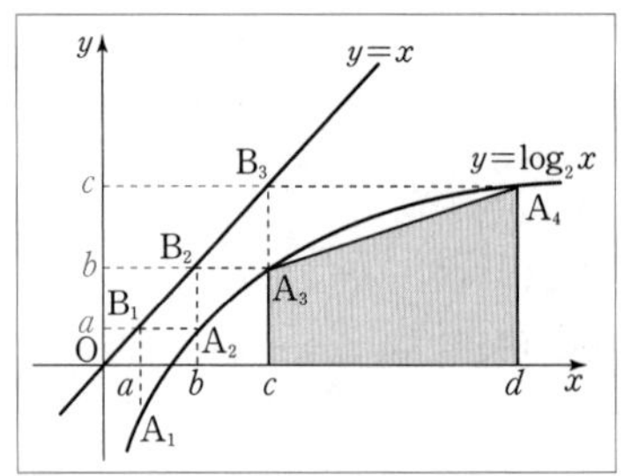

단서 직선 $y=x$ 위의 모든 점의 x좌표와 y좌표는 같음을 이용해.

① $\frac{1}{2}\{f(b)+f(a)\}\{(f\circ f)(b)-(f\circ f)(a)\}$

② $\frac{1}{2}\{f(b)-f(a)\}\{(f\circ f)(b)+(f\circ f)(a)\}$

③ $\{f(b)+f(a)\}\{(f\circ f)(b)+(f\circ f)(a)\}$

④ $\{f(b)+f(a)\}\{(f\circ f)(b)-(f\circ f)(a)\}$

⑤ $\{f(b)-f(a)\}\{(f\circ f)(b)+(f\circ f)(a)\}$

1st 주어진 그래프를 통해 c, d를 a, b로 나타내자.

주어진 그래프에서

(직선 $y=x$의 그래프를 그려서 대입하면 x값에 따른 함숫값 $\log_2 x$에 관한 식을 구할 수 있어.)

$a=\log_2 b$, $b=\log_2 c$, $c=\log_2 d$
$B_1(a, a)$, $B_2(b, b)$, $B_3(c, c)$이고 (점 B_1의 y좌표)=(점 A_2의 y좌표), (점 B_2의 y좌표)=(점 A_3의 y좌표), (점 B_3의 y좌표)=(점 A_4의 y좌표)

사각형의 넓이를 지수함수인 $f(x)=2^x$을 이용하여 나타내야 하고, 선택지에서 a, b의 함숫값으로만 표현되어 있으므로 c, d를 지수함수에 대한 함숫값으로 나타내자.

즉, $a=\log_2 b$에서 $b=2^a=f(a)$이고, $b=\log_2 c$에서 $c=2^b=f(b)$
그런데 $b=2^a$이라 했으므로 $c=2^b=2^{2^a}=f(f(a))=(f\circ f)(a)$이다.

C 148 정답 ④ *도형의 넓이를 이용한 미지수의 결정 … [정답률 85%]

(정답 공식: $\log_a x=k$이면 $x=a^k$이다.)

단서1 로그함수 $y=\log_k x$ $(k>0, k\neq1)$의 그래프는 항상 x축과 점 $(1, 0)$에서 만나.

두 곡선 $y=\log_2 x$, $y=\log_a x$ $(0<a<1)$이 x축 위의 점 A에서 만난다. 직선 $x=4$가 곡선 $y=\log_2 x$와 만나는 점을 B, 곡선 $y=\log_a x$와 만나는 점을 C라 하자. 삼각형 ABC의 넓이가 $\frac{9}{2}$일 때, 상수 a의 값은? (3점)

단서2 두 점 B, C의 x좌표가 4로 같아.

① $\frac{1}{16}$ ② $\frac{1}{8}$ ③ $\frac{3}{16}$
④ $\frac{1}{4}$ ⑤ $\frac{5}{16}$

1st 세 점 A, B, C의 좌표를 각각 구해.

두 곡선 $y=\log_2 x$, $y=\log_a x$는 x축과 모두 $x=1$인 점에서 만나므로 점 A의 좌표는 $(1, 0)$
$\log_2 x=0$에서 $x=2^0=1$이고 $\log_a x=0$에서 $x=a^0=1$

곡선 $y=\log_2 x$와 직선 $x=4$가 만나는 점 B의 y좌표는
$y=\log_2 4=2$이므로 점 B의 좌표는 $(4, 2)$
$\log_2 4=\log_2 2^2=2\log_2 2=2$

또, 곡선 $y=\log_a x$와 직선 $x=4$가 만나는 점 C의 y좌표는
$y=\log_a 4$이므로 점 C의 좌표는 $(4, \log_a 4)$

2nd 삼각형 ABC의 넓이를 이용하여 상수 a의 값을 구해.

이때, 삼각형 ABC의 넓이가 $\frac{9}{2}$이므로 선분 BC가 x축과 만나는 점을 H라 하면

$\triangle ABC=\frac{1}{2}\times\overline{BC}\times\overline{AH}=\frac{1}{2}\times(2-\log_a 4)\times(4-1)=\frac{9}{2}$에서

→ 선분 BC의 길이는 두 점 B, C의 y좌표의 차의 절댓값이고 선분 AH의 길이는 두 점 A, H의 x좌표의 차의 절댓값이야.

$2-\log_a 4=3$, $\log_a 4=-1$, $4=a^{-1}$

$\therefore a=\frac{1}{4}$

C 149 정답 18 *도형의 넓이를 이용한 미지수의 결정 [정답률 78%]

정답 공식: 윗변의 길이가 a, 아랫변의 길이가 b, 높이가 h인 사다리꼴의 넓이를 S라 하면 $S=\frac{1}{2}\times(a+b)\times h$이다.

단서1 선분 AB의 길이는 두 점 A, B의 y좌표의 차야.

그림과 같이 3 이상의 자연수 n에 대하여 두 곡선 $y=n^x$, $y=2^x$이 직선 $x=1$과 만나는 점을 각각 A, B라 하고, 두 곡선 $y=n^x$, $y=2^x$이 직선 $x=2$와 만나는 점을 각각 C, D라 하자. 사다리꼴 ABDC의 넓이가 18 이하가 되도록 하는 모든 자연수 n의 값의 합을 구하시오. (3점)

단서2 선분 CD의 길이는 두 점 C, D의 y좌표의 차야.

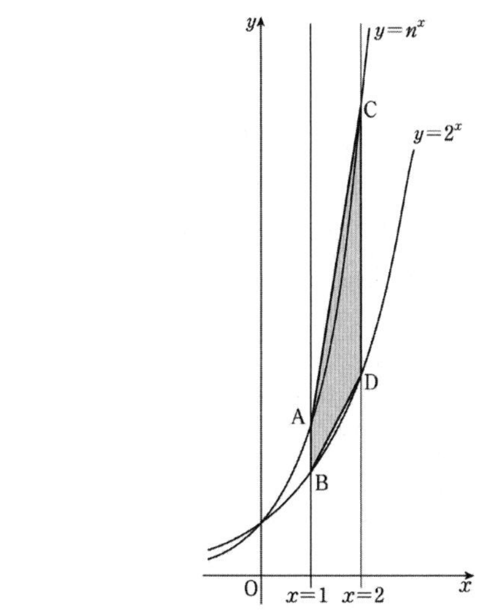

1st 두 선분 AB, CD의 길이를 구해.

두 점 A, B는 각각 곡선 $y=n^x$, $y=2^x$ 위의 점이고 x좌표는 모두 1이므로 A$(1, n)$, B$(1, 2)$이다.

$\therefore \overline{AB}=n-2$ → n이 3 이상인 자연수이므로 $x>0$에서 $n^x>2^x$이야. 따라서 $x=1$일 때 $n>2$야.

또, 두 점 C, D는 각각 곡선 $y=n^x$, $y=2^x$ 위의 점이고 x좌표는 모두 2이므로 C$(2, n^2)$, D$(2, 4)$이다.

$\therefore \overline{CD}=n^2-4$ → $x>0$에서 $n^x>2^x$이므로 $x=2$일 때 $n^2>2^2=4$야.

2nd 사다리꼴 ABDC의 넓이가 18 이하가 되도록 하는 모든 자연수 n의 값을 구해.

사다리꼴 ABDC의 높이를 h, 넓이를 S라 하면

$$S=\frac{1}{2}\times(\overline{AB}+\overline{CD})\times h=\frac{1}{2}\times\{(n-2)+(n^2-4)\}\times 1$$

$$=\frac{1}{2}(n^2+n-6)$$

→ 사다리꼴 ABDC의 높이는 두 직선 $x=1$, $x=2$ 사이의 거리야.

이것이 18 이하가 되어야 하므로 $\frac{1}{2}(n^2+n-6)\le 18$에서

$n^2+n-6\le 36$, $n^2+n-42\le 0$, $(n+7)(n-6)\le 0$

$\therefore -7\le n\le 6$

그런데 n은 3 이상의 자연수이므로 조건을 만족시키는 자연수 n의 값은 3, 4, 5, 6이다.

$\therefore$ (구하는 합)$=3+4+5+6=18$

지수함수 $y=a^x(a>0, a\ne 1)$의 성질 (개념·공식)

① 정의역은 실수 전체의 집합이고, 치역은 양의 실수 전체의 집합이다.
② $a>1$일 때, x의 값이 증가하면 y의 값도 증가한다.
 $0<a<1$일 때, x의 값이 증가하면 y의 값은 감소한다.
③ 그래프는 두 점 $(0, 1)$, $(1, a)$를 지나고, 그래프의 점근선은 x축(직선 $y=0$)이다.

C 150 정답 ④ *도형의 넓이를 이용한 미지수의 결정 [정답률 71%]

정답 공식: $\log_a b=k \Longleftrightarrow b=a^k$

$a>1$인 실수 a에 대하여 두 함수

$$f(x)=\frac{1}{2}\log_a(x-1)-2,\ g(x)=\log_{\frac{1}{a}}(x-2)+1$$

단서1 점 A의 y좌표는 -2야.

이 있다. 직선 $y=-2$와 함수 $y=f(x)$의 그래프가 만나는 점을 A라 하고, 직선 $x=10$과 두 함수 $y=f(x)$, $y=g(x)$의 그래프가 만나는 점을 각각 B, C라 하자. 삼각형 ACB의 넓이가 28일 때, a^{10}의 값은? (4점)

단서2 두 점 B, C의 x좌표는 모두 10이야.

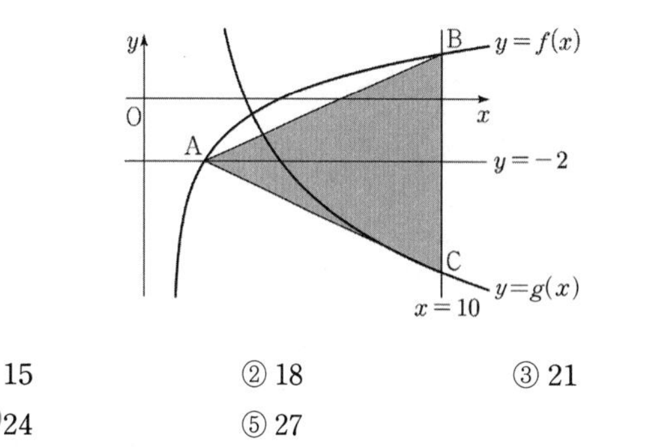

① 15 ② 18 ③ 21 ④ 24 ⑤ 27

1st 세 점 A, B, C의 좌표를 구해.

점 A는 함수 $y=f(x)$의 그래프와 직선 $y=-2$의 교점이므로

$-2=\frac{1}{2}\log_a(x-1)-2$에서 $\frac{1}{2}\log_a(x-1)=0$

$\log_a(x-1)=0$, $x-1=1$

$\therefore x=2$

따라서 점 A의 좌표는 $(2, -2)$이다.

점 B는 직선 $x=10$과 함수 $y=f(x)$의 그래프의 교점이므로

$$f(10)=\frac{1}{2}\log_a(10-1)-2=\frac{1}{2}\log_a 9-2$$

$$=\frac{1}{2}\log_a 3^2-2=\log_a 3-2$$

→ $k\log_a b=\log_a b^k$이 성립하므로 $\frac{1}{2}\log_a 3^2=\log_a(3^2)^{\frac{1}{2}}=\log_a 3^{2\times\frac{1}{2}}=\log_a 3$

에서 점 B의 좌표는 $(10, \log_a 3-2)$

점 C는 직선 $x=10$과 함수 $y=g(x)$의 그래프의 교점이므로

$g(10)=\log_{\frac{1}{a}}(10-2)+1=-\log_a 8+1$에서 점 C의 좌표는 $(10, -\log_a 8+1)$

→ $\log_{a^m} b=\frac{1}{m}\log_a b$가 성립하므로 $\log_{\frac{1}{a}}(10-2)=\log_{a^{-1}}8=\frac{1}{-1}\log_a 8=-\log_a 8$

2nd 삼각형 ACB의 넓이로 a^{10}의 값을 구해.

점 A에서 선분 BC에 내린 수선의 발을 H라 하면 → 직선 $y=-2$와 선분 BC의 교점이야.

$\overline{AH}=10-2=8$ → 두 점 A, H의 x좌표의 차야.

$\overline{BC}=(\log_a 3-2)-(-\log_a 8+1)=\log_a 3+\log_a 8-3$

(두 점 B, C의 y좌표의 차야.) ($\log_a M+\log_a N=\log_a MN$)

$=\log_a 24-3$

이때, 삼각형 ACB의 넓이가 28이므로

$\frac{1}{2}\times\overline{AH}\times\overline{BC}=28$에서

$\frac{1}{2}\times 8\times(\log_a 24-3)=28$

$4\log_a 24-12=28$

$4\log_a 24=40$, $\log_a 24=10$

$\therefore a^{10}=24$

[로그의 정의] $a^x=b \Longleftrightarrow x=\log_a b$

C 151 정답 ① *도형의 넓이를 이용한 미지수의 결정 … [정답률 62%]

(정답 공식: 두 함수 $f(x)$, $f(x-a)$에 대하여 함수 $y=f(x-a)$의 그래프는 함수 $y=f(x)$의 그래프를 x축의 방향으로 a만큼 평행이동한 것이다.)

두 함수 $f(x)=2^x$, $g(x)=2^{x-2}$에 대하여 두 양수 a, b $(a<b)$가 다음 조건을 만족시킬 때, $a+b$의 값은? (4점)

단서1 함수 $y=f(x)$의 그래프를 x축의 방향으로 평행이동하면 함수 $y=g(x)$의 그래프와 겹쳐지지?

단서2 곡선으로 둘러싸인 부분의 넓이를 구하라는 건 이 부분을 적당히 변형하여 넓이를 쉽게 구할 수 있는 직사각형이나 삼각형 등으로 만든 후 넓이를 구하라는 얘기야.

(가) 두 곡선 $y=f(x)$, $y=g(x)$와 두 직선 $y=a$, $y=b$로 둘러싸인 부분의 넓이가 6이다.

(나) $g^{-1}(b)-f^{-1}(a)=\log_2 6$

단서3 역함수의 정의를 이용하여 a, b 사이의 관계식을 찾아야 해.

① 15 ② 16 ③ 17 ④ 18 ⑤ 19

1st 조건 (가)를 이용하여 a, b 사이의 관계식을 하나 찾자.

함수 $y=g(x)$의 그래프는 함수 $y=f(x)$의 그래프를 x축의 방향으로 2만큼 평행이동시킨 것이다. 따라서 두 함수 $y=f(x)$, $y=g(x)$의 그래프는 다음과 같다.

함수 $g(x)$는 함수 $f(x)$의 x 대신 $x-2$를 대입하면 만들어지지? 따라서 함수 $y=f(x)$의 그래프를 x축의 방향으로 2만큼 평행이동시키면 함수 $y=g(x)$의 그래프가 돼.

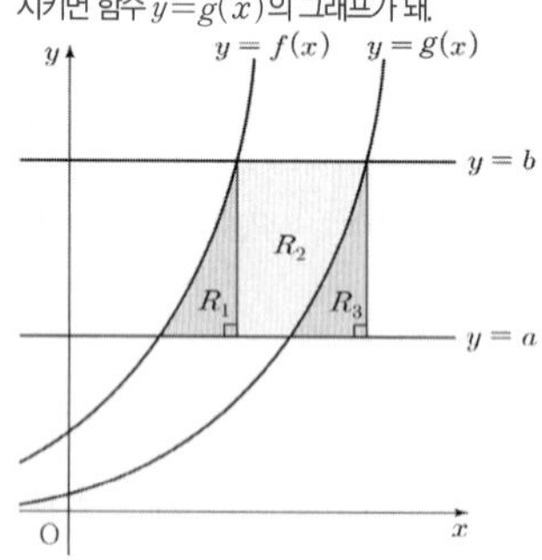

이때, 그림과 같이 세 영역을 R_1, R_2, R_3이라 하고 각 영역의 넓이를 S_1, S_2, S_3이라 하면 $S_1=S_3$이므로 두 곡선 $y=f(x)$, $y=g(x)$와 두 직선 $y=a$, $y=b$로 둘러싸인 부분인 R_1, R_2의 넓이의 합 S_1+S_2는 두 영역 R_2, R_3의 넓이의 합 S_2+S_3과 같다.

함수 $y=g(x)$의 그래프는 함수 $y=f(x)$의 그래프를 평행이동시킨 것이므로 상수 k에 대하여 두 함수 $y=f(x)$, $y=g(x)$의 그래프와 직선 $y=k$가 만나는 점의 x좌표를 각각 p, q라 하면 항상 $q-p=2$를 만족시켜. 따라서 두 직선 $y=b$, $y=a$ 사이의 두 곡선 $y=f(x)$, $y=g(x)$의 모양은 같아.

한편, 두 영역 R_2, R_3의 넓이의 합 S_2+S_3은 이웃하는 두 변의 길이가 각각 2, $b-a$인 직사각형의 넓이와 같으므로 조건 (가)에 의하여

$2(b-a)=6$, $b-a=3$ $\quad\therefore b=a+3$ … ㉠

2nd 조건 (나)를 이용하여 a, b 사이의 관계식을 하나 더 찾고 a, b의 값을 구해.

$f^{-1}(a)=k_1$이라 하면 $f(k_1)=a$에서 $2^{k_1}=a$이므로 $k_1=\log_2 a$

(서로 역함수 관계인 두 함수 $f(x)$, $g(x)$에 대하여 $f(a)=b$이면 $g(b)=a$가 성립해. / 로그의 정의지?)

$\therefore f^{-1}(a)=\log_2 a$

또, $g^{-1}(b)=k_2$라 하면 $g(k_2)=b$에서 $2^{k_2-2}=b$

$k_2-2=\log_2 b$ $\quad\therefore k_2=\log_2 b+2=\log_2 4b$

($2=\log_2 2^2=\log_2 4$ / $\log_a m+\log_a n=\log_a mn$)

$\therefore g^{-1}(b)=\log_2 4b$

따라서 조건 (나)의 $g^{-1}(b)-f^{-1}(a)=\log_2 6$에 의하여

$\log_2 4b-\log_2 a=\log_2 6$에서

($\log_a m-\log_a n=\log_a \frac{m}{n}$)

$\log_2 \frac{4b}{a}=\log_2 6$, $\frac{4b}{a}=6$ $\quad\therefore b=\frac{3}{2}a$ … ㉡

㉠, ㉡을 연립하여 풀면 $a=6$, $b=9$이므로 $a+b=6+9=15$

C 152 정답 ⑤ *도형의 넓이를 이용한 미지수의 결정 … [정답률 75%]

(정답 공식: 점 A의 좌표를 구하고 △OAB의 넓이를 통해 점 B의 좌표를 구한 뒤 선분 AB의 중점을 구한다.)

그림과 같이 $a>1$인 실수 a에 대하여 두 곡선 $y=a\log_2(x-a+1)$과 $y=2^{x-a}-1$이 서로 다른 두 점 A, B에서 만난다. 점 A가 x축 위에 있고 삼각형 OAB의 넓이가 $\frac{7}{2}a$일 때, 선분 AB의 중점은 M(p, q)이다. $p+q$의 값은? (단, O는 원점이다.) (4점)

단서1 점 A의 y좌표는 0이라는 거야.

단서2 삼각형 OAB의 밑변을 선분 OA라 하면 밑변의 길이는 점 A의 x좌표이고 높이는 점 B의 y좌표야.

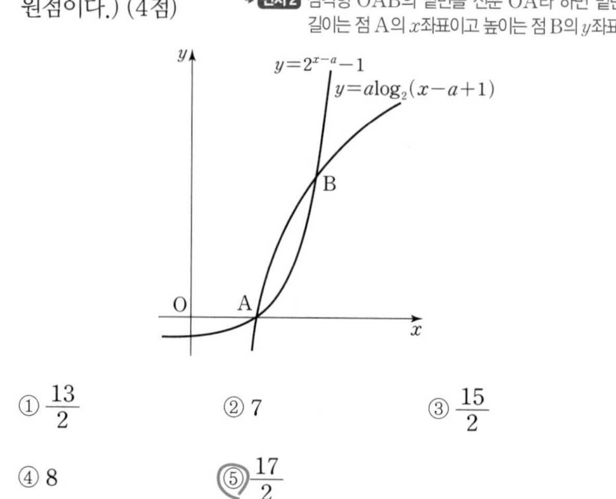

① $\frac{13}{2}$ ② 7 ③ $\frac{15}{2}$ ④ 8 ⑤ $\frac{17}{2}$

1st 점 A의 x좌표를 구하고 삼각형 OAB의 넓이가 $\frac{7}{2}a$임을 이용하여 점 B의 y좌표를 구해.

실수 ⑤ $\log_2 1=0$이므로 $x-a+1$을 1과 같다고 식을 세워야지 0과 같다고 식을 세우면 안 돼.

점 A는 곡선 $y=a\log_2(x-a+1)$이 x축과 만나는 점이므로 $y=0$을 대입하면 $a\log_2(x-a+1)=0$에서

$\log_2(x-a+1)=\log_2 1$, $x-a+1=1$ $\quad\therefore x=a$

따라서 점 A의 좌표는 $(a, 0)$ … ㉠

점 A는 곡선 $y=2^{x-a}-1$이 x축과 만나는 점이기도 하므로 $0=2^{x-a}-1$에서 $x=a$를 구할 수도 있어.

한편, 점 B의 y좌표를 $h(h>0)$라 하면 h는 삼각형 OAB의 높이이므로

$\triangle OAB=\frac{1}{2}\times\overline{OA}\times h=\frac{1}{2}\times a\times h=\frac{7}{2}a$에서

$h=7$

2nd 두 점 A, B가 지수함수와 로그함수의 그래프의 교점임을 이용하여 좌표를 각각 구해.

점 B의 y좌표가 7이고 곡선 $y=2^{x-a}-1$ 위의 점이므로 $y=7$을 대입하면

$2^{x-a}-1=7$에서 $2^{x-a}=8=2^3$, $x-a=3$

$\therefore x=a+3$

따라서 점 B의 좌표는 $(a+3, 7)$ … ㉠

또, 점 B는 곡선 $y=a\log_2(x-a+1)$ 위의 점이기도 하므로 $x=a+3$, $y=7$을 각각 대입하면 $a\log_2(a+3-a+1)=7$에서

$a\log_2 4=7$, $2a=7$ $\quad\therefore a=\frac{7}{2}$

따라서 두 점 A, B의 좌표는 각각 $\left(\frac{7}{2}, 0\right)$, $\left(\frac{13}{2}, 7\right)$이다.

3rd 선분 AB의 중점 M의 좌표를 구하자.

선분 AB의 중점 M의 좌표는 $\left(5, \frac{7}{2}\right)$이므로 $p=5$, $q=\frac{7}{2}$

두 점 (x_1, y_1), (x_2, y_2)를 잇는 선분의 중점의 좌표는 $\left(\frac{x_1+x_2}{2}, \frac{y_1+y_2}{2}\right)$야.

$\therefore p+q=5+\frac{7}{2}=\frac{17}{2}$

C 153 정답 ④ *도형의 넓이를 이용한 미정계수의 결정 … [정답률 72%]

(정답 공식: 높이는 $\overline{CD}$로 동일하므로 두 A, B의 좌표를 각각 구해 삼각형 밑변의 길이를 구한다.)

그림과 같이 함수 $y=\log_2 x$의 그래프 위의 두 점 A, B에서 x축에 내린 수선의 발을 각각 C$(p, 0)$, D$(2p, 0)$이라 하자. 삼각형 BCD와 삼각형 ACB의 넓이의 차가 8일 때, 실수 p의 값은? (단, $p>1$) (4점)

단서 두 삼각형 ACB, BCD의 밑변을 각각 $\overline{AC}$, $\overline{BD}$로 놓으면 높이는 모두 $\overline{CD}$의 길이이므로 두 삼각형의 넓이를 p에 대한 식으로 나타낸 뒤 두 삼각형의 넓이의 차를 이용해.

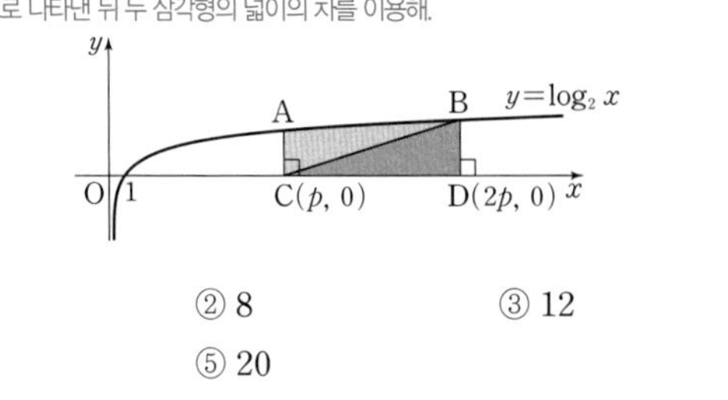

① 4 ② 8 ③ 12 ④ 16 ⑤ 20

1st 두 점 A와 B의 좌표를 찾아 삼각형 BCD와 삼각형 ACB의 넓이를 각각 구해.

점 A의 x좌표가 p이므로 점 A$(p, \log_2 p)$이고,
점 B의 x좌표가 $2p$이므로 점 B$(2p, \log_2 2p)$이다.
이때, 두 삼각형 BCD, ACB의 밑변을 각각 $\overline{BD}$, $\overline{AC}$라 할 때, 높이는 $\overline{CD}$의 길이이므로

$$\triangle BCD=\frac{1}{2}\times\overline{BD}\times\overline{CD}$$
$$=\frac{1}{2}\times\log_2 2p\times(2p-p)=\frac{p}{2}\log_2 2p$$
$$\triangle ACB=\frac{1}{2}\times\overline{AC}\times\overline{CD}$$
$$=\frac{1}{2}\times\log_2 p\times(2p-p)=\frac{p}{2}\log_2 p$$

2nd 삼각형 BCD와 삼각형 ACB의 넓이의 차가 8임을 이용하자.

이때, 삼각형 BCD와 삼각형 ACB의 넓이의 차가 8이므로

$$|\triangle BCD-\triangle ACB|=\left|\frac{p}{2}\log_2 2p-\frac{p}{2}\log_2 p\right|=8$$
$$\left|\frac{p}{2}(\log_2 2p-\log_2 p)\right|=8$$
$$\left|\frac{p}{2}\log_2\frac{2p}{p}\right|=8$$
$$\left|\frac{p}{2}\log_2 2\right|=8,\ \frac{p}{2}=8\ (\because p>1)$$
$$\therefore p=16$$

함정 넓이의 차는 넓이가 큰 쪽에서 작은 쪽을 빼면 돼. 그런데 두 삼각형 중 어느 것이 더 큰지 확실히 알 수 없으므로 절댓값을 사용한 거야.

톡톡 풀이: 높이가 같은 두 삼각형의 넓이의 차를 두 삼각형의 밑변의 길이의 차로 구하기

선분 CD의 길이를 삼각형 BCD와 삼각형 ACB의 높이라 하면 그 길이는 $2p-p=p$로 같아. 즉,
(삼각형 BCD와 삼각형 ACB의 넓이의 차)
$=\frac{p}{2}\times$(선분 BD와 선분 AC의 길이의 차)$=8$ … ㉠
그런데 $\overline{BD}=\log_2 2p$이고, $\overline{AC}=\log_2 p$이므로
(선분 BD와 선분 AC의 길이의 차)$=|\log_2 2p-\log_2 p|=\log_2 2=1$
따라서 ㉠에 의하여 $\frac{p}{2}\times1=8$이므로 $p=16$이야.

C 154 정답 ② *도형의 넓이를 이용한 미지수의 결정 … [정답률 72%]

(정답 공식: 서로 역함수 관계인 두 함수의 그래프가 만나면 교점은 $y=x$ 위에 있다.)

상수 $a(a>1)$에 대하여 곡선 $y=a^x-1$과 곡선 $y=\log_a(x+1)$이 원점 O를 포함한 서로 다른 두 점에서 만난다. 이 두 점 중 O가 아닌 점을 P라 하고, 점 P에서 x축에 내린 수선의 발을 H라 하자. 삼각형 OHP의 넓이가 2일 때, a의 값은? (4점)

① $\sqrt{2}$ ② $\sqrt{3}$ ③ 2 ④ $\sqrt{5}$ ⑤ $\sqrt{6}$

단서 지수함수의 밑과 로그함수의 밑이 a로 같지? 두 함수가 역함수 관계인지 따져봐.

1st 두 곡선의 관계를 파악해 봐.

$y=a^x-1$에서 x, y를 서로 바꾸면
$x=a^y-1$에서 $a^y=x+1$ $\therefore y=\log_a(x+1)$
$a^N=x \Leftrightarrow N=\log_a x$
즉, 두 함수 $y=a^x-1$, $y=\log_a(x+1)$은 서로 역함수 관계이다.

2nd 삼각형 OHP의 넓이를 이용하여 점 P의 좌표를 구해.

점 P의 좌표를 (k, k)라 하면 점 P는 곡선 $y=\log_a(x+1)$ 위의 점이므로 $k>-1$ 서로 역함수 관계인 두 함수의 그래프의 교점은 직선 $y=x$ 위에 있어.
이때, 삼각형 OHP의 넓이가 2이므로

$\frac{1}{2}\times\overline{OH}\times\overline{PH}=2$에서 $\frac{1}{2}\times k\times k=2$
$k^2=4$ $\therefore k=2(\because k>-1)$
따라서 곡선 $y=a^x-1$이 점 P$(2, 2)$를 지나므로 $2=a^2-1$에서 $a^2=3$
$\therefore a=\sqrt{3}\ (\because a>1)$

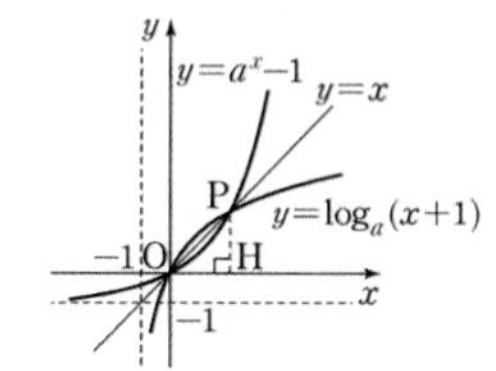

C 155 정답 ② *도형의 넓이를 이용한 미지수의 결정 … [정답률 68%]

(정답 공식: 두 함수 $y=\log_2 x$와 $y=2^x$가 역함수 관계임을 이용하여 세 점 A, B, C의 좌표를 구한다. 두 점의 좌표를 알면 두 점 사이의 거리를 구할 수 있고 점 A와 선분 BC 사이의 거리도 구할 수 있다.)

단서1 두 함수 $y=2^x$과 $y=\log_2 x$는 서로 역함수 관계야.

그림과 같이 기울기가 -1인 직선이 두 곡선 $y=2^x$, $y=\log_2 x$와 만나는 두 점을 각각 A, B라 하고, 점 B를 지나고 x축과 평행한 직선이 곡선 $y=2^x$과 만나는 점을 C라 하자. 선분 AB의 길이가 $12\sqrt{2}$, 삼각형 ABC의 넓이가 84이다. 점 A의 x좌표를 a라 할 때, $a-\log_2 a$의 값은? (4점)

단서2 두 점 B, C의 y좌표가 같아.

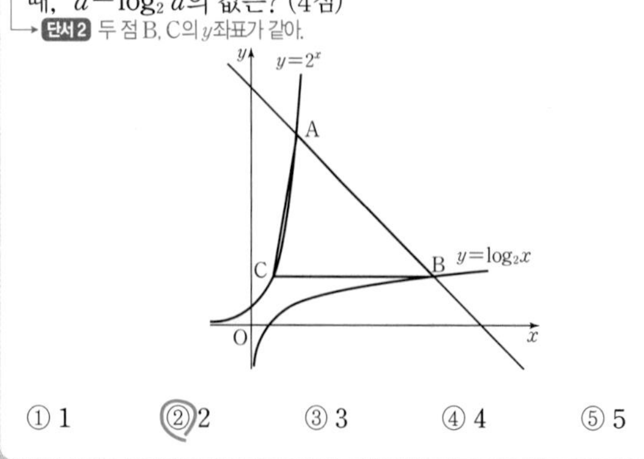

① 1 ② 2 ③ 3 ④ 4 ⑤ 5

1st 두 함수 $y=2^x$, $y=\log_2 x$의 관계를 이용하여 세 점 A, B, C의 좌표를 정해.

함수 $y=2^x$은 함수 $y=\log_2 x$의 역함수이므로 두 함수의 그래프는 직선 $y=x$에 대하여 대칭이다. $y=2^x$에서 $x=\log_2 y$이고, x와 y를 바꾸면 $y=\log_2 x$이므로 두 함수 $y=2^x$과 $y=\log_2 x$는 서로 역함수 관계야.

이때, 두 점 A, B가 기울기가 -1인 직선 위의 점이므로 두 점 A, B도 직선 $y=x$에 대하여 대칭이다.

주의 기울기가 -1인 직선이 $y=x$와 수직인 관계를 가지므로 두 역함수 위에 있는 점 A, B는 대칭이야.

즉, 점 A의 x좌표가 a이므로 점 A의 좌표는 $(a,\ 2^a)$이고 점 B의 좌표는 $(2^a,\ a)$이다.

점 (x, y)를 직선 $y=x$에 대하여 대칭이동한 점은 (y, x)야.

또, 점 C는 곡선 $y=2^x$ 위의 점이고 y좌표가 점 B의 y좌표 a와 같으므로 $a=2^x$에서 $x=\log_2 a$이다.

즉, 점 C의 좌표는 $(\log_2 a,\ a)$이다.

2nd 선분 AB의 길이와 삼각형 ABC의 넓이를 이용하여 $a-\log_2 a$의 값을 구해.

$\overline{AB}=12\sqrt{2}$이므로 $\sqrt{2(2^a-a)^2}=12\sqrt{2}$에서

→ 두 점 (x_1, y_1), (x_2, y_2) 사이의 거리를 d라 하면 $d=\sqrt{(x_2-x_1)^2+(y_2-y_1)^2}$

$2^a-a=12$ ⋯ ㉠

모든 실수 x에 대하여 $2^x>x$이므로 $\sqrt{(2^a-a)^2}=2^a-a$야.

이때, 점 A에서 선분 BC에 내린 수선의 발을 H라 하면 ㉠에 의하여

$\overline{AH}=2^a-a=12$

$\overline{AH}$=(점 A의 y좌표)−(점 C의 y좌표)

또, 삼각형 ABC의 넓이가 84이므로 $\frac{1}{2}\times\overline{BC}\times\overline{AH}=84$에서

$\frac{1}{2}\times\overline{BC}\times 12=84$, $\overline{BC}=14$

함정 근호 안에 제곱 꼴의 식이 나오는 경우에는 항상 절댓값을 사용해야하므로 0보다 큰지 작은지를 확인할 수 있도록 하자.

$\therefore\ 2^a-\log_2 a=\overline{BC}=14$ ⋯ ㉡

$\overline{BC}$=(점 B의 x좌표)−(점 C의 x좌표)

㉡−㉠을 하면 $(2^a-\log_2 a)-(2^a-a)=a-\log_2 a=2$

C 156 정답 ③ *도형의 넓이를 이용한 미지수의 결정 ⋯ [정답률 65%]

(정답 공식: 두 함수가 서로 역함수 관계일시 두 함수는 직선 $y=x$에 대해 대칭이다. 삼각형 높이가 같을 때 밑변의 비율은 삼각형 넓이의 비율과 같다.)

그림과 같이 직선 $y=-x+a$가 두 곡선 $y=2^x$, $y=\log_2 x$와 만나는 점을 각각 A, B라 하고, x축과 만나는 점을 C라 할 때, 점 A, B, C가 다음 조건을 만족시킨다.

단서2 $\overline{DA}:\overline{AB}:\overline{BC}=1:3:1$에서 $\triangle OBC=\frac{1}{5}\triangle ODC$임을 이용하자.

(가) $\overline{AB}:\overline{BC}=3:1$
(나) 삼각형 OBC의 넓이는 40이다.

점 A의 좌표를 $A(p,\ q)$라 할 때, $p+q$의 값은? (단, O는 원점이고, a는 상수이다.) (4점)

단서1 서로 역함수 관계인 두 곡선 $y=2^x$, $y=\log_2 x$와 직선 $y=-x+a$는 모두 직선 $y=x$에 대하여 대칭이므로 두 점 A와 B, 두 점 C와 D는 각각 직선 $y=x$에 대하여 대칭이야.

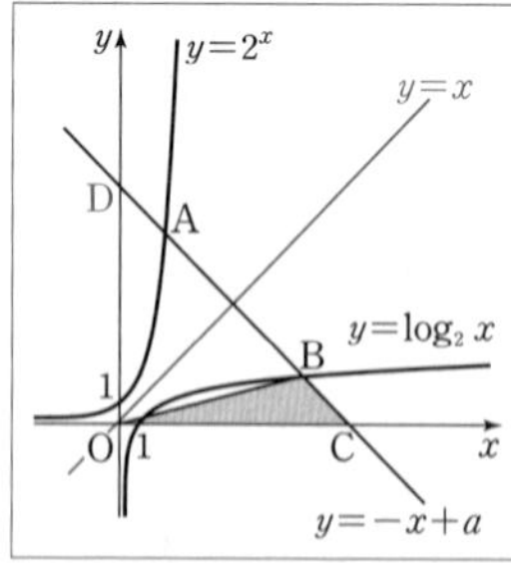

① 10 ② 15 ③ 20 ④ 25 ⑤ 30

1st 두 곡선 $y=2^x$과 $y=\log_2 x$는 직선 $y=x$에 대하여 대칭이야.

점 $C(a,\ 0)$이고, 직선 $y=-x+a$가 y축과 만나는 점을 D라 하면 점 $D(0,\ a)$이다.

→ 두 함수 $y=2^x$, $y=\log_2 x$는 서로 역함수 관계지?

한편, 두 곡선 $y=2^x$과 $y=\log_2 x$는 직선 $y=x$에 대하여 대칭이므로 $\overline{BC}=\overline{DA}$이고, 조건 (가)에서 $\overline{AB}:\overline{BC}=3:1$이므로

직선 $y=-x+a$가 직선 $y=x$에 대하여 대칭이고 네 점 A, B, C, D가 직선 $y=-x+a$ 위의 점이므로 두 점 A와 B, 두 점 C와 D가 각각 직선 $y=x$에 대하여 대칭이 돼.

$\overline{DA}:\overline{AB}:\overline{BC}=1:3:1$임을 알 수 있다.

2nd 삼각형 OBC와 삼각형 ODC의 넓이의 비를 이용하여 a의 값을 구하자.

즉, $\overline{DA}:\overline{AB}:\overline{BC}=1:3:1$에서

$\triangle OBC:\triangle ODC=1:5$이므로

→ $\triangle OBC=\frac{1}{2}\times k\times h=\frac{1}{2}kh$, $\triangle ODC=\frac{1}{2}\times 5k\times h=\frac{5}{2}kh$

$\triangle OBC=\frac{1}{5}\triangle ODC$

$=\frac{1}{5}\times\left(\frac{1}{2}\times\overline{OC}\times\overline{OD}\right)$ $\therefore\ \triangle OBC:\triangle ODC=\frac{1}{2}kh:\frac{5}{2}kh=1:5$

즉, 높이가 같은 두 삼각형의 넓이의 비는 밑변의 길이의 비와 같아.

$=\frac{1}{10}\times a\times a$

$=\frac{1}{10}a^2$

이때, 조건 (나)에 의하여 $\triangle OBC=\frac{1}{10}a^2=40$이므로 $a^2=400$

$\therefore\ a=20$ ($\because\ a>0$)

3rd 점 A가 직선 $y=-x+a$ 위의 점임을 이용하여 $p+q$의 값을 구하자.

따라서 점 $A(p,\ q)$는 직선 $y=-x+a$, 즉 $y=-x+20$ 위의 점이므로

$q=-p+20$

$\therefore\ p+q=20$

다른 풀이: 점 B는 선분 AC를 3 : 1로 내분하는 점임을 이용하여 값 구하기

두 곡선 $y=2^x$과 $y=\log_2 x$는 직선 $y=x$에 대하여 대칭이므로

점 A와 점 B는 직선 $y=x$에 대하여 대칭이야. ⋯ (*)

즉, 점 $A(p,\ q)$이므로 점 $B(q,\ p)$가 돼.

조건 (가)에서 $\overline{AB}:\overline{BC}=3:1$이므로 점 $C(a,\ 0)$에 대하여 점 B는 선분 AC를 3 : 1로 내분하는 점이지?

$\left(\frac{3\times a+1\times p}{3+1},\ \frac{3\times 0+1\times q}{3+1}\right)$에서 $\left(\frac{3a+p}{4},\ \frac{q}{4}\right)$이므로

→ 두 점 $P(x_1, y_1)$, $Q(x_2, y_2)$에 대하여 선분 PQ를 $m:n$으로 내분하는 점의 좌표는 $\left(\frac{mx_2+nx_1}{m+n},\ \frac{my_2+ny_1}{m+n}\right)$

$q=\frac{3a+p}{4}$, $p=\frac{q}{4}$

즉, $q=4p$ ⋯ ㉠이고,

$3a=4q-p=4\times 4p-p=15p$이므로 $a=5p$ ⋯ ㉡

또한, 조건 (나)에 의하여

$\triangle OBC=\frac{1}{2}\times\overline{OC}\times$(점 B의 y좌표)$=\frac{1}{2}ap$ 　B(q, p)

$=\frac{1}{2}\times 5p\times p$ ($\because$ ㉡)$=\frac{5}{2}p^2=40$

$p^2=16$

$\therefore\ p=4$ ($\because\ p>0$)

따라서 ㉠에서 $q=4p=4\times 4=16$이므로 $p+q=4+16=20$

수능 핵강

* 두 점 A, B가 직선 $y=x$에 대하여 대칭인 이유

두 곡선 $y=2^x$과 $y=\log_2 x$가 서로 역함수 관계이므로 직선 $y=x$에 대하여 대칭이지? 근데, (*)와 같이 두 점 A, B가 왜 직선 $y=x$에 대하여 대칭이냐고?

두 직선 $y=x$와 $y=-x+a$는 서로 수직이므로 직선 $y=-x+a$도 직선 $y=x$에 대하여 대칭이야.

이때, 직선 $y=-x+a$와 두 곡선 $y=2^x$, $y=\log_2 x$의 교점이 각각 A, B이므로 직선 $y=-x+a$ 위의 두 점 A, B도 직선 $y=x$에 대하여 대칭이지.

앞으로 문제를 풀 때 밑이 같은 지수함수와 로그함수가 동시에 나오게 되면 역함수의 성질을 먼저 떠올려 보도록 해.

C 157 정답 ⑤ *도형의 넓이를 이용한 미지수의 결정 [정답률 61%]

(정답 공식: 직선 l의 기울기를 이용해 $\overline{BC}$와 $\overline{AC}$의 길이의 비율을 알 수 있다. 직각이등변삼각형의 넓이는 빗변이 아닌 한 변의 길이의 제곱을 2로 나눈 것이다.)

그림과 같이 기울기가 1인 직선 l이 곡선 $y=\log_2 x$와 서로 다른 두 점 $A(a, \log_2 a)$, $B(b, \log_2 b)$에서 만난다. 직선 l과 두 직선 $x=b$, $y=\log_2 a$로 둘러싸인 부분의 넓이가 2일 때, $a+b$의 값은? (단, $0<a<b$이다.) (4점)

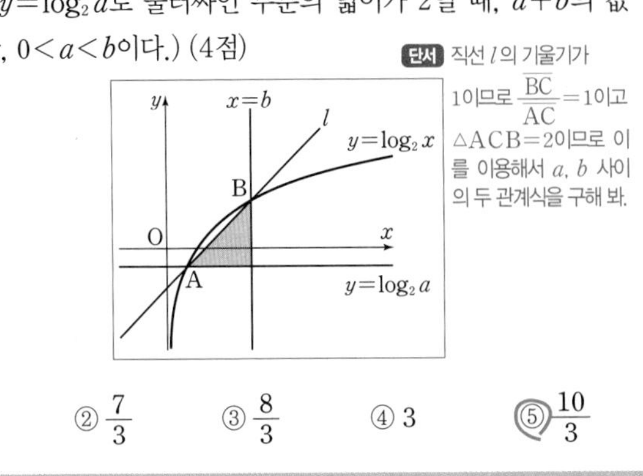

단서 직선 l의 기울기가 1이므로 $\frac{\overline{BC}}{\overline{AC}}=1$이고 $\triangle ACB=2$이므로 이를 이용해서 a, b 사이의 두 관계식을 구해 봐.

① 2 ② $\frac{7}{3}$ ③ $\frac{8}{3}$ ④ 3 ⑤ $\frac{10}{3}$

1st 직선 l의 기울기가 1임을 이용하자.

두 직선 $y=\log_2 a$, $x=b$의 교점을 C라 하면 직선 l의 기울기는 1이므로

(직선 l의 기울기)$=\frac{\overline{BC}}{\overline{AC}}=1$

$\therefore \overline{AC}=\overline{BC}$ ← $\frac{(y\text{의 값의 증가량})}{(x\text{의 값의 증가량})}$

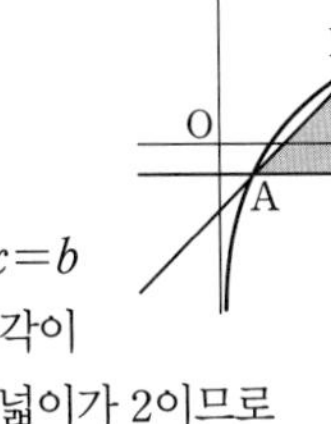

즉, 직선 l과 두 직선 $y=\log_2 a$, $x=b$로 둘러싸인 부분은 $\overline{AC}=\overline{BC}$인 직각이등변삼각형이다. 이때, 이 삼각형의 넓이가 2이므로

$\frac{1}{2}\times\overline{AC}\times\overline{BC}=\frac{1}{2}\times\overline{AC}^2=2$, $\overline{AC}^2=4$ $\therefore \overline{AC}=\overline{BC}=2$

점 $A(a, \log_2 a)$를 x축의 방향으로 2만큼 평행이동한 점이 C이므로 점 C의 좌표는 $(a+2, \log_2 a)$

한편, 점 B의 좌표가 $(b, \log_2 b)$이고 점 B와 점 C의 x좌표는 같으므로 $b=a+2$ ⋯ ㉠

또, $\overline{BC}=2$에서 $\log_2 b-\log_2 a=2$, $\log_2\frac{b}{a}=\log_2 4$, $\frac{b}{a}=4$

→ $\log_m x+\log_m y=\log_m xy$, $\log_m x-\log_m y=\log_m\frac{x}{y}$

$\therefore b=4a$ ⋯ ㉡

2nd 구한 식을 연립하여 a, b의 값을 각각 구하자.

㉡을 ㉠에 대입하면 $4a=a+2$, $3a=2$ $\therefore a=\frac{2}{3}$

㉡에서 $b=4\times\frac{2}{3}=\frac{8}{3}$ $\therefore a+b=\frac{2}{3}+\frac{8}{3}=\frac{10}{3}$

다른 풀이: 넓이를 구하는 삼각형의 밑변의 길이와 높이가 같음을 이용하기

두 점 A, B의 좌표가 각각 $(a, \log_2 a)$, $(b, \log_2 b)$이고 직선 AB의 기울기가 1이므로

$\frac{\log_2 b-\log_2 a}{b-a}=1$

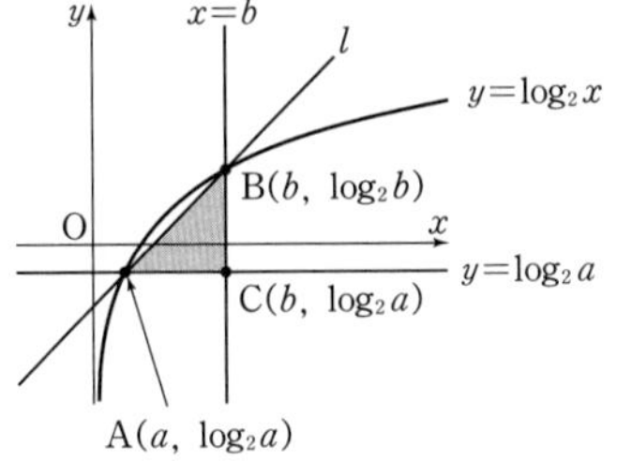

$\log_2 b-\log_2 a=b-a$ ⋯ ㉢

이때, 두 직선 $x=b$, $y=\log_2 a$의 교점을 C라 하면 점 C의 좌표는 $C(b, \log_2 a)$

한편, 직선 l과 두 직선 $y=\log_2 a$, $x=b$로 둘러싸인 부분은 밑변의 길이가 $(b-a)$이고, 높이가 $(\log_2 b-\log_2 a)$인 직각삼각형이고 그 넓이가 2이므로 $\frac{1}{2}\times(b-a)\times(\log_2 b-\log_2 a)=2$ ⋯ ㉣

㉢을 ㉣에 대입하면

$\frac{1}{2}\times(b-a)\times(b-a)=2$, $(b-a)^2=4$

$\therefore b-a=2$ ($\because a<b$) ⋯ ㉤

$a<b$에서 $b-a>0$이지?

주의: 근호 안에 제곱 꼴의 식이 나오는 경우에는 항상 절댓값을 사용해야 하므로 주어진 조건에 유의하여 0보다 큰지 작은지를 확인할 수 있도록 하자.

따라서 ㉤을 ㉢에 대입하면

$\log_2 b-\log_2 a=2$, $\log_2\frac{b}{a}=2$ $\therefore b=4a$ ⋯ ㉥

㉤, ㉥을 연립하면 $a=\frac{2}{3}$, $b=\frac{8}{3}$ $\therefore a+b=\frac{2}{3}+\frac{8}{3}=\frac{10}{3}$

C 158 정답 ② *도형의 넓이를 이용한 미지수의 결정 ⋯ [정답률 59%]

(정답 공식: 닮음인 도형들의 넓이의 비를 통해 대응변의 닮음비를 알아낼 수 있다. 역함수 관계에 있는 함수들을 찾아낸다.)

그림과 같이 함수 $y=\log_2 x$의 그래프와 직선 $y=mx$의 두 교점을 A, B라 하고, 함수 $y=2^x$의 그래프와 직선 $y=nx$의 두 교점을 C, D라 하자. 사각형 ABDC는 등변사다리꼴이고 삼각형 OBD의 넓이는 삼각형 OAC의 넓이의 4배일 때, $m+n$의 값은? (단, O는 원점) (3점)

단서1 닮음인 두 삼각형 OAC, OBD의 넓이의 비가 1 : 4이므로 닮음비는 1 : 2지?

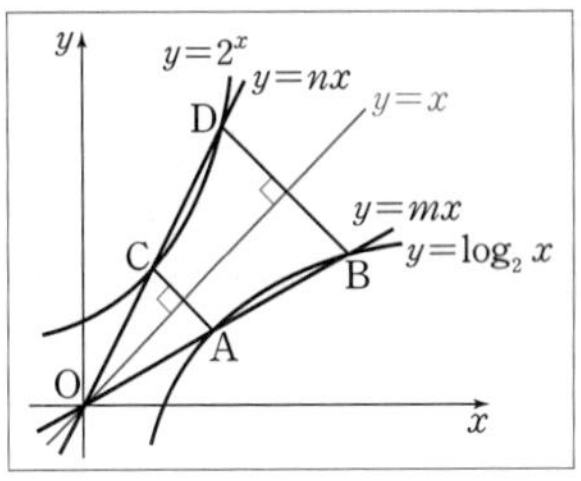

단서2 사각형 ABDC가 등변사다리꼴이고, 두 함수 $y=\log_2 x$와 $y=2^x$의 그래프가 직선 $y=x$에 대하여 대칭이므로 두 직선 $y=mx$, $y=nx$도 직선 $y=x$에 대하여 대칭이야.

① 2 ② $\frac{5}{2}$ ③ 3 ④ $\frac{10}{3}$ ⑤ 4

→ $\overline{AC}/\!/\overline{BD}$이므로 $\angle OBD=\angle OAC$, $\angle ODB=\angle OCA$

1st 닮은 도형의 넓이의 비가 $a^2 : b^2$이면 닮음비는 $a : b$임을 이용해.

직선 $y=mx$ 위의 두 점 A, B의 x좌표를 각각 α, β라 하면 $A(\alpha, m\alpha)$, $B(\beta, m\beta)$

$\triangle OBD \backsim \triangle OAC$(AA 닮음)이고, $\triangle OBD$의 넓이는 $\triangle OAC$의 넓이의 4배이므로

$\triangle OBD : \triangle OAC=4 : 1=2^2 : 1^2$

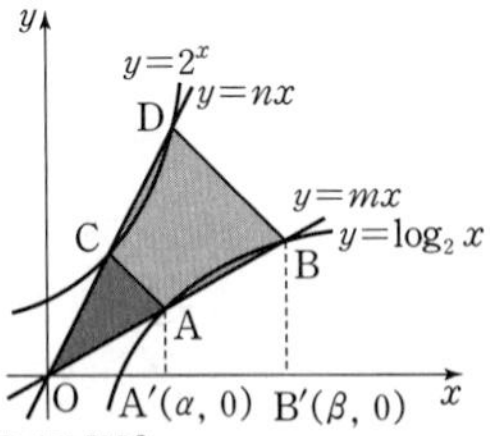

즉, $\triangle OBD$와 $\triangle OAC$의 대응변의 길이의 비는 $\overline{OB} : \overline{OA}=2 : 1$이다.

[닮음비의 활용] 닮음인 두 도형의 닮음비가 $m : n$이면 두 도형의 넓이의 비는 $m^2 : n^2$이다.

또한, 두 점 A, B에서 x축에 내린 수선의 발을 각각 A′, B′이라 하면 $\triangle OAA' \backsim \triangle OBB'$(AA 닮음)이므로

$\overline{OB'} : \overline{OA'}=\overline{OB} : \overline{OA}=2 : 1$에서 $\beta : \alpha=2 : 1$ $\therefore \beta=2\alpha$

2nd 두 점 A, B는 $y=\log_2 x$의 그래프 위의 점임을 이용하여 α, β를 구하자.

이때, 두 점 $A(\alpha, m\alpha)$, $B(2\alpha, 2m\alpha)$는 함수 $y=\log_2 x$의 그래프 위의 점이므로 y좌표를 비교하면 $m\alpha=\log_2\alpha$ ⋯ ㉠, $2m\alpha=\log_2 2\alpha$ ⋯ ㉡

㉠을 ㉡에 대입하면 $2\log_2\alpha=\log_2 2\alpha$에서 $\log_2\alpha^2=\log_2 2\alpha$

$\alpha^2=2\alpha$, $\alpha(\alpha-2)=0$ $\therefore \alpha=2$ ($\because \alpha\neq0$) $\Rightarrow \beta=2\alpha=4$

즉, $A(2, 2m)$, $B(4, 4m)$이다.

3rd 사각형 ABDC가 등변사다리꼴이므로 두 직선 $y=mx$, $y=nx$는 역함수 관계야.

→ 서로 역함수 관계지?

사각형 ABDC는 등변사다리꼴이고, $y=2^x$과 $y=\log_2 x$의 그래프가 직선 $y=x$에 대하여 대칭이므로 두 직선 $y=mx$와 $y=nx$도 직선 $y=x$에 대하여 대칭이다.

즉, 점 A와 점 C, 점 B와 점 D는 각각 직선 $y=x$에 대하여 대칭이므로

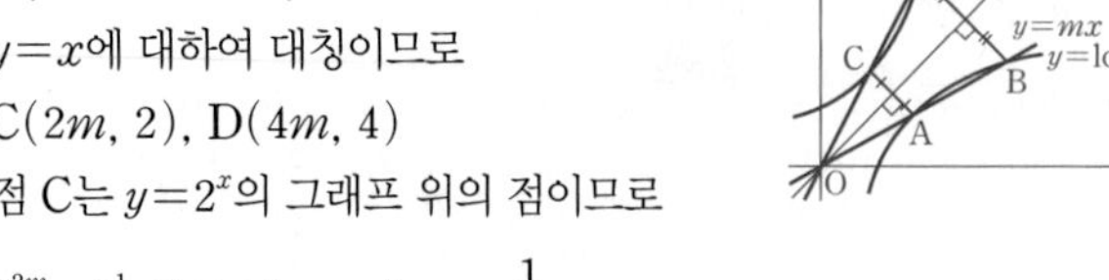

$\mathrm{C}(2m, 2)$, $\mathrm{D}(4m, 4)$

점 C는 $y=2^x$의 그래프 위의 점이므로

$2^{2m}=2^1$, $2m=1$ $\quad\therefore m=\frac{1}{2}$

점 C(1, 2)는 직선 $y=nx$ 위의 점이므로 $2=n$

$\therefore m+n=\frac{1}{2}+2=\frac{5}{2}$

1등급 마스터 문제 [4점+2등급 대비+1등급 대비]

C 159 정답 ② ＊지수함수의 그래프의 평행이동과 대칭이동 [정답률 35%]

(정답 공식: 함수 $y=f(x)$의 그래프를 그려 조건을 만족시키는 두 자연수 a, b의 값을 각각 구한다.)

두 자연수 a, b에 대하여 함수

$$f(x)=\begin{cases} 2^{x+a}+b & (x\le -8) \\ -3^{x-3}+8 & (x>-8) \end{cases}$$

단서1 함수 $y=f(x)$의 그래프는 $x\le-8$일 때 점근선이 $y=b$이면서 증가하는 모양이고, $x>-8$일 때 점근선이 $y=8$이면서 감소하는 모양이야.

이 다음 조건을 만족시킬 때, $a+b$의 값은? (4점)

단서2 $x\le k$일 때, $f(x)$의 값이 정수인 것의 개수가 2라는 거지?

> 집합 $\{f(x)\,|\,x\le k\}$의 원소 중 정수인 것의 개수가 2가 되도록 하는 모든 실수 k의 값의 범위는 $3\le k<4$이다.

① 11 ② 13 ③ 15 ④ 17 ⑤ 19

1st 함수 $y=f(x)$의 그래프를 그려봐.

$f(x)=\begin{cases} 2^{x+a}+b & (x\le -8) \\ -3^{x-3}+8 & (x>-8) \end{cases}$에 의하여 함수 $y=f(x)$의 그래프는

$x>-8$일 때 함수 $y=-3^x$의 그래프를 x축의 방향으로 3만큼, y축의 방향으로 8만큼 평행이동한 그래프로 [그림 1]과 같고, $x\le-8$일 때 함수 $y=2^x$의 그래프를 x축의 방향으로 $-a$만큼, y축의 방향으로 b만큼 평행이동한 그래프로 [그림 2]와 같다.

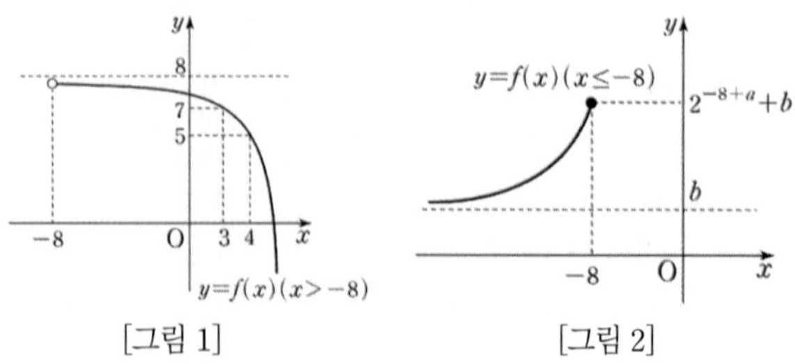

[그림 1] [그림 2]

2nd 조건을 만족시키는 두 자연수 a, b의 값을 각각 구하고 $a+b$를 계산해.

$3\le k<4$인 실수 k에 대하여 $-8<x\le k$에서 $f(x)$의 값이 정수가 되는 경우는 $f(x)=6$ 또는 $f(x)=7$이다.

$3<x<4$에서 $f(x)=6$을 만족시키는 x의 값을 α라 하면
$3<k<\alpha$일 때 $-8<x\le k$에서 $f(x)$의 값 중 정수인 것은 7 뿐이고,
$\alpha\le k<4$일 때 $-8<x\le k$에서 $f(x)$의 값 중 정수인 것은 6, 7이야.

따라서 주어진 조건을 만족시키기 위해서는 $x\le-8$인 경우에 $f(x)$의 값이 정수가 되는 경우는 $f(x)=6$ 뿐이어야 하므로

$b=5$이고 $6\le f(-8)<7$이어야 한다. 수능 핵강을 참고해!

$5\le b<6$이면 되는데 b는 자연수이어야 하므로 $b=5$야.

즉, $6\le 2^{-8+a}+5<7$에서 $1\le 2^{-8+a}<2$

$2^0\le 2^{-8+a}<2^1$, $0\le -8+a<1$

$y=2^x$은 증가함수이므로 x의 값이 커지면 y의 값도 커지지? 즉, $2^a<2^b$이면 $a<b$야.

$\therefore 8\le a<9$

그런데 a는 자연수이므로 $a=8$이다.

따라서 조건을 만족시키는 두 자연수 a, b에 대하여

$a+b=8+5=13$이다.

수능 핵강

＊조건을 만족시키기 위해 $x\le-8$일 때의 $f(x)$의 값 중 정수인 것은 왜 6 뿐이어야 할까?

$3<x<4$에서 $f(x)=6$을 만족시키는 x의 값을 α라 하자.

(i) $x\le-8$일 때 $f(x)$의 값 중 6, 7이 아닌 정수가 존재한다고 하면 $x\le k$에서 $f(x)$의 값 중 정수인 것은 $3\le k<\alpha$일 때 최소 2개이고, $\alpha\le k<4$일 때 최소 3개야. 즉, 정수인 것의 개수가 2라는 조건을 만족시키지 않으므로 $x\le-8$일 때 $f(x)$의 값 중 정수인 것은 6, 7을 제외한 다른 정수가 존재하면 안 돼.

(ii) $x\le-8$일 때 $f(x)$의 값 중 정수인 것이 6과 7로 2개라면 $3\le k<4$가 아닌 다른 k의 값에 대해서도 $x\le k$에서 $f(x)$의 값 중 정수인 것의 개수가 2가 돼.
예를 들어 $x\le k=0$일 때도 $f(x)$의 값 중 정수인 것의 개수가 6, 7로 2가 돼.
즉, 조건을 만족시키는 모든 실수 k의 값의 범위 $3\le k<4$에 모순이야.

(iii) $x\le-8$일 때 $f(x)$의 값 중 정수인 것이 7 뿐이라면 $3\le k<\alpha$일 때 $x\le k$에서 $f(x)$의 값 중 정수인 것의 개수는 7로 1이야.
즉, 정수인 것의 개수가 2라는 조건을 만족시키지 않아.

(iv) $x\le-8$일 때 $f(x)$의 값 중 정수인 것이 6 뿐이라면
$3\le k<4$일 때 $x\le k$에서 $f(x)$의 값 중 정수인 것의 개수는 6, 7로 2야.
$k\ge4$일 때 $x\le k$에서 $f(x)$의 값 중 정수인 것의 개수는 7, 6, 5, ⋯로 최소 3이야.
$k<3$일 때 $x\le k$에서 $f(x)$의 값 중 정수인 것의 개수는 6으로 1이야.
즉, 모든 조건을 만족시켜.

(i)~(iv)에 의하여 $x\le-8$일 때 $f(x)$의 값 중 정수인 것은 6 뿐이어야 해.

C 160 정답 36 ＊지수함수의 그래프의 교점 [정답률 35%]

(정답 공식: 두 함수 $y=f(x)$, $y=g(x)$의 그래프가 만나는 점의 x좌표를 t라 하면 t는 방정식 $f(x)=g(x)$의 실근이다.)

곡선 $y=\left(\frac{1}{5}\right)^{x-3}$과 직선 $y=x$가 만나는 점의 x좌표를 k라 하자.

단서1 $y=\left(\frac{1}{5}\right)^{x-3}$, $y=x$를 연립한 방정식의 해가 $x=k$라는 거야.

실수 전체의 집합에서 정의된 함수 $f(x)$가 다음 조건을 만족시킨다.

> $x>k$인 모든 실수 x에 대하여
> $f(x)=\left(\frac{1}{5}\right)^{x-3}$이고 $f(f(x))=3x$이다.

$f\left(\frac{1}{k^3\times5^{3k}}\right)$의 값을 구하시오. (4점)

단서2 구하는 값과 $y=\left(\frac{1}{5}\right)^{x-3}$, $y=x$를 연립한 방정식의 관계를 살펴봐.

1st 구하는 값과 교점의 x좌표의 관계를 파악해.

곡선 $y=\left(\frac{1}{5}\right)^{x-3}$과 직선 $y=x$가 만나는 점의 x좌표가 k이므로

방정식 $\left(\frac{1}{5}\right)^{x-3}=x$의 실근이 k이다.

즉, $\left(\frac{1}{5}\right)^{k-3}=k$에서 $\left(\frac{1}{5}\right)^{k}\times\left(\frac{1}{5}\right)^{-3}=k$

양변에 $\left(\frac{1}{5}\right)^{3}\times\frac{1}{k}$을 곱하면 $\frac{1}{k}\times\left(\frac{1}{5}\right)^{k}=\left(\frac{1}{5}\right)^{3}$에서 $\frac{1}{k\times 5^{k}}=\frac{1}{5^{3}}$

다시 양변을 세제곱하면 $\frac{1}{k^{3}\times 5^{3k}}=\frac{1}{5^{9}}$

따라서 구하는 값은 $f\left(\frac{1}{k^{3}\times 5^{3k}}\right)=f\left(\frac{1}{5^{9}}\right)$이다. … ㉠

2nd 함수 $f(x)$를 파악해.

$x>k$에서 $f(x)=\left(\frac{1}{5}\right)^{x-3}$이므로

k보다 작은 두 양수 y_1, $y_2(y_1>y_2)$에 대하여

$f(x_1)=y_1$, $f(x_2)=y_2$라 하면 $k<x_1<x_2$이다.

$x>k$에서 함수 $y=f(x)$의 그래프는 감소하므로 x의 값이 증가하면 y의 값은 감소해. 즉, $y_1>y_2$이므로 $x_1<x_2$이야.

이때, $x>k$인 모든 실수 x에 대하여 $f(f(x))=3x$이므로

$f(f(x_1))=3x_1$, $f(f(x_2))=3x_2$이고 $x_1<x_2$에서

$f(f(x_1))<f(f(x_2))$ $\quad\therefore f(y_1)<f(y_2)$

따라서 $x<k$에서 함수 $f(x)$는 감소하고 $x>k$에서

$y_2<y_1<k$이고 $f(y_1)<f(y_2)$이므로 함수 $f(x)$는 $x<k$에서 감소해.

$f(x)=\left(\frac{1}{5}\right)^{x-3}$이므로 함수 $f(x)$는 실수 전체의 집합에서 감소한다.

3rd $f\left(\frac{1}{k^{3}\times 5^{3k}}\right)$의 값을 구해.

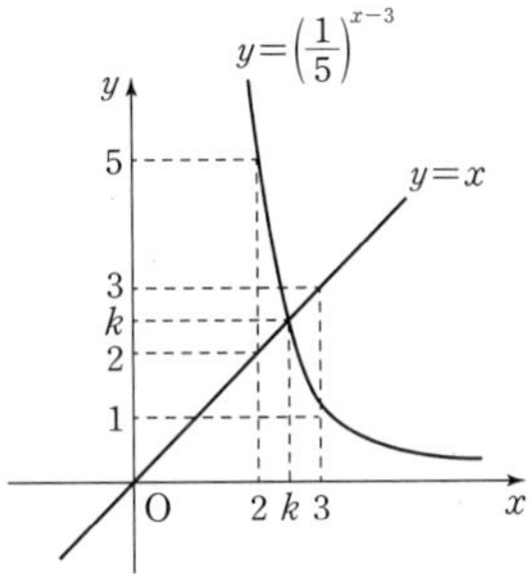

이때, 곡선 $y=\left(\frac{1}{5}\right)^{x-3}$은 두 점 $(2, 5)$, $(3, 1)$을 지나고

직선 $y=x$는 $(2, 2)$, $(3, 3)$을 지나므로 그림과 같이 $2<k<3$ … ㉡이다.

한편, $f(x)=\frac{1}{5^{9}}$을 만족시키는 x의 값을 t라 하면 ㉡에 의하여

$\frac{1}{5^{9}}<k$이므로 $t>k$이다.

즉, $f(t)=\frac{1}{5^{9}}$에서 $\left(\frac{1}{5}\right)^{t-3}=\frac{1}{5^{9}}$, $t-3=9$ $\quad\therefore t=12$

따라서 구하는 값은 ㉠에 의하여

$f\left(\frac{1}{k^{3}\times 5^{3k}}\right)=f\left(\frac{1}{5^{9}}\right)=f(f(t))=3t=3\times 12=36$

한성은 | 2025 수능 응시 · 익산 남성여고 졸

처음 이 문제를 봤을 때 어떻게 풀어야 할지 떠오르지 않아서 고민을 했어. 주어진 함수가 자기 자신에 합성된 형태의 합성함수로 제시되었을 때는 안쪽에 있는 함수를 문자로 치환하고 x를 그 문자에 대한 식으로 바꿔서 표현하는 것을 추천해. 이렇게 치환을 하면 내가 풀어야 하는 함수의 형태가 조금 더 간단해지기 때문에 좀 더 쉽게 문제를 풀 수 있어. 그리고 이 문제에는 범위가 제시되어 있기 때문에 치환을 하고 나서 치환을 한 문자에 대한 범위를 다시 정해주어야 해.

C 161 정답 13 *로그함수의 그래프의 교점 ········ [정답률 32%]

(정답 공식: 세 점 A, B, C의 좌표를 하나의 문자를 이용하여 나타낸다.)

그림과 같이 곡선 $y=2^{x-m}+n(m>0,\ n>0)$과 직선 $y=3x$가 서로 다른 두 점 A, B에서 만날 때, 점 B를 지나며 직선 $y=3x$에

단서1 두 점 A, B는 직선 $y=3x$ 위의 점이야.

수직인 직선이 y축과 만나는 점을 C라 하자. 직선 CA가 x축과 만나는 점을 D라 하면 점 D는 선분 CA를 5 : 3으로 외분하는

단서2 점 A의 x좌표를 이용하여 점 C의 좌표를 나타낼 수 있어.

점이다. 삼각형 ABC의 넓이가 20일 때, $m+n$의 값을 구하시오.

단서3 세 점 A, B, C의 좌표를 찾아 넓이가 20임을 이용하면 돼.

(단, 점 A의 x좌표는 점 B의 x좌표보다 작다.) (4점)

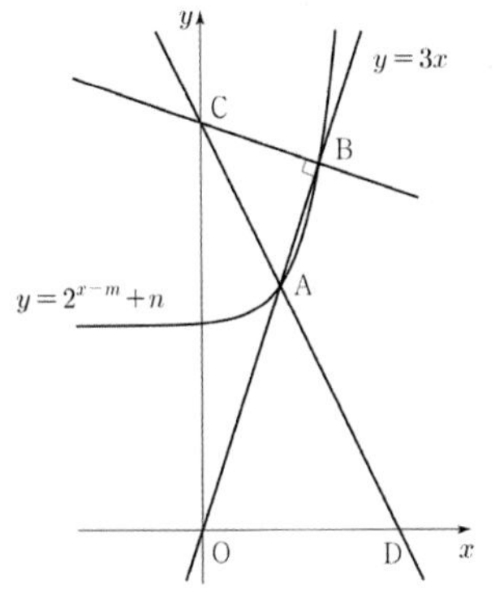

1st 세 점 A, B, C의 좌표를 하나의 문자로 나타내 봐.

점 A는 직선 $y=3x$ 위의 점이므로 점 A의 좌표를 $(t, 3t)(t>0)$라 하고 점 C의 좌표를 $(0, k)(k>0)$라 하면 이해가 안되면 수능 핵강으로!

점 B가 제1 사분면 위의 점이고 직선 BC는 기울기가 $-\frac{1}{3}$이므로 y축 위의 점 C의 y좌표는 0보다 커.

점 D가 선분 CA를 5 : 3으로 외분하고 점 D의 y좌표는 0이므로

$\frac{5\times 3t-3\times k}{5-3}=0$에서

→ 두 점 (x_1, y_1), (x_2, y_2)를 지나는 선분을 $m : n(m\neq n)$으로 외분하는 점의 좌표는 $\left(\frac{mx_2-nx_1}{m-n}, \frac{my_2-ny_1}{m-n}\right)$이야.

$15t-3k=0$, $15t=3k$ $\quad\therefore k=5t$

따라서 점 C의 좌표는 $(0, 5t)$이다.

점 A에서 y축에 내린 수선의 발을 H라 하면 두 삼각형 CHA, COD는 서로 닮음이야. 이때, 점 D가 선분 CA를 5 : 3으로 외분하므로 두 삼각형 CHA, COD의 닮음비는 $\overline{\mathrm{CA}} : \overline{\mathrm{CD}}=2 : 5$야. 이 닮음비를 이용하여 점 C의 좌표를 t로 나타낼 수도 있어.

이때, 직선 BC의 기울기는 $-\frac{1}{3}$이므로 직선 BC의 방정식은

→ 직선 $y=3x$와 서로 수직이므로 이 직선과 직선 BC의 기울기의 곱은 -1이야.

$y=-\frac{1}{3}x+5t$이다. 즉, (직선 BC의 기울기)$\times 3=-1$에서 (직선 BC의 기울기)$=-\frac{1}{3}$이야.

기울기가 m이고 y절편이 a인 직선의 방정식은 $y=mx+a$야.

한편, 점 B는 두 직선 $y=3x$, $y=-\frac{1}{3}x+5t$의 교점이므로 두 직선의 방정식을 연립하면 $3x=-\frac{1}{3}x+5t$에서 $\frac{10}{3}x=5t$

따라서 $x=\frac{3}{2}t$, $y=\frac{9}{2}t$이므로점 B의 좌표는 $\left(\frac{3}{2}t, \frac{9}{2}t\right)$이다.

2nd 삼각형 ABC의 넓이를 이용하여 두 점 A, B의 좌표를 각각 구해.

$\overline{\mathrm{AB}}=\sqrt{\left(\frac{3}{2}t-t\right)^{2}+\left(\frac{9}{2}t-3t\right)^{2}}=\sqrt{\frac{1}{4}t^{2}+\frac{9}{4}t^{2}}=\frac{\sqrt{10}}{2}t$,

$\overline{\mathrm{BC}}=\sqrt{\left(\frac{3}{2}t-0\right)^{2}+\left(\frac{9}{2}t-5t\right)^{2}}=\sqrt{\frac{9}{4}t^{2}+\frac{1}{4}t^{2}}=\frac{\sqrt{10}}{2}t$이고

삼각형 ABC의 넓이가 20이므로 $\frac{1}{2}\times\overline{\mathrm{AB}}\times\overline{\mathrm{BC}}=20$에서

$\frac{1}{2}\times\frac{\sqrt{10}}{2}t\times\frac{\sqrt{10}}{2}t=20$, $t^{2}=16$

$\therefore t=4(\because t>0)$

따라서 두 점 A, B의 좌표는 각각 $(4, 12)$, $(6, 18)$이다.

3rd m, n의 값을 각각 구하고 $m+n$을 계산해.

두 점 A(4, 12), B(6, 18)은 곡선 $y=2^{x-m}+n$ 위의 점이므로

$12=2^{4-m}+n$ ⋯ ㉠, $18=2^{6-m}+n$ ⋯ ㉡

㉡−㉠을 하면 $2^{6-m}-2^{4-m}=6$, $2^{-m}(2^6-2^4)=6$, $2^{-m}\times 48=6$

$2^{-m}=\frac{1}{8}=2^{-3}$ $\quad\therefore m=3$

이것을 ㉠에 대입하면 $12=2^{4-3}+n$, $12=2+n$ $\quad\therefore n=10$

$\therefore m+n=3+10=13$

수능 핵강

＊A(t, $3t$)에서 t가 양수인 이유

곡선 $y=2^{x-m}+n$은 곡선 $y=2^x$을 x축의 방향으로 m만큼, y축의 방향으로 n만큼 평행이동한 거야.
이때, 곡선 $y=2^x$은 제1사분면과 제2사분면을 지나는 곡선이고 $m>0$, $n>0$이므로 곡선 $y=2^{x-m}+n$도 제1사분면과 제2사분면을 지나는 곡선이야.
또한 직선 $y=3x$는 제1사분면과 제3사분면을 지나는 직선이므로 곡선 $y=2^{x-m}+n$과 직선 $y=3x$가 만나는 점은 제1사분면에 존재하게 돼.
따라서 점 A의 x좌표는 양수야.

C 162 정답 8 ＊지수함수의 그래프의 교점 ············ [정답률 31%]

정답 공식: 기울기가 m인 직선과 x축의 양의 방향이 이루는 각의 크기를 θ라 하면 $m=\tan\theta$이다.

단서1 직선 OA의 기울기가 주어졌으니까 직선 OA와 수직인 직선의 기울기도 알 수 있지?

그림과 같이 $a>1$인 실수 a에 대하여 두 곡선 $y=a^{-2x}-1$, $y=a^x-1$이 있다. 곡선 $y=a^{-2x}-1$과 직선 $y=-\sqrt{3}x$가 서로 다른 두 점 O, A에서 만난다. 점 A를 지나고 직선 OA에 수직인 직선이 곡선 $y=a^x-1$과 제1사분면에서 만나는 점을 B라 하자. $\overline{OA}:\overline{OB}=\sqrt{3}:\sqrt{19}$일 때, 선분 AB의 길이를 구하시오. (단, O는 원점이다.) (4점)

단서2 두 선분 OA, OB의 길이의 비를 이용하여 두 점 A, B의 좌표를 나타내야 해.

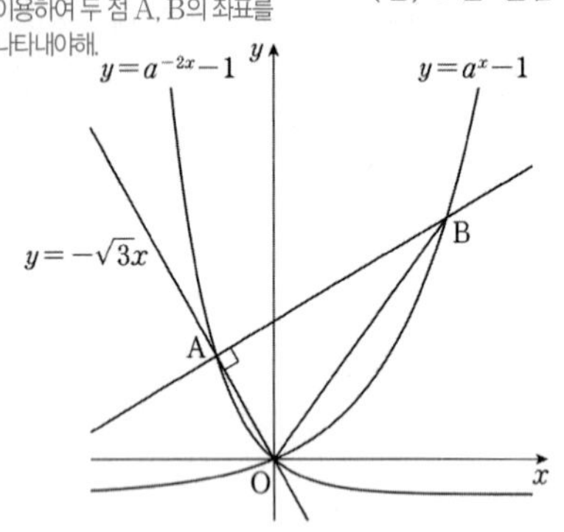

1st 두 선분 OA, OB의 길이의 비를 이용하여 두 점 A, B의 좌표를 구해.

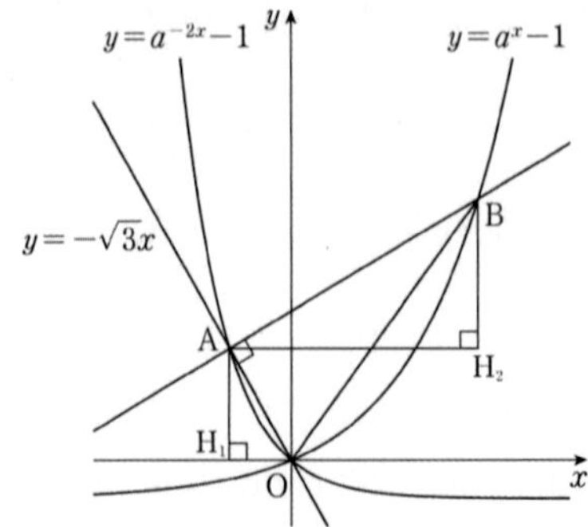

$\overline{OA}:\overline{OB}=\sqrt{3}:\sqrt{19}$이므로 양수 t에 대하여

$\overline{OA}=\sqrt{3}t$, $\overline{OB}=\sqrt{19}t$라 하면 직각삼각형 AOB에서 피타고라스 정리에 의하여 $\overline{AB}=\sqrt{\overline{OB}^2-\overline{OA}^2}=\sqrt{(\sqrt{19}t)^2-(\sqrt{3}t)^2}=\sqrt{16t^2}=4t$ ⋯㉠이다.

이때, 직선 $y=-\sqrt{3}x$가 x축의 양의 방향과 이루는 각의 크기를 θ_1이라 하면 $\tan\theta_1=-\sqrt{3}$이므로 $\theta_1=120°$이다.

따라서 점 A에서 x축에 내린 수선의 발을 H_1이라 하면

$\angle AOH_1=180°-\theta_1=180°-120°=60°$이므로 직각삼각형 AH_1O에서

$\overline{OH_1}=\overline{OA}\cos 60°=\sqrt{3}t\times\frac{1}{2}=\frac{\sqrt{3}}{2}t$

$\frac{\overline{OH_1}}{\overline{OA}}=\cos 60°$

$\overline{AH_1}=\overline{OA}\sin 60°=\sqrt{3}t\times\frac{\sqrt{3}}{2}=\frac{3}{2}t$

$\frac{\overline{AH_1}}{\overline{OA}}=\sin 60°$

$\therefore A\left(-\frac{\sqrt{3}}{2}t, \frac{3}{2}t\right)$

한편, 점 A를 지나고 직선 OA에 수직인 직선 AB의 기울기는 $\frac{1}{\sqrt{3}}$이므로

서로 수직인 두 직선의 기울기의 곱은 −1이지? 이때, 직선 $y=-\sqrt{3}x$의 기울기는 $-\sqrt{3}$이므로 이 직선에 수직인 직선의 기울기를 m이라 하면 $-\sqrt{3}\times m=-1$에서 $m=\frac{1}{\sqrt{3}}$이야.

직선 AB가 x축의 양의 방향과 이루는 각의 크기를 θ_2라 하면

$\tan\theta_2=\frac{1}{\sqrt{3}}$ $\quad\therefore \theta_2=30°$

따라서 점 A를 지나고 x축에 평행한 직선과 점 B를 지나고 y축에 평행한 직선이 만나는 점을 H_2라 하면 $\angle BAH_2=30°$이므로 직각삼각형 AH_2B에서 ㉠에 의하여

직선 AH_2는 x축과 평행하므로 $\angle BAH_2$의 크기는 직선 AB가 x축의 양의 방향과 이루는 각의 크기와 같아.

$\overline{AH_2}=\overline{AB}\cos 30°=4t\times\frac{\sqrt{3}}{2}=2\sqrt{3}t$

$\frac{\overline{AH_2}}{\overline{AB}}=\cos 30°$

$\overline{BH_2}=\overline{AB}\sin 30°=4t\times\frac{1}{2}=2t$

$\frac{\overline{BH_2}}{\overline{AB}}=\sin 30°$

따라서 점 B의 좌표는 $\left(-\frac{\sqrt{3}}{2}t+2\sqrt{3}t, \frac{3}{2}t+2t\right)$, 즉 $\left(\frac{3\sqrt{3}}{2}t, \frac{7}{2}t\right)$이다.

점 B는 점 A를 x축의 방향으로 선분 AH_2의 길이만큼, y축의 방향으로 선분 BH_2의 길이만큼 평행이동한 점이야.

2nd 두 점 A, B가 각각 곡선 $y=a^{-2x}-1$, 곡선 $y=a^x-1$ 위의 점임을 이용하여 t의 값을 구해.

점 A는 곡선 $y=a^{-2x}-1$ 위의 점이므로 $x=-\frac{\sqrt{3}}{2}t$, $y=\frac{3}{2}t$를

대입하면 $\frac{3}{2}t=a^{\sqrt{3}t}-1$에서 $a^{\sqrt{3}t}=\frac{3}{2}t+1$

양변을 세제곱하면 $a^{3\sqrt{3}t}=\left(\frac{3}{2}t+1\right)^3$ ⋯ ㉡

점 B는 곡선 $y=a^x-1$ 위의 점이므로 $x=\frac{3\sqrt{3}}{2}t$, $y=\frac{7}{2}t$를

대입하면 $\frac{7}{2}t=a^{\frac{3\sqrt{3}}{2}t}-1$에서 $a^{\frac{3\sqrt{3}}{2}t}=\frac{7}{2}t+1$

양변을 제곱하면 $a^{3\sqrt{3}t}=\left(\frac{7}{2}t+1\right)^2$ ⋯ ㉢

㉡, ㉢에 의하여 $\left(\frac{3}{2}t+1\right)^3=\left(\frac{7}{2}t+1\right)^2$에서

$\frac{27}{8}t^3+\frac{27}{4}t^2+\frac{9}{2}t+1=\frac{49}{4}t^2+7t+1$

$\frac{27}{8}t^3-\frac{11}{2}t^2-\frac{5}{2}t=0$, $27t^3-44t^2-20t=0$

$t(27t^2-44t-20)=0$, $t(t-2)(27t+10)=0$ $\quad\therefore t=2\ (\because t>0)$

3rd 선분 AB의 길이를 구해.

따라서 ㉠에 의하여 $\overline{AB}=4t=4\times 2=8$

쉬운 풀이: **삼각형의 닮음 이용하기**

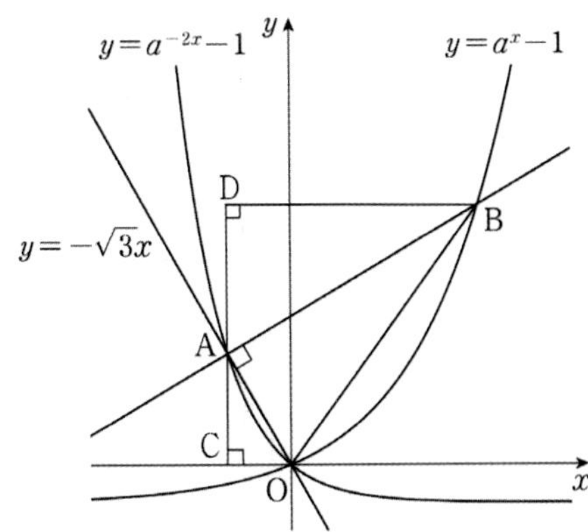

그림과 같이 점 A에서 x축에 내린 수선의 발을 C, 점 B에서 선분 CA의 연장선에 내린 수선의 발을 D라 하자.

이때, $\overline{OA}:\overline{OB}=\sqrt{3}:\sqrt{19}$이므로 양수 k에 대하여

$\overline{OA}=\sqrt{3}k$, $\overline{OB}=\sqrt{19}k$라 하면 직각삼각형 AOB에서

피타고라스 정리에 의하여

$\overline{AB}=\sqrt{\overline{OB}^2-\overline{OA}^2}=\sqrt{(\sqrt{19}k)^2-(\sqrt{3}k)^2}$

$=\sqrt{19k^2-3k^2}=\sqrt{16k^2}=4k$

$\therefore \overline{OA}:\overline{AB}=\sqrt{3}:4$

한편, 직각삼각형 ACO에서 $\angle AOC=60°$, $\angle CAO=30°$이므로

직선 $y=-\sqrt{3}x$와 x축이 이루는 예각의 크기는 $60°$야.

$\angle BAD=60°$야. 즉, 두 직각삼각형 ACO, BDA는 닮은 삼각형이고

닮음비는 $\overline{OA}:\overline{AB}=\sqrt{3}:4$야.

따라서 양수 α에 대하여 점 A의 좌표를 $(-\alpha, \sqrt{3}\alpha)$라 하면

$\overline{AC}=\sqrt{3}\alpha$, $\overline{CO}=\alpha$이므로 $\overline{BD}=4\alpha$, $\overline{AD}=\frac{4\sqrt{3}}{3}\alpha$이고

점 B의 좌표는 $\left(3\alpha, \frac{7\sqrt{3}}{3}\alpha\right)$야. ← 점 B는 점 A를 x축의 방향으로 선분 BD의 길이만큼, y축의 방향으로 선분 AD의 길이만큼 평행이동한 점이야.

점 A는 곡선 $y=a^{-2x}-1$ 위의 점이므로

$\sqrt{3}\alpha=a^{2\alpha}-1$ … ㉠

점 B는 곡선 $y=a^x-1$위의 점이므로

$\frac{7\sqrt{3}}{3}\alpha=a^{3\alpha}-1$ … ㉡

이때, $a^\alpha=t(t>1)$라 하면

$a>0$이므로 $a^\alpha>1$이야.

㉠에서 $\sqrt{3}\alpha=t^2-1$ … ㉢

㉡에서 $\frac{7\sqrt{3}}{3}\alpha=t^3-1$ … ㉣

㉢을 ㉣로 나누면

$\frac{3}{7}=\frac{t^2-1}{t^3-1}$, $3t^3-7t^2+4=0$

$(t-1)(t-2)(3t+2)=0$

$\therefore t=2(\because t>1)$

이것을 ㉢에 대입하면 $\sqrt{3}\alpha=4-1=3$

$\therefore \alpha=\sqrt{3}$

따라서 직각삼각형 ABD에서 $\overline{AB}=2\times\overline{AD}=\frac{8\sqrt{3}}{3}\alpha=8$

직각삼각형 ABD는 세 내각의 크기가 $30°, 60°, 90°$이므로 $\overline{AD}:\overline{BD}:\overline{AB}=1:\sqrt{3}:2$야.

C 163 정답 10 *로그함수의 최대·최소 [정답률 37%]

(정답 공식: 양수 k와 $a>1$인 상수 a에 대하여 함수 $y=k\log_a x$는 증가함수이다.)

양수 a에 대하여 $x\geq-1$에서 정의된 함수 $f(x)$는

$$f(x)=\begin{cases}-x^2+6x & (-1\leq x<6)\\ a\log_4(x-5) & (x\geq6)\end{cases}$$

단서1 함수 $y=-x^2+6x$의 그래프는 두 점 $(0, 0)$, $(6, 0)$을 지나고 위로 볼록한 포물선이고 양수 a에 대하여 함수 $y=a\log_4(x-5)$의 그래프는 점 $(6, 0)$을 지나고 증가하는 곡선이야.

단서2 최댓값을 구해야 하는 구간의 길이는 $(t+1)-(t-1)=2$야.

이다. $t\geq0$인 실수 t에 대하여 닫힌구간 $[t-1, t+1]$에서의 $f(x)$의 최댓값을 $g(t)$라 하자. 구간 $[0, \infty)$에서 함수 $g(t)$의 최솟값이 5가 되도록 하는 양수 a의 최솟값을 구하시오. (4점)

단서3 길이가 2인 구간에서의 함수 $f(x)$의 최댓값이 5보다 작으면 안 된다는 거야.

1st 함수 $y=f(x)$의 그래프를 그려보자.

$-x^2+6x=-(x-3)^2+9$이고 $a>0$이므로 함수 $y=f(x)$의 그래프는 다음과 같다. 함수 $y=f(x)$의 그래프는 꼭짓점의 좌표가 $(3, 9)$이고 직선 $x=3$에 대하여 대칭이야.

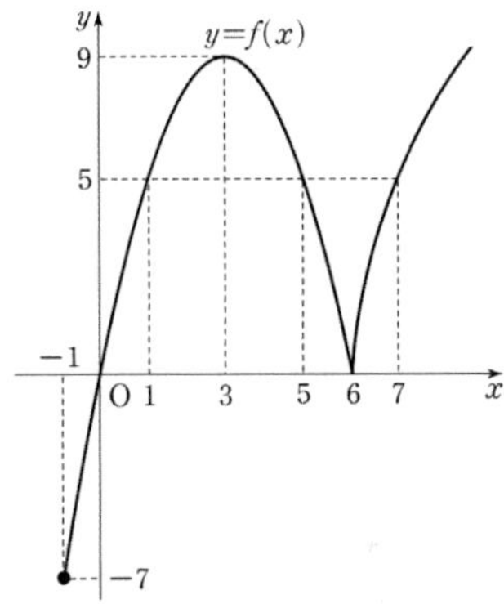

2nd 함수 $g(t)$의 최솟값이 5가 되도록 하는 양수 a의 최솟값을 구해.

함수 $f(x)$는 구간 $[-1, 3)$, $(6, \infty)$에서 증가하고 구간 $(3, 6)$에서 감소한다.

(i) $t=0$일 때, 함수 $f(x)$는 구간 $[-1, 1]$에서 증가하므로 이 구간에서 함수 $f(x)$의 최댓값은 $g(t)=g(0)=f(1)=5$이다.

구간 $[a, b]$에서 증가하는 함수 $f(x)$에 대하여 구간 $[a, b]$에서의 함수 $f(x)$의 최댓값은 $f(b)$야.

(ii) $0<t<2$일 때, 함수 $f(x)$는 구간 $(-1, 3)$에서 증가하므로 구간 $[t-1, t+1]$에서 함수 $f(x)$의 최댓값은 $g(t)=f(t+1)>5$이다.

$0<t<2$에서 $1<t+1<3$이므로 $5<f(t+1)<9$야. 따라서 함수 $f(x)$의 최댓값 $g(t)$는 5보다 커.

(iii) $2\leq t\leq4$일 때, 함수 $f(x)$는 구간 $[1, 3)$에서 증가하고 구간 $(3, 5]$에서 감소하므로 구간 $[t-1, t+1]$에서 함수 $f(x)$의 최댓값은 $g(t)=f(3)=9$이다. ← 구간 $[t-1, t+1]$에 3이 포함되면 이 구간에서 함수 $f(x)$의 최댓값은 $f(3)=9$야.

(iv) $4<t<5$일 때, 함수 $f(x)$는 구간 $(3, 6)$에서 감소하므로 구간 $[t-1, t+1]$에서 함수 $f(x)$의 최댓값은 $g(t)=f(t-1)>5$이다.

$4<t<5$에서 $3<t-1<4$이므로 $5<f(t-1)<9$야. 즉, 함수 $f(x)$의 최댓값 $g(t)$는 5보다 커.

(v) $t=5$일 때, 함수 $f(x)$는 구간 $[4, 6)$에서 감소하므로 이 구간에서 함수 $f(x)$의 최댓값은 $g(t)=g(5)=f(4)=8$이다.

구간 $[a, b]$에서 감소하는 함수 $f(x)$에 대하여 구간 $[a, b]$에서의 함수 $f(x)$의 최댓값은 $f(a)$야.

(vi) $5<t<6$일 때, 함수 $f(x)$는 구간 $(4, 6)$에서 감소하고 구간 $(6, 7)$에서 증가하므로 구간 $[t-1, t+1]$에서 함수 $f(x)$의 최댓값은 $f(t-1)$, $f(t+1)$ 중 더 큰 값이다.
따라서 구간 $[t-1, t+1]$에서 함수 $f(x)$의 최댓값 $g(t)$는 5보다 크다.
$5<t<6$에서 $4<t-1<5$이므로 $5<f(t-1)<8$이야.
즉, $f(t+1)$의 값에 상관없이 함수 $f(x)$의 최댓값은 5보다 커.

(vii) $t=6$일 때, 함수 $f(x)$는 구간 $[5, 6)$에서 감소하고 구간 $(6, 7]$에서 증가하므로 함수 $f(x)$의 최댓값은 $f(5)$, $f(7)$ 중 더 큰 값이다.
따라서 구간 $[t-1, t+1]$에서 함수 $f(x)$의 최댓값 $g(t)$는 5보다 크거나 같다.
$t=6$에서 $t-1=5$이므로 $f(t-1)=f(5)=5$야.
즉, $f(7)$의 값에 상관없이 함수 $f(x)$의 최댓값은 5보다 크거나 같아.

(viii) $6<t<7$일 때, 함수 $f(x)$는 구간 $(5, 6)$에서 감소하고 구간 $(6, 8)$에서 증가하므로 함수 $f(x)$의 최댓값은 $f(t-1)$, $f(t+1)$ 중 더 큰 값이다.
그런데 $5<t-1<6$에서 $f(t-1)<5$이므로 $f(t-1)$이 최댓값이 될 수 없다. 즉, 함수 $f(x)$의 최댓값은 $f(t+1)$이 되어야 하고 그 값은 5보다 크거나 같아야 한다.

(ix) $t\geq 7$일 때, 함수 $f(x)$는 구간 $(6, \infty)$에서 증가하므로 구간 $[t-1, t+1]$에서 함수 $f(x)$의 최댓값은 $f(t+1)$이고 그 값은 5보다 크거나 같아야 한다.

(i)~(vi)에 의하여 $0\leq t<6$일 때 $g(t)$의 최솟값은 5이다.
한편, (vii)~(ix)에 의하여 $t\geq 6$일 때 $g(t)\geq 5$이어야 하므로 $f(7)\geq 5$이다.
(vii)은 $f(7)$의 값에 상관없이 조건을 만족시키므로 $f(7)<5$이어도 상관없어.
그런데 이 경우 (viii)은 만족시키지 못하므로 $f(7)\geq 5$이어야 해.

즉, $a\log_4(7-5)\geq 5$에서 $a\log_4 2\geq 5$, $a\log_4 4^{\frac{1}{2}}\geq 5$

$\frac{1}{2}a\log_4 4\geq 5$, $\frac{1}{2}a\geq 5$ $\quad\therefore a\geq 10$

따라서 양수 a의 최솟값은 10이다.

변준서 | 연세대 실내건축학과 2024년 입학 · 화성 화성고 졸

$-1\leq x<6$에서는 함수가 결정되어 있으므로 그래프를 정확히 그리고 $x\geq 6$에서는 양수 a의 값에 따라 그래프가 달라지기 때문에 증가하는 모양으로만 그려놨었어.
또한, 함수 $g(t)$를 t의 값의 범위에 따라 식으로 파악할 수도 있는데 나는 그래프가 이해하기 쉬워서 함수 $y=g(t)$의 그래프를 그렸어.
함수 $g(t)$가 변하는 t의 좌표를 파악했고, 변하는 지점인 이차함수와 로그함수의 경계에서 조건을 만족시켜야 함을 찾았어. 즉, $f(7)$의 값이 5보다 크거나 같아야 하므로 부등식 $a\log_4(7-5)\geq 5$를 풀어서 해결했어.

로그함수 개념 · 공식

① 로그함수 : $y=\log_a x\,(a>0, a\neq 1)$ 꼴로 나타내어지는 함수를 a를 밑으로 하는 로그함수라 한다.
② 로그함수 $y=\log_a x\,(a>0, a\neq 1)$의 성질
(1) 함수 $y=a^x$의 역함수이다.
(2) 정의역은 양의 실수 전체의 집합이고 치역은 실수 전체의 집합이다.
(3) $a>1$일 때, x가 증가하면 y도 증가한다.
$0<a<1$일 때, x가 증가하면 y는 감소한다.
(4) 그래프는 점 $(1, 0)$을 지나고, 점근선은 y축이다.

C 164 정답 12 *도형의 넓이를 이용한 미지수의 결정 [정답률 32%]

(정답 공식: $\overline{AB}\times\overline{CD}=85$, $\triangle CAD=35$임을 이용하여 연립방정식을 세운다.)

그림과 같이 1보다 큰 두 실수 a, k에 대하여 직선 $y=k$가 두 곡선 $y=2\log_a x+k$, $y=a^{x-k}$가 만나는 점을 각각 A, B라 하고, 직선 $x=k$가 두 곡선 $y=2\log_a x+k$, $y=a^{x-k}$과 만나는 점을 각각 C, D라 하자. $\overline{AB}\times\overline{CD}=85$이고 삼각형 CAD의 넓이가 35일 때, $a+k$의 값을 구하시오. (4점)
단서 네 점 A, B, C, D를 a, k를 이용하여 나타낼 수 있어.

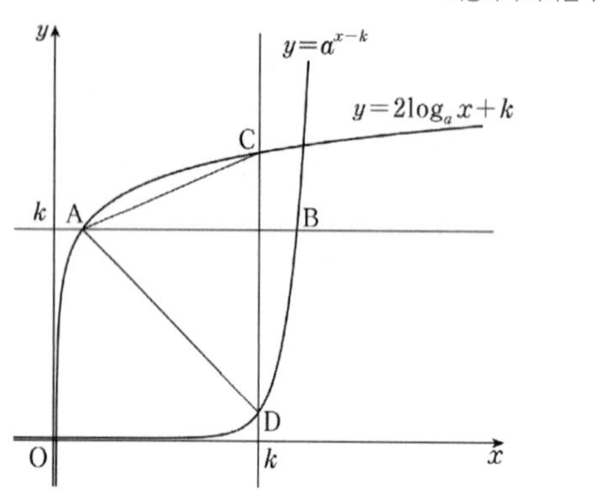

1st 네 점 A, B, C, D의 좌표를 a, k로 나타내.
점 A의 y좌표는 k이고 곡선 $y=2\log_a x+k$ 위의 점이므로
$k=2\log_a x+k$에서 $2\log_a x=0$, $\log_a x=0$ $\quad\therefore x=1$
1이 아닌 양수 a에 대하여 $\log_a 1=0$
$\therefore A(1, k)$
점 B의 y좌표는 k이고 곡선 $y=a^{x-k}$ 위의 점이므로
$k=a^{x-k}$에서 $x-k=\log_a k$ $\quad\therefore x=\log_a k+k$
$\therefore B(\log_a k+k, k)$ $\quad a^x=N \Leftrightarrow x=\log_a N$
점 C의 x좌표는 k이고 곡선 $y=2\log_a x+k$ 위의 점이므로
$y=2\log_a k+k$
$\therefore C(k, 2\log_a k+k)$
점 D의 x좌표는 k이고 곡선 $y=a^{x-k}$ 위의 점이므로
$y=a^{k-k}=a^0=1$
$\therefore D(k, 1)$

2nd 주어진 조건을 이용하여 a, k의 값을 각각 구하고 $a+k$를 계산해.
두 점 A, B의 y좌표가 k로 같으므로
$\overline{AB}=(\log_a k+k)-1=\log_a k+k-1$
y좌표가 같은 두 점 사이의 거리는 두 점의 x좌표의 차의 절댓값이야.
그런데 문제의 그림에서 점 B의 x좌표가 점 A의 x좌표보다 크지?
또, 두 점 C, D의 x좌표가 같으므로
$\overline{CD}=(2\log_a k+k)-1=2\log_a k+k-1$
x좌표가 같은 두 점 사이의 거리는 두 점의 y좌표의 차의 절댓값이야.
그런데 문제의 그림에서 점 C의 y좌표가 점 D의 y좌표보다 크지?
한편, 두 선분 AB, CD의 교점을 E라 하면 점 E의 좌표는 (k, k)이므로 $\overline{AE}=k-1$이다.
1보다 큰 실수 a, k이므로 $m=\log_a k>0$, $n=k-1>0$
이때, $\log_a k=m$, $k-1=n\,(m>0, n>0)$이라 하면
$\overline{AB}\times\overline{CD}=85$에서
$(\log_a k+k-1)(2\log_a k+k-1)=85$
$\therefore (m+n)(2m+n)=85 \cdots$ ㉠
또, 삼각형 CAD의 넓이가 35이므로 $\frac{1}{2}\times\overline{CD}\times\overline{AE}=35$에서
$\frac{1}{2}(2\log_a k+k-1)(k-1)=35$, $\frac{1}{2}(2m+n)n=35$
$\therefore (2m+n)n=70 \cdots$ ㉡

㉠−㉡을 하면 $m(2m+n)=15$ ⋯ ㉢

㉡÷㉢을 하면 $\frac{n}{m}=\frac{70}{15}=\frac{14}{3}$

$\therefore n=\frac{14}{3}m$ ⋯ ㉣

이것을 ㉢에 대입하면 $m\left(2m+\frac{14}{3}m\right)=15$

$\frac{20}{3}m^2=15$, $m^2=\frac{9}{4}$ $\quad\therefore m=\frac{3}{2} \Rightarrow n=\frac{14}{3}\times\frac{3}{2}=7(\because$ ㉣$)$

즉, $n=k-1=7$에서 $k=8$이고 $m=\log_a k$에서 $\frac{3}{2}=\log_a 8$이므로

$a^{\frac{3}{2}}=8$, $a^3=64$ $\quad\therefore a=4$

$\therefore a+k=4+8=12$

→ $m=\log_a k$이고 a, k가 모두 1보다 큰 실수이므로 $m=\log_a k>0$이야.

다른 풀이: 삼각형의 넓이의 비를 이용하여 $\log_a k$, $k-1$의 비 구하기

$A(1, k)$, $B(\log_a k+k, k)$, $C(k, 2\log_a k+k)$, $D(k, 1)$이고

두 선분 AB, CD의 교점을 E라 하면 점 E의 좌표는 (k, k)야.

즉, $\log_a k=m$, $k-1=n$이라 하면

$\overline{AB}=\log_a k+k-1=m+n$, $\overline{CD}=2\log_a k+k-1=2m+n$,

$\overline{AE}=k-1=n$, $\overline{BE}=\log_a k=m$

이때, $\square ADBC=\frac{1}{2}\times\overline{AB}\times\overline{CD}=\frac{85}{2}$이고,

삼각형 CAD의 넓이가 35이므로

$\triangle BCD=\square ADBC-\triangle CAD=\frac{85}{2}-35=\frac{15}{2}$야.

따라서 두 삼각형 CAD, BCD의 넓이의 비가 $35:\frac{15}{2}=14:3$이므로

$\overline{AE}:\overline{BE}=14:3$에서 $n:m=14:3$이야.

→ 밑변의 길이가 같은 두 삼각형의 넓이의 비는 높이의 비와 같아.

$\therefore m=\frac{3}{14}n$

한편, $\triangle CAD=\frac{1}{2}\times\overline{CD}\times\overline{AE}=35$에서

$\frac{1}{2}(2m+n)n=35$

$\therefore (2m+n)n=70$

여기에 $m=\frac{3}{14}n$을 대입하면

$\left(2\times\frac{3}{14}n+n\right)n=70$에서

$\frac{10}{7}n^2=70$, $n^2=49$

$\therefore n=7$, $m=\frac{14}{3}\times 7=\frac{3}{2}$

→ $n=k-1$이고 k가 1보다 큰 실수이므로 $n=k-1>0$이야.

(이하 동일)

지수함수와 로그함수의 관계 개념·공식

지수함수 $y=a^x$과 로그함수 $y=\log_a x$는 서로 역함수 관계이므로 두 함수의 그래프는 직선 $y=x$에 대하여 대칭이다.

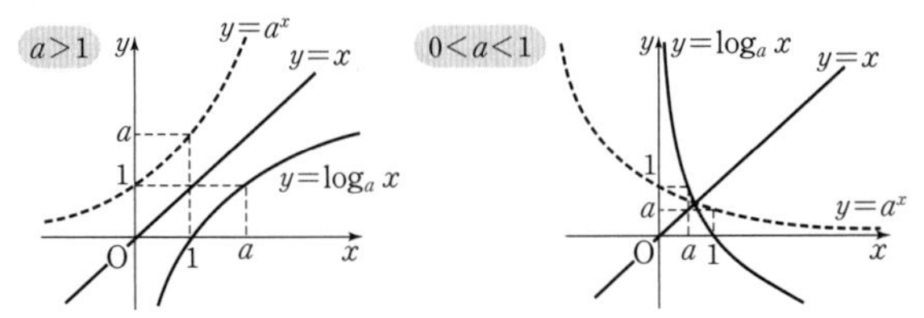

C 165 정답 12 ＊도형의 넓이를 이용한 미지수의 결정 [정답률 37%]

(정답 공식: 높이가 같은 두 삼각형의 넓이의 비는 밑변의 길이의 비와 같다.)

$k>1$인 실수 k에 대하여 두 곡선 $y=\log_{3k}x$, $y=\log_k x$가 만나는 점을 A라 하자. 양수 m에 대하여 직선 $y=m(x-1)$이 두 곡선 $y=\log_{3k}x$, $y=\log_k x$와 제1사분면에서 만나는 점을 각각 B, C라 하자. 점 C를 지나고 y축에 평행한 직선이 곡선 $y=\log_{3k}x$, x축과 만나는 점을 각각 D, E라 할 때, 세 삼각형 ADB, AED, BDC가 다음 조건을 만족시킨다.

(가) 삼각형 BDC의 넓이는 삼각형 ADB의 넓이의 3배이다.
단서1 삼각형 BDC의 넓이를 삼각형 ADB의 넓이를 이용하여 나타내.

(나) 삼각형 BDC의 넓이는 삼각형 AED의 넓이의 $\frac{3}{4}$배이다.
단서2 두 조건 (가), (나)에 의해 삼각형 AED의 넓이를 삼각형 ADB의 넓이를 이용하여 나타낼 수 있어.

$\frac{k}{m}$의 값을 구하시오. (4점)

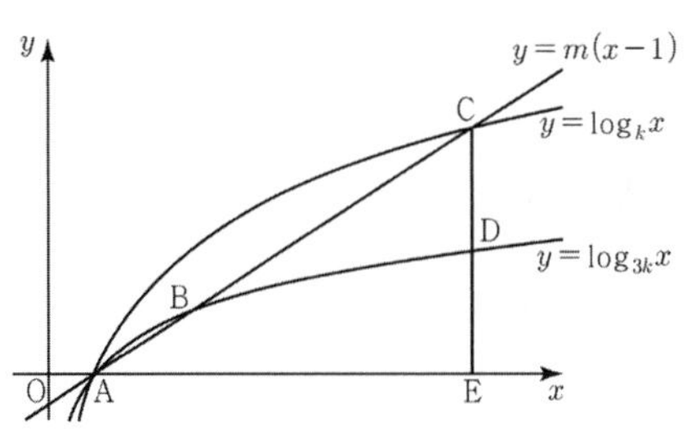

1st 두 선분 AB, BC의 길이의 비를 구하자.

삼각형 ADB의 넓이를 S라 하면 조건 (가)에 의하여 삼각형 BDC의 넓이는 $3S$이다.

$\therefore \overline{AB}:\overline{BC}=1:3$

→ 점 D에서 직선 $y=m(x-1)$, 즉 직선 AC에 내린 수선의 발을 H라 하면 두 삼각형 ADB, BDC의 밑변을 각각 선분 AB, 선분 BC라 할 때, 높이는 모두 선분 DH의 길이야. 즉, 두 삼각형은 높이가 같기 때문에 밑변의 길이의 비는 넓이의 비와 같아.

2nd 세 점 B, C, D의 좌표를 미지수를 이용하여 나타내.

점 B에서 x축에 내린 수선의 발을 B′이라 하면 $\overline{B'B}/\!/\overline{CE}$이므로 평행선의 성질에 의해 $\overline{AB'}:\overline{B'E}=\overline{AB}:\overline{BC}=1:3$이다.

이때, $\overline{AB'}=a$라 하면 $\overline{B'E}=3a$이고 두 곡선 $y=\log_{3k}x$, $y=\log_k x$가 만나는 점 A의 좌표는 $(1, 0)$이므로 세 점 B, C, D의 좌표는 각각

($\overline{AE}=\overline{AB'}+\overline{B'E}=a+3a=4a$) (로그함수 $y=\log_a x$의 그래프는 항상 점 $(1, 0)$을 지나.)

$B(a+1, \log_{3k}(a+1))$, $C(4a+1, \log_k(4a+1))$,

$D(4a+1, \log_{3k}(4a+1))$이다.

→ $\triangle BDC=\frac{3}{4}\triangle AED$에서 $3S=\frac{3}{4}\triangle AED$ $\quad\therefore \triangle AED=4S$

3rd k, m의 값을 각각 구하자.

조건 (나)에 의하여 삼각형 AED의 넓이는 $4S$이고 삼각형 ADC의 넓이는 $4S$이므로 점 D는 선분 CE의 중점이다.

($\triangle ADC=\triangle ADB+\triangle BDC=S+3S=4S$)

즉, $\log_k(4a+1)=2\log_{3k}(4a+1)$에서

→ 두 삼각형 AED, ADC의 넓이가 같고 높이도 $\overline{AE}$로 같으므로 점 D는 선분 CE의 중점이야.

($\log_a b=\frac{\log_c b}{\log_c a}$)

$\log_k(4a+1)=\frac{2\log_k(4a+1)}{\log_k 3k}$, $\log_k 3k=2$ $(\because \log_k(4a+1)\neq 0)$

$3k=k^2$, $k^2-3k=0$, $k(k-3)=0$

$\therefore k=3$ $(\because k>1)$

이때, 세 점 $A(1, 0)$, $B(a+1, \log_9(a+1))$, $C(4a+1, \log_3(4a+1))$이 직선 $y=m(x-1)$ 위에 있으므로

$m=\frac{\log_9(a+1)-0}{(a+1)-1}=\frac{\log_3(4a+1)-0}{(4a+1)-1}$에서

세 점 A, B, C가 한 직선 위에 있으면 두 점 A, B를 지나는 직선의 기울기와 두 점 A, C를 지나는 직선의 기울기는 서로 같아.

$$m=\frac{\log_9(a+1)}{a}=\frac{\log_3(4a+1)}{4a}\cdots ㉠$$

$4\log_9(a+1)=\log_3(4a+1)$ ($\because a\neq 0$)

$\log_{a^k}b=\frac{1}{k}\log_a b$

$2\log_3(a+1)=\log_3(4a+1)$

$\log_3(a+1)^2=\log_3(4a+1)$, $(a+1)^2=4a+1$

$a^2+2a+1=4a+1$, $a^2-2a=0$, $a(a-2)=0$ 　$\log_a f(x)=\log_a g(x)$이면 $f(x)=g(x)$

$\therefore a=2$ ($\because a>0$)

이것을 ㉠에 대입하면

$$m=\frac{\log_9(2+1)}{2}=\frac{\frac{1}{2}\log_3 3}{2}=\frac{1}{4}\qquad \therefore \frac{k}{m}=\frac{3}{\frac{1}{4}}=12$$

C 166 정답 220

✪2등급 대비 [정답률 25%]

＊조건을 만족시키는 지수함수의 그래프의 두 교점의 x좌표 구하기 [유형 09]

그림과 같이 곡선 $y=2^x$ 위에 두 점 $P(a, 2^a)$, $Q(b, 2^b)$이 있다. 직선 PQ의 기울기를 m이라 할 때, 점 P를 지나며 기울기가 $-m$인 직선이 x축, y축과 만나는 점을 각각 A, B라 하고, 점 Q를 지나며 기울기가 $-m$인 직선이 x축과 만나는 점을 C라 하자.

$$\overline{AB}=4\overline{PB},\ \overline{CQ}=3\overline{AB}$$

일 때, $90\times(a+b)$의 값을 구하시오. (단, $0<a<b$) (4점)

단서2 선분 PB의 길이를 이용하여 두 선분 AB, CQ의 길이를 나타내 봐.

단서1 두 선분 AB, CQ가 평행하므로 닮은 삼각형을 찾을 수 있어.

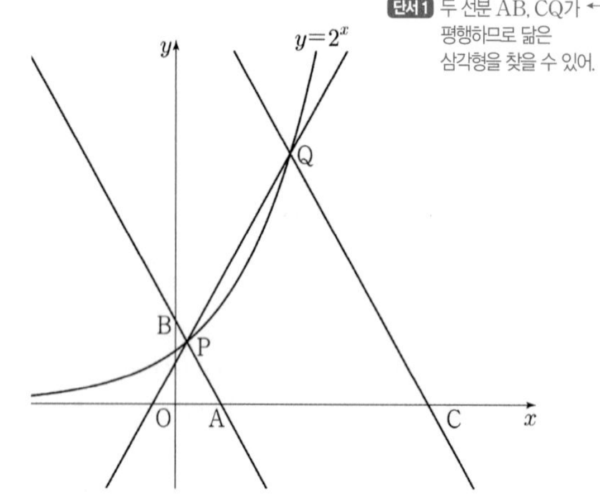

왜 2등급? 조건을 만족시키는 지수함수의 그래프와 기울기가 m인 직선의 두 교점의 x좌표를 구하는 문제이다.
이를 위해서는 주어진 선분의 길이의 비를 이용하여 그래프에서 만들어지는 삼각형 중에서 닮은 삼각형을 찾아 닮음비를 이용할 수 있어야 한다.

단서+발상

단서1 두 선분 AB, CQ가 평행함을 이용하여 닮은 삼각형을 찾는다. (발상)

단서2 선분 PB의 길이를 이용하여 두 선분 AB, CQ의 길이를 나타내어 찾은 두 삼각형의 닮음비를 구한다. (적용)
직선 PQ의 기울기가 m인 것을 이용하여 m을 a에 대한 식으로 나타내고, 이를 이용하여 점 A의 x좌표를 a로 나타낸다. (적용)
두 선분 AB, PB의 비를 이용하여 점 P의 x좌표인 a의 값을 구하고, 앞에서 구한 a, b 사이의 관계식으로 b의 값을 구한다. (해결)

주의 문제에 주어진 미지수가 많기 때문에 미지수를 한 미지수로 나타낼 수 있어야 한다.

핵심 정답 공식: 두 점 (x_1, y_1), (x_2, y_2)를 지나는 직선의 기울기는 $\frac{y_2-y_1}{x_2-x_1}$이다.

[문제 풀이 순서]

1st a, b 사이의 관계식을 찾아.

양수 k에 대하여 $\overline{PB}=k$라 하면 $\overline{AB}=4\overline{PB}=4k$이므로
$\overline{AP}=\overline{AB}-\overline{PB}=4k-k=3k$, $\overline{CQ}=3\overline{AB}=3\times 4k=12k$

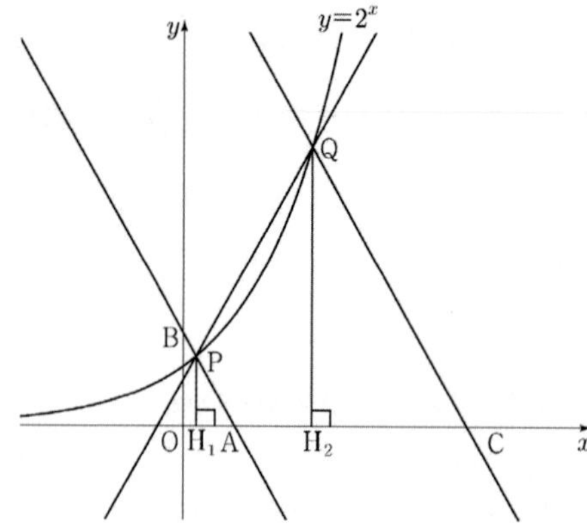

이때, 두 점 P, Q에서 x축에 내린 수선의 발을 각각 H_1, H_2라 하면 두 삼각형 PH_1A, QH_2C는 닮음이고 닮음비는
$\overline{PA}:\overline{QC}=3k:12k=1:4$이므로 $\overline{PH_1}:\overline{QH_2}=1:4$에서
$2^a:2^b=1:4$, $2^b=2^a\times 4=2^a\times 2^2=2^{a+2}$ 　$a^m\times a^n=a^{m+n}$
$\therefore b=a+2\cdots ㉠$

2nd 점 A의 좌표를 a로 나타내.

두 점 $P(a, 2^a)$, $Q(b, 2^b)$을 지나는 직선의 기울기는

$$m=\frac{2^b-2^a}{b-a}=\frac{2^{a+2}-2^a}{(a+2)-a}\ (\because ㉠)=\frac{2^a(2^2-1)}{2}=3\times 2^{a-1}$$

→ 기울기가 m이고 점 (a, b)를 지나는 직선의 방정식은 $y=m(x-a)+b$야.

이므로 기울기가 $-m=-3\times 2^{a-1}$이고 점 $P(a, 2^a)$을 지나는 직선의 방정식은 $y=-3\times 2^{a-1}(x-a)+2^a$이다.
이 직선의 방정식에 $y=0$을 대입하면
$0=-3\times 2^{a-1}(x-a)+2^a$에서 $3\times 2^{a-1}(x-a)=2^a$

$$x-a=\frac{2^a}{3\times 2^{a-1}}=\frac{2^{a-(a-1)}}{3}=\frac{2}{3}\qquad \therefore x=a+\frac{2}{3}$$

따라서 점 A의 좌표는 $\left(a+\frac{2}{3}, 0\right)$이다.

3rd a, b의 값을 각각 구해.

한편, 두 삼각형 ABO, APH_1은 닮음이고
$\overline{AB}:\overline{PB}=4k:k=4:1$이므로 $\overline{OA}:\overline{OH_1}=4:1$에서

$$\left(a+\frac{2}{3}\right):a=4:1,\ 4a=a+\frac{2}{3},\ 3a=\frac{2}{3}\qquad \therefore a=\frac{2}{9}$$

㉠에 의하여 $b=a+2=\frac{2}{9}+2=\frac{20}{9}$이므로

$$90\times(a+b)=90\times\left(\frac{2}{9}+\frac{20}{9}\right)=90\times\frac{22}{9}=220$$

My Top Secret 서울대 선배의 ❶등급 대비 전략

양수 t에 대하여 기울기가 각각 t, $-t$인 두 직선이 x축과 이루는 예각의 크기는 서로 같아. 즉, 문제에서 직선 PQ가 x축과 만나는 점을 D라 하면 두 삼각형 PDA, QDC는 각각 $\overline{PA}=\overline{PD}$, $\overline{QC}=\overline{QD}$인 이등변삼각형이야. 따라서 닮은 삼각형의 닮음비와 이등변삼각형의 성질을 이용하면 점 P의 x좌표인 a를 이용하여 점 Q의 좌표도 a로 나타낼 수 있어.
이처럼 지수함수의 그래프와 직선 또는 로그함수의 그래프와 직선의 교점에 관한 문제에서는 방정식을 이용하여 접근하기 보다는 도형의 성질, 그래프의 성질, 평행이동, 대칭이동 등 여러 가지 방법으로 접근해 보는 것이 필요해.

C 167 정답 15 ····· ✪2등급 대비 [정답률 21%]

(정답 공식: 상수 k에 대하여 방정식 $f(x)=k$의 서로 다른 실근의 개수는 함수 $y=f(x)$의 그래프와 직선 $y=k$의 서로 다른 교점의 개수와 같다.)

두 자연수 a, b에 대하여 함수 $f(x)$는

$$f(x)=\begin{cases} \dfrac{4}{x-3}+a & (x<2) \\ |5\log_2 x-b| & (x\ge 2) \end{cases}$$

이다. 실수 t에 대하여 x에 대한 방정식 $f(x)=t$의 서로 다른 실근의 개수를 $g(t)$라 하자. 함수 $g(t)$가 다음 조건을 만족시킬 때,
단서1 함수 $y=f(x)$의 그래프와 직선 $y=t$가 만나는 서로 다른 점의 개수가 $g(t)$라는 거야.
$a+b$의 최솟값을 구하시오. (4점)

(가) 함수 $g(t)$의 치역은 $\{0, 1, 2\}$이다.
단서2 함수 $y=f(x)$의 그래프와 직선 $y=t$가 만나는 서로 다른 점의 개수는 0, 1, 2인 경우가 꼭 존재해야 하고 3 이상인 경우는 존재하면 안 돼.
(나) $g(t)=2$인 자연수 t의 개수는 6이다.
단서3 함수 $y=f(x)$의 그래프와 직선 $y=t$가 만나는 서로 다른 점의 개수가 2인 자연수 t의 개수가 6이라는 거야.

단서+발상 [유형 17]

단서1 $g(t)$는 함수 $y=f(x)$의 그래프와 직선 $y=t$의 교점의 개수로 정의되므로 t의 값을 변화시켜가며 교점의 개수를 관찰하여 조건을 만족시키는 $g(t)$를 구해야 한다. (발상)

단서2 t의 값에 따라 함수 $y=f(x)$의 그래프와 직선 $y=t$의 교점의 개수가 0, 1, 2인 t의 값이 각각 존재해야 하고 3 이상인 t의 값이 존재하면 안되므로 자연수 a, b의 값에 따라 조건을 만족시키는 함수 $y=f(x)$의 그래프를 찾는다. (적용)

단서3 함수 $y=f(x)$의 그래프와 직선 $y=t$의 교점의 개수가 2인 t의 값이 존재하며 이것을 만족시키는 자연수 t의 개수가 6인 경우를 찾아야 한다. (해결)

[문제 풀이 순서]

1st 함수 $y=f(x)$의 그래프의 개형을 생각해.

함수 $y=f(x)$의 그래프는 $x<2$일 때 두 점근선이 $x=3$, $y=a$인 유리함수의 그래프이고, $x\ge 2$일 때 $y=5\log_2 x-b$의 그래프에서 $y<0$인 부분을 x축에 대하여 대칭이동한 그래프이다.
또한, $f(2)=|5\log_2 2-b|=|5-b|$이므로 함수 $y=f(x)$의 그래프는 점 $(2, |5-b|)$를 지난다.

2nd $5-b\ge 0$일 때의 함수 $y=f(x)$의 그래프를 그려 조건을 만족시키는 경우를 찾아.

(I) $5-b\ge 0$, 즉 $b\le 5$일 때, $f(2)=|5-b|=5-b$이므로
$5-b\ge 0$이면 $x\ge 2$에서 $5\log_2 x-b\ge 0$이므로 $x\ge 2$일 때 함수 $f(x)$는 증가해.

(i) $5-b\ge a$이면 함수 $y=f(x)$의 그래프의 개형은 그림과 같다.

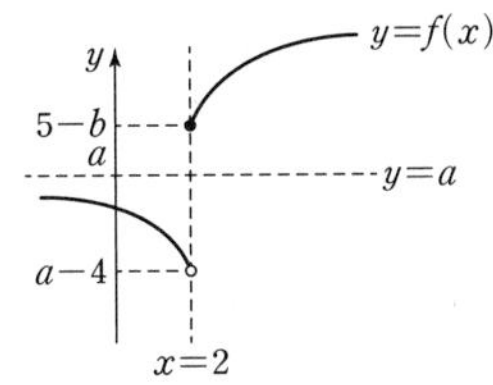

따라서 실수 t에 대하여 함수 $y=f(x)$의 그래프와 직선 $y=t$가 만나는 서로 다른 점의 개수는 0 또는 1이므로 함수 $g(t)$의 치역은
$t\ge 5-b$ 또는 $a-4<t<a$이면 교점의 개수는 1, $a<t<5-b$ 또는 $t\le a-4$이면 교점의 개수는 0이야.
$\{0, 1\}$이다.
즉, 조건 (가)를 만족시키지 않는다.

(ii) $a-4\le 5-b<a$이면 함수 $y=f(x)$의 그래프의 개형은 그림과 같다.

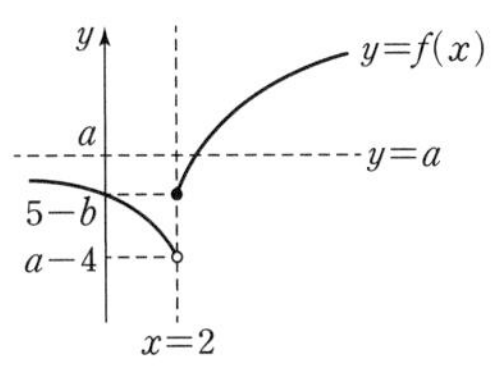

따라서 실수 t에 대하여 함수 $y=f(x)$의 그래프와 직선 $y=t$가 만나는 서로 다른 점의 개수는 0 또는 1 또는 2이므로
$5-b\le t<a$이면 교점의 개수는 2, $t\ge a$ 또는 $a-4<t<5-b$이면 교점의 개수는 1, $t\le a-4$이면 교점의 개수는 0이야.
함수 $g(t)$의 치역은 $\{0, 1, 2\}$이다.
즉, 조건 (가)를 만족시킨다.
한편, $g(t)=2$를 만족시키는 정수 t는 $a-1$, $a-2$, $\cdots$, $5-b$인데 $a-4$와 a 사이에 있는 정수는 $a-1$, $a-2$, $a-3$으로 3개뿐이므로 $g(t)=2$를 만족시키는 자연수 t의 개수는 최대 3이다.
따라서 조건 (나)를 만족시키지 않는다.

(iii) $5-b<a-4$이면 함수 $y=f(x)$의 그래프의 개형은 그림과 같다.

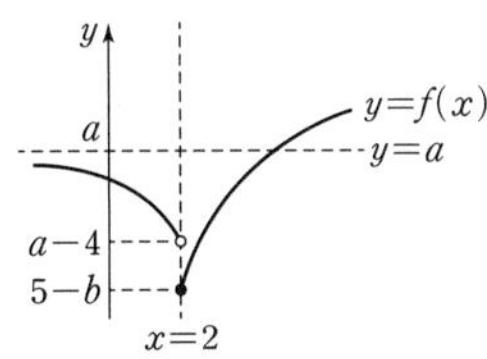

따라서 실수 t에 대하여 함수 $y=f(x)$의 그래프와 직선 $y=t$가 만나는 서로 다른 점의 개수는 0 또는 1 또는 2이므로 함수 $g(t)$의
$a-4<t<a$이면 교점의 개수는 2, $t>a$ 또는 $5-b\le t\le a-4$이면 교점의 개수는 1, $t<5-b$이면 교점의 개수는 0이야.
치역은 $\{0, 1, 2\}$이다.
즉, 조건 (가)를 만족시킨다.
한편, $g(t)=2$를 만족시키는 정수 t는 $a-1$, $a-2$, $a-3$으로 3개뿐이므로 $g(t)=2$를 만족시키는 자연수 t의 개수는 최대 3이다.
따라서 조건 (나)를 만족시키지 않는다.

3rd $5-b<0$일 때의 함수 $y=f(x)$의 그래프를 그려 조건을 만족시키는 경우를 찾아.

(II) $5-b<0$, 즉 $b>5$일 때, $f(2)=|5-b|=b-5$이므로
$5-b<0$이면 $x\ge 2$에서 함수 $f(x)$는 $5\log_2 x-b<0$을 만족시키는 x의 범위에서 감소하고 $5\log_2 x-b\ge 0$을 만족시키는 x의 범위에서 증가해.

(i) $a-4<0$이면 함수 $y=f(x)$의 그래프의 개형은 그림과 같다.

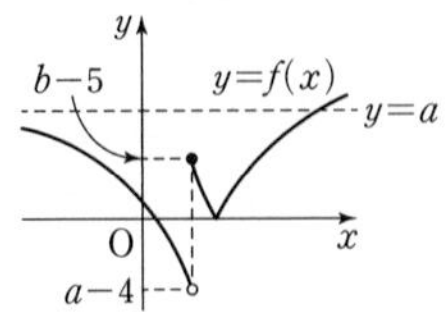

따라서 실수 t에 대하여 함수 $y=f(x)$의 그래프와 직선 $y=t$가 만나는 서로 다른 점의 개수는 0 또는 1 또는 2 또는 3이므로 함수
$0<t\le b-5$이면 교점의 개수는 3, $t=0$ 또는 $b-5<t<a$이면 교점의 개수는 2, $a-4\le t<0$ 또는 $t\ge a$이면 교점의 개수는 1, $t\le a-4$이면 교점의 개수는 0이야.
$g(t)$의 치역은 $\{0, 1, 2, 3\}$이다.
즉, 조건 (가)를 만족시키지 않는다.

(ii) $a-4\geq 0$이고

i) $b-5>a-4$이면 함수 $y=f(x)$의 그래프의 개형은 그림과 같다.

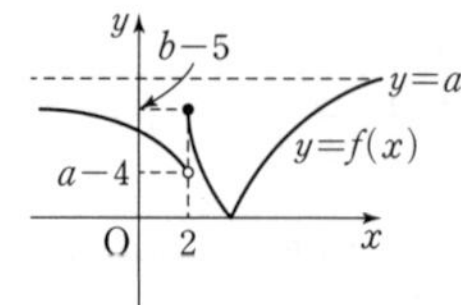

따라서 실수 t에 대하여 함수 $y=f(x)$의 그래프와 직선 $y=t$가 만나는 서로 다른 점의 개수는 0 또는 1 또는 2 또는 3

$a-4<t\leq b-5$이면 교점의 개수는 3, $0<t\leq a-4$ 또는 $b-5<t<a$이면 교점의 개수는 2, $t=0$ 또는 $t\geq a$이면 교점의 개수는 1, $t<0$이면 교점의 개수는 0이야.

이므로 함수 $g(t)$의 치역은 $\{0, 1, 2, 3\}$이다.

즉, 조건 (가)를 만족시키지 않는다.

ii) $b-5\leq a-4$ … ㉠이면 함수 $y=f(x)$의 그래프의 개형은 그림과 같다.

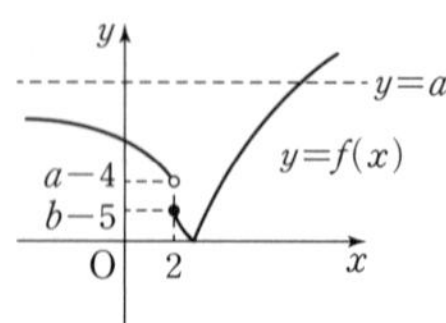

따라서 실수 t에 대하여 함수 $y=f(x)$의 그래프와 직선 $y=t$가 만나는 서로 다른 점의 개수는 0 또는 1 또는 2이므로

$0<t\leq b-5$ 또는 $a-4<t<a$이면 교점의 개수는 2, $t=0$ 또는 $b-5<t\leq a-4$ 또는 $t\geq a$이면 교점의 개수는 1, $t<0$이면 교점의 개수는 0이야.

함수 $g(t)$의 치역은 $\{0, 1, 2\}$이다.

즉, 조건 (가)를 만족시킨다.

한편, $g(t)=2$를 만족시키는 자연수 t는 $a-1$, $a-2$, $a-3$, $b-5$, $b-6$, $\cdots$, 1이고 이 자연수의 개수가 6이 되려면

$g(t)=2$를 만족시키는 자연수 t는 $a-1$, $a-2$, $a-3$과 $b-5$ 이하인 자연수야. 즉, $a-1$, $a-2$, $a-3$의 3개는 결정되어 있으므로 $b-5$ 이하인 자연수가 3개이면 조건 (나)를 만족시켜.

$b-5$ 이하인 자연수의 개수가 3이 되어야 한다.

즉, $b-5=3$에서 $b=8$이고 ㉠에서 $b-a\leq 1$이므로

$b=8$을 대입하면 $8-a\leq 1$에서 $a\geq 7$이다.

4th $a+b$의 최솟값을 구해.

(Ⅰ), (Ⅱ)에 의하여 조건을 만족시키는 자연수 a의 값의 범위와 b의 값은 $a\geq 7$, $b=8$이므로 $a+b$의 최솟값은 $a=7$일 때 $7+8=15$이다.

My Top Secret 서울대 선배의 ❶ 등급 대비 전략

함수 $y=\frac{4}{x-3}+a$의 $x=2$일 때의 함숫값은 $a-4$이고 함수 $y=|5\log_2 x-b|$의 $x=2$일 때의 함숫값은 $|5-b|$이므로 $a-4$와 $5-b$의 대소 관계, 부호에 따라 함수 $y=f(x)$의 그래프의 개형이 달라져.

따라서 $a-4$, $5-b$의 값에 따라 경우를 나누어 함수 $y=f(x)$의 그래프를 그린 뒤 두 조건 (가), (나)를 만족시키는 a, b의 값을 각각 구해야 해.

C 168 정답 ③

✪2등급 대비 [정답률 25%]

*로그함수의 그래프의 교점의 x좌표에 대한 관계 파악하기 [유형 17]

그림과 같이 1보다 큰 실수 k에 대하여 두 곡선 $y=\log_2|kx|$와 $y=\log_2(x+4)$가 만나는 서로 다른 두 점을 A, B라 하고, 점 B를 지나는 곡선 $y=\log_2(-x+m)$이 곡선 $y=\log_2|kx|$와 만나는 점 중 B가 아닌 점을 C라 하자. 세 점 A, B, C의 x좌표를 각각 x_1, x_2, x_3이라 할 때, [보기]에서 옳은 것만을 있는 대로 고른 것은? (단, $x_1<x_2$이고, m은 실수이다.) (4점)

단서1 두 곡선 $y=f(x)$, $y=g(x)$의 교점의 x좌표가 α이면 $f(\alpha)=g(\alpha)$가 성립함을 이용할 수 있어.

단서2 점 A는 제2사분면 위의 점으로 $x_1<0$이고 점 B는 제1사분면 위의 점으로 $x_2>0$이야.

[보기]

ㄱ. $x_2=-2x_1$이면 $k=3$이다.

ㄴ. $x_2{}^2=x_1x_3$

ㄷ. 직선 AB의 기울기와 직선 AC의 기울기의 합이 0일 때, $m+k^2=19$이다.

① ㄱ ② ㄷ ③ ㄱ, ㄴ ④ ㄴ, ㄷ ⑤ ㄱ, ㄴ, ㄷ

왜 2등급? 세 로그함수의 그래프의 교점의 x좌표에 대한 관계를 파악하는 문제이다. 이를 위해서 세 곡선의 교점의 x좌표를 하나의 변수에 대한 식으로 정리하여 그 관계를 분석할 수 있어야 한다.

단서+발상

단서1 두 곡선 $y=f(x)$, $y=g(x)$의 교점의 x좌표는 방정식 $f(x)=g(x)$의 실근임을 이용하여 (개념)

세 로그함수의 그래프의 교점 A, B, C의 x좌표를 실수 k에 대하여 나타낸다. (발상)

단서2 x_1, x_2는 $x_1<x_2$를 만족시키고 두 곡선 $y=\log_2|kx|$와 $y=\log_2(x+4)$가 만나는 두 점 A, B의 x좌표이므로 (개념)

문제의 그림에 의하여 두 점 A, B는 각각 제2사분면 위의 점, 제1사분면 위의 점이다. 따라서 $x_1<0$, $x_2>0$임을 알 수 있다. (적용)

(주의) 문제에서 제시된 변수가 많기 때문에 하나씩 정리해서 비교하는 값끼리 변수를 통일해야 한다.

(핵심 정답 공식: $\log_a f(x)=\log_a g(x)$이면 $f(x)=g(x)$이다.)

[문제 풀이 순서]

1st 세 점 A, B, C의 x좌표 x_1, x_2, x_3을 k를 이용하여 나타내.

점 A는 두 곡선 $y=\log_2(-kx)$, $y=\log_2(x+4)$의 교점이므로

점 A의 x좌표는 음수이므로 곡선 $y=\log_2(-kx)$ 위의 점이야.

$\log_2(-kx_1)=\log_2(x_1+4)$에서 $-kx_1=x_1+4$

$(k+1)x_1=-4$ $\therefore x_1=-\frac{4}{k+1}$

점 B는 두 곡선 $y=\log_2 kx$, $y=\log_2(x+4)$의 교점이므로

점 B의 x좌표는 양수이므로 곡선 $y=\log_2 kx$ 위의 점이야.

$\log_2 kx_2=\log_2(x_2+4)$에서 $kx_2=x_2+4$

$(k-1)x_2=4$ $\therefore x_2=\frac{4}{k-1}$ … ㉠

한편, 점 B는 두 곡선 $y=\log_2 kx$, $y=\log_2(-x+m)$의 교점이기도 하므로 $\log_2 kx_2=\log_2(-x_2+m)$에서

$kx_2=-x_2+m$, $(k+1)x_2=m$ $\quad\therefore x_2=\frac{m}{k+1}\cdots$ ㉡

㉠, ㉡에 의하여 $\frac{4}{k-1}=\frac{m}{k+1}$에서 $m=\frac{4(k+1)}{k-1}\cdots$ ㉢

점 C는 두 곡선 $y=\log_2(-kx)$, $y=\log_2(-x+m)$의 교점이므로 $\log_2(-kx_3)=\log_2(-x_3+m)$에서 $-kx_3=-x_3+m$

$(k-1)x_3=-m$ $\quad\therefore x_3=-\frac{m}{k-1}=-\frac{4(k+1)}{(k-1)^2}$ ($\because$ ㉢)

2nd ㄱ, ㄴ, ㄷ의 참, 거짓을 따지자.

ㄱ. $x_2=-2x_1$에서 $\frac{4}{k-1}=-2\times\left(-\frac{4}{k+1}\right)$, $\frac{4}{k-1}=\frac{8}{k+1}$

$\frac{1}{k-1}=\frac{2}{k+1}$, $k+1=2k-2$ $\quad\therefore k=3$ (참)

ㄴ. $x_2{}^2=\left(\frac{4}{k-1}\right)^2=\frac{16}{(k-1)^2}$이고

$x_1x_3=\left(-\frac{4}{k+1}\right)\times\left\{-\frac{4(k+1)}{(k-1)^2}\right\}=\frac{16}{(k-1)^2}$이므로

$x_2{}^2=x_1x_3\cdots$ ㉣ (참) → x_1, x_2는 각각 점 A, 점 B의 x좌표이고 두 점 A, B는 곡선 $y=\log_2|kx|$ 위의 점이므로 $x_1\neq0$, $x_2\neq0$이야.

ㄷ. ㉣의 양변을 x_1x_2로 나누면 $\frac{x_2}{x_1}=\frac{x_3}{x_2}$ → k는 1보다 큰 실수이므로

$\frac{x_2}{x_1}=\frac{\frac{4}{k-1}}{-\frac{4}{k+1}}=\frac{-k-1}{k-1}=\frac{-(k-1)-2}{k-1}=-1-\frac{2}{k-1}<-1$

이때, $\frac{x_2}{x_1}=\frac{x_3}{x_2}=r$ $(r<-1)$이라 하면

뒤의 수열 단원에서 배우는 내용으로 이것이 성립하면 x_1, x_2, x_3은 이 순서대로 등비수열을 이루고 r는 공비라 해.

$x_2=x_1r$, $x_3=x_2r=(x_1r)r=x_1r^2\cdots$ ㉤

한편, 세 점 A, B, C는 모두 곡선 $y=\log_2|kx|$ 위의 점이므로 이 세 점의 좌표는 $\mathrm{A}(x_1, \log_2|kx_1|)$, $\mathrm{B}(x_2, \log_2|kx_2|)$, $\mathrm{C}(x_3, \log_2|kx_3|)$이고 두 직선 AB, AC의 기울기의 합이 0이므로

→ $\log_a A-\log_a B=\log_a\frac{A}{B}$

$\frac{\log_2|kx_2|-\log_2|kx_1|}{x_2-x_1}+\frac{\log_2|kx_3|-\log_2|kx_1|}{x_3-x_1}=0$에서

두 점 (x_1, y_1), (x_2, y_2)를 지나는 직선의 기울기는 $\frac{y_2-y_1}{x_2-x_1}$이야.

$\frac{\log_2\left|\frac{x_2}{x_1}\right|}{x_1r-x_1}+\frac{\log_2\left|\frac{x_3}{x_1}\right|}{x_1r^2-x_1}=0$ ($\because$ ㉤)

$\frac{\log_2|r|}{x_1(r-1)}+\frac{\log_2|r^2|}{x_1(r^2-1)}=0$ → r는 $r<-1$이므로 음수야. 즉, 절댓값을 없애면 '$-$'가 붙어야 해.

$\frac{\log_2(-r)}{x_1(r-1)}+\frac{2\log_2(-r)}{x_1(r+1)(r-1)}=0$ → 양변에 $\frac{x_1(r-1)}{\log_2(-r)}$을 곱해.

$1+\frac{2}{r+1}=0$, $\frac{2}{r+1}=-1$, $-r-1=2$ $\quad\therefore r=-3$

㉤의 $x_2=x_1r$에서 $x_2=-3x_1$, $\frac{4}{k-1}=-3\times\left(-\frac{4}{k+1}\right)$

$\frac{1}{k-1}=\frac{3}{k+1}$, $k+1=3k-3$, $2k=4$ $\quad\therefore k=2$

이것을 ㉢에 대입하면 $m=\frac{4\times(2+1)}{2-1}=12$

$\therefore m+k^2=12+2^2=16$ (거짓)

따라서 옳은 것은 ㄱ, ㄴ이다.

My Top Secret 서울대 선배의 ❶등급 대비 전략

세 값 x_1, x_2, x_3에 대한 관계식이 복잡하기 때문에 식만을 연립해서 구하려고 한다면 쉽게 해결할 수 없어. 따라서 세 값 x_1, x_2, x_3을 하나의 변수로 정리하는 것이 문제 풀이의 핵심이야. 즉, 세 값 x_1, x_2, x_3을 k에 대한 식으로 정리하고 [보기]를 하나씩 확인해야 해.

C 169 정답 110 ✪1등급 대비 [정답률 14%]

*지수함수와 로그함수의 그래프 사이의 관계 [유형 20]

실수 t에 대하여 두 곡선 $y=t-\log_2 x$와 $y=2^{x-t}$이 만나는 점의 x좌표를 $f(t)$라 하자. **단서1** 두 곡선은 각각 $y=-\log_2 x$, $y=2^x$의 그래프를 평행이동한 거야.

[보기]의 각 명제에 대하여 다음 규칙에 따라 A, B, C의 값을 정할 때, $A+B+C$의 값을 구하시오. (단, $A+B+C\neq0$) (4점)

명제 ㄱ이 참이면 $A=100$, 거짓이면 $A=0$이다.
명제 ㄴ이 참이면 $B=10$, 거짓이면 $B=0$이다.
명제 ㄷ이 참이면 $C=1$, 거짓이면 $C=0$이다.

[보기]

ㄱ. $f(1)=1$이고 $f(2)=2$이다.
단서2 $t=1$일 때 교점의 x좌표가 1이고, $t=2$일 때 교점의 x좌표가 2인지 확인하면 돼.

ㄴ. 실수 t의 값이 증가하면 $f(t)$의 값도 증가한다.
단서3 t의 값을 증가시키면 두 곡선이 어떻게 변화되는지를 알아보면 돼.

ㄷ. 모든 양의 실수 t에 대하여 $f(t)\geq t$이다.
단서4 $f(t)\geq t$를 만족시키지 않는 t의 값이 존재하는지 알아봐.

왜 1등급? 문제에 주어진 지수함수와 로그함수의 교점의 x좌표를 $f(t)$로 설정하여 새로운 함수를 정의하였는데, $f(t)$를 직접적으로 파악하기 어려운 상태에서 [보기] ㄱ, ㄴ, ㄷ을 진위를 판단해야 했다.

단서+발상

단서1 두 곡선의 그래프의 개형을 그려보면 교점이 항상 한 개만 존재하는 것을 파악할 수 있다. 이 문제에서는 두 곡선의 교점의 x좌표를 $f(t)$로 정의하였다. (개념)

단서2 보기 ㄱ에서 $f(1)$의 값은 $t=1$일 때 두 곡선의 교점의 x좌표이고, $f(2)$의 값은 $t=2$일 때 두 곡선의 교점의 x좌표이다. 방정식 $t-\log_2 x=2^{x-t}$의 해는 쉽게 구할 수 없으므로 주어진 $f(1)$과 $f(2)$의 값을 방정식에 대입하여 각 값이 방정식의 해인지 확인해볼 수 있다. (발상)

단서3 보기 ㄴ에서 실수 t의 변화에 따른 $f(t)$의 증감을 물어보고 있으므로 t의 값이 작을 때부터 t의 값이 계속 커질 때, 주어진 지수함수와 로그함수가 어떻게 평행이동 되는지 개형을 그려보면 $f(t)$의 증감을 파악할 수 있다. (발상)

단서4 보기 ㄷ에서 두 곡선의 대소 관계는 $x=f(t)$를 기준으로 그 관계가 바뀐다. 그래프의 개형을 그려보면 $0<x<f(t)$에서 $t-\log_2 x>2^{x-t}$이고, $f(t)<x$에서 $t-\log_2 x<2^{x-t}$이다. (적용)
따라서 $x=t$일 때, $t-\log_2 x$와 2^{x-t}의 대소를 비교하면 양의 실수 t와 $f(t)$ 사이의 대소 관계를 파악할 수 있다. (해결)

주의 문제를 해결하기 위해 그래프의 개형을 그릴 때, 주어진 두 곡선은 밑이 2로 같지만 각각 x축, y축으로 평행이동한 그래프일 뿐 역함수 관계가 아님을 유념해야 한다.

핵심 정답 공식: 함수 $y=f(x)$의 그래프를 x축의 방향으로 m만큼, y축의 방향으로 n만큼 평행이동한 그래프의 식은 $y-n=f(x-m)$이다.

[문제 풀이 순서]

1st 두 곡선의 교점의 특징을 파악해 봐.

곡선 $y=t-\log_2 x$는 곡선 $y=\log_2 x$를 x축에 대하여 대칭이동한 후 y축의 방향으로 t만큼 평행이동한 것이므로 감소함수이다.

곡선 $y=2^{x-t}$은 곡선 $y=2^x$을 x축의 방향으로 t만큼 평행이동한 것이므로 증가함수이다.

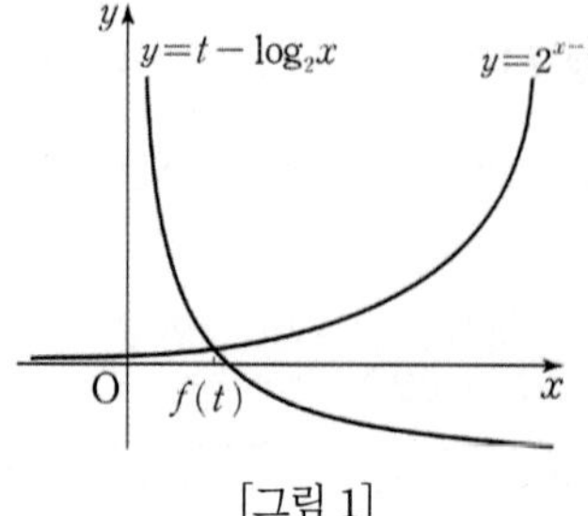

[그림 1]

따라서 그림과 같이 두 곡선 $y=t-\log_2 x$, $y=2^{x-t}$은 한 점에서 만난다.

2nd $t=1$, $t=2$일 때, $f(t)$의 값을 구해.

ㄱ. $f(t)$의 값은 방정식 $t-\log_2 x=2^{x-t}$을 만족시키는 x의 값이다.
두 곡선 $y=f(x)$, $y=g(x)$의 교점의 x좌표는 방정식 $f(x)=g(x)$의 실근이야.

(i) $t=1$일 때, 방정식은 $1-\log_2 x=2^{x-1}$이고
좌변에 $x=1$을 대입하면 $1-\log_2 1=1-0=1$
우변에 $x=1$을 대입하면 $2^{1-1}=2^0=1$
즉, 방정식 $1-\log_2 x=2^{x-1}$의 해는 $x=1$이다. $\therefore f(1)=1$

(ii) $t=2$일 때, 방정식은 $2-\log_2 x=2^{x-2}$이고
좌변에 $x=2$를 대입하면 $2-\log_2 2=2-1=1$
우변에 $x=2$를 대입하면 $2^{2-2}=2^0=1$
즉, 방정식 $2-\log_2 x=2^{x-2}$의 해는 $x=2$이다. $\therefore f(2)=2$

(i), (ii)에 의하여 명제 ㄱ은 참이므로 $A=100$이다.

3rd t의 값을 변화시키면서 두 곡선 $y=t-\log_2 x$와 $y=2^{x-t}$을 그려 봐.

ㄴ. 곡선 $y=t-\log_2 x$는 t의 값이 커지면 커질수록 y축의 양의 방향으로 평행이동하고 곡선 $y=2^{x-t}$은 t의 값이 커지면 커질수록 x축의 양의 방향으로 평행이동한다.

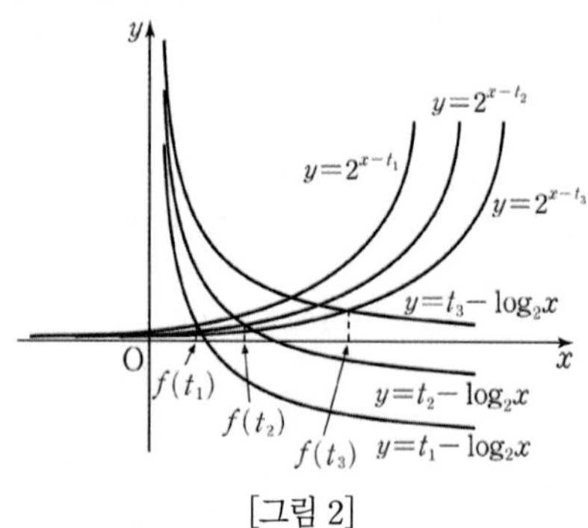

[그림 2]

이때, $t_1<t_2<t_3$이라 하면 [그림 2]에 의하여
$f(t_1)<f(t_2)<f(t_3)$이므로 실수 t의 값이 증가하면 $f(t)$의 값이 증가하므로 명제 ㄴ은 참이다. $\therefore B=10$

4th $f(t)<t$를 만족시키는 t의 값이 존재하는지 확인해 봐.

ㄷ. [그림 1]에 의하여 $x<f(t)$이면 $t-\log_2 x>2^{x-t}$이고 $x\geq f(t)$이면 $t-\log_2 x\leq 2^{x-t}$이므로 [그림 3]에 의하여 모든 양의 실수 t에 대하여 $f(t)\geq t$이려면 $x=t$일 때, $t-\log_2 x\geq 2^{x-t}$을 만족시켜야 한다.

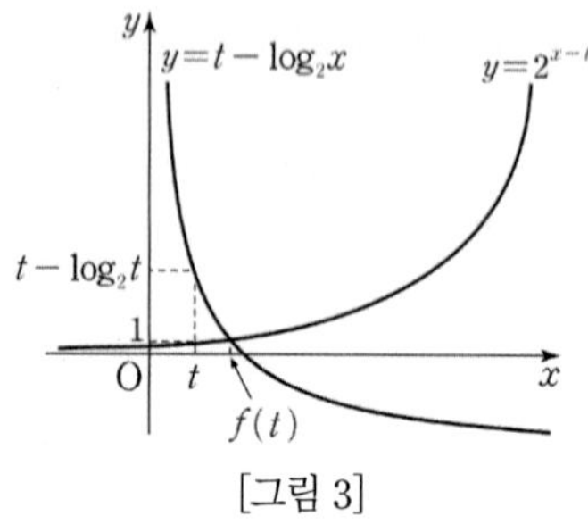

[그림 3]

즉, $t-\log_2 t\geq 2^{t-t}=1$에서 $t-1\geq \log_2 t$ ⋯ ㉠

이때, 직선 $y=t-1$과 곡선 $y=\log_2 t$는 [그림 4]와 같이 두 점 $(1, 0)$, $(2, 1)$에서 만난다.
$t=1$이면 $y=t-1=1-1=0$, $y=\log_2 t=\log_2 1=0$이고 $t=2$이면 $y=t-1=2-1=1$, $y=\log_2 t=\log_2 2=1$이므로 직선과 곡선은 두 점 $(1, 0)$, $(2, 1)$에서 만나.

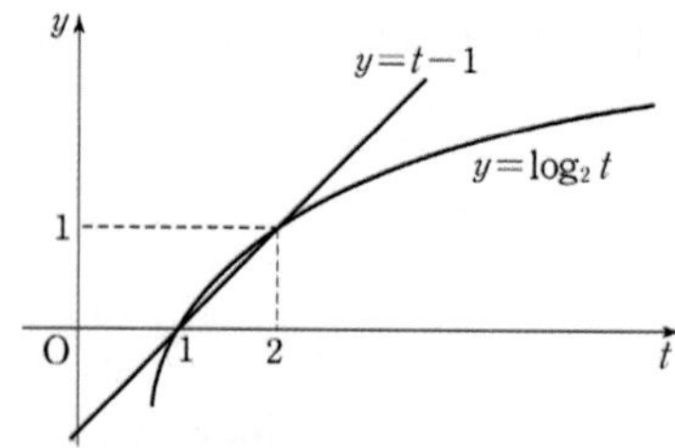

[그림 4]

그런데 [그림 4]에서 $1<t<2$일 때 곡선 $y=\log_2 t$가 직선 $y=t-1$의 위쪽에 있으므로 $t-1<\log_2 t$이다.
따라서 $1<t<2$일 때 부등식 ㉠을 만족시키지 않으므로 $f(t)<t$이다.
즉, 명제 ㄷ은 거짓이므로 $C=0$이다.

$\therefore A+B+C=100+10+0=110$

My Top Secret 서울대 선배의 ❶ 등급 킬러 전략

보기 ㄴ을 해결할 때, $t-\log_2 x=2^{x-t}$에서 t를 우변으로 이항하여 두 곡선 $y=2^{x-t}-t$와 $y=-\log_2 x$의 교점의 x좌표를 $f(t)$로 본다면 로그함수 $y=-\log_2 x$는 고정된 상태이고 지수함수 $y=2^{x-t}-t$만 t의 값이 변함에 따라 x축, y축으로 평행이동하는 상태임을 알 수 있어. 따라서 실수 t의 변화에 따른 지수함수 그래프의 개형을 그려보면서 $f(t)$의 증감을 쉽게 파악할 수 있지.

경찰대, 삼사 중요 기출 문제 [어려운 3점+4점+5점]

C 170 정답 ② ＊지수함수의 최대·최소–지수가 일차식 [정답률 58%]

(정답 공식: 함수 $y=f(x)$의 그래프를 x축의 방향으로 m만큼, y축의 방향으로 n만큼 평행이동한 그래프의 식은 $y=f(x-m)+n$이다.)

함수 $f(x)=-2^{|x-a|}+a$의 그래프가 x축과 두 점 A, B에서 만나고, $\overline{AB}=6$이다. 함수 $f(x)$가 $x=p$에서 최댓값 q를 가질 때, $p+q$의 값은? (단, a는 상수이다.) (4점)

단서 함수 $y=f(x)$의 그래프는 함수 $y=-2^{|x|}$의 그래프를 평행이동하여 그릴 수 있어.

① 14 ② 15 ③ 16
④ 17 ⑤ 18

1st 함수 $y=f(x)$의 그래프를 그려서 함수 $f(x)$의 최댓값을 a로 나타내.

함수 $y=f(x)$의 그래프는 함수 $y=-2^{|x|}$의 그래프를 x축의 방향으로 a만큼, y축의 방향으로 a만큼 평행이동한 그래프이다.
이때, 함수 $y=f(x)$의 그래프가 x축과 서로 다른 두 점 A, B에서 만나야 하므로 $a>1$ ⋯ (★)이어야 한다.
선분 AB의 길이가 6이므로 두 점 A, B는 서로 다른 점이야.

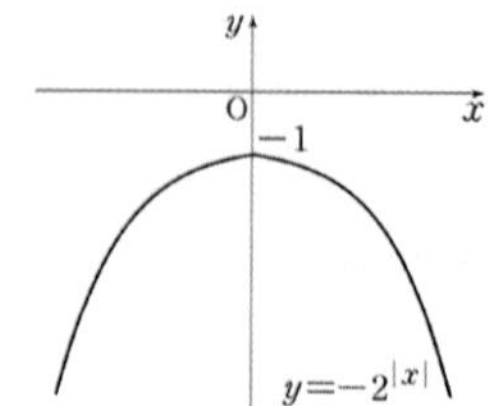

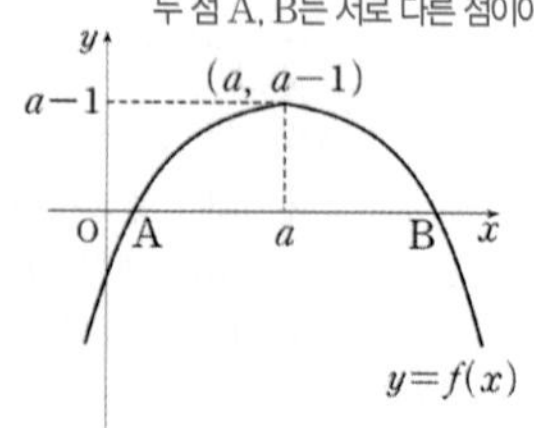

따라서 함수 $y=f(x)$의 그래프는 그림과 같으므로

함수 $f(x)$는 $x=a$에서 최댓값 $a-1$을 갖는다. ⋯ ㉠

2nd 선분 AB의 길이를 이용하여 a의 값을 구해.

한편, 함수 $y=-2^{|x|}$의 그래프는 직선 $x=0$에 대하여 대칭이므로

함수 $y=-2^{|x|}$의 그래프는 $y=-2^{x}$의 그래프에서 $x\geq0$인 부분은 그대로 두고, $x<0$인 부분은 $x\geq0$인 부분을 y축에 대하여 대칭이 되도록 그리면 되지? 따라서 함수 $y=-2^{|x|}$의 그래프는 y축, 즉 $x=0$에 대하여 대칭이야.

함수 $y=f(x)$의 그래프는 직선 $x=a$에 대하여 대칭이다.

즉, 점 $(a, 0)$은 두 점 A, B의 중점이고 $\overline{AB}=6$이므로 점 A의 x좌표가 점 B의 x좌표보다 작다고 하면 두 점 A, B의 좌표는 각각 $(a-3, 0)$, $(a+3, 0)$이다.

한편, $f(x)=-2^{|x-a|}+a=\begin{cases}-2^{x-a}+a & (x\geq a)\\ -2^{-x+a}+a & (x<a)\end{cases}$ 이고

점 B는 함수 $y=f(x)$의 그래프 위의 점이므로 $f(a+3)=0$에서

점 A도 함수 $y=f(x)$의 그래프 위의 점이므로 $f(a-3)=0$임을 이용하여 a의 값을 구해도 돼.

$-2^{(a+3)-a}+a=0$, $-2^{3}+a=0$ $\quad\therefore a=2^{3}=8$

$a+3>a$이므로 $x=a+3$을 $f(x)=-2^{x-a}+a$에 대입해야겠지?

3rd p, q의 값을 각각 구하고 $p+q$를 계산해.

㉠에 의하여 함수 $f(x)$는 $x=a=8$에서 최댓값 $a-1=8-1=7$을 가지므로 $p=8$, $q=7$이다.

$\therefore p+q=8+7=15$

수능 핵강

＊(★)에서 왜 $a>1$이어야 할까?

a의 값의 범위에 따라서 함수 $y=f(x)$의 그래프를 그려보자.

(i) $a<0$일 때, 함수 $y=f(x)$의 그래프는 다음과 같아.

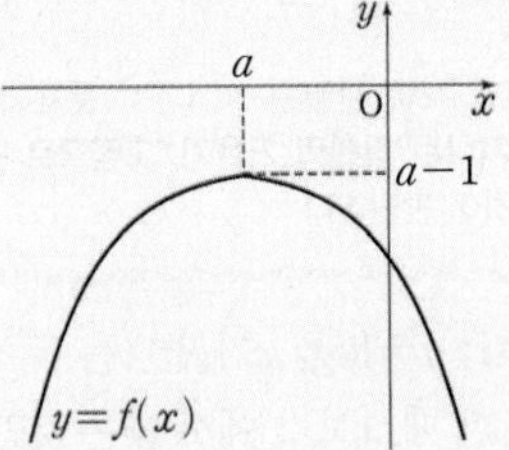

(ii) $0<a<1$일 때, 함수 $y=f(x)$의 그래프는 다음과 같아.

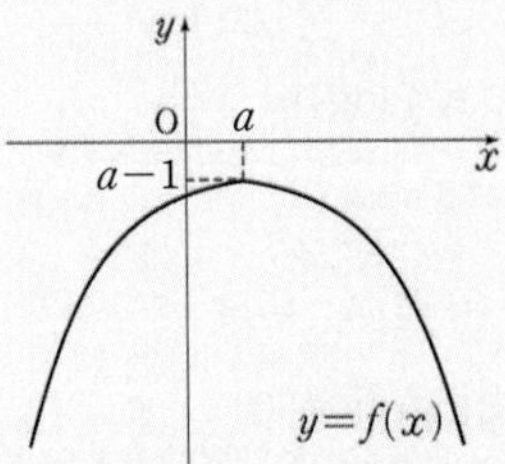

(iii) $a=1$일 때, 함수 $y=f(x)$의 그래프는 다음과 같아.

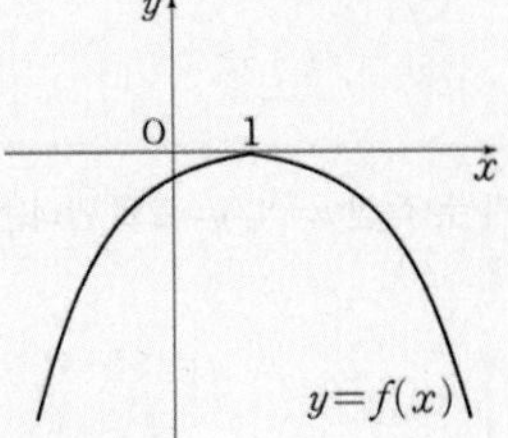

즉, 함수 $y=f(x)$의 그래프는 (i), (ii)의 경우 x축과 만나지 않고 (iii)의 경우 x축과 한 점에서 만나.

따라서 함수 $y=f(x)$의 그래프가 x축과 서로 다른 두 점에서 만나려면 $a>1$이어야 해.

C 171 정답 ② ＊지수함수의 그래프의 교점 ········ [정답률 63%]

정답 공식: 두 곡선 $y=f(x)$, $y=g(x)$의 교점의 x좌표는 방정식 $f(x)=g(x)$의 실근이다.

$a>1$인 실수 a에 대하여 좌표평면에 두 곡선

$y=a^{x}$, $y=|a^{-x-1}-1|$ **단서1** 좌표평면에 두 곡선을 나타내.

이 있다. [보기]에서 옳은 것만을 있는 대로 고른 것은? (4점)

단서2 곡선의 방정식에 점의 좌표를 대입하면 성립하는지 확인해.

단서3 두 곡선의 교점의 개수는 두 곡선의 식을 연립한 방정식의 실근의 개수와 같아.

[보기]

ㄱ. 곡선 $y=|a^{-x-1}-1|$은 점 $(-1, 0)$을 지난다.

ㄴ. $a=4$이면 두 곡선의 교점의 개수는 2이다.

ㄷ. $a>4$이면 두 곡선의 모든 교점의 x좌표의 합은 -2보다 크다.

단서4 두 곡선의 교점의 x좌표는 두 곡선의 식을 연립한 방정식의 실근이야.

① ㄱ ② ㄱ, ㄴ ③ ㄱ, ㄷ ④ ㄴ, ㄷ ⑤ ㄱ, ㄴ, ㄷ

1st 곡선 $y=|a^{-x-1}-1|$이 점 $(-1, 0)$을 지나는지 확인해.

ㄱ. $y=|a^{-x-1}-1|$에 $x=-1$을 대입하면

$y=|a^{-(-1)-1}-1|=|a^{0}-1|=|1-1|=0$이므로 곡선 $y=|a^{-x-1}-1|$은 점 $(-1, 0)$을 지난다. (참)

함수 $y=f(x)$의 그래프가 점 (a, b)를 지나면 $b=f(a)$가 성립해.

2nd 두 곡선의 교점에 대한 명제의 참, 거짓을 따져.

곡선 $y=|a^{-x-1}-1|$은 곡선 $y=a^{-x}$을 x축의 방향으로 -1만큼, y축의 방향으로 -1만큼 평행이동시킨 후 $y<0$인 부분을 x축에 대하여 대칭이동한 곡선이다.

곡선 $y=a^{-x}$을 x축의 방향으로 -1만큼, y축의 방향으로 -1만큼 평행이동하면 x 대신 $x+1$, y 대신 $y+1$을 대입하면 되므로 $y+1=a^{-(x+1)}$에서 $y=a^{-x-1}-1$

따라서 실수 a의 값에 따라 두 곡선 $y=a^{x}$, $y=|a^{-x-1}-1|$의 개형은 다음과 같다.

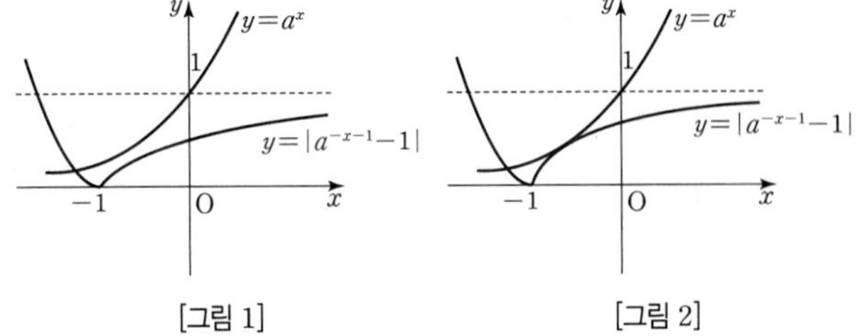

[그림 1] [그림 2]

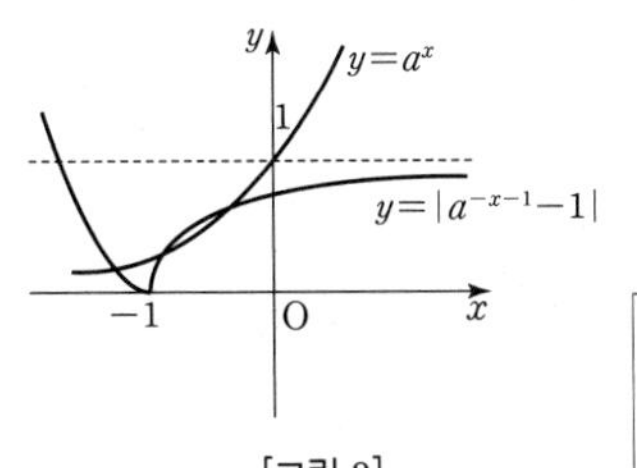

[그림 3]

두 곡선의 개형에 의하여 a의 값에 상관없이 두 곡선은 $x<-1$일 때 무조건 한 점에서 꼭 만나.

ㄴ. $a=4$이면 두 곡선의 방정식은 $y=4^{x}$, $y=|4^{-x-1}-1|$이고 두 곡선은 $x<-1$일 때 한 점에서 만난다. 또, $x>-1$일 때 두 곡선의 방정식을 연립하면 $4^{x}=-4^{-x-1}+1$에서

$x>-1$일 때, $4^{-x-1}-1<0$이므로 $|4^{-x-1}-1|=-4^{-x-1}+1$

$4^{2x}=-\frac{1}{4}+4^{x}$, $4\times4^{2x}-4\times4^{x}+1=0$

$(2\times4^{x}-1)^{2}=0$, $4^{x}=\frac{1}{2}$, $2^{2x}=2^{-1}$, $2x=-1$ $\quad\therefore x=-\frac{1}{2}$

따라서 $a=4$이면 두 곡선은 $x<-1$일 때 한 점에서 만나고, $x>-1$일 때 $x=-\frac{1}{2}$에서 접하므로 $a=4$이면 두 곡선의 교점의 개수는 2이다. (참)

ㄷ. $a>4$이면 두 곡선은 $x<-1$일 때 한 점에서 만난다.
또, $x>-1$일 때 두 곡선의 방정식을 연립하면

$a^x=-a^{-x-1}+1$에서 $a^{2x}=-\frac{1}{a}+a^x$

$\therefore a\times a^{2x}-a\times a^x+1=0$ ⋯ ㉠

이때, 두 곡선의 $x<-1$에서의 교점의 x좌표를 x_1이라 하면

$x_1<-1$ ⋯ ㉡

→ 방정식 ㉠에서 $a^x=t$라 하면 $at^2-at+1=0$이고 이것은 t에 대한 이차방정식이야. 이때, 이 방정식의 판별식을 D라 하면 $D=a^2-4a>0(\because a>4)$이므로 방정식 ㉠은 서로 다른 두 실근을 가져. 따라서 방정식 ㉠을 만족시키는 x의 값도 2개야.

또, $x>-1$에서의 서로 다른 두 교점의 x좌표를 각각 x_2, x_3이라 하면 a^x에 대한 이차방정식 ㉠에서 근과 계수의 관계에 의하여

$a^{x_2}\times a^{x_3}=\frac{1}{a}$, $a^{x_2+x_3}=a^{-1}$ $\quad\therefore x_2+x_3=-1$ ⋯ ㉢

㉡, ㉢에 의하여 $x_1+x_2+x_3<-2$ (거짓)

따라서 옳은 것은 ㄱ, ㄴ이다.

C 172 정답 ⑤ ＊지수법칙-밑이 같은 계산 ··········· [정답률 65%]

(정답 공식: $\log_a M+\log_a N=\log_a MN$, $\log_a M-\log_a N=\log_a \frac{M}{N}$)

$-\frac{1}{2}<t<0$인 실수 t에 대하여 직선 $x=t$가 두 곡선

$y=\log_2(x+1)$, $y=\log_{\frac{1}{2}}(-x)+1$

과 만나는 점을 각각 A, B라 하고, 점 B를 지나고 x축에 평행한 직선이 곡선 $y=\log_2(x+1)$과 만나는 점을 C라 하자.

단서1 두 점 A, B는 직선 $x=t$ 위의 점이므로 이 두 점의 x좌표는 t야.

단서2 점 C는 점 B와 y좌표가 같아.

$\overline{AB}=\log_2 9$일 때, 선분 BC의 길이는? (4점)

단서3 선분 AB의 길이는 두 점 A, B의 y좌표의 차의 절댓값이야.

단서4 선분 BC의 길이는 두 점 B, C의 x좌표의 차의 절댓값이야.

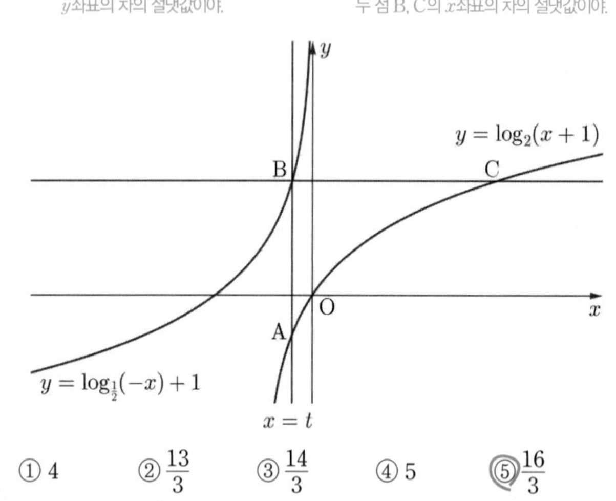

① 4 ② $\frac{13}{3}$ ③ $\frac{14}{3}$ ④ 5 ⑤ $\frac{16}{3}$

1st 세 점 A, B, C의 좌표를 t를 이용하여 나타내.

점 A는 곡선 $y=\log_2(x+1)$과 직선 $x=t$의 교점이므로
점 A의 좌표는 $(t, \log_2(t+1))$이다.
점 B는 곡선 $y=\log_{\frac{1}{2}}(-x)+1$과 직선 $x=t$의 교점이므로
점 B의 y좌표는 $y=\log_{\frac{1}{2}}(-t)+1=-\log_2(-t)+1$

$\log_{a^m}b^n=\frac{n}{m}\log_a b$

$\therefore B(t, -\log_2(-t)+1)$

직선 BC는 x축에 평행한 직선이므로 두 점 B, C는 y좌표가 같고
점 C는 곡선 $y=\log_2(x+1)$ 위의 점이므로 점 C의 x좌표는

$\log_2(x+1)=-\log_2(-t)+1$에서 $\log_2(x+1)=\log_2\left(-\frac{2}{t}\right)$

$x+1=-\frac{2}{t}$ $\quad\therefore x=-1-\frac{2}{t}$

따라서 점 C의 좌표는 $\left(-1-\frac{2}{t}, -\log_2(-t)+1\right)$이다.

2nd 선분 AB의 길이를 이용하여 t의 값을 구해.

$\overline{AB}=\{-\log_2(-t)+1\}-\log_2(t+1)$

$-\frac{1}{2}<t<0$이면 $-1<\log_2(t+1)<0$, $-\log_2(-t)+1>2$이므로
선분 AB의 길이는 점 B의 y좌표에서 점 A의 y좌표를 빼서 구하면 돼.
물론 문제의 그림에서 점 B의 y좌표가 점 A의 y좌표보다 더 큰 것을 알 수 있지만 정확히 알고 가자!

$=-\log_2(-t)+1-\log_2(t+1)$

$=\log_2 2-\{\log_2(-t)+\log_2(t+1)\}$

$\log_a M+\log_a N=\log_a MN$

$=\log_2 2-\log_2\{-t(t+1)\}=\log_2\frac{2}{-t(t+1)}=\log_2 9$

$\log_a M-\log_a N=\log_a\frac{M}{N}$

에서 $\frac{2}{-t(t+1)}=9$, $9t^2+9t+2=0$

$(3t+1)(3t+2)=0$ $\quad\therefore t=-\frac{1}{3}\left(\because -\frac{1}{2}<t<0\right)$

3rd 선분 BC의 길이를 구해.

따라서 점 B의 x좌표는 $t=-\frac{1}{3}$이고 점 C의 x좌표는

$-1-\frac{2}{t}=-1-2\times(-3)=5$이므로 $\overline{BC}=5-\left(-\frac{1}{3}\right)=\frac{16}{3}$

C 173 정답 ② ＊로그함수의 그래프의 교점의 활용 ···· [정답률 45%]

(정답 공식: 두 함수의 그래프에 관련된 ㄱ, ㄴ, ㄷ 문제에서 부등식은 두 점 사이의 거리 또는 두 점을 지나는 직선의 기울기, 교점으로 만들어지는 도형의 넓이 등의 대소 관계를 이용하여 판단한다.)

두 곡선 $y=|2^x-4|$, $y=\log_2 x$가 만나는 두 점의 x좌표를 x_1, $x_2(x_1<x_2)$라 할 때, [보기]에서 옳은 것만을 있는 대로 고른 것은? (4점)

[보기]

ㄱ. $\log_2 3<x_1<x_2<\log_2 6$
단서1 x_1, x_2가 두 곡선의 교점의 x좌표이므로 네 수 $\log_2 3$, x_1, x_2, $\log_2 6$을 x축에서 크기를 비교해.

ㄴ. $(x_2-x_1)(2^{x_2}-2^{x_1})<3$
단서2 주어진 그래프에서 $(x_2-x_1)(2^{x_2}-2^{x_1})$이 의미하는 것이 무엇일까 생각해 봐.

ㄷ. $2^{x_1}+2^{x_2}>8+\log_2(\log_3 6)$
단서3 함수 $y=\log_2 x$는 증가함수임을 이용하여 대소를 비교해.

① ㄱ ② ㄱ, ㄴ ③ ㄱ, ㄷ
④ ㄴ, ㄷ ⑤ ㄱ, ㄴ, ㄷ

1st 곡선 $y=|2^x-4|$가 두 직선 $y=1$, $y=2$와 만나는 점의 x좌표를 이용하여 ㄱ의 대소를 비교해.

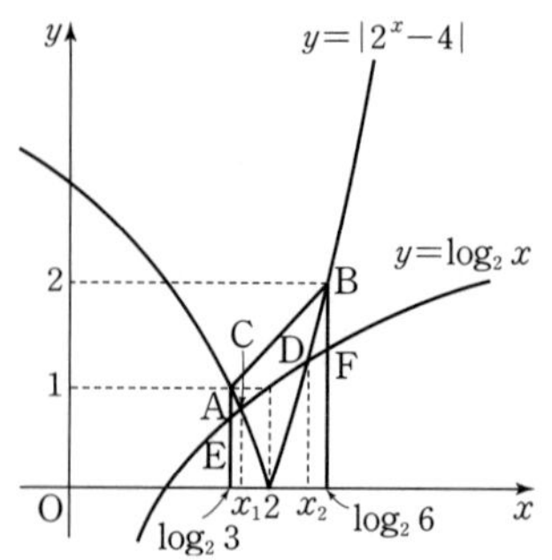

ㄱ. 곡선 $y=|2^x-4|$는 점 $(2, 0)$을 지나고 곡선 $y=\log_2 x$는 점 $(2, 1)$을 지난다. $y=|2^x-4|$에 $x=2$를 대입하면 $y=|2^2-4|=0$이고 $y=\log_2 x$에 $x=2$를 대입하면 $y=\log_2 2=1$

한편, 곡선 $y=|2^x-4|$가 직선 $y=1$과 $x<2$에서 만나는 점을 A라 하면 점 A의 x좌표는 $-2^x+4=1$에서 $2^x=3$ $\quad\therefore x=\log_2 3$

$x<2$일 때 $2^x-4<0$이므로 $x<2$에서 곡선 $y=|2^x-4|$와 직선 $y=1$의 교점의 x좌표를 구할 때는 두 식 $y=-2^x+4$와 $y=1$을 연립해서 구해야 해.

$a^x=b \Longleftrightarrow x=\log_a b$

즉, 점 A의 좌표는 $A(\log_2 3, 1)$이다.

따라서 그래프에서 점 A의 x좌표가 x_1보다 작으므로

$\log_2 3<x_1$ ⋯ ㉠

또, 곡선 $y=|2^x-4|$가 직선 $y=2$와 $x\geq2$에서 만나는 점을 B라 하면 점 B의 x좌표는 $2^x-4=2$에서 $2^x=6$ $\quad\therefore x=\log_2 6$

$x\geq2$일 때 $2^x-4>0$이므로 $x\geq2$에서 곡선 $y=|2^x-4|$와 직선 $y=2$의 교점의 x좌표를 구할 때는 두 식 $y=2^x-4$와 $y=2$를 연립해서 구해야 해.

따라서 점 B의 좌표는 $B(\log_2 6, 2)$이다.

즉, $f(x)=|2^x-4|$라 하면 $f(\log_2 6)=2$이고 $g(x)=\log_2 x$라 하면 $g(\log_2 6)=\log_2 (\log_2 6)$이다.

이때, $2=\log_2 4<\log_2 6<\log_2 8=3$이고 각 변에 밑이 2인 로그를 취하면 $1<\log_2 (\log_2 6)<\log_2 3<\log_2 4=2$이므로

$f(\log_2 6)>g(\log_2 6)$이다.

따라서 $x=\log_2 6$일 때, 곡선 $y=|2^x-4|$가 곡선 $y=\log_2 x$보다 위쪽에 있으므로 $x_2<\log_2 6$ ⋯ ㉡

그런데 $x_1<x_2$이므로 ㉠, ㉡에 의하여 $\log_2 3<x_1<x_2<\log_2 6$ (참)

2nd 도형의 넓이를 이용하여 ㄴ의 대소를 비교해.

ㄴ. 두 곡선 $y=|2^x-4|$, $y=\log_2 x$가 만나는 두 점을 각각 C, D라 하고 네 점 A, B, C, D에서 x축에 내린 수선의 발을 각각 A′, B′, C′, D′이라 하자. 이때, 사다리꼴 AA′B′B의 넓이를 S_1이라 하면

$S_1=\frac{1}{2}\times(\overline{AA'}+\overline{BB'})\times\overline{A'B'}$

$=\frac{1}{2}\times(1+2)\times(\log_2 6-\log_2 3)=\frac{3}{2}$

$\log_a m-\log_a n=\log_a \frac{m}{n}$이므로 $\log_2 6-\log_2 3=\log_2 \frac{6}{3}=\log_2 2=1$

또, 사다리꼴 CC′D′D의 넓이를 S_2라 하면

$S_2=\frac{1}{2}\times(\overline{CC'}+\overline{DD'})\times\overline{C'D'}$

$=\frac{1}{2}\times\{(-2^{x_1}+4)+(2^{x_2}-4)\}\times(x_2-x_1)$

점 C는 곡선 $y=-2^x+4$ 위의 점이고 점 D는 곡선 $y=2^x-4$ 위의 점이야.

$=\frac{1}{2}\times(2^{x_2}-2^{x_1})\times(x_2-x_1)$

그런데 그래프에서 $S_1>S_2$이므로

$\frac{3}{2}>\frac{1}{2}\times(2^{x_2}-2^{x_1})\times(x_2-x_1)$에서 $(x_2-x_1)(2^{x_2}-2^{x_1})<3$ (참)

3rd y좌표의 차를 이용하여 ㄷ의 대소를 비교해.

ㄷ. 곡선 $y=\log_2 x$가 두 선분 AA′, BB′과 만나는 점을 각각 E, F라 하면 네 점 E, C, D, F의 x좌표는 각각 $\log_2 3$, x_1, x_2, $\log_2 6$이고 ㄱ에 의하여 $\log_2 3<x_1<x_2<\log_2 6$이다. 이때, 네 점 E, C, D, F는 곡선 $y=\log_2 x$ 위의 점이므로 두 점 C, D의 y좌표의 차보다 두 점 E, F의 y좌표의 차가 더 크다.

함수 $y=\log_2 x$에서 밑 2가 1보다 크므로 이 함수는 증가함수야.

(두 점 C, D의 y좌표의 차)$=(2^{x_2}-4)-(-2^{x_1}+4)$

$=2^{x_1}+2^{x_2}-8$

주의: 두 점 C, D는 곡선 $y=\log_2 x$ 위의 점이기도 하지만 여기서는 곡선 $y=|2^x-4|$ 위의 점임을 이용한 거야.

(두 점 E, F의 y좌표의 차)$=\log_2 (\log_2 6)-\log_2 (\log_2 3)$

$=\log_2 \frac{\log_2 6}{\log_2 3}=\log_2 (\log_3 6)$

$\log_a b=\frac{\log_c b}{\log_c a}$

즉, $2^{x_1}+2^{x_2}-8<\log_2 (\log_3 6)$에서

$2^{x_1}+2^{x_2}<8+\log_2(\log_3 6)$ (거짓)

따라서 옳은 것은 ㄱ, ㄴ이다.

C 174 정답 ② *로그함수와 지수함수의 그래프와 도형 [정답률 43%]

정답 공식: 사각형 ADBC의 넓이는 선분 AB의 길이와 점 D의 x좌표를 이용하여 구한다.

그림과 같이 1보다 큰 두 상수 a, b에 대하여 점 $A(1, 0)$을 지나고 y축에 평행한 직선이 곡선 $y=a^x$과 만나는 점을 B라 하고, 점 $C(0, 1)$에 대하여 점 B를 지나고 직선 AC와 평행한 직선이 곡선 $y=\log_b x$와 만나는 점을 D라 하자. $\overline{AC}\perp\overline{AD}$이고, 사각형 ADBC의 넓이가 6일 때, $a\times b$의 값은? (4점)

단서 두 직선 AC와 직선 BD의 평행하니까 기울기가 같아.

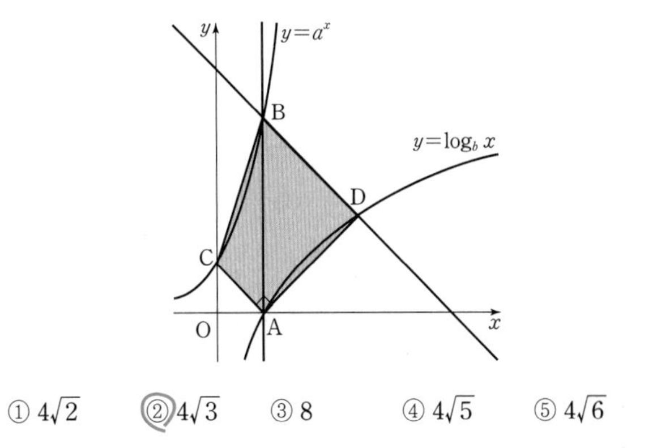

① $4\sqrt{2}$ ② $4\sqrt{3}$ ③ 8 ④ $4\sqrt{5}$ ⑤ $4\sqrt{6}$

1st 점 D의 x좌표를 k로 놓고 점 D의 좌표를 k에 관한 식으로 표현해보자.

세 점 A, B, C의 좌표를 각각 구하면 $A(1, 0)$, $B(1, a)$, $C(0, 1)$

이때, 점 D의 x좌표를 $k(k>0)$라 놓자.

점 D에서 y축에 내린 수선의 발을 점 P라 하고, 직선 PD와 직선 AB의 교점을 점 H라 하면 $\overline{PH}=1$이므로 $\overline{HD}=k-1$

이때, 직선 AC의 기울기는 -1이므로 수직인 직선 AD의 기울기는 1, 직선 BD는 직선 AC와 평행이므로 직선 BD의 기울기는 -1이다.

수직인 두 직선의 기울기의 곱은 항상 -1이지?

삼각형 ABD는 직각이등변삼각형이고,

실수: 직선 AD의 기울기가 1이므로 직선 AD와 x축이 이루는 각의 크기는 45°임을 알 수 있어. 따라서 ∠BDA=90°이고 ∠DAB=∠DBA=45°이므로 △ABD는 직각이등변삼각형이지.

$\overline{BH}=\overline{AH}=\overline{HD}=k-1$

즉, 점 D의 y좌표가 $k-1$이므로 점 D의 좌표는 $(k, k-1)$이다.

2nd 주어진 조건을 이용하여 a, b의 값을 구하자.

$\overline{AB}=\overline{AH}+\overline{HB}=2(k-1)=a$ ⋯ ㉠

점 B의 y좌표야.

사각형 ADBC의 넓이가 6이므로

$6=\frac{1}{2}ak$ ⋯ ㉡

㉠을 ㉡에 대입하면

$6=\frac{1}{2}(2k-2)k$, $6=(k-1)k$

$k^2-k-6=0$, $(k+2)(k-3)=0$

$\therefore k=-2$ 또는 $k=3$

그런데 $k>0$이므로 $k=3$

즉, 점 D의 좌표는 $(3, 2)$이다.

$k=3$을 ㉠에 대입하면 $a=2\times3-2=4$

점 $D(3, 2)$는 로그함수 $y=\log_b x$ 위의 점이므로 대입하면

$2=\log_b 3$ $\quad \log_x y=t \Longleftrightarrow y=x^t\ (x>0, x\neq1, y>0)$

$b^2=3$ $\quad\therefore b=\sqrt{3}\ (\because b>0)$

$\therefore ab=4\times\sqrt{3}=4\sqrt{3}$

D 지수함수와 로그함수의 활용

기본 기출 문제

D 01 정답 40 *지수방정식의 해 - 밑을 같게 만드는 경우 [정답률 93%]

(정답 공식: 16을 2^4으로 바꿔 지수끼리 비교한다.)

방정식 $2^{\frac{1}{8}x-1}=16$의 해를 구하시오. (3점)

단서 주어진 방정식의 양변의 밑을 통일한 후 방정식을 풀면 돼.

1st 주어진 방정식의 밑을 통일하여 방정식의 해를 구하자.

$2^{\frac{1}{8}x-1}=16$에서 $2^{\frac{1}{8}x-1}=2^4$이므로 지수를 비교하면

밑이 동일한 경우 지수만 비교하여 해를 구하면 돼.

$\frac{1}{8}x-1=4$, $\frac{1}{8}x=5$ $\quad\therefore x=40$

D 02 정답 ⑤ *지수방정식의 활용 [정답률 85%]

(정답 공식: 미지수가 없는 식을 이용해 임의의 좌표를 정한다. 중점의 좌표를 구하는 공식을 안다.)

두 함수 $y=2^x$, $y=-\left(\frac{1}{2}\right)^x+k$의 그래프가 서로 다른 두 점 A, B에서 만난다. 선분 AB의 중점의 좌표가 $\left(0, \frac{5}{4}\right)$일 때, 상수 k의 값은? (3점)

단서 두 점 A, B의 좌표를 $A(\alpha, 2^\alpha)$, $B(\beta, 2^\beta)$으로 놓은 후 선분 AB의 중점의 좌표를 이용하여 α, β의 값을 구하자.

① $\frac{1}{2}$ ② 1 ③ $\frac{3}{2}$ ④ 2 ⑤ $\frac{5}{2}$

→ 두 함수의 그래프의 교점 A, B는 각각 $y=2^x$, $y=-\left(\frac{1}{2}\right)^x+k$의 그래프 위의 점이야.
이때, $y=-\left(\frac{1}{2}\right)^x+k$는 함수식에 미지수 k가 있어 복잡하므로 두 점 A, B의 좌표를 $A(\alpha, 2^\alpha)$, $B(\beta, 2^\beta)$으로 간단히 놓은 거야.

1st 우선 두 점의 좌표를 정하자.

만나는 두 점의 좌표를 $A(\alpha, 2^\alpha)$, $B(\beta, 2^\beta)$이라 하면 선분 AB의 중점의 좌표는 $\left(\frac{\alpha+\beta}{2}, \frac{2^\alpha+2^\beta}{2}\right)$이다.

두 점 (x_1, y_1), (x_2, y_2)를 이은 선분의 중점의 좌표는 $\left(\frac{x_1+x_2}{2}, \frac{y_1+y_2}{2}\right)$

2nd 주어진 중점의 좌표와 비교하여 α, β의 관계식을 구하자.

선분 AB의 중점의 좌표가 $\left(0, \frac{5}{4}\right)$이므로

$\frac{\alpha+\beta}{2}=0$, $\frac{2^\alpha+2^\beta}{2}=\frac{5}{4}$

$\therefore \beta=-\alpha$, $2^\alpha+2^\beta=\frac{5}{2}$

$\beta=-\alpha$를 $2^\alpha+2^\beta=\frac{5}{2}$에 대입하면 $2^\alpha+2^{-\alpha}=\frac{5}{2}$ $\cdots$ ㉠

3rd $2^\alpha=t$로 치환하여 지수방정식을 풀자.

이때, ㉠에서 $2^\alpha=t$ $(t>0)$라 하면 $t+\frac{1}{t}=\frac{5}{2}$이므로

$2t^2-5t+2=0$, $(t-2)(2t-1)=0$ $\quad\therefore t=2$ 또는 $t=\frac{1}{2}$

즉, $2^\alpha=2$ 또는 $2^\alpha=\frac{1}{2}=2^{-1}$이므로 $\alpha=1$ 또는 $\alpha=-1$이고, 이것을 $\beta=-\alpha$에 대입하면 $\begin{cases}\alpha=1\\ \beta=-1\end{cases}$ 또는 $\begin{cases}\alpha=-1\\ \beta=1\end{cases}$

실수 t에 대한 값을 α에 대한 값으로 반드시 바꾸어서 답을 구해야 해.

따라서 점 A의 좌표는 $\left(-1, \frac{1}{2}\right)$ 또는 $(1, 2)$이고, 점 A는 함수 $y=-\left(\frac{1}{2}\right)^x+k$의 그래프 위의 점이므로 $x=-1$, $y=\frac{1}{2}$을 각각 $y=-\left(\frac{1}{2}\right)^x+k$에 대입하면 $\frac{1}{2}=-\left(\frac{1}{2}\right)^{-1}+k$

$(\alpha, 2^\alpha)$이라 했지?

$\therefore k=\frac{1}{2}+2=\frac{5}{2}$

다른 풀이: 교점의 x좌표는 두 식을 연립한 방정식의 해임을 이용하기

두 함수 $y=2^x$, $y=-\left(\frac{1}{2}\right)^x+k$의 두 교점을 $A(\alpha, 2^\alpha)$, $B(\beta, 2^\beta)$이라 하면 α, β는 방정식 $2^x=-\left(\frac{1}{2}\right)^x+k$의 두 근이야.

즉, $2^x=t$ $(t>0)$로 치환하면 $t=-\frac{1}{t}+k$에서 $t^2-kt+1=0$

이 방정식의 두 근은 2^α, 2^β이므로 근과 계수의 관계에 의하여 $2^\alpha+2^\beta=k$

그런데 $\overline{AB}$의 중점의 좌표가 $\left(0, \frac{5}{4}\right)$이므로

$\frac{2^\alpha+2^\beta}{2}=\frac{5}{4}$에서 $\frac{k}{2}=\frac{5}{4}$ $\quad\therefore k=\frac{5}{2}$

D 03 정답 ③ *지수방정식의 실생활 응용 [정답률 79%]

(정답 공식: $t+c$를 $f(t)=3^{-t}$에 대입해 c의 값을 구한다.)

시간 t에 따라 감소하는 함수 $f(t)$에 대하여

$$f(t+c)=\frac{1}{2}f(t)$$

단서 $f(t)=3^{-t}$의 t에 $t+c$를 대입하여 $f(t+c)$가 $\frac{1}{2}f(t)=\frac{1}{2}\times3^{-t}$이 되도록 하는 c의 값을 구해.

를 만족하는 양의 실수 c를 $f(t)$의 반감기라 한다.
함수 $f(t)=3^{-t}$의 반감기는? (3점)

① $\frac{1}{3}\log_3 2$ ② $\frac{1}{2}\log_3 2$ ③ $\log_3 2$
④ $2\log_3 2$ ⑤ $3\log_3 2$

1st 함수 $f(t)=3^{-t}$에 대하여 $f(t+c)=\frac{1}{2}f(t)$를 만족시키는 c의 값을 구하자.

$f(t)=3^{-t}$이므로 $f(t+c)=\frac{1}{2}f(t)$에서

$3^{-(t+c)}=\frac{1}{2}\times3^{-t}$, $3^{-t}\times3^{-c}=2^{-1}\times3^{-t}$

실수 t에 대하여 $3^{-t}>0$이므로 양변을 3^{-t}으로 나누자.

$3^{-c}=2^{-1}$, $3^c=2$

$\therefore c=\log_3 2$

$a^x=b \Longleftrightarrow x=\log_a b$

주의 지수함수와 로그함수 간의 변환을 자유롭게 할 수 있어야 해.

D 04 정답 ① *지수방정식의 해 - 밑을 같게 만드는 경우 [정답률 91%]

(정답 공식: 지수부등식은 밑을 같게 해 비교한다.)

지수부등식 $4^{-x^2}>\left(\frac{1}{2}\right)^{4x}$의 해가 $\alpha<x<\beta$일 때, $\alpha+\beta$의 값은? (3점)

단서 주어진 부등식에서 밑이 $4=2^2$, $\frac{1}{2}=2^{-1}$이므로 밑을 모두 2로 통일하여 식을 정리하자.

① 2 ② 4 ③ 6 ④ 8 ⑤ 10

1st 밑을 2로 통일하여 정리하자.

$4^{-x^2}>\left(\frac{1}{2}\right)^{4x}$에서 $2^{-2x^2}>2^{-4x}$ → [지수부등식] ① $a>1$일 때, $a^{f(x)}>a^{g(x)}$이면 $f(x)>g(x)$ ② $0<a<1$일 때, $a^{f(x)}>a^{g(x)}$이면 $f(x)<g(x)$

이때, 밑이 1보다 크므로 $-2x^2>-4x$에서

$2x^2-4x<0$, $2x(x-2)<0$ $\quad\therefore 0<x<2$

따라서 $\alpha=0$, $\beta=2$이므로 $\alpha+\beta=0+2=2$

다른 풀이: **이차방정식의 근과 계수의 관계 이용하기**

$(\log_2 x)^2-2\log_2 x-3=0$ … ㉠에서

$\log_2 x=t$로 치환하면 $t^2-2t-3=0$ … ㉡

이때, ㉠의 두 실근이 α, β이므로 ㉡의 두 실근은 $\log_2\alpha$, $\log_2\beta$이지?

따라서 이차방정식의 근과 계수의 관계에 의하여

$\log_2\alpha+\log_2\beta=2$, $\log_2\alpha\beta=2$ $\quad\therefore \alpha\beta=2^2=4$

D

D 05 정답 27 *로그방정식의 해 - $\log_a x$ 꼴이 반복되는 경우 [정답률 92%]

(정답 공식: $\log_3 x$를 치환하여 이차방정식으로 만든다.)

> 방정식 $(\log_3 x)^2-6\log_3\sqrt{x}+2=0$의 서로 다른 두 실근을 α, β라 할 때, $\alpha\beta$의 값을 구하시오. (3점)
>
> 단서 $\log_3\sqrt{x}=\log_3 x^{\frac{1}{2}}=\frac{1}{2}\log_3 x$에서 주어진 방정식은 $\log_3 x$가 반복되어 나타나고 있어.

1st $\log_3 x$를 t로 치환한 다음 t에 대한 방정식으로 나타내.

방정식 $(\log_3 x)^2-6\log_3\sqrt{x}+2=0$에서

$(\log_3 x)^2-3\log_3 x+2=0$ $\quad \log_3\sqrt{x}=\log_3 x^{\frac{1}{2}}=\frac{1}{2}\log_3 x$

이때, $\log_3 x=t$로 놓으면 $t^2-3t+2=0$ … ㉠

2nd 이차방정식의 근과 계수의 관계를 이용해.

이때, t에 대한 이차방정식 ㉠의 두 근이 $\log_3\alpha$, $\log_3\beta$이므로 이차방정식의 근과 계수의 관계에 의하여 두 근의 합은 (주어진 방정식의 두 실근이 α, β이므로 t에 대한 방정식 ㉠의 두 근은 $\log_3\alpha$, $\log_3\beta$가 되겠지.)

$\log_3\alpha+\log_3\beta=3$, $\log_3\alpha\beta=3$

$\therefore \alpha\beta=3^3=27$

다른 풀이: **방정식의 해를 직접 구하기**

㉠에서 $(t-1)(t-2)=0$이므로 $t=1$ 또는 $t=2$

(i) $t=\log_3 x=1$일 때, $x=3^1=3$

(ii) $t=\log_3 x=2$일 때, $x=3^2=9$

따라서 주어진 방정식의 서로 다른 두 실근 α, β의 곱은

$\alpha\beta=3\times9=27$이야.

D 06 정답 4 *여러 가지 로그방정식의 풀이 [정답률 75%]

(정답 공식: 지수에 로그가 있는 경우 양변에 로그를 취해 밑으로 내린다.)

> 방정식 $x^{\log_2 x}=8x^2$의 두 실근을 α, β라 할 때, $\alpha\beta$의 값을 구하시오. (4점)
>
> 단서 지수에 로그가 있는 경우에는 양변에 로그를 취하자. 그러면 지수 부분을 밑으로 내릴 수 있지.

1st 주어진 방정식의 양변에 밑이 2인 로그를 취하자.

$x^{\log_2 x}=8x^2$의 양변에 밑이 2인 로그를 취하면

$\log_2 x^{\log_2 x}=\log_2 8x^2$, $(\log_2 x)^2=3+2\log_2 x$

$(\log_2 x)^2-2\log_2 x-3=0$ $\quad$ → $\log_a b^m=m\log_a b$이므로 $\log_2 x^{\log_2 x}=\log_2 x\log_2 x=(\log_2 x)^2$

2nd $\log_2 x=t$로 치환하여 계산하자.

$\log_2 x=t$로 치환하면

$t^2-2t-3=0$, $(t-3)(t+1)=0$

$\therefore t=-1$ 또는 $t=3$

(i) $t=\log_2 x=-1$에서 $x=2^{-1}=\frac{1}{2}$

(ii) $t=\log_2 x=3$에서 $x=2^3=8$

(i), (ii)에 의하여 주어진 방정식의 두 실근은 $\frac{1}{2}$, 8이므로 $\alpha\beta=\frac{1}{2}\times8=4$

D 07 정답 10 *로그방정식의 실생활 응용 - 비율 구하기 [정답률 83%]

(정답 공식: $\log A-\log B=\log\frac{A}{B}$이고, $\log_a a=1$이다.)

> 지진의 규모 R와 지진이 일어났을 때 방출되는 에너지 E 사이에는 다음과 같은 관계가 있다고 한다.
>
> $R=0.67\log(0.37E)+1.46$
>
> 지진의 규모가 6.15일 때 방출되는 에너지를 E_1, 지진의 규모가 5.48일 때 방출되는 에너지를 E_2라 할 때, $\frac{E_1}{E_2}$의 값을 구하시오. (3점)
>
> 단서 주어진 관계식에서 $R=6.15$일 때의 E의 값이 E_1이고, $R=5.48$일 때의 E의 값이 E_2야.

1st R, E의 정의부터 파악해서 각각에 조건의 값을 대입해.

$6.15=0.67\log(0.37E_1)+1.46$ … ㉠

$5.48=0.67\log(0.37E_2)+1.46$ … ㉡

주의 문제에서 얻은 정보를 해당하는 식에 정확하게 비교하여 대입해줄 수 있어야 해.

㉠$-$㉡에서

$0.67=0.67\{\log(0.37E_1)-\log(0.37E_2)\}$

$0.67=0.67\log\frac{E_1}{E_2}$, $1=\log\frac{E_1}{E_2}$ $\quad \log(0.37E_1)-\log(0.37E_2)=\log\frac{0.37E_1}{0.37E_2}=\log\frac{E_1}{E_2}$

$\therefore \frac{E_1}{E_2}=10$ $\quad \log\frac{E_1}{E_2}$에서 밑인 10이 생략된 걸 알고 있겠지?

D 08 정답 ④ *로그부등식의 해 - 밑을 같게 만드는 경우 [정답률 90%]

(정답 공식: $a>1$일 때, $\log_a f(x)\geq\log_a g(x)$이면 $f(x)\geq g(x)$이다.)

> 부등식 $\log_3(2x+1)\geq1+\log_3(x-2)$를 만족시키는 모든 자연수 x의 값의 합은? (3점)
>
> 단서 $2x+1$, $x-2$는 로그의 진수이므로 그 값이 양수이어야 해.
>
> ① 10 ② 15 ③ 20 ④ 25 ⑤ 30

1st 로그의 진수 조건을 생각하자.

$2x+1$, $x-2$는 로그의 진수이므로 (로그의 진수)>0이야.

$2x+1>0$, $x-2>0$

$\therefore x>2$ … ㉠

진수 조건을 구할 때 두 범위의 공통부분의 범위를 충족시키도록 답을 구하자.

2nd 로그의 성질을 이용하여 부등식의 우변을 하나의 항으로 나타내 보자.

주어진 부등식은 $\log_3(2x+1)\geq\log_3 3(x-2)$이므로 $\quad 1+\log_3(x-2)=\log_3 3+\log_3(x-2)=\log_3 3(x-2)$

$2x+1\geq3(x-2)$

로그의 밑이 1보다 크니까 부등호의 방향은 그대로!

$\therefore x\leq7$ … ㉡

㉠, ㉡에서 $2<x\leq7$이므로 자연수 x는 3, 4, 5, 6, 7이고 그 합은

$3+4+5+6+7=25$

수능 유형별 기출 문제 [2점, 3점, 쉬운 4점]

D 09 정답 6 *지수방정식의 해 - 밑을 같게 만드는 경우 ···· [정답률 91%]

(정답 공식: $a>0$, $a\neq1$일 때, $a^{f(x)}=a^{g(x)}$의 해는 방정식 $f(x)=g(x)$의 해와 같다.)

> 방정식 $\left(\frac{1}{3}\right)^x=27^{x-8}$을 만족시키는 실수 x의 값을 구하시오. (3점)
>
> 단서 양변의 밑을 $\frac{1}{3}$ 또는 3으로 통일하여 방정식을 풀면 돼.

1st 양변을 밑을 통일하여 방정식의 해를 구해.

$\left(\frac{1}{3}\right)^x=(3^{-1})^x=3^{-1\times x}=3^{-x}$, $(a^m)^n=a^{mn}$

$27^{x-8}=(3^3)^{x-8}=3^{3(x-8)}=3^{3x-24}$이므로

$\left(\frac{1}{3}\right)^x=27^{x-8}$에서 $3^{-x}=3^{3x-24}$, $-x=3x-24$

$4x=24$ $\quad\therefore x=6$

다른 풀이: **밑을 $\frac{1}{3}$로 통일하여 해 구하기**

$27^{x-8}=(3^3)^{x-8}=\left\{\left(\frac{1}{3}\right)^{-3}\right\}^{x-8}=\left(\frac{1}{3}\right)^{-3(x-8)}=\left(\frac{1}{3}\right)^{-3x+24}$이므로

$\left(\frac{1}{3}\right)^x=27^{x-8}$에서 $\left(\frac{1}{3}\right)^x=\left(\frac{1}{3}\right)^{-3x+24}$, $x=-3x+24$

$4x=24$ $\quad\therefore x=6$

D 10 정답 3 *지수방정식의 해-밑을 같게 만드는 경우 [정답률 92%]

(정답 공식: $a^{f(x)}=a^{g(x)}$이면 $f(x)=g(x)$ (단, $a>0$, $a\neq1$))

> 방정식 $4^x=\left(\frac{1}{2}\right)^{x-9}$을 만족시키는 실수 x의 값을 구하시오. (3점)
>
> 단서 밑을 같게 만든 후 지수끼리 비교해야 해.

1st 지수방정식의 양변의 밑을 통일하여 해를 구해.

$4^x=\left(\frac{1}{2}\right)^{x-9}$에서 $(2^2)^x=(2^{-1})^{x-9}$ $\quad (a^m)^n=a^{mn}$

$2^{2x}=2^{-x+9}$, $2x=-x+9$, $3x=9$ $\quad\therefore x=3$

밑이 같으므로 지수끼리만 비교하면 돼.

D 11 정답 ④ *지수방정식의 해-밑을 같게 만드는 경우 [정답률 92%]

(정답 공식: 양수 a에 대하여 $a^{-x}=\left(\frac{1}{a}\right)^x$이고 $a^x=a^y$이면 $x=y$이다.)

> 방정식 $\left(\frac{1}{4}\right)^{-x}=64$를 만족시키는 실수 x의 값은? (2점)
>
> 단서 좌변과 우변의 밑을 4로 통일하여 방정식을 풀면 돼.
>
> ① -3 ② $-\frac{1}{3}$ ③ $\frac{1}{3}$ ④ 3 ⑤ 9

1st 주어진 방정식의 좌변과 우변의 밑을 통일하여 방정식의 해를 구해.

$\left(\frac{1}{4}\right)^{-x}=\left(\frac{1}{4}\right)^{(-1)\times x}=\left\{\left(\frac{1}{4}\right)^{-1}\right\}^x=4^x$이고 $64=4^3$이므로

$a^{xy}=(a^x)^y=(a^y)^x$, $a^{-x}=\left(\frac{1}{a}\right)^x$

$\left(\frac{1}{4}\right)^{-x}=64$에서 $4^x=4^3$

$\therefore x=3$

D 12 정답 7 *지수방정식의 해-밑을 같게 만드는 경우 ···· [정답률 94%]

(정답 공식: 밑을 5로 통일한다.)

> 방정식 $\left(\frac{1}{5}\right)^{5-x}=25$를 만족시키는 실수 x의 값을 구하시오. (3점)
>
> 단서 양변의 밑을 통일하여 방정식을 풀어.

1st $\frac{1}{5}=5^{-1}$으로 변형한 후 지수를 비교하자.

$\left(\frac{1}{5}\right)^{5-x}=(5^{-1})^{5-x}=5^{x-5}$, $25=5^2$이므로 주어진 방정식은 $\quad (a^x)^y=a^{xy}$

$\left(\frac{1}{5}\right)^{5-x}=25$에서 $5^{x-5}=5^2$, $x-5=2$ $\quad\therefore x=7$

다른 풀이: **주어진 방정식의 양변에 5^{5-x}을 곱하여 식을 간단히 하여 계산하기**

주어진 방정식의 양변에 5^{5-x}을 곱하면

$1=5^2\times5^{5-x}=5^{7-x}$ $\quad a^x\times a^y=a^{x+y}$

$7-x=0$ $\quad\therefore x=7$

D 13 정답 2 *지수방정식의 해-밑을 같게 만드는 경우 [정답률 92%]

(정답 공식: $a^{f(x)}=a^{g(x)}$ $(a>0$, $a\neq1)$이면 $f(x)=g(x)$이다.)

> 방정식 $3^{x-8}=\left(\frac{1}{27}\right)^x$을 만족시키는 실수 x의 값을 구하시오. (3점)
>
> 단서 양변의 밑을 통일하여 방정식을 풀어.

1st $\left(\frac{1}{27}\right)^x$의 밑을 3으로 변형해.

$\frac{1}{27}=\frac{1}{3^3}=3^{-3}$이므로 $\left(\frac{1}{27}\right)^x=(3^{-3})^x=3^{-3x}$ $\quad (a^m)^n=a^{mn}$

2nd 방정식을 풀어.

$3^{x-8}=\left(\frac{1}{27}\right)^x$에서 $3^{x-8}=3^{-3x}$, $x-8=-3x$, $4x=8$

$\therefore x=2$

김동현 | 연세대 실내건축학과 2024년 입학 · 안성 안법고 졸

지수를 포함한 방정식의 해를 구하는 간단한 문제였어. 로그를 포함한 방정식의 해를 구하는 문제와 함께 16번에 자주 등장하는 익숙한 유형이지? 지수를 포함한 방정식을 풀 때는 밑을 통일해야 한다는 것, 잊지 않았지? 27을 3의 거듭제곱으로 바꾸어 풀거나, 3과 $\frac{1}{27}$을 $\frac{1}{3}$의 거듭제곱으로 바꾸어 풀면 돼.

D 14 정답 ① *지수방정식의 해-밑을 같게 만드는 경우 [정답률 92%]

(정답 공식: $a=2^{\frac{2}{3}}$을 방정식에 대입하고, 밑을 2로 통일하여 해를 구한다.)

> 4의 세제곱근 중 실수인 것을 a라 할 때, 지수방정식 $\left(\frac{1}{2}\right)^{x+1}=a$의 해는? (3점)
>
> 단서1 $x^3=4$를 만족시키는 실수 x의 값이 a지?
>
> 단서2 지수방정식은 양변의 밑을 같게 변형하여 지수끼리 비교하면 돼.
>
> ① $-\frac{5}{3}$ ② $-\frac{4}{3}$ ③ -1
>
> ④ $-\frac{2}{3}$ ⑤ $-\frac{1}{3}$

1st a의 값을 구해.

4의 세제곱근 중 실수인 것은 $\sqrt[3]{4}$이므로 → 함수 $y=x^3$과 직선 $y=4$의 그래프는 그림과 같으므로 $a^3=4$를 만족시키는 실수 a의 값은 $\sqrt[3]{4}$의 1개야.

$a=\sqrt[3]{4}=2^{\frac{2}{3}}$

$a>0$이고 $m, n\ (n\geq 2)$이 정수일 때, $a^{\frac{m}{n}}=\sqrt[n]{a^m}$

2nd 주어진 지수방정식의 해를 구해.

따라서 주어진 방정식은 $\left(\frac{1}{2}\right)^{x+1}=2^{\frac{2}{3}}$이므로

$2^{-(x+1)}=2^{\frac{2}{3}}$, $-x-1=\frac{2}{3}$ $\quad\therefore x=-\frac{5}{3}$

톡톡 풀이: **주어진 방정식의 양변을 세제곱하여 식을 간단히 하기**

주어진 지수방정식의 양변을 세제곱하면 $\left(\frac{1}{2}\right)^{3x+3}=a^3$이야.

그런데 $a^3=4$이므로 $\left(\frac{1}{2}\right)^{3x+3}=4=2^2$에서 $2^{-3x-3}=2^2$

따라서 $-3x-3=2$이므로 $x=-\frac{5}{3}$야.

D 15 정답 ② *지수방정식의 해 – 밑을 같게 만드는 경우 [정답률 85%]

(정답 공식: 같은 꼴이 반복되는 지수방정식은 치환을 통해 간단한 식으로 고친다.)

두 함수 $f(x)=x+1$, $g(x)=x^2-2x+1$이 $(g\circ f)(2^x)=\frac{1}{4}$을 만족시킬 때, x의 값은? (2점)

단서 $(g\circ f)(2^x)=g(f(2^x))$이므로 먼저 $f(x)$의 식에 x 대신 2^x을 대입한 후 그 값을 $g(x)$의 식의 x 대신에 대입하면 돼.

① -2 ② -1 ③ 0 ④ 1 ⑤ 2

1st $(g\circ f)(x)=g(f(x))$임을 이용해.

$(g\circ f)(2^x)=\frac{1}{4}$에서 $g(f(2^x))=\frac{1}{4}$이므로

$g(2^x+1)=\frac{1}{4}$

→ $f(x)=x+1$이므로 $f(2^x)=2^x+1$

즉, $(2^x+1)^2-2(2^x+1)+1=\frac{1}{4}$

$g(x)=x^2-2x+1$에 x 대신 2^x+1을 대입한 거야.

$2^{2x}+2\times 2^x+1-2\times 2^x-2+1=\frac{1}{4}$

$2^{2x}=\frac{1}{4}$, $2^{2x}=2^{-2}$, $2x=-2$ $\quad\therefore x=-1$

D 16 정답 ④ *지수방정식의 해 – a^x 꼴이 반복되는 경우 [정답률 72%]

(정답 공식: 이차방정식 $ax^2+bx+c=0$이 오직 하나의 실근을 가지려면 판별식의 값이 0이어야 한다.)

x에 대한 방정식

단서1 주어진 지수방정식을 2^x에 대한 식으로 바꿀 수 있지?

$4^x-k\times 2^{x+1}+16=0$

이 오직 하나의 실근 α를 가질 때, $k+\alpha$의 값은? (단, k는 상수이다.) (3점)

단서2 $2^x=t$로 치환하면 t에 대한 이차방정식이 돼. (판별식)$=0$임을 이용하자.

① 3 ② 4 ③ 5 ④ 6 ⑤ 7

1st $4^x=(2^x)^2$이니까 2^x을 치환하여 방정식을 구하자.

$4^x-k\times 2^{x+1}+16=0$에서 $(2^x)^2-2k\times 2^x+16=0$

$2^x=t\ (t>0)$라 하면 $t^2-2kt+16=0$

2nd 이차방정식이 오직 한 실근을 가진다는 것은 중근을 갖는다는 거야.

t에 대한 이차방정식 $t^2-2kt+16=0$이 오직 하나의 실근을 가지므로 이 이차방정식의 판별식을 D라 하면

$\frac{D}{4}=(-k)^2-16=k^2-16=(k-4)(k+4)=0$

$\therefore k=-4$ 또는 $k=4$

이차방정식의 근과 계수의 관계에서 두 근의 합은 $2k$이고,

$k>0$이므로 $k=4$ → $2^x=t\ (t>0)$니까 근을 가진다면 양수이어야 하니까 합도 양수이어야 해.

$t^2-8t+16=0$

$(t-4)^2=0$

$t=4$에서 $2^x=4=2^2$ $\quad\therefore x=2$

즉, $\alpha=2$이므로

$k+\alpha=4+2=6$

D 17 정답 3 *지수방정식의 해 – a^x 꼴이 반복되는 경우 [정답률 69%]

(정답 공식: 3^x 꼴이 반복되므로 $3^x=t\ (t>0)$로 치환하여 생각한다.)

방정식 $3^x-3^{4-x}=24$를 만족시키는 실수 x의 값을 구하시오. (3점)

단서 3^x이 반복되므로 $3^x=t$로 치환한 후 주어진 방정식을 풀면 돼.

1st 주어진 지수방정식에서 3^x을 t로 치환하여 t에 대한 이차방정식을 만들자.

$3^x-3^{4-x}=24$에서

→ $3^{4-x}=3^4\div 3^x=\frac{3^4}{3^x}$

$3^x-\frac{3^4}{3^x}=24$

양변에 3^x을 곱하면

$(3^x)^2-3^4=24\times 3^x$

$(3^x)^2-24\times 3^x-81=0$

$3^x=t(t>0)$라 하면 주의 지수함수 $y=3^x$의 치역이 $\{y\mid y>0\}$이므로 $t>0$이어야 해. 놓치지 말아야 하는 부분이야.

$t^2-24t-81=0$

$(t+3)(t-27)=0$

$\therefore t=27\ (\because t>0)$

즉, $3^x=27=3^3$이므로 $x=3$

$a>0, a\neq 1$일 때, $a^{x_1}=a^{x_2}\Longleftrightarrow x_1=x_2$

D 18 정답 3 *지수방정식의 해 – a^x 꼴이 반복되는 경우 [정답률 90%]

(정답 공식: 같은 꼴이 반복되는 지수방정식은 치환을 통해 간단한 식으로 고친다.)

지수방정식 $4^x+2^{x+3}-128=0$을 만족시키는 실수 x의 값을 구하시오. (3점)

단서 $2^x=t$로 치환한 후 주어진 방정식을 풀자. 이때, $t>0$이어야 함을 명심해!

1st $2^x=t\ (t>0)$로 놓고 주어진 지수방정식을 t에 대한 이차방정식으로 만들자.

$4^x+2^{x+3}-128=0$에서 $(2^x)^2+2^3\times 2^x-128=0$이므로

$2^x=t\ (t>0)$라 하면

$t^2+8t-128=0$

$(t-8)(t+16)=0$

$\therefore t=8\ (\because t>0)$ → 지수함수 $y=2^x$을 생각하면 치역이 $\{y\mid y>0\}$이므로 $t>0$이어야 해.

따라서 $2^x=8=2^3$이므로 $x=3$이다. 실수 t에 대한 값을 x에 대한 값으로 반드시 바꾸어서 답을 구해야 해.

D 19 정답 ④ *지수방정식의 해 - a^x 꼴이 반복되는 경우 [정답률 90%]

(정답 공식: $2^x=t\ (t>0)$로 치환하여 방정식을 푼다.)

지수방정식 $2^{2x+1}-9\times2^x+4=0$의 모든 실근의 합은? (3점)
단서 주어진 방정식은 2^x의 꼴이 반복되는 지수를 포함한 방정식이므로 $2^x=t$로 치환하자.

① -2 ② -1 ③ 0
④ 1 ⑤ 2

1st $2^x=t\ (t>0)$로 치환하여 t에 관한 이차방정식을 풀어.

$2^x=t\ (t>0)$라 하면 주어진 방정식은 $2t^2-9t+4=0$, $(2t-1)(t-4)=0$

($2^{2x+1}-9\times2^x+4=0$에서 $2\times2^{2x}-9\times2^x+4=0$, $2\times(2^x)^2-9\times2^x+4=0$ $\therefore 2t^2-9t+4=0$)

$\therefore t=\frac{1}{2}$ 또는 $t=4$

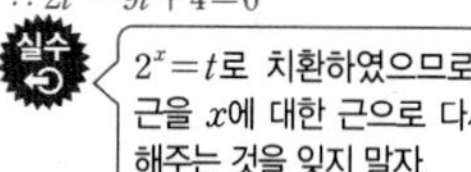

2nd 모든 실근을 구하여 합해.

따라서 $2^x=\frac{1}{2}$ 또는 $2^x=4$에서 $x=-1$ 또는 $x=2$이므로

모든 실근의 합은 $(-1)+2=1$이다.

다른 풀이: **이차방정식의 근과 계수의 관계 이용하기**

$2^x=t\ (t>0)$라 하면 주어진 방정식은 $2t^2-9t+4=0$ ··· ㉠이야.
이차방정식 ㉠에서 $D=(-9)^2-4\times2\times4=49>0$이고,
(두 근의 합)$=\frac{9}{2}>0$, (두 근의 곱)$=\frac{4}{2}=2>0$이므로
두 근은 서로 다른 양수야.
즉, 지수방정식 $2^{2x+1}-9\times2^x+4=0$은 서로 다른 두 근을 가지므로 주어진 지수방정식의 두 근을 α, β라 하면 이차방정식 ㉠의 두 근은 2^α, 2^β이 되지.
이때, 이차방정식 ㉠에서 근과 계수의 관계에 의하여
$2^\alpha\cdot2^\beta=\frac{4}{2}=2$이므로 $2^{\alpha+\beta}=2$에서 $\alpha+\beta=1$이야.
따라서 구하는 모든 실근의 합은 1임을 알 수 있어.

D 20 정답 ④ *지수방정식의 해 - a^x 꼴이 반복되는 경우 [정답률 83%]

(정답 공식: 3^x을 치환했을 때 근이 3^α, 3^β임을 알아야 한다.)

지수방정식 $9^x-11\times3^x+28=0$의 두 실근을 α, β라 할 때, $9^\alpha+9^\beta$의 값은? (3점)
단서 $3^x=t$로 치환하여 주어진 방정식을 풀었을 때, 구한 두 근을 t_1, t_2라 하면 $t_1=3^\alpha, t_2=3^\beta$ 또는 $t_1=3^\beta, t_2=3^\alpha$이야.

① 59 ② 61 ③ 63
④ 65 ⑤ 67

1st 항이 세 개 이상인 지수방정식의 풀이는 치환을 해 봐.

지수방정식 $9^x-11\times3^x+28=0$에서 $3^x=t\ (t>0)$라 하면
($9^x=(3^2)^x=(3^x)^2$)
$t^2-11t+28=0$
$(t-4)(t-7)=0$
$\therefore t=4$ 또는 $t=7$

주의 구한 값이 $t>0$인 범위에 충족하는지 꼭 확인하자.

2nd 9^α, 9^β을 밑이 3인 지수 꼴로 바꾸어 계산해.

주어진 지수방정식의 두 근이 α, β이므로 $3^\alpha=4$, $3^\beta=7$이라 하면
($3^\alpha=7$, $3^\beta=4$로 놓고 풀어도 결과는 같아.)
$9^\alpha+9^\beta=3^{2\alpha}+3^{2\beta}=(3^\alpha)^2+(3^\beta)^2$
$=16+49=65$

D 21 정답 ② *지수방정식의 해 - a^x 꼴이 반복되는 경우 [정답률 92%]

(정답 공식: 같은 꼴이 반복되는 지수방정식은 치환을 통해 간단한 식으로 고친다.)

방정식 $2^x+2^{5-x}=33$의 모든 실근의 합은? (3점)
단서 2^x 꼴이 반복되니까 $2^x=t$로 치환하자.

① 4 ② 5 ③ 6
④ 7 ⑤ 8

1st 지수방정식을 $2^x=t\ (t>0)$로 치환해서 이차방정식을 풀자.

$2^x+2^{5-x}=33$에서 $2^x+2^5\times2^{-x}=33$ $\therefore 2^x+\frac{32}{2^x}=33$

이때, $2^x=t\ (t>0)$라 하면 $t+\frac{32}{t}=33$

양변에 t를 곱하여 정리하면
$t^2-33t+32=0$ $t>0$인지 꼭 확인해야 해!
$(t-1)(t-32)=0$
$\therefore t=1$ 또는 $t=32$

2nd t에 대한 식을 x에 대한 식으로 바꿔 x의 값을 구해야 해.

즉, $2^x=t$이므로 $\begin{cases}2^x=1=2^0\\2^x=32=2^5\end{cases}$
$\therefore x=0$ 또는 $x=5$
따라서 방정식의 모든 실근의 합은 $0+5=5$이다.

a^x 꼴이 반복되는 지수방정식의 해 개념·공식

a^x 꼴이 반복되는 지수방정식은 다음과 같이 푼다.
(i) $a^x=t\ (t>0)$로 치환한다.
(ii) $t>0$임에 주의하여 t에 대한 방정식을 푼다.
(iii) x의 값을 구한다.

D 22 정답 ① *지수방정식의 해 - a^x 꼴이 반복되는 경우 [정답률 80%]

(정답 공식: 같은 꼴이 반복되는 지수방정식은 치환을 통해 간단한 식으로 고친다. 분수식이 나올 경우 양변에 분모를 곱해줘서 간단하게 만든다.)

지수방정식 $2^x-6+2^{3-x}=0$의 두 근을 α, β라 할 때, $\alpha+2\beta$의 값은? (단, $\alpha<\beta$) (3점)
단서 $2^x=t$로 치환하여 t에 대한 이차방정식을 먼저 풀자.

① 5 ② 7 ③ 9
④ 11 ⑤ 13

1st $2^x=t$로 치환하여 주어진 조건식을 정리해.

지수방정식 $2^x-6+2^{3-x}=0$에서 $2^x=t\ (t>0)$로 치환하면
$t-6+\frac{8}{t}=0$
($2^x-6+2^{3-x}=0$, $2^x-6+\frac{2^3}{2^x}=0$ $\therefore 2^x-6+\frac{8}{2^x}=0$)

양변에 t를 곱하면
$t^2-6t+8=0$에서 $(t-2)(t-4)=0$
$\therefore t=2$ 또는 $t=4$

2nd 구한 t의 값을 $t=2^x$으로 다시 고쳐 두 근을 구하자.

즉, $2^x=2$ 또는 $2^x=4=2^2$이므로 $x=1$ 또는 $x=2$이다.
그런데 두 근 α, β가 $\alpha<\beta$이므로 $\alpha=1$, $\beta=2$
$\therefore \alpha+2\beta=1+2\times2=5$

D 23 정답 ⑤ *지수방정식의 해 - a^x 꼴이 반복되는 경우 [정답률 93%]

(정답 공식: 같은 꼴이 반복되는 지수방정식은 치환을 통해 간단한 식으로 고친다.)

지수방정식 $2^x+2^{2-x}=5$의 모든 실근의 합은? (3점)
단서 $2^x=t$로 치환해볼까?

① -2 ② -1 ③ 0 ④ 1 ⑤ 2

1st $2^x=t$로 치환해.

$2^x+2^{2-x}=5$에서 $2^x=t\ (t>0)$라 하면 $t+\frac{4}{t}=5$
→ $2^x+2^{2-x}=5$에서 $2^x+\frac{2^2}{2^x}=5$, 즉 $t+\frac{4}{t}=5$

$t^2-5t+4=0$, $(t-1)(t-4)=0$

$\therefore t=1$ 또는 $t=4$

즉, $2^x=1=2^0$에서 $x=0$이고 $2^x=4=2^2$에서 $x=2$

따라서 모든 실근의 합은 $0+2=2$이다.

D 24 정답 3 *지수방정식의 해 - a^x 꼴이 반복되는 경우 [정답률 82%]

(정답 공식: 같은 꼴이 반복되는 지수방정식은 치환을 통해 간단한 식으로 고친다. 분수식이 나올 경우 양변에 분모를 곱해줘서 간단하게 만든다.)

지수방정식 $6-2^x=2^{3-x}$의 모든 실근의 합을 구하시오. (3점)
단서 주어진 방정식에 2^{-x} 꼴이 있네? 방정식의 양변에 2^x을 곱해 정리해봐.

1st 2^x에 대한 이차방정식 형태로 바꿔보자.

지수방정식 $6-2^x=2^{3-x}$에서 양변에 2^x을 곱하여 정리하면

$6\times2^x-2^x\times2^x=2^3$, $(2^x)^2-6\times2^x+8=0$, $(2^x-2)(2^x-4)=0$

$\therefore 2^x=2$ 또는 $2^x=4 \Rightarrow x=1$ 또는 $x=2$
→ 2^1, → 2^2
⇒ $2^x=t$로 치환하면 $t^2-6t+8=0$에서 $(t-2)(t-4)=0$ $\therefore t=2$ 또는 $t=4$

따라서 모든 실근의 합은 $1+2=3$이다.

D 25 정답 65 *지수방정식의 해 - a^x 꼴이 반복되는 경우 [정답률 87%]

(정답 공식: 같은 꼴이 반복되는 지수방정식은 치환을 통해 간단한 식으로 고친다.)

지수방정식 $9^x-3^{x+2}+8=0$의 두 근을 α, β라 할 때, $3^{2\alpha}+3^{2\beta}$의 값을 구하시오. (3점)
단서 주어진 방정식에 9^x, 3^x 꼴이 있네. $3^x=t$로 치환하여 풀자.

1st $3^x=t$로 치환하자.

주어진 방정식 $9^x-3^{x+2}+8=0$, 즉 $(3^x)^2-9\times3^x+8=0$의 두 근을 α, β라 하자.

$3^x=t\ (t>0)$로 치환하면 이차방정식 $t^2-9t+8=0$의 두 근은 3^α, 3^β이다.

이때, 이차방정식의 근과 계수의 관계에서 $3^\alpha+3^\beta=9$, $3^\alpha\times3^\beta=8$이므로

$3^{2\alpha}+3^{2\beta}=(3^\alpha+3^\beta)^2-2\times3^\alpha\times3^\beta$
$=9^2-2\times8$ ← $a^2+b^2=(a+b)^2-2ab=(a-b)^2+2ab$
$=65$

a^x 꼴이 반복되는 지수방정식의 해 개념·공식

a^x 꼴이 반복되는 지수방정식은 다음과 같이 푼다.
(i) $a^x=t\ (t>0)$로 치환한다.
(ii) $t>0$임에 주의하여 t에 대한 방정식을 푼다.
(iii) x의 값을 구한다.

D 26 정답 25 *지수방정식의 해 - a^x 꼴이 반복되는 경우 [정답률 85%]

(정답 공식: 같은 꼴이 반복되는 지수방정식은 치환을 통해 간단한 식으로 고치고 근과 계수의 관계를 이용한다.)

방정식 $4^x-7\times2^x+12=0$의 두 근을 α, β라 할 때, $2^{2\alpha}+2^{2\beta}$의 값을 구하시오. (3점)
단서 $4^x=(2^x)^2$이므로 $2^x=t$로 치환하자.

1st 4^x, 2^x이 있으므로 밑을 통일한 후 치환!

$4^x-7\times2^x+12=0$에서 $(2^x)^2-7\times2^x+12=0$ … ㉠

여기서 $2^x=t\ (t>0)$라 치환하면 $t^2-7t+12=0$ … ㉡

㉠의 두 근이 α, β이므로 ㉡의 두 근은 2^α, 2^β이다.

따라서 ㉡에서 근과 계수의 관계에 의하여

$2^\alpha+2^\beta=7$
$2^\alpha\times2^\beta=12$
← 이차방정식 $ax^2+bx+c=0$의 두 근을 α, β라 하면 $\alpha+\beta=-\frac{b}{a}$, $\alpha\beta=\frac{c}{a}$

$\therefore 2^{2\alpha}+2^{2\beta}=(2^\alpha+2^\beta)^2-2\times2^\alpha\times2^\beta=7^2-2\times12=25$

다른 풀이: **치환하지 않고 바로 인수분해하여 해 구하기**

$4^x-7\times2^x+12=0$에서 $(2^x)^2-7\times2^x+12=0$

$(2^x-3)(2^x-4)=0$ $\therefore 2^x=3$ 또는 $2^x=4$

따라서 $2^\alpha=3$, $2^\beta=4$ 또는 $2^\alpha=4$, $2^\beta=3$이므로

$2^{2\alpha}+2^{2\beta}=(2^\alpha)^2+(2^\beta)^2=3^2+4^2=9+16=25$
(또는 4^2+3^2)

D 27 정답 ⑤ *지수방정식의 해 - a^x 꼴이 반복되는 경우 [정답률 72%]

(정답 공식: 장문형 문제의 경우 문제에서 답을 도출해나가는 과정을 그대로 따라하면 된다.)

함수 $f(x)=\frac{3^x}{3^x+3}$에 대하여 점 (p, q)가 곡선 $y=f(x)$ 위의 점이면 실수 p의 값에 관계없이 점 $(2a-p, a-q)$도 항상 곡선 $y=f(x)$위의 점이다. 다음은 상수 a의 값을 구하는 과정이다.

> 점 $(2a-p, a-q)$가 곡선 $y=f(x)$ 위의 점이므로
>
> $\frac{3^{2a-p}}{3^{2a-p}+3}=a-$ (가) …㉠
>
> 이다. ㉠은 실수 p의 값에 관계없이 항상 성립하므로
>
> 단서1 p에 대한 항등식임을 얘기하는 거니까 p의 값에 어떤 값을 대입해도 식이 성립해야 해.
>
> $p=0$일 때, $\frac{3^{2a}}{3^{2a}+3}=a-\frac{1}{4}$ …㉡
>
> 이고, $p=1$일 때, $\frac{3^{2a}}{3^{2a}+(나)}=a-\frac{1}{2}$ …㉢
>
> 이다. ㉡, ㉢에서
>
> $(3^{2a}+3)(3^{2a}+(나))=24\times3^{2a}$이므로
>
> 단서2 3^{2a}이 반복되어 나타나는 지수방정식이니까 $3^{2a}=X$로 치환하여 X의 방정식을 간단히 만들어 봐.
>
> $a=\frac{1}{2}$ 또는 $a=$ (다)
>
> 이다. 이때, ㉢에서 좌변이 양수이므로 $a>\frac{1}{2}$이다.
>
> 따라서 $a=$ (다) 이다.

위의 (가)에 알맞은 식을 $g(p)$라 하고 (나)와 (다)에 알맞은 수를 각각 m, n이라 할 때, $(m-n)\times g(2)$의 값은? (4점)

① 4 ② $\frac{9}{2}$ ③ 5 ④ $\frac{11}{2}$ ⑤ 6

1st 상수 a의 값을 구하는 과정에 따라 생략된 부분을 추론해.

점 (p, q)가 곡선 $y=f(x)$ 위의 점이므로

$f(p)=q$에서 $\frac{3^p}{3^p+3}=q$

이때, 점 $(2a-p, a-q)$가 곡선 $y=f(x)$ 위의 점이므로

$f(2a-p)=a-q$에서

$\frac{3^{2a-p}}{3^{2a-p}+3}=a-q=a-\frac{3^p}{3^p+3}$ ⋯ ㉠ ←(가)

이다. ㉠은 실수 p의 값에 관계없이 항상 성립하므로

$p=0$일 때,

$\frac{3^{2a}}{3^{2a}+3}=a-\frac{1}{1+3}=a-\frac{1}{4}$ ⋯ ㉡

주의 p에 대한 항등식이므로 p에 계산하기 쉬운 수를 대입해주도록 하자. 대부분의 경우에는 $p=0, -1, 1$을 대입해.

$p=1$일 때,

$\frac{3^{2a-1}}{3^{2a-1}+3}=a-\frac{3}{3+3}$에서

$\frac{3^{2a}}{3^{2a}+9}=a-\frac{1}{2}$ ⋯ ㉢ ←(나)

$\frac{3^{2a-1}}{3^{2a-1}+3}$의 분모, 분자에 3을 각각 곱하면 $\frac{3^{2a-1}\times 3}{(3^{2a-1}+3)\times 3}=\frac{3^{2a}}{3^{2a}+9}$

이다. ㉡−㉢을 하면

$\frac{3^{2a}}{3^{2a}+3}-\frac{3^{2a}}{3^{2a}+9}=\frac{6\times 3^{2a}}{(3^{2a}+3)(3^{2a}+9)}=\frac{1}{4}$에서

$(3^{2a}+3)(3^{2a}+9)=24\times 3^{2a}$

$3^{2a}=X\ (X>0)$라 하면

$(X+3)(X+9)=24X$에서 $X^2-12X+27=0$

$(X-3)(X-9)=0$

$\therefore X=3$ 또는 $X=9$

(i) $X=3$, 즉 $3^{2a}=3$일 때, $2a=1$에서 $a=\frac{1}{2}$

(ii) $X=9$, 즉 $3^{2a}=9=3^2$일 때, $2a=2$에서 $a=1$

(i), (ii)에 의하여 $a=\frac{1}{2}$ 또는 $a=1$ ←(다)

이다. 이때, ㉢의 좌변이 양수이므로 $a>\frac{1}{2}$이다.

$3^{2a}>0$이므로 $\frac{3^{2a}}{3^{2a}+9}>0$이야.

$\therefore a=1$

2nd $(m-n)\times g(2)$의 값을 구해 봐.

따라서 $g(p)=\frac{3^p}{3^p+3}$, $m=9$, $n=1$이므로

$(m-n)\times g(2)=(9-1)\times\frac{3^2}{3^2+3}=6$

D 28 정답 ② ＊지수방정식의 해 - a^x 꼴이 반복되는 경우 [정답률 72%]

(정답 공식: 5^x을 문자로 치환했을 때 문자의 범위도 구해주어야 한다.)

지수방정식 $5^{2x}-5^{x+1}+k=0$이 서로 다른 두 개의 양의 실근을 갖도록 하는 정수 k의 개수는? (3점)

단서1 $5^x=t$로 치환하면 주어진 방정식은 $t^2-5t+k=0$이야.

단서2 주어진 방정식의 근 x가 양수여야 하므로 $x>0$에서 t의 값의 범위를 구할 수 있어.

① 1 ② 2 ③ 3 ④ 4 ⑤ 5

1st 항이 3개 이상인 지수방정식은 치환하자.

$5^x=t$로 치환하면 주어진 방정식은 $t^2-5t+k=0$

이때, $x>0$에서 $5^x>5^0=1$이므로 $t>1$이다.

주어진 방정식이 서로 다른 두 양의 실근을 갖는다고 했지?

이차방정식 $t^2-5t+k=0$은 1보다 큰 서로 다른 두 실근이 존재해야 해.

주의 치환하여 문제를 풀 때에는 항상 조건과 범위에 주의하자.

2nd $t>1$에서 t에 관한 이차방정식이 서로 다른 두 양의 실근을 가질 조건을 이용해.

$f(t)=t^2-5t+k$

$=\left(t-\frac{5}{2}\right)^2+k-\frac{25}{4}$

라 하면 이차함수 $y=f(t)$의 그래프는 그림과 같다.

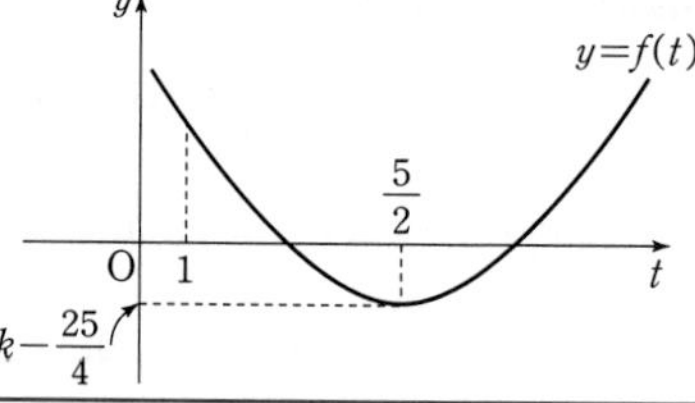

이차방정식 $t^2-5t+k=0$이 1보다 큰 다른 두 실근이 존재하려면 그림과 같이 $f(1)>0$이어야 하고 $y=f(t)$의 그래프가 t축과 서로 다른 두 점에서 만나야 해.

(i) $t=1$에서

$f(1)=1-5+k>0$

$\therefore k>4$

(ii) $t=\frac{5}{2}$에서

$f\left(\frac{5}{2}\right)=k-\frac{25}{4}<0 \quad \therefore k<\frac{25}{4}$

(i), (ii)에 의하여 $4<k<\frac{25}{4}$이므로 정수 k의 값은 5, 6으로 2개이다.

수능 핵강

＊ 이차방정식의 판별식의 부호가 양수임을 이용하기

(ii)의 방법과 다르게 이차방정식 $f(t)=0$이 서로 다른 두 실근을 가져야 하므로 이차방정식 $t^2-5t+k=0$에서 (판별식)$=25-4k>0$임을 이용하여 범위를 구할 수도 있어.

고1 수학에서 배웠던 개념을 잘 정리해 두자.

D 29 정답 10 ＊지수방정식의 해 - a^x 꼴이 반복되는 경우 [정답률 65%]

(정답 공식: 같은 꼴이 반복되는 지수방정식은 치환을 통해 간단한 식으로 고치고 근과 계수의 관계를 이용한다.)

방정식 $16^x-4^{x+3}+100=0$의 두 근을 α, β라 할 때, $2^{\alpha+\beta}$의 값을 구하시오. (3점)

단서 주어진 지수방정식에서 4^x이 반복되고 있으니까 $4^x=t$로 치환하여 생각해.

1st $4^x=t$라 하고 주어진 부등식을 정리해 보자.

$16^x-4^{x+3}+100=0$ ⋯ ㉠에서 $(4^x)^2-4^3\times 4^x+100=0$

이때, $4^x=t\ (t>0)$로 치환하면 $t^2-64t+100=0$ ⋯ ㉡

2nd $2^{\alpha+\beta}$을 구하기 위해 주어진 방정식에 근과 계수의 관계를 이용하자.

주어진 조건에서 ㉠의 두 근이 α, β이므로 ㉡과 같이 치환한 방정식의 두 근은 4^α, 4^β이다.

즉, ㉡에 이차방정식의 근과 계수의 관계를 이용하면

이차방정식 $ax^2+bx+c=0$의 두 근을 α, β라 하면 $\alpha+\beta=-\frac{b}{a}$, $\alpha\beta=\frac{c}{a}$

$4^\alpha 4^\beta=100 \Rightarrow 4^{\alpha+\beta}=100$

$2^{2(\alpha+\beta)}=\{2^{(\alpha+\beta)}\}^2=10^2 \quad \therefore 2^{\alpha+\beta}=10$

D 30 정답 36 ＊여러 가지 지수방정식의 풀이 [정답률 72%]

(정답 공식: 4^x+4^{-x}을 2^x-2^{-x}에 대한 식으로 고친다.)

방정식 $4^x+4^{-x}+a(2^x-2^{-x})+7=0$이 실근을 갖기 위한 양수 a의 최솟값을 m이라 할 때, m^2의 값을 구하시오. (4점)

단서 $(2^x-2^{-x})^2=4^x-2+4^{-x}$이지? 즉, $2^x-2^{-x}=t$로 치환하면 주어진 방정식을 t에 대한 방정식으로 변형할 수 있어.

1st 치환을 이용하여 주어진 방정식을 간단히 하자.

$2^x-2^{-x}=t$로 치환하면 $4^x+4^{-x}=(2^x-2^{-x})^2+2=t^2+2$

따라서 주어진 방정식을 정리하면

$t^2+2+at+7=0$에서 $t^2+at+9=0$

2nd 이차방정식의 판별식을 이용하자.

t에 대한 이차방정식 $t^2+at+9=0$이 실근을 갖기 위해서는 판별식 $D\ge0$이어야 하므로

실수 t에 대하여 $2^x-2^{-x}=t$라 하면 $2^{2x}-t\times2^x-1=0$인 2^x에 대한 이차방정식의 판별식 $D=t^2+4>0$이므로 이 방정식을 만족시키는 실근은 항상 존재해. 즉, 2^x-2^{-x}을 만족시키는 t만 존재한다면 실근 x는 존재하지. 따라서 문제에서 만들어지는 t에 대한 이차방정식 $t^2+at+9=0$의 실근의 존재만 따져주면 되는 거야.

$D=a^2-36\ge0$

$(a+6)(a-6)\ge0$

$\therefore a\ge6\ (\because a>0)$

따라서 양수 a의 최솟값은 $m=6$이므로

$m^2=6^2=36$

D 31 정답 20 *여러 가지 지수방정식의 풀이 [정답률 73%]

(정답 공식: 2^x과 3^y을 각각 치환해 연립방정식을 푼다.)

> x, y에 대한 연립방정식 $\begin{cases}2^x-3^{y-1}=5\\2^{x+1}-3^y=-17\end{cases}$을 만족하는 해를 $x=a$, $y=b$라 하자. a, b의 곱 ab의 값을 구하시오. (3점)
>
> **단서** $2^x=X$, $3^y=Y$로 치환하여 X, Y에 대한 연립일차방정식을 풀자.

1st $2^x=X$, $3^y=Y$로 치환하여 X, Y에 관한 연립일차방정식을 만들자.

$\begin{cases}2^x-3^{y-1}=5\\2^{x+1}-3^y=-17\end{cases}$에서 $2^x=X$, $3^y=Y$라 하면

$\begin{cases}2^x-\dfrac{3^y}{3}=5\\2\times2^x-3^y=-17\end{cases}$

$\begin{cases}X-\dfrac{Y}{3}=5\ \cdots\ ㉠\\2X-Y=-17\ \cdots\ ㉡\end{cases}$

2nd 연립일차방정식의 해를 구한 후 x, y의 값을 각각 구하자.

$3\times㉠-㉡$을 하면

$(3X-Y)-(2X-Y)=15-(-17)\quad\therefore X=32$

$X=32$를 ㉡에 대입하면 $64-Y=-17\quad\therefore Y=81$

이때, $X=2^x$, $Y=3^y$이므로

$2^x=32=2^5$, $3^y=81=3^4$

실수 X, Y에 대한 값을 x, y에 대한 값으로 반드시 바꾸어서 답을 구해야 해.

$\therefore x=5,\ y=4$

따라서 $a=5$, $b=4$이므로 $ab=5\times4=20$

D 32 정답 17 *여러 가지 지수방정식의 풀이 [정답률 75%]

(정답 공식: 함수에 직접적으로 대입하여 지수법칙을 이용한다.)

> 함수 $f(x)=2^{-x}$에 대하여
>
> $f(2a)f(b)=4,\ f(a-b)=2$ **단서** $f(x)=2^{-x}$에 대하여 주어진 두 조건을 이용하여 식을 세워봐.
>
> 일 때, $2^{3a}+2^{3b}$의 값은 $\dfrac{q}{p}$이다. $p+q$의 값을 구하시오. (단, p, q는 서로소인 자연수이다.) (3점)

1st 주어진 조건에 의해 a, b 사이의 관계식을 세워 봐.

$f(x)=2^{-x}$에 대하여 $f(2a)f(b)=4$에서

$2^{-2a}\times2^{-b}=4$, $2^{-2a-b}=4=2^2\quad\therefore 2a+b=-2\ \cdots\ ㉠$

또, $f(a-b)=2$에서 $2^{-a+b}=2\quad\therefore -a+b=1\ \cdots\ ㉡$

㉠, ㉡을 연립하여 풀면 $a=-1$, $b=0$ (㉠−㉡을 하면 $3a=-3\quad\therefore a=-1$, $a=-1$을 ㉡에 대입하면 $-2+b=-2\quad\therefore b=0$)

2nd 구한 a, b의 값을 $2^{3a}+2^{3b}$에 대입해.

$\therefore 2^{3a}+2^{3b}=2^{-3}+2^0=\dfrac{1}{8}+1=\dfrac{9}{8}$

따라서 $p=8$, $q=9$이므로 $p+q=8+9=17$

D 33 정답 ① *지수방정식의 활용 [정답률 83%]

(정답 공식: 두 점 A, B의 y좌표의 차를 이용한다.)

> 곡선 $y=6^{-x}$ 위의 두 점 $A(a,\ 6^{-a})$, $B(a+1,\ 6^{-a-1})$에 대하여 선분 AB는 한 변의 길이가 1인 정사각형의 대각선이다. 6^{-a}의 값은? (3점) **단서** 두 점 A, B의 x좌표의 차와 y좌표의 차는 모두 1이야.
>
> ① $\dfrac{6}{5}$ ② $\dfrac{7}{5}$ ③ $\dfrac{8}{5}$ ④ $\dfrac{9}{5}$ ⑤ 2

1st 두 점 A, B의 y좌표의 차를 구해.

그림과 같이 곡선 $y=6^{-x}$ 위의 점 $A(a,\ 6^{-a})$을 지나고 y축에 평행한 직선과 점 $B(a+1,\ 6^{-a-1})$을 지나고 x축에 평행한 직선이 만나는 점을 H라 하면 선분 AB는 한 변의 길이가 1인 정사각형의 대각선이므로 $\overline{AH}=1$이다. 즉, 두 점 A, B의 y좌표의 차는 1이다.

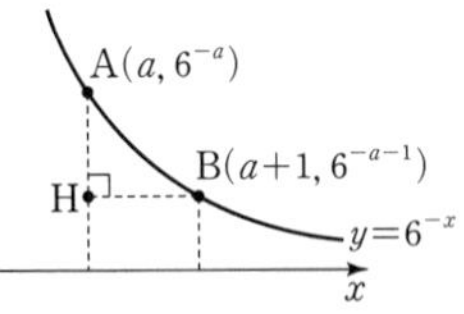

함수 $y=6^{-x}$은 x의 값이 증가하면 y의 값은 감소하는 함수야. 이때, 곡선 $y=6^{-x}$ 위의 점 B의 x좌표가 점 A의 x좌표보다 크므로 두 점의 y좌표를 비교하면 $6^{-a}>6^{-a-1}$이야.

2nd 6^{-a}의 값을 구해.

$6^{-a}-6^{-a-1}=1$에서 $6^{-a}-6^{-a}\times6^{-1}=1$ ($a^{m+n}=a^m\times a^n$)

$6^{-a}\left(1-\dfrac{1}{6}\right)=1$, $\dfrac{5}{6}\times6^{-a}=1\qquad\therefore 6^{-a}=\dfrac{6}{5}$

D 34 정답 ⑤ *지수방정식의 활용 [정답률 85%]

(정답 공식: 점 C의 x좌표는 지수방정식을 풀어 구할 수 있다.)

> 그림과 같이 두 함수 $f(x)=2^x+1$, $g(x)=-2^{x-1}+7$의 그래프가 y축과 만나는 점을 각각 A, B라 하고, 곡선 $y=f(x)$와 곡선 $y=g(x)$가 만나는 점을 C라 할 때, 삼각형 ACB의 넓이는? (3점)
>
> **단서1** 두 점 A, B의 x좌표는 모두 0이야.
>
> **단서2** 방정식 $f(x)=g(x)$의 해가 점 C의 x좌표야.
>
> 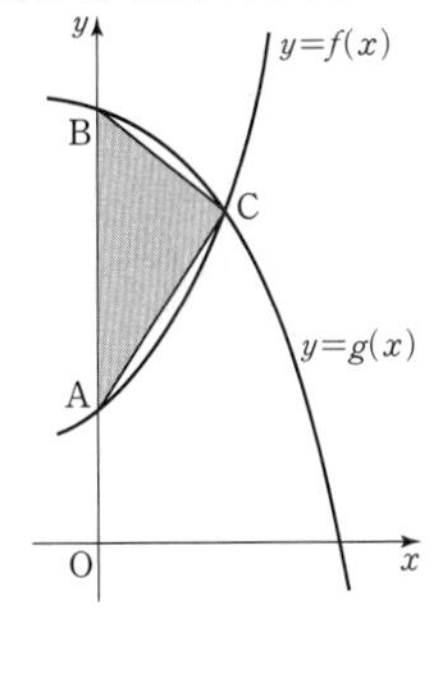
>
>
> ① $\dfrac{5}{2}$ ② 3 ③ $\dfrac{7}{2}$ ④ 4 ⑤ $\dfrac{9}{2}$

1st 세 점 A, B, C의 좌표를 각각 구해.

$f(0)=2^0+1=2$, $g(0)=-2^{-1}+7=\dfrac{13}{2}$에서

두 점 A, B의 좌표는 각각 $A(0,\ 2)$, $B\left(0,\ \dfrac{13}{2}\right)$이다.

한편, 점 C는 두 곡선 $y=f(x)$, $y=g(x)$의 교점이므로

$f(x)=g(x)$에서 $2^x+1=-2^{x-1}+7$, $2^x+2^{x-1}=6$

$2^x\left(1+\dfrac{1}{2}\right)=6$, $\dfrac{3}{2}\times2^x=6$, $2^x=4=2^2\quad\therefore x=2$ ($a>0,\ a\ne1$일 때, $a^{x_1}=a^{x_2}\Longleftrightarrow x_1=x_2$)

즉, 점 C의 좌표는 $C(2,\ 5)$이다. ($f(2)=2^2+1=5$ 또는 $g(2)=-2+7=5$)

2nd 삼각형 ACB의 넓이를 구해.

$\therefore \triangle ACB=\dfrac{1}{2}\times\overline{AB}\times|(\text{점 C의 }x\text{좌표})|$ (삼각형 ABC에서 선분 AB를 밑변으로 하면 높이는 점 C에서 y축에 내린 수선의 발을 H라 할 때 선분 CH의 길이야.)

$=\dfrac{1}{2}\times\left(\dfrac{13}{2}-2\right)\times2=\dfrac{9}{2}$

D 35 정답 5 *지수방정식의 활용 [정답률 80%]

(정답 공식: 두 삼각형의 높이가 같으므로 각각의 x좌표를 구해 밑변의 길이만을 비교해주면 된다.)

자연수 n에 대하여 그림과 같이 세 곡선 $y=\log_2 x+1$, $y=\log_2 x$, $y=\log_2(x-4^n)$이 직선 $y=n$과 만나는 세 점을 각각 A_n, B_n, C_n이라 하자. 두 삼각형 A_nOB_n, B_nOC_n의 넓이를 각각 S_n, T_n이라 할 때, $\frac{T_n}{S_n}=64$를 만족시키는 n의 값을 구하시오. (단, O는 원점이다.) (4점)

단서 지수와 로그의 관계, 즉 $a^x=b \Longleftrightarrow x=\log_a b$를 이용하여 세 점 A_n, B_n, C_n의 x좌표를 구해봐.

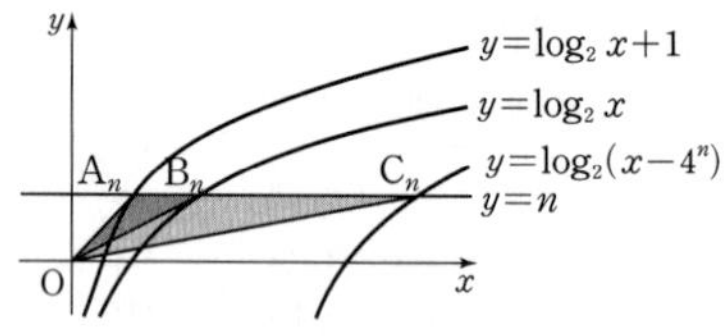

1st 세 점 A_n, B_n, C_n의 좌표를 각각 구해.

점 A_n은 곡선 $y=\log_2 x+1$과 직선 $y=n$이 만나는 점이므로

$\log_2 x+1=n$에서 $\log_2 x=n-1$ $\quad \therefore x=2^{n-1}$

$\therefore A_n(2^{n-1}, n)$

점 B_n은 곡선 $y=\log_2 x$와 직선 $y=n$이 만나는 점이므로

$\log_2 x=n$ $\quad \therefore x=2^n$

$\therefore B_n(2^n, n)$

점 C_n은 곡선 $y=\log_2(x-4^n)$과 직선 $y=n$이 만나는 점이므로

$\log_2(x-4^n)=n$에서 $x-4^n=2^n$ $\quad \therefore x=2^n+4^n$

$\therefore C_n(2^n+4^n, n)$

2nd S_n과 T_n을 n에 대한 식으로 나타내자.

이때, $\overline{A_nB_n}=2^n-2^{n-1}=2\times 2^{n-1}-2^{n-1}=2^{n-1}$이고

$\overline{B_nC_n}=(2^n+4^n)-2^n=4^n$이므로

$S_n=\triangle A_nOB_n=\frac{1}{2}\times\overline{A_nB_n}\times n$

$=\frac{1}{2}n\times 2^{n-1}$

$T_n=\triangle B_nOC_n=\frac{1}{2}\times\overline{B_nC_n}\times n$

$=\frac{1}{2}n\times 4^n$

두 삼각형 A_nOB_n, B_nOC_n의 밑변을 각각 $\overline{A_nB_n}$, $\overline{B_nC_n}$으로 놓으면 높이는 모두 n이야.

$\therefore \frac{T_n}{S_n}=\frac{\frac{1}{2}n\times 4^n}{\frac{1}{2}n\times 2^{n-1}}$

$=\frac{2^{2n}}{2^{n-1}}=2^{2n-(n-1)}=2^{n+1}$ ($\frac{a^m}{a^n}=a^{m-n}$)

따라서 $\frac{T_n}{S_n}=64$이므로 $2^{n+1}=64=2^6$에서

$n+1=6$

$\therefore n=5$

D 36 정답 ⑤ *지수방정식의 활용 [정답률 82%]

(정답 공식: 4와 8을 2^2과 2^3으로 고쳐 연산을 차례대로 진행한다.)

양의 실수 전체의 집합에서 연산 $*$을 $a*b=a^b b^{-\frac{a}{2}}$으로 정의하자. $(2*4)*x=8x^{-2}$일 때, x의 값은? (3점)

단서 연산 $*$의 정의에 따라 $(2*4)$를 먼저 정리한 다음 그 결과와 x에 대한 연산 $*$을 한 번 더 해.

① $\frac{1}{2}$ ② $\frac{3}{4}$ ③ 1 ④ $\frac{5}{4}$ ⑤ $\frac{3}{2}$

$a*b=a^b b^{-\frac{a}{2}}$에서 $2*4=2^4\times 4^{-\frac{2}{2}}=16\times\frac{1}{4}=4$

1st 연산 $*$의 정의에 따라 계산해 보자.

$(2*4)*x=(2^4\times 4^{-\frac{2}{2}})*x=4*x=4^x\times x^{-\frac{4}{2}}=4^x\times x^{-2}$

즉, $4^x\times x^{-2}=8x^{-2}$에서

($2^4\times 4^{-\frac{2}{2}}=2^4\times 4^{-1}=2^4\times 2^{-2}=2^{4+(-2)}=2^2=4$)

$4^x=8$, $2^{2x}=2^3$

$2x=3$

$\therefore x=\frac{3}{2}$

D 37 정답 ④ *지수방정식의 활용 [정답률 62%]

(정답 공식: 직선 $y=ax+b$ 위의 두 점 P, Q에 대하여 점 P를 x축의 방향으로 m만큼, y축의 방향으로 n만큼 평행이동한 점을 Q라 하면 $\frac{n}{m}=a$가 성립한다.)

직선 $y=2x+k$가 두 함수

$$y=\left(\frac{2}{3}\right)^{x+3}+1,\ y=\left(\frac{2}{3}\right)^{x+1}+\frac{8}{3}$$

의 그래프와 만나는 점을 각각 P, Q라 하자. $\overline{PQ}=\sqrt{5}$일 때, 상수 k의 값은? (4점)

단서1 두 점 P, Q를 지나는 직선의 기울기는 2야.

단서2 상수 k의 값을 구하려면 직선 $y=2x+k$에 점 P의 좌표를 대입하면 되지? 따라서 점 P의 좌표를 먼저 구해 봐.

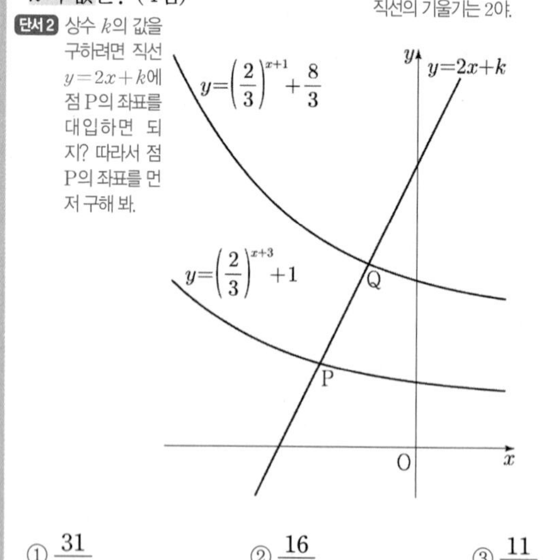

① $\frac{31}{6}$ ② $\frac{16}{3}$ ③ $\frac{11}{2}$ ④ $\frac{17}{3}$ ⑤ $\frac{35}{6}$

1st 점 P의 좌표를 구해.

점 P를 지나고 x축에 평행한 직선과 점 Q를 지나고 y축에 평행한 직선이 만나는 점을 H라 하면 두 점 P, Q가 직선 $y=2x+k$ 위의 점이므로

$\frac{\overline{QH}}{\overline{PH}}=2$이다.

두 점 P, Q의 좌표를 각각 $(p, 2p+k)$, $(q, 2q+k)$라 하면 $\frac{(2q+k)-(2p+k)}{q-p}=2$야.

즉, $\overline{QH}=2\overline{PH}$이므로 양수 t에 대하여 $\overline{PH}=t$라 하면 $\overline{QH}=2t$
이때, 선분 PQ의 길이가 $\sqrt{5}$이므로 직각삼각형 PHQ에서 피타고라스 정리에 의하여 $\overline{PQ}^2=\overline{PH}^2+\overline{QH}^2$에서
$(\sqrt{5})^2=t^2+(2t)^2$, $5t^2=5$, $t^2=1$
$\therefore t=1$ ($\because t>0$)
한편, 점 P는 함수 $y=\left(\frac{2}{3}\right)^{x+3}+1$의 그래프 위의 점이므로 점 P의 좌표를 $\left(p, \left(\frac{2}{3}\right)^{p+3}+1\right)$이라 하면 $\overline{PH}=t=1$, $\overline{QH}=2t=2$이므로 점 Q의 좌표는 $\left(p+1, \left(\frac{2}{3}\right)^{p+3}+3\right)$ …㉠이다.
→ 점 Q는 점 P를 x축의 방향으로 1만큼, y축의 방향으로 2만큼 평행이동한 점이야.
그런데 점 Q는 함수 $y=\left(\frac{2}{3}\right)^{x+1}+\frac{8}{3}$의 그래프 위의 점이고 x좌표가 $p+1$이므로 y좌표는 $y=\left(\frac{2}{3}\right)^{(p+1)+1}+\frac{8}{3}=\left(\frac{2}{3}\right)^{p+2}+\frac{8}{3}$ …㉡이다.
㉠, ㉡에서 $\left(\frac{2}{3}\right)^{p+3}+3=\left(\frac{2}{3}\right)^{p+2}+\frac{8}{3}$이므로
$\left(\frac{2}{3}\right)^{p+3}-\left(\frac{2}{3}\right)^{p+2}=-\frac{1}{3}$, $\left(\frac{2}{3}\right)^{p+2}\left(\frac{2}{3}-1\right)=-\frac{1}{3}$
$-\frac{1}{3}\left(\frac{2}{3}\right)^{p+2}=-\frac{1}{3}$
$\left(\frac{2}{3}\right)^{p+2}=1$, $p+2=0$ $\quad\therefore p=-2$
따라서 점 P의 좌표는 $\left(-2, \frac{5}{3}\right)$이다.
→ $p=-2$를 $\left(p, \left(\frac{2}{3}\right)^{p+3}+1\right)$에 대입해서 구해.

2nd 상수 k의 값을 구해.
점 P는 직선 $y=2x+k$ 위의 점이므로 $x=-2$, $y=\frac{5}{3}$를 대입하면
$\frac{5}{3}=2\times(-2)+k$ $\quad\therefore k=\frac{5}{3}+4=\frac{17}{3}$

김찬우 전남대 의예과 2022년 입학 · 전북 이리고 졸
이 문제의 핵심은 두 점 P, Q의 x좌표의 차와 y좌표의 차를 구하는 것이라고 생각해. 그것만 구하면 점 P가 함수 $y=\left(\frac{2}{3}\right)^{x+3}+1$의 그래프 위의 점이고 점 Q가 함수 $y=\left(\frac{2}{3}\right)^{x+1}+\frac{8}{3}$의 그래프 위의 점이라는 것을 이용해서 방정식을 세워 풀면 돼. 문제로 돌아가 보면 두 점 P, Q를 지나는 직선의 기울기가 2이고 선분 PQ의 길이가 $\sqrt{5}$이므로 선분 PQ를 빗변으로 하는 직각삼각형에서 두 점 P, Q의 x좌표의 차는 1이고 y좌표의 차는 2임을 바로 알 수 있어.

지수방정식의 풀이 (개념 · 공식)
(1) 항이 두 개일 때의 지수방정식의 풀이
① 밑이 같을 때,
$a^{f(x)}=a^{g(x)}(a>0, a\neq1) \Longleftrightarrow f(x)=g(x)$
② 밑이 서로 다를 때,
$a^{f(x)}=b^{g(x)}(a\neq b)$의 양변에 로그를 취한다.
(2) 지수방정식의 풀이에서 주의할 점
① $a^{f(x)}=a^{g(x)}$인 경우는 $f(x)=g(x)$일 때 뿐만 아니라 $f(x)$와 $g(x)$에 관계없이 $a=1$이면 항상 성립한다.
② $a^{f(x)}=b^{f(x)}$인 경우에는 $a=b$일 때 뿐만 아니라 $f(x)=0$이면 a, b에 관계없이 항상 성립한다.
③ $a^x=t$로 치환하여 풀 경우에는 $t>0$임에 주의한다.

D 38 정답 ① *지수방정식의 활용 [정답률 72%]

(정답 공식: 같은 꼴이 반복되는 지수방정식은 치환하여 간단한 방정식으로 나타낸 후 해를 구한다.)

단서1 두 점 A, B의 x좌표는 t야.
실수 t에 대하여 직선 $x=t$가 곡선 $y=3^{2-x}+8$과 만나는 점을 A, x축과 만나는 점을 B라 하자. 직선 $x=t+1$이 x축과 만나는 점을 C, 곡선 $y=3^{x-1}$과 만나는 점을 D라 하자. 사각형 ABCD가 직사각형일 때, 이 사각형의 넓이는? (3점)
단서2 두 점 C, D의 x좌표는 $t+1$이야.
단서3 두 점 B, C가 x축 위의 점이므로 사각형 ABCD가 직사각형이려면 두 점 A, D는 x축과 평행한 직선 위에 있어야 해.

①9 ② 10 ③ 11
④ 12 ⑤ 13

1st 네 점 A, B, C, D의 좌표를 t에 대하여 나타내.
직선 $x=t$가 곡선 $y=3^{2-x}+8$, x축과 만나는 점이 각각 A, B이므로 점 A의 좌표는 $(t, 3^{2-t}+8)$이고 점 B의 좌표는 $(t, 0)$이다.
또, 직선 $x=t+1$이 x축, 곡선 $y=3^{x-1}$과 만나는 점이 각각 C, D이므로 점 C의 좌표는 $(t+1, 0)$이고 점 D의 좌표는 $(t+1, 3^t)$이다.

2nd t의 값을 구해.
→ 직사각형은 마주보는 두 변이 평행하고 네 내각의 크기가 모두 90°이어야 해. 따라서 변 AD가 x축과 평행하기만 하면 사각형 ABCD는 직사각형이 돼.
이때, 두 점 B, C가 x축 위의 점이므로 사각형 ABCD가 직사각형이 되려면 두 점 A, D는 x축과 평행한 직선 위에 있어야 한다.
즉, 두 점 A, D의 y좌표가 같아야 하므로 $3^{2-t}+8=3^t$에서
$\frac{9}{3^t}+8=3^t$, $9+8\times3^t=3^{2t}$
$\therefore 3^{2t}-8\times3^t-9=0$
이때, $3^t=X$ ($X>0$)이라 하면
→ $a>0$, $a\neq1$일 때 $a^x>0$이야.
$X^2-8X-9=0$에서
$(X+1)(X-9)=0$
$\therefore X=9$ ($\because X>0$)
따라서 $3^t=9=3^2$에서 $t=2$

3rd 직사각형 ABCD의 넓이를 구해.
즉, 직사각형 ABCD의 네 꼭짓점 A, B, C, D의 좌표는 각각 $(2, 9)$, $(2, 0)$, $(3, 0)$, $(3, 9)$이므로 이 직사각형의 가로의 길이와 세로의 길이는 각각 $3-2=1$, 9이다.
따라서 사각형 ABCD의 넓이를 S라 하면
$S=1\times9=9$

D 39 정답 ④ *지수방정식의 활용 [정답률 74%]

(정답 공식: $a^{f(x)}=a^{g(x)}$ $(a>0, a\neq1)$ 꼴의 방정식은 $f(x)=g(x)$를 푼다.)

단서1 두 점 A, B가 직선 $y=x$ 위의 점이므로 두 점의 각각의 x좌표와 y좌표는 서로 같아.

곡선 $y=2^{ax+b}$과 직선 $y=x$가 서로 다른 두 점 A, B에서 만날 때, 두 점 A, B에서 x축에 내린 수선의 발을 각각 C, D라 하자. $\overline{AB}=6\sqrt{2}$이고 사각형 ACDB의 넓이가 30일 때, $a+b$의 값은? (단, a, b는 상수이다.) (4점)

단서2 두 점 A, B의 좌표를 구할 수 있는 조건이야.

① $\frac{1}{6}$ ② $\frac{1}{3}$ ③ $\frac{1}{2}$ ④ $\frac{2}{3}$ ⑤ $\frac{5}{6}$

1st 두 점 A, B의 좌표를 각각 구해.

두 점 A, B는 직선 $y=x$ 위의 점이므로 두 점 A, B의 좌표를 각각 (m, m), (n, n) $(m<n)$이라 하면 $\overline{AB}=6\sqrt{2}$에서

$\sqrt{(n-m)^2+(n-m)^2}=6\sqrt{2}$ → 두 점 (a, b), (c, d)를 잇는 선분의 길이를 d라 하면 $d=\sqrt{(c-a)^2+(d-b)^2}$

$\sqrt{2(n-m)^2}=6\sqrt{2}$

$\sqrt{2}(n-m)=6\sqrt{2}$ → $m<n$이므로 $n-m>0$이야. $\therefore \sqrt{2(n-m)^2}=\sqrt{2}(n-m)$

$\therefore n-m=6 \cdots$ ㉠

또, 사각형 ACDB의 넓이가 30이므로 → 사각형 ACDB는 두 밑변이 $\overline{AC}$, $\overline{BD}$인 사다리꼴이야.

$\frac{1}{2}\times(\overline{AC}+\overline{BD})\times\overline{CD}=30$에서 → 선분 CD의 길이는 두 점 A, B의 x좌표의 차야. / 두 선분 AC, BD의 길이는 각각 점 A, 점 B의 y좌표의 절댓값이야.

$\frac{1}{2}\times(m+n)\times(n-m)=30$

㉠을 대입하면 $\frac{1}{2}\times(m+n)\times6=30$

$\therefore m+n=10 \cdots$ ㉡

㉠, ㉡을 연립하여 풀면 $m=2$, $n=8$

따라서 두 점 A, B의 좌표는 각각 $(2, 2)$, $(8, 8)$이다.

2nd a, b의 값을 각각 구하고 $a+b$를 계산해.

한편, 점 A$(2, 2)$는 곡선 $y=2^{ax+b}$ 위의 점이므로 → 점 (a, b)가 곡선 $y=f(x)$ 위의 점이면 $b=f(a)$가 성립해.

$2^{2a+b}=2$에서 $2a+b=1 \cdots$ ㉢

또, B$(8, 8)$도 곡선 $y=2^{ax+b}$ 위의 점이므로 → $a^{f(x)}=a^{g(x)}$ $(a>0, a\neq1)$이면 $f(x)=g(x)$

$2^{8a+b}=8=2^3$에서 $8a+b=3 \cdots$ ㉣

㉢, ㉣을 연립하여 풀면

$a=\frac{1}{3}$, $b=\frac{1}{3}$

$\therefore a+b=\frac{1}{3}+\frac{1}{3}=\frac{2}{3}$

쉬운 풀이: 선분 AB를 빗변으로 하는 직각삼각형을 이용하여 두 점 A, B의 좌표 각각 구하기

점 A에서 선분 BD에 내린 수선의 발을 H라 하면 삼각형 AHB는 선분 AB를 빗변으로 하는 직각이등변삼각형이고 $\overline{AB}=6\sqrt{2}$이므로 → 직선 $y=x$가 x축과 평행한 직선과 이루는 예각의 크기는 45°야. 즉, 삼각형 AHB는 직각이등변삼각형이야.

피타고라스 정리에 의하여

$\overline{AH}^2+\overline{BH}^2=\overline{AB}^2$에서 $2\overline{AH}^2=(6\sqrt{2})^2$, $2\overline{AH}^2=72$

$\overline{AH}^2=36$ $\quad\therefore \overline{AH}=\overline{BH}=6$

따라서 삼각형 AHB의 넓이는 $\frac{1}{2}\times6\times6=18$이고

사각형 ACDB의 넓이가 30이므로 직사각형 ACDH의 넓이는 $30-18=12$야.

이때, $\overline{AC}=k$라 하면 □ACDH$=\overline{AH}\times\overline{AC}=6k=12$에서

$k=2$이므로 두 점 A, B의 좌표는 각각 $(2, 2)$, $(8, 8)$이야.

→ 점 A의 y좌표는 선분 AC의 길이 2와 같고 점 A는 직선 $y=x$ 위의 점이므로 점 A의 x좌표도 2야. 한편, 점 B는 점 A를 x축의 방향으로 6만큼, y축의 방향으로 6만큼 평행이동한 점이야.

D 40 정답 ① *지수방정식의 활용 [정답률 75%]

(정답 공식: 두 함수 $y=f(x)$, $y=g(x)$의 그래프의 교점의 x좌표는 방정식 $f(x)=g(x)$의 해와 같다.)

두 함수 $f(x)=2^x+1$, $g(x)=2^{x+1}$의 그래프가 점 P에서 만난다. 서로 다른 두 실수 a, b에 대하여 두 점 A$(a, f(a))$, B$(b, g(b))$의 중점이 P일 때, 선분 AB의 길이는? (3점)

단서 두 점 A, B의 중점의 좌표와 점 P의 좌표가 같음을 이용하여 a, b 사이의 관계식을 찾아.

① $2\sqrt{2}$ ② $2\sqrt{3}$ ③ 4 ④ $2\sqrt{5}$ ⑤ $2\sqrt{6}$

1st 점 P의 좌표를 구하자.

점 P는 두 함수 $y=f(x)$, $y=g(x)$의 그래프의 교점이므로 점 P의 x좌표는 방정식 $f(x)=g(x)$의 해이다.

즉, $2^x+1=2^{x+1}$에서 $2^{x+1}-2^x=1$, $2^x(2-1)=1$, $2^x=1$

$\therefore x=0$

따라서 점 P의 좌표는 $(0, 2)$이다. → 점 P의 y좌표는 $f(x)$ 또는 $g(x)$에 $x=0$을 대입하여 구하면 돼. 즉, 점 P의 y좌표는 $f(0)=2^0+1=2$ 또는 $g(0)=2^{0+1}=2$로 구할 수 있어.

2nd 두 점 A, B의 중점이 점 P임을 이용하여 a, b의 값을 각각 구해.

$f(a)=2^a+1$, $g(b)=2^{b+1}$이므로 두 점 A$(a, 2^a+1)$, B$(b, 2^{b+1})$의 중점의 좌표는 $\left(\frac{a+b}{2}, \frac{2^a+1+2^{b+1}}{2}\right)$이다. → 두 점 (x_1, y_1), (x_2, y_2)의 중점의 좌표는 $\left(\frac{x_1+x_2}{2}, \frac{y_1+y_2}{2}\right)$야.

이것이 점 P와 같으므로 $\frac{a+b}{2}=0$에서 $a+b=0$ $\quad\therefore b=-a \cdots$ ㉠

또, $\frac{2^a+1+2^{b+1}}{2}=2$에서 $2^a+1+2^{b+1}=4$, $2^a+2\times2^b=3$

$2^a+2\times2^{-a}=3$ ($\because$ ㉠), $(2^a)^2+2=3\times2^a$, $(2^a)^2-3\times2^a+2=0$

$(2^a-1)(2^a-2)=0$ $\quad\therefore 2^a=1$ 또는 $2^a=2$

(i) $2^a=1$이면 $a=0$이므로 ㉠에 의하여 $b=0$

그런데 a, b는 서로 다른 실수여야 하므로 이 경우는 조건을 만족시키지 않는다.

(ii) $2^a=2$이면 $a=1$이므로 ㉠에 의하여 $b=-1$

(i), (ii)에 의하여 $a=1$, $b=-1$

3rd 선분 AB의 길이를 구해.

따라서 두 점 A, B의 좌표는 각각 A$(1, 3)$, B$(-1, 1)$이므로 → $f(1)=2^1+1=3$, $g(-1)=2^{-1+1}=2^0=1$

$\overline{AB}=\sqrt{(-1-1)^2+(1-3)^2}=\sqrt{4+4}=2\sqrt{2}$

→ 두 점 (x_1, y_1), (x_2, y_2)를 잇는 선분의 길이를 d라 하면 $d=\sqrt{(x_2-x_1)^2+(y_2-y_1)^2}$

D 41 정답 10 *지수방정식의 활용 [정답률 67%]

(정답 공식: $2^x=t\ (t>0)$로 치환하여 $f(x)=g(x)$의 방정식을 푼다.)

두 함수 $f(x)=2^x$과 $g(x)=10-2^{4-x}$의 그래프의 교점을 각각 A, B라 하고 A와 B에서 x축에 내린 수선 발을 각각 C, D라 할 때, 사다리꼴 ACDB의 넓이를 구하시오. (4점)

단서2 (사다리꼴 ACDB의 넓이) $=(\overline{AC}+\overline{BD})\times\overline{CD}\times\frac{1}{2}$

단서1 두 함수의 그래프의 교점인 A, B의 좌표를 알기 위해서는 우선 방정식 $f(x)=g(x)$를 풀어야 해.

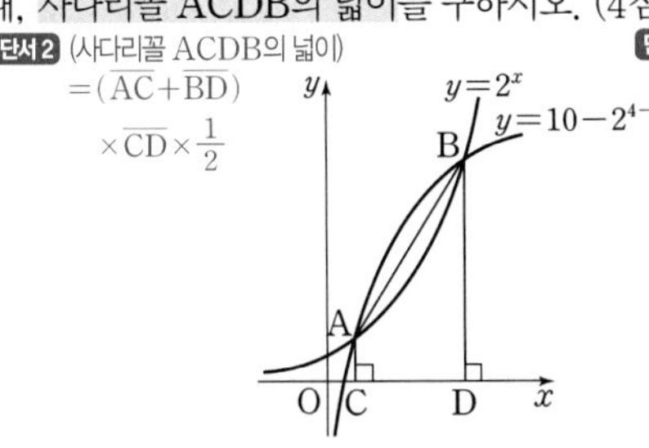

1st 두 함수 $f(x)$, $g(x)$의 그래프의 교점의 좌표를 구해.

두 함수 $f(x)=2^x$과 $g(x)=10-2^{4-x}$의 그래프의 교점의 x좌표를 구하기 위해 두 식을 연립하면

$2^x=10-2^{4-x}$에서 $(2^x)^2-10\times2^x+16=0$

$2^x=t\ (t>0)$로 치환하면 ($2^x=10-2^{4-x}$의 양변에 2^x을 곱하면 $(2^x)^2=10\times2^x-2^{4-x}\times2^x$, 즉 $(2^x)^2-10\times2^x+16=0$이야.)

$t^2-10t+16=0$, $(t-2)(t-8)=0$

$\therefore t=2$ 또는 $t=8$

즉, $2^x=2$ 또는 $2^x=8=2^3$이므로 $x=1$ 또는 $x=3$이다.

$\therefore$ A$(1, 2)$, B$(3, 8)$ → $f(1)=2^1=2$, $f(3)=2^3=8$

2nd 사다리꼴 ACDB의 넓이를 구하자.

따라서 $\overline{AC}=2$, $\overline{BD}=8$, $\overline{CD}=2$이므로 사다리꼴 ACDB의 넓이는

$\square ACDB=(2+8)\times2\times\frac{1}{2}=10$

($\overline{AC}$=(점 A의 y좌표)=2, $\overline{BD}$=(점 B의 y좌표)=8, $\overline{CD}$=(점 B의 x좌표)−(점 A의 x좌표)=3−1=2)

D 42 정답 13 *지수방정식의 활용 [정답률 72%]

(정답 공식: 2^x와 3^y를 각각 치환해 연립방정식을 푼다.)

연립방정식

$$\begin{cases}3\cdot2^x-2\cdot3^y=6\\2^{x-2}-3^{y-1}=-1\end{cases}$$

단서 주어진 연립방정식을 보니 2^x과 3^y이 공통으로 들어 있네~. 이것을 각각 $2^x=X$, $3^y=Y$로 놓고 X, Y의 값을 구해봐.

의 해를 $x=\alpha$, $y=\beta$라 할 때, $\alpha^2+\beta^2$의 값을 구하시오. (3점)

1st $2^x=X$, $3^y=Y$로 치환하여 해결하자.

$2^x=X$, $3^y=Y$라 하면

주어진 연립방정식은 $\begin{cases}3X-2Y=6\ \cdots㉠\\\frac{1}{4}X-\frac{1}{3}Y=-1\ \cdots㉡\end{cases}$이므로

두 식을 연립하여 X, Y를 구하면

$X=8$, $Y=9$ (㉠−㉡×12를 하면 $2Y=18$ $\therefore Y=9$, $Y=9$를 ㉠에 대입하면 $3X=24$ $\therefore X=8$)

즉, $2^x=8=2^3$, $3^y=9=3^2$이므로

$\alpha=3$, $\beta=2$

$\therefore \alpha^2+\beta^2=3^2+2^2=13$

D 43 정답 ② *지수방정식의 실생활 응용 [정답률 86%]

(정답 공식: 주어진 관계식에 $t=2$, 4를 대입한 후 식을 정리하여 지수방정식을 푼다.)

최대 충전 용량이 $Q_0(Q_0>0)$인 어떤 배터리를 완전히 방전시킨 후 t시간 동안 충전한 배터리의 충전 용량을 $Q(t)$라 할 때, 다음 식이 성립한다고 한다.

$$Q(t)=Q_0\left(1-2^{-\frac{t}{a}}\right)\ (\text{단, } a\text{는 양의 상수이다.})$$

$\frac{Q(4)}{Q(2)}=\frac{3}{2}$일 때, a의 값은? (단, 배터리의 충전 용량의 단위는 mAh이다.) (3점)

단서 주어진 관계식에 $t=2$, $t=4$를 각각 대입한 후, 식을 정리해 봐.

① $\frac{3}{2}$ ② 2 ③ $\frac{5}{2}$ ④ 3 ⑤ $\frac{7}{2}$

1st $\frac{Q(4)}{Q(2)}=\frac{3}{2}$을 만족시키는 a의 값을 구하자.

$Q(4)=Q_0\left(1-2^{-\frac{4}{a}}\right)$, $Q(2)=Q_0\left(1-2^{-\frac{2}{a}}\right)$이므로

$\frac{Q(4)}{Q(2)}=\frac{3}{2}$에서 $\frac{Q_0\left(1-2^{-\frac{4}{a}}\right)}{Q_0\left(1-2^{-\frac{2}{a}}\right)}=\frac{3}{2}$, $2\left(1-2^{-\frac{4}{a}}\right)=3\left(1-2^{-\frac{2}{a}}\right)$

($1-2^{-\frac{4}{a}}=1^2-\left(2^{-\frac{2}{a}}\right)^2=\left(1-2^{-\frac{2}{a}}\right)\left(1+2^{-\frac{2}{a}}\right)$)

$2\left(1-2^{-\frac{2}{a}}\right)\left(1+2^{-\frac{2}{a}}\right)=3\left(1-2^{-\frac{2}{a}}\right)\ \cdots㉠$

실수 식의 양변을 나눌 때 항상 0이 아닌지 확인하도록 하자.

이때, $a>0$에서 $0<2^{-\frac{2}{a}}<1$이므로 $1-2^{-\frac{2}{a}}>0$이다.

(함수 $y=2^x$에서 $x<0$이면 $0<y<1$이지?)

따라서 ㉠의 양변을 $2\left(1-2^{-\frac{2}{a}}\right)$으로 나누면

$1+2^{-\frac{2}{a}}=\frac{3}{2}$, $2^{-\frac{2}{a}}=\frac{1}{2}=2^{-1}$, $-\frac{2}{a}=-1$

$\therefore a=2$

다른 풀이: **치환하여 a의 값 구하기**

$2\left(1-2^{-\frac{4}{a}}\right)=3\left(1-2^{-\frac{2}{a}}\right)$에서 $2^{-\frac{2}{a}}=x\ (0<x<1)$라 하면

($2^{-\frac{4}{a}}=\left(2^{-\frac{2}{a}}\right)^2$)

$2(1-x^2)=3(1-x)$

$2x^2-3x+1=0$

$(x-1)(2x-1)=0$

$\therefore x=\frac{1}{2}\ (\because 0<x<1)$

즉, $2^{-\frac{2}{a}}=\frac{1}{2}=2^{-1}$에서 $-\frac{2}{a}=-1$

$\therefore a=2$

a^x 꼴이 반복되는 지수방정식의 해 개념·공식

a^x 꼴이 반복되는 지수방정식은 다음과 같이 푼다.

(i) $a^x=t\ (t>0)$로 치환한다.

(ii) $t>0$임에 주의하여 t에 대한 방정식을 푼다.

(iii) x의 값을 구한다.

D 44 정답 ④ *지수방정식의 실생활 응용 [정답률 91%]

(정답 공식: $a>0$, $a\neq1$일 때, $a^{f(x)}=a^{g(x)}$이면 $f(x)=g(x)$이다.)

지진의 세기를 나타내는 수정머칼리진도가 x이고 km당 매설관 파괴 발생률을 n이라 하면 다음과 같은 관계식이 성립한다고 한다.

$$n=C_dC_g10^{\frac{4}{5}(x-9)}$$

(단, C_d는 매설관의 지름에 따른 상수이고, C_g는 지반 조건에 따른 상수이다.) 단서 $C_g=2$, $C_d=\frac{1}{4}$, $x=a$, $n=\frac{1}{200}$이야.

C_g가 2인 어느 지역에 C_d가 $\frac{1}{4}$인 매설관이 묻혀 있다. 이 지역에 수정머칼리진도가 a인 지진이 일어났을 때, km당 매설관 파괴 발생률이 $\frac{1}{200}$이었다. a의 값은? (3점)

① 5 ② $\frac{11}{2}$ ③ 6 ④ $\frac{13}{2}$ ⑤ 7

1st 각 값을 주어진 관계식 $n=C_dC_g10^{\frac{4}{5}(x-9)}$에 대입해 보자.

$C_g=2$, $C_d=\frac{1}{4}$, $x=a$, $n=\frac{1}{200}$이므로

주어진 관계식에 대입해 봐.

$\frac{1}{200}=\frac{1}{4}\times2\times10^{\frac{4}{5}(a-9)}$

$10^{\frac{4}{5}(a-9)}=10^{-2}$ ← $10^{\frac{4}{5}(a-9)}=\frac{1}{100}=10^{-2}$

즉, $\frac{4}{5}(a-9)=-2$이므로 $a-9=-\frac{5}{2}$에서 $a=\frac{13}{2}$

$a^{f(x)}=a^{g(x)}(a>0, a\neq1)\Longleftrightarrow f(x)=g(x)$

D 45 정답 ① *지수방정식의 실생활 응용 [정답률 81%]

(정답 공식: $I(t)$와 t에 문제에 주어진 숫자를 대입한다. 로그의 밑의 변환 공식을 안다.)

주위가 순간적으로 어두워지더라도 사람의 눈은 그 변화를 서서히 지각하게 된다. 빛의 세기가 1000에서 10으로 순간적으로 바뀐 후 t초가 경과했을 때, 사람이 지각하는 빛의 세기 $I(t)$는

$$I(t)=10+990\times a^{-5t}\text{ (단, }a\text{는 }a>1\text{인 상수)}$$

이라 한다. 빛의 세기가 1000에서 10으로 순간적으로 바뀐 후, 사람이 빛의 세기를 21로 지각하는 순간까지 s초가 경과했다고 할 때, s의 값은? (단, 빛의 세기의 단위는 Td(트롤랜드)이다.) (3점)

단서 지수방정식 $21=10+990\times a^{-5s}$을 풀면 돼.

① $\frac{1+2\log3}{5\log a}$ ② $\frac{1+3\log3}{5\log a}$ ③ $\frac{2+\log3}{5\log a}$

④ $\frac{2+2\log3}{5\log a}$ ⑤ $\frac{2+3\log3}{5\log a}$

1st $I(t)$에는 21을, t에는 s를 대입해서 식을 정리해.

$21=10+990\times a^{-5s}$에서 $11=990\times a^{-5s}$

$11=990\times\frac{1}{a^{5s}}$ $\therefore a^{5s}=\frac{990}{11}=90$

따라서 지수와 로그의 관계에 의하여

$5s=\log_a 90=\frac{\log 90}{\log a}$에서 $5s=\frac{\log10+\log9}{\log a}$이므로

$s=\frac{1+2\log3}{5\log a}$ [밑의 변환 공식] $\log_a b=\frac{\log_c b}{\log_c a}$

D 46 정답 ③ *지수부등식의 해-밑을 같게 만드는 경우 [정답률 92%]

(정답 공식: 부등식 $a^{f(x)}\leq a^{g(x)}$의 해는 $a>1$일 때 부등식 $f(x)\leq g(x)$의 해와 같고, $0<a<1$일 때 부등식 $f(x)\geq g(x)$의 해와 같다.)

부등식 $5^{2x-7}\leq\left(\frac{1}{5}\right)^{x-2}$을 만족시키는 자연수 x의 개수는 (3점)

단서 부등식의 양변의 밑을 5 또는 $\frac{1}{5}$로 통일하여 풀어.

① 1 ② 2 ③ 3 ④ 4 ⑤ 5

1st 양변의 밑을 통일하고 지수끼리 비교하여 부등식을 풀어.

$\frac{1}{5}=5^{-1}$이므로 $5^{2x-7}\leq\left(\frac{1}{5}\right)^{x-2}$에서 $5^{2x-7}\leq(5^{-1})^{x-2}$ $(a^m)^n=a^{mn}$

$5^{2x-7}\leq5^{-x+2}$, $2x-7\leq-x+2$, $3x\leq9$ $\therefore x\leq3$

따라서 주어진 부등식을 만족시키는 자연수 x는 1, 2, 3으로 3개이다.

→ 밑이 $5>1$이므로 지수끼리 비교할 때 부등호의 방향이 바뀌지 않아.

다른 풀이: 밑을 $\frac{1}{5}$로 같게 하여 지수부등식의 해의 범위 구하기

밑을 $\frac{1}{5}$로 통일하여 풀어보자.

$5=\left(\frac{1}{5}\right)^{-1}$이므로 $5^{2x-7}\leq\left(\frac{1}{5}\right)^{x-2}$에서 $\left\{\left(\frac{1}{5}\right)^{-1}\right\}^{2x-7}\leq\left(\frac{1}{5}\right)^{x-2}$

$\left(\frac{1}{5}\right)^{-2x+7}\leq\left(\frac{1}{5}\right)^{x-2}$, $-2x+7\geq x-2$, $-3x\geq-9$

$\therefore x\leq3$ 밑이 $0<\frac{1}{5}<1$이므로 지수끼리 비교할 때 부등호의 방향을 바꿔야 하지?

(이하 동일)

D 47 정답 ① *지수부등식의 해-밑을 같게 만드는 경우 [정답률 94%]

(정답 공식: $a>1$일 때, $a^{f(x)}\geq a^{g(x)}$이면 $f(x)\geq g(x)$)

부등식 $2^{x-4}\leq\left(\frac{1}{2}\right)^{x-2}$을 만족시키는 모든 자연수 x의 값의 합은? (3점)

단서 양변의 밑을 통일하여 지수부등식을 풀어.

① 6 ② 7 ③ 8 ④ 9 ⑤ 10

1st 지수부등식의 해를 구해.

$2^{x-4}\leq\left(\frac{1}{2}\right)^{x-2}$에서 $2^{x-4}\leq(2^{-1})^{x-2}$, $2^{x-4}\leq2^{-x+2}$

$x-4\leq-x+2$, $2x\leq6$

양변의 밑이 같으므로 부등식을 풀 때는 지수끼리 비교하면 돼. 이때, 밑이 $2>1$이므로 지수끼리 비교할 때 부등호의 방향이 바뀌지 않아.

$\therefore x\leq3$

따라서 주어진 부등식을 만족시키는 모든 자연수 x는 1, 2, 3이므로

(구하는 합)$=1+2+3=6$

다른 풀이: 밑을 $\frac{1}{2}$로 같게 하여 지수부등식의 해의 범위 구하기

$2^{x-4}\leq\left(\frac{1}{2}\right)^{x-2}$에서 $\left\{\left(\frac{1}{2}\right)^{-1}\right\}^{x-4}\leq\left(\frac{1}{2}\right)^{x-2}$

$\left(\frac{1}{2}\right)^{-x+4}\leq\left(\frac{1}{2}\right)^{x-2}$, $-x+4\geq x-2$, $2x\leq6$ $\therefore x\leq3$

(이하 동일) 밑이 $0<\frac{1}{2}<1$이므로 지수끼리 비교할 때 부등호의 방향이 바뀌어야 해.

밑이 같은 지수부등식의 풀이 개념·공식

① $a>1$일 때, $a^{f(x)}<a^{g(x)}\Longleftrightarrow f(x)<g(x)$

② $0<a<1$일 때, $a^{f(x)}<a^{g(x)}\Longleftrightarrow f(x)>g(x)$

D 48 정답 3 *지수부등식의 해 – 밑을 같게 만드는 경우 [정답률 89%]

(정답 공식: 양변의 밑을 통일하여 지수부등식을 푼다.)

부등식 $2^{x-6} \le \left(\frac{1}{4}\right)^x$을 만족시키는 모든 자연수 x의 값의 합을 구하시오. (3점)

단서 양변의 밑을 통일하여 지수끼리 비교하면 돼.

1st 부등식의 해를 구해.

$\left(\frac{1}{4}\right)^x = (2^{-2})^x = 2^{-2x}$이므로 $2^{x-6} \le \left(\frac{1}{4}\right)^x$에서 ($(a^m)^n = a^{mn}$)

$2^{x-6} \le 2^{-2x}$, $x-6 \le -2x$, $3x \le 6$ $\quad \therefore x \le 2$

밑이 2로 1보다 크므로 지수끼리 비교할 때 부등호의 방향이 바뀌지 않아.

따라서 주어진 부등식을 만족시키는 자연수 x는 1, 2이므로 그 합은 $1+2=3$이다.

다른 풀이: 밑을 $\frac{1}{2}$로 통일하여 부등식의 해 구하기

$2^{x-6} = \left\{\left(\frac{1}{2}\right)^{-1}\right\}^{x-6} = \left(\frac{1}{2}\right)^{-x+6}$, $\left(\frac{1}{4}\right)^x = \left\{\left(\frac{1}{2}\right)^2\right\}^x = \left(\frac{1}{2}\right)^{2x}$이므로

$2^{x-6} \le \left(\frac{1}{4}\right)^x$에서 $\left(\frac{1}{2}\right)^{-x+6} \le \left(\frac{1}{2}\right)^{2x}$, $-x+6 \ge 2x$

밑이 0보다 크고 1보다 작으므로 지수끼리 비교할 때 부등호의 방향이 바뀌어야 해.

$3x \le 6$ $\quad \therefore x \le 2$

(이하 동일)

D 49 정답 ⑤ *지수부등식의 해 – 밑을 같게 만드는 경우 [정답률 88%]

(정답 공식: 양변의 밑을 3 또는 $\frac{1}{3}$로 통일하여 지수부등식을 푼다.)

부등식 $\left(\frac{1}{9}\right)^x < 3^{21-4x}$을 만족시키는 자연수 x의 개수는? (3점)

단서 주어진 부등식의 양변의 밑을 통일하여 해를 구해.

① 6 ② 7 ③ 8 ④ 9 ⑤ 10

1st 주어진 부등식의 밑을 통일하여 부등식을 풀어.

$\left(\frac{1}{9}\right)^x < 3^{21-4x}$에서 $3^{-2x} < 3^{21-4x}$, $-2x < 21-4x$

$\frac{1}{9} = 3^{-2}$이므로 $\left(\frac{1}{9}\right)^x = (3^{-2})^x = 3^{-2x}$

$a>1$일 때, $a^{f(x)} > a^{g(x)}$이면 $f(x) > g(x)$
$0<a<1$일 때, $a^{f(x)} > a^{g(x)}$이면 $f(x) < g(x)$

$2x < 21$ $\quad \therefore x < \frac{21}{2} = 10.5$

따라서 주어진 부등식을 만족시키는 자연수 x의 개수는 1, 2, 3, …, 10으로 10개이다.

윤혁 서울대 건설환경공학부 2021년 입학 · 서울 동양고 졸

나는 지수방정식, 지수부등식 문제 같은 경우 실수를 줄이기 위해서 밑을 무조건 간단한 자연수로 바꿔. 그러면 지수부등식에서 밑이 동일한 경우 지수의 부등호 방향은 전체 부등식의 부등호 방향과 동일해지므로 실수를 줄여줄 수 있거든. 따라서 주어진 부등식의 해는 $3^{-2x} < 3^{21-4x}$에서 $x < 10.5$를 구할 수 있어. 즉, 구하는 답은 부등식을 만족시키는 자연수 x의 개수이므로 10이야. 한 가지 더 언급하자면 구하는 미지수에 조건이 붙어있으면 무조건 강조해두는 것이 실수를 줄이는 방법이야.

D 50 정답 ④ *지수부등식의 해 – 밑을 같게 만드는 경우 [정답률 88%]

(정답 공식: 지수부등식은 밑을 같게 해 비교한다.)

부등식 $\frac{27}{9^x} \ge 3^{x-9}$을 만족시키는 모든 자연수 x의 개수는? (3점)

단서 $27=3^3$, $9^x=3^{2x}$이니까 좌변을 밑이 3인 지수로 변형할 수 있어.

① 1 ② 2 ③ 3 ④ 4 ⑤ 5

1st 양변을 밑이 3인 지수로 통일하여 부등식을 풀자.

$\frac{27}{9^x} \ge 3^{x-9}$에서 $\frac{3^3}{(3^2)^x} \ge 3^{x-9}$, $3^{3-2x} \ge 3^{x-9}$

$\frac{3^3}{(3^2)^x} = \frac{3^3}{3^{2x}} = 3^3 \div 3^{2x} = 3^{3-2x}$

이때, 밑 3이 1보다 크므로

지수부등식 $a^{f(x)} > a^{g(x)}$에서 $a>1$이면 $f(x) > g(x)$이고 $0<a<1$이면 $f(x) < g(x)$야.

$3-2x \ge x-9$, $-3x \ge -12$ $\quad \therefore x \le 4$

따라서 구하는 모든 자연수 x는 1, 2, 3, 4의 4개이다.

주의 부등식에서 양변을 음수로 나눌 때에는 항상 부등호의 방향이 바뀜에 주의하자.

D 51 정답 3 *지수부등식의 해 – 밑을 같게 만드는 경우 [정답률 84%]

(정답 공식: 지수부등식은 밑을 같게 해 비교한다.)

부등식 $3^{x-4} \le \frac{1}{9}$을 만족시키는 모든 자연수 x의 값의 합을 구하시오. (3점)

단서 좌변과 우변의 밑을 통일시켜서 부등식을 풀어.

1st $\frac{1}{9} = 3^{-2}$임을 이용하여 부등식의 해를 구하자.

$3^{x-4} \le \frac{1}{9}$에서 $3^{x-4} \le 3^{-2}$

[지수부등식]
① $0<a<1$일 때, $a^{f(x)} \ge a^{g(x)}$이면 $f(x) \le g(x)$
② $a>1$일 때, $a^{f(x)} \ge a^{g(x)}$이면 $f(x) \ge g(x)$

이때, 밑이 1보다 크므로 $x-4 \le -2$ $\quad \therefore x \le 2$

따라서 주어진 부등식을 만족시키는 자연수 x는 1, 2이므로 합은 3이다.

D 52 정답 ① *지수부등식의 해 – 밑을 같게 만드는 경우 [정답률 83%]

(정답 공식: 두 식의 곱셈이 0보다 크기 위해서는 두 식의 부호가 같아야 한다.)

지수부등식 $(2^x-32)\left(\frac{1}{3^x}-27\right)>0$을 만족시키는 모든 정수 x의 개수는? (4점)

단서 $AB>0$이려면 $A>0$, $B>0$ 또는 $A<0$, $B<0$이어야 해.

① 7 ② 8 ③ 9 ④ 10 ⑤ 11

1st $2^x-32>0$이고 $\frac{1}{3^x}-27>0$일 때, 지수부등식의 해를 구해.

(i) $2^x-32>0$이고 $\frac{1}{3^x}-27>0$일 때,

$2^x > 32 = 2^5$이므로 $x>5$ … ㉠

$\left(\frac{1}{3}\right)^x > 27 = 3^3 = \left(\frac{1}{3}\right)^{-3}$이므로

$x < -3$ … ㉡

$\left(\frac{1}{3}\right)^x > \left(\frac{1}{3}\right)^{-3}$에서 밑인 $\frac{1}{3}$이 0과 1 사이이므로 부등호의 방향이 바뀌지.

$-3 \quad 5 \quad x$

[그림 1]

㉠, ㉡을 수직선 위에 나타내면 [그림 1]과 같으므로 이 경우에는 해가 없다.

2nd $2^x-32<0$이고 $\frac{1}{3^x}-27<0$일 때, 지수부등식의 해를 구해.

(ii) $2^x-32<0$이고 $\frac{1}{3^x}-27<0$일 때,

$2^x<32=2^5$이므로 $x<5$ ⋯ ㉢

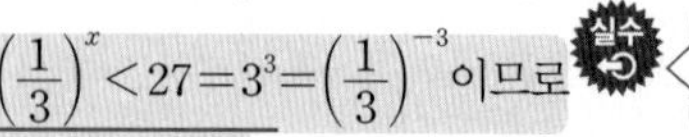

$\left(\frac{1}{3}\right)^x<27=3^3=\left(\frac{1}{3}\right)^{-3}$이므로 [실수] 밑이 1보다 작은 양수이므로 부등호의 방향이 바뀐다는 사실에 주의하자.

$x>-3$ ⋯ ㉣ $\left(\frac{1}{3}\right)^x<3^3$, 즉 $3^{-x}<3^3$에서 $-x<3$이므로 $x>-3$과 같이 풀어도 돼.

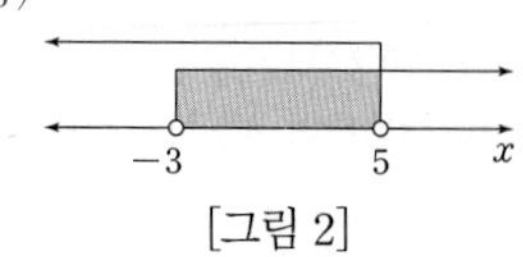

[그림 2]

㉢, ㉣을 수직선 위에 나타내면 [그림 2]와 같으므로 해는
$-3<x<5$

(i), (ii)에서 주어진 지수부등식의 해는 $-3<x<5$이므로
정수 x는 -2, -1, 0, 1, 2, 3, 4로 7개이다.

D 53 정답 ⑤ *지수부등식의 해 - 밑을 같게 만드는 경우 [정답률 91%]

(정답 공식: 지수부등식의 밑을 일치시킨다.)

지수부등식 $\left(\frac{1}{5}\right)^{1-2x}\le5^{x+4}$을 만족시키는 모든 자연수 x의 값의 합은? (4점) **단서** $\frac{1}{5}=5^{-1}$이지? 주어진 부등식의 밑을 5로 통일할 수 있어.

① 11 ② 12 ③ 13 ④ 14 ⑤ 15

1st 주어진 부등식의 밑을 5로 통일하여 정리해.

$\left(\frac{1}{5}\right)^{1-2x}\le5^{x+4}$에서 $5^{2x-1}\le5^{x+4}$
$\left(\frac{1}{5}\right)^{1-2x}=(5^{-1})^{1-2x}=5^{-1+2x}$

이때, 밑이 1보다 크므로

$2x-1\le x+4$ $\therefore x\le5$

따라서 주어진 부등식을 만족시키는 모든 자연수 x는 1, 2, 3, 4, 5이므로 구하는 합은

$1+2+3+4+5=15$

D 54 정답 ① *지수부등식의 해 - 밑을 같게 만드는 경우 [정답률 91%]

(정답 공식: 지수부등식의 밑을 일치시킨다.)

지수부등식 $2^{x^2}<4\cdot2^x$의 해가 $\alpha<x<\beta$일 때, $\alpha+\beta$의 값은? (2점)
단서 지수부등식의 기본은 먼저 밑을 같게 해주는 거야.

① 1 ② 2 ③ 3 ④ 4 ⑤ 5

1st 주어진 지수부등식을 밑이 2인 지수부등식으로 만들어.

$4\times2^x=2^2\times2^x=2^{x+2}$이므로 주어진 지수부등식 $2^{x^2}<4\times2^x$은 $2^{x^2}<2^{x+2}$

2nd 지수끼리 비교하여 해를 구해봐.

[지수부등식]
$a^{f(x)}<a^{g(x)}$에서
① $a>1$이면 $f(x)<g(x)$
② $0<a<1$이면 $f(x)>g(x)$

밑이 2인 지수부등식에서 밑이 1보다 크므로

$x^2<x+2$에서

$x^2-x-2<0$, $(x-2)(x+1)<0$

$\therefore -1<x<2$

이 부등식의 해가 $\alpha<x<\beta$이므로 $\alpha=-1$, $\beta=2$이다.

$\therefore \alpha+\beta=-1+2=1$

D 55 정답 71 *지수부등식의 해 - 밑을 같게 만드는 경우 [정답률 41%]

(정답 공식: $a>1$일 때, $a^{f(x)}\le a^{g(x)}$이면 $f(x)\le g(x)$)

함수 $f(x)=\begin{cases}-3x+6 & (x<3)\\ 3x-12 & (x\ge3)\end{cases}$의 그래프가 그림과 같다.

단서1 함수 $y=f(x)$의 그래프는 $x=3$을 기준으로 기울기가 달라지지? 즉, 답을 구할 때 경우를 따져야 한다는 거야.

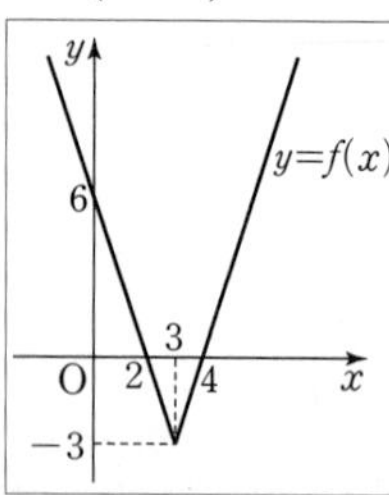

부등식 $2^{f(x)}\le4^x$을 만족시키는 x의 최댓값과 최솟값을 각각 M, m이라 할 때, $M+m=\frac{q}{p}$이다. $p+q$의 값을 구하시오. (단, p와 q는 서로소인 자연수이다.) (4점)
단서2 $4=2^2$이므로 지수의 밑을 2로 같게 만들 수 있어.

1st 지수의 밑을 같게 하고, 지수끼리 대소 관계를 비교해보자.

지수부등식 $2^{f(x)}\le4^x=2^{2x}$에서 밑 2는 1보다 크므로 $f(x)\le2x$이다.

2nd 함수 $y=f(x)$의 그래프와 직선 $y=2x$의 교점의 x좌표를 이용하여 부등식 $f(x)\le2x$의 해를 구하자.

주어진 함수 $y=f(x)$의 그래프와 직선 $y=2x$의 교점의 x좌표를 구하자.

[지수부등식]
(i) $0<a<1$일 때, $a^{f(x)}\le a^{g(x)}$이면 $f(x)\ge g(x)$
(ii) $a>1$일 때, $a^{f(x)}\le a^{g(x)}$이면 $f(x)\le g(x)$

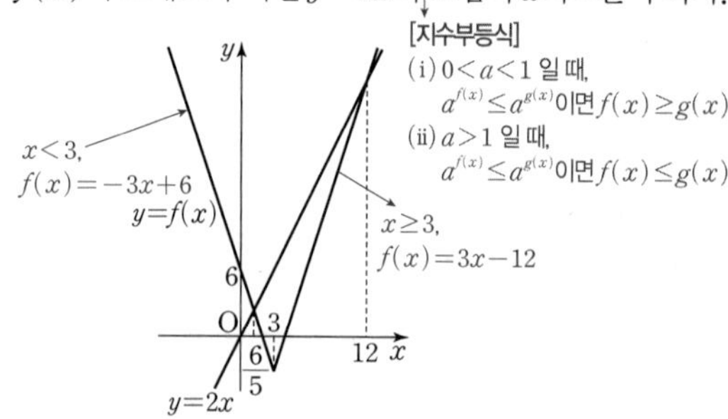

(i) $x<3$일 때, $-3x+6=2x$ $\therefore x=\frac{6}{5}$ 조건 $x<3$을 만족해.

(ii) $x\ge3$일 때, $3x-12=2x$ $\therefore x=12$ 조건 $x\ge3$을 만족해.

(i), (ii)에 의해 부등식 $f(x)\le2x$의 해는
$\frac{6}{5}\le x\le12$
그림에서 $y=f(x)$의 그래프가 직선 $y=2x$보다 아랫쪽에 위치하는 x의 범위를 찾아야 해.

즉, 실수 x의 최댓값 $M=12$, 최솟값 $m=\frac{6}{5}$

$\therefore M+m=12+\frac{6}{5}=\frac{66}{5}$

따라서 $p=5$, $q=66$이므로 $p+q=5+66=71$

수능 핵강

* 지수부등식을 푸는 데 주의해야 할 점

밑을 같게 할 수 있는 지수부등식의 해를 구하는 과정에서 가장 중요한 것은 밑의 크기야. 1을 기준으로 1보다 큰지 작은지에 따라 부등식의 부등호의 방향이 달라지기 때문에 중요해.

밑을 같게 만들고 밑이 1보다 크면 지수끼리의 부등호가 원래 부등식의 부등호와 같고, 밑이 0보다 크고 1보다 작다면 지수끼리의 부등호가 원래 부등식의 부등호와 다른 거야.

이것은 $a\ne0$일 때, $\frac{1}{a}=a^{-1}$임을 알고 있으면 밑이 0보다 크고 1보다 작을 때, 역수를 취하면 부등호가 반대가 되는 것을 기억하고 있으면 혼동하지 않을거야.

D 56 정답 6 *지수부등식의 해 – a^x이 반복되는 경우 [정답률 84%]

(정답 공식: 2^x을 치환하여 이차부등식의 형태로 만든다.)

부등식 $4^x-10\times2^x+16\le0$을 만족시키는 모든 자연수 x의 값의 합을 구하시오. (3점) 단서 $4^x=(2^2)^x=(2^x)^2$이므로 $2^x=t\ (t>0)$로 치환하여 부등식을 풀어.

1st $2^x=t$로 치환하여 주어진 부등식을 만족시키는 t의 값의 범위를 구하자.

$4^x-10\times2^x+16\le0$에서 $(2^x)^2-10\times2^x+16\le0$

이때, $2^x=t(t>0)$라 하면 $t^2-10t+16\le0$ → 모든 실수 x에 대하여 $2^x>0$이지?

$(t-2)(t-8)\le0$

$\therefore 2\le t\le8$

2nd 1st 에서 구한 t의 값의 범위를 이용하여 x의 값의 범위를 구해.

즉, $2^1\le2^x\le2^3$이므로 $1\le x\le3$ → (밑)$=2>1$이므로 부등호 방향은 변하지 않아.

따라서 주어진 부등식을 만족시키는 모든 자연수 x의 값의 합은 $1+2+3=6$이다.

D 57 정답 ③ *지수부등식의 해 – a^x이 반복되는 경우 [정답률 82%]

(정답 공식: 3^x를 치환하여 이차부등식의 형태로 만든다.)

지수부등식 $(3^x-5)(3^x-100)<0$을 만족시키는 모든 자연수 x의 값의 합은? (3점) 단서 $3^x=t$로 치환하면 주어진 부등식은 $(t-5)(t-100)<0$이 되어 간단한 이차부등식이 돼.

① 5 ② 7 ③ 9 ④ 11 ⑤ 13

1st $3^x=t$라 하고 부등식의 해를 구하자.

$(3^x-5)(3^x-100)<0$에서 $3^x=t\ (t>0)$로 치환하면

$(t-5)(t-100)<0$ $\quad\therefore 5<t<100$

즉, $5<3^x<100$에서 $5<9\le3^x\le81<100$이므로 $3^2\le3^x\le3^4$

$\therefore 2\le x\le4$ ← $3^1=3, 3^2=9, 3^3=27, 3^4=81, 3^5=243, \cdots$에서 $5<3^x<100$이려면 자연수 x는 2, 3, 4야.

따라서 주어진 부등식을 만족시키는 자연수 x는 2, 3, 4이므로 구하는 합은 $2+3+4=9$

D 58 정답 18 *지수부등식의 해 – a^x이 반복되는 경우 [정답률 87%]

(정답 공식: 9^x이 $(3^x)^2$임을 파악하고 치환을 통해 이차부등식의 형태로 만든다.)

부등식 $9^x-3^{x+2}+18<0$의 해가 $\alpha<x<\beta$일 때, $3^\alpha\cdot3^\beta$의 값을 구하시오. (3점) 단서 $3^x=t$로 치환하여 t에 대한 이차부등식을 풀자. 이때, $t>0$임을 항상 기억해야 해!

1st $3^x=t$로 치환하여 주어진 부등식의 해를 구해.

$9^x-3^{x+2}+18<0$ ⋯ ㉠에서

$3^x=t$라 하면 $t>0$이고 주어진 부등식은

$t^2-9t+18<0$ ⋯ ㉡

이때, ㉠의 해가 $\alpha<x<\beta$이므로 ㉡의 해는 $3^\alpha<t<3^\beta$이다.

> 두 실수 $\alpha, \beta\ (\alpha<\beta)$에 대하여
> ① 해가 $\alpha<x<\beta$일 때, $(x-\alpha)(x-\beta)<0$
> ② 해가 $x<\alpha$ 또는 $x>\beta$일 때, $(x-\alpha)(x-\beta)>0$

2nd 근과 계수의 관계를 이용하여 두 근의 값을 구해.

따라서 해가 $3^\alpha<t<3^\beta$인 t에 대한 이차부등식을 세워보면

$(t-3^\alpha)(t-3^\beta)<0$

$t^2-(3^\alpha+3^\beta)t+3^\alpha\times3^\beta<0$

이 부등식이 $t^2-9t+18<0$과 같으므로 $3^\alpha\times3^\beta=18$이다.

다른 풀이: 치환을 이용하여 지수부등식의 해 구하기

주어진 부등식에서 $3^x=t$라 하면 $t^2-9t+18<0$이므로

$(t-3)(t-6)<0$

$\therefore 3<t<6$

즉, $3<3^x<6$에서 $1<x<\log_3 6$이고 이 해가 $\alpha<x<\beta$이므로

$\alpha=1,\ \beta=\log_3 6$ ← $3<3^x<6$, $\log_3 3<\log_3 3^x<\log_3 6$ $\therefore 1<x<\log_3 6$

$\therefore 3^\alpha\times3^\beta=3^1\times3^{\log_3 6}=3\times6=18$

D 59 정답 ② *지수부등식의 해 – a^x이 반복되는 경우 [정답률 68%]

(정답 공식: $2^{\frac{x}{2}}$를 치환하여 이차부등식의 꼴로 만들어준다.)

임의의 실수 x에 대하여 부등식 $2^{x+1}-2^{\frac{x+4}{2}}+a\ge0$이 성립하도록 하는 실수 a의 최솟값은? (4점) 단서 $2^{\frac{x}{2}}=t$로 치환하면 주어진 부등식은 t에 대한 이차부등식이 되므로 이 문제는 이차부등식이 항상 성립할 조건을 찾으면 되는 거야.

① 1 ② 2 ③ 3 ④ 4 ⑤ 5

1st 공통 부분을 t로 치환해.

$2^{x+1}-2^{\frac{x+4}{2}}+a\ge0$에서 $2^{\frac{x}{2}}=t$로 치환하면 $t>0$이고

$2^{x+1}=2^x\times2=\left(2^{\frac{x}{2}}\right)^2\times2=2t^2$

$2^{\frac{x+4}{2}}=2^{\frac{x}{2}}\times2^2=4t$

2nd 주어진 지수부등식을 t에 관한 이차부등식으로 만들어 봐.

즉, 주어진 부등식에서 $2t^2-4t+a\ge0$

$2(t-1)^2+a-2\ge0$ ⋯ ㉠

3rd 이차부등식이 항상 성립할 조건을 이용하여 a의 값의 범위를 구하면 돼.

그런데 $t>0$일 때 $2(t-1)^2\ge0$이므로 이차부등식 ㉠이 항상 성립하기 위해서는 $a-2\ge0$이어야 한다. ← $f(t)=2(t-1)^2+a-2$라 할 때, $t>0$에서 $f(t)\ge0$이려면 $f(0)\ge0$에서 $a\ge0$, $f(1)\ge0$에서 $a-2\ge0$이어야 해.

$\therefore a\ge2$

따라서 구하는 실수 a의 최솟값은 2이다.

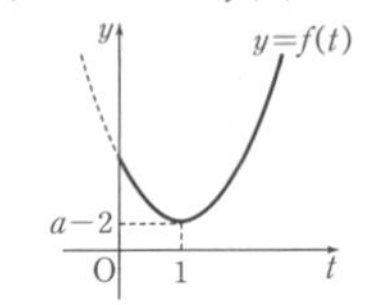

D 60 정답 ④ *지수부등식의 해 – a^x이 반복되는 경우 [정답률 50%]

(정답 공식: 반복되는 지수를 치환하고 경우를 나눠 식이 항상 성립하는 조건을 알아본다.)

모든 실수 x에 대하여 부등식 $k\cdot2^x\le4^x-2^x+4$가 성립하도록 하는 실수 k값의 범위는? (3점) 단서 주어진 부등식에서 $2^x=t$로 치환하고 t에 대한 이차부등식이 항상 성립할 조건을 따져봐야 해. 이때, $t>0$임을 꼭 기억하자.

① $k\le-1$ ② $-4\le k\le3$ ③ $-1\le k\le3$ ④ $k\le3$ ⑤ $k\ge0$

1st $2^x=t$라 하고 주어진 부등식을 정리해 보자.

$k\times2^x\le4^x-2^x+4$에서 → $k\times2^x\le(2^2)^x-2^x+4$, $(2^x)^2-k\times2^x-2^x+4\ge0$ $\therefore (2^x)^2-(k+1)\times2^x+4\ge0$

$(2^x)^2-(k+1)\times2^x+4\ge0$

이때, $2^x=t(t>0)$로 치환하고, 부등식의 좌변을 $f(t)$라 하면

$f(t)=t^2-(k+1)t+4$

$=\left(t-\frac{k+1}{2}\right)^2+\frac{16-(k+1)^2}{4}$

2nd 이차함수의 그래프를 그려서 $t>0$에서 $y=f(t)$의 함숫값이 양수 또는 0이 되는 조건을 구하자.

$t>0$에 대하여 $f(t)\geq 0$이 되는 k의 값의 범위를 구해 보자.

(i) 함수 $y=f(t)$의 그래프의 축이 y축의 오른쪽에 있는 경우

$\frac{k+1}{2}>0 \quad \therefore k>-1 \cdots$ ㉠

$f(t)\geq 0$이려면 그림과 같이

$f\left(\frac{k+1}{2}\right)=\frac{16-(k+1)^2}{4}\geq 0$이어야

하므로 $16-(k^2+2k+1)\geq 0$

$k^2+2k-15\leq 0$

$(k-3)(k+5)\leq 0$

$\therefore -5\leq k\leq 3 \cdots$ ㉡

주의: 처음에 축이 y축의 오른쪽에 있는 경우라고 가정했으므로 그 때의 범위를 고려하여 답을 구해줘야 해.

㉠과 ㉡을 모두 만족시키는 범위를 구하면 $-1<k\leq 3$이다.

(ii) 함수 $y=f(t)$의 그래프의 축이 y축의 왼쪽에 있는 경우

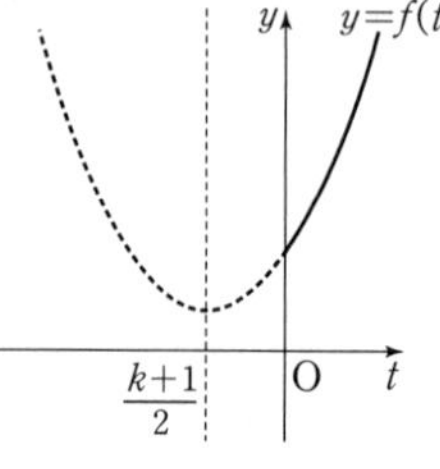

$\frac{k+1}{2}<0 \quad \therefore k<-1 \cdots$ ㉢

그림과 같이 $t>0$에서 $f(0)\geq 0$이어야 하는데 $f(0)=4>0$이므로 ㉢의 범위에서는 항상 $f(t)\geq 0$이 성립한다.

$\therefore k<-1$

(iii) $k=-1$일 때, $f(t)=t^2+4$이므로

$f(t)\geq 4>0$

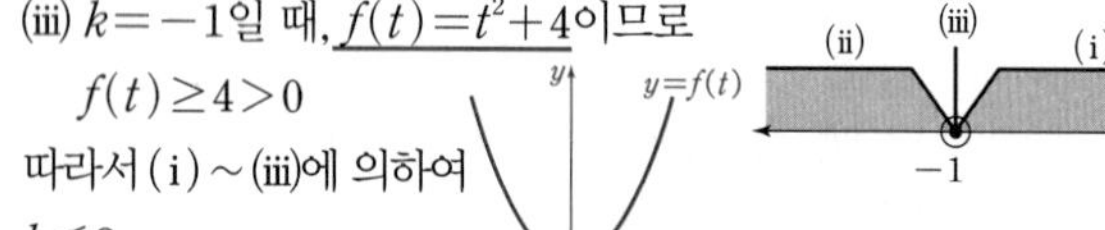

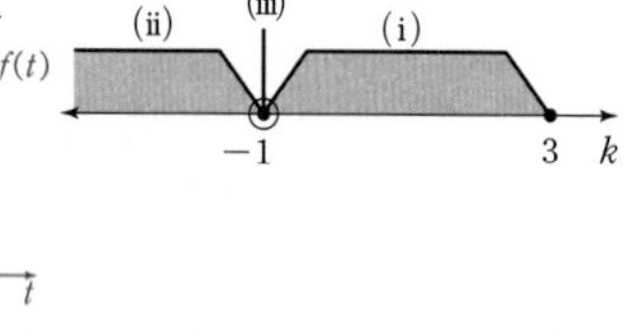

따라서 (i)~(iii)에 의하여

$k\leq 3$

톡톡 풀이: 모든 x에 대하여 부등식을 만족시키도록 하는 함수의 그래프를 그려서 실수 k의 값의 범위 구하기

$k\times 2^x\leq 4^x-2^x+4$에서 $(2^x)^2-2^x+4\geq k\times 2^x$

이때, $2^x=t(t>0)$라 하면 $t^2-t+4\geq kt$야.

$f(t)=t^2-t+4=\left(t-\frac{1}{2}\right)^2+\frac{15}{4}$, $g(t)=kt$라 하면 모든 실수 t에

곡선 $y=f(t)$는 꼭짓점의 좌표가 $\left(\frac{1}{2}, \frac{15}{4}\right)$이고 아래로 볼록한 포물선이고 $y=g(t)$는 원점을 지나는 직선이야.

대하여 주어진 부등식이 성립해야 하므로 $t>0$인 모든 실수 t에 대하여 곡선 $y=f(t)$는 직선 $y=g(t)$와 접하거나 위쪽에 있어야 해.

곡선 $y=f(t)$가 오른쪽 그림과 같으므로 조건을 만족시키려면 실수 k는 곡선 $y=f(t)$가 직선 $y=g(t)$와 접할 때의 k의 값보다 작거나 같으면 돼.

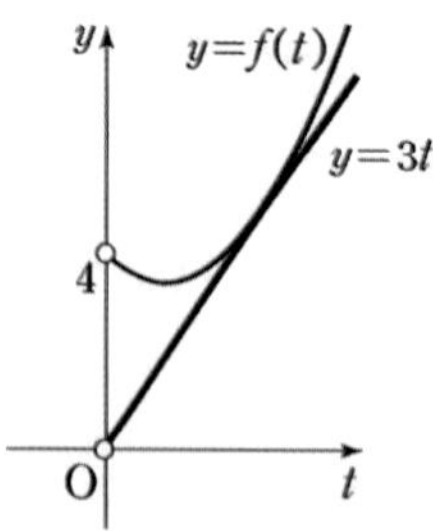

곡선 $y=f(t)$가 직선 $y=g(t)$와 접하면 연립한 이차방정식 $f(t)=g(t)$가 중근을 가져야 해.

즉, $f(t)=g(t)$에서 $t^2-t+4=kt$이므로 $t^2-(k+1)t+4=0$이고 이 이차방정식의 판별식을 D라 하면 $D=0$이어야 해.

$D=\{-(k+1)\}^2-4\times 1\times 4=0$에서 $k^2+2k-15=0$

$(k-3)(k+5)=0 \quad \therefore k=3$ 또는 $k=-5$

그런데 $k=-5$이면 곡선 $y=f(t)$와 직선 $y=g(t)$가 $t<0$에서 접하므로 구하는 k의 값은 3이야.

따라서 조건을 만족시키는 k의 값의 범위는 $k\leq 3$이야.

D 61 정답 ④ *지수부등식의 활용 [정답률 65%]

정답 공식: $0<a<1$일 때, $a^{f(x)}\geq a^{g(x)} \Longleftrightarrow f(x)\leq g(x)$
$a>1$일 때, $a^{f(x)}\geq a^{g(x)} \Longleftrightarrow f(x)\geq g(x)$ 이 성립한다.

이차함수 $y=f(x)$의 그래프와 일차함수 $y=g(x)$의 그래프가 그림과 같을 때, 부등식 $\left(\frac{1}{2}\right)^{f(x)g(x)}\geq\left(\frac{1}{8}\right)^{g(x)}$을 만족시키는 모든 자연수 x의 값의 합은? (4점)

단서: $\frac{1}{8}=\left(\frac{1}{2}\right)^3$이므로 주어진 부등식에서 밑을 $\frac{1}{2}$로 통일시킬 수 있어. 이후 지수끼리 대소 비교를 하면 되겠지?

① 7 ② 9 ③ 11
④ 13 ⑤ 15

1st 지수함수의 그래프의 성질을 이용하여 부등식의 해를 구해.

부등식 $\left(\frac{1}{2}\right)^{f(x)g(x)}\geq\left(\frac{1}{8}\right)^{g(x)}$에서 $\left(\frac{1}{2}\right)^{f(x)g(x)}\geq\left(\frac{1}{2}\right)^{3g(x)}$

$\left(\frac{1}{8}\right)^{g(x)}=\left\{\left(\frac{1}{2}\right)^3\right\}^{g(x)}=\left(\frac{1}{2}\right)^{3g(x)}$

$f(x)g(x)\leq 3g(x)$

$g(x)\{f(x)-3\}\leq 0$ 실수 a, b에 대하여 $ab\leq 0$이면 $a\geq 0$, $b\leq 0$ 또는 $a\leq 0$, $b\geq 0$이야.

$\therefore g(x)\geq 0$, $f(x)-3\leq 0$ 또는 $g(x)\leq 0$, $f(x)-3\geq 0$

(i) $g(x)\geq 0$, $f(x)-3\leq 0$일 때,

$g(x)\geq 0$에서 $x\geq 3 \cdots$ ㉠

직선 $y=g(x)$가 x축보다 위쪽에 존재하는 x의 값의 범위야.

$f(x)-3\leq 0$에서 $f(x)\leq 3 \quad \therefore 1\leq x\leq 5 \cdots$ ㉡

곡선 $y=f(x)$가 직선 $y=3$보다 아래쪽에 존재하는 x의 값의 범위야.

㉠, ㉡의 공통 범위는 $3\leq x\leq 5$

(ii) $g(x)\leq 0$, $f(x)-3\geq 0$일 때,

$g(x)\leq 0$에서 $x\leq 3 \cdots$ ㉢

직선 $y=g(x)$가 x축보다 아래쪽에 존재하는 x의 값의 범위야.

$f(x)-3\geq 0$에서 $f(x)\geq 3 \quad \therefore x\leq 1$ 또는 $x\geq 5 \cdots$ ㉣

곡선 $y=f(x)$가 직선 $y=3$보다 위쪽에 존재하는 x의 값의 범위야.

㉢, ㉣의 공통 범위는 $x\leq 1$

(i), (ii)에 의하여 주어진 부등식을 만족시키는 해는

$x\leq 1$ 또는 $3\leq x\leq 5$

2nd 조건을 만족시키는 모든 자연수 x의 값의 합을 구해.

따라서 주어진 부등식을 만족시키는 모든 자연수 x의 값은 1, 3, 4, 5이므로 구하는 합은 $1+3+4+5=13$

밑이 같은 지수부등식의 풀이 개념·공식

① $a>1$일 때, $a^{f(x)}<a^{g(x)} \Longleftrightarrow f(x)<g(x)$

② $0<a<1$일 때, $a^{f(x)}<a^{g(x)} \Longleftrightarrow f(x)>g(x)$

D 62 정답 ② *지수부등식의 활용 [정답률 72%]

(정답 공식: x_1과 x_2의 값의 범위가 나와 있을 때는 범위의 양 끝값을 넣어본다.)

좌표평면 위의 두 곡선 $y=|9^x-3|$과 $y=2^{x+k}$이 만나는 서로 다른 두 점의 x좌표를 x_1, x_2 $(x_1<x_2)$라 할 때, $x_1<0$, $0<x_2<2$를 만족시키는 모든 자연수 k의 값의 합은? (4점)

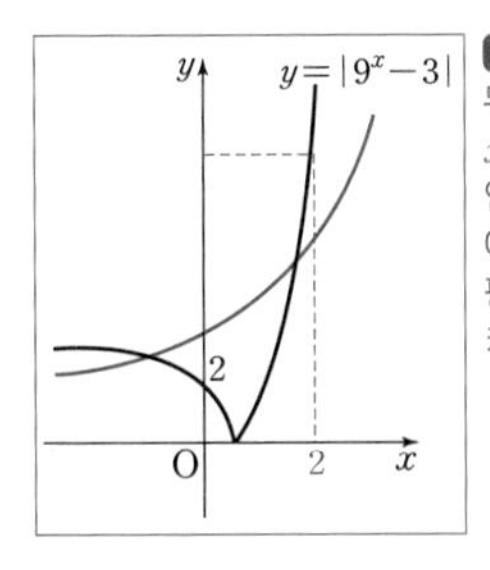

단서 두 곡선의 x좌표가 $x_1(x_1<0)$, $x_2(0<x_2<2)$인 점에서 만나려면 그림과 같아야 하므로 곡선 $y=2^{x+k}$을 평행이동하면서 조건을 만족시키는 k의 값의 범위를 찾자.

① 8 ② 9 ③ 10 ④ 11 ⑤ 12

1st 주어진 조건을 만족시키는 k의 값의 범위를 구해.

$f(x)=|9^x-3|$, $g(x)=2^{x+k}$이라 하자.

$f(2)=|9^2-3|=78$이므로

두 함수 $f(x)$, $g(x)$의 그래프가 만나는 두 점의 x좌표인 x_1, x_2에 대하여 $x_1<0$, $0<x_2<2$를 만족시키려면 그림과 같이 ㉠, ㉡ 사이에 $y=g(x)$의 그래프가 있어야 한다.

→ ㉠보다 위에 위치하면 $x_2>2$가 되고, ㉡보다 아래에 위치하면 $x_1>0$이 되거나 두 곡선의 교점이 없게 돼.

즉, $g(0)>f(0)$, $g(2)<f(2)$를 만족시켜야 한다.

(i) $g(0)>f(0)$에서

$2^k>|9^0-3|=2$

$\therefore k>1$

(ii) $g(2)<f(2)$에서

$2^{2+k}<78$, $4\times2^k<78$, $2^k<19.5<32=2^5$

$\therefore k<5$

(i), (ii)에 의하여 주어진 조건을 만족시키는 k의 값의 범위는

$1<k<5$

따라서 조건을 만족시키는 자연수 k의 값은 2, 3, 4이므로 구하는 합은

$2+3+4=9$

D 63 정답 15 *지수부등식의 활용 [정답률 67%]

(정답 공식: 지수부등식은 밑을 같게 맞춰주어 비교한다. 한 점을 지나는 직선의 식은 기울기를 미지수로 하여 세운다.)

일차함수 $y=f(x)$의 그래프가 그림과 같고 $f(-5)=0$이다. 부등식 $2^{f(x)}\le8$의 해가 $x\le-4$일 때, $f(0)$의 값을 구하시오. (4점)

단서2 주어진 지수부등식에 $f(x)$의 식을 대입하여 구한 해가 $x\le-4$임을 이용하면 함수 $f(x)$의 식의 미지수를 구할 수 있지.

단서1 $f(0)$의 값을 알려면 $f(x)$의 식을 구해야겠지? 일차함수의 그래프가 지나는 한 점의 좌표가 주어졌으니까 일차함수의 식을 미지수를 사용한 식으로 나타내.

1st 일차함수 $f(x)$의 그래프를 이용하여 $f(x)$의 식을 세우자.

주어진 그래프에 의해 일차함수 $f(x)$의 기울기를 $a(a>0)$라 하면

함수 $y=f(x)$의 그래프가 점 $(-5, 0)$을 지나므로 ($f(-5)=0$)

$f(x)=a(x+5)$ $(a>0)$

→ [직선의 방정식] 한 점 (x_1, y_1)을 지나고 기울기가 m인 직선의 방정식은 $y-y_1=m(x-x_1)$

2nd 밑이 1보다 큰 경우의 지수부등식을 풀자.

$2^{f(x)}\le8$에서 $2^{a(x+5)}\le2^3$이므로 $a(x+5)\le3$

$x+5\le\frac{3}{a}$ $(\because a>0)$ $\quad\therefore x\le\frac{3}{a}-5$

이때, 해가 $x\le-4$이므로 $\frac{3}{a}-5=-4$

$\frac{3}{a}=1$ $\quad\therefore a=3$

따라서 $f(x)=3(x+5)$이므로 $f(0)=3\times(0+5)=15$

D 64 정답 25 *지수부등식의 활용 [정답률 51%]

(정답 공식: $5^x=t$ $(t>0)$로 치환한 후, 함수의 그래프를 통해 부등식이 항상 성립하는 상황을 찾는다.)

모든 실수 x에 대하여 지수부등식 $5^{2x}\ge k\cdot5^x-2k-5$가 항상 성립하도록 하는 실수 k의 값의 범위는 $\alpha\le k\le\beta$이다. $|\alpha\beta|$의 값을 구하시오. (4점)

단서 5^x의 꼴이 반복되는 지수를 포함한 부등식이므로 $5^x=t$ $(t>0)$로 치환한 후, 함수의 그래프를 이용하여 문제 상황을 나타내 보자.

1st $5^x=t$ $(t>0)$로 치환하여 주어진 부등식을 변형한 후, 함수의 그래프로 문제 상황을 해석해 봐.

$5^x=t$ $(t>0)$라 하면 주어진 부등식은

$t^2\ge kt-2k-5$, $t^2+5\ge k(t-2)$

실수 부등호를 사용한 비교 문제가 나왔을 때에는 식을 적당하게 변형하여 두 함수 사이의 관계로 풀면 쉽게 풀 수 있어.

이때, $f(t)=t^2+5$, $g(t)=k(t-2)$라 하면 두 함수 $y=f(t)$, $y=g(t)$의 그래프는 그림과 같고, 주어진 부등식이 성립하기 위해서는 $t>0$인 모든 실수 t에 대하여 $f(t)\ge g(t)$이어야 한다.

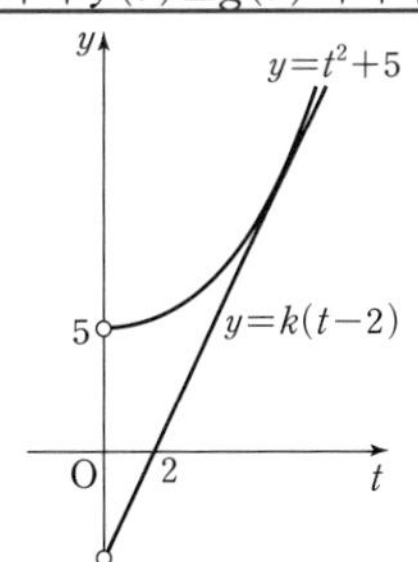

함수 $g(t)=k(t-2)$의 그래프는 k의 값에 관계없이 항상 점 $(2, 0)$을 지나면서 기울기가 k인 직선이야.
따라서 점 $(2, 0)$을 지나는 직선을 움직여 보면서 문제 조건에 맞는 k의 값의 범위를 생각해야 해. 직선 $g(t)$를 움직여 보면 직선 $g(t)$가 점 $(0, 5)$를 지날 때보다는 기울기가 크거나 같고, 곡선 $y=f(t)$와 접할 때보다는 기울기가 작거나 같아야 $t>0$인 모든 실수 t에 대하여 $f(t)\ge g(t)$를 만족하게 돼.

2nd 주어진 조건을 만족시키는 경우를 모두 찾아 k의 값의 범위를 구해.

(i) 함수 $y=g(t)$의 그래프가 점 $(0, 5)$를 지날 때,

$5=k(0-2)$에서 $k=-\frac{5}{2}$

(ii) 두 함수 $f(t)$, $g(t)$의 그래프가 접할 때,

방정식 $t^2+5=k(t-2)$, 즉

$t^2-kt+2k+5=0$이 중근을 가지므로

$D=k^2-8k-20=0$에서 $(k-10)(k+2)=0$

$\therefore k=10$ 또는 $k=-2$

이때, 기울기 k는 양수이므로 $k=10$이다.

→ 이차함수 $y=ax^2+bx+c$의 그래프와 직선 $y=mx+n$의 위치 관계는 이차방정식 $ax^2+bx+c=mx+n$의 판별식을 D라 하면
① $D>0$: 서로 다른 두 점에서 만난다.
② $D=0$: 한 점에서 만난다. (접한다.)
③ $D<0$: 만나지 않는다.

(i), (ii)에서 $-\frac{5}{2}\le k\le10$

따라서 $\alpha=-\frac{5}{2}$, $\beta=10$이므로 $|\alpha\beta|=\left|\left(-\frac{5}{2}\right)\times10\right|=25$

다른 풀이: 치환하여 생긴 이차부등식을 만족시키는 해를 이차함수의 그래프로 해석하기

$5^x=t\ (t>0)$라 치환하면 주어진 부등식은 $t^2\geq kt-2k-5$, 즉 $t^2-kt+2k+5\geq 0$이야. 주어진 부등식이 모든 실수 x에 대하여 성립하려면 t에 대한 이차부등식 $t^2-kt+2k+5\geq 0$이 $t>0$인 모든 실수 t에 대하여 성립해야 해. 이때, $h(t)=t^2-kt+2k+5$라 하면 이차함수 $h(t)$의 그래프의 축이 직선 $t=\frac{k}{2}$이므로 다음과 같이 나눌 수 있어.

(i) $\frac{k}{2}<0$, 즉 $k<0$일 때

$t>0$인 모든 실수 t에 대하여 $h(t)\geq 0$이 성립하려면 함수 $y=h(t)$의 그래프는 [그림 1]과 같아야 하므로 $h(0)\geq 0$에서

$2k+5\geq 0 \quad \therefore k\geq -\frac{5}{2}$

이때, $k<0$이므로 $-\frac{5}{2}\leq k<0$

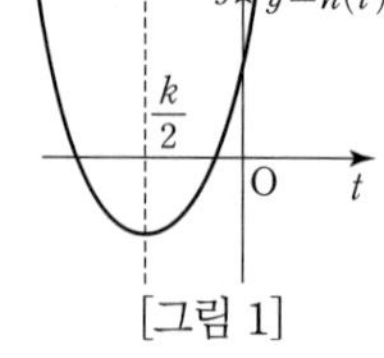

[그림 1]

(ii) $\frac{k}{2}=0$, 즉 $k=0$일 때

$h(t)=t^2+5$의 그래프는 [그림 2]와 같으므로 $t>0$인 모든 실수 t에 대하여 $h(t)\geq 0$이 성립해.

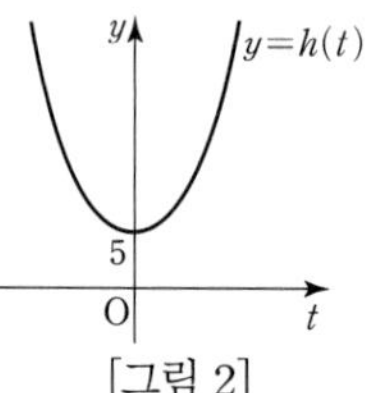

[그림 2]

(iii) $\frac{k}{2}>0$, 즉 $k>0$일 때

$t>0$인 모든 실수 t에 대하여 $h(t)\geq 0$이 성립하려면 함수 $y=h(t)$의 그래프는 [그림 3]과 같아야 하므로

$h(t)=t^2-kt+2k+5$
$=\left(t-\frac{k}{2}\right)^2-\frac{k^2}{4}+2k+5$

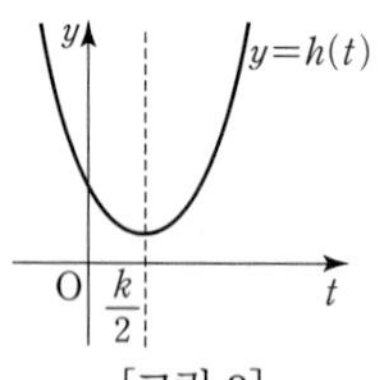

[그림 3]

에서 $-\frac{k^2}{4}+2k+5\geq 0$이어야 해.
→ 함수 $h(t)$의 최솟값이 0 이상이면 $h(t)$의 값은 항상 0 이상이겠지?

즉, $k^2-8k-20\leq 0$에서

$(k+2)(k-10)\leq 0 \quad \therefore -2\leq k\leq 10$

이때, $k>0$이므로 $0<k\leq 10$

(i)~(iii)에서 $-\frac{5}{2}\leq k\leq 10$이야.

(이하 동일)

D 65 정답 7 *로그방정식의 해 - 밑을 같게 만드는 경우 ······ [정답률 87%]

정답 공식: $a>0$, $a\neq 1$일 때, 방정식 $\log_a f(x)=\log_a g(x)$의 해는 방정식 $f(x)=g(x)\ (f(x)>0,\ g(x)>0)$의 해와 같다.

방정식 $\log_2(x-3)=\log_4(3x-5)$를 만족시키는
단서 양변의 밑을 2 또는 4로 통일하여 방정식을 풀면 돼. 이때, 진수 조건에 주의해.
실수 x의 값을 구하시오. (3점)

1st 로그의 진수 조건을 확인해.
$a>0$, $a\neq 1$일 때, $\log_a b$가 정의되기 위해서는 진수 조건 $b>0$을 만족시켜야 해.

$\log_2(x-3)$에서 $x-3>0 \quad \therefore x>3$

$\log_4(3x-5)$에서 $3x-5>0$, $3x>5 \quad \therefore x>\frac{5}{3}$

즉, 진수 조건을 만족시키는 x의 값의 범위는 $x>3$ …㉠이다.

2nd 양변의 밑을 통일하여 방정식의 해를 구해.

$\log_4(3x-5)=\log_{2^2}(3x-5)=\frac{1}{2}\log_2(3x-5)$이므로
$\log_{a^m}b=\frac{1}{m}\log_a b$

$\log_2(x-3)=\log_4(3x-5)$에서 $\log_2(x-3)=\frac{1}{2}\log_2(3x-5)$

$2\log_2(x-3)=\log_2(3x-5)$, $\log_2(x-3)^2=\log_2(3x-5)$
$n\log_a b=\log_a b^n$

$(x-3)^2=3x-5$, $x^2-6x+9=3x-5$, $x^2-9x+14=0$

$(x-2)(x-7)=0 \quad \therefore x=7\ (\because ㉠)$

다른 풀이: 밑을 4로 통일하여 해 구하기

$\log_2(x-3)=\frac{2}{2}\log_2(x-3)=\log_{2^2}(x-3)^2=\log_4(x-3)^2$이므로
$\log_{a^m}b^n=\frac{n}{m}\log_a b$

$\log_2(x-3)=\log_4(3x-5)$에서 $\log_4(x-3)^2=\log_4(3x-5)$

$(x-3)^2=3x-5$

(이하 동일)

한성은 | 2025 수능 응시 · 익산 남성여고 졸
수능에서 고난도 문제를 풀기 위한 시간 확보를 위해 빠르게 풀어야 하는 문제야. 하지만 문제를 푸는 속도에만 치중해서 풀다보면 계산의 정확도가 떨어져서 계산 실수로 문제를 틀릴 수 있기 때문에 시험지를 검토할 때 간단한 문제라고 검토를 건너뛰지 말고 한 번씩 검토 해보는 것을 추천해.

로그방정식의 풀이 개념·공식

① $\log_a f(x)=\log_a g(x)$ 꼴일 때, $f(x)=g(x)$를 푼다.
(단, $f(x)>0$, $g(x)>0$)
② $\log_a f(x)=\log_b g(x)$ 꼴일 때, 밑을 통일하고 ①과 같이 푼다.
③ $\log_a x$, $(\log_a x)^2$이 포함된 식은 $\log_a x=t$로 치환한다.
④ $\{f(x)\}^{\log_a x}$과 같이 지수에 로그가 있을 때에는 양변에 $\log_a$를 취한다.

D 66 정답 7 *로그방정식의 해 - 밑을 같게 만드는 경우 ··· [정답률 91%]

정답 공식: $\log_a f(x)=\log_a g(x)$이면 $f(x)=g(x)$(단, $f(x)>0$, $g(x)>0$)이다.

방정식 $\log_3(x+2)-\log_{\frac{1}{3}}(x-4)=3$을 만족시키는 실수 x의
단서 양변의 밑을 통일하여 방정식을 풀면 돼. 이때, 진수의 조건에 주의해.
값을 구하시오. (3점)

1st 진수의 조건을 구해.

로그의 진수의 조건에 의하여

$x+2>0$에서 $x>-2$이고 $x-4>0$에서 $x>4$이므로

$x>4$ … ㉠이어야 한다.

2nd 주어진 방정식을 만족시키는 x의 값을 구해.

$\log_{\frac{1}{3}}(x-4)=\log_{3^{-1}}(x-4)=-\log_3(x-4)$이므로
$\log_{a^m}b^n=\frac{n}{m}\log_a b$

$\log_3(x+2)-\log_{\frac{1}{3}}(x-4)=3$에서 $\log_3(x+2)+\log_3(x-4)=3$
$\log_a M+\log_a N=\log_a MN$

$\log_3(x+2)(x-4)=3$, $(x+2)(x-4)=3^3$, $x^2-2x-8=27$
$\log_a x=n \Leftrightarrow x=a^n$

$x^2-2x-35=0$, $(x+5)(x-7)=0$

$\therefore x=7\ (\because ㉠)$

D 67 정답 11 *로그방정식의 해 - 밑을 같게 만드는 경우 ···· [정답률 92%]

(정답 공식: $a>0$, $a\neq1$일 때, $\log_a f(x)=\log_a g(x)$이면 $f(x)=g(x)$ (단, $f(x)>0$, $g(x)>0$)이다.)

> 방정식 $\log_5(x+9)=\log_5 4+\log_5(x-6)$을 만족시키는 실수
> 단서 로그의 밑이 모두 같으므로 양변을 하나의 로그로 각각 정리한 후 진수끼리 비교해서 방정식을 풀 수 있어. 이때, 로그의 진수 조건을 반드시 확인해야 해.
> x의 값을 구하시오. (3점)

1st 진수 조건을 확인해.

로그의 진수 조건에 의하여

진수는 양수이어야 해.

$x+9>0$에서 $x>-9$이고 $x-6>0$에서 $x>6$이므로

$x>6$ ··· ㉠이어야 한다.

2nd 방정식을 풀어.

$\log_5(x+9)=\log_5 4+\log_5(x-6)$에서

$\log_a m+\log_a n=\log_a mn$

$\log_5(x+9)=\log_5 4(x-6)$

$x+9=4(x-6)$, $x+9=4x-24$, $3x=33$

$\therefore x=11$ ($\because$ ㉠)

D 68 정답 7 *로그방정식의 해 - 밑을 같게 만드는 경우 ···· [정답률 93%]

(정답 공식: $\log_a f(x)=\log_a g(x)$이면 $f(x)=g(x)$ (단, $f(x)>0$, $g(x)>0$)이다.)

> 방정식 $\log_2(x+1)-5=\log_{\frac{1}{2}}(x-3)$을 만족시키는 실수 x의
> 단서 양변의 밑을 통일하여 방정식을 풀면 돼. 이때, 진수의 조건에 주의해.
> 값을 구하시오. (3점)

1st 진수의 조건을 구해.

로그의 진수의 조건에 의하여

$x+1>0$에서 $x>-1$이고 $x-3>0$에서 $x>3$이므로

$x>3$ ··· ㉠이어야 한다.

2nd 주어진 방정식을 만족시키는 x의 값을 구해.

$\log_{\frac{1}{2}}(x-3)=\log_{2^{-1}}(x-3)=-\log_2(x-3)$이므로

$\log_{a^m}b^n=\frac{n}{m}\log_a b$

$\log_2(x+1)-5=\log_{\frac{1}{2}}(x-3)$에서

$\log_2(x+1)-5=-\log_2(x-3)$, $\log_2(x+1)+\log_2(x-3)=5$

$\log_a M+\log_a N=\log_a MN$

$\log_2(x+1)(x-3)=5$, $(x+1)(x-3)=2^5$

$\log_a x=N \Leftrightarrow x=a^N$

$x^2-2x-3=32$, $x^2-2x-35=0$, $(x+5)(x-7)=0$

$\therefore x=7$ ($\because$ ㉠)

D 69 정답 5 *로그방정식의 해-밑을 같게 만드는 경우 ·· [정답률 88%]

(정답 공식: $\log_a M+\log_a N=\log_a MN$(단, $M>0$, $N>0$))

> 방정식
> $\log_2(x-3)=1-\log_2(x-4)$
> 단서 진수가 식으로 나타나있지? 진수 조건을 잊지마.
> 를 만족시키는 실수 x의 값을 구하시오. (3점)

1st 로그의 성립 조건을 확인하자.

주어진 방정식에서 $x-3$, $x-4$는 로그의 진수이므로

$x-3>0$, $x-4>0$에서 $x>4$

로그가 정의되기 위해서 진수는 항상 양수이어야 해.

2nd 로그의 성질을 이용하자.

방정식 $\log_2(x-3)=1-\log_2(x-4)$에서

$\log_2(x-3)+\log_2(x-4)=1$

$\log_a M+\log_a N=\log_a MN$

$\log_2(x-3)(x-4)=1$, $(x-3)(x-4)=2$

$\log_a N=x \Leftrightarrow a^x=N$

$x^2-7x+10=0$, $(x-2)(x-5)=0$

이때, $x>4$이므로 $x=5$

D 70 정답 10 *로그방정식의 해 - 밑을 같게 만드는 경우 [정답률 89%]

(정답 공식: $\log_a f(x)=\log_a g(x)$이면 $f(x)=g(x)$(단, $f(x)>0$, $g(x)>0$)이다.)

> 방정식 단서 양변의 밑을 통일하여 방정식의 해를 구해. 이때, 로그의 진수 조건을 반드시 확인해야 해.
> $\log_2(x-2)=1+\log_4(x+6)$
> 을 만족시키는 실수 x의 값을 구하시오. (3점)

1st 진수 조건을 생각해.

로그의 진수 조건에 의하여

진수는 양수이어야 해.

$x-2>0$에서 $x>2$이고 $x+6>0$에서 $x>-6$이므로

$x>2$ ··· ㉠이어야 한다.

2nd 방정식을 풀어.

$\log_2(x-2)=1+\log_4(x+6)$에서

$\log_a a=1$

$\frac{2}{2}\log_2(x-2)=\log_4 4+\log_4(x+6)$

$\frac{n}{m}\log_a b=\log_{a^m}b^n$ $\quad\log_a m+\log_a n=\log_a mn$

$\log_4(x-2)^2=\log_4 4(x+6)$, $(x-2)^2=4(x+6)$

$x^2-4x+4=4x+24$, $x^2-8x-20=0$, $(x+2)(x-10)=0$

$\therefore x=10$($\because$ ㉠)

다른 풀이: **밑을 2로 통일하여 방정식 풀기**

$\log_2(x-2)=1+\log_4(x+6)$에서

$\log_2(x-2)=\log_2 2+\frac{1}{2}\log_2(x+6)$

$2\log_2(x-2)=2\log_2 2+\log_2(x+6)$

$\log_2(x-2)^2=\log_2 4(x+6)$

$\therefore (x-2)^2=4(x+6)$

(이하 동일)

D 71 정답 6 *로그방정식의 해-밑을 같게 만드는 경우 ··· [정답률 91%]

(정답 공식: $\log_a f(x)=\log_a g(x)$이면 $f(x)=g(x)>0$이다.)

> 방정식 $\log_2(x+2)+\log_2(x-2)=5$를 만족시키는 실수 x의 값을 구하시오. (3점) 단서 우변을 밑이 2인 로그로 바꾸어 방정식을 풀어.

1st 방정식을 풀자. → $\log_a M+\log_a N=\log_a MN$

$\log_2(x+2)+\log_2(x-2)=5$에서 → $\log_a a^k=k$임을 이용하여 밑이 2인 로그로 바꿔.

$\log_2(x+2)(x-2)=\log_2 2^5$, $(x+2)(x-2)=2^5$

양변의 밑이 2로 같으니까 진수만 생각하면 돼.

$x^2-4=32$, $x^2=36$ $\quad\therefore x=6$ 또는 $x=-6$

그런데 진수 조건에 의하여 $x+2>0$에서 $x>-2$이고 $x-2>0$에서 $x>2$이므로 $x>2$이어야 한다.

실수: 로그에 관련된 문제에서는 항상 진수 조건, 밑 조건에 주의해야 해.

따라서 주어진 부등식을 만족시키는 실수 x의 값은 6이다.

D 72 정답 6 *로그방정식의 해 – 밑을 같게 만드는 경우 [정답률 88%]

정답 공식: $\log_a f(x)=\log_a g(x)$이면 $f(x)=g(x)$(단, $f(x)>0$, $g(x)>0$)이다.

> 방정식 $\log_2(x-1)=\log_4(13+2x)$를 만족시키는 실수 x의 값을 구하시오. (3점)
>
> 단서 양변의 밑을 통일하여 방정식을 풀어.

1st 진수 조건을 생각해.

$\log_a b$가 정의되기 위해서는 밑의 조건 $a>0$, $a\neq1$과 진수 조건 $b>0$을 만족시켜야 해.

$\log_2(x-1)$에서 $x-1>0$ $\quad\therefore x>1 \cdots$ ㉠

$\log_4(13+2x)$에서 $13+2x>0$, $2x>-13$ $\quad\therefore x>-\frac{13}{2}\cdots$ ㉡

진수 조건을 만족시키는 x의 값의 범위는 ㉠, ㉡에서 $x>1\cdots$ ㉢

2nd 주어진 방정식의 해를 구해.

$\log_2(x-1)=\log_4(13+2x)$에서

$\log_{a^m} b=\frac{1}{m}\log_a b$

$\log_2(x-1)=\frac{1}{2}\log_2(13+2x)$, $2\log_2(x-1)=\log_2(13+2x)$

$\log_a b^n=n\log_a b$

$\log_2(x-1)^2=\log_2(13+2x)$, $(x-1)^2=13+2x$

$x^2-4x-12=0$, $(x-6)(x+2)=0$ $\quad\therefore x=6(\because$ ㉢$)$

D 73 정답 9 *로그방정식의 해 – 밑을 같게 만드는 경우 [정답률 88%]

정답 공식: $\log_a f(x)=\log_a g(x)$에서 $f(x)=g(x)$(단, $f(x)>0$, $g(x)>0$)이다.

> 방정식 $\log_2(x-5)=\log_4(x+7)$을 만족시키는 실수 x의 값을 구하시오. (3점)
>
> 단서 양변의 밑을 통일하여 방정식의 해를 구해. 이때, 로그의 진수 조건을 반드시 확인해야 해.

1st 진수 조건을 생각해.

로그의 진수 조건에 의하여 $x-5>0$에서 $x>5$이고 → 진수는 양수이어야 해.

$x+7>0$에서 $x>-7$이므로 $x>5\cdots$ ㉠이어야 한다.

2nd 방정식을 풀어.

→ $\log_{a^m} b=\frac{1}{m}\log_a b$이야.

$\log_4(x+7)=\log_{2^2}(x+7)=\frac{1}{2}\log_2(x+7)$이므로

$\log_2(x-5)=\log_4(x+7)$에서 $\log_2(x-5)=\frac{1}{2}\log_2(x+7)$

→ $m\log_a b=\log_a b^m$

$2\log_2(x-5)=\log_2(x+7)$, $\log_2(x-5)^2=\log_2(x+7)$

$(x-5)^2=x+7$, $x^2-10x+25=x+7$

$x^2-11x+18=0$, $(x-2)(x-9)=0$ $\quad\therefore x=2$ 또는 $x=9$

그런데 ㉠에 의하여 $x=9$이다.

다른 풀이: **밑을 4로 통일하여 방정식 풀기**

$\log_2(x-5)=\frac{2}{2}\log_2(x-5)=\log_{2^2}(x-5)^2=\log_4(x-5)^2$이므로

$\log_2(x-5)=\log_4(x+7)$에서 $\log_4(x-5)^2=\log_4(x+7)$

$\therefore (x-5)^2=x+7$

(이하 동일)

D 74 정답 10 *로그방정식의 해 – 밑을 같게 만드는 경우 [정답률 90%]

정답 공식: 방정식 $\log_a f(x)=\log_a g(x)$의 해는 방정식 $f(x)=g(x)(f(x)>0, g(x)>0)$의 해와 같다.

> 방정식 $\log_2(3x+2)=2+\log_2(x-2)$를 만족시키는 실수 x의 값을 구하시오. (3점)
>
> 단서 우변을 밑이 2인 로그로 나타내어 방정식을 풀어.

1st 로그의 진수 조건을 확인해.

$\log_2(3x+2)=2+\log_2(x-2)$에서 진수 조건에 의하여

$3x+2>0$에서 $x>-\frac{2}{3}$이고 $x-2>0$에서 $x>2$ $\quad\therefore x>2\cdots$ ㉠

2nd 주어진 방정식을 만족시키는 실수 x의 값을 구해.

$2=2\log_2 2=\log_2 2^2=\log_2 4$이므로 → $\log_a a=1$, $n\log_a b=\log_a b^n$

$\log_2(3x+2)=2+\log_2(x-2)$에서

$\log_2(3x+2)=\log_2 4+\log_2(x-2)$, $\log_2(3x+2)=\log_2 4(x-2)$

$3x+2=4(x-2)$, $3x+2=4x-8$ → $\log_a M+\log_a N=\log_a MN$

$\therefore x=10$

이것은 ㉠을 만족시키므로 방정식을 만족시키는 실수 x의 값은 10이다.

백규민 영남대 약학과 2023년 입학 · 대구 성화여고 졸

이 문제를 보자마자 내가 한 생각은 진수 조건을 잘 기억하자는 것이었어. 문제 자체는 쉽지만 예전에 진수가 0보다 커야한다는 조건을 생각하지 않아서 틀린 적이 많았거든. 비록 이 문제에서는 진수 조건을 신경 쓰지 않아도 맞힐 수 있는 문제지만 앞으로 로그방정식, 로그부등식 문제를 풀 때면 반사적으로 진수 조건을 먼저 생각해 봐.

D 75 정답 7 *로그방정식의 해 – 밑을 같게 만드는 경우 [정답률 88%]

정답 공식: $\log_a f(x)=\log_a g(x)$이면 $f(x)=g(x)$ (단, $f(x)>0$, $g(x)>0$)이다.

> 방정식 $\log_3(x-4)=\log_9(x+2)$를 만족시키는 실수 x의 값을 구하시오. (3점)
>
> 단서 양변의 밑을 같게 하여 진수끼리 비교해.

1st 진수 조건을 확인해.

진수 조건에 의하여 $x-4>0$, $x+2>0$이어야 하므로 $x>4\cdots$ ㉠

2nd 로그방정식을 풀어.

→ $\log_{a^m} x=\frac{1}{m}\log_a x$

$\log_9(x+2)=\log_{3^2}(x+2)=\frac{1}{2}\log_3(x+2)$이므로

$\log_3(x-4)=\log_9(x+2)$에서 $\log_3(x-4)=\frac{1}{2}\log_3(x+2)$

→ $k\log_a x=\log_a x^k$

$2\log_3(x-4)=\log_3(x+2)$, $\log_3(x-4)^2=\log_3(x+2)$

$(x-4)^2=x+2$, $x^2-8x+16=x+2$, $x^2-9x+14=0$

$(x-2)(x-7)=0$ $\quad\therefore x=7(\because$ ㉠$)$

다른 풀이: **밑을 9로 통일하여 방정식 풀기**

$\log_3(x-4)=\frac{2}{2}\log_3(x-4)=\log_{3^2}(x-4)^2=\log_9(x^2-8x+16)$

이므로 $\log_3(x-4)=\log_9(x+2)$에서 ← $\log_{a^m}b^n=\frac{n}{m}\log_a b$

$\log_9(x^2-8x+16)=\log_9(x+2)$, $x^2-8x+16=x+2$

$x^2-9x+14=0$, $(x-2)(x-7)=0$ $\quad\therefore x=2$ 또는 $x=7$

그런데 진수 조건에 의하여 $x>4$이므로 $x=7$이야.

D 76 정답 12 *로그방정식의 해-밑을 같게 만드는 경우 …… [정답률 85%]

(정답 공식: 방정식 $\log_a f(x)=\log_a g(x)$는 $f(x)=g(x)$ $(f(x)>0, g(x)>0)$을 푼다.)

방정식 $\log_2 x=1+\log_4(2x-3)$을 만족시키는 모든 실수 x의 값의 곱을 구하시오. (3점) 단서 양변의 밑을 통일하여 방정식을 풀어.

1st 로그의 진수 조건을 확인해.

$\log_2 x=1+\log_4(2x-3)$에서 진수 조건에 의하여

$x>0$이고 $2x-3>0$에서 $2x>3$ $\quad\therefore x>\frac{3}{2}$

따라서 진수 조건을 만족시키는 x의 값의 범위는 $x>\frac{3}{2}$ … ㉠이다.

2nd 양변을 밑이 2인 로그로 변형하여 로그방정식을 풀어.

$\log_2 x=1+\log_4(2x-3)$에서 → $\log_4(2x-3)=\log_{2^2}(2x-3)=\frac{1}{2}\log_2(2x-3)$

$\log_2 x=1+\frac{1}{2}\log_2(2x-3)$

→ $n\log_a b=\log_a b^n$

$2\log_2 x=2+\log_2(2x-3)$

→ $2=2\log_2 2=\log_2 2^2$

$\log_2 x^2=\log_2 2^2+\log_2(2x-3)$

$\log_2 x^2=\log_2 2^2(2x-3)$ $\quad$ $\log_a m+\log_a n=\log_a mn$

$x^2=2^2(2x-3)$, $x^2=8x-12$, $x^2-8x+12=0$

$(x-2)(x-6)=0$ $\quad\therefore x=2$ 또는 $x=6$

이것은 모두 ㉠을 만족시키므로 주어진 방정식을 만족시키는 모든 실수 x의 값은 곱은 $2\times6=12$이다.

D 77 정답 ① *로그방정식의 해-$\log_a x$가 반복되는 경우 ‥ [정답률 90%]

(정답 공식: 같은 꼴이 반복되는 로그방정식은 미지수로 치환하여 푼다.)

방정식 $(\log_3 x)^2+4\log_9 x-3=0$의 모든 실근의 곱은? (3점)
단서 로그의 밑을 3으로 통일한 후 $\log_3 x=t$로 치환해.

① $\frac{1}{9}$ ② $\frac{1}{3}$ ③ $\frac{5}{9}$ ④ $\frac{7}{9}$ ⑤ 1

1st $\log_3 x=t$로 치환한 후 방정식을 풀어.

$\log_3 x=t$라 하면 $(\log_3 x)^2+4\log_9 x-3=0$에서

$(\log_3 x)^2=t^2$, $4\log_9 x=4\log_{3^2}x=2\log_3 x=2t$이므로

$\log_{a^m}b^n=\frac{n}{m}\log_a b$

$t^2+2t-3=0$

$(t+3)(t-1)=0$

$\therefore t=-3$ 또는 $t=1$

즉, $\log_3 x=-3$ 또는 $\log_3 x=1$이므로

주의 지수함수와 다르게 로그함수를 치환할 때에는 y값 전체가 해의 범위이므로 범위의 제한이 존재하지 않고 실수 전체가 다 성립해.

$x=\frac{1}{27}$ 또는 $x=3$

따라서 주어진 방정식의 모든 실근의 곱은 $\frac{1}{27}\times3=\frac{1}{9}$

다른 풀이: **이차방정식의 근과 계수의 관계 이용하기**

$(\log_3 x)^2+4\log_9 x-3=0$에서 $(\log_3 x)^2+2\log_3 x-3=0$

이 방정식의 두 근을 α, β라 하면 이차방정식의 근과 계수의 관계에 의하여 $\log_3\alpha+\log_3\beta=-2$이지?

이차방정식 $ax^2+bx+c=0$의 두 근을 α, β라 하면 $\alpha+\beta=-\frac{b}{a}$, $\alpha\beta=\frac{c}{a}$

즉, $\log_3\alpha\beta=-2$이므로

$\alpha\beta=3^{-2}=\frac{1}{9}$

따라서 주어진 방정식의 모든 실근의 곱은 $\frac{1}{9}$이야.

D 78 정답 ⑤ *로그방정식의 해-$\log_a x$가 반복되는 경우 ‥ [정답률 90%]

(정답 공식: 로그방정식에서 밑이 다를 경우는 밑을 통일시켜주고 반복되는 꼴을 치환하여 이차방정식으로 만든다.)

로그방정식 $\left(\log_3\frac{x}{3}\right)^2-20\log_9 x+26=0$의 두 근을 α, β라 할 때, $\alpha\beta$의 값은? (3점) 단서 $\log_3\frac{x}{3}=\log_3 x-\log_3 3$, $\log_9 x=\frac{1}{2}\log_3 x$임을 이용해서 주어진 방정식의 밑을 3으로 통일해.

① 3^8 ② 3^9 ③ 3^{10} ④ 3^{11} ⑤ 3^{12}

1st 로그의 성질을 이용하여 식을 간단히 해.

$\left(\log_3\frac{x}{3}\right)^2-20\log_9 x+26=0$에서

→ $(\log_3 x-\log_3 3)^2-20\times\log_{3^2}x+26=0$

$(\log_3 x-1)^2-10\log_3 x+26=0$ $\quad$ $(\log_3 x-1)^2-20\times\frac{1}{2}\log_3 x+26=0$

$\therefore (\log_3 x-1)^2-10\log_3 x+26=0$

2nd $\log_3 x=t$로 치환한 후 t의 값을 구해.

이때, $\log_3 x=t$라 하면

$(t-1)^2-10t+26=0$, $t^2-12t+27=0$

$(t-3)(t-9)=0$ $\quad\therefore t=3$ 또는 $t=9$

3rd 구한 t의 값을 $\log_3 x=t$에 대입하여 x의 값을 구해.

$t=3$일 때, $\log_3 x=3$에서 $x=3^3$

$t=9$일 때, $\log_3 x=9$에서 $x=3^9$

$\therefore \alpha\beta=3^3\times3^9=3^{12}$

다른 풀이: **이차방정식의 근과 계수의 관계 이용하기**

x, y의 값을 직접 구해서 계산해도 좋지만 $\log_3 x=t$로 치환하여 구한 방정식 $t^2-12t+27=0$의 근과 계수의 관계로 구해도 좋아.

주어진 방정식의 두 근을 α, β라 하면 $\log_3 x=t$로 치환하여 얻은 $t^2-12t+27=0$의 두 근은 $\log_3\alpha$, $\log_3\beta$지?

그럼, 이 방정식의 두 근의 합은

$\log_3\alpha+\log_3\beta=12$에서 $\log_3\alpha\beta=12$

$\therefore \alpha\beta=3^{12}$

로그방정식의 풀이 개념·공식

① $\log_a f(x)=\log_a g(x)$ 꼴일 때, $f(x)=g(x)$를 푼다.
(단, $f(x)>0$, $g(x)>0$)

② $\log_a f(x)=\log_b g(x)$ 꼴일 때, 밑을 통일하고 ①과 같이 푼다.

③ $\log_a x$, $(\log_a x)^2$이 포함된 식은 $\log_a x=t$로 치환한다.

④ $\{f(x)\}^{\log_a x}$과 같이 지수에 로그가 있을 때에는 양변에 $\log_a$를 취한다.

D 79 정답 16 *로그방정식의 해 - $\log_a x$가 반복되는 경우 [정답률 85%]

(정답 공식: 로그방정식에서 반복되는 꼴을 치환하여 삼차방정식의 형태로 만든 후 인수분해와 근의 공식을 이용한다.)

다음 방정식의 모든 해의 곱을 구하시오. (2점)

$$(\log_2 x)^3+\log_2 x^3=4(\log_2 x)^2+\log_2 x$$

단서 $\log_2 x=t$로 치환하면 주어진 방정식은 t에 대한 삼차방정식이야.

1st 주어진 식을 정리한 후 $\log_a x$가 반복되니까 이걸 t로 치환해.

$(\log_2 x)^3+\log_2 x^3=4(\log_2 x)^2+\log_2 x$에서

$(\log_2 x)^3+3\log_2 x=4(\log_2 x)^2+\log_2 x$이므로

$(\log_2 x)^3-4(\log_2 x)^2+2\log_2 x=0$

여기서 $\log_2 x=t$라 하면 $t^3-4t^2+2t=0$

$t(t^2-4t+2)=0$ → $t^2-4t+2=0$의 좌변이 인수분해가 되지 않으므로 해를 근의 공식을 이용하여 구하면 $t=\frac{-(-4)\pm\sqrt{(-4)^2-4\times1\times2}}{2\times1}=\frac{4\pm2\sqrt{2}}{2}=2\pm\sqrt{2}$

$\therefore t=0$ 또는 $t=2\pm\sqrt{2}$

$\log_2 x=0$ 또는 $\log_2 x=2\pm\sqrt{2}$

$\therefore x=1$ 또는 $x=2^{2\pm\sqrt{2}}$

따라서 모든 해의 곱은

$1\times2^{2+\sqrt{2}}\times2^{2-\sqrt{2}}=2^{2+\sqrt{2}+2-\sqrt{2}}=2^4=16$

다른 풀이: **삼차방정식의 근과 계수의 관계 이용하기**

$(\log_2 x)^3-4(\log_2 x)^2+2\log_2 x=0$의 세 근을 α, β, γ라 하면

$\log_2 x=t$로 치환한 방정식 $t^3-4t^2+2t=0$의 세 근은

$\log_2\alpha$, $\log_2\beta$, $\log_2\gamma$야.

그런데 구하는 값이 $\alpha\beta\gamma$이므로 $\log_2\alpha\beta\gamma$의 값을 구하자.

$\log_2\alpha\beta\gamma=\log_2\alpha+\log_2\beta+\log_2\gamma$는 근과 계수의 관계에 의해서 4야.

즉, $\log_2\alpha\beta\gamma=4$이므로

$\alpha\beta\gamma=2^4=16$이라구.

[삼차방정식의 근과 계수의 관계] 삼차방정식 $ax^3+bx^2+cx+d=0$의 세 근을 α, β, γ라 하면 $\alpha+\beta+\gamma=-\frac{b}{a}$, $\alpha\beta+\beta\gamma+\gamma\alpha=\frac{c}{a}$, $\alpha\beta\gamma=-\frac{d}{a}$

D 80 정답 32 *로그방정식의 해 - $\log_a x$가 반복되는 경우 [정답률 62%]

(정답 공식: $\log_a MN=\log_a M+\log_a N$, $\log_a\frac{M}{N}=\log_a M-\log_a N$)

방정식 $\left(\log_2\frac{x}{2}\right)(\log_2 4x)=4$의 서로 다른 두 실근 α, β에 대하여 $64\alpha\beta$의 값을 구하시오. (4점)

단서 밑이 2로 동일한 로그들의 곱으로 이루어진 방정식이야. 로그의 성질을 이용하여 진수를 간단히 할 수 있어.

1st 로그의 성질을 이용하여 식을 간단히 하자.

$\left(\log_2\frac{x}{2}\right)(\log_2 4x)=4$

$(\log_2 x-1)(\log_2 x+2)=4$

→ 로그의 성질을 이용하여 식을 정리하는 과정이야. $\log_2\frac{x}{2}=\log_2 x-\log_2 2=\log_2 x-1$, $\log_2 4x=\log_2 4+\log_2 x=2+\log_2 x$

2nd 치환한 후 이차방정식의 해를 구하자.

$\log_2 x=X$(X는 실수)로 놓으면

$(X-1)(X+2)=4$, $X^2+X-2=4$

$X^2+X-6=0$, $(X-2)(X+3)=0$

$X=2$ 또는 $X=-3$

$\therefore \log_2\alpha=2$, $\log_2\beta=-3$

($\log_2 x=X$이므로 $X=2$이면 $\log_2 x=2$이므로 $x=2^2$, $X=-3$이면 $\log_2 x=-3$이므로 $x=2^{-3}$이야.)

즉, $\alpha\beta=2^2\times2^{-3}=2^{-1}=\frac{1}{2}$

$\therefore 64\alpha\beta=64\times\frac{1}{2}=32$

D 81 정답 ① *여러 가지 로그방정식의 풀이 [정답률 80%]

(정답 공식: $\log mn=\log m+\log n$이고, α, β를 두 근으로 하는 이차항의 계수가 1인 이차방정식은 $x^2-(\alpha+\beta)x+\alpha\beta=0$이다.)

두 양수 a, $b(a<b)$가 다음 조건을 만족시킬 때, $\log\frac{b}{a}$의 값은? (3점)

(가) $ab=10^2$

(나) $\log a\times\log b=-3$

단서 양변에 상용로그를 취하면 두 수의 합으로 표현가능 해. 그럼, 두 수의 합과 곱이 주어졌으니까 두 수를 근으로 하는 이차방정식을 생각해야 해.

① 4 ② 5 ③ 6 ④ 7 ⑤ 8

1st $\log a$와 $\log b$를 두 근으로 하는 이차방정식을 세워서 해결해.

조건 (가)의 양변에 상용로그를 취하면

$\log ab=\log 10^2$에서 $\log a+\log b=2$

$\log_a m^k=k\log_a m$, $\log_a mn=\log_a m+\log_a n$

조건 (나)에서 $\log a\times\log b=-3$

이때, $\log a$, $\log b$를 두 근으로 하고 이차항의 계수가 1인 이차방정식은

$t^2-2t-3=0$

(α, β를 두 근으로 하고 이차항의 계수가 1인 이차방정식은 $x^2-(\alpha+\beta)x+\alpha\beta=0$이야.)

$(t-3)(t+1)=0$

$\therefore t=3$ 또는 $t=-1$

이때, $a<b$이므로 $\log a=-1$, $\log b=3$

$\therefore \log\frac{b}{a}=\log b-\log a=3-(-1)=4$

→ 여기서 $a=10^{-1}$, $b=10^3$이므로 $\log\frac{b}{a}=\log\frac{10^3}{10^{-1}}=\log 10^4=4$로도 구할 수 있어.

다른 풀이: **$\log a$에 대한 이차방정식을 만들어 해를 직접 구하기**

조건 (가)에서 $b=\frac{10^2}{a}$이므로

조건 (나)에서 $\log a\times\log b=\log a\times\log\frac{10^2}{a}=-3$

($\log\frac{10^2}{a}=\log 10^2-\log a=2-\log a$)

$\log a\times(2-\log a)=-3$, $(\log a)^2-2\log a-3=0$

$(\log a-3)(\log a+1)=0$

따라서 $\log a=3$ 또는 $\log a=-1$이므로 $a=10^3$ 또는 $a=10^{-1}$

이때, $a=10^3$이면 $b=10^{-1}$이고, $a=10^{-1}$이면 $b=10^3$

그런데 $a<b$이므로 $a=10^{-1}$, $b=10^3$

$\therefore \log\frac{b}{a}=\log\frac{10^3}{10^{-1}}=\log 10^4=4$

수능 핵강

* 합과 곱으로 이루어진 연립방정식을 푸는 방법

$a+b=s$, $ab=k$를 만족시키는 a, b는 다음과 같이 풀 수 있어.

(i) 직접적으로 a, b를 구하는 방법

$a+b=s \Rightarrow b=s-a$를 $ab=k$에 대입하면 $a(s-a)=k$

$\therefore a^2-sa+k=0$

인수분해나 근의 공식을 이용하여 a의 값을 구하고

$b=s-a$에 대입하여 b의 값을 구할 수 있어.

(ii) 두 근이 a, b인 이차방정식을 세워서 구하는 방법

두 근이 a, b인 이차방정식을 세우면

$(t-a)(t-b)=0$이므로 $t^2-(a+b)t+ab=0$

즉, t에 관한 이차방정식 $t^2-st+k=0$의 해가 a, b가 돼.

따라서 t에 관한 이차방정식 $t^2-st+k=0$에서 인수분해나 근의 공식으로 t를 구하면 바로 a, b의 값을 구할 수 있어.

D 82 정답 15 *여러 가지 로그방정식의 풀이 [정답률 81%]

(정답 공식: x와 y의 관계식을 구한 뒤 하나의 문자로 통일한다.)

두 실수 x, y에 대한 연립방정식 $\begin{cases} 2^x-2\cdot4^{-y}=7 \\ \log_2(x-2)-\log_2 y=1 \end{cases}$의 해를 $x=\alpha$, $y=\beta$라 할 때, $10\alpha\beta$의 값을 구하시오. (4점)

단서 첫 번째 지수방정식에서는 x, y의 관계식이 간단하게 나오지가 않아. 두 번째 로그방정식을 풀어 x, y에 대한 일차식을 만들어보자.

1st 지수와 로그의 성질을 사용해서 주어진 식을 간단하게 정리하자.

$2^x-2\times4^{-y}=7$에서 $2^x-2\times2^{-2y}=7$ … ㉠

$\log_2(x-2)-\log_2 y=1$에서 $\log_2\dfrac{x-2}{y}=\log_2 2$, $\dfrac{x-2}{y}=2$

$\therefore 2y=x-2$ … ㉡

㉡을 ㉠에 대입하면 $2^x-2\times2^{-(x-2)}=7$

$2^x-2\times2^{-(x-2)}=2^x-2\times2^{-x+2}=2^x-2^{1+(-x+2)}=2^x-2^{-x+3}=2^x-8\times2^{-x}$

$2^x-8\times2^{-x}=7$

양변에 2^x을 곱하면

$(2^x)^2-8=7\times2^x$, $(2^x)^2-7\times2^x-8=0$

2nd $2^x=t$로 치환하자.

$2^x=t\ (t>0)$라 하면

$t^2-7t-8=0$, $(t+1)(t-8)=0$ $\therefore t=8\ (\because t>0)$

즉, $t=2^x=8=2^3$이므로 $x=3$

이것을 ㉡에 대입하면 $2y=3-2=1$ $\therefore y=\dfrac{1}{2}$

따라서 $\alpha=3$, $\beta=\dfrac{1}{2}$이므로 $10\alpha\beta=10\times3\times\dfrac{1}{2}=15$

D 83 정답 32 *여러 가지 로그방정식의 풀이 [정답률 77%]

(정답 공식: x와 y의 관계식을 구한 뒤 로그의 성질을 이용해 식을 간단히 한다.)

두 실수 x, y에 대한 연립방정식

$\begin{cases} 3^x=9^y \\ (\log_2 8x)(\log_2 4y)=-1 \end{cases}$

단서1 지수방정식을 풀어 x, y 사이의 관계식을 하나 구해.

단서2 로그의 성질을 이용해 식을 정리한 다음 단서1 에서 구한 x, y의 관계식을 대입해봐.

의 해를 $x=\alpha$, $y=\beta$라 할 때, $\dfrac{1}{\alpha\beta}$의 값을 구하시오. (3점)

1st 지수방정식으로 x, y의 관계식을 구하자.

$3^x=9^y$에서 $3^x=3^{2y}$

$\therefore x=2y$ … ㉠

2nd 로그방정식의 해를 구하자.

$(\log_2 8x)(\log_2 4y)=-1$에서

$(\log_2 8+\log_2 x)(\log_2 4+\log_2 y)=-1$

$(3+\log_2 x)(2+\log_2 y)=-1$

㉠을 대입하면 $(3+\log_2 2y)(2+\log_2 y)=-1$

$3+\log_2 2y=3+(\log_2 2+\log_2 y)=3+1+\log_2 y=4+\log_2 y$

$(4+\log_2 y)(2+\log_2 y)=-1$

이때, $\log_2 y=t$라 하면

$(t+4)(t+2)=-1$, $t^2+6t+8=-1$, $t^2+6t+9=0$

$(t+3)^2=0$ $\therefore t=-3$

즉, $\log_2 y=-3$이므로 $y=\dfrac{1}{8}$이고, ㉠에서 $x=\dfrac{1}{4}$

$y=2^{-3}=\dfrac{1}{2^3}=\dfrac{1}{8}$, $x=2y=2\times\dfrac{1}{8}=\dfrac{1}{4}$

따라서 $\alpha=\dfrac{1}{4}$, $\beta=\dfrac{1}{8}$이므로 $\alpha\beta=\dfrac{1}{4}\times\dfrac{1}{8}=\dfrac{1}{32}$에서 $\dfrac{1}{\alpha\beta}=32$이다.

D 84 정답 23 *여러 가지 로그방정식의 풀이 [정답률 71%]

(정답 공식: 로그의 연립방정식에서 공통된 부분이 없을 경우 밑의 변환공식을 이용해 공통된 부분을 만든다.)

연립방정식 $\begin{cases} \log_2 x+\log_3 y=5 \\ \log_3 x\cdot\log_2 y=6 \end{cases}$의 해를 $x=\alpha$, $y=\beta$라 할 때, $\beta-\alpha$의 최댓값을 구하시오. (4점)

단서 두 번째 식에서 $\log_2 x$, $\log_3 y$가 나오도록 밑의 변환 공식을 이용해 식을 정리해보자.

1st $\log_a b\times\log_b a=1$을 이용하여 식을 정리하자.

$\log_3 x\times\log_2 y=\dfrac{\log_2 x}{\log_2 3}\times\dfrac{\log_3 y}{\log_3 2}=\log_2 x\times\log_3 y=6$

연립방정식의 첫 번째 방정식에 $\log_2 x$, $\log_3 y$가 있으므로 공통부분을 만들어 치환하기 위해 식을 변환한 거야.

주의 $\log_a b=\dfrac{\log_c b}{\log_c a}$를 사용하여 식을 정리하자.

2nd $\log_2 x=X$, $\log_3 y=Y$로 놓고, X, Y에 관한 연립방정식을 풀자.

$\log_2 x=X$, $\log_3 y=Y$라 하면 $\begin{cases} X+Y=5 \\ XY=6 \end{cases}$

$X+Y=5$에서 $Y=5-X$를 $XY=6$에 대입하면

$X(5-X)=6$

$X^2-5X+6=0$, $(X-2)(X-3)=0$

$\therefore X=2$ 또는 $X=3$

$Y=5-X$이므로 $X=2$이면 $Y=3$, $X=3$이면 $Y=2$

$\therefore \begin{cases} X=2 \\ Y=3 \end{cases}$ 또는 $\begin{cases} X=3 \\ Y=2 \end{cases}$

3rd 치환한 것을 다시 원래대로 바꿔서 $x=\alpha$, $y=\beta$의 값을 각각 구하자.

$\log_2 x=X$, $\log_3 y=Y$이므로

$\begin{cases} \log_2 x=2 \\ \log_3 y=3 \end{cases}$에서 $\begin{cases} x=4 \\ y=27 \end{cases}$ 또는 $\begin{cases} \log_2 x=3 \\ \log_3 y=2 \end{cases}$에서 $\begin{cases} x=8 \\ y=9 \end{cases}$

따라서 $\beta-\alpha$의 값은 $27-4=23$ 또는 $9-8=1$이므로 $\beta-\alpha$의 최댓값은 23이다.

다른 풀이: **합과 곱으로 이루어진 연립방정식을 t에 대한 이차방정식으로 변형하여 풀기**

$\begin{cases} X+Y=5 \\ XY=6 \end{cases}$에서 X, Y를 두 근으로 하는 t에 대한 방정식을 세우면

$t^2-(X+Y)t+XY=0$에서

$t^2-5t+6=0$, $(t-2)(t-3)=0$

$\therefore t=2$ 또는 $t=3$

즉, $X=2$, $Y=3$ 또는 $X=3$, $Y=2$가 돼.

(이하 동일)

D 85 정답 ① *로그방정식의 활용 [정답률 81%]

(정답 공식: $\log_a x$가 반복되는 로그방정식은 $\log_a x$를 치환하여 방정식을 푼다.)

$a>2$인 상수 a에 대하여 두 수 $\log_2 a$, $\log_a 8$의 합과 곱이 각각 4, k일 때, $a+k$의 값은? (3점)

단서1 두 수 $\log_2 a$, $\log_a 8$의 값의 범위가 정해진 거야.

단서2 밑의 변환 공식을 이용하면 두 수의 밑을 통일하여 나타낼 수 있어.

① 11 ② 12 ③ 13 ④ 14 ⑤ 15

1st 두 수의 합이 4임을 이용하여 a의 값을 구해.

두 수 $\log_2 a$, $\log_a 8=\log_a 2^3=3\log_a 2=\frac{3}{\log_2 a}$의 합이 4이므로

$\log_a b^n=n\log_a b$ $\log_a b=\frac{1}{\log_b a}$

$\log_2 a+\frac{3}{\log_2 a}=4$ ⋯ ㉠

이때, $\log_2 a=t$라 하면 $a>2$에 의하여 $t>1$이고 ㉠에서

함수 $t=\log_2 a$는 $a>0$에서 증가하는 함수이고 그래프는 점 $(2, 1)$을 지나므로 $a>2$에서 $t>1$이야.

$t+\frac{3}{t}=4$, $t^2-4t+3=0$

$(t-1)(t-3)=0 \quad \therefore t=3\ (\because t>1)$

즉, $\log_2 a=3$에서 $a=2^3=8$

2nd k의 값을 구하고 $a+k$를 계산해.

한편, 두 수 $\log_2 a$, $\log_a 8=\frac{3}{\log_2 a}$의 곱이 k이므로

$k=\log_2 a\times\frac{3}{\log_2 a}=3$

$\therefore a+k=8+3=11$

즉, $-\log_2(-x_3+k)=\log_2 x_3$에서 $\log_2\frac{1}{-x_3+k}=\log_2 x_3$

$\rightarrow -\log_2(-x_3+k)=\log_2(-x_3+k)^{-1}=\log_2\frac{1}{-x_3+k}$

$\frac{1}{-x_3+k}=x_3$, $1=-x_3^2+kx_3 \quad \therefore x_3^2-kx_3+1=0$ ⋯ ㉡

㉠, ㉡에 의하여 x_1, x_3은 이차방정식 $x^2-kx+1=0$의 서로 다른 두 실근이다. 따라서 이차방정식의 근과 계수의 관계에 의하여

$x_1+x_3=k$, $x_1x_3=1$ ⋯ ㉢   이차방정식 $ax^2+bx+c=0$의 두 근이 α, β이면 $\alpha+\beta=-\frac{b}{a}$, $\alpha\beta=\frac{c}{a}$가 성립해.

3rd x_1+x_3의 값을 구해.

$x_3-x_1=2\sqrt{3}$의 양변을 제곱하면 $(x_3-x_1)^2=12$ ⋯ ㉣

이때, $(x_3-x_1)^2=(x_3+x_1)^2-4x_3x_1$이므로 이것을 ㉣에 대입하면

$(x_3+x_1)^2-4x_3x_1=12$에서 $(a+b)^2=(a-b)^2+4ab$, $(a-b)^2=(a+b)^2-4ab$

$(x_3+x_1)^2=12+4x_3x_1=12+4\times1\ (\because ㉢)=16$

$\therefore x_1+x_3=4\ (\because x_1>0,\ x_3>0)$

곡선 $y=|\log_2 x|$ 위의 점인 P, Q, R의 x좌표가 각각 x_1, x_2, x_3이므로 로그의 진수 조건에 의하여 $x_1>0$, $x_2>0$, $x_3>0$이어야 해.

D 86 정답 ③ *로그방정식의 활용 [정답률 61%]

(정답 공식: $\log_a f(x)=\log_a g(x)$이면 $f(x)=g(x)$이다.)

2보다 큰 상수 k에 대하여 두 곡선 $y=|\log_2(-x+k)|$, $y=|\log_2 x|$가 만나는 세 점 P, Q, R의 x좌표를 각각 x_1, x_2, x_3이라 하자. $x_3-x_1=2\sqrt{3}$일 때, x_1+x_3의 값은? (단, $x_1<x_2<x_3$) (3점)

단서 x_1, x_2, x_3은 방정식 $|\log_2(-x+k)|=|\log_2 x|$의 서로 다른 세 실근이야.

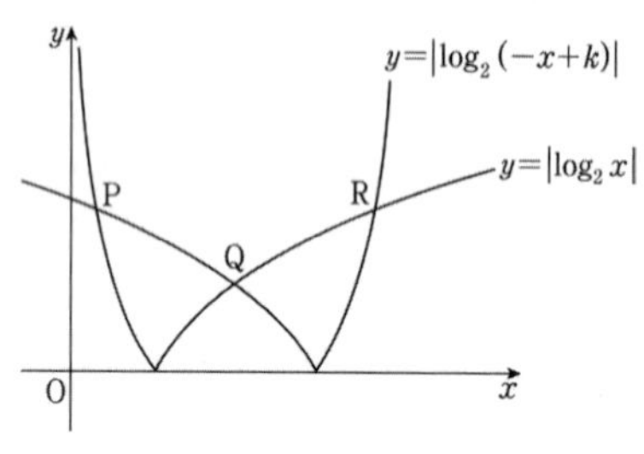

① $\frac{7}{2}$ ② $\frac{15}{4}$ ③ 4 ④ $\frac{17}{4}$ ⑤ $\frac{9}{2}$

1st 주어진 두 곡선의 방정식을 파악하자.

$y=|\log_2 x|=\begin{cases}-\log_2 x & (0<x<1)\\ \log_2 x & (x\ge1)\end{cases}$

$y=|\log_2(-x+k)|=\begin{cases}-\log_2(-x+k) & (k-1<x<k)\\ \log_2(-x+k) & (x\le k-1)\end{cases}$

$\rightarrow \log_2(-x+k)=\log_2\{-(x-k)\}$이므로 곡선 $y=|\log_2(-x+k)|$는 곡선 $y=|\log_2(-x)|$를 x축의 방향으로 k만큼 평행이동한 거야.

2nd x_1, x_3 사이의 관계식을 구해.

점 P는 두 곡선 $y=\log_2(-x+k)$, $y=-\log_2 x$의 교점이므로 방정식 $\log_2(-x+k)=-\log_2 x$의 해가 x_1이다.

즉, $\log_2(-x_1+k)=-\log_2 x_1$에서 $\log_2(-x_1+k)=\log_2\frac{1}{x_1}$

$-\log_2 x_1=\log_2(x_1)^{-1}=\log_2\frac{1}{x_1}$

$-x_1+k=\frac{1}{x_1}$, $-x_1^2+kx_1=1 \quad \therefore x_1^2-kx_1+1=0$ ⋯ ㉠

점 R는 두 곡선 $y=-\log_2(-x+k)$, $y=\log_2 x$의 교점이므로 방정식 $-\log_2(-x+k)=\log_2 x$의 해가 x_3이다.

D 87 정답 ① *로그방정식의 활용 [정답률 75%]

(정답 공식: 방정식 $\log_a f(x)=\log_a g(x)$의 해는 방정식 $f(x)=g(x)$($f(x)>0$, $g(x)>0$)의 해와 같다.)

$\frac{1}{2}<\log a<\frac{11}{2}$인 양수 a에 대하여 $\frac{1}{3}+\log\sqrt{a}$의 값이 자연수가 되도록 하는 모든 a의 값의 곱은? (4점)

단서 이 값이 가질 수 있는 자연수를 찾아서 로그방정식을 풀면 돼.

① 10^{10} ② 10^{11} ③ 10^{12} ④ 10^{13} ⑤ 10^{14}

1st $\frac{1}{3}+\log\sqrt{a}$의 값으로 가능한 자연수부터 찾자.

$\frac{1}{2}<\log a<\frac{11}{2}$의 각 변에 $\frac{1}{2}$을 곱하면

$\frac{1}{4}<\frac{1}{2}\log a=\log\sqrt{a}<\frac{11}{4}$ $\frac{1}{2}\log a=\log a^{\frac{1}{2}}=\log\sqrt{a}$

다시 각 변에 $\frac{1}{3}$을 더하면

$\frac{7}{12}<\frac{1}{3}+\log\sqrt{a}<\frac{37}{12}$ $\frac{7}{12}=0.583\cdots$, $\frac{37}{12}=3.083\cdots$

따라서 $\frac{1}{3}+\log\sqrt{a}$의 값이 자연수인 경우는 1, 2, 3이다.

2nd 로그방정식을 풀어 모든 a의 값의 곱을 구하자.

(i) $\frac{1}{3}+\log\sqrt{a}=1$에서 $\frac{1}{2}\log a=\frac{2}{3}$, $\log a=\frac{4}{3}=\log 10^{\frac{4}{3}}$

$\therefore a=10^{\frac{4}{3}}$ $\log f(x)=\log g(x)$이면 $f(x)=g(x)$ (단, $f(x)>0$, $g(x)>0$)

(ii) $\frac{1}{3}+\log\sqrt{a}=2$에서

$\frac{1}{2}\log a=\frac{5}{3}$, $\log a=\frac{10}{3}=\log 10^{\frac{10}{3}}$

$\therefore a=10^{\frac{10}{3}}$

(iii) $\frac{1}{3}+\log\sqrt{a}=3$에서

$\frac{1}{2}\log a=\frac{8}{3}$, $\log a=\frac{16}{3}=\log 10^{\frac{16}{3}}$

$\therefore a=10^{\frac{16}{3}}$

(i)~(iii)에 의하여 조건을 만족시키는 모든 a의 값은 $10^{\frac{4}{3}}$, $10^{\frac{10}{3}}$, $10^{\frac{16}{3}}$이므로

(구하는 곱)$=10^{\frac{4}{3}}\times10^{\frac{10}{3}}\times10^{\frac{16}{3}}=10^{\frac{4}{3}+\frac{10}{3}+\frac{16}{3}}=10^{10}$

$a^m\times a^n=a^{m+n}$

D 88 정답 75 *로그방정식의 활용 [정답률 63%]

(정답 공식: x에 대한 방정식 $\log_a x=k$의 해는 $x=a^k$이다.)

단서1 $|\log_a x|=\begin{cases}-\log_a x\ (0<x<1)\\ \log_a x\ (x\geq 1)\end{cases}$이므로 곡선 $y=|\log_a x|$와 직선 $y=k(k>0)$은 $0<x<1$일 때 한 점에서 만나고 $x>1$일 때 한 점에서 만나.

그림과 같이 1보다 큰 실수 a에 대하여 곡선 $y=|\log_a x|$가 직선 $y=k\ (k>0)$과 만나는 두 점을 각각 A, B라 하고, 직선 $y=k$가 y축과 만나는 점을 C라 하자. $\overline{\text{OC}}=\overline{\text{CA}}=\overline{\text{AB}}$일 때, 곡선 $y=|\log_a x|$와 직선 $y=2\sqrt{2}$가 만나는 두 점 사이의 거리는 d이다. $20d$의 값을 구하시오. (단, O는 원점이고, 점 A의 x좌표는 점 B의 x좌표보다 작다.) (4점)

단서2 세 점 A, B, C의 좌표를 k에 대하여 나타낼 수 있는 조건이야.

단서3 곡선 $y=|\log_a x|$와 직선 $y=2\sqrt{2}$가 만나는 두 점의 y좌표는 서로 같으므로 이 두 점 사이의 거리는 두 점의 x좌표의 차와 같아.

1st 세 점 A, B, C의 좌표를 k로 나타내자.

직선 $y=k$가 y축과 만나는 점이 C이므로 점 C의 좌표는 $(0,\ k)$이다.
이때, $\overline{\text{OC}}=\overline{\text{CA}}=\overline{\text{AB}}=k$이므로 $\overline{\text{CB}}=2k$이고, 두 점 A, B는 곡선 $y=|\log_a x|$가 직선 $y=k$와 만나는 점이므로 두 점 A, B의 좌표는 각각 $(k,\ k)$, $(2k,\ k)$이다.

2nd 실수 a의 값을 구하자.

$y=|\log_a x|=\begin{cases}-\log_a x\ (0<x<1)\\ \log_a x\ (x\geq 1)\end{cases}$이므로

점 A는 곡선 $y=-\log_a x$와 직선 $y=k$가 만나는 점이고 점 B는 곡선 $y=\log_a x$와 직선 $y=k$가 만나는 점이다. 문제의 조건에서 점 A의 x좌표는 점 B의 x좌표보다 작다고 했지?

즉, $-\log_a k=k$, $\log_a 2k=k$이고 두 식을 연립하면

$-\log_a k=\log_a 2k$에서

$\log_a 2k+\log_a k=0$, $\log_a 2k^2=0=\log_a 1$ ($\log_a x+\log_a y=\log_a xy$)

$2k^2=1$, $k^2=\frac{1}{2}$ $\quad\therefore k=\frac{\sqrt{2}}{2}$ ($\because k>0$)

이것을 $\log_a 2k=k$에 대입하면

$\log_a\sqrt{2}=\frac{\sqrt{2}}{2}$, $\frac{1}{2}\log_a 2=\frac{\sqrt{2}}{2}$ ($\log_a\sqrt{2}=\log_a 2^{\frac{1}{2}}=\frac{1}{2}\log_a 2$, $\log_a b^k=k\log_a b$)

$\log_a 2=\sqrt{2}=\log_a a^{\sqrt{2}}$, $a^{\sqrt{2}}=2$ $\quad\therefore a=2^{\frac{1}{\sqrt{2}}}=2^{\frac{\sqrt{2}}{2}}$

3rd 곡선 $y=|\log_a x|$와 직선 $y=2\sqrt{2}$가 만나는 두 점 사이의 거리를 구하자.

곡선 $y=|\log_a x|=\begin{cases}-\log_a x\ (0<x<1)\\ \log_a x\ (x\geq 1)\end{cases}$과 직선 $y=2\sqrt{2}$가 만나는 두 점의 x좌표를 각각 α, $\beta\ (\alpha<\beta)$라 하면

$-\log_a\alpha=2\sqrt{2}=\log_a a^{2\sqrt{2}}$

$\therefore \alpha=a^{-2\sqrt{2}}=\left(2^{\frac{\sqrt{2}}{2}}\right)^{-2\sqrt{2}}=2^{-2}=\frac{1}{4}$ ($(a^m)^n=a^{mn}$)

또, $\log_a\beta=2\sqrt{2}=\log_a a^{2\sqrt{2}}$ $\quad\therefore \beta=a^{2\sqrt{2}}=\left(2^{\frac{\sqrt{2}}{2}}\right)^{2\sqrt{2}}=2^2=4$

따라서 곡선 $y=|\log_a x|$와 직선 $y=2\sqrt{2}$가 만나는 두 점 사이의 거리 d는 $d=\beta-\alpha=4-\frac{1}{4}=\frac{15}{4}$

$\therefore 20d=20\times\frac{15}{4}=75$

D 89 정답 ⑤ *로그방정식의 활용 [정답률 72%]

(정답 공식: 두 함수 $y=f(x)$, $y=g(x)$의 그래프의 교점의 x좌표는 방정식 $f(x)=g(x)$의 해와 같다.)

단서1 진수에 절댓값이 있는 로그함수이므로 절댓값 안이 0보다 작은 경우와 0보다 큰 경우로 나누어 생각해야 해.

함수 $y=\log_3|2x|$의 그래프와 함수 $y=\log_3(x+3)$의 그래프가 만나는 서로 다른 두 점을 각각 A, B라 하자. 점 A를 지나고 직선 AB와 수직인 직선이 y축과 만나는 점을 C라 할 때, 삼각형 ABC의 넓이는?

단서2 삼각형 ABC는 $\angle\text{CAB}=90°$인 직각삼각형이야.

(단, 점 A의 x좌표는 점 B의 x좌표보다 작다.) (4점)

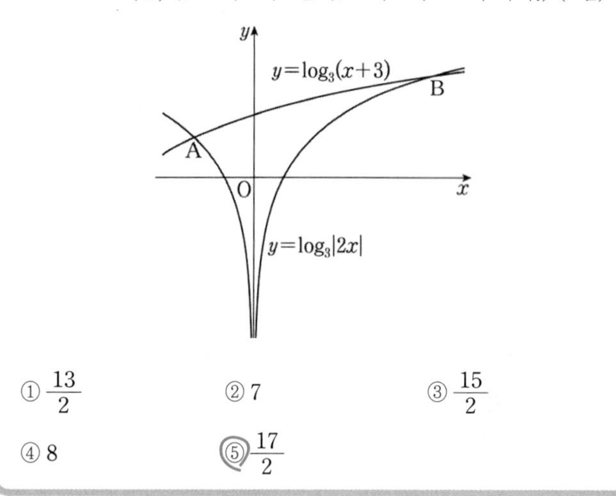

① $\frac{13}{2}$ ② 7 ③ $\frac{15}{2}$ ④ 8 ⑤ $\frac{17}{2}$

1st 두 점 A, B의 좌표를 구하자.

(i) $x<0$일 때, $y=\log_3|2x|=\log_3(-2x)$이므로
두 함수 $y=\log_3|2x|$, $y=\log_3(x+3)$의 그래프가 제2사분면에서 만나는 점 A의 x좌표는
$\log_3|2x|=\log_3(x+3)$에서
$\log_3(-2x)=\log_3(x+3)$
$-2x=x+3$, $3x=-3$
$\therefore x=-1$ ($\log_a f(x)=\log_a g(x)$이면 $f(x)=g(x)$야.)
따라서 점 A의 좌표는 $(-1,\ \log_3 2)$이다. (점 A의 x좌표를 $y=\log_3(x+3)$ 또는 $y=\log_3|2x|$에 대입하여 y좌표를 구한 거야.)

(ii) $x>0$일 때, $y=\log_3|2x|=\log_3 2x$이므로
두 함수 $y=\log_3|2x|$, $y=\log_3(x+3)$의 그래프가 제1사분면에서 만나는 점 B의 x좌표는
$\log_3|2x|=\log(x+3)$에서
$\log_3 2x=\log_3(x+3)$
$2x=x+3$
$\therefore x=3$
따라서 점 B의 좌표는 $(3,\ \log_3 6)$이다.

2nd 점 C의 좌표를 구하자.

직선 AB의 기울기는

$\frac{\log_3 6-\log_3 2}{3-(-1)}=\frac{\log_3\frac{6}{2}}{4}=\frac{\log_3 3}{4}=\frac{1}{4}$이므로 ($\log_a M-\log_a N=\log_a\frac{M}{N}$; 서로 수직인 두 직선의 기울기의 곱은 -1이야.)

점 A$(-1,\ \log_3 2)$를 지나고 직선 AB와 수직인 직선의 방정식은
$y=-4\{x-(-1)\}+\log_3 2$, 즉 $y=-4x-4+\log_3 2$이다.
기울기가 m이고 점 (a,b)를 지나는 직선의 방정식은 $y=m(x-a)+b$

따라서 직선 $y=-4x-4+\log_3 2$가 y축과 만나는 점 C의 좌표는 $(0,\ -4+\log_3 2)$이다.
y축 위의 점의 x좌표는 0이므로 $y=-4x-4+\log_3 2$에 $x=0$을 대입하여 y좌표를 구한 거야.

3rd 삼각형 ABC의 넓이를 구하자.

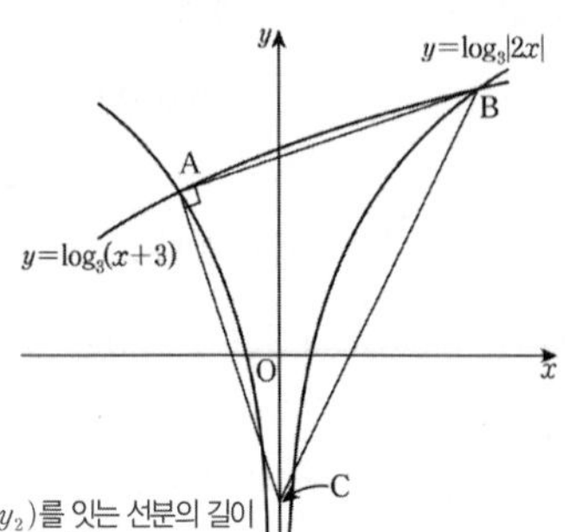

→ 두 점 (x_1, y_1), (x_2, y_2)를 잇는 선분의 길이는 $\sqrt{(x_2-x_1)^2+(y_2-y_1)^2}$이야.

$\overline{AB}=\sqrt{\{3-(-1)\}^2+(\log_3 6-\log_3 2)^2}=\sqrt{4^2+1^2}=\sqrt{17}$

$\overline{AC}=\sqrt{\{0-(-1)\}^2+\{(-4+\log_3 2)-\log_3 2\}^2}$

$=\sqrt{1^2+(-4)^2}=\sqrt{17}$

이고 $\overline{AB}\perp\overline{AC}$이므로 삼각형 ABC의 넓이를 S라 하면

$S=\frac{1}{2}\times\overline{AB}\times\overline{AC}=\frac{1}{2}\times\sqrt{17}\times\sqrt{17}=\frac{17}{2}$

다른 풀이: **구하는 삼각형의 넓이를 두 삼각형의 넓이의 합으로 구하기**

직선 AB의 기울기는 $\frac{1}{4}$이고 점 $A(-1, \log_3 2)$를 지나므로

직선 AB의 방정식은 $y=\frac{1}{4}\{x-(-1)\}+\log_3 2$,

즉 $y=\frac{1}{4}x+\frac{1}{4}+\log_3 2$야.

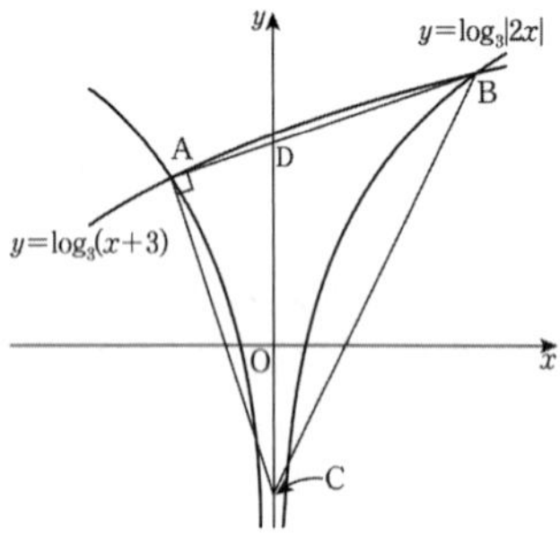

이때, 그림과 같이 선분 AB가 y축과 만나는 점을 D라 하면 점 D의 좌표는 $\left(0, \frac{1}{4}+\log_3 2\right)$이고 삼각형 ABC의 넓이는 두 삼각형 ACD, DCB의 넓이의 합과 같아.

두 삼각형 ACD, DCB의 밑변을 모두 $\overline{CD}$라 하면 두 삼각형의 높이는 각각 점 A, 점 B의 x좌표의 절댓값과 같아.

한편, $\overline{CD}=\left(\frac{1}{4}+\log_3 2\right)-(-4+\log_3 2)=\frac{17}{4}$이므로

삼각형 ABC의 넓이를 S라 하면

$S=\triangle ACD+\triangle DCB$

$=\left\{\frac{1}{2}\times\overline{CD}\times|(\text{점 A의 }x\text{좌표})|\right\}+\left\{\frac{1}{2}\times\overline{CD}\times|(\text{점 B의 }x\text{좌표})|\right\}$

$=\left(\frac{1}{2}\times\frac{17}{4}\times|-1|\right)+\left(\frac{1}{2}\times\frac{17}{4}\times|3|\right)$

$=\frac{17}{2}$

로그방정식의 풀이 개념·공식

① $\log_a f(x)=\log_a g(x)$ 꼴일 때, $f(x)=g(x)$를 푼다.
(단, $f(x)>0$, $g(x)>0$)

② $\log_a f(x)=\log_b g(x)$ 꼴일 때, 밑을 통일하고 ①과 같이 푼다.

③ $\log_a x$, $(\log_a x)^2$이 포함된 식은 $\log_a x=t$로 치환한다.

④ $\{f(x)\}^{\log_a x}$과 같이 지수에 로그가 있을 때에는 양변에 $\log_a$를 취한다.

D 90 정답 ③ *로그방정식의 활용 [정답률 72%]

정답 공식: 두 점 P, Q의 좌표를 k에 대한 식으로 나타낸 뒤 중점의 성질을 이용하여 k의 값을 구한다.

그림과 같이 두 함수 $y=\log_2 x$, $y=\log_2(x-2)$의 그래프가 x축과 만나는 점을 각각 A, B라 하자. 직선 $x=k$ $(k>3)$가 두 함수 $y=\log_2 x$, $y=\log_2(x-2)$의 그래프와 만나는 점을 각각 P, Q라 하고, x축과 만나는 점을 R라 하자. 점 Q가 선분 PR의 중점일 때, 사각형 ABQP의 넓이는? (3점)

단서1 점 Q가 선분 PR의 중점이면 $\overline{PR}=2\overline{QR}$야.

단서2 사각형 ABQP의 넓이는 삼각형 ARP의 넓이에서 삼각형 BRQ의 넓이를 빼면 돼.

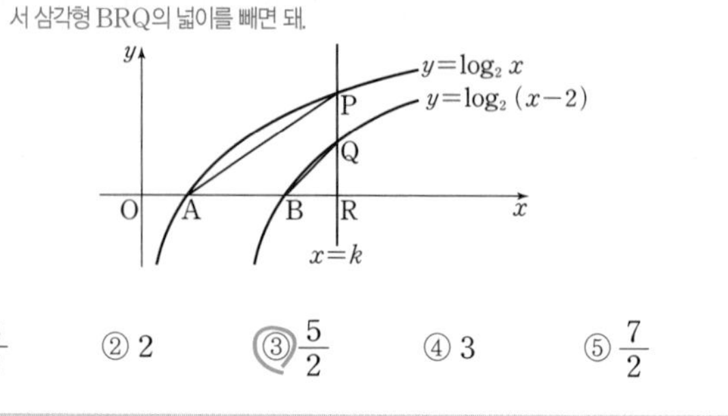

① $\frac{3}{2}$ ② 2 ③ $\frac{5}{2}$ ④ 3 ⑤ $\frac{7}{2}$

1st 두 점 P, Q의 좌표를 k에 대한 식으로 나타낸 후 $\overline{PR}=2\overline{QR}$임을 이용하여 k의 값을 구하자.

두 점 P, Q의 좌표는 각각 $P(k, \log_2 k)$, $Q(k, \log_2(k-2))$이다.

이때, 점 Q가 선분 PR의 중점이므로 $\overline{PR}=2\overline{QR}$이다.

즉, $\log_2 k=2\log_2(k-2)$에서 $k=(k-2)^2$이므로

$k=k^2-4k+4$

$k^2-5k+4=0$

$(k-1)(k-4)=0$

$\therefore k=4$ $(\because k>3)$

실수 진수 조건을 통해 $k>2$이어야 하고 문제에서 주어진 범위 조건이 $k>3$이기 때문에 공통범위인 $k>3$을 항상 만족시켜야 해.

2nd 사각형 ABQP의 넓이는 삼각형 ARP의 넓이에서 삼각형 BRQ의 넓이를 빼면 돼.

점 A는 함수 $y=\log_2 x$의 그래프가 x축과 만나는 점이므로 $A(1, 0)$이고, 점 B는 함수 $y=\log_2(x-2)$의 그래프가 x축과 만나는 점이므로 점 B의 x좌표는 $x-2=1$, 즉 $x=3$에서 $B(3, 0)$이다.

따라서 두 점 $P(4, 2)$, $Q(4, 1)$에 대하여

$\log_2(4-2)=\log_2 2=1$

$\log_2 4=\log_2 2^2=2$

(사각형 ABQP의 넓이)

$=\triangle ARP-\triangle BRQ$

$=\frac{1}{2}\times\overline{AR}\times\overline{RP}-\frac{1}{2}\times\overline{BR}\times\overline{RQ}$

$=\frac{1}{2}\times(4-1)\times 2-\frac{1}{2}\times(4-3)\times 1=\frac{5}{2}$

y P(4, 2) Q(4, 1) R(4, 0) O A(1, 0) B(3, 0) x

수능 핵강

*** 로그함수의 그래프의 평행이동으로 해석하기**

함수 $y=\log_2 x$의 그래프는 점 $(1, 0)$을 지나는 것을 알고 있지?

이때, 함수 $y=\log_2(x-2)$의 그래프는 함수 $y=\log_2 x$의 그래프를 x축의 방향으로 2만큼 평행이동한 것이니까 함수 $y=\log_2(x-2)$의 그래프는 점 $(1+2, 0)$, 즉 점 $(3, 0)$을 지나는 것을 알 수 있어.

따라서 함수 $y=\log_2(x-2)$의 그래프가 x축과 만나는 점의 좌표를 구할 때, $y=0$을 식에 대입하여 생각해도 되지만 두 함수의 그래프의 관계를 이용해서도 찾을 수 있다는 거지.

그렇다면 문제에서 왜 $k>3$인지도 알 수 있겠지?

함수 $y=\log_2(x-2)$의 그래프가 x축과 만나는 점의 x좌표는 3이므로 $k>3$이어야 사각형 ABQP가 그려질 수 있기 때문이야.

D 91 정답 ② *로그방정식의 활용 [정답률 73%]

(정답 공식: 로그의 밑 변환 공식을 이용한다.)

단서1 $a^{f(t)}=t$, $b^{g(t)}=t$에서 $f(t)$, $g(t)$를 로그를 사용하여 나타낼 수 있어.

그림과 같이 두 곡선 $y=a^x$, $y=b^x$ $(1<a<b)$이 직선 $y=t$ $(t>1)$와 만나는 점의 x좌표를 각각 $f(t)$, $g(t)$라 할 때, $2f(a)=3g(a)$가 성립한다. $f(c)=g(27)$을 만족시키는 실수 c의 값은? (4점)

단서2 $2f(a)=3g(a)$를 이용하여 a, b 사이의 관계를 구해야 해.

① 6 ② 9 ③ 12 ④ 15 ⑤ 18

1st 주어진 조건을 이용하여 $f(t)$, $g(t)$를 구하자.

직선 $y=t$와 두 곡선 $y=a^x$, $y=b^x$의 교점의 x좌표가 각각 $f(t)$, $g(t)$이므로 $t>1$에 대하여

$a^{f(t)}=t$에서 $f(t)=\log_a t$이고,

$b^{g(t)}=t$에서 $g(t)=\log_b t$이다.

2nd $2f(a)=3g(a)$임을 이용하여 $f(c)=g(27)$을 식으로 나타내자.

$2f(a)=3g(a)$에서 $2\log_a a=3\log_b a$이므로 $\log_b a=\frac{2}{3}$ ⋯ ㉠

($\log_a a=1$, $\log_a 1=0$)

이때, $f(c)=g(27)$이므로

$\log_a c=\log_b 27=3\log_b 3=\frac{3\log_a 3}{\log_a b}=\log_b a\times 3\log_a 3$

㉠을 이용하기 위해 로그의 밑의 변환 공식을 이용한 거야.

이 식에 ㉠을 대입하면

$\log_a c=\frac{2}{3}\times 3\log_a 3=2\log_a 3=\log_a 3^2$

$\therefore c=3^2=9$

로그방정식의 풀이 (개념·공식)

① **$\log_a f(x)=b$ 꼴의 로그방정식**
$\log_a f(x)=b \Longleftrightarrow f(x)=a^b$임을 이용하여 푼다.

② **밑을 같게 할 수 있는 로그방정식의 풀이 순서**
(i) $\log_a f(x)=\log_a g(x)$ $(a>0,\ a\neq 1)$ 꼴로 변형한다.
(ii) 방정식 $f(x)=g(x)$를 푼다.
(iii) 로그의 진수 조건에 주의하여 해를 구한다.

③ **$\log_a x$ 꼴이 반복되는 로그방정식의 풀이 순서**
(i) $\log_a x=t$로 치환한다.
(ii) t에 대한 방정식을 푼다.
(iii) x의 값을 구한다.

④ **진수가 같은 로그방정식의 풀이**
밑이 같거나 진수가 1임을 이용하여 푼다.
$\log_a f(x)=\log_b f(x) \Longleftrightarrow a=b$ 또는 $f(x)=1$
(단, $f(x)>0$, $a>0$, $a\neq 1$, $b>0$, $b\neq 1$)

⑤ **지수에 로그가 있는 방정식의 풀이**
양변에 로그를 취한 후 로그방정식을 푼다.

D 92 정답 ③ *로그방정식의 활용 [정답률 64%]

(정답 공식: $\overline{BQ}=2\overline{AP}$임을 이용해 점 B의 좌표를 구한다.)

함수 $y=\log_2 x+1$의 그래프 위의 서로 다른 두 점 A, B에서 x축에 내린 수선의 발을 각각 P, Q라 하자. 점 P의 좌표가 $\left(\frac{3}{2},\ 0\right)$이고 $\overline{AB}=\overline{AQ}$일 때, △ABQ의 넓이는? (4점)

단서 삼각형 ABQ는 이등변삼각형이므로 점 A에서 선분 BQ에 수선을 그었을 때, 그 수선은 선분 BQ를 수직이등분해. 이를 이용하면 선분 AP와 선분 BQ 사이의 관계를 찾을 수 있어.

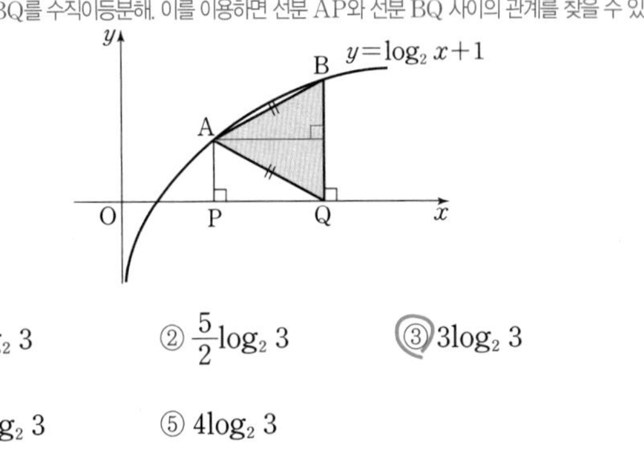

① $2\log_2 3$ ② $\frac{5}{2}\log_2 3$ ③ $3\log_2 3$ ④ $\frac{7}{2}\log_2 3$ ⑤ $4\log_2 3$

1st 점 A에서 선분 BQ에 수선을 그어 $\overline{AP}$의 길이와 $\overline{BQ}$의 길이 사이에 어떤 관계가 있는지 찾아.

점 A에서 선분 BQ에 내린 수선의 발을 H라 하자.

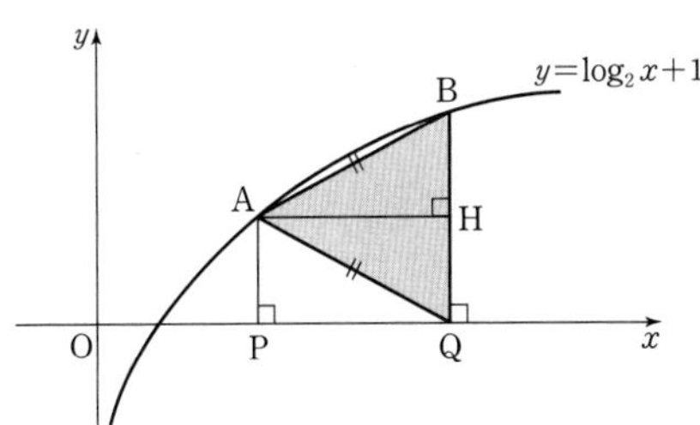

이때, $\overline{AB}=\overline{AQ}$이므로 $\overline{BH}=\overline{HQ}$

→ 이등변삼각형의 꼭짓점에서 밑변에 내린 수선은 밑변을 이등분하지?

또한, 사각형 APQH는 직사각형이므로 $\overline{AP}=\overline{HQ}$

$\therefore \overline{BQ}=\overline{BH}+\overline{HQ}=2\overline{HQ}=2\overline{AP}$

2nd 점 P의 좌표를 이용하여 $\overline{BQ}$의 길이를 구한 후, 점 Q의 좌표를 구해.

점 P의 x좌표가 $\frac{3}{2}$이므로

$\overline{AP}=\log_2 \frac{3}{2}+1=\log_2 3$

→ $\overline{AP}=\log_2 \frac{3}{2}+1=\log_2 3-\log_2 2+1=\log_2 3-1+1=\log_2 3$

$\overline{BQ}=2\overline{AP}=2\log_2 3$

점 Q의 좌표를 $(a,\ 0)$이라 하면 점 B의 좌표는 $(a,\ \log_2 a+1)$이고,

$\overline{BQ}=2\log_2 3$이므로

$2\log_2 3=\log_2 a+1$

$\log_2 9=\log_2 2a$

$2a=9$

$\therefore a=\frac{9}{2}$

$\therefore Q\left(\frac{9}{2},\ 0\right)$

$\therefore \triangle ABQ=\frac{1}{2}\times\overline{BQ}\times\overline{AH}=\frac{1}{2}\times 2\log_2 3\times 3=3\log_2 3$

($\overline{AH}=\overline{PQ}=\frac{9}{2}-\frac{3}{2}=3$)

D 93 정답 ② *로그방정식의 활용 ············ [정답률 57%]

(정답 공식: 선분 AB의 길이는 두 점 A, B의 y좌표의 차와 같음을 이용하여 얻은 로그방정식을 푼다.)

직선 $x=k$가 두 곡선 $y=\log_2 x$, $y=-\log_2(8-x)$와 만나는 점을 각각 A, B라 하자. $\overline{AB}=2$가 되도록 하는 모든 실수 k의 값의 곱은? (단, $0<k<8$) (4점)

단서 두 점 A, B의 x좌표가 k로 같으므로 $\overline{AB}=2$라는 것은 두 점 A, B의 y좌표의 차가 2라는 거야.

① $\frac{1}{2}$　② 1　③ $\frac{3}{2}$　④ 2　⑤ $\frac{5}{2}$

1st $\overline{AB}=2$임을 이용하여 실수 k에 대한 방정식을 세워.

두 점 A, B의 좌표는 각각 $(k, \log_2 k)$, $(k, -\log_2(8-k))$이므로 $\overline{AB}=2$에서

$|\log_2 k-\{-\log_2(8-k)\}|=2$ → 두 점 A, B의 y좌표의 차가 2인데 두 점 중 어떤 점의 y좌표가 더 큰지 알 수 없기 때문에 선분 AB의 길이를 구할 때, 절댓값을 취해 줘야 해.

$|\log_2 k+\log_2(8-k)|=2$

$|\log_2 k(8-k)|=2$　$\log_a m+\log_a n=\log_a mn$

$\therefore \log_2 k(8-k)=2$ 또는 $\log_2 k(8-k)=-2$

2nd 로그의 정의를 이용하여 방정식의 해를 구해.

(i) $\log_2 k(8-k)=2$일 때 → $a>0$, $a\neq1$일 때, 양수 b에 대하여 $a^x=b$이면 $x=\log_a b$

$k(8-k)=2^2$에서

$k^2-8k+4=0$

$\therefore k=4-2\sqrt{3}$ 또는 $k=4+2\sqrt{3}$

진수 조건 $0<k<8$을 만족시키므로 방정식의 해가 될 수 있어.

(ii) $\log_2 k(8-k)=-2$일 때

$k(8-k)=2^{-2}$에서 $k^2-8k+\frac{1}{4}=0$, $4k^2-32k+1=0$

$\therefore k=\frac{8-3\sqrt{7}}{2}$ 또는 $k=\frac{8+3\sqrt{7}}{2}$ → 마찬가지로 진수 조건 $0<k<8$을 만족시키지?

3rd 모든 실수 k의 값의 곱을 구해.

따라서 구하는 모든 실수 k의 값의 곱은

주의 $4^2>(2\sqrt{3})^2$이고 $8^2>(3\sqrt{7})^2$이므로 진수 조건 $0<k<8$을 만족시켜.

$(4-2\sqrt{3})(4+2\sqrt{3})\times\frac{8-3\sqrt{7}}{2}\times\frac{8+3\sqrt{7}}{2}$

$=(16-12)\times\frac{64-63}{4}=4\times\frac{1}{4}=1$

수능 핵강

* 이차방정식의 근과 계수의 관계로 실근의 곱 구하기

모든 실수 k의 곱을 구할 때, k의 값을 직접 구하지 않고 근과 계수의 관계를 이용하면 좀 더 간단히 답을 구할 수 있어.

즉, $k^2-8k+4=0$의 두 실근을 α, β라 하면 $\alpha\beta=4$이고, $4k^2-32k+1=0$의 두 실근을 γ, δ라 하면 $\gamma\delta=\frac{1}{4}$이므로 구하는 모든 실수 k의 값의 곱은

$\alpha\beta\gamma\delta=4\times\frac{1}{4}=1$이야.

그런데 이와 같이 문제를 해결하려면 조건을 만족시키는 실수 k가 4개인지 확인하는 과정을 반드시 거쳐야 해.

로그를 포함한 방정식의 해를 구할 때에는 그 해가 반드시 진수 조건을 만족하는지 확인해야 하기 때문이야.

그럼, 조건을 만족시키는 실수 k의 개수가 4임은 어떻게 확인할까?

그건 그래프를 이용하면 돼.

두 곡선 $y=\log_2 x$, $y=-\log_2(8-x)$의 그래프를 그리면 $\overline{AB}=2$를 만족시키는 직선 $x=k$는 그림과 같이 (i)~(iv)의 4개가 존재해.

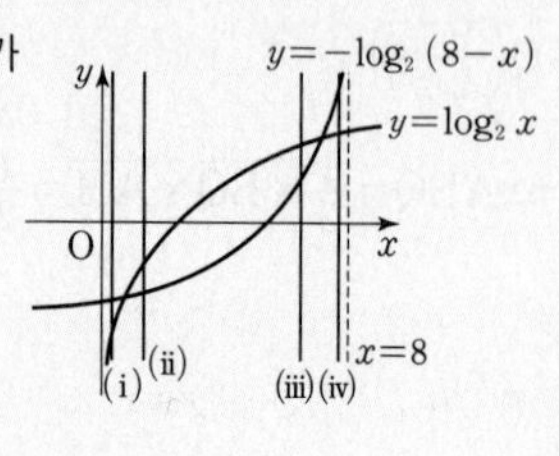

D 94 정답 ① *로그방정식의 활용 ············ [정답률 45%]

(정답 공식: 조건에 따라 식이 달라지는 문제는 모든 경우의 수를 고려해야 한다. 따라서 m, n이 가질 수 있는 경우를 모두 고려한다.)

자연수 n에 대하여 $f(n)$이 다음과 같다.

$$f(n)=\begin{cases}\log_3 n & (n\text{이 홀수})\\ \log_2 n & (n\text{이 짝수})\end{cases}$$

단서 n이 홀수일 때와 짝수일 때의 $f(n)$의 식이 다르므로 m, n이 홀수/홀수, 짝수/짝수, 홀수/짝수, 짝수/홀수인 경우로 나누어 생각하자.

20 이하의 두 자연수 m, n에 대하여 $f(mn)=f(m)+f(n)$을 만족시키는 순서쌍 (m, n)의 개수는? (4점)

① 220　② 230　③ 240
④ 250　⑤ 260

1st m, n이 모두 홀수 또는 짝수인 경우를 생각해보자.

$f(n)$은 n의 값에 따라 결정되므로 m, n이 홀수, 짝수인 경우로 나누어 해결하자. → $f(m)=\log_3 m$, $f(n)=\log_3 n$

(i) m, n이 모두 홀수일 때, mn도 홀수이므로

$f(mn)=\log_3 mn=\log_3 m+\log_3 n=f(m)+f(n)$

즉, m, n이 모두 홀수인 경우에 주어진 식이 항상 성립한다.

이때, 20 이하의 자연수 중 홀수는 모두 10개이므로 m이 10개, n이 10개이다. (1, 3, 5, ⋯, 17, 19)

따라서 순서쌍 (m, n)의 개수는

$10\times10=100$ → $f(m)=\log_2 m$, $f(n)=\log_2 n$

(ii) m, n이 모두 짝수일 때, mn도 짝수이므로

$f(mn)=\log_2 mn=\log_2 m+\log_2 n=f(m)+f(n)$

즉, m, n이 모두 짝수인 경우에도 주어진 식이 항상 성립한다.

이때, 20 이하의 자연수 중 짝수는 모두 10개이므로 m이 10개, n이 10개이다. (2, 4, 6, ⋯, 18, 20) 따라서 순서쌍 (m, n)의 개수는

$10\times10=100$

2nd m, n이 홀수, 짝수로 서로 다른 경우를 생각해보자.

(iii) m이 홀수, n이 짝수일 때는 mn이 짝수이므로

$f(mn)=\log_2 mn=\log_2 m+\log_2 n$이고,

$f(m)=\log_3 m$, $f(n)=\log_2 n$

이때, $f(mn)=f(m)+f(n)$에서

$\log_2 m+\log_2 n=\log_3 m+\log_2 n$

$\therefore \log_2 m=\log_3 m$ ⋯ ㉠

→ $\log_2 m=\log_3 m$에서 밑의 변환 공식에 의해 $\frac{\log_3 m}{\log_3 2}=\frac{\log_3 m}{\log_3 3}$, $\log_3 m\left(\frac{1}{\log_3 2}-1\right)=0$ 이때, $\frac{1}{\log_3 2}-1\neq0$이므로 $\log_3 m=0$이어야 하지? 즉, $m=1$이야.

이때, 20 이하의 자연수 중 ㉠을 만족시키는 $m=1$뿐이고, n은 짝수로 10개가 있다.

주의 ㉠과 같이 밑이 다른 두 로그의 값이 같은 경우는 진수가 1일 때 뿐이야.

따라서 순서쌍 (m, n)의 개수는

$1\times10=10$

(iv) m이 짝수, n이 홀수일 때는 (iii)의 경우와 마찬가지로 $n=1$일 때, m은 짝수로 10개가 있으므로 순서쌍 (m, n)의 개수는 10이다.

(i) ~ (iv)에서 주어진 조건을 만족시키는 순서쌍 (m, n)의 개수는

$100+100+10+10=220$이다.

D 95 정답 ④ *로그방정식의 실생활 응용-비율 구하기 …… [정답률 82%]

(정답 공식: $\log A-\log B=\log\frac{A}{B}$)

진동가속도레벨 V(dB)는 공해진동에 사용되는 단위로 진동가속도 크기를 의미하며 편진폭 A(m), 진동수 w(Hz)에 대하여 다음과 같은 관계식이 성립한다고 한다.

$V=20\log\frac{Aw^2}{k}$ (단, k는 양의 상수이다.)

편진폭이 A_1, 진동수가 10π일 때 진동가속도레벨이 83이고, 편진폭이 A_2, 진동수가 80π일 때 진동가속도레벨이 91이다. $\frac{A_2}{A_1}$의 값은? (3점)

단서 주어진 관계식에서 각 문자가 무엇을 뜻하는 것인지 확실히 파악하고 문제의 조건을 대입해 봐.

① $\frac{1}{32}\times10^{\frac{1}{5}}$ ② $\frac{1}{32}\times10^{\frac{2}{5}}$ ③ $\frac{1}{64}\times10^{\frac{1}{5}}$ ④ $\frac{1}{64}\times10^{\frac{2}{5}}$ ⑤ $\frac{1}{64}\times10^{\frac{3}{5}}$

1st 주어진 관계식에 조건을 대입하여 식을 세우자.

편진폭이 A_1, 진동수가 10π일 때 진동가속도레벨이 83이므로

$83=20\log\frac{A_1(10\pi)^2}{k}$ … ㉠

편진폭이 A_2, 진동수가 80π일 때 진동가속도레벨이 91이므로

$91=20\log\frac{A_2(80\pi)^2}{k}$ … ㉡

2nd $\frac{A_2}{A_1}$의 값을 구하자.

㉡-㉠을 하면 → 구하는 것이 $\frac{A_2}{A_1}$의 값이니까 ㉡에서 ㉠을 빼서 로그의 성질을 이용하는 거야.

$8=20\left\{\log\frac{A_2(80\pi)^2}{k}-\log\frac{A_1(10\pi)^2}{k}\right\}$ ($\log A-\log B=\log\frac{A}{B}$)

$\frac{2}{5}=\log\frac{\frac{A_2(80\pi)^2}{k}}{\frac{A_1(10\pi)^2}{k}}$

$\frac{2}{5}=\log\frac{A_2(80\pi)^2}{A_1(10\pi)^2}$, $\frac{2}{5}=\log\frac{64A_2}{A_1}$, $\log10^{\frac{2}{5}}=\log\frac{64A_2}{A_1}$

$10^{\frac{2}{5}}=\frac{64A_2}{A_1}$

$\therefore \frac{A_2}{A_1}=\frac{1}{64}\times10^{\frac{2}{5}}$

로그방정식의 풀이 개념·공식

① $\log_a f(x)=\log_a g(x)$ 꼴일 때, $f(x)=g(x)$를 푼다. (단, $f(x)>0$, $g(x)>0$)

② $\log_a f(x)=\log_b g(x)$ 꼴일 때, 밑을 통일하고 ①과 같이 푼다.

③ $\log_a x$, $(\log_a x)^2$이 포함된 식은 $\log_a x=t$로 치환한다.

④ $\{f(x)\}^{\log_a x}$과 같이 지수에 로그가 있을 때에는 양변에 $\log_a$를 취한다.

D 96 정답 3 *로그방정식의 실생활 응용-비율 구하기 …… [정답률 85%]

(정답 공식: $\log m+\log n=\log mn$)

총 공기흡인량이 $V(\text{m}^3)$이고 공기 포집 전후 여과지의 질량 차가 W(mg)일 때의 공기 중 먼지 농도 $C(\mu g/\text{m}^3)$는 다음 식을 만족시킨다고 한다. 단서 $C=C_A$, $V=V_0$, $W=W_0$이고 $C=C_B$, $V=\frac{1}{9}V_0$, $W=\frac{1}{27}W_0$이라는 거야.

$\log C=3-\log V+\log W\,(W>0)$

A 지역에서 총 공기흡인량이 V_0이고 공기 포집 전후 여과지의 질량 차가 W_0일 때의 공기 중 먼지 농도를 C_A, B 지역에서 총 공기흡인량이 $\frac{1}{9}V_0$이고 공기 포집 전후 여과지의 질량 차가 $\frac{1}{27}W_0$일 때의 공기 중 먼지 농도를 C_B라 하자. $C_A=kC_B$를 만족시키는 상수 k의 값을 구하시오. (단, $W_0>0$) (3점)

1st 주어진 식에 주어진 조건을 대입해.

실수 다양한 문자의 로그 함수식이므로 식을 정리할 때 실수하지 않도록 주의하자.

조건에서 $C=C_A$, $V=V_0$, $W=W_0$이므로

$\log C_A=3-\log V_0+\log W_0$ … ㉠

또, $C=C_B$, $V=\frac{1}{9}V_0$, $W=\frac{1}{27}W_0$이므로

$\log C_B=3-\log\frac{1}{9}V_0+\log\frac{1}{27}W_0$ … ㉡

㉠-㉡을 하면

$\log C_A-\log C_B=-\log V_0+\log\frac{1}{9}V_0+\log W_0-\log\frac{1}{27}W_0$에서 ($\log_a m-\log_a n=\log_a\frac{m}{n}$)

$\log\frac{C_A}{C_B}=\log\frac{\frac{1}{9}V_0}{V_0}+\log\frac{W_0}{\frac{1}{27}W_0}$

$=\log\frac{1}{9}+\log27=\log\left(\frac{1}{9}\times27\right)=\log3$ ($\log_a m+\log_a n=\log_a mn$)

따라서 $\frac{C_A}{C_B}=3$에서 $C_A=3C_B$이므로 $k=3$

D 97 정답 ② *로그방정식의 실생활 응용-비율 구하기 …… [정답률 84%]

(정답 공식: $\log_a x-\log_a y=\log_a\frac{x}{y}$)

어떤 무선 수신기에서 수신 가능한 신호의 최소 크기 P와 수신기의 잡음 지수 F(dB) 그리고 수신기의 주파수 대역 B(Hz) 사이에는 다음과 같은 관계가 있다고 한다.

$P=a+F+10\log B$ (단, a는 상수이다.)

잡음 지수가 5이고 주파수 대역이 B_1일 때의 수신 가능한 신호의 최소 크기와 잡음 지수가 15이고 주파수 대역이 B_2일 때의 수신 가능한 신호의 최소 크기가 같을 때, $\frac{B_2}{B_1}$의 값은? (3점)

단서 $F=5$, $B=B_1$일 때의 P의 값과 $F=15$, $B=B_2$일 때의 P의 값이 같음을 이용해.

① $\frac{1}{20}$ ② $\frac{1}{10}$ ③ $\frac{1}{5}$ ④ 10 ⑤ 20

1st 조건을 주어진 식에 대입해.

잡음 지수가 5이고 주파수 대역이 B_1일 때의 수신 가능한 신호의 최소 크기를 P_1이라 하면 $P_1=a+5+10\log B_1$

잡음 지수가 15이고 주파수 대역이 B_2일 때의 수신 가능한 신호의 최소 크기를 P_2라 하면 $P_2=a+15+10\log B_2$

2nd 수신 가능한 신호의 최소 크기가 같음을 이용해.

수신 가능한 신호의 최소 크기가 같으므로 $P_1=P_2$에서

$a+5+10\log B_1=a+15+10\log B_2$

$10\log B_2-10\log B_1=-10$

$\log B_2-\log B_1=-1$

$\log\frac{B_2}{B_1}=-1$ → 로그의 성질에서 $\log_a x-\log_a y=\log_a\frac{x}{y}$이므로 로그를 사용한 식에서의 두 변수의 비율을 묻는 문제는 이처럼 두 식의 차를 구하면 되는 것들이 자주 나오므로 기억해둬!

$\therefore \frac{B_2}{B_1}=10^{-1}=\frac{1}{10}$

로그방정식의 풀이 개념·공식

① $\log_a f(x)=\log_a g(x)$ 꼴일 때, $f(x)=g(x)$를 푼다. (단, $f(x)>0$, $g(x)>0$)
② $\log_a f(x)=\log_b g(x)$ 꼴일 때, 밑을 통일하고 ①과 같이 푼다.
③ $\log_a x$, $(\log_a x)^2$이 포함된 식은 $\log_a x=t$로 치환한다.
④ $\{f(x)\}^{\log_a x}$과 같이 지수에 로그가 있을 때에는 양변에 $\log_a$를 취한다.

D 98 정답 ③ *로그방정식의 실생활 응용-비율 구하기 …… [정답률 85%]

(정답 공식: $\log_a\frac{b}{c}=\log_a b-\log_a c$)

밀폐된 용기 속의 액체에서 증발과 응축이 계속하여 같은 속도로 일어나는 동적 평형 상태의 증기압을 포화 증기압이라 한다. 밀폐된 용기 속에 있는 어떤 액체의 경우 포화 증기압 P(mmHg)와 용기 속의 온도 t(℃) 사이에 다음과 같은 관계식이 성립한다고 한다.

$$\log P=8.11-\frac{1750}{t+235}\ (0<t<60)$$

용기 속의 온도가 15 ℃일 때의 포화 증기압을 P_1, 45 ℃일 때의 포화 증기압을 P_2라 할 때, $\frac{P_2}{P_1}$의 값은? (3점)

단서 관계식이 $\log P$에 대한 식으로 주어졌지? $\log\frac{P_2}{P_1}=\log P_2-\log P_1$을 이용하면 $\frac{P_2}{P_1}$의 값을 구할 수 있을 거야.

① $10^{\frac{1}{4}}$ ② $10^{\frac{1}{2}}$ ③ $10^{\frac{3}{4}}$ ④ 10 ⑤ $10^{\frac{5}{4}}$

1st 조건에 맞게 주어진 식에 대입하여 식을 세워.

액체의 포화 증기압 P(mmHg)와 용기 속의 온도 t(℃) 사이의 관계식이

$\log P=8.11-\frac{1750}{t+235}\ (0<t<60)$ … ㉠

이므로 ㉠에 조건 $t=15$, $P=P_1$을 대입하면

$\log P_1=8.11-\frac{1750}{15+235}=8.11-\frac{1750}{250}$

$=8.11-7=1.11$ … ㉡ → $\log P_1=1.11 \Rightarrow P_1=10^{1.11}$

또, ㉠에 다른 조건 $t=45$, $P=P_2$를 대입하면

$\log P_2=8.11-\frac{1750}{45+235}=8.11-\frac{1750}{280}$

$=8.11-6.25=1.86$ … ㉢ → $\log P_2=1.86 \Rightarrow P_2=10^{1.86}$

$\therefore \frac{P_2}{P_1}=\frac{10^{1.86}}{10^{1.11}}=10^{1.86-1.11}=10^{0.75}=10^{\frac{3}{4}}$

2nd $\frac{P_2}{P_1}$의 값을 구하자.

이제 ㉢－㉡을 하면

$\log P_2-\log P_1=1.86-1.11=0.75$

$\log\frac{P_2}{P_1}=0.75=\frac{3}{4}$ $\therefore \frac{P_2}{P_1}=10^{\frac{3}{4}}$

D 99 정답 ④ *로그방정식의 실생활 응용-비율 구하기 …… [정답률 78%]

(정답 공식: $\log A-\log B=\log\frac{A}{B}$이고, $\log_a a=1$이다.)

어느 무선시스템에서 송신기와 수신기 사이의 거리 R와 수신기의 수신 전력 S 사이에는 다음과 같은 관계식이 성립한다고 한다.

$$S=P-20\log\left(\frac{4\pi fR}{c}\right)$$

(단, P는 송신기의 송신 전력, f와 c는 각각 주파수와 빛의 속도를 나타내는 상수이고, 거리의 단위는 m, 송 · 수신 전력의 단위는 dBm이다.)

어느 실험실에서 송신기의 위치를 고정하고 송신기와 수신기 사이의 거리에 따른 수신 전력의 변화를 측정하였다. 그 결과 두 지점 A, B에서 측정한 수신 전력이 각각 -25, -5로 나타났다. 두 지점 A, B에서 송신기까지의 거리를 각각 R_A, R_B라 할 때, $\frac{R_A}{R_B}$의 값은? (3점)

단서1 주어진 관계식에 R_A를 대입한 S의 값이 -25, R_B를 대입한 S의 값이 -5야.

단서2 로그의 성질 중 $\log_a\frac{n}{m}=\log_a n-\log_a m$을 기억하지? $\frac{R_A}{R_B}$의 값도 이 성질을 이용해봐.

① $\frac{1}{100}$ ② $\frac{1}{10}$ ③ $\sqrt{10}$ ④ 10 ⑤ 100

1st 두 지점 A, B에서의 수신 전력이 각각 -25, -5이므로 주어진 관계식에 대입하여 식을 구하자.

주어진 관계식 $S=P-20\log\left(\frac{4\pi fR}{c}\right)$의 수신 전력 S에 -25와 -5를, 거리 R에 R_A와 R_B를 각각 대입하면

$-25=P-20\log\left(\frac{4\pi fR_A}{c}\right)$ … ㉠

$-5=P-20\log\left(\frac{4\pi fR_B}{c}\right)$ … ㉡

2nd 로그의 성질 $\log_a x-\log_a y=\log_a\frac{x}{y}$를 이용하자.

㉡에서 ㉠을 빼면

$20=-20\log\left(\frac{4\pi fR_B}{c}\right)+20\log\left(\frac{4\pi fR_A}{c}\right)$

$=20\log\left(\frac{4\pi fR_A}{c}\times\frac{c}{4\pi fR_B}\right)$

$=20\log\frac{R_A}{R_B}$

$20\left\{\log\left(\frac{4\pi fR_A}{c}\right)-\log\left(\frac{4\pi fR_B}{c}\right)\right\}=20\left\{\log\left(\frac{4\pi fR_A}{c}\div\frac{4\pi fR_B}{c}\right)\right\}$

따라서 $\log\frac{R_A}{R_B}=1$이므로 $\frac{R_A}{R_B}=10$이다.

상용로그의 밑은 10이므로 $1=\log 10$임을 이용하자.

로그방정식의 풀이 개념·공식

① $\log_a f(x)=\log_a g(x)$ 꼴일 때, $f(x)=g(x)$를 푼다. (단, $f(x)>0$, $g(x)>0$)
② $\log_a f(x)=\log_b g(x)$ 꼴일 때, 밑을 통일하고 ①과 같이 푼다.
③ $\log_a x$, $(\log_a x)^2$이 포함된 식은 $\log_a x=t$로 치환한다.
④ $\{f(x)\}^{\log_a x}$과 같이 지수에 로그가 있을 때에는 양변에 $\log_a$를 취한다.

D 100 정답 ④ *로그방정식의 실생활 응용-상수 구하기 [정답률 87%]

(정답 공식: 그래프에 주어진 정보들을 이용해 두 상수 k, n의 값을 알아낸다.)

Wi-Fi 네트워크의 신호 전송 범위 d와 수신 신호 강도 R 사이에는 다음과 같은 관계식이 성립한다고 한다.

$R=k-10\log d^n$ (단, 두 상수 k, n은 환경에 따라 결정된다.)

어떤 환경에서 신호 전송 범위 d와 수신 신호 강도 R 사이의 관계를 나타낸 그래프가 다음과 같다. 이 환경에서 수신 신호 강도가 -65일 때, 신호 전송 범위는? (3점)

단서 주어진 그래프를 보면 $d=1$일 때, $R=-35$이고 $d=10$일 때, $R=-55$지? 이를 주어진 관계식에 대입해 봐.

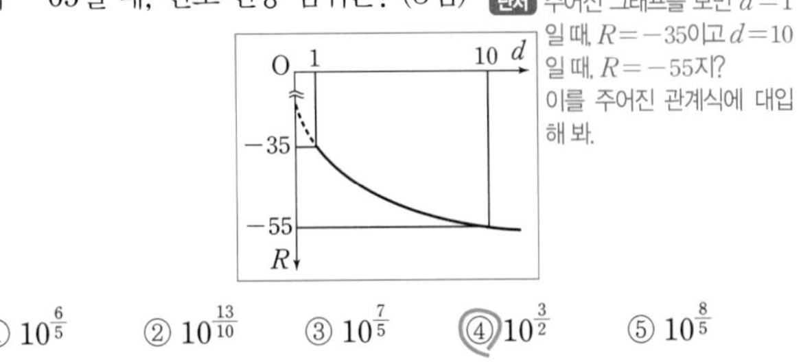

① $10^{\frac{6}{5}}$ ② $10^{\frac{13}{10}}$ ③ $10^{\frac{7}{5}}$ ④ $10^{\frac{3}{2}}$ ⑤ $10^{\frac{8}{5}}$

1st 주어진 함수의 그래프를 이용해서 두 상수 k, n의 값을 각각 구해.

신호 전송 범위 d와 수신 신호 강도 R 사이의 관계를 나타낸 그래프에서 $d=1$일 때, $R=-35$이므로 주어진 관계식에 대입하면

$-35=k-10\log 1^n$ ($\log k^n=n\log k$, $\log 1=0$)

$\therefore k=-35$

$d=10$일 때, $R=-55$이므로 주어진 관계식에 대입하면

$-55=-35-10\log 10^n$, $\log 10^n=2$ ($n\log 10=n\times1=n$)

$\therefore n=2$

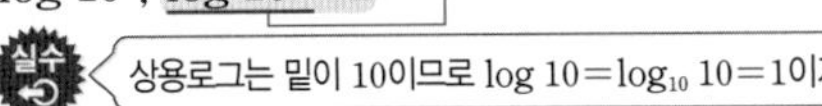
실수 상용로그는 밑이 10이므로 $\log 10=\log_{10}10=1$이지.

2nd 수신 신호 강도가 -65일 때의 신호 전송 범위 d의 값을 구해.

수신 신호 강도가 -65, 즉 $R=-65$를 주어진 관계식에 대입하면

$-65=-35-10\log d^2$, $10\log d^2=30$, $\log d^2=3$

$2\log d=3$, $\log d=\frac{3}{2}$

$\therefore d=10^{\frac{3}{2}}$ ($\frac{3}{2}=\log 10^{\frac{3}{2}}$이므로 $\log d=\frac{3}{2}=\log 10^{\frac{3}{2}}$, 즉 $d=10^{\frac{3}{2}}$이야.)

따라서 신호 전송 범위는 $10^{\frac{3}{2}}$이다.

D 101 정답 ④ *로그방정식의 실생활 응용-상수 구하기 [정답률 83%]

(정답 공식: 첫 번째 조건을 이용해 k의 값을 구한다.)

어떤 약물을 사람의 정맥에 일정한 속도로 주입하기 시작한 지 t분 후 정맥에서의 약물 농도가 C(ng/mL)일 때, 다음 식이 성립한다고 한다.

단서1 $t=30$, $C=2$

$\log(10-C)=1-kt$ (단, $C<10$이고, k는 양의 상수이다.)

이 약물을 사람의 정맥에 일정한 속도로 주입하기 시작한 지 30분 후 정맥에서의 약물 농도는 2 ng/mL이고, 주입하기 시작한 지 60분 후 정맥에서의 약물 농도가 a(ng/mL)일 때, a의 값은? (3점)

단서2 $t=60$, $C=a$

① 3 ② 3.2 ③ 3.4 ④ 3.6 ⑤ 3.8

1st 주어진 두 조건을 관계식에 각각 대입하여 k의 값을 구해.

30분 후 농도가 2 ng/mL이므로 $t=30$, $C=2$를 주어진 관계식에 대입하면 $\log(10-2)=1-30k$에서

$30k=1-\log 8$, $30k=\log 10-\log 8$, $30k=\log\frac{5}{4}$ ($\log 10-\log 8=\log\frac{10}{8}=\log\frac{5}{4}$)

$\therefore k=\frac{1}{30}\log\frac{5}{4}$

2nd a의 값을 구하자.

또한, 60분 후 농도가 a ng/mL이므로 $t=60$, $C=a$를 주어진 관계식에 대입하면

$\log(10-a)=1-60k=\log 10-2\log\frac{5}{4}=\log 10-\log\left(\frac{5}{4}\right)^2$ ($k\log_a x=\log_a x^k$)

$=\log\left(10\times\frac{16}{25}\right)=\log\frac{32}{5}$

따라서 $10-a=\frac{32}{5}$이므로 $a=\frac{18}{5}=3.6$

다른 풀이: **연립방정식으로 상수 a의 값 구하기**

30분 후 농도가 2 ng/mL이므로

$\log(10-2)=1-30k$에서 $\log 8=1-30k$ … ㉠

또한, 60분 후 농도가 a ng/mL이므로

$\log(10-a)=1-60k$ … ㉡

$2\times$㉠$-$㉡을 하면 $2\log 8-\log(10-a)=1$

$\log\frac{8^2}{10-a}=1=\log 10$, $\frac{64}{10-a}=10$

$100-10a=64$, $10a=36$

$\therefore a=3.6$

D 102 정답 ② *로그방정식의 실생활 응용-상수 구하기 [정답률 85%]

(정답 공식: 주어진 A나무의 조건을 이용하여 R_A의 값을 먼저 구한다.)

세대당 종자의 평균 분산거리가 D이고 세대당 종자의 증식률이 R인 나무의 10세대 동안 확산에 의한 이동거리를 L이라 하면 다음과 같은 관계식이 성립한다고 한다.

$L^2=100D^2\times\log_3 R$

세대당 종자의 평균 분산거리가 각각 20, 30인 A나무와 B나무의 세대당 종자의 증식률을 각각 R_A, R_B라 하고 10세대 동안 확산에 의한 이동거리를 각각 L_A, L_B라 하자. $\frac{R_A}{R_B}=27$이고 $L_A=400$일 때, L_B의 값은? (단, 거리의 단위는 m이다.) (3점)

단서 주어진 조건을 이용하여 R_A의 값을 먼저 구한 후 $\frac{R_A}{R_B}=27$에서 R_B의 값을 구하면 돼.

① 200 ② 300 ③ 400
④ 500 ⑤ 600

1st 주어진 값을 관계식에 대입하자.

A나무의 세대당 종자의 평균 분산거리가 20이고 ($D=20$) 10세대 동안 확산에 의한 이동거리가 $L_A=400$이므로 주어진 식에 대입하면

$400^2=100\times20^2\times\log_3 R_A$에서 $\log_3 R_A=4$

$\therefore R_A=3^4=81$ … ㉠

한편, $\frac{R_A}{R_B}=27$이므로 ㉠을 대입하면 $\frac{81}{R_B}=27$

$\therefore R_B=3$

이때, B나무의 세대당 종자의 평균 분산거리가 30이므로

$L_B{}^2=100\times30^2\times\log_3 3=10^2\times30^2\times1=300^2$ ($D=30$, $10^2\times30^2=(10\times30)^2=300^2$)

$\therefore L_B=300$ (이동거리는 양수이므로 $L_B>0$이야.)

D 103 정답 ⑤ *로그방정식의 실생활 응용-상수 구하기 [정답률 82%]

(정답 공식: 첫 번째 조건을 이용해 k의 값을 구한 뒤 두 번째 조건을 식에 대입한다.)

질량 a(g)의 활성탄 A를 염료 B의 농도가 c(%)인 용액에 충분히 오래 담가 놓을 때 활성탄 A에 흡착되는 염료 B의 질량 b(g)는 다음 식을 만족시킨다고 한다.

$$\log\frac{b}{a}=-1+k\log c \text{ (단, } k\text{는 상수이다.)}$$

10 g의 활성탄 A를 염료 B의 농도가 8 %인 용액에 충분히 오래 담가 놓을 때 활성탄 A에 흡착되는 염료 B의 질량은 4 g이다. 20 g의 활성탄 A를 염료 B의 농도가 27 %인 용액에 충분히 오래 담가 놓을 때 활성탄 A에 흡착되는 염료 B의 질량(g)은? (단, 각 용액의 양은 충분하다.) (4점) 단서 주어진 관계식에서 $a=10$, $c=8$일 때, $b=4$이므로 상수 k의 값을 구할 수 있어.

① 10 ② 12 ③ 14 ④ 16 ⑤ 18

1st 주어진 값을 식에 대입해서 k의 값을 구해.

10 g의 활성탄 A를 염료 B의 농도가 8 %인 용액에 충분히 오래 담가 놓을 때 활성탄 A에 흡착되는 염료 B의 질량은 4 g이므로 각 값을 주어진 식에 대입하면 ($a=10$, $c=8$, $b=4$)

$\log\frac{4}{10}=-1+k\log 8$

($\log\frac{4}{10}=\log 4-\log 10=\log 2^2-1=2\log 2-1$, $k\log 8=k\log 2^3=3k\log 2$)

$2\log 2-1=-1+3k\log 2$, $2\log 2=3k\log 2$, $3k=2$

$\therefore k=\frac{2}{3}$

2nd $a=20$, $c=27$일 때, b의 값을 구해.

20 g의 활성탄 A를 염료 B의 농도가 27 %인 용액에 충분히 오래 담가 놓을 때 활성탄 A에 흡착되는 염료 B의 질량을 b(g)이라 하면 ($a=20$, $c=27$)

$\log\frac{b}{20}=-1+\frac{2}{3}\log 27$, $\log\frac{b}{20}+1=\frac{2}{3}\log 3^3$

($\log\frac{b}{20}+1=\log\frac{b}{20}+\log 10=\log\left(\frac{b}{20}\times 10\right)=\log\frac{b}{2}$)

$\log\frac{b}{2}=\log(3^3)^{\frac{2}{3}}$

$\frac{b}{2}=3^2$

$\therefore b=2\times 9=18$

D 104 정답 31 *로그방정식의 실생활 응용-상수 구하기 [정답률 83%]

(정답 공식: 문제에 주어진 조건들을 직접 식에 대입하여 두 개의 식을 찾는다.)

통신이론에서 신호의 주파수 대역폭이 B(Hz)이고 신호잡음전력비가 x일 때, 전송할 수 있는 신호의 최대 전송 속도 C(bps)는 다음과 같이 계산된다고 한다.

$$C=B\times\log_2(1+x)$$

단서 $x=a$일 때의 값이 C라면 $x=33a$일 때의 값은 $2C$가 된다는 뜻이야.

신호의 주파수 대역폭이 일정할 때, 신호잡음전력비를 a에서 $33a$로 높였더니 신호의 최대 전송 속도가 2배가 되었다. 양수 a의 값을 구하시오. (단, 신호잡음전력비는 잡음전력에 대한 신호전력의 비이다.) (4점)

1st 주어진 식에 $x=a$와 $x=33a$를 대입하여 로그방정식을 풀자.

신호잡음전력비가 a, $33a$일 때의 신호의 최대 전송 속도를 각각 C_1, C_2라 하면 (신호의 주파수 대역폭은 일정하다고 했지?)

$C_1=B\times\log_2(1+a)$, $C_2=B\times\log_2(1+33a)$

이때, $C_2=2C_1$이므로

$2B\times\log_2(1+a)=B\times\log_2(1+33a)$ ($2C_1$, C_2)

$\log_2(1+a)^2=\log_2(1+33a)$

$(1+a)^2=1+33a$

$1+2a+a^2=1+33a$

$a^2-31a=0$, $a(a-31)=0$

$\therefore a=31$ ($\because a>0$) 주의 문제의 조건에 맞는지 꼭 확인하자.

D 105 정답 125 *로그방정식의 실생활 응용-상수 구하기 [정답률 85%]

(정답 공식: 문제에 주어진 조건들을 직접 식에 대입하여 두 개의 미지수의 값을 알아낸다.)

공기 중의 암모니아 농도가 C일 때 냄새의 세기 I는 다음 식을 만족시킨다고 한다. 단서 관계식에 주어진 상수가 2개이고 수치로 주어진 조건도 2개라면? 맞아, 두 상수 값을 각각 구할 수 있다는 얘기야!

$$I=k\log C+a \text{ (단, } k\text{와 } a\text{는 상수이다.)}$$

공기 중의 암모니아 농도가 40일 때 냄새의 세기는 5이고, 공기 중의 암모니아 농도가 10일 때 냄새의 세기는 4이다. 공기 중의 암모니아 농도가 p일 때 냄새의 세기는 2.5이다. $100p$의 값을 구하시오. (단, 암모니아 농도의 단위는 ppm이다.) (4점)

1st 주어진 식에 조건을 대입해서 두 상수 a와 k의 값을 각각 구하자.

$C=40$일 때 $I=5$이므로 주어진 식에 대입하면

$5=k\log 40+a$ … ㉠

$C=10$일 때 $I=4$이므로 주어진 식에 대입하면

$4=k\log 10+a$ … ㉡

㉠－㉡에서 $1=k(\log 40-\log 10)=k\log 4$

$\therefore k=\frac{1}{\log 4}$ … ㉢

㉢을 ㉡에 대입하면 $4=\frac{1}{\log 4}\times\log 10+a$ ($\log_{10}10=1$)

$\therefore a=4-\frac{1}{\log 4}$

2nd p의 값을 구하자.

따라서 $C=p$일 때 $I=2.5$이므로

$2.5=\frac{1}{\log 4}\times\log p+4-\frac{1}{\log 4}$

$-1.5=(\log p-1)\times\frac{1}{\log 4}$

$\log\frac{p}{10}=-1.5\log 4=\log 4^{-\frac{3}{2}}=\log\frac{1}{8}$, $\frac{p}{10}=\frac{1}{8}$

($4^{-\frac{3}{2}}=(2^2)^{-\frac{3}{2}}=2^{-3}=\frac{1}{2^3}=\frac{1}{8}$)

$\therefore p=\frac{5}{4}$

$\therefore 100p=100\times\frac{5}{4}=125$

D 106 정답 ① *로그방정식의 실생활 응용 - 상수 구하기 [정답률 84%]

(정답 공식: 첫 번째 조건을 이용해 k의 값을 구한 뒤 두 번째 조건을 식에 대입한다.)

화재가 발생한 화재실의 온도는 시간에 따라 변한다. 어떤 화재실의 초기 온도를 T_0(℃), 화재가 발생한 지 t분 후의 온도를 T(℃)라고 할 때, 다음 식이 성립한다고 한다.

$T=T_0+k\log(8t+1)$ (단, k는 상수이다.)

초기 온도가 20 ℃인 이 화재실에서 화재가 발생한 지 $\frac{9}{8}$분 후의 온도는 365 ℃이었고, 화재가 발생한 지 a분 후의 온도는 710 ℃이었다. a의 값은? (3점)

단서 처음에 주어진 조건을 관계식에 대입하여 상수 k의 값을 구하자.

① $\frac{99}{8}$ ② $\frac{109}{8}$ ③ $\frac{119}{8}$ ④ $\frac{129}{8}$ ⑤ $\frac{139}{8}$

1st 처음 조건을 대입해서 상수 k의 값을 구해.

초기 온도가 20 ℃인 화재실에 화재가 발생한 지 $\frac{9}{8}$분 후의 온도가 365 ℃이므로 관계식에 대입하면

$365=20+k\log\left(8\times\frac{9}{8}+1\right)$

$345=k\log 10 \qquad \therefore k=345$

2nd 두 번째 조건에 k의 값을 대입하여 a의 값을 구하자.

화재가 발생한 지 a분 후의 온도는 710 ℃이므로

$710=20+345\log(8a+1)$ ← $T_0=20,\ k=345,\ t=a$일 때, $T=710$

$690=345\log(8a+1)$

$\log(8a+1)=2$

$8a+1=10^2=100 \qquad \therefore a=\frac{99}{8}$

D 107 정답 ④ *로그방정식의 실생활 응용 - 상수 구하기 [정답률 87%]

(정답 공식: 문제에 주어진 조건들을 직접 식에 대입하여 두 개의 식을 찾는다.)

누에나방 암컷은 페로몬을 분비하여 수컷을 유인한다.
누에나방 암컷이 페로몬을 분비한 후 t초가 지났을 때 분비한 곳으로부터 거리가 x인 곳에서 측정한 페로몬의 농도 y는 다음 식을 만족시킨다고 한다.

$\log y=A-\frac{1}{2}\log t-\frac{Kx^2}{t}$ (단, A와 K는 양의 상수이다.)

누에나방 암컷이 페로몬을 분비한 후 1초가 지났을 때 분비한 곳으로부터 거리가 2인 곳에서 측정한 페로몬의 농도는 a이고, 분비한 후 4초가 지났을 때 분비한 곳으로부터 거리가 d인 곳에서 측정한 페로몬의 농도는 $\frac{a}{2}$이다. d의 값은? (3점)

단서 조건을 주어진 관계식의 문자에 알맞게 대입해야 해.

① 7 ② 6 ③ 5 ④ 4 ⑤ 3

1st 주어진 조건으로 페로몬의 농도 y를 만족시키는 식을 구하자.

누에나방 암컷이 페로몬을 분비한 후 t초가 지났을 때 분비한 곳으로부터 거리가 x인 곳에서 측정한 페로몬의 농도 y는

$\log y=A-\frac{1}{2}\log t-\frac{Kx^2}{t}$ … ㉠

누에나방 암컷이 페로몬을 분비한 후 1초가 지났을 때 분비한 곳으로부터 거리가 2인 곳에서 측정한 페로몬의 농도는 a, 즉 $t=1$, $x=2$일 때, $y=a$이므로 ㉠에 대입하면 $\log a=A-\frac{1}{2}\log 1-4K=A-4K$ … ㉡

또, 분비한 후 4초가 지났을 때 분비한 곳으로부터 거리가 d인 곳에서 측정한 페로몬의 농도는 $\frac{a}{2}$, 즉 $t=4$, $x=d$일 때, $y=\frac{a}{2}$이므로 ㉠에 대입하면

$\log\frac{a}{2}=A-\frac{1}{2}\log 4-\frac{Kd^2}{4}$, $\log a-\log 2=A-\log 2-\frac{Kd^2}{4}$

→ ① $\log_k\frac{x}{y}=\log_k x-\log_k y$ ② $\log_k x^n=n\log_k x$

$\therefore \log a=A-\frac{Kd^2}{4}$ … ㉢

이때, ㉡과 ㉢의 우변이 같아야 하므로

$A-4K=A-\frac{Kd^2}{4}$, $-4K=-\frac{Kd^2}{4}$

$d^2=16 \qquad \therefore d=4\ (\because d>0)$ ← 거리는 음수일 수 없지?

D 108 정답 27 *로그방정식의 실생활 응용 - 상수 구하기 [정답률 92%]

(정답 공식: 문제에 나온 조건들을 식에 대입한다. 로그 방정식에서 로그의 밑이 같은 경우 진수만 비교한다.)

해저에서 발생한 지진이 지진해일을 일으킬 때, 지진해일의 높이가 H(m)이면 지진해일의 규모 M은 다음과 같다고 한다.

$M=\log_8 H$

어떤 지점에서 지진해일의 높이가 a m인 지진해일의 규모는 지진해일의 높이가 9 m일 때의 지진해일의 규모의 1.5배이다. a의 값을 구하시오. (3점)

단서 지진해일의 높이가 9 m일 때의 지진해일의 규모는 $\log_8 9$지?

1st 주어진 식에 값을 대입해 방정식을 만들어.

어떤 지점에서 지진해일의 높이가 a m인 지진해일의 규모는($\log_8 a$) 지진해일의 높이가 9 m일 때의 지진해일의 규모($\log_8 9$)의 1.5배이므로

$1.5\times\log_8 9=\log_8 a$

2nd 위에서 만든 방정식을 풀어.

$\log_8 9^{1.5}=\log_8 a$이므로 $a=9^{1.5}=(3^2)^{\frac{3}{2}}=3^3=27$

D 109 정답 32 *로그방정식의 실생활 응용 - 상수 구하기 [정답률 90%]

(정답 공식: 주어진 조건을 관계식에 대입한 후 로그의 성질을 이용해 정리한다.)

화학 퍼텐셜 이론에 의하면 절대온도 T(K)에서 이상 기체의 압력을 P_1(기압)에서 P_2(기압)으로 변화시켰을 때의 이상 기체의 화학 퍼텐셜 변화량을 E(kJ/mol)이라 하면 다음 관계식이 성립한다고 한다.

단서 $P_1=1,\ P_2=16,\ T=300$일 때의 E의 값이 E_1, $P_1=1,\ P_2=x,\ T=240$일 때의 E의 값이 E_2이므로 주어진 관계식에 대입하면 E_1, E_2를 각각 구할 수 있어.

$E=RT\log_a\frac{P_2}{P_1}$ (단, a, R는 1이 아닌 양의 상수이다.)

절대온도 300K에서 이상 기체의 압력을 1기압에서 16기압으로 변화시켰을 때의 이상 기체의 화학 퍼텐셜 변화량을 E_1, 절대온도 240K에서 이상 기체의 압력을 1기압에서 x기압으로 변화시켰을 때의 이상 기체의 화학 퍼텐셜 변화량을 E_2라 하자. $E_1=E_2$를 만족시키는 x의 값을 구하시오. (3점)

1st 주어진 관계식에 P_1, P_2, T의 값을 대입하여 E_1과 E_2를 각각 구해.

$E=RT\log_a \frac{P_2}{P_1}$에 $P_1=1$, $P_2=16$, $E=E_1$, $T=300$을 대입하면

$E_1=R\times300\times\log_a 16=300R\log_a 16$

또한, $P_1=1$, $P_2=x$, $E=E_2$, $T=240$을 대입하면

$E_2=R\times240\times\log_a x=240R\log_a x$

2nd $E_1=E_2$임을 이용하여 x의 값을 구하자.

$E_1=E_2$이므로 $300R\log_a 16=240R\log_a x$에서

$\frac{5}{4}\log_a 16=\log_a x$, $\log_a 16^{\frac{5}{4}}=\log_a x$

$\therefore x=16^{\frac{5}{4}}=32$ → $16^{\frac{5}{4}}=(2^4)^{\frac{5}{4}}=2^5=32$

로그방정식의 풀이 개념·공식

① $\log_a f(x)=\log_a g(x)$ 꼴일 때, $f(x)=g(x)$를 푼다. (단, $f(x)>0$, $g(x)>0$)
② $\log_a f(x)=\log_b g(x)$ 꼴일 때, 밑을 통일하고 ①과 같이 푼다.
③ $\log_a x$, $(\log_a x)^2$이 포함된 식은 $\log_a x=t$로 치환한다.
④ $\{f(x)\}^{\log_a x}$과 같이 지수에 로그가 있을 때에는 양변에 $\log_a$를 취한다.

D 110 정답 ⑤ *로그방정식의 실생활 응용-상수 구하기 [정답률 80%]

(정답 공식: 문제에 주어진 조건들을 직접 식에 대입하여 두 개의 식을 찾는다.)

단면의 반지름의 길이가 $R(R<1)$인 원기둥 모양의 어느 급수관에 물이 가득 차 흐르고 있다. 이 급수관의 단면의 중심에서의 물의 속력을 v_c, 급수관의 벽면으로부터 중심 방향으로 $x(0<x\le R)$만큼 떨어진 지점에서의 물의 속력을 v라 하면 다음과 같은 관계식이 성립한다고 한다.

$$\frac{v_c}{v}=1-k\log\frac{x}{R}$$

(단, k는 양의 상수이고, 길이의 단위는 m, 속력의 단위는 m/초이다.)

$R<1$인 이 급수관의 벽면으로부터 중심 방향으로 $R^{\frac{27}{23}}$만큼 떨어진 지점에서의 물의 속력이 중심에서의 물의 속력의 $\frac{1}{2}$일 때, 급수관의 벽면으로부터 중심 방향으로 R^a만큼 떨어진 지점에서의 물의 속력이 중심에서의 물의 속력의 $\frac{1}{3}$이다. a의 값은? (3점)

단서 $x=R^{\frac{27}{23}}$, $v=\frac{1}{2}v_c$를 대입한 식과 $x=R^a$, $v=\frac{1}{3}v_c$를 대입한 식을 비교해봐.

① $\frac{39}{23}$ ② $\frac{37}{23}$ ③ $\frac{35}{23}$ ④ $\frac{33}{23}$ ⑤ $\frac{31}{23}$

1st 먼저 $R^{\frac{27}{23}}$과 관련된 식을 유도해 보자.

주의 문제에서 얻은 정보를 해당하는 식에 정확하게 대입하여 식을 정리할 때 실수하지 않도록 주의하자.

$R<1$인 급수관의 벽면으로부터 중심 방향으로 $R^{\frac{27}{23}}$만큼 떨어진 지점에서의 물의 속력이 중심에서의 물의 속력의 $\frac{1}{2}$이므로

$x=R^{\frac{27}{23}}$, $v=\frac{1}{2}v_c$

이것을 주어진 식에 대입하면 $\frac{v_c}{\frac{1}{2}v_c}=1-k\log\frac{R^{\frac{27}{23}}}{R}$

$2=1-k\log R^{\frac{27}{23}-1}$

$\therefore 1=-k\log R^{\frac{4}{23}}$ ⋯ ㉠

2nd 이번에 R^a과 관련된 식을 유도해 보자.

마찬가지로 급수관의 벽면으로부터 중심 방향으로 R^a만큼 떨어진 지점에서의 물의 속력이 중심에서의 물의 속력의 $\frac{1}{3}$이므로 $x=R^a$, $v=\frac{1}{3}v_c$

이것을 주어진 식에 대입하면 $\frac{v_c}{\frac{1}{3}v_c}=1-k\log\frac{R^a}{R}$

$3=1-k\log R^{a-1}$ $\therefore 2=-k\log R^{a-1}$ ⋯ ㉡

3rd 이제 구한 식을 적절히 나누어 a의 값을 구해 보자.

㉠÷㉡을 하면 → 상수 k의 값을 모르니까 약분을 해서 없앨 수 있어.

$\frac{1}{2}=\frac{\log R^{\frac{4}{23}}}{\log R^{a-1}}$, $\log R^{a-1}=2\log R^{\frac{4}{23}}$

$(a-1)\log R=\frac{8}{23}\log R$ ← $R<1$이므로 $\log R\neq0$이야.

$a-1=\frac{8}{23}$ $\therefore a=\frac{31}{23}$

D 111 정답 ② *로그방정식의 실생활 응용-상수 구하기 [정답률 72%]

(정답 공식: 양변을 C로 나누어 항상 일정한 상수 값이 나옴을 알고 처음 두 조건으로 상수의 값을 알아낸다.)

어느 세라믹 재료의 열전도 계수(k)는 적절한 실험 조건에서 일정하고, 다음과 같이 계산된다고 한다.

$$k=C\frac{\log t_2-\log t_1}{T_2-T_1}$$

단서1 주어진 관계식에 $T_1=200$, $T_2=202$, $t_1=10$, $t_2=20$을 대입해.

(단, C는 0보다 큰 상수, T_1(℃), T_2(℃)는 실험을 시작한 후 각각 t_1(초), t_2(초)일 때 세라믹 재료의 측정 온도이다.)

이 세라믹 재료의 열전도 계수를 측정하는 실험에서 실험을 시작한 후 10초일 때와 20초일 때의 측정 온도가 각각 200 ℃, 202 ℃이었다. 실험을 시작한 후 x초일 때 측정 온도가 206 ℃가 되었다. x의 값은? (3점)

단서2 주어진 관계식은 실험을 시작한 후 서로 다른 두 번의 온도를 측정한 값을 대입해야 하잖아? 따라서 실험을 시작한 후 20초일 때 측정한 값과 x초일 때 측정한 값을 다시 대입해봐.

① 70 ② 80 ③ 90 ④ 100 ⑤ 110

1st 주어진 식을 상수 C로 나눠봐.

주어진 조건식을 C로 나누면 $\frac{k}{C}=\frac{\log t_2-\log t_1}{T_2-T_1}$

좌변은 상수이므로 우변의 값도 항상 일정하다.

즉, 우변은 임의의 시간 t_1, t_2와 그때의 측정 온도 T_1, T_2에 대해 항상 일정한 값이 된다.

2nd 주어진 조건을 대입하여 상수 $\frac{k}{C}$의 값을 구하자.

$t_1=10$일 때, $T_1=200$이고 $t_2=20$일 때, $T_2=202$이므로

$\frac{k}{C}=\frac{\log 20-\log 10}{202-200}=\frac{\log 2}{2}$ ⋯ ㉠ ($\log 20-\log 10=\log\frac{20}{10}=\log 2$)

$t=x$일 때, $T=206$이라 하면

$\frac{k}{C}=\frac{\log x-\log 20}{206-202}=\frac{\log\frac{x}{20}}{4}$이므로

㉠에 의하여 (실험을 시작한 후 20초일 때의 측정 온도 202 ℃를 활용하여 $T_1=202$, $T_2=206$, $t_1=20$, $t_2=x$로 놓고 대입한 거야.)

$\frac{\log\frac{x}{20}}{4}=\frac{\log 2}{2}$, $\log\frac{x}{20}=2\log 2$, $\log\frac{x}{20}=\log 4$

$\frac{x}{20}=4$ $\therefore x=80$

D 112 정답 ② *로그방정식의 실생활 응용 - 상수 구하기 [정답률 65%]

(정답 공식: 문제에서 주어진 정보를 x, y, z를 이용해 나타낸다.)

어떤 산업에서 노동의 투입량을 x, 자본의 투입량을 y라 할 때, 그 산업의 생산량 z는 다음과 같다.

$z=2x^{a}y^{1-a}$ (a는 $0<a<1$인 상수)

자료에 의하면 1993년도의 노동 및 자본의 투입량은 1980년도보다 각각 4배와 2배이고, 1993년도 산업 생산량은 1980년도 산업 생산량의 2.5배이다. 이 사실로부터 상수 a의 값을 소수점 아래 둘째 자리까지 구하면? (단, $\log_{10}2=0.30$) (2점)

단서 1980년도의 노동의 투입량, 자본의 투입량, 산업 생산량을 각각 x, y, z라 하면 1993년도의 노동의 투입량, 자본의 투입량, 산업 생산량은 각각 $4x$, $2y$, $2.5z$야.

① 0.50 ② 0.33 ③ 0.25 ④ 0.20 ⑤ 0.10

1st 주어진 식을 이용하여 1980년과 1993년의 산업 생산량을 비교해.

1980년도의 노동의 투입량, 자본의 투입량, 산업 생산량을 각각 x, y, z라 하면

$z=2x^{a}y^{1-a}$ (단, a는 $0<a<1$인 상수) ⋯ ㉠

그러면 1993년도의 노동의 투입량, 자본의 투입량, 산업 생산량은 각각 $4x$, $2y$, $2.5z$이므로

$2.5z=2\times(4x)^{a}\times(2y)^{1-a}$

$=4^{a}\times2^{1-a}\times2x^{a}y^{1-a}$

$=4^{a}\times2^{1-a}z$ ($\because$ ㉠)

즉, $4^{a}\times2^{1-a}=2.5$이므로

$2^{2a}\times2^{1-a}=\frac{5}{2}$ $\therefore 2^{a+2}=5$

→ $2^{2a}\times2^{1-a}=\frac{5}{2}$에서 $2\times2^{2a}\times2^{1-a}=5$, $2^{1+2a+(1-a)}=5$, $\therefore 2^{a+2}=5$

2nd 상용로그를 사용하여 간단히 계산해.

이 식의 양변에 상용로그를 취하면 $(a+2)\log 2=\log 5$

$\therefore a=\frac{\log 5}{\log 2}-2=\frac{1-\log 2}{\log 2}-2$ → $\log 5=\log\frac{10}{2}=\log 10-\log 2=1-\log 2$

$=\frac{1-0.30}{0.30}-2=\frac{1}{3}=0.33\times\times\times$

따라서 구하는 상수 a의 값은 0.33이다.

D 113 정답 ③ *로그부등식의 해 - 밑을 같게 만드는 경우 [정답률 88%]

(정답 공식: $a>1$일 때, 부등식 $\log_a f(x)\le\log_a g(x)$는 $0<f(x)\le g(x)$를 푼다.)

부등식 $\log_2(x^2-7x)-\log_2(x+5)\le1$을 만족시키는 모든 정수 x의 값의 합은? (3점) 단서 우변을 밑이 2인 로그로 변형하여 부등식을 풀어.

① 22 ② 24 ③ 26 ④ 28 ⑤ 30

1st 진수 조건을 만족시키는 x의 값의 범위부터 구해.

$\log_2(x^2-7x)-\log_2(x+5)\le1$에서 진수 조건에 의하여

주의 $\log_a f(x)$가 정의되려면 밑 a가 $a>0$, $a\ne1$이어야 하고 진수 $f(x)$가 $f(x)>0$이어야 해. 따라서 로그가 포함된 방정식이나 부등식에서 밑 또는 진수가 미지수일 때는 밑과 진수 조건을 항상 먼저 따져줘야 해.

$x^2-7x>0$, $x+5>0$이어야 한다.

즉, $x^2-7x=x(x-7)>0$에서 $x<0$ 또는 $x>7$이고

$x+5>0$에서 $x>-5$이므로 진수 조건을 만족시키는 x의 값의 범위는

$-5<x<0$ 또는 $x>7$ ⋯ ㉠

2nd 로그부등식을 풀고 주어진 부등식을 만족시키는 모든 정수 x의 값의 합을 구해.

$\log_2(x^2-7x)-\log_2(x+5)\le1$에서

$\log_2(x^2-7x)\le1+\log_2(x+5)$

$\log_2(x^2-7x)\le\log_2 2+\log_2(x+5)$ $\log_a m+\log_a n=\log_a mn$

$\log_2(x^2-7x)\le\log_2 2(x+5)$, $x^2-7x\le2(x+5)$ → 밑이 1보다 크므로 로그를 없애도 부등호의 방향은 바뀌지 않아.

$x^2-9x-10\le0$, $(x+1)(x-10)\le0$

$\therefore -1\le x\le10$ ⋯ ㉡

㉠, ㉡에 의하여 주어진 부등식을 만족시키는 x의 값의 범위는

$-1\le x<0$ 또는 $7<x\le10$이다.

따라서 모든 정수 x는 -1, 8, 9, 10이므로 구하는 합은

$(-1)+8+9+10=26$

D 114 정답 ⑤ *로그부등식의 해 - 밑을 같게 만드는 경우 [정답률 84%]

(정답 공식: $a>1$일 때, $\log_a f(x)<\log_a g(x)$이면 $0<f(x)<g(x)$이다.)

부등식 $\log_{18}(n^2-9n+18)<1$을 만족시키는 모든 자연수 n의 값의 합은? (3점) 단서 부등식의 우변을 밑이 18인 로그로 변형하여 부등식을 풀어.

① 14 ② 15 ③ 16 ④ 17 ⑤ 18

1st 진수 조건을 만족시키는 n의 값의 범위를 구해.

$\log_{18}(n^2-9n+18)$의 진수가 0보다 커야 하므로

$n^2-9n+18>0$에서 → $\log_a b$가 정의되려면 $a>0$, $a\ne1$, $b>0$이어야 해.

$(n-3)(n-6)>0$

$\therefore n<3$ 또는 $n>6$ ⋯ ㉠

2nd 주어진 부등식을 풀고 부등식을 만족시키는 모든 자연수 n의 값의 합을 구해.

$\log_{18}(n^2-9n+18)<1$에서

$\log_{18}(n^2-9n+18)<\log_{18}18$

$n^2-9n+18<18$, $n^2-9n<0$, $n(n-9)<0$

$\therefore 0<n<9$ ⋯ ㉡ → 로그의 밑이 1보다 크므로 log를 없애도 부등호의 방향이 바뀌지 않아.

㉠, ㉡에 의하여 $0<n<3$ 또는 $6<n<9$

따라서 주어진 부등식을 만족시키는 모든 자연수 n의 값은 1, 2, 7, 8이므로 (구하는 합)$=1+2+7+8=18$

D 115 정답 ① *로그부등식의 해 - 밑을 같게 만드는 경우 [정답률 88%]

(정답 공식: $\log_a f(x)>\log_a g(x)$에서
(i) $a>1$일 때 : $f(x)>g(x)>0$
(ii) $0<a<1$일 때 : $0<f(x)<g(x)$)

부등식 $\log_3(x-3)+\log_3(x+3)\le3$을 만족시키는 모든 정수 x의 값의 합은? (3점) 단서 로그에서 진수의 범위는 양수가 됨에 주의하자.

① 15 ② 17 ③ 19 ④ 21 ⑤ 23

1st 진수는 양수임을 이용해서 정의역을 구하자.

로그의 정의에 의하여

$x>3$ ⋯ ㉠

→ $\log_3(x-3)$에서 진수 $x-3>0$ ⇨ $x>3$
$\log_3(x+3)$에서 진수 $x+3>0$ ⇨ $x>-3$
즉, 두 x의 범위의 공통 부분인 정의역은 $x>3$

2nd 로그부등식 $\log_a f(x)>\log_a g(x)$에서 밑 a의 범위가 $a>1$인 경우 $f(x)>g(x)>0$임을 이용하자.

$\log_3(x-3)+\log_3(x+3)\le 3$ → $3=\log_3 3^3=\log_3 27$

$\log_3(x-3)(x+3)\le\log_3 27$ → $\log_a x+\log_a y=\log_a xy$

$\log_3(x^2-9)\le\log_3 27$

$x^2-9\le 27$

$x^2-36\le 0$

$(x-6)(x+6)\le 0$

$\therefore -6\le x\le 6 \cdots$ ㉡

→ $f(x)=(x-6)(x+6)\le 0$이라 하면 ($y=f(x)$, -6, 6, x) 따라서 $f(x)\le 0$인 x의 범위는 $-6\le x\le 6$

㉠, ㉡을 모두 만족시키는 것은 $3<x\le 6$이므로

정수 x는 4 또는 5 또는 6

따라서 모든 정수 x의 값의 합은

$4+5+6=15$

이차부등식의 해 개념·공식

이차부등식 $a(x-\alpha)(x-\beta)\le 0\ (\alpha<\beta)$에 대하여

(i) $a>0$일 때,

$a(x-\alpha)(x-\beta)\le 0 \Longleftrightarrow (x-\alpha)(x-\beta)\le 0$

$\Longleftrightarrow \alpha\le x\le\beta$

(ii) $a<0$일 때,

$a(x-\alpha)(x-\beta)\le 0 \Longleftrightarrow (x-\alpha)(x-\beta)\ge 0$

$\Longleftrightarrow x\le\alpha,\ x\ge\beta$

D 116 정답 ③ *로그부등식의 해 - 밑을 같게 만드는 경우 [정답률 83%]

(정답 공식: $a>1$일 때, $\log_a x_1<\log_a x_2 \Longleftrightarrow x_1<x_2$)

부등식

$\log_4(x+3)-\log_2(x-3)\ge 0$

을 만족시키는 모든 자연수 x의 값의 합은? (3점)

단서 로그의 성질을 이용하여 주어진 부등식에서 로그의 밑을 같게 바꾸고 진수의 조건에 유의하여 부등식의 해를 구하면 되지.

① 13 ② 14 ③ 15 ④ 16 ⑤ 17

1st 로그의 밑을 같게 변형한 뒤 로그함수의 성질을 이용하여 식을 정리하자.

로그의 진수 조건에 의해

$x+3>0,\ x-3>0$에서 $x>3 \cdots$ ㉠

$\log_4(x+3)-\log_2(x-3)\ge 0$

$\log_4(x+3)\ge\log_{2^2}(x-3)^2$

→ $\log_4(x+3)-\log_2(x-3)\ge 0$에서 $\log_4(x+3)-\frac{2}{2}\log_2(x-3)\ge 0$ $\log_4(x+3)-\log_{2^2}(x-3)^2\ge 0$

$\log_4(x+3)\ge\log_4(x-3)^2$

2nd 로그의 밑이 1보다 크니까 부등호의 방향은 그대로지.

$x+3\ge(x-3)^2$

$x+3\ge x^2-6x+9$

$x^2-7x+6\le 0$

$(x-1)(x-6)\le 0$

$\therefore 1\le x\le 6 \cdots$ ㉡

㉠, ㉡에 의하여

$3<x\le 6$

따라서 조건을 만족시키는 자연수 x는 4, 5, 6이므로 모든 자연수 x의 값의 합은 $4+5+6=15$이다.

D 117 정답 ④ *로그부등식의 해 - 밑을 같게 만드는 경우 [정답률 78%]

(정답 공식: 로그부등식 $\log_a f(x)+\log_a g(x)\le k$에서 $a>1$이면 진수 조건 $f(x)>0,\ g(x)>0$을 만족시키는 x의 범위부터 따지자.)

부등식

$\log_2(x^2-1)+\log_2 3\le 5$

를 만족시키는 정수 x의 개수는? (3점)

단서 $\log_a x$는 로그의 정의에 의하여 밑 a의 조건 : $a>0,\ a\ne 1$ 진수의 조건 : $x>0$ 또, log의 성질을 사용해서 x에 대한 이차부등식 꼴로 변형해.

① 1 ② 2 ③ 3 ④ 4 ⑤ 5

1st (진수)>0임을 이용해서 정의역을 구하자.

$\log_2(x^2-1)+\log_2 3\le 5$에서

로그의 진수 조건에 의하여

$x^2-1>0 \cdots$ ㉠ $x^2-1>0,\ (x-1)(x+1)>0 \quad \therefore x<-1$ 또는 $x>1$

2nd 로그의 성질을 이해하여 주어진 로그부등식의 해를 구하자.

$\log_2(x^2-1)+\log_2 3\le 5$에서

$\log_2(x^2-1)\le\log_2 2^5-\log_2 3$

$\log_2(x^2-1)\le\log_2\frac{32}{3}$

로그의 밑이 1보다 크므로 부등호는 그대로

$x^2-1\le\frac{32}{3}$

$x^2\le\frac{35}{3} \cdots$ ㉡ → $x^2\le\frac{35}{3}$ $\therefore -\sqrt{\frac{35}{3}}\le x\le\sqrt{\frac{35}{3}}$

→ [로그의 성질]
$a>0,\ b>0,\ c>0,\ a\ne 1,\ x>0,\ y>0$일 때
① $\log_a 1=0,\ \log_a a=1,\ n=\log_a a^n$
② $\log_a xy=\log_a x+\log_a y$
③ $\log_a\frac{x}{y}=\log_a x-\log_a y$
④ $\log_a x^n=n\log_a x$ (n은 실수)
⑤ $\log_a b=\frac{\log_c b}{\log_c a}\ (c\ne 1)$
⑥ $\log_{a^m} b^n=\frac{n}{m}\log_a b$

3rd ㉠, ㉡을 동시에 만족시키는 정수를 구하자.

㉠, ㉡에 의하여

$1<x^2\le\frac{35}{3}$

→ $\frac{35}{3}=11.\dot{6}$이므로 $1<x^2<11.\dot{6}$에서 x^2은 제곱수이므로 $x^2=4,\ x^2=9$, 즉 $x=\pm 2,\ x=\pm 3$

따라서 구하는 정수 x는 $-3,\ -2,\ 2,\ 3$으로 4개이다.

다른 풀이: 로그부등식에서 진수를 다른 방법으로 변형하여 해결하기

진수의 범위는 양수이므로

$x^2-1>0 \cdots$ ㉠

$\log_2(x^2-1)+\log_2 3\le 5$에서

$\log_2 3(x^2-1)\le\log_2 2^5$

$3x^2-3\le 32$

$\therefore x^2\le\frac{35}{3} \cdots$ ㉡

㉠, ㉡에서

$1<x^2\le\frac{35}{3}$

따라서 구하는 정수 x는 $x^2=4,\ x^2=9$에서 $x=\pm 2,\ x=\pm 3$으로 4개야.

로그부등식의 풀이 개념·공식

① $\log_a f(x)>\log_a g(x)$ 꼴일 때,
i) $a>1$이면 $f(x)>g(x)>0$
ii) $0<a<1$이면 $0<f(x)<g(x)$를 푼다.

② $f(\log_a x)>0$의 꼴은 $\log_a x=t$로 치환하여 푼다.

D 118 정답 ④ *로그부등식의 해 - 밑을 같게 만드는 경우 [정답률 82%]

(정답 공식: (i) $a>1$일 때, $\log_a f(x)<\log_a g(x)$이면 $0<f(x)<g(x)$
(ii) $0<a<1$일 때, $\log_a f(x)<\log_a g(x)$이면 $f(x)>g(x)>0$)

부등식 $2-\log_{\frac{1}{2}}(x-2)<\log_2(3x+4)$를 만족시키는 정수 x의 개수는? (3점) 단서 주어진 부등식을 $\log_a f(x)<\log_a g(x)$의 꼴로 변형할 수 있지?

① 6 ② 7 ③ 8 ④ 9 ⑤ 10

1st 먼저 진수의 조건을 생각하자.

부등식 $2-\log_{\frac{1}{2}}(x-2)<\log_2(3x+4)$의 진수의 조건에 의하여 $x-2>0$과 $3x+4>0$이 성립해야 한다.

즉, $x>2$와 $x>-\frac{4}{3}$를 동시에 만족시키는 x의 값의 범위는 $x>2$ ⋯ ㉠

2nd 로그의 성질을 이용하여 좌변을 밑이 2인 로그로 통일하자.

$2-\log_{\frac{1}{2}}(x-2)<\log_2(3x+4)$

$\log_2 4+\log_2(x-2)<\log_2(3x+4)$

$\log_2 4(x-2)<\log_2(3x+4)$

$4x-8<3x+4$ 밑이 1보다 크니까 부등호의 방향은 변하지 않아.

$\therefore x<12$ ⋯ ㉡

[로그의 성질] $a>0, a\neq1, b>0$에 대하여
① $\log_a a=1$
② $\log_a x+\log_a y=\log_a xy$
③ $\log_a x-\log_a y=\log_a \frac{x}{y}$
④ $\log_{a^n} b^m=\frac{m}{n}\log_a b$

㉠, ㉡에 의하여 $2<x<12$이므로
정수 x는 3, 4, 5, ⋯, 11로 9개이다.

다른 풀이: **밑을 $\frac{1}{2}$로 같게 하여 로그부등식 풀기**

$2-\log_{\frac{1}{2}}(x-2)<\log_2(3x+4)$

$\log_{\frac{1}{2}}\left(\frac{1}{2}\right)^2-\log_{\frac{1}{2}}(x-2)<-\log_{\frac{1}{2}}(3x+4)$

$\log_{\frac{1}{2}}\frac{3x+4}{4}<\log_{\frac{1}{2}}(x-2)$ 밑을 $\frac{1}{2}$로 통일하는 방법도 있어. 이때, $\log_2 A=-\log_{\frac{1}{2}}A\,(A>0)$

$\frac{3x+4}{4}>x-2$, $3x+4>4x-8$

$\therefore x<12$

(이하 동일)

D 119 정답 12 *로그부등식의 해 - 밑을 같게 만드는 경우 ⋯ [정답률 85%]

(정답 공식: 로그부등식은 밑을 같게 해준다. 진수 조건을 항상 고려한다.)

부등식 $\log_2(x-2)<2$를 만족시키는 모든 자연수 x의 값의 합을 구하시오. (3점) 단서 부등식의 우변을 밑이 2인 로그로 변형한 후, 진수끼리 비교해. 이때, 진수 조건을 잊지 않도록 해.

1st 진수 조건을 만족시키는 x의 값의 범위를 구하자.

진수 조건에 의하여 $x-2>0$에서 $x>2$ ⋯ ㉠ 진수는 항상 양수이어야 해.

2nd 로그의 정의를 이용하여 부등식을 풀자.

$\log_2(x-2)<2$에서

$\log_2(x-2)<\log_2 2^2=\log_2 4$

$x-2<4$ 밑이 $2>1$이므로 $\log_2(x-2)<\log_2 4$에서 $x-2<4$

$\therefore x<6$ ⋯ ㉡

㉠, ㉡에 의하여 주어진 부등식의 해는 $2<x<6$
따라서 구하는 모든 자연수는 3, 4, 5이므로 구하는 합은
$3+4+5=12$

D 120 정답 ① *로그부등식의 해 - 밑을 같게 만드는 경우 [정답률 92%]

(정답 공식: $a>1$일 때, $\log_a f(x)\geq\log_a g(x)$이면 $f(x)\geq g(x)$이다.)

부등식 $1+\log_2 x\leq\log_2(x+5)$를 만족시키는 모든 정수 x의 값의 합은? (3점) 단서 밑이 2인 로그로 통일시키고, 식을 정리해보자. 이때, 진수의 조건 잊지 않도록 해.

① 15 ② 16 ③ 17 ④ 18 ⑤ 19

1st 로그의 진수 조건을 생각하자.

x, $x+5$는 로그의 진수이므로 로그의 진수는 항상 양수이어야 해.

$x>0$, $x+5>0$ $\therefore x>0$ ⋯ ㉠

2nd 로그의 성질을 이용하여 부등식의 좌변을 하나의 항으로 나타내 보자.

주어진 부등식은 $\log_2 2x\leq\log_2(x+5)$이므로

$2x\leq x+5$ $\therefore x\leq5$ ⋯ ㉡ 밑이 $2>1$이므로 부등호 방향은 그대로!

㉠, ㉡에서 $0<x\leq5$이므로 주어진 부등식을 만족시키는 x는 1, 2, 3, 4, 5이고 그 합은 $1+2+3+4+5=15$이다.

D 121 정답 ④ *로그부등식의 해 - 밑을 같게 만드는 경우 [정답률 93%]

(정답 공식: 로그부등식의 밑을 일치시킨다.)

부등식 $\log_2 x\leq2$를 만족시키는 정수 x의 개수는? (2점) 단서 우변의 2를 밑이 2인 로그로 나타내.

① 1 ② 2 ③ 3 ④ 4 ⑤ 5

1st 진수 조건을 빼먹지 말고 부등식을 풀자.

로그의 진수 조건에 의하여 $x>0$ ⋯ ㉠
진수는 양수이어야 해. 즉, $\log_2 x$에서 진수는 x이고 $x>0$이야.

주어진 방정식 $\log_2 x\leq2$에서 $\log_2 x\leq\log_2 2^2=\log_2 4$

$\therefore x\leq4$ ⋯ ㉡
밑이 1보다 크니까 부등호의 방향은 바뀌지 않아.

㉠, ㉡에 의하여 주어진 부등식의 해는 $0<x\leq4$이므로 구하는 정수 x의 개수는 1, 2, 3, 4로 4이다.

D 122 정답 ③ *로그부등식의 해 - 밑을 같게 만드는 경우 [정답률 82%]

(정답 공식: 로그의 성질을 알고 진수는 항상 양수임을 이용한다.)

부등식 $\log_3(x-1)+\log_3(4x-7)\leq3$을 만족시키는 정수 x의 개수는? (3점) 단서 부등식의 우변을 밑이 3이 되도록 변형하여 부등식을 풀면 돼. 이때, 로그부등식을 풀 때는 항상 진수조건에 주의해.

① 1 ② 2 ③ 3 ④ 4 ⑤ 5

1st 진수조건을 만족시키는 x의 값의 범위부터 구해.

진수조건에 의하여 $x-1>0$, $4x-7>0$이므로 $x>\frac{7}{4}$ ⋯ ㉠
진수는 양수이어야 해. 즉, $\log_a b$에서 진수는 b이고 $b>0$이야.

2nd 로그의 성질을 사용하여 부등식을 풀자.

$\log_3(x-1)+\log_3(4x-7)\leq3$ → $\log_a m+\log_a n=\log_a mn$

$\log_3(x-1)(4x-7)\leq\log_3 3^3=\log_3 27$

$(x-1)(4x-7)\leq27$ 밑이 1보다 큰 로그를 없앴으니까 부등호의 방향은 변하지 않아.

$4x^2-11x-20\leq0$, $(x-4)(4x+5)\leq0$ $\therefore -\frac{5}{4}\leq x\leq4$ ⋯ ㉡

㉠, ㉡에 의하여 $\frac{7}{4}<x\leq4$이므로 주어진 부등식을 만족시키는 정수 x의 개수는 2, 3, 4로 3이다.

D 123 정답 ③ *로그부등식의 해 - 밑을 같게 만드는 경우 [정답률 87%]

(정답 공식: 진수의 조건을 알고 우변에 로그를 씌워 비교한다.)

> 로그부등식 $\log_{\sqrt{2}}|x|<5$를 만족시키는 정수 x의 개수는? (3점)
> 단서 진수의 조건에서 $|x|>0$이어야 하지? 즉, $x\neq0$임을 알 수 있어.
>
> ① 6 ② 8 ③ 10
> ④ 12 ⑤ 14

$5=\log_{\sqrt{2}}(\sqrt{2})^5=\log_{\sqrt{2}}\sqrt{2^5}$

1st 밑과 진수의 조건을 생각하자.

로그의 진수의 조건에서 $|x|>0$이어야 하므로 $x\neq0$이다.

$\log_{\sqrt{2}}|x|<5$에서 $|x|<\sqrt{2^5}=\sqrt{32}$

$\therefore -\sqrt{32}<x<\sqrt{32},\ x\neq0$ ← $\sqrt{2}>1$이므로 부등호의 방향은 바뀌지 않아.

따라서 부등식을 만족시키는 정수 x는

$-5,\ -4,\ -3,\ -2,\ -1,\ 1,\ 2,\ 3,\ 4,\ 5$로 10개이다.

D 124 정답 11 *로그부등식의 해 - 밑을 같게 만드는 경우 [정답률 85%]

(정답 공식: 로그의 성질을 알고 진수는 항상 양수임을 이용한다.)

> 로그부등식
> $$\log_2(7-x)+\log_2(7+x)>4$$
> 를 만족시키는 정수 x의 개수를 구하시오. (3점)
> 단서 $\log_a x+\log_a y=\log_a xy$를 이용하여 부등식의 좌변을 정리하자.

1st 밑과 진수의 조건을 생각하며 풀어봐.

진수의 조건에 의해 $7-x>0,\ 7+x>0$이어야 하므로 $-7<x<7$ ⋯ ㉠

$\log_2(7-x)+\log_2(7+x)>4$에서 $\log_2(7-x)(7+x)>4$ ($4=\log_2 2^4$)

$(7-x)(7+x)>2^4,\ -x^2+49>16,\ x^2<33$

$\therefore -\sqrt{33}<x<\sqrt{33}$ ⋯ ㉡ → $25<33<36$에서 $\sqrt{25}<\sqrt{33}<\sqrt{36}$, 즉 $5<\sqrt{33}<6$이므로 $-5.\times\times\times<x<5.\times\times\times$

㉠, ㉡을 모두 만족시키는 정수 x의 개수는 $-5,\ -4,\ -3,\ -2,\ -1,\ 0,\ 1,\ 2,\ 3,\ 4,\ 5$의 11개이다.

(-7, $-\sqrt{33}$, $\sqrt{33}$, 7 / $-5.\times\times\times$, $5.\times\times\times$)

D 125 정답 ① *로그부등식의 해-밑을 같게 만드는 경우 [정답률 82%]

(정답 공식: $a>1$일 때, $\log_a f(x)\le\log_a g(x)$이면 $0<f(x)\le g(x)$이다.)

> 부등식 $\log_2 x\le4-\log_2(x-6)$을 만족시키는 모든 정수 x의 값의 합은? (3점)
> 단서 로그의 밑을 2로 나타내어 부등식을 풀어. 이때, 진수 조건에 주의해.
>
> ① 15 ② 19 ③ 23
> ④ 27 ⑤ 31

1st 진수 조건을 만족시키는 x의 값의 범위부터 구해.

주어진 부등식의 $\log_2 x,\ \log_2(x-6)$에서 진수 조건에 의하여 $x>0$이고 $x-6>0$에서 $x>6$이다.
($\log_a x$가 정의되려면 $a>0$, $a\neq1$이고 $x>0$이어야 해.)

$\therefore x>6$ ⋯ ㉠

$x>0,\ x-6>0$을 모두 만족시키는 x의 값의 범위야.

2nd 로그부등식을 풀어.

$4=4\log_2 2=\log_2 2^4=\log_2 16$이므로

($\log_a a=1,\ k\log_a b=\log_a b^k$)

$\log_2 x\le4-\log_2(x-6)$에서 $\log_2 x\le\log_2 16-\log_2(x-6)$

$\log_2 x+\log_2(x-6)\le\log_2 16,\ \log_2 x(x-6)\le\log_2 16$

($\log_a M+\log_a N=\log_a MN$)

$x(x-6)\le16,\ x^2-6x-16\le0,\ (x+2)(x-8)\le0$

밑이 2로 1보다 크므로 부등식의 양변에서 $\log_2$를 없애도 부등호의 방향은 바뀌지 않아.

$\therefore -2\le x\le8$ ⋯ ㉡

㉠, ㉡에 의하여 주어진 부등식의 해는 $6<x\le8$이다.

따라서 정수 x는 7, 8이므로 주어진 부등식을 만족시키는 모든 정수 x의 값의 합은 $7+8=15$이다.

D 126 정답 ④ *로그부등식의 해 - 밑을 같게 만드는 경우 [정답률 76%]

(정답 공식: 진수는 항상 양수임을 알고 범위를 구한다.)

> 로그부등식
> $$\log_2(x^2+x-2)<\log_2(-2x+2)$$
> 의 해가 $\alpha<x<\beta$일 때, $\alpha\beta$의 값은? (3점)
> 단서 진수의 조건에 의한 x의 값의 범위를 먼저 구한 후 밑이 1보다 크므로 이차부등식 $x^2+x-2<-2x+2$를 풀면 돼.
>
> ① 2 ② 4 ③ 6 ④ 8 ⑤ 10

1st 로그의 성립조건을 먼저 생각해야 해.

로그부등식 $\log_2(x^2+x-2)<\log_2(-2x+2)$에서

진수의 조건으로부터 $x^2+x-2>0$에서

$(x+2)(x-1)>0 \quad \therefore x<-2$ 또는 $x>1$

또한, $-2x+2>0$에서 $x<1$이므로

$x<-2$ ⋯ ㉠

2nd 밑이 2이므로 부등호의 방향을 그대로 하고 진수를 비교해 봐.

로그부등식 $\log_2(x^2+x-2)<\log_2(-2x+2)$의 밑이 1보다 크므로 부등호의 방향은 변하지 않는다. 즉,

$x^2+x-2<-2x+2$에서

$x^2+3x-4<0,\ (x+4)(x-1)<0$

$\therefore -4<x<1$ ⋯ ㉡

[이차부등식의 풀이]
$\alpha<\beta$인 두 실수 α,β에 대하여
① $(x-\alpha)(x-\beta)<0 \Rightarrow \alpha<x<\beta$
② $(x-\alpha)(x-\beta)>0 \Rightarrow x<\alpha$ 또는 $x>\beta$

㉠, ㉡에 의해 $-4<x<-2$이므로

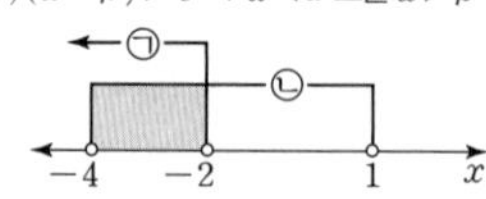

$\alpha=-4,\ \beta=-2$

$\therefore \alpha\beta=(-4)\times(-2)=8$

D 127 정답 36 *로그부등식의 해 - 밑을 같게 만드는 경우 [정답률 82%]

(정답 공식: 로그의 밑을 같게 해주어 비교한다. 진수는 항상 양수임을 이용한다.)

> 로그부등식 $\log_3 x+\log_3(12-x)\le3$을 만족시키는 모든 정수 x의 합을 구하시오. (3점)
> 단서 부등식을 $\log_3 f(x)\le\log_3 g(x)$ 꼴로 변형할 수 있지?

1st 진수의 조건을 생각해.

먼저 진수의 조건에서 → $x>0,\ 12-x>0$에서 $x>0,\ x<12$ $\therefore 0<x<12$

$0<x<12$ ⋯ ㉠

2nd 로그의 밑이 1보다 큰 경우는 부등호 방향을 그대로!

$\log_3 x+\log_3(12-x)\le3$에서

$\log_3 x(12-x)\le3$ → $\log_3 x(12-x)\le\log_3 3^3,\ x(12-x)\le27,\ -x^2+12x\le27$

$x^2-12x+27\ge0,\ (x-3)(x-9)\ge0$

$\therefore x\le3$ 또는 $x\ge9$ ⋯ ㉡

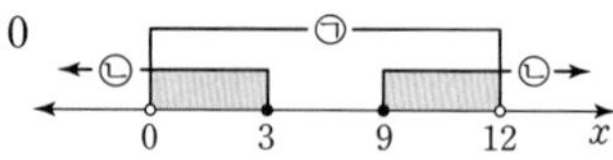

㉠, ㉡을 동시에 만족시키는 x의 값의 범위는 $0<x\le3,\ 9\le x<12$

따라서 로그부등식을 만족하는 정수 x는 1, 2, 3, 9, 10, 11이므로 그 합은 36이다.

D 128 정답 16 *로그부등식의 해 - 밑을 같게 만드는 경우 … [정답률 84%]

(정답 공식: 로그의 밑을 통일시킨다. 밑이 1보다 작으므로 부등호의 방향을 반대로 한다.)

부등식

$$1+\log_{\frac{1}{2}} x^2 > \log_{\frac{1}{2}} (5x-8)$$

의 해가 $\alpha < x < \beta$일 때, $\alpha\beta$의 값을 구하시오. (3점)

단서 진수의 조건을 먼저 확인한 후 주어진 부등식을 $\log_{\frac{1}{2}} f(x) > \log_{\frac{1}{2}} g(x)$ 꼴로 변형한 후 풀어.

1st 로그방정식, 로그부등식은 로그의 성립 조건부터 생각하자.

로그부등식 $1+\log_{\frac{1}{2}} x^2 > \log_{\frac{1}{2}} (5x-8)$의 진수의 조건에서

$x^2>0$, $5x-8>0$에서 $x\neq0$이고 $x>\frac{8}{5}$이므로 $x>\frac{8}{5}$이야.

$x>\frac{8}{5}$ … ㉠

2nd 로그의 밑이 1보다 작으니 부등호의 방향에 주의하자.

$1+\log_{\frac{1}{2}} x^2 > \log_{\frac{1}{2}} (5x-8)$

$\log_{\frac{1}{2}} \frac{1}{2} + \log_{\frac{1}{2}} x^2 > \log_{\frac{1}{2}} (5x-8)$

$\log_{\frac{1}{2}} \frac{1}{2}x^2 > \log_{\frac{1}{2}} (5x-8)$

$\log_a f(x) < \log_a g(x)$에서
① $a>1$일 때, $0<f(x)<g(x)$
② $0<a<1$일 때, $f(x)>g(x)>0$

이때, $0<(\text{밑})=\frac{1}{2}<1$이므로

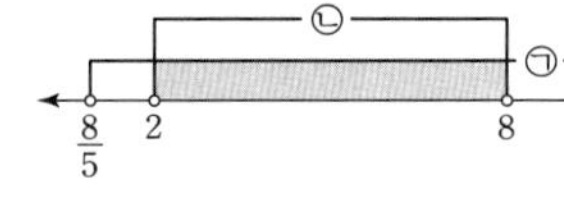

$\frac{1}{2}x^2 < 5x-8$, $x^2-10x+16<0$

$(x-2)(x-8)<0$

$\therefore 2<x<8$ … ㉡

㉠, ㉡을 동시에 만족시키는 x의 값의 범위는

$2<x<8$

따라서 $\alpha=2$, $\beta=8$이므로

$\alpha\beta=2\times8=16$

D 129 정답 15 *로그부등식의 해 - 밑을 같게 만드는 경우 … [정답률 84%]

(정답 공식: 로그의 밑을 모두 같게 변형한 뒤 로그의 성질을 이용하여 비교한다.)

부등식

$$\log_3 (x-3) + \log_3 (x+1) < 1 + \log_3 4$$

의 해가 $a<x<b$일 때, ab의 값을 구하시오. (3점)

단서 로그의 성질 $\log_a x + \log_a y = \log_a xy$를 이용하여 주어진 부등식을 $\log_3 f(x) < \log_3 g(x)$ 꼴로 변형하자.

1st 진수의 조건을 빠뜨리지 말자. 진수는 양수이어야 해!

$\log_3 (x-3) + \log_3 (x+1) < 1 + \log_3 4$

에서 $x-3>0$이고 $x+1>0$이어야 하므로 $x>3$ … ㉠이다.

2nd $\log_a x + \log_a y = \log_a xy$를 이용하자.

주어진 부등식을 정리하면

$\log_3 (x-3)(x+1) < \log_3 12$

$1+\log_3 4 = \log_3 3 + \log_3 4 = \log_3 (3\times4) = \log_3 12$

$x^2-2x-3<12$, $x^2-2x-15<0$

$(x+3)(x-5)<0$

$\therefore -3<x<5$ … ㉡

㉠, ㉡에서 $3<x<5$

따라서 $a=3$, $b=5$이므로

$ab=3\times5=15$

D 130 정답 ③ *로그부등식의 해 - 밑을 같게 만드는 경우 [정답률 87%]

(정답 공식: 로그부등식에서 밑의 범위에 따라 부등호의 방향이 결정된다.)

부등식

단서 로그의 성질 $\log_a x + \log_a y = \log_a xy$를 이용하여 부등식의 해를 구해 보자. 이때, 밑이 1보다 작은 경우는 부등호 방향이 바뀌는 거 잊지마!

$$\log_{\frac{1}{2}} (x-5) + \log_{\frac{1}{2}} (x-6) > -1$$

의 해가 $\alpha<x<\beta$일 때, $\alpha+\beta$의 값은? (3점)

① 7 ② 10 ③ 13 ④ 16 ⑤ 19

1st 먼저 진수의 조건을 살피자.

진수의 조건에서 $x>5$이고 $x>6$이므로 $x>6$ … ㉠

$x-5>0$이고 $x-6>0$

2nd 밑이 1보다 작으므로 부등호는 반대로!

$\log_{\frac{1}{2}} (x-5)(x-6) > -1$

$\log_a x + \log_a y = \log_a xy$

$(x-5)(x-6) < \left(\frac{1}{2}\right)^{-1} = 2$, $x^2-11x+30<2$

$x^2-11x+28<0$, $(x-4)(x-7)<0$ $\therefore 4<x<7$ … ㉡

㉠과 ㉡에 의하여 $6<x<7$

따라서 $\alpha=6$, $\beta=7$이므로 $\alpha+\beta=6+7=13$

로그부등식의 풀이 방법 (개념·공식)

① $a>1$일 때,
$\log_a f(x) < \log_a g(x)$이면 $0<f(x)<g(x)$
$0<a<1$일 때,
$\log_a f(x) < \log_a g(x)$이면 $f(x)>g(x)>0$
② $\log_a f(x) < \log_b g(x)$와 같이 밑이 다를 때에는 밑을 통일한다.
③ $\log_a x$, $(\log_a x)^2$이 포함된 식은 $\log_a x = t$로 치환한다.
④ 밑이 문자일 때에는 (밑)>1, $0<$(밑)<1의 두 가지 경우로 나누어 구한다.

D 131 정답 ② *로그부등식의 해 - 밑을 같게 만드는 경우 [정답률 76%]

(정답 공식: 밑을 통일시킨 뒤 진수만 비교한다.)

부등식

$$2\log_2 |x-1| \le 1 - \log_2 \frac{1}{2}$$

을 만족시키는 모든 정수 x의 개수는? (3점)

단서 로그의 성질을 이용하여 주어진 부등식을 $\log_2 f(x) \le \log_2 g(x)$ 꼴로 변형하자. 이때, 진수의 조건에 주의하면서 부등식을 풀자.

① 2 ② 4 ③ 6 ④ 8 ⑤ 10

1st 로그의 성질을 이용하여 우변을 밑이 2인 로그로 바꿔.

$2\log_2 |x-1| \le 1 - \log_2 \frac{1}{2}$에서 로그의 성질에 의하여

$2\log_2 |x-1| \le \log_2 2 + \log_2 2$

$2\log_2 |x-1| \le 2\log_2 2$ $\quad 1=\log_2 2$, $\log_2 \frac{1}{2} = \log_2 2^{-1} = -\log_2 2$

$\log_2 |x-1| \le \log_2 2$

2nd 밑이 1보다 크니까 양변에 $\log_2$를 지워도 부등호의 방향은 바뀌지 않아.

밑 2가 1보다 크므로 $|x-1|\le2$에서 $-2\le x-1\le2$

$\therefore -1\le x\le3$

한편, $|x-1|$은 진수이므로 $x\neq1$이다.

진수는 항상 양수여야 하는데, $|x-1|$은 $x=1$일 때만 제외하고 항상 양수야.

주의 진수는 항상 양수이어야 하므로 절댓값이 있을 때에는 주의하도록 하자.

따라서 주어진 부등식을 만족시키는 x의 값의 범위는

$-1\le x<1$ 또는 $1<x\le3$

즉, 이를 만족시키는 모든 정수 x의 개수는 -1, 0, 2, 3의 4이다.

다른 풀이: **진수가 성립하는 경우를 나누어 로그부등식의 해 구하기**

$|x-1|$은 진수이므로 $|x-1|>0$, 즉 $x\neq1$이어야 해.

(i) $x>1$ … ㉠일 때,

$2\log_2\underline{(x-1)}\le1-\log_2\frac{1}{2}$ ($x>1$이므로 $|x-1|=x-1$)

$2\log_2(x-1)\le2\log_2 2$

$x-1\le2$ $\quad\therefore x\le3$ … ㉡

㉠, ㉡에 의하여 $1<x\le3$

(ii) $x<1$ … ㉢일 때,

$2\log_2\underline{(-x+1)}\le1-\log_2\frac{1}{2}$ ($x<1$이므로 $|x-1|=-x+1$)

$2\log_2(-x+1)\le2\log_2 2$

$-x+1\le2$

$\therefore x\ge-1$ … ㉣

㉢, ㉣에 의하여 $-1\le x<1$

(i), (ii)에 의하여 주어진 부등식의 해는 $-1\le x<1$ 또는 $1<x\le3$이므로 구하는 모든 정수 x의 개수는 $-1, 0, 2, 3$의 4야.

D 132 정답 ① *로그부등식의 해 - 밑을 같게 만드는 경우 [정답률 76%]

(정답 공식: 진수는 항상 양수임을 알고 범위를 구한다.)

> 단서1 주어진 로그부등식의 해를 구하자.
>
> x에 대한 로그부등식 $\log_5(x-1)\le\log_5\left(\frac{1}{2}x+k\right)$를 만족시키는 모든 정수 x의 개수가 3일 때, 자연수 k의 값은? (4점)
>
> 단서2 단서1에서 구한 x의 값의 범위 안에 정수가 3개 존재하도록 하는 k의 값의 범위를 따져 봐야 해.
>
> ① 1 ② 2 ③ 3 ④ 4 ⑤ 5

1st 로그의 진수의 조건을 따져주자.

진수의 조건에 의하여 $x-1>0$에서 $x>1$이고, $\frac{1}{2}x+k>0$에서 $x>-2k$이므로 자연수 k에 대하여 $\underline{x>1}$ … ㉠

→ k가 자연수이므로 $-2k<0$이겠지? 즉, 그림과 같이 공통 범위는 $x>1$이야.

2nd 밑이 같은 로그부등식의 해를 구하자.

$\log_5(x-1)\le\log_5\left(\frac{1}{2}x+k\right)$에서 밑 $5>1$이므로

$x-1\le\frac{1}{2}x+k$, $\frac{1}{2}x\le k+1$

$\therefore x\le2(k+1)$ … ㉡

함정: 잊지 않고 진수 조건을 파악하여 해의 범위를 완성시켜야 해.

㉠, ㉡에 의하여 주어진 로그부등식의 해는

$1<x\le\underline{2(k+1)}$

→ k가 자연수이므로 $k\ge1$에서 $k+1\ge2$ $\therefore 2(k+1)\ge4>1$

이때, 주어진 부등식을 만족시키는 모든 정수 x의 개수가 3이므로 정수 x의 값은 2, 3, 4가 되어야 한다.

따라서 $4\le2(k+1)<5$에서 $1\le k<\frac{3}{2}$이고 k는 자연수이므로 $k=1$이다.

D 133 정답 ⑤ *로그부등식의 해 - 밑을 같게 만드는 경우 [정답률 80%]

(정답 공식: 어느 한 수를 제곱한 것과 그 수의 절댓값을 제곱한 것은 같다.)

> 부등식 $\log_2x^2-\log_2|x|\le3$을 만족시키는 정수 x의 개수는? (4점)
>
> 단서 $x^2=|x|^2$임을 이용하여 주어진 부등식을 $|x|$에 대한 식으로 변형하자.
>
> ① 12 ② 13 ③ 14 ④ 15 ⑤ 16

1st $x^2=|x|^2$임을 이용하자.

$\log_2x^2-\log_2|x|\le3$에서

$\log_2\frac{|x|^2}{|x|}\le3$ ($\because x^2=|x|^2$), $\log_2|x|\le3=\log_2 8$

→ 진수의 조건에서 $x\neq0$, 즉 $|x|\neq0$이므로 분모, 분자를 $|x|$로 나눌 수 있어.

$\therefore |x|\le8$ … ㉠

2nd 로그의 진수의 조건을 만족시켜야 해.

진수의 조건에서 $\underline{x^2>0,\ |x|>0}$을 만족시키고 ㉠을 만족시키는 x의 값은 $-8\le x\le8$ (단, $x\neq0$) ($x^2>0$, $|x|>0\Longleftrightarrow x\neq0$)

따라서 정수 x는 $-8, -7, \cdots, -1, 1, \cdots, 7, 8$로 16개이다.

D 134 정답 ④ *로그부등식의 해 - 밑을 같게 만드는 경우 [정답률 78%]

(정답 공식: n의 값의 범위를 구한 뒤 $\log_2 n$이 정수가 되는 n의 값을 찾는다.)

> $1\le\log n<3$인 자연수 n에 대하여 $\log_2 n$이 정수가 되도록 하는 n의 개수는? (3점)
>
> 단서1 $1\le\log n<3$에서 n의 값의 범위를 구할 수 있어.
>
> 단서2 단서1에서 구한 n에 대한 부등식의 각 변에 밑이 2인 로그를 취해봐.
>
> ① 3 ② 4 ③ 5 ④ 6 ⑤ 7

1st n의 값의 범위를 구하자.

$1\le\log n<3$에서 $10\le n<1000$

($1\le\log n<3\Rightarrow\log10^1\le\log n<\log10^3$)

2nd 이제 $\log_2 n$의 값의 범위를 구하자.

각 변에 밑이 2인 로그를 취하면

$\log_2 10\le\log_2 n<\log_2 1000$

$\log_2 10<\log_2 2^4\le\log_2 n\le\log_2 2^9<\log_2 1000$ ($2^4=16$, $2^9=512$)

$\therefore 4\le\log_2 n\le9$

따라서 $\underline{\log_2 n\text{이 정수가 되는 경우}}$는 $n=2^4, 2^5, 2^6, 2^7, 2^8, 2^9$으로 6개이다.

($\log_2 n$의 값이 4, 5, 6, 7, 8, 9가 될 수 있어.)

D 135 정답 ② *로그부등식의 해 - $\log_a x$가 반복되는 경우 [정답률 80%]

(정답 공식: 같은 꼴을 치환하여 이차부등식의 형태로 나타낼 때, 해도 같이 치환해준다.)

> 로그부등식 $(1+\log_3x)(a-\log_3x)>0$의 해가 $\frac{1}{3}<x<9$일 때, 상수 a의 값은? (3점)
>
> 단서 주어진 부등식을 $\log_3 x$에 대한 이차부등식으로 생각해봐.
>
> ① 1 ② 2 ③ 3 ④ 4 ⑤ 5

1st $a>b$일 때, $(x-a)(x-b)<0$이면 $b<x<a$임을 이용하자.

$(1+\log_3x)(a-\log_3x)>0$에서

$\underline{(\log_3x+1)(\log_3x-a)<0}$

→ $\log_3x=t$라 하면 $(t+1)(t-a)<0$에서 $t+1=0$, $t-a=0$, 즉 $t=-1$과 $t=a$를 기준으로 부등식을 만족시키는 t의 값의 범위를 생각해봐.

(i) $a>-1$일 때, $-1<\log_3x<a$이므로

$\frac{1}{3}<x<3^a$ … ㉠

(ii) $a<-1$일 때, $a<\log_3x<-1$이므로

$3^a<x<\frac{1}{3}$

→ $a=-1$이면 $(\log_3x+1)^2<0$인데 실수 $\log_3 x$에 대하여 $(\log_3x+1)^2\ge0$이므로 이 경우에는 부등식을 만족시키는 x의 값은 존재하지 않아.

이때, 부등식의 해가 $\frac{1}{3}<x<9$이므로 $a>-1$이 되어야 한다.

따라서 ㉠에 의해 $3^a=9$이므로 $a=2$이다.

D 136 정답 ④ *로그부등식의 해 - $\log_a x$가 반복되는 경우 [정답률 86%]

(정답 공식: 같은 꼴을 치환하여 이차부등식의 형태로 나타낸다. 진수는 항상 양수임을 이용한다.)

다음 부등식의 해는? (3점)

$$(\log_2 x)^2+\log_2 x-2\ge0$$

단서 $(\log_a x)^2$과 $\log_a x$가 동시에 나오는 방정식 또는 부등식은 $\log_a x=t$로 치환한 다음 t에 대한 방정식 또는 부등식을 풀면 돼.

① $\frac{1}{4}\le x\le2$ ② $\frac{1}{2}\le x\le4$ ③ $2\le x\le4$ ④ $0<x\le\frac{1}{4}$ 또는 $x\ge2$ ⑤ $0<x\le\frac{1}{2}$ 또는 $x\ge4$

1st $\log_2 x$를 치환하여 간단히 계산해.

$(\log_2 x)^2+\log_2 x-2\ge0$ … ㉠에서

$\log_2 x=t$라 하면 $t^2+t-2\ge0$

$(t+2)(t-1)\ge0$ ∴ $t\le-2$ 또는 $t\ge1$

즉, $\log_2 x\le-2$ 또는 $\log_2 x\ge1$이므로 $x\le\frac{1}{4}$ 또는 $x\ge2$

그런데 ㉠에서 로그의 진수는 양수이므로 ($x>0$이어야 해!)

$0<x\le\frac{1}{4}$ 또는 $x\ge2$ →

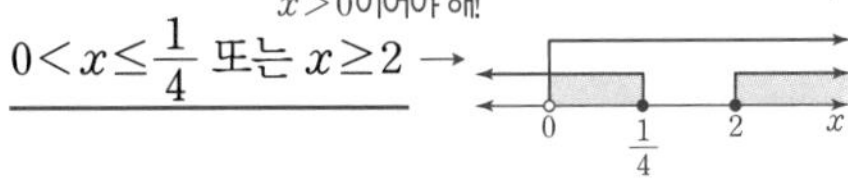

D 137 정답 ⑤ *로그부등식의 해 - $\log_a x$가 반복되는 경우 [정답률 92%]

(정답 공식: 같은 꼴을 치환하여 이차부등식의 형태로 나타낸다.)

로그부등식 $(\log_2 x)^2-\log_2 x^5+6<0$의 해가 $\alpha<x<\beta$일 때, $\alpha\beta$의 값은? (3점)

단서 주어진 부등식에서 $\log_2 x$ 꼴이 공통으로 보이네? $\log_2 x=t$로 치환하여 부등식을 풀자.

① 6 ② 8 ③ 16 ④ 24 ⑤ 32

1st $\log_2 x=t$로 치환하여 이차부등식을 계산해.

$(\log_2 x)^2-\log_2 x^5+6<0$ … ㉠에서 $(\log_2 x)^2-5\log_2 x+6<0$

여기서 $\log_2 x=t$라 하면 $t^2-5t+6<0$

$(t-2)(t-3)<0$ ∴ $2<t<3$

즉, $2<\log_2 x<3$이므로 $4<x<8$

($2<\log_2 x<3$에서 $\log_2 2^2<\log_2 x<\log_2 2^3$)

그런데 ㉠의 해가 $\alpha<x<\beta$이므로 $\alpha=4$, $\beta=8$

∴ $\alpha\beta=4\times8=32$

D 138 정답 81 *로그부등식의 해 - $\log_a x$가 반복되는 경우 [정답률 81%]

(정답 공식: 같은 꼴을 치환하여 이차부등식의 형태로 나타낸다.)

부등식 $(\log_3 x)(\log_3 3x)\le20$을 만족시키는 자연수 x의 최댓값을 구하시오. (3점)

단서 $\log_3 3x=\log_3 3+\log_3 x=1+\log_3 x$에서 주어진 부등식은 $\log_3 x$가 반복되어 나타나네~.

1st $\log_a xy=\log_a x+\log_a y$임을 이용해.

$(\log_3 x)(\log_3 3x)\le20$에서

$(\log_3 x)(\log_3 3+\log_3 x)\le20$

$(\log_3 x)(1+\log_3 x)\le20$

2nd $\log_3 x=t$로 치환하여 방정식을 풀자.

$\log_3 x=t$라 하면 $t(1+t)\le20$

$t^2+t-20\le0$, $(t-4)(t+5)\le0$ (실수 5: t에 대한 값을 x에 대한 값으로 반드시 바꾸어서 답을 구해야 해.)

∴ $-5\le t\le4$

즉, $-5\le\log_3 x\le4$에서 $3^{-5}\le x\le3^4$ → 진수의 조건인 $x>0$이 성립하지?

따라서 자연수 x의 최댓값은 $3^4=81$이다.

($-5\le\log_3 x\le4 \Longleftrightarrow \log_3 3^{-5}\le\log_3 x\le\log_3 3^4$)

D 139 정답 15 *여러 가지 로그부등식의 풀이 [정답률 52%]

(정답 공식: 로그가 포함된 부등식에서는 밑에 따라 진수를 비교한다.)

이차함수 $y=f(x)$의 그래프와 직선 $y=x-1$이 그림과 같을 때, 부등식

$$\log_3 f(x)+\log_{\frac{1}{3}}(x-1)\le0$$

단서 $\frac{1}{3}=3^{-1}$이므로 밑이 3인 로그와 $\frac{1}{3}$인 로그는 밑을 같게 표현할 수 있어. 그리고 로그의 진수는 항상 양수이어야 해.

을 만족시키는 모든 자연수 x의 값의 합을 구하시오.

(단, $f(0)=f(7)=0$, $f(4)=3$) (3점)

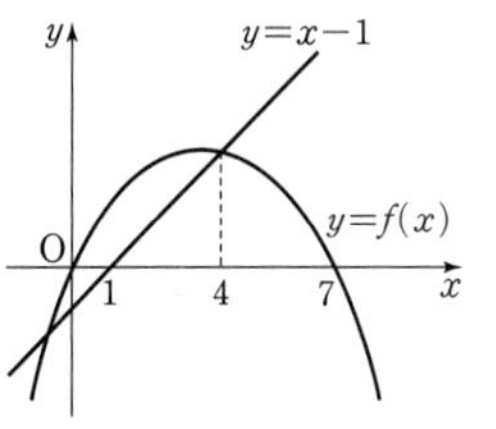

1st 주어진 부등식에서 로그의 밑을 같게 만들자.

$\log_3 f(x)+\log_{\frac{1}{3}}(x-1)\le0$에서 로그의 성질을 이용하면

$\log_3 f(x)-\log_3(x-1)\le0$ ($\log_{\frac{1}{3}}(x-1)=\log_{3^{-1}}(x-1)=-\log_3(x-1)$)

$\log_3 f(x)\le\log_3(x-1)$

2nd 밑이 같은 로그의 크기는 진수의 크기로 비교하자.

(밑)$=3>1$이므로 ($\log_a x_1\le\log_a x_2$일 때, $a>1$이면 $x_1\le x_2$이고, $0<a<1$이면 $x_1\ge x_2$이야.)

$f(x)\le x-1$ … ㉠

3rd 로그에서 진수 조건을 확인해야 해. → 로그의 진수는 항상 양수임에 유의해야 해.

한편, $f(x)>0$, $x-1>0$ … ㉡

따라서 ㉠, ㉡을 동시에 만족시키는 자연수 x는 4, 5, 6이고 그 합은

$4+5+6=15$

D 140 정답 ① *여러 가지 로그부등식의 풀이 [정답률 78%]

(정답 공식: 지수부등식은 밑을 같게 하고 로그부등식은 로그의 성질을 이용하여 범위를 구한다.)

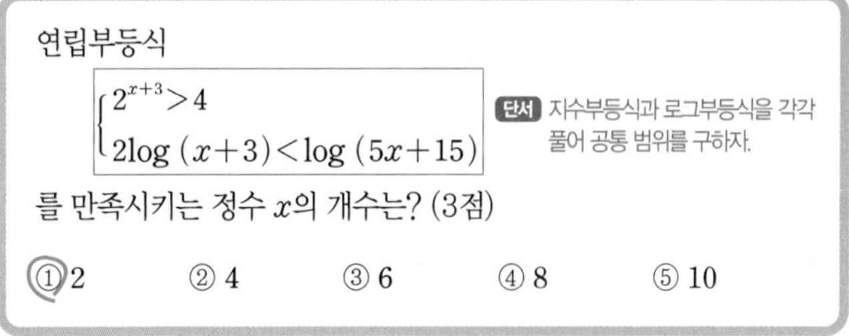

연립부등식

$$\begin{cases}2^{x+3}>4\\2\log(x+3)<\log(5x+15)\end{cases}$$

단서 지수부등식과 로그부등식을 각각 풀어 공통 범위를 구하자.

를 만족시키는 정수 x의 개수는? (3점)

① 2 ② 4 ③ 6 ④ 8 ⑤ 10

1st 주어진 식을 밑이 2가 되도록 한 다음 x의 값의 범위를 구해.

(i) $2^{x+3}>4$에서 $2^{x+3}>2^2$이고, 밑이 1보다 크므로

$x+3>2$

∴ $x>-1$

2nd 밑이 동일한 진수의 대소를 비교해.

10이 생략되었지?

(ii) $2\log(x+3)<\log(5x+15)$에서 밑이 1보다 크므로

$\log(x+3)^2<\log(5x+15)$에서 $(x+3)^2<5x+15$

$x^2+6x+9<5x+15$, $x^2+x-6<0$

$(x-2)(x+3)<0$ $\therefore -3<x<2$ ⋯ ㉠

또한, 진수의 조건에서 $x+3>0$, $5x+15>0$이므로 $x>-3$ ⋯ ㉡

㉠, ㉡에서 $-3<x<2$

(i), (ii)에서 $-1<x<2$이므로 구하는 정수 x는 0, 1로 2개이다.

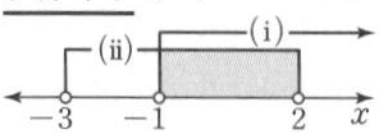

D 141 정답 80 *여러 가지 로그부등식의 풀이 [정답률 67%]

(정답 공식: 로그부등식의 우변은 각각 밑이 3, 2인 로그로 나타낸다.)

연립부등식

$$\begin{cases}\log_3|x-3|<4\\ \log_2 x+\log_2(x-2)\ge 3\end{cases}$$

단서 두 로그부등식을 각각 풀어 x의 값의 공통 범위를 구해.

을 만족시키는 정수 x의 개수를 구하시오. (3점)

1st 밑과 진수의 범위를 생각해 봐.

$\log_3|x-3|<4$에서 (진수)>0이므로 $x\ne3$이고, (밑)=3>1이므로

$|x-3|>0$에서 $x-3\ne0$이므로 $x\ne3$이야.

$|x-3|<3^4$, $-81<x-3<81$

$\therefore -78<x<84$ (단, $x\ne3$) ⋯ ㉠

주의 진수는 항상 양수이어야 하므로 절댓값이 있을 때에는 주의하도록 하자.

이때, $\log_2 x+\log_2(x-2)\ge3$에서

(진수)>0이므로 $x>2$이고, (밑)=2>1이므로

$x>0,\ x-2>0$

$\log_2 x(x-2)\ge\log_2 2^3$, $x^2-2x\ge2^3$

$x^2-2x-8\ge0$, $(x+2)(x-4)\ge0$ $\therefore x\ge4$ ($\because x>2$) ⋯ ㉡

2nd 공통 범위를 구한 후 정수의 개수를 구해.

㉠, ㉡의 공통 범위를 구하면 $4\le x<84$

따라서 정수 x는 4, 5, ⋯, 83으로 80개이다.

$83-4+1=80$

D 142 정답 ② *로그부등식의 활용 [정답률 64%]

(정답 공식: $a>1$일 때, 부등식 $\log_a f(x)>\log_a g(x)$의 해는 부등식 $f(x)>g(x)>0$의 해와 같다.)

$n\ge2$인 자연수 n에 대하여 두 곡선

$y=\log_n x$, $y=-\log_n(x+3)+1$

이 만나는 점의 x좌표가 1보다 크고 2보다 작도록 하는 모든 n의 값의 합은? (4점)

단서 n이 $n\ge2$인 자연수이므로 $y=\log_n x$는 증가함수이고, $y=-\log_n(x+3)+1$은 감소함수야. 즉, 두 곡선은 한 점에서 만나.

① 30 ② 35 ③ 40
④ 45 ⑤ 50

1st 두 곡선의 모양을 생각해.

$a>1$일 때, $y=\log_a x$는 증가함수야.

$n\ge2$인 자연수 n에 대하여 $y=\log_n x$는 증가함수이다.

또한, 곡선 $y=-\log_n(x+3)+1$은 곡선 $y=-\log_n x$를 x축의 방향으로 -3만큼, y축의 방향으로 1만큼 평행이동한 것이므로

함수 $y=f(x)$의 그래프를 x축의 방향으로 p만큼, y축의 방향으로 q만큼 평행이동한 그래프의 식은 $y=f(x-p)+q$야.

$y=-\log_n(x+3)+1$은 감소함수이다.

$0<a<1$일 때, $y=\log_a x$는 감소함수이므로 함수 $y=-\log_n(x+3)+1=\log_{\frac{1}{n}}(x+3)+1$은 감소함수야.

즉, 두 곡선이 만나는 점의 x좌표가 1보다 크고 2보다 작으려면 두 곡선은 그림과 같이 만나야 한다.

$x>0$에서 정의된 함수 $y=\log_n x$는 $x>0$에서 증가하고, $x>-3$에서 정의된 함수 $y=-\log_n(x+3)+1$은 $x>-3$에서 감소해. 즉, 두 곡선이 만나는 점은 오직 하나야.

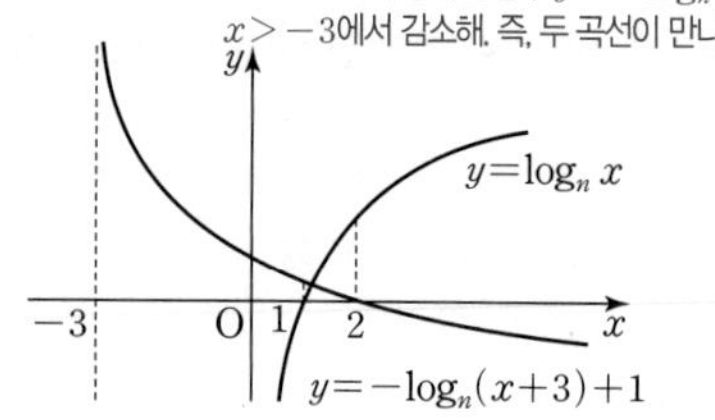

2nd 조건을 만족시키는 모든 n의 값을 구해.

$f(x)=\log_n x$, $g(x)=-\log_n(x+3)+1$이라 하면 그림에 의하여

$f(1)<g(1)$, $f(2)>g(2)$이어야 한다.

(i) $f(1)<g(1)$에서 $\log_n 1<-\log_n(1+3)+1$

$0<-\log_n 4+1$, $\log_n 4<1=\log_n n$

$n\ge2$이므로 $\log_n$을 없애도 부등호의 방향은 바뀌지 않아.

$\therefore n>4$

(ii) $f(2)>g(2)$에서 $\log_n 2>-\log_n(2+3)+1$

$\log_n 2>-\log_n 5+\log_n n$, $\log_n 2>\log_n \frac{n}{5}$, $2>\frac{n}{5}$

$\log_a M-\log_a N=\log_a\frac{M}{N}$

$\therefore n<10$

(i), (ii)에 의하여 두 곡선이 만나는 점의 x좌표가 1보다 크고 2보다 작도록 하는 n의 값의 범위는 $4<n<10$이므로 자연수 n은 5, 6, 7, 8, 9이다.

따라서 조건을 만족시키는 모든 자연수 n의 값의 합은

$5+6+7+8+9=35$이다.

다른 풀이: 이차방정식과 이차함수의 관계 이용하기

방정식 $\log_a f(x)=\log_a g(x)$의 해는 방정식 $f(x)=g(x)$의 해와 같아. 이때, 주의해야 할 점은 진수 조건에 의하여 $f(x)>0$, $g(x)>0$이어야 한다는 거야.

$\log_n x=-\log_n(x+3)+1$에서 $\log_n x=-\log_n(x+3)+\log_n n$

$\log_n x=\log_n\frac{n}{x+3}$, $x=\frac{n}{x+3}$ $\therefore x^2+3x-n=0$ ⋯ ㉠

따라서 두 곡선 $y=\log_n x$, $y=-\log_n(x+3)+1$이 만나는 점의 x좌표가 1보다 크고 2보다 작으면 x에 대한 이차방정식 ㉠의 실근이 1과 2 사이에 존재해. 즉, $f(x)=x^2+3x-n$이라 하면 $f(1)<0$이고 $f(2)>0$이어야 해. ⋯ (★)

$f(1)<0$에서 $1+3-n<0$ $\therefore n>4$ ⋯ ㉡

$f(2)>0$에서 $4+6-n>0$ $\therefore n<10$ ⋯ ㉢

㉡, ㉢에 의하여 $4<n<10$

(이하 동일)

수능 핵강

*(★)에서 왜 $f(1)<0$이고 $f(2)>0$이어야 할까?

$f(x)=x^2+3x-n=\left(x+\frac{3}{2}\right)^2-n-\frac{9}{4}$이므로 이차함수 $y=f(x)$의 그래프는 아래로 볼록한 포물선이고 축의 방정식은 $x=-\frac{3}{2}$이야.

그런데 로그의 진수 조건에 의하여 $x>0$, $x+3>0$에서 $x>0$이어야 하므로 두 곡선 $y=\log_n x$, $y=-\log_n(x+3)+1$이 만나는 점의 x좌표가 1보다 크고 2보다 작도록 하려면 함수 $y=f(x)$의 그래프는 그림과 같아야 해.

따라서 $f(1)<0$이고 $f(2)>0$이어야 해.

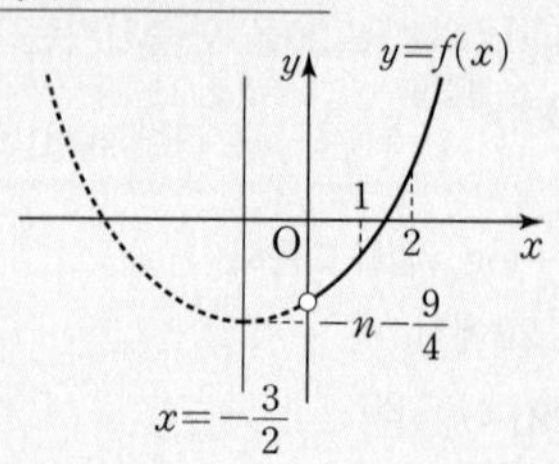

D 143 정답 6 *로그부등식의 활용 [정답률 74%]

(정답 공식: 이차부등식 $ax^2+bx+c>0\ (a>0)$이 모든 실수 x에 대하여 성립하려면 이차방정식 $ax^2+bx+c=0$의 판별식을 D라 할 때, $D<0$이 성립해야 한다.)

모든 실수 x에 대하여 이차부등식 $3x^2-2(\log_2 n)x+\log_2 n>0$이 성립하도록 하는 자연수 n의 개수를 구하시오. (3점)

단서 최고차항의 계수가 양수인 이차함수 $f(x)$에 대하여 부등식 $f(x)>0$이 항상 성립하려면 함수 $y=f(x)$의 그래프는 x축과 만나면 안돼.

1st 이차방정식의 판별식을 이용하여 자연수 n의 개수를 구해.

모든 실수 x에 대하여 이차부등식 $3x^2-2(\log_2 n)x+\log_2 n>0$이 성립

$f(x)=3x^2-2(\log_2 n)x+\log_2 n$이라 할 때 모든 실수 x에 대하여 부등식 $f(x)>0$이 성립하려면 이차함수 $y=f(x)$의 그래프는 그림과 같아야 해. 즉, 이차방정식 $f(x)=0$의 실근이 존재하지 않아야 해.

해야 하므로 이차방정식 $3x^2-2(\log_2 n)x+\log_2 n=0$의 판별식을 D라 하면 $D<0$이어야 한다.

→ 이차방정식의 판별식 D에 대하여 이차방정식은 $D>0$이면 서로 다른 두 실근을, $D=0$이면 한 실근(중근)을, $D<0$이면 실근을 갖지 않아.

즉, $\frac{D}{4}=(-\log_2 n)^2-3\log_2 n<0$에서

$(\log_2 n)^2-3\log_2 n<0$

$\log_2 n(\log_2 n-3)<0$, $0<\log_2 n<3$, $\log_2 1<\log_2 n<\log_2 2^3$

$\therefore 1<n<8$

로그의 밑이 2로 1보다 크므로 밑이 2인 로그를 없애도 부등호의 방향은 바뀌지 않아.

따라서 조건을 만족시키는 자연수 n의 개수는 2, 3, 4, ⋯, 7로 6이다.

D 144 정답 ③ *로그부등식의 활용 [정답률 62%]

(정답 공식: $a>1$일 때, $\log_a f(x)>\log_a g(x)$이면 $f(x)>g(x)>0$이다.)

두 함수 $f(x)=x^2-6x+11$, $g(x)=\log_3 x$가 있다. 정수 k에 대하여

단서1 $g(x)$가 로그함수이므로 $(g\circ f)(x)$는 진수가 $x^2-6x+11$이고 밑이 3인 로그함수야.

$k<(g\circ f)(n)<k+2$

를 만족시키는 자연수 n의 개수를 $h(k)$라 할 때, $h(0)+h(3)$의 값은? (4점)

단서2 주어진 부등식에 $k=0$, $k=3$을 각각 대입하여 부등식을 만족시키는 자연수 n의 개수를 구하라는 거야.

① 11 ② 13 ③ 15 ④ 17 ⑤ 19

1st 주어진 부등식을 간단히 하자.

$f(x)=x^2-6x+11=(x-3)^2+2$, $g(x)=\log_3 x$이므로

$x^2-6x+11=(x^2-6x+9)+2=(x-3)^2+2$

$(g\circ f)(n)=g(f(n))=\log_3 f(n)=\log_3\{(n-3)^2+2\}$

즉, $k<(g\circ f)(n)<k+2$에서

$k<\log_3\{(n-3)^2+2\}<k+2$

$\log_3 3^k<\log_3\{(n-3)^2+2\}<\log_3 3^{k+2}$

$\therefore 3^k<(n-3)^2+2<3^{k+2}$ ⋯ ㉠ 밑이 $3>1$이므로 로그를 없애도 부등호의 방향은 바뀌지 않아.

2nd 정리한 부등식에 $k=0$, $k=3$을 대입하여 $h(0)$, $h(3)$의 값을 각각 구하고 $h(0)+h(3)$을 계산하자.

(i) ㉠에 $k=0$을 대입하면 $1<(n-3)^2+2<9$에서

$-1<(n-3)^2<7$

이때, 이 부등식을 만족시키는 자연수 n의 값은 1, 2, 3, 4, 5이므로 $h(0)=5$

자연수 n에 대하여 $(n-3)^2$으로 가능한 값은 $0, 1^2, 2^2$이야. 즉, $n-3=0$, $n-3=\pm1$, $n-3=\pm2$에서 자연수 n의 값은 1, 2, 3, 4, 5가 돼.

(ii) ㉠에 $k=3$을 대입하면 $27<(n-3)^2+2<243$에서

$25<(n-3)^2<241$

이때, 이 부등식을 만족시키는 자연수 n의 값은 9, 10, 11, ⋯, 18이므로 $h(3)=10$

자연수 n에 대하여 $(n-3)^2$으로 가능한 값은 $6^2, 7^2, 8^2, \cdots, 15^2$이야. 즉, $n-3=\pm6$, $n-3=\pm7$, $n-3=\pm8$, ⋯, $n-3=\pm15$에서 자연수 n의 값은 9, 10, 11, ⋯, 18이 돼.

$\therefore h(0)+h(3)=5+10=15$

D 145 정답 ① *로그부등식의 활용 [정답률 45%]

(정답 공식: 로그부등식에서 로그를 없앨 때, 밑이 1보다 크면 부등호는 바뀌지 않고, 밑이 0보다 크고 1보다 작으면 부등호는 반대로 바뀐다.)

정수 전체의 집합의 두 부분집합

단서 두 집합 A, B를 살펴보면 로그가 포함되어 있지? 진수 조건에 주의해야 해.

$A=\{x\,|\,\log_2(x+1)\le k\}$

$B=\{x\,|\,\log_2(x-2)-\log_{\frac{1}{2}}(x+1)\ge 2\}$

에 대하여 $n(A\cap B)=5$를 만족시키는 자연수 k의 값은? (3점)

① 3 ② 4 ③ 5 ④ 6 ⑤ 7

1st 먼저 집합 A의 원소를 구하자.

$\log_2(x+1)\le k$에서

$x+1\le 2^k$ → $\log_2(x+1)\le k$에서 $k=\log_2 2^k$이고 로그의 밑이 1보다 크므로 $x+1\le 2^k$이야.

$\therefore x\le 2^k-1$

진수의 조건에 의하여 $x>-1$

→ 로그에서 진수는 항상 양수야. 즉, $\log_2(x+1)$에서 $x+1>0$

$\therefore A=\{x\,|\,-1<x\le 2^k-1\}$

2nd 이번엔 집합 B의 원소를 구하자.

$\log_2(x-2)-\log_{\frac{1}{2}}(x+1)\ge 2$에서

$\log_2(x-2)+\log_2(x+1)\ge 2$ $\log_{a^m} b^n=\frac{n}{m}\log_a b$이므로

$\log_2(x-2)(x+1)\ge\log_2 2^2$ $\log_{\frac{1}{2}}(x+1)=\log_{2^{-1}}(x+1)=-\log_2(x+1)$이야.

$(x-2)(x+1)\ge 2^2$, $x^2-x-6\ge 0$

$(x-3)(x+2)\ge 0$ $\therefore x\le -2$, $x\ge 3$

진수의 조건에 의하여 $x>2$이므로

$B=\{x\,|\,x\ge 3\}$ 로그의 진수는 양수이어야 하므로 $\log_2(x-2)$, $\log_{\frac{1}{2}}(x+1)$에서 $x-2>0$, $x+1>0$이고 즉, $x>2$, $x>-1$이므로 $x>2$이어야 해.

3rd 수직선을 이용하여 두 집합 A, B를 만족하는 구간을 비교하자.

$n(A\cap B)=5$이므로

수직선을 이용하여 살펴보면 $n(A\cap B)=5$이려면 $A\cap B=\{3, 4, 5, 6, 7\}$이어야 해.

$2^k-1=7$, $2^k=8=2^3$ $\therefore k=3$

로그부등식의 풀이 방법 (개념·공식)

① $a>1$일 때, $\log_a f(x)<\log_a g(x)$ ⇨ $0<f(x)<g(x)$
$0<a<1$일 때, $\log_a f(x)<\log_a g(x)$ ⇨ $f(x)>g(x)>0$

② $\log_a f(x)<\log_b g(x)$와 같이 밑이 다를 때에는 밑을 통일한다.

③ $\log_a x$, $(\log_a x)^2$이 포함된 식은 $\log_a x=t$로 치환한다.

④ 밑이 문자일 때에는 (밑)>1, 0<(밑)<1의 두 가지 경우로 나누어 구한다.

D 146 정답 ① *로그부등식의 활용 [정답률 72%]

(정답 공식: $A\cap B=\varnothing$을 구하여 이 부분을 전체에서 제외한다.)

두 집합

$A=\{x\,|\,x^2-5x+4\le 0\}$,

$B=\{x\,|\,(\log_2 x)^2-2k\log_2 x+k^2-1\le 0\}$

에 대하여 $A\cap B\ne\varnothing$을 만족시키는 정수 k의 개수는? (4점)

단서 두 집합 A, B에 적어도 하나의 공통인 원소가 있어야 해.

① 5 ② 6 ③ 7
④ 8 ⑤ 9

1st 부등식을 풀어 두 집합 A, B를 간단히 나타내자.

$x^2-5x+4\le 0$에서 $(x-1)(x-4)\le 0$

$\therefore 1\le x\le 4$

따라서 $A=\{x\,|\,1\le x\le 4\}$이다.

또, $(\log_2 x)^2-2k\log_2 x+k^2-1\le 0$에서
$\log_2 x=t$로 치환하여 t에 관한 이차부등식으로 나타내면 조금 더 풀기 수월해.

$(\log_2 x-k+1)(\log_2 x-k-1)\le 0$

$k-1\le \log_2 x\le k+1$

$\log_2 2^{k-1}\le \log_2 x\le \log_2 2^{k+1}$

$\therefore 2^{k-1}\le x\le 2^{k+1}$ 로그의 밑이 1보다 크니까 $\log_2$를 지워도 부등호의 방향은 바뀌지 않아.

따라서 $B=\{x\,|\,2^{k-1}\le x\le 2^{k+1}\}$이다.

2nd $A\cap B=\varnothing$이 될 조건으로 $A\cap B\ne\varnothing$을 만족시키는 정수 k의 개수를 구하자.

이때, $A\cap B=\varnothing$ 이려면 $2^{k-1}>4$ 또는 $2^{k+1}<1$에서

$2^{k-1}>2^2$ 또는 $2^{k+1}<2^0$

$k-1>2$ 또는 $k+1<0$

$\therefore k>3$ 또는 $k<-1$

$A\cap B=\varnothing$ 의 부정이야. 즉, $k>3$ 또는 $k<-1$의 부정을 구하면 되지?

따라서 $A\cap B\ne\varnothing$이려면 $k\le 3$이고 $k\ge -1$, 즉 $-1\le k\le 3$이므로 조건을 만족시키는 정수 k는 -1, 0, 1, 2, 3의 5개이다.

함정 구하기 복잡한 집합 조건을 구해야할 때는 그 부정을 구하여 해결하도록 하자.

D 147 정답 ③ *로그부등식의 활용 [정답률 67%]

(정답 공식: x절편과 y절편을 이용해 넓이 식을 구한 뒤 $\log 6=\log 2+\log 3$을 사용한다.)

자연수 n에 대하여 좌표평면에서 직선 $\frac{x}{3}+\frac{y}{4}=\left(\frac{3}{4}\right)^n$을 l_n이라 하자.

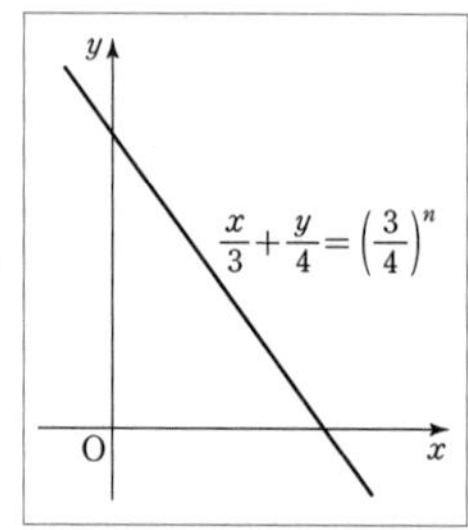

단서 직선 l_n과 x축, y축으로 둘러싸인 부분은 직각삼각형이야. 이 직각삼각형의 넓이를 구하려면 직선 l_n의 x절편과 y절편을 알아야 해.

직선 l_n과 x축, y축으로 둘러싸인 부분의 넓이가 $\frac{1}{10}$ 이하가 되도록 하는 자연수 n의 최솟값은? (단, $\log 2=0.30$, $\log 3=0.48$로 계산한다.) (4점)

① 6 ② 7 ③ 8 ④ 9 ⑤ 10

1st 직선 l_n의 x절편과 y절편을 이용하여 구하는 부분의 넓이를 식으로 나타내.

직선 l_n이 x축, y축과 만나는 점을 각각 A, B라 하면 직선 l_n과 x축, y축으로 둘러싸인 부분은 삼각형 OAB이다.

이때, 직선 l_n의 x절편과 y절편이 각각 $3\times\left(\frac{3}{4}\right)^n$, $4\times\left(\frac{3}{4}\right)^n$이므로

$\frac{x}{3}+\frac{y}{4}=\left(\frac{3}{4}\right)^n$에서 $y=0$일 때, $\frac{x}{3}=\left(\frac{3}{4}\right)^n$ $\therefore x=3\times\left(\frac{3}{4}\right)^n$, $x=0$일 때, $\frac{y}{4}=\left(\frac{3}{4}\right)^n$ $\therefore y=4\times\left(\frac{3}{4}\right)^n$

$\triangle\text{OAB}=\frac{1}{2}\times 3\times\left(\frac{3}{4}\right)^n\times 4\times\left(\frac{3}{4}\right)^n$

$=6\times\left(\frac{3}{4}\right)^{2n}$

2nd 주어진 $\log 2$와 $\log 3$의 값을 가지고 주어진 조건을 이용하여 양변에 상용로그를 취하자.

구하는 부분, 즉 삼각형 OAB의 넓이가 $\frac{1}{10}$ 이하이면

$6\times\left(\frac{3}{4}\right)^{2n}\le\frac{1}{10}$에서 $\left(\frac{3}{2^2}\right)^{2n}\le\frac{1}{60}$, $60\le\left(\frac{2^4}{3^2}\right)^n$

양변에 상용로그를 취하면

$\log 60\le n\log\frac{2^4}{3^2}$, $\log 10+\log 2+\log 3\le n(4\log 2-2\log 3)$

$1+0.30+0.48\le n(1.2-0.96)$, $1.78\le 0.24n$

$\therefore n\ge\frac{1.78}{0.24}=7.4\times\times\times$

따라서 주어진 조건을 만족시키는 자연수 n의 최솟값은 8이다.

D 148 정답 ② *로그부등식의 활용 [정답률 68%]

(정답 공식: 절댓값을 푸는 방법을 알고 $\log_2 x=a$에서 $x=2^a$이다.)

부등식 $|a-\log_2 x|\le 1$을 만족시키는 x의 최댓값과 최솟값의 차가 18일 때, 2^a의 값은? (3점)

단서 양수 k에 대하여 $|A|\le k$이면 $-k\le A\le k$임을 이용해.

① 10 ② 12 ③ 14 ④ 16 ⑤ 18

1st $|a-\log_2 x|\le 1$을 만족시키는 x의 값의 범위를 구해.

$|a-\log_2 x|\le 1$에서 $|\log_2 x-a|\le 1$이므로

$-1\le\log_2 x-a\le 1$

$a-1\le\log_2 x\le a+1$ → $a-1=\log_2 2^{a-1}$, $a+1=\log_2 2^{a+1}$

$\therefore 2^{a-1}\le x\le 2^{a+1}$

2nd x의 최댓값과 최솟값의 차가 18임을 이용하여 2^a의 값을 구해.

이때, x의 최댓값은 2^{a+1}, 최솟값은 2^{a-1}이므로

$2^{a+1}-2^{a-1}=18$에서 $2\times 2^a-\frac{1}{2}\times 2^a=18$

$2\times 2^a-\frac{1}{2}\times 2^a=18$에서 $\left(2-\frac{1}{2}\right)\times 2^a=18$이므로 $\frac{3}{2}\times 2^a=18$

$\frac{3}{2}\times 2^a=18$

$\therefore 2^a=\frac{2}{3}\times 18=12$

D 149 정답 ⑤ *로그부등식의 활용 [정답률 65%]

(정답 공식: $\log_2 x=a$에서 $x=2^a$이다. 지수부등식에서 밑의 범위에 따라 부등호의 방향이 바뀐다.)

정수 n에 대하여 두 집합 $A(n)$, $B(n)$이

$A(n)=\{x\,|\,\log_2 x\le n\}$
$B(n)=\{x\,|\,\log_4 x\le n\}$

단서1 두 부등식 $\log_2 x\le n$과 $\log_4 x\le n$의 해를 구하자.

일 때, [보기]에서 옳은 것을 모두 고른 것은? (4점)

[보기]

ㄱ. $A(1)=\{x\,|\,0<x\le 1\}$

ㄴ. $A(4)=B(2)$

ㄷ. $A(n)\subset B(n)$일 때, $B(-n)\subset A(-n)$이다.

단서2 $A(n)\subset B(n)$을 만족시키는 n의 값의 범위를 구한 후 이를 이용하여 $B(-n)\subset A(-n)$이 성립하는지 확인해.

① ㄱ ② ㄴ ③ ㄷ
④ ㄱ, ㄷ ⑤ ㄴ, ㄷ

1st $A(n)$, $B(n)$의 식을 지수 꼴로 변형해.

$A(n)$에서 $\log_2 x \le n$이므로

$x \le 2^n$

이때, 진수의 조건에서 $x>0$이어야 하므로

$0<x\le 2^n$

$\therefore A(n)=\{x|0<x\le 2^n\}$

마찬가지로 하면

$B(n)=\{x|0<x\le 4^n\}$

실수 ㄱ, ㄴ, ㄷ을 순서대로 풀고 각각의 보기에서 얻은 정보를 이용하여 문제를 풀어야지 쉽게 풀 수 있으므로 천천히 보기를 판별하도록 하자.

2nd 각각의 n에 숫자를 대입하여 ㄱ, ㄴ, ㄷ을 확인해.

ㄱ. $A(1)=\{x|0<x\le 2\}$ (거짓)

ㄴ. $A(4)=\{x|0<x\le 2^4\}=\{x|0<x\le 4^2\}$ ($2^4=4^2=16$)

$=B(2)$ (참)

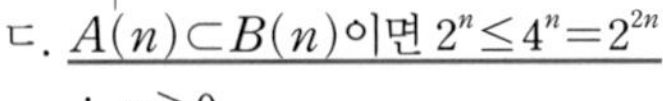

ㄷ. $A(n)\subset B(n)$이면 $2^n \le 4^n=2^{2n}$

$2^n\le 2^{2n}$에서 (밑)$=2>1$이므로 $n\le 2n$ $\therefore n\ge 0$

$\therefore n\ge 0$

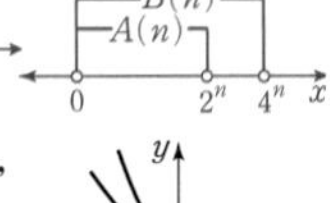

이때, $B(-n)=\{x|0<x\le 4^{-n}\}$,

$A(-n)=\{x|0<x\le 2^{-n}\}$에서

$4^{-n}=\left(\frac{1}{4}\right)^n$, $2^{-n}=\left(\frac{1}{2}\right)^n$

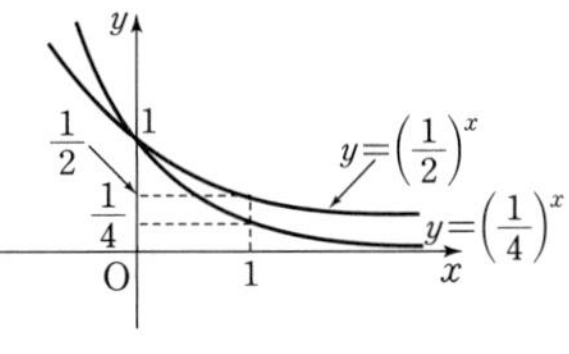

그런데 $n\ge 0$이므로

$\left(\frac{1}{4}\right)^n \le \left(\frac{1}{2}\right)^n$

$\therefore B(-n)\subset A(-n)$ (참)

따라서 옳은 것은 ㄴ, ㄷ이다.

D 150 정답 ③ *로그부등식의 활용 [정답률 65%]

(정답 공식: 나눗셈의 식을 세우고, $\log x=a$에서 $x=10^a$임을 이용한다.)

$0<a<1$인 a에 대하여 10^a을 3으로 나눌 때, 몫이 정수이고 나머지가 2가 되는 모든 a의 값의 합은? (4점)

단서 10^a을 3으로 나눈 몫을 Q라 하면 $10^a=3Q+2$이므로 로그를 사용해 a를 Q를 사용한 식으로 나타내봐.

① $3\log 2$ ② $6\log 2$ ③ $1+3\log 2$
④ $1+6\log 2$ ⑤ $2+3\log 2$

1st 일단 조건에 맞게 식을 세우자.

10^a을 3으로 나눌 때의 몫을 Q라 하면

$10^a=3Q+2$ (Q는 정수, $0<a<1$) (A를 B로 나눌 때의 몫을 M, 나머지를 N이라 하면 $A=BM+N$)

$\therefore a=\log(3Q+2)$

2nd $0<a<1$임을 이용하자.

즉, $0<\log(3Q+2)<1$에서 $1<3Q+2<10$, $-\frac{1}{3}<Q<\frac{8}{3}$

이때, Q는 정수이므로 $Q=0$ 또는 $Q=1$ 또는 $Q=2$

따라서 $a=\log 2$ 또는 $a=\log 5$ 또는 $a=\log 8$이므로

a의 값의 합은 $\log 2+\log 5+\log 8=1+3\log 2$

($\log 2+\log 5=\log(2\times 5)=\log 10=1$)

로그부등식의 풀이 방법 개념·공식

① $a>1$일 때, $\log_a f(x)<\log_a g(x) \Rightarrow 0<f(x)<g(x)$
$0<a<1$일 때, $\log_a f(x)<\log_a g(x) \Rightarrow f(x)>g(x)>0$
② $\log_a f(x)<\log_b g(x)$와 같이 밑이 다를 때에는 밑을 통일한다.
③ $\log_a x$, $(\log_a x)^2$이 포함된 식은 $\log_a x=t$로 치환한다.
④ 밑이 문자일 때에는 (밑)>1, $0<$(밑)<1의 두 가지 경우로 나누어 구한다.

D 151 정답 ④ *로그부등식의 활용 [정답률 45%]

(정답 공식: $a>1$일 때, $\log_a f(x)>\log_a g(x)$의 해는 $f(x)>g(x)>0$을 만족시키는 x의 값의 범위이다.)

다음 조건을 만족시키는 모든 자연수 k의 값의 합은? (4점)

$\log_2\sqrt{-n^2+10n+75}-\log_4(75-kn)$의 값이

단서1 로그가 정의되려면 진수의 조건을 만족해야 해.

양수가 되도록 하는 자연수 n의 개수가 12이다.

단서2 주어진 식의 값이 양수가 되도록 하는 n의 값의 범위와 진수의 조건을 만족시키는 n의 값의 범위에 포함되는 자연수가 12개라는 거야.

① 6 ② 7 ③ 8 ④ 9 ⑤ 10

1st 로그의 진수의 조건을 만족시키는 n의 값의 범위를 구해.

$\log_2\sqrt{-n^2+10n+75}$에서 진수의 조건에 의하여

$\log_a N$이 정의되기 위해서는 밑의 조건 $a>0$, $a\ne 1$과 진수의 조건 $N>0$을 모두 만족시켜야 한다.

$\sqrt{-n^2+10n+75}>0$에서

$-n^2+10n+75>0$, $n^2-10n-75<0$

$(n-15)(n+5)<0$ $\therefore 0<n<15$ ($\because$ n은 자연수) ⋯ ㉠

가능한 n의 값은 1, 2, 3, ⋯, 14야.

또, $\log_4(75-kn)$에서 진수의 조건에 의하여

$75-kn>0$에서 $kn<75$ $\therefore n<\frac{75}{k}$ ($\because$ k는 자연수) ⋯ ㉡

2nd 주어진 로그의 값이 양수가 되기 위한 n의 값의 범위를 구해.

$\log_2\sqrt{-n^2+10n+75}=\frac{2}{2}\log_2\sqrt{-n^2+10n+75}$

$=\log_{2^2}(\sqrt{-n^2+10n+75})^2$

$=\log_4(-n^2+10n+75)$

이고

$\log_2\sqrt{-n^2+10n+75}-\log_4(75-kn)$의 값이 양수가 되어야 하므로

$\log_2\sqrt{-n^2+10n+75}-\log_4(75-kn)>0$에서

$\log_4(-n^2+10n+75)-\log_4(75-kn)>0$

$\log_4(-n^2+10n+75)>\log_4(75-kn)$

밑이 1보다 크니까 부등호의 방향은 바뀌지 않아.

$-n^2+10n+75>75-kn$, $n^2-(k+10)n<0$

$n(n-k-10)<0$ $\therefore 0<n<k+10$ ($\because$ k는 자연수) ⋯ ㉢

3rd 주어진 조건을 만족시키는 자연수 k의 값의 모두 구해.

$\log_2\sqrt{-n^2+10n+75}-\log_4(75-kn)$의 값이 양수가 되려면 ㉠, ㉡, ㉢을 모두 만족시켜야 한다.

따라서 자연수 k의 값에 따라 경우를 나누어 ㉠, ㉡, ㉢을 모두 만족시키는 자연수 n의 개수가 12가 되는 k의 값을 구하자.

(i) $k=1$일 때,

㉡에서 $n<\frac{75}{1}=75$, ㉢에서 $0<n<11$이므로

㉠, ㉡, ㉢을 모두 만족시키는 n의 값의 범위는 $0<n<11$이고 이때의 자연수 n의 개수는 1, 2, 3, ⋯, 10으로 10이다.

(ii) $k=2$일 때,

㉡에서 $n<\frac{75}{2}=37.5$, ㉢에서 $0<n<12$이므로

㉠, ㉡, ㉢을 모두 만족시키는 n의 값의 범위는 $0<n<12$이고 이때의 자연수 n의 개수는 1, 2, 3, ⋯, 11으로 11이다.

(iii) $k=3$일 때,

㉡에서 $n<\frac{75}{3}=25$, ㉢에서 $0<n<13$이므로

㉠, ㉡, ㉢을 모두 만족시키는 n의 값의 범위는 $0<n<13$이고 이때의 자연수 n의 개수는 1, 2, 3, ⋯, 12로 12이다.

(iv) $k=4$일 때,

㉡에서 $n<\frac{75}{4}=18.75$, ㉢에서 $0<n<14$이므로

㉠, ㉡, ㉢을 모두 만족시키는 n의 값의 범위는 $0<n<14$이고 이때의 자연수 n의 개수는 1, 2, 3, ⋯, 13으로 13이다.

(v) $k=5$일 때,

㉡에서 $n<\frac{75}{5}=15$, ㉢에서 $0<n<15$이므로

㉠, ㉡, ㉢을 모두 만족시키는 n의 값의 범위는 $0<n<15$이고 이때의 자연수 n의 개수는 1, 2, 3, ⋯, 14로 14이다.

(v) $k=6$일 때,

㉡에서 $n<\frac{75}{6}=12.5$, ㉢에서 $0<n<16$이므로

㉠, ㉡, ㉢을 모두 만족시키는 n의 값의 범위는 $0<n<12.5$이고 이때의 자연수 n의 개수는 1, 2, 3, ⋯, 12로 12이다.

(vi) $k\geq 7$일 때,

㉡에서 $n<\frac{75}{k}\leq\frac{75}{7}=10.7\cdots$, ㉢에서 $0<n<17\leq k+10$이므로

㉠, ㉡, ㉢을 모두 만족시키는 n의 값의 범위는 $0<n<\frac{75}{k}$이고 이때의 자연수 n의 개수는 10 이하이다.

(i)~(vi)에 의하여 조건을 만족시키는 자연수 k의 값은 3 또는 6이므로 그 합은 $3+6=9$이다.

D 152 정답 ③ ＊로그부등식의 활용 [정답률 42%]

(정답 공식: 벤다이어그램을 그려보면 A의 해가 B에 속함을 알 수 있다. a에 대한 정보가 없으므로 범위를 나눠서 구한다.)

두 집합 (단서1 A, B의 두 부등식의 해를 각각 구해.)

$A=\{x\,|\,2^{x(x-3a)}<2^{a(x-3a)}\}$, $B=\{x\,|\,\log_3(x^2-2x+6)<2\}$

에 대하여 $A\cap B=A$가 성립하도록 하는 실수 a의 값의 범위는? (3점)

단서2 $A\cap B=A$이면 $A\subset B$야. 즉, A의 부등식의 해가 B의 부등식의 해의 범위에 포함되어야 한다는 뜻이지.

① $-1\leq a\leq 0$ ② $-1\leq a\leq\frac{1}{3}$ ③ $-\frac{1}{3}\leq a\leq 1$ ④ $\frac{1}{3}\leq a\leq 3$ ⑤ $1\leq a\leq 3$

1st 지수부등식에서 밑이 1보다 크면 지수의 대소는 부등식의 대소와 같음을 적용해.

집합 $A=\{x\,|\,2^{x(x-3a)}<2^{a(x-3a)}\}$에서 $2^{x(x-3a)}<2^{a(x-3a)}$

밑인 2가 1보다 크므로

$x(x-3a)<a(x-3a)$

$x(x-3a)-a(x-3a)<0$

$(x-a)(x-3a)<0$

→ (i) $a>0$일 때, $a<x<3a$ (ii) $a=0$일 때, 해가 없어. (iii) $a<0$일 때, $3a<x<a$

2nd 로그부등식에서 밑이 1보다 크면 진수의 대소는 부등식의 대소와 같음을 적용해.

또, 집합 $B=\{x\,|\,\log_3(x^2-2x+6)<2\}$에서 로그의 진수인 $x^2-2x+6=(x-1)^2+5>0$이 성립하므로 진수의 조건을 만족시킨다.

$\log_3(x^2-2x+6)<2$에서 $\log_3(x^2-2x+6)<\log_3 3^2$

밑인 3은 1보다 크므로

$x^2-2x+6<9$, $x^2-2x-3<0$, $(x+1)(x-3)<0$

$\therefore -1<x<3$

3rd a가 음수인지, 양수인지 정해지지 않았으니까 a의 값의 범위를 나누어 풀자.

$A\cap B=A$, 즉 $A\subset B$가 성립해야 하므로

실수 수직선 위에 그림을 그려서 파악하면 훨씬 쉽게 범위를 알 수 있어. 이때 등호가 들어가는지 들어가지 않는지 잘 확인하도록 하자.

(i) $a>0$일 때,

$A=\{x\,|\,a<x<3a\}\subset\{x\,|\,-1<x<3\}=B$이어야 하므로

$3a\leq 3$에서 $a\leq 1$ $\therefore 0<a\leq 1$ ⋯ ㉠

(ii) $a=0$일 때,

$A=\{x\,|\,x^2<0\}=\varnothing\subset B$이므로 $a=0$은 조건을 만족시킨다. ⋯ ㉡ ($\varnothing$은 모든 집합의 부분집합이야.)

(iii) $a<0$일 때,

$A=\{x\,|\,3a<x<a\}\subset\{x\,|\,-1<x<3\}=B$이어야 하므로

$3a\geq -1$에서 $a\geq -\frac{1}{3}$ $\therefore -\frac{1}{3}\leq a<0$ ⋯ ㉢

따라서 ㉠, ㉡, ㉢에서 a의 값의 범위는 $-\frac{1}{3}\leq a\leq 1$이다.

D 153 정답 ② ＊로그부등식의 활용 [정답률 54%]

(정답 공식: 절댓값을 푸는 방법을 안다.)

단서1 주어진 부등식을 $|\log_2 f(x)|\leq\log_2 g(x)$로 변형하여 부등식을 풀면 a, b 사이의 관계식을 얻을 수 있어.

부등식 $|\log_2 a-\log_2 10|+\log_2 b\leq 1$을 만족시키는 두 자연수 a, b의 순서쌍 (a, b)의 개수는? (2점)

단서2 단서1 에서 얻은 식에서 a, b가 모두 자연수라는 조건을 충분히 활용해봐.

① 15 ② 17 ③ 19 ④ 21 ⑤ 23

1st 주어진 식을 변형하여 a, b의 값을 구해.

로그의 성질을 이용해서 주어진 식을 변형해 보자.

$|\log_2 a-\log_2 10|+\log_2 b\leq 1$에서

$|\log_2 a-\log_2 10|\leq 1-\log_2 b$

$\left|\log_2\frac{a}{10}\right|\leq\log_2\frac{2}{b}$

($k>0$일 때, ① $|x|<k \iff -k<x<k$ ② $|x|>k \iff x<-k$ 또는 $x>k$)

$-\log_2\frac{2}{b}\leq\log_2\frac{a}{10}\leq\log_2\frac{2}{b}$

($-\log_2\frac{2}{b}=\log_2\left(\frac{2}{b}\right)^{-1}=\log_2\frac{b}{2}$)

$\therefore \frac{b}{2}\leq\frac{a}{10}\leq\frac{2}{b}$

이 식의 양변에 $10b$를 곱하면

$5b^2\leq ab\leq 20$ ⋯ ㉠

함정 순서쌍을 구하는 문제는 문자간의 관계식에서 기준이 될 수 있는 특정 문자를 가능한 경우로 나누어 관계식에 성립하는 순서쌍을 구해야 해.

이때, $5b^2\leq 20$, 즉 $b^2\leq 4$에서 b는 자연수이므로

$b=1$ 또는 $b=2$

(i) $b=1$이면 ㉠에서 $5\leq a\leq 20$이므로 a의 개수는 16이다. ($a=5, 6, \cdots, 20$, $20-5+1=16$(개))

(ii) $b=2$이면 ㉠에서 $10\leq a\leq 10$이므로 a의 개수는 1이다. ($a=10$)

(i), (ii)에 의하여 주어진 부등식을 만족시키는 순서쌍 (a, b)의 개수는 17이다.

수능 핵강

＊ 절댓값 기호가 있는 일차부등식의 풀이 방법과 로그부등식에서 주의할 점

$0<a<b$일 때 절댓값 기호가 있는 일차부등식은

① $|x|<a \iff -a<x<a$
② $|x|>a \iff x<-a$ 또는 $x>a$
③ $a<|x|<b \iff a<x<b$ 또는 $-b<x<-a$
④ 절댓값 기호가 두 개 이상 있는 부등식은 절댓값 안의 값이 0이 되는 값에 따라 구간을 나누어 풀자.

또, 로그부등식의 주의점은 다음과 같아.

① (i) (밑)>1일 때에는 부등호 방향은 그대로
(ii) 0<(밑)<1일 때는 부등호 방향은 반대로
② 로그부등식을 푼 후 진수의 조건과 밑의 조건을 동시에 만족해야 한다.
③ (i) 양변에 로그를 취할 때 밑이 1보다 큰 로그를 취하면 부등호 방향은 그대로
(ii) 밑이 0보다 크고 1보다 작은 로그를 취하면 부등호 방향은 반대로

D 154 정답 ① ＊로그부등식의 실생활 응용 [정답률 65%]

정답 공식: 문제에 주어진 조건들을 이용해 $10\left\{2+\frac{1}{3}\log_2(n+1)\right\}$만큼의 시간이 걸림을 도출해낸다.

특정 환경의 어느 웹사이트에서 한 메뉴 안에 선택할 수 있는 항목이 n개 있는 경우, 항목을 1개 선택하는 데 걸리는 시간 T(초)가 다음 식을 만족시킨다.

$$T=2+\frac{1}{3}\log_2(n+1)$$

메뉴가 여러 개인 경우, 모든 메뉴에서 항목을 1개씩 선택하는 데 걸리는 전체 시간은 각 메뉴에서 항목을 1개씩 선택하는 데 걸리는 시간을 모두 더하여 구한다. 예를 들어, 메뉴가 3개이고 각 메뉴 안에 항목이 4개씩 있는 경우, 모든 메뉴에서 항목을 1개씩 선택하는 데 걸리는 전체 시간은 $3\left(2+\frac{1}{3}\log_2 5\right)$초이다.

메뉴가 10개이고 각 메뉴 안에서 항목이 n개씩 있을 때, 모든 메뉴에서 항목을 1개씩 선택하는 데 걸리는 전체 시간이 30초 이하가 되도록 하는 n의 최댓값은? (3점)

단서 전체 시간은 $10T$, 즉 $10\left\{2+\frac{1}{3}\log_2(n+1)\right\}$(초)이야.

① 7 ② 8 ③ 9 ④ 10 ⑤ 11

1st 10개의 메뉴 안에 항목이 n개씩 있을 때, 항목을 1개씩 선택하는 데 걸리는 시간을 구해.

1개의 메뉴 안에 선택할 수 있는 n개의 항목 중에 1개를 선택하는 시간은 $T=2+\frac{1}{3}\log_2(n+1)$이므로 10개의 각 메뉴 안에 선택할 수 있는 n개의 항목 중에 1개씩 선택하는 데 걸리는 전체 시간은

$10\left\{2+\frac{1}{3}\log_2(n+1)\right\}$(초)이다.

2nd 전체 시간이 30초 이하가 되는 n의 최댓값을 구하자.

$10\left\{2+\frac{1}{3}\log_2(n+1)\right\}\le 30$에서 $2+\frac{1}{3}\log_2(n+1)\le 3$

$\frac{1}{3}\log_2(n+1)\le 1$, $\log_2(n+1)\le 3$, $\log_2(n+1)\le\log_2 2^3$

$n+1\le 8$ $\therefore n\le 7$

→ 밑인 2가 1보다 크니까 부등호의 방향이 바뀌지 않아.

따라서 n의 최댓값은 7이다.

D 155 정답 ② ＊로그부등식의 실생활 응용 [정답률 72%]

정답 공식: 수열의 일반항을 찾은 뒤 양변에 로그를 취해 n에 관한 부등식을 만든다.

두 원소 A, B가 들어있는 기체 K가 기체확산장치를 통과하면 A, B의 농도가 변한다. 기체확산장치를 통과하기 전 기체 K에 들어 있는 A, B의 농도를 각각 a_0, b_0이라 하고, 기체확산장치를 n번 통과한 기체에 들어 있는 A, B의 농도를 각각 a_n, b_n이라 하자.

$c_0=\frac{a_0}{b_0}$, $c_n=\frac{a_n}{b_n}$이라 하면 다음 관계식이 성립한다고 한다.

$$c_n=1.004\times c_{n-1}$$

단서 수열의 귀납적 정의에 의해 수열 $\{c_n\}$이 등비수열임을 알 수 있지? 수열 $\{c_n\}$의 일반항을 구하자.

$c_0=\frac{1}{99}$일 때, 기체 K가 기체확산장치를 n번 통과하면 $c_n\ge\frac{1}{9}$이 된다. 자연수 n의 최솟값은? (단, $\log 1.1=0.0414$, $\log 1.004=0.0017$로 계산한다.) (3점)

① 593 ② 613 ③ 633 ④ 653 ⑤ 673

1st $c_n=1.004\times c_{n-1}$을 이용하여 일반항 c_n을 찾자.

$c_n=1.004\times c_{n-1}$ … ㉠을 만족하는 수열 $\{c_n\}$은 공비가 1.004인 등비수열이고, 기체 K가 기체확산장치를 n번 통과하면 c_n이 되므로 ㉠에 n 대신 1, 2, 3, …, n을 대입하자.

[수열의 귀납적 정의] 수열 $\{a_n\}$에 대하여
① $a_{n+1}=a_n+d \iff$ 공차가 d인 등차수열
② $a_{n+1}=ra_n \iff$ 공비가 r인 등비수열

$c_1=1.004\times c_0$
$c_2=1.004\times c_1=1.004^2\times c_0$
$c_3=1.004\times c_2=1.004^3\times c_0$
⋮

→ $c_0=\frac{1}{99}$이지?

$\therefore c_n=1.004^n\times c_0=\frac{1}{99}\times 1.004^n$

2nd 주어진 조건을 이용하여 n의 값을 구하자.

$c_n\ge\frac{1}{9}$에서 $\frac{1}{99}\times 1.004^n\ge\frac{1}{9}$, $1.004^n\ge 11$

양변에 상용로그를 취하고 정리하면

$n\log 1.004\ge\log 11=\log(1.1\times 10)$
$=\log 1.1+1$, $0.0017n\ge 1.0414$

따라서 $n\ge 612.5\times\times\times$이므로 자연수 n의 최솟값은 613이다.

D 156 정답 ② ＊로그부등식의 실생활 응용 [정답률 65%]

정답 공식: 문제에 맞는 식을 세운 뒤 지수에 n이 있으므로 양변에 로그를 취해 밑으로 내려준다.

어느 제과점에서는 다음과 같은 방법으로 빵의 가격을 실질적으로 인상한다.

단서 처음 빵 1개의 무게를 A g이라 하면 주어진 방법을 n회 실시한 후의 빵의 무게는 $\left(1-\frac{10}{100}\right)^n A$ g이야.

> 빵의 개당 가격은 그대로 유지하고, 무게를 그 당시 무게에서 10 % 줄인다.

이 방법을 n번 시행하면 빵의 단위 무게당 가격이 처음의 1.5배 이상이 된다. n의 최솟값은? (단, $\log 2=0.3010$, $\log 3=0.4771$로 계산한다.) (3점)

① 3 ② 4 ③ 5 ④ 6 ⑤ 7

1st 처음 빵의 개당 무게와 가격을 각각 미지수로 두고 시작해.

주의 문제에서 주어진 정보를 미지수를 사용하여 수학적으로 표현할 수 있어야 해.

처음 빵 1개의 무게와 가격을 각각 A g, B원이라 하자.

먼저 1번 시행 후 1개당 무게는 $0.9A$(g)이므로 → $A-\frac{10}{100}A=(1-0.1)A=0.9A$

n번 시행 후의 1개당 무게는 0.9^nA(g) → 2번 시행 후의 무게는 $0.9A-0.9\times\frac{10}{100}A=(1-0.1)\times0.9A=0.9^2A$ ⋮ 즉, n번 시행 후의 무게는 0.9^nA

또한, 처음 빵의 1 g당 가격은 $\frac{B}{A}$원이므로

n번 시행 후 1 g당 가격은 $\frac{B}{0.9^nA}$원이다.

2nd 처음의 1.5배 이상임을 이용해 식을 세우자.

$\frac{B}{0.9^nA}\geq\frac{3}{2}\times\frac{B}{A}$에서 $0.9^{-n}\geq\frac{3}{2}$

양변에 상용로그를 취하면

$\log 0.9^{-n}\geq\log\frac{3}{2}$, $\log\left(\frac{9}{10}\right)^{-n}\geq\log\frac{3}{2}$

$\log\left(\frac{10}{9}\right)^{n}\geq\log\frac{3}{2}$, $n\log\frac{10}{9}\geq\log 3-\log 2$

$n(1-2\log 3)\geq\log 3-\log 2$

$\therefore n\geq\frac{0.4771-0.3010}{1-2\times0.4771}=\frac{0.1761}{0.0458}=3.8\times\times\times$

따라서 구하는 자연수 n의 최솟값은 4이다.

D 157 정답 ② *로그부등식의 실생활 응용 [정답률 67%]

(정답 공식: 문제에 따라 부등식을 세운 뒤 양변에 로그를 취해 n에 관한 부등식을 만든다.)

어떤 학생이 MP3 플레이어를 구입하기 위하여 가격에 대한 정보를 알아보았더니, 현재 제품 A의 가격은 24만 원, 제품 B의 가격은 16만 원이고, 3개월마다 제품 A는 10 %, 제품 B는 5 %의 가격 하락이 있었다. 이런 추세가 계속된다고 가정할 때, 두 제품의 가격 차이가 구입 시점의 제품 B 가격의 20 % 이하가 되면 제품 A를 구입하기로 하였다. 이 학생이 제품 A를 구입할 수 있는 최초의 시기는? (단, $\log 2=0.30$, $\log 3=0.48$, $\log 0.95=-0.02$로 계산한다.) (4점)

단서 $3n$개월 후의 제품 A의 가격은 $24\times\left(1-\frac{10}{100}\right)^n$(만 원)이고, 제품 B의 가격은 $16\times\left(1-\frac{5}{100}\right)^n$(만 원)이야.

① 12개월 후 ② 15개월 후 ③ 18개월 후
④ 21개월 후 ⑤ 24개월 후

→ $3n$개월 후의 제품 A의 가격은 $24\times\left(1-\frac{10}{100}\right)^n=24\times0.9^n$(만 원), 제품 B의 가격은 $16\times\left(1-\frac{5}{100}\right)^n=16\times0.95^n$(만 원)

1st 3개월마다 제품의 가격이 하락함을 이용해.

A제품은 3개월마다 10 %, B제품은 3개월마다 5 %의 가격이 하락하므로 이 학생이 $3n$개월 후에 제품 A를 구입한다고 하면

$24\times0.9^n-16\times0.95^n\leq\frac{1}{5}\times16\times0.95^n$ (구입 시점의 두 제품 A, B의 가격 차이 / → 구입 시점의 제품 B의 가격의 20 %)

$5\times0.9^n\leq4\times0.95^n$ $\therefore\left(\frac{0.9}{0.95}\right)^n\leq\frac{4}{5}$

2nd 양변에 상용로그를 취해서 자연수 n의 최솟값을 구해.

양변에 상용로그를 취하면

$\log\left(\frac{0.9}{0.95}\right)^n\leq\log\frac{4}{5}$에서 $\log\left(\frac{3^2\times10^{-1}}{0.95}\right)^n\leq\log\frac{8}{10}$

$n(2\log 3-1-\log 0.95)\leq3\log 2-1$

$n(0.96-1+0.02)\leq0.9-1$

$\therefore n\geq\frac{-0.1}{-0.02}=5$

→ 부등식의 양변을 -0.02, 즉 음수로 나누므로 부등호의 방향이 바뀌지?

따라서 이 학생은 $3\times5=15$(개월 후)에 제품 A를 최초로 구입할 수 있다.

수능 핵강

＊미지수를 적절히 두고 풀기

이 문제에서는 제품의 가격이 3개월마다 하락하므로 n개월로 놓고 풀면 계산 과정이 복잡해지고 답도 구하기 어려워져.

따라서 문제를 읽고 미지수를 어떻게 두고 식을 세워 풀어나가는가를 정하는 것도 수능 시험을 치르는 데 있어 매우 중요하다는 걸 잊지 말자.

D 158 정답 ② *로그부등식의 실생활 응용 [정답률 69%]

(정답 공식: 지수에 구해야할 미지수가 있을 시 양변에 로그를 취해 밑으로 내려준다.)

아열대 해역에 서식하는 수명이 짧은 어류의 성장 정도를 알아보는 방법 중의 하나는 길이(cm)를 측정하는 것이다. 이 해역에 서식하는 어떤 물고기의 연령 t에 따른 길이 $f(t)$를 근사적으로 추정하면 다음과 같다고 한다.

$$f(t)=20\{1-a^{-0.7(t+0.4)}\}$$

단서 $f(t)\geq16$을 만족시키는 t의 최솟값을 구하는 거야.

이 물고기의 길이가 16 cm 이상 되기 위한 최소 연령은?

(단, a는 $a>1$인 상수이고, $\log_a 5=1.4$로 계산한다.) (4점)

① 1 ② 1.6 ③ 2 ④ 2.6 ⑤ 3

1st 주어진 조건을 가지고 식을 세워.

물고기의 길이가 16 cm 이상 되어야 하므로

$f(t)=20\{1-a^{-0.7(t+0.4)}\}\geq16$에서

$1-a^{-0.7(t+0.4)}\geq\frac{4}{5}$ $\therefore a^{-0.7(t+0.4)}\leq\frac{1}{5}$

2nd 양변에 로그를 취해 부등식을 풀어.

양변에 밑이 a인 로그를 취하면

$\log_a a^{-0.7(t+0.4)}\leq\log_a\frac{1}{5}$ → $a>1$이므로 부등호의 방향은 바뀌지 않아.

$-0.7(t+0.4)\leq\log_a 5^{-1}$

$0.7(t+0.4)\geq\log_a 5$, $0.7(t+0.4)\geq1.4$

$t+0.4\geq2$ $\therefore t\geq1.6$

따라서 물고기의 길이가 16 cm 이상 되기 위한 최소 연령은 1.6이다.

평가원 해설

이 문제는 조건에 맞는 실수 t의 값을 구하는 것입니다. 즉, $f(t)\geq16$을 만족시키는 t의 최솟값을 구하는 문제입니다. 따라서 t의 값이 1.6 이상이면 물고기의 길이가 16 cm 이상이 된다는 말에 오류가 없습니다.

로그부등식의 풀이 방법 개념·공식

① $a>1$일 때,
$\log_a f(x)<\log_a g(x)$이면 $0<f(x)<g(x)$
$0<a<1$일 때,
$\log_a f(x)<\log_a g(x)$이면 $f(x)>g(x)>0$

② $\log_a f(x)<\log_b g(x)$와 같이 밑이 다를 때에는 밑을 통일한다.

③ $\log_a x$, $(\log_a x)^2$이 포함된 식은 $\log_a x=t$로 치환한다.

④ 밑이 문자일 때에는 (밑)>1, 0<(밑)<1의 두 가지 경우로 나누어 구한다.

D 159 정답 ⑤ *로그부등식의 실생활 응용 [정답률 73%]

(정답 공식: W, α의 값이 주어져 있으므로 식에 대입한다. $\log a>k$에서 $a>10^k$임을 이용한다.)

소리가 건물의 벽을 통과할 때, 일정 비율만 실내로 투과되고 나머지는 반사되거나 흡수된다. 이때, 실내로 투과되는 소리의 비율을 투과율이라 한다. 확성기의 음향출력이 W(와트)일 때, 투과율이 α인 건물에서 r(m)만큼 떨어진 지점에 있는 확성기로부터 실내로 투과되는 소리의 세기 P(데시벨)는 다음과 같다.

$$P=10\log\frac{\alpha W}{I_0}-20\log r-11$$

(단, $I_0=10^{-12}$(와트/m^2)이고 $r>1$이다.)

확성기에서 음향출력이 100(와트)인 소리가 나오고 있다. 투과율이 $\frac{1}{100}$인 건물의 실내로 투과되는 소리의 세기가 59(데시벨) 이하가 되게 할 때, 확성기와 건물 사이의 최소 거리는? (단, 소리는 공간으로 골고루 퍼져나가고, 투과율 이외의 다른 요인은 고려하지 않는다고 가정한다.) (4점)

단서 주어진 관계식에 $W=100$, $\alpha=\frac{1}{100}$을 대입한 P의 값이 59 이하인 r의 값의 범위를 구하면 돼.

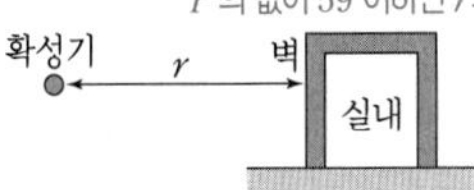

① 10^2 m ② $10^{\frac{17}{8}}$ m ③ $10^{\frac{13}{6}}$ m ④ $10^{\frac{9}{4}}$ m ⑤ $10^{\frac{5}{2}}$ m

1st 주어진 값을 식에 대입한 후 간단히 계산해.

확성기의 음향출력이 W(와트)일 때, 투과율이 α인 건물에서 r(m)만큼 떨어진 지점에 있는 확성기로부터 실내로 투과되는 소리의 세기 P(데시벨)는

$P=10\log\frac{\alpha W}{I_0}-20\log r-11$ (단, $I_0=10^{-12}$, $r>1$)

그런데 확성기의 음향출력이 100(와트), 투과율이 $\frac{1}{100}$이라 하므로 위 식에 $W=100$, $\alpha=\frac{1}{100}$을 대입하면

$$P=10\log\frac{\frac{1}{100}\times100}{10^{-12}}-20\log r-11$$

2nd 소리의 세기 P가 59 이하가 될 수 있도록 정리한 후 최소 거리를 구해.

그런데 소리의 세기 P가 59 이하가 되게 한다고 하므로

'a 이하' ⟺ 'a보다 작거나 같다.' ⟺ $x\le a$
'a 이상' ⟺ 'a보다 크거나 같다.' ⟺ $x\ge a$

$$10\log\frac{\frac{1}{100}\times100}{10^{-12}}-20\log r-11\le59$$

$10\log10^{12}-20\log r\le70$

$120-70\le20\log r$

$\log r\ge\frac{5}{2}$

$\therefore r\ge10^{\frac{5}{2}}$

따라서 최소 거리는 $10^{\frac{5}{2}}$ m가 되어야 한다.

D 160 정답 ② *로그부등식의 실생활 응용 [정답률 63%]

(정답 공식: 문제에 따라 부등식을 세운 뒤 양변에 로그를 취해 n에 대한 부등식을 만든다.)

단서1 (65세 이상 인구 수) ≥ (총 인구 수) × $\frac{20}{100}$이면 '초고령화 사회'라 하는 거야.

총 인구에서 65세 이상 인구가 차지하는 비율이 20 % 이상인 사회를 '초고령화 사회'라고 한다.

2000년 어느 나라의 총 인구는 1000만 명이고 65세 이상 인구는 50만 명이었다. 총 인구는 매년 전년도보다 0.3 %씩 증가하고 65세 이상 인구는 매년 전년도보다 4 %씩 증가한다고 가정할 때, 처음으로 '초고령화 사회'가 예측되는 시기는?

(단, $\log1.003=0.0013$, $\log1.04=0.0170$, $\log2=0.3010$) (4점)

단서2 2000년부터 n년 후에 총 인구 수는 $1000\times\left(1+\frac{0.3}{100}\right)^n$만 명이 되고, 65세 이상 인구 수는 $50\times\left(1+\frac{4}{100}\right)^n$만 명이 돼.

① 2048년 ~ 2050년 ② 2038년 ~ 2040년 ③ 2028년 ~ 2030년 ④ 2018년 ~ 2020년 ⑤ 2008년 ~ 2010년

1st 초고령화 사회가 예측되는 시기를 미지수로 놓고 식을 세워.

2000년 총 인구는 1000만 명, 65세 이상 인구는 50만 명이고, 총 인구는 매년 전년도보다 0.3 %씩, 65세 이상 인구는 매년 전년도보다 4 %씩 증가하므로

n년 후의 총 인구는 $1000\times(1+0.003)^n=1000\times1.003^n$(만 명)

n년 후의 65세 이상 인구는 $50\times(1+0.04)^n=50\times1.04^n$(만 명)

이때, 총 인구에서 65세 이상 인구가 차지하는 비율이 20% 이상이 되면 초고령화 사회라 하므로 n년 후에 초고령화 사회가 된다고 하면

$50\times1.04^n\ge\frac{20}{100}\times1000\times1.003^n$

$1.04^n\ge4\times1.003^n$

2000년의 인구 수는 1000(만 명)
1년 후 인구 수 : 1000×1.003
2년 후 인구 수 : 1000×1.003^2
⋮
n년 후 인구 수 : 1000×1.003^n

2nd 양변에 상용로그를 취한 후 계산해.

위 식의 양변에 상용로그를 취하면

$\log1.04^n\ge\log(4\times1.003^n)$

$n\log1.04\ge2\log2+n\log1.003$

$n(0.0170-0.0013)\ge2\times0.3010$

($\because \log1.003=0.0013$, $\log1.04=0.0170$, $\log2=0.3010$)

$\therefore n\ge\frac{0.6020}{0.0157}=38.\times\times\times$

따라서 2038년 ~ 2040년에 초고령화 사회가 될 거라 예측할 수 있다.

로그의 성질 개념·공식

$a>0$, $a\ne1$, $x>0$, $y>0$

① $\log_a a=1$

② $\log_a 1=0$

③ $\log_a x+\log_a y=\log_a xy$

④ $\log_a x-\log_a y=\log_a\frac{x}{y}$

D 161 정답 ① *로그부등식의 실생활 응용 [정답률 63%]

(정답 공식: 문제에 맞는 식을 세운 뒤 지수에 구해야할 미지수가 있으므로 양변에 로그를 취한다.)

단서 3년마다 4배씩 속도가 빨라지면 $3n$년 후에는 처음 속도의 4^n배가 빨라지겠지?

컴퓨터 중앙처리장치의 속도는 1985년 1MHz이던 것이 매 3년마다 약 4배의 비율로 빨라지고 있다. 한 연구에 의하면, 현재 기술로 이와 같은 발전을 지속할 수 있는 중앙처리장치 속도의 한계는 약 4000MHz라고 한다. 이 연구에서 현재 기술이 한계에 도달할 것으로 예측되는 해는? (단, MHz는 중앙처리장치 속도의 단위이며, $\log 2=0.3$으로 계산한다.) (3점)

①2003년 ② 2006년 ③ 2009년 ④ 2012년 ⑤ 2024년

1st 3년 후의 중앙처리장치의 속도를 구해.

매 3년마다 4배의 비율로 증가하고, 처음 1MHz였으므로

3년 후면 $1\times4=4$, 6년 후면 $4\times4=4^2$, 9년 후면 $4^2\times4=4^3$, $\cdots$

2nd 한계가 4000MHz임을 식으로 나타내.

따라서 $3n$년 후의 중앙처리장치의 속도는 4^n이다.

그런데 중앙처리장치의 속도의 한계가 4000MHz이므로 $4^n\le4000$
(속도가 4000 이하라는 뜻이지?)

3rd 위에서 세운 식의 양변에 상용로그를 취하여 로그부등식을 풀어.

식의 양변에 상용로그를 취하면

$\log 4^n\le\log 4000$, $n\log 4\le\log 4+3$
($\log 4000=\log(4\times10^3)=\log 4+\log 10^3=\log 4+3$)

$\therefore n\le1+\dfrac{3}{\log 4}$

이때, $\log 2=0.3$이므로

$1+\dfrac{3}{\log 4}=1+\dfrac{3}{2\log 2}=1+\dfrac{3}{2\times0.3}=1+5=6 \qquad \therefore n\le6$

따라서 현재 기술이 한계에 도달할 것으로 예측되는 해는 $n=6$일 때, 즉 $3\times6=18$년 후로 $1985+18=2003$(년)이다.
($n=6$이라고 $1985+6=1991$로 계산하면 안돼!)

수능 핵강

*로그부등식 세우기

이런 문제는 규칙을 발견하는 게 제일 중요해. 그 다음에는 식을 세울 수 있어야지. 여기서는 속도의 한계를 "$\le$"로 표현할 수 있는지를 묻고 있는데, 이걸 잡아내지 못한 경우가 꽤 있더라구.
로그에서는 정형화된 형태의 문제야. 만약, 취약하다면 문제집마다 로그 단원을 찾아 봐. 이와 유사한 문제가 한두 개씩은 꼭 있을 거야.

로그의 성질 (개념·공식)

$a>0,\ a\ne1,\ x>0,\ y>0$
① $\log_a a=1$
② $\log_a 1=0$
③ $\log_a x+\log_a y=\log_a xy$
④ $\log_a x-\log_a y=\log_a \dfrac{x}{y}$

1등급 마스터 문제 [4점+2등급 대비+1등급 대비]

D 162 정답 33 *로그방정식의 활용 [정답률 32%]

(정답 공식: 방정식 $f(x)=g(x)$의 서로 다른 실근의 개수는 두 함수 $y=f(x)$, $y=g(x)$의 그래프의 교점의 개수와 같다.)

자연수 n에 대하여 함수 $f(x)$를 (단서1 n의 값에 따라 함수 $y=f(x)$의 그래프의 개형을 그려 봐.)

$$f(x)=\begin{cases}|3^{x+2}-n| & (x<0)\\ |\log_2(x+4)-n| & (x\ge0)\end{cases}$$

이라 하자. 실수 t에 대하여 x에 대한 방정식 $f(x)=t$의 서로 다른 실근의 개수를 $g(t)$라 할 때, 함수 $g(t)$의 최댓값이 4가 되도록 하는 모든 자연수 n의 값의 합을 구하시오. (4점)

단서2 방정식 $f(x)=t$를 풀어 실근의 개수를 구하기보다는 함수 $y=f(x)$의 그래프와 직선 $y=t$의 교점의 개수로 접근해.
단서3 함수 $y=f(x)$의 그래프와 직선 $y=t$의 교점의 개수가 최대 4가 되도록 하는 n의 값을 찾아야 해.

1st $g(t)$의 최댓값을 어떻게 구할지 생각해.

방정식 $f(x)=t$의 서로 다른 실근의 개수가 $g(t)$이므로
함수 $y=f(x)$의 그래프와 직선 $y=t$가 만나는 서로 다른 점의 개수가 $g(t)$이다.
따라서 조건을 만족시키는 n의 값을 구하기 위해 함수 $y=f(x)$의 그래프와 직선 $y=t$를 생각하자.

2nd 두 함수 $y=|3^{x+2}-n|$, $y=|\log_2(x+4)-n|$의 그래프의 개형을 알아보자.

(Ⅰ) $3^{x+2}-n=0$에서

$3^{x+2}=n$
($a^x=b \Leftrightarrow x=\log_a b$)

$x+2=\log_3 n$

$\therefore x=\log_3 n-2=\log_3 n-\log_3 9=\log_3\dfrac{n}{9}$
($\log_a M-\log_a N=\log_a\dfrac{M}{N}$)

즉, 함수 $y=3^{x+2}-n$의 그래프는 x축과 $x=\log_3\dfrac{n}{9}$에서 만나므로
(함수 $y=3^{x+2}-n$의 그래프는 함수 $y=3^x$의 그래프를 x축의 방향으로 -2만큼, y축의 방향으로 $-n$만큼 평행이동한 거야.)

함수 $y=|3^{x+2}-n|$의 그래프는 그림과 같다.

(함수 $y=|f(x)|$의 그래프는 함수 $y=f(x)$의 그래프에서 $y<0$인 부분을 x축에 대하여 대칭이동하여 그리면 돼.)

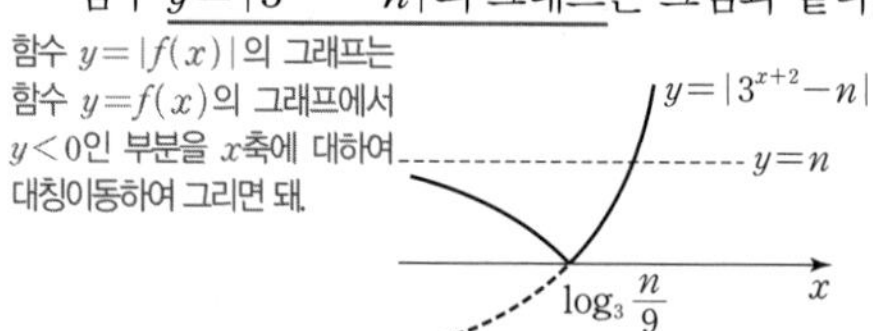

(Ⅱ) $\log_2(x+4)-n=0$에서

$\log_2(x+4)=n$

$x+4=2^n$

$\therefore x=2^n-4$

즉, 함수 $y=\log_2(x+4)-n$의 그래프는 x축과 $x=2^n-4$에서
(함수 $y=\log_2(x+4)-n$의 그래프는 함수 $y=\log_2 x$의 그래프를 x축의 방향으로 -4만큼, y축의 방향으로 $-n$만큼 평행이동한 거야.)

만나므로 함수 $y=|\log_2(x+4)-n|$의 그래프는 그림과 같다.

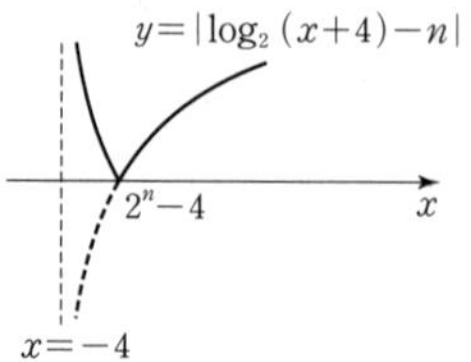

3rd n의 값에 따라 함수 $y=f(x)$의 그래프를 그려서 조건을 만족시키는 n의 값을 찾아.

(i) $n=1$일 때,

$\log_3 \frac{n}{9}=\log_3 \frac{1}{9}=\log_3 3^{-2}=-2$이고 $2^n-4=2^1-4=-2$이므로

함수 $y=f(x)$의 그래프는 그림과 같다.

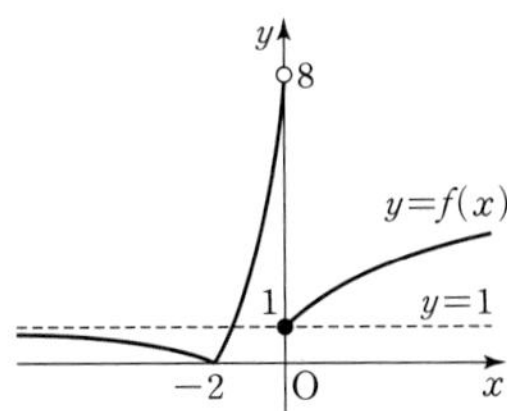

따라서 함수 $g(t)$의 최댓값은 2이다.
$0<t<8$일 때 $g(t)$는 최댓값 2를 가져.

(ii) $n=2$일 때,

$\log_3 \frac{n}{9}=\log_3 \frac{2}{9}<0$이고 $2^n-4=2^2-4=0$이므로

함수 $y=f(x)$의 그래프는 그림과 같다.

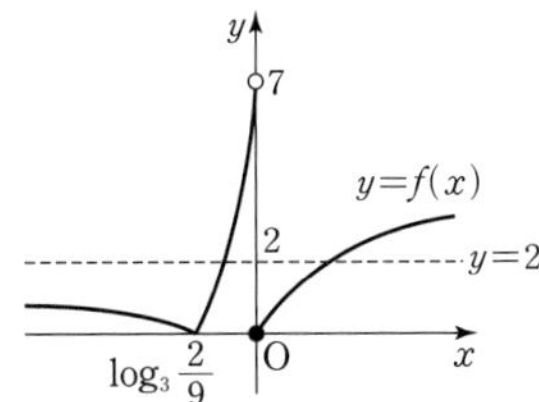

따라서 함수 $g(t)$의 최댓값은 3이다.
$0<t<2$일 때 $g(t)$는 최댓값 3을 가져.

(iii) $3\le n<9$일 때,

$\log_3 \frac{n}{9}<0$이고 $2^n-4>0$이므로 함수 $y=f(x)$의 그래프는 그림과 같다.

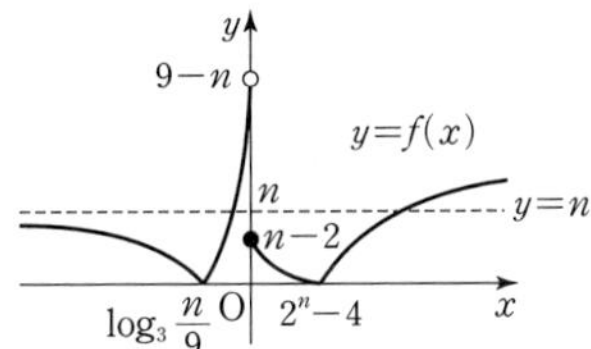

따라서 함수 $g(t)$의 최댓값은 4이다.
$0<t\le n-2$일 때 $g(t)$는 최댓값 4를 가져.

(iv) $n=9$일 때,

$\log_3 \frac{n}{9}=\log_3 \frac{9}{9}=0$이고 $2^n-4=2^9-4=508$이므로

함수 $y=f(x)$의 그래프는 그림과 같다.

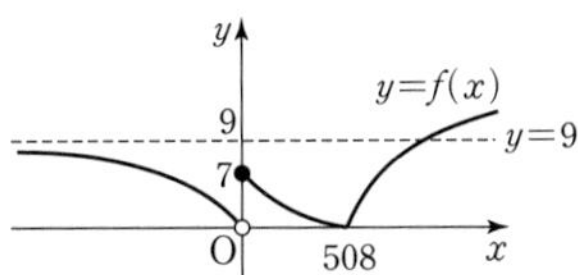

따라서 함수 $g(t)$의 최댓값은 3이다.
$0<t\le 7$일 때 $g(t)$는 최댓값 3을 가져.

(v) $n\ge 10$일 때,

$\log_3 \frac{n}{9}>0$이고 $2^n-4>0$이므로 함수 $y=f(x)$의 그래프는 그림과 같다.

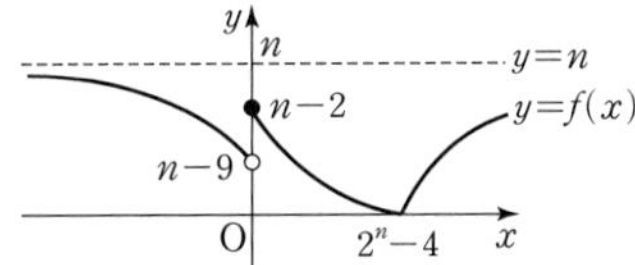

따라서 함수 $g(t)$의 최댓값은 3이다.
$n-9<t\le n-2$일 때 $g(t)$는 최댓값 3을 가져.

(i)~(v)에 의하여 함수 $g(t)$의 최댓값이 4가 되도록 하는 자연수 n의 값은 3, 4, 5, 6, 7, 8이므로 그 합은 $3+4+5+6+7+8=33$이다.

최윤성 서울대 공과대학 광역 2023년 입학 · 서울 양정고 졸

이 문제는 그래프의 개형만 잘 그려주면 되는 문제였어. y축을 기준으로 절댓값이 포함된 서로 다른 두 함수가 있어. 그런데 이 두 함수 모두 증가함수라는 것을 알았어야 해. 이 두 함수는 각각 증가함수이기 때문에 그래프에서 $y<0$인 부분을 x축에 대하여 대칭을 해주면 직선 $y=t$와의 교점이 최대 2개야. 즉, $g(t)=4$가 되려면 $x<0$과 $x\ge 0$ 각각에서 함수 $y=f(x)$의 그래프와 직선 $y=t$의 교점의 개수가 최대 2개씩이어야 해. 이것을 만족시키는 자연수 n의 값을 구하면 3, 4, 5, 6, 7, 8이고 이것을 모두 더하면 답은 33이야.

D 163 정답 120 *로그부등식의 활용 [정답률 31%]

정답 공식: 우선 삼각형의 넓이를 구하는 식을 세운다. 자연수 n이 주어진 경우는 n에 임의의 숫자를 넣어가며 규칙을 찾는다. 순서쌍을 찾는 문제에서 억지로 규칙을 찾기보다는 하나하나 세는게 더 빠를 수도 있다.

좌표평면에서 자연수 n에 대하여 다음 조건을 만족시키는 삼각형 OAB의 개수를 $f(n)$이라 할 때, $f(1)+f(2)+f(3)$의 값을 구하시오. (단, O는 원점이다.) (4점)

> 단서1 좌표평면 위에 점 A, B를 표시해 봐. 이때, n이 정해지면 점 A는 하나로 정해지니까 결국 점 B의 개수가 삼각형 OAB의 개수와 같음을 알 수 있어.
>
> (가) 점 A의 좌표는 $(-2, 3^n)$이다.
>
> (나) 점 B의 좌표를 (a, b)라 할 때, a와 b는 자연수이고 $b\le\log_2 a$를 만족시킨다.
>
> (다) 삼각형 OAB의 넓이는 50 이하이다.
>
> 단서2 조건 (나), (다)를 이용해 a, b 사이의 조건을 찾자.

1st 두 조건 (가), (나)를 만족시키는 삼각형 OAB의 넓이부터 구해.

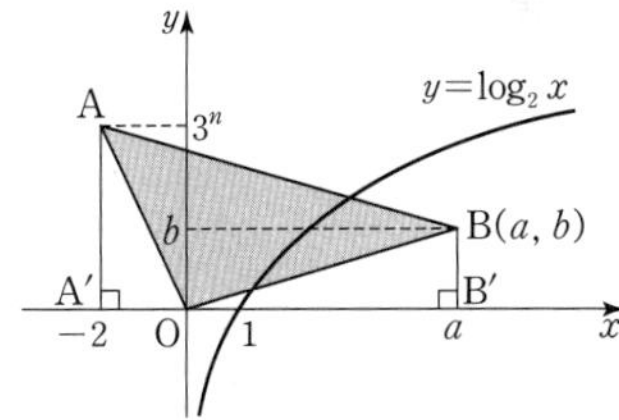

점 A의 좌표는 $(-2, 3^n)$이고, 점 $B(a, b)$에 대하여 $b\le\log_2 a$이고 b는 자연수이므로 점 B는 $x>1$의 범위에서 $y=\log_2 x$의 그래프 위에 있거나 $y=\log_2 x$의 그래프와 x축 사이에 있어야 하므로 삼각형 OAB는 그림과 같다.

이때, 두 점 A, B에서 x축에 내린 수선의 발을 각각 A′, B′이라 하면 삼각형 OAB의 넓이는 사다리꼴 AA′B′B의 넓이에서 두 삼각형 AA′O와 OB′B의 넓이를 뺀 것과 같으므로

$\square AA'B'B=\frac{1}{2}\times(\overline{AA'}+\overline{BB'})\times\overline{A'B'}=\frac{1}{2}\times(3^n+b)\times\{a-(-2)\}$
$=\frac{1}{2}(3^n+b)(a+2)$

$$\triangle OAB=\frac{1}{2}(3^n+b)(a+2)-\frac{1}{2}\times2\times3^n-\frac{1}{2}ab$$

$$=\frac{1}{2}(a\times3^n+ab+2\times3^n+2b-2\times3^n-ab)$$

$$=\frac{1}{2}(a\times3^n+2b)$$

2nd 주어진 조건을 만족시키는 삼각형 OAB의 개수를 구해.

한편, 조건 (다)에서 삼각형 OAB의 넓이는 50 이하이므로

$\frac{1}{2}(a\times3^n+2b)\le50$에서 $a\times3^n+2b\le100$ ⋯ ㉠

또, $b\le\log_2 a$에서

$\log_2 2^b\le\log_2 a$ $\quad\therefore 2^b\le a$ ⋯ ㉡

주의 주어진 조건에 유의하여 특정 문자를 기준으로 가능한 경우를 나누어서 관계식에 대입하여 순서쌍을 구해주도록 하자.

이때, 삼각형 OAB의 개수 $f(n)$은 ㉠, ㉡을 만족시키는 순서쌍 (a, b)의 개수와 같으므로

(n이 정해지면 두 점 O, A의 좌표는 하나로 정해지므로 점 B의 위치에 따라 삼각형 OAB의 모양이 결정되지? 즉, 조건을 만족시키는 점 B의 개수가 삼각형 OAB의 개수가 되는 거야.)

(ⅰ) $n=1$일 때, ㉠에 의해 $3a+2b\le100$이고 ㉡에서 $2^b\le a$ ($f(1)$을 구하기 위해 $n=1$을 대입하자.)

i) $b=1$이면 $3a+2\le100$에서 $a\le\frac{98}{3}=32.6\cdots$이고 $2\le a$이므로 $2\le a\le32.6\cdots$에서 $a=2, 3, \cdots, 32$ (자연수 a의 개수 : $32-2+1=31$(개))
따라서 이때의 순서쌍 (a, b)의 개수는 31

ii) $b=2$이면 $3a+4\le100$에서 $a\le32$이고 $4\le a$이므로 ($4=2^2$)
$4\le a\le32$에서 $a=4, 5, \cdots, 32$
따라서 이때의 순서쌍 (a, b)의 개수는 29

iii) $b=3$이면 $3a+6\le100$에서 $a\le\frac{94}{3}=31.3\cdots$이고 $8\le a$이므로 ($8=2^3$)
$8\le a\le31.3\cdots$에서 $a=8, 9, \cdots, 31$
따라서 이때의 순서쌍 (a, b)의 개수는 24

iv) $b=4$이면 $3a+8\le100$에서 $a\le\frac{92}{3}=30.6\cdots$이고 $16\le a$이므로 ($16=2^4$)
$16\le a\le30.6\cdots$에서 $a=16, 17, \cdots, 30$
따라서 이때의 순서쌍 (a, b)의 개수는 15

v) $b\ge5$이면 $3a+2b\le100$에서 $a\le\frac{100-2b}{3}\le30$이고
$32\le2^b\le a$이므로 만족시키는 순서쌍 (a, b)는 없다.

i) ~ v)에 의하여 $f(1)=31+29+24+15=99$

(ⅱ) $n=2$일 때, ㉠에 의해 $9a+2b\le100$이고 ㉡에서 $2^b\le a$ ($f(2)$을 구할 수 있어.)

i) $b=1$이면 $9a+2\le100$에서 $a\le\frac{98}{9}=10.8\cdots$이고 $2\le a$이므로
$2\le a\le10.8\cdots$에서 $a=2, 3, \cdots, 10$ (자연수 $m, n(m<n)$에 대하여 $m\le x\le n$인 자연수 x의 개수는 $n-m+1$)
따라서 이때의 순서쌍 (a, b)의 개수는 9

ii) $b=2$이면 $9a+4\le100$에서 $a\le\frac{96}{9}=10.6\cdots$이고 $4\le a$이므로
$4\le a\le10.6\cdots$에서 $a=4, 5, \cdots, 10$
따라서 이때의 순서쌍 (a, b)의 개수는 7

iii) $b=3$이면 $9a+6\le100$에서 $a\le\frac{94}{9}=10.4\cdots$이고 $8\le a$이므로
$8\le a\le10.4\cdots$에서 $a=8, 9, 10$
따라서 이때의 순서쌍 (a, b)의 개수는 3

iv) $b\ge4$이면 $9a+2b\le100$에서 $a\le\frac{100-2b}{9}\le\frac{92}{9}=10.2\cdots$이고
$16\le2^b\le a$이므로 만족시키는 순서쌍 (a, b)는 없다.

i) ~ iv)에 의하여 $f(2)=9+7+3=19$

(ⅲ) $n=3$일 때, ㉠에 의해 $27a+2b\le100$이고 ㉡에서 $2^b\le a$ ($f(3)$을 구할 수 있어.)

i) $b=1$이면 $27a+2\le100$에서 $a\le\frac{98}{27}=3.6\cdots$이고 $2\le a$이므로
$2\le a\le3.6\cdots$에서 $a=2, 3$
따라서 이때의 순서쌍 (a, b)의 개수는 2

ii) $b\ge2$이면 $27a+2b\le100$에서 $a\le\frac{100-2b}{27}\le\frac{96}{27}=3.5\cdots$이고
$4\le2^b\le a$이므로 만족시키는 순서쌍 (a, b)는 없다.

i), ii)에 의하여 $f(3)=2$

(ⅰ) ~ (ⅲ)에 의하여 $f(1)+f(2)+f(3)=99+19+2=120$

D 164 정답 ④ *로그부등식의 활용 [정답률 31%]

정답 공식: x축과 평행하므로 두 점 A와 B의 좌표를 구할 수 있고 선분 AB의 길이는 (점 A의 x좌표)−(점 B의 x좌표)이다. 로그부등식은 양변에 같은 꼴의 로그를 취해 진수끼리 비교한다.

단서1 점 $A(a, 2^a)$에 대하여 점 B의 y좌표가 2^a임을 이용하여 $\overline{AB}$의 길이를 a에 대한 식으로 나타내 봐.

그림과 같이 함수 $y=2^x$의 그래프 위의 한 점 A를 지나고 x축에 평행한 직선이 함수 $y=15\cdot2^{-x}$의 그래프와 만나는 점을 B라 하자. 점 A의 x좌표를 a라 할 때, $1<\overline{AB}<100$을 만족시키는 2 이상의 자연수 a의 개수는? (4점)

단서2 $1<\overline{AB}<100$에서 a의 값의 범위를 구하자.

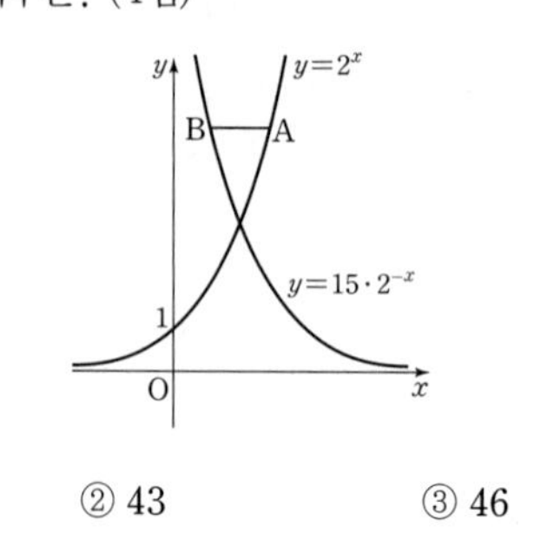

① 40 ② 43 ③ 46
④ 49 ⑤ 52

1st 두 점 A, B의 y좌표가 같음을 이용하여 점 B의 좌표를 구하자.

점 A의 x좌표가 a이므로 점 A의 좌표는 $(a, 2^a)$이다.
이때, $\overline{AB}$는 x축과 평행하므로 점 B의 y좌표는 점 A의 y좌표와 같다.
즉, 점 B의 x좌표를 b라 하면
$15\times2^{-b}=2^a$, $2^b=15\times2^{-a}$ ($15\times2^{-b}=2^a$에서 $2^{-b}=\frac{2^a}{15}$, 즉 $2^b=\left(\frac{2^a}{15}\right)^{-1}=15\times2^{-a}$)
$b=\log_2(15\times2^{-a})$이므로
$B(\log_2(15\times2^{-a}), 2^a)$

함정 미지수를 두 개 사용하여 점 A, B의 좌표를 나타내고 y좌표의 값이 같은 조건을 통해 두 미지수의 관계식을 구하여 하나의 문자로 통일해주도록 하자.

2nd $1<\overline{AB}<100$에 대입하여 2 이상의 자연수 a의 값의 범위를 구하자.

$\overline{AB}=a-\log_2(15\times2^{-a})$ (두 점 A, B의 x좌표의 차야.)
$=\log_2 2^a-\log_2(15\times2^{-a})$
$=\log_2\frac{2^a}{15\times2^{-a}}=\log_2\frac{2^{2a}}{15}=\log_2\frac{4^a}{15}$

이때, $1<\overline{AB}<100$이므로 $1<\log_2\frac{4^a}{15}<100$에서

$\log_2 2<\log_2\frac{4^a}{15}<\log_2 2^{100}=\log_2 4^{50}$

$2<\frac{4^a}{15}<4^{50}$ $\quad\therefore 30<4^a<4^{50}\times15$

한편, a는 자연수이고 $\underset{=16}{4^2}<30<\underset{=64}{4^3}$, $\overset{4^{51}=4^{50}\times4}{4^{51}}<4^{50}\times15<\overset{4^{52}=4^{50}\times16}{4^{52}}$이므로
$3\le a\le51$
따라서 주어진 조건을 만족시키는 자연수 a는 3, 4, 5, ⋯, 51로 49개이다.

로그부등식의 풀이 방법 (개념·공식)

① $a>1$일 때,
$\log_a f(x)<\log_a g(x)$이면 $0<f(x)<g(x)$
$0<a<1$일 때,
$\log_a f(x)<\log_a g(x)$이면 $f(x)>g(x)>0$
② $\log_a f(x)<\log_b g(x)$와 같이 밑이 다를 때에는 밑을 통일한다.
③ $\log_a x$, $(\log_a x)^2$이 포함된 식은 $\log_a x=t$로 치환한다.
④ 밑이 문자일 때에는 (밑)>1, $0<$(밑)<1의 두 가지 경우로 나누어 구한다.

D 165 정답 12 ✪2등급 대비 [정답률 25%]

*지수방정식을 이용하여 조건을 만족시키는 지수함수의 그래프와 로그함수의 그래프 위의 점 구하기 [유형 04+07+13]

상수 k에 대하여 다음 조건을 만족시키는 좌표평면의 점 $\mathrm{A}(a, b)$가 오직 하나 존재한다.

단서1 점 A의 좌표를 곡선의 식에 대입했을 때 성립해야 해.

(가) 점 A는 곡선 $y=\log_2(x+2)+k$ 위의 점이다.
(나) 점 A를 직선 $y=x$에 대하여 대칭이동한 점은 곡선 $y=4^{x+k}+2$ 위에 있다.

단서2 좌표평면 위의 점을 직선 $y=x$에 대하여 대칭이동하면 x좌표와 y좌표가 서로 바뀌지?

단서3 대칭이동한 점의 좌표를 곡선의 식에 대입했을 때 성립해야 해.

$a\times b$의 값을 구하시오. (단, $a\neq b$) (4점)

왜 2등급? 지수방정식을 이용하여 조건을 만족시키는 지수함수의 그래프와 로그함수의 그래프 위의 점을 구하는 문제이다.
좌표평면 위의 점이 곡선 위의 점임을 이용하여 점의 좌표에 대한 관계식을 찾아 k의 값을 구하는 과정이 복잡하다.

 단서+발상

단서1 조건 (가)에서 점 A의 좌표를 곡선 $y=\log_2(x+2)+k$의 식에 대입하여 a, b 사이의 관계식을 하나 찾는다. 발상

단서2 점 A를 직선 $y=x$에 대하여 대칭이동한 점은 x좌표와 y좌표가 서로 바뀐 점임을 알자. 개념

단서3 이 대칭이동한 점의 좌표를 곡선 $y=4^{x+k}+2$의 식에 대입하여 a, b 사이의 관계식을 하나 더 찾는다. 적용

주의 $2^x=t$로 치환하여 만든 t에 대한 방정식을 만족시키는 t의 값은 양수이어야 한다. 또한, 이차방정식의 두 근 α, β가 모두 양수이면 $\alpha+\beta>0$, $\alpha\beta>0$이다.

(핵심 정답 공식: a^x 꼴이 반복되는 지수방정식은 $a^x=t(t>0)$로 치환하여 푼다.)

[문제 풀이 순서]

1st a, b 사이의 관계식을 구해.
점 $\mathrm{A}(a, b)$가 곡선 $y=\log_2(x+2)+k$ 위의 점이므로
$x=a$, $y=b$를 대입하면 $b=\log_2(a+2)+k$에서
$\log_2(a+2)=b-k$, $a+2=2^{b-k}$
$\log_a k=x \Longleftrightarrow k=a^x$
$\therefore a=2^{b-k}-2 \cdots ㉠$
또, 점 A를 직선 $y=x$에 대하여 대칭이동한 점의 좌표는 (b, a)이고
점 (p, q)를 직선 $y=x$에 대하여 대칭이동한 점의 좌표는 (q, p)야.
이 점이 곡선 $y=4^{x+k}+2$ 위에 있으므로 $x=b$, $y=a$를 대입하면
$a=4^{b+k}+2 \cdots ㉡$

2nd 상수 k의 값을 구해.
㉠, ㉡을 연립하면 $2^{b-k}-2=4^{b+k}+2$에서 $4^{b+k}-2^{b-k}+4=0$
$2^{2k}\times2^{2b}-2^{-k}\times2^b+4=0$ → 양변에 2^k을 곱해.
$2^{3k}\times2^{2b}-2^b+4\times2^k=0$
$\therefore 2^{3k}\times2^{2b}-2^b+2^{k+2}=0 \cdots ㉢$
한편, 조건을 만족시키는 점 $\mathrm{A}(a, b)$가 오직 하나 존재하므로
방정식 ㉢을 만족시키는 실수 b가 오직 하나 존재해야 한다.
이때, ㉢에서 $2^b=t(t>0)$라 하면
→ 실수 b에 대하여 $2^b>0$이야. 즉 $2^b=t>0$이야.
$2^{3k}t^2-t+2^{k+2}=0 \cdots ㉣$
이고 방정식 ㉢을 만족시키는 실수 b가 오직 하나 존재해야 하므로
t에 대한 이차방정식 ㉣은 오직 하나의 양의 실근을 가져야 한다.

따라서 ㉣의 판별식을 D라 하면 $D=0$이어야 하므로
이차방정식의 근과 계수의 관계에 의하여 ㉣의 두 근의 합은 $\frac{1}{2^{3k}}>0$,
두 근의 곱은 $\frac{2^{k+2}}{2^{3k}}=2^{2-2k}>0$이므로 ㉣의 두 근은 모두 양수야.
그런데 ㉣이 오직 하나의 양의 실근을 가져야 하니까 ㉣은 중근을 가져야 해.
$D=(-1)^2-4\times2^{3k}\times2^{k+2}=0$에서 $1-2^{4k+4}=0$
$2^{4k+4}=1$, $4k+4=0$, $4k=-4$
$a^{f(x)}=1$이면 $a=1$ 또는 $f(x)=0$이야.
$\therefore k=-1$

3rd a, b의 값을 각각 구하고 $a\times b$를 계산해.
$k=-1$을 ㉣에 대입하면 $2^{-3}\times t^2-t+2=0$에서
$t^2-8t+16=0$, $(t-4)^2=0$, $t=4$, $2^b=4=2^2$
$\therefore b=2$
$b=2$, $k=-1$을 ㉠에 대입하면
$a=2^{2-(-1)}-2=2^3-2=8-2=6$
$\therefore a\times b=6\times2=12$

My Top Secret 서울대 선배의 ① 등급 대비 전략

점 $\mathrm{A}(a, b)$를 직선 $y=x$에 대하여 대칭이동한 점인 (b, a)가 조건을 만족시키기 위해서는 함수 $y=\log_2(x+2)+k$의 역함수인 함수 $y=2^{x-k}-2$의 그래프 위에 있어야 함을 유추할 수 있어.
이를 통해 두 곡선 $y=2^{x-k}-2$, $y=4^{x+k}+2$의 교점이 단 하나뿐인 상수 k를 구하는 것으로 문제를 해석할 수도 있어.

D 166 정답 8 ✪2등급 대비 [정답률 24%]

(정답 공식: 함수 $y=\log_a x(a>0, a\neq1)$의 그래프는 $a>1$일 때, x의 값이 증가하면 y의 값도 증가한다.)

$m\le-10$인 상수 m에 대하여 함수 $f(x)$는

$$f(x)=\begin{cases}|5\log_2(4-x)+m| & (x\le0)\\ 5\log_2 x+m & (x>0)\end{cases}$$

단서1 함수의 식이 달라지는 구간의 x의 값은 0이므로 $f(0)$의 값을 먼저 구해본 후, 0의 좌우에서 함수의 공통점과 차이점을 파악해보자.

이다. 실수 $t(t>0)$에 대하여 x에 대한 방정식 $f(x)=t$의 모든 실근의 합을 $g(t)$라 하자. 함수 $g(t)$가 다음 조건을 만족시킬 때, $f(m)$의 값을 구하시오. (4점)

> $t\ge a$인 모든 실수 t에 대하여 $g(t)=g(a)$가 되도록 하는 양수 a의 최솟값은 2이다.
>
> 단서2 조건을 만족시키기 위해서는 $t\ge2$인 모든 실수 t에 대하여 $g(t)=g(2)$가 성립해야 해.

 단서+발상 [유형 12]

단서1 함수 $y=5\log_2(4-x)+m$은 $x<4$에서 정의되고 감소하는 함수이다. 즉, $f(0)\ge0$일 때와 $f(0)<0$일 때로 경우를 나누어 함수 $y=f(x)$의 그래프를 그려야 한다. 개념

단서2 $t\ge a$인 모든 실수 t에 대하여 $f(x)=t$의 실근의 합이 일정한 a의 최솟값이 2이므로 $t\ge2$인 모든 실수 t에 대하여 $g(t)=g(2)$이어야 한다. 발상
따라서 함수 $y=f(x)$의 그래프로 가능한 경우를 좌표평면에 나타내어 $t\ge2$인 모든 실수 t에 대하여 $g(t)=g(2)$가 성립하도록 하는 상수 m의 값을 구한다. 해결

[문제 풀이 순서]

1st 상수 m에 대하여 함수 $f(x)$의 경우를 나누어 확인해.

$f(0)=|5\log_2 4+m|=|10+m|$이므로
다음과 같이 경우를 나누어 생각할 수 있다.

$f(0)=|5\log_2 4+m|=|10+m|$이므로
$m\leq-10$을 $m=-10$인 경우와 $m<-10$인 경우로 나누어 생각할 수 있어.

(i) $m=-10$인 경우

$f(0)=|10-10|=0$이므로 함수 $y=f(x)$의 그래프는 그림과 같다.

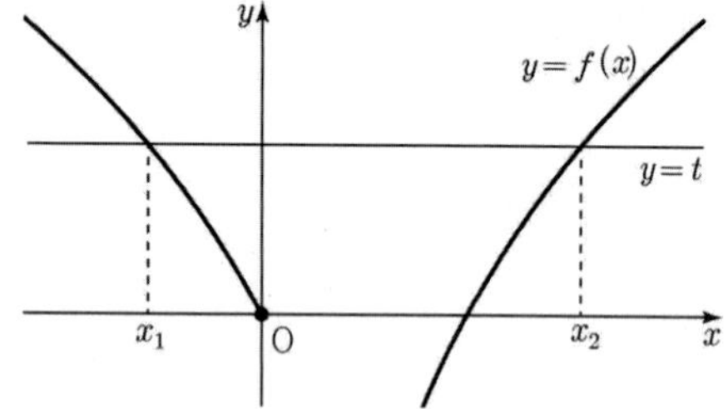

방정식 $t=5\log_2(4-x)-10$의 실근을 x_1,
방정식 $t=5\log_2 x-10$의 실근을 x_2라 하면
$5\log_2(4-x_1)-10=5\log_2 x_2-10$에서
$\log_2(4-x_1)=\log_2 x_2$
$4-x_1=x_2$
$\therefore x_1+x_2=4$
따라서 $t>0$인 모든 실수 t에 대하여 $g(t)=4$이므로
문제의 조건을 만족시키지 않는다.

(ii) $m<-10$인 경우

$x<0$에서 함수 $y=f(x)$의 그래프가 x축과 만나는 점의 x좌표를 α라 하면

$$f(x)=\begin{cases}5\log_2(4-x)+m & (x\leq\alpha)\\ -5\log_2(4-x)-m & (\alpha<x\leq 0)\\ 5\log_2 x+m & (x>0)\end{cases}$$이고

$f(0)=|10+m|=-10-m$이다.

① $0<t<-10-m$일 때, 함수 $y=f(x)$의 그래프는 그림과 같다.

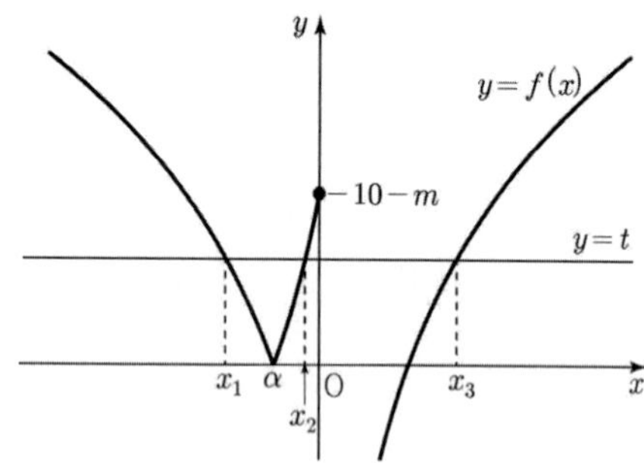

방정식 $t=5\log_2(4-x)+m$의 실근을 x_1,
방정식 $t=-5\log_2(4-x)-m$의 실근을 x_2
방정식 $t=5\log_2 x+m$의 실근을 x_3이라 하면
$5\log_2(4-x_1)+m=5\log_2 x_3+m$에서
$\log_2(4-x_1)=\log_2 x_3$
$4-x_1=x_3$
$\therefore x_1+x_3=4$
즉, $g(t)=x_1+x_2+x_3=x_2+4<4$이고
 $x_2<0$이야.
$g(t)$는 x_2의 값에 따라 변하므로 일정하지 않다.

② $t=-10-m$일 때, 함수 $y=f(x)$의 그래프는 그림과 같다.

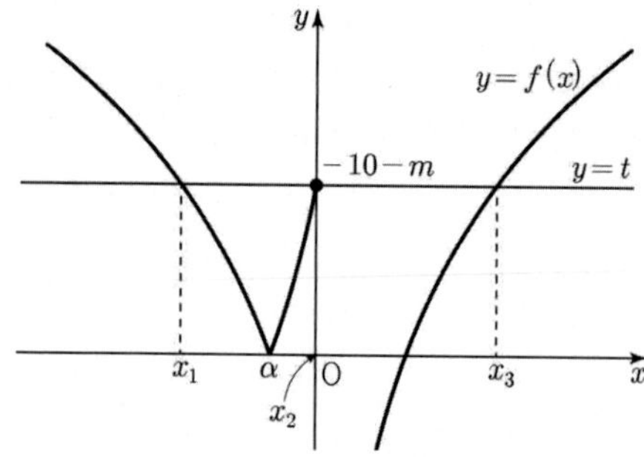

방정식 $t=5\log_2(4-x)+m$의 실근을 x_1,
방정식 $t=-5\log_2(4-x)-m$의 실근을 x_2
방정식 $t=5\log_2 x+m$의 실근을 x_3이라 하면
$x_2=0$이고, $5\log_2(4-x_1)+m=5\log_2 x_3+m$에서

$-10-m=-5\log_2(4-x)-m$에서
$\log_2(4-x)=2$, $4-x=2^2=4$ $\therefore x=0$

$\log_2(4-x_1)=\log_2 x_3$
$4-x_1=x_3$
$\therefore x_1+x_3=4$
$\therefore g(t)=x_1+x_2+x_3=4$

③ $t>-10-m$일 때, 함수 $y=f(x)$의 그래프는 그림과 같다.

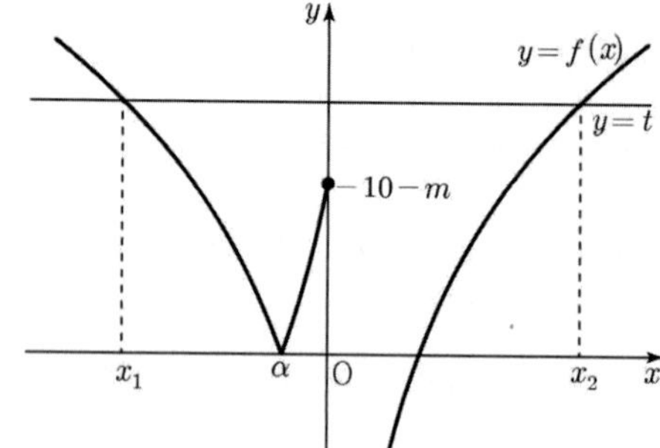

방정식 $t=5\log_2(4-x)+m$의 실근을 x_1,
방정식 $t=5\log_2 x+m$의 실근을 x_2라 하면
$5\log_2(4-x_1)+m=5\log_2 x_2+m$에서
$\log_2(4-x_1)=\log_2 x_2$
$4-x_1=x_2$
$\therefore x_1+x_2=4$

①, ②, ③에 의하여 $t\geq-10-m$인 모든 실수 t에 대하여 $g(t)=4$
따라서 (i), (ii)에 의하여 $t\geq a$인 모든 실수 t에 대하여 $g(t)=g(a)$가 되도록 하는 a의 최솟값은 $-10-m$이다.
이때, 양수 a의 최솟값이 2이므로 $-10-m=2$ $\therefore m=-12$
$\therefore f(m)=f(-12)=|5\log_2\{4-(-12)\}-12|$
$=|5\log_2 16-12|=8$

My Top Secret 서울대 선배의 ❶ 등급 대비 전략

$f(x)$를 $x=0$을 기준으로 관찰할 때, 좌우 식의 비슷하게 생긴 것을 보고 함수 $y=f(x)$의 그래프가 대칭성을 갖고 있을 것이라고 파악할 수 있어. 실제로 $h_1(x)=|5\log_2(4-x)+m|$, $h_2(x)=5\log_2 x+m$이라 하면 두 함수 $y=h_1(x)$, $y=h_2(x)$의 그래프는 직선 $x=2$에 대하여 대칭이야. 또한, 문제의 조건에 의하여 $t\geq2$인 모든 실수 t에 대하여 $f(x)=t$의 모든 실근의 합이 일정한데 이것이 함수 $y=f(x)$의 그래프의 대칭성에 의한 것임을 파악한다면 좀 더 쉽게 접근할 수 있어.

경찰대, 사사 중요 기출 **문제** [어려운 3점+4점+5점]

D 167 정답 ③ *지수방정식의 활용 [정답률 68%]

(정답 공식: a^x 꼴이 반복되어 나타나는 지수방정식은 $a^x=t(t>0)$로 치환하여 해를 구한다.)

직선 $x=a$와 세 함수 $f(x)=4^x$, $g(x)=2^x$, $h(x)=-\left(\frac{1}{2}\right)^{x-1}$의 그래프가 만나는 점을 각각 P, Q, R라 하자. $\overline{PQ}:\overline{QR}=8:3$일 때, 상수 a의 값은? (3점)

단서1 직선 $x=a$ 위의 점의 x좌표는 항상 a이므로 세 점 P, Q, R의 y좌표는 $x=a$일 때의 함숫값이야.

단서2 선분 PQ의 길이는 두 점 P, Q의 y좌표의 차이고, 선분 QR의 길이는 두 점 Q, R의 y좌표의 차야.

① 1 ② $\frac{3}{2}$ ③ 2 ④ $\frac{5}{2}$ ⑤ 3

1st 세 점 P, Q, R의 좌표를 각각 구해.

$f(a)=4^a$, $g(a)=2^a$, $h(a)=-\left(\frac{1}{2}\right)^{a-1}=-(2^{-1})^{a-1}=-2^{-a+1}$ ($(a^m)^n=a^{mn}$)

이므로 세 점 P, Q, R의 좌표는 각각 $(a, 4^a)$, $(a, 2^a)$, $(a, -2^{-a+1})$이다.

2nd a의 값의 부호에 따라 조건을 만족시키는 상수 a의 값을 구해.

(i) $a<0$일 때,

$\overline{PQ}=|4^a-2^a|=2^a-4^a$, $\overline{QR}=|2^a-(-2^{-a+1})|=2^a+2^{-a+1}$

$a<0$일 때 $0<2^a<1$에서 $-1<2^a-1<0$이므로 $4^a-2^a=2^{2a}-2^a=2^a(2^a-1)<0$이지? $\therefore |4^a-2^a|=2^a-4^a$

이때, $2^a-4^a<2^a+2^{-a+1}$이므로 $\overline{PQ}<\overline{QR}$이다.

$-4^a<2^{-a+1}$이므로 $2^a-4^a<2^a+2^{-a+1}$이야.

그런데 $\overline{PQ}:\overline{QR}=8:3$에서 $\overline{PQ}>\overline{QR}$이므로 $\overline{PQ}:\overline{QR}=8:3$을 만족시키는 상수 a는 존재하지 않는다.

(ii) $a=0$일 때,

$\overline{PQ}=|4^0-2^0|=0$, $\overline{QR}=|2^0-(-2^1)|=3$이므로

$\overline{PQ}:\overline{QR}=8:3$을 만족시키지 않는다.

(iii) $a>0$일 때,

$\overline{PQ}=|4^a-2^a|=4^a-2^a$, $\overline{QR}=|2^a-(-2^{-a+1})|=2^a+2^{-a+1}$

이므로 $\overline{PQ}:\overline{QR}=8:3$에서

$(4^a-2^a):(2^a+2^{-a+1})=8:3$

이때, $2^a=t(t>0)$라 하면

$(t^2-t):\left(t+\frac{2}{t}\right)=8:3$에서

$8t+\frac{16}{t}=3t^2-3t$

양변에 t를 곱하면 $8t^2+16=3t^3-3t^2$

$3t^3-11t^2-16=0$, $(t-4)(3t^2+t+4)=0$

조립제법을 이용하여 좌변을 인수분해하자.

4	3	−11	0	−16
		12	4	16
	3	1	4	0

$\therefore 3t^3-11t^2-16=(t-4)(3t^2+t+4)$

$\therefore t=4(\because 3t^2+t+4>0)$

$3t^2+t+4=3\left(t^2+\frac{1}{3}t+\frac{1}{36}-\frac{1}{36}\right)+4=3\left(t+\frac{1}{6}\right)^2+\frac{47}{12}>0$

즉, $2^a=4$에서 $2^a=2^2$

$\therefore a=2$

(i) ~ (iii)에 의하여 조건을 만족시키는 a의 값은 2이다.

D 168 정답 ⑤ *지수방정식의 활용 [정답률 53%]

(정답 공식: a^x 꼴이 반복되는 지수방정식은 $a^x=t(t>0)$으로 치환하여 방정식을 푼다.)

0이 아닌 실수 전체의 집합에서 정의된 함수

$$f(x)=\begin{cases}\log_4(-x) & (x<0)\\ 2-\log_2 x & (x>0)\end{cases}$$

단서1 두 함수 $y=\log_4(-x)$, $y=2-\log_2 x$는 x의 값이 커질수록 y의 값은 감소해.

이 있다. 직선 $y=a$와 곡선 $y=f(x)$가 만나는 두 점 A, B의 x좌표를 각각 x_1, $x_2(x_1<x_2)$라 하고,

단서2 $x_1<0<x_2$

직선 $y=b$와 곡선 $y=f(x)$가 만나는 두 점 C, D의 x좌표를 각각 x_3, $x_4(x_3<x_4)$라 하자.

단서3 $x_3<0<x_4$

$\left|\frac{x_2}{x_1}\right|=\frac{1}{2}$이고 두 직선 AC와 BD가 서로 평행할 때, $\left|\frac{x_4}{x_3}\right|$의 값은? (단, a, b는 $a\neq b$인 상수이다.) (4점)

① $3+3\sqrt{3}$ ② $5+2\sqrt{3}$ ③ $4+3\sqrt{3}$ ④ $6+2\sqrt{3}$ ⑤ $5+3\sqrt{3}$

1st 두 점 A, B의 좌표를 각각 구해.

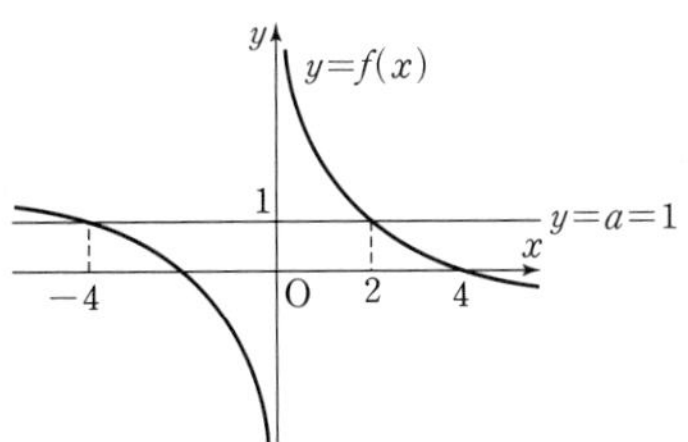

곡선 $y=f(x)$는 그림과 같으므로 $x_1<0$, $x_2>0$

곡선 $y=f(x)$는 x축과 평행한 직선과 $x<0$일 때 한 점에서 만나고, $x>0$일 때 한 점에서 만나. 그런데 $x_1<x_2$이므로 $x_1<0$, $x_2>0$이야.

즉, $\left|\frac{x_2}{x_1}\right|=\frac{1}{2}$에서 $\frac{x_2}{x_1}=-\frac{1}{2}$ $\therefore x_1=-2x_2$ ⋯ ㉠

점 A는 곡선 $y=\log_4(-x)$와 직선 $y=a$가 만나는 점이고 x좌표가 x_1이므로 $\log_4(-x_1)=a$에서 $\log_4 2x_2=a$ ⋯ ㉡

또, 점 B는 곡선 $y=2-\log_2 x$와 직선 $y=a$가 만나는 점이고 x좌표가 x_2이므로 $2-\log_2 x_2=a$ ⋯ ㉢

㉡, ㉢에서 $\log_4 2x_2=2-\log_2 x_2$

$\log_{a^m} b^n=\frac{n}{m}\log_a b$

$\frac{1}{2}\log_2 2x_2=2-\log_2 x_2$, $\frac{1}{2}+\frac{1}{2}\log_2 x_2=2-\log_2 x_2$

$\frac{1}{2}\log_2 2x_2=\frac{1}{2}(\log_2 2+\log_2 x_2)=\frac{1}{2}+\frac{1}{2}\log_2 x_2$

$\frac{3}{2}\log_2 x_2=\frac{3}{2}$, $\log_2 x_2=1$ $\therefore x_2=2$

$\log_a m=n \iff m=a^n$

이것을 ㉠에 대입하면 $x_1=-2x_2=-4$이고

㉡에 대입하면 $a=\log_4 4=1$이다.

따라서 두 점 A, B의 좌표는 각각 $(-4, 1)$, $(2, 1)$이다.

2nd 두 점 C, D의 x좌표 x_3, x_4를 각각 구해.

점 C는 곡선 $y=\log_4(-x)$와 직선 $y=b$가 만나는 점이고 x좌표가 x_3이므로 $b=\log_4(-x_3)$에서

$-x_3=4^b$ $\therefore x_3=-4^b$

또, 점 D는 곡선 $y=2-\log_2 x$와 직선 $y=b$가 만나는 점이고 x좌표가 x_4이므로 $b=2-\log_2 x_4$에서

$\log_2 x_4=2-b$ $\therefore x_4=2^{2-b}=4\times 2^{-b}$

따라서 두 점 C, D의 좌표는 각각 $(-4^b, b)$, $(4\times2^{-b}, b)$이고
두 직선 AC와 BD가 서로 평행하므로

$$\frac{b-1}{-4^b-(-4)}=\frac{b-1}{4\times2^{-b}-2}$$ 에서

$-4^b+4=4\times2^{-b}-2$

$4^b-6+4\times2^{-b}=0$, $2^{2b}-6+4\times2^{-b}=0$

양변에 2^b을 곱하면

$2^{3b}-6\times2^b+4=0$

이때, $2^b=t(t>0)$이라 하면 $t^3-6t+4=0$

$(t-2)(t^2+2t-2)=0$

$\therefore t=2$ 또는 $t=-1+\sqrt{3}$

$t^2+2t-2=0$에서 이차방정식의 짝수 근의 공식에 의하여 $t=-1\pm\sqrt{1^2-(-2)}=-1\pm\sqrt{3}$인데 $t>0$이어야 하므로 $t=-1+\sqrt{3}$이야.

그런데 $t=2$이면 $2^b=2$에서 $b=1$이고 이것은 $a\neq b$를 만족시키지 않는다.

따라서 $t=-1+\sqrt{3}$, 즉 $2^b=-1+\sqrt{3}$이므로

$x_3=-4^b=-(2^2)^b=-(2^b)^2=-(-1+\sqrt{3})^2$

$=-(1-2\sqrt{3}+3)=2\sqrt{3}-4$

$x_4=4\times2^{-b}=4\times\frac{1}{2^b}=4\times\frac{1}{-1+\sqrt{3}}=\frac{4(-1-\sqrt{3})}{(-1+\sqrt{3})(-1-\sqrt{3})}$

$=\frac{-4(1+\sqrt{3})}{1-3}=2+2\sqrt{3}$

$\therefore \left|\frac{x_4}{x_3}\right|=\left|\frac{2+2\sqrt{3}}{2\sqrt{3}-4}\right|=\left|\frac{1+\sqrt{3}}{\sqrt{3}-2}\right|=\left|\frac{(1+\sqrt{3})(\sqrt{3}+2)}{(\sqrt{3}-2)(\sqrt{3}+2)}\right|$

$=\left|\frac{5+3\sqrt{3}}{3-4}\right|=|-(5+3\sqrt{3})|=5+3\sqrt{3}$

D 169 정답 ④ *로그방정식의 활용 [정답률 68%]

(정답 공식: 방정식 $\log_a f(x)=\log_a g(x)$의 해는 $f(x)=g(x)(f(x)>0, g(x)>0)$의 해와 같다.)

단서1 x의 부호가 바뀌어야하지?

곡선 $y=|\log_2(-x)|$를 y축에 대하여 대칭이동한 후 x축의 방향으로 k만큼 평행이동한 곡선을 $y=f(x)$라 하자.
곡선 $y=f(x)$와 곡선 $y=|\log_2(-x+8)|$이 세 점에서 만나고 세 교점의 x좌표의 합이 18일 때, k의 값은? (4점)

단서2 x 대신 $x-k$를 대입해.

① 1 ② 2 ③ 3 ④ 4 ⑤ 5

단서3 방정식 $f(x)=|\log_2(-x+8)|$은 서로 다른 세 실근을 갖고 이 세 실근의 합이 18이라는 거야.

1st 곡선 $y=f(x)$의 방정식을 구해.

도형 $y=f(x)$를 y축에 대하여 대칭이동한 도형의 방정식은 $y=f(-x)$야.

곡선 $y=|\log_2(-x)|$를 y축에 대하여 대칭이동한 곡선의 방정식은 $y=|\log_2 x|$이고 이 곡선을 다시 x축의 방향으로 k만큼 평행이동한 곡선의 방정식은 $y=|\log_2(x-k)|$이다.

도형 $y=f(x)$를 x축의 방향으로 m만큼, y축의 방향으로 n만큼 평행이동한 도형의 방정식은 $y-n=f(x-m)$이야.

$\therefore f(x)=|\log_2(x-k)|$

2nd 두 곡선의 세 교점의 x좌표의 합을 이용하여 k의 값을 구해.

곡선 $y=f(x)$와 곡선 $y=|\log_2(-x+8)|$의 교점의 x좌표는 방정식

두 곡선 $y=f(x)$, $y=g(x)$의 그래프의 교점의 x좌표는 방정식 $f(x)=g(x)$의 실근과 같아.

$f(x)=|\log_2(-x+8)|$, 즉 $|\log_2(x-k)|=|\log_2(-x+8)|$의 실근과 같다.

(i) $\log_2(x-k)=\log_2(-x+8)$일 때,

$x-k=-x+8$에서 $2x=k+8$

$\therefore x=\frac{k+8}{2}$

(ii) $\log_2(x-k)=-\log_2(-x+8)$일 때,

$\log_2(x-k)+\log_2(-x+8)=0$에서

$\log_a M+\log_a N=\log_a MN$

$\log_2(x-k)(-x+8)=\log_2 1$, $(x-k)(-x+8)=1$

$-x^2+(k+8)x-8k=1$ $\quad\therefore x^2-(k+8)x+8k+1=0$

이 이차방정식이 서로 다른 두 실근을 가져야 하므로 두 실근을 α, β라 하면 이차방정식의 근과 계수의 관계에 의하여 $\alpha+\beta=k+8$

(i), (ii)에 의하여 곡선 $y=f(x)$와 곡선 $y=|\log_2(-x+8)|$의 세 교점의 x좌표는 $\frac{k+8}{2}$, α, β이므로 $\frac{k+8}{2}+\alpha+\beta=18$에서

$\frac{k+8}{2}+k+8=18$, $3k=12$ $\quad\therefore k=4$

D 170 정답 ⑤ *로그부등식의 활용 [정답률 71%]

(정답 공식: $a>1$일 때 $\log_a f(x)<\log_a g(x)$이면 $0<f(x)<g(x)$이고 $0<a<1$일 때 $\log_a f(x)<\log_a g(x)$이면 $0<g(x)<f(x)$이다.)

자연수 $k(k\geq2)$에 대하여 집합

단서1 a의 값을 기준으로 $\log_a b\leq2$를 만족시키는 b의 값을 구해.

$A=\{(a, b)\,|\,a, b$는 자연수, $2\leq a\leq k$, $\log_a b\leq2\}$

의 원소의 개수가 54일 때, 집합 A의 원소 (a, b)에 대하여 $a+b+k$의 최댓값은? (3점)

단서2 집합 A의 원소의 개수가 54가 되도록 하는 k의 값을 찾아.

① 27 ② 29 ③ 31 ④ 33 ⑤ 35

1st a, b 사이의 관계식을 찾아.

$\log_x x=1$, $\log_x y^n=n\log_x y$

$\log_a b\leq2$에서 $\log_a b\leq2\log_a a$, $\log_a b\leq\log_a a^2$

$\therefore b\leq a^2 \cdots$ ㉠

a는 2 이상인 자연수이므로 $\log_a b\leq\log_a a^2$에서 진수 b, a^2의 크기를 비교할 때 부등호의 방향이 바뀌지 않아.

2nd 집합 A의 원소의 개수가 54가 되도록 하는 자연수 k의 값을 구해.

(i) $k=2$이면 $a=2$이므로

$a=2$일 때 ㉠에서 $b\leq2^2=4$

즉, ㉠을 만족시키는 자연수 b의 개수는 1, 2, 3, 4로 4이므로 이때의 집합 A의 원소의 개수는 4이다.

$k=2$일 때 집합 A의 원소는 $(2, 1)$, $(2, 2)$, $(2, 3)$, $(2, 4)$야.

(ii) $k=3$이면 $2\leq a\leq3$이므로

$a=2$일 때 ㉠을 만족시키는 자연수 b의 개수는 (i)에 의하여 4이다.

$a=3$일 때 ㉠에서 $b\leq3^2=9$

즉, ㉠을 만족시키는 자연수 b의 개수는 1, 2, 3, ⋯, 9로 9이다.

따라서 이때의 집합 A의 원소의 개수는 $4+9=13$이다.

(iii) $k=4$이면 $2\leq a\leq4$이므로

$a=2$ 또는 $a=3$일 때 ㉠을 만족시키는 자연수 b의 개수는 (ii)에 의하여 13이다.

$a=4$일 때 ㉠에서 $b\leq4^2=16$

즉, ㉠을 만족시키는 자연수 b의 개수는 1, 2, 3, ⋯, 16으로 16이다.

따라서 이때의 집합 A의 원소의 개수는 $13+16=29$이다.

(iv) $k=5$이면 $2\leq a\leq5$이므로

$a=2$ 또는 $a=3$ 또는 $a=4$일 때 ㉠을 만족시키는 자연수 b의 개수는 (iii)에 의하여 29이다.

$a=5$일 때 ㉠에서 $b\leq5^2=25$

즉, ㉠을 만족시키는 자연수 b의 개수는 1, 2, 3, ⋯, 25로 25이다.

따라서 이때의 집합 A의 원소의 개수는 $29+25=54$이다.

(v) $k\geq6$이면 집합 A의 원소의 개수는 54보다 크다.

(i) ~ (v)에 의하여 집합 A의 원소의 개수가 54이려면 $k=5$이어야 한다.

3rd $a+b+k$의 최댓값을 구해.

$k=5$일 때 집합 A의 원소는

$(2, 1), (2, 2), (2, 3), (2, 4),$

$(3, 1), (3, 2), (3, 3), \cdots, (3, 9),$

$(4, 1), (4, 2), (4, 3), \cdots, (4, 16),$

$(5, 1), (5, 2), (5, 3), \cdots, (5, 25)$

이므로 $a+b+k$의 최댓값은 $5+25+5=35$이다.

집합 A의 원소의 개수가 54일 때 k의 값은 5뿐이야. 따라서 $a+b+k$의 값이 최대가 되려면 $a+b$의 값이 최대이어야 하고 $a+b$의 값이 최대가 되려면 a의 값도 최대, b의 값도 최대이어야 해.

D 171 정답 ① *로그부등식의 활용 [정답률 71%]

(정답 공식: $\log_a b$가 정수이면 b의 값은 a^k(k는 정수) 꼴이다.)

단서1 a, b의 값의 범위를 구할 수 있지?

두 양수 a, b에 대하여 $0\le\log_2 a\le2$, $0\le\log_2 b\le2$이고 $\log_2(a+b)$가 정수일 때, 두 점 $(4, 2)$와 (a, b) 사이의 거리의 최솟값을 m, 최댓값을 M이라 하자. m^2+M^2의 값은? (4점)

단서2 $\log_2(a+b)$가 정수가 되기 위한 $a+b$의 값을 구해.

① 12 ② 14 ③ 16 ④ 18 ⑤ 20

1st a, b의 값의 범위를 구해.

$0\le\log_2 a\le2$에서 $\log_2 1\le\log_2 a\le\log_2 4$

$\therefore 1\le a\le4 \cdots$ ㉠ 밑이 $2>1$이므로 진수끼리 비교할 때 부등호의 방향이 바뀌지 않아.

$0\le\log_2 b\le2$에서 $\log_2 1\le\log_2 b\le\log_2 4$

$\therefore 1\le b\le4 \cdots$ ㉡

2nd $a+b$의 값을 구해.

$a+b=2$이면 $\log_2(a+b)=1$, $a+b=4$이면 $\log_2(a+b)=2$, $a+b=8$이면 $\log_2(a+b)=3$

㉠, ㉡에서 $2\le a+b\le8$이고 $\log_2(a+b)$가 정수이므로

$a+b=2$ 또는 $a+b=4$ 또는 $a+b=8$이다.

3rd 두 점 $(4, 2)$와 (a, b) 사이의 거리의 최솟값과 최댓값을 구해.

(i) $a+b=2$일 때, 점 (a, b)는 직선 $a+b=2$ 위의 점이고 ㉠, ㉡을 만족시켜야 하므로 $(a, b)=(1, 1)$이다.

(ii) $a+b=4$일 때, 점 (a, b)는 직선 $a+b=4$ 위의 점이고 ㉠, ㉡을 만족시켜야 하므로 점 (a, b)는 두 점 $(1, 3), (3, 1)$을 잇는 선분 위의 점이다.

(iii) $a+b=8$일 때, 점 (a, b)는 직선 $a+b=8$ 위의 점이고 ㉠, ㉡을 만족시켜야 하므로 $(a, b)=(4, 4)$이다.

(i)~(iii)에 의하여 점 (a, b)의 위치를 나타내면 그림과 같다.

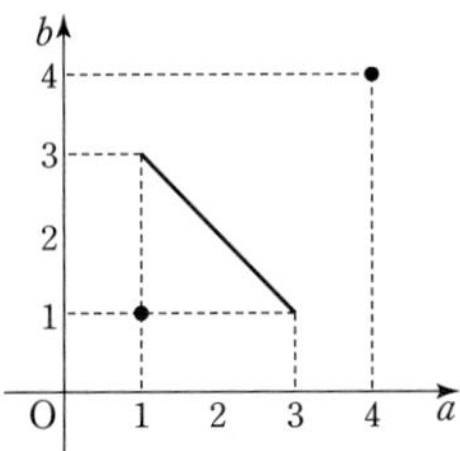

따라서 점 $(4, 2)$와 점 (a, b) 사이의 거리의 최솟값은 $(a, b)=(3, 1)$일 때이고 최댓값은 $(a, b)=(1, 1)$ 또는 $(a, b)=(1, 3)$일 때이므로

$m=\sqrt{(4-3)^2+(2-1)^2}=\sqrt{2}$

$M=\sqrt{(4-1)^2+(2-1)^2}=\sqrt{(4-1)^2-(2-3)^2}=\sqrt{10}$

$\therefore m^2+M^2=2+10=12$

두 점 $(x_1, y_1), (x_2, y_2)$ 사이의 거리를 d라 하면 $d=\sqrt{(x_2-x_1)^2+(y_2-y_1)^2}$

D 172 정답 ⑤ *로그방정식의 활용 [정답률 53%]

(정답 공식: $\log_2 a$의 값이 존재하기 위해서는 진수 조건 $a>0$을 만족해야 한다.)

두 실수 x, y가 $\log_2(x+\sqrt{2}y)+\log_2(x-\sqrt{2}y)=2$를 만족할 때, $|x|-|y|$의 최솟값은? (5점)

단서 $\log_a x+\log_a y=\log_a xy$

① $\frac{\sqrt{2}}{4}$ ② $\frac{1}{2}$ ③ $\frac{\sqrt{2}}{2}$

④ 1 ⑤ $\sqrt{2}$

1st 로그가 포함된 방정식에서 x, y의 관계를 찾자.

로그의 정의에 의해 → 로그의 진수는 양수이어야 해.

$x+\sqrt{2}y>0$, $x-\sqrt{2}y>0$

주어진 식 $\log_2(x+\sqrt{2}y)+\log_2(x-\sqrt{2}y)=2$에서

$\log_2(x+\sqrt{2}y)+\log_2(x-\sqrt{2}y)$

$=\log_2(x+\sqrt{2}y)(x-\sqrt{2}y)$

$=\log_2(x^2-2y^2)=2$ $\log_a M+\log_a N=\log_a MN$

$\therefore x^2-2y^2=4$ $\log_a M=N \Longleftrightarrow a^N=M$

2nd $|x|=X$, $|y|=Y$로 치환하여 $|x|-|y|$의 최솟값을 구하자.

$x+\sqrt{2}y>0$, $x-\sqrt{2}y>0$이므로 $x>\pm\sqrt{2}y$

$\therefore |x|>|y|$ → $x>\pm\sqrt{2}y$이므로 $|x|>\sqrt{2}|y|>|y|$

$|x|=X$, $|y|=Y$라 놓으면

$X^2-2Y^2=4 \cdots$ ㉠ → $x^2-2y^2=4$이므로 $|x|^2-2|y|^2=4$

$X-Y=k$ $(k>0) \cdots$ ㉡로 놓자. → 이때, $|x|>|y|$이므로 $X-Y=k>0$

㉡에서 $X-Y=k \Rightarrow Y=X-k$이므로

㉠에 대입하면

$X^2-2(X-k)^2=4$

$X^2-2(X^2-2kX+k^2)=4$

$-X^2+4kX-2k^2-4=0$

$X^2-4kX+2k^2+4=0$

X에 대한 이차방정식 $X^2-4kX+2k^2+4=0$의 판별식을 D라 하면 이차방정식이 실근을 가져야 하므로

$\frac{D}{4}=4k^2-2k^2-4=2k^2-4\ge0$

x, y가 실수이므로 $|x|=X$, $|y|=Y$도 실수야. 즉, X와 Y는 실수를 가져야 하니까 이차방정식이 실근을 가져야 해.

$k^2-2\ge0$

$(k-\sqrt{2})(k+\sqrt{2})\ge0$

$\therefore k\ge\sqrt{2}$ ($\because k>0$)

$|x|-|y|=k$이고, $k\ge\sqrt{2}$

따라서 $k=\sqrt{2}$일 때가 최소이므로 구하는 최솟값은 $\sqrt{2}$이다.

$k=\sqrt{2}$일 때, $X=2\sqrt{2}$, $Y=\sqrt{2}$

수능 핵강

$* x^2=|x|^2$, $y^2=|y|^2$으로 바꾸어 주어진 식 나타내기

로그의 성질에 의해 $x^2-2y^2=4$를 금방 구할 수 있어.

그런데 묻고 있는 것은 $|x|-|y|$의 최솟값이야.

$x^2-2y^2=4$를 $|x|$, $|y|$로 나타내려면 $x^2=|x|^2$, $y^2=|y|^2$으로 바꾸어 생각해볼 수 있어.

여기에서 핵심은 $|x|-|y|=k$로 놓고 k에 대한 부등식을 유도하는 거야.

결국 이차방정식의 판별식을 이용하여 풀 수 있는 거야.

E 삼각함수

기본 기출 문제

E 01 정답 ④ *부채꼴의 호의 길이 [정답률 96%]

(정답 공식: 반지름의 길이가 r, 중심각의 크기가 θ(라디안)인 부채꼴의 호의 길이를 l이라 하면 $l=r\theta$이다.)

반지름의 길이가 4, 중심각의 크기가 $\frac{\pi}{4}$인 부채꼴의 호의 길이는? (2점)

단서 부채꼴의 중심각의 크기가 호도법으로 주어져 있네?

① $\frac{\pi}{4}$ ② $\frac{\pi}{2}$ ③ $\frac{3}{4}\pi$ ④ π ⑤ $\frac{5}{4}\pi$

1st 호도법을 이용하여 부채꼴의 호의 길이를 구해.

반지름의 길이가 4, 중심각의 크기가 $\frac{\pi}{4}$인 부채꼴의 호의 길이를 l이라 하면 $l=4\times\frac{\pi}{4}=\pi$

→ 반지름의 길이가 r, 중심각의 크기가 θ(라디안)로 주어진 부채꼴의 호의 길이를 l이라 하면 $l=r\theta$야.

E 02 정답 9 *삼각함수의 그래프 [정답률 80%]

(정답 공식: 최댓값, 최솟값, 주기를 이용해 $y=4\sin\left(\frac{\pi}{2}x\right)$의 그래프를 그린다.)

좌표평면에서 곡선 $y=4\sin\left(\frac{\pi}{2}x\right)(0\le x\le 2)$ 위의 점 중 y좌표가 정수인 점의 개수를 구하시오. (3점)

단서 곡선 $y=4\sin\left(\frac{\pi}{2}x\right)(0\le x\le 2)$와 직선 $y=k$(k는 정수)의 교점의 개수를 구하라는 것과 같아.

1st $y=4\sin\left(\frac{\pi}{2}x\right)$의 그래프의 개형을 그리자.

$y=4\sin\left(\frac{\pi}{2}x\right)$에서 이 함수의 주기는 $\frac{2\pi}{\frac{\pi}{2}}=4$이고

주의 함수 $y=a\sin(bx+c)+d$의 주기는 $\frac{2\pi}{|b|}$야.

$-1\le\sin\left(\frac{\pi}{2}x\right)\le 1$에서

→ 함수 $y=\sin x$의 정의역과 치역은 각각 $\{x|x$는 모든 실수$\}$, $\{y|-1\le y\le 1\}$이야.

$-4\le 4\sin\left(\frac{\pi}{2}x\right)\le 4$이므로

함수 $y=4\sin\left(\frac{\pi}{2}x\right)$의 최댓값은 4, 최솟값은 -4이다.

따라서 곡선 $y=4\sin\left(\frac{\pi}{2}x\right)(0\le x\le 2)$는 그림과 같다.

2nd 곡선 위의 점 중 y좌표가 정수인 점의 개수를 구해.

이때, 곡선 $y=4\sin\left(\frac{\pi}{2}x\right)(0\le x\le 2)$ 위의 점 중 y좌표가 정수인 점은 이 곡선과 직선 $y=k$(k는 정수)의 교점과 같으므로 구하는 점의 개수는 9이다.

E 03 정답 ⑤ *삼각함수의 최대, 최소 – 이차식 꼴 [정답률 83%]

(정답 공식: 삼각함수 사이의 관계를 이용하여 $\sin x$에 관한 식으로 변형시킨다.)

함수 $y=-4\cos^2 x+4\sin x+3$의 최댓값을 M, 최솟값을 m이라 할 때, $M+m$의 값은? (3점)

단서 $\sin^2 x+\cos^2 x=1$을 이용하여 $\cos x$를 사인함수의 꼴로 바꾸는 문제야. 그다음 $\sin x=t$라 하면 이차함수의 최대, 최소 문제가 돼. 이때, $-1\le t\le 1$이 됨에 주의해.

① 1 ② 2 ③ 3 ④ 4 ⑤ 5

1st 주어진 함수를 살펴보면 sin, cos이 섞여 있지? 이것을 $\sin^2\theta+\cos^2\theta=1$을 이용하여 sin으로 통일하자.

$y=-4\cos^2 x+4\sin x+3$

$=-4(1-\sin^2 x)+4\sin x+3$ ($\because \sin^2 x+\cos^2 x=1$)

$=4\sin^2 x+4\sin x-1$

2nd $\sin x=t$로 놓고 최댓값과 최솟값을 구할 때, t의 값의 범위에 주의해야 해.

$\sin x=t\ (-1\le t\le 1)$라 하면

$f(t)=4t^2+4t-1$

$=4\left(t^2+t+\frac{1}{4}-\frac{1}{4}\right)-1$

$=4\left(t+\frac{1}{2}\right)^2-2$

→ $f(t)=4\left(t+\frac{1}{2}\right)^2-2$의 그래프는 축이 $t=-\frac{1}{2}$이고, 꼭짓점의 좌표가 $\left(-\frac{1}{2}, -2\right)$야.

실수 제한된 범위에서 이차함수의 최댓값과 최솟값을 구하는 문제야.

$-1\le t\le 1$인 범위에서 $y=f(t)$의 그래프를 그리면 그림과 같다.

$M=f(1)=4+4-1=7$

→ 만약 t의 값의 범위가 없다면 이 함수는 최댓값은 존재하지 않고, 최솟값만 존재하게 돼.

$m=f\left(-\frac{1}{2}\right)=-2$

$\therefore M+m=7+(-2)=5$

E 04 정답 13 *삼각함수의 그래프 [정답률 82%]

(정답 공식: 그래프를 보고, 함수의 최댓값과 최솟값, 주기를 파악한다. a는 최댓값, 최솟값을 결정하고, b는 주기를 결정한다.)

그림은 함수 $f(x)=a\sin b\left(x+\frac{\pi}{4}\right)$의 그래프이다.

단서 주기를 결정하는 건 b, 최대, 최소를 결정하는 건 a야.

a^2+b^2의 값을 구하시오. (단, a, b는 상수이다.) (3점)

1st 함수 $f(x)=a\sin b\left(x+\frac{\pi}{4}\right)$의 최댓값, 최솟값을 각각 구하자.

함수 $f(x)=a\sin b\left(x+\frac{\pi}{4}\right)$에서 $-1\le\sin b\left(x+\frac{\pi}{4}\right)\le 1$이므로

$-|a|\le a\sin b\left(x+\frac{\pi}{4}\right)\le|a|$

즉, 함수 $f(x)$의 최댓값과 최솟값은 각각 $|a|$, $-|a|$이다.

이때, 그림에서 함수 $y=f(x)$의 최댓값과 최솟값은 각각 3, -3이므로

$|a|=3$

2nd 이번엔 함수 $f(x)=a\sin b\left(x+\frac{\pi}{4}\right)$의 주기를 알아보자.

함수 $f(x)=a\sin b\left(x+\frac{\pi}{4}\right)$의 주기는 $\frac{2\pi}{|b|}$이다.

이때, 함수 $y=f(x)$의 그래프에서 주기는 $\frac{5}{4}\pi-\frac{\pi}{4}=\pi$이므로

$\frac{2\pi}{|b|}=\pi$ $\quad\therefore |b|=2$

사인함수의 그래프는 ∿ 모양이 반복되니까 이때의 x의 값의 차가 주기가 되는 거야.

$\therefore a^2+b^2=3^2+2^2=13$

E 05 정답 ② *삼각함수의 성질 [정답률 80%]

(정답 공식: tan함수의 주기를 이용해 $5x$와 $6x$가 가질 수 있는 모든 경우의 각도를 구한다.)

$\tan 5x=\tan 40°$, $\tan 6x=\tan 120°$일 때, 다음 중 $\tan 7x$와 같은 것은? (3점)

단서 $5x$, $6x$를 각각 일반각으로 나타낸 후 해결해야 하는 문제야. $\tan 5x=\tan 40°$에서 $5x=n\pi+40°$으로 나타낸 후 해결하자.

① $\tan 10°$ ② $\tan 20°$ ③ $\tan 30°$ ④ $\tan 50°$ ⑤ $\tan 70°$

1st $\tan(n\pi+\theta)=\tan(180°\times n+\theta)=\tan\theta$ (단, n은 정수)를 이용하여 $\tan 5x=\tan 40°$, $\tan 6x=\tan 120°$가 성립하는 $5x$, $6x$의 값을 구하자.

$\tan 5x=\tan 40°$이므로 $5x=180°\times n+40°$, 즉

$5x=40°, 220°, 400°, 580°, \cdots$

동경 OP가 x축의 양의 방향과 이루는 각을 θ라 할 때, 이를 일반각으로 표현하면 $2n\pi+\theta$야. 하지만 이 경우는 tan의 값을 묻고 있고, tan의 주기는 π이니까 $n\pi+\theta$의 꼴로 나타내는 거야.

$\tan 6x=\tan 120°$이므로

$6x=180°\times n+120°$, 즉

$6x=120°, 300°, 480°, 660°, \cdots$ ㉠

함정 $y=\tan x$ 함수는 주기가 π인 주기함수이므로 $5x=40°$로 나타내는 것이 아니라 $5x=180°\times n+40°$라고 나타내야 해.

2nd $\tan 5x=\tan 40°$, $\tan 6x=\tan 120°$를 모두 만족시키는 x의 값을 구하자.

(i) $5x=40°$일 때 $x=8°$이므로 $6x=48°$
 이것은 ㉠에 존재하지 않는다.

(ii) $5x=220°$일 때 $x=44°$이므로 $6x=264°$
 이것도 ㉠에 존재하지 않는다.

(iii) $5x=400°$일 때 $x=80°$이므로 $6x=480°$
 이것은 ㉠에 존재한다.

(i)~(iii)에 의하여 $x=80°$

3rd 이제 $\tan 7x$의 값을 구하자.

$\tan 7x=\tan(7\times 80°)=\tan 560°$
$=\tan(180°\times 3+20°)=\tan 20°$

다른 풀이: x를 일반각으로 표현한 후 $\tan 7x$의 값 구하기

정수 m, n에 대하여

$\tan 5x=\tan 40°$이므로 $5x=180°\times n+40°$ ⋯ ㉠

$\tan 6x=\tan 120°$이므로 $6x=180°\times m+120°$ ⋯ ㉡

㉡−㉠을 하면 $x=180°\times(m-n)+80°$

$\therefore \tan 7x=\tan(180°\times(m-n)\times 7+7\times 80°)=\tan 560°$
$=\tan(180°\times 3+20°)=\tan 20°$

$\pi\pm\theta$의 삼각함수 개념·공식

① $\sin(\pi+\theta)=-\sin\theta$, $\sin(\pi-\theta)=\sin\theta$
② $\cos(\pi+\theta)=-\cos\theta$, $\cos(\pi-\theta)=-\cos\theta$
③ $\tan(\pi+\theta)=\tan\theta$, $\tan(\pi-\theta)=-\tan\theta$

E 06 정답 ① *삼각방정식 - 이차식 꼴 [정답률 86%]

(정답 공식: 이차방정식의 근과 계수의 관계를 이용하여 $\frac{\alpha-\beta}{\alpha+\beta}$의 값을 구한다.)

이차방정식 $x^2-2\sqrt{3}x+2=0$의 두 근을 α, $\beta\,(\alpha>\beta)$라고 할 때, $\tan\theta=\frac{\alpha-\beta}{\alpha+\beta}$를 만족하는 θ의 크기는? $\left(\text{단, } -\frac{\pi}{2}<\theta<\frac{\pi}{2}\right)$ (2점)

단서 이차방정식의 근과 계수의 관계를 이용하여 α, β 사이의 관계식을 구한 후, $(\alpha-\beta)^2=(\alpha+\beta)^2-4\alpha\beta$를 이용하여 $\alpha-\beta$의 값을 구해내는 거야.

① $\frac{\pi}{6}$ ② $\frac{\pi}{4}$ ③ $\frac{\pi}{3}$ ④ $-\frac{\pi}{4}$ ⑤ $-\frac{\pi}{3}$

1st 근과 계수의 관계를 이용해.

$x^2-2\sqrt{3}x+2=0$의 두 근이 α, β이므로

$\alpha+\beta=2\sqrt{3}$, $\alpha\beta=2$

이때, $(\alpha-\beta)^2=(\alpha+\beta)^2-4\alpha\beta=12-8=4$이므로

→ 이것 외에도 자주 쓰이는 곱셈 공식의 변형을 알아두자.
$a^2-b^2=(a-b)(a+b)$
$a^2+b^2=(a+b)^2-2ab=(a-b)^2+2ab$
$a^3-b^3=(a-b)^3+3ab(a-b)$
$a^3+b^3=(a+b)^3-3ab(a+b)$

$\alpha-\beta=\pm 2$

$\therefore \alpha-\beta=2\ (\because \alpha>\beta)$

$\tan\theta=\frac{\alpha-\beta}{\alpha+\beta}=\frac{2}{2\sqrt{3}}=\frac{1}{\sqrt{3}}$이므로

$\theta=\frac{\pi}{6}\left(\because -\frac{\pi}{2}<\theta<\frac{\pi}{2}\right)$

E 07 정답 ② *삼각부등식 - 일차식 꼴 [정답률 82%]

(정답 공식: $y=\sin x$의 그래프와 $y=-\frac{1}{2}$의 그래프의 교점을 찾는다.)

$0\le x<2\pi$에서 부등식 $2\sin x+1<0$의 해가 $\alpha<x<\beta$일 때, $\cos(\beta-\alpha)$의 값은? (3점)

단서 부등식을 (삼각함수)<(상수) 꼴로 정리하여 해를 구해.

① $-\frac{\sqrt{3}}{2}$ ② $-\frac{1}{2}$ ③ 0 ④ $\frac{1}{2}$ ⑤ $\frac{\sqrt{3}}{2}$

1st $y=\sin x$의 그래프를 이용하여 부등식 $2\sin x+1<0$의 해를 구해.

$2\sin x+1<0$에서 $2\sin x<-1$

$\therefore \sin x<-\frac{1}{2}$ 이 부등식의 해는 $y=\sin x$의 그래프가 직선 $y=-\frac{1}{2}$보다 아래쪽에 있는 x의 값의 범위야.

이때, $0\le x<2\pi$에서 $\sin x=-\frac{1}{2}$의 해는

$x=\frac{7}{6}\pi$ 또는 $x=\frac{11}{6}\pi$이므로 함수 $y=\sin x$의 그래프와 직선 $y=-\frac{1}{2}$는 그림과 같다.

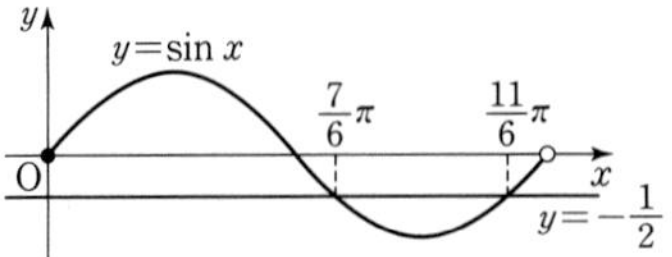

따라서 주어진 부등식의 해는 $\frac{7}{6}\pi<x<\frac{11}{6}\pi$이므로

$\alpha=\frac{7}{6}\pi$, $\beta=\frac{11}{6}\pi$

$\therefore \cos(\beta-\alpha)=\cos\left(\frac{11}{6}\pi-\frac{7}{6}\pi\right)=\cos\frac{2}{3}\pi=-\frac{1}{2}$

수능 유형별 기출 문제 [2점, 3점, 쉬운 4점]

E 08 정답 ② *사분면과 일반각 [정답률 71%]

(정답 공식: 각 θ에 대하여 $360°n+90°<\theta<360°n+180°$ (n은 정수)이면 제2사분면의 각이다.)

θ가 제2사분면의 각일 때, $\frac{\theta}{2}$는 몇 사분면의 각인지 모두 구하면? (3점)

단서 θ가 제2사분면의 각이므로 일반각으로 나타내보자.

① 제1, 2사분면 ② 제1, 3사분면 ③ 제2, 3사분면
④ 제2, 4사분면 ⑤ 제3, 4사분면

1st θ를 제2사분면의 일반각으로 나타내자.

θ가 제2사분면의 각이므로

$360°n+90°<\theta<360°n+180°$ (n은 정수)

각 변에 $\frac{1}{2}$을 곱하면 (실수: 일반각 $360°n+a°$ 꼴로 나타내었을 때 $a°$가 제2사분면에 있도록 범위를 설정해.)

$360°\times\frac{n}{2}+45°<\frac{\theta}{2}<360°\times\frac{n}{2}+90°$ … ㉠

2nd $\frac{\theta}{2}$를 나타내는 동경이 몇 사분면의 각인지 구하자.

(i) $n=2k$(k는 정수)일 때, ($\frac{\theta}{m}$일 때, $n=mk, mk+1, mk+2, \cdots, mk+(m-1)$로 경우를 나누어서 각 $\frac{\theta}{m}$의 범위를 구해야 해.)

㉠에 $n=2k$를 대입하면

$360°k+45°<\frac{\theta}{2}<360°k+90°$

즉, $\frac{\theta}{2}$는 제1사분면의 각이다.

(ii) $n=2k+1$(k는 정수)일 때,

㉠에 $n=2k+1$을 대입하면

$360°k+225°<\frac{\theta}{2}<360°k+270°$

즉, $\frac{\theta}{2}$는 제3사분면의 각이다.

따라서 $\frac{\theta}{2}$는 제1사분면 또는 제3사분면의 각이다.

쉬운 풀이: n의 값에 따른 $\frac{\theta}{2}$가 몇 사분면의 각인지 구하기

㉠에 $n=0, 1, 2, \cdots$을 차례로 대입하면

(i) $n=0$일 때, $45°<\frac{\theta}{2}<90°$이므로 $\frac{\theta}{2}$는 제1사분면의 각이야.

(ii) $n=1$일 때, $225°<\frac{\theta}{2}<270°$이므로 $\frac{\theta}{2}$는 제3사분면의 각이야.

(iii) $n=2$일 때, $405°<\frac{\theta}{2}<450°$이므로 $\frac{\theta}{2}$는 제1사분면의 각이야.

⋮

따라서 사분면이 반복되므로 $\frac{\theta}{2}$는 제1사분면과 제3사분면의 각임을 알 수 있어.

사분면과 일반각 개념·공식

정수 n과 각 θ에 대하여
① 제1사분면의 각 : $360°n<\theta<360°n+90°$
② 제2사분면의 각 : $360°n+90°<\theta<360°n+180°$
③ 제3사분면의 각 : $360°n+180°<\theta<360°n+270°$
④ 제4사분면의 각 : $360°n+270°<\theta<360°n+360°$

E 09 정답 ① *사분면과 일반각 [정답률 65%]

(정답 공식: 각 θ에 대하여 $360°n+270°<\theta<360°n+360°$ (n은 정수)이면 제4사분면의 각이다.)

θ가 제4사분면의 각일 때, $\frac{\theta}{3}$를 나타내는 동경이 있을 수 없는 사분면을 모두 구하면? (3점)

단서 θ가 제4사분면의 각이므로 일반각으로 나타내보자.

① 제1사분면 ② 제2사분면 ③ 제1, 2사분면
④ 제2, 3사분면 ⑤ 제3, 4사분면

1st θ를 제4사분면의 일반각으로 나타내자.

θ가 제4사분면의 각이므로

$360°n+270°<\theta<360°n+360°$ (n은 정수)

각 변에 $\frac{1}{3}$을 곱하면 $360°\times\frac{n}{3}+90°<\frac{\theta}{3}<360°\times\frac{n}{3}+120°$ … ㉠

2nd $\frac{\theta}{3}$를 나타내는 동경이 몇 사분면의 각인지 구하자.

(i) $n=3k$(k는 정수)일 때,

㉠에 $n=3k$를 대입하면

$360°k+90°<\frac{\theta}{3}<360°k+120°$

즉, $\frac{\theta}{3}$는 제2사분면의 각이다. ($360°k$는 $0°$와 위치가 같으므로 $90°<\frac{\theta}{3}<120°$일 때의 위치만 생각하면 되겠지.)

(ii) $n=3k+1$(k는 정수)일 때,

㉠에 $n=3k+1$을 대입하면

$360°k+210°<\frac{\theta}{3}<360°k+240°$

즉, $\frac{\theta}{3}$는 제3사분면의 각이다.

($360°\times\frac{3k+1}{3}+90°<\frac{\theta}{3}<360°\times\frac{3k+1}{3}+120°$
$360°k+120°+90°<\frac{\theta}{3}<360°k+120°+120°$
$\therefore 360°k+210°<\frac{\theta}{3}<360°k+240°$)

(iii) $n=3k+2$(k는 정수)일 때,

㉠에 $n=3k+2$를 대입하면

$360°k+330°<\frac{\theta}{3}<360°k+360°$

즉, $\frac{\theta}{3}$는 제4사분면의 각이다.

($360°\times\frac{3k+2}{3}+90°<\frac{\theta}{3}<360°\times\frac{3k+2}{3}+120°$
$360°k+240°+90°<\frac{\theta}{3}<360°k+240°+120°$
$\therefore 360°k+330°<\frac{\theta}{3}<360°(k+1)$)

따라서 $\frac{\theta}{3}$는 제1사분면의 각이 될 수 없다.

E 10 정답 ② *사분면과 일반각 [정답률 64%]

(정답 공식: 각 θ에 대하여 $360°n<\theta<360°n+90°$ (n은 정수)이면 제1사분면의 각이다.)

2θ가 제1사분면의 각일 때, θ는 몇 사분면의 각인지 모두 구하면? (3점)

단서 2θ가 제1사분면의 각이므로 일반각으로 나타내보자.

① 제1, 2사분면 ② 제1, 3사분면 ③ 제1, 4사분면
④ 제2, 4사분면 ⑤ 제3, 4사분면

1st 2θ를 제1사분면의 일반각으로 나타내자.

2θ가 제1사분면의 각이므로

$360°n<2\theta<360°n+90°$ (n은 정수)

각 변에 $\frac{1}{2}$을 곱하면

$360°\times\frac{n}{2}<\theta<360°\times\frac{n}{2}+45°$ … ㉠

2nd θ를 나타내는 동경이 몇 사분면의 각인지 구하자.

(i) $n=2k$(k는 정수)일 때,

㉠에 $n=2k$를 대입하면

$360^\circ k<\theta<360^\circ k+45^\circ$

즉, θ는 제1사분면의 각이다.

(ii) $n=2k+1$(k는 정수)일 때,

㉠에 $n=2k+1$을 대입하면

$360^\circ k+180^\circ<\theta<360^\circ k+225^\circ$

$360^\circ\times\frac{2k+1}{2}<\theta<360^\circ\times\frac{2k+1}{2}+45^\circ$

$360^\circ k+180^\circ<\theta<360^\circ k+180^\circ+45^\circ$

$\therefore 360^\circ k+180^\circ<\theta<360^\circ k+225^\circ$

즉, θ는 제3사분면의 각이다.

따라서 θ는 제1, 3사분면의 각이다.

E 11 정답 ① *호도법 [정답률 83%]

(정답 공식: 반지름의 길이가 r인 원의 둘레는 $2\pi r$이다.)

다음은 호도법에 대한 설명이다.

그림과 같이 반지름의 길이가 r, 중심이 O인 원에서 길이가 l인 호 AB에 대한 중심각 AOB의 크기를 α°라 하면, 호 AB의 길이는 중심각의 크기 α°에 비례한다.

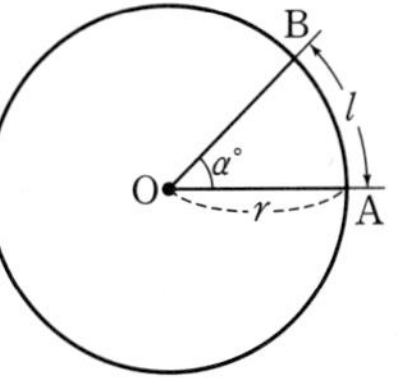

따라서 $\frac{l}{\boxed{(가)}}=\frac{\alpha^\circ}{360^\circ}$ **단서1** 호의 길이 $l=2\pi r\times\frac{\alpha^\circ}{360^\circ}$이므로 중심각의 크기가 $2\alpha^\circ$가 되면 $2\pi r\times\frac{2\alpha^\circ}{360^\circ}=2l$로 호의 길이도 2배가 됨을 이용해.

여기서 $l=r$이면 $\alpha^\circ=\boxed{(나)}$

이 경우 중심각의 크기 α°는 원의 반지름의 길이에 관계없이 항상 일정하다. 이 일정한 각의 크기를 1라디안이라 하고, 이것을 단위로 하여 각의 크기를 나타내는 방법을 호도법이라 한다. **단서2** 육십분법은 °를 사용해서 각을 나타내는 방법이고, 호도법은 호의 길이를 이용해서 각을 나타내는 방법이야.

위에서 (가), (나)에 알맞은 것을 순서대로 적으면? (3점)

① $2\pi r,\ \frac{180^\circ}{\pi}$　② $2\pi r,\ \frac{\pi}{180^\circ}$　③ $2\pi r,\ \frac{360^\circ}{\pi}$　④ $\pi r,\ \frac{\pi}{180^\circ}$　⑤ $\pi r,\ \frac{360^\circ}{\pi}$

1st 비례식을 이용하여 원의 둘레의 길이와 호의 길이의 비를 구하자.

호 AB의 길이는 중심각의 크기 α°에 비례하므로

$l:\alpha^\circ=2\pi r:360^\circ$

$\therefore \frac{l}{2\pi r}=\frac{\alpha^\circ}{360^\circ}$ (가)⟶ $2\pi r$

호의 길이 $l=2\pi r\times\frac{\alpha^\circ}{360^\circ}$, 넓이 $S=\pi r^2\times\frac{\alpha^\circ}{360^\circ}$이므로 호의 길이, 넓이 모두 중심각의 크기에 비례해.

2nd $l=r$인 경우 α°의 값을 구하자.

여기서 $l=r$이면

$\frac{r}{2\pi r}=\frac{\alpha^\circ}{360^\circ}$이므로

$\alpha^\circ=\frac{360^\circ}{2\pi}=\frac{180^\circ}{\pi}$ ⟵(나)

수능 핵강

＊육십분법과 호도법

호도법은 호의 길이를 이용하여 각의 크기를 나타내는 방법이야. 지금까지는 각의 크기를 측정할 때, 45°, 90°와 같이 도(°)를 단위로 하는 육십분법을 사용하였는데 이제는 육십분법과 호도법을 같이 혼용해서 사용할 거야.

π(라디안)$=180^\circ$만 기억하면 쉬워.

육십분법	0°	30°	45°	60°	90°	180°	270°	360°
호도법 (라디안)	0	$\frac{\pi}{6}$	$\frac{\pi}{4}$	$\frac{\pi}{3}$	$\frac{\pi}{2}$	π	$\frac{3}{2}\pi$	2π

E 12 정답 ③ *호도법 [정답률 86%]

(정답 공식: 육십분법은 호도법으로, 호도법은 육십분법으로 나타내보자.)

다음 [보기]에서 옳은 것만을 있는 대로 고른 것은? (3점)

[보기]

ㄱ. $\frac{120^\circ}{\pi}=\frac{2}{3}$　ㄴ. $60^\circ=\frac{\pi}{6}$

ㄷ. $3\pi=270^\circ$　ㄹ. $\frac{5}{3}\pi=300^\circ$

단서 호도법과 육십분법의 관계를 이용하여 육십분법은 호도법으로, 호도법은 육십분법으로 나타내보자.

① ㄱ　② ㄱ, ㄷ　③ ㄱ, ㄹ　④ ㄴ, ㄷ　⑤ ㄴ, ㄷ, ㄹ

1st $1^\circ=\frac{\pi}{180}$임을 이용하여 주어진 보기의 참, 거짓을 판별하자.

ㄱ. $\frac{120^\circ}{\pi}=\frac{120}{\pi}\times\frac{\pi}{180}=\frac{2}{3}$ (참)

ㄴ. $60^\circ=60\times\frac{\pi}{180}=\frac{\pi}{3}$ (거짓) ⟶ $1^\circ=\frac{\pi}{180}$(라디안)

ㄷ. $3\pi=3\pi\times\frac{180^\circ}{\pi}=540^\circ$ (거짓)

ㄹ. $\frac{5}{3}\pi=\frac{5}{3}\pi\times\frac{180^\circ}{\pi}=300^\circ$ (참) ⟶ 1(라디안)$=\frac{180^\circ}{\pi}$

따라서 옳은 것은 ㄱ, ㄹ이다.

두 동경의 위치 관계 개념·공식

① 일치할 때: $\alpha-\beta=2n\pi$

② 원점에 대하여 대칭일 때: $\alpha-\beta=2n\pi+\pi=(2n+1)\pi$

③ x축에 대하여 대칭일 때: $\alpha+\beta=2n\pi$

④ y축에 대하여 대칭일 때: $\alpha+\beta=2n\pi+\pi=(2n+1)\pi$

E 13 정답 ① *두 동경의 위치 관계 [정답률 72%]

[정답 공식: 두 각 α, β를 나타내는 동경이 일치하는 경우 두 각의 차는 $\alpha-\beta=2n\pi$(n은 정수)이다.]

두 각 2θ와 8θ의 동경이 일치할 때, 각 θ의 크기는? $\left(단, \frac{\pi}{2}<\theta<\pi\right)$ (3점)

단서 두 각의 동경이 일치하니까 두 각의 차는 2π의 정수배야.

① $\frac{2}{3}\pi$ ② $\frac{3}{4}\pi$ ③ $\frac{3}{5}\pi$ ④ $\frac{4}{5}\pi$ ⑤ $\frac{5}{6}\pi$

1st 두 각 2θ와 8θ의 차를 구하자.

두 각 2θ와 8θ의 동경이 일치하므로

두 동경이 일치한다는 것은 회전수에서 차이가 난다는 거야. 즉, 두 동경의 차는 n바퀴($2\pi n$)가 되는 거야.

$8\theta-2\theta=2n\pi$(단, n은 정수)

$6\theta=2n\pi$

$\therefore \theta=\frac{n\pi}{3}$ ⋯ ㉠

2nd 주어진 각의 범위를 이용하여 각 θ의 크기를 구해봐.

$\frac{\pi}{2}<\theta<\pi$에 ㉠을 대입하면

$\frac{\pi}{2}<\frac{n\pi}{3}<\pi$

$\therefore \frac{3}{2}<n<3$

n은 정수이므로 $n=2$

$\therefore \theta=\frac{2\pi}{3}$ ($\because$ ㉠)

E 14 정답 3 *두 동경의 위치 관계 [정답률 66%]

[정답 공식: 두 각 α, β를 나타내는 동경이 원점에 대하여 대칭인 경우 두 각의 차는 $\alpha-\beta=(2n+1)\pi$(n은 정수)이다.]

두 각 3θ와 7θ의 동경이 원점에 대하여 대칭일 때, 각 θ의 개수를 구하시오. $\left(단, 0<\theta<\frac{3}{2}\pi\right)$ (3점)

단서 두 각의 동경이 원점에 대하여 대칭이니까 두 각의 차는 $(2n+1)\pi$(n은 정수)가 돼.

1st 두 각의 동경이 원점에 대하여 대칭인 경우는 두 각의 차를 구하자.

3θ와 7θ가 원점에 대하여 대칭이므로

$7\theta-3\theta=(2n+1)\pi$ (단, n은 정수)

$4\theta=(2n+1)\pi$ — 두 동경이 원점에 대하여 대칭이면 두 동경의 위치가 π만큼 차이가 나므로 두 각의 차는 $2\pi\times n+\pi=(2n+1)\pi$가 되는 거야.

$\therefore \theta=\frac{(2n+1)\pi}{4}$ ⋯ ㉠

2nd 주어진 각의 범위를 이용하여 각 θ의 크기를 구해봐.

$0<\theta<\frac{3}{2}\pi$에 ㉠을 대입하면

$0<\frac{(2n+1)\pi}{4}<\frac{3}{2}\pi$

$0<(2n+1)\pi<6\pi$

$\therefore -\frac{1}{2}<n<\frac{5}{2}$

n은 정수이므로 n은 0, 1, 2

즉, θ는 $\frac{\pi}{4}$, $\frac{3}{4}\pi$, $\frac{5}{4}\pi$ ($\because$ ㉠)

따라서 각 θ의 개수는 3이다.

E 15 정답 ⑤ *두 동경의 위치 관계 [정답률 62%]

[정답 공식: 두 각 α, β를 나타내는 동경이 x축에 대하여 대칭인 경우 두 각의 합은 $\alpha+\beta=2n\pi$(n은 정수)이다.]

두 각 θ와 5θ의 동경이 x축에 대하여 대칭일 때, 모든 θ의 크기의 합은? (단, $\pi<\theta<2\pi$) (4점)

단서 두 각의 동경이 x축에 대하여 대칭이니까 두 동경의 합을 생각하자.

① $\frac{7}{3}\pi$ ② $\frac{5}{2}\pi$ ③ $\frac{8}{3}\pi$ ④ $\frac{17}{6}\pi$ ⑤ 3π

1st 두 각의 동경이 x축에 대하여 대칭인 경우는 두 각의 합을 구하자.

두 각 θ와 5θ의 동경이 x축에 대하여 대칭이므로

$\theta+5\theta=2n\pi$(단, n은 정수)

$6\theta=2n\pi$

$\therefore \theta=\frac{n\pi}{3}$ ⋯ ㉠

두 각 α, β를 나타내는 동경(단, n은 정수)
① x축에 대하여 대칭인 경우 : $\alpha+\beta=2n\pi$
② y축에 대하여 대칭인 경우 : $\alpha+\beta=(2n+1)\pi$

2nd 주어진 각의 범위를 이용하여 각 θ의 크기를 구해봐.

$\pi<\theta<2\pi$에 ㉠을 대입하면

$\pi<\frac{n\pi}{3}<2\pi$ $\quad\therefore 3<n<6$

n은 정수이므로 $n=4$ 또는 $n=5$

$\therefore \theta=\frac{4}{3}\pi$ 또는 $\theta=\frac{5}{3}\pi$ ($\because$ ㉠)

따라서 모든 θ의 크기의 합은 $\frac{4}{3}\pi+\frac{5}{3}\pi=\frac{9}{3}\pi=3\pi$

E 16 정답 ③ *부채꼴의 호의 길이 [정답률 94%]

[정답 공식: 반지름의 길이가 r이고, 중심각의 크기가 θ인 부채꼴의 호의 길이 l은 $l=r\theta$이다.]

반지름의 길이가 4, 중심각의 크기가 $\frac{\pi}{6}$인 부채꼴의 호의 길이는? (3점)

단서 반지름의 길이와 중심각의 크기가 주어졌으니까 부채꼴의 호의 길이는 공식을 바로 이용해서 구할 수 있지.

① $\frac{\pi}{3}$ ② $\frac{\pi}{2}$ ③ $\frac{2}{3}\pi$ ④ $\frac{5}{6}\pi$ ⑤ π

1st 부채꼴의 호의 길이를 구하는 공식을 이용하자.

반지름의 길이 $r=4$이고, 중심각의 크기 $\theta=\frac{\pi}{6}$이므로 부채꼴의 호의 길이 l은

[부채꼴의 호의 길이] 반지름의 길이가 r이고, 중심각의 크기가 θ인 부채꼴의 호의 길이 l은 $l=r\theta$이다.

$l=r\theta=4\times\frac{\pi}{6}=\frac{2}{3}\pi$

주의 θ는 항상 라디안이어야 공식을 적용할 수 있어. 육십분법으로 주어진 것은 라디안으로 바꿔야 해.

E 17 정답 ④ *부채꼴의 호의 길이 [정답률 96%]

[정답 공식: 반지름의 길이가 r, 중심각의 크기가 θ인 부채꼴의 호의 길이는 $l=r\theta$이다.]

반지름의 길이가 3, 중심각의 크기가 $\frac{2}{3}\pi$인 부채꼴의 호의 길이는? (3점)

단서 반지름의 길이와 중심각의 크기가 주어져 있으니까 곱하여 부채꼴의 호의 길이를 구할 수 있어.

① π ② $\frac{4}{3}\pi$ ③ $\frac{5}{3}\pi$ ④ 2π ⑤ $\frac{7}{3}\pi$

1st 반지름의 길이와 중심각의 크기가 주어졌으니까 부채꼴의 호의 길이를 구할 수 있지.

반지름의 길이가 3이고, 중심각의 크기가 $\frac{2}{3}\pi$인

부채꼴의 호의 길이는 $3\times\frac{2}{3}\pi=2\pi$

반지름의 길이가 r, 중심각의 크기가 θ(라디안)인 부채꼴의 호의 길이를 l, 넓이를 S라고 하면 $l=r\theta$, $S=\frac{1}{2}r^2\theta=\frac{1}{2}rl$

부채꼴의 호의 길이와 넓이 개념·공식

중심각의 크기가 θ(라디안), 반지름의 길이가 r의 부채꼴의
① 호의 길이 : $l=r\theta$
② 넓이 : $S=\frac{1}{2}r^2\theta=\frac{1}{2}rl$

E 18 정답 ⑤ *부채꼴의 호의 길이 [정답률 84%]

(정답 공식: 반지름의 길이가 r, 중심각의 크기가 θ인 부채꼴의 호의 길이는 $l=r\theta$이다.)

반지름의 길이가 6이고 중심각의 크기가 $\frac{5}{6}\pi$인 부채꼴의 호의 길이는? (2점)

단서 반지름의 길이와 중심각의 크기가 주어졌으니까 부채꼴의 호의 길이를 구할 수 있어.

① π ② 2π ③ 3π
④ 4π ⑤ 5π

1st 호도법을 이용하여 부채꼴의 호의 길이를 구해.

반지름의 길이 $r=6$, 중심각의 크기 $\theta=\frac{5}{6}\pi$이므로

부채꼴의 호의 길이 l은 $l=6\times\frac{5}{6}\pi=5\pi$

반지름의 길이가 r, 중심각의 크기가 θ (라디안)인 부채꼴의 호의 길이 l은 $l=r\theta$

E 19 정답 ② *부채꼴의 호의 길이 [정답률 69%]

(정답 공식: 부채꼴 둘레의 길이는 $2+2+2\theta$이다.)

중심각이 θ이고 반지름의 길이가 2인 부채꼴 PAB의 중심 P가 반지름의 길이가 1인 원 O 위에 있다. 그림과 같이 부채꼴 PAB가 원 O에 접하며 한 바퀴 돌아서 중심 P가 제자리에 왔다. 이때, 중심각 θ의 값은? (4점)

단서 '한 바퀴 돌아서 제자리에 온다'는 것은 부채꼴 PAB의 둘레의 길이와 원 O의 둘레의 길이가 같음을 나타내므로 이를 이용하여 식을 세워보자.

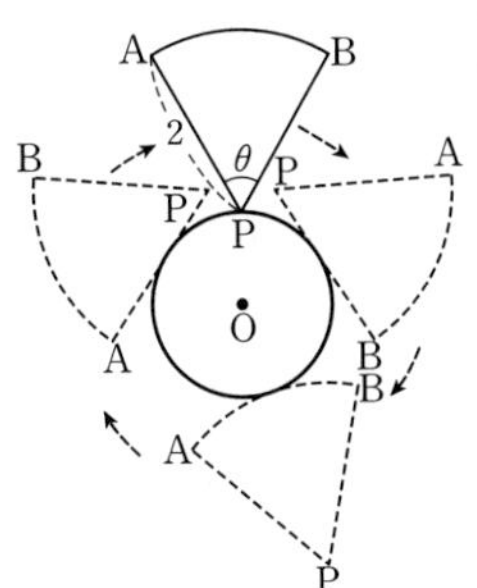

① $\pi-\frac{5}{2}$ ② $\pi-2$ ③ $\pi-\frac{3}{2}$
④ $\pi-1$ ⑤ $\pi-\frac{1}{2}$

1st 부채꼴과 원의 둘레의 길이를 각각 구해보자.

주의 $l=r\times\theta$임을 이용하자.

반지름의 길이가 2이고 중심각의 크기가 θ인 호 AB의 길이는 2θ이므로

부채꼴 PAB의 둘레의 길이는

$2+2+2\theta=4+2\theta$

주의 부채꼴의 둘레의 길이는 $r+r+l=r(2+\theta)$임을 이용하자.

또, 반지름의 길이가 1인 원 O의 둘레의 길이는 $2\pi\times1=2\pi$

이때, 부채꼴 PAB가 원 O에 접하면서 한 바퀴 돌아서 중심 P가 제자리에 왔으므로 부채꼴 PAB의 둘레의 길이와 원 O의 둘레의 길이는 같다. 즉,

그냥 보기에는 부채꼴의 두 반지름과 호가 원에 접한다는 게 이해가 안 될 수도 있어. 그치만 곰곰이 생각해 보면 연속해서 닿아서 지나가니까 원의 둘레를 접하면서 도는 게 가능한 거야.

$4+2\theta=2\pi \qquad \therefore \theta=\pi-2$

E 20 정답 ② *부채꼴의 호의 길이 [정답률 43%]

(정답 공식: 원의 중심이 지나가는 부분을 표시한다. 삼각형의 각 변을 지나갈 때는 그 변과 평행한 직선모양이고 꼭짓점을 지나갈 때는 부채꼴 모양으로 지나간다. 특수각의 삼각비를 이용해주면 움직인 거리를 구할 수 있다.)

그림과 같이 △ABC와 △CDE는 한 변의 길이가 a인 정삼각형이고, $\angle ACE=\frac{2}{3}\pi$이다. 반지름의 길이가 $\sqrt{3}$인 원 P가 △ABC와 △CDE의 둘레를 외접하면서 시계 방향으로 한 바퀴 돌아 처음 출발한 자리로 왔을 때, 원 P의 중심이 움직인 거리가 $23+\frac{8\sqrt{3}}{3}\pi$이다. a의 값은? (4점)

단서 원 P가 △ABC와 △CDE를 외접하면서 돌 때, 원 P가 지나지 않는 사각지대가 존재함을 생각해내야 해. 그리고 원 P가 꼭짓점 A, B, D, E를 지날 때, 원의 중심이 움직인 부분은 부채꼴이 됨을 착안하자.

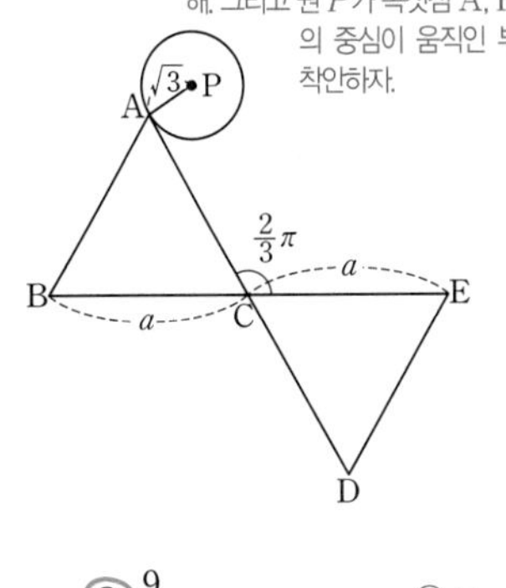

① 4 ② $\frac{9}{2}$ ③ 5
④ $\frac{11}{2}$ ⑤ 6

1st 원의 중심 P가 움직인 부분을 그림으로 나타내 보고, 호의 길이와 선분의 길이를 각각 구해 보자.

그림에서 점선으로 나타낸 부분이 원의 중심 P가 움직인 부분이다.

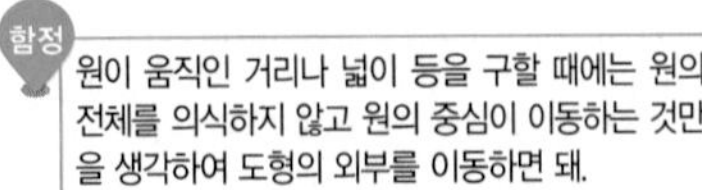

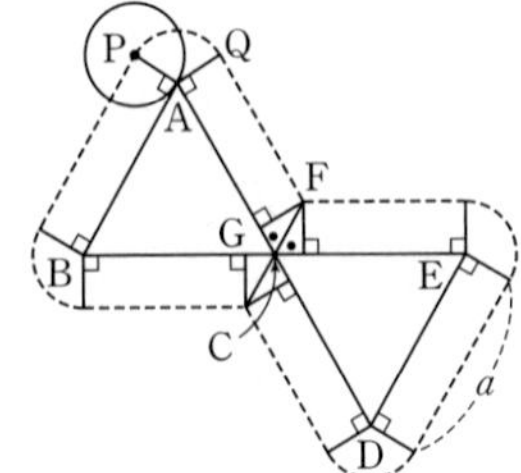

점 F에서 선분 AC에 내린 수선의 발을 G라 하면 직각삼각형 FCG에서

$\angle FCG=\frac{1}{2}\angle ACE=\frac{1}{2}\times\frac{2}{3}\pi=\frac{\pi}{3}$이므로 $\tan\frac{\pi}{3}=\frac{\sqrt{3}}{\overline{GC}}=\sqrt{3}$

따라서 $\overline{GC}=1$이므로 $\overline{QF}=\overline{AG}=\overline{AC}-\overline{GC}=a-1$

또한, $\angle PAQ=2\pi-\left(\frac{\pi}{2}+\frac{\pi}{3}+\frac{\pi}{2}\right)=\frac{2}{3}\pi$이므로

호 PQ의 길이는 $\sqrt{3}\times\frac{2}{3}\pi=\frac{2\sqrt{3}}{3}\pi$이다.

반지름의 길이가 r이고 중심각의 크기가 θ인 부채꼴의 호의 길이 l은 $l=r\theta$

2nd 원의 중심 P가 움직인 거리를 구하자.

$$(\text{원의 중심 P가 움직인 거리})=2\overline{\text{ED}}+4\overline{\text{AG}}+4\overset{\frown}{\text{PQ}}$$
$$=2\times a+4\times(a-1)+4\times\frac{2\sqrt{3}}{3}\pi$$
$$=6a-4+\frac{8\sqrt{3}}{3}\pi$$

이것이 $23+\frac{8\sqrt{3}}{3}\pi$와 같으므로 $6a-4=23$, $6a=27$ $\quad\therefore a=\frac{9}{2}$

E 21 정답 32 ＊부채꼴의 넓이 [정답률 84%]

정답 공식: 반지름의 길이가 r이고 중심각의 크기가 θ(라디안)인 부채꼴의 호의 길이를 l, 넓이를 S라 하면 $l=r\theta$이고 $S=\frac{1}{2}r^2\theta=\frac{1}{2}rl$이다.

중심각의 크기가 1라디안이고 둘레의 길이가 24인 부채꼴의 넓이를 구하시오. (3점)

단서 부채꼴의 호의 길이와 두 반지름의 길이의 합이 24라는 거야.

1st 부채꼴의 반지름의 길이를 구하자.

구하는 부채꼴의 반지름의 길이를 r라 하면 중심각의 크기가 $\theta=1$이고 둘레의 길이가 24이므로 $r\theta+2r=24$에서

→ 부채꼴의 호의 길이와 두 반지름의 길이의 합이야.

부채꼴의 호의 길이가 아닌 둘레의 길이야. 호의 길이로 착각하면 안 돼.

$r\times1+2r=24$, $3r=24$ $\quad\therefore r=8$

2nd 부채꼴의 넓이를 구하자.

따라서 구하는 부채꼴의 넓이를 S라 하면

$S=\frac{1}{2}r^2\theta=\frac{1}{2}\times8^2\times1=32$

다른 풀이: $S=\frac{1}{2}rl$을 이용하여 부채꼴의 넓이 구하기

부채꼴의 중심각의 크기가 1라디안이므로 반지름의 길이를 r, 호의 길이를 l이라 하면 $r=l$ (1라디안은 반지름의 길이와 호의 길이가 같은 부채꼴의 중심각의 크기를 의미해.)

이때, 부채꼴의 둘레의 길이가 24이므로 $r\times1+2r=24$에서

$3r=24$ $\quad\therefore r=8$, $l=8$

따라서 구하는 부채꼴의 넓이를 S라 하면 $\frac{1}{2}rl=\frac{1}{2}\times8\times8=32$

E 22 정답 ① ＊부채꼴의 넓이 [정답률 85%]

정답 공식: 반지름의 길이가 r인 원에서 중심각의 크기가 θ(라디안)인 부채꼴의 호의 길이를 l, 넓이를 S라 하면 $l=r\theta$, $S=\frac{1}{2}r^2\theta=\frac{1}{2}rl$이다.

그림과 같이 부채꼴 모양의 종이로 고깔모자를 만들었더니, 밑면의 반지름의 길이가 8 cm이고, 모선의 길이가 20 cm인 원뿔 모양이 되었다. 이 종이의 넓이는? (단, 종이는 겹치지 않도록 한다.) (3점)

단서 부채꼴의 넓이는 반지름의 길이 r, 중심각의 크기 θ에 대하여 $\frac{1}{2}r^2\theta$이므로 중심각의 크기를 구하면 해결돼. 특히 (부채꼴의 호의 길이)=(원뿔의 밑면인 원의 둘레의 길이)임을 적용하면 해결될 거야.

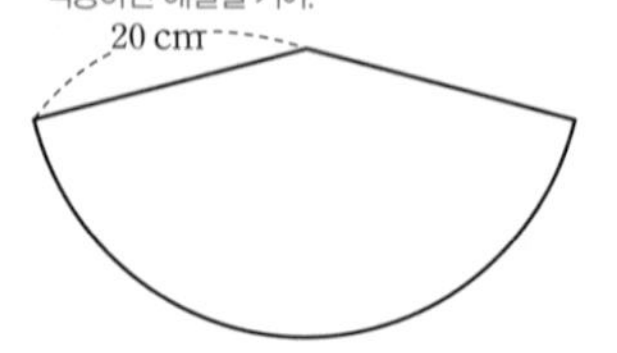

⇨

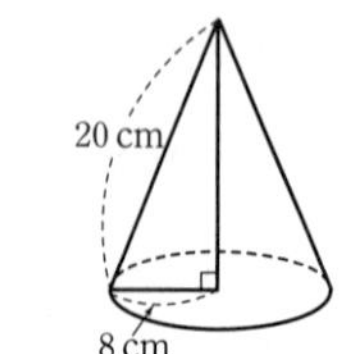

① $160\pi\text{ cm}^2$ ② $170\pi\text{ cm}^2$ ③ $180\pi\text{ cm}^2$
④ $190\pi\text{ cm}^2$ ⑤ $200\pi\text{ cm}^2$

1st 부채꼴의 호의 길이와 고깔모자의 밑면의 둘레의 길이가 같음을 이용하자.

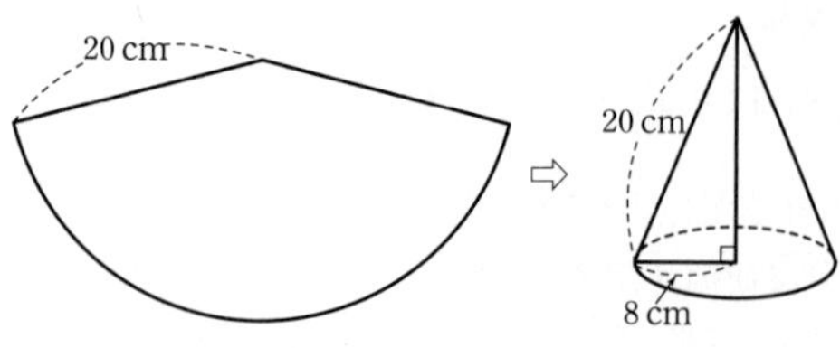

부채꼴 모양의 종이의 호의 길이와 고깔모자의 밑면의 둘레의 길이가 같으므로 부채꼴의 호의 길이는 $2\pi\times8=16\pi(\text{cm})$

이때, 부채꼴 모양의 종이는 반지름의 길이 $r=20\text{ cm}$이고, 호의 길이 $l=16\pi\text{ cm}$이므로 부채꼴의 넓이를 S라 하면

$S=\frac{1}{2}rl=\frac{1}{2}\times20\times16\pi=160\pi(\text{cm}^2)$

반지름의 길이가 r이고 중심각의 크기가 θ인 부채꼴의 호의 길이 l과 넓이 S는 $l=r\theta$, $S=\frac{1}{2}r^2\theta=\frac{1}{2}rl$

쉬운 풀이: 부채꼴의 호의 길이와 넓이 사이의 비례 관계를 이용하기

반지름의 길이가 20 cm인 원주는 $40\pi\text{ cm}$이고, 넓이는 $400\pi\text{ cm}^2$야.

부채꼴의 호의 길이가 $16\pi\text{ cm}$이므로 부채꼴의 넓이를 S라 하면

$40\pi:16\pi=400\pi:S$

실수 부채꼴의 호의 길이와 넓이는 중심각의 크기에 정비례해. 즉, 한 부채꼴에 대하여 호의 길이와 넓이의 비는 일정해.

$\therefore S=160\pi(\text{cm}^2)$

수능 핵강

＊부채꼴의 호의 길이와 넓이 공식 이해하기

부채꼴의 호의 길이와 넓이를 구하는 공식 유도 과정을 기억해 두면 공식을 잊었을 때, 다시 유도할 수 있어. 부채꼴의 반지름의 길이가 r이고, 중심각의 크기가 θ(라디안)이라 하면 호의 길이 l은 중심각의 크기 θ에 비례하므로

$2\pi r:l=2\pi:\theta$, $2\pi l=2\pi r\theta$ $\quad\therefore l=\frac{2\pi r\theta}{2\pi}=r\theta$

또, 부채꼴의 넓이 S도 중심각의 크기 θ에 비례하므로

$\pi r^2:S=2\pi:\theta$, $2\pi S=\pi r^2\theta$ $\quad\therefore S=\frac{\pi r^2\theta}{2\pi}=\frac{1}{2}r^2\theta$

그런데 $l=r\theta$이므로 $S=\frac{1}{2}r^2\theta=\frac{1}{2}r\times r\theta=\frac{1}{2}rl$

E 23 정답 ④ ＊부채꼴의 넓이 [정답률 62%]

정답 공식: 반지름의 길이가 r이고 중심각의 크기가 θ인 부채꼴의 넓이를 S라 하면 $S=\frac{1}{2}r^2\theta$이다.

그림과 같이 두 점 O, O′을 각각 중심으로 하고 반지름의 길이가 3인 두 원 O, O'이 한 평면 위에 있다. 두 원 O, O'이 만나는 점을 각각 A, B라 할 때, $\angle\text{AOB}=\frac{5}{6}\pi$이다.

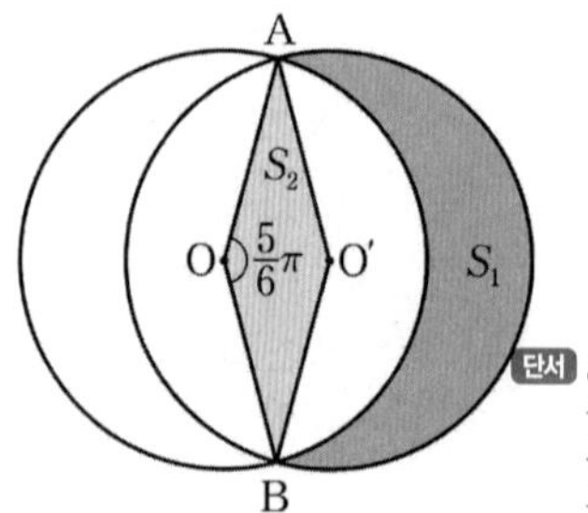

단서 S_1, S_2의 넓이를 각각 구하려고 하면 식이 복잡해지니까 다른 부분의 넓이를 활용하여 S_1-S_2의 값을 구해.

원 O의 외부와 원 O'의 내부의 공통부분의 넓이를 S_1, 마름모 AOBO′의 넓이를 S_2라 할 때, S_1-S_2의 값은? (4점)

① $\frac{5}{4}\pi$ ② $\frac{4}{3}\pi$ ③ $\frac{17}{12}\pi$ ④ $\frac{3}{2}\pi$ ⑤ $\frac{19}{12}\pi$

1st $\angle AO'B$의 크기를 구해.

두 삼각형 AOB, AO'B에서 선분 AB는 공통이고

$\overline{OA}=\overline{OB}=\overline{O'A}=\overline{O'B}$이므로 $\triangle AOB \equiv \triangle AO'B$(SSS 합동)

따라서 $\angle AO'B=\angle AOB=\frac{5}{6}\pi$이므로 2개의 $\angle AO'B$ 중 크기가 더 큰 각의 크기는 $\angle AO'B=2\pi-\frac{5}{6}\pi=\frac{7}{6}\pi$이다.

2nd S_1-S_2의 값을 구해.

이때, 원 O'에서 중심각의 크기가 $\angle AO'B=\frac{7}{6}\pi$인 부채꼴의 넓이를 T_1,

반지름의 길이가 r이고 중심각의 크기가 θ인 부채꼴의 호의 길이를 l, 넓이를 S라 하면 $l=r\theta$이고 $S=\frac{1}{2}r^2\theta=\frac{1}{2}rl$이야.

원 O에서 중심각의 크기가 $\angle AOB=\frac{5}{6}\pi$인 부채꼴의 넓이를 T_2라 하면

$$S_1=T_1+S_2-T_2=\left(\frac{1}{2}\times 3^2\times\frac{7}{6}\pi\right)+S_2-\left(\frac{1}{2}\times 3^2\times\frac{5}{6}\pi\right)$$
$$=\frac{9}{2}\times\left(\frac{7}{6}\pi-\frac{5}{6}\pi\right)+S_2=\frac{3}{2}\pi+S_2$$

$\therefore S_1-S_2=\frac{3}{2}\pi$

수능 핵강

∗ 마름모 AOBO'의 넓이 S_2 구하기

두 삼각형 AOB, AO'B는 서로 합동이므로

$$S_2=2\triangle AOB=2\times\left(\frac{1}{2}\times\overline{OA}\times\overline{OB}\times\sin\frac{5}{6}\pi\right)$$
$$=2\times\left(\frac{1}{2}\times3\times3\times\sin\frac{\pi}{6}\right)=2\times\left(\frac{9}{2}\times\frac{1}{2}\right)=\frac{9}{2}$$

부채꼴의 호의 길이와 넓이 개념·공식

중심각의 크기가 θ(라디안), 반지름의 길이가 r의 부채꼴의

① 호의 길이 : $l=r\theta$ ② 넓이 : $S=\frac{1}{2}r^2\theta=\frac{1}{2}rl$

E 24 정답 ⑤ ∗부채꼴의 넓이 [정답률 77%]

정답 공식: 반지름의 길이가 r인 원에서 중심각의 크기가 θ(라디안)인 부채꼴의 호의 길이를 l, 넓이를 S라 하면 $S=\frac{1}{2}r^2\theta=\frac{1}{2}rl$이다.

반지름의 길이가 r이고 높이가 1인 원기둥에 물이 들어 있다. 원기둥을 수평으로 뉘였을 때 수면과 옆면이 만나서 이루는 현에 대한 중심각을 θ라 하자. 원기둥을 세웠을 때 수면의 높이 h를 θ로 표시하면? $\left(\text{단, } 0<\theta<\pi,\ 0<h<\frac{1}{2}\right)$ (2점)

단서1 원기둥을 눕히나 세우나 물의 양에는 변함없음에 착안해.

단서2 그림에서 물의 부피는 밑면이 ◡ 모양이고 높이가 1인 기둥의 부피와 같으니까 ◡ 모양의 넓이만 구하면 물의 부피를 구할 수 있어.

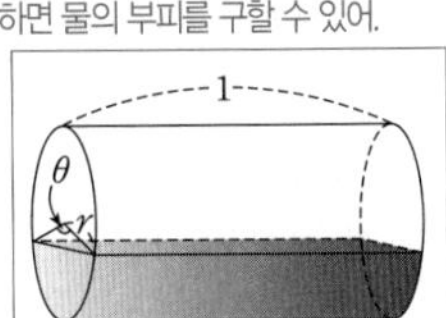

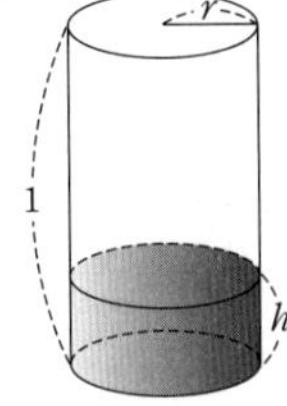

① $h=\frac{1}{2\pi}\theta$ ② $h=\frac{1}{2\pi}\sin\theta$

③ $h=\theta-\sin\theta$ ④ $h=\frac{1}{2\pi}(\theta+\sin\theta)$

⑤ $h=\frac{1}{2\pi}(\theta-\sin\theta)$

1st 물의 부피는 변하지 않음에 착안해.

원기둥을 수평으로 뉘였을 때나 세웠을 때의 물의 부피는 동일함을 이용하자. 먼저 뉘였을 때의 부피 V_1을 구하자.

밑넓이는 어두운 부분의 넓이이므로

$(\text{밑넓이})=\frac{1}{2}r^2\theta-\frac{1}{2}r^2\sin\theta$

밑넓이는 중심각의 크기가 θ이고 반지름의 길이가 r인 부채꼴의 넓이에서 부채꼴의 두 반지름과 현으로 이루어진 삼각형의 넓이를 빼면 돼.

$\therefore V_1=(\text{밑넓이})\times(\text{높이})=\frac{1}{2}r^2\theta-\frac{1}{2}r^2\sin\theta$

한편, 원기둥을 세웠을 때의 물의 부피 V_2를 구하면 $V_2=\pi r^2h$

따라서 $V_1=V_2$이므로

$\frac{1}{2}r^2\theta-\frac{1}{2}r^2\sin\theta=\pi r^2h \quad \therefore h=\frac{1}{2\pi}(\theta-\sin\theta)$

E 25 정답 ④ ∗부채꼴의 넓이 [정답률 41%]

정답 공식: 반지름의 길이가 r, 중심각의 크기가 θ (라디안)인 부채꼴의 넓이를 S라고 하면 $S=\frac{1}{2}r^2\theta=\frac{1}{2}rl$이다.

그림과 같이 반지름의 길이가 4이고 중심각의 크기가 $\frac{\pi}{6}$인 부채꼴 OAB가 있다. 선분 OA 위의 점 P에 대하여 선분 PA를 지름으로 하고 선분 OB에 접하는 반원을 C라 할 때, 부채꼴 OAB의 넓이를 S_1, 반원 C의 넓이를 S_2라 하자. S_1-S_2의 값은? (4점)

단서 반원이 선분 OB에 접하고 있으므로 반원의 중심으로부터 접점까지의 거리가 반지름 r이지.

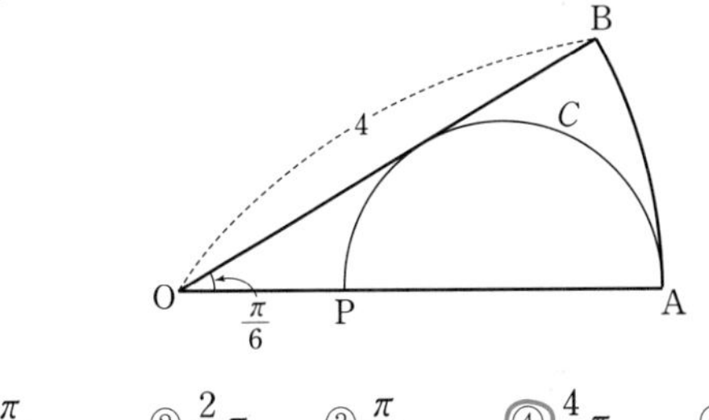

① $\frac{\pi}{9}$ ② $\frac{2}{9}\pi$ ③ $\frac{\pi}{3}$ ④ $\frac{4}{9}\pi$ ⑤ $\frac{5}{9}\pi$

1st 반원 C의 중심에서 선분 OB에 수선의 발을 내리고, 직각삼각형에서 삼각비를 이용하여 반원의 반지름의 길이를 구해.

반원 C의 중심을 Q, 반지름의 길이를 r라 하면 $\overline{OA}=4$이므로

$\overline{OQ}=4-r$ 선분 OB와 반원 C의 접점을 H라 하면 $\overline{QH}=r$

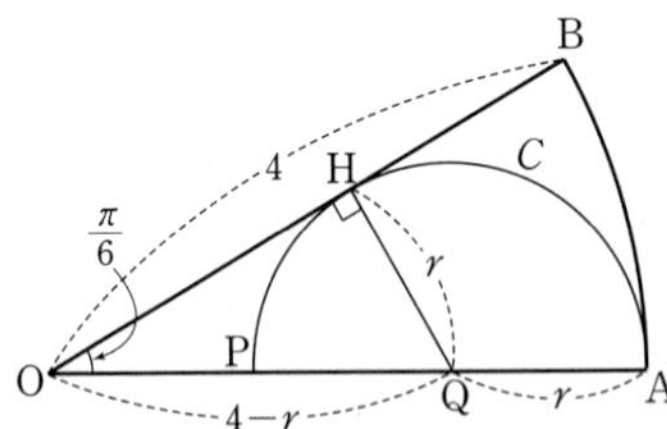

부채꼴의 중심각의 크기가 $\frac{\pi}{6}$이므로 직각삼각형 OQH에서

$\sin\frac{\pi}{6}=\frac{r}{4-r}=\frac{1}{2}$에서 $2r=4-r$

실수 직각삼각형에서 직각이 아닌 각 θ가 특수각일 때 $\sin\theta$, $\cos\theta$, $\tan\theta$의 값을 이용해 길이의 비를 알 수 있어.

$3r=4 \quad \therefore r=\frac{4}{3}$

2nd 부채꼴과 반원의 넓이를 각각 구해.

즉, $S_1=\frac{1}{2}\times4^2\times\frac{\pi}{6}=\frac{4}{3}\pi$, $S_2=\frac{1}{2}\times\pi\times\left(\frac{4}{3}\right)^2=\frac{8}{9}\pi$이므로

$S_1=\frac{1}{2}r^2\theta=\frac{1}{2}\times4^2\times\frac{\pi}{6}$

$S_1-S_2=\frac{4}{3}\pi-\frac{8}{9}\pi=\frac{4}{9}\pi$

E 26 정답 ① *부채꼴의 넓이 [정답률 56%]

정답 공식: 어두운 부분을 등분하여 생각한다. 부채꼴과 삼각형의 넓이를 구할 수 있으므로 부채꼴과 삼각형의 넓이를 이용할 수 있는 모양으로 만든다.

반지름의 길이가 2인 원 O에 내접하는 정육각형이 있다. 그림과 같이 정육각형의 각 변을 지름으로 하는 원 6개를 그릴 때, 어두운 부분의 넓이는? (4점) 단서 정육각형의 각 꼭짓점과 원의 중심을 연결하면 정삼각형 6개로 분할됨에 착안하자. 이 정삼각형 1개를 다시 작은 정삼각형 4개로 분할한 후 넓이를 구하는 방법을 생각해보자.

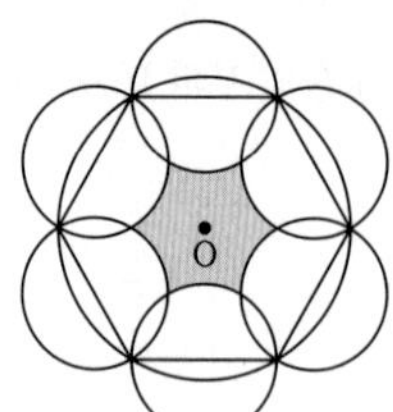

① $3\sqrt{3}-\pi$ ② $3\sqrt{3}+\pi$ ③ $2\sqrt{3}-\frac{\pi}{3}$

④ $2\sqrt{3}+\frac{\pi}{3}$ ⑤ $\frac{\sqrt{3}}{4}+\frac{\pi}{3}$

1st 어두운 부분을 더 간단한 부분으로 나눠서 생각해 보자.

이러한 유형을 구할 때에는 항상 원의 중심을 지나는 보조선을 그어 도형을 나누어 삼각형과 부채꼴의 넓이의 관계를 이용하여 문제를 풀어나가면 돼.

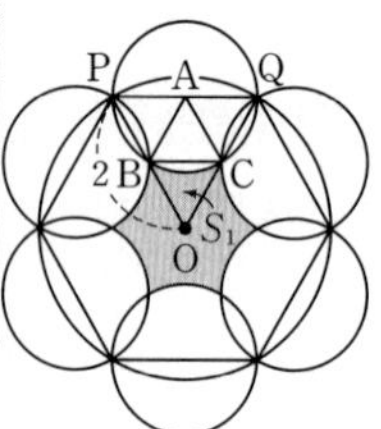

어두운 부분의 넓이를 S라 하고 그림과 같이 어두운 부분의 $\frac{1}{6}$의 넓이를 S_1이라 하면 $S=6S_1$

이때, $\triangle$OQP는 한 변의 길이가 2인 정삼각형이므로

$\triangle\text{OQP}=\frac{\sqrt{3}}{4}\times2^2=\sqrt{3}$

$\triangle$OQP는 한 변의 길이가 1인 정삼각형으로 4등분되어 있으므로

$\overline{\text{AP}}=\overline{\text{AB}}$이고, $\angle\text{APB}=60^\circ$이므로 $\triangle$APB는 정삼각형이야.

$\triangle\text{ABC}=\triangle\text{ACQ}=\triangle\text{APB}$ 마찬가지로 생각하면 $\triangle\text{APB}\equiv\triangle\text{ABC}\equiv\triangle\text{OBC}\equiv\triangle\text{CQA}$가 되는 거야.

$=\frac{\sqrt{3}}{4}\times1^2=\frac{\sqrt{3}}{4}$

정삼각형의 한 내각의 크기는 $\frac{\pi}{3}$이므로

(부채꼴 ABC의 넓이)$=\frac{1}{2}\times1^2\times\frac{\pi}{3}=\frac{\pi}{6}$

$\therefore S_1=\triangle\text{OQP}-(\triangle\text{APB}+\text{부채꼴 ABC}+\triangle\text{ACQ})$

$=\sqrt{3}-\left(\frac{\sqrt{3}}{4}+\frac{\pi}{6}+\frac{\sqrt{3}}{4}\right)=\frac{\sqrt{3}}{2}-\frac{\pi}{6}$

$\therefore S=6S_1=6\left(\frac{\sqrt{3}}{2}-\frac{\pi}{6}\right)=3\sqrt{3}-\pi$

부채꼴의 호의 길이와 넓이 (개념·공식)

중심각의 크기가 θ(라디안), 반지름의 길이가 r의 부채꼴의

① 호의 길이 : $l=r\theta$ ② 넓이 : $S=\frac{1}{2}r^2\theta=\frac{1}{2}rl$

E 27 정답 ④ *부채꼴의 넓이와 둘레의 길이의 최대·최소 [정답률 82%]

정답 공식: 반지름의 길이가 r, 호의 길이가 l이고, 둘레의 길이가 k인 부채꼴의 넓이는 $S=\frac{1}{2}r(k-2r)$이다.

둘레의 길이가 12인 부채꼴의 넓이가 최대가 되는 반지름의 길이는? (4점) 단서 부채꼴의 호의 길이를 둘레의 길이와 반지름의 길이를 이용해 나타내자.

① $\frac{3}{2}$ ② 2 ③ $\frac{5}{2}$ ④ 3 ⑤ $\frac{7}{2}$

1st 부채꼴의 호의 길이를 구하자.

부채꼴의 반지름의 길이를 r라 하면 둘레의 길이가 12이므로

호의 길이는 $12-2r$ 부채꼴의 둘레는 두 개의 반지름과 하나의 호로 이루어져 있어.

2nd 부채꼴의 넓이를 반지름의 길이에 대한 식으로 나타내고, 최대가 될 때를 확인해.

부채꼴의 넓이를 S라 하면

$S=\frac{1}{2}r(12-2r)$

$=-r^2+6r$

$=-(r^2-6r+9)+9=-(r-3)^2+9$ 이차함수 $y=a(x-p)^2+q(a<0)$은 $x=p$일 때, 최댓값 q를 가진다.

따라서 $r=3$일 때, 부채꼴의 넓이는 최대가 된다.

부채꼴의 둘레의 길이와 넓이의 최대·최소 (개념·공식)

반지름의 길이가 r, 둘레의 길이가 k인 부채꼴의 넓이 S는

$S=\frac{1}{2}r(k-2r)$ $\left(\text{단, } 0<r<\frac{k}{2}\right)$

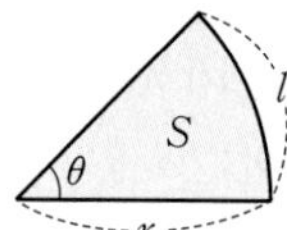

E 28 정답 ② *부채꼴의 넓이와 둘레의 길이의 최대·최소 [정답률 83%]

정답 공식: 반지름의 길이가 r, 호의 길이가 l이고, 둘레의 길이가 k인 부채꼴의 넓이는 $S=\frac{1}{2}r(k-2r)$이다.

길이가 20 cm인 끈을 이용하여 부채꼴 모양을 만들려고 한다. 이 부채꼴의 모양의 넓이의 최댓값은? (4점) 단서 둘레의 길이가 일정한 부채꼴을 만드는 거야.

① 20 cm^2 ② 25 cm^2 ③ 30 cm^2

④ 35 cm^2 ⑤ 40 cm^2

1st 부채꼴의 호의 길이를 구하자.

부채꼴의 반지름의 길이를 r라 하면 둘레의 길이가 20이므로

호의 길이는 $20-2r$ 부채꼴의 둘레는 두 개의 반지름과 하나의 호로 이루어져 있어.

2nd 부채꼴의 넓이를 반지름의 길이에 대한 식으로 나타내고, 최대가 될 때를 확인해.

부채꼴의 넓이를 S라 하면

$S=\frac{1}{2}r(20-2r)$

$=-r^2+10r$

$=-(r^2-10r+25)+25$

$=-(r-5)^2+25$ → 이차함수 $y=a(x-p)^2+q(a<0)$은 $x=p$일 때, 최댓값 q를 가진다.

따라서 $r=5$일 때, 부채꼴의 넓이는 25 cm^2로 최대가 된다.

E 29 정답 ⑤ *부채꼴의 넓이와 둘레의 길이의 최대·최소 [정답률 65%]

(정답 공식: 반지름의 길이가 r, 호의 길이가 l이고, 둘레의 길이가 k인 부채꼴의 넓이는 $S=\frac{1}{2}r(k-2r)$이다.)

부채꼴의 넓이가 64일 때, 둘레의 길이의 최솟값은? (4점)
단서 넓이가 일정한 부채꼴 중에 둘레의 길이가 최소인 것을 구하는 거야.
① 16 ② 20 ③ 24 ④ 28 ⑤ 32

1st 넓이가 일정한 부채꼴의 호의 길이를 반지름의 길이에 대한 식으로 유도하자.

부채꼴의 반지름의 길이를 r, 호의 길이를 l이라 하자.

부채꼴의 넓이 S가 64이므로 $S=\frac{1}{2}rl=64$ $\therefore l=\frac{128}{r}$ … ㉠

2nd 산술평균과 기하평균의 관계를 이용하여 부채꼴의 둘레의 길이의 최솟값을 구해.
→ [산술평균과 기하평균의 관계] $a>0, b>0$일 때, $\frac{a+b}{2}\ge\sqrt{ab}$ (단, 등호는 $a=b$일 때 성립)

부채꼴의 둘레의 길이는

$2r+l=2r+\frac{128}{r}$ ($\because$ ㉠)이고, $2r>0$, $\frac{128}{r}>0$이므로
(r는 반지름의 길이이므로 양수야.)

산술평균과 기하평균의 관계에 의해

$2r+\frac{128}{r}\ge 2\sqrt{2r\times\frac{128}{r}}=32$ (단, 등호는 $2r=\frac{128}{r}$일 때 성립)

따라서 부채꼴의 둘레의 길이의 최솟값은 32이다.

E 30 정답 ① *삼각함수의 정의 [정답률 83%]

(정답 공식: θ가 제3사분면의 각일 때, $\sin\theta<0$, $\cos\theta<0$, $\tan\theta>0$이다.)

$\pi<\theta<\frac{3}{2}\pi$인 θ에 대하여 $\tan\theta=\frac{12}{5}$일 때, $\sin\theta+\cos\theta$의 값은? (3점)
단서1 θ의 값의 범위에 따라서 $\sin\theta$, $\cos\theta$, $\tan\theta$의 부호가 결정돼.
단서2 $\tan\theta$의 값과 θ의 값의 범위를 이용하여 $\sin\theta$, $\cos\theta$의 값을 구해.
① $-\frac{17}{13}$ ② $-\frac{7}{13}$ ③ 0 ④ $\frac{7}{13}$ ⑤ $\frac{17}{13}$

1st 삼각함수의 정의를 이용하여 $\sin\theta+\cos\theta$의 값을 구해.

동경 OP가 나타내는 각의 크기를 θ라 할 때 $\tan\theta=\frac{12}{5}$이고

$\pi<\theta<\frac{3}{2}\pi$이므로 점 P의 좌표를 $(-5, -12)$라 할 수 있다.

즉, $\overline{OP}=\sqrt{(-5)^2+(-12)^2}=\sqrt{25+144}=\sqrt{169}=13$이므로
(점 (a, b)와 원점 O 사이의 거리를 d라 하면 $d=\sqrt{a^2+b^2}$이야.)

$\sin\theta=-\frac{12}{13}$, $\cos\theta=-\frac{5}{13}$

원점을 중심으로 하고 반지름의 길이가 r인 원 위의 점 P의 좌표가 (x, y)이고 동경 OP가 나타내는 각의 크기를 θ라 하면 $\sin\theta=\frac{y}{r}$, $\cos\theta=\frac{x}{r}$, $\tan\theta=\frac{y}{x}$야.

$\therefore \sin\theta+\cos\theta=\left(-\frac{12}{13}\right)+\left(-\frac{5}{13}\right)=-\frac{17}{13}$

다른 풀이: 삼각함수 사이의 관계를 이용하여 $\sin\theta$, $\cos\theta$의 값 각각 구하기

$\frac{1}{\cos^2\theta}=1+\tan^2\theta=1+\left(\frac{12}{5}\right)^2=1+\frac{144}{25}=\frac{169}{25}$

$\sin^2\theta+\cos^2\theta=1$이 성립하고 양변을 $\cos^2\theta$로 나누면 $\frac{\sin^2\theta}{\cos^2\theta}+1=\frac{1}{\cos^2\theta}$이지?
그런데 $\tan\theta=\frac{\sin\theta}{\cos\theta}$이므로 $\tan^2\theta+1=\frac{1}{\cos^2\theta}$이 성립해.

$\therefore \cos^2\theta=\frac{25}{169}$
(각 θ는 제3사분면의 각이므로 $\sin\theta$, $\cos\theta$는 모두 음의 값이야.)

이때, $\pi<\theta<\frac{3}{2}\pi$이므로 $\cos\theta=-\frac{5}{13}$이고

$\sin\theta=-\sqrt{1-\cos^2\theta}=-\sqrt{1-\left(-\frac{5}{13}\right)^2}=-\sqrt{\frac{144}{169}}=-\frac{12}{13}$야.

$\therefore \sin\theta+\cos\theta=\left(-\frac{12}{13}\right)+\left(-\frac{5}{13}\right)=-\frac{17}{13}$

E 31 정답 ③ *삼각함수의 정의 [정답률 81%]

(정답 공식: 점 M은 외접원의 중심이다.)

그림과 같이 $\angle A=90°$인 직각삼각형 ABC에서 변 BC의 중점을 M이라 하자. $\angle AMC=60°$일 때, $\frac{\overline{AB}}{\overline{AC}}$의 값은? (3점)
단서 지름에 대한 원주각의 크기가 90°임을 적용하면 $\overline{BC}$는 외접원에서 어느 부분일지를 잘 생각해 보자.

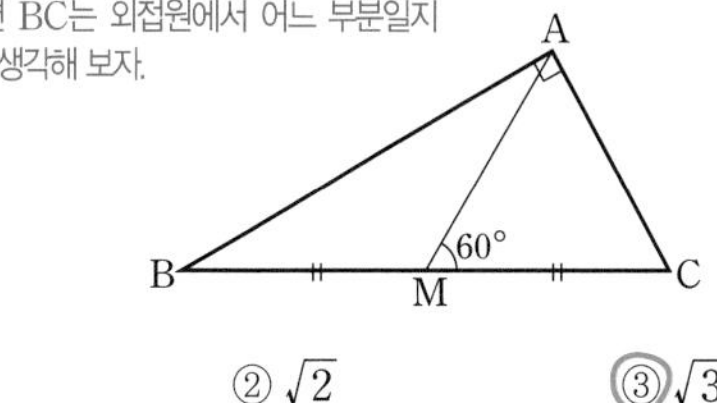

① $\frac{2\sqrt{3}}{3}$ ② $\sqrt{2}$ ③ $\sqrt{3}$ ④ 2 ⑤ $\frac{3\sqrt{2}}{2}$

1st 삼각형 AMC는 어떤 삼각형일지 생각해.

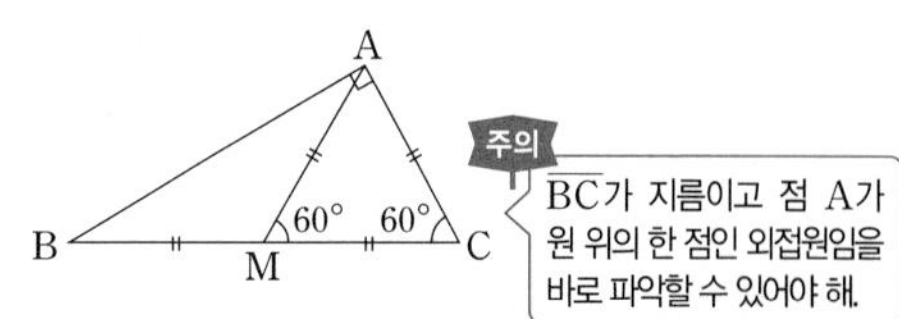

주의 $\overline{BC}$가 지름이고 점 A가 원 위의 한 점인 외접원임을 바로 파악할 수 있어야 해.

점 M이 빗변의 중점이므로 점 M은 삼각형 ABC의 외접원의 중심이다.

따라서 $\overline{AM}=\overline{CM}$이고 $\angle AMC=60°$이므로 삼각형 AMC는 정삼각형이다.

$\angle A=90°$이고, 지름에 대한 원주각은 90°이니까 삼각형 ABC의 외접원을 그리면 $\overline{BC}$는 외접원의 지름이 돼. 이때, $\overline{AM}$, $\overline{BM}$, $\overline{CM}$은 반지름의 길이로 같게 되니까 삼각형 AMC는 정삼각형!!

$\angle C=60°$이므로 $\frac{\overline{AB}}{\overline{AC}}=\tan 60°=\sqrt{3}$

다른 풀이: 피타고라스 정리 이용하기

점 M은 삼각형 ABC의 외접원의 중심이므로 $\overline{AM}=\overline{CM}$이고 $\angle AMC=60°$이므로 삼각형 AMC는 정삼각형이야.

삼각형 ABC에서 $\overline{AC}=a$라 하면 $\overline{BC}=2a$이므로 피타고라스 정리에 의하여 $\overline{AB}=\sqrt{4a^2-a^2}=\sqrt{3a^2}=\sqrt{3}a$

$\therefore \frac{\overline{AB}}{\overline{AC}}=\frac{\sqrt{3}a}{a}=\sqrt{3}$

E 32 정답 80 *삼각함수의 정의 [정답률 73%]

(정답 공식: 중심이 원점 O이고 반지름의 길이가 r인 원 위의 점 $P(x, y)$에 대하여 동경 OP가 나타내는 각 θ의 삼각함수는 $\sin\theta=\frac{y}{r}$, $\cos\theta=\frac{x}{r}$, $\tan\theta=\frac{y}{x}$이다.)

단서2 점의 대칭이동을 이용하여 두 점 Q, R의 좌표를 구해.

좌표평면에서 제1사분면에 점 P가 있다. 점 P를 직선 $y=x$에 대하여 대칭이동한 점을 Q라 하고, 점 Q를 원점에 대하여 대칭이동한 점을 R라 할 때, 세 동경 OP, OQ, OR가 나타내는 각을 각각 α, β, γ라 하자. $\sin\alpha=\frac{1}{3}$일 때, $9(\sin^2\beta+\tan^2\gamma)$의 값을 구하시오. (단, O는 원점이고, 시초선은 x축의 양의 방향이다.) (4점)
단서1 점 P가 원점을 중심으로 하는 임의의 원 위의 점이라 하고 이 삼각함수의 값을 이용하여 점 P의 좌표를 먼저 구해.
단서3 삼각함수의 정의를 이용하여 값을 계산하면 돼.

1st 점 P의 좌표를 구하자.

제1사분면 위의 점 P에 대하여 동경 OP가 x축의 양의 방향과 이루는 각의 크기가 α이고 $\sin\alpha=\frac{1}{3}$이므로 점 P를 중심이 원점 O이고 반지름의 길이가 3인 원 위의 점이라 하면 점 P의 y좌표는 1이다. 이때, 점 P에서 x축에 내린 수선의 발을 H라 하면 직각삼각형 OHP에서 피타고라스 정리에 의하여

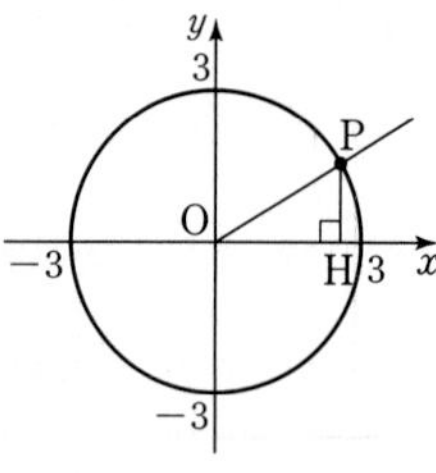

중심이 원점 O이고 반지름의 길이가 r인 원 위의 점 A에 대하여 동경 OA가 x축과 이루는 각의 크기를 θ라 하면 삼각함수의 정의에 의하여 $\sin\theta=\frac{(\text{점 A의 }y\text{좌표})}{(\text{반지름의 길이})}$야.
즉, $\sin\alpha$의 값의 분모가 3이고, 반지름의 길이에 상관없이 삼각함수의 값은 일정하니까 반지름의 길이를 3으로 놓고 생각하는 것이 편해.

$\overline{OH}=\sqrt{\overline{OP}^2-\overline{PH}^2}=\sqrt{3^2-1^2}=2\sqrt{2}$이므로 점 P의 좌표는 $(2\sqrt{2},\ 1)$이다.

2nd 점의 대칭이동을 이용하여 두 점 Q, R의 좌표를 구하자.

한편, 점 Q는 점 P를 직선 $y=x$에 대하여 대칭이동한 점이므로 점 Q의 좌표는 $(1,\ 2\sqrt{2})$이다.
점 (a, b)를 직선 $y=x$에 대하여 대칭이동한 점의 좌표는 (b, a)야.

또, 점 R는 점 Q를 원점에 대하여 대칭이동한 점이므로 점 R의 좌표는 $(-1,\ -2\sqrt{2})$이다.
점 (a, b)를 원점에 대하여 대칭이동한 점의 좌표는 $(-a, -b)$야.

3rd $9(\sin^2\beta+\tan^2\gamma)$의 값을 구하자.

따라서 삼각함수의 정의에 의하여

$\sin\beta=\frac{2\sqrt{2}}{3}$, $\tan\gamma=\frac{-2\sqrt{2}}{-1}=2\sqrt{2}$이므로

$9(\sin^2\beta+\tan^2\gamma)=9\left\{\left(\frac{2\sqrt{2}}{3}\right)^2+(2\sqrt{2})^2\right\}=9\times\left(\frac{8}{9}+8\right)=80$

다른 풀이: 삼각함수 사이의 관계와 삼각함수의 성질 이용하기

점 Q는 점 P를 직선 $y=x$에 대하여 대칭이동한 점, 점 R는 점 Q를 원점에 대하여 대칭이동한 점이고 동경 OP가 나타내는 각이 α이므로 두 동경 OQ, OR가 나타내는 각의 크기는 각각 $\beta=\frac{\pi}{2}-\alpha$, $\gamma=\frac{3}{2}\pi-\alpha$야.

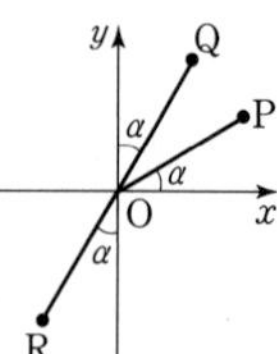

이때, $\sin\alpha=\frac{1}{3}$이고 점 P는 제1사분면 위의 점이므로

$\cos\alpha=\sqrt{1-\sin^2\alpha}=\sqrt{1-\frac{1}{9}}=\frac{2\sqrt{2}}{3}$

→ 점 P가 제1사분면 위의 점이므로 $0<\alpha<\frac{\pi}{2}$지? 따라서 $\cos\alpha>0$이야.

따라서 $\sin\beta=\sin\left(\frac{\pi}{2}-\alpha\right)=\cos\alpha=\frac{2\sqrt{2}}{3}$이고

$\sin\left(\frac{3}{2}\pi-\alpha\right)=\sin\left(\pi+\frac{\pi}{2}-\alpha\right)=-\sin\left(\frac{\pi}{2}-\alpha\right)=-\cos\alpha$

$\cos\left(\frac{3}{2}\pi-\alpha\right)=\cos\left(\pi+\frac{\pi}{2}-\alpha\right)=-\cos\left(\frac{\pi}{2}-\alpha\right)=-\sin\alpha$

$\tan\gamma=\tan\left(\frac{3}{2}\pi-\alpha\right)=\frac{\sin\left(\frac{3}{2}\pi-\alpha\right)}{\cos\left(\frac{3}{2}\pi-\alpha\right)}$

$=\frac{-\cos\alpha}{-\sin\alpha}=\frac{\cos\alpha}{\sin\alpha}=\frac{\frac{2\sqrt{2}}{3}}{\frac{1}{3}}=2\sqrt{2}$

이므로 $9(\sin^2\beta+\tan^2\gamma)=9\left\{\left(\frac{2\sqrt{2}}{3}\right)^2+(2\sqrt{2})^2\right\}=80$

E 33 정답 ③ *삼각함수의 정의 [정답률 64%]

정답 공식: 그림에서 동경 OP가 나타내는 각의 크기를 θ라고 하면 $\sin\theta=\frac{y}{r}$, $\cos\theta=\frac{x}{r}$, $\tan\theta=\frac{y}{x}$ (단, $x\neq0$)로 정의된다.

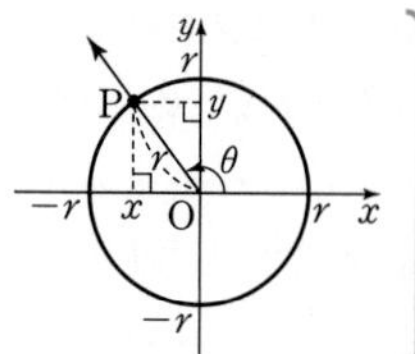

좌표평면 위의 원점 O에서 x축의 양의 방향으로 시초선을 잡을 때, 원점 O와 점 P(5, 12)를 지나는 동경 OP가 나타내는 각의 크기를 θ라 하자. $\sin\left(\frac{3}{2}\pi+\theta\right)$의 값은? (3점)

단서 사인과 코사인의 관계에 의해 $\sin\left(\frac{3}{2}\pi+\theta\right)=-\cos\theta$가 성립해.

① $-\frac{12}{13}$ ② $-\frac{7}{13}$ ③ $-\frac{5}{13}$ ④ $\frac{5}{13}$ ⑤ $\frac{7}{13}$

1st $\sin\left(\frac{3}{2}\pi+\theta\right)$의 값을 구해.

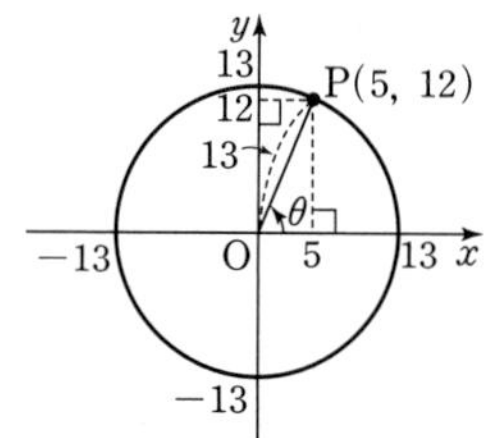

원점 O와 점 P(5, 12)를 지나는 동경 OP가 나타내는 각의 크기를 θ라 하면 $\cos\theta=\frac{5}{13}$이다.
점 P(5, 12)를 지나는 원의 반지름의 길이는 $\sqrt{5^2+12^2}=\sqrt{169}=13$이고 $\cos\theta=\frac{x}{r}=\frac{5}{13}$

$\therefore\ \sin\left(\frac{3}{2}\pi+\theta\right)=-\cos\theta=-\frac{5}{13}$

사인과 코사인의 관계에 의하여 $\sin(\pi+\theta)=-\sin\theta$와 $\sin\left(\frac{\pi}{2}+\theta\right)=\cos\theta$가 성립하지.
즉, $\sin\left(\pi+\frac{\pi}{2}+\theta\right)=-\sin\left(\frac{\pi}{2}+\theta\right)=-\cos\theta$

E 34 정답 ② *삼각함수의 정의 [정답률 65%]

정답 공식: 반지름의 길이가 r인 원 위의 점 P에 대하여 동경 OP가 나타내는 각의 크기를 θ라 하면 점 P의 좌표는 $(r\cos\theta,\ r\sin\theta)$가 된다.

좌표평면 위의 두 점 A$(-1,\ 0)$, B$(1,\ 0)$에 대하여 선분 AB를 지름으로 하는 원 C가 있다. $a>1$인 실수 a에 대하여 함수 $y=\log_a x$의 그래프와 원 C가 만나는 두 점 중에서 B가 아닌 점을 P라 하자. $\overline{AP}=\sqrt{3}$일 때, $a^{\sqrt{3}}$의 값은? (4점)

단서1 로그함수 $y=\log_a x$는 점 (1, 0)을 지나지, 즉, 점 B와 만나.
단서2 점 P는 로그함수 $y=\log_a x$와 원 C가 만나는 점이므로 점 P의 좌표를 구하면 로그함수의 방정식에 대입할 수 있어.

① 3 ② 4 ③ 5 ④ 6 ⑤ 7

1st 선분 AB가 원 C의 지름이고 점 P는 원 C 위의 점이므로 삼각형 APB는 직각삼각형임을 이용하자.

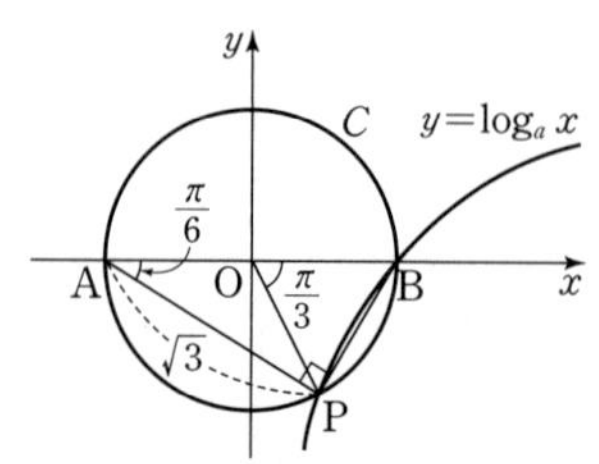

삼각형 APB는 빗변의 길이가 2인 직각삼각형이고 $\overline{AP}=\sqrt{3}$이므로 $\angle BAP=\frac{\pi}{6}$이다.

→ 직각삼각형 APB에서 $\cos(\angle BAP)=\frac{\overline{AP}}{\overline{AB}}=\frac{\sqrt{3}}{2}$ $\therefore \angle BAP=\frac{\pi}{6}$

원점을 O라 하면 $\angle BOP=\frac{\pi}{3}$이고, 점 P의 좌표는

→ 중심각은 원주각의 2배이므로 $\angle BOP=2\angle BAP=2\times\frac{\pi}{6}=\frac{\pi}{3}$

$\left(\cos\left(-\frac{\pi}{3}\right), \sin\left(-\frac{\pi}{3}\right)\right)=\left(\frac{1}{2}, -\frac{\sqrt{3}}{2}\right)$

삼각함수의 정의에 의하여 동경 OP가 나타내는 각의 크기를 θ라고 하면 $\sin\theta=\frac{y}{r}$, $\cos\theta=\frac{x}{r}$

따라서 두 등식의 양변에 반지름의 길이 r를 곱하면 $x=r\cos\theta$, $y=r\sin\theta$임을 알 수 있어.

2nd 점 P는 로그함수의 그래프 위의 점임을 이용하여 a의 값을 구하자.

점 P는 함수 $y=\log_a x$의 그래프 위의 점이므로 점 P의 좌표를 대입하면

$-\frac{\sqrt{3}}{2}=\log_a\frac{1}{2}$ ($\log_a b=x \Longleftrightarrow b=a^x$)

즉, $a^{-\frac{\sqrt{3}}{2}}=\frac{1}{2}$이므로 $a^{\frac{\sqrt{3}}{2}}=2$ ($a^{-1}=\frac{1}{a}$)

양변을 제곱하면 $a^{\sqrt{3}}=2^2=4$

E 35 정답 ④ *삼각함수의 정의 [정답률 67%]

(정답 공식: 삼각형에 주어진 각의 크기가 30°, 60°이므로 특수각의 삼각비를 이용한다.)

그림과 같이 $\angle A=90°$, $\angle C=30°$인 직각삼각형 ABC의 꼭짓점 A에서 빗변 BC에 내린 수선의 발을 D라 할 때, 옳은 내용을 [보기]에서 모두 고른 것은? (4점)

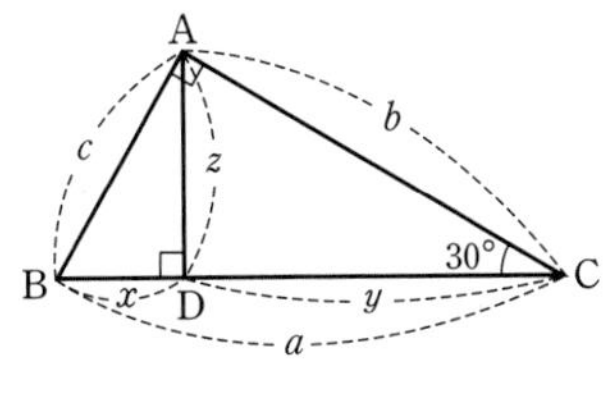

단서 △ABC에서 ∠C=30°이므로 ∠B=60°가 돼. 특수각의 삼각비를 적절히 활용하여 관계식을 찾자. 특히 ㄱ, ㄴ, ㄷ의 주어진 식을 통해 각각에서 적용될 직각삼각형을 결정하자.

[보기]

ㄱ. $z=\frac{1}{2}c$ ㄴ. $\frac{z}{x}=\frac{y}{z}$ ㄷ. $y+z=\frac{1+\sqrt{3}}{2}b$

① ㄴ ② ㄷ ③ ㄱ, ㄴ ④ ㄴ, ㄷ ⑤ ㄱ, ㄴ, ㄷ

1st 특수각인 30°, 60°이므로 삼각비를 활용해.

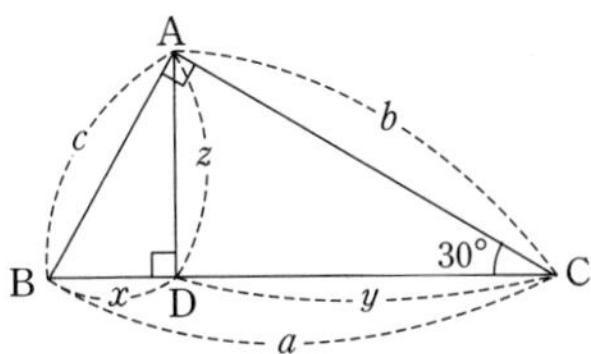

ㄱ. △ABC에서 ∠B=60°이므로

$\sin 60°=\frac{z}{c}=\frac{\sqrt{3}}{2}$ $\therefore z=\frac{\sqrt{3}}{2}c$ (거짓)

△ABD에서 생각해.

ㄴ. △ABD에서 $\frac{z}{x}=\tan 60°$, △ACD에서 $\frac{y}{z}=\tan 60°$ (∠DAC=60°)

$\therefore \frac{z}{x}=\frac{y}{z}$ (참)

ㄷ. △ACD에서 $y=b\cos 30°=\frac{\sqrt{3}}{2}b$, $z=b\sin 30°=\frac{1}{2}b$

$\therefore y+z=\frac{1+\sqrt{3}}{2}b$ (참)

따라서 옳은 것은 ㄴ, ㄷ이다.

E 36 정답 12 *삼각함수의 정의 [정답률 78%]

(정답 공식: ∠BDC=90°이므로 $\overline{BC}$가 원의 지름임을 알 수 있다.)

그림과 같이 $\angle A=120°$, $\overline{CD}=6$ cm인 사각형 ABCD가 있다. 이 사각형이 원에 내접하고 $\angle BDC=90°$일 때, 외접원의 지름의 길이는 x cm이다. x의 값을 구하시오. (3점)

단서1 원에 내접하는 사각형의 대각의 크기의 합은 180°임을 적용하자.

단서2 지름에 대한 원주각의 크기가 90°임을 파악해내는 문제야. 그 다음 특수각의 삼각비를 이용하면 돼.

1st 원에 내접하는 사각형이므로 지름에 대한 원주각의 크기는 90°임을 적극 활용해.

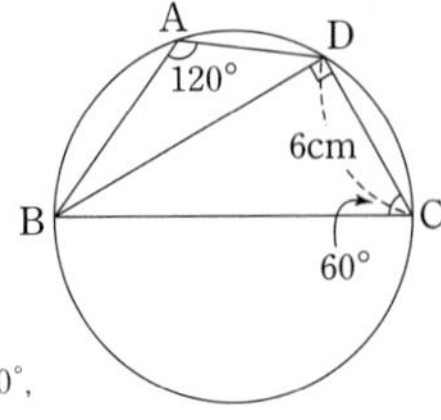

사각형 ABCD가 원에 내접하고, 원에 내접하는 사각형의 마주보는 각의 크기의 합이 180°이므로 ∠C=60°이다.

한편, 지름에 대한 원주각의 크기는 90°이고, ∠BDC=90°이므로 $\overline{BC}$는 외접원의 지름이다.

그림에서 $\angle a+\angle b=360°$, $\angle A=\frac{1}{2}\angle a$, $\angle C=\frac{1}{2}\angle b$
$\therefore \angle A+\angle C=\frac{1}{2}(\angle a+\angle b)=\frac{1}{2}\times 360°=180°$

즉, $\overline{BC}\cos 60°=\overline{CD}$에서

$\overline{BC}\times\frac{1}{2}=6$

$\therefore \overline{BC}=12$(cm)

따라서 외접원의 지름의 길이는 12 cm이므로 $x=12$이다.

E 37 정답 10 *삼각함수의 정의 [정답률 75%]

(정답 공식: 직선이 x축의 양의 방향과 이루는 각의 크기를 θ라 할 때, 직선의 기울기는 $\tan\theta$이다.)

단서1 직선이 x축의 양의 방향과 이루는 각을 θ라 하면 $\tan\theta=$(기울기)임을 적극 활용하자.

직선 $y=x$에 대하여 대칭인 두 직선 $y=ax$, $y=bx$가 이루는 각이 30°일 때, $3(a^2+b^2)$의 값을 구하시오. (3점)

단서2 $y=ax$, $y=bx$가 각각 $y=x$와 이루는 각의 크기는 서로 같음을 이용하자.

1st 직선 $y=x$가 x축의 양의 방향과 이루는 각을 먼저 찾자.

직선이 x축의 양의 방향과 이루는 각의 크기가 θ이면 기울기는 $\tan\theta$이므로 $y=x$에서 $\tan\theta=1$ $\therefore \theta=45°$

즉, 직선 $y=x$가 x축의 양의 방향과 이루는 각의 크기는 45°이다.

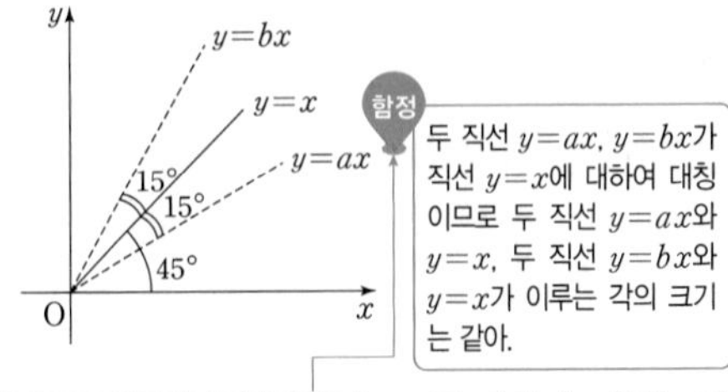

함정 두 직선 $y=ax$, $y=bx$가 직선 $y=x$에 대하여 대칭이므로 두 직선 $y=ax$와 $y=x$, 두 직선 $y=bx$와 $y=x$가 이루는 각의 크기는 같아.

이때, $y=ax$, $y=bx$가 $y=x$에 대하여 대칭이고, 두 직선이 이루는 각의 크기가 30°이므로 $a<b$라 하면 그림과 같이 두 직선 $y=ax$, $y=bx$가 x축의 양의 방향과 이루는 각의 크기는 각각 30°, 60°이다.

따라서 $a=\tan 30°$, $b=\tan 60°$이므로

$a=\frac{1}{\sqrt{3}}$, $b=\sqrt{3}$ $\therefore 3(a^2+b^2)=3\left(\frac{1}{3}+3\right)=10$

E 38 정답 ④ *삼각함수의 정의 [정답률 53%]

(정답 공식: 두 우회도로의 길이를 미지수로 잡고 함수 $y=\sin x$를 이용해 각각의 높이를 나타낸다.)

직선거리가 500 m인 A 지점과 B 지점을 연결하는 도로를 건설하려고 했지만, 경사도가 37°여서 우회도로가 필요하였다. 그래서 그림과 같이 12°인 경사도를 유지하는 도로를 건설하기로 결정하였다. A 지점에서 B 지점까지 이 우회도로의 거리는 약 몇 m인가? (단, $\sin 12°=0.2$, $\sin 37°=0.6$으로 계산한다.) (3점)

단서 우회도로의 높이의 합과 B 지점의 높이는 같음을 이용하자.

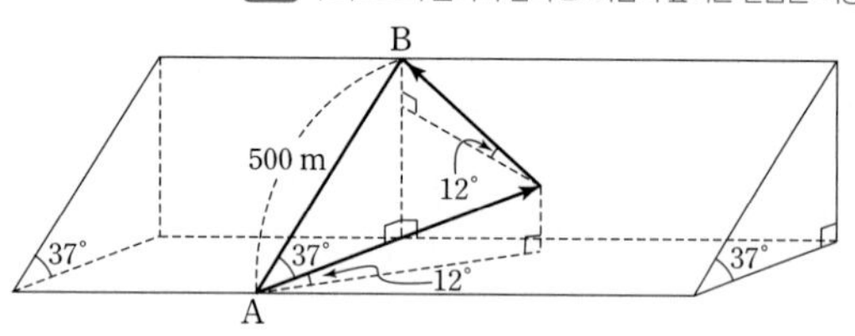

① 800 m ② 1000 m ③ 1200 m ④ 1500 m ⑤ 1800 m

1st 우회도로가 꺾이는 점을 C라 하고 $\overline{AC}$, $\overline{BC}$의 길이를 sin을 이용하여 나타내.

다음 그림과 같이 주어진 그림에 점 C, H, H_1, H_2를 잡자.

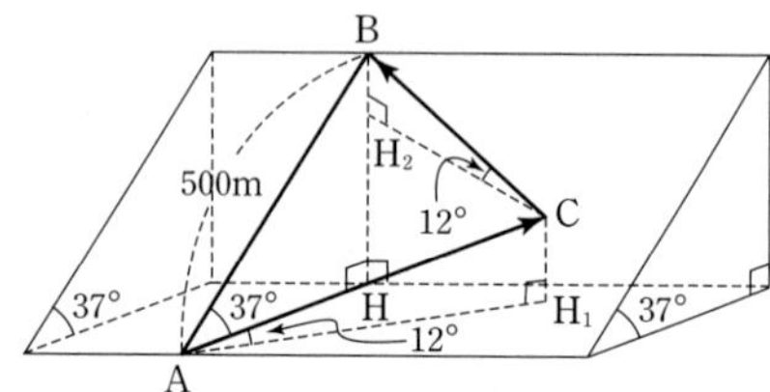

$\overline{AC}=a$, $\overline{BC}=b$라 하면

$\overline{CH_1}=\overline{AC}\sin 12°=a\sin 12°$ → 직각삼각형 AH_1C에서 $\dfrac{\overline{CH_1}}{\overline{AC}}=\sin 12°$

$\overline{BH_2}=\overline{BC}\sin 12°=b\sin 12°$ → 직각삼각형 CBH_2에서 $\dfrac{\overline{BH_2}}{\overline{CB}}=\sin 12°$

$\overline{BH}=\overline{CH_1}+\overline{BH_2}=(a+b)\sin 12°$ ⋯ ㉠

또한, △ABH가 직각삼각형이므로

$\overline{BH}=500\sin 37°$ ⋯ ㉡ → $\dfrac{\overline{BH}}{\overline{AB}}=\sin 37°$

㉠, ㉡에 의해 $(a+b)\sin 12°=500\sin 37°$

$$\therefore \overline{AC}+\overline{BC}=a+b=\frac{500\sin 37°}{\sin 12°}=\frac{500\times 0.6}{0.2}=500\times 3$$
$$=1500(\text{m})$$

E 39 정답 ⑤ *삼각함수의 값의 부호 [정답률 85%]

(정답 공식: 각 θ에 대하여 $\sin\theta$의 값의 부호가 양수인 사분면은 제1, 2사분면이고, $\cos\theta$의 값의 부호가 양수인 사분면은 제1, 4사분면이다.)

$\sin\theta-\cos\theta>0$, $\sin\theta\cos\theta<0$을 동시에 만족시킬 때, 다음 중 옳은 것은? (3점)

단서 $\sin\theta$, $\cos\theta$의 부호는 서로 달라야 해.

① $\sin\theta<0$ ② $\cos\theta>0$ ③ $\tan\theta>0$
④ $\sin\theta\tan\theta>0$ ⑤ $\dfrac{\cos\theta}{\tan\theta}>0$

1st 조건을 만족시키는 $\sin\theta$, $\cos\theta$의 값의 부호를 구하자.

$\sin\theta\cos\theta<0$가 성립되려면 $\sin\theta$와 $\cos\theta$의 부호가 서로 달라야 한다.
두 수 A, B에 대하여 $AB<0 \Longleftrightarrow A>0, B<0$ 또는 $A<0, B>0$

즉, $\sin\theta>0$, $\cos\theta<0$ 또는 $\sin\theta<0$, $\cos\theta>0$

그런데 $\sin\theta-\cos\theta>0$

$\sin\theta>\cos\theta$이므로 $\sin\theta>0$, $\cos\theta<0$ ⋯ ㉠

2nd 선택지 중 맞는 것을 고르자.

① ㉠에 의해 $\sin\theta>0$이므로 거짓

② ㉠에 의해 $\cos\theta<0$이므로 거짓

③ ㉠에 의해 $\tan\theta=\dfrac{\sin\theta}{\cos\theta}<0$ ⋯ ㉡이므로 거짓
$\sin\theta>0$, $\cos\theta<0$이니까 $\tan\theta<0$

④ ㉠, ㉡에 의해 $\sin\theta\tan\theta<0$이므로 거짓
$\sin\theta>0$, $\tan\theta<0$이니까 $\sin\theta\tan\theta<0$

⑤ ㉠, ㉡에 의해 $\dfrac{\cos\theta}{\tan\theta}>0$이므로 참
$\cos\theta<0$, $\tan\theta<0$이니까 $\dfrac{\cos\theta}{\tan\theta}>0$

E 40 정답 ① *삼각함수의 값의 부호 [정답률 75%]

(정답 공식: 제3사분면의 각 θ에 대하여 $\sin\theta<0$, $\cos\theta<0$, $\tan\theta>0$이다.)

$\pi<\theta<\dfrac{3}{2}\pi$인 θ에 대하여 $\tan\theta-\dfrac{6}{\tan\theta}=1$일 때, $\sin\theta+\cos\theta$의 값은? (3점)

단서1 θ는 제3사분면의 각이므로 $\tan\theta$의 값의 부호를 알 수 있지?

단서2 $\tan\theta$에 대한 방정식에서 $\tan\theta$의 값을 구하고 구한 $\tan\theta$의 값을 이용하여 $\sin\theta$, $\cos\theta$의 값을 구하면 돼.

① $-\dfrac{2\sqrt{10}}{5}$ ② $-\dfrac{\sqrt{10}}{5}$ ③ 0
④ $\dfrac{\sqrt{10}}{5}$ ⑤ $\dfrac{2\sqrt{10}}{5}$

1st $\tan\theta$의 값을 구해.

$\tan\theta-\dfrac{6}{\tan\theta}=1$에서 $\tan^2\theta-6=\tan\theta$, $\tan^2\theta-\tan\theta-6=0$

$(\tan\theta+2)(\tan\theta-3)=0$ $\therefore \tan\theta=-2$ 또는 $\tan\theta=3$

그런데 $\pi<\theta<\dfrac{3}{2}\pi$이므로 $\tan\theta=3$
→ $\pi<\theta<\dfrac{3}{2}\pi$이므로 $\tan\theta$의 값은 양수가 되어야 해.

2nd $\sin\theta+\cos\theta$의 값을 구해.

동경 OP가 나타내는 각의 크기를 θ라 할 때 $\pi<\theta<\dfrac{3}{2}\pi$이고

$\tan\theta=3$이므로 점 P의 좌표를 $(-1, -3)$이라 할 수 있다.

즉, $\overline{OP}=\sqrt{(-1)^2+(-3)^2}=\sqrt{10}$이므로
점 (a, b)와 원점 O 사이의 거리를 d라 하면 $d=\sqrt{a^2+b^2}$이야.

$\sin\theta=\dfrac{-3}{\sqrt{10}}=-\dfrac{3\sqrt{10}}{10}$, $\cos\theta=\dfrac{-1}{\sqrt{10}}=-\dfrac{\sqrt{10}}{10}$
원점을 중심으로 하고 반지름의 길이가 r인 원 위의 점 P의 좌표가 (x, y)이고 동경 OP가 나타내는 각의 크기를 θ라 하면 $\sin\theta=\dfrac{y}{r}$, $\cos\theta=\dfrac{x}{r}$, $\tan\theta=\dfrac{y}{x}$야.

$$\therefore \sin\theta+\cos\theta=\left(-\frac{3\sqrt{10}}{10}\right)+\left(-\frac{\sqrt{10}}{10}\right)=-\frac{4\sqrt{10}}{10}=-\frac{2\sqrt{10}}{5}$$

다른 풀이: 삼각함수 사이의 관계 이용하기

$\tan\theta=3$이므로

$\dfrac{1}{\cos^2\theta}=1+\tan^2\theta=1+3^2=10$ $\therefore \cos^2\theta=\dfrac{1}{10}$
$\sin^2\theta+\cos^2\theta=1$이 성립하고 양변을 $\cos^2\theta$로 나누면 $\dfrac{\sin^2\theta}{\cos^2\theta}+1=\dfrac{1}{\cos^2\theta}$이지? 그런데 $\tan\theta=\dfrac{\sin\theta}{\cos\theta}$이므로 $\tan^2\theta+1=\dfrac{1}{\cos^2\theta}$이 성립해.

그런데 $\pi<\theta<\dfrac{3}{2}\pi$이므로 $\cos\theta=-\sqrt{\dfrac{1}{10}}=-\dfrac{\sqrt{10}}{10}$이고

$\sin\theta=-\sqrt{1-\cos^2\theta}=-\sqrt{1-\dfrac{1}{10}}=-\sqrt{\dfrac{9}{10}}=-\dfrac{3\sqrt{10}}{10}$

(이하 동일)
→ $\sin^2\theta+\cos^2\theta=1$에서 $\sin^2\theta=1-\cos^2\theta$
$\therefore \sin\theta=\pm\sqrt{1-\cos^2\theta}$

E 41 정답 ① *삼각함수의 값의 부호 [정답률 77%]

(정답 공식: θ가 제4사분면의 각이므로 $\sin\theta<0$, $\cos\theta>0$이다.)

$\frac{3}{2}\pi<\theta<2\pi$일 때,
단서 θ는 제4사분면의 각이니까 $\sin\theta<0$, $\cos\theta>0$임을 알 수 있지.
$\sqrt{\cos^2\theta}+|\sin\theta-\cos\theta|-2\cos\theta+\sin\theta$를 간단히 한 것은? (3점)

① 0 ② $\sin\theta$ ③ $\cos\theta$
④ $2\sin\theta$ ⑤ $2\cos\theta$

1st θ가 제4사분면의 각이므로 $\sin\theta$와 $\cos\theta$의 부호를 알 수 있지.

$\frac{3}{2}\pi<\theta<2\pi$, 즉 θ는 제4사분면의 각이므로

$\sin\theta<0$, $\cos\theta>0$

2nd 제곱근의 부호와 절댓값에 유의하여 식을 정리해.

$\therefore \sqrt{\cos^2\theta}+|\sin\theta-\cos\theta|-2\cos\theta+\sin\theta$ ($\sqrt{a^2}=|a|=\begin{cases}a & (a\ge 0)\\ -a & (a<0)\end{cases}$)

$=|\cos\theta|-(\sin\theta-\cos\theta)-2\cos\theta+\sin\theta$ ($\sin\theta<0$, $\cos\theta>0$이므로 $\sin\theta-\cos\theta<0$)

$=\cos\theta-\sin\theta+\cos\theta-2\cos\theta+\sin\theta$

$=0$

E 42 정답 ② *삼각함수 사이의 관계 – 값 구하기 [정답률 88%]

(정답 공식: $\tan\theta=\frac{\sin\theta}{\cos\theta}$, $\sin^2\theta+\cos^2\theta=1$이다.)

$\frac{3}{2}\pi<\theta<2\pi$인 θ에 대하여 $\sin^2\theta=\frac{4}{5}$일 때, $\frac{\tan\theta}{\cos\theta}$의 값은? (3점)
단서 θ가 제4사분면의 각이므로 $\sin\theta<0$, $\cos\theta>0$, $\tan\theta<0$이야.

① $-3\sqrt{5}$ ② $-2\sqrt{5}$ ③ $-\sqrt{5}$
④ $\sqrt{5}$ ⑤ $2\sqrt{5}$

1st $\sin\theta$의 값을 구해.

$\frac{3}{2}\pi<\theta<2\pi$에서 $\sin\theta<0$이고 $\sin^2\theta=\frac{4}{5}$이므로

$\sin\theta=-\sqrt{\frac{4}{5}}=-\frac{2\sqrt{5}}{5}$

2nd $\frac{\tan\theta}{\cos\theta}$의 값을 구해.

($\tan\theta=\frac{\sin\theta}{\cos\theta}$)

$\therefore \frac{\tan\theta}{\cos\theta}=\frac{\frac{\sin\theta}{\cos\theta}}{\cos\theta}=\frac{\sin\theta}{\cos^2\theta}=\frac{\sin\theta}{1-\sin^2\theta}=\frac{-\frac{2\sqrt{5}}{5}}{1-\frac{4}{5}}$ ($\sin^2\theta+\cos^2\theta=1$)

$=\frac{-\frac{2\sqrt{5}}{5}}{\frac{1}{5}}=-2\sqrt{5}$

삼각함수의 각의 부호 (개념 · 공식)

삼각함수 \ 사분면	제1사분면	제2사분면	제3사분면	제4사분면
$\sin\theta$	+	+	−	−
$\cos\theta$	+	−	−	+
$\tan\theta$	+	−	+	−

E 43 정답 ② *삼각함수 사이의 관계–값 구하기 [정답률 85%]

(정답 공식: $\tan\theta=\frac{\sin\theta}{\cos\theta}$, $\sin^2\theta+\cos^2\theta=1$)

$\cos\theta>0$이고 $\sin\theta+\cos\theta\tan\theta=-1$일 때,
단서1 θ는 제1사분면 또는 제4사분면의 각이야.
단서2 $\tan\theta=\frac{\sin\theta}{\cos\theta}$임을 이용하면 식을 간단히 할 수 있겠지?
$\tan\theta$의 값은? (3점)

① $-\sqrt{3}$ ② $-\frac{\sqrt{3}}{3}$ ③ $\frac{\sqrt{3}}{3}$
④ 1 ⑤ $\sqrt{3}$

1st 삼각함수의 사이의 관계를 이용하여 $\sin\theta$, $\cos\theta$, $\tan\theta$의 값을 차례로 구해.

$\tan\theta=\frac{\sin\theta}{\cos\theta}$이므로 $\sin\theta+\cos\theta\tan\theta=-1$에서

$\sin\theta+\cos\theta\times\frac{\sin\theta}{\cos\theta}=-1$, $2\sin\theta=-1$ $\therefore \sin\theta=-\frac{1}{2}$

이때, $\cos\theta>0$이므로 $\cos\theta=\sqrt{1-\sin^2\theta}=\sqrt{1-\left(-\frac{1}{2}\right)^2}=\frac{\sqrt{3}}{2}$ ($\sin^2\theta+\cos^2\theta=1$)

$\therefore \tan\theta=\frac{\sin\theta}{\cos\theta}=\frac{-\frac{1}{2}}{\frac{\sqrt{3}}{2}}=-\frac{\sqrt{3}}{3}$

E 44 정답 ② *삼각함수 사이의 관계 – 값 구하기 [정답률 87%]

(정답 공식: $\sin^2x+\cos^2x=1$)

$\pi<\theta<\frac{3}{2}\pi$인 θ에 대하여
단서1 θ는 제3사분면의 각이야.
$\frac{1}{1-\cos\theta}+\frac{1}{1+\cos\theta}=18$
단서2 $\sin\theta$의 식으로 나타내면 돼.
일 때, $\sin\theta$의 값은? (3점)

① $-\frac{2}{3}$ ② $-\frac{1}{3}$ ③ 0
④ $\frac{1}{3}$ ⑤ $\frac{2}{3}$

1st 주어진 식을 간단히 해.

$\frac{1}{1-\cos\theta}+\frac{1}{1+\cos\theta}=18$에서 $\frac{(1+\cos\theta)+(1-\cos\theta)}{(1-\cos\theta)(1+\cos\theta)}=18$

$\frac{2}{1-\cos^2\theta}=18$, $\frac{2}{\sin^2\theta}=18$, $\sin^2\theta=\frac{1}{9}$

$\therefore \sin\theta=\pm\frac{1}{3}$

2nd $\pi<\theta<\frac{3}{2}\pi$일 때, $\sin\theta$의 값을 구해.

이때, $\pi<\theta<\frac{3}{2}\pi$에서 $\sin\theta<0$이므로 $\sin\theta=-\frac{1}{3}$
θ가 제3사분면의 각이면 $\sin\theta<0$, $\cos\theta<0$, $\tan\theta>0$이야.

삼각함수 사이의 관계 (개념 · 공식)

① $\tan\theta=\frac{\sin\theta}{\cos\theta}$

② $\sin^2\theta+\cos^2\theta=1$

③ $1+\tan^2\theta=\frac{1}{\cos^2\theta}$

E 45 정답 ② *삼각함수 사이의 관계 – 값 구하기 [정답률 87%]

(정답 공식: $\sin^2 x+\cos^2 x=1$, $\tan x=\frac{\sin x}{\cos x}$)

단서1 θ는 제4사분면의 각이야.

$\frac{3}{2}\pi<\theta<2\pi$인 θ에 대하여 $\cos\theta=\frac{\sqrt{6}}{3}$일 때,

$\tan\theta$의 값은? (3점)

단서2 $\tan\theta=\frac{\sin\theta}{\cos\theta}$

① $-\sqrt{2}$ ② $-\frac{\sqrt{2}}{2}$ ③ 0

④ $\frac{\sqrt{2}}{2}$ ⑤ $\sqrt{2}$

1st $\sin\theta$의 값을 구해.

$\frac{3}{2}\pi<\theta<2\pi$에서 $\sin\theta<0$이고, $\cos\theta=\frac{\sqrt{6}}{3}$이므로

$\frac{3}{2}\pi<\theta<2\pi$일 때 $\sin\theta<0$, $\cos\theta>0$, $\tan\theta<0$이야.

$\sin\theta=-\sqrt{1-\cos^2\theta}=-\sqrt{1-\left(\frac{\sqrt{6}}{3}\right)^2}=-\sqrt{1-\frac{6}{9}}$

$\sin^2 x+\cos^2 x=1$에서 $\sin x=\pm\sqrt{1-\cos^2 x}$

$=-\sqrt{\frac{3}{9}}=-\frac{\sqrt{3}}{3}$

2nd $\tan\theta$의 값을 구해.

$\therefore \tan\theta=\frac{\sin\theta}{\cos\theta}=\frac{-\frac{\sqrt{3}}{3}}{\frac{\sqrt{6}}{3}}=-\frac{1}{\sqrt{2}}=-\frac{\sqrt{2}}{2}$

쉬운 풀이: $\cos\theta=\frac{\sqrt{6}}{3}$인 직각삼각형에서 $\tan\theta$의 값 구하기

양수 t에 대하여 빗변의 길이가 $3t$, 밑면의 길이가 $\sqrt{6}t$인 직각삼각형을 생각하면 돼.

그림과 같이 $\cos\theta=\frac{\sqrt{6}}{3}$을 만족시키는

직각삼각형에서 나머지 한 변의 길이는

$\sqrt{3^2-(\sqrt{6})^2}=\sqrt{3}$이므로

$\tan\theta=\frac{\sqrt{3}}{\sqrt{6}}=\frac{1}{\sqrt{2}}=\frac{\sqrt{2}}{2}$지?

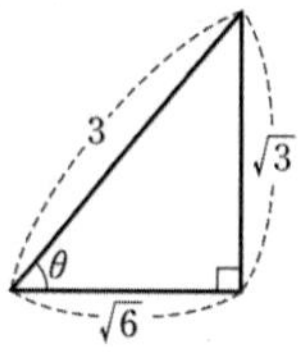

그런데 $\frac{3}{2}\pi<\theta<2\pi$이므로 $\tan\theta<0$이어야 해.

$\therefore \tan\theta=-\frac{\sqrt{2}}{2}$

E 46 정답 ① *삼각함수 사이의 관계 – 값 구하기 [정답률 91%]

(정답 공식: $\sin^2 x+\cos^2 x=1$, $\tan x=\frac{\sin x}{\cos x}$임을 이용한다.)

$\frac{\pi}{2}<\theta<\pi$인 θ에 대하여 $\sin\theta=\frac{\sqrt{21}}{7}$일 때, $\tan\theta$의 값은? (2점)

단서1 θ가 제2사분면의 각이야.

단서2 $\tan\theta=\frac{\sin\theta}{\cos\theta}$이므로 $\tan\theta$의 값을 구하기 위해서는 $\cos\theta$의 값만 구하면 되겠지?

① $-\frac{\sqrt{3}}{2}$ ② $-\frac{\sqrt{3}}{4}$ ③ 0 ④ $\frac{\sqrt{3}}{4}$ ⑤ $\frac{\sqrt{3}}{2}$

1st $\cos\theta$의 값과 $\tan\theta$의 값을 차례로 구하자.

$\frac{\pi}{2}<\theta<\pi$이므로 $\cos\theta<0$이다.

따라서 $\cos\theta=-\sqrt{1-\sin^2\theta}=-\sqrt{1-\left(\frac{\sqrt{21}}{7}\right)^2}=-\sqrt{\frac{4}{7}}=-\frac{2\sqrt{7}}{7}$

$\sin^2 x+\cos^2 x=1$에서 $\cos^2 x=1-\sin^2 x$

이므로 $\tan\theta=\frac{\sin\theta}{\cos\theta}=\frac{\frac{\sqrt{21}}{7}}{-\frac{2\sqrt{7}}{7}}=-\frac{\sqrt{3}}{2}$

톡톡 풀이: 조건을 만족시키는 직각삼각형을 그려 $\tan\theta$의 값 구하기

θ가 예각이라 하면 $\sin\theta=\frac{\sqrt{21}}{7}$을 만족시키는

직각삼각형 ABC는 그림과 같아.

이때, $\overline{BC}=\sqrt{7^2-(\sqrt{21})^2}=2\sqrt{7}$이므로

$\tan\theta=\frac{\sqrt{21}}{2\sqrt{7}}=\frac{\sqrt{3}}{2}$이야.

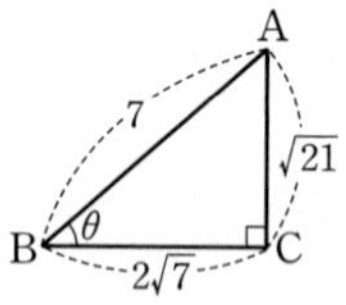

그런데 $\frac{\pi}{2}<\theta<\pi$이므로 $\tan\theta<0$이지?

$\therefore \tan\theta=-\frac{\sqrt{3}}{2}$

어떤 각의 크기에 대한 삼각함수의 값이 주어지면 그 각의 크기를 예각이라 생각하고 직각삼각형을 그려 봐. 그 다음 실제 어떤 각이 어느 사분면의 각인지에 따라 부호를 붙여주면 돼.

윤혁 서울대 건설환경공학부 2021년 입학 · 서울 동양고 졸

삼각함수에 대한 문제가 나오면 무조건 유의해야 할 점은 삼각함수의 부호야. $\frac{\pi}{2}<\theta<\pi$라는 조건을 보자마자 좌표평면을 그려 제2사분면을 표시해 줘. 그러면 구한 값의 부호가 맞게 나왔는지 쉽게 확인할 수 있어. 문제의 조건을 만족시키는 직각삼각형의 빗변의 길이를 7, 높이를 $\sqrt{21}$이라 하면 피타고라스 정리에 의하여 밑변의 길이는 $2\sqrt{7}$이 되기 때문에 제2사분면에서 탄젠트함수의 부호는 음수라는 것을 생각하면 쉽게 답을 낼 수 있어.

E 47 정답 ④ *삼각함수 사이의 관계–값 구하기 [정답률 91%]

(정답 공식: θ가 제2사분면의 각일 때, $\sin\theta>0$, $\cos\theta<0$, $\tan\theta<0$이다.)

$\frac{\pi}{2}<\theta<\pi$인 θ에 대하여 $\cos^2\theta=\frac{4}{9}$일 때, $\sin^2\theta+\cos\theta$의 값은? (3점)

단서 θ가 제2사분면의 각이므로 $\cos\theta$의 부호는 음수야.

① $-\frac{4}{9}$ ② $-\frac{1}{3}$ ③ $-\frac{2}{9}$

④ $-\frac{1}{9}$ ⑤ 0

1st $\cos\theta$, $\sin^2\theta$의 값을 각각 구해.

θ가 제2사분면의 각이므로 $\cos\theta<0$이다.

따라서 $\cos^2\theta=\frac{4}{9}$에서 $\cos\theta=-\frac{2}{3}$

또, $\sin^2\theta+\cos^2\theta=1$에서 $\sin^2\theta=1-\cos^2\theta=1-\frac{4}{9}=\frac{5}{9}$

모든 θ에 대하여 $\sin^2\theta+\cos^2\theta=1$이 항상 성립해.

$\therefore \sin^2\theta+\cos\theta=\frac{5}{9}+\left(-\frac{2}{3}\right)=\frac{5}{9}-\frac{6}{9}=-\frac{1}{9}$

삼각함수 사이의 관계 개념·공식

① $\tan\theta=\frac{\sin\theta}{\cos\theta}$

② $\sin^2\theta+\cos^2\theta=1$

③ $1+\tan^2\theta=\frac{1}{\cos^2\theta}$

E 48 정답 ④ *삼각함수 사이의 관계 - 값 구하기 ···· [정답률 87%]

(정답 공식: $\sin^2\theta+\cos^2\theta=1$, $\tan\theta=\frac{\sin\theta}{\cos\theta}$임을 이용하여 $\tan\theta$의 값을 구한다.)

θ가 제3사분면의 각이고 $\cos\theta=-\frac{4}{5}$일 때, $\tan\theta$의 값은? (2점)

단서1 $\pi<\theta<\frac{3}{2}\pi$ 단서2 $\tan\theta=\frac{\sin\theta}{\cos\theta}$

① $-\frac{4}{3}$ ② $-\frac{3}{4}$ ③ 0 ④ $\frac{3}{4}$ ⑤ $\frac{4}{3}$

1st 삼각함수 사이의 관계를 이용하여 $\tan\theta$의 값을 구해.

θ가 제3사분면의 각이므로 $\sin\theta<0$ ($\pi<\theta<\frac{3}{2}\pi$이면 $\sin\theta<0$, $\cos\theta<0$, $\tan\theta>0$)

이때, $\sin^2\theta+\cos^2\theta=1$에서

$\sin^2\theta+\left(-\frac{4}{5}\right)^2=1$, $\sin^2\theta+\frac{16}{25}=1$, $\sin^2\theta=\frac{9}{25}$

따라서 $\sin\theta=-\frac{3}{5}$ ($\because \sin\theta<0$)이므로 $\tan\theta=\frac{\sin\theta}{\cos\theta}=\frac{-\frac{3}{5}}{-\frac{4}{5}}=\frac{3}{4}$

다른 풀이: **좌표평면 위에 동경 OP가 나타내는 한 각 θ를 그려 해결하기**

θ가 나타내는 동경과 중심이 원점 O이고 반지름의 길이가 5인 원의 교점을 P라 하면

$\cos\theta=-\frac{4}{5}$이므로 점 P의 좌표는 $(-4,\ -3)$이야.

점 P에서 x축에 내린 수선의 발을 H라 하면 $\overline{OP}=5$, $\overline{OH}=4$이므로 직각삼각형 OHP에서 피타고라스 정리에 의하여 $\overline{PH}=\sqrt{5^2-4^2}=\sqrt{9}=3$ 따라서 점 P의 좌표는 $(-4, -3)$이야.

$\therefore \tan\theta=\frac{-3}{-4}=\frac{3}{4}$

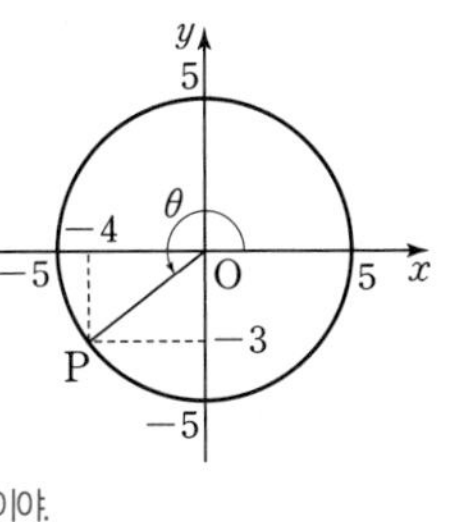

E 49 정답 ① *삼각함수 사이의 관계-값 구하기 ···· [정답률 83%]

(정답 공식: $\tan\theta=\frac{\sin\theta}{\cos\theta}$임을 이용한다.)

$\frac{\pi}{2}<\theta<\pi$인 θ에 대하여 $\cos\theta\tan\theta=\frac{1}{2}$일 때, $\cos\theta+\tan\theta$의 값은? (3점)

단서 θ는 제2사분면의 각이므로 $\sin\theta>0$, $\cos\theta<0$, $\tan\theta<0$이야.

① $-\frac{5\sqrt{3}}{6}$ ② $-\frac{2\sqrt{3}}{3}$ ③ $-\frac{\sqrt{3}}{2}$ ④ $-\frac{\sqrt{3}}{3}$ ⑤ $-\frac{\sqrt{3}}{6}$

1st θ의 값부터 구해.

$\tan\theta=\frac{\sin\theta}{\cos\theta}$이므로 $\cos\theta\tan\theta=\frac{1}{2}$에서

$\cos\theta\times\frac{\sin\theta}{\cos\theta}=\frac{1}{2}$, $\sin\theta=\frac{1}{2}$ $\quad\therefore \theta=\frac{5}{6}\pi\ \left(\because \frac{\pi}{2}<\theta<\pi\right)$

$\sin\theta=\frac{1}{2}(0\le\theta\le2\pi)$이면 $\theta=\frac{\pi}{6}$ 또는 $\theta=\frac{5}{6}\pi$야. 그런데 조건에서 $\frac{\pi}{2}<\theta<\pi$이므로 $\theta=\frac{5}{6}\pi$야.

2nd $\cos\theta+\tan\theta$의 값을 구해.

따라서 $\cos\theta=\cos\frac{5}{6}\pi=\cos\left(\pi-\frac{\pi}{6}\right)=-\cos\frac{\pi}{6}=-\frac{\sqrt{3}}{2}$, ($\cos(\pi-\theta)=-\cos\theta$)

$\tan\theta=\tan\frac{5}{6}\pi=\tan\left(\pi-\frac{\pi}{6}\right)=-\tan\frac{\pi}{6}=-\frac{\sqrt{3}}{3}$이므로 ($\tan(\pi-\theta)=-\tan\theta$)

$\cos\theta+\tan\theta=\left(-\frac{\sqrt{3}}{2}\right)+\left(-\frac{\sqrt{3}}{3}\right)=-\frac{5\sqrt{3}}{6}$

다른 풀이: **삼각함수 사이의 관계를 이용하여 $\cos\theta$, $\tan\theta$의 값 각각 구하기**

위의 풀이에서 $\sin\theta=\frac{1}{2}$이고 $\frac{\pi}{2}<\theta<\pi$이므로

$\cos\theta=-\sqrt{1-\sin^2\theta}=-\sqrt{1-\frac{1}{4}}=-\sqrt{\frac{3}{4}}=-\frac{\sqrt{3}}{2}$

$\sin^2\theta+\cos^2\theta=1$에서 $\cos^2\theta=1-\sin^2\theta$이고 $\frac{\pi}{2}<\theta<\pi$이므로 $\cos\theta<0$이야.

$\tan\theta=\frac{\sin\theta}{\cos\theta}=\frac{\frac{1}{2}}{-\frac{\sqrt{3}}{2}}=-\frac{1}{\sqrt{3}}=-\frac{\sqrt{3}}{3}$

$\therefore \cos\theta+\tan\theta=\left(-\frac{\sqrt{3}}{2}\right)+\left(-\frac{\sqrt{3}}{3}\right)=-\frac{5\sqrt{3}}{6}$

E 50 정답 ① *삼각함수 사이의 관계 - 값 구하기 ···· [정답률 73%]

(정답 공식: $\sin^2\theta+\cos^2\theta=1$임을 이용한다.)

$\frac{\pi}{2}<\theta<\pi$인 θ에 대하여 $\frac{\sin\theta}{1-\sin\theta}-\frac{\sin\theta}{1+\sin\theta}=4$일 때, $\cos\theta$의 값은? (3점)

단서 θ가 제2사분면의 각이므로 $\cos\theta$의 값은 음수야.

① $-\frac{\sqrt{3}}{3}$ ② $-\frac{1}{3}$ ③ 0 ④ $\frac{1}{3}$ ⑤ $\frac{\sqrt{3}}{2}$

1st 삼각함수 사이의 관계를 이용하여 $\cos\theta$의 값을 구해.

$\frac{\sin\theta}{1-\sin\theta}-\frac{\sin\theta}{1+\sin\theta}=4$에서

$\frac{\sin\theta(1+\sin\theta)-\sin\theta(1-\sin\theta)}{(1-\sin\theta)(1+\sin\theta)}=4$

$\frac{\sin\theta+\sin^2\theta-\sin\theta+\sin^2\theta}{1-\sin^2\theta}=4$

$\frac{2\sin^2\theta}{1-\sin^2\theta}=4$, $\frac{\sin^2\theta}{1-\sin^2\theta}=2$, $\frac{1-\cos^2\theta}{\cos^2\theta}=2$

($\sin^2\theta+\cos^2\theta=1$에서 $1-\sin^2\theta=\cos^2\theta$이고 $\sin^2\theta=1-\cos^2\theta$)

$1-\cos^2\theta=2\cos^2\theta$, $3\cos^2\theta=1$, $\cos^2\theta=\frac{1}{3}$

$\therefore \cos\theta=-\sqrt{\frac{1}{3}}=-\frac{\sqrt{3}}{3}\ \left(\because \frac{\pi}{2}<\theta<\pi\right)$

$\frac{\pi}{2}<\theta<\pi$일 때, $\sin\theta>0$, $\cos\theta<0$, $\tan\theta<0$이야.

E 51 정답 ⑤ *삼각함수 사이의 관계-값 구하기 ···· [정답률 78%]

(정답 공식: $\sin^2x+\cos^2x=1$임을 이용한다.)

$\frac{\pi}{2}<\theta<\pi$인 θ에 대하여 $\sin\theta=2\cos(\pi-\theta)$일 때, $\cos\theta\tan\theta$의 값은? (3점)

단서1 θ는 제2사분면의 각이야. 단서2 양변을 θ에 대한 삼각함수로 나타내.

① $-\frac{2\sqrt{5}}{5}$ ② $-\frac{\sqrt{5}}{5}$ ③ $\frac{1}{5}$ ④ $\frac{\sqrt{5}}{5}$ ⑤ $\frac{2\sqrt{5}}{5}$

1st $\sin\theta$와 $\cos\theta$ 사이의 관계식을 구해.

$\cos(\pi-\theta)=-\cos\theta$이므로 $\sin\theta=2\cos(\pi-\theta)$에서

$\sin\theta=-2\cos\theta$ ··· ㉠

($\sin(\pi-\theta)=\sin\theta$, $\cos(\pi-\theta)=-\cos\theta$, $\tan(\pi-\theta)=-\tan\theta$)

2nd $\cos\theta$, $\sin\theta$의 값을 각각 구해.

이때, $\sin^2\theta+\cos^2\theta=1$이므로 ㉠을 대입하면
모든 실수 x에 대하여 $\sin^2 x+\cos^2 x=1$이 항상 성립해.

$(-2\cos\theta)^2+\cos^2\theta=1$에서 $5\cos^2\theta=1$

$\therefore \cos^2\theta=\frac{1}{5}$, $\sin^2\theta=1-\cos^2\theta=1-\frac{1}{5}=\frac{4}{5}$

이때, $\frac{\pi}{2}<\theta<\pi$이므로
$\frac{\pi}{2}<\theta<\pi$일 때, $\sin\theta>0$, $\cos\theta<0$, $\tan\theta<0$이야.

$\cos\theta=-\sqrt{\frac{1}{5}}=-\frac{\sqrt{5}}{5}$, $\sin\theta=\sqrt{\frac{4}{5}}=\frac{2\sqrt{5}}{5}$

3rd $\cos\theta\tan\theta$의 값을 구해.

$\therefore \cos\theta\tan\theta=\cos\theta\times\frac{\sin\theta}{\cos\theta}=\sin\theta=\frac{2\sqrt{5}}{5}$
$\tan\theta=\frac{\sin\theta}{\cos\theta}$

다른 풀이: **삼각함수 사이의 관계를 이용하여 $\cos\theta$, $\tan\theta$의 값 각각 구하기**

$\sin\theta=2\cos(\pi-\theta)$에서 $\sin\theta=-2\cos\theta$, $\frac{\sin\theta}{\cos\theta}=-2$
$\frac{\pi}{2}<\theta<\pi$에서 $\cos\theta<0$이므로 양변을 $\cos\theta$로 나눌 수 있어.

$\therefore \tan\theta=-2 \cdots$ ㉡

이때, $\tan^2\theta+1=\frac{1}{\cos^2\theta}$이므로 ㉡을 대입하면
$\sin^2\theta+\cos^2\theta=1$의 양변을 $\cos^2\theta$로 나누면
$\frac{\sin^2\theta}{\cos^2\theta}+1=\frac{1}{\cos^2\theta}$ $\therefore \tan^2\theta+1=\frac{1}{\cos^2\theta}$

$(-2)^2+1=\frac{1}{\cos^2\theta}$에서 $\frac{1}{\cos^2\theta}=5$, $\cos^2\theta=\frac{1}{5}$

$\therefore \cos\theta=-\frac{\sqrt{5}}{5}\left(\because \frac{\pi}{2}<\theta<\pi\right) \cdots$ ㉢

㉡, ㉢에 의하여

$\cos\theta\tan\theta=-\frac{\sqrt{5}}{5}\times(-2)=\frac{2\sqrt{5}}{5}$

E 52 정답 ④ *삼각함수 사이의 관계 - $\sin\theta\times\cos\theta$, $\sin\theta\pm\cos\theta$ [정답률 84%]

(정답 공식: 삼각함수 사이의 관계 $\sin^2 x+\cos^2 x=1$임을 이용한다.)

단서1 $\sin\theta-\cos\theta$의 값의 부호를 알려주기 위한 조건이야.

$\frac{\pi}{2}<\theta<\pi$인 θ에 대하여 $\sin\theta\cos\theta=-\frac{12}{25}$일 때,
$\sin\theta-\cos\theta$의 값은? (3점)
단서2 $\sin\theta\cos\theta$의 값을 이용하기 위해 $\sin\theta-\cos\theta$를 제곱해 봐.

① $\frac{4}{5}$ ② 1 ③ $\frac{6}{5}$
④ $\frac{7}{5}$ ⑤ $\frac{8}{5}$

1st $\sin\theta-\cos\theta$를 제곱하여 $\sin\theta\cos\theta$의 값을 대입하자.

$\sin\theta\cos\theta=-\frac{12}{25}$이므로

$(\sin\theta-\cos\theta)^2=\sin^2\theta-2\sin\theta\cos\theta+\cos^2\theta$ ($\sin^2\theta+\cos^2\theta=1$)

$=1-2\sin\theta\cos\theta=1-2\times\left(-\frac{12}{25}\right)=\frac{49}{25}$

이때, $\sin\theta-\cos\theta>0$이므로 $\sin\theta-\cos\theta=\sqrt{\frac{49}{25}}=\frac{7}{5}$
$\frac{\pi}{2}<\theta<\pi$에서 $\sin\theta>0$, $\cos\theta<0$이므로 $\sin\theta-\cos\theta>0$

E 53 정답 ① *삼각함수 사이의 관계 - $\sin\theta\times\cos\theta$, $\sin\theta\pm\cos\theta$ … [정답률 87%]

(정답 공식: $\sin^2 x+\cos^2 x=1$임을 이용한다.)

$\sin\theta+\cos\theta=\frac{1}{2}$일 때,
$(2\sin\theta+\cos\theta)(\sin\theta+2\cos\theta)$의 값은? (3점)
단서 이 식을 전개하여 값을 구해.

① $\frac{1}{8}$ ② $\frac{1}{4}$ ③ $\frac{3}{8}$
④ $\frac{1}{2}$ ⑤ $\frac{5}{8}$

1st $\sin\theta\cos\theta$의 값을 구해.

$\sin\theta+\cos\theta=\frac{1}{2}$의 양변을 제곱하면

$\sin^2\theta+2\sin\theta\cos\theta+\cos^2\theta=\frac{1}{4}$, $1+2\sin\theta\cos\theta=\frac{1}{4}$
$\sin^2\theta+\cos^2\theta=1$이야.

$2\sin\theta\cos\theta=-\frac{3}{4}$ $\therefore \sin\theta\cos\theta=-\frac{3}{8}$

2nd $(2\sin\theta+\cos\theta)(\sin\theta+2\cos\theta)$의 값을 구해.

$\therefore (2\sin\theta+\cos\theta)(\sin\theta+2\cos\theta)$
$=2\sin^2\theta+5\sin\theta\cos\theta+2\cos^2\theta$
$=2(\sin^2\theta+\cos^2\theta)+5\sin\theta\cos\theta$
$=2\times1+5\times\left(-\frac{3}{8}\right)=2-\frac{15}{8}=\frac{1}{8}$

수능 핵강

$*\sin^2\theta+\cos^2\theta=1$임을 증명하기

중심이 원점 O이고 반지름의 길이가 1인 원 위의 점 P에 대하여
직선 OP가 x축과 양의 방향이 이루는 각의 크기를 θ라 하면
점 P의 좌표는 $(\cos\theta, \sin\theta)$야.
이때, 중심이 원점 O이고 반지름의 길이가 1인 원의 방정식은
$x^2+y^2=1$이고 점 P는 이 원 위의 점이므로
$x=\cos\theta$, $y=\sin\theta$를 원의 방정식에 대입하면 $\cos^2\theta+\sin^2\theta=1$이야.
즉, 모든 θ에 대하여 항상 $\sin^2\theta+\cos^2\theta=1$이 성립해.

E 54 정답 40 *삼각함수 사이의 관계 - $\sin\theta\times\cos\theta$, $\sin\theta\pm\cos\theta$ … [정답률 78%]

(정답 공식: $\sin^2 x+\cos^2 x=1$임을 이용한다.)

단서1 이 범위에서 $\sin\theta$, $\cos\theta$의 값은 모두 양수야.

$0<\theta<\frac{\pi}{2}$인 θ에 대하여 $\sin\theta\cos\theta=\frac{7}{18}$일 때,
$30(\sin\theta+\cos\theta)$의 값을 구하시오. (3점)
단서2 $\sin\theta+\cos\theta$의 값을 구해야 하고 $\sin\theta\cos\theta$의 값이 주어졌으니까 $\sin\theta+\cos\theta$를 제곱해 봐.

1st $\sin\theta+\cos\theta$의 값을 구해. ($\sin^2 x+\cos^2 x=1$)

$(\sin\theta+\cos\theta)^2=\sin^2\theta+\cos^2\theta+2\sin\theta\cos\theta$
$=1+2\times\frac{7}{18}$
$=1+\frac{7}{9}=\frac{16}{9}$

따라서 $\sin\theta+\cos\theta=\frac{4}{3}$ ($\because \sin\theta+\cos\theta>0$)이므로
$0<\theta<\frac{\pi}{2}$에서 $\sin\theta>0$, $\cos\theta>0$이므로 $\sin\theta+\cos\theta>0$이야.

$30(\sin\theta+\cos\theta)=30\times\frac{4}{3}=40$

E 55 정답 ② *삼각함수 사이의 관계 - $\sin\theta\times\cos\theta$, $\sin\theta\pm\cos\theta$ [정답률 80%]

(정답 공식: $\sin^2 x+\cos^2 x=1$, $\tan x=\dfrac{\sin x}{\cos x}$)

$\sin\theta+\cos\theta=\dfrac{1}{2}$일 때, $\dfrac{1+\tan\theta}{\sin\theta}$의 값은? (3점)

단서 $\tan\theta=\dfrac{\sin\theta}{\cos\theta}$임을 이용하여 식을 변형한 후 $\dfrac{1+\tan\theta}{\sin\theta}$의 값을 구하기 위해 필요한 값이 무엇인지 구해야 해.

① $-\dfrac{7}{3}$ ② $-\dfrac{4}{3}$ ③ $-\dfrac{1}{3}$
④ $\dfrac{2}{3}$ ⑤ $\dfrac{5}{3}$

1st $\sin\theta\cos\theta$의 값을 구하자.

$\sin\theta+\cos\theta=\dfrac{1}{2}$의 양변을 제곱하면

$\sin^2\theta+2\sin\theta\cos\theta+\cos^2\theta=\dfrac{1}{4}$, $1+2\sin\theta\cos\theta=\dfrac{1}{4}$ ($\sin^2\theta+\cos^2\theta=1$)

$2\sin\theta\cos\theta=-\dfrac{3}{4}$ $\therefore \sin\theta\cos\theta=-\dfrac{3}{8}$

2nd $\dfrac{1+\tan\theta}{\sin\theta}$의 값을 구하자.

$$\therefore \frac{1+\tan\theta}{\sin\theta}=\frac{1+\frac{\sin\theta}{\cos\theta}}{\sin\theta}=\frac{\cos\theta+\sin\theta}{\sin\theta\cos\theta}=\frac{\frac{1}{2}}{-\frac{3}{8}}=-\frac{4}{3}$$

분모, 분자에 $\cos\theta$를 각각 곱한 거야.

E 56 정답 ① *삼각함수 사이의 관계의 활용 [정답률 82%]

(정답 공식: $\sin^2\theta+\cos^2\theta=1$, $(a-b)(a+b)=a^2-b^2$)

$(\sin\theta-\cos\theta)(\sin\theta+\cos\theta)(\sin^n\theta+\cos^n\theta)=\sin^8\theta-\cos^8\theta$ 일 때, 자연수 n의 값은? (3점)

단서 $(a-b)(a+b)=a^2-b^2$을 이용하자.

① 4 ② 5 ③ 6
④ 7 ⑤ 8

1st $\sin^2\theta+\cos^2\theta=1$을 이용하여 식을 간단히 하자.

$(\sin\theta-\cos\theta)(\sin\theta+\cos\theta)(\sin^n\theta+\cos^n\theta)$
$=(\sin^2\theta-\cos^2\theta)(\sin^n\theta+\cos^n\theta)$ → 곱셈공식 $(a-b)(a+b)=a^2-b^2$을 이용하여 식을 간단히 할 수 있어.
$=(\sin^2\theta-\cos^2\theta)(\sin^2\theta+\cos^2\theta)(\sin^n\theta+\cos^n\theta)$
($\because 1=\sin^2\theta+\cos^2\theta$)
$=(\sin^4\theta-\cos^4\theta)(\sin^n\theta+\cos^n\theta)$ → $\sin^2\theta+\cos^2\theta=1$이므로 1은 곱해도 전체 식의 값에 영향을 주지 않는다는 점을 이용해.
$=\sin^8\theta-\cos^8\theta$
따라서 자연수 $n=4$이다.

삼각함수 사이의 관계 (개념·공식)

① $\tan\theta=\dfrac{\sin\theta}{\cos\theta}$

② $\sin^2\theta+\cos^2\theta=1$

③ $1+\tan^2\theta=\dfrac{1}{\cos^2\theta}$

E 57 정답 ② *삼각함수 사이의 관계의 활용 [정답률 64%]

(정답 공식: $\tan\theta=\dfrac{\sin\theta}{\cos\theta}$, $\sin^2\theta+\cos^2\theta=1$임을 이용하여 주어진 식을 간단히 한다.)

$\pi<\theta<2\pi$인 θ에 대하여 $\dfrac{\sin\theta\cos\theta}{1-\cos\theta}+\dfrac{1-\cos\theta}{\tan\theta}=1$일 때, $\cos\theta$의 값은? (3점)

단서 삼각함수 사이의 관계를 이용하여 주어진 식을 최대한 간단히 정리해.

① $-\dfrac{2\sqrt{5}}{5}$ ② $-\dfrac{\sqrt{5}}{5}$ ③ $\dfrac{1}{5}$
④ $\dfrac{\sqrt{5}}{5}$ ⑤ $\dfrac{2\sqrt{5}}{5}$

1st 주어진 식을 간단히 하자.

$\dfrac{\sin\theta\cos\theta}{1-\cos\theta}+\dfrac{1-\cos\theta}{\tan\theta}=1$에서 → $\tan\theta=\dfrac{\sin\theta}{\cos\theta}$이므로 $\dfrac{1}{\tan\theta}=\dfrac{\cos\theta}{\sin\theta}$ $\therefore \dfrac{1-\cos\theta}{\tan\theta}=\dfrac{(1-\cos\theta)\cos\theta}{\sin\theta}$

$\dfrac{\sin\theta\cos\theta}{1-\cos\theta}+\dfrac{(1-\cos\theta)\cos\theta}{\sin\theta}=1$

$\dfrac{\sin^2\theta\cos\theta+(1-\cos\theta)^2\cos\theta}{(1-\cos\theta)\sin\theta}=1$

$\dfrac{(\sin^2\theta+\cos^2\theta-2\cos\theta+1)\cos\theta}{(1-\cos\theta)\sin\theta}=1$, $\dfrac{(1-2\cos\theta+1)\cos\theta}{(1-\cos\theta)\sin\theta}=1$ ($\sin^2\theta+\cos^2\theta=1$)

$\dfrac{2(1-\cos\theta)\cos\theta}{(1-\cos\theta)\sin\theta}=1$, $\dfrac{2\cos\theta}{\sin\theta}=1$ ($\because 1-\cos\theta\neq0$) → $\pi<\theta<2\pi$이므로 $\cos\theta\neq1$이야.

$\therefore \sin\theta=2\cos\theta$ ⋯ ㉠

2nd $\cos\theta$의 값을 구하자.

㉠을 $\sin^2\theta+\cos^2\theta=1$에 대입하면

$(2\cos\theta)^2+\cos^2\theta=1$, $5\cos^2\theta=1$, $\cos^2\theta=\dfrac{1}{5}$

$\therefore \cos\theta=\sqrt{\dfrac{1}{5}}=\dfrac{\sqrt{5}}{5}$ 또는 $\cos\theta=-\sqrt{\dfrac{1}{5}}=-\dfrac{\sqrt{5}}{5}$

그런데 ㉠에 의하여 $\cos\theta<0$

$\therefore \cos\theta=-\dfrac{\sqrt{5}}{5}$

$\pi<\theta<2\pi$에서 $\sin\theta<0$이므로 ㉠에 의하여 $\cos\theta<0$이 되어야 해. 즉, 정확한 θ의 값의 범위는 $\pi<\theta<\dfrac{3}{2}\pi$가 돼.

다른 풀이: 직각삼각형을 그려 $\cos\theta$의 값 구하기

$\dfrac{\sin\theta\cos\theta}{1-\cos\theta}=\dfrac{\sin\theta\cos\theta(1+\cos\theta)}{(1-\cos\theta)(1+\cos\theta)}=\dfrac{\sin\theta\cos\theta(1+\cos\theta)}{1-\cos^2\theta}$

분모, 분자에 0이 아닌 같은 값을 곱해도 그 값은 변함이 없지? / $\sin^2\theta+\cos^2\theta=1$에서 $1-\cos^2\theta=\sin^2\theta$야.

$=\dfrac{\sin\theta\cos\theta(1+\cos\theta)}{\sin^2\theta}$

$=\dfrac{\cos\theta(1+\cos\theta)}{\sin\theta}$ ($\because \sin\theta\neq0$) → $\pi<\theta<2\pi$에서 $\sin\theta\neq0$이야.

$=\dfrac{1+\cos\theta}{\tan\theta}$ → $\dfrac{\cos\theta}{\sin\theta}=\dfrac{1}{\tan\theta}$

이므로 $\dfrac{\sin\theta\cos\theta}{1-\cos\theta}+\dfrac{1-\cos\theta}{\tan\theta}=1$에서

$\dfrac{1+\cos\theta}{\tan\theta}+\dfrac{1-\cos\theta}{\tan\theta}=1$, $\dfrac{(1+\cos\theta)+(1-\cos\theta)}{\tan\theta}=1$

$\dfrac{2}{\tan\theta}=1$ $\therefore \tan\theta=2$ ⋯ ㉡

이때, ㉡을 만족시키는 직각삼각형의 밑변과 높이를 각각 1, 2라 하면 빗변의 길이는 피타고라스 정리에 의하여 $\sqrt{1^2+2^2}=\sqrt{5}$

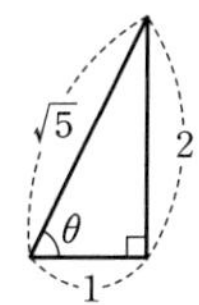

그런데 $\pi<\theta<2\pi$이고 $\tan\theta=2$이므로 θ의 값의 범위는 $\pi<\theta<\dfrac{3}{2}\pi$가 되어야 해. 즉, $\cos\theta<0$이야.

→ $\pi<\theta<\dfrac{3}{2}\pi$에서 $\tan\theta>0$이고 $\dfrac{3}{2}\pi<\theta<2\pi$에서 $\tan\theta<0$이야.

$\therefore \cos\theta=-\dfrac{1}{\sqrt{5}}=-\dfrac{\sqrt{5}}{5}$

E 58 정답 ⑤ *삼각함수 사이의 관계의 활용 ········ [정답률 74%]

(정답 공식: $\sin^2\theta+\cos^2\theta=1$, $a^2\pm2ab+b^2=(a\pm b)^2$ (복호동순))

$0<\cos\theta<\sin\theta$일 때, $\sqrt{1+2\sin\theta\cos\theta}-\sqrt{1-2\sin\theta\cos\theta}$를 간단히 하면? (4점)

단서 $\sin^2\theta+\cos^2\theta=1$을 이용해.

① $-2\cos\theta$ ② $-2\sin\theta$ ③ 0 ④ $2\sin\theta$ ⑤ $2\cos\theta$

1st $\sin^2\theta+\cos^2\theta=1$을 이용하여 근호를 없애자.

$1=\sin^2\theta+\cos^2\theta$이므로

$\sqrt{1+2\sin\theta\cos\theta}-\sqrt{1-2\sin\theta\cos\theta}$

$=\sqrt{\sin^2\theta+\cos^2\theta+2\sin\theta\cos\theta}-\sqrt{\sin^2\theta+\cos^2\theta-2\sin\theta\cos\theta}$

→ $a^2\pm2ab+b^2=(a\pm b)^2$ (복호동순)

$=\sqrt{(\sin\theta+\cos\theta)^2}-\sqrt{(\sin\theta-\cos\theta)^2}$

$=|\sin\theta+\cos\theta|-|\sin\theta-\cos\theta|$ $\sqrt{a^2}=|a|$

2nd $0<\cos\theta<\sin\theta$임을 이용하여 식을 간단히 하자.

$0<\cos\theta<\sin\theta$에서 $\sin\theta+\cos\theta>0$, $\sin\theta-\cos\theta>0$이므로

$\therefore |\sin\theta+\cos\theta|-|\sin\theta-\cos\theta|$

$=\sin\theta+\cos\theta-(\sin\theta-\cos\theta)$

$=\sin\theta+\cos\theta-\sin\theta+\cos\theta=2\cos\theta$

E 59 정답 ① *삼각함수 사이의 관계의 활용 ········ [정답률 43%]

(정답 공식: $\sin\theta=\frac{(\text{높이})}{(\text{빗변의 길이})}$, $\cos\theta=\frac{(\text{밑변의 길이})}{(\text{빗변의 길이})}$, $\tan\theta=\frac{(\text{높이})}{(\text{밑변의 길이})}$)

그림과 같이 길이가 2인 선분 AB를 지름으로 하고 중심이 O인 반원이 있다. 호 AB 위에 점 P를 $\cos(\angle BAP)=\frac{4}{5}$가 되도록 잡는다. 부채꼴 OBP에 내접하는 원의 반지름의 길이가 r_1, 호 AP를 이등분하는 점과 선분 AP의 중점을 지름의 양 끝점으로 하는 원의 반지름의 길이가 r_2일 때, r_1r_2의 값은? (4점)

단서 점 O와 반지름의 길이가 r_1, r_2인 두 원의 중심을 지나는 직선을 각각 보조선으로 그어 삼각비를 이용하자.

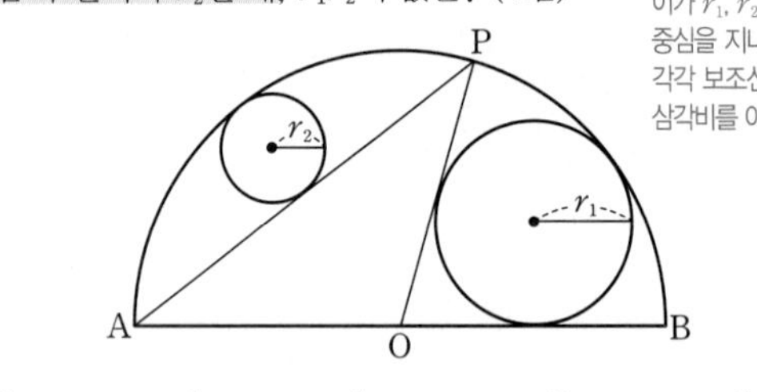

① $\frac{3}{40}$ ② $\frac{1}{10}$ ③ $\frac{1}{8}$ ④ $\frac{3}{20}$ ⑤ $\frac{7}{40}$

1st 삼각함수 사이의 관계를 이용하여 $\sin(\angle BAP)$의 값을 구하자.

그림과 같이 반지름의 길이가 r_1인 원의 중심을 C, 선분 AP의 중점을 D, 호 BP와 직선 OC가 만나는 점을 E, 직선 OD와 호 AP가 만나는 점을 F라 하자. 또, 점 C에서 선분 OB와 선분 OP에 내린 수선의 발을 각각 H_1, H_2라 하자.

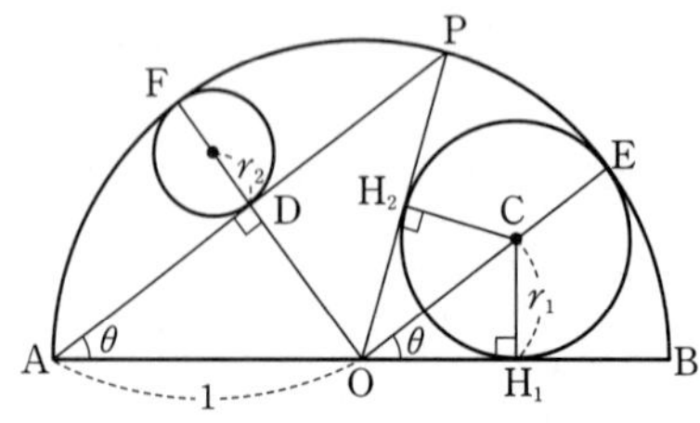

$\angle BAP=\theta$라 할 때, $\cos\theta=\frac{4}{5}$

$0<\theta<\frac{\pi}{2}$이므로

$\sin\theta=\frac{3}{5}$ ··· ㉠

→ $\cos\theta=\frac{4}{5}$를 만족시키는 직각삼각형을 만들어서 $\sin\theta$의 값을 구할 수 있어.

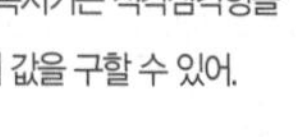

2nd 내접하는 두 원의 성질을 이용하여 r_1r_2의 값을 구해.

삼각형 OAP는 $\overline{OA}=\overline{OP}$인 이등변삼각형이므로

$\angle BOP=2\theta$에서

$\angle BOP=\angle OAP+\angle OPA=2\theta$

$\angle BOC=\theta$

→ $\triangle OCH_1$과 $\triangle OCH_2$에서 $\overline{CH_1}=\overline{CH_2}=r_1$, $\overline{OC}$는 공통, $\angle CH_1O=\angle CH_2O=\frac{\pi}{2}$이므로 $\triangle OCH_1\equiv\triangle OCH_2$(RHS 합동) $\therefore \angle POC=\angle BOC=\frac{1}{2}\angle BOP=\theta$

직각삼각형 OH_1C에서

$\sin\theta=\frac{r_1}{\overline{OC}}$

$\therefore \overline{OC}=\frac{r_1}{\sin\theta}$

이때, $\overline{OE}=\overline{OC}+\overline{CE}$에서

$\frac{r_1}{\sin\theta}+r_1=1$

$r_1\left(1+\frac{1}{\sin\theta}\right)=1$, $\frac{1+\sin\theta}{\sin\theta}r_1=1$

$\therefore r_1=\frac{\sin\theta}{1+\sin\theta}=\frac{\frac{3}{5}}{1+\frac{3}{5}}(\because ㉠)=\frac{\frac{3}{5}}{\frac{8}{5}}=\frac{3}{8}$

또한, $\overline{OD}=\sin\theta$이므로 → 직각삼각형 OAD에서 $\overline{OA}=1$이므로 $\overline{OD}=\overline{OA}\sin\theta=\sin\theta$

$\overline{OF}=\overline{OD}+\overline{DF}=\sin\theta+2r_2=1$

$r_2=\frac{1-\sin\theta}{2}=\frac{1-\frac{3}{5}}{2}(\because ㉠)=\frac{\frac{2}{5}}{2}=\frac{1}{5}$

$\therefore r_1r_2=\frac{3}{8}\times\frac{1}{5}=\frac{3}{40}$

E 60 정답 ① *삼각함수 사이의 관계의 활용 ········ [정답률 55%]

(정답 공식: $\sin^2\theta+\cos^2\theta=1$)

다음은 $0<\theta<2\pi$에서 $3+2\sin^2\theta+\frac{1}{3-2\cos^2\theta}$의 최솟값을 구하는 과정이다.

> $3+2\sin^2\theta=t$로 놓으면
>
> $3+2\sin^2\theta+\frac{1}{3-2\cos^2\theta}=t+\frac{1}{\boxed{(가)}}$
>
> 이다. $0<\theta<2\pi$에서 $t\ge3$이므로 $\boxed{(가)}>0$이다.
>
> $t+\frac{1}{\boxed{(가)}}=t-2+\frac{1}{\boxed{(가)}}+2\ge4$
>
> 이다. (단, 등호는 $t=\boxed{(나)}$일 때 성립한다.)
>
> 따라서 $3+2\sin^2\theta+\frac{1}{3-2\cos^2\theta}$은 $\theta=\boxed{(다)}$에서 최솟값 4를 갖는다.

단서 산술평균과 기하평균의 관계를 이용하여 최솟값을 구하는 과정이야.

위의 (가)에 알맞은 식을 $f(t)$, (나)와 (다)에 알맞은 수를 각각 p, q라 할 때, $f(p)+\tan^2\left(q+\frac{\pi}{3}\right)$의 값은? (4점)

① 4 ② 5 ③ 6 ④ 7 ⑤ 8

1st 주어진 식에서 $\sin^2\theta$, $\cos^2\theta$를 각각 한 문자로 나타내자.

$3+2\sin^2\theta=t$로 놓으면

$$3+2\sin^2\theta+\frac{1}{3-2\cos^2\theta}=t+\frac{1}{t-2} \leftarrow (가)$$

$\cos^2\theta=1-\sin^2\theta$로 나타낼 수 있으므로
$3+2\sin^2\theta=3+2(1-\cos^2\theta)=5-2\cos^2\theta=t$
이 식의 양변에 -2를 더하면 $3-2\cos^2\theta=t-2$

2nd 산술평균과 기하평균의 관계를 이용하여 최솟값을 구하자.

$0<\theta<2\pi$에서 $t\geq3$이므로 $t-2>0$다.

$$t+\frac{1}{t-2}=t-2+\frac{1}{t-2}+2\geq4$$

→산술평균과 기하평균의 관계에 의해 $t-2+\frac{1}{t-2}\geq2\sqrt{(t-2)\times\frac{1}{t-2}}$이야.

(단, 등호는 $t-2=\frac{1}{t-2}$에서 $t=$ 3 일 때 성립한다.) ← (나)

산술평균과 기하평균의 관계에서 등호가 성립할 때가 최소인 경우이므로 그때의 t의 값을 계산해.

$t-2=\frac{1}{t-2}$이면 $(t-2)^2=1$이므로 $t=1$ 또는 $t=3$이야.

한편 $3+2\sin^2\theta=t$이므로 $t\geq3$이어야 하므로 $t=3$이지.

즉, $3+2\sin^2\theta=t=3$일 때 $\theta=$ π 이고, ← (다)

이때, $3+2\sin^2\theta+\frac{1}{3-2\cos^2\theta}$은 최솟값 4를 갖는다.

→ $t=3+2\sin^2\theta=3$이면 $\sin\theta=0$이야. $0<\theta<2\pi$이므로 $\theta=\pi$야.

따라서 $f(t)=t-2$, $p=3$, $q=\pi$이므로

$$f(p)+\tan^2\left(q+\frac{\pi}{3}\right)=f(3)+\tan^2\left(\pi+\frac{\pi}{3}\right)=1+3=4$$

E 61 정답 15 *삼각함수와 이차방정식의 근과 계수의 관계 · [정답률 86%]

정답 공식: 이차방정식 $ax^2+bx+c=0$의 두 근을 α, β라 하면 $\alpha+\beta=-\frac{b}{a}$, $\alpha\beta=\frac{c}{a}$이다.

단서 '이차방정식 ~의 두 근 ~'은 근과 계수의 관계를 떠올리자.

이차방정식 $3x^2-kx+1=0$의 두 근이 $\sin\theta$, $\cos\theta$일 때, 상수 k에 대하여 k^2의 값을 구하시오. (4점)

1st 이차방정식의 근과 계수의 관계를 적용하자.

[이차방정식의 근과 계수의 관계]
이차방정식 $ax^2+bx+c=0$의 두 근을 α, β라 하면 $\alpha+\beta=-\frac{b}{a}$, $\alpha\beta=\frac{c}{a}$

이차방정식 $3x^2-kx+1=0$의 두 근이 $\sin\theta$, $\cos\theta$이므로 근과 계수의 관계에 의해

실수: 상수 k의 값과 각 θ의 크기를 모르므로 대입해서 구할 수 없어. 즉, 근과 계수의 관계를 이용해야 해.

$$\sin\theta+\cos\theta=\frac{k}{3}$$

$$\sin\theta\cos\theta=\frac{1}{3}$$

$$(\sin\theta+\cos\theta)^2=\sin^2\theta+\cos^2\theta+2\sin\theta\cos\theta$$

→ $\sin^2\theta+\cos^2\theta=1$이지.

$$=1+2\times\frac{1}{3}=\frac{5}{3}$$

즉, $\left(\frac{k}{3}\right)^2=\frac{5}{3}$이므로 $k^2=15$

E 62 정답 1 *삼각함수와 이차방정식의 근과 계수의 관계 ····· [정답률 76%]

정답 공식: 이차방정식 $ax^2+bx+c=0$의 두 근을 α, β라 하면 $\alpha+\beta=-\frac{b}{a}$, $\alpha\beta=\frac{c}{a}$이다.

이차방정식 $3x^2-4x+k=0$의 두 근이 $3\sin\theta$, $\sin\theta$일 때, 상수 k의 값을 구하시오. (4점)

단서 근과 계수와의 관계를 이용하면 $\sin\theta$의 값을 구할 수 있어.

1st 이차방정식의 근과 계수의 관계를 적용하자.

이차방정식 $3x^2-4x+k=0$의 두 근이 $3\sin\theta$, $\sin\theta$이므로 근과 계수의 관계에 의해

$$3\sin\theta+\sin\theta=4\sin\theta=-\left(\frac{-4}{3}\right)=\frac{4}{3}\cdots㉠,$$

→두 근의 합

$$3\sin\theta\times\sin\theta=3\sin^2\theta=\frac{k}{3}\cdots㉡$$

→두 근의 곱

2nd ㉠, ㉡으로 k의 값을 구하자.

㉠에서 $4\sin\theta=\frac{4}{3}$ $\quad\therefore \sin\theta=\frac{1}{3}$

이것을 ㉡에 대입하면

$$\frac{k}{3}=3\sin^2\theta=3\times\left(\frac{1}{3}\right)^2=\frac{1}{3}$$

$\therefore k=1$

E 63 정답 ③ *삼각함수와 이차방정식의 근과 계수의 관계 ·· [정답률 64%]

정답 공식: 이차방정식 $ax^2+bx+c=0$의 두 근을 α, β라 하면 $\alpha+\beta=-\frac{b}{a}$, $\alpha\beta=\frac{c}{a}$이다.

이차방정식 $x^2-ax+\sqrt{3}+1=0$의 두 근이 $\tan\theta$, $1+\frac{1}{\tan\theta}$일 때, $a+\sin\theta\cos\theta$의 값은?

단서 이차방정식의 근과 계수의 관계에서 두 근의 곱을 생각해봐.

(단, a는 상수이고, $0<\theta<\frac{\pi}{2}$) (4점)

① $\frac{19}{12}\sqrt{3}-1$ ② $\frac{19}{12}\sqrt{3}$ ③ $\frac{19}{12}\sqrt{3}+1$
④ $\frac{19}{12}\sqrt{3}+2$ ⑤ $\frac{19}{12}\sqrt{3}+3$

1st 이차방정식의 근과 계수의 관계에서 두 근의 곱을 적용하여 상수 a의 값을 구하자.

이차방정식 $x^2-ax+\sqrt{3}+1=0$의 두 근이 $\tan\theta$, $1+\frac{1}{\tan\theta}$이므로 근과 계수의 관계에 의해 두 근의 곱은

$$\tan\theta\times\left(1+\frac{1}{\tan\theta}\right)=\frac{\sqrt{3}+1}{1}$$

$$\tan\theta+1=\sqrt{3}+1$$

$$\therefore \tan\theta=\sqrt{3} \Rightarrow \theta=\frac{\pi}{3}\ \left(\because 0<\theta<\frac{\pi}{2}\right)$$

[특수각의 삼각비]

θ	0	$\frac{\pi}{6}$	$\frac{\pi}{4}$	$\frac{\pi}{3}$	$\frac{\pi}{2}$
$\sin\theta$	0	$\frac{1}{2}$	$\frac{\sqrt{2}}{2}$	$\frac{\sqrt{3}}{2}$	1
$\cos\theta$	1	$\frac{\sqrt{3}}{2}$	$\frac{\sqrt{2}}{2}$	$\frac{1}{2}$	0
$\tan\theta$	0	$\frac{\sqrt{3}}{3}$	1	$\sqrt{3}$	×

2nd 근은 방정식을 만족시키므로 근을 방정식에 대입해.

이차방정식 $x^2-ax+\sqrt{3}+1=0$의 한 근이 $\tan\theta=\sqrt{3}$이므로 대입하면

$3-\sqrt{3}a+\sqrt{3}+1=0$ $\quad\therefore a=\frac{4}{3}\sqrt{3}+1$

$$\therefore a+\sin\theta\cos\theta=\frac{4}{3}\sqrt{3}+1+\sin\frac{\pi}{3}\cos\frac{\pi}{3}$$

$$=\frac{4}{3}\sqrt{3}+1+\frac{\sqrt{3}}{2}\times\frac{1}{2}=\frac{19}{12}\sqrt{3}+1$$

E 64 정답 11 *삼각함수의 그래프 [정답률 92%]

정답 공식: 함수 $f(x)=2\sqrt{3}\tan x+k$의 그래프 위의 점 $\left(\frac{\pi}{6}, 7\right)$의 좌표를 함수식에 대입하면 등식이 성립한다.

단서 점 $\left(\frac{\pi}{6}, 7\right)$의 좌표를 함수 $f(x)$에 대입하면 식이 성립한다는 것을 의미해.

상수 k에 대하여 함수 $f(x)=2\sqrt{3}\tan x+k$ 의 그래프가 점 $\left(\frac{\pi}{6}, 7\right)$을 지날 때, $f\left(\frac{\pi}{3}\right)$의 값을 구하시오. (3점)

1st 그래프 위의 점을 대입하자. $\tan\frac{\pi}{6}=\frac{\sqrt{3}}{3}$이야. 특수각에 대한 삼각함수의 값은 알아 두어야 해.

$f\left(\frac{\pi}{6}\right)=2\sqrt{3}\tan\frac{\pi}{6}+k=2\sqrt{3}\times\frac{\sqrt{3}}{3}+k=2+k=7$이므로 $k=5$

$\therefore f\left(\frac{\pi}{3}\right)=2\sqrt{3}\tan\frac{\pi}{3}+5=2\sqrt{3}\times\sqrt{3}+5=6+5=11$

E 65 정답 ⑤ *삼각함수의 그래프 [정답률 74%]

정답 공식: 두 함수 $y=-\frac{1}{5\pi}x+1$, $y=\sin x$ 의 그래프를 각각 그리고 교점의 개수를 구한다.

직선 $y=-\frac{1}{5\pi}x+1$과 함수 $y=\sin x$의 그래프의 교점의 개수는? (4점) 단서 기울기가 $-\frac{1}{5\pi}$이고, y절편이 1인 직선이야.

① 7 ② 8 ③ 9 ④ 10 ⑤ 11

1st 그래프를 그려 교점의 개수를 구해.

함수 $y=\sin x$의 치역이 $\{y\mid -1\leq y\leq 1\}$이고

직선 $y=-\frac{1}{5\pi}x+1$은 두 점 $(0, 1)$, $(10\pi, -1)$을 지나므로

직선 $y=-\frac{1}{5\pi}x+1$과 함수 $y=\sin x$의 그래프는 그림과 같다.

따라서 구하는 교점의 개수는 11이다.

두 그래프의 교점의 개수를 구해야 하는 상황이니까 만나는 구간에서만 그래프를 그려야겠지? 함수 $y=\sin x$의 치역이 $\{y\mid -1\leq y\leq 1\}$이므로 직선 $y=-\frac{1}{5\pi}x+1$의 그래프는 $0\leq x\leq 10\pi$에서만 그려도 돼.

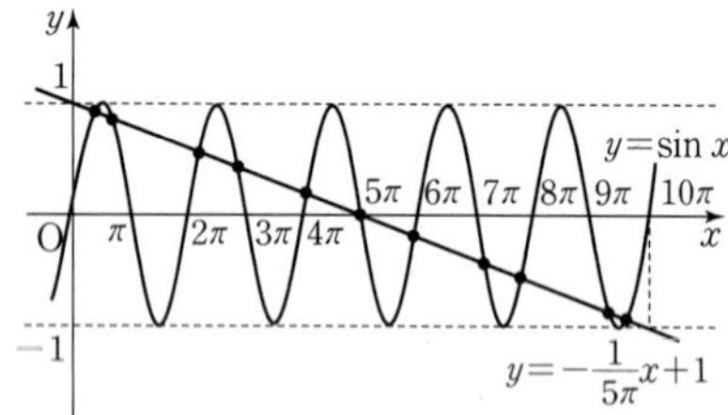

E 66 정답 9 *삼각함수의 그래프 [정답률 74%]

정답 공식: 두 함수 $y=\sin x$, $y=\sin(nx)$의 주기가 각각 2π, $\frac{2\pi}{n}$임을 이용한다.

$0\leq x\leq\pi$일 때, 2 이상의 자연수 n에 대하여 두 곡선 $y=\sin x$와 $y=\sin(nx)$의 교점의 개수를 a_n이라 하자. a_3+a_5의 값을 구하시오. (4점)

단서1 $y=\sin(nx)$의 주기는 $\frac{2\pi}{|n|}$이야.

단서2 $n=3$, $n=5$일 때, $y=\sin(3x)$, $y=\sin(5x)$의 그래프를 그려서 $y=\sin x$의 그래프와의 교점의 개수를 구할 수 있어.

1st a_3의 값을 구하기 위해서 $n=3$일 때, 두 함수의 그래프를 그리자.

두 함수 $y=\sin x$, $y=\sin(3x)$의 주기가 각각 2π, $\frac{2\pi}{3}$이므로

$y=\sin(nx)$의 주기는 $\frac{2\pi}{|n|}$야.

$0\leq x\leq\pi$에서 두 곡선 $y=\sin x$, $y=\sin(3x)$를 좌표평면에 나타내면 [그림 1]과 같다.

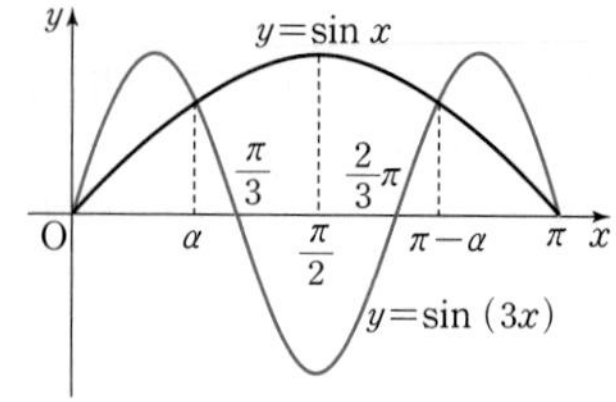

[그림 1]

즉, $0\leq x\leq\pi$일 때, 두 곡선 $y=\sin x$, $y=\sin(3x)$의 교점의 개수가 4이므로 $a_3=4$

[그림 1]에서 두 곡선 $y=\sin x$, $y=\sin(3x)$의 교점은 $x=0$, $x=\alpha$, $x=\pi-\alpha$, $x=\pi$로 4개야.

2nd a_5의 값을 구하기 위해서 $n=5$일 때, 두 함수의 그래프를 그리자.

두 함수 $y=\sin x$, $y=\sin(5x)$의 주기가 각각 2π, $\frac{2\pi}{5}$이므로

$0\leq x\leq\pi$에서 두 곡선 $y=\sin x$, $y=\sin(5x)$를 좌표평면에 나타내면 [그림 2]와 같다.

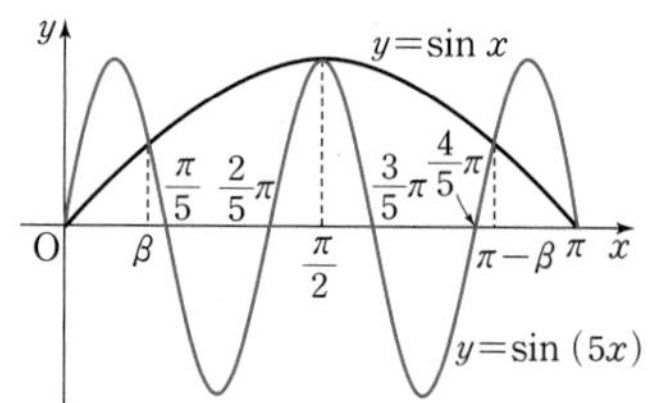

[그림 2]

즉, $0\leq x\leq\pi$일 때, 두 곡선 $y=\sin x$, $y=\sin(5x)$의 교점의 개수가 5이므로 $a_5=5$

[그림 2]에서 두 곡선 $y=\sin x$, $y=\sin(5x)$의 교점은 $x=0$, $x=\beta$, $x=\frac{\pi}{2}$, $x=\pi-\beta$, $x=\pi$로 5개야.

$\therefore a_3+a_5=4+5=9$

E 67 정답 ④ *삼각함수의 값의 대소 관계 [정답률 88%]

정답 공식: $0<\theta_1<\theta_2<\frac{\pi}{2}$에서 $\cos\theta_1>\cos\theta_2$

함수 $f(x)=\cos x$에 대하여 다음 함숫값 중 가장 작은 것은? (3점)

단서 $0<\theta_1<\theta_2<\frac{\pi}{2}$에서 $\cos\theta_1>\cos\theta_2$가 성립해.

① $f\left(\frac{\pi}{4}\right)$ ② $f\left(\frac{2}{5}\pi\right)$ ③ $f\left(\frac{\pi}{6}\right)$

④ $f\left(\frac{5}{12}\pi\right)$ ⑤ $f\left(\frac{7}{20}\pi\right)$

1st θ의 값의 대소 관계와 $\cos\theta$의 값의 관계를 잘 살피자.

$\frac{\pi}{4}$, $\frac{2}{5}\pi$, $\frac{\pi}{6}$, $\frac{5}{12}\pi$, $\frac{7}{20}\pi$는 모두 0과 $\frac{\pi}{2}$ 사이의 값이므로 각의 크기가 클수록 함숫값의 크기는 작아진다.

$0<\theta_1<\theta_2<\frac{\pi}{2}$일 때, $\cos\theta_1>\cos\theta_2$

분모를 60으로 통분하여 대소 비교를 하면

$\frac{\pi}{4}=\frac{15}{60}\pi$, $\frac{2}{5}\pi=\frac{24}{60}\pi$, $\frac{\pi}{6}=\frac{10}{60}\pi$, $\frac{5}{12}\pi=\frac{25}{60}\pi$, $\frac{7}{20}\pi=\frac{21}{60}\pi$이므로

$\frac{\pi}{6}<\frac{\pi}{4}<\frac{7}{20}\pi<\frac{2}{5}\pi<\frac{5}{12}\pi$

$\therefore f\left(\frac{\pi}{6}\right)>f\left(\frac{\pi}{4}\right)>f\left(\frac{7}{20}\pi\right)>f\left(\frac{2}{5}\pi\right)>f\left(\frac{5}{12}\pi\right)$

따라서 가장 작은 함숫값은 $f\left(\frac{5}{12}\pi\right)$

E 68 정답 ④ *삼각함수의 값의 대소 관계 [정답률 71%]

(정답 공식: $0<\theta_1<\theta_2<\frac{\pi}{2}$일 때, $\sin\theta_1<\sin\theta_2$, $\cos\theta_1>\cos\theta_2$, $\tan\theta_1<\tan\theta_2$)

다음 중 대소 관계로 옳은 것은? (4점)

단서 $0\le\theta\le\frac{\pi}{2}$에서 θ의 값이 커질수록 $\sin\theta$의 값은 점점 커지고, $\cos\theta$의 값은 점점 작아지지?

① $\sin\frac{\pi}{5}<\sin\frac{\pi}{7}$　② $\cos\frac{7}{24}\pi<\cos\frac{7}{20}\pi$

③ $\tan\frac{\pi}{5}<\tan\frac{\pi}{8}$　④ $\sin\frac{\pi}{8}<\cos\frac{\pi}{8}$

⑤ $\tan\frac{3}{17}\pi<\sin\frac{3}{17}\pi$

1st θ의 값의 대소 관계와 $\sin\theta$와 $\cos\theta$의 값의 관계를 잘 살피자.

① $\frac{\pi}{7}<\frac{\pi}{5}$이므로 $\sin\frac{\pi}{5}>\sin\frac{\pi}{7}$

$0<\theta_1<\theta_2<\frac{\pi}{2}$일 때, $\sin\theta_1<\sin\theta_2$, $\cos\theta_1>\cos\theta_2$, $\tan\theta_1<\tan\theta_2$

② $\frac{7}{24}\pi<\frac{7}{20}\pi$이므로 $\cos\frac{7}{24}\pi>\cos\frac{7}{20}\pi$

③ $\frac{\pi}{8}<\frac{\pi}{5}$이므로 $\tan\frac{\pi}{5}>\tan\frac{\pi}{8}$

④ $0<\frac{\pi}{8}<\frac{\pi}{4}$이므로 $\sin\frac{\pi}{8}<\cos\frac{\pi}{8}$ → OK

→ $0<x<\frac{\pi}{4}$일 때 $\sin x<\cos x$임을 그래프로 확인할 수 있어.

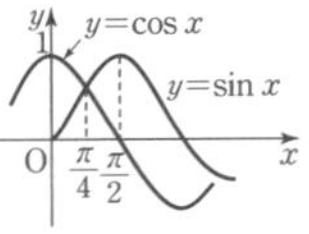

⑤ $0<\frac{3}{17}\pi<\frac{\pi}{2}$이므로 $\sin\frac{3}{17}\pi<\tan\frac{3}{17}\pi$

$0<\theta<\frac{\pi}{2}$일 때, $\sin\theta<\tan\theta$

E 69 정답 ⑤ *삼각함수의 값의 대소 관계 [정답률 53%]

(정답 공식: 밑에 따라 지수함수의 그래프는 증가이거나 감소이다.)

$0<\theta<\frac{\pi}{4}$인 θ에 대하여 [보기]에서 옳은 것만을 있는 대로 고른 것은? (4점)

[보기]

ㄱ. $0<\sin\theta<\cos\theta<1$

ㄴ. $0<\log_{\sin\theta}\cos\theta<1$

ㄷ. $(\sin\theta)^{\cos\theta}<(\cos\theta)^{\cos\theta}<(\cos\theta)^{\sin\theta}$

단서 밑인 $\sin\theta$의 값을 유추해서 로그함수가 증가인지 감소인지 판단해야 해.

① ㄱ　② ㄱ, ㄴ　③ ㄱ, ㄷ　④ ㄴ, ㄷ　⑤ ㄱ, ㄴ, ㄷ

1st 주어진 범위 $0<\theta<\frac{\pi}{4}$에서 $\sin\theta$, $\cos\theta$의 값을 각각 파악하자.

ㄱ. $0<\theta<\frac{\pi}{4}$에서 함수 $y=\sin\theta$, $y=\cos\theta$의 그래프는 그림과 같다.

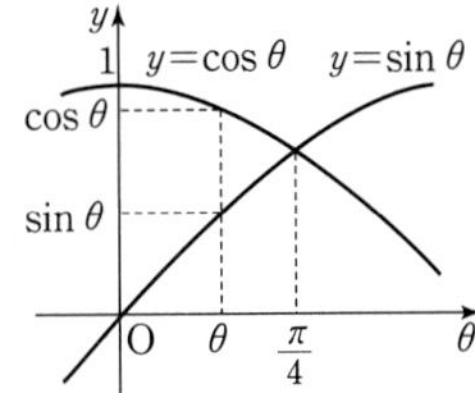

$\therefore 0<\sin\theta<\cos\theta<1$ (참)

2nd 밑이 $\sin\theta$인 로그함수를 이용하자.

ㄴ. $0<\sin\theta<1$이므로 함수 $f(x)=\log_{\sin\theta}x$는 감소한다.

함수 $f(x)=\log_{\sin\theta}x$가 감소한다는 말은 x의 값이 커질수록 함숫값 $f(x)$는 작아진다는 말이야. 즉, 진수 x의 값이 가장 작을 때 함숫값 $f(x)$는 가장 크다는 뜻이지.

$\sin\theta<\cos\theta<1$이므로 $\log_{\sin\theta}1<\log_{\sin\theta}\cos\theta<\log_{\sin\theta}\sin\theta$

따라서 $0<\log_{\sin\theta}\cos\theta<1$이다. (참)

3rd 밑이 $\sin\theta$, $\cos\theta$인 지수함수를 이용하자.

ㄷ. $0<\sin\theta<\cos\theta<1$이므로 $(\sin\theta)^{\cos\theta}<(\cos\theta)^{\cos\theta}$

$0<\cos\theta<1$이므로 함수 $f(x)=(\cos\theta)^x$은 감소한다.

$\sin\theta<\cos\theta$이므로 $(\cos\theta)^{\cos\theta}<(\cos\theta)^{\sin\theta}$

$\therefore (\sin\theta)^{\cos\theta}<(\cos\theta)^{\cos\theta}<(\cos\theta)^{\sin\theta}$ (참)

따라서 옳은 것은 ㄱ, ㄴ, ㄷ이다.

E 70 정답 ③ *삼각함수의 대칭성 [정답률 81%]

(정답 공식: $0<x<2\pi$에서 함수 $y=\cos x$의 그래프와 직선 $y=k$가 만나는 x좌표가 α, β이면 $\frac{\alpha+\beta}{2}=\pi$)

$0<x<2\pi$에서 함수 $y=\cos x$의 그래프와 직선 $y=-\frac{1}{3}$이 만나는 점의 x좌표가 α, β일 때, $\cos\left(\frac{\alpha+\beta}{8}\right)$의 값은? (4점)

단서 코사인함수의 대칭성을 이용하면 $\alpha+\beta$의 값을 구할 수 있지.

① 0　② $\frac{1}{2}$　③ $\frac{\sqrt{2}}{2}$　④ $\frac{\sqrt{3}}{2}$　⑤ 1

1st 코사인함수의 대칭성을 이용하자.

$0<x<2\pi$에서 함수 $y=\cos x$의 그래프와 직선 $y=-\frac{1}{3}$이 만나는 점의 x좌표가 α, β이므로

→ $0<x<2\pi$에서 함수 $y=\cos x$의 그래프와 직선 $y=k$가 만나는 x좌표는 $x=\pi$에 대하여 대칭이야.

$\frac{\alpha+\beta}{2}=\pi$　$\therefore \frac{\alpha+\beta}{8}=\frac{\pi}{4}$

2nd 코사인의 특수각에 대한 값을 이용하자.

$\therefore \cos\left(\frac{\alpha+\beta}{8}\right)=\cos\frac{\pi}{4}=\frac{\sqrt{2}}{2}$

→ $\cos 0=1$, $\cos\frac{\pi}{6}=\frac{\sqrt{3}}{2}$, $\cos\frac{\pi}{4}=\frac{\sqrt{2}}{2}$, $\cos\frac{\pi}{3}=\frac{1}{2}$, $\cos\frac{\pi}{2}=0$

E 71 정답 ② *삼각함수의 대칭성 [정답률 81%]

(정답 공식: $0<x<\pi$에서 함수 $y=\sin x$의 그래프와 직선 $y=k$가 만나는 x좌표가 α, β이면 $\frac{\alpha+\beta}{2}=\frac{\pi}{2}$)

$0<x<\pi$에서 함수 $y=\sin x$의 그래프와 직선 $y=\frac{1}{4}$이 만나는 점의 x좌표가 α, β이고, 함수 $y=\sin x$의 그래프와 직선 $y=\frac{1}{5}$이 만나는 점의 x좌표가 γ, δ일 때, $\alpha+\beta+\gamma+\delta$의 값은? (4점)

단서 사인함수의 대칭성을 이용하면 $\alpha+\beta$의 값을 구할 수 있어.

① π　② 2π　③ 3π　④ 4π　⑤ 5π

1st 사인함수의 대칭성을 이용하자.

$0<x<\pi$에서 함수 $y=\sin x$의 그래프와 직선 $y=\frac{1}{4}$이 만나는 x좌표가 α, β이므로

$\frac{\alpha+\beta}{2}=\frac{\pi}{2}$　$\therefore \alpha+\beta=\pi$ ⋯ ㉠

또, $0<x<\pi$에서 $\sin x=\frac{1}{5}$을 만족시키는 x가 γ, δ이므로

$\frac{\gamma+\delta}{2}=\frac{\pi}{2}$　$\gamma+\delta=\pi$ ⋯ ㉡

㉠+㉡을 하면

$\alpha+\beta+\gamma+\delta=\pi+\pi=2\pi$

E 72 정답 ② *삼각함수의 대칭성 [정답률 63%]

(정답 공식: 주기를 찾은 뒤 미지수 세 개를 하나로 통일한다.)

함수 $f(x)=\sin \pi x$ $(x\geq 0)$의 그래프와 직선 $y=\frac{2}{3}$가 만나는 점의 x좌표를 작은 것부터 차례대로 α, β, γ라 할 때, $f(\alpha+\beta+\gamma+1)+f\left(\alpha+\beta+\frac{1}{2}\right)$의 값은? (4점)

단서 $y=\sin \pi x$의 그래프의 대칭성을 이용하여 β, γ를 각각 α로 나타내는 것부터 하자.

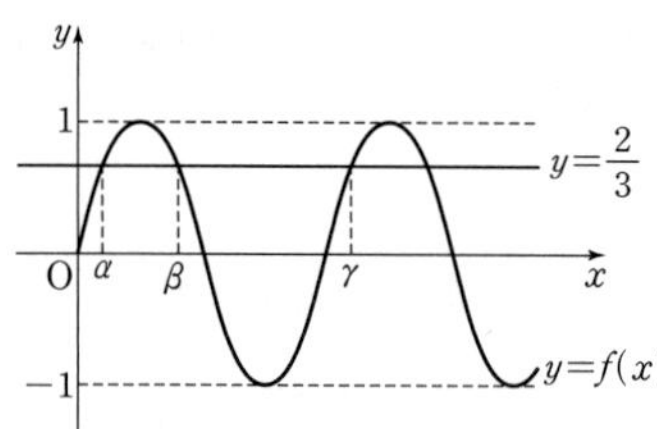

① $-\frac{2}{3}$ ② $-\frac{1}{3}$ ③ 0 ④ $\frac{1}{3}$ ⑤ $\frac{2}{3}$

1st 함수 $y=\sin ax$의 주기는 $\frac{2\pi}{|a|}$지?

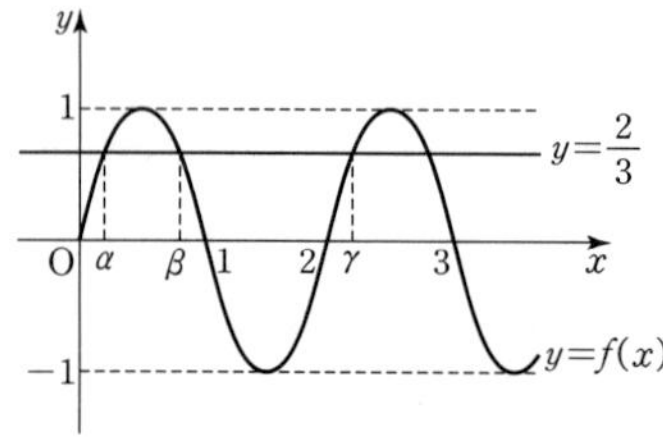

함수 $f(x)=\sin \pi x$ $(x\geq 0)$의 주기는 $\frac{2\pi}{\pi}=2$이므로

$\beta=1-\alpha$, $\gamma=2+\alpha$

주의 삼각함수의 특징인 주기성과 대칭성을 이용하여 문제를 해결하자

2nd $\alpha+\beta+\gamma+1$과 $\alpha+\beta+\frac{1}{2}$을 간단히 정리하여 주어진 함숫값을 구하자.

$\alpha+\beta+\gamma+1=\alpha+(1-\alpha)+(2+\alpha)+1=4+\alpha$이고 함수 $f(x)$의 주기가 2이므로 자연수 n에 대하여 $f(x)=f(2n+x)$이다. 즉,

$f(\alpha+\beta+\gamma+1)=f(4+\alpha)=f(\alpha)=\frac{2}{3}$

→ $f(4+\alpha)=f(\alpha)$임을 파악 못한 경우에는 다음과 같이 해결해도 돼. 즉, $f(4+\alpha)=\sin \pi(4+\alpha)$ $=\sin(4\pi+\pi\alpha)$ $=\sin \pi\alpha=f(\alpha)=\frac{2}{3}$

또, $\alpha+\beta=\alpha+(1-\alpha)=1$이므로

$f\left(\alpha+\beta+\frac{1}{2}\right)=f\left(1+\frac{1}{2}\right)=f\left(\frac{3}{2}\right)=\sin\frac{3}{2}\pi=-1$

$\therefore f(\alpha+\beta+\gamma+1)+f\left(\alpha+\beta+\frac{1}{2}\right)=\frac{2}{3}+(-1)=-\frac{1}{3}$

삼각함수의 대칭성 (개념·공식)

① $0<x<\pi$에서 함수 $y=\sin x$의 그래프와 직선 $y=k$ $(k>0)$가 만나는 점의 x좌표가 α, β이면 α와 β는 $\frac{\pi}{2}$에 대하여 대칭이다.

$\therefore \frac{\alpha+\beta}{2}=\frac{\pi}{2}$

② $0<x<2\pi$에서 함수 $y=\cos x$의 그래프와 직선 $y=k$가 만나는 점의 x좌표가 α, β이면 α와 β는 $x=\pi$에 대하여 대칭이다.

$\therefore \frac{\alpha+\beta}{2}=\pi$

E 73 정답 ③ *삼각함수의 대칭성 [정답률 72%]

(정답 공식: 주기를 찾은 뒤 대칭을 이용해 $\alpha+\delta$, $2\beta+2\gamma$로 나누어 구한다.)

그림과 같이 함수 $y=\sin 2x$ $(0\leq x\leq \pi)$의 그래프가 직선 $y=\frac{3}{5}$과 두 점 A, B에서 만나고, 직선 $y=-\frac{3}{5}$과 두 점 C, D에서 만난다. 네 점 A, B, C, D의 x좌표를 각각 α, β, γ, δ라 할 때, $\alpha+2\beta+2\gamma+\delta$의 값은? (4점)

단서 $y=\sin 2x$의 주기를 먼저 구한 후, α, β, γ, δ들이 서로 어디를 기준으로 대칭이 되는지를 파악해 보자.

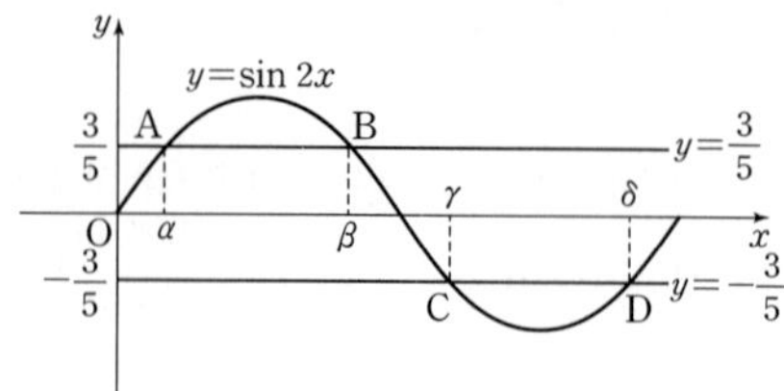

① $\frac{9}{4}\pi$ ② $\frac{5}{2}\pi$ ③ 3π ④ $\frac{7}{2}\pi$ ⑤ 4π

1st 함수 $y=\sin ax$의 주기는 $\frac{2\pi}{|a|}$지?

함수 $y=\sin 2x$ $(0\leq x\leq \pi)$의 주기는 $\frac{2\pi}{2}=\pi$이다.

2nd 주기를 알면 삼각함수의 그래프가 대칭이 되는 점의 좌표를 구할 수 있어.

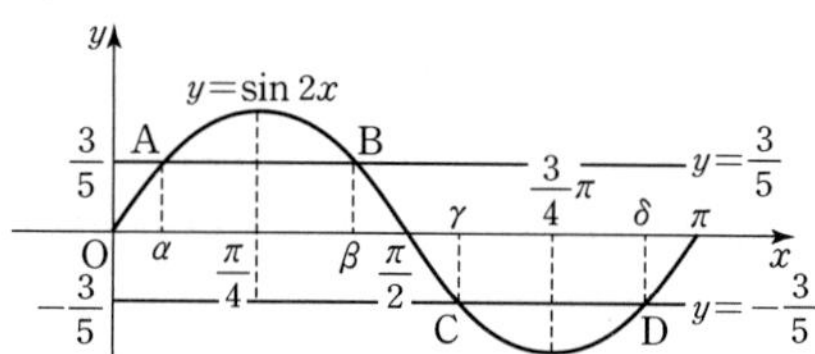

두 점 A, D는 점 $\left(\frac{\pi}{2}, 0\right)$에 대하여 대칭이므로

$\frac{\alpha+\delta}{2}=\frac{\pi}{2}$

$\therefore \alpha+\delta=\pi$ ⋯ ㉠

점 $\left(\frac{\pi}{2}, 0\right)$에 대하여 대칭이란 것은 점 $\left(\frac{\pi}{2}, 0\right)$을 중심으로 구간 $\left[\frac{\pi}{2}, \pi\right]$에 존재하는 그래프를 180° 회전하면 구간 $\left[0, \frac{\pi}{2}\right]$에 존재하는 그래프와 일치한다는 거야.

한편, 두 점 B, C도 점 $\left(\frac{\pi}{2}, 0\right)$에 대하여 대칭이므로

$\frac{\beta+\gamma}{2}=\frac{\pi}{2}$

$\therefore \beta+\gamma=\pi$ ⋯ ㉡

㉠, ㉡에서

$\alpha+2\beta+2\gamma+\delta=(\alpha+\delta)+2(\beta+\gamma)=\pi+2\pi=3\pi$

쉬운 풀이: **사인함수의 그래프의 대칭성을 이용하여 β, γ, δ를 α에 대하여 나타내기**

주기가 π인 사인함수의 성질에 의해

$\beta=\frac{\pi}{2}-\alpha$, $\gamma=\frac{\pi}{2}+\alpha$, $\delta=\pi-\alpha$이므로

$\alpha+2\beta+2\gamma+\delta=\alpha+2\left(\frac{\pi}{2}-\alpha\right)+2\left(\frac{\pi}{2}+\alpha\right)+\pi-\alpha=3\pi$

E 74 정답 ② *삼각함수의 대칭성 [정답률 75%]

정답 공식: $0<x<2\pi$에서 함수 $y=\cos x$의 그래프와 직선 $y=k$가 만나는 x좌표가 α, β이면 $\frac{\alpha+\beta}{2}=\pi$

$0<x<2\pi$에서 함수 $y=\sin x$의 그래프와 함수 $y=\cos x$의 그래프가 직선 $y=\frac{3}{5}$과 만나는 점의 x좌표가 각각 α, β와 γ, δ라

단서 사인함수와 코사인함수의 대칭성을 이용해야겠지.

할 때, $\frac{\gamma+\delta}{2(\alpha+\beta)}$의 값은? (4점)

① $\frac{1}{2}$ ② 1 ③ $\frac{3}{2}$ ④ 2 ⑤ $\frac{5}{2}$

1st 사인함수의 대칭성을 이용하자.

$0<x<2\pi$에서 함수 $y=\sin x$의 그래프와 직선 $y=k$가 만나는 x좌표는 $\frac{\pi}{2}$에 대하여 대칭이야.

$0<x<2\pi$에서 함수 $y=\sin x$의 그래프와 직선 $y=\frac{3}{5}$과 만나는 점의 x좌표 α, β이므로

$\frac{\alpha+\beta}{2}=\frac{\pi}{2}$ $\therefore \alpha+\beta=\pi$

2nd 코사인함수의 대칭성을 이용하자.

→ $0<x<2\pi$에서 함수 $y=\cos x$의 그래프와 직선 $y=k$가 만나는 x좌표는 π에 대하여 대칭이야.

$0<x<2\pi$에서 함수 $y=\cos x$의 그래프가 직선 $y=\frac{3}{5}$과 만나는 점의 x좌표가 γ, δ이므로

$\frac{\gamma+\delta}{2}=\pi$ $\therefore \gamma+\delta=2\pi$

$\therefore \frac{\gamma+\delta}{2(\alpha+\beta)}=\frac{2\pi}{2\pi}=1$

삼각함수의 대칭성 (개념·공식)

① 함수 $y=\sin x$의 그래프는 직선 $x=\frac{2k-1}{2}\pi$(k는 정수)에 대하여 대칭이다.

② 함수 $y=\cos x$의 그래프는 직선 $x=k\pi$(k는 정수)에 대하여 대칭이다.

E 75 정답 ② *삼각함수의 최대, 최소 – 일차식 꼴 [정답률 91%]

정답 공식: 삼각함수 $y=a\cos(bx+c)+d$의 최댓값과 최솟값은 각각 $|a|+d$, $-|a|+d$이다.

함수 $f(x)=4\cos x+3$의 최댓값은? (3점)

단서 삼각함수 $y=\cos x$의 치역은 $\{y\mid -1\le y\le 1\}$이야.

① 6 ② 7 ③ 8 ④ 9 ⑤ 10

1st 함수 $f(x)$의 최댓값을 구해.

$-1\le\cos x\le 1$에서 $-4\le 4\cos x\le 4$

→ $0\le x\le 2\pi$에서 함수 $y=\cos x$의 그래프는 그림과 같고 이 함수는 주기가 2π이므로 실수 전체의 집합에서 $-1\le\cos x\le 1$이야.

$-4+3\le 4\cos x+3\le 4+3$

$\therefore -1\le f(x)\le 7$

따라서 함수 $f(x)$의 최댓값은 7이다.

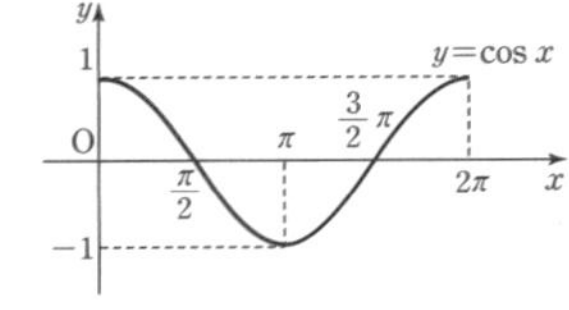

강혜윤 서울대 인문계열 2021년 입학 · 경기 수지고 졸

수능 첫 페이지, 특수각에 대한 삼각함수의 값을 구하는 문제가 아니라 코사인함수의 최댓값을 구하는 문제가 나와서 정말 좋았어! 2021학년도 9월 평가원 첫 페이지에서는 특수각에 대한 삼각함수의 값을 구하는 문제가 나왔었는데, 내가 특수각을 잘못 구했을까봐 마지막에 검토까지 했었거든. 하지만 이 문제는 검토도 필요 없는, 소위 '1초 컷'이라고 할 수 있어. 이렇게 쉬운 문제는 빠르게 넘겨버리자! 그래도 대충 넘겨버리면 안 되는 거 알지? 숫자와 부호 꼭 유의하기!

E 76 정답 6 *삼각함수의 최대, 최소 – 일차식 꼴 [정답률 91%]

정답 공식: 양수 a와 실수 b, m, n에 대하여 $m<x<n$이면 $am+b<ax+b<an+b$이다.

함수 $f(x)=5\sin x+1$의 최댓값을 구하시오. (3점)

단서 $-1\le\sin x\le 1$임을 이용해.

1st 함수 $f(x)$의 최댓값을 구하자.

모든 실수 x에 대하여 $-1\le\sin x\le 1$이다.

→ 함수 $f(x)$의 정의역은 $\{x\mid x\text{는 모든 실수}\}$이고 치역은 $\{y\mid -1\le y\le 1\}$이야.

이때, 각 변에 5를 곱하면 $-5\le 5\sin x\le 5$

다시 각 변에 1을 더하면 $-4\le 5\sin x+1\le 6$

$\therefore -4\le f(x)\le 6$

따라서 함수 $f(x)$의 최댓값은 6이다.

E 77 정답 ① *삼각함수의 최대·최소 – 일차식 꼴 [정답률 92%]

정답 공식: 삼각함수 $y=a\cos bx+c$의 최댓값은 $|a|+c$, 최솟값은 $-|a|+c$이다.

함수 $f(x)=2\cos\left(x+\frac{\pi}{2}\right)+3$의 최솟값은? (3점)

단서 코사인함수의 그래프의 성질을 이용하면 함수 $f(x)$의 최솟값을 구할 수 있지.

① 1 ② 2 ③ 3 ④ 4 ⑤ 5

1st 코사인함수의 그래프의 성질을 이용하여 함수 $f(x)$의 최솟값을 구해.

모든 실수 x에 대하여 $-1\le\cos x\le 1$이므로

$-1\le\cos\left(x+\frac{\pi}{2}\right)\le 1$

→ 함수 $y=\cos\left(x+\frac{\pi}{2}\right)$는 함수 $y=\cos x$의 그래프를 x축의 방향으로 $-\frac{\pi}{2}$만큼 평행이동한 것이므로 함수의 최솟값과 최댓값에 영향을 주지 않아.

각 변에 2를 곱하면

$-2\le 2\cos\left(x+\frac{\pi}{2}\right)\le 2$

또, 각 변에 3을 더하면 $1\le 2\cos\left(x+\frac{\pi}{2}\right)+3\le 5$

따라서 함수 $f(x)=2\cos\left(x+\frac{\pi}{2}\right)+3$의 최솟값은 1이다.

삼각함수의 성질 (개념·공식)

① 함수 $y=a\sin(bx+c)+d$, $y=a\cos(bx+c)+d$의 치역은 $\{y\mid -|a|+d\le y\le |a|+d\}$이고 주기는 $\frac{2\pi}{|b|}$이다.

② 함수 $y=a\tan(bx+c)+d$의 치역은 실수 전체의 집합이고 주기는 $\frac{\pi}{|b|}$이다.

E 78 정답 ③ *삼각함수의 최대·최소 – 일차식 꼴 [정답률 95%]

(정답 공식: 함수 $y=\sin x$의 최댓값, 최솟값은 각각 1과 -1이다.)

함수 $y=2\sin x+1$의 최댓값은? (2점)

단서 함수 $y=\sin x$가 갖는 값의 범위를 이용하여 주어진 함수가 갖는 값의 범위를 파악해.

① 1 ② 2 ③ 3 ④ 4 ⑤ 5

1st 함수 $y=\sin x$가 갖는 값의 범위는 $-1\le\sin x\le1$이야.

$-1\le\sin x\le1$이므로 $-2\le2\sin x\le2$

함수 $y=\sin x$의 정의역과 치역은 각각 $\{x|x$는 모든 실수$\}$, $\{y|-1\le y\le1\}$이야.

$\therefore -1\le2\sin x+1\le3$

따라서 함수 $y=2\sin x+1$의 최댓값은 3이다.

$\sin x$의 범위는 $-1\le\sin x\le1$이고 $\sin(x+1)$의 범위는 $-1\le\sin(x+1)\le1$이지만 $\sin x+1$의 범위는 $0\le\sin x+1\le2$이니까 실수하지 않도록 주의하자.

E 79 정답 ② *삼각함수의 최대·최소 – 일차식 꼴 [정답률 63%]

(정답 공식: 함수 $f(x)=a\cos bx$의 최댓값은 $|a|$, 최솟값은 $-|a|$, 주기는 $\frac{2\pi}{|b|}$이다.)

단서 a는 최댓값과 최솟값을 결정하고, b는 주기를 결정해.

두 상수 a, b에 대하여 함수 $f(x)=a\cos bx$의 그래프가 그림과 같다. 함수 $g(x)=b\sin x+a$의 최댓값은? (단, $b>0$) (3점)

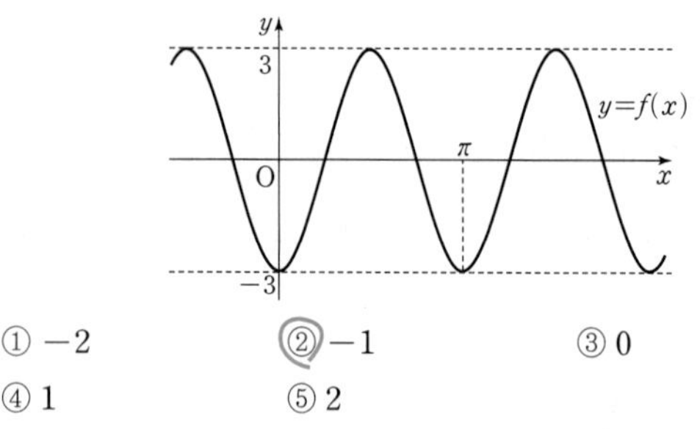

① -2 ② -1 ③ 0
④ 1 ⑤ 2

1st 함수가 최소가 되는 점 $(0, -3)$의 좌푯값을 대입하자.

$f(0)=a=-3$

2nd 함수 $f(x)=a\cos bx$의 주기는 $\frac{2\pi}{|b|}$임을 이용하자.

주어진 함수의 그래프에서 $f(x)$의 주기가 π이므로

$\frac{2\pi}{b}=\pi$ ($\because b>0$)

$\therefore b=2$

즉, $g(x)=2\sin x-3$

함수 $f(x)$가 주기가 k인 함수이면 임의의 실수 x에 대하여 $f(x+k)=f(x)$가 성립해. $f(x)=a\cos bx$에서 $f\left(x+\frac{2\pi}{|b|}\right)=a\cos b\left(x+\frac{2\pi}{|b|}\right)=a\cos(bx\pm2\pi)$ $=a\cos bx=f(x)$이므로 주기는 $\frac{2\pi}{|b|}$임을 알 수 있어.

3rd $-1\le\sin x\le1$임을 이용하여 $g(x)$의 최댓값을 구하자.

$-1\le\sin x\le1$이므로

$-2\le2\sin x\le2$

$-5\le2\sin x-3\le-1$

$\therefore -5\le g(x)\le-1$

따라서 함수 $g(x)$의 최댓값은 -1

E 80 정답 ④ *삼각함수의 최대·최소 – 일차식 꼴 [정답률 79%]

(정답 공식: 함수 $y=a\sin(bx+c)+d$의 주기는 $\frac{2\pi}{|b|}$이고 최댓값과 최솟값은 각각 $|a|+d$, $-|a|+d$이다.)

단서1 함수 $f(x)$의 주기와 최댓값, 최솟값을 구해서 그래프를 그려 봐.

닫힌구간 $[0, \pi]$에서 정의된 함수 $f(x)=-\sin 2x$가 $x=a$에서 최댓값을 갖고 $x=b$에서 최솟값을 갖는다. 곡선 $y=f(x)$ 위의 두 점 $(a, f(a))$, $(b, f(b))$를 지나는 직선의 기울기는? (3점)

① $\frac{1}{\pi}$ ② $\frac{2}{\pi}$ ③ $\frac{3}{\pi}$
④ $\frac{4}{\pi}$ ⑤ $\frac{5}{\pi}$

단서2 기울기는 $\frac{f(b)-f(a)}{b-a}$야.

1st 삼각함수의 주기와 대칭성을 이용하여 최댓값과 최솟값을 각각 구해.

함수 $f(x)=-\sin 2x$의 주기는 $\frac{2\pi}{2}=\pi$이고

최댓값과 최솟값은 각각 1, -1이다.

$-1\le\sin 2x\le1$이므로 $-1\le-\sin 2x=f(x)\le1$이야.

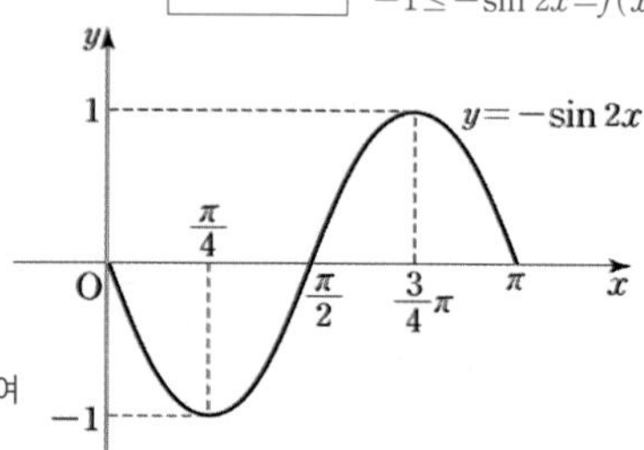

함수 $y=\sin 2x$의 그래프를 x축에 대하여 대칭이동한 그래프가 곡선 $y=f(x)$야.

따라서 곡선 $y=f(x)$는 그림과 같으므로 함수 $f(x)$는

$x=a=\frac{3}{4}\pi$에서 최댓값 $f(a)=f\left(\frac{3}{4}\pi\right)=-\sin\frac{3}{2}\pi=-(-1)=1$,

$x=b=\frac{\pi}{4}$에서 최솟값 $f(b)=f\left(\frac{\pi}{4}\right)=-\sin\frac{\pi}{2}=-1$을 갖는다.

2nd 두 점 $(a, f(a))$, $(b, f(b))$를 지나는 직선의 기울기를 구해.

따라서 두 점 $(a, f(a))$, $(b, f(b))$는 각각 $\left(\frac{3}{4}\pi, 1\right)$, $\left(\frac{\pi}{4}, -1\right)$이므로

이 두 점을 지나는 직선의 기울기는

$\frac{-1-1}{\frac{\pi}{4}-\frac{3}{4}\pi}=\frac{-2}{-\frac{\pi}{2}}=\frac{4}{\pi}$이다.

E 81 정답 6 *삼각함수의 최대·최소 – 일차식 꼴 [정답률 57%]

(정답 공식: $(f\circ g)(x)=f(g(x))$)

두 함수 $f(x)=\log_3 x+2$, $g(x)=3\tan\left(x+\frac{\pi}{6}\right)$가 있다.

$0\le x\le\frac{\pi}{6}$에서 정의된 합성함수 $(f\circ g)(x)$의 최댓값과 최솟값을 각각 M, m이라 할 때, $M+m$의 값을 구하시오. (4점)

단서 $(f\circ g)(x)=f(g(x))$이므로 주어진 범위에서 함수 $g(x)$의 값의 범위를 먼저 찾아서 접근해봐.

1st 함수 $g(x)$의 치역을 찾자.

함수 $g(x)=3\tan\left(x+\frac{\pi}{6}\right)$는 $0\le x\le\frac{\pi}{6}$에서 증가하므로

함수 $y=\tan x$는 $0\le x\le\frac{\pi}{2}$에서 증가함수야. 즉, 이 범위 안에서 x의 값이 커질수록 y의 값도 커져.

$g(0)\le g\left(x+\frac{\pi}{6}\right)\le g\left(\frac{\pi}{6}\right)$

$3\tan\frac{\pi}{6}\le3\tan\left(x+\frac{\pi}{6}\right)\le3\tan\frac{\pi}{3}$ $\tan 0\le\tan\left(x+\frac{\pi}{6}\right)\le\tan\frac{\pi}{6}$가 성립해.

$\sqrt{3}\le 3\tan\left(x+\frac{\pi}{6}\right)\le 3\sqrt{3}$

$\therefore\ \sqrt{3}\le g(x)\le 3\sqrt{3}$

2nd 함수 $f(x)$의 치역을 찾자.

$g(x)=t\,(\sqrt{3}\le t\le 3\sqrt{3})$라 하면

$(f\circ g)(x)=f(g(x))=f(t)=\log_3 t+2$

함수 $f(t)=\log_3 t+2$는 증가함수이므로

$\sqrt{3}\le t\le 3\sqrt{3}$에서 $f(\sqrt{3})\le f(t)\le f(3\sqrt{3})$

$\frac{1}{2}+2\le \log_3 t+2\le \frac{3}{2}+2$ 함수 $f(t)=\log_3 t+2$는 밑이 3인 로그함수이므로 증가함수야. $\sqrt{3}\le t\le 3\sqrt{3}$이면 $\log_3\sqrt{3}\le\log_3 t\le\log_3 3\sqrt{3}$이야.

$\therefore\ \frac{5}{2}\le(f\circ g)(x)\le\frac{7}{2}$ 즉, $\frac{1}{2}\le\log_3 t\le\frac{3}{2}$이므로 $\frac{1}{2}+2\le\log_3 t+2\le\frac{3}{2}+2$이야.

따라서 $M=\frac{7}{2}$, $m=\frac{5}{2}$이므로

$M+m=\frac{7}{2}+\frac{5}{2}=6$

E 82 정답 ③ ＊삼각함수의 주기 [정답률 92%]

(정답 공식: 함수 $y=a\tan(bx+c)+d$의 주기는 $\frac{\pi}{|b|}$이다.)

함수 $y=\tan\left(\pi x+\frac{\pi}{2}\right)$의 주기는? (3점)

단서 함수 $y=a\tan(bx+c)+d$의 주기는 b와 관련이 있어.

① $\frac{1}{2}$ ② $\frac{\pi}{4}$ ③ 1 ④ $\frac{3}{2}$ ⑤ $\frac{\pi}{2}$

1st 주어진 함수의 주기를 구해.

함수 $y=\tan\left(\pi x+\frac{\pi}{2}\right)$의 주기는 $\frac{\pi}{\pi}=1$이다.

함수 $y=\tan\left(\pi x+\frac{\pi}{2}\right)$는 함수 $y=\tan\pi x$를 x축의 방향으로 $-\frac{1}{2}$만큼 평행이동한 함수이므로 이 함수의 주기는 함수 $y=\tan\pi x$의 주기와 같아. 따라서 주어진 함수의 주기는 $\frac{\pi}{\pi}=1$이야.

E 83 정답 ① ＊삼각함수의 주기 [정답률 92%]

(정답 공식: 함수 $y=a\cos(bx+c)+d$의 주기는 $\frac{2\pi}{|b|}$이고 이 함수가 갖는 값의 범위는 $-|a|+d\le y\le|a|+d$이다.)

두 양수 a, b에 대하여 함수 $f(x)=a\cos bx+3$이 있다. 함수 $f(x)$는 주기가 4π이고 최솟값이 -1일 때, $a+b$의 값은? (3점)

단서 주기를 이용하여 b의 값을, 최솟값을 이용하여 a의 값을 구하면 돼.

① $\frac{9}{2}$ ② $\frac{11}{2}$ ③ $\frac{13}{2}$ ④ $\frac{15}{2}$ ⑤ $\frac{17}{2}$

1st 주기를 이용하여 b의 값을 구해.

함수 $f(x)$의 주기가 4π이므로 $\frac{2\pi}{b}=4\pi$에서 $b=\frac{1}{2}$

2nd 최솟값을 이용하여 a의 값을 구해. 문제의 조건에서 b가 양수라 했으므로 $\frac{2\pi}{|b|}=\frac{2\pi}{b}$야.

또한, 함수 $f(x)$의 최솟값은 -1이므로 $-a+3=-1$에서 $a=4$

$\therefore\ a+b=4+\frac{1}{2}=\frac{9}{2}$

$-1\le\cos bx\le 1$이고 양수 a를 각 변에 곱하면 $-a\le a\cos bx\le a$ 다시 각 변에 3을 더하면 $-a+3\le a\cos bx+3\le a+3$ 즉, 함수 $f(x)$의 최솟값은 $-a+3$이야.

E 84 정답 ⑤ ＊삼각함수의 주기 [정답률 85%]

(정답 공식: 최댓값은 a의 값, 주기는 b의 값에 따라 달라진다.)

함수 $y=a\sin\frac{\pi}{2b}x$의 최댓값은 2이고 주기는 2이다. 두 양수 a, b의 합 $a+b$의 값은? (3점)

단서 함수 $y=\sin x$의 최댓값은 1이고, 주기는 2π야. 이를 이용하여 함수 $y=a\sin\frac{\pi}{2b}x$의 최댓값과 주기를 구해 봐.

① 2 ② $\frac{17}{8}$ ③ $\frac{9}{4}$ ④ $\frac{19}{8}$ ⑤ $\frac{5}{2}$

1st 함수 $y=a\sin bx$의 최댓값은 $|a|$, 최솟값은 $-|a|$이고, 주기는 $\frac{2\pi}{|b|}$이지?

$a>0$, $b>0$이므로 함수 $y=a\sin\frac{\pi}{2b}x$의 최댓값은 a이고,

주기는 $\frac{2\pi}{\frac{\pi}{2b}}=4b$이다.

함수 $y=a\sin\frac{\pi}{2b}x$의 그래프는 $y=\sin\frac{\pi}{2b}x$의 x의 그래프를 y축의 방향으로 $|a|$배한 것이고, $a>0$이므로 최댓값은 a야.

즉, $a=2$이고, $4b=2$에서 $b=\frac{1}{2}$

$\therefore\ a+b=2+\frac{1}{2}=\frac{5}{2}$

실수 $y=a\sin\frac{\pi}{2b}x=a\sin\left(\frac{\pi}{2b}x+2\pi\right)=a\sin\frac{\pi}{2b}(x+4b)$이므로 함수 $y=a\sin\frac{\pi}{2b}x$의 주기는 $4b$야.

E 85 정답 ③ ＊삼각함수의 주기 [정답률 83%]

(정답 공식: 삼각함수 $y=a\sin(bx+c)+d$의 주기는 $\frac{2\pi}{|b|}$이다.)

단서1 함수 $y=\sin\frac{\pi}{2}x$는 주기함수야.

곡선 $y=\sin\frac{\pi}{2}x\,(0\le x\le 5)$가 직선 $y=k\,(0<k<1)$과 만나는 서로 다른 세 점을 y축에서 가까운 순서대로 A, B, C라 하자. 세 점 A, B, C의 x좌표의 합이 $\frac{25}{4}$일 때, 선분 AB의 길이는? (4점)

단서2 점 A의 x좌표를 이용하여 두 점 B, C의 x좌표를 나타내.

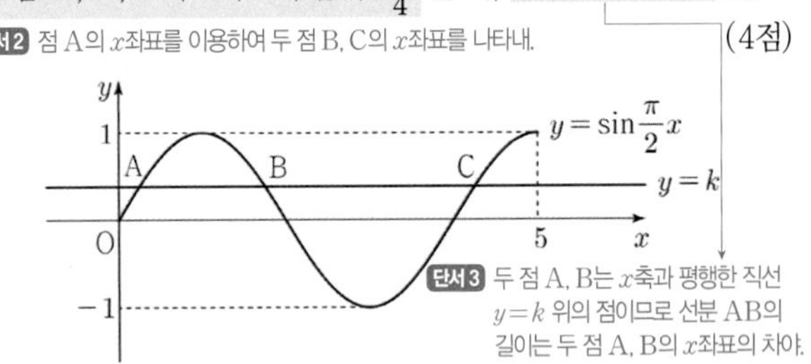

단서3 두 점 A, B는 x축과 평행한 직선 $y=k$ 위의 점이므로 선분 AB의 길이는 두 점 A, B의 x좌표의 차야.

① $\frac{5}{4}$ ② $\frac{11}{8}$ ③ $\frac{3}{2}$ ④ $\frac{13}{8}$ ⑤ $\frac{7}{4}$

1st 두 점 B, C의 x좌표를 점 A의 x좌표로 나타내.

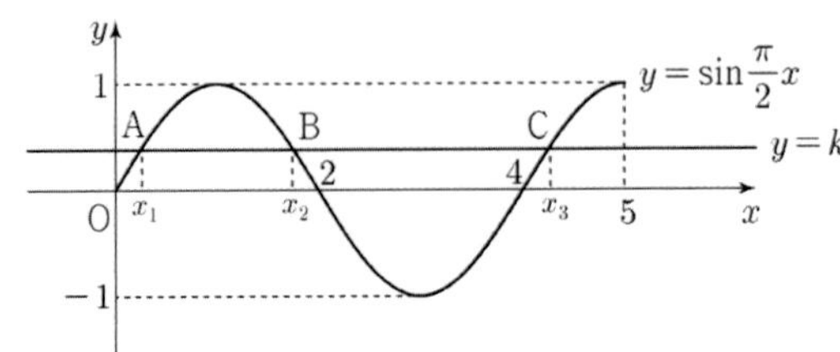

함수 $y=\sin\frac{\pi}{2}x$는 주기가 $\frac{2\pi}{\frac{\pi}{2}}=4$이므로 그림과 같이

곡선 $y=\sin\frac{\pi}{2}x(0\le x\le 5)$가 x축과 만나는 점의 x좌표는 0, 2, 4이다.

이때, 곡선 $y=\sin\frac{\pi}{2}x(0\le x\le 5)$와 직선 $y=k$가 만나는

세 점 A, B, C의 x좌표를 각각 x_1, x_2, x_3이라 하면

$x_2=2-x_1$, $x_3=4+x_1$이다.

→ 함수 $y=\sin\frac{\pi}{2}x$는 주기가 4이므로 $f(x)=f(x+4)$가 성립해.

곡선 $y=\sin\frac{\pi}{2}x$는 직선 $x=1$에 대하여 대칭이므로 $\frac{x_1+x_2}{2}=1$에서 $x_1+x_2=2$

$\therefore x_2=2-x_1$

2nd 선분 AB의 길이를 구해.

한편, 세 점 A, B, C의 x좌표의 합이 $\frac{25}{4}$이므로

$x_1+x_2+x_3=\frac{25}{4}$에서 $x_1+(2-x_1)+(4+x_1)=\frac{25}{4}$, $x_1+6=\frac{25}{4}$

$\therefore x_1=\frac{1}{4}$

→ 두 점 A, B는 직선 $y=k$ 위의 점이므로 이 두 점의 y좌표는 모두 k야.

따라서 두 점 A, B의 y좌표는 k로 같으므로

$\overline{AB}=x_2-x_1=(2-x_1)-x_1=2-2x_1$

$=2-2\times\frac{1}{4}=\frac{3}{2}$

E 86 정답 ③ *삼각함수의 주기 [정답률 62%]

정답 공식: 함수 $y=a\cos(bx+c)+d$의 주기는 $\frac{2\pi}{|b|}$이고 최댓값과 최솟값은 각각 $|a|+d$, $-|a|+d$이다.

닫힌구간 $[0, 2\pi]$에서 정의된 함수 $f(x)=a\cos bx+3$이

단서1 b의 값이 커질수록 함수 $f(x)$의 주기는 짧아져.

$x=\frac{\pi}{3}$에서 최댓값 13을 갖도록 하는 두 자연수 a, b의 순서쌍

단서2 자연수 b에 대하여 함수 $f(x)$의 주기를 k라 하면 $k\le 2\pi$야. 즉, 함수 $f(x)$의 최대값은 $f(0)=f\left(\frac{\pi}{3}\right)$야.

(a, b)에 대하여 $a+b$의 최솟값은? (4점)

① 12 ② 14 ③ 16 ④ 18 ⑤ 20

1st 함수 $f(x)$의 최댓값을 a로 나타내.

b가 자연수이므로 함수 $f(x)=a\cos bx+3$의 주기는 $\frac{2\pi}{b}$이다.

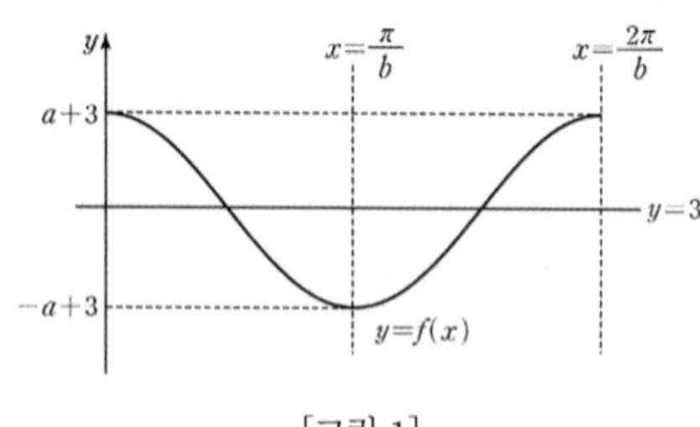

[그림 1]

이때, $a>0$이므로 닫힌구간 $\left[0, \frac{2\pi}{b}\right]$에서 함수 $y=f(x)$의 그래프는

[그림 1]과 같고 $\frac{2\pi}{b}\le 2\pi$이므로 자연수 b의 값에 상관없이 닫힌구간

자연수 b에 대하여 b의 값이 커지면 $\frac{2\pi}{b}$의 값은 작아지므로 $\frac{2\pi}{b}\le 2\pi$야.

$[0, 2\pi]$에서 함수 $f(x)$의 최댓값은 $f(0)=f\left(\frac{2\pi}{b}\right)=a+3$이다.

2nd 조건을 만족시키는 a, b의 조건을 찾아 $a+b$의 최솟값을 구해.

한편, 닫힌구간 $[0, 2\pi]$에서 함수 $f(x)$가 $x=\frac{\pi}{3}$에서 최댓값 13을

가지므로 $f\left(\frac{\pi}{3}\right)=f(0)=13$이어야 한다.

즉, $a+3=13$에서 $a=10$ $\therefore f(x)=10\cos bx+3$

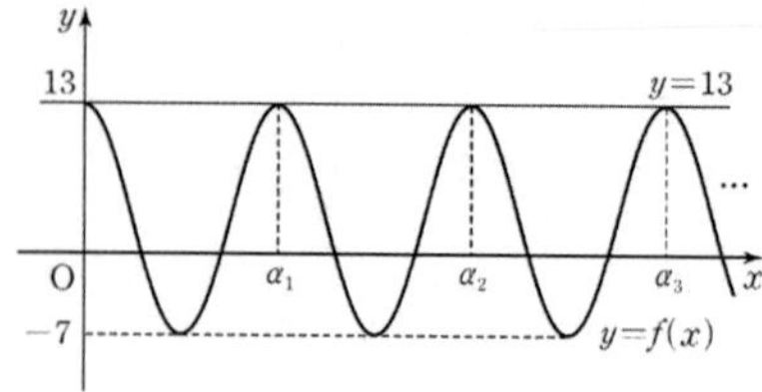

[그림 2]

또한, [그림 2]와 같이 $x>0$에서 함수 $y=f(x)$의 그래프가 직선 $y=13$과 만나는 점의 x좌표를 작은 값부터 차례대로 α_1, α_2, α_3, …라

하면 $\alpha_1=\frac{2\pi}{b}$, $\alpha_2=\frac{4\pi}{b}$, $\alpha_3=\frac{6\pi}{b}$, …이고 함수 $f(x)$가 $x=\frac{\pi}{3}$에서

$0\le x\le\alpha_1$, $\alpha_1\le x\le\alpha_2$, $\alpha_2\le x\le\alpha_3$, …가 각각 함수 $f(x)$의 한 주기이므로 $\alpha_1=\frac{2\pi}{b}$, $\alpha_2=2\times\frac{2\pi}{b}=\frac{4\pi}{b}$, $\alpha_3=3\times\frac{2\pi}{b}=\frac{6\pi}{b}$, …야.

최댓값 13을 가지므로 자연수 n에 대하여 $\alpha_n=\frac{\pi}{3}$가 되어야 한다.

$\alpha_1=\frac{\pi}{3}$이면 $\frac{2\pi}{b}=\frac{\pi}{3}$에서 $b=6$

$\alpha_2=\frac{\pi}{3}$이면 $\frac{4\pi}{b}=\frac{\pi}{3}$에서 $b=12$

$\alpha_3=\frac{\pi}{3}$이면 $\frac{6\pi}{b}=\frac{\pi}{3}$에서 $b=18$

⋮

따라서 조건을 만족시키는 자연수 b의 최솟값은 6이므로

$a+b$의 최솟값은 $10+6=16$이다.

한성은 | 2025 수능 응시 · 익산 남성여고 졸

삼각함수의 그래프의 개형과 어떤 x의 값에서 최대, 최소가 되는지 알고 있었다면 쉽게 풀 수 있는 문제였어. 나는 이 문제를 풀 때 a와 b의 값이 정해져 있는데 왜 $a+b$의 최솟값을 구하라는 건지 이해가 가지 않았는데 다시 문제를 읽어보니까 주어진 함수의 주기가 2π가 아니라 $\frac{2\pi}{b}$이더라고. 삼각함수와 관련된 문제는 범위와 조건이 굉장히 중요하니까 문제를 풀 때 체크해두고 푸는 습관이 필요해.

E 87 정답 ② *삼각함수의 주기 [정답률 78%]

정답 공식: 두 삼각함수 $y=a\sin(bx+c)+d$, $y=a\cos(bx+c)+d$의 주기는 모두 $\frac{2\pi}{|b|}$이다.

두 함수

단서1 함수 $y=a\cos(bx+c)+d$의 주기는 b의 값에 따라 달라져. a, c, d는 주기에 영향을 주지 않아.

$f(x)=\cos(ax)+1$, $g(x)=|\sin 3x|$ 단서2 함수 $y=g(x)$의 그래프를 그려 주기를 구해 봐.

의 주기가 서로 같을 때, 양수 a의 값은? (4점)

① 5 ② 6 ③ 7 ④ 8 ⑤ 9

1st 함수 $g(x)$의 주기를 구하자.

함수 $y=\sin 3x$의 주기는 $\frac{2}{3}\pi$이므로 함수 $g(x)=|\sin 3x|$의 그래프는 다음과 같다.

함수 $h(x)$에 대하여 함수 $y=|h(x)|$의 그래프는 $y=h(x)$의 그래프에서 $y<0$인 부분을 x축에 대하여 대칭이동하여 그리면 돼.

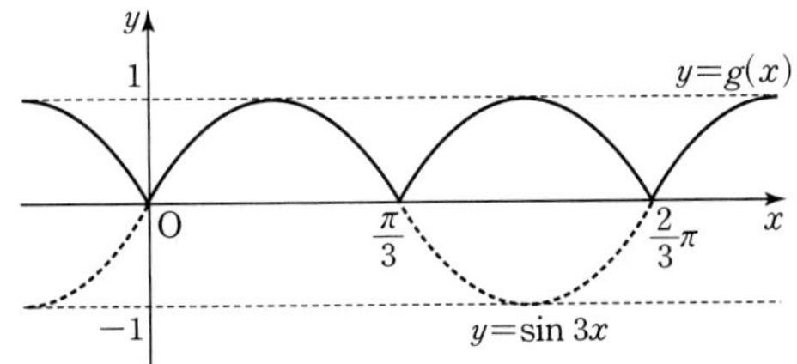

따라서 함수 $g(x)$의 주기는 $\frac{\pi}{3}$이다.

2nd 두 함수 $f(x)$와 $g(x)$의 주기가 같음을 이용하여 양수 a의 값을 구하자.

한편, 함수 $f(x)=\cos(ax)+1$의 주기가 $\frac{2\pi}{|a|}=\frac{2\pi}{a}$ ($\because a>0$)

이고 두 함수 $f(x)$, $g(x)$의 주기가 서로 같으므로 $\frac{2\pi}{a}=\frac{\pi}{3}$

$\therefore a=6$

E 88 정답 ③ *삼각함수의 주기 [정답률 61%]

(정답 공식: 함수 $y=a\tan(bx+c)+d$의 주기는 $\frac{\pi}{|b|}$이다.)

양수 a에 대하여 집합 $\left\{x \middle| -\frac{a}{2}<x\le a,\ x\ne\frac{a}{2}\right\}$에서 정의된 함수

$f(x)=\tan\frac{\pi x}{a}$ **단서1** $-\frac{a}{2}<x<\frac{a}{2}$에서 함수 $y=f(x)$의 그래프는 원점에 대하여 대칭이야.

가 있다. 그림과 같이 함수 $y=f(x)$의 그래프 위의 세 점 O, A, B를 지나는 직선이 있다. 점 A를 지나고 x축에 평행한 직선이 함수 $y=f(x)$의 그래프와 만나는 점 중 A가 아닌 점을 C라 하자. 삼각형 ABC가 정삼각형일 때, 삼각형 ABC의 넓이는? (단, O는 원점이다.) (4점) **단서2** 두 선분 AB, AC의 길이는 서로 같아.

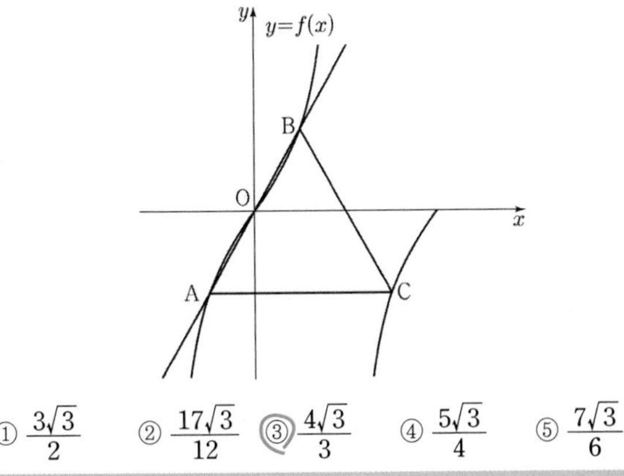

① $\frac{3\sqrt{3}}{2}$ ② $\frac{17\sqrt{3}}{12}$ ③ $\frac{4\sqrt{3}}{3}$ ④ $\frac{5\sqrt{3}}{4}$ ⑤ $\frac{7\sqrt{3}}{6}$

1st 정삼각형 ABC의 한 변의 길이를 구해.

선분 AC의 길이는 함수 $f(x)=\tan\frac{\pi x}{a}$의 한 주기이고 함수 $f(x)$의

주기는 $\frac{\pi}{\frac{\pi}{a}}=a$($\because a>0$)이므로 $\overline{AC}=a$

따라서 삼각형 ABC는 한 변의 길이가 a인 정삼각형이다.

2nd 두 점 A, B의 좌표를 구해.

$-\frac{a}{2}<x<\frac{a}{2}$에서 함수 $y=f(x)$의 그래프는 원점에 대하여 대칭이므로

$\overline{OA}=\overline{OB}=\frac{1}{2}\overline{AB}=\frac{1}{2}\overline{AC}=\frac{a}{2}$

한편, 선분 AC가 y축과 만나는 점을 H라 하면 $\angle OAH=\frac{\pi}{3}$이므로

직각삼각형 OAH에서 $\overline{AH}=\overline{OA}\cos\frac{\pi}{3}=\frac{a}{2}\times\frac{1}{2}=\frac{a}{4}$

→ $\frac{\overline{AH}}{\overline{OA}}=\cos\frac{\pi}{3}$

따라서 점 A의 x좌표는 $-\frac{a}{4}$이고 y좌표는

문제의 그림에서 점 A는 제3사분면 위의 점이므로 x좌표는 음수야.

$f\left(-\frac{a}{4}\right)=\tan\left(\frac{\pi}{a}\times\left(-\frac{a}{4}\right)\right)=\tan\left(-\frac{\pi}{4}\right)=-\tan\frac{\pi}{4}=-1$이므로

$\tan(-x)=-\tan x$

$A\left(-\frac{a}{4},\ -1\right)$이고 $B\left(\frac{a}{4},\ 1\right)$이다.

점 (a, b)를 원점에 대하여 대칭이동한 점의 좌표는 $(-a, -b)$야.

3rd 삼각형 ABC의 넓이를 구해.

→ 두 점 (x_1, y_1), (x_2, y_2)를 잇는 선분의 길이를 d라 하면 $d=\sqrt{(x_2-x_1)^2+(y_2-y_1)^2}$이야.

$\overline{AB}=a$에서 $\sqrt{\left\{\frac{a}{4}-\left(-\frac{a}{4}\right)\right\}^2+\{1-(-1)\}^2}=a$

$\sqrt{\frac{a^2}{4}+4}=a$, $\frac{a^2}{4}+4=a^2$, $\frac{3}{4}a^2=4$ $\quad\therefore a^2=\frac{16}{3}$

따라서 정삼각형 ABC의 넓이를 S라 하면

$S=\frac{\sqrt{3}}{4}a^2=\frac{\sqrt{3}}{4}\times\frac{16}{3}=\frac{4\sqrt{3}}{3}$

한 변의 길이가 a인 정삼각형의 넓이는 $\frac{\sqrt{3}}{4}a^2$이지?

E 89 정답 ③ *삼각함수의 최대·최소 – 이차식 꼴 [정답률 72%]

(정답 공식: 주어진 함수 $f(x)$의 식을 치환을 이용하여 변형한다.)

실수 k에 대하여 함수 **단서** $x-\frac{3}{4}\pi=t$라 치환한 후 $\sin t$에 대한 이차식의 최대, 최소를 생각해봐.

$f(x)=\cos^2\left(x-\frac{3}{4}\pi\right)-\cos\left(x-\frac{\pi}{4}\right)+k$

의 최댓값은 3, 최솟값은 m이다. $k+m$의 값은? (4점)

① 2 ② $\frac{9}{4}$ ③ $\frac{5}{2}$ ④ $\frac{11}{4}$ ⑤ 3

1st $x-\frac{3}{4}\pi=t$라 치환한 후 식을 정리하자.

$x-\frac{3}{4}\pi=t$라 하면 $x=\frac{3}{4}\pi+t$이므로

$f(x)=\cos^2 t-\cos\left(t+\frac{\pi}{2}\right)+k$

$\cos\left(\frac{\pi}{2}+\theta\right)=-\sin\theta$, $\cos^2\theta=1-\sin^2\theta$

$=1-\sin^2 t+\sin t+k$

$=-\sin^2 t+\sin t+k+1$

$=-\left(\sin t-\frac{1}{2}\right)^2+k+\frac{5}{4}$ $(-1\le\sin t\le 1)$ ⋯ ㉠

2nd 최댓값을 이용하여 k의 값을 구한 후 최솟값 m을 구하자.

㉠에서 $\sin t=\frac{1}{2}$일 때, 최댓값은 $k+\frac{5}{4}=3$이므로

$k=\frac{7}{4}$

$\sin t=a$라 하면 $y=-\left(a-\frac{1}{2}\right)^2+k+\frac{5}{4}$ $(-1\le a\le 1)$이고 이것은 위로 볼록한 이차함수로 대칭축 $a=\frac{1}{2}$에서 최댓값을 가져.

즉, $f(x)=-\left(\sin t-\frac{1}{2}\right)^2+3$이고,

최솟값은 $\sin t=-1$일 때이므로

$m=-\left(-1-\frac{1}{2}\right)^2+3=\frac{3}{4}$

→ 이차함수는 $\sin t=\frac{1}{2}$에 대칭이므로 $-1\le\sin t\le 1$의 범위에서 최솟값은 대칭축에서 더 멀리 떨어진 값인 $\sin t=-1$일 때 가져.

$\therefore k+m=\frac{7}{4}+\frac{3}{4}=\frac{10}{4}=\frac{5}{2}$

E 90 정답 11 *삼각함수의 최대·최소 – 이차식 꼴 …… [정답률 50%]

(정답 공식: $\cos\gamma$에 관한 식으로 고친 뒤 산술 평균과 기하 평균의 관계를 이용한다.)

> 단서2 $\cos\gamma=\frac{b}{3a}+\frac{a}{3b}$이고, a, b가 양수니까 산술평균, 기하평균의 관계를 사용해 보자.
>
> a, b는 양수이고 $\alpha+\beta+\gamma=\pi$이다. $a^2+b^2=3ab\cos\gamma$일 때, $9\sin^2(\pi+\alpha+\beta)+9\cos\gamma$의 최댓값을 구하시오. (3점)
>
> 단서1 먼저 $\sin^2(\pi+\alpha+\beta)$를 $\cos\gamma$에 관한 이차식으로 만들자.

1st γ에 관한 식으로 정리해.

$\alpha+\beta+\gamma=\pi$에서 $\alpha+\beta=\pi-\gamma$이므로

$$9\sin^2(\pi+\alpha+\beta)+9\cos\gamma=9\sin^2(\pi+\pi-\gamma)+9\cos\gamma$$
$$=9\sin^2\gamma+9\cos\gamma=9(1-\cos^2\gamma)+9\cos\gamma$$
$$=-9\cos^2\gamma+9\cos\gamma+9 \cdots ㉠$$

2nd $\cos\gamma$의 값의 범위를 구해.

$a^2+b^2=3ab\cos\gamma$에서 $\cos\gamma=\frac{a^2+b^2}{3ab}$이고, $a>0$, $b>0$이므로 산술평균과 기하평균의 관계에 의하여

$$\cos\gamma=\frac{a^2+b^2}{3ab}\geq\frac{2\sqrt{a^2b^2}}{3ab}=\frac{2}{3}$$

이때, $\cos\gamma=t$라 하면 $\frac{2}{3}\leq t\leq 1$

→ γ가 임의의 실수이므로 $-1\leq\cos\gamma\leq 1$이야. 이때, 산술평균, 기하평균의 관계에 의하여 $\cos\gamma\geq\frac{2}{3}$이므로 동시에 만족시키는 범위는 $\frac{2}{3}\leq\cos\gamma\leq 1$이 되는 거야.

㉠에서

$$-9t^2+9t+9$$
$$=-9\left(t^2-t+\frac{1}{4}-\frac{1}{4}\right)+9$$
$$=-9\left(t-\frac{1}{2}\right)^2+\frac{45}{4}$$

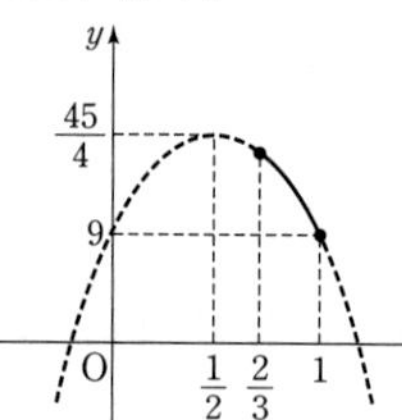

따라서 구하는 식의 값은 그림과 같이 $t=\frac{2}{3}$일 때 최대이므로 구하는 최댓값은

$$-9\left(\frac{2}{3}-\frac{1}{2}\right)^2+\frac{45}{4}=11$$

E 91 정답 8 *삼각함수의 최대·최소 – 이차식 꼴 …… [정답률 52%]

(정답 공식: $\sin^2x+\cos^2x=1$을 이용하여 식을 정리하고, $\cos x=t$로 치환하여 이차함수의 최솟값을 구한다.)

> 단서 $\sin^2x+\cos^2x=1$을 이용하면 코사인에 대한 식으로 바뀌지.
>
> $0\leq x<2\pi$에서 함수 $y=-\sin^2x+6\cos x+k$는 $x=a\pi$에서 최솟값 2를 가질 때, 실수 k, a에 대하여 ka의 값을 구하시오. (4점)

1st $\sin^2x+\cos^2x=1$을 이용하여 주어진 함수를 코사인함수에 대한 식으로 바꾸자.

$$y=-\sin^2x+6\cos x+k$$
$$=-(1-\cos^2x)+6\cos x+k$$
$$=\cos^2x+6\cos x+k-1$$

→ 주어진 $\cos x$를 $\sin$에 대한 식으로 바꾸는 것보다 $\sin^2x$를 $\cos$에 대한 식으로 바꾸는 게 더 쉬워.

2nd 여기서 $\cos x$를 t로 치환하여 나온 식의 최솟값을 구하자.

$\cos x=t(-1\leq t\leq 1)$로 치환하면

→ 주어진 x의 값의 범위가 $0\leq x<2\pi$이므로 $-1\leq\cos x\leq 1$, 즉 $-1\leq t\leq 1$이 되는 거야.

$$y=t^2+6t+k-1$$
$$=(t^2+6t+9)+k-10=(t+3)^2+k-10$$

$-1\leq t\leq 1$에서 $y=(t+3)^2+k-10$의 그래프를 그리면 그림과 같다.

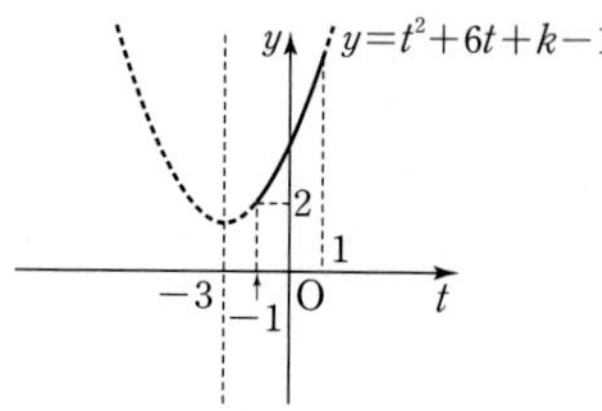

$t=-1$, 즉 $\cos x=-1$일 때, 최솟값 2를 가지므로

$\cos a\pi=-1$에서 $a\pi=\pi$ ($\because 0\leq x<2\pi$), 즉 $a=1$

$(-1+3)^2+k-10=2$, $4+k-10=2$ $\therefore k=8$

따라서 구하는 값은 $ka=8$

> **제한된 범위에서의 이차함수의 최대 · 최소** 개념·공식
>
> $f(x)=a(x-m)^2+n$ $(a\neq 0,\ \alpha\leq x\leq\beta)$에 대하여
>
> ① $\alpha\leq m\leq\beta$일 때 : $f(\alpha)$, $f(\beta)$, n 중에서 가장 큰 것이 최댓값, 가장 작은 것이 최솟값이다.
>
> ② $m<\alpha$ 또는 $m>\beta$일 때 : $f(\alpha)$, $f(\beta)$ 중에서 큰 것이 최댓값, 작은 것이 최솟값이다.

E 92 정답 ① *삼각함수의 최대·최소 – 분수식 꼴 …… [정답률 70%]

(정답 공식: 분수함수 $y=\frac{k}{x-m}+n(k\neq 0)$의 점근선의 방정식은 $x=m$, $y=n$)

> 함수 $y=\frac{\sin x-2}{\sin x+2}$의 최솟값은? (3점)
>
> 단서 $\sin x=t$로 치환하여 t에 대한 분수함수의 그래프를 그리자.
>
> ① -3 ② -1 ③ 0 ④ 1 ⑤ 3

1st $\sin x=t$로 치환한 식의 그래프를 그려서 최솟값을 구하자.

함수 $y=\frac{\sin x-2}{\sin x+2}$에서 $\sin x=t(-1\leq t\leq 1)$로 치환하면

$$y=\frac{t-2}{t+2}=\frac{(t+2)-4}{t+2}=1-\frac{4}{t+2}$$

이 함수의 점근선의 방정식은 $t=-2$, $y=1$이므로 $-1\leq t\leq 1$의 범위에서 그래프를 그리면 그림과 같다.

→ $y=1-\frac{4}{t+2}$에서 분수함수의 분자가 -4로 음수이므로 점근선의 교점을 중심으로 그래프가 왼쪽 위와 오른쪽 아래에 그려져.

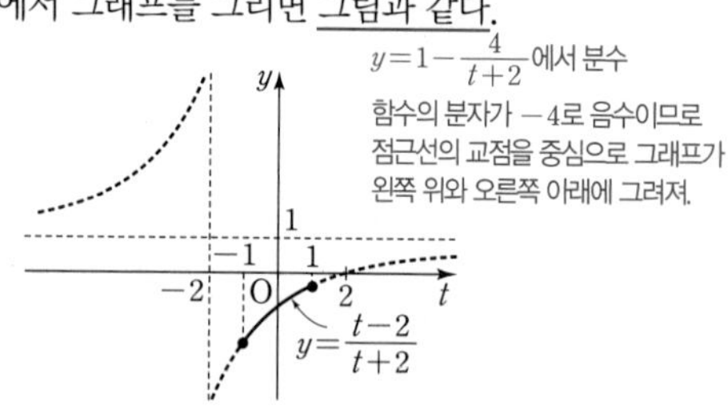

따라서 주어진 함수는 $t=-1$, 즉 $\sin x=-1$일 때, 최솟값 -3을 가진다.

E 93 정답 ② *삼각함수의 최대·최소–분수식 꼴 …… [정답률 62%]

(정답 공식: 분수함수 $y=\frac{k}{x-m}+n(k\neq 0)$의 점근선의 방정식은 $x=m$, $y=n$이다.)

> 함수 $y=\frac{-3\cos x+k}{\cos x+2}$의 최솟값이 $-\frac{5}{3}$일 때, 상수 k의 값은? (단, $k>-6$) (4점)
>
> 단서 $\cos x=t$로 치환하면 t에 대한 분수함수가 되겠지.
>
> ① -1 ② -2 ③ -3 ④ -4 ⑤ -5

1st $\cos x=t$로 치환한 식의 그래프를 그려서 최댓값을 구하자.

함수 $y=\dfrac{-3\cos x+k}{\cos x+2}$에서

$\cos x=t(-1\le t\le 1)$로 치환하면

$y=\dfrac{-3t+k}{t+2}=\dfrac{-3(t+2)+k+6}{t+2}$

$=-3+\dfrac{k+6}{t+2}$

이 함수의 점근선의 방정식은 $t=-2$, $y=-3$이므로

$-1\le t\le 1$의 범위에서 그래프를 그리면 그림과 같다.

→ $k>-6$이므로 $k+6>0$이야. 분수함수의 점근선의 교점을 중심으로 그래프는 오른쪽 위와 왼쪽 아래에 그려지지.

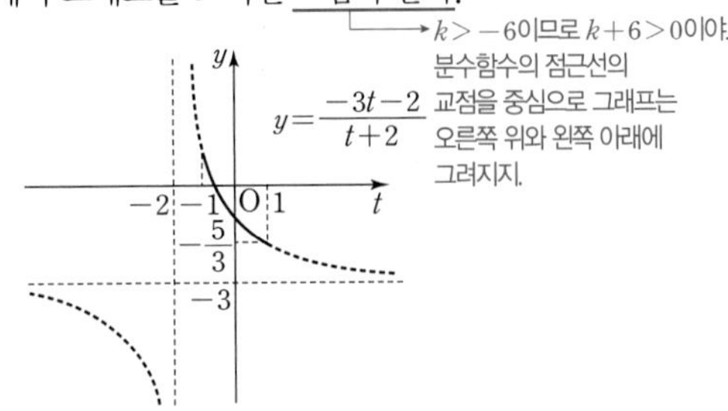

따라서 주어진 함수는 $t=1$, 즉 $\cos x=1$일 때,

최솟값 $-\dfrac{5}{3}$를 가지므로 $\dfrac{-3\times1+k}{1+2}=-\dfrac{5}{3}$

$-3+k=-5$

$\therefore k=-2$

E 94 정답 ② *삼각함수의 최대·최소-분수식 꼴 [정답률 62%]

정답 공식: 분수함수 $y=\dfrac{1}{x-m}+n(k\ne0)$의 점근선의 방정식은 $x=m$, $y=n$이다.

다음 중 함수 $y=\dfrac{\tan x}{\tan x-2}$에 대하여 함숫값이 될 수 없는 것은? (단, $\tan x\ne2$) (4점)

단서 $\tan x$를 치환하여 분수함수로 변형해 봐.

① $\dfrac{1}{2}$ ② 1 ③ $\dfrac{3}{2}$
④ 2 ⑤ $\dfrac{5}{2}$

1st $\tan x=t$로 치환한 식의 그래프를 그리자.

함수 $y=\dfrac{\tan x}{\tan x-2}$에서 $\tan x=t$로 치환하면

주의: $\sin x$, $\cos x$를 t로 치환하면 $-1\le t\le1$로 범위가 제한되지만 $\tan x=t$로 치환하면 실수 전체가 나올 수 있으니까 제한된 범위가 나오지 않아.

$y=\dfrac{t}{t-2}=\dfrac{(t-2)+2}{t-2}=1+\dfrac{2}{t-2}(t\ne2)$

이 함수의 점근선의 방정식은 $t=2$, $y=1$이므로

그래프를 그리면 그림과 같다.

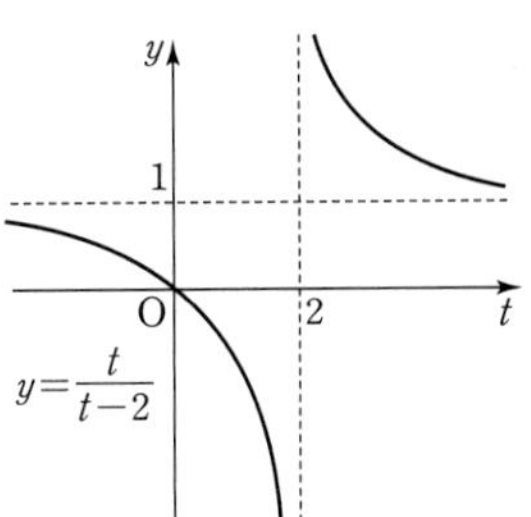

따라서 함숫값이 될 수 없는 것은 1이다.

E 95 정답 ④ *삼각함수의 그래프의 평행이동 [정답률 71%]

정답 공식: 함수 $y=\cos x$의 그래프를 x축의 방향으로 $\dfrac{\pi}{2}$만큼 평행이동한 그래프는 함수 $y=\sin x$의 그래프와 일치한다.

$0\le x<2\pi$일 때, 두 곡선 $y=\cos\left(x-\dfrac{\pi}{2}\right)$와 $y=\sin 4x$가 만나는 점의 개수는? (3점)

단서 $0\le x<2\pi$에서 두 곡선을 좌표평면에 나타낸 후 두 곡선의 교점의 개수를 구하면 돼.

① 2 ② 4 ③ 6
④ 8 ⑤ 10

1st 주어진 두 곡선을 좌표평면 위에 나타내자.

곡선 $y=\cos\left(x-\dfrac{\pi}{2}\right)$는 곡선 $y=\cos x$를 x축의 방향으로 $\dfrac{\pi}{2}$만큼 평행이동한 것이다.

함수 $y=f(x)$의 그래프를 x축의 방향으로 a만큼 평행이동한 그래프의 식은 x 대신 $x-a$를 대입한 $y=f(x-a)$야.

따라서 곡선 $y=\cos\left(x-\dfrac{\pi}{2}\right)$는 곡선 $y=\sin x$와 일치한다.

또, 곡선 $y=\sin 4x$의 주기는 $\dfrac{2\pi}{|4|}=\dfrac{\pi}{2}$이고 최댓값과 최솟값은 각각 1, -1이다.

삼각함수 $y=a\sin(bx+c)+d$의 주기는 $\dfrac{2\pi}{|b|}$이고 최댓값과 최솟값은 각각 $|a|+d$, $-|a|+d$야.

따라서 $0\le x<2\pi$에서 두 곡선 $y=\cos\left(x-\dfrac{\pi}{2}\right)$, $y=\sin 4x$를 좌표평면 위에 나타내면 다음과 같다.

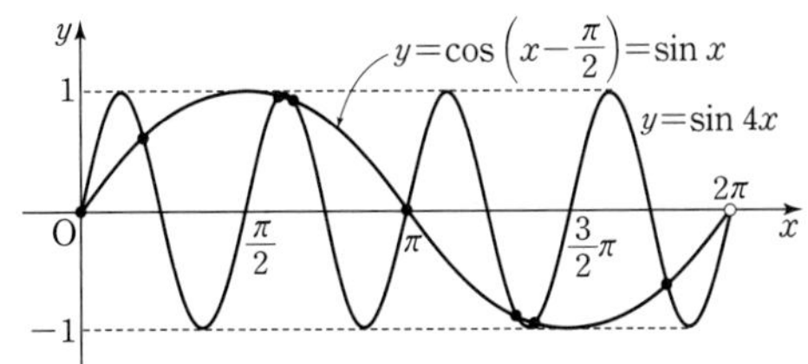

2nd 두 곡선이 만나는 점의 개수를 구해.

따라서 그림과 같이 두 곡선이 $0\le x<2\pi$에서 만나는 점의 개수는 8이다.

실수: 주어진 구간을 정확히 파악해야 해. 주어진 x의 값의 범위에서 2π는 빠져있어. 만약 2π가 포함되었다고 착각한다면 교점의 개수를 8이 아닌 9로 구하는 실수를 할 수 있어.

E 96 정답 8 *삼각함수의 그래프의 평행이동 [정답률 61%]

정답 공식: 함수 $f(x)=a\sin bx+c$의 주기는 $\dfrac{2\pi}{|b|}$이고 최댓값과 최솟값은 각각 $-|a|+c$, $|a|+c$이다.

두 자연수 a, b에 대하여 함수

$f(x)=a\sin bx+8-a$

단서1 함수 $f(x)$에서 a는 최댓값과 최솟값을, b는 주기를 결정해.

가 다음 조건을 만족시킬 때, $a+b$의 값을 구하시오. (3점)

(가) 모든 실수 x에 대하여 $f(x)\ge0$이다.

단서2 함수 $f(x)$의 최솟값이 0보다 크거나 같다는 거야.

(나) $0\le x<2\pi$일 때, x에 대한 방정식 $f(x)=0$의 서로 다른 실근의 개수는 4이다.

단서3 $0\le x<2\pi$에서 함수 $y=f(x)$의 그래프와 x축이 서로 다른 네 점에서 만나는 거지?

1st a의 값부터 구해.
→ $-1\le\sin bx\le1$에서 $-a\le a\sin bx\le a$
$\therefore 8-2a\le a\sin bx+8-a\le8$

a가 자연수이므로 함수 $f(x)$의 최댓값과 최솟값은 각각 $a+8-a=8$, $-a+8-a=8-2a$이다.

조건 (가)에 의하여 함수 $f(x)$의 최솟값이 0보다 크거나 같다.

$f(x)\ge0$에서 $8-2a\ge0$, $2a\le8$ $\therefore a\le4$
그런데 $a=1$ 또는 $a=2$ 또는 $a=3$이면 $8-2a>0$이므로 이때의 $f(x)$의 최솟값은 0보다 커서 x축과 만나지 않아.

그런데 조건 (나)에 의하여 함수 $y=f(x)$의 그래프는 x축과 만나야 하므로 함수 $f(x)$의 최솟값은 0이다.

즉, $8-2a=0$에서 $2a=8$ $\quad\therefore a=4$ ⋯ ㉠

방정식 $f(x)=0$의 서로 다른 실근의 개수는 함수 $y=f(x)$의 그래프와 x축이 만나는 서로 다른 점의 개수와 같아.

2nd 함수 $f(x)$의 주기를 이용하여 b의 값을 구해.

㉠에 의하여 $f(x)=4\sin bx+4$이고 이 함수의 주기는 $\frac{2\pi}{b}$이므로

$0\le x\le\frac{2\pi}{b}$일 때 방정식 $f(x)=0$의 서로 다른 실근의 개수는 1이다.

$0\le x\le\frac{2\pi}{b}$에서의 함수 $y=f(x)$의 그래프는 그림과 같아.

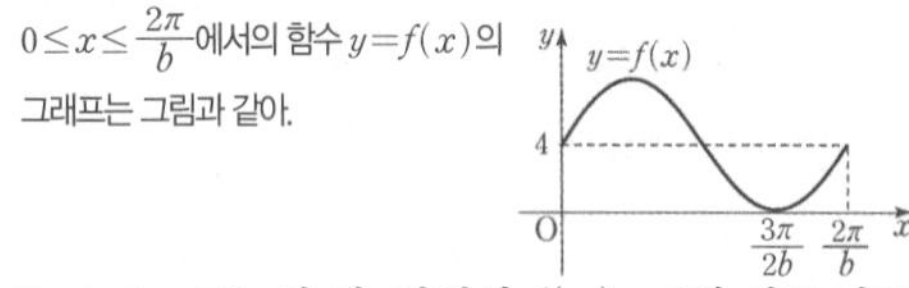

즉, $0\le x<2\pi$일 때, 방정식 $f(x)=0$의 서로 다른 실근의 개수가 4가 되려면 $\frac{15\pi}{2b}<2\pi\le\frac{19\pi}{2b}$이어야 한다.

$0\le x<2\pi$에서 실근이 4개이므로 실근은 $x=\frac{3\pi}{2b}+\frac{2\pi}{b}\times n$(단, $n=0, 1, 2, 3$)이야.
즉, $\frac{3\pi}{2b}+\frac{2\pi}{b}\times3<2\pi\le\frac{3\pi}{2b}+\frac{2\pi}{b}\times4$ 이어야겠지?

따라서 $\frac{15}{4}<b\le\frac{19}{4}$이고 b는 자연수이므로 $b=4$

$\therefore a+b=4+4=8$

쉬운 풀이: 함수 $f(x)$의 주기를 이용하여 b의 값 구하기

(i) $b=1$이면 $f(x)=4\sin x+4$이므로 주기는 $\frac{2\pi}{1}=2\pi$야.

즉, $0\le x<2\pi$에서 함수 $y=f(x)$의 그래프는 그림과 같아.

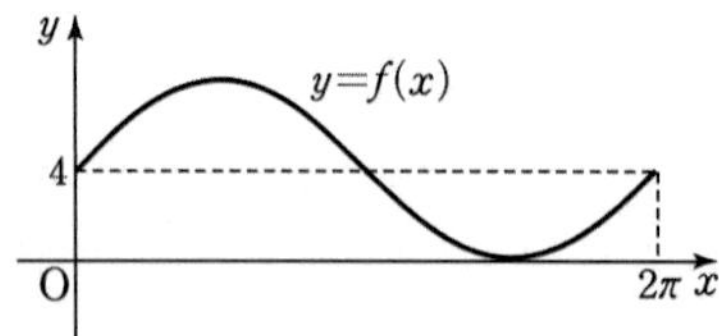

따라서 방정식 $f(x)=0$의 서로 다른 실근의 개수는 1이야.

(ii) $b=2$이면 $f(x)=4\sin 2x+4$이므로 주기는 $\frac{2\pi}{2}=\pi$야.

즉, $0\le x<2\pi$에서 함수 $y=f(x)$의 그래프는 그림과 같아.

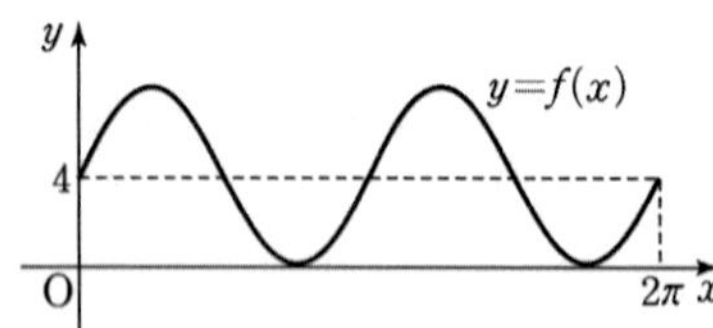

따라서 방정식 $f(x)=0$의 서로 다른 실근의 개수는 2야.

(iii) $b=3$이면 $f(x)=4\sin 3x+4$이므로 주기는 $\frac{2\pi}{3}$야.

즉, $0\le x<2\pi$에서 함수 $y=f(x)$의 그래프는 그림과 같아.

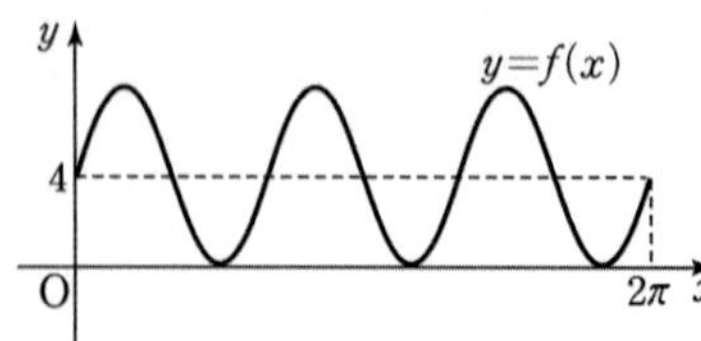

따라서 방정식 $f(x)=0$의 서로 다른 실근의 개수는 3이야.

(iv) $b=4$이면 $f(x)=4\sin 4x+4$이므로 주기는 $\frac{2\pi}{4}=\frac{\pi}{2}$야.

즉, $0\le x<2\pi$에서 함수 $y=f(x)$의 그래프는 그림과 같아.

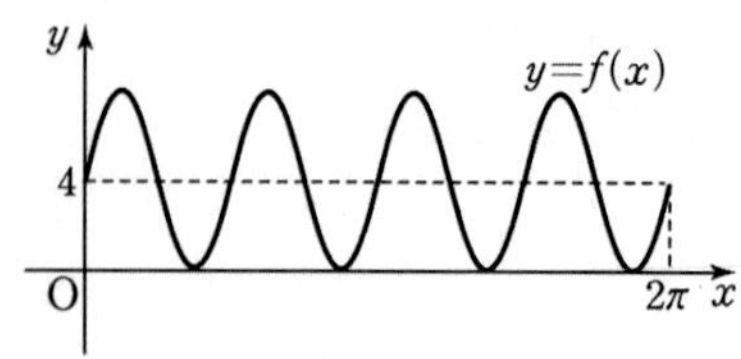

따라서 방정식 $f(x)=0$의 서로 다른 실근의 개수는 4야.

(i)~(iv)에 의하여 자연수 b의 값은 4야.

E 97 정답 ④ *삼각함수의 그래프의 평행이동 ······ [정답률 53%]

정답 공식: 곡선 $y=f(x)$를 x축에 대하여 대칭이동한 후 y축의 방향으로 k만큼 평행이동한 곡선의 방정식은 $y=-f(x)+k$이다.

닫힌구간 $[0, 2\pi]$에서 정의된 함수 $f(x)$는

$$f(x)=\begin{cases}\sin x & \left(0\le x\le\frac{k}{6}\pi\right)\\ 2\sin\left(\frac{k}{6}\pi\right)-\sin x & \left(\frac{k}{6}\pi<x\le2\pi\right)\end{cases}$$

이다. 곡선 $y=f(x)$와 직선 $y=\sin\left(\frac{k}{6}\pi\right)$의 교점의 개수를 a_k라 할 때, $a_1+a_2+a_3+a_4+a_5$의 값은? (4점)

단서1 곡선 $y=2\sin\left(\frac{k}{6}\pi\right)-\sin x$는 곡선 $y=\sin x$를 x축에 대하여 대칭이동한 후 y축의 방향으로 $2\sin\left(\frac{k}{6}\pi\right)$만큼 평행이동한 곡선이야.

단서2 $\sin\left(\frac{k}{6}\pi\right)$는 상수이므로 직선 $y=\sin\left(\frac{k}{6}\pi\right)$는 x축에 평행한 직선이야.

① 6 ② 7 ③ 8 ④ 9 ⑤ 10

1st k의 값에 따라 그래프를 그리고 곡선과 직선의 교점의 개수를 구해.

(i) $k=1$일 때, $\sin\left(\frac{k}{6}\pi\right)=\sin\frac{\pi}{6}=\frac{1}{2}$이므로

$$f(x)=\begin{cases}\sin x & \left(0\le x\le\frac{\pi}{6}\right)\\ -\sin x+1 & \left(\frac{\pi}{6}<x\le2\pi\right)\end{cases}$$

→ 곡선 $y=-\sin x+1$은 곡선 $y=\sin x$를 x축에 대하여 대칭이동한 후 y축의 방향으로 1만큼 평행이동한 곡선이야.

즉, 곡선 $y=f(x)$와 직선 $y=\sin\left(\frac{k}{6}\pi\right)=\sin\frac{\pi}{6}$는 다음과 같다.

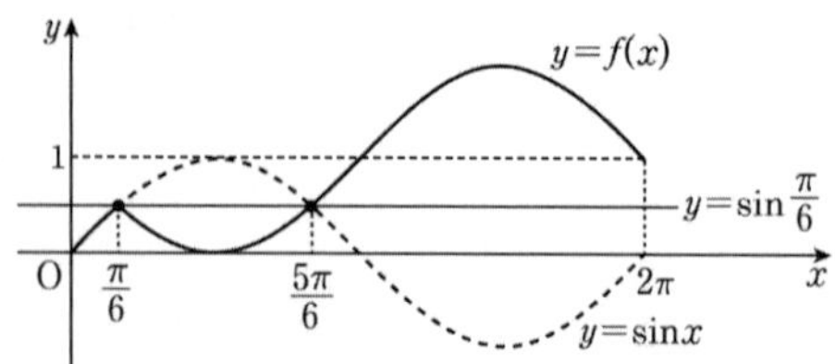

따라서 $k=1$일 때 곡선과 직선의 교점의 개수는 2이다. $\quad\therefore a_1=2$

(ii) $k=2$일 때, $\sin\left(\frac{k}{6}\pi\right)=\sin\frac{\pi}{3}=\frac{\sqrt{3}}{2}$이므로

$$f(x)=\begin{cases}\sin x & \left(0\le x\le\frac{\pi}{3}\right)\\ -\sin x+\sqrt{3} & \left(\frac{\pi}{3}<x\le2\pi\right)\end{cases}$$

→ 곡선 $y=-\sin x+\sqrt{3}$은 곡선 $y=\sin x$를 x축에 대하여 대칭이동한 후 y축의 방향으로 $\sqrt{3}$만큼 평행이동한 곡선이야.

즉, 곡선 $y=f(x)$와 직선 $y=\sin\left(\frac{k}{6}\pi\right)=\sin\frac{\pi}{3}$는 다음과 같다.

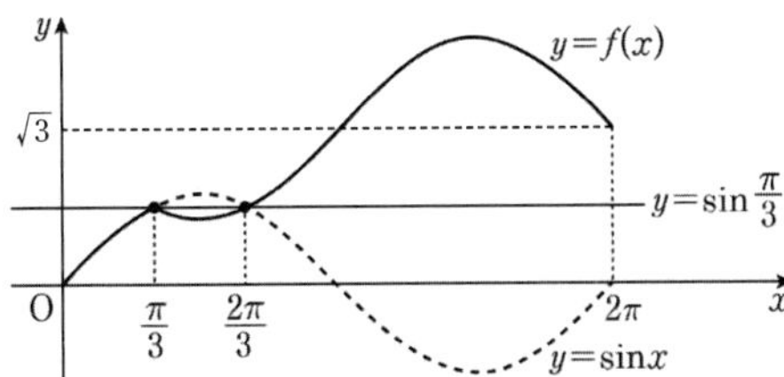

따라서 $k=2$일 때 곡선과 직선의 교점의 개수는 2이다. $\therefore a_2=2$

(iii) $k=3$일 때, $\sin\left(\frac{k}{6}\pi\right)=\sin\frac{\pi}{2}=1$이므로

$$f(x)=\begin{cases}\sin x & \left(0\le x\le\frac{\pi}{2}\right)\\ -\sin x+2 & \left(\frac{\pi}{2}<x\le 2\pi\right)\end{cases}$$

→ 곡선 $y=-\sin x+2$는 곡선 $y=\sin x$를 x축에 대하여 대칭이동한 후 y축의 방향으로 2만큼 평행이동한 곡선이야.

즉, 곡선 $y=f(x)$와 직선 $y=\sin\left(\frac{k}{6}\pi\right)=\sin\frac{\pi}{2}$는 다음과 같다.

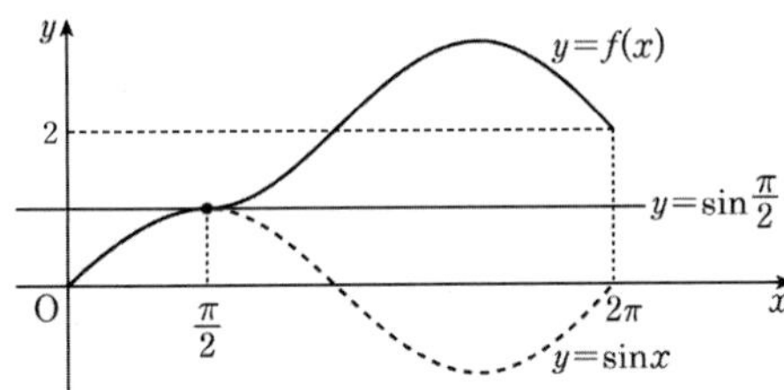

따라서 $k=3$일 때 곡선과 직선의 교점의 개수는 1이다. $\therefore a_3=1$

(iv) $k=4$일 때, $\sin\left(\frac{k}{6}\pi\right)=\sin\frac{2}{3}\pi=\frac{\sqrt{3}}{2}$이므로

$$f(x)=\begin{cases}\sin x & \left(0\le x\le\frac{2}{3}\pi\right)\\ -\sin x+\sqrt{3} & \left(\frac{2}{3}\pi<x\le 2\pi\right)\end{cases}$$

→ 곡선 $y=-\sin x+\sqrt{3}$은 곡선 $y=\sin x$를 x축에 대하여 대칭이동한 후 y축의 방향으로 $\sqrt{3}$만큼 평행이동한 곡선이야.

즉, 곡선 $y=f(x)$와 직선 $y=\sin\left(\frac{k}{6}\pi\right)=\sin\frac{2}{3}\pi$는 다음과 같다.

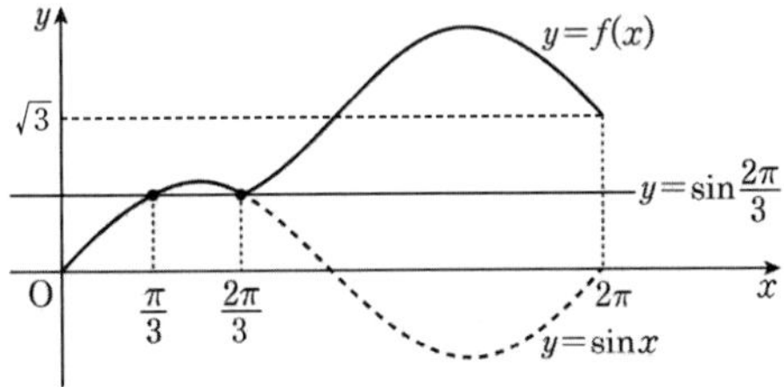

따라서 $k=4$일 때 곡선과 직선의 교점의 개수는 2이다. $\therefore a_4=2$

(v) $k=5$일 때, $\sin\left(\frac{k}{6}\pi\right)=\sin\frac{5}{6}\pi=\frac{1}{2}$이므로

$$f(x)=\begin{cases}\sin x & \left(0\le x\le\frac{5}{6}\pi\right)\\ -\sin x+1 & \left(\frac{5}{6}\pi<x\le 2\pi\right)\end{cases}$$

→ 곡선 $y=-\sin x+1$은 곡선 $y=\sin x$를 x축에 대하여 대칭이동한 후 y축의 방향으로 1만큼 평행이동한 곡선이야.

즉, 곡선 $y=f(x)$와 직선 $y=\sin\left(\frac{k}{6}\pi\right)=\sin\frac{5}{6}\pi$는 다음과 같다.

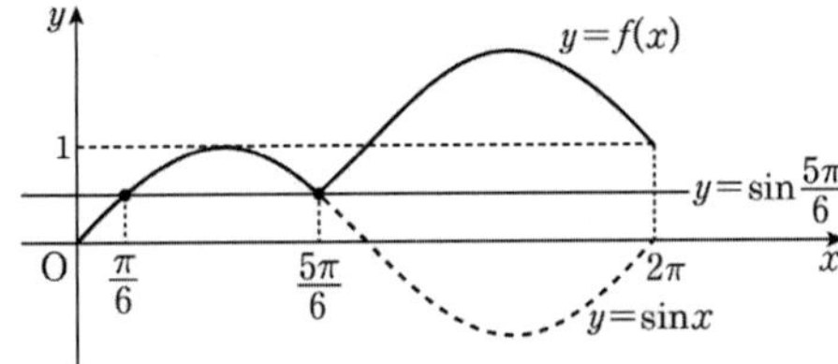

따라서 $k=5$일 때 곡선과 직선의 교점의 개수는 2이다. $\therefore a_5=2$

2nd $a_1+a_2+a_3+a_4+a_5$의 값을 구해.

(i)~(v)에 의하여 $a_1+a_2+a_3+a_4+a_5=2+2+1+2+2=9$

쉬운 풀이: 방정식의 해의 개수로 접근하기

곡선과 직선의 교점의 개수를 방정식의 해의 개수로 구해 보자.

(i) $0\le x\le\frac{k}{6}\pi$일 때, $\sin x=\sin\left(\frac{k}{6}\pi\right)$ → 곡선 $y=f(x)$와 직선 $y=g(x)$의 교점의 개수는 방정식 $f(x)=g(x)$의 실근의 개수와 같아.

(ii) $\frac{k}{6}\pi<x\le 2\pi$일 때, $2\sin\left(\frac{k}{6}\pi\right)-\sin x=\sin\left(\frac{k}{6}\pi\right)$

$\therefore \sin x=\sin\left(\frac{k}{6}\pi\right)$

(i), (ii)에 의하여 $0\le x\le 2\pi$에서 곡선 $y=f(x)$와 직선 $y=\sin\left(\frac{k}{6}\pi\right)$의 교점의 개수는 방정식 $\sin x=\sin\left(\frac{k}{6}\pi\right)$의 해의 개수와 같아.

(Ⅰ) $k=1$ 또는 $k=5$이면 $\sin\left(\frac{k}{6}\pi\right)=\frac{1}{2}$이므로

$\sin x=\sin\left(\frac{k}{6}\pi\right)$에서 $\sin x=\frac{1}{2}$

곡선 $y=\sin x$와 직선 $y=\frac{1}{2}$은 그림과 같으므로 닫힌구간 $[0, 2\pi]$에서 $\sin x=\frac{1}{2}$의 서로 다른 실근의 개수는 2야.

$\therefore a_1=a_5=2$

(Ⅱ) $k=2$ 또는 $k=4$이면 $\sin\left(\frac{k}{6}\pi\right)=\frac{\sqrt{3}}{2}$이므로

$\sin x=\sin\left(\frac{k}{6}\pi\right)$에서 $\sin x=\frac{\sqrt{3}}{2}$

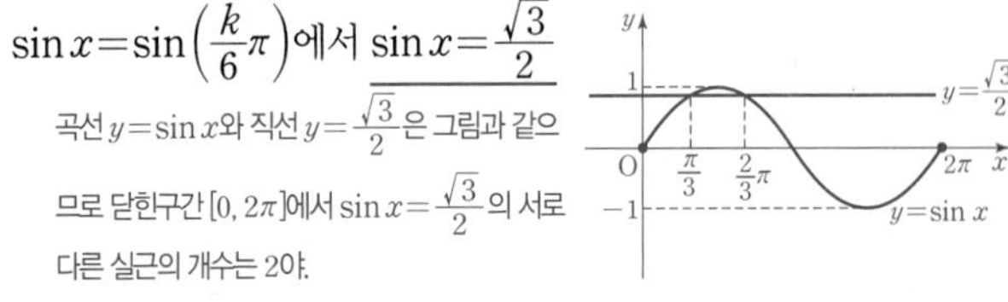

곡선 $y=\sin x$와 직선 $y=\frac{\sqrt{3}}{2}$은 그림과 같으므로 닫힌구간 $[0, 2\pi]$에서 $\sin x=\frac{\sqrt{3}}{2}$의 서로 다른 실근의 개수는 2야.

$\therefore a_2=a_4=2$

(Ⅲ) $k=3$이면 $\sin\left(\frac{k}{6}\pi\right)=1$이므로

$\sin x=\sin\left(\frac{k}{6}\pi\right)$에서 $\sin x=1$

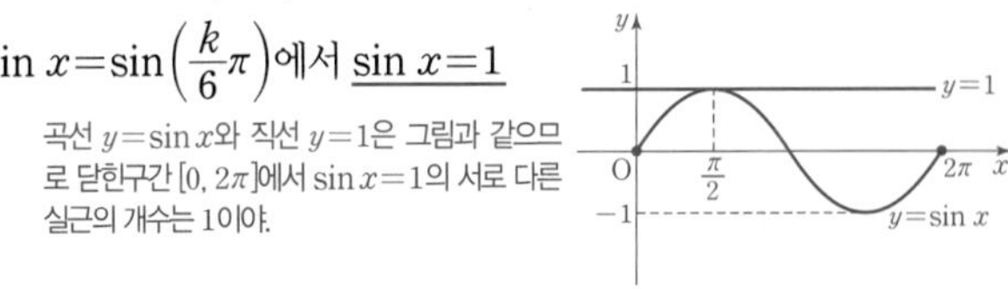

곡선 $y=\sin x$와 직선 $y=1$은 그림과 같으므로 닫힌구간 $[0, 2\pi]$에서 $\sin x=1$의 서로 다른 실근의 개수는 1이야.

$\therefore a_3=1$

(Ⅰ)~(Ⅲ)에 의하여 $a_1+a_2+a_3+a_4+a_5=2+2+1+2+2=9$

E 98 정답 10 *삼각함수의 그래프의 평행이동 [정답률 56%]

(정답 공식: 함수 $y=f(x)$의 그래프를 x축의 방향으로 n만큼 평행이동시킨 그래프의 식은 $y=f(x-n)$이다.)

함수 $y=\tan\left(nx-\frac{\pi}{2}\right)$의 그래프가 직선 $y=-x$와 만나는 점의 x좌표가 구간 $(-\pi, \pi)$에 속하는 점의 개수를 a_n이라 할 때, a_2+a_3의 값을 구하시오. (4점)

단서 함수 $y=\tan\left(nx-\frac{\pi}{2}\right)=\tan n\left(x-\frac{\pi}{2n}\right)$의 주기는 $\frac{\pi}{n}$이고 함수 $y=\tan nx$의 그래프를 x축의 방향으로 $\frac{\pi}{2n}$만큼 평행이동시킨 그래프야.

1st 함수 $y=\tan\left(2x-\frac{\pi}{2}\right)$의 그래프를 그려서 a_2의 값을 구해.

$n=2$일 때 함수 $y=\tan\left(2x-\frac{\pi}{2}\right)=\tan 2\left(x-\frac{\pi}{4}\right)$의 그래프와 직선 $y=-x$는 다음과 같다. → 주기가 $\frac{\pi}{2}$인 함수 $y=\tan 2x$의 그래프를 x축의 방향으로 $\frac{\pi}{4}$만큼 평행이동한 그래프야.

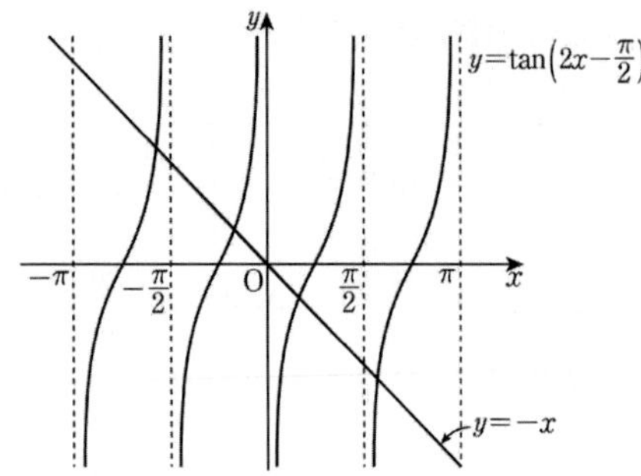

따라서 직선 $y=-x$와 함수 $y=\tan\left(2x-\frac{\pi}{2}\right)$의 그래프의 교점의 개수는 4이므로 $a_2=4$

2nd 함수 $y=\tan\left(3x-\frac{\pi}{2}\right)$의 그래프를 그려서 a_3의 값을 구해.

$n=3$일 때 함수 $y=\tan\left(3x-\frac{\pi}{2}\right)=\tan 3\left(x-\frac{\pi}{6}\right)$의 그래프와 직선 $y=-x$는 다음과 같다. 주기가 $\frac{\pi}{3}$인 함수 $y=\tan 3x$의 그래프를 x축의 방향으로 $\frac{\pi}{6}$만큼 평행이동한 그래프야.

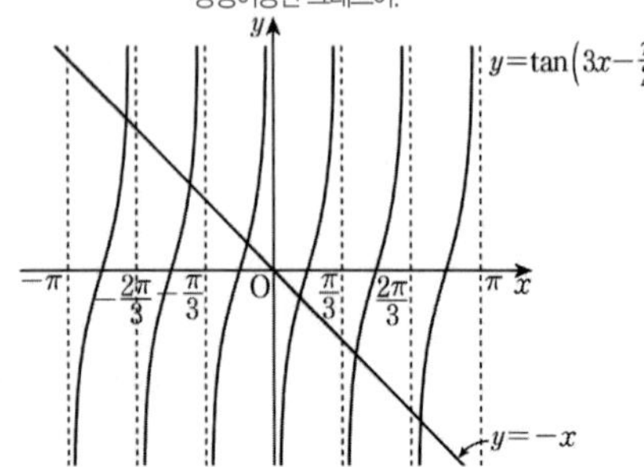

따라서 직선 $y=-x$와 함수 $y=\tan\left(3x-\frac{\pi}{2}\right)$의 그래프의 교점의 개수는 6이므로 $a_3=6$

$\therefore a_2+a_3=4+6=10$

함수 $y=a\tan(bx+c)+d$의 치역과 주기 개념·공식

① 치역 : 실수 전체의 집합 ② 주기 : $\frac{\pi}{|b|}$

E 99 정답 5 *삼각함수의 그래프의 평행이동 [정답률 48%]

(정답 공식: $y=\sin 2x$의 그래프와 비교하여 제1사분면을 지나지 않도록 하는 정수 k의 값을 구한다.)

단서 복잡해 보이는 함수이지만 $-1\le\sin\left(2x+\frac{\pi}{3}\right)\le 1$이므로 k의 값에 따라 제한된 범위의 치역을 가지게 돼.

함수 $y=k\sin\left(2x+\frac{\pi}{3}\right)+k^2-6$의 그래프가 제1사분면을 지나지 않도록 하는 모든 정수 k의 개수를 구하시오. (4점)

1st $k=0$일 때, 그래프가 제1사분면을 지나는지 알아보자.

함수 $y=k\sin\left(2x+\frac{\pi}{3}\right)+k^2-6$의 그래프에 대하여

함수 $y=k\sin\left(2x+\frac{\pi}{3}\right)+k^2-6$ 의 그래프는 함수 $y=k\sin\left(2x+\frac{\pi}{3}\right)$의 그래프를 y축의 방향으로 k^2-6만큼 평행이동한 거야. 또한 $y=k\sin\left(2x+\frac{\pi}{3}\right)$의 그래프는 $y=\sin\left(2x+\frac{\pi}{3}\right)$의 그래프에서 y의 값들을 k배한 그래프야.
$y=\sin\left(2x+\frac{\pi}{3}\right)=\sin\left(2\left(x+\frac{\pi}{6}\right)\right)$이므로 주기가 π인 $y=\sin 2x$의 그래프를 x축의 방향으로 $-\frac{\pi}{6}$만큼 평행이동한 그래프라고 할 수 있어.

(i) $k=0$일 때

$y=-6$이므로 함수의 그래프는 제1사분면을 지나지 않는다.

2nd $k>0$인 경우에 그래프가 제1사분면을 지나지 않는 k의 값의 범위를 구해.

(ii) $k>0$일 때

$y=k\sin\left(2x+\frac{\pi}{3}\right)+k^2-6$ 의 최댓값은 $k+(k^2-6)$이고, 함수의 그래프가 제1사분면을 지나지 않으려면 최댓값이 0보다 작거나 같아야 한다.

$-k\le k\sin\left(2x+\frac{\pi}{3}\right)\le k$이므로 $-k+(k^2-6)\le y\le k+(k^2-6)$이고 주기를 가진 사인함수의 그래프 모양이야. 따라서 제1사분면을 지나지 않으려면 (최댓값)≤ 0이면 돼.

$k+(k^2-6)\le 0$

$k^2+k-6\le 0$

$(k-2)(k+3)\le 0$

$\therefore -3\le k\le 2$

즉, $k>0$이므로 $0<k\le 2$

3rd $k<0$인 경우에 그래프가 제1사분면을 지나지 않는 k의 값의 범위를 구해.

(iii) $k<0$일 때

$y=k\sin\left(2x+\frac{\pi}{3}\right)+k^2-6$ 의 최댓값은 $-k+(k^2-6)$이고, 함수의 그래프가 제1사분면을 지나지 않으려면 최댓값이 0보다 작거나 같아야 한다.

$-k+(k^2-6)\le 0$, $k^2-k-6\le 0$

$(k+2)(k-3)\le 0$

$\therefore -2\le k\le 3$

즉, $k<0$이므로 $-2\le k<0$

(i)~(iii)에 의하여 주어진 함수가 제1사분면을 지나지 않도록 하는 k의 값의 범위는 $-2\le k\le 2$이므로 가능한 정수 k는 $-2, -1, 0, 1, 2$로 5개이다.

E 100 정답 ⑤ *삼각함수의 미정계수 구하기 [정답률 82%]

(정답 공식: 함수 $y=\cos x$의 그래프는 주기성과 대칭성을 가진다.)

두 양수 a, b에 대하여 함수 $f(x)=a\cos bx$의 주기가 6π이고 닫힌구간 $[\pi, 4\pi]$에서 함수 $f(x)$의 최댓값이 1일 때, $a+b$의 값은? (3점)

단서1 $f(x)=a\cos bx$의 주기는 $\frac{2\pi}{|b|}$야.

단서2 닫힌구간 $[\pi, 4\pi]$에서 함수 $f(x)$가 최대가 되는 x의 값을 $y=f(x)$의 그래프를 그려서 찾아.

① $\frac{5}{3}$ ② $\frac{11}{6}$ ③ 2 ④ $\frac{13}{6}$ ⑤ $\frac{7}{3}$

1st 삼각함수의 주기를 이용하여 b의 값을 구해.

함수 $f(x)=a\cos bx$의 주기는 6π이고 $b>0$이므로 $\frac{2\pi}{b}=6\pi$

$\therefore b=\frac{1}{3} \Rightarrow f(x)=a\cos\frac{x}{3}$

$a>0$인 코사인함수의 그래프를 그려.

2nd 삼각함수의 그래프에서 최댓값이 1임을 이용하여 a의 값을 구해.

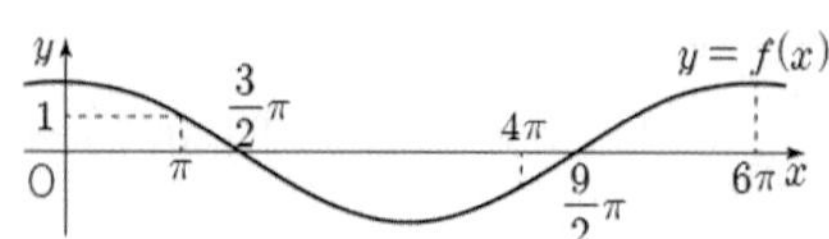

따라서 주기가 6π인 함수 $y=f(x)=a\cos\frac{x}{3}(a>0)$의 그래프는 그림과 같으므로 닫힌구간 $[\pi, 4\pi]$에서 함수 $f(x)$의 최댓값은 $f(\pi)$이다. 이때, 최댓값이 1이므로

$f(\pi)=a\cos\frac{\pi}{3}=a\times\frac{1}{2}=1$ $\therefore a=2$

$\therefore a+b=2+\frac{1}{3}=\frac{7}{3}$

주의 주기가 6π인 그래프에서 닫힌구간 $[\pi, 4\pi]$에서만 최댓값을 생각해야 해. 즉, 그래프의 한 주기 중 일부분만 생각해야 해.

E 101 정답 ④ *삼각함수의 미정계수 구하기 [정답률 82%]

(정답 공식: 함수 $y=a\sin bx+c$에서 최댓값은 $|a|+c$, 최솟값은 $-|a|+c$, 주기 $\frac{2\pi}{|b|}$이다.)

단서 함수 $y=a\sin bx+c$ 의 그래프는 $y=\sin x$의 그래프를 이용하여 파악할 수 있어.

함수 $y=a\sin bx+c$의 그래프가 그림과 같을 때, 세 상수 a, b, c에 대하여 $2a+b+c$ 의 값은? (단, $a>0$, $b>0$) (4점)

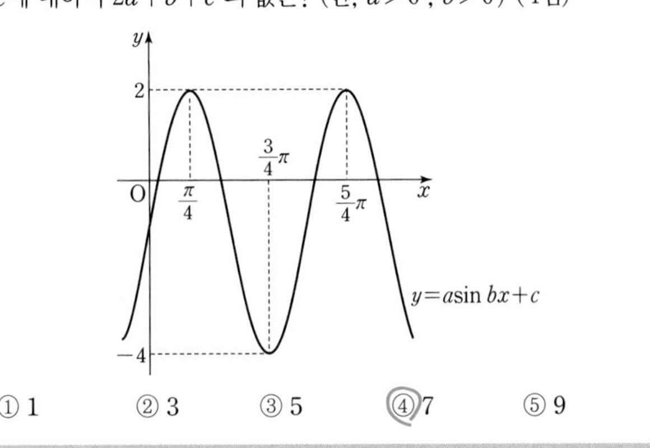

① 1 ② 3 ③ 5 ④ 7 ⑤ 9

1st 사인함수의 최댓값과 최솟값을 파악하자.

함수 $y=a\sin bx+c$의 최댓값과 최솟값이 각각 2, -4이고 $a>0$이므로

$a+c=2$, $-a+c=-4$ 　 $-1\le\sin bx\le1$이므로 $-a+c\le a\sin bx+c\le a+c$이야.

두 식을 더하면 $(a+c)+(-a+c)=2-4$

$2c=-2$ 　 $\therefore c=-1 \Rightarrow a=3$

$\therefore a=3$, $c=-1$

2nd 사인함수의 주기를 파악하자.

함수 $y=a\sin bx+c$의 주기는 π이고 $b>0$이므로

$\frac{2\pi}{b}=\pi$ 　 $\therefore b=2$ 　 $y=\sin x$의 주기는 2π이고 $y=a\sin bx+c$에서 주기는 $\frac{2\pi}{|b|}$이다.

$\therefore 2a+b+c=6+2+(-1)=7$

E 102 정답 ③ *삼각함수의 미정계수 구하기 [정답률 81%]

(정답 공식: 함수 $y=a\tan(bx+c)+d$의 주기는 $\frac{\pi}{|b|}$이다.)

그림과 같이 함수 $y=a\tan b\pi x$의 그래프가 두 점 $(2, 3)$,

단서1 b는 주어진 함수의 주기와 관련이 있어.

$(8, 3)$을 지날 때, $a^2\times b$의 값은? (단, a, b는 양수이다.) (3점)

단서2 두 점의 좌표를 함수식에 대입하면 성립해야 해.

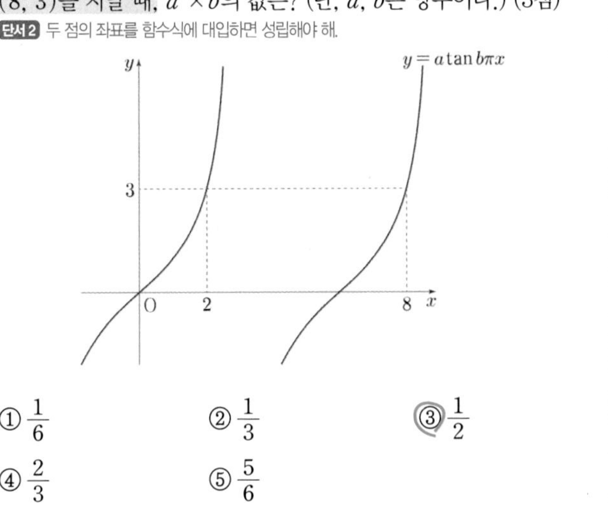

① $\frac{1}{6}$ ② $\frac{1}{3}$ ③ $\frac{1}{2}$ ④ $\frac{2}{3}$ ⑤ $\frac{5}{6}$

1st 주어진 함수의 주기를 이용하여 b의 값을 구해.

함수 $y=a\tan b\pi x$의 주기는 $\frac{\pi}{|b\pi|}$이다.

그런데 함수 $y=a\tan b\pi x$의 그래프에 의하여 이 함수의 주기는 $8-2=6$이므로 　 같은 그림이 반복되는 구간의 길이가 주기야. 그래프에서 주기가 6임을 알 수 있어.

$\frac{\pi}{|b\pi|}=6$에서 $\frac{1}{|b|}=6$, $|b|=\frac{1}{6}$ 　 $\therefore b=\frac{1}{6}$ ($\because b>0$)

2nd 그래프가 지나는 점을 이용하여 b의 값을 구하고 $a^2\times b$를 계산해.

함수 $y=a\tan b\pi x=a\tan\frac{\pi}{6}x$의 그래프는 점 $(2, 3)$을 지나므로

곡선 $y=f(x)$가 점 (a, b)를 지나면 $b=f(a)$가 성립해.

$a\tan\left(\frac{\pi}{6}\times2\right)=3$에서 $\sqrt{3}a=3$ 　 $\therefore a=\sqrt{3}$

$\tan\frac{\pi}{3}=\sqrt{3}$이야. 특수각에 대한 삼각함수의 값은 잘 기억해둬.

$\therefore a^2\times b=(\sqrt{3})^2\times\frac{1}{6}=\frac{1}{2}$

E 103 정답 2 *삼각함수의 미정계수 구하기 [정답률 65%]

(정답 공식: 두 곡선 $y=f(x)$, $y=g(x)$의 교점의 x좌표는 방정식 $f(x)=g(x)$의 실근이다.)

양수 a에 대하여 $0\le x\le3$에서 정의된 두 함수

$f(x)=a\sin\pi x$, $g(x)=a\cos\pi x$

단서1 두 함수 모두 최댓값은 a, 최솟값은 $-a$이고 주기는 $\frac{2\pi}{|\pi|}=2$야.

가 있다. 두 곡선 $y=f(x)$와 $y=g(x)$가 만나는 서로 다른 세 점을 꼭짓점으로 하는 삼각형의 넓이가 2일 때, a^2의 값을 구하시오. (3점)

단서2 세 변 중 한 변은 x축과 평행하므로 이를 밑변으로 잡으면 y좌표의 차로 삼각형의 높이를 구할 수 있어.

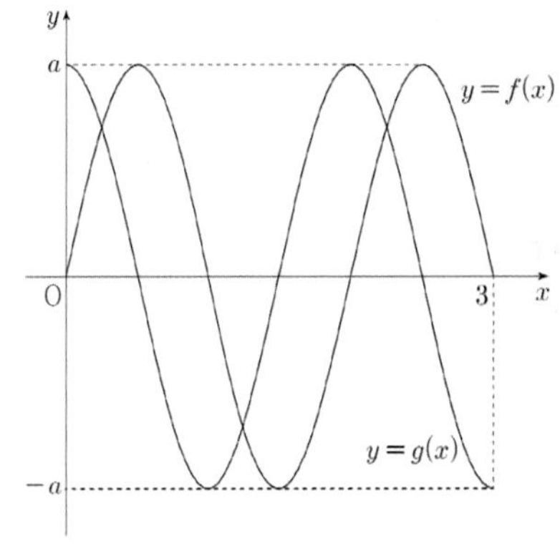

1st 삼각형의 세 점을 설정하자.

두 곡선 $y=f(x)$와 $y=g(x)$가 만나는 서로 다른 세 점을 꼭짓점으로 하는 삼각형 ABC를 그림으로 나타내면 다음과 같다.

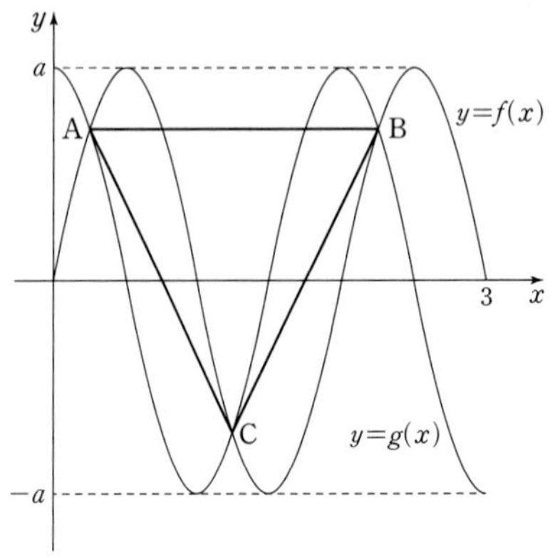

E

2nd 삼각형의 세 점인 A, B, C의 좌표를 각각 구해.

$a\sin \pi x = a\cos \pi x$에서 $\tan \pi x = 1$이므로 πx의 값은

두 함수의 그래프가 만나는 점의 x좌표를 구하기 위해 연립한 거야.
이때, 만나는 점의 y좌표가 0이 아니므로 양변에 $\frac{1}{\cos \pi x}$을 곱하여 식을 정리할 수 있어.

$\frac{1}{4}\pi$ 또는 $\frac{5}{4}\pi$ 또는 $\frac{9}{4}\pi$ 또는 …

이때, $0 \le x \le 3$이므로 이를 만족시키는 x의 값은

$\frac{1}{4}$ 또는 $\frac{5}{4}$ 또는 $\frac{9}{4}$이다.

따라서 두 점 A, B의 좌표는 각각 $\left(\frac{1}{4}, \frac{\sqrt{2}}{2}a\right)$, $\left(\frac{9}{4}, \frac{\sqrt{2}}{2}a\right)$이고,

두 함수 모두 주기가 $\frac{2\pi}{|\pi|} = 2$이므로 두 점의 y좌표가 동일함을 알 수 있어.

점 C의 좌표는 $\left(\frac{5}{4}, -\frac{\sqrt{2}}{2}a\right)$이다.

3rd 삼각형 ABC의 넓이를 이용하여 a^2의 값을 구해.

삼각형 ABC의 밑변을 $\overline{AB}$라 하면 밑변의 길이는 $\overline{AB} = \frac{9}{4} - \frac{1}{4} = 2$이고,

높이는 $\frac{\sqrt{2}}{2}a - \left(-\frac{\sqrt{2}}{2}a\right) = \sqrt{2}a$이다.

점 C에서 선분 AB에 내린 수선의 발을 D라 하면, 선분 CD가 삼각형의 높이가 되고, 점 A, B, C의 y좌표를 이용하여 높이를 구할 수 있어.

이때, 삼각형 ABC의 넓이는 2이므로

$\frac{1}{2} \times 2 \times \sqrt{2}a = 2 \quad \therefore a = \frac{2}{\sqrt{2}} = \sqrt{2}$

따라서 $a^2 = (\sqrt{2})^2 = 2$이다.

E 104 정답 ① *삼각함수의 미정계수 구하기 …… [정답률 62%]

(정답 공식: 함수 $y = a\sin(bx+c)+d$의 주기는 $\frac{2\pi}{|b|}$이다.)

그림과 같이 두 상수 a, b에 대하여 함수

$$f(x) = a\sin\frac{\pi x}{b} + 1 \left(0 \le x \le \frac{5}{2}b\right)$$

단서1 함수 $y=f(x)$의 그래프는 함수 $y=a\sin\frac{\pi x}{b}$를 y축의 방향으로 1만큼 평행이동한 그래프야.

의 그래프와 직선 $y=5$가 만나는 점을 x좌표가 작은 것부터 차례로 A, B, C라 하자. → **단서2** 선분 AC의 길이가 함수 $f(x)$의 주기야.

$\overline{BC} = \overline{AB} + 6$이고 삼각형 AOB의 넓이가 $\frac{15}{2}$일 때, a^2+b^2의 값은? (단, $a>4$, $b>0$이고, O는 원점이다.) (4점)

→ **단서3** 삼각형 AOB의 밑변을 $\overline{AB}$라 하면 높이는 점 A의 y좌표 5야.

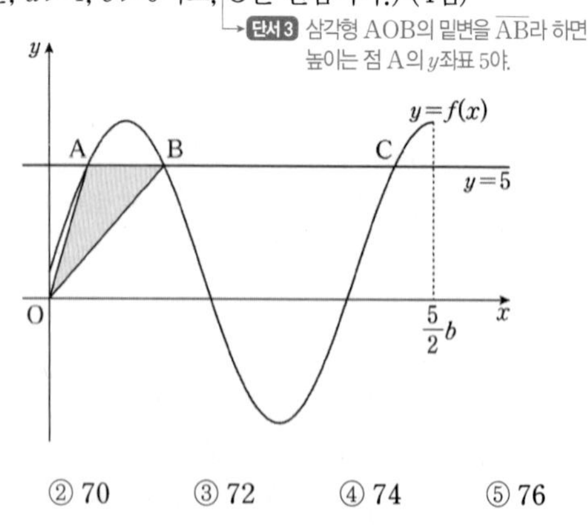

①68 ② 70 ③ 72 ④ 74 ⑤ 76

1st 함수 $f(x)$의 주기를 이용하여 b의 값을 구해.

넓이가 $\frac{15}{2}$인 삼각형 AOB의 밑변을 선분 AB라 하면

$\frac{1}{2} \times \overline{AB} \times 5 = \frac{15}{2} \quad \therefore \overline{AB} = 3$

이때, $\overline{BC} = \overline{AB} + 6 = 3 + 6 = 9$이므로

$\overline{AC} = \overline{AB} + \overline{BC} = 3 + 9 = 12$

그런데 함수 $f(x)$의 주기가 $\frac{2\pi}{\frac{\pi}{b}} = 2b$ ($\because b>0$)이므로

$2b = \overline{AC} = 12$에서 $b=6$

주어진 함수 $y=f(x)$의 그래프에서 선분 AC의 길이가 함수 $f(x)$의 주기임을 알 수 있지?

2nd 점 A의 좌표를 이용하여 a의 값을 구해.

선분 AB의 중점을 D라 하면 점 D의 좌표는 $\left(\frac{b}{2}, 5\right)$, 즉 $(3, 5)$이고

함수 $f(x)$의 주기가 $2b$이므로 함수 $y=f(x)$의 그래프는 점 $(b, 1)$에 대하여 대칭이고 직선 $x=\frac{b}{2}$에 대하여 대칭이야.

선분 AB의 길이가 3이므로

$\overline{AD} = \frac{1}{2}\overline{AB} = \frac{3}{2}$이다.

이때, 점 A의 좌표를 $(t, 5)$라 하면

$\overline{AD} = 3 - t = \frac{3}{2}$에서 $t = \frac{3}{2}$

따라서 $A\left(\frac{3}{2}, 5\right)$이고 점 A는 함수 $y=f(x)$의 그래프 위의 점이므로

$f\left(\frac{3}{2}\right) = 5$에서 $a\sin\left(\frac{\pi}{6} \times \frac{3}{2}\right) + 1 = 5$, $a\sin\frac{\pi}{4} = 4$

$\frac{1}{\sqrt{2}}a = 4 \quad \therefore a = 4\sqrt{2}$

$\therefore a^2 + b^2 = (4\sqrt{2})^2 + 6^2 = 32 + 36 = 68$

E 105 정답 ③ *삼각함수의 미정계수 구하기 …… [정답률 72%]

(정답 공식: 함수 $f(x)$가 최댓값과 최솟값을 가지기 위해서는 정수 n에 대하여 $x = \frac{2n+1}{4}\pi$가 주어진 닫힌구간에 포함되지 않아야 한다.)

→ **단서1** 정수 n에 대하여 함수 $f(x)$는 $x = \frac{2n+1}{4}\pi$일 때 정의되지 않아.

함수 $f(x) = a - \sqrt{3}\tan 2x$가 닫힌구간 $\left[-\frac{\pi}{6}, b\right]$에서 최댓값 7, 최솟값 3을 가질 때, $a \times b$의 값은? (단, a, b는 상수이다.) (4점)

단서2 닫힌구간 $\left[-\frac{\pi}{6}, b\right]$에 $x = \frac{2n+1}{4}\pi$가 포함되면 함수 $f(x)$는 최댓값과 최솟값을 갖지 않겠지?

① $\frac{\pi}{2}$ ② $\frac{5\pi}{12}$ ③ $\frac{\pi}{3}$ ④ $\frac{\pi}{4}$ ⑤ $\frac{\pi}{6}$

1st b의 값의 범위를 구해. → 함수 $y=a\tan(bx+c)+d$의 주기는 $\frac{\pi}{|b|}$야.

함수 $f(x) = a - \sqrt{3}\tan 2x$의 주기는 $\frac{\pi}{2}$이고 $-\frac{\pi}{4} < x < \frac{\pi}{4}$에서 함수 $y=f(x)$의 그래프는 그림과 같다.

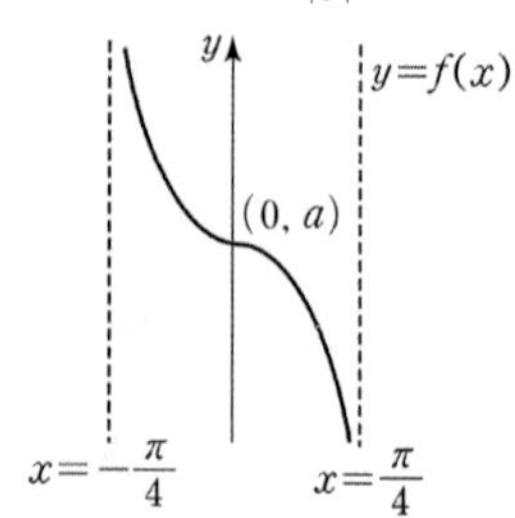

함수 $y=f(x)$의 그래프는 함수 $y=\sqrt{3}\tan 2x$의 그래프를 x축에 대하여 대칭이동한 후 y축의 방향으로 a만큼 평행이동한 거야. 즉, 함수 $y=f(x)$의 그래프는 점 $(0, a)$에 대하여 대칭이야.

이때, $-\frac{\pi}{4} < -\frac{\pi}{6}$이고 함수 $f(x)$가

닫힌구간 $\left[-\frac{\pi}{6}, b\right]$에서 최댓값과 최솟값을 가지려면 $b < \frac{\pi}{4}$이어야 한다.

$\therefore -\frac{\pi}{6} < b < \frac{\pi}{4}$ → 닫힌구간 $\left[-\frac{\pi}{6}, b\right]$이므로 b의 값은 $-\frac{\pi}{6}$보다 커.

2nd 함수 $f(x)$의 최댓값과 최솟값을 이용하여 a, b의 값을 각각 구하고 $a\times b$를 계산해.

함수 $f(x)$는 닫힌구간 $\left[-\frac{\pi}{6},\ b\right]$에서 감소하므로 $x=-\frac{\pi}{6}$에서 최댓값을 가지고 $x=b$에서 최솟값을 가진다. 이때, 최댓값이 7이므로

$f\left(-\frac{\pi}{6}\right)=a-\sqrt{3}\tan\left(-\frac{\pi}{3}\right)=a-\sqrt{3}\times(-\sqrt{3})=a+3=7$

$\tan(-x)=-\tan x$이므로 $\tan\left(-\frac{\pi}{3}\right)=-\tan\frac{\pi}{3}=-\sqrt{3}$

$\therefore a=4$

또, 최솟값이 3이므로

$f(b)=a-\sqrt{3}\tan 2b=4-\sqrt{3}\tan 2b=3$에서

$\sqrt{3}\tan 2b=1$, $\tan 2b=\frac{1}{\sqrt{3}}$, $2b=\frac{\pi}{6}$ $\quad\therefore b=\frac{\pi}{12}$

$-\frac{\pi}{6}<b<\frac{\pi}{4}$에서 $-\frac{\pi}{3}<2b<\frac{\pi}{2}$야.

$\therefore a\times b=4\times\frac{\pi}{12}=\frac{\pi}{3}$

최윤성 서울대 공과대학 광역 2023년 입학 · 서울 양정고 졸

함수 $y=\tan 2x$는 특정 구간에서 증가하는 함수이므로 문제의 함수 $y=f(x)$는 특정 구간에서 감소하는 함수야. 따라서 이 문제는 함수 $f(x)$가 주어진 닫힌구간의 양 끝 값에서 최댓값과 최솟값을 가진다는 것을 알아차리는 것이 포인트였어. 그 다음은 양 끝 값을 x 대신 대입하여 최댓값과 최솟값의 조건을 만족시키는 a, b의 값을 각각 구하면 돼.

삼각함수의 성질 개념·공식

① 함수 $y=a\sin(bx+c)+d$, $y=a\cos(bx+c)+d$의 치역은 $\{y\mid -|a|+d\le y\le |a|+d\}$이고 주기는 $\frac{2\pi}{|b|}$이다.

② 함수 $y=a\tan(bx+c)+d$의 치역은 실수 전체의 집합이고 주기는 $\frac{\pi}{|b|}$이다.

E 106 정답 ③ *삼각함수의 미정계수 구하기 [정답률 76%]

정답 공식: 함수 $y=a\sin(bx+c)+d$의 주기는 $\frac{2\pi}{|b|}$이고 최댓값과 최솟값은 각각 $|a|+d$, $-|a|+d$이다.

단서1 사인함수는 주기함수야.

두 양수 a, b에 대하여 곡선 $y=a\sin b\pi x\left(0\le x\le\frac{3}{b}\right)$이 직선 $y=a$와 만나는 서로 다른 두 점을 A, B라 하자. 삼각형 OAB의 넓이가 5이고 직선 OA의 기울기와 직선 OB의 기울기의 곱이 $\frac{5}{4}$일 때, $a+b$의 값은? (단, O는 원점이다.) (4점)

단서2 점 A에서 점 B까지는 함수 $y=a\sin b\pi x$의 한 주기야.

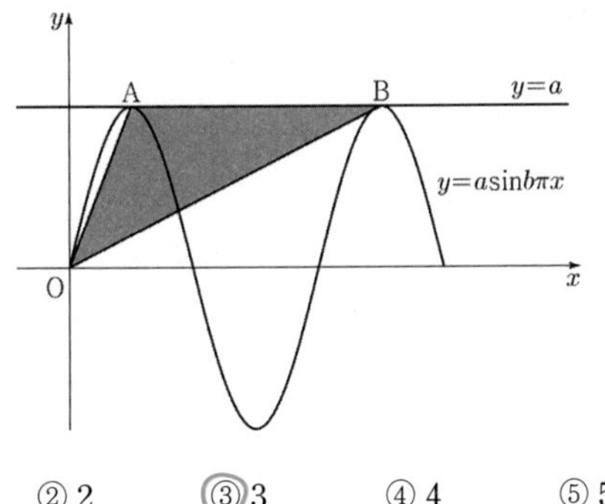

① 1 ② 2 ③ 3 ④ 4 ⑤ 5

1st 두 점 A, B의 좌표를 구해.

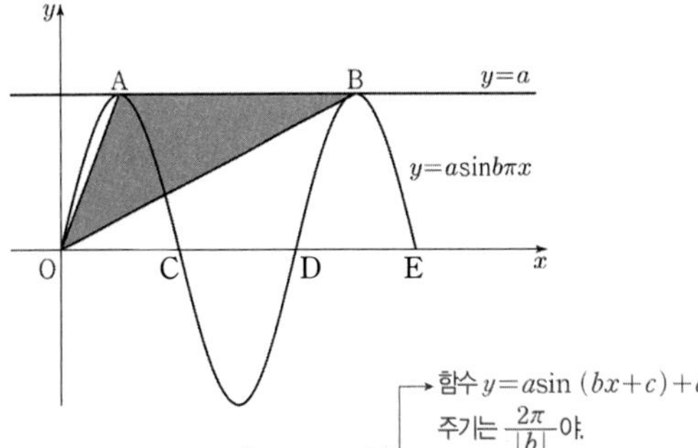

그림과 같이 곡선 $y=a\sin b\pi x\left(0\le x\le\frac{3}{b}\right)$이 x축과 만나는 점 중 점 O가 아닌 점을 C, D, E라 하면 함수 $y=a\sin b\pi x$의 주기가

함수 $y=a\sin(bx+c)+d$의 주기는 $\frac{2\pi}{|b|}$야.

$\frac{2\pi}{|b\pi|}=\frac{2}{b}$ ($\because b>0$)이므로 점 D의 좌표는 $\left(\frac{2}{b},\ 0\right)$이다.

사인함수의 그래프는 ∩∪ 모양이 반복되고 이 반복되는 하나의 구간을 주기라 해. 따라서 선분 OD의 길이는 함수 $y=a\sin b\pi x$의 주기와 같아.

즉, 점 C의 좌표는 $\left(\frac{1}{b},\ 0\right)$이므로 점 A의 x좌표는 $\frac{1}{2b}$이다.

$\therefore A\left(\frac{1}{2b},\ a\right)$

사인함수의 그래프의 성질에 의하여 점 C는 선분 OD의 중점이고 점 A에서 x축에 내린 수선의 발을 H라 하면 점 H는 선분 OC의 중점이야.

또, 점 B의 x좌표는 $\frac{1}{2b}+\frac{2}{b}=\frac{5}{2b}$이므로 $B\left(\frac{5}{2b},\ a\right)$이다.

점 A에서 점 B까지가 함수 $y=a\sin b\pi x$의 한 주기야. 따라서 점 B의 x좌표는 점 A의 x좌표에 주기를 더해서 구하면 돼.

2nd 삼각형 OAB의 넓이를 이용하여 a, b 사이의 관계식을 하나 구해.

삼각형 OAB의 넓이가 5이므로

$\frac{1}{2}\times\overline{AB}\times|a|=5$에서 $\frac{1}{2}\times\left(\frac{5}{2b}-\frac{1}{2b}\right)\times a=5$

$a>0$이므로 $|a|=a$야.

$\frac{1}{2}\times\frac{2}{b}\times a=5$, $\frac{a}{b}=5$

$\therefore a=5b$ ⋯ ㉠

3rd 두 직선 OA, OB의 기울기의 곱을 이용하여 a, b의 사이의 관계식을 하나 더 구하고 a, b의 값을 각각 구해.

직선 OA의 기울기는 $\frac{a-0}{\frac{1}{2b}-0}=2ab$, 직선 OB의 기울기는 $\frac{a-0}{\frac{5}{2b}-0}=\frac{2ab}{5}$이고 이 두 직선의 기울기의 곱이 $\frac{5}{4}$이므로

두 점 $(a,\ b)$, $(c,\ d)$를 지나는 직선의 기울기는 $\frac{d-b}{c-a}$야.

$2ab\times\frac{2ab}{5}=\frac{5}{4}$에서 $\frac{4a^2b^2}{5}=\frac{5}{4}$, $16a^2b^2=25$

$a^2b^2=\frac{25}{16}$ $\quad\therefore ab=\frac{5}{4}$ ($\because a>0,\ b>0$) ⋯ ㉡

㉠을 ㉡에 대입하면 $5b^2=\frac{5}{4}$, $b^2=\frac{1}{4}$ $\quad\therefore b=\frac{1}{2}$

이것을 ㉠에 대입하면 $a=5b=\frac{5}{2}$

$\therefore a+b=\frac{5}{2}+\frac{1}{2}=3$

삼각함수의 성질 개념·공식

① 함수 $y=a\sin(bx+c)+d$, $y=a\cos(bx+c)+d$의 치역은 $\{y\mid -|a|+d\le y\le |a|+d\}$이고 주기는 $\frac{2\pi}{|b|}$이다.

② 함수 $y=a\tan(bx+c)+d$의 치역은 실수 전체의 집합이고 주기는 $\frac{\pi}{|b|}$이다.

E 107 정답 14 *삼각함수의 미정계수 구하기 ······ [정답률 74%]

(정답 공식: 함수 $y=a\sin(bx+c)+d$의 주기는 $\frac{2\pi}{|b|}$이고 $-|a|+d\le y\le |a|+d$이다.)

$0\le x\le 2\pi$에서 정의된 함수 $y=a\sin 3x+b$의 그래프가 두 직선 $y=9$, $y=2$와 만나는 점의 개수가 각각 3, 7이 되도록 하는 두 양수 a, b에 대하여 $a\times b$의 값을 구하시오. (4점)

단서 $0\le x\le 2\pi$에서 함수 $y=a\sin 3x+b$의 그래프를 그리고 x축에 평행한 직선과 만나는 점의 개수로 a, b의 값을 결정하면 돼.

1st 주어진 함수의 그래프를 그려 보자. → 함수 $y=a\sin 3x+b$의 그래프는 함수 $y=a\sin 3x$의 그래프를 y축의 방향으로 b만큼 평행이동한 거야.

양수 a, b에 대하여 함수 $y=a\sin 3x+b$의 주기는 $\frac{2}{3}\pi$이고 최댓값은 $a+b$, 최솟값은 $-a+b$이므로 $0\le x\le 2\pi$에서 이 함수의 그래프는 다음과 같다. 함수 $y=a\sin(bx+c)+d$의 주기는 $\frac{2\pi}{|b|}$이고 최댓값은 $|a|+d$, 최솟값은 $-|a|+d$야.

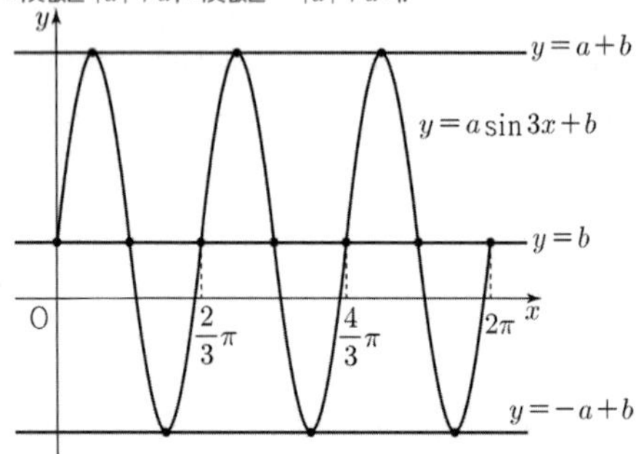

2nd 함수 $y=a\sin 3x+b$의 그래프와 x축에 평행한 직선의 교점의 개수로 a, b의 값을 각각 구해.

그림과 같이 $0\le x\le 2\pi$에서 함수 $y=a\sin 3x+b$의 그래프가 직선 $y=k$와 만나는 점의 개수가 3이려면 $k=a+b$ 또는 $k=-a+b$이어야 하고 만나는 점의 개수가 7이려면 $k=b$이어야 한다.

즉, 주어진 조건에 의하여 $b=2$이고 $a+b=9$ 또는 $-a+b=9$이다.

(i) $b=2$, $a+b=9$일 때, $a=7$

(ii) $b=2$, $-a+b=9$일 때, $a=-7$
그런데 a, b는 양수이므로 이 경우는 조건을 만족시키지 않는다.

(i), (ii)에 의하여 $a=7$, $b=2$이므로 $a\times b=7\times 2=14$

E 108 정답 40 *삼각함수의 미정계수 구하기 ······ [정답률 42%]

(정답 공식: 삼각함수의 그래프는 대칭성을 가짐을 이용한다.)

$0<a<\frac{4}{7}$인 실수 a와 유리수 b에 대하여 닫힌구간 $\left[-\frac{\pi}{a}, \frac{2\pi}{a}\right]$에서 정의된 함수 $f(x)=2\sin(ax)+b$가 있다. 함수 $y=f(x)$의 그래프가 두 점 $A\left(-\frac{\pi}{2}, 0\right)$, $B\left(\frac{7}{2}\pi, 0\right)$을 지날 때, $30(a+b)$의 값을 구하시오. (4점)

단서 함수 $y=f(x)$가 지나는 두 점 A, B의 좌표가 주어졌으니까 대입부터 해 봐.

1st 두 점 A, B의 좌표를 대입해 봐.

함수 $f(x)=2\sin(ax)+b$의 그래프가 점 $A\left(-\frac{\pi}{2}, 0\right)$을 지나므로

$f\left(-\frac{\pi}{2}\right)=2\sin\left(-\frac{a}{2}\pi\right)+b=-2\sin\left(\frac{a}{2}\pi\right)+b=0$ ··· ㉠ ($\sin(-\theta)=-\sin\theta$)

또, 점 $B\left(\frac{7}{2}\pi, 0\right)$을 지나므로 $f\left(\frac{7}{2}\pi\right)=2\sin\left(\frac{7a}{2}\pi\right)+b=0$ ··· ㉡

㉠, ㉡에 의하여 $-2\sin\left(\frac{a}{2}\pi\right)+b=2\sin\left(\frac{7a}{2}\pi\right)+b$

$\therefore -\sin\left(\frac{a}{2}\pi\right)=\sin\left(\frac{7a}{2}\pi\right)$ ··· ㉢

2nd 실수 a의 값을 구해.

한편, $0<a<\frac{4}{7}$에서 $0<\frac{7a}{2}\pi<2\pi$이므로 ㉢과 삼각함수의 그래프의 대칭성에 의하여

$\frac{7a}{2}\pi=2\pi-\frac{a}{2}\pi$ 또는 $\frac{7a}{2}\pi=\pi+\frac{a}{2}\pi$ ··· (★)

$\therefore a=\frac{1}{2}$ 또는 $a=\frac{1}{3}$

3rd 유리수 b의 값을 구해.

(i) $a=\frac{1}{2}$일 때, $f(x)=2\sin\left(\frac{1}{2}x\right)+b$이고 함수 $y=f(x)$의 그래프가 점 A를 지나므로

$f\left(-\frac{\pi}{2}\right)=2\sin\left(-\frac{\pi}{4}\right)+b=2\times\left(-\frac{\sqrt{2}}{2}\right)+b=-\sqrt{2}+b=0$

$\therefore b=\sqrt{2}$

그런데 b는 유리수이므로 조건을 만족시키지 않는다.

(ii) $a=\frac{1}{3}$일 때, $f(x)=2\sin\left(\frac{1}{3}x\right)+b$이고 함수 $y=f(x)$의 그래프가 점 A를 지나므로

$f\left(-\frac{\pi}{2}\right)=2\sin\left(-\frac{\pi}{6}\right)+b=2\times\left(-\frac{1}{2}\right)+b=-1+b=0$

$\therefore b=1$ $a=\frac{1}{3}$, $b=1$이면 $f(x)=2\sin\left(\frac{1}{3}x\right)+1$이고 $f\left(\frac{7}{2}\pi\right)=2\sin\left(\frac{7}{6}\pi\right)+1=2\times\left(-\frac{1}{2}\right)+1=0$이므로 함수 $y=f(x)$의 그래프는 점 B도 지나. 따라서 $a=\frac{1}{3}$, $b=1$일 때, 문제의 조건을 만족해.

이것은 b가 유리수라는 조건을 만족시킨다.

4th $30(a+b)$의 값을 구해.

따라서 $a=\frac{1}{3}$, $b=1$이므로 $30(a+b)=30\times\left(\frac{1}{3}+1\right)=40$

수능 핵강

* 사인함수의 그래프의 대칭성 이용하기

(★)이 성립하는 이유를 알아 보자.

$\frac{a}{2}\pi=\theta$라 하면 $0<\theta<\frac{2}{7}\pi$로 θ는 예각이고 $0<7\theta<2\pi$이므로 ㉢에서 $-\sin\theta=\sin 7\theta$를 만족시키는 θ의 값을 구하기 위해서는 사인함수의 그래프의 대칭성을 이용해야 해. 즉, 그림의 함수 $y=\sin x$의 그래프에서 $7\theta=2\pi-\theta$ 또는 $7\theta=\pi+\theta$임을 알 수 있어.

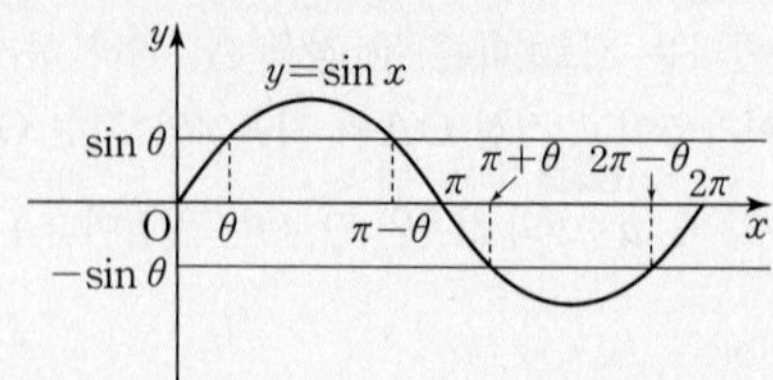

삼각함수의 성질 (개념·공식)

① 함수 $y=a\sin(bx+c)+d$, $y=a\cos(bx+c)+d$의 치역은 $\{y\mid -|a|+d\le y\le |a|+d\}$이고 주기는 $\frac{2\pi}{|b|}$이다.

② 함수 $y=a\tan(bx+c)+d$의 치역은 실수 전체의 집합이고 주기는 $\frac{\pi}{|b|}$이다.

E 109 정답 ② *삼각함수의 그래프 - 절댓값 기호 포함 [정답률 64%]

정답 공식: 함수 $y=a|\cos bx|+c(a>0,\ b>0)$의 최댓값은 $a+c$, 주기는 $\frac{\pi}{b}$이다.

함수 $y=8|\cos \pi(x+1)|-7$의 최댓값을 M, 주기를 k라 할 때, $k+M$의 값은? (4점)

단서 함수에 절댓값 기호가 포함되었으니까 주기는 절댓값이 없을 때보다 $\frac{1}{2}$로 줄겠지.

① $\frac{3}{2}$ ② 2 ③ $\frac{5}{2}$
④ 3 ⑤ $\frac{7}{2}$

1st 주어진 함수의 최댓값은 $|\cos \pi(x+1)|$가 최대가 될 때를 이용하여 구할 수 있지.

함수 $y=8|\cos \pi(x+1)|-7$은 $|\cos \pi(x+1)|=1$일 때 최댓값을 가지므로

$0\le|\cos 2\pi(x+1)|\le1$이므로 $|\cos 2\pi(x+1)|$의 최댓값은 1이고 최솟값은 0이야.

최댓값 M은 $M=8-7=1$

2nd 주어진 함수의 주기는 $|\cos \pi(x+1)|$의 주기와 같아.

함수 $y=8|\cos \pi(x+1)|-2$의 주기 k는

$k=\frac{\pi}{\pi}=1$

$\therefore k+M=1+1=2$

주의 함수에 절댓값 기호가 있다는 것에 주의해. 절댓값이 없다면 주기는 $\frac{2\pi}{\pi}=2$가 되겠지.

E 110 정답 ③ *삼각함수의 그래프 - 절댓값 기호 포함 [정답률 66%]

정답 공식: 함수 $y=|f(x)|$의 그래프는 함수 $y=f(x)$의 그래프에서 $y<0$인 부분을 x축에 대하여 대칭이동하여 그린다.

$0\le x<2\pi$일 때, 곡선 $y=|4\sin 3x+2|$와 직선 $y=2$가 만나는 서로 다른 점의 개수는? (4점)

단서1 x의 값의 범위에 0은 포함되고 2π는 포함되어 있지 않음에 주의해.

단서2 절댓값 안에 있는 함수의 그래프를 그린 후 $y<0$인 부분을 x축에 대하여 대칭이동하여 그리면 돼.

① 3 ② 6 ③ 9
④ 12 ⑤ 15

1st 주어진 곡선을 좌표평면에 나타내 봐.

곡선 $y=|4\sin 3x+2|$는 곡선 $y=4\sin 3x$를 y축의 방향으로 2만큼 평행이동한 후 $y<0$인 부분을 x축에 대하여 대칭이동한 것이다.

이때, 함수 $y=4\sin 3x$는 최댓값이 4, 최솟값이 -4이고

삼각함수 $y=a\sin(bx+c)+d$의 최댓값과 최솟값은 각각 $|a|+d$, $-|a|+d$이고 주기는 $\frac{2\pi}{|b|}$야.

주기가 $\frac{2}{3}\pi$이므로 $0\le x<2\pi$에서 곡선 $y=4\sin 3x$는 다음과 같다.

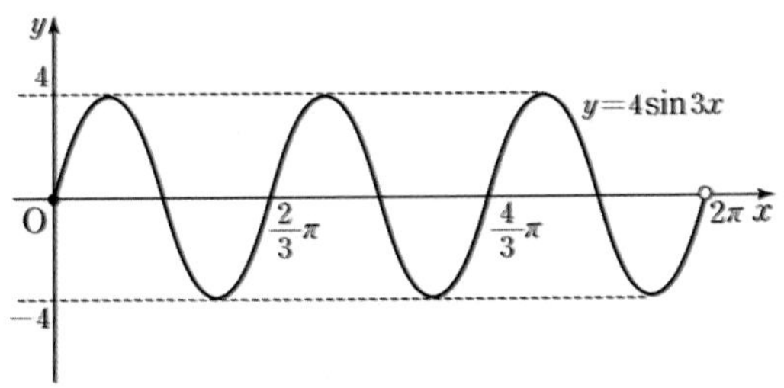

곡선 $y=f(x)$를 x축의 방향으로 m만큼, y축의 방향으로 n만큼 평행이동한 곡선의 방정식은 $y-n=f(x-m)$이야.

곡선 $y=4\sin 3x+2$는 곡선 $y=4\sin 3x$를 y축의 방향으로 2만큼 평행이동한 것이므로 $0\le x<2\pi$에서 곡선 $y=4\sin 3x+2$는 다음과 같다.

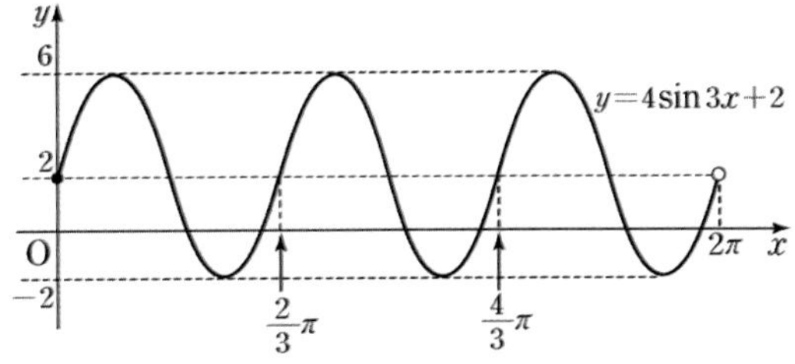

곡선 $y=|4\sin 3x+2|$는 곡선 $y=4\sin 3x+2$에서 $y<0$인 부분을 x축에 대하여 대칭이동한 것이므로 $0\le x<2\pi$에서 곡선 $y=|4\sin 3x+2|$는 다음과 같다.

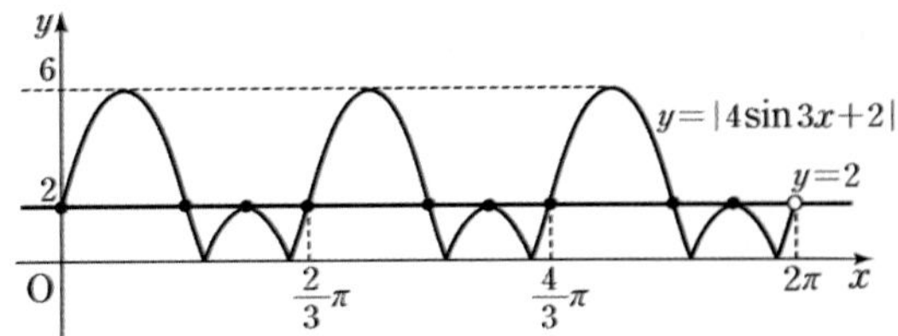

2nd 곡선과 직선이 만나는 서로 다른 점의 개수를 구해.

따라서 곡선 $y=|4\sin 3x+2|$와 직선 $y=2$가 만나는 점의 개수는 9이다.

다른 풀이: **방정식의 실근의 개수로 곡선과 직선이 만나는 서로 다른 점의 개수 구하기**

$0\le x<2\pi$에서 곡선 $y=|4\sin 3x+2|$와 직선 $y=2$가 만나는 서로 다른 점의 개수는 $0\le x<2\pi$에서 방정식 $|4\sin 3x+2|=2$의 서로 다른 실근의 개수와 같아.

$|4\sin 3x+2|=2$에서 $4\sin 3x+2=2$ 또는 $4\sin 3x+2=-2$

(i) $4\sin 3x+2=2$에서 $4\sin 3x=0$ $\quad\therefore \sin 3x=0$

(ii) $4\sin 3x+2=-2$에서 $4\sin 3x=-4$ $\quad\therefore \sin 3x=-1$

따라서 구하는 점의 개수는 $0\le x<2\pi$에서 곡선 $y=\sin 3x$와 두 직선 $y=0$, $y=-1$의 교점의 개수와 같으므로 9야.

곡선 $y=\sin 3x$와 직선 $y=0$, 즉 x축의 교점의 개수는 6이고 곡선 $y=\sin 3x$와 직선 $y=-1$의 교점의 개수는 3이야.

함수 $y=\sin 3x$는 최댓값과 최솟값이 각각 1, -1이고 주기가 $\frac{2}{3}\pi$야.

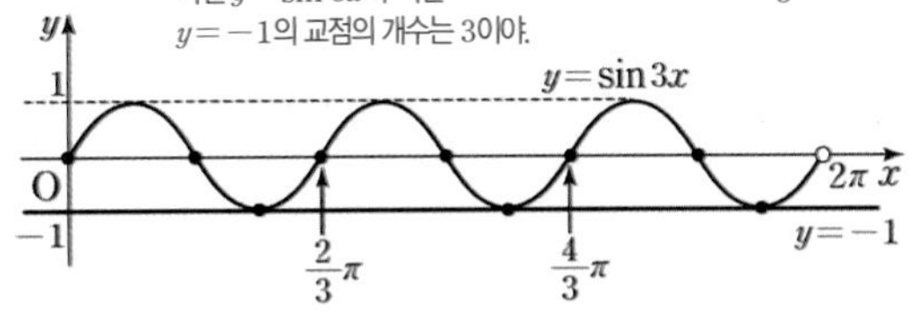

E 111 정답 25 *삼각함수의 그래프 - 절댓값 기호 포함 [정답률 51%]

정답 공식: 함수 $y=|\sin x|$와 $y=|\cos x|$의 그래프는 x축 아래에 있는 그래프를 x축에 대하여 대칭이동한 것이다.

함수 $y=|\sin x|$의 그래프와 직선 $y=\frac{1}{6\pi}x$의 교점의 개수를 m, 함수 $y=|\cos x|$의 그래프와 직선 $y=\frac{1}{6\pi}x$의 교점의 개수를 n이라 할 때, $m+n$의 값을 구하시오. (4점)

단서 주어진 범위에서 함수와 직선의 그래프를 그려서 만나는 점의 개수를 파악해야해.

1st 함수 $y=|\sin x|$의 그래프와 직선 $y=\frac{1}{6\pi}x$의 그래프를 그려서 교점의 개수를 구하자.

함수 $y=|\sin x|$의 그래프와 직선 $y=\frac{1}{6\pi}x$의 그래프를 그리면 그림과 같다. 직선 $y=\frac{1}{6\pi}x$의 그래프는 기울기가 $\frac{1}{6\pi}$이므로 점 $(6\pi, 1)$과 원점을 지나는 직선이야.

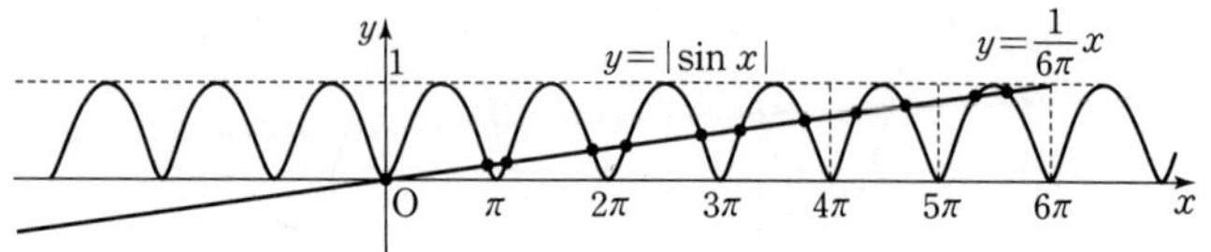

즉, 함수 $y=|\sin x|$의 그래프와 직선 $y=\frac{1}{6\pi}x$의 교점은 원점을 포함하여 총 12개이므로 $m=12$

2nd 함수 $y=|\cos x|$의 그래프와 직선 $y=\frac{1}{6\pi}x$의 그래프를 그려서 교점의 개수를 구하자.

함수 $y=|\cos x|$의 그래프와 직선 $y=\frac{1}{6\pi}x$의 그래프를 그리면 그림과 같다.

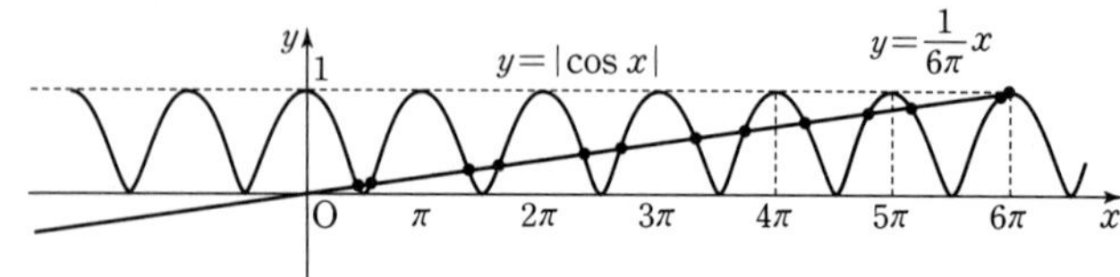

즉, 함수 $y=|\cos x|$의 그래프와 직선 $y=\frac{1}{6\pi}x$의 교점은 점 $(6\pi, 1)$을 포함하여 총 13개이므로 $n=13$

$\therefore m+n=12+13=25$

E 112 정답 ⑤ *삼각함수의 성질 [정답률 95%]

(정답 공식: $\tan(\pi\pm\theta)=\pm\tan\theta$ (복호동순))

$\tan\frac{4}{3}\pi$의 값은? (2점)

단서 $\frac{4}{3}\pi=\pi+\frac{\pi}{3}$

① $-\sqrt{3}$ ② -1 ③ $\frac{\sqrt{3}}{3}$

④ 1 ⑤ $\sqrt{3}$

1st $\tan\frac{4}{3}\pi$의 값을 구해.

$\tan\frac{4}{3}\pi=\tan\left(\pi+\frac{\pi}{3}\right)=\tan\frac{\pi}{3}=\sqrt{3}$

$\tan(\pi+\theta)=\tan\theta$

$\pi\pm\theta$에 대한 삼각비 개념 · 공식

① $\sin(\pi+\theta)=-\sin\theta$, $\sin(\pi-\theta)=\sin\theta$
② $\cos(\pi+\theta)=-\cos\theta$, $\cos(\pi-\theta)=-\cos\theta$
③ $\tan(\pi+\theta)=\tan\theta$, $\tan(\pi-\theta)=-\tan\theta$

E 113 정답 ③ *삼각함수의 성질 [정답률 92%]

(정답 공식: $\sin(\pi-x)=\sin x$, $\cos(\pi-x)=-\cos x$)

$\sin\frac{\pi}{4}+\cos\frac{3}{4}\pi$의 값은? (3점)

단서 $\frac{3}{4}\pi=\pi-\frac{\pi}{4}$이므로 삼각함수의 성질을 이용해.

① -1 ② $-\frac{\sqrt{2}}{2}$ ③ 0

④ $\frac{\sqrt{2}}{2}$ ⑤ 1

1st 삼각함수의 성질을 이용해.

$\sin\frac{\pi}{4}=\frac{\sqrt{2}}{2}$, $\cos\frac{3}{4}\pi=\cos\left(\pi-\frac{\pi}{4}\right)=-\cos\frac{\pi}{4}=-\frac{\sqrt{2}}{2}$이므로

$\cos(\pi-x)=-\cos x$

$\sin\frac{\pi}{4}+\cos\frac{3}{4}\pi=\frac{\sqrt{2}}{2}+\left(-\frac{\sqrt{2}}{2}\right)=0$

E 114 정답 ⑤ *삼각함수의 성질 [정답률 87%]

(정답 공식: $\cos\left(\frac{\pi}{2}+\theta\right)=-\sin\theta$, $\sin^2\theta+\cos^2\theta=1$)

$\cos\left(\frac{\pi}{2}+\theta\right)=-\frac{1}{5}$일 때, $\frac{\sin\theta}{1-\cos^2\theta}$의 값은? (3점)

단서1 삼각함수의 성질을 이용하여 θ에 대한 삼각함수로 변형해.
단서2 삼각함수 사이의 관계를 이용하여 값을 구하면 돼.

① -5 ② $-\sqrt{5}$ ③ 0 ④ $\sqrt{5}$ ⑤ 5

1st 삼각함수의 성질을 이용하여 주어진 값을 구해.

$\cos\left(\frac{\pi}{2}+\theta\right)=-\frac{1}{5}$에서 $-\sin\theta=-\frac{1}{5}$ $\therefore \sin\theta=\frac{1}{5}$

$\cos\left(\frac{\pi}{2}+\theta\right)=-\sin\theta$

이때, $1-\cos^2\theta=\sin^2\theta$이므로

$\sin^2\theta+\cos^2\theta=1$

$\frac{\sin\theta}{1-\cos^2\theta}=\frac{\sin\theta}{\sin^2\theta}=\frac{1}{\sin\theta}=\frac{1}{\frac{1}{5}}=5$

한성은 | 2025 수능 응시 · 익산 남성여고 졸

삼각함수의 각 변환을 이용하는 것이 중요한 문제야.
이런 문제들은 삼각함수 각 변환을 잘못 적용했을 때 구해지는 답이 선지에 나와있는 경우가 많아서 고민 없이 오답을 정답으로 선택해 버리는 상황이 많더라고. 수능에서 3점으로 나오는 경우가 많아서 이런 유형을 틀리지 않기 위해 삼각함수 각 변환 공식을 꼭 외워둬~.

E 115 정답 ② *삼각함수의 성질 [정답률 82%]

(정답 공식: $\cos(\pi\pm\theta)=-\cos\theta$, $\sin^2\theta+\cos^2\theta=1$임을 이용한다.)

$\frac{\pi}{2}<\theta<\pi$인 θ에 대하여 $\cos(\pi+\theta)=\frac{2\sqrt{5}}{5}$일 때, $\sin\theta+\cos\theta$의 값은? (3점)

단서1 θ는 제2사분면의 각이므로 $\sin\theta>0$, $\cos\theta<0$이야.
단서2 삼각함수의 성질을 이용하여 θ에 대한 삼각함수의 값을 구해야 해.

① $-\frac{2\sqrt{5}}{5}$ ② $-\frac{\sqrt{5}}{5}$ ③ 0 ④ $\frac{\sqrt{5}}{5}$ ⑤ $\frac{2\sqrt{5}}{5}$

1st cos θ의 값을 구해.

$\cos(\pi+\theta)=-\cos\theta$이므로 $\cos(\pi+\theta)=\frac{2\sqrt{5}}{5}$에서

$\cos(\pi\pm\theta)=-\cos\theta$

$-\cos\theta=\frac{2\sqrt{5}}{5}$

$\therefore \cos\theta=-\frac{2\sqrt{5}}{5}$

2nd 삼각함수 사이의 관계를 이용하여 sin θ의 값을 구하고 sin θ+cos θ를 계산해.

이때, θ의 값의 범위가 $\frac{\pi}{2}<\theta<\pi$이므로 $\sin\theta>0$

따라서 $\sin\theta=\sqrt{1-\cos^2\theta}=\sqrt{1-\left(-\frac{2\sqrt{5}}{5}\right)^2}=\sqrt{\frac{1}{5}}=\frac{\sqrt{5}}{5}$이므로

모든 실수 θ에 대하여 $\sin^2\theta+\cos^2\theta=1$이므로 $\sin\theta=\pm\sqrt{1-\cos^2\theta}$

$\sin\theta+\cos\theta=\frac{\sqrt{5}}{5}+\left(-\frac{2\sqrt{5}}{5}\right)=-\frac{\sqrt{5}}{5}$

E 116 정답 ④ *삼각함수의 성질 [정답률 83%]

(정답 공식: $\sin(-\theta)=-\sin\theta$, $\cos\left(\frac{\pi}{2}+\theta\right)=-\sin\theta$)

$\sin(-\theta)+\cos\left(\frac{\pi}{2}+\theta\right)=\frac{8}{5}$이고 $\cos\theta<0$일 때, $\tan\theta$의 값은? (3점)

단서 θ에 대한 삼각함수로 변형해.

① $-\frac{5}{3}$ ② $-\frac{4}{3}$ ③ 0 ④ $\frac{4}{3}$ ⑤ $\frac{5}{3}$

1st 삼각함수의 성질을 이용하여 sinθ의 값을 구해.

$\sin(-\theta)+\cos\left(\frac{\pi}{2}+\theta\right)=-\sin\theta+(-\sin\theta)=-2\sin\theta=\frac{8}{5}$

$\sin(-\theta)=-\sin\theta$, $\cos\left(\frac{\pi}{2}+\theta\right)=-\sin\theta$

$\therefore \sin\theta=-\frac{4}{5}$

2nd 삼각함수 사이의 관계를 이용하여 tanθ의 값을 구해

$\cos\theta<0$이므로 $\sin^2\theta+\cos^2\theta=1$에서

$\cos\theta=-\sqrt{1-\sin^2\theta}=-\sqrt{1-\left(-\frac{4}{5}\right)^2}$

$=-\sqrt{1-\frac{16}{25}}=-\frac{3}{5}$

$\therefore \tan\theta=\frac{\sin\theta}{\cos\theta}=\frac{-\frac{4}{5}}{-\frac{3}{5}}=\frac{4}{3}$

E 117 정답 ② *삼각함수의 성질 [정답률 86%]

(정답 공식: $\sin^2x+\cos^2x=1$, $\tan x=\frac{\sin x}{\cos x}$)

$\frac{3}{2}\pi<\theta<2\pi$인 θ에 대하여 $\sin(-\theta)=\frac{1}{3}$일 때, $\tan\theta$의 값은? (3점)

단서1 θ는 제4사분면의 각이므로 $\sin\theta<0$, $\cos\theta>0$, $\tan\theta<0$이야.

단서2 $\tan\theta=\frac{\sin\theta}{\cos\theta}$이므로 tan θ의 값을 구하려면 sin θ, cos θ의 값이 필요해.

① $-\frac{\sqrt{2}}{2}$ ② $-\frac{\sqrt{2}}{4}$ ③ $-\frac{1}{4}$ ④ $\frac{1}{4}$ ⑤ $\frac{\sqrt{2}}{4}$

1st sin θ, cos θ의 값을 각각 구해.

$\sin(-\theta)=\frac{1}{3}$에서 $-\sin\theta=\frac{1}{3}$ $\quad\therefore \sin\theta=-\frac{1}{3}$ ⋯ ㉠

$\sin(-\theta)=-\sin\theta$, $\cos(-\theta)=\cos\theta$, $\tan(-\theta)=-\tan\theta$

이때, $\frac{3}{2}\pi<\theta<\pi$에서 $\cos\theta>0$이므로 ㉠에 의하여

$\cos\theta=\sqrt{1-\sin^2\theta}=\sqrt{1-\left(-\frac{1}{3}\right)^2}=\sqrt{1-\frac{1}{9}}=\sqrt{\frac{8}{9}}=\frac{2\sqrt{2}}{3}$

$\sin^2x+\cos^2x=1$에서 $\cos x=\pm\sqrt{1-\sin^2x}$

2nd tan θ의 값을 구해.

$\therefore \tan\theta=\frac{\sin\theta}{\cos\theta}=\frac{-\frac{1}{3}}{\frac{2\sqrt{2}}{3}}=-\frac{1}{2\sqrt{2}}=-\frac{\sqrt{2}}{4}$

변준서 | 연세대 실내건축학과 2024년 입학 · 화성 화성고 졸

나 같은 경우는 삼각함수 각의 변환을 수식으로 접근하기보다는 삼각함수의 그래프를 떠올려서 대칭성이나 주기성, 부호를 확인하거든. sin 함수나 cos 함수의 그래프의 개형은 머릿속으로도 충분히 떠올릴 수 있으니까!
이 문제 같은 경우에는 θ의 값의 범위를 확인하고 sin 함수는 원점에 대하여 대칭인 함수니까 $\sin(-\theta)=-\sin\theta$임을 빠르게 파악하여 식을 변형해서 풀었어.

삼각함수 사이의 관계 개념·공식

① $\tan\theta=\frac{\sin\theta}{\cos\theta}$

② $\sin^2\theta+\cos^2\theta=1$

③ $1+\tan^2\theta=\frac{1}{\cos^2\theta}$

E 118 정답 ⑤ *삼각함수의 성질 [정답률 81%]

(정답 공식: $\tan(\pi+\theta)=\tan\theta$, $\sin^2\theta+\cos^2\theta=1$)

$\cos(\pi+\theta)=\frac{1}{3}$이고 $\sin(\pi+\theta)>0$일 때, $\tan\theta$의 값은? (3점)

단서1 $\cos^2(\pi+\theta)+\sin^2(\pi+\theta)=1$을 이용하여 $\sin(\pi+\theta)$를 구할 수 있어.

단서2 $\tan(\pi+\theta)=\tan\theta$임을 이용할 수 있어.

① $-2\sqrt{2}$ ② $-\frac{\sqrt{2}}{4}$ ③ 1 ④ $\frac{\sqrt{2}}{4}$ ⑤ $2\sqrt{2}$

1st sin (π+θ)의 값을 구해.

$\cos^2(\pi+\theta)+\sin^2(\pi+\theta)=1$이고 $\cos(\pi+\theta)=\frac{1}{3}$이므로

$\sin^2\theta+\cos^2\theta=1$은 모든 θ에 대해 성립하는 등식이야. 따라서 $\cos^2(\pi+\theta)+\sin^2(\pi+\theta)=1$ 역시 성립하는 거야.

$\left(\frac{1}{3}\right)^2+\sin^2(\pi+\theta)=1$에서

$\sin^2(\pi+\theta)=1-\frac{1}{9}=\frac{8}{9}$

$\therefore \sin(\pi+\theta)=\frac{2\sqrt{2}}{3}$ ($\because \sin(\pi+\theta)>0$)

2nd tan (π+θ)의 값을 이용하여 tan θ의 값을 구해.

따라서 $\tan(\pi+\theta)=\frac{\sin(\pi+\theta)}{\cos(\pi+\theta)}=\frac{\frac{2\sqrt{2}}{3}}{\frac{1}{3}}=2\sqrt{2}$이므로

$\tan x=\frac{\sin x}{\cos x}$

$\tan\theta=\tan(\pi+\theta)=2\sqrt{2}$

$\tan(\pi+\theta)=\tan x$

다른 풀이: $\sin\theta$, $\cos\theta$의 값을 이용하여 $\tan\theta$의 값 구하기

($\cos(\pi+\theta)=-\cos x$)

$\cos(\pi+\theta)=-\cos\theta=\frac{1}{3}$이므로 $\cos\theta=-\frac{1}{3}$

$\sin(\pi+\theta)=-\sin\theta>0$이므로 $\sin\theta<0$

이때, $\sin^2\theta+\cos^2\theta=1$에서

$\sin^2\theta+\left(-\frac{1}{3}\right)^2=1$, $\sin^2\theta=1-\frac{1}{9}=\frac{8}{9}$

$\therefore \sin\theta=-\sqrt{\frac{8}{9}}=-\frac{2\sqrt{2}}{3}$ ($\because \sin\theta<0$)

$\therefore \tan\theta=\frac{\sin\theta}{\cos\theta}=\frac{-\frac{2\sqrt{2}}{3}}{-\frac{1}{3}}=2\sqrt{2}$

수능 핵강

＊ θ는 제 몇 사분면의 각일까?

$\cos(\pi+\theta)=-\cos\theta=\frac{1}{3}$이므로 $\cos\theta=-\frac{1}{3}<0$이고

$\sin(\pi+\theta)=-\sin\theta>0$에서 $\sin\theta<0$이므로

$\tan\theta=\frac{\sin\theta}{\cos\theta}>0$이야.

삼각함수 \ 사분면	제1사분면	제2사분면	제3사분면	제4사분면
$\sin\theta$	+	+	−	−
$\cos\theta$	+	−	−	+
$\tan\theta$	+	−	+	−

이때, 각 θ가 속한 사분면에 대한 삼각함수의 부호는 표와 같으므로 θ는 제3사분면의 각이야.

E 119 정답 ⑤ ＊삼각함수의 성질 [정답률 83%]

(정답 공식: $\sin\left(\frac{\pi}{2}+\theta\right)=\cos\theta$)

$\sin\left(\frac{\pi}{2}+\theta\right)=\frac{3}{5}$이고 $\sin\theta\cos\theta<0$일 때, $\sin\theta+2\cos\theta$의 값은? (3점)

단서1 θ에 대한 삼각함수로 나타내.
단서2 $\sin\theta$와 $\cos\theta$의 부호가 반대라는 거야.

① $-\frac{2}{5}$ ② $-\frac{1}{5}$ ③ 0
④ $\frac{1}{5}$ ⑤ $\frac{2}{5}$

1st 주어진 조건을 이용하여 $\sin\theta$와 $\cos\theta$의 값을 각각 구해.

$\sin\left(\frac{\pi}{2}+\theta\right)=\cos\theta=\frac{3}{5}$이므로

$\sin^2\theta=1-\cos^2\theta=1-\left(\frac{3}{5}\right)^2=1-\frac{9}{25}=\frac{16}{25}$

모든 θ에 대하여 $\sin^2\theta+\cos^2\theta=1$이 항상 성립해.

$\therefore \sin\theta=\frac{4}{5}$ 또는 $\sin\theta=-\frac{4}{5}$

그런데 $\cos\theta=\frac{3}{5}>0$이고 $\sin\theta\cos\theta<0$이므로 $\sin\theta<0$이어야 한다.

따라서 $\sin\theta=-\frac{4}{5}$이므로

$\sin\theta+2\cos\theta=\left(-\frac{4}{5}\right)+2\times\frac{3}{5}=-\frac{4}{5}+\frac{6}{5}=\frac{2}{5}$

다른 풀이 ❶: 삼각함수의 정의를 이용하여 $\sin\theta$의 값 구하기

$\cos\theta=\frac{3}{5}>0$이고 $\sin\theta\cos\theta<0$이므로 $\sin\theta<0$이야.

즉, θ는 제4사분면의 각이야.

θ가 제4사분면의 각이면 $\sin\theta<0$, $\cos\theta>0$, $\tan\theta<0$이야.

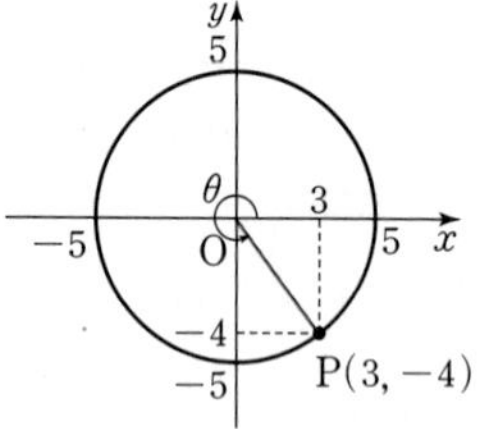

이때, 중심이 원점이고 반지름의 길이가 1인 원 위 점 P에 대하여 동경 OP가 나타내는 각의 크기를 θ라 하면

$\cos\theta=\frac{3}{5}$이므로

점 P의 좌표는 $(3, -4)$야.

$\therefore \sin\theta=-\frac{4}{5}$

(이하 동일)

다른 풀이 ❷: 한 내각의 크기가 θ'인 직각삼각형을 이용하여 $\sin\theta$의 값 구하기

$\theta=\frac{n}{2}\pi+\theta'\left(0<\theta'<\frac{\pi}{2}\right)$이라 하면

$\cos\theta'=\frac{3}{5}$을 만족시키는 직각삼각형의 빗변의 길이와 밑변의 길이는 각각 5, 3이므로

높이는 $\sqrt{5^2-3^2}=\sqrt{16}=4$야.

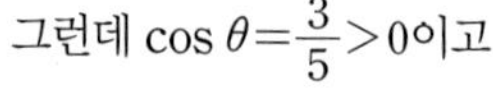

그런데 $\cos\theta=\frac{3}{5}>0$이고

$\sin\theta\cos\theta<0$이므로 $\sin\theta<0$이야.

즉, $\frac{3}{2}\pi<\theta<2\pi$이므로 $\sin\theta=-\frac{4}{5}$

(이하 동일)

E 120 정답 ④ ＊삼각함수의 성질 [정답률 82%]

(정답 공식: $\sin^2 x+\cos^2 x=1$임을 이용한다.)

$\cos\theta<0$이고 $\sin(-\theta)=\frac{1}{7}\cos\theta$일 때, $\sin\theta$의 값은? (3점)

단서 θ에 대한 식으로 나타내.

① $-\frac{3\sqrt{2}}{10}$ ② $-\frac{\sqrt{2}}{10}$ ③ 0
④ $\frac{\sqrt{2}}{10}$ ⑤ $\frac{3\sqrt{2}}{10}$

1st 주어진 식을 θ에 대한 식으로 나타내.

$\sin(-\theta)=-\sin\theta$이므로 $\sin(-\theta)=\frac{1}{7}\cos\theta$에서

$\sin(-\theta)=-\sin\theta$, $\cos(-\theta)=\cos\theta$, $\tan(-\theta)=-\tan\theta$

$-\sin\theta=\frac{1}{7}\cos\theta$ $\quad\therefore \cos\theta=-7\sin\theta$ ⋯ ㉠

2nd $\sin\theta$의 값을 구해.

$\sin^2\theta+\cos^2\theta=1$에 ㉠을 대입하면 (모든 θ에 대하여 성립해.)

$\sin^2\theta+(-7\sin\theta)^2=1$, $\sin^2\theta+49\sin^2\theta=1$, $50\sin^2\theta=1$

$\therefore \sin^2\theta=\frac{1}{50}$

그런데 $\cos\theta<0$이므로 ㉠에서 $\sin\theta>0$

㉠의 좌변이 음수이므로 우변도 음수가 되어야 해.

$\therefore \sin\theta=\sqrt{\frac{1}{50}}=\frac{1}{5\sqrt{2}}=\frac{\sqrt{2}}{10}$

다른 풀이: $\tan^2\theta+1=\frac{1}{\cos^2\theta}$임을 이용하기

㉠에서 $\frac{\sin\theta}{\cos\theta}=-\frac{1}{7}$이므로 $\tan\theta=-\frac{1}{7}$

이것을 $\tan^2\theta+1=\frac{1}{\cos^2\theta}$에 대입하면

$\left(-\frac{1}{7}\right)^2+1=\frac{1}{\cos^2\theta}$, $\frac{1}{49}+1=\frac{1}{\cos^2\theta}$, $\frac{1}{\cos^2\theta}=\frac{50}{49}$

$\sin^2\theta+\cos^2\theta=1$의 양변을 $\cos^2\theta$로 나누면 $\frac{\sin^2\theta}{\cos^2\theta}+1=\frac{1}{\cos^2\theta}$ $\therefore \tan^2\theta+1=\frac{1}{\cos^2\theta}$

$\therefore \cos^2\theta=\frac{49}{50}$

그런데 $\cos\theta<0$이므로 $\cos\theta=-\sqrt{\frac{49}{50}}=-\frac{7}{5\sqrt{2}}=-\frac{7\sqrt{2}}{10}$

따라서 ㉠에서 $\sin\theta=-\frac{1}{7}\cos\theta=-\frac{1}{7}\times\left(-\frac{7\sqrt{2}}{10}\right)=\frac{\sqrt{2}}{10}$

E 121 정답 ② *삼각함수의 성질 [정답률 87%]

(정답 공식: $\sin^2 x+\cos^2 x=1$, $\tan x=\frac{\sin x}{\cos x}$)

$\sin(\pi-\theta)=\frac{5}{13}$이고 $\cos\theta<0$일 때, $\tan\theta$의 값은? (3점)

단서 θ에 대한 삼각함수의 값을 구해야 하니까 $\sin\theta$의 값을 알아야 해.

① $-\frac{12}{13}$ ② $-\frac{5}{12}$ ③ 0 ④ $\frac{5}{12}$ ⑤ $\frac{12}{13}$

1st $\sin\theta$, $\cos\theta$의 값을 각각 구해.

$\sin(\pi-\theta)=\sin\theta$이므로 $\sin\theta=\frac{5}{13}$

$\sin(\pi-\theta)=\sin\theta$, $\cos(\pi-\theta)=-\cos\theta$, $\tan(\pi-\theta)=-\tan\theta$

한편, $\sin^2\theta+\cos^2\theta=1$에서

$\cos^2\theta=1-\sin^2\theta=1-\left(\frac{5}{13}\right)^2=1-\frac{25}{169}=\frac{144}{169}$

이때, $\cos\theta<0$이므로 $\cos\theta=-\sqrt{\cos^2\theta}=-\sqrt{\frac{144}{169}}=-\frac{12}{13}$

$\sin\theta>0$, $\cos\theta<0$이므로 θ는 제2사분면의 각이야.

2nd $\tan\theta$의 값을 구해.

$\therefore \tan\theta=\frac{\sin\theta}{\cos\theta}=\frac{\frac{5}{13}}{-\frac{12}{13}}=-\frac{5}{12}$

E 122 정답 48 *삼각함수의 성질 [정답률 82%]

(정답 공식: $\tan\theta=\frac{\sin\theta}{\cos\theta}$임을 이용한다.)

$\sin\left(\frac{\pi}{2}+\theta\right)\tan(\pi-\theta)=\frac{3}{5}$일 때, $30(1-\sin\theta)$의 값을 구하시오. (3점)

단서 삼각함수의 성질을 이용하여 주어진 식을 간단히 정리해.

1st 삼각함수의 성질을 이용하여 주어진 값을 구해.

$\sin\left(\frac{\pi}{2}+\theta\right)\tan(\pi-\theta)=\frac{3}{5}$에서

$\sin\left(\frac{\pi}{2}+x\right)=\cos x$, $\tan(\pi-x)=-\tan x$

$\cos\theta\times(-\tan\theta)=\frac{3}{5}$, $\cos\theta\times\left(-\frac{\sin\theta}{\cos\theta}\right)=\frac{3}{5}$

$-\sin\theta=\frac{3}{5}$ $\therefore \sin\theta=-\frac{3}{5}$

$\therefore 30(1-\sin\theta)=30\left\{1-\left(-\frac{3}{5}\right)\right\}=30\times\frac{8}{5}=48$

E 123 정답 ④ *삼각함수의 성질 [정답률 83%]

(정답 공식: $\cos(-\theta)=\cos\theta$, $\sin(\pi+\theta)=-\sin\theta$임을 이용한다.)

$\cos(-\theta)+\sin(\pi+\theta)=\frac{3}{5}$일 때, $\sin\theta\cos\theta$의 값은? (3점)

단서 $-\theta$와 $\pi+\theta$에 대한 삼각함수를 θ에 대한 삼각함수로 변형해.

① $\frac{1}{5}$ ② $\frac{6}{25}$ ③ $\frac{7}{25}$ ④ $\frac{8}{25}$ ⑤ $\frac{9}{25}$

1st 주어진 식을 θ에 대한 삼각함수로 변형하여 $\sin\theta\cos\theta$의 값을 구해.

$\cos(-\theta)+\sin(\pi+\theta)=\frac{3}{5}$에서

$\cos(-\theta)=\cos\theta$, $\sin(\pi+\theta)=-\sin\theta$

$\cos\theta-\sin\theta=\frac{3}{5}$

양변을 제곱하면 $(\cos\theta-\sin\theta)^2=\left(\frac{3}{5}\right)^2$

$\cos^2\theta-2\sin\theta\cos\theta+\sin^2\theta=\frac{9}{25}$

$\sin^2 x+\cos^2 x=1$

$1-2\sin\theta\cos\theta=\frac{9}{25}$

$2\sin\theta\cos\theta=1-\frac{9}{25}=\frac{16}{25}$

$\therefore \sin\theta\cos\theta=\frac{8}{25}$

E 124 정답 ④ *삼각함수의 성질 [정답률 88%]

(정답 공식: $\sin\left(\frac{\pi}{2}-\theta\right)=\cos\theta$, $\cos(\pi+\theta)=-\cos\theta$임을 이용한다.)

단서1 θ는 제1사분면의 각이므로 $\sin\theta>0$, $\cos\theta>0$, $\tan\theta>0$이야.

$0<\theta<\frac{\pi}{2}$인 θ에 대하여 $\sin\theta=\frac{4}{5}$일 때,

$\sin\left(\frac{\pi}{2}-\theta\right)-\cos(\pi+\theta)$의 값은? (3점)

① $\frac{9}{10}$ ② 1 ③ $\frac{11}{10}$ ④ $\frac{6}{5}$ ⑤ $\frac{13}{10}$

단서2 $\sin\theta$의 값이 주어졌으니까 주어진 식을 θ에 대한 삼각함수로 변형해서 값을 구해.

1st 삼각함수의 성질을 이용하여 주어진 식의 값을 구해.

$\sin\left(\frac{\pi}{2}-\theta\right)-\cos(\pi+\theta)=\cos\theta-(-\cos\theta)=2\cos\theta$ ⋯ ㉠

$\sin\left(\frac{\pi}{2}-\theta\right)=\cos\theta$, $\cos\left(\frac{\pi}{2}-\theta\right)=\sin\theta$, $\tan\left(\frac{\pi}{2}-\theta\right)=\frac{1}{\tan\theta}$

$\sin(\pi+\theta)=-\sin\theta$, $\cos(\pi+\theta)=-\cos\theta$, $\tan(\pi+\theta)=\tan\theta$

이때, $0<\theta<\frac{\pi}{2}$이므로

$\cos\theta=\sqrt{1-\sin^2\theta}=\sqrt{1-\left(\frac{4}{5}\right)^2}=\sqrt{\frac{9}{25}}=\frac{3}{5}$

$\sin^2\theta+\cos^2\theta=1$

이것을 ㉠에 대입하면

$\sin\left(\frac{\pi}{2}-\theta\right)-\cos(\pi+\theta)=2\cos\theta=2\times\frac{3}{5}=\frac{6}{5}$

E 125 정답 ④ *삼각함수의 성질 [정답률 85%]

(정답 공식: $\tan(\pi-\theta)=-\tan\theta$이다.)

$\cos^2\left(\frac{\pi}{6}\right)+\tan^2\left(\frac{2\pi}{3}\right)$의 값은? (2점)

단서 $\frac{2\pi}{3}=\pi-\frac{\pi}{3}$임을 이용해.

① $\frac{3}{2}$ ② $\frac{9}{4}$ ③ 3 ④ $\frac{15}{4}$ ⑤ $\frac{9}{2}$

1st 삼각함수의 성질을 이용하여 주어진 값을 계산해.

$\cos\frac{\pi}{6}=\frac{\sqrt{3}}{2}$, $\tan\frac{2\pi}{3}=\tan\left(\pi-\frac{\pi}{3}\right)=-\tan\left(\frac{\pi}{3}\right)=-\sqrt{3}$이므로

$\tan(\pi-\theta)=-\tan\theta$

$\cos^2\left(\frac{\pi}{6}\right)+\tan^2\left(\frac{2\pi}{3}\right)=\left(\frac{\sqrt{3}}{2}\right)^2+(-\sqrt{3})^2$

$=\frac{3}{4}+3=\frac{15}{4}$

E 126 정답 ① *삼각함수의 성질 [정답률 78%]

(정답 공식: $\sin^2\theta+\cos^2\theta=1$, $\tan\theta=\frac{\sin\theta}{\cos\theta}$)

단서1 θ는 제2사분면의 각이므로 $\sin\theta>0$, $\cos\theta<0$이야.

$\frac{\pi}{2}<\theta<\pi$인 θ에 대하여 $\tan\theta=-2$일 때, $\sin(\pi+\theta)$의 값은? (3점)

단서2 $\sin(\pi+\theta)=-\sin\theta$가 성립해.

① $-\frac{2\sqrt{5}}{5}$ ② $-\frac{\sqrt{10}}{5}$ ③ $-\frac{\sqrt{5}}{5}$ ④ $\frac{\sqrt{5}}{5}$ ⑤ $\frac{2\sqrt{5}}{5}$

1st $\tan\theta$의 값을 통해 $\sin\theta$, $\cos\theta$의 관계를 구해.

$\tan\theta=-2$에서 $\frac{\sin\theta}{\cos\theta}=-2$

$\therefore \sin\theta=-2\cos\theta$ ⋯ ㉠

2nd $\sin(\pi+\theta)$의 값을 구해.

$\cos^2\theta+\sin^2\theta=1$이므로 ㉠을 대입하면

$\cos^2\theta+(-2\cos\theta)^2=5\cos^2\theta=1$

$\therefore \cos^2\theta=\frac{1}{5}$

$\frac{\pi}{2}<\theta<\pi$에서 $\cos\theta<0$이므로

$\cos\theta=-\frac{\sqrt{5}}{5}$이고 $\sin\theta=\frac{2\sqrt{5}}{5}$ ($\because$ ㉠)

$\therefore \sin(\pi+\theta)=-\sin\theta=-\frac{2\sqrt{5}}{5}$

E 127 정답 ① *삼각함수의 성질 [정답률 75%]

(정답 공식: $\sin(-\theta)=-\sin\theta$, $\sin\left(\frac{\pi}{2}-\theta\right)=\cos\theta$임을 이용한다.)

$\pi<\theta<\frac{3}{2}\pi$인 θ에 대하여 $\sin\left(\theta-\frac{\pi}{2}\right)=\frac{3}{5}$일 때, $\sin\theta$의 값은? (3점)

단서1 θ는 제3사분면의 각이므로 $\sin\theta$의 값은 음수야.

단서2 삼각함수의 성질을 이용하여 θ에 대한 삼각함수로 나타내어야 해.

① $-\frac{4}{5}$ ② $-\frac{3}{5}$ ③ $\frac{3}{5}$ ④ $\frac{3}{4}$ ⑤ $\frac{4}{5}$

1st 주어진 식을 θ에 대한 식으로 나타내.

$\sin\left(\theta-\frac{\pi}{2}\right)=\sin\left\{-\left(\frac{\pi}{2}-\theta\right)\right\}=-\sin\left(\frac{\pi}{2}-\theta\right)=-\cos\theta$이므로

$\sin(-\theta)=-\sin\theta$, $\sin\left(\frac{\pi}{2}-\theta\right)=\cos\theta$

$\sin\left(\theta-\frac{\pi}{2}\right)=\frac{3}{5}$에서 $-\cos\theta=\frac{3}{5}$ $\therefore \cos\theta=-\frac{3}{5}$

2nd 삼각함수 사이의 관계를 이용하여 $\sin\theta$의 값을 구해.

이때, θ의 값의 범위가 $\pi<\theta<\frac{3}{2}\pi$이므로 $\sin\theta<0$

$\pi<\theta<\frac{3}{2}\pi$일 때, $\sin\theta<0$, $\cos\theta<0$, $\tan\theta>0$

$\therefore \sin\theta=-\sqrt{1-\cos^2\theta}=-\sqrt{1-\left(-\frac{3}{5}\right)^2}=-\sqrt{\frac{16}{25}}=-\frac{4}{5}$

모든 실수 θ에 대하여 $\sin^2\theta+\cos^2\theta=1$이므로
$\sin\theta=\pm\sqrt{1-\cos^2\theta}$
그런데 $\sin\theta$의 값은 음수이므로 $\sin\theta=-\sqrt{1-\cos^2\theta}$

E 128 정답 ⑤ *삼각함수의 성질 [정답률 73%]

(정답 공식: $\tan\theta$의 값의 부호와 $\sin\theta$의 값의 부호로 θ가 몇 사분면의 각인지 먼저 알아본다.)

$\tan\theta<0$이고 $\cos\left(\frac{\pi}{2}+\theta\right)=\frac{\sqrt{5}}{5}$일 때, $\cos\theta$의 값은? (3점)

단서1 $\sin\theta$의 값과 θ가 몇 사분면의 각인지 구해.

단서2 $\sin\theta$와 $\cos\theta$ 사이의 관계식에서 $\cos\theta$의 값을 구하면 돼.

① $-\frac{2\sqrt{5}}{5}$ ② $-\frac{\sqrt{5}}{5}$ ③ 0 ④ $\frac{\sqrt{5}}{5}$ ⑤ $\frac{2\sqrt{5}}{5}$

1st θ가 몇 사분면의 각인지 구해.

$\cos\left(\frac{\pi}{2}+\theta\right)=\frac{\sqrt{5}}{5}$에서 $-\sin\theta=\frac{\sqrt{5}}{5}$ $\therefore \sin\theta=-\frac{\sqrt{5}}{5}$

즉, $\sin\theta<0$이므로 θ는 제3사분면 또는 제4사분면의 각이고

조건에서 $\tan\theta<0$이므로 θ는 제2사분면 또는 제4사분면의 각이다.

그런데 θ는 $\sin\theta<0$, $\tan\theta<0$을 모두 만족시켜야 하므로

θ는 제4사분면의 각이다.

θ가 제4사분면의 각이면 $\sin\theta<0$, $\cos\theta>0$, $\tan\theta<0$이야.

2nd $\cos\theta$의 값을 구해.

따라서 $\cos\theta>0$이므로

$\cos\theta=\sqrt{1-\sin^2\theta}=\sqrt{1-\left(-\frac{\sqrt{5}}{5}\right)^2}=\sqrt{\frac{4}{5}}=\frac{2\sqrt{5}}{5}$

$\sin^2\theta+\cos^2\theta=1$

최윤성 서울대 공과대학 광역 2023년 입학 · 서울 양정고 졸

내 친구들 중에 tan값이 음수인 것을 확인하지 않아 이 문제를 틀린 친구들이 꽤 많았어. 쉬운 계산 문제를 풀 때는 부호에 조심해야 한다는 것을 명심해. 또한, 삼각함수 사이의 관계, 삼각함수의 성질을 이용하는 계산 문제는 5~7번 사이에 자주 출제되는 문제니까 삼각함수에 대한 공식들은 꼭 기억하고 있어야 해.

$\frac{\pi}{2}\pm\theta$의 삼각함수 개념·공식

① $\sin\left(\frac{\pi}{2}\pm\theta\right)=\cos\theta$

② $\cos\left(\frac{\pi}{2}\pm\theta\right)=\mp\sin\theta$

③ $\tan\left(\frac{\pi}{2}\pm\theta\right)=\mp\frac{1}{\tan\theta}$

E 129 정답 ④ *삼각함수의 성질 [정답률 79%]

(정답 공식: 함수 $y=a\sin(bx+c)+d$의 주기는 $\frac{2\pi}{|b|}$이다.)

양수 a에 대하여 함수 $f(x)=\sin\left(ax+\frac{\pi}{6}\right)$의 주기가 4π일 때, $f(\pi)$의 값은? (3점)

단서 함수 $f(x)$의 주기를 이용하여 상수 a의 값을 구해야 해.

① 0 ② $\frac{1}{2}$ ③ $\frac{\sqrt{2}}{2}$ ④ $\frac{\sqrt{3}}{2}$ ⑤ 1

1st 함수 $f(x)$의 주기를 이용하여 양수 a의 값을 구해.

함수 $f(x)=\sin\left(ax+\frac{\pi}{6}\right)$의 주기는 $\frac{2\pi}{|a|}=\frac{2\pi}{a}$ (a가 양수지?)

이것이 4π이므로 $\frac{2\pi}{a}=4\pi$에서 $a=\frac{1}{2}$

2nd $f(\pi)$의 값을 구해.

따라서 $f(x)=\sin\left(\frac{1}{2}x+\frac{\pi}{6}\right)$이므로

$f(\pi)=\sin\left(\frac{\pi}{2}+\frac{\pi}{6}\right)=\cos\frac{\pi}{6}=\frac{\sqrt{3}}{2}$

$\sin\left(\frac{\pi}{2}+\theta\right)=\cos\theta$

다른 풀이: $\pi-\theta$에 대한 삼각함수의 성질 이용하기

$f(\pi)=\sin\left(\frac{\pi}{2}+\frac{\pi}{6}\right)=\sin\frac{2}{3}\pi=\sin\left(\pi-\frac{\pi}{3}\right)=\sin\frac{\pi}{3}=\frac{\sqrt{3}}{2}$

$\sin(\pi-\theta)=\sin\theta$

E 130 정답 4 *삼각함수의 성질의 활용 [정답률 83%]

(정답 공식: 특수각의 삼각비를 알고 있으므로 직접 숫자를 대입하여 구한다.)

한 개의 주사위를 던져서 나오는 눈의 수를 원소로 가지는 집합 A에 대하여 집합 X를

$$X=\left\{x \,\middle|\, x=\sin\frac{a}{6}\pi,\ a\in A\right\}$$

라 하자. 집합 X의 원소의 개수를 구하시오. (4점)

단서 주사위의 눈의 수는 1에서 6까지이므로 a는 1에서 6의 값을 가지겠지? $\sin\frac{a}{6}\pi$에 $a=1, \cdots, 6$을 대입하여 값을 구하면 되는 문제야.

1st a는 주사위의 눈의 수이므로 집합 A를 구할 수 있지?

a는 주사위의 눈의 수이므로 집합 A는 $A=\{1, 2, 3, 4, 5, 6\}$

2nd 이제 $a=1, 2, 3, 4, 5, 6$을 대입하여 집합 X의 원소를 구하자.

$\sin\frac{1}{6}\pi=\sin\frac{\pi}{6}=\frac{1}{2}$

$\sin\frac{2}{6}\pi=\sin\frac{\pi}{3}=\frac{\sqrt{3}}{2}$

$\sin\frac{3}{6}\pi=\sin\frac{\pi}{2}=1$

$\sin\frac{4}{6}\pi=\sin\frac{2}{3}\pi=\sin\left(\pi-\frac{\pi}{3}\right)=\sin\frac{\pi}{3}=\frac{\sqrt{3}}{2}$

$\sin(\pi+\theta)=-\sin\theta$, $\sin(\pi-\theta)=\sin\theta$

$\sin\frac{5}{6}\pi=\sin\left(\pi-\frac{\pi}{6}\right)=\sin\frac{\pi}{6}=\frac{1}{2}$

$\sin\frac{6}{6}\pi=\sin\pi=0$

$\therefore X=\left\{0, \frac{1}{2}, \frac{\sqrt{3}}{2}, 1\right\}$

따라서 집합 X의 원소는 모두 4개이다.

수능 핵강

*집합의 원소의 개수를 구할 때 주의할 점

a 대신에 1, 2, 3, 4, 5, 6을 대입하여 $\pi\pm\theta$의 삼각함수의 변형 공식을 이용해서 삼각비를 구하는 문제네. 혹시 답을 6개라고 푼 사람이 있다면 집합의 개념을 다시 공부해야 할 거야. 집합에서는 중복되는 원소는 한 번만 써야 해.

즉, $X=\left\{0, \frac{1}{2}, \frac{1}{2}, \frac{\sqrt{3}}{2}, \frac{\sqrt{3}}{2}, 1\right\}=\left\{0, \frac{1}{2}, \frac{\sqrt{3}}{2}, 1\right\}$

따라서 집합 X의 원소는 모두 4개야!

E 131 정답 27 *삼각함수의 성질의 활용 [정답률 77%]

(정답 공식: 반지름의 길이가 r이고 중심각의 크기가 θ인 부채꼴의 호의 길이 l은 $l=r\theta$이고, $\sin(\pi-x)=\sin x$이다.)

단서 호 BC의 길이를 구하려면 반원의 반지름의 길이와 호 BC에 대한 중심각의 크기를 알아야 하지? 그럼 반원의 중심 O를 잡아야겠네.

그림과 같이 길이가 12인 선분 AB를 지름으로 하는 반원이 있다. 반원 위에서 호 BC의 길이가 4π인 점 C를 잡고 점 C에서 선분 AB에 내린 수선의 발을 H라 하자. $\overline{CH}^2$의 값을 구하시오. (3점)

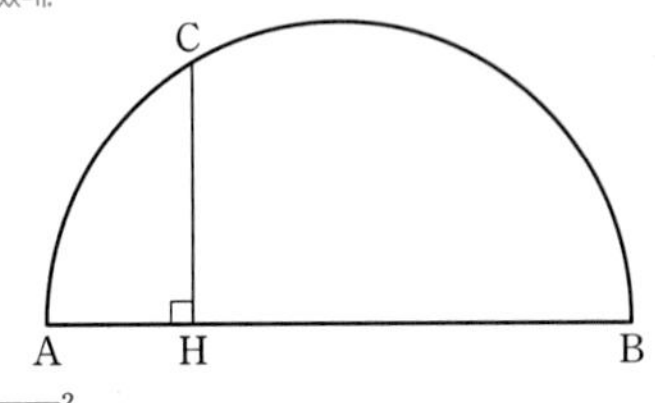

1st 반원의 중심과 점 C를 연결해.

반원의 중심을 O, $\angle BOC=\theta$라 하면

$\overline{OB}=6$이므로 $6\theta=4\pi$에서 $\theta=\frac{2}{3}\pi$

$\overline{AB}=12$이므로 $\overline{OB}=\frac{1}{2}\overline{AB}=6$

호 BC의 길이가 4π이므로 $\overline{OB}\times\angle BOC=4\pi$

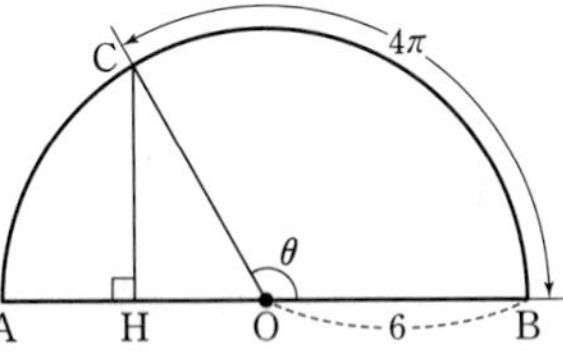

2nd $\overline{CH}^2$의 값을 구하자.

직각삼각형 OCH에서 $\overline{CH}=\overline{OC}\sin(\pi-\theta)$이므로

$\overline{CH}=6\sin\frac{\pi}{3}=6\times\frac{\sqrt{3}}{2}=3\sqrt{3}$ $\therefore \overline{CH}^2=(3\sqrt{3})^2=27$

$\sin(\pi-\theta)=\sin\left(\pi-\frac{2}{3}\pi\right)=\sin\frac{\pi}{3}$

E 132 정답 ④ *삼각함수의 성질의 활용 [정답률 65%]

(정답 공식: 삼각형의 내각과 외각의 성질을 이용하여 $\angle ALB$를 알아 낸 후 이등변삼각형의 꼭지각의 이등분선은 밑변을 수직이등분함을 이용한다.)

선원들은 항해하는 배와 등대 사이의 거리를 측정하는 방법 중 각을 두 배로 하여 측정하는 방법을 쓰고 있다. 그림과 같이 시속 10 km의 속도로 지점 A에서 지점 P를 향해 일직선으로 항해하는 배가 지점 B까지 2시간 동안 항해하여 $2\angle LAP=\angle LBP$가 되었다. $\angle LAP=30°$일 때, 지점 A에서 등대 L까지의 거리는? (4점)

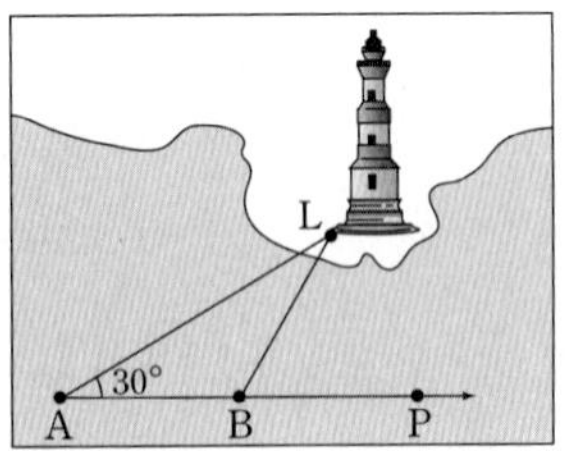

단서 $\angle LBP=60°$이므로 $\angle BLA=30°$야. 즉, 삼각형 ABL은 이등변삼각형이 되니까 이등변삼각형의 성질을 적용해 보자.

① $15\sqrt{2}$ km ② $15\sqrt{3}$ km ③ $20\sqrt{2}$ km ④ $20\sqrt{3}$ km ⑤ $25\sqrt{2}$ km

1st 삼각형 ABL이 어떤 삼각형인지 확인하자.

$\angle LBP=2\angle LAP=60°$이고,

삼각형 ABL에서 $\angle LAP+\angle ALB=\angle LBP$

이므로 $30°+\angle ALB=60°$ (실수: 삼각형의 한 외각의 크기는 그와 이웃하지 않는 두 내각의 크기의 합과 같아.)

$\therefore \angle ALB=30°$

따라서 삼각형 ABL은 이등변삼각형이다.

2nd 이등변삼각형의 성질을 적절히 활용해.

점 B에서 밑변 AL에 내린 수선의 발을 M이라 하면 $\overline{AM}=\overline{LM}$

또, 시속 10 km의 속도로 2시간 동안 항해한 거리가 $\overline{AB}$의 길이이므로

$\overline{AB}=10\times2=20(\text{km})$ $\therefore \overline{AM}=\overline{AB}\cos30°=10\sqrt{3}(\text{km})$

$\therefore \overline{AL}=2\overline{AM}=20\sqrt{3}(\text{km})$ 직각삼각형 ABM에서 $\frac{\overline{AM}}{\overline{AB}}=\cos30°$지?

다른 풀이: 삼각형의 넓이로 선분 AL의 길이 구하기

점 L에서 $\overline{BP}$에 내린 수선의 발을 H라 하면

$\triangle ABL=\frac{1}{2}\times\overline{AB}\times\overline{LH}$

$=\frac{1}{2}\times\overline{AL}\times\overline{BM}$ → 직각삼각형 ABM에서 $\overline{BM}=\overline{AB}\sin30°$

즉, $20\times20\sin60°=\overline{AL}\times20\sin30°$

$\therefore \overline{AL}=\frac{20\sin60°}{\sin30°}$ → $\overline{BL}=20$이므로 직각삼각형 BHL에서 $\frac{\overline{LH}}{\overline{BL}}=\sin60°\Rightarrow\overline{LH}=\overline{BL}\sin60°$

$=\frac{20\times\frac{\sqrt{3}}{2}}{\frac{1}{2}}=20\sqrt{3}(\text{km})$

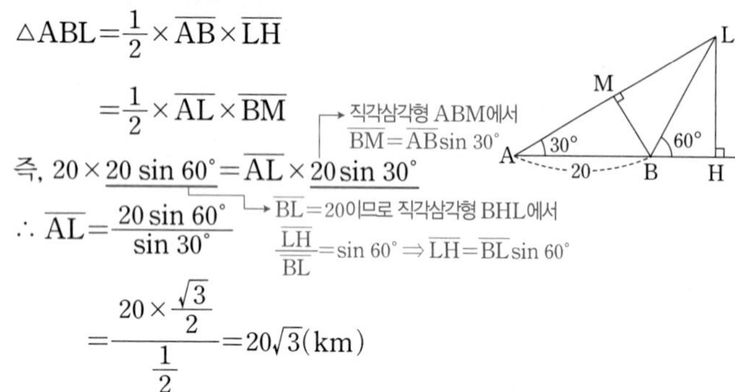

E 133 정답 ⑤ *삼각함수의 성질의 활용 [정답률 67%]

(정답 공식: 특수각의 삼각비를 이용하기 위해 지면과 평행한 선을 하나 그어준다.)

그림과 같이 평평한 지면 위에 설치된 가로등이 있다. 지면에 수직으로 세워진 기둥의 길이는 4 m이고, 그 위로 길이가 2 m인 기둥이 수직인 기둥과 150°의 각을 이루며 연결되어 있다. 이 가로등의 지면으로부터의 높이가 h m일 때, h의 값은? (3점)

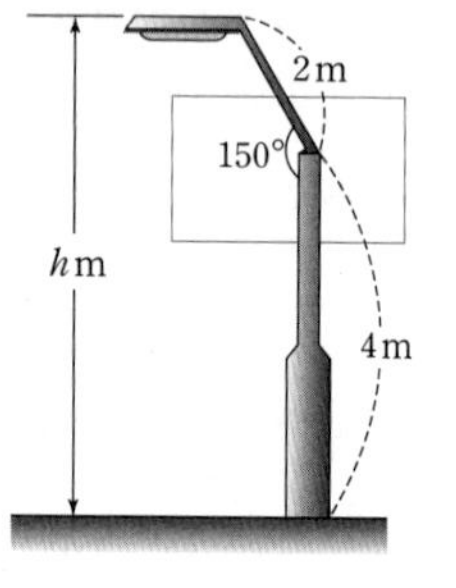

단서 지면에 수직인 기둥의 꼭대기인 점을 지나면서 지면에 평행한 직선을 그어서 직각삼각형을 만들어 봐.

① 5 ② $\frac{11}{2}$ ③ $4+\sqrt{2}$ ④ $4+2\sqrt{2}$ ⑤ $4+\sqrt{3}$

1st $150°=90°+60°$임에 착안해.

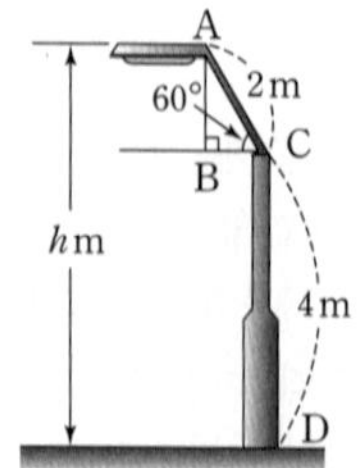

그림과 같이 지면에 수직인 기둥의 끝을 지나면서 지면과 평행한 직선을 긋고 네 점 A, B, C, D를 잡으면 직각삼각형 ABC에서 $\angle ACB=60°$

이므로 $\overline{AB}=\overline{AC}\sin60°=2\times\frac{\sqrt{3}}{2}=\sqrt{3}$ → 직각삼각형 ABC에서 삼각함수의 정의를 생각해.

$\therefore h=\overline{CD}+\overline{AB}=4+\sqrt{3}$

E 134 정답 ① *삼각함수의 성질의 활용 [정답률 67%]

(정답 공식: $\sin(\pi-x)=\sin x$임을 이용하기 위해 연장선을 그어 새로운 삼각형을 만든다.)

$\triangle ABC$에서 $A=30°$, $\overline{AC}=8$, $\overline{BC}=4\sqrt{2}$일 때, 예각 C의 크기는? (3점)

단서 도형 문제인데 그림이 주어지지 않았다면 조건에 맞게 그림을 그리는 게 제일 중요해.

① 15° ② 30° ③ 45°
④ 60° ⑤ 75°

1st 삼각비를 이용해.

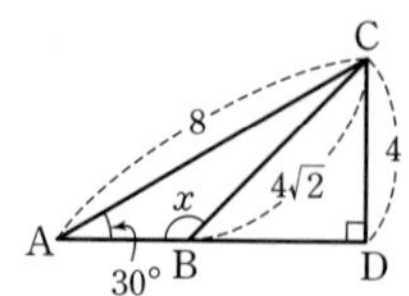

각 C는 예각이므로 주어진 조건에 의해 $\triangle ABC$는 각 B가 둔각인 삼각형이다. 이때, 점 C에서 선분 AB의 연장선에 내린 수선의 발을 D라 하자.

실수: 각 B가 예각이면 $\triangle ABC$는 그림과 같아. 따라서 $\triangle ACD$에서 $\angle ACD=60°$이고 $\triangle BCD$는 직각이등변삼각형이므로 $\angle BCD=45°$야. 즉, $\triangle ABC$에서 $C=60°+45°=105°$로 둔각이 돼.

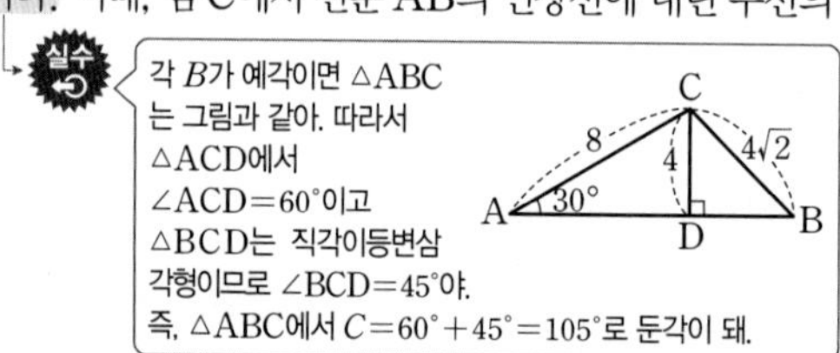

직각삼각형 ACD에서 $\sin30°=\frac{\overline{CD}}{8}=\frac{1}{2}$이므로 $\overline{CD}=4$

$\angle ABC=x$라 하면

$\sin x=\sin(\pi-x)=\frac{\overline{CD}}{\overline{BC}}=\frac{4}{4\sqrt{2}}=\frac{\sqrt{2}}{2}$

$\sin(\pi+\theta)=-\sin\theta$, $\sin(\pi-\theta)=\sin\theta$

2nd 삼각방정식을 풀어서 각 B의 크기를 구하고, 예각 C의 크기를 구하면 돼.

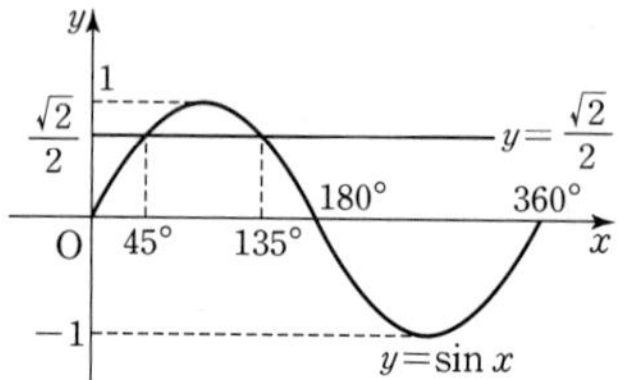

방정식 $\sin x=\frac{\sqrt{2}}{2}$의 해는 $90°<x<180°$일 때, 삼각함수 $y=\sin x$의 그래프와 직선 $y=\frac{\sqrt{2}}{2}$의 교점의 x좌표이므로

$B=180°-45°=135°$이고, $A=30°$인 삼각형 ABC에서

$C=180°-(30°+135°)=15°$

다른 풀이: 방정식 $\sin x=\frac{\sqrt{2}}{2}$의 해를 단위원을 이용하여 구하기

→ 단위원은 반지름의 길이가 1인 원이야.

직선 $y=\frac{\sqrt{2}}{2}$와 단위원 O의 교점을 각각 P, Q라 하면, 동경 OP와 동경 OQ를 나타내는 각의 크기가 구하는 해가 돼.

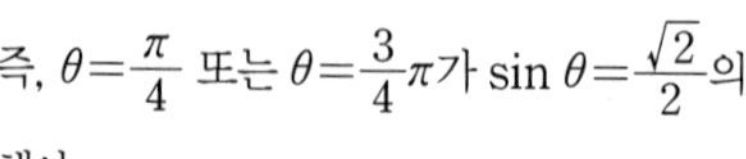

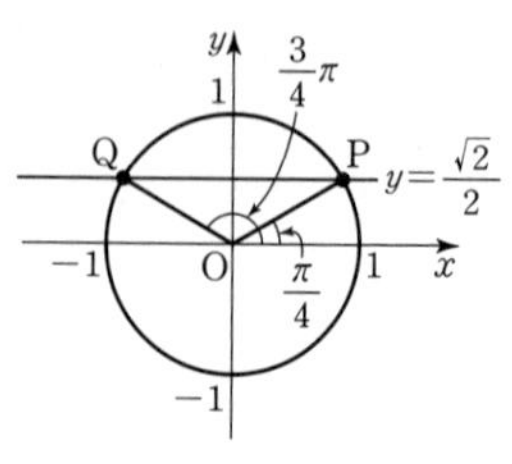

즉, $\theta=\frac{\pi}{4}$ 또는 $\theta=\frac{3}{4}\pi$가 $\sin\theta=\frac{\sqrt{2}}{2}$의 해야.

(이하 동일)

쉬운 풀이: **피타고라스 정리 이용하기**

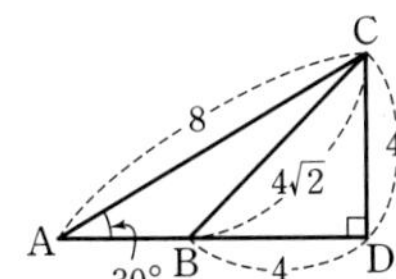

문제의 삼각형을 그리면 그림과 같아. 이때, 점 C에서 선분 AB의 연장선에 내린 수선의 발을 D라 하면 직각삼각형 BCD에서 피타고라스 정리에 의하여 $\overline{BD}=\sqrt{(4\sqrt{2})^2-4^2}=4$이므로

$\angle CBD=\angle BCD=\frac{1}{2}(180°-90°)=45°$ → $\overline{CD}=4$이므로 삼각형 BCD는 직각이등변삼각형이지?

따라서 삼각형 ABC에서

$\angle ABC=180°-\angle CBD=180°-45°=135°$이므로

$\angle ACB=180°-(30°+135°)=15°$

$\pi\pm\theta$의 삼각함수 개념·공식

① $\sin(\pi+\theta)=-\sin\theta$, $\sin(\pi-\theta)=\sin\theta$
② $\cos(\pi+\theta)=-\cos\theta$, $\cos(\pi-\theta)=-\cos\theta$
③ $\tan(\pi+\theta)=\tan\theta$, $\tan(\pi-\theta)=-\tan\theta$

E 135 정답 ④ *삼각함수의 성질의 활용 [정답률 41%]

(정답 공식: 원의 중심을 지나는 직선과 그 직선이 원과 만나는 점에 접하는 접선은 수직이다. 삼각함수의 성질을 이용한다.)

그림과 같이 원점 O를 중심으로 하고 반지름의 길이가 1인 원 위의 점 A가 제2사분면에 있을 때 동경 OA가 나타내는 각의 크기를 θ라 하자. 점 B$(-1, 0)$을 지나는 직선 $x=-1$과 동경 OA가 만나는 점을 C, 점 A에서의 접선이 x축과 만나는 점을 D라 하자. 다음 중 삼각형 OCD의 넓이에서 부채꼴 OAB의 넓이를 뺀 어두운 부분의 넓이와 항상 같은 것은? $\left(\text{단, } \frac{\pi}{2}<\theta<\pi\right)$ (4점)

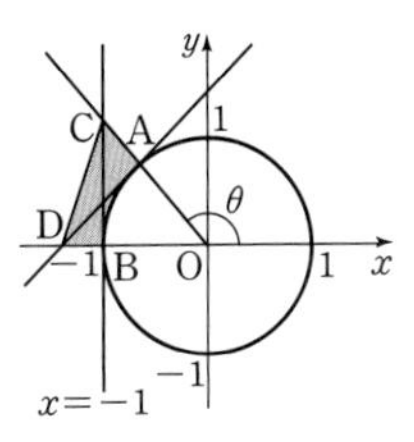

① $\frac{1}{2}\left(-\frac{\cos\theta}{\sin^2\theta}-\pi+\theta\right)$ ② $\frac{1}{2}\left(-\frac{\sin\theta}{\cos^2\theta}-\pi+\theta\right)$

③ $\frac{1}{2}\left(\frac{\cos^2\theta}{\sin\theta}-\theta\right)$ ④ $\frac{1}{2}\left(\frac{\sin\theta}{\cos^2\theta}-\pi+\theta\right)$

⑤ $\frac{1}{2}\left(\frac{\sin^2\theta}{\cos\theta}-\theta\right)$

단서 원의 접선과 접점에서의 반지름이 이루는 각의 크기는 $90°$임을 이용하면 $\overline{OD}$의 길이를 θ로 나타낼 수 있어. 마찬가지로 $\overline{BC}$의 길이도 θ로 나타낼 수 있어.

1st $\overline{BC}$, $\overline{OD}$의 길이를 각각 θ에 관한 식으로 표현해 보자.

직각삼각형 OBC에서 $\tan(\pi-\theta)=\frac{\overline{BC}}{1}$이므로

$\overline{BC}=\tan(\pi-\theta)=-\tan\theta$

원의 중심을 지나는 직선 OA와 접선 AD는 직교하므로 직각삼각형 OAD에서 $\cos(\pi-\theta)=\frac{\overline{OA}}{\overline{OD}}=\frac{1}{\overline{OD}}$

$\therefore \overline{OD}=\frac{1}{\cos(\pi-\theta)}=-\frac{1}{\cos\theta}$

그림에서 $\overline{PT}$와 $\overline{PT'}$이 원 O의 접선이면
① $\overline{PT}\perp\overline{OT}$, $\overline{PT'}\perp\overline{OT'}$
② $\overline{PT}=\overline{PT'}$

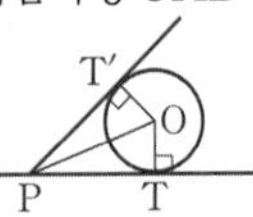

2nd 어두운 부분의 넓이는 삼각형 OCD의 넓이에서 부채꼴 OAB의 넓이를 빼면 구할 수 있지?

$\therefore$ (어두운 부분의 넓이)

$=$(삼각형 OCD의 넓이)$-$(부채꼴 OAB의 넓이)

$=\frac{1}{2}\times\overline{OD}\times\overline{BC}-\frac{1}{2}\times\overline{OA}^2\times(\pi-\theta)$ ← 반지름의 길이가 r이고 중심각의 크기가 θ인 부채꼴의 넓이는 $\frac{1}{2}r^2\theta$

$=\frac{1}{2}\times\left(-\frac{1}{\cos\theta}\right)\times(-\tan\theta)-\frac{1}{2}\times1^2\times(\pi-\theta)$

$=\frac{1}{2}\times\left(-\frac{1}{\cos\theta}\right)\times\left(-\frac{\sin\theta}{\cos\theta}\right)-\frac{1}{2}(\pi-\theta)$

$=\frac{1}{2}\left(\frac{\sin\theta}{\cos^2\theta}-\pi+\theta\right)$

쉬운 풀이: **접선의 x절편을 이용하여 $\overline{OD}$의 길이를 θ에 대한 식으로 나타내기**

원 $x^2+y^2=1$ 위의 점 A$(\cos\theta, \sin\theta)$에서의 접선의 방정식은 $x\cos\theta+y\sin\theta=1$이므로 점 D의 좌표는 $\left(\frac{1}{\cos\theta}, 0\right)$이라 할 수 있지?

→ 원 $x^2+y^2=r^2$ 위의 임의의 점의 좌표는 $(r\cos\theta, r\sin\theta)$로 둘 수 있으므로 원 $x^2+y^2=1$ 위의 점의 좌표는 $(\cos\theta, \sin\theta)$로 둘 수 있어.

$\therefore \overline{OD}=-\frac{1}{\cos\theta}$ $(\because \cos\theta<0)$

(이하 동일)

주의
점 D의 좌표는 $\left(\frac{1}{\cos\theta}, 0\right)$이지만 θ는 $\frac{\pi}{2}<\theta<\pi$ 사이의 값이므로 $\cos\theta<0$이 돼.
따라서 길이의 값은 항상 양수가 되어야 하므로 $\overline{OD}=-\frac{1}{\cos\theta}$이라고 나타낼 수 있어.

부채꼴의 호의 길이와 넓이 개념·공식

중심각의 크기가 θ(라디안), 반지름의 길이가 r의 부채꼴의
① 호의 길이 : $l=r\theta$
② 넓이 : $S=\frac{1}{2}r^2\theta=\frac{1}{2}rl$

E 136 정답 ① *삼각함수의 성질의 활용 [정답률 54%]

(정답 공식: 엇각을 이용해 이등변삼각형을 찾고 이등변삼각형의 성질을 이용한다.)

중심이 O이고 반지름의 길이가 R인 구면거울이 있다. 그림과 같이 OX축에 평행하게 입사된 빛이 거울에 반사된 후 X축과 만나는 점을 A라고 할 때, 선분 OA의 길이는? (단, 입사각과 반사각의 크기는 θ로 같고, $0°<\theta<20°$이다.) (2점)

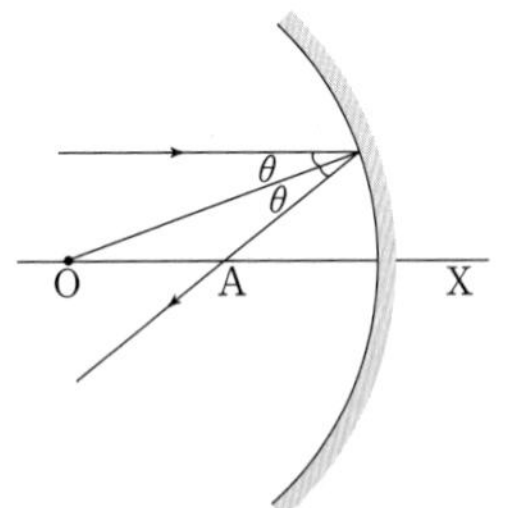

단서 평행선과 각이 주어진 문제야. 그럼 동위각 또는 엇각을 이용해 보면 어떨까?

① $\frac{R}{2\cos\theta}$ ② $\frac{R}{2\sin\theta}$ ③ $R(1-\cos\theta)$

④ $\frac{R}{2\cos2\theta}$ ⑤ $\frac{R}{2\sin2\theta}$

1st 이등변삼각형을 찾아내.

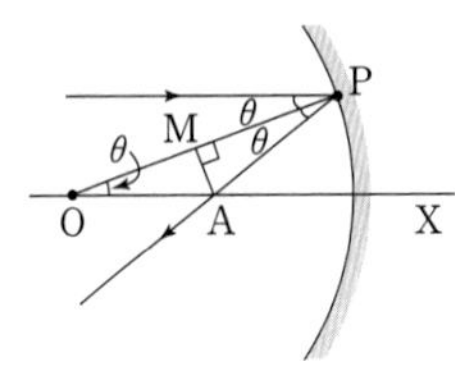

그림과 같이 점 P를 잡으면 빛이 $\overline{OX}$에 평행하게 입사하므로
$\angle POA=\theta$ (엇각)
따라서 삼각형 OAP는 $\overline{OA}=\overline{AP}$인 이등변삼각형이다.
이때, 점 A에서 $\overline{OP}$에 내린 수선의 발을 M이라 하면 점 M은 $\overline{OP}$를 이등분하고, $\overline{OP}=R$이므로 $\overline{OM}=\frac{R}{2}$이다.

따라서 $\cos\theta=\frac{\overline{OM}}{\overline{OA}}$에서 $\cos\theta=\frac{\frac{R}{2}}{\overline{OA}}$이므로
직각삼각형 OAM에서 삼각함수의 정의를 생각해.

$\overline{OA}=\frac{\frac{R}{2}}{\cos\theta}=\frac{R}{2\cos\theta}$

E 137 정답 ④ *삼각방정식 - 일차식 꼴 [정답률 86%]

정답 공식: 방정식 $f(x)=g(x)$의 서로 다른 실근의 개수는 두 함수 $y=f(x)$, $y=g(x)$의 그래프의 교점의 개수와 같다.

$0\le x<2\pi$일 때, 방정식 $\sin 4x=\frac{1}{2}$의 서로 다른 실근의 개수는? (3점) 단서 방정식 $\sin 4x=\frac{1}{2}$의 서로 다른 실근의 개수는 함수 $y=\sin 4x$의 그래프와 직선 $y=\frac{1}{2}$의 교점의 개수와 같아. 이때, 함수 $y=\sin 4x$가 주기함수임을 이용하면 좀 더 쉽게 구할 수 있어.

① 2 ② 4 ③ 6
④ 8 ⑤ 10

1st 함수 $y=\sin 4x$의 그래프와 직선 $y=\frac{1}{2}$을 좌표평면에 나타내.

함수 $y=\sin 4x$의 주기는 $\frac{2\pi}{|4|}=\frac{\pi}{2}$이고 최댓값과 최솟값은 각각 1, -1이므로 함수 $y=\sin 4x$의 그래프와 직선 $y=\frac{1}{2}$을 좌표평면에 나타내면 다음과 같다.
삼각함수 $y=a\sin(bx+c)+d$의 주기는 $\frac{2\pi}{|b|}$이고 최댓값과 최솟값은 각각 $|a|+d$, $-|a|+d$야.

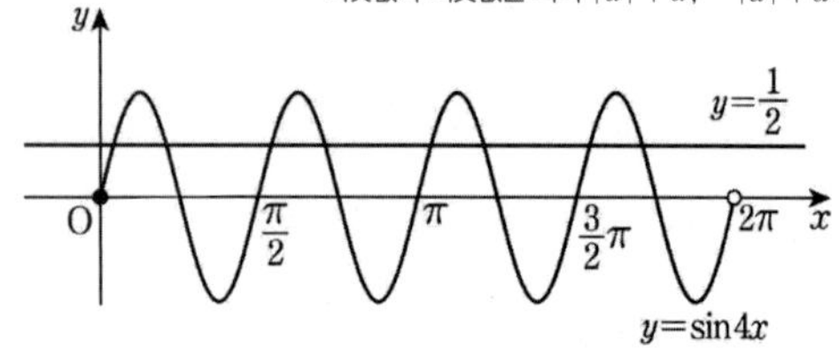

2nd 방정식 $\sin 4x=\frac{1}{2}$의 서로 다른 실근의 개수를 구해.

방정식 $\sin 4x=\frac{1}{2}$의 서로 다른 실근의 개수는 함수 $y=\sin 4x$의 그래프와 직선 $y=\frac{1}{2}$의 교점의 개수와 같으므로 그림과 같이 $0\le x<2\pi$
$0\le x<\frac{\pi}{2}$에서 함수 $y=\sin 4x$의 그래프와 직선 $y=\frac{1}{2}$은 서로 다른 두 점에서 만나지? 그런데 함수 $y=\sin 4x$의 그래프의 주기는 $\frac{\pi}{2}$이므로 함수 $y=\sin 4x$의 그래프와 직선 $y=\frac{1}{2}$은 $\frac{\pi}{2}\le x<\pi$, $\pi\le x<\frac{3}{2}\pi$, $\frac{3}{2}\pi\le x<2\pi$ 각각의 범위에서도 각각 서로 다른 두 점에서 만나.
에서 방정식 $\sin 4x=\frac{1}{2}$의 서로 다른 실근의 개수는 8이다.

다른 풀이: $4x=t$로 놓고 함수 $y=\sin t$의 그래프와 직선 $y=\frac{1}{2}$의 교점의 개수로 주어진 방정식의 실근의 개수 파악하기

$4x=t$라 하면 $y=\sin 4x=\sin t$이고 $0\le x<2\pi$에서 $0\le 4x=t<8\pi$이므로 방정식 $\sin 4x=\frac{1}{2}$, 즉 $\sin t=\frac{1}{2}(0\le t<8\pi)$의 서로 다른 실근의 개수는 함수 $y=\sin t$의 그래프와 직선 $y=\frac{1}{2}$의 서로 다른 교점의 개수와 같아.

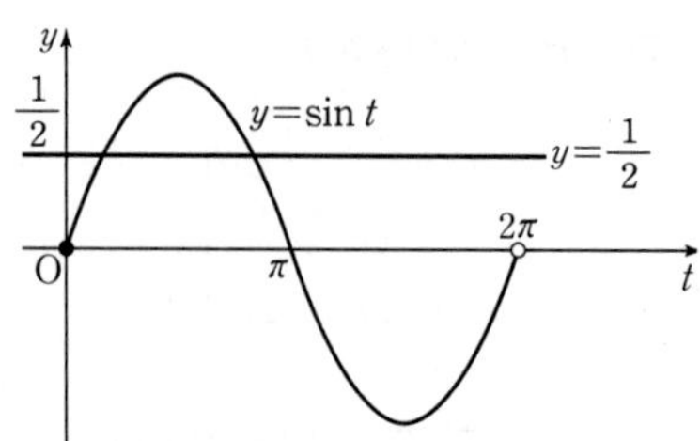

이때, 함수 $y=\sin t$는 주기가 2π인 함수이고 그림과 같이 $0\le t<2\pi$에서 함수 $y=\sin t$의 그래프와 직선 $y=\frac{1}{2}$의 서로 다른 교점의 개수는 2이므로 $0\le t<8\pi=2\pi\times4$에서 함수 $y=\sin t$의 그래프와 직선 $y=\frac{1}{2}$의 서로 다른 교점의 개수는 $2\times4=8$이야.

E 138 정답 ② *삼각방정식 - 일차식 꼴 [정답률 85%]

정답 공식: 방정식 $f(x)=k$의 해는 함수 $y=f(x)$의 그래프와 직선 $y=k$의 교점의 x좌표이다.

$0\le x\le\pi$일 때, 방정식 $2\sin x-1=0$의 모든 해의 합은? (3점)
단서 사인함수의 그래프를 이용하면 방정식의 해를 구할 수 있지.

① $\frac{\pi}{2}$ ② π ③ $\frac{3}{2}\pi$
④ 2π ⑤ $\frac{5}{2}\pi$

1st 사인함수의 그래프를 이용하여 방정식의 해를 구하자.

$2\sin x-1=0$에서 $\sin x=\frac{1}{2}(0\le x\le\pi)$이므로 해는 $y=\sin x$와 $y=\frac{1}{2}$의 그래프의 교점의 x좌표이다.

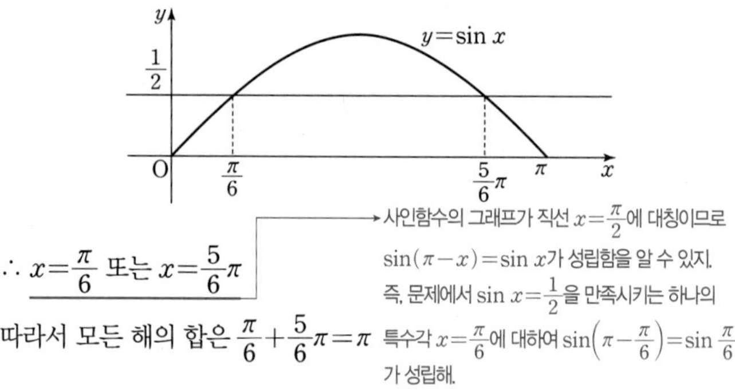

$\therefore x=\frac{\pi}{6}$ 또는 $x=\frac{5}{6}\pi$
사인함수의 그래프가 직선 $x=\frac{\pi}{2}$에 대칭이므로 $\sin(\pi-x)=\sin x$가 성립함을 알 수 있지. 즉, 문제에서 $\sin x=\frac{1}{2}$을 만족시키는 하나의 특수각 $x=\frac{\pi}{6}$에 대하여 $\sin\left(\pi-\frac{\pi}{6}\right)=\sin\frac{\pi}{6}$가 성립해.

따라서 모든 해의 합은 $\frac{\pi}{6}+\frac{5}{6}\pi=\pi$

삼각함수의 그래프의 성질 개념·공식

(1) $y=a\sin(bx+c)+d$, $y=a\cos(bx+c)+d$의 그래프
① 치역 : $\{y\,|-|a|+d\le y\le|a|+d\}$
② 주기 : $\frac{2\pi}{|b|}$

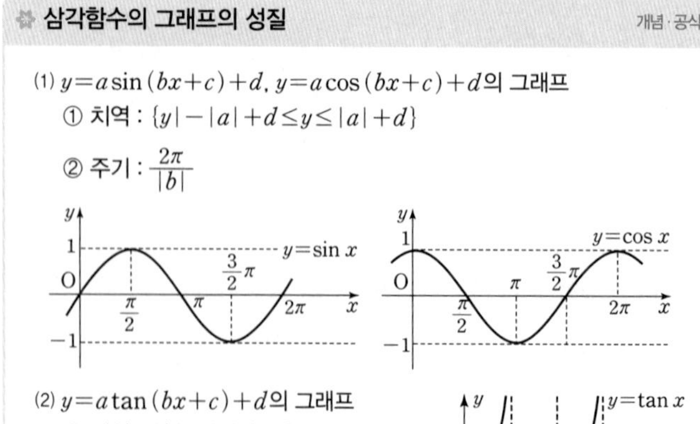

(2) $y=a\tan(bx+c)+d$의 그래프
① 치역 : 실수 전체의 집합
② 주기 : $\frac{\pi}{|b|}$

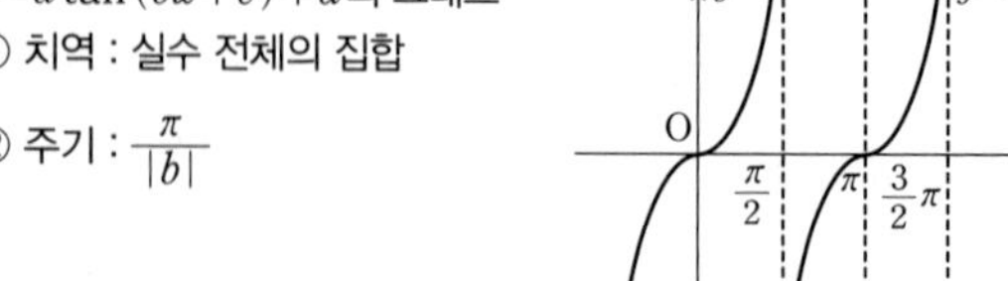

E 139 정답 ④ *삼각방정식 - 일차식 꼴 [정답률 85%]

(정답 공식: $x-\frac{\pi}{6}$의 값의 범위를 먼저 구한 후, 그 범위를 만족하는 삼각방정식의 해를 구한다.)

방정식 $\sin\left(x-\frac{\pi}{6}\right)=\frac{1}{2}$의 해는? $\left(\text{단}, 0\le x\le\frac{\pi}{2}\right)$ (2점)

단서 삼각함수가 포함한 방정식에서는 x의 값의 범위가 중요해. $0\le x\le\frac{\pi}{2}$에서 $x-\frac{\pi}{6}$의 값의 범위를 먼저 구하자.

① 0 ② $\frac{\pi}{6}$ ③ $\frac{\pi}{4}$ ④ $\frac{\pi}{3}$ ⑤ $\frac{\pi}{2}$

1st 먼저 $x-\frac{\pi}{6}$의 값의 범위를 구하자.

$0\le x\le\frac{\pi}{2}$이므로 $-\frac{\pi}{6}\le x-\frac{\pi}{6}\le\frac{\pi}{3}$ → 각 변에서 $\frac{\pi}{6}$를 빼도 부등호의 방향은 변하지 않아.

2nd $\sin\left(x-\frac{\pi}{6}\right)=\frac{1}{2}$이 되는 $x-\frac{\pi}{6}$의 값을 구하자.

$\sin\left(x-\frac{\pi}{6}\right)=\frac{1}{2}$에서

$x-\frac{\pi}{6}=\frac{\pi}{6}$ → $-\frac{\pi}{6}\le x-\frac{\pi}{6}\le\frac{\pi}{3}$이므로 $\sin\left(x-\frac{\pi}{6}\right)=\frac{1}{2}$을 만족시키는 $x-\frac{\pi}{6}$의 값은 하나밖에 없어.

$\therefore x=\frac{\pi}{6}+\frac{\pi}{6}=\frac{\pi}{3}$

다른 풀이: 방정식의 해는 그래프의 교점의 x좌표임을 이용하기

함수 $y=\sin\left(x-\frac{\pi}{6}\right)$의 그래프와 직선 $y=\frac{1}{2}$의 그래프의 교점을 찾아.

함수 $y=\sin\left(x-\frac{\pi}{6}\right)$의 그래프는 함수 $y=\sin x$의 그래프를 x축의 방향으로 $\frac{\pi}{6}$만큼 평행이동한 그래프지.

주어진 x의 값의 범위가 $0\le x\le\frac{\pi}{2}$이므로 함수 $y=\sin x$의 그래프와

$0\le x\le\frac{\pi}{2}$에서 함수 $y=\sin x$의 그래프는 다음과 같아.

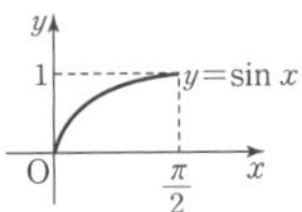

직선 $y=\frac{1}{2}$의 그래프의 교점의 x좌표는 $x=\frac{\pi}{6}$야.

따라서 이 점을 x축의 방향으로 $\frac{\pi}{6}$만큼 평행이동하면

함수 $y=\sin\left(x-\frac{\pi}{6}\right)$의 그래프와 직선 $y=\frac{1}{2}$의 그래프의 교점의 x좌표는 $\frac{\pi}{6}+\frac{\pi}{6}=\frac{\pi}{3}$

E 140 정답 ③ *삼각방정식 - 일차식 꼴 [정답률 88%]

(정답 공식: 삼각함수가 포함된 방정식은 삼각함수의 그래프를 이용하여 해를 구할 수 있다.)

$0\le x\le 2\pi$일 때, 방정식

$2\cos x-1=0$ 단서 방정식 $2\cos x-1=0$의 해는 $\cos x=\frac{1}{2}$의 해와 같지?

의 모든 해의 합은? (3점)

① π ② $\frac{3}{2}\pi$ ③ 2π ④ $\frac{5}{2}\pi$ ⑤ 3π

1st $y=\cos x$의 그래프를 이용하여 방정식의 해를 구해.

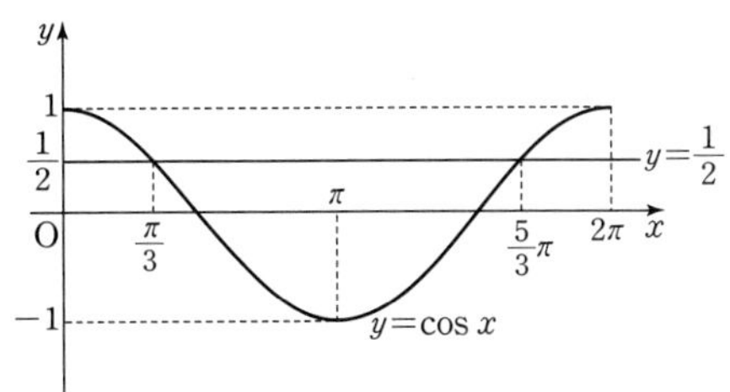

$2\cos x-1=0 \Rightarrow \cos x=\frac{1}{2}$

이 방정식의 해는 함수 $y=\cos x$의 그래프와 직선 $y=\frac{1}{2}$이 만나는 점의 x좌표와 같다.

$\cos x=\frac{1}{2}$의 제1사분면의 해는 $x=\frac{\pi}{3}$이지. 이때, 다른 해는 직선 $x=\pi$에 대하여 대칭으로 $2\pi-\frac{\pi}{3}=\frac{5}{3}\pi$야.

즉, 구하는 해는 $x=\frac{\pi}{3}$ 또는 $x=\frac{5}{3}\pi$

따라서 모든 해의 합은 $\frac{\pi}{3}+\frac{5}{3}\pi=2\pi$이다.

삼각방정식의 풀이 개념·공식

① $\sin x=k$ (또는 $\cos x=k$ 또는 $\tan x=k$)의 해는 함수 $y=\sin x$ (또는 $y=\cos x$ 또는 $y=\tan x$)의 그래프와 직선 $y=k$의 교점의 x좌표의 값이다.

② $\sin^2 x+\cos^2 x=1$을 이용하여 삼각함수를 하나로 통일하고, 통일된 삼각함수를 $t(-1\le t\le 1)$로 치환한 후 방정식의 해를 구한다.

E 141 정답 ④ *삼각방정식 - 일차식 꼴 [정답률 81%]

(정답 공식: $y=\sin 2x$의 그래프와 $y=\frac{1}{3}$의 그래프의 교점을 찾는다.)

$0\le x\le 2\pi$일 때, 방정식 $\sin 2x=\frac{1}{3}$의 모든 해의 합은? (3점)

단서 방정식 $f(x)=g(x)$의 해는 두 함수 $y=f(x)$, $y=g(x)$의 그래프의 교점의 x좌표야.

① $\frac{3}{2}\pi$ ② 2π ③ $\frac{5}{2}\pi$ ④ 3π ⑤ $\frac{7}{2}\pi$

1st 함수 $y=\sin 2x$의 그래프와 직선 $y=\frac{1}{3}$을 그려서 방정식의 해를 구해.

$0\le x\le 2\pi$일 때, 방정식 $\sin 2x=\frac{1}{3}$을 만족시키는 해는 함수 $y=\sin 2x$의 그래프와 직선 $y=\frac{1}{3}$의 교점의 x좌표와 같다. (최댓값과 최솟값이 각각 1, −1이고 주기가 $\frac{2\pi}{2}=\pi$인 주기함수야.)

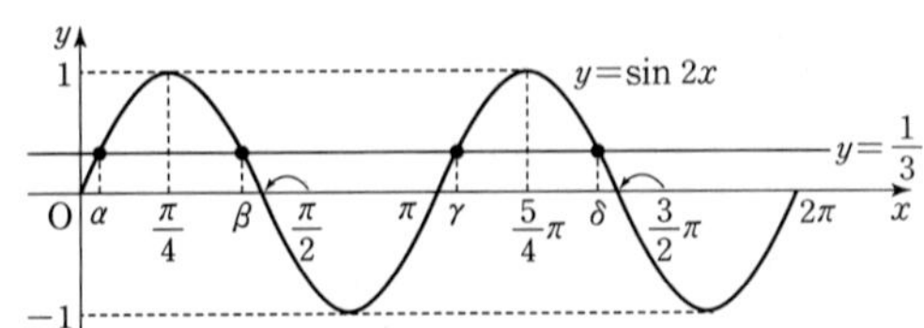

이때, 함수 $y=\sin 2x$의 그래프와 직선 $y=\frac{1}{3}$의 네 교점의 x좌표를 각각 $\alpha, \beta, \gamma, \delta$라 하면

주의 삼각함수의 대칭성을 이용하도록 하자.

$\frac{\alpha+\beta}{2}=\frac{\pi}{4}$, $\frac{\gamma+\delta}{2}=\frac{5}{4}\pi$이므로

$\alpha+\beta=\frac{\pi}{2}$, $\gamma+\delta=\frac{5}{2}\pi$

두 점 $(\alpha, \sin 2\alpha)$, $(\beta, \sin 2\beta)$는 직선 $x=\frac{\pi}{4}$에 대하여 대칭이고 두 점 $(\gamma, \sin 2\gamma)$, $(\delta, \sin 2\delta)$는 직선 $x=\frac{5}{4}\pi$에 대하여 대칭이야.

따라서 방정식의 모든 해의 합은 $\alpha+\beta+\gamma+\delta=\frac{\pi}{2}+\frac{5}{2}\pi=3\pi$

다른 풀이: **사인함수의 그래프의 대칭성 이용하기**

$2x=t$라 하면 $0\le x\le 2\pi$에서 $0\le t=2x\le 4\pi$

이때, 방정식 $\sin 2x=\frac{1}{3}$에서 $\sin t=\frac{1}{3}$이고 함수 $y=\sin t$의 그래프와 직선 $y=\frac{1}{3}$은 다음과 같아.

함수 $y=\sin t$의 그래프는 직선 $t=\frac{\pi}{2}\times(2k-1)$ (k는 정수)에 대하여 대칭이야. 즉, 이 문제에서는 두 직선 $t=\frac{\pi}{2}$, $t=\frac{5}{2}\pi$에 대하여 대칭임을 이용해서 풀어야 해.

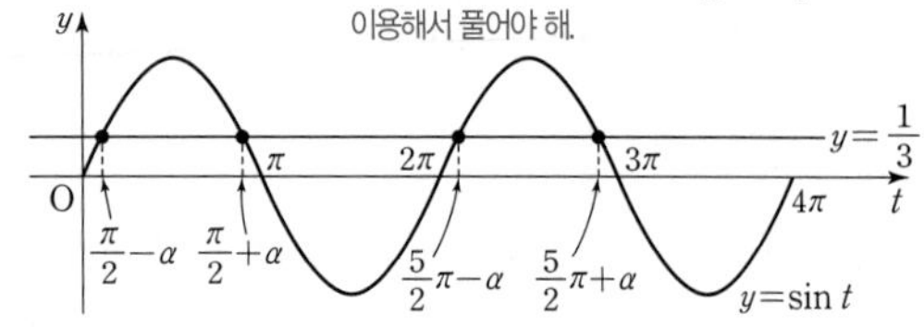

즉, 방정식 $\sin 2x=\frac{1}{3}$의 해는 $t=\frac{\pi}{2}-\alpha$ 또는 $t=\frac{\pi}{2}+\alpha$ 또는 $t=\frac{5}{2}\pi-\alpha$ 또는 $t=\frac{5}{2}\pi+\alpha$에서 $x=\frac{t}{2}=\frac{\pi}{4}-\frac{\alpha}{2}$ 또는

$x=\frac{t}{2}=\frac{\pi}{4}+\frac{\alpha}{2}$ 또는 $x=\frac{t}{2}=\frac{5}{4}\pi-\frac{\alpha}{2}$ 또는 $x=\frac{t}{2}=\frac{5}{4}\pi+\frac{\alpha}{2}$야.

따라서 주어진 방정식의 모든 해의 합은

$\left(\frac{\pi}{4}-\frac{\alpha}{2}\right)+\left(\frac{\pi}{4}+\frac{\alpha}{2}\right)+\left(\frac{5}{4}\pi-\frac{\alpha}{2}\right)+\left(\frac{5}{4}\pi+\frac{\alpha}{2}\right)=3\pi$

E 142 정답 ③ *삼각방정식 – 일차식 꼴 [정답률 90%]

(정답 공식: $\sin 2x=\frac{\sqrt{2}}{2}$이므로 특수각의 삼각비를 이용한다.)

$0\le x\le \pi$일 때, 방정식

$1+\sqrt{2}\sin 2x=0$ 단서 방정식을 (삼각함수)=(상수) 꼴로 정리하자.

의 모든 해의 합은? (3점)

① π ② $\frac{5}{4}\pi$ ③ $\frac{3}{2}\pi$ ④ $\frac{7}{4}\pi$ ⑤ 2π

1st 주어진 방정식을 간단히 하자.

$1+\sqrt{2}\sin 2x=0$에서 $\sqrt{2}\sin 2x=-1$

$\therefore \sin 2x=-\frac{1}{\sqrt{2}}$

2nd 방정식의 모든 해의 합을 구해.

방정식 $f(x)=k$의 해는 함수 $y=f(x)$의 그래프와 직선 $y=k$의 교점의 x좌표니까 이 방정식의 해는 함수 $y=\sin t$의 그래프와 직선 $y=-\frac{1}{\sqrt{2}}$의 교점의 t의 좌표야.

이때, $2x=t(0\le t\le 2\pi)$로 치환하면 $\sin t=-\frac{1}{\sqrt{2}}(0\le t\le 2\pi)$이고

$y=\sin t$의 그래프와 직선 $y=-\frac{1}{\sqrt{2}}$은 다음과 같다.

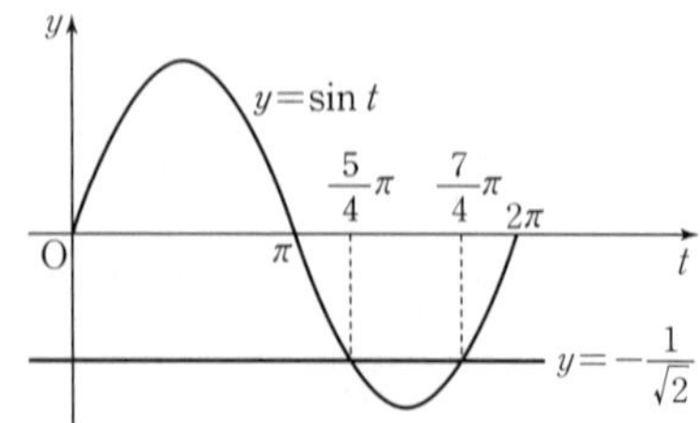

즉, $t=\frac{5}{4}\pi$ 또는 $t=\frac{7}{4}\pi$이므로 $x=\frac{t}{2}=\frac{5}{8}\pi$ 또는 $x=\frac{t}{2}=\frac{7}{8}\pi$이다.

따라서 모든 해의 합은

$\frac{5}{8}\pi+\frac{7}{8}\pi=\frac{12}{8}\pi=\frac{3}{2}\pi$

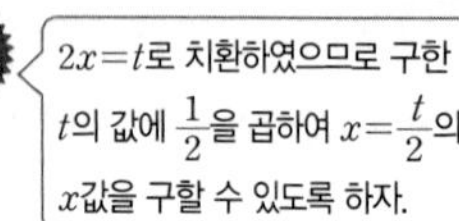

E 143 정답 ④ *삼각방정식 – 일차식 꼴 [정답률 83%]

(정답 공식: 로그의 성질을 이용해 식을 정리한 뒤 진수끼리만 비교한다.)

$0<\theta<\frac{\pi}{2}$일 때, 단서 $\log a-\log b=\log\frac{a}{b}$, $n\log x=\log x^n$임을 이용해 식을 정리하자.

$\log(\sin\theta)-\log(\cos\theta)=\frac{1}{2}\log 3$

을 만족시키는 θ의 값은? (단, log는 상용로그이다.) (3점)

① $\frac{\pi}{6}$ ② $\frac{\pi}{4}$ ③ $\frac{2}{7}\pi$ ④ $\frac{\pi}{3}$ ⑤ $\frac{2}{5}\pi$

1st 로그의 성질을 이용해서 식을 정리해.

$\log(\sin\theta)-\log(\cos\theta)=\frac{1}{2}\log 3$에서

($\log a-\log b=\log\frac{a}{b}$, $n\log a=\log a^n$)

$\log\frac{\sin\theta}{\cos\theta}=\log 3^{\frac{1}{2}}$, $\frac{\sin\theta}{\cos\theta}=3^{\frac{1}{2}}$

$\tan\theta=\sqrt{3}$ $\therefore \theta=\frac{\pi}{3}\left(\because 0<\theta<\frac{\pi}{2}\right)$

로그의 성질 개념·공식

$a>0$, $a\ne1$, $x>0$, $y>0$일 때,

① $\log_a a=1$ ② $\log_a 1=0$

③ $\log_a x+\log_a y=\log_a xy$ ④ $\log_a x-\log_a y=\log_a\frac{x}{y}$

E 144 정답 ② *삼각방정식 – 일차식 꼴 [정답률 77%]

(정답 공식: $\cos\left(\frac{\pi}{2}+\theta\right)=-\sin\theta$)

$0\le x<2\pi$일 때, 두 함수 $y=\sin x$와 $y=\cos\left(x+\frac{\pi}{2}\right)+1$의 그래프가 만나는 모든 점의 x좌표의 합은? (3점)

단서1 sin 함수로 변형해.

단서2 두 함수의 그래프가 만나는 점의 x좌표는 두 함수를 연립한 방정식의 해와 같아.

① $\frac{\pi}{2}$ ② π ③ $\frac{3}{2}\pi$ ④ 2π ⑤ $\frac{5}{2}\pi$

1st 삼각함수의 성질을 이용하여 cos 함수를 sin 함수로 변형하자.

$\cos\left(\frac{\pi}{2}+x\right)=-\sin x$이므로 $y=\cos\left(x+\frac{\pi}{2}\right)+1=-\sin x+1$

2nd 방정식을 풀어 두 그래프가 만나는 모든 점의 x좌표의 합을 구하자.

두 함수 $y=\sin x$, $y=\cos\left(x+\frac{\pi}{2}\right)+1=-\sin x+1$의 그래프가 만나는 점의 x좌표는 두 함수를 연립한 방정식의 실근과 같다.

두 함수 $y=f(x)$, $y=g(x)$의 그래프의 교점의 x좌표는 방정식 $f(x)=g(x)$의 실근과 같아.

즉, $\sin x=-\sin x+1$에서 $2\sin x=1$이므로 $\sin x=\frac{1}{2}$ ··· ㉠

따라서 $0\le x<2\pi$에서 ㉠을 만족시키는 모든 x의 값은

$x=\frac{\pi}{6}$ 또는 $x=\frac{5}{6}\pi$이므로 두 함수의 그래프가 만나는 모든 점의 x좌표는 $\frac{\pi}{6}$, $\frac{5}{6}\pi$이다.

$\therefore$ (구하는 합)$=\frac{\pi}{6}+\frac{5}{6}\pi=\pi$

다른 풀이: **사인함수의 그래프의 대칭성 이용하기**

방정식 $\sin x=\frac{1}{2}$의 실근은 함수 $y=\sin x$의 그래프와 직선 $y=\frac{1}{2}$이 만나는 점의 x좌표와 같아.

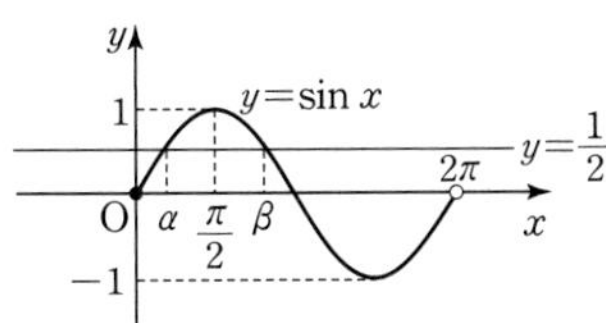

이때, $0\le x<2\pi$에서 함수 $y=\sin x$의 그래프와 직선 $y=\frac{1}{2}$이 만나는 점의 x좌표를 α, β라 하면 함수 $y=\sin x$의 그래프는 직선 $x=\frac{\pi}{2}$에 대하여 대칭이므로 $\frac{\alpha+\beta}{2}=\frac{\pi}{2}$

함수 $y=\sin x$의 그래프는 직선 $x=\frac{2k-1}{2}\pi$ (k는 정수)에 대하여 대칭이야.

$\therefore \alpha+\beta=\pi$

따라서 두 함수 $y=\sin x$와 $y=\cos\left(x+\frac{\pi}{2}\right)+1$의 그래프가 만나는 모든 점의 x좌표의 합은 $\alpha+\beta=\pi$

삼각방정식의 풀이 개념·공식

① $\sin x=k$ (또는 $\cos x=k$ 또는 $\tan x=k$)의 해는 함수 $y=\sin x$ (또는 $y=\cos x$ 또는 $y=\tan x$)의 그래프와 직선 $y=k$의 교점의 x좌표의 값이다.

② $\sin^2 x+\cos^2 x=1$을 이용하여 삼각함수를 하나로 통일하고, 통일된 삼각함수를 $t(-1\le t\le 1)$로 치환한 후 방정식의 해를 구한다.

E 145 정답 ⑤ *삼각방정식-일차식 꼴 [정답률 77%]

(정답 공식: $\cos x$가 정수가 되는 x의 값을 찾는다.)

삼각방정식 $\sin(\pi\cos x)=0$의 해의 개수는? (단, $0\le x<2\pi$) (4점)

단서 사인함수의 그래프를 이용하여 $\sin(\pi\cos x)=0$에서 $\pi\cos x=n\pi$ (n은 정수)임을 찾아.

① 0 ② 1 ③ 2 ④ 3 ⑤ 4

1st $\pi\cos x=a$라 하면, $\sin a=0\Leftrightarrow a=n\pi$ (n은 정수)임을 이용해.

방정식 $\sin(\pi\cos x)=0$에서 $\pi\cos x=n\pi$ (단, n은 정수)

$\therefore \cos x=n$ (단, n은 정수) $y=\sin x$의 그래프는 $x=n\pi$ (n은 정수)에서 x축과 만나.

그런데 $-1\le\cos x\le 1$이고, n은 정수이므로 $\cos x=-1,\ 0,\ 1$

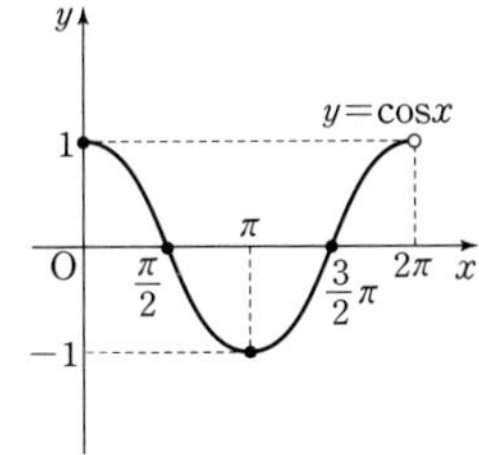

또한, $0\le x<2\pi$이므로

(i) $\cos x=-1$에서 $x=\pi$

(ii) $\cos x=0$에서 $x=\frac{\pi}{2},\ \frac{3}{2}\pi$

(iii) $\cos x=1$에서 $x=0$

주의 삼각함수가 직선 $x=\pi$에 대하여 대칭을 이루고 있어.

$\therefore x=0,\ \frac{\pi}{2},\ \pi,\ \frac{3}{2}\pi$

따라서 주어진 삼각방정식의 해의 개수는 4이다.

E 146 정답 ⑤ *삼각방정식-이차식 꼴 [정답률 82%]

(정답 공식: $\sin^2 x+\cos^2 x=1$임을 이용하여 삼각함수를 한 가지로 통일하여 방정식을 푼다.)

$0\le x<2\pi$일 때, 방정식 $3\cos^2 x+5\sin x-1=0$의 모든 해의 합은? (4점)

단서 하나의 삼각함수로 통일하여 방정식을 풀어.

① π ② $\frac{3}{2}\pi$ ③ 2π ④ $\frac{5}{2}\pi$ ⑤ 3π

1st $\sin x$에 대한 방정식으로 정리해.

$3\cos^2 x+5\sin x-1=0$에서

$\sin^2 x+\cos^2 x=1$에서 $\cos^2 x=1-\sin^2 x$

$3(1-\sin^2 x)+5\sin x-1=0$

$-3\sin^2 x+5\sin x+2=0$

$3\sin^2 x-5\sin x-2=0$

$(3\sin x+1)(\sin x-2)=0$

함수 $y=\sin x$의 치역은 $\{y\mid -1\le y\le 1\}$이야.

$\therefore \sin x=-\frac{1}{3}$ ($\because -1\le\sin x\le 1$)

2nd 주어진 방정식의 모든 해의 합을 구해.

즉, 주어진 방정식의 해는 $0\le x<2\pi$에서 함수 $y=\sin x$의 그래프와 직선 $y=-\frac{1}{3}$의 교점의 x좌표이다.

방정식 $f(x)=g(x)$의 해는 두 함수 $y=f(x)$, $y=g(x)$의 그래프의 교점의 x좌표와 같아.

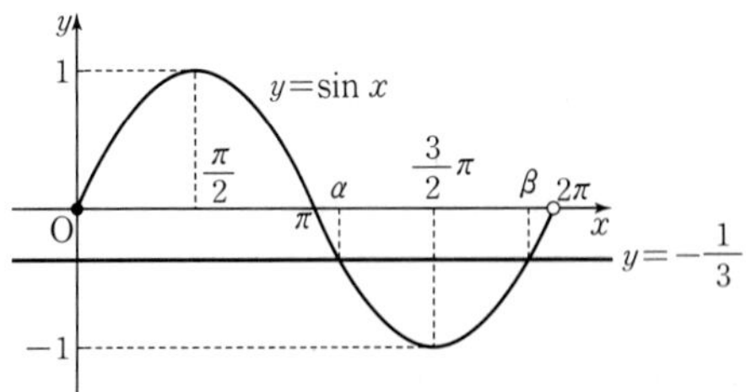

이때, $0\le x<2\pi$에서 함수 $y=\sin x$의 그래프와 직선 $y=-\frac{1}{3}$의 교점의 x좌표를 α, β라 하면 사인함수의 그래프의 성질에 의하여 $\frac{\alpha+\beta}{2}=\frac{3}{2}\pi$이므로 $\alpha+\beta=3\pi$

함수 $y=\sin x$의 그래프는 직선 $x=\frac{2k-1}{2}\pi$ (k는 정수)에 대하여 대칭이야. 즉, $0\le x<2\pi$에서 함수 $y=\sin x$의 그래프와 직선 $y=-\frac{1}{3}$의 두 교점은 직선 $x=\frac{3}{2}\pi$에 대하여 대칭이므로 두 점 $(\alpha, 0)$, $(\beta, 0)$의 중점은 $\left(\frac{3}{2}\pi, 0\right)$이야.

따라서 주어진 방정식의 모든 해의 합은 3π이다.

E 147 정답 ④ *삼각방정식-이차식 꼴 [정답률 90%]

(정답 공식: $\cos^2 x=1-\sin^2 x$)

$0\le x<2\pi$일 때, 방정식 $\cos^2 x=\sin^2 x-\sin x$의 모든 해의 합은? (3점)

단서 방정식에 cos, sin이 함께 있는 경우에는 둘 중 하나로 통일시켜서 해를 구해.

① 2π ② $\frac{5}{2}\pi$ ③ 3π ④ $\frac{7}{2}\pi$ ⑤ 4π

1st $\sin x$에 대한 방정식으로 정리하자.

$\cos^2 x=\sin^2 x-\sin x$에서

$\sin^2 x+\cos^2 x=1$에서 $\cos^2 x=1-\sin^2 x$

$1-\sin^2 x=\sin^2 x-\sin x$, $2\sin^2 x-\sin x-1=0$

$(2\sin x+1)(\sin x-1)=0$ $\therefore \sin x=-\frac{1}{2}$ 또는 $\sin x=1$

2nd 주어진 방정식의 모든 해의 합을 구하자.

이때, $0\le x<2\pi$이므로

$\sin x=-\frac{1}{2}$에서 $x=\frac{7}{6}\pi$ 또는 $x=\frac{11}{6}\pi$

→ 이 방정식의 해는 곡선 $y=\sin x$와 직선 $y=-\frac{1}{2}$의 교점의 x좌표야.

$\sin x=1$에서 $x=\frac{\pi}{2}$

→ 마찬가지로 이 방정식의 해는 곡선 $y=\sin x$와 직선 $y=1$의 교점의 x좌표야.

따라서 모든 해의 합은

$\frac{7}{6}\pi+\frac{11}{6}\pi+\frac{\pi}{2}=\frac{7}{2}\pi$

쉬운 풀이: 사인함수의 그래프의 대칭성 이용하기

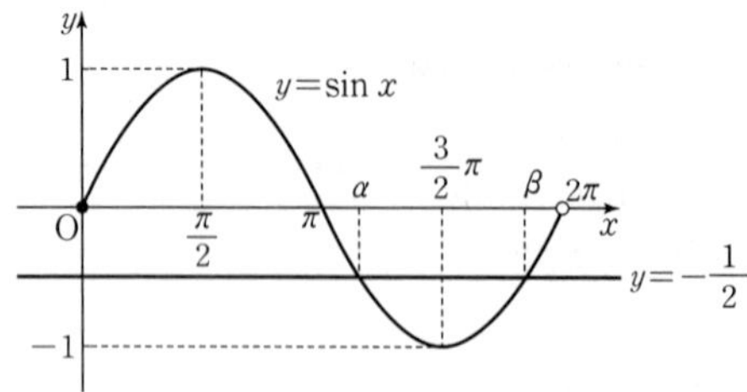

$0\le x<2\pi$에서 $\sin x=-\frac{1}{2}$의 해를 $x=\alpha$ 또는 $x=\beta$라 하면 그림과 같이 α, β는 함수 $y=\sin x$의 그래프와 직선 $y=-\frac{1}{2}$의 교점의 x좌표야.

따라서 삼각함수의 그래프의 성질에 의하여 $\frac{\alpha+\beta}{2}=\frac{3}{2}\pi$이므로 $\alpha+\beta=3\pi$야.

→ $\pi\le x<2\pi$에서 함수 $y=\sin x$의 그래프는 직선 $x=\frac{3}{2}\pi$에 대하여 대칭이야. 즉, 두 점 $(\alpha, 0)$, $(\beta, 0)$의 중점은 $\left(\frac{3}{2}\pi, 0\right)$이야.

또한, $\sin x=1$에서 $x=\frac{\pi}{2}$이므로 주어진 방정식의 모든 해의 합은

$\alpha+\beta+\frac{\pi}{2}=3\pi+\frac{\pi}{2}=\frac{7}{2}\pi$

E 148 정답 ① *삼각방정식 - 이차식 꼴 [정답률 88%]

(정답 공식: $\sin^2 x+\cos^2 x=1$을 이용하여 식을 정리하고, 해를 구한다.)

> $0\le x\le\pi$일 때, 방정식 $(\sin x+\cos x)^2=\sqrt{3}\sin x+1$의 모든 실근의 합은? (3점)
>
> **단서** $\sin^2 x+\cos^2 x=1$을 이용하여 주어진 등식을 정리해.
>
> ① $\frac{7}{6}\pi$ ② $\frac{4}{3}\pi$ ③ $\frac{3}{2}\pi$ ④ $\frac{5}{3}\pi$ ⑤ $\frac{11}{6}\pi$

1st $\sin^2 x+\cos^2 x=1$임을 이용해서 주어진 식을 간단히 하자.

$(\sin x+\cos x)^2=\sqrt{3}\sin x+1$에서

$\sin^2 x+2\sin x\cos x+\cos^2 x=\sqrt{3}\sin x+1$

→ $\sin^2 x+\cos^2 x=1$

$1+2\sin x\cos x=\sqrt{3}\sin x+1$

$\sin x(2\cos x-\sqrt{3})=0$

$\therefore \sin x=0$ 또는 $\cos x=\frac{\sqrt{3}}{2}$

2nd $0\le x\le\pi$에서 $\sin x=0$, $\cos x=\frac{\sqrt{3}}{2}$을 만족시키는 x의 값을 구해.

이때, $0\le x\le\pi$이므로

$\sin x=0$에서 $x=0$ 또는 $x=\pi$

→ $0\le x\le\pi$에서 함수 $y=\sin x$의 그래프와 x축의 교점의 x좌표야.

$\cos x=\frac{\sqrt{3}}{2}$에서 $x=\frac{\pi}{6}$

따라서 모든 실근의 합은 $0+\pi+\frac{\pi}{6}=\frac{7}{6}\pi$

→ $0\le x\le\pi$에서 함수 $y=\cos x$의 그래프와 직선 $y=\frac{\sqrt{3}}{2}$의 교점의 x좌표야.

E 149 정답 7 *삼각방정식 - 이차식 꼴 [정답률 84%]

(정답 공식: $\cos^2 x$를 $\sin x$에 관한 식으로 고친다.)

> $0<x<2\pi$일 때, 방정식 $\cos^2 x-\sin x=1$의 모든 실근의 합은 $\frac{q}{p}\pi$이다. $p+q$의 값을 구하시오.
>
> **단서** $\sin^2 x+\cos^2 x=1$임을 이용해서 주어진 식을 $\sin x$에 대한 식으로 정리할 수 있어.
>
> (단, p, q는 서로소인 자연수이다.) (3점)

1st $\cos^2 x=1-\sin^2 x$를 대입하여 식을 정리하자.

$\cos^2 x-\sin x=1$에 $\cos^2 x=1-\sin^2 x$를 대입하면

$1-\sin^2 x-\sin x=1$, $\sin^2 x+\sin x=0$

주의 $\sin^2 x+\cos^2 x=1$을 이용하여 하나의 삼각함수로 나타낸 이차함수 꼴로 바꾸어 풀 수 있도록 하자.

$\sin x(\sin x+1)=0$

$\therefore \sin x=0$ 또는 $\sin x=-1$

2nd $\sin x=0$, $\sin x=-1$인 x의 값을 $0<x<2\pi$에서 구하자.

이때, $0<x<2\pi$이므로

$\sin x=0$에서 $x=\pi$

$\sin x=-1$에서 $x=\frac{3}{2}\pi$

→ $0<x<2\pi$에서 함수 $y=\sin x$의 그래프는 그림과 같아.

따라서 주어진 방정식의 모든 실근은 π, $\frac{3}{2}\pi$이므로 구하는 합은

$\pi+\frac{3}{2}\pi=\frac{5}{2}\pi=\frac{q}{p}\pi$

$\therefore p+q=2+5=7$

E 150 정답 ④ *삼각방정식 - 이차식 꼴 [정답률 88%]

(정답 공식: $\cos x$에 관한 식으로 고친다.)

> $0\le x<2\pi$일 때, 방정식 $2\sin^2 x+3\cos x=3$의 모든 해의 합은? (3점)
>
> **단서** $\sin^2 x=1-\cos^2 x$를 이용하여 $\cos x$에 대한 이차방정식을 풀면 돼.
>
> ① $\frac{\pi}{2}$ ② π ③ $\frac{3}{2}\pi$ ④ 2π ⑤ $\frac{5}{2}\pi$

1st 주어진 방정식을 하나의 삼각함수로 나타내서 방정식을 풀자.

$2\sin^2 x+3\cos x=3$에서

$2(1-\cos^2 x)+3\cos x=3$ → $\sin^2 x+\cos^2 x=1$에서 $\sin^2 x=1-\cos^2 x$

$2\cos^2 x-3\cos x+1=0$

$(\cos x-1)(2\cos x-1)=0$

$\therefore \cos x=1$ 또는 $\cos x=\frac{1}{2}$

2nd 주어진 구간에서 방정식의 해를 구하자.

$0\le x<2\pi$이므로

$\cos x=1$일 때, $x=0$

$\cos x=\frac{1}{2}$일 때, $x=\frac{\pi}{3}$ 또는 $x=\frac{5}{3}\pi$

함정 $0\le x<2\pi$에서 함수 $y=\cos x$의 그래프는 직선 $x=\pi$에 대하여 대칭이야. 즉, $0\le x<\pi$에서 $\cos x=\frac{1}{2}$을 만족시키는 x는 $x=\frac{\pi}{3}$이므로 $\pi<x<2\pi$에서 $\cos x=\frac{1}{2}$을 만족시키는 x는 $x=2\pi-\frac{\pi}{3}=\frac{5}{3}\pi$야.

따라서 모든 해의 합은 $0+\frac{\pi}{3}+\frac{5}{3}\pi=2\pi$이다.

E 151 정답 ③ *삼각방정식 - 이차식 꼴 [정답률 71%]

정답 공식: 방정식 $f(x)=g(x)$의 실근은 두 함수 $y=f(x)$, $y=g(x)$의 그래프의 교점의 x좌표이다.

> $0<x<2\pi$일 때, 방정식 $2\cos^2 x-\sin(\pi+x)-2=0$의 모든 해의 합은? (4점)
> 단서 하나의 삼각함수로 통일해서 방정식을 풀어.
>
> ① π ② $\frac{3}{2}\pi$ ③ 2π ④ $\frac{5}{2}\pi$ ⑤ 3π

1st 주어진 방정식을 하나의 삼각함수로 통일해서 풀어.

$2\cos^2 x-\sin(\pi+x)-2=0$에서

$\sin^2 x+\cos^2 x=1$에서 $\cos^2 x=1-\sin^2 x$, $\sin(\pi+x)=-\sin x$

$2(1-\sin^2 x)+\sin x-2=0$

$-2\sin^2 x+\sin x=0$, $-\sin x(2\sin x-1)=0$

$\therefore \sin x=0$ 또는 $\sin x=\frac{1}{2}$

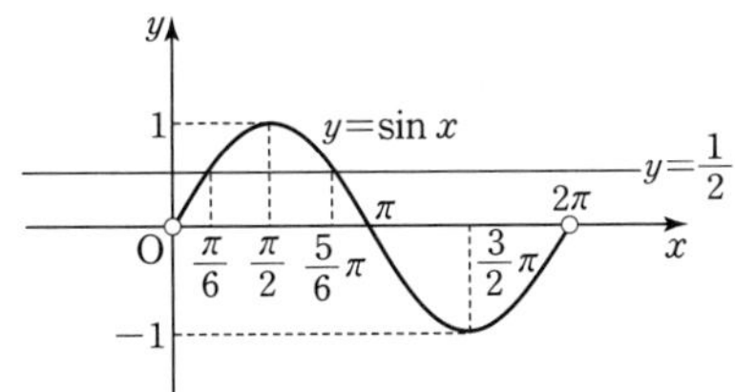

(i) $\sin x=0$에서 $x=\pi$ ← $0<x<2\pi$에서 함수 $y=\sin x$의 그래프와 x축의 교점의 x좌표를 구하면 돼.

(ii) $\sin x=\frac{1}{2}$에서 $x=\frac{\pi}{6}$ 또는 $x=\frac{5}{6}\pi$

$0<x<2\pi$에서 함수 $y=\sin x$의 그래프와 직선 $y=\frac{1}{2}$의 교점의 x좌표를 구하면 돼.

(i), (ii)에 의하여 주어진 방정식의 모든 해의 합은

$\pi+\frac{\pi}{6}+\frac{5}{6}\pi=2\pi$

E 152 정답 ② *삼각방정식 - 이차식 꼴 [정답률 77%]

정답 공식: $\cos\left(x+\frac{\pi}{2}\right)=-\sin x$임을 이용하여 주어진 방정식을 $\sin x$에 대한 방정식으로 변형한다.

> $0\le x<4\pi$일 때, 방정식
>
> $4\sin^2 x-4\cos\left(\frac{\pi}{2}+x\right)-3=0$
>
> 단서 하나의 삼각함수로 통일하여 방정식을 풀어.
>
> 의 모든 해의 합은? (4점)
>
> ① 5π ② 6π ③ 7π ④ 8π ⑤ 9π

1st 주어진 방정식을 풀어 모든 해의 합을 구하자.

$4\sin^2 x-4\cos\left(\frac{\pi}{2}+x\right)-3=0$에서

$\cos\left(x+\frac{\pi}{2}\right)=-\sin x$

$4\sin^2 x+4\sin x-3=0$

$(2\sin x-1)(2\sin x+3)=0$

$\therefore \sin x=\frac{1}{2}$ ($\because -1\le\sin x\le 1$)

주어진 방정식의 해는 $0\le x<4\pi$에서 $\sin x=\frac{1}{2}$를 만족시키는 x의 값이야. 즉, $0\le x<4\pi$에서 함수 $y=\sin x$의 그래프와 직선 $y=\frac{1}{2}$의 교점의 x좌표가 구하는 해가 되겠지?

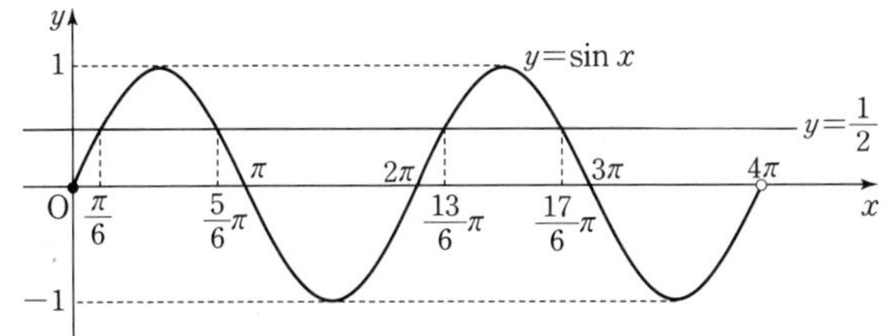

이때, $0\le x<4\pi$에서 함수 $y=\sin x$의 그래프와 직선 $y=\frac{1}{2}$은 그림과 같으므로 주어진 방정식의 해는

$x=\frac{\pi}{6}$ 또는 $x=\frac{5}{6}\pi$ 또는 $x=2\pi+\frac{\pi}{6}$ 또는 $x=2\pi+\frac{5}{6}\pi$

함수 $y=\sin x$의 그래프는 직선 $x=\frac{\pi}{2}$에 대하여 대칭이야. 즉, 구하는 해 중 가장 작은 해가 $x=\frac{\pi}{6}$이므로 $\frac{\pi}{2}<x<\pi$에서 또 다른 해 $\pi-\frac{\pi}{6}=\frac{5}{6}\pi$를 구할 수 있어. 또한 함수 $y=\sin x$는 주기가 2π인 함수이므로 $2\pi<x<4\pi$에서 또 다른 해 $x=\frac{\pi}{6}+2\pi$, $x=\frac{5}{6}\pi+2\pi$를 구할 수 있어.

따라서 구하는 합은 $\frac{\pi}{6}+\frac{5}{6}\pi+\left(2\pi+\frac{\pi}{6}\right)+\left(2\pi+\frac{5}{6}\pi\right)=6\pi$

강혜윤 서울대 인문계열 2021년 입학 · 경기 수지고 졸

처음 이 문제를 풀었을 때 내가 구한 답이 선택지에 없어서 당황했어. 그래서 문제를 다시 읽었더니, 나도 모르게 해를 구하는 범위를 $0\le x\le 2\pi$로 착각했다는 것을 깨달았지. 객관식 문제여서 실수를 곧바로 눈치 챌 수 있었지만, 주관식이었다면 낭패를 봤을 거야. 이처럼 삼각함수의 방정식이나 부등식에서 해를 구하는 범위를 꼭 체크해 주어야 한다는 것을 잊지 마. 덧붙여서, 삼각방정식의 모든 해의 합을 구할 때 모든 해를 전부 구하는 친구들이 있을 것 같아. 하지만 모든 해의 '합'을 구해야 하는 문제는 그래프의 대칭을 이용하는 것이 훨씬 빠르니까 그렇게 연습해 두면 좋아!

E 153 정답 ⑤ *삼각방정식 - 이차식 꼴 [정답률 63%]

정답 공식: 2개 이상의 삼각함수가 포함된 방정식은 하나의 삼각함수로 나타내어 방정식을 푼다.

> $0\le x<2\pi$일 때, 방정식 $\sin x=\sqrt{3}(1+\cos x)$의 모든 해의 합은? (3점)
> 단서 $\sin x$와 $\cos x$가 모두 있는 방정식이니까 하나의 삼각함수로 나타내야 해. 양변을 제곱하여 풀어 봐.
>
> ① $\frac{\pi}{3}$ ② $\frac{2}{3}\pi$ ③ π ④ $\frac{4}{3}\pi$ ⑤ $\frac{5}{3}\pi$

1st 주어진 방정식을 제곱하여 방정식을 풀자.

$\sin x=\sqrt{3}(1+\cos x)$의 양변을 제곱하면

$\sin^2 x=\{\sqrt{3}(1+\cos x)\}^2$에서

$\sin^2 x+\cos^2 x=1$에서 $\sin^2 x=1-\cos^2 x$

$1-\cos^2 x=3+6\cos x+3\cos^2 x$

$4\cos^2 x+6\cos x+2=0$, $2\cos^2 x+3\cos x+1=0$

$(\cos x+1)(2\cos x+1)=0$ $\quad\therefore \cos x=-1$ 또는 $\cos x=-\frac{1}{2}$

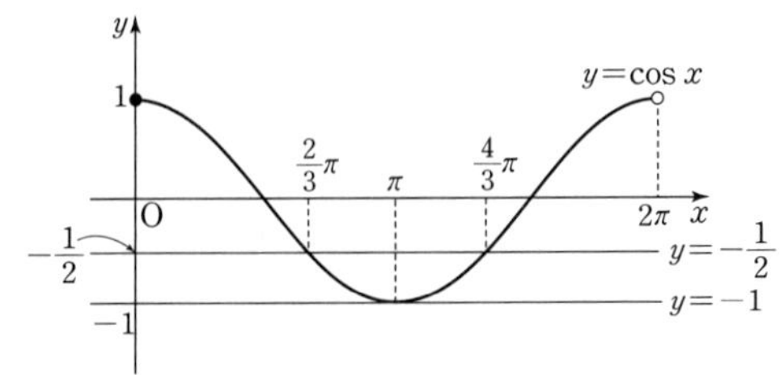

이때, $0\le x<2\pi$에서 함수 $y=\cos x$의 그래프와 두 직선 $y=-1$, $y=-\frac{1}{2}$은 그림과 같으므로

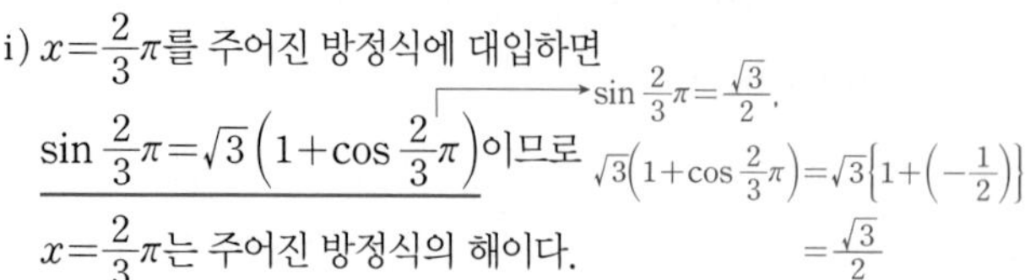

(i) $\cos x=-1$일 때, $x=\pi$

$x=\pi$를 주어진 방정식에 대입하면 $\sin\pi=\sqrt{3}(1+\cos\pi)$이므로 $x=\pi$는 주어진 방정식의 해이다.

$\sin\pi=0$, $\sqrt{3}(1+\cos\pi)=\sqrt{3}\{1+(-1)\}=0$

(ii) $\cos x=-\frac{1}{2}$일 때, $x=\frac{2}{3}\pi$ 또는 $x=\frac{4}{3}\pi$

i) $x=\frac{2}{3}\pi$를 주어진 방정식에 대입하면

$\sin\frac{2}{3}\pi=\sqrt{3}\left(1+\cos\frac{2}{3}\pi\right)$이므로 $x=\frac{2}{3}\pi$는 주어진 방정식의 해이다.

$\sin\frac{2}{3}\pi=\frac{\sqrt{3}}{2}$, $\sqrt{3}\left(1+\cos\frac{2}{3}\pi\right)=\sqrt{3}\left\{1+\left(-\frac{1}{2}\right)\right\}=\frac{\sqrt{3}}{2}$

ii) $x=\frac{4}{3}\pi$를 주어진 방정식에 대입하면

함정 주어진 방정식의 양변을 제곱하여 방정식을 풀었으니까 구한 해 $x=\pi$ 또는 $x=\frac{2}{3}\pi$ 또는 $x=\frac{4}{3}\pi$는 $\sin x=\sqrt{3}(1+\cos x)$ 또는 $\sin x=-\sqrt{3}(1+\cos x)$의 해가 되겠지? 따라서 양변을 제곱하여 구한 해는 원래의 방정식에 대입해보고 방정식을 만족시키는지 확인해야 해.

$\sin\frac{4}{3}\pi\ne\sqrt{3}\left(1+\cos\frac{4}{3}\pi\right)$이므로 $x=\frac{4}{3}\pi$는 주어진 방정식의 해가 아니다.

$\sin\frac{4}{3}\pi=-\frac{\sqrt{3}}{2}$, $\sqrt{3}\left(1+\cos\frac{4}{3}\pi\right)=\sqrt{3}\left\{1+\left(-\frac{1}{2}\right)\right\}=\frac{\sqrt{3}}{2}$

(i), (ii)에 의하여 주어진 방정식의 해는

$x=\pi$ 또는 $x=\frac{2}{3}\pi$이므로 구하는 합은 $\pi+\frac{2}{3}\pi=\frac{5}{3}\pi$

E 154 정답 36 *삼각방정식-이차식 꼴 [정답률 54%]

(정답 공식: 함수 $y=\cos x$의 그래프는 주기성과 대칭성을 가진다.)

두 함수 $f(x)=2x^2+2x-1$, $g(x)=\cos\frac{\pi}{3}x$에 대하여 $0\le x<12$에서 방정식

$f(g(x))=g(x)$

단서 $g(x)=t$라 치환하면 이차방정식이야.

를 만족시키는 모든 실수 x의 값의 합을 구하시오. (4점)

1st $f(g(x))=g(x)$를 만족시키는 $g(x)$의 값을 구해.

$g(x)=t(-1\le t\le 1)$이라 하면 $f(g(x))=g(x)$에서

주의 $t=g(x)=\cos\frac{\pi}{3}x$이므로 잊지말고 범위를 체크해야 해.

$f(t)=t$, $2t^2+2t-1=t$

$(2t-1)(t+1)=0$

$t=\frac{1}{2}$ 또는 $t=-1$

$\therefore\ g(x)=\frac{1}{2}$ 또는 $g(x)=-1$

2nd 코사인함수의 그래프를 이용하여 x의 값을 구해.

함수 $g(x)=\cos\frac{\pi}{3}x$의 주기는 $\frac{2\pi}{\frac{\pi}{3}}=6$이고,

함수 $y=\cos ax$의 주기는 $\frac{2\pi}{|a|}$야.

$0\le x<6$에서 $g(1)=g(5)=\frac{1}{2}$, $g(3)=-1$이다.

$\cos\frac{\pi}{3}=\cos\frac{5}{3}\pi=\frac{1}{2}$이므로 $g(1)=g(5)=\frac{1}{2}$이고 $\cos\pi=-1$이므로 $g(3)=-1$이야.

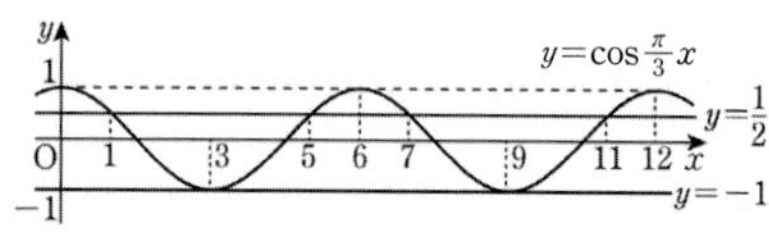

즉, $6\le x<12$에서 $g(7)=g(11)=\frac{1}{2}$, $g(9)=-1$이다.

함수 $g(x)$의 주기가 6이므로 $g(x)=g(x+6)$이 성립하지? 즉, $g(1)=g(1+6)=g(7)$, $g(3)=g(3+6)=g(9)$, $g(5)=g(5+6)=g(11)$이야.

따라서 구하는 모든 실수 x의 값의 합은

$1+3+5+7+9+11=36$

E 155 정답 ④ *삼각방정식 – 이차식 꼴 [정답률 41%]

(정답 공식: 함수 $y=\sin x$의 그래프는 주기성과 대칭성을 가진다.)

두 함수 $f(x)=x^2+ax+b$, $g(x)=\sin x$가 다음 조건을 만족시킬 때, $f(2)$의 값은? (단, a, b는 상수이고, $0\le a\le 2$이다.) (4점)

(가) $\{g(a\pi)\}^2=1$

단서1 $(\sin a\pi)^2=1$이라는 말이지? 즉 $\sin a\pi=1$이거나 $\sin a\pi=-1$인 경우야.

(나) $0\le x\le 2\pi$일 때, 방정식 $f(g(x))=0$의 모든 해의 합은 $\frac{5}{2}\pi$이다.

단서2 $-1\le g(x)\le 1$이므로 $f(g(x))=0$의 해는 $f(t)=0$의 해 중 $-1\le t\le 1$인 경우만 생각해야 해.

① 3 ② $\frac{7}{2}$ ③ 4 ④ $\frac{9}{2}$ ⑤ 5

1st 조건 (가)를 만족시키는 a의 값을 구해.

조건 (가)의 $\{g(a\pi)\}^2=1$에서

$g(a\pi)=-1$ 또는 $g(a\pi)=1$이다.

이때, $0\le a\le 2$이므로 $\sin a\pi=-1$에서 $a=\frac{3}{2}$이고,

$a\pi=\cdots, -\frac{5}{2}\pi, -\frac{\pi}{2}, \frac{3}{2}\pi, \frac{7}{2}\pi, \cdots$ $\therefore a=\cdots, -\frac{5}{2}, -\frac{1}{2}, \frac{3}{2}, \frac{7}{2}, \cdots$

$\sin a\pi=1$에서 $a=\frac{1}{2}$이다.

$a\pi=\cdots, -\frac{7}{2}\pi, -\frac{3}{2}\pi, \frac{\pi}{2}, \frac{5}{2}\pi, \cdots$ $\therefore a=\cdots, -\frac{7}{2}, -\frac{3}{2}, \frac{1}{2}, \frac{5}{2}, \cdots$

2nd $g(x)=\sin x$의 대칭성을 이용하여 $f(g(x))=0$의 해의 합을 살펴봐.

$f(g(x))=0$에서 $g(x)=t(-1\le t\le 1)$이라 하면 조건 (나)에 의하여 $-1\le t\le 1$에서 $f(t)=0$, 즉 $t^2+at+b=0$을 만족시키는 t의 값이 존재한다.

$-1\le \sin x\le 1$

방정식 $f(t)=0$의 해가 존재한다는 거야.

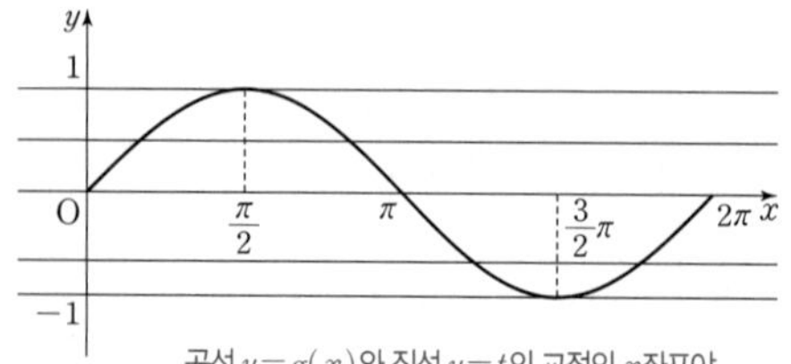

$0\le x\le 2\pi$에서 방정식 $g(x)=t$의 모든 해의 합은

곡선 $y=g(x)$와 직선 $y=t$의 교점의 x좌표야.

$t=-1$일 때 $\frac{3}{2}\pi$, $-1<t\le 0$일 때 3π, $0<t<1$일 때 π,

$0<x\le 2\pi$일 때, 곡선 $y=g(x)$와 직선 $y=t$가 서로 다른 두 점에서 만나면 그 두 점은 $x=\frac{\pi}{2}$ 또는 $x=\frac{3}{2}\pi$에 대하여 대칭이야.

$t=1$일 때 $\frac{\pi}{2}$이다.

3rd 조건을 만족시키는 $f(x)$를 찾고 $f(2)$의 값을 구해.

$0\le x\le 2\pi$일 때, 방정식 $f(g(x))=0$의 모든 해의 합이 $\frac{5}{2}\pi$이므로

방정식 $f(t)=0$은 두 실근 -1, α를 가지고 $0<\alpha<1$이다. … ㉠

(i) $a=\frac{3}{2}$일 때 $t=g(x)=-1$일 때 $f(g(x))=0$의 해는 $x=\frac{3}{2}\pi$, $t=g(x)=\alpha$일 때 $f(g(x))=0$의 해는 2개이고 그 합은 π야. 따라서 방정식 $f(t)=0$의 해가 $t=-1$ 또는 $t=\alpha$일 때 방정식 $f=g(x)=0$의 모든 해의 합은 $\frac{3}{2}\pi+\pi=\frac{5}{2}\pi$야.

$f(x)=x^2+\frac{3}{2}x+b$이고 $f(-1)=0$이므로

$f(-1)=(-1)^2+\frac{3}{2}\times(-1)+b=0 \quad \therefore b=\frac{1}{2}$

따라서 $f(x)=x^2+\frac{3}{2}x+\frac{1}{2}=(x+1)\left(x+\frac{1}{2}\right)$이므로

방정식 $f(x)=0$의 두 근은 $x=-1$ 또는 $x=-\frac{1}{2}$이다.

이것은 ㉠을 만족시키지 않는다.

(ii) $a=\frac{1}{2}$일 때

$f(x)=x^2+\frac{1}{2}x+b$에서 $f(-1)=0$이므로

$f(-1)=(-1)^2+\frac{1}{2}\times(-1)+b=0 \quad \therefore b=-\frac{1}{2}$

따라서 $f(x)=x^2+\frac{1}{2}x-\frac{1}{2}=(x+1)\left(x-\frac{1}{2}\right)$이므로

방정식 $f(x)=0$의 두 근은 $x=-1$ 또는 $x=\frac{1}{2}$이다.

이것은 ㉠을 만족시킨다.

(i), (ii)에 의하여 $f(x)=x^2+\frac{1}{2}x-\frac{1}{2}$이므로

$f(2)=2^2+\frac{1}{2}\times 2-\frac{1}{2}=\frac{9}{2}$이다.

E 156 정답 ② *삼각방정식 – 이차식꼴 [정답률 50%]

(정답 공식: 방정식 $f(x)=g(x)$의 실근의 개수는 두 함수 $y=f(x)$, $y=g(x)$의 그래프의 교점의 개수와 같다.)

$0\le x\le 2\pi$일 때, 방정식 $2\sin^2 x-3\cos x=k$의 서로 다른 실근의 개수가 3이다. 이 세 실근 중 가장 큰 실근을 α라 할 때, $k\times\alpha$의 값은? (단, k는 상수이다.) (4점) **단서** $\sin^2 x+\cos^2 x=1$을 이용하여 하나의 삼각함수로 나타내야 해.

① $\frac{7}{2}\pi$ ② 4π ③ $\frac{9}{2}\pi$ ④ 5π ⑤ $\frac{11}{2}\pi$

1st 주어진 방정식을 간단히 해.

$2\sin^2 x-3\cos x=k$에서 $2(1-\cos^2 x)-3\cos x=k$ ($\sin^2 x=1-\cos^2 x$)

$\therefore 2\cos^2 x+3\cos x+k-2=0$

2nd 주어진 방정식의 실근의 개수를 이용하여 k의 값을 구해.

$0\le x\le 2\pi$에서 함수 $y=\cos x$의 그래프는 그림과 같다.
직선 $x=\pi$에 대하여 대칭이야.

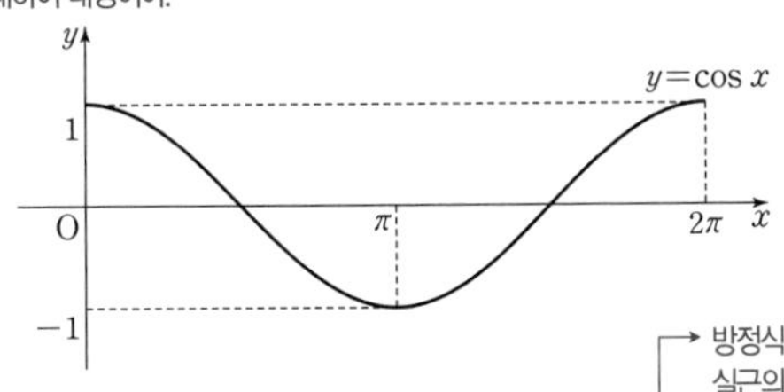

방정식 $\cos x=a$의 실근의 개수야.

상수 $a(-1\le a\le 1)$에 대하여 $0\le x\le 2\pi$에서 곡선 $y=\cos x$와 직선 $y=a$가 만나는 서로 다른 점의 개수는 $a=-1$일 때 1이고, $-1<a\le 1$일 때 2이므로 $0\le x\le 2\pi$일 때,

방정식 $2\cos^2 x+3\cos x+k-2=0$의 서로 다른 실근의 개수가 3이려면 이 방정식이 $\cos x=-1$ 또는 $\cos x=\alpha(-1<\alpha\le 1)$를 만족시켜야 한다.

즉, $\cos x=-1$을 주어진 방정식에 대입하면

$2\times(-1)^2+3\times(-1)+k-2=0$에서 $2-3+k-2=0 \quad \therefore k=3$

3rd α의 값을 구하고 $k\times\alpha$를 계산해.

$2\cos^2 x+3\cos x+k-2=0$에서 $2\cos^2 x+3\cos x+1=0$

$(2\cos x+1)(\cos x+1)=0$

$\therefore \cos x=-\frac{1}{2}$ 또는 $\cos x=-1$

(i) $\cos x=-\frac{1}{2}$에서 $x=\frac{2}{3}\pi$ 또는 $x=\frac{4}{3}\pi$

(ii) $\cos x=-1$에서 $x=\pi$

(i), (ii)에 의하여 주어진 방정식의 가장 큰 실근은 $\frac{4}{3}\pi$이므로

$\alpha=\frac{4}{3}\pi$이다.

$\therefore k\times\alpha=3\times\frac{4}{3}\pi=4\pi$

E 157 정답 ④ *삼각부등식 – 일차식 꼴 [정답률 91%]

(정답 공식: $\sin\frac{\pi}{4}=\sin\frac{3}{4}\pi=\frac{1}{\sqrt{2}}$)

삼각부등식 $\sin x>\frac{1}{\sqrt{2}}$ (단, $0\le x<2\pi$)의 해가 $a<x<b$일 때, $a+b$의 값은? (2점) **단서** $y=\sin x$의 대칭성을 이용하여 방정식 $\sin x=\frac{1}{\sqrt{2}}$의 해부터 구한 후 x의 값의 범위를 구하자.

① $\frac{\pi}{6}$ ② $\frac{\pi}{3}$ ③ $\frac{\pi}{2}$ ④ π ⑤ $\frac{5}{6}\pi$

1st 함수 $y=\sin x$의 그래프와 직선 $y=\frac{1}{\sqrt{2}}$을 그려 $\sin x=\frac{1}{\sqrt{2}}$을 만족시키는 x의 값을 구하자. 방정식 $\sin x=\frac{1}{\sqrt{2}}$을 풀 때 그래프를 그리는 이유는 방정식의 해가 그래프의 교점의 x좌표와 같기 때문이야.

$0\le x<2\pi$에서 함수 $y=\sin x$의 그래프와 직선 $y=\frac{1}{\sqrt{2}}$은 다음과 같다.

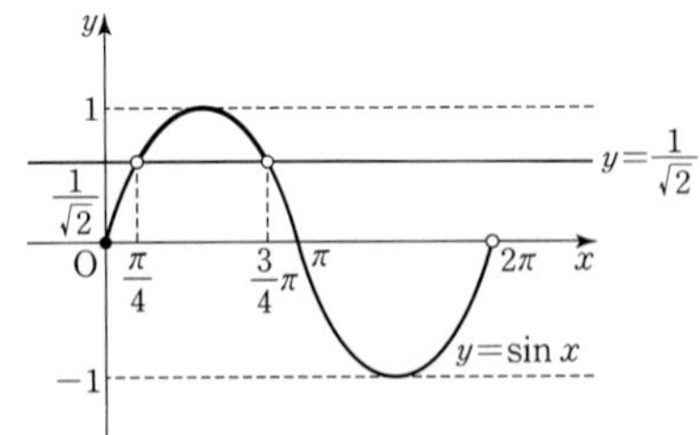

$0\le x<2\pi$에서 삼각방정식 $\sin x=\frac{1}{\sqrt{2}}$의 해는

$x=\frac{\pi}{4}$ 또는 $x=\pi-\frac{\pi}{4}=\frac{3}{4}\pi$ 삼각부등식 $\sin x>\frac{1}{\sqrt{2}}$의 해를 구할 때는 그래프의 대칭성을 이용하여 방정식의 해부터 구한 후 범위를 구하면 돼.

따라서 부등식 $\sin x>\frac{1}{\sqrt{2}}$의 해는 $\frac{\pi}{4}<x<\frac{3}{4}\pi$이므로

$a=\frac{\pi}{4}$, $b=\frac{3}{4}\pi$

$\therefore a+b=\pi$

다른 풀이: 사인함수의 그래프의 대칭성 이용하기

$0\le x\le\pi$에서 함수 $y=\sin x$의 그래프와 직선 $y=\frac{1}{\sqrt{2}}$의 교점의 x좌표를 a, b라 하면 $0\le x\le\pi$에서 $\sin x>\frac{1}{\sqrt{2}}$의 해는 $a<x<b$야.

이때, 구간 $[0, \pi]$에서 함수 $y=\sin x$의 그래프는 $x=\frac{\pi}{2}$에 대하여 대칭이므로 구간 $[0, \pi]$에서 $\sin\left(\frac{\pi}{2}+x\right)=\sin\left(\frac{\pi}{2}-x\right)$가 성립해.

$\frac{a+b}{2}=\frac{\pi}{2}$

$\therefore a+b=\pi$

E 158 정답 ③ *삼각부등식－일차식 꼴 [정답률 82%]

(정답 공식: 어떤 구간에서 부등식 $\cos x>k$(k는 상수)의 해는 그 구간에서 함수 $y=\cos x$의 그래프가 직선 $y=k$보다 위쪽에 존재하는 x의 값의 범위이다.)

열린 구간 $(0, \pi)$에서 부등식

$$(2^x-8)\left(\cos x-\frac{1}{2}\right)<0$$

단서 실수 a, b에 대하여 $ab<0$이면 $a<0$, $b>0$ 또는 $a>0$, $b<0$이야.

의 해가 $a<x<b$ 또는 $c<x<d$일 때, $(b-a)+(d-c)$의 값은? (단, $b<c$) (3점)

① $\pi-3$ ② $\frac{7}{6}\pi-3$ ③ $\frac{4}{3}\pi-3$ ④ $3-\frac{\pi}{3}$ ⑤ $3-\frac{\pi}{6}$

1st 주어진 부등식의 해를 구하자.

부등식 $(2^x-8)\left(\cos x-\frac{1}{2}\right)<0$이 성립하려면 $2^x-8<0$이고 $\cos x-\frac{1}{2}>0$ 또는 $2^x-8>0$이고 $\cos x-\frac{1}{2}<0$이어야 한다.

이때, 열린 구간 $(0, \pi)$에서 각 경우의 해를 구하면

(i) $2^x-8<0$이고 $\cos x-\frac{1}{2}>0$일 때,

밑 2가 1보다 크므로 $2^{x_1}<2^{x_2}$이면 $x_1<x_2$가 성립해.

$2^x-8<0$에서 $2^x<8=2^3$이므로 $0<x<3$ … ㉠

$\cos x-\frac{1}{2}>0$에서 $\cos x>\frac{1}{2}$이므로 $0<x<\frac{\pi}{3}$ … ㉡

열린 구간 $(0, \pi)$에서 함수 $y=\cos x$와 직선 $y=\frac{1}{2}$의 그래프는 그림과 같아.

㉠, ㉡의 공통부분은 $0<x<\frac{\pi}{3}$

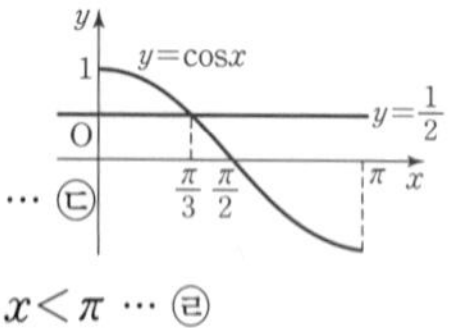

(ii) $2^x-8>0$이고 $\cos x-\frac{1}{2}<0$일 때,

$2^x-8>0$에서 $2^x>8=2^3$이므로 $3<x<\pi$ … ㉢

$\cos x-\frac{1}{2}<0$에서 $\cos x<\frac{1}{2}$이므로 $\frac{\pi}{3}<x<\pi$ … ㉣

㉢, ㉣의 공통부분은 $3<x<\pi$

(i), (ii)에 의하여 $0<x<\frac{\pi}{3}$ 또는 $3<x<\pi$

2nd $(b-a)+(d-c)$의 값을 구해.

주어진 부등식의 해가 $a<x<b$ 또는 $c<x<d$($b<c$)이므로

$a=0$, $b=\frac{\pi}{3}$, $c=3$, $d=\pi$

$\therefore (b-a)+(d-c)=\left(\frac{\pi}{3}-0\right)+(\pi-3)=\frac{4}{3}\pi-3$

E 159 정답 ③ *삼각부등식 － 일차식 꼴 [정답률 62%]

(정답 공식: $\sin\left(\frac{\pi}{2}-\alpha\right)=\cos\alpha$)

$0\le x\le 2\pi$일 때, 부등식

$$\cos x\le\sin\frac{\pi}{7}$$

단서1 $\frac{\pi}{7}$는 특수각이 아니므로 $\sin\frac{\pi}{7}$의 값을 알 수 없으니까 $\sin\frac{\pi}{7}$을 삼각함수의 성질을 이용하여 변형해 봐.

를 만족시키는 모든 x의 값의 범위는 $\alpha\le x\le\beta$이다. $\beta-\alpha$의 값은? (4점)

단서2 $-1<k<1$인 상수 k에 대하여 $0\le x\le 2\pi$에서 함수 $y=\cos x$의 그래프와 직선 $y=k$는 서로 다른 두 점에서 만나지? 이때, 이 두 교점은 직선 $x=\pi$에 대하여 대칭이야.

① $\frac{8}{7}\pi$ ② $\frac{17}{14}\pi$ ③ $\frac{9}{7}\pi$ ④ $\frac{19}{14}\pi$ ⑤ $\frac{10}{7}\pi$

1st $\sin\frac{\pi}{7}$를 변형하여 부등식을 풀자.

$\sin\frac{\pi}{7}=\cos\left(\frac{\pi}{2}-\frac{\pi}{7}\right)=\cos\frac{5}{14}\pi$이므로

$\cos x\le\sin\frac{\pi}{7}$에서

$\cos x\le\cos\frac{5}{14}\pi$

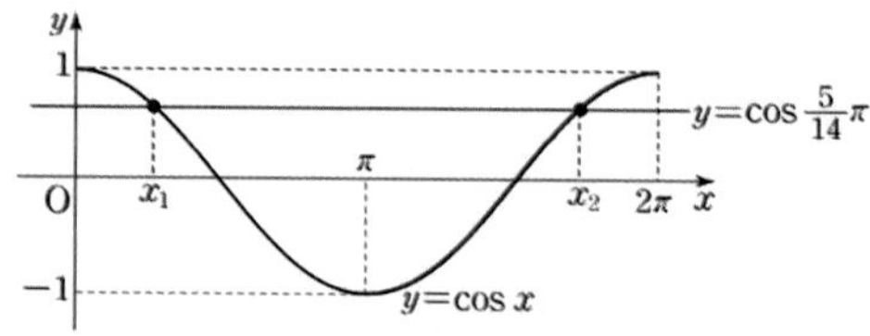

이때, 곡선 $y=\cos x$와 직선 $y=\cos\frac{5}{14}\pi$가 만나는 두 점의 x좌표를 각각 x_1, x_2($x_1<x_2$)라 하면 $x_1=\frac{5}{14}\pi$이므로

$\frac{x_1+x_2}{2}=\pi$에서 $x_1+x_2=2\pi$, $\frac{5}{14}\pi+x_2=2\pi$

곡선 $y=\cos x$는 직선 $x=\pi$에 대하여 대칭임을 이용한 거야.

$\therefore x_2=2\pi-\frac{5}{14}\pi=\frac{23}{14}\pi$

따라서 $0\le x\le 2\pi$일 때, 부등식 $\cos x\le\sin\frac{\pi}{7}$를 만족시키는 x의 값의 범위는 $x_1\le x\le x_2$에서

$\frac{5}{14}\pi\le x\le\frac{23}{14}\pi$이다.

즉, $\alpha=\frac{5}{14}\pi$, $\beta=\frac{23}{14}\pi$이므로

$\beta-\alpha=\frac{23}{14}\pi-\frac{5}{14}\pi=\frac{18}{14}\pi=\frac{9}{7}\pi$이다.

수능 핵강

*** 삼각함수의 그래프를 이용하여 삼각부등식의 해 구하기**

삼각부등식은 삼각방정식의 풀이와 그래프를 이용해서 구하면 돼.

삼각부등식 $\sin x<a$의 해는 다음의 순서로 구해.

(i) 주어진 범위 안에서 sin함수의 그래프를 그린다.

(ii) 삼각방정식 $\sin x=a$의 해를 구한다.

(iii) 그래프에서 직선 $y=a$의 아랫쪽을 읽어 삼각부등식이 성립하도록 범위를 정한다.

E 160 정답 ⑤ *삼각부등식 - 이차식 꼴 [정답률 69%]

(정답 공식: $\sin^2 x+\cos^2 x=1$을 이용하여 주어진 식을 한 종류의 삼각함수로 정리하고 $\sin x=t$로 치환하여 이차부등식의 해를 구한다.)

$\frac{\pi}{2}\le x\le 2\pi$에서 부등식 $2\cos^2 x-3\sin x\ge 0$의 해는? (3점)

단서 $\sin^2 x+\cos^2 x=1$을 이용하여 사인에 대한 삼각부등식으로 바꿀 수 있지.

① $\frac{\pi}{2}\le x\le\frac{2}{3}\pi$ ② $\frac{2}{3}\pi\le x\le 2\pi$
③ $\frac{2}{3}\pi\le x\le\frac{5}{6}\pi$ ④ $\frac{\pi}{2}\le x\le\frac{5}{6}\pi$
⑤ $\frac{5}{6}\pi\le x\le 2\pi$

1st $\sin^2 x+\cos^2 x=1$을 이용하여 주어진 삼각부등식을 한 종류의 삼각함수에 대한 식으로 바꾸자.

$2\cos^2 x-3\sin x\ge 0$에서
$2(1-\sin^2 x)-3\sin x\ge 0$ ($\because \sin^2 x+\cos^2 x=1$)
$2-2\sin^2 x-3\sin x\ge 0$
$2\sin^2 x+3\sin x-2\le 0$

2nd $\sin x=t$로 치환하고, 인수분해를 이용하여 부등식을 풀자.

$\sin x=t$로 치환하면 $-1\le t\le 1$에서 $2t^2+3t-2\le 0$

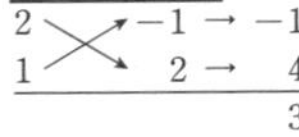

$(2t-1)(t+2)\le 0$

$\therefore -1\le t\le\frac{1}{2}$ → $-2\le t\le\frac{1}{2}$이고 $-1\le t\le 1$이므로 $-1\le t\le\frac{1}{2}$

즉, $\sin x\le\frac{1}{2}$ … ㉠

$\frac{\pi}{2}\le x\le 2\pi$에서 $\sin x=\frac{1}{2}$인 x의 값은 $\frac{5}{6}\pi$이고

㉠을 만족시키는 x의 값의 범위는 함수 $y=\sin x$의 그래프가 직선 $y=\frac{1}{2}$보다 아래에 있어야 하므로

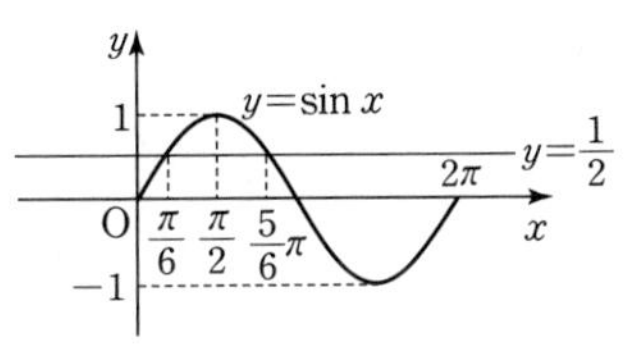

$\frac{5}{6}\pi\le x\le 2\pi$

E 161 정답 ④ *삼각부등식 - 이차식 꼴 [정답률 75%]

(정답 공식: 이차방정식 $ax^2+bx+c=0$의 판별식을 D라 할 때, $D\ge 0$이면 실근을 갖는다.)

$0\le\theta<2\pi$에서 x에 대한 방정식 $x^2-(2\sin\theta-1)x+1=0$이 실근을 갖는 θ의 범위가 $\alpha\le\theta\le\beta$일 때, $\beta-\alpha$의 값은? (4점)

단서 이차방정식이 실근을 가질 조건을 이용해봐.

① $\frac{\pi}{6}$ ② $\frac{\pi}{3}$ ③ $\frac{\pi}{2}$
④ $\frac{2}{3}\pi$ ⑤ $\frac{5}{6}\pi$

1st 주어진 이차방정식의 판별식을 이용해 θ에 대한 삼각부등식을 세우자.

'실근을 갖는다'는 것을 서로 다른 두 실근을 갖는 것으로 착각하면 안 돼. 서로 다른 두 실근 또는 중근을 의미하니까 주의해야 해.

x에 대한 방정식 $x^2-(2\sin\theta-1)x+1=0$이 실근을 가져야 하므로 판별식을 D라 하면

$D=(2\sin\theta-1)^2-4$
$=4\sin^2\theta-4\sin\theta+1-4$
$=4\sin^2\theta-4\sin\theta-3\ge 0$

[이차방정식의 판별식]
이차방정식 $ax^2+bx+c=0$의 판별식을 D라 할 때,
① $D>0 \Longleftrightarrow$ 서로 다른 두 실근
② $D=0 \Longleftrightarrow$ 중근
③ $D<0 \Longleftrightarrow$ 서로 다른 두 허근

2nd $\sin\theta=t$로 치환하고, 인수분해를 이용하여 부등식을 풀자.

$\sin\theta=t$로 치환하여
$-1\le t\le 1$에서 $4t^2-4t-3\ge 0$

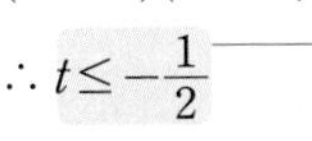

$(2t-3)(2t+1)\ge 0$

$\therefore t\le -\frac{1}{2}$

주의: 부등식을 풀면 $t\ge\frac{3}{2}$ 또는 $t\le-\frac{1}{2}$이지. 그런데 $\sin\theta=t$에서 $-1\le t\le 1$이므로 $t\le-\frac{1}{2}$만 성립해.

즉, $\sin\theta\le -\frac{1}{2}$ … ㉠

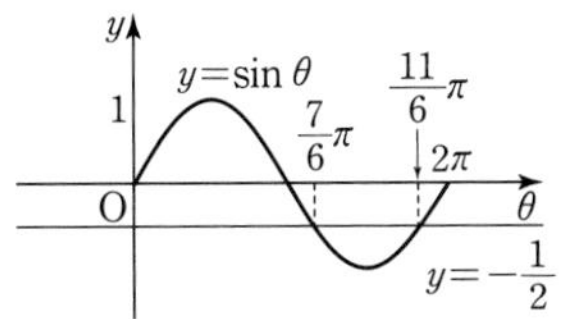

$0\le\theta<2\pi$에서 $\sin\theta=-\frac{1}{2}$인 x의 값은 $x=\frac{7}{6}\pi$, $\frac{11}{6}\pi$이므로

㉠을 만족시키는 θ의 값의 범위는 함수 $y=\sin\theta$의 그래프가 직선 $y=-\frac{1}{2}$보다 아래에 위치하는 θ의 값의 범위와 같으므로

$\frac{7}{6}\pi\le x\le\frac{11}{6}\pi$

따라서 $\alpha=\frac{7}{6}\pi$, $\beta=\frac{11}{6}\pi$이므로

$\beta-\alpha=\frac{11}{6}\pi-\frac{7}{6}\pi=\frac{4}{6}\pi=\frac{2}{3}\pi$

E 162 정답 ④ *삼각부등식 - 이차식 꼴 [정답률 74%]

(정답 공식: $\alpha\le x\le\beta$에서 이차부등식 $ax^2+bx+c\ge 0$ $(a\ne 0)$이 성립하려면 함수 $y=ax^2+bx+c$의 최솟값이 0보다 크거나 같아야 한다.)

모든 실수 x에 대하여 부등식 $\cos^2 x-8\sin x+k\ge 0$이 성립하도록 하는 실수 k의 최솟값은? (4점)

단서 $\sin^2 x+\cos^2 x=1$을 이용하여 $\sin x$에 관한 부등식으로 바꿀 수 있지.

① 5 ② 6 ③ 7
④ 8 ⑤ 9

1st $\sin^2 x+\cos^2 x=1$을 이용하여 주어진 삼각부등식을 한 종류의 삼각함수에 대한 식으로 바꾸자.

$\cos^2 x-8\sin x+k\ge 0$ → $\sin^2 x+\cos^2 x=1$에서 $\cos^2 x=1-\sin^2 x$
$(1-\sin x^2)-8\sin x+k\ge 0$
$-\sin^2 x-8\sin x+k+1\ge 0$

2nd $\sin x=t$로 치환하여 t에 대한 이차함수의 최솟값을 구하자.

$\sin x=t(-1\le t\le 1)$로 치환하면
$-t^2-8t+k+1\ge 0$ … ㉠
$-1\le t\le 1$에서 함수
$y=-t^2-8t+k+1$
$=-(t^2+8t)+k+1$
$=-(t+4)^2+k+17$
의 그래프가 그림과 같다.

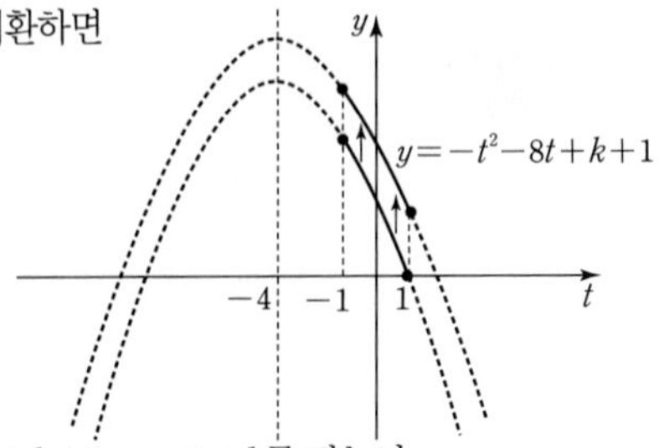

(그래프: $y=-t^2-8t+k+1$, -4, -1, 1, t)

$t=1$일 때, 최솟값 $-1^2-8+k+1=-8+k$를 갖는다.
부등식 ㉠이 $-1\le t\le 1$에서 성립하려면 $-8+k\ge 0$,
즉, $k\ge 8$이어야 하므로 최솟값은 8이다.

E 163 정답 32 *삼각부등식 – 이차식 꼴 [정답률 55%]

(정답 공식: $\sin\left(\frac{\pi}{2}\pm\theta\right)=\cos\theta$)

함수 $f(x)=\sin\frac{\pi}{4}x$라 할 때, $0<x<16$에서 부등식

$$f(2+x)f(2-x)<\frac{1}{4}$$

단서 $f(x)$에 x 대신 $2+x$, $2-x$를 대입해 봐.

을 만족시키는 모든 자연수 x의 값의 합을 구하시오. (3점)

1st $f(2+x)$, $f(2-x)$를 각각 구해.

$f(x)=\sin\frac{\pi}{4}x$이므로

$f(2+x)=\sin\frac{\pi}{4}(2+x)=\sin\left(\frac{\pi}{2}+\frac{\pi}{4}x\right)=\cos\frac{\pi}{4}x$ ← $\sin\left(\frac{\pi}{2}+\theta\right)=\cos\theta$

$f(2-x)=\sin\frac{\pi}{4}(2-x)=\sin\left(\frac{\pi}{2}-\frac{\pi}{4}x\right)=\cos\frac{\pi}{4}x$ ← $\sin\left(\frac{\pi}{2}-\theta\right)=\cos\theta$

2nd 주어진 부등식을 만족시키는 모든 자연수 x의 값의 합을 구해.

즉, $f(2+x)f(2-x)<\frac{1}{4}$에서 $\cos^2\frac{\pi}{4}x<\frac{1}{4}$

$\cos^2\frac{\pi}{4}x-\frac{1}{4}<0$, $\left(\cos\frac{\pi}{4}x-\frac{1}{2}\right)\left(\cos\frac{\pi}{4}x+\frac{1}{2}\right)<0$

$\therefore -\frac{1}{2}<\cos\frac{\pi}{4}x<\frac{1}{2}$ ← 함수 $y=\cos\frac{\pi}{4}x$의 그래프가 두 직선 $y=-\frac{1}{2}$, $y=\frac{1}{2}$ 사이에 있는 x의 값의 범위가 주어진 부등식의 해야.

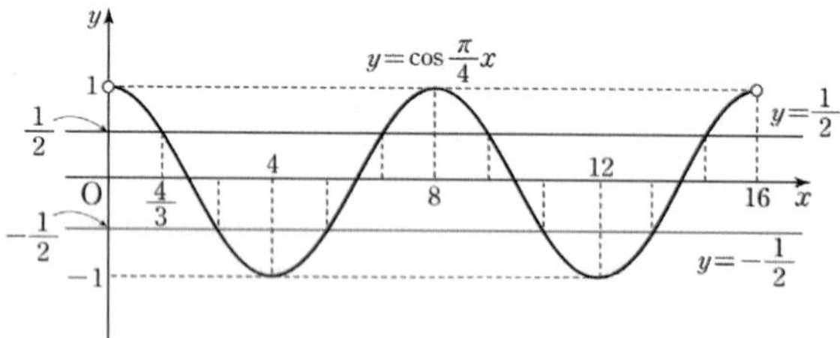

이때, $0<x<16$에서 함수 $y=\cos\frac{\pi}{4}x$의 그래프와

함수 $y=\cos\frac{\pi}{4}x$는 최댓값과 최솟값이 각각 1, -1이고 주기가 $\frac{2\pi}{\frac{\pi}{4}}=8$이야.

두 직선 $y=-\frac{1}{2}$, $y=\frac{1}{2}$은 그림과 같으므로 $0<x<16$에서 주어진 부등식의 해는 $\frac{4}{3}<x<\frac{8}{3}$ 또는 $\frac{16}{3}<x<\frac{20}{3}$ 또는 $\frac{28}{3}<x<\frac{32}{3}$ 또는 $\frac{40}{3}<x<\frac{44}{3}$이다.

← 함수 $y=\cos\frac{\pi}{4}x$의 그래프의 대칭성을 이용하여 교점의 x좌표를 구하면 돼.

따라서 $0<x<16$에서 주어진 부등식을 만족시키는 모든 자연수 x의 값은 2, 6, 10, 14이므로 그 합은 $2+6+10+14=32$이다.

변준서 | 연세대 실내건축학과 2024년 입학 · 화성 화성고 졸

주어진 x의 값의 범위가 양수이길래 아무 생각 없이 함수 $y=f(x)$의 그래프를 $x>0$의 범위에서만 그렸었어. 근데 주어진 부등식을 봤더니 $x=2$에 대한 대칭으로 생각하는 문제라서 얼른 $x<0$의 범위에서도 그래프를 그렸어.
그래서 나처럼 아무 생각 없이 그래프 그리고 보는 것이 좋은 방법은 아니라고 생각해. 문제를 보면 부등식을 만족시키는 자연수 x의 값을 구하는 거니까 $x=1$부터 넣어보며 규칙성을 찾아 해결했어. 3점이라서 쉽게 생각했지만 삼각함수의 대칭성과 주기성을 모두 이용해서 풀어야 하는 문제였어.

E 164 정답 ① *삼각방정식과 삼각부등식의 활용 [정답률 81%]

(정답 공식: 이차방정식 $x^2+ax+b=0$이 실근을 갖기 위해서는 $D=a^2-4b\geq0$을 만족해야 한다.)

$0\leq\theta<2\pi$일 때, x에 대한 이차방정식

$$x^2-(2\sin\theta)x-3\cos^2\theta-5\sin\theta+5=0$$

이 실근을 갖도록 하는 θ의 최솟값과 최댓값을 각각 α, β라 하자. $4\beta-2\alpha$의 값은? (4점) 단서 이차방정식의 실근이 존재하려면 판별식이 0보다 크거나 같아야 해.

① 3π ② 4π ③ 5π ④ 6π ⑤ 7π

1st 주어진 이차방정식이 실근을 갖도록 하는 θ의 값의 범위를 구해.

x에 대한 이차방정식 $x^2-(2\sin\theta)x-3\cos^2\theta-5\sin\theta+5=0$이 실근을 가지려면 이 이차방정식의 판별식을 D라 할 때, $D\geq0$이어야 한다.

이차방정식 $ax^2+bx+c=0$이 실근을 가지려면 $b^2-4ac\geq0$, 서로 다른 두 실근을 가지려면 $b^2-4ac>0$, 중근을 가지려면 $b^2-4ac=0$이어야 해.

즉, $\frac{D}{4}=(-\sin\theta)^2-1\times(-3\cos^2\theta-5\sin\theta+5)\geq0$에서

$\sin^2\theta+3\cos^2\theta+5\sin\theta-5\geq0$

$\sin^2\theta+3(1-\sin^2\theta)+5\sin\theta-5\geq0$ ← $\sin^2x+\cos^2x=1$

$-2\sin^2\theta+5\sin\theta-2\geq0$

$2\sin^2\theta-5\sin\theta+2\leq0$ ← 부등식을 풀기 힘들다면 $\sin\theta=t\ (-1\leq t\leq1)$라 놓고 부등식을 풀어 봐.

$(2\sin\theta-1)(\sin\theta-2)\leq0$

이때, $\sin\theta-2<0$이므로 $2\sin\theta-1\geq0$, $2\sin\theta\geq1$

← $0\leq\theta<2\pi$에서 $-1\leq\sin\theta\leq1$이므로 $-3\leq\sin\theta-2\leq-1$이야.

$\therefore \sin\theta\geq\frac{1}{2}\cdots$ ㉠

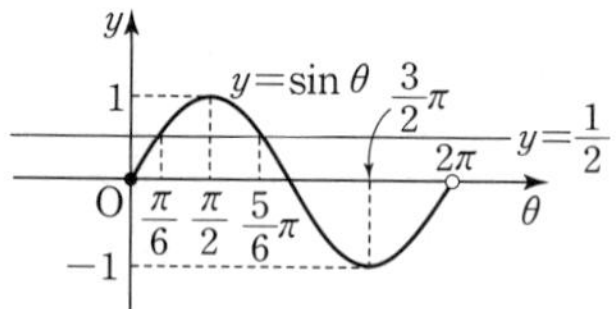

$0\leq\theta<2\pi$에서 부등식 ㉠을 만족시키는 θ의 값의 범위는 곡선 $y=\sin\theta$가 직선 $y=\frac{1}{2}$보다 위쪽에 있거나 만나게 되는 θ의 값의 범위와 같으므로 $\frac{\pi}{6}\leq\theta\leq\frac{5}{6}\pi$

2nd $4\beta-2\alpha$의 값을 구해.

따라서 θ의 최솟값 $\alpha=\frac{\pi}{6}$, 최댓값 $\beta=\frac{5}{6}\pi$이므로

$4\beta-2\alpha=4\times\frac{5}{6}\pi-2\times\frac{\pi}{6}=3\pi$

이차식 꼴인 삼각방정식의 풀이 순서 개념 · 공식

(i) $\sin^2x+\cos^2x=1$을 이용하여 삼각함수를 한 종류로 통일한다.
(ii) 삼각함수를 t로 치환하여 t에 대한 이차방정식으로 변형한다.
(iii) 이차방정식의 해를 구한 후, t를 원래의 삼각함수로 바꾼다.
(iv) 일차식 꼴의 삼각방정식의 풀이를 이용하여 x의 값을 구한다.

E 165 정답 ③ *삼각방정식과 삼각부등식의 활용 …… [정답률 73%]

(정답 공식: 두 함수 $y=f(x)$, $y=g(x)$의 그래프가 만나는 점의 x좌표는 방정식 $f(x)=g(x)$의 실근과 같다.)

닫힌구간 [0, 12]에서 정의된 두 함수 단서1 이 조건을 이용하여 k의 값을 구해.

$$f(x)=\cos\frac{\pi x}{6},\ g(x)=-3\cos\frac{\pi x}{6}-1$$

이 있다. 곡선 $y=f(x)$와 직선 $y=k$가 만나는 두 점의 x좌표를 α_1, α_2라 할 때, $|\alpha_1-\alpha_2|=8$이다. 곡선 $y=g(x)$와 직선 $y=k$가 만나는 두 점의 x좌표를 β_1, β_2라 할 때, $|\beta_1-\beta_2|$의 값은? (단, k는 $-1<k<1$인 상수이다.) (4점)

단서2 곡선 $y=g(x)$와 직선 $y=k$가 만나는 두 점의 x좌표를 방정식 $g(x)=k$를 풀어서 구해.

① 3 ② $\frac{7}{2}$ ③ 4 ④ $\frac{9}{2}$ ⑤ 5

1st 상수 k의 값부터 구해.

$f(x)=\cos\frac{\pi x}{6}$는 최댓값이 1, 최솟값이 -1이고 주기가 $\frac{2\pi}{\frac{\pi}{6}}=12$인 함수이므로 곡선 $y=f(x)$는 그림과 같다.

→ 함수 $y=a\cos(bx+c)+d$의 최댓값과 최솟값은 각각 $|a|+d$, $-|a|+d$이고 주기는 $\frac{2\pi}{|b|}$야.

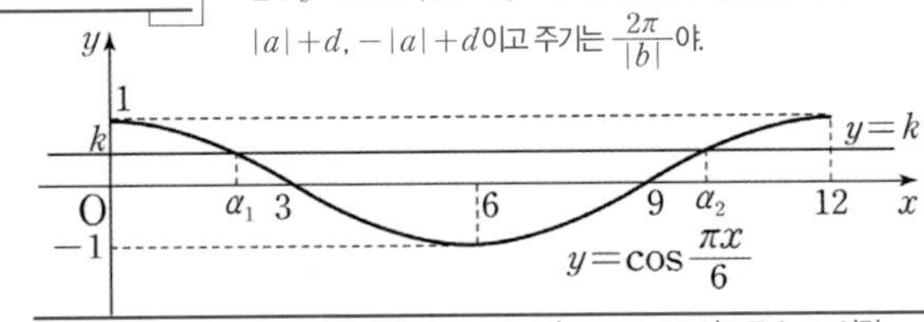

$0\le x\le 12$에서 $f(x)<0$인 x의 값의 범위는 $3<x<9$이고 $9-3=6$이므로 $k\le 0$이면 $|\alpha_1-\alpha_2|\le 6$이야. 즉, $|\alpha_1-\alpha_2|=8$이려면 $k>0$이어야 해.

이때, 곡선 $y=f(x)$와 직선 $y=k$가 만나는 두 점의 x좌표 α_1, α_2에 대하여 그림과 같이 $\alpha_1<\alpha_2$라 하면

$\alpha_1>\alpha_2$라고 하면 $\alpha_1+\alpha_2=12$, $\alpha_1-\alpha_2=8$이므로 두 식을 연립하면 $\alpha_1=10$, $\alpha_2=2$야. 어떤 값이 크다고 하고 풀어도 결과는 같아.

$\alpha_1+\alpha_2=12$이고 주어진 조건에 의하여 $\alpha_2-\alpha_1=8$이므로

함수 $y=f(x)$의 그래프는 직선 $x=6$에 대하여 대칭이고 주기가 12이므로 $\alpha_2=12-\alpha_1$이야. $\therefore \alpha_1+\alpha_2=12$

두 식을 연립하여 풀면 $\alpha_1=2$, $\alpha_2=10$이다.

따라서 곡선 $y=f(x)$가 점 $(2, k)$를 지나므로

$$k=f(2)=\cos\frac{\pi\times 2}{6}=\cos\frac{\pi}{3}=\frac{1}{2}$$

곡선 $y=f(x)$가 점 $(10, k)$를 지남을 이용하여 k의 값을 구해도 돼.

2nd 곡선 $y=g(x)$와 직선 $y=k$가 만나는 두 점의 x좌표를 구해.

곡선 $y=g(x)$와 직선 $y=k$, 즉 $y=\frac{1}{2}$이 만나는 두 점의 x좌표는 방정식 $g(x)=\frac{1}{2}$의 해와 같다. 즉, $-3\cos\frac{\pi x}{6}-1=\frac{1}{2}$에서

$$-3\cos\frac{\pi x}{6}=\frac{3}{2}\qquad \therefore \cos\frac{\pi x}{6}=-\frac{1}{2}$$

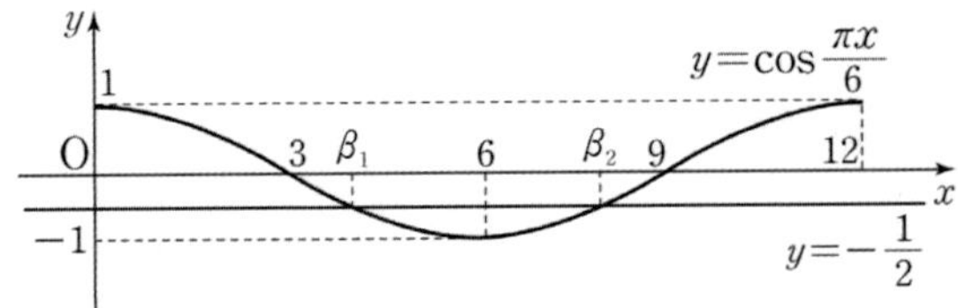

이때, $0\le x\le 12$에서 $0\le\frac{\pi x}{6}\le 2\pi$이므로

$$\frac{\pi x}{6}=\frac{2}{3}\pi \text{ 또는 } \frac{\pi x}{6}=\frac{4}{3}\pi\qquad \therefore x=4 \text{ 또는 } x=8$$

3rd $|\beta_1-\beta_2|$의 값을 구해.

따라서 $\beta_1=4$, $\beta_2=8$ 또는 $\beta_1=8$, $\beta_2=4$이므로

$|\beta_1-\beta_2|=|4-8|=4$

E 166 정답 ③ *삼각방정식과 삼각부등식의 활용 …… [정답률 67%]

(정답 공식: 함수 $y=a\sin(bx+c)+d$의 주기는 $\frac{2\pi}{|b|}$이다.)

자연수 k에 대하여 $0\le x<2\pi$일 때, x에 대한 방정식 $\sin kx=\frac{1}{3}$의 서로 다른 실근의 개수가 8이다.

$0\le x<2\pi$일 때, x에 대한 방정식 $\sin kx=\frac{1}{3}$의 모든 해의 합은? (4점)

단서1 $0\le x<2\pi$에서 함수 $y=\sin kx$의 그래프와 직선 $y=\frac{1}{3}$의 서로 다른 교점의 개수가 8이라는 거야.

① 5π ② 6π ③ 7π ④ 8π ⑤ 9π

단서2 $\sin t=\frac{1}{3}$을 만족시키는 t에 대하여 t는 특수각이 아니므로 방정식 $\sin kx=\frac{1}{3}$을 만족시키는 정확한 x의 값은 구할 수 없어. 따라서 사인함수의 그래프의 대칭성을 이용하여 모든 해의 합을 구해야 해.

1st 자연수 k의 값을 구해.

주의 k가 실수라면 조건을 만족시키는 k의 값은 무수히 많이 존재하므로 k의 값을 구할 수 없어. 따라서 k가 자연수라는 조건이 주어진 거야.

$0\le x<2\pi$에서 방정식 $\sin kx=\frac{1}{3}$의 서로 다른 실근의 개수가 8이므로 $0\le x<2\pi$에서 함수 $y=\sin kx$의 그래프와 직선 $y=\frac{1}{3}$의 서로 다른 교점의 개수가 8이다.

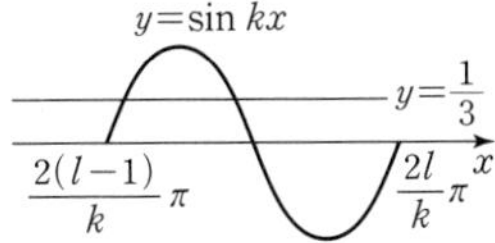

이때, 함수 $y=\sin kx$의 주기는 $\frac{2\pi}{|k|}=\frac{2\pi}{k}$이므로 $1\le l\le k$인

→ k는 자연수이므로 $k>0$이지?

자연수 l에 대하여 그림과 같이 $\frac{2(l-1)}{k}\pi\le x<\frac{2l}{k}\pi$에서

→ 함수 $y=\sin kx$의 한 주기를 나타낸 거야.

곡선 $y=\sin kx$와 직선 $y=\frac{1}{3}$의 교점의 개수는 2이다.

따라서 $0\le x<2\pi$에서 함수 $y=\sin kx$의 그래프와 직선 $y=\frac{1}{3}$의 서로 다른 교점의 개수가 8이려면 $2k=8$

→ $l=1$일 때 교점 2개, $l=2$일 때 교점 2개, …, $l=k$일 때 교점 2개이므로 $0\le x<2\pi$에서 교점의 개수는 $2k$야.

$\therefore k=4$

2nd 방정식 $\sin kx=\frac{1}{3}$의 모든 해의 합을 구해.

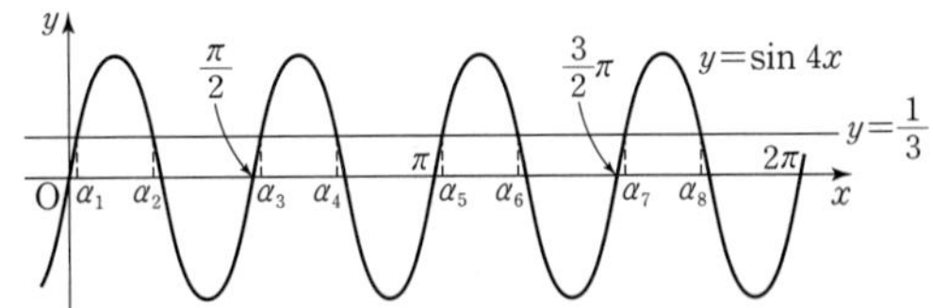

$0\le x<2\pi$에서 방정식 $\sin kx=\frac{1}{3}$, 즉 $\sin 4x=\frac{1}{3}$의 서로 다른 실근을 작은 값부터 $\alpha_1, \alpha_2, \alpha_3, \cdots, \alpha_8$이라 하면 함수 $y=\sin 4x$의 주기는 $\frac{\pi}{2}$이므로 $\alpha_2=\frac{\pi}{4}-\alpha_1$, $\alpha_3=\frac{\pi}{2}+\alpha_1$, $\alpha_4=\frac{3}{4}\pi-\alpha_1$, $\alpha_5=\pi+\alpha_1$, $\alpha_6=\frac{5}{4}\pi-\alpha_1$, $\alpha_7=\frac{3}{2}\pi+\alpha_1$, $\alpha_8=\frac{7}{4}\pi-\alpha_1$이다.

$0\le x\le\frac{\pi}{4}$에서 함수 $y=\sin 4x$의 그래프는 직선 $x=\frac{\pi}{8}$에 대하여 대칭이므로 $\frac{\alpha_1+\alpha_2}{2}=\frac{\pi}{8}$에서 $\alpha_2=\frac{\pi}{4}-\alpha_1$이야. 또, $\alpha_3, \alpha_4, \alpha_5, \cdots, \alpha_8$은 함수 $y=\sin 4x$의 주기가 $\frac{\pi}{2}$임을 이용하여 α_1으로 나타내면 돼.

따라서 구하는 모든 해의 합은

$\alpha_1+\alpha_2+\alpha_3+\cdots+\alpha_8$

$=\alpha_1+\left(\frac{\pi}{4}-\alpha_1\right)+\left(\frac{\pi}{2}+\alpha_1\right)+\left(\frac{3}{4}\pi-\alpha_1\right)+(\pi+\alpha_1)+\left(\frac{5}{4}\pi-\alpha_1\right)$
$+\left(\frac{3}{2}\pi+\alpha_1\right)+\left(\frac{7}{4}\pi-\alpha_1\right)$

$=\frac{\pi}{4}+\frac{\pi}{2}+\frac{3}{4}\pi+\pi+\frac{5}{4}\pi+\frac{3}{2}\pi+\frac{7}{4}\pi=7\pi$

수능 핵강

＊조건을 만족시키는 자연수 k의 값 구하기

k가 자연수이므로 $k=1, 2, 3, \cdots$을 차례로 대입하여 조건을 만족시키는 k의 값을 구해 보자.

함수 $y=\sin kx$의 주기 $\frac{2\pi}{k}$에 대하여

(i) $k=1$일 때, 주기는 2π이므로 $0\le x<2\pi$에서

함수 $y=\sin kx=\sin x$의 그래프와 직선 $y=\frac{1}{3}$의 교점의 개수는 그림과 같이 2야.

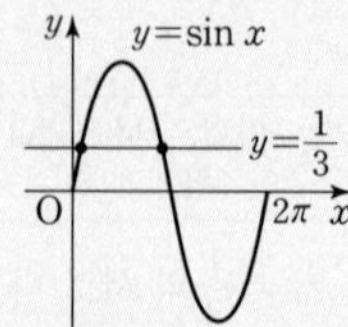

(ii) $k=2$일 때, 주기는 π이므로 $0\le x<2\pi$에서

함수 $y=\sin kx=\sin 2x$의 그래프와 직선 $y=\frac{1}{3}$의 교점의 개수는 그림과 같이 4야.

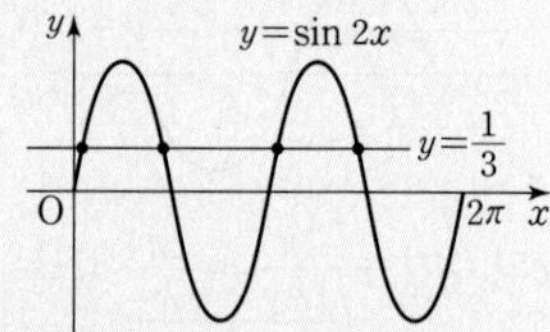

(iii) $k=3$일 때, 주기는 $\frac{2}{3}\pi$이므로 $0\le x<2\pi$에서

함수 $y=\sin kx=\sin 3x$의 그래프와 직선 $y=\frac{1}{3}$의 교점의 개수는 그림과 같이 6이야.

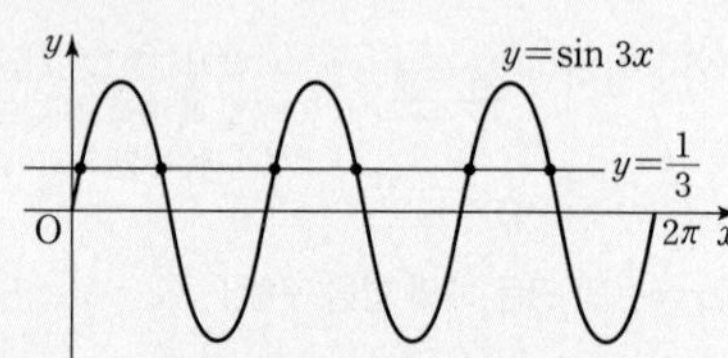

(iv) $k=4$일 때, 주기는 $\frac{\pi}{2}$이므로 $0\le x<2\pi$에서

함수 $y=\sin kx=\sin 4x$의 그래프와 직선 $y=\frac{1}{3}$의 교점의 개수는 그림과 같이 8이야.

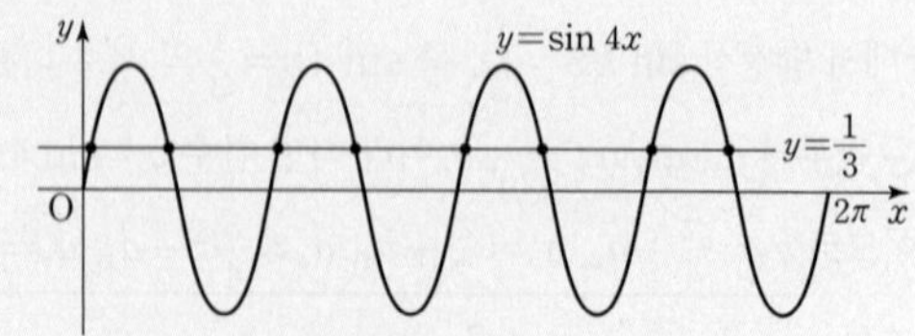

(i)~(iv)에 의하여 조건을 만족시키는 자연수 k의 값은 4야.

E 167 정답 ③ ＊삼각방정식과 삼각부등식의 활용 … [정답률 65%]

(정답 공식: 두 함수 $y=f(x)$, $y=g(x)$의 그래프가 만나는 점의 x좌표는 방정식 $f(x)=g(x)$의 실근과 같다.)

그림과 같이 양의 상수 a에 대하여 곡선 $y=2\cos ax\left(0\le x\le\frac{2\pi}{a}\right)$와 직선 $y=1$이 만나는 두 점을 각각 A, B라 하자. $\overline{AB}=\frac{8}{3}$일 때, a의 값은? (3점)

단서1 두 점 A, B의 x좌표는 $0\le x\le\frac{2\pi}{a}$에서 방정식 $2\cos ax=1$의 실근과 같아.

단서2 두 점 A, B의 y좌표는 1로 같으니까 선분 AB의 길이는 점 B의 x좌표에서 점 A의 x좌표를 뺀 값과 같아.

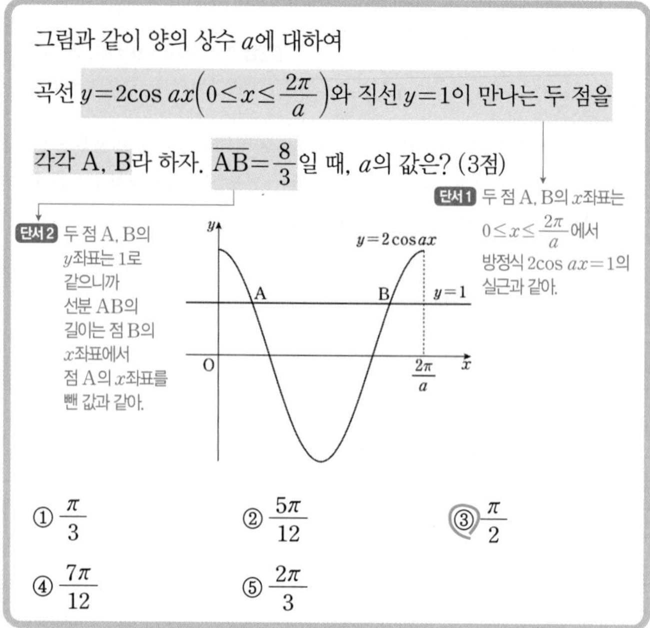

① $\frac{\pi}{3}$　② $\frac{5\pi}{12}$　③ $\frac{\pi}{2}$　④ $\frac{7\pi}{12}$　⑤ $\frac{2\pi}{3}$

1st 두 점 A, B의 좌표를 구해.

두 점 A, B는 곡선 $y=2\cos ax\left(0\le x\le\frac{2\pi}{a}\right)$와 직선 $y=1$의 교점이므로 두 점의 x좌표를 구하기 위해 연립하면

$2\cos ax=1$에서 $\cos ax=\frac{1}{2}$

이때, $0\le x\le\frac{2\pi}{a}$에서 $0\le ax\le 2\pi$이므로

$ax=\frac{\pi}{3}$ 또는 $ax=2\pi-\frac{\pi}{3}=\frac{5}{3}\pi$

→ $0\le x\le\pi$에서 $\cos x=\frac{1}{2}$이면 $x=\frac{\pi}{3}$야.

$\therefore x=\frac{\pi}{3a}$ 또는 $x=\frac{5}{3a}\pi$

$0\le x\le\pi$에서 $\cos x=k(-1<k<1)$를 만족시키는 x의 값을 α라 하면 함수 $y=\cos x$는 주기가 2π이고 그래프가 직선 $x=\pi$에 대하여 대칭인 함수이므로 $\pi\le x\le 2\pi$에서 $\cos x=k$를 만족시키는 x의 값은 $2\pi-\alpha$야.

따라서 두 점 A, B의 좌표는 각각 $\left(\frac{\pi}{3a}, 1\right)$, $\left(\frac{5}{3a}\pi, 1\right)$이다.

2nd 선분 AB의 길이가 $\frac{8}{3}$임을 이용하여 a의 값을 구해.

문제의 그림에서 점 B가 점 A의 오른쪽에 있으니까 점 B의 x좌표가 점 A의 x좌표보다 커.

$\overline{AB}=\frac{8}{3}$에서 $\frac{5}{3a}\pi-\frac{\pi}{3a}=\frac{8}{3}$, $\frac{4}{3a}\pi=\frac{8}{3}$

$\therefore a=\frac{4}{3}\pi\times\frac{3}{8}=\frac{\pi}{2}$

E 168 정답 ③ ＊삼각방정식과 삼각부등식의 활용 … [정답률 79%]

(정답 공식: 삼각방정식을 풀어 두 점 A, B의 x좌표를 각각 구한다.)

함수 $y=6\sin\frac{\pi}{12}x\ (0\le x\le 12)$의 그래프와 직선 $y=3$이 만나는 두 점을 각각 A, B라 할 때, 선분 AB의 길이는? (3점)

단서 두 점 A, B는 직선 $y=3$ 위의 점으로 y좌표가 같지? 그럼 선분 AB의 길이는 두 점 A, B의 x좌표의 차와 같아.

① 6　② 7　③ 8　④ 9　⑤ 10

1st 삼각방정식을 세우고 해를 구하자.

함수 $y=6\sin\frac{\pi}{12}x$ $(0\le x\le 12)$의 그래프와 직선 $y=3$이 만나는 점의 x좌표는 $6\sin\frac{\pi}{12}x=3$에서 (두 함수 $y=f(x)$, $y=g(x)$의 그래프의 교점의 x좌표는 방정식 $f(x)=g(x)$의 해와 같아.)

$\sin\frac{\pi}{12}x=\frac{1}{2}$ … ㉠

이때, $\frac{\pi}{12}x=t$라 하면 $\sin t=\frac{1}{2}$이고 $0\le x\le 12$에서

$0\le t=\frac{\pi}{12}x\le\pi$이므로 $t=\frac{\pi}{6}$ 또는 $t=\frac{5}{6}\pi$

즉, $t=\frac{\pi}{12}x=\frac{\pi}{6}$에서 $x=2$, $t=\frac{\pi}{12}x=\frac{5}{6}\pi$에서 $x=10$

2nd 선분 AB의 길이를 구하자.

따라서 두 점 A, B의 x좌표는 각각 2, 10이므로 $\overline{AB}=10-2=8$

수능 핵강

＊사인함수의 그래프의 대칭성을 이용하여 방정식의 해 구하기

함수 $y=6\sin\frac{\pi}{12}x$의 주기는 $\frac{2\pi}{\frac{\pi}{12}}=24$이고 $0\le x\le 12$에서 최댓값은 6, 최솟값은 0이므로 함수 $y=6\sin\frac{\pi}{12}x$ $(0\le x\le 12)$의 그래프는 그림과 같아. 이때, 이 그래프는 직선 $x=6$에 대하여 대칭이므로 $0\le x\le 12$에서의 방정식 $6\sin\frac{\pi}{12}x=3$의 한 근이 $x=2$이니까 다른 한 근은 $x=10$임을 알 수 있어.

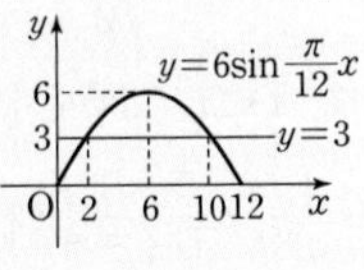

E 169 정답 ① ＊삼각방정식과 삼각부등식의 활용 … [정답률 76%]

(정답 공식: 삼각방정식과 삼각부등식을 풀 때는 그래프를 이용하여 해결한다.)

단서1 우변에 $\cos^2 x$와 $\cos x$가 있으니까 $\sin^2 x$를 cos을 이용하여 나타내 봐.

$0<x\le 2\pi$일 때, 방정식 $\sin^2 x=\cos^2 x+\cos x$와 부등식 $\sin x>\cos x$를 동시에 만족시키는 모든 x의 값의 합은? (3점)

단서2 그래프를 그려서 부등식을 풀어.
단서3 방정식 $\sin^2 x=\cos^2 x+\cos x$의 해 중에서 부등식 $\sin x>\cos x$의 해에 속하는 모든 x의 값을 구하라는 거야.

① $\frac{4}{3}\pi$ ② $\frac{5}{3}\pi$ ③ 2π ④ $\frac{7}{3}\pi$ ⑤ $\frac{8}{3}\pi$

1st 주어진 방정식을 풀자.

$\sin^2 x=\cos^2 x+\cos x$에서 ($\sin^2 x+\cos^2 x=1$)

$1-\cos^2 x=\cos^2 x+\cos x$

$2\cos^2 x+\cos x-1=0$

실수 인수분해하기 복잡해 보이면 $\cos x=t$로 치환하면 인수분해하기 훨씬 쉬워질 거야.

$(2\cos x-1)(\cos x+1)=0$

$\therefore \cos x=\frac{1}{2}$ 또는 $\cos x=-1$

$\cos x=\frac{1}{2}$을 만족시키는 x의 값은 곡선 $y=\cos x$와 직선 $y=\frac{1}{2}$의 교점의 x좌표이고 $\cos x=-1$을 만족시키는 x의 값은 곡선 $y=\cos x$와 직선 $y=-1$의 교점의 x좌표야.

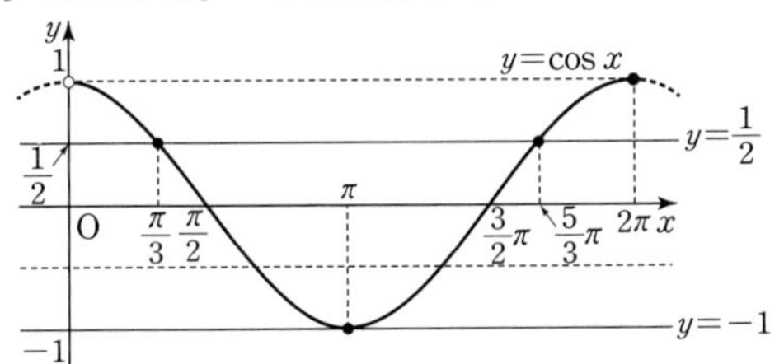

한편, $0<x\le 2\pi$에서 곡선 $y=\cos x$는 그림과 같으므로

(i) $\cos x=\frac{1}{2}$에서

$x=\frac{\pi}{3}$ 또는 $x=\frac{5}{3}\pi$ (삼각함수의 그래프의 대칭성을 이용해서 구할 수 있어. 방정식 $\cos x=\frac{1}{2}$의 한 근이 $x=\frac{\pi}{3}$이므로 또 다른 근은 $x=2\pi-\frac{\pi}{3}=\frac{5}{3}\pi$야.)

(ii) $\cos x=-1$에서

$x=\pi$

(i), (ii)에 의하여

$0<x\le 2\pi$에서 방정식

$\sin^2 x=\cos^2 x+\cos x$의 해는

$x=\frac{\pi}{3}$ 또는 $x=\pi$ 또는 $x=\frac{5}{3}\pi$ … ㉠

2nd 주어진 부등식을 풀자.

$0<x\le 2\pi$에서 두 곡선 $y=\cos x$, $y=\sin x$는 그림과 같다.

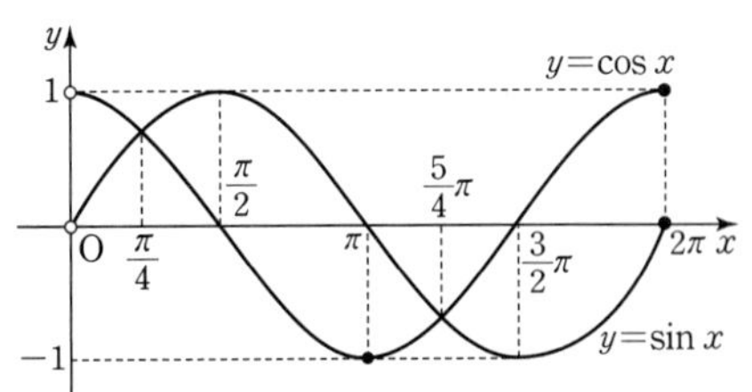

따라서 $0<x\le 2\pi$에서 부등식 $\sin x>\cos x$의 해는

$\frac{\pi}{4}<x<\frac{5}{4}\pi$ … ㉡ (곡선 $y=\sin x$가 곡선 $y=\cos x$보다 위쪽에 있는 x의 값의 범위를 구하면 돼.)

3rd 조건을 만족시키는 모든 x의 값의 합을 구하자.

㉠, ㉡에 의하여 주어진 방정식과 부등식을 동시에 만족시키는 모든 x의 값은 $x=\frac{\pi}{3}$, $x=\pi$이므로

($\frac{5}{3}\pi>\frac{5}{4}\pi$이므로 $\frac{5}{3}\pi$는 조건을 만족시키는 x의 값이 아니야.)

(구하는 합)$=\frac{\pi}{3}+\pi=\frac{4}{3}\pi$

E 170 정답 ② ＊삼각방정식과 삼각부등식의 활용 … [정답률 68%]

(정답 공식: $\cos x=k$의 해는 $y=\cos x$와 $y=k$의 교점의 x좌표이다.)

$0<x<2\pi$일 때, 방정식 $4\cos^2 x-1=0$과 부등식 $\sin x\cos x<0$을 동시에 만족시키는 모든 x의 값의 합은? (3점)

단서1 삼각함수가 포함된 방정식은 삼각함수의 그래프를 이용하여 해를 구하면 되지.
단서2 $\sin x\cos x<0$이므로 $\sin x$의 값과 $\cos x$의 값의 부호가 서로 반대인 제2사분면과 제4사분면의 각을 해로 구하면 돼.

① 2π ② $\frac{7}{3}\pi$ ③ $\frac{8}{3}\pi$ ④ 3π ⑤ $\frac{10}{3}\pi$

1st 먼저 주어진 삼각방정식의 해부터 구하자.

$4\cos^2 x-1=0$에서

$(2\cos x)^2-1^2=0$

$(2\cos x+1)(2\cos x-1)=0$

$\therefore \cos x=-\frac{1}{2}$ 또는 $\cos x=\frac{1}{2}$

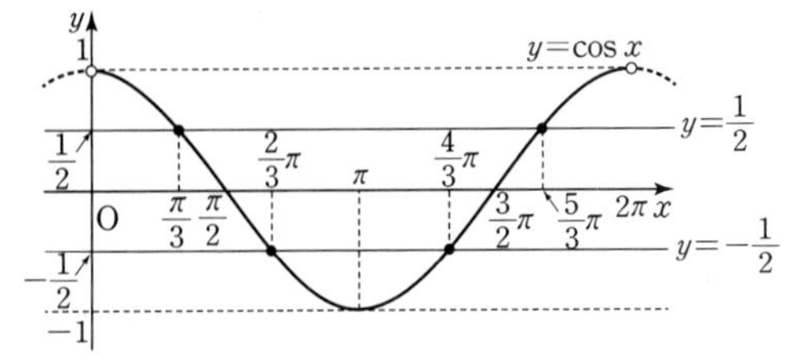

$0<x<2\pi$이므로 $y=\cos x$의 그래프를 이용하면

$\cos x=\frac{1}{2}$의 해는

$x=\frac{\pi}{3}$ 또는 $x=\frac{5}{3}\pi$

$\cos x=-\frac{1}{2}$의 해는

$x=\frac{2}{3}\pi$ 또는 $x=\frac{4}{3}\pi$

2nd 삼각부등식을 만족시키는 각 x의 동경이 몇 사분면에 있어야 하는지 따져 보자.

$\sin x\cos x<0$을 만족시키는 각 x는 제2사분면 또는 제4사분면의 각이다.

즉, 삼각부등식을 만족시키는 x의 값은 (제2사분면에서는 $\sin x>0$, $\cos x<0$, 제4사분면에서는 $\sin x<0$, $\cos x>0$이므로 $\sin x\cos x<0$을 만족시키지.)

$x=\frac{2}{3}\pi$ 또는 $x=\frac{5}{3}\pi$

따라서 x의 값의 합은 $\frac{2}{3}\pi+\frac{5}{3}\pi=\frac{7}{3}\pi$

E 171 정답 15 *삼각방정식과 삼각부등식의 활용 [정답률 57%]

(정답 공식: 방정식 $f(x)=g(x)$의 서로 다른 실근의 개수는 두 함수 $y=f(x)$, $y=g(x)$의 그래프의 교점의 개수와 같다.)

닫힌구간 $[0, 2\pi]$에서 정의된 함수

$$f(x)=\begin{cases}\sin x-1 & (0\le x<\pi)\\ -\sqrt{2}\sin x-1 & (\pi\le x\le 2\pi)\end{cases}$$

단서1 함수 $y=f(x)$의 그래프는 두 함수 $y=\sin x$, $y=\sqrt{2}\sin x$의 그래프를 평행이동, 대칭이동하여 그리면 돼.

가 있다. $0\le t\le 2\pi$인 실수 t에 대하여 x에 대한 방정식 $f(x)=f(t)$의 서로 다른 실근의 개수가 3이 되도록 하는

단서2 함수 $y=f(x)$의 그래프와 x축에 평행한 직선 $y=f(t)$가 만나는 서로 다른 점의 개수가 3이 되도록 하는 $f(t)$의 값을 먼저 찾아야 해.

모든 t의 값의 합은 $\frac{q}{p}\pi$이다. $p+q$의 값을 구하시오.

(단, p와 q는 서로소인 자연수이다.) (4점)

1st 함수 $y=f(x)$의 그래프부터 그려.

함수 $y=f(x)$의 그래프는 $0\le x<\pi$에서 함수 $y=\sin x$의 그래프를 y축의 방향으로 -1만큼 평행이동한 것이고 (이때의 함수 $f(x)$의 최댓값과 최솟값은 각각 0, -1이야.) $\pi\le x\le 2\pi$에서 함수 $y=\sqrt{2}\sin x$의 그래프를 x축에 대하여 대칭이동한 후 y축의 방향으로 -1만큼 평행이동한 것이므로 그림과 같다. (이때의 함수 $f(x)$의 최댓값과 최솟값은 각각 $\sqrt{2}-1$, -1이야.)

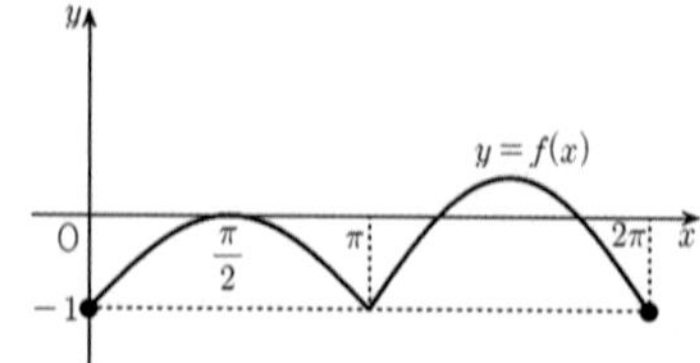

2nd 조건을 만족시키는 모든 t의 값의 합을 구해.

이때, 방정식 $f(x)=f(t)$의 서로 다른 실근의 개수가 3이 되려면 함수 $y=f(x)$의 그래프와 직선 $y=f(t)$가 서로 다른 세 점에서 만나야 한다.

$\therefore f(t)=-1$ 또는 $f(t)=0$

(함수 $y=f(x)$의 그래프와 직선 $y=f(t)$가 만나는 서로 다른 점의 개수는 $f(t)<-1$이면 0, $f(t)=-1$이면 3, $-1<f(t)<0$이면 4, $f(t)=0$이면 3, $0<f(t)<\sqrt{2}-1$이면 2, $f(t)=\sqrt{2}-1$이면 1, $f(t)>\sqrt{2}-1$이면 0이야.)

(i) $f(t)=-1$일 때,

$t=0$ 또는 $t=\pi$ 또는 $t=2\pi$

(ii) $f(t)=0$일 때,

$0<x<\pi$에서 $f(t)=0$을 만족시키는 t의 값은 $\frac{\pi}{2}$

$\pi<x<2\pi$에서 $f(t)=0$을 만족시키는 t의 값을 α, β라 하면

함수 $y=f(x)$의 그래프는 $\pi\le x\le 2\pi$에서 직선 $x=\frac{3}{2}\pi$에 대하여 대칭이므로 $\frac{\alpha+\beta}{2}=\frac{3}{2}\pi$

$\therefore \alpha+\beta=3\pi$

(i), (ii)에 의하여 조건을 만족시키는 모든 t의 값의 합은

$0+\pi+2\pi+\frac{\pi}{2}+\alpha+\beta=0+\pi+2\pi+\frac{\pi}{2}+3\pi=\frac{13}{2}\pi$

따라서 $p=2$, $q=13$이므로 $p+q=2+13=15$

다른 풀이: $\pi<x<2\pi$에서 $f(t)=0$을 만족시키는 t의 값 직접 구하기

$f(t)=0$에서 $-\sqrt{2}\sin t-1=0$, $\sqrt{2}\sin t=-1$

$\therefore \sin t=-\frac{1}{\sqrt{2}}=-\frac{\sqrt{2}}{2}$

이때, $\pi<x<2\pi$에서 함수 $y=\sin t$와 직선 $y=-\frac{\sqrt{2}}{2}$는

$t=\frac{5}{4}\pi$, $t=\frac{7}{4}\pi$일 때 만나므로

$\pi<x<2\pi$에서 $f(t)=0$을 만족시키는 t의 값은

$t=\frac{5}{4}\pi$ 또는 $t=\frac{7}{4}\pi$야.

E 172 정답 ③ *삼각방정식과 삼각부등식의 활용 [정답률 41%]

(정답 공식: 두 점 $A(x_1, y_1)$, $B(x_2, y_2)$에 대해 선분 AB를 $m:n(m\ne n)$으로 외분하는 점은 $\left(\frac{mx_2-nx_1}{m-n}, \frac{my_2-ny_1}{m-n}\right)$이다.)

그림과 같이 닫힌구간 $[0, 2\pi]$에서 정의된 두 함수 $f(x)=k\sin x$, $g(x)=\cos x$에 대하여 곡선 $y=f(x)$와 곡선 $y=g(x)$가 만나는 서로 다른 두 점을 A, B라 하자.

단서1 두 점 A, B의 x좌표는 방정식 $f(x)=g(x)$의 실근이야.

선분 AB를 $3:1$로 외분하는 점을 C라 할 때, 점 C는 곡선 $y=f(x)$ 위에 있다. 점 C를 지나고 y축에 평행한 직선이 곡선 $y=g(x)$와 만나는 점을 D라 할 때, 삼각형 BCD의 넓이는? (단, k는 양수이고, 점 B의 x좌표는 점 A의 x좌표보다 크다.) (4점)

단서2 외분점을 구하는 공식을 알아야 해. 두 점 A, B의 좌표를 알면 점 C의 좌표를 구할 수 있겠지?

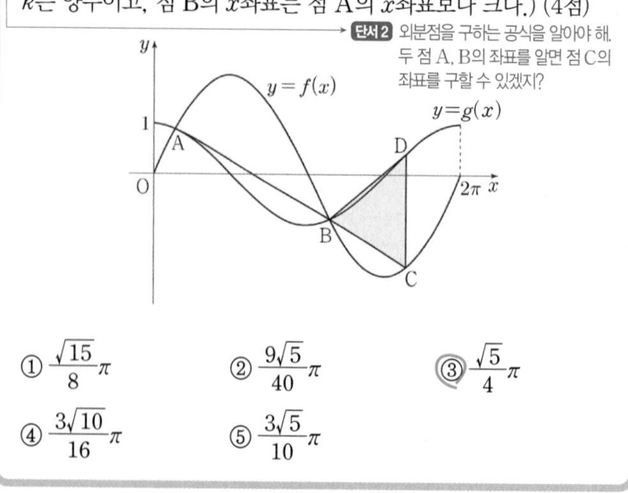

① $\frac{\sqrt{15}}{8}\pi$ ② $\frac{9\sqrt{5}}{40}\pi$ ③ $\frac{\sqrt{5}}{4}\pi$ ④ $\frac{3\sqrt{10}}{16}\pi$ ⑤ $\frac{3\sqrt{5}}{10}\pi$

1st 두 점 A, B는 곡선 $y=g(x)$ 위의 점임을 이용해.

두 점 A, B의 x좌표는 $0\le x\le 2\pi$일 때, 방정식 $f(x)=g(x)$의 실근이다.

즉, $k\sin x=\cos x$에서 $\frac{\sin x}{\cos x}=\frac{1}{k}$

$\sin x=0$, $\cos x=0$을 동시에 만족시키는 x의 값은 존재하지 않아.
즉, $k\sin x=\cos x$를 만족시키는 x의 값 중에 $\cos x=0$인 것은 없어.
즉, $\cos x\neq 0$이므로 양변을 $\cos x$로 나눌 수 있어.

$\therefore \tan x=\frac{1}{k}\cdots$ ㉠

이때, 점 A의 x좌표를 $\alpha\left(0<\alpha<\frac{\pi}{2}\right)$라 하면 함수 $y=\tan x$의 주기는 π이므로 점 B의 x좌표는 $\alpha+\pi$이다.

따라서 두 점 A, B의 좌표는 각각 $(\alpha, \cos\alpha)$, $(\alpha+\pi, -\cos\alpha)$이다.

두 점 A, B는 곡선 $y=\cos x$ 위의 점이야.
이때, 점 B의 x좌표는 $\alpha+\pi$이므로
y좌표는 $\cos(\alpha+\pi)=-\cos\alpha$야.

$\cos(\pi+\alpha)=-\cos\alpha$

2nd 외분점 C의 좌표를 구해.

선분 AB를 $3:1$로 외분하는 점 C의 좌표는

$\left(\frac{3\times(\alpha+\pi)-1\times\alpha}{3-1}, \frac{3\times(-\cos\alpha)-1\times\cos\alpha}{3-1}\right)$에서

$\left(\alpha+\frac{3}{2}\pi, -2\cos\alpha\right)$이다.

3rd 점 C의 좌표를 이용하여 k의 값을 구해.

점 C는 곡선 $y=f(x)$ 위의 점이므로

$-2\cos\alpha=k\sin\left(\alpha+\frac{3}{2}\pi\right)$에서 → $\sin\left(\alpha+\frac{3}{2}\pi\right)=-\cos\alpha$

$-2\cos\alpha=k\times(-\cos\alpha)$

$\therefore k=2$

4th 삼각형 BCD의 넓이를 구하자.

㉠에서 $\tan x=\frac{1}{2}$의 한 실근이 α이므로

$\tan\alpha=\frac{1}{2}$이고, $\cos\alpha=\frac{2\sqrt{5}}{5}$, $\sin\alpha=\frac{\sqrt{5}}{5}$이다.

$\tan\alpha=\frac{1}{2}$이고 $0<\alpha<\frac{\pi}{2}$이므로 밑변이 2, 높이가 1인 직각삼각형을 생각해.
빗변의 길이가 $\sqrt{5}$이므로 $\sin\alpha$, $\cos\alpha$를 구할 수 있겠지?

즉, 점 D는 x좌표가 $\alpha+\frac{3}{2}\pi$이고 곡선 $y=\cos x$ 위의 점이므로

$\cos\left(\alpha+\frac{3}{2}\pi\right)=\sin\alpha=\frac{\sqrt{5}}{5}$에서 점 D의 좌표는 $\left(\alpha+\frac{3}{2}\pi, \frac{\sqrt{5}}{5}\right)$이고

점 C의 좌표는 $\left(\alpha+\frac{3}{2}\pi, -2\cos\alpha\right)$에서 $\left(\alpha+\frac{3}{2}\pi, -\frac{4\sqrt{5}}{5}\right)$이므로

$\overline{CD}=\frac{\sqrt{5}}{5}-\left(-\frac{4\sqrt{5}}{5}\right)=\sqrt{5}$이다. → $\overline{CD}$를 삼각형 BCD의 밑변으로 할 때, 높이에 해당해.

또, 점 B와 직선 CD 사이의 거리는

$\left(\alpha+\frac{3}{2}\pi\right)-(\alpha+\pi)=\frac{\pi}{2}$이므로

삼각형 BCD의 넓이는 $\frac{1}{2}\times\sqrt{5}\times\frac{\pi}{2}=\frac{\sqrt{5}}{4}\pi$이다.

다른 풀이: 닮은 도형을 찾아 닮음비 이용하기

점 C가 선분 AB를 $3:1$로 외분하는 점이므로 점 B는 선분 AC를 $2:1$로 내분하는 점이야. 즉, 점 A를 지나고 y축에 평행한 직선과 점 B를 지나고 x축에 평행한 직선이 만나는 점을 E, 직선 BE가 선분 CD와 만나는 점을 F라 하면 두 삼각형 AEB, CFB는 서로 닮음이고 닮음비는 $\overline{AB}:\overline{CB}=2:1$이야.

이때, 위의 풀이에서 두 점 A, B의 좌표를 각각 $(\alpha, \cos\alpha)$, $(\alpha+\pi, -\cos\alpha)$라 했으므로 $\overline{BE}:\overline{BF}=2:1$에서

$(\alpha+\pi)-\alpha:\overline{BF}=2:1$, $\pi:\overline{BF}=2:1$

$\therefore \overline{BF}=\frac{\pi}{2}$

따라서 점 F의 x좌표는 $\alpha+\pi+\frac{\pi}{2}=\alpha+\frac{3}{2}\pi$이므로 점 C의 x좌표도 $\alpha+\frac{3}{2}\pi$이고 점 C는 곡선 $y=k\sin x$ 위의 점이므로

$y=k\sin\left(\alpha+\frac{3}{2}\pi\right)=-k\cos\alpha$에서 $C\left(\alpha+\frac{3}{2}\pi, -k\cos\alpha\right)$야.

한편, 두 점 A, B를 지나는 직선의 방정식은

$y=\frac{-\cos\alpha-\cos\alpha}{(\alpha+\pi)-\alpha}(x-\alpha)+\cos\alpha$ → 두 점 (a, b), (c, d)를 지나는 직선의 방정식은 $y=\frac{d-b}{c-a}(x-a)+b$야.

$=-\frac{2\cos\alpha}{\pi}(x-\alpha)+\cos\alpha$

이고 점 C는 이 직선 위의 점이므로

$-k\cos\alpha=-\frac{2\cos\alpha}{\pi}\left\{\left(\alpha+\frac{3}{2}\pi\right)-\alpha\right\}+\cos\alpha$에서

$-k\cos\alpha=-2\cos\alpha \qquad \therefore k=2$

(이하 동일)

E 173 정답 ④ *삼각방정식과 삼각부등식의 활용 ····· [정답률 58%]

정답 공식: 두 곡선 $y=f(x)$, $y=g(x)$의 그래프의 서로 다른 교점의 개수는 방정식 $f(x)=g(x)$의 서로 다른 실근의 개수와 같다.

양수 a에 대하여 함수

$$f(x)=\left|4\sin\left(ax-\frac{\pi}{3}\right)+2\right|\ \left(0\le x<\frac{4\pi}{a}\right)$$

의 그래프가 직선 $y=2$와 만나는 서로 다른 점의 개수는 n이다. 이 n개의 점의 x좌표의 합이 39일 때, $n\times a$의 값은? (4점)

단서 방정식 $f(x)=2$의 서로 다른 실근의 개수와 같아.

① $\frac{\pi}{2}$ ② π ③ $\frac{3\pi}{2}$
④ 2π ⑤ $\frac{5\pi}{2}$

1st n의 값을 구해.

함수 $y=f(x)$의 그래프가 직선 $y=2$와 만나는 서로 다른 점의 개수는 방정식 $f(x)=2$의 서로 다른 실근의 개수와 같다.

$f(x)=2$에서 $\left|4\sin\left(ax-\frac{\pi}{3}\right)+2\right|=2\cdots$ ㉠

$4\sin\left(ax-\frac{\pi}{3}\right)+2=2$ 또는 $4\sin\left(ax-\frac{\pi}{3}\right)+2=-2$

$4\sin\left(ax-\frac{\pi}{3}\right)=0$ 또는 $4\sin\left(ax-\frac{\pi}{3}\right)=-4$

$\therefore \sin\left(ax-\frac{\pi}{3}\right)=0$ 또는 $\sin\left(ax-\frac{\pi}{3}\right)=-1$

이때, $ax-\frac{\pi}{3}=t$라 하면 $0\le x<\frac{4\pi}{a}$에서 $-\frac{\pi}{3}\le t<\frac{11}{3}\pi$이므로

$0\le x<\frac{4\pi}{a}$의 각 변에 양수 a를 곱하면 $0\le ax<4\pi$
다시 각 변에 $-\frac{\pi}{3}$를 더하면 $-\frac{\pi}{3}\le ax-\frac{\pi}{3}<\frac{11}{3}\pi$

(i) $\sin\left(ax-\frac{\pi}{3}\right)=0$, 즉 $\sin t=0$을 만족시키는 t의 값은 $0, \pi, 2\pi, 3\pi$로 4개이다.

(ii) $\sin\left(ax-\frac{\pi}{3}\right)=-1$, 즉 $\sin t=-1$을 만족시키는 t의 값은 $\frac{3}{2}\pi, \frac{7}{2}\pi$로 2개이다.

(i), (ii)에 의하여 함수 $y=f(x)$의 그래프가 직선 $y=2$와 만나는 서로 다른 점의 개수는 $4+2=6$이다.

$\therefore n=6$

2nd a의 값을 구하고 $n\times a$를 계산해.

t의 값이 $0,\ \pi,\ 2\pi,\ 3\pi,\ \frac{3}{2}\pi,\ \frac{7}{2}\pi$일 때의 x의 값을 각각 $x_1,\ x_2,\ x_3,\ x_4,$

주의
1st 에서 구한 t의 값의 합이 39가 아니라 x의 값의 합이 39이므로 치환한 것을 다시 x로 나타내어야 해.

$x_5,\ x_6$이라 하면 방정식 ㉠을 만족시키는 x의 값의 합이 39이므로

$x_1+x_2+x_3+x_4+x_5+x_6=39$

$\left(ax_1-\frac{\pi}{3}\right)+\left(ax_2-\frac{\pi}{3}\right)+\left(ax_3-\frac{\pi}{3}\right)+\cdots+\left(ax_6-\frac{\pi}{3}\right)=11\pi$에서

→ **1st** 에서 구한 t의 값의 합이야.

$a(x_1+x_2+x_3+x_4+x_5+x_6)=11\pi+\frac{\pi}{3}\times 6$

$39a=13\pi\qquad \therefore a=\frac{\pi}{3}$

$\therefore n\times a=6\times\frac{\pi}{3}=2\pi$

1등급 마스터 문제 [4점+2등급 대비+1등급 대비]

E 174 정답 103 *부채꼴의 넓이 [정답률 33%]

정답 공식: 이런 문제의 경우 주기를 찾아야 한다. 초에 변화를 주며 원래의 모양이 나오는 시간을 찾는다.

두 점 A, B를 지름의 양 끝으로 하고 반지름의 길이가 10인 원 O 위를 움직이는 두 점 P, Q가 있다. 두 선분 OP, OQ는 각각 선분 OA, OB에서 동시에 출발하여 점 O를 중심으로 시계 방향으로 회전한다. 각각 일정한 속도로 한 바퀴 도는 데 선분 OP는 30초, OQ는 60초 걸린다. 원의 내부가 처음에는 흰색이나, 두 선분 OP, OQ가 회전하면서 지나간 부분은 흰색은 검은색으로, 검은색은 흰색으로 바뀐다. 두 선분 OP, OQ가 출발한 지 800초 후의 검은색 부분의 넓이가 $\frac{q}{p}\pi$ (p와 q는 서로소인 자연수)일 때, $p+q$의 값을 구하시오. (4점)

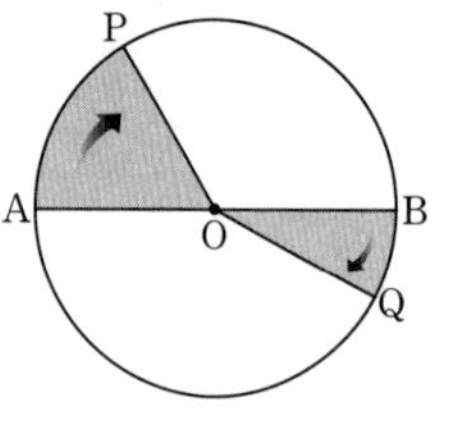

단서 P, Q가 원래 위치로 돌아오는 데 걸리는 최소시간을 구한 후 800초는 이 최소시간이 몇 번 진행되는지를 파악하자.

1st 60초, 120초, 180초, …일 때 검은색과 흰색이 어떻게 배치되는 알아보자.

한 바퀴를 도는 데 점 P는 30초, 점 Q는 60초 걸리므로 60초일 때, 두 점 P, Q는 처음과 동일한 위치에 존재한다. 이때, 검은색과 흰색의 배치는 다음과 같은 모양이 반복된다.

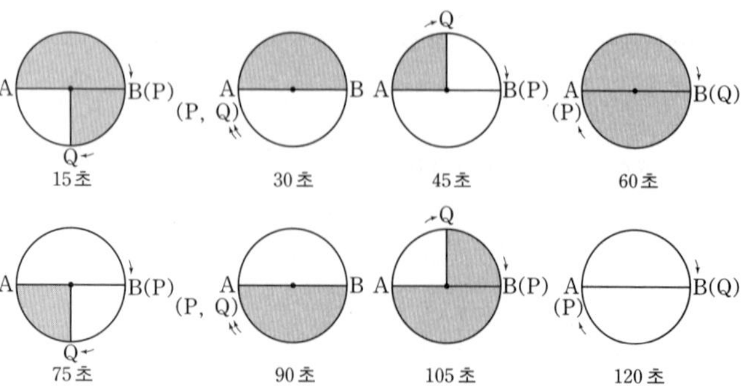

2nd 120초를 주기로 두 점 P, Q가 처음과 같이 위치하므로 800초 후의 검은색과 흰색이 어떻게 배치되는지 알아보자.

함정
두 점 P, Q가 같은 위치에서 출발할 때 Q가 가는 곳은 원래의 색이 유지되고 그 외의 P가 가는 곳은 색이 바뀌므로 이에 유의하여 흰색 면적과 검은색 면적을 구분하여 파악할 수 있도록 하자.

120초가 되었을 때, 두 점 P와 Q는 처음과 같이 배치되고 $800=120\times 6+80$이므로 800초 후의 배치와 80초 후의 배치가 동일하다.

즉, 60초 후 두 점 P, Q의 위치는 위의 그림과 같으므로 20초 후에 선분

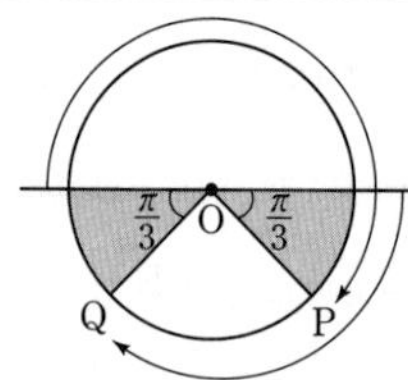

OP는 $\frac{2\pi}{30}\times 20=\frac{4}{3}\pi$만큼, 선분 OQ는 $\frac{2\pi}{60}\times 20=\frac{2}{3}\pi$만큼 시계 방향으로 이동한다.

$\therefore$ (검은색 부분의 넓이)$=\frac{1}{2}\times 10^2\times\frac{\pi}{3}\times 2$

반지름의 길이가 10이고 중심각의 크기가 $\frac{\pi}{3}$인 부채꼴 2개의 넓이의 합이야.

$=\frac{100}{3}\pi=\frac{q}{p}\pi$

반지름의 길이가 r이고 중심각의 크기가 θ인 부채꼴의 넓이 S는 $S=\frac{1}{2}r^2\theta$

따라서 $p=3,\ q=100$이므로

$p+q=3+100=103$

E 175 정답 24 *삼각함수의 그래프의 평행이동 [정답률 36%]

정답 공식: 함수 $f(x)=a\sin bx+c$의 주기는 $\frac{2\pi}{|b|}$이고 최댓값과 최솟값은 각각 $|a|+c,\ -|a|+c$이다.

5 이하의 두 자연수 $a,\ b$에 대하여 열린구간 $(0,\ 2\pi)$에서 정의된 함수 $y=a\sin x+b$의 그래프가 직선 $x=\pi$와 만나는 점의 집합을

단서1 함수 $y=a\sin x$의 그래프를 y축의 방향으로 b만큼 평행이동한 그래프야. 즉, 함수 $y=a\sin x$의 주기는 2π이고 최댓값은 $a+b$, 최솟값은 $-a+b$야.

A라 하고, 두 직선 $y=1,\ y=3$과 만나는 점의 집합을 각각 $B,\ C$라 하자. $n(A\cup B\cup C)=3$이 되도록 하는 $a,\ b$의 순서쌍 $(a,\ b)$에 대하여 $a+b$의 최댓값을 M, 최솟값을 m이라 할 때, $M\times m$의 값을 구하시오. (4점)

단서2 열린구간 $(0,\ 2\pi)$에서 함수 $y=a\sin x+b$의 그래프와 세 직선 $x=\pi,\ y=1,\ y=3$이 만나는 서로 다른 점의 개수가 3이라는 거야.

1st 열린구간 $(0,\ 2\pi)$에서 함수 $y=a\sin x+b$의 그래프를 그려 봐.

두 자연수 $a,\ b$에 대하여 함수 $y=a\sin x+b$의 그래프는 함수 $y=a\sin x$의 그래프를 y축의 방향으로 b만큼 평행이동한 것이므로

함수 $y=a\sin x$는 주기가 2π이고 최댓값과 최솟값이 각각 $a,\ -a$야.

[그림 1]과 같다.

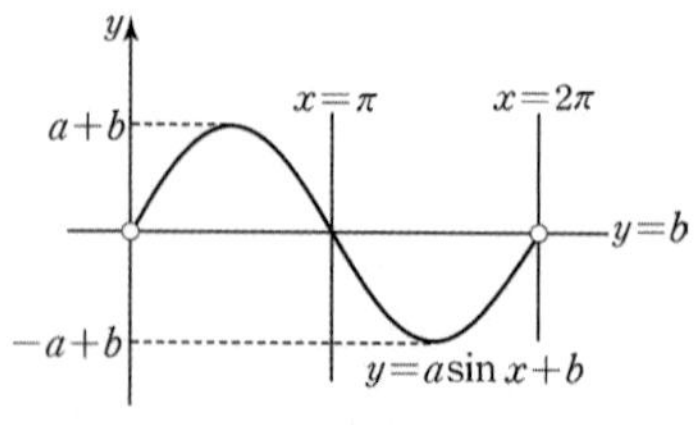

[그림 1]

2nd b의 값에 따라서 경우를 나누어 조건을 만족시키는 순서쌍 $(a,\ b)$를 각각 구해.

함수 $y=a\sin x+b$의 그래프가 열린구간 $(0,\ 2\pi)$에서 세 직선 $x=\pi,\ y=1,\ y=3$과 만나는 점의 집합을 각각 $A,\ B,\ C$라 할 때,

주의
집합의 원소의 개수가 3이므로 만나는 점이 중복된 경우 한 번만 세어야 해.

$n(A\cup B\cup C)=3$이려면 만나는 서로 다른 점의 개수가 3이어야 한다.

열린구간 $(0,\ 2\pi)$에서

(i) $b=1$일 때, 함수 $y=a\sin x+b=a\sin x+1$의 그래프와 세 직선 $x=\pi$, $y=1$, $y=3$이 만나는 서로 다른 점의 개수가 3이 되려면 [그림 2]와 같아야 한다.

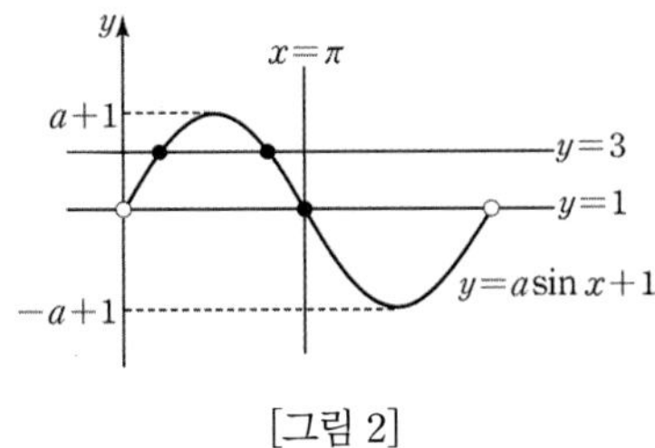

[그림 2]

즉, $a+1>3$에서 $a>2$

따라서 이때의 두 자연수 a, b의 순서쌍 (a, b)는 $(3, 1)$, $(4, 1)$, $(5, 1)$이다.

(ii) $b=2$일 때, 함수 $y=a\sin x+b=a\sin x+2$의 그래프와 세 직선 $x=\pi$, $y=1$, $y=3$이 만나는 서로 다른 점의 개수가 3이 되려면 [그림 3]과 같아야 한다.

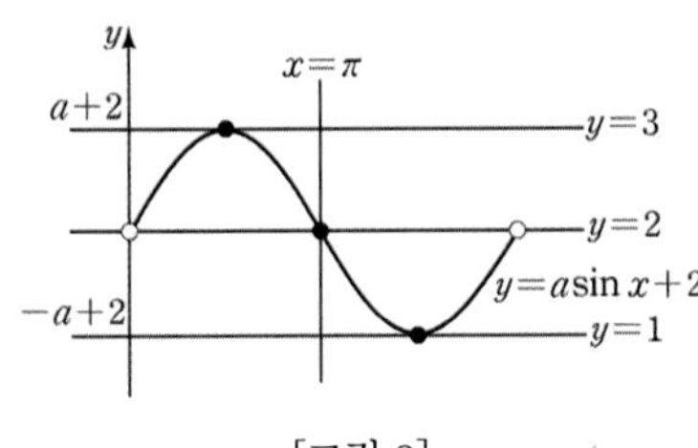

[그림 3]

즉, $a+2=3$, $-a+2=1$에서 $a=1$

따라서 이때의 두 자연수 a, b의 순서쌍 (a, b)는 $(1, 2)$이다.

(iii) $b=3$일 때, 함수 $y=a\sin x+b=a\sin x+3$의 그래프와 세 직선 $x=\pi$, $y=1$, $y=3$이 만나는 서로 다른 점의 개수가 3이 되려면 [그림 4]와 같아야 한다.

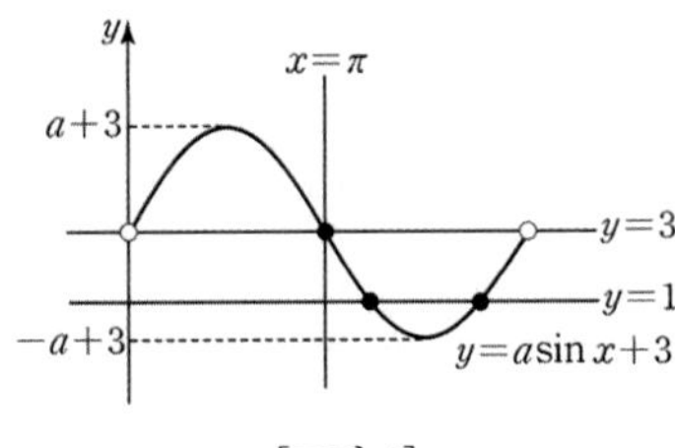

[그림 4]

즉, $-a+3<1$에서 $a>2$

따라서 이때의 두 자연수 a, b의 순서쌍 (a, b)는 $(3, 3)$, $(4, 3)$, $(5, 3)$이다.

(iv) $b=4$일 때, 함수 $y=a\sin x+b=a\sin x+4$의 그래프와 세 직선 $x=\pi$, $y=1$, $y=3$이 만나는 서로 다른 점의 개수가 3이 되려면 [그림 5]와 같아야 한다.

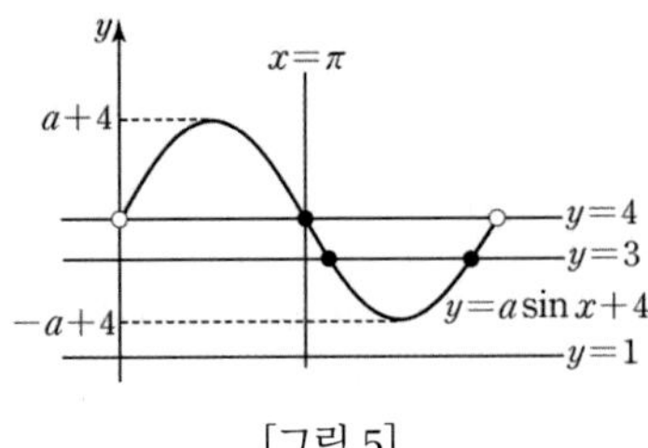

[그림 5]

즉, $1<-a+4<3$에서 $1<a<3$ $\quad\therefore a=2$

각 변에서 4를 빼면 $-3<-a<-1$, 각 변에 -1을 곱하면 $1<a<3$

따라서 이때의 두 자연수 a, b의 순서쌍 (a, b)는 $(2, 4)$이다.

(v) $b=5$일 때, 함수 $y=a\sin x+b=a\sin x+5$의 그래프와 세 직선 $x=\pi$, $y=1$, $y=3$이 만나는 서로 다른 점의 개수가 3이 되려면 [그림 6]과 같아야 한다.

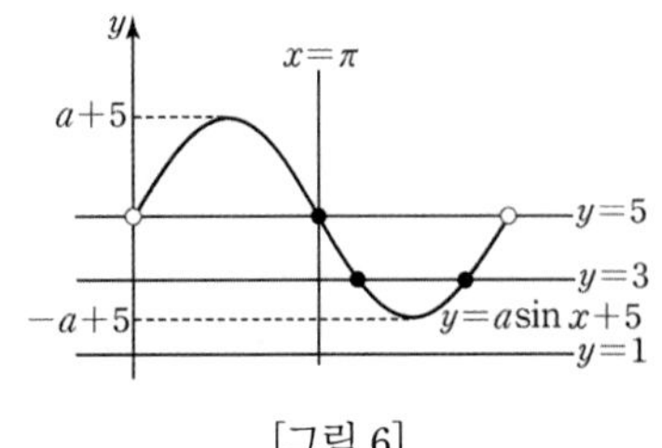

[그림 6]

즉, $1<-a+5<3$에서 $2<a<4$ $\quad\therefore a=3$

각 변에서 5를 빼면 $-4<-a<-2$, 각 변에 -1을 곱하면 $2<a<4$

따라서 이때의 두 자연수 a, b의 순서쌍 (a, b)는 $(3, 5)$이다.

(i)~(v)에 의하여 구하는 두 자연수 a, b의 순서쌍 (a, b)는

$(3, 1)$, $(4, 1)$, $(5, 1)$, $(1, 2)$, $(3, 3)$, $(4, 3)$, $(5, 3)$, $(2, 4)$, $(3, 5)$

이고 $a+b$의 최댓값은 $(5, 3)$ 또는 $(3, 5)$일 때 $M=3+5=8$이고

최솟값은 $(1, 2)$일 때 $m=1+2=3$이다.

$\therefore M\times m=8\times 3=24$

수능 핵강

＊ $b=2$인 경우를 더 자세히 알아보자.

함수 $y=a\sin x+2(0<x<2\pi)$의 그래프와 직선 $x=\pi$의 그래프는 한 점에서 만나므로 $n(A\cup B\cup C)=3$이려면 그림과 같이 함수 $y=a\sin x+2(0<x<2\pi)$의 그래프가 직선 $y=3$과 서로 다른 두 점에서 만나고 직선 $y=1$과 만나지 않거나 직선 $y=3$과 만나지 않고 직선 $y=1$과 서로 다른 두 점에서 만나도 조건을 만족해.

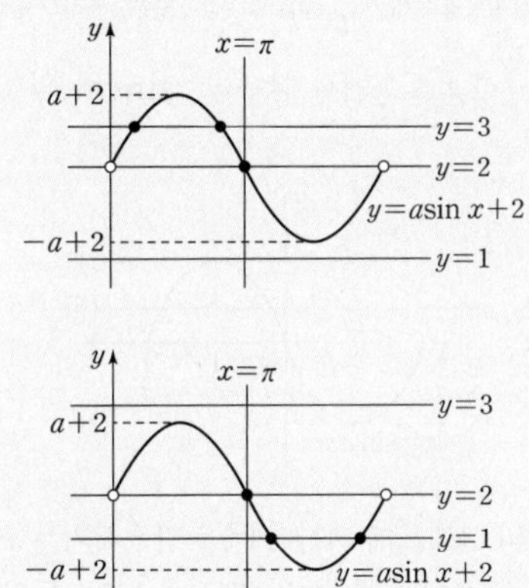

그런데 직선 $y=2$에서 직선 $y=1$과 직선 $y=3$까지의 거리는 같으므로

(i) 직선 $y=3$이 함수 $y=a\sin x+2(0<x<2\pi)$의 그래프와 서로 다른 두 점에서 만나면 직선 $y=1$도 서로 다른 두 점에서 만나.

(ii) 직선 $y=3$이 함수 $y=a\sin x+2(0<x<2\pi)$의 그래프와 만나지 않으면 직선 $y=1$도 만나지 않아.

즉, 함수 $y=a\sin x+2(0<x<2\pi)$의 그래프와 세 직선 $x=\pi$, $y=1$, $y=3$과 만나는 서로 다른 점의 개수가 3이려면 위의 그림처럼 그려질 수 없으므로 세 직선 $x=\pi$, $y=1$, $y=3$이 각각 함수 $y=a\sin x+2(0<x<2\pi)$의 그래프와 한 점에서 만나야 해.

E 176 정답 84 *삼각방정식과 삼각부등식의 활용 [정답률 37%]

(정답 공식: 방정식 $f(x)=g(x)$의 서로 다른 실근의 개수는 두 함수 $y=f(x)$, $y=g(x)$의 그래프의 서로 다른 교점의 개수와 같다.)

두 상수 a, b $(a>0)$에 대하여 함수 $f(x)=|\sin a\pi x+b|$가 다음 조건을 만족시킬 때, $60(a+b)$의 값을 구하시오. (3점)

(가) $f(x)=0$이고 $|x|\le\frac{1}{a}$인 모든 실수 x의 값의 합은 $\frac{1}{2}$이다.

단서1 $f(x)=0$에서 $|\sin a\pi x+b|=0$이므로 이것을 만족시키는 x의 값은 $\sin a\pi x+b=0$을 만족시키는 x의 값과 같아.

(나) $f(x)=\frac{2}{5}$이고 $|x|\le\frac{1}{a}$인 모든 실수 x의 값의 합은 $\frac{3}{4}$이다.

단서2 $f(x)=\frac{2}{5}$에서 $|\sin a\pi x+b|=\frac{2}{5}$이므로 이것을 만족시키는 x의 값은 $\sin a\pi x+b=\frac{2}{5}$ 또는 $\sin a\pi x+b=-\frac{2}{5}$를 만족시키는 x의 값과 같아.

1st 조건 (가)를 만족시키는 a, b의 조건을 찾아.

조건 (가)의 $f(x)=0$에서

$|\sin a\pi x+b|=0$, $\sin a\pi x+b=0$

$\therefore \sin a\pi x=-b$ ··· ㉠

따라서 $f(x)=0$을 만족시키는 모든 실수 x의 값은

$|x|\le\frac{1}{a}$, 즉 $-\frac{1}{a}\le x\le\frac{1}{a}$에서 함수 $y=\sin a\pi x$의 그래프와 직선 $y=-b$의 모든 교점의 x좌표와 같다.

이때, 함수 $y=\sin a\pi x$의 주기는 $\frac{2\pi}{a\pi}=\frac{2}{a}$이고 최댓값과 최솟값은 각각 1, -1이므로 $-\frac{1}{a}\le x\le\frac{1}{a}$에서 함수 $y=\sin a\pi x$의 그래프는 그림과 같다.

함수 $y=a\sin(bx+c)+d$의 주기는 $\frac{2\pi}{|b|}$이고 최댓값과 최솟값은 각각 $|a|+d$, $-|a|+d$야.

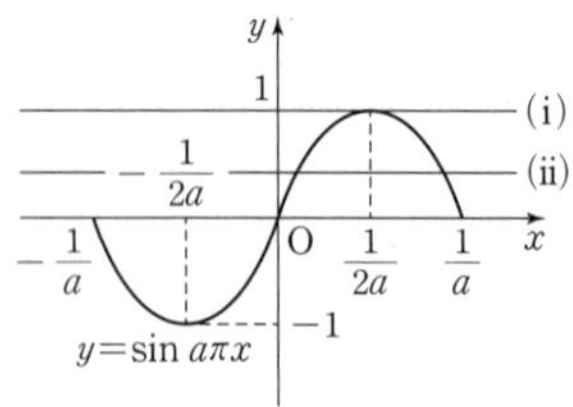

함수 $y=\sin a\pi x$의 그래프에 의하여 ㉠을 만족시키는 x의 값은 $-b<-1$ 또는 $-b>1$이면 존재하지 않고, $-1<-b<0$이면 모두 음수,

이때의 $f(x)=0$을 만족시키는 모든 실수 x의 값의 합은 0이거나 음수이므로 조건 (가)를 만족시키지 않아.

$-b=0$이면 $-\frac{1}{a}$, 0, $\frac{1}{a}$이므로 조건 (가)를 만족시키려면 직선 $y=-b$는 그림의 (i) 또는 (ii)가 되어야 한다.

(i)의 경우 ㉠을 만족시키는 x의 값은 $\frac{1}{2a}$이므로 조건 (가)를 만족시키려면 $\frac{1}{2a}=\frac{1}{2}$에서 $a=1$이고 $-b=1$에서 $b=-1$이다.

(ii)의 경우 ㉠을 만족시키는 x의 값을 x_1, x_2라 하면 $\frac{x_1+x_2}{2}=\frac{1}{2a}$에서

함수 $y=\sin a\pi x$의 그래프는 직선 $x=\frac{1}{2a}$에 대하여 대칭이야.

$x_1+x_2=\frac{1}{a}$이므로 조건 (가)를 만족시키려면 $\frac{1}{a}=\frac{1}{2}$에서 $a=2$이고 $0<-b<1$, 즉 $-1<b<0$이어야 한다.

따라서 조건 (가)를 만족시키는 경우는

$a=1$, $b=-1$ 또는 $a=2$, $-1<b<0$인 경우이다.

2nd 조건 (나)를 만족시키는 a, b의 값을 각각 구해.

(Ⅰ) $a=1$, $b=-1$일 때,

$f(x)=|\sin\pi x-1|$이므로 $f(x)=\frac{2}{5}$에서

$|\sin\pi x-1|=\frac{2}{5}$, $\sin\pi x-1=\pm\frac{2}{5}$

$\therefore \sin\pi x=\frac{7}{5}$ 또는 $\sin\pi x=\frac{3}{5}$

이때, 함수 $y=\sin\pi x$의 주기는 $\frac{2\pi}{\pi}=2$이고 최댓값과 최솟값은 각각 1, -1이므로 함수 $y=\sin\pi x$의 그래프와 두 직선 $y=\frac{7}{5}$, $y=\frac{3}{5}$은 그림과 같다.

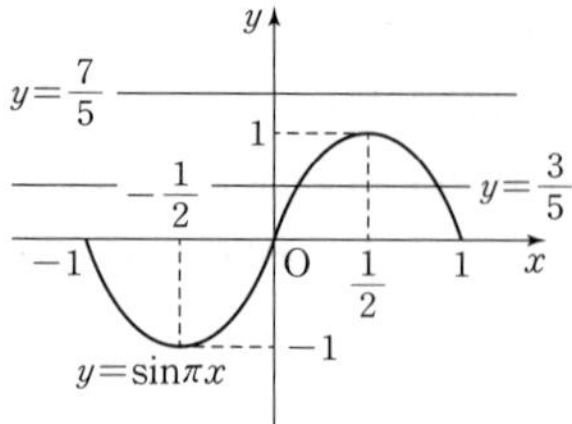

따라서 $f(x)=\frac{2}{5}$를 만족시키는 x의 값은 함수 $y=\sin\pi x$의 그래프와 직선 $y=\frac{3}{5}$이 만나는 두 점의 x좌표이고 이 두 점의 x좌표를 각각 x_3, x_4라 하면 $\frac{x_3+x_4}{2}=\frac{1}{2}$에서 $x_3+x_4=1$이므로

함수 $y=\sin\pi x$의 그래프는 직선 $x=\frac{1}{2}$에 대하여 대칭이야.

조건 (나)를 만족시키지 않는다.

(Ⅱ) $a=2$, $-1<b<0$일 때,

$f(x)=|\sin 2\pi x+b|$이므로 $f(x)=\frac{2}{5}$에서

$|\sin 2\pi x+b|=\frac{2}{5}$, $\sin 2\pi x+b=\pm\frac{2}{5}$

$\therefore \sin 2\pi x=\frac{2}{5}-b$ 또는 $\sin 2\pi x=-\frac{2}{5}-b$

이때, 함수 $y=\sin 2\pi x$의 주기는 $\frac{2\pi}{2\pi}=1$이고 최댓값과 최솟값은 각각 1, -1이므로 함수 $y=\sin 2\pi x$의 그래프는 그림과 같다.

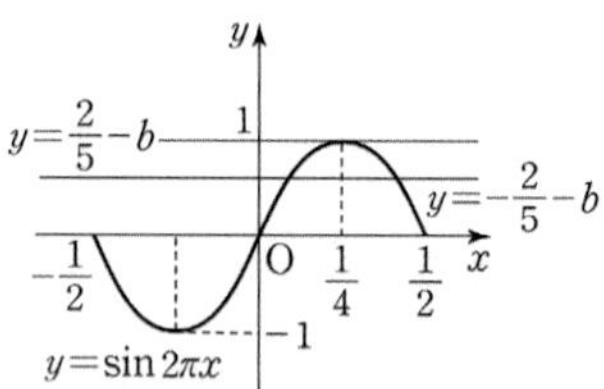

따라서 $f(x)=\frac{2}{5}$를 만족시키는 모든 x의 값의 합이 $\frac{3}{4}$이려면 두 직선 $y=\frac{2}{5}-b$, $y=-\frac{2}{5}-b$는 그림과 같아야 한다. 즉, 직선

함수 $y=\sin 2\pi x$의 그래프가 직선 $y=\frac{2}{5}-b$와 만나는 점의 x 좌표는 $\frac{1}{4}$이고 직선 $y=-\frac{2}{5}-b$와 만나는 두 점의 x 좌표를 각각 x_5, x_6이라 하면 $\frac{x_5+x_6}{2}=\frac{1}{4}$에서 $x_5+x_6=\frac{1}{2}$이므로 $f(x)=\frac{2}{5}$를 만족시키는 모든 x의 값의 합은 $\frac{1}{4}+x_5+x_6=\frac{1}{4}+\frac{1}{2}=\frac{3}{4}$으로 조건 (나)를 만족시켜.

$y=\frac{2}{5}-b$가 점 $\left(\frac{1}{4}, 1\right)$을 지나야 하므로 $1=\frac{2}{5}-b$에서 $b=-\frac{3}{5}$

3rd $60(a+b)$의 값을 구해.

(Ⅰ), (Ⅱ)에 의하여 $a=2$, $b=-\frac{3}{5}$이므로

$60(a+b)=60\times\left\{2+\left(-\frac{3}{5}\right)\right\}=60\times\frac{7}{5}=84$

E 177 정답 ② *삼각방정식과 삼각부등식의 활용 ······ [정답률 31%]

(정답 공식: 삼각함수의 그래프는 x축에 수직인 직선에 대하여 대칭임을 이용하여 조건을 만족시키는 자연수 k의 값을 찾는다.)

닫힌구간 $[-2\pi, 2\pi]$에서 정의된 두 함수

$f(x)=\sin kx+2$, $g(x)=3\cos 12x$

에 대하여 다음 조건을 만족시키는 자연수 k의 개수는? (4점)

> 실수 a가 두 곡선 $y=f(x)$, $y=g(x)$의 교점의 y좌표이면
> $\{x|f(x)=a\}\subset\{x|g(x)=a\}$이다.

단서 방정식 $f(x)=a$의 실근이 방정식 $g(x)=a$의 실근이어야 해.

① 3 ② 4 ③ 5 ④ 6 ⑤ 7

1st 두 함수 $y=f(x)$, $y=g(x)$의 그래프를 그려서 조건을 만족시키기 위한 조건을 생각해.

함수 $f(x)=\sin kx+2$는 주기가 $\frac{2\pi}{k}$이고 최댓값과 최솟값은 각각 3, 1

함수 $y=a\sin(bx+c)+d$의 주기는 $\frac{2\pi}{|b|}$

$-1\le\sin kx\le1$에서 $1\le\sin kx+2\le3$이므로 함수 $f(x)$의 최댓값과 최솟값은 각각 3, 1이야.

이다. 또, 함수 $g(x)=3\cos 12x$는 주기가 $\frac{2\pi}{12}=\frac{\pi}{6}$이고 최댓값과 최솟값은 각각 3, -3이다.

함수 $y=a\cos(bx+c)+d$의 주기는 $\frac{2\pi}{|b|}$

$-1\le\cos 12x\le1$에서 $-3\le3\cos 12x\le3$이므로 함수 $g(x)$의 최댓값과 최솟값은 각각 3, -3이야.

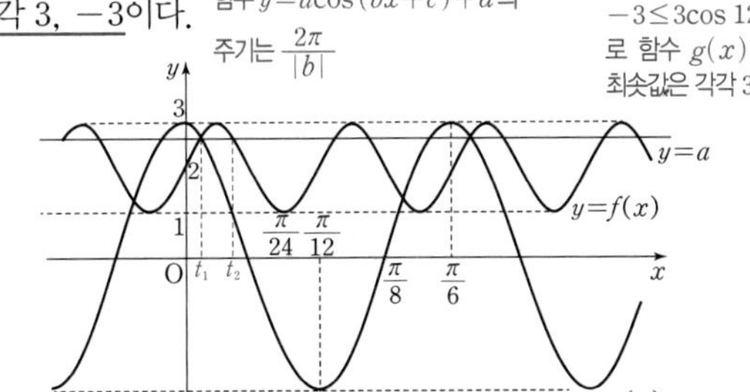

[그림 1]

이때, [그림 1]과 같이 함수 $y=f(x)$의 그래프가 그려지면 방정식 $f(x)=a$를 만족시키는 x의 값 중 방정식 $g(x)=a$를 만족시키지 않는 x의 값이 존재하므로 조건을 만족시키지 않는다.

[그림 1]에서 직선 $y=a$와 함수 $y=f(x)$의 그래프가 $x>0$에서 만나는 점의 x좌표를 작은 것부터 t_1, t_2, …라 하면 $f(t_1)=a$, $g(t_1)=a$이지만 $f(t_2)=a$, $g(t_2)\ne a$이므로 조건을 만족시키지 않아.

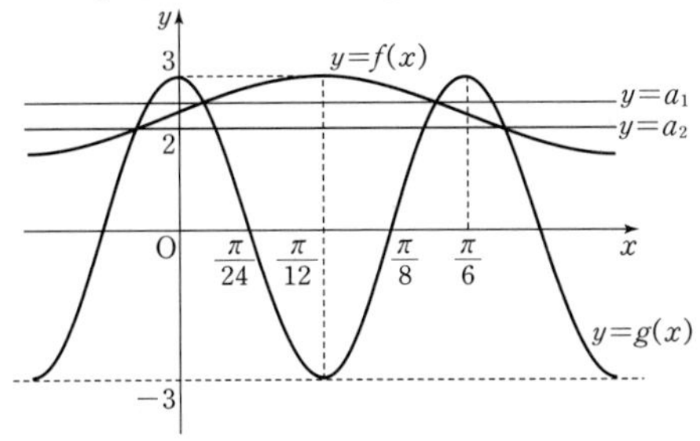

[그림 2]

따라서 조건을 만족시키기 위해서는 [그림 2]와 같이 함수 $y=f(x)$의 그래프는 함수 $y=g(x)$의 그래프와 같은 직선에 대하여 대칭이어야 한다.

함수 $g(x)$가 최대 또는 최소일 때의 x의 값을 α라 하면 함수 $y=g(x)$의 그래프는 직선 $x=\alpha$에 대하여 대칭이야. 즉, 조건을 만족시키려면 함수 $y=f(x)$의 그래프도 직선 $x=\alpha$에 대하여 대칭이어야 해.

2nd 함수 $y=f(x)$의 그래프가 함수 $y=g(x)$의 그래프와 같은 직선에 대칭일 때의 자연수 k를 모두 구해.

함수 $y=g(x)$의 그래프는 직선 $x=\frac{\pi}{12}n$(n은 정수)에 대하여 대칭이므로 조건을 만족시키기 위해서는 함수 $y=f(x)$의 그래프도 직선 $x=\frac{\pi}{12}n$에 대하여 대칭이어야 한다.

이때, 함수 $y=f(x)$의 그래프는 직선 $x=\frac{\pi}{2k}$에 대하여 대칭이므로

함수 $y=f(x)$의 그래프가 함수 $y=g(x)$의 그래프와 같은 직선에 대하여 대칭이려면

$\frac{\pi}{2k}=\frac{\pi}{12}n$에서 $k=\frac{6}{n}$

한편, k는 자연수이어야 하므로 n은 6의 약수이어야 한다.

따라서 가능한 n의 값은 1, 2, 3, 6이고 구하는 자연수 k의 값은 $n=1$일 때 $k=6$, $n=2$일 때 $k=3$, $n=3$일 때 $k=2$, $n=6$일 때 $k=1$이므로 구하는 자연수 k의 개수는 4이다.

E 178 정답 13 ······ ✪2등급 대비 [정답률 24%]

*어떤 원과 그 원의 현을 한 변으로 하는 정삼각형의 외접원의 공통부분의 넓이 구하기 [유형 05]

단서2 두 원 O_1, O_2의 중심을 지나는 직선을 그린 후, 두 원 O_1, O_2의 공통부분의 넓이를 구하기 위해 필요한 부채꼴과 삼각형을 찾아보자.

그림과 같이 반지름의 길이가 6인 원 O_1이 있다. 원 O_1 위에 서로 다른 두 점 A, B를 $\overline{AB}=6\sqrt{2}$가 되도록 잡고, 원 O_1의 내부에 점 C를 삼각형 ACB가 정삼각형이 되도록 잡는다. 정삼각형 ACB의 외접원을 O_2라 할 때, 원 O_1과 원 O_2의 공통부분의 넓이는 $p+q\sqrt{3}+r\pi$이다. $p+q+r$의 값을 구하시오. (단, p, q, r는 유리수이다.) (4점)

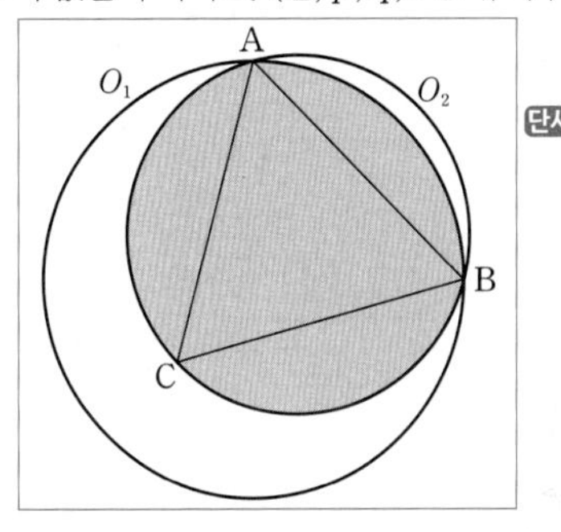

단서1 두 원 O_1, O_2의 중심을 지나는 직선은 점 C와 선분 AB의 중점을 지나.

 2등급? 두 원의 공통부분의 넓이를 구해야 하는데, 구하는 부분이 넓이 공식을 한번에 쓸 수 있는 일반적인 모양이 아니다. 따라서 원의 중심과 교점 등을 연결하는 보조선을 그어 넓이를 구하는 부분을 적당히 나누어 각 부분의 넓이의 합을 구하는 과정이 복잡하다.

단서+발상

단서1 선분 AB는 원 O_1의 현이면서 원 O_2의 현이다. (개념)
따라서 원 O_1의 중심 O_1과 선분 AB의 중점 M을 잇는 직선은 선분 AB와 수직이고, 원 O_2의 중심 O_2와 선분 AB의 중점 M을 잇는 직선은 선분 AB와 수직이다. (발상)
또한, 삼각형 ACB는 정삼각형이므로 점 C와 점 M을 잇는 직선은 선분 AB와 수직이다. (개념)
따라서 선분 CM 위에 두 점 O_1과 O_2가 위치한다.

단서2 공통부분은 점 C를 포함한 원 O_2의 호 AB와 원 O_1의 호 AB로 둘러싸여 있으므로 주어진 부분을 나누어 구해야 한다. (발상)
부채꼴 O_1AB의 넓이와 부채꼴 O_2AB의 넓이를 더한 뒤 삼각형 O_1O_2A와 삼각형 O_1O_2B의 넓이를 빼면 된다. (해결)

(주의) 현 AB의 길이와 원 O_1의 반지름의 길이를 활용하여 부채꼴 O_1AB의 중심각의 크기가 $\frac{\pi}{4}$임을 알 수 있다.

(핵심 정답 공식: 반지름의 길이가 r, 중심각의 크기가 θ인 부채꼴의 넓이 S는 $S=\frac{1}{2}r^2\theta$이다.)

[문제 풀이 순서]

1st 두 원 O_1과 O_2의 중심과 두 점 A, B를 잇는 선분을 그려서 생기는 부채꼴 모양의 넓이를 구해보자.

그림과 같이 원 O_1의 중심을 $\mathrm{O_1}$, 원 O_2의 중심을 $\mathrm{O_2}$, 직선 $\mathrm{O_1O_2}$가 선분 AB와 만나는 점을 M이라 하고, 직선 $\mathrm{O_1O_2}$가 원 O_1과 만나는 두 점 중에서 점 M에 가까운 점을 N이라 하자.

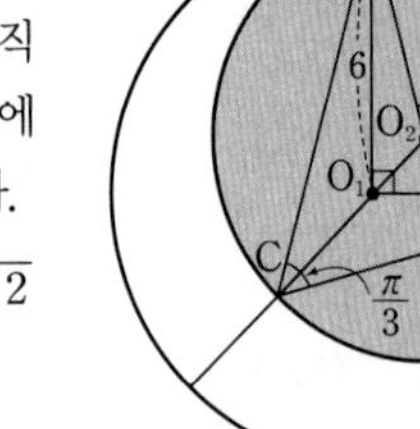

$\overline{\mathrm{O_1A}}=6$, $\overline{\mathrm{AM}}=\frac{1}{2}\overline{\mathrm{AB}}=\frac{1}{2}\times6\sqrt{2}=3\sqrt{2}$

이므로 직각삼각형 $\mathrm{AO_1M}$에서

$\sin(\angle\mathrm{AO_1M})=\frac{\overline{\mathrm{AM}}}{\overline{\mathrm{O_1A}}}=\frac{3\sqrt{2}}{6}=\frac{\sqrt{2}}{2}$

즉, $\angle\mathrm{AO_1M}=\frac{\pi}{4}$ ⋯ ㉠이므로 → $\sin\frac{\pi}{4}=\frac{\sqrt{2}}{2}$이므로 $\angle\mathrm{AO_1M}=\frac{\pi}{4}$

$\angle\mathrm{AO_1B}=\angle\mathrm{AO_1M}+\angle\mathrm{MO_1B}=\frac{\pi}{4}\times2=\frac{\pi}{2}$

원 O_1에서 점 N을 포함하는 부채꼴 $\mathrm{AO_1B}$의 넓이는

$\frac{1}{2}\times6^2\times\frac{\pi}{2}=9\pi$ ⋯ ㉡

2nd 점 C를 포함하는 부채꼴 $\mathrm{AO_2B}$의 넓이를 구하자.

→ [원주각과 중심각의 관계] 원에서 한 호에 대한 원주각의 크기는 중심각의 크기의 $\frac{1}{2}$이야.

원 O_2에서 $\angle\mathrm{ACB}=\frac{\pi}{3}$이므로 원주각과 중심각의 관계에 의해

→ $\triangle\mathrm{ABC}$가 정삼각형이니까 $\angle\mathrm{ACB}=\frac{\pi}{3}$야.

$\angle\mathrm{AO_2B}=2\times\angle\mathrm{ACB}=2\times\frac{\pi}{3}=\frac{2}{3}\pi$

직각삼각형 $\mathrm{AO_2M}$에서 $\angle\mathrm{AO_2M}=\frac{\pi}{3}$이므로 $\sin(\angle\mathrm{AO_2M})=\frac{\overline{\mathrm{AM}}}{\overline{\mathrm{O_2A}}}$

→ $\angle\mathrm{AO_2M}=\angle\mathrm{BO_2M}=\frac{\pi}{3}$

$\therefore \overline{\mathrm{O_2A}}=\frac{3\sqrt{2}}{\sin\frac{\pi}{3}}=\frac{3\sqrt{2}}{\frac{\sqrt{3}}{2}}=2\sqrt{6}$

점 C를 포함하는 부채꼴 $\mathrm{AO_2B}$(호 ACB와 두 선분 $\mathrm{AO_2}$, $\mathrm{BO_2}$로 둘러싸인 부분)의 넓이는

$\frac{1}{2}\times(2\sqrt{6})^2\times\frac{4}{3}\pi$

$=\frac{1}{2}\times24\times\frac{4}{3}\pi=16\pi$ ⋯ ㉢

→ 점 C를 포함하는 부채꼴 $\mathrm{AO_2B}$(호 ACB와 두 선분 $\mathrm{AO_2}$, $\mathrm{BO_2}$로 둘러싸인 부분)에서 원 O_2의 반지름의 길이 $\overline{\mathrm{O_2A}}=2\sqrt{6}$과 $\angle\mathrm{AO_2B}=2\pi-\frac{2}{3}\pi=\frac{4}{3}\pi$에 의해 부채꼴의 넓이는 $\frac{1}{2}\times\overline{\mathrm{O_2A}}^2\times(\angle\mathrm{AO_2B})=\frac{1}{2}\times(2\sqrt{6})^2\times\frac{4}{3}\pi$로 구할 수 있어.

3rd 삼각형 $\mathrm{AO_1O_2}$의 넓이를 구해.

㉠에 의해 삼각형 $\mathrm{AO_1M}$은 직각이등변삼각형이므로 $\overline{\mathrm{O_1M}}=\overline{\mathrm{AM}}=3\sqrt{2}$

직각삼각형 $\mathrm{AO_2M}$에서

$\tan(\angle\mathrm{AO_2M})=\frac{\overline{\mathrm{AM}}}{\overline{\mathrm{O_2M}}}$이므로 $\tan\frac{\pi}{3}=\frac{3\sqrt{2}}{\overline{\mathrm{O_2M}}}$

$\therefore \overline{\mathrm{O_2M}}=\frac{3\sqrt{2}}{\tan\frac{\pi}{3}}=\frac{3\sqrt{2}}{\sqrt{3}}=\sqrt{6}$

즉, $\overline{\mathrm{O_1O_2}}=\overline{\mathrm{O_1M}}-\overline{\mathrm{O_2M}}=3\sqrt{2}-\sqrt{6}$

삼각형 $\mathrm{AO_1O_2}$의 넓이는

→ 삼각형 $\mathrm{AO_1O_2}$의 넓이는 다음과 같이 구할 수도 있어. $\frac{1}{2}\times\overline{\mathrm{O_1O_2}}\times\overline{\mathrm{AM}}=\frac{1}{2}\times(3\sqrt{2}-\sqrt{6})\times3\sqrt{2}=9-3\sqrt{3}$

$\frac{1}{2}\times6\times(3\sqrt{2}-\sqrt{6})\times\sin\frac{\pi}{4}$

$=\frac{1}{2}\times6\times(3\sqrt{2}-\sqrt{6})\times\frac{\sqrt{2}}{2}$

$=9-3\sqrt{3}$ ⋯ ㉣

→ [삼각형의 넓이] 삼각형 ABC의 넓이를 S라고 하면 $S=\frac{1}{2}bc\sin A=\frac{1}{2}ac\sin B=\frac{1}{2}ab\sin C$

4th 원 O_1과 원 O_2의 공통부분의 넓이를 구하자.

(원 O_1과 원 O_2의 공통부분의 넓이)

=(점 N을 포함하는 부채꼴 $\mathrm{AO_1B}$의 넓이)

+(점 C를 포함하는 부채꼴 $\mathrm{AO_2B}$의 넓이)

$-2\times$(삼각형 $\mathrm{AO_1O_2}$의 넓이)

$=9\pi+16\pi-2\times(9-3\sqrt{3})$ ($\because$ ㉡, ㉢, ㉣) → 삼각형 $\mathrm{AO_1O_2}$와 삼각형 $\mathrm{BO_1O_2}$는 서로 합동이야.

$=-18+6\sqrt{3}+25\pi$

따라서 $p=-18$, $q=6$, $r=25$이므로

$p+q+r=(-18)+6+25=13$

> 1등급 대비 특강
>
> ＊ 원의 일부분으로 둘러싸인 부분의 넓이 구하기
>
> 원의 일부분으로 둘러싸인 부분의 넓이는 부채꼴과 나머지 부분의 합과 차로 구할 수 있어. 따라서 점 $\mathrm{O_1}$, $\mathrm{O_2}$를 중심으로 하는 부채꼴과 두 부채꼴이 겹치는 부분인 사각형 $\mathrm{O_1BO_2A}$의 넓이를 빼서 구할 수 있어.

E 179 정답 ①

✪2등급 대비 [정답률 26%]

＊음이 아닌 정수 조건을 활용하여 주어진 부정방정식 해결하기 [유형 17+23]

> 음이 아닌 세 정수 a, b, n에 대하여
>
> 단서 중요한 힌트가 되는 조건이야. 잊지 않도록 주의해.
>
> $(a^2+b^2+2ab-4)\cos\frac{n}{4}\pi+(b^2+ab+2)\tan\frac{2n+1}{4}\pi=0$
>
> 일 때, $a+b+\sin^2\frac{n}{8}\pi$의 값은? (단, $a\geq b$) (4점)
>
> ① 4 ② $\frac{19}{4}$ ③ $\frac{11}{2}$
>
> ④ $\frac{25}{4}$ ⑤ 7

왜 2등급? 주어진 삼각방정식을 만족시키는 음이 아닌 정수 a, b, n을 구하는 문제이다. 미지수가 3개이지만 음이 아닌 정수라는 조건이 있으므로 함수 $y=\cos\frac{\pi x}{4}$와 $y=\tan\frac{\pi x}{4}x$의 주기를 구한 뒤 정수 n을 주기로 나눈 나머지에 따라 나누어 따져 볼 수 있어야 한다.

단서+발상

단서 함수 $\cos\pi x$와 $\tan\pi x$의 주기는 각각 2, 1이므로 (개념)

$\cos\frac{n\pi}{4}$와 $\tan\frac{2n+1}{4}\pi$의 주기는 각각 8, 2이다. (적용)

n은 음이 아닌 정수이므로 n을 8로 나눈 나머지에 따라 구분할 수 있다. (발상)

n이 홀수이면 $\cos\frac{n\pi}{4}$가 무리수이고, $\tan\frac{2n+1}{4}\pi$는 -1이다. (발상)

a, b는 정수이므로 주어진 식이 0이 되기 위해서 $a^2+b^2+2ab-4=0$이 되어야 하고, $b^2+ab+2=0$이 되어야 한다. (적용)

a, b는 음이 아닌 정수이므로 $b^2+ab+2=0$이 될 수 없다. n이 짝수인 경우도 a, b가 음이 아닌 정수인 점과 $a\geq b$를 활용하여 특정 값을 구할 수 있다. (해결)

주의 세 정수 a, b, n이 0 이상임을 놓치지 않아야 $b^2+ab+2=0$이어야 하는 경우를 제외할 수 있다.

(핵심 정답 공식: 삼각함수의 주기를 이용하자.)

[문제 풀이 순서]

1st 주어진 식에서 cos과 tan의 주기를 각각 구하자.

함수 $y=\cos\frac{x}{4}\pi$의 주기는 8이고, 함수 $y=\tan\frac{(2n+1)\pi}{4}$의 주기는 2이다.

$y=\cos x$의 주기는 2π이므로 $y=\cos\frac{x}{4}\pi$의 주기는 $\frac{2\pi}{\frac{\pi}{4}}=8$

$y=\tan x$의 주기는 π이므로 $y=\tan\frac{(2x+1)\pi}{4}=\tan\left(\frac{\pi}{2}x+\frac{\pi}{4}\right)$의 주기는 $\frac{\pi}{\frac{\pi}{2}}=2$야.

2nd 주기 내에서 가능한 경우를 나누어 방정식을 풀자.

(i) $n=8k$(k는 음이 아닌 정수)일 때

> 함정: 주어진 식에서 cos과 tan의 주기가 각각 8, 2이므로 주어진 식은 $n=1$, $1+8$, $1+2\times8$, $1+3\times8$, $\cdots$에서 같은 값을 가져. 마찬가지로 $n=2$, $2+8$, $2+2\times8$, $2+3\times8$, $\cdots$에서도 주어진 식은 같은 값을 가지므로 $n=8k$, $n=8k+1$, $n=8k+2$, $\cdots$, $n=8k+7$(단, k는 음이 아닌 정수)의 8가지 경우로 나누어 살펴보면 돼.

$\cos\frac{n}{4}\pi=\cos 2k\pi=\cos 0=1$이고

$y=\cos x$의 그래프는 주기가 2π이므로 $\cos(2\pi+x)=\cos x$가 성립해.

$\tan\frac{2n+1}{4}\pi=\tan\left(4k+\frac{1}{4}\right)\pi$

$=\tan\frac{\pi}{4}=1$

$y=\tan x$의 그래프는 주기가 π이므로 $\tan(\pi+x)=\tan x$가 성립해.

$(a^2+b^2+2ab-4)\cos\frac{n}{4}\pi+(b^2+ab+2)\tan\frac{2n+1}{4}\pi=0$에서

$(a^2+b^2+2ab-4)+(b^2+ab+2)=0$, $a^2+2b^2+3ab-2=0$

$\therefore (a+b)(a+2b)=2$

음이 아닌 정수 a, b에 대하여 $a+b<a+2b$이므로

$(a+b)(a+2b)=2$를 만족시키는 경우는 $a+b=1$, $a+2b=2$뿐이다.

연립방정식을 풀면 $a=0$, $b=1$이지만 주어진 조건 $a\geq b$와 모순이다.

(ii) $n=8k+1$(k는 음이 아닌 정수)일 때

$\cos\frac{n}{4}\pi=\cos\left(2k+\frac{1}{4}\right)\pi=\cos\frac{\pi}{4}=\frac{\sqrt{2}}{2}$이고

$y=\cos x$의 그래프는 주기가 2π이므로 $\cos(2\pi+x)=\cos x$가 성립해.

$\tan\frac{2n+1}{4}\pi=\tan\left(4k+\frac{3}{4}\right)\pi=\tan\frac{3}{4}\pi$

$=\tan\left(\pi-\frac{\pi}{4}\right)=-\tan\frac{\pi}{4}=-1$

$y=\tan x$의 그래프는 원점에 대하여 대칭이므로 $\tan(-x)=-\tan x$가 성립해.

$(a^2+b^2+2ab-4)\cos\frac{n}{4}\pi+(b^2+ab+2)\tan\frac{2n+1}{4}\pi=0$에서

$(a^2+b^2+2ab-4)\times\frac{\sqrt{2}}{2}+(b^2+ab+2)\times(-1)=0$이므로

$a^2+b^2+2ab-4=0$이고, $b^2+ab+2=0$

a, b는 정수이므로 $(a^2+b^2+2ab-4)\times\frac{\sqrt{2}}{2}+(b^2+ab+2)\times(-1)=0$이려면 유리수 부분과 무리수 부분이 각각 0이 되어야 해. 즉, $a^2+b^2+2ab-4=0$, $b^2+ab+2=0$이어야 해.

$b(a+b)=-2$에서 $b\geq0$, $a+b\geq0$이므로

$b^2+ab+2=0$, $b^2+ab=-2$, $b(a+b)=-2$

$b(a+b)\geq0$이고 -2일 수 없다. $\cdots$ ☆

(iii) $n=8k+2$(k는 음이 아닌 정수)일 때

$\cos\frac{n}{4}\pi=\cos\left(2k+\frac{1}{2}\right)\pi=\cos\frac{\pi}{2}=0$이고

$y=\cos x$의 그래프는 주기가 2π이므로 $\cos(2\pi+x)=\cos x$가 성립해.

$\tan\frac{2n+1}{4}\pi=\tan\left(4k+\frac{5}{4}\right)\pi=\tan\frac{5}{4}\pi$

$=\tan\left(\pi+\frac{\pi}{4}\right)=\tan\frac{\pi}{4}=1$

$y=\tan x$의 그래프는 주기가 π이므로 $\tan(\pi+x)=\tan x$가 성립해.

$(a^2+b^2+2ab-4)\cos\frac{n}{4}\pi+(b^2+ab+2)\tan\frac{2n+1}{4}\pi=0$에서

$(a^2+b^2+2ab-4)\times0+(b^2+ab+2)\times1=0$이므로

$b^2+ab+2=0$

즉, $b^2+ab+2=0$을 만족시키는 음이 아닌 정수 a, b는 존재하지 않는다. ($\because$ ☆)

(iv) $n=8k+3$(k는 음이 아닌 정수)일 때

$\cos\frac{n}{4}\pi=\cos\left(2k+\frac{3}{4}\right)\pi=\cos\frac{3}{4}\pi$

$=\cos\left(\pi-\frac{\pi}{4}\right)=-\cos\frac{\pi}{4}=-\frac{\sqrt{2}}{2}$

$y=\cos x$의 그래프는 x축의 방향으로 $-\pi$만큼 평행이동하면 $y=-\cos x$의 그래프와 겹쳐져. 즉, $\cos(\pi+x)=-\cos x$, $\cos(\pi-x)=-\cos x$

$\tan\frac{2n+1}{4}\pi=\tan\left(4k+\frac{7}{4}\right)\pi$

$=\tan\left(\pi+\frac{3}{4}\pi\right)$

$=\tan\frac{3}{4}\pi$

$=\tan\left(\pi-\frac{\pi}{4}\right)=-\tan\frac{\pi}{4}=-1$

(ii)와 같으므로

$a^2+b^2+2ab-4=0$, $b^2+ab+2=0$

즉, $b^2+ab+2=0$을 만족시키는 음이 아닌 정수 a, b는 존재하지 않는다. ($\because$ ☆)

(v) $n=8k+4$(k는 음이 아닌 정수)일 때

$\cos\frac{n}{4}\pi=\cos(2k+1)\pi=\cos\pi=-\cos0=-1$이고

$y=\cos x$의 그래프는 x축의 방향으로 $-\pi$만큼 평행이동하면 $y=-\cos x$의 그래프와 겹쳐져. 즉, $\cos(\pi+x)=-\cos x$, $\cos(\pi-x)=-\cos x$

$\tan\frac{2n+1}{4}\pi=\tan\left(4k+\frac{9}{4}\right)\pi=\tan\frac{9}{4}\pi$

$=\tan\left(2\pi+\frac{\pi}{4}\right)=\tan\frac{\pi}{4}=1$.

$y=\tan x$의 그래프는 주기가 π이므로 $\tan(\pi+x)=\tan x$가 성립해.

$-(a^2+b^2+2ab-4)+(b^2+ab+2)=0$

$a^2+ab-6=0$, $a(a+b)=6$

$\therefore a=1$, $a+b=6$ 또는 $a=2$, $a+b=3$

즉, $a=1$, $b=5$ 또는 $a=2$, $b=1$이고,

$a\geq b$이므로 $a=2$, $b=1$이다.

(vi) $n=8k+5$(k는 음이 아닌 정수)일 때

$\cos\frac{n}{4}\pi=\cos\left(2k+\frac{5}{4}\right)\pi=\cos\frac{5}{4}\pi$

$=\cos\left(\pi+\frac{\pi}{4}\right)=-\cos\frac{\pi}{4}=-\frac{\sqrt{2}}{2}$이고,

$y=\cos x$의 그래프는 x축의 방향으로 $-\pi$만큼 평행이동하면 $y=-\cos x$의 그래프와 겹쳐져. 즉, $\cos(\pi+x)=-\cos x$, $\cos(\pi-x)=-\cos x$

$\tan\frac{2n+1}{4}\pi=\tan\left(4k+\frac{11}{4}\right)\pi=\tan\frac{11}{4}\pi=\tan\left(2\pi+\frac{3}{4}\pi\right)$

$=\tan\frac{3}{4}\pi=\tan\left(\pi-\frac{\pi}{4}\right)=-\tan\frac{\pi}{4}=-1$이므로

$y=\tan x$의 그래프는 주기가 π이므로 $\tan(\pi+x)=\tan x$가 성립해.

(ii)와 같으므로

$a^2+b^2+2ab-4=0$, $b^2+ab+2=0$

즉, $b^2+ab+2=0$을 만족시키는 음이 아닌 정수 a, b는 존재하지 않는다. ($\because$ ☆)

(vii) $n=8k+6$(k는 음이 아닌 정수)일 때

$\cos\frac{n}{4}\pi=\cos\left(2k+\frac{3}{2}\right)\pi=\cos\left(\pi+\frac{\pi}{2}\right)=-\cos\frac{\pi}{2}=0$이고

$y=\cos x$의 그래프는 x축의 방향으로 $-\pi$만큼 평행이동하면 $y=-\cos x$의 그래프와 겹쳐져. 즉, $\cos(\pi+x)=-\cos x$, $\cos(\pi-x)=-\cos x$

$\tan\frac{2n+1}{4}\pi=\tan\left(4k+\frac{13}{4}\right)\pi=\tan\frac{\pi}{4}=1$이므로

$y=\tan x$의 그래프는 주기가 π이므로 $\tan(\pi+x)=\tan x$가 성립해.

(iii)과 같으므로

$b^2+ab+2=0$

즉, $b^2+ab+2=0$을 만족시키는 음이 아닌 정수 a, b는 존재하지 않는다. ($\because$ ☆)

(viii) $n=8k+7$(k는 음이 아닌 정수)일 때

$$\cos\frac{n}{4}\pi=\cos\left(2k+\frac{7}{4}\right)\pi$$
$$=\cos\frac{7}{4}\pi$$
$$=\cos\left(2\pi-\frac{\pi}{4}\right)$$
$$=\cos\left(-\frac{\pi}{4}\right)=\cos\frac{\pi}{4}=\frac{\sqrt{2}}{2}$$ 이고

$y=\cos x$의 그래프는 y축에 대하여 대칭이므로 $\cos(-x)=\cos x$이야.

$$\tan\frac{2n+1}{4}\pi=\tan\left(4k+\frac{15}{4}\right)\pi$$
$$=\tan\left(4\pi-\frac{\pi}{4}\right)$$
$$=\tan\left(-\frac{\pi}{4}\right)=-\tan\frac{\pi}{4}=-1$$

$(a^2+b^2+2ab-4)\times\frac{\sqrt{2}}{2}+(b^2+ab+2)\times(-1)=0$이므로

$a^2+b^2+2ab-4=0$, $b^2+ab+2=0$이다.

즉, $b^2+ab+2=0$을 만족시키는 음이 아닌 정수 a, b는 존재하지 않는다. (∵ ☆)

(i)~(viii)에 의하여

$n=8k+4$(k는 음이 아닌 정수)일 때, $a=2$, $b=1$

$$\therefore a+b+\sin^2\frac{n}{8}\pi=2+1+\sin^2\left(k+\frac{1}{2}\right)\pi=2+1+1=4$$

k는 음이 아닌 정수이므로 $\sin\left(k+\frac{1}{2}\right)\pi$의 값은 $\sin\frac{\pi}{2}=1$, $\sin\frac{3}{2}\pi=-1$, $\sin\frac{5}{2}\pi=1$, $\sin\frac{7}{2}\pi=-1$, …이므로 $\sin^2\left(k+\frac{1}{2}\right)\pi=1$

My Top Secret 서울대 선배의 ❶ 등급 대비 전략

문자가 많고 식이 복잡하게 주어지더라도 문제에서 물어보는 값이 음이 아닌 정수라면 음이 아닌 정수의 성질을 활용해서 문제를 해결할 수 있어. 특정 범위에서 음이 아닌 정수는 셀 수 있으므로 하나하나 분류하여 계산해보아도 되고, p, q가 정수이고 $p+q\sqrt{2}=0$일 때, $p=q=0$인 성질을 활용해도 돼. 그리고 $p+q+2=0$인 음이 아닌 정수 p, q는 없다는 성질을 활용할 수 있지.

E 180 정답 ②

✪2등급 대비 [정답률 22%]

*삼각함수의 주기성과 대칭성을 활용하여 집합의 원소의 개수 구하기

[유형 15+17+25]

> 자연수 k에 대하여 집합 A_k를
>
> 단서 m은 자연수이므로 $A_k=\left\{\sin 0, \sin\frac{2\pi}{k}, \cdots, \sin\frac{2(k-1)}{k}\pi\right\}$이야.
>
> $$A_k=\left\{\sin\frac{2(m-1)}{k}\pi \;\middle|\; m\text{은 자연수}\right\}$$
>
> 라 할 때, [보기]에서 옳은 것만을 있는 대로 고른 것은? (4점)
>
> [보기]
>
> ㄱ. $A_3=\left\{-\frac{\sqrt{3}}{2}, 0, \frac{\sqrt{3}}{2}\right\}$
>
> ㄴ. 1이 집합 A_k의 원소가 되도록 하는 두 자리 자연수 k의 개수는 22이다.
>
> ㄷ. $n(A_k)=11$을 만족시키는 모든 k의 값의 합은 33이다.
>
> ① ㄱ ② ㄱ, ㄴ ③ ㄱ, ㄷ ④ ㄴ, ㄷ ⑤ ㄱ, ㄴ, ㄷ

왜 2등급? 사인함수의 함숫값을 원소로 갖는 집합의 원소에 대한 명제의 참, 거짓을 따지는 문제이다.
사인함수의 대칭성과 주기성을 활용하여 k를 4로 나눈 나머지에 따라 분류하여 따져보는 과정이 복잡하다.

단서+발상

단서 함수 $y=a\sin(bx+c)+d$의 주기는 $\frac{2\pi}{|b|}$이므로 함수 $y=\sin\frac{2(m-1)}{k}\pi$의 주기는 k임을 알 수 있다. (개념)

즉, 함수 $y=\sin\frac{2(m-1)}{k}\pi$에 대하여 $m=n$일 때와 $m=n+k$일 때의 함숫값은 동일하고 m은 자연수이므로 m의 값이 1부터 k까지일 때의 함숫값과 m의 값이 $k+1$부터 $2k$까지일 때의 함숫값은 각각 서로 동일하다. (발상)

따라서 집합 A_k의 원소는 m의 값이 1부터 k까지일 때만 고려하면 된다. (적용)

ㄴ을 이용하여 1이 집합 A_k의 원소가 되기 위한 k의 조건을 파악하고 이 과정에서 k를 4로 나눈 나머지를 기준으로 집합 A_k를 분류할 수 있음을 알 수 있다. (발상)

이때, k의 값이 짝수이면 $y=\sin x$의 대칭성을 이용하여 m의 값이 1부터 k까지일 때 서로 겹치는 경우가 있음을 고려해야 한다. (적용)

(주의) 집합 A_k의 원소의 개수를 구하기 위해 함수 $y=\sin x$의 대칭성을 고려하여 k를 4로 나눈 나머지로 분류해 따져 주어야 한다.

(핵심 정답 공식: 사인함수의 그래프의 주기성과 대칭성을 이용한다.)

[문제 풀이 순서]

1st 집합 A_3을 구하자.

$f(m)=\sin\frac{2(m-1)}{k}\pi$라 하면 함수 $f(m)$의 주기가 k이므로 $A_k=\{f(1), f(2), \cdots, f(k)\}$이다.

함수 $y=a\sin(bx+c)+d$의 주기는 $\frac{2\pi}{|b|}$야.

ㄱ. $k=3$일 때, $f(1)=0$, $f(2)=\sin\frac{2}{3}\pi=\frac{\sqrt{3}}{2}$,

$f(3)=\sin\frac{4}{3}\pi=-\frac{\sqrt{3}}{2}$이므로

$A_3=\left\{-\frac{\sqrt{3}}{2}, 0, \frac{\sqrt{3}}{2}\right\}$ (참)

2nd $\sin\frac{2(m-1)}{k}\pi=1$인 경우를 찾아보자.

ㄴ. 1이 집합 A_k의 원소가 되려면 $f(m)=1$을 만족시키는 자연수 $m(m=1, 2, \cdots, k)$이 존재해야 한다.

즉, $\sin\frac{2(m-1)}{k}\pi=1$에서 $\frac{2(m-1)}{k}\pi=\frac{\pi}{2}$ $\quad\therefore m=1+\frac{k}{4}$

이때, m은 자연수이므로 k는 4의 배수이어야 하고 두 자리 자연수 중 4의 배수인 것은 12, 16, …, 96의 22개이므로 1이 집합 A_k의 원소가 되도록 하는 두 자리 자연수 k의 개수는 22이다. (참)

두 자리 자연수 중 4의 배수인 것은 4×3, 4×4, …, 4×24이므로 그 개수는 $24-3+1=22$야.

3rd k의 값에 따라 집합 A_k의 원소의 개수를 찾아보자.

ㄷ. 4 이상의 자연수 k에 대하여

(i) $k=4l$ (l은 자연수)인 경우

$f(m)=\sin\frac{2(m-1)}{4l}\pi=\sin\frac{m-1}{2l}\pi$이므로

$m=1$일 때, $f(1)=\sin\frac{1-1}{2l}\pi=\sin 0=0$

$m=l+1$일 때, $f(l+1)=\sin\frac{l+1-1}{2l}\pi=\sin\frac{\pi}{2}=1$

$m=2l+1$일 때, $f(2l+1)=\sin\frac{2l+1-1}{2l}\pi=\sin\pi=0$

$m=\alpha$ ($\alpha=2, 3, \cdots, l$)일 때,

$\pi-\frac{\alpha-1}{2l}\pi=\frac{(2l+2-\alpha)-1}{2l}\pi$이므로 $\beta=2l+2-\alpha$라 하면

$f(\alpha)=f(\beta)$ 사인함수의 대칭성에 의하여 $f(2)=f(2l), f(3)=f(2l-1), \cdots, f(l)=f(l+2)$라는 말이야.

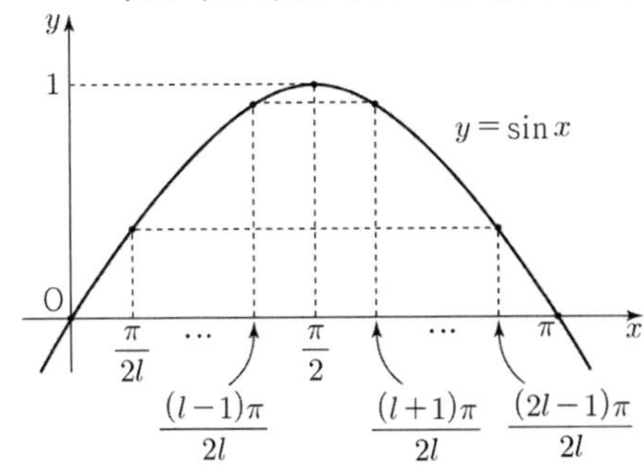

따라서 집합 A_k의 원소 중 양수는 $f(2), f(3), \cdots, f(l+1)$이고 그 개수는 l이다.
같은 방법으로 집합 A_k의 원소 중 음수의 개수도 l이므로 집합 A_k의 원소의 개수는 $l+l+1=2l+1$
이때, $n(A_k)=11$이면 $2l+1=11$에서 $l=5$
$\therefore k=4l=20$

(ii) $k=4l+1$ (l은 자연수)인 경우

$f(m)=\sin\frac{2(m-1)}{4l+1}\pi$이므로

$m=1$일 때, $f(1)=\sin\frac{2\times(1-1)}{4l+1}\pi=\sin 0=0$

$4l+1$ 이하의 서로 다른 두 자연수 r, s에 대하여

$\frac{2(r-1)}{4l+1}\pi+\frac{2(s-1)}{4l+1}\pi=\frac{2(r+s-2)}{4l+1}\pi$에서 $4l+1$은 홀수이고 $2(r+s-2)$는 짝수이므로

$\frac{2(r+s-2)}{4l+1}\pi\neq\pi$, $\frac{2(r+s-2)}{4l+1}\pi\neq 3\pi$이다.

함수 $y=\sin\theta\,(0\le\theta\le2\pi)$의 그래프는 직선 $\theta=\frac{\pi}{2}$ 또는 직선 $\theta=\frac{3}{2}\pi$에 대하여 대칭이므로 서로 다른 두 각에서의 함숫값이 서로 같으려면 그 두 각의 합이 $\frac{\pi}{2}\times2$ 또는 $\frac{3}{2}\pi\times2$이어야 해. 이 경우에는 두 각의 합이 $\frac{\pi}{2}\times2$ 또는 $\frac{3}{2}\pi\times2$인 경우가 없으므로 모든 경우의 함숫값이 서로 다르다고 할 수 있어.

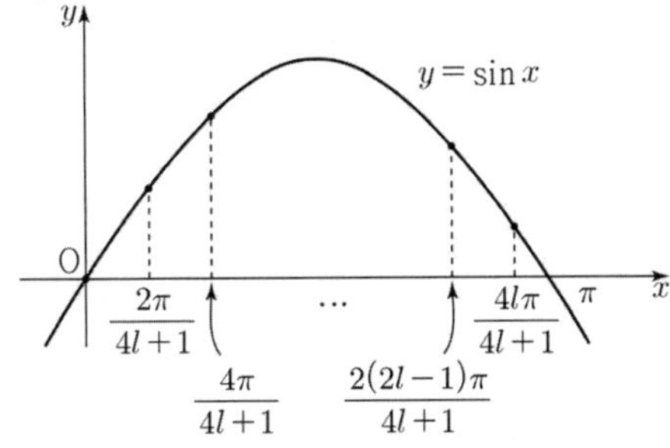

따라서 집합 A_k의 원소의 개수는 $4l+1$

이때, $n(A_k)=11$이면 $4l+1=11$에서 $l=\frac{5}{2}$

그런데 l은 자연수이므로 조건을 만족시키는 k의 값은 존재하지 않는다.

(iii) $k=4l+2$ (l은 자연수)인 경우

$f(m)=\sin\frac{2(m-1)}{4l+2}\pi=\sin\frac{m-1}{2l+1}\pi$

$m=1$일 때, $f(1)=\sin\frac{1-1}{2l+1}\pi=\sin 0=0$

$m=2l+2$일 때, $f(2l+2)=\sin\frac{2l+2-1}{2l+1}\pi=\sin\pi=0$

$m=\alpha$ ($\alpha=2, 3, \cdots, l+1$)일 때,

$\pi-\frac{\alpha-1}{2l+1}\pi=\frac{(2l+3-\alpha)-1}{2l+1}\pi$이므로 $\beta=2l+3-\alpha$라 하면

$f(\alpha)=f(\beta)$ 사인함수의 대칭성에 의하여 $f(2)=f(2l+1), f(3)=f(2l), \cdots, f(l+1)=f(l+2)$라는 말이야.

집합 A_k의 원소 중 양수는 $f(2), f(3), \cdots, f(l+1)$이고 그 개수는 l이다.
같은 방법으로 집합 A_k의 원소 중 음수의 개수도 l이므로 집합 A_k의 원소의 개수는 $l+l+1=2l+1$
이때, $n(A_k)=11$이면 $2l+1=11$에서 $l=5$
$\therefore k=4l+2=22$

(iv) $k=4l+3$ (l은 자연수)인 경우

(ii)와 같은 방법으로 구하면 집합 A_k의 원소의 개수는 $4l+3$이다.

이때, $n(A_k)=11$이면
$4l+3=11$에서 $l=2$
$\therefore k=4l+3=11$

함정 앞에서 4 이상의 자연수 k에 대하여 $n(A_k)=11$을 만족시키는 k의 값만을 구했기 때문에 $k=1, 2, 3$일 때도 놓치지 말고 확인해줘야 해.

(v) $A_1=A_2=\{0\}$이고 $A_3=\left\{-\frac{\sqrt{3}}{2}, 0, \frac{\sqrt{3}}{2}\right\}$

$k=1$이면 $f(m)=\sin 2(m-1)\pi$이고 $f(1)=f(2)=f(3)=\cdots=0$
$k=2$이면 $f(m)=\sin(m-1)\pi$이고 $f(1)=f(2)=f(3)=\cdots=0$

이므로 $n(A_k)=11$을 만족시키지 않는다.

(i)~(v)에 의하여 $n(A_k)=11$을 만족시키는 모든 k의 값의 합은
$20+22+11=53$ (거짓)

따라서 옳은 것은 ㄱ, ㄴ이다.

1등급 대비 특강

＊ ㄷ에서 자연수 k를 4로 나눈 나머지에 따라 분류하는 이유

ㄴ을 판단하면서 $\frac{2(m-1)}{k}\pi=\frac{\pi}{2}$인 m의 값이 존재하도록 하는 k의 조건을 찾았지? 이때, k가 4의 배수이므로 k가 4의 배수가 아닐 때는 집합 A_k의 원소에 1이 없어. 같은 방식으로 $m=1$일 때를 제외하고 A_k의 원소에 0이 있는지를 따져보면, k가 짝수이어야 함을 알 수 있어. 따라서 k를 4로 나눈 나머지를 기준으로 $4l$, $4l+1$, $4l+2$, $4l+3$으로 나누어 각 경우에서 원소의 개수를 나타낼 수 있어.

E 181 정답 ② ✪2등급 대비 [정답률 26%]

*주어진 삼각방정식의 해는 삼각함수의 그래프와 직선의 교점의 x좌표임을 알고 명제의 참, 거짓 판별하기 [유형 13+15+17+25]

$-1\le t\le 1$인 실수 t에 대하여 x에 대한 방정식

$$\left(\sin\frac{\pi x}{2}-t\right)\left(\cos\frac{\pi x}{2}-t\right)=0$$

단서1 $f(x)g(x)=0$이면 $f(x)=0$ 또는 $g(x)=0$이야. 즉, 주어진 방정식의 해는 $\sin\frac{\pi x}{2}-t=0$ 또는 $\cos\frac{\pi x}{2}-t=0$을 만족시키는 x의 값이야.

의 실근 중에서 집합 $\{x|0\le x<4\}$에 속하는 가장 작은 값을 $\alpha(t)$, 가장 큰 값을 $\beta(t)$라 하자. [보기]에서 옳은 것만을 있는 대로 고른 것은? (4점) 단서2 그래프를 그려서 $\alpha(t)$, $\beta(t)$의 값을 추측해.

[보기]

ㄱ. $-1\le t<0$인 모든 실수 t에 대하여 $\alpha(t)+\beta(t)=5$이다.

ㄴ. $\{t|\beta(t)-\alpha(t)=\beta(0)-\alpha(0)\}=\left\{t\,\middle|\,0\le t\le\frac{\sqrt{2}}{2}\right\}$

ㄷ. $\alpha(t_1)=\alpha(t_2)$인 두 실수 t_1, t_2에 대하여 $t_2-t_1=\frac{1}{2}$이면 $t_1\times t_2=\frac{1}{3}$이다.

① ㄱ ② ㄱ, ㄴ ③ ㄱ, ㄷ ④ ㄴ, ㄷ ⑤ ㄱ, ㄴ, ㄷ

왜 2등급? 방정식의 해와 그래프의 교점 사이의 관계를 이용하여 삼각방정식의 해를 판단하는 문제이다.
주어진 삼각방정식의 해를 삼각함수의 그래프와 직선 $y=t$의 교점의 x좌표로 파악할 수 있어야 하며 교점 중 가장 왼쪽에 있는 점의 x좌표가 $\alpha(t)$, 가장 오른쪽에 있는 점의 x좌표가 $\beta(t)$임을 파악해야 한다.

단서+발상

단서1 삼각방정식의 해는 그래프를 그려서 해결하는 것이 일반적이다. (발상)
따라서 주어진 삼각방정식의 해를 삼각함수의 그래프와 직선의 교점의 x좌표를 이용하여 $\alpha(t)$, $\beta(t)$를 추론해야 한다. (적용)

단서2 주어진 방정식은 $\sin\frac{\pi x}{2}=t$ 또는 $\cos\frac{\pi x}{2}=t$를 만족시키는 x의 값이다. (발상)
이때, 실수 t의 값에 따라 삼각방정식의 해가 달라지므로 정확한 해를 구할 수 없지만 삼각함수의 그래프의 대칭성을 이용하여 $\alpha(t)$, $\beta(t)$에 대한 관계를 찾을 수 있다. (적용)

(주의) 실수 t의 값에 따라 $\alpha(t)$와 $\beta(t)$는 함수 $y=\sin\frac{\pi x}{2}$의 그래프 위의 점의 x좌표일 수도 있고, 함수 $y=\cos\frac{\pi x}{2}$의 그래프 위의 점의 x좌표일 수도 있음을 알아야 한다.

(핵심 정답 공식: 방정식 $f(x)=g(x)$의 해는 두 함수 $y=f(x)$, $y=g(x)$의 그래프의 교점의 x좌표와 같다.)

[문제 풀이 순서]

1st 두 함수 $y=\sin\frac{\pi x}{2}$, $y=\cos\frac{\pi x}{2}$의 그래프를 그려 봐.

$\left(\sin\frac{\pi x}{2}-t\right)\left(\cos\frac{\pi x}{2}-t\right)=0$에서 $\sin\frac{\pi x}{2}=t$ 또는 $\cos\frac{\pi x}{2}=t$

즉, 주어진 방정식의 해는 $0\le x<4$에서 두 함수 $y=\sin\frac{\pi x}{2}$, $y=\cos\frac{\pi x}{2}$의 그래프와 직선 $y=t$의 교점의 x좌표이고 $\alpha(t)$는 그 중 가장 작은 값, $\beta(t)$는 그 중 가장 큰 값이다.

이때, 두 함수 $y=\sin\frac{\pi x}{2}$, $y=\cos\frac{\pi x}{2}$의 주기는 모두 $\frac{2\pi}{\frac{\pi}{2}}=4$이므로 $0\le x<4$에서 두 함수 $y=\sin\frac{\pi x}{2}$, $y=\cos\frac{\pi x}{2}$의 그래프는 다음과 같다.
두 함수 $y=a\sin(bx+c)+d$, $y=a\cos(bx+c)+d$의 주기는 $\frac{2\pi}{|b|}$야.

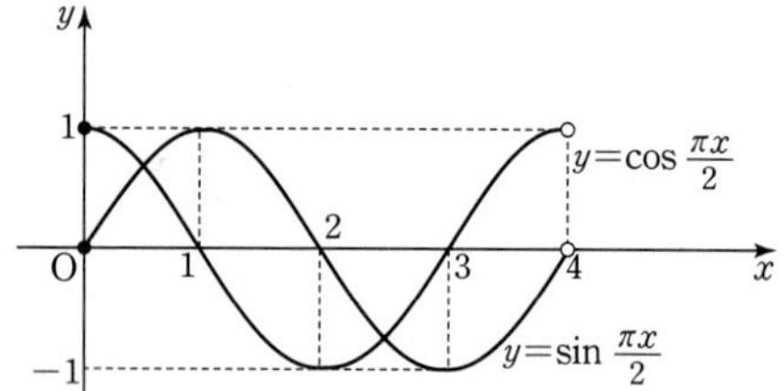

2nd 두 함수 $y=\sin\frac{\pi x}{2}$, $y=\cos\frac{\pi x}{2}$의 그래프를 이용하여 ㄱ, ㄴ, ㄷ의 참, 거짓을 따져.

ㄱ. $-1\le t<0$일 때, 직선 $y=t$와 $\alpha(t)$, $\beta(t)$는 그림과 같다.

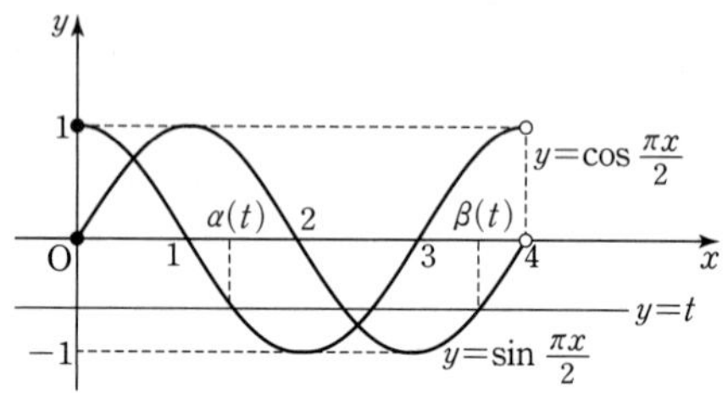

이때, $\alpha(t)=1+k\,(0<k\le 1)$라 하면 $\beta(t)=4-k$이므로
함수 $y=\sin\frac{\pi x}{2}$의 그래프는 직선 $x=1$, $x=3$에 대하여 대칭이고 점 $(2, 0)$에 대하여 대칭이야.
또한 함수 $y=\cos\frac{\pi x}{2}$의 그래프는 함수 $y=\sin\frac{\pi x}{2}$의 그래프를 평행이동시키면 겹쳐질 수 있어.

$\alpha(t)+\beta(t)=(1+k)+(4-k)=5$ (참)

ㄴ. $\alpha(t)$, $\beta(t)$는 집합 $\{x|0\le x<4\}$의 원소이므로 $t=0$이면 $\alpha(t)=\alpha(0)=0$, $\beta(t)=\beta(0)=3$이다.
두 함수 $y=\sin\frac{\pi x}{2}$, $y=\cos\frac{\pi x}{2}$의 그래프와 직선 $y=0$을 비교해서 구해 봐.

즉, $\beta(0)-\alpha(0)=3-0=3$이므로
$\beta(t)-\alpha(t)=\beta(0)-\alpha(0)$에서
$\beta(t)-\alpha(t)=3$ … ㉠

(i) $-1\le t<0$일 때,
ㄱ에 의하여
$\beta(t)-\alpha(t)=(4-k)-(1+k)=3-2k$
$\therefore 1\le\beta(t)-\alpha(t)<3$
ㄱ에서 $0<k\le 1$이므로 $1\le 3-2k=\beta(t)-\alpha(t)<3$이야.
따라서 $-1\le t<0$일 때 ㉠을 만족시키지 않는다.

(ii) $0\le t\le\frac{\sqrt{2}}{2}$일 때,
$t=0$이면 $\beta(t)-\alpha(t)=\beta(0)-\alpha(0)$이 성립한다.
$0<t\le\frac{\sqrt{2}}{2}$이면 직선 $y=t$와 $\alpha(t)$, $\beta(t)$는 그림과 같다.

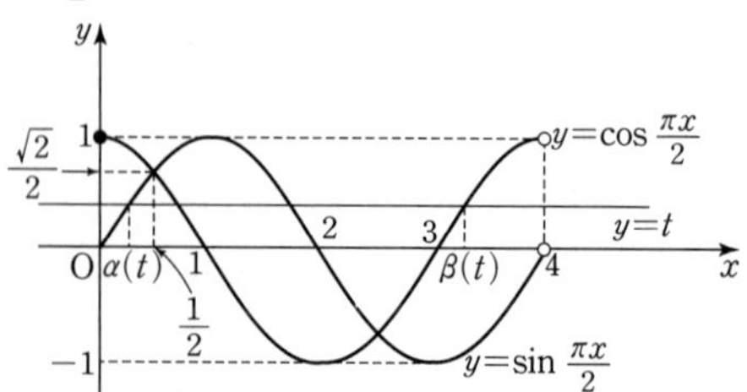

이때, $\alpha(t)=l\left(0<l\le\frac{1}{2}\right)$이라 하면 $\beta(t)=3+l$이므로
$0\le x<4$에서 함수 $y=\sin\frac{\pi x}{2}$의 그래프와 직선 $y=\frac{\sqrt{2}}{2}$의 교점 중 가장 작은 x좌표는 $\frac{1}{2}$이야. 즉, l의 값의 범위는 $0<l\le\frac{1}{2}$이야.

$\beta(t)-\alpha(t)=(3+l)-l=3$

따라서 $0\le t\le\frac{\sqrt{2}}{2}$일 때 ㉠을 만족시킨다.

(iii) $\frac{\sqrt{2}}{2}<t<1$일 때,

직선 $y=t$와 $\alpha(t)$, $\beta(t)$는 그림과 같다.

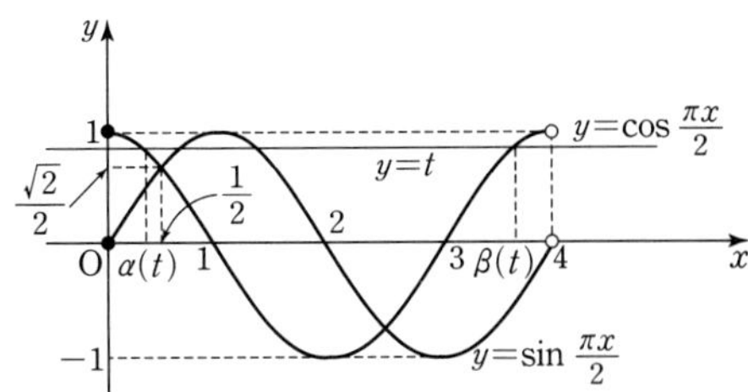

이때, $\alpha(t)=m\left(0<m<\frac{1}{2}\right)$이라 하면 $\beta(t)=4-m$이므로

$\beta(t)-\alpha(t)=(4-m)-m=4-2m$

$\therefore 3<\beta(t)-\alpha(t)<4$ $0<m<\frac{1}{2}$에서 $3<4-2m=\beta(t)-\alpha(t)<4$

따라서 $\frac{\sqrt{2}}{2}<t<1$일 때 ㉠을 만족시키지 않는다.

(iv) $t=1$일 때, $\alpha(t)=\alpha(1)=0$, $\beta(t)=\beta(1)=1$이므로

$\beta(t)-\alpha(t)=1-0=1$

따라서 $t=1$일 때 ㉠을 만족시키지 않는다.

(i)~(iv)에 의하여

$\{t\,|\,\beta(t)-\alpha(t)=\beta(0)-\alpha(0)\}=\left\{t\,\middle|\,0\le t\le\frac{\sqrt{2}}{2}\right\}$ (참)

ㄷ. $\alpha(t_1)=\alpha(t_2)$이면 두 직선 $y=t_1$, $y=t_2$는 그림과 같아야 한다.

$t_2-t_1=\frac{1}{2}>0$이므로 $t_2>t_1$이야. 즉, 직선 $y=t_2$는 직선 $y=t_1$보다 위쪽에 위치 해야 해.

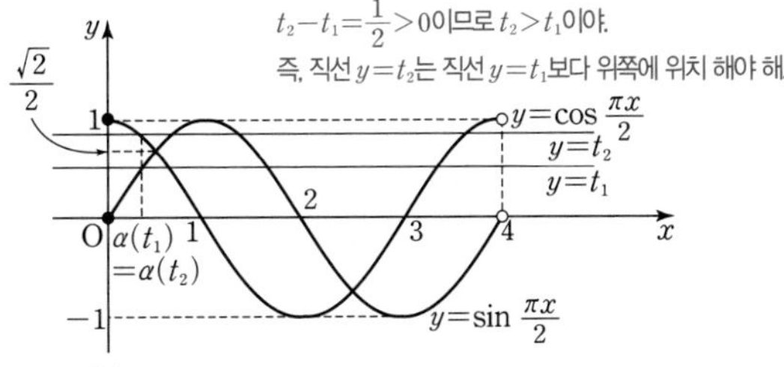

즉, $0\le t_1<\frac{\sqrt{2}}{2}<t_2\le 1$이고 $\alpha(t_1)=\alpha(t_2)=\alpha$라 하면

$t_1=\sin\frac{\pi}{2}\alpha$, $t_2=\cos\frac{\pi}{2}\alpha$ ⋯ ㉡

$\alpha(t_1)$은 직선 $y=t_1$과 함수 $y=\sin\frac{\pi x}{2}$의 그래프의 교점의 x좌표이고 $\alpha(t_2)$는 직선 $y=t_2$와 함수 $y=\cos\frac{\pi x}{2}$의 그래프의 교점의 x좌표야.

이때, $t_2-t_1=\frac{1}{2}$의 양변을 제곱하면

$(t_2-t_1)^2=\frac{1}{4}$에서 $t_2^2-2t_1t_2+t_1^2=\frac{1}{4}$

여기에 ㉡을 대입하면

$\sin^2\frac{\pi}{2}\alpha+\cos^2\frac{\pi}{2}\alpha-2t_1t_2=\frac{1}{4}$, $1-2t_1t_2=\frac{1}{4}$, $2t_1t_2=\frac{3}{4}$

$\sin^2\theta+\cos^2\theta=1$

$\therefore t_1t_2=\frac{3}{8}$ (거짓)

구하는 값이 $t_1\times t_2$이므로 여기에 $t_1=\sin\frac{\pi}{2}\alpha$, $t_2=\cos\frac{\pi}{2}\alpha$를 굳이 대입하지 않아도 돼.

따라서 옳은 것은 ㄱ, ㄴ이다.

My Top Secret 서울대 선배의 ❶등급 대비 전략

$-1\le t\le 1$인 실수 t와 모든 실수 x에 대하여 삼각방정식 $\sin x=t$ 또는 $\cos x=t$의 해는 무수히 많이 존재해. 이때, 두 삼각함수 $y=\sin x$, $y=\cos x$의 그래프는 평행이동하여 겹쳐질 수 있고, 각 그래프는 y축에 평행한 직선에 대하여 대칭이야. 또한, 삼각함수는 주기함수이므로 삼각방정식의 무수히 많은 해는 일정한 규칙성을 가지며 나타남을 알고 있어야 해.

경찰대, 삼사 중요 기출 **문제** [어려운 3점+4점+5점]

E 182 정답 ⑤ *삼각함수의 주기 [정답률 55%]

정답 공식: 두 함수 $y=a\sin(bx+c)+d$, $y=a\cos(bx+c)+d$의 주기는 $\frac{2\pi}{|b|}$이고, 함수 $y=a\tan(bx+c)+d$의 주기는 $\frac{\pi}{|b|}$이다.

[보기]에서 옳은 것만을 있는 대로 고른 것은? (3점)

[보기]

ㄱ. 함수 $y=\tan\frac{3\pi}{2}x-\sin 2\pi x$의 주기는 2이다.

단서 서로 다른 두 삼각함수의 연산으로 정의된 함수이므로 각각의 삼각함수의 주기의 최소공배수가 주어진 함수의 주기가 돼.

ㄴ. 함수 $y=2\pi+\cos 2\pi x\sin\frac{4\pi}{3}x$의 주기는 3이다.

ㄷ. 함수 $y=\sin\pi x-\left|\cos\frac{3\pi}{2}x\right|$의 주기는 2이다.

① ㄱ ② ㄷ ③ ㄱ, ㄴ ④ ㄴ, ㄷ ⑤ ㄱ, ㄴ, ㄷ

1st 각 함수의 주기를 구해.

ㄱ. 함수 $y=\tan\frac{3\pi}{2}x$의 주기는 $\frac{\pi}{\frac{3\pi}{2}}=\frac{2}{3}$이고,

함수 $y=\sin 2\pi x$의 주기는 $\frac{2\pi}{2\pi}=1$이다.

이때, $\frac{2}{3}\times m=1\times n$을 만족시키는 최소의 자연수 m, n의 값은 각각 3, 2이다.

즉, 주어진 함수 $y=\tan\frac{3\pi}{2}x-\sin 2\pi x$의 주기는 2이다. (참)

주기가 $\frac{3}{2}$, 1인 두 함수가 합쳐진 함수이므로 이 함수의 주기는 $\frac{3}{2}$, 1의 최소공배수가 주기가 돼.

ㄴ. 함수 $y=\cos 2\pi x$의 주기는 $\frac{2\pi}{2\pi}=1$이고

함수 $y=\sin\frac{4\pi}{3}x$의 주기는 $\frac{2\pi}{\frac{4\pi}{3}}=\frac{3}{2}$이다.

이때, $1\times m=\frac{3}{2}\times n$을 만족시키는 최소의 자연수 m, n의 값은 각각 3, 2이다.

즉, 주어진 함수 $y=2\pi+\cos 2\pi x\sin\frac{4\pi}{3}x$의 주기는 3이다. (참)

ㄷ. 함수 $y=\sin\pi x$의 주기는 $\frac{2\pi}{\pi}=2$이고

함수 $y=\cos\frac{3\pi}{2}x$의 주기는 $\frac{2\pi}{\frac{3\pi}{2}}=\frac{4}{3}$이므로

함수 $y=\left|\cos\frac{3\pi}{2}x\right|$의 주기는 $\frac{4}{3}\times\frac{1}{2}=\frac{2}{3}$이다. ⋯ (*)

이때, $2\times m=\frac{2}{3}\times n$을 만족시키는 최소의 자연수 m, n의 값은 각각 1, 3이다.

즉, 주어진 함수 $y=\sin\pi x-\left|\cos\frac{3\pi}{2}x\right|$의 주기는 2이다. (참)

따라서 옳은 것은 ㄱ, ㄴ, ㄷ이다.

수능 핵강

$*$ $(*)$에서 함수 $y=\left|\cos\frac{3\pi}{2}x\right|$의 주기 구하기

함수 $y=\cos\frac{3\pi}{2}x$의 그래프는 다음과 같아.

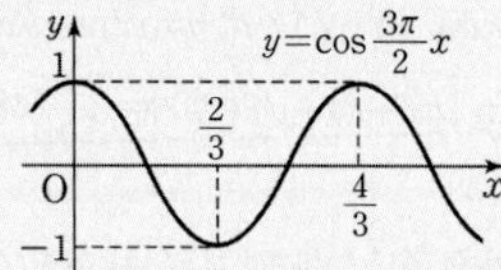

이때, 함수 $y=\left|\cos\frac{3\pi}{2}x\right|$의 그래프는 함수 $y=\cos\frac{3\pi}{2}x$의 그래프에서 $y<0$인 부분을 x축에 대하여 대칭이동하여 그리면 되니까

함수 $y=\left|\cos\frac{3\pi}{2}x\right|$의 그래프는 다음과 같아.

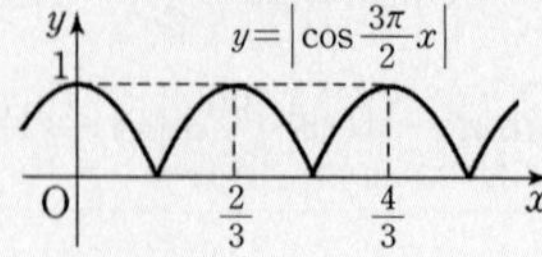

그림에 의하여 함수 $y=\left|\cos\frac{3\pi}{2}x\right|$의 주기는 함수 $y=\cos\frac{3\pi}{2}x$의 주기의 $\frac{1}{2}$이므로 $\frac{4}{3}\times\frac{1}{2}=\frac{2}{3}$야.

E 183 정답 ④ *삼각함수의 최대·최소 – 이차식 꼴 [정답률 78%]

(정답 공식: $\sin^2 x+\cos^2 x=1$, $\cos\left(\frac{\pi}{2}+x\right)=-\sin x$)

함수 $f(x)=\cos^2 x-4\cos\left(x+\frac{\pi}{2}\right)+3$의 최댓값은? (3점)

단서 삼각함수의 각이 x, $x+\frac{\pi}{2}$로 2개지? 하나의 각으로 통일해.

① 1 ② 3 ③ 5 ④ 7 ⑤ 9

1st 각을 하나로 통일해.

$\cos^2 x=1-\sin^2 x$

$f(x)=\cos^2 x-4\cos\left(x+\frac{\pi}{2}\right)+3=(1-\sin^2 x)-4(-\sin x)+3$

$=-\sin^2 x+4\sin x+4$ ← $\cos\left(\frac{\pi}{2}+x\right)=-\sin x$

2nd $\sin x$를 치환하여 $f(x)$의 최댓값을 구해.

이때, $\sin x=t$라 하면

$f(x)=-t^2+4t+4=-(t-2)^2+8\ (-1\le t\le 1)$

$-t^2+4t+4=-(t^2-4t+4-4)+4=-(t-2)^2+8$

실수 전체의 집합에서 함수 $y=\sin x$의 치역은 $\{y\mid -1\le y\le 1\}$이야.

따라서 함수 $f(x)$는 $t=1$, 즉 $\sin x=1$일 때 최댓값 $-(1-2)^2+8=7$을 가진다.

제한된 범위에서의 이차함수의 최대 · 최소 개념·공식

$f(x)=a(x-m)^2+n\ (a\ne 0,\ \alpha\le x\le\beta)$에 대하여

① $\alpha\le m\le\beta$일 때 : $f(\alpha)$, $f(\beta)$, n 중에서 가장 큰 것이 최댓값, 가장 작은 것이 최솟값이다.

② $m<\alpha$ 또는 $m>\beta$일 때 : $f(\alpha)$, $f(\beta)$ 중에서 큰 것이 최댓값, 작은 것이 최솟값이다.

E 184 정답 ③ *삼각방정식 – 일차식 꼴 [정답률 77%]

(정답 공식: 상수 a, b에 대하여 방정식 $\sin ax=b$의 해는 함수 $y=\sin ax$의 그래프와 직선 $y=b$의 교점의 x좌표와 같다.)

$0\le x<2\pi$일 때, 방정식 $|\sin 2x|=\frac{1}{2}$의 모든 실근의 합은?

단서 $|a|=b$이므로 $a=b$ 또는 $a=-b$임을 이용하여 방정식을 풀어. (3점)

① 4π ② 6π ③ 8π ④ 10π ⑤ 12π

1st 절댓값을 없애고 방정식을 풀자.

$|\sin 2x|=\frac{1}{2}$에서 $\sin 2x=\frac{1}{2}$ 또는 $\sin 2x=-\frac{1}{2}$

이때, 함수 $y=\sin 2x$의 그래프와 두 직선 $y=\frac{1}{2}$, $y=-\frac{1}{2}$은 다음과 같다.

함수 $y=\sin 2x$는 최댓값이 1, 최솟값이 -1이고 주기가 $\frac{2\pi}{2}=\pi$인 주기함수야.

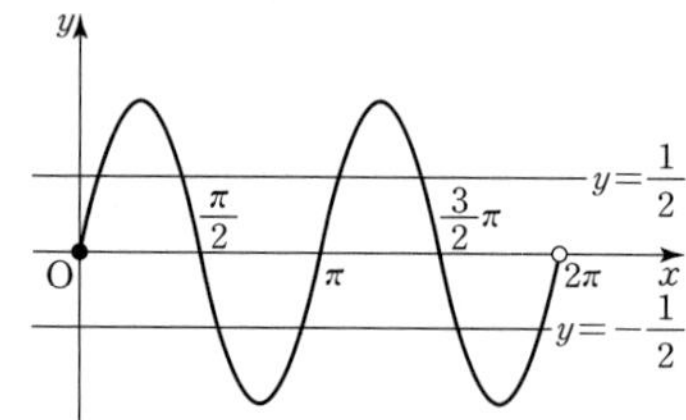

사인함수의 그래프의 대칭성을 이용하기 위해서 구하는 근 중 하나를 이용하는 거야.

$0\le x<2\pi$에서 $\sin 2x=\frac{1}{2}$의 가장 작은 실근을 α라 하면

(i) $\sin 2x=\frac{1}{2}$의 또 다른 실근은

$\frac{\pi}{2}-\alpha$, $\pi+\alpha$, $\frac{3}{2}\pi-\alpha$

(ii) $\sin 2x=-\frac{1}{2}$의 실근은

$\frac{\pi}{2}+\alpha$, $\pi-\alpha$, $\frac{3}{2}\pi+\alpha$, $2\pi-\alpha$

(i), (ii)에 의하여 주어진 방정식의 모든 실근의 합은

그래프에 의하여 가장 작은 실근은 $0\le x<\frac{\pi}{4}$에 존재하므로 $\sin 2\alpha=\frac{1}{2}$에서 $2\alpha=\frac{\pi}{6}$ $\therefore\ \alpha=\frac{\pi}{12}$

따라서 실제로 구한 주어진 방정식의 실근은 $\sin 2x=\frac{1}{2}$일 때, $x=\frac{\pi}{12}, \frac{5}{12}\pi, \frac{13}{12}\pi, \frac{17}{12}\pi$이고

$\sin 2x=-\frac{1}{2}$일 때, $x=\frac{7}{12}\pi, \frac{11}{12}\pi, \frac{19}{12}\pi, \frac{23}{12}\pi$야.

$$\alpha+\left(\frac{\pi}{2}-\alpha\right)+(\pi+\alpha)+\left(\frac{3}{2}\pi-\alpha\right)+\left(\frac{\pi}{2}+\alpha\right)+(\pi-\alpha)+\left(\frac{3}{2}\pi+\alpha\right)+(2\pi-\alpha)=8\pi$$

삼각방정식의 풀이 개념·공식

① $\sin x=k$ (또는 $\cos x=k$ 또는 $\tan x=k$)의 해는 함수 $y=\sin x$ (또는 $y=\cos x$ 또는 $y=\tan x$)의 그래프와 직선 $y=k$의 교점의 x좌표의 값이다.

② $\sin^2 x+\cos^2 x=1$을 이용하여 삼각함수를 하나로 통일하고, 통일된 삼각함수를 $t\ (-1\le t\le 1)$로 치환한 후 방정식의 해를 구한다.

E 185 정답 480 *삼각방정식 – 일차식 꼴 [정답률 74%]

정답 공식: 방정식 $f(x)=g(x)$의 실근은 두 함수 $y=f(x)$, $y=g(x)$의 그래프의 교점의 x좌표와 같다.

단서 주어진 방정식의 실근은 함수 $y=|\sin nx|$의 그래프와 직선 $y=\frac{2}{3}$의 교점의 x좌표이고 실근의 개수는 함수 $y=|\sin nx|$의 그래프와 직선 $y=\frac{2}{3}$의 교점의 개수야.

자연수 n에 대하여 $0\le x\le 2\pi$에서 방정식 $|\sin nx|=\frac{2}{3}$의 서로 다른 실근의 개수를 a_n, 서로 다른 모든 실근의 합을 b_n이라 할 때, $a_5b_6=k\pi$이다. 자연수 k의 값을 구하시오. (3점)

1st 좌표평면에 그래프를 그려 보자.

방정식 $|\sin nx|=\frac{2}{3}$의 실근은 함수 $y=|\sin nx|$의 그래프와 직선 $y=\frac{2}{3}$의 교점의 x좌표이다. 이때, 함수 $y=|\sin nx|$의 그래프와 직선 $y=\frac{2}{3}$는 다음과 같다.

함수 $y=\sin nx$의 주기는 $\frac{2\pi}{n}$이므로 함수 $y=|\sin nx|$의 주기는 $\frac{\pi}{n}$이야.

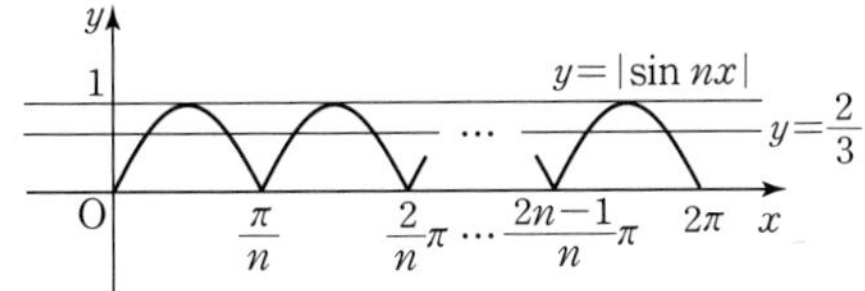

2nd a_n, b_n을 각각 n에 대하여 나타낸 후 a_5b_6의 값을 구하자.

$0\le x\le\frac{\pi}{n}$에서 함수 $y=|\sin nx|$의 그래프와 직선 $y=\frac{2}{3}$의 교점의 개수는 2이므로 $0\le x\le 2\pi$에서 함수 $y=|\sin nx|$의 그래프와 직선 $y=\frac{2}{3}$의 교점의 개수, 즉 방정식 $|\sin nx|=\frac{2}{3}$의 실근의 개수 a_n은

$a_n=2\times 2n=4n$이다.

$0\le x\le\frac{\pi}{n}$는 함수 $y=|\sin nx|$의 한 주기야. 그런데 이 범위에서 실근의 개수가 2개이고 $0\le x\le 2\pi$에서 $0\le x\le\frac{\pi}{n}$와 같은 모양이 $2n$번 반복되므로 $a_n=2\times 2n$이야.

또한, $0\le x\le 2\pi$에서 함수 $y=|\sin nx|$의 그래프와 직선 $y=\frac{2}{3}$의 교점의 x좌표 중 가장 작은 값을 α라 하면 나머지 값은

$\frac{\pi}{n}-\alpha$, $\frac{\pi}{n}+\alpha$, $\frac{2}{n}\pi-\alpha$, $\frac{2}{n}\pi+\alpha$, $\cdots$, $\frac{2n-1}{n}\pi+\alpha$, $2\pi-\alpha$이므로

방정식 $|\sin nx|=\frac{2}{3}$의 서로 다른 모든 실근의 합 b_n은

$$b_n=\left\{\alpha+\left(\frac{\pi}{n}-\alpha\right)\right\}+\left\{\left(\frac{\pi}{n}+\alpha\right)+\left(\frac{2}{n}\pi-\alpha\right)\right\}+\left\{\left(\frac{2}{n}\pi+\alpha\right)+\left(\frac{3}{n}\pi-\alpha\right)\right\}+\cdots+\left\{\left(\frac{2n-1}{n}\pi+\alpha\right)+(2\pi-\alpha)\right\}$$
$$=\frac{\pi}{n}+\frac{3}{n}\pi+\frac{5}{n}\pi+\cdots+\frac{4n-1}{n}\pi$$
$$=4n\pi$$

$1+3+5+\cdots+(4n-1)=\sum_{k=1}^{2n}(2k-1)=2\times\frac{2n(2n+1)}{2}-1\times 2n=4n^2$이므로 $\frac{\pi}{n}+\frac{3}{n}\pi+\frac{5}{n}\pi+\cdots+\frac{4n-1}{n}\pi=\frac{4n^2}{n}\pi=4n\pi$

이다.

따라서 $a_5=4\times 5=20$, $b_6=4\times 6\pi=24\pi$이므로

$a_5b_6=20\times 24\pi=480\pi$

$\therefore k=480$

E 186 정답 14 *삼각부등식 – 이차식 꼴 [정답률 64%]

정답 공식: 모든 실수 x에 대하여 부등식 $f(x)\ge 0$이 항상 성립하면 함수 $f(x)$의 최솟값이 0보다 크거나 같다.

단서 삼각함수의 관계를 이용하여 하나의 삼각함수에 대한 부등식으로 나타내.

모든 실수 x에 대하여 부등식 $(a\sin^2 x-4)\cos x+4\ge 0$을 만족시키는 실수 a의 최댓값과 최솟값의 합을 구하시오. (4점)

1st 주어진 부등식을 간단히 하자.

$\sin^2 x=1-\cos^2 x$를

모든 실수 x에 대하여 $\sin^2 x+\cos^2 x=1$이 성립해.

부등식 $(a\sin^2 x-4)\cos x+4\ge 0$에 대입하면

$\{a(1-\cos^2 x)-4\}\cos x+4\ge 0$에서

$a\cos x-a\cos^3 x-4\cos x+4\ge 0$

$\therefore a\cos^3 x-(a-4)\cos x-4\le 0$

이때, $\cos x=t(-1\le t\le 1)$라 하면

함수 $y=\cos x$의 최댓값과 최솟값은 각각 1, -1이야.

$at^3-(a-4)t-4\le 0$에서 $(t-1)(at^2+at+4)\le 0$이고

$t-1\le 0$이므로 $at^2+at+4\ge 0(-1\le t\le 1)$ … ㉠이어야 한다.

$-1\le t\le 1$의 각 변에 -1을 더하면 $-2\le t-1\le 0$

2nd a의 값의 부호에 따라 경우를 나누어 $-1\le t\le 1$에서 부등식 ㉠을 만족시키는 실수 a의 값의 범위를 찾아.

$f(t)=at^2+at+4=a\left(t+\frac{1}{2}\right)^2-\frac{a}{4}+4$라 하고 a의 값의 부호에 따라

함수 $y=f(t)$의 그래프는 꼭짓점의 좌표가 $\left(-\frac{1}{2}, -\frac{a}{4}+4\right)$이고 $a>0$일 때 아래로 볼록한 포물선, $a<0$일 때 위로 볼록한 포물선이야.

경우를 나누면

(i) $a<0$ … ㉡일 때,

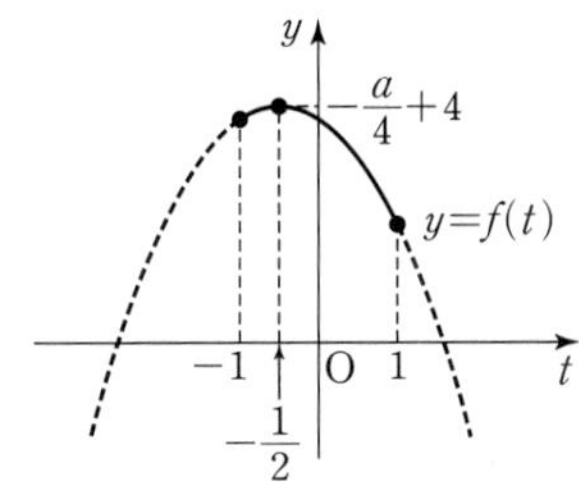

$-1\le t\le 1$에서 부등식 ㉠을 만족시키려면 함수 $y=f(t)$의 그래프는 그림과 같아야 한다. 즉, $f(1)\ge 0$이어야 하므로

$f(1)=a\times 1^2+a\times 1+4=2a+4\ge 0$에서 $2a\ge -4$

$a<0$이면 함수 $f(t)$는 $t=1$일 때 최솟값을 가져.

$\therefore a\ge -2$ … ㉢

따라서 $-1\le t\le 1$에서 주어진 부등식을 만족시키도록 하는 a의 값의 범위는 ㉡, ㉢에 의하여 $-2\le a<0$이다.

(ii) $a=0$일 때,

㉠에서 $at^2+at+4=4\ge 0$이므로 $a=0$이면 $-1\le t\le 1$에서 주어진 부등식을 만족시킨다.

(iii) $a>0$ … ㉣일 때,

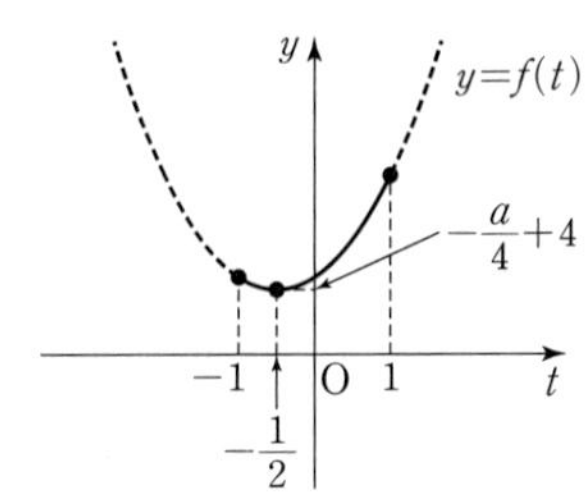

$-1\le t\le 1$에서 부등식 ㉠을 만족시키려면 함수 $y=f(t)$의 그래프는 그림과 같아야 한다. 즉, $f\left(-\frac{1}{2}\right)\ge 0$이어야 하므로

$f\left(-\frac{1}{2}\right)=-\frac{a}{4}+4\ge 0$에서 $\frac{a}{4}\le 4$ ($a>0$이면 함수 $f(t)$는 $t=-\frac{1}{2}$일 때 최솟값을 가져.)

$\therefore a\le 16 \cdots$ ㉤

따라서 $-1\le t\le 1$에서 주어진 부등식을 만족시키도록 하는 a의 값의 범위는 ㉣, ㉤에 의하여 $0<a\le 16$이다.

(i)~(iii)에 의하여 모든 실수 x에 대하여 주어진 부등식을 만족시키는 실수 a의 값의 범위는 $-2\le a\le 16$이다.

따라서 실수 a의 최댓값은 16, 최솟값은 -2이므로 최댓값과 최솟값의 합은 $16+(-2)=14$이다.

E 187 정답 ③ *삼각방정식과 삼각부등식의 활용 ····· [정답률 64%]

정답 공식: 정수 n에 대하여 $\cos x=0$을 만족시키는 x의 값은 $x=2n\pi\pm\frac{\pi}{2}$이다.

두 정수 a, b에 대하여 (단서1 함수 $y=\cos x$의 주기는 2π이므로 $\cos x=0$의 한 근이 α이면 $2\pi+\alpha$도 근이야.)

$$a^2+b^2\le 13,\ \cos\frac{(a-b)\pi}{2}=0$$

을 만족시키는 모든 순서쌍 (a, b)의 개수는? (4점)

① 16 ② 20 ③ 24 ④ 28 ⑤ 32

단서2 두 식을 만족시키도록 하는 정수 a의 값을 기준으로 정수 b의 값을 구하거나 정수 b의 값을 기준으로 정수 a의 값을 구해봐.

1st $\cos\frac{(a-b)\pi}{2}=0$을 만족시키는 두 정수 a, b 사이의 관계식을 찾아.

$\cos\frac{(a-b)\pi}{2}=0$을 만족시키는 $\frac{(a-b)\pi}{2}$의 값은

$\cdots, -\frac{5}{2}\pi, -\frac{3}{2}\pi, -\frac{\pi}{2}, \frac{\pi}{2}, \frac{3}{2}\pi, \frac{5}{2}\pi, \cdots$이므로 정수 n에 대하여 $a-b=2n+1 \cdots$ ㉠이어야 한다.

2nd 주어진 두 식을 만족시키는 두 정수 a, b의 모든 순서쌍 (a, b)의 개수를 구해.

$a^2+b^2\le 13$에서 (a는 정수이므로 부등식 $a^2+b^2\le 13$을 만족시키는 a^2의 값은 0, 1, 4, 9야.)

(i) $a^2=0$, 즉 $a=0$이면 $b^2\le 13$이므로 가능한 b의 값은 $-3, -2, -1, 0, 1, 2, 3$이다. (두 정수 l, m에 대하여 $a=2l$일 때, ㉠을 만족시키려면 $b=2m+1$이어야 해.)

이 중 ㉠을 만족시키는 두 정수 a, b의 순서쌍 (a, b)의 개수는 $(0, -3), (0, -1), (0, 1), (0, 3)$으로 4이다.

(ii) $a^2=1$, 즉 $a=1$ 또는 $a=-1$이면 $b^2\le 12$이므로 가능한 b의 값은 $-3, -2, -1, 0, 1, 2, 3$이다. (두 정수 l, m에 대하여 $a=2l+1$일 때, ㉠을 만족시키려면 $b=2m$이어야 해.)

이 중 ㉠을 만족시키는 두 정수 a, b의 순서쌍 (a, b)의 개수는 $(1, -2), (1, 0), (1, 2), (-1, -2), (-1, 0), (-1, 2)$로 6이다.

(iii) $a^2=4$, 즉 $a=2$ 또는 $a=-2$이면 $b^2\le 9$이므로 가능한 b의 값은 $-3, -2, -1, 0, 1, 2, 3$이다.

이 중 ㉠을 만족시키는 두 정수 a, b의 순서쌍 (a, b)의 개수는 $(2, -3), (2, -1), (2, 1), (2, 3), (-2, -3), (-2, -1), (-2, 1), (-2, 3)$으로 8이다.

(iv) $a^2=9$, 즉 $a=3$ 또는 $a=-3$이면 $b^2\le 4$이므로 가능한 b의 값은 $-2, -1, 0, 1, 2$이다.

이 중 ㉠을 만족시키는 두 정수 a, b의 순서쌍 (a, b)의 개수는 $(3, -2), (3, 0), (3, 2), (-3, -2), (-3, 0), (-3, 2)$의 6이다.

(i) ~ (iv)에 의하여 조건을 만족시키는 두 정수 a, b의 모든 순서쌍 (a, b)의 개수는 $4+6+8+6=24$이다.

E 188 정답 ⑤ *삼각방정식의 활용 ····· [정답률 56%]

정답 공식: 방정식 $f(x)=g(x)$의 실근의 개수는 두 함수 $y=f(x)$, $y=g(x)$의 그래프의 교점의 개수와 같다.

$0\le x<2\pi$일 때, 함수

$$f(x)=2\cos^2 x-|1+2\sin x|-2|\sin x|+2$$

단서1 $f(x)$는 cos함수와 sin함수의 연산으로 정의된 함수니까 하나의 삼각함수로 나타내어야 해.

에 대하여 집합

$$A=\{x\,|\,f(x)\text{의 값은 0 이하의 정수}\}$$

단서2 집합 A의 원소의 개수는 $f(x)=0$, $f(x)=-1$, $f(x)=-2$, $\cdots$를 만족시키는 서로 다른 x의 개수지?

라 하자. 집합 A의 원소의 개수는? (5점)

① 6 ② 7 ③ 8 ④ 9 ⑤ 10

1st $\sin x=t$라 하고 t에 관한 함수의 그래프를 그려봐.

$\sin x=t(-1\le t\le 1)$이라 하면 ($0\le x<2\pi$에서 $-1\le \sin x\le 1$이므로 $-1\le t\le 1$이야.)

$f(x)=2\cos^2 x-|1+2\sin x|-2|\sin x|+2$ ($\sin^2 x+\cos^2 x=1$에서 $\cos^2 x=1-\sin^2 x$)

$=2(1-\sin^2 x)-|1+2\sin x|-2|\sin x|+2$

$=-2\sin^2 x-|1+2\sin x|-2|\sin x|+4$

$=-2t^2-|1+2t|-2|t|+4$

이때, t의 값의 범위에 따라 $f(x)$를 구하면 다음과 같다.

주의 절댓값 안이 0이 되는 t의 값을 기준으로 범위를 나누면 돼.

(i) $-1\le t<-\frac{1}{2}$일 때, ($1+2t<0$, $t<0$)

$f(x)=-2t^2-\{-(1+2t)\}-2(-t)+4$

$=-2t^2+1+2t+2t+4$

$=-2t^2+4t+5=-2(t^2-2t+1-1)+5$

$=-2(t-1)^2+7$ (꼭짓점의 좌표가 $(1, 7)$이고 위로 볼록한 포물선이야.)

(ii) $-\frac{1}{2}\le t<0$일 때, ($1+2t\ge 0$, $t<0$)

$f(x)=-2t^2-(1+2t)-2(-t)+4=-2t^2-1-2t+2t+4$

$=-2t^2+3$ (꼭짓점의 좌표가 $(0, 3)$이고 위로 볼록한 포물선이야.)

(iii) $0\le t\le 1$일 때, ($1+2t>0$, $t\ge 0$)

$f(x)=-2t^2-(1+2t)-2t+4=-2t^2-1-2t-2t+4$

$=-2t^2-4t+3=-2(t^2+2t+1-1)+3$

$=-2(t+1)^2+5$ (꼭짓점의 좌표가 $(-1, 5)$이고 위로 볼록한 포물선이야.)

따라서 t에 관한 함수 $f(x)$의 그래프는 [그림 1]과 같다.

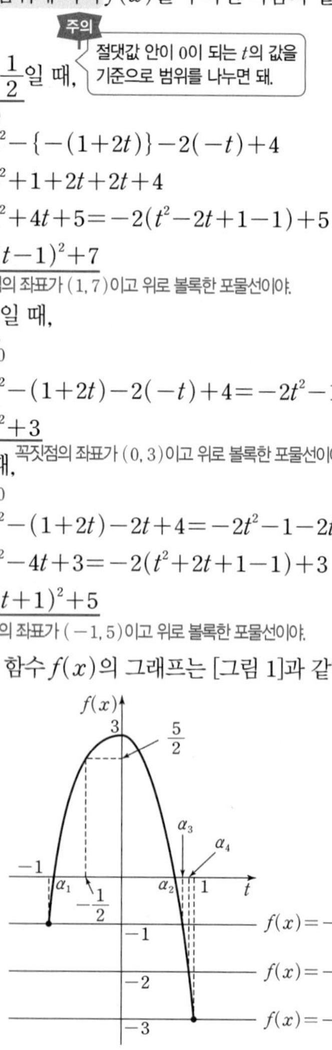

[그림 1]

2nd 집합 A의 원소의 개수를 구해.

$-3\le f(x)\le 3$이므로 0 이하의 정수는 $0, -1, -2, -3$이다. 따라서 $f(x)$의 값이 0 이하의 정수일 때 t의 값을 구하면 위의 그래프에 의하여

$f(x)=0$에서 $t=\alpha_1$ 또는 $t=\alpha_2$

$f(x)=-1$에서 $t=-1$ 또는 $t=\alpha_3$

$f(x)=-2$에서 $t=\alpha_4$

$f(x)=-3$에서 $t=1$

이때, $-1<\alpha_1<0<\alpha_2<\alpha_3<\alpha_4<1$이고 집합 A의 원소는 $0\le x<2\pi$에서 함수 $y=t=\sin x$의 그래프와 직선 $y=-1$, $y=\alpha_1$, $y=\alpha_2$, $y=\alpha_3$, $y=\alpha_4$, $y=1$의 교점의 x좌표와 같다.

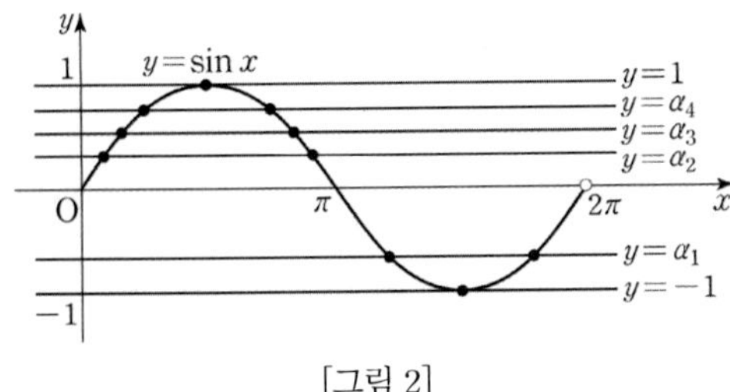

[그림 2]

즉, [그림 2]에 의하여 집합 A의 원소의 개수는 10이다.

$0\le x<2\pi$에서 함수 $y=\sin x$의 그래프와 두 직선 $y=1$, $y=-1$은 각각 한 점에서 만나고 네 직선 $y=\alpha_1$, $y=\alpha_2$, $y=\alpha_3$, $y=\alpha_4$는 각각 두 점에서 만나. 즉, 집합 A의 원소의 개수는 $1+1+2+2+2+2=10$이야.

E 189 정답 29 *삼각방정식의 활용 [정답률 51%]

정답 공식: 함수 $y=a\tan(bx+c)+d$의 주기는 $\frac{\pi}{|b|}$이고, 함수 $y=a\cos(bx+c)+d$의 주기는 $\frac{2\pi}{|b|}$, 최댓값과 최솟값은 각각 $|a|+d$, $-|a|+d$이다.

두 양수 a, b에 대하여 두 함수

$y=3a\tan bx$, $y=2a\cos bx$

의 그래프가 만나는 점 중에서 x좌표가 0보다 크고 $\frac{5\pi}{2b}$보다 작은 세 점을 x좌표가 작은 점부터 x좌표의 크기순으로 A_1, A_2, A_3이라 하자. 선분 A_1A_3을 지름으로 하는 원이 점 A_2를 지나고 이 원의 넓이가 π일 때, $\left(\frac{a}{b}\pi\right)^2=\frac{q}{p}$이다. $p+q$의 값을 구하시오. (단, p와 q는 서로소인 자연수이다.) (4점)

단서1 선분 A_1A_3의 중점을 C라 하면 $\overline{CA_1}=\overline{CA_2}=\overline{CA_3}$이야.

단서2 원의 넓이가 주어지면 반지름의 길이를 알 수 있지?

1st 선분 A_1A_3의 길이를 이용하여 b의 값을 구해.

양수 a, b에 대하여 함수 $y=3a\tan bx$의 주기는 $\frac{\pi}{|b|}=\frac{\pi}{b}$이고, 함수 $y=2a\cos bx$의 주기는 $\frac{2\pi}{|b|}=\frac{2\pi}{b}$, 최댓값과 최솟값은 각각 $|2a|=2a$, $-|2a|=-2a$이므로 그래프는 다음과 같다.

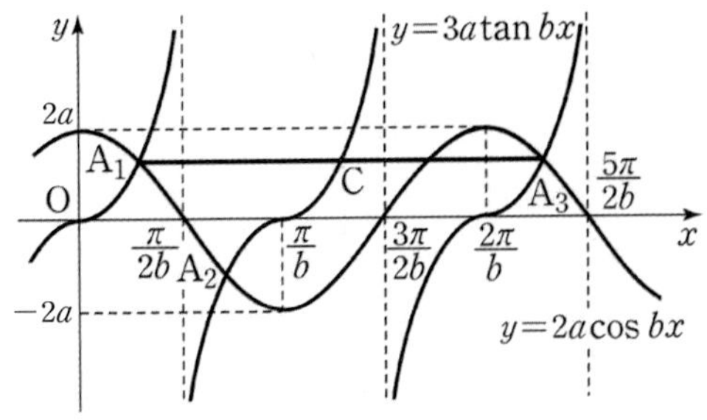

두 함수 $y=3a\tan bx$, $y=2a\cos bx$의 그래프가 $0<x<\frac{\pi}{2b}$에서 만나는 점 A_1의 x좌표를 α라 하면 두 점 A_2, A_3의 x좌표는 각각 $\frac{\pi}{b}-\alpha$, $\frac{2\pi}{b}+\alpha$이다.

두 함수가 주기함수임을 이용하면 알 수 있어.

한편, 선분 A_1A_3은 x축에 평행하므로

$\overline{A_1A_3}=\left(\frac{2\pi}{b}+\alpha\right)-\alpha=\frac{2\pi}{b}$이고 이것은 함수 $y=2a\cos bx$의 주기와 같다.

이때, 선분 A_1A_3의 중점을 C라 하면

$\overline{A_1C}=\frac{1}{2}\overline{A_1A_3}=\frac{1}{2}\times\frac{2\pi}{b}=\frac{\pi}{b}$ ⋯ ㉠이고 선분 A_1A_3을 지름으로 하는 원의 넓이가 π이므로 $\pi\overline{A_1C}^2=\pi$에서 $\pi\left(\frac{\pi}{b}\right)^2=\pi$, $\frac{\pi^2}{b^2}=1$

$b^2=\pi^2$ $\quad\therefore b=\pi(\because b>0)$ ⋯ ㉡

2nd 세 점 A_1, A_2, C의 좌표를 a에 대하여 나타내.

㉡에 의하여 주어진 두 함수는 $y=3a\tan\pi x$, $y=2a\cos\pi x$이고 $0<x<\frac{\pi}{2b}=\frac{1}{2}$에서 두 함수의 그래프의 교점의 x좌표를 구하기 위해 연립하면 $3a\tan\pi x=2a\cos\pi x$에서

$3a\times\frac{\sin\pi x}{\cos\pi x}=2a\cos\pi x$, $2\cos^2\pi x=3\sin\pi x$

$\sin^2\pi x+\cos^2\pi x=1$에서 $\cos^2\pi x=1-\sin^2\pi x$

$2-2\sin^2\pi x=3\sin\pi x$, $2\sin^2\pi x+3\sin\pi x-2=0$

$(\sin\pi x+2)(2\sin\pi x-1)=0$, $\sin\pi x=\frac{1}{2}(\because -1\le\sin\pi x\le 1)$

$\pi x=\frac{\pi}{6}$ $\quad\therefore x=\frac{1}{6}$

즉, $\alpha=\frac{1}{6}$이고 점 A_1의 y좌표를 m이라 하면 점 $A_1\left(\frac{1}{6}, m\right)$은 함수 $y=2a\cos\pi x$의 그래프 위의 점이므로

$m=2a\cos\frac{\pi}{6}=2a\times\frac{\sqrt{3}}{2}=\sqrt{3}a$ $\quad\therefore A_1\left(\frac{1}{6}, \sqrt{3}a\right)$

이때, ㉠, ㉡에 의하여 $\overline{A_1C}=1$이므로 점 C의 좌표는 $\left(\frac{7}{6}, \sqrt{3}a\right)$이다.

또, 점 A_2의 x좌표는 $\frac{\pi}{b}-\alpha=1-\frac{1}{6}=\frac{5}{6}$이고 y좌표를 n이라 하면 점 $A_2\left(\frac{5}{6}, n\right)$은 함수 $y=2a\cos\pi x$의 그래프 위의 점이므로

$n=2a\cos\frac{5}{6}\pi=2a\times\left(-\frac{\sqrt{3}}{2}\right)=-\sqrt{3}a$

$\therefore A_2\left(\frac{5}{6}, -\sqrt{3}a\right)$

함수 $y=2a\cos\pi x$는 점 $\left(\frac{\pi}{2b}, 0\right)$, 즉 $\left(\frac{1}{2}, 0\right)$에 대하여 대칭이므로 두 점 A_1, A_2도 점 $\left(\frac{1}{2}, 0\right)$에 대하여 대칭이야. 이를 이용하면 조금 더 쉽게 점 A_2의 좌표를 구할 수 있어.

3rd $\overline{A_1C}=\overline{A_2C}$임을 이용하여 a^2의 값을 구해.

점 A_2가 선분 A_1A_3을 지름으로 하는 원 위의 점이므로

$\overline{A_2C}=\overline{A_1C}=1$에서 $\overline{A_2C}^2=1$, $\left(\frac{7}{6}-\frac{5}{6}\right)^2+\{\sqrt{3}a-(-\sqrt{3}a)\}^2=1$

$\frac{1}{9}+12a^2=1$, $12a^2=\frac{8}{9}$ $\quad\therefore a^2=\frac{2}{27}$

$\therefore \left(\frac{a}{b}\pi\right)^2=a^2\times\frac{\pi^2}{b^2}=\frac{2}{27}\times\frac{\pi^2}{\pi^2}=\frac{2}{27}$

따라서 $p=27$, $q=2$이므로 $p+q=27+2=29$

E 190 정답 ① *삼각방정식과 삼각부등식의 활용 [정답률 55%]

(정답 공식: 방정식 $f(x)=g(x)$의 서로 다른 실근의 개수는 두 함수 $y=f(x)$, $y=g(x)$의 그래프의 서로 다른 교점의 개수와 같다.)

두 자연수 a, b에 대하여 함수

$$f(x)=\sin(a\pi x)+2b\ (0\le x\le 1)$$

이 있다. 집합 $\{x \mid \log_2 f(x)$는 정수$\}$의 원소의 개수가 8이 되도록 하는 서로 다른 모든 a의 값의 합은? (5점)

단서2 $f(x)=2^k$을 만족시키는 x의 개수가 8이 되어야 해.

단서1 $\log_2 f(x)$가 정수가 되려면 정수 k에 대하여 $f(x)=2^k$이야.

① 12 ② 15 ③ 18 ④ 21 ⑤ 24

1st 주어진 조건을 방정식으로 나타내봐.

정수 k에 대하여 $\log_2 f(x)=k$라 하면 $f(x)=2^k$에서 ($\log_a x=k \Leftrightarrow x=a^k$)

$\sin(a\pi x)+2b=2^k$ $\therefore \sin(a\pi x)=2^k-2b$ … ㉠

따라서 주어진 조건을 만족시키려면 $0\le x\le 1$에서 ㉠을 만족시키는 x의 값이 8개이어야 하므로 $0\le x\le 1$에서 함수 $y=\sin(a\pi x)$의 그래프와 직선 $y=2^k-2b$의 교점이 8개이어야 한다.

2nd 조건을 만족시키는 자연수 a의 값을 모두 구해.

함수 $y=\sin(a\pi x)$의 주기는 $\frac{2\pi}{a\pi}=\frac{2}{a}$이므로 자연수 b의 값에 따라 조건을 만족시키는 자연수 a의 값을 구하자.

(i) $b=1$일 때,

함수 $y=\sin(a\pi x)$의 그래프와 직선 $y=2^k-2$가 만날 때의 k의 값은 0 또는 1이므로 $0\le x\le 1$에서 함수 $y=\sin(a\pi x)$의 그래프와

$-1\le\sin(a\pi x)\le 1$이므로 $-1\le 2^k-2\le 1$이어야 해. 따라서 정수 k의 값은 0 또는 1이고 $k=0$일 때 $2^k-2=-1$, $k=1$일 때 $2^k-2=0$이야.

두 직선 $y=-1$, $y=0$의 교점이 8개이어야 한다.

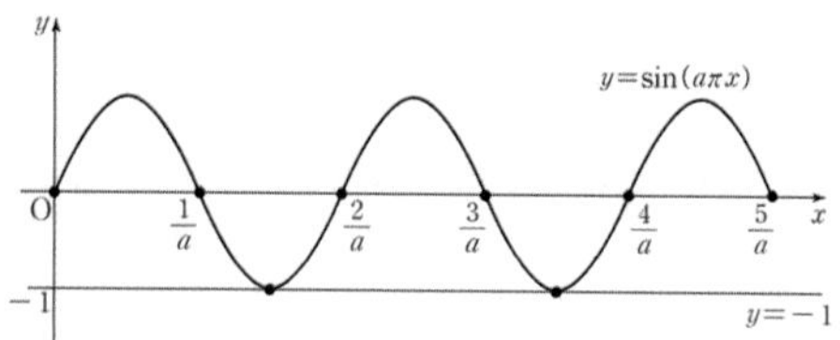

따라서 그림에 의하여 $\frac{5}{a}=1$이어야 하므로 $a=5$

(ii) $b=2$일 때,

함수 $y=\sin(a\pi x)$의 그래프와 직선 $y=2^k-4$가 만날 때의 k의 값은 2이므로 $0\le x\le 1$에서 함수 $y=\sin(a\pi x)$의 그래프와 직선 $y=0$의 교점이 8개이어야 한다.

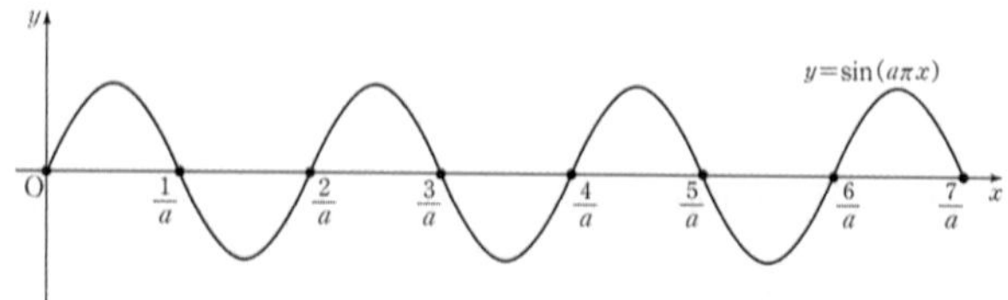

따라서 그림에 의하여 $\frac{7}{a}=1$이어야 하므로 $a=7$

(iii) $b=3$일 때,

함수 $y=\sin(a\pi x)$의 그래프와 직선 $y=2^k-6$이 만날 때의 k의 값은 존재하지 않는다. 따라서 조건을 만족시키는 자연수 a의 값은 존재하지 않는다.

(iv) $b=4$일 때,

함수 $y=\sin(a\pi x)$의 그래프와 직선 $y=2^k-8$이 만날 때의 k의 값은 3이므로 $0\le x\le 1$에서 함수 $y=\sin(a\pi x)$의 그래프와 직선 $y=0$의 교점이 8개이어야 한다.

$\therefore a=7\ (\because$ (ii)$)$

⋮

$b=2^t$일 때 함수 $y=\sin(a\pi x)$의 그래프와 직선 $y=2^k-2b=2^k-2^{t+1}$이 만날 때의 k의 값은 $k=t+1$이므로 $0\le x\le 1$에서 함수 $y=\sin(a\pi x)$의 그래프와 직선 $y=0$의 교점이 8개이어야 해.

마찬가지 방법으로 하면 자연수 t에 대하여 $b=2^t$일 때 조건을 만족시키는 자연수 a의 값은 7이고, $b\ne 2^t$일 때 k의 값은 존재하지 않으므로 조건을 만족시키는 자연수 a의 값은 존재하지 않는다.

따라서 조건을 만족시키는 서로 다른 모든 a의 값은 5, 7이므로 그 합은 $5+7=12$이다.

E 191 정답 ② ✪2등급 대비 [정답률 23%]

*새로운 함수와 미지수가 포함된 함수를 이해하고 조건에 만족시키는 그래프 그리기 [유형 13+14+15+17]

두 함수 $f(x)$와 $g(x)$가

단서1 $\cos x$와 $\sin x$ 중 작지 않은 값이 함수 $f(x)$야.

$$f(x)=\begin{cases}\cos x\ (\cos x\ge\sin x)\\ \sin x\ (\cos x<\sin x)\end{cases},$$

$g(x)=\cos ax$ ($a>0$인 상수)

단서2 a의 값이 커질수록 함수 $g(x)$의 주기는 작아져.

이다. 닫힌구간 $\left[0, \frac{\pi}{4}\right]$에서 두 곡선 $y=f(x)$와 $y=g(x)$의 교점의 개수가 3이 되도록 하는 a의 최솟값을 p라 하자. 닫힌구간 $\left[0, \frac{11}{12}\pi\right]$에서 두 곡선 $y=f(x)$와 $y=\cos px$의 교점의 개수를 q라 할 때, $p+q$의 값은? (5점)

① 16 ② 17 ③ 18 ④ 19 ⑤ 20

왜 2등급? 두 함수 중 작지 않은 값으로 새롭게 정의된 함수를 이해하고 조건을 만족시키는 또 다른 함수를 찾아 두 함수의 그래프의 교점을 구하는 문제로, 삼각함수는 주기함수임을 이용하여 문제의 조건을 만족시키도록 하는 함수의 그래프를 그리는 것이 어려웠다.

단서+발상

단서1 함수 $f(x)$는 $\cos x$와 $\sin x$ 중에서 작지 않은 값으로 정의된 함수이다. (발상)
즉, 함수 $f(x)$는 두 함수 $y=\cos x$와 $y=\sin x$의 그래프 중에서 더 위쪽에 그려지는 것을 함수로 한다. (적용)

단서2 양수 a에 대하여 함수 $g(x)=\cos ax$는 주기가 $\frac{2\pi}{a}$이고 최댓값과 최솟값이 각각 1, -1인 함수이다. (개념)
이때, a의 값이 커지면 $\frac{2\pi}{a}$의 값이 작아짐을 이용하여 두 함수 $y=f(x)$와 $y=g(x)$의 그래프의 교점의 개수가 3이 되도록 하는 최소의 a의 값을 구해야 한다. (적용)
조건을 만족시키는 a의 최솟값이 p임을 이용하여 두 함수 $y=f(x)$와 $y=\cos px$의 그래프를 그려 두 함수의 그래프의 교점의 개수를 구한다. (해결)

(주의) a의 값의 변화에 따라 함수 $y=g(x)$의 주기가 달라짐을 이용하여 a의 최솟값을 구할 수 있어야 한다.

(핵심 정답 공식: 두 함수 $y=a\sin(bx+c)+d$, $y=a\cos(bx+c)+d$의 주기는 $\frac{2\pi}{|b|}$이고 최댓값과 최솟값은 각각 $|a|+d$, $-|a|+d$이다.)

[문제 풀이 순서]

1st 상수 a의 최솟값 p를 구해.

닫힌구간 $\left[0, \frac{\pi}{4}\right]$에서 $f(x)=\cos x$이므로 이 구간에서 두 곡선 $y=f(x)$, $y=g(x)$의 교점의 개수가 3이 되려면 함수 $y=g(x)$의 그래프는 그림과 같아야 한다.

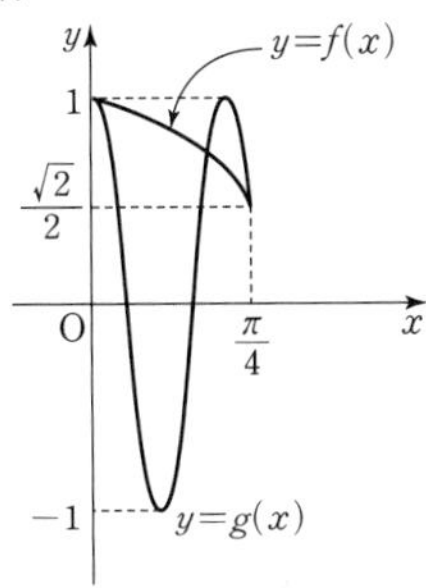

즉, 함수 $g(x)$의 주기는 $\frac{\pi}{4}$보다 작아야 하고 두 곡선 $y=f(x)$,

└→ 곡선 $y=g(x)$가 그림처럼 그려지려면 주기는 $\frac{\pi}{4}$보다 작아야 하지?

$y=g(x)$가 $x=\frac{\pi}{4}$에서 만나야 a의 값이 최소가 되므로 $\frac{2\pi}{a}<\frac{\pi}{4}$,

a의 값이 커지면 주기는 점점 작아져. 따라서 두 곡선 $y=f(x)$, $y=g(x)$가 $x=\frac{\pi}{4}$에서 만날 때 a의 값은 최소가 돼.

a가 양수이므로 함수 $g(x)$의 주기는 $\frac{2\pi}{a}$야.

$\cos\frac{a\pi}{4}=\cos\frac{\pi}{4}$를 모두 만족시키는 a의 최솟값을 구해야 한다.

$\frac{2\pi}{a}<\frac{\pi}{4}$에서 $a>8$이고 이 범위에서 $\cos\frac{a\pi}{4}=\cos\frac{\pi}{4}$를 만족시키는 a의 최솟값은 9이므로 $p=9$

2nd 구간 $\left[0, \frac{11}{12}\pi\right]$에서 두 곡선 $y=f(x)$, $y=\cos px$의 교점의 개수를 구해.

$$f(x)=\begin{cases}\cos x & \left(0\le x\le\frac{\pi}{4}\right)\\ \sin x & \left(\frac{\pi}{4}<x\le\frac{11}{12}\pi\right)\end{cases}$$

또한, 함수 $y=\cos px=\cos 9x$의 주기는 $\frac{2\pi}{9}$이므로 닫힌구간 $\left[0, \frac{11}{12}\pi\right]$에서 두 곡선 $y=f(x)$, $y=\cos 9x$는 다음과 같다.

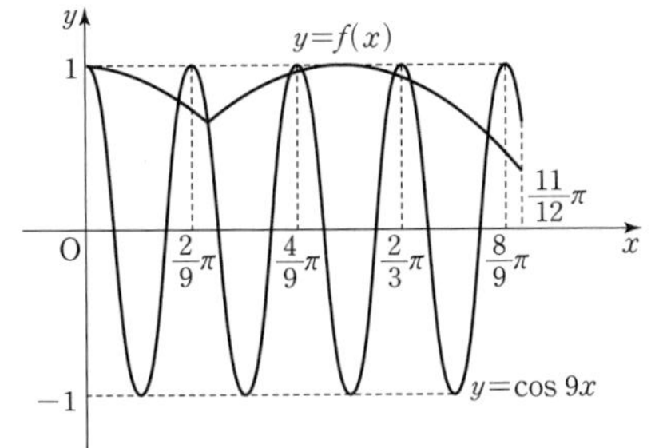

따라서 $0\le x\le\frac{11}{12}\pi$일 때 두 곡선 $y=f(x)$, $y=\cos 9x$는 $x=0$에서 만나고 $x=\frac{2}{9}\pi$, $x=\frac{4}{9}\pi$, $x=\frac{2}{3}\pi$의 좌우에서 각각 만난다.

또, $x=\frac{8}{9}\pi$의 왼쪽에서 만나므로 두 곡선의 교점의 개수는

$1+2+2+2+1=8$이다. $\therefore q=8$

$\therefore p+q=9+8=17$

My Top Secret 서울대 선배의 ① 등급 대비 전략

교점의 개수가 주어진 문제는 그래프의 개형에 따라 조건을 만족시키는 그래프는 어떻게 그려지는지 파악해야 하고 그런 그래프를 그리기 위해서 필요한 조건은 무엇인지 파악하는 것이 중요해.

E 192 정답 ⑤

☆2등급 대비 [정답률 24%]

*절댓값 기호를 포함한 삼각함수의 그래프가 조건을 만족시키도록 하는 자연수 a, b의 값 구하기 [유형 17+22+29]

함수 $f(x)=\left|2a\cos\frac{b}{2}x-(a-2)(b-2)\right|$가 다음 조건을 만족시키도록 하는 10 이하의 자연수 a, b의 모든 순서쌍 (a, b)의 개수는? (4점)

단서1 함수 $f(x)$는 절댓값 기호를 포함한 삼각함수이므로 함수 $f(x)$에서 상수항인 $-(a-2)(b-2)$의 값에 따라 주기가 달라져.

(가) 함수 $f(x)$는 주기가 π인 주기함수이다.

(나) $0\le x\le 2\pi$에서 함수 $y=f(x)$의 그래프와 직선 $y=2a-1$의 교점의 개수는 4이다.

단서2 직선 $y=2a-1$은 x축과 평행한 직선이야.

① 11 ② 13 ③ 15 ④ 17 ⑤ 19

왜 2등급? 절댓값 기호를 포함한 삼각함수의 그래프가 조건을 만족시키도록 하는 자연수 a, b의 순서쌍 (a, b)의 개수를 구하는 문제이다.
풀이 과정에서 상수항의 값에 따라 함수 $f(x)$의 주기가 달라진다는 것을 알고 상수항의 값에 따라 경우를 나누어 함수의 그래프와 x축에 평행한 직선을 그려 교점의 개수가 4가 되도록 하는 자연수 a, b를 찾는 것이 어렵다.

단서+발상

단서1 함수 $f(x)$는 절댓값 기호를 포함한 삼각함수이므로 함수 $f(x)$에서 상수항인 $-(a-2)(b-2)$의 값에 따라 주기가 달라진다는 것을 유추할 수 있다. (발상)

단서2 이제, $(a-2)(b-2)=0$인 경우와 $(a-2)(b-2)\ne0$인 경우 각각의 함수 $f(x)$의 주기가 π임을 이용하여 자연수 b의 값을 결정한다. (적용)
결정된 b의 값에 따라 함수 $y=f(x)$의 그래프와 직선 $y=2a-1$을 그려 교점의 개수가 4가 되도록 하는 자연수 a, b의 순서쌍 (a, b)를 구한다. (해결)

주의 절댓값 기호를 포함한 함수 $|f(x)|$와 상수 k에 대하여 방정식 $|f(x)|=k$의 서로 다른 실근의 개수는 함수 $y=f(x)$의 그래프와 두 직선 $y=k$, $y=-k$의 교점의 개수와 같음을 이용할 수 있어야 한다. (해결)

핵심 정답 공식: 두 함수 $y=f(x)$, $y=g(x)$의 그래프의 서로 다른 교점의 개수는 방정식 $f(x)=g(x)$의 서로 다른 실근의 개수와 같다.

[문제 풀이 순서]

1st $(a-2)(b-2)=0$일 때 조건을 만족시키는 10 이하의 자연수 a, b의 순서쌍 (a, b)의 개수를 구해.

(i) $(a-2)(b-2)=0$일 때

$f(x)=\left|2a\cos\frac{b}{2}x\right|$이므로 함수 $f(x)$의 주기는 $\frac{\pi}{\frac{b}{2}}=\frac{2\pi}{b}$이다.

함수 $y=|\cos ax|$의 주기는 $\frac{\pi}{|a|}$야.

그런데 조건 (가)에서 주기가 π이어야 하므로

$\frac{2\pi}{b}=\pi$에서 $b=2$

→ 이때의 함수 $f(x)$는 최댓값이 $2a$, 최솟값이 0이야.

즉, $f(x)=|2a\cos x|$이고 $0\le x\le 2\pi$에서 함수 $y=f(x)$의 그래프와 직선 $y=2a-1$의 교점의 개수는 그림과 같이 4이다.

자연수 a에 대하여 $2a>2a-1$이야.

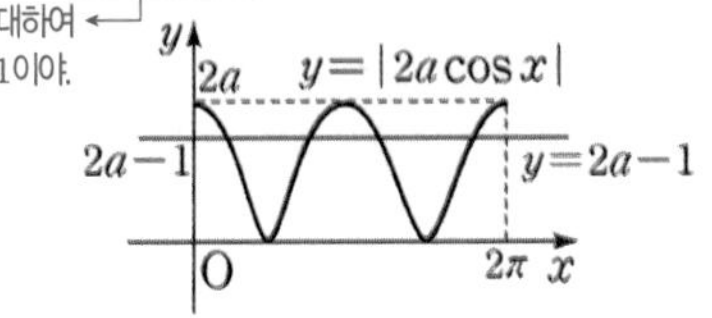

따라서 $b=2$일 때 모든 자연수 a에 대하여 주어진 조건을 만족시키므로 10 이하의 자연수 a, b의 순서쌍 (a, b)의 개수는 $(1, 2)$, $(2, 2)$, $(3, 2)$, $\cdots$, $(10, 2)$로 10이다.

2nd $(a-2)(b-2)\neq0$일 때 조건을 만족시키는 10 이하의 자연수 a, b의 순서쌍 (a, b)의 개수를 구해.

(ii) $(a-2)(b-2)\neq0$일 때 (→ 0이 아닌 상수 k에 대하여 함수 $y=|\cos ax+k|$의 주기는 $\frac{2\pi}{|a|}$야.)

$f(x)=\left|2a\cos\frac{b}{2}x-(a-2)(b-2)\right|$의 주기는 $\frac{2\pi}{\frac{b}{2}}=\frac{4\pi}{b}$이다.

그런데 조건 (가)에서 주기가 π이어야 하므로 $\frac{4\pi}{b}=\pi$에서 $b=4$

즉, $f(x)=|2a\cos 2x-(a-2)\times2|=|2a\cos 2x-2a+4|$이고

$|2a\cos 2x-2a+4|=2a-1$에서

$2a\cos 2x-2a+4=2a-1$ 또는 $2a\cos 2x-2a+4=-(2a-1)$

$\therefore 2a\cos 2x=4a-5$ 또는 $2a\cos 2x=-3$

따라서 조건 (나)를 만족시키려면 $0\leq x\leq2\pi$에서 함수 $y=2a\cos 2x$의 그래프와 두 직선 $y=4a-5$, $y=-3$의 서로 다른 교점의 개수가 4가 되어야 한다.

i) $a=1$이면

$0\leq x\leq2\pi$에서 함수 $y=2a\cos 2x=2\cos 2x$의 그래프와 두 직선 $y=4a-5=-1$, $y=-3$의 교점의 개수는 그림과 같이 4이다. (→ 함수 $y=2\cos 2x$는 주기가 $\frac{2\pi}{2}=\pi$이고 최댓값이 2, 최솟값이 -2야.)

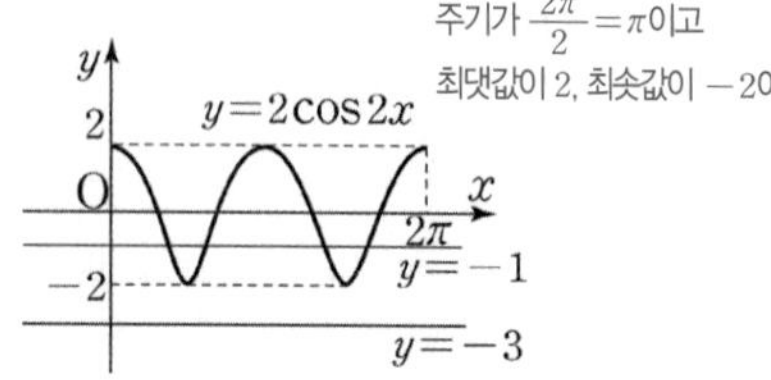

ii) $a=2$이면 $(a-2)(b-2)=0$이므로 (i)의 경우와 같다.

iii) $a\geq3$이면 (→ 함수 $y=2a\cos 2x$는 주기가 $\frac{2\pi}{2}=\pi$이고 최댓값이 $2a$, 최솟값이 $-2a$야.)

$0\leq x\leq2\pi$에서 함수 $y=2a\cos 2x$의 그래프와 두 직선 $y=4a-5$, $y=-3$의 교점의 개수는 그림과 같이 4이다.

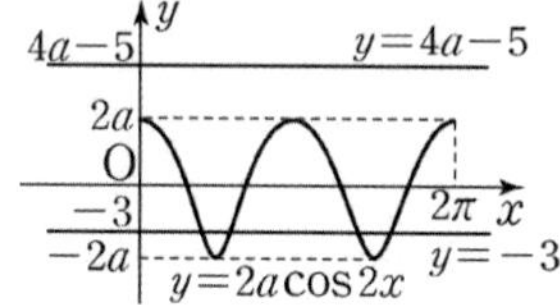

i)~iii)에 의하여 주어진 조건을 만족시키는 10 이하의 자연수 a, b의 순서쌍 (a, b)의 개수는 $(1, 4)$, $(3, 4)$, $(4, 4)$, $(5, 4)$, $\cdots$, $(10, 4)$로 9이다.

(i), (ii)에 의하여 주어진 조건을 만족시키는 10 이하의 자연수 a, b의 모든 순서쌍 (a, b)의 개수는 $10+9=19$이다.

> 1등급 대비 특강
>
> *** 그래프로 교점의 개수를 파악하기 어려울 때는 방정식을 이용하자.**
>
> $(a-2)(b-2)\neq0$인 경우 주기가 π임을 이용하면 b의 값은 하나로 결정돼. 즉, 함수 $f(x)$는 a의 값에 따라 상수항이 달라지기 때문에 그래프를 그리는 것이 어려워.
>
> 따라서 함수 $y=f(x)$의 그래프를 그려 교점의 개수를 구하기보다는 방정식으로 바꾸어 절댓값을 제외한 함수를 만들어 a의 값에 따라 달라지는 값을 한쪽으로 이항시켜놓는 것이 문제를 푸는 것에 유리해.

F 삼각함수의 활용

기본 기출 문제

F 01 정답 ④ *사인법칙 [정답률 88%]

[정답 공식: 사인법칙 $\frac{a}{\sin A}=\frac{b}{\sin B}$를 이용한다.]

삼각형 ABC에서 $\angle B=60^\circ$, $\overline{BC}=12\sqrt{2}$, $\overline{AC}=12\sqrt{3}$일 때, $\angle A$의 크기는? (3점)

단서 $\angle A$에 대한 사인 값을 사인법칙을 이용하여 구할 수 있지?

① 150° ② 135° ③ 90° ④ 45° ⑤ 30°

1st 사인법칙을 이용하여 $\angle A$의 크기를 구하자.

삼각형 ABC에서 사인법칙에 의하여 (→ 주어진 조건으로 삼각형 ABC를 그리면 그림과 같아.)

$\frac{12\sqrt{2}}{\sin A}=\frac{12\sqrt{3}}{\sin 60^\circ}$에서

$\sin A=\frac{\sqrt{2}}{2}$

$\therefore A=45^\circ$ 또는 $A=135^\circ$

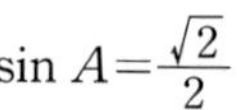

그런데 A, B의 대변의 길이는 각각 $12\sqrt{2}$, $12\sqrt{3}$이므로 $A<B$이어야 한다.

$\therefore A=45^\circ$

주의: 삼각형 ABC의 세 내각의 크기가 $A<B<C$를 만족시키면 대변의 길이는 $a<b<c$를 만족해.

F 02 정답 32 *사인법칙과 삼각형의 외접원 [정답률 80%]

[정답 공식: 한 원에서 같은 호에 대한 원주각의 크기가 같다는 사실과 사인법칙 $\frac{a}{\sin A}=\frac{b}{\sin B}=\frac{c}{\sin C}=2R$를 이용한다.]

단서1 한 원에서 같은 호에 대한 원주각의 크기는 같아.

그림과 같이 한 원에 내접하는 두 삼각형 ABC, ABD에서 $\overline{AB}=16\sqrt{2}$, $\angle ABD=45^\circ$, $\angle BCA=30^\circ$일 때, 선분 AD의 길이를 구하시오. (3점)

단서2 삼각형 ABD에서 사인법칙 $\frac{a}{\sin A}=\frac{b}{\sin B}=\frac{c}{\sin C}=2R$를 적용할 수 있어.

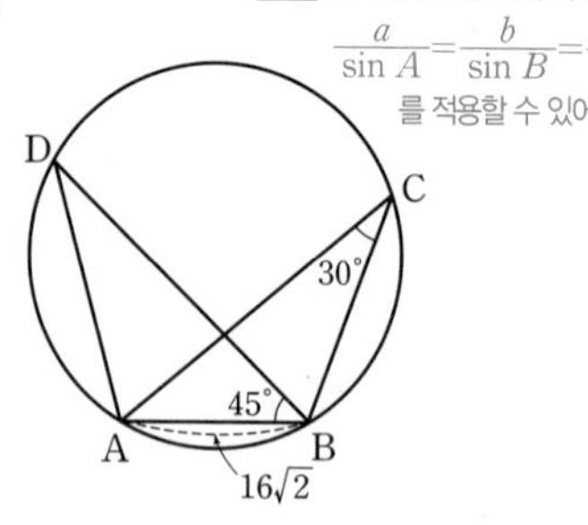

1st 한 원에서 같은 호에 대한 원주각의 크기가 같음을 이용해.

$\overparen{AB}$에 대한 원주각의 크기가 같으므로

$\angle ACB=\angle ADB=30^\circ$

2nd 삼각형 ABD에서 사인법칙을 적용해.

삼각형 ABD에서 사인법칙을 이용하면 $\frac{16\sqrt{2}}{\sin 30^\circ}=\frac{\overline{AD}}{\sin 45^\circ}$ ($\sin 30^\circ=\frac{1}{2}$, $\sin 45^\circ=\frac{\sqrt{2}}{2}$)

$\therefore \overline{AD}=\frac{16\sqrt{2}}{\frac{1}{2}}\times\frac{\sqrt{2}}{2}=32$

F 03 정답 ⑤ *사인법칙의 변형 [정답률 82%]

(정답 공식: 사인법칙에 의하여 $a:b:c=\sin A:\sin B:\sin C$가 성립한다.)

△ABC에서 $6\sin A=2\sqrt{3}\sin B=3\sin C$가 성립할 때, ∠A의 크기는? (3점)
단서 이 조건에서 삼각형의 변의 길이의 비를 찾을 수 있어.

① 120° ② 90° ③ 60°
④ 45° ⑤ 30°

1st 각과 변 사이의 관계를 사인법칙으로 구하자.

사인법칙 $\frac{a}{\sin A}=\frac{b}{\sin B}=\frac{c}{\sin C}=2R$에서

$\sin A=\frac{a}{2R}$, $\sin B=\frac{b}{2R}$, $\sin C=\frac{c}{2R}$이므로

$\sin A:\sin B:\sin C=a:b:c$ ⋯ ㉠

$6\sin A=2\sqrt{3}\sin B=3\sin C=k$ (단, $k\neq 0$인 실수)

라 하면 $\sin A=\frac{k}{6}$, $\sin B=\frac{k}{2\sqrt{3}}$

$\sin C=\frac{k}{3}$이므로 ㉠에 의하여

$a:b:c=\frac{k}{6}:\frac{k}{2\sqrt{3}}:\frac{k}{3}=1:\sqrt{3}:2$ 세 변의 길이의 비가 $1:\sqrt{3}:2$인 삼각형의 세 내각의 크기는 각각 30°, 60°, 90°

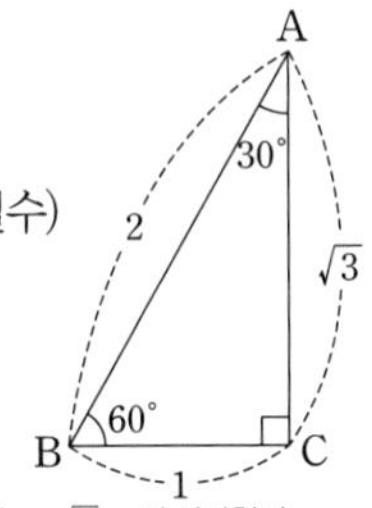

따라서 삼각형 ABC는 ∠C=90°인 직각삼각형으로 ∠A=30°이다.

F 04 정답 20 *코사인법칙 [정답률 90%]

(정답 공식: 코사인법칙 $c^2=a^2+b^2-2ab\cos C$를 이용한다.)

삼각형 ABC에서 ∠A=45°, $\overline{AB}=6$, $\overline{AC}=4\sqrt{2}$일 때, $\overline{BC}^2$의 값을 구하시오. (2점)
단서 삼각형의 두 변의 길이와 그 끼인각의 크기가 주어졌으니까 코사인법칙을 적용해.

1st 코사인법칙을 이용하여 $\overline{BC}^2$의 값을 구하자.
→ $c^2=a^2+b^2-2ab\cos C$

$\overline{BC}^2=\overline{AC}^2+\overline{AB}^2-2\times\overline{AC}\times\overline{AB}\times\cos A$

$=(4\sqrt{2})^2+6^2-2\times 4\sqrt{2}\times 6\times\cos 45°=32+36-48=20$

F 05 정답 ① *코사인법칙의 변형 [정답률 86%]

(정답 공식: 코사인법칙에 의하여 $\cos A=\frac{b^2+c^2-a^2}{2bc}$이 성립한다.)

두 직선 $y=2x$와 $y=\frac{1}{2}x$가 이루는 예각의 크기를 θ라 할 때, 오른쪽 그림을 이용하여 $\cos\theta$의 값을 구하면? (3점)
단서 두 직선 $y=\frac{1}{2}x$, $y=2x$가 직선 $x=2$와 만나는 점을 각각 A, B라 하고 삼각형 OAB에서 코사인법칙의 변형을 적용해.

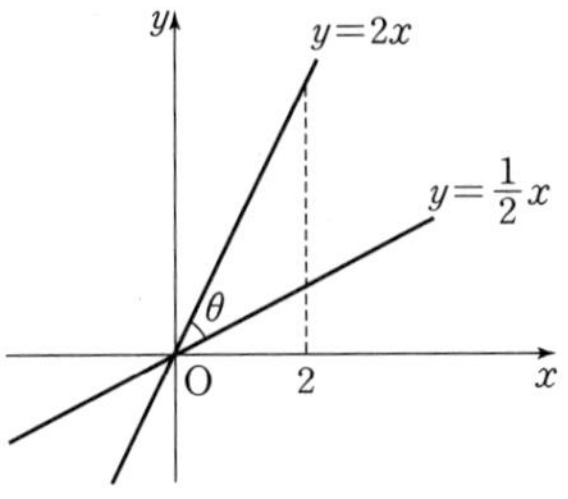

① $\frac{4}{5}$ ② $\frac{3}{5}$ ③ $\frac{\sqrt{5}}{5}$
④ $\frac{2}{5}$ ⑤ $\frac{1}{5}$

1st 두 직선 $y=2x$, $y=\frac{1}{2}x$와 직선 $x=2$가 만나는 점의 좌표를 이용하여 $\cos\theta$의 값을 구해.

그림과 같이 A, B를 잡으면 두 점 A, B의 좌표는 A(2, 1), B(2, 4)

이때, $\overline{OA}=\sqrt{5}$, $\overline{OB}=2\sqrt{5}$, $\overline{AB}=3$
($=\sqrt{2^2+4^2}$, $=4-1$, $=\sqrt{2^2+1^2}$)

이므로 삼각형 OAB에 코사인법칙의 변형에 의하여

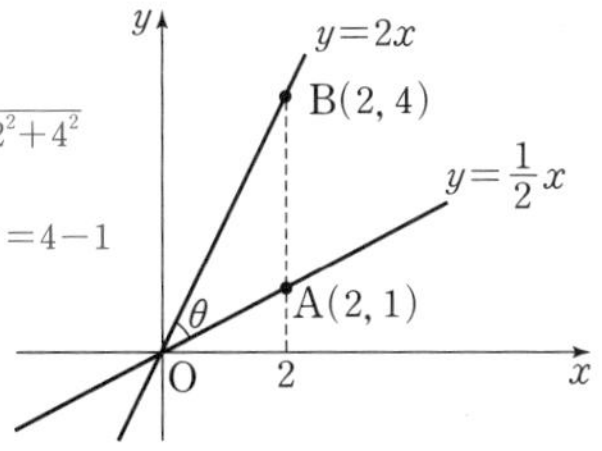

$\cos\theta=\frac{\overline{OA}^2+\overline{OB}^2-\overline{AB}^2}{2\times\overline{OA}\times\overline{OB}}$ → $\overline{AB}^2=\overline{OA}^2+\overline{OB}^2-2\times\overline{OA}\times\overline{OB}\times\cos\theta$

$=\frac{5+20-9}{2\times\sqrt{5}\times 2\sqrt{5}}=\frac{4}{5}$

F 06 정답 4 *삼각형의 넓이 [정답률 72%]

(정답 공식: $\triangle ABC=\frac{1}{2}\times\overline{AB}\times\overline{BC}\times\sin B$)

∠A=120°, $\overline{AB}=12$, $\overline{AC}=6$인 삼각형 ABC에서 ∠A의 이등분선이 선분 BC와 만나는 점을 D라 할 때, 선분 AD의 길이를 구하시오. (3점)

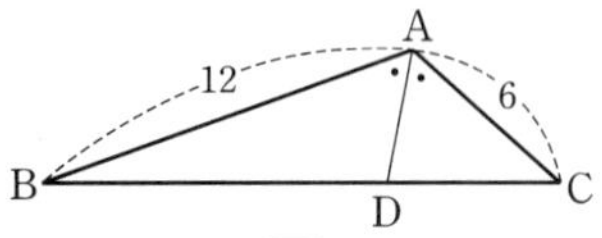

단서 △ABC가 $\overline{AD}$로 두 개의 삼각형으로 나뉘어진 두 삼각형의 넓이의 합이 △ABC의 넓이야.

1st 삼각형 ABC의 넓이를 이용하여 선분 AD의 길이를 구해.

삼각형 ABC의 넓이는 두 삼각형 ABD, ADC의 넓이의 합과 같으므로 △ABC=△ABD+△ACD에서

$\frac{1}{2}\overline{AB}\times\overline{AC}\times\sin 120°$ [삼각형의 넓이] $S=\frac{1}{2}ab\sin C=\frac{1}{2}bc\sin A=\frac{1}{2}ca\sin B$

$=\frac{1}{2}\overline{AB}\times\overline{AD}\times\sin 60°+\frac{1}{2}\overline{AC}\times\overline{AD}\times\sin 60°$

$\frac{1}{2}\times 12\times 6\times\frac{\sqrt{3}}{2}=\frac{1}{2}\times 12\times\overline{AD}\times\frac{\sqrt{3}}{2}+\frac{1}{2}\times 6\times\overline{AD}\times\frac{\sqrt{3}}{2}$

$36=6\overline{AD}+3\overline{AD}$, $9\overline{AD}=36$

$\therefore \overline{AD}=4$

F 07 정답 ② *사각형의 넓이 [정답률 82%]

(정답 공식: 이웃하는 두 변의 길이가 a, b이고 그 끼인각의 크기가 θ인 평행사변형의 넓이 S는 $S=ab\sin\theta$이다.)

오른쪽 그림과 같이 $\overline{AB}=3$, $B=45°$인 평행사변형 ABCD의 넓이가 $9\sqrt{2}$일 때, $\overline{BC}$의 길이는? (3점)
단서 평행사변형의 넓이 공식을 이용하면 돼.

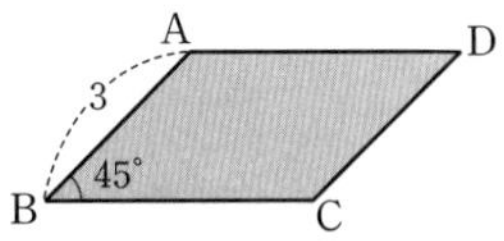

① 5 ② 6 ③ 7
④ 8 ⑤ 9

1st 평행사변형의 넓이를 구하는 공식을 이용하자.

$\overline{AB}=3$, $B=45°$인 평행사변형 ABCD의 넓이가 $9\sqrt{2}$이므로

$9\sqrt{2}=3\times\overline{BC}\times\sin 45°$ (평행사변형의 넓이)$=\overline{AB}\times\overline{BC}\times\sin B$

$=3\times\overline{BC}\times\frac{\sqrt{2}}{2}$

$\therefore \overline{BC}=6$

수능 유형별 기출 문제 [2점, 3점, 쉬운 4점]

F 08 정답 ③ *사인법칙 [정답률 85%]

(정답 공식: 삼각형 ABC에서 사인법칙 $\frac{a}{\sin A}=\frac{b}{\sin B}=\frac{c}{\sin C}$가 성립한다.)

$\overline{AB}=8$이고 $\angle A=45°$, $\angle B=15°$인 삼각형 ABC에서 선분 BC의 길이는? (3점) 단서 삼각형의 한 변의 길이와 두 내각의 크기가 주어졌으니까 사인법칙을 이용하여 다른 변의 길이도 구할 수 있어.

① $2\sqrt{6}$ ② $\frac{7\sqrt{6}}{3}$ ③ $\frac{8\sqrt{6}}{3}$ ④ $3\sqrt{6}$ ⑤ $\frac{10\sqrt{6}}{3}$

1st 삼각형 ABC에서 ∠C의 크기를 구해.

삼각형 ABC에서 $\angle A=45°$, $\angle B=15°$이므로

$\angle C=180°-(\angle A+\angle B)$

$=180°-(45°+15°)=120°$

2nd 사인법칙을 이용하여 선분 BC의 길이를 구해.

삼각형 ABC에서 사인법칙에 의하여 → 삼각형 ABC에서 $\frac{\overline{BC}}{\sin A}=\frac{\overline{AC}}{\sin B}=\frac{\overline{AB}}{\sin C}$가 성립하고 이를 사인법칙이라 해.

$\frac{\overline{BC}}{\sin A}=\frac{\overline{AB}}{\sin C}$에서

$\frac{\overline{BC}}{\sin 45°}=\frac{8}{\sin 120°}$

주의 사인법칙은 삼각형에서 한 변의 길이와 그 변의 대각의 크기의 sin값에 대한 비율이 일정하다는 법칙이야. 즉, 사인법칙을 적용할 때는 변과 대각을 정확히 적용해야 해.

$\therefore \overline{BC}=\frac{8}{\sin 120°}\times\sin 45°$

$=\frac{8}{\frac{\sqrt{3}}{2}}\times\frac{\sqrt{2}}{2}=\frac{8\sqrt{2}}{\sqrt{3}}=\frac{8\sqrt{6}}{3}$

F 09 정답 ① *사인법칙 [정답률 90%]

(정답 공식: 삼각형의 세 내각의 크기의 합은 180°이고, 사인법칙은 $\frac{a}{\sin A}=\frac{b}{\sin B}=\frac{c}{\sin C}=2R$이다.)

삼각형 ABC에서 $\angle A=105°$, $\angle B=30°$이고 $\overline{AB}=12$일 때, $\overline{AC}^2$의 값은? (3점) 단서1 $\angle A+\angle B+\angle C=180°$이므로 $\angle C=45°$

단서2 사인법칙 $\frac{a}{\sin A}=\frac{b}{\sin B}=\frac{c}{\sin C}=2R$를 적용할 수 있어.

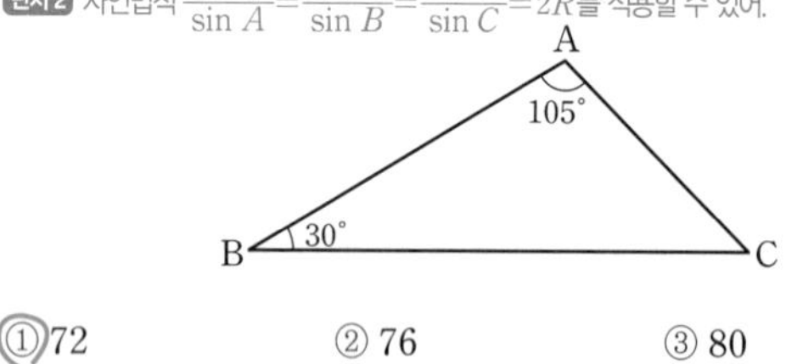

① 72 ② 76 ③ 80 ④ 84 ⑤ 88

1st 사인법칙을 이용하여 $\overline{AC}$의 길이를 구하자.

삼각형 ABC에서 $\angle C=180°-105°-30°=45°$이므로

사인법칙에 의하여 $\frac{\overline{AC}}{\sin 30°}=\frac{12}{\sin 45°}$

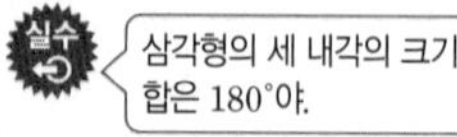

$\sin 30°=\frac{1}{2}$, $\sin 45°=\frac{\sqrt{2}}{2}$

$\overline{AC}=\frac{12}{\frac{\sqrt{2}}{2}}\times\frac{1}{2}=6\sqrt{2}$

$\therefore \overline{AC}^2=72$

F 10 정답 ① *사인법칙 [정답률 54%]

(정답 공식: 사인법칙 $\frac{a}{\sin A}=\frac{b}{\sin B}$를 이용하여 선분 OQ의 길이가 최댓값을 가질 조건을 구한다.)

그림과 같이 두 반직선 OX, OY가 점 O에서 30°의 각을 이루고 있다. 반직선 OX 위의 점 P와 반직선 OY 위의 점 Q가 $\overline{PQ}=4$일 때, 선분 OQ의 길이의 최댓값은? (단, 두 점 P, Q는 점 O가 아니다.) (4점)

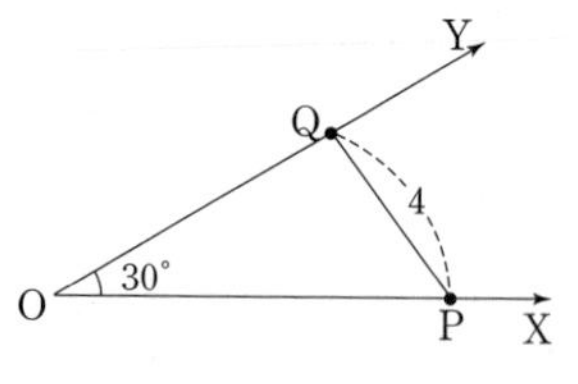

단서 선분 OQ의 길이는 ∠OPQ의 크기에 의해 결정돼.

① 8 ② 7 ③ 6 ④ 5 ⑤ 4

1st 선분 OQ의 길이를 ∠OPQ의 크기를 이용하여 나타내.

삼각형 QOP에서 사인법칙에 의하여 $\frac{4}{\sin 30°}=\frac{\overline{OQ}}{\sin(\angle OPQ)}$

$\therefore \overline{OQ}=\frac{4\sin(\angle OPQ)}{\frac{1}{2}}=8\sin(\angle OPQ)$

2nd 선분 OQ의 길이의 최댓값을 구하자.

선분 OQ의 길이는 $\sin(\angle OPQ)$의 값이 최대일 때 최대야.

이때, $0°<\angle OPQ<150°$이므로 $\angle OPQ=90°$, 즉 $\sin(\angle OPQ)=1$일 때, 선분 OQ의 길이가 최대이다.

→ 삼각형 OPQ의 세 내각의 크기의 합은 180°이고 $\angle QOP=30°$이므로 $0°<\angle OPQ<150°$

따라서 선분 OQ의 길이의 최댓값은 8이다.

실수 $8\times\sin(\angle OPQ)$가 최대가 되려면 아직 정해지지 않은 값 $\sin(\angle OPQ)$가 최대가 되어야 하므로 $0<\sin(\angle OPQ)\le 1$에서 $\sin(\angle OPQ)=1$이 되어야 해.

F 11 정답 ⑤ *사인법칙과 삼각형의 외접원 [정답률 92%]

(정답 공식: 삼각형 ABC의 외접원의 반지름의 길이를 R라고 하면 사인법칙 $\frac{a}{\sin A}=\frac{b}{\sin B}=\frac{c}{\sin C}=2R$가 성립한다.)

반지름의 길이가 5인 원에 내접하는 삼각형 ABC에 대하여 $\angle BAC=\frac{\pi}{4}$일 때, 선분 BC의 길이는? (3점)

단서 ∠BAC에 대한 대변이 선분 BC이므로 사인법칙을 이용할 수 있어.

① $3\sqrt{2}$ ② $\frac{7\sqrt{2}}{2}$ ③ $4\sqrt{2}$ ④ $\frac{9\sqrt{2}}{2}$ ⑤ $5\sqrt{2}$

1st 사인법칙을 이용하여 선분 BC의 길이를 구해.

∠BAC에 대한 대변이 선분 BC이므로 사인법칙에 의하여

$\frac{\overline{BC}}{\sin\frac{\pi}{4}}=2\times5$ → $\frac{a}{\sin A}=2R$

$\therefore \overline{BC}=2\times5\times\sin\frac{\pi}{4}=2\times5\times\frac{\sqrt{2}}{2}=5\sqrt{2}$

→ $\sin\frac{\pi}{4}=\sin 45°=\frac{\sqrt{2}}{2}$

다른 풀이: **원주각의 크기와 중심각의 크기 사이의 관계 이용하기**

호 BC에 대한 원주각의 크기가 $\frac{\pi}{4}$이므로 중심각의 크기는 2배이므로 $\frac{\pi}{2}$야.

외접원의 중심을 O라 하면

$\overline{BO}=\overline{CO}=5$ (∵ 반지름)

즉, 직각이등변삼각형 OBC에서 빗변인 $\overline{BC}=5\sqrt{2}$

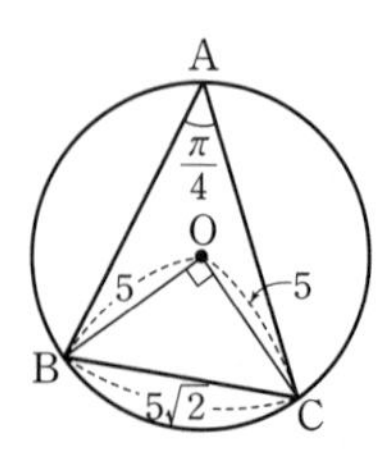

F 12 정답 ⑤ *사인법칙과 삼각형의 외접원 ………… [정답률 94%]

(정답 공식: 삼각형 ABC의 외접원의 반지름의 길이를 R라 하면 $\frac{\overline{BC}}{\sin A}=2R$가 성립한다.)

선분 BC의 길이가 5이고, $\angle BAC=\frac{\pi}{6}$인 삼각형 ABC의 외접원의 반지름의 길이는? (3점) 단서 선분 BC와 마주보는 각의 크기 $\angle BAC=\frac{\pi}{6}$가 주어져 있으므로 사인법칙으로 외접원의 반지름의 길이를 구할 수 있어.

① 3 ② $\frac{7}{2}$ ③ 4 ④ $\frac{9}{2}$ ⑤ 5

1st 사인법칙을 이용하여 삼각형 ABC의 외접원의 반지름의 길이를 구하자.

삼각형 ABC의 외접원의 반지름의 길이를 R라 하면

사인법칙에 의하여

→[사인법칙] 삼각형 ABC에서 외접원의 반지름의 길이를 R라 하면 다음이 성립한다. $\frac{\overline{BC}}{\sin A}=\frac{\overline{AC}}{\sin B}=\frac{\overline{AB}}{\sin C}=2R$

$\frac{5}{\sin\frac{\pi}{6}}=2R$

$\frac{5}{\frac{1}{2}}=2R$

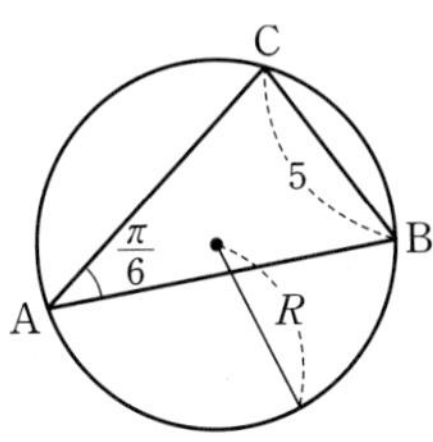

$2R=10$ $\therefore R=5$

사인법칙과 삼각형의 외접원 개념·공식

삼각형 ABC의 외접원의 반지름의 길이를 R라 하면 삼각형의 세 변의 길이와 세 각의 크기 사이에는 다음과 같은 관계가 성립한다.

$$\frac{a}{\sin A}=\frac{b}{\sin B}=\frac{c}{\sin C}=2R$$

즉, 삼각형에서 변의 길이와 마주 보는 각에 대한 사인함수의 값의 비는 일정하다.

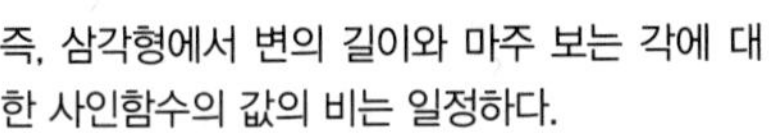

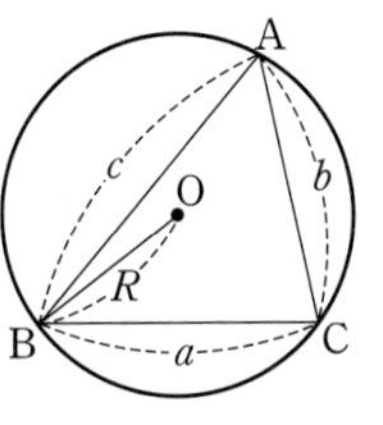

F 13 정답 ③ *사인법칙과 삼각형의 외접원 ………… [정답률 88%]

(정답 공식: 사인법칙 $\frac{a}{\sin A}=\frac{b}{\sin B}=\frac{c}{\sin C}=2R$를 이용한다.)

반지름의 길이가 15인 원에 내접하는 삼각형 ABC에서 $\sin B=\frac{7}{10}$일 때, 선분 AC의 길이는? (3점)

단서1 삼각형 ABC의 외접원의 반지름의 길이가 15라는 거야.

단서2 삼각형 ABC에서 ∠B는 선분 AC의 대각이야.

① 15 ② 18 ③ 21 ④ 24 ⑤ 27

1st 사인법칙을 이용하여 선분 AC의 길이를 구해.

삼각형 ABC의 외접원의 반지름의 길이가 15이고 선분 AC의 대각이 ∠B이므로 사인법칙에 의하여 $\frac{\overline{AC}}{\sin B}=2\times15$

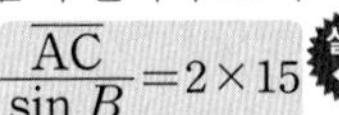

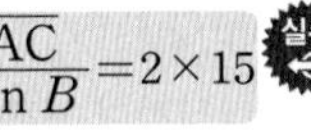

실수 사인법칙은 삼각형의 한 각의 사인값과 그 대변의 길이의 비율이 일정하다는 공식이야. 각과 변이 헷갈리지 않도록 해.

$\therefore \overline{AC}=30\sin B=30\times\frac{7}{10}=21$

→삼각형 ABC의 외접원의 반지름의 길이가 R일 때 $\frac{\overline{BC}}{\sin A}=\frac{\overline{AC}}{\sin B}=\frac{\overline{AB}}{\sin C}=2R$가 성립하고, 이를 사인법칙이라 해.

F 14 정답 ④ *사인법칙과 삼각형의 외접원 ………… [정답률 85%]

(정답 공식: 삼각형 ABC의 외접원의 반지름의 길이를 R라 할 때, $\frac{a}{\sin A}=\frac{b}{\sin B}=\frac{c}{\sin C}=2R$가 성립한다.)

그림과 같이 반지름의 길이가 4인 원에 내접하고 변 AC의 길이가 5인 삼각형 ABC가 있다. $\angle ABC=\theta$라 할 때, $\sin\theta$의 값은? (단, $0<\theta<\pi$) (3점)

단서1 삼각형의 외접원의 반지름의 길이와 삼각형의 한 변의 길이가 주어져 있네? 사인법칙을 생각해.

단서2 삼각형 ABC에 외접하는 원의 반지름의 길이와 선분 AC의 길이를 이용하여 $\sin\theta$의 값을 구해.

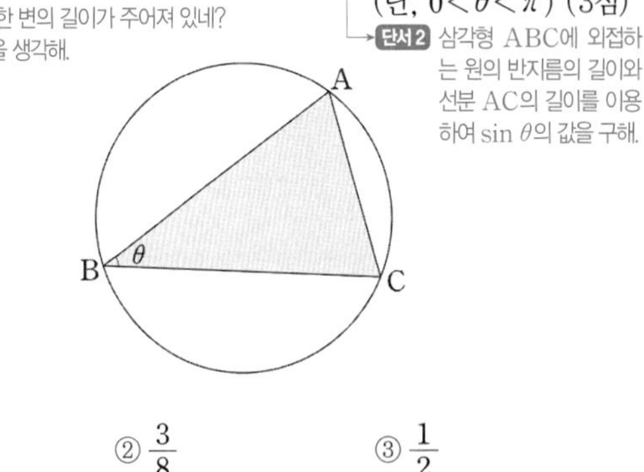

① $\frac{1}{4}$ ② $\frac{3}{8}$ ③ $\frac{1}{2}$ ④ $\frac{5}{8}$ ⑤ $\frac{3}{4}$

1st 사인법칙을 이용하여 $\sin\theta$의 값을 구해.

삼각형 ABC의 외접원의 반지름의 길이가 4이고 삼각형 ABC에서 ∠ABC의 대변인 선분 AC의 길이가 5이므로 사인법칙에 의하여

$\frac{\overline{AC}}{\sin(\angle ABC)}=2\times4$에서

삼각형 ABC의 한 변의 길이가 a, 이 변의 대각의 크기가 A이고 삼각형 ABC의 외접원의 반지름의 길이가 R이면 $\frac{a}{\sin A}=2R$가 성립해.

$\frac{5}{\sin\theta}=8$ $\therefore \sin\theta=\frac{5}{8}$

F 15 정답 ③ *사인법칙과 삼각형의 외접원 ………… [정답률 92%]

(정답 공식: 사인법칙 $\frac{a}{\sin A}=\frac{b}{\sin B}=\frac{c}{\sin C}=2R$를 이용한다.)

$\angle A=30°$, $\overline{BC}=8$인 삼각형 ABC의 외접원의 반지름의 길이는? (2점) 단서 삼각형의 한 각의 크기와 그 대변의 길이가 주어졌으니까 사인법칙을 적용해.

① 4 ② 6 ③ 8 ④ $4\sqrt{2}$ ⑤ $6\sqrt{2}$

1st 사인법칙을 이용하여 외접원의 반지름의 길이를 구해.

삼각형 ABC의 외접원의 반지름의 길이를 R라 하면 사인법칙에 의하여

반지름의 길이가 R인 원에 내접하는 삼각형 ABC에서 $\frac{a}{\sin A}=\frac{b}{\sin B}=\frac{c}{\sin C}=2R$가 성립해.

$\frac{8}{\sin 30°}=2R$

$\therefore R=8$

사인법칙과 삼각형의 외접원 개념·공식

삼각형 ABC의 외접원의 반지름의 길이를 R라 하면 삼각형의 세 변의 길이와 세 각의 크기 사이에는 다음과 같은 관계가 성립한다.

$$\frac{a}{\sin A}=\frac{b}{\sin B}=\frac{c}{\sin C}=2R$$

즉, 삼각형에서 변의 길이와 마주 보는 각에 대한 사인함수의 값의 비는 일정하다.

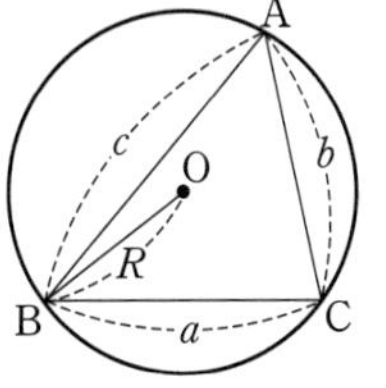

F 16 정답 ① *사인법칙과 삼각형의 외접원 [정답률 64%]

(정답 공식: 반지름의 길이가 R인 원에 내접하는 삼각형 ABC에서 $\frac{a}{\sin A}=\frac{b}{\sin B}=\frac{c}{\sin C}=2R$가 성립한다.)

$\angle A>\frac{\pi}{2}$인 삼각형 ABC의 꼭짓점 A에서 선분 BC에 내린 수선의 발을 H라 하자. $\overline{AB}:\overline{AC}=\sqrt{2}:1$, $\overline{AH}=2$이고, 삼각형 ABC의 외접원의 넓이가 50π일 때, 선분 BH의 길이는? (4점)

단서 외접원의 반지름의 길이를 구할 수 있지? 또한, 삼각형과 외접원의 반지름이 나오면 사인법칙을 생각해야 해.

① 6 ② $\frac{25}{4}$ ③ $\frac{13}{2}$
④ $\frac{27}{4}$ ⑤ 7

1st 삼각형 ABC의 외접원의 반지름의 길이를 구해.

삼각형 ABC의 외접원의 반지름의 길이를 R이라 하면 외접원의 넓이가 50π이므로 $\pi R^2=50\pi$에서 $R^2=50$ $\therefore R=5\sqrt{2}$

2nd 사인법칙을 이용하여 선분 AB의 길이를 구해.

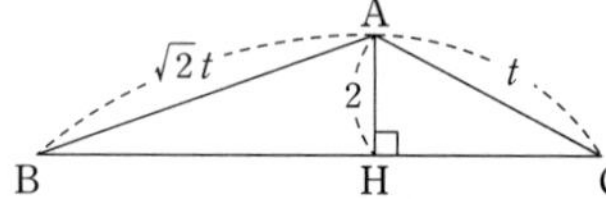

$\overline{AB}:\overline{AC}=\sqrt{2}:1$이므로 양수 t에 대하여 $\overline{AB}=\sqrt{2}t$, $\overline{AC}=t$라 하면

직각삼각형 AHC에서 $\sin(\angle ACH)=\frac{\overline{AH}}{\overline{AC}}=\frac{2}{t}$

즉, $\sin C=\frac{2}{t}$이므로 삼각형 ABC에서 사인법칙에 의하여

삼각형 ABC의 외접원의 반지름의 길이가 R일 때, $\frac{a}{\sin A}=\frac{b}{\sin B}=\frac{c}{\sin C}=2R$가 성립하고 이를 사인법칙이라 해.

$\frac{\overline{AB}}{\sin C}=2R$에서 $\frac{\sqrt{2}t}{\frac{2}{t}}=2\times5\sqrt{2}$, $\frac{\sqrt{2}}{2}t^2=10\sqrt{2}$

$t^2=20$ $\therefore t=2\sqrt{5}$ ($\because t>0$)

$\therefore \overline{AB}=\sqrt{2}t=\sqrt{2}\times2\sqrt{5}=2\sqrt{10}$

3rd 피타고라스 정리를 이용하여 선분 BH의 길이를 구해.

따라서 직각삼각형 ABH에서

$\overline{BH}=\sqrt{\overline{AB}^2-\overline{AH}^2}=\sqrt{(2\sqrt{10})^2-2^2}=\sqrt{40-4}=\sqrt{36}=6$

다른 풀이: 삼각형의 넓이 이용하기

$\overline{AB}:\overline{AC}=\sqrt{2}:1$이므로 양수 t에 대하여 $\overline{AB}=\sqrt{2}t$, $\overline{AC}=t$라 하면

삼각형 ABC의 넓이는

$\frac{1}{2}\times\sqrt{2}t\times t\times\sin A=\frac{\sqrt{2}}{2}t^2\times\sin A$ … ㉠

이웃하는 두 변의 길이가 각각 a, b이고 그 끼인각의 크기가 θ인 삼각형의 넓이를 S라 하면 $S=\frac{1}{2}ab\sin\theta$야.

한편, 삼각형 ABC의 밑변을 $\overline{BC}$라 하면 높이는 $\overline{AH}=2$이므로

삼각형 ABC의 넓이는 $\frac{1}{2}\times\overline{BC}\times2=\overline{BC}$ … ㉡

㉠=㉡이므로 $\frac{\sqrt{2}}{2}t^2\times\sin A=\overline{BC}$에서 $\frac{\overline{BC}}{\sin A}=\frac{\sqrt{2}}{2}t^2$ … ㉢

이때, 위의 풀이에 의하여 삼각형 ABC의 외접원의 반지름의 길이는 $R=5\sqrt{2}$이므로 사인법칙에 의하여

$\frac{\overline{BC}}{\sin A}=2R=10\sqrt{2}$

여기에 ㉢을 대입하면 $\frac{\sqrt{2}}{2}t^2=10\sqrt{2}$, $t^2=20$ $\therefore t=2\sqrt{5}$

(이하 동일)

F 17 정답 ① *사인법칙과 삼각형의 외접원 [정답률 72%]

(정답 공식: 삼각형 ABC의 외접원의 반지름의 길이를 R라 하면 $\frac{a}{\sin A}=\frac{b}{\sin B}=\frac{c}{\sin C}=2R$가 성립한다.)

그림과 같이 $\angle ABC=\frac{\pi}{2}$인 삼각형 ABC에 내접하고 반지름의 길이가 3인 원의 중심을 O라 하자. 직선 AO가 선분 BC와 만나는 점을 D라 할 때, $\overline{DB}=4$이다. 삼각형 ADC의 외접원의 넓이는? (4점)

단서 원의 넓이를 구하려면 반지름의 길이만 알면 되지? 따라서 삼각형 ADC에서 사인법칙을 이용하여 외접원의 반지름의 길이를 구해.

① $\frac{125}{2}\pi$ ② 63π ③ $\frac{127}{2}\pi$
④ 64π ⑤ $\frac{129}{2}\pi$

1st $\angle CAD$에 대한 sin값을 구해.

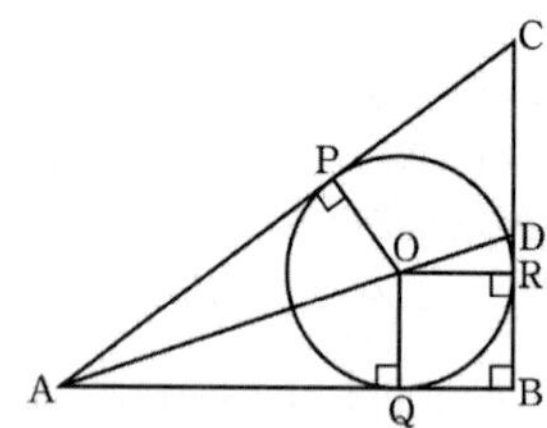

그림과 같이 삼각형 ABC와 내접원의 접점을 각각 P, Q, R라 하면 내접원의 반지름의 길이가 3이므로 $\overline{OR}=\overline{RB}=\overline{QB}=\overline{OQ}=3$이다.

$\therefore \overline{DR}=\overline{BD}-\overline{RB}=4-3=1$

따라서 직각삼각형 DOR에서 피타고라스 정리에 의하여

$\overline{OD}=\sqrt{\overline{OR}^2+\overline{DR}^2}=\sqrt{3^2+1^2}=\sqrt{10}$

이때, $\angle DOR=\theta$라 하면 직각삼각형 DOR에서

$\sin\theta=\frac{1}{\sqrt{10}}=\frac{\sqrt{10}}{10}$

한편, 두 선분 AB, OR는 서로 평행하고 두 삼각형 OAQ, OAP는 서로 합동이므로

두 삼각형 OAQ, OAP에서 $\overline{OQ}=\overline{OP}$ (반지름), $\overline{OA}$는 공통, $\overline{AQ}=\overline{AP}$이므로 두 삼각형 SSS합동이야.

$\angle OAP=\angle OAQ=\angle DOR=\theta$

$\angle DOR$, $\angle OAQ$는 동위각이야.

$\therefore \sin(\angle OAP)=\sin(\angle CAD)=\sin\theta=\frac{\sqrt{10}}{10}$

2nd 선분 CD의 길이를 구해.

두 삼각형 ORD, ABD는 서로 닮음이므로 $\overline{OR}:\overline{DR}=\overline{AB}:\overline{DB}$에서 $3:1=\overline{AB}:4$ $\therefore \overline{AB}=12$

따라서 $\overline{AP}=\overline{AQ}=\overline{AB}-\overline{QB}=12-3=9$이므로

원 밖의 한 점에서 원에 그은 두 접선의 길이는 서로 같아.

$\overline{CR}=\overline{CP}=x$라 하면 직각삼각형 ABC에서 피타고라스 정리에 의하여

$\overline{AB}^2+\overline{BC}^2=\overline{AC}^2$에서

$\overline{AB}^2+(\overline{BR}+\overline{CR})^2=(\overline{AP}+\overline{CP})^2$, $12^2+(3+x)^2=(9+x)^2$

$144+9+6x+x^2=81+18x+x^2$, $12x=72$ $\therefore x=6$

따라서 $\overline{CR}=6$이므로 $\overline{CD}=\overline{CR}-\overline{DR}=6-1=5$

3rd 삼각형 ADC의 외접원의 넓이를 구해.

삼각형 ADC의 외접원의 반지름의 길이를 R라 하면 사인법칙에 의하여 $\dfrac{\overline{CD}}{\sin\theta}=2R$

$$\therefore R=\frac{\overline{CD}}{2\sin\theta}=\frac{5}{2\times\frac{\sqrt{10}}{10}}=\frac{25}{\sqrt{10}}$$

따라서 삼각형 ADC의 외접원의 넓이를 S라 하면

$$S=\pi R^2=\pi\times\left(\frac{25}{\sqrt{10}}\right)^2=\frac{125}{2}\pi$$

다른 풀이: **각의 이등분선의 성질을 이용한 선분의 길이 구하기**

선분 CD의 길이를 구하는 다른 방법!

$\overline{AB}=12$, $\overline{BD}=4$, $\overline{AP}=9$, $\overline{DR}=1$이고 선분 AD가 $\angle CAB$의 이등분선이므로 $\overline{CR}=\overline{CP}=x$라 하면 $\overline{AB}:\overline{AC}=\overline{BD}:\overline{CD}$에서

$12:(9+x)=4:(x-1)$

$4(9+x)=12(x-1)$, $8x=48$

$\therefore x=6$

그림과 같이 선분 AD가 $\angle BAC$의 이등분선이면 $a:b=c:d$가 성립해.

따라서 $\overline{CR}=6$이므로 $\overline{CD}=\overline{CR}-\overline{DR}=6-1=5$

F 18 정답 ② *사인법칙과 삼각형의 외접원 [정답률 73%]

(정답 공식: 사인법칙 $\dfrac{a}{\sin A}=2R$를 이용하여 선분 AB의 길이를 구한다.)

단서1 원의 넓이가 100π이므로 반지름의 길이는 10

그림과 같이 넓이가 100π이고 중심이 O인 원 위의 두 점 A, B에 대하여 호 AB의 길이는 반지름의 길이의 2배이다. 선분 AB의 길이는? (단, 호 AB에 대한 중심각 θ의 크기는 $0<\theta<\pi$이다.) (4점)

단서2 호의 길이가 20이므로 $\angle AOB=\theta=2$

단서3 삼각형 OAB에서 두 변의 길이와 그 끼인각의 크기를 알고 있으므로 사인법칙을 적용하면 돼.

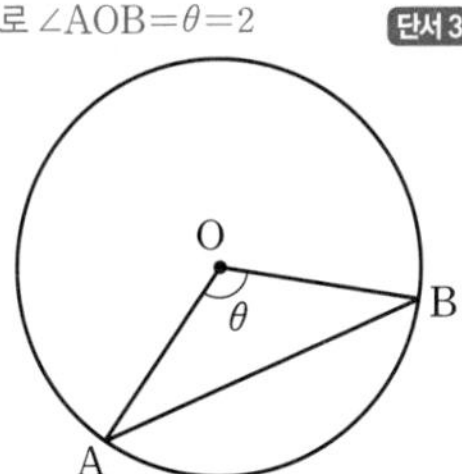

① 18sin 1 ② 20sin 1 ③ 22sin 1 ④ 18sin 2 ⑤ 20sin 2

1st 넓이 100π를 이용하여 원의 반지름의 길이를 구하자.

반지름의 길이를 r라 하면 $\pi r^2=100\pi$

$\therefore r=10$

2nd 호의 길이를 l이라 하면 $l=r\theta$임을 이용해서 θ의 값을 구하자.

부채꼴 OAB에서 $\widehat{AB}=l=20$이므로 $l=r\theta$에 의하여 $20=10\theta$

$\therefore \theta=2$

3rd 원 위에 두 점 A, B가 아닌 점을 P라 하고 삼각형 PAB에서 사인법칙을 적용하자. 실수 5 한 원에서 같은 호에 대한 원주각의 크기는 중심각의 크기의 $\frac{1}{2}$이야.

그림과 같이 원 위에 두 점 A, B가 아닌 점 P에 대하여 $\angle APB=1$이므로 사인법칙에 의하여

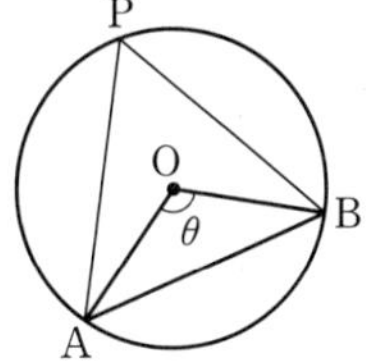

$\dfrac{\overline{AB}}{\sin 1}=2R=2\times10$

$\dfrac{a}{\sin A}=\dfrac{b}{\sin B}=\dfrac{c}{\sin C}=2R$

$\therefore \overline{AB}=20\sin 1$

F 19 정답 192 *사인법칙과 삼각형의 외접원 [정답률 78%]

(정답 공식: 사인법칙 $\dfrac{a}{\sin A}=2R$를 이용한다.)

두 원 C_1, C_2가 그림과 같이 두 점 A, B에서 만난다. 선분 AB의 길이는 12이고, 그에 대한 원주각의 크기는 각각 60°, 30°이다. 두 원 C_1, C_2의 반지름의 길이를 각각 R_1, R_2라고 할 때, $R_1^2+R_2^2$의 값을 구하시오. (4점)

단서 두 원의 공통현인 선분 AB에 대하여 사인법칙을 적용할 수 있어.

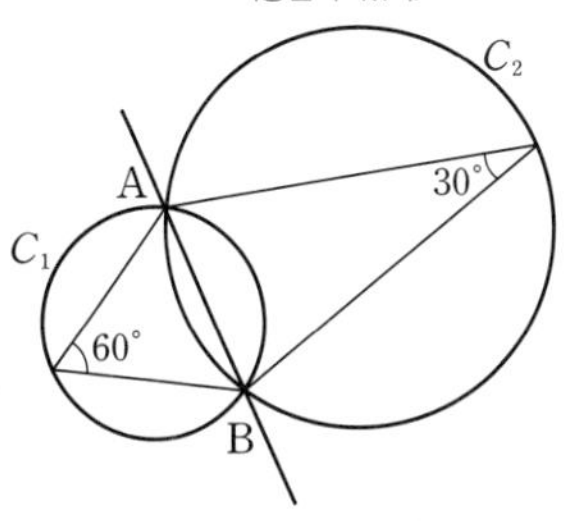

1st 두 원 C_1, C_2의 반지름의 길이를 각각 R_1, R_2이므로 사인법칙 $\dfrac{c}{\sin C}=2R$를 이용하자.

주어진 그림에서 공통현 AB를 한 변으로 하는 두 삼각형에 대하여 각각 사인법칙을 적용하면

원 C_1에서 $\dfrac{\overline{AB}}{\sin 60^\circ}=\dfrac{12}{\frac{\sqrt{3}}{2}}=2R_1$이므로 $R_1=4\sqrt{3}$

$\dfrac{12}{\frac{\sqrt{3}}{2}}=2R_1$에서 $\sqrt{3}R_1=12$ $\quad\therefore R_1=\dfrac{12}{\sqrt{3}}=4\sqrt{3}$

원 C_2에서 $\dfrac{\overline{AB}}{\sin 30^\circ}=\dfrac{12}{\frac{1}{2}}=2R_2$이므로 $R_2=12$

$\therefore R_1^2+R_2^2=(4\sqrt{3})^2+12^2=192$

다른 풀이: **원주각의 크기와 중심각의 크기의 관계 이용하기**

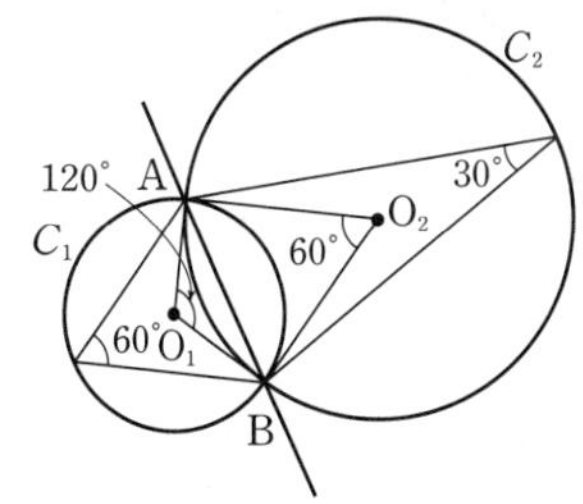

두 원 C_1, C_2의 중심을 각각 O_1, O_2라 하면 원주각의 성질에 의하여

$\angle AO_1B=120^\circ$, $\angle AO_2B=60^\circ$ $\quad \angle AO_1B=2\times60^\circ=120^\circ$, $\angle AO_2B=2\times30^\circ=60^\circ$

이때, 두 원 C_1, C_2의 반지름의 길이가 각각 R_1, R_2이므로

$\overline{AO_1}=\overline{O_1B}=R_1$

$\overline{AO_2}=\overline{O_2B}=R_2$

삼각형 AO_1B에서 코사인법칙에 의하여

$12^2=R_1^2+R_1^2-2\times R_1\times R_1\times\cos 120^\circ$ $\quad a^2=b^2+c^2-2bc\cos A$

주의 삼각형의 세 변의 길이와 삼각형의 한 각 중에 모르는 한 값을 구할 때 코사인법칙을 사용해.

$144=3R_1^2$

$\therefore R_1^2=48$

마찬가지로 삼각형 AO_2B에서 코사인법칙에 의하여

$12^2=R_2^2+R_2^2-2\times R_2\times R_2\times\cos 60^\circ$에서

$R_2^2=144$

$\therefore R_1^2+R_2^2=192$

F 20 정답 ⑤ *사인법칙과 삼각형의 외접원 [정답률 46%]

정답 공식: 원에 내접하는 사각형의 대각의 크기의 합은 180°이고, 사인법칙은 $\frac{a}{\sin A}=\frac{b}{\sin B}=\frac{c}{\sin C}=2R$이다.

단서1 $\angle C=90°$인 직각삼각형이므로 $\sin A=\frac{6}{10}=\frac{3}{5}$

그림과 같이 $\overline{AB}=10$, $\overline{BC}=6$, $\overline{CA}=8$인 삼각형 ABC와 그 삼각형의 내부에 $\overline{AP}=6$인 점 P가 있다. 점 P에서 변 AB와 변 AC에 내린 수선의 발을 각각 Q, R라 할 때, 선분 QR의 길이는? (4점)

단서2 $\angle AQP=\angle ARP=90°$이므로 네 점 A, Q, P, R를 지나는 원을 생각할 수 있어.

단서3 삼각형 AQR에서 사인법칙을 적용할 수 있어.

① $\frac{14}{5}$ ② 3 ③ $\frac{16}{5}$ ④ $\frac{17}{5}$ ⑤ $\frac{18}{5}$

1st 네 점 A, Q, P, R을 지나는 원을 생각하자. → 원에 내접하는 사각형의 대각의 크기의 합은 180°야.

$\overline{AQ}\perp\overline{PQ}$, $\overline{AR}\perp\overline{PR}$이므로 그림과 같이 네 점 A, Q, P, R는 한 원 위의 점이다. 따라서 선분 AP는 삼각형 AQR의 외접원의 지름이 된다.

원 안의 내접한 삼각형이 직각삼각형이 되는 경우는 직각삼각형의 빗변이 그 원의 지름이라는 뜻이야.

2nd 삼각형 AQR에서 사인법칙을 적용하자.

삼각형 AQR에서 사인법칙을 이용하면

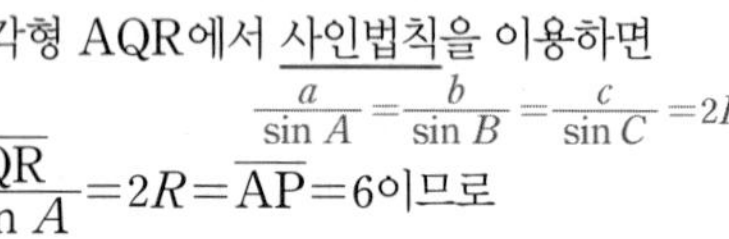

$\frac{a}{\sin A}=\frac{b}{\sin B}=\frac{c}{\sin C}=2R$

$\frac{\overline{QR}}{\sin A}=2R=\overline{AP}=6$이므로

$\overline{QR}=6\sin A$

삼각형 ABC는 직각삼각형이므로 $\sin A=\frac{6}{10}=\frac{3}{5}$

$\therefore \overline{QR}=6\sin A=6\times\frac{3}{5}=\frac{18}{5}$

F 21 정답 ⑤ *사인법칙의 변형 [정답률 93%]

정답 공식: $\sin A:\sin B:\sin C=\frac{a}{2R}:\frac{b}{2R}:\frac{c}{2R}=a:b:c$임을 이용한다.

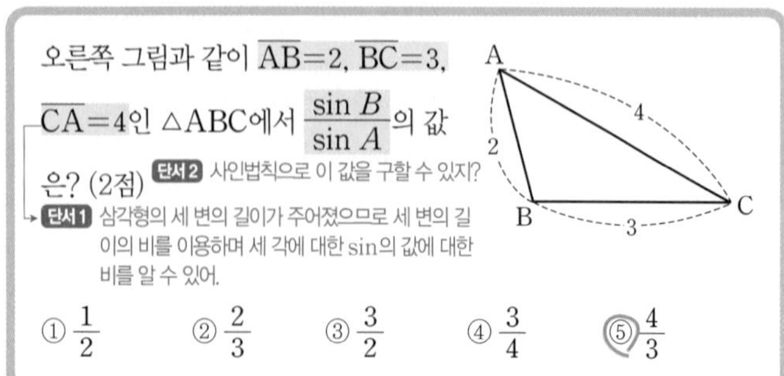

오른쪽 그림과 같이 $\overline{AB}=2$, $\overline{BC}=3$, $\overline{CA}=4$인 △ABC에서 $\frac{\sin B}{\sin A}$의 값은? (2점)

단서2 사인법칙으로 이 값을 구할 수 있지?

단서1 삼각형의 세 변의 길이가 주어졌으므로 세 변의 길이의 비를 이용하여 세 각에 대한 sin의 값에 대한 비를 알 수 있어.

① $\frac{1}{2}$ ② $\frac{2}{3}$ ③ $\frac{3}{2}$ ④ $\frac{3}{4}$ ⑤ $\frac{4}{3}$

1st 사인법칙을 이용해.

사인법칙에 의하여 $\sin A:\sin B:\sin C=\frac{a}{2R}:\frac{b}{2R}:\frac{c}{2R}=a:b:c$

사인법칙에 의하여

$\overline{BC}:\overline{CA}:\overline{AB}=3:4:2=\sin A:\sin B:\sin C$이므로

양수 k에 대하여 $\sin A=3k$, $\sin B=4k$, $\sin C=2k$라 하면

$\frac{\sin B}{\sin A}=\frac{4k}{3k}=\frac{4}{3}$

다른 풀이: 사인법칙을 이용하여 비 구하기

사인법칙에서 $\frac{a}{\sin A}=\frac{b}{\sin B}$이므로 $\frac{3}{\sin A}=\frac{4}{\sin B}$

$\frac{a}{\sin A}=\frac{b}{\sin B}=\frac{c}{\sin C}=2R$

$\therefore \frac{\sin B}{\sin A}=\frac{4}{3}$

F 22 정답 ③ *사인법칙의 변형 [정답률 83%]

정답 공식: 세 변의 길이 a, b, c를 각각 양수 k에 대한 식으로 나타내고, $a:b:c=\sin A:\sin B:\sin C$임을 이용한다.

삼각형 ABC에서 $\overline{BC}=a$, $\overline{CA}=b$, $\overline{AB}=c$일 때,

$(a+b):(b+c):(c+a)=15:13:12$

이 성립한다. $\sin A:\sin B:\sin C$는? (3점)

단서 삼각형의 세 내각의 크기에 대한 사인 값의 비는 세 변의 길이의 비와 같으니까 주어진 비례식으로 세 변의 길이의 비를 구해.

① 8 : 7 : 5 ② 8 : 7 : 6 ③ 7 : 8 : 5 ④ 7 : 8 : 4 ⑤ 4 : 8 : 7

1st a, b, c를 양수 k에 대하여 나타내자.

$(a+b):(b+c):(c+a)=15:13:12$이므로 양수 k에 대하여

$a+b=15k$, $b+c=13k$, $c+a=12k$ … ㉠라 하고 세 식을 더하면

$2a+2b+2c=40k$ $\therefore a+b+c=20k$ … ㉡

㉡에서 ㉠의 식을 각각 빼면 $a=7k$, $b=8k$, $c=5k$

2nd $\sin A:\sin B:\sin C$를 구해.

따라서 사인법칙에 의하여

$\sin A:\sin B:\sin C=a:b:c=7:8:5$

삼각형에서 내각의 크기의 대한 사인 값의 비는 변의 길이의 비와 같아.

F 23 정답 ③ *사인법칙의 변형 [정답률 79%]

정답 공식: a, b, c를 각각 양수 k에 대한 식으로 나타내고, 사인법칙에 의해 $a:b:c=\sin A:\sin B:\sin C$임을 이용한다.

삼각형 ABC에서 $ab:bc:ca=12:20:15$일 때,

$\frac{\sin A+\sin B}{\sin C}$의 값은? (3점)

단서 $\sin A$, $\sin B$, $\sin C$를 a, b, c로 나타내며 계산해.

① 1 ② $\frac{6}{5}$ ③ $\frac{7}{5}$ ④ $\frac{8}{5}$ ⑤ $\frac{9}{5}$

1st 비례식을 이용하여 a, b, c를 각각 양수 k에 대한 식으로 나타내자.

$ab:bc:ca=12:20:15$이므로 양수 k에 대하여

$ab=12k^2$ … ㉠, $bc=20k^2$ … ㉡, $ca=15k^2$ … ㉢이라 하면

㉠×㉡×㉢에서 $(abc)^2=3600k^6$ $\therefore abc=60k^3$ … ㉣

㉣÷㉡에서 $a=3k$

㉣÷㉢에서 $b=4k$

㉣÷㉠에서 $c=5k$

2nd $\dfrac{\sin A+\sin B}{\sin C}$의 값을 구해.

→ 삼각형 ABC의 외접원의 반지름의 길이를 R라 하면 $\sin A=\dfrac{a}{2R}$, $\sin B=\dfrac{b}{2R}$, $\sin C=\dfrac{c}{2R}$이므로 $\sin A : \sin B : \sin C=\dfrac{a}{2R} : \dfrac{b}{2R} : \dfrac{c}{2R}=a : b : c$

이때, 사인법칙에 의하여

$\sin A : \sin B : \sin C=a : b : c$이므로

$\dfrac{\sin A+\sin B}{\sin C}=\dfrac{a+b}{c}=\dfrac{3k+4k}{5k}=\dfrac{7}{5}$

F 24 정답 ⑤ *사인법칙의 변형 [정답률 57%]

(정답 공식: 사인법칙 $\dfrac{a}{\sin A}=\dfrac{b}{\sin B}$를 이용한다.)

삼각형 ABC에서 $\overline{AB}=2\sqrt{2}$, $\angle A=105°$, $\angle B=45°$일 때, 선분 BC 위를 움직이는 점 P에 대하여 $\dfrac{\overline{CP}}{\sin(\angle CAP)}$의 최솟값은? (4점)

단서 삼각형 APC에서 사인법칙을 이용하여 이 값과 같은 값을 가지는 것을 구해서 생각해.

① $\sqrt{2}$ ② $\sqrt{3}$ ③ 2
④ $\sqrt{6}$ ⑤ 4

1st $\dfrac{\overline{CP}}{\sin(\angle CAP)}$의 값이 언제 최솟값을 갖는지 파악해.

$C=30°$이므로 삼각형 APC에서 사인법칙에 의하여

$\dfrac{\overline{CP}}{\sin(\angle CAP)}=\dfrac{\overline{AP}}{\sin 30°}$

→ 삼각형 ABC에서 $C=180°-(A+B)=180°-(105°+45°)=30°$

즉, $\dfrac{\overline{CP}}{\sin(\angle CAP)}$는 선분 AP의 길이가 최소일 때 최솟값을 갖는다.

2nd $\dfrac{\overline{CP}}{\sin(\angle CAP)}$의 최솟값을 구하자.

→ 점 A와 선분 BC 사이의 거리야.

주의 길이의 최솟값을 구하는 문제는 최단 거리를 구하는 문제와 같다고 볼 수 있어.

선분 AP의 길이가 최소인 경우는 점 A에서 선분 BC에 내린 수선의 발이 P인 경우이고 이때의 삼각형 ABP는 $\overline{BP}=\overline{AP}$인 직각이등변삼각형이므로 피타고라스 정리에 의하여

→ $\angle PBA=\angle PAB=45°$

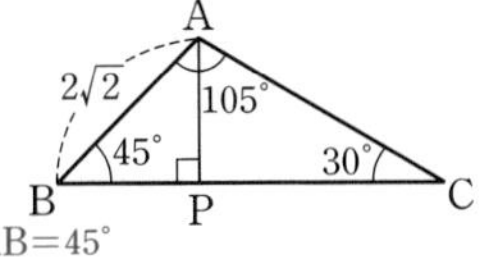

$\overline{BP}^2+\overline{AP}^2=\overline{AB}^2$에서

$2\overline{AP}^2=8$, $\overline{AP}^2=4$ $\therefore \overline{AP}=2$

따라서 $\dfrac{\overline{CP}}{\sin(\angle CAP)}=\dfrac{\overline{AP}}{\sin 30°}\geq\dfrac{2}{\sin 30°}=4$이므로

$\dfrac{\overline{CP}}{\sin(\angle CAP)}$의 최솟값은 4이다.

다른 풀이: **삼각형 CAP의 외접원을 이용하여 최솟값 구하기**

삼각형 CAP의 외접원의 반지름의 길이를 R라 하면 사인법칙에 의하여

$\dfrac{\overline{CP}}{\sin(\angle CAP)}=2R$

즉, $\dfrac{\overline{CP}}{\sin(\angle CAP)}$의 최솟값은 선분 BC 위의 점 P에 대하여 삼각형 CAP의 외접원의 지름의 길이의 최솟값과 같다.

이때, 선분 CA가 삼각형 CAP의 외접원의 지름일 때 그 길이가 최소이고 삼각형 ABC에서 사인법칙에 의하여

$\dfrac{\overline{CA}}{\sin(\angle ABC)}=\dfrac{\overline{AB}}{\sin(\angle ACB)}$에서

$\overline{CA}=\dfrac{\overline{AB}}{\sin(\angle ACB)}\times\sin(\angle ABC)=\dfrac{2\sqrt{2}}{\sin 30°}\times\sin 45°$

$=\dfrac{2\sqrt{2}}{\frac{1}{2}}\times\dfrac{\sqrt{2}}{2}=4$

이므로 구하는 최솟값은 4이다.

F 25 정답 13 *코사인법칙 [정답률 92%]

(정답 공식: 코사인법칙 $a^2=b^2+c^2-2bc\cos A$를 이용한다.)

$\triangle$ABC에서 $b=8$, $c=7$, $\angle A=120°$일 때, a의 값을 구하시오. (3점)

단서 두 변의 길이와 그 끼인각의 크기가 주어졌으니까 코사인법칙을 이용해.

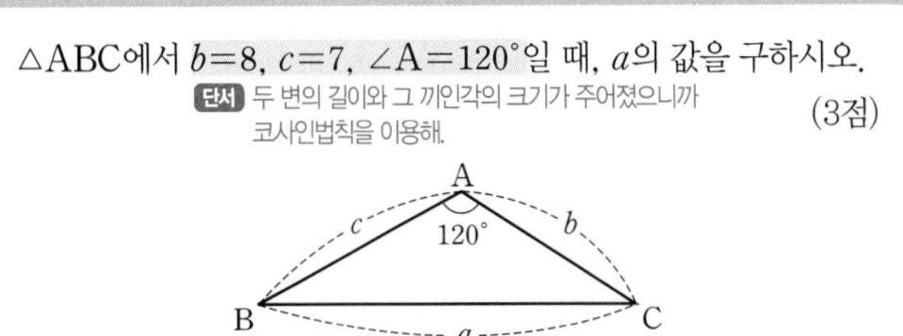

1st a의 값을 구하자.

→ 두 변의 길이와 끼인각의 크기가 주어졌으므로 코사인법칙을 이용하면 a의 값을 구할 수 있지?

$a^2=b^2+c^2-2bc\cos A$에서 $b=8$, $c=7$, $\angle A=120°$이므로

$a^2=8^2+7^2-2\times8\times7\times\cos 120°=169$ $\therefore a=\pm13$

그런데 $a>0$이므로 $a=13$ 실수 주의 길이는 항상 양수의 값을 가져야 해.

코사인법칙 개념·공식

삼각형 ABC의 세 변의 길이와 세 각의 크기 사이에는 다음과 같은 관계가 성립한다.

① $a^2=b^2+c^2-2bc\cos A$
② $b^2=c^2+a^2-2ca\cos B$
③ $c^2=a^2+b^2-2ab\cos C$

F 26 정답 25 *코사인법칙 [정답률 62%]

(정답 공식: 삼각형 ABC에서 각 꼭짓점과 마주보는 변의 길이를 각각 a, b, c라 할 때 $a^2=b^2+c^2-2bc\cos A$이다.)

그림과 같이 $\overline{AB}=3$, $\overline{BC}=6$인 직사각형 ABCD에서 선분 BC를 $1 : 5$로 내분하는 점을 E라 하자. $\angle EAC=\theta$라 할 때, $50\sin\theta\cos\theta$의 값을 구하시오. (4점)

단서 삼각형 AEC의 세 변의 길이를 알면 코사인법칙을 이용하여 $\cos\theta$의 값을 구할 수 있어.

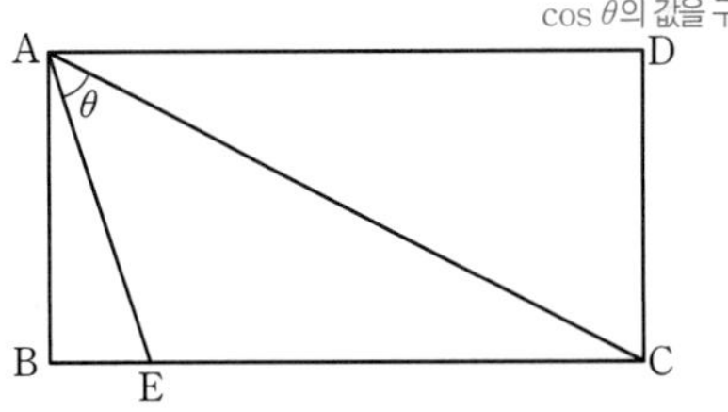

1st 세 선분 AE, AC, EC의 길이를 각각 구하자.

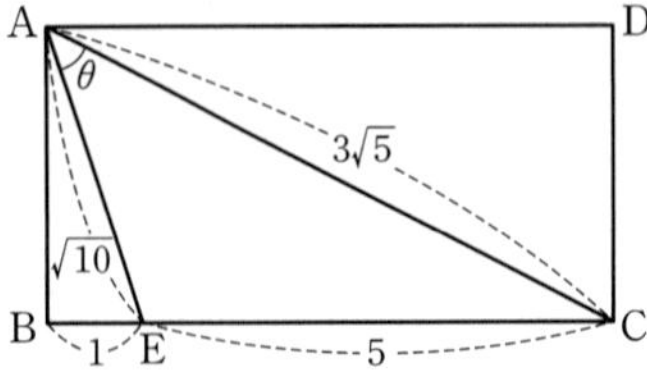

점 E는 선분 BC를 $1:5$로 내분하는 점이므로

$\overline{BE}=\dfrac{1}{6}\overline{BC}=\dfrac{1}{6}\times6=1$, $\overline{EC}=\dfrac{5}{6}\overline{BC}=\dfrac{5}{6}\times6=5$

직각삼각형 ABE에서 $\overline{AB}=3$, $\overline{BE}=1$이므로

피타고라스 정리에 의하여 $\overline{AE}=\sqrt{3^2+1^2}=\sqrt{10}$ ⋯ ㉠

또, 직각삼각형 ADC에서 $\overline{AD}=6$, $\overline{CD}=3$이므로

피타고라스 정리에 의하여 $\overline{AC}=\sqrt{6^2+3^2}=3\sqrt{5}$ ⋯ ㉡

2nd 코사인법칙을 이용하여 $\cos\theta$의 값을 구하자.

삼각형 AEC에 코사인법칙을 적용하면

$$\cos\theta=\frac{\overline{AC}^2+\overline{AE}^2-\overline{EC}^2}{2\times\overline{AC}\times\overline{AE}}$$

$$=\frac{(3\sqrt{5})^2+(\sqrt{10})^2-5^2}{2\times3\sqrt{5}\times\sqrt{10}}\ (\because ㉠,\ ㉡)$$

$$=\frac{30}{30\sqrt{2}}=\frac{1}{\sqrt{2}}$$

$0<\theta<\frac{\pi}{2}$이므로 $\theta=\frac{\pi}{4}$

즉, $\sin\theta=\sin\frac{\pi}{4}=\frac{1}{\sqrt{2}}$

→ 다음과 같이 삼각함수 사이의 관계를 이용하여 $\sin\theta$의 값을 구할 수도 있어.
$0<\theta<\frac{\pi}{2}$이므로
$\sin\theta=\sqrt{1-\cos^2\theta}=\sqrt{1-\left(\frac{1}{\sqrt{2}}\right)^2}=\frac{1}{\sqrt{2}}$

$\therefore 50\sin\theta\cos\theta=50\times\frac{1}{\sqrt{2}}\times\frac{1}{\sqrt{2}}=25$

F 27 정답 ③ *코사인법칙 [정답률 62%]

(정답 공식: 코사인법칙을 이용하여 각 선분의 길이를 구하고 원에서의 비례 관계를 이용하여 선분 MD의 길이를 구한다.)

그림과 같이 $\overline{AB}=3$, $\overline{BC}=2$, $\overline{AC}>3$이고 $\cos(\angle BAC)=\frac{7}{8}$인 삼각형 ABC가 있다. 선분 AC의 중점을 M, 삼각형 ABC의 외접원이 직선 BM과 만나는 점 중 B가 아닌 점을 D라 할 때, 선분 MD의 길이는? (4점)

단서 2 원에서의 비례 관계를 이용하여 선분 MD의 길이를 구하면 돼.

단서 1 삼각형 ABC에서 코사인법칙을 이용하여 선분 AC의 길이를 구할 수 있어.

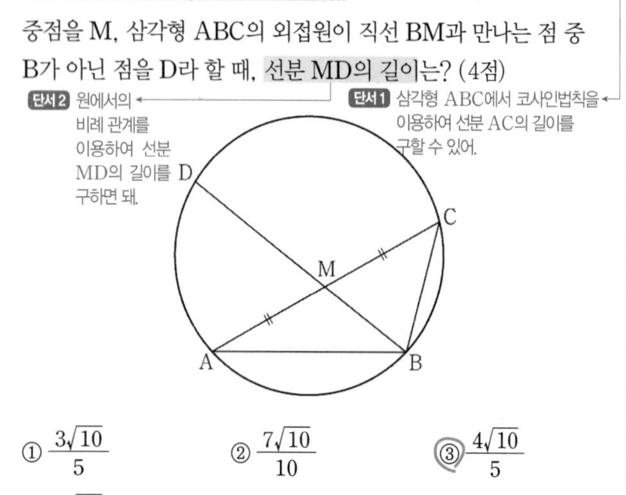

① $\frac{3\sqrt{10}}{5}$ ② $\frac{7\sqrt{10}}{10}$ ③ $\frac{4\sqrt{10}}{5}$ ④ $\frac{9\sqrt{10}}{10}$ ⑤ $\sqrt{10}$

1st 두 선분 AC, BM의 길이를 각각 구해.

선분 AC의 길이를 x라 하면 $\overline{AC}>3$이므로 $x>3$이다.

이때, 삼각형 ABC에서 코사인법칙에 의하여

삼각형 ABC에서 $a^2=b^2+c^2-2bc\cos A$, $b^2=c^2+a^2-2ca\cos B$, $c^2=a^2+b^2-2ab\cos C$가 성립하고 이를 코사인법칙이라 해.

$\overline{BC}^2=\overline{AB}^2+\overline{AC}^2-2\times\overline{AB}\times\overline{AC}\times\cos(\angle BAC)$에서

$2^2=3^2+x^2-2\times3\times x\times\frac{7}{8}$, $4=9+x^2-\frac{21}{4}x$

$x^2-\frac{21}{4}x+5=0$, $4x^2-21x+20=0$, $(x-4)(4x-5)=0$

$\therefore x=4\ (\because x>3) \Rightarrow \overline{AC}=4$

따라서 $\overline{AM}=\overline{CM}=\frac{1}{2}\times\overline{AC}=\frac{1}{2}\times4=2$이므로

삼각형 ABM에서 코사인법칙에 의하여

$\overline{BM}^2=\overline{AB}^2+\overline{AM}^2-2\times\overline{AB}\times\overline{AM}\times\cos(\angle BAM)$

$=3^2+2^2-2\times3\times2\times\frac{7}{8}=9+4-\frac{21}{2}=\frac{5}{2}$

$\therefore \overline{BM}=\sqrt{\frac{5}{2}}=\frac{\sqrt{10}}{2}$

2nd 선분 MD의 길이를 구해.

두 현 AC, BD의 교점이 M이므로 원에서의 비례 관계에 의하여

$\overline{AM}\times\overline{CM}=\overline{BM}\times\overline{DM}$에서 $2\times2=\frac{\sqrt{10}}{2}\times\overline{DM}$

$\therefore \overline{DM}=4\times\frac{2}{\sqrt{10}}=\frac{4\sqrt{10}}{5}$

$\angle AMB=\angle DMC$(맞꼭지각)이고 $\angle ABM$, $\angle DCM$은 호 AD에 대한 원주각이므로 $\angle ABM=\angle DCM$이지? 따라서 두 삼각형 ABM, DCM은 AA 닮음이므로 $\overline{AM}:\overline{DM}=\overline{BM}:\overline{CM}$에서 $\overline{AM}\times\overline{CM}=\overline{BM}\times\overline{DM}$이야.

F 28 정답 ⑤ *코사인법칙 [정답률 78%]

(정답 공식: 두 변의 길이가 a, b이고 끼인각의 크기가 θ인 삼각형의 다른 한 변의 길이 c는 $c^2=a^2+b^2-2ab\cos C$이고, 두 닮은 도형의 길이의 비가 $a:b$이면 넓이의 비는 $a^2:b^2$이다.)

그림과 같이 한 변의 길이가 3인 정육각형 F_1의 각 변을 $2:1$로 내분하는 점들을 이어 정육각형 F_2를 만들었다. F_1, F_2의 넓이를 각각 S_1, S_2라 할 때, $\frac{S_2}{S_1}$의 값은? (3점)

단서 두 정육각형 F_1, F_2로 만들어지는 삼각형의 두 변의 길이는 각각 1, 2임을 알 수 있어.

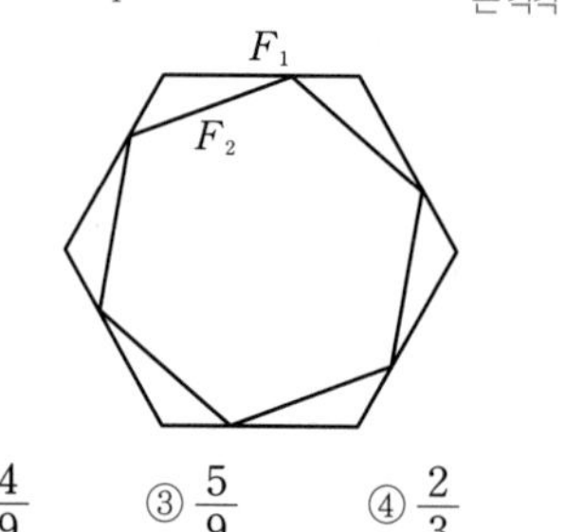

① $\frac{1}{3}$ ② $\frac{4}{9}$ ③ $\frac{5}{9}$ ④ $\frac{2}{3}$ ⑤ $\frac{7}{9}$

1st 코사인법칙을 이용하여 정육각형 F_2의 한 변의 길이를 구하자.

그림과 같이 정육각형 F_2의 한 변의 길이를 a라 하면

나머지 두 변의 길이는 1, 2이고 정육각형의 한 내각이 $120°$이므로

한 변의 길이가 3인 정육각형의 각 변을 $2:1$로 내분하였으므로 두 변의 길이는 각각 $3\times\frac{2}{3}=2$, $3\times\frac{1}{3}=1$이 되지?

정n각형의 한 내각의 크기 $\frac{180°\times(n-2)}{n}$야.

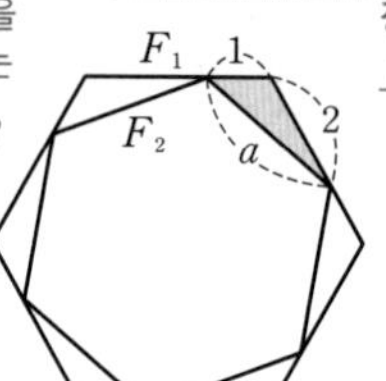

어두운 부분의 삼각형에서 코사인법칙을 이용하면

$a^2=2^2+1^2-2\times2\times1\times\cos120°=7$

→ 두 변의 길이와 끼인각의 크기를 이용하여 코사인법칙을 적용할 수 있어.

$\cos120°=-\frac{1}{2}$

$\therefore a=\sqrt{7}$

2nd 닮은 도형에서 길이의 비가 $a:b$이면 넓이의 비는 $a^2:b^2$임을 이용해.

두 정육각형 F_1, F_2는 닮은 도형이고 한 변의 길이의 비가 $3:\sqrt{7}$이므로 넓이의 비는 $9:7$이다. 두 닮은 도형의 길이의 비가 $a:b$이면 넓이의 비는 $a^2:b^2$이야.

$\therefore \frac{S_2}{S_1}=\frac{7}{9}$

실수 길이의 비의 제곱이 넓이의 비가 됨에 유의하고 넓이의 비가 $9:7$이므로 $S_1\times1=9k$, $S_2=7k$라 놓고 풀어야 해.

다른 풀이: F_1, F_2의 넓이 각각 구하기

정육각형 F_2의 한 변의 길이를 a라 하면 코사인법칙에 의하여

$a^2=2^2+1^2-2\times2\times1\times\cos120°=7$ $\therefore a=\sqrt{7}$

$$\therefore \frac{S_2}{S_1}=\frac{\frac{\sqrt{3}}{4}\times(\sqrt{7})^2\times6}{\frac{\sqrt{3}}{4}\times3^2\times6}=\frac{7}{9}$$

→ 정육각형은 정삼각형 6개로 만들 수 있지?

한 변의 길이가 a인 정삼각형의 넓이 S는 $S=\frac{\sqrt{3}}{4}a^2$

F 29 정답 ⑤ *코사인법칙 [정답률 52%]

(정답 공식: 삼각형 ABC에서 $a^2=b^2+c^2-2bc\cos A$가 성립한다.)

그림과 같이 한 원에 내접하는 사각형 ABCD에 대하여

$\overline{AB}=4$, $\overline{BC}=2\sqrt{30}$, $\overline{CD}=8$

이다. $\angle BAC=\alpha$, $\angle ACD=\beta$라 할 때, $\cos(\alpha+\beta)=-\frac{5}{12}$

단서1 호 BC, 호 AD에 대한 원주각의 크기가 각각 α, β라는 거야.
단서2 이 코사인 값을 활용하려면 각의 크기가 $\alpha+\beta$인 각을 찾아야 해.

이다. 두 선분 AC와 BD의 교점을 E라 할 때, 선분 AE의 길이는?

$\left(단, 0<\alpha<\frac{\pi}{2}, 0<\beta<\frac{\pi}{2}\right)$ (4점)

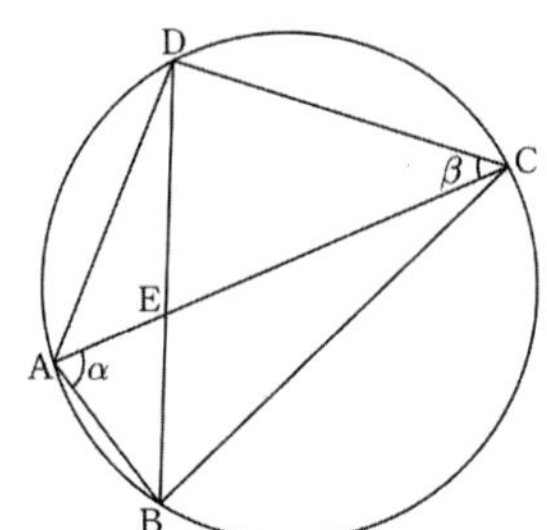

① $\sqrt{6}$ ② $\frac{\sqrt{26}}{2}$ ③ $\sqrt{7}$ ④ $\frac{\sqrt{30}}{2}$ ⑤ $2\sqrt{2}$

1st 삼각형 EBC에서 선분 EB의 길이를 구해.

한 호에 대한 원주각의 크기는 같으므로

$\angle BDC=\angle BAC=\alpha$, $\angle ABD=\angle ACD=\beta$

$\therefore \angle BEC=\alpha+\beta$ … ㉠

$\angle BEC$는 삼각형 EAB의 한 외각이므로 $\angle BEC=\angle EAB+\angle EBA=\alpha+\beta$

이때, 두 삼각형 EAB, EDC는 서로 닮음이고 닮음비는

$\angle EAB=\angle EDC$, $\angle EBA=\angle ECD$이므로 AA닮음이야.

$\overline{AB}:\overline{DC}=4:8=1:2$이므로 $\overline{EB}:\overline{EC}=1:2$이다.

즉, 양수 t에 대하여 $\overline{EB}=t$, $\overline{EC}=2t$라 하면 삼각형 EBC에서 코사인법칙에 의하여

삼각형 ABC에서 $a^2=b^2+c^2-2bc\cos A$가 성립하고 이를 코사인법칙이라 해.

$\overline{BC}^2=\overline{EB}^2+\overline{EC}^2-2\times\overline{EB}\times\overline{EC}\times\cos(\angle BEC)$에서

$(2\sqrt{30})^2=t^2+(2t)^2-2\times t\times 2t\times\left(-\frac{5}{12}\right)$ ($\because$ ㉠)

$120=t^2+4t^2+\frac{5}{3}t^2$, $\frac{20}{3}t^2=120$

$t^2=18$ $\therefore t=3\sqrt{2}$ ($\because t>0$)

$\therefore \overline{EB}=3\sqrt{2}$

2nd 삼각형 EAB에서 선분 AE의 길이를 구해.

$\angle AEB=\pi-\angle BEC=\pi-(\alpha+\beta)$이므로

$\cos(\angle AEB)=\cos(\pi-(\alpha+\beta))=-\cos(\alpha+\beta)=\frac{5}{12}$

$\cos(\pi-\theta)=-\cos\theta$

이때, 양수 k에 대하여 $\overline{EA}=k$라 하면 삼각형 EAB에서 코사인법칙에 의하여

$\overline{AB}^2=\overline{EA}^2+\overline{EB}^2-2\times\overline{EA}\times\overline{EB}\times\cos(\angle AEB)$에서

$4^2=k^2+(3\sqrt{2})^2-2\times k\times 3\sqrt{2}\times\frac{5}{12}$, $16=k^2+18-\frac{5\sqrt{2}}{2}k$

$k^2-\frac{5\sqrt{2}}{2}k+2=0$, $2k^2-5\sqrt{2}k+4=0$

$k=\frac{5\sqrt{2}\pm\sqrt{50-32}}{4}=\frac{5\sqrt{2}\pm3\sqrt{2}}{4}$

$\therefore k=2\sqrt{2}$ 또는 $k=\frac{\sqrt{2}}{2}$ … ㉡

한편, $0<\alpha<\frac{\pi}{2}$이므로

삼각형 EAB에서 $\overline{EA}^2+\overline{AB}^2>\overline{EB}^2$을 만족시키므로

$k^2+4^2>(3\sqrt{2})^2$, $k^2+16>18$, $k^2>2$

$\therefore k>\sqrt{2}$ ($\because k>0$) … ㉢

㉡, ㉢에 의하여 $k=2\sqrt{2}$

$\therefore \overline{AE}=k=2\sqrt{2}$

F 30 정답 ② *코사인법칙 [정답률 57%]

(정답 공식: 삼각형 ABC에서 $a^2=b^2+c^2-2bc\cos A$가 성립한다.)

두 점 O_1, O_2를 각각 중심으로 하고 반지름의 길이가 $\overline{O_1O_2}$인 두 원 C_1, C_2가 있다. 그림과 같이 원 C_1 위의 서로 다른 세 점 A, B, C와 원 C_2 위의 점 D가 주어져 있고, 세 점 A, O_1, O_2와 세 점 C, O_2, D가 각각 한 직선 위에 있다. 이때 $\angle BO_1A=\theta_1$, $\angle O_2O_1C=\theta_2$, $\angle O_1O_2D=\theta_3$이라 하자.

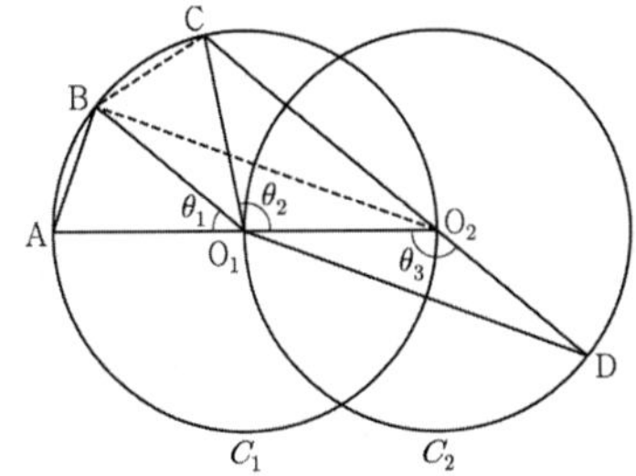

다음은 $\overline{AB}:\overline{O_1D}=1:2\sqrt{2}$이고 $\theta_3=\theta_1+\theta_2$일 때, 선분 AB와 선분 CD의 길이의 비를 구하는 과정이다.

$\angle CO_2O_1+\angle O_1O_2D=\pi$이므로 $\theta_3=\frac{\pi}{2}+\frac{\theta_2}{2}$이고

$\theta_3=\theta_1+\theta_2$에서 $2\theta_1+\theta_2=\pi$이므로 $\angle CO_1B=\theta_1$이다.

이때 $\angle O_2O_1B=\theta_1+\theta_2=\theta_3$이므로 삼각형 O_1O_2B와 삼각형 O_2O_1D는 합동이다.

$\overline{AB}=k$라 할 때 $\overline{BO_2}=\overline{O_1D}=2\sqrt{2}k$이므로

$\overline{AO_2}=$ (가) 이고, $\angle BO_2A=\frac{\theta_1}{2}$이므로

$\cos\frac{\theta_1}{2}=$ (나) 이다.

단서1 삼각형 AO_2B에서 선분 AO_2의 길이와 $\cos\frac{\theta_1}{2}$의 값을 구할 수 있어.

삼각형 O_2BC에서 $\overline{BC}=k$, $\overline{BO_2}=2\sqrt{2}k$,

$\angle CO_2B=\frac{\theta_1}{2}$이므로 코사인법칙에 의하여

$\overline{O_2C}=$ (다) 이다.

단서2 삼각형의 한 내각의 크기와 두 변의 길이가 주어지면 코사인법칙을 이용하여 나머지 변의 길이도 구할 수 있지?

$\overline{CD}=\overline{O_2D}+\overline{O_2C}=\overline{O_1O_2}+\overline{O_2C}$이므로

$\overline{AB}:\overline{CD}=k:\left(\frac{(가)}{2}+(다)\right)$이다.

위의 (가), (다)에 알맞은 식을 각각 $f(k)$, $g(k)$라 하고, (나)에 알맞은 수를 p라 할 때, $f(p)\times g(p)$의 값은? (4점)

① $\frac{169}{27}$ ② $\frac{56}{9}$ ③ $\frac{167}{27}$ ④ $\frac{166}{27}$ ⑤ $\frac{55}{9}$

1st 선분 AO_2의 길이를 구해. 이등변삼각형의 두 밑각의 크기는 서로 같아. 즉, $\angle CO_2O_1=\angle O_2CO_1$이야.

$\overline{O_1C}=\overline{O_1O_2}$인 이등변삼각형 O_1O_2C에서 $\angle CO_2O_1=\frac{1}{2}(\pi-\theta_2)$이고

$\angle O_1O_2D=\theta_3$이므로 $\angle CO_2O_1+\angle O_1O_2D=\pi$에서

$\frac{1}{2}(\pi-\theta_2)+\theta_3=\pi \qquad \therefore \theta_3=\pi-\frac{1}{2}(\pi-\theta_2)=\frac{\pi}{2}+\frac{\theta_2}{2}$

즉, $\theta_3=\theta_1+\theta_2$에서 $\frac{\pi}{2}+\frac{\theta_2}{2}=\theta_1+\theta_2$, $\theta_1+\frac{\theta_2}{2}=\frac{\pi}{2}$

$\therefore 2\theta_1+\theta_2=\pi \cdots$ ㉠

또, $\angle BO_1A+\angle CO_1B+\angle O_2O_1C=\pi$에서

$\theta_1+\angle CO_1B+\theta_2=\pi$이므로 ㉠에 의하여 $\angle CO_1B=\theta_1$이다.

이때, $\angle O_2O_1B=\angle CO_1B+\angle O_2O_1C=\theta_1+\theta_2=\theta_3$이므로 삼각형 O_1O_2B와 삼각형 O_2O_1D는 합동이다.

두 삼각형 O_1O_2B, O_2O_1D에서 $\angle O_2O_1B=\angle O_1O_2D=\theta_3$이고 $\overline{O_1B}=\overline{O_2D}$이고 $\overline{O_1O_2}$는 공통이므로 $\triangle O_1O_2B\equiv\triangle O_2O_1D$(SAS 합동)이야.

$\overline{AB}:\overline{O_1D}=1:2\sqrt{2}$이므로 양수 k에 대하여 $\overline{AB}=k$라 하면

$\overline{BO_2}=\overline{O_1D}=2\sqrt{2}k$

따라서 직각삼각형 AO_2B에서 피타고라스 정리에 의하여

원의 지름의 양 끝점과 원 위의 또 다른 한 점을 꼭짓점으로 하는 삼각형은 직각삼각형이야. 즉, 삼각형 AO_2B는 $\angle ABO_2=\frac{\pi}{2}$인 직각삼각형이야.

$\overline{AO_2}=\sqrt{\overline{AB}^2+\overline{BO_2}^2}=\sqrt{k^2+(2\sqrt{2}k)^2}=\sqrt{9k^2}=3k$ ←(가)

2nd 선분 O_2C의 길이를 구하고 두 선분 AB, CD의 길이의 비를 구해.

$\angle BO_1A$와 $\angle BO_2A$가 각각 호 AB에 대한 중심각과 원주각이므로

$\angle BO_2A=\frac{1}{2}\angle BO_1A=\frac{1}{2}\times\theta_1=\frac{\theta_1}{2}$ → 원주각의 크기는 중심각의 크기의 $\frac{1}{2}$이야.

따라서 직각삼각형 AO_2B에서

$\cos\frac{\theta_1}{2}=\frac{\overline{BO_2}}{\overline{AO_2}}=\frac{2\sqrt{2}k}{3k}=\frac{2\sqrt{2}}{3}$ 이다. ←(나)

마찬가지로 $\angle CO_2B=\frac{1}{2}\angle CO_1B=\frac{1}{2}\times\theta_1=\frac{\theta_1}{2}$이고 $\overline{BC}=k$,

$\overline{BO_2}=2\sqrt{2}k$이므로 $\overline{O_2C}=x$라 하면 삼각형 O_2BC에서 코사인법칙에 의하여 $\overline{BC}^2=\overline{BO_2}^2+\overline{O_2C}^2-2\times\overline{BO_2}\times\overline{O_2C}\times\cos(\angle CO_2B)$

$k^2=(2\sqrt{2}k)^2+x^2-2\times2\sqrt{2}k\times x\times\cos\frac{\theta_1}{2}$

$k^2=8k^2+x^2-4\sqrt{2}kx\times\frac{2\sqrt{2}}{3}$, $x^2-\frac{16k}{3}x+7k^2=0$

$3x^2-16kx+21k^2=0$, $(x-3k)(3x-7k)=0$

$\therefore x=3k$ 또는 $x=\frac{7}{3}k$

그런데 그림에서 선분 O_2C의 길이는 선분 AO_2의 길이보다 짧으므로 $x=\frac{7}{3}k$이다.

$\overline{AO_2}=3k$이고 원 C_1의 지름이야. 또, $\overline{O_2C}$는 원 C_1의 현이고 그 길이는 원 C_1의 지름의 길이보다 짧아. $\therefore \overline{O_2C}<\overline{AO_2}=3k$

$\therefore \overline{O_2C}=\frac{7}{3}k$ ←(다)

따라서 $\overline{CD}=\overline{O_2D}+\overline{O_2C}=\overline{O_1O_2}+\overline{O_2C}$이므로

$\overline{AB}:\overline{CD}=k:\left(\frac{3k}{2}+\frac{7}{3}k\right)=1:\frac{23}{6}$이다.

3rd $f(p)\times g(p)$의 값을 구해.

$p=\frac{2\sqrt{2}}{3}$이고 $f(k)=3k$, $g(k)=\frac{7}{3}k$이므로

$f(p)\times g(p)=f\left(\frac{2\sqrt{2}}{3}\right)\times g\left(\frac{2\sqrt{2}}{3}\right)=\left(3\times\frac{2\sqrt{2}}{3}\right)\times\left(\frac{7}{3}\times\frac{2\sqrt{2}}{3}\right)$

$=2\sqrt{2}\times\frac{14\sqrt{2}}{9}=\frac{56}{9}$

F 31 정답 ③ *코사인법칙 [정답률 55%]

정답 공식: 삼각형 ABC에서 $a^2=b^2+c^2-2bc\cos A$가 성립하고 이를 코사인법칙이라 한다.

그림과 같이 $\overline{AB}=4$, $\overline{AC}=5$이고 $\cos(\angle BAC)=\frac{1}{8}$인 삼각형 ABC가 있다. 선분 AC 위의 점 D와 선분 BC 위의 점 E에 대하여

$\angle BAC=\angle BDA=\angle BED$

일 때, 선분 DE의 길이는? (4점)

단서1 삼각형의 두 변의 길이와 그 끼인각의 크기에 대한 코사인 값이 주어졌으니까 코사인법칙을 이용하여 나머지 한 변 BC의 길이도 구할 수 있겠지?

단서2 삼각형 ABD는 $\overline{BA}=\overline{BD}$인 이등변삼각형이야.

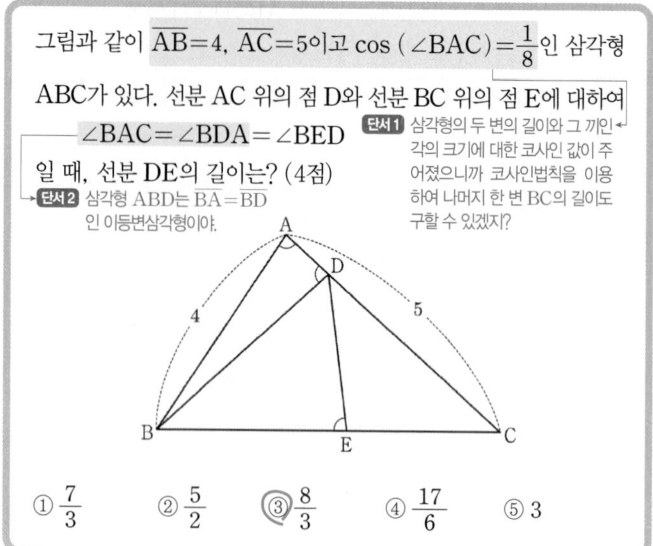

① $\frac{7}{3}$ ② $\frac{5}{2}$ ③ $\frac{8}{3}$ ④ $\frac{17}{6}$ ⑤ 3

1st 두 선분 AD, DC의 길이를 구해.

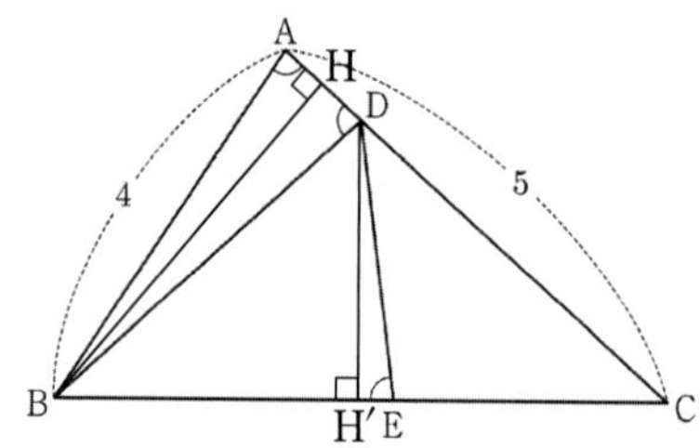

점 B에서 선분 AD에 내린 수선의 발을 H라 하면 직각삼각형 ABH에서

$\overline{AH}=\overline{AB}\times\cos(\angle BAC)=4\times\frac{1}{8}=\frac{1}{2}$ → $\frac{\overline{AH}}{\overline{AB}}=\cos(\angle BAC)$

이때, $\angle BAC=\angle BDA$이므로 삼각형 ABD는 $\overline{BA}=\overline{BD}=4$인 이등변삼각형이다. 이등변삼각형의 두 밑각의 크기는 서로 같아.

따라서 $\overline{AD}=2\overline{AH}=2\times\frac{1}{2}=1$이므로 $\overline{DC}=\overline{AC}-\overline{AD}=5-1=4$

→ 이등변삼각형 ABD의 꼭지각 B에서 밑변 AD에 내린 수선의 발 H는 밑변 AD의 길이를 이등분해.

2nd 선분 DE의 길이를 구해.

점 D에서 선분 BC에 내린 수선의 발을 H′, 선분 DE의 길이를 x라 하면 직각삼각형 DH′E에서 → $\frac{\overline{DH'}}{\overline{DE}}=\sin(\angle DEH')$

$\overline{DH'}=\overline{DE}\times\sin(\angle DEH')=x\times\sqrt{1-\left(\frac{1}{8}\right)^2}=\frac{\sqrt{63}}{8}x \cdots$ ㉠

$\sin(\angle DEH')=\sin(\angle BAC)=\sqrt{1-\cos^2(\angle BAC)}=\sqrt{1-\left(\frac{1}{8}\right)^2}$ ($\because 0<\angle BAC<\pi$)

또, 삼각형 ABC에서 코사인법칙에 의하여

$\overline{BC}^2=\overline{AB}^2+\overline{AC}^2-2\times\overline{AB}\times\overline{AC}\times\cos(\angle BAC)$

$=4^2+5^2-2\times4\times5\times\frac{1}{8}=36 \qquad \therefore \overline{BC}=6$ ($\because \overline{BC}>0$)

이때, 삼각형 DBC는 $\overline{DB}=\overline{DC}=4$인 이등변삼각형이므로

$\overline{BH'}=\frac{1}{2}\times\overline{BC}=\frac{1}{2}\times6=3$

따라서 직각삼각형 DBH′에서 피타고라스 정리에 의하여

$\overline{DH'}^2=\overline{DB}^2-\overline{BH'}^2=4^2-3^2=7$

$\therefore \overline{DH'}=\sqrt{7}$ ($\because \overline{DH'}>0$) $\cdots$ ㉡

㉠, ㉡에서 $\frac{\sqrt{63}}{8}x=\sqrt{7}$, $\frac{\sqrt{9}}{8}x=1 \qquad \therefore x=\frac{8}{\sqrt{9}}=\frac{8}{3}$

$\therefore \overline{DE}=\frac{8}{3}$

F 32 정답 ② *사인법칙과 코사인법칙 ············ [정답률 82%]

정답 공식: 사인법칙을 이용하여 구한 세 변의 길이의 비와 코사인법칙의 변형 $\cos A=\frac{b^2+c^2-a^2}{2bc}$을 이용하여 가장 큰 각의 크기를 구한다.

삼각형 ABC에서 $\sin A : \sin B : \sin C=2\sqrt{3} : \sqrt{3} : 3$일 때, 삼각형 ABC 내각 중 가장 큰 각의 크기는? (3점)

단서 대변의 길이가 가장 긴 각의 크기가 가장 커.

① 60° ② 90° ③ 120° ④ 135° ⑤ 150°

1st 삼각형의 세 변의 길이의 비를 구해.

삼각형 ABC의 세 변의 길이를 각각 a, b, c라 하면 사인법칙에 의하여

$\sin A : \sin B : \sin C=2\sqrt{3} : \sqrt{3} : 3$이므로

$a : b : c=2\sqrt{3} : \sqrt{3} : 3$ 삼각형에서 내각의 크기에 대한 사인 값의 비는 변의 길이의 비와 같아.

2nd 가장 큰 각의 크기를 구해.

양수 k에 대하여 $a=2\sqrt{3}k$, $b=\sqrt{3}k$, $c=3k$라 하면 a가 가장 크므로 a의 대각인 A가 가장 큰 각이다.

실수 삼각형의 내각 중 가장 큰 내각의 대변의 길이가 가장 길고 가장 작은 내각의 대변의 길이가 가장 짧아.

코사인법칙에 의하여

$$\cos A=\frac{b^2+c^2-a^2}{2bc}=\frac{(\sqrt{3}k)^2+(3k)^2-(2\sqrt{3}k)^2}{2\times\sqrt{3}k\times 3k}=0$$

따라서 삼각형 ABC의 내각 중 가장 큰 각 A의 크기는 90°이다.

F 33 정답 ② *사인법칙과 코사인법칙 ············ [정답률 65%]

정답 공식: 반지름의 길이가 R인 원에 내접하는 삼각형 ABC에서 $\frac{a}{\sin A}=\frac{b}{\sin B}=\frac{c}{\sin C}=2R$, $a^2=b^2+c^2-2bc\cos A$가 성립한다.

단서1 삼각형 ABC의 한 내각의 크기와 외접원의 반지름의 길이가 주어졌으니까 사인법칙이 떠올라야 해.

반지름의 길이가 $2\sqrt{7}$인 원에 내접하고 $\angle A=\frac{\pi}{3}$인 삼각형 ABC가 있다. 점 A를 포함하지 않는 호 BC 위의 점 D에 대하여 $\sin(\angle BCD)=\frac{2\sqrt{7}}{7}$일 때, $\overline{BD}+\overline{CD}$의 값은? (4점)

단서2 사각형 ABDC는 반지름의 길이가 $2\sqrt{7}$인 원에 내접해.

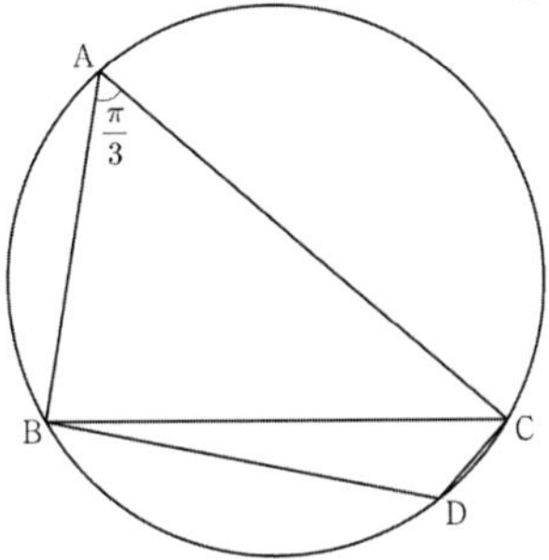

① $\frac{19}{2}$ ② 10 ③ $\frac{21}{2}$ ④ 11 ⑤ $\frac{23}{2}$

1st 삼각형 ABC에서 사인법칙을 이용하여 선분 BC의 길이를 구해.

삼각형 ABC가 반지름의 길이가 $2\sqrt{7}$인 원에 내접하므로 사인법칙에 의하여 $\frac{\overline{BC}}{\sin A}=2\times2\sqrt{7}$

반지름의 길이가 R인 원에 내접하는 삼각형 ABC에서 $\frac{a}{\sin A}=\frac{b}{\sin B}=\frac{c}{\sin C}=2R$가 성립하고 이를 사인법칙이라 해.

$\therefore \overline{BC}=4\sqrt{7}\times\sin A=4\sqrt{7}\times\sin\frac{\pi}{3}=4\sqrt{7}\times\frac{\sqrt{3}}{2}=2\sqrt{21}$

2nd 삼각형 BDC에서 사인법칙, 코사인법칙을 이용하여 두 선분 BD, CD의 길이를 각각 구해.

삼각형 BDC가 반지름의 길이가 $2\sqrt{7}$인 원에 내접하므로 사인법칙에 의하여 $\frac{\overline{BD}}{\sin(\angle BCD)}=2\times2\sqrt{7}$

$\therefore \overline{BD}=4\sqrt{7}\times\sin(\angle BCD)=4\sqrt{7}\times\frac{2\sqrt{7}}{7}=8$

한편, $\angle BDC=\pi-\angle A=\pi-\frac{\pi}{3}=\frac{2}{3}\pi$이므로 $\overline{CD}=x$라 하면 삼각형 BDC에서 코사인법칙에 의하여

원에 내접하는 사각형에서 두 대각의 크기의 합은 π야.

삼각형 ABC에서 $a^2=b^2+c^2-2bc\cos A$가 성립하고 이를 코사인법칙이라 해.

$\overline{BC}^2=\overline{BD}^2+\overline{CD}^2-2\times\overline{BD}\times\overline{CD}\times\cos(\angle BDC)$에서

$(2\sqrt{21})^2=8^2+x^2-2\times8\times x\times\cos\frac{2}{3}\pi$

$84=64+x^2-16x\times\left(-\frac{1}{2}\right)$, $x^2+8x-20=0$

$(x-2)(x+10)=0$ $\quad\therefore x=2\,(\because x>0) \Rightarrow \overline{CD}=2$

$\therefore \overline{BD}+\overline{CD}=8+2=10$

F 34 정답 21 *사인법칙과 코사인법칙 ············ [정답률 68%]

정답 공식: 삼각형 ABC의 외접원의 반지름의 길이를 R라 하면 사인법칙 $\frac{a}{\sin A}=\frac{b}{\sin B}=\frac{c}{\sin C}=2R$와 코사인법칙 $a^2=b^2+c^2-2bc\cos A$가 성립한다.

단서1 삼각형 ABC의 이웃한 두 변의 길이의 비와 그 끼인각 A의 크기가 주어졌으니까 ∠A의 대변 BC의 길이를 코사인법칙을 이용하여 구해 봐.

$\angle A=\frac{\pi}{3}$이고 $\overline{AB} : \overline{AC}=3 : 1$인 삼각형 ABC가 있다. 삼각형 ABC의 외접원의 반지름의 길이가 7일 때, 선분 AC의 길이를 k라 하자. k^2의 값을 구하시오. (4점)

단서2 삼각형 ABC의 외접원의 반지름의 길이와 삼각형의 한 내각의 크기가 주어졌으니까 사인법칙을 생각해.

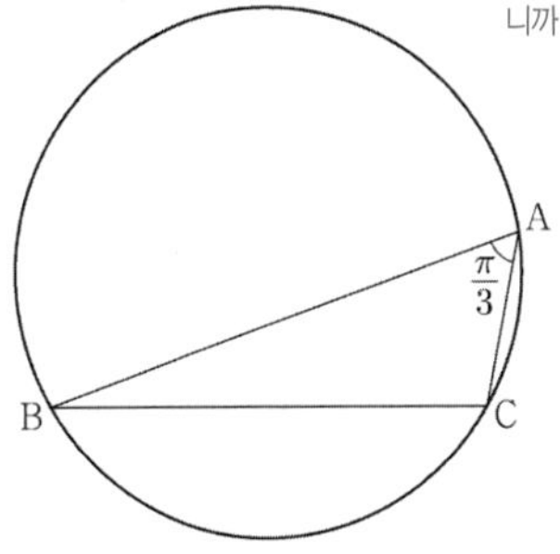

1st 선분 BC의 길이를 k를 이용하여 나타내자.

선분 AC의 길이가 k이고 $\overline{AB} : \overline{AC}=3 : 1$이므로 $\overline{AB}=3\overline{AC}=3k$

즉, 삼각형 ABC에서 코사인법칙에 의하여

$\overline{BC}^2=\overline{AB}^2+\overline{AC}^2-2\times\overline{AB}\times\overline{AC}\times\cos A$

$=(3k)^2+k^2-2\times3k\times k\times\cos\frac{\pi}{3}$ 삼각형 ABC에서 코사인법칙 $a^2=b^2+c^2-2bc\cos A$가 성립해.

$=9k^2+k^2-6k^2\times\frac{1}{2}=7k^2$ $\quad\therefore \overline{BC}=\sqrt{7}k$

2nd 선분 AC의 길이를 구하자.

삼각형 ABC의 외접원의 반지름의 길이가 7이므로 사인법칙에 의하여

$\frac{\overline{BC}}{\sin A}=2\times7$에서 $\frac{\sqrt{7}k}{\sin\frac{\pi}{3}}=14$

삼각형 ABC의 외접원의 반지름의 길이를 R라 하면 사인법칙 $\frac{a}{\sin A}=\frac{b}{\sin B}=\frac{c}{\sin C}=2R$가 성립해.

$\sqrt{7}k=14\times\sin\frac{\pi}{3}=14\times\frac{\sqrt{3}}{2}=7\sqrt{3}$ $\quad\therefore k=\frac{7\sqrt{3}}{\sqrt{7}}=\sqrt{21}$

따라서 $\overline{AC}=k=\sqrt{21}$이므로 $k^2=(\sqrt{21})^2=21$

이새영 연세대 기계공학부 2021년 입학 · 서울 선린인터넷고 졸

이 문제는 삼각형의 외접원의 반지름의 길이, 삼각형의 한 내각의 크기가 주어졌기 때문에 사인법칙을 생각하기에는 충분한 조건들이라고 생각해. 사인법칙을 이용하여 변 BC의 길이를 구하고 두 변 AC, AB의 길이의 비가 주어졌기 때문에 코사인법칙을 이용하여 선분 AC의 길이를 구하면 돼. 사인법칙과 코사인법칙 중 어느 하나에만 치우지지 말고 두 공식 모두 자유자재로 사용할 줄 알아야 한다는 점을 알려주는 아주 좋은 문제야.

F 35 정답 ② *사인법칙과 코사인법칙 [정답률 67%]

(정답 공식: 사인법칙과 코사인법칙을 이용하여 a, b의 값을 각각 구한다.)

길이가 각각 10, a, b인 세 선분 AB, BC, CA를 각 변으로 하는 예각삼각형 ABC가 있다. 삼각형 ABC의 세 꼭짓점을 지나는 원의 반지름의 길이가 $3\sqrt{5}$이고 $\frac{a^2+b^2-ab\cos C}{ab}=\frac{4}{3}$일 때, ab의 값은? (4점)

단서1 ∠C에 대한 cos 값은 양수야.

단서2 삼각형 ABC의 외접원의 반지름의 길이가 주어졌으니까 사인법칙을 이용해.

① 140 ② 150 ③ 160 ④ 170 ⑤ 180

1st 사인법칙을 이용하여 $\cos C$의 값을 구하자.

삼각형 ABC의 외접원의 반지름의 길이가 $3\sqrt{5}$이므로 사인법칙에 의하여 $\frac{\overline{AB}}{\sin C}=2\times3\sqrt{5}$에서 $\frac{10}{\sin C}=6\sqrt{5}$

(삼각형 ABC의 외접원의 반지름의 길이가 R이면 $\frac{a}{\sin A}=\frac{b}{\sin B}=\frac{c}{\sin C}=2R$가 성립해.)

$\therefore \sin C=\frac{10}{6\sqrt{5}}=\frac{\sqrt{5}}{3}$

이때, 삼각형 ABC가 예각삼각형이므로

$\cos C=\sqrt{1-\sin^2 C}=\sqrt{1-\left(\frac{\sqrt{5}}{3}\right)^2}=\frac{2}{3}$ … ㉠

(∠C가 예각이므로 $\cos C>0$이야.)

2nd 주어진 등식을 정리하여 a, b 사이의 관계식을 구해.

$\frac{a^2+b^2-ab\cos C}{ab}=\frac{4}{3}$에 ㉠을 대입하면 $\frac{a^2+b^2-\frac{2}{3}ab}{ab}=\frac{4}{3}$에서

$3a^2+3b^2-2ab=4ab$, $3a^2-6ab+3b^2=0$

$3(a^2-2ab+b^2)=0$, $3(a-b)^2=0$ $\quad\therefore a=b$ … ㉡

3rd 코사인법칙을 이용하여 a의 값을 구하고 ab를 계산하자.

삼각형 ABC에서 코사인법칙에 의하여 ($c^2=a^2+b^2-2ab\cos C$)

$\overline{AB}^2=\overline{AC}^2+\overline{BC}^2-2\times\overline{AC}\times\overline{BC}\times\cos C$에서

$10^2=b^2+a^2-2ba\cos C$, $100=a^2+a^2-2a^2\times\frac{2}{3}$ (∵ ㉠, ㉡)

$\frac{2}{3}a^2=100$ $\quad\therefore a^2=150$

$\therefore ab=a^2=150$

F 36 정답 ① *사인법칙과 코사인법칙 [정답률 67%]

(정답 공식: 코사인법칙을 이용하여 선분 BC 또는 선분 CD의 길이를 구하고 사인법칙을 이용하여 원의 반지름의 길이를 구한다.)

단서2 삼각형 ABC 또는 ACD에 외접하는 원의 반지름의 길이를 구하는 거니까 삼각형의 한 내각에 대한 sin값과 그 내각의 대변의 길이의 비, 즉 사인법칙을 이용하여 반지름의 길이를 구하면 돼.

그림과 같이 사각형 ABCD가 한 원에 내접하고

$\overline{AB}=5$, $\overline{AC}=3\sqrt{5}$, $\overline{AD}=7$, $\angle BAC=\angle CAD$

일 때, 이 원의 반지름의 길이는? (4점)

단서1 한 원에서 서로 다른 두 현에 대한 원주각의 크기가 같으면 그 두 현의 길이는 서로 같아.

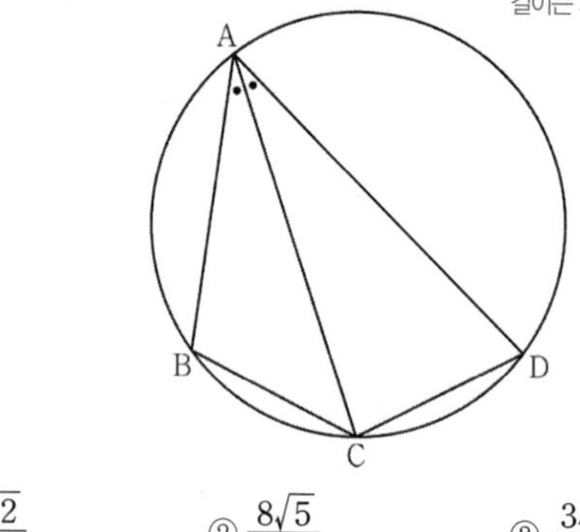

① $\frac{5\sqrt{2}}{2}$ ② $\frac{8\sqrt{5}}{5}$ ③ $\frac{3\sqrt{5}}{3}$ ④ $\frac{8\sqrt{2}}{3}$ ⑤ $\frac{9\sqrt{3}}{4}$

1st 코사인법칙을 이용하여 선분 BC의 길이를 구해.

$\angle BAC=\angle CAD=\theta$라 하면 삼각형 ABC에서 코사인법칙에 의하여

(삼각형 ABC에서 $a^2=b^2+c^2-2bc\cos A$가 성립하고 이를 코사인법칙이라 해.)

$\overline{BC}^2=\overline{AB}^2+\overline{AC}^2-2\times\overline{AB}\times\overline{AC}\times\cos\theta$

$=5^2+(3\sqrt{5})^2-2\times5\times3\sqrt{5}\times\cos\theta=70-30\sqrt{5}\cos\theta$ … ㉠

또, 삼각형 ACD에서 코사인법칙에 의하여

$\overline{CD}^2=\overline{AC}^2+\overline{AD}^2-2\times\overline{AC}\times\overline{AD}\times\cos\theta$

$=(3\sqrt{5})^2+7^2-2\times3\sqrt{5}\times7\times\cos\theta=94-42\sqrt{5}\cos\theta$ … ㉡

이때, $\angle BAC=\angle CAD$에 의하여 $\overline{BC}=\overline{CD}$이므로 $\overline{BC}^2=\overline{CD}^2$

즉, ㉠=㉡에서 $70-30\sqrt{5}\cos\theta=94-42\sqrt{5}\cos\theta$

$12\sqrt{5}\cos\theta=24$ $\quad\therefore \cos\theta=\frac{24}{12\sqrt{5}}=\frac{2\sqrt{5}}{5}$ … ㉢

㉢을 ㉠에 대입하면 $\overline{BC}^2=70-30\sqrt{5}\times\frac{2\sqrt{5}}{5}=10$

$\therefore \overline{BC}=\sqrt{10}$ … ㉣

2nd 사인법칙을 이용하여 원의 반지름의 길이를 구해.

㉢에 의하여 ($\sin^2\theta+\cos^2\theta=1$)

$\sin\theta=\sqrt{1-\cos^2\theta}=\sqrt{1-\left(\frac{2\sqrt{5}}{5}\right)^2}=\sqrt{\frac{1}{5}}=\frac{\sqrt{5}}{5}$

이때, 구하는 원의 반지름의 길이를 R라 하면 삼각형 ABC에서 사인법칙에 의하여 (원에 사각형 ABCD가 내접하므로 이 원에 삼각형 ABC도 내접해.)

(삼각형 ABC에 외접하는 원의 반지름의 길이를 R라 하면 $\frac{a}{\sin A}=\frac{b}{\sin B}=\frac{c}{\sin C}=2R$가 성립하고 이를 사인법칙이라 해.)

$\frac{\overline{BC}}{\sin\theta}=2R$, $\frac{\sqrt{10}}{\frac{\sqrt{5}}{5}}=2R$, $5\sqrt{2}=2R$

$\therefore R=\frac{5\sqrt{2}}{2}$

따라서 구하는 원의 반지름의 길이를 $\frac{5\sqrt{2}}{2}$이다.

최윤성 서울대 공과대학 광역 2023년 입학 · 서울 양정고 졸

생각보다 사인법칙, 코사인법칙을 이용하는 문제는 쉽게 출제되었어. 2023 9월 모의평가 13번 문제가 어렵게 출제되었었기 때문에 걱정이 많았는데 이 문제는 보조선 없이도 풀 수 있는 문제였지. 두 삼각형 ABC, ACD에서 각각 코사인법칙을 이용하여 각 BAC에 대한 cos값과 선분 BC의 길이를 구할 수 있어. 그럼 각 BAC에 대한 sin값도 구할 수 있으니까 삼각형 ABC에서 사인법칙을 이용하면 원의 반지름의 길이를 구할 수 있어. 이 문제에서 한 가지 확인해야할 것은 한 원에서 원주각의 크기가 같으면 원주각에 대응하는 현의 길이도 같다는 점! 이걸 모르면 아예 접근조차 할 수 없었던 문제였으니 이러한 원의 성질은 꼭 알아두고 있자.

F 37 정답 98 *사인법칙과 코사인법칙 [정답률 65%]

(정답 공식: 각 삼각형에서 사인법칙과 코사인법칙을 적용하여 두 원의 반지름의 길이를 각각 구한다.)

그림과 같이

$\overline{AB}=2,\ \overline{AD}=1,\ \angle DAB=\frac{2}{3}\pi,\ \angle BCD=\frac{3}{4}\pi$

인 사각형 ABCD가 있다. 삼각형 BCD의 외접원의 반지름의 길이를 R_1, 삼각형 ABD의 외접원의 반지름의 길이를 R_2라 하자.

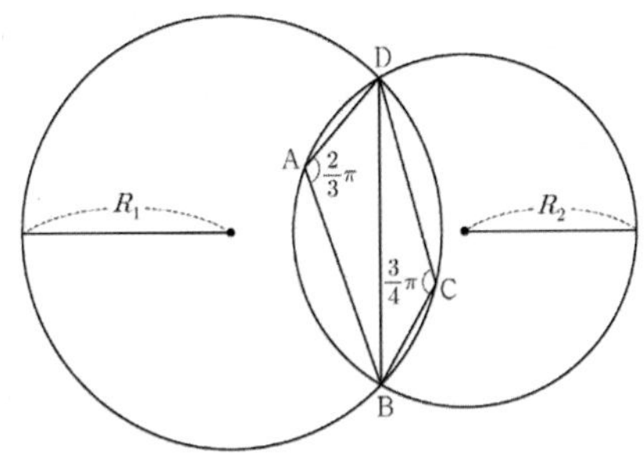

다음은 $R_1 \times R_2$의 값을 구하는 과정이다.

> 삼각형 BCD에서 사인법칙에 의하여
>
> $R_1=\frac{\sqrt{2}}{2}\times\overline{BD}$ (단서1 선분 BD의 길이와 그 대각의 크기 $\frac{3}{4}\pi$를 이용하여 R_1의 값을 구하면 돼.)
>
> 이고, 삼각형 ABD에서 사인법칙에 의하여
>
> $R_2=$ (가) $\times\overline{BD}$
>
> (단서2 선분 BD의 길이와 그 대각의 크기 $\frac{2}{3}\pi$를 이용하여 R_2의 값을 구하면 돼.)
>
> 이다. 삼각형 ABD에서 코사인법칙에 의하여
>
> $\overline{BD}^2=2^2+1^2-($ (나) $)$
>
> 이므로 (단서3 이웃한 두 변의 길이와 그 끼인각의 크기가 주어졌으니까 나머지 한 변의 길이를 코사인법칙을 이용하여 구해야 해.)
>
> $R_1\times R_2=$ (다)
>
> 이다.

위의 (가), (나), (다)에 알맞은 수를 각각 p, q, r이라 할 때, $9\times(p\times q\times r)^2$의 값을 구하시오. (4점)

1st R_1, R_2를 선분 BD의 길이를 이용하여 나타내.

삼각형 BCD의 외접원의 반지름의 길이가 R_1이므로 사인법칙에 의하여

(외접원의 반지름의 길이가 R인 삼각형 ABC에서 $\frac{a}{\sin A}=\frac{b}{\sin B}=\frac{c}{\sin C}=2R$가 성립하고 이를 사인법칙이라 해.)

$\frac{\overline{BD}}{\sin C}=2R_1$에서 $\frac{\overline{BD}}{\sin\frac{3}{4}\pi}=2R_1$, $\frac{\overline{BD}}{\frac{\sqrt{2}}{2}}=2R_1$

$\therefore R_1=\frac{\overline{BD}}{2\times\frac{\sqrt{2}}{2}}=\frac{1}{\sqrt{2}}\times\overline{BD}=\frac{\sqrt{2}}{2}\times\overline{BD}$ ⋯ ㉠

또, 삼각형 ABD의 외접원의 반지름의 길이가 R_2이므로 사인법칙에 의하여

$\frac{\overline{BD}}{\sin A}=2R_2$에서 $\frac{\overline{BD}}{\sin\frac{2}{3}\pi}=2R_2$, $\frac{\overline{BD}}{\frac{\sqrt{3}}{2}}=2R_2$

$\therefore R_2=\frac{\overline{BD}}{2\times\frac{\sqrt{3}}{2}}=\frac{1}{\sqrt{3}}\times\overline{BD}=\frac{\sqrt{3}}{3}\times\overline{BD}$ ⋯ ㉡ ← (가)

2nd 선분 BD의 길이를 구하고 $R_1\times R_2$를 계산해.

$\overline{AB}=2$, $\overline{AD}=1$이고 $\angle BAD=\frac{2}{3}\pi$이므로 삼각형 ABD에서

코사인법칙에 의하여

(삼각형 ABC에서 $a^2=b^2+c^2-2bc\cos A$가 성립하고 이를 코사인법칙이라 해.)

$\overline{BD}^2=\overline{AB}^2+\overline{AD}^2-2\times\overline{AB}\times\overline{AD}\times\cos(\angle BAD)$

$=2^2+1^2-2\times2\times1\times\cos\frac{2}{3}\pi=2^2+1^2-2\times2\times1\times\left(-\frac{1}{2}\right)$

$=2^2+1^2-(-2)=7$ ← (나)

$\therefore \overline{BD}=\sqrt{7}\ (\because \overline{BD}>0)$

이것을 ㉠, ㉡에 대입하면

$R_1=\frac{\sqrt{2}}{2}\times\sqrt{7}=\frac{\sqrt{14}}{2}$, $R_2=\frac{\sqrt{3}}{3}\times\sqrt{7}=\frac{\sqrt{21}}{3}$이므로

$R_1\times R_2=\frac{\sqrt{14}}{2}\times\frac{\sqrt{21}}{3}=\frac{7\sqrt{6}}{6}$ ← (다)

3rd $9\times(p\times q\times r)^2$의 값을 구해.

따라서 $p=\frac{\sqrt{3}}{3}$, $q=-2$, $r=\frac{7\sqrt{6}}{6}$이므로

$9\times(p\times q\times r)^2=9\times\left\{\frac{\sqrt{3}}{3}\times(-2)\times\frac{7\sqrt{6}}{6}\right\}^2$

$=9\times\left(-\frac{7\sqrt{2}}{3}\right)^2=9\times\frac{98}{9}=98$

사인법칙과 삼각형의 외접원 (개념·공식)

삼각형 ABC의 외접원의 반지름의 길이를 R라 하면 삼각형의 세 변의 길이와 세 각의 크기 사이에는 다음과 같은 관계가 성립한다.

$\frac{a}{\sin A}=\frac{b}{\sin B}=\frac{c}{\sin C}=2R$

즉, 삼각형에서 변의 길이와 마주 보는 각에 대한 사인함수의 값의 비는 일정하다.

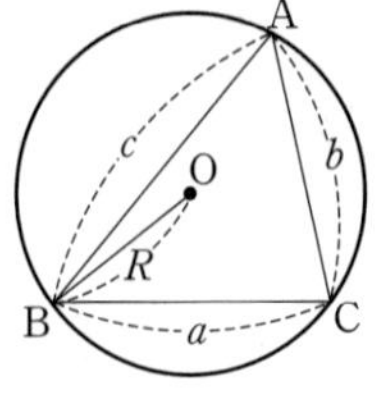

F 38 정답 ① *사인법칙과 코사인법칙 [정답률 65%]

(정답 공식: 삼각형 ABC에서 $a^2=b^2+c^2-2bc\cos A$가 성립한다.)

그림과 같이

단서1 선분 AB의 길이와 ∠BAC의 크기가 주어졌으니까 선분 AC의 길이만 알면 S_1의 값을 구할 수 있어.

$\overline{AB}=3$, $\overline{BC}=\sqrt{13}$, $\overline{AD}\times\overline{CD}=9$, $\angle BAC=\frac{\pi}{3}$

인 사각형 ABCD가 있다. 삼각형 ABC의 넓이를 S_1, 삼각형 ACD의 넓이를 S_2라 하고, 삼각형 ACD의 외접원의 반지름의 길이를 R이라 하자.

단서2 삼각형 ACD의 외접원의 반지름의 길이에 대한 정보가 주어졌으니까 사인법칙을 적용해.

$S_2=\frac{5}{6}S_1$일 때, $\frac{R}{\sin(\angle ADC)}$의 값은? (4점)

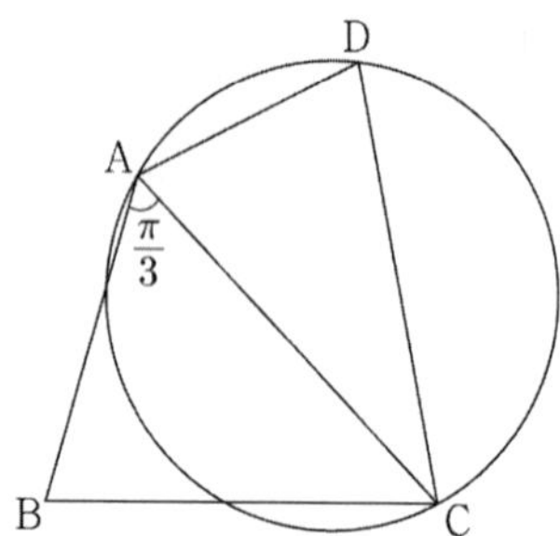

① $\frac{54}{25}$ ② $\frac{117}{50}$ ③ $\frac{63}{25}$
④ $\frac{27}{10}$ ⑤ $\frac{72}{25}$

1st 선분 AC의 길이를 구해.

$\overline{AC}=x(x>0)$이라 하면 삼각형 ABC에서 코사인법칙에 의하여

삼각형 ABC에서 $a^2=b^2+c^2-2bc\cos A$가 성립하고 이를 코사인법칙이라 해.

$\overline{BC}^2=\overline{AB}^2+\overline{AC}^2-2\times\overline{AB}\times\overline{AC}\times\cos(\angle BAC)$에서

$(\sqrt{13})^2=3^2+x^2-2\times3\times x\times\cos\frac{\pi}{3}$

$13=9+x^2-6x\times\frac{1}{2}$

$x^2-3x-4=0$

$(x+1)(x-4)=0 \quad \therefore x=4(\because x>0)$

$\therefore \overline{AC}=4$

2nd 두 삼각형의 넓이 S_1, S_2 사이의 관계를 이용하여 $\sin(\angle ADC)$의 값을 구해.

삼각형 ABC의 넓이가 S_1이므로

$S_1=\frac{1}{2}\times\overline{AB}\times\overline{AC}\times\sin(\angle BAC)$

$=\frac{1}{2}\times3\times4\times\sin\frac{\pi}{3}$

이웃한 두 변의 길이가 각각 a, b이고 이 두 변이 이루는 각의 크기가 θ인 삼각형의 넓이를 S라 하면 $S=\frac{1}{2}ab\sin\theta$

$=6\times\frac{\sqrt{3}}{2}=3\sqrt{3}$

또, 삼각형 ACD의 넓이가 S_2이므로

$S_2=\frac{1}{2}\times\overline{AD}\times\overline{CD}\times\sin(\angle ADC)$

$=\frac{1}{2}\times9\times\sin(\angle ADC)=\frac{9}{2}\sin(\angle ADC)$

한편, $S_2=\frac{5}{6}S_1$이 성립하므로

$\frac{9}{2}\sin(\angle ADC)=\frac{5}{6}\times3\sqrt{3}$에서

$\sin(\angle ADC)=\frac{5}{6}\times3\sqrt{3}\times\frac{2}{9}=\frac{5\sqrt{3}}{9}$

3rd 사인법칙을 이용하여 삼각형 ACD의 외접원의 반지름의 길이를 구해.

삼각형 ACD의 외접원의 반지름의 길이가 R이므로 사인법칙에 의하여

삼각형 ABC의 외접원의 반지름의 길이가 R일 때, $\frac{a}{\sin A}=\frac{b}{\sin B}=\frac{c}{\sin C}=2R$가 성립해.

$\frac{\overline{AC}}{\sin(\angle ADC)}=2R$에서

$\frac{4}{\sin(\angle ADC)}=2R \quad \therefore R=\frac{2}{\sin(\angle ADC)}$

$\therefore \frac{R}{\sin(\angle ADC)}=\frac{\frac{2}{\sin(\angle ADC)}}{\sin(\angle ADC)}=\frac{2}{\sin^2(\angle ADC)}$

$=\frac{2}{\left(\frac{5\sqrt{3}}{9}\right)^2}=\frac{2}{\frac{75}{81}}=\frac{54}{25}$

변준서 | 연세대 실내건축학과 2024년 입학 · 화성 화성고 졸

사인법칙과 코사인법칙을 이용하여 해결하는 도형 문제는 최근 반드시 출제되는 유형이고 2024학년도 6월에서도 13번 자리에 난이도 있는 문제로 출제되었어. 이 문제의 조건에서는 특이하게 길이의 곱을 줘서 처음에 어디에 쓰지 싶었는데 두 삼각형의 넓이의 비가 주어진 것을 보고 삼각형의 넓이를 이용해서 그 두 변의 끼인각의 크기를 구하는 문제라는 것을 파악했어.
그 다음은 사인법칙과 코사인법칙을 적절히 활용해서 답을 구했지.

F 39 정답 ② *사인법칙과 코사인법칙 [정답률 46%]

(정답 공식: 반지름의 길이가 R인 원에 내접하는 삼각형 ABC에서 $\frac{a}{\sin A}=\frac{b}{\sin B}=\frac{c}{\sin C}=2R$이 성립한다.)

그림과 같이 $2\overline{AB}=\overline{BC}$, $\cos(\angle ABC)=-\frac{5}{8}$인 삼각형 ABC의 외접원을 O라 하자. 원 O 위의 점 P에 대하여 삼각형 PAC의

단서1 $\overline{AC}$를 밑변으로 할 때 높이가 최대가 되는 지점을 생각해야 해.

넓이가 최대가 되도록 하는 점 P를 Q라 할 때, $\overline{QA}=6\sqrt{10}$이다.
선분 AC 위의 점 D에 대하여 $\angle CDB=\frac{2}{3}\pi$일 때, 삼각형 CDB의 외접원의 반지름의 길이는? (4점)

단서2 $\overline{BC}$의 길이만 알면 사인법칙을 이용하여 외접원의 반지름을 구할 수 있어.

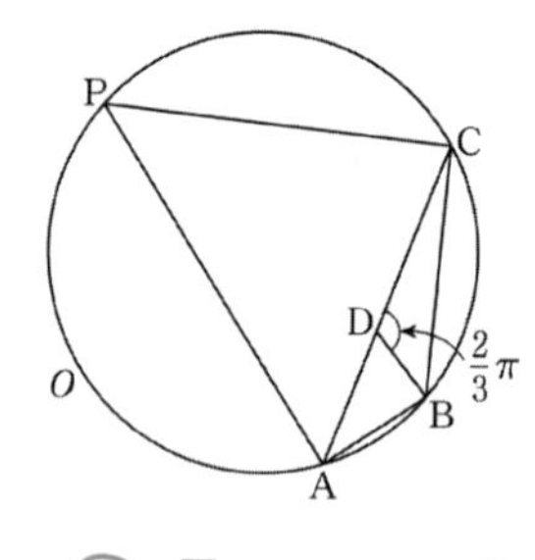

① $3\sqrt{3}$ ② $4\sqrt{3}$ ③ $3\sqrt{6}$
④ $5\sqrt{3}$ ⑤ $4\sqrt{6}$

1st 삼각형 QAC의 모양을 알아봐.

점 B를 포함하지 않는 호 AC와 선분 AC의 수직이등분선의 교점을 R이라 하면
점 P가 점 R의 위치에 있을 때 삼각형 PAC의 넓이가 최대가 되므로

점 P와 선분 AC 사이의 거리가 최대일 때 삼각형 PAC의 넓이가 최대야.

점 Q는 점 R과 같다.
이때, 삼각형 QAC는 $\overline{QA}=\overline{QC}$인 이등변삼각형이다.

점 Q에서 선분 AC에 내린 수선의 발은 선분 AC를 이등분하므로 삼각형 QAC는 이등변삼각형이야.

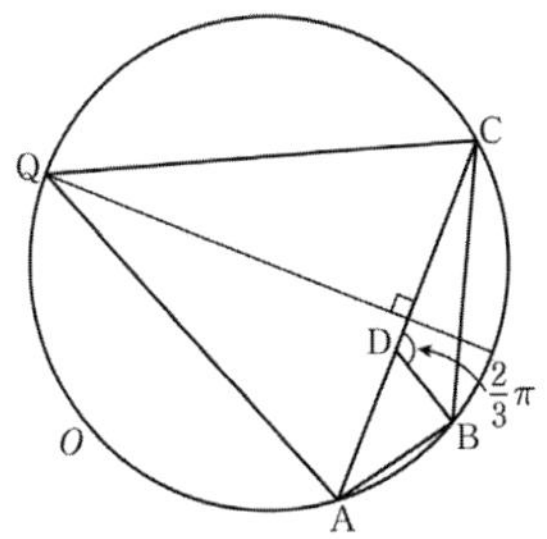

2nd $\overline{AC}^2$의 값을 구해.

$\cos(\angle ABC) = -\frac{5}{8}$이므로

$\cos(\angle CQA) = \cos(\pi - \angle ABC)$

한 원에 내접하는 사각형에서 마주보는 두 대각의 크기의 합은 항상 π야.

$= -\cos(\angle ABC) = \frac{5}{8}$

이때, 삼각형 QAC에서 $\overline{QA} = \overline{QC} = 6\sqrt{10}$이므로 코사인법칙에 의하여

삼각형 QAC가 이등변삼각형이니까!

$\overline{AC}^2 = \overline{QA}^2 + \overline{QC}^2 - 2 \times \overline{QA} \times \overline{QC} \times \cos(\angle CQA)$

$= (6\sqrt{10})^2 + (6\sqrt{10})^2 - 2 \times 6\sqrt{10} \times 6\sqrt{10} \times \frac{5}{8} = 270$

3rd 선분 BC의 길이를 구해.

한편, $\overline{AB} = a\ (a > 0)$이라 하면 $2\overline{AB} = \overline{BC}$에서 $\overline{BC} = 2a$이고,

삼각형 ABC에서 코사인법칙에 의하여

$\overline{AC}^2 = \overline{AB}^2 + \overline{BC}^2 - 2 \times \overline{AB} \times \overline{BC} \times \cos(\angle ABC)$

$= a^2 + (2a)^2 - 2 \times a \times 2a \times \left(-\frac{5}{8}\right) = \frac{15}{2}a^2$

즉, $\frac{15}{2}a^2 = 270$에서 $a = 6$ $\quad \therefore \overline{BC} = 2a = 2 \times 6 = 12$

4th 삼각형 CDB의 외접원의 반지름의 길이를 구해.

삼각형 CDB의 외접원의 반지름의 길이를 R이라 하면

삼각형 CDB에서 사인법칙에 의하여

$2R = \frac{\overline{BC}}{\sin(\angle CDB)} = \frac{12}{\sin\frac{2}{3}\pi} = \frac{12}{\frac{\sqrt{3}}{2}} = 8\sqrt{3}$ $\quad \therefore R = 4\sqrt{3}$

따라서 삼각형 CDB의 외접원의 반지름의 길이는 $4\sqrt{3}$이다.

삼각형의 넓이 개념·공식

삼각형 ABC의 넓이를 S라 하면

① $S = \frac{1}{2}bc\sin A = \frac{1}{2}ca\sin B = \frac{1}{2}ab\sin C$

② 삼각형 ABC의 외접원의 반지름의 길이 R를 알 때,

$S = \frac{abc}{4R} = 2R^2\sin A\sin B\sin C$

③ 삼각형 ABC의 내접원의 반지름의 길이 r를 알 때,

$S = \frac{1}{2}r(a+b+c)$

④ 헤론의 공식

$S = \sqrt{s(s-a)(s-b)(s-c)}$ $\left(단,\ s = \frac{a+b+c}{2}\right)$

F 40 정답 ① *사인법칙과 코사인법칙 [정답률 45%]

정답 공식: 삼각형 ABC에 외접하는 원의 반지름의 길이를 R이라 하면 $\frac{a}{\sin A} = \frac{b}{\sin B} = \frac{c}{\sin C} = 2R$가 성립한다.

그림과 같이

$\overline{BC} = \frac{36\sqrt{7}}{7},\ \sin(\angle BAC) = \frac{2\sqrt{7}}{7},\ \angle ACB = \frac{\pi}{3}$

단서1 선분 BC의 길이와 $\sin(\angle BAC)$의 값이 주어졌으니까 사인법칙을 이용할 수 있어.

인 삼각형 ABC가 있다. 삼각형 ABC의 외접원의 중심을 O, 직선

단서2 이를 통해 선분 AO가 삼각형 ABC의 외접원의 반지름임을 알 수 있어.

AO가 변 BC와 만나는 점을 D라 하자. 삼각형 ADC의 외접원의 중심을 O'이라 할 때, $\overline{AO'} = 5\sqrt{3}$이다. $\overline{OO'}^2$의 값은?

$\left(단,\ 0 < \angle BAC < \frac{\pi}{2}\right)$ (4점)

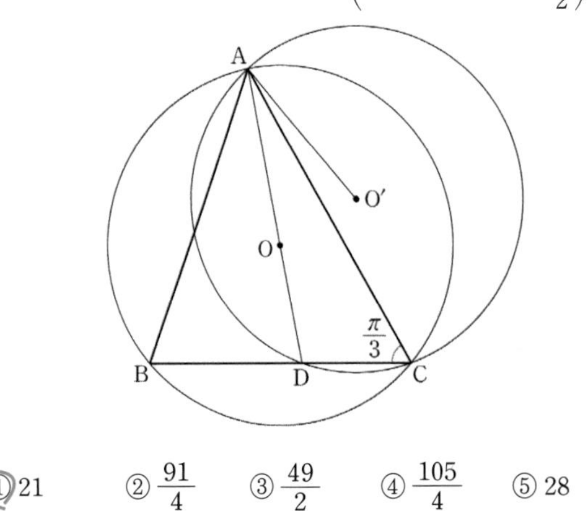

① 21 ② $\frac{91}{4}$ ③ $\frac{49}{2}$ ④ $\frac{105}{4}$ ⑤ 28

1st 선분 AO의 길이를 구해.

삼각형 ABC에서 사인법칙에 의하여

$\frac{\overline{BC}}{\sin(\angle BAC)} = 2 \times \overline{AO}$에서 $\frac{\frac{36\sqrt{7}}{7}}{\frac{2\sqrt{7}}{7}} = 2\overline{AO}$ $\quad \therefore \overline{AO} = 9$

삼각형 ABC의 외접원의 반지름을 R이라 하면 $\frac{a}{\sin A} = \frac{b}{\sin B} = \frac{c}{\sin C} = 2R$

2nd $\angle OAO'$의 크기를 구해.

$\angle ACD = \frac{\pi}{3}$이므로 $\angle AO'D = \frac{2}{3}\pi$

$\angle ACD$와 $\angle AO'D$는 각각 호 AD에 대한 원주각과 중심각이므로 $\angle AO'D = 2\angle ACD$야.

이때, 선분 O'D와 선분 AO'는 삼각형 ADC의 외접원의 반지름이므로

$\overline{O'D} = \overline{AO'}$

즉, 삼각형 AO'D는 이등변삼각형이므로

$\angle O'AD = \angle O'DA = \frac{1}{2}(\pi - \angle AO'D) = \frac{1}{2} \times \left(\pi - \frac{2}{3}\pi\right) = \frac{\pi}{6}$

$\therefore \angle OAO' = \frac{\pi}{6}$

3rd $\overline{OO'}^2$의 값을 구해.

$\overline{AO} = 9,\ \overline{AO'} = 5\sqrt{3},\ \angle OAO' = \frac{\pi}{6}$이므로

삼각형 AOO'에서 코사인법칙에 의하여

$\overline{OO'}^2 = \overline{AO}^2 + \overline{AO'}^2 - 2 \times \overline{AO} \times \overline{AO'} \times \cos(\angle OAO')$

$c^2 = a^2 + b^2 - 2ab\cos C$

$= 9^2 + (5\sqrt{3})^2 - 2 \times 9 \times 5\sqrt{3} \times \cos\frac{\pi}{6}$

$= 81 + 75 - 18 \times 5\sqrt{3} \times \frac{\sqrt{3}}{2} = 156 - 135 = 21$

F 41 정답 ⑤ *사인법칙과 코사인법칙 .... [정답률 41%]

(정답 공식: 반원에서 삼각형을 찾아 사인법칙과 코사인법칙을 이용하여 두 선분 AC, CD의 길이를 각각 구한다.)

그림과 같이 선분 AB를 지름으로 하는 반원의 호 AB 위에 두 점 C, D가 있다. 선분 AB의 중점 O에 대하여 두 선분 AD, CO가 점 E에서 만나고, $\overline{CE}=4$, $\overline{ED}=3\sqrt{2}$, $\angle CEA=\frac{3}{4}\pi$이다. $\overline{AC}\times\overline{CD}$의 값은? (4점)

단서 주어진 선분의 길이, 각의 크기를 이용할 수 있는 삼각형을 찾아 사인법칙, 코사인법칙을 이용해.

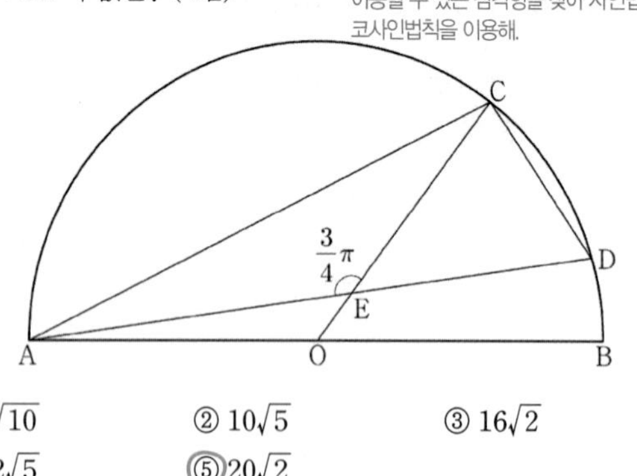

① $6\sqrt{10}$ ② $10\sqrt{5}$ ③ $16\sqrt{2}$
④ $12\sqrt{5}$ ⑤ $20\sqrt{2}$

1st 선분 CD의 길이를 구해.

$\angle CED=\pi-\angle CEA=\pi-\frac{3}{4}\pi=\frac{\pi}{4}$이므로 삼각형 CED에서 코사인법칙에 의하여

삼각형 ABC에서 $a^2=b^2+c^2-2bc\cos A$가 성립하고 이를 코사인법칙이라 해.

$\overline{CD}^2=\overline{CE}^2+\overline{DE}^2-2\times\overline{CE}\times\overline{DE}\times\cos\frac{\pi}{4}$

$=4^2+(3\sqrt{2})^2-2\times4\times3\sqrt{2}\times\frac{\sqrt{2}}{2}=16+18-24=10$

$\therefore \overline{CD}=\sqrt{10}$

2nd 선분 AC의 길이를 구해.

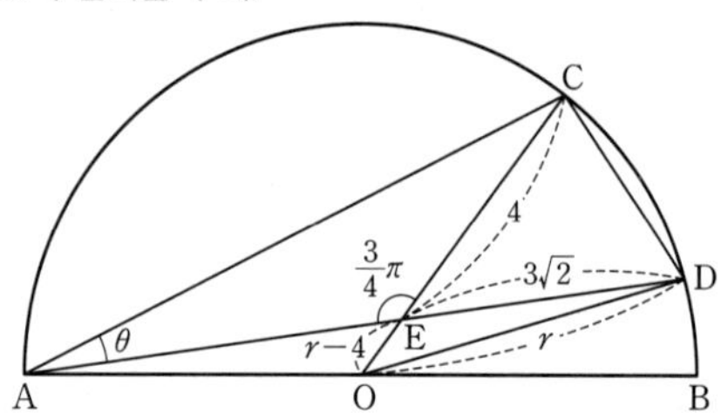

반원의 반지름의 길이를 r라 하면

$\overline{OD}=r$, $\overline{OE}=\overline{OC}-\overline{CE}=r-4$이고 $\angle OED=\angle CEA=\frac{3}{4}\pi$이므로 삼각형 ODE에서 코사인법칙에 의하여

맞꼭지각이므로 두 각의 크기는 같아.

$\overline{OD}^2=\overline{OE}^2+\overline{DE}^2-2\times\overline{OE}\times\overline{DE}\times\cos\frac{3}{4}\pi$에서

$r^2=(r-4)^2+(3\sqrt{2})^2-2\times(r-4)\times3\sqrt{2}\times\left(-\frac{\sqrt{2}}{2}\right)$

$r^2=r^2-8r+16+18+6r-24$, $2r=10$ $\therefore r=5$

이때, 삼각형 ADC는 반지름의 길이가 $r=5$인 원에 내접하는 삼각형이므로 $\angle CAD=\theta$라 하면 삼각형 ADC에서 사인법칙에 의하여

삼각형 ABC의 외접원의 반지름의 길이를 R라 하면 $\frac{a}{\sin A}=\frac{b}{\sin B}=\frac{c}{\sin C}=2R$가 성립하고 이를 사인법칙이라 해.

$\frac{\overline{CD}}{\sin\theta}=2r$에서 $\frac{\sqrt{10}}{\sin\theta}=10$ $\therefore \sin\theta=\frac{\sqrt{10}}{10}$

따라서 삼각형 AEC에서 사인법칙에 의하여

$\frac{\overline{AC}}{\sin(\angle CEA)}=\frac{\overline{CE}}{\sin(\angle CAE)}$에서 $\frac{\overline{AC}}{\sin\frac{3}{4}\pi}=\frac{4}{\sin\theta}$

$\therefore \overline{AC}=\frac{4}{\sin\theta}\times\sin\frac{3}{4}\pi=\frac{4}{\frac{\sqrt{10}}{10}}\times\frac{\sqrt{2}}{2}=4\sqrt{10}\times\frac{\sqrt{2}}{2}=4\sqrt{5}$

3rd $\overline{AC}\times\overline{CD}$의 값을 구해.

$\therefore \overline{AC}\times\overline{CD}=4\sqrt{5}\times\sqrt{10}=20\sqrt{2}$

F 42 정답 ⑤ *사인법칙과 코사인법칙 .... [정답률 43%]

(정답 공식: 반지름의 길이가 R인 원에 내접하는 삼각형 ABC에 대하여 사인법칙 $\frac{a}{\sin A}=\frac{b}{\sin B}=\frac{c}{\sin C}=2R$와 코사인법칙 $a^2=b^2+c^2-2bc\cos A$가 성립한다.)

그림과 같이 반지름의 길이가 $R(5<R<5\sqrt{5})$인 원에 내접하는 사각형 ABCD가 다음 조건을 만족시킨다.

- $\overline{AB}=\overline{AD}$이고 $\overline{AC}=10$이다.
- 사각형 ABCD의 넓이는 40이다.

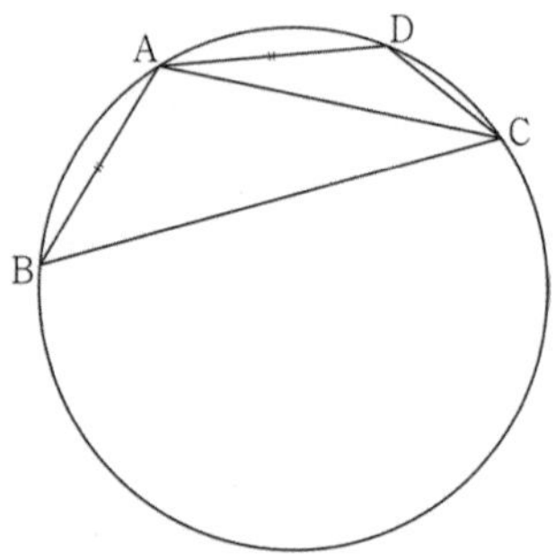

다음은 선분 BD의 길이와 R의 비를 구하는 과정이다.

$\overline{AB}=\overline{AD}=k$라 할 때

두 삼각형 ABC, ACD에서 각각 코사인법칙에 의하여

$\cos(\angle ACB)=\frac{1}{20}\left(\overline{BC}+\frac{\boxed{(가)}}{\overline{BC}}\right)$,

$\cos(\angle DCA)=\frac{1}{20}\left(\overline{CD}+\frac{\boxed{(가)}}{\overline{CD}}\right)$

이다.

단서1 코사인법칙을 이용하여 $\cos(\angle ACB)$, $\cos(\angle DCA)$를 각각 선분 BC의 길이와 k, 선분 CD의 길이와 k로 나타내.

이때 두 호 AB, AD에 대한 원주각의 크기가 같으므로 $\cos(\angle ACB)=\cos(\angle DCA)$이다.

단서2 두 코사인 값이 같음을 이용하여 관계식을 찾아야 사각형 ABCD의 넓이를 구할 수 있어.

사각형 ABCD의 넓이는 두 삼각형 ABD, BCD의 넓이의 합과 같으므로

$\frac{1}{2}k^2\sin(\angle BAD)+\frac{1}{2}\times\overline{BC}\times\overline{CD}\times\sin(\pi-\angle BAD)$

$=40$

에서 $\sin(\angle BAD)=\boxed{(나)}$이다.

따라서 삼각형 ABD에서 사인법칙에 의하여

$\overline{BD}:R=\boxed{(다)}:1$이다.

위의 (가)에 알맞은 식을 $f(k)$라 하고, (나), (다)에 알맞은 수를 각각 p, q라 할 때, $\frac{f(10p)}{q}$의 값은? (4점)

① $\frac{25}{2}$ ② 15 ③ $\frac{35}{2}$ ④ 20 ⑤ $\frac{45}{2}$

1st $\cos(\angle ACB)$, $\cos(\angle DCA)$를 각각 구해.

$\overline{AB}=\overline{AD}=k$라 할 때,

삼각형 ABC에서 코사인법칙에 의하여

$$\cos(\angle ACB)=\frac{\overline{BC}^2+\overline{CA}^2-\overline{AB}^2}{2\times\overline{BC}\times\overline{CA}}=\frac{\overline{BC}^2+10^2-k^2}{2\times\overline{BC}\times10}$$

$\overline{AB}^2=\overline{BC}^2+\overline{CA}^2-2\times\overline{BC}\times\overline{CA}\times\cos(\angle ACB)$

$$=\frac{1}{20}\left(\overline{BC}+\frac{100-k^2}{\overline{BC}}\right)$$ ←(가)

또, 삼각형 ACD에서 코사인법칙에 의하여

$$\cos(\angle DCA)=\frac{\overline{AC}^2+\overline{CD}^2-\overline{AD}^2}{2\times\overline{AC}\times\overline{CD}}=\frac{10^2+\overline{CD}^2-k^2}{2\times10\times\overline{CD}}$$

$\overline{AD}^2=\overline{AC}^2+\overline{CD}^2-2\times\overline{AC}\times\overline{CD}\times\cos(\angle DCA)$

$$=\frac{1}{20}\left(\overline{CD}+\frac{100-k^2}{\overline{CD}}\right)$$

이다.

2nd $\sin(\angle BAD)$의 값을 구해.

두 호 AB, AD에 대한 원주각의 크기가 같으므로

두 현 AB, AD의 길이가 같으므로 두 호 AB, AD의 길이도 같아. 이때, 한 원에서 길이가 같은 두 호에 대한 원주각의 크기는 같으므로 두 호 AB, AD에 대한 원주각의 크기는 같아.

$\cos(\angle ACB)=\cos(\angle DCA)$에서

$$\frac{1}{20}\left(\overline{BC}+\frac{100-k^2}{\overline{BC}}\right)=\frac{1}{20}\left(\overline{CD}+\frac{100-k^2}{\overline{CD}}\right)$$

$$\overline{BC}-\overline{CD}=(100-k^2)\left(\frac{1}{\overline{CD}}-\frac{1}{\overline{BC}}\right)$$

$$\therefore \overline{BC}-\overline{CD}=(100-k^2)\times\frac{\overline{BC}-\overline{CD}}{\overline{CD}\times\overline{BC}} \cdots ㉠$$

이때, 사각형 ABCD의 외접원의 반지름의 길이 R의 값의 범위는 $5<R<5\sqrt{5}$이므로 $\overline{AC}=10<2R$이다. 즉, 선분 AC는 사각형 ABCD의 외접원의 지름이 아니므로 $\overline{BC}\neq\overline{CD}$이다.

→ $10<2R<10\sqrt{5}$

선분 AC가 지름이면 두 삼각형 ABC, ADC은 직각삼각형이고 선분 AC는 공통, $\angle ABC=\angle ADC=90°$, $\overline{AB}=\overline{AD}$이므로 $\triangle ABC\equiv\triangle ADC$(RHS 합동)이야. 즉, $\overline{BC}=\overline{CD}$가 돼. 그런데 선분 AC가 지름이 아니니까 $\overline{BC}\neq\overline{CD}$야.

따라서 ㉠의 양변을 $\overline{BC}-\overline{CD}$로 나누면

$\overline{BC}-\overline{CD}\neq0$이니까 $\overline{BC}-\overline{CD}$로 나눌 수 있지?

$$1=(100-k^2)\times\frac{1}{\overline{CD}\times\overline{BC}}$$

$$\therefore \overline{CD}\times\overline{BC}=100-k^2 \cdots ㉡$$

한편, 사각형 ABCD의 넓이는 40이므로

□ABCD

$=\triangle ABD+\triangle BCD$

원에 내접하는 사각형의 마주보는 두 내각, 즉 대각의 크기의 합은 π이므로 $\angle BCD=\pi-\angle BAD$야.

$=\frac{1}{2}\times\overline{AB}\times\overline{AD}\times\sin(\angle BAD)+\frac{1}{2}\times\overline{BC}\times\overline{CD}\times\sin(\angle BCD)$

$=\frac{1}{2}\times k^2\times\sin(\angle BAD)+\frac{1}{2}\times\overline{BC}\times\overline{CD}\times\sin(\pi-\angle BAD)$

$\sin(\pi-x)=\sin x$

$=\frac{1}{2}\times k^2\times\sin(\angle BAD)+\frac{1}{2}\times(100-k^2)\times\sin(\angle BAD)$ ($\because$ ㉡)

$=\frac{1}{2}\sin(\angle BAD)\{k^2+(100-k^2)\}$

$=50\sin(\angle BAD)=40$

$\therefore \sin(\angle BAD)=\frac{4}{5}$ ←(나)

3rd 선분 BD의 길이와 R의 비를 구해.

삼각형 ABD에서 사인법칙에 의하여

$$\frac{\overline{BD}}{\sin(\angle BAD)}=2R$$에서

$\overline{BD}=2R\times\sin(\angle BAD)=2R\times\frac{4}{5}=\frac{8}{5}R$이므로

$\overline{BD}:R=\frac{8}{5}:1$ ←(다)

4th $\frac{f(10p)}{q}$의 값을 구해.

따라서 $f(k)=100-k^2$, $p=\frac{4}{5}$에서

$f(10p)=f\left(10\times\frac{4}{5}\right)=f(8)=100-8^2=36$이고 $q=\frac{8}{5}$이므로

$$\frac{f(10p)}{q}=\frac{36}{\frac{8}{5}}=\frac{45}{2}$$

F 43 정답 ④ *사인법칙과 코사인법칙 ··· [정답률 55%]

정답 공식: 삼각형 ABC에 외접하는 원의 반지름의 길이를 R라 하면 $\frac{a}{\sin A}=\frac{b}{\sin B}=\frac{c}{\sin C}=2R$가 성립하고 이를 사인법칙이라 한다.

그림과 같이 원에 내접하는 사각형 ABCD에 대하여

$$\overline{AB}=\overline{BC}=2,\ \overline{AD}=3,\ \angle BAD=\frac{\pi}{3}$$

이다. 두 직선 AD, BC의 교점을 E라 하자.

단서1 원에 내접하는 사각형에서 마주보는 두 내각의 크기의 합은 π야.

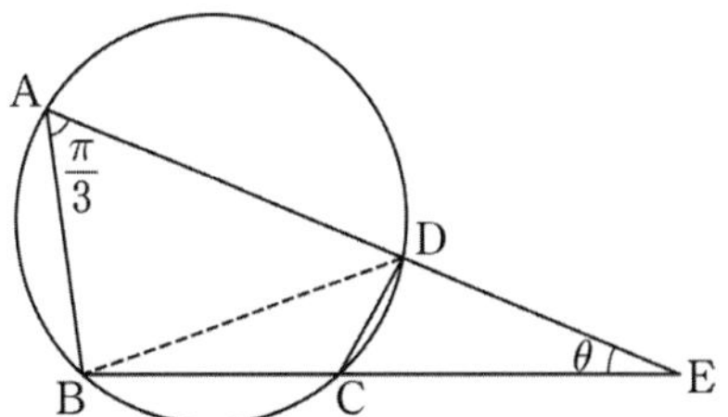

다음은 $\angle AEB=\theta$일 때, $\sin\theta$의 값을 구하는 과정이다.

> 삼각형 ABD와 삼각형 BCD에서 코사인법칙을 이용하면
> $\overline{CD}=$ (가) 이다.
> 삼각형 EAB와 삼각형 ECD에서 $\angle AEB$는 공통, $\angle EAB=\angle ECD$이므로 삼각형 EAB와 삼각형 ECD는 닮음이다. 이를 이용하면 $\overline{ED}=$ (나) 이다.
> 삼각형 ECD에서 사인법칙을 이용하면
> $\sin\theta=$ (다) 이다.

단서2 삼각형 ABD에서 선분 BD의 길이를 먼저 구하고 삼각형 BCD에서 선분 CD의 길이를 구해.

위의 (가), (나), (다)에 알맞은 수를 각각 p, q, r라 할 때, $(p+q)\times r$의 값은? (4점)

① $\frac{\sqrt{3}}{2}$ ② $\frac{4\sqrt{3}}{7}$ ③ $\frac{9\sqrt{3}}{14}$ ④ $\frac{5\sqrt{3}}{7}$ ⑤ $\frac{11\sqrt{3}}{14}$

1st 선분 CD의 길이를 구해.

→삼각형 ABC에서 $a^2=b^2+c^2-2bc\cos A$가 성립하고 이를 코사인법칙이라 해.

삼각형 ABD에서 코사인법칙에 의하여

$\overline{BD}^2=\overline{AB}^2+\overline{AD}^2-2\times\overline{AB}\times\overline{AD}\times\cos\frac{\pi}{3}$

$=2^2+3^2-2\times2\times3\times\frac{1}{2}=4+9-6=7$

→원에 내접하는 사각형의 마주보는 두 내각의 크기의 합은 π이므로 $\angle BAD+\angle BCD=\pi$에서 $\frac{\pi}{3}+\angle BCD=\pi$ $\therefore \angle BCD=\frac{2}{3}\pi$

또, 삼각형 BCD에서 $\angle BCD=\frac{2}{3}\pi$이므로 코사인법칙에 의하여

$\overline{BD}^2=\overline{BC}^2+\overline{CD}^2-2\times\overline{BC}\times\overline{CD}\times\cos\frac{2}{3}\pi$에서

$7=2^2+\overline{CD}^2-2\times2\times\overline{CD}\times\left(-\frac{1}{2}\right)$, $\overline{CD}^2+2\overline{CD}-3=0$

$(\overline{CD}+3)(\overline{CD}-1)=0$ $\quad\therefore \overline{CD}=1$ ($\because \overline{CD}>0$) ←(가)

2nd 선분 ED의 길이를 구해.

두 삼각형 EAB, ECD에서 $\angle AEB$는 공통,

$\angle EAB=\angle ECD$이므로 $\triangle EAB \backsim \triangle ECD$ (AA 닮음)

$\angle BCD=\frac{2}{3}\pi$이므로 $\angle ECD=\pi-\angle BCD=\pi-\frac{2}{3}\pi=\frac{\pi}{3}$

닮은 두 삼각형의 길이의 비는 일정하므로

$\frac{\overline{EA}}{\overline{EC}}=\frac{\overline{EB}}{\overline{ED}}=\frac{\overline{AB}}{\overline{CD}}$에서

$\frac{\overline{AD}+\overline{ED}}{\overline{EC}}=\frac{\overline{BC}+\overline{EC}}{\overline{ED}}=\frac{\overline{AB}}{\overline{CD}}$

$\therefore \frac{3+\overline{ED}}{\overline{EC}}=\frac{2+\overline{EC}}{\overline{ED}}=\frac{2}{1}$

$\frac{3+\overline{ED}}{\overline{EC}}=\frac{2}{1}$에서 $2\overline{EC}=3+\overline{ED}$ ⋯ ㉠

$\frac{2+\overline{EC}}{\overline{ED}}=\frac{2}{1}$에서 $2\overline{ED}=2+\overline{EC}$ $\quad\therefore \overline{EC}=2\overline{ED}-2$ ⋯ ㉡

㉡을 ㉠에 대입하면 $2(2\overline{ED}-2)=3+\overline{ED}$

$4\overline{ED}-4=3+\overline{ED}$, $3\overline{ED}=7$ $\quad\therefore \overline{ED}=\frac{7}{3}$ ← (나)

3rd $\sin\theta$의 값을 구해.

삼각형 ECD에서 사인법칙에 의하여 $\frac{\overline{CD}}{\sin E}=\frac{\overline{ED}}{\sin C}$이므로

$\frac{1}{\sin\theta}=\frac{\frac{7}{3}}{\sin\frac{\pi}{3}}$, $\frac{7}{3}\sin\theta=\sin\frac{\pi}{3}$

$\therefore \sin\theta=\frac{3}{7}\sin\frac{\pi}{3}=\frac{3}{7}\times\frac{\sqrt{3}}{2}=\frac{3\sqrt{3}}{14}$ ← (다)

4th $(p+q)\times r$의 값을 구해.

따라서 $p=1$, $q=\frac{7}{3}$, $r=\frac{3\sqrt{3}}{14}$이므로

$(p+q)\times r=\left(1+\frac{7}{3}\right)\times\frac{3\sqrt{3}}{14}=\frac{10}{3}\times\frac{3\sqrt{3}}{14}=\frac{5\sqrt{3}}{7}$

F 44 정답 27 *사인법칙과 코사인법칙 ············ [정답률 53%]

(정답 공식: 삼각형 ABC의 외접원의 반지름의 길이가 R일 때, $\frac{a}{\sin A}=\frac{b}{\sin B}=\frac{c}{\sin C}=2R$가 성립하고 이를 사인법칙이라 한다.)

단서1 원의 지름의 양 끝점과 원 위의 한 점을 꼭짓점으로 하는 삼각형은 직각삼각형이야. 즉, 삼각형 ABC는 직각삼각형이야.

그림과 같이 선분 AB를 지름으로 하는 원 위의 점 C에 대하여 $\overline{BC}=12\sqrt{2}$, $\cos(\angle CAB)=\frac{1}{3}$이다. 선분 AB를 5 : 4로 내분하는 점을 D라 할 때, 삼각형 CAD의 외접원의 넓이는 S이다. $\frac{S}{\pi}$의 값을 구하시오. (4점)

단서2 원의 넓이를 구하려면 반지름의 길이만 알면 되지? 삼각형 CAD에서 사인법칙을 이용해 봐.

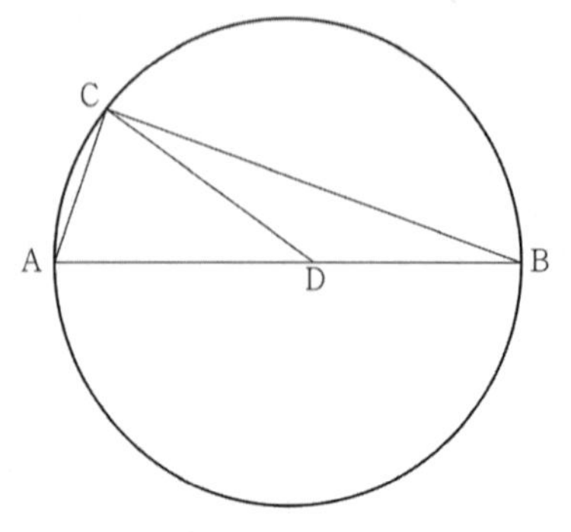

1st 두 선분 AC, AD의 길이를 구해.

선분 AB가 원의 지름이므로 삼각형 ABC는 $\angle ACB=90°$인 직각삼각형이다. 이때, $\cos(\angle CAB)=\frac{1}{3}$이므로 직각삼각형 ABC에서 양수 t에 대하여 $\overline{AC}=t$, $\overline{AB}=3t$라 하면 피타고라스 정리에 의하여

→ 직각삼각형 ABC에서 $\cos(\angle CAB)=\frac{\overline{AC}}{\overline{AB}}=\frac{1}{3}$이므로 $\overline{AC}:\overline{AB}=1:3$이야.

$\overline{AB}^2=\overline{AC}^2+\overline{BC}^2$에서

$(3t)^2=t^2+(12\sqrt{2})^2$, $9t^2=t^2+288$

$8t^2=288$, $t^2=36$ $\quad\therefore t=6$ ($\because t>0$)

$\therefore \overline{AB}=3t=3\times6=18$, $\overline{AC}=t=6$

한편, 점 D가 선분 AB를 5 : 4로 내분하는 점이므로

$\overline{AD}=\frac{5}{5+4}\times\overline{AB}=\frac{5}{9}\times18=10$

2nd 선분 CD의 길이를 구해.

→ 삼각형 ABC에서 $a^2=b^2+c^2-2bc\cos A$가 성립하고 이를 코사인법칙이라 해.

삼각형 CAD에서 코사인법칙에 의하여

$\overline{CD}^2=\overline{AC}^2+\overline{AD}^2-2\times\overline{AC}\times\overline{AD}\times\cos(\angle CAD)$

$=6^2+10^2-2\times6\times10\times\frac{1}{3}=96$

$\therefore \overline{CD}=\sqrt{96}=4\sqrt{6}$

3rd 삼각형 CAD의 외접원의 넓이를 구해.

$\cos(\angle CAD)=\frac{1}{3}$에서

→ $\sin^2 x+\cos^2 x=1$

$\sin(\angle CAD)=\sqrt{1-\cos^2(\angle CAD)}=\sqrt{1-\frac{1}{9}}=\frac{2\sqrt{2}}{3}$이므로

삼각형 CAD의 외접원의 반지름의 길이를 R라 하면 사인법칙에 의하여

→ 삼각형 ABC의 외접원의 반지름의 길이가 R일 때, $\frac{a}{\sin A}=\frac{b}{\sin B}=\frac{c}{\sin C}=2R$가 성립하고 이를 사인법칙이라 해.

$\frac{\overline{CD}}{\sin(\angle CAD)}=2R$에서

$R=\frac{\overline{CD}}{2\sin(\angle CAD)}=\frac{4\sqrt{6}}{2\times\frac{2\sqrt{2}}{3}}=3\sqrt{3}$

따라서 삼각형 CAD의 외접원의 넓이는

$S=\pi R^2=\pi\times(3\sqrt{3})^2=27\pi$

$\therefore \frac{S}{\pi}=\frac{27\pi}{\pi}=27$

다른 풀이: 삼각비를 이용하여 두 선분 AB, AC의 길이 구하기

두 선분 AB, AC의 길이를 삼각비를 이용하여 구해 볼까?

$\cos(\angle CAB)=\frac{1}{3}$이므로 $\sin(\angle CAB)=\frac{2\sqrt{2}}{3}$야.

즉, 직각삼각형 ABC에서

$\overline{AB}=\frac{\overline{BC}}{\sin(\angle CAB)}=\frac{12\sqrt{2}}{\frac{2\sqrt{2}}{3}}=18$,

→ 직각삼각형 ABC에서 $\sin(\angle CAB)=\frac{\overline{BC}}{\overline{AB}}$

$\overline{AC}=\overline{AB}\cos(\angle CAB)=18\times\frac{1}{3}=6$이야.

→ 직각삼각형 ABC에서 $\cos(\angle CAB)=\frac{\overline{AC}}{\overline{AB}}$

(이하 동일)

코사인법칙 개념·공식

삼각형 ABC의 세 변의 길이와 세 각의 크기 사이에는 다음과 같은 관계가 성립한다.

① $a^2=b^2+c^2-2bc\cos A$
② $b^2=c^2+a^2-2ca\cos B$
③ $c^2=a^2+b^2-2ab\cos C$

F 45 정답 ① *사인법칙과 코사인법칙 [정답률 43%]

정답 공식: 반지름의 길이가 R인 원에 내접하는 삼각형 ABC에서 $\frac{a}{\sin A}=\frac{b}{\sin B}=\frac{c}{\sin C}=2R$가 성립한다.

그림과 같이 평행사변형 ABCD가 있다. 점 A에서 선분 BD에 내린 수선의 발을 E라 하고, 직선 CE가 선분 AB와 만나는 점을 F라 하자. $\cos(\angle AFC)=\frac{\sqrt{10}}{10}$, $\overline{EC}=10$이고 삼각형 CDE의 외접원의 반지름의 길이가 $5\sqrt{2}$일 때, 삼각형 AFE의 넓이는? (4점)

단서 선분 EC의 길이와 삼각형 CDE의 외접원의 반지름의 길이가 주어졌으니까 사인법칙을 적용해 봐.

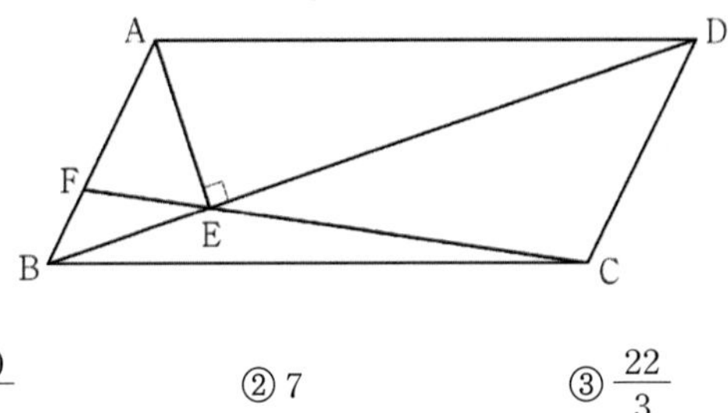

① $\frac{20}{3}$ ② 7 ③ $\frac{22}{3}$ ④ $\frac{23}{3}$ ⑤ 8

1st 삼각형 CDE에서 사인법칙을 적용해.

$\angle AFC=\alpha$라 하면 $\angle BFC=\angle FCD=\pi-\alpha$ ($\overline{AB}/\!/\overline{DC}$이고 $\angle BFC$, $\angle FCD$는 엇각이므로 $\angle BFC=\angle FCD$야.)

이때, 삼각형 CDE의 외접원의 반지름의 길이가 $5\sqrt{2}$이고 선분 EC의 길이가 10이므로 사인법칙에 의하여

$\frac{\overline{EC}}{\sin(\angle CDE)}=\frac{\overline{DE}}{\sin(\angle ECD)}=2\times5\sqrt{2}$에서

$\frac{10}{\sin(\angle CDE)}=\frac{\overline{DE}}{\sin(\pi-\alpha)}=10\sqrt{2}$

$\frac{10}{\sin(\angle CDE)}=10\sqrt{2}$에서 $\sin(\angle CDE)=\frac{10}{10\sqrt{2}}=\frac{\sqrt{2}}{2}$

$\therefore \angle CDE=\frac{\pi}{4}$ … ㉠

또, $\frac{\overline{DE}}{\sin(\pi-\alpha)}=10\sqrt{2}$에서

$\overline{DE}=10\sqrt{2}\times\sin(\pi-\alpha)=10\sqrt{2}\times\sin\alpha$ … ㉡

($\sin(\pi\pm\theta)=\mp\sin\theta$(복호동순))

그런데 $\cos(\angle AFC)=\cos\alpha=\frac{\sqrt{10}}{10}$이므로

$\sin\alpha=\sqrt{1-\cos^2\alpha}=\sqrt{1-\left(\frac{\sqrt{10}}{10}\right)^2}=\frac{3\sqrt{10}}{10}$

이것을 ㉡에 대입하면 $\overline{DE}=10\sqrt{2}\times\frac{3\sqrt{10}}{10}=6\sqrt{5}$

2nd 두 선분 AF, AE의 길이를 구해.

$\overline{CD}=x$라 하면 삼각형 CDE에서 코사인법칙에 의하여

$\overline{DE}^2=\overline{CE}^2+\overline{CD}^2-2\times\overline{CE}\times\overline{CD}\times\cos(\angle ECD)$에서

$(6\sqrt{5})^2=10^2+x^2-2\times10\times x\times\cos(\pi-\alpha)$ ($\cos(\pi-\alpha)=-\cos\alpha=-\frac{\sqrt{10}}{10}$)

$180=100+x^2-20x\times\left(-\frac{\sqrt{10}}{10}\right)$

$x^2+2\sqrt{10}x-80=0$ → 이차방정식의 짝수 근의 공식을 이용하여 구해.

$\therefore x=-\sqrt{10}\pm\sqrt{10+80}=-\sqrt{10}\pm3\sqrt{10}$

$\overline{CD}=x>0$이므로 $x=-\sqrt{10}+3\sqrt{10}=2\sqrt{10}$

$\therefore \overline{CD}=2\sqrt{10}$

즉, $\overline{AB}=\overline{CD}=2\sqrt{10}$이고 $\angle ABE=\angle CDE=\frac{\pi}{4}$ ($\because$ ㉠)이므로

삼각형 ABE는 빗변의 길이가 $2\sqrt{10}$인 직각이등변삼각형이다.

$\therefore \overline{AE}=\overline{BE}=\frac{\overline{AB}}{\sqrt{2}}=\frac{2\sqrt{10}}{\sqrt{2}}=2\sqrt{5}$ … ㉢

한편, 두 삼각형 BEF, DEC는 서로 닮음이고 (AA닮음) 닮음비가

$\overline{BE}:\overline{DE}=2\sqrt{5}:6\sqrt{5}=1:3$이므로

$\overline{BF}=\frac{1}{3}\times\overline{CD}=\frac{1}{3}\times2\sqrt{10}=\frac{2\sqrt{10}}{3}$

$\therefore \overline{AF}=\overline{AB}-\overline{BF}=2\sqrt{10}-\frac{2\sqrt{10}}{3}=\frac{4\sqrt{10}}{3}$ … ㉣

3rd 삼각형 AFE의 넓이를 구해.

$\angle BAE=\angle ABE=\frac{\pi}{4}$이므로 ㉢, ㉣에 의하여

(두 변의 길이가 각각 a, b이고 그 끼인각의 크기가 θ인 삼각형의 넓이를 S라 하면 $S=\frac{1}{2}ab\sin\theta$야.)

$\triangle AFE=\frac{1}{2}\times\overline{AF}\times\overline{AE}\times\sin(\angle FAE)$

$=\frac{1}{2}\times\frac{4\sqrt{10}}{3}\times2\sqrt{5}\times\frac{\sqrt{2}}{2}=\frac{20}{3}$

($\sin(\angle FAE)=\sin\frac{\pi}{4}=\frac{\sqrt{2}}{2}$)

F 46 정답 ③ *사인법칙과 코사인법칙 [정답률 55%]

정답 공식: 외접원의 반지름의 길이가 R인 삼각형 ABC에서 사인법칙 $\frac{a}{\sin A}=\frac{b}{\sin B}=\frac{c}{\sin C}=2R$와 코사인법칙 $a^2=b^2+c^2-2bc\cos A$가 성립한다.

그림과 같이 $\angle BAC=60°$, $\overline{AB}=2\sqrt{2}$, $\overline{BC}=2\sqrt{3}$인 삼각형 ABC가 있다. 삼각형 ABC의 내부의 점 P에 대하여 $\angle PBC=30°$, $\angle PCB=15°$일 때, 삼각형 APC의 넓이는? (4점)

단서1 사인법칙을 이용하면 $\angle ACB$의 크기를 구할 수 있어.

단서2 $\angle BPC=135°$임을 알 수 있겠지?

단서3 두 선분 PC, AC의 길이와 $\angle PCA$의 크기만 알면 돼.

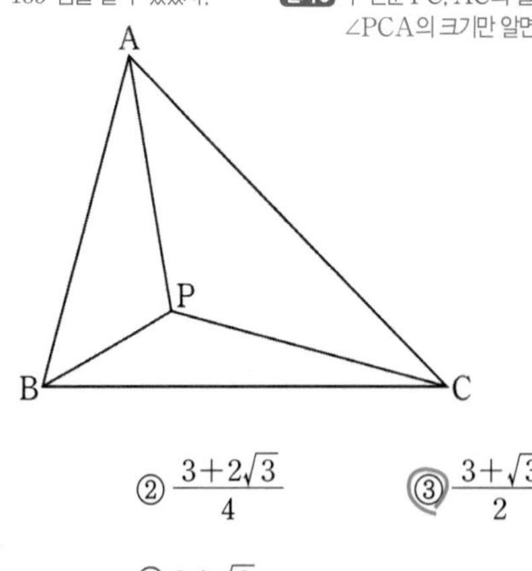

① $\frac{3+\sqrt{3}}{4}$ ② $\frac{3+2\sqrt{3}}{4}$ ③ $\frac{3+\sqrt{3}}{2}$ ④ $\frac{3+2\sqrt{3}}{2}$ ⑤ $2+\sqrt{3}$

1st 선분 PC의 길이를 구해.

$\angle PBC=30°$, $\angle PCB=15°$이므로 삼각형 PBC에서

$\angle BPC=180°-(30°+15°)=135°$

삼각형 PBC에서 사인법칙에 의하여

(사인법칙은 삼각형의 한 각에 대한 사인값과 그 대변의 길이의 비율이 일정하다는 공식이야. 각과 변이 헷갈리지 않도록 해.)

$\frac{\overline{BC}}{\sin(\angle BPC)}=\frac{\overline{PC}}{\sin(\angle PBC)}$에서

$\frac{2\sqrt{3}}{\sin135°}=\frac{\overline{PC}}{\sin30°}$, $\frac{2\sqrt{3}}{\frac{\sqrt{2}}{2}}=\frac{\overline{PC}}{\frac{1}{2}}$, $\frac{\sqrt{2}}{2}\overline{PC}=\sqrt{3}$

$\therefore \overline{PC}=\sqrt{6}$

2nd 선분 AC의 길이를 구해.

$\overline{AC}=x$라 하면 삼각형 ABC에서 코사인법칙에 의하여

$\overline{BC}^2=\overline{AB}^2+\overline{AC}^2-2\times\overline{AB}\times\overline{AC}\times\cos(\angle BAC)$에서

$(2\sqrt{3})^2=(2\sqrt{2})^2+x^2-2\times2\sqrt{2}\times x\times\cos 60°$

$x^2-2\sqrt{2}x-4=0$ $\quad\therefore x=\sqrt{2}\pm\sqrt{2+4}=\sqrt{2}\pm\sqrt{6}$

그런데 $x>0$이므로 $x=\sqrt{2}+\sqrt{6}$

$\therefore \overline{AC}=\sqrt{2}+\sqrt{6}$

→ 이차방정식이지? 인수분해가 안되면 완전제곱식의 꼴로 변형하여 해를 구하거나 근의 공식을 이용하면 돼.

3rd $\angle PCA$의 크기를 구해.

삼각형 ABC에서 사인법칙에 의하여

$$\frac{2\sqrt{3}}{\sin 60°}=\frac{2\sqrt{2}}{\sin(\angle BCA)}$$

$$\frac{2\sqrt{3}}{\frac{\sqrt{3}}{2}}=\frac{2\sqrt{2}}{\sin(\angle BCA)} \qquad \therefore \sin(\angle BCA)=\frac{\sqrt{2}}{2}$$

그런데 $\angle BAC=60°$에서 $\angle BCA<120°$이므로 $\angle BCA=45°$이다.

$\therefore \angle PCA=\angle BCA-\angle PCB=45°-15°=30°$

4th 삼각형 APC의 넓이를 구해.

삼각형 APC의 넓이를 S라 하면

→ 이웃한 두 변의 길이가 a, b이고 그 끼인각의 크기가 θ인 삼각형의 넓이를 S라 하면 $S=\frac{1}{2}ab\sin\theta$야.

$$S=\frac{1}{2}\times\overline{PC}\times\overline{AC}\times\sin(\angle PCA)$$

$$=\frac{1}{2}\times\sqrt{6}\times(\sqrt{2}+\sqrt{6})\times\sin 30°=\frac{3+\sqrt{3}}{2}$$

F 47 정답 7 ＊사인법칙과 코사인법칙 [정답률 56%]

(정답 공식: 삼각형 ABC의 외접원의 반지름의 길이를 R라 하면 $\frac{a}{\sin A}=\frac{b}{\sin B}=\frac{c}{\sin C}=2R$가 성립한다.)

단서1 삼각형의 세 변의 길이의 비가 주어졌으므로 세 변의 길이를 한 문자에 대하여 나타낼 수 있어.

$\overline{AB}:\overline{BC}:\overline{CA}=1:2:\sqrt{2}$인 삼각형 ABC가 있다. 삼각형 ABC의 외접원의 넓이가 28π일 때, 선분 CA의 길이를 구하시오. (4점)

단서2 외접원의 넓이가 주어졌으니까 외접원의 반지름의 길이도 구할 수 있지?

1st 코사인법칙을 이용하여 $\sin B$의 값을 구해.

$\overline{AB}:\overline{BC}:\overline{CA}=1:2:\sqrt{2}$이므로 양수 t에 대하여

$\overline{AB}=t$, $\overline{BC}=2t$, $\overline{CA}=\sqrt{2}t$라 하면 코사인법칙에 의하여

$$\cos B=\frac{\overline{AB}^2+\overline{BC}^2-\overline{CA}^2}{2\times\overline{AB}\times\overline{BC}}$$

삼각형 ABC에서 코사인법칙 $a^2=b^2+c^2-2bc\cos A$가 성립하므로 $\cos A=\frac{b^2+c^2-a^2}{2bc}$이야.

$$=\frac{t^2+4t^2-2t^2}{2\times t\times 2t}=\frac{3t^2}{4t^2}=\frac{3}{4}$$

$$\therefore \sin B=\sqrt{1-\cos^2 B}=\sqrt{1-\frac{9}{16}}=\frac{\sqrt{7}}{4}$$

→ $\sin^2 B+\cos^2 B=1$이고 삼각형 ABC의 세 내각의 크기는 모두 0°보다 크고 180°보다 작으므로 $0<\sin B\le 1$이야.

2nd 사인법칙을 이용하여 선분 CA의 길이를 구해.

삼각형 ABC의 외접원의 반지름의 길이를 R라 하면

$\pi R^2=28\pi$에서 $R^2=28$

$\therefore R=2\sqrt{7}$

따라서 사인법칙에 의하여 $\frac{\overline{CA}}{\sin B}=2R$에서

$$\frac{\overline{CA}}{\frac{\sqrt{7}}{4}}=2\times2\sqrt{7}$$

$\therefore \overline{CA}=7$

F 48 정답 26 ＊사인법칙과 코사인법칙 [정답률 49%]

(정답 공식: 삼각형에서 사인법칙, 코사인법칙을 이용한다.)

그림과 같이 한 평면 위에 있는 두 삼각형 ABC, ACD의 외심을 각각 O, O′이라 하고 $\angle ABC=\alpha$, $\angle ADC=\beta$라 할 때,

단서1 사인법칙을 이용하면 두 원의 반지름의 길이의 비를 구할 수 있어.

$$\frac{\sin\beta}{\sin\alpha}=\frac{3}{2},\ \cos(\alpha+\beta)=\frac{1}{3},\ \overline{OO'}=1$$

이 성립한다. 삼각형 ABC의 외접원의 넓이가 $\frac{q}{p}\pi$일 때, $p+q$의 값을 구하시오. (단, p와 q는 서로소인 자연수이다.) (4점)

단서2 원의 넓이를 구하기 위해서는 반지름의 길이만 구하면 되지?

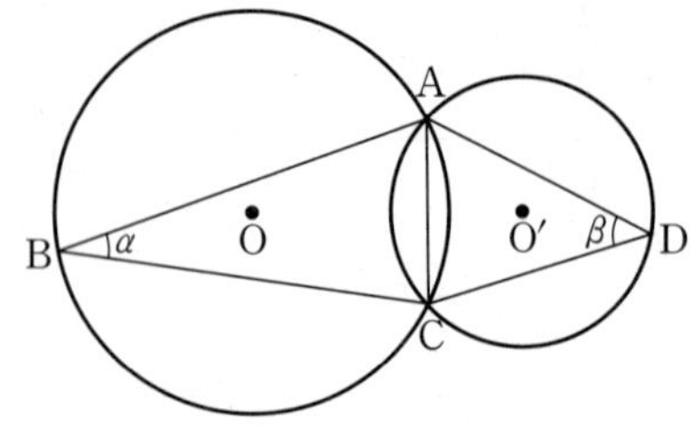

1st 두 원의 반지름의 길이의 비를 구하자.

두 삼각형 ABC, ACD의 외접원의 반지름의 길이를 각각 R, r라 하면

삼각형 ABC에서 사인법칙에 의하여

→ 삼각형에 외접하는 원의 반지름의 길이를 R라 하면 $\frac{a}{\sin A}=\frac{b}{\sin B}=\frac{c}{\sin C}=2R$가 성립해.

$\frac{\overline{AC}}{\sin\alpha}=2R \qquad \therefore \overline{AC}=2R\sin\alpha \cdots$ ㉠

삼각형 ACD에서 사인법칙에 의하여

$\frac{\overline{AC}}{\sin\beta}=2r \qquad \therefore \overline{AC}=2r\sin\beta \cdots$ ㉡

㉠, ㉡에서 $2R\sin\alpha=2r\sin\beta$

$\therefore r=\frac{\sin\alpha}{\sin\beta}R=\frac{2}{3}R\left(\because \frac{\sin\beta}{\sin\alpha}=\frac{3}{2}\right)\cdots$ ㉢

2nd 삼각형 AOO′에서 코사인법칙을 이용하여 삼각형 ABC의 외접원의 반지름의 길이 R를 구하자.

삼각형 ABC의 외접원에서 $\angle AOC=\angle 2ABC=2\alpha$이고 삼각형 ACD

$\angle ABC$, $\angle AOC$는 각각 호 AC에 대한 원주각, 중심각이야. 즉, $\angle AOC=\angle 2ABC$가 성립해.

의 외접원에서 $\angle AO'C=2\angle ADC=2\beta$이므로 삼각형 AOO′에서

$\angle ADC$, $\angle AO'C$는 각각 호 AC에 대한 원주각, 중심각이야.

$\angle AOO'=\frac{1}{2}\angle AOC=\alpha$, $\angle AO'O=\frac{1}{2}\angle AO'C=\beta$이므로

두 삼각형 AOO′, COO′에서 $\overline{AO}=\overline{CO}=R$, $\overline{AO'}=\overline{CO'}=r$, $\overline{OO'}$은 공통이므로 $\triangle AOO'\equiv\triangle COO'$ (SSS 합동) $\therefore \angle AOO'=\angle COO'$, $\angle AO'O=\angle CO'O$

코사인법칙에 의하여

삼각형 ABC에서 $c^2=a^2+b^2-2ab\cos C$가 성립하고 이를 코사인법칙이라 해.

$\overline{OO'}^2=\overline{AO}^2+\overline{AO'}^2-2\times\overline{AO}\times\overline{AO'}\times\cos(\angle OAO')$에서

$1^2=R^2+r^2-2Rr\cos(\pi-(\alpha+\beta))$ $\quad\cos(\pi-\theta)=-\cos\theta$

$1=R^2+\left(\frac{2}{3}R\right)^2-2R\times\frac{2}{3}R\times\{-\cos(\alpha+\beta)\}$ ($\because$ ㉢)

$1=R^2+\frac{4}{9}R^2+\frac{4}{9}R^2\left(\because \cos(\alpha+\beta)=\frac{1}{3}\right)$

$\frac{17}{9}R^2=1 \qquad \therefore R^2=\frac{9}{17}$

3rd 삼각형 ABC의 외접원의 넓이를 구하자.

따라서 삼각형 ABC의 외접원의 넓이를 S라 하면

$S=\pi R^2=\pi\times\frac{9}{17}=\frac{9}{17}\pi$이므로 $p=17$, $q=9$

$\therefore p+q=17+9=26$

F 49 정답 ① *사인법칙과 코사인법칙 .... [정답률 52%]

(정답 공식: 외접원의 반지름의 길이가 R인 삼각형 ABC에서 사인법칙 $\frac{a}{\sin A}=\frac{b}{\sin B}=\frac{c}{\sin C}=2R$, 코사인법칙 $c^2=a^2+b^2-2ab\cos C$가 성립한다.)

단서1 정삼각형의 한 내각의 크기는 60°야.

정삼각형 ABC가 반지름의 길이가 r인 원에 내접하고 있다. 선분 AC와 선분 BD가 만나고 $\overline{BD}=\sqrt{2}$가 되도록 원 위에서 점 D를 잡는다. $\angle DBC=\theta$라 할 때, $\sin\theta=\frac{\sqrt{3}}{3}$이다. 반지름의 길이 r의 값은? (4점)

단서2 원주각의 성질을 이용하면 ∠BDC의 크기를 알 수 있지? 그럼, ∠DBC의 크기에 대한 sin값과 ∠BDC의 크기에 대한 sin값이 주어진 거니까 삼각형 BCD에서 사인법칙을 이용하면 두 변 BC, CD의 길이를 외접원의 반지름의 길이로 나타낼 수 있어.

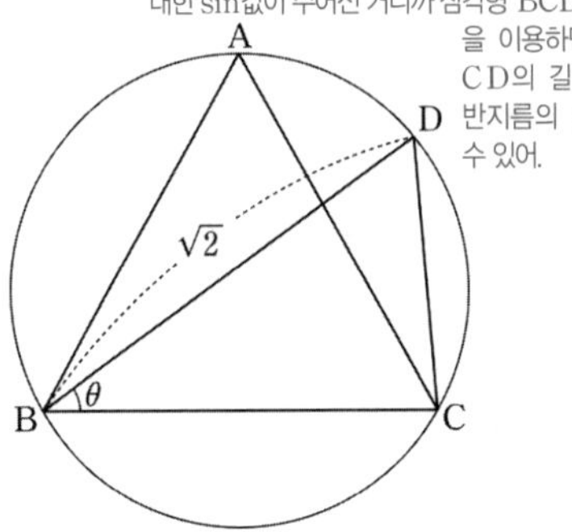

① $\frac{6-\sqrt{6}}{5}$ ② $\frac{6-\sqrt{5}}{5}$ ③ $\frac{4}{5}$

④ $\frac{6-\sqrt{3}}{5}$ ⑤ $\frac{6-\sqrt{2}}{5}$

1st 사인법칙을 이용하여 삼각형 BCD의 두 변 BC, CD의 길이를 r를 이용하여 나타내.

$\angle DBC=\theta$, $\angle BDC=\angle BAC=60°$이므로 삼각형 BCD에서 사인법칙에 의하여

한 원에서 한 호에 대한 원주각의 크기는 모두 같아.

$\overline{CD}=2r\sin\theta=\frac{2\sqrt{3}}{3}r$, $\overline{BC}=2r\sin 60°=\sqrt{3}r$

삼각형 BCD에서 사인법칙에 의하여 $\frac{\overline{CD}}{\sin\theta}=\frac{\overline{BC}}{\sin(\angle BDC)}=2r$에서 $\overline{CD}=2r\sin\theta$, $\overline{BC}=2r\sin(\angle BDC)$

2nd 삼각형 BCD에서 코사인법칙을 이용하여 외접원의 반지름의 길이 r의 값을 구해.

삼각형 BCD에서 코사인법칙에 의하여

$\overline{BC}^2=\overline{BD}^2+\overline{CD}^2-2\times\overline{BD}\times\overline{CD}\times\cos 60°$에서

$(\sqrt{3}r)^2=(\sqrt{2})^2+\left(\frac{2\sqrt{3}}{3}r\right)^2-2\times\sqrt{2}\times\frac{2\sqrt{3}}{3}r\times\frac{1}{2}$

$3r^2=2+\frac{4}{3}r^2-\frac{2\sqrt{6}}{3}r$, $5r^2+2\sqrt{6}r-6=0$

$\therefore r=\frac{-\sqrt{6}\pm\sqrt{6+30}}{5}=\frac{-\sqrt{6}\pm 6}{5}$

그런데 r는 삼각형 BCD의 외접원의 반지름의 길이이므로 $r>0$이다.

$\therefore r=\frac{-\sqrt{6}+6}{5}$

코사인법칙 개념·공식

삼각형 ABC의 세 변의 길이와 세 각의 크기 사이에는 다음과 같은 관계가 성립한다.

① $a^2=b^2+c^2-2bc\cos A$
② $b^2=c^2+a^2-2ca\cos B$
③ $c^2=a^2+b^2-2ab\cos C$

F 50 정답 41 *코사인법칙의 변형 .... [정답률 78%]

(정답 공식: 삼각형 ABC에서 $\cos C=\frac{a^2+b^2-c^2}{2ab}$이 성립한다.)

$\overline{AB}=6$, $\overline{AC}=10$인 삼각형 ABC가 있다. 선분 AC 위에 점 D를 $\overline{AB}=\overline{AD}$가 되도록 잡는다. $\overline{BD}=\sqrt{15}$일 때, 선분 BC의 길이를 k라 하자. k^2의 값을 구하시오. (3점)

단서1 삼각형 ABD의 세 변의 길이가 모두 주어졌으니까 ∠A에 대한 코사인 값을 구할 수 있어.

단서2 삼각형 ABC에서 변 BC는 ∠A에 대한 대변이야.

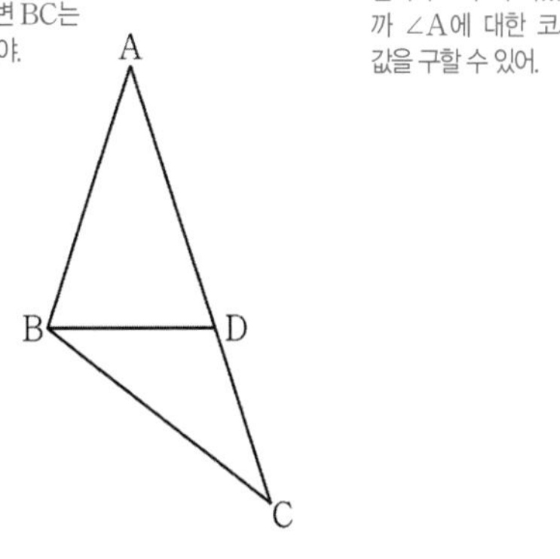

1st ∠A에 대한 코사인 값을 구해.

삼각형 ABD에서 $\angle BAD=\theta$라 하면 $\overline{AB}=\overline{AD}=6$, $\overline{BD}=\sqrt{15}$이므로 코사인법칙에 의하여

코사인법칙은 삼각형의 세 변의 길이와 한 각의 크기로 이루어진 공식이야. 즉, 코사인법칙을 이용하여 삼각형의 두 변의 길이와 그 사잇각의 크기를 알 때 나머지 변의 길이를 구할 수 있고 삼각형의 세 변의 길이를 알 때 세 각의 크기를 구할 수 있어.

$\overline{BD}^2=\overline{AB}^2+\overline{AD}^2-2\times\overline{AB}\times\overline{AD}\times\cos\theta$에서

$\cos\theta=\frac{\overline{AB}^2+\overline{AD}^2-\overline{BD}^2}{2\times\overline{AB}\times\overline{AD}}$

$=\frac{6^2+6^2-(\sqrt{15})^2}{2\times6\times6}$

$=\frac{57}{72}=\frac{19}{24}$

2nd k^2의 값을 구해.

또, 삼각형 ABC에서 $\overline{AB}=6$, $\overline{AC}=10$이므로 코사인법칙에 의하여

$\overline{BC}^2=\overline{AB}^2+\overline{AC}^2-2\times\overline{AB}\times\overline{AC}\times\cos\theta$에서

$k^2=6^2+10^2-2\times6\times10\times\frac{19}{24}$

$=36+100-95=41$

코사인법칙 개념·공식

삼각형 ABC의 세 변의 길이와 세 각의 크기 사이에는 다음과 같은 관계가 성립한다.

① $a^2=b^2+c^2-2bc\cos A$
② $b^2=c^2+a^2-2ca\cos B$
③ $c^2=a^2+b^2-2ab\cos C$
④ $\cos A=\frac{b^2+c^2-a^2}{2bc}$
⑤ $\cos B=\frac{c^2+a^2-b^2}{2ca}$
⑥ $\cos C=\frac{a^2+b^2-c^2}{2ab}$

F 51 정답 ② *코사인법칙의 변형 [정답률 63%]

(정답 공식: 코사인법칙 $a^2=b^2+c^2-2bc\cos A$를 이용한다.)

사각형 ABCD에서 변 AB와 변 CD는 평행이고 $\overline{BC}=2$, $\overline{AB}=\overline{AC}=\overline{AD}=3$일 때, 대각선 BD의 길이는? (4점)

단서1 삼각형 ABC의 세 변의 길이를 알고 있으므로 $\cos A$의 값을 구할 수 있어.

단서2 삼각형 ABD에서 두 변의 길이와 그 끼인각의 크기를 알고 있으므로 $\overline{BD}$의 길이를 구할 수 있어.

① 5　② $4\sqrt{2}$　③ 6　④ $5\sqrt{2}$　⑤ 8

1st 삼각형 ABC의 세 변의 길이를 알고 있으므로 코사인법칙의 변형을 이용하여 ∠CAB의 크기를 구하자.

삼각형 ABC에서 ∠CAB$=\theta$라 하면 코사인법칙의 변형에 의하여 ($\cos A=\frac{b^2+c^2-a^2}{2bc}$)

$\cos\theta=\frac{3^2+3^2-2^2}{2\times3\times3}=\frac{7}{9}$

∠DAB$=180°-\theta$이므로 삼각형 DAB에서 코사인법칙에 의하여

$\overline{BD}^2=3^2+3^2-2\times3\times3\times\cos(180°-\theta)$

$=18+18\cos\theta$ ($\cos(180°-\theta)=-\cos\theta$)

$=18+14=32$

$\therefore \overline{BD}=4\sqrt{2}$

$\overline{CD}\,/\!/\,\overline{AB}$이므로 ∠DCA=∠CAB (엇각)
삼각형 ACD에서 $\overline{AC}=\overline{AD}$이므로 ∠ACD=∠ADC
∴ ∠DAC$=180°-2\theta$

다른 풀이 ①: 원에 내접하는 직각삼각형을 만들어 해결하기

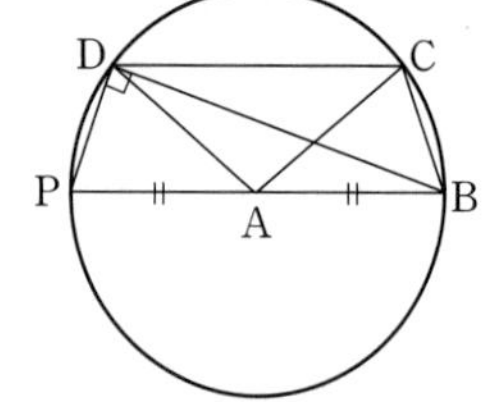

그림과 같이 선분 AB의 연장선 위에 $\overline{AB}=\overline{AP}$가 되도록 점 P를 잡으면 사각형 DPBC는 등변사다리꼴이고, 중심이 점 A인 원에 내접하지?

$\overline{PB}$가 지름이므로 삼각형 DPB는 직각삼각형이야.　$\therefore \overline{BD}=\sqrt{6^2-2^2}=4\sqrt{2}$

$\overline{DP}=\overline{BC}=2$, $\overline{PB}=6$이므로 피타고라스 정리에 의하여 $\overline{BD}=\sqrt{\overline{PB}^2-\overline{PD}^2}$

다른 풀이 ②: 선분 BD를 빗변으로 하는 직각삼각형을 만들어 해결하기

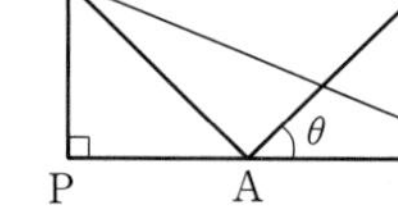

그림과 같이 선분 AB의 연장선과 점 D에서 직선 AB에 내린 수선의 교점을 P라 하고 ∠CAB$=\theta$라 하자.

삼각형 ABC에서 코사인법칙의 변형을 이용하면 $\cos\theta=\frac{3^2+3^2-2^2}{2\times3\times3}=\frac{7}{9}$

이때, $\overline{CD}\,/\!/\,\overline{AB}$이므로 ∠DCA=∠CAB (엇각)

삼각형 ACD에서 $\overline{AC}=\overline{AD}$이므로 ∠ACD=∠ADC

즉, $\cos\theta=\frac{\overline{PA}}{\overline{AD}}=\frac{\overline{PA}}{3}=\frac{7}{9}$이므로 $\overline{PA}=\frac{7}{3}$

삼각형 PAD에서 피타고라스 정리에 의하여

$\overline{DP}=\frac{4\sqrt{2}}{3}$　$\overline{DP}=\sqrt{\overline{DA}^2-\overline{PA}^2}=\sqrt{3^2-\left(\frac{7}{3}\right)^2}=\sqrt{\frac{32}{9}}=\frac{4\sqrt{2}}{3}$

삼각형 PBD에서 피타고라스 정리에 의하여

$\overline{BD}^2=\left(\frac{4\sqrt{2}}{3}\right)^2+\left(\frac{16}{3}\right)^2=32$　($\overline{DP}^2+\overline{PB}^2=\overline{BD}^2$)

$\therefore \overline{BD}=4\sqrt{2}$

F 52 정답 ① *코사인법칙의 변형 [정답률 58%]

(정답 공식: 삼각형 ABC에서 $\cos A=\frac{b^2+c^2-a^2}{2bc}$이 성립한다.)

그림과 같이 $\overline{AB}=2$, $\overline{BC}=3\sqrt{3}$, $\overline{CA}=\sqrt{13}$인 삼각형 ABC가 있다. 선분 BC 위에 점 B가 아닌 점 D를 $\overline{AD}=2$가 되도록 잡고, 선분 AC 위에 양 끝점 A, C가 아닌 점 E를 사각형 ABDE가 원에 내접하도록 잡는다.

단서1 삼각형 ABD는 $\overline{AB}=\overline{AD}$인 이등변삼각형이야.

단서2 사각형 ABDE가 내접하는 원에 두 삼각형 ABD, ADE도 내접해.

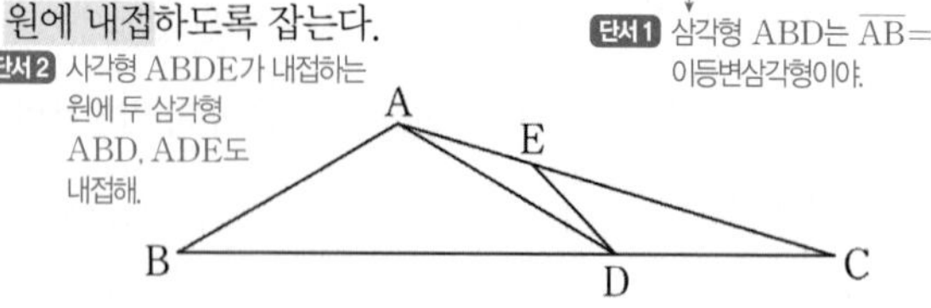

다음은 선분 DE의 길이를 구하는 과정이다.

> 삼각형 ABC에서 코사인법칙에 의하여
> $\cos(\angle ABC)=$ (가) 이다.
> 삼각형 ABD에서
> $\sin(\angle ABD)=\sqrt{1-(\text{(가)})^2}$이므로
> 사인법칙에 의하여 삼각형 ABD의 외접원의 반지름의 길이는 (나) 이다.
> 삼각형 ADC에서 사인법칙에 의하여
> $\frac{\overline{CD}}{\sin(\angle CAD)}=\frac{\overline{AD}}{\sin(\angle ACD)}$이므로
> $\sin(\angle CAD)=\frac{\overline{CD}}{\overline{AD}}\times\sin(\angle ACD)$이다.
> 삼각형 ADE에서 사인법칙에 의하여 $\overline{DE}=$ (다) 이다.

위의 (가), (나), (다)에 알맞은 수를 각각 p, q, r라 할 때, $p\times q\times r$의 값은? (4점)

① $\frac{6\sqrt{13}}{13}$　② $\frac{7\sqrt{13}}{13}$　③ $\frac{8\sqrt{13}}{13}$　④ $\frac{9\sqrt{13}}{13}$　⑤ $\frac{10\sqrt{13}}{13}$

1st $\cos(\angle ABC)$의 값을 구해. $\overline{AC}^2=\overline{AB}^2+\overline{BC}^2-2\times\overline{AB}\times\overline{BC}\times\cos(\angle ABC)$

삼각형 ABC에서 코사인법칙에 의하여

$\cos(\angle ABC)=\frac{\overline{AB}^2+\overline{BC}^2-\overline{AC}^2}{2\times\overline{AB}\times\overline{BC}}$

$=\frac{2^2+(3\sqrt{3})^2-(\sqrt{13})^2}{2\times2\times3\sqrt{3}}=\frac{18}{12\sqrt{3}}=\frac{\sqrt{3}}{2}$ ← (가)

2nd 삼각형 ABD의 외접원의 반지름의 길이를 구해.

$\sin(\angle ABD)=\sqrt{1-\cos^2(\angle ABD)}=\sqrt{1-\left(\frac{\sqrt{3}}{2}\right)^2}=\sqrt{\frac{1}{4}}=\frac{1}{2}$

($\sin^2\theta+\cos^2\theta=1$에서 $\sin^2\theta=1-\cos^2\theta$)

이므로 삼각형 ABD의 외접원의 반지름의 길이를 R라 하면

삼각형 ABC의 외접원의 반지름의 길이를 R라 하면 $\frac{a}{\sin A}=\frac{b}{\sin B}=\frac{c}{\sin C}=2R$가 성립하고 이를 사인법칙이라 해.

사인법칙에 의하여 $\frac{\overline{AD}}{\sin(\angle ABD)}=2R$에서 $\frac{2}{\frac{1}{2}}=2R$

$\therefore R=2$

따라서 삼각형 ABD의 외접원의 반지름의 길이는 2 이다. ← (나)

3rd 선분 DE의 길이를 구해.

점 A에서 선분 BD에 내린 수선의 발을 H라 하면 삼각형 ABH에서

$\overline{BH}=\overline{AB}\cos(\angle ABH)=2\times\frac{\sqrt{3}}{2}=\sqrt{3}$이고 → $\cos(\angle ABH)=\frac{\overline{BH}}{\overline{AB}}$

삼각형 ABD는 $\overline{AB}=\overline{AD}$인 이등변삼각형이므로 $\overline{DH}=\overline{BH}=\sqrt{3}$

따라서 $\overline{BD}=\overline{BH}+\overline{DH}=2\overline{BH}=2\sqrt{3}$이므로 이등변삼각형의 꼭지각에서 밑변에 내린 수선의 발은 밑변을 이등분해.

$\overline{CD}=\overline{BC}-\overline{BD}=3\sqrt{3}-2\sqrt{3}=\sqrt{3}$

또한, 삼각형 ABC에서 사인법칙에 의하여

$\frac{\overline{AC}}{\sin(\angle ABC)}=\frac{\overline{AB}}{\sin(\angle ACB)}$에서

$\sin(\angle ACB)=\frac{\overline{AB}}{\overline{AC}}\times\sin(\angle ABC)=\frac{2}{\sqrt{13}}\times\frac{1}{2}$

$=\frac{1}{\sqrt{13}}=\frac{\sqrt{13}}{13}$

이고 삼각형 ADC에서 사인법칙에 의하여

$\frac{\overline{CD}}{\sin(\angle CAD)}=\frac{\overline{AD}}{\sin(\angle ACD)}$에서

$\sin(\angle CAD)=\frac{\overline{CD}}{\overline{AD}}\times\sin(\angle ACD)=\frac{\sqrt{3}}{2}\times\frac{\sqrt{13}}{13}=\frac{\sqrt{39}}{26}$

따라서 삼각형 ADE에서 사인법칙에 의하여

$\frac{\overline{DE}}{\sin(\angle EAD)}=2R$에서 → 두 삼각형 ADE, ABD는 같은 원에 내접해.

$\overline{DE}=2R\times\sin(\angle EAD)=2\times2\times\frac{\sqrt{39}}{26}=\frac{2\sqrt{39}}{13}$ (다)

4th $p\times q\times r$의 값을 구해.

따라서 $p=\frac{\sqrt{3}}{2}$, $q=2$, $r=\frac{2\sqrt{39}}{13}$이므로

$p\times q\times r=\frac{\sqrt{3}}{2}\times2\times\frac{2\sqrt{39}}{13}=\frac{6\sqrt{13}}{13}$

F 53 정답 ① *코사인법칙의 활용 [정답률 67%]

정답 공식: 삼각형의 두 변의 길이와 그 끼인각의 크기가 주어진 경우 코사인법칙을 이용하여 나머지 한 변의 길이를 구한다.

그림과 같이 평면 위에 한 변의 길이가 3인 정사각형 ABCD와 한 변의 길이가 4인 정사각형 CEFG가 있다.

$\angle DCG=\theta\ (0<\theta<\pi)$라 할 때, $\sin\theta=\frac{\sqrt{11}}{6}$이다.

$\overline{DG}\times\overline{BE}$의 값은? (4점) **단서** 변 DG의 길이는 삼각형 DCG에서, 변 BE의 길이는 삼각형 CBE에서 코사인법칙을 이용하여 구하면 돼.

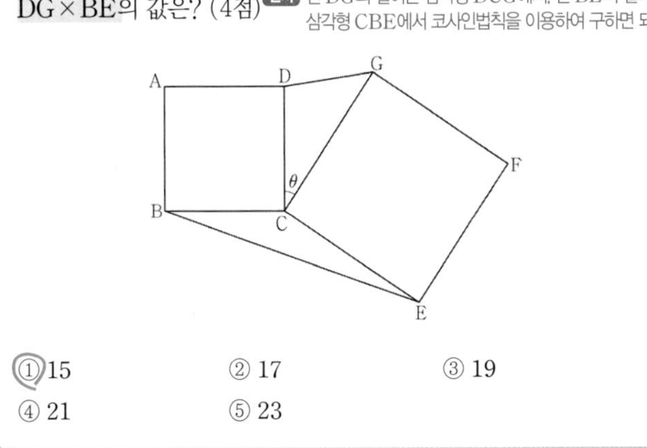

① 15 ② 17 ③ 19
④ 21 ⑤ 23

1st $\overline{DG}^2$, $\overline{BE}^2$의 값을 각각 구하자.

삼각형 DCG에서 두 변 CD, CG는 각각 정사각형 ABCD, 정사각형 CEFG의 변이므로 $\overline{CD}=3$, $\overline{CG}=4$

따라서 삼각형 DCG에서 코사인법칙에 의하여

$\overline{DG}^2=\overline{CD}^2+\overline{CG}^2-2\times\overline{CD}\times\overline{CG}\times\cos\theta$ → 두 변의 길이가 각각 a, b이고 그 끼인 각의 크기가 θ인 삼각형의 나머지 한 변의 길이를 c라 하면 $c^2=a^2+b^2-2ab\cos\theta$가 성립하고 이를 코사인법칙이라 해.

$=3^2+4^2-2\times3\times4\times\cos\theta$

$=25-24\cos\theta$

또, 삼각형 CBE에서 두 변 BC, CE는 각각 정사각형 ABCD, 정사각형 CEFG의 변이므로 $\overline{BC}=3$, $\overline{CE}=4$

따라서 삼각형 CBE에서 코사인법칙에 의하여

$\overline{BE}^2=\overline{BC}^2+\overline{CE}^2-2\times\overline{BC}\times\overline{CE}\times\cos(\pi-\theta)$

$\angle BCD=\angle GCE=\frac{\pi}{2}$, $\angle DCG=\theta$이므로
$\angle BCD+\angle BCE+\angle GCE+\angle DCG=2\pi$에서
$\frac{\pi}{2}+\angle BCE+\frac{\pi}{2}+\theta=2\pi\quad\therefore\angle BCE=\pi-\theta$

$=3^2+4^2-2\times3\times4\times(-\cos\theta)$

$=25+24\cos\theta$ ($\cos(\pi-\theta)=-\cos\theta$)

2nd $\cos^2\theta$의 값을 구하자.

$\cos^2\theta=1-\sin^2\theta=1-\left(\frac{\sqrt{11}}{6}\right)^2=1-\frac{11}{36}=\frac{25}{36}$ ($\sin^2x+\cos^2x=1$)

3rd $\overline{DG}\times\overline{BE}$의 값을 구하자.

$\therefore\overline{DG}\times\overline{BE}=\sqrt{\overline{DG}^2\times\overline{BE}^2}$

$=\sqrt{(25-24\cos\theta)(25+24\cos\theta)}$

$=\sqrt{25^2-24^2\cos^2\theta}$

$=\sqrt{25^2-24^2\times\frac{25}{36}}=15$

$\sqrt{25^2-24^2\times\frac{25}{36}}=\sqrt{25\left(25-24^2\times\frac{1}{36}\right)}=5\sqrt{25-16}=15$

F 54 정답 ① *코사인법칙의 활용 [정답률 42%]

정답 공식: 삼각형 PAC의 넓이가 최대가 되려면 원 C 위의 점 P는 선분 AC로부터 가장 멀리 떨어져 있어야 한다.

그림과 같이 원 C에 내접하고 $\overline{AB}=3$, $\angle BAC=\frac{\pi}{3}$인 삼각형 **단서1** 원 C의 반지름의 길이만 알면 사인법칙을 적용할 수 있지?

ABC가 있다. 원 C의 넓이가 $\frac{49}{3}\pi$일 때, 원 C 위의 점 P에 대 **단서2** 원 C의 반지름의 길이를 구할 수 있어.

하여 삼각형 PAC의 넓이의 최댓값은? (단, 점 P는 점 A도 아니고 점 C도 아니다.) (4점) **단서3** 삼각형 PAC의 넓이가 최대가 되려면 점 P가 어디에 위치해야 하는지 생각해.

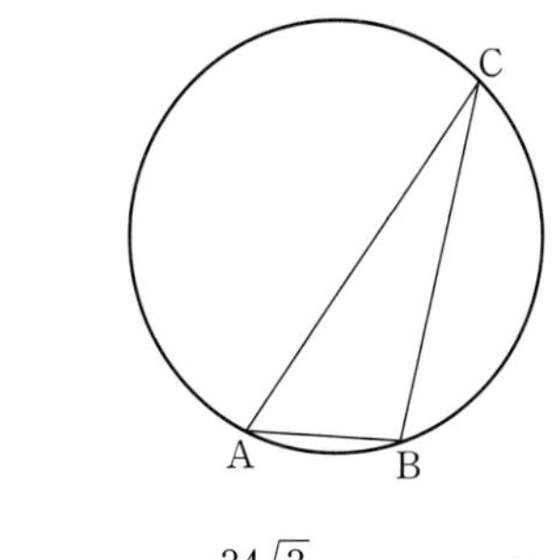

① $\frac{32\sqrt{3}}{3}$ ② $\frac{34\sqrt{3}}{3}$ ③ $12\sqrt{3}$
④ $\frac{38\sqrt{3}}{3}$ ⑤ $\frac{40\sqrt{3}}{3}$

1st 원 C의 반지름의 길이를 구해.

원 C의 반지름의 길이를 r라 하면 원 C의 넓이가 $\frac{49}{3}\pi$이므로

$\pi r^2=\frac{49}{3}\pi$에서 $r^2=\frac{49}{3}\quad\therefore r=\frac{7}{\sqrt{3}}=\frac{7\sqrt{3}}{3}$

2nd 선분 AC의 길이를 구해.

삼각형 ABC의 외접원인 C의 반지름의 길이가 $\frac{7\sqrt{3}}{3}$이므로

삼각형 ABC에서 사인법칙에 의하여 $\frac{\overline{BC}}{\sin A}=2r$에서

$\overline{BC}=2r\times\sin A$

한 변의 길이가 a이고 그 대각의 크기가 θ인 삼각형에 외접하는 원의 반지름의 길이를 R라 하면 $\frac{a}{\sin\theta}=2R$가 성립하고 이를 사인법칙이라 해.

$=2\times\frac{7\sqrt{3}}{3}\times\sin\frac{\pi}{3}=7$ → $\sin\frac{\pi}{3}=\frac{\sqrt{3}}{2}$

또, $\overline{AC}=x$라 하면 삼각형 ABC에서 코사인법칙에 의하여

두 변의 길이가 각각 a, b이고 그 끼인각의 크기가 θ인 삼각형의 나머지 한 변의 길이를 c라 하면 $c^2=a^2+b^2-2ab\cos\theta$가 성립하고 이를 코사인법칙이라 해.

$\overline{BC}^2=\overline{AB}^2+\overline{AC}^2-2\times\overline{AB}\times\overline{AC}\times\cos A$에서

$7^2=3^2+x^2-2\times3\times x\times\cos\frac{\pi}{3}$, $49=9+x^2-3x$ → $\cos\frac{\pi}{3}=\frac{1}{2}$

$x^2-3x-40=0$, $(x-8)(x+5)=0$ $\quad\therefore x=8\ (\because x>0)$

$\therefore \overline{AC}=8$

세 변의 길이가 각각 a, b, c인 삼각형에 대하여 a가 가장 긴 변의 길이일 때
$a^2>b^2+c^2$이면 이 삼각형은 둔각삼각형,
$a^2=b^2+c^2$이면 이 삼각형은 직각삼각형,
$a^2<b^2+c^2$이면 이 삼각형은 예각삼각형이야.

3rd 삼각형 PAC의 넓이의 최댓값을 구해.

$\overline{AC}^2=64$, $\overline{AB}^2+\overline{BC}^2=9+49=58$이므로 $\overline{AC}^2>\overline{AB}^2+\overline{BC}^2$

따라서 삼각형 ABC는 ∠B가 둔각인 둔각삼각형이므로 원 C의 중심 O는 점 B를 지나지 않는 호 AC와 변 AC로 둘러싸인 도형인 활꼴의 내부에 위치한다.

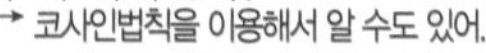
→ 코사인법칙을 이용해서 알 수도 있어.

$\cos B=\frac{\overline{AB}^2+\overline{BC}^2-\overline{AC}^2}{2\times\overline{AB}\times\overline{BC}}=\frac{3^2+7^2-8^2}{2\times3\times7}=-\frac{1}{7}$이므로

$\frac{\pi}{2}<\angle B<\pi$야.

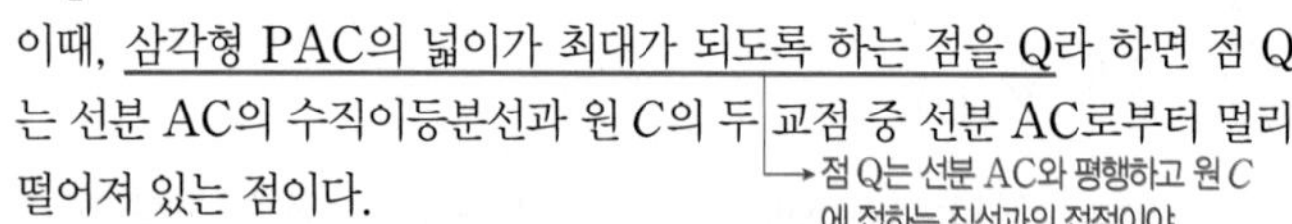
이때, 삼각형 PAC의 넓이가 최대가 되도록 하는 점을 Q라 하면 점 Q는 선분 AC의 수직이등분선과 원 C의 두 교점 중 선분 AC로부터 멀리 떨어져 있는 점이다.

→ 점 Q는 선분 AC와 평행하고 원 C에 접하는 직선과의 접점이야.

한편, 선분 AC의 수직이등분선과 선분 AC의 교점을 H라 하면 원 C의 중심 O는 선분 QH 위에 있다.

현의 수직이등분선 위에 원의 중심이 존재해.

또한, $\overline{AH}=\frac{1}{2}\overline{AC}=\frac{1}{2}\times8=4$이고 $\overline{OA}=\frac{7\sqrt{3}}{3}$이므로 직각삼각형 OAH에서 피타고라스 정리에 의하여

$\overline{OH}=\sqrt{\overline{OA}^2-\overline{AH}^2}=\sqrt{\left(\frac{7\sqrt{3}}{3}\right)^2-4^2}=\frac{\sqrt{3}}{3}$

따라서 $\overline{QH}=\overline{OQ}+\overline{OH}=\frac{7\sqrt{3}}{3}+\frac{\sqrt{3}}{3}=\frac{8\sqrt{3}}{3}$이므로

$\triangle PAC\le\triangle QAC=\frac{1}{2}\times\overline{AC}\times\overline{QH}=\frac{1}{2}\times8\times\frac{8\sqrt{3}}{3}=\frac{32\sqrt{3}}{3}$

따라서 삼각형 PAC의 넓이의 최댓값은 $\frac{32\sqrt{3}}{3}$이다.

코사인법칙 개념·공식

삼각형 ABC의 세 변의 길이와 세 각의 크기 사이에는 다음과 같은 관계가 성립한다.
① $a^2=b^2+c^2-2bc\cos A$
② $b^2=c^2+a^2-2ca\cos B$
③ $c^2=a^2+b^2-2ab\cos C$

F 55 정답 ⑤ ＊코사인법칙의 활용 [정답률 52%]

정답 공식: 삼각형 ABC에서 $a^2=b^2+c^2-2bc\cos A$가 성립하고 이를 코사인법칙이라 한다.

길이가 14인 선분 AB를 지름으로 하는 반원의 호 AB 위에 점 C를 $\overline{BC}=6$이 되도록 잡는다. 점 D가 호 AC 위의 점일 때, [보기]에서 옳은 것만을 있는 대로 고른 것은?

(단, 점 D는 점 A와 점 C가 아닌 점이다.) (4점)

단서1 삼각형 ABC는 ∠ACB=90°인 직각삼각형이야.

[보기]

ㄱ. $\sin(\angle CBA)=\frac{2\sqrt{10}}{7}$

ㄴ. $\overline{CD}=7$일 때, $\overline{AD}=-3+2\sqrt{30}$

ㄷ. 사각형 ABCD의 넓이의 최댓값은 $20\sqrt{10}$이다.

단서2 삼각형 ACD에서 코사인법칙을 적용해.

단서3 사각형 ABCD의 넓이는 두 삼각형 ABC, ACD의 넓이의 합이야.

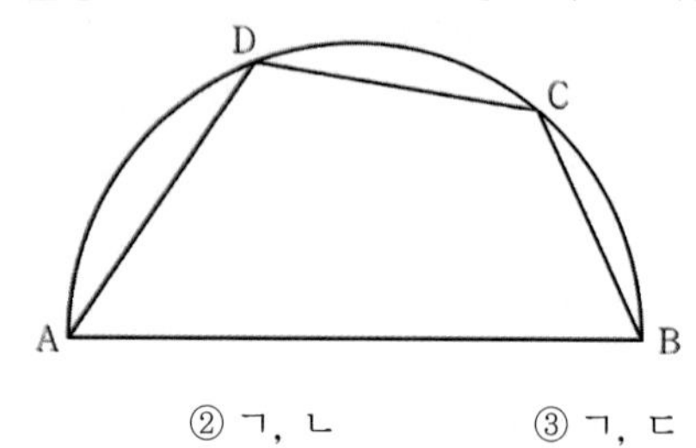

① ㄱ ② ㄱ, ㄴ ③ ㄱ, ㄷ
④ ㄴ, ㄷ ⑤ ㄱ, ㄴ, ㄷ

1st $\sin(\angle CBA)$의 값을 구해.

ㄱ. ∠ACB는 반원의 호에 대한 원주각이므로 ∠ACB=90°이다.

즉, 삼각형 ABC는 직각삼각형이고 $\overline{AB}=14$, $\overline{BC}=6$이므로

$\cos(\angle CBA)=\frac{\overline{BC}}{\overline{AB}}=\frac{6}{14}=\frac{3}{7}\ \cdots$ ㉠

$\therefore \sin(\angle CBA)=\sqrt{1-\cos^2(\angle CBA)}=\sqrt{1-\left(\frac{3}{7}\right)^2}$

$\sin^2\theta+\cos^2\theta=1$에서 $\sin^2\theta=1-\cos^2\theta$이고 ∠CBA는 직각삼각형 ABC의 한 내각이므로 $0<\angle CBA<\frac{\pi}{2}$야. 따라서 $0<\sin(\angle CBA)<1$이야.

$=\sqrt{1-\frac{9}{49}}=\sqrt{\frac{40}{49}}=\frac{2\sqrt{10}}{7}$ (참)

2nd $\overline{CD}=7$일 때, 선분 AD의 길이를 구해.

ㄴ. 직각삼각형 ABC에서 → $\sin(\angle CBA)=\frac{\overline{AC}}{\overline{AB}}$

$\overline{AC}=\overline{AB}\sin(\angle CBA)=14\times\frac{2\sqrt{10}}{7}=4\sqrt{10}$

이때, $\angle ADC=\pi-\angle CBA$이므로 $\overline{AD}=x$라 하고

원에 내접하는 사각형의 마주보는 두 내각, 즉 대각의 크기의 합은 π이지? 즉, 사각형 ABCD는 원에 내접하는 사각형이므로 $\angle CBA+\angle ADC=\pi$에서 $\angle ADC=\pi-\angle CBA$야.

삼각형 ACD에서 코사인법칙을 적용하면

$\overline{AC}^2=\overline{AD}^2+\overline{CD}^2-2\times\overline{AD}\times\overline{CD}\times\cos(\angle ADC)$에서

$(4\sqrt{10})^2=x^2+7^2-2\times x\times7\times\cos(\pi-\angle CBA)$

$\cos(\pi-\theta)=-\cos\theta$이므로
$\cos(\pi-\angle CBA)=-\cos(\angle CBA)=-\frac{3}{7}\ (\because$ ㉠$)$

$160=x^2+49-14x\times\left(-\frac{3}{7}\right)$

$160=x^2+49+6x$

$x^2+6x-111=0$

$\therefore x=-3\pm\sqrt{3^2-1\times(-111)}=-3\pm\sqrt{120}$

$=-3\pm2\sqrt{30}$

그런데 $x>0$이므로

$x=-3+2\sqrt{30}$

$\therefore \overline{AD}=-3+2\sqrt{30}$ (참)

3rd 사각형 ABCD의 넓이의 최댓값을 구해.

ㄷ. 사각형 ABCD의 넓이는 두 삼각형 ABC, ACD의 넓이의 합이다.
이때,

$\triangle ABC=\frac{1}{2}\times\overline{BC}\times\overline{AC}=\frac{1}{2}\times6\times4\sqrt{10}=12\sqrt{10}$ ⋯ ㉡

이므로 삼각형 ACD의 넓이가 최대가 될 때 사각형 ABCD의 넓이가 최대가 된다.

삼각형 ACD의 밑변을 $\overline{AC}$라 하면 밑변의 길이는 $4\sqrt{10}$이고 높이는 점 D와 선분 AC 사이의 거리이다. 따라서 삼각형 ACD의 넓이가 최대가 되려면 점 D와 선분 AC 사이의 거리가 최대가 되어야 하므로 이때의 점 D는 선분 AC의 수직이등분선이 호 AC와 만나는 점이어야 한다.

선분 AC와 평행한 직선이 반원과 접하는 점이 D일 때 점 D와 선분 AC 사이의 거리가 최대가 돼.

즉, $\overline{AD}=\overline{CD}$일 때, 삼각형 ACD의 넓이는 최대이다.

선분 AC의 중점을 H라 하면 두 삼각형 AHD, CHD에서 $\overline{AH}=\overline{CH}$, $\overline{DH}$는 공통, $\angle AHD=\angle CHD=90°$이므로 $\triangle AHD\equiv\triangle CHD$(SAS 합동)이야.
$\therefore \overline{AD}=\overline{CD}$

$\overline{AD}=\overline{CD}=y$라 하고 삼각형 ACD에서 코사인법칙을 적용하면

$\overline{AC}^2=\overline{AD}^2+\overline{CD}^2-2\times\overline{AD}\times\overline{CD}\times\cos(\angle ADC)$에서

$(4\sqrt{10})^2=y^2+y^2-2y^2\times\left(-\frac{3}{7}\right)$, $160=\frac{20}{7}y^2$, $y^2=56$

$\therefore y=\sqrt{56}=2\sqrt{14}$

따라서 $\overline{AD}=\overline{CD}=2\sqrt{14}$일 때 삼각형 ACD의 넓이가 최대이므로 이때의 넓이는

두 변의 길이가 각각 a, b이고 그 끼인각의 크기가 θ인 삼각형의 넓이를 S라 하면 $S=\frac{1}{2}ab\sin\theta$야.

$\triangle ACD=\frac{1}{2}\times\overline{AD}\times\overline{CD}\times\sin(\angle ADC)$

$\sin(\angle ADC)=\sin(\pi-\angle CBA)=\sin(\angle CBA)=\frac{2\sqrt{10}}{7}$

$=\frac{1}{2}\times2\sqrt{14}\times2\sqrt{14}\times\frac{2\sqrt{10}}{7}=8\sqrt{10}$ ⋯ ㉢

㉡, ㉢에 의하여 사각형 ABCD의 넓이의 최댓값은

$\triangle ABC+\triangle ACD=12\sqrt{10}+8\sqrt{10}=20\sqrt{10}$ (참)

따라서 옳은 것은 ㄱ, ㄴ, ㄷ이다.

다른 풀이: ㄷ에서 삼각형의 넓이가 최대가 되는 점 D의 위치가 선분 AC의 수직이등분선이 호 AC와 만나는 점임을 이용하기

ㄷ에서 삼각형 ACD의 넓이의 최댓값을 다른 방법으로 구해 보자.
삼각형 ACD의 넓이가 최대가 되려면 점 D가 선분 AC의 수직이등분선이 호 AC와 만나는 점이어야 하지?
이때의 점 D에 대하여 주어진 반원의 중심을 O라 하면 $\overline{OD}\perp\overline{AC}$야.

원의 현을 수직이등분하는 직선은 원의 중심을 지나.

또한, 선분 AC의 중점을 H라 하면 $\overline{OH}/\!/\overline{BC}$이므로
$\angle HOA=\angle CBA$야.
즉, 직각삼각형 AOH에서 $\overline{AO}=7$이고

$\cos(\angle HOA)=\cos(\angle CBA)=\frac{3}{7}$이므로

$\overline{OH}=\overline{AO}\cos(\angle HOA)=7\times\frac{3}{7}=3$

따라서 $\overline{DH}=\overline{OD}-\overline{OH}=7-3=4$이므로 ACD의 넓이의 최댓값은

$\triangle ACD=\frac{1}{2}\times\overline{AC}\times\overline{DH}=\frac{1}{2}\times4\sqrt{10}\times4=8\sqrt{10}$

(이하 동일)

F 56 정답 ⑤ *코사인법칙의 활용 [정답률 41%]

정답 공식: 사인법칙 $\frac{a}{\sin A}=2R$와 코사인법칙의 변형 $\cos A=\frac{b^2+c^2-a^2}{2bc}$을 이용한다.

그림과 같이 $\overline{AB}=3$, $\overline{BC}=a$, $\overline{AC}=4$인 삼각형 ABC가 원에 내접하고 있다. 이 원의 반지름의 길이를 R라 할 때, 옳은 내용을 [보기]에서 모두 고른 것은? (4점)

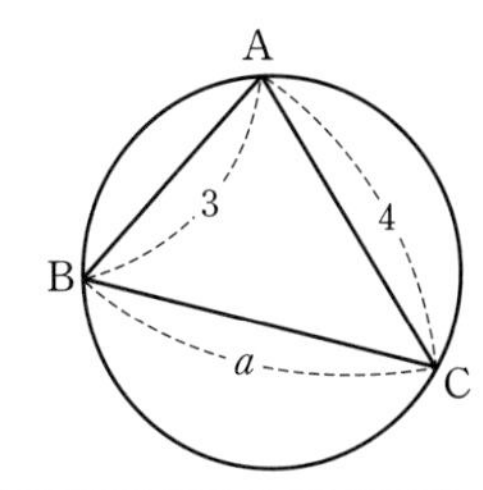

단서1 삼각형의 외접원의 반지름의 길이가 R이므로 사인법칙을 사용할 수 있어.

[보기]

ㄱ. $a=5$이면 $R=\frac{5}{2}$이다. 단서2 삼각형 ABC는 $\angle A=90°$인 직각삼각형이야.

ㄴ. $R=4$이면 $a=8\sin A$이다. 단서3 사인법칙 $\frac{a}{\sin A}=2R$를 이용해.

ㄷ. $1<a^2\le13$일 때, $\angle A$의 최댓값은 $60°$이다.

① ㄱ ② ㄷ ③ ㄱ, ㄴ
④ ㄴ, ㄷ ⑤ ㄱ, ㄴ, ㄷ

1st 삼각형 ABC가 직각삼각형임을 이용해.

ㄱ. $a=5$이면 삼각형 ABC는 직각삼각형이므로 변 BC는 원의 지름이다.

$3^2+4^2=5^2$이므로 $\overline{AB}^2+\overline{AC}^2=\overline{BC}^2$이 성립해.
따라서 삼각형 ABC는 $\overline{BC}$가 빗변인 직각삼각형이야.

$\therefore R=\frac{5}{2}$ (참)

2nd 사인법칙 $\frac{a}{\sin A}=2R$가 성립함을 이용해.

ㄴ. 사인법칙 $\frac{a}{\sin A}=2R$에 의하여

$\frac{a}{\sin A}=\frac{b}{\sin B}=\frac{c}{\sin C}=2R$

$a=2R\sin A$

$\therefore a=2\times4\times\sin A=8\sin A$ (참)

3rd $1<a^2\le13$이므로 코사인법칙의 변형을 이용해서 $\cos A$의 값의 범위를 구하자.

ㄷ. $1<a^2\le13$이므로 삼각형 ABC에서 코사인법칙의 변형에 의하여

$a^2=b^2+c^2-2bc\cos A$에서

$\cos A=\frac{3^2+4^2-a^2}{2\times3\times4}=\frac{25-a^2}{24}$

$1<a^2\le13$에서 $-13\le-a^2<-1$
$12\le25-a^2<24$
$\therefore \frac{1}{2}\le\frac{25-a^2}{24}<1$

이때, $\frac{1}{2}\le\cos A<1$이므로 $0°<\angle A\le60°$

따라서 $\angle A$의 최댓값은 $60°$이다. (참)

실수 $\cos0=1$이고 $\cos\frac{\pi}{3}=\frac{1}{2}$이므로 각 A는 $0°<A\le60°$야. 이때 등호에 유의하자.

따라서 옳은 것은 ㄱ, ㄴ, ㄷ이다.

코사인법칙 개념·공식

삼각형 ABC의 세 변의 길이와 세 각의 크기 사이에는 다음과 같은 관계가 성립한다.

① $a^2=b^2+c^2-2bc\cos A$
② $b^2=c^2+a^2-2ca\cos B$
③ $c^2=a^2+b^2-2ab\cos C$

F 57 정답 ⑤ *코사인법칙의 실생활 응용 [정답률 75%]

(정답 공식: 사인법칙 $\frac{a}{\sin A}=2R$와 코사인법칙 $a^2=b^2+c^2-2bc\cos A$를 이용한다.)

원 모양의 호수의 넓이를 구하기 위해 호수의 가장자리의 세 지점 A, B, C에서 거리와 각을 측정한 결과가 다음과 같았다.
$\overline{AB}=80$ m, $\overline{AC}=100$ m, $\angle CAB=60°$
이때 이 호수의 넓이는? (4점)

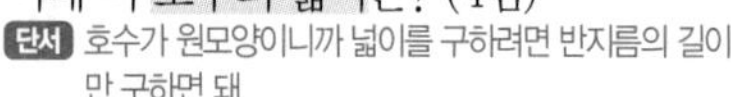
단서 호수가 원모양이니까 넓이를 구하려면 반지름의 길이만 구하면 돼.

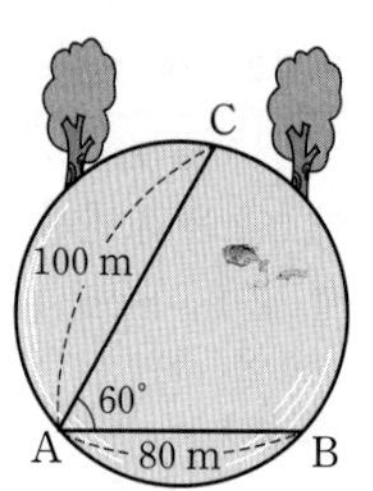

① 2400π m^2
② 2500π m^2
③ 2600π m^2
④ 2700π m^2
⑤ 2800π m^2

1st 코사인법칙을 이용하여 선분 BC의 길이를 구해.

삼각형 ABC에서 코사인법칙에 의하여

$\overline{BC}^2=\overline{AB}^2+\overline{AC}^2-2\times\overline{AB}\times\overline{AC}\times\cos 60°$ → 삼각형에서 두 변의 길이와 그 끼인 각의 크기가 주어졌으니까 코사인법칙을 떠올려야 해.

$=80^2+100^2-2\times80\times100\times\frac{1}{2}=8400$

$\therefore \overline{BC}=\sqrt{8400}$ ($\because \overline{BC}>0$)

2nd 사인법칙을 이용하여 호수의 반지름의 길이를 구하고 넓이를 구해.

이때, 호수의 반지름의 길이를 R라 하면 → 호수는 삼각형 CAB의 외접원이므로 외접원의 반지름 R의 값을 구하기 위하여 사인법칙을 적용해.

사인법칙에 의하여 $\frac{\overline{BC}}{\sin 60°}=2R$이므로

$R=\frac{\sqrt{8400}}{2\times\frac{\sqrt{3}}{2}}=\sqrt{\frac{8400}{3}}=\sqrt{2800}$

반지름의 길이가 r인 원의 넓이는 πr^2이므로 문제를 풀 때 R^2의 값에 π를 곱하는 것을 잊지 말자.

따라서 호수의 넓이는 $\pi R^2=2800\pi$ (m^2)이다. → 반지름의 길이가 r인 원의 넓이는 πr^2이야.

F 58 정답 ④ *코사인법칙의 실생활 응용 [정답률 73%]

(정답 공식: 코사인법칙 $a^2=b^2+c^2-2bc\cos A$를 이용한다.)

어떤 물질은 원자를 구로 나타낼 경우 똑같은 구들을 규칙적으로 배열하여 얻은 정육각형 격자구조를 갖는다. 아래 그림은 이 격자구조의 한 단면에 놓여 있는 원자의 중심을 연결한 것이다. 이 구조에서 한 원자의 에너지는 인접한 원자의 수와 거리에 영향을 받는다. 가장 인접한 원자의 중심간의 거리가 모두 1일 때, 동일 평면상에서 고정된 한 원자와 중심 사이의 거리가 $\sqrt{7}$인 원자의 개수는? (3점)

단서 한 원자를 중심으로 하고 반지름의 길이가 $\sqrt{7}$인 원을 그렸을 때 이 원 위에 있는 원자의 개수를 구하라는 거야.

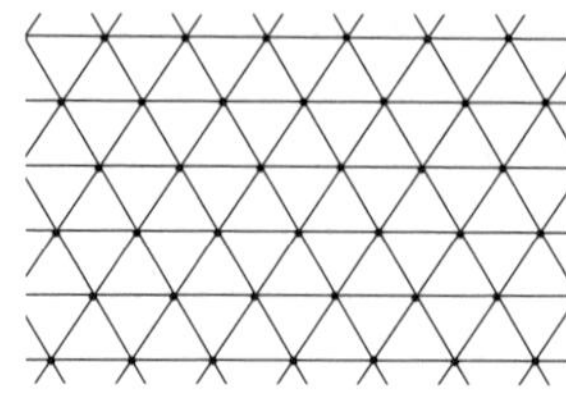

① 4 ② 6 ③ 8
④ 12 ⑤ 16

1st 길이가 $\sqrt{7}$이 되는 선분부터 찾자.

정육각형 격자구조이므로 각 삼각형은 모두 정삼각형이다. 그림과 같이 두 점 P, Q를 잡으면 코사인법칙에 의하여

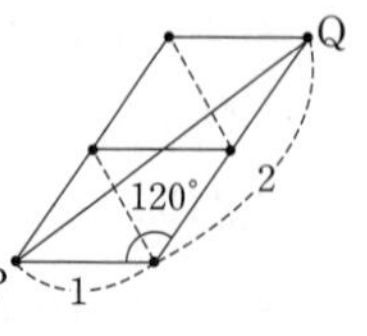

$\overline{PQ}^2=1^2+2^2-2\times1\times2\times\cos 120°$

$=5+2=7$ 두 변의 길이가 각각 1, 2이고 그 끼인 각의 크기가 120°인 삼각형에서 코사인법칙을 적용한 거야.

$\therefore \overline{PQ}=\sqrt{7}$

2nd 조건을 만족시키는 원자의 개수를 구해.

한편, 고정된 한 원자와 중심 사이의 거리가 $\sqrt{7}$이려면 반지름의 길이가 $\sqrt{7}$인 원을 그리면 되고 이 원 위에 있는 점의 개수가 12이므로 원자의 개수는 12이다.

코사인법칙 (개념·공식)

삼각형 ABC의 세 변의 길이와 세 각의 크기 사이에는 다음과 같은 관계가 성립한다.
① $a^2=b^2+c^2-2bc\cos A$
② $b^2=c^2+a^2-2ca\cos B$
③ $c^2=a^2+b^2-2ab\cos C$

F 59 정답 ④ *삼각형의 결정 [정답률 78%]

(정답 공식: 사인법칙을 이용하여 세 각의 크기에 대한 식을 세 변에 대한 식으로 바꾼다.)

등식 $\sin^2 A-\sin^2 B=\cos^2 A-\cos^2 B$를 만족시키는 삼각형 ABC는 어떤 삼각형인가? (3점)

단서 사인법칙과 코사인법칙을 이용하여 $\sin A$, $\cos B$, $\sin C$를 세 변의 길이 a, b, c로 나타내어 이 등식에 대입해.

① 정삼각형
② $\angle A=90°$인 직각삼각형
③ $\angle C=90°$인 직각삼각형
④ $\angle A=\angle B$인 이등변삼각형
⑤ $\angle A=\angle C$인 이등변삼각형

1st 주어진 등식을 정리하자.

$\sin^2 A-\sin^2 B=1-\sin^2 A-1+\sin^2 B$

$\therefore 2\sin^2 A-2\sin^2 B=0$ ⋯ ㉠

2nd 사인법칙을 이용하여 세 변 a, b, c에 대한 식으로 나타내자.

㉠에 $\sin A=\frac{a}{2R}$, $\sin B=\frac{b}{2R}$를 대입하면

$\frac{a^2}{2R^2}-\frac{b^2}{2R^2}=0$, $a^2-b^2=0$

$(a+b)(a-b)=0$

주의 $a+b=0$이거나 $a-b=0$이어야 하는데 a, b 모두 길이이므로 양수야. 따라서 $a-b=0$임을 알 수 있어.

$\therefore a=b$ ($\because a+b>0$) → a, b는 삼각형 ABC는 두 변의 길이이므로 $a>0$, $b>0$이야.

따라서 삼각형 ABC는 $a=b$인 이등변삼각형, 즉 $\angle A=\angle B$인 이등변삼각형이다.

두 변 a, b의 대각이 각각 A, B이므로 $a=b$이면 $\angle A=\angle B$야.

F 60 정답 ② *삼각형의 결정 [정답률 68%]

정답 공식: 사인법칙을 이용하여 세 각의 크기에 대한 식을 세 변에 대한 식으로 바꾼다.

등식 $\cos^2 A+\cos^2 C=1+\cos^2 B$를 만족시키는 삼각형 ABC는 어떤 삼각형인가? (3점)

단서 주어진 식을 변의 길이에 대한 식으로 변형하여 삼각형 ABC의 모양을 유추해보자.

① $\angle A=90°$인 직각삼각형 ② $\angle B=90°$인 직각삼각형
③ $a=b$인 이등변삼각형 ④ $b=c$인 이등변삼각형
⑤ $c=a$인 이등변삼각형

1st 주어진 등식을 정리하자.

$\cos^2 A+\cos^2 C=1+\cos^2 B$

$1-\sin^2 A+1-\sin^2 C=2-\sin^2 B$

$\therefore \sin^2 B=\sin^2 A+\sin^2 C$

2nd 사인법칙을 이용하여 세 변 a, b, c에 대한 식으로 나타내자.

이때, 삼각형 ABC의 외접원의 반지름의 길이를 R라 하면 사인법칙에 의하여

$$\left(\frac{b}{2R}\right)^2=\left(\frac{a}{2R}\right)^2+\left(\frac{c}{2R}\right)^2$$

$\therefore \underline{b^2=a^2+c^2}$ 피타고라스 정리에 의하여 $\angle C=90°$인 직각삼각형에서 $c^2=a^2+b^2$이다.

따라서 삼각형 ABC는 $\angle B=90°$인 직각삼각형이다.

F 61 정답 ⑤ *삼각형의 넓이 [정답률 88%]

정답 공식: 두 변의 길이가 각각 a, b이고 그 끼인각의 크기가 θ인 삼각형의 넓이를 S라 하면 $S=\frac{1}{2}ab\sin\theta$이다.

$\overline{AB}=2$, $\overline{AC}=\sqrt{7}$인 예각삼각형 ABC의 넓이가 $\sqrt{6}$이다. $\angle A=\theta$일 때, $\sin\left(\frac{\pi}{2}+\theta\right)$의 값은? (3점)

단서1 삼각형 ABC가 예각삼각형이므로 θ는 예각이야.

단서2 삼각형의 넓이로 θ에 대한 sin값을 구한 후, $\sin\left(\frac{\pi}{2}+\theta\right)$의 값을 구하면 돼.

① $\frac{\sqrt{3}}{7}$ ② $\frac{2}{7}$ ③ $\frac{\sqrt{5}}{7}$
④ $\frac{\sqrt{6}}{7}$ ⑤ $\frac{\sqrt{7}}{7}$

1st 삼각형의 넓이를 이용하여 θ에 대한 sin값을 구하자.

삼각형 ABC의 넓이가 $\sqrt{6}$이므로

$$\triangle ABC=\frac{1}{2}\times\overline{AB}\times\overline{AC}\times\sin\theta=\frac{1}{2}\times2\times\sqrt{7}\times\sin\theta$$
$$=\sqrt{7}\sin\theta=\sqrt{6}$$

$\therefore \sin\theta=\frac{\sqrt{6}}{\sqrt{7}}$

2nd $\sin\left(\frac{\pi}{2}+\theta\right)$의 값을 구하자.

$\sin^2\theta+\cos^2\theta=1$에서 $\cos^2\theta=1-\sin^2\theta$야. 또한, $0<\theta<\frac{\pi}{2}$이므로 $\cos\theta>0$이야.

이때, 삼각형 ABC가 예각삼각형이므로 $0<\theta<\frac{\pi}{2}$

$$\therefore \sin\left(\frac{\pi}{2}+\theta\right)=\cos\theta=\sqrt{1-\sin^2\theta}=\sqrt{1-\frac{6}{7}}=\frac{\sqrt{7}}{7}$$

삼각함수 $y=\sin x$의 그래프를 x축의 방향으로 $-\frac{\pi}{2}$만큼 평행이동하면 함수 $y=\cos x$의 그래프와 겹쳐지므로 $\sin\left(\frac{\pi}{2}+\theta\right)=\cos\theta$야.

F 62 정답 ③ *삼각형의 넓이 [정답률 84%]

정답 공식: 반지름의 길이가 r이고 중심각의 크기가 θ인 부채꼴의 호의 길이를 l, 넓이를 S라 하면 $l=r\theta$, $S=\frac{1}{2}r^2\theta=\frac{1}{2}rl$이다.

그림과 같이 길이가 12인 선분 AB를 지름으로 하는 반원의 호 AB 위에 점 C가 있다. 호 CB의 길이가 2π일 때, 두 선분 AB, AC와 호 CB로 둘러싸인 부분의 넓이는? (4점)

단서 선분 AB의 중점을 O라 하면 구하는 부분의 넓이는 부채꼴 COB의 넓이와 삼각형 AOC의 넓이의 합과 같아.

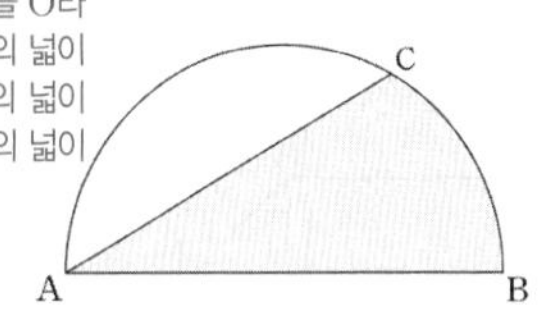

① $5\pi+9\sqrt{3}$ ② $5\pi+10\sqrt{3}$ ③ $6\pi+9\sqrt{3}$
④ $6\pi+10\sqrt{3}$ ⑤ $7\pi+9\sqrt{3}$

1st 반원의 중심을 O라 하고 $\angle$COB의 크기를 구해.

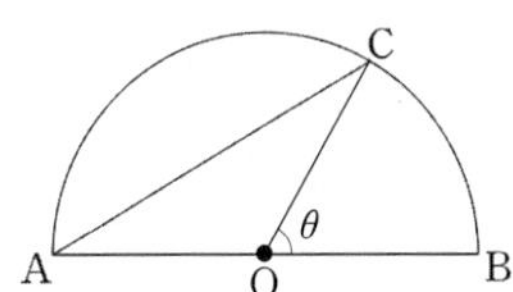

그림과 같이 선분 AB의 중점을 O라 하면 점 O는 반원의 중심이므로 반원의 반지름의 길이는 $\frac{1}{2}\overline{AB}=\frac{1}{2}\times12=6$이다.

이때, 호 CB의 길이가 2π이므로 $\angle COB=\theta$라 하면 $\underline{6\theta=2\pi}$

반지름의 길이가 r이고 중심각의 크기가 θ인 부채꼴의 호의 길이를 l이라 하면 $l=r\theta$

$\therefore \theta=\frac{\pi}{3}$

2nd 두 선분 AB, AC와 호 CB로 둘러싸인 부분의 넓이를 구해.

한편, $\angle AOC=\pi-\angle COB=\pi-\frac{\pi}{3}=\frac{2}{3}\pi$이고 구하는 부분의 넓이를 S라 하면 S는 부채꼴 COB의 넓이와 삼각형 AOC의 넓이의 합과 같으므로

$S=$(부채꼴 COB의 넓이)$+\triangle AOC$

$=\frac{1}{2}\times\overline{OB}^2\times\theta+\frac{1}{2}\times\overline{OA}\times\overline{OC}\times\sin(\angle AOC)$

반지름의 길이가 r이고 중심각의 크기가 θ인 부채꼴의 넓이는 $\frac{1}{2}r^2\theta$

두 변의 길이가 각각 a, b이고 그 끼인각의 크기가 θ인 삼각형의 넓이는 $\frac{1}{2}ab\sin\theta$

$=\frac{1}{2}\times6^2\times\frac{\pi}{3}+\frac{1}{2}\times6\times6\times\sin\frac{2}{3}\pi$

$=6\pi+9\sqrt{3}$

$\sin\frac{2}{3}\pi=\frac{\sqrt{3}}{2}$

삼각형의 넓이 (개념·공식)

삼각형 ABC의 넓이를 S라 하면

① $S=\frac{1}{2}bc\sin A=\frac{1}{2}ca\sin B=\frac{1}{2}ab\sin C$

② 삼각형 ABC의 외접원의 반지름의 길이 R를 알 때,
$S=\frac{abc}{4R}=2R^2\sin A\sin B\sin C$

③ 삼각형 ABC의 내접원의 반지름의 길이 r를 알 때,
$S=\frac{1}{2}r(a+b+c)$

④ 헤론의 공식
$S=\sqrt{s(s-a)(s-b)(s-c)}$ $\left(\text{단, } s=\frac{a+b+c}{2}\right)$

F 63 정답 116 *삼각형의 넓이 [정답률 84%]

(정답 공식: 삼각형의 넓이 $S=\frac{1}{2}ab\sin\theta$와 곱셈 공식을 이용한다.)

그림과 같이 세 정사각형 OABC, ODEF, OGHI와 세 삼각형 OCD, OFG, OIA는 한 점 O에서 만나고, $\angle COD=\angle FOG=\angle IOA=30°$이다.
세 삼각형 넓이의 합이 26이고, 세 정사각형 둘레 길이의 합이 72일 때, 세 정사각형 넓이의 합을 구하시오. (4점)

단서 정사각형과 삼각형은 변을 공유하니까 세 정사각형의 변의 길이를 미지수로 두고 식을 세워.

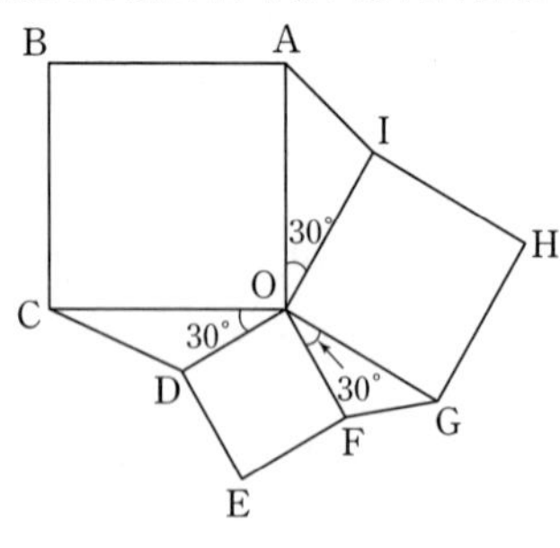

1st 주어진 조건으로 세 정사각형의 변의 길이에 대한 식을 각각 세우자.

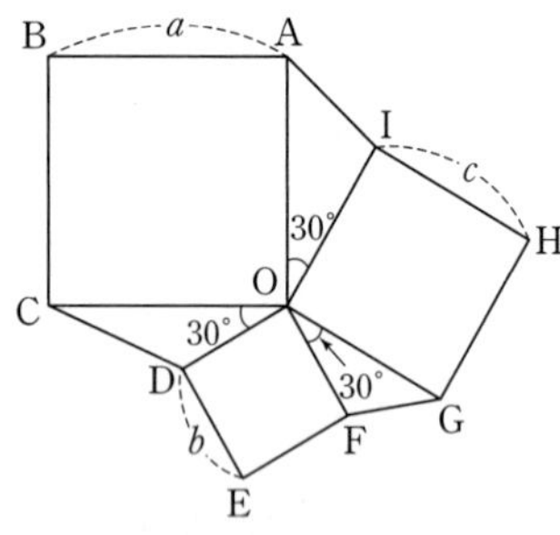

세 정사각형 OABC, ODEF, OGHI의 한 변의 길이를 각각 a, b, c라 하면 세 정사각형의 둘레의 길이의 합이 72이므로

$4a+4b+4c=4(a+b+c)=72$에서

$a+b+c=18$

한편, 세 삼각형 OCD, OFG, OIA의 넓이는 각각

→ 두 변의 길이가 a, b이고 이 두 변의 끼인각의 크기가 θ인 삼각형의 넓이를 S라 하면 $S=\frac{1}{2}ab\sin\theta$

$\triangle OCD=\frac{1}{2}\overline{OC}\times\overline{OD}\times\sin 30°=\frac{1}{4}ab$

$\triangle OFG=\frac{1}{2}\overline{OF}\times\overline{OG}\times\sin 30°=\frac{1}{4}bc$

$\triangle OIA=\frac{1}{2}\overline{OI}\times\overline{OA}\times\sin 30°=\frac{1}{4}ca$

이때, 세 삼각형 넓이의 합이 26이므로

$\frac{1}{4}(ab+bc+ca)=26$에서

$ab+bc+ca=104$

2nd 세 정사각형의 넓이의 합을 구하자.

따라서 세 정사각형 넓이의 합은 $a^2+b^2+c^2$이므로

$a^2+b^2+c^2=(a+b+c)^2-2(ab+bc+ca)$

$=18^2-2\times104=116$ $\quad (a+b+c)^2=a^2+b^2+c^2+2(ab+bc+ca)$

F 64 정답 ③ *삼각형의 넓이 [정답률 78%]

(정답 공식: $\sin\alpha=\sin(\pi-\alpha)$이고, 두 변의 길이가 a, b이고 끼인각의 크기가 θ인 삼각형의 넓이는 $S=\frac{1}{2}ab\sin\theta$이다.)

그림과 같이 직각삼각형 ABC의 세 변 AB, BC, CA를 각각 한 변으로 하는 정사각형 APQB, BRSC, CTUA를 그린다. 세 변 AB, BC, CA의 길이를 각각 c, a, b라 할 때, 다음 중 육각형 PQRSTU의 넓이를 나타낸 것은? (4점)

단서 육각형의 넓이는 3개의 정사각형과 4개의 삼각형 넓이의 합으로 구하면 돼.

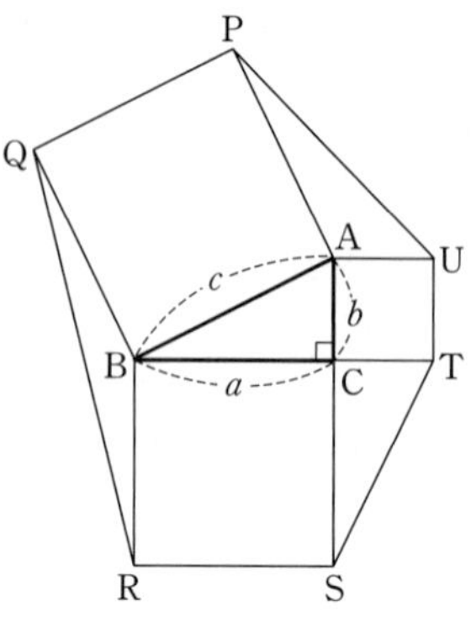

① $2(a^2+bc)$
② $2(b^2+ca)$
③ $2(c^2+ab)$
④ $ab+bc+ca+2a^2$
⑤ $ab+bc+ca+2c^2$

1st 삼각형의 넓이 공식 $\frac{1}{2}ab\sin\theta$를 이용해.

세 삼각형 AUP, BQR, CST에서 $\angle PAU=180°-\angle A$

$\angle QBR=180°-\angle B$, $\angle SCT=180°-\angle C$ $\quad 360°=\angle A+90°+90°+\angle PAU$이지?

이므로 육각형 PQRSTU의 넓이를 S라 하면

$S=\triangle ABC+\square APQB+\square BRSC+\square CTUA+\triangle PAU+\triangle BQR+\triangle CST$

$=\frac{1}{2}ab+c^2+a^2+b^2+\frac{1}{2}bc\sin(180°-\angle A)+\frac{1}{2}ac\sin(180°-\angle B)+\frac{1}{2}ab\sin(180°-\angle C)$

삼각형 ABC에서 두 변의 길이가 a, b이고 그 끼인각의 크기가 θ일 때, 삼각형의 넓이 S는 $S=\frac{1}{2}ab\sin\theta$

$=\frac{1}{2}ab+a^2+b^2+c^2+\frac{1}{2}bc\sin A+\frac{1}{2}ac\sin B+\frac{1}{2}ab\sin C$

2nd 육각형의 넓이를 간단히 나타내자.

삼각형 ABC에서 $\sin A=\frac{a}{c}$, $\sin B=\frac{b}{c}$, $\sin C=1$, $a^2+b^2=c^2$이므로

$S=\frac{1}{2}ab+2c^2+\frac{1}{2}ab+\frac{1}{2}ab+\frac{1}{2}ab=2(c^2+ab)$

다른 풀이: **삼각형 PAU의 넓이로 육각형 PQRSTU의 넓이 나타내기**

사각형 APQB, BRSC, CTUA의 넓이는 각각 c^2, a^2, b^2이고,

삼각형 ABC의 넓이는 $\frac{1}{2}ab$야. 또한, $\angle BAC=\theta$라 하면

$\angle PAU=180°-\theta$이므로 삼각형 PAU의 넓이는

$\triangle PAU=\frac{1}{2}\overline{AU}\times\overline{AP}\times\sin(180°-\theta)=\frac{1}{2}bc\sin\theta=\triangle ABC=\frac{1}{2}ab$ $\quad \sin(180°-\theta)=\sin\theta$

마찬가지 방법으로 두 삼각형 QRB, CST의 넓이도 각각 $\frac{1}{2}ab$이므로

육각형 PQRSTU의 넓이는

$c^2+a^2+b^2+\frac{1}{2}ab\times4=2(c^2+ab)$ ($\because a^2+b^2=c^2$)

F 65 정답 ① *삼각형의 넓이 [정답률 67%]

정답 공식: 삼각형 ABC의 ∠A의 이등분선이 변 BC와 만나는 점을 D라 하면 $\overline{AB}:\overline{AC}=\overline{BD}:\overline{CD}$이다.

그림은 세 도시 A, B, C를 서로 잇는 직선도로를 나타낸 것이다. $\angle A=120°$, $\overline{AB}=15$ km, $\overline{AC}=20$ km이고 두 도시 B, C 사이에 선분 BC를 3 : 4로 내분하는 지점 D에 도서관을 세울 때, 직선도로 $\overline{AD}$의 길이는 몇 km인가? (4점)

단서 $3:4=15:20=\overline{BD}:\overline{DC}$이므로 점 D은 삼각형 ABC에서 ∠A의 이등분선이 선분 BC와 만나는 점이야.

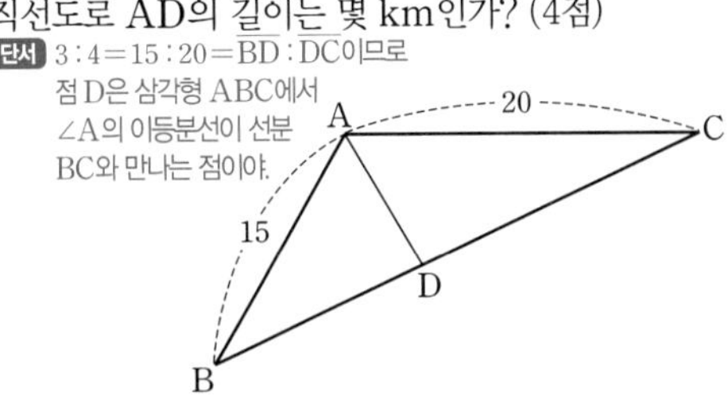

① $\frac{60}{7}$ ② $\frac{64}{7}$ ③ $\frac{68}{7}$ ④ $\frac{72}{7}$ ⑤ $\frac{76}{7}$

1st 각의 이등분선의 성질을 이용해.

$\overline{BD}:\overline{DC}=3:4=15:20$이므로 $\overline{AD}$는 ∠A의 이등분선이 된다.

2nd 삼각형 ABC의 넓이는 두 삼각형 ABD, ADC의 넓이의 합과 같음을 이용하자.

(삼각형 ABC의 ∠A의 이등분선이 변 BC와 만나는 점을 D라 하면 $\overline{AB}:\overline{AC}=\overline{BD}:\overline{CD}$)

이때, $\triangle ABC=\triangle ABD+\triangle ADC$이므로

$\frac{1}{2}\times 15\times 20\times \sin 120°$

실수: $y=\sin x$ 함수는 $x=\frac{\pi}{2}$에 대하여 대칭이므로 $\sin(\pi-\theta)=\sin\theta$가 성립해.

$=\frac{1}{2}\times 15\times \overline{AD}\times \sin 60°+\frac{1}{2}\times 20\times \overline{AD}\times \sin 60°$

(삼각형 ABC에서 두 변의 길이가 a, b이고 그 끼인각의 크기가 θ일 때, 삼각형의 넓이 S는 $S=\frac{1}{2}ab\sin\theta$)

$300=15\overline{AD}+20\overline{AD}$, $35\overline{AD}=300$

$\therefore \overline{AD}=\frac{60}{7}$

삼각형의 넓이 (개념·공식)

삼각형 ABC의 넓이를 S라 하면

① $S=\frac{1}{2}bc\sin A=\frac{1}{2}ca\sin B=\frac{1}{2}ab\sin C$

② 삼각형 ABC의 외접원의 반지름의 길이 R를 알 때,
$S=\frac{abc}{4R}=2R^2\sin A\sin B\sin C$

③ 삼각형 ABC의 내접원의 반지름의 길이 r를 알 때,
$S=\frac{1}{2}r(a+b+c)$

④ 헤론의 공식
$S=\sqrt{s(s-a)(s-b)(s-c)}$ $\left(단, s=\frac{a+b+c}{2}\right)$

F 66 정답 5 *삼각형의 넓이 [정답률 75%]

정답 공식: 두 변의 길이가 a, b이고 끼인각의 크기가 θ인 삼각형의 넓이는 $S=\frac{1}{2}ab\sin\theta$이다.

그림과 같이 넓이가 18인 삼각형 ABC가 있다. 각 변 위의 점 L, M, N은 $\overline{AL}=2\overline{BL}$, $\overline{BM}=\overline{CM}$, $\overline{CN}=2\overline{AN}$을 만족할 때, 삼각형 LMN의 넓이를 구하시오. (4점)

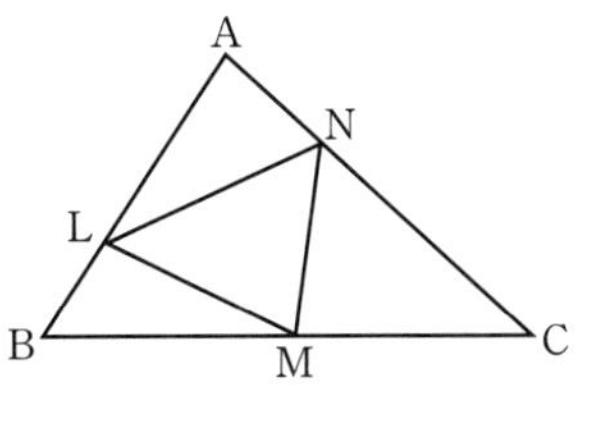

단서 삼각형 ABC의 넓이가 주어졌지만 각 변의 길이는 주어지지 않고 길이의 비로 주어졌지? 이는 삼각형의 넓이의 비를 이용하라는 거야.

1st 삼각형 ABC의 넓이를 세 삼각형 ALN, LBM, MCN의 넓이를 이용하여 각각 구하자.

$\triangle ABC=\frac{1}{2}\times\overline{AB}\times\overline{AC}\times\sin A$

(두 변의 길이가 a, b이고 그 끼인각의 크기가 θ인 삼각형의 넓이를 S라 하면 $S=\frac{1}{2}ab\sin\theta$)

$=\frac{1}{2}\times\overline{BA}\times\overline{BC}\times\sin B$

$=\frac{1}{2}\times\overline{CA}\times\overline{CB}\times\sin C=18$

$\triangle ALN=\frac{1}{2}\times\overline{AL}\times\overline{AN}\times\sin A$

($\overline{AL}=2\overline{BL}$에서 $\overline{AB}:\overline{AL}=3:2$이므로 $\overline{AL}=\frac{2}{3}\overline{AB}$이고 $\overline{CN}=2\overline{AN}$에서 $\overline{AC}:\overline{AN}=3:1$이므로 $\overline{AN}=\frac{1}{3}\overline{AC}$)

$=\frac{1}{2}\times\frac{2}{3}\overline{AB}\times\frac{1}{3}\overline{AC}\times\sin A$

$=\frac{2}{9}\times\left(\frac{1}{2}\times\overline{AB}\times\overline{AC}\times\sin A\right)$

$=\frac{2}{9}\times 18=4$

$\triangle LBM=\frac{1}{2}\times\overline{BL}\times\overline{BM}\times\sin B$

($\overline{AL}=2\overline{BL}$에서 $\overline{AB}:\overline{BL}=3:1$이므로 $\overline{BL}=\frac{1}{3}\overline{AB}$이고 $\overline{BM}=\overline{CM}$에서 $\overline{BC}:\overline{BM}=2:1$이므로 $\overline{BM}=\frac{1}{2}\overline{BC}$)

$=\frac{1}{2}\times\frac{1}{3}\overline{BA}\times\frac{1}{2}\overline{BC}\times\sin B$

$=\frac{1}{6}\times\left(\frac{1}{2}\times\overline{BA}\times\overline{BC}\times\sin B\right)$

$=\frac{1}{6}\times 18=3$

$\triangle MCN=\frac{1}{2}\times\overline{CM}\times\overline{CN}\times\sin C$

($\overline{BM}=\overline{CM}$에서 $\overline{BC}:\overline{CM}=2:1$이므로 $\overline{CM}=\frac{1}{2}\overline{BC}$이고 $\overline{CN}=2\overline{AN}$에서 $\overline{AC}:\overline{CN}=3:2$이므로 $\overline{CN}=\frac{2}{3}\overline{AC}$)

$=\frac{1}{2}\times\frac{1}{2}\overline{CB}\times\frac{2}{3}\overline{CA}\times\sin C$

$=\frac{1}{3}\times\left(\frac{1}{2}\times\overline{CB}\times\overline{CA}\times\sin C\right)$

$=\frac{1}{3}\times 18=6$

2nd 삼각형 LMN의 넓이를 구하자.

$\therefore \triangle LMN=\triangle ABC-\triangle LBM-\triangle MCN-\triangle ALN$

$=18-3-6-4$

$=5$

F 67 정답 ⑤ *삼각형의 넓이 [정답률 75%]

정답 공식: 두 변의 길이가 a, b이고 끼인각의 크기가 θ인 삼각형의 넓이는 $S=\frac{1}{2}ab\sin\theta$이고, 삼각형 ABC의 ∠A의 이등분선이 변 BC와 만나는 점을 D라 하면 $\overline{AB}:\overline{AC}=\overline{BD}:\overline{CD}$이다.

단서1 삼각형 ABC의 넓이는 두 삼각형 ABD, ADC의 넓이의 합과 같아.

그림과 같이 $\overline{AB}=10$, $\overline{AC}=6$, $\angle A=60°$인 삼각형 ABC에서 ∠A의 이등분선이 변 BC와 만나는 점을 D라 할 때, 삼각형 ABD의 넓이는? (3점)

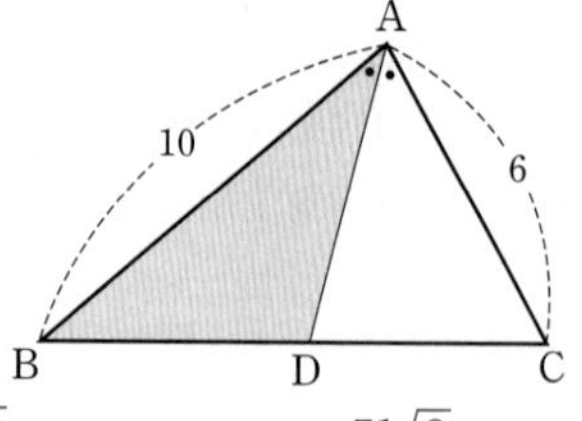

① $\frac{67\sqrt{3}}{8}$ ② $\frac{69\sqrt{3}}{8}$ ③ $\frac{71\sqrt{3}}{8}$
④ $\frac{73\sqrt{3}}{8}$ ⑤ $\frac{75\sqrt{3}}{8}$

단서2 $\triangle ABD=\frac{1}{2}\times\overline{AB}\times\overline{AD}\times\sin(\angle BAD)$인데 선분 AB의 길이와 ∠BAD의 크기가 주어졌으니까 선분 AD의 길이만 알면 돼.

1st △ABD+△ADC=△ABC임을 이용하여 선분 AD의 길이를 구해.

△ABD+△ADC=△ABC이고 선분 AD가 ∠A의 이등분선이므로 ∠BAD=∠CAD=30°이다. 즉,

$\frac{1}{2}\times10\times\overline{AD}\times\sin30°+\frac{1}{2}\times6\times\overline{AD}\times\sin30°=\frac{1}{2}\times10\times6\times\sin60°$에서

$4\overline{AD}=15\sqrt{3}$ $\therefore \overline{AD}=\frac{15}{4}\sqrt{3}$

삼각형의 넓이를 S라 하면 $S=\frac{1}{2}ab\sin\theta$

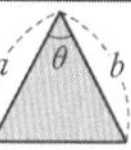

2nd 삼각형 ABD의 넓이를 구해.

$\therefore \triangle ABD=\frac{1}{2}\times10\times\frac{15}{4}\sqrt{3}\times\sin30°=\frac{75\sqrt{3}}{8}$

다른 풀이: 각의 이등분선의 성질을 이용하기

$\triangle ABC=\frac{1}{2}\times\overline{AB}\times\overline{AC}\times\sin60°$

$=\frac{1}{2}\times10\times6\times\frac{\sqrt{3}}{2}=15\sqrt{3}$

주의 각의 이등분선의 성질이니까 알아두도록 하자.

이때, 선분 AD는 ∠A의 이등분선이므로

$\overline{BD}:\overline{CD}=\overline{AB}:\overline{AC}=10:6=5:3$

선분 AD가 ∠A의 이등분선이면 $a:b=c:d$가 성립해.

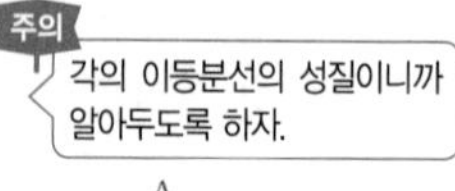

즉, 삼각형 ABD의 넓이는 삼각형 ABC의 넓이의 $\frac{5}{8}$이므로

두 삼각형은 높이가 같으므로 이 두 삼각형의 넓이의 비는 밑변의 길이의 비와 같아.

$\triangle ABD=\frac{5}{8}\triangle ABC$

$=\frac{5}{8}\times15\sqrt{3}=\frac{75\sqrt{3}}{8}$

삼각형의 넓이 (개념·공식)

삼각형 ABC의 넓이를 S라 하면

① $S=\frac{1}{2}bc\sin A=\frac{1}{2}ca\sin B=\frac{1}{2}ab\sin C$

② 삼각형 ABC의 외접원의 반지름의 길이 R를 알 때,
$S=\frac{abc}{4R}=2R^2\sin A\sin B\sin C$

③ 삼각형 ABC의 내접원의 반지름의 길이 r를 알 때,
$S=\frac{1}{2}r(a+b+c)$

④ 헤론의 공식
$S=\sqrt{s(s-a)(s-b)(s-c)}$ $\left(\text{단, } s=\frac{a+b+c}{2}\right)$

F 68 정답 ⑤ *삼각형의 넓이 [정답률 55%]

정답 공식: 삼각형의 이웃한 두 변의 길이가 a, b이고 그 끼인각의 크기가 θ일 때 이 삼각형의 넓이를 S라 하면 $S=\frac{1}{2}ab\sin\theta$이다.

다음 조건을 만족시키는 삼각형 ABC의 외접원의 넓이가 9π일 때, 삼각형 ABC의 넓이는? (4점) 단서1 외접원의 반지름의 길이를 구할 수 있지?

(가) $3\sin A=2\sin B$
단서2 외접원의 반지름의 길이를 알 수 있으니까 사인법칙을 생각해.
(나) $\cos B=\cos C$
단서3 삼각형의 한 내각의 크기를 θ라 할 때, $-1<\cos\theta<1$임을 이용하면 두 내각의 크기인 B, C 사이의 관계를 알 수 있어.

① $\frac{32\sqrt{2}}{9}$ ② $\frac{40\sqrt{2}}{9}$ ③ $\frac{16\sqrt{2}}{3}$
④ $\frac{56\sqrt{2}}{9}$ ⑤ $\frac{64\sqrt{2}}{9}$

1st 삼각형 ABC의 외접원의 반지름의 길이를 구해.

삼각형 ABC의 외접원의 반지름의 길이를 R이라 하면 외접원의 넓이가 9π이므로 $\pi R^2=9\pi$에서 $R^2=9$

$\therefore R=3$

2nd 두 조건 (가), (나)를 이용하여 삼각형 ABC의 각 변의 길이의 비를 구해.

삼각형 ABC에서 $\overline{BC}=a$, $\overline{AC}=b$, $\overline{AB}=c$라 하면 사인법칙에 의하여

$\frac{a}{\sin A}=\frac{b}{\sin B}=\frac{c}{\sin C}=2R=6$

삼각형 ABC의 외접원의 반지름의 길이가 R일 때, $\frac{a}{\sin A}=\frac{b}{\sin B}=\frac{c}{\sin C}=2R$가 성립하고 이를 사인법칙이라 해.

$\therefore \sin A=\frac{a}{6}$, $\sin B=\frac{b}{6}$, $\sin C=\frac{c}{6}$ ⋯ ㉠

이때, 조건 (가)의 $3\sin A=2\sin B$에 ㉠을 대입하면

$3\times\frac{a}{6}=2\times\frac{b}{6}$ $\therefore b=\frac{3}{2}a$ ⋯ ㉡

한편, 조건 (나)의 $\cos B=\cos C$에 의하여 $B=C$이므로

B, C는 삼각형의 내각이므로 $0<B<\pi$, $0<C<\pi$야.
그런데 $-1<\cos B=\cos C<0$이면 B, C는 모두 둔각이므로 삼각형의 각이 될 수 없어.
즉, $0<\cos B=\cos C<1$이어야 하므로 $B=C$야.

$\sin B=\sin C$에서 ㉠에 의하여 $\frac{b}{6}=\frac{c}{6}$

$\therefore b=c$ ⋯ ㉢

㉡, ㉢에 의하여 양수 k에 대하여 $a=2k$라 하면 $b=c=3k$이다.

3rd 삼각형 ABC의 두 변의 길이와 그 끼인각의 크기에 대한 사인값을 이용하여 넓이를 구해.

$\cos A=\frac{b^2+c^2-a^2}{2bc}=\frac{(3k)^2+(3k)^2-(2k)^2}{2\times3k\times3k}=\frac{14k^2}{18k^2}=\frac{7}{9}$

삼각형 ABC에서 $a^2=b^2+c^2-2bc\cos A$가 성립하고 이를 코사인법칙이라 해.

$\therefore \sin A=\sqrt{1-\cos^2A}=\sqrt{1-\frac{49}{81}}=\sqrt{\frac{32}{81}}=\frac{4\sqrt{2}}{9}$

이것을 ㉠에 대입하면

$\frac{4\sqrt{2}}{9}=\frac{a}{6}$에서 $a=\frac{8\sqrt{2}}{3}$

㉡, ㉢에 의하여

$b=c=\frac{3}{2}\times\frac{8\sqrt{2}}{3}=4\sqrt{2}$

따라서 삼각형 ABC의 넓이를 S라 하면

$S=\frac{1}{2}bc\sin A=\frac{1}{2}\times4\sqrt{2}\times4\sqrt{2}\times\frac{4\sqrt{2}}{9}=\frac{64\sqrt{2}}{9}$

쉬운 풀이: 삼각형 ABC가 이등변삼각형임을 이용하여 넓이 구하기

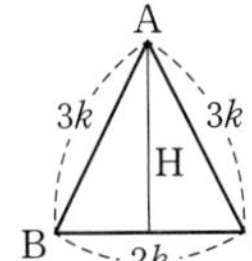

위의 풀이에 의하여 $\overline{BC}=2k$, $\overline{AB}=\overline{AC}=3k$이므로 이등변삼각형 ABC의 꼭짓점 A에서 변 BC에 내린 수선의 발을 H라 하면 직각삼각형 ABH에서

$\overline{AH}=\sqrt{\overline{AB}^2-\overline{BH}^2}=\sqrt{(3k)^2-k^2}=\sqrt{8k^2}=2\sqrt{2}k$

이므로 $\sin B=\dfrac{\overline{AH}}{\overline{AB}}=\dfrac{2\sqrt{2}\,k}{3k}=\dfrac{2\sqrt{2}}{3}$

따라서 조건 (나)에 의하여 $B=C$이므로 $\sin C=\sin B=\dfrac{2\sqrt{2}}{3}$이고

㉠에서 $\sin B=\dfrac{\overline{AC}}{6}$이므로 $\dfrac{2\sqrt{2}}{3}=\dfrac{\overline{AC}}{6}$

$\therefore \overline{AC}=4\sqrt{2}$

㉡에서 $\overline{AC}=\dfrac{3}{2}\overline{BC}$이므로

$\overline{BC}=\dfrac{2}{3}\overline{AC}=\dfrac{2}{3}\times 4\sqrt{2}=\dfrac{8\sqrt{2}}{3}$

따라서 삼각형 ABC의 넓이를 S라 하면

$S=\dfrac{1}{2}\times\overline{BC}\times\overline{AC}\times\sin C=\dfrac{1}{2}\times\dfrac{8\sqrt{2}}{3}\times 4\sqrt{2}\times\dfrac{2\sqrt{2}}{3}=\dfrac{64\sqrt{2}}{9}$

이웃한 두 변의 길이가 a, b이고 그 끼인각의 크기가 θ인 삼각형의 넓이는 $\dfrac{1}{2}ab\sin\theta$야.

F 69 정답 ⑤ *삼각형의 넓이 [정답률 43%]

정답 공식: 두 변의 길이가 a, b이고 끼인각의 크기가 θ인 삼각형의 넓이는 $S=\dfrac{1}{2}ab\sin\theta$이다.

그림과 같은 사다리꼴 ABCD가 있다. $\overline{AB}=\overline{AD}=1$, $\overline{BC}=2$, $\angle$A와 $\angle$B의 크기는 $\dfrac{\pi}{2}$이다. 윗변 AD에 임의의 점 P를 잡아 $\overline{PB}=x$, $\overline{PC}=y$라 할 때, 다음 [보기] 중 옳은 것을 모두 고르면? (1.5점)

단서 삼각형 PBC에서 $\angle$BPC$=\theta$라 하고 $\sin\theta$를 x, y에 대하여 나타낸 후 xy의 값의 범위를 구해 봐.

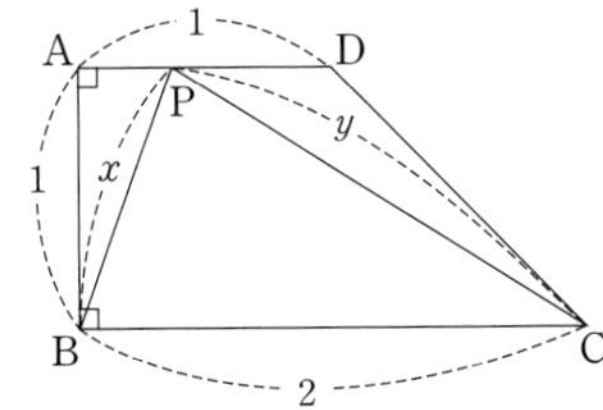

[보기]

ㄱ. $xy\ge 2$이다.

ㄴ. $xy=2$이면, $\triangle$BCP는 직각삼각형이다.

ㄷ. $xy\le\sqrt{5}$이다.

① ㄱ ② ㄷ ③ ㄱ, ㄷ
④ ㄴ, ㄷ ⑤ ㄱ, ㄴ, ㄷ

1st x, y 사이의 관계식을 구해.

$\angle$BPC$=\theta$라 하면

$\triangle PBC=\dfrac{1}{2}\times\overline{PB}\times\overline{PC}\times\sin\theta=\dfrac{1}{2}xy\sin\theta$이고

$\triangle ABC=\dfrac{1}{2}\times\overline{BC}\times\overline{AB}=\dfrac{1}{2}\times 2\times 1=1$이다.

이때, 두 삼각형 PBC, ACB의 넓이가 같으므로

두 삼각형의 밑변을 $\overline{BC}$라 하면 높이는 $\overline{AB}$로 같아.

$\dfrac{1}{2}xy\sin\theta=1$에서 $\sin\theta=\dfrac{2}{xy}$ ⋯ ㉠

2nd xy의 값의 범위를 구하자.

이때, 점 P는 선분 AD 위의 임의의 점이므로

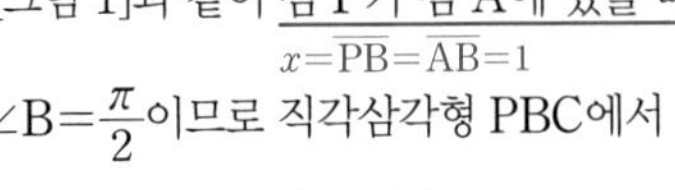

(i) [그림 1]과 같이 점 P가 점 A에 있을 때,

$x=\overline{PB}=\overline{AB}=1$

$\angle B=\dfrac{\pi}{2}$이므로 직각삼각형 PBC에서 피타고라스 정리에 의하여

$\overline{AC}=y=\sqrt{1+4}=\sqrt{5}$ $\quad\therefore \sin\theta=\dfrac{2}{\sqrt{5}}$

[그림 1]

(ii) [그림 2]와 같이 점 P가 점 D에 있을 때, 삼각형 PBC는 $\overline{BD}=\overline{DC}$인 직각이등변삼각형이므로

$\theta=\dfrac{\pi}{2}$에서 $\sin\theta=1$

→ 직각삼각형 ABP에서 피타고라스 정리에 의하여 $\overline{BP}=\sqrt{2}$
또, 점 P에서 선분 BC에 내린 수선의 발을 H라 하면
직각삼각형 PHC에서 피타고라스 정리에 의하여 $\overline{PC}=\sqrt{2}$
즉, 삼각형 PBC의 세 변의 길이의 비가 $\overline{PB}:\overline{PC}:\overline{BC}=1:1:\sqrt{2}$이므로
삼각형 PBC는 직각이등변삼각형이야.

[그림 2]

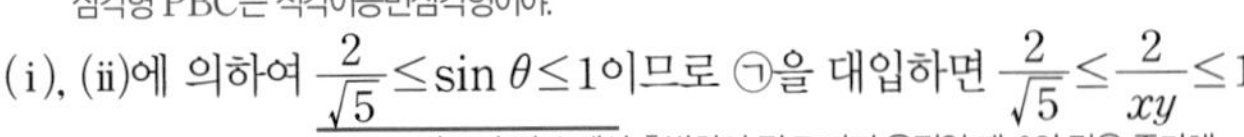

(i), (ii)에 의하여 $\dfrac{2}{\sqrt{5}}\le\sin\theta\le 1$이므로 ㉠을 대입하면 $\dfrac{2}{\sqrt{5}}\le\dfrac{2}{xy}\le 1$

$\therefore 2\le xy\le\sqrt{5}$ ⋯ ㉡

점 P가 점 A에서 출발하여 점 D까지 움직일 때 θ의 값은 증가해.

3rd ㄱ, ㄴ, ㄷ의 참 · 거짓을 따지자.

ㄱ. ㉡에 의하여 $xy\ge 2$ (참)

ㄴ. $xy=2$이면 (ii)와 같은 경우이므로 삼각형 BCP는 직각이등변삼각형이다. (참)

ㄷ. ㉡에 의하여 $xy\le\sqrt{5}$ (참)

따라서 옳은 것은 ㄱ, ㄴ, ㄷ이다.

F 70 정답 ④ *삼각형의 넓이의 활용 [정답률 82%]

정답 공식: 반지름의 길이가 r이고 중심각의 크기가 θ인 부채꼴의 호의 길이를 l이라 하면 $l=r\theta$이다.

그림과 같이 중심각의 크기가 $\dfrac{\pi}{3}$인 부채꼴 OAB에서 선분 OA를 3 : 1로 내분하는 점을 P, 선분 OB를 1 : 2로 내분하는 점을 Q라 하자. 삼각형 OPQ의 넓이가 $4\sqrt{3}$일 때, 호 AB의 길이는? (3점)

단서1 삼각형 OPQ의 넓이는 두 변의 길이와 그 끼인각의 크기를 알면 구할 수 있지? 삼각형의 넓이로 부채꼴 OAB의 반지름의 길이를 구해.

단서2 반지름의 길이를 구했다면 부채꼴 OAB의 중심각의 크기를 아니까 호 AB의 길이는 쉽게 구할 수 있지?

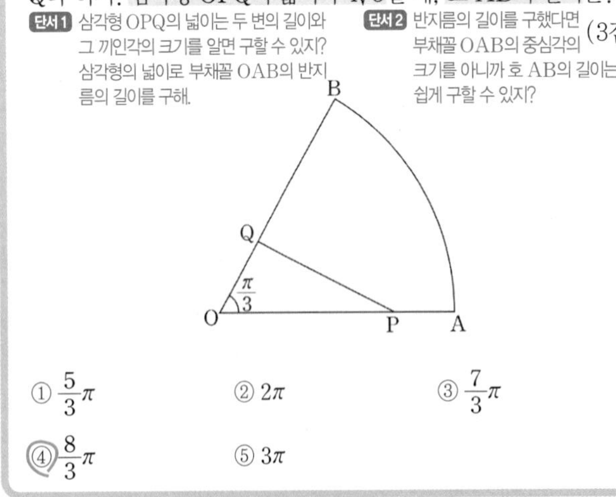

① $\dfrac{5}{3}\pi$ ② 2π ③ $\dfrac{7}{3}\pi$
④ $\dfrac{8}{3}\pi$ ⑤ 3π

1st 부채꼴 OAB의 반지름의 길이를 구하자.

$\overline{OP}:\overline{PA}=3:1$에서 $\overline{OA}:\overline{OP}=4:3$

부채꼴 OAB의 반지름의 길이를 r라 하면 점 P는 선분 OA를 3 : 1로 내분하는 점이므로 $\overline{OP}=\dfrac{3}{4}\overline{OA}=\dfrac{3}{4}r$이고 점 Q는 선분 OB를 1 : 2로 내분하는 점이므로 $\overline{OQ}=\dfrac{1}{3}\overline{OB}=\dfrac{1}{3}r$이다.

$\overline{OQ}:\overline{QB}=1:2$에서 $\overline{OQ}:\overline{OB}=1:3$

이때, 삼각형 OPQ의 넓이가 $4\sqrt{3}$이므로

$$\triangle OPQ=\frac{1}{2}\times\overline{OP}\times\overline{OQ}\times\sin\frac{\pi}{3}$$

서로 이웃하는 두 변의 길이가 a, b이고 그 끼인각의 크기가 θ인 삼각형의 넓이를 S라 하면 $S=\frac{1}{2}ab\sin\theta$야.

$$=\frac{1}{2}\times\frac{3}{4}r\times\frac{1}{3}r\times\frac{\sqrt{3}}{2}$$

$$=\frac{\sqrt{3}}{16}r^2=4\sqrt{3}$$

$r^2=64$

$\therefore r=8\ (\because r>0)$

2nd 호 AB의 길이를 구하자.

따라서 호 AB의 길이를 l이라 하면

중심각의 크기가 θ이고 반지름의 길이가 r인 부채꼴의 호의 길이를 l이라 하면 $l=r\theta$야.

$$l=r\times\frac{\pi}{3}=8\times\frac{\pi}{3}=\frac{8}{3}\pi$$

F 71 정답 ③ *삼각형의 넓이의 활용 [정답률 72%]

(정답 공식: 호의 길이는 중심각의 크기에 정비례한다.)

반지름의 길이가 10인 원에서 $\widehat{AB}:\widehat{BC}:\widehat{CA}=1:4:3$일 때, 삼각형 ABC의 넓이는? (4점)

① $40\sqrt{2}$ ② $45\sqrt{2}$ ③ $50\sqrt{2}$ ④ $55\sqrt{2}$ ⑤ $60\sqrt{2}$

단서 주어진 원의 중심을 O라 하면 삼각형 ABC의 넓이는 세 삼각형 AOB, BOC, COA의 넓이의 합과 같아.

1st 나누어진 호의 중심각을 구해.

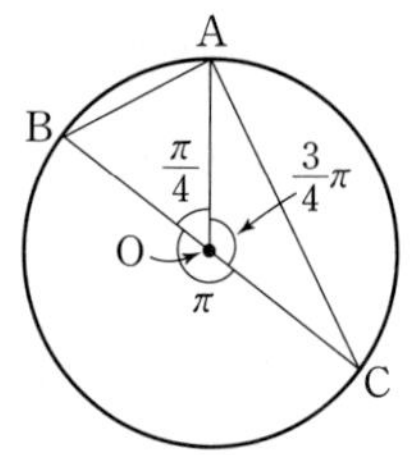

원의 둘레를 1 : 4 : 3으로 나누는 호의 중심각의 크기는

$$2\pi\times\frac{1}{1+4+3}=\frac{\pi}{4},\ 2\pi\times\frac{4}{1+4+3}=\pi,\ 2\pi\times\frac{3}{1+4+3}=\frac{3}{4}\pi$$

중심각의 크기와 호의 길이는 정비례해.

따라서 원의 중심을 O라 하면

$$\angle AOB=\frac{\pi}{4},\ \angle BOC=\pi,\ \angle COA=\frac{3}{4}\pi$$

2nd 삼각형 ABC의 넓이를 구해.

한편, 원의 반지름의 길이가 10이므로

$\triangle ABC=\triangle OAB+\triangle OCA$

$$=\frac{1}{2}\times10\times10\times\sin\frac{\pi}{4}+\frac{1}{2}\times10\times10\times\sin\frac{3}{4}\pi$$

두 변의 길이가 각각 a, b이고 그 끼인각의 크기가 θ인 삼각형의 넓이를 S라 하면 $S=\frac{1}{2}ab\sin\theta$

$$=50\left(\frac{\sqrt{2}}{2}+\frac{\sqrt{2}}{2}\right)=50\sqrt{2}$$

F 72 정답 ④ *삼각형의 넓이의 활용 [정답률 76%]

(정답 공식: 코사인법칙의 변형을 이용하여 $\cos B$의 값을 구하고, 삼각형의 넓이는 공식 $S=\frac{1}{2}ab\sin\theta$를 이용한다.)

그림과 같은 삼각형 ABC에서 $\overline{AB}=5$, $\overline{BC}=4$, $\overline{CA}=7$일 때, 삼각형 ABC의 넓이는? (3점)

① $\sqrt{6}$ ② $2\sqrt{6}$ ③ $3\sqrt{6}$ ④ $4\sqrt{6}$ ⑤ $5\sqrt{6}$

단서 세 변의 길이가 주어졌으니까 코사인법칙을 이용하여 한 내각에 대한 코사인 값을 구하면 사인 값도 알 수 있어. 그럼 삼각형의 넓이 공식을 이용하여 답을 구할 수 있겠지?

1st 삼각형 ABC의 넓이를 구해.

코사인법칙에 의하여

$$\cos B=\frac{\overline{AB}^2+\overline{BC}^2-\overline{CA}^2}{2\times\overline{AB}\times\overline{BC}}=\frac{25+16-49}{2\times5\times4}=-\frac{1}{5}$$

이때, $\frac{\pi}{2}<B<\pi$이므로

이 범위에서 $0<\sin B<1$이야.

$$\sin B=\sqrt{1-\cos^2 B}=\sqrt{1-\frac{1}{25}}=\frac{2\sqrt{6}}{5}$$

주의 $\sin^2 B+\cos^2 B=1$

$$\therefore \triangle ABC=\frac{1}{2}ac\sin B=\frac{1}{2}\times4\times5\times\frac{2\sqrt{6}}{5}=4\sqrt{6}$$

F 73 정답 ④ *삼각형의 넓이 [정답률 52%]

(정답 공식: 이웃한 두 변의 길이가 각각 a, b이고 그 끼인각의 크기가 θ인 삼각형의 넓이를 S라 하면 $S=\frac{1}{2}ab\sin\theta$이다.)

그림과 같이 삼각형 ABC에서 선분 AB 위에 $\overline{AD}:\overline{DB}=3:2$인 점 D를 잡고, 점 A를 중심으로 하고 점 D를 지나는 원을 O, 원 O와 선분 AC가 만나는 점을 E라 하자. $\sin A:\sin C=8:5$이고, 삼각형 ADE와 삼각형 ABC의 넓이의 비가 $9:35$이다. 삼각형 ABC의 외접원의 반지름의 길이가 7일 때, 원 O 위의 점 P에 대하여 삼각형 PBC의 넓이의 최댓값은? (단, $\overline{AB}<\overline{AC}$) (4점)

단서1 두 변 BC, AB의 길이의 비를 알 수 있어.

단서2 삼각형의 넓이는 이웃한 두 변의 길이와 그 끼인각의 크기에 대한 사인값을 이용하여 구하지?

단서3 삼각형 ABC의 외접원의 반지름의 길이를 이용하면 각 변의 길이가 결정될 거야.

단서4 점 A를 지나고 직선 BC에 수직인 직선이 원 O와 만나는 두 점 중 선분 BC에서 더 먼 점이 P일 때 삼각형 PBC의 넓이가 최대가 되겠지?

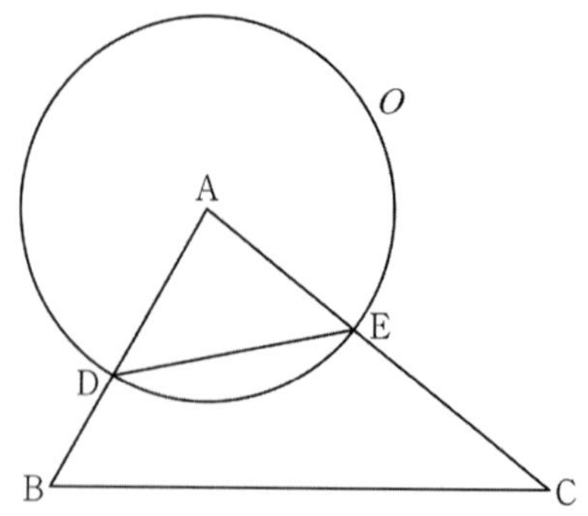

① $18+15\sqrt{3}$ ② $24+20\sqrt{3}$ ③ $30+25\sqrt{3}$ ④ $36+30\sqrt{3}$ ⑤ $42+35\sqrt{3}$

1st 삼각형 ABC에서 각 선분의 길이를 문자로 나타내.

$\overline{AD}:\overline{DB}=3:2$이므로 양수 t에 대하여 $\overline{AD}=3t$, $\overline{DB}=2t$라 하면

두 선분 AD, AE는 원 O의 반지름이므로 $\overline{AE}=\overline{AD}=3t$이고

$\overline{AB}=\overline{AD}+\overline{DB}=3t+2t=5t$이다.

또한, $\sin A:\sin C=8:5$에서 $\overline{BC}:\overline{AB}=8:5$이므로

삼각형 ABC에서 사인법칙에 의하여 $\sin A:\sin B:\sin C=a:b:c$가 성립해.

$\overline{BC}:5t=8:5 \qquad \therefore \overline{BC}=8t$

한편, 두 삼각형 ADE, ABC의 넓이의 비가 $9:35$이고

$\triangle ADE=\frac{1}{2}\times\overline{AD}\times\overline{AE}\times\sin A=\frac{1}{2}\times3t\times3t\times\sin A$

$=\frac{9t^2}{2}\sin A$

$\triangle ABC=\frac{1}{2}\times\overline{AB}\times\overline{AC}\times\sin A=\frac{1}{2}\times5t\times\overline{AC}\times\sin A$

$=\frac{5t}{2}\sin A\times\overline{AC}$ ⋯ ㉠

이므로 $\frac{9t^2}{2}\sin A:\frac{5t}{2}\sin A\times\overline{AC}=9:35$에서

$9t:5\overline{AC}=9:35$, $5\overline{AC}\times9=9t\times35 \qquad \therefore \overline{AC}=7t$

2nd t의 값을 구해.

삼각형 ABC에서 코사인법칙에 의하여

삼각형 ABC에서 $a^2=b^2+c^2-2bc\cos A$가 성립하고 이를 코사인법칙이라 해.

$$\cos A=\frac{\overline{AB}^2+\overline{AC}^2-\overline{BC}^2}{2\times\overline{AB}\times\overline{AC}}=\frac{(5t)^2+(7t)^2-(8t)^2}{2\times5t\times7t}$$

$$=\frac{25t^2+49t^2-64t^2}{70t^2}=\frac{1}{7}$$

$$\therefore \sin A=\sqrt{1-\cos^2 A}=\sqrt{1-\left(\frac{1}{7}\right)^2}=\frac{\sqrt{48}}{\sqrt{49}}=\frac{4\sqrt{3}}{7}$$

이때, 삼각형 ABC의 외접원의 반지름의 길이가 7이므로

사인법칙에 의하여 $\frac{\overline{BC}}{\sin A}=2\times7=14$에서 $\overline{BC}=14\sin A$

삼각형 ABC의 외접원의 반지름의 길이가 R일 때 $\frac{a}{\sin A}=\frac{b}{\sin B}=\frac{c}{\sin C}=2R$이 성립하고 이를 사인법칙이라 해.

$8t=14\times\frac{4\sqrt{3}}{7} \qquad \therefore t=\sqrt{3}$

3rd 삼각형 PBC의 넓이의 최댓값을 구해.

㉠에 의하여

$\triangle ABC=\frac{5t}{2}\sin A\times\overline{AC}=\frac{5t}{2}\sin A\times7t$

$=\frac{5\sqrt{3}}{2}\times\frac{4\sqrt{3}}{7}\times7\sqrt{3}=30\sqrt{3}$ ⋯ ㉡

또, 원 O의 반지름의 길이는 $\overline{AD}=\overline{AE}=3t=3\times\sqrt{3}=3\sqrt{3}$이고

$\overline{BC}=8t=8\times\sqrt{3}=8\sqrt{3}$이다.

한편, 점 A에서 선분 BC에 내린 수선의 발을 H라 하면 직선 AH가

삼각형 PBC의 밑변을 선분 BC라 하면 높이는 점 P와 선분 BC 사이의 거리야. 즉, 삼각형 PBC의 넓이가 최대가 되려면 선분 PH의 길이가 최대가 되어야 해.

원 O와 만나는 두 점 중 선분 BC에서 더 먼 점이 P일 때

삼각형 PBC의 넓이가 최대가 되므로 삼각형 PBC의 넓이의

최댓값을 M이라 하면

$M=\frac{1}{2}\times\overline{BC}\times\overline{PH}=\frac{1}{2}\times\overline{BC}\times(\overline{PA}+\overline{AH})$

$=\frac{1}{2}\times\overline{BC}\times\overline{PA}+\frac{1}{2}\times\overline{BC}\times\overline{AH}=\frac{1}{2}\times\overline{BC}\times\overline{PA}+\triangle ABC$

선분 PA의 길이는 원 O의 반지름의 길이지?

$=\frac{1}{2}\times8\sqrt{3}\times3\sqrt{3}+30\sqrt{3}$ ($\because$ ㉡)$=36+30\sqrt{3}$

따라서 삼각형 PBC의 넓이의 최댓값은 $36+30\sqrt{3}$이다.

다른 풀이: 삼각형 ABC에서 밑변을 $\overline{BC}$라 할 때 높이 구하기

위의 풀이에서 $\overline{AB}=5t$, $\overline{BC}=8t$, $\overline{AC}=7t$이므로 $\angle ABC=\theta$라 하면

삼각형 ABC에서 코사인법칙에 의하여

$$\cos\theta=\frac{\overline{AB}^2+\overline{BC}^2-\overline{AC}^2}{2\times\overline{AB}\times\overline{BC}}=\frac{(5t)^2+(8t)^2-(7t)^2}{2\times5t\times8t}=\frac{40t^2}{80t^2}=\frac{1}{2}$$

$\therefore \theta=\frac{\pi}{3}$ ($\because 0<\theta<\pi$)

이때, 삼각형 ABC의 외접원의 반지름의 길이가 7이므로

사인법칙에 의하여 $\frac{\overline{AC}}{\sin\theta}=2\times7=14$에서 $\frac{7t}{\sin\frac{\pi}{3}}=14$

$7t=14\times\sin\frac{\pi}{3}=14\times\frac{\sqrt{3}}{2}=7\sqrt{3} \qquad \therefore t=\sqrt{3}$

즉, 점 A에서 선분 BC에 내린 수선의 발을 H라 하면

직각삼각형 ABH에서 $\overline{AH}=\overline{AB}\sin\frac{\pi}{3}=5t\times\frac{\sqrt{3}}{2}=5\sqrt{3}\times\frac{\sqrt{3}}{2}=\frac{15}{2}$

또한, $\overline{BC}=8t=8\sqrt{3}$이고 점 P는 원 O 위의 점이므로

$\overline{PA}=3t=3\sqrt{3}$이야.

한편, 선분 AH의 연장선이 원 O와 만나는 점이 P일 때

삼각형 PBC의 넓이가 최대가 되므로 삼각형 PBC의 넓이의 최댓값은

$\frac{1}{2}\times\overline{BC}\times\overline{PH}=\frac{1}{2}\times\overline{BC}\times(\overline{PA}+\overline{AH})=\frac{1}{2}\times8\sqrt{3}\times\left(3\sqrt{3}+\frac{15}{2}\right)$

$=36+30\sqrt{3}$

한성은 | 2025 수능 응시 · 익산 남성여고 졸

주어진 사인값의 비를 이용하여 선분의 길이의 비를 찾는 것이 중요한 문제야. 그리고 삼각형이 두 개가 겹쳐있는 형태라서 하나의 삼각형에만 집중하는 것이 아니라 두 개의 삼각형을 모두 잘 관찰하고 계산식을 세워야 해. 문제 마지막 단계에서 넓이의 최댓값을 구하라고 했는데 넓이의 최댓값을 구할 때는 고정되어 있지 않은 점이 어디에 위치했을 때 넓이가 최대가 되는지 잘 찾아야 해. 이 문제에서는 점 P가 고정되어 있지 않은 점이니까 이 점의 위치에 따라 넓이가 언제 최대가 되는지 관찰해 봐.

삼각형의 넓이 개념·공식

삼각형 ABC의 넓이를 S라 하면

① $S=\frac{1}{2}bc\sin A=\frac{1}{2}ca\sin B=\frac{1}{2}ab\sin C$

② 삼각형 ABC의 외접원의 반지름의 길이 R를 알 때,

$S=\frac{abc}{4R}=2R^2\sin A\sin B\sin C$

③ 삼각형 ABC의 내접원의 반지름의 길이 r를 알 때,

$S=\frac{1}{2}r(a+b+c)$

④ 헤론의 공식

$S=\sqrt{s(s-a)(s-b)(s-c)}$ $\left(단, s=\frac{a+b+c}{2}\right)$

F 74 정답 ③ *코사인법칙 [정답률 48%]

(정답 공식: 삼각형 OAB에서 코사인법칙을 이용하여 선분 AB의 길이를 구한다.)

단서1 $\overline{OA}=\overline{OB}=\overline{OC}=\sqrt{10}$

그림과 같이 중심이 O이고 반지름의 길이가 $\sqrt{10}$인 원에 내접하는 예각삼각형 ABC에 대하여 두 삼각형 OAB, OCA의 넓이를 각각 S_1, S_2라 하자. $3S_1=4S_2$이고 $\overline{BC}=2\sqrt{5}$일 때, 선분 AB의 길이는? (4점)

단서2 두 삼각형 OAB, OCA의 넓이의 비를 이용하여 ∠AOB에 대한 코사인 값을 구해.

단서3 삼각형 OAB에서 코사인법칙을 이용하여 선분 AB의 길이를 구해.

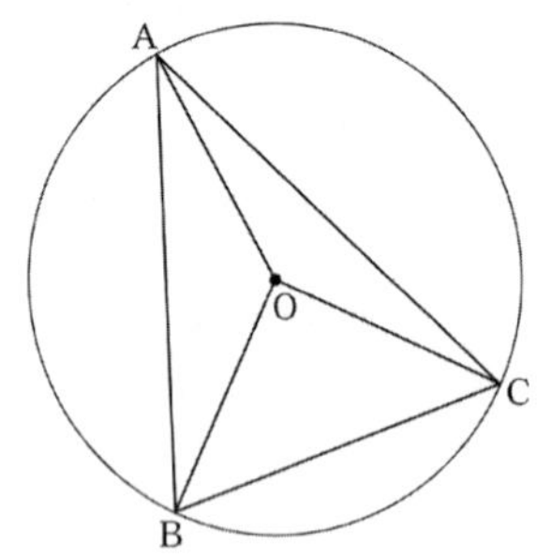

① $2\sqrt{7}$ ② $\sqrt{30}$ ③ $4\sqrt{2}$ ④ $\sqrt{34}$ ⑤ 6

1st ∠BOC의 크기를 구하자.

삼각형 ABC가 중심이 O이고 반지름의 길이가 $\sqrt{10}$인 원에 내접하므로 $\overline{OB}=\overline{OC}=\sqrt{10}$이다.

또, $\overline{BC}=2\sqrt{5}$이므로 $\overline{BC}^2=\overline{OB}^2+\overline{OC}^2$이 성립한다.

세 변의 길이가 a, b, c인 삼각형에 대하여 $a^2=b^2+c^2$이 성립하면 이 삼각형은 길이가 a인 변을 빗변으로 하는 직각삼각형이야.

따라서 삼각형 OBC는 $\angle BOC=\frac{\pi}{2}$인 직각삼각형이다.

2nd 두 삼각형 OAB, OCA의 넓이 S_1, S_2를 구하자.

$\angle AOB=\alpha$, $\angle AOC=\beta$라 하면 두 삼각형 OAB, OCA의 넓이 S_1, S_2는 각각

이웃하는 두 변의 길이가 a, b이고 그 끼인각의 크기가 α인 삼각형의 넓이를 S라 하면 $S=\frac{1}{2}ab\sin\alpha$야.

$$S_1=\frac{1}{2}\times\overline{OA}\times\overline{OB}\times\sin\alpha=\frac{1}{2}\times\sqrt{10}\times\sqrt{10}\times\sin\alpha=5\sin\alpha$$

$$S_2=\frac{1}{2}\times\overline{OA}\times\overline{OC}\times\sin\beta=\frac{1}{2}\times\sqrt{10}\times\sqrt{10}\times\sin\beta=5\sin\beta$$

3rd 주어진 조건을 이용하여 ∠AOB에 대한 코사인 값을 구하자.

$3S_1=4S_2$에서 $3\times5\sin\alpha=4\times5\sin\beta$

$\therefore \sin\alpha=\frac{4}{3}\sin\beta$ ⋯ ㉠

이때, $\angle BOC=\frac{\pi}{2}$이므로 $\alpha+\beta+\frac{\pi}{2}=2\pi$에서 $\beta=\frac{3}{2}\pi-\alpha$

이것을 ㉠에 대입하면 $\sin\alpha=\frac{4}{3}\sin\left(\frac{3}{2}\pi-\alpha\right)=-\frac{4}{3}\cos\alpha$ ⋯ ㉡

$\sin\left(\frac{3}{2}\pi-\theta\right)=-\cos\theta$

다시 이것을 $\sin^2\alpha+\cos^2\alpha=1$에 대입하면

$\left(-\frac{4}{3}\cos\alpha\right)^2+\cos^2\alpha=1$, $\frac{16}{9}\cos^2\alpha+\cos^2\alpha=1$, $\frac{25}{9}\cos^2\alpha=1$

$\therefore \cos^2\alpha=\frac{9}{25}$

그런데 $\sin\alpha>0$이므로 ㉡에 의하여 $\cos\alpha<0$이다.

α는 삼각형 OAB의 한 내각의 크기이므로 $0<\alpha<\pi$에서 $\sin\alpha>0$이야.

$\therefore \cos\alpha=-\frac{3}{5}$

4th 코사인법칙을 이용하여 선분 AB의 길이를 구하자.

따라서 삼각형 OAB에서 코사인법칙에 의하여

$$\overline{AB}^2=\overline{OA}^2+\overline{OB}^2-2\times\overline{OA}\times\overline{OB}\times\cos\alpha$$

$$=(\sqrt{10})^2+(\sqrt{10})^2-2\times\sqrt{10}\times\sqrt{10}\times\left(-\frac{3}{5}\right)=32$$

$\therefore \overline{AB}=\sqrt{32}=4\sqrt{2}$ ($\because \overline{AB}>0$)

F 75 정답 63 *삼각형의 넓이의 활용 [정답률 43%]

(정답 공식: 이웃한 두 변의 길이가 각각 a, b이고 그 끼인각의 크기가 θ인 삼각형의 넓이 S는 $S=\frac{1}{2}ab\sin\theta$이다.)

그림과 같이 예각삼각형 ABC가 한 원에 내접하고 있다. $\overline{AB}=6$이고, $\angle ABC=\alpha$라 할 때 $\cos\alpha=\frac{3}{4}$이다. 점 A를 지나지 않는 호 BC 위의 점 D에 대하여 $\overline{CD}=4$이다. 두 삼각형 ABD, CBD의 넓이를 각각 S_1, S_2라 할 때, $S_1:S_2=9:5$이다.

단서1 여기서 두 선분 AD, BC의 길이의 비를 구해야 해.

삼각형 ADC의 넓이를 S라 할 때, S^2의 값을 구하시오. (4점)

단서2 $\angle ADC=\angle ABC=\alpha$이고 $\cos\alpha$의 값이 주어졌으니까 $\sin\alpha$의 값을 구할 수 있지? 그럼 삼각형 ADC의 넓이를 구하기 위해 필요한 값은 선분 AD의 길이야.

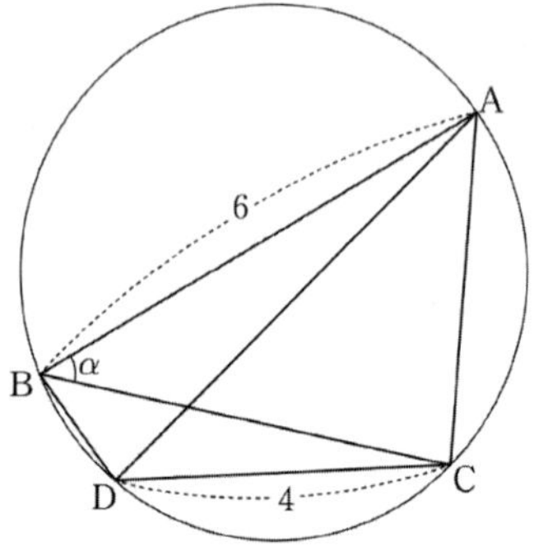

1st 두 선분 AD, BC의 길이의 비를 구해.

$\angle BAD=\angle BCD=\theta$라 하면 삼각형 ABD의 넓이 S_1은

∠BAD, ∠BCD는 호 BD에 대한 원주각이야. 이때, 한 호에 대한 원주각의 크기는 같으므로 ∠BAD=∠BCD가 성립해.

$$S_1=\frac{1}{2}\times\overline{AB}\times\overline{AD}\times\sin(\angle BAD)$$

$$=\frac{1}{2}\times6\times\overline{AD}\times\sin\theta=3\overline{AD}\sin\theta$$

또, 삼각형 CBD의 넓이 S_2는

$$S_2=\frac{1}{2}\times\overline{BC}\times\overline{CD}\times\sin(\angle BCD)$$

$$=\frac{1}{2}\times\overline{BC}\times4\times\sin\theta=2\overline{BC}\sin\theta$$

이때, $S_1:S_2=9:5$에서 $3\overline{AD}\sin\theta:2\overline{BC}\sin\theta=9:5$

$3\overline{AD}:2\overline{BC}=9:5$, $15\overline{AD}=18\overline{BC}$, $5\overline{AD}=6\overline{BC}$

$\therefore \overline{AD}:\overline{BC}=6:5$

2nd 선분 AD의 길이를 구해.

이때, 양수 k에 대하여 $\overline{AD}=6k$, $\overline{BC}=5k$라 하면

삼각형 ABC에서 코사인법칙에 의하여

$c^2=a^2+b^2-2ab\cos C$

$$\overline{AC}^2=\overline{AB}^2+\overline{BC}^2-2\times\overline{AB}\times\overline{BC}\times\cos\alpha$$

$$=6^2+(5k)^2-2\times6\times5k\times\frac{3}{4}=25k^2-45k+36 \cdots ㉠$$

또, 삼각형 ADC에서 $\angle ADC=\angle ABC=\alpha$이므로 코사인법칙에 의하여

∠ADC, ∠ABC는 호 AC에 대한 원주각이므로 ∠ADC=∠ABC야.

$$\overline{AC}^2=\overline{AD}^2+\overline{DC}^2-2\times\overline{AD}\times\overline{DC}\times\cos\alpha$$

$$=(6k)^2+4^2-2\times6k\times4\times\frac{3}{4}=36k^2-36k+16 \cdots ㉡$$

㉠=㉡이므로 $25k^2-45k+36=36k^2-36k+16$에서

$11k^2+9k-20=0$, $(11k+20)(k-1)=0$ $\therefore k=1$ ($\because k>0$)

$\therefore \overline{AD}=6k=6\times1=6$

3rd 삼각형 ADC의 넓이를 구하고 S^2을 계산해.

한편, 삼각형 ABC가 예각삼각형이므로

α는 예각이므로 α에 대한 sin, cos, tan 값은 모두 양수야.

$$\sin\alpha=\sqrt{1-\cos^2\alpha}=\sqrt{1-\left(\frac{3}{4}\right)^2}=\frac{\sqrt{7}}{4}$$

따라서 삼각형 ADC의 넓이 S는

$S=\frac{1}{2}\times\overline{AD}\times\overline{DC}\times\sin(\angle ADC)=\frac{1}{2}\times6\times4\times\sin\alpha$

$=\frac{1}{2}\times6\times4\times\frac{\sqrt{7}}{4}=3\sqrt{7}$

$\therefore S^2=(3\sqrt{7})^2=63$

F 76 정답 ③ *삼각형의 넓이의 활용 [정답률 61%]

정답 공식: 중심이 (a, b)이고 반지름의 길이가 r인 원의 방정식은 $(x-a)^2+(y-b)^2=r^2$이다.

좌표평면 위에 중심의 좌표가 $\left(-\frac{1}{2}, 0\right)$이고 반지름의 길이가 1인 원 O_1이 있다. 원 O_1을 y축에 대하여 대칭이동한 원을 O_2라 하고 x축의 방향으로 2만큼 평행이동한 원을 O_3이라 하자. 원 O_1의 내부와 원 O_2의 내부의 공통부분의 넓이와 원 O_2의 내부와 원 O_3의 내부의 공통부분의 넓이의 합은? (4점)

단서1 원 O_1의 방정식에 x 대신 $-x$를 대입하여 원 O_2의 방정식을 구해.

단서2 원 O_1의 방정식에 x 대신 $x-2$를 대입하여 원 O_3의 방정식을 구해.

① $\frac{4}{3}\pi-2\sqrt{3}$ ② $\frac{2}{3}\pi-\frac{\sqrt{3}}{2}$ ③ $\frac{4}{3}\pi-\sqrt{3}$ ④ $\frac{2}{3}\pi+\frac{\sqrt{3}}{2}$ ⑤ $\frac{2}{3}\pi+\sqrt{3}$

1st 두 원 O_1, O_2의 방정식을 각각 구하자.

원 O_1의 방정식은 $\left(x+\frac{1}{2}\right)^2+y^2=1$ ⋯ ㉠

→ 중심이 (a, b)이고 반지름의 길이가 r인 원의 방정식은 $(x-a)^2+(y-b)^2=r^2$

이므로 원 O_1을 y축에 대하여 대칭이동한 원 O_2의 방정식은 ㉠에서 x 대신에 $-x$를 대입하면

주의 $f(x)=f(-x)$가 성립할 때 y축 대칭인 함수라 하므로 x 대신 $-x$를 대입하자.

$\left(x-\frac{1}{2}\right)^2+y^2=1$

또한, 원 O_1을 x축의 방향으로 2만큼 평행이동한 원 O_3의 방정식은 ㉠에서 x 대신에 $x-2$를 대입하면

$\left(x-\frac{3}{2}\right)^2+y^2=1$

2nd 그림을 그려 공통인 부분의 넓이를 구하자.

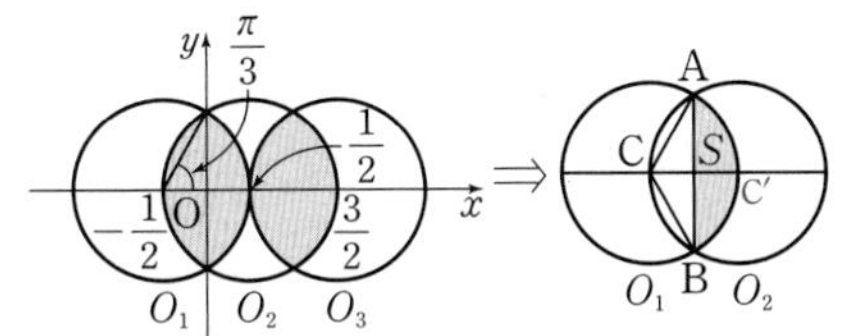

그림과 같이 원 O_1의 중심을 C, 두 원 O_1, O_2의 교점을 각각 A, B라 하고, 공통부분 중 선분 AB에 의하여 나누어지는 오른쪽 부분을 S라 하면 원 O_1의 내부와 원 O_2의 내부의 공통부분의 넓이와 원 O_2의 내부와 원 O_3의 내부의 공통부분의 넓이의 합은 S의 4배와 같다.

이때, S의 넓이는 부채꼴 CBA의 넓이에서 삼각형 CBA의 넓이를 빼주면 된다.

→ 원 O_2의 중심을 C′이라 하면 두 삼각형 ACC′, CBC′은 정삼각형이므로 $\angle ACC'=\angle C'CB=60°$ $\therefore \angle ACB=\angle ACC'+\angle C'CB=120°$

부채꼴 CBA는 중심각의 크기가 $\angle ACB=\frac{2}{3}\pi$이고 반지름의 길이가 1이므로 넓이는 $\frac{1}{2}\times1^2\times\frac{2}{3}\pi=\frac{\pi}{3}$

중심각의 크기가 θ(라디안)이고 반지름의 길이가 r인 부채꼴의 넓이를 S라 하면 $S=\frac{1}{2}r^2\theta$

또한, 삼각형 CBA의 넓이는

$\frac{1}{2}\times1^2\times\sin\frac{2}{3}\pi=\frac{\sqrt{3}}{4}$

→ 두 변의 길이가 각각 a, b이고 그 끼인각의 크기가 θ인 삼각형의 넓이를 S라 하면 $S=\frac{1}{2}ab\sin\theta$

따라서 $S=\frac{\pi}{3}-\frac{\sqrt{3}}{4}$이므로 구하는 넓이는 $4S=\frac{4}{3}\pi-\sqrt{3}$이다.

F 77 정답 ③ *삼각형의 넓이의 활용 [정답률 43%]

정답 공식: 삼각형 APQ의 넓이가 일정하고, 선분 PQ의 길이를 $\overline{AP}$, $\overline{AQ}$에 관한 식으로 나타내어 코사인법칙 $c^2=a^2+b^2-2ab\cos C$와 산술평균과 기하평균의 관계를 이용한다.

그림과 같이 $\overline{AB}=5$, $\overline{AC}=6$, $\angle A=60°$인 삼각형 ABC에서 두 선분 AB, AC 위에 각각 두 점 P, Q를 잡을 때, 선분 PQ에 의하여 삼각형 ABC의 넓이가 이등분되는 선분 PQ의 길이의 최솟값은? (4점)

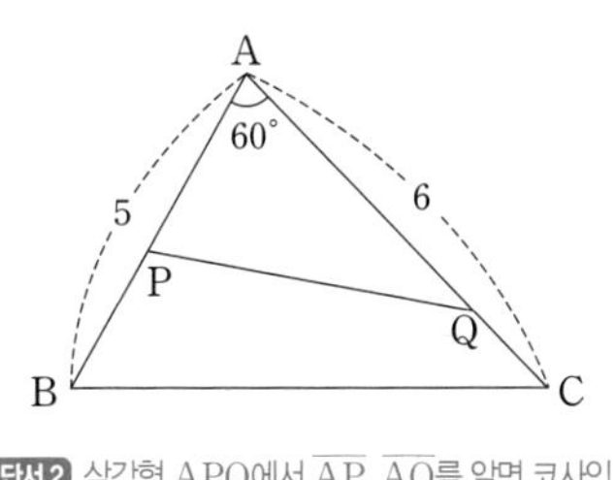

단서1 $\triangle APQ=\frac{1}{2}\triangle ABC$

단서2 삼각형 APQ에서 $\overline{AP}$, $\overline{AQ}$를 알면 코사인법칙을 이용하여 구할 수 있지?

① $\sqrt{11}$ ② $\sqrt{13}$ ③ $\sqrt{15}$ ④ $\sqrt{17}$ ⑤ $\sqrt{19}$

1st 두 변의 길이와 그 끼인각의 크기가 주어졌으니까 삼각형 ABC의 넓이를 구할 수 있지?

$\triangle ABC=\frac{1}{2}\times5\times6\times\sin60°=\frac{15}{2}\sqrt{3}$

2nd 두 변 AP, AQ의 길이 사이의 관계식을 구해.

그림과 같이 $\overline{AP}=x$, $\overline{AQ}=y$라 하면 삼각형 APQ의 넓이는 삼각형 ABC의 넓이의 $\frac{1}{2}$이므로

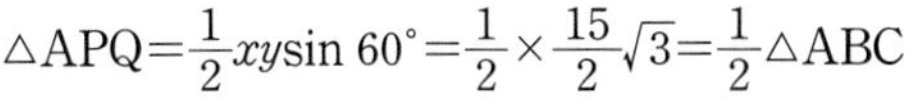

$\triangle APQ=\frac{1}{2}xy\sin60°=\frac{1}{2}\times\frac{15}{2}\sqrt{3}=\frac{1}{2}\triangle ABC$

$\frac{\sqrt{3}}{4}xy=\frac{15\sqrt{3}}{4}$ $\therefore xy=15$

함정 두 미지수 x, y가 길이이므로 양수이고 주어진 조건 $xy=15$와 주어진 식 x^2+y^2-15를 통해 산술평균과 기하평균의 관계를 이용해야겠다는 생각을 할 수 있어야 해.

3rd 선분 PQ의 길이의 최솟값을 구해.

삼각형 APQ에서 코사인법칙에 의하여

$\overline{PQ}^2=x^2+y^2-2xy\cos60°=x^2+y^2-15$

산술평균과 기하평균의 관계에 의하여

→ 두 양수 a, b에 대하여 $a+b\ge2\sqrt{ab}$

$\overline{PQ}^2=x^2+y^2-15\ge2\sqrt{x^2\times y^2}-15=15$

→ x, y는 길이이므로 $x>0$, $y>0$이야. 즉, $x^2>0$, $y^2>0$이므로 산술평균과 기하평균의 관계를 이용할 수 있지?

따라서 $\overline{PQ}$의 길이의 최솟값은 $\sqrt{15}$이다.

F 78 정답 ① *사각형의 넓이 [정답률 84%]

정답 공식: 두 변의 길이가 a, b이고 끼인각의 크기가 θ인 삼각형의 넓이는 $S=\frac{1}{2}ab\sin\theta$이다.

그림과 같이 $\overline{AB}=5$, $\overline{BC}=8$, $\overline{CD}=4$, $\angle ABD=30°$, $\angle BCD=60°$인 사각형 ABCD의 넓이는? (3점)

단서 두 삼각형 ABD, BCD의 넓이의 합으로 구해.

① $13\sqrt{3}$ ② $14\sqrt{3}$ ③ $15\sqrt{3}$ ④ $16\sqrt{3}$ ⑤ $17\sqrt{3}$

1st 선분 BD의 길이부터 구해.

삼각형 DBC에서 코사인법칙에 의하여

$\overline{BD}^2=4^2+8^2-2\times4\times8\times\cos60°=48$

$\therefore \overline{BD}=4\sqrt{3}$ ($\because \overline{BD}>0$)

→ $a^2=b^2+c^2-2bc\cos A$

2nd □ABCD=△ABD+△BCD임을 이용해.

$\therefore$ □ABCD=△ABD+△BCD

$=\frac{1}{2}\times5\times4\sqrt{3}\times\sin30^\circ+\frac{1}{2}\times4\times8\times\sin60^\circ$

$=5\sqrt{3}+8\sqrt{3}$

$=13\sqrt{3}$

두 변의 길이가 각각 a, b이고 그 끼인각의 크기가 θ인 삼각형의 넓이를 S라 하면 $S=\frac{1}{2}ab\sin\theta$

F 79 정답 ① *사각형의 넓이 [정답률 78%]

(정답 공식: □AQBP=△PAB+△QAB=△PAQ+△PBQ임을 이용한다.)

그림은 선분 AB를 지름으로 하는 원 O에 내접하는 사각형 APBQ를 나타낸 것이다. $\overline{AP}=4$, $\overline{BP}=2$이고 $\overline{QA}=\overline{QB}$일 때, 선분 PQ의 길이는? (4점)

단서 사각형 APBQ의 넓이는 두 삼각형 ABP, AQB의 넓이의 합 또는 두 삼각형 AQP, PQB의 넓이의 합으로 구할 수 있어.

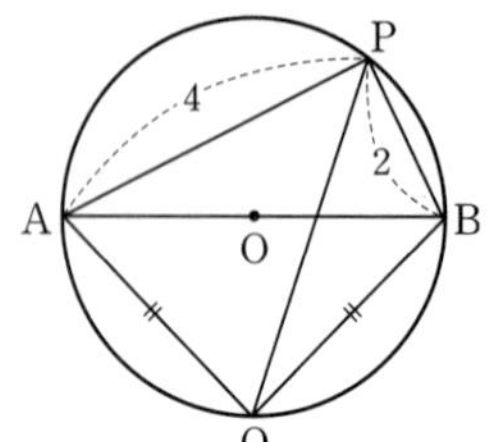

① $3\sqrt{2}$ ② $\frac{10\sqrt{2}}{3}$ ③ $\sqrt{14}$ ④ $\frac{4\sqrt{10}}{3}$ ⑤ 4

1st 피타고라스 정리를 이용하여 선분의 길이를 구해.

두 삼각형 ABP, AQB는 직각삼각형이므로

원에서 지름의 양 끝점과 원 위의 다른 한 점을 꼭짓점으로 하는 삼각형은 직각삼각형이야.

피타고라스 정리에 의하여

$\overline{AB}=\sqrt{\overline{AP}^2+\overline{PB}^2}$

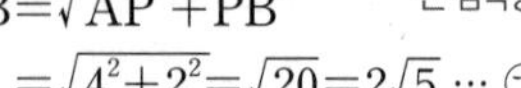

$=\sqrt{4^2+2^2}=\sqrt{20}=2\sqrt{5}$ ⋯ ㉠

또, $\overline{QA}^2+\overline{QB}^2=\overline{AB}^2$에서

$2\overline{QA}^2=(2\sqrt{5})^2$ ($\because$ ㉠)$=20$

$\therefore \overline{QA}=\overline{QB}=\sqrt{10}$

2nd 사각형 AQBP의 넓이를 구하자.

사각형 AQBP의 넓이는 두 삼각형 PAB, QBA의 넓이의 합과 같으므로

□AQBP=△PAB+△QBA

$=\frac{1}{2}\times4\times2+\frac{1}{2}\times\sqrt{10}\times\sqrt{10}=9$

3rd 호의 길이가 같으면 원주각의 크기가 같음을 이용하여 ∠BPQ의 크기를 구하자.

두 변 AQ, QB에 대한 호의 길이는 각각 $\overset{\frown}{AQ}$, $\overset{\frown}{QB}$이고 $\overline{AQ}=\overline{QB}$이므로 $\overset{\frown}{AQ}=\overset{\frown}{QB}$

이때, $\overset{\frown}{AQ}$와 $\overset{\frown}{QB}$의 중심각의 크기는 각각 ∠AOQ, ∠BOQ이고 ∠AOQ=∠BOQ=90°이므로

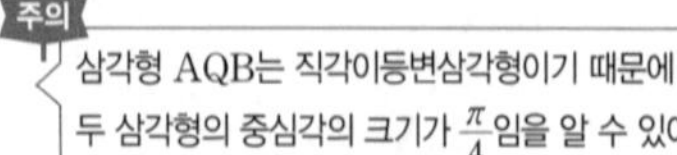

주의 삼각형 AQB는 직각이등변삼각형이기 때문에 두 삼각형의 중심각의 크기가 $\frac{\pi}{4}$임을 알 수 있어.

한 호에 대한 원주각의 크기는 중심각의 크기의 $\frac{1}{2}$이야.

$\angle APQ=\frac{1}{2}\angle AOQ=45^\circ$, $\angle BPQ=\frac{1}{2}\angle BOQ=45^\circ$

4th □AQBP=△PAQ+△PBQ임을 이용하여 $\overline{PQ}$의 길이를 구하자.

한편, 사각형 AQBP의 넓이는 두 삼각형 PAQ와 PBQ의 넓이의 합과 같으므로 $\overline{PQ}=x$라 하면

$9=\frac{1}{2}(4x\sin45^\circ+2x\sin45^\circ)=\frac{1}{2}\left(4x\times\frac{\sqrt{2}}{2}+2x\times\frac{\sqrt{2}}{2}\right)=\frac{3\sqrt{2}}{2}x$

$\therefore x=3\sqrt{2}$

F 80 정답 ② *사각형의 넓이 [정답률 75%]

(정답 공식: 이웃하는 두 변의 길이가 a, b이고 그 끼인각의 크기가 θ인 평행사변형의 넓이 S는 $S=ab\sin\theta$이다.)

오른쪽 그림과 같이 $\overline{AB}=2\sqrt{3}$, $\overline{BC}=6$인 평행사변형 ABCD의 넓이가 18일 때, $\overline{AC}^2$의 값은? (단, $0^\circ<B<90^\circ$) (4점)

단서 두 변과 사잇각을 알면 평행사변형의 넓이를 구할 수 있어.

① $46-12\sqrt{3}$ ② $48-12\sqrt{3}$ ③ $50-12\sqrt{3}$
④ $48-6\sqrt{3}$ ⑤ $52-6\sqrt{3}$

1st 평행사변형의 넓이를 구하는 공식을 이용하자.

$\overline{AB}=2\sqrt{3}$, $\overline{BC}=6$인 평행사변형 ABCD의 넓이가 18이므로

$18=2\sqrt{3}\times6\times\sin B$에서 $\sin B=\frac{\sqrt{3}}{2}$ (평행사변형의 넓이)$=\overline{AB}\times\overline{BC}\times\sin B$

$0^\circ<B<90^\circ$이고 $\sin60^\circ=\frac{\sqrt{3}}{2}$이므로 $B=60^\circ$

2nd 코사인법칙을 이용하여 대각선 AC의 길이를 구하자.

삼각형 ABC에서 대각선 AC의 길이를 코사인법칙을 이용하여 구하면

$\overline{AC}^2=\overline{AB}^2+\overline{BC}^2-2\times\overline{AB}\times\overline{BC}\times\cos B$

$=(2\sqrt{3})^2+6^2-2\times2\sqrt{3}\times6\times\cos60^\circ$

$=12+36-2\times2\sqrt{3}\times6\times\frac{1}{2}=48-12\sqrt{3}$

[코사인법칙]
$a^2=b^2+c^2-2bc\cos A$
$b^2=c^2+a^2-2ca\cos B$
$c^2=a^2+b^2-2ab\cos C$

F 81 정답 ③ *사각형의 넓이 [정답률 58%]

(정답 공식: 코사인법칙 $c^2=a^2+b^2-2ab\cos C$와 삼각형의 넓이 $S=\frac{1}{2}ab\sin\theta$를 이용한다.)

그림과 같이 원에 내접하는 사각형 ABCD에서 $\overline{AB}=2$, $\overline{BC}=3$, $\overline{CD}=5$, $\overline{DA}=6$일 때, 사각형 ABCD의 넓이는? (4점)

단서 두 삼각형 ABC, ACD의 넓이의 합으로 구해.

① $6\sqrt{3}$ ② 12
③ $6\sqrt{5}$ ④ $6\sqrt{6}$
⑤ $6\sqrt{7}$

1st 사각형 ABCD가 원에 내접하므로 마주보는 각의 크기의 합은 항상 π지?

사각형 ABCD가 원에 내접하므로 $\angle B=\theta$라 하면 $\angle D=\pi-\theta$

2nd $\cos\theta$의 값을 구하자.

삼각형 ACD에서

$\overline{AC}^2=\overline{CD}^2+\overline{AD}^2-2\times\overline{CD}\times\overline{AD}\times\cos D$

$=5^2+6^2-2\times5\times6\times\cos(\pi-\theta)$

$=61+60\cos\theta$ ⋯ ㉠ $\cos(\pi-\theta)=-\cos\theta$

삼각형 ABC에서

$\overline{AC}^2=\overline{AB}^2+\overline{BC}^2-2\times\overline{AB}\times\overline{BC}\times\cos B$

$=2^2+3^2-2\times2\times3\times\cos\theta$

$=13-12\cos\theta$ ⋯ ㉡

㉠, ㉡에 의하여 $61+60\cos\theta=13-12\cos\theta$에서 $72\cos\theta=-48$

$\therefore \cos\theta=-\frac{2}{3}\left(\text{단, } \frac{\pi}{2}<\theta<\pi\right)$

3rd $\sin\theta$의 값을 구한 후 사각형 ABCD의 넓이를 구해.

$\sin\theta=\sqrt{1-\cos^2\theta}=\sqrt{1-\frac{4}{9}}=\frac{\sqrt{5}}{3}$

$\sin^2\theta+\cos^2\theta=1$

$\therefore \square ABCD=\triangle ABC+\triangle ACD$

$=\frac{1}{2}\times2\times3\times\sin\theta+\frac{1}{2}\times5\times6\times\sin(\pi-\theta)$

$=3\sin\theta+15\sin\theta$ (두 변의 길이가 각각 a, b이고 그 끼인각의 크기가 θ인 삼각형의 넓이를 S라 하면 $S=\frac{1}{2}ab\sin\theta$)

$=18\sin\theta=18\times\frac{\sqrt{5}}{3}=6\sqrt{5}$

F 82 정답 48 *사각형의 넓이의 활용 [정답률 73%]

정답 공식: 두 변의 길이가 a, b이고 끼인각의 크기가 θ인 삼각형의 넓이는 $S=\frac{1}{2}ab\sin\theta$이다.

한 변의 길이가 $4\sqrt{3}$인 정사각형 모양의 시계에서 1과 2 사이의 어두운 사각형의 넓이가 $a-b\sqrt{3}$일 때, ab를 구하시오. (단, a와 b는 유리수) (4점)

단서 한 시간 사이의 중심각의 크기는 $\frac{360^\circ}{12}=30^\circ$로 일정해.

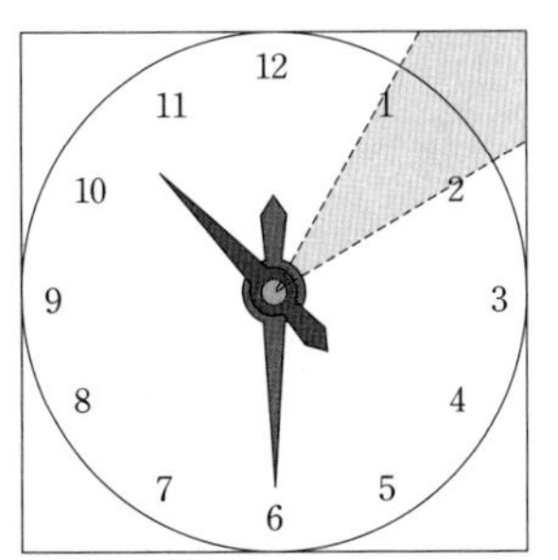

1st 그림에서 선분 RT의 길이를 구해.

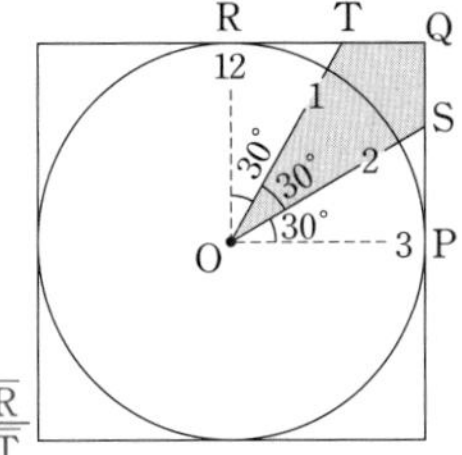

그림과 같이 점 O, P, Q, R, S, T를 잡으면

$\overline{OR}=2\sqrt{3}$, $\angle TOR=30^\circ$이므로 (정사각형 모양의 시계의 한 변의 길이의 $\frac{1}{2}$이야.)

$\overline{OT}=\frac{\overline{OR}}{\cos30^\circ}=\frac{2\sqrt{3}}{\frac{\sqrt{3}}{2}}=4$ (직각삼각형 OTR에서 $\cos30^\circ=\frac{\overline{OR}}{\overline{OT}}$)

2nd 1과 2 사이의 어두운 사각형의 넓이를 구해.

이때, $\square OSQT=\square OPQR-\triangle OTR-\triangle OPS$이고,

$\triangle OPS\equiv\triangle ORT$이므로 ($\angle ORT=\angle OPS=90^\circ$, $\angle ROT=\angle POS$, $\overline{OR}=\overline{OP}$이므로 두 삼각형은 ASA 합동이야.)

$\square OSQT=\square OPQR-2\triangle OTR$

$=(2\sqrt{3})^2-2\left(\frac{1}{2}\times4\times2\sqrt{3}\times\sin30^\circ\right)=12-4\sqrt{3}$

따라서 $a=12$, $b=4$이므로 $ab=12\times4=48$

다른 풀이: 작은 정사각형의 넓이에서 합동인 두 직각삼각형의 넓이를 빼서 어두운 부분의 넓이 구하기

$\overline{OR}=2\sqrt{3}$, $\angle TOR=30^\circ$이므로

$\overline{RT}=\overline{OR}\tan30^\circ=2\sqrt{3}\times\frac{1}{\sqrt{3}}=2$ (직각삼각형 OTR에서 $\frac{\overline{RT}}{\overline{OR}}=\tan30^\circ$)

이때, $\triangle OPS\equiv\triangle ORT$ (ASA 합동)이고,

삼각형 OPS는 $\angle OPS=90^\circ$인 직각삼각형이므로

$\square OSQT=\square OPQR-2\triangle OPS$

$=(2\sqrt{3})^2-2\left(\frac{1}{2}\times2\sqrt{3}\times2\right)=12-4\sqrt{3}$

(이하 동일)

F 83 정답 ② *사각형의 넓이의 활용 [정답률 68%]

정답 공식: 두 대각선의 길이가 a, b이고, 두 대각선이 이루는 각의 크기가 θ인 사각형의 넓이는 $S=\frac{1}{2}ab\sin\theta$이다.

두 대각선의 길이의 합이 8인 사각형의 넓이의 최댓값은? (4점)

단서 두 대각선의 길이의 곱이 최대이고 두 대각선이 이루는 각의 크기에 대한 사인 값이 최대일 때 최댓값을 가져.

① 7 ② 8 ③ 9 ④ 10 ⑤ 11

1st 한 대각선의 길이를 미지수로 두고 사각형의 넓이를 식으로 나타내.

사각형의 한 대각선의 길이를 a라 하면 다른 한 대각선의 길이는 $8-a$이다.

이때, 두 대각선이 이루는 각의 크기를 θ라 하면 사각형의 넓이는

$\frac{1}{2}\times a\times(8-a)\times\sin\theta=\frac{\sin\theta}{2}(-a^2+8a)$ (사각형의 넓이를 S라 하면 $S=\frac{1}{2}ab\sin\theta$)

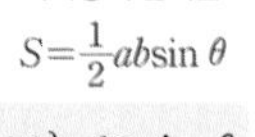
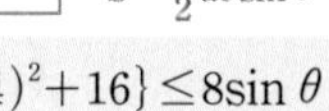

$=\frac{\sin\theta}{2}\{-(a-4)^2+16\}\le8\sin\theta$

함정 $0\le\theta\le\frac{\pi}{2}$이므로 $\sin\theta\ge0$이야. 따라서 최댓값은 $-a^2+8a$가 최대일 때야. $-a^2+8a$는 최고차항이 음수인 이차함수로 $a=4$일 때 최댓값 16을 가져.

2nd 사각형의 넓이의 최댓값을 구해.

즉, $a=4$일 때 사각형의 넓이의 최댓값은 $8\sin\theta$이고, $\theta=\frac{\pi}{2}$일 때 $\sin\theta=1$로 최대이므로 사각형의 넓이의 최댓값은 8이다.

두 대각선의 길이가 각각 4, 4이고 두 대각선이 이루는 각의 크기가 90°일 때야.

F 84 정답 9 *사각형의 넓이 [정답률 51%]

정답 공식: 이웃하는 두 변의 길이가 a, b이고 그 끼인각의 크기가 θ인 평행사변형의 넓이 S는 $S=ab\sin\theta$이다.

둘레의 길이가 12인 평행사변형 중 넓이가 최대가 되는 평행사변형의 넓이를 구하시오. (4점)

단서 평행사변형의 성질에 의해 마주보는 두 변의 길이는 각각 같지.

1st 이웃하는 두 변의 길이를 문자로 나타내자.

평행사변형의 이웃하는 두 변의 길이를 각각 a, b라 놓자.

둘레의 길이가 12이므로 $2(a+b)=12$ $\therefore a+b=6$ ⋯ ㉠

2nd 양수인 두 수는 산술평균과 기하평균의 관계가 성립하지.

$a>0$, $b>0$이므로 산술평균과 기하평균의 관계에 의해 (두 양수 x, y에 대하여 $x+y\ge2\sqrt{xy}$ (단, 등호는 $x=y$일 때 성립))

$a+b\ge2\sqrt{ab}$ (단, 등호는 $a=b$일 때 성립)

$6\ge2\sqrt{ab}$ ($\because$ ㉠) $\sqrt{ab}\le3$

양변을 제곱하면 $ab\le9$ ⋯ ㉡ ($x>0$, $y>0$이면 $\sqrt{x}<\sqrt{y}\Longleftrightarrow x<y$)

3rd 평행사변형의 넓이를 구하는 공식을 이용하자.

이웃하는 두 변의 길이가 a, b이고 그 끼인각의 크기가 θ인 평행사변형의 넓이 S는

$S=ab\sin\theta\le9\sin\theta$ ($\because$ ㉡) ≤9

실수 $\theta=90^\circ$일 때 S가 최대가 돼. 즉 이웃하는 두 변의 길이가 같고 한 각의 크기가 90°이므로 정사각형이야.

따라서 이웃하는 두 변의 길이가 3으로 같고, 끼인각의 크기가 90°일 때, 평행사변형의 넓이는 9로 최대이다.

다른 풀이: ab를 한 문자에 대하여 정리한 후 최솟값 구하기

㉠에서 $b=6-a$이므로

$ab=a(6-a)=-a^2+6a=-(a-3)^2+9$

따라서 ab는 $a=3$일 때 최댓값 9를 가져.

(이하 동일)

F 85 정답 84 *코사인법칙 [정답률 33%]

(정답 공식: 한 원에서 한 호에 대한 원주각의 크기는 모두 같다.)

단서1 두 호 BD, CD에 대한 원주각의 크기가 같아.

$\overline{AB}=6$, $\overline{AC}=8$인 예각삼각형 ABC에서 ∠A의 이등분선과 삼각형 ABC의 외접원이 만나는 점을 D, 점 D에서 선분 AC에 내린 수선의 발을 E라 하자. 선분 AE의 길이를 k라 할 때, $12k$의 값을 구하시오. (4점)

단서2 선분 AE의 길이는 직각삼각형 ADE에서 선분 AD의 길이와 각 DAE의 크기에 대한 코사인 값을 이용하여 구하면 돼.

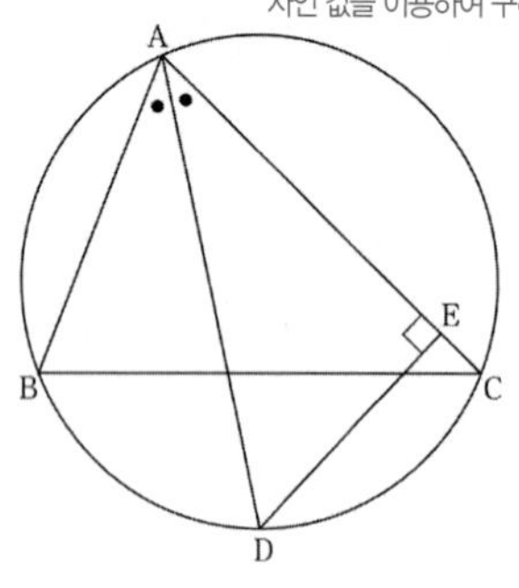

1st 두 선분 BD, CD의 길이 사이의 관계식을 찾아.

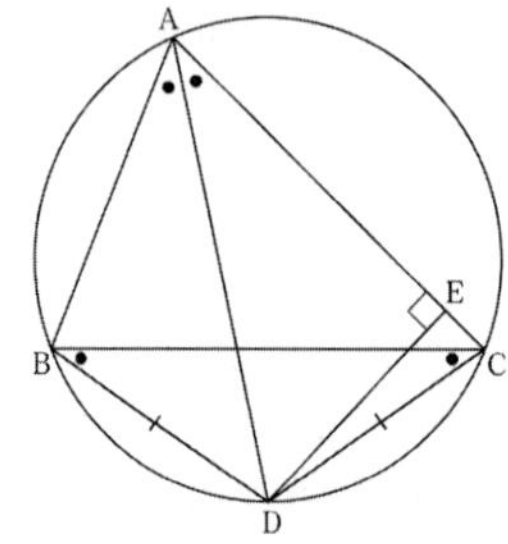

∠BAD, ∠BCD는 호 BD에 대한 원주각이므로

∠BAD=∠BCD → 한 원에서 한 호에 대한 원주각의 크기는 모두 같아.

또, ∠CAD, ∠CBD는 호 CD에 대한 원주각이므로

∠CAD=∠CBD

그런데 조건에서 ∠BAD=∠CAD이므로 ∠BCD=∠CBD

따라서 삼각형 BDC는 $\overline{BD}=\overline{CD}$인 이등변삼각형이다.

이등변삼각형의 두 밑각의 크기는 서로 같아.

2nd 두 삼각형 ABD, ADC에서 코사인법칙을 적용해.

∠BAD=∠CAD=θ라 하면 삼각형 ABD에서 코사인법칙에 의하여

$\overline{BD}^2=\overline{AB}^2+\overline{AD}^2-2\times\overline{AB}\times\overline{AD}\times\cos\theta$

$=36+\overline{AD}^2-12\overline{AD}\cos\theta$ ⋯ ㉠

삼각형 ABC에서 $a^2=b^2+c^2-2bc\cos A$가 성립하고 이를 코사인법칙이라 해.

또, 삼각형 ADC에서 코사인법칙에 의하여

$\overline{CD}^2=\overline{AD}^2+\overline{AC}^2-2\times\overline{AD}\times\overline{AC}\times\cos\theta$

$=\overline{AD}^2+64-16\overline{AD}\cos\theta$ ⋯ ㉡

이때, $\overline{BD}=\overline{CD}$에서 $\overline{BD}^2=\overline{CD}^2$이므로 ㉠, ㉡에 의하여

$36+\overline{AD}^2-12\overline{AD}\cos\theta=\overline{AD}^2+64-16\overline{AD}\cos\theta$

$4\overline{AD}\cos\theta=28$ ∴ $\overline{AD}\cos\theta=7$ ⋯ ㉢

3rd 선분 AE의 길이를 구하고 $12k$를 계산해.

한편, 직각삼각형 ADE에서 $\overline{AE}=\overline{AD}\cos\theta=7$ (∵ ㉢)이므로

$\frac{\overline{AE}}{\overline{AD}}=\cos\theta$

$k=7$

∴ $12k=12\times7=84$

F 86 정답 22 *사인법칙과 코사인법칙 [정답률 32%]

(정답 공식: 외접원의 반지름의 길이가 R인 삼각형 ABC에서 사인법칙 $\frac{a}{\sin A}=\frac{b}{\sin B}=\frac{c}{\sin C}=2R$, 코사인법칙 $a^2=b^2+c^2-2bc\cos A$가 성립한다.)

좌표평면 위의 두 점 O(0, 0), A(2, 0)과 y좌표가 양수인 서로 다른 두 점 P, Q가 다음 조건을 만족시킨다.

단서1 선분 OA의 길이를 알려준 거야.

(가) $\overline{AP}=\overline{AQ}=2\sqrt{15}$이고 $\overline{OP}>\overline{OQ}$이다.

(나) $\cos(\angle OPA)=\cos(\angle OQA)=\frac{\sqrt{15}}{4}$

단서2 삼각형 OAP와 삼각형 OAQ의 두 변의 길이와 한 각에 대한 코사인값이 주어져 있어. 코사인법칙을 이용하면 나머지 변의 길이를 구할 수 있겠지?

사각형 OAPQ의 넓이가 $\frac{q}{p}\sqrt{15}$일 때, $p\times q$의 값을 구하시오.

(단, p와 q는 서로소인 자연수이다.) (4점)

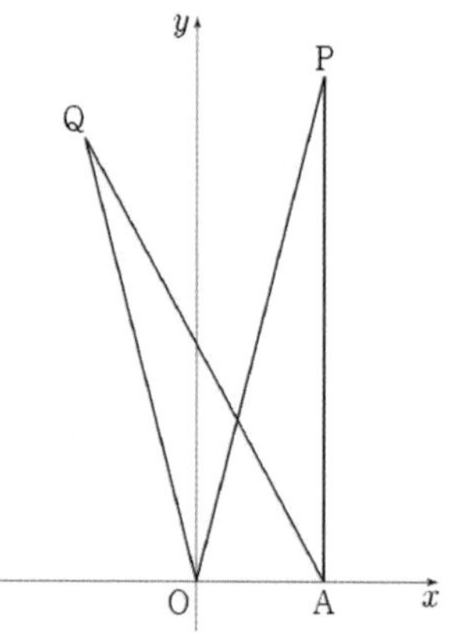

1st 두 선분 OP, OQ의 길이를 구해.

$\overline{OP}=k_1$, $\overline{OQ}=k_2$라 하면

삼각형 OAP에서 코사인법칙에 의하여

$\overline{OA}^2=\overline{OP}^2+\overline{AP}^2-2\times\overline{OP}\times\overline{AP}\times\cos(\angle OPA)$에서

$2^2=k_1^2+(2\sqrt{15})^2-2\times k_1\times2\sqrt{15}\times\frac{\sqrt{15}}{4}$

$4=k_1^2+60-15k_1$

∴ $k_1^2-15k_1+56=0$ ⋯ ㉠

또, 삼각형 OAQ에서 코사인법칙에 의하여

$\overline{OA}^2=\overline{OQ}^2+\overline{AQ}^2-2\times\overline{OQ}\times\overline{AQ}\times\cos(\angle OQA)$에서

$2^2=k_2^2+(2\sqrt{15})^2-2\times k_2\times2\sqrt{15}\times\frac{\sqrt{15}}{4}$

$4=k_2^2+60-15k_2$

∴ $k_2^2-15k_2+56=0$ ⋯ ㉡

㉠, ㉡에 의하여 두 실수 k_1, k_2는 이차방정식 $x^2-15x+56=0$의 서로 다른 두 실근이다.

$x^2-15x+56=0$에서 $(x-4)(x-8)=0$

∴ $x=7$ 또는 $x=8$

이때, $k_1>k_2$이므로 $k_1=8$, $k_2=7$

∴ $\overline{OP}=8$, $\overline{OQ}=7$

$x^2-15x+56=(x-7)(x-8)=0$에서 $k_1>k_2$이므로

$k_1=8$, $k_2=7$

2nd 사각형 OAPQ의 넓이를 구하자.

삼각형 OAP의 외접원을 C라 하면 두 점 P, Q의 y좌표가 양수이므로 점 Q도 원 C 위의 점이다. (→ 호 OA에 대한 원주각으로 볼 수 있겠지?)

이때, $\cos(\angle OPA)=\cos(\angle OQA)$이므로 $\angle OPA=\angle OQA$

한편, $\sin(\angle OPA)=\sqrt{1-\cos^2(\angle OPA)}=\sqrt{1-\left(\frac{\sqrt{15}}{4}\right)^2}=\frac{1}{4}$이므로

원 C의 반지름의 길이를 R라 하면 삼각형 OAP에서 사인법칙에 의하여

$\frac{\overline{OA}}{\sin(\angle OPA)}=\frac{2}{\frac{1}{4}}=8=2R$이므로 $R=4$이다.

그런데 $\overline{OP}=8$이므로 선분 OP는 원 C의 지름이다.

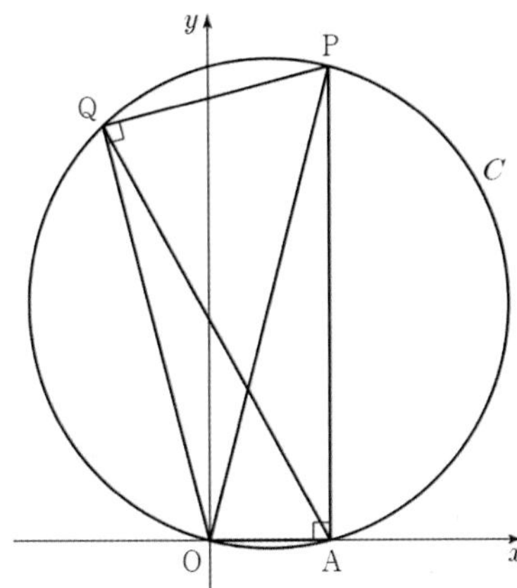

즉, $\angle PAO=\angle OQP=\frac{\pi}{2}$이므로

∠PAO, ∠OQP는 반원에 대한 원주각이야.

직각삼각형 OPQ에서 $\overline{PQ}=\sqrt{\overline{OP}^2-\overline{OQ}^2}=\sqrt{8^2-7^2}=\sqrt{15}$이고

사각형 OAPQ의 넓이는 두 직각삼각형 OAP, OPQ의 넓이의 합과 같으므로

$\square OAPQ=\triangle OAP+\triangle OPQ=\frac{1}{2}\times\overline{OA}\times\overline{AP}+\frac{1}{2}\times\overline{OQ}\times\overline{PQ}$

$=\frac{1}{2}\times2\times2\sqrt{15}+\frac{1}{2}\times7\times\sqrt{15}=\frac{11}{2}\sqrt{15}$

따라서 $p=2$, $q=11$이므로 $p\times q=2\times11=22$

수능 핵강

＊코사인법칙의 활용

코사인법칙은 삼각형의 세 변 a, b, c의 길이와 한 각의 크기로 이루어진 공식이야.

$a^2=b^2+c^2-2bc\cos A$

$b^2=c^2+a^2-2ca\cos B$

$c^2=a^2+b^2-2ab\cos C$

즉, 두 변과 사잇각을 알면 나머지 변의 길이를 구할 수 있어.

또한, 식을 $\cos A=\frac{b^2+c^2-a^2}{2bc}$ 꼴로 변형하면 세 변의 길이를 통해 세 각의 크기를 각각 구할 수 있어.

코사인법칙 개념·공식

삼각형 ABC의 세 변의 길이와 세 각의 크기 사이에는 다음과 같은 관계가 성립한다.

① $a^2=b^2+c^2-2bc\cos A$

② $b^2=c^2+a^2-2ca\cos B$

③ $c^2=a^2+b^2-2ab\cos C$

F 87 정답 ① ＊사인법칙과 코사인법칙 [정답률 31%]

정답 공식: 두 선분 AB, AD의 길이 사이의 관계식을 코사인법칙을 이용하여 나타내어 두 선분의 길이의 합을 구한다.

그림과 같이 (단서1 각 BCD에 대한 코사인 값이 음수이므로 각 BCD는 둔각이야.) (단서2 각 DAB에 대한 코사인 값은 음수야.)

$\overline{BC}=3$, $\overline{CD}=2$, $\cos(\angle BCD)=-\frac{1}{3}$, $\angle DAB>\frac{\pi}{2}$

인 사각형 ABCD에서 두 삼각형 ABC와 ACD는 모두 예각삼각형이다. 선분 AC를 $1:2$로 내분하는 점 E에 대하여 (단서3 삼각형 AP_1P_2에 외접하는 원과 삼각형 Q_1CQ_2에 외접하는 원의 반지름의 비와 같아.)

선분 AE를 지름으로 하는 원이 두 선분 AB, AD와 만나는 점 중 A가 아닌 점을 각각 P_1, P_2라 하고, 선분 CE를 지름으로 하는 원이 두 선분 BC, CD와 만나는 점 중 C가 아닌 점을 각각 Q_1, Q_2라 하자. $\overline{P_1P_2}:\overline{Q_1Q_2}=3:5\sqrt{2}$이고 삼각형 ABD의 넓이가 2일 때, $\overline{AB}+\overline{AD}$의 값은? (단, $\overline{AB}>\overline{AD}$) (4점)

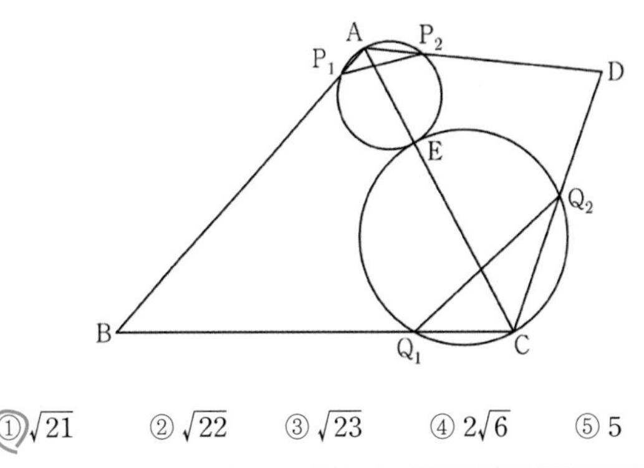

① $\sqrt{21}$ ② $\sqrt{22}$ ③ $\sqrt{23}$ ④ $2\sqrt{6}$ ⑤ 5

1st 선분 BD의 길이를 이용하여 $\overline{AB}+\overline{AD}$를 나타내.

삼각형 BCD에서 코사인법칙에 의하여

삼각형 ABC에서 $a^2=b^2+c^2-2bc\cos A$가 성립하고 이를 코사인법칙이라 해.

$\overline{BD}^2=\overline{BC}^2+\overline{CD}^2-2\times\overline{BC}\times\overline{CD}\times\cos(\angle BCD)$

$=3^2+2^2-2\times3\times2\times\left(-\frac{1}{3}\right)=17$

삼각형 ABD에서 $\overline{AB}=x$, $\overline{AD}=y$라 하면 코사인법칙에 의하여

$\overline{BD}^2=\overline{AB}^2+\overline{AD}^2-2\times\overline{AB}\times\overline{AD}\times\cos(\angle DAB)$에서

$17=x^2+y^2-2xy\cos(\angle DAB)$ ⋯ ㉠

2nd 사인법칙을 이용하여 $\cos(\angle DAB)$의 값을 구해.

점 E가 선분 AC를 $1:2$로 내분하므로 삼각형 AP_1P_2에 외접하는 원의 반지름의 길이를 r라 하면 삼각형 Q_1CQ_2에 외접하는 원의 반지름의 길이는 $2r$이다.

삼각형 AP_1P_2에서 사인법칙에 의하여

삼각형 ABC에 외접하는 원의 반지름의 길이를 R라 할 때, $\frac{a}{\sin A}=\frac{b}{\sin B}=\frac{c}{\sin C}=2R$가 성립하고 이를 사인법칙이라 해.

$\frac{\overline{P_1P_2}}{\sin(\angle P_1AP_2)}=2r$ $\therefore \overline{P_1P_2}=2r\sin(\angle P_1AP_2)$ ⋯ ㉡

삼각형 Q_1CQ_2에서 사인법칙에 의하여

$\frac{\overline{Q_1Q_2}}{\sin(\angle Q_1CQ_2)}=2\times2r$ $\therefore \overline{Q_1Q_2}=4r\sin(\angle Q_1CQ_2)$

그런데 $\cos(\angle Q_1CQ_2)=\cos(\angle BCD)=-\frac{1}{3}$이므로

$\sin(\angle Q_1CQ_2)=\sqrt{1-\cos^2(\angle Q_1CQ_2)}=\sqrt{1-\frac{1}{9}}=\frac{2\sqrt{2}}{3}$

$\therefore \overline{Q_1Q_2}=4r\sin(\angle Q_1CQ_2)=4r\times\frac{2\sqrt{2}}{3}=\frac{8\sqrt{2}}{3}r$ ⋯ ㉢

이때, $\overline{P_1P_2}:\overline{Q_1Q_2}=3:5\sqrt{2}$이므로 ㉡, ㉢에 의하여

$2r\sin(\angle P_1AP_2):\frac{8\sqrt{2}}{3}r=3:5\sqrt{2}$에서

$10\sqrt{2}r\sin(\angle P_1AP_2)=8\sqrt{2}r \quad \therefore \sin(\angle P_1AP_2)=\frac{4}{5}$

따라서 $\sin(\angle DAB)=\sin(\angle P_1AP_2)=\frac{4}{5}$ ⋯ ㉣이므로

$\angle DAB>\frac{\pi}{2}$이므로 $\cos(\angle DAB)<0$이야.

$\cos(\angle DAB)=-\sqrt{1-\sin^2(\angle DAB)}=-\sqrt{1-\frac{16}{25}}=-\frac{3}{5}$ ⋯ ㉤

3rd 삼각형 ABD의 넓이를 이용하여 xy의 값을 구해.

삼각형 ABD의 넓이가 2이므로

$\triangle ABD=\frac{1}{2}\times\overline{AB}\times\overline{AD}\times\sin(\angle DAB)=\frac{1}{2}xy\times\frac{4}{5}(\because ㉣)$

두 변의 길이가 각각 a, b이고 그 끼인각의 크기가 θ인 삼각형의 넓이를 S라 하면 $S=\frac{1}{2}ab\sin\theta$

$=\frac{2}{5}xy=2$

$\therefore xy=5$ ⋯ ㉥

4th $\overline{AB}+\overline{AD}$의 값을 구해.

㉠에 ㉤, ㉥을 대입하면 $17=x^2+y^2-2\times5\times\left(-\frac{3}{5}\right)$에서

$17=x^2+y^2+6 \quad \therefore x^2+y^2=11$

이때, $(x+y)^2=x^2+y^2+2xy=11+2\times5=21$이므로

$x+y=\sqrt{21}$이다.

$\therefore \overline{AB}+\overline{AD}=\sqrt{21}$

F 88 정답 6 *사인법칙과 코사인법칙 [정답률 36%]

(정답 공식: 외접원의 반지름의 길이가 $2R$인 삼각형 ABC에서 $\frac{a}{\sin A}=\frac{b}{\sin B}=\frac{c}{\sin C}=2R$가 성립한다.)

그림과 같이 선분 BC를 지름으로 하는 원에 두 삼각형 ABC와 ADE가 모두 내접한다. 두 선분 AD와 BC가 점 F에서 만나고

$\overline{BC}=\overline{DE}=4$, $\overline{BF}=\overline{CE}$, $\sin(\angle CAE)=\frac{1}{4}$

단서1 선분 BC가 주어진 원의 지름이고 선분 DE의 길이가 선분 BC의 길이와 같으므로 선분 DE도 주어진 원의 지름이야.

단서2 삼각형 ACE는 지름이 선분 BC인 원에 내접하지?

이다. $\overline{AF}=k$일 때, k^2의 값을 구하시오. (4점)

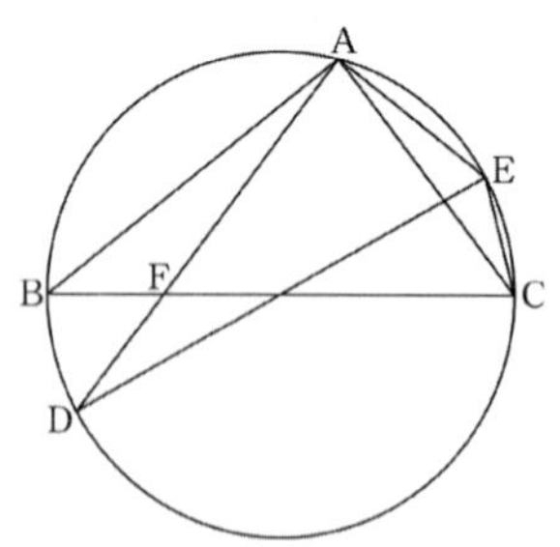

1st 두 선분 BF, CF의 길이를 각각 구해.

$\angle CAE=\theta$라 하면 $\sin\theta=\frac{1}{4}$이고 삼각형 ACE가 선분 BC를 지름으로 하는 원에 내접하므로 삼각형 ACE에서 사인법칙에 의하여

외접원의 반지름의 길이가 R인 삼각형 ABC에서 $\frac{a}{\sin A}=\frac{b}{\sin B}=\frac{c}{\sin C}=2R$가 성립하고 이를 사인법칙이라 해.

$\frac{\overline{CE}}{\sin\theta}=\overline{BC}$에서 $\overline{CE}=\overline{BC}\sin\theta=4\times\frac{1}{4}=1$

따라서 $\overline{BF}=\overline{CE}=1$이고 $\overline{CF}=\overline{BC}-\overline{BF}=4-1=3$

2nd 선분 AC의 길이를 구해.

$\overline{BC}=\overline{DE}=4$이므로 두 선분 BC, DE는 주어진 원의 지름이다.

즉, $\angle BAC=\angle DAE=90°$이다.

삼각형 ABC의 외접원의 지름이 $\overline{BC}$일 때, 삼각형 ABC는 $\angle BAC=90°$인 직각삼각형이야.

$\therefore \angle BAF=\angle BAC-\angle FAC=\angle DAE-\angle FAC=\angle CAE=\theta$

즉, 삼각형 ABF에서 사인법칙에 의하여

$\frac{\overline{AF}}{\sin(\angle ABF)}=\frac{\overline{BF}}{\sin(\angle BAF)}$에서 $\frac{k}{\sin(\angle ABF)}=\frac{1}{\sin\theta}$

$\therefore \sin(\angle ABF)=k\sin\theta=\frac{k}{4}$

이때, 직각삼각형 ABC에서

$\sin(\angle ABC)=\sin(\angle ABF)=\frac{\overline{AC}}{\overline{BC}}=\frac{\overline{AC}}{4}$이므로

$\overline{AC}=4\sin(\angle ABF)=4\times\frac{k}{4}=k$

3rd 코사인법칙을 이용하여 선분 AF의 길이를 구해.

직각삼각형 ABC에서

$\cos(\angle BCA)=\cos(\angle FCA)=\frac{\overline{AC}}{\overline{BC}}=\frac{k}{4}$이므로 삼각형 AFC에서

코사인법칙에 의하여

삼각형 ABC에서 $a^2=b^2+c^2-2bc\cos A$가 성립하고 이를 코사인법칙이라 해.

$\overline{AF}^2=\overline{CF}^2+\overline{CA}^2-2\times\overline{CF}\times\overline{CA}\times\cos(\angle FCA)$

$k^2=3^2+k^2-2\times3\times k\times\frac{k}{4}$, $k^2=9+k^2-\frac{3}{2}k^2$, $\frac{3}{2}k^2=9$

$\therefore k^2=6$

쉬운 풀이: 원에서의 비례 관계 이용하기

두 선분 BC, DE의 길이가 같으므로 이 두 선분은 주어진 원의 지름이야.

즉, 두 선분 BC, DE의 교점은 주어진 원의 중심이고 이 원의 중심을 O라 하면 $\overline{OB}=\overline{OD}=\frac{1}{2}\overline{BC}=\frac{1}{2}\times4=2$야.

이때, 두 삼각형 OBD, OCE는 합동인 삼각형이므로 위의 풀이에 의하여 $\overline{BD}=\overline{CE}=1$이야.

두 삼각형 OBD, OCE에서 $\overline{OB}=\overline{OC}=\overline{OD}=\overline{OE}$이고 $\angle BOD=\angle COE$(맞꼭지각)이므로 두 삼각형은 SAS 합동이야.

또, $\overline{BF}=\overline{CE}=1$이므로 $\overline{OF}=\overline{OB}-\overline{BF}=2-1=1$

즉, 삼각형 BDO에서 선분 DF는 꼭짓점 D와 선분 OB의 중점을 연결한 중선이므로 중선정리에 의하여

삼각형 ABC의 변 BC의 중점을 D라 하면 선분 AD를 중선이라 하고 $\overline{AB}^2+\overline{AC}^2=2(\overline{AD}^2+\overline{BD}^2)$이 성립해.

$\overline{DB}^2+\overline{DO}^2=2(\overline{DF}^2+\overline{BF}^2)$에서 $1^2+2^2=2(\overline{DF}^2+1^2)$

$5=2\overline{DF}^2+2$, $2\overline{DF}^2=3$, $\overline{DF}^2=\frac{3}{2} \quad \therefore \overline{DF}=\frac{\sqrt{6}}{2}$

한편, 원에서의 비례 관계에 의하여 $\overline{AF}\times\overline{DF}=\overline{BF}\times\overline{CF}$에서

한 원에서 두 현 AB, CD 또는 이들의 연장선이 만나는 점을 P라 하면 $\overline{PA}\times\overline{PB}=\overline{PC}\times\overline{PD}$가 성립해.

$k\times\frac{\sqrt{6}}{2}=1\times3$, $k=\sqrt{6} \quad \therefore k^2=6$

코사인법칙 개념·공식

삼각형 ABC의 세 변의 길이와 세 각의 크기 사이에는 다음과 같은 관계가 성립한다.

① $a^2=b^2+c^2-2bc\cos A$
② $b^2=c^2+a^2-2ca\cos B$
③ $c^2=a^2+b^2-2ab\cos C$

F 89 정답 ② *코사인법칙의 활용 [정답률 38%]

(정답 공식: 삼각형 ABC에서 코사인법칙 $a^2=b^2+c^2-2bc\cos A$가 성립한다.)

그림과 같이 $\overline{AB}=5$, $\overline{BC}=4$, $\cos(\angle ABC)=\frac{1}{8}$인 삼각형 ABC가 있다. $\angle ABC$의 이등분선과 $\angle CAB$의 이등분선이 만나는 점을 D, 선분 BD의 연장선과 삼각형 ABC의 외접원이 만나는 점을 E라 할 때, [보기]에서 옳은 것만을 있는 대로 고른 것은? (4점)

단서1 삼각형 ABC의 두 변의 길이와 그 끼인각의 크기에 대한 코사인 값이 주어진 거야.

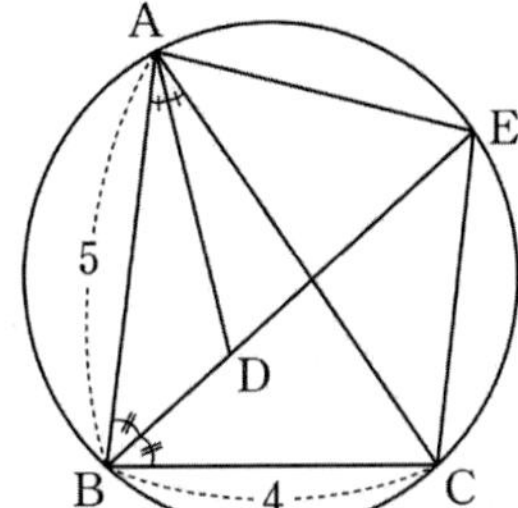

[보기]

ㄱ. $\overline{AC}=6$ 단서2 삼각형 ABC에서 코사인법칙을 이용해.

ㄴ. $\overline{EA}=\overline{EC}$ 단서3 원주각의 성질을 이용해 봐.

ㄷ. $\overline{ED}=\frac{31}{8}$ 단서4 코사인법칙을 이용하여 선분 ED의 길이를 구해.

① ㄱ ② ㄱ, ㄴ ③ ㄱ, ㄷ ④ ㄴ, ㄷ ⑤ ㄱ, ㄴ, ㄷ

1st 코사인법칙을 이용하여 선분 AC의 길이를 구해.

ㄱ. 삼각형 ABC에서 코사인법칙에 의하여

$\overline{AC}^2=\overline{AB}^2+\overline{BC}^2-2\times\overline{AB}\times\overline{BC}\times\cos(\angle ABC)$

$=5^2+4^2-2\times5\times4\times\frac{1}{8}=36$ 삼각형 ABC에서 $a^2=b^2+c^2-2bc\cos A$가 성립하고 이를 코사인법칙이라 해.

$\therefore \overline{AC}=6$ ($\because \overline{AC}>0$) (참)

2nd 삼각형 EAC의 모양을 알아봐.

ㄴ. $\angle CAE$, $\angle CBE$는 호 CE에 대한 원주각이고 $\angle ACE$, $\angle ABE$는 호 AE에 대한 원주각이므로 (한 호에 대한 원주각의 크기는 모두 같아.)

$\angle CAE=\angle CBE$, $\angle ACE=\angle ABE$이다.

이때, $\angle ABE=\angle CBE$이므로 $\angle CAE=\angle ACE$

따라서 삼각형 ACE는 $\overline{EA}=\overline{EC}$인 이등변삼각형이다. (참) (두 밑각의 크기가 같은 삼각형은 이등변삼각형이야.)

3rd 선분 ED의 길이를 구해.

ㄷ. $\angle DAB=\angle DAC=x$, $\angle ABE=\angle CBE=y$라 하면 삼각형 ABD에서 $\angle ADE=\angle DAB+\angle ABD=x+y$

또, $\angle CAE=\angle CBE=y$이므로

$\angle DAE=\angle DAC+\angle CAE=x+y$

($\angle ADE$는 삼각형 ABD의 한 외각이고 삼각형의 외각의 크기는 그와 이웃하지 않는 두 내각의 크기의 합과 같으므로 $\angle ADE=\angle DAB+\angle ABD$가 성립해.)

따라서 삼각형 EAD에서 $\angle DAE=\angle ADE$이므로 삼각형 EAD는 $\overline{EA}=\overline{ED}$ … ㉠인 이등변삼각형이다.

한편, ㄱ에서 $\overline{AC}^2=36$이고 $\angle AEC=\pi-\angle ABC$이므로

원에 내접하는 사각형의 두 대각의 크기의 합은 180°야. 이때, 사각형 ABCE가 원에 내접하므로 $\angle ABC+\angle AEC=180°$에서 $\angle AEC=180°-\angle ABC$가 성립해.

삼각형 EAC에서 코사인법칙에 의하여

$\overline{AC}^2=\overline{EA}^2+\overline{EC}^2-2\times\overline{EA}\times\overline{EC}\times\cos(\pi-\angle ABC)$

$=2\overline{EA}^2-2\times\overline{EA}^2\times\left(-\frac{1}{8}\right)$ ($\because$ ㄴ) $=\frac{9}{4}\overline{EA}^2=36$

$\overline{EA}^2=16$ $\therefore \overline{EA}=4$ ($\because \overline{EA}>0$)

($\angle AEC=\pi-\angle ABC$이고 $\cos(\pi-\theta)=-\cos\theta$이므로 $\cos(\pi-\angle ABC)=-\cos(\angle ABC)$)

따라서 ㉠에 의하여 $\overline{ED}=\overline{EA}=4$ (거짓)

따라서 옳은 것은 ㄱ, ㄴ이다.

F 90 정답 100 *코사인법칙의 활용 [정답률 36%]

(정답 공식: 해안도로에 대한 대칭점과 코사인법칙 $a^2=b^2+c^2-2bc\cos A$를 이용한다.)

그림과 같이 바다에 인접해 있는 두 해안도로가 60°의 각을 이루며 만나고 있다. 두 해안도로가 만나는 지점에서 바다쪽으로 $x\sqrt{3}$ m 떨어져 있는 배에서 출발하여 두 해안 도로를 차례대로 한 번씩 거쳐 다시 배로 되돌아오는 수영코스의 최단길이가 300 m일 때, x의 값을 구하시오. (단, 배는 정지해 있고, 두 해안도로는 일직선 모양이며 그 폭은 무시한다.) (4점) 단서 두 해안도로를 직선으로 생각하고 배의 위치에서 두 해안 도로에 대칭인 점을 구할 수 있어.

1st 대칭점을 이용하여 수영코스의 최단길이를 도형으로 나타내자.

그림과 같이 배의 위치를 점 P라 하고 두 해안도로를 직선 l, m이라 하고 두 직선의 교점을 O라 하자.

점 P에서 두 직선 l, m에 대칭점을 각각 A, B, $\overline{PA}$, $\overline{PB}$와 직선 l, m의 교점을 수영코스의 각각 C, D라 하고, 선분 AB와 두 직선 l, m이 각각 만나는 점을 E, F라 하면 수영코스의 최단길이는 $\overline{AB}$의 길이와 같다.

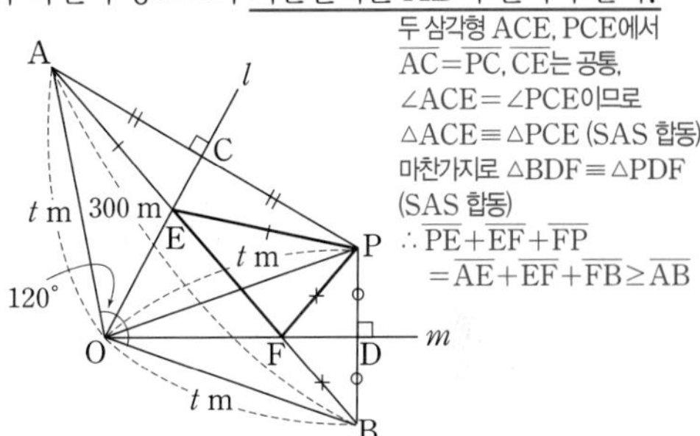

두 삼각형 ACE, PCE에서 $\overline{AC}=\overline{PC}$, $\overline{CE}$는 공통, $\angle ACE=\angle PCE$이므로 $\triangle ACE\equiv\triangle PCE$ (SAS 합동) 마찬가지로 $\triangle BDF\equiv\triangle PDF$ (SAS 합동)

$\therefore \overline{PE}+\overline{EF}+\overline{FP}=\overline{AE}+\overline{EF}+\overline{FB}\geq\overline{AB}$

2nd 삼각형 AOB에서 코사인법칙을 이용하자.

삼각형 AOB에서 $\angle AOB=120°$, $\overline{AB}=300$이므로

$x\sqrt{3}=t$라 하면 코사인법칙에 의하여 ($a^2=b^2+c^2-2bc\cos A$)

$300^2=t^2+t^2-2t^2\cos120°$

$300^2=t^2+t^2+2t^2\cos60°$, $300^2=3t^2$ ($\cos120°=\cos(180°-60°)=-\cos60°$)

$t=100\sqrt{3}=x\sqrt{3}$ $\therefore x=100$

실수 $x\sqrt{3}=t$로 치환하였으므로 답을 구할 때 잊지말고 다시 t의 값을 통해 x의 값을 구할 수 있도록 하자.

코사인법칙 개념·공식

삼각형 ABC의 세 변의 길이와 세 각의 크기 사이에는 다음과 같은 관계가 성립한다.

① $a^2=b^2+c^2-2bc\cos A$

② $b^2=c^2+a^2-2ca\cos B$

③ $c^2=a^2+b^2-2ab\cos C$

F 91 정답 64 ✪1등급 대비 [정답률 14%]

(정답 공식: 외접원의 반지름의 길이가 R인 삼각형 ABC에서 $\frac{a}{\sin A}=\frac{b}{\sin B}=\frac{c}{\sin C}=2R$, $a^2=b^2+c^2-2bc\cos A$가 성립한다.)

그림과 같이 중심이 O, 반지름의 길이가 6이고 중심각의 크기가 $\frac{\pi}{2}$인 부채꼴 OAB가 있다. 호 AB 위에 점 C를 $\overline{AC}=4\sqrt{2}$가 되도록 잡는다. 호 AC 위의 한 점 D에 대하여 점 D를 지나고 선분 OA에 평행한 직선과 점 C를 지나고 선분 AC에 수직인 직선이 만나는 점을 E라 하자. 삼각형 CED의 외접원의 반지름의 길이가 $3\sqrt{2}$일 때, $\overline{AD}=p+q\sqrt{7}$을 만족시키는 두 유리수 p, q에 대하여 $9\times|p\times q|$의 값을 구하시오.

(단, 점 D는 점 A도 아니고 점 C도 아니다.) (4점)

단서1 두 직선 OA, CE의 교점을 이용하여 빗변이 지름인 직각삼각형을 그릴 수 있어.
단서2 사인법칙이 떠오르지?
단서3 $\overline{AD}$의 길이를 구해야 하므로 $\overline{AD}$를 한 변으로 하는 삼각형에서 나머지 변의 길이와 각의 삼각비를 구해야 해.

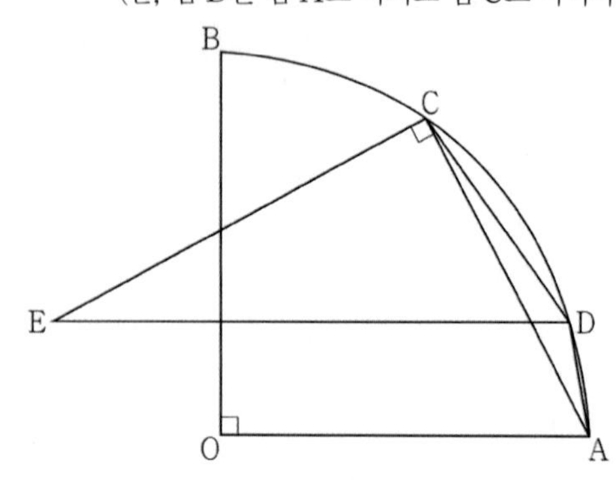

 단서+발상 [유형 05]

단서1 원 위의 세 점을 꼭짓점으로 하는 삼각형이 직각삼각형이면 이 직각삼각형의 빗변은 원의 지름이다. (개념)
이때, $\angle ECA=\frac{\pi}{2}$이므로 두 선분 EC, OA를 연장하여 만나는 점을 F라 하면 직각삼각형 ACF의 빗변 AF는 원의 지름이다. (적용)

단서2 삼각형 CED의 외접원의 반지름의 길이가 주어졌으므로 사인법칙을 이용하여 선분 CD의 길이를 구한다. (적용)

단서3 선분 AC의 길이가 주어졌고, 선분 CD의 길이를 구했으므로 선분 AD의 길이를 구하기 위해 코사인법칙을 이용한다. (발상)
이때, 원에 내접하는 사각형의 두 대각의 크기의 합은 π임을 이용하여 $\angle CDA$에 대한 코사인값을 구한 후 선분 AD의 길이를 구한다. (해결)

[문제 풀이 순서]

1st $\angle DEC$의 삼각비를 구해.

중심이 O이고 반지름의 길이가 6인 원을 C라 하고, 원 C와 직선 OA가 만나는 점 중 A가 아닌 점을 F라 하자.

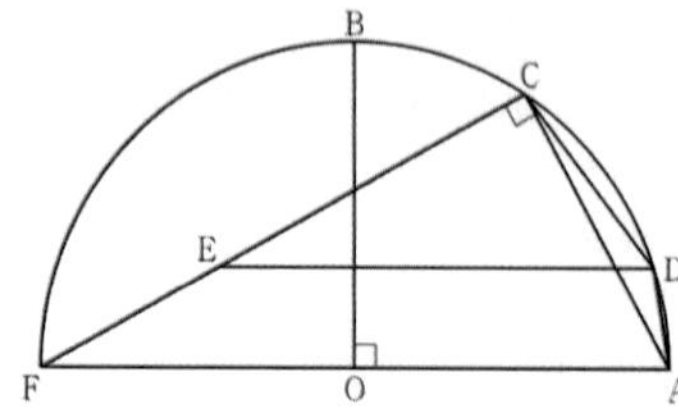

선분 FA는 원 C의 지름이므로 원 위의 점 C에 대하여 $\angle FCA=\frac{\pi}{2}$이다.

이때, $\angle ECA=\frac{\pi}{2}$이므로 세 점 C, E, F는 한 직선 위에 있다.

따라서 두 직선 ED, OA가 평행하므로

$\sin(\angle DEC)=\sin(\angle AFC)=\frac{\overline{AC}}{\overline{AF}}=\frac{4\sqrt{2}}{12}=\frac{\sqrt{2}}{3}$

2nd $\overline{CD}$의 길이를 구하자.

삼각형 CED의 외접원의 반지름의 길이가 $3\sqrt{2}$이므로 삼각형 CED에서 사인법칙에 의하여

(삼각형 ABC의 외접원의 반지름의 길이가 R일 때, $\frac{a}{\sin A}=\frac{b}{\sin B}=\frac{c}{\sin C}=2R$이 성립하고 이를 사인법칙이라 해.)

$\frac{\overline{CD}}{\sin(\angle DEC)}=2\times3\sqrt{2}=6\sqrt{2}$

$\therefore \overline{CD}=6\sqrt{2}\times\frac{\sqrt{2}}{3}=4$

3rd 삼각형 ADC에서 코사인법칙을 이용하여 $\overline{AD}$의 길이를 구하자.

사각형 ADCF가 원 C에 내접하므로

(원에 내접하는 사각형은 대각의 크기의 합이 π야.)

$\cos(\angle CDA)=\cos(\pi-\angle AFC)$ ($\cos(\pi-\theta)=-\cos\theta$)

$=-\cos(\angle AFC)=-\sqrt{1-\left(\frac{\sqrt{2}}{3}\right)^2}=-\frac{\sqrt{7}}{3}$

(직각삼각형 ACF에서 $\angle AFC$는 예각이므로 $\cos(\angle AFC)=\sqrt{1-\sin^2(\angle AFC)}$야.)

이때, 삼각형 ADC에서 코사인법칙에 의하여

($a^2=b^2+c^2-2bc\cos A$가 성립하고 이를 코사인법칙이라 해.)

$\overline{AC}^2=\overline{CD}^2+\overline{AD}^2-2\times\overline{CD}\times\overline{AD}\times\cos(\angle CDA)$에서

$(4\sqrt{2})^2=4^2+\overline{AD}^2-2\times4\times\overline{AD}\times\left(-\frac{\sqrt{7}}{3}\right)$

$\overline{AD}^2+\frac{8\sqrt{7}}{3}\overline{AD}-16=0$

$3\overline{AD}^2+8\sqrt{7}\times\overline{AD}-48=0$

(근의 공식을 이용하여 $\overline{AD}$의 값을 구하면 돼.)

$\therefore \overline{AD}=\frac{-4\sqrt{7}\pm\sqrt{112+144}}{3}=\frac{-4\sqrt{7}\pm16}{3}=\pm\frac{16}{3}-\frac{4\sqrt{7}}{3}$

이때, $\overline{AD}>0$이므로 $\overline{AD}=\frac{16}{3}-\frac{4\sqrt{7}}{3}$

따라서 $p=\frac{16}{3}$, $q=-\frac{4}{3}$이므로 $9\times|p\times q|=9\times\frac{64}{9}=64$

My Top Secret 서울대 선배의 ❶ 등급 대비 전략

삼각형에 외접하는 원의 반지름의 길이에 대한 조건이 주어진 경우 가장 먼저 생각해야 할 것은 사인법칙이야.
또한, 사인법칙과 코사인법칙에 관련된 문제는 원의 성질을 이용하여 해결하는 경우가 많기 때문에 원주각과 중심각 사이의 관계, 원에 내접하는 사각형 등의 원의 성질을 꼭 기억해 두고 문제에 접근해야 해.

사인법칙과 삼각형의 외접원 개념 · 공식

삼각형 ABC의 외접원의 반지름의 길이를 R라 하면 삼각형의 세 변의 길이와 세 각의 크기 사이에는 다음과 같은 관계가 성립한다.

$$\frac{a}{\sin A}=\frac{b}{\sin B}=\frac{c}{\sin C}=2R$$

즉, 삼각형에서 변의 길이와 마주 보는 각에 대한 사인함수의 값의 비는 일정하다.

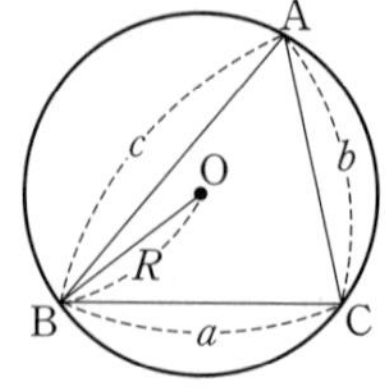

F 92 정답 15

✪2등급 대비 [정답률 25%]

*사인법칙과 코사인법칙을 이용하여 선분의 길이 구하기 [유형 05]

그림과 같이 $\overline{AB}=2$, $\overline{AC}/\!/\overline{BD}$, $\overline{AC}:\overline{BD}=1:2$인 두 삼각형 ABC, ABD가 있다. 점 C에서 선분 AB에 내린 수선의 발 H는 선분 AB를 1 : 3으로 내분한다.

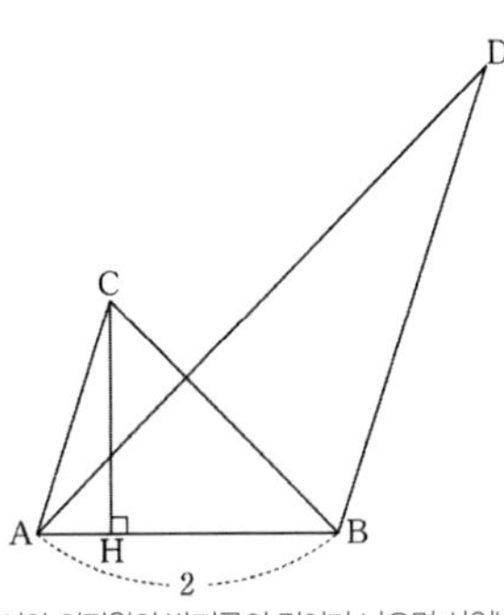

단서1 삼각형의 변의 길이와 외접원의 반지름의 길이가 나오면 사인법칙을 떠올려야 해.

두 삼각형 ABC, ABD의 외접원의 반지름의 길이를 각각 r, R라 할 때, $4(R^2-r^2)\times\sin^2(\angle CAB)=51$이다. $\overline{AC}^2$의 값을 구하시오. $\left(\text{단, } \angle CAB<\frac{\pi}{2}\right)$ (4점)

단서2 사인법칙을 변형하면 R, r에 대한 식으로 나타낼 수 있지? 그 식을 주어진 조건식에 대입해.

 2등급? 사인법칙과 코사인법칙을 활용하여 주어진 조건으로 관계식을 찾아 선분의 길이를 구하는 문제이다.
이를 위해서는 주어진 관계식을 사인법칙과 코사인법칙을 이용하여 구해야 하는 선분의 길이에 대한 식으로 바꿀 수 있어야 한다.

단서+발상

단서1 두 삼각형 ABC, ABD의 변의 길이에 대한 조건과 각 삼각형의 외접원의 반지름의 길이가 주어졌기 때문에 사인법칙을 생각한다. (발상)

단서2 $\sin(\angle CAB)$와 두 삼각형 ABC, ABD의 외접원의 반지름의 길이에 대한 식이 주어졌으므로 이 식을 사인법칙을 이용하여 두 삼각형 ABC, ABD의 선분의 길이에 대한 식으로 변형한다. (적용)

(주의) 사인법칙은 하나의 삼각형과 그 삼각형의 외접원 사이의 관계를 의미하는 것이지 두 삼각형 사이의 관계를 연결하는 것이 아니다.

(핵심 정답 공식: 사인법칙과 코사인법칙을 이용하여 $\overline{AC}^2$의 값을 구한다.)

[문제 풀이 순서]

1st 조건식을 선분의 길이에 대한 식으로 변형해.

$\overline{AC}=k(k>0)$라 하면 $\overline{AC}:\overline{BD}=1:2$이므로 $\overline{BD}=2k$

점 H가 선분 AB를 1 : 3으로 내분하므로

$\overline{AH}=\frac{1}{1+3}\overline{AB}=\frac{1}{4}\times2=\frac{1}{2}$

한편, $\angle CAB=\theta$라 하면 삼각형 ABC에서 사인법칙에 의하여

$\frac{\overline{BC}}{\sin\theta}=2r$ $\quad\therefore \overline{BC}=2r\sin\theta$ ⋯ ㉠

(삼각형 ABC의 외접원의 반지름의 길이가 R이면 $\frac{a}{\sin A}=\frac{b}{\sin B}=\frac{c}{\sin C}=2R$가 성립하고 이를 사인법칙이라 해.)

또, 삼각형 ABD에서 사인법칙에 의하여

$\frac{\overline{AD}}{\sin(\pi-\theta)}=\frac{\overline{AD}}{\sin\theta}=2R$ $\quad\therefore \overline{AD}=2R\sin\theta$ ⋯ ㉡

($\sin(\pi-\theta)=\sin\theta$)

(선분 AB의 오른쪽으로의 연장선 위의 한 점을 E라 하면 $\overline{AC}/\!/\overline{BD}$이므로 $\angle DBE=\angle CAB=\theta$ $\quad\therefore \angle ABD=\angle ABE-\angle DBE=\pi-\theta$)

이때, $4(R^2-r^2)\times\sin^2(\angle CAB)=51$에서

$4(R^2-r^2)\times\sin^2\theta=51$, $4R^2\sin^2\theta-4r^2\sin^2\theta=51$

$\therefore (2R\sin\theta)^2-(2r\sin\theta)^2=51$

여기에 ㉠, ㉡을 대입하면 $\overline{AD}^2-\overline{BC}^2=51$ ⋯ ㉢

2nd $\overline{AC}^2$의 값을 구해.

직각삼각형 AHC에서 $\cos\theta=\frac{\overline{AH}}{\overline{AC}}=\frac{\frac{1}{2}}{k}=\frac{1}{2k}$이므로

삼각형 ABC에서 코사인법칙에 의하여

(삼각형 ABC에서 $a^2=b^2+c^2-2bc\cos A$가 성립하고 이를 코사인법칙이라 해.)

$\overline{BC}^2=\overline{AC}^2+\overline{AB}^2-2\times\overline{AC}\times\overline{AB}\times\cos\theta$

$=k^2+2^2-2\times k\times2\times\frac{1}{2k}$

$=k^2+2$ ⋯ ㉣

또, 삼각형 ABD에서 코사인법칙에 의하여

$\overline{AD}^2=\overline{AB}^2+\overline{BD}^2-2\times\overline{AB}\times\overline{BD}\times\cos(\pi-\theta)$ ($\angle ABD=\pi-\theta$지?)

$=2^2+(2k)^2-2\times2\times2k\times(-\cos\theta)$ ($\cos(\pi-\theta)=-\cos\theta$)

$=4+4k^2-8k\times\left(-\frac{1}{2k}\right)$

$=4k^2+8$ ⋯ ㉤

㉣, ㉤을 ㉢에 대입하면

$(4k^2+8)-(k^2+2)=51$에서

$3k^2=45 \quad \therefore k^2=15$

$\therefore \overline{AC}^2=k^2=15$

1등급 대비 특강

* 주어진 식을 사인법칙으로 사인값과 외접원의 반지름의 길이에 대한 식으로 나타내기

사인법칙은 삼각형의 내각의 크기와 그 각의 대변의 길이 및 외접원의 반지름의 길이에 대한 관계를 의미해.
이때, 주어진 조건식인 $4(R^2-r^2)\times\sin^2(\angle CAB)=51$이 삼각형의 내각의 크기에 대한 sin값과 외접원의 반지름의 길이에 대한 식이므로 이를 통해 두 삼각형 ABC, ABD의 외접원의 반지름의 길이를 이용하여 각 삼각형의 선분의 길이에 대한 식으로 변형하여야 함을 유추해야 해.

사인법칙과 삼각형의 외접원

개념·공식

삼각형 ABC의 외접원의 반지름의 길이를 R라 하면 삼각형의 세 변의 길이와 세 각의 크기 사이에는 다음과 같은 관계가 성립한다.

$$\frac{a}{\sin A}=\frac{b}{\sin B}=\frac{c}{\sin C}=2R$$

즉, 삼각형에서 변의 길이와 마주 보는 각에 대한 사인함수의 값의 비는 일정하다.

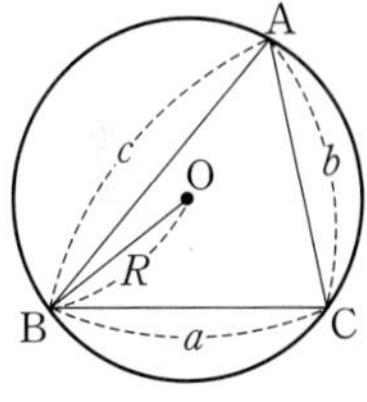

F 93 정답 ③ *사인법칙 [정답률 65%]

(정답 공식: 삼각형 ABC에서 $\frac{\overline{BC}}{\sin A}=\frac{\overline{CA}}{\sin B}=\frac{\overline{AB}}{\sin C}$가 성립한다.)

그림과 같이 $\overline{AB}=\overline{AC}$인 이등변삼각형 ABC에서 선분 AC를 5 : 3으로 내분하는 점을 D라 하자.

단서1 두 선분 AD, CD의 길이의 비가 주어진 거야.

$2\sin(\angle ABD)=5\sin(\angle DBC)$일 때, $\frac{\sin C}{\sin A}$의 값은? (4점)

단서2 $\frac{\sin C}{\sin A}$의 값을 구해야 하니까 변의 길이, 각의 크기를 이용하여 $\sin A$, $\sin C$를 각각 구해 봐.

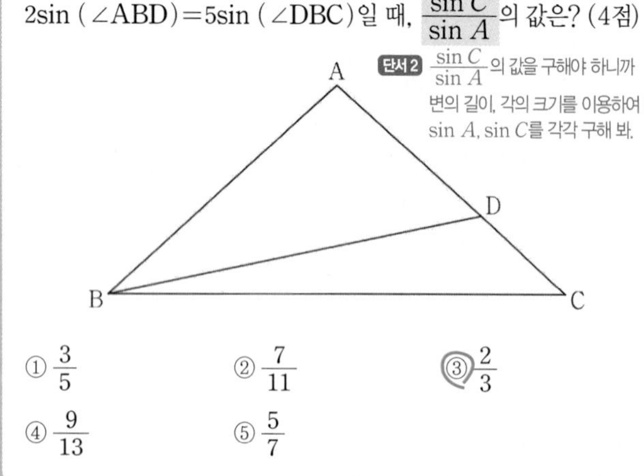

① $\frac{3}{5}$ ② $\frac{7}{11}$ ③ $\frac{2}{3}$ ④ $\frac{9}{13}$ ⑤ $\frac{5}{7}$

1st 두 삼각형 ABD, BCD에서 사인법칙을 적용해.

점 D가 선분 AC를 5 : 3으로 내분하는 점이므로 양수 t에 대하여 $\overline{AD}=5t$, $\overline{CD}=3t$라 하면 두 삼각형 ABD, BCD에서 사인법칙에 의하여

두 삼각형 ABD, BCD는 변 BD를 공통으로 가지고 있으니까 이 선분을 이용하여 사인법칙을 적용해.

$$\frac{5t}{\sin(\angle ABD)}=\frac{\overline{BD}}{\sin A}$$

$$\therefore \sin A=\frac{\overline{BD}\times\sin(\angle ABD)}{5t} \cdots ㉠$$

$$\frac{3t}{\sin(\angle DBC)}=\frac{\overline{BD}}{\sin C}$$

$$\therefore \sin C=\frac{\overline{BD}\times\sin(\angle DBC)}{3t} \cdots ㉡$$

2nd $\frac{\sin C}{\sin A}$의 값을 구해.

$2\sin(\angle ABD)=5\sin(\angle DBC)$에서

$\frac{\sin(\angle DBC)}{\sin(\angle ABD)}=\frac{2}{5}$이므로 ㉠, ㉡에 의하여

$$\frac{\sin C}{\sin A}=\frac{\frac{\overline{BD}\times\sin(\angle DBC)}{3t}}{\frac{\overline{BD}\times\sin(\angle ABD)}{5t}}=\frac{5\sin(\angle DBC)}{3\sin(\angle ABD)}=\frac{5}{3}\times\frac{2}{5}=\frac{2}{3}$$

사인법칙과 코사인법칙 개념·공식

삼각형의 외접원의 반지름의 길이가 R일 때 삼각형의 세 변의 길이와 세 각의 크기 사이에는 다음과 같은 관계가 성립한다.

(1) 사인법칙

$$\frac{a}{\sin A}=\frac{b}{\sin B}=\frac{c}{\sin C}=2R$$

(2) 코사인법칙

① $a^2=b^2+c^2-2bc\cos A$
② $b^2=c^2+a^2-2ca\cos B$
③ $c^2=a^2+b^2-2ab\cos C$

F 94 정답 ③ *사인법칙과 삼각형의 외접원 [정답률 48%]

(정답 공식: 삼각형 ABC의 외접원의 반지름의 길이를 R라 하면 $\frac{a}{\sin A}=\frac{b}{\sin B}=\frac{c}{\sin C}=2R$가 성립한다.)

삼각형 ABC가 다음 조건을 만족시킨다.

(가) $\cos^2 A+\cos^2 B-\cos^2 C=1$
(나) $2\sqrt{2}\cos A+2\cos B+\sqrt{2}\cos C=2\sqrt{3}$

삼각형 ABC의 외접원의 반지름의 길이가 3일 때, 삼각형 ABC의 넓이는? (4점)

단서 삼각형의 외접원의 반지름의 길이가 주어졌으므로 사인법칙을 생각해.

① $4\sqrt{3}$ ② $5\sqrt{2}$ ③ $6\sqrt{2}$ ④ $5\sqrt{3}$ ⑤ $6\sqrt{3}$

1st $\cos^2 A$, $\cos^2 B$, $\cos^2 C$를 삼각형 ABC의 변의 길이로 나타내.

삼각형 ABC에서 $\overline{BC}=a$, $\overline{CA}=b$, $\overline{AB}=c$라 하면 이 삼각형의 외접원의 반지름의 길이가 3이므로 사인법칙에 의하여

$\frac{a}{\sin A}=\frac{b}{\sin B}=\frac{c}{\sin C}=2\times3=6$에서

$\sin A=\frac{a}{6}$, $\sin B=\frac{b}{6}$, $\sin C=\frac{c}{6}$

따라서 $\cos^2 A=1-\sin^2 A=1-\left(\frac{a}{6}\right)^2$,

$\cos^2 B=1-\sin^2 B=1-\left(\frac{b}{6}\right)^2$, $\cos^2 C=1-\sin^2 C=1-\left(\frac{c}{6}\right)^2$

… ㉠이다. $\sin^2 x+\cos^2 x=1$에서 $\cos^2 x=1-\sin^2 x$

2nd ∠C의 크기와 선분 AB의 길이를 구해.

㉠을 조건 (가)에 대입하면

$\left\{1-\left(\frac{a}{6}\right)^2\right\}+\left\{1-\left(\frac{b}{6}\right)^2\right\}-\left\{1-\left(\frac{c}{6}\right)^2\right\}=1$에서

$\left(\frac{a}{6}\right)^2+\left(\frac{b}{6}\right)^2=\left(\frac{c}{6}\right)^2 \quad \therefore a^2+b^2=c^2$

따라서 삼각형 ABC는 선분 AB를 빗변으로 하는 직각삼각형이므로 $\overline{AB}=6$, $\angle C=90°$이다.

삼각형 ABC의 세 변의 길이 a, b, c가 피타고라스 정리를 만족시키므로 삼각형 ABC는 직각삼각형이야.

직각삼각형의 빗변의 중점은 외심과 일치하지? 즉, 직각삼각형 ABC의 빗변 AB는 외접원의 지름이야.

3rd 두 선분 BC, CA의 길이를 구해.

$\angle C=90°$이므로 $0°<\angle A<90°$에서 $\cos A=\sqrt{1-\left(\frac{a}{6}\right)^2}$이고

$\cos B=\sin A=\frac{a}{6}$, $\cos C=\cos 90°=0$이므로 조건 (나)에 대입하면

그림과 같이 $\angle C=90°$인 직각삼각형 ABC에서 $\cos B=\sin A$임을 알 수 있어.

$2\sqrt{2}\sqrt{1-\left(\frac{a}{6}\right)^2}+2\times\frac{a}{6}+\sqrt{2}\times0=2\sqrt{3}$에서

$2\sqrt{2}\sqrt{1-\left(\frac{a}{6}\right)^2}=2\sqrt{3}-\frac{a}{3}$

양변을 제곱하면

$8-\frac{2}{9}a^2=12-\frac{4\sqrt{3}}{3}a+\frac{a^2}{9}$, $\frac{a^2}{3}-\frac{4\sqrt{3}}{3}a+4=0$

$a^2-4\sqrt{3}a+12=0$, $(a-2\sqrt{3})^2=0 \quad \therefore a=2\sqrt{3}$

즉, $a^2+b^2=c^2$에서 $(2\sqrt{3})^2+b^2=6^2$, $b^2=36-12=24 \quad \therefore b=2\sqrt{6}$

따라서 삼각형 ABC의 넓이를 S라 하면

$$S=\frac{1}{2}\times\overline{BC}\times\overline{CA}=\frac{1}{2}\times a\times b=\frac{1}{2}\times2\sqrt{3}\times2\sqrt{6}=6\sqrt{2}$$

F 95 정답 27 *사인법칙과 삼각형의 외접원 ········ [정답률 48%]

(정답 공식: 삼각형 ABC의 외접원의 반지름의 길이를 R라 하면 $\frac{a}{\sin A}=\frac{b}{\sin B}=\frac{c}{\sin C}=2R$가 성립하고 이를 사인법칙이라 한다.)

$\angle\mathrm{BAC}=\theta\left(\frac{2}{3}\pi\le\theta<\frac{3}{4}\pi\right)$인 삼각형 ABC의 외접원의 중심을 O, 세 점 B, O, C를 지나는 원의 중심을 O′이라 하자. 다음은 점 O′이 선분 AB 위에 있을 때, $\frac{\overline{\mathrm{BC}}}{\overline{\mathrm{AC}}}$의 값을 θ에 대한 식으로 나타내는 과정이다.

> 삼각형 ABC의 외접원의 반지름의 길이를 R라 하면 사인법칙에 의하여 $\frac{\overline{\mathrm{BC}}}{\sin\theta}=2R$
> 세 점 B, O, C를 지나는 원의 반지름의 길이를 r라 하자. 선분 O′O는 선분 BC를 수직이등분하므로 이 두 선분의 교점을 M이라 하면
> $\overline{\mathrm{O'M}}=r-\overline{\mathrm{OM}}=r-|R\cos\theta|$ → 단서1 직각삼각형 BOM에서 선분 OM의 길이를 구해.
> 직각삼각형 O′BM에서 $R=$ (가) $\times r$이므로
> $\sin(\angle\mathrm{O'BM})=$ (나) 단서2 직각삼각형 O′BM에서 피타고라스 정리를 이용해.
> 따라서 삼각형 ABC에서 사인법칙에 의하여
> $\frac{\overline{\mathrm{BC}}}{\overline{\mathrm{AC}}}=$ (다)

위의 (가), (나), (다)에 알맞은 식을 각각 $f(\theta)$, $g(\theta)$, $h(\theta)$라 하자. $\cos\alpha=-\frac{3}{5}$, $\cos\beta=-\frac{\sqrt{10}}{5}$인 α, β에 대하여 $f(\alpha)+g(\beta)+\left\{h\left(\frac{2}{3}\pi\right)\right\}^2=\frac{q}{p}$이다. $p+q$의 값을 구하시오.
(단, p와 q는 서로소인 자연수이다.) (4점)

1st 선분 O′M의 길이를 구해.

삼각형 ABC의 외접원의 반지름의 길이를 R라 하면 사인법칙에 의하여

$\frac{\overline{\mathrm{BC}}}{\sin\theta}=2R$

$\therefore \overline{\mathrm{BC}}=2R\sin\theta$

세 점 B, O, C를 지나는 원의 반지름의 길이를 r라 하자. 선분 O′O는 선분 BC를 수직이등분하므로 이 두 선분의 교점을 M이라 하면

(선분 BC는 두 원의 공통현이고 선분 OO′는 두 원의 중심을 지나므로 선분 OO′는 선분 BC를 수직이등분 해.)

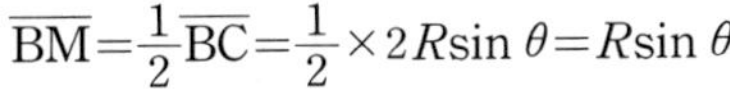

$\overline{\mathrm{BM}}=\frac{1}{2}\overline{\mathrm{BC}}=\frac{1}{2}\times2R\sin\theta=R\sin\theta$

또, 직각삼각형 BOM에서 피타고라스 정리에 의하여

$\overline{\mathrm{OM}}=\sqrt{\overline{\mathrm{OB}}^2-\overline{\mathrm{BM}}^2}$
$=\sqrt{R^2-(R\sin\theta)^2}$
$=\sqrt{R^2-R^2\sin^2\theta}$
$=\sqrt{R^2(1-\sin^2\theta)}$ → $1-\sin^2x=\cos^2x$
$=\sqrt{R^2\cos^2\theta}$
$=|R\cos\theta|$

$\therefore \overline{\mathrm{O'M}}=\overline{\mathrm{O'O}}-\overline{\mathrm{OM}}=r-|R\cos\theta|$

2nd 사인법칙을 이용하여 $\frac{\overline{\mathrm{BC}}}{\overline{\mathrm{AC}}}$의 값을 θ에 대한 식으로 나타내.

직각삼각형 O′BM에서 피타고라스 정리에 의하여

$\overline{\mathrm{O'B}}^2=\overline{\mathrm{BM}}^2+\overline{\mathrm{O'M}}^2$에서

$r^2=(R\sin\theta)^2+(r-|R\cos\theta|)^2$

$r^2=R^2\sin^2\theta+r^2-2r|R\cos\theta|+R^2\cos^2\theta$

$R^2(\sin^2\theta+\cos^2\theta)=2r|R\cos\theta|$ ($\sin^2x+\cos^2x=1$)

$R^2=2rR|\cos\theta|$

$R>0$이므로 $|R\cos\theta|=R|\cos\theta|$이고 양변을 R로 나눌 수 있어.

$\therefore R=2r|\cos\theta|=2|\cos\theta|\times r$ ⋯ ㉠ ← (가)

즉, 직각삼각형 O′BM에서

$\sin(\angle\mathrm{O'BM})=\frac{\overline{\mathrm{O'M}}}{\overline{\mathrm{O'B}}}=\frac{r-|R\cos\theta|}{r}$
$=1-\frac{R|\cos\theta|}{r}$
$=1-\frac{2r|\cos\theta|\times|\cos\theta|}{r}$ ($\because$ ㉠)
$=1-2\cos^2\theta$ ← (나)

따라서 $\sin(\angle\mathrm{ABC})=\sin(\angle\mathrm{O'BM})=1-2\cos^2\theta$이므로

삼각형 ABC에서 사인법칙에 의하여

$\frac{\overline{\mathrm{AC}}}{\sin(\angle\mathrm{ABC})}=\frac{\overline{\mathrm{BC}}}{\sin\theta}$

$\therefore \frac{\overline{\mathrm{BC}}}{\overline{\mathrm{AC}}}=\frac{\sin\theta}{\sin(\angle\mathrm{ABC})}=\frac{\sin\theta}{1-2\cos^2\theta}$ ← (다)

3rd $f(\alpha)+g(\beta)+\left\{h\left(\frac{2}{3}\pi\right)\right\}^2$의 값을 구해.

$f(\theta)=2|\cos\theta|$, $g(\theta)=1-2\cos^2\theta$, $h(\theta)=\frac{\sin\theta}{1-2\cos^2\theta}$이므로

$f(\alpha)=2|\cos\alpha|=2\times\left|-\frac{3}{5}\right|=\frac{6}{5}$

$g(\beta)=1-2\cos^2\beta=1-2\times\left(-\frac{\sqrt{10}}{5}\right)^2=1-2\times\frac{10}{25}=\frac{1}{5}$

$h\left(\frac{2}{3}\pi\right)=\frac{\sin\frac{2}{3}\pi}{1-2\cos^2\frac{2}{3}\pi}=\frac{\frac{\sqrt{3}}{2}}{1-2\times\left(-\frac{1}{2}\right)^2}=\frac{\frac{\sqrt{3}}{2}}{\frac{1}{2}}=\sqrt{3}$

$\therefore f(\alpha)+g(\beta)+\left\{h\left(\frac{2}{3}\pi\right)\right\}^2=\frac{6}{5}+\frac{1}{5}+(\sqrt{3})^2=\frac{22}{5}$

따라서 $p=5$, $q=22$이므로 $p+q=5+22=27$

사인법칙과 삼각형의 외접원 (개념·공식)

삼각형 ABC의 외접원의 반지름의 길이를 R라 하면 삼각형의 세 변의 길이와 세 각의 크기 사이에는 다음과 같은 관계가 성립한다.

$\frac{a}{\sin A}=\frac{b}{\sin B}=\frac{c}{\sin C}=2R$

즉, 삼각형에서 변의 길이와 마주 보는 각에 대한 사인함수의 값의 비는 일정하다.

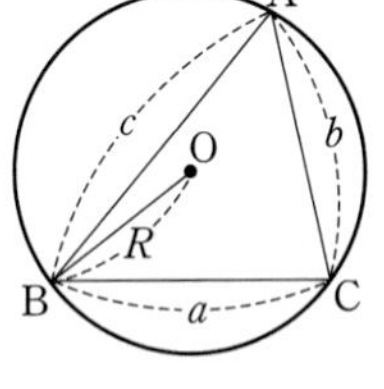

F 96 정답 ④ *사인법칙과 코사인법칙 [정답률 58%]

(정답 공식: 삼각형 ABC에서 $a^2=b^2+c^2-2bc\cos A$가 성립한다.)

그림과 같이 중심이 O_1이고 반지름의 길이가 $r(r>3)$인 원 C_1과 중심이 O_2이고 반지름의 길이가 1인 원 C_2에 대하여 $\overline{O_1O_2}=2$이다. 원 C_1 위를 움직이는 점 A에 대하여 직선 AO_2가 원 C_1과 만나는 점 중 A가 아닌 점을 B라 하자. 원 C_2 위를 움직이는 점 C에 대하여 직선 AC가 원 C_1과 만나는 점 중 A가 아닌 점을 D라 하자. 다음은 $\overline{BD}$가 최대가 되도록 네 점 A, B, C, D를 정할 때, $\overline{O_1C}^2$을 r에 대한 식으로 나타내는 과정이다.

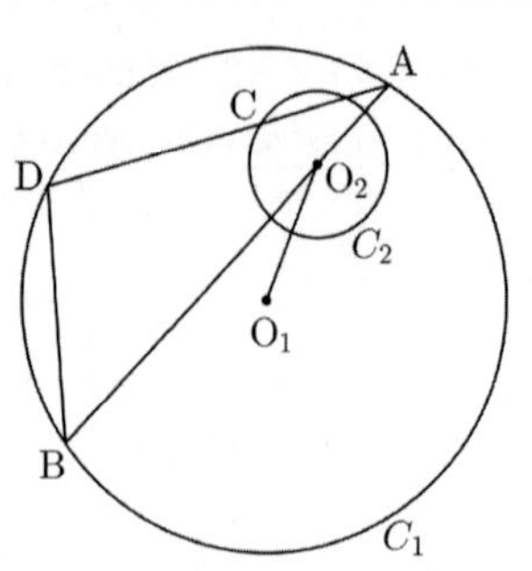

> 삼각형 ADB에서 사인법칙에 의하여
>
> $\dfrac{\overline{BD}}{\sin A}=$ (가) 이므로 $\overline{BD}$가 최대이려면 직선 AD가 원 C_2와 점 C에서 접해야 한다.
>
> (단서1 이 값을 원 C_1의 반지름의 길이 r를 이용하여 나타내야 해.)
>
> 이때 직각삼각형 ACO_2에서 $\sin A=\dfrac{1}{\overline{AO_2}}$이므로
>
> $\overline{BD}=\dfrac{1}{\overline{AO_2}}\times$ (가) 이다.
>
> (단서2 선분 AO_2의 길이가 최소가 되려면 세 점 O_1, O_2, A가 한 직선 위에 있어야 해.)
>
> 그러므로 직선 AD가 원 C_2와 점 C에서 접하고 $\overline{AO_2}$가 최소일 때 $\overline{BD}$는 최대이다.
>
> $\overline{AO_2}$의 최솟값은 (나) 이므로 $\overline{BD}$가 최대일 때,
>
> $\overline{O_1C}^2=$ (다) 이다. (단서3 삼각형 ACO_1에서 코사인법칙을 적용해.)

위의 (가), (나), (다)에 알맞은 식을 각각 $f(r)$, $g(r)$, $h(r)$라 할 때, $f(4)\times g(5)\times h(6)$의 값은? (4점)

① 216 ② 192 ③ 168 ④ 144 ⑤ 120

1st 선분 BD의 길이가 최대일 때 두 점 A, C의 위치를 정해.

삼각형 ADB의 외접원 C_1의 반지름의 길이가 r이므로 사인법칙에 의하여

$\dfrac{\overline{BD}}{\sin A}=2r$ ⋯ ㉠이다. (가)

(반지름의 길이가 R인 원에 내접하는 삼각형 ABC에서 $\dfrac{a}{\sin A}=\dfrac{b}{\sin B}=\dfrac{c}{\sin C}=2R$가 성립하고 이를 사인법칙이라 해.)

즉, 선분 BD의 길이가 최대이려면 직선 AD가 원 C_2와 점 C에서 접해야 한다.

이때, 직각삼각형 ACO_2에서

(점 C는 직선 AC와 원 C_2의 접점이므로 직선 AC와 점 C를 지나는 원 C_2의 반지름은 서로 수직이야.)

$\sin A=\dfrac{\overline{O_2C}}{\overline{AO_2}}=\dfrac{1}{\overline{AO_2}}$ ⋯ ㉡이므로 ㉠에 의하여

(점 C는 원 C_2 위의 점이므로 선분 O_2C는 원 C_2의 반지름이야.)

$\overline{BD}=\sin A\times 2r=\dfrac{1}{\overline{AO_2}}\times 2r$이다.

그러므로 직선 AD가 원 C_2와 점 C에서 접하고 선분 AO_2의 길이가 최소일 때 선분 BD의 길이는 최대이다.

2nd 선분 BD의 길이가 최대일 때 $\overline{O_1C}^2$을 r에 대하여 나타내.

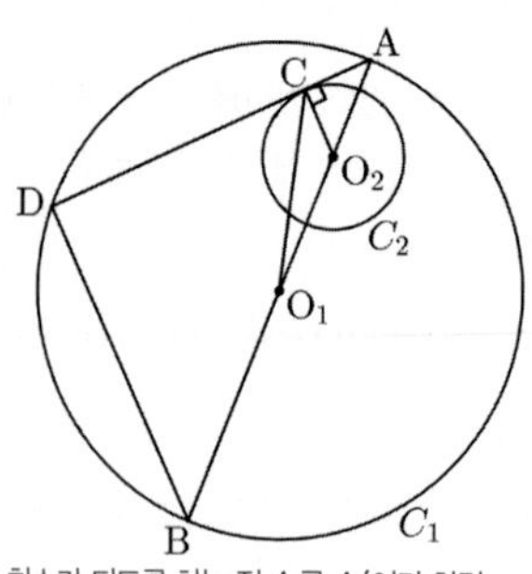

(선분 AO_2의 길이가 최소가 되도록 하는 점 A를 A′이라 하면 $\overline{O_1O_2}+\overline{AO_2}\ge\overline{O_1A'}=\overline{O_1O_2}+\overline{A'O_2}$이므로 세 점 O_1, O_2, A는 한 직선 위에 있어야 해.)

선분 AO_2의 길이가 최소가 되려면 세 점 O_1, O_2, A가 한 직선 위에 있어야 하고 $\overline{O_1O_2}=2$, $\overline{O_1A}=r$이므로 선분 AO_2의 길이의 최솟값은 $\overline{O_1A}-\overline{O_1O_2}=r-2$ 이다. (나)

한편, 선분 BD의 길이가 최대일 때 직각삼각형 ACO_2에서 $\overline{AO_2}=r-2$, $\overline{O_2C}=1$이므로 피타고라스 정리에 의하여

$\overline{AC}=\sqrt{\overline{AO_2}^2-\overline{O_2C}^2}$

$=\sqrt{(r-2)^2-1^2}=\sqrt{r^2-4r+3}$

$\therefore \cos A=\dfrac{\overline{AC}}{\overline{AO_2}}=\dfrac{\sqrt{r^2-4r+3}}{r-2}$

따라서 삼각형 ACO_1에서 코사인법칙에 의하여

$\overline{O_1C}^2=\overline{AC}^2+\overline{AO_1}^2-2\times\overline{AC}\times\overline{AO_1}\times\cos A$

$=(\sqrt{r^2-4r+3})^2+r^2-2\times\sqrt{r^2-4r+3}\times r\times\dfrac{\sqrt{r^2-4r+3}}{r-2}$

$=r^2-4r+3+r^2-\dfrac{2r^3-8r^2+6r}{r-2}=\dfrac{5r-6}{r-2}$ (다)

3rd $f(4)\times g(5)\times h(6)$의 값을 구해.

따라서 $f(r)=2r$, $g(r)=r-2$, $h(r)=\dfrac{5r-6}{r-2}$이므로

$f(4)=2\times4=8$, $g(5)=5-2=3$, $h(6)=\dfrac{5\times6-6}{6-2}=6$

$\therefore f(4)\times g(5)\times h(6)=8\times3\times6=144$

다른 풀이: 삼각형 O_1O_2C에서 코사인법칙을 이용하여 $\overline{O_1O}^2$의 값 구하기

$\overline{O_1C}^2$을 삼각형 O_1O_2C에서 코사인법칙을 이용하여 구해 보자.

직각삼각형 ACO_2에서 $\angle CO_2A=\dfrac{\pi}{2}-\angle O_2AC$이므로

삼각형 O_1O_2C에서 $\angle O_1O_2C=\pi-\angle CO_2A=\dfrac{\pi}{2}+\angle O_2AC$야.

$\therefore \cos(\angle O_1O_2C)=\cos\left(\dfrac{\pi}{2}+\angle O_2AC\right)=-\sin(\angle O_2AC)$

($\cos\left(\dfrac{\pi}{2}+\theta\right)=-\sin\theta$)

$=-\dfrac{1}{\overline{AO_2}}(\because ㉡)=-\dfrac{1}{r-2}$

따라서 삼각형 O_1O_2C에서 코사인법칙에 의하여

$\overline{O_1C}^2=\overline{O_1O_2}^2+\overline{O_2C}^2-2\times\overline{O_1O_2}\times\overline{O_2C}\times\cos(\angle O_1O_2C)$

$=2^2+1^2-2\times2\times1\times\left(-\dfrac{1}{r-2}\right)$

$=5+\dfrac{4}{r-2}=\dfrac{5r-6}{r-2}$

(이하 동일)

F 97 정답 ⑤ *코사인법칙의 활용 [정답률 55%]

정답 공식: 삼각형 ABC의 외접원의 반지름의 길이를 R라 하면 $\frac{\overline{BC}}{\sin A}=\frac{\overline{CA}}{\sin B}=\frac{\overline{AB}}{\sin C}=2R$가 성립한다.

단서1 세 변의 길이가 정해져 있으니까 세 내각의 크기도 결정되어 있는 거야.

$\overline{AB}=5$, $\overline{BC}=7$, $\overline{AC}=6$인 삼각형 ABC가 있다. 두 선분 AB, AC 위에 삼각형 ADE의 외접원이 선분 BC에 접하도록 점 D, E를 각각 잡을 때, 선분 DE의 길이의 최솟값은? (5점)

단서2 사인법칙을 생각해. 단서3 그림을 그려 선분 DE의 길이가 언제 최소가 되는지 따져줘야 해.

① $\frac{64}{15}$ ② $\frac{81}{20}$ ③ 4 ④ $\frac{121}{30}$ ⑤ $\frac{144}{35}$

1st 선분 DE의 길이가 최소가 되는 조건을 찾아.

삼각형 ADE의 외접원의 반지름의 길이를 R라 하면 사인법칙에 의하여

$\frac{\overline{DE}}{\sin A}=2R$에서 $\overline{DE}=2R\sin A$ … ㉠

따라서 선분 DE의 길이가 최소일 때는 삼각형 ADE의 외접원의 반지름의 길이가 최소가 될 때, 즉 그림과 같이 삼각형 ADE의 외접원과 선분 BC의 접점을 H라 할 때, 선분 AH가 삼각형 ADE의 외접원의 지름이 될 때이다.

→ 삼각형 ABC의 세 변의 길이가 결정되어 있으므로 삼각형 ABC의 세 내각의 크기도 결정되어 있지? 즉, $\sin A$의 값은 고정된 값이니까 선분 DE의 길이가 최소이려면 R의 값이 최소가 되어야 해.

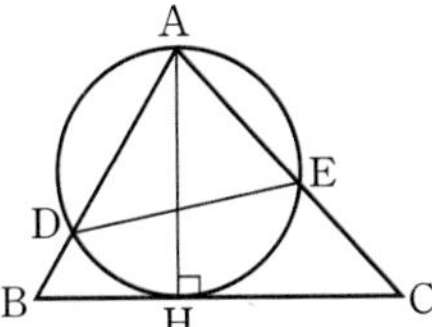

2nd 선분 DE의 길이의 최솟값을 구해.

삼각형 ABC에서 코사인법칙에 의하여

→ 삼각형 ABC에서 $\overline{BC}^2=\overline{AB}^2+\overline{AC}^2-2\times\overline{AB}\times\overline{AC}\times\cos A$가 성립하고 이를 코사인법칙이라 해.

$$\cos A=\frac{\overline{AB}^2+\overline{AC}^2-\overline{BC}^2}{2\times\overline{AB}\times\overline{AC}}=\frac{5^2+6^2-7^2}{2\times5\times6}=\frac{12}{60}=\frac{1}{5}$$

$\therefore \sin A=\sqrt{1-\cos^2 A}$ ($\because 0^\circ<A<180^\circ$) → $\sin^2 x+\cos^2 x=1$

$$=\sqrt{1-\left(\frac{1}{5}\right)^2}=\sqrt{\frac{24}{25}}=\frac{2\sqrt{6}}{5}$$

한편, 삼각형 ABC의 넓이에 의하여

$\frac{1}{2}\times\overline{AB}\times\overline{AC}\times\sin A=\frac{1}{2}\times\overline{BC}\times\overline{AH}$에서

→ 두 변의 길이가 a, b이고 그 끼인각의 크기가 θ인 삼각형의 넓이를 S라 하면 $S=\frac{1}{2}ab\sin\theta$야.

$\frac{1}{2}\times5\times6\times\frac{2\sqrt{6}}{5}=\frac{1}{2}\times7\times\overline{AH}$

$\therefore \overline{AH}=\frac{12\sqrt{6}}{7}$

따라서 삼각형 ADE의 외접원의 지름의 길이가 $\frac{12\sqrt{6}}{7}$일 때, 선분 DE의 길이가 최소이고 그 길이는 ㉠에 의하여 $\overline{DE}=\frac{12\sqrt{6}}{7}\times\frac{2\sqrt{6}}{5}=\frac{144}{35}$

코사인법칙 (개념·공식)

삼각형 ABC의 세 변의 길이와 세 각의 크기 사이에는 다음과 같은 관계가 성립한다.

① $a^2=b^2+c^2-2bc\cos A$
② $b^2=c^2+a^2-2ca\cos B$
③ $c^2=a^2+b^2-2ab\cos C$

F 98 정답 ④ *삼각형의 넓이 [정답률 61%]

정답 공식: 삼각형 ABC의 외접원의 반지름의 길이를 R이라 할 때 $\frac{a}{\sin A}=\frac{b}{\sin B}=\frac{c}{\sin C}=2R$이 성립한다.

넓이가 $4\sqrt{3}$이고 $\angle A=\frac{\pi}{3}$인 삼각형 ABC의 외접원의 반지름의 길이가 4일 때, $\overline{AB}+\overline{BC}+\overline{CA}$의 값은? (4점)

단서1 삼각형의 이웃한 두 변의 길이와 그 끼인각의 크기를 알면 삼각형의 넓이를 구할 수 있지?

단서2 삼각형의 외접원의 반지름의 길이와 관련있는 사인법칙을 이용해.

① $4(\sqrt{2}+\sqrt{3})$ ② $4(2+\sqrt{3})$ ③ $4(\sqrt{3}+\sqrt{5})$ ④ $4(\sqrt{3}+\sqrt{6})$ ⑤ $4(\sqrt{3}+\sqrt{7})$

1st 사인법칙을 이용하여 선분 BC의 길이를 구해.

삼각형 ABC의 외접원의 반지름의 길이가 4이고 $\angle A=\frac{\pi}{3}$이므로

사인법칙에 의하여 $\frac{\overline{BC}}{\sin A}=2\times4$에서

→ 삼각형 ABC의 외접원의 반지름의 길이를 R이라 할 때 $\frac{a}{\sin A}=\frac{b}{\sin B}=\frac{c}{\sin C}=2R$이 성립하고 이를 사인법칙이라 해.

$\overline{BC}=8\sin A=8\sin\frac{\pi}{3}=8\times\frac{\sqrt{3}}{2}=4\sqrt{3}$ … ㉠

2nd 삼각형 ABC의 넓이를 이용하여 두 변 AB, AC의 길이 사이의 관계식을 하나 구해.

이때, 삼각형 ABC의 넓이가 $4\sqrt{3}$이므로

$\frac{1}{2}\times\overline{AB}\times\overline{AC}\times\sin A=4\sqrt{3}$에서

→ 이웃한 두 변의 길이가 각각 a, b이고 그 끼인각의 크기가 θ인 삼각형의 넓이를 S라 하면 $S=\frac{1}{2}ab\sin\theta$

$\frac{1}{2}\times\overline{AB}\times\overline{AC}\times\sin\frac{\pi}{3}=4\sqrt{3}$

$\frac{1}{2}\times\overline{AB}\times\overline{AC}\times\frac{\sqrt{3}}{2}=4\sqrt{3}$

$\therefore \overline{AB}\times\overline{AC}=16$ … ㉡

3rd 코사인법칙을 이용하여 두 변 AB, AC의 길이 사이의 관계식을 하나 더 구해.

또, 삼각형 ABC에서 코사인법칙에 의하여

→ 삼각형 ABC에서 $a^2=b^2+c^2-2bc\cos A$가 성립하고 이를 코사인법칙이라 해.

$\overline{BC}^2=\overline{AB}^2+\overline{AC}^2-2\times\overline{AB}\times\overline{AC}\times\cos A$에서

$(4\sqrt{3})^2=\overline{AB}^2+\overline{AC}^2-2\times\overline{AB}\times\overline{AC}\times\cos\frac{\pi}{3}$

$48=\overline{AB}^2+\overline{AC}^2-2\times16\times\frac{1}{2}$ ($\because$ ㉡)

$\therefore \overline{AB}^2+\overline{AC}^2=48+16=64$ … ㉢

4th $\overline{AB}+\overline{BC}+\overline{CA}$의 값을 구해.

㉡, ㉢에 의하여

$(\overline{AB}+\overline{AC})^2=\overline{AB}^2+\overline{AC}^2+2\times\overline{AB}\times\overline{AC}=64+2\times16=96$

$\therefore \overline{AB}+\overline{AC}=\sqrt{96}=4\sqrt{6}$ … ㉣

따라서 ㉠, ㉣에 의하여

$\overline{AB}+\overline{BC}+\overline{CA}=4\sqrt{3}+4\sqrt{6}=4(\sqrt{3}+\sqrt{6})$

F 99 정답 64 *삼각형의 넓이 [정답률 68%]

(정답 공식: 삼각형 ABC에서 $a^2=b^2+c^2-2bc\cos A$가 성립한다.)

그림과 같이 $\overline{AB}=7$, $\overline{BC}=13$, $\overline{CA}=10$인 삼각형 ABC가 있다.
단서1 삼각형의 세 변의 길이를 알면 코사인법칙을 이용하여 세 각에 대한 코사인값을 알 수 있어.
선분 AB 위의 점 P와 선분 AC 위의 점 Q를 $\overline{AP}=\overline{CQ}$이고 사각형 PBCQ의 넓이가 $14\sqrt{3}$이 되도록 잡을 때, $\overline{PQ}^2$의 값을 구하시오. (3점)
단서2 삼각형 APQ의 넓이는 삼각형 ABC의 넓이에서 사각형 PBCQ의 넓이를 뺀 값과 같아.
단서3 삼각형 APQ에서 각 A에 대한 코사인값과 두 선분 AP, AQ의 길이를 알면 선분 PQ의 길이를 구할 수 있어.

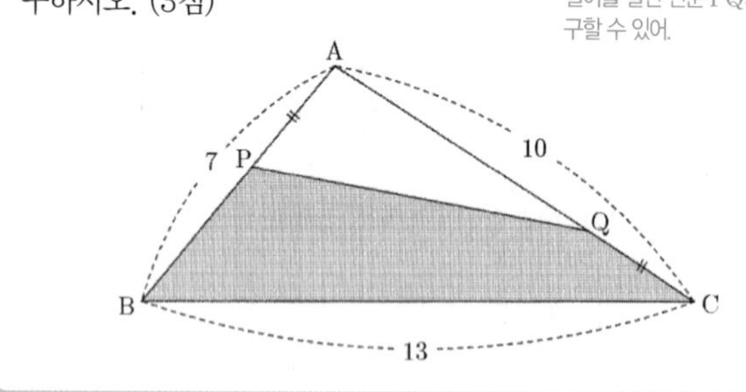

1st ∠BAC에 대한 코사인값과 사인값을 각각 구해.

∠BAC$=\theta$라 하면 삼각형 ABC에서 코사인법칙에 의하여

$$\cos\theta=\frac{\overline{AB}^2+\overline{AC}^2-\overline{BC}^2}{2\times\overline{AB}\times\overline{AC}}=\frac{7^2+10^2-13^2}{2\times7\times10}=-\frac{1}{7}$$

$\overline{BC}^2=\overline{AB}^2+\overline{AC}^2-2\times\overline{AB}\times\overline{AC}\times\cos\theta$

$$\therefore \sin\theta=\sqrt{1-\cos^2\theta}=\sqrt{1-\left(-\frac{1}{7}\right)^2}=\sqrt{\frac{48}{49}}=\frac{4\sqrt{3}}{7}$$

θ는 삼각형 ABC의 한 내각이므로 $0<\theta<\pi$지? 즉, $\sin\theta$의 값은 양수야.

2nd 삼각형 APQ의 넓이를 이용하여 두 선분 AP, AQ의 길이를 각각 구해.

삼각형 ABC의 넓이는

$$\frac{1}{2}\times\overline{AB}\times\overline{AC}\times\sin\theta=\frac{1}{2}\times7\times10\times\frac{4\sqrt{3}}{7}=20\sqrt{3}$$

이웃한 두 변의 길이가 각각 a, b이고 그 끼인각의 크기가 θ인 삼각형의 넓이를 S라 하면 $S=\frac{1}{2}ab\sin\theta$

한편, 사각형 PBCQ의 넓이가 $14\sqrt{3}$이고 삼각형 APQ의 넓이는 삼각형 ABC의 넓이에서 사각형 PBCQ의 넓이를 빼서 구하면 되므로

$\triangle APQ=20\sqrt{3}-14\sqrt{3}=6\sqrt{3}$

양수 x에 대하여 $\overline{AP}=x$라 하면 $\overline{AP}=\overline{CQ}$이므로

$\overline{AQ}=\overline{AC}-\overline{CQ}=\overline{AC}-\overline{AP}=10-x$

이때, 삼각형 APQ의 넓이가 $6\sqrt{3}$이므로

$\frac{1}{2}\times\overline{AP}\times\overline{AQ}\times\sin\theta=6\sqrt{3}$에서

$\frac{1}{2}x(10-x)\times\frac{4\sqrt{3}}{7}=6\sqrt{3}$

정리하면 $x^2-10x+21=0$

$(x-3)(x-7)=0$ $\quad\therefore x=3$ 또는 $x=7$

$\therefore \overline{AP}=3$, $\overline{AQ}=7$ 또는 $\overline{AP}=7$, $\overline{AQ}=3$

3rd $\overline{PQ}^2$의 값을 구해.

삼각형 APQ에서 코사인법칙에 의하여

$$\overline{PQ}^2=\overline{AP}^2+\overline{AQ}^2-2\times\overline{AP}\times\overline{AQ}\times\cos\theta$$
$$=3^2+7^2-2\times3\times7\times\left(-\frac{1}{7}\right)=9+49+6=64$$

G 등차수열과 등비수열

기본 기출 문제

G 01 정답 ④ *등차수열의 특정항 구하기 – 첫째항 이용 [정답률 95%]

(정답 공식: 공차를 d로 두면, $a_4=a_1+3d$)

❶등차수열 $\{a_n\}$에 대하여 ❷$a_1=1$, $a_4=7$일 때, a_2+a_3의 값은? (2점)
단서 등차수열 ❶의 일반항을 구하면 돼. 첫째항 ❷가 주어졌으니까 a_4로 공차를 구할 수 있네.

① 5 ② 6 ③ 7 ④ 8 ⑤ 9

1st 등차수열 $\{a_n\}$의 첫째항이 주어졌으니까 공차 d만 알면 a_2+a_3의 값을 구할 수 있겠네.

등차수열 $\{a_n\}$의 첫째항을 a_1, 공차를 d라 하면
→ 첫째항이 a_1이고 공차가 d인 등차수열 $\{a_n\}$의 일반항은 $a_n=a_1+(n-1)d$

$a_1=1$이고 $a_4=a_1+3d=1+3d=7$이므로 $d=2$

$\therefore a_2+a_3=(a_1+d)+(a_1+2d)=2a_1+3d=2\times1+3\times2=8$

톡톡 풀이: 등차중항 이용하기

등차중항을 이용하면 $a_1+a_3=2a_2$, $a_2+a_4=2a_3$

두 식을 변끼리 더하면

$a_1+(a_2+a_3)+a_4=2(a_2+a_3)$
이항하여 정리하면 돼.

$\therefore a_2+a_3=a_1+a_4=1+7=8$

G 02 정답 2 *등차수열의 특정항 구하기 – 특정항 이용 [정답률 89%]

(정답 공식: $a_{n+1}-a_n=d$)

등차수열 $\{a_n\}$에 대하여 $a_5-a_3=4$일 때, 수열 $\{a_n\}$의 공차를 구하시오. (3점)
단서 주어진 항 사이의 관계식을 통해 공차를 구할 수 있지?

1st 등차수열 $\{a_n\}$의 공차를 d로 놓고 주어진 조건을 이용하여 공차를 구해.

등차수열 $\{a_n\}$의 공차를 d라 하면 $a_n=a_1+(n-1)d$

$a_5-a_3=(a_1+4d)-(a_1+2d)=2d=4$ $\quad\therefore d=2$

G 03 정답 15 *등차중항 [정답률 84%]

(정답 공식: 세 수 a, b, c가 이 순서대로 등차수열을 이루면 $2b=a+c$가 성립한다.)

네 수 3, a, b, 12가 이 순서대로 등차수열을 이룰 때, $a+b$의 값을 구하시오. (3점)
단서 등차수열을 이루는 항이 주어질 경우 등차중항을 이용하면 공차를 구하지 않고도 해결할 수 있어.

1st 등차중항을 이용해 볼까?
→ 세 수 a, b, c가 이 순서대로 등차수열을 이루면 $2b=a+c$를 만족한다. 이때 b를 a와 c의 등차중항이라고 한다.

a는 3과 b의 등차중항이므로

$2a=3+b$ ⋯ ㉠

b는 a와 12의 등차중항이므로

$2b=a+12$ ⋯ ㉡

㉠+㉡을 하면

$2a+2b=a+b+15$이므로 $a+b=15$

다른 풀이: **등차수열의 일반항 이용하기**

첫째항이 3이고 공차를 d라 하면 $a_n=3+(n-1)d$라고 할 수 있어.
세 수 $3, a, b, 12$가 이 순서대로 등차수열을 이루므로 (12는 제 4항, 즉 a_4야.)
$a_4=12=3+3d$에서 $d=3$
따라서 $a=3+3=6$, $b=3+2\times3=9$이므로
$a+b=15$

G 04 정답 ⑤ *등차수열의 변형 [정답률 91%]

(정답 공식: 주어진 두 식을 이용하여 첫째항과 공차에 대한 연립방정식을 푼다.)

등차수열 $\{a_n\}$에 대하여 (단서 등차수열이니까 두 식을 간단히 나타낸 뒤, 연립방정식을 풀면 되겠네.)

$a_1+a_2=10$, $a_3+a_4+a_5=45$

가 성립할 때, a_{10}의 값은? (3점)

① 47 ② 45 ③ 43
④ 41 ⑤ 39

1st 수열 $\{a_n\}$이 등차수열이므로 일반항을 구해. → 일반항 $a_n=a_1+(n-1)d$

등차수열 $\{a_n\}$의 첫째항을 a_1, 공차를 d라 하면
$a_n=a_1+(n-1)d$이므로
$a_1+a_2=a_1+(a_1+d)=2a_1+d=10$ … ㉠
$a_3+a_4+a_5=(a_1+2d)+(a_1+3d)+(a_1+4d)$
$=3a_1+9d=45$ … ㉡

실수 주어진 등식을 첫째항과 공차에 대한 연립방정식으로 바꾸는게 핵심이야.

2nd 구한 두 식을 연립하여 계산해.

㉠$\times3-$㉡$\times2$를 하면
$6a_1+3d-(6a_1+18d)=30-90$
$-15d=-60$ $\therefore d=4$, $a_1=3$ ($\because$ ㉠ 또는 ㉡)
$\therefore a_{10}=a_1+9d=3+9\times4=39$

G 05 정답 ⑤ *등비수열의 특정항 구하기 – 공비 이용 [정답률 97%]

(정답 공식: 첫째항이 a이고, 공비가 r인 등비수열 $\{a_n\}$의 일반항은 $a_n=ar^{n-1}$이다.)

공비가 2인 등비수열 $\{a_n\}$에 대하여 $a_2=6$일 때, a_4의 값은? (2점)
(단서 공비가 주어졌으므로 첫째항을 a라 하고 주어진 조건을 이용해.)

① 16 ② 18 ③ 20
④ 22 ⑤ 24

1st 주어진 식을 이용하여 첫째항을 구하자.

공비가 2인 등비수열 $\{a_n\}$의 첫째항을 a라 하자.
$a_2=6$이므로 $2a=6$
$\therefore a=3$

2nd a_4의 값을 구하자.

등비수열 $\{a_n\}$의 일반항은
$a_n=3\times2^{n-1}$ (첫째항이 a_1이고 공비가 r인 등비수열의 일반항은 $a_n=a_1r^{n-1}$이지?)
$\therefore a_4=3\times2^3=24$

쉬운 풀이: **a_2를 첫째항이라 하고 a_4의 값 구하기**

공비가 2인 등비수열 $\{a_n\}$에 대하여
$a_4=2a_3=2\times(2a_2)=4a_2=4\times6=24$

G 06 정답 ③ *등비중항의 활용 [정답률 83%]

(정답 공식: 등차중항과 등비중항의 성질을 이용한다.)

세 수 $a, 0, b$가 이 순서로 등차수열을 이루고, 세 수 $2b, a, -7$이
(단서1 등차중항의 성질에 의해 $a+b=0$이지?)
이 순서로 등비수열을 이룰 때, a의 값은? (3점)
(단서2 등비중항의 성질에 의해 $a^2=2b\times(-7)$이니까 이것을 a의 식으로 표현해.)

① 10 ② 12 ③ 14
④ 16 ⑤ 18

1st 먼저 등차중항의 성질을 이용하자. → a, b, c가 이 순서대로 등차수열이면 $b=\frac{a+c}{2}$야.

$a, 0, b$가 이 순서대로 등차수열을 이루므로 $0=\frac{a+b}{2}$
$a+b=0$
$\therefore b=-a$ … ㉠

2nd 이번엔 등비중항의 성질을 이용해. (a, b, c가 이 순서대로 등비수열을 이루면 $b^2=ac$가 성립해.)

$2b, a, -7$이 이 순서대로 등비수열을 이루므로 $a^2=2b\times(-7)$
$\therefore a^2=-14b$ … ㉡
㉠을 ㉡에 대입하면 $a^2=-14\times(-a)$

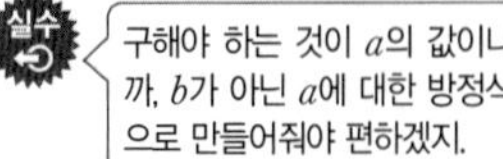

$a^2=14a$
$\therefore a=0$ 또는 $a=14$
그런데 $a=0$이면 $0, 0, -7$이 등비수열을 이루지 않으므로 모순이다.
$\therefore a=14$ ⇒ $b=-14$이므로 $-28, 14, -7$로 공비가 $-\frac{1}{2}$인 등비수열이네.

등차중항과 등비중항 개념·공식

(1) 등차중항
세 수 a, b, c가 이 순서대로 등차수열을 이룰 때, b를 a와 c의 등차중항이라 하고, $2b=a+c$

(2) 등비중항
0이 아닌 세 수 a, b, c가 이 순서대로 등비수열을 이룰 때, b를 a와 c의 등비중항이라고 하고 $b^2=ac$

G 07 정답 ④ *등비수열의 합 [정답률 87%]

(정답 공식: 등비수열의 합 $S_n=\frac{a_1(r^n-1)}{r-1}$을 이용해 공비를 구한다.)

등비수열 $\{a_n\}$의 첫째항부터 제n항까지의 합 S_n에 대하여
(단서1 그 합인 S_n의 식을 첫째항과 공비로 나타내.)
$\frac{S_4}{S_2}=9$일 때, $\frac{a_4}{a_2}$의 값은? (3점)
(단서2 a_1이 소거되니까 r의 값을 구할 수 있지. $\frac{a_4}{a_2}=r^2$)

① 3 ② 4 ③ 6
④ 8 ⑤ 9

1st 등비수열의 합의 공식을 이용하여 S_n을 구해. → $S_n=\frac{a_1(r^n-1)}{r-1}$ (단, $|r|\neq1$)

등비수열 $\{a_n\}$의 첫째항을 a_1, 공비를 r라 하면 $a_n=a_1r^{n-1}$이고 첫째항부터 제n항까지의 합 $S_n=\frac{a_1(r^n-1)}{r-1}$이므로

$S_2=\frac{a_1(r^2-1)}{r-1}=a_1(r+1)$ ($r^2-1=(r+1)(r-1)$)

$S_4=\frac{a_1(r^4-1)}{r-1}=\frac{a_1(r^2+1)(r-1)(r+1)}{r-1}$ ($r^4-1=(r^2+1)(r^2-1)=(r^2+1)(r+1)(r-1)$)
$=a_1(r+1)(r^2+1)$

이때, $\frac{S_4}{S_2}=9$이므로

$$\frac{S_4}{S_2}=\frac{a_1(r+1)(r^2+1)}{a_1(r+1)}=9$$

$r^2+1=9$

$\therefore r^2=8$

2nd 등비수열의 일반항을 세워 주어진 $\frac{a_4}{a_2}$의 값을 구하자.

→ 첫째항이 a_1, 공차 r일 때 등비수열의 일반항은 $a_n=a_1r^{n-1}$이야.

$$\frac{a_4}{a_2}=\frac{a_1r^3}{a_1r}=r^2=8$$

→ 등비수열의 두 항의 비는 공비의 식으로 표현돼. $a_m=a_1r^{m-1}$, $a_n=a_1r^{n-1}$이니까 $\frac{a_m}{a_n}=r^{m-n}$

G 08 정답 35 *수열의 합과 일반항 사이의 관계 ······ [정답률 85%]

(정답 공식: $a_{10}=S_{10}-S_9$임을 이용한다.)

> 수열 $\{a_n\}$의 첫째항부터 제n항까지의 합 S_n이 $S_n=2n^2-3n$일 때, a_{10}의 값을 구하시오. (3점)
>
> **단서** 합으로 일반항을 구하는 경우는 $a_{10}=S_{10}-S_9$를 이용해야 겠지?

1st 주어진 수열의 합을 이용하여 수열의 일반항을 찾아 a_{10}의 값을 구해야겠지?

수열 $\{a_n\}$의 첫째항부터 제n항까지의 합 $S_n=2n^2-3n$에 대하여

$a_{10}=S_{10}-S_9=(2\times10^2-3\times10)-(2\times9^2-3\times9)$

$=2(10^2-9^2)-3(10-9)$ ← $a_n=S_n-S_{n-1}(n\geq2)$을 이용해.

$=2(10+9)(10-9)-3$ → $a^2-b^2=(a+b)(a-b)$이지?

$=2\times19-3=35$

다른 풀이: $a_n(n\geq2)$을 구하여 $n=10$ 대입하기

수열 $\{a_n\}$의 첫째항부터 제n항까지의 합 S_n이 $S_n=2n^2-3n$이라 하므로

$a_n=2n^2-3n-\{2(n-1)^2-3(n-1)\}$ ⇒ $a_n=S_n-S_{n-1}(n\geq2)$

$=2n^2-3n-(2n^2-4n+2-3n+3)$

$=2n^2-3n-(2n^2-7n+5)$

$=4n-5(n\geq2)$

$\therefore a_{10}=4\times10-5=35$

톡톡 풀이: 조건을 만족시키는 수열 $\{a_n\}$은 등차수열임을 이용하기

수열 $\{a_n\}$의 첫째항부터 제n항까지의 합 S_n이 $S_n=2n^2-3n$이므로 수열 $\{a_n\}$은 등차수열이야.

이때, 수열 $\{a_n\}$의 첫째항을 a, 공차를 d라 하면

$a=S_1=2\times1^2-3\times1=-1$, $d=(n^2$의 계수$)\times2=2\times2=4$이므로

일반항은 $a_n=-1+(n-1)\times4=4n-5$야.

$\therefore a_{10}=40\times10-5=35$

> 수능 핵강
>
> **＊수열 $\{a_n\}$이 왜 등차수열일까?**
>
> 첫째항이 a이고, 공차가 d인 등차수열의 첫째항부터 제n항까지의 합을 S_n이라 하면
>
> $S_n=\frac{n\{2a+(n-1)d\}}{2}=\frac{d}{2}n^2+\left(a-\frac{d}{2}\right)n$이야.
>
> 즉, 등차수열의 첫째항부터 제n항까지의 합은 상수항이 없는 n에 대한 이차식으로 나타나고, 공차는 이차항의 계수의 2배야.
>
> 문제의 조건에서 $S_n=2n^2-3n$이므로 상수항이 없는 n에 대한 이차식이니까 수열 $\{a_n\}$은 등차수열이고 공차는 $2\times2=4$인 거야.

수능 유형별 기출 문제 [2점, 3점, 쉬운 4점]

G 09 정답 12 *등차수열의 특정항 구하기-첫째항 이용 ·· [정답률 92%]

(정답 공식: 첫째항이 a이고 공차가 d인 등차수열 $\{a_n\}$의 일반항은 $a_n=a+(n-1)d$이다.)

> 등차수열 $\{a_n\}$에 대하여 $a_1=6$, $a_3+a_6=a_{11}$일 때, a_4의 값을 구하시오. (3점)
>
> **단서** 두 조건을 이용하여 등차수열 $\{a_n\}$의 공차를 구해.

1st 등차수열 $\{a_n\}$의 공차를 구하자.

첫째항이 $a_1=6$인 등차수열 $\{a_n\}$의 공차를 d라 하면

$a_n=6+(n-1)d$이므로

$a_3=6+2d$, $a_6=6+5d$, $a_{11}=6+10d$

이때, $a_3+a_6=a_{11}$에서 $(6+2d)+(6+5d)=6+10d$

$12+7d=6+10d$, $3d=6$

$\therefore d=2$ → $d=2$이므로 등차수열 $\{a_n\}$의 일반항은 $a_n=6+(n-1)\times2=2n+4$야.

2nd a_4의 값을 구하자.

$\therefore a_4=6+(4-1)\times2=6+6=12$

G 10 정답 22 *등차수열의 특정항 구하기-첫째항 이용 ·· [정답률 91%]

(정답 공식: 첫째항이 a이고 공차가 d인 등차수열 $\{a_n\}$의 일반항은 $a_n=a+(n-1)d$이다.)

> 첫째항이 6인 등차수열 $\{a_n\}$에 대하여 $2a_4=a_{10}$일 때, a_9의 값을 구하시오. (3점)
>
> **단서** 등차수열 $\{a_n\}$의 첫째항이 주어졌으니까 이 관계식에서 공차를 구할 수 있어.

1st 등차수열 $\{a_n\}$의 공차를 구하자.

등차수열 $\{a_n\}$의 공차를 d라 하면 일반항은

$a_n=6+(n-1)d$ ← 첫째항이 a이고 공차가 d인 등차수열 $\{a_n\}$의 일반항은 $a_n=a+(n-1)d$

즉, $a_4=6+3d$, $a_{10}=6+9d$이므로 $2a_4=a_{10}$에서

$2(6+3d)=6+9d$, $12+6d=6+9d$, $3d=6$

$\therefore d=2$

2nd a_9의 값을 구하자.

따라서 등차수열 $\{a_n\}$의 일반항은

$a_n=6+(n-1)\times2=2n+4$이므로

$a_9=2\times9+4=22$

G 11 정답 ② *등차수열의 특정항 구하기-첫째항 이용 ··· [정답률 88%]

(정답 공식: 등차수열의 일반항 $a_n=a+(n-1)d$를 적용한다.)

> 첫째항이 7, 공차가 3인 등차수열의 제7항은? (2점)
>
> ① 24 ② 25 ③ 26
> ④ 27 ⑤ 28
>
> **단서** 첫째항이 a_1이고 공차가 d인 등차수열 $\{a_n\}$의 일반항은 $a_n=a_1+(n-1)d$야.

1st 등차수열의 일반항을 이용하자.

첫째항이 7, 공차가 3이므로

$a_7=7+(7-1)\times3=25$ → 등차수열의 일반항은 $a_n=a_1+(n-1)d$야.

다른 풀이 ❶: **첫째항부터 3씩 더하여 a_7 구하기**

첫째항이 7이고 공차가 3인 등차수열 $\{a_n\}$의 항을 나열하면

$a_1=7$, $a_2=7+3=10$, $a_3=10+3=13$, $a_4=13+3=16$,

$a_5=16+3=19$, $a_6=19+3=22$, $a_7=22+3=25$

다른 풀이 ❷: **a_n을 구하여 $n=7$ 대입하기**

일반항을 $a_n=dn+k$라 하면 → 등차수열의 일반항 $a_n=a+(n-1)d=nd+a-d$ 즉, n에 대한 1차식이므로 일반항을 $a_n=dn+k$ 꼴로 나타내어 사용해도 돼.

$a_1=d+k=7$, $d=3$

$\therefore k=4$

즉, $a_n=3n+4$이므로

$a_7=3\times7+4=21+4=25$

G 12 정답 ④ *등차수열의 특정항 구하기-첫째항 이용 ··· [정답률 88%]

(정답 공식: 공차를 미지수 d로 놓고 a_2, a_3을 a_1과 d를 이용하여 나타낸 후 주어진 식에 대입한다.)

등차수열 $\{a_n\}$에 대하여 → 단서1 첫째항이 a_1이고 공차가 d인 등차수열 $\{a_n\}$의 일반항은 $a_n=a_1+(n-1)d$야.

$a_2+a_3=2(a_1+12)$ → 단서2 a_2, a_3을 첫째항 a_1과 공차를 이용하여 나타낸 후 식에 대입해.

일 때, 수열 $\{a_n\}$의 공차는? (3점)

① 2 ② 4 ③ 6 ④ 8 ⑤ 10

1st 등차수열의 일반항을 이용하여 공차를 구해.

등차수열 $\{a_n\}$의 첫째항을 a_1, 공차를 d라 하면

$a_n=a_1+(n-1)d$이므로 → 등차수열 $\{a_n\}$의 공차를 d라 하면 일반항 a_n은 $a_n=a_1+(n-1)d$야.

$a_2+a_3=2(a_1+12)$에서

$(a_1+d)+(a_1+2d)=2(a_1+12)$

$2a_1+3d=2a_1+24$

$3d=24$

$\therefore d=8$

따라서 등차수열 $\{a_n\}$의 공차는 8이다.

G 13 정답 ① *등차수열의 특정항 구하기-첫째항 이용 ··· [정답률 82%]

(정답 공식: 등차수열의 일반항은 $a_n=a+(n-1)d$이다.)

첫째항이 4인 등차수열 $\{a_n\}$에 대하여

$a_{10}-a_7=6$ 단서 등차수열의 정의에 의해 공차를 d라고 하면 $a_{10}=a_7+3d$임을 알 수 있어.

일 때, a_4의 값은? (3점)

① 10 ② 11 ③ 12 ④ 13 ⑤ 14

1st 주어진 관계식에서 등차수열 $\{a_n\}$의 공차를 구해.

등차수열 $\{a_n\}$의 공차를 d라 할 때

$a_{10}-a_7=3d=6$이므로 $d=2$

2nd a_4의 값을 구해.

$a_4=4+3d=4+3\times2=10$

등차수열의 일반항은 $a_n=a+(n-1)d$임을 이용한 거야.

G 14 정답 20 *등차수열의 특정항 구하기-첫째항 이용 ··· [정답률 92%]

(정답 공식: 첫째항이 a_1이고, 공차가 d인 등차수열 $\{a_n\}$의 일반항은 $a_n=a_1+(n-1)d$이다.)

첫째항이 10이고 공차가 5인 등차수열 $\{a_n\}$에 대하여 a_3의 값을 구하시오. (3점) 단서 첫째항 a와 공차 d가 주어졌으니 등차수열의 일반항 a_n을 구할 수 있겠지?

1st 주어진 조건을 이용하여 등차수열의 일반항을 구해.

첫째항이 10이고 공차가 5인 등차수열 $\{a_n\}$의 일반항 a_n은

$a_n=10+(n-1)\times5=5n+5$ 첫째항이 a, 공차가 d인 등차수열의 일반항 a_n은 $a_n=a+(n-1)d$

2nd n에 3을 대입하여 a_3를 구해.

$\therefore a_3=5\times3+5=20$

G 15 정답 3 *등차수열의 특정항 구하기-첫째항 이용 ··· [정답률 93%]

(정답 공식: 공차를 d라고 두고, 등식을 첫째항과 공차를 이용해서 표현할 수 있다.)

첫째항이 2인 등차수열 $\{a_n\}$에 대하여 $2(a_2+a_3)=a_9$일 때, 수열 $\{a_n\}$의 공차를 구하시오. (3점)

단서 등차수열의 일반항을 구하면 돼. 첫째항이 주어졌으니까 $2(a_2+a_3)=a_9$로 공차를 구하면 되겠네.

1st 등차수열의 일반항을 이용하여 공차를 구하자.

첫째항이 2인 등차수열 $\{a_n\}$의 공차를 d라 하면 일반항은 $a_n=2+(n-1)d$야.

$2(a_2+a_3)=a_9$에서

$2\{(2+d)+(2+2d)\}=2+8d$, $8+6d=2+8d$

$2d=6$ $\therefore d=3$

따라서 등차수열 $\{a_n\}$의 공차는 3이다.

등차수열 개념·공식

① 첫째항부터 차례대로 일정한 수(공차)를 더하여 만든 수열

② 첫째항이 a이고 공차가 d인 등차수열 $\{a_n\}$의 일반항은 $a_n=a+(n-1)d$

G 16 정답 11 *등차수열의 특정항 구하기-첫째항 이용 ··· [정답률 93%]

(정답 공식: 첫째항을 알고 있으므로, 주어진 등식을 이용하여 공차를 구한다.)

첫째항이 2인 등차수열 $\{a_n\}$이 $a_7+a_{11}=20$을 만족시킬 때, a_{10}의 값을 구하시오. (3점) 단서 등차수열의 일반항을 구하면 돼. 첫째항이 주어졌으니까 $a_7+a_{11}=20$으로 공차를 구할 수 있네.

1st 등차수열의 일반항을 이용하여 공차를 구한 후 a_{10}의 값을 구해.

등차수열 $\{a_n\}$의 첫째항이 2이므로 공차를 d라 하면

즉, $a_7+a_{11}=(2+6d)+(2+10d)=20$에서

$16d=16$ $\therefore d=1$

$\therefore a_{10}=2+9d=2+9\times1=11$ → $a_{10}=2+(10-1)d$

다른 풀이: **등차중항 이용하기**

공차를 d라 하고, 등차중항을 이용하면 → $a_m=\frac{a_l+a_n}{2}$ $\left(\text{단, } m=\frac{l+n}{2}\right)$

$a_7+a_{11}=2a_9=20$에서 $a_9=10$ → $9=\frac{7+11}{2}$

즉, $a_9=2+8d=10$이므로 $d=1$ → $a_9=2+(9-1)d$

$\therefore a_{10}=a_9+1=10+1=11$

수열 $\{a_n\}$은 공차가 1인 등차수열이므로 $a_{n+1}=a_n+1$, 즉 $a_{n+1}-a_n=1$이야.

G 17 정답 ① *등차수열의 특정항 구하기 - 첫째항 이용 ··· [정답률 85%]

(정답 공식: $a_4+a_5+a_6+a_7+a_8=5a_6$, $a_{11}=2a_6-a_1$)

> ❶등차수열 $\{a_n\}$에 대하여 단서 등차수열 ❶에서 항의 합 ❷가 주어진 경우 수열의 규칙과 등차중항을 이용해 볼까?
>
> $a_1=1$, ❷$a_4+a_5+a_6+a_7+a_8=55$ 즉, $a_4+a_8=a_5+a_7=2a_6$
>
> 일 때, a_{11}의 값은? (3점)
>
> ①21 ② 24 ③ 27 ④ 30 ⑤ 33

1st 등차수열에서 항의 합이 주어질 때, 두 항씩 묶은 경우 규칙이 생길 수 있어.

수열 $\{a_n\}$이 등차수열이므로 a_5와 a_7의 등차중항이 a_6이고, a_4와 a_8의 등차중항도 a_6이다. $a_m=\frac{a_l+a_n}{2}$ (단, $m=\frac{l+n}{2}$)

즉, $a_5+a_7=2a_6$, $a_4+a_8=2a_6$이므로 ($a_l+a_m=a_n+a_k$이면 $l+m=n+k$이어야 해.)

$a_4+a_5+a_6+a_7+a_8=(a_4+a_8)+(a_5+a_7)+a_6$

$=2a_6+2a_6+a_6=5a_6=55$

$\therefore a_6=11$

2nd a_6의 또다른 등차중항을 이용하여 a_{11}의 값을 구하자.

이때, a_6은 a_1과 a_{11}의 등차중항도 되므로 ($2a_6=a_1+a_{11}=a_2+a_{10}=a_3+a_9=\cdots$ 등 여러 가지가 존재해.)

$a_6=\frac{a_1+a_{11}}{2}$

$\therefore a_{11}=2a_6-a_1=2\times11-1=21$

다른 풀이: 등차수열의 일반항 이용하기

등차수열 $\{a_n\}$의 첫째항을 a_1, 공차를 d라 하면 ([일반항] $a_n=a_1+(n-1)d$)

$a_4=a_1+3d$, $a_5=a_1+4d$, $a_6=a_1+5d$, $a_7=a_1+6d$, $a_8=a_1+7d$이므로

$a_4+a_5+a_6+a_7+a_8$

$=(a_1+3d)+(a_1+4d)+(a_1+5d)+(a_1+6d)+(a_1+7d)$

$=5a_1+25d=55$ ··· ㉠

이때, $a_1=1$이므로 ㉠에 대입하면

$5+25d=55$ $\quad\therefore d=2$

$\therefore a_{11}=a_1+10d=1+10\times2=21$

G 18 정답 ⑤ *등차수열의 특정항 구하기 - 첫째항 이용 ··· [정답률 93%]

(정답 공식: a_1, a_3의 값에서 공차와 첫째항의 값을 안다.)

> ❶등차수열 $\{a_n\}$에 대하여 ❷$a_1=2$, $a_3=10$일 때, a_5의 값은? (3점)
>
> 단서 등차수열 ❶의 일반항을 구하면 돼. 첫째항 ❷가 주어졌으니까 a_3으로 공차를 구할 수 있네.
>
> ① 14 ② 15 ③ 16
>
> ④ 17 ⑤18

1st 등차수열 $\{a_n\}$의 첫째항이 주어졌으니까 공차를 구하여 a_5의 값을 찾자.

첫째항 $a_1=2$인 등차수열 $\{a_n\}$의 공차를 d라 하면 ([일반항] $a_n=a_1+(n-1)d$)

$a_3=a_1+2d=2+2d=10$ $\quad\therefore d=4$

$\therefore a_5=a_1+4d=2+4\times4=18$ ($a_n=a_1+(n-1)d$에서 $a_n=2+(n-1)\times4$)

톡톡 풀이: 등차중항 이용하기

등차수열 $\{a_n\}$의 공차를 d라 하면 수열 $\{a_n\}$의 세 항 a_1, $a_3=a_1+2d$, $a_5=a_1+4d$는 이 순서대로 공차가 $2d$인 등차수열을 이루므로 등차중항에 의하여 (세 수 a, b, c가 이 순서대로 등차수열을 이룰 때, b는 a, c의 등차중항이며 $b=\frac{a+c}{2}$야.)

$2a_3=a_1+a_5$ $\quad\therefore a_5=2a_3-a_1=2\times10-2=18$

G 19 정답 ① *등차수열의 특정항 구하기 - 첫째항 이용 ··· [정답률 93%]

(정답 공식: 공차를 미지수로 두면 주어진 등식을 이용해 미지수의 값을 안다.)

> 첫째항이 2인 등차수열 $\{a_n\}$에 대하여 $a_9=3a_3$일 때, a_5의 값은?
>
> 단서 등차수열의 일반항을 구하면 돼. 첫째항이 주어졌으니까 $a_9=3a_3$으로 공차를 구할 수 있네. (3점)
>
> ①10 ② 11 ③ 12
>
> ④ 13 ⑤ 14

1st 등차수열의 일반항을 이용하여 공차를 구한 후 a_5의 값을 찾자.

등차수열 $\{a_n\}$의 공차를 d라 하면 (첫째항이 a_1, 공차가 d일 때 $a_n=a_1+(n-1)d$)

그 일반항은 $a_n=2+(n-1)d$이다.

즉, $a_9=2+8d$, $a_3=2+2d$이므로 $a_9=3a_3$에 대입하면

$2+8d=3(2+2d)$

$2d=4$

$\therefore d=2$

$\therefore a_5=2+4d=2+4\times2=10$ ($a_n=2+(n-1)\times2$)

> **등차수열의 공차** 개념·공식
>
> 공차가 d인 등차수열 $\{a_n\}$에 대하여
>
> $a_2-a_1=a_3-a_2=a_4-a_3=\cdots=a_{n+1}-a_n=d$

G 20 정답 13 *등차수열의 특정항 구하기 - 첫째항 이용 ··· [정답률 93%]

(정답 공식: 등차수열 $\{a_n\}$의 일반항은 $a_n=a_1+(n-1)d$)

> 등차수열 $\{a_n\}$에서 $a_1=4$, $a_2+a_3=17$일 때, a_4의 값을 구하시오. (3점)
>
> 단서 등차수열의 일반항을 이용하여 공차를 구할 수 있지.

1st 등차수열의 공차를 d라 하고, 조건에 맞게 대입하자.

등차수열 $\{a_n\}$의 공차를 d라 하면 $a_2+a_3=17$에서 $2a_1+3d=17$ ($(a_1+d)+(a_1+2d)$)

$a_1=4$이므로

$8+3d=17$, $3d=9$ $\quad\therefore d=3$

$\therefore a_4=a_1+3d=4+9=13$

다른 풀이: 등차중항 이용하기

$a_1+a_2+a_3=4+17=21$이고 등차중항 $2a_2=a_1+a_3$을 이용하면 (세 수 a_1, a_2, a_3이 이 순서대로 등차수열을 이루니까.)

$3a_2=21$

$\therefore a_2=7$

실수 굳이 복잡한 연립방정식을 풀 일 없이, 간단히 등차중항을 이용해서 a_2를 구하는 것이 실수를 줄이는 방법이지.

이때, 공차가 $a_2-a_1=3$이므로 ($a_3-a_2=a_4-a_3$이 성립해.)

$a_4=4+(4-1)\times3=13$

톡톡 풀이: 등차수열의 성질 $a_1+a_4=a_2+a_3$ 이용하기

등차수열 $\{a_n\}$에서 $a_1+a_4=a_2+a_3$이므로 $4+a_4=17$ $\quad\therefore a_4=13$

($l+m=n+k$이면 $a_l+a_m=a_n+a_k$가 성립해.)

> **등차수열의 일반항** 개념·공식
>
> 첫째항이 a, 공차가 d인 등차수열 $\{a_n\}$의 일반항 a_n은
>
> $a_n=a+(n-1)d$ (단, $n=1, 2, 3, \cdots$)

G 21 정답 ① *등차수열의 특정항 구하기 – 공차 이용 …… [정답률 93%]

(정답 공식: 첫째항이 a_1이고 공차가 d인 등차수열 $\{a_n\}$의 일반항은 $a_n=a_1+(n-1)d$이다.)

공차가 2인 등차수열 $\{a_n\}$에 대하여 a_5-a_2의 값은? (2점)

단서1 첫째항부터 차례로 2씩 더하여 만든 수열이 $\{a_n\}$이라는 거지?

단서2 a_5는 a_1에서 2를 4번 더한 것이고 a_2는 a_1에서 2를 1번 더한 것이야.

① 6 ② 7 ③ 8 ④ 9 ⑤ 10

1st a_5-a_2의 값을 구해.

등차수열 $\{a_n\}$의 공차가 2이므로 일반항은 $a_n=a_1+(n-1)\times 2$ … ㉠

따라서 $a_5=a_1+4\times 2=a_1+8$, $a_2=a_1+1\times 2=a_1+2$이므로

$a_5-a_2=(a_1+8)-(a_1+2)=6$ (a_5는 ㉠에 n 대신 5를, a_2는 ㉠에 n 대신 2를 대입하여 구해.)

다른 풀이: $a_{n+1}-a_n=d$임을 이용하기

등차수열 $\{a_n\}$의 공차가 2이므로 모든 자연수 n에 대하여 $a_{n+1}-a_n=2$에서 $a_{n+1}=a_n+2$가 성립해. (공차가 d인 등차수열 $\{a_n\}$에 대하여 $a_{n+1}-a_n=d$야.)

즉, $a_2=a_1+2$, $a_3=a_2+2=(a_1+2)+2=a_1+4$

$a_4=a_3+2=(a_1+4)+2=a_1+6$, $a_5=a_4+2=(a_1+6)+2=a_1+8$

이므로 $a_5-a_2=(a_1+8)-(a_1+2)=6$

쉬운 풀이: $a_5=a_2+3d$임을 이용하기

등차수열 $\{a_n\}$의 공차를 d라 하면 $d=2$

이때, $a_5=a_2+3d$이므로 ($a_5=a_4+d=(a_3+d)+d=a_3+2d=(a_2+d)+2d=a_2+3d$)

$a_5-a_2=(a_2+3d)-a_2=3d=3\times 2=6$

G 22 정답 ③ *등차수열의 특정항 구하기 – 공차 이용 …… [정답률 81%]

(정답 공식: 공차가 d인 등차수열 $\{a_n\}$과 자연수 k에 대하여 $a_{n+k}=a_n+kd$이다.)

공차가 -3인 등차수열 $\{a_n\}$에 대하여

$a_3a_7=64$, $a_8>0$

일 때, a_2의 값은? (3점)

단서2 단서1의 a_3에 대한 이차방정식에서 a_3의 값이 최대 2개 나올 수 있으니까 그 중 $a_8>0$을 만족시키는 a_3의 값을 구해야 해.

단서1 a_7을 a_3과 공차를 이용하여 나타내면 이 식은 a_3에 대한 이차방정식이야.

① 17 ② 18 ③ 19 ④ 20 ⑤ 21

1st $a_3a_7=64$를 만족시키는 a_3의 값을 모두 구해.

등차수열 $\{a_n\}$의 공차를 d라 하면 $d=-3$이므로

$a_7=a_3+4d=a_3-12$ ($a_7=a_6+d=(a_5+d)+d=a_5+2d=(a_4+d)+2d=a_4+3d=(a_3+d)+3d=a_3+4d$)

즉, $a_3a_7=64$에서

$a_3(a_3-12)=64$, $(a_3)^2-12a_3-64=0$, $(a_3+4)(a_3-16)=0$

$\therefore a_3=-4$ 또는 $a_3=16$

2nd $a_8>0$을 만족시키는 a_3의 값을 구해.

(i) $a_3=-4$일 때,

$a_8=a_3+5d=-4-15=-19<0$이므로 $a_8>0$을 만족시키지 않는다. ($a_8=a_7+d=(a_6+d)+d=a_6+2d=(a_5+d)+2d=a_5+3d=(a_4+d)+3d=a_4+4d=(a_3+d)+4d=a_3+5d$)

(ii) $a_3=16$일 때,

$a_8=a_3+5d=16-15=1>0$이므로 $a_8>0$을 만족시킨다.

(i), (ii)에 의하여 $a_3=16$

3rd a_2의 값을 구해.

$\therefore a_2=a_3-d=16-(-3)=19$ ($a_3=a_2+d$에서 $a_2=a_3-d$)

다른 풀이: a_3, a_7을 a_2로 나타내어 a_2의 값 구하기

$a_3=a_2+d=a_2-3$, $a_7=a_2+5d=a_2-15$

$a_3a_7=64$에서 $(a_2-3)(a_2-15)=64$

$(a_2)^2-18a_2+45=64$, $(a_2)^2-18a_2-19=0$

$(a_2+1)(a_2-19)=0$

$\therefore a_2=-1$ 또는 $a_2=19$

$a_8=a_2+6d=a_2-18>0$이므로 $a_2>18$

$\therefore a_2=19$

G 23 정답 ③ *등차수열의 특정항 구하기 – 공차 이용 …… [정답률 91%]

(정답 공식: $a_{n+1}=a_n+d$)

❶공차가 7인 등차수열 $\{a_n\}$에 대하여 ❷$a_{13}-a_{11}$의 값은? (3점)

단서 등차수열 ❶에서 두 항의 차❷는 공차의 배수 $d\times a=7a$의 식으로 나타낼 수 있지?

① 10 ② 12 ③ 14 ④ 16 ⑤ 18

1st 수열 $\{a_n\}$이 등차수열이므로 두 항의 차를 이용하여 공차를 구할 수 있어.

등차수열 $\{a_n\}$의 첫째항을 a_1, 공차를 d라 하면 [일반항] $a_n=a_1+(n-1)d$

$a_{13}-a_{11}=a_1+12d-(a_1+10d)=2d$ ($a_m-a_n=(m-n)d$)

이때, $d=7$이므로

$a_{13}-a_{11}=2\times 7=14$

실수 두 항의 차로 공차를 구할 수 있지? 즉, $a_{n+l}-a_n=a_1+(n+l-1)d-\{a_1+(n-1)d\}=ld$로 d의 식이 남지?

다른 풀이: 등차수열의 일반항 이용하기

수열 $\{a_n\}$은 공차가 7인 등차수열이므로 첫째항을 a_1이라 하면 (등차수열의 일반항은 $a_n=a_1+(n-1)\times 7$)

$a_{11}=a_1+10\times 7=a_1+70$, $a_{13}=a_1+12\times 7=a_1+84$

$\therefore a_{13}-a_{11}=(a_1+84)-(a_1+70)=14$

G 24 정답 32 *등차수열의 특정항 구하기 – 공차 이용 …… [정답률 93%]

(정답 공식: 첫째항이 a_1이고, 공차가 d인 등차수열 $\{a_n\}$의 일반항은 $a_n=a_1+(n-1)d$이다.)

❶공차가 2인 등차수열 $\{a_n\}$에 대하여

❷$a_1+a_5+a_9=45$

일 때, a_1+a_{10}의 값을 구하시오. (3점)

단서 등차수열 ❶과 항의 합 ❷가 주어진 경우 등차중항을 이용해. 즉, $a_1+a_9=2a_5$이지?

1st 등차수열의 첫째항과 공차를 각각 a_1, d라 놓고 조건에 맞게 대입하자.

등차수열 $\{a_n\}$의 첫째항을 a_1, 공차를 d라 하면 ([일반항] $a_n=a_1+(n-1)d$)

$a_1+a_5+a_9=45$에서

$a_1+(a_1+4d)+(a_1+8d)=3a_1+12d=45$

이때, $d=2$이므로 $3a_1+12\times 2=45$, $3a_1=21$ $\therefore a_1=7$

$\therefore a_1+a_{10}=a_1+(a_1+9d)=2a_1+9d=2\times 7+9\times 2=32$

다른 풀이: 등차중항 $a_1+a_9=2a_5$임을 이용하기

$a_1+a_9=2a_5$이므로

$a_1+a_5+a_9=2a_5+a_5=3a_5=45$ $\therefore a_5=15$

등차수열 $\{a_n\}$의 공차가 $d=2$이므로

$a_5=a_1+4d=a_1+4\times 2=15$

$\therefore a_1=15-8=7$

(첫째항이 a_1로 주어지고 공차가 d일 때, 일반항은 $a_n=a_1+(n-1)d$이지? 즉, a_n의 일반항은 첫째항과 n보다 1 적은 수를 공차에 곱한 것의 합이야.)

$\therefore a_1+a_{10}=a_1+(a_1+9d)=2a_1+9d=2\times 7+9\times 2=32$

G 25 정답 ④ *등차수열의 특정항 구하기 – 공차 이용 [정답률 75%]

(정답 공식: 첫째항이 a_1이고, 공차가 d일 때, 등차수열 $\{a_n\}$의 일반항은 $a_n=a_1+(n-1)d$이다.)

> 첫째항이 a이고 공차가 -2인 등차수열 $\{a_n\}$에 대하여
> $a_3\neq0$, $(a_2+a_4)^2=16a_3$ (단서: 등차수열의 공차와 항 사이의 관계식이 주어져 있지? 이것을 이용해서 첫째항을 구할 수 있어.)
> 일 때, a의 값은? (3점)
>
> ① 5 ② 6 ③ 7 ④ 8 ⑤ 9

1st 등차수열 $\{a_n\}$의 일반항을 구해.

첫째항이 a이고 공차가 -2이므로 (첫째항이 a이고, 공차가 d인 등차수열의 일반항 a_n은 $a_n=a+(n-1)d$)

$a_n=a+(n-1)\times(-2)=-2n+a+2$

2nd $(a_2+a_4)^2=16a_3$을 이용해서 a의 값을 구하자.

$a_2+a_4=-4+a+2+(-8)+a+2=2a-8$

$a_3=-6+a+2=a-4\neq0$

이므로 $(a_2+a_4)^2=16a_3$에서

$(2a-8)^2=16(a-4)$, $4a^2-32a+64=16a-64$

$a^2-12a+32=0$, $(a-4)(a-8)=0$ ($a_3\neq0$이므로 $a\neq4$이지?)

$\therefore a=8$

다른 풀이: 등차중항 이용하기

$(a_2+a_4)^2=16a_3$에서 a_3은 a_2와 a_4의 등차중항이므로 $a_2+a_4=2a_3$

즉, $(2a_3)^2=16a_3$에서 $a_3=4$ ($\because a_3\neq0$)

$a_3=a+2d=a-4=4$

$\therefore a=8$

G 26 정답 ② *등차수열의 특정항 구하기 – 공차 이용 [정답률 75%]

(정답 공식: 공차가 양수이면 n의 값이 커짐에 따라 $\{a_n\}$의 값이 커진다. 이를 이용하여 절댓값을 푼다.)

> 공차가 6인 등차수열 $\{a_n\}$에 대하여 (단서1: 등차수열의 일반항을 구하기 위해 첫째항을 찾자.)
> $|a_2-3|=|a_3-3|$ (단서2: 절댓값 기호를 풀어 첫째항을 구해 볼까?)
> 일 때, a_5의 값은? (3점)
>
> ① 15 ② 18 ③ 21 ④ 24 ⑤ 27

1st 등차수열의 일반항의 공식을 이용하여 a_2와 a_3을 식으로 나타내자.

등차수열 $\{a_n\}$의 첫째항을 a_1이라 하면, 공차가 6이므로

$a_n=a_1+6(n-1)$ (첫째항 a_1, 공차 d일 때 $a_n=a_1+(n-1)d$야.)

$\therefore a_2=a_1+6$, $a_3=a_1+12$

이것을 $|a_2-3|=|a_3-3|$에 대입하면 $|a_1+3|=|a_1+9|$

2nd 절댓값 기호를 풀어서 a_1의 값을 구한 후 a_5의 값을 찾자.

$\therefore a_1+3=\pm(a_1+9)$ ($|A|=|B|$는 $A=B$ 또는 $A=-B$이지?)

실수: 절댓값을 없애줄 때 절댓값 안의 수가 양수인지 음수인지에 따라 부호가 달라지므로 유의하자.

(i) $a_1+3=a_1+9$일 때, $a_1-a_1=9-3\Rightarrow0=6$ (모순) (등식이 성립하지 않음을 알 수 있지? 즉, $a+■=a+▲$가 성립하기 위해서는 $■=▲$이어야 해.)

(ii) $a_1+3=-(a_1+9)$일 때,

$a_1+3=-a_1-9\Rightarrow2a_1=-12\Rightarrow a_1=-6$

(i), (ii)에 의하여 $a_1=-6$이므로

$a_5=a_1+6\times4=-6+24=18$

톡톡 풀이: $a_{n+1}-a_n=d$임을 이용하기

공차 6에 의하여 $a_3=a_2+6$이므로 (등차수열 $\{a_n\}$에서 공차 d이면 $a_{n+1}-a_n=d$야.)

$|a_2-3|=|a_3-3|$에서 $|a_2-3|=|a_2+3|$ $\therefore a_2=0$ (등식 $|□-a|=|△+a|$가 성립하기 위해서는 $□=△=0$이어야 해.)

이때, a_2를 첫째항으로 하면

$a_5=a_2+(4-1)d=0+3\times6=18$ (제2항을 시작으로 $4(=5-2+1)$번째에 제5항이 있으니까.)

G 27 정답 ③ *등차수열의 특정항 구하기 – 특정항 이용 [정답률 93%]

(정답 공식: 첫째항이 a, 공차가 d인 등차수열 $\{a_n\}$의 일반항은 $a_n=a+(n-1)d$이다.)

> 첫째항이 1인 등차수열 $\{a_n\}$에 대하여 $a_5-a_3=8$일 때, a_2의 값은? (단서: 공차를 구할 수 있겠지?) (3점)
>
> ① 3 ② 4 ③ 5
> ④ 6 ⑤ 7

1st 공차를 먼저 구한 후 a_2의 값을 구해.

첫째항이 1인 등차수열 $\{a_n\}$의 공차를 d라 하자.

$a_5-a_3=(a_3+2d)-a_3=2d=8$에서 $d=4$ ($a_5=a_1+4d=a_2+3d=a_3+2d=a_4+d$라고 할 수 있어.)

$\therefore a_2=1+4=5$ ($a_2=a_1+d$에 대입한 거야.)

G 28 정답 ⑤ *등차수열의 특정항 구하기–특정항 이용 [정답률 91%]

(정답 공식: 첫째항이 a이고 공차가 d인 등차수열 $\{a_n\}$의 일반항은 $a_n=a+(n-1)d$이다.)

> 등차수열 $\{a_n\}$에 대하여 $a_2=6$, $a_4+a_6=36$일 때, a_{10}의 값은? (단서: 두 식에서 등차수열 $\{a_n\}$의 첫째항과 공차를 구해야 해.) (3점)
>
> ① 30 ② 32 ③ 34
> ④ 36 ⑤ 38

1st 등차수열 $\{a_n\}$의 일반항을 구해.

등차수열 $\{a_n\}$의 첫째항과 공차를 각각 a, d라 하면 일반항은

$a_n=a+(n-1)d$이다. 즉, $a_2=6$에서 $a+d=6$ ⋯ ㉠

$a_4+a_6=36$에서 $(a+3d)+(a+5d)=36$, $2a+8d=36$

$\therefore a+4d=18$ ⋯ ㉡

㉠, ㉡을 연립하여 풀면 $a=2$, $d=4$ (㉡−㉠을 하면 $3d=12$ $\therefore d=4$ 이것을 ㉠에 대입하면 $a=2$)

따라서 등차수열 $\{a_n\}$의 일반항은 $a_n=2+(n-1)\times4=4n-2$이다.

2nd a_{10}의 값을 구해.

$\therefore a_{10}=4\times10-2=38$

다른 풀이: 등차중항 이용하기 (세 수 a, b, c가 이 순서대로 등차수열을 이루면 b를 a와 c의 등차중항이라 하고 $2b=a+c$가 성립해.)

수열 $\{a_n\}$이 등차수열이므로 a_5는 a_4, a_6의 등차중항이야.

즉, $a_4+a_6=2a_5$가 성립하므로 $a_4+a_6=36$에서 $2a_5=36$ $\therefore a_5=18$

이때, 등차수열 $\{a_n\}$의 첫째항과 공차를 각각 a, d라 하면 일반항은

$a_n=a+(n-1)d$이므로 $a_5=18$에서 $a+4d=18$ (이것은 위의 풀이의 ㉡과 같지?)

(이하 동일)

G 29 정답 ① *등차수열의 특정항 구하기 – 특정항 이용 [정답률 93%]

(정답 공식: 첫째항이 a_1이고 공차가 d인 등차수열 $\{a_n\}$의 일반항은 $a_n=a_1+(n-1)d$이다.)

> 공차가 3인 등차수열 $\{a_n\}$에 대하여 $a_4=100$일 때, a_1의 값은? (2점)
>
> 단서 a_4를 첫째항과 공차를 이용하여 나타내.
>
> ① 91 ② 93 ③ 95 ④ 97 ⑤ 99

1st 등차수열 $\{a_n\}$의 일반항을 구해.

등차수열 $\{a_n\}$의 공차가 3이므로 첫째항 a_1에 대하여 일반항은

$a_n=a_1+(n-1)\times 3$ ⋯ ㉠

2nd a_1의 값을 구해.

$a_4=100$이므로 ㉠의 양변에 $n=4$를 대입하면

$a_4=a_1+3\times 3=a_1+9=100$ (a_4는 a_1에서 공차가 3번 더해진 거야.)

$\therefore a_1=91$

G 30 정답 21 *등차수열의 특정항 구하기 – 특정항 이용 [정답률 91%]

(정답 공식: 첫째항이 a이고 공차가 d인 등차수열 $\{a_n\}$의 일반항은 $a_n=a+(n-1)d$이다.)

> 등차수열 $\{a_n\}$에 대하여 $a_3=7$, $a_2+a_5=16$일 때, a_{10}의 값을 구하시오. (3점)
>
> 단서1 a_2와 a_5를 a_3과 등차수열 $\{a_n\}$의 공차를 이용하여 나타낸 후 공차를 구하면 돼.
>
> 단서2 a_{10}을 a_3과 공차를 이용하여 나타내.

1st 등차수열 $\{a_n\}$의 공차를 구해.

등차수열 $\{a_n\}$의 공차를 d라 하면

$a_2=a_3-d=7-d$, $a_5=a_3+2d=7+2d$이므로 $a_2+a_5=16$에서

($a_3=a_2+d$에서 $a_2=a_3-d$이고 $a_4=a_3+d$이므로 $a_5=a_4+d=(a_3+d)+d=a_3+2d$)

$(7-d)+(7+2d)=16$, $14+d=16$ $\therefore d=2$

2nd a_{10}의 값을 구해.

$\therefore a_{10}=a_3+7d=7+7\times 2=21$

다른 풀이: 등차수열의 일반항 이용하기

등차수열 $\{a_n\}$의 첫째항을 a, 공차를 d라 하면

$a_n=a+(n-1)d$이므로 $a_3=7$에서 $a+2d=7$ ⋯ ㉠

또, $a_2+a_5=16$에서 $(a+d)+(a+4d)=16$

$\therefore 2a+5d=16$ ⋯ ㉡

㉠, ㉡을 연립하여 풀면 $d=2$, $a=3$ (㉡−㉠×2를 하면 $d=2$, $d=2$를 ㉠에 대입하면 $a+4=7$ $\therefore a=3$)

따라서 $a_n=3+(n-1)\times 2=2n+1$이므로

$a_{10}=2\times 10+1=21$

G 31 정답 ① *등차수열의 특정항 구하기 – 특정항 이용 [정답률 92%]

(정답 공식: 첫째항이 a, 공차가 d인 등차수열 $\{a_n\}$의 일반항은 $a_n=a+(n-1)d$이다.)

> 등차수열 $\{a_n\}$에 대하여 $a_2=5$, $a_5=11$일 때, a_8의 값은? (2점)
>
> 단서1 등차수열 $\{a_n\}$의 공차를 d라 하면 a_2의 값과 a_5의 값은 $3d$만큼 차이가 나.
>
> 단서2 공차 d에 대하여 a_8의 값은 a_2의 값과 $6d$만큼, a_5의 값과 $3d$만큼 차이가 나.
>
> ① 17 ② 18 ③ 19 ④ 20 ⑤ 21

1st 등차수열 $\{a_n\}$의 공차를 구해.

등차수열 $\{a_n\}$의 공차를 d라 하면 $a_2=5$, $a_5=11$에서

$a_5=a_2+3d=5+3d=11$, $3d=6$ $\therefore d=2$

($a_3=a_2+d$, $a_4=a_3+d=(a_2+d)+d=a_2+2d$, $a_5=a_4+d=(a_2+2d)+d=a_2+3d$)

2nd a_8의 값을 구해.

$\therefore a_8=a_2+6d=5+6\times 2=17$

다른 풀이 ❶: $a_8=a_5+3d$임을 이용하기

등차수열 $\{a_n\}$의 공차가 $d=2$이므로 $a_8=a_5+3d=11+3\times 2=17$

다른 풀이 ❷: 등차수열의 일반항 이용하기

등차수열 $\{a_n\}$의 첫째항을 a, 공차를 d라 하면 $a_n=a+(n-1)d$

이때, $a_2=5$에서 $a+d=5$ ⋯ ㉠

또, $a_5=11$에서 $a+4d=11$ ⋯ ㉡

㉠, ㉡을 연립하여 풀면 $a=3$, $d=2$ (㉡−㉠을 하면 $3d=6$ $\therefore d=2$, $d=2$를 ㉠에 대입하면 $a+2=5$ $\therefore a=3$)

따라서 $a_n=3+(n-1)\times 2=2n+1$이므로 $a_8=2\times 8+1=17$

톡톡 풀이: 등차중항 이용하기

a_5는 a_2와 a_8의 등차중항이므로 $2a_5=a_2+a_8$에서 $2\times 11=5+a_8$

$\therefore a_8=22-5=17$

G 32 정답 ③ *등차수열의 특정항 구하기 – 특정항 이용 [정답률 92%]

(정답 공식: 첫째항이 a이고 공차가 d인 등차수열 $\{a_n\}$의 일반항은 $a_n=a+(n-1)d$이다.)

> 등차수열 $\{a_n\}$에 대하여
>
> $a_1=2a_5$, $a_8+a_{12}=-6$
>
> 일 때, a_2의 값은? (3점)
>
> 단서 주어진 조건식을 첫째항과 공차를 이용하여 나타내.
>
> ① 17 ② 19 ③ 21 ④ 23 ⑤ 25

1st 등차수열 $\{a_n\}$의 첫째항과 공차를 각각 구해.

등차수열 $\{a_n\}$의 첫째항과 공차를 각각 a, d라 하면 일반항은

$a_n=a+(n-1)d$이므로

$a_1=2a_5$에서 $a=2(a+4d)$, $a=2a+8d$

$\therefore a=-8d$ ⋯ ㉠

$a_8+a_{12}=-6$에서 $(a+7d)+(a+11d)=-6$, $2a+18d=-6$

($a_8+a_{12}=a_9+a_{11}=2a_{10}$이므로 $2a_{10}=-6$이라 하고 이것을 a, d에 대하여 나타내도 돼.)

$\therefore a+9d=-3$ ⋯ ㉡

㉠을 ㉡에 대입하면 $-8d+9d=-3$

$\therefore d=-3$, $a=-8d=24$

2nd a_2의 값을 구해.

따라서 $a_n=24+(n-1)\times(-3)=-3n+27$이므로

$a_2=-3\times 2+27=-6+27=21$

G 33 정답 ④ *등차수열의 특정항 구하기 – 특정항 이용 [정답률 88%]

(정답 공식: 등차수열 $\{a_n\}$의 공차를 d라 하면 $a_{n+1}=a_n+d$이다.)

> 등차수열 $\{a_n\}$에 대하여 $a_1+a_2+a_3=15$, $a_3+a_4+a_5=39$일 때, 수열 $\{a_n\}$의 공차는? (3점)
>
> 단서 $a_3+a_4+a_5$를 a_1, a_2, a_3과 공차를 이용하여 나타내 봐.
>
> ① 1 ② 2 ③ 3 ④ 4 ⑤ 5

1st 등차수열 $\{a_n\}$의 공차를 구하자.

등차수열 $\{a_n\}$의 공차를 d라 하면

→ a_4는 a_2를 첫째항으로 하는 등차수열의 3번째 항이니까 $a_4=a_2+(3-1)d=a_2+2d$이고 a_5는 a_3을 첫째항으로 하는 등차수열의 3번째 항이니까 $a_5=a_3+(3-1)d=a_3+2d$야.

$a_3=a_1+2d$, $a_4=a_2+2d$, $a_5=a_3+2d$이므로

$a_3+a_4+a_5=(a_1+2d)+(a_2+2d)+(a_3+2d)=a_1+a_2+a_3+6d$

에서 $6d=(a_3+a_4+a_5)-(a_1+a_2+a_3)=39-15=24$ $\quad\therefore d=4$

다른 풀이 ❶: **등차수열의 일반항 이용하기**

등차수열 $\{a_n\}$의 공차를 d라 하면 $a_n=a_1+(n-1)d$이므로

$a_1+a_2+a_3=15$에서 $a_1+(a_1+d)+(a_1+2d)=15$

$3a_1+3d=15$ $\quad\therefore a_1+d=5 \cdots$ ㉠

또, $a_3+a_4+a_5=39$에서 $(a_1+2d)+(a_1+3d)+(a_1+4d)=39$

$3a_1+9d=39$ $\quad\therefore a_1+3d=13 \cdots$ ㉡

㉠, ㉡을 연립하여 풀면 $d=4$, $a_1=1$

다른 풀이 ❷: **등차중항 이용하기**

a_2는 a_1, a_3의 등차중항이므로 $a_1+a_3=2a_2$

→ 세 수 a, b, c가 이 순서대로 등차수열을 이루면 b는 a, c의 등차중항이고 $2b=a+c$가 성립해.

즉, $a_1+a_2+a_3=15$에서 $3a_2=15$ $\quad\therefore a_2=5$

또, a_4는 a_3, a_5의 등차중항이므로 $a_3+a_5=2a_4$

즉, $a_3+a_4+a_5=39$에서 $3a_4=39$ $\quad\therefore a_4=13$

이때, 등차수열 $\{a_n\}$의 공차를 d라 하면

$a_4=a_2+2d=5+2d=13$에서 $2d=8$ $\quad\therefore d=4$

G 34 정답 ③ *등차수열의 특정항 구하기 – 특정항 이용 …… [정답률 86%]

(정답 공식: 등차수열 $\{a_n\}$의 공차가 d이면 $a_{n+1}=a_n+d$ (단, n은 자연수)가 성립한다.)

등차수열 $\{a_n\}$에 대하여 $a_2=3$, $a_4=9$일 때, 수열 $\{a_n\}$의 공차는? (2점)

단서 등차수열은 첫째항부터 차례대로 일정한 수(공차 d)를 더하여 만든 수열이야. 즉, $a_{n+1}=a_n+d$

① 1 ② 2 ③ 3 ④ 4 ⑤ 5

1st 등차수열의 정의를 이용하여 공차를 구하자.

등차수열 $\{a_n\}$의 공차를 d라 할 때,

$a_4-a_2=9-3=2d$이므로 $2d=6$

$\therefore d=3$

등차수열 $\{a_n\}$에서 공차를 d라고 할 때, $a_3=a_2+d$, $a_4=a_3+d=(a_2+d)+d=a_2+2d$

G 35 정답 35 *등차수열의 특정항 구하기 – 특정항 이용 …… [정답률 83%]

(정답 공식: 첫째항이 a_1이고, 공차가 d일 때, 등차수열 $\{a_n\}$의 일반항은 $a_n=a_1+(n-1)d$이다.)

등차수열 $\{a_n\}$에 대하여

$a_5=5$, $a_{15}=25$

단서 등차수열 $\{a_n\}$의 첫째항을 a, 공차를 d라 하면 $a_5=a+4d$, $a_{15}=a+14d$로 나타낼 수 있어.

일 때, a_{20}의 값을 구하시오. (3점)

1st 주어진 조건을 첫째항과 공차에 대한 연립방정식으로 나타내.

등차수열 $\{a_n\}$의 첫째항을 a, 공차를 d라 하면

→ 첫째항이 a, 공차가 d인 등차수열의 일반항은 $a_n=a+(n-1)d$

$a_5=a+4d=5 \cdots$ ㉠

$a_{15}=a+14d=25 \cdots$ ㉡

2nd 등차수열 $\{a_n\}$의 첫째항과 공차로부터 a_{20}의 값을 구해.

㉡$-$㉠을 하면 $10d=20$ $\quad\therefore d=2$

$d=2$를 ㉠에 대입하면 $a+4\times2=5$ $\quad\therefore a=-3$

$\therefore a_{20}=a+19d=-3+19\times2=35$

G 36 정답 20 *등차수열의 특정항 구하기 – 특정항 이용 …… [정답률 85%]

(정답 공식: $a_n=a_1+(n-1)d$이므로 등식을 첫째항과 공차에 대하여 나타낸다. 여기서는 첫째항과 공차의 값이 같다.)

첫째항과 공차가 같은 등차수열 $\{a_n\}$이

$a_2+a_4=24$

단서 첫째항과 공차를 같은 문자로 놓고, 등차수열 $\{a_n\}$의 일반항 a_n을 찾으면 돼.

를 만족시킬 때, a_5의 값을 구하시오. (3점)

1st 등차수열 $\{a_n\}$의 일반항을 구하고, 주어진 식을 이용하여 a_5의 값을 구해.

등차수열 $\{a_n\}$의 첫째항을 a라 하면 첫째항과 공차가 같으므로 공차도 a이다. 즉, 등차수열 $\{a_n\}$의 일반항 a_n은

→ [등차수열의 일반항] 첫째항이 a, 공차가 d인 등차수열 $\{a_n\}$의 일반항 $a_n=a+(n-1)d$

$a_n=a+(n-1)a=na$

이때 $a_2+a_4=2a+4a=24$에서 $6a=24$ $\quad\therefore a=4$

즉, $a_n=4n$이므로 $a_5=4\times5=20$

G 37 정답 12 *등차수열의 특정항 구하기 – 특정항 이용 …… [정답률 84%]

(정답 공식: 첫째항이 a_1이고, 공차가 d일 때, 등차수열 $\{a_n\}$의 일반항은 $a_n=a_1+(n-1)d$이다.)

등차수열 $\{a_n\}$에 대하여 $a_2=8$, $a_6=16$일 때, a_4의 값을 구하시오. (3점)

단서 등차수열 $\{a_n\}$의 첫째항을 a, 공차를 d로 놓고, 식을 세울 수 있지.

1st 주어진 조건을 첫째항과 공차에 대한 연립방정식으로 나타내.

등차수열 $\{a_n\}$의 첫째항을 a, 공차를 d라 하면

$a_2=a+d=8 \cdots$ ㉠

$a_6=a+5d=16 \cdots$ ㉡

2nd 등차수열 $\{a_n\}$의 첫째항과 공차로부터 a_4의 값을 구해.

㉡$-$㉠을 하면 $4d=8$ $\quad\therefore d=2$

$d=2$를 ㉠에 대입하면 $a+2=8$ $\quad\therefore a=6$

$\therefore a_4=a+3d=6+3\times2=6+6=12$

다른 풀이: **등차중항 $a_2+a_6=2a_4$임을 이용하기**

등차수열 $\{a_n\}$에 대하여 $a_2=8$, $a_6=16$이고,

주의 a_2, a_4, a_6도 이 순서대로 등차수열을 이루고 있어.

a_4는 a_2와 a_6의 등차중항이므로

$2a_4=a_2+a_6=8+16=24$

→ [등차중항] 세 수 a, b, c가 이 순서대로 등차수열을 이루면 b는 a와 b의 등차중항이다. 즉, $2b=a+c$

$\therefore a_4=12$

G 38 정답 14 *등차수열의 특정항 구하기 – 특정항 이용 …… [정답률 84%]

(정답 공식: a_5-a_3의 값에서 공차를 구할 수 있다.)

등차수열 $\{a_n\}$에 대하여 $a_2=2$, $a_5-a_3=6$일 때, a_6의 값을 구하시오. (3점)

단서 등차수열 $\{a_n\}$에 대하여 두 식이 주어졌어. 두 식으로 첫째항과 공차를 구하자.

1st $a_5-a_3=6$에서 공차를 구해보자.

등차수열 $\{a_n\}$의 첫째항을 a, 공차를 d라 하자.

$a_5-a_3=6$이므로 $(a+4d)-(a+2d)=6$

$2d=6$ $\quad\therefore d=3 \cdots$ ㉠

첫째항이 없어지니까 공차를 구할 수 있는 거야.

2nd $a_2=2$를 이용하여 첫째항을 구하여 a_6의 값을 구하자.

$a_2=2$이므로 $a+d=2$, $a+3=2$ ($\because$ ㉠) $\quad\therefore a=-1$

즉, 등차수열 $\{a_n\}$의 일반항은

$a_n=-1+(n-1)\times3=3n-4$

$\therefore a_6=3\times6-4=14$

G 39 정답 ③ *등차수열의 특정항 구하기-특정항 이용 … [정답률 88%]

(정답 공식: 첫째항이 a_1이고, 공차가 d일 때, 등차수열 $\{a_n\}$의 일반항은 $a_n=a_1+(n-1)d$이다.)

등차수열 $\{a_n\}$에 대하여

$a_8=a_2+12$, $a_1+a_2+a_3=15$ **단서** 등차수열의 첫째항을 a_1, 공차를 d로 놓고 식을 세울 수 있지.

일 때, a_{10}의 값은? (3점)

① 17 ② 19 ③ 21 ④ 23 ⑤ 25

1st 등차수열의 공차를 d라 놓고 식을 세워 풀자.

등차수열 $\{a_n\}$의 첫째항을 a_1, 공차를 d라 하면

$a_8=a_2+12$에서 $a_1+7d=a_1+d+12$

$6d=12 \quad\therefore d=2$

또, $a_1+a_2+a_3=15$에서

$a_1+(a_1+d)+(a_1+2d)=3(a_1+d)=15$

$a_1+d=5 \quad\therefore a_1=3$

$\therefore a_{10}=a_1+9d=3+9\times2=21$

다른 풀이: 등차중항 이용하기

주의 등비수열을 이룰 때에는 $a_2^2=a_1a_3$이야.

a_1, a_2, a_3은 이 순서대로 등차수열을 이루므로

$2a_2=a_1+a_3$ **[등차중항]** a, b, c가 이 순서대로 등차수열을 이루면 $2b=a+c$야.

$a_1+a_2+a_3=15$에서 $a_1+a_3+a_2=2a_2+a_2=3a_2=15$

$\therefore a_2=5$

이때, $a_8=a_2+12=5+12=17$이므로

등차수열 $\{a_n\}$의 공차를 d라 하면

$a_8=a_2+6d=17$, $5+6d=17$ → a_8은 첫째항을 a_2라 하면 7번째 항이니까 $a_8=a_2+(7-1)d$야.

$\therefore d=2$

첫째항을 a_2라 하고 a_{10}을 구하면 → a_2를 첫째항으로 하면 a_{10}은 9번째 항이고, $a_{10}=a_8+2d$도 되지?

$a_{10}=a_2+(9-1)d=a_2+8\times2=5+16=21$

G 40 정답 7 *등차수열의 특정항 구하기-특정항 이용 … [정답률 95%]

(정답 공식: $a_m-a_n=(m-n)d\,(m>n>0)$)

❶등차수열 $\{a_n\}$에 대하여 ❷$a_8-a_4=28$일 때, 수열 $\{a_n\}$의 공차를 구하시오. (3점) **단서** 등차수열 ❶에서 두 항의 차(❷)가 주어지면 공차는 쉽게 구할 수 있지?

1st 수열 $\{a_n\}$이 등차수열이므로 두 항의 차를 이용하여 공차를 구할 수 있어.

등차수열 $\{a_n\}$의 첫째항을 a_1, 공차를 d라 하면 $a_n=a_1+(n-1)d$

→ 두 항의 차로 공차를 구할 수 있지? 즉, $a_{n+l}-a_n=a_1+(n+l-1)d-\{a_1+(n-1)d\}=ld$로 d의 식이 남지?

$a_8-a_4=(a_1+7d)-(a_1+3d)=4d=28$

$\therefore d=7$ → $a_m-a_n=(m-n)d$이네.

따라서 등차수열 $\{a_n\}$의 공차는 7이다.

G 41 정답 137 *등차수열의 특정항 구하기-특정항 이용 … [정답률 84%]

(정답 공식: $a_n=a+(n-1)d$를 이용해 등식을 첫째항과 공차에 대한 식으로 나타낸다.)

등차수열 $\{a_n\}$에 대하여 $a_2+a_4=54$, $a_{12}+a_{14}=254$일 때, a_{14}의 값을 구하시오. (3점) **단서** 등차수열의 일반항을 구하면 돼. a_2+a_4, $a_{12}+a_{14}$의 두 식이 주어졌으니까 첫째항과 공차를 구할 수 있겠지?

1st 등차수열의 일반항의 공식과 주어진 두 식을 이용해서 첫째항과 공차를 구해.

등차수열 $\{a_n\}$의 첫째항을 a, 공차를 d라 하면 → 등차수열의 일반항 $a_n=a+(n-1)d$

$a_2+a_4=a+d+a+3d$

$=2a+4d=54$ … ㉠

실수 등차수열 문제는 거의 첫째항과 공비로 식을 세우면 풀려. 이 문제도 이렇게 하는 것이 핵심이지.

$a_{12}+a_{14}=a+11d+a+13d$

$=2a+24d=254$ … ㉡

㉡－㉠을 하면

$20d=200 \quad\therefore d=10$, $a=7$ ← $2a+4d=54$에서 $2a+40=54$, $2a=14 \quad\therefore a=7$

$\therefore a_{14}=a+13d=137$

다른 풀이: 등차중항 이용하기

등차수열 $\{a_n\}$의 공차를 d라 하면

$a_3=\dfrac{a_2+a_4}{2}=27$, → 세 수 a, b, c가 이 순서대로 등차수열을 이룰 때, 등차중항 $2b=a+c$

$a_{13}=\dfrac{a_{12}+a_{14}}{2}=127$

공차를 d라 하면

$a_{13}=a_3+(11-1)d=127$에서 $d=10$

$\therefore a_{14}=a_{13}+d=137$

G 42 정답 ④ *등차수열의 특정항 구하기-특정항 이용 … [정답률 92%]

(정답 공식: 첫째항이 a_1이고 공차가 d인 등차수열 $\{a_n\}$의 일반항은 $a_n=a_1+(n-1)d$이다.)

등차수열 $\{a_n\}$에 대하여

$a_4=6$, $2a_7=a_{19}$ **단서** 등차수열의 일반항의 정의를 이용해 봐.

일 때, a_1의 값은? (3점)

① 1 ② 2 ③ 3 ④ 4 ⑤ 5

1st a_4, a_7, a_{19}를 첫째항과 공차에 대한 식으로 나타내.

등차수열 $\{a_n\}$의 공차를 d라 하면

$a_4=6$에서 $a_1+3d=6$ … ㉠ ($a_4=a_1+(4-1)d=a_1+3d$)

$2a_7=a_{19}$에서 $2(a_1+6d)=a_1+18d$, $2a_1+12d=a_1+18d$ ($a_7=a_1+(7-1)d=a_1+6d$, $a_{19}=a_1+(19-1)d=a_1+18d$)

$\therefore a_1=6d$ … ㉡

2nd 두 식을 연립하여 a_1의 값을 구해.

㉡을 ㉠에 대입하면

$6d+3d=6$, $9d=6 \quad\therefore d=\dfrac{2}{3}$

이것을 ㉡에 대입하면

$a_1=6\times\dfrac{2}{3}=4$

G 43 정답 26 *등차수열의 특정항 구하기 - 특정항 이용 ····· [정답률 93%]

(정답 공식: $a_6-a_4=12$에서 공차를 구하고 $a_3=8$에서 첫째항을 구한다.)

> ❶등차수열 $\{a_n\}$에 대하여 $a_3=8$, ❷$a_6-a_4=12$일 때, a_6의 값을 구하시오. (3점) 단서 등차수열 ❶이니까 주어진 항의 일반항을 구하면 돼. 이때, 두 항의 차(❷)가 주어지면 공차는 쉽게 구할 수 있지?

1st 수열 $\{a_n\}$이 등차수열이므로 두 항의 차를 이용하여 공차를 구할 수 있어.

등차수열 $\{a_n\}$의 첫째항을 a_1, 공차를 d라 하면

두 항의 차로 공차를 구할 수 있지? 즉, $a_{n+l}-a_n=a_1+(n+l-1)d-\{a_1+(n-1)d\}=ld$로 d의 식이 남지?

$a_6-a_4=a_1+5d-(a_1+3d)$ [일반항] $a_n=a_1+(n-1)d$

$=2d=12$ → $a_m-a_n=(m-n)d$

$\therefore d=6$

2nd a_3의 값을 이용하여 a_1의 값을 구한 후 a_6의 값을 찾자.

$a_3=a_1+2d=8$이므로

$a_1=8-2d=8-2\times6=-4$

$\therefore a_6=a_1+5d=-4+5\times6=26$

실수 a_6를 구하는거니까 첫째항을 구하고 멈추면 안돼.

쉬운 풀이: $a_6=a_3+3d$임을 이용하기

$a_3=8$이고 공차 $d=6$이므로 a_6을 a_3이 첫째항인 수열로 표현해 볼 수 있겠지? 즉,

$a_6=a_3+(4-1)d=8+3\times6=26$

제3항을 시작으로 $4(=6-3+1)$번째에 제6항이 있으니까.

G 44 정답 22 *등차수열의 특정항 구하기 - 특정항 이용 ····· [정답률 93%]

(정답 공식: 주어진 두 식을 이용하여 첫째항과 공차에 대한 연립방정식을 푼다.)

> 등차수열 $\{a_n\}$에 대하여 $a_3=10$, $a_2+a_5=24$일 때, a_6의 값을 구하시오. (3점) 단서 등차수열의 일반항을 구하면 돼. a_3, a_2+a_5, 두 식이 주어졌으니까 a_1과 공차 d를 구할 수 있지?

1st 등차수열 $\{a_n\}$의 주어진 조건에서 첫째항과 공차에 관한 식을 구하자.

등차수열 $\{a_n\}$의 첫째항을 a_1, 공차를 d라 하면

$a_3=a_1+2d=10$ ⋯ ㉠ [일반항] $a_n=a_1+(n-1)d$

$a_2+a_5=(a_1+d)+(a_1+4d)=2a_1+5d=24$ ⋯ ㉡

2nd 첫째항 a_1과 공차 d를 구하여 a_6의 값을 찾자.

㉠, ㉡을 연립하여 풀면 $a_1=2$, $d=4$ ← ㉡−㉠×2를 하면 $2a_1+5d-(2a_1+4d)=24-20$

$\therefore a_6=a_1+5d=2+5\times4=22$

$a_n=2+(n-1)\times4$

다른 풀이: a_2, a_5를 a_3으로 나타내어 등차수열 $\{a_n\}$의 공차 구하기

등차수열 $\{a_n\}$의 공차를 d라 하면 $a_3=10$이므로

$a_2=a_3-d=10-d$, $a_5=a_3+2d=10+2d$

$a_2+a_5=24$에서 $(10-d)+(10+2d)=24$

$20+d=24$ $\quad\therefore d=4$

$\therefore a_6=a_3+3d=10+3\times4=22$

G 45 정답 21 *등차수열의 특정항 구하기 - 특정항 이용 ····· [정답률 91%]

(정답 공식: 주어진 두 식을 이용하여 첫째항과 공차에 대한 연립방정식을 푼다.)

> ❶등차수열 $\{a_n\}$이 단서 등차수열 ❶에서 두 항의 차(❷)가 주어지면 공차는 쉽게 구할 수 있지? 일반항의 필요한 첫째항은 두 항의 합을 이용!!
>
> $a_{10}+a_6=6$, ❷$a_{10}-a_6=-12$
>
> 를 만족시킬 때, a_2의 값을 구하시오. (3점)

1st 등차수열 $\{a_n\}$에서 a_{10}, a_6의 합과 차로 첫째항과 공차를 구해.

등차수열 $\{a_n\}$의 첫째항을 a_1, 공차를 d라 하면

$a_{10}+a_6=(a_1+9d)+(a_1+5d)$ [일반항] $a_n=a_1+(n-1)d$

$=2a_1+14d=6$

$\therefore a_1+7d=3$ ⋯ ㉠

$a_{10}-a_6=(a_1+9d)-(a_1+5d)=4d=-12$

$\therefore d=-3$

이것을 ㉠에 대입하면

$a_1+7\times(-3)=3$ $\quad\therefore a_1=24$

2nd 일반항을 구하여 a_2의 값을 구하자.

$a_n=24+(n-1)\times(-3)=-3n+27$

$\therefore a_2=(-3)\times2+27=21$

실수 n에 6과 10을 대입해서 주어진 조건을 만족하는지 확인해 보면 검산해볼 수 있지.

G 46 정답 39 *등차수열의 특정항 구하기 - 특정항 이용 ····· [정답률 93%]

(정답 공식: 주어진 두 식을 이용하여 첫째항과 공차에 대한 연립방정식을 푼다.)

> 등차수열 $\{a_n\}$이 $a_2=1$이고, $a_1+a_6=8$일 때, a_{21}의 값을 구하시오. (3점) 단서 등차수열의 일반항을 구하면 돼. 두 식이 주어졌으니까 a_1과 공차 d를 구할 수 있지?

1st 등차수열 $\{a_n\}$의 주어진 조건에서 첫째항과 공차에 관한 식을 구하자.

등차수열 $\{a_n\}$의 첫째항을 a_1, 공차를 d라 하면

$a_2=a_1+d=1$ ⋯ ㉠ [일반항] $a_n=a_1+(n-1)d$

$a_1+a_6=a_1+(a_1+5d)=2a_1+5d=8$ ⋯ ㉡

2nd 첫째항 a_1과 공차 d를 구하여 a_{21}의 값을 찾자.

㉡−㉠×2를 하면

$(2a_1+5d)-(2a_1+2d)=8-2$

$3d=6$ $\quad\therefore d=2$, $a_1=-1$ ($\because$ ㉠) → $a_1=1-d$이니까.

$\therefore a_{21}=a_1+20d=-1+20\times2=39$

$a_n=-1+(n-1)\times2$

G 47 정답 12 *등차수열의 특정항 구하기 - 특정항 이용 ····· [정답률 93%]

(정답 공식: 주어진 두 식을 이용하여 첫째항과 공차에 대한 연립방정식을 푼다.)

> 등차수열 $\{a_n\}$이 $a_2+a_4=8$, $a_7=52$를 만족시킬 때, 공차를 구하시오. (3점) 단서 등차수열의 일반항을 주어진 조건에 의해 구할 수 있지.

1st 등차수열이므로 첫째항 a_1과 공차 d만 알면 일반항을 구할 수 있지?

등차수열의 첫째항을 a_1, 공차를 d라 하면

$a_2+a_4=(a_1+d)+(a_1+3d)=2a_1+4d=8$에서

$a_1+2d=4$ ⋯ ㉠이고 $a_7=a_1+6d=52$ ⋯ ㉡이다.

→ a_3의 일반항과 같지?

㉡−㉠을 하면 $4d=48$

→ 등차수열의 두 항의 차는 공차의 배수야.

$\therefore d=12$

다른 풀이: 등차중항 이용하기

$a_2+a_4=2a_3=8$ $\therefore a_3=4$

이때, $a_7=52$이므로

등차수열 $\{a_n\}$의 첫째항을 a_1, 공차를 d라 하면

$a_7-a_3=(a_1+6d)-(a_1+2d)$ [등차수열의 일반항] $a_n=a_1+(n-1)d$

$=4d=52-4=48$ → $a_m-a_n=(m-n)d$

$\therefore d=12$

톡톡 풀이: $a_7=a_3+4d$임을 이용하기

$a_3=4$, $a_7=52$에서 a_7을 a_3이 첫째항인 수열로 표현해 볼 수 있겠지?

$a_7=a_3+(5-1)d$이므로 $52=4+4d$

→ 제3항을 시작으로 $5(=7-3+1)$번째에 제7항이 있으니까.

$\therefore d=12$

수능 핵강

＊등차수열의 일반항 구하기

등차수열에서 두 개의 항이 주어지면 첫째항과 공차를 구할 수 있어.
즉 일반항 a_n을 구할 수 있으므로 모든 항을 알 수 있게 돼.

G 48 정답 38 ＊등차수열의 특정항 구하기-특정항 이용 ······ [정답률 95%]

(정답 공식: 두 항의 값을 알면 연립일차방정식으로 첫째항과 공차를 구할 수 있다.)

등차수열 $\{a_n\}$이 $a_2=3$, $a_5=24$일 때, a_7의 값을 구하시오. (3점)

단서 등차수열의 즉 특정한 두 항이 주어졌으니까 a_1과 공차 d를 구할 수 있지?

1st 등차수열이므로 첫째항 a_1과 공차 d만 알면 일반항을 구할 수 있지?

$a_2=3$, $a_5=24$이므로

[등차수열의 일반항] 첫째항이 a_1, 공차가 d인 등차수열의 일반항 a_n은 $a_n=a_1+(n-1)d$

$a_2=a_1+d=3$, $a_5=a_1+4d=24$ → $n=5$ 대입

위 두 식을 연립하여 풀면 → 일반항에 $n=2$ 대입

$a_1=-4$, $d=7$

$\therefore a_7=a+6d=-4+6\times7=38$

수능 핵강

＊$a_m-a_n=(m-n)d$임을 통해 공차 구하기

일반항 공식을 써서 d의 값을 구할 수도 있지만, 굳이 쓰지 않고도 등차수열의 두 항을 주면 두 항의 차를 두 항의 항수의 차로 나누면 d를 바로 알 수 있어. 이 문제에서 주어진 두 항의 차는 $a_5-a_2=24-3=21$이고
두 항의 항 수의 차는 $5-2=3$이므로 $21\div3=7$이야.

G 49 정답 ① ＊등차수열의 특정항 구하기-특정항 이용 ······ [정답률 69%]

(정답 공식: $|a_3|$을 풀기 위해 $a_3<0$ 또는 $a_3\geq0$으로 나누어 값을 구해본다.)

등차수열 $\{a_n\}$에 대하여

$a_1=-15$, $|a_3|-a_4=0$

일 때, a_7의 값은? (3점)

단서 주어진 조건을 등차수열의 첫째항과 공차의 식으로 나타내봐.

① 21 ② 23 ③ 25
④ 27 ⑤ 29

1st 주어진 조건을 등차수열의 첫째항과 공차의 식으로 나타내보자.

$a_1=-15$인 등차수열 $\{a_n\}$의 공차를 d라 하면 $|a_3|-a_4=0$이므로

$|a_3|=a_4$에서 → 공차가 d인 등차수열의 일반항은 $a_n=a_1+(n-1)d$

$|a_1+2d|=a_1+3d=-15+3d\geq0$ (절댓값)≥0이지?

$\therefore d\geq5$ ⋯ ㉠

2nd $a_3<0$, $a_3\geq0$인 경우를 나누어 생각하자.

(i) $a_3<0$일 때, $|a_3|=\begin{cases}a_3 & (a_3\geq0)\\ -a_3 & (a_3<0)\end{cases}$

즉, $a_1+2d=-(a_1+3d)$일 때,

$5d=-2a_1=-2\times(-15)=30$에서 $d=6$

(ii) $a_3\geq0$일 때,

즉, $a_1+2d=a_1+3d$일 때,

$d=0$이므로 ㉠에 모순이다.

따라서 $d=6$이므로

$a_7=a_1+6d=-15+6\times6=-15+36=21$

쉬운 풀이: a_3의 부호를 결정하여 등차수열 $\{a_n\}$의 공차 구하기

등차수열 $\{a_n\}$의 공차를 d라 하면 $a_1=-15<0$, $|a_3|=a_4\geq0$이므로
$a_3<0$이고 $d>0$이야.

즉, $|a_3|=a_4$에서 $-a_3=a_4$, $-(a_1+2d)=a_1+3d$

$-(-15+2d)=-15+3d$, $5d=30$ $\therefore d=6$

$\therefore a_7=a_1+6d=-15+6\times6=21$

G 50 정답 ② ＊등차중항 ······ [정답률 95%]

(정답 공식: a, b, c가 이 순서대로 등차수열을 이룰 때, b를 a와 c의 등차중항이라 하고 $b=\frac{a+c}{2}$가 성립한다.)

등차수열 $\{a_n\}$에 대하여 $a_3=2$, $a_7=62$일 때, a_5의 값은? (2점)

단서 수열 $\{a_n\}$이 등차수열이므로 a_5는 a_3, a_7의 등차중항이야.

① 30 ② 32 ③ 34
④ 36 ⑤ 38

1st 등차중항의 성질을 이용하여 a_5의 값을 구해.

a_5는 a_3과 a_7의 등차중항이므로

→ 등차수열 $\{a_n\}$의 공차를 d라 하면 $a_3=a_5-2d$, $a_7=a_5+2d$이므로 세 수 a_3, a_5, a_7은 공차가 $2d$인 등차수열을 이루지? 따라서 a_5는 a_3과 a_7의 등차중항이야.

$a_5=\frac{a_3+a_7}{2}=\frac{2+62}{2}=32$

→ a, b, c가 이 순서대로 등차수열을 이루면 $b=\frac{a+c}{2}$가 성립해.

다른 풀이 ❶: 등차수열의 일반항 이용하기

등차수열 $\{a_n\}$의 첫째항을 a, 공차를 d라 하면

$a_n=a+(n-1)d$이므로 $a_3=a+2d$, $a_7=a+6d$지?

즉, $a+2d=2$, $a+6d=62$이므로 두 식을 연립하여 풀면

$a=-28$, $d=15$

따라서 $a_n=-28+(n-1)\times15=15n-43$이므로

$a_5=15\times5-43=32$

다른 풀이 ❷: $a_7=a_3+4d$임을 이용하기

등차수열 $\{a_n\}$의 공차를 d라 하면 $a_3=2$, $a_7=62$이므로

$a_7=a_3+4d=2+4d=62$에서

$4d=60$ $\therefore d=15$

→ $a_7=a_6+d=(a_5+d)+d=a_5+2d=(a_4+d)+2d=a_4+3d=(a_3+d)+3d=a_3+4d$

$\therefore a_5=a_3+2d=2+2\times15=32$

$a_5=a_4+d=(a_3+d)+d=a_3+2d$

G 51 정답 ⑤ *등차중항 [정답률 94%]

(정답 공식: 등차중항을 이용하여 a_2의 값을 구한다.)

등차수열 $\{a_n\}$에 대하여 $a_1+a_3=20$일 때, a_2의 값은? (2점)

단서 a_2는 a_1, a_3의 등차중항이야.

① 6 ② 7 ③ 8 ④ 9 ⑤ 10

1st a_2의 값을 구하자.

수열 $\{a_n\}$이 등차수열이므로 a_2는 a_1, a_3의 등차중항이다.

$\therefore a_2=\dfrac{a_1+a_3}{2}=\dfrac{20}{2}=10$

세 수 a, b, c가 이 순서대로 등차수열을 이루면 b를 a, c의 등차중항이라 하고 $b=\dfrac{a+c}{2}$가 성립해.

다른 풀이: $a_3=a_1+2d$임을 이용하기

등차수열 $\{a_n\}$의 공차를 d라 하면 $a_3=a_1+2d$이므로

첫째항이 a이고 공차가 d인 등차수열 $\{a_n\}$의 일반항은 $a_n=a+(n-1)d$야.

$a_1+a_3=20$에서

$a_1+(a_1+2d)=20$, $2a_1+2d=20$

$\therefore a_1+d=10$ ⋯ ㉠

이때, $a_2=a_1+d$이므로

㉠에 의하여 $a_2=10$

G 52 정답 ③ *등차중항 [정답률 88%]

(정답 공식: 등차중항을 이용해 등식을 만들 수 있다.)

등차수열 $\{a_n\}$에 대하여 세 수 a_1, a_1+a_2, a_2+a_3이 이 순서대로 등차수열을 이룰 때, $\dfrac{a_3}{a_2}$의 값은? (단, $a_1\neq0$) (3점)

단서 세 수가 순서대로 등차수열을 이루니까 등차중항을 생각할 수 있어.

① $\dfrac{1}{2}$ ② 1 ③ $\dfrac{3}{2}$ ④ 2 ⑤ $\dfrac{5}{2}$

1st 세 수 x, y, z가 등차수열을 이루면 $2y=x+z$가 성립하지?

세 수 a_1, a_1+a_2, a_2+a_3이 이 순서대로 등차수열을 이루므로

$2(a_1+a_2)=a_1+(a_2+a_3)$

[등차중항] 세 수 a, b, c가 등차수열을 이루면 $2b=a+c$가 성립한다. 역으로 $2b=a+c$가 성립하면 a, b, c 또는 c, b, a의 순서로 등차수열을 이룬다.

$\therefore a_1+a_2=a_3$ ⋯ ㉠

2nd 등차수열 $\{a_n\}$의 공차를 d라 놓고, a_2, a_3을 구하여 대입하자.

$a_1=a$, 등차수열 $\{a_n\}$의 공차를 d라 하면

$a_2=a+d$, $a_3=a+2d$이므로 ㉠에 대입하면

$a+(a+d)=a+2d$ $\therefore a=d$

$\therefore \dfrac{a_3}{a_2}=\dfrac{a+2d}{a+d}=\dfrac{3d}{2d}=\dfrac{3}{2}$ ($\because a_1=a=d\neq0$)

G 53 정답 15 *등차중항 [정답률 81%]

(정답 공식: 공차를 d라고 두면, x, y, z를 d에 대한 식으로 나타낼 수 있다.)

❶네 수 1, x, y, z가 이 순서대로 등차수열을 이루고 ❷$6x+z=5y$를 만족시킨다. $x+y+z$의 값을 구하시오. (3점)

단서 미지수가 3개이니까 식이 3개이어야겠지?
❶에서 1, x, y와 x, y, z에 등차중항을 적용하고, ❷까지 사용하면 되네.

1st 세 수 이상이 순서대로 등차수열을 이루면 등차중항을 이용해.

1, x, y, z가 이 순서대로 등차수열을 이루므로 $2x=1+y$, $2y=x+z$가 성립한다.
((i) 1, x, y (ii) x, y, z / (i)에 의해 (ii)에 의해)

주의 y, z를 x에 대한 식으로 나타내는 게 계산하기 편하겠지.

이것을 조건 $6x+z=5y$와 연립하면

$x=3$, $y=5$, $z=7$

$\therefore x+y+z=15$

세 문자, 두 식인 경우 두 문자를 다른 한 문자로 나타내자.
$2x=1+y \Rightarrow y=2x-1$
$2y=x+z \Rightarrow z=2y-x=2(2x-1)-x=3x-2$
이것을 $6x+z=5y$에 대입하면 돼.

톡톡 풀이: 등차수열 $\{a_n\}$에 대하여 $a_{n+1}=a_n+d$임을 이용하기

1, x, y, z를 공차가 d인 등차수열이라 하면

첫째항부터 일정한 수를 더하여 만든 수열이야.
(1, x, y, z, ⋯ / $+d$ $+d$ $+d$ ⋯)

$x=1+d$, $y=1+2d$, $z=1+3d$

$6x+z=5y$를 만족시켜야 하므로

$6(1+d)+(1+3d)=5(1+2d)$ $\therefore d=2$

$\therefore x=3$, $y=5$, $z=7 \Rightarrow x+y+z=15$

G 54 정답 80 *등차중항 [정답률 74%]

(정답 공식: 세 수 a, b, c가 순서대로 등차수열을 이루므로 b는 a와 c의 등차중항이다.)

세 실수 a, b, c가 이 순서대로 등차수열을 이루고 다음 조건을 만족시킬 때, abc의 값을 구하시오. (4점)

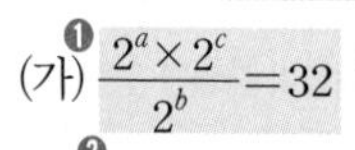

(가) ❶ $\dfrac{2^a\times2^c}{2^b}=32$

(나) ❷ $a+c+ca=26$

단서 등차중항에 의하여 세 실수의 관계식이 나오지? 그럼, ❶, ❷와 함께 세 식으로 세 미지수의 값을 찾을 수 있겠지?

1st 조건을 이용하여 a, b, c의 관계식을 세워 볼까?

세 실수 a, b, c가 이 순서대로 등차수열을 이루므로

$2b=a+c$ [등차중항] $b=\dfrac{a+c}{2}$

조건 (가)에서 $\dfrac{2^a\times2^c}{2^b}=\dfrac{2^{a+c}}{2^b}=\dfrac{2^{2b}}{2^b}=2^b$ [지수법칙] ① $a^m\times a^n=a^{m+n}$ ② $\dfrac{a^n}{a^m}=a^{n-m}$

$2^b=2^5$ 밑이 같으니까 지수만 비교해 주면 돼.

$\therefore b=5$

2nd 등차수열의 공차를 d라 하고 a, c의 값을 구해 보자.

등차수열의 공차를 d라 하면

$a=5-d$, $c=5+d$ a, b, c가 이 순서대로 등차수열을 이루니까 b를 기준으로 $\pm d$를 하면 돼.

조건 (나)에 대입하면 $(5-d)+(5+d)+(5-d)(5+d)=26$이므로

$10+25-d^2=26$에서 $d^2=9$ $\therefore d=\pm3$

따라서 (a, b, c)는 $(2, 5, 8)$ 또는 $(8, 5, 2)$이므로 $abc=2\times5\times8=80$
($d=3$일 때 / $d=-3$일 때)

다른 풀이: 공차를 d라 하고 b의 값 구하기

등차수열의 공차를 d라 하면 $a=b-d$, $c=b+d$

조건 (가)에서

$\dfrac{2^a\times2^c}{2^b}=2^{a+c-b}=2^{(b-d)+(b+d)-b}=2^b=2^5$

$\therefore b=5$

세 수가 등차수열을 이루면 세 수를 $a-d$, a, $a+d$라 두고 풀고, 네 수가 등차수열을 이루면 네 수를 각각 $a-3d$, $a-d$, $a+d$, $a+3d$라 두고 풀면 좋아.

쉬운 풀이: 등차중항 이용하기

등차중항과 조건 (가)를 이용하여 $b=5$로 구했지? 이제 조건 (나)를 잘 보면

$a+c+ca=2b+ca=26$이므로

$a+c=2b$이니까.

$2\times5+ca=26$ $\therefore ca=16$

$\therefore abc=b(ac)=5\times16=80$

G 55 정답 ④ *등차중항 [정답률 78%]

(정답 공식: $f(3^t+3)$은 $f(3)$과 $f(12)$의 등차중항이다.)

양의 실수 x에 대하여 $f(x)$가 $f(x)=\log x$이다. 세 실수 $f(3)$, $f(3^t+3)$, $f(12)$가 이 순서대로 등차수열을 이룰 때, 실수 t의 값은? (3점) 단서 등차중항을 이용해 $f(3)$, $f(12)$를 $f(3^t+3)$에 대한 식으로 나타내 봐.

① $\frac{1}{4}$ ② $\frac{1}{2}$ ③ $\frac{3}{4}$
④ 1 ⑤ $\frac{5}{4}$

1st 세 수 a, b, c가 이 순서대로 등차수열을 이루면 $2b=a+c$임을 이용해.

$f(3)$, $f(3^t+3)$, $f(12)$, 즉 $\log 3$, $\log(3^t+3)$, $\log 12$는 이 순서대로 등차수열을 이루므로

$\log(3^t+3)=\frac{\log 12+\log 3}{2}=\frac{\log 36}{2}=\log\sqrt{36}$ → 세 수 $\log 3$, $\log(3^t+3)$, $\log 12$가 이 순서대로 등차수열을 이루므로 $\log(3^t+3)$이 $\log 3$과 $\log 12$의 등차중항이야.

$3^t+3=\sqrt{36}$, $3+3^t=6$, $3^t=3$

$\therefore t=1$

G 56 정답 ③ *등차중항 [정답률 48%]

(정답 공식: 세 수 a, b, c가 이 순서대로 등차수열을 이루면 b는 a와 c의 등차중항이다. 즉, $2b=a+c$가 성립한다.)

자연수 n에 대하여 x에 대한 이차방정식

$x^2-nx+4(n-4)=0$ 단서2 x에 대한 이차방정식을 인수분해 할 수 있는지 체크하자.

이 서로 다른 두 실근 α, β $(\alpha<\beta)$를 갖고, 세 수 1, α, β가 이 순서대로 등차수열을 이룰 때, n의 값은? (3점)
단서1 등차수열을 이루는 세 수가 주어지면 등차중항의 성질을 이용하자.

① 5 ② 8 ③ 11
④ 14 ⑤ 17

1st 등차중항의 성질을 이용하자.

세 수 1, α, β가 등차수열을 이루므로 α는 1과 β의 등차중항이므로

$2\alpha=\beta+1$ ⋯ ㉠

2nd 이차방정식의 근을 구하자.

x에 대한 이차방정식 $x^2-nx+4(n-4)=0$을 풀면

$(x-4)(x-n+4)=0$ (1 ╳ -4 → -4, 1 ╳ $-(n-4)$ → $-n+4$, 합 $-n$)

$\therefore x=4$ 또는 $x=n-4$

3rd 이차방정식의 근에 따라 경우를 나누어 계산하자.

실수: 이차방정식의 두 근이 $x=4$ 또는 $x=n-4$이고, 두 근 중 작은 값이 α이고 나머지가 β이어야 하므로 $\alpha=4$, $\beta=n-4$와 $\alpha=n-4$, $\beta=4$인 두 가지로 나누어서 생각해야 해.

이때, 다음 각 경우로 나눌 수 있다.

(i) $\alpha=4$, $\beta=n-4$인 경우

이때, $\alpha<\beta$이므로 $4<n-4$ $\therefore n>8$

또, ㉠에서 $8=(n-4)+1$

$\therefore n=11$ ← OK!

(ii) $\alpha=n-4$, $\beta=4$인 경우

이때, $\alpha<\beta$이므로 $n-4<4$

$\therefore n<8$

또, ㉠에서 $2(n-4)=4+1$ $\therefore n=\frac{13}{2}$

n은 자연수가 아니므로 조건을 만족시키지 못한다.

(i), (ii)에 의하여 구하는 자연수 n의 값은 11이다.

G 57 정답 24 *등차중항 [정답률 47%]

(정답 공식: 등차중항을 이용하여 x, y, z의 관계식을 구하고 산술평균과 기하평균의 관계를 이용한다.)

0이 아닌 세 실수 α, β, γ가 이 순서대로 등차수열을 이룬다.
단서1 β는 α와 γ의 등차중항이야.

$x^{\frac{1}{\alpha}}=y^{-\frac{1}{\beta}}=z^{\frac{2}{\gamma}}$일 때, $16xz^2+9y^2$의 최솟값을 구하시오.
단서2 두 수의 합의 최솟값은 산술 · 기하평균의 관계를 이용해 볼까?

(단, x, y, z는 1이 아닌 양수이다.) (4점)

단서3 등식을 k라 하고 x, y, z를 k의 거듭제곱근으로 표현해 볼까?

1st α, β, γ가 이 순서대로 등차수열을 이루므로 이를 이용하여 x, y, z의 관계를 생각해 봐. [등차중항] $2\beta=\alpha+r$

α, β, γ가 이 순서대로 등차수열을 이루므로 $2\beta=\alpha+\gamma$ ⋯ ㉠

이때, $x^{\frac{1}{\alpha}}=y^{-\frac{1}{\beta}}=z^{\frac{2}{\gamma}}=k$ (k는 상수)라 하면

$x=k^{\alpha}$, $y^{-1}=k^{\beta}$, $z^2=k^{\gamma}$

㉠에 의하여 $k^{2\beta}=k^{\alpha+\gamma}$이므로

$(y^{-1})^2=xz^2$ ⋯ ㉡ ($m=n$이면 $a^m=a^n$이니까.) ($k^{\alpha+\gamma}=k^{\alpha}\times k^{\gamma}$)

2nd $x>0$, $y>0$이면 $x+y\ge 2\sqrt{xy}$가 성립함을 이용해서 최솟값을 구해.

1이 아닌 양수 x, y, z에 대하여 $16xz^2>0$, $9y^2>0$이므로

산술평균과 기하평균의 관계에 의하여 → $a>0$, $b>0$일 때 $\frac{a+b}{2}\ge\sqrt{ab}$ (단, 등호는 $a=b$일 때 성립)

$16xz^2+9y^2\ge 2\sqrt{16xz^2\times 9y^2}$ (단, 등호는 $16xz^2=9y^2$일 때 성립)

$=2\sqrt{\frac{16}{y^2}\times 9y^2}$ ($\because$ ㉡)$=24$ → $=2\sqrt{16\times 9}=2\times 4\times 3$

따라서 $16xz^2+9y^2$의 최솟값은 24이다.

G 58 정답 16 *등차수열의 변형 [정답률 81%]

(정답 공식: 첫째항이 a_1, 공차가 d일 때, 등차수열의 일반항은 $a_n=a_1+(n-1)d$이다.)

수열 $\{a_n\}$과 공차가 3인 등차수열 $\{b_n\}$에 대하여

❶ $b_n-a_n=2n$ 단서 등차수열 $\{b_n\}$의 일반항으로 ❶에서 a_n을 b_1의 식으로 표현하여 ❷로 b_1의 값을 찾자.

이 성립한다. ❷ $a_{10}=11$일 때, b_5의 값을 구하시오. (3점)

1st 등차수열 $\{b_n\}$의 첫째항을 b_1이라 하고 일반항을 구하자. → $b_n=b_1+(n-1)d$ (단, d는 공차)

수열 $\{b_n\}$은 공차가 3인 등차수열이므로 첫째항을 b_1이라 하면 일반항은

$b_n=b_1+3(n-1)=3n-3+b_1$ ⋯ ㉠

2nd 수열 $\{a_n\}$의 일반항을 구하여 b_1의 값을 찾은 후 b_5의 값을 구하자.

$a_n=b_n-2n$ → $b_n-a_n=2n$이니까.

$=(3n-3+b_1)-2n$

$=n-3+b_1$

이때, $a_{10}=10-3+b_1=11$이므로 $b_1=4$

따라서 ㉠에서 $b_n=3n-3+4=3n+1$이므로

$b_5=3\times5+1=16$

다른 풀이: $b_m-b_n=(m-n)d$임을 이용하기

$b_{10}-a_{10}=20$ $\therefore b_{10}=20+a_{10}=31$

등차수열 $\{b_n\}$의 공차가 3이므로

$b_{10}-b_5=(b_1+9\times3)-(b_1+4\times3)$

$=15$ 수열 $\{b_n\}$의 일반항은 $b_n=b_1+3\times(n-1)$이고 $b_m-b_n=(m-n)\times d$

$\therefore b_5=b_{10}-15=16$

쉬운 풀이: 공차가 d인 등차수열 $\{a_n\}$의 일반항은 $a_n=dn+p$ (p는 상수) 꼴임을 이용하기

등차수열 $\{b_n\}$의 공차가 3이므로 상수 p에 대하여

$b_n=3n+p$라 하면 $b_n-a_n=2n$에서

$a_n=b_n-2n=(3n+p)-2n=n+p$

이때, $a_{10}=11$이므로 $10+p=11$ $\quad\therefore p=1$

따라서 $b_n=3n+1$이므로 $b_5=3\times5+1=16$

G 59 정답 ① *등차수열의 변형 [정답률 82%]

(정답 공식: 수열 $\left\{\frac{1}{a_n}\right\}$은 정의에 의해 등차수열이다.)

다음과 같이 정의된 수열 $\{a_n\}$이 있다.

$$a_1=1,\ \frac{1}{a_{n+1}}-\frac{1}{a_n}=\frac{1}{2}\ (n=1,\ 2,\ 3,\ \cdots)$$

a_{20}의 값은? (3점) 단서 수열 $\left\{\frac{1}{a_{n+1}}\right\}$이 공차가 $\frac{1}{2}$인 등차수열이네.

① $\frac{2}{21}$ ② $\frac{4}{21}$ ③ $\frac{5}{21}$ ④ $\frac{2}{7}$ ⑤ $\frac{3}{7}$

1st $\frac{1}{a_n}=b_n$이라 놓고 생각하자.

수열 $\{a_n\}$을 $a_1=1,\ \frac{1}{a_{n+1}}-\frac{1}{a_n}=\frac{1}{2}(n=1,\ 2,\ 3,\ \cdots)$이므로

→ 연속한 두 수의 차가 일정하면 등차수열을 생각할 수 있어야 해.

$\frac{1}{a_n}=b_n$이라 하면

$b_1=\frac{1}{a_1}=1,\ b_{n+1}-b_n=\frac{1}{2}$ [공차] 등차수열의 각 항에 더하는 일정한 수. 즉 $b_{n+1}=b_n+\frac{1}{2}$에서 공차는 $\frac{1}{2}$이야.

2nd 수열 $\{b_n\}$의 일반항 b_n을 먼저 구하고, a_n을 구하자.

수열 $\{b_n\}$은 첫째항이 1, 공차가 $\frac{1}{2}$인 등차수열이므로

$b_n=1+\frac{1}{2}(n-1)=\frac{n+1}{2}$ $\quad\therefore a_n=\frac{1}{b_n}=\frac{2}{n+1}$

$\therefore a_{20}=\frac{2}{21}$

실수 n에 1을 대입했을 때 $a_1=1$이 나오는지 확인하면 일반항을 제대로 구했는지 확인할 수 있겠지?

G 60 정답 ② *등차수열의 변형 [정답률 66%]

(정답 공식: 등차수열의 첫째항을 a, 공차를 d라고 하면 일반항 $a_n=a+(n-1)d$이다.)

등차수열 $\{a_n\}$에 대하여

$$a_1=a_3+8,\ 2a_4-3a_6=3$$

단서 등차수열의 정의에 의해 공차를 d라고 하면 $a_3=a_1+2d$이므로 d의 값을 구할 수 있지.

일 때, $a_k<0$을 만족시키는 자연수 k의 최솟값은? (3점)

① 8 ② 10 ③ 12 ④ 14 ⑤ 16

1st 주어진 관계식에서 등차수열 $\{a_n\}$의 공차와 첫째항을 구하자.

등차수열 $\{a_n\}$의 공차를 d라 하면

$a_1=a_3+8$에서 → $a_n=a+(n-1)d$에서 n 대신 3을 대입하면 $a_3=a+2d$

$a_1=(a_1+2d)+8$

$2d=-8$ $\quad\therefore d=-4\ \cdots$ ㉠

또, $2a_4-3a_6=3$에서 → $a_n=a_1+(n-1)d$에서 n 대신 4, 6을 각각 대입하면 $a_4=a_1+3d,\ a_6=a_1+5d$

$2(a_1+3d)-3(a_1+5d)=3$

$-a_1-9d=3$

$-a_1+36=3\ (\because$ ㉠$)$ $\quad\therefore a_1=33\ \cdots$ ㉡

2nd 일반항 a_n을 구하고 조건을 만족하는 자연수 k의 최솟값을 구하자.

㉠, ㉡에 의해 등차수열 $\{a_n\}$의 일반항 a_n을 구하면

$a_n=33+(n-1)\times(-4)=-4n+37$

$a_k=-4k+37<0$에서

$k>\frac{37}{4}=9.25$ → k는 수열의 항을 나타내므로 자연수이어야 해.

따라서 자연수 k의 최솟값은 10

G 61 정답 ① *등차수열의 변형 [정답률 85%]

(정답 공식: 첫째항이 a_1, 공차가 d일 때, 등차수열의 일반항은 $a_n=a_1+(n-1)d$이다.)

공차가 양수인 등차수열 $\{a_n\}$이 다음 조건을 만족시킬 때, a_2의 값은? (4점) 단서1 등차수열은 첫째항과 공차를 알면 모든 항의 값을 구할 수 있어.

(가) $a_6+a_8=0$

(나) $|a_6|=|a_7|+3$

단서2 등차수열 $\{a_n\}$의 일반항을 세워 조건 (가), (나)를 이용하여 첫째항과 공차를 구해. 이때, 조건 (나)에서 절댓값 기호가 있으니까 일반항이 음수가 될 수 있음을 주의해.

① -15 ② -13 ③ -11 ④ -9 ⑤ -7

1st 조건 (가)를 이용하여 등차수열 $\{a_n\}$의 첫째항과 공차 사이의 관계를 알아보자.

등차수열 $\{a_n\}$의 첫째항을 a_1, 공차를 $d\ (d>0)$라 하면

$a_6=a_1+5d,\ a_7=a_1+6d,\ a_8=a_1+7d$

[등차수열의 일반항] 첫째항이 a_1, 공차가 d인 등차수열의 일반항 a_n은 $a_n=a_1+(n-1)d\ (n=1,2,3,\cdots)$

조건 (가)에서

$a_6+a_8=(a_1+5d)+(a_1+7d)=2a_1+12d=0$

$\therefore a_1=-6d\ \cdots$ ㉠

2nd 조건 (나)를 이용하여 공차를 구해.

조건 (나)에서 $|a_6|=|a_7|+3$이므로

$|a_1+5d|=|a_1+6d|+3$

$|-6d+5d|=|-6d+6d|+3$ → $|-d|=|d|$이니까.

$\therefore |d|=3$ → $|a|=\begin{cases}a\ (a>0)\\-a\ (a\le0)\end{cases}$

그런데 $d>0$이므로 $d=3$

3rd a_2의 값을 구해.

㉠에서 $a_1=-6\times3=-18$

$\therefore a_2=a_1+d=-18+3=-15$

$a_2=a_1+d=-6d+d=-5d=-5\times3=-15$와 같이 구할 수도 있어.

톡톡 풀이: 등차중항 이용하기

등차수열 $\{a_n\}$의 공차를 $d(d>0)$라 하면

$a_6,\ a_7,\ a_8$은 이 순서대로 등차수열을 이루므로

$2a_7=a_6+a_8$이야. 세 수 a,b,c가 이 순서대로 등차수열을 이룰 때, b를 a와 c의 등차중항이라 하고, $2b=a+c$가 성립해.

조건 (가)에서 $a_6+a_8=0$이므로 $2a_7=0$ $\quad\therefore a_7=0$

조건 (나)에서 $|a_6|=|a_7|+3=3$

그런데 $a_7=0$이고, $d>0$이므로 $a_6<0$ → $d>0$이면 $a_6<a_7=0$이니까

$\therefore a_6=-3$

주의 등차수열 $\{a_n\}$의 첫째항을 a_1, 공차를 d라 하면 $a_2=a_1+d,\ a_6=a_1+5d$이므로 $a_2=a_6-4d$야.

따라서 $d=a_7-a_6=0-(-3)=3$이고, $a_2=a_6-4d$이므로

$a_2=-3-4\times3=-15$야.

G 62 정답 ④ *등차수열의 변형 [정답률 77%]

(정답 공식: 수열 $\{3a_n\}$의 공차는 -6이다.)

등차수열 $\{a_n\}$, $\{b_n\}$의 공차가 각각 -2, 3일 때, 등차수열 $\{3a_n+5b_n\}$의 공차는? (3점) 단서 $3a_n+5b_n=c_n$이라 하고 $c_n=c_1+(n-1)d$ 꼴에서 d의 값을 구하면 되겠지?

① 4 ② 6 ③ 8 ④ 9 ⑤ 15

1st 두 등차수열 $\{a_n\}$, $\{b_n\}$의 첫째항을 각각 지정하여 놓고 일반항 a_n, b_n을 구하자. 등차수열에서 일반항을 구하기 위해서는 첫째항과 공차가 필요해.

두 등차수열 $\{a_n\}$, $\{b_n\}$의 공차가 각각 -2, 3이므로

수열 $\{a_n\}$의 첫째항을 a_1, 수열 $\{b_n\}$의 첫째항을 b_1이라 하면

$a_n=a_1+(n-1)\times(-2)=-2n+a_1+2$ ⋯ ㉠

$b_n=b_1+(n-1)\times 3=3n+b_1-3$ ⋯ ㉡

2nd 이제 등차수열 $\{3a_n+5b_n\}$을 등차수열의 일반항 꼴로 바꾸자. $a_n=a_1+(n-1)d$, 즉 $a_n=■+(n-1)▲$

㉠, ㉡을 $3a_n+5b_n$에 대입하면

$3a_n+5b_n=3(-2n+a_1+2)+5(3n+b_1-3)$

$=-6n+3a_1+6+15n+5b_1-15$

$=3a_1+5b_1+9(n-1)$ n의 계수가 공차야.

따라서 수열 $\{3a_n+5b_n\}$은 첫째항이 $3a_1+5b_1$이고, 공차는 9인 등차수열이다.

쉬운 풀이: 공차가 d인 등차수열 $\{a_n\}$의 일반항은 $a_n=dn+p$ (p는 상수) 꼴임을 이용하기

등차수열 $\{a_n\}$, $\{b_n\}$의 공차가 각각 -2, 3이므로 두 상수 p, q에 대하여 $a_n=-2n+p$, $b_n=3n+q$라 하면

$3a_n+5b_n=3(-2n+p)+5(3n+q)=9n+3p+5q$

따라서 수열 $\{3a_n+5b_n\}$의 일반항은 일차항의 계수가 9인 일차식이므로 공차는 9야.

G 63 정답 ① *등차수열의 변형 [정답률 61%]

(정답 공식: 분모에 근호가 포함된 식은 분모를 유리화한다. $a_n-a_{n+2}=-2d$이다.)

첫째항이 400, 공차가 -5인 등차수열 $\{a_n\}$에 대하여
단서1 일반항을 구하여 정리된 무리식에 대입하자.

$$\frac{1}{\sqrt{a_1}+\sqrt{a_3}}+\frac{1}{\sqrt{a_3}+\sqrt{a_5}}+\cdots+\frac{1}{\sqrt{a_{59}}+\sqrt{a_{61}}}$$

의 값은? (3점) 단서2 무리식이 분모에 있는 경우는 유리화! 이때, 등차수열의 두 항의 차는 공차로 표현! 즉, $a_{n+2}-a_n=2d$

① 1 ② 3 ③ 5 ④ 7 ⑤ 9

1st 구하는 식의 분모에 $\sqrt{\ }$가 보이지? 유리화를 하여 간단히 해 볼까?

$$\frac{1}{\sqrt{a_1}+\sqrt{a_3}}+\frac{1}{\sqrt{a_3}+\sqrt{a_5}}+\cdots+\frac{1}{\sqrt{a_{59}}+\sqrt{a_{61}}}$$

$$=\frac{\sqrt{a_1}-\sqrt{a_3}}{(\sqrt{a_1}+\sqrt{a_3})(\sqrt{a_1}-\sqrt{a_3})}+\frac{\sqrt{a_3}-\sqrt{a_5}}{(\sqrt{a_3}+\sqrt{a_5})(\sqrt{a_3}-\sqrt{a_5})}+\cdots+\frac{\sqrt{a_{59}}-\sqrt{a_{61}}}{(\sqrt{a_{59}}+\sqrt{a_{61}})(\sqrt{a_{59}}-\sqrt{a_{61}})}$$

$$=\frac{\sqrt{a_1}-\sqrt{a_3}}{a_1-a_3}+\frac{\sqrt{a_3}-\sqrt{a_5}}{a_3-a_5}+\cdots+\frac{\sqrt{a_{59}}-\sqrt{a_{61}}}{a_{59}-a_{61}}\ \cdots ㉠$$

2nd 등차수열 $\{a_n\}$의 일반항을 구하자. 첫째항이 a_1, 공차가 d이면 $a_n=a_1+(n-1)d$야.

함정 등비수열과 다르게 등차수열은 각각의 항 사이의 차가 일정해.

이때, 두 항의 차는 공차로 나타낼 수 있으므로 수열 $\{a_n\}$의 공차를 d라 하면

$a_n-a_{n+2}=-2d$ 두 항의 차로 공차를 구할 수 있지? 즉, $a_{n+l}-a_n=a_1+(n+l-1)d-\{a_1+(n-1)d\}=ld$로 d의 식이 남지?

㉠에서

$$\frac{\sqrt{a_1}-\sqrt{a_3}}{-2d}+\frac{\sqrt{a_3}-\sqrt{a_5}}{-2d}+\cdots+\frac{\sqrt{a_{59}}-\sqrt{a_{61}}}{-2d}$$

$$=-\frac{1}{2d}(\sqrt{a_1}-\sqrt{a_{61}})\ \cdots ㉡$$

$a_n-a_{n+2}=a_1+(n-1)d-\{a_1+(n+2-1)d\}=-2d$

첫째항이 400, 공차가 -5인 등차수열 $\{a_n\}$에 대하여 일반항 a_n은

$a_n=400+(n-1)\times(-5)=405-5n$이므로

$a_{61}=405-5\times 61=100$

따라서 ㉡에 의하여 구하는 값은

$$-\frac{1}{2\times(-5)}(\sqrt{400}-\sqrt{100})=1$$

G 64 정답 ① *등차수열의 활용 – 그래프와 도형 [정답률 67%]

(정답 공식: 두 점 A, B의 x좌표는 $y=k=f(x)$를 만족시키는 x의 값이다.)

두 함수 $f(x)=x^2$과 $g(x)=-(x-3)^2+k\ (k>0)$에 대하여 직선 $y=k$와 함수 $y=f(x)$의 그래프가 만나는 두 점을 A, B라 하고, 함수 $y=g(x)$의 꼭짓점을 C라 하자. 세 점 A, B, C의 x좌표가 이 순서대로 등차수열을 이룰 때, 상수 k의 값은? (단, A는 제2사분면 위의 점이다.) (3점) 단서 세 점 A, B, C를 그래프 위에 표시하면 각각의 x좌표를 보일거야.

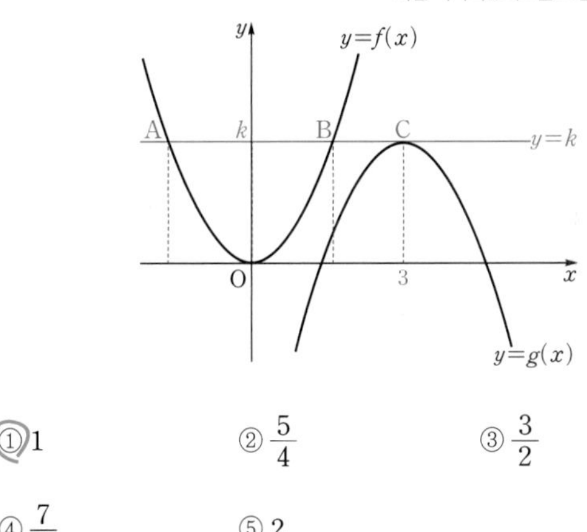

① 1 ② $\frac{5}{4}$ ③ $\frac{3}{2}$ ④ $\frac{7}{4}$ ⑤ 2

1st 세 점 A, B, C의 x좌표를 구해.

방정식 $x^2=k$의 두 근은 직선 $y=k$와 함수 $y=f(x)$의 그래프의 교점의 x좌표야.

$x=\sqrt{k}$ 또는 $x=-\sqrt{k}$ ($\because k>0$)

이때, 점 A는 제2사분면 위의 점이므로 두 점 A, B의 x좌표는 각각 $-\sqrt{k}$, $\sqrt{k}$이다. $f(x)=a(x-p)^2+q$ 꼴일 때, 이 함수의 꼭짓점의 좌표는 (p, q)야.

한편, 함수 $g(x)=-(x-3)^2+k$의 그래프의 꼭짓점 C의 x좌표는 3이고 세 점 A, B, C의 x좌표 $-\sqrt{k}$, $\sqrt{k}$, 3이 이 순서대로 등차수열을 이루므로

$2\sqrt{k}=-\sqrt{k}+3$, $3\sqrt{k}=3$, $\sqrt{k}=1$

세 수 a, b, c가 등차수열을 이루면 $2b=a+c$ (등차중항)

$\therefore k=1$

G 65 정답 ③ *등차수열의 활용 – 그래프와 도형 ····· [정답률 67%]

(정답 공식: 두 함수의 그래프의 교점을 찾기 위해서는 두 식을 연립하여 해를 구한다.)

단서 주어진 두 함수의 그래프의 교점이 P_n이므로 지수방정식 $2^{x+n}=\left(\frac{1}{2}\right)^x$을 풀어 점 P_n의 x좌표와 y좌표를 구하자.

자연수 n에 대하여 함수 $y=2^{x+n}$의 그래프가 함수 $y=\left(\frac{1}{2}\right)^x$의 그래프와 만나는 점을 P_n이라 하자. 점 P_n의 x좌표를 a_n, y좌표를 b_n이라 할 때, [보기]에서 옳은 것만을 있는 대로 고른 것은? (4점)

[보기]

ㄱ. 수열 $\{a_n\}$은 등차수열이다.

ㄴ. 임의의 자연수 m, n에 대하여 $b_mb_n=b_{m+n}$이다.

ㄷ. $2b_n<b_{n+1}$을 만족하는 자연수 n이 존재한다.

① ㄱ ② ㄴ ③ ㄱ, ㄴ
④ ㄴ, ㄷ ⑤ ㄱ, ㄴ, ㄷ

1st 두 식을 연립하여 a_n, b_n을 구하자.

$y=2^{x+n}$의 그래프와 $y=\left(\frac{1}{2}\right)^x$의 그래프가 만나는 점이 $P_n(a_n, b_n)$이므로 점 P_n의 x좌표를 구하기 위해 두 식을 연립하면

$2^{x+n}=\left(\frac{1}{2}\right)^x$에서 $2^{x+n}=2^{-x}$

밑이 2로 같으므로

$x+n=-x$

$\therefore x=-\frac{n}{2}$

즉, $a_n=-\frac{n}{2}$, $b_n=2^{\frac{n}{2}}$이다. → $y=2^{x+n}$에 $x=-\frac{n}{2}$을 대입하면 $y=2^{-\frac{n}{2}+n}=2^{\frac{n}{2}}$

2nd ㄱ, ㄴ, ㄷ의 참·거짓을 각각 따져보자.

ㄱ. 수열 $\{a_n\}$의 일반항은 $a_n=-\frac{n}{2}$이므로 → $\{a_n\}: -\frac{1}{2}, -1, -\frac{3}{2}, -2, \cdots$ $+\left(-\frac{1}{2}\right), +\left(-\frac{1}{2}\right), \cdots$

첫째항이 $-\frac{1}{2}$, 공차가 $-\frac{1}{2}$인 등차수열이다. (참)

ㄴ. $b_mb_n=2^{\frac{m}{2}}\times2^{\frac{n}{2}}=2^{\frac{m}{2}+\frac{n}{2}}=2^{\frac{m+n}{2}}=b_{m+n}$ (참)

ㄷ. 부등식 $2b_n<b_{n+1}$을 풀면

$2\times2^{\frac{n}{2}}<2^{\frac{n+1}{2}}$, $2^{1+\frac{n}{2}}<2^{\frac{n+1}{2}}$

$\therefore 1+\frac{n}{2}<\frac{n+1}{2}$ ($\because$ (밑)>1)

그런데 $1+\frac{n}{2}<\frac{n}{2}+\frac{1}{2}$에서 $1<\frac{1}{2}$이므로 부등식을 만족하는 자연수 n은 존재하지 않는다. (거짓)

따라서 옳은 것은 ㄱ, ㄴ이다.

등차수열 개념·공식

① **등차수열의 일반항**
첫째항이 a이고 공차가 d인 등차수열 $\{a_n\}$의 일반항은
$a_n=a+(n-1)d$ (단, $n=1, 2, 3, \cdots$)

② **등차중항**
세 실수 a, b, c가 이 순서대로 등차수열을 이룰 때,
$b=\frac{a+c}{2}$가 성립하고, b를 a와 c의 **등차중항**이라고 한다.

G 66 정답 ③ *등차수열의 활용 – 그래프와 도형 ····· [정답률 41%]

(정답 공식: $y=|x^2-9|$의 그래프가 y축에 대하여 대칭인 것을 이용하면 a_1, a_2, a_3, a_4 사이의 관계를 알 수 있다.)

그림과 같이 함수 $y=|x^2-9|$의 그래프가 직선 $y=k$와 서로 다른 네 점에서 만날 때, 네 점의 x좌표를 각각 a_1, a_2, a_3, a_4라 하자.
단서1 $y=f(x)$와 $y=k$의 교점의 x좌표는 방정식 $f(x)=k$의 해야.
네 수 a_1, a_2, a_3, a_4가 이 순서대로 등차수열을 이룰 때, 상수 k의 값은? (단, $a_1<a_2<a_3<a_4$) (4점)
단서2 등차중항을 이용할 수 있겠지? 우선 곡선과 직선의 교점을 알아야 해.

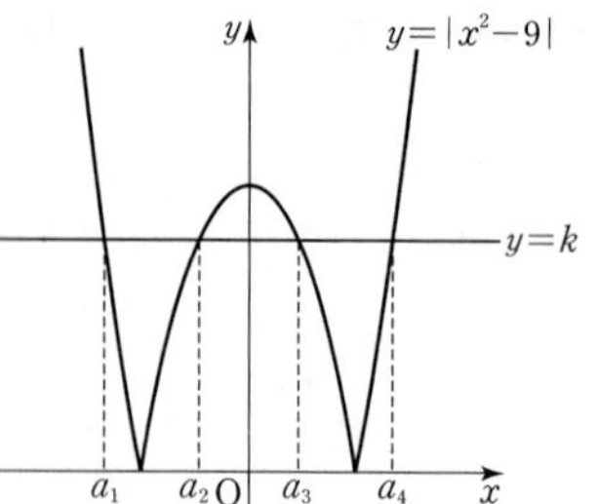

① $\frac{34}{5}$ ② 7 ③ $\frac{36}{5}$
④ $\frac{37}{5}$ ⑤ $\frac{38}{5}$

1st 함수의 그래프와 직선의 교점의 x좌표를 구해.

$y=|x^2-9|$와 $y=k$에서

$|x^2-9|=k(0<k<9)$ → 교점이 4개 존재하기 위해서는 k의 범위가 제한되지?

$x^2-9=\pm k$에서

$x^2=9\pm k$ $\therefore x=\pm\sqrt{9\pm k}$ ← $x^2=a(a\geq0)$일 때, $x=\pm\sqrt{a}$이지?

실수 절댓값 함수와의 교점의 개수를 구할 때에는 0이 되는 지점, 즉 함수가 접하는 부분에 유의하여 개수를 세자.

2nd a_1, a_2, a_3, a_4를 k의 식으로 표현해.

$a_1<a_2<a_3<a_4$이므로 → $-\sqrt{9+k}<-\sqrt{9-k}<\sqrt{9-k}<\sqrt{9+k}$이니까.

$a_1=-\sqrt{9+k}$, $a_2=-\sqrt{9-k}$, $a_3=\sqrt{9-k}$, $a_4=\sqrt{9+k}$

3rd 세 수 a, b, c가 이 순서대로 등차수열이니까 등차중항으로 k의 값을 구해. → $2b=a+c$

a_1, a_2, a_3이 이 순서대로 등차수열을 이루므로

$2a_2=a_1+a_3$에서 (a_2가 a_1과 a_3의 등차중항이야.)

$-2\sqrt{9-k}=-\sqrt{9+k}+\sqrt{9-k}$, $3\sqrt{9-k}=\sqrt{9+k}$

$\sqrt{9(9-k)}=\sqrt{9+k}$에서 $81-9k=9+k$

$\therefore k=\frac{72}{10}=\frac{36}{5}$

다른 풀이: 함수의 그래프와 등차수열의 공차 이용하기

함수 $y=|x^2-9|$의 그래프는 y축에 대칭이므로 $a_2=-a_3$

또, 공차는 $a_3-a_2=2a_3$이므로

$a_4=a_3+2a_3=3a_3$ ··· ㉠
공차 d에 대하여 $a_{n+1}=a_n+d$로 표현할 수 있으니까

이때, 점 (a_3, k)는 곡선 $y=-x^2+9$ 위의 점이므로

$k=-a_3^2+9$ ($\because a_3<3$)

$a_3^2=9-k$ ··· ㉡

또, 점 (a_4, k)도 곡선 $y=x^2-9$ 위의 점이므로

$k=a_4^2-9=9a_3^2-9$ ($\because$ ㉠)

$a_3^2=\frac{k+9}{9}$ ··· ㉢

㉡=㉢이므로 $\frac{k+9}{9}=9-k$

$10k=72$ $\therefore k=\frac{36}{5}$

톡톡 풀이: **함수의 그래프와 등차수열의 공차, 교점의 좌표 이용하기**

함수 $y=|x^2-9|$의 그래프는 y축에 대칭이므로
$a_3=a(0<a<3)$라 하면 $a_2=-a$
$x^2-9=0$이니까 $x=\pm3$

즉, 공차가 $a_3-a_2=a-(-a)=2a$이므로 $a_4=3a$
$d=a_{n+1}-a_n$이니까

이때, $x=a_3$, $x=a_4$를 $y=|x^2-9|$에 대입하면
y의 값은 k로 같으므로 ($|x^2-9|=k$의 x의 값이 a_1, a_2, a_3, a_4이니까.)

$9-a^2=9a^2-9$ $(\because 0<a<3)$

$10a^2=18$

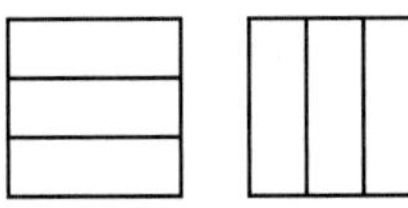

$\therefore a^2=\frac{9}{5}$ ⋯ ㉠

한편, 함수 $y=|x^2-9|$의 그래프와 직선 $y=k$의 교점의 x좌표 중 $a_3=a$이므로 점 (a, k)를 $y=|x^2-9|$에 대입하면

$k=9-a^2=9-\frac{9}{5}$ $(\because ㉠)=\frac{36}{5}$

G 67 정답 ④ *등차수열의 활용 – 그래프와 도형 [정답률 43%]

(정답 공식: $n=1$일 때부터 a_n의 값을 구해보고 구하는 과정에서 규칙성을 찾는다. a_n, a_{n+1} 사이의 관계를 파악한다.)

다음과 같이 정사각형을 가로 방향으로 3등분하여 [도형 1]을 만들고, 세로 방향으로 3등분하여 [도형 2]를 만든다.

[도형 1] [도형 2]

[도형 1]과 [도형 2]를 번갈아 가며 계속 붙여 아래와 같은 도형을 만든다. 그림과 같이 첫 번째 붙여진 [도형 1]의 왼쪽 맨 위 꼭짓점을 A라 하고, [도형 1]의 개수와 [도형 2]의 개수를 합하여 n개 붙여 만든 도형의 오른쪽 맨 아래 꼭짓점을 B_n이라 하자.

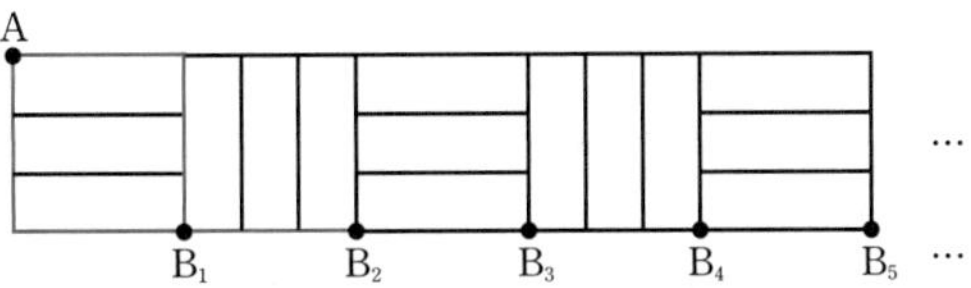

꼭짓점 A에서 꼭짓점 B_n까지 선을 따라 최단거리로 가는 경로의 수를 a_n이라 할 때, a_3+a_7의 값은? (4점)

① 26 ② 28 ③ 30 ④ 32 ⑤ 34

단서 A ⟶ B_1까지는 쉽지? 근데 A ⟶ B_2부터는 B_1을 경유하는 경우와 경유하지 않는 경우로 나누어 규칙을 찾아봐야 해.

1st a_1, a_2부터 구하자.

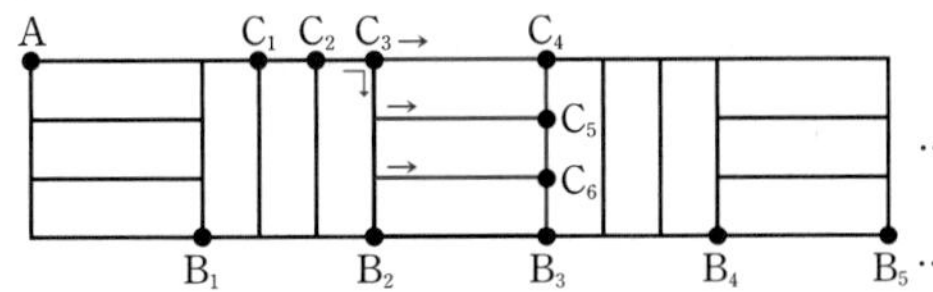

그림과 같이 C_1, C_2, ⋯를 잡자.
꼭짓점 A에서 꼭짓점 B_1까지 최단거리로 가는 경로의 수 $a_1=4$이다.
또, 꼭짓점 A에서 꼭짓점 B_2까지 최단거리로 가는 경로는 B_1을 지나는 경로와 꼭짓점 C_1, C_2, C_3을 지나는 3가지 경로가 있다. ($\Rightarrow a_1$가지)
$\therefore a_2=a_1+3=4+3=7$ (점 B_1을 지나지 않는 경우야.)

2nd 같은 방법으로 a_3을 구하자.
마찬가지로 꼭짓점 A에서 꼭짓점 B_3까지 최단거리로 가는 경로는 B_2를 지나는 경우와 꼭짓점 C_4, C_5, C_6을 지나는 3가지 경로가 있다. ($\Rightarrow a_2$가지)
$\therefore a_3=a_2+3=7+3=10$ (점 B_2를 지나지 않고 C_3에서 C_4, C_5, C_6을 각각 지나는 경우야.)

3rd 이로부터 a_n을 추론하자.
$a_1=4$, $a_2=a_1+3$, $a_3=a_2+3$, ⋯
$\therefore a_n=a_{n-1}+3$ [등차수열] 일정한 수가 증가하거나 감소하는 수열이야.
따라서 수열 $\{a_n\}$은 첫째항이 4이고, 공차가 3인 등차수열이므로
$a_n=4+(n-1)\times3=3n+1$ (첫째항이 a_1, 공차가 d인 등차수열일 때 $a_n=a_1+(n-1)d$)
$\therefore a_3+a_7=10+22=32$

G 68 정답 64 *등차수열의 활용 – 그래프와 도형 [정답률 47%]

(정답 공식: 각 원의 첫번째 숫자의 값과 위치한 직선의 규칙성을 찾는다.)

다음 그림은 동심원 O_1, O_2, O_3, ⋯과 직선 l_1, l_2, l_3, l_4의 교점 위에 자연수를 1부터 차례로 적은 것이다.

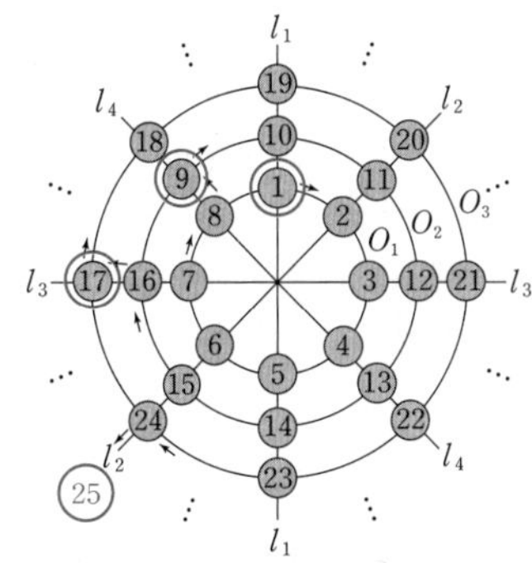

단서 그림과 같이 동심원에서 첫 번째 시작되는 수를 확인하여 규칙을 찾자.

이미 채워진 수들의 규칙에 따라 계속하여 적어 나가면 475는 원 O_m과 직선 l_n의 교점 위에 있다. $m+n$의 값을 구하시오. (4점)

1st 먼저 규칙을 발견하자.
가장 작은 원과 l_1이 만나는 원에서부터 시작하여 시계 방향으로 숫자가 매겨지고, 숫자가 다 채워지면 다음 바깥쪽 원에 숫자가 채워지고 있다.
각 원에 숫자는 8개씩 채워지고, 각 원의 첫 번째 숫자는 직선
l_1, l_4, l_3, l_2, l_1, l_4, l_3, l_2, ⋯에 위치하게 된다. (앞의 l_1의 정반대편이야.)

2nd 이제 규칙에 따라 475의 위치를 파악해 보자.
가장 작은 원에 있는 숫자부터 각각 원의 첫 번째 숫자를 나열하면
1, 9, 17, 25, ⋯ (8 8 8)
[일반항] 첫째항이 a_1, 공차가 d일 때 $a_n=a_1+(n-1)d$
이것은 첫째항이 1, 공차가 8인 등차수열이므로 일반항은
$1+(n-1)\times8=8n-7$
이때, $8n-7<475$이므로 $8n<482$에서 $n<60.\times\times\times$, 즉
$n=60$을 대입하자. (각 원의 첫째항을 가지고 따져주면 n의 값이 중심원의 위치를 말해 주지?)
$8\times60-7=473$이므로 473은 원 O_{60} 위의 첫 번째 숫자이다.
첫 번째 숫자의 위치는 l_1에서 출발하여 시계 반대 방향으로 이동하고 있는데 8번을 주기로 반복되고 있다.
원 O_{60}의 첫 번째 숫자인 473은 직선 l_2에 있으므로 ($60=8\times7+4$이므로)
475는 시계 방향으로 두 칸 이동하여 직선 l_4에 있게 된다.
(l_1 l_2 l_3 l_4 / 473 474 475)
따라서 475는 원 O_{60}과 직선 l_4의 교점 위에 있으므로 $m=60$, $n=4$
$\therefore m+n=64$

G 69 정답 ⑤ *등차수열의 활용 - 그래프와 도형 ····· [정답률 43%]

(정답 공식: 원의 중심과 접점을 지나는 직선은 접선과 수직이라는 것을 이용해 각 AOC의 크기를 구할 수 있다. 나머지 두 각의 크기를 미지수로 표현해 본다.)

원 O 위에 두 점 A, B가 있다. 점 A에서 원 O에 접하는 접선 l과
단서1 원과 접선이 나오면 원의 중심을 지나는 직선 OA와 직선 l의 관계를 바로 확인!!
선분 AB가 이루는 예각의 크기가 18°이다. 선분 OB 위의 한 점 C에 대하여 삼각형 OAC의 세 내각의 크기가 등차수열을 이룰 때, 가장 큰 내각의 크기는? (4점)
단서3 세 내각의 크기가 a, b, c이면 $2b=a+c$이네. (단, $a<b<c$ 또는 $a>b>c$)

단서2 원의 중심과 원 위의 두 점을 꼭짓점으로 하는 삼각형 OAB에서 $\overline{OA}=\overline{OB}$이지?

① 68° ② 72° ③ 76°
④ 80° ⑤ 84°

1st 직선 l과 선분 AB가 이루는 예각의 크기가 18°인 것을 이용하여 ∠AOB의 크기를 구해 보자.

삼각형 AOB는 $\overline{OA}=\overline{OB}$인 이등변삼각형이므로 ∠OAB=∠OBA이고 직선 l과 선분 OA는 수직이므로 (원의 반지름이니까.)

[원의 성질] 원의 접선은 원의 중심과 접점을 지나는 직선과 서로 수직이야. $\overline{OA}\perp l$

∠OAB=90°−18°=72°

따라서 삼각형 AOB의 내각의 크기의 합은 180°이므로

∠AOB=180°−2∠OAB
=180°−2×72°=36°

2nd 세 수가 등차수열을 이룰 땐 등차중항의 성질을 이용하면 돼.

∠CAB=θ라 하면

∠OAC=∠OAB−∠CAB=72°−θ, ∠OCA=72°+θ

(∠OCA=180°−(∠AOB+∠OAC)=180°−(36°+72°−θ))

함정 등차수열을 이용한 활용문제에서는 미지수를 이용하여 모든 각들을 나타낼 수 있어야 해.

즉, 삼각형 OAC의 세 내각의 크기는 각각 36°, 72°−θ, 72°+θ이고 이 중 72°+θ가 가장 크므로 등차중항이 36°인지, 72°−θ인지 알아보자.

(i) 36°가 등차중항이면 (a, b, c가 이 순서대로 등차수열이면 $2b=a+c$이지만 $b<a<c$이면 $2a=b+c$이지?)

(72°−θ)+(72°+θ)=2×36° 등차중항을 이용할 때는 순서가 중요해!

그런데 144°≠72°이므로 모순이다.

(ii) 72°−θ가 등차중항이면

36°+(72°+θ)=2(72°−θ)에서 θ=12°

(i), (ii)에 의하여 θ=12°이므로 삼각형 AOC의 세 내각의 크기(36°, 60°, 84°) 중 가장 큰 내각의 크기는 84°이다.

다른 풀이: **등차수열을 이루는 세 내각의 크기 중 한 각의 크기가 36°임을 이용하기**

(i) 36°−θ, 36°, 36°+θ일 경우 (θ>0°)
세 각이 합이 108°이므로 삼각형이 그려지지 않아.

(ii) 36°, 36°−θ, 36°−2θ (θ>0°)
세 각의 합이 108°−3θ<180°이므로 삼각형이 그려지지 않아.

(iii) 36°, 36°+θ, 36°+2θ (θ>0°)
세 각의 합이 108°+3θ=180° ∴ θ=24°

따라서 가장 큰 내각의 크기는 36°+24°×2=84°

G 70 정답 ① *등차수열의 활용 - 그래프와 도형 ····· [정답률 45%]

(정답 공식: 기울기와 점 A의 좌표를 미지수로 설정하면, 직각삼각형의 닮음의 비를 이용하여 $\overline{OC}$, $\overline{EA}$의 길이를 각각 구할 수 있다.)

그림과 같이 좌표축 위의 다섯 개의 점 A, B, C, D, E에 대하여 $\overline{AB}\perp\overline{BC}$, $\overline{BC}\perp\overline{CD}$, $\overline{CD}\perp\overline{DE}$가 성립한다.
세 선분 AO, OC, EA의 길이가 이 순서대로 등차수열을 이룰 때, 직선 AB의 기울기는? (단, O는 원점이고 $\overline{OA}<\overline{OB}$이다.) (4점)

단서1 수직인 두 직선의 기울기의 곱은 −1임을 이용해.

단서2 $2\overline{OC}=\overline{AO}+\overline{EA}$이므로 각 선분의 길이를 구해야겠네.

① $\sqrt{2}$ ② $\sqrt{3}$ ③ 2
④ $\sqrt{5}$ ⑤ $\sqrt{6}$

1st 두 직선이 수직이면 두 직선의 기울기의 곱이 −1임을 이용하자.

점 A의 좌표를 $(-a, 0)(a>0)$이라 놓고 직선 AB의 기울기를 $m(m>0)$ (직선 AB에서 x가 증가할 때 y도 증가하니까 기울기는 양수야.)
이라 하면 점 B의 좌표는 $(0, am)$이다.

($\overline{OA}=a$이고 직선 AB의 기울기는 $\frac{\overline{OB}}{\overline{OA}}=m$이니까.)

직선 AB와 직선 BC가 수직이므로 직선 BC의 기울기는

$-\frac{1}{m}=-\frac{\overline{OB}}{\overline{OC}} \Rightarrow \overline{OC}=am^2$ (수직인 두 직선의 기울기의 곱은 −1이야.)

(직선 BC는 오른쪽 아래로 향하는 직선이므로 기울기가 음수야.)

따라서 점 C의 좌표는 $(am^2, 0)$

마찬가지로 직선 BC와 직선 CD가 수직이므로

$(\text{직선 CD의 기울기})=-\frac{1}{(\text{직선 BC의 기울기})}=m=\frac{\overline{OD}}{\overline{OC}}$

점 D의 좌표는 $(0, -am^3)$이고, 직선 CD와 직선 DE가 수직이므로 (y축의 음의 방향 쪽에 D가 위치하니까)
점 E의 좌표는 $(-am^4, 0)$

2nd $\overline{AO}$, $\overline{OC}$, $\overline{EA}$의 길이가 이 순서대로 등차수열을 이루므로 $\overline{OC}$는 $\overline{AO}$와 $\overline{EA}$의 등차중항이지? 세 수 a, b, c가 이 순서대로 등차수열을 이루면 $2b=a+c$야.

$\overline{AO}=a$, $\overline{OC}=am^2$, $\overline{EA}=\overline{OE}-\overline{OA}=am^4-a$이고,
$\overline{AO}$, $\overline{OC}$, $\overline{EA}$가 이 순서대로 등차수열을 이루므로

$2\overline{OC}=\overline{AO}+\overline{EA}$
$2am^2=a+am^4-a$
$m^4-2m^2=0\ (\because a>0)$
$m^2(m^2-2)=0$
$m^2(m+\sqrt{2})(m-\sqrt{2})=0$

따라서 $m>0$이므로 $m=\sqrt{2}$

주의 처음 설정한 범위를 잘 확인하여 답을 찾도록 하자.

쉬운 풀이: **직선 AB와 직선 CD가 평행함을 이용하기**

세 선분 AO, OC, EA의 길이가 이 순서대로 등차수열을 이루므로
$\overline{AO}=x-d$, $\overline{OC}=x$, $\overline{EA}=x+d$라 하면
$\overline{EO}=\overline{EA}+\overline{AO}=(x+d)+(x-d)=2x$
이때, 직각삼각형 CED에서 $\overline{OD}^2=\overline{EO}\times\overline{OC}$가 성립하므로
$\overline{OD}^2=2x\times x=2x^2$ ∴ $\overline{OD}=\sqrt{2}x$

∴ $(\text{직선 CD의 기울기})=\frac{\overline{OD}}{\overline{OC}}=\frac{\sqrt{2}x}{x}=\sqrt{2}$

그런데 두 직선 AB, CD는 평행하므로
(직선 AB의 기울기)=(직선 CD의 기울기)$=\sqrt{2}$

톡톡 풀이: 삼각형의 닮음 이용하기

직선 AB의 기울기를 $m(m>0)$, 점 A의 좌표를 $(-a,\ 0)(a>0)$이라 놓고 삼각형의 닮음을 이용하자.

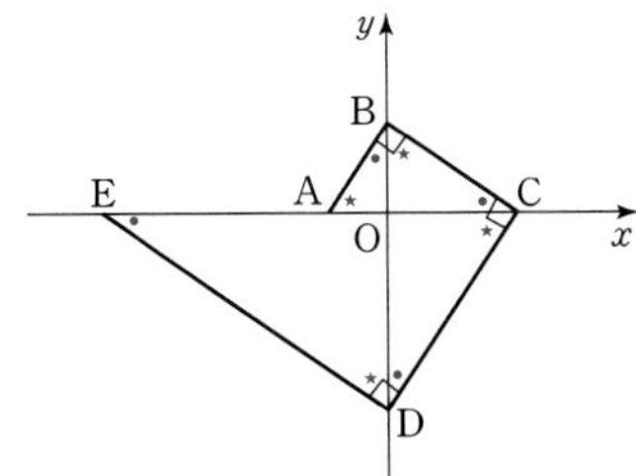

즉, $\triangle$AOB, $\triangle$BOC, $\triangle$COD, $\triangle$DOE는 모두 닮음 관계이고,

$\triangle AOB \backsim \triangle BOC$에서 $\overline{OA}=a$, (직각을 공유하고 있으니까 그림과 같이 ●, ★로 표현 가능해.)

$\overline{OB}=am$이므로

$\overline{OA} : \overline{OB}=\overline{OB} : \overline{OC}$, $a : am=am : \overline{OC}$

$\therefore \overline{OC}=am^2$

같은 방법으로 하면

$\overline{OD}=am^3$, $\overline{OE}=am^4$

(이하 동일)

G 71 정답 ② *등차수열의 활용 – 그래프와 도형 [정답률 60%]

(정답 공식: $\log_4 x$를 t로 치환하여 t의 값의 범위를 나누어 생각한다.)

함수 $f(x)=\log_4 x$일 때, [보기]에서 옳은 것을 모두 고른 것은? (4점)

[보기]

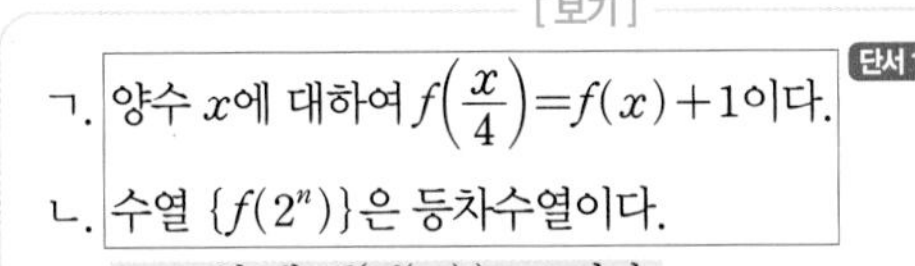

ㄱ. 양수 x에 대하여 $f\left(\frac{x}{4}\right)=f(x)+1$이다.

ㄴ. 수열 $\{f(2^n)\}$은 등차수열이다.

단서1 로그의 성질을 이용해 $f\left(\frac{x}{4}\right)$와 $f(2^n)$의 값을 정리해 봐.

ㄷ. $x>1$일 때, $f(f(x))>0$이다.

단서2 $f(x)=\log_4 x$에서 밑이 1보다 크므로 $x>1$이면 $f(x)>\log_4 1=0$임을 이용해.

① ㄱ ② ㄴ ③ ㄱ, ㄷ
④ ㄴ, ㄷ ⑤ ㄱ, ㄴ, ㄷ

1st 로그의 기본 성질을 이용해.

함수 $f(x)=\log_4 x$일 때

ㄱ. 양수 x에 대하여

$f\left(\frac{x}{4}\right)=\log_4 \frac{x}{4}=\log_4 x-\log_4 4$ ($\log_a \frac{c}{b}=\log_a c-\log_a b$)

$=\log_4 x-1$

$=f(x)-1$ (거짓)

ㄴ. $f(2^n)=\log_4 2^n=\log_{2^2} 2^n=\frac{n}{2}$

n	1	2	3	4	$\cdots$
$f(2^n)$	$\frac{1}{2}$	1	$\frac{3}{2}$	2	$\cdots$

$\frac{n}{2}$ $+\frac{1}{2}$ $+\frac{1}{2}$ $+\frac{1}{2}$ $\cdots$

즉, 수열 $\{f(2^n)\}$은 첫째항이 $\frac{1}{2}$이고 공차가 $\frac{1}{2}$인 등차수열이다. (참)

2nd $y=\log_4 x$의 그래프를 이용해.

ㄷ. $f(f(x))=f(\log_4 x)$에서 $\log_4 x=t$라 하면

$x>1$에서 $t>0$이고, $f(f(x))=f(t)=\log_4 t$

그런데 $0<t<1$이면 $\log_4 t<0$이므로 항상 $f(f(x))>0$인 것은 아니다. (거짓)

(i) $0<t<1$, 즉 $1<x<4$일 때, $f(f(x))<0$
(ii) $t\geq 1$, 즉 $x\geq 4$일 때, $f(f(x))\geq 0$

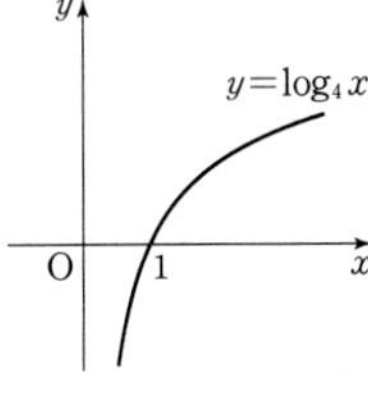

따라서 옳은 것은 ㄴ이다.

G 72 정답 10 *여러 가지 등차수열의 활용 [정답률 85%]

(정답 공식: 등차수열의 일반항은 첫째항과 공차를 알면 구할 수 있다. 따라서 두 항의 값을 알면 연립일차방정식으로 일반항을 구할 수 있다.)

등차수열 $\{a_n\}$에 대하여 $a_2=16$, $a_5=10$일 때, $a_k=0$을 만족시키는 k의 값을 구하시오. (3점)

단서 등차수열의 일반항을 구하면 돼. a_2, a_5, 즉, 특정한 두 항이 주어졌으니까 a_1과 공차 d를 구할 수 있지?

1st a_2와 a_5를 이용하여 첫째항과 공차를 찾아 a_k를 만족시키는 k의 값을 구해.

등차수열 $\{a_n\}$의 첫째항을 a_1, 공차를 d라 하면

$a_2=a_1+d=16 \cdots$ ㉠ [일반항] $a_n=a_1+(n-1)d$

$a_5=a_1+4d=10$

두 식을 변끼리 빼면 $-3d=6$에서 $d=-2$

㉠에 대입하면 $a_1=18$

따라서 $a_k=a_1+(k-1)d=18-2(k-1)=20-2k$이므로 $a_k=0$을 (즉, $20-2k=0$)

만족시키는 k의 값은 $k=10$이다.

쉬운 풀이: $a_m-a_n=(m-n)d$임을 이용하기

등차수열의 공차는 두 항의 차로 구할 수 있어.

$a_5-a_2=(a_1+4d)-(a_1+d)=3d$

$=10-16=-6$

($a_n=a_1+(n-1)d$이고, $a_m=a_1+(m-1)d$이므로 두 항의 차는 a_1을 없애는 방법이니까 공차 d에 대한 식만 남겠지?)

$\therefore d=-2$

이때, a_k를 a_2가 첫째항인 수열로 표현해 볼 수 있겠지?

$a_k=a_2+\{(k-1)-1\}d$

$=16+(k-2)\times(-2)=0$

(제2항을 시작으로 $k-1(=k-2+1)$번째에 제k항이 있으니까.)

$k-2=8 \qquad \therefore k=10$

G 73 정답 ② *여러 가지 등차수열의 활용 [정답률 65%]

(정답 공식: a_n을 $a_n=a_1+(n-1)d$을 이용해 표현하고, n에 대해서 정리해보자. d가 자연수임을 이용한다.)

첫째항이 3이고 공차가 d인 등차수열 $\{a_n\}$에 대하여 $a_n=3d$를

단서1 일반항을 d와 n에 대한 식으로 표현해.

만족시키는 n이 존재하도록 하는 모든 자연수 d의 값의 합은? (3점)

단서2 n은 자연수야.

① 3 ② 4 ③ 5
④ 6 ⑤ 7

1st 등차수열의 일반항을 구하여 n을 d의 식으로 표현하자.

첫째항 a_1, 공차 d일 때 $a_n=a_1+(n-1)d$야.

첫째항이 3이고 공차가 d인 등차수열 $\{a_n\}$의 일반항은

$a_n=3+(n-1)d$

이때, $a_n=3d$이므로

$3+(n-1)d=3d$

$\therefore (4-n)d=3$

2nd 주어진 조건에서 n, d가 자연수임을 이용하며 d의 값의 합을 구해.

이때, n, d가 모두 자연수이므로

$(4-n)d=3\times1$ 또는 1×3인 경우를 나누어 생각하자.

$4-n=3$, $d=1$ 또는 $4-n=1$, $d=3$

$d=1$, $n=1$ 또는 $d=3$, $n=3$

따라서 모든 자연수 d의 값의 합은

$1+3=4$

G 74 정답 ③ *여러 가지 등차수열의 활용 [정답률 54%]

(정답 공식: 공차가 d인 등차수열 $\{a_n\}$과 두 자연수 l, $m(l<m)$에 대하여 $a_m=a_l+(m-l)d$이다.)

모든 항이 자연수인 두 등차수열 $\{a_n\}$, $\{b_n\}$에 대하여

단서1 두 등차수열 $\{a_n\}$, $\{b_n\}$의 모든 항이 자연수이므로 두 등차수열의 공차는 모두 음이 아닌 정수야.

$$a_5-b_5=a_6-b_7=0$$

단서2 각 항 사이의 관계에 의하여 두 등차수열의 공차 사이의 관계를 알아내야 해.

이다. $a_7=27$이고 $b_7\le 24$일 때, b_1-a_1의 값은? (4점)

① 4 ② 6 ③ 8 ④ 10 ⑤ 12

1st 두 등차수열 $\{a_n\}$, $\{b_n\}$의 공차 사이의 관계를 찾아.

두 등차수열 $\{a_n\}$, $\{b_n\}$의 공차를 각각 d_1, d_2라 하면

$a_5-b_5=a_6-b_7=0$ ⋯ ㉠에서 $a_6-a_5=b_7-b_5$

$\therefore d_1=2d_2$ ⋯ ㉡

2nd d_1, d_2에 대한 조건을 찾아.

이때, 두 등차수열의 모든 항이 자연수이므로 공차는 음이 아닌 정수

등차수열의 공차가 음수이면 감소하는 수열이므로 첫째항이 충분히 큰 수이더라도 어느 순간에는 0 이하인 항이 존재하게 돼. 따라서 모든 항이 양수인 등차수열의 공차는 음수가 될 수 없어.

이어야 한다.

한편, $d_1=0$이면 $a_7=27$이므로 $a_6=27$이고 ㉠에 의하여 $b_7=a_6=27$이다. 그런데 $b_7\le 24$이므로 $d_1\ne 0$이다.

따라서 d_1, d_2는 자연수이고 ㉡에 의하여 d_1은 2의 배수이다. ⋯ ㉢

3rd $a_7=27$, $b_7\le 24$를 이용하여 d_1, d_2의 값을 찾고 b_1-a_1의 값을 구해.

$a_7=a_1+6d_1=27$에서 $a_1=27-6d_1$이고 $a_1>0$이어야 하므로

첫째항이 a이고 공차가 d인 등차수열 $\{a_n\}$의 일반항은 $a_n=a+(n-1)d$야.

$27-6d_1>0$에서 $6d_1<27$ $\therefore d_1<\frac{27}{6}=\frac{9}{2}=4.5$

따라서 ㉢에 의하여 가능한 d_1의 값은 2 또는 4이다.

(i) $d_1=2$일 때,
 ㉡에 의하여 $d_2=1$
 ㉠에 의하여 $b_7=a_6=a_7-d_1=27-2=25$

(ii) $d_1=4$일 때,
 ㉡에 의하여 $d_2=2$
 ㉠에 의하여 $b_7=a_6=a_7-d_1=27-4=23$

이때, $b_7\le 24$이므로 (i), (ii)에 의하여 $d_1=4$, $d_2=2$이고 $b_7=23$이다.

따라서 $a_1=a_7-6d_1=27-6\times 4=3$,

$b_1=b_7-6d_2=23-6\times 2=11$이므로 $b_1-a_1=11-3=8$

다른 풀이: b_1-a_1의 값을 구하는 다른 방법!

위의 풀이에 의하여 $d_1=4$, $d_2=2$이고 ㉠에 의하여 $b_5-a_5=0$이지?

이때, $a_1=a_5-4d_1$, $b_1=b_5-4d_2$이므로

$$b_1-a_1=(b_5-4d_2)-(a_5-4d_1)=(b_5-a_5)-4(d_2-d_1)$$
$$=0-4\times(2-4)=8$$

등차수열 개념·공식

① 첫째항이 a이고 공차가 d인 등차수열 $\{a_n\}$의 일반항은 $a_n=a+(n-1)d$이다.

② 세 수 a, b, c가 이 순서대로 등차수열을 이룰 때, b를 a와 c의 등차중항이라 하고, $b=\frac{a+c}{2}$가 성립한다.

G 75 정답 ⑤ *여러 가지 등차수열의 활용 [정답률 44%]

(정답 공식: 첫째항이 a, 공차가 d인 등차수열 $\{a_n\}$의 일반항은 $a_n=a+(n-1)d$이다.)

$a_2=-4$이고 공차가 0이 아닌 등차수열 $\{a_n\}$에 대하여 수열 $\{b_n\}$을 $b_n=a_n+a_{n+1}(n\ge 1)$이라 하고, 두 집합 A, B를

단서1 등차수열 $\{a_n\}$의 연속된 두 항의 합으로 정의된 수열 $\{b_n\}$은 어떤 수열인지 먼저 파악해야 해.

$$A=\{a_1, a_2, a_3, a_4, a_5\},\ B=\{b_1, b_2, b_3, b_4, b_5\}$$

라 하자. $n(A\cap B)=3$이 되도록 하는 모든 수열 $\{a_n\}$에 대하여 a_{20}의 값의 합은? (4점)

단서2 집합 $A\cap B$의 원소의 개수가 3이 될 수 있는 조건을 찾아.

① 30 ② 34 ③ 38 ④ 42 ⑤ 46

1st 수열 $\{b_n\}$의 특징을 찾아.

등차수열 $\{a_n\}$의 공차를 d라 하면 $a_2=-4$이므로

$a_1=-4-d$, $a_2=-4$, $a_3=-4+d$, $a_4=-4+2d$, $a_5=-4+3d$, $a_6=-4+4d$, ⋯이고

$b_1=a_1+a_2=(-4-d)+(-4)=-8-d$

$b_2=a_2+a_3=(-4)+(-4+d)=-8+d$

$b_3=a_3+a_4=(-4+d)+(-4+2d)=-8+3d$

$b_4=a_4+a_5=(-4+2d)+(-4+3d)=-8+5d$

$b_5=a_5+a_6=(-4+3d)+(-4+4d)=-8+7d$

⋮

따라서 수열 $\{b_n\}$은 공차가 $2d$인 등차수열이다.

$b_n=a_n+a_{n+1}$이므로 $b_{n+1}-b_n=(a_{n+1}+a_{n+2})-(a_n+a_{n+1})=a_{n+2}-a_n=2d$ 즉, 수열 $\{b_n\}$은 공차가 $2d$인 등차수열이야.

2nd $n(A\cap B)=3$이 되도록 하는 d의 값을 구해.

두 수열 $\{a_n\}$, $\{b_n\}$은 각각 공차가 d, $2d$인 등차수열이므로

두 집합 $A=\{a_1, a_2, a_3, a_4, a_5\}$, $B=\{b_1, b_2, b_3, b_4, b_5\}$에 대하여

$n(A\cap B)=3$인 경우는 다음과 같다.

두 수열 $\{a_n\}$, $\{b_n\}$이 각각 공차가 d, $2d$인 등차수열이므로 집합 A의 세 원소 a_1, a_3, a_5와 집합 B의 연속된 세 원소 $b_i, b_{i+1}, b_{i+2}(i=1, 2, 3)$가 같아야 해.

(i) $A\cap B=\{a_1, a_3, a_5\}=\{b_1, b_2, b_3\}$인 경우
 $a_1=b_1$에서 $-4-d=-8-d$인데 이것을 만족시키는 d의 값은 존재하지 않는다.

(ii) $A\cap B=\{a_1, a_3, a_5\}=\{b_2, b_3, b_4\}$인 경우
 $a_1=b_2$에서 $-4-d=-8+d$, $2d=4$ $\therefore d=2$

(iii) $A\cap B=\{a_1, a_3, a_5\}=\{b_3, b_4, b_5\}$인 경우
 $a_1=b_3$에서 $-4-d=-8+3d$, $4d=4$ $\therefore d=1$

따라서 조건을 만족시키는 d의 값은 2 또는 1이다.

3rd 조건을 만족시키는 모든 수열 $\{a_n\}$에 대하여 a_{20}의 값의 합을 구해..

한편, $a_{20}=a_2+18d=-4+18d$이므로

$a_{20}=a_{19}+d=a_{18}+2d=a_{17}+3d=\cdots=a_2+18d=a_1+19d$

$d=2$일 때, $a_{20}=-4+18\times 2=32$

$d=1$일 때, $a_{20}=-4+18\times 1=14$

따라서 a_{20}의 값의 합은 $32+14=46$이다.

G 76 정답 ④ *여러 가지 등차수열의 활용 ············ [정답률 67%]

(정답 공식: 넓이를 a, d에 대한 식으로 나타내고, 넓이의 비를 간단하게 정리해본다.)

오른쪽 그림과 같이 삼각형 ABC의 변 AB를 2 : 1로 내분하는 내분점을 P로 잡고, 변 AC 위에 두 점 Q, R를 잡자. 삼각형 APQ, PRQ와 사각형 PBCR의 넓이가 차례로 첫째항이 a이고 공차가 d인 등차수열을 이룰 때, 다음은 $\frac{\overline{CQ}}{\overline{AR}}$의 값을 a와 d로 나타내는 과정이다.

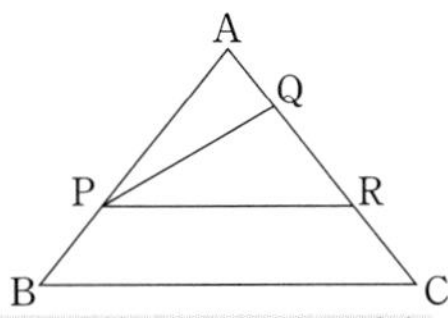

단서1 넓이가 순서대로 a, $a+d$, $a+2d$가 되네.

> 삼각형 APQ의 넓이는 a이므로 삼각형 APR의 넓이는 $2a+d$가 되어
>
> $a : 2a+d = \triangle APQ : \triangle APR$
>
> $= \frac{1}{2}\overline{AP}\times\overline{AQ}\sin A : \frac{1}{2}\overline{AP}\times\overline{AR}\sin A$
>
> 가 성립한다. 따라서 $\frac{\overline{AQ}}{\overline{AR}} = \frac{a}{2a+d}$ ··· ㉠
>
> 같은 방법으로, 삼각형 ABC의 넓이는 (가) 이므로
>
> a : (가) $= \triangle APQ : \triangle ABC$ 단서2 a, d의 식으로 표현!!
>
> $= \frac{1}{2}\overline{AP}\times\overline{AQ}\sin A : \frac{1}{2}\overline{AB}\times\overline{AC}\sin A$ ··· ⓐ
>
> 또한, 점 P는 변 AB를 2 : 1로 내분하는 내분점이므로
>
> $\overline{AP} = \frac{2}{3}\overline{AB}$ ··· ⓑ
>
> 단서3 ⓐ, ⓑ를 연립하여 정리!
>
> 따라서 $\frac{\overline{AQ}}{\overline{AC}} =$ (나)
>
> 단서4 식을 정리하여 (나)의 식을 대입해.
>
> 그러므로 $\frac{\overline{CQ}}{\overline{AQ}} = \frac{\overline{AC}-\overline{AQ}}{\overline{AQ}} =$ (다) ··· ㉡
>
> ㉠, ㉡에 의해 $\frac{\overline{CQ}}{\overline{AR}} = \frac{\overline{CQ}}{\overline{AQ}}\cdot\frac{\overline{AQ}}{\overline{AR}} = \frac{a+2d}{2a+d}$

위의 과정에서 (가), (나), (다)에 알맞은 것은? (4점)

	(가)	(나)	(다)
①	$a+2d$	$\frac{a}{3(a+d)}$	$\frac{2a+3d}{a}$
②	$a+2d$	$\frac{a+d}{2a+3d}$	$\frac{a+2d}{a+d}$
③	$3(a+d)$	$\frac{a}{2(a+d)}$	$\frac{a+2d}{a+d}$
④	$3(a+d)$	$\frac{a}{2(a+d)}$	$\frac{a+2d}{a}$
⑤	$3(a+d)$	$\frac{a}{3(a+d)}$	$\frac{2a+3d}{a}$

1st 첫째항이 a, 공차가 d인 등차수열임을 이용하여 △ABC의 넓이를 구해.

$\triangle APQ = a$, $\triangle PRQ = a+d$, $\square PBCR = a+2d$이므로 ($= \triangle APQ + \triangle PRQ + \square PBCR$)

$\triangle ABC = a+(a+d)+(a+2d) = 3(a+d)$ ← (가)

2nd $\frac{\overline{CQ}}{\overline{AR}}$의 값을 알기 위해서 △APQ와 △ABC의 관계를 알아야 해.

바로 알 수 없으니까
(i) $\overline{AQ}$와 $\overline{AR}$의 관계 ⇒ △APQ와 △APR의 관계 확인
(ii) $\overline{AQ}$와 $\overline{AC}$의 관계 ⇒ △APQ와 △ABC의 관계 확인
(iii) $\overline{AC}-\overline{AQ}=\overline{CQ}$이니까 (i), (ii)를 이용

점 P는 변 AB를 2 : 1로 내분하는 점이므로

$\overline{AP} = \frac{2}{3}\overline{AB}$이고 ($\overline{AP} : \overline{PB} = 2 : 1$이니까 $\overline{AB} : \overline{AP} = 3 : 2$야.)

$a = \triangle APQ = \frac{1}{2}\overline{AP}\times\overline{AQ}\sin A$

$= \frac{1}{2}\times\frac{2}{3}\overline{AB}\times\overline{AQ}\sin A$

→ 두 변의 길이와 그 끼인각의 크기가 주어질 때의 넓이 $\triangle ABC = \frac{1}{2}ac\sin B$

$3(a+d) = \triangle ABC = \frac{1}{2}\overline{AB}\times\overline{AC}\sin A$이므로

$a : 3(a+d) = \triangle APQ : \triangle ABC = \frac{2}{3}\overline{AQ} : \overline{AC}$

비례식에서 내항의 곱과 외항의 곱이 같으니까

$a\overline{AC} = \frac{2}{3}\times 3(a+d)\overline{AQ}$

따라서 $\frac{\overline{AQ}}{\overline{AC}} = \frac{a}{2(a+d)}$ 이므로 ← (나)

→ $\overline{CQ}$의 값을 삼각형에서 바로 구할 수 없으니까 △ABC에서 $\overline{AC}$를, △APQ에 $\overline{AQ}$를 이용해야 해. 즉, $\overline{AC}-\overline{AQ}$

$\frac{\overline{CQ}}{\overline{AQ}} = \frac{\overline{AC}-\overline{AQ}}{\overline{AQ}} = \frac{\overline{AC}}{\overline{AQ}}-1$

$= \frac{2(a+d)}{a}-1 = \frac{a+2d}{a}$ ← (다)

G 77 정답 ⑤ *여러 가지 등차수열의 활용 ············ [정답률 53%]

(정답 공식: $T_n=(a_1-a_2)+(a_3-a_4)+\cdots+(-1)^{n-1}a_n$
$=a_1+(-a_2+a_3)+(-a_4+a_5)+\cdots+(-1)^{n-1}a_n$으로 묶어서 생각해본다.)

공차가 $d(d\neq0)$인 등차수열 $\{a_n\}$에 대하여 수열 $\{T_n\}$을

$$T_n=a_1-a_2+a_3-a_4+\cdots+(-1)^{n-1}a_n\ (n=1, 2, 3, \cdots)$$

으로 정의할 때, [보기]에서 옳은 것을 모두 고른 것은? (3점)

단서 $d=a_{n+1}-a_n$이니까 T_n을 공차 d로 표현할 수 있어.

[보기]

ㄱ. $T_4=2d$

ㄴ. $T_5=a_3$ ⇒ $a_3=a_1+2d$ 꼴로 T_5에서 찾자.

ㄷ. 수열 $\{T_{2n}\}$은 등차수열이다.
⇒ T_{2n}이 일정하게 증가 또는 감소하는 것을 확인해.

① ㄱ ② ㄴ ③ ㄱ, ㄴ ④ ㄱ, ㄷ ⑤ ㄴ, ㄷ

1st 등차수열의 공차는 두 항의 차로 구할 수 있어.

주의: $a_n=a_1+(n-1)d$이고 $a_m=a_1+(m-1)d$이므로 두 항의 차는 a_1을 없애는 방법이니까 공차 d_1에 대한 식만 남겠지?

공차가 $d(d\neq0)$인 등차수열 $\{a_n\}$에 대하여 수열 $\{T_n\}$은

$T_n=a_1-a_2+a_3-a_4+\cdots+(-1)^{n-1}a_n(n=1, 2, 3, \cdots)$

ㄱ. $a_1-a_2=a_3-a_4=-d$이므로 $d=a_{n+1}-a_n$

$T_4=(a_1-a_2)+(a_3-a_4)=-2d$ (거짓)

2nd T_5를 통하여 a_3을 유도해 보자.

ㄴ. $a_3-a_2=a_5-a_4=d$이므로

$T_5=a_1+(-a_2+a_3)+(-a_4+a_5)$

$=a_1+2d=a_3$ ($\because a_n=a_1+(n-1)d$) (참)

→ $a_n=a_1+(n-1)d$에서 $a_3=a_1+(3-1)d$야.

3rd T_2, T_4, T_6, …을 구하여 수열 $\{T_{2n}\}$이 등차수열이 되는지 확인하자.

ㄷ. $T_2=a_1-a_2=-d$, $T_4=\boxed{a_1-a_2}+a_3-a_4=T_2-d=-2d$,

$T_6=\boxed{a_1-a_2+a_3-a_4}+a_5-a_6=T_4-d=-3d$, …이므로

수열 $\{T_{2n}\}$은 공차가 $-d$인 등차수열이다. (참)

따라서 옳은 것은 ㄴ, ㄷ이다.

다른 풀이: $a_{n+1}-a_n=d$임을 통해 ㄴ의 참, 거짓 판별하기

ㄴ. $T_5=(a_1-a_2)+a_3+(a_5-a_4)=-d+a_3+d=a_3$ (참)
((a_5-a_4)는 $(-a_4+a_5)$)

G 78 정답 ② *등차수열의 합 [정답률 87%]

정답 공식: 첫째항이 a이고 공차가 d인 등차수열의 첫째항부터 제n항까지의 합을 S_n이라 하면 $S_n=\frac{n\{2a+(n-1)d\}}{2}$이다.

첫째항이 2인 등차수열 $\{a_n\}$의 첫째항부터 제n항까지의 합을 S_n이라 하자. $a_6=2(S_3-S_2)$일 때, S_{10}의 값은? (3점)

단서 $S_3-S_2=a_3$이지?

① 100 ② 110 ③ 120 ④ 130 ⑤ 140

1st 등차수열 $\{a_n\}$의 공차를 구해.

$S_3-S_2=a_3$이고 등차수열 $\{a_n\}$의 공차를 d라 하면

$S_3=a_1+a_2+a_3$, $S_2=a_1+a_2$이므로
$S_3-S_2=(a_1+a_2+a_3)-(a_1+a_2)=a_3$

$a_n=2+(n-1)d$이므로

첫째항이 a이고 공차가 d인 등차수열 $\{a_n\}$의 일반항은 $a_n=a+(n-1)d$

$a_6=2(S_3-S_2)=2a_3$에서

$2+5d=2(2+2d)$, $2+5d=4+4d$ $\therefore d=2$

따라서 등차수열 $\{a_n\}$의 공차는 2이다.

2nd S_{10}의 값을 구해.

S_{10}은 등차수열 $\{a_n\}$의 첫째항부터 제10항까지의 합이므로

$S_{10}=\frac{10\times\{2\times2+(10-1)\times2\}}{2}$

$=5\times(4+18)=110$

첫째항이 a, 공차가 d, 제n항이 l인 등차수열의 첫째항부터 제n항까지의 합을 S_n이라 하면 $S_n=\frac{n\{2a+(n-1)d\}}{2}=\frac{n(a+l)}{2}$

다른 풀이: **자연수의 거듭제곱의 합 공식 이용하기**

등차수열 $\{a_n\}$의 첫째항이 2이고 공차도 2이므로 일반항은

$a_n=2+(n-1)\times2=2n$이지?

이때, S_{10}은 수열 $\{a_n\}$의 첫째항부터 제10항까지의 합이므로

$S_{10}=\sum_{n=1}^{10}a_n=\sum_{n=1}^{10}2n=2\sum_{n=1}^{10}n=2\times\frac{10\times11}{2}=110$

상수 c에 대하여 $\sum_{k=1}^{n}ca_k=c\sum_{k=1}^{n}a_k$ / $\sum_{k=1}^{n}k=\frac{n(n+1)}{2}$

G 79 정답 ⑤ *등차수열의 합 [정답률 82%]

정답 공식: 등차수열의 첫째항부터 제 n항까지의 합 $S_n=\frac{n\{2a_1+(n-1)d\}}{2}$

첫째항이 3이고 공차가 2인 등차수열 $\{a_n\}$의 첫째항부터 제10항까지의 합은? (3점)

단서 첫째항, 공차, 항수가 정해졌으니까 합의 공식을 이용할 수 있지?

① 80 ② 90 ③ 100 ④ 110 ⑤ 120

1st 첫째항, 공차, 항수를 파악해서 합을 구하자.

첫째항이 3이고 공차가 2인 등차수열 $\{a_n\}$의 첫째항부터 제10항까지의 합 S_{10}은

첫째항이 a, 공비가 d인 등차수열 $\{a_n\}$의 첫째항부터 제n항까지의 합은 $S_n=\frac{n\{2a+(n-1)d\}}{2}$

$S_{10}=\frac{10\times(2\times3+9\times2)}{2}$

$=5\times(6+18)=120$

등차수열의 합 개념·공식

① 첫째항이 a이고 공차가 d인 등차수열의 첫째항부터 제n항까지의 합을 S_n이라 하면 $S_n=\frac{n\{2a+(n-1)d\}}{2}$

② 첫째항이 a이고 제n항이 l인 등차수열의 첫째항부터 제n항까지의 합을 S_n이라 하면 $S_n=\frac{n(a+l)}{2}$

G 80 정답 ② *등차수열의 합 [정답률 88%]

정답 공식: 첫째항이 a이고 공차가 d, 제n항이 l인 등차수열 $\{a_n\}$의 첫째항부터 제n항까지의 합을 S_n이라 하면 $S_n=\frac{n\{2a+(n-1)d\}}{2}=\frac{n(a+l)}{2}$이다.

등차수열 $\{a_n\}$의 첫째항부터 제n항까지의 합을 S_n이라 할 때,

$S_7-S_4=0$, $S_6=30$

단서 등차수열 $\{a_n\}$의 첫째항과 공차에 대한 식으로 나타내.

이다. a_2의 값은? (3점)

① 6 ② 8 ③ 10 ④ 12 ⑤ 14

1st 등차수열 $\{a_n\}$의 첫째항과 공차를 각각 구해.

등차수열 $\{a_n\}$의 첫째항을 a, 공차를 d라 하면 일반항은 $a_n=a+(n-1)d$이고 첫째항부터 제n항까지의 합은

$S_n=\frac{n\{2a+(n-1)d\}}{2}$이다.

a_6은 a_5, a_7의 등차중항이므로 $a_5+a_7=2a_6$이야. 즉, $a_5+a_6+a_7=3a_6=3(a+5d)$임을 이용하여 a와 d 사이의 관계식을 구해도 돼.

이때, $S_7-S_4=0$에서 $a_5+a_6+a_7=0$

$S_7-S_4=(a_1+a_2+\cdots+a_7)-(a_1+a_2+a_3+a_4)=a_5+a_6+a_7$

$(a+4d)+(a+5d)+(a+6d)=0$, $3a+15d=0$

$\therefore a+5d=0 \cdots$ ㉠

또, $S_6=30$에서 $\frac{6(2a+5d)}{2}=30$ $\therefore 2a+5d=10 \cdots$ ㉡

㉠−㉡을 하면 $-a=-10$ $\therefore a=10$

이것을 ㉠에 대입하면 $10+5d=0$, $5d=-10$ $\therefore d=-2$

2nd a_2의 값을 구해.

따라서 $a_n=10+(n-1)\times(-2)=-2n+12$이므로

$a_2=-2\times2+12=-4+12=8$

G 81 정답 ⑤ *등차수열의 합 [정답률 70%]

정답 공식: 첫째항이 a이고, 공차가 d, 제n항이 l인 등차수열 $\{a_n\}$의 첫째항부터 제n항까지의 합을 S_n이라 하면 $S_n=\frac{n\{2a+(n-1)d\}}{2}=\frac{n(a+l)}{2}$이다.

공차가 $d(0<d<1)$인 등차수열 $\{a_n\}$이 다음 조건을 만족시킨다.

단서1 공차 d가 0과 1 사이의 분수이므로 d에 관한 식으로 나타내면 부등식을 만들 수 있어.

(가) a_5는 자연수이다.

단서2 첫째항이 a라면 $a_5=a+4d$이므로 $a+4d$에 관한 식으로 변형한 뒤 남는 d에 대하여 식을 만들 수 있어.

(나) 수열 $\{a_n\}$의 첫째항부터 제n항까지의 합을 S_n이라 할 때, $S_8=\frac{68}{3}$이다.

단서3 첫째항 a와 공차 d에 관한 식으로 나타낼 수 있어.

a_{16}의 값은? (4점)

① $\frac{19}{3}$ ② $\frac{77}{12}$ ③ $\frac{13}{2}$ ④ $\frac{79}{12}$ ⑤ $\frac{20}{3}$

1st 조건을 이용하여 등차수열 $\{a_n\}$의 첫째항과 공차를 각각 구해.

등차수열 $\{a_n\}$의 첫째항을 a, 공차를 d라 하면

조건 (가)에서 a_5는 자연수이므로 $a+4d$의 값은 자연수이다.

조건 (나)에서

$S_8=\frac{8\times(2a+7d)}{2}=4(2a+7d)=\frac{68}{3}$, $2a+7d=\frac{17}{3}$

이를 정리하면 $2(a+4d)-d=\frac{17}{3}$ ⋯ ㉠

$a+4d$의 형태로 나타내기 위해 $2a+7d=2a+8d-d$의 식으로 형태를 바꿀 수 있어.

이때, 공차가 $d(0<d<1)$이므로

$\frac{17}{3}<2(a+4d)=\frac{17}{3}+d<\frac{20}{3}$

d는 0보다 크므로 $2(a+4d)=\frac{17}{3}+d$는 $\frac{17}{3}$보다 크고 d는 1보다 작으므로 $2(a+4d)=\frac{17}{3}+d$는 $\frac{17}{3}+1=\frac{20}{3}$보다 작게 돼.

그런데 $a+4d$이 자연수이므로 $2(a+4d)$도 자연수이어야 한다.

즉, $2(a+4d)=6$이므로 $a+4d=3$

이를 ㉠에 대입하면 $6-d=\frac{17}{3}$ $\therefore d=\frac{1}{3}$

$\therefore a=3-4d=3-\frac{4}{3}=\frac{5}{3}$

2nd a_{16}의 값을 구해.

$\therefore a_{16}=a+15d=\frac{5}{3}+15\times\frac{1}{3}=\frac{5}{3}+\frac{15}{3}=\frac{20}{3}$

G 82 정답 ① *등차수열의 합 [정답률 73%]

(정답 공식: $S_8-S_6=a_7+a_8$)

첫째항이 6이고 공차가 d인 등차수열 $\{a_n\}$의 첫째항부터 제n항

단서1 등차수열의 일반항으로 공차를 구해야겠지?

까지의 합을 S_n이라 할 때, $\frac{a_8-a_6}{S_8-S_6}=2$가 성립한다. d의 값은?

단서2 분모, 분자를 공차 d를 이용하여 나타내. (3점)

① -1 ② -2 ③ -3
④ -4 ⑤ -5

1st 등차수열의 일반항을 이용하여 단서1을 정리하여 공차를 구해.

첫째항이 6이고, 공차가 d인 등차수열 $\{a_n\}$의 일반항은

$a_n=6+(n-1)d$이므로 주어진 식에서

(분자)$=a_8-a_6=(6+7d)-(6+5d)=2d$

(분모)$=S_8-S_6=(a_1+a_2+\cdots+a_8)-(a_1+a_2+\cdots+a_6)$

$=a_7+a_8=(6+6d)+(6+7d)=12+13d$

S_n은 a_1에서 a_n까지의 합이야.

따라서 주어진 식에 대입하면

$\frac{a_8-a_6}{S_8-S_6}=\frac{2d}{12+13d}=2$

첫째항이 주어졌으니까 일반항은 공차 d에 관한 식으로만 표현 가능해.

$d=12+13d$

$\therefore d=-1$

G 83 정답 43 *등차수열의 합의 활용 [정답률 84%]

(정답 공식: 첫째항이 a_1이고, 공차가 d인 등차수열 $\{a_n\}$의 일반항은 $a_n=a_1+(n-1)d$이다.)

단서1 첫째항이 a, 공차가 d인 등차수열의 일반항은 $a_n=a+(n-1)d$야.

등차수열 $\{a_n\}$의 첫째항부터 제n항까지의 합을 S_n이라 하자.

$a_2=7$, $S_7-S_5=50$ 단서2 $S_7-S_5=a_6+a_7$이지?

일 때, a_{11}의 값을 구하시오. (3점)

1st 주어진 조건을 첫째항과 공차에 관한 식으로 나타내.

등차수열 $\{a_n\}$의 첫째항을 a, 공차를 d라 하면 $a_2=a+d=7$ ⋯ ㉠

$S_7-S_5=a_7+a_6=(a+6d)+(a+5d)=2a+11d=50$ ⋯ ㉡

$S_7-S_5=(a_1+a_2+\cdots+a_5+a_6+a_7)-(a_1+a_2+\cdots+a_5)=a_6+a_7$

2nd 연립방정식을 풀어 첫째항 a과 공차 d의 값을 각각 구해.

㉠, ㉡을 연립하면 $a=3$, $d=4$

$\therefore a_{11}=a+10d=3+10\times4=43$

G 84 정답 ② *등차수열의 합의 활용 [정답률 63%]

(정답 공식: 첫째항이 a, 공차가 d인 등차수열의 첫째항부터 제n항까지의 합을 S_n이라 하면 $S_n=\frac{n\{2a+(n-1)d\}}{2}$이다.)

단서1 공차가 주어졌으니까 첫째항만 알면 등차수열 $\{a_n\}$의 일반항을 구할 수 있지?

공차가 2인 등차수열 $\{a_n\}$의 첫째항부터 제n항까지의 합을 S_n이라 하자. $S_k=-16$, $S_{k+2}=-12$를 만족시키는 자연수 k에 대하여 a_{2k}의 값은? (4점)

단서2 $S_k=a_1+a_2+\cdots+a_k$, $S_{k+2}=a_1+a_2+\cdots+a_k+a_{k+1}+a_{k+2}$

① 6 ② 7 ③ 8 ④ 9 ⑤ 10

1st 등차수열 $\{a_n\}$의 첫째항과 자연수 k의 값을 각각 구하자.

공차가 2인 등차수열 $\{a_n\}$의 첫째항을 a라 하면

$S_{k+2}-S_k=a_{k+1}+a_{k+2}=-12-(-16)=4$에서

$S_{k+2}-S_k=(a_1+a_2+\cdots+a_k+a_{k+1}+a_{k+2})-(a_1+a_2+\cdots+a_k)=a_{k+1}+a_{k+2}$

$(a+2k)+\{a+(k+1)\times2\}=4$, $2a+4k+2=4$

등차수열 $\{a_n\}$의 일반항은 $a_n=a+(n-1)\times2$이므로 $a_{k+1}=a+(k+1-1)\times2=a+2k$이고 $a_{k+2}=a+(k+2-1)\times2=a+(k+1)\times2$야.

$2a+4k=2$, $a+2k=1$ $\therefore a=-2k+1$ ⋯ ㉠

또, $S_k=-16$에서 $\frac{k\{2a+(k-1)\times2\}}{2}=-16$

$\therefore k(a+k-1)=-16$ ⋯ ㉡

㉠을 ㉡에 대입하면 $k\{(-2k+1)+k-1\}=-16$, $-k^2=-16$

$k^2=16$ $\therefore k=4$ ($\because$ k는 자연수)

이것을 ㉠에 대입하면 $a=-2\times4+1=-7$

2nd a_{2k}의 값을 구하자.

등차수열 $\{a_n\}$의 일반항은 $a_n=-7+(n-1)\times2$

$\therefore a_{2k}=a_8=-7+7\times2=7$

다른 풀이: **공차가 d인 등차수열의 첫째항부터 제n항까지의 합 S_n은 $S_n=\frac{d}{2}n^2+pn$(p는 상수) 꼴임을 이용하기**

등차수열 $\{a_n\}$의 공차가 2이므로 상수 p에 대하여 $S_n=n^2+pn$이야.

첫째항이 a이고 공차가 d인 등차수열의 첫째항부터 제n항까지의 합을 S_n이라 하면 $S_n=\frac{n\{2a+(n-1)d\}}{2}=\frac{d}{2}n^2+\left(a-\frac{d}{2}\right)n$이야. 즉, S_n의 이차항의 계수는 $\frac{d}{2}$야.

이때, $S_{k+2}-S_k=-12-(-16)=4$ ⋯ ㉠에서

$\{(k+2)^2+p(k+2)\}-(k^2+pk)=4$

$k^2+4k+4+pk+2p-k^2-pk=4$, $4k+4+2p=4$

$2p=-4k$ $\therefore p=-2k \Rightarrow S_k=k^2+pk=k^2-2k\times k=-k^2$

즉, $S_k=-16$에서 $-k^2=-16$, $k^2=16$

$\therefore k=4$($\because$ k는 자연수)

이것을 ㉠에 대입하면 $S_6-S_4=4$에서 $a_5+a_6=4$

$S_6-S_4=(a_1+a_2+\cdots+a_6)-(a_1+a_2+a_3+a_4)=a_5+a_6$

$a_5+(a_5+2)=4$, $2a_5+2=4$, $2a_5=2$ $\therefore a_5=1$

$\therefore a_{2k}=a_8=a_5+3d=1+3\times2=7$

(공차)$=2$

G 85 정답 ① *등차수열의 합의 활용 [정답률 76%]

(정답 공식: 수열의 합이 최대가 되려면 $a_n \geq 0$인 항까지만 더하면 된다.)

단서1 $a_3 > a_9$이므로 등차수열 $\{a_n\}$의 공차가 음수임을 알 수 있어.

등차수열 $\{a_n\}$에 대하여 $a_3=26$, $a_9=8$일 때, 첫째항부터 제n항까지의 합이 최대가 되도록 하는 자연수 n의 값은? (3점)

①11 ② 12 ③ 13 ④ 14 ⑤ 15

단서2 주어진 등차수열 $\{a_n\}$의 항은 양수에서 시작해 일정한 간격으로 작아지다가 어느 순간 음수로 바뀌게 돼. 즉, 합이 최대가 되려면 양수인 항까지만 모두 더하면 되는 거야.

1st 등차수열의 일반항의 공식을 이용하여 일반항 a_n을 구하자.

등차수열 $\{a_n\}$의 첫째항을 a, 공차를 d라 하면

$a_3=a+2d=26$, $a_9=a+8d=8$

두 식을 연립하면

$a=32$, $d=-3$

$\therefore a_n=32+(n-1)\times(-3)$

$=-3n+35$

2nd 합이 최대가 되려면 $a_n \geq 0$인 항까지만 더하면 돼.

첫째항부터 양수인 항까지 더하면 그때의 합이 최대가 되므로

$-3n+35 \geq 0$에서 $n \leq \frac{35}{3}=11.\times\times\times$

따라서 $a_{11}=2>0$, $a_{12}=-1<0$이므로 첫째항부터 제 n항까지의 합이 최대가 되도록 하는 자연수 n의 값은 11이다.

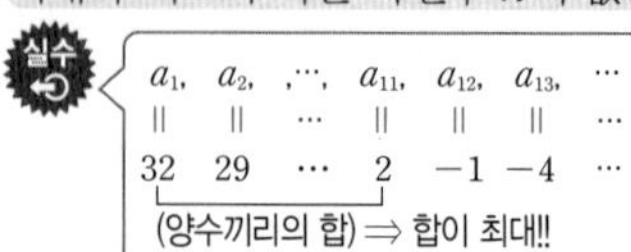

등차수열의 합 개념·공식

① 첫째항이 a이고 공차가 d인 등차수열의 첫째항부터 제n항까지의 합을 S_n이라 하면 $S_n=\frac{n\{2a+(n-1)d\}}{2}$

② 첫째항이 a이고 제n항이 l인 등차수열의 첫째항부터 제n항까지의 합을 S_n이라 하면 $S_n=\frac{n(a+l)}{2}$

G 86 정답 37 *등차수열의 합의 활용 [정답률 61%]

(정답 공식: a_1, d의 값을 알 때, S_n은 n에 대한 이차식이므로 주어진 조건을 이용하여 이차부등식을 풀어본다.)

첫째항이 a이고 공차가 -4인 등차수열 $\{a_n\}$의 첫째항부터 제n항까지의 합을 S_n이라 하자. 모든 자연수 n에 대하여 $S_n<200$일 때, 자연수 a의 최댓값을 구하시오. (4점)

단서 S_n을 a와 n에 대한 식으로 표현해. 이때, n에 대한 이차식이지?

1st 첫째항이 a, 공차가 d인 등차수열의 첫째항부터 제n항까지의 합을 이용하여 S_n을 n에 대한 식으로 나타내.

첫째항이 a이고 공차가 -4인 등차수열 $\{a_n\}$의 첫째항부터 제n항까지의 합 S_n은

$S_n=\frac{n\{2a+(n-1)\times(-4)\}}{2}=-2n^2+(a+2)n$

$S_n=\frac{n\{2a+(n-1)d\}}{2}$

2nd 모든 자연수 n에 대하여 $S_n<200$을 만족시키는 자연수 a의 최댓값을 구해.

모든 자연수 n에 대하여 $S_n<200$이므로 $-2n^2+(a+2)n<200$에서

$2n^2+200>(a+2)n$

양변을 n으로 나누면 $2n+\frac{200}{n}>a+2$ ⋯ ㉠

이때, $2n>0$, $\frac{200}{n}>0$이므로 산술평균과 기하평균의 관계에 의하여

두 양수 a, b에 대하여 $a+b \geq 2\sqrt{ab}$가 성립해.

$2n+\frac{200}{n} \geq 2\sqrt{2n\times\frac{200}{n}}$ (단, 등호는 $2n=\frac{200}{n}$일 때 성립)

$=2\sqrt{400}=40$

㉠의 좌변의 최솟값이 40이니까 $a+2$가 40보다 작으면 ㉠이 항상 성립해.

따라서 모든 자연수 n에 대하여 ㉠이 성립하려면 $a+2<40$에서 $a<38$이어야 하므로 자연수 a의 최댓값은 37이다.

G 87 정답 ④ *등차수열의 합의 활용 [정답률 67%]

(정답 공식: S_n, a_n을 a_1로 표현해본다.)

첫째항과 공차가 같은 등차수열 $\{a_n\}$의 첫째항부터 제n항까지의 합을 S_n이라 할 때, $S_n=ka_n$을 만족시키는 k가 두 자리 자연수가 되게 하는 n의 최댓값은? (단, $a_1 \neq 0$) (3점)

단서1 첫째항을 a_1이라 하고 공차 $d=a_1$이라 하자.

단서2 등차수열의 합과 k의 값의 범위를 확인하자. 즉, $10 \leq k \leq 99$이지?

① 191 ② 193 ③ 195 ④197 ⑤ 199

1st 조건을 만족시키는 등차수열의 일반항 a_n과 첫째항부터 제n항까지의 합 S_n을 구해 보자.

[일반항] 첫째항이 a_1, 공차 d일 때 $a_n=a_1+(n-1)d$

등차수열 $\{a_n\}$의 첫째항과 공차를 $a_1(a_1\neq 0)$이라 하면

$a_n=a_1+(n-1)a_1=a_1+na_1-a_1=na_1$ ⋯ ㉠

이고, 이 수열의 합 S_n은 첫째항이 a_1, 제n항이 l일 때, $S_n=\frac{n(a_1+l)}{2}$

$S_n=\frac{n(a_1+a_n)}{2}=\frac{n(a_1+na_1)}{2}=\frac{n(n+1)}{2}a_1$ ⋯ ㉡

2nd 이제 조건을 만족시키는 k를 n의 식으로 표현해.

주어진 조건 $S_n=ka_n$에 ㉠과 ㉡을 대입하면

$\frac{n(n+1)}{2}a_1=kna_1$ 양변을 na_1로 나누면 간단해져.

$\therefore k=\frac{n+1}{2}$

3rd k가 두 자리 자연수가 되는 n의 값의 범위를 구하여 자연수 n의 최댓값을 찾아.

k가 두 자리 자연수이므로 $10 \leq k \leq 99$

주의 두 자리 자연수가 되는 범위를 식으로 나타낼 수 있어야 해.

$10 \leq \frac{n+1}{2} \leq 99$, $20 \leq n+1 \leq 198$

$\therefore 19 \leq n \leq 197$

따라서 자연수 n의 최댓값은 197이다.

수능 핵강

* S_n을 a_1로 표현하기

S_n은 첫째항에서 제n항까지의 합이므로

n 대신 1, 2, 3, ⋯, n을 대입하여 각 변을 변변 더하면

$a_1=a_1$

$a_2=2a_1$

$a_3=3a_1$

⋮

$+)\ a_n=na_1$

$S_n=(1+2+3+\cdots+n)a_1=\frac{n(n+1)}{2}a_1$임을 한눈에 알 수 있지?

G 88 정답 22 *등차수열의 합의 활용 [정답률 67%]

(정답 공식: 수열 $\{a_n\}$의 일반항을 알면, 수열 $\{a_{2n}\}$의 일반항을 알고, S_{2n}의 값도 안다.)

등차수열 $\{a_n\}$에서 $a_3=40$, $a_8=30$일 때,
단서1 일반항을 구해 a_1, 공차 d의 값을 찾자.
$|a_2+a_4+\cdots+a_{2n}|$이 최소가 되는 자연수 n의 값을 구하시오. (3점)
단서2 a_n이 감소하니까 절댓값이 0이 될 때가 최소지?

1st 등차수열의 일반항의 공식을 이용하여 수열 $\{a_n\}$의 일반항을 구하자.

수열 $\{a_n\}$에서 첫째항을 a_1, 공차를 d라 하면 → [일반항] $a_n=a_1+(n-1)d$

$a_3=a_1+(3-1)d=a_1+2d=40$ ⋯ ㉠

$a_8=a_1+(8-1)d=a_1+7d=30$ ⋯ ㉡

㉡−㉠을 하면 $5d=-10$ $\quad\therefore d=-2$

㉠에 의하여 $a_1=40-2d=44$

이때, $a_n=44+(n-1)\times(-2)=-2n+46$이므로

$a_{2n}=-4n+46$

2nd 등차수열의 합을 이용하여 자연수 n의 값을 구하자.

$$|a_2+a_4+\cdots+a_{2n}|=\left|\frac{n\{2\times42+(n-1)\times(-4)\}}{2}\right|$$

$$=\left|\frac{n(84-4n+4)}{2}\right|$$

$a_2+a_4+\cdots+a_{2n}$은 첫째항이 $a_2=42$, 공차가 -4이고 항의 개수가 n인 등차수열의 합이야.

$$=|-2n^2+44n|=|-2n(n-22)|$$

모든 실수 a에 대하여 $|a|\geq0$이므로 $|a|$의 최솟값은 $a=0$일 때이다.

$-2n(n-22)=0$ $\quad\therefore n=0$ 또는 $n=22$

따라서 $|a_2+a_4+\cdots+a_{2n}|$이 최소가 되는 자연수 n은 22이다.

다른 풀이: $a_n=-2n+46$을 좌표평면 위에 나타내어 해결하기

$a_{2n}=-2\times2n+46 \Rightarrow k=2n$이라 하면 $a_k=-2k+46$

$a_{2n}=-4n+46$에서 $a_n=-2n+46$이므로

$a_n=-2n+46$을 좌표평면 위에 나타내면 그림과 같이

→ $y=-2x+46$일 때 x절편 23, y절편 46인 직선이지?

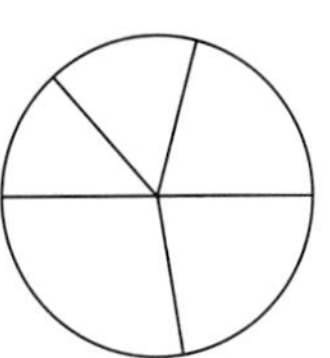

$a_{44}=-a_2$
$a_{42}=-a_4$
⋮
$a_{24}=-a_{22}$

점 $(23, 0)$에 대하여 대칭이지?
즉, $\frac{m+n}{2}=23$일 때, $a_n=-a_m$

이때, 절댓값은 항상 0보다 크거나 같으므로

$|a_2+a_4+\cdots+a_{2n}|$의 최솟값은

$a_2+a_4+\cdots+a_{2n}$이 0과 가장 가까울 때야.

따라서 $n=22$일 때, $a_2+a_4+\cdots+a_{44}=0$이므로 최솟값을 가져.

G 89 정답 60 *등차수열의 합의 활용 [정답률 67%]

(정답 공식: 한 부채꼴의 넓이를 미지수로 설정하고 나머지 부채꼴의 넓이를 주어진 조건을 이용해 나타내본다.)

그림과 같이 반지름의 길이가 15인 원을 5개의 부채꼴로 나누었더니 부채꼴의 넓이가 작은 것부터 차례로 등차수열을 이루었다. 가장 큰 부채꼴의 넓이가 가장 작은 부채꼴의 넓이의 2배일 때, 가장 큰 부채꼴의 넓이는 $k\pi$이다. 이때, k의 값을 구하시오. (4점)
단서 가장 작고, 큰 부채꼴의 넓이를 각각 S_1, S_5라 하고 5개의 부채꼴의 합을 이것으로 나타낼 수 있겠지?

1st 부채꼴의 넓이가 등차수열을 이루므로 등차수열의 합이 원의 넓이와 같겠지?

가장 작은 부채꼴의 넓이를 a라 두면 가장 큰 부채꼴의 넓이는 $2a$이다.
가장 작은 부채꼴의 2배이니까.

등차수열을 이루는 다섯 개 부채꼴의 넓이의 합은 $\frac{5(a+2a)}{2}$

→ 첫째항이 $a_1=a$이고 끝항 $a_5=2a$이니까 $S_n=\frac{n(a_1+a_n)}{2}$을 이용해.

즉, $\frac{5(a+2a)}{2}=15^2\pi$에서 $a=30\pi$
5개의 부채꼴의 합은 반지름의 길이가 15인 원의 넓이이지?

이때, 가장 큰 부채꼴의 넓이는 $2a=60\pi=k\pi$이므로

$k=60$

다른 풀이: 등차수열을 이루는 5개의 넓이를 각각 $a-2d$, $a-d$, a, $a+d$, $a+2d$라 두고 해결하기

부채꼴의 넓이를 등차수열의 항으로 나타내어 보자.

5개의 부채꼴의 넓이를 작은 것부터 차례로

$a-2d$, $a-d$, a, $a+d$, $a+2d$ $(d>0)$라 하면 5개의 부채꼴의 넓이의
합을 이용할 때는 중항을 a로 놓고 왼쪽으로 d만큼 감소, 오른쪽으로 d만큼 증가하도록 표시해.

합은 원의 넓이이므로 $5a=15^2\pi$ $\quad\therefore a=45\pi$
반지름의 길이 r인 원의 넓이 πr^2

실수 a, $a+d$, $a+2d$, $a+3d$, $a+4d$로 놓으면 계산할 때 수가 복잡해지니까 가운데를 a로 놓고 계산할 수 있는 센스가 필요해.

또, 주어진 조건으로부터 $a+2d=2(a-2d)$에서

$d=\frac{a}{6}=\frac{45\pi}{6}=\frac{15}{2}\pi$

따라서 가장 큰 부채꼴의 넓이는

$a+2d=45\pi+2\times\frac{15}{2}\pi=60\pi$

$\therefore k=60$

G 90 정답 315 *등차수열의 합의 활용 [정답률 67%]

(정답 공식: 14개의 선분의 길이가 등차수열을 이룬다.)

그림과 같이 두 직선 $y=x$, $y=a(x-1)$ $(a>1)$의 교점에서 오른쪽 방향으로 y축에 평행한 14개의 선분을 같은 간격으로 그었다.
단서2 두 도형은 직선이니까 간격이 일정한 크기로 커지지?

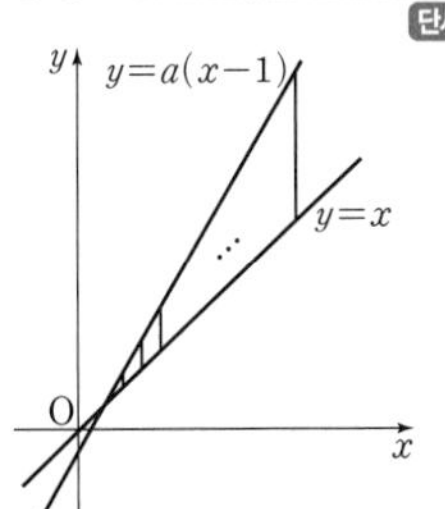

이들 중 가장 짧은 선분의 길이는 3이고, 가장 긴 선분의 길이는 42일 때, 14개의 선분의 길이의 합을 구하시오. (단, 각 선분의 양 끝점은 두 직선 위에 있다.) (3점)
단서1 14개의 선분의 길이의 특징을 파악해야 해.

1st 14개의 선분을 같은 간격으로 그린 것이므로 x의 값들은 등차수열을 이루게 돼.

y축에 평행한 14개의 선분을 같은 간격으로 그린 것이므로 x의 값들은 등차수열을 이루고, 마찬가지로 생각하면
직선 $f(x)=a(x-1)$, $g(x)=x$에 대하여 $h(x)=f(x)-g(x)=(a-1)x-a$로 x의 값이 일정하게 커지면 $h(x)$의 값도 일정하게 커지지?

주어진 14개의 선분의 길이도 등차수열을 이루게 된다. ⋯ (*)

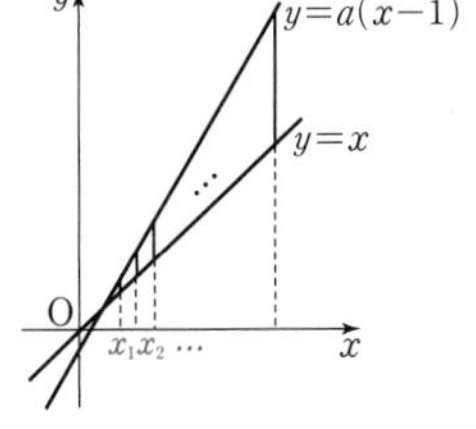

2nd 선분의 길이를 수열로 나타내고 그 합을 구하자.

14개의 선분의 길이가 등차수열을 이루므로

가장 짧은 것부터 가장 긴 것까지 선분의 길이를 수열 $\{a_n\}$이라 하면

$\{a_n\}$: $a_1=3$, a_2, a_3, $\cdots$, $a_{14}=42$ 첫째항 a와 끝항 l을 알고 있으므로

따라서 구하는 선분의 길이의 합은 $S_n=\frac{n(a+l)}{2}$임을 이용하자.

$\frac{14(3+42)}{2}=315$

수능 핵강

$*(*)$이 성립하는 이유

일차함수 $f(x)=ax+b$에서 x_1, x_2, x_3의 값들이 공차가 d인 등차수열을 이루면 $x_2=x_1+d$, $x_3=x_1+2d$라 할 수 있지?

따라서 $f(x_1)=ax_1+b$, $f(x_2)=ax_2+b=a(x_1+d)+b=ax_1+b+ad$,

$f(x_3)=ax_3+b=a(x_1+2d)+b=ax_1+b+2ad$이므로 $f(x_1)$, $f(x_2)$, $f(x_3)$은 첫째항이 ax_1+b, 공차가 ad인 등차수열을 이루는 거야.

등차수열의 합 개념·공식

① 첫째항이 a이고 공차가 d인 등차수열의 첫째항부터 제n항까지의 합을 S_n이라 하면 $S_n=\frac{n\{2a+(n-1)d\}}{2}$

② 첫째항이 a이고 제n항이 l인 등차수열의 첫째항부터 제n항까지의 합을 S_n이라 하면 $S_n=\frac{n(a+l)}{2}$

G 91 정답 ③ *등차수열의 합의 활용 [정답률 49%]

(정답 공식: 세 수 a, b, c가 이 순서대로 등차수열을 이루면 $2b=a+c$가 성립한다.)

등차수열 $\{a_n\}$의 첫째항부터 제n항까지의 합을 S_n이라 하자. $a_3=42$일 때, 다음 조건을 만족시키는 4 이상의 자연수 k의 값은? (4점)

(가) $a_{k-3}+a_{k-1}=-24$

(나) $S_k=k^2$

단서 등차수열의 연속한 세 항 a_{k-3}, a_{k-2}, a_{k-1} 중 양 끝에 있는 두 항의 합이야. 등차중항의 성질을 이용하면 a_{k-2}의 값을 구할 수 있어.

① 13 ② 14 ③ 15 ④ 16 ⑤ 17

1st a_{k-2}의 값을 구해.

a_{k-3}, a_{k-2}, a_{k-1}은 이 순서대로 등차수열을 이루므로 a_{k-2}는 a_{k-3}과 a_{k-1}의 등차중항이다. 즉, 조건 (가)의 $a_{k-3}+a_{k-1}=-24$에 의하여

$a_{k-2}=\frac{a_{k-3}+a_{k-1}}{2}=\frac{-24}{2}=-12$

2nd S_k를 a_3과 a_{k-2}로 나타내자.

$S_k=\frac{k(a_1+a_k)}{2}=\frac{k(a_3+a_{k-2})}{2}=\frac{k\{42+(-12)\}}{2}=15k$

등차수열 $\{a_n\}$의 첫째항을 a_1, 공차를 d라 하면

$a_1+a_k=a_1+\{a_1+(k-1)d\}=2a_1+(k-1)d$

$a_2+a_{k-1}=(a_1+d)+\{a_1+(k-2)d\}=2a_1+(k-1)d$

$a_3+a_{k-2}=(a_1+2d)+\{a_1+(k-3)d\}=2a_1+(k-1)d$

이므로 $a_1+a_k=a_3+a_{k-2}$가 성립해.

3rd k의 값을 구해.

즉, 조건 (나)의 $S_k=k^2$에 의하여 $15k=k^2$

이때, $k\neq0$이므로 $k=15$

실수 문제의 조건에서 k는 4 이상의 자연수이므로 $k\neq0$이야.

다른 풀이 ❶: **등차수열의 일반항과 등차중항, 등차수열의 합 이용하기**

등차수열 $\{a_n\}$의 첫째항을 a, 공차를 d라 하면

$a_n=a+(n-1)d$이므로 $a_3=a+2d=42$ ··· ㉠

첫째항이 a이고 공차가 d인 등차수열 $\{a_n\}$의 일반항은 $a_n=a+(n-1)d$야.

한편, $a_{k-2}=\frac{a_{k-3}+a_{k-1}}{2}$에서 조건 (가)에 의하여

$a_{k-2}=\frac{-24}{2}=-12$이므로 $a+(k-3)d=-12$ ··· ㉡

또, 조건 (나)에 의하여 $S_k=\frac{k\{2a+(k-1)d\}}{2}=k^2$이고,

$k\neq0$이므로 $2a+(k-1)d=2k$ ··· ㉢

첫째항이 a이고 공차가 d인 등차수열 $\{a_n\}$의 첫째항부터 제n항까지의 합을 S_n이라 하면 $S_n=\frac{n\{2a+(n-1)d\}}{2}$야.

㉢에서 ㉠을 빼면 $a+(k-3)d=2k-42$ ··· ㉣

㉡, ㉣에서 $2k-42=-12$, $2k=30$ $\therefore k=15$

다른 풀이 ❷: **등차수열의 일반항과 등차수열의 합 이용하기**

수열 $\{a_n\}$의 첫째항을 a, 공차를 d라 하면

$a_n=a+(n-1)d$이므로 $a_3=a+2d=42$ $\therefore a=42-2d$ ··· ㉠

또, 조건 (가)에 의하여

$a_{k-3}+a_{k-1}=a+(k-4)d+a+(k-2)d=-24$

$2a+2(k-3)d=-24$ $\therefore a+(k-3)d=-12$ ··· ㉡

㉠을 ㉡에 대입하면

$(42-2d)+(k-3)d=-12$ $\therefore kd-5d=-54$ ··· ㉢

한편, 조건 (나)에 의하여 $S_k=\frac{k\{2a+(k-1)d\}}{2}=k^2$이고,

$k\neq0$이므로 $2a+(k-1)d=2k$ ··· ㉣

㉠을 ㉣에 대입하면 $2(42-2d)+(k-1)d=2k$

$84-5d+kd=2k$ $\therefore kd-5d=2k-84$ ··· ㉤

㉢, ㉤에서 $2k-84=-54$, $2k=30$ $\therefore k=15$

G 92 정답 ① *등차수열의 합의 활용 [정답률 52%]

(정답 공식: 첫째항이 a, 공차가 d인 등차수열의 첫째항부터 제n항까지의 합 $S_n=\frac{n\{2a+(n-1)d\}}{2}$이다.)

공차가 양수인 등차수열 $\{a_n\}$의 첫째항부터 제n항까지의 합을 S_n이라 하자. $S_9=|S_3|=27$일 때, a_{10}의 값은? (4점)

단서 첫째항이 a, 공차가 d인 등차수열 $\{a_n\}$에서 $S_n=\frac{n\{2a+(n-1)d\}}{2}$이니까 a, d만 구하면 돼.

① 23 ② 24 ③ 25 ④ 26 ⑤ 27

1st S_9를 첫째항과 공차로 나타내자.

등차수열 $\{a_n\}$의 첫째항을 a, 공차를 d라 하면 $S_9=27$이므로

$\frac{9(2a+8d)}{2}=27$, $9(a+4d)=27$

첫째항이 a, 공차가 d인 등차수열의 첫째항부터 제n항까지의 합 $S_n=\frac{n\{2a+(n-1)d\}}{2}$

$\therefore a+4d=3$

2nd S_3을 첫째항과 공차로 나타내자.

$|S_3|=27$이므로 $\left|\frac{3(2a+2d)}{2}\right|=27$, $|3(a+d)|=27$, $|a+d|=9$

$\therefore a+d=9$ 또는 $a+d=-9$ 양수 a에 대하여 $|x|=a \Longleftrightarrow x=\pm a$

3rd $a+d$의 값에 따라 경우를 나누어 계산하자.

(i) $a+d=9$인 경우

$a+4d=3$과 $a+d=9$를 연립하여 풀면

$$\begin{array}{r} a+4d=3 \\ -)\ a+\ d=9 \\ \hline 3d=-6 \end{array} \quad \therefore d=-2$$

$a=11$, $d=-2$가 되어 공차가 양수라는 조건에 모순이다.

(ii) $a+d=-9$인 경우

$a+4d=3$과 $a+d=-9$를 연립하여 풀면 $\begin{array}{r} a+4d=3 \\ -)\ a+\ d=-9 \\ \hline 3d=12 \end{array}$ $\therefore d=4$

$a=-13,\ d=4$

이것은 공차가 양수라는 조건에 맞는다.

$\therefore a_{10}=-13+9\times4=-13+36=23$

등차수열 $\{a_n\}$의 일반항 $a_n=a+(n-1)d$이므로 $a_{10}=a+9d$

G 93 정답 13 *등차수열의 합의 활용 [정답률 45%]

(정답 공식: 처음 4개 항과 마지막 4개 항을 모두 더한 식을 a_1, a_n으로 나타내본다.)

n개의 항으로 이루어진 등차수열 $a_1,\ a_2,\ a_3,\ \cdots,\ a_n$이 다음 조건을 만족한다. 단서1 일정한 수만큼 증가 또는 감소하지?

(가) 처음 4개 항의 합은 26이다. $\Rightarrow a_1+a_2+a_3+a_4=26$

(나) 마지막 4개 항의 합은 134이다. $\Rightarrow a_{n-3}+a_{n-2}+a_{n-1}+a_n=134$

(다) $a_1+a_2+a_3+\cdots+a_n=260$

단서2 등차수열이니까 $a_1+a_n=a_2+a_{n-1}=\cdots$이 성립하지?

이때, n의 값을 구하시오. (4점)

1st 두 조건 (가), (나)에서 두 식의 합을 구하여 첫째항과 마지막 항의 합을 구하자.

두 조건 (가)와 (나)에서

$a_1+a_2+a_3+a_4=26,\ a_{n-3}+a_{n-2}+a_{n-1}+a_n=134$이므로

$a_1+a_2+a_3+a_4+a_{n-3}+a_{n-2}+a_{n-1}+a_n=160$

이때, $a_1+a_n=a_2+a_{n-1}=a_3+a_{n-2}=a_4+a_{n-3}$이므로

$4(a_1+a_n)=160$

공차를 d라 하면 $a_1+a_n=a_1+\{a_1+(n-1)d\}=2a_1+(n-1)d$, $a_2+a_{n-1}=a_1+d+\{a_1+(n-2)d\}=2a_1+(n-1)d$이니까 $l+m=n+k$이면 $a_l+a_m=a_n+a_k$가 성립해.

$\therefore a_1+a_n=40\ \cdots$ ㉠

주의

등차중항을 활용하여 문제를 풀었어. 이때 등비수열일 때는 해당하지 않는 것을 알고 있어야 해.

2nd 조건 (다)를 이용하여 $S_n=\dfrac{n(a+l)}{2}$의 값을 구하자.

첫째항 a에서 제n항 l까지의 합 S_n은 $S_n=\dfrac{n(a+l)}{2}$

한편, $S_n=\dfrac{n(a_1+a_n)}{2}=260$이므로

(다)와 $a_1+a_n=40$을 이용하기 위해 합을 a_1과 a_n으로 나타내.

㉠에 의하여 $\dfrac{40n}{2}=260$

$\therefore n=13$

등차수열 개념·공식

① 첫째항부터 차례대로 일정한 수를 더하여 만든 수열을 등차수열이라 한다.

② 등차수열에서 더하는 일정한 수를 공차라 한다.
등차수열 $\{a_n\}$의 공차를 d라 하면
$d=a_2-a_1=a_3-a_2=a_4-a_3=\cdots$이다.

③ 첫째항이 a, 공차가 d인 등차수열 $\{a_n\}$의 일반항은
$a_n=a+(n-1)d$이다.

④ 세 수 $a,\ b,\ c$가 이 순서대로 등차수열을 이룰 때, b를 a와 c의 등차중항이라 하고 $b=\dfrac{a+c}{2}$가 성립한다.

⑤ 등차수열 $\{a_n\}$의 첫째항부터 제n항까지의 합을 S_n이라 하면

- 첫째항이 a, 공차가 d일 때, $S_n=\dfrac{n\{2a+(n-1)d\}}{2}$
- 첫째항이 a, 제n항이 l일 때, $S_n=\dfrac{n(a+l)}{2}$

G 94 정답 375 *등차수열의 합의 응용 [정답률 65%]

(정답 공식: 매일 푼 문제 수가 등차수열을 이루므로 등차수열의 합 $S_n=\dfrac{n\{2a_1+(n-1)d\}}{2}$를 이용한다.)

선미는 문제 수가 x인 수학책을 첫째 날에는 15문제를 풀고 둘째 날부터 매일 문제 수를 d만큼씩 증가시키면서 풀어 아홉째 날까지 문제를 풀고 나면 24문제가 남게 된다. 또, 첫째 날에는 30문제를 풀고 둘째 날부터 매일 문제 수를 d만큼씩 증가시키면서 풀어 일곱째 날까지 문제를 풀고 나면 39문제가 남게 된다. 선미가 풀고자 하는 이 수학책의 문제 수 x의 값을 구하시오. (4점)

단서1 푼 문제 수가 등차수열을 이루네. 첫째항은 $a_1=15$이고 a_9일 때, 단서가 주어졌지?

단서2 이번에는 첫째항은 $b_1=30$이고 b_7일 때, 단서가 주어졌지?

1st 먼저 등차수열을 이용하여 첫째 날 15문제를 푼 것부터 계산해 보자.

첫째 날에는 15문제를 풀고 둘째 날부터 매일 문제 수를 d만큼씩 증가시키면서 풀었다. 즉, $a_1=15$라 하자.

$x=15+(15+d)+(15+2d)+\cdots+(15+8d)+24$ (a_9로 아홉째 날에 푼 문제 수, 남은 문제 수)

$=\dfrac{9(15+15+8d)}{2}+24$ → 첫째항이 a_1과 끝항이 a_9인 등차수열의 합은 $S_9=\dfrac{9(a_1+a_9)}{2}$

$=9(15+4d)+24\ \cdots$ ㉠

2nd 첫째 날 30문제를 푼 것도 등차수열을 이용하여 계산해 보자.

첫째 날에는 30문제를 풀고 둘째 날부터 매일 문제 수를 d만큼씩 증가시키면서 풀었으므로 $b_1=30$이라 하자.

$x=30+(30+d)+(30+2d)+\cdots+(30+6d)+39$ (b_7로 일곱째 날에 푼 문제 수, 남은 문제 수)

$=\dfrac{7(30+30+6d)}{2}+39$

$=7(30+3d)+39\ \cdots$ ㉡

3rd 이제 ㉠=㉡임을 이용하여 d의 값을 찾아 x의 값을 구하자.

$9(15+4d)+24=7(30+3d)+39$에서

$15d=90 \quad \therefore d=6$

따라서 수학책의 문제 수는

$x=9(15+4d)+24$ ($\because$ ㉠)

$=9(15+4\times6)+24=375$

G 95 정답 ② *등차수열의 합의 응용 [정답률 57%]

(정답 공식: 수면시간은 첫째항이 14시간이고, 공차가 15분, 마지막 항이 24시간인 등차수열이다.)

수학자 드 므와브르에 대하여 다음과 같은 일화가 전해지고 있다.

단서1 수면 시간이 일정하게 길어지니까 등차수열이지?

> 드 므와브르는 자신의 수면 시간이 매일 15분씩 길어진다는 것을 깨닫고, 수면 시간이 24시간이 되는 날을 계산하여 그 날에 자신이 죽을 것이라고 예측하였다. 그런데 놀랍게도 그 날에 수면하는 상태에서 생을 마쳤다.

드 므와브르가 매일 밤 12시에 잠든다고 가정할 때, 처음 이 사실을 알게 된 날의 수면 시간이 14시간이었다면 그날부터 생을 마칠 때까지 깨어있는 시간의 합은? (3점)

단서2 $a_1=14,\ a_n=24$이니까 n의 값을 구하여 그 합을 구하면 되겠네.

① 197 ② 205 ③ 214
④ 224 ⑤ 235

1st 드 므와브르의 수면 시간이 일정하게 증가하니까 등차수열의 일반항을 이용하자.

처음 사실을 안 날부터 n일째 수면 시간을 a_n이라 하고, 수면 시간이 14시간인 날을 첫째 날이라 하면 수열 $\{a_n\}$은 첫째항 $a_1=14$,

공차가 $d=\frac{15}{60}=\frac{1}{4}$이므로
수면 시간이 일정하게 15분씩 증가하니까 등차수열!

함정 시간에 관한 활용 문제를 풀 때는 항상 1시간을 1로 놓고, 분은 분수로 나타내어 풀도록 하자.

$a_n=14+(n-1)\times\frac{1}{4}$ [등차수열의 일반항] $a_n=a_1+(n-1)d$

2nd 수면 시간이 24시간일 때, 생을 마쳤으니까 이때가 몇 일째인지 계산하자.

$a_n=24$이면

$14+(n-1)\times\frac{1}{4}=24 \qquad \therefore n=41$

3rd 생을 마칠 때 깨어있는 시간을 생각하여 그 합을 구하자.

a_n은 수면 시간이므로 깨어있는 시간은 $24-a_n$이다.

이때, 첫째 날 깨어있는 시간은 $24-a_1=24-14=10$
a_n은 수면 시간이므로 깨어있는 시간은 $24-a_n$이야.

생을 마치는 날 깨어있는 시간은 $24-a_{41}=24-24=0$

따라서 그 합은 첫째항이 a, 끝항 l, 항의 수가 n인 등차수열의 합은 $S_n=\frac{a(n+l)}{2}$

$\frac{41(10+0)}{2}=205$

G 96 정답 33 *등차수열의 합의 응용 [정답률 59%]

(정답 공식: 우선 게임이 끝나게 되는 경우는 2가지이므로 나누어서 생각한다. 각각에 대해 어두운 막대 부분의 맨 아래 숫자가 무엇인지에 대해 또 나누어야 한다.)

어느 게임은 [예시]와 같이 엔터키를 누르면 게임이 시작되면서 어두운 부분의 막대가 아래쪽으로 계속 내려가고 더 이상 내려가지 않으면 게임은 끝난다. 방향키로는 어두운 부분의 막대를 왼쪽, 오른쪽으로만 이동시킬 수 있고 마우스를 한 번 클릭할 때마다 어두운 부분의 막대 맨 위의 숫자가 맨 아래로, 나머지 숫자들은 한 칸씩 올라간다. 더 이상 내려가지 않는 어두운 부분의 막대와 이웃한 막대들 속의 세 숫자들이 상하, 좌우 또는 대각선 방향 순서대로 등차수열이 될 때, 그 숫자들을 더한 점수들의 합을 득점으로 하는 게임이 있다. 단서 일정하게 증가 또는 감소하도록 3, 4, 6의 순서를 변경하여 ❶, ❷에 각각 따져 주자.

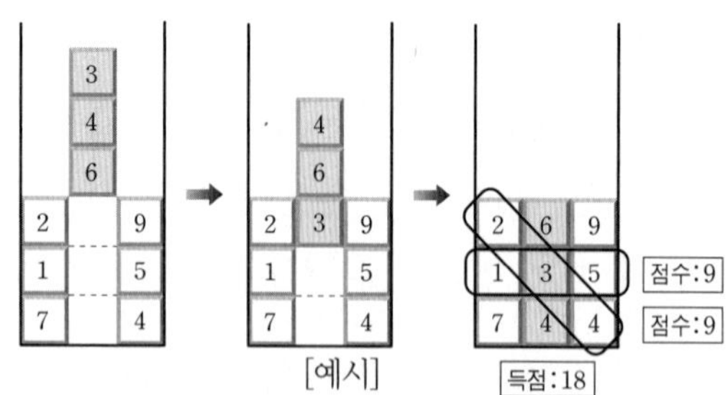

다음 게임에서 얻을 수 있는 득점의 최댓값을 구하시오. (4점)

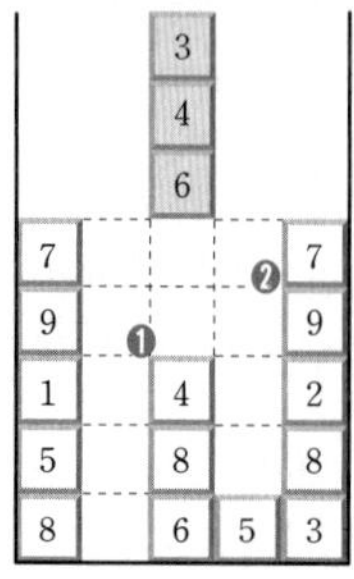

1st 어두운 막대가 들어갈 부분이 두 군데뿐이지? 어두운 막대가 ①, ② 부분에 들어갈 때 각각의 경우에서 득점을 따져 주자.

(i) ❶에 들어갈 경우 등차수열을 이루기 위해 4, 6, 3인 경우에만 등차수열이 존재한다.
숫자의 크기에 의하여 ±1 또는 ±2를 생각해야 해.

(ii) ❷에 들어갈 경우 등차수열을 이루기 위해 6, 3, 4인 경우에만 등차수열이 존재한다.
(i)와 같이 ±1 또는 ±2를 고려해 보자.

(i)

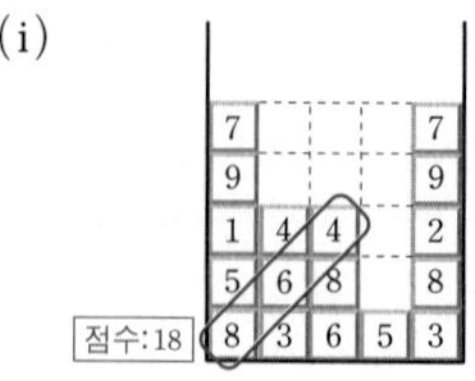

(ii)

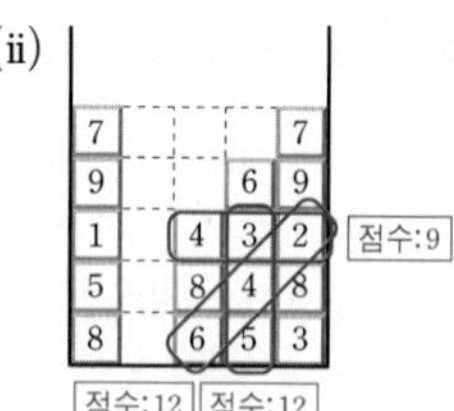

따라서 얻을 수 있는 득점의 최댓값은 $12+12+9=33$

G 97 정답 ⑤ *등비수열의 특정항 구하기-첫째항 이용 [정답률 91%]

(정답 공식: 첫째항이 a이고 공비가 r인 등비수열 $\{a_n\}$의 일반항은 $a_n=ar^{n-1}$이다.)

등비수열 $\{a_n\}$에 대하여 $a_1=2$, $a_2a_4=36$일 때, $\frac{a_7}{a_3}$의 값은?
단서 두 조건식을 이용하여 공비를 구해.

(3점)

① 1 ② $\sqrt{3}$ ③ 3 ④ $3\sqrt{3}$ ⑤ 9

1st 등비수열 $\{a_n\}$의 공비를 구해.

등비수열 $\{a_n\}$의 공비를 r라 하면 첫째항이 $a_1=2$이므로 일반항은 $a_n=2r^{n-1}$이다.

즉, $a_2=2r$, $a_4=2r^3$이므로 $a_2a_4=36$에서

$2r\times2r^3=36$, $4r^4=36 \qquad \therefore r^4=9 \cdots$ ㉠

2nd $\frac{a_7}{a_3}$의 값을 구해.

한편, $a_7=2r^6$, $a_3=2r^2$이므로 $\frac{a_7}{a_3}=\frac{2r^6}{2r^2}=r^4=9$ ($\because$ ㉠)
$\frac{2r^6}{2r^2}=\frac{r^6}{r^2}=r^{6-2}=r^4$

G 98 정답 ④ *등비수열의 특정항 구하기-첫째항 이용 [정답률 95%]

(정답 공식: 첫째항이 a, 공비가 r인 등비수열 $\{a_n\}$의 일반항은 $a_n=ar^{n-1}$이다.)

첫째항이 1이고 공비가 양수인 등비수열 $\{a_n\}$에 대하여

$a_3=a_2+6$

단서 등비수열 $\{a_n\}$의 첫째항이 주어졌으니까 이 관계식을 이용하여 공비를 구해야 해.

일 때, a_4의 값은? (2점)

① 18 ② 21 ③ 24 ④ 27 ⑤ 30

1st 등비수열 $\{a_n\}$의 공비를 구하자.

등비수열 $\{a_n\}$의 첫째항이 1이므로 공비를 r $(r>0)$라 하면

$a_n=1\times r^{n-1}=r^{n-1}$

이때, $a_3=r^{3-1}=r^2$, $a_2=r^{2-1}=r$이므로 $a_3=a_2+6$에서

$r^2=r+6$, $r^2-r-6=0$, $(r-3)(r+2)=0 \qquad \therefore r=3$ ($\because r>0$)

2nd a_4의 값을 구하자.

따라서 $a_n=3^{n-1}$이므로 $a_4=3^{4-1}=3^3=27$
a_4의 값은 $a_n=3^{n-1}$의 양변에 $n=4$를 대입하라는 거야.

G 99 정답 ② *등비수열의 특정항 구하기-첫째항 이용 [정답률 94%]

(정답 공식: 공비가 r인 등비수열 $\{a_n\}$에 대하여 $a_{n+1}=a_n\times r$이다.)

첫째항이 2이고 공비가 5인 등비수열 $\{a_n\}$에 대하여 a_2의 값은? (2점)

단서1 $\frac{a_{n+1}}{a_n}=5$라는 거지?
단서2 a_1의 값에 공비를 곱해서 a_2를 구하면 돼.

① 5 ② 10 ③ 15 ④ 20 ⑤ 25

1st a_2의 값을 구하자.

등비수열 $\{a_n\}$의 첫째항이 2이고 공비가 5이므로 두 번째 항인 a_2의 값은 $a_2=a_1\times5=2\times5=10$

첫째항이 a_1이고 공비가 r인 등비수열 $\{a_n\}$에 대하여 $a_2=a_1r$, $a_3=a_2r$, $a_4=a_3r$, $\cdots$

다른 풀이: 등비수열의 일반항 이용하기

등비수열 $\{a_n\}$의 첫째항이 2이고 공비가 5이므로 수열 $\{a_n\}$의 일반항은 $a_n=2\times5^{n-1}$ → 첫째항이 a이고 공비가 r인 등비수열 $\{a_n\}$의 일반항은 $a_n=ar^{n-1}$이야.

$\therefore a_2=2\times5^{2-1}=2\times5=10$

G 100 정답 ④ *등비수열의 특정항 구하기-첫째항 이용 [정답률 95%]

(정답 공식: 첫째항이 a, 공비가 r인 등비수열 $\{a_n\}$의 일반항은 $a_n=ar^{n-1}$이다.)

모든 항이 양수인 등비수열 $\{a_n\}$에 대하여 $a_1=3$, $\frac{a_5}{a_3}=4$일 때, a_4의 값은? (2점)

단서 등비수열 $\{a_n\}$의 공비 r에 대하여 $a_5=a_1\times r^4$, $a_3=a_1\times r^2$으로 나타낼 수 있어.

① 15 ② 18 ③ 21 ④ 24 ⑤ 27

1st 등비수열 $\{a_n\}$의 공비를 구해.

등비수열 $\{a_n\}$의 공비를 r라 하면 $a_n=a_1r^{n-1}=3r^{n-1}$

즉, $a_5=3r^4$, $a_3=3r^2$이므로

$\frac{a_5}{a_3}=4$에서 $\frac{3r^4}{3r^2}=4$, $r^2=4$

$\therefore r=2$ 또는 $r=-2$

그런데 수열 $\{a_n\}$의 모든 항이 양수이므로 $r>0$이어야 한다.

$\therefore r=2$

수열 $\{a_n\}$은 $r=0$일 때 두번째 항부터 0이고, $r<0$일 때 각 항은 양수, 음수가 반복되어 나타나.

2nd a_4의 값을 구해.

따라서 $a_n=3\times2^{n-1}$이므로 $a_4=3\times2^3=24$이다.

다른 풀이: 등비중항을 이용하여 a_4의 값을 구하기

a_4는 a_3, a_5의 등비중항이므로 $a_4^2=a_3a_5$ ⋯ ㉠

이때, $\frac{a_5}{a_3}=4$에서 $a_5=4a_3$

세수 a, b, c가 이 순서대로 등비수열을 이룰 때 b를 a와 c의 등비중항이라고 하고 $b^2=ac$가 성립해.

이것을 ㉠에 대입하면 $a_4^2=a_3\times4a_3=4a_3^2$

그런데 수열 $\{a_n\}$의 모든 항이 양수이므로 $a_4=2a_3$

즉, 등비수열 $\{a_n\}$의 공비는 2야.

(이하 동일)

$a_4^2=4a_3^2$에서 $a_4=2a_3$ 또는 $a_4=-2a_3$이지? 그런데 $a_4=-2a_3$이면 a_4와 a_3의 부호는 서로 반대가 되므로 모든 항이 양수란 조건에 모순이야.

G 101 정답 ② *등비수열의 특정항 구하기-첫째항 이용 [정답률 91%]

(정답 공식: 등비수열 $\{a_n\}$에서 $\frac{a_{n+1}}{a_n}=r$로 일정하다.)

❶첫째항이 1이고 공비가 양수인 등비수열 $\{a_n\}$에 대하여

❷$\frac{a_7}{a_5}=4$

일 때, a_4의 값은? (3점)

단서 등비수열의 일반항의 값을 묻고 있으니까 일반항을 세워야 하는데, ❶, ❷를 이용해야 해. 이때, ❷에서 $\frac{a_m}{a_n}=r^{m-n}$이지?

① 6 ② 8 ③ 10 ④ 12 ⑤ 14

1st 등비수열의 일반항으로 조건 ❷를 가지고 공비를 구해 볼까?

등비수열의 두 항의 나누기는 공비의 식이야. 즉, $\frac{a_7}{a_5}=r^{7-5}=r^2$

등비수열 $\{a_n\}$의 공비를 r $(r>0)$라 하면

$\frac{a_7}{a_5}=\frac{a_1r^6}{a_1r^4}=r^2=4$

→ $r^2=4$에서 $r=\pm2$이니까.

이때, $r>0$에서 $r=2$ ⇒ 공비가 양수라는 조건을 확인해.

2nd a_4의 값을 계산해.

등비수열 $\{a_n\}$은 첫째항이 1, 공비가 2인 등비수열이므로 $a_n=2^{n-1}$

$a_4=a_1r^3=1\times2^3=8$

G 102 정답 12 *등비수열의 특정항 구하기-첫째항 이용 [정답률 91%]

(정답 공식: 공비가 r일 때, $a_7=r^2a_5$이다.)

공비가 0이 아닌 등비수열 $\{a_n\}$에 대하여 ❶$a_1=4$, ❷$3a_5=a_7$일 때, a_3의 값을 구하시오. (3점)

단서 첫째항이 주어졌으니까 공비를 r라 하고, ❶, ❷를 이용해.

1st 등비수열의 첫째항이 주어졌으니까 주어진 조건을 공비로 나타내어 a_3의 값을 구해.

첫째항이 a_1이고, 공비가 r인 등비수열 $\{a_n\}$의 일반항은 $a_n=a_1r^{n-1}$이야.

등비수열 $\{a_n\}$의 첫째항이 $a_1=4$이므로 공비를 r라 하면 $a_n=4r^{n-1}$

즉, $a_5=4r^4$, $a_7=4r^6$이고, $3a_5=a_7$이므로

$3\times4r^4=4r^6$ $\therefore r^2=3$ $(\because r\neq0)$

$4r^6-12r^4=4r^4(r^2-3)=0$, $r\neq0$이니까 양변을 $4r^4$으로 나누어 주자.

$\therefore a_3=4r^2=4\times3=12$

$a_n=4r^{n-1}$이니까 $n=3$을 대입해.

G 103 정답 ③ *등비수열의 특정항 구하기-첫째항 이용 [정답률 88%]

(정답 공식: 첫째항이 a이고 공비가 r인 등비수열 $\{a_n\}$의 일반항은 $a_n=ar^{n-1}$이다.)

모든 항이 양수인 등비수열 $\{a_n\}$에 대하여

$a_1=\frac{1}{4}$, $a_2+a_3=\frac{3}{2}$

일 때, a_6+a_7의 값은? (3점)

단서1 모든 항이 양수이므로 등비수열 $\{a_n\}$의 공비는 양수야.
단서2 a_2, a_3을 첫째항과 공비를 이용하여 나타내.

① 16 ② 20 ③ 24 ④ 28 ⑤ 32

1st 등비수열 $\{a_n\}$의 일반항을 구해.

모든 항이 양수인 등비수열 $\{a_n\}$의 공비를 $r(r>0)$이라 하면

등비수열 $\{a_n\}$의 첫째항이 $a_1=\frac{1}{4}$이므로 $r=0$이면 $a_n=0(n\geq2)$이고, $r<0$이면 자연수 k에 대하여 $a_{2k-1}>0$, $a_{2k}<0$이야. 따라서 모든 항이 양수이려면 $r>0$이어야 해.

$a_n=a_1r^{n-1}=\frac{1}{4}r^{n-1}$이다.

즉, $a_2=\frac{1}{4}r$, $a_3=\frac{1}{4}r^2$이므로 $a_2+a_3=\frac{3}{2}$에서

$\frac{1}{4}r+\frac{1}{4}r^2=\frac{3}{2}$, $r+r^2=6$, $r^2+r-6=0$

$(r-2)(r+3)=0 \quad \therefore r=2(\because r>0)$

$\therefore a_n=\frac{1}{4}\times 2^{n-1}=\underline{2^{-2}\times 2^{n-1}=2^{n-3}}$ ← $a^m\times a^n=a^{m+n}$

2nd a_6+a_7의 값을 구해.

따라서 $a_6=2^{6-3}=2^3=8$, $a_7=2^{7-3}=2^4=16$이므로

$a_6+a_7=8+16=24$

G 104 정답 96 *등비수열의 특정항 구하기 – 첫째항 이용 [정답률 82%]

(정답 공식: $a_n=a_1r^{n-1}$을 이용하여 공비를 구한다.)

> 모든 항이 양수인 등비수열 $\{a_n\}$에 대하여
> ❶ $a_1=3$, ❷ $\frac{a_4a_5}{a_2a_3}=16$일 때, a_6의 값을 구하시오. (3점)
>
> **단서** 등비수열의 일반항을 세워 ❶, ❷를 이용하여 공비의 값을 찾자.

1st 등비수열의 일반항의 식을 세워 공비 r를 구해.
첫째항이 a_1, 공비가 r일 때, $a_n=a_1r^{n-1}$

$a_1=3$인 등비수열의 공비를 r라 하면 $\frac{a_4a_5}{a_2a_3}=\frac{a_1r^3\times a_1r^4}{a_1r\times a_1r^2}=16$이므로

$r^4=16$에서 $r^2=4$ → $r^2=\pm4$가 되지만 r^2은 짝수 제곱이니까 $r^2\neq-4$야.

$\therefore r=2$ → 모든 항이 양수이려면 공비가 음수이면 안 돼.

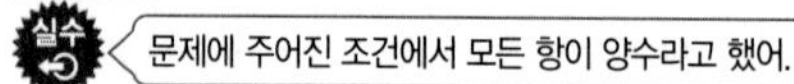

2nd 주어진 등비수열 $\{a_n\}$의 일반항을 알 수 있으니까 a_6의 값을 구해.

$a_6=a_1r^5=3\times2^5=96$ ← $a_n=3\times2^{n-1}$

다른 풀이: $a_m=a_nr^{m-n}$임을 이용하기

$a_4=a_2r^2$, $a_5=a_3r^2$이니까 $\frac{a_4a_5}{a_2a_3}=\frac{a_2r^2\times a_3r^2}{a_2a_3}=16$에서 $r^4=16$

(이하 동일)

G 105 정답 16 *등비수열의 특정항 구하기 – 첫째항 이용 [정답률 74%]

(정답 공식: 첫째항이 a이고 공비가 r인 등비수열 $\{a_n\}$의 일반항은 $a_n=ar^{n-1}$이다.)

> 첫째항이 $\frac{1}{4}$이고 공비가 양수인 등비수열 $\{a_n\}$에 대하여
> $$a_3+a_5=\frac{1}{a_3}+\frac{1}{a_5}$$
> **단서1** a_3, a_5를 등비수열 $\{a_n\}$의 공비를 이용하여 나타낸 후 주어진 식에 대입하여 공비를 구해.
>
> 일 때, a_{10}의 값을 구하시오. (3점)
>
> **단서2** 등비수열 $\{a_n\}$의 공비를 r라 하면 $a_{10}=\frac{1}{4}r^9$이야.

1st 등비수열 $\{a_n\}$의 공비를 구하자.

등비수열 $\{a_n\}$의 공비를 r라 하면 일반항은 $a_n=\frac{1}{4}r^{n-1}$이다.

즉, $a_3=\frac{1}{4}r^2$, $a_5=\frac{1}{4}r^4$이므로 이것을 $a_3+a_5=\frac{1}{a_3}+\frac{1}{a_5}$에 대입하면

$\frac{1}{4}r^2+\frac{1}{4}r^4=\frac{4}{r^2}+\frac{4}{r^4}$에서 $\frac{1}{4}r^2(1+r^2)=\frac{4}{r^4}(r^2+1)$

$r^6=16$, $(r^3)^2=16 \quad \therefore r^3=4\ (\because r>0)$

→ $r^6=(r^3)^2$이므로 r^3은 16의 제곱근인데 그 값이 양수이어야 하므로 $r^3=4$야.

2nd a_{10}의 값을 구해.

$\therefore a_{10}=\frac{1}{4}r^9=\frac{1}{4}(r^3)^3=\frac{1}{4}\times4^3=4^2=16$

쉬운 풀이: 주어진 식을 간단히 한 다음 등비수열의 일반항 이용하기

$\frac{1}{a_3}+\frac{1}{a_5}=\frac{a_3+a_5}{a_3a_5}$이므로 $a_3+a_5=\frac{1}{a_3}+\frac{1}{a_5}$에서

$a_3+a_5=\frac{a_3+a_5}{a_3a_5} \quad \therefore a_3a_5=1$

→ 첫째항이 $\frac{1}{4}$이고 공비가 양수이므로 수열 $\{a_n\}$의 모든 항은 양수야. 즉, $a_3+a_5>0$이므로 양변을 a_3+a_5로 나눌 수 있어.

여기에 $a_3=\frac{1}{4}r^2$, $a_5=\frac{1}{4}r^4$을 대입하면

$\frac{1}{4}r^2\times\frac{1}{4}r^4=1$, $r^6=16 \quad \therefore r^3=4$

(이하 동일)

G 106 정답 19 *등비수열의 특정항 구하기 – 첫째항 이용 [정답률 73%]

(정답 공식: 등비수열 $\{a_n\}$에서 $\frac{a_{n+1}}{a_n}=r$로 일정하다.)

> 첫째항이 3인 등비수열 $\{a_n\}$에 대하여
> $$\frac{a_3}{a_2}-\frac{a_6}{a_4}=\frac{1}{4}$$
> **단서** 등비수열의 일반항은 첫째항과 공비만 알면 구할 수 있지? 문제에 첫째항이 주어졌으니까 공비만 구하면 돼.
>
> 일 때, $a_5=\frac{q}{p}$이다. $p+q$의 값을 구하시오. (단, p와 q는 서로소인 자연수이다.) (4점)

1st 주어진 조건식을 이용하여 공비를 구하자.

첫째항이 3인 등비수열 $\{a_n\}$의 공비를 r라 하면 일반항은

$a_n=3r^{n-1}$이므로 $\frac{a_3}{a_2}-\frac{a_6}{a_4}=\frac{1}{4}$에 대입하면

→ 첫째항이 a, 공비가 r인 등비수열 $\{a_n\}$의 일반항은 $a_n=ar^{n-1}$

$\frac{3r^2}{3r}-\frac{3r^5}{3r^3}=\frac{1}{4}$, $r-r^2=\frac{1}{4}$

→ 등비수열의 첫째항을 알지 못하더라도 이 식과 등비수열에서 항 사이의 비를 이용하여 공비를 구할 수 있어. 즉, $\frac{a_m}{a_n}=r^{m-n}\ (m>n)$을 이용하면 돼.

$4r^2-4r+1=0$, $(2r-1)^2=0$

$\therefore r=\frac{1}{2} \Rightarrow a_n=3\times\left(\frac{1}{2}\right)^{n-1}$

2nd 구한 일반항에 $n=5$를 대입하여 a_5의 값을 구하자.

$\therefore a_5=3\times\left(\frac{1}{2}\right)^4=\frac{3}{16}=\frac{q}{p}$

따라서 $p=16$, $q=3$이므로 $p+q=16+3=19$

G 107 정답 ④ *등비수열의 특정항 구하기 – 공비 이용 [정답률 93%]

(정답 공식: 등비수열 $\{a_n\}$의 공비를 r라 하면 $a_n=a_1r^{n-1}$이다.)

> 첫째항이 $\frac{1}{8}$인 등비수열 $\{a_n\}$에 대하여 $\frac{a_3}{a_2}=2$일 때, a_5의 값은? (2점)
>
> **단서1** 등비수열 $\{a_n\}$의 공비에 대한 조건을 준거야.
>
> ① $\frac{1}{4}$ ② $\frac{1}{2}$ ③ 1 ④ 2 ⑤ 4
>
> **단서2** 단서1에서 공비를 구했으니까 등비수열 $\{a_n\}$의 일반항을 구할 수 있지? 그럼, 일반항에 $n=5$를 대입하여 a_5의 값을 구해.

1st 등비수열 $\{a_n\}$의 공비를 구하자.

등비수열 $\{a_n\}$의 공비를 r라 하면 $\frac{a_3}{a_2}=2$에서 $r=2$

2nd a_5의 값을 구하자.

→ 등비수열 $\{a_n\}$의 공비가 r이므로 일반항은 $a_n=a_1r^{n-1}$이지? 즉, $a_3=a_1r^2$, $a_2=a_1r$이므로 $\frac{a_3}{a_2}=\frac{a_1r^2}{a_1r}=r$이야.

이때, 등비수열 $\{a_n\}$의 첫째항이 $\frac{1}{8}$이므로 $a_n=\frac{1}{8}\times2^{n-1}$이다.

→ 첫째항이 a이고 공비가 r인 등비수열 $\{a_n\}$의 일반항은 $a_n=ar^{n-1}$이야.

$\therefore a_5=\frac{1}{8}\times2^4=\frac{1}{8}\times16=2$

다른 풀이: $a_3=a_2r$임을 이용하기

등비수열 $\{a_n\}$의 공비를 r라 하면 $a_3=a_2r$이지?

이것을 $\frac{a_3}{a_2}=2$에 대입하면 $\frac{a_2r}{a_2}=2$ $\quad\therefore r=2$

(이하 동일)

강혜윤 서울대 인문계열 2021년 입학 · 경기 수지고 졸

등비수열에 관해 묻는 문제야. 설마 a_3과 a_2를 첫째항과 공비로 나타내어 구하지는 않았겠지? 등비수열에서 두 항을 나눈 값이 주어졌다면 그건 바로 공비에 대한 힌트라는 것을 눈치챌 수 있어야 해. 나는 이 문제를 보자마자 a_3을 a_2로 나눈 값이 바로 등비수열 $\{a_n\}$의 공비라는 것을 파악했어. 덕분에 풀이과정 없이 바로 답을 체크할 수 있었지. 이처럼 사소한 시간 줄임이 대비 문항을 위한 여유를 만들어 준다는 것을 기억해!

등비수열의 일반항 개념·공식

첫째항이 a_1이고 공비가 r인 등비수열 $\{a_n\}$의 일반항은
$a_n=a_1r^{n-1}$

G 108 정답 25 *등비수열의 특정항 구하기 – 공비 이용 … [정답률 93%]

(정답 공식: 공비가 r인 등비수열이면 $a_{n+1}=a_n\times r$ (단, n은 자연수)이다.)

공비가 5인 등비수열 $\{a_n\}$에 대하여 $\frac{a_5}{a_3}$의 값을 구하시오. (단, $a_3\neq0$) (3점)

단서 $a_{n+1}=5a_n$ (단, n은 자연수)로 나타낼 수 있지?

1st 등비수열의 정의를 이용하여 a_3, a_5에 관한 식으로 나타내자.

수열 $\{a_n\}$의 공비가 5이므로 $a_5=5^2a_3$

공비가 5인 등비수열이므로 $a_4=5a_3$, $a_5=5a_4=5\times(5a_3)=5^2a_3$

$\therefore \frac{a_5}{a_3}=\frac{5^2a_3}{a_3}=25$

G 109 정답 32 *등비수열의 특정항 구하기 – 공비 이용 … [정답률 92%]

(정답 공식: 공비가 주어졌고, 특정한 항의 값이 주어졌으므로 첫째항을 구할 수 있다.)

공비가 2인 등비수열 $\{a_n\}$에 대하여 $a_3=8$일 때, a_5의 값을 구하시오. (3점)

단서 등비수열의 공비가 이미 주어졌어. 첫째항만 구하면 되겠지?

1st 주어진 식을 이용하여 첫째항을 구하자.

공비가 2인 등비수열 $\{a_n\}$의 첫째항을 a라 하면 $a_3=8$이므로

$a\times2^2=8$ → 첫째항이 a, 공비가 r인 등비수열 $\{a_n\}$의 일반항은 $a_n=ar^{n-1}$

$\therefore a=2$

2nd 등비수열 $\{a_n\}$의 일반항 a_n을 구하고 $n=5$를 대입하자.

즉, 등비수열 $\{a_n\}$의 일반항은

$a_n=2\times2^{n-1}=2^n$

n에 3을 대입해서 $a_3=8$이 나오는지 확인해보면 검산할 수 있지.

$\therefore a_5=2^5=32$

G 110 정답 ③ *등비수열의 특정항 구하기 – 공비 이용 [정답률 89%]

(정답 공식: 주어진 두 식을 각 수열의 첫째항으로 나타내어 연립방정식을 푼다.)

공차가 3인 등차수열 $\{a_n\}$과 공비가 2인 등비수열 $\{b_n\}$이

$a_2=b_2$, $a_4=b_4$

단서 두 식을 등차수열 $\{a_n\}$의 첫째항과 등비수열 $\{b_n\}$의 첫째항에 대한 식으로 나타내 봐.

를 만족시킬 때, a_1+b_1의 값은? (3점)

① -2 ② -1 ③ 0 ④ 1 ⑤ 2

1st 각 수열의 제2항과 제4항을 첫째항을 이용하여 나타내.

공차가 3인 등차수열 $\{a_n\}$의 첫째항이 a_1이므로 일반항은

첫째항이 a이고 공차가 d인 등차수열 $\{a_n\}$의 일반항은 $a_n=a+(n-1)d$

$a_n=a_1+(n-1)\times3$ $\quad\therefore a_2=a_1+3$, $a_4=a_1+9$

공비가 2인 등비수열 $\{b_n\}$의 첫째항이 b_1이므로 일반항은

첫째항이 b이고 공비가 r인 등비수열 $\{b_n\}$의 일반항은 $b_n=br^{n-1}$

$b_n=b_1\times2^{n-1}$ $\quad\therefore b_2=2b_1$, $b_4=8b_1$

2nd a_1+b_1의 값을 구해.

$a_2=b_2$에서 $a_1+3=2b_1$ $\quad\therefore a_1=2b_1-3\cdots$ ㉠

$a_4=b_4$에서 $a_1+9=8b_1\cdots$ ㉡

㉠을 ㉡에 대입하면

$(2b_1-3)+9=8b_1$, $6b_1=6$ $\quad\therefore b_1=1$

이것을 ㉠에 대입하면 $a_1=2\times1-3=-1$

$\therefore a_1+b_1=(-1)+1=0$

G 111 정답 20 *등비수열의 특정항 구하기 – 공비 이용 … [정답률 93%]

(정답 공식: 등비수열의 일반항 $a_n=a_1r^{n-1}$을 이용해 a_1, r로 표현해 본다.)

공비가 2인 등비수열 $\{a_n\}$에 대하여 $a_1+a_2+a_4=55$일 때, a_3의 값을 구하시오. (3점)

단서 등비수열의 첫째항이 a_1이니까 일반항은 $a_n=a_1\times2^{n-1}$이지?

1st 등비수열 $\{a_n\}$의 첫째항을 구하여 a_3의 값을 구하자.

공비가 2인 등비수열 $\{a_n\}$의 첫째항을 a_1이라 하면

$a_n=a_1\times2^{n-1}=2^{n-1}a_1$이므로

첫째항이 a_1이고 공비가 r인 등비수열의 일반항은 $a_n=a_1r^{n-1}$이지?

$a_1+a_2+a_4=a_1+2a_1+2^3a_1=11a_1=55$ $\quad\therefore a_1=5$

$\therefore a_3=a_1\times2^2=5\times4=20$

G 112 정답 ④ *등비수열의 특정항 구하기 – 공비 이용 … [정답률 85%]

(정답 공식: 첫째항이 a, 공비가 r인 등비수열 $\{a_n\}$의 일반항은 $a_n=ar^{n-1}$이다.)

단서1 등비수열 $\{a_n\}$의 일반항은 첫째항이 a이고 공비가 r일 때, $a_n=ar^{n-1}$이지?

공비가 $\frac{1}{3}$이고 모든 항이 양수인 등비수열 $\{a_n\}$에 대하여 $a_3a_5=1$일 때, a_2의 값은? (3점)

단서2 공비와 두 항의 곱의 값이 주어졌으므로 첫째항을 구할 수 있어.

① 1 ② 3 ③ 6 ④ 9 ⑤ 12

1st 등비수열 $\{a_n\}$의 첫째항을 구해 보자.

등비수열 $\{a_n\}$의 첫째항을 a라 하면

$a_3=a\times\left(\frac{1}{3}\right)^2$, $a_5=a\times\left(\frac{1}{3}\right)^4$

$a_3a_5=1$에서 $a_3a_5=a\times\left(\frac{1}{3}\right)^2\times a\times\left(\frac{1}{3}\right)^4=a^2\times\left(\frac{1}{3}\right)^6=1$이므로

$a^2=3^6$

등비수열 $\{a_n\}$은 모든 항이 양수인 수열이므로 $a=3^3=27$

$\therefore a_2=a\times\frac{1}{3}=27\times\frac{1}{3}=9$

주의 등비수열이 모든 항이 양수란 조건이 있으면 첫째항과 공비 모두 양수라는 것을 뜻해.

쉬운 풀이: 등비중항 이용하기

0이 아닌 세 수 a, b, c가 이 순서대로 등비수열을 이루면 $b^2=ac$를 만족한다.

등비중항을 이용해 풀 수도 있어. 이때, b를 a와 c의 등비중항이라 해.

$a_3a_5=(a_4)^2=1$이고 모든 항이 양수이므로 $a_4=1$이야.

$a_4=a_2\times\left(\frac{1}{3}\right)^2=1$이므로 $a_2=3^2=9$

$a_4=a_3\times r=a_2\times r^2=a_1\times r^3$

G 113 정답 ⑤ *등비수열의 특정항 구하기 – 특정항 이용 [정답률 92%]

(정답 공식: 첫째항이 a이고 공비가 r인 등비수열 $\{a_n\}$의 일반항은 $a_n=ar^{n-1}$이다.)

첫째항과 공비가 모두 양수 k인 등비수열 $\{a_n\}$이

단서1 첫째항과 공비가 모두 k이므로 등비수열 $\{a_n\}$의 일반항을 k로 나타낼 수 있지?

$$\frac{a_4}{a_2}+\frac{a_2}{a_1}=30$$

단서2 a_1, a_2, a_3, a_4를 k를 이용하여 나타내어 k에 대한 방정식을 풀면 돼.

을 만족시킬 때, k의 값은? (3점)

① 1 ② 2 ③ 3 ④ 4 ⑤ 5

1st 주어진 식을 k로 나타내어 k의 값을 구해.

첫째항과 공비가 모두 양수 k인 등비수열 $\{a_n\}$의 일반항은

$a_n=k\times k^{n-1}=k^n$이므로 $\frac{a_4}{a_2}+\frac{a_2}{a_1}=30$에서

지수법칙에 의하여 $k\times k^{n-1}=k^{1+(n-1)}=k^n$

$\frac{k^4}{k^2}+\frac{k^2}{k}=30$

$k^2+k=30,\ k^2+k-30=0$

$(k-5)(k+6)=0$

$\therefore k=5\ (\because k>0)$

다른 풀이: a_4를 a_2로, a_2를 a_1로 나타내어 해결하기

등비수열 $\{a_n\}$의 공비가 $k(k>0)$이므로

$a_4=a_2k^2,\ a_2=a_1k$

공비가 r인 등비수열 $\{a_n\}$과 두 자연수 $l, m(l<m)$에 대하여 $a_m=a_lr^{m-l}$이야.

즉, $\frac{a_4}{a_2}+\frac{a_2}{a_1}=30$에서 $\frac{a_2k^2}{a_2}+\frac{a_1k}{a_1}=30,\ k^2+k=30$

(이하 동일)

이지원 | 2025 수능 응시 · 대구 성화여고 졸

'첫째항과 공비가 모두 양수 k인 등비수열이니까 a_n을 k^n이라고 우선 설정해야겠다.'라고 생각하는 것은 너무 섣부른 판단일 수 있어. 물론 이렇게 풀어도 답을 구할 수는 있지만 시간을 아끼려면 좀 더 빠른 풀이를 찾는 것이 중요해.

수열 $\{a_n\}$은 등비수열이니까 $\frac{a_4}{a_2}=k^2$으로, $\frac{a_2}{a_1}=k$로 나타내면 이차방정식의 해를 구하는 문제로 바뀌게 돼!

G 114 정답 ④ *등비수열의 특정항 구하기 – 특정항 이용 [정답률 92%]

(정답 공식: 첫째항이 a이고, 공비가 r인 등비수열 $\{a_n\}$의 일반항은 $a_n=ar^{n-1}$이다.)

모든 항이 실수인 등비수열 $\{a_n\}$에 대하여

$$a_2a_3=2,\ a_4=4$$

단서 a_2, a_3, a_4를 등비수열 $\{a_n\}$의 첫째항과 공비를 이용하여 나타낸 후 주어진 두 식에 대입하여 연립하면 첫째항과 공비를 구할 수 있겠지?

일 때, a_6의 값은? (3점)

① 10 ② 12 ③ 14 ④ 16 ⑤ 18

1st 등비수열 $\{a_n\}$의 첫째항과 공비를 각각 구해.

등비수열 $\{a_n\}$의 첫째항을 a, 공비를 r라 하면 $a_n=ar^{n-1}$이므로

등비수열 $\{a_n\}$의 모든 항이 실수이므로 a, r은 모두 실수야.

$a_2=ar,\ a_3=ar^2,\ a_4=ar^3$

즉, $a_2a_3=2$에서 $ar\times ar^2=2$ $\quad\therefore a^2r^3=2\ \cdots$ ㉠

$a_4=4$에서 $ar^3=4\ \cdots$ ㉡

㉡을 ㉠에 대입하면 $4a=2$ $\quad\therefore a=\frac{1}{2}$

$a^2r^3=2$에서 $ar^3\times a=2$ 따라서 ㉡을 대입하면 $4a=2$

이것을 ㉡에 대입하면 $\frac{1}{2}r^3=4,\ r^3=8$ $\quad\therefore r=2$

$r^3=8$에서 $r^3-8=0,\ (r-2)(r^2+2r+4)=0$ 그런데 r은 실수이므로 $r=2$

2nd a_6의 값을 구해.

따라서 $a_n=\frac{1}{2}\times2^{n-1}=2^{n-2}$이므로

$a_6=2^{6-2}=2^4=16$

쉬운 풀이: 등비중항 이용하기

수열 $\{a_n\}$이 등비수열이므로 a_3은 a_2, a_4의 등비중항이야.

$\therefore {a_3}^2=a_2a_4\ \cdots$ ㉠

세 수 a, b, c가 이 순서대로 등비수열을 이루면 b를 a와 c의 등비중항이라 하고 $b^2=ac$가 성립해.

이때, $a_2a_3=2,\ a_4=4$의 각 변을 곱하면 $a_2a_3a_4=2\times4=8$이고

여기에 ㉠을 대입하면 ${a_3}^3=8$

한편, 등비수열 $\{a_n\}$의 모든 항이 실수이므로 $a_3=2$

등비수열 $\{a_n\}$의 공비를 r이라 하면 $r=\frac{a_4}{a_3}=\frac{4}{2}=2$

$a_4=a_3r$에서 $r=\frac{a_4}{a_3}$

$\therefore a_6=a_4r^2=4\times2^2=16$

$a_6=a_5r=(a_4r)r=a_4r^2$

G 115 정답 ⑤ *등비수열의 특정항 구하기 – 특정항 이용 [정답률 88%]

(정답 공식: 첫째항이 a이고 공비가 r인 등비수열 $\{a_n\}$의 일반항은 $a_n=ar^{n-1}$이다.)

모든 항이 양수인 등비수열 $\{a_n\}$에 대하여

단서 모든 항이 양수이므로 등비수열 $\{a_n\}$의 첫째항과 공비는 모두 양수임을 알 수 있어.

$$\frac{a_3+a_4}{a_1+a_2}=4,\ a_2a_4=1$$

일 때, a_6+a_7의 값은? (3점)

① 16 ② 18 ③ 20 ④ 22 ⑤ 24

1st 등비수열의 일반항의 식을 세워 첫째항과 공비를 구해.

모든 항이 양수인 등비수열 $\{a_n\}$의 공비를 $r(r>0)$이라 하면

$a_n=a_1\times r^{n-1}$

이때, $\frac{a_3+a_4}{a_1+a_2}=\frac{a_1(r^2+r^3)}{a_1(1+r)}=r^2=4$에서 $r=2$

$\frac{a_1(r^2+r^3)}{a_1(1+r)}=\frac{a_1r^2(1+r)}{a_1(1+r)}=r^2$ 모든 항이 양수이려면 공비가 음수이면 안 돼.

또, $a_2a_4=(a_1\times2)\times(a_1\times2^3)=16a_1^2=1$에서 $a_1^2=\frac{1}{16}$

이때, $a_1>0$이므로 $a_1=\frac{1}{4}$

2nd a_6+a_7의 값을 구해.

등비수열 $\{a_n\}$의 일반항은 $a_n=\frac{1}{4}\times2^{n-1}$이므로

$a_6+a_7=\frac{1}{4}\times2^5+\frac{1}{4}\times2^6=8+16=24$

다른 풀이: **공비와 등비중항을 이용하여 값 구하기**

모든 항이 양수인 등비수열 $\{a_n\}$의 공비를 $r(r>0)$이라 하면

$\frac{a_3+a_4}{a_1+a_2}=4$에서 $\frac{(a_1+a_2)r^2}{a_1+a_2}=r^2=4$, $r=2$ $(\because r>0)$

이때, 등비중항에 의해 $a_2a_4=a_3^2=1$ $\therefore a_3=1$ $(\because a_3>0)$

세 수 a, b, c가 이 순서대로 등비수열을 이룰 때 b를 a, c의 등비중항이라 하고 $b^2=ac$가 성립해.

따라서 $a_6=a_3\times r^3=1\times2^3=8$, $a_7=a_6\times r=8\times2=16$이므로

$a_6+a_7=8+16=24$

G 116 정답 ② *등비수열의 특정항 구하기-특정항 이용 [정답률 94%]

(정답 공식: 등비수열 $\{a_n\}$의 공비가 r이면 $a_{n+1}=a_nr$이다.)

등비수열 $\{a_n\}$에 대하여 $a_2=3$, $a_3=6$일 때, $\frac{a_2}{a_1}$의 값은? (2점)

단서 등비수열은 연속된 두 항의 비가 같아.

① 1 ② 2 ③ 3 ④ 4 ⑤ 5

1st 등비수열의 정의를 이용하여 $\frac{a_2}{a_1}$의 값을 구해.

$\frac{a_2}{a_1}=\frac{a_3}{a_2}=\frac{6}{3}=2$

→ 모든 항이 0이 아닌 등비수열 $\{a_n\}$의 공비를 r라 하면 $a_{n+1}=a_nr$에서 $\frac{a_{n+1}}{a_n}=r$이므로 $\frac{a_2}{a_1}=\frac{a_3}{a_2}=\frac{a_4}{a_3}=\cdots=r$야.

다른 풀이: **$a_{n+1}=a_nr$임을 이용하기**

등비수열 $\{a_n\}$의 공비를 r라 하면 $a_3=a_2r$에서

$6=3r$

$\therefore r=2$

$\therefore \frac{a_2}{a_1}=\frac{a_1\times2}{a_1}=2$ 첫째항이 a이고 공비가 r인 등비수열 $\{a_n\}$의 일반항은 $a_n=ar^{n-1}$이야.

G 117 정답 96 *등비수열의 특정항 구하기-특정항 이용 [정답률 91%]

(정답 공식: 첫째항이 a이고 공비가 r인 등비수열 $\{a_n\}$의 일반항은 $a_n=ar^{n-1}$이다.)

등비수열 $\{a_n\}$에서 $a_2=6$, $a_5=48$이다. a_6의 값을 구하시오. (3점)

단서 두 값을 이용하여 등비수열 $\{a_n\}$의 첫째항과 공비를 구해.

1st 등비수열 $\{a_n\}$의 일반항을 구해.

등비수열 $\{a_n\}$의 첫째항을 a, 공비를 r라 하면 $a_n=ar^{n-1}$

즉, $a_2=6$에서 $ar=6$ ⋯ ㉠

또, $a_5=48$에서 $ar^4=48$ ⋯ ㉡

㉡÷㉠을 하면 $\frac{ar^4}{ar}=\frac{48}{6}$에서 $r^3=8$ $\therefore r=2$

$r^3=8$에서 $r^3-8=0$, $r^3-2^3=0$
$(r-2)(r^2+2r+4)=0$
$\therefore r=2$ $(\because r^2+2r+4>0)$

이것을 ㉠에 대입하면 $a=3$

$\therefore a_n=3\times2^{n-1}$

2nd a_6의 값을 구해.

$\therefore a_6=3\times2^5=96$

쉬운 풀이: **$a_5=a_2r^3$임을 이용하기**

등비수열 $\{a_n\}$의 공비를 r라 하면

$a_5=a_2r^3=6r^3=48$에서 $r^3=8$ $\therefore r=2$

→ $a_5=a_4r=(a_3r)r=a_3r^2=(a_2r)r^2=a_2r^3$

$\therefore a_6=a_5r=48\times2=96$

G 118 정답 ② *등비수열의 특정항 구하기-특정항 이용 [정답률 93%]

(정답 공식: 등비수열 $\{a_n\}$의 공비를 r라 하면 $r=\frac{a_{n+1}}{a_n}$ (단, $a_n\neq0$)이다.)

등비수열 $\{a_n\}$에 대하여 $a_2=\frac{1}{2}$, $a_3=1$일 때, a_5의 값은? (2점)

단서1 이 두 항을 이용하여 공비를 구해.

① 2 ② 4 ③ 6 ④ 8 ⑤ 10

단서2 a_5는 a_2에 공비를 3번 곱하거나 a_3에 공비를 2번 곱한 값이야.

1st 등비수열 $\{a_n\}$의 공비를 구해.

등비수열 $\{a_n\}$의 공비를 r라 하면 $r=\frac{a_3}{a_2}=\frac{1}{\frac{1}{2}}=2$이다.

→ $a_3=a_2r$에서 $r=\frac{a_3}{a_2}$

2nd a_5의 값을 구해.

$\therefore a_5=a_3r^2=1\times2^2=4$

→ $a_5=a_4r=(a_3r)r=a_3r^2$

다른 풀이: **$a_{n+1}=a_nr$임을 통해 첫째항 구하기**

등비수열 $\{a_n\}$의 공비를 r라 하면 $r=\frac{a_3}{a_2}=\frac{1}{\frac{1}{2}}=2$이므로

$a_2=a_1r$에서 $\frac{1}{2}=a_1\times2$ $\therefore a_1=\frac{1}{4}$

따라서 등비수열 $\{a_n\}$의 일반항은 → 첫째항이 a이고 공비가 r인 등비수열 $\{a_n\}$의 일반항은 $a_n=ar^{n-1}$이야.

$a_n=\frac{1}{4}\times2^{n-1}=2^{-2}\times2^{n-1}=2^{-2+(n-1)}=2^{n-3}$이므로

$a^m\times a^n=a^{m+n}$

$a_5=2^{5-3}=2^2=4$

G 119 정답 ⑤ *등비수열의 특정항 구하기-특정항 이용 [정답률 91%]

(정답 공식: 첫째항이 a_1이고 공비가 r인 등비수열 $\{a_n\}$의 일반항은 $a_n=a_1r^{n-1}$이다.)

등비수열 $\{a_n\}$에 대하여 $a_2=1$, $a_5=2(a_3)^2$일 때, a_6의 값은? (3점)

단서 a_n을 첫째항과 공비에 대한 식으로 나타내어 첫째항과 공비를 구해.

① 8 ② 10 ③ 12 ④ 14 ⑤ 16

1st 등비수열 $\{a_n\}$의 일반항을 구해.

등비수열 $\{a_n\}$의 첫째항을 a, 공비를 r라 하면 $a\neq0,\ r\neq0$이고

$a_n=ar^{n-1}$이므로 $a_2=ar=1,\ a_3=ar^2,\ a_5=ar^4$이다.

(첫째항 또는 공비가 0이면 $a_2=0$이 돼. 그런데 $a_2=1$이므로 수열 $\{a_n\}$의 첫째항과 공비는 0이 아니야.)

한편, $a_5=2(a_3)^2$에서 $ar^4=2(ar^2)^2$, $ar^4=2a^2r^4$

($a\neq0,\ r\neq0$이므로 양변을 $2ar^4$으로 나누어 a의 값을 구해.)

$\therefore\ a=\dfrac{1}{2}$

이것을 $a_2=ar=1$에 대입하면 $\dfrac{1}{2}r=1$에서 $r=2$

$\therefore\ a_n=\dfrac{1}{2}\times2^{n-1}=2^{n-2}$

($\dfrac{1}{2}\times2^{n-1}=2^{-1}\times2^{n-1}=2^{-1+(n-1)}=2^{n-2}$)

2nd a_6의 값을 구해.

$\therefore\ a_6=2^{6-2}=2^4=16$

다른 풀이: $a_2=1$임을 통해 $a_5=2(a_3)^2$에서 공비 구하기

등비수열 $\{a_n\}$의 공비를 $r(r\neq0)$라 하면 $a_n=a_1r^{n-1}$이야.

이때, $a_2=a_1r=1$이므로

$a_3=a_1r^2=a_1r\times r=r,\ a_5=a_1r^4=a_1r\times r^3=r^3$ ($r^4=r^{1+3}=r\times r^3$)

즉, $a_5=2(a_3)^2$에서 $r^3=2r^2$ $\quad\therefore\ r=2(\because\ r\neq0)$

$\therefore\ a_6=a_1r^5=a_1r\times r^4=1\times2^4=16$

G 120 정답 4 ＊등비수열의 특정항 구하기 – 특정항 이용 [정답률 82%]

(정답 공식: 첫째항이 a, 공비가 r인 등비수열 $\{a_n\}$의 일반항은 $a_n=ar^{n-1}$이다.)

모든 항이 양수인 등비수열 $\{a_n\}$에 대하여

$a_2=36,\ a_7=\dfrac{1}{3}a_5$ **단서** $a_2,\ a_5,\ a_7$을 첫째항과 공비를 이용하여 나타내 봐.

일 때, a_6의 값을 구하시오. (3점)

1st 공비를 구해.

등비수열 $\{a_n\}$의 첫째항을 a, 공비를 r라 하면 일반항은 $a_n=ar^{n-1}$이므로

(등비수열 $\{a_n\}$의 모든 항이 양수이므로 $a_n>0,\ r>0$이야. 즉, $ar^4\neq0$이므로 양변을 ar^4으로 나눌 수 있어.)

$a_7=\dfrac{1}{3}a_5$에서 $ar^6=\dfrac{1}{3}ar^4$ $\quad\therefore\ r^2=\dfrac{1}{3}$

2nd a_6의 값을 구해.

또한, $a_2=36$에서 $ar=36$이므로

$a_6=ar^5=ar\times r^4=ar\times(r^2)^2=36\times\left(\dfrac{1}{3}\right)^2=36\times\dfrac{1}{9}=4$

쉬운 풀이: $a_7=a_5r^2$임을 이용하기

등비수열 $\{a_n\}$의 공비를 r라 하면 $a_7=a_5r^2$이므로 $a_7=\dfrac{1}{3}a_5$에서

($a_7=a_6r=(a_5r)r=a_5r^2$)

$a_5r^2=\dfrac{1}{3}a_5$ $\quad\therefore\ r^2=\dfrac{1}{3}$

$\therefore\ a_6=a_2r^4=a_2(r^2)^2=36\times\left(\dfrac{1}{3}\right)^2=4$

($a_6=a_5r=(a_4r)r=a_4r^2=(a_3r)r^2=a_3r^3=(a_2r)r^3=a_2r^4$)

등비수열의 일반항 개념·공식

첫째항이 a_1이고 공비가 r인 등비수열 $\{a_n\}$의 일반항은

$a_n=a_1r^{n-1}$

G 121 정답 ② ＊등비수열의 특정항 구하기 – 특정항 이용 [정답률 81%]

(정답 공식: 첫째항이 a이고 공비가 r인 등비수열 $\{a_n\}$의 일반항은 $a_n=ar^{n-1}$이다.)

공비가 1보다 큰 등비수열 $\{a_n\}$이 다음 조건을 만족시킨다.

(가) $a_3\times a_5\times a_7=125$ **단서1** 등비수열 $\{a_n\}$의 첫째항과 공비 사이의 관계식을 구해.

(나) $\dfrac{a_4+a_8}{a_6}=\dfrac{13}{6}$ **단서2** 공비를 구할 수 있어.

a_9의 값은? (3점)

① 10 ② $\dfrac{45}{4}$ ③ $\dfrac{25}{2}$ ④ $\dfrac{55}{4}$ ⑤ 15

1st 조건 (가)를 이용하여 등비수열 $\{a_n\}$의 첫째항과 공비 사이의 관계식을 하나 구하자.

등비수열 $\{a_n\}$의 첫째항을 a_1, 공비를 r라 하면 수열 $\{a_n\}$의 일반항은 $a_n=a_1r^{n-1}$이다.

즉, 조건 (가)의 $a_3\times a_5\times a_7=125$에서

$a_1r^2\times a_1r^4\times a_1r^6=125$ ($a^m\times a^n=a^{m+n}$)

$a_1^3r^{12}=125,\ (a_1r^4)^3=5^3$ ($(a^m)^n=a^{mn}$)

$\therefore\ a_1r^4=5\ \cdots$ ㉠

2nd 조건 (나)에서 공비에 대한 식을 구하자.

또, 조건 (나)의 $\dfrac{a_4+a_8}{a_6}=\dfrac{13}{6}$에서 $\dfrac{a_1r^3+a_1r^7}{a_1r^5}=\dfrac{13}{6}$

$\dfrac{1+r^4}{r^2}=\dfrac{13}{6},\ 6+6r^4=13r^2,\ 6r^4-13r^2+6=0$

$(2r^2-3)(3r^2-2)=0$

$\therefore\ r^2=\dfrac{3}{2}$ 또는 $r^2=\dfrac{2}{3}$

방정식이 복잡해보이지? 치환을 이용하여 풀면 간단해. 즉, $r^2=A$라 하면 $6r^4-13r^2+6=0$에서 $6A^2-13A+6=0$이야. 이때, $r>1$인 r에 대하여 $r^2=A$로 치환했기 때문에 $A>1$이어야 함을 생각하고 있어야 해.

그런데 공비 r는 1보다 크므로 $r^2=\dfrac{3}{2}\ \cdots$ ㉡ ($r>1$이므로 $r^2>1$이야.)

3rd a_9의 값을 구하자.

$\therefore\ a_9=a_1r^8=a_1r^4\times r^4$

$=a_1r^4\times(r^2)^2=5\times\left(\dfrac{3}{2}\right)^2(\because$ ㉠, ㉡$)=\dfrac{45}{4}$

다른 풀이: 공비와 첫째항을 구하여 만든 일반항에 $n=9$ 대입하기

등비수열 $\{a_n\}$의 첫째항 a_1의 값과 공비 r의 값을 직접 구해 보자.

㉡에서 $r=\sqrt{\dfrac{3}{2}}=\dfrac{\sqrt{6}}{2}\ (\because\ r>1)$

㉡을 ㉠에 대입하면

$a_1\times\left(\dfrac{3}{2}\right)^2=5$ $\quad\therefore\ a_1=5\times\dfrac{4}{9}=\dfrac{20}{9}$

따라서 $a_n=\dfrac{20}{9}\times\left(\dfrac{\sqrt{6}}{2}\right)^{n-1}$이므로

$a_9=\dfrac{20}{9}\times\left(\dfrac{\sqrt{6}}{2}\right)^8=\dfrac{20}{9}\times\dfrac{81}{16}=\dfrac{45}{4}$

쉬운 풀이: a_5는 a_3과 a_7의 등비중항임을 이용하기

수열 $\{a_n\}$은 등비수열이므로 a_5는 a_3과 a_7의 등비중항이야.

$\therefore\ (a_5)^2=a_3\times a_7$

(등비수열 $\{a_n\}$의 공비를 r라 하면 $a_5=a_3r^2,\ a_7=a_3r^4$이므로 세 항 $a_3,\ a_5,\ a_7$은 이 순서대로 공비가 r^2인 등비수열을 이뤄.)

즉, 조건 (가)의 $a_3\times a_5\times a_7=125$에 대입하면

$(a_5)^3=125$ $\quad\therefore\ a_5=5$

이때, 등비수열 $\{a_n\}$의 공비를 r라 하면

조건 (나)의 $\frac{a_4+a_8}{a_6}=\frac{13}{6}$에서 $\frac{a_4+a_4r^4}{a_4r^2}=\frac{13}{6}$, $\frac{1+r^4}{r^2}=\frac{13}{6}$

$6+6r^4=13r^2$, $6r^4-13r^2+6=0$

$(3r^2-2)(2r^2-3)=0$ $\quad\therefore r^2=\frac{3}{2}\ (\because r>1)$

$\therefore a_9=a_5r^4=a_5(r^2)^2=5\times\left(\frac{3}{2}\right)^2=\frac{45}{4}$

G 122 정답 ⑤ *등비수열의 특정항 구하기 – 특정항 이용 [정답률 88%]

정답 공식: 첫째항이 a이고 공비가 r인 등비수열 $\{a_n\}$의 일반항은 $a_n=ar^{n-1}$이다.

모든 항이 양수인 등비수열 $\{a_n\}$에 대하여

단서1 첫째항과 공비가 양수이어야 해.

$\frac{a_3a_8}{a_6}=12$, $a_5+a_7=36$

단서2 등비수열 $\{a_n\}$의 첫째항과 공비로 나타내.

일 때, a_{11}의 값은? (3점)

① 72 ② 78 ③ 84 ④ 90 ⑤ 96

1st 등비수열 $\{a_n\}$의 첫째항과 공비를 각각 구해.

두 양수 a, r에 대하여 등비수열 $\{a_n\}$의 첫째항과 공비를 각각 a, r라 하면 $a_n=ar^{n-1}$이므로 $a_3=ar^2$, $a_5=ar^4$, $a_6=ar^5$, $a_7=ar^6$, $a_8=ar^7$이다.

즉, $\frac{a_3a_8}{a_6}=12$에서 $\frac{ar^2\times ar^7}{ar^5}=12$, $\frac{a^2r^9}{ar^5}=12$

지수법칙에 의하여 $ar^2\times ar^7=a\times a\times r^2\times r^7=a^{1+1}r^{2+7}=a^2r^9$

$\therefore ar^4=12\ \cdots$ ㉠

또, $a_5+a_7=36$에서 $ar^4+ar^6=36$

㉠을 대입하면 $12+ar^6=36$ $\quad\therefore ar^6=24\ \cdots$ ㉡

㉡÷㉠을 하면 $\frac{ar^6}{ar^4}=\frac{24}{12}$에서 $r^2=2$ $\quad\therefore r=\sqrt{2}\ (\because r>0)$

이것을 ㉠에 대입하면 $a(\sqrt{2})^4=12$, $a\times4=12$ $\quad\therefore a=3$

2nd a_{11}의 값을 구해.

따라서 등비수열 $\{a_n\}$의 일반항은 $a_n=3\times(\sqrt{2})^{n-1}$이므로

$a_{11}=3\times(\sqrt{2})^{10}=3\times32=96$

다른 풀이: **등비수열 $\{a_n\}$과 공비 r에 대하여 $a_{n+1}=a_nr$임을 이용하기**

위의 풀이의 ㉠에 의하여 $a_5=12$

이것을 $a_5+a_7=36$에 대입하면 $12+a_7=36$ $\quad\therefore a_7=24$

이때, $a_7=a_5r^2$이므로 $24=12r^2$ $\quad\therefore r^2=2$

$a_7=a_6r=(a_5r)r=a_5r^2$

$\therefore a_{11}=a_7r^4=24\times(r^2)^2=24\times2^2=96$

$a_{11}=a_{10}r=a_9r^2=a_8r^3=a_7r^4$

G 123 정답 ④ *등비수열의 특정항 구하기 – 특정항 이용 [정답률 87%]

정답 공식: 첫째항이 a이고 공비가 r인 등비수열 $\{a_n\}$의 일반항은 $a_n=a_1r^{n-1}$이다.

모든 항이 양수인 등비수열 $\{a_n\}$에 대하여

$a_3^2=a_6$, $a_2-a_1=2$

단서1 등비수열 $\{a_n\}$의 첫째항과 공비는 모두 양수이어야 해.

단서2 두 식을 첫째항과 공비로 나타내 봐.

일 때, a_5의 값은? (3점)

① 20 ② 24 ③ 28 ④ 32 ⑤ 36

1st 주어진 조건을 이용하여 첫째항과 공비를 각각 구해.

등비수열 $\{a_n\}$의 첫째항과 공비를 각각 a, r라 하면

$a_n=ar^{n-1}$이다.

따라서 $a_3^2=a_6$에서 $(ar^2)^2=ar^5$, $a^2r^4=ar^5$

$a^2r^4-ar^5=0$, $ar^4(a-r)=0$, $a-r=0$ $\quad\therefore a=r$

등비수열 $\{a_n\}$의 모든 항이 양수이므로 $a>0$, $r>0$이어야 해. 즉, $a\neq0$, $r^4\neq0$이야.

즉, $a_n=r\times r^{n-1}=r^n$이므로 $a_2-a_1=2$에서

$r^2-r=2$, $r^2-r-2=0$, $(r+1)(r-2)=0$

$\therefore r=2 \Rightarrow a=2$

2nd a_5의 값을 구해.

따라서 $a_n=2^n$이므로 $a_5=2^5=32$

G 124 정답 ① *등비수열의 특정항 구하기 – 특정항 이용 [정답률 88%]

정답 공식: 첫째항이 a, 공비가 r인 등비수열 $\{a_n\}$의 일반항은 $a_n=ar^{n-1}$이다.

등비수열 $\{a_n\}$이 $a_5=4$, $a_7=4a_6-16$을 만족시킬 때, a_8의 값은? (3점)

단서 등비수열 $\{a_n\}$의 공비를 r라 하면 a_5를 이용하여 r에 관한 이차방정식으로 나타낼 수 있어.

① 32 ② 34 ③ 36
④ 38 ⑤ 40

1st 공비를 이용하여 나타내자.

등비수열 $\{a_n\}$의 공비를 r라 하면 $a_7=a_5r^2=4r^2$, $a_6=a_5r=4r$이므로

$a_7=4a_6-16$에서 $a_5r^2=4a_5r-16$ $\quad a_7=a_6r=(a_5r)r=a_5r^2$

이때, $a_5=4$이므로 위의 식에 대입하면 $4r^2=4\times4r-16$에서

$r^2-4r+4=0$, $(r-2)^2=0$ $\quad\therefore r=2$

$\therefore a_8=a_5r^3=4\times2^3=32$

$a_8=a_7r=(a_6r)r=a_6r^2=(a_5r)r^2=a_5r^3$

G 125 정답 ① *등비수열의 특정항 구하기 – 특정항 이용 [정답률 88%]

정답 공식: 첫째항이 a이고 공비가 r인 등비수열 $\{a_n\}$의 일반항은 $a_n=ar^{n-1}$이다.

공비가 양수인 등비수열 $\{a_n\}$이

단서1 주어진 조건식을 이용하여 구한 공비는 양수, 음수가 나올 수 있는 데 그 중 가능한 것은 양수라는 거야.

$a_2+a_4=30$, $a_4+a_6=\frac{15}{2}$

단서2 조건식을 수열 $\{a_n\}$의 첫째항과 공비를 이용하여 나타내.

를 만족시킬 때, a_1의 값은? (3점)

① 48 ② 56 ③ 64
④ 72 ⑤ 80

1st 등비수열 $\{a_n\}$의 공비를 구해.

등비수열 $\{a_n\}$의 일반항은 $a_n=a_1r^{n-1}$이야.

등비수열 $\{a_n\}$의 공비를 $r(r>0)$라 하면

$a_2+a_4=30$에서 $a_1r+a_1r^3=30$

$\therefore a_1r(1+r^2)=30\ \cdots$ ㉠

또, $a_4+a_6=\frac{15}{2}$에서 $a_1r^3+a_1r^5=\frac{15}{2}$

$a_1r^3(1+r^2)=\frac{15}{2}$

$\therefore r^2\times a_1r(1+r^2)=\frac{15}{2}\ \cdots$ ㉡

㉠을 ㉡에 대입하면 $r^2\times30=\frac{15}{2}$, $r^2=\frac{1}{4}$

$\therefore r=\frac{1}{2}(\because r>0)$

2nd a_2의 값을 구해.

$r=\frac{1}{2}$을 ㉠에 대입하면

$a_1\times\frac{1}{2}\times\left(1+\frac{1}{4}\right)=30$, $\frac{5}{8}a_1=30$ $\therefore a_1=48$

최윤성 서울대 공과대학 광역 2023년 입학 · 서울 양정고 졸

얼핏 보기엔 등차중항 문제처럼 보여서 등차수열로 오해하고 풀 수 있겠더라고. 일단, 등비수열인 것을 확실하게 확인하고 가는 것이 포인트야. 첫째항을 a, 공비를 r라 하고 조건식을 a, r를 이용하여 나타내어 연립하면 r의 값을 쉽게 구할 수 있어. 그런데 문제에서 공비가 양수라고 했기 때문에 r의 값이 $\frac{1}{2}$로 특정될 수 있었던 것이고, 양수라는 조건이 없으면 r의 값이 2개가 나오니까 조심해야 해. 선지를 헷갈리게 내면 쉬운 3번 문제여도 충분히 틀릴 수 있다는 점 잊지 마!

G 126 정답 ① *등비수열의 특정항 구하기 – 특정항 이용 [정답률 76%]

(정답 공식: 공비가 r인 등비수열 $\{a_n\}$에 대하여 $l>m$일 때, $a_l=a_mr^{l-m}$이다.)

단서1 a_1, a_2의 부호가 반대라는 거지? 즉, 등비수열 $\{a_n\}$의 공비는 음수야.

$a_1a_2<0$인 등비수열 $\{a_n\}$에 대하여 $a_6=16$, $2a_8-3a_7=32$일 때, a_9+a_{11}의 값은? (3점)

단서2 a_6과 공비를 이용하여 나타내면 공비를 구할 수 있어.

① $-\frac{5}{2}$ ② $-\frac{3}{2}$ ③ $-\frac{1}{2}$ ④ $\frac{1}{2}$ ⑤ $\frac{3}{2}$

1st 등비수열 $\{a_n\}$의 공비를 구해.

등비수열 $\{a_n\}$의 공비를 r라 하면 $a_2=a_1r$

$a_1a_2<0$에서 $a_1\times a_1r=a_1^2r<0$

$a_1^2>0$이므로 $r<0$ ⋯ ㉠

$a_1a_2<0$이므로 $a_1\neq0$, $a_2\neq0$이야. $\therefore a_1^2>0$

이때, $a_6=16$이므로 $a_7=a_6r=16r$, $a_8=a_6r^2=16r^2$

2 이상의 자연수 n에 대하여 $a_n=a_{n-1}r$이므로 $a_7=a_6r$, $a_8=a_7r=(a_6r)r=a_6r^2$

즉, $2a_8-3a_7=32$에서 $2\times16r^2-3\times16r=32$

$2r^2-3r=2$, $2r^2-3r-2=0$, $(r-2)(2r+1)=0$

$\therefore r=-\frac{1}{2}$ ($\because$ ㉠)

2nd a_9+a_{11}의 값을 구해.

$\therefore a_9+a_{11}=a_6r^3+a_6r^5=16\times\left(-\frac{1}{2}\right)^3+16\times\left(-\frac{1}{2}\right)^5$

공비가 r인 등비수열 $\{a_n\}$에 대하여 $l>m$일 때, $a_l=a_mr^{l-m}$

$=16\times\left(-\frac{1}{8}\right)+16\times\left(-\frac{1}{32}\right)=-2-\frac{1}{2}=-\frac{5}{2}$

등비수열의 일반항 개념·공식

① 첫째항이 a이고 공비가 r인 등비수열 $\{a_n\}$의 일반항은 $a_n=ar^{n-1}$

② $a_n=a_{n-1}r$ $(n\geq2)$, $a_1=a$

G 127 정답 36 *등비수열의 특정항 구하기 – 특정항 이용 [정답률 67%]

(정답 공식: 첫째항이 a, 공비가 $r(r\neq0)$인 등비수열 $\{a_n\}$의 일반항은 $a_n=ar^{n-1}$이다.)

모든 항이 양수인 등비수열 $\{a_n\}$에 대하여

$\frac{a_{16}}{a_{14}}+\frac{a_8}{a_7}=12$ 단서 등비수열의 정의를 이용하면 식을 공비 r에 관하여 나타낼 수 있어.

일 때, $\frac{a_3}{a_1}+\frac{a_6}{a_3}$의 값을 구하시오. (3점)

1st 등비수열의 정의를 이용하여 공비 r의 값을 구하자.

등비수열 a_n의 공비를 r라 하면

$a_8=r\times a_7$, $a_{16}=r\times a_{15}=r\times(r\times a_{14})=a_{14}r^2$이므로

등비수열 $\{a_n\}$의 공비가 r일 때, $a_m=a_{m-k}\cdot r^k$이 성립하지.

$\frac{a_8}{a_7}=r$, $\frac{a_{16}}{a_{14}}=r^2$

즉, $\frac{a_{16}}{a_{14}}+\frac{a_8}{a_7}=12$에서

$r^2+r=12$, $r^2+r-12=0$, $(r+4)(r-3)=0$

$\therefore r=3$ → 모든 항이 양수인 등비수열이므로 공비가 양수이어야 해. 공비가 음수이면 항의 값이 양, 음이 반복되겠지?

2nd 구하는 식을 r에 관한 식으로 바꾸고 r의 값을 대입해.

$\therefore \frac{a_3}{a_1}+\frac{a_6}{a_3}=r^2+r^3=3^2+3^3$ ($\because r=3$) $=9+27=36$

G 128 정답 ⑤ *등비수열의 특정항 구하기 – 특정항 이용 [정답률 75%]

(정답 공식: 첫째항이 a, 공비가 r인 등비수열 $\{a_n\}$의 일반항은 $a_n=ar^{n-1}$이다.)

등비수열 $\{a_n\}$에 대하여 단서 등비수열의 일반항을 이용하여 각 항을 첫째항과 공비로 표현하자.

$a_1a_9=16$일 때, $a_3a_7+a_4a_6$의 값은? (4점)

① 16 ② 20 ③ 24 ④ 28 ⑤ 32

1st 등비수열의 일반항을 이용하여 $a_3a_7+a_4a_6$의 값을 구해.

등비수열 $\{a_n\}$의 첫째항을 a, 공비를 r라 하면 일반항 $a_n=ar^{n-1}$이므로

$a_1a_9=a\cdot ar^8=a^2r^8=16$ ⋯ ㉠

$\therefore a_3a_7+a_4a_6$ → $a_3a_7+a_4a_6=ar^2\times ar^6+ar^3\times ar^5=a^2r^8+a^2r^8$

$=a^2r^8+a^2r^8=16+16(\because$ ㉠$)=32$

톡톡 풀이: 등비중항 이용하기

등비수열 $\{a_n\}$에서 등비중항의 성질을 이용하자.

a_5는 a_1과 a_9의 등비중항이므로 $a_1a_9=(a_5)^2=16$

또, a_5는 a_3과 a_7, a_4와 a_6의 등비중항이므로 $a_3a_7=a_4a_6=(a_5)^2$

$\therefore a_3a_7+a_4a_6=2\times(a_5)^2=2\times16=32$

G 129 정답 12 *등비수열의 특정항 구하기 – 특정항 이용 [정답률 68%]

(정답 공식: 등비수열의 일반항 $a_n=a_1r^{n-1}$을 이용하여 주어진 식을 a_1과 r에 대한 식을 세운다.)

모든 항이 실수인 등비수열 $\{a_n\}$에 대하여

$a_3+a_2=1$, $a_6-a_4=18$ 단서 등비수열의 일반항을 구하여 주어진 식을 정리하여 방정식의 꼴로 유도해보자.

일 때, $\frac{1}{a_1}$의 값을 구하시오. (4점)

1st 등비수열의 일반항을 구하여 식을 세우자.

수열 $\{a_n\}$의 첫째항을 a_1, 공비를 r라 하면 $a_n=a_1r^{n-1}$

$a_3+a_2=1$이므로 $a_3+a_2=a_1r^2+a_1r=1$

$a_1r(r+1)=1 \qquad \therefore a_1=\frac{1}{r(r+1)} \cdots ㉠$

또, $a_6-a_4=18$이므로

$a_6-a_4=a_1r^5-a_1r^3=a_1r^3(r^2-1)=18 \cdots ㉡$

2nd 구한 식을 연립하여 r에 관한 방정식을 세우고 해를 구하자.

㉠을 ㉡에 대입하면

$\frac{1}{r(r+1)}\times r^3(r-1)(r+1)=18$

$r^2(r-1)=18$

$r^3-r^2-18=0$ → 조립제법에 의하여

3	1	−1	0	−18
		3	6	18
	1	2	6	0

$(r-3)(r^2+2r+6)=0$

이때, $r^2+2r+6=(r+1)^2+5>0$이므로 $r=3$

판별식 D를 이용하면 $\frac{D}{4}=1^2-6=-5<0$이므로 허근을 갖지.

$\therefore \frac{1}{a_1}=12$ ($\because$ ㉠)

다른 풀이: **공비를 구하는 다른 방법!**

$a_3+a_2=1$의 양변에 r^2을 곱하면 $a_3r^2+a_2r^2=r^2$

$\therefore a_5+a_4=r^2 \cdots ㉢$

$a_3+a_2=1$의 양변에 r^3을 곱하면 $a_3r^3+a_2r^3=r^3$

$\therefore a_6+a_5=r^3 \cdots ㉣$

조건에서 $a_6-a_4=18 \cdots ㉤$

㉢+㉤을 하면 $a_6+a_5=r^2+18$

㉣에 의하여 $r^3=r^2+18 \qquad \therefore r^3-r^2-18=0$

(이하 동일)

G 130 정답 ④ *등비수열의 특정항 구하기-특정항 이용 [정답률 71%]

(정답 공식: 첫째항이 a이고, 공비가 r일 때, 등비수열 $\{a_n\}$의 일반항은 $a_n=ar^{n-1}$이다.)

단서1 모든 항이 양수인 등비수열이므로 첫째항과 공비가 모두 양수인 수열이야.

모든 항이 양수인 등비수열 $\{a_n\}$에 대하여

$a_2=2\sqrt{2},\ a_4:a_7=1:2\sqrt{2}$ 단서2 첫째항과 공비를 각각 a와 r라 하고 각 항에 대입하면 a와 r에 대한 식을 만들 수 있어.

일 때, a_8의 값은? (3점)

① 8 ② $8\sqrt{2}$ ③ 16 ④ $16\sqrt{2}$ ⑤ 32

1st 등비수열 $\{a_n\}$의 첫째항과 공비를 각각 a와 r라 하고 a_2, a_4, a_7을 a와 r로 나타내자.

등비수열 $\{a_n\}$의 첫째항과 공비를 각각 a와 r라 하면

$a_2=ar=2\sqrt{2},\ a_4=ar^3,\ a_7=ar^6 \cdots ㉠$

2nd $a_4:a_7=1:2\sqrt{2}$를 이용하여 첫째항 a와 공비 r을 구해 보자.

$a_4:a_7=1:2\sqrt{2}$이므로 $a_7=2\sqrt{2}a_4$

㉠에 의해 $ar^6=2\sqrt{2}\,ar^3,\ r^3=2\sqrt{2}$

$ar^6=2\sqrt{2}ar^3$에서 모든 항이 양수이므로 $a>0$, $r^3>0$이기 때문에 양변을 ar^3으로 나눌 수 있어.

$\therefore r=\sqrt{2}$

따라서 ㉠에서 $a_2=ar=2\sqrt{2}$이므로 $a=2$

$\therefore a_8=ar^7=2\times(\sqrt{2})^7=16\sqrt{2}$

쉬운 풀이: **$a_7=a_4r^3$임을 이용하기**

$a_7=a_4r^3$이지? $a_4:a_7=1:2\sqrt{2}$에서 $a_4:a_4r^3=1:r^3=1:2\sqrt{2}$이므로 공비 $r=\sqrt{2}$이고 $a_2=2\sqrt{2}$이므로 첫째항 $a=2$를 빨리 구할 수 있어.

(이하 동일)

G 131 정답 ① *등비중항 [정답률 97%]

(정답 공식: 세 수 a, b, c가 이 순서대로 등비수열을 이루면 $b^2=ac$가 성립한다.)

등비수열 $\{a_n\}$에 대하여 $a_5=2$일 때, $a_4\times a_6$의 값은? (2점)

단서 수열 $\{a_n\}$이 등비수열이므로 a_5는 a_4, a_6의 등비중항이야.

① 4 ② 8 ③ 12 ④ 16 ⑤ 20

1st a_5는 a_4, a_6의 등비중항임을 이용하여 $a_4\times a_6$의 값을 구해.

a_4, a_5, a_6은 이 순서대로 등비수열을 이루므로 a_5는 a_4, a_6의 등비중항이다. $\therefore a_4\times a_6=a_5^2=2^2=4$

0이 아닌 세 수 a, b, c가 이 순서대로 등비수열을 이룰 때, b를 a와 c의 등비중항이라 하고 $b^2=ac$가 성립해.

다른 풀이 ①: **$a_{n+1}=a_nr$임을 이용하기**

등비수열 $\{a_n\}$의 공비를 r라 하면

$a_5=a_4\times r$에서 $a_4=a_5\times\frac{1}{r}$이고 $a_6=a_5\times r$이므로

등비수열은 첫째항부터 차례로 일정한 수를 곱하여 얻어지는 수열을 의미하지? 즉, a_4에 일정한 수인 공비 r를 곱하면 a_5가 돼.

$a_4\times a_6=\left(a_5\times\frac{1}{r}\right)\times(a_5\times r)=a_5^2=2^2=4$

다른 풀이 ②: **등비수열의 일반항 이용하기**

등비수열 $\{a_n\}$의 첫째항을 a, 공비를 r라 하면 $a_n=ar^{n-1}$

이때, $a_5=2$이므로 $a_5=ar^4=2 \cdots ㉠$

$a_4=ar^3$, $a_6=ar^5$이므로

$a_4\times a_6=ar^3\times ar^5=a^2r^8=(ar^4)^2=2^2$ ($\because$ ㉠)$=4$

G 132 정답 6 *등비중항 [정답률 84%]

(정답 공식: 세 수가 순서대로 등비수열을 이루면 등비중항을 이용해본다.)

세 수 $a+3$, a, 4가 이 순서대로 등비수열을 이룰 때, 양수 a의 값을 구하시오. (3점)

단서 세 수가 순서대로 등비수열을 이룰 때 등비중항이 생각나지?

1st 등비중항을 이용해 a의 값을 구해. → 세 수 a, b, c가 이 순서대로 등비수열을 이루면 $b^2=ac$인 관계가 성립해.

세 수 $a+3$, a, 4가 이 순서대로 등비수열을 이루므로 a는 $a+3$과 4의 등비중항이다. 즉, $a^2=4(a+3)$에서 $a^2-4a-12=0$

$(a+2)(a-6)=0$

a는 양수이므로 $a=6$

실수: 문제에서 '양수 a'라는 표현에 유의했어야 해.

G 133 정답 12 *등비중항 [정답률 88%]

(정답 공식: 0이 아닌 세 수 a, b, c가 이 순서대로 등비수열을 이루면 $b^2=ac$가 성립한다.)

두 양수 a, b에 대하여 세 수 a^2, 12, b^2이 이 순서대로 등비수열을 이룰 때, $a\times b$의 값을 구하시오. (3점)

단서 주어진 세 수가 순서대로 등비수열을 이루므로 등비중항에 의해 $12^2=a^2b^2$이지?

1st 등비중항의 성질을 이용해 ab의 값을 구하자.

세 수 a^2, 12, b^2이 이 순서대로 등비수열을 이루므로

$12^2=a^2b^2=(ab)^2$

이때, a, b는 양수이므로 $a\times b=12$이다.

→ [등비중항] 0이 아닌 세 수 x, y, z가 이 순서대로 등비수열을 이루면 $y^2=xz$

G 134 정답 ③ *등비중항 [정답률 93%]

(정답 공식: 0이 아닌 세 수 a, b, c가 이 순서대로 등비수열을 이루면 $b^2=ac$가 성립한다.)

세 수 3, -6, a가 이 순서대로 등비수열을 이룰 때, a의 값은? (3점)
단서 0이 아닌 세 수 a, b, c가 이 순서대로 등비수열을 이루면 $b^2=ac$가 성립해.

① 8 ② 10 ③ 12 ④ 14 ⑤ 16

1st 등비중항의 성질을 이용하여 a의 값을 구해

세수 3, -6, a가 이 순서대로 등비수열을 이루므로
등비중항을 이용하면 $(-6)^2=3\times a$ $\therefore a=12$

다른 풀이: $a_{n+1}=a_n r$임을 이용하기

첫째항이 3, 둘째항이 -6이면 공비는 $\frac{-6}{3}=-2$

$a=-6\times(-2)=12$

G 135 정답 ③ *등비중항 [정답률 92%]

(정답 공식: 세 수 a, b, c가 이 순서대로 등비수열을 이루면 $b^2=ac$가 성립한다.)

단서1 등비수열 $\{a_n\}$의 첫째항과 공비는 모두 양수이어야 해.
모든 항이 양수인 등비수열 $\{a_n\}$에 대하여

$a_1a_3=4$, $a_3a_5=64$ 단서2 등비중항을 이용하면 a_2, a_4의 값을 쉽게 구할 수 있겠지?

일 때, a_6의 값은? (3점)

① 16 ② $16\sqrt{2}$ ③ 32 ④ $32\sqrt{2}$ ⑤ 64

1st a_2, a_4의 값을 각각 구해.

$a_1a_3=a_2^2$이므로 $a_1a_3=4$에서 $a_2^2=4$
등비수열 $\{a_n\}$의 첫째항을 a, 공비를 r라 하면
$a_n=ar^{n-1}$이므로 $a_1=a$, $a_3=ar^2$이고 $a_2=ar$야.
$\therefore a_1a_3=a\times ar^2=a^2r^2=(ar)^2=a_2^2$

$\therefore a_2=2(\because a_2>0)$

$a_3a_5=a_4^2$이므로 $a_3a_5=64$에서 $a_4^2=64$
$a_1a_3=a_2^2$과 마찬가지로 하면
$a_3a_5=ar^2\times ar^4=a^2r^6=(ar^3)^2=a_4^2$

$\therefore a_4=8(\because a_4>0)$

2nd a_6의 값을 구해.

이때, 등비수열 $\{a_n\}$의 공비를 r라 하면

$a_4=a_2r^2$에서 $8=2r^2$ $\therefore r^2=4$
$a_4=a_3r=a_2r\times r=a_2r^2$

$\therefore a_6=a_4r^2=8\times4=32$
$a_6=a_5r=a_4r\times r=a_4r^2$

다른 풀이: 등비수열의 일반항 이용하기
첫째항이 a이고 공비가 r인 등비수열 $\{a_n\}$의 일반항은 $a_n=ar^{n-1}$이야.

등비수열 $\{a_n\}$의 첫째항을 a, 공비를 r라 하면

$a_1a_3=4$에서 $a\times ar^2=4$ $\therefore a^2r^2=4 \cdots$ ㉠

또, $a_3a_5=64$에서 $ar^2\times ar^4=64$ $\therefore a^2r^6=64 \cdots$ ㉡

㉡÷㉠을 하면
$r^4=16$에서 $r^4-16=0$, $(r^2-4)(r^2+4)=0$
$(r+2)(r-2)(r^2+4)=0$ $\therefore r=2$ 또는 $r=-2$

$r^4=16$ $\therefore r=2(\because r>0)$
$r<0$이거나 $r=0$이면 수열 $\{a_n\}$의 모든 항이 양수일 수 없어.

이것을 ㉠에 대입하면

$a^2\times2^2=4$, $a^2=1$ $\therefore a=1(\because a>0)$
$a<0$이거나 $a=0$이면 수열 $\{a_n\}$의 모든 항이 양수일 수 없어.

따라서 등비수열 $\{a_n\}$의 일반항은 $a_n=1\times2^{n-1}=2^{n-1}$이므로

$a_6=2^5=32$

수능 핵강

*** 등비중항과 등비수열의 귀납적 정의**

세 수 a_n, a_{n+1}, a_{n+2}가 이 순서대로 등비수열을 이루면 a_{n+1}을 a_n과 a_{n+2}의 등비중항이라 해.
이때, 이 등비수열의 공비를 r라 하면 $\frac{a_{n+1}}{a_n}=\frac{a_{n+2}}{a_{n+1}}=r$이므로
$a_{n+1}{}^2=a_na_{n+2}$가 성립해.
따라서 모든 자연수 n에 대하여 $a_{n+1}{}^2=a_na_{n+2}$가 성립하는 수열 $\{a_n\}$은 등비수열이야.

G 136 정답 ④ *등비중항 [정답률 85%]

(정답 공식: $a_1a_2a_4a_5=(a_1a_5)(a_2a_4)$에서 등비중항을 이용한다.)

등비수열 $\{a_n\}$에 대하여 ❶$a_3=\sqrt{5}$일 때, ❷$a_1\times a_2\times a_4\times a_5$의 값은? (3점)
단서 조건 ❶을 이용하여 ❷를 구해야 하지? 이때, ❷에서 a_1, a_3, a_5와 a_2, a_3, a_4가 각각 이 순서대로 등비수열을 이루네.

① $\sqrt{5}$ ② 5 ③ $5\sqrt{5}$ ④ 25 ⑤ $25\sqrt{5}$

1st $a_3=\sqrt{5}$를 이용하여 a_1, a_2, a_4, a_5의 값을 구하기 위해서 등비중항을 이용해.
a, b, c가 순서대로 등비수열을 이룰 때 $b^2=ac$가 성립해.

a_3은 a_1과 a_5 또는 a_2와 a_4의 등비중항이다.
a_m과 a_n에서 $\frac{m+n}{2}=l$을 만족시키는 a_l이 a_m과 a_n의 등비중항이야.

즉, $a_3^2=a_1a_5=a_2a_4$이므로 $a_1\times a_2\times a_4\times a_5=a_3^4=(\sqrt{5})^4=25$

G 137 정답 36 *등비중항 [정답률 64%]

(정답 공식: 세 수 x, y, z가 이 순서대로 등비수열을 이루면 y는 x, z의 등비중항이다.)

단서 세 수가 순서대로 등비수열을 이루므로 등비중항의 성질을 떠올려봐.
세 실수 3, a, b가 이 순서대로 등비수열을 이루고
$\log_a 3b+\log_3 b=5$를 만족시킨다. $a+b$의 값을 구하시오. (4점)

1st 등비중항의 성질을 이용하여 식으로 나타내자.
세 수 x, y, z가 이 순서대로 등비수열을 이루면 $y^2=xz$이고, 이때 y를 x, z의 등비중항이라고 해.

a는 3과 b의 등비중항이므로 $a^2=3b \cdots$ ㉠

2nd 로그방정식을 간단히 하자.

㉠을 주어진 식에 대입하면
$\log_a a^n=n$
$\log_a 3b+\log_3 b=\log_a a^2+\log_3 b=2+\log_3 b=5$

즉, $\log_3 b=3$이므로 $b=3^3=27$

b의 값을 ㉠에 대입하면 로그의 정의를 이용하여 $\log_3 b=3$이면 $b=3^3=27$이야.

$a^2=3\times27=81$ $\therefore a=-9$ 또는 $a=9$

a는 로그의 밑이므로 $a\neq-9$

$\therefore a=9$

$\therefore a+b=9+27=36$

주의 로그의 정의에 의해 로그의 밑의 값은 1이 아닌 양수이어야 해.

로그방정식의 풀이 개념·공식

① $\log_a f(x)=\log_a g(x)$ 꼴일 때, $f(x)=g(x)$를 푼다. (단, $f(x)>0$, $g(x)>0$)
② $\log_a f(x)=\log_b g(x)$ 꼴일 때, 밑을 통일하고 ①과 같이 푼다.
③ $\log_a x$, $(\log_a x)^2$이 포함된 식은 $\log_a x=t$로 치환한다.
④ $\{f(x)\}^{\log_a x}$과 같이 지수에 로그가 있을 때에는 양변에 $\log_a$를 취한다.

G 138 정답 14 *등비중항의 활용 [정답률 93%]

(정답 공식: 등차중항과 등비중항 공식을 이용한다.)

세 수 1, x, 5는 이 순서대로 등차수열을 이루고, 세 수 1, y, 5는 이 순서대로 등비수열을 이룰 때, x^2+y^2의 값을 구하시오. (2점)

단서1 등차중항에 의하여 $2x=1+5$이지? 단서2 등비중항에 의하여 $y^2=1\times5$이지?

1st 세 수 a, b, c가 이 순서대로 등차수열을 이루면 등차중항을 이용하라는 단서야. $\iff 2b=a+c$

세 수 1, x, 5가 이 순서대로 등차수열을 이루므로

$2x=1+5$ $\quad\therefore x=3$ (x가 1, 5의 등차중항이지?)

2nd 세 수 d, e, f가 이 순서대로 등비수열을 이루면 등비중항을 이용하라는 단서야. $\iff e^2=df$

세 수 1, y, 5가 이 순서대로 등비수열을 이루므로 $y^2=5$

$\therefore x^2+y^2=3^2+5=14$ (y가 1, 5의 등비중항이야.)

주의 세 수의 순서에 주의하여 등차중항 또는 등비중항을 이용하도록 하자.

G 139 정답 ③ *등비중항의 활용 [정답률 65%]

(정답 공식: $\log_a xy=\log_a x+\log_a y$ (단, $a>0$, $a\neq1$이고 $x>0$, $y>0$))

x에 대한 다항식 x^3-ax+b를 $x-1$로 나눈 나머지가 57이다.

단서1 다항식을 일차식으로 나눈 거니까 나머지정리가 생각나야지?

세 수 1, a, b가 이 순서대로 공비가 양수인 등비수열을 이룰 때,

단서2 세 수가 순서대로 등비수열을 이루니까 a가 1, b의 등비중항이야.

$\frac{b}{a}$의 값은? (단, a 와 b 는 상수이다.) (4점)

① 2 ② 4 ③ 8 ④ 16 ⑤ 32

1st 다항식의 나머지정리와 등비중항을 이용해서 식을 정리하자.

x에 대한 다항식 x^3-ax+b를 $x-1$로 나눈 나머지가 57이므로

나머지정리에 의하여 (다항식 $P(x)$를 $x-a$로 나눈 몫을 $Q(x)$, 나머지를 R라 하면 $P(x)=(x-a)Q(x)+R$가 성립하므로 $R=P(a)$)

$1-a+b=57$

$\therefore b=a+56$ ⋯ ㉠

또, 1, a, b 가 이 순서대로 등비수열을 이루므로

$a^2=b$ ⋯ ㉡

[등비중항] 0이 아닌 세 수 a, b, c가 이 순서대로 등비수열을 이루면 b는 a, c의 등비중항이야. 즉, $b^2=ac$

2nd 두 식 ㉠, ㉡을 연립해서 a, b의 값을 각각 구해보자.

두 식 ㉠, ㉡을 연립하여 정리하면

$a^2=a+56$ (㉠의 식을 ㉡의 b대신 대입해.)

$a^2-a-56=(a+7)(a-8)=0$ $\quad\therefore a=-7$ 또는 $a=8$

이때, a가 양수이므로 $a=8$

㉡에 a의 값을 대입하면 $b=8^2=64$

$\therefore \frac{b}{a}=\frac{64}{8}=8$

다른 풀이 ❶: 나머지정리와 $a_{n+1}=a_nr$임을 이용하기

나머지정리에 의하여 $1-a+b=57$이므로 $b=a+56$

세 수 1, a, $a+56$이 등비수열을 이루므로 $\frac{a}{1}=\frac{a+56}{a}$

$a^2-a-56=(a+7)(a-8)=0$

(이하 동일)

다른 풀이 ❷: a, b를 공비로 나타내어 해결하기

나머지정리에 의하여 $1-a+b=57$ $\quad\therefore -a+b-56=0$

이때, 세 수 1, a, b가 이 순서대로 공비가 $r(r>0)$인 등비수열을 이룬다고 하면 $a=r$, $b=r^2$

이것을 $-a+b-56=0$에 대입하면 $r^2-r-56=0$

$(r-8)(r+7)=0$ $\quad\therefore r=8(\because r>0)$

$\therefore \frac{b}{a}=\frac{r^2}{r}=r=8$

G 140 정답 ⑤ *등비중항의 활용 [정답률 74%]

(정답 공식: 0이 아닌 세 수 a, b, c가 이 순서대로 등비수열을 이루면 $b^2=ac$가 성립한다.)

유리함수 $f(x)=\frac{k}{x}$와 $a<b<12$인 두 자연수 a, b에 대하여

단서1 세 수가 등비수열을 이루므로 등비중항을 이용해서 a, b 사이의 관계식을 찾을 수 있어.

$f(a)$, $f(b)$, $f(12)$가 이 순서대로 등비수열을 이룬다. $f(a)=3$일 때, $a+b+k$의 값은? (단, k는 상수이다.) (4점)

단서2 함숫값이 주어져 있으므로 대입하여 하나의 관계식을 만들 수 있어.

① 10 ② 12 ③ 14 ④ 16 ⑤ 18

1st $f(x)$에 $x=a$, b, 12를 각각 대입하여 등비중항을 이용해.

$f(a)=\frac{k}{a}$, $f(b)=\frac{k}{b}$, $f(12)=\frac{k}{12}$가 이 순서대로 등비수열을 이루므로 (세 수 x, y, z가 순서대로 등비수열을 이루면 $y^2=xz$가 성립해.)

$\left(\frac{k}{b}\right)^2=\frac{k}{a}\times\frac{k}{12}$ $\quad\therefore b^2=12a$

2nd $12a=b^2$이므로 $12a$는 제곱수겠지?

a, b는 $a<b<12$인 자연수이고 $b^2=12a$이므로 $a=3$, $b=6$

한편, $f(a)=3$이므로 $\frac{k}{a}=3$ $\quad\therefore k=3a=9$ (a, b가 12보다 작은 자연수이고 $12a$는 제곱수니까 a, b를 한꺼번에 구할 수 있어.)

$\therefore a+b+k=18$

G 141 정답 ② *등비중항의 활용 [정답률 81%]

(정답 공식: a_k는 등차중항이므로 k의 값을 바로 안다. 등비중항 공식을 이용해 첫째항의 값을 안다.)

공차가 6인 등차수열 $\{a_n\}$에 대하여 세 항 a_2, a_k, a_8은 이 순서대로 등차수열을 이루고, 세 항 a_1, a_2, a_k는 이 순서대로 등비수열을 이룬다. $k+a_1$의 값은? (4점)

단서1 $a_k-a_2=a_8-a_k$이지? 일반항 a_n으로 k의 값을 구해 볼까? 단서2 $a_2^2=a_1a_k$이니까 일반항 a_n을 이용하자.

① 7 ② 8 ③ 9 ④ 10 ⑤ 11

1st 세 수 a, b, c가 이 순서대로 등차수열을 이루면 등차중항을, 등비수열을 이루면 등비중항을 이용해. $\iff 2b=a+c$ $\iff b^2=ac$

등차수열 $\{a_n\}$의 첫째항이 a_1, 공차가 6이고 세 항 a_2, a_k, a_8이 이 순서대로 등차수열을 이루므로 $2a_k=a_2+a_8$에서 (k가 2, 8의 평균값이어야 해. 즉, $k=\frac{2+8}{2}=5$)

$2\{a_1+(k-1)\times6\}=(a_1+6)+(a_1+42)$ ($a_2=a_1+1\times6$, $a_8=a_1+7\times6$)

$12k=60$ $\quad\therefore k=5$

또, 세 항 a_1, a_2, $a_k=a_5$는 이 순서대로 등비수열을 이루므로

$a_2^{\ 2}=a_1\times a_5$에서 (a_2가 a_1과 a_5의 등비중항이지?) ($a_5=a_1+4\times6$)

$(a_1+6)^2=a_1(a_1+24)$, $a_1^{\ 2}+12a_1+36=a_1^{\ 2}+24a_1$

$12a_1=36$ $\quad\therefore a_1=3$

$\therefore k+a_1=5+3=8$

G 142 정답 ③ *등비중항의 활용 [정답률 61%]

(정답 공식: $\overline{OC}$는 $\overline{BC}$와 $\overline{AC}$의 등비중항이므로 $\overline{OC}^2=\overline{BC}\times\overline{AC}$이다.)

그림과 같이 두 함수 $y=3\sqrt{x}$, $y=\sqrt{x}$의 그래프와 직선 $x=k$가 만나는 점을 각각 A, B라 하고, 직선 $x=k$가 x축과 만나는 점을 C라 하자.

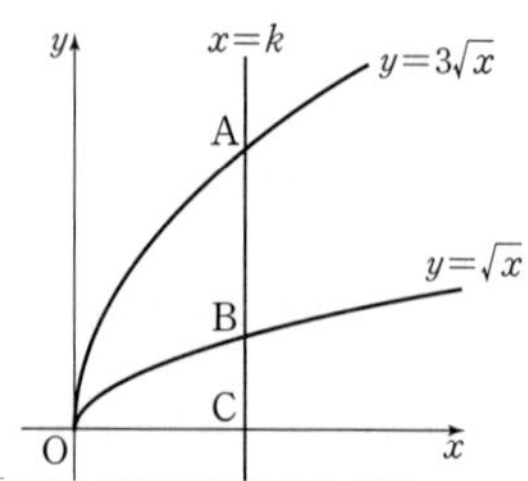

단서 $\overline{OC}^2=\overline{BC}\times\overline{AC}$이니까 선분의 길이를 구해야겠네.

$\overline{BC}$, $\overline{OC}$, $\overline{AC}$가 이 순서대로 등비수열을 이룰 때, 양수 k의 값은? (단, $k>0$이고, O는 원점이다.) (3점)

① 1 ② $\sqrt{3}$ ③ 3 ④ $3\sqrt{3}$ ⑤ 9

1st $\overline{BC}$, $\overline{OC}$, $\overline{AC}$의 길이부터 구하자.

$\overline{OC}=|$점 C의 x좌표$|$, $\overline{BC}=|$점 B의 y좌표$|$, $\overline{AC}=|$점 A의 y좌표$|$

두 곡선 $y=3\sqrt{x}$, $y=\sqrt{x}$와 직선 $x=k$가 만나는 점이 각각 A, B이고 x축과 직선 $x=k$가 만나는 점이 C이므로 세 점 A, B, C의 좌표는 각각

$A(k, 3\sqrt{k})$, $B(k, \sqrt{k})$, $C(k, 0)$

$\therefore \overline{BC}=\sqrt{k}$, $\overline{OC}=k$, $\overline{AC}=3\sqrt{k}$

세 점의 x좌표는 모두 k이야. A의 y좌표는 $y=3\sqrt{x}$에서 $3\sqrt{k}$, B의 y좌표는 $y=\sqrt{x}$에서 $\sqrt{k}$이고, C의 y좌표는 0이야.

2nd $\overline{BC}$, $\overline{OC}$, $\overline{AC}$가 이 순서대로 등비수열을 이루므로 등비중항을 이용하자.

$\Longleftrightarrow \overline{OC}^2=\overline{BC}\times\overline{AC}$

즉, $\sqrt{k}$, k, $3\sqrt{k}$가 이 순서대로 등비수열을 이루므로

→ k가 $\sqrt{k}$와 $3\sqrt{k}$의 등비중항이지?

$k^2=\sqrt{k}\times3\sqrt{k}$에서 $k^2=3k$, $k(k-3)=0$

$\therefore k=3\ (\because k>0)$

주의 a, b, c가 순서대로 등비수열을 이룰 때 $b^2=ac$임을 이용하자.

G 143 정답 ⑤ *등비중항의 활용 [정답률 63%]

(정답 공식: 등차중항과 등비중항을 이용해 a, b에 대한 식 두 개를 추출한다.)

두 양수 a, b에 대하여 세 수 $a+3$, 3, b는 이 순서대로 등차수열을 이루고, 세 수 $\frac{2}{b}$, 1, $\frac{2}{a+3}$는 이 순서대로 등비수열을 이룬다. 이때, $b-a$의 값은? (3점)

단서 세 수가 순서대로 각각 등차, 등비수열을 이루므로 그 성질인 등차중항, 등비중항을 이용해.

① $-5-2\sqrt{5}$ ② $-3-2\sqrt{5}$ ③ $-1-2\sqrt{5}$
④ $1-2\sqrt{5}$ ⑤ $3-2\sqrt{5}$

1st 등차중항과 등비중항을 적용하자.

세 수 $a+3$, 3, b가 이 순서대로 등차수열이므로

$6=a+3+b$ $\therefore b=3-a \cdots ㉠$

세 수 $\frac{2}{b}$, 1, $\frac{2}{a+3}$가 이 순서대로 등비수열이므로

$1=\frac{4}{(a+3)b}$ $\therefore (a+3)b=4 \cdots ㉡$

㉠을 ㉡에 대입하면 $(a+3)(3-a)=4$

$9-a^2=4$, $a^2=5$ $\therefore a=\sqrt{5}\ (\because a>0) \Rightarrow b=3-\sqrt{5}\ (\because ㉠)$

$\therefore b-a=3-2\sqrt{5}$

G 144 정답 10 *등비중항의 활용 [정답률 65%]

(정답 공식: 등차중항과 등비중항의 성질을 이용한다.)

세 수 a, $a+b$, $2a-b$는 이 순서대로 등차수열을 이루고, 세 수 1, $a-1$, $3b+1$은 이 순서대로 공비가 양수인 등비수열을 이룬다. a^2+b^2의 값을 구하시오. (3점)

단서1 $2(a+b)=a+(2a-b)$이지?

단서2 $(a-1)^2=1\times(3b+1)$이니까 이것을 a나 b의 식으로 나타내자. 이때, 공비가 양수임에 주의!!

1st 세 수 a, b, c가 이 순서대로 등차수열을 이루면 등차중항을, 등비수열을 이루면 등비중항을 이용해. $\Longleftrightarrow 2b=a+c$ $\Longleftrightarrow b^2=ac$

세 수 a, $a+b$, $2a-b$가 이 순서대로 등차수열을 이루므로

$a+b$가 a와 $2a-b$의 등차중항이지?

$2(a+b)=a+(2a-b)$ $\therefore a=3b \cdots ㉠$

또, 세 수 1, $a-1$, $3b+1$이 이 순서대로 등비수열을 이루므로

$a-1$이 1과 $3b+1$의 등비중항이지?

$(a-1)^2=3b+1$, $(3b-1)^2=3b+1\ (\because ㉠)$

$9b^2-9b=9b(b-1)=0$ $\therefore b=0$ 또는 $b=1$

㉠에 의하여 $b=0$, $a=0$ 또는 $b=1$, $a=3$

2nd 구한 a, b를 주어진 수에 대입하여 공비가 양수인 등비수열을 이루는 것을 찾자.

주의 문제에서 '공비가 양수인 등비수열'을 놓치면 안 돼.

(i) $a=0$, $b=0$이면

1, $a-1$, $3b+1$은 1, -1, 1에서 공비가 -1로 음수인 등비수열이므로 조건을 만족시키지 않는다. $\times(-1)\ \times(-1)$

(ii) $a=3$, $b=1$이면

1, $a-1$, $3b+1$은 1, 2, 4에서 공비가 2로 양수인 등비수열이므로 조건을 만족한다. $\times2\ \times2$

(i), (ii)에 의하여 $a=3$, $b=1$

$\therefore a^2+b^2=9+1=10$

G 145 정답 15 *등비중항의 활용 [정답률 69%]

(정답 공식: 등차수열의 일반항과 등비중항을 통해 a_1과 d의 관계식을 얻는다.)

공차가 0이 아닌 등차수열 $\{a_n\}$의 세 항 a_2, a_4, a_9가 이 순서대로 공비 r인 등비수열을 이룰 때, $6r$의 값을 구하시오. (4점)

단서2 등차수열의 일반항을 구하자.

단서1 $\frac{a_4}{a_2}=\frac{a_9}{a_4}=r$이지?

1st 첫째항을 a, 공차를 d라 두고 a_2, a_4, a_9를 표현해 보자.

수열 $\{a_n\}$의 첫째항을 a_1, 공차를 d라 하면

$a_2=a_1+d$, $a_4=a_1+3d$, $a_9=a_1+8d$ [일반항] $a_n=a_1+(n-1)d$

이때, a_2, a_4, a_9가 이 순서대로 등비수열을 이루므로

$(a_1+3d)^2=(a_1+d)(a_1+8d)$ [등비중항] a, b, c가 이 순서대로 등비수열을 이룰 때, $b^2=ac$야.

$a_1^2+6a_1d+9d^2=a_1^2+9a_1d+8d^2$, $3a_1d-d^2=0$

$d(3a_1-d)=0$ $\therefore d=3a_1\ (\because d\neq0)$

문제에서 공차가 0이 아닌 등차수열 $\{a_n\}$이라 했으니까!

2nd a_2, a_4, a_9를 a_1로 나타내자.

$a_2=a_1+d=a_1+3a_1=4a_1$

$a_4=a_1+3d=a_1+9a_1=10a_1$

$a_9=a_1+8d=a_1+24a_1=25a_1$

이 순서대로 등비수열을 이루므로 $r=\frac{a_4}{a_2}=\frac{10a_1}{4a_1}=\frac{5}{2}$

등비수열 $\{b_n\}$에 대하여 $b_{n+1}\div b_n=r$이지?

$\therefore 6r=6\times\frac{5}{2}=15$

G 146 정답 ⑤ *등비중항의 활용 [정답률 83%]

(정답 공식: 등차중항과 등비중항을 이용하고 a_n, b_n 중 한 문자에 대하여 식을 정리해 n에 대해 표현해본다.)

모든 항이 양수인 두 수열 $\{a_n\}$, $\{b_n\}$에 대하여 a_n, b_n, a_{n+1}은 이 순서대로 등차수열을 이루고 b_n, a_{n+1}, b_{n+1}은 이 순서대로 등비수열을 이룰 때, 일반항 a_n과 b_n을 구하는 과정이다.

(단, $a_1=1$, $a_2=3$, $b_1=2$)

> a_n, b_n, a_{n+1}은 이 순서대로 등차수열을 이루므로
> $2b_n=a_n+a_{n+1}$ ⋯ ㉠
> 이다.
> b_n, a_{n+1}, b_{n+1}은 이 순서대로 등비수열을 이루므로
> $(a_{n+1})^2=b_nb_{n+1}$
> 이고, $a_{n+1}>0$, $a_{n+2}>0$이므로
> $a_{n+1}=\sqrt{b_nb_{n+1}}$, $a_{n+2}=\sqrt{b_{n+1}b_{n+2}}$ ⋯ ㉡
> 이다.
> 또한, ㉠, ㉡에서 얻어진 $2b_{n+1}=\sqrt{b_nb_{n+1}}+\sqrt{b_{n+1}b_{n+2}}$의 양변을 $\sqrt{b_{n+1}}$로 나누면 $2\sqrt{b_{n+1}}=\sqrt{b_n}+\sqrt{b_{n+2}}$이므로 수열 $\{\sqrt{b_n}\}$은 (가) 수열이다. **단서1** ㉠과 같은 꼴이지?
> 그러므로 $a_2=3$, ❶$b_1=2$, $(a_2)^2=b_1b_2$에서
> ❷$b_2=\frac{9}{2}$이므로 $b_n=$ (나) 이다. **단서2** 수열 $\{\sqrt{b_n}\}$이 어떤 수열임을 이용하여 ❶, ❷를 가지고 b_n의 일반항을 구해.
> 따라서 $a_n=$ (다) 이다.
> **단서3** ㉡에서 $a_n=\sqrt{b_{n-1}\times b_n}$이지?

위 증명에서 (가), (나), (다)에 알맞은 것은? (4점)

	(가)	(나)	(다)
①	등차	$\frac{1}{2}(n+1)^2$	$\frac{n(n+1)}{4}$
②	등비	$\frac{1}{2}(n+1)^2$	$\frac{n(n+1)}{2}$
③	등차	$\frac{1}{4}(n+1)^2$	$\frac{n(n+1)}{4}$
④	등비	$\frac{1}{4}(n+1)^2$	$\frac{n(n+1)}{4}$
⑤	등차	$\frac{1}{2}(n+1)^2$	$\frac{n(n+1)}{2}$

1st 0이 아닌 세 수 a, b, c가 순서대로 등차수열을 이루면 등차중항을, 등비수열을 이루면 등비중항을 이용해. $\Longleftrightarrow 2b=a+c$ $\Longleftrightarrow b^2=ac$

a_n, b_n, a_{n+1}은 이 순서대로 등차수열을 이루므로 $2b_n=a_n+a_{n+1}$ ⋯ ㉠
b_n은 a_n과 a_{n+1}의 등차중항이지?
한편, b_n, a_{n+1}, b_{n+1}은 이 순서대로 등비수열을 이루므로
${a_{n+1}}^2=b_nb_{n+1}$ ⋯ ㉡ a_{n+1}은 b_n과 b_{n+1}의 등비중항이야.
이때, $a_{n+1}>0$, $a_{n+2}>0$이므로 → $x^2=a^2$에서 $x=\pm a$ (단, $a>0$)
$a_{n+1}=\sqrt{b_nb_{n+1}}$, $a_{n+2}=\sqrt{b_{n+1}b_{n+2}}$ ⋯ ㉢

2nd 수열 $\{\sqrt{b_n}\}$의 일반항을 구하면서 빈칸 (가), (나), (다)를 채우자.

또한, ㉠, ㉢에서 얻어진 $2b_{n+1}=a_{n+1}+a_{n+2}=\sqrt{b_nb_{n+1}}+\sqrt{b_{n+1}b_{n+2}}$의 양변을 $\sqrt{b_{n+1}}$로 나누면 $2\sqrt{b_{n+1}}=\sqrt{b_n}+\sqrt{b_{n+2}}$이므로 수열 $\{\sqrt{b_n}\}$은 등차수열이다. ←(가)
$2a_{n+1}=a_n+a_{n+2}$가 성립하면 수열 $\{a_n\}$은 등차수열이야.

그러므로 $a_2=3$, $b_1=2$, ${a_2}^2=b_1b_2$에서 $b_2=\frac{9}{2}$이므로 수열 $\{\sqrt{b_n}\}$은 공차가 $\sqrt{b_2}-\sqrt{b_1}=\frac{3}{\sqrt{2}}-\sqrt{2}=\frac{\sqrt{2}}{2}$이고 첫째항이 $\sqrt{b_1}=\sqrt{2}$인 등차수열이다.
$b_2=\frac{{a_2}^2}{b_1}=\frac{3^2}{2}$

$\sqrt{b_n}=\sqrt{2}+(n-1)\times\frac{\sqrt{2}}{2}=\frac{\sqrt{2}}{2}(n+1)$ $\therefore b_n=\frac{1}{2}(n+1)^2$ ←(나)
양변을 제곱하여 b_n을 구해.

이때, ㉡에 의하여
${a_n}^2=b_{n-1}b_n=\frac{1}{2}n^2\times\frac{1}{2}(n+1)^2=\frac{1}{4}n^2(n+1)^2$

$\therefore a_n=\frac{n(n+1)}{2}$ ($\because a_n>0$) ←(다)
$a_n>0$에서 $a_n=\sqrt{\frac{n^2(n+1)^2}{4}}=\sqrt{\left\{\frac{n(n+1)}{2}\right\}^2}$

G 147 정답 ⑤ *등비중항의 활용 [정답률 75%]

(정답 공식: 1, a, b, c가 순서대로 등비수열을 이루므로 a, b, c를 r에 대해 나타낼 수 있다.)

네 수 1, a, b, c는 이 순서대로 공비가 r인 등비수열을 이루고
단서1 a, b, c를 r의 식으로 표현 가능해.
$\log_8 c=\log_a b$를 만족시킨다. 공비 r의 값은? (단, $r>1$) (3점)
단서2 r의 방정식으로 나타낼 수 있지?

① 2 ② $\frac{5}{2}$ ③ 3 ④ $\frac{7}{2}$ ⑤ 4

1st 공비가 r인 등비수열이므로 a, b, c를 각각 r로 표현해.

1, a, b, c가 이 순서대로 공비가 r인 등비수열을 이루므로
$a=r$, $b=r^2$, $c=r^3$ 첫째항이 a_1, 공비가 r인 등비수열의 일반항은 $a_n=a_1r^{n-1}$이야.

2nd 주어진 조건에 대입하여 r의 값을 구해.

$\log_8 c=\log_a b$에 대입하면
$\log_8 r^3=\log_r r^2=2$
로그의 정의에 의하여 $\log_a N=x \Longleftrightarrow a^x=N$
$\therefore r^3=8^2=64=4^3$
$\therefore r=4$

G 148 정답 25 *등비중항의 활용 [정답률 65%]

(정답 공식: 등비중항과 이차방정식의 근과 계수의 관계를 이용한다.)

이차방정식 $x^2-kx+125=0$의 두 근 α, $\beta(\alpha<\beta)$에 대하여
단서2 근과 계수의 관계를 이용하여 α, β의 식을 구하자.
α, $\beta-\alpha$, β가 이 순서로 등비수열을 이룰 때, 양수 k의 값을 구하시오. (4점) **단서1** $(\beta-\alpha)^2=\alpha\times\beta$이지?

1st '이차방정식~의 두 근 α, β' 하면 근과 계수의 관계가 떠오르지?

이차방정식 $x^2-kx+125=0$의 두 근이 α, $\beta(\alpha<\beta)$이므로 근과 계수의 관계에 의하여 $\alpha+\beta=k$, $\alpha\beta=125$ ⋯ ㉠
이차방정식 $ax^2+bx+c=0$의 두 근을 α, β라 하면 $\alpha+\beta=-\frac{b}{a}$, $\alpha\beta=\frac{c}{a}$야.

2nd a, b, c가 이 순서로 등비수열을 이루면 등비중항을 쓰라는 신호야! $\Longleftrightarrow b^2=ac$

α, $\beta-\alpha$, β가 이 순서로 등비수열을 이룬다고 하므로
$(\beta-\alpha)^2=\alpha\times\beta$에서 $(\beta-\alpha)^2=(\alpha+\beta)^2-4\alpha\beta=\alpha\beta$
곱셈 공식의 변형을 이용해.
$\therefore (\alpha+\beta)^2=5\alpha\beta$
㉠에 의하여 $k^2=5\times125$ $\therefore k=25$ ($\because k>0$)
$=5\times5\times25=(25)^2$

G 149 정답 ③ *등비중항의 활용 [정답률 71%]

(정답 공식: 세 수가 등차수열을 이루면 등차중항, 세 수가 등비수열을 이루면 등비중항을 이용한다.)

[보기]의 함수 중에서 그 그래프 위의 서로 다른 세 점 $A(a, p)$, $B(b, q)$, $C(c, r)$를 선택하되, x좌표 a, b, c는 차례로 등차수열을 이루고 y좌표 p, q, r는 차례로 등비수열을 이루게 할 수 있는 것을 모두 고른 것은? (4점)

단서 a, b, c가 차례로 등차수열을 이루므로 $2b=a+c$이고, p, q, r가 차례로 등비수열을 이루므로 $q^2=pr$임을 이용해.

[보기]

ㄱ. $f(x)=x$

ㄴ. $g(x)=\frac{1}{x}$

ㄷ. $h(x)=2^x$

① ㄱ ② ㄴ ③ ㄷ ④ ㄱ, ㄴ ⑤ ㄴ, ㄷ

1st 세 수 a, b, c가 등차수열을 이룰 때 $2b=a+c$, 등비수열을 이룰 때 $b^2=ac$임을 이용해.

세 점 $A(a, p)$, $B(b, q)$, $C(c, r)$에서 a, b, c는 차례로 등차수열을 이루고, p, q, r는 차례로 등비수열을 이루면 다음을 모두 만족시켜야 한다.

$$\begin{cases} 2b=a+c \cdots ㉠ \\ q^2=pr \cdots ㉡ \end{cases}$$

→ 세 수 a, b, c가 등차수열을 이루므로 공차 d에 대하여 $b=a+d$, $c=a+2d$라 하면 $a+c=a+a+2d=2(a+d)=2b$

세 수 p, q, r가 등비수열을 이루므로 공비 m에 대하여 $q=pm$, $r=pm^2$이라 하면 $pr=p\times pm^2=(pm)^2=q^2$

ㄱ. $f(x)=x$의 그래프 위에 있는 서로 다른 세 점을 잡으면

$A(a, a)$, $B(b, b)$, $C(c, c)$

즉, $p=a$, $q=b$, $r=c$이므로 ㉡에서 $b^2=ac$

㉠에서 $b=\frac{a+c}{2}$이므로 $\left(\frac{a+c}{2}\right)^2=ac$

$a^2+2ac+c^2=4ac$, $a^2-2ac+c^2=0$

$(a-c)^2=0$

$\therefore a=c$

그런데 A, B, C는 서로 다른 세 점이므로 $a\neq c$이다. ← NO!

ㄴ. $g(x)=\frac{1}{x}$의 그래프 위에 있는 서로 다른 세 점을 잡으면

$A\left(a, \frac{1}{a}\right)$, $B\left(b, \frac{1}{b}\right)$, $C\left(c, \frac{1}{c}\right)$

즉, $p=\frac{1}{a}$, $q=\frac{1}{b}$, $r=\frac{1}{c}$이므로 ㉡에서

$\frac{1}{b^2}=\frac{1}{ac} \Longleftrightarrow b^2=ac$ → $\left(\frac{1}{b}\right)^2=\frac{1}{a}\times\frac{1}{c}$에서 $\frac{1}{b^2}=\frac{1}{ac}$

ㄱ과 마찬가지로 $a=c$가 나오는데 $a\neq c$이므로 문제의 조건을 만족시키는 함수가 아니다. ← NO!

ㄷ. $h(x)=2^x$의 그래프 위에 있는 서로 다른 세 점을 잡으면

$A(a, 2^a)$, $B(b, 2^b)$, $C(c, 2^c)$

즉, $p=2^a$, $q=2^b$, $r=2^c$이므로

㉡에서 $(2^b)^2=2^a\times 2^c$

$2^{2b}=2^{a+c}$

$\therefore 2b=a+c$

그런데 이건 ㉠과 같은 식이므로 모든 실수 a, b, c에 대하여 항상 성립한다. ← OK!

따라서 주어진 조건을 만족시키는 함수는 ㄷ이다.

G 150 정답 18 *등비중항의 활용 [정답률 47%]

(정답 공식: $b_2b_7=b_4b_5=a_4a_5$)

등차수열 $\{a_n\}$과 공비가 1보다 작은 등비수열 $\{b_n\}$이

$a_1+a_8=8$, $b_2b_7=12$, $a_4=b_4$, $a_5=b_5$

를 모두 만족시킬 때, a_1의 값을 구하시오. (4점)

단서 등차수열의 일반항과 등비수열의 일반항으로 나타내면 연립하기 쉽지 않으므로 등차 · 등비중항을 이용하도록 해보자.

1st a_1+a_8과 a_4와 a_5, b_2b_7과 b_4와 b_5를 좀 더 쉽게 이용하기 위해서는 등차 · 등비중항을 이용해 볼까?

→ $1+8=2+7=4+5$로 아래첨자의 합이 같으므로 등차중항의 성질을 이용해 봐.

수열 $\{a_n\}$은 등차수열이므로 등차중항의 성질에 의하여

$a_1+a_8=a_4+a_5=8 \cdots ㉠$

세 수 a, b, c가 이 순서대로 등차수열을 이루면 $2b=a+c$이지?

수열 $\{b_n\}$은 등비수열이므로 등비중항의 성질에 의하여

$b_2b_7=b_4b_5=12 \cdots ㉡$

세 수 a, b, c가 이 순서대로 등비수열을 이루면 $b^2=ac$이지?

2nd $a_4=b_4$, $a_5=b_5$를 이용하여 일반항 a_n을 세워 a_1의 값을 구해.

$a_4=b_4$, $a_5=b_5$이므로

㉠에서 $b_4+b_5=a_4+a_5=8$과

㉡에서 $b_4b_5=12$를 연립하면

$b_4b_5=b_4(8-b_4)=12$에서

$b_4^2-8b_4+12=0$, $(b_4-2)(b_4-6)=0$

$\therefore b_4=2$ 또는 $b_4=6 \Rightarrow (b_4, b_5)=(2, 6)$ 또는 $(6, 2)$

그런데 수열 $\{b_n\}$은 공비가 1보다 작은 등비수열이므로

$a_4=b_4=6$, $a_5=b_5=2$

등비수열이 $\cdots$, 2, 6, $\cdots$일 땐 공비가 3이고, $\cdots$, 6, 2, $\cdots$일 땐 공비가 $\frac{1}{3}$이야.

따라서 수열 $\{a_n\}$의 공차는 $a_5-a_4=-4$이므로

$a_4=a_1+3\times(-4)=6$ → $a_{n+1}-a_n=d$이니까.

$\therefore a_1=18$

주의: 순서에 따라 공비가 달라질 수 있으므로 주의하자.

G 151 정답 ① *등비중항의 활용 [정답률 59%]

(정답 공식: 조건 (가)에 의하여 $b^2=ac$이고, 조건 (다)에 의하여 abc의 값을 구할 수 있으므로 b의 값을 구할 수 있다.)

서로 다른 세 자연수 a, b, c가 다음 세 조건을 모두 만족시킬 때, $a+b+c$의 값은? (4점)

(가) a, b, c는 이 순서대로 등비수열을 이룬다.

(나) $b-a=n^2$ (단, n은 자연수이다.) 단서1 등비중항의 성질을 이용하자.

(다) $\log_6 a+\log_6 b+\log_6 c=3$ 단서2 밑이 6으로 같은 경우로 로그의 합은 진수의 곱으로 바꿔.

① 26 ② 28 ③ 30 ④ 32 ⑤ 34

1st 조건 (가), (나)를 이용하여 관계식을 만들어 볼까?

조건 (가)에서 a, b, c는 이 순서대로 등비수열을 이루므로

$b^2=ac \cdots ㉠$ (b는 a와 c의 등비중항이야.)

조건 (다)의 $\log_6 a+\log_6 b+\log_6 c=3$에서 $\log_6 abc=3$이므로

$abc=6^3 \cdots ㉡$

로그의 정의에 의하여 $\log_a N=x \Longleftrightarrow a^x=N$

㉠, ㉡을 연립하면

$b^3=6^3$ $\therefore b=6$

2nd 조건 (나)를 이용하여 a의 값을 구해.

조건 (나)의 $b-a=n^2$에서 $a=b-n^2=6-n^2$이고 a는 자연수이므로

$n=1$일 때, $a=6-1=5$ ⇒ $n=3$일 때 $a=6-n^2<0$이니까 a가 자연수라는 사실에 모순이야.

$n=2$일 때, $a=6-4=2$

$\therefore a=5$ 또는 $a=2$

3rd c의 값을 찾아 $a+b+c$의 값을 구해.

$a=5$일 때 ㉠에서 $6^2=5\times c$이므로 c는 자연수가 아니다.

$b^2=ac$이므로 a와 c는 b^2의 약수지? 즉, a는 36의 약수로 5가 안 되지.

$a=2$일 때 ㉠에서

$6^2=2\times c$이므로 $c=18$

$\therefore a+b+c=2+6+18=26$

G 152 정답 108 *등비중항의 활용 [정답률 57%]

(정답 공식: 등비중항의 성질을 이용하여 ab의 식을 구한다.)

두 자연수 a와 b에 대하여 세 수 a^n, $2^4\times3^6$, b^n이 이 순서대로 등비수열을 이룰 때, ab의 최솟값을 구하시오. (단, n은 자연수이다.) (4점)

단서 $(2^4\times3^6)^2=a^nb^n$이지? 이때, a, b가 자연수이니까 $(ab)^n$을 만족시키도록 좌변을 변형하자.

1st a, b, c가 이 순서대로 등비수열을 이루면 등비중항을 이용하라는 힌트야. ⟺ $b^2=ac$

세 수 a^n, $2^4\times3^6$, b^n이 등비수열이므로

$a^nb^n=(2^4\times3^6)^2=2^8\times3^{12}$

$\therefore (ab)^n=2^8\times3^{12}$ → $(ab)^n$에서 n이 좀 더 큰 값이면 ab는 작은 값을 가질 수 있지?

이때, n이 될 수 있는 자연수는 8과 12의 공약수이고, ab의 값이 최소이기 위해서는 n이 8과 12의 최대공약수이어야 한다.

→ $8=2^3$, $12=2^2\times3$이니까 공약수는 1, 2, 4야.

$\therefore (ab)^n=(2^2\times3^3)^4$

따라서 ab의 최솟값은

$ab=2^2\times3^3=4\times27=108$

G 153 정답 ③ *등비중항의 활용 [정답률 47%]

(정답 공식: 등차수열을 이루면 $2b=a+c$, 등비수열을 이루면 $b^2=ac$이다.)

a, b, c가 서로 다른 세 실수일 때, 이차함수 $f(x)=ax^2+2bx+c$에 대한 [보기]의 설명 중 옳은 것을 모두 고른 것은? (4점)

[보기]

단서1 $2b=a+c$이지?

ㄱ. a, b, c가 이 순서로 등차수열을 이루면 $f(1)=4b$이다.

ㄴ. a, b, c가 이 순서로 등차수열을 이루면 $y=f(x)$의 그래프는 x축과 서로 다른 두 점에서 만난다.

⇒ 이차방정식 $f(x)=0$의 판별식 D가 $\frac{D}{4}>0$이어야 해.

ㄷ. a, b, c가 이 순서로 등비수열을 이루면 $y=f(x)$의 그래프는 x축과 만나지 않는다. 단서2 $b^2=ac$이지?

⇒ $\frac{D}{4}<0$이어야 해.

① ㄱ ② ㄷ ③ ㄱ, ㄴ ④ ㄴ, ㄷ ⑤ ㄱ, ㄴ, ㄷ

1st a, b, c가 이 순서로 등차수열을 이루므로 b는 a와 c의 등차중항이지?

ㄱ. a, b, c가 이 순서로 등차수열을 이루므로 $2b=a+c$ ⋯ ⓐ

$\therefore f(1)=a+2b+c=2b+2b=4b$ (참)

$f(x)=ax^2+2bx+c$에 $x=1$을 대입해.

2nd 이차함수가 x축과 서로 다른 두 점에서 만나면 이차방정식이 서로 다른 두 실근을 가짐을 이용하자.

함정 x축에 만나는 점에 관한 문제를 구할 때에는 항상 이차방정식을 구하여 그 판별식을 이용하여 풀도록 하자.

($y=f(x)$ 그래프) x축과의 교점이 2개일 때, $f(x)=0$을 만족시키는 x의 값이 2개야.

ㄴ. 이차방정식 $ax^2+2bx+c=0$의 판별식을 D라 하면

$a^2+2ac+c^2-4ac=a^2-2ac+c^2=(a-c)^2$

$D=(2b)^2-4ac=(a+c)^2-4ac$

$\frac{D}{4}$를 사용하지 않고 ⓐ를 이용하기 위하여 D를 사용!

$=(a-c)^2>0$ ($\because a\neq c$) → 모든 실수 A에 대하여 $A^2\geq0$이야. 이때, a, b, c가 서로 다른 세 실수니까 $a\neq c$야.

이므로 이 이차방정식은 서로 다른 두 실근을 가진다.

따라서 함수 $y=f(x)$의 그래프는 x축과 서로 다른 두 점에서 만난다. (참)

→ 판별식 $D>0$이면 서로 다른 두 실근을 가져. $D\geq0$이면 $D=0$에서 중근을 가질 수 있으니까 주의해.

ㄷ. a, b, c가 이 순서로 등비수열을 이루므로

$b^2=ac$ ⋯ ⓑ b는 a와 c의 등비중항이야.

이차방정식 $ax^2+2bx+c=0$의 판별식을 D라 하면

$\frac{D}{4}=b^2-ac=0$ ($\because$ ⓑ)

이 이차방정식은 중근을 가진다. → 판별식 $D=0$이므로 중근을 가져. 즉 x축과의 교점이 1개야.

따라서 함수 $y=f(x)$의 그래프는 x축에 접한다. (거짓)

따라서 옳은 것은 ㄱ, ㄴ이다.

다른 풀이: **등차수열을 이루는 세 수를 a, $a+d$, $a+2d$, 등비수열을 이루는 세 수를 a, ar, ar^2이라 두고 [보기]의 참, 거짓 판별하기**

ㄱ. a, b, c가 등차수열을 이루므로 공차를 d라 하면 a, b, c는 a, $a+d$, $a+2d$가 돼.

따라서 $f(x)=ax^2+2bx+c=ax^2+2(a+d)x+a+2d$이므로

$f(1)=a+2a+2d+a+2d=4a+4d=4b$ (참)

$=4(a+d)=4b$

ㄴ. ㄱ에서 $f(x)=ax^2+2(a+d)x+a+2d$가 x축과 서로 다른 두 점에서 만나려면 이차방정식 $f(x)=0$의 판별식 $D>0$이어야 해.

$\therefore \frac{D}{4}=(a+d)^2-a(a+2d)=d^2>0$ ($\because d\neq0$) (참)

$d=0$이면 a, b, c가 서로 다른 수일 수 없어.

ㄷ. a, b, c가 등비수열을 이루므로 공비를 r라 하면 a, b, c는 a, ar, ar^2

즉, $f(x)=ax^2+2bx+c=ax^2+2arx+ar^2$이 x축과 만나지 않으려면

이차방정식 $f(x)=0$의 판별식 $D<0$이어야 해. x축과의 교점이 0개일 때 $f(x)=0$을 만족시키는 x의 값은 0개야.

그런데 $\frac{D}{4}=a^2r^2-a^2r^2=0$이지?

따라서 $f(x)$는 x축과 한 점에서 만나. (거짓)

G 154 정답 ⑤ *등비중항의 활용 [정답률 45%]

(정답 공식: (가)에서 e는 등비중항이다. 즉, c, e, d 또는 d, e, c 순서대로 공비가 1보다 큰 등비수열을 이룬다. (나) 조건을 이용해 가능한 a의 위치를 파악하고 (다) 조건을 이용해 가능한 b의 위치를 파악한다.)

단서 조건을 이용하여 5개 실수가 등비수열이 되도록 순서를 정하자.

다섯 개의 실수 a, b, c, d, e를 적당히 배열하여 공비가 1보다 큰 등비수열을 만들었다. a, b, c, d, e가 다음 조건을 만족시킬 때, b가 이 수열의 제n항이라면, n의 값은? (4점)

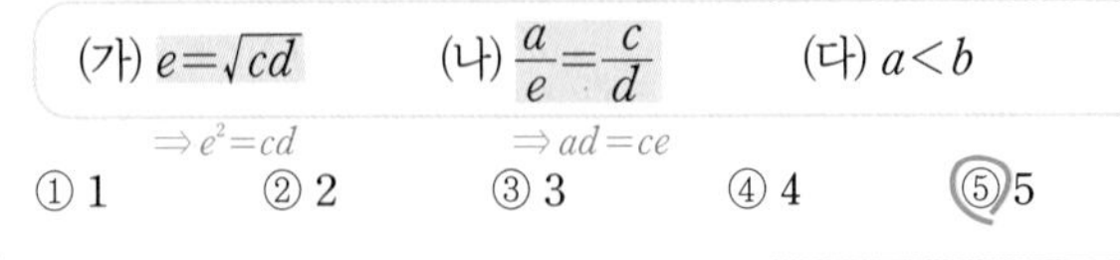

(가) $e=\sqrt{cd}$ (나) $\frac{a}{e}=\frac{c}{d}$ (다) $a<b$

⇒ $e^2=cd$ ⇒ $ad=ce$

① 1 ② 2 ③ 3 ④ 4 ⑤ 5

1st 다섯 개의 실수 a, b, c, d, e를 적당히 배열하여 공비가 1보다 큰 등비수열을 만든다지? 주어진 조건 (가), (나), (다)를 차례로 이용하여 실수의 순서를 정해.

먼저 조건 (가)에서 $e=\sqrt{cd} \Rightarrow e^2=cd$가 성립하므로 e는 c, d의 등비중항이다.
[등비중항] a, b, c가 이 순서대로 등비수열을 이룰 때 $b^2=ac$가 성립해.

그러면 c, e, d 또는 d, e, c의 순서대로 등비수열을 이룬다.

한편, 조건 (나)에서 $\frac{a}{e}=\frac{c}{d} \Longleftrightarrow ad=ce$가 성립하므로 a, c, e, d 또는 a, e, c, d 또는 d, c, e, a 또는 d, e, c, a의 순서대로 등비수열을 이룬다.

마지막으로 조건 (다)에서 $a<b$이므로 a, c, e, d, b 또는 d, e, c, a, b의 순서대로 등비수열을 이룬다.

따라서 b는 이 수열의 제5항이므로 $n=5$

수능 핵강

＊조건 (나)에서 $\frac{a}{e}=\frac{c}{d} \Longleftrightarrow ad=ce$의 의미

x, y, z, u가 이 순서대로 공비가 r인 등비수열을 이룬다고 하면
$y=xr$, $z=xr^2$, $u=xr^3$이라 둘 수 있어.
그럼, $xu=x\times xr^3=x^2r^3$, $yz=xr\times xr^2=x^2r^3$이므로 $xu=yz$
결국 등비수열에서 $ad=ce$가 성립한다고 하면 등비수열 ○, △, △, ○에서 ○에는 a와 d, △에는 c, e가 들어가면 돼.

G 155 정답 ⑤ ＊등비수열의 변형 [정답률 81%]

(정답 공식: b_n을 n에 대해 나타낼 수 있다.)

첫째항이 1이고 공비가 2인 등비수열 $\{a_n\}$에 대하여

$b_n=(a_{n+1})^2-(a_n)^2$ 단서 일반항 a_n을 세워 b_n의 식을 유도해.

일 때, $\frac{b_6}{b_3}$의 값은? (3점)

① 56 ② 58 ③ 60 ④ 62 ⑤ 64

1st 주어진 첫째항과 공비를 가지고 등비수열 $\{a_n\}$의 일반항을 구해.
첫째항 a_1과 공비 r가 주어진 등비수열 $\{a_n\}$의 일반항은 $a_n=a_1r^{n-1}$이지?

첫째항이 1이고 공비가 2인 등비수열 $\{a_n\}$의 일반항은
$a_n=1\times 2^{n-1}=2^{n-1}$

2nd 주어진 식을 이용하여 수열 $\{b_n\}$의 일반항을 구하자.

$b_n=(a_{n+1})^2-(a_n)^2$
→ $a_n=2^{n-1}$이니까 $a_{n+1}=2^{(n+1)-1}=2^n$이야.
$=(2^n)^2-(2^{n-1})^2=4^n-4^{n-1}=4^{n-1}(4-1)=3\times 4^{n-1}$

$\therefore \frac{b_6}{b_3}=\frac{3\times 4^5}{3\times 4^2}=4^3=64$
→ $\frac{■^●}{■^○}=■^{●-○}$이지? 즉, $4^{5-2}=4^3$이야.

G 156 정답 ① ＊등비수열의 변형 [정답률 85%]

(정답 공식: 주어진 등식을 등차수열 $\{a_n\}$의 공차, 등비수열 $\{b_n\}$의 공비로 나타낸 후 연립방정식을 풀어 공차와 공비를 각각 구한다.)

등차수열 $\{a_n\}$, 등비수열 $\{b_n\}$에 대하여 $a_1=b_1=3$이고

$b_3=-a_2$, $a_2+b_2=a_3+b_3$

일 때, a_3의 값은? (3점)
단서 등차수열 $\{a_n\}$의 공차를 d, 등비수열 $\{b_n\}$의 공비를 r라 하고 이 식을 d와 r에 대하여 나타내어 d, r의 값을 각각 구하면 돼.

① -9 ② -3 ③ 0 ④ 3 ⑤ 9

1st 주어진 등식을 이용하여 등차수열 $\{a_n\}$의 공차와 등비수열 $\{b_n\}$의 공비를 각각 구하자.

등차수열 $\{a_n\}$의 공차를 d, 등비수열 $\{b_n\}$의 공비를 r라 하면 두 수열의 첫째항이 3이므로 일반항은 각각
$a_n=3+(n-1)d$, $b_n=3r^{n-1}$이다.
→ 등차수열 $\{a_n\}$의 첫째항을 a_1, 공차를 d라 하면 $a_n=a_1+(n-1)d$이고 등비수열 $\{b_n\}$의 첫째항을 b_1, 공비를 r라 하면 $b_n=b_1r^{n-1}$이야.

이때, $b_3=-a_2$를 $a_2+b_2=a_3+b_3$에 대입하면
$a_2+b_2=a_3-a_2=d$에서 $(3+d)+3r=d$, $3r=-3$
→ 공차가 d인 등차수열 $\{a_n\}$에 대하여 $a_{n+1}-a_n=d$
$\therefore r=-1$ ⋯ ㉠

또, $b_3=-a_2$에서
$3r^2=-(3+d)$
여기에 ㉠을 대입하면 $3=-3-d$
$\therefore d=-6$

2nd a_3의 값을 구하자.

따라서 $a_n=3+(n-1)\times(-6)=-6n+9$이므로
$a_3=-6\times 3+9=-9$

다른 풀이: **조건식을 공차와 공비에 대한 식으로 나타내어 공차 구하기**

위의 풀이에서 $a_n=3+(n-1)d$, $b_n=3r^{n-1}$이므로
$b_3=-a_2$에서 $3r^2=-(3+d)$
$\therefore 3r^2+d=-3$ ⋯ ㉡
$a_2+b_2=a_3+b_3$에서 $(3+d)+3r=(3+2d)+3r^2$
$\therefore 3r^2-3r+d=0$ ⋯ ㉢
㉡을 ㉢에 대입하면
$-3r-3=0$, $3r=-3$ $\therefore r=-1$
이것을 ㉡에 대입하면 $3+d=-3$ $\therefore d=-6$
따라서 $a_n=3+(n-1)\times(-6)=-6n+9$이므로
$a_3=-6\times 3+9=-9$

G 157 정답 ⑤ ＊등비수열의 변형 [정답률 63%]

(정답 공식: 등차수열의 일반항 a_n은 $a_n=a+(n-1)d$
등비수열의 일반항 b_n은 $b_n=br^{n-1}$)

공차가 자연수인 등차수열 $\{a_n\}$과 공비가 자연수인 등비수열 $\{b_n\}$이 $a_6=b_6=9$이고, 다음 조건을 만족시킨다.
단서1 이것으로 첫째항, 공차, 공비에 관한 관계식을 하나 구할 수 있어.

(가) $a_7=b_7$ 단서2 마찬가지로 첫째항, 공차, 공비에 관한 관계식을 하나 더 구할 수 있어.
(나) $94<a_{11}<109$

a_7+b_8의 값은? (4점)

① 96 ② 99 ③ 102
④ 105 ⑤ 108

1st 등차수열과 등비수열의 일반항을 적용하여 공차 d와 공비 r의 관계식을 구하자.

등차수열 $\{a_n\}$의 공차를 d, 등비수열 $\{b_n\}$의 공비를 r라 하면
$a_7=a_6+d$, $b_7=b_6\times r$
조건 (가)에서 $a_7=b_7$이므로
$9+d=9r$ ($\because a_6=b_6=9$ ⋯ ㉠)
$\therefore r=1+\frac{d}{9}$ ⋯ ㉡
→ r는 자연수이므로 d는 9의 배수

2nd 조건 (나)를 이용해서 d, r의 값을 구하자.

$a_{11}=a_6+5d=9+5d$ ($\because$ ㉠)이므로

조건 (나)에 대입하면 $94<9+5d<109$

$85<5d<100$ $\quad\therefore 17<d<20$

그런데 d는 9의 배수이므로 $d=18$ ⋯ ㉢

이것을 ㉡에 대입하면

$\therefore r=1+\frac{18}{9}=3$ ⋯ ㉣

3rd 이제 a_7+b_8의 값을 구하자.

$\therefore a_7+b_8=(a_6+d)+(b_6\times r^2)$

$=(9+18)+(9\times 3^2)$ ($\because$ ㉠, ㉢, ㉣)

$=27+81=108$

G 158 정답 ② *등비수열의 변형 [정답률 47%]

(정답 공식: 등비수열 $\{a_n\}$의 일반항을 표현하자.)

각 항이 양수인 등비수열 $\{a_n\}$에 대하여 수열 $\{b_n\}$을 다음과 같이 정의한다.

단서 b_n은 로그 식으로 ❶, ❷를 a_n의 곱으로 표현하여 a_n의 첫째항과 공비를 확인해 볼까?

$b_n=\log_3 a_n\ (n=1,\ 2,\ 3,\ \cdots)$

수열 $\{b_n\}$이 다음 조건을 만족시킬 때, a_{11}의 값은? (4점)

(가) ❶ $b_1+b_3+b_5+\cdots+b_{15}+b_{17}=36$

(나) ❷ $b_2+b_4+b_6+\cdots+b_{16}+b_{18}=45$

① 3^5 ② 3^6 ③ 3^7 ④ 3^8 ⑤ 3^9

1st 일반항 a_n을 세우자.

수열 $\{a_n\}$의 첫째항을 a_1, 공비를 r라 하면

$a_n=a_1r^{n-1}$ (단, $a_1>0$, $r>0$)

$\therefore b_n=\log_3 a_n=\log_3 a_1r^{n-1}$

2nd 수열 $\{b_n\}$의 짝수항과 홀수항의 일반항을 구하자.

조건 (가)에서

$b_1+b_3+b_5+\cdots+b_{17}=\log_3 a_1+\log_3 a_3+\log_3 a_5+\cdots+\log_3 a_{17}$

밑이 같을 때, $\log_a b+\log_a c=\log_a bc$

$=\log_3(a_1\times a_1r^2\times a_1r^4\times\cdots\times a_1r^{16})=36$

[로그의 정의] $\log_a N=x \iff a^x=N$

$a_1^9r^{2+4+\cdots+16}=3^{36}$이므로

→ 공차가 2인 등차수열의 첫째항부터 제8항까지의 합이니까 $S_8=\frac{8(2+16)}{2}$

$a_1^9r^{72}=3^{36} \Rightarrow (a_1r^8)^9=(3^4)^9$ $\quad\therefore a_1r^8=3^4$ ⋯ ㉠

조건 (나)에서

주의 양변에 아홉제곱근을 사용한거지? 실수인 아홉제곱근은 하나이기 때문에 이렇게 쓸 수 있는거야.

$b_2+b_4+b_6+\cdots+b_{18}=\log_3 a_2+\log_3 a_4+\log_3 a_6+\cdots+\log_3 a_{18}$

$=\log_3(a_1r\times a_1r^3\times a_1r^5\times\cdots\times a_1r^{17})=45$

$a_1r^{1+3+\cdots+17}=3^{45}$이므로

→ $=\frac{9(1+17)}{2}=81$

$a_1^9r^{81}=3^{45} \Rightarrow (a_1r^9)^9=(3^5)^9$

$\therefore a_1r^9=3^5$ ⋯ ㉡

㉡÷㉠을 하면 $r=3$이고

$\frac{a_1r^9}{a_1r^8}=\frac{3^5}{3^4}$

㉠에 $r=3$을 대입하면

$a_1=3^{-4}$

$\therefore a_n=3^{-4}\times 3^{n-1}=3^{n-5} \Rightarrow a_{11}=3^6$

$a^m\times a^n=a^{m+n}$

다른 풀이 ❶: 로그의 성질 이용하기

$b_n=\log_3 a_n=\log_3 a_1r^{n-1}=\log_3 a_1+(n-1)\log_3 r$이므로

$b_n=b_1+(n-1)d$ 꼴로 표현되네.

수열 $\{b_n\}$은 첫째항이 $\log_3 a_1$, 공차가 $\log_3 r$인 등차수열이야.

$b_{2n-1}=\log_3 a_1+(2n-2)\log_3 r=\log_3 a_1+2(n-1)\log_3 r$이므로

수열 $\{b_n\}$의 홀수항의 수열을 수열 $\{b_k\}$라 하면 첫째항이 $\log_3 a_1$, 공차가 $2\log_3 r$인 등차수열이지.

첫째항이 a_1, 공차가 d인 등차수열의 첫째항부터 제n항까지의 합은 $S_n=\frac{n\{2a_1+(n-1)d\}}{2}$

이때, 조건 (가)에 의해 $\sum_{k=1}^{9}b_k=36$이므로

→ $n=2k-1$이니까 $n=17$까지의 합은 $k=9$까지의 합과 같아.

$\frac{9\{2\log_3 a_1+(9-1)\times 2\log_3 r\}}{2}=36$

$\therefore \log_3 a_1+8\log_3 r=4$ ⋯ ㉢

또, $b_{2n}=\log_3 a_1+(2n-1)\log_3 r=\log_3 a_1+\log_3 r+2(n-1)\log_3 r$이므로 수열 $\{b_n\}$의 짝수항의 수열을 수열 $\{b_m\}$이라 하면

첫째항이 $\log_3 a_1r$, 공차가 $2\log_3 r$인 등차수열이지.

조건 (나)에 의해 $\sum_{m=1}^{9}b_m=45$이므로

$\frac{9\{2\log_3 a_1r+(9-1)\times 2\log_3 r\}}{2}=45$

$\therefore \log_3 a_1+9\log_3 r=5$ ⋯ ㉣

→ [로그의 정의] $\log_a N=x \iff a^x=N$

㉢, ㉣을 연립하면 $\log_3 r=1$이므로 $r=3$ ⋯ ㉤

㉢에 ㉤을 대입하면 $\log_3 a_1+8\log_3 3=4$이므로 $\log_3 a_1=-4$

$\therefore a_1=3^{-4}$

따라서 $a_n=3^{-4}\times 3^{n-1}=3^{n-5}$이므로

$a_{11}=3^{11-5}=3^6$

다른 풀이 ❷: $a_{n+1}-a_n=d$임을 이용하기

수열 $\{a_n\}$이 등비수열이고 $b_n=\log_3 a_n$이므로 수열 $\{b_n\}$은 등차수열이야.

수열 $\{b_n\}$의 공차를 d라 하면

조건 (나)의 식에서 (가)의 식을 빼면

$(b_2-b_1)+(b_4-b_3)+\cdots+(b_{18}-b_{17})=9$

$9d=9$

$\therefore d=1$

조건 (가)에서

$(b_1+b_{17})+(b_3+b_{15})+(b_5+b_{13})+(b_7+b_{11})+b_9$

$=2b_9+2b_9+2b_9+2b_9+b_9=9b_9=36$

$\therefore b_9=4$

수열 $\{b_n\}$이 공차가 1인 등차수열이므로

$b_n=b_1+(n-1)$

$b_9=b_1+8=4$

$\therefore b_1=-4$

$\therefore b_n=n-5$

즉, $\log_3 a_n=n-5$이므로

$a_n=3^{n-5}$

$\therefore a_{11}=3^6$

G 159 정답 35 *등비수열의 활용 [정답률 83%]

(정답 공식: $a_2=1$임을 이용하여 a_1을 r에 관한 식으로 고친다.)

공비가 r이고 $a_2=1$인 등비수열 $\{a_n\}$에서 첫째항부터 제10항까지 (단서1 등비수열의 일반항을 세워.) 의 곱을 $\omega=a_1a_2a_3\cdots a_{10}$이라 할 때, $\log_r\omega$의 값을 구하시오. (단, $r>0$이고 $r\neq1$이다.) (3점) (단서2 로그의 진수의 곱은 밑이 같다면 진수의 합으로 표현할 수 있겠네.)

1st a_1을 r에 관한 식으로 나타내어 일반항 a_n을 구해.

공비가 r인 등비수열 $\{a_n\}$의 첫째항을 a_1이라 하면 $a_2=1$이므로

$a_2=a_1r=1 \quad \therefore a_1=\dfrac{1}{r} \Rightarrow a_n=\dfrac{1}{r}\times r^{n-1}=r^{n-2}$

$=r^{-1}\times r^{n-1}=r^{-1+(n-1)}$

2nd $\log_r\omega$의 값을 구해.

함정: 공비 r의 값을 모르더라도 답은 구할 수 있지. r을 정확히 구하려고 할 필요가 없어.

$\omega=a_1a_2a_3\times\cdots\times a_{10}$

$=r^{-1}r^0r^1\times\cdots\times r^8$

$=r^{-1+0+1+\cdots+8}$

$=r^{35}$ $\quad 2+3+\cdots+8=\dfrac{7(2+8)}{2}=35$

$\therefore \log_r\omega=\log_r r^{35}=35$

$\log_a a^n=n\log_a a$

수능 핵강

*** $ar=1$을 이용하여 $\log_r a^{10}r^{45}$의 값 구하기**

a_2값과 공비가 주어져 있으므로 ω값은 r와 다른 숫자만으로 표현할 수 있어. 첫째항을 a라고 한다면 $ar=1$이고, ω는 $a^{10}r^{45}$이지. 따라서 $(ar)^{10}\times r^{35}=\omega$야. $(ar)^{10}=1$이므로 로그의 정의에 의해 답은 35야.

G 160 정답 ① *등비수열의 활용 [정답률 69%]

(정답 공식: $f(\sqrt{3})$이 등비중항임을 이용해 등식을 만든다.)

구간 $x>0$에서 정의된 함수 $f(x)=\dfrac{p}{x}$ $(p>1)$의 그래프는 그림과 같다. 세 수 $f(a)$, $f(\sqrt{3})$, $f(a+2)$가 이 순서대로 등비수열을 이룰 때, 양수 a의 값은? (3점) (단서 함숫값을 구하여 $\{f(\sqrt{3})\}^2=f(a)f(a+2)$임을 이용해.)

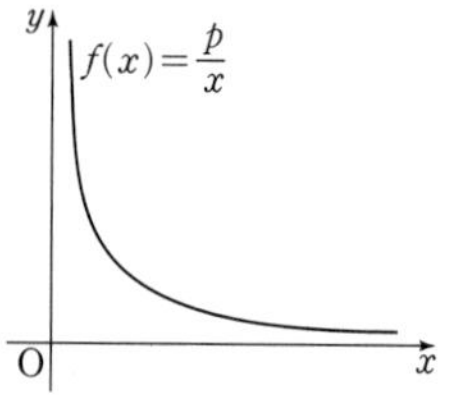

① 1 ② $\dfrac{9}{8}$ ③ $\dfrac{5}{4}$ ④ $\dfrac{11}{8}$ ⑤ $\dfrac{3}{2}$

1st a, b, c가 이 순서대로 등비수열을 이루므로 등비중항을 이용해. $\Longleftrightarrow b^2=ac$

세 수 $f(a)$, $f(\sqrt{3})$, $f(a+2)$가 이 순서대로 등비수열을 이루므로

$\{f(\sqrt{3})\}^2=f(a)\times f(a+2)$ ⋯ ㉠가 성립한다. ($f(\sqrt{3})$이 $f(a)$와 $f(a+2)$의 등비중항이지?)

2nd 함숫값을 구하여 양수 a의 값을 구해.

이때, $f(a)=\dfrac{p}{a}$, $f(\sqrt{3})=\dfrac{p}{\sqrt{3}}$, $f(a+2)=\dfrac{p}{a+2}$이므로 ㉠에 대입하면 (함수 $f(x)=\dfrac{p}{x}(p>1)$이지?)

$\left(\dfrac{p}{\sqrt{3}}\right)^2=\dfrac{p}{a}\times\dfrac{p}{a+2}$에서

$\dfrac{p^2}{3}=\dfrac{p^2}{a(a+2)}$ $p>1$이므로 양변을 p^2으로 나누어 주면 돼.

$a(a+2)=3$, $a^2+2a-3=0$, $(a-1)(a+3)=0$

$\therefore a=1$ ($\because a>0$)

주의: 문제의 조건에서 $a>0$임을 잊지 말자.

G 161 정답 ④ *등비수열의 활용 [정답률 79%]

(정답 공식: 선분 OP는 반지름이고, R의 좌표도 r를 이용해 나타낼 수 있다. 선분 OR가 등비중항임을 이용해 등식을 만들어내고 r의 값을 구한다.)

그림과 같이 좌표평면 위의 두 원

$C_1: x^2+y^2=1$ ⇒ 중심은 $(0, 0)$이고, 반지름의 길이 1

$C_2: (x-1)^2+y^2=r^2\,(0<r<\sqrt{2})$ ⇒ 중심은 $(1, 0)$이고, 반지름의 길이 r

이 제1사분면에서 만나는 점을 P라 하고, 원 C_1이 x축과 만나는 점 (단서1 $P(a, b)$라 하면 $a>0, b>0$) 중에서 x좌표가 0보다 작은 점을 Q, 원 C_2가 x축과 만나는 점 중에서 x좌표가 1보다 큰 점을 R라 하자.

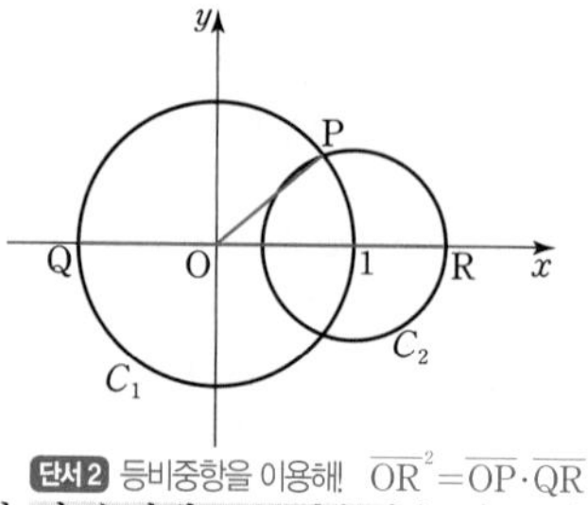

(단서2 등비중항을 이용해! $\overline{OR}^2=\overline{OP}\cdot\overline{QR}$)

$\overline{OP}$, $\overline{OR}$, $\overline{QR}$가 이 순서대로 등비수열을 이룰 때, 원 C_2의 반지름의 길이는? (단, O는 원점이다.) (3점)

① $\dfrac{-2+\sqrt{5}}{2}$ ② $\dfrac{2-\sqrt{3}}{2}$ ③ $\dfrac{-1+\sqrt{3}}{2}$ ④ $\dfrac{-1+\sqrt{5}}{2}$ ⑤ $\dfrac{3-\sqrt{3}}{2}$

1st 연속한 세 항이 등비수열을 이루는 경우 등비중항을 생각해.

a_1, a_2, a_3이 이 순서대로 등비수열이면 $a_2^2=a_1\cdot a_3$

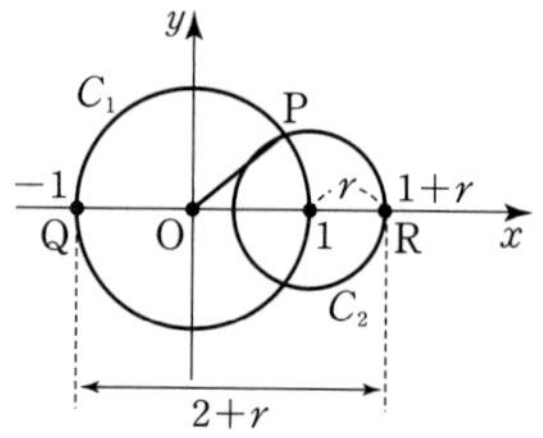

두 원 C_1, C_2의 반지름의 길이가 각각 1, r이므로

$\overline{OP}=1$

$\overline{OR}=1+r$

$\overline{QR}=2+r$

이때, $\overline{OP}$, $\overline{OR}$, $\overline{QR}$의 길이, 즉 1, $1+r$, $2+r$가 이 순서대로 등비수열을 이루므로 등비중항의 성질에 의하여

$(1+r)^2=1\times(2+r)$

$r^2+r-1=0$

$\therefore r=\dfrac{-1+\sqrt{5}}{2}$ ($\because 0<r<\sqrt{2}$)

등비중항 개념·공식

0이 아닌 세 수 a, b, c가 이 순서대로 등비수열을 이룰 때, b를 a와 c의 **등비중항**이라 한다.

이때, $\dfrac{b}{a}=\dfrac{c}{b}$이므로 $b^2=ac$이다.

G 162 정답 ① *등비수열의 활용 [정답률 65%]

(정답 공식: a_{n+1}과 a_n 사이의 관계식을 구한다.)

모든 항이 양수인 수열 $\{a_n\}$이 $a_1=2$이고,

$$\log_2 a_{n+1}=1+\log_2 a_n \ (n\ge1)$$

을 만족시킨다. $a_1\times a_2\times a_3\times\cdots\times a_8=2^k$일 때, 상수 k의 값은? (3점)

단서 밑이 2이니까 두 로그의 차를 $\frac{a_{n+1}}{a_n}$로 표현할 수 있지? 이제 일반항 a_n을 유추해 보자.

①36 ② 40 ③ 44 ④ 48 ⑤ 52

1st 로그의 성질을 이용해서 a_{n+1}과 a_n 사이의 관계식을 찾아.

$\log_2 a_{n+1}=1+\log_2 a_n=\log_2 2+\log_2 a_n=\log_2 2a_n$

($\log_a b+\log_a c=\log_a bc$) (밑이 2로 같으니까 $\log_2 ■=\log_2 ▲$이면 ■=▲야.)

$\therefore a_{n+1}=2a_n \ (n\ge1)$

$\frac{a_{n+1}}{a_n}=2$로 연속한 두 수의 비가 일정하니까 수열 $\{a_n\}$은 등비수열이야.

실수 $1+\log_2 a_n$를 $\log_2 2a_n$으로 고칠 수 있어야 해.

2nd 수열 $\{a_n\}$의 일반항을 구해서 k의 값을 구하자.

수열 $\{a_n\}$은 첫째항이 $a_1=2$이고 공비가 2인 등비수열이므로

$a_n=2\times2^{n-1}=2^n$ [등비수열의 일반항] 첫째항이 a_1, 공비가 r일 때 $a_n=a_1r^{n-1}$

$\therefore a_1\times a_2\times a_3\times\cdots\times a_8=2^1\times2^2\times2^3\times\cdots\times2^8$ ($a^m\times a^n=a^{m+n}$)

$=2^{1+2+3+\cdots+8}=2^k$ 밑이 2로 같으니까 $2^■=2^▲$이면 ■=▲야.

$\therefore k=1+2+3+\cdots+8=\frac{8\times9}{2}=36$

G 163 정답 ① *등비수열의 활용 [정답률 62%]

(정답 공식: 첫째항이 a이고 공비가 r인 등비수열 $\{a_n\}$의 일반항은 $a_n=ar^{n-1}$이다.)

두 곡선 $y=16^x$, $y=2^x$과 한 점 A$(64, 2^{64})$이 있다. 점 A를 지나며 x축과 평행한 직선이 곡선 $y=16^x$과 만나는 점을 P_1이라 하고, 점 P_1을 지나며 y축과 평행한 직선이 곡선 $y=2^x$과 만나는 점을 Q_1이라 하자. 단서1 점 P_1의 y좌표는 점 A의 y좌표와 같고, 점 Q_1의 x좌표는 점 P_1의 x좌표와 같아.

점 Q_1을 지나며 x축과 평행한 직선이 $y=16^x$과 만나는 점을 P_2라 하고, 점 P_2를 지나며 y축과 평행한 직선이 곡선 $y=2^x$과 만나는 점을 Q_2라 하자. 단서2 점 P_2의 y좌표는 점 Q_1의 y좌표와 같고, 점 Q_2의 x좌표는 점 P_2의 x좌표와 같아.

이와 같은 과정을 계속하여 n번째 얻은 두 점을 각각 P_n, Q_n이라 하고 점 Q_n의 x좌표를 x_n이라 할 때, $x_n<\frac{1}{k}$을 만족시키는 n의 최솟값이 6이 되도록 하는 자연수 k의 개수는? (4점)

단서3 n이 6 이상일 때는 부등식이 성립하고 n이 5 이하일 때는 부등식이 성립하지 않아야 해.

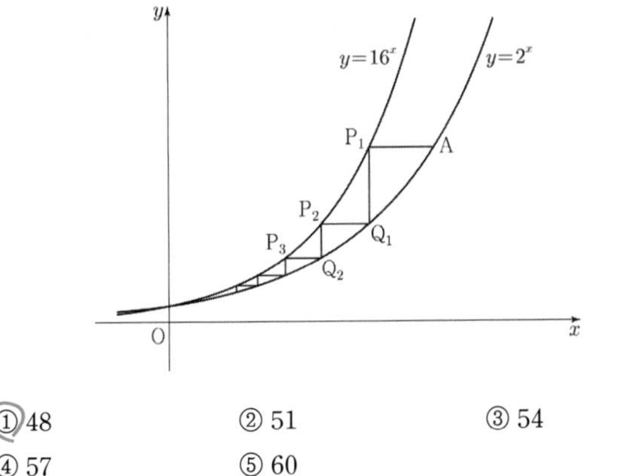

①48 ② 51 ③ 54
④ 57 ⑤ 60

1st 점 Q_1의 좌표를 구해.

점 P_1의 x좌표는 x_1이고 y좌표는 점 A의 y좌표 2^{64}과 같으므로

점 P_n의 x좌표는 점 Q_n의 x좌표 x_n과 같아.

$2^{64}=16^{x_1}$에서 $2^{64}=(2^4)^{x_1}$, $2^{64}=2^{4x_1}$, $4x_1=64$ ($(a^m)^n=a^{mn}$)

$\therefore x_1=16$ → 점 P_1은 곡선 $y=16^x$ 위의 점이므로 $y=16^x$에 $x=x_1$, $y=2^{64}$을 대입했을 때 식이 성립해야 해.

따라서 점 P_1의 좌표는 $(16, 2^{64})$이다.

점 Q_1의 x좌표는 점 P_1의 x좌표 16과 같으므로 y좌표를 y_1이라 하면

$y_1=2^{16}$에서 점 Q_1의 좌표는 $(16, 2^{16})$이다. → 점 Q_1은 곡선 $y=2^x$ 위의 점이야.

2nd 수열 $\{x_n\}$의 일반항을 구해.

점 Q_n의 x좌표가 x_n이므로 y좌표는 2^{x_n}이다. 따라서 점 P_{n+1}의 y좌표가 2^{x_n}이고 x좌표는 x_{n+1}이므로

$2^{x_n}=16^{x_{n+1}}$에서 $2^{x_n}=(2^4)^{x_{n+1}}$, $2^{x_n}=2^{4x_{n+1}}$

$x_n=4x_{n+1}$ $\therefore x_{n+1}=\frac{1}{4}x_n$

실수 수열 $\{x_n\}$의 첫째항은 점 A의 x좌표인 64가 아니라 점 Q_1의 x좌표인 16이야.

따라서 수열 $\{x_n\}$은 첫째항이 $x_1=16$이고 공비가 $\frac{1}{4}$인 등비수열이므로

$x_n=16\times\left(\frac{1}{4}\right)^{n-1}=16\times(4^{-1})^{n-1}=4^2\times4^{-n+1}=4^{-n+3}$ ⋯ ㉠

3rd 부등식을 만족시키는 n의 최솟값이 6이 되도록 하는 자연수 k의 개수를 구해.

$x_n<\frac{1}{k}$을 만족시키는 n의 최솟값이 6이므로

$x_5\ge\frac{1}{k}$이고 $x_6<\frac{1}{k}$이어야 한다.

(i) ㉠의 양변에 $n=5$를 대입하면 $x_5=4^{-2}=\frac{1}{16}$이므로

$x_5\ge\frac{1}{k}$에서 $\frac{1}{16}\ge\frac{1}{k}$ $\therefore k\ge16$

(ii) ㉠의 양변에 $n=6$을 대입하면 $x_6=4^{-3}=\frac{1}{64}$이므로

$x_6<\frac{1}{k}$에서 $\frac{1}{64}<\frac{1}{k}$ $\therefore k<64$

(i), (ii)에 의하여 조건을 만족시키는 자연수 k의 값의 범위는 $16\le k<64$이므로 자연수 k의 개수는 $64-16=48$이다.

정수 α, $\beta(\alpha<\beta)$에 대하여 $\alpha\le x<\beta$ 또는 $\alpha<x\le\beta$를 만족시키는 정수 x의 개수는 $\beta-\alpha$야.

지수방정식의 풀이 개념·공식

(1) 항이 두 개일 때의 지수방정식의 풀이
① 밑이 같을 때,
$a^{f(x)}=a^{g(x)}(a>0, a\ne1)\iff f(x)=g(x)$
② 밑이 서로 다를 때,
$a^{f(x)}=b^{g(x)}(a\ne b)$의 양변에 로그를 취한다.

(2) 지수방정식의 풀이에서 주의할 점
① $a^{f(x)}=a^{g(x)}$인 경우는 $f(x)=g(x)$일 때 뿐만 아니라 $f(x)$와 $g(x)$에 관계없이 $a=1$이면 항상 성립한다.
② $a^{f(x)}=b^{f(x)}$인 경우에는 $a=b$일 때 뿐만 아니라 $f(x)=0$이면 a, b에 관계없이 항상 성립한다.
③ $a^x=t$로 치환하여 풀 경우에는 $t>0$임에 주의한다.

G 164 정답 ③ *등비수열의 활용 [정답률 49%]

[정답 공식: $y=-ax_nx+2ax_n^2$, $y=ax^2$이 만나는 점의 x좌표는 $-ax_nx+2ax_n^2=ax^2$을 만족시키는 x의 값이고, 이 값이 곧 x_{n+1}이다.]

자연수 n에 대하여 곡선 $y=ax^2(a>0)$ 위의 점 P_n을 다음 규칙에 따라 정한다.

(가) 점 P_1의 좌표는 (x_1, ax_1^2)이다.
(나) 점 P_{n+1}은 점 $P_n(x_n, ax_n^2)$을 지나는 직선 $y=-ax_nx+2ax_n^2$과 곡선 $y=ax^2$이 만나는 점 중에서 점 P_n이 아닌 점이다. 단서2 직선과 곡선의 식을 연립하여 교점의 x좌표를 구해.

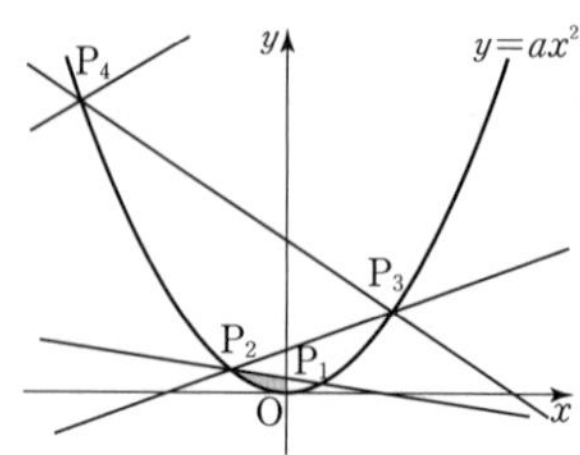

점 P_n의 x좌표로 이루어진 수열 $\{x_n\}$에서 $x_1=\frac{1}{2}$일 때, x_{10}의 값은? (4점) 단서1 교점의 x좌표를 찾아 x_n이 어떤 수열인지 확인해야겠네.

① -1024 ② -512 ③ -256 ④ 512 ⑤ 1024

1st 조건 (나)를 이용하여 직선 $y=-ax_nx+2ax_n^2$과 곡선 $y=ax^2$의 교점의 x좌표를 구하자. ($p>1$이므로 양변을 p^2으로 나누면 돼.)

직선과 곡선의 방정식을 연립하여 교점의 x좌표를 구하면

$-ax_nx+2ax_n^2=ax^2$에서

$a(x^2+x_nx-2x_n^2)=0$ → 문자가 복잡할 때는 $x^2+tx-2t^2=0$이라 나타내 볼까? $(x+2t)(x-t)=0$이야.

$a(x+2x_n)(x-x_n)=0$

$\therefore x=x_n$ 또는 $x=-2x_n$

2nd 점 P_n의 x좌표의 일반항을 구하자.

이때, 직선과 곡선의 두 교점 중에서 점 $P_n(x_n, ax_n^2)$이 아닌 점이 점 $P_{n+1}(x_{n+1}, ax_{n+1}^2)$이다. 즉, 점 P_n의 x좌표가 x_n이므로 점 P_{n+1}의 x좌표는 $x_{n+1}=-2x_n$이다.

→ $a_{n+1}=■a_n$이면 $\frac{a_{n+1}}{a_n}=■$이고 ■는 공비야.

따라서 수열 $\{x_n\}$은 공비가 -2인 등비수열인데 $x_1=\frac{1}{2}$이라 하므로

→ 첫째항부터 차례대로 0이 아닌 일정한 수를 곱하여 만든 수열이야.

$x_n=\frac{1}{2}\times(-2)^{n-1}$

첫째항이 a_1, 공비가 r인 등비수열의 일반항 $a_n=a_1r^{n-1}$이야.

$\therefore x_{10}=\frac{1}{2}\times(-2)^9=-256$

함정: 등차수열과 다르게 등비수열은 첫째항과 공비가 곱해져 있는 꼴이므로 두 항을 나누어서 공비를 구하자.

다른 풀이: x_2, x_3 …의 좌표를 차례로 구하여 공비 찾기

수열 $\{x_n\}$을 나열하여 일반항을 구하자.

$x_1=\frac{1}{2}$이므로 점 $P_1\left(\frac{1}{2}, \frac{a}{4}\right)$를 지나는 직선 $y=-\frac{a}{2}x+\frac{a}{2}$와 곡선 $y=ax^2$ ($y=ax^2$에 $x=\frac{1}{2}$을 대입해.) ($y=-ax_1x+2ax_1^2$에서 $x_1=\frac{1}{2}$이니까.)

을 연립하면 $ax^2=-\frac{a}{2}x+\frac{a}{2}$에서

$2x^2+x-1=0$, $(2x-1)(x+1)=0$ → 양변에 $\frac{2}{a}$를 곱하면 $2x^2=-x+1$

$\therefore x=\frac{1}{2}$ 또는 $x=-1 \Rightarrow P_2(-1, a) \Rightarrow x_2=-1$

P_2의 x좌표 $x_2\neq x_1$이니까 $x_2=-1$

마찬가지로 점 $P_2(-1, a)$를 지나는 직선 $y=ax+2a$와 곡선 $y=ax^2$을 연립하면 $ax^2=ax+2a$에서 ($y=-ax_2x+2ax_2^2$에서 $x_2=-1$이니까.)

$x^2-x-2=0$, $(x-2)(x+1)=0$

$\therefore x=2$ 또는 $x=-1 \Rightarrow P_3(2, 4a) \Rightarrow x_3=2$

⋮

따라서 $x_1=\frac{1}{2}$, $x_2=-1$, $x_3=2$, …이므로 $x_n=\frac{1}{2}\times(-2)^{n-1}$

$\times(-2)$ $\times(-2)$

G 165 정답 27 *등비수열의 활용 [정답률 47%]

[정답 공식: 수열 $\{\log a_n\}$은 등차수열이다. $\log a_n$의 소수 부분은 $\log a_n-$(정수 부분)이므로 정수 부분이 처음으로 바뀔 때의 n의 값이 $k+1$이다.]

첫째항이 16이고 공비가 $2^{\frac{1}{10}}$인 등비수열 $\{a_n\}$에 대하여 $\log a_n$의 소수 부분을 b_n이라 하자. 단서1 수열 $\{a_n\}$의 일반항을 구해.

$b_1, b_2, b_3, \cdots, b_{k-1}, b_k, b_{k+1}+1$ → 제k번째 등차수열의 항, 제$(k+1)$번째 등차수열의 항

이 주어진 순서로 등차수열을 이룰 때, k의 값을 구하시오. (단, $\log 2=0.301$로 계산한다.) (4점) 단서2 b_k는 소수 부분이니까 1보다 작고, $b_{k+1}+1$은 1보다 크니까 그 범위에서 k의 값을 유추해야겠네.

1st 등비수열 $\{a_n\}$의 일반항을 가지고 수열 $\{b_n\}$를 유추해.

수열 $\{a_n\}$은 첫째항이 16, 공비가 $2^{\frac{1}{10}}$인 등비수열이므로

$a_n=16\times\left(2^{\frac{1}{10}}\right)^{n-1}=2^{4+\frac{n-1}{10}}$ [등비수열의 일반항] 첫째항이 a_1, 공비가 r일 때 $a_n=a_1r^{n-1}$

→ $2^4\times2^{\frac{n-1}{10}}$

$\log a_n=\log 2^{4+\frac{n-1}{10}}=\left(4+\frac{n-1}{10}\right)\log 2$

$=4\log 2+(n-1)\frac{\log 2}{10}$ 첫째항이 $4\log 2$이고 공차가 $\frac{\log 2}{10}$인 등차수열의 꼴.

$=1.204+(n-1)\times0.0301$ ($\because \log 2=0.301$)

이때 b_n은 $\log a_n$의 소수 부분이므로 → $1.204=1+0.204$를 분리해야 해.

$b_n=0.204+(n-1)\times0.0301$ (단, $0\le b_n<1$)

그러므로 수열 $\{b_n\}$은 공차가 0.0301인 등차수열이다.

2nd b_k, $b_{k+1}+1$이 뜻하는 것이 무엇인가 생각해 보자.

$\log a_k$의 소수 부분이 b_k이므로 $b_k<1$이지만 $b_{k+1}+1>1$이다. 즉,

$b_k=0.204+(k-1)\times0.0301<1$ … ㉠

$b_{k+1}+1=0.204+k\times0.0301>1$ … ㉡

($\log a_n<2$를 만족시키는 최대의 자연수 n이 k라는 뜻이야.)

3rd 위의 부등식을 만족시키는 자연수 k의 값을 구하면 돼.

㉠에서 $k<1+\frac{1-0.204}{0.0301}=27.\times\times\times$

㉡에서 $k>\frac{1-0.204}{0.0301}=26.\times\times\times$

$26.\times\times\times<k<27.\times\times\times$ → 수열은 정의역인 자연수의 전체집합 N과 공역인 실수 전체의 집합 R의 대응 관계를 나타내니까 k는 자연수이지.

$\therefore k=27$

G 166 정답 ② *등비수열의 합 [정답률 67%]

[정답 공식: $a_n=a_1r^{n-1}$을 이용해 첫째항과 공비를 구한다. a_1, a_3, a_5, a_7, a_9로 이루어진 수열의 공비, $a_1, -a_3, a_5, -a_7, a_9$로 이루어진 수열의 공비를 구한다.]

모든 항이 양수인 등비수열 $\{a_n\}$에 대하여 ❶$a_1a_2=a_{10}$, ❷$a_1+a_9=20$일 때, $(a_1+a_3+a_5+a_7+a_9)(a_1-a_3+a_5-a_7+a_9)$의 값은? (4점)

단서1 등비수열의 일반항을 세워 ❶과 ❷를 이용해 첫째항 a_1과 공비 r을 구해.

단서2 $a_1, a_3, a_5, \cdots$의 공비는 r^2, $a_1, -a_3, a_5, \cdots$의 공비는 $-r^2$이지?

① 494 ② 496 ③ 498 ④ 500 ⑤ 502

1st 등비수열 $\{a_n\}$의 공비를 $r\ (r>0)$라 놓고 주어진 조건에 대입하여 그 값을 구해.

[일반항] $a_n=a_1r^{n-1}$

등비수열 $\{a_n\}$의 첫째항이 a_1, 공비를 $r\ (r>0)$라 하면

$a_1a_2=a_{10}$에서 $a_1\times a_1r=a_1r^9$이므로 $a_1=r^8\ (\because a_1>0,\ r>0)$ … ㉠

$a_1+a_9=20$에서 (실수 '모든 항이 양수인 등비수열'이라는 문제의 뜻을 파악하자.) 등비수열의 모든 항이 양수이므로 첫째항과 공비도 양수야!

$a_1+a_1r^8=20$ … ㉡

㉠을 ㉡에 대입하면

$a_1+a_1^2=20,\ a_1^2+a_1-20=0,\ (a_1-4)(a_1+5)=0$

$\therefore a_1=4\ (\because a_1>0)$ … ㉢

이때, ㉠에 의하여 $r^8=4$이고 $r^4=2\ (\because r>0)$ … ㉣

$r^8=(r^4)^2=2^2$이니까.

2nd 구해야 하는 식의 값을 등비수열의 합의 공식을 이용하여 구해.

첫째항이 a_1, 공비가 r일 때, 그 합은 $S_n=\frac{a_1(1-r^n)}{1-r}$ (단, $r\neq1$)

수열 $\{a_n\}$이 공비가 r인 등비수열이므로 $a_1,\ a_3,\ a_5,\ a_7,\ a_9,\ \cdots$로 이루어진

$a_1,\ a_3=a_1r^2,\ a_5=a_1r^4,\ a_7=a_1r^6,\ a_9=a_1r^8,\ \cdots$이니까 r^2배씩 돼.

수열은 첫째항이 a_1이고 공비가 r^2인 등비수열이고, $a_1,\ -a_3,\ a_5,\ -a_7,\ a_9,$

$a_1,\ -a_3=-a_1r^2,\ a_5=a_1r^4,\ -a_7=-a_1r^6,\ a_9=a_1r^8,\ \cdots$이니까 $-r^2$배씩 돼.

$\cdots$로 이루어진 수열은 첫째항이 a_1이고 공비가 $-r^2$인 등비수열이다.

$\therefore (a_1+a_3+a_5+a_7+a_9)(a_1-a_3+a_5-a_7+a_9)$

$(1-x)(1+x)=1-x^2$

$$=\frac{a_1\{1-(r^2)^5\}}{1-r^2}\times\frac{a_1\{1-(-r^2)^5\}}{1-(-r^2)}=\frac{a_1(1-r^{10})}{1-r^2}\times\frac{a_1(1+r^{10})}{1+r^2}$$

$$=\frac{a_1^2(1-r^{20})}{1-r^4}=\frac{a_1^2\{1-(r^4)^5\}}{1-r^4}=\frac{4^2(1-2^5)}{1-2}\ (\because ㉢,\ ㉣)$$

$$=\frac{16\times(-31)}{-1}=496$$

G 167 정답 ② *등비수열의 합 [정답률 65%]

(정답 공식: $S_n=\frac{a_1(r^n-1)}{r-1}$을 구한다. 수열이 등비수열을 이루기 위해서는 연속된 두 항의 비가 일정해야 한다.)

첫째항이 1, 공비가 3인 등비수열 $\{a_n\}$에서 첫째항부터 제n항까지 (단서1 그 합인 S_n의 식을 첫째항과 공비로 나타내.) 의 합을 S_n이라 하자. 수열 $\{S_n+p\}$가 등비수열을 이루도록 하는 상수 p의 값은? (3점) (단서2 등비수열이 되기 위해서는 $\frac{S_{n+1}+p}{S_n+p}=C$ (C는 0이 아닌 상수)여야 해. 즉, $S_n+p=(S_1+p)C^{n-1}$ 꼴로 표현되겠네?)

① 1 ② $\frac{1}{2}$ ③ $\frac{1}{3}$

④ $\frac{1}{4}$ ⑤ $\frac{1}{5}$

1st 등비수열의 첫째항과 공비가 주어졌으니까 합의 공식을 이용하여 S_n을 구해.

첫째항이 a_1, 공비가 r(단, $r\neq1$)일 때, 등비수열의 합은 $S_n=\frac{a_1(r^n-1)}{r-1}$이야.

첫째항이 1, 공비가 3인 등비수열 $\{a_n\}$에서 첫째항부터 제n항까지의 합 S_n을 구하면 $S_n=\frac{1\times(3^n-1)}{3-1}=\frac{3^n-1}{2}$

2nd 어떤 수열이 등비수열이 되기 위해서는 일반항이 ar^{n-1} 꼴이어야 해.

수열 $\{S_n+p\}$의 일반항 S_n+p를 구하면

$S_n+p=\frac{3^n-1}{2}+p=\frac{3}{2}\times3^{n-1}+\frac{2p-1}{2}$ (수열 $\{S_n+p\}$가 등비수열이기 위해서는 그 일반항이 $(S_1+p)\times■^{n-1}$ 꼴이야. 이때, ■는 이 수열의 공비야.)

수열 $\{S_n+p\}$가 등비수열이 되기 위해서는 $\frac{2p-1}{2}=0$이어야 한다.

$\therefore p=\frac{1}{2}$ ⇒ 재확인: $S_1+p=\frac{3}{2}$이고 $S_1=a_1=1$이니까 $1+p=\frac{3}{2}$이지?

G 168 정답 ③ *등비수열의 합 [정답률 49%]

(정답 공식: $f(n)=2^{10-n}$임을 안다.)

집합 $X=\{x\mid x$는 10 이하의 자연수$\}$의 원소 n에 대하여 X의 부분집합 중 n을 최소의 원소로 갖는 모든 집합의 개수를 $f(n)$이라 하자. [보기]에서 옳은 것만을 있는 대로 고른 것은? (4점)

(단서 n을 최소의 원소로 갖는 집합은 n보다 크거나 같은 수들을 원소로 가지면 돼. 이때 n은 반드시 포함시켜야 해.)

[보기]

ㄱ. $f(8)=4$ ⇒ $n=8$이니까 8, 9, 10을 원소로 가지는 부분집합의 개수

ㄴ. $a\in X,\ b\in X$일 때, $a<b$이면 $f(a)<f(b)$ ⇒ 예를 들어 확인할까?

ㄷ. $f(1)+f(3)+f(5)+f(7)+f(9)=682$ ⇒ $f(n)$은 부분집합의 개수이므로 $2^{□}$ 꼴로 표현될 거야.

① ㄱ ② ㄱ, ㄴ ③ ㄱ, ㄷ ④ ㄴ, ㄷ ⑤ ㄱ, ㄴ, ㄷ

1st 최소의 원소 n에 대하여 $f(n)$을 일반화하자.

10 이하의 자연수 n에 대하여 $f(n)$은 원소 n을 최소의 원소로 갖는 집합 X의 부분집합의 개수이므로 n보다 큰 수를 원소로 가지는 부분집합을 만들어 n을 원소로 포함시키면 된다. ($n=8$일 때, 8, 9, 10을 원소로 가지는 부분집합 중 8을 꼭 포함한 부분집합이어야 하니까 8을 제외한 부분집합 $\varnothing$, $\{9\}$, $\{10\}$, $\{9, 10\}$에 8을 포함시키면 돼.)

즉, $f(n)$은 1부터 n까지의 원소를 제외한 $(10-n)$개의 원소로 이루어진 집합 X의 부분집합의 개수이므로

원소의 개수가 n인 부분집합의 개수는 2^n이야.

$f(n)=2^{10-n}$

ㄱ. $f(8)=2^{10-8}=2^2=4$ (참)

ㄴ. **[반례]** $f(9)=2^{10-9}=2$이고 $f(10)=2^{10-10}=2^0=1$이므로 $f(9)>f(10)$ (거짓)

$a\in X, b\in X$이고 $a<b$를 만족시키는 a, b를 찾자.

(실수 식을 논리적으로 전개하여 보기의 참과 거짓을 판단하여도 좋지만 이처럼 반례를 하나 찾으면 보기가 거짓임을 쉽고 빠르게 파악할 수 있어.)

2nd ㄷ의 함숫값이 2^{10-n} 꼴로 공비가 4인 등비수열이니까 그 합의 공식을 이용해.

ㄷ. $f(1)+f(3)+f(5)+f(7)+f(9)=2^9+2^7+2^5+2^3+2^1$

이것은 첫째항이 2이고, 공비가 $2^2=4$인 등비수열의 합이므로

$2^{10}=1024$

$\frac{2(4^5-1)}{4-1}=\frac{2\times1023}{3}=682$(참)

첫째항이 a_1, 공비가 r일 때, 그 합은 $S_n=\frac{a_1(r^n-1)}{r-1}$ (단, $r\neq1$)

따라서 옳은 것은 ㄱ, ㄷ이다.

G 169 정답 ② *등비수열의 합의 활용 [정답률 87%]

(정답 공식: 첫째항이 a이고 공비가 $r\ (r\neq1)$인 등비수열의 첫째항부터 제n항까지의 합을 S_n이라 하면 $S_n=\frac{a(r^n-1)}{r-1}=\frac{a(1-r^n)}{1-r}$이다.)

공비가 양수인 등비수열 $\{a_n\}$의 첫째항부터 제n항까지의 합을 S_n이라 하자.

$4(S_4-S_2)=S_6-S_4,\ a_3=12$

(단서 $S_{n+2}-S_n=a_{n+2}+a_{n+1}$임을 이용하여 이 식을 등비수열 $\{a_n\}$의 첫째항과 공비를 이용하여 나타내 봐.)

일 때, S_3의 값은? (3점)

① 18 ② 21 ③ 24 ④ 27 ⑤ 30

1st 등비수열 $\{a_n\}$의 첫째항과 공비를 구해.

등비수열 $\{a_n\}$의 공비를 $r\,(r>0)$이라 하면

$S_4-S_2=(a_1+a_2+a_3+a_4)-(a_1+a_2)=a_3+a_4,$

$S_6-S_4=(a_1+a_2+a_3+\cdots+a_6)-(a_1+a_2+a_3+a_4)=a_5+a_6$이므로

G

$4(S_4-S_2)=S_6-S_4$에서 $4(a_3+a_4)=a_5+a_6$

a_3의 값이 주어졌으므로 이 식을 a_3과 공비 r을 이용하여 $4(a_3+a_3r)=a_3r^2+a_3r^3$으로 나타내어 r의 값을 구해도 돼.

$4(a_1r^2+a_1r^3)=a_1r^4+a_1r^5$, $4a_1r^2(1+r)=a_1r^4(1+r)$

첫째항이 a이고 공비가 r인 등비수열 $\{a_n\}$의 일반항은 $a_n=ar^{n-1}$이야.

양변을 $a_1r^2(1+r)$으로 나누면

$r>0$이므로 $a_1=0$이면 $a_3=0$이지? 그런데 $a_3=12$이므로 $a_1\neq0$이야. 즉, $a_1r^2(1+r)\neq0$이므로 양변을 $a_1r^2(1+r)$으로 나눌 수 있어.

$r^2=4 \quad \therefore r=2\ (\because r>0)$

한편, $a_3=12$이므로 $a_1r^2=12$에서 $a_1\times2^2=12 \quad \therefore a_1=3$

2nd S_3의 값을 구해.

따라서 등비수열 $\{a_n\}$의 첫째항은 3이고 공비가 2이므로

$S_3=\dfrac{3(2^3-1)}{2-1}=3\times7=21$

첫째항이 a이고 공비가 $r(r\neq1)$인 등비수열의 첫째항부터 제n항까지의 합을 S_n이라 하면 $S_n=\dfrac{a(r^n-1)}{r-1}=\dfrac{a(1-r^n)}{1-r}$

다른 풀이: 등비수열의 합 공식 이용하기

등비수열 $\{a_n\}$의 공비를 $r(r>0)$이라 하면

(i) $r=1$일 때,

$S_2=2a_1$, $S_4=4a_1$, $S_6=6a_1$이므로

첫째항이 a이고 공비가 1인 등비수열의 각 항은 $a, a, a, \cdots$이므로 이 등비수열의 첫째항부터 제n항까지의 합은 an이야.

$4(S_4-S_2)=S_6-S_4$에서 $4(4a_1-2a_1)=6a_1-4a_1$, $8a_1=2a_1$

$6a_1=0 \quad \therefore a_1=0$

그런데 $a_3=12>0$이므로 $a_1=0$일 수 없어. 즉, $r\neq1$이야.

(ii) $r\neq1$일 때,

$S_2=\dfrac{a_1(r^2-1)}{r-1}$, $S_4=\dfrac{a_1(r^4-1)}{r-1}$, $S_6=\dfrac{a_1(r^6-1)}{r-1}$이므로

$4(S_4-S_2)=S_6-S_4$에서

$4\left\{\dfrac{a_1(r^4-1)}{r-1}-\dfrac{a_1(r^2-1)}{r-1}\right\}=\dfrac{a_1(r^6-1)}{r-1}-\dfrac{a_1(r^4-1)}{r-1}$

양변에 $\dfrac{r-1}{a_1}$을 곱하면 $4r^4-4r^2=r^6-r^4$

양변을 r^2으로 나누면 $4r^2-4=r^4-r^2$

$r^4-5r^2+4=0$, $(r^2-1)(r^2-4)=0$

$(r+1)(r-1)(r+2)(r-2)=0$

$\therefore r=2\ (\because r>0, r\neq1)$

(i), (ii)에 의하여 등비수열 $\{a_n\}$의 공비는 2야.

(이하 동일)

G 170 정답 ⑤ *등비수열의 합의 활용 [정답률 83%]

(정답 공식: 첫째항이 a, 공비가 $r(r\neq1)$인 등비수열의 첫째항부터 제n항까지의 합을 S_n이라 하면 $S_n=\dfrac{a(r^n-1)}{r-1}=\dfrac{a(1-r^n)}{1-r}$이다.)

공비가 1보다 큰 등비수열 $\{a_n\}$의 첫째항부터 제n항까지의 합을 S_n이라 하자.

$\dfrac{S_4}{S_2}=5$, $a_5=48$

단서 첫 번째 식에서 공비를 구하고 두 번째 식에서 첫째항을 구하면 돼.

일 때, a_1+a_4의 값은? (3점)

① 39 ② 36 ③ 33 ④ 30 ⑤ 27

1st 등비수열 $\{a_n\}$의 공비를 구해.

등비수열 $\{a_n\}$의 공비를 $r(r>1)$이라 하면

$S_4=\dfrac{a_1(r^4-1)}{r-1}$, $S_2=\dfrac{a_1(r^2-1)}{r-1}$이므로 $\dfrac{S_4}{S_2}=5$에서

$\dfrac{\dfrac{a_1(r^4-1)}{r-1}}{\dfrac{a_1(r^2-1)}{r-1}}=5$, $\dfrac{r^4-1}{r^2-1}=r^2+1=5$, $r^2=4$

$r^4-1=(r^2-1)(r^2+1)$

$\therefore r=2\ (\because r>1)$

2nd a_1, a_4의 값을 각각 구하고 a_1+a_4를 계산해.

따라서 $a_n=a_1\times2^{n-1}$이므로 $a_5=48$에서

첫째항이 a이고 공비가 r인 등비수열 $\{a_n\}$의 일반항은 $a_n=ar^{n-1}$이야.

$a_5=a_1\times2^4=16a_1=48 \quad \therefore a_1=3$

즉, $a_n=3\times2^{n-1}$이므로 $a_4=3\times2^3=24$

$\therefore a_1+a_4=3+24=27$

G 171 정답 ② *등비수열의 합의 활용 [정답률 83%]

(정답 공식: 첫째항이 a이고 공비가 r인 등비수열 $\{a_n\}$의 일반항은 $a_n=ar^{n-1}$이다.)

첫째항이 $a(a>0)$이고, 공비가 r인 등비수열 $\{a_n\}$의 첫째항부터 제n항까지의 합을 S_n이라 하자. $2a=S_2+S_3$, $r^2=64a^2$일 때, a_5의 값은? (3점)

단서1 등비수열 $\{a_n\}$의 일반항은 $a_n=ar^{n-1}$이야.

단서2 $S_2=a_1+a_2$, $S_3=a_1+a_2+a_3$

① 2 ② 4 ③ 6 ④ 8 ⑤ 10

1st 등비수열 $\{a_n\}$의 첫째항 a의 값과 공비 r의 값을 각각 구해.

첫째항이 a이고 공비가 r인 등비수열 $\{a_n\}$의 일반항은 $a_n=ar^{n-1}$이다.

이때, 수열 $\{a_n\}$의 첫째항부터 제n항까지의 합 S_n에 대하여

$2a=S_2+S_3$에서 $2a=(a_1+a_2)+(a_1+a_2+a_3)$

$2a=(a+ar)+(a+ar+ar^2)$, $2a=2a+2ar+ar^2$

$ar(2+r)=0 \quad \therefore r=0$ 또는 $r=-2$

(i) $r=0$이면 $r^2=64a^2$에서 $0=64a^2 \quad \therefore a=0$

그런데 $a>0$이므로 모순이다.

$ar(2+r)=0$에서 $a=0$ 또는 $r=0$ 또는 $r=-2$야. 그런데 조건에서 $a>0$이므로 $a\neq0$이지?

(ii) $r=-2$이면 $r^2=64a^2$에서 $4=64a^2$, $a^2=\dfrac{1}{16} \quad \therefore a=\dfrac{1}{4}(\because a>0)$

(i), (ii)에 의하여 $a=\dfrac{1}{4}$, $r=-2$이다.

2nd a_5의 값을 구해.

따라서 $a_n=\dfrac{1}{4}\times(-2)^{n-1}$이므로 $a_5=\dfrac{1}{4}\times(-2)^4=\dfrac{1}{4}\times16=4$

다른 풀이: 등비수열의 합 공식 이용하기

$r=1$일 때, $S_n=an$이므로 $2a=S_2+S_3$에서

$2a=2a+3a$, $3a=0 \quad \therefore a=0$

공비가 1이면 수열 $\{a_n\}$의 모든 항이 a이므로 $S_n=an$이야.

그런데 조건에서 $a>0$이므로 $r\neq1$이야.

즉, $S_n=\dfrac{a(r^n-1)}{r-1}$이므로 $2a=S_2+S_3$에서

첫째항이 a이고 공비가 $r(r\neq1)$인 등비수열의 첫째항부터 제n항까지의 합을 S_n이라 하면 $S_n=\dfrac{a(1-r^n)}{1-r}=\dfrac{a(r^n-1)}{r-1}$이야.

$2a=\dfrac{a(r^2-1)}{r-1}+\dfrac{a(r^3-1)}{r-1}$

$2a=\dfrac{a(r-1)(r+1)}{r-1}+\dfrac{a(r-1)(r^2+r+1)}{r-1}$

$r\neq1$에서 $r-1\neq0$이므로 $r-1$을 약분할 수 있지?

$2a=a(r+1)+a(r^2+r+1)$, $2=(r+1)+(r^2+r+1)$

$r^2+2r+2=2$, $r^2+2r=0$, $r(r+2)=0$

$a\neq0$이므로 양변을 a로 나눠.

$\therefore r=0$ 또는 $r=-2$

(이하 동일)

쉬운 풀이: 공비를 구하는 다른 방법

$a=a_1$이므로 $2a=S_2+S_3$에서 $2a_1=(a_1+a_2)+(a_1+a_2+a_3)$

$2a_1=2a_1+2a_2+a_3$ $\quad\therefore a_3=-2a_2$

(i) $a_2=0$이면 $a_1>0$이므로 $r=0$

(ii) $a_2\neq0$이면 $r=\dfrac{a_3}{a_2}=-2$

(i), (ii)에 의하여 $r=0$ 또는 $r=-2$

(이하 동일)

G 172 정답 64 *등비수열의 합의 활용 [정답률 82%]

(정답 공식: 첫째항이 a이고 공비가 r인 등비수열의 첫째항부터 제n항까지의 합을 S_n이라 하면 $S_n=\dfrac{a(r^n-1)}{r-1}=\dfrac{a(1-r^n)}{1-r}$이다.)

등비수열 $\{a_n\}$의 첫째항부터 제n항까지의 합을 S_n이라 하자.

$$a_1=1,\ \frac{S_6}{S_3}=2a_4-7$$

단서1 공비를 r라 하면 $S_n=\dfrac{a_1(r^n-1)}{r-1}$

일 때, a_7의 값을 구하시오. (3점)

단서2 첫째항이 주어졌으니까 공비만 구하면 돼.

1st 등비수열 $\{a_n\}$의 일반항을 구하자.

등비수열 $\{a_n\}$의 공비를 r라 하면 첫째항이 $a_1=1$이므로

(i) $r=1$일 때, $a_n=1$ 실수 합의 공식은 $r\neq1$인 경우에만 적용할 수 있으므로 $r\neq1$임을 확인해야 해.

즉, $S_6=1\times6=6$, $S_3=1\times3=3$이고

$2a_4-7=2\times1-7=-5$이므로 $\dfrac{S_6}{S_3}\neq2a_4-7$

$\therefore r\neq1$

(ii) $r\neq1$일 때, $a_n=1\times r^{n-1}=r^{n-1}$ → 첫째항이 a이고 공비가 r인 등비수열 $\{a_n\}$의 일반항은 $a_n=ar^{n-1}$이야.

$S_3=\dfrac{1\times(r^3-1)}{r-1}=\dfrac{r^3-1}{r-1}$, $S_6=\dfrac{1\times(r^6-1)}{r-1}=\dfrac{r^6-1}{r-1}$이고

$2a_4-7=2r^3-7$이므로 $\dfrac{S_6}{S_3}=2a_4-7$에서

$r^6-1=(r^3)^2-1^2=(r^3-1)(r^3+1)$

$$\frac{\frac{r^6-1}{r-1}}{\frac{r^3-1}{r-1}}=2r^3-7,\quad \frac{\frac{(r^3-1)(r^3+1)}{r-1}}{\frac{r^3-1}{r-1}}=2r^3-7$$

$r^3+1=2r^3-7$, $r^3-8=0$, $(r-2)(r^2+2r+4)=0$

$\therefore r=2$ ($\because r^2+2r+4>0$)

(i), (ii)에 의하여 $a_n=2^{n-1}$

2nd a_7의 값을 구하자.

$\therefore a_7=2^{7-1}=2^6=64$

쉬운 풀이: 공비가 r인 등비수열 $\{a_n\}$의 두 항 a_k, a_{k+3} 사이의 관계식은 $a_{k+3}=a_kr^3$임을 이용하기

등비수열 $\{a_n\}$의 공비를 r라 하면

$a_4=a_1r^3$, $a_5=a_2r^3$, $a_6=a_3r^3$

$$\frac{S_6}{S_3}=\frac{a_1+a_2+a_3+a_4+a_5+a_6}{a_1+a_2+a_3}$$

$$=\frac{(a_1+a_2+a_3)+(a_1+a_2+a_3)r^3}{a_1+a_2+a_3}=1+r^3\ \cdots\ ㉠$$

$2a_4-7=2a_1r^3-7=2r^3-7\ \cdots\ ㉡$

㉠, ㉡을 $\dfrac{S_6}{S_3}=2a_4-7$에 대입하면 $1+r^3=2r^3-7$에서

$r^3=8$ $\quad\therefore r=2$

$\therefore a_7=a_1r^6=1\times2^6=64$

G 173 정답 257 *등비수열의 합의 활용 [정답률 74%]

(정답 공식: 첫째항이 a이고 공비가 r $(r\neq1)$인 등비수열의 첫째항부터 제n항까지의 합을 S_n이라 하면 $S_n=\dfrac{a(1-r^n)}{1-r}=\dfrac{a(r^n-1)}{r-1}$이다.)

함수 $f(x)=(1+x^4+x^8+x^{12})(1+x+x^2+x^3)$일 때,

$\dfrac{f(2)}{\{f(1)-1\}\{f(1)+1\}}$의 값을 구하시오. (3점)

단서 함수 $f(x)$를 등비수열의 합의 공식을 이용하여 간단히 나타내.

1st 주어진 함수를 간단히 하자.

(i) $x\neq1$일 때, 실수 등비수열의 합의 공식은 공비가 1이 아닐 때만 사용해야 해. 공비가 1이고 첫째항이 a인 등비수열의 첫째항부터 제n항까지의 합은 $S_n=an$이야.

$f(x)=(1+x^4+x^8+x^{12})(1+x+x^2+x^3)$

$=\dfrac{1\times\{(x^4)^4-1\}}{x^4-1}\times\dfrac{1\times(x^4-1)}{x-1}$

첫째항이 1이고 공비가 x인 등비수열의 첫째항부터 제4항까지의 합이야.

첫째항이 1이고 공비가 x^4인 등비수열의 첫째항부터 제4항까지의 합이야.

$=\dfrac{x^{16}-1}{x-1}$

(ii) $x=1$일 때,

$f(1)=(1+1^4+1^8+1^{12})(1+1+1^2+1^3)=4\times4=16$

2nd $\dfrac{f(2)}{\{f(1)-1\}\{f(1)+1\}}$의 값을 구하자.

$f(2)=\dfrac{2^{16}-1}{2-1}=2^{16}-1$이고 $f(1)=16$이므로

$$\frac{f(2)}{\{f(1)-1\}\{f(1)+1\}}=\frac{2^{16}-1}{(16-1)(16+1)}=\frac{(2^8-1)(2^8+1)}{(2^4-1)(2^4+1)}$$

$$=\frac{(2^4-1)(2^4+1)(2^8+1)}{(2^4-1)(2^4+1)}=2^8+1=257$$

G 174 정답 9 *등비수열의 합의 활용 [정답률 72%]

(정답 공식: 첫째항이 a이고 공비가 r인 등비수열 $\{a_n\}$의 일반항은 $a_n=ar^{n-1}$이다.)

등비수열 $\{a_n\}$의 첫째항부터 제n항까지의 합을 S_n이라 하자.

모든 자연수 n에 대하여

$$S_{n+3}-S_n=13\times3^{n-1}$$

단서 $S_{n+3}-S_n=a_{n+1}+a_{n+2}+a_{n+3}$임을 이용해.

일 때, a_4의 값을 구하시오. (4점)

1st 주어진 식을 a_n을 이용하여 나타내.

$S_{n+3}-S_n=a_{n+1}+a_{n+2}+a_{n+3}$이므로

$S_{n+3}-S_n=(a_1+a_2+\cdots+a_n+a_{n+1}+a_{n+2}+a_{n+3})-(a_1+a_2+\cdots+a_n)=a_{n+1}+a_{n+2}+a_{n+3}$

$S_{n+3}-S_n=13\times3^{n-1}$에서

$a_{n+1}+a_{n+2}+a_{n+3}=13\times3^{n-1}\ \cdots\ ㉠$

2nd 등비수열 $\{a_n\}$의 일반항을 구해.

등비수열 $\{a_n\}$의 첫째항을 a, 공비를 r라 하면 $a_n=ar^{n-1}$

이때, ㉠에 $n=1$을 대입하면 $a_2+a_3+a_4=13$에서

$ar+ar^2+ar^3=13$ $\quad\therefore ar(1+r+r^2)=13\ \cdots\ ㉡$

또, ㉠에 $n=2$를 대입하면 $a_3+a_4+a_5=13\times3=39$에서

$ar^2+ar^3+ar^4=39$ $\quad\therefore ar^2(1+r+r^2)=39\ \cdots\ ㉢$

㉢÷㉡을 하면 $\dfrac{ar^2(1+r+r^2)}{ar(1+r+r^2)}=\dfrac{39}{13}$에서 $r=3$

이것을 ㉡에 대입하면 $a\times3\times(1+3+3^2)=13$ $\quad\therefore a=\dfrac{1}{3}$

$\therefore a_n=\dfrac{1}{3}\times3^{n-1}=3^{n-2}$

3rd a_4의 값을 구해. $\dfrac{1}{3}\times3^{n-1}=3^{-1}\times3^{n-1}=3^{-1+(n-1)}=3^{n-2}$

$\therefore a_4=3^{4-2}=3^2=9$

G 175 정답 63 *등비수열의 합의 활용 [정답률 70%]

(정답 공식: 등비수열의 첫째항이 a, 공비가 r이면 일반항 $a_n=ar^{n-1}$이다. (단, $r\neq0$))

첫째항이 7인 등비수열 $\{a_n\}$의 첫째항부터 제n항까지의 합을 S_n이라 하자.

$$\frac{S_9-S_5}{S_6-S_2}=3$$

단서 S_n은 수열의 연속한 항들의 합을 나타내. 분자와 분모는 모두 연속한 4개 항들의 합이야.

일 때, a_7의 값을 구하시오. (3점)

1st 합 S_n을 항들의 합으로 나타내봐.

등비수열 $\{a_n\}$의 공비를 r라고 할 때

$$\frac{S_9-S_5}{S_6-S_2}=\frac{a_6+a_7+a_8+a_9}{a_3+a_4+a_5+a_6}=\frac{7r^5(1+r+r^2+r^3)}{7r^2(1+r+r^2+r^3)}=r^3=3$$

$\therefore a_7=ar^6=7\times3^2=63$ ← $a_n=ar^{n-1}$을 이용하여 각각의 항을 표현하고, 공통인수를 묶은 거야.

G 176 정답 10 *등비수열의 합의 활용 [정답률 78%]

(정답 공식: 주어진 조건을 등비수열의 첫째항과 공비에 관한 식으로 나타내본다.)

모든 항이 양수인 등비수열 $\{a_n\}$의 첫째항부터 제n항까지의 합을 S_n이라 하자. 단서1 첫째항과 공비가 모두 양수인 등비수열이야.

$S_4-S_3=2,\ S_6-S_5=50$ 단서2 $S_{n+1}-S_n=a_{n+1}$이야. 즉, 등비수열의 일반항의 값이 주어진거야.

일 때, a_5의 값을 구하시오. (4점)

1st 등비수열의 합과 일반항의 관계를 이용하여 조건을 다시 나타내보자.

등비수열 $\{a_n\}$의 첫째항을 a, 공비를 r라고 하면

모든 항이 양수이므로 $a>0,\ r>0$

$S_4-S_3=a_4=2$이므로 $ar^3=2\ \cdots$ ㉠

$S_{n+1}-S_n=a_{n+1}\ (n=1, 2, \cdots)$

$S_6-S_5=a_6=50$이므로 $ar^5=50\ \cdots$ ㉡

㉡÷㉠에서 $r^2=25$ $\quad\therefore r=5\ (\because r>0)$

2nd a^5의 값을 구해.

$a_5=a_4\times r$이므로 ← $ar^3=2$에서 $a=\frac{2}{r^3}=\frac{2}{5^3}$이니까

$a_5=2\times5=10$ ← $a_5=ar^4=\frac{2}{5^3}\times5^4=2\times5=10$으로 구할 수도 있어.

쉬운 풀이: 등비중항 이용하기

$S_4-S_3=a_4=2,\ S_6-S_5=a_6=50$

이때, $(a_5)^2=a_4\times a_6=2\times50=100$이므로

$a_5=10\ (\because a_n>0)$ ← a_{n-1}, a_n, a_{n+1}가 이 순서대로 등비수열을 이루면 a_n은 a_{n-1}과 a_{n+1}의 등비중항이야. 즉, $(a_n)^2=a_{n-1}\times a_{n+1}$

G 177 정답 ② *등비수열의 합의 활용 [정답률 65%]

(정답 공식: 첫째항이 a, 공비가 r인 등비수열의 합 S_n은 $S_n=\frac{a_1(r^n-1)}{r-1}$이다.)

첫째항이 2인 등비수열 $\{a_n\}$의 첫째항부터 제n항까지의 합 S_n이 다음 조건을 만족시킬 때, a_4의 값은? (4점) 단서 등비수열의 합 공식을 알아야 해.

(가) $S_{12}-S_2=4S_{10}$
(나) $S_{12}<S_{10}$

① -24 ② -16 ③ -8 ④ 16 ⑤ 24

1st 공비를 r라 하고 S_n을 구해보자.

등비수열 $\{a_n\}$의 공비를 r라 하자. ← 첫째항이 a, 공비가 r인 등비수열의 합 $S_n=\begin{cases}\frac{a(r^n-1)}{r-1} & (r\neq1)\\ na & (r=1)\end{cases}$

$r\neq1$이므로 $S_n=\frac{2(r^n-1)}{r-1}$ ← $r=1$이면 $a_n=2$이므로 $S_{12}=24,\ S_{10}=20$이 되어 조건 (나)를 만족시키지 않아. 즉, $r\neq1$임을 알 수 있지.

조건 (가)에서

$$\frac{2(r^{12}-1)}{r-1}-\frac{2(r^2-1)}{r-1}=4\times\frac{2(r^{10}-1)}{r-1}$$ ← 양변을 $\frac{2}{r-1}$로 나누어 봐.

$r^{12}-1-(r^2-1)=4r^{10}-4$

$r^{12}-4r^{10}-r^2+4=0$ ← r에 대한 내림차순으로 정리!

$(r^{10}-1)(r^2-4)=0,\ r^{10}=1$ 또는 $r^2=4$

$r^{10}-1=(r^5-1)(r^5+1)=(r-1)(r^4+r^3+r^2+r+1)(r+1)(r^4-r^3+r^2-r+1)$ 이므로 $r^{10}=1$이면 $r=1$ 또는 $r=-1$

$\therefore r=-1$ 또는 $r=2$ 또는 $r=-2\ (\because r\neq1)$

함정 $r=1$이면 조건 (나)를 만족시키지 않기 때문에 $r\neq1$임을 알고 있어야 해.

2nd 조건 (나)를 만족시키는 r의 값을 구해야 해.

조건 (나)에서

$S_{12}-S_{10}=a_{11}+a_{12}=2r^{10}+2r^{11}=2r^{10}(r+1)$

$(a_1+\cdots+a_{10}+a_{11}+a_{12})-(a_1+\cdots+a_{10})$

$r=-1,\ r=2$일 때 $S_{12}-S_{10}$의 값은 각각 $0,\ 3\times2^{11}$이므로 조건 (나)를 만족시키지 않는다. ← $S_{12}<S_{10}$이면 $S_{12}-S_{10}<0$

$r=-2$일 때 $S_{12}-S_{10}=-2^{11}<0$

조건 (나)를 만족시키므로 $r=-2$

$\therefore a_4=2\times(-2)^3=-16$

G 178 정답 ④ *등비수열의 합의 활용 [정답률 78%]

(정답 공식: 첫째항이 a이고 공비가 r인 등비수열 $\{a_n\}$의 일반항은 $a_n=ar^{n-1}$이다.)

등비수열 $\{a_n\}$의 첫째항부터 제n항까지의 합을 S_n이라 하자.

단서1 이 식에서 등비수열 $\{a_n\}$의 공비를 구해야 해.

$S_4-S_2=3a_4,\ a_5=\frac{3}{4}$ 단서2 $a_5=\frac{3}{4}\neq0$이므로 등비수열 $\{a_n\}$의 첫째항과 공비는 모두 0이 아니야.

일 때, a_1+a_2의 값은? (3점)

① 27 ② 24 ③ 21 ④ 18 ⑤ 15

1st 등비수열 $\{a_n\}$의 첫째항과 공비를 각각 구해.

$S_4-S_2=a_3+a_4$이므로 $S_4-S_2=3a_4$에서 $a_3+a_4=3a_4$

$S_4-S_2=(a_1+a_2+a_3+a_4)-(a_1+a_2)=a_3+a_4$

$\therefore 2a_4-a_3=0\ \cdots$ ㉠

이때, 등비수열 $\{a_n\}$의 공비를 $r(r\neq0)$라 하면 $a_n=a_1r^{n-1}$이므로

㉠에서 $2a_1r^3-a_1r^2=0,\ a_1r^2(2r-1)=0$

$\therefore r=\frac{1}{2}\ (\because a_1\neq0,\ r\neq0)$ ← 수능 핵강을 확인해.

따라서 $a_n=a_1\left(\frac{1}{2}\right)^{n-1}$이므로 $a_5=\frac{4}{3}$에서 $a_1\left(\frac{1}{2}\right)^4=\frac{3}{4}$

$\therefore a_1=\frac{3}{4}\times2^4=12$

2nd a_1+a_2의 값을 구해.

따라서 $a_n=12\times\left(\frac{1}{2}\right)^{n-1}$이므로 $a_2=12\times\frac{1}{2}=6$

$\therefore a_1+a_2=12+6=18$

쉬운 풀이: 등비수열의 성질을 이용하여 공비 구하기

위의 풀이의 ㉠에서 $2a_4-a_3=0$이므로

$2a_4=a_3$ $\quad\therefore \dfrac{a_4}{a_3}=\dfrac{1}{2}$ 등비수열 $\{a_n\}$의 공비를 r라 하면 $a_{n+1}=a_nr$에서 $r=\dfrac{a_{n+1}}{a_n}$이지?

따라서 등비수열 $\{a_n\}$의 공비는 $\dfrac{1}{2}$이야.

(이하 동일)

수능 핵강

＊ 등비수열 $\{a_n\}$의 첫째항과 공비가 0이 아닌 이유

$a_1=0$이면 공비 r의 값에 상관없이 등비수열 $\{a_n\}$의 모든 항은 0이야.
$r=0$이면 첫째항 a_1의 값에 상관없이 등비수열 $\{a_n\}$의 제2항부터 0이야.
즉, $a_5=0$이 되어야 해.

그런데 $a_5=\dfrac{3}{4}>0$이므로 $a_1\neq0$, $r\neq0$이야.

김동현 | 연세대 실내건축학과 2024년 입학 · 안성 안법고 졸

이 문제는 등비수열의 제5항이 주어졌으니까 첫째항 또는 공비를 구한다면 해결된 것이나 마찬가지야. 나는 첫 번째 조건의 양변에 숫자 4를 보고 제4항을 기준으로 문제를 풀면 되겠다고 생각했어. 정리해보니 공비를 구할 수 있었고, 공비를 구했으니 첫째항은 당연히 구한 것이나 마찬가지! 공통항을 찾는 것은 수열에서 기본이니까 꼭 기억해!

G 179 정답 ③ ＊등비수열의 합의 활용 [정답률 67%]

(정답 공식: $x^{10}+x^9+\cdots+x+1=(x-1)f(x)+$(나머지)로 표현할 수 있다. 나머지를 구하고 x에 2를 대입하면 된다.)

다항식 $x^{10}+x^9+\cdots+x^2+x+1$을 $x-1$로 나눈 몫을 $f(x)$라고 할 때, $f(x)$를 $x-2$로 나눈 나머지는? (3점)

단서 나눗셈의 정리를 이용하여 $f(x)$를 x에 대한 식으로 표현해.

① $2^{10}-10$ ② $2^{10}+11$ ③ $2^{11}-12$
④ $2^{11}-10$ ⑤ $2^{11}+11$

1st 나눗셈의 정리를 이용하여 몫이 $f(x)$일 때 나머지를 구하여 $f(x)$를 x의 식으로 표현해.
→ 다항식 A를 B로 나눈 몫이 Q, 나머지를 R라 하면 $A=BQ+R$지?

$x^{10}+x^9+\cdots+x^2+x+1$을 $x-1$로 나눈 몫이 $f(x)$라 하므로 나머지를 R라 하자.

$x^{10}+x^9+\cdots+x^2+x+1=(x-1)f(x)+R$

이때, 양변에 $x=1$을 대입하면 $R=11$

→ $(x-1)f(x)$에서 $f(x)$를 모르니까 이 항이 소거될 수 있는 x의 값을 대입해. 즉, 계수가 1인 항이 10개, 상수항이 1이니까 R의 값을 쉽게 구할 수 있지?

$\therefore x^{10}+x^9+\cdots+x^2+x+1=(x-1)f(x)+11 \cdots$ ㉠

2nd 다항식 $f(x)$를 $x-a$로 나눈 나머지는 $f(a)$야.
→ $f(x)=(x-a)Q'+R'$이라 하면 나머지는 양변에 $x=a$를 대입하여 $R'=f(a)$야.

한편, $f(x)$를 $x-2$로 나눈 나머지는 $f(2)$이므로

㉠에 $x=2$를 대입하면 $2^{10}+2^9+\cdots+2+1=f(2)+11$

3rd 좌변의 식이 첫째항이 1, 공비가 2인 등비수열의 합이므로 등비수열의 합의 공식을 이용해.
첫째항이 a_1, 공비가 r일 때, 등비수열의 합은 $S_n=\dfrac{a_1(r^n-1)}{r-1}$ (단, $r\neq1$)이야.

$\therefore f(2)=\dfrac{2^{11}-1}{2-1}-11=2^{11}-12$

G 180 정답 ① ＊등비수열의 합의 활용 [정답률 42%]

(정답 공식: 등비수열의 일반항 $a_n=ar^{n-1}$, 등비수열의 합 $S_n=\dfrac{a(r^n-1)}{r-1}$ $(r\neq1)$을 적용한다.)

첫째항이 양수이고 공비가 -2인 등비수열 $\{a_n\}$에 대하여

$$\sum_{k=1}^{9}(|a_k|+a_k)=66$$

단서 $|a_k|$가 있으니까 경우를 나누어서 값을 구하자.

일 때, a_1의 값은? (4점)

① $\dfrac{3}{31}$ ② $\dfrac{5}{31}$ ③ $\dfrac{7}{31}$
④ $\dfrac{9}{31}$ ⑤ $\dfrac{11}{31}$

1st 등비수열의 일반항을 구하여 $|a_k|+a_k$의 값을 생각하자.

첫째항이 양수이고 공비가 -2인 등비수열 $\{a_n\}$의 일반항을 구하면

$a_n=a_1(-2)^{n-1}$ $(a_1>0)$이므로

(i) $k=2n-1$일 때,

$$\begin{aligned}|a_k|+a_k&=|a_{2n-1}|+a_{2n-1}\\&=|(-2)^{2n-2}a_1|+(-2)^{2n-2}a_1\\&=2^{2n-2}a_1+2^{2n-2}a_1\\&=2a_k\end{aligned}$$

k가 홀수일 때와 짝수일 때로 나누어 구한 거야.

(ii) $k=2n$일 때,

$$\begin{aligned}|a_k|+a_k&=|a_{2n}|+a_{2n}\\&=|(-2)^{2n-1}a_1|+(-2)^{2n-1}a_1\\&=-2^{2n-2}a_1+2^{2n-2}a_1\\&=0\end{aligned}$$

$$\therefore \begin{cases}|a_k|+a_k=2a_k & (k\text{는 홀수})\\ |a_k|+a_k=0 & (k\text{는 짝수})\end{cases}$$

2nd 조건을 만족시키는 a_1의 값을 구하자.

$$\sum_{k=1}^{9}(|a_k|+a_k)=2(a_1+a_3+a_5+a_7+a_9)$$

→ k가 짝수일 때, $|a_k|+a_k=0$이므로 홀수항만 남지.

$$=2a_1(1+2^2+2^4+2^6+2^8)$$

$S_n=\dfrac{a(r^n-1)}{r-1}$ $(r\neq1)$

$$=2a_1\times\frac{4^5-1}{4-1}=\frac{2046}{3}a_1=682a_1=66$$

$$\therefore a_1=\frac{66}{682}=\frac{3}{31}$$

등비수열의 합 개념·공식

첫째항이 a, 공비가 r인 등비수열의 첫째항부터 제n항까지의 합 S_n은

① $r\neq1$일 때, $S_n=\dfrac{a(1-r^n)}{1-r}=\dfrac{a(r^n-1)}{r-1}$

② $r=1$일 때, $S_n=na$

G 181 정답 ② *등비수열의 합의 응용 [정답률 82%]

(정답 공식: 규칙에 맞도록 주어진 그림에 수를 쓰고, 등비수열의 합의 공식을 이용한다.)

그림은 16개의 칸 중 3개의 칸에 다음 규칙을 만족시키도록 수를 써 넣은 것이다.

(가) 가로로 인접한 두 칸에서 오른쪽 칸의 수는 왼쪽 칸의 수의 2배이다. 단서1 가로로 인접한 두 수에서 왼쪽의 수의 2배가 오른쪽의 수라는 거야.

(나) 세로로 인접한 두 칸에서 아래쪽 칸의 수는 위쪽 칸의 수의 2배이다. 단서2 세로로 인접한 두 수에서 위쪽의 수의 2배가 아래쪽의 수라는 거야.

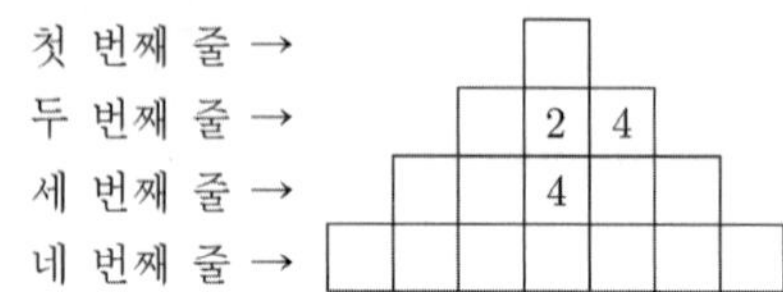

이 규칙을 만족시키도록 나머지 칸에 수를 써 넣을 때, 네 번째 줄에 있는 모든 수의 합은? (3점)

① 119 ② 127 ③ 135
④ 143 ⑤ 151

1st 주어진 규칙에 맞도록 그림의 빈칸에 수를 써.

세 번째 줄의 세 번째 칸에 쓰여 있는 수가 4이므로 이와 세로로 인접한 아래쪽 칸의 수는 $4\times2=8$이다.

즉, 네 번째 줄의 네 번째 칸에 쓰여진 수가 8이므로 그와 인접한 오른쪽 칸의 수는 $8\times2=16$, 16이 쓰여진 칸의 오른쪽 칸의 수는 $16\times2=32$, 32가 쓰여진 칸의 오른쪽 칸의 수는 $32\times2=64$이다.

또, 네 번째 줄의 8이 쓰여진 칸의 왼쪽 칸에 쓰여질 수는 2배해서 8이 되어야 하므로 4, 4가 쓰여진 칸의 왼쪽 칸에 쓰여질 수는 2배해서 4가 되어야 하므로 2, 2가 쓰여진 칸의 왼쪽 칸에 쓰여질 수는 2배해서 2가 되어야 하므로 1이다. 따라서 그림과 같이 네 번째 줄에 있는 수를 왼쪽부터 차례로 나열하면 1, 2, 4, 8, 16, 32, 64이다.

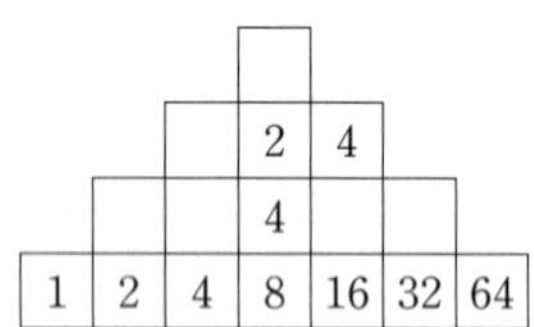

2nd 네 번째 줄에 있는 모든 수의 합을 구해.

즉, 네 번째 줄에 있는 수의 합은 첫째항이 1이고 공비가 2인 등비수열의 첫째항부터 제7항까지의 합이므로

$$(\text{구하는 합})=\frac{1\times(2^7-1)}{2-1}=127$$

→ 첫째항이 a이고 공비가 r인 등비수열의 첫째항부터 제n항까지의 합은 $\frac{a(1-r^n)}{1-r}=\frac{a(r^n-1)}{r-1}$ $(r\neq1)$

G 182 정답 ① *등비수열의 합의 응용 [정답률 42%]

(정답 공식: 접는 종이가 몇 겹인지를 파악해서, 만들어진 정사각형의 길이에 그만큼 곱해줘야 한다.)

그림과 같이 한 변의 길이가 2인 정사각형 모양의 종이 ABCD에서 각 변의 중점을 각각 A_1, B_1, C_1, D_1이라 하고 $\overline{A_1B_1}$, $\overline{B_1C_1}$, $\overline{C_1D_1}$, $\overline{D_1A_1}$을 접는 선으로 하여 네 점 A, B, C, D가 한 점에서 만나도록 접은 모양을 S_1이라 하자. S_1에서 정사각형 $A_1B_1C_1D_1$의 각 변의 중점을 각각 A_2, B_2, C_2, D_2라 하고 $\overline{A_2B_2}$, $\overline{B_2C_2}$, $\overline{C_2D_2}$, $\overline{D_2A_2}$를 접는 선으로 하여 네 점 A_1, B_1, C_1, D_1이 한 점에서 만나도록 접은 모양을 S_2라 하자. 이와 같은 과정을 계속하여 n번째 얻은 모양을 S_n이라 하고, S_n을 정사각형 모양의 종이 ABCD와 같도록 펼쳤을 때 접힌 모든 선들의 길이의 합을 l_n이라 하자. 예를 들어, $l_1=4\sqrt{2}$이다. l_5의 값은? (단, 종이의 두께는 고려하지 않는다.) (4점)

단서 S_n의 모양을 통해 l_n의 규칙을 찾아 봐.

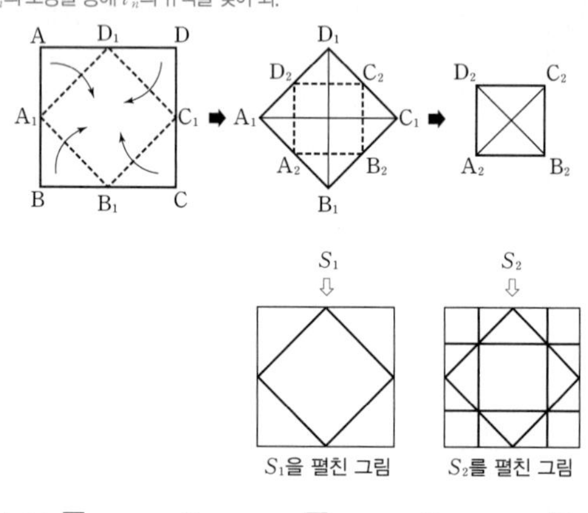

① $24+28\sqrt{2}$ ② $28+28\sqrt{2}$ ③ $28+32\sqrt{2}$
④ $32+32\sqrt{2}$ ⑤ $36+32\sqrt{2}$

1st S_1, S_2, S_3의 각각의 모양에서 생기는 선들의 길이의 합의 규칙을 찾아 보자.

종이 ABCD를 접는 선은 한 변의 길이가 $\sqrt{2}$인 정사각형이므로, S_1을 펼친 그림에서 접힌 모든 선들의 길이의 합은 $4\sqrt{2}$이다.

S_1을 접는 선은 한 변의 길이가 1인 정사각형이고 종이가 2겹이므로, S_2를 펼친 그림에서 새로 접힌 모든 선들의 길이의 합은 8이다.

실수 한 변의 길이가 1인 정사각형은 네 변의 종이가 2겹이므로 $1\times4\times2=8$

S_2를 접는 선은 한 변의 길이가 $\frac{1}{\sqrt{2}}$인 정사각형이고 종이가 4겹이므로, S_3을 펼친 그림에서 새로 접힌 모든 선들의 길이의 합은 $8\sqrt{2}$이다. 즉, S_1, S_2, S_3의 접히는 선들의 합은 각각 $4\sqrt{2}$, 8, $8\sqrt{2}$이고, 같은 규칙으로 시행하는 것이므로 등비수열이다.

→ 한 변의 길이가 $\frac{1}{\sqrt{2}}=\frac{\sqrt{2}}{2}$인 정사각형은 네 변의 종이가 4겹이므로 $\frac{\sqrt{2}}{2}\times4\times4=8\sqrt{2}$

그러므로 새로 접힌 모든 선들의 길이의 합은 첫째항이 $4\sqrt{2}$이고 공비가 $\sqrt{2}$인 등비수열이다.

2nd l_n의 규칙을 찾아서 l_5를 구해.

따라서 S_n을 펼친 그림에서 접힌 모든 선들의 길이의 합 l_n은 첫째항이 $4\sqrt{2}$이고 공비가 $\sqrt{2}$인 등비수열의 첫째항부터 제 n항까지의 합이다.

첫째항이 a_1, 공비가 r인 등비수열의 첫째항부터 제 n항까지의 합은 $S_n=\frac{a_1(r^n-1)}{r-1}$ (단, $r\neq1$)

$$\therefore\ l_5=\frac{4\sqrt{2}\times\{(\sqrt{2})^5-1\}}{\sqrt{2}-1}$$
$$=24+28\sqrt{2}$$

G 183 정답 13 *등비수열의 합의 응용 [정답률 53%]

(정답 공식: 10행의 1열부터 10열까지는 2의 거듭제곱꼴이다. 11열과 12열은 3×2^n의 형태다.)

그림과 같이 자연수를 다음 규칙에 따라 나열하였다.
단서 규칙으로 각 행의 수를 추론해 볼까?

[규칙1] 1행에는 2, 3, 6의 3개의 수를 차례대로 나열한다.
[규칙2] $n+1$행에 나열된 수는 1열에 2, 2열부터는 n행에 나열된 각 수에 2를 곱하여 차례대로 나열한다.

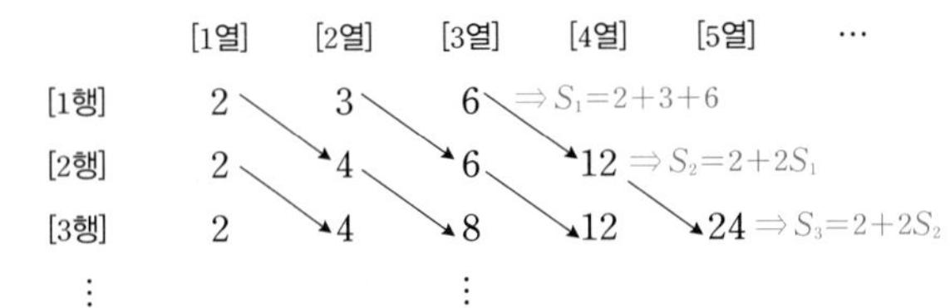

10행에 나열된 모든 자연수의 합을 S라 할 때, $S=p\times2^9-2$이다. 이때, p의 값을 구하시오. (3점)

1st 각 행에 나열된 모든 자연수의 합을 유추하자.

	[1열]	[2열]	[3열]	[4열]	[5열]	…
[1행]	2	3	6			
[2행]	2	4	6	12		
[3행]	2	4	8	12	24	
⋮		⋮				

(각 수에 ×2를 하여 다음 행의 다음 열로)

n행에 나열된 모든 자연수의 합을 S_n이라 하면

$S_1=2+3+3\times2$

$S_2=2+2S_1=2+2^2+3\times2+3\times2^2$

$S_3=2+2S_2=2+2^2+2^3+3\times2^2+3\times2^3$

⋮

$S_n=2+2^2+\cdots+2^n+3\times2^{n-1}+3\times2^n$

첫째항이 2, 공비가 2인 등비수열의 첫째항부터 제n항까지의 합이야.

실수 활용 문제를 풀기 위해선 규칙을 찾아 일반화시켜서 식으로 나타낼 수 있어야 해.

2nd 10행에 나열된 자연수의 합을 구하기 위하여 등비수열의 합의 공식을 이용하자.

첫째항이 a_1, 공비가 r일 때, 등비수열의 합은 $S_n=\frac{a_1(r^n-1)}{r-1}$ (단, $r\neq1$)

$S_{10}=(2+2^2+\cdots+2^{10})+(3\times2^9+3\times2^{10})$

$=\frac{2(2^{10}-1)}{2-1}+3\times2^9+3\times2^{10}$

$=2^{11}-2+3\times2^9+3\times2^{10}$ → $p\times2^9-2$ 꼴로 만들자.

$=2^2\times2^9+3\times2^9+3\times2\times2^9-2$ ($a^{m+n}=a^ma^n$)

$=(4+3+6)\times2^9-2=13\times2^9-2$

그런데 $S=p\times2^9-2$라고 하므로 $p=13$이다.

톡톡 풀이: S_n과 S_{n-1} 사이의 관계식 찾기

n행에 나열된 모든 자연수의 합을 S_n이라 하면 $S_n=2+2S_{n-1}$ … ㉠

상수 a에 대하여 $S_n-a=2(S_{n-1}-a)$라 하면

$S_n-a=2S_{n-1}-2a$, $S_n=2S_{n-1}-a$ … ㉡ (㉠=㉡이므로 $-a=2$)

㉠=㉡이므로 $a=-2$ $\therefore S_n+2=2(S_{n-1}+2)$

즉, 수열 $\{S_n+2\}$는 첫째항이 $S_1+2=11+2=13$이고, 공비가 2인 등비수열이야. 첫째항이 a_1, 공비가 r일 때, 등비수열의 일반항은 $a_n=a_1\times r^{n-1}$야.

따라서 $S_n+2=13\times2^{n-1}$에서 $S_n=13\times2^{n-1}-2$

여기에 $n=10$을 대입하면

$S_{10}=13\times2^9-2=p\times2^9-2$ $\therefore p=13$

G 184 정답 ③ *등비수열의 합의 응용 [정답률 53%]

(정답 공식: $(n, 2^n)$이 $(n+1, 2^{n+1})$이 되기 위해서 몇 개의 좌표를 거쳐야 하는지 생각해본다.)

자연수 n에 대하여 점 P_n을 다음 규칙에 따라 정한다.
단서1 두 규칙으로 점 P_n의 좌표를 추론해야 해.

(가) 점 P_1의 좌표는 $(1, 1)$이다. ⇒ $a_1=1, b_1=1$
(나) 점 P_n의 좌표가 (a, b)일 때,
❶ $b<2^a$이면 점 P_{n+1}의 좌표는 $(a, b+1)$이고
❷ $b=2^a$이면 점 P_{n+1}의 좌표는 $(a+1, 1)$이다.
⇒ $b_1=1<2^1$으로 시작하여 ❶, ❷의 크기를 기준으로 좌표를 나열해 보자.

단서2 n의 값은 점 P_n의 개수이니까 점 P_n의 좌표의 규칙을 따지면서 그 개수를 확인하자.

점 P_n의 좌표가 $(10, 2^{10})$일 때, n의 값은? (4점)

① $2^{10}-2$ ② $2^{10}+2$ ③ $2^{11}-2$
④ 2^{11} ⑤ $2^{11}+2$

1st 주어진 규칙에 따라 점 P_n의 좌표를 구해 봐.

점 P_n의 좌표를 차례로 나열하면 다음과 같다.

$P_1(1, 1)$에서 $b=1<2^a=2$이므로 ($(a, b+1)$을 적용해.)

$(1, 1)\to(1, 2)$: 2^1개
($b=2$이니까 $b=2^a$에서 $(a+1, 1)$을 적용해.)

$P_3(2, 1)$에서 $b=1<2^a=4$이므로 ($b=2^2$이 될 때까지 $(a, b+1)$을 적용해.)

$(2, 1)\to(2, 2)\to(2, 3)\to(2, 2^2)$: 2^2개
($b=2^2$이니까 $b=2^a$에서 $(a+1, 1)$을 적용!)

이와 같이

$(3, 1)\to(3, 2)\to\cdots\to(3, 2^3)$: 2^3개
($b=2^3$이 될 때까지 $(a, b+1)$을 적용해.)

$(4, 1)\to(4, 2)\to\cdots\to(4, 2^4)$: 2^4개
($b=2^4$이 될 때까지 $(a, b+1)$을 적용해.)

⋮

$(10, 1)\to(10, 2)\to\cdots\to(10, 2^{10})$: 2^{10}개
($b=2^{10}$이 될 때까지 $(a, b+1)$을 적용해.)

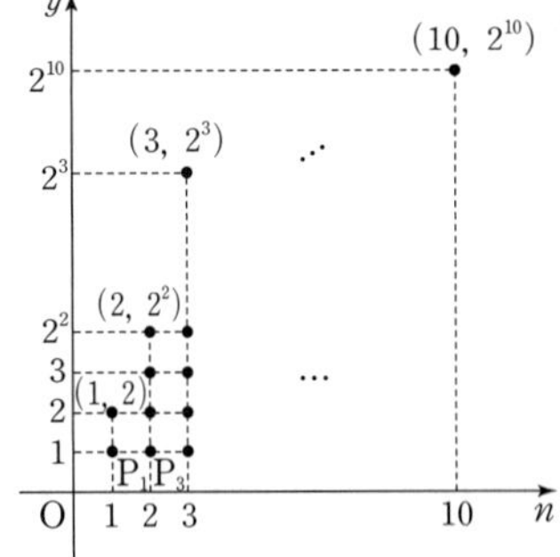

2nd 등비수열의 합의 공식을 이용해.
(첫째항이 a_1, 공비가 r (단, $r\neq1$)일 때, 등비수열의 합은 $S_n=\frac{a_1(r^n-1)}{r-1}$이야.)

점 P_n의 좌표가 $(10, 2^{10})$일 때 n의 값은 점 P_n의 개수와 같으므로

$n=2+2^2+2^3+\cdots+2^{10}=\frac{2(2^{10}-1)}{2-1}=2^{11}-2$

(첫째항이 2이고, 공비가 2인 등비수열의 첫째항부터 제10항까지의 합이지?)

등비수열의 합 (개념·공식)

첫째항이 a, 공비가 r인 등비수열의 첫째항부터 제n항까지의 합 S_n은

① $r\neq1$일 때, $S_n=\frac{a(1-r^n)}{1-r}=\frac{a(r^n-1)}{r-1}$

② $r=1$일 때, $S_n=na$

G 185 정답 ④ *등비수열의 합의 응용 [정답률 55%]

(정답 공식: 입사 19년째 해 연봉을 등비급수의 합의 공식을 이용해서 구한다.)

다음은 어느 회사의 연봉에 관한 규정이다.

(가) 입사 첫째 해 연봉은 a원이고, 입사 19년째 해까지의 연봉은 ❶해마다 직전 연봉에서 8 %씩 인상된다.
⇒ 전년도의 $(1+0.08)$배이지?

(나) ❷입사 20년째 해부터의 연봉은 입사 19년째 해 연봉의 $\frac{2}{3}$로 한다.
⇒ 20년째 부터는 일정한 금액이 계속 지급되는 거네.

이 회사에 입사한 사람이 28년 동안 근무하여 받는 연봉의 총합은? (단, $1.08^{18}=4$로 계산한다.) (4점)

① $\frac{101}{2}a$ ② $\frac{111}{2}a$ ③ $\frac{121}{2}a$ ④ $\frac{131}{2}a$ ⑤ $\frac{141}{2}a$

단서 1년째부터 19년째의 연봉은 일정 비율❶로 오르므로 등비수열이고, 20년째부터 28년째는 ❷로 고정이니까 식을 세울 수 있겠지?

1st 첫째 해부터 19년째 해의 연봉의 합을 구해.

첫째 해의 연봉 : a원 — 첫째항이 a, 공비가 1.08인 등비수열을 이루니까 n번째 해의 연봉은 $a_n=a(1.08)^{n-1}$

2년째 해의 연봉 : $a+a\times0.08=a(1.08)$원

3년째 해의 연봉 : $a(1.08)+a(1.08)\times0.08=a(1.08)^2$원

⋮

19년째 해의 연봉 : $a(1.08)^{18}$원

따라서 입사 후 19년째 해까지의 연봉의 합은

$a+a(1.08)+a(1.08)^2+\cdots+a(1.08)^{18}$

→ [등비수열의 합] 첫째항이 a_1, 공비가 r (단, $r\neq1$)일 때, 등비수열의 합은 $S_n=\frac{a_1(r^n-1)}{r-1}$이야.

$1.08^{18}=4$이니까 $1.08^{19}=1.08^{18}\times1.08$로 계산해.

$$=\frac{a(1.08^{19}-1)}{1.08-1}=\frac{a(4\times1.08-1)}{0.08}$$

$$=\frac{a(4\times108-100)}{8}=\frac{83}{2}a\ \cdots\ ㉠$$

2nd 20년째 해부터 28년째 해까지의 연봉의 합을 구해.

그리고 20년째 해의 연봉은 $a(1.08)^{18}\times\frac{2}{3}$이므로 → (19년째 해의 연봉)$\times\frac{2}{3}$

20년째 해부터 28년째 해까지 9년 동안의 연봉의 합은 (기간은 $28-20+1=9$)

$a(1.08)^{18}\times\frac{2}{3}\times9=4a\times6=24a\ \cdots\ ㉡$

주의: 20년째부터 28년째까지의 해를 $28-20=8$년으로 착각하는 경우가 많아.

3rd 연봉의 총합을 구해.

따라서 구하는 연봉의 총합은 ㉠, ㉡의 합이므로

$\frac{83}{2}a+24a=\frac{131}{2}a$

원리합계 (개념·공식)

원금을 a, 이율을 r, 기간을 n, 원리합계를 S라 하면

(1) 원금 a를 처음에만 넣은 경우
① 단리법 : $S=a(1+rn)$
② 복리법 : $S=a(1+r)^n$

(2) 원금 a씩을 기간 n 동안 적립한 경우
① 기수불 : $S=\frac{a(1+r)\{(1+r)^n-1\}}{r}$
② 기말불 : $S=\frac{a\{(1+r)^n-1\}}{r}$

G 186 정답 ④ *등비수열의 합의 응용 – 원리합계 [정답률 67%]

(정답 공식: 대출금을 이자와 함께 회수한 금액과 예비금을 합친 금액이 정기예금을 이자와 함께 지불할 금액보다 20만 원이 더 많아야 한다.)

한 은행은 고객으로부터 100만 원을 연이율 5 %의 5년 만기 정기예금으로 받으면, 그 중에서 90만 원을 연이율 r %로 5년 동안 대출하고 나머지 ❶10만 원은 예비비로 보관한다. 5년 후 은행은 대출금을 이자와 함께 회수하고 고객에게 정기예금을 이자와 함께 지불하여 ❷20만 원의 수익을 얻으려고 한다. 이때, 대출 이율 r를 구하는 식은? (단, 모든 이자는 1년 마다의 복리로 계산한다.) (4점)

단서 ❷만큼 은행에서 수익을 내기 위해서는 대출금의 원리합계가 정기예금의 원리합계보다 커야 하지? 그리고 ❶이 있으니까 ❷가 되기 위해서는 그 차는 10만 원이네.

① $10^6\left(1+\frac{5}{100}\right)^5-9\times10^5\left(1+\frac{r}{100}\right)^5=10^5$

② $10^6\left(1+\frac{5}{100}\right)^5-9\times10^5\left(1+\frac{r}{100}\right)^5=2\times10^5$

③ $10^6\left(1+\frac{5}{100}\right)^5-9\times10^5\left(1+\frac{r}{100}\right)^5=3\times10^5$

④ $9\times10^5\left(1+\frac{r}{100}\right)^5-10^6\left(1+\frac{5}{100}\right)^5=10^5$

⑤ $9\times10^5\left(1+\frac{r}{100}\right)^5-10^6\left(1+\frac{5}{100}\right)^5=2\times10^5$

1st 은행의 수익이 20만 원이 되기 위한 조건을 생각해.
정기예금의 원리합계와 대출금액의 원리합계의 차이지?

이 은행은 100만 원의 정기예금에서 90만 원을 대출해 주고 10만 원은 예비비로 보관하고 있으므로 5년 후 20만 원의 수익을 얻으려면 정기예금의 원리합계와 대출금의 원리합계의 차가 10만 원이어야 한다. (=(수익)−(예비금))

2nd 복리법을 이용한 원리합계로 5년 후 정기예금과 대출금의 원리합계를 구하자.
원리금 a, 이율 r %일 때, n기간 후의 원리합계는 $S_n=a\left(1+\frac{r}{100}\right)^n$이야.

연이율 5 %의 5년 만기 정기예금 100만 원($=10^6$)에 대한 5년 후의 원리합계는

$10^6\left(1+\frac{5}{100}\right)^5$(원)

고객의 돈 90만 원을($=9\times10^5$) 연이율 r %로 5년 동안 대출하므로 이 금액에 대한 5년 후의 원리합계는

$9\times10^5\left(1+\frac{r}{100}\right)^5$(원)

3rd 구해진 식을 이용하여 대출 이율 r를 식으로 표현해.

따라서 대출 이율 r를 구하는 식은

$9\times10^5\left(1+\frac{r}{100}\right)^5-10^6\left(1+\frac{5}{100}\right)^5=10^5$

G 187 정답 ④ *등비수열의 합의 응용 – 원리합계 ··· [정답률 45%]

(정답 공식: 각 용량별로 개수와 가격을 곱한 값을 모두 더한 뒤 40% 하락을 계산하면 된다.)

다음 표는 어느 학교에서 한 달 전에 구입한 휴대용 저장 장치의 용량에 따른 1개당 가격과 개수의 현황을 나타낸 것이다.

용량	128MB	256MB	512MB	1GB	2GB
1개당 가격	a	$\frac{3}{2}a$	$\left(\frac{3}{2}\right)^2 a$	$\left(\frac{3}{2}\right)^3 a$	$\left(\frac{3}{2}\right)^4 a$
개수	$16b$	$8b$	$4b$	$2b$	b

단서2 감소니까 -0.4로 한 달 전에 구입한 금액의 0.6배이지?

현재 모든 휴대용 저장 장치의 가격이 한 달 전보다 모두 40 %씩 하락하였다. 이 학교에서 휴대용 저장 장치의 용량과 개수를 위 표와 동일하게 현재의 가격으로 구입한다면 지불해야 하는 금액은? (단, $a>0$이고, $b>0$이다.) (4점)

단서1 (지불 금액)=(1개당 가격)×(개수)이고, 현재 가격이 감소하였으니까 주의하여 용량별로 금액을 구하여 합하면 되겠네.

① $\frac{128}{5}ab\left\{1-\left(\frac{1}{4}\right)^5\right\}$ ② $32ab\left\{1-\left(\frac{3}{4}\right)^5\right\}$

③ $32ab\left\{1-\left(\frac{1}{4}\right)^5\right\}$ ④ $\frac{192}{5}ab\left\{1-\left(\frac{3}{4}\right)^5\right\}$

⑤ $\frac{192}{5}ab\left\{1-\left(\frac{1}{4}\right)^5\right\}$

1st 한 달 전에 구입한 모든 휴대용 저장 장치의 가격부터 구하자.

주어진 표를 이용하면 한 달 전 모든 휴대용 저장 장치의 가격은

(모든 저장 장치의 가격)=(1개당 가격)×(개수)

$=a\times16b+\frac{3}{2}a\times8b+\left(\frac{3}{2}\right)^2a\times4b+\left(\frac{3}{2}\right)^3a\times2b+\left(\frac{3}{2}\right)^4a\times b$

$=ab\left\{16+3\times4+3^2+\frac{3^3}{4}+\frac{3^4}{16}\right\}$ ··· ㉠

2nd 현재 가격은 한 달 전보다 모두 40 %씩 하락하였으므로 한 달 전의 60 %가 되겠지?

실수 $a\%$ 감소이면 $\left(1-\frac{a}{100}\right)$이니까 $(1-0.4)=0.6$이야.

따라서 ㉠에 의하여

(현재의 가격)$=ab\left\{16+3\times4+3^2+\frac{3^3}{4}+\frac{3^4}{16}\right\}\times\frac{60}{100}$

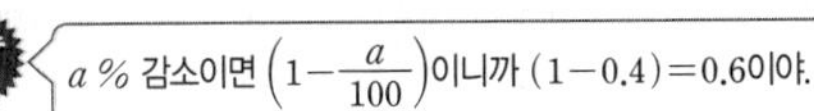

이니까 첫째항이 16이고 공비가 $\frac{3}{4}$인 등비수열의 첫째항부터 제5항까지의 합이야.

$=\frac{3}{5}ab\times\frac{16\times\left\{1-\left(\frac{3}{4}\right)^5\right\}}{1-\frac{3}{4}}$

$=\frac{192}{5}ab\left\{1-\left(\frac{3}{4}\right)^5\right\}$

첫째항이 a_1, 공비가 r (단, $|r|<1$)일 때, 등비수열의 합은 $S_n=\frac{a_1(1-r^n)}{1-r}$이야.

G 188 정답 ② *등비수열의 합의 응용 – 원리합계 ··· [정답률 55%]

(정답 공식: 2011년 초에 적립한 200만 원이 2030년 말에는 200만 • $(1.05)^{20}$이 된다. 매년 초에 적립한 금액이 2030년 말에는 얼마가 되는지 생각한다.)

어느 회사원이 2011년 초에 200만 원을 적립하고 다음 해부터 매년 초에 전년도 적립금액의 5 %를 증액하여 적립하기로 하였다. 2030년 말까지 적립되는 원리합계는? (단, 연이율 5 %, 1년마다의 복리로 계산하고, $(1.05)^{20}=2.65$로 계산한다.) (3점)

단서1 매년 초 적립 금액이 0.05배 증가하지?

① 9600만 원 ② 10600만 원 ③ 11600만 원

④ 12600만 원 ⑤ 13600만 원

단서2 2011년 초부터 2030년 12월 말까지 원리합계이지? 이때, 복리를 체크하고, 첫째항에 주의하여 식을 세우자.

1st 단서를 이용하여 매년 초 적립된 금액을 파악하자.

a원을 $r\%$ 증액하면 원리합계는 $a\left(1+\frac{r}{100}\right)$이지?

적립 금액은 매년 초 전년도보다 5 %씩 증액하므로 매년 초 적립하는 금액을 정리하면 $\left(1+\frac{5}{100}\right)$배

2011년 초 : 200만, 2012년 초 : 200만×1.05

2013년 초 : 200만×1.05^2, ···, 2030년 초 : 200만×1.05^{19}

2nd 복리법을 이용한 원리합계로 10년간 적립된 금액을 계산하자.

원리금 a, 이율 $r\%$일 때, n기간 후의 원리합계는 $S_n=a\left(1+\frac{r}{100}\right)^n$이야.

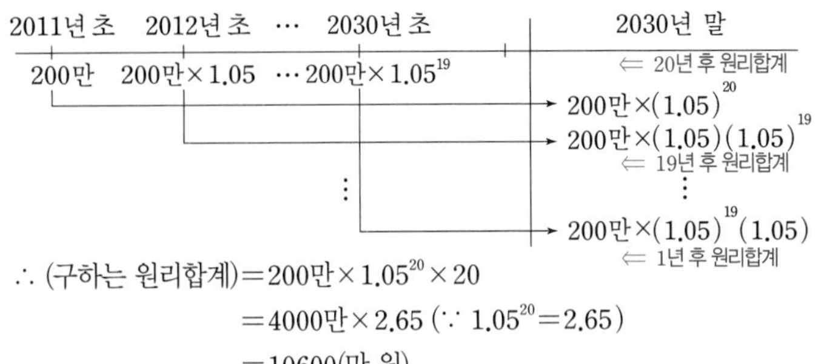

$\therefore$ (구하는 원리합계)$=200$만$\times1.05^{20}\times20$

$=4000$만$\times2.65$ ($\because 1.05^{20}=2.65$)

$=10600$(만 원)

G 189 정답 ④ *수열의 합과 일반항 사이의 관계 ··· [정답률 92%]

(정답 공식: 수열에서 연속한 항들의 합을 구할 때는 S_n을 이용한다.)

수열 $\{a_n\}$의 첫째항부터 제n항까지의 합 S_n이 $S_n=2n^2+n$일 때, $a_3+a_4+a_5$의 값은? (3점)

단서 제3 항부터 제5 항까지의 연속한 수열의 합을 구해야 해.

① 30 ② 35 ③ 40

④ 45 ⑤ 50

1st 수열의 합 S_n과 일반항 a_n 사이의 관계를 이용하여 수열의 합을 구해.

$a_3+a_4+a_5=S_5-S_2=(2\times5^2+5)-(2\times2^2+2)=45$

G 190 정답 ② *수열의 합과 일반항 사이의 관계 ··· [정답률 91%]

(정답 공식: $n\ge2$일 때, $a_n=S_n-S_{n-1}$임을 안다.)

수열 $\{a_n\}$의 첫째항부터 제n항까지의 합 S_n이 $S_n=n+2^n$일 때, a_6의 값은? (3점)

단서 합으로 일반항을 구하는 경우는 $a_6=S_6-S_5$를 이용해야겠지?

① 31 ② 33 ③ 35

④ 37 ⑤ 39

1st 주어진 수열의 합을 이용하여 a_6의 값을 구해야겠지?

$a_n=S_n-S_{n-1}(n\ge2)$임을 이용해.

수열 $\{a_n\}$의 첫째항부터 제n항까지의 합 $S_n=n+2^n$에 대하여

$a_6=S_6-S_5=(6+2^6)-(5+2^5)$

$=(6-5)+2^5(2-1)$

$=1+32=33$

다른 풀이: $a_n(n\ge2)$을 구하여 $n=6$ 대입하기

$a_n=S_n-S_{n-1}$

주의 $a_n=S_n-S_{n-1}$에서 $n\ge2$임에 주의해.

$=(n+2^n)-\{(n-1)+2^{n-1}\}=2^{n-1}+1\,(n\ge2)$

$\therefore a_6=2^{6-1}+1=33$

$n=1$일 때 $2^0+1=2$이고 $a_1=S_1=1+2=3$이니까 이 식은 모든 자연수 n에서는 성립하지 않아.

G 191 정답 99 *수열의 합과 일반항 사이의 관계 [정답률 95%]

(정답 공식: $a_{50}=S_{50}-S_{49}$임을 이용한다.)

수열 $\{a_n\}$의 첫째항부터 제n항까지의 합 S_n이 $S_n=n^2$일 때, a_{50}의 값을 구하시오. (3점) 단서 S_n이 주어졌으니까 $a_n=S_n-S_{n-1}$을 이용해서 구할 수 있어.

1st 수열의 합과 일반항 사이의 관계를 이용해서 a_{50}을 구하자.

$a_{50}=S_{50}-S_{49}=50^2-49^2$

$=(50-49)\times(50+49)=99$ ($a^2-b^2=(a+b)(a-b)$)

다른 풀이: $a_n(n\geq2)$을 구하여 $n=50$ 대입하기

$a_n=S_n-S_{n-1}=n^2-(n-1)^2=2n-1\ (n\geq2)$

$\therefore a_{50}=99$

G 192 정답 ② *수열의 합과 일반항 사이의 관계 [정답률 91%]

(정답 공식: $n\geq2$일 때, $a_n=S_n-S_{n-1}$임을 안다.)

수열 $\{a_n\}$의 첫째항부터 제n항까지의 합 S_n이 $S_n=\dfrac{n}{n+1}$일 때, a_4의 값은? (3점) 단서 합으로 일반항을 구하는 경우는 $a_4=S_4-S_3$을 이용해야겠지?

① $\dfrac{1}{22}$ ② $\dfrac{1}{20}$ ③ $\dfrac{1}{18}$
④ $\dfrac{1}{16}$ ⑤ $\dfrac{1}{14}$

1st 주어진 수열의 합을 이용하여 a_4의 값을 구해야겠지? ($a_n=S_n-S_{n-1}(n\geq2)$임을 이용해.)

수열 $\{a_n\}$의 첫째항부터 제n항까지의 합 $S_n=\dfrac{n}{n+1}$에 대하여

$a_4=S_4-S_3=\dfrac{4}{5}-\dfrac{3}{4}=\dfrac{16-15}{20}=\dfrac{1}{20}$

다른 풀이: $a_n(n\geq2)$을 구하여 $n=4$ 대입하기

$a_n=S_n-S_{n-1}=\dfrac{n}{n+1}-\dfrac{n-1}{n}=\dfrac{1}{n^2+n}\ (n\geq2)$

$\therefore a_4=\dfrac{1}{4^2+4}=\dfrac{1}{20}$

$n=1$일 때 $\dfrac{1}{1+1}=\dfrac{1}{2}$이고 $a_1=S_1=\dfrac{1}{1+1}=\dfrac{1}{2}$이니까 이 식은 모든 자연수 n에 대하여 성립해.

G 193 정답 14 *수열의 합과 일반항 사이의 관계 [정답률 91%]

(정답 공식: $n\geq2$일 때, $a_n=S_n-S_{n-1}$이고, $n=1$일 때, $a_1=S_1$이다.)

수열 $\{a_n\}$의 첫째항부터 제n항까지의 합 S_n이 $S_n=2^{n-1}+5$일 때, a_1+a_5의 값을 구하시오. (3점) 단서 합으로 일반항을 구하는 경우는 $a_n=S_n-S_{n-1}(n\geq2)$을 이용해야겠지? 이때, $a_1=S_1$이지?

1st 주어진 수열의 합을 이용하여 a_1과 a_5의 값을 구해야겠지? ($a_n=S_n-S_{n-1}(n\geq2)$, $a_1=S_1$을 이용해.)

수열 $\{a_n\}$의 첫째항부터 제n항까지의 합 $S_n=2^{n-1}+5$에 대하여

$a_1=S_1=2^0+5=1+5=6$

$a_5=S_5-S_4=(2^4+5)-(2^3+5)=16-8=8$

$\therefore a_1+a_5=6+8=14$

G 194 정답 ③ *수열의 합과 일반항 사이의 관계 [정답률 92%]

(정답 공식: $n\geq2$일 때, $a_n=S_n-S_{n-1}$이고, $n=1$일 때, $a_1=S_1$이다.)

수열 $\{a_n\}$에 대하여 첫째항부터 제n항까지의 합 S_n이 $S_n=n^2+3n+1$일 때, a_1+a_6의 값은? (3점)
단서 합으로 일반항을 구하는 경우는 $a_n=S_n-S_{n-1}(n\geq2)$을 이용해야겠지? 이때, $a_1=S_1$이야.

① 17 ② 18 ③ 19
④ 20 ⑤ 21

1st 주어진 수열의 합을 이용하여 a_1과 a_6의 값을 구해야겠지? ($a_n=S_n-S_{n-1}(n\geq2)$, $a_1=S_1$임을 이용하자.)

수열 $\{a_n\}$의 첫째항부터 제n항까지의 합 $S_n=n^2+3n+1$에 대하여

$a_1=S_1=1+3+1=5$

$a_6=S_6-S_5=(6^2+3\times6+1)-(5^2+3\times5+1)=(6^2-5^2)+3(6-5)$ ($a^2-b^2=(a+b)(a-b)$)

$=(6+5)(6-5)+3$

$=11+3$

$=14$

$\therefore a_1+a_6=5+14=19$

G 195 정답 ② *수열의 합과 일반항 사이의 관계 [정답률 92%]

(정답 공식: $a_1=S_1$이고, $a_5=S_5-S_4$임을 이용한다.)

수열 $\{a_n\}$의 첫째항부터 제n항까지의 합 S_n이 $S_n=n^2+2^n$일 때, a_1+a_5의 값은? (3점) 단서 합으로 일반항을 구하는 경우는 $a_n=S_n-S_{n-1}(n\geq2)$을 이용해야겠지? 이때, $a_1=S_1$이야.

① 26 ② 28 ③ 30
④ 32 ⑤ 34

1st 주어진 수열의 합을 이용하여 a_1과 a_5의 값을 구해야겠지? ($a_n=S_n-S_{n-1}(n\geq2)$, $a_1=S_1$임을 이용해.)

수열의 합 $S_n=n^2+2^n$에 대하여

$a_1=S_1=1+2=3$

$a_5=S_5-S_4=(5^2+2^5)-(4^2+2^4)=(5^2-4^2)+2^5-2^4$ ($a^2-b^2=(a+b)(a-b)$야.)

$=(5+4)(5-4)+2^4(2-1)$

$=9+16=25$

$\therefore a_1+a_5=3+25=28$

G 196 정답 256 *수열의 합과 일반항 사이의 관계 [정답률 91%]

(정답 공식: $a_9=S_9-S_8$임을 이용한다.)

수열 $\{a_n\}$의 첫째항부터 제n항까지의 합 S_n이 $S_n=2^n-1$일 때, a_9의 값을 구하시오. (3점) 단서 합으로 일반항을 구하는 경우는 $a_9=S_9-S_8$을 이용해야겠지?

1st 주어진 수열의 합을 이용하여 a_9의 값을 구해야겠지? ($a_n=S_n-S_{n-1}(n\geq2)$임을 이용해.)

수열의 합 $S_n=2^n-1$에 대하여

$a_9=S_9-S_8=(2^9-1)-(2^8-1)=2^8(2-1)=2^8=256$

다른 풀이: $a_n(n\geq2)$을 구하여 $n=9$ 대입하기

$a_n=S_n-S_{n-1}=(2^n-1)-(2^{n-1}-1)$

$=2^n-2^{n-1}=(2-1)\times2^{n-1}=2^{n-1}\ (n\geq2)$

$n=1$, $a_1=2^{1-1}=1$일 때 $a_1=S_1=2^1-1=1$ 즉, 모든 자연수 n에 대해 성립해.

$\therefore a_9=2^{9-1}=2^8=256$

G 197 정답 ② *수열의 합과 일반항 사이의 관계 [정답률 83%]

(정답 공식: 수열 $\{a_n\}$의 첫째항부터 제n항까지의 합을 S_n이라 하면 $a_1=S_1$, $a_n=S_n-S_{n-1}(n\geq2)$이다.)

공차가 d인 등차수열 $\{a_n\}$의 첫째항부터 제n항까지의 합이 n^2-5n일 때, a_1+d의 값은? (3점)

단서 수열 $\{a_n\}$이 공차가 d인 등차수열이므로 $a_1+d=a_2$지? 즉, 구하는 것은 수열 $\{a_n\}$의 두 번째 항이야.

① -4 ② -2 ③ 0
④ 2 ⑤ 4

1st a_1+d의 값을 구해.

$S_n=n^2-5n$이라 하면

$a_2=S_2-S_1=(2^2-5\times2)-(1^2-5\times1)=-6-(-4)=-2$

$\therefore a_1+d=a_2=-2$

$S_2=a_1+a_2$, $S_1=a_1$이므로 $S_2-S_1=(a_1+a_2)-a_1=a_2$

다른 풀이: a_1과 $a_n(n\geq2)$을 각각 구하여 공차 구하기

수열 $\{a_n\}$의 일반항을 구해 볼까?

$S_n=n^2-5n$이라 하면

$a_n=S_n-S_{n-1}=(n^2-5n)-\{(n-1)^2-5(n-1)\}$

$=n^2-5n-(n^2-2n+1-5n+5)=2n-6\,(n\geq2)$ ⋯ ㉠

→ 수열 $\{a_n\}$의 첫째항부터 제n항까지의 합을 S_n이라 하면 $a_1=S_1$, $a_n=S_n-S_{n-1}(n\geq2)$이야.

이때, $a_1=S_1=1^2-5\times1=-4$이고 이것은 ㉠에 $n=1$을 대입한 값과 같으므로 $a_n=2n-6\,(n\geq1)$이야.

따라서 등차수열 $\{a_n\}$의 공차는 $d=2$이고 $a_1=-4$이므로

$a_1+d=-4+2=-2$

등차수열의 일반항은 n에 대한 일차식으로 나타나. 이때, 공차가 d이면 일차항의 계수도 d야.

톡톡 풀이: 등차수열의 합을 나타내는 식에서 공차 구하기

공차가 d인 등차수열 $\{a_n\}$의 첫째항부터 제n항까지의 합이 n^2-5n이므로 공차 $d=1\times2=2$ ⋯ (★)야.

이때, a_1의 값은 n^2-5n에 $n=1$을 대입하였을 때의 값이므로

$a_1=1^2-5\times1=-4$

$\therefore a_1+d=-4+2=-2$

수능 핵강

*** (★)이 성립하는 이유**

첫째항이 a이고 공차가 d인 등차수열 $\{a_n\}$의 첫째항부터 제n항까지의 합을 S_n이라 하면

$S_n=\frac{n\{2a+(n-1)d\}}{2}=\frac{2an+dn^2-dn}{2}=\frac{d}{2}n^2+\frac{2a-d}{2}n$이야.

즉, 수열 $\{a_n\}$의 공차는 S_n의 이차항의 계수의 2배야.

수열의 합과 일반항 사이의 관계 개념·공식

수열 $\{a_n\}$의 첫째항부터 제n항까지의 합을 S_n이라 하면
① $a_1=S_1$
② $a_n=S_n-S_{n-1}(n\geq2)$

G 198 정답 ② *수열의 합과 일반항 사이의 관계 [정답률 88%]

(정답 공식: 수열 $\{a_n\}$의 첫째항부터 제n항까지의 합을 S_n이라 하면 $a_n=S_n-S_{n-1}\,(n\geq2)$, $a_1=S_1$)

수열 $\{a_n\}$의 첫째항부터 제n항까지의 합을 S_n이라 할 때, $S_n=2n^2-3n$이다. $a_n>100$을 만족시키는 자연수 n의 최솟값은? (3점)

단서 첫째항부터 제n항까지의 합이 S_n인 수열 $\{a_n\}$의 일반항은 $a_n=S_n-S_{n-1}$임을 이용하여 구할 수 있어. 이때, 일반적으로 $a_n=S_n-S_{n-1}$은 $n\geq2$일 때 성립하고 a_1의 값은 S_1의 값과 같음을 이용하여 구해야 해.

① 25 ② 27 ③ 29 ④ 31 ⑤ 33

1st 수열 $\{a_n\}$의 일반항을 구하자.

$a_n=S_n-S_{n-1}=(2n^2-3n)-\{2(n-1)^2-3(n-1)\}$

$=4n-5\,(n\geq2)$

이때, $a_1=S_1=2\times1^2-3\times1=-1$이므로

$a_n=4n-5\,(n\geq1)$

$a_1=S_1=-1$이고 $a_n=4n-5$의 양변에 $n=1$을 대입하면 $a_1=-1$이므로 모든 자연수 n에 대하여 $a_n=4n-5$가 성립해.

2nd $a_n>100$을 만족시키는 자연수 n의 최솟값을 구해.

즉, $a_n>100$에서 $4n-5>100$, $4n>105$

$\therefore n>\frac{105}{4}=26.25$

따라서 $a_n>100$을 만족시키는 자연수 n의 최솟값은 27이다.

G 199 정답 ① *수열의 합과 일반항 사이의 관계 [정답률 85%]

(정답 공식: $n\geq2$일 때, $a_n=S_n-S_{n-1}$이고, $n=1$일 때, $a_1=S_1$이다.)

수열 $\{a_n\}$의 첫째항부터 제n항까지의 합 S_n이 $S_n=n^2-10n$일 때, $a_n<0$을 만족시키는 자연수 n의 개수는? (3점)

단서 합으로 일반항을 구하는 경우는 $a_n=S_n-S_{n-1}(n\geq2)$을 이용해야겠지? 이때, $a_n<0$을 만족시키는 n의 범위를 찾자.

① 5 ② 6 ③ 7
④ 8 ⑤ 9

1st 주어진 수열의 합을 이용하여 수열의 일반항을 찾아.
$a_n=S_n-S_{n-1}(n\geq2)$, $a_1=S_1$임을 이용해.

$a_n=S_n-S_{n-1}=(n^2-10n)-\{(n-1)^2-10(n-1)\}$

$=(n^2-10n)-(n^2-12n+11)$

$=2n-11\,(n\geq2)$ ⋯ ⓐ

이때, $a_1=S_1=-9$이므로 $a_n=2n-11\,(n\geq1)$

→ ⓐ에서 구한 식에 $n=1$을 대입한 값과 $S_1=-9$가 같으니까 ⓐ의 식은 모든 자연수에서 성립해.

2nd $a_n<0$을 만족시키는 자연수 n을 구해.

$a_n<0$에서 $2n-11<0$

$\therefore n<\frac{11}{2}=5.5$ → n은 5 이하의 자연수야.

따라서 $a_n<0$을 만족시키는 자연수 n의 개수는 1, 2, 3, 4, 5로 5이다.

쉬운 풀이: 수열의 합이 상수항이 없는 n에 대한 이차식이면 등차수열임을 이용하기

$S_n=n^2-10n$이므로 수열 $\{a_n\}$은 첫째항이

$a_1=S_1=1^2-10\times1=-9$이고 공차가 2인 등차수열이므로

$a_n=-9+(n-1)\times2=2n-11$

(이하 동일)

등차수열 $\{a_n\}$의 첫째항부터 제n항까지의 합 S_n이 $S_n=pn^2+qn$이면 공차는 $2p$야. 즉, $S_n=n^2-10n$을 만족시키는 수열 $\{a_n\}$은 등차수열이고 공차는 $2\times1=2$야.

G 200 정답 ③ *수열의 합과 일반항 사이의 관계 활용 [정답률 84%]

(정답 공식: S_n을 n에 대해 나타낸 뒤, $a_6=S_6-S_5$이다.)

단서1 함수의 그래프가 주어진 경우는 그래프를 활용하여 푸는 경우가 대부분이지만, 여기서는 함수의 식만 알면 되니까 그림이 주어져 있지 않아도 상관없겠지?

수열 $\{a_n\}$의 첫째항부터 제n항까지의 합을 S_n이라 할 때, 이차함수 $f(x)=-\frac{1}{2}x^2+3x$에 대하여 $S_n=2f(n)$이다. a_6의 값은? (3점)

단서2 합을 주고 특정 항을 구하는 문제니까 $a_6=S_6-S_5$임을 이용해.

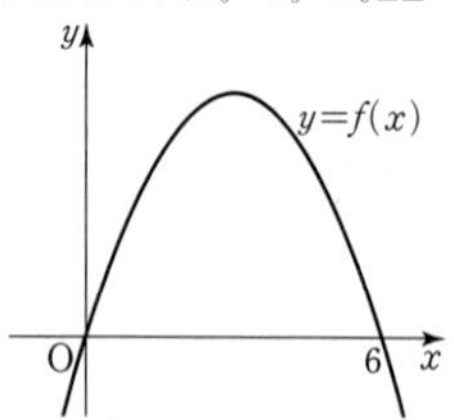

① -9 ② -7 ③ -5
④ -3 ⑤ -1

1st S_n의 식을 구해.

$f(n)=-\frac{1}{2}n^2+3n$이고, $S_n=2f(n)$이므로 $S_n=-n^2+6n$

2nd 합으로 일반항을 나타내는 방법을 이용하여 a_6의 값을 구해.

$a_6=S_6-S_5$이므로 $a_n=S_n-S_{n-1}$(단, $n\geq2$)

$a_6=S_6-S_5$ → $S_6-S_5=(a_1+a_2+\cdots+a_5+a_6)-(a_1+a_2+\cdots+a_5)$

$=(-6^2+6\times6)-(-5^2+6\times5)=25-30=-5$

G 201 정답 ① *수열의 합과 일반항 사이에 관계 활용 [정답률 66%]

(정답 공식: 수열 $\{a_n\}$의 첫째항부터 제n항까지의 합을 S_n이라 하면 $a_1=S_1$, $a_n=S_n-S_{n-1}(n\geq2)$이다.)

수열 $\{a_n\}$의 첫째항부터 제n항까지의 합을 S_n이라 하자. 모든 자연수 n에 대하여

$a_{n+1}=1-4\times S_n$

단서 일반항에 관한 식으로 바꿀 수 있지? $n\geq2$이면 $S_n-S_{n-1}=a_n$이야.

이고 $a_4=4$일 때, $a_1\times a_6$의 값은? (4점)

① 5 ② 10 ③ 15
④ 20 ⑤ 25

1st $a_n=S_n-S_{n-1}(n\geq2)$임을 이용하여 주어진 식을 변형해.

$a_{n+1}=1-4\times S_n$에서 $S_n=\frac{1}{4}-\frac{1}{4}a_{n+1}$

$n=1$일 때, $a_1=S_1=\frac{1}{4}-\frac{1}{4}a_2$ ⋯ ㉠

주의 $n\geq2$인 경우에만 $a_n=S_n-S_{n-1}$이 성립해. $n=1$인 경우는 $a_1=S_1$을 이용해야 해.

$n\geq2$일 때,

$a_n=S_n-S_{n-1}$

$=\left(\frac{1}{4}-\frac{1}{4}a_{n+1}\right)-\left(\frac{1}{4}-\frac{1}{4}a_n\right)$

$=-\frac{1}{4}a_{n+1}+\frac{1}{4}a_n$

$\frac{1}{4}a_{n+1}=-\frac{3}{4}a_n$

$\therefore a_{n+1}=-3a_n(n\geq2)$

즉, $n\geq2$일 때, 수열 $\{a_n\}$은 공비가 -3인 등비수열이므로

수열 $\{a_n\}$을 나열하면 $a_1, a_2, a_3=a_2\times(-3), a_4=a_2\times(-3)^2, a_5=a_2\times(-3)^3\cdots$이야.

2 이상의 자연수 n에 대하여 $a_n=a_2\times(-3)^{n-2}$ ⋯ ㉡

2nd $a_1\times a_6$의 값을 구하자.

$a_4=4$이므로 ㉡에서

$a_4=a_2\times(-3)^2=4$ $\therefore a_2=\frac{4}{9}$ ⋯ ㉢

㉢을 ㉠에 대입하면

$a_1=\frac{1}{4}-\frac{1}{4}\times\frac{4}{9}=\frac{9-4}{36}=\frac{5}{36}$이고

$a_6=a_4\times(-3)^2=4\times9=36$이므로 $a_1\times a_6=\frac{5}{36}\times36=5$

G 202 정답 16 *수열의 합과 일반항 사이의 관계 활용 [정답률 67%]

(정답 공식: $a_{2n}=S_{2n}-S_{2n-1}$임을 이용한다.)

수열 $\{a_n\}$에 대하여 첫째항부터 제n항까지의 합을 S_n이라 하자. 수열 $\{S_{2n-1}\}$은 공차가 -3인 등차수열이고, 수열 $\{S_{2n}\}$은 공차가 2인 등차수열이다. $a_2=1$일 때, a_8의 값을 구하시오. (4점)

단서 등차수열의 정의를 이용하여 S_{2n-1}, S_{2n}의 일반항을 찾자. 정리할 때, $S_1=a_1$과 $S_2=a_1+a_2$, $a_2=1$을 이용해.

1st 등차수열의 일반항을 이용하여 S_{2n-1}, S_{2n}을 구해.

첫째항이 a, 공차 d일 때 등차수열의 일반항은 $a_n=a_1+(n-1)d$야.

수열 $\{S_{2n-1}\}$은 $S_1, S_3, S_5\cdots$이므로 첫째항이 S_1, 공차가 -3인 등차수열이다. ($=a_1$)

$\therefore S_{2n-1}=S_1+(n-1)\times(-3)$

$=a_1+3-3n$ ⋯ ㉠

또, 수열 $\{S_{2n}\}$은 $S_2, S_4, S_6, \cdots$이므로 첫째항이 S_2, 공차가 2인 등차수열이다. ($=a_1+a_2$)

$\therefore S_{2n}=S_2+(n-1)\times2$

$=a_1+a_2+2n-2$

$=a_1+1+2n-2$

$=a_1-1+2n$ ⋯ ㉡

2nd 주어진 수열의 합을 이용하여 a_8의 값을 구해야겠지?

㉠과 ㉡에 의하여 $a_n=S_n-S_{n-1}(n\geq2)$임을 이용해.

$a_8=S_8-S_7=(a_1-1+8)-(a_1+3-12)$

→ 홀수항이니까 ㉠에 $n=4$를 대입해.
짝수항이니까 ㉡에 $n=4$를 대입해.

$=7+9=16$

다른 풀이: **등차수열의 일반항과 $S_n-S_{n-1}=a_n(n\geq2)$ 이용하기**

$S_{2n-1}=S_1+(n-1)\times(-3)$

$S_{2n}=S_2+(n-1)\times2$

$\therefore a_8=S_8-S_7$

$=(S_2+3\times2)-\{S_1+3\times(-3)\}$

$=S_2-S_1+15$

$=a_2+15=1+15=16$

수열의 합과 일반항 사이의 관계 개념·공식

수열 $\{a_n\}$의 첫째항부터 제n항까지의 합을 S_n이라 하면
① $a_1=S_1$
② $a_n=S_n-S_{n-1}(n\geq2)$

G 203 정답 ③ *수열의 합과 일반항 사이의 관계 활용 [정답률 43%]

정답 공식: $S_n=\frac{n\{2a_1+(n-1)d_1\}}{2}$임을 안다. S_n은 n에 대한 이차식이다. S_nT_n의 식에서 S_n의 인수들을 찾을 수 있다.

공차가 d_1, d_2인 두 등차수열 $\{a_n\}$, $\{b_n\}$의 첫째항부터 제n항까지의 합을 각각 S_n, T_n이라 하자. 단서1 보기가 a_n, b_n에 대한 조건들이므로 $a_n=S_n-S_{n-1}(n\geq2)$을 이용해야겠지?

$S_nT_n=n^2(n^2-1)$ … ⓐ

일 때, [보기]에서 항상 옳은 것을 모두 고른 것은? (4점)

[보기]

ㄱ. $a_n=n$이면 $b_n=4n-4$이다. 단서2 S_n을 구하여 ⓐ에서 T_n을 찾자.

ㄴ. $d_1d_2=4$ 단서3 S_n, T_n을 첫째항과 공차의 식으로 표현해.

ㄷ. $a_1\neq0$이면 $a_n=n$이다. 단서4 $a_1=S_1\neq0$이니까 S_n의 인수가 $(n-1)$을 가지지 않네.

① ㄱ ② ㄴ ③ ㄱ, ㄴ ④ ㄱ, ㄷ ⑤ ㄱ, ㄴ, ㄷ

1st ㄱ에서 $a_n=n$일 때, 주어진 조건에 의해 S_n, T_n의 값을 구하고, $b_n=T_n-T_{n-1}(n\geq2)$을 이용하여 일반항 b_n을 구해.

$S_nT_n=n^2(n^2-1)$에서

ㄱ. $a_n=n$일 때, $S_n=\frac{n(n+1)}{2}$이므로 $S_nT_n=n^2(n^2-1)$에 대입하면

$\frac{n(n+1)}{2}\times T_n=n^2(n^2-1)$

실수 첫째항이 1, 공차가 1인 등차수열의 합은 $\frac{n\times\{2\times1+(n-1)\times1\}}{2}$이야.

$\therefore T_n=2n(n-1)$

$b_n=T_n-T_{n-1}=2n(n-1)-2(n-1)(n-2)$

$=4n-4(n\geq2)$ … ㉠

이때, $b_1=T_1=0$이고 이것이 ㉠에 $n=1$을 대입한 값과 같으므로

$b_n=4n-4(n\geq1)$ (참)

2nd 등차수열의 합 S_n, T_n을 주어진 조건에 대입하여 계수를 비교해 봐.

ㄴ. S_n, T_n은 등차수열의 합이므로

첫째항이 a_1, 공차가 d인 등차수열의 첫째항부터 제n항까지의 합은 $S_n=\frac{n\{2a_1+(n-1)d\}}{2}$야.

$S_n=\frac{n\{2a_1+(n-1)d_1\}}{2}=\frac{d_1}{2}n^2+\cdots$

$T_n=\frac{n\{2b_1+(n-1)d_2\}}{2}=\frac{d_2}{2}n^2+\cdots$ → 등차수열의 합은 n의 이차식이야.

따라서 주어진 조건에서

$S_nT_n=n^2(n^2-1)=n^4-n^2=\frac{d_1d_2}{4}n^4+\cdots$

이므로 계수를 비교하면 $1=\frac{d_1d_2}{4}$ $\therefore d_1d_2=4$ (참)

3rd 등차수열의 합 S_n과 T_n이 n의 이차식이므로 S_nT_n을 적절히 인수분해하여 S_n을 구하여 일반항 a_n을 구해.

$a_n=S_n-S_{n-1}(n\geq2)$을 이용하자.

ㄷ. $a_1=S_1\neq0$이므로 S_n은 $(n-1)$을 인수로 가지지 않는다.

【반례】 $S_nT_n=n\times n\times(n+1)(n-1)$

$=(n^2+n)(n^2-n)$

실수 식을 논리적으로 전개하여 보기의 참과 거짓을 판단하여도 좋지만 이처럼 반례를 하나 찾으면 보기가 거짓임을 쉽고 빠르게 파악할 수 있어.

일 때, $S_n=n^2+n$이라 하면 $a_n=S_n-S_{n-1}=2n(n\geq2)$이다.

$S_n=n^2$이라 하면 $a_n=2n-1$로 이것도 반례가 될 수 있어.

이때, $a_1=2$이므로 $a_1\neq0$이고, $a_n=2n$ (거짓)

따라서 옳은 것은 ㄱ, ㄴ이다.

G 204 정답 8 *수열의 규칙 찾기 [정답률 65%]

정답 공식: $n=1$일 때부터 값을 계산해보면 (x_n, y_n)의 값이 순환하면서 반복된다는 것을 알 수 있다.

자연수 n에 대하여 순서쌍 (x_n, y_n)을 다음 규칙에 따라 정한다.

(가) $(x_1, y_1)=(1, 1)$ 단서 ❶, ❷의 규칙을 가지고 좌표를 나열하여 규칙을 찾자.

(나) ❶ n이 홀수이면 $(x_{n+1}, y_{n+1})=(x_n, (y_n-3)^2)$이고,

❷ n이 짝수이면 $(x_{n+1}, y_{n+1})=((x_n-3)^2, y_n)$이다.

순서쌍 (x_{2015}, y_{2015})에서 $x_{2015}+y_{2015}$의 값을 구하시오. (4점)

1st $n=1, 2, 3, \cdots$을 차례로 대입하여 규칙을 찾아 보자.

조건에서 $(x_1, y_1)=(1, 1)$

$n=1$일 때, $(x_2, y_2)=(x_1, (y_1-3)^2)=(1, 4)$

$n=2$일 때, $(x_3, y_3)=((x_2-3)^2, y_2)=(4, 4)$

$n=3$일 때, $(x_4, y_4)=(x_3, (y_3-3)^2)=(4, 1)$

$n=4$일 때, $(x_5, y_5)=((x_4-3)^2, y_4)=(1, 1)$

⋮

$(x_1, y_1)=(x_5, y_5)$ 원래대로 돌아오면 이것은 일정한 주기를 가지는 수열이네.

2nd 주기를 찾아 (x_{2015}, y_{2015})의 값을 구해.

$(x_1, y_1)=(x_5, y_5)$이므로 (x_n, y_n)의 값은 4를 주기로 값이 반복됨을 알 수 있다. 즉, 음이 아닌 정수 k에 대하여

$(x_1, y_1)=(x_5, y_5)=\cdots=(x_{4k+1}, y_{4k+1})=(1, 1)$

$(x_2, y_2)=(x_6, y_6)=\cdots=(x_{4k+2}, y_{4k+2})=(1, 4)$

$(x_3, y_3)=(x_7, y_7)=\cdots=(x_{4k+3}, y_{4k+3})=(4, 4)$

$(x_4, y_4)=(x_8, y_8)=\cdots=(x_{4k+4}, y_{4k+4})=(4, 1)$

첫째항이 1이고 공차가 4라고 생각하면 $1+4(k-1)=4k-3(k\geq1)$ 이때, $k=0$부터 생각하면 $4k+1$로 표현 가능해.

이때, $2015=4\times503+3$이므로 → 3번째와 동일한 좌표를 가져.

$(x_{2015}, y_{2015})=(x_3, y_3)=(4, 4)$ $\therefore x_{2015}+y_{2015}=4+4=8$

G 205 정답 ④ *수열의 규칙 찾기 [정답률 63%]

정답 공식: 수열 a_n을 식으로 정의하기 힘들 때는 n에 숫자를 하나씩 대입하여 규칙을 찾는다.

수열 $\{a_n\}$이 $a_1=0$이고 $a_{n+1}=(-1)^na_n+\sin\left(\frac{n\pi}{2}\right)$ $(n\geq1)$을 만족시킬 때, a_{50}의 값은? (4점)

단서 복잡해 보인다고 겁먹지 말고 규칙을 찾아. 어떻게? $n=1, 2, 3, \cdots$을 대입해서!

① -50 ② -25 ③ 0 ④ 25 ⑤ 50

1st $n=1, 2, 3, \cdots$을 대입하여 수열 $\{a_n\}$의 규칙을 찾아.

$a_1=0$, $a_2=-a_1+\sin\frac{\pi}{2}=0+1=1$, $a_3=a_2+\sin\pi=1+0=1$

$a_4=-a_3+\sin\frac{3}{2}\pi=-1-1=-2$, $a_5=a_4+\sin2\pi=-2+0=-2$

$a_6=-a_5+\sin\frac{5}{2}\pi=2+1=3$, $a_7=a_6+\sin3\pi=3+0=3$

$a_8=-a_7+\sin\frac{7}{2}\pi=-3-1=-4$, $a_9=a_8+\sin4\pi=-4+0=-4$

⋮

2nd 짝수 번째 항의 규칙을 찾아봐.

$a_2=1$, $a_4=-2$, $a_6=3$, $a_8=-4$, $\cdots$이므로 $a_{2n}=(-1)^{n+1}n$

$\therefore a_{50}=a_{2\times25}=(-1)^{26}\times25=25$

다른 풀이: **n이 짝수일 때와 홀수일 때로 나눠서 일반항 구하기**

먼저 $n=1$을 대입하면 $a_2=1$

n이 짝수일 때와 홀수일 때로 나눠 봐. 즉, 자연수 k에 대하여

(i) $n=2k$일 때,

$a_{2k+1}=a_{2k}+\sin(k\pi)=a_{2k}$ ⋯ ㉠ ($\sin(k\pi)=0$)

(ii) $n=2k+1$일 때,

$$a_{2k+2}=-a_{2k+1}+\sin\left(\frac{2k+1}{2}\pi\right)$$
$$=-a_{2k}+(-1)^k\ (\because ㉠)$$

$\sin\left(\frac{2k+1}{2}\pi\right)=1$ 또는 $\sin\left(\frac{2k+1}{2}\pi\right)=-1$

즉, $a_4=-a_2-1=-2$, $a_6=-a_4+1=3$, $a_8=-a_6-1=-4$, ⋯이므로

$a_{2n}=(-1)^{n+1}n$

$\therefore a_{50}=a_{2\times25}=(-1)^{26}\times25=25$

G 206 정답 ⑤ *수열의 규칙 찾기 [정답률 71%]

(정답 공식: n에 숫자를 차례로 대입하여 규칙을 찾고 반복되는 주기를 구한다.)

수열 $\{a_n\}$에서 $a_n=3+(-1)^n$일 때, 좌표평면 위의 점 P_n을

$$P_n\left(a_n\cos\frac{2n\pi}{3},\ a_n\sin\frac{2n\pi}{3}\right)$$

라 하자. 점 P_{2009}와 같은 점은? (3점)

단서 이런 유형의 문제는 $n=1, 2, 3, \cdots$을 대입하여 점 P_n의 규칙성을 파악하고 a_n 또한 어떤 규칙성을 갖는지 찾아야 해.

① P_1 ② P_2 ③ P_3
④ P_4 ⑤ P_5

1st $n=1, 2, 3, \cdots$을 점 P_n에 대입하여 규칙을 찾아.

$a_n=3+(-1)^n$에서 $a_1=2$, $a_2=4$, $a_3=2$, $a_4=4$, ⋯이므로

$(-1)^n=\begin{cases}-1\ (n\text{이 홀수})\\ 1\ (n\text{이 짝수})\end{cases}$의 값을 가지므로 $a_n=3+(-1)^n=\begin{cases}2\ (n\text{이 홀수})\\ 4\ (n\text{이 짝수})\end{cases}$

$P_1\left(2\cos\frac{2\pi}{3},\ 2\sin\frac{2\pi}{3}\right)$에서 $P_1(-1,\ \sqrt{3})$

$P_2\left(4\cos\frac{4\pi}{3},\ 4\sin\frac{4\pi}{3}\right)$에서 $P_2(-2,\ -2\sqrt{3})$

$P_3\left(2\cos\frac{6\pi}{3},\ 2\sin\frac{6\pi}{3}\right)$에서 $P_3(2,\ 0)$

$P_4\left(4\cos\frac{8\pi}{3},\ 4\sin\frac{8\pi}{3}\right)$에서 $P_4(-2,\ 2\sqrt{3})$

$P_5\left(2\cos\frac{10\pi}{3},\ 2\sin\frac{10\pi}{3}\right)$에서 $P_5(-1,\ -\sqrt{3})$

$P_6\left(4\cos\frac{12\pi}{3},\ 4\sin\frac{12\pi}{3}\right)$에서 $P_6(4,\ 0)$

$P_7\left(2\cos\frac{14\pi}{3},\ 2\sin\frac{14\pi}{3}\right)$에서 $P_7(-1,\ \sqrt{3})$

⋮

따라서 점 P_n의 좌표는 점 P_1, P_2, P_3, P_4, P_5, P_6의 좌표가 이 순서대로 반복되어 나타나므로 $2009=6\times334+5$에서 점 P_{2009}와 같은 점은 P_5이다.

쉬운 풀이: **삼각함수의 주기 활용하기**

하나하나 대입하지 않고 주기를 구하여 해결할 수 있어.

$\cos\frac{2n\pi}{3}$와 $\sin\frac{2n\pi}{3}$의 주기는 모두 $\frac{2\pi}{\frac{2\pi}{3}}=3$이고, a_n의 주기는 2이므로

P_n의 주기는 6이야.

$\therefore P_{n+6}=P_n$

따라서 $2009=6\times334+5$이므로 점 P_{2009}와 같은 점은 P_5야.

G 207 정답 16 *수열의 규칙 찾기 [정답률 63%]

(정답 공식: 새롭게 정의된 $\langle x\rangle$를 이용하여 $n=50$부터 대입하여 값을 거꾸로 찾아본다.)

양수 x에 대하여 $\langle x\rangle$는 x보다 크거나 같은 최소의 정수를 나타내기로 한다. 예를 들면, $\langle 2\rangle=2$, $\langle 2.5\rangle=3$이다.

수열 $\{a_n\}$을

단서 $\langle x\rangle$의 정의를 잘 이해하고 a_{50}을 구해야 하니까 $n=50$을 대입하여 a_1이 나오도록 정리하자.

$$a_1=10,\ a_n=a_{\langle\frac{n}{2}\rangle}+1\ (n=2,\ 3,\ 4,\ \cdots)$$

로 정의할 때, a_{50}의 값을 구하시오. (4점)

1st $a_n=a_{\langle\frac{n}{2}\rangle}+1$에 $n=50$을 대입하여, a_1이 나올 때까지 구해 보자.

$a_n=a_{\langle\frac{n}{2}\rangle}+1$에 ($\langle x\rangle$는 x보다 크거나 같은 최소의 정수야.)

$n=50$을 대입하면 $\left\langle\frac{50}{2}\right\rangle=25$이므로 $a_{50}=a_{25}+1$

$n=25$를 대입하면 $\left\langle\frac{25}{2}\right\rangle=13$이므로 $a_{25}=a_{13}+1$ ($\frac{25}{2}=12.5$)

$n=13$을 대입하면 $\left\langle\frac{13}{2}\right\rangle=7$이므로 $a_{13}=a_7+1$ ($=6.5$)

$n=7$을 대입하면 $\left\langle\frac{7}{2}\right\rangle=4$이므로 $a_7=a_4+1$ ($=3.5$)

$n=4$를 대입하면 $\left\langle\frac{4}{2}\right\rangle=2$이므로 $a_4=a_2+1$

$n=2$를 대입하면 $\left\langle\frac{2}{2}\right\rangle=1$이므로 $a_2=a_1+1=11$ ($a_1=10$이니까)

$\therefore a_{50}=a_{25}+1=a_{13}+2=a_7+3=a_4+4=a_2+5=a_1+6=16$

다른 풀이: **n이 짝수일 때와 홀수일 때로 나눠서 일반항 구하기**

n이 짝수이면 $\left\langle\frac{n}{2}\right\rangle=\frac{n}{2}$이니까 n을 짝수, 홀수로 나누어 일반항을 구할까?

(i) $n=2k$일 때, $a_{2k}=a_{\langle\frac{2k}{2}\rangle}+1=a_k+1$

(ii) $n=2k-1$일 때, $a_{2k-1}=a_{\langle\frac{2k-1}{2}\rangle}+1=a_k+1$ $\left\langle\frac{2k-1}{2}\right\rangle=\left\langle k-\frac{1}{2}\right\rangle=k$

(i), (ii)에 의하여

$a_{2n-1}=a_{2n}=a_n+1$ (단, $n\geq2$)

$\therefore a_{50}=a_{25}+1=(a_{13}+1)+1$ $2n-1=25\Rightarrow n=13$, $2n-1=13\Rightarrow n=7$

$=(a_7+1)+2=(a_4+1)+3=(a_2+1)+4$

$=(a_1+1)+5=a_1+6=16$ $2n-1=7\Rightarrow n=4$, $2n=4\Rightarrow n=2$, $2n=2\Rightarrow n=1$

G 208 정답 ④ *수열의 규칙 찾기 [정답률 58%]

(정답 공식: $m=2\times$(홀수)이다. $1m$, $2m$, ⋯, $10m$ 각각에 대해 2로 몇 번 나누어떨어지는지를 생각한다.)

수열 $\{a_n\}$에 대하여

단서 주어진 식을 예를 보고 잘 이해해야 해. $a_m=1$이면 $m=2^1\times q$이고, $2m=2^2\times q$가 되는 거야.

$$n=2^p\times q\ (p\text{는 음이 아닌 정수, } q\text{는 홀수})$$

일 때, $a_n=p$이다. 예를 들어, $20=2^2\times5$이므로 $a_{20}=2$이다.

$a_m=1$일 때,

$$a_m+a_{2m}+a_{3m}+a_{4m}+a_{5m}+a_{6m}+a_{7m}+a_{8m}+a_{9m}+a_{10m}$$

의 값은? (4점)

① 15 ② 16 ③ 17 ④ 18 ⑤ 19

1st 수열 $\{a_n\}$을 이해하여 $a_m=1$일 때, m을 q에 관한 식으로 나타내 봐.

$n=2^p\times q$ (p는 음이 아닌 정수, q는 홀수)

$a_m=1$에서 $n=m$이고 $p=1$이므로 $m=2^1\times q=2q$ (q는 홀수)

2nd $2m, 3m, \cdots, 10m$을 q의 식으로 나타내어 $a_{2m}, a_{3m}, \cdots, a_{10m}$의 값을 차례로 구해.

홀수 q에 대하여

$2m=2\times2q=2^{②}\times q$이므로 $a_{2m}=2$ ($p=2$)

$3m=3\times2q=2^{①}\times3q$이고, $3q$는 홀수이므로 $a_{3m}=1$ ($p=1$)

$4m=4\times2q=2^{③}\times q$이므로 $a_{4m}=3$ ($p=3$) 이와 같이 2의 지수 p가 수열의 값이야.

$5m=5\times2q=2\times5q$이고, $5q$는 홀수이므로 $a_{5m}=1$

$6m=6\times2q=2^2\times3q$이고, $3q$는 홀수이므로 $a_{6m}=2$

$7m=7\times2q=2\times7q$이고, $7q$는 홀수이므로 $a_{7m}=1$

$8m=8\times2q=2^4\times q$이므로 $a_{8m}=4$

$9m=9\times2q=2\times9q$이고, $9q$는 홀수이므로 $a_{9m}=1$

$10m=10\times2q=2^2\times5q$이고, $5q$는 홀수이므로 $a_{10m}=2$

$\therefore a_m+a_{2m}+\cdots+a_{10m}=1+2+1+3+1+2+1+4+1+2=18$

G 209 정답 ② *수열의 규칙 찾기 [정답률 47%]

(정답 공식: $n=1$일 때부터 값을 계산해보면 규칙성을 찾을 수 있다.)

자연수 n에 대하여 좌표평면 위의 점 A_n을 다음 규칙에 따라 정한다.

> (가) 점 A_1의 좌표는 $(0, 0)$이다.
> (나) n이 짝수이면 점 A_n은 점 A_{n-1}을 ❶y축의 방향으로 $(-1)^{\frac{n}{2}}\times(n+1)$만큼 평행이동한 점이다.
> (다) n이 3 이상의 홀수이면 점 A_n은 점 A_{n-1}을 ❷x축의 방향으로 $(-1)^{\frac{n-1}{2}}\times n$만큼 평행이동한 점이다.

위의 규칙에 따라 정해진 점 A_{30}의 좌표를 (p, q)라 할 때, $p+q$의 값은? (4점)

단서 ❶, ❷에 의하여 n이 짝수일 때와 홀수일 때, y좌표, x좌표가 바뀌므로 p와 q의 변화를 각각 확인하자.

① -6 ② -3 ③ 0 ④ 3 ⑤ 6

1st n이 홀수, 짝수인 경우의 각각 주어진 조건을 이용하여 규칙을 찾아야 해.

조건 (가)에서 $A_1(0, 0)$

$n=2$이면 조건 (나)에 의하여 $A_2(0, -3)$

n은 짝수이므로 $(-1)^{\frac{2}{2}}\times(2+1)=-3$

$n=3$이면 조건 (다)에 의하여 $A_3(-3, -3)$

n은 홀수이므로 $(-1)^{\frac{3-1}{2}}\times3=-3$

[평행이동]
y축으로 b만큼 평행이동이면 $(x, y)\longrightarrow(x, y+b)$
x축으로 a만큼 평행이동이면 $(x, y)\longrightarrow(x+a, y)$

마찬가지 방법으로

$n=4$이면 $A_4(-3, -3+⑤)$

$n=5$이면 $A_5(-3+⑤, -3+⑤)$

$n=6$이면 $A_6(-3+5, -3+5-⑦)$

$n=7$이면 $A_7(-3+5-⑦, -3+5-⑦)$

A_2와 A_3, A_4와 A_5, A_6과 A_7처럼 묶음으로 같은 수만큼 각각 y축, x축으로 평행이동하네.

2nd $n=30$일 때, 점 A_{30}의 좌표를 유추해.

$n=29$일 때, $A_{29}(-3+5-7+\cdots+29, -3+5-7+\cdots+29)$이므로

$n=28$일 때 y축으로 $(-1)^{14}\times(28+1)=29$, $n=29$일 때 x축으로 $(-1)^{14}\times29=29$만큼 평행이동!!

$n=30$일 때, 점 A_{30}의 좌표 (p, q)는

짝수이니까 x좌표는 A_{29}와 동일하고 y좌표만 $(-1)^{15}\times(30+1)=-31$을 더해 줘야 해.

$p=-3+5-7+\cdots+29$
$=(-3+5)+(-7+9)+\cdots+(-27+29)=2\times7=14$

$q=-3+5-7+\cdots+29-31$
$=(-3+5)+(-7+9)+\cdots+(-27+29)-31=2\times7-31=-17$

$\therefore p+q=14+(-17)=-3$

G 210 정답 ② *수열의 규칙 찾기 [정답률 49%]

(정답 공식: y_n의 범위에 따라 규칙이 달라지므로 y_n의 주기를 먼저 찾는다. 그 주기 안에서 n에 숫자를 대입하며 $\overline{OP_n}$의 규칙을 찾는다.)

좌표평면 위의 원점 O와 점 $P_1(1, 0)$이 있다. 모든 자연수 n에 대하여 점 $P_n(x_n, y_n)$은 다음 조건을 만족시킨다.

> (가) 동경 OP_n이 나타내는 각의 크기는 $\frac{n-1}{3}\pi$이다.
> (나) $\overline{OP_{n+1}}=\begin{cases}\frac{1}{2}\overline{OP_n} & (y_n>0)\\ \overline{OP_n} & (y_n=0)\\ \frac{4}{3}\overline{OP_n} & (y_n<0)\end{cases}$

단서 동경 OP_n과 OP_{n+1}이 이루는 각의 차가 $\frac{\pi}{3}$이므로 y_n의 부호는 $\frac{\pi}{3}\times6=2\pi$에서 6번마다 반복됨에 착안하여 규칙을 따져보자.

$\overline{OP_{50}}$의 값은? (4점)

① $\left(\frac{2}{3}\right)^8$ ② $\left(\frac{2}{3}\right)^{16}$ ③ $\frac{1}{2}\left(\frac{4}{3}\right)^7$ ④ $\frac{1}{3}\left(\frac{2}{3}\right)^{14}$ ⑤ $\frac{1}{4}\left(\frac{4}{3}\right)^8$

1st 각의 크기에 따른 y_n의 부호의 주기를 찾자.

$a_n=\overline{OP_n}$이라 하면 매번 $\frac{n-1}{3}\pi$만큼 회전하므로 $y_n=a_n\sin\frac{n-1}{3}\pi$

즉, n의 값에 따라 $y_1=0$, $y_2>0$, $y_3>0$, $y_4=0$, $y_5<0$, $y_6<0$, $y_7=0$, $\cdots$으로 y_n의 부호가 6을 주기로 반복된다.

길이를 무시하고 부호만을 따지면 오른쪽 그림과 같아.

2nd y_n의 값의 변화에 따른 $\overline{OP_n}$의 값을 유추하자.

수열 $\{a_n\}$의 첫째항부터 점 $P_n(x_n, y_n)$이 같은 직선에 위치할 때까지 조건 (나)에 맞게 몇 개의 항을 구하자.

(i) $P_1(x_1, y_1)$, 즉 $(1, 0)$에서 동경 OP_1이 나타내는 각의 크기는
$\frac{1-1}{3}\pi=0$ $\therefore a_1=\overline{OP_1}=1$

(ii) $P_2(x_2, y_2)$에서 동경 OP_2가 나타내는 각의 크기는 $\frac{2-1}{3}\pi=\frac{\pi}{3}$
이때, $y_1=0$이므로 $a_2=\overline{OP_2}=\overline{OP_1}=1$

(iii) $P_3(x_3, y_3)$에서 동경 OP_3이 나타내는 각의 크기는 $\frac{3-1}{3}\pi=\frac{2}{3}\pi$
이때, $y_2>0$이므로 $a_3=\overline{OP_3}=\frac{1}{2}\overline{OP_2}=\frac{1}{2}$

이와 같은 방법으로 구하면

$a_4=\left(\frac{1}{2}\right)^2$, $a_5=\left(\frac{1}{2}\right)^2$, $a_6=\left(\frac{1}{2}\right)^2\left(\frac{4}{3}\right)$, $a_7=\left(\frac{1}{2}\right)^2\left(\frac{4}{3}\right)^2$

$a_8=\left(\frac{1}{2}\right)^2\left(\frac{4}{3}\right)^2$, $a_9=\left(\frac{1}{2}\right)^3\left(\frac{4}{3}\right)^2$, $\cdots$

따라서 동경 OP_1에서 동경 OP_7까지 동경이 2π만큼 회전하면 a_7은 a_1의 $\left(\frac{1}{2}\right)^2\left(\frac{4}{3}\right)^2$배이다.

즉, 2π만큼씩 회전할 때마다 그 이전 길이의 $\left(\frac{1}{2}\right)^2\left(\frac{4}{3}\right)^2=\left(\frac{2}{3}\right)^2$배가 된다.

3rd 발견한 규칙을 이용하여 $\overline{OP_{50}}$의 값을 구하자.

따라서 $a_{n+6}=\left(\frac{2}{3}\right)^2a_n$인 관계가 성립하고

$50=6\times8+2$이므로

$a_{50}=\left(\frac{2}{3}\right)^{16}a_2=\left(\frac{2}{3}\right)^{16}$ ($\because a_2=1$)

$\therefore \overline{OP_{50}}=\left(\frac{2}{3}\right)^{16}$

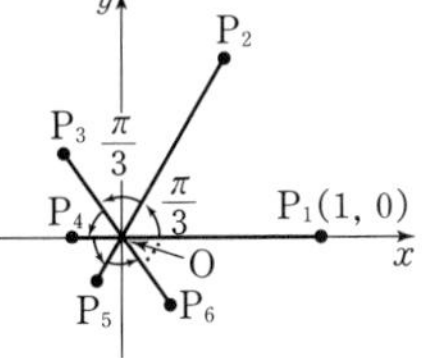

G 211 정답 ①, ④ *수열의 규칙 찾기 [정답률 47%]

(정답 공식: n을 소인수분해해보고, 짝수인 소인수들이 얼마나 있는지를 확인한다. x_n은 짝수인 양의 약수의 개수에서 홀수인 양의 약수의 개수를 뺀 값이다.)

자연수 n의 모든 양의 약수를 $a_1, a_2, \cdots, a_k$라 할 때,

$$x_n=(-1)^{a_1}+(-1)^{a_2}+\cdots+(-1)^{a_k}$$

이라 하자. [보기]에서 옳은 것을 모두 고른 것은? (4점)

[보기]

ㄱ. $x_8=2$ 단서1 8의 양의 약수를 찾자.

ㄴ. $n=3^m$이면 $x_n=-m+1$이다. 단서2 3^m의 양의 약수와 그 개수를 따져 보자.

ㄷ. $n=10^m$이면 $x_n=m^2-1$이다. 단서3 $10^m=2^m5^m$의 양의 약수와 그 개수를 따져 보자.

① ㄱ ② ㄴ ③ ㄱ, ㄴ
④ ㄱ, ㄷ ⑤ ㄱ, ㄴ, ㄷ

1st 자연수 n의 양의 약수와 그 약수의 개수를 이용하여 ㄱ~ㄷ의 참, 거짓을 판별해 보자. (약수: 어떤 수를 나누어떨어지게 하는 수야.)

ㄱ. 8의 양의 약수는 1, 2, 4, 8이므로

$x_8=\underbrace{(-1)^1}_{=-1}+(-1)^2+(-1)^4+(-1)^8=2$(참)

주의: 1일 때는 3^0이므로 $m=0$일 때도 포함하여 총 $(m+1)$개야.

ㄴ. $n=3^m$의 양의 약수는 $1, 3, 3^2, \cdots, 3^m$이고 그 개수가 $m+1$이면서 모두 홀수이므로 (모두 홀수이지?)

$x_n=(-1)^1+(-1)^3+(-1)^{3^2}+\cdots+(-1)^{3^m}$

$=(-1)+(-1)+(-1)+\cdots+(-1)$

$=-(m+1)$(거짓)

양수 a에 대하여 $(-a)^n=\begin{cases} a^n & (n\text{은 짝수}) \\ -a^n & (n\text{은 홀수}) \end{cases}$

ㄷ. $n=10^m=2^m5^m$이므로 10^m의 양의 약수의 개수는 (소인수분해)

[n의 소인수분해] $n=p_1^{a_1}\times p_2^{a_2}\times\cdots\times p_n^{a_n}$($p_1, p_2, \cdots, p_n$은 소수)일 때 n의 양의 약수의 개수는 $(a_1+1)(a_2+1)\times\cdots\times(a_n+1)$이야.

$(m+1)(m+1)=(m+1)^2$이고

이 중 홀수의 약수의 개수는 $1, 5^1, \cdots, 5^m$의 $m+1$

따라서 짝수인 약수의 개수는

$(m+1)^2-(m+1)=m^2+m$이므로

$x_n=(-1)\times(m+1)+1\times(m^2+m)$

$=m^2-1$ ← 평가원 해설 참조

2^m에서 $1, 2, 2^2, \cdots, 2^m$이니까 $(m+1)$개라 하면 안 돼. (짝)×(홀)=(짝)이니까 5^m과 곱하여 짝수인 양수가 생길 수 있어.

평가원 해설

본 문항의 x_n은 n의 양의 약수 중 짝수인 약수의 개수에서 홀수인 약수의 개수를 뺀 값이다. 따라서 이 문항에서 문자 m에 대한 구체적 설명이 없더라도 m을 자연수로 간주하는 것이 자연스럽고, 그 경우 [보기] ㄷ은 참인 명제가 되어 이 문항의 정답은 ④가 된다. 그러나 문자 m에 제한을 두지 않았으므로 m의 값으로 모든 실수가 될 수 있다고 해석하여, 예컨대 $m=\log 2$가 [보기] ㄷ의 반례가 된다고 생각할 수도 있다. 따라서 본 문항에서는 ①도 정답으로 인정한다.

G 212 정답 ② *수열의 규칙 찾기 [정답률 57%]

(정답 공식: $n=1, 2, 3, \cdots$을 대입하여 a_n의 규칙성을 찾아낸다.)

거리가 3인 두 점 O, O′이 있다. 점 O를 중심으로 반지름의 길이가 각각 $1, 2, \cdots, n$인 n개의 원과 점 O′을 중심으로 반지름의 길이가 각각 $1, 2, \cdots, n$인 n개의 원이 있다. 이 $2n$개 원의 모든 교점의 개수를 a_n이라 하자. 예를 들어, 그림에서와 같이 $a_3=14$, $a_4=26$이다. a_{20}의 값은? (4점)

❷ 중심이 다르고 반지름의 길이가 4인 원과의 교점의 개수를 세 봐.

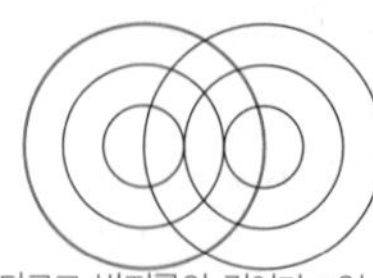

❶ 중심이 다르고 반지름의 길이가 3인 원과의 교점의 개수를 세 봐.

① 214 ② 218 ③ 222
④ 226 ⑤ 230

단서 ❶, ❷를 비교해 봐. ❷는 작은 원과 접하는 부분이 생기기 시작해.

1st 규칙을 찾자.

실수: 엄밀하게 일반항을 구할 수도 있지만, 처음 몇 개 항을 직접 구해서 규칙을 찾는게 더 빨라.

$a_1=0$

$a_2=4$

$a_3=4+10=14$

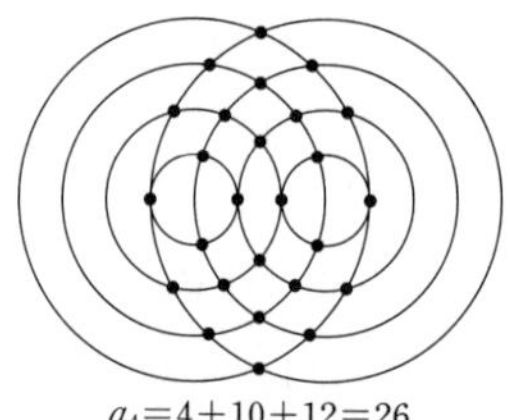

$a_4=\underbrace{4+10}_{a_3}+12=26$

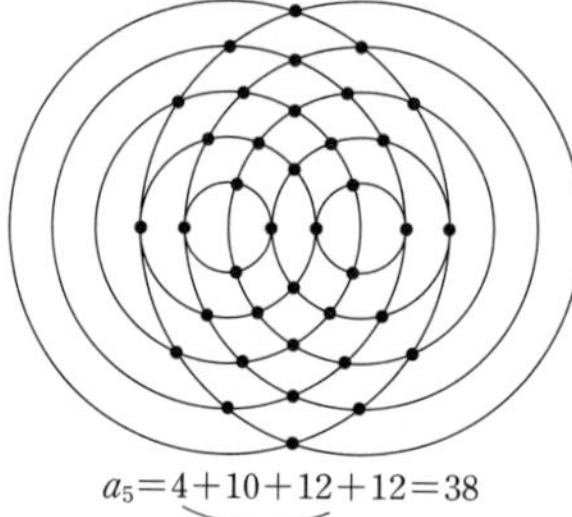

$a_5=\underbrace{4+10+12}_{a_4}+12=38$

…

2nd 규칙을 일반화하자.

두 점 O, O′을 중심으로 원을 또 그리면 교점은 마찬가지로 12개가 생기므로 $n\geq 4$일 경우에는

반지름의 길이가 늘어난다고 해서 교점도 마냥 늘어나지는 않겠지? 반지름의 길이가 1씩 간격을 유지하며 늘어나니까 교점은 12개씩만 늘어나.

$a_n=4+10+12\times(n-3)$

$=14+12(n-3)$

$\therefore a_{20}=14+12\times(20-3)=14+204=218$

항과 항 사이의 관계식 (개념·공식)

① $a_{n+1}-a_n=d$: d가 공차인 등차수열
② $2a_{n+1}=a_n+a_{n+2}$: 등차수열
③ $a_{n+1}=ra_n$: r가 공비인 등비수열
④ $(a_{n+1})^2=a_n\cdot a_{n+2}$: 등비수열

G 213 정답 ⑤ *수열의 규칙 찾기 ······ [정답률 45%]

(정답 공식: [그림 1]부터 흰 타일의 개수와 검은 타일의 개수를 각각 구해보고, 규칙성을 찾는다.)

한 변의 길이가 1인 정사각형 모양의 검은 타일과 흰 타일이 있다.

(가) [그림 1]과 같이 검은 타일 3개와 흰 타일 1개를 붙여 한 변의 길이가 2인 정사각형이 되도록 한다.

(나) [그림 2]와 같이 [그림 1]의 정사각형의 바깥쪽에 타일을 붙여 한 변의 길이가 4인 정사각형이 되도록 한다.
이때, [그림 1]에 있는 흰 타일의 둘레에는 검은 타일을, 검은 타일의 둘레에는 흰 타일을 붙인다.

(다) [그림 3]과 같이 [그림 2]의 정사각형의 바깥쪽에 타일을 붙여 한 변의 길이가 6인 정사각형이 되도록 한다.
이때, [그림 2]에 있는 흰 타일의 둘레에는 검은 타일을, 검은 타일의 둘레에는 흰 타일을 붙인다.

이와 같은 과정을 계속하여 전체 타일의 개수가 400개가 되었을 때, 검은 타일의 개수와 흰 타일의 개수 사이의 관계를 옳게 나타낸 것은? (4점)

단서 선지를 보니까 개수의 차이를 생각하면 되는 거네. 그림을 가지고 추가되는 각 타일의 개수를 고려하여 전체 개수를 따져 보자.

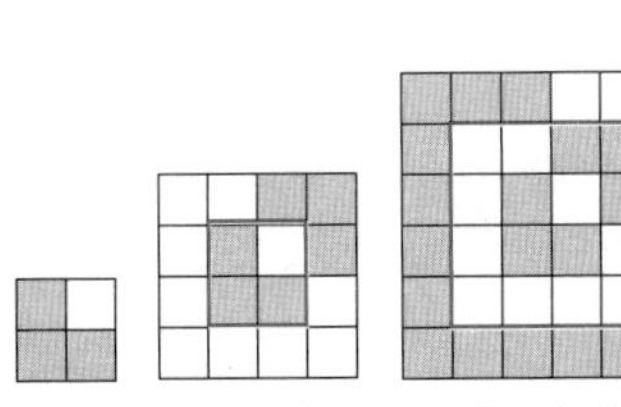
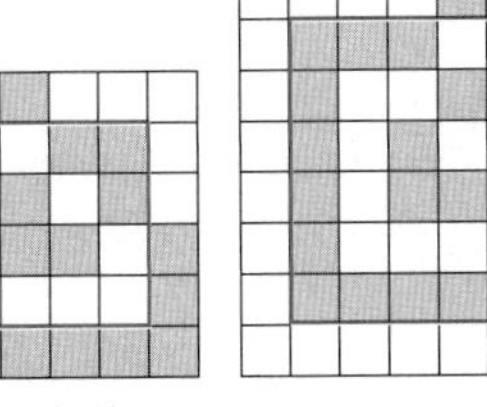

[그림 1] [그림 2] [그림 3]

① 검은 타일과 흰 타일의 개수가 같다.
② 검은 타일의 개수가 흰 타일의 개수보다 18개 많다.
③ 검은 타일의 개수가 흰 타일의 개수보다 20개 많다.
④ 흰 타일의 개수가 검은 타일의 개수보다 18개 많다.
⑤ 흰 타일의 개수가 검은 타일의 개수보다 20개 많다.

1st 주어진 조건을 가지고 어떤 규칙이 있는지 추론해.

주어진 그림에서 검은 타일과 흰 타일의 추가되는 타일의 개수를 고려하여 각 타일의 개수를 정리하자.

		+3	+15	+7
검은 타일	3	6	21	28
흰 타일	1	10	15	36
		+9	+5	+21

각 정사각형에서 검은 타일의 개수와 흰 타일의 개수의 차이를 구해 보면

한 변의 길이가 2일 때 : 검은 타일의 개수가 2개 많다. $=|3-1|$

한 변의 길이가 4일 때 : 흰 타일의 개수가 4개 많다. $=|6-10|$

한 변의 길이가 6일 때 : 검은 타일의 개수가 6개 많다. $=|21-15|$

⋮

한 변의 길이가 $2n$일 때 : n이 홀수이면 검은 타일의 개수가 $2n$개, n이 짝수이면 흰 타일의 개수가 $2n$개 많다.

2nd 규칙성을 찾은 후 주어진 선택지에서 옳은 것을 찾아.

따라서 전체 타일의 개수가 400, 즉 한 변의 길이가 20일 때, 흰 타일의 개수가 검은 타일의 개수보다 20개 많다. ($20=2\times10$)

1등급 마스터 문제 [4점 + 2등급 대비 + 1등급 대비]

G 214 정답 30 * 등차수열의 합의 활용 ······ [정답률 35%]

(정답 공식: 첫째항이 a, 공차가 d인 등차수열의 첫째항부터 제n항까지의 합은 $S_n=\frac{n\{2a+(n-1)d\}}{2}$이다.)

등차수열 $\{a_n\}$의 첫째항부터 제n항까지의 합을 S_n이라 하자. S_n이 다음 조건을 만족시킬 때, a_{13}의 값을 구하시오. (4점)

(가) S_n은 $n=7$, $n=8$에서 최솟값을 갖는다.

(나) $|S_m|=|S_{2m}|=162$인 자연수 $m(m>8)$이 존재한다.

단서2 $|S_m|=|S_{2m}|$이면 $S_m=S_{2m}$ 또는 $S_m=-S_{2m}$이야.

단서1 $S_7=S_8$이라는 말이지? 즉, $a_8=0$이어야 해. 또한, $\{a_n\}$이 등차수열이므로 공차가 음수인 경우에는 n의 값이 커질수록 n의 값은 작아지므로 S_n이 최솟값을 가질 수 없어.

1st 첫째항과 공차 사이의 관계식을 구해.

조건 (가)에 의하여 $S_7=S_8$이므로 $S_8-S_7=a_8=0$

이때, 등차수열 $\{a_n\}$의 공차를 d라 하면 ($S_8=S_7+a_8 \quad \therefore a_8=S_8-S_7$)

$a_8=a_1+7d=0$에서 $a_1=-7d$ ⋯ ㉠

2nd 공차 d에 대한 조건을 찾아.

S_n의 값은 $n=8$에서 최소이므로 $S_9\ge S_8$

즉, $a_9=a_8+d=d\ge0$이다.

그런데 $d=0$이면 ㉠에 의하여 $a_1=-7\times0=0$이다.

따라서 모든 자연수 n에 대하여 $S_n=0$이므로 조건 (나)를 만족시키지 않는다.

$\therefore d>0$

3rd a_1과 d의 값을 구한 후 a_{13}의 값을 구해.

$a_8=0$이고, $d>0$이므로 $n\ge9$인 모든 자연수 n에 대하여 $a_n>0$이다.

따라서 $m>8$일 때 $S_{2m}>S_m$이므로 조건 (나)의 $|S_m|=|S_{2m}|=162$에서

$-S_m=S_{2m}=162$ ⋯ ㉡

($a_8=0$이므로 $n>8$에서 S_n의 값은 증가해. 즉, $S_m<S_{2m}$이므로 $S_m=-162$, $S_{2m}=162$이어야 해.)

$$-\frac{m\{2a_1+(m-1)d\}}{2}=\frac{2m\{2a_1+(2m-1)d\}}{2}$$

$$-\frac{m\{2(-7d)+(m-1)d\}}{2}=\frac{2m\{2(-7d)+(2m-1)d\}}{2} \quad (\because ㉠)$$

$14d-(m-1)d=-28d+2(2m-1)d$

$-m+15=4m-30$

$\therefore m=9$

즉, ㉡에 의하여 $S_9=-162$에서

$$\frac{9\{2a_1+(9-1)d\}}{2}=-162$$

$$\frac{9(-14d+8d)}{2}=-162$$

$-27d=-162$

$\therefore d=6$

이것을 ㉠에 대입하면 $a_1=-42$

따라서 $a_n=-42+(n-1)\times6=6n-48$이므로

$a_{13}=6\times13-48=30$

G 215 정답 ① *등차수열의 합의 활용 [정답률 39%]

(정답 공식: 첫째항이 a이고 공차가 d인 등차수열의 첫째항부터 제n항까지의 합을 S_n이라 하면 $S_n=\frac{n\{2a+(n-1)d\}}{2}$이다.)

첫째항이 양수인 등차수열 $\{a_n\}$의 첫째항부터 제n항까지의 합을 S_n이라 하자. 단서 $|a|=|b|$이면 $a=b$ 또는 $a=-b$야.

$$|S_3|=|S_6|=|S_{11}|-3$$

을 만족시키는 모든 수열 $\{a_n\}$의 첫째항의 합은? (4점)

① $\frac{31}{5}$ ② $\frac{33}{5}$ ③ 7 ④ $\frac{37}{5}$ ⑤ $\frac{39}{5}$

1st 등차수열 $\{a_n\}$의 공차의 범위를 구해.

등차수열 $\{a_n\}$의 공차를 d라 할 때 $d\geq 0$이면 첫째항 a_1이 양수이므로 수열 $\{a_n\}$의 모든 항은 양수이다. 즉, 모든 자연수 n에 대하여 $S_{n+1}>S_n>0$이므로 $|S_3|=|S_6|$을 만족시키지 않는다. (수열 $\{S_n\}$은 증가하는 수열이야.)

$\therefore d<0$

2nd 조건을 만족시키는 수열 $\{a_n\}$의 첫째항을 구해.

$|S_3|=|S_6|$에서 $S_3=S_6$ 또는 $S_3=-S_6$

이때, $S_3=\frac{3(2a_1+2d)}{2}=3a_1+3d$, $S_6=\frac{6(2a_1+5d)}{2}=6a_1+15d$

$S_{11}=\frac{11(2a_1+10d)}{2}=11a_1+55d$이므로

(첫째항이 a이고 공차가 d인 등차수열의 첫째항부터 제n항까지의 합을 S_n이라 하면 $S_n=\frac{n\{2a+(n-1)d\}}{2}$야.)

(i) $S_3=S_6$일 때,

$3a_1+3d=6a_1+15d$, $3a_1=-12d$

$\therefore a_1=-4d$

이때, $S_3=3\times(-4d)+3d=-12d+3d=-9d>0$이고

$S_{11}=11\times(-4d)+55d=-44d+55d=11d<0$이므로

$|S_3|=|S_{11}|-3$에서 $|-9d|=|11d|-3$ ($|S_6|=|S_{11}|-3$임을 이용해도 돼.)

$-9d=-11d-3$

$2d=-3$ $\therefore d=-\frac{3}{2}$

$\therefore a_1=-4\times\left(-\frac{3}{2}\right)=6$

(ii) $S_3=-S_6$일 때,

$3a_1+3d=-6a_1-15d$, $9a_1=-18d$

$\therefore a_1=-2d$

이때, $S_3=3\times(-2d)+3d=-6d+3d=-3d>0$이고

$S_{11}=11\times(-2d)+55d=-22d+55d=33d<0$이므로

$|S_3|=|S_{11}|-3$에서 $|-3d|=|33d|-3$

$-3d=-33d-3$

$30d=-3$ $\therefore d=-\frac{1}{10}$

$\therefore a_1=-2\times\left(-\frac{1}{10}\right)=\frac{1}{5}$

(i), (ii)에 의하여 조건을 만족시키는 모든 수열 $\{a_n\}$의 첫째항의 합은

$6+\frac{1}{5}=\frac{31}{5}$이다.

G 216 정답 273 *등차수열의 합의 활용 [정답률 32%]

(정답 공식: 등차수열의 합 공식 $S_n=\frac{n\{2a+(n-1)d\}}{2}$를 이용한다.)

첫째항이 0이 아닌 등차수열 $\{a_n\}$의 첫째항부터 제n항까지의 합 S_n에 대하여 $S_9=S_{18}$이다. 단서1 주어진 조건으로 첫째항과 공차에 관한 식을 세우자.

집합 T_n을

$$T_n=\{S_k\,|\,k=1, 2, 3, \cdots, n\}$$

이라 하자. 집합 T_n의 원소의 개수가 13이 되도록 하는 모든 자연수 n의 값의 합을 구하시오. (4점) 단서2 T_n의 원소의 개수가 13이므로 S_k에서 $k\geq 13$

1st $S_9=S_{18}$을 이용해서 첫째항 a와 공차 d의 관계식을 구하자.

등차수열 $\{a_n\}$의 첫째항을 $a(a\neq 0)$, 공차를 d라 하면 $S_9=S_{18}$이므로

$\frac{9(2a+8d)}{2}=\frac{18(2a+17d)}{2}$

$2a+8d=2(2a+17d)$

$a+4d=2a+17d$

$a=-13d$ ⋯ ㉠

[등차수열의 합] 첫째항이 a, 공차가 d인 등차수열의 첫째항부터 제n항까지의 합 S_n은 $S_n=\frac{n\{2a+(n-1)d\}}{2}$

2nd ㉠을 이용해서 S_n을 구하자.

$S_n=\frac{n\{2a+(n-1)d\}}{2}=\frac{n\{-26d+(n-1)d\}}{2}$ ($\because$ ㉠)

$=\frac{d}{2}n(n-27)$

이므로

$S_1=S_{26}=-13d$, ($S_1=\frac{d}{2}\times1\times(-26)=\frac{d}{2}\times26\times(-1)=S_{26}=-13d$)

$S_2=S_{25}=-25d$, ($S_2=\frac{d}{2}\times2\times(-25)=\frac{d}{2}\times25\times(-2)=S_{25}=-25d$)

$S_3=S_{24}=-36d$,

⋮

$S_{13}=S_{14}=-91d$, ($S_{13}=\frac{d}{2}\times13\times(-14)=\frac{d}{2}\times14\times(-13)=S_{14}=-91d$)

$S_{27}=0$, $S_{28}=14d$, $S_{29}=29d$, ⋯

3rd 집합 T_n의 원소의 개수가 13이 되도록 하는 자연수 n의 값을 구하자.

$n=13$이면

$T_{13}=\{S_1, S_2, \cdots, S_{13}\}$ $\therefore n(T_{13})=13$

$n=14$이면

$T_{14}=\{S_1, S_2, \cdots, S_{13}, S_{14}\}$

$=\{S_1, S_2, \cdots, S_{13}\}$ ($\because S_{13}=S_{14}$)

$\therefore n(T_{14})=13$

$n=15$이면

$T_{15}=\{S_1, S_2, \cdots, S_{14}, S_{15}\}$

$=\{S_1, S_2, \cdots, S_{13}\}$ ($\because S_{13}=S_{14}, S_{12}=S_{15}$)

$\therefore n(T_{15})=13$ 집합에서 같은 원소는 하나만 쓰지?

⋯

$n=26$이면

$T_{26}=\{S_1, S_2, \cdots, S_{25}, S_{26}\}$

$=\{S_1, S_2, \cdots, S_{13}\}$ ($\because S_{13}=S_{14}, \cdots, S_1=S_{26}$)

$\therefore n(T_{26})=13$

$n=27$이면

$T_{27}=\{S_1, S_2, \cdots, S_{26}, S_{27}\}$

$=\{S_1, S_2, \cdots, S_{13}, 0\}$ ($\because S_{13}=S_{14}, \cdots, S_1=S_{26}, S_{27}=0$)

$\therefore n(T_{27})=14$

$n=28$이면

$T_{28}=\{S_1, S_2, \cdots, S_{13}, 0, S_{28}\}$ ($\because S_{13}=S_{14}, \cdots, S_1=S_{26}, S_{27}=0, S_{28}$)

$\therefore n(T_{28})=15$

⋯

$n\ge 27$이면 T_n의 원소의 개수는 14 이상이다.
즉, 집합 T_n의 원소의 개수가 13이 되도록 하는 자연수 n의 값은
13, 14, …, 26
따라서 모든 자연수 n의 값의 합은 $13+14+15+\cdots+26=273$

G 217 정답 477 *등비수열의 변형 [정답률 33%]

(정답 공식: 자연수 m에 대하여 3×2^m을 등비수열 $3\times 2^m=3(2^p)^{\frac{m}{p}+1-1}$의 꼴로 변형한다.)

자연수 m에 대하여 다음 조건을 만족시키는 모든 자연수 k의 값의 합을 $A(m)$이라 하자.

> 3×2^m은 첫째항이 3이고 공비가 2 이상의 자연수인 등비수열의 제k항이다.

단서1 $m=2$이면 $3\times 2^2=3\times 4$이므로 공비가 각각 2, 4인 두 수열 $\{a_n\}$, $\{b_n\}$에 대하여 $a_3=3\times 2^{3-1}$, $b_2=3\times 4^{2-1}$이야.

예를 들어, 3×2^2은 첫째항이 3이고 공비가 2인 등비수열의 제3항, 첫째항이 3이고 공비가 4인 등비수열의 제2항이 되므로 $A(2)=3+2=5$이다. $A(200)$의 값을 구하시오. (4점)

단서2 $m=200$이면 $3\times 2^{200}=3(2^p)^{\frac{200}{p}+1-1}$이므로 p는 200의 양의 약수야.

1st 등비수열의 공비를 이용해.

$A(200)$은 등비수열에서 제k항이 3×2^{200}이 되는 모든 k의 값의 합이다.
공비를 2^p이라 하면

$3\times 2^{200}=3(2^p)^{\frac{200}{p}+1-1}$ — 일반항 $3(2^p)^{\frac{200}{p}+1-1}$은 첫째항이 3, 공비가 2^p인 등비수열의 $\left(\frac{200}{p}+1\right)$번째 항이다.

$\frac{200}{p}$은 자연수이어야 하므로 p는 200의 양의 약수이다.
→ 등비수열의 일반항 $a_n=ar^{n-1}$에서 n이 자연수이므로 $\frac{200}{p}$는 자연수야.

2nd 소인수분해를 이용해서 200의 양의 약수를 구하자.

$200=2^3\times 5^2$이므로 200의 모든 양의 약수는
$1,\ 2,\ 2^2,\ 2^3,\ 5,\ 2\times 5,\ 2^2\times 5,\ 2^3\times 5,\ 5^2,\ 2\times 5^2,\ 2^2\times 5^2,\ 2^3\times 5^2$
즉, 첫째항이 3이고 공비가 2^p인 등비수열의 제 $\left(\frac{200}{p}+1\right)$항이다.
$p=1$이면 공비가 2인 등비수열의 201번째 항
$p=2$이면 공비가 2^2인 등비수열의 101번째 항
$p=2^2$이면 공비가 2^4인 등비수열의 51번째 항
$p=2^3$이면 공비가 2^8인 등비수열의 26번째 항
$p=5$이면 공비가 2^5인 등비수열의 41번째 항
$p=2\times 5$이면 공비가 2^{10}인 등비수열의 21번째 항
$p=2^2\times 5$이면 공비가 2^{20}인 등비수열의 11번째 항
$p=2^3\times 5$이면 공비가 2^{40}인 등비수열의 6번째 항
$p=5^2$이면 공비가 2^{25}인 등비수열의 9번째 항
$p=2\times 5^2$이면 공비가 2^{50}인 등비수열의 5번째 항
$p=2^2\times 5^2$이면 공비가 2^{100}인 등비수열의 3번째 항
$p=2^3\times 5^2$이면 공비가 2^{200}인 등비수열의 2번째 항
$\therefore A(200)=201+101+51+26+41+21+11+6+9+5+3+2$
$=477$

다른 풀이: 약수의 개수와 총합을 구하는 공식 이용하기

$200=2^3\times 5^2$이므로 양의 약수의 개수는 $(3+1)\times(2+1)=12$이고,
총합은 $(1+2+2^2+2^3)(1+5+5^2)=15\times 31=465$
$\therefore A(200)=465+12=477$
$k=\frac{200}{p}+1$이므로 $\frac{200}{p}$의 값에 1씩 더해야겠지. 즉 약수의 개수가 12이므로 $1\times 12=12$를 더해.

G 218 정답 25 *등비수열의 활용 [정답률 36%]

(정답 공식: b, c의 값을 직접 구하고, kl의 값을 구한다.)

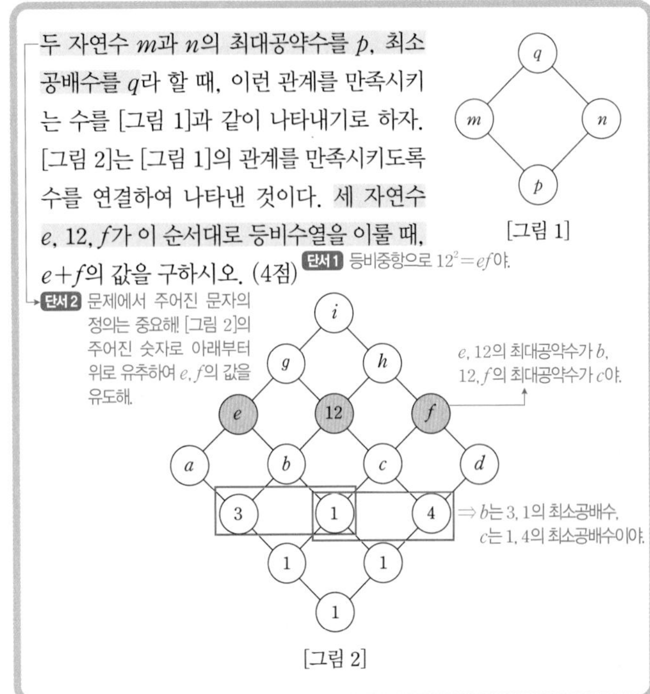

1st [그림 1]의 정의에 따라 b, c의 값을 구해.

주어진 [그림 2]에서
→ 두 개 이상의 자연수의 공통인 배수 중 가장 작은 수야.
b는 3과 1의 최소공배수이므로 $b=3$
c는 1과 4의 최소공배수이므로 $c=4$
→ e는 3을 약수로 가지고 4를 약수로 가지지 않아야 해.

2nd [그림 1]의 정의에 따르면 e와 f가 어떤 값이어야 할지 생각해 봐.

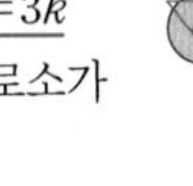

즉, e와 12의 최대공약수가 3이니까 $e=3k$ (단, k는 자연수)라 하면 k는 4와 서로소가 되어야 한다.
또, f와 12의 최대공약수는 4이므로
→ 두 개 이상의 자연수의 공통인 약수 중 가장 큰 수야.
$f=4l$(단, l은 자연수)이라 하면 l은 3과 서로소가 되어야 한다.
f는 4를 약수로 가지고 3을 약수로 가지지 않아야 해.

3rd e, 12, f가 이 순서대로 등비수열을 이룬다는 걸 이용하며 e, f의 값을 구해.

[등비중항] 세 수 a, b, c가 이 순서대로 등비수열을 이루면 $b^2=ac$가 성립해.

한편, e, 12, f가 이 순서대로 등비수열을 이루므로
→ 12는 e, f의 중항이야.
$12^2=ef \Rightarrow 144=12kl \qquad \therefore kl=12$
이때, k, l은 각각 4, 3과 서로소인 자연수이므로
$k=3,\ l=4 \qquad \therefore e=3k=9,\ f=4l=16$
$\therefore e+f=9+16=25$

수능 핵강

*** k와 l이 각각 4, 3과 서로소인 이유**
먼저 $b=3$이므로 e와 12의 최대공약수가 3이지.
여기에서 $e=3k$임을 알 수 있는데, k가 만약 4와 서로소가 아니라면 e와 12의 최대공약수는 6 또는 12가 될 거야. 이는 모순이므로 k와 4는 서로소가 되어야 해. 마찬가지로 12와 $f=4l$의 최대공약수가 4이므로 l과 3은 서로소가 되어야 하는 거지.

G 219 정답 61 ·················· ✪2등급 대비 [정답률 21%]

*등차수열의 합에 절댓값 기호가 사용된 수열이 감소하는 구간 구하기 [유형 09]

첫째항이 60인 등차수열 $\{a_n\}$에 대하여 수열 $\{T_n\}$을

단서1 등차수열의 공차가 주어지지 않았지? $T_n=|S_n|$이니까 합과 조건 (가), (나)를 이용하여 공차를 구해. 이때, 합인 S_n은 n의 이차식이야.

$$T_n=|a_1+a_2+a_3+\cdots+a_n|$$

이라 하자. 수열 $\{T_n\}$이 다음 조건을 만족시킨다.

(가) $T_{19}<T_{20}$ (나) $T_{20}=T_{21}$

$T_n>T_{n+1}$을 만족시키는 n의 최솟값과 최댓값의 합을 구하시오. (4점)

단서2 (가)와 반대이니까 T_n은 증가하였다가 감소하는 구간이 존재하지? T_n의 일반항을 구하여 그 구간을 찾자.

왜 2등급? 첫째항이 주어진 등차수열 $\{a_n\}$의 첫째항부터 제n항까지의 합의 절댓값으로 정의된 수열 $\{T_n\}$에 대하여 수열 $\{T_n\}$이 감소하는 구간의 n의 값의 범위를 구하는 문제이다.
수열 $\{T_n\}$을 하나의 함수로 보고 이 함수의 그래프를 그려 감소하는 구간을 따져보는 것이 어려웠다.

단서+발상

단서1 등차수열 $\{a_n\}$의 첫째항을 a_1, 공차를 d라 하고 수열 $\{a_n\}$의 첫째항부터 제n항까지의 합을 S_n이라 하면 $T_n=|S_n|=\left|\dfrac{n\{2a+(n-1)d\}}{2}\right|$이다. (개념)
이때, S_n은 상수항이 0인 n에 대한 이차식이다. (발상)

단서2 $y=f(n)=T_n$, $y=g(n)=S_n$이라 하면 $f(n)$은 이차함수 $g(n)$에 절댓값을 씌운 함수이므로 함수 $y=f(n)$의 그래프를 그릴 때는 함수 $y=g(n)$의 그래프를 그린 뒤 $y<0$인 부분을 x축에 대하여 대칭이동하여 그린다. (발상)
한편, 문제의 조건 $T_n>T_{n+1}$을 만족시키는 n의 값의 범위는 함수 $f(n)$이 감소하는 구간과 같으므로 함수 $y=f(n)$의 그래프에서 감소하는 구간을 찾아 n의 최솟값과 최댓값을 구한다. (해결)

주의 $T_n>T_{n+1}$에서 $T_n-T_{n+1}>0$을 만족시키는 n의 값의 범위를 찾는 것이 아니라 T_n을 하나의 함수로 보아 그래프를 그려 감소하는 구간을 구하면 계산이 간단해진다.

(핵심 정답 공식: 일반항의 크기가 점차 감소하다가 음수가 되고 그 때부터 합의 크기도 점차 작아지다가 합이 음수가 되면 절댓값을 씌우면서 다시 T_n이 증가한다.)

------------------- [문제 풀이 순서] -------------------

1st 조건 (나)와 등차수열의 합의 공식을 이용하여 공차를 구하자.

첫째항이 60인 등차수열 $\{a_n\}$의 공차를 d라 하면 ($S_n=\dfrac{n\{2a+(n-1)d\}}{2}$)

$T_n=|a_1+a_2+a_3+\cdots+a_n|$

$=\left|\dfrac{n\{2\times60+(n-1)d\}}{2}\right|=\left|\dfrac{n\{120+(n-1)d\}}{2}\right|$ ⋯ ㉠

이때, 조건 (나)에서 $T_{20}=T_{21}$이므로

$\left|\dfrac{20(120+19d)}{2}\right|=\left|\dfrac{21(120+20d)}{2}\right|$

$|1200+190d|=|1260+210d|$

(i) $1200+190d=1260+210d$일 때, $20d=-60$

$\therefore d=-3$

이때, $T_{19}=\left|\dfrac{19\{120+(19-1)\times(-3)\}}{2}\right|=627$,

$T_{20}=\left|\dfrac{20\{120+(20-1)\times(-3)\}}{2}\right|=630$이므로

조건 (가) $T_{19}<T_{20}$을 만족시킨다.

(ii) $1200+190d=-(1260+210d)$일 때,

$1200+190d=-1260-210d$, $400d=-2460$

$\therefore d=-\dfrac{123}{20}$

이때, $T_{19}=\left|\dfrac{19\left\{120+(19-1)\times\left(-\dfrac{123}{20}\right)\right\}}{2}\right|=\dfrac{1767}{20}$,

$T_{20}=\left|\dfrac{20\left\{120+(20-1)\times\left(-\dfrac{123}{20}\right)\right\}}{2}\right|=\dfrac{63}{2}$이므로

조건 (가) $T_{19}<T_{20}$을 만족시키지 않는다.

(i), (ii)에 의하여 등차수열 $\{a_n\}$의 공차 $d=-3$이므로 ㉠에 대입하면

$T_n=\left|\dfrac{n\{120+(n-1)d\}}{2}\right|=\left|\dfrac{n\{120+(n-1)\times(-3)\}}{2}\right|$

$=\left|\dfrac{-3n^2+123n}{2}\right|$

실수 $T_n>T_{n+1}$에서 그래프를 그릴 생각을 하는 것이 풀이의 핵심이지.

2nd $T_n>T_{n+1}$을 만족시키는 n의 값의 범위를 구하자.

이때, $f(x)=\left|\dfrac{-3x^2+123x}{2}\right|$라 하면 방정식 $f(x)=0$의 두 근은 $x=0$ 또는 $x=41$이므로 함수 $y=f(x)$의 그래프는 그림과 같다.

($-3x^2+123x=0$에서 $x^2-41x=x(x-41)=0$이니까.)

즉, 그래프에서

$T_{21}>T_{22}>T_{23}>\cdots>T_{41}=0$,

$0=T_{41}<T_{42}<\cdots$

이므로 $T_n>T_{n+1}$을 만족시키는 자연수 n의 값의 범위는 $21\le n\le 40$ (감소하는 구간을 생각해.)

따라서 n의 최솟값은 21, 최댓값은 40이므로

(구하는 합)$=21+40=61$

1등급 대비 특강

*** 등차수열의 합으로 정의된 수열**

첫째항이 a이고 공차가 d $(d\ne0)$인 등차수열 $\{a_n\}$의 첫째항부터 제n항까지의 합을 S_n이라 하면 $S_n=\dfrac{n\{2a+(n-1)d\}}{2}=\dfrac{d}{2}n^2+\dfrac{n(2a-d)}{2}$지?

이때, a와 d는 결정되어 있는 값이니까

$\dfrac{2a-d}{2}=c$ (c는 상수)라 하고

$f(n)=\dfrac{d}{2}n^2+cn$이라 하면 n이 $n>0$인 모든 실수일 때, 함수 $y=|f(n)|$의 그래프는 항상 그림과 같이 그려져.

My Top Secret 서울대 선배의 ❶등급 대비 전략

수열은 정의역이 자연수인 일종의 함수야. 그래서 정의역이 자연수일 때, 등차수열은 일차함수, 등차수열의 합은 이차함수, 등비수열은 지수함수로 바라볼 수 있어.
또한, n을 x축으로, a_n을 y축으로 놓고, xy평면을 그려보면 주어진 수열을 그래프의 관점에서 바라볼 수 있어서 문제를 이해하는 데 큰 도움이 되고, 복잡한 계산을 줄일 수 있어서 실수를 방지할 수 있어.

G 220 정답 117 ········· ✪1등급 대비 [정답률 14%]

*등비중항과 주어진 조건을 이용하여 수열의 특정항 구하기 [유형 03+15]

> 공차가 d이고 모든 항이 자연수인 등차수열 $\{a_n\}$이 다음 조건을 만족시킨다. **단서1** 등차수열 $\{a_n\}$의 모든 항이 자연수이므로 $d\geq 0$이어야 해.
>
> (가) $a_1\leq d$
>
> (나) 어떤 자연수 $k(k\geq 3)$에 대하여 세 항 a_2, a_k, a_{3k-1}이 이 순서대로 등비수열을 이룬다.
> **단서2** 등비중항을 이용하여 a_1과 k에 대한 관계식을 구해.
>
> $90\leq a_{16}\leq 100$일 때, a_{20}의 값을 구하시오. (4점)

왜 1등급? 등비중항을 이용하여 관계식을 찾고 조건을 만족시키는 자연수를 찾아 등차수열의 특정항을 구하는 문제이다.
차례로 등비수열을 이루는 세 수를 이용하여 수열 $\{a_n\}$의 첫째항 a_1과 공차 d, 어떤 자연수 k에 대한 관계식을 찾고 조건을 만족시키는 a_1, d, k의 값을 각각 구하는 것이 어려웠다.

단서+발상

단서1 모든 항이 자연수인 등차수열 $\{a_n\}$이므로 a_1의 값은 자연수이어야 한다. 또한, 공차 d의 값은 음이 아닌 정수가 되어야 한다. 그런데 조건 (가)에서 a_1의 값이 d의 값보다 작거나 같아야 하므로 $d=0$이면 a_1의 값이 0보다 작거나 같게 되므로 d의 값은 양의 정수, 즉 자연수이어야 한다. (발상)

단서2 등차수열 $\{a_n\}$의 세 항 a_2, a_k, a_{3k-1}이 이 순서대로 등비수열을 이루므로 등비중항에 의하여 $a_k{}^2=a_2\times a_{3k-1}$이 성립함을 알고 등차수열 $\{a_n\}$의 일반항을 이용하여 a_1, d, k에 대한 관계식을 찾아야 한다. (적용)
a_1, d, k가 가질 수 있는 값의 범위를 이용하여 a_1, d, k의 값을 각각 구하여 등차수열의 일반항을 찾고 a_{20}의 값을 구한다. (해결)

주의 공차에 대한 직접적인 조건이 없더라도 등차수열 $\{a_n\}$의 모든 항이 자연수라는 조건에서 공차의 범위를 파악해야 한다.

(핵심 정답 공식: 세 수 a, b, c가 이 순서대로 등비수열을 이루면 $b^2=ac$가 성립하고 b를 a와 c의 등비중항이라 한다.)

------------------ [문제 풀이 순서] ------------------

1st a_1과 k 사이의 관계식을 구해.
등차수열 $\{a_n\}$의 공차가 d이므로 일반항은 $a_n=a_1+(n-1)d$이다. (→ 첫째항이 a이고 공차가 d인 등차수열 $\{a_n\}$의 일반항은 $a_n=a+(n-1)d$야.)
이때, 세 항 a_2, a_k, a_{3k-1}이 이 순서대로 등비수열을 이루므로 a_k는 a_2와 a_{3k-1}의 등비중항이다. (세 수 a, b, c가 이 순서대로 등비수열을 이루면 $b^2=ac$가 성립하고 b를 a와 c의 등비중항이라 해.)
즉, $a_k{}^2=a_2\times a_{3k-1}$에서
$\{a_1+(k-1)d\}^2=(a_1+d)\times\{a_1+(3k-2)d\}$
이것을 정리하면 $(k^2-5k+3)d=(k+1)a_1$ ⋯ ㉠

2nd 조건 (가)를 이용하여 k의 값을 구해.
조건 (가)에서 $a_1\leq d$이므로 양변에 $k+1$을 곱하면
$(k+1)a_1\leq(k+1)d$ ⋯ ㉡ (→ $k\geq 3$에서 $k+1\geq 4$이므로 $a_1\leq d$의 양변에 $k+1$을 곱해도 부등호의 방향은 바뀌지 않아.)
㉠, ㉡에서 $(k^2-5k+3)d\leq(k+1)d$이고 양변을 $d(d>0)$로 나누면
(등차수열 $\{a_n\}$의 모든 항이 자연수지? 그런데 $d<0$이면 첫째항이 아무리 큰 수라도 n의 값이 커지면 $a_n<0$이 되는 n의 값이 존재하게 돼. 또, $d=0$이면 조건 (가)에서 $a_1\leq d=0$이므로 a_1이 자연수인 조건을 만족시키지 않아. 따라서 $d>0$이어야 해.)
$k^2-5k+3\leq k+1$, $k^2-6k+2\leq 0$ $\quad\therefore 3-\sqrt{7}\leq k\leq 3+\sqrt{7}$ ⋯ ㉢
(이차방정식 $k^2-6k+2=0$에서 $k=3\pm\sqrt{7}$이지?)
그런데 k는 $k\geq 3$인 자연수이므로 ㉢에 의하여 가능한 k의 값은 3, 4, 5이다.
($\sqrt{7}=2.\times\times\times$이므로 $3-\sqrt{7}=0.\times\times\times$, $3+\sqrt{7}=5.\times\times\times$이지? 이때, $k\geq 3$이므로 k의 값의 범위는 $3\leq k\leq 5.\times\times\times$이야.)

한편, ㉠에서 $k^2-5k+3>0$인데 (→ ㉠에서 $a_1>0$, $k+1\geq 4$이므로 $(k+1)a_1>0$이야. 또, $d>0$이므로 $k^2-5k+3>0$이 되어야 해.)
$k=3$이면 $k^2-5k+3=9-15+3=-3<0$
$k=4$이면 $k^2-5k+3=16-20+3=-1<0$
$k=5$이면 $k^2-5k+3=25-25+3=3>0$
이므로 $k=5$이다.

3rd $90\leq a_{16}\leq 100$을 이용하여 첫째항 a_1과 d의 값을 구해.
$k=5$를 ㉠에 대입하면 $3d=6a_1$에서 $d=2a_1$이므로
$90\leq a_{16}\leq 100$에서 $90\leq a_1+15d\leq 100$, $90\leq 31a_1\leq 100$
$\dfrac{90}{31}\leq a_1\leq\dfrac{100}{31}$ ($\frac{90}{31}=2.9\times\times\times$, $\frac{100}{31}=3.2\times\times\times$ 그런데 a_1은 자연수이므로 $a_1=3$이야.)
$\therefore a_1=3$, $d=2a_1=6$

4th a_{20}의 값을 구해.
따라서 $a_n=3+(n-1)\times 6=6n-3$이므로 $a_{20}=6\times 20-3=117$

My Top Secret 서울대 선배의 ❶ 등급 대비 전략

등비중항이라는 조건을 이용하여 a_1, d, k 사이의 관계식을 찾았더라도 a_1이 자연수라는 조건을 이용하여 공차 d가 가질 수 있는 값의 범위를 찾지 못하면 문제를 해결할 수 없어.
이처럼 문제에 자연수나 정수 등 미지수가 갖는 값이 특정되어 있는 경우 이것을 꼭 활용할 수 있도록 연습해야 해.

G 221 정답 11 ········· ✪2등급 대비 [정답률 27%]

*등차수열과 등비수열의 일반항을 통해 조건을 만족시키는 경우 구하기 [유형 07+17]

> 두 수열 $\{a_n\}$, $\{b_n\}$이 다음 조건을 만족시킨다.
> **단서1** 첫째항과 공차, 공비가 각각 주어졌으니까 일반항을 세우자.
>
> (가) $a_1=b_1=6$
>
> (나) 수열 $\{a_n\}$은 공차가 p인 등차수열이고, 수열 $\{b_n\}$은 공비가 p인 등비수열이다.
>
> 수열 $\{b_n\}$의 모든 항이 수열 $\{a_n\}$의 항이 되도록 하는 1보다 큰 모든 자연수 p의 합을 구하시오. (4점) **단서2** 수열 $\{b_n\}$이 수열 $\{a_n\}$에 속하도록 하는 p의 값을 찾자.

왜 2등급? 수열 $\{b_n\}$의 모든 항이 수열 $\{a_n\}$의 항이 되도록 하는 자연수 p의 값을 구하는 문제이다.
등차수열 $\{a_n\}$과 등비수열 $\{b_n\}$의 일반항을 세우고 수열 $\{b_n\}$의 모든 항에 대해서 a_m과 같은 값을 갖는 자연수 m이 존재하도록 하는 자연수 p의 값을 따져보는 것이 어려웠다.

단서+발상

단서1 등차수열 $\{a_n\}$의 첫째항과 공차, 등비수열 $\{b_n\}$의 첫째항과 공비가 주어졌으므로 일반항을 세울 수 있다. 즉, $a_n=6+(n-1)p$이고 $b_n=6\times p^{n-1}$이다. (개념)

단서2 모든 자연수 n에 대하여 $6\times p^{n-1}$이 $6+(m-1)p$인 자연수 m이 존재하도록 자연수 p의 값을 구해보자. 일단 $n=1$일 때는 $m=1$이 있다. $n\geq 2$일 때는 $6\times p^{n-1}=6+p(m-1)$를 m에 대하여 정리한 후 m이 자연수가 되는 조건을 구하면 된다. $m=1+6\times p^{n-2}-\dfrac{6}{p}$이 자연수가 되도록 하는 1보다 큰 자연수 p의 값을 구하면 된다. (발상)

주의 수열 $\{b_n\}$의 모든 항이 수열 $\{a_n\}$의 항이 되지만 수열 $\{a_n\}$의 모든 항이 수열 $\{b_n\}$에 속하는 것은 아니다.

핵심 정답 공식: 두 수열 $\{a_n\}$, $\{b_n\}$의 일반항을 구하고 수열 $\{b_n\}$의 특정항이 수열 $\{a_n\}$의 특정항과 같다고 미지수를 세워서 등식을 만든다. n, p가 자연수라는 조건을 이용해서 p의 값을 구한다. 등식을 잘 살펴보면 p가 6의 약수여야 한다는 사실을 안다.

[문제 풀이 순서]

1st 두 수열 $\{a_n\}$, $\{b_n\}$의 일반항을 구해.

두 조건 (가), (나)에 의하여 두 수열 $\{a_n\}$, $\{b_n\}$의 일반항은 각각
$a_n=6+(n-1)p$, $b_n=6p^{n-1}$ ① 등차수열: 공차가 d일 때 $a_n=a_1+(n-1)d$ ② 등비수열: 공비가 r일 때 $b_n=b_1r^{n-1}$

2nd 단서2를 만족시키는 p의 값을 구하기 위해 수열 $\{b_n\}$의 n번째 항이 수열 $\{a_n\}$의 k번째 항과 같다고 가정하고 식을 세우자.

이때, $a_1=b_1=6$이므로 1보다 큰 자연수 n에 대하여 수열 $\{b_n\}$의 n번째 항이 수열 $\{a_n\}$의 k번째 항과 같다고 하면 $6p^{n-1}=6+(k-1)p$인 자연수 k가 존재해야 한다.

즉, $(k-1)p=6p^{n-1}-6$이므로

$k-1=6p^{n-2}-\frac{6}{p}$

함정: p는 자연수이고 1보다 크다고 조건에 나와 있어. $3-\frac{6}{4}$는 자연수가 될 수 없는 것처럼 p는 1을 제외한 6의 양의 약수 2, 3, 6만 해당해.

$\therefore k=6p^{n-2}-\frac{6}{p}+1$

→ $6p^{n-2}+1$이 자연수이니까 k가 자연수이기 위해서 $\frac{6}{p}$도 자연수이어야 해.

여기서 $p^{n-2}(n\geq2)$과 k가 모두 자연수이므로 $\frac{6}{p}$도 자연수이어야 한다.

따라서 p는 6의 약수가 되어야 하므로 $p>1$인 자연수 p는 2, 3, 6이다.
→ 어떤 수를 나누어떨어지게 하는 수야.

$\therefore$ (구하는 합)$=2+3+6=11$

다른 풀이: **수열 $\{a_n\}$의 k번째 항이 수열 $\{b_n\}$의 2번째 항과 같다고 가정하고 세운 식 이용하기**

$a_n=b_2$, b_3, $\cdots$ b_m을 만족시키는 n이 존재해야 하니까
$a_k=b_2$인 자연수 k가 존재한다면 $6+(k-1)p=6p$

$(k-1)p=6p-6$, $k-1=6-\frac{6}{p}$

$\therefore k=7-\frac{6}{p}$

이때, k가 자연수이므로 $\frac{6}{p}$도 자연수이어야 하겠지? 즉, p는 6의 약수야.
$p>1$이니까 1을 제외한 6의 약수를 생각해.

(i) $p=2$일 때,
$a_k=6+(k-1)\times2=2k+4$, $b_n=6\times2^{n-1}$

(ii) $p=3$일 때,
$a_k=6+(k-1)\times3=3k+3$, $b_n=6\times3^{n-1}$

(iii) $p=6$일 때,
$a_k=6+(k-1)\times6=6k$, $b_n=6\times6^{n-1}=6^n$

(i), (ii), (iii)의 모든 경우 임의의 자연수 n에 대하여 $b_n=a_k$를 만족시키는 자연수 k가 존재하므로 수열 $\{b_n\}$의 모든 항은 수열 $\{a_n\}$의 항이 돼.

$\therefore$ (구하는 합)$=2+3+6=11$

My Top Secret 서울대 선배의 ❶등급 대비 전략

수열 $\{b_n\}$의 공비가 p이므로 b_2-b_1은 등차수열 $\{a_n\}$의 공차 p의 어떤 자연수 t를 곱한 것과 같다. 즉 $6(p-1)=pt$이다. b_2-b_1에 자연수 p를 곱하면 b_3-b_2이므로 $6(p-1)=pt$이면 수열 $\{b_n\}$의 모든 항이 등차수열 $\{a_n\}$에 속한다. 결국 $6-\frac{6}{p}$이 자연수가 되도록 하는 p의 값을 구하는 것과 같다.

G 222 정답 ①

2등급 대비 [정답률 21%]

*수열의 합과 일반항 사이의 관계를 활용하여 조건을 만족시키는 수열 찾기 [유형 23]

수열 $\{a_n\}$의 첫째항부터 제n항까지의 합을 S_n이라 하자.
두 자연수 p, q에 대하여 $S_n=pn^2-36n+q$일 때,
S_n이 다음 조건을 만족시키도록 하는 p의 최솟값을 p_1이라 하자.
단서1 p 대신 1, 2, 3, …을 차례로 대입하여 p의 최솟값 p_1을 구해.

> 임의의 두 자연수 i, j에 대하여 $i\neq j$이면 $S_i\neq S_j$이다.

단서2 수열 $\{a_n\}$의 첫째항 a_1의 값보다 절댓값이 작은 항이 3개만 존재해야 해.
$p=p_1$일 때, $|a_k|<a_1$을 만족시키는 자연수 k의 개수가 3이 되도록 하는 모든 q의 값의 합은? (4점)

① 372 ② 377 ③ 382
④ 387 ⑤ 392

왜 2등급? 조건을 만족시키는 수열의 항의 개수가 3이 되도록 하는 상수를 구하는 문제이다.
수열의 합과 일반항 사이의 관계를 이용하여 수열 $\{a_n\}$을 결정하는 것이 어려웠다.

단서+발상

단서1 서로 다른 두 자연수 i, j에 대하여 $S_i\neq S_j$를 만족시키는 i, j 사이의 관계식을 p로 나타낸다. (발상)
이때, 조건을 만족시키는 자연수 p의 최솟값을 구해야 하므로 p 대신 1, 2, 3, …을 차례로 대입하여 조건을 만족시키는 p의 최솟값 p_1을 구한다. (적용)

단서2 p에 p_1을 대입하고 수열의 합과 일반항 사이의 관계식을 활용하여 수열 $\{a_n\}$의 일반항을 구하고 각 항을 나열한다. (유형)
$|a_k|<a_1$을 만족시키는 자연수 k의 개수가 3이 되기 위해서 수열 $\{a_n\}$의 첫째항 a_1에 대한 부등식을 찾고 이 부등식을 풀어 조건을 만족시키는 모든 q의 값을 구한다. (해결)

주의 수열 $\{a_n\}$의 첫째항부터 제n항까지의 합 S_n이 주어졌을 때, 수열의 합과 일반항 사이의 관계를 이용하여 일반항 a_n을 구할 수 있어야 하고 수열 $\{a_n\}$은 일반적으로 $a_1=S_1$이고 $a_n=S_n-S_{n-1}(n\geq2)$임에 주의한다.

핵심 정답 공식: 수열 $\{a_n\}$의 첫째항부터 제n항까지의 합을 S_n이라 하면 $a_n=S_n-S_{n-1}(n\geq2)$, $a_1=S_1$이다.

[문제 풀이 순서]

1st 자연수 p의 최솟값 p_1을 구해.

S_n이 주어진 조건을 만족시키면 $i\neq j$인 임의의 두 자연수 i, j에 대하여 $S_i\neq S_j$에서 $S_i-S_j\neq0$이므로

$S_i-S_j=(pi^2-36i+q)-(pj^2-36j+q)=p(i^2-j^2)-36(i-j)$
$=p(i-j)(i+j)-36(i-j)=(i-j)(pi+pj-36)\neq0$

이때, $i\neq j$이므로 $pi+pj-36\neq0$에서 $pi+pj\neq36$

$\therefore i+j\neq\frac{36}{p}$ $\cdots$ ㉠

$i+j=36$을 만족시키는 서로 다른 두 자연수가 존재하지 않아야 하는데 $i=1$, $j=35$일 때 $i+j=36$을 만족시키므로 $p=1$이 될 수 없어.

(i) $p=1$이면 $i+j=\frac{36}{1}=36$을 만족시키는 서로 다른 두 자연수 i, j가 존재한다.

(ii) $p=2$이면 $i+j=\frac{36}{2}=18$을 만족시키는 서로 다른 두 자연수 i, j가 존재한다.

(iii) $p=3$이면 $i+j=\frac{36}{3}=12$를 만족시키는 서로 다른 두 자연수 i, j가 존재한다.

(iv) $p=4$이면 $i+j=\frac{36}{4}=9$를 만족시키는 서로 다른 두 자연수 i, j가 존재한다.

(v) $p=5$이면 $i+j=\frac{36}{5}$을 만족시키는 서로 다른 두 자연수 i, j가 존재하지 않는다.

따라서 조건을 만족시키는 p의 최솟값 $p_1=5$이다.

2nd $|a_k|<a_1$을 만족시키는 자연수 k의 개수가 3이 되도록 하는 모든 q의 값을 구해.

$p=p_1=5$일 때, $S_n=5n^2-36n+q$이므로

(i) $n=1$일 때, $a_1=S_1=5\times1^2-36\times1+q=q-31$

(ii) $n\geq2$일 때,

$$a_n=S_n-S_{n-1}=(5n^2-36n+q)-\{5(n-1)^2-36(n-1)+q\}$$
$$=5n^2-36n+q-5n^2+10n-5+36n-36-q=10n-41$$

(i), (ii)에 의하여 $a_n=\begin{cases}q-31 & (n=1)\\10n-41 & (n\geq2)\end{cases}$ → 수열 $\{a_n\}$은 제2항부터 공차가 10인 등차수열이야.

따라서 수열 $\{a_n\}$의 각 항을 나열하면 $a_1=q-31$, $a_2=-21$, $a_3=-11$, $a_4=-1$, $a_5=9$, $a_6=19$, $a_7=29$, $\cdots$이다.

이때, 절댓값이 작은 항부터 차례로 나열하면 a_4, a_5, a_3, a_6, a_2, $\cdots$이고 $|a_k|<a_1$을 만족시키는 자연수 k의 개수가 3이어야 하므로

$|a_3|<a_1\leq|a_6|$에서 $11<q-31\leq19$

$\therefore 42<q\leq50$ → a_1의 값이 $|a_3|$의 값과 같으면 $|a_k|<a_1$을 만족시키는 k의 값은 4, 5로 2개뿐이야. 따라서 a_1의 값은 $|a_3|$의 값보다는 커야 해.

따라서 조건을 만족시키는 모든 q의 값은 43, 44, 45, $\cdots$, 50이므로 그 합은

$$43+44+45+\cdots+50=\frac{8\times(43+50)}{2}=372$$

첫째항이 43이고 제8 항이 50인 등차수열의 첫째항부터 제8 항까지의 합이야.

톡톡 풀이: S_n을 n에 대한 이차함수로 생각하여 i, j, p에 대한 관계식 구하기

$f(x)=px^2-36x+q=p\left(x-\frac{18}{p}\right)^2-\frac{18^2}{p}+q$라 하면

함수 $y=f(x)$의 그래프는 직선 $x=\frac{18}{p}$에 대하여 대칭이고

최솟값은 $-\frac{18^2}{p}+q$야.

따라서 $k>-\frac{18^2}{p}+q$인 임의의 k에 대하여 x축과 평행한 직선 $y=k$와 함수 $y=f(x)$의 그래프가 만나는 점은 2개이고 이 두 점의 중점은 직선 $x=\frac{18}{p}$ 위에 있게 돼.

그런데 조건에서 임의의 두 자연수 i, j에 대하여 $i\neq j$일 때 $f(i)\neq f(j)$이어야 하므로 서로 다른 두 점 $(i, f(i))$, $(j, f(j))$는 x축에 평행한 같은 직선 위에 존재할 수 없어. 즉, 두 점 $(i, f(i))$, $(j, f(j))$의 중점은

$i\neq\frac{18}{p}$인 자연수 i에 대하여 함수 $y=f(x)$의 그래프 위의 점 $(i, f(i))$를 지나고 x축에 평행한 직선 $y=f(i)$가 함수 $y=f(x)$의 그래프와 만나는 점 중 $(i, f(i))$가 아닌 점을 $(t, f(t))$라 하면 t는 자연수가 아니라는 의미야.

직선 $x=\frac{18}{p}$ 위에 있을 수 없으므로 $\frac{i+j}{2}\neq\frac{18}{p}$이어야 해.

(이하 동일)

＊ 등차수열과 등차수열의 합 사이의 관계

수열 $\{a_n\}$의 첫째항부터 제n항까지의 합 S_n이 n에 대한 이차식으로 나타나면 S_n의 상수항의 유무에 따라 수열 $\{a_n\}$은 첫째항부터 등차수열이거나 두 번째 항부터 등차수열이야.

(i) S_n이 상수항이 없는 n에 대한 이차식인 경우

즉, $S_n=pn^2+qn$이면 $a_1=S_1=p+q$이고

$n\geq2$일 때

$$a_n=S_n-S_{n-1}=(pn^2+qn)-\{p(n-1)^2+q(n-1)\}$$
$$=pn^2+qn-pn^2+2pn-p-qn+q=2pn-p+q$$

이때, $a_1=2p\times1-p+q=p+q$이므로

$a_n=2pn-p+q\,(n\geq1)$야.

따라서 수열 $\{a_n\}$은 첫째항부터 공차가 이차항의 계수의 2배, 즉 $2p$인 등차수열이야.

(ii) S_n이 상수항이 있는 n에 대한 이차식인 경우

즉, $S_n=pn^2+qn+r$이면 $a_1=S_1=p+q+r$이고

$n\geq2$일 때,

$$a_n=S_n-S_{n-1}=(pn^2+qn+r)-\{p(n-1)^2+q(n-1)+r\}$$
$$=pn^2+qn+r-pn^2+2pn-p-qn+q-r=2pn-p+q$$

이때, $a_1=2p\times1-p+q=p+q$이므로

$a_n=\begin{cases}p+q+r & (n=1)\\2pn-p+q & (n\geq2)\end{cases}$야.

따라서 수열 $\{a_n\}$은 첫째항이 $p+q+r$이고 제2항부터 공차가 이차항의 계수의 2배, 즉 $2p$인 등차수열이야.

G

My Top Secret 서울대 선배의 ❶등급 대비 전략

임의의 서로 다른 두 자연수 i, j에 대하여 $i+j\neq\frac{36}{p}$을 만족시키기 위해서는 $\frac{36}{p}$이 자연수가 아니거나 $\frac{36}{p}$이 2 이하의 자연수이면 가능해.

즉, p가 36의 약수가 아닌 수이거나 $\frac{36}{p}=1$ 또는 $\frac{36}{p}=2$를 만족시키는 경우이어야 해.

따라서 p의 최솟값은 36의 약수가 아닌 수 중 가장 작은 수인 5야.

G 223 정답 31 ✪2등급 대비 [정답률 27%]

＊3^k으로 나눈 수가 자연수가 되게 하는 k의 최댓값 구하기 [유형 24]

수열 $\{a_n\}$의 제n항 a_n을 $\frac{n}{3^k}$이 자연수가 되게 하는 음이 아닌 정수 k의 최댓값이라 하자. 예를 들어, $a_1=0$이고 $a_6=1$이다.

$a_m=3$일 때, $a_m+a_{2m}+a_{3m}+\cdots+a_{9m}$의 값을 구하시오. (4점)

단서 $n=a\times3^k$ 꼴이어야 자연수가 되네. $a_m=3$이면 $\frac{m}{3^3}$이 최소가 되는 m의 값을 생각하면 돼.

왜 2등급? 자연수 n을 3^k으로 나누었을 때, 즉 $\frac{n}{3^k}$이 자연수가 되도록 하는 음이 아닌 정수 k의 최댓값을 구하는 문제이다.
자연수 n을 소인수분해하였을 때 3의 지수에 따라 음이 아닌 정수 k가 가질 수 있는 값이 결정됨을 파악하는 것이 어려웠다.

단서+발상

단서 자연수 a에 대하여 $\frac{n}{3^k}=a$이면 $n=a\times3^k$이다. 이때, a_n은 $\frac{n}{3^k}$이 자연수가 되도록 하는 음이 아닌 정수 k의 최댓값이므로 a_n은 자연수 n을 소인수분해하였을 때, 3의 지수와 같다. **발상**

$a_m=3$이면 m을 소인수분해하였을 때, 3의 지수가 3이므로 3^3으로 나누어떨어지고, 3^4으로 나누어떨어지지 않는다. **발상**

이를 바탕으로 n이 $2m, 3m, 4m, \cdots$일 때, a_n을 구할 수 있다. **해결**

주의 m에 대한 조건은 $a_m=3$뿐이므로 $\frac{m}{3^3}$이 자연수가 되고 $\frac{m}{3^4}$는 자연수가 아닌 임의의 자연수 m에 대해 $a_m+a_{2m}+a_{3m}+\cdots+a_{9m}$을 구해도 그 값은 동일하다. 즉, $m=27$이라 두고 $a_m+a_{2m}+a_{3m}+\cdots+a_{9m}$을 계산할 수 있다.

(핵심 정답 공식: a_n은 n을 소인수분해했을 때, 소인수 3이 몇 번 곱해졌는지를 나타낸다.)

------------------- [문제 풀이 순서] -------------------

1st $a_m=3$을 이용해 m이 어떤 조건을 가지는지 추측해 봐.

$\frac{1}{3^k}$, $\frac{2}{3^k}$가 자연수가 되게 하는 음이 아닌 정수 $k=0$이므로

$a_1=0$, $a_2=0$

마찬가지로 $\frac{3}{3^k}$일 때 $a_3=1$,

$\frac{4}{3^k}$일 때 $a_4=0$, $\frac{5}{3^k}$일 때 $a_5=0$,

n이 3의 배수가 아니면 $a_n=0$이지?

$\frac{6}{3^k}=\frac{2\times3}{3^k}$일 때 $a_6=1$, $\cdots$

$a_m=3$이므로 $\frac{m}{3^k}$이 자연수가 되게 하는 음이 아닌 정수 k의 최댓값은 3이다.

즉, $\frac{m}{3^3}$이 자연수이므로 t가 3의 배수가 아닌 자연수일 때,

$\frac{m}{3^3}=t$

$\therefore m=3^3t$

$m=3$을 대입해서 값을 구한 후에 비교해서 검산해봐도 좋아.

2nd $2m, 3m, 4m, \cdots$을 대입해서 조건을 만족시키는 k의 값을 각각 구해 봐.

$2m=2\times3^3t$, $4m=4\times3^3t$, $5m=5\times3^3t$, $7m=7\times3^3t$, $8m=8\times3^3t$로 $\frac{2m}{3^k}$, $\frac{4m}{3^k}$, $\frac{5m}{3^k}$, $\frac{7m}{3^k}$, $\frac{8m}{3^k}$을 자연수가 되게 하는 음이 아닌 정수 k의 최댓값은 모두 3이 된다.

그리고 $3m=3\times3^3t=3^4t$이고, $6m=6\times3^3t=2\times3^4t$이므로 $\frac{3m}{3^k}$, $\frac{6m}{3^k}$을 자연수가 되게 하는 음이 아닌 정수 k의 최댓값은 모두 4이다.

또, $9m=9\times3^3t=3^5t$이므로 $\frac{9m}{3^k}$을 자연수가 되게 하는 음이 아닌 정수 k의 최댓값은 5가 된다.

$\therefore a_m+a_{2m}+a_{3m}+\cdots+a_{9m}=3+3+\underset{a_{3m}}{4}+3+3+\underset{a_{6m}}{4}+3+3+\underset{a_{9m}}{5}=31$

1등급 대비 **특강**

＊음이 아닌 정수 k의 최댓값 a_n 이해하기

조건을 만족시키는 음이 아닌 정수 k와 자연수 a에 대하여 $\frac{n}{3^k}=a$이라 하면 $n=a\times3^k$이지? 이때, k가 $\frac{n}{3^k}$을 자연수가 되도록 하는 음이 아닌 정수의 최댓값이라 할 때, $n=a\times3^k$에서 a가 3의 배수이면 $n=3^{k+1}$로 나누어떨어져. 따라서 k가 최댓값이 될 수 없으므로 a는 3의 배수가 아니어야 해.
즉, 음이 아닌 정수 k의 최댓값 a_n은 n을 소인수분해하였을 때, 3의 지수와 같은 거야.

경찰대, 삼사 중요 기출 **문제** [어려운 3점+4점+5점]

G 224 정답 35 ＊여러 가지 등차수열의 활용 ······ [정답률 44%]

(정답 공식: 첫째항이 a이고 공차가 d인 등차수열의 첫째항부터 제n항까지의 합을 S_n이라 하면 $S_n=\frac{n\{2a+(n-1)d\}}{2}$이다.)

등차수열 $\{a_n\}$이 다음 조건을 만족시킨다.

(가) $a_6+a_7=-\frac{1}{2}$

(나) $a_l+a_m=1$이 되도록 하는 두 자연수 l, $m(l<m)$의 모든 순서쌍 (l, m)의 개수는 6이다.

단서 등차수열의 성질을 알고 적용해야 해. 예를 들어 공차가 d인 등차수열 $\{b_n\}$의 k번째 항과 $(k+1)$번째 항의 합이 a이면, 즉 $b_k+b_{k+1}=a$이면 $b_k-d+b_{k+1}+d=a$에서 $b_{k-1}+b_{k+2}=a$야.

등차수열 $\{a_n\}$의 첫째항부터 제14항까지의 합을 S라 할 때, $2S$의 값을 구하시오. (4점)

1st 두 조건을 만족시키는 등차수열 $\{a_n\}$의 첫째항과 공차를 각각 구해.

등차수열 $\{a_n\}$의 공차를 d라 할 때 11보다 큰 자연수 n과 조건 (나)에 의하여 $a_1+a_n=1$이라 하면

n이 11보다 작거나 같으면 조건 (나)를 만족시키는 두 자연수 l, m의 순서쌍 (l, m)의 개수가 6보다 작아.

$a_1+d+a_n-d=1$에서 $a_2+a_{n-1}=1$

$a_2+d+a_{n-1}-d=1$에서 $a_3+a_{n-2}=1$

$a_3+d+a_{n-2}-d=1$에서 $a_4+a_{n-3}=1$

$a_4+d+a_{n-3}-d=1$에서 $a_5+a_{n-4}=1$

$a_5+d+a_{n-4}-d=1$에서 $a_6+a_{n-5}=1$

뿐이어야 한다. 이때,

(i) $n=12$이면

$a_1+a_{12}=1$, $a_2+a_{11}=1$, $a_3+a_{10}=1$, $a_4+a_9=1$,

$a_5+a_8=1$, $a_6+a_7=1$인데 조건 (가)에서 $a_6+a_7=-\frac{1}{2}$이므로 조건을 만족시키지 않는다.

(ii) $n=13$이면

$a_1+a_{13}=1$, $a_2+a_{12}=1$, $a_3+a_{11}=1$, $a_4+a_{10}=1$,

$a_5+a_9=1$, $a_6+a_8=1$이므로 조건을 만족시킨다.

(iii) $n\geq14$이면

$a_1+a_n=1$, $a_2+a_{n-1}=1$, $a_3+a_{n-2}=1$, $a_4+a_{n-3}=1$,

$a_5+a_{n-4}=1$, $a_6+a_{n-5}=1$, $a_7+a_{n-6}=1$, $\cdots$이므로 조건 (나)의 $a_l+a_m=1$이 되도록 하는 두 자연수 l, $m(l<m)$의 모든 순서쌍 (l, m)의 개수가 7 이상이다.

(i) ~ (iii)에 의하여 $a_6+a_8=1$이어야 한다.

$a_6+a_8=1$에서 $(a_1+5d)+(a_1+7d)=1$

$\therefore 2a_1+12d=1 \cdots ㉠$

조건 (가)의 $a_6+a_7=-\frac{1}{2}$에서

$(a_1+5d)+(a_1+6d)=-\frac{1}{2}$

$\therefore 2a_1+11d=-\frac{1}{2} \cdots ㉡$

㉠, ㉡을 연립하여 풀면

$d=\frac{3}{2}$, $a_1=-\frac{17}{2}$

2nd 등차수열 $\{a_n\}$의 첫째항부터 제14항까지의 합을 구해.

따라서 등차수열 $\{a_n\}$의 첫째항부터 제14항까지의 합 S는

$$S=\frac{14\times\left\{2\times\left(-\frac{17}{2}\right)+(14-1)\times\frac{3}{2}\right\}}{2}=\frac{-238+273}{2}=\frac{35}{2}$$

첫째항이 a이고 공차가 d인 등차수열의 첫째항부터 제n항까지의 합을 S_n이라 하면 $S_n=\frac{n\{2a+(n-1)d\}}{2}$야.

$\therefore 2S=2\times\frac{35}{2}=35$

G 225 정답 ③ *등차수열의 합의 활용 [정답률 71%]

(정답 공식: 첫째항이 a이고 제n항이 l인 등차수열의 첫째항부터 제n항까지의 합을 S_n이라 하면 $S_n=\frac{n(a+l)}{2}$이다.)

두 실수 a, b와 수열 $\{c_n\}$이 다음 조건을 만족시킨다.

(가) $(m+2)$개의 수

a, $\log_2 c_1$, $\log_2 c_2$, $\log_2 c_3$, $\cdots$, $\log_2 c_m$, b

가 이 순서대로 등차수열을 이룬다.

(나) 수열 $\{c_n\}$의 첫째항부터 제m항까지의 항을 모두 곱한 값은 32이다.

단서1 조건 (가)의 $(m+2)$개의 수 중 두 실수 a, b를 제외한 로그의 진수의 곱이 32이므로 조건 (가)의 등차수열을 이루는 $(m+2)$개의 수의 합을 이용하여 m의 값을 구하면 돼.

$a+b=1$일 때, 자연수 m의 값은? (4점)

① 6 ② 8 ③ 10 ④ 12 ⑤ 14

단서2 조건 (나)에서 $\log_2 c_1$, $\log_2 c_2$, $\log_2 c_3$, $\cdots$, $\log_2 c_m$의 합을 구하고 $a+b$의 값을 이용하면 조건 (가)의 $(m+2)$개의 수의 합을 구할 수 있어.

1st 조건 (가)의 $(m+2)$개의 수의 합을 m에 대하여 나타내자.

조건 (가)의 $(m+2)$개의 수가 등차수열을 이루고 이 수열의 첫째항이 a, 제$(m+2)$항이 b이므로 $(m+2)$개의 수의 합을 S라 하면

$$S=\frac{(m+2)(a+b)}{2}=\frac{m+2}{2}\ (\because a+b=1)\ \cdots ㉠$$

첫째항이 a이고 제$(m+2)$항이 b인 등차수열의 첫째항부터 제$(m+2)$항까지의 합이야.

2nd 조건 (나)를 이용하여 $(m+2)$개의 수의 합을 구해.

조건 (나)에 의하여

$\log_2 c_1+\log_2 c_2+\log_2 c_3+\cdots+\log_2 c_m$

$=\log_2 (c_1\times c_2\times c_3\times\cdots\times c_m)$ $\log_a m+\log_a n=\log_a mn$

$=\log_2 32=\log_2 2^5=5\log_2 2=5\times1=5$ $\log_a b^n=n\log_a b$, $\log_a a=1$

이때, $a+b=1$이므로 조건 (가)의 $(m+2)$개의 수의 합은

$S=a+\log_2 c_1+\log_2 c_2+\log_2 c_3+\cdots+\log_2 c_m+b$

$=(a+b)+(\log_2 c_1+\log_2 c_2+\log_2 c_3+\cdots+\log_2 c_m)$

$=1+5=6\ \cdots ㉡$

㉠, ㉡에 의하여 $\frac{m+2}{2}=6$에서 $m+2=12$

$\therefore m=10$

등차수열의 합 (개념·공식)

① 첫째항이 a이고 공차가 d인 등차수열의 첫째항부터 제n항까지의 합을 S_n이라 하면 $S_n=\frac{n\{2a+(n-1)d\}}{2}$

② 첫째항이 a이고 제n항이 l인 등차수열의 첫째항부터 제n항까지의 합을 S_n이라 하면 $S_n=\frac{n(a+l)}{2}$

G 226 정답 ③ *등비수열의 변형 [정답률 71%]

(정답 공식: 첫째항이 a이고 공비가 r인 등비수열 $\{a_n\}$의 일반항은 $a_n=ar^{n-1}$이다.)

모든 항이 양수이고 공비가 서로 같은 두 등비수열 $\{a_n\}$, $\{b_n\}$이 모든 자연수 n에 대하여

$$a_nb_n=\frac{(a_{n+1})^2+4(b_{n+1})^2}{5}$$

단서 구하는 것이 공비의 최댓값이므로 두 등비수열의 일반항을 주어진 등식에 대입하여 공비에 대하여 먼저 정리해 봐.

를 만족시킬 때, 공비의 최댓값은? (4점)

① $\frac{5\sqrt{5}}{2}$ ② $\frac{5}{2}$ ③ $\frac{\sqrt{5}}{2}$ ④ $\sqrt{5}$ ⑤ 1

1st 주어진 등식을 공비에 대한 식으로 변형하자.

두 등비수열 $\{a_n\}$, $\{b_n\}$의 첫째항을 각각 $a(a>0)$, $b(b>0)$라 하고 공비를 모두 $r(r>0)$라 하면 두 등비수열의 일반항은

두 등비수열 $\{a_n\}$, $\{b_n\}$의 모든 항이 양수이므로 첫째항도 양수이어야겠지?

등비수열의 공비가 음수이면 각 항은 양수와 음수가 번갈아가며 나타나게 돼. 따라서 모든 항이 양수인 등비수열의 첫째항과 공비는 모두 양수이어야 해.

$a_n=ar^{n-1}$, $b_n=br^{n-1}$이다.

이때, $a_{n+1}=ar^n$, $b_{n+1}=br^n$이므로

$a_nb_n=\frac{(a_{n+1})^2+4(b_{n+1})^2}{5}$에서

$(ar^{n-1})\times(br^{n-1})=\frac{(ar^n)^2+4(br^n)^2}{5}$

$(ar^{n-1})\times(br^{n-1})=abr^{2n-2}=abr^{2n}\times r^{-2}=\frac{abr^{2n}}{r^2}$

$\frac{abr^{2n}}{r^2}=\frac{a^2r^{2n}+4b^2r^{2n}}{5}$, $(a^2+4b^2)r^2=5ab$

$\therefore r^2=\frac{5ab}{a^2+4b^2}=\frac{5}{\frac{a}{b}+\frac{4b}{a}}\ \cdots ㉠$

분모, 분자를 각각 ab로 나눈 거야.

2nd 공비 r의 최댓값을 구하자.

이때, $a>0$, $b>0$이므로 $\frac{a}{b}>0$, $\frac{4b}{a}>0$이고 산술평균과 기하평균의 관계에 의하여

양수 x, y에 대하여 $x+y\geq2\sqrt{xy}$가 성립해.

$\frac{a}{b}+\frac{4b}{a}\geq2\sqrt{\frac{a}{b}\times\frac{4b}{a}}=4$ $\left(\text{단, 등호는 } \frac{a}{b}=\frac{4b}{a}\text{일 때, 성립}\right)$

즉, $\frac{a}{b}+\frac{4b}{a}$의 최솟값이 4이므로

㉠에 의하여 r^2의 최댓값은 $\frac{5}{4}$이다.

양수 r가 최대이면 r^2도 최대이고 ㉠에서 r^2이 최대가 되려면 분모가 최소가 되어야 해.

따라서 공비 r의 최댓값은 $\sqrt{\frac{5}{4}}=\frac{\sqrt{5}}{2}$이다.

다른 풀이: 이차방정식의 판별식 이용하기

위의 풀이의 $(a^2+4b^2)r^2=5ab$에서

$r^2a^2-5ab+4r^2b^2=0$

$r^2\left(\frac{a}{b}\right)^2-5\left(\frac{a}{b}\right)+4r^2=0$

이때, $\frac{a}{b}=t$라 하면 $r^2t^2-5t+4r^2=0$이고, 이것이 실수 t에 대하여 성립해야 하므로 t에 대한 이차방정식의 판별식을 D라 하면

$D=(-5)^2-4\times r^2\times4r^2=25-16r^4=(5-4r^2)(5+4r^2)\geq0$에서

$5-4r^2\geq0$, $4r^2\leq5$, $r^2\leq\frac{5}{4}$

$\therefore 0<r\leq\frac{\sqrt{5}}{2}$

G 227 정답 ② *등비수열의 활용 [정답률 64%]

(정답 공식: 지수와 로그의 여러 가지 성질을 이용한다.)

모든 항이 양수인 등비수열 $\{a_n\}$에 대하여

$a_1=2a_4$, $a_3^{\log_2 3}=27$ 단서1 등비수열 $\{a_n\}$의 일반항을 구할 수 있어.

일 때, 집합 $\left\{n \middle| \log_4 a_n - \log_2 \frac{1}{a_n}\text{은 자연수}\right\}$의 모든 원소의 개수는? (4점) 단서2 $\log_4 a_n - \log_2 \frac{1}{a_n}$이 자연수가 되도록 하는 n의 개수를 구해야 해.

① 4 ② 5 ③ 6
④ 7 ⑤ 8

1st 등비수열 $\{a_n\}$의 일반항을 구해.

등비수열 $\{a_n\}$의 공비를 r라 하면

$a_n=a_1r^{n-1}$이므로 $a_4=a_1r^3$

이때, $a_1=2a_4$에서

$a_1=2a_1r^3$, $r^3=\frac{1}{2}$

$\therefore r=\left(\frac{1}{2}\right)^{\frac{1}{3}}=2^{-\frac{1}{3}}$

또, $a_3^{\log_2 3}=27$에서 → $\log_a b=k \Leftrightarrow b=a^k$

$\log_2 3=\log_{a_3} 27=\log_{a_3} 3^3=3\log_{a_3} 3=\log_{(a_3)^{\frac{1}{3}}} 3$

$(a_3)^{\frac{1}{3}}=2$ $\quad \log_a b^k=k\log_a b$, $\frac{1}{k}\log_a b=\log_{a^k} b$

$\therefore a_3=2^3=8$

즉, $a_3=a_1r^2=a_1\times\left(2^{-\frac{1}{3}}\right)^2=a_1\times 2^{-\frac{2}{3}}=8=2^3$에서 → $(a^m)^n=a^{mn}$

$a_1=2^3\times 2^{\frac{2}{3}}=2^{\frac{11}{3}}$이므로

$a_n=2^{\frac{11}{3}}\times\left(2^{-\frac{1}{3}}\right)^{n-1}=2^{\frac{11}{3}}\times 2^{-\frac{n}{3}+\frac{1}{3}}=2^{4-\frac{n}{3}}$ → $a^m\times a^n=a^{m+n}$

2nd 주어진 집합의 모든 원소의 개수를 구해.

$\log_4 a_n-\log_2\frac{1}{a_n}=\log_{2^2} a_n-(\log_2 1-\log_2 a_n)$ → $\log_a\frac{M}{N}=\log_a M-\log_a N$

$=\frac{1}{2}\log_2 a_n+\log_2 a_n$

$=\frac{3}{2}\log_2 a_n=\frac{3}{2}\log_2 2^{4-\frac{n}{3}}$

$=\frac{3}{2}\times\left(4-\frac{n}{3}\right)\log_2 2$

$=6-\frac{n}{2}$

이것이 자연수가 되어야 하므로 가능한 자연수 n의 값은 2, 4, 6, 8, 10이다.

$\therefore \left\{n \middle| \log_4 a_n-\log_2\frac{1}{a_n}\text{은 자연수}\right\}=\{2, 4, 6, 8, 10\}$

따라서 주어진 집합의 모든 원소의 개수는 5이다.

로그의 성질 개념·공식

$a>0$, $a\neq1$, $x>0$, $y>0$일 때,

① $\log_a a=1$ ② $\log_a 1=0$

③ $\log_a x+\log_a y=\log_a xy$ ④ $\log_a x-\log_a y=\log_a\frac{x}{y}$

G 228 정답 ⑤ *등비수열의 활용 [정답률 71%]

(정답 공식: 주어진 조건을 이용하여 등비수열의 첫째항 a와 공비 r에 관한 식으로 나타내어 일반항을 구하고, 로그의 성질을 이용하여 계산한다.)

모든 항이 양수인 등비수열 $\{a_n\}$에 대하여

$a_2a_4=2a_5$, $a_5=a_4+12a_3$ 단서 등비수열 $\{a_n\}$의 첫째항을 a, 공비를 r라고 하면 일반항은 $a_n=ar^{n-1}$이지? 주어진 조건들을 a와 r로 나타내보자.

일 때, $\log_2 a_{10}$의 값은? (3점)

① 15 ② 16 ③ 17
④ 18 ⑤ 19

1st 주어진 조건들을 등비수열의 첫째항 a와 공비 r로 나타내보자.

등비수열 $\{a_n\}$의 첫째항을 a, 공비를 r라고 하면 → $a_n=ar^{n-1}$

$a_2a_4=2a_5$에서 $ar\times ar^3=2ar^4$ $\quad\therefore a=2$

$a_5=a_4+12a_3$에서 $ar^4=ar^3+12ar^2$

이 식의 양변을 ar^2으로 나누면

$r^2=r+12$, $r^2-r-12=0$, $(r-4)(r+3)=0$

이때, 등비수열 $\{a_n\}$의 모든 항이 양수이므로 $r=4$

$\therefore a_n=2\times4^{n-1}$ → $2\times(2^2)^{n-1}=2\times2^{2n-2}=2^{2n-1}$

2nd $\log_2 a_{10}$의 값을 구해.

$a_{10}=2\times4^9=2\times2^{18}=2^{19}$이므로

$\log_2 a_{10}=\log_2 2^{19}=19$ ($\because \log_a a^b=b$)

G 229 정답 13 *수열의 합과 일반항 사이의 관계 [정답률 53%]

(정답 공식: a_n과 S_n이 섞여 있는 식은 수열의 합과 일반항 사이의 관계를 이용하여 일반항에 관한 식으로 바꾼다.)

단서1 양수의 조건을 기억하자.

각 항이 양수인 수열 $\{a_n\}$의 첫째항부터 제n항까지의 합을 S_n이라 할 때 $S_n+S_{n+1}=(a_{n+1})^2$이 성립한다. $a_1=10$일 때, a_{10}의 값을 구하시오. (4점) 단서2 n 대신에 $n-1$을 대입한 $S_{n-1}+S_n=(a_n)^2$(단, $n\geq2$)과 연립해봐.

1st 수열의 합과 일반항의 관계를 이용하자.

$S_n+S_{n+1}=(a_{n+1})^2 \cdots$ ㉠에서 n 대신 $n-1$을 대입하면

$S_{n-1}+S_n=(a_n)^2$ (단, $n\geq2$) $\cdots$ ㉡ → S_{n-1}이 정의되려면 $n-1\geq1$이어야 하므로 $n\geq2$야. a_n의 식이 나올 때까지 이 조건을 빠뜨리지 않도록 주의해.

㉠에서 ㉡을 빼면

$S_{n+1}-S_{n-1}=(a_{n+1})^2-(a_n)^2$ → $S_{n+1}-S_{n-1}=(a_1+\cdots+a_{n-1}+a_n+a_{n+1})-(a_1+\cdots+a_{n-1})=a_{n+1}+a_n$

$a_n+a_{n+1}=(a_{n+1}-a_n)(a_{n+1}+a_n)$

이때, 수열 $\{a_n\}$의 모든 항이 양수이므로 $a_n+a_{n+1}\neq0$

$\therefore a_{n+1}-a_n=1$ (단, $n\geq2$) → 등차수열은 이웃하는 항과의 차이가 일정한 수열이야. $a_{n+1}-a_n=d$(일정)는 공차가 d인 등차수열이야.

즉, 수열 $\{a_n\}$은 두 번째 항부터 공차가 1인 등차수열이다.

주의 이 식은 $n\geq2$부터 성립하는 식이기 때문에 a_2부터 등차수열이 되는거야. 문제에서 주어진 a_1을 이 등차수열의 첫째항으로 생각하면 완전 잘못된 답이 나오게 돼.

2nd 조건으로부터 a_2를 구해보자.

a_2의 값을 구하기 위해 ㉠에 $n=1$을 대입하면

$S_1+S_2=a_1+(a_1+a_2)=(a_2)^2$이고, $a_1=10$이므로

$20+a_2=(a_2)^2$에서 $(a_2)^2-a_2-20=(a_2-5)(a_2+4)=0$

$\therefore a_2=5$ ($\because a_n>0$) → a_{10}은 a_2에서 시작하는 등차수열의 9번째 항이니까 공차를 8번 더하는 거야.

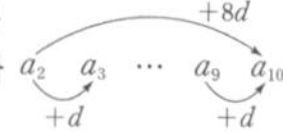

3rd a_{10}을 구하자.

$\therefore a_{10}=a_2+8d=5+8=13$

G 230 정답 ⑤ *수열의 규칙 찾기 [정답률 41%]

(정답 공식: 절댓값의 합이 최대가 되려면 두 항의 차의 값이 최대가 되도록 한다.)

1부터 12까지의 모든 자연수를 임의로 나열하여 a_1, a_2, a_3, $\cdots$, a_{12}라 할 때,

$$|a_1-a_2|+|a_2-a_3|+|a_3-a_4|+\cdots+|a_{11}-a_{12}|$$

의 최댓값은? (5점) 단서 절댓값의 합이 최대가 되려면 각각의 절댓값이 최대가 되도록 선택되는 두 수의 차가 최대가 되면 돼.

① 67 ② 68 ③ 69 ④ 70 ⑤ 71

1st 1부터 12까지 자연수 중 두 개를 선택할 때, 두 수의 차가 가장 클 경우를 기준으로 항을 구하자.

1부터 12까지의 자연수 중 절댓값이 최대가 되기 위해서 두 항의 차가 최대가 되는 두 수 1, 12를 기준으로 항을 구하자.

x_1, 1, 12, y_1에서 $|x_1-1|$, $|12-y_1|$가 최대가 되려면 (1부터 12까지의 자연수 중 1, 12를 제외한 수 중 두 수의 차가 10이면 최대가 돼.)

$x_1=11$, $y_1=2$

즉, 11, 1, 12, 2

또, x_2, 11, 1, 12, 2, y_2에서 $|x_2-11|$, $|2-y_2|$가 최대가 되려면 (1부터 12까지의 자연수 중 1, 2, 11, 12를 제외한 수 중 두 수의 차가 8이면 최대가 돼.)

$x_2=3$, $y_2=10$

즉, 3, 11, 1, 12, 2, 10

2nd 절댓값이 최대가 되는 규칙을 파악하여 구하는 절댓값의 합의 최댓값을 구하자.

양끝의 항의 수를 이와 같은 방법으로 구하면

7, 5, 9, 3, 11, 1, 12, 2, 10, 4, 8, 6

$\therefore |7-5|+|5-9|+|9-3|+|3-11|+|11-1|+|1-12|$
$+|12-2|+|2-10|+|10-4|+|4-8|+|8-6|$
$=2+4+6+8+10+11+10+8+6+4+2$
$=2\times(2+4+6+8+10)+11=2\times30+11=71$

따라서 구하는 최댓값은 71이다.

이것이 유일한 수열은 아니야. 다음 수열도 절댓값의 합의 최댓값이 71이야.
6, 12, 1, 11, 2, 10, 3, 9, 4, 8, 5, 7이면
$|6-12|+|12-1|+|1-11|+|11-2|+|2-10|$
$+|10-3|+|3-9|+|9-4|+|4-8|+|8-5|+|5-7|$
$=6+11+10+9+8+7+6+5+4+3+2=71$

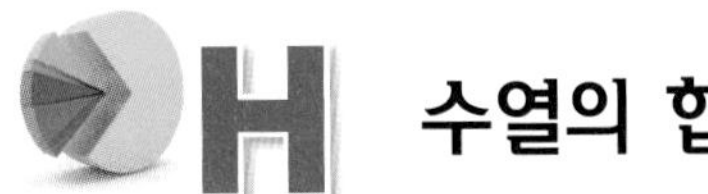

H 수열의 합

기본 기출 문제

H 01 정답 ① *합의 기호 Σ의 성질 [정답률 87%]

(정답 공식: $\sum_{k=1}^{7}a_k-\sum_{k=1}^{6}a_k=a_7$)

수열 $\{a_n\}$이

$$\sum_{k=1}^{7}a_k=\sum_{k=1}^{6}(a_k+1)$$

단서 시그마의 성질을 이용하여 좌변에는 $\sum a_k$를 포함한 항, 우변에는 상수항. 이렇게 정리하면 식의 계산이 쉽게 보일 거야.

을 만족시킬 때, a_7의 값은? (3점)

① 6 ② 7 ③ 8 ④ 9 ⑤ 10

1st 주어진 식을 이항하여 정리해 볼까? (이항: 항의 부호를 바꾸어 다른 쪽 변으로 이동하는 거야.)

$\sum_{k=1}^{7}a_k=\sum_{k=1}^{6}(a_k+1)=\sum_{k=1}^{6}a_k+\sum_{k=1}^{6}1$이므로 $\sum_{k=1}^{7}a_k-\sum_{k=1}^{6}a_k=6 \cdots ㉠$ ($\sum_{k=1}^{6}1$: 1을 6번 더하라는 의미야.)

2nd 시그마의 정의를 이용하여 a_7의 값을 구해.

$\sum_{k=1}^{7}a_k=a_1+a_2+\cdots+a_6+a_7$, ($\sum_{k=1}^{n}a_k$는 일반항 a_k의 k에 1, 2, 3, $\cdots$, n을 차례대로 대입하여 얻은 항 a_1, a_2, a_3, $\cdots$, a_n의 합이야.)

$\sum_{k=1}^{6}a_k=a_1+a_2+\cdots+a_6$이므로 $\sum_{k=1}^{7}a_k-\sum_{k=1}^{6}a_k=a_7$

따라서 ㉠에 의하여 $a_7=6$

다른 풀이: 주어진 식의 좌변과 우변을 각각 변형하여 a_n의 값 구하기

$\sum_{k=1}^{7}a_k=\left(\sum_{k=1}^{6}a_k\right)+a_7$이고 $\sum_{k=1}^{6}(a_k+1)=\left(\sum_{k=1}^{6}a_k\right)+6$이니까

$\left(\sum_{k=1}^{6}a_k\right)+a_7=\left(\sum_{k=1}^{6}a_k\right)+6 \qquad \therefore a_7=6$

(첫째항에서 제7항까지의 합이니까 첫째항에서 제6항까지의 합에서 제7항을 더하는 것으로 표현할 수 있지?)

H 02 정답 42 *Σ와 등차수열의 합 [정답률 83%]

(정답 공식: 등차수열의 합의 공식은 $S_n=\frac{n\{2a+(n-1)d\}}{2}$이다.)

첫째항이 2인 등차수열 $\{a_n\}$에서 $\sum_{n=1}^{10}a_n=200$일 때, a_{11}의 값을 구하시오. (3점) 단서 등차수열의 합이 주어졌으니까 공차를 구하여 일반항을 세울 수 있지?

1st 첫째항을 아니까 공차를 d로 놓고 일반항 a_n부터 구해.

첫째항이 2인 등차수열 $\{a_n\}$의 공차를 d라 하면 일반항 a_n은

$a_n=2+(n-1)d \cdots ㉠$ [등차수열의 일반항] 첫째항이 a_1, 공차가 d일 때, $a_n=a_1+(n-1)d$

2nd 등차수열의 합의 공식으로 첫째항부터 제10항까지의 합이 200임을 이용하면 공차를 구할 수 있어. (첫째항이 a_1, 공차가 d일 때, 첫째항부터 제n항까지 합은 $S_n=\frac{n\{2a_1+(n-1)d\}}{2}$)

이때, $\sum_{n=1}^{10}a_n=200$이므로

$\frac{10\times\{2\times2+(10-1)\times d\}}{2}=200$에서 $4+9d=40 \qquad \therefore d=4$

3rd 첫째항과 공차를 모두 아니까 a_{11}의 값을 구할 수 있어.

따라서 첫째항이 2, 공차가 4인 등차수열 $\{a_n\}$의 제11항은 ㉠에 의하여

$a_{11}=2+(11-1)\times4=42$ (일반항은 $a_n=2+(n-1)\times4$)

H 03 정답 ① *∑와 등비수열의 합 [정답률 89%]

(정답 공식: 연립방정식의 해는 두 그래프가 만나는 점의 좌표를 의미한다.)

좌표평면에서 자연수 n에 대하여 두 곡선 $y=\log_2 x$, $y=\log_2(2^n-x)$가 만나는 점의 x좌표를 a_n이라 할 때, $\sum_{n=1}^{5} a_n$의 값은? (3점)

①31 ② 32 ③ 33
④ 34 ⑤ 35

단서 두 곡선 $y=\log_2 x$와 $y=\log_2(2^n-x)$의 교점의 x좌표와 y좌표는 연립방정식 $\begin{cases} y=\log_2 x \\ y=\log_2(2^n-x) \end{cases}$의 해와 같아.

1st 두 식을 연립하여 a_n을 구하자.

두 곡선 $y=\log_2 x$, $y=\log_2(2^n-x)$가 만나는 점의 x좌표를 구하면
$\log_2 x=\log_2(2^n-x)$에서 $x=2^n-x$이므로 $x=2^{n-1}$
$\therefore a_n=2^{n-1}$ 수열 $\{a_n\}$은 첫째항이 1이고, 공비가 2인 등비수열이야.

2nd $\sum_{n=1}^{5} a_n$의 값을 구해.

$\therefore \sum_{n=1}^{5} a_n=\sum_{n=1}^{5} 2^{n-1}=\frac{2^5-1}{2-1}=31$ → $\sum_{k=1}^{n} ar^{k-1}=\frac{a(1-r^n)}{1-r}=\frac{a(r^n-1)}{r-1}(r\neq1)$

H 04 정답 ① *∑와 등비수열의 합 [정답률 77%]

(정답 공식: $\sum_{n=1}^{9} 2^n+\sum_{n=1}^{9}(-1)^n$을 계산해본다.)

수열 $\{a_n\}$에서 $a_n=2^n+(-1)^n$일 때, $a_1+a_2+a_3+\cdots+a_9$의 값은? (3점)

단서 구해야 하는 합을 시그마로 나타내어 등비수열의 합을 구해.

① $2^{10}-3$ ② $2^{10}-1$ ③ 2^{10}
④ $2^{10}+1$ ⑤ $2^{10}+3$

1st 일반항 a_n을 2^n과 $(-1)^n$으로 분리하여 두 등비수열의 합으로 나타내.

$a_n=2^n+(-1)^n$이므로

$a_1+a_2+a_3+\cdots+a_9=\sum_{k=1}^{9}\{2^k+(-1)^k\}=\sum_{k=1}^{9}2^k+\sum_{k=1}^{9}(-1)^k$
($a_1+a_2+a_3+\cdots+a_9=\sum_{k=1}^{9}a_k$)

2nd 등비수열의 합의 공식을 이용하여 계산하면 돼.

첫째항이 a_1, 공비가 r(단, $|r|>1$)인 등비수열의 첫째항부터 제 n항까지의 합은 $\frac{a_1(r^n-1)}{r-1}$

$\sum_{k=1}^{9}a_k=\frac{2(2^9-1)}{2-1}+(-1+1)+(-1+1)+(-1+1)+(-1+1)-1$ ($-1+1=0$, $-1=(-1)^9$)

$=2^{10}-3$ → $\sum_{k=1}^{9}2^k$은 첫째항이 2, 공비가 2인 등비수열의 합이니까

수능 핵강

*주어진 수열의 항을 각각 구해서 풀기 어려운 이유

$a_n=2^n+(-1)^n$이니까 각 항을 하나씩 구해 보면
$a_1=2^1+(-1)^1=1$
$a_2=2^2+(-1)^2=5$
$a_3=2^3+(-1)^3=7$
$a_4=2^4+(-1)^4=17$
⋮
이므로 수열 $\{a_n\}$의 규칙을 하나하나 나열해서 찾기는 힘들어. ∑의 성질을 이용하여 식을 정리하고 계산하는 게 훨씬 간단하지.

H 05 정답 ③ *$\sum_{k=1}^{n}a_k$와 a_n 사이의 관계 [정답률 76%]

(정답 공식: 수열 $\{a_n\}$의 첫째항부터 제 n항까지의 합을 S_n이라 하면 $\begin{cases} a_1=S_1 \\ a_n=S_n-S_{n-1}(n\geq2) \end{cases}$)

수열 $\{a_n\}$이 모든 자연수 n에 대하여 $\sum_{k=1}^{n}a_k=n^2+5n$을 만족시킬 때, a_6의 값은? (3점)

단서 $\sum_{k=1}^{n}=S_n$이지? 즉, 수열의 합 S_n과 일반항 a_n 사이의 관계를 이용해서 a_6을 구하면 돼.

① 8 ② 12 ③16
④ 20 ⑤ 24

1st 수열의 합과 일반항 사이의 관계를 이용해보자.

$\sum_{k=1}^{n}a_k=n^2+5n=S_n$이라 하면 $S_6-S_5=a_6$
$S_6=6^2+5\times6=66$
$S_5=5^2+5\times5=50$
$a_6=66-50=16$

$S_6=(a_1+a_2+a_3+a_4+a_5)+a_6=S_5+a_6$에서 $S_6-S_5=a_6$을 유도할 수 있어.

H 06 정답 ⑤ *∑의 활용 – 부분분수 [정답률 81%]

(정답 공식: $\frac{1}{k(k+1)}=\frac{1}{k}-\frac{1}{k+1}$)

$\sum_{k=1}^{n}\frac{4}{k(k+1)}=\frac{15}{4}$일 때, n의 값은? (3점)

단서 유리식과 시그마가 주어진 경우 부분분수를 이용하여 정리하자.

① 11 ② 12 ③ 13
④ 14 ⑤15

1st 부분분수의 공식을 이용하자. $\frac{1}{AB}=\frac{1}{B-A}\left(\frac{1}{A}-\frac{1}{B}\right)$

$\sum_{k=1}^{n}\frac{4}{k(k+1)}=4\sum_{k=1}^{n}\frac{1}{k(k+1)}=4\sum_{k=1}^{n}\left(\frac{1}{k}-\frac{1}{k+1}\right)$ (4는 상수) → $\sum_{k=1}^{n}ck=c\sum_{k=1}^{n}k$야.

$=4\left\{\left(\frac{1}{1}-\frac{1}{2}\right)+\left(\frac{1}{2}-\frac{1}{3}\right)+\cdots+\left(\frac{1}{n}-\frac{1}{n+1}\right)\right\}$

$=4\left(1-\frac{1}{n+1}\right)$

$=\frac{4n}{n+1}$

2nd 주어진 값을 이용하여 n의 값을 구하자.

따라서 $\frac{4n}{n+1}=\frac{15}{4}$이므로
$16n=15(n+1)$ → $\frac{n}{n+1}=\frac{15}{16}$이니까 $n=15$야.
$\therefore n=15$

∑의 활용 – 유리식과 무리식 (개념·공식)

(1) 부분분수를 이용한 수열의 합
$\sum_{k=1}^{n}\frac{1}{k(k+1)}=\sum_{k=1}^{n}\left(\frac{1}{k}-\frac{1}{k+1}\right)$
(2) 근호를 포함한 식으로 나타내어지는 수열의 합
(i) 일반항의 분모를 유리화한다.
(ii) 합의 기호 ∑를 풀어 계산한다.

H 07 정답 105 ＊∑의 활용 – 새롭게 정의된 수열 [정답률 55%]

(정답 공식: $n=1, \cdots, 9$를 차례로 대입하여 b_n의 값을 얻을 수 있다.)

두 수열 $\{a_n\}$, $\{b_n\}$이

$a_n=$(자연수 n을 3으로 나누었을 때의 몫),

$b_n=(-1)^{n-1}\times 5^{a_n}$

단서 a_n의 값에 따라 b_n의 값이 어떻게 되는지 확인하자.

일 때, $\sum_{k=1}^{9} b_k$의 값을 구하시오. (3점)

1st $n=1, 2, 3, \cdots, 9$를 대입하여 두 수열 $\{a_n\}$, $\{b_n\}$을 각각 구하자.

$n=1$일 때, $a_1=0$이므로 $b_1=(-1)^0\times 5^0=1$

$n=2$일 때, $a_2=0$이므로 $b_2=(-1)^1\times 5^0=-1$

$n=3$일 때, $a_3=1$이므로 $b_3=(-1)^2\times 5^1=5$

$n=4$일 때, $a_4=1$이므로 $b_4=(-1)^3\times 5^1=-5$

$n=5$일 때, $a_5=1$이므로 $b_5=(-1)^4\times 5^1=5$

$n=6$일 때, $a_6=2$이므로 $b_6=(-1)^5\times 5^2=-25$

$n=7$일 때, $a_7=2$이므로 $b_7=(-1)^6\times 5^2=25$

$n=8$일 때, $a_8=2$이므로 $b_8=(-1)^7\times 5^2=-25$

$n=9$일 때, $a_9=3$이므로 $b_9=(-1)^8\times 5^3=125$

2nd $\sum_{k=1}^{9} b_k$의 값을 구해.

$\sum_{k=1}^{9} b_k=1+(-1)+5+(-5)+5+(-25)+25+(-25)+125=105$

$\sum_{k=1}^{n} a_k=a_1+a_2+a_3+\cdots+a_n$

H 08 정답 ④ ＊∑의 활용 – 그래프 [정답률 55%]

(정답 공식: $f(x)=g(x)$를 만족시키는 x의 값을 찾는다.)

자연수 n에 대하여 두 함수 $f(x)=x^2-(n+1)x+n^2$, $g(x)=n(x-1)$의 그래프의 두 교점의 x좌표를 a_n, b_n이라 할 때, $\sum_{n=1}^{19} \frac{100}{a_nb_n}$의 값은? (3점)

단서 두 함수의 그래프의 교점의 x좌표는 방정식 $f(x)=g(x)$의 근과 같지? a_n, b_n을 n의 식으로 표현해.

① 80 ② 85 ③ 90 ④ 95 ⑤ 100

1st 두 함수의 그래프의 교점의 x좌표를 구해.

두 함수 $f(x)=x^2-(n+1)x+n^2$, $g(x)=n(x-1)$에 대하여

$x^2-(n+1)x+n^2=nx-n$

$x^2-(2n+1)x+n(n+1)=0$

$(x-n)(x-n-1)=0$

$\therefore x=n$ 또는 $x=n+1$

직선과 이차곡선의 교점은 2개 이하로 생길 수 있어. 문제에서 두 교점이라고 했으니까 $f(x)=g(x)$, 즉 $f(x)-g(x)=0$인 이차방정식의 해를 인수분해를 이용해서 구해 볼까?

2nd 유리식이 있는 시그마의 계산의 경우 부분분수를 이용하여 수열의 합을 구하자. $\frac{1}{AB}=\frac{1}{B-A}\left(\frac{1}{A}-\frac{1}{B}\right)$

즉, $a_nb_n=n(n+1)$이므로

$\sum_{n=1}^{19} \frac{100}{n(n+1)}=100\sum_{n=1}^{19}\left(\frac{1}{n}-\frac{1}{n+1}\right)$ $\left(\frac{1}{1}-\frac{1}{2}\right)+\left(\frac{1}{2}-\frac{1}{3}\right)+\cdots+\left(\frac{1}{19}-\frac{1}{20}\right)$

$=100\left(1-\frac{1}{20}\right)=100\times\frac{19}{20}=95$

수능 유형별 기출 문제 [2점, 3점, 쉬운 4점]

H 09 정답 96 ＊합의 기호 ∑ [정답률 88%]

(정답 공식: $a_n+a_{n+4}=12$에 n 대신 1, 2, 3, …를 차례로 대입해본다.)

수열 $\{a_n\}$이 모든 자연수 n에 대하여 $a_n+a_{n+4}=12$를 만족시킬 때, $\sum_{n=1}^{16} a_n$의 값을 구하시오. (3점)

단서 수열 $\{a_n\}$의 첫째항부터 제16항까지의 합이지?

1st $a_n+a_{n+4}=12$를 이용하여 $\sum_{n=1}^{16} a_n$의 값을 구해.

$a_n+a_{n+4}=12$에 n 대신 1, 2, 3, 4를 대입하면

수열 $\{a_n\}$의 첫째항부터 제8항까지의 합을 알 수 있어.

$a_1+a_5=12$, $a_2+a_6=12$, $a_3+a_7=12$, $a_4+a_8=12$

또, n 대신 9, 10, 11, 12를 대입하면

마찬가지로 수열 $\{a_n\}$의 제9항부터 제16항까지의 합을 알 수 있어.

$a_9+a_{13}=12$, $a_{10}+a_{14}=12$, $a_{11}+a_{15}=12$, $a_{12}+a_{16}=12$

$$\begin{aligned}\therefore \sum_{n=1}^{16} a_n&=a_1+a_2+a_3+\cdots+a_{16}\\&=(a_1+a_5)+(a_2+a_6)+(a_3+a_7)+(a_4+a_8)\\&\quad+(a_9+a_{13})+(a_{10}+a_{14})+(a_{11}+a_{15})+(a_{12}+a_{16})\\&=12\times 8=96\end{aligned}$$

한성은 | 2025 수능 응시 · 익산 남성여고 졸

시험장에서 이 문제를 처음 봤을 때 어떻게 풀어야 할지 바로 생각이 안나서 살짝 당황했지만 n에 1, 2, 3, … 를 차례로 대입해 봤더니 어떻게 해야하지 보이더라고.
수열 문제에서 뭘 해야할지 모르겠다면 1부터 하나씩 대입해보는 것도 괜찮은 방법이야. 대입하다보면 규칙성이 보일 수도 있고 문제 해결의 실마리를 잡을 수 있거든.

H 10 정답 29 ＊합의 기호 ∑ [정답률 84%]

(정답 공식: 수열 $\{a_n\}$에 대하여 $\sum_{k=1}^{n} a_k=a_1+a_2+a_3+\cdots+a_n$이다.)

수열 $\{a_n\}$에 대하여

$\sum_{k=1}^{10} ka_k=36$, $\sum_{k=1}^{9} ka_{k+1}=7$

단서 ∑의 정의를 이용하여 식을 나열해보면 $\sum_{k=1}^{10} a_k$를 구하기 위해 해야될 것이 무엇인지 보일 거야.

일 때, $\sum_{k=1}^{10} a_k$의 값을 구하시오. (3점)

1st 식을 나열하여 $\sum_{k=1}^{10} a_k$의 값을 구해.

$\sum_{k=1}^{10} ka_k=36$에서 $a_1+2a_2+3a_3+4a_4+\cdots+10a_{10}=36$ ⋯ ㉠

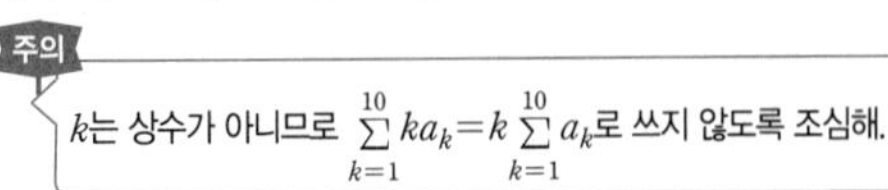

주의 k는 상수가 아니므로 $\sum_{k=1}^{10} ka_k=k\sum_{k=1}^{10} a_k$로 쓰지 않도록 조심해.

$\sum_{k=1}^{9} ka_{k+1}=7$에서 $a_2+2a_3+3a_4+\cdots+9a_{10}=7$ ⋯ ㉡

㉠−㉡을 하면 $a_1+a_2+a_3+\cdots+a_{10}=36-7=29$

$\therefore \sum_{k=1}^{10} a_k=29$

쉬운 풀이: $\sum$의 성질을 이용하기

$ka_{k+1}=(k+1)a_{k+1}-a_{k+1}$이므로

$\sum_{k=1}^{9}ka_{k+1}=\sum_{k=1}^{9}\{(k+1)a_{k+1}-a_{k+1}\}=\sum_{k=1}^{9}(k+1)a_{k+1}-\sum_{k=1}^{9}a_{k+1}$

$=\sum_{k=2}^{10}ka_k-\sum_{k=2}^{10}a_k=7$

두 수열 $\{a_n\}$, $\{b_n\}$에 대하여 $\sum_{k=1}^{n}(a_k-b_k)=\sum_{k=1}^{n}a_k-\sum_{k=1}^{n}b_k$

$\therefore \sum_{k=2}^{10}ka_k=\sum_{k=2}^{10}a_k+7$

이때, $\sum_{k=1}^{10}ka_k=36$에서

$\sum_{k=1}^{10}ka_k=a_1+\sum_{k=2}^{10}ka_k$

$=a_1+\sum_{k=2}^{10}a_k+7=\sum_{k=1}^{10}a_k+7=36$

$\therefore \sum_{k=1}^{10}a_k=36-7=29$

H 11 정답 ⑤ *합의 기호 $\sum$ [정답률 94%]

(정답 공식: $\sum_{k=1}^{n}a_k=a_1+a_2+a_3+\cdots+a_n$)

$\sum_{k=1}^{9}(k+1)^2-\sum_{k=1}^{10}(k-1)^2$의 값은? (3점)

단서 k에 차례대로 자연수를 대입하면 $\sum_{k=1}^{9}(k+1)^2$, $\sum_{k=1}^{10}(k-1)^2$은 겹치는 항들이 있어.

① 91 ② 93 ③ 95 ④ 97 ⑤ 99

1st $\sum$의 정의를 이용하자.

$\sum_{k=1}^{9}(k+1)^2-\sum_{k=1}^{10}(k-1)^2$ → $\sum_{k=1}^{n}a_k=a_1+a_2+a_3+\cdots+a_n$

$=(2^2+3^2+\cdots+10^2)-(0^2+1^2+2^2+\cdots+9^2)$

$=10^2-1^2$

$=100-1=99$

다른 풀이: $\sum$의 성질 이용하기

$\sum_{k=1}^{9}(k+1)^2-\sum_{k=1}^{10}(k-1)^2$ → $\sum_{k=1}^{m+1}a_k=\sum_{k=1}^{m}a_k+a_{m+1}$

$=\sum_{k=1}^{9}(k+1)^2-\left\{\sum_{k=1}^{9}(k-1)^2+9^2\right\}$

$=\sum_{k=1}^{9}(k+1)^2-\sum_{k=1}^{9}(k-1)^2-81$

$=\sum_{k=1}^{9}\{(k+1)^2-(k-1)^2\}-81$ → $(k+1)^2-(k-1)^2=k^2+2k+1-(k^2-2k+1)=4k$

$=\sum_{k=1}^{9}4k-81=4\times\frac{9\times10}{2}-81$

$=180-81=99$ → $\sum_{k=1}^{n}k=\frac{n(n+1)}{2}$

H 12 정답 ② *합의 기호 $\sum$ [정답률 83%]

(정답 공식: 수열 $\{a_n\}$에 대하여 $\sum_{k=1}^{n}a_k=a_1+a_2+a_3+\cdots+a_n$이다.)

수열 $\{a_n\}$은 $a_1=1$이고, 모든 자연수 n에 대하여

$\sum_{k=1}^{n}(a_k-a_{k+1})=-n^2+n$을 만족시킨다. a_{11}의 값은? (3점)

단서 $\sum$를 풀어 간단히 나타내.

① 88 ② 91 ③ 94 ④ 97 ⑤ 100

1st 주어진 등식의 좌변을 간단히 나타내 봐.

주어진 등식의 좌변은 → $b_n=a_n-a_{n+1}$이라 하면 $\sum_{k=1}^{n}(a_k-a_{k+1})=\sum_{k=1}^{n}b_k=b_1+b_2+b_3+\cdots+b_n=(a_1-a_2)+(a_2-a_3)+(a_3-a_4)+\cdots+(a_n-a_{n+1})$

$\sum_{k=1}^{n}(a_k-a_{k+1})$

$=(a_1-a_2)+(a_2-a_3)+(a_3-a_4)+\cdots+(a_n-a_{n+1})$

$=a_1-a_{n+1}=1-a_{n+1}$ ($\because a_1=1$)

2nd a_{11}의 값을 구해.

즉, $\sum_{k=1}^{n}(a_k-a_{k+1})=-n^2+n$에서 $1-a_{n+1}=-n^2+n$

$\therefore a_{n+1}=n^2-n+1$

이것의 양변에 $n=10$을 대입하면 $a_{11}=10^2-10+1=91$

강혜윤 서울대 인문계열 2021년 입학 · 경기 수지고 졸

첫째항부터 등차수열을 이루는 수열의 첫째항부터 제n항까지의 합은 상수항이 없는 이차식으로 나타난다는 것 다들 알아? 그런데 이 문제가 딱 그렇게 주어졌잖아. 그래서 나는 $b_n=a_n-a_{n+1}$이라 하고 수열 $\{b_n\}$이 등차수열이라는 것을 추측해서 문제를 풀었어.
이때, (이차항의 계수)×2가 공차이므로 수열 $\{b_n\}$의 공차는 $-1\times2=-2$라는 것을 찾았고 주어진 식의 양변에 $n=1$을 대입하면 $b_1=0$이기 때문에 $b_n=0+(n-1)\times(-2)=-2n+2$에서 $a_n-a_{n+1}=-2n+2$라는 것을 구했어. 이를 통해 $a_n=n^2-3n+3$이라는 것을 찾았고 a_{11}의 값을 구할 수 있었어. 하지만 검토할 때, 나는 내 접근이 비효율적이라는 것을 깨달았어. 주어진 식을 나열하다 보면 결국 a_1과 a_{n+1} 밖에 남지 않는 간단한 문제였던 거야. 이렇게 쉬운 문제를 도리어 어렵게 푸는 오류를 범하지 않으려면, 평소에 다양한 접근법을 생각해 봐야 해. 또, 검토를 할 때는 내가 처음 풀었던 것과 다른 방법으로 풀어보는 것도 좋아!

H 13 정답 ② *합의 기호 $\sum$ [정답률 77%]

(정답 공식: 공차가 d인 등차수열 $\{a_n\}$에 대하여 $a_{n+1}-a_n=d$이다.)

공차가 양수인 등차수열 $\{a_n\}$에 대하여 $a_5=5$이고

$\sum_{k=3}^{7}|2a_k-10|=20$이다. a_6의 값은? (4점)

단서 $\sum$를 풀어 등차수열 $\{a_n\}$의 공차를 이용하여 나타내.

① 6 ② $\frac{20}{3}$ ③ $\frac{22}{3}$ ④ 8 ⑤ $\frac{26}{3}$

1st 등차수열 $\{a_n\}$의 공차를 구해. → 문제에서 공차가 양수라고 했지?

등차수열 $\{a_n\}$의 공차를 $d(d>0)$라 하면 $a_5=5$이므로

$a_3=a_5-2d=5-2d$, $a_4=a_5-d=5-d$, $a_6=a_5+d=5+d$,

$a_7=a_5+2d=5+2d$이다.

주의 주어진 식은 수열 $\{|2a_n-10|\}$의 제3항부터 제7항까지의 합이야. 첫째항부터의 합으로 착각하면 안 돼.

이때, $\sum_{k=3}^{7}|2a_k-10|=20$에서

$|2a_3-10|+|2a_4-10|+|2a_5-10|+|2a_6-10|+|2a_7-10|=20$

$|2(5-2d)-10|+|2(5-d)-10|+|2\times5-10|$
$+|2(5+d)-10|+|2(5+2d)-10|=20$

$|-4d|+|-2d|+|0|+|2d|+|4d|=20$

$4d+2d+0+2d+4d=20$ ($\because d>0$)

$12d=20$

$\therefore d=\frac{5}{3}$

2nd a_6의 값을 구해.

$\therefore a_6=a_5+d=5+\frac{5}{3}=\frac{20}{3}$

H 14 정답 ③ *합의 기호 $\sum$의 성질 [정답률 94%]

정답 공식: 두 수열 $\{a_n\}$, $\{b_n\}$에 대하여 $\sum_{k=1}^{n}(a_k \pm b_k)=\sum_{k=1}^{n}a_k \pm \sum_{k=1}^{n}b_k$(복호동순)이다.

수열 $\{a_n\}$에 대하여 $\sum_{k=1}^{5}(a_k+1)=9$이고 $a_6=4$일 때, $\sum_{k=1}^{6}a_k$의 값은? (3점)

단서1 수열의 합 $\sum$의 성질을 이용하면 $\sum_{k=1}^{5}a_k$의 값을 구할 수 있어.

단서2 $\sum_{k=1}^{6}a_k$는 수열 $\{a_n\}$의 첫째항부터 제6항까지의 합이야.

① 6 ② 7 ③ 8 ④ 9 ⑤ 10

1st $\sum$의 성질을 이용하여 $\sum_{k=1}^{5}a_k$의 값을 구해.

$\sum_{k=1}^{5}(a_k+1)=\sum_{k=1}^{5}a_k+\sum_{k=1}^{5}1=\sum_{k=1}^{5}a_k+1\times 5=9$

$\therefore \sum_{k=1}^{5}a_k=4$ ⋯ ㉠

상수 c에 대하여 $\sum_{k=1}^{n}c$는 c를 n번 더한 것이므로 $\sum_{k=1}^{n}c=c+c+c+\cdots+c=cn$이야.

2nd $\sum_{k=1}^{6}a_k$의 값을 구해.

이때, $a_6=4$이므로 ㉠에 의하여

$\sum_{k=1}^{6}a_k=\sum_{k=1}^{5}a_k+a_6=4+4=8$

$\sum_{k=1}^{6}a_k=a_1+a_2+a_3+a_4+a_5+a_6=\sum_{k=1}^{5}a_k+a_6$

H 15 정답 12 *합의 기호 $\sum$의 성질 [정답률 88%]

정답 공식: 상수 c와 두 수열 $\{a_n\}$, $\{b_n\}$에 대하여 $\sum_{k=1}^{n}ca_k=c\sum_{k=1}^{n}a_k$, $\sum_{k=1}^{n}(a_k+b_k)=\sum_{k=1}^{n}a_k+\sum_{k=1}^{n}b_k$이다.

수열 $\{a_n\}$과 상수 c에 대하여

$$\sum_{n=1}^{9}ca_n=16,\ \sum_{n=1}^{9}(a_n+c)=24$$

단서 c는 상수이므로 $\sum$에 영향을 받지 않아.

일 때, $\sum_{n=1}^{9}a_n$의 값을 구하시오. (3점)

1st 주어진 두 조건식을 연립하여 $\sum_{n=1}^{9}a_n$의 값을 구해.

$\sum_{n=1}^{9}ca_n=16$에서 $c\sum_{n=1}^{9}a_n=16$

$\therefore \sum_{n=1}^{9}a_n=\frac{16}{c}$ ⋯ ㉠

$\sum_{n=1}^{9}(a_n+c)=24$에서 $\sum_{n=1}^{9}a_n+\sum_{n=1}^{9}c=24$

상수 c에 대하여 $\sum_{k=1}^{n}c=c+c+c+\cdots+c=cn$

$\therefore \sum_{n=1}^{9}a_n+9c=24$ ⋯ ㉡

㉠을 ㉡에 대입하면

$\frac{16}{c}+9c=24$, $9c^2-24c+16=0$

$(3c-4)^2=0$

$\therefore c=\frac{4}{3}$

이것을 ㉠에 대입하면 $\sum_{n=1}^{9}a_n=16\times\frac{3}{4}=12$

㉡에 대입하여 구할 수도 있어.

$c=\frac{4}{3}$을 ㉡에 대입하면

$\sum_{n=1}^{9}a_n+9\times\frac{4}{3}=24$에서 $\sum_{n=1}^{9}a_n+12=24$ $\therefore \sum_{n=1}^{9}a_n=12$

H 16 정답 37 *합의 기호 $\sum$ 의 성질 [정답률 82%]

정답 공식: 두 수열 $\{a_n\}$, $\{b_n\}$과 상수 c에 대하여 $\sum_{k=1}^{n}(a_k+b_k)=\sum_{k=1}^{n}a_k+\sum_{k=1}^{n}b_k$, $\sum_{k=1}^{n}c=cn$이 성립한다.

수열 $\{a_n\}$에 대하여

단서2 우변에서 $\sum_{k=1}^{15}a_k$가 아니라 $\sum_{k=1}^{14}a_k$임에 주의해!

$$\sum_{k=1}^{15}(3a_k+2)=45,\ 2\sum_{k=1}^{15}a_k=42+\sum_{k=1}^{14}a_k$$

단서1 주어진 값을 이용하여 $\sum_{k=1}^{15}a_k$의 값을 구할 수 있어.

일 때, a_{15}의 값을 구하시오. (3점)

1st $\sum_{k=1}^{15}a_k$의 값을 구하자.

$\sum_{k=1}^{15}(3a_k+2)=45$에서 $3\sum_{k=1}^{15}a_k+2\times 15=45$

두 수열 $\{a_n\}$, $\{b_n\}$과 상수 c에 대하여 $\sum_{k=1}^{n}(a_k+b_k)=\sum_{k=1}^{n}a_k+\sum_{k=1}^{n}b_k$, $\sum_{k=1}^{n}c=cn$

$3\sum_{k=1}^{15}a_k=45-30=15$

$\therefore \sum_{k=1}^{15}a_k=5$

2nd $\sum_{k=1}^{14}a_k$를 변형하여 a_{15}의 값을 구해.

$\sum_{k=1}^{14}a_k=\sum_{k=1}^{15}a_k-a_{15}$이므로

$\sum_{k=1}^{15}a_k=a_1+a_2+\cdots+a_{14}+a_{15}$, $\sum_{k=1}^{14}a_k=a_1+a_2+\cdots+a_{14}$이므로

$\sum_{k=1}^{14}a_k=(a_1+a_2+\cdots+a_{14}+a_{15})-a_{15}$

$2\sum_{k=1}^{15}a_k=42+\sum_{k=1}^{14}a_k$에서 $2\sum_{k=1}^{15}a_k=42+\sum_{k=1}^{15}a_k-a_{15}$

이때, $\sum_{k=1}^{15}a_k=5$이므로 $2\times 5=42+5-a_{15}$

$\therefore a_{15}=42+5-2\times 5=37$

H 17 정답 ① *합의 기호 $\sum$의 성질 [정답률 94%]

정답 공식: 상수 c와 두 수열 $\{a_n\}$, $\{b_n\}$에 대하여 $\sum_{k=1}^{n}ca_k=c\sum_{k=1}^{n}a_k$, $\sum_{k=1}^{n}(a_k-b_k)=\sum_{k=1}^{n}a_k-\sum_{k=1}^{n}b_k$가 성립한다.

두 수열 $\{a_n\}$, $\{b_n\}$에 대하여

$$\sum_{k=1}^{10}a_k=10,\ \sum_{k=1}^{10}b_k=3$$

단서 주어진 값을 이용할 수 있도록 식을 변형해 봐.

일 때, $\sum_{k=1}^{10}(2a_k-b_k)$의 값은? (3점)

① 17 ② 18 ③ 19 ④ 20 ⑤ 21

1st 합의 기호 $\sum$의 성질을 이용하여 $\sum_{k=1}^{10}(2a_k-b_k)$의 값을 구해.

$\sum_{k=1}^{10}a_k=10$, $\sum_{k=1}^{10}b_k=3$이므로

$\sum_{k=1}^{10}(2a_k-b_k)=\sum_{k=1}^{10}2a_k-\sum_{k=1}^{10}b_k=2\sum_{k=1}^{10}a_k-\sum_{k=1}^{10}b_k$

$\sum_{k=1}^{n}(a_k-b_k)=\sum_{k=1}^{n}a_k-\sum_{k=1}^{n}b_k$, $\sum_{k=1}^{n}ca_k=c\sum_{k=1}^{n}a_k$ (c는 상수)

$=2\times 10-3=17$

H

H 18 정답 ⑤ *합의 기호 $\sum$의 성질 [정답률 91%]

정답 공식: 두 수열 $\{a_n\}$, $\{b_n\}$과 상수 c에 대하여 $\sum_{k=1}^{n} ca_k = c\sum_{k=1}^{n} a_k$이고 $\sum_{k=1}^{n}(a_k+b_k)=\sum_{k=1}^{n}a_k+\sum_{k=1}^{n}b_k$이다.

수열 $\{a_n\}$에 대하여 $\sum_{k=1}^{10} a_k=4$, $\sum_{k=1}^{10}(a_k+2)^2=67$일 때,

단서 좌변의 시그마 안의 제곱식을 전개하면 $(a_k)^2$이 나오니까 제곱식을 전개한 후 $\sum$의 성질을 이용하면 돼.

$\sum_{k=1}^{10}(a_k)^2$의 값은? (3점)

① 7 ② 8 ③ 9 ④ 10 ⑤ 11

1st 주어진 조건을 이용하여 $\sum_{k=1}^{10}(a_k)^2$의 값을 구해.

$$\sum_{k=1}^{10}(a_k+2)^2=\sum_{k=1}^{10}\{(a_k)^2+4a_k+4\}=\sum_{k=1}^{10}(a_k)^2+4\sum_{k=1}^{10}a_k+\sum_{k=1}^{10}4$$

$\sum_{k=1}^{n}(a_k+b_k)=\sum_{k=1}^{n}a_k+\sum_{k=1}^{n}b_k$

상수 c에 대하여 $\sum_{k=1}^{n}c=c\times n$

상수 c에 대하여 $\sum_{k=1}^{n}ca_k=c\sum_{k=1}^{n}a_k$

$$=\sum_{k=1}^{10}(a_k)^2+4\times4+4\times10=67$$

$$\therefore \sum_{k=1}^{10}(a_k)^2=11$$

H 19 정답 24 *합의 기호 $\sum$의 성질 [정답률 91%]

정답 공식: 상수 c와 두 수열 $\{a_n\}$, $\{b_n\}$에 대하여 $\sum_{k=1}^{n}ca_k=c\sum_{k=1}^{n}a_k$, $\sum_{k=1}^{n}(a_k-b_k)=\sum_{k=1}^{n}a_k-\sum_{k=1}^{n}b_k$가 성립한다.

두 수열 $\{a_n\}$, $\{b_n\}$에 대하여 $\sum_{k=1}^{10}(2a_k-b_k)=34$, $\sum_{k=1}^{10}a_k=10$

단서 $\sum$의 성질을 이용하여 두 식에서 $\sum_{k=1}^{10}b_k$의 값을 먼저 구해.

일 때, $\sum_{k=1}^{10}(a_k-b_k)$의 값을 구하시오. (3점)

1st $\sum_{k=1}^{10}b_k$의 값을 구해.

$\sum_{k=1}^{10}a_k=10$이므로

$$\sum_{k=1}^{10}(2a_k-b_k)=\sum_{k=1}^{10}2a_k-\sum_{k=1}^{10}b_k=2\sum_{k=1}^{10}a_k-\sum_{k=1}^{10}b_k$$

$$=2\times10-\sum_{k=1}^{10}b_k=20-\sum_{k=1}^{10}b_k=34$$

$$\therefore \sum_{k=1}^{10}b_k=20-34=-14$$

$\sum_{k=1}^{n}(a_k-b_k)=\sum_{k=1}^{n}a_k-\sum_{k=1}^{n}b_k$, $\sum_{k=1}^{n}ca_k=c\sum_{k=1}^{n}a_k$($c$는 상수)

2nd $\sum_{k=1}^{10}(a_k-b_k)$의 값을 구해.

$$\therefore \sum_{k=1}^{10}(a_k-b_k)=\sum_{k=1}^{10}a_k-\sum_{k=1}^{10}b_k=10-(-14)=24$$

합의 기호 $\sum$의 성질 개념·공식

① $\sum_{k=1}^{n}(a_k+b_k)=\sum_{k=1}^{n}a_k+\sum_{k=1}^{n}b_k$

② $\sum_{k=1}^{n}(a_k-b_k)=\sum_{k=1}^{n}a_k-\sum_{k=1}^{n}b_k$

③ $\sum_{k=1}^{n}ca_k=c\sum_{k=1}^{n}a_k$ (단, c는 상수이다.)

H 20 정답 ② *합의 기호 $\sum$의 성질 [정답률 91%]

정답 공식: 상수 c와 두 수열 $\{a_n\}$, $\{b_n\}$에 대하여 $\sum_{k=1}^{n}ca_k=c\sum_{k=1}^{n}a_k$, $\sum_{k=1}^{n}(a_k\pm b_k)=\sum_{k=1}^{n}a_k\pm\sum_{k=1}^{n}b_k$(복호동순)이다.

수열 $\{a_n\}$에 대하여 $\sum_{k=1}^{10}(2a_k+3)=60$일 때,

단서 수열의 합 $\sum$의 성질을 이용해.

$\sum_{k=1}^{10}a_k$의 값은? (3점)

① 10 ② 15 ③ 20 ④ 25 ⑤ 30

1st $\sum$의 성질을 이용하여 $\sum_{k=1}^{10}a_k$의 값을 구해.

$$\sum_{k=1}^{10}(2a_k+3)=\sum_{k=1}^{10}2a_k+\sum_{k=1}^{10}3=2\sum_{k=1}^{10}a_k+3\times10$$

$$=2\sum_{k=1}^{10}a_k+30=60$$

에서 $2\sum_{k=1}^{10}a_k=30$ $\therefore \sum_{k=1}^{10}a_k=15$

주의 상수 c에 대하여 $\sum_{k=1}^{n}c$는 c를 n번 더한 것이므로 $\sum_{k=1}^{n}c=c+c+c+\cdots+c=cn$이야.

상수 c와 두 수열 $\{a_n\}$, $\{b_n\}$에 대하여 $\sum_{k=1}^{n}ca_k=c\sum_{k=1}^{n}a_k$, $\sum_{k=1}^{n}(a_k+b_k)=\sum_{k=1}^{n}a_k+\sum_{k=1}^{n}b_k$

H 21 정답 9 *합의 기호 $\sum$의 성질 [정답률 87%]

정답 공식: 두 수열 $\{a_n\}$, $\{b_n\}$과 상수 c에 대하여 $\sum_{k=1}^{n}ca_k=c\sum_{k=1}^{n}a_k$, $\sum_{k=1}^{n}(a_k\pm b_k)=\sum_{k=1}^{n}a_k\pm\sum_{k=1}^{n}b_k$(복호동순)임을 이용한다.

두 수열 $\{a_n\}$, $\{b_n\}$에 대하여

$\sum_{k=1}^{10}a_k=\sum_{k=1}^{10}(2b_k-1)$, $\sum_{k=1}^{10}(3a_k+b_k)=33$

단서 주어진 조건식과 구하는 값이 $k=1$부터 $k=10$까지의 합으로 동일하니까 $\sum$의 성질을 이용하면 돼.

일 때, $\sum_{k=1}^{10}b_k$의 값을 구하시오. (3점)

1st 두 조건식을 연립하여 $\sum_{k=1}^{10}b_k$의 값을 구해.

$\sum_{k=1}^{10}a_k=\sum_{k=1}^{10}(2b_k-1)$에서 $\sum_{k=1}^{10}a_k=\sum_{k=1}^{10}2b_k-\sum_{k=1}^{10}1$

상수 c에 대하여 $\sum_{k=1}^{n}c=cn$

$\sum_{k=1}^{10}a_k=2\sum_{k=1}^{10}b_k-1\times10$ $\therefore \sum_{k=1}^{10}a_k-2\sum_{k=1}^{10}b_k=-10$ ⋯ ㉠

$\sum_{k=1}^{10}(3a_k+b_k)=33$에서 $\sum_{k=1}^{10}3a_k+\sum_{k=1}^{10}b_k=33$

$\therefore 3\sum_{k=1}^{10}a_k+\sum_{k=1}^{10}b_k=33$ ⋯ ㉡

㉡$-3\times$㉠을 하면

$\left(3\sum_{k=1}^{10}a_k+\sum_{k=1}^{10}b_k\right)-3\left(\sum_{k=1}^{10}a_k-2\sum_{k=1}^{10}b_k\right)=33-3\times(-10)$에서

$7\sum_{k=1}^{10}b_k=63$ $\therefore \sum_{k=1}^{10}b_k=9$

김동현 | 연세대 실내건축학과 2024년 입학 · 안성 안법고 졸

비록 두 수열 $\{a_n\}$, $\{b_n\}$이 어떠한 수열인지는 모르지만 각 수열의 첫째항부터 제10항까지의 합에 대한 문제이므로 합의 기호 $\sum$의 성질을 이용하여 풀면 되는 간단한 문제야.
특히, 이 유형은 수능 뿐만 아니라 평가원, 교육청 모의고사에서도 자주 출제되니까 $\sum$의 성질을 정확히 기억해 둬.

H 22 정답 22 *합의 기호 Σ의 성질 [정답률 90%]

(정답 공식: 두 수열 $\{a_n\}$, $\{b_n\}$과 상수 c에 대하여 $\sum_{k=1}^{n}(a_k \pm b_k)=\sum_{k=1}^{n}a_k \pm \sum_{k=1}^{n}b_k$(복호동순), $\sum_{k=1}^{n}ca_k=c\sum_{k=1}^{n}a_k$가 성립한다.)

두 수열 $\{a_n\}$, $\{b_n\}$에 대하여

$$\sum_{k=1}^{5}(3a_k+5)=55,\ \sum_{k=1}^{5}(a_k+b_k)=32$$

일 때, $\sum_{k=1}^{5}b_k$의 값을 구하시오. (3점)

단서 Σ의 성질을 이용하여 $\sum_{k=1}^{5}b_k$의 값을 구해.

1st $\sum_{k=1}^{5}a_k$의 값을 구해.

$\sum_{k=1}^{5}(3a_k+5)=\sum_{k=1}^{5}3a_k+\sum_{k=1}^{5}5=3\sum_{k=1}^{5}a_k+5\times 5=3\sum_{k=1}^{5}a_k+25=55$

→ 상수 c에 대하여 $\sum_{k=1}^{n}c=c\times n$

$3\sum_{k=1}^{5}a_k=30 \quad \therefore \sum_{k=1}^{5}a_k=10$

2nd $\sum_{k=1}^{5}b_k$의 값을 구해.

$\sum_{k=1}^{5}(a_k+b_k)=\sum_{k=1}^{5}a_k+\sum_{k=1}^{5}b_k=10+\sum_{k=1}^{5}b_k=32 \quad \therefore \sum_{k=1}^{5}b_k=22$

백규민 영남대 약학과 2023년 입학 · 대구 성화여고 졸

합의 기호 Σ의 성질만 정확히 알고 있으면 쉽게 맞힐 수 문제! 나는 $\sum_{k=1}^{5}a_k=x$, $\sum_{k=1}^{5}b_k=y$라 하고 문제의 두 조건식을 x, y로 나타내어 연립방정식처럼 풀었어. Σ의 성질과는 상관없는 얘기지만 Σ 관련 문제에서 주의할 점은 간혹 Σ 아래의 수가 1이 아닌 경우도 있으니까 항상 문제를 꼼꼼히 읽기!

H 23 정답 13 *합의 기호 Σ의 성질 [정답률 92%]

(정답 공식: 수열 $\{a_n\}$과 상수 c에 대하여 $\sum_{k=1}^{n}ca_k=c\sum_{k=1}^{n}a_k$, $\sum_{k=1}^{n}c=cn$이다.)

수열 $\{a_n\}$에 대하여 $\sum_{k=1}^{5}a_k=10$일 때,

$$\sum_{k=1}^{5}ca_k=65+\sum_{k=1}^{5}c$$

를 만족시키는 상수 c의 값을 구하시오. (3점)

단서 Σ의 성질을 이용하여 c에 대한 방정식으로 변형해.

1st Σ의 성질을 이용하여 c의 값을 구해.

$\sum_{k=1}^{5}ca_k=c\sum_{k=1}^{5}a_k=c\times 10=10c$이고 $\sum_{k=1}^{5}c=5c$이므로

문제의 조건에서 $\sum_{k=1}^{5}a_k=10$이지? $\quad \sum_{k=1}^{5}c=c+c+c+c+c=5c$

$\sum_{k=1}^{5}ca_k=65+\sum_{k=1}^{5}c$에서 $10c=65+5c$, $5c=65 \quad \therefore c=13$

합의 기호 Σ의 성질 개념·공식

① $\sum_{k=1}^{n}(a_k+b_k)=\sum_{k=1}^{n}a_k+\sum_{k=1}^{n}b_k$

② $\sum_{k=1}^{n}(a_k-b_k)=\sum_{k=1}^{n}a_k-\sum_{k=1}^{n}b_k$

③ $\sum_{k=1}^{n}ca_k=c\sum_{k=1}^{n}a_k$ (단, c는 상수이다.)

H 24 정답 12 *합의 기호 Σ의 성질 [정답률 85%]

(정답 공식: 상수 c와 수열 $\{a_n\}$에 대하여 $c\sum_{k=1}^{n}a_k=\sum_{k=1}^{n}ca_k$이다.)

수열 $\{a_n\}$에 대하여

$$\sum_{k=1}^{10}a_k-\sum_{k=1}^{7}\frac{a_k}{2}=56,\ \sum_{k=1}^{10}2a_k-\sum_{k=1}^{8}a_k=100$$

일 때, a_8의 값을 구하시오. (3점)

단서 $a_8=\sum_{k=1}^{8}a_k-\sum_{k=1}^{7}a_k$임을 이용해.

1st Σ의 성질을 이용하여 a_8의 값을 구해.

$\sum_{k=1}^{10}a_k-\sum_{k=1}^{7}\frac{a_k}{2}=56$의 양변에 2를 곱하면

$2\sum_{k=1}^{10}a_k-2\sum_{k=1}^{7}\frac{a_k}{2}=112$에서

$\sum_{k=1}^{10}2a_k-\sum_{k=1}^{7}\left(2\times\frac{a_k}{2}\right)=112$

$\therefore \sum_{k=1}^{10}2a_k-\sum_{k=1}^{7}a_k=112 \cdots ㉠$

이때, ㉠에서 $\sum_{k=1}^{10}2a_k-\sum_{k=1}^{8}a_k=100$을 빼면

$\left(\sum_{k=1}^{10}2a_k-\sum_{k=1}^{7}a_k\right)-\left(\sum_{k=1}^{10}2a_k-\sum_{k=1}^{8}a_k\right)=112-100$

$\sum_{k=1}^{8}a_k-\sum_{k=1}^{7}a_k=12 \quad \therefore a_8=12$

$\sum_{k=1}^{8}a_k-\sum_{k=1}^{7}a_k=(a_1+a_2+\cdots+a_7+a_8)-(a_1+a_2+\cdots+a_7)=a_8$

H 25 정답 9 *합의 기호 Σ의 성질 [정답률 84%]

(정답 공식: 두 수열 $\{a_n\}$, $\{b_n\}$과 상수 c에 대하여 $\sum_{k=1}^{n}ca_k=c\sum_{k=1}^{n}a_k$, $\sum_{k=1}^{n}(a_k\pm b_k)=\sum_{k=1}^{n}a_k\pm\sum_{k=1}^{n}b_k$(복호동순)가 성립한다.)

두 수열 $\{a_n\}$, $\{b_n\}$에 대하여

$$\sum_{k=1}^{10}(a_k+2b_k)=45,\ \sum_{k=1}^{10}(a_k-b_k)=3$$

일 때, $\sum_{k=1}^{10}\left(b_k-\frac{1}{2}\right)$의 값을 구하시오. (3점)

단서 이 두 식에서 Σ의 성질을 이용하여 $\sum_{k=1}^{10}b_k$의 값을 구해.

1st $\sum_{k=1}^{10}b_k$의 값을 구하자.

→ 두 수열 $\{a_n\}$, $\{b_n\}$에 대하여 $\sum_{k=1}^{n}(a_k\pm b_k)=\sum_{k=1}^{n}a_k\pm\sum_{k=1}^{n}b_k$(복호동순)

$\sum_{k=1}^{10}(a_k+2b_k)=45$에서 $\sum_{k=1}^{10}a_k+\sum_{k=1}^{10}2b_k=45$

수열 $\{a_n\}$과 상수 c에 대하여 $\sum_{k=1}^{n}ca_k=c\sum_{k=1}^{n}a_k$

$\therefore \sum_{k=1}^{10}a_k+2\sum_{k=1}^{10}b_k=45 \cdots ㉠$

또, $\sum_{k=1}^{10}(a_k-b_k)=3$에서

$\sum_{k=1}^{10}a_k-\sum_{k=1}^{10}b_k=3 \cdots ㉡$

㉠−㉡을 하면

$\left(\sum_{k=1}^{10}a_k+2\sum_{k=1}^{10}b_k\right)-\left(\sum_{k=1}^{10}a_k-\sum_{k=1}^{10}b_k\right)=45-3$

$3\sum_{k=1}^{10}b_k=42 \quad \therefore \sum_{k=1}^{10}b_k=14$

2nd $\sum_{k=1}^{10}\left(b_k-\frac{1}{2}\right)$의 값을 구하자. → 상수 c에 대하여 $\sum_{k=1}^{n}c=cn$

$\therefore \sum_{k=1}^{10}\left(b_k-\frac{1}{2}\right)=\sum_{k=1}^{10}b_k-\sum_{k=1}^{10}\frac{1}{2}=14-\frac{1}{2}\times 10=14-5=9$

H 26 정답 ⑤ *합의 기호 Σ의 성질 [정답률 89%]

(정답 공식: 두 수열 $\{a_n\}$, $\{b_n\}$과 상수 c에 대하여 $\sum_{k=1}^{n}(a_k \pm b_k)=\sum_{k=1}^{n}a_k \pm \sum_{k=1}^{n}b_k$ (복호동순), $\sum_{k=1}^{n}ca_k=c\sum_{k=1}^{n}a_k$임을 이용한다.)

두 수열 $\{a_n\}$, $\{b_n\}$에 대하여 $\sum_{k=1}^{5}a_k=8$, $\sum_{k=1}^{5}b_k=9$일 때, $\sum_{k=1}^{5}(2a_k-b_k+4)$의 값은? (3점)

단서 Σ의 성질을 이용하여 값을 구하면 돼.

① 19 ② 21 ③ 23 ④ 25 ⑤ 27

1st Σ의 성질을 이용하여 $\sum_{k=1}^{5}(2a_k-b_k+4)$의 값을 구해.

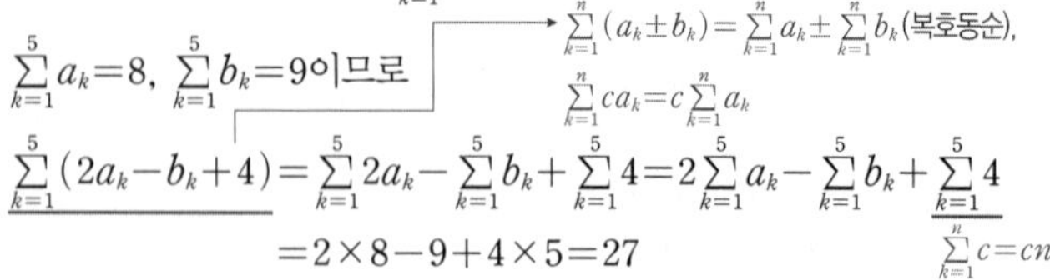

$\sum_{k=1}^{5}a_k=8$, $\sum_{k=1}^{5}b_k=9$이므로

$\sum_{k=1}^{n}(a_k \pm b_k)=\sum_{k=1}^{n}a_k \pm \sum_{k=1}^{n}b_k$(복호동순), $\sum_{k=1}^{n}ca_k=c\sum_{k=1}^{n}a_k$

$$\sum_{k=1}^{5}(2a_k-b_k+4)=\sum_{k=1}^{5}2a_k-\sum_{k=1}^{5}b_k+\sum_{k=1}^{5}4=2\sum_{k=1}^{5}a_k-\sum_{k=1}^{5}b_k+\sum_{k=1}^{5}4$$

$\sum_{k=1}^{n}c=cn$

$$=2\times 8-9+4\times 5=27$$

강혜윤 서울대 인문계열 2021년 입학 · 경기 수지고 졸

Σ의 성질을 이용하여 계산하는 문제는 빈출 유형으로, 쉬운 덧셈, 뺄셈이나 다름없어. 여기서 주의해야 할 것은 상수 4가 Σ 안에 들어있다는 사실이지. 나는 실수로 상수를 그냥 빼버린 경우도 있었기 때문에 특히 주의하면서 풀었어.

H 27 정답 110 *합의 기호 Σ의 성질 [정답률 87%]

(정답 공식: 합의 기호 Σ의 성질을 이용하여 주어진 값을 구한다.)

두 수열 $\{a_n\}$, $\{b_n\}$에 대하여

$$\sum_{k=1}^{10}(a_k-b_k+2)=50,\ \sum_{k=1}^{10}(a_k-2b_k)=-10$$

단서 Σ의 성질을 이용하여 $\sum_{k=1}^{10}a_k$, $\sum_{k=1}^{10}b_k$의 값을 각각 구해.

일 때, $\sum_{k=1}^{10}(a_k+b_k)$의 값을 구하시오. (3점)

1st $\sum_{k=1}^{10}a_k$, $\sum_{k=1}^{10}b_k$의 값을 각각 구해.

$$\sum_{k=1}^{10}(a_k-b_k+2)=\sum_{k=1}^{10}a_k-\sum_{k=1}^{10}b_k+\sum_{k=1}^{10}2$$

상수 c에 대하여 $\sum_{k=1}^{n}c=c\times n$

$$=\sum_{k=1}^{10}a_k-\sum_{k=1}^{10}b_k+2\times 10=50$$

두 수열 $\{a_n\}$, $\{b_n\}$에 대하여 $\sum_{k=1}^{n}(a_k \pm b_k)=\sum_{k=1}^{n}a_k \pm \sum_{k=1}^{n}b_k$(복호동순)

$\therefore \sum_{k=1}^{10}a_k-\sum_{k=1}^{10}b_k=30$ ⋯ ㉠

$\sum_{k=1}^{10}(a_k-2b_k)=\sum_{k=1}^{10}a_k-2\sum_{k=1}^{10}b_k=-10$ ⋯ ㉡

수열 $\{a_n\}$과 상수 c에 대하여 $\sum_{k=1}^{n}ca_k=c\sum_{k=1}^{n}a_k$

㉠−㉡을 하면 $\sum_{k=1}^{10}b_k=40$

이것을 ㉠에 대입하면 $\sum_{k=1}^{10}a_k-40=30$ $\therefore \sum_{k=1}^{10}a_k=70$

2nd $\sum_{k=1}^{10}(a_k+b_k)$의 값을 구해.

$\therefore \sum_{k=1}^{10}(a_k+b_k)=\sum_{k=1}^{10}a_k+\sum_{k=1}^{10}b_k=70+40=110$

H 28 정답 65 *합의 기호 Σ의 성질 [정답률 83%]

(정답 공식: 합의 기호 Σ의 성질을 이용하여 주어진 값을 구한다.)

두 수열 $\{a_n\}$, $\{b_n\}$에 대하여

$$\sum_{k=1}^{10}(2a_k+3)=40,\ \sum_{k=1}^{10}(a_k-b_k)=-10$$

단서 Σ의 성질을 이용하여 $\sum_{k=1}^{10}a_k$, $\sum_{k=1}^{10}b_k$의 값을 각각 구해.

일 때, $\sum_{k=1}^{10}(b_k+5)$의 값을 구하시오. (3점)

1st $\sum_{k=1}^{10}a_k$, $\sum_{k=1}^{10}b_k$의 값을 각각 구해.

수열 $\{a_n\}$과 상수 c에 대하여 $\sum_{k=1}^{n}ca_k=c\sum_{k=1}^{n}a_k$

$$\sum_{k=1}^{10}(2a_k+3)=\sum_{k=1}^{10}2a_k+\sum_{k=1}^{10}3=2\sum_{k=1}^{10}a_k+3\times 10$$

상수 c에 대하여 $\sum_{k=1}^{n}c=cn$

$$=2\sum_{k=1}^{10}a_k+30=40$$

두 수열 $\{a_n\}$, $\{b_n\}$에 대하여 $\sum_{k=1}^{n}(a_k+b_k)=\sum_{k=1}^{n}a_k+\sum_{k=1}^{n}b_k$

$2\sum_{k=1}^{10}a_k=10$ $\therefore \sum_{k=1}^{10}a_k=5$

$\sum_{k=1}^{10}(a_k-b_k)=\sum_{k=1}^{10}a_k-\sum_{k=1}^{10}b_k=5-\sum_{k=1}^{10}b_k=-10$

두 수열 $\{a_n\}$, $\{b_n\}$에 대하여 $\sum_{k=1}^{n}(a_k-b_k)=\sum_{k=1}^{n}a_k-\sum_{k=1}^{n}b_k$

$\therefore \sum_{k=1}^{10}b_k=15$

2nd $\sum_{k=1}^{10}(b_k+5)$의 값을 구해.

$\therefore \sum_{k=1}^{10}(b_k+5)=\sum_{k=1}^{10}b_k+\sum_{k=1}^{10}5=15+5\times 10=65$

H 29 정답 113 *합의 기호 Σ의 성질 [정답률 76%]

(정답 공식: 2 이상인 자연수 n에 대하여 $a_n=\sum_{k=1}^{n}a_k-\sum_{k=1}^{n-1}a_k$)

수열 $\{a_n\}$에 대하여

$$\sum_{k=1}^{10}a_k+\sum_{k=1}^{9}a_k=137,\ \sum_{k=1}^{10}a_k-\sum_{k=1}^{9}2a_k=101$$

단서 복잡해 보이지만 $\sum_{k=1}^{10}a_k$, $\sum_{k=1}^{9}a_k$를 더하거나 뺀 식이야. $\sum_{k=1}^{10}a_k$, $\sum_{k=1}^{9}a_k$를 치환해서 간단히 나타내 봐.

일 때, a_{10}의 값을 구하시오. (3점)

1st 합의 기호의 성질을 이용하여 $\sum_{k=1}^{10}a_k$, $\sum_{k=1}^{9}a_k$의 값을 각각 구해.

$\sum_{k=1}^{10}a_k=A$, $\sum_{k=1}^{9}a_k=B$(단, A, B는 상수)라 하면

$\sum_{k=1}^{10}a_k+\sum_{k=1}^{9}a_k=137$에서 $A+B=137$ ⋯ ㉠

$\sum_{k=1}^{10}a_k-\sum_{k=1}^{9}2a_k=101$에서 $\sum_{k=1}^{10}a_k-2\sum_{k=1}^{9}a_k=101$

상수 C와 수열 $\{a_n\}$에 대하여 $\sum_{k=1}^{n}Ca_n=C\sum_{k=1}^{n}a_n$

$\therefore A-2B=101$ ⋯ ㉡

㉠, ㉡을 연립하여 풀면 $A=125$, $B=12$

$\therefore \sum_{k=1}^{10}a_k=125$, $\sum_{k=1}^{9}a_k=12$

2nd a_{10}의 값을 구해.

$\therefore a_{10}=\sum_{k=1}^{10}a_k-\sum_{k=1}^{9}a_k=125-12=113$

$(a_1+a_2+a_3+\cdots+a_{10})-(a_1+a_2+a_3+\cdots+a_9)=a_{10}$

H 30 정답 4 *합의 기호 $\sum$의 성질 [정답률 72%]

(정답 공식: $a_n=S_n-S_{n-1}(n\ge2)$를 이용하여 a_n을 구한다.)

수열 $\{a_n\}$에 대하여

$$\sum_{k=1}^{n}a_k=\log_2(n^2+n)$$

단서 $S_n=\sum_{k=1}^{n}a_k$로 놓으면 $a_n=S_n-S_{n-1}\ (n\ge2)$임을 이용하여 a_n을 유도할 수 있어.

일 때, $\sum_{n=1}^{15}a_{2n+1}$의 값을 구하시오. (3점)

1st $a_n=S_n-S_{n-1}\ (n\ge2)$임을 이용하여 a_n을 유도하자.

$\sum_{k=1}^{n}a_k=\log_2(n^2+n)$이므로

$$a_n=\sum_{k=1}^{n}a_k-\sum_{k=1}^{n-1}a_k=\log_2(n^2+n)-\log_2(n^2-n)$$

$$=\log_2\frac{n+1}{n-1}\ (n\ge2)$$

[로그의 성질]
$a\ne1, a>0, A>0, B>0$
(1) $\log_a A+\log_a B=\log_a AB$
(2) $\log_a A-\log_a B=\log_a \frac{A}{B}$
(3) $\log_a A^n=n\log_a A$

2nd a_n을 이용하여 a_{2n+1}을 구하자.

$$a_{2n+1}=\log_2\frac{2n+2}{2n}=\log_2\frac{n+1}{n}\ (\text{단, } n\ge1)$$

$$\therefore \sum_{n=1}^{15}a_{2n+1}=\log_2 2+\log_2\frac{3}{2}+\log_2\frac{4}{3}+\cdots+\log_2\frac{16}{15}$$

$$=\log_2\left(2\times\frac{3}{2}\times\frac{4}{3}\times\cdots\times\frac{16}{15}\right)=\log_2 16=4$$

H 31 정답 ① *합의 기호 $\sum$의 성질 [정답률 80%]

(정답 공식: n의 값에 관계없이 $a_n+b_n=10$이므로 a_n을 b_n으로 표현할 수 있다.)

두 수열 $\{a_n\}$, $\{b_n\}$이 모든 자연수 n에 대하여 $a_n+b_n=10$을 만족시킨다. $\sum_{k=1}^{10}(a_k+2b_k)=160$일 때, $\sum_{k=1}^{10}b_k$의 값은? (3점)

단서 $a_k+2b_k=(a_k+b_k)+b_k$로 놓고 시그마의 성질을 이용해.

① 60 ② 70 ③ 80 ④ 90 ⑤ 100

1st 주어진 식을 변형하고, $\sum$의 성질을 이용하자.

모든 자연수 n에 대하여 $a_n+b_n=10$을 만족시키므로 $a_k+b_k=10$ (k는 자연수)이다.

$$\sum_{k=1}^{10}(a_k+2b_k)=\sum_{k=1}^{10}\{(a_k+b_k)+b_k\}$$

→ $\sum$의 성질을 이용하여 $\sum_{k=1}^{n}(a_k+b_k)$, $\sum_{k=1}^{n}b_k$를 분리하자.

$$=\sum_{k=1}^{10}(a_k+b_k)+\sum_{k=1}^{10}b_k$$

$$=\sum_{k=1}^{10}10+\sum_{k=1}^{10}b_k=10\times10+\sum_{k=1}^{10}b_k=100+\sum_{k=1}^{10}b_k$$

→ $\sum_{k=1}^{n}c=cn$ (c는 상수)

2nd 주어진 값을 이용하여 $\sum_{k=1}^{10}b_k$의 값을 구하자.

실수 5: 10이 10개 있는 것과 같은 뜻이므로 100이 돼.

$\sum_{k=1}^{10}(a_k+2b_k)=160$이므로 $100+\sum_{k=1}^{10}b_k=160$

$$\therefore \sum_{k=1}^{10}b_k=60$$

H 32 정답 2 *자연수의 거듭제곱의 합 [정답률 88%]

(정답 공식: $\sum_{k=1}^{n}k=\frac{n(n+1)}{2}$, $\sum_{k=1}^{n}k^2=\frac{n(n+1)(2n+1)}{6}$)

$\sum_{k=1}^{9}(ak^2-10k)=120$일 때, 상수 a의 값을 구하시오. (3점)

단서 $\sum$의 성질을 이용하여 식을 정리한 후 자연수의 거듭제곱의 합을 구하면 돼.

1st $\sum$의 성질을 이용하여 상수 a의 값을 구해.

$$\sum_{k=1}^{9}(ak^2-10k)=\sum_{k=1}^{9}ak^2-\sum_{k=1}^{9}10k=a\sum_{k=1}^{9}k^2-10\sum_{k=1}^{9}k$$

두 상수 x, y와 두 수열 $\{a_n\}$, $\{b_n\}$에 대하여 $\sum_{k=1}^{n}(xa_n\pm yb_n)=x\sum_{k=1}^{n}a_n\pm y\sum_{k=1}^{n}b_n$(복호동순)

$$=a\times\frac{9\times10\times19}{6}-10\times\frac{9\times10}{2}$$

$$=285a-450=120$$

에서 $285a=570$ $\therefore a=2$

H 33 정답 3 *자연수의 거듭제곱의 합 [정답률 90%]

(정답 공식: 자연수의 거듭제곱의 합을 이용한다.)

$\sum_{k=1}^{10}(4k+a)=250$일 때, 상수 a의 값을 구하시오. (3점)

단서 $\sum$의 성질과 자연수의 거듭제곱의 합을 이용해.

1st 상수 a의 값을 구해. → 수열 $\{a_n\}$과 상수 c에 대하여 $\sum_{k=1}^{n}ca_k=c\sum_{k=1}^{n}a_k$

$$\sum_{k=1}^{10}(4k+a)=\sum_{k=1}^{10}4k+\sum_{k=1}^{10}a=4\sum_{k=1}^{10}k+\sum_{k=1}^{10}a$$

→ 상수 c에 대하여 $\sum_{k=1}^{n}c=cn$

$$=4\times\frac{10\times11}{2}+a\times10=220+10a=250$$

→ $\sum_{k=1}^{n}k=\frac{n(n+1)}{2}$

$10a=30$ $\therefore a=3$

두 수열 $\{a_n\}$, $\{b_n\}$에 대하여 $\sum_{k=1}^{n}(a_k+b_k)=\sum_{k=1}^{n}a_k+\sum_{k=1}^{n}b_k$

$\sum$의 성질 (개념·공식)

① $\sum_{k=1}^{n}(a_k+b_k)=\sum_{k=1}^{n}a_k+\sum_{k=1}^{n}b_k$

② $\sum_{k=1}^{n}(a_k-b_k)=\sum_{k=1}^{n}a_k-\sum_{k=1}^{n}b_k$

③ $\sum_{k=1}^{n}ca_k=c\sum_{k=1}^{n}a_k$

④ $\sum_{k=1}^{n}c=cn$ (단, c는 상수)

H 34 정답 55 *자연수의 거듭제곱의 합 [정답률 91%]

(정답 공식: $\sum_{k=1}^{n}k^2=\frac{n(n+1)(2n+1)}{6}$)

$\sum_{k=1}^{5}k^2$의 값을 구하시오. (3점)

단서 1에서 5까지의 자연수의 제곱의 합을 구하는 거야.

1st 자연수의 거듭제곱의 합을 구하자.

$$\sum_{k=1}^{5}k^2=\frac{5\times(5+1)\times(2\times5+1)}{6}=\frac{5\times6\times11}{6}=55$$

[자연수의 거듭제곱의 합]
$\sum_{k=1}^{n}k=\frac{n(n+1)}{2}$, $\sum_{k=1}^{n}k^2=\frac{n(n+1)(2n+1)}{6}$, $\sum_{k=1}^{n}k^3=\left\{\frac{n(n+1)}{2}\right\}^2$

H 35 정답 19 *자연수의 거듭제곱의 합 [정답률 95%]

(정답 공식: $\sum_{k=1}^{10}(2k+a)=2\sum_{k=1}^{10}k+10a$)

$\sum_{k=1}^{10}(2k+a)=300$일 때, 상수 a의 값을 구하시오. (3점)

단서 시그마의 성질로 전개하여 a의 방정식을 세워.

1st Σ의 성질로 괄호 안의 식을 전개하여 상수 a의 값을 구해.

$\sum_{k=1}^{10}(2k+a)=2\sum_{k=1}^{10}k+\sum_{k=1}^{10}a$ → 상수 a를 10번 더하는 거지?

$\sum_{k=1}^{n}k=\frac{n(n+1)}{2}$, $\sum_{k=1}^{n}c=cn$ (c는 상수)

$=2\times\frac{10\times11}{2}+10a$

$=110+10a=300$

$10a=190$

$\therefore a=19$

H 36 정답 345 *자연수의 거듭제곱의 합 [정답률 93%]

(정답 공식: 식을 전개한 뒤, 항별로 시그마를 계산한다.)

$\sum_{k=1}^{10}(k+2)(k-2)$의 값을 구하시오. (3점)

단서 괄호의 식을 풀어 자연수의 거듭제곱의 합을 구해. 이때, 제1항에서 제10항까지의 합임에 주의!

1st 괄호 안의 식을 전개한 후 Σ의 기본 성질을 이용하자.

$\sum_{k=1}^{10}(k+2)(k-2)=\sum_{k=1}^{10}(k^2-4)=\sum_{k=1}^{10}k^2-\sum_{k=1}^{10}4$ → $=4+4+\cdots+4=4\times10$ 즉, 4를 10번 더한 거야.

$=\frac{10(10+1)(20+1)}{6}-4\times10=385-40=345$

[자연수의 거듭제곱의 합] $\sum_{k=1}^{n}k^2=\frac{n(n+1)(2n+1)}{6}$

H 37 정답 109 *자연수의 거듭제곱의 합 [정답률 75%]

(정답 공식: 수열 $\{a_n\}$과 $m<n$인 두 자연수 m, n에 대하여 $\sum_{k=1}^{n}a_k=\sum_{k=1}^{m}a_k+\sum_{k=m+1}^{n}a_k$가 성립한다.)

$\sum_{k=1}^{6}(k+1)^2-\sum_{k=1}^{5}(k-1)^2$의 값을 구하시오. (3점)

단서 Σ의 성질을 이용하여 식을 간단히 나타내어 계산해.

1st 주어진 식의 값을 구해.

$\sum_{k=1}^{6}(k+1)^2=\sum_{k=1}^{5}(k+1)^2+\sum_{k=6}^{6}(k+1)^2=\sum_{k=1}^{5}(k+1)^2+7^2$이므로

$\sum_{k=1}^{6}(k+1)^2-\sum_{k=1}^{5}(k-1)^2=\left\{\sum_{k=1}^{5}(k+1)^2+7^2\right\}-\sum_{k=1}^{5}(k-1)^2$

두 수열 $\{a_n\}$, $\{b_n\}$에 대하여 $\sum_{k=1}^{n}a_k-\sum_{k=1}^{n}b_k=\sum_{k=1}^{n}(a_k-b_k)$

$=49+\sum_{k=1}^{5}\{(k+1)^2-(k-1)^2\}$

$=49+\sum_{k=1}^{5}\{(k^2+2k+1)-(k^2-2k+1)\}$

수열 $\{a_n\}$과 상수 c에 대하여 $\sum_{k=1}^{n}ca_k=c\sum_{k=1}^{n}a_k$

$=49+\sum_{k=1}^{5}4k=49+4\times\frac{5\times6}{2}=109$

다른 풀이: **완전제곱식을 전개한 다음 자연수의 거듭제곱의 합 이용하기**

$\sum_{k=1}^{6}(k+1)^2=\sum_{k=1}^{6}(k^2+2k+1)=\frac{6\times7\times13}{6}+2\times\frac{6\times7}{2}+1\times6$

$=91+42+6=139$ $\quad\sum_{k=1}^{n}k^2=\frac{n(n+1)(2n+1)}{6}$

$\sum_{k=1}^{5}(k-1)^2=\sum_{k=1}^{5}(k^2-2k+1)=\frac{5\times6\times11}{6}-2\times\frac{5\times6}{2}+1\times5$

$=55-30+5=30$

$\therefore \sum_{k=1}^{6}(k+1)^2-\sum_{k=1}^{5}(k-1)^2=139-30=109$

H 38 정답 150 *자연수의 거듭제곱의 합의 활용 [정답률 93%]

(정답 공식: $f(2k)$를 k에 관한 식으로 표현한다.)

함수 $f(x)=\frac{1}{2}x+2$에 대하여 $\sum_{k=1}^{15}f(2k)$의 값을 구하시오. (3점)

단서 함수 $f(x)$의 식에 $x=2k$를 대입하면 $f(2k)$의 식을 구할 수 있겠지? 그 다음 $k=1, 2, \cdots, 15$까지의 합을 구해.

1st 함수 $f(x)$의 식을 이용하여 $f(2k)$의 식을 구해.

함수 $f(x)=\frac{1}{2}x+2$이므로

구해야 하는 함수의 값이 $f(2k)$이니까 $x=2k$를 대입해.

$f(2k)=\frac{1}{2}\times2k+2=k+2$

치환하는 것과 비슷한 원리로 $x=2k$를 대입하여 식을 나타내기만 하면 돼.

2nd 시그마의 성질을 이용하여 $\sum_{k=1}^{15}f(2k)$의 값을 구해.

$\sum_{k=1}^{n}(a_k+c)=\sum_{k=1}^{n}a_k+\sum_{k=1}^{n}c$ (단, c는 상수)

$\sum_{k=1}^{15}f(2k)=\sum_{k=1}^{15}(k+2)=\sum_{k=1}^{15}k+\sum_{k=1}^{15}2=\frac{15\times16}{2}+2\times15=150$

$\sum_{k=1}^{n}k=\frac{n(n+1)}{2}$

H 39 정답 ① *자연수의 거듭제곱의 합의 활용 [정답률 86%]

(정답 공식: x에 대한 이차방정식 $ax^2+bx+c=0$의 두 근의 합은 $-\frac{b}{a}$이고 두 근의 곱은 $\frac{c}{a}$이다.)

n이 자연수일 때, x에 대한 이차방정식

$(n^2+6n+5)x^2-(n+5)x-1=0$

의 두 근의 합을 a_n이라 하자. $\sum_{k=1}^{10}\frac{1}{a_k}$의 값은? (3점)

단서 이차방정식의 두 근의 합이라고 했으니까 이차방정식의 근과 계수의 관계를 생각해야 해.

① 65 ② 70 ③ 75 ④ 80 ⑤ 85

1st a_n을 구하자.

x에 대한 이차방정식 $(n^2+6n+5)x^2-(n+5)x-1=0$의 두 근의 합이 a_n이므로 이차방정식의 근과 계수의 관계에 의하여

$a_n=-\frac{-(n+5)}{n^2+6n+5}=\frac{n+5}{(n+5)(n+1)}$

$=\frac{1}{n+1}$

이차방정식 $ax^2+bx+c=0$의 두 근을 α, β라 할 때, $\alpha+\beta=-\frac{b}{a}$이고 $\alpha\beta=\frac{c}{a}$야.

2nd $\sum_{k=1}^{10}\frac{1}{a_k}$의 값을 구하자.

따라서 $\frac{1}{a_n}=n+1$이므로

두 수열 $\{a_n\}$, $\{b_n\}$에 대하여 $\sum_{k=1}^{n}(a_k\pm b_k)=\sum_{k=1}^{n}a_k\pm\sum_{k=1}^{n}b_k$ (복호동순)

$\sum_{k=1}^{10}\frac{1}{a_k}=\sum_{k=1}^{10}(k+1)=\sum_{k=1}^{10}k+\sum_{k=1}^{10}1$ $\quad\sum_{k=1}^{n}k=\frac{n(n+1)}{2}$, $\sum_{k=1}^{n}c=cn$ (c는 상수)

$=\frac{10\times11}{2}+1\times10=55+10=65$

H 40 정답 ⑤ *자연수의 거듭제곱의 합의 활용 …… [정답률 84%]

(정답 공식: 근과 계수의 관계를 이용한다.)

x에 대한 이차방정식 $nx^2-(2n^2-n)x-5=0$의 두 근의 합을 a_n (n은 자연수)이라 하자. $\sum_{k=1}^{10} a_k$의 값은? (3점)

단서 a_n의 식을 구하기 위해 근과 계수의 관계를 이용하자.

① 88 ② 91 ③ 94 ④ 97 ⑤ 100

1st 이차방정식의 근과 계수의 관계로 a_n을 구해.

이차방정식의 두 근의 합 a_n은 근과 계수의 관계에 의하여

이차방정식 $ax^2+bx+c=0$의 두 실근을 α, β라 할 때, 두 실근의 합은 $\alpha+\beta=-\frac{b}{a}$야.

$a_n=\frac{2n^2-n}{n}=2n-1$

$\sum_{k=1}^{10} a_k=\sum_{k=1}^{10}(2k-1)=\sum_{k=1}^{10}2k-\sum_{k=1}^{10}1$

→ 1이 10번 더해진다는 의미로 1×10이지? $\sum_{k=1}^{n}c\neq c$임을 주의해.

$=2\sum_{k=1}^{10}k-10$

→ $\sum_{k=1}^{n}k=\frac{n(n+1)}{2}$

$=2\times\frac{10\times11}{2}-10=100$

H 41 정답 ⑤ *자연수의 거듭제곱의 합의 활용 …… [정답률 82%]

(정답 공식: $\sum_{k=1}^{n}a_k=a_1+a_2+a_3+\cdots+a_n$)

수열 $\{a_n\}$의 일반항이

$$a_n=\begin{cases}\frac{(n+1)^2}{2} & (n\text{이 홀수인 경우})\\ \frac{n^2}{2}+n+1 & (n\text{이 짝수인 경우})\end{cases}$$

일 때, $\sum_{n=1}^{10}a_n$의 값은? (3점)

단서1 자연수 k에 대하여 $n=2k-1$일 때와 $n=2k$일 때로 경우를 나누어 수열 $\{a_n\}$의 일반항을 k로 나타내 봐.

단서2 자연수 k에 대하여 $\sum_{n=1}^{10}a_n=a_1+a_2+a_3+\cdots+a_{10}$ $=(a_1+a_3+\cdots+a_9)+(a_2+a_4+\cdots+a_{10})$ $=\sum_{k=1}^{5}a_{2k-1}+\sum_{k=1}^{5}a_{2k}$

① 235 ② 240 ③ 245
④ 250 ⑤ 255

1st n이 홀수인 경우와 짝수인 경우로 나누자.

자연수 k에 대하여

(i) $n=2k-1$일 때,

→ 자연수 k에 대하여 $2k-1$이 될 수 있는 값은 1, 3, 5, …로 홀수야. 따라서 n이 홀수인 경우의 수열 $\{a_n\}$의 일반항을 이용해야 해.

$a_n=a_{2k-1}=\frac{(2k-1+1)^2}{2}=\frac{4k^2}{2}=2k^2$

(ii) $n=2k$일 때,

→ 자연수 k에 대하여 $2k$가 될 수 있는 값은 2, 4, 6, …으로 짝수야. 따라서 n이 짝수인 경우의 수열 $\{a_n\}$의 일반항을 이용해야 해.

$a_n=a_{2k}=\frac{(2k)^2}{2}+2k+1$

$=\frac{4k^2}{2}+2k+1=2k^2+2k+1$

2nd $\sum_{n=1}^{10}a_n$의 값을 구해.

$\therefore \sum_{n=1}^{10}a_n=a_1+a_2+\cdots+a_{10}=(a_1+a_3+\cdots+a_9)+(a_2+a_4+\cdots+a_{10})$

$=\sum_{k=1}^{5}a_{2k-1}+\sum_{k=1}^{5}a_{2k}=\sum_{k=1}^{5}(a_{2k-1}+a_{2k})$

$=\sum_{k=1}^{5}\{2k^2+(2k^2+2k+1)\}=\sum_{k=1}^{5}(4k^2+2k+1)$

$=4\times\frac{5\times6\times11}{6}+2\times\frac{5\times6}{2}+1\times5=255$

H 42 정답 ④ *자연수의 거듭제곱의 합의 활용 …… [정답률 75%]

(정답 공식: 먼저 주어진 $\sum$를 풀어 간단히 나타내본다.)

$\sum_{n=1}^{20}(-1)^n n^2$의 값은? (3점)

단서 이런 형태의 문제가 나오면 먼저 $\sum$를 풀어 '+'로 연결해 봐.

① 195 ② 200 ③ 205 ④ 210 ⑤ 215

1st $\sum$를 풀어 값을 구해.

$\sum_{n=1}^{20}(-1)^n n^2$

$=(-1)^1\times1^2+(-1)^2\times2^2+\cdots+(-1)^{19}\times19^2+(-1)^{20}\times20^2$

$=-1^2+2^2-3^2+\cdots-19^2+20^2$

$=(2^2+4^2+\cdots+20^2)-(1^2+3^2+\cdots+19^2)$

수열 $\{(2n)^2\}$의 첫째항부터 제10항까지의 합이야. 수열 $\{(2n-1)^2\}$의 첫째항부터 제10항까지의 합이야.

$=\sum_{n=1}^{10}(2n)^2-\sum_{n=1}^{10}(2n-1)^2$

$=\sum_{n=1}^{10}4n^2-\sum_{n=1}^{10}(4n^2-4n+1)$

$=\sum_{n=1}^{10}4n^2-\sum_{n=1}^{10}4n^2+\sum_{n=1}^{10}4n-\sum_{n=1}^{10}1$

$=4\sum_{n=1}^{10}n-\sum_{n=1}^{10}1$

$=4\times\frac{10\times11}{2}-1\times10$

$=220-10=210$

톡톡 풀이: 항을 나열한 다음 인수분해 공식을 이용하여 간단히 하기

$\sum_{n=1}^{20}(-1)^n n^2=-1^2+2^2-3^2+\cdots-19^2+20^2$

$=(2^2-1^2)+(4^2-3^2)+\cdots+(20^2-19^2)$ $a^2-b^2=(a+b)(a-b)$

$=(2-1)(2+1)+(4-3)(4+3)+\cdots+(20-19)(20+19)$

$=(2+1)+(4+3)+\cdots+(20+19)$

$=1+2+3+4+\cdots+19+20$

첫째항이 1이고 공차가 1인 등차수열의 첫째항부터 제20항까지의 합이야.

$=\frac{20\times(1+20)}{2}=210$

첫째항이 a이고 제n항이 l인 등차수열의 첫째항부터 제n항까지의 합을 S_n이라 하면 $S_n=\frac{n(a+l)}{2}$

H 43 정답 91 *자연수의 거듭제곱의 합의 활용 …… [정답률 73%]

(정답 공식: 다항식 $P(x)$를 일차식 $x-n$으로 나눈 나머지는 $P(n)$이다.)

자연수 n에 대하여 다항식 $2x^2-3x+1$을 $x-n$으로 나누었을 때의 나머지를 a_n이라 할 때, $\sum_{n=1}^{7}(a_n-n^2+n)$의 값을 구하시오. (3점)

단서 나머지정리를 이용하면 수열의 일반항을 구할 수 있지.

1st 나머지정리를 이용하여 수열의 일반항을 구하자.

다항식 $2x^2-3x+1$을 $x-n$으로 나누었을 때의 몫을 $P(x)$, 나머지를 a_n이라 하면

다항식 $f(x)$를 다항식 $P(x)$로 나눌 때, 몫이 $Q(x)$이고, 나머지가 $R(x)$이면 $f(x)=P(x)\times Q(x)+R(x)$

$2x^2-3x+1=(x-n)P(x)+a_n$

이 식에 $x=n$을 대입하면

$2n^2-3n+1=a_n$ … ㉠

2nd 구하는 식에 ㉠을 대입하고, 정리하여 값을 구하자.

$$\sum_{n=1}^{7}(a_n-n^2+n)=\sum_{n=1}^{7}(2n^2-3n+1-n^2+n)\ (\because ㉠)$$
$$=\sum_{n=1}^{7}(n^2-2n+1)=\sum_{n=1}^{7}n^2-2\sum_{n=1}^{7}n+\sum_{n=1}^{7}1$$
$$=\frac{7\times8\times15}{6}-2\times\frac{7\times8}{2}+7\times1$$
$$=140-56+7=91$$

$\sum_{k=1}^{n}c=cn$ (c는 상수), $\sum_{k=1}^{n}k=\frac{n(n+1)}{2}$, $\sum_{k=1}^{n}k^2=\frac{n(n+1)(2n+1)}{6}$

H 44 정답 ③ *자연수의 거듭제곱의 합의 활용 [정답률 65%]

(정답 공식: $a_n=1+3+5+\cdots+(2n-1)=n^2$)

수열 $\{a_n\}$의 각 항이

$a_1=1$

$a_2=1+3$

$a_3=1+3+5$

$\vdots$ **단서1** 일반항 a_n을 n에 관한 식으로 나타내자.

$a_n=1+3+5+\cdots+(2n-1)$

$\vdots$ **단서2** 진수의 곱셈은 로그의 성질 $\log_a xy=\log_a x+\log_a y$임을 이용해.

일 때, $\log_4(2^{a_1}\times2^{a_2}\times2^{a_3}\times\cdots\times2^{a_{12}})$의 값은? (4점)

① 315 ② 320 ③ 325 ④ 330 ⑤ 335

1st 일반항 a_n을 먼저 구해.

$a_n=1+3+5+\cdots+(2n-1)$ 수열 $\{a_n\}$은 첫째항이 1이고, 공차가 2인 등차수열의 첫번째항부터 제n까지의 합이야.

$=\frac{n\{1+(2n-1)\}}{2}$ → 첫째항이 a, 끝항이 l, 항수가 n인 등차수열의 합 S_n은 $S_n=\frac{n(a+l)}{2}$

$=n^2$

2nd 지수법칙과 로그의 성질을 이용하여 식의 값을 구해.

$\log_4(2^{a_1}\times2^{a_2}\times2^{a_3}\times\cdots\times2^{a_{12}})$

$=\log_{2^2}(2^{a_1+a_2+a_3+\cdots+a_{12}})$ → 지수법칙 $a>0$이고 x, y가 실수일 때, $a^x\times a^y=a^{x+y}$

$=\frac{a_1+a_2+a_3+\cdots+a_{12}}{2}\log_2 2$

로그의 성질 $\log_{a^m}b^n=\frac{n}{m}\log_a b$

$=\frac{1}{2}(a_1+a_2+a_3+\cdots+a_{12})$

$=\frac{1}{2}(1^2+2^2+3^2+\cdots+12^2)$

→ $\sum_{k=1}^{n}k^2=\frac{n(n+1)(2n+1)}{6}$

$=\frac{1}{2}\sum_{k=1}^{12}k^2=\frac{1}{2}\times\frac{12\times13\times25}{6}=325$

H 45 정답 ⑤ *자연수의 거듭제곱의 합의 활용 [정답률 63%]

(정답 공식: $\sum_{k=2}^{12}k^2=\sum_{k=1}^{12}k^2-\sum_{k=1}^{1}k^2$의 형태로 바꾸어 본다.)

$\sum_{k=1}^{12}k^2+\sum_{k=2}^{12}k^2+\sum_{k=3}^{12}k^2+\cdots+\sum_{k=12}^{12}k^2$의 값은? (4점)

단서 시그마의 합의 첫째항이 모두 다르지? 각각의 시그마를 전개하여 규칙을 찾아볼까?

① 3376 ② 4356 ③ 5324 ④ 5840 ⑤ 6084

1st 식을 전개하여 눈에 보이는 규칙을 찾아 보자.

$\sum_{k=1}^{12}k^2=1^2+2^2+3^2+\cdots+10^2+11^2+12^2$

→ k^2에 $k=1$부터 $k=12$까지 대입하여 그 합을 구하기

$\sum_{k=2}^{12}k^2=\quad 2^2+3^2+\cdots+10^2+11^2+12^2$

→ k^2에 $k=2$부터 $k=12$까지 대입하여 그 합을 구하기

$\sum_{k=3}^{12}k^2=\quad 3^2+\cdots+10^2+11^2+12^2$

$\vdots$

$\sum_{k=11}^{12}k^2=\quad 11^2+12^2$

$\sum_{k=12}^{12}k^2=\quad 12^2$

→ k^2에 $k=12$를 대입하기

즉, $\sum_{k=1}^{12}k^2+\sum_{k=2}^{12}k^2+\cdots+\sum_{k=12}^{12}k^2$의 값은

1^2이 1개, 2^2이 2개, 3^2이 3개, $\cdots$, 12^2이 12개가 있으므로

$\therefore$ (구하는 값)$=1\times1^2+2\times2^2+3\times3^2+\cdots+12\times12^2$

$=1^3+2^3+3^3+\cdots+12^3=\left(\frac{12\times13}{2}\right)^2$

[자연수의 거듭제곱의 합] $\sum_{k=1}^{n}k^3=\left\{\frac{n(n+1)}{2}\right\}^2$

$=78^2=608$

H 46 정답 ① *자연수의 거듭제곱의 합의 활용 [정답률 47%]

(정답 공식: 직선을 지나는 두 점을 아는 경우 직선의 식을 세울 수 있다. 삼각형 ABD의 넓이의 식을 세운 뒤 n을 달리하며 규칙을 파악한다.)

자연수 n에 대하여 다음 조건을 만족시키는 가장 작은 자연수 m을 a_n이라 할 때, $\sum_{n=1}^{10}a_n$의 값은? (4점)

단서1 점 D의 좌표를 구하기 위해서는 두 점 B, C를 지나는 직선의 방정식부터 구해야겠지?

(가) 점 A의 좌표는 $(2^n, 0)$이다.

(나) 두 점 $B(1, 0)$과 $C(2^m, m)$을 지나는 직선 위의 점 중 x좌표가 2^n인 점을 D라 할 때, 삼각형 ABD의 넓이는 $\frac{m}{2}$보다 작거나 같다.

단서2 삼각형 ABD의 넓이를 m에 대한 식으로 나타내어 $\triangle ABD\le\frac{m}{2}$을 만족시키는 m의 값의 범위를 구해봐.

y, x, O, B(1, 0), A(2^n, 0), D, C(2^m, m)

① 109 ② 111 ③ 113 ④ 115 ⑤ 117

1st 두 점 (x_1, y_1), (x_2, y_2)를 지나는 직선의 방정식이 $y=\frac{y_2-y_1}{x_2-x_1}(x-x_1)+y_1$임을 이용하여 점 D의 좌표를 구하자.

두 점 $B(1, 0)$, $C(2^m, m)$을 지나는 직선의 방정식은

$y=\frac{m}{2^m-1}(x-1)\ \cdots$ ㉠

이때, 이 직선 위의 점 D는 점 A와 x좌표가 같으므로 $x=2^n$을 ㉠에 대입하면 점 D의 좌표는

$D\left(2^n, \frac{m}{2^m-1}(2^n-1)\right)$

2nd 조건 (나)를 적용해서 m, n 사이의 관계식을 구하자.

조건 (나)에서 $\triangle ABD \le \frac{m}{2}$이고

$\triangle ABD = \frac{1}{2} \times \overline{AB} \times \overline{AD} = \frac{1}{2} \times (2^n-1) \times \frac{m}{2^m-1}(2^n-1)$이므로

$\frac{1}{2} \times (2^n-1) \times \frac{m}{2^m-1}(2^n-1) \le \frac{m}{2}$

$\therefore (2^n-1)^2 \le 2^m-1 \cdots$ ㉡

→ $\frac{1}{2} \times (2^n-1) \times \frac{m}{2^m-1}(2^n-1) \le \frac{m}{2}$ 이때, 자연수 m에 대하여 $m>0$, $2^m-1 \ge 1 > 0$이므로 부등식의 양변에 $\frac{2(2^m-1)}{m}$을 곱하면 $(2^n-1)^2 \le 2^m-1$

(i) $n=1$이면 ㉡을 만족시키기 위해

$1 \le 2^m-1$, $2^m \ge 2$ $\quad\therefore m \ge 1$

즉, 자연수 m의 최솟값은 1이므로 $a_1=1$이다.

(ii) $n \ge 2$인 자연수 n에 대하여

$(2^n-1)^2 = 2^{2n} - 2\times 2^n + 1 < 2^{2n}-1$이고,

㉡을 만족시키기 위해 $2^{2n}-1 \le 2^m-1$에서 $2^{2n} \le 2^m$이므로

$2n \le m$이면 된다.

따라서 자연수 m의 최솟값은 $2n$이므로 $a_n = 2n\ (n \ge 2)$이다.

(i), (ii)에 의하여 $a_n = \begin{cases} 1\ (n=1) \\ 2n\ (n \ge 2) \end{cases}$

$\therefore \sum_{n=1}^{10} a_n = a_1 + \sum_{n=2}^{10} 2n$

→ 첫째항이 4, 끝항이 20, 항의 개수가 9인 등차수열의 합이야.

$= a_1 + (4+6+\cdots+20)$

$= 1 + \frac{9\times(4+20)}{2} = 109$

H 47 정답 553 *자연수의 거듭제곱의 합의 활용 [정답률 45%]

(정답 공식: 모든 실수 x에 대하여 $f(x+a)=f(x)$인 함수 $f(x)$의 주기는 $|a|$이다. 주기함수의 특징을 이용하여 함수 $y=f(x)$의 그래프를 그리고 n에 따른 $y=\log_{2n} x$의 그래프와의 교점의 개수를 센다.)

함수 $f(x)$가 다음 조건을 만족시킨다.

(가) $-1 \le x < 1$에서 $f(x) = |2x|$이다.

(나) 모든 실수 x에 대하여 $f(x+2)=f(x)$이다.

단서1 $f(x)$는 주기가 2인 주기함수이므로 조건을 만족시키는 함수 $y=f(x)$의 그래프를 그리자.

자연수 n에 대하여 함수 $y=f(x)$의 그래프와 함수 $y=\log_{2n} x$의 그래프가 만나는 점의 개수를 a_n이라 하자. $\sum_{n=1}^{7} a_n$의 값을 구하시오. (4점)

단서2 n이 자연수이므로 $n=1, 2, 3, \cdots$을 대입하여 $y=f(x)$의 그래프 위에 $y=\log_{2n} x$의 그래프를 그려가면서 a_n의 규칙을 찾아.

1st 조건 (나)는 주기가 2인 주기함수임을 의미해. 따라서 조건 (가)의 그래프를 그리고 주기만큼 반복시키면 함수 $f(x)$의 그래프의 개형을 알 수 있어.

조건 (나)에서 함수 $f(x)$는 주기가 2인 주기함수이므로 조건 (가)를 이용하여 함수 $y=f(x)$의 그래프를 다음과 같이 그릴 수 있다.

또한, 함수 $y=\log_{2n} x$의 그래프와 직선 $y=2$가 만나는 점의 x좌표를 구하면

$2 = \log_{2n} x$에서 $x = (2n)^2 = 4n^2$

이므로 $y=\log_{2n} x$의 그래프는 점 $(4n^2, 2)$를 지난다.

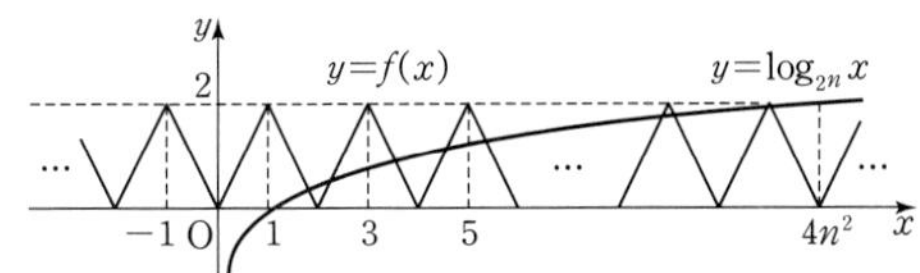

2nd 그래프에서 n에 따라 생기는 교점의 개수의 규칙을 보고 일반항 a_n을 구하자.

$n=1$이면 $y=\log_2 x$의 그래프는 점 $(4, 2)$를 지나므로 교점의 개수는

$a_1 = 3 = 4-1$

$n=2$이면 $y=\log_4 x$의 그래프는 점 $(16, 2)$를 지나므로 교점의 개수는

$a_2 = 15 = 16-1$

⋮

$n=k$이면 $y=\log_{2k} x$의 그래프는 점 $(4k^2, 2)$를 지나므로 교점의 개수는

$a_k = 4k^2-1$

$\therefore a_n = 4n^2-1\ (n \ge 1)$

→ $y=f(x)$와 $y=\log_{2n} x$의 그래프의 교점의 개수는 구간 $[1, 2]$에서 1개, 구간 $[1, 4]$에서 3개, 구간 $[1, 6]$에서 5개, … 구간 $[1, 2n]$에서 $(2n-1)$개 즉, 구간 $[1, 4n^2]$에서 두 그래프의 교점의 개수는 $(4n^2-1)$개가 돼.

3rd $\sum_{n=1}^{7} a_n$의 값을 구해.

$\therefore \sum_{n=1}^{7} a_n = \sum_{n=1}^{7}(4n^2-1) = 4\sum_{n=1}^{7} n^2 - \sum_{n=1}^{7} 1$

→ ① $\sum_{k=1}^{n} k^2 = \frac{n(n+1)(2n+1)}{6}$ ② $\sum_{k=1}^{n} c = nc$ (c는 상수)

$= 4 \times \frac{7\times 8\times 15}{6} - 7 = 553$

자연수의 거듭제곱의 합 개념·공식

① $\sum_{k=1}^{n} k = \frac{n(n+1)}{2}$

② $\sum_{k=1}^{n} k^2 = \frac{n(n+1)(2n+1)}{6}$

③ $\sum_{k=1}^{n} k^3 = \left\{\frac{n(n+1)}{2}\right\}^2$

H 48 정답 160 *Σ와 등차수열의 합 [정답률 83%]

(정답 공식: $\sum_{k=1}^{n} k = \frac{n(n+1)}{2}$, $\sum_{k=1}^{n} k^2 = \frac{n(n+1)(2n+1)}{6}$)

첫째항이 3인 등차수열 $\{a_n\}$에 대하여 $\sum_{k=1}^{5} a_k = 55$일 때,

$\sum_{k=1}^{5} k(a_k-3)$의 값을 구하시오. (3점)

단서 등차수열 $\{a_n\}$의 첫째항부터 제5항까지의 합이 55라는 의미야.

1st 등차수열 $\{a_n\}$의 일반항을 구해.

수열 $\{a_n\}$이 첫째항인 3인 등차수열이므로 수열 $\{a_n\}$의 공차를 d라 하면

$\sum_{k=1}^{5} a_k = 55$에서 $\frac{5(2\times 3+4d)}{2} = 55$, $6+4d=22$

$4d=16$ $\quad\therefore d=4$

첫째항이 a이고 공차가 d인 등차수열의 첫째항부터 제n항까지의 합을 S_n이라 하면 $S_n = \frac{n\{2a+(n-1)d\}}{2}$야.

따라서 등차수열 $\{a_n\}$의 일반항은 $a_n = 3+(n-1)\times 4 = 4n-1$이다.

첫째항이 a이고 공차가 d인 등차수열 $\{a_n\}$의 일반항은 $a_n = a+(n-1)d$야.

2nd $\sum_{k=1}^{5} k(a_k-3)$의 값을 구하자.

$k(a_k-3) = k\{(4k-1)-3\} = 4k^2-4k$이므로

$\sum_{k=1}^{5} k(a_k-3) = \sum_{k=1}^{5}(4k^2-4k) = 4\times\frac{5\times 6\times 11}{6} - 4\times\frac{5\times 6}{2}$

두 수열 $\{a_n\}$, $\{b_n\}$과 상수 c에 대하여 $\sum_{k=1}^{n}(a_k \pm b_k) = \sum_{k=1}^{n} a_k \pm \sum_{k=1}^{n} b_k$이고 $\sum_{k=1}^{n} ca_k = c\sum_{k=1}^{n} a_k$가 성립해.

$\sum_{k=1}^{n} k = \frac{n(n+1)}{2}$, $\sum_{k=1}^{n} k^2 = \frac{n(n+1)(2n+1)}{6}$

$= 220 - 60 = 160$

윤혁 서울대 건설환경공학부 2021년 입학 · 서울 동양고 졸

등차수열 $\{a_n\}$의 첫째항과 첫째항부터 제n항까지의 합이 주어졌으니까 등차수열의 합의 공식을 이용하면 쉽게 공차를 구할 수 있을 거야. 그럼 수열 $\{a_n\}$의 일반항을 구한 후 $\sum_{k=1}^{5} k(a_k-3)$에 대입하여 자연수의 거듭제곱의 합을 구하면 되는 문제야. 이처럼 문제를 풀기 전에 '답을 구하는 데 필요한 것이 무엇일까?'를 먼저 생각해보는 연습을 하면 빠르게 풀어갈 수 있게 될 거야.

H 49 정답 25 *∑와 등차수열의 합 [정답률 64%]

정답 공식: 세 수 a, b, c가 이 순서대로 등차수열을 이루면 $2b=a+c$가 성립하고 b를 a와 c의 등차중항이라 한다.

공차가 정수인 등차수열 $\{a_n\}$에 대하여

단서1 a_4의 값을 알 수 있어.

$a_3+a_5=0$, $\sum_{k=1}^{6}(|a_k|+a_k)=30$ 단서2 $a_k\geq 0$이면 $|a_k|+a_k=2a_k$, $a_k<0$이면 $|a_k|+a_k=0$이야.

일 때, a_9의 값을 구하시오. (4점)

1st 등차수열 a_n의 공차를 이용하여 첫째항부터 여섯째 항까지 나타내.

a_3, a_4, a_5는 이 순서대로 등차수열을 이루므로

$2a_4=a_3+a_5=0$ → a_4가 a_3과 a_5의 등차중항이므로 $a_4=\frac{a_3+a_5}{2}$야.

$\therefore a_4=0$

이때, 등차수열 $\{a_n\}$의 공차를 d라 하면 $a_4=0$이므로 수열 $\{a_n\}$의 첫째항부터 여섯째 항까지 나열하면 $-3d$, $-2d$, $-d$, 0, d, $2d$이다.

2nd 공차 d의 부호에 따라 경우를 나누어 조건을 만족시키는 d의 값을 구해.

(i) $d\geq 0$이면

$\sum_{k=1}^{6}(|a_k|+a_k)=(|a_1|+a_1)+(|a_2|+a_2)+\cdots+(|a_6|+a_6)$

$=0+0+0+0+2d+4d=6d=30$

$\therefore d=5$ $d\geq 0$이면 $-d\leq 0$이므로 음이 아닌 정수 n에 대하여 $|-nd|+(-nd)=nd-nd=0$이고 $|nd|+nd=nd+nd=2nd$야.

(ii) $d<0$이면

$\sum_{k=1}^{6}(|a_k|+a_k)=(|a_1|+a_1)+(|a_2|+a_2)+\cdots+(|a_6|+a_6)$

$=(-6d)+(-4d)+(-2d)+0+0+0$

$=-12d=30$ $d<0$이면 $-d>0$이므로 음이 아닌 정수 n에 대하여 $|-nd|+(-nd)=-nd-nd=-2nd$이고 $|nd|+nd=-nd+nd=0$이야.

$\therefore d=-\frac{5}{2}$

그런데 공차 d는 정수이므로 조건을 만족시키지 않는다.

3rd a_9의 값을 구해.

따라서 등차수열 $\{a_n\}$의 공차 $d=5$이므로

$a_9=a_4+5d=0+5\times 5=25$

$a_9=a_8+d=(a_7+d)+d$
$=a_7+2d=(a_6+d)+2d$
$=a_6+3d=(a_5+d)+3d$
$=a_5+4d=(a_4+d)+4d=a_4+5d$

다른 풀이: $\sum_{k=1}^{6}(|a_k|+a_k)=\sum_{k=1}^{6}|a_k|+\sum a_k$로 전개하여 해결하기

등차수열 $\{a_n\}$의 첫째항을 a_1, 공차를 d라 하면

$a_n=a_1+(n-1)d$ 첫째항이 a이고 공차가 d인 등차수열 $\{a_n\}$의 일반항은 $a_n=a+(n-1)d$야.

이때, $a_3+a_5=0$에서 $(a_1+2d)+(a_1+4d)=0$, $2a_1+6d=0$

$a_1+3d=0\cdots$ ㉠ $\therefore a_4=0$

이제 공차 d의 부호를 나누어 생각해보자.

(i) $d<0$이면 $a_4=0$이므로 a_1, a_2, a_3은 양수이고 a_5, a_6은 음수야.

한편, $a_2+a_6=a_3+a_5=0$이므로 → a_4는 a_3, a_5의 등차중항이기도 하고 a_2, a_6의 등차중항이기도 해.

$\sum_{k=1}^{6}|a_k|=|a_1|+|a_2|+|a_3|+|a_4|+|a_5|+|a_6|$

$=a_1+a_2+a_3+a_4+(-a_5)+(-a_6)$

$=a_1+(a_2-a_6)+(a_3-a_5)+a_4$

$=a_1+2a_2+2a_3+0$ $a_2+a_6=0$에서 $a_6=-a_2$, $a_3+a_5=0$에서 $a_5=-a_3$

$=a_1+2a_2+2a_3\cdots$ ㉡

$\sum_{k=1}^{6}a_k=a_1+a_2+a_3+a_4+a_5+a_6$

$=a_1+(a_2+a_6)+(a_3+a_5)+a_4$

$=a_1+0+0+0=a_1\cdots$ ㉢

㉡, ㉢에 의하여

$\sum_{k=1}^{6}(|a_k|+a_k)=\sum_{k=1}^{6}|a_k|+\sum_{k=1}^{6}a_k=(a_1+2a_2+2a_3)+a_1$

→ 두 수열 $\{a_n\}$, $\{b_n\}$에 대하여 $\sum_{k=1}^{n}(a_k+b_k)=\sum_{k=1}^{n}a_k+\sum_{k=1}^{n}b_k$

$=2a_1+2a_2+2a_3=30$

에서 $a_1+a_2+a_3=15$, $a_1+(a_1+d)+(a_1+2d)=15$

$3a_1+3d=15$ $\therefore a_1+d=5\cdots$ ㉣

㉠, ㉣을 연립하여 풀면 $d=-\frac{5}{2}$, $a_1=\frac{15}{2}$

그런데 d는 정수이므로 조건을 만족시키지 않아.

(ii) $d=0$이면 $a_1=a_2=\cdots=a_6=0$이므로 $\sum_{k=1}^{6}(|a_k|+a_k)=0$

그런데 $\sum_{k=1}^{6}(|a_k|+a_k)=30$이므로 조건을 만족시키지 않지.

(iii) $d>0$이면 $a_4=0$이므로 a_1, a_2, a_3은 음수이고 a_5, a_6은 양수야.

한편, $a_2+a_6=a_3+a_5=0$이므로

$\sum_{k=1}^{6}|a_k|=|a_1|+|a_2|+|a_3|+|a_4|+|a_5|+|a_6|$

$=(-a_1)+(-a_2)+(-a_3)+a_4+a_5+a_6$

$=(-a_1)+(-a_2+a_6)+(-a_3+a_5)+a_4$

$=-a_1-2a_2-2a_3+0$ $a_2+a_6=0$에서 $a_6=-a_2$, $a_3+a_5=0$에서 $a_5=-a_3$

$=-a_1-2a_2-2a_3\cdots$ ㉤

$\sum_{k=1}^{6}a_k=a_1+a_2+a_3+a_4+a_5+a_6$

$=a_1+(a_2+a_6)+(a_3+a_5)+a_4$

$=a_1+0+0+0=a_1\cdots$ ㉥

㉤, ㉥에 의하여

$\sum_{k=1}^{6}(|a_k|+a_k)=\sum_{k=1}^{6}|a_k|+\sum_{k=1}^{6}a_k=(-a_1-2a_2-2a_3)+a_1$

$=-2a_2-2a_3=30$

에서 $a_2+a_3=-15$, $(a_1+d)+(a_1+2d)=-15$

$\therefore 2a_1+3d=-15\cdots$ ㉦

㉠, ㉦을 연립하여 풀면 $a_1=-15$, $d=5$

(i)~(iii)에 의하여 $a_n=-15+(n-1)\times 5=5n-20$이므로

$a_9=5\times 9-20=25$

H 50 정답 ④ *∑와 등차수열의 합 [정답률 64%]

정답 공식: 첫째항이 a, 공차가 d인 등차수열의 첫째항부터 제n항까지의 합을 S_n이라 하면 $S_n=\frac{n\{2a+(n-1)d\}}{2}$이다.

등차수열 $\{a_n\}$에 대하여

$S_n=\sum_{k=1}^{n}a_k$, $T_n=\sum_{k=1}^{n}|a_k|$

라 할 때, S_n, T_n이 다음 조건을 만족시킨다.

(가) $S_7=T_7$ 단서1 이 조건에서 7 이하의 자연수 n에 대하여 a_n의 값의 범위를 알 수 있어.

(나) 6 이상의 모든 자연수 n에 대하여 $S_n+T_n=84$이다.

단서2 조건 (가)와 함께 활용하여 수열 $\{a_n\}$의 일반항을 구해야 해.

T_{15}의 값은? (4점)

① 96 ② 102 ③ 108
④ 114 ⑤ 120

1st a_7의 값을 구하자.

조건 (가)에 의하여 $S_7=T_7$이므로 7 이하의 자연수 n에 대하여 $a_n\geq 0$이다.

$a_1+a_2+\cdots+a_7=|a_1|+|a_2|+\cdots+|a_7|$이므로 7 이하의 자연수 k에 대하여 $a_k<0$인 수가 하나라도 있으면 좌변이 우변보다 작아지게 돼. 즉, 7 이하의 자연수 n에 대하여 $a_n\geq 0$이어야 해.

$\therefore a_7\geq 0$ ⋯ ㉠

또, 조건 (나)에 의하여 $S_6+T_6=84$, $S_7+T_7=84$이므로

$(S_7+T_7)-(S_6+T_6)=0$에서 $(S_7-S_6)+(T_7-T_6)=0$

$a_7+|a_7|=0$, $a_7=-|a_7|$

$\therefore a_7\leq 0$ ⋯ ㉡

$|a_7|\geq 0$이므로 $-|a_7|\leq 0$ $\quad\therefore a_7\leq 0$

㉠, ㉡을 모두 만족시켜야 하므로 $a_7=0$이다.

2nd 등차수열 $\{a_n\}$의 일반항을 구하자.

등차수열 $\{a_n\}$의 첫째항을 a, 공차를 d라 하면

$a_n=a+(n-1)d$이고 $a_7=0$이므로 $a+6d=0$ ⋯ ㉢

또, 조건 (가)에서 $S_7=T_7$이고 조건 (나)에서 $S_7+T_7=84$이므로

$2S_7=84$ $\quad\therefore S_7=42$ 첫째항이 a이고 제7 항이 0인 등차수열의 첫째항부터 제7 항까지의 합이 42라는 거야.

즉, $\dfrac{7(a+0)}{2}=42$에서 $7a=84$

첫째항이 a이고 제n 항이 l인 등차수열의 첫째항부터 제n 항까지의 합을 S_n이라 하면 $S_n=\dfrac{n(a+l)}{2}$이야.

$\therefore a=12$

이것을 ㉢에 대입하면 $d=-2$

$\therefore a_n=12+(n-1)\times(-2)=-2n+14$

3rd T_{15}의 값을 구하자.

$S_{15}=\sum_{k=1}^{15}a_k=\dfrac{15\{2\times12+14\times(-2)\}}{2}=-30$이고 조건 (나)에 의하여 $S_{15}+T_{15}=84$이므로

첫째항이 a이고 공차가 d인 등차수열의 첫째항부터 제n 항까지의 합을 S_n이라 하면 $S_n=\dfrac{n\{2a+(n-1)d\}}{2}$

$-30+T_{15}=84$

$\therefore T_{15}=114$

H 51 정답 ① *∑와 등차수열의 합 [정답률 64%]

정답 공식: 공차가 d인 등차수열 $\{a_n\}$에 대하여 $a_n+d=a_{n+1}$이므로 $a_{n+1}-a_n=d$

공차가 0이 아닌 등차수열 $\{a_n\}$에 대하여 $a_9=2a_3$일 때, $\sum_{n=1}^{24}\dfrac{(a_{n+1}-a_n)^2}{a_na_{n+1}}$의 값은? (4점)

단서 첫째항이 a, 공차가 d인 등차수열의 일반항 a_n을 구하여 $a_9=2a_3$에서 첫째항 a와 공차 d의 관계식을 구할 수 있어.

① $\frac{3}{14}$ ② $\frac{2}{7}$ ③ $\frac{5}{14}$ ④ $\frac{3}{7}$ ⑤ $\frac{1}{2}$

1st 등차수열의 일반항 $a_n=a+(n-1)d$를 이용하여 a와 d의 관계식을 구하자.

등차수열 $\{a_n\}$의 첫째항을 $a(=a_1)$, 공차를 d라 하면 $a_9=2a_3$이라 하므로 $a+8d=2(a+2d)$에서 $a+8d=2a+4d$

$\therefore a=4d$ ⋯ ㉠

2nd 공차가 일정함을 이용해서 주어진 식을 정리하자.

$\sum_{n=1}^{24}\dfrac{(a_{n+1}-a_n)^2}{a_na_{n+1}}$

$=\sum_{n=1}^{24}\dfrac{d(a_{n+1}-a_n)}{a_na_{n+1}}$ $(\because a_{n+1}-a_n=d)$

$=d\sum_{n=1}^{24}\left(\dfrac{1}{a_n}-\dfrac{1}{a_{n+1}}\right)$ → $\dfrac{a_{n+1}-a_n}{a_na_{n+1}}=\dfrac{a_{n+1}}{a_na_{n+1}}-\dfrac{a_n}{a_na_{n+1}}=\dfrac{1}{a_n}-\dfrac{1}{a_{n+1}}$

$=d\left\{\left(\dfrac{1}{a_1}-\dfrac{1}{a_2}\right)+\left(\dfrac{1}{a_2}-\dfrac{1}{a_3}\right)+\cdots+\left(\dfrac{1}{a_{24}}-\dfrac{1}{a_{25}}\right)\right\}$

$=d\left(\dfrac{1}{a_1}-\dfrac{1}{a_{25}}\right)=d\left(\dfrac{1}{a}-\dfrac{1}{a+24d}\right)$

$=d\left(\dfrac{1}{4d}-\dfrac{1}{28d}\right)$ $(\because$ ㉠$)$ → $\dfrac{d}{4d}-\dfrac{d}{28d}=\dfrac{1}{4}-\dfrac{1}{28}$

$=\dfrac{1}{4}-\dfrac{1}{28}=\dfrac{6}{28}=\dfrac{3}{14}$

H 52 정답 ② *∑와 등차수열의 합 [정답률 63%]

정답 공식: 첫째항이 a, 공차가 d인 등차수열의 첫째항부터 제 n항까지의 합은 $S_n=\dfrac{n\{2a+(n-1)d\}}{2}$이다.

공차가 양수인 등차수열 $\{a_n\}$이 다음 조건을 만족시킬 때, a_{10}의 값은? (4점)

단서1 공차가 양수이므로 자연수 n에 대하여 $a_n<a_{n+1}$이 항상 성립해.

(가) $|a_4|+|a_6|=8$

단서2 a_4, a_6의 부호에 따라 절댓값을 없앴을 때 식이 달라져.

(나) $\sum_{k=1}^{9}a_k=27$

① 21 ② 23 ③ 25
④ 27 ⑤ 29

1st 등차수열의 합의 공식을 이용해.

등차수열 $\{a_n\}$의 첫째항을 a, 공차를 $d(d>0)$라 하면

문제에서 공차는 양수라 했지?

$a_n=a+(n-1)d$이고

조건 (나)에서 $\sum_{k=1}^{9}a_k=\dfrac{9(2a+8d)}{2}=27$

등차수열의 $\{a_n\}$의 첫째항부터 제 9항까지의 합이지?

$\therefore a+4d=3 \Rightarrow a_5=3$ ⋯ ㉠

2nd 조건 (가)에서 경우를 나누어 절댓값을 살펴보자.

조건 (가)를 이용하려면 a_4와 a_6의 부호를 확인해야 해.

$a_5>0$이고 $d>0$이므로 $a_6>a_5>0$

$d>0$이므로 자연수 n에 대하여 $a_n<a_{n+1}$이야.

(i) $a_4\geq 0$인 경우

$|a_4|+|a_6|=(a+3d)+(a+5d)=2a+8d=8$

따라서 $a+4d=4$이므로 ㉠에 모순이다.

(ii) $a_4<0$인 경우

$|a_4|+|a_6|=-(a+3d)+(a+5d)=2d=8$

$\therefore d=4$

(i), (ii)에 의하여 $d=4$이므로

$a_{10}=a_5+5d=3+5\times4=23$

→ $a_{10}=a_9+d=a_8+2d=a_7+3d=a_6+4d=a_5+5d$

다른 풀이: **등차수열 $\{a_n\}$의 일반항 구하기**

위의 풀이에 의하여 $d=4$이고 이것을 ㉠에 대입하면

$a+4\times4=3$

$\therefore a=-13$

따라서 $a_n=-13+(n-1)\times4=4n-17$이므로

$a_{10}=4\times10-17=23$

H 53 정답 ② *∑와 등차수열의 합 [정답률 73%]

정답 공식: 이차방정식의 두 근을 바로 구할 수 있다. 공차가 양수라는 조건으로, 등차수열의 일반항을 구한다.

공차가 양수인 등차수열 $\{a_n\}$에 대하여 이차방정식

$x^2-14x+24=0$의 두 근이 a_3, a_8이다. $\sum_{n=3}^{8}a_n$의 값은? (4점)

① 40 ② 42 ③ 44
④ 46 ⑤ 48

단서 수열 $\{a_n\}$이 등차수열이므로 $\sum_{n=3}^{8}a_n$은 첫째항이 a_3이고 여섯 번째 항이 a_8인 등차수열의 첫째항부터 여섯 번째 항까지의 합이야.

1st 이차방정식의 해를 구하여 a_3, a_8의 값을 결정하자.

$x^2-14x+24=0$에서 $(x-2)(x-12)=0$

$\therefore x=2$ 또는 $x=12$

이때, 등차수열 $\{a_n\}$의 공차가 양수이므로 $a_3<a_8$ $\quad\therefore a_3=2,\ a_8=12$

2nd $\sum_{n=3}^{8} a_n$의 값을 구하자.

구하는 것은 등차수열 $\{a_n\}$의 세 번째 항부터 여덟 번째 항까지의 합이므로

$$\sum_{n=3}^{8} a_n=a_3+a_4+a_5+\cdots+a_8=\frac{6\times(a_3+a_8)}{2}=\frac{6\times(2+12)}{2}=42$$

등차수열의 첫째항이 a, 끝항이 l, 항수가 n인 등차수열의 합은 $\frac{n(a+l)}{2}$이지? a_3이 첫째항, a_8이 끝항, 항수는 6으로 계산해.

다른 풀이: 수열 $\{a_n\}$의 일반항을 구해서 해결하기

$a_3=2$, $a_8=12$이므로 등차수열 $\{a_n\}$의 첫째항을 a, 공차를 d라 하면

$\begin{cases} a+2d=2 & \cdots ㉠ \\ a+7d=12 & \cdots ㉡ \end{cases}$ 첫째항이 a, 공차가 d인 등차수열 $\{a_n\}$의 일반항은 $a_n=a+(n-1)d$야.

㉡$-$㉠에서 $5d=10$ $\quad\therefore d=2$

$d=2$를 ㉠에 대입하면 $a+2\times2=2$

$\therefore a=-2$

따라서 등차수열 $\{a_n\}$의 일반항은 $a_n=-2+(n-1)\times2=2n-4$

$$\therefore \sum_{n=3}^{8} a_n=a_3+\cdots+a_8=2+4+6+\cdots+12=\frac{6\times(2+12)}{2}=42$$

첫째항이 2이고 제6항이 12인 등차수열의 첫째항부터 제6항까지의 합이야.

톡톡 풀이: 등차수열의 성질 $a_3+a_8=a_4+a_7=a_5+a_6$ 이용하기

$a_3=2$, $a_8=12$에서 $a_3+a_8=14$이므로 등차수열 $\{a_n\}$의 공차를 d라 하면

$a_4+a_7=(a_3+d)+(a_8-d)=14$,

$a_5+a_6=(a_3+2d)+(a_8-2d)=14$이므로

$$\sum_{n=3}^{8} a_n=a_3+\cdots+a_8=(a_3+a_8)+(a_4+a_7)+(a_5+a_6)=3\times14=42$$

H 54 정답 120 ＊∑와 등차수열의 합 [정답률 62%]

(정답 공식: 일반항 a_n을 n에 대한 식으로 바꾼다.)

> ❶첫째항이 3인 등차수열 $\{a_n\}$에 대하여
> ❷$\sum_{n=1}^{10}(a_{5n}-a_n)=440$일 때, $\sum_{n=1}^{10} a_n$의 값을 구하시오. (4점)
>
> **단서** 일반항 a_n을 세워야 해. ❷를 이용하기 위해서 $a_{5n}-a_n$의 식을 n과 공차로 나타내어 공차를 구할 수 있지? 이때, ❶에서 a_{5n}과 a_n은 등차수열의 제$5n$항과 제n항이야.

1st 등차수열의 일반항으로 a_n, a_{5n}의 식을 세워.

첫째항이 a_1, 공차가 d일 때, $a_n=a_1+(n-1)d$야.

첫째항이 3인 등차수열 $\{a_n\}$의 공차를 d라 하면 일반항은

$a_n=3+(n-1)d$

이때, $a_{5n}=3+(5n-1)d$이므로 $a_{5n}-a_n=4dn$

n 대신 $5n$을 대입해.

2nd $\sum_{n=1}^{10}(a_{5n}-a_n)=440$을 이용하여 공차를 구해.

$$\sum_{n=1}^{10}(a_{5n}-a_n)=\sum_{n=1}^{10} 4dn$$

$4d$는 n의 식이 아닌 상수이니까 $4d\sum_{n=1}^{10} n$처럼 시그마 앞으로 뺄 수 있어.

$$=4d\times\frac{10\times11}{2}=220d=440$$

$\therefore d=2$

3rd 일반항 a_n을 구하여 $\sum_{n=1}^{10} a_n$의 값을 계산해.

$a_n=2n+1$이므로

$a_n=3+(n-1)\times2$

$$\sum_{n=1}^{10} a_n=\sum_{n=1}^{10}(2n+1)=2\times\frac{10\times11}{2}+10=120$$

H 55 정답 ④ ＊∑와 등차수열의 합 [정답률 76%]

(정답 공식: $\sum_{k=2}^{m} a_{k+1}=\sum_{k=3}^{m+1} a_k=\sum_{k=1}^{m+1} a_k-\sum_{k=1}^{2} a_k$)

> 수열 $\{a_n\}$에서 $a_n=2n-3$일 때, $\sum_{k=2}^{m} a_{k+1}=48$을 만족시키는 m의 값은? (3점)
>
> **단서** a_{n+1}을 구해서 $\sum_{n=2}^{m} a_{k+1}=48$에 대입하면 m에 관한 식이 될 거야.
>
> ① 4 ② 5 ③ 6 ④ 7 ⑤ 8

1st 일반항 a_n을 이용하여 a_{n+1}을 구해.

$a_n=2n-3$이므로 $a_{n+1}=2(n+1)-3=2n-1$

2nd 구한 a_{n+1}을 $\sum_{k=2}^{m} a_{k+1}$에 대입해서 m에 관한 식을 만들어.

$$\begin{aligned}\sum_{k=2}^{m} a_{k+1}&=\sum_{k=2}^{m}(2k-1)\\&=\sum_{k=1}^{m}(2k-1)-(2\times1-1)\\&=2\times\frac{m(m+1)}{2}-m-1\\&=m^2-1=48\end{aligned}$$

$\sum_{k=2}^{m}(2k-1)=\sum_{k=1}^{m}(2k-1)-\sum_{k=1}^{1}(2k-1)$

$m^2=49$ $\quad\therefore m=7\ (\because m>0)$

H 56 정답 ④ ＊∑와 등차수열의 합 [정답률 65%]

(정답 공식: $a_{2k-1}=b_k$로 두고 새로운 수열 b_k의 일반항을 먼저 구해본다.)

> 등차수열 $\{a_n\}$이 $\sum_{k=1}^{n} a_{2k-1}=3n^2+n$을 만족시킬 때, a_8의 값은? (4점)
>
> ① 16 ② 19 ③ 22 ④ 25 ⑤ 28
>
> **단서** 수열 $\{a_n\}$의 공차를 d라 하고 $n=1$, 2일 때의 시그마의 차로 d의 값을 구하여 일반항을 세우자.

1st $\sum_{n=1}^{2} a_{2k-1}-\sum_{n=1}^{1} a_{2k-1}=a_3$의 값으로 수열 $\{a_n\}$의 첫째항과 공차를 찾자.

$\sum_{k=1}^{1} a_{2k-1}=a_1=3\times1^2+1=4 \cdots ㉠$

$\sum_{k=1}^{2} a_{2k-1}=a_1+a_3=3\times2^2+2=14 \cdots ㉡$

㉡$-$㉠을 하면 $a_3=10$

이때, 수열 $\{a_n\}$은 등차수열이므로 공차를 d라 하면

$a_3-a_2=a_2-a_1=d$

수열 $\{a_{2n-1}\}$의 공차는 $2d$이므로

$a_3-a_1=2d$

$2d=a_3-a_1=10-4=6$ $\quad\therefore d=3$

2nd 등차수열 $\{a_n\}$의 일반항을 세워 a_8의 값을 구해.

수열 $\{a_n\}$이 첫째항이 $a_1=4$이고 공차가 $d=3$인 등차수열이므로

$a_n=4+(n-1)\times3=3n+1$ 첫째항이 a_1, 공차가 d일 때, $a_n=a_1+(n-1)d$야.

$\therefore a_8=3\times8+1=25$

다른 풀이: $a_{2n-1}=b_n$로 두고 새로운 수열 $\{b_n\}$의 일반항을 먼저 구하고 등차중항을 통해 a_8의 값 구하기

$b_n=a_{2n-1}$이라 하고 수열 $\{b_n\}$의 첫째항부터 제n항까지의 합을 S_n이라 하면 $\sum_{k=1}^{n} a_{2k-1}=3n^2+n$에서 $S_n=\sum_{k=1}^{n} b_k=3n^2+n$이므로 $S_n=\sum_{k=1}^{n} b_k$

$b_1=S_1=3\times1^2+1=4$

$b_n=S_n-S_{n-1}=3n^2+n-\{3(n-1)^2+(n-1)\}=6n-2\ (n\geq2)$

이때, $b_1=S_1=4$이므로

$b_n=6n-2$에 $n=1$을 대입한 값이 $S_1=4$와 같으니까.

$b_n=6n-2\ (n\geq1)$ $\quad\therefore a_{2n-1}=6n-2 \cdots ㉠$

이때, 수열 $\{a_n\}$은 등차수열이므로 $a_8=\frac{a_7+a_9}{2}$가 성립하니까 a_8의 값은 a_7, a_9의 값을 알면 구할 수 있지?

[등차중항] 세 수 a, b, c가 이 순서대로 등차수열을 이루면 $2b=a+c$야.

따라서 ㉠에 $n=4$, $n=5$를 각각 대입하면

$a_7=6\times4-2=22$, $a_9=6\times5-2=28$

$\therefore a_8=\frac{a_7+a_9}{2}=\frac{22+28}{2}=25$

H 57 정답 88 *Σ와 등차수열의 합 [정답률 75%]

(정답 공식: 등차수열의 성질을 이용하여 구해야 하는 등차수열의 합을 a_1+a_{10}에 대한 식으로 만들 수 있다.)

등차수열 $\{a_n\}$에 대하여 $a_1+a_{10}=22$일 때, $\sum_{k=2}^{9}a_k$의 값을 구하시오. (3점) 단서 등차수열의 일반항을 세워 제2항부터 제9항까지의 합을 구해.

1st 등차수열의 일반항을 세워 $\sum_{n=2}^{9}a_k$를 첫째항과 공차로 나타내.

첫째항이 a_1, 공차가 d일 때, $a_n=a_1+(n-1)d$야.

등차수열 $\{a_n\}$의 첫째항을 a_1, 공차를 d라 하면

$a_1+a_{10}=a_1+(a_1+9d)=2a_1+9d=22$이므로

$\sum_{k=2}^{9}a_k=a_2+a_3+\cdots+a_9=(a_1+d)+(a_1+2d)+\cdots+(a_1+8d)$

$=8a_1+36d=4(2a_1+9d)=4\times22=88$

톡톡 풀이: 등차수열의 성질 $a_1+a_{10}=a_2+a_9=\cdots$ 이용하기

등차수열의 성질에 의하여

$a_1+a_{10}=a_2+a_9=a_3+a_8=a_4+a_7=a_5+a_6=22$이므로

$a_1+(a_1+9d)=a_1+d+(a_1+8d)=\cdots$이니까.

$\sum_{k=2}^{9}a_k=a_2+a_3+\cdots+a_9$

$=(a_2+a_9)+(a_3+a_8)+(a_4+a_7)+(a_5+a_6)=22\times4=88$

H 58 정답 34 *Σ와 등차수열의 합 [정답률 67%]

(정답 공식: $\sum_{k=1}^{n}(a_{k+1}-a_k)=\sum_{k=1}^{n}a_{k+1}-\sum_{k=1}^{n}a_k=a_{n+1}-a_1$)

수열 $\{a_n\}$은 $a_1=15$이고,

$\sum_{k=1}^{n}(a_{k+1}-a_k)=2n+1\ (n\ge1)$ 단서 시그마의 정의로 식을 전개하자. 이때, $n=9$로 하면 되겠지?

을 만족시킨다. a_{10}의 값을 구하시오. (4점)

1st 시그마의 정의로 주어진 식을 정리하여 a_{10}의 값을 구하자.

수열 $\{a_n\}$의 첫째항부터 제 n항까지의 합 $a_1+a_2+\cdots+a_n$을 합의 기호 Σ를 이용해.

$\sum_{k=1}^{n}(a_{k+1}-a_k)=(a_2-a_1)+(a_3-a_2)+\cdots+(a_{n+1}-a_n)$

$=a_{n+1}-a_1=2n+1$

$k=1$부터 $k=n$까지의 합이야.

이므로 $n=9$를 대입하면

$a_{k+1}-a_k$에서 끝항이 10으로 끝나야 하니까.

$\sum_{k=1}^{9}(a_{k+1}-a_k)=a_{10}-a_1=2\times9+1=19$

$\therefore a_{10}=19+a_1=19+15=34$

다른 풀이: 주어진 식에서 a_{n+1}을 구하여 $n=9$ 대입하기

$\sum_{k=1}^{n}(a_{k+1}-a_k)=a_{n+1}-a_1=2n+1$이므로

$a_1=15$를 대입하면 $a_{n+1}-15=2n+1$ $\quad\therefore a_{n+1}=2n+16$ ⋯ ㉠

㉠에 $n=9$를 대입하면 $a_{10}=2\times9+16=34$

H 59 정답 250 *Σ와 등차수열의 합 [정답률 65%]

(정답 공식: 공차와 첫째항을 구할 수 있으므로 수열의 일반항도 구할 수 있다.)

등차수열 $\{a_n\}$이 $a_2=-2$, $a_5=7$일 때, $\sum_{k=1}^{10}a_{2k}$의 값을 구하시오. (3점)

단서 등차수열의 공차 d를 구할 수 있지? 이때, 일반항 a_n을 구하여 $n=2k$를 대입해.

1st 등차수열 $\{a_n\}$에 대하여 일반항 a_{2n}을 구해.

등차수열 $\{a_n\}$의 첫째항을 a_1, 공차를 d라 하면

$a_2=a_1+d=-2$ ⋯ ㉠, $a_5=a_1+4d=7$ ⋯ ㉡

㉠, ㉡을 연립하면 $a_1=-5$, $d=3$ [등차수열의 일반항] $a_n=a_1+(n-1)d$

$\therefore a_n=-5+(n-1)\times3=3n-8 \Rightarrow a_{2n}=6n-8$

2nd $\sum_{k=1}^{10}a_{2k}$의 값을 구하자. 실수 n 자리에 $2n$을 대입하여 정리해.

$\therefore \sum_{k=1}^{10}a_{2k}=\sum_{k=1}^{10}(6k-8)=6\sum_{k=1}^{10}k-\sum_{k=1}^{10}8$ $\quad\sum_{k=1}^{n}k=\frac{n(n+1)}{2}$, $\sum_{k=1}^{n}c=cn$ (c는 상수)

$=6\times\frac{10\times11}{2}-80=330-80=250$

H 60 정답 ⑤ *Σ와 등차수열의 합 [정답률 71%]

(정답 공식: $\sum_{k=11}^{20}a_k=\sum_{k=1}^{20}a_k-\sum_{k=1}^{10}a_k$임을 이용한다.)

첫째항이 -5이고 공차가 2인 등차수열 $\{a_n\}$에 대하여 $\sum_{k=11}^{20}a_k$의 값은? (3점)

단서 등차수열의 일반항으로 제11항부터 제20항까지의 합을 구할 수 있지?

① 260 ② 255 ③ 250 ④ 245 ⑤ 240

1st 등차수열의 일반항을 구하자. 첫째항이 a_1, 공차가 d일 때 $a_n=a_1+(n-1)d$

첫째항이 -5이고 공차가 2인 등차수열 $\{a_n\}$의 일반항은

$a_n=-5+(n-1)\times2=2n-7$

2nd 제11항부터 제20항까지의 합을 구하자. $\sum_{k=11}^{20}a_k=\frac{10\times(a_{11}+a_{20})}{2}$

$a_{11}=2\times11-7=15$, $a_{20}=2\times20-7=33$

$\therefore \sum_{k=11}^{20}(2k-7)=\frac{10(15+33)}{2}=240$

실수 $k=1$부터가 아닌 $k=11$부터니까 첫째항부터 n번째 항까지의 등차수열의 합 공식을 사용하면 안돼!

이때, $\sum_{k=11}^{20}(2k-7)$은 첫째항이 $a_{11}=15$, 끝항이 $a_{20}=33$인 등차수열의 첫째항부터 제10항까지의 합과 같아.

다른 풀이: 2nd 에서 자연수의 거듭제곱의 합 이용하기

$\sum_{k=m+1}^{n}a_k=\sum_{k=1}^{n}a_k-\sum_{k=1}^{m}a_k$임을 이용하여

$\sum_{k=11}^{20}(2k-7)=\sum_{k=1}^{20}(2k-7)-\sum_{k=1}^{10}(2k-7)$ $k=1$부터 시작하도록 변형해.

$=2\sum_{k=1}^{20}k-140-2\sum_{k=1}^{10}k+70$

$\sum_{k=1}^{n}k=\frac{n(n+1)}{2}$

$=2\times\frac{20\times21}{2}-2\times\frac{10\times11}{2}-70=240$

H 61 정답 310 *Σ와 등차수열의 합 [정답률 67%]

(정답 공식: $\sum_{k=11}^{20}a_k=\sum_{k=1}^{20}a_k-\sum_{k=1}^{10}a_k$임을 이용한다.)

첫째항이 2인 등차수열 $\{a_n\}$에 대하여 $a_4-a_2=4$일 때, $\sum_{k=11}^{20}a_k$의 값을 구하시오. (4점)

단서 등차수열의 공차를 조건에서 찾아. 제11항부터 제20항까지의 합을 구하면 되네.

1st 등차수열 $\{a_n\}$의 일반항을 세워 공차를 구하자.

첫째항이 2인 등차수열 $\{a_n\}$의 공차를 d라 하면 $a_n=2+(n-1)d$

첫째항이 a_1, 공차가 d일 때 $a_n=a_1+(n-1)d$

$a_4-a_2=4$이므로 → $a_m-a_n=(m-n)d$

$a_4-a_2=(2+3d)-(2+d)=2d=4 \quad \therefore d=2$

$\therefore a_n=2+2(n-1)=2n(n\geq 1)$

2nd 등차수열 $\{a_n\}$의 제11항부터 제20항까지의 합을 구하자.

제11항부터 제20항까지는 10개의 항이 있고, → $\sum_{k=11}^{20} a_k=\frac{10(a_{11}+a_{20})}{2}$

$a_{11}=2\times 11=22$, $a_{20}=2\times 20=40$이므로

$\sum_{k=11}^{20} a_k=\frac{10(22+40)}{2}=310$

주의 11번째 항으로부터 20번째 항까지의 합이야!

H 62 정답 13 *∑와 등차수열의 합 [정답률 71%]

(정답 공식: 주어진 등식을 적절히 변형해서 b_n을 n에 관한 식으로 나타낸다.)

첫째항이 0이고 공차가 0이 아닌 등차수열 $\{a_n\}$에 대하여 수열 $\{b_n\}$이 $a_{n+1}b_n=\sum_{k=1}^{n} a_k$를 만족시킬 때, b_{27}의 값을 구하시오. (4점)

단서 공차를 미지수로 두고 일반항을 구한 뒤, 그 합을 n의 식으로 표현하여 일반항 b_n을 찾아 볼까?

1st 등차수열 $\{a_n\}$의 일반항부터 구해.

등차수열 $\{a_n\}$의 공차를 d라 하면 첫째항이 0이므로

$a_n=(n-1)d$ 첫째항이 a_1, 공차가 d일 때, $a_n=a_1+(n-1)d$

2nd 주어진 식에 a_n을 대입하여 일반항 b_n을 찾아 b_{27}의 값을 구해.

$\sum_{k=1}^{n} a_k$는 첫째항이 0, 공차가 d인 등차수열의 첫째항부터 제n항까지의 합 → $S_n=\frac{n\{2a_1+(n-1)d\}}{2}$

으로 $\sum_{k=1}^{n} a_k=\frac{n\{2\times 0+(n-1)d\}}{2}=\frac{n(n-1)d}{2}$

이때, $a_{n+1}b_n=\sum_{k=1}^{n} a_k$에서 $nd\times b_n=\frac{n(n-1)d}{2} \quad \therefore b_n=\frac{n-1}{2}$

→ $a_{n+1}=(n+1-1)d=nd$

$\therefore b_{27}=\frac{27-1}{2}=13$

H 63 정답 ④ *∑와 등차수열의 합 [정답률 61%]

(정답 공식: $\sum_{k=1}^{n} a_k=S_n$이므로 $a_n=S_n-S_{n-1}(n\geq 2)$으로 a_n을 구한다.)

수열 $\{a_n\}$에 대하여 $\sum_{k=1}^{n} a_k=2n^2$일 때, $\sum_{k=1}^{10} a_{2k}$의 값은? (3점)

① 240 ② 300 ③ 360 ④ 420 ⑤ 480

단서 $S_n=\sum_{k=1}^{n} a_k$로 수열의 합을 일반항으로 나타내어 일반항 a_n을 구하자. 이때, $n=2k$를 대입하면 일반항 a_{2k}를 구할 수 있지?

1st 수열의 합으로 일반항을 나타내어 a_n을 찾은 후 a_{2n}을 구해.

수열 $\{a_n\}$의 첫째항부터 제n항까지의 합을 S_n이라 하면

$\sum_{k=1}^{n} a_k=S_n=2n^2$이므로 $n\geq 2$일 때 → $a_n=S_n-S_{n-1}\ (n\geq 2)$임을 이용해.

$a_n=S_n-S_{n-1}=2n^2-2(n-1)^2=2n^2-2n^2+4n-2=4n-2$

이때, 이 식에 $n=1$을 대입한 값이 $a_1=S_1=2$이므로

$a_n=4n-2\ (n\geq 1)$ 모든 자연수 n에 대하여 $a_n=4n-2$가 성립해.

$\therefore a_{2n}=4\times 2n-2=8n-2$

2nd ∑의 성질을 이용하여 $\sum_{k=1}^{10} a_{2k}$의 값을 구하자.

$\therefore \sum_{k=1}^{10} a_{2k}=\sum_{k=1}^{10}(8k-2)=\sum_{k=1}^{10} 8k-\sum_{k=1}^{10} 2=8\times\frac{10\times 11}{2}-2\times 10=420$

→ $8\sum_{k=1}^{10} k$

H 64 정답 ③ *∑와 등차수열의 합 [정답률 61%]

(정답 공식: 첫째항이 a, 공차가 d인 등차수열 $\{a_n\}$의 일반항은 $a_n=a+(n-1)d$이다.)

공차가 3인 등차수열 $\{a_n\}$이 다음 조건을 만족시킬 때, a_{10}의 값은? (4점)

단서1 공차가 양수이므로 등차수열 $\{a_n\}$은 증가하는 수열이야.

(가) $a_5\times a_7<0$ 단서2 a_5, a_7의 부호는 서로 달라.

(나) $\sum_{k=1}^{6}|a_{k+6}|=6+\sum_{k=1}^{6}|a_{2k}|$ 단서3 ∑ 기호를 풀어 정리해 봐.

① $\frac{21}{2}$ ② 11 ③ $\frac{23}{2}$ ④ 12 ⑤ $\frac{25}{2}$

1st a_5와 a_7의 부호를 각각 결정해.

조건 (가)의 $a_5\times a_7<0$에서 $a_5<0$, $a_7>0$ 또는 $a_5>0$, $a_7<0$이다.

그런데 등차수열 $\{a_n\}$의 공차가 3으로 양수이므로 $l<m$인 두 자연수 l, m에 대하여 $a_l<a_m$이다. 따라서 $a_5<a_7$이므로 $a_5<0$, $a_7>0$이다.

→ 공차가 3이므로 $a_m=a_l+(m-l)\times 3$

2nd 등차수열 $\{a_n\}$의 일반항을 구해.

즉, $n\leq 5$일 때 $a_n<0$이고 $n\geq 7$일 때 $a_n>0$이므로

조건 (나)의 $\sum_{k=1}^{6}|a_{k+6}|=6+\sum_{k=1}^{6}|a_{2k}|$에서

$|a_7|+|a_8|+|a_9|+|a_{10}|+|a_{11}|+|a_{12}|$

$=6+|a_2|+|a_4|+|a_6|+|a_8|+|a_{10}|+|a_{12}|$

$a_7+a_8+a_9+a_{10}+a_{11}+a_{12}$ → $a_6\geq 0$인지, $a_6<0$인지 아직 알 수 없지?

$=6+(-a_2)+(-a_4)+|a_6|+a_8+a_{10}+a_{12}$

$\therefore a_7+a_9+a_{11}=6-a_2-a_4+|a_6| \cdots ㉠$

이때, $a_n=a_1+(n-1)\times 3$이므로 ㉠에 의하여

$(a_1+6\times 3)+(a_1+8\times 3)+(a_1+10\times 3)$

$=6-(a_1+1\times 3)-(a_1+3\times 3)+|a_1+5\times 3|$

$a_1+18+a_1+24+a_1+30=6-a_1-3-a_1-9+|a_1+15|$

$\therefore |a_1+15|=5a_1+78 \cdots ㉡$

(i) $a_1+15\geq 0$, 즉 $a_1\geq -15 \cdots ㉢$일 때 ㉡에서

$a_1+15=5a_1+78$, $4a_1=-63$

$\therefore a_1=-\frac{63}{4}$

그런데 $-\frac{63}{4}<-15$이므로 ㉢을 만족시키지 않는다.

(ii) $a_1+15<0$, 즉 $a_1<-15 \cdots ㉣$일 때 ㉡에서

$-a_1-15=5a_1+78$, $6a_1=-93$

$\therefore a_1=-\frac{31}{2}$

그런데 $-\frac{31}{2}<-15$이므로 ㉣을 만족시킨다.

(i), (ii)에 의하여 $a_1=-\frac{31}{2}$이므로

$a_n=-\frac{31}{2}+(n-1)\times 3$

3rd a_{10}의 값을 구해.

$\therefore a_{10}=-\frac{31}{2}+9\times 3=-\frac{31}{2}+27=\frac{23}{2}$

H 65 정답 ① *∑와 등차수열의 합 [정답률 55%]

(정답 공식: 첫째항이 a, 공차가 d인 등차수열 $\{a_n\}$의 일반항은 $a_n=a+(n-1)d$이다.)

공차가 정수인 두 등차수열 $\{a_n\}$, $\{b_n\}$과 자연수 $m(m\geq3)$이 다음 조건을 만족시킨다.

(가) $|a_1-b_1|=5$
단서1 a_1-b_1의 부호를 구별해야 해.
(나) $a_m=b_m$, $a_{m+1}<b_{m+1}$
단서2 $\{b_n\}$의 공차가 $\{a_n\}$의 공차보다 더 크다는 뜻이지?

$\sum_{k=1}^{m}a_k=9$일 때, $\sum_{k=1}^{m}b_k$의 값은? (4점)

① -6 ② -5 ③ -4 ④ -3 ⑤ -2

1st 등차수열의 일반항을 이용하여 식을 간단히 나타내자.

두 등차수열 $\{a_n\}$, $\{b_n\}$의 공차를 각각 d, d'이라 하자.

등차수열 $\{a_n\}$의 첫째항을 a, 공차를 d라고 할 때
(1) 일반항 $a_n=a+(n-1)d$
(2) 첫째항부터 제n항까지의 합 $\frac{n\{2a+(n-1)d\}}{2}=\frac{n(a_1+a_n)}{2}$

조건 (나)에 의하여
$a_m-b_m=0$, $a_{m+1}-b_{m+1}<0$

$a_{m+1}-b_{m+1}=(a_m+d)-(b_m+d')=d-d'<0$

$a_m-b_m=\{a_1+(m-1)d\}-\{b_1+(m-1)d'\}$
$=(a_1-b_1)+(m-1)(d-d')=0$

2nd m의 값을 구하자.

즉, $a_1-b_1=-(m-1)(d-d')$ ⋯ ㉠이고,
$m-1>0$, $d-d'<0$이므로 $a_1-b_1>0$
따라서 조건 (가)에 의하여
$a_1-b_1=5$ ⋯ ㉡
㉡을 ㉠에 대입하면
$5=-(m-1)(d-d')$에서
$5=(m-1)(d'-d)$
이때, $m-1$, $d'-d$가 모두 자연수이고 $m\geq3$이므로
$m-1=5$, $d'-d=1$
$\therefore m=6$

3rd $\sum_{k=1}^{m}b_k$의 값을 구하자.

따라서 조건 (나)에 의하여 $b_6=a_6$, ㉡에 의하여 $b_1=a_1-5$이고

등차수열 $\{a_n\}$에 대하여 $\sum_{k=1}^{m}a_k=\sum_{k=1}^{6}a_k=\frac{6(a_1+a_6)}{2}=9$이므로

첫째항이 a이고 제n항이 l인 등차수열의 첫째항부터 제n항까지의 합을 S_n이라 하면 $S_n=\frac{n(a+l)}{2}$

$$\sum_{k=1}^{m}b_k=\sum_{k=1}^{6}b_k=\frac{6(b_1+b_6)}{2}$$
$$=\frac{6\{(a_1-5)+a_6\}}{2}$$
$$=\frac{6(a_1+a_6)}{2}-15$$
$$=9-15=-6$$

H 66 정답 ② *∑와 등차수열의 합 [정답률 55%]

(정답 공식: 첫째항이 a, 공차가 d인 등차수열 $\{a_n\}$의 일반항은 $a_n=a+(n-1)d$이다.)

공차가 음의 정수인 등차수열 $\{a_n\}$에 대하여
단서1 공차가 음수이므로 수열 $\{a_n\}$은 항의 값이 점점 작아져.

$a_6=-2$, $\sum_{k=1}^{8}|a_k|=\sum_{k=1}^{8}a_k+42$
단서3 이 조건을 만족시키는 공차를 구하면 돼.
단서2 a_6이 음수이고 공차도 음수이므로 6 이상인 자연수 n에 대하여 $a_n<0$이야.

일 때, $\sum_{k=1}^{8}a_k$의 값은? (4점)

① 40 ② 44 ③ 48 ④ 52 ⑤ 56

1st 등차수열 $\{a_n\}$의 각 항의 부호를 따져 봐.

$a_6=-2$로 음의 정수이고 공차도 음의 정수이므로 등차수열 $\{a_n\}$의 모든 항은 정수야.

등차수열 $\{a_n\}$의 공차가 음의 정수이고
$a_6=-2$이므로 6 이상인 자연수 n에 대하여 $a_n<0$이다.
등차수열 $\{a_n\}$의 공차가 음수이므로 n의 값이 커지면 a_n의 값은 작아져.

또한, 공차를 d라 하면 $a_4=a_6-2d=-2-2d\geq0$이므로
d가 음의 정수이므로 $d=-1$일 때 $a_4=0$이고 $d\leq-2$일 때 $a_4>0$이야.

4 이하의 자연수 n에 대하여 $a_n\geq0$이다.
한편, $a_5=a_6-d=-2-d$이므로
$d=-1$일 때 $a_5=-1<0$이고, $d\leq-2$일 때 $a_5\geq0$이다.

2nd a_5의 값의 부호에 따라 조건을 만족시키는 수열 $\{a_n\}$의 일반항을 구해.

(i) $a_5=-1<0$일 때,
4 이하의 자연수 n에 대하여 $a_n\geq0$이고 5 이상의 자연수 n에 대하여
$a_n<0$이므로 $\sum_{k=1}^{8}|a_k|=\sum_{k=1}^{8}a_k+42$에서
$|a_1|+|a_2|+\cdots+|a_8|=a_1+a_2+\cdots+a_8+42$
$-a_5-a_6-a_7-a_8=a_5+a_6+a_7+a_8+42$
$2(a_5+a_6+a_7+a_8)=-42$, $a_5+a_6+a_7+a_8=-21$
$(a_6-d)+a_6+(a_6+d)+(a_6+2d)=-21$
$(-2-d)+(-2)+(-2+d)+(-2+2d)=-21$
$2d-8=-21$, $2d=-13$ $\therefore d=-\frac{13}{2}$
그런데 d는 음의 정수이어야 하므로 조건을 만족시키지 않는다.

(ii) $a_5\geq0$일 때,
5 이하의 자연수 n에 대하여 $a_n\geq0$이고 6 이상의 자연수 n에 대하여 $a_n<0$이므로 $\sum_{k=1}^{8}|a_k|=\sum_{k=1}^{8}a_k+42$에서
$|a_1|+|a_2|+\cdots+|a_8|=a_1+a_2+\cdots+a_8+42$
$-a_6-a_7-a_8=a_6+a_7+a_8+42$, $2(a_6+a_7+a_8)=-42$
$a_6+a_7+a_8=-21$, $a_6+(a_6+d)+(a_6+2d)=-21$
$(-2)+(-2+d)+(-2+2d)=-21$, $3d-6=-21$
$3d=-15$ $\therefore d=-5$

(i), (ii)에 의하여 $d=-5$이고
$a_1=a_6-5d=-2-5\times(-5)=23$이므로
$a_6=a_1+5d$에서 $a_1=a_6-5d$
$a_n=23+(n-1)\times(-5)=-5n+28$
첫째항이 a이고 공차가 d인 등차수열 $\{a_n\}$의 일반항은 $a_n=a+(n-1)d$야.

$\therefore \sum_{k=1}^{8}a_k=\sum_{k=1}^{8}(-5k+28)$
$\sum_{k=1}^{n}k=\frac{n(n+1)}{2}$이고 상수 c에 대하여 $\sum_{k=1}^{n}c=cn$이야.
$=-5\times\frac{8\times9}{2}+28\times8=-180+224=44$

H 67 정답 ② *∑와 등차수열의 합 .... [정답률 41%]

(정답 공식: 첫째항이 a, 제n항이 l, 공차가 d인 등차수열의 첫째항부터 제n항까지의 합을 S_n이라 하면 $S_n=\frac{n\{2a+(n-1)d\}}{2}=\frac{n(a+l)}{2}$이다.)

> 단서1 등차수열 $\{a_n\}$의 공차 d가 양수이므로 수열 $\{a_n\}$은 n의 값이 커질수록 a_n의 값도 커져.

첫째항이 -45이고 공차가 d인 등차수열 $\{a_n\}$이 다음 조건을 만족시키도록 하는 모든 자연수 d의 값의 합은? (4점)

> 단서2 $m<m+3$이므로 $a_m<a_{m+3}$이야.

(가) $|a_m|=|a_{m+3}|$인 자연수 m이 존재한다.

(나) 모든 자연수 n에 대하여 $\sum_{k=1}^{n} a_k>-100$이다.

① 44 ② 48 ③ 52
④ 56 ⑤ 60

> 단서3 등차수열 $\{a_n\}$의 첫째항부터 제n항까지의 합의 최솟값이 -100보다 크다는 거야.

1st 조건 (가)를 만족시키는 자연수 d의 값을 구해.

$d>0$이므로 조건 (가)에 의하여 $a_m<0$, $a_{m+3}>0$이어야 한다.

즉, $a_m=-a_{m+3}$에서 $a_m+a_{m+3}=0$

수열 $\{a_n\}$은 증가하는 수열이니까 $a_m<a_{m+3}$이야. 그런데 $|a_m|=|a_{m+3}|$이므로 $a_m<0$, $a_{m+3}>0$이고 $a_m=-a_{m+3}$이어야 해.

$\{-45+(m-1)d\}+\{-45+(m+2)d\}=0$

첫째항이 a이고 공차가 d인 등차수열 $\{a_n\}$의 일반항은 $a_n=a+(n-1)d$야.

$(2m+1)d-90=0$ $\quad\therefore (2m+1)d=90 \cdots$ ㉠

한편, m이 자연수이므로 $2m+1$은 1보다 큰 홀수이고 ㉠을 만족시키려면 d는 90의 양의 약수 중 짝수이어야 한다.

따라서 가능한 d의 값은 2, 6, 10, 18, 30이다.

90의 양의 약수 중 짝수는 2, 6, 10, 18, 30, 90인데 ㉠에서 $d=90$이면 $m=0$이므로 m이 자연수인 조건을 만족시키지 않아. 따라서 d는 90이 될 수 없어.

2nd 조건 (가)를 만족시키는 d의 값 중 조건 (나)를 만족시키는 자연수 d의 값을 구해.

조건 (나)에 의하여 수열 $\{a_n\}$의 첫째항부터 제n항까지의 합의 최솟값은 -100보다 커야 한다.

$a_n<0$을 만족시키는 자연수 n의 최댓값을 t라 하면 수열 $\{a_n\}$의 첫째항부터 제n항까지의 합의 최솟값은 $\sum_{n=1}^{t} a_n$이야. 즉, 수열 $\{a_n\}$의 음수인 항을 모두 더해질 때 최소가 돼.

이때, $|a_m|=|a_{m+3}|$에 의하여 $a_{m+1}<0$, $a_{m+2}>0$이므로

$\sum_{k=1}^{n} a_k$의 최솟값은 $\sum_{k=1}^{m+1} a_k$이다.

a_m, a_{m+1}, a_{m+2}, a_{m+3}을 수직선에 나타내면 그림과 같아.

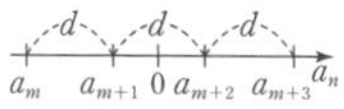

즉, $\sum_{k=1}^{m+1} a_k>-100$에서 $\frac{(m+1)\{2\times(-45)+md\}}{2}>-100$

$\therefore (m+1)(-90+md)>-200 \cdots$ ㉡

첫째항이 a이고 공차가 d인 등차수열의 첫째항부터 제n항까지의 합을 S_n이라 하면 $S_n=\frac{n\{2a+(n-1)d\}}{2}$야.

(i) $d=2$이면 ㉠에서 $m=22$이므로 이것을 ㉡의 좌변에 대입하면

$(22+1)(-90+22\times2)=-1058<-200$

따라서 $d=2$이면 조건 (나)를 만족시키지 않는다.

(ii) $d=6$이면 ㉠에서 $m=7$이므로 이것을 ㉡의 좌변에 대입하면

$(7+1)(-90+7\times6)=-384<-200$

따라서 $d=6$이면 조건 (나)를 만족시키지 않는다.

(iii) $d=10$이면 ㉠에서 $m=4$이므로 이것을 ㉡의 좌변에 대입하면

$(4+1)(-90+4\times10)=-250<-200$

따라서 $d=10$이면 조건 (나)를 만족시키지 않는다.

(iv) $d=18$이면 ㉠에서 $m=2$이므로 이것을 ㉡의 좌변에 대입하면

$(2+1)(-90+2\times18)=-162>-200$

따라서 $d=18$이면 조건 (나)를 만족시킨다.

(v) $d=30$이면 ㉠에서 $m=1$이므로 이것을 ㉡의 좌변에 대입하면

$(1+1)(-90+1\times30)=-120>-200$

따라서 $d=30$이면 조건 (나)를 만족시킨다.

(i)~(v)에 의하여 조건을 만족시키는 d의 값은 18, 30이므로

(구하는 합)$=18+30=48$

다른 풀이: 1st 에서 조건 (가)를 만족시키는 d의 값을 조건 (나)를 변형한 식에 각각 대입하여 조건 (나)를 만족시키는 d의 값의 합 구하기

위의 풀이의 1st에서 조건 (가)를 만족시키는 d의 값은 2, 6, 10, 18, 30이지?

또, 조건 (나)의 $\sum_{k=1}^{n} a_k>-100$에서

$\frac{n\{2\times(-45)+(n-1)d\}}{2}>-100$

$\therefore n\{-90+(n-1)d\}>-200 \cdots$ ㉢

(i) $d=2$를 ㉢에 대입하면

$n\{-90+(n-1)\times2\}>-200$에서 $2n^2-92n+200>0$

$\therefore n^2-46n+100>0$

$n^2-46n+100=n^2-46n+23^2-23^2+100=(n-23)^2-429$

이때, $f(n)=n^2-46n+100=(n-23)^2-429$라 하면 $f(n)$은 $n=23$일 때 최솟값 $f(23)=-429$를 가지므로 모든 자연수 n에 대하여 부등식 $n^2-46n+100>0$을 만족시키지 않아.

즉, $d=2$일 때 조건 (나)를 만족시키지 않아.

(ii) $d=6$을 ㉢에 대입하면

$n\{-90+(n-1)\times6\}>-200$에서 $6n^2-96n+200>0$

$\therefore 3n^2-48n+100>0$

$3n^2-48n+100=3(n^2-16n+64-64)+100=3(n-8)^2-92$

이때, $f(n)=3n^2-48n+100=3(n-8)^2-92$라 하면 $f(n)$은 $n=8$일 때 최솟값 $f(8)=-92$를 가지므로 모든 자연수 n에 대하여 부등식 $3n^2-48n+100>0$을 만족시키지 않아.

즉, $d=6$일 때 조건 (나)를 만족시키지 않아.

(iii) $d=10$을 ㉢에 대입하면

$n\{-90+(n-1)\times10\}>-200$에서 $10n^2-100n+200>0$

$\therefore n^2-10n+20>0$

$n^2-10n+20=n^2-10n+25-25+20=(n-5)^2-5$

이때, $f(n)=n^2-10n+20=(n-5)^2-5$라 하면 $f(n)$은 $n=5$일 때 최솟값 $f(5)=-5$를 가지므로 모든 자연수 n에 대하여 부등식 $n^2-10n+20>0$을 만족시키지 않아.

즉, $d=10$일 때 조건 (나)를 만족시키지 않아.

(iv) $d=18$을 ㉢에 대입하면

$n\{-90+(n-1)\times18\}>-200$에서 $18n^2-108n+200>0$

$\therefore 9n^2-54n+100>0$

$9n^2-54n+100=9(n^2-6n+9-9)+100=9(n-3)^2+19$

이때, $f(n)=9n^2-54n+100=9(n-3)^2+19$라 하면 $f(n)$은 $n=3$일 때 최솟값 $f(3)=19$를 가지므로 모든 자연수 n에 대하여 부등식 $9n^2-54n+100>0$을 만족해.

즉, $d=18$일 때 조건 (나)를 만족시켜.

(v) $d=30$을 ㉢에 대입하면

$n\{-90+(n-1)\times30\}>-200$에서 $30n^2-120n+200>0$

$\therefore 3n^2-12n+20>0$

$3n^2-12n+20=3(n^2-4n+4-4)+20=3(n-2)^2+8$

이때, $f(n)=3n^2-12n+20=3(n-2)^2+8$이라 하면 $f(n)$은 $n=2$일 때 최솟값 $f(2)=8$을 가지므로 모든 자연수 n에 대하여 부등식 $3n^2-12n+20>0$을 만족해.

즉, $d=30$일 때 조건 (나)를 만족시켜.

(i)~(v)에 의하여 조건을 만족시키는 d의 값은 18, 30이므로

(구하는 합)$=18+30=48$

H 68 정답 ④ *Σ와 등차수열의 합 [정답률 56%]

(정답 공식: 첫째항이 a, 공차가 d인 등차수열의 첫째항부터 제n항까지의 합을 S_n이라 하면 $S_n=\frac{n\{2a+(n-1)d\}}{2}$이다.)

등차수열 $\{a_n\}$에 대하여

$$S_n=\sum_{k=1}^{n}a_k,\ T_n=\sum_{k=1}^{n}|a_k|$$

단서1 절댓값이 있으니까 각 항의 부호를 유추해 봐야 해.

라 할 때, 수열 $\{a_n\}$이 다음 조건을 만족시킨다.

(가) $a_7=a_6+a_8$ 단서2 등차중항을 이용하여 a_7의 값을 구하면 돼.

(나) 6 이상의 모든 자연수 n에 대하여 $S_n+T_n=84$이다.
단서3 $n\geq7$일 때, $a_n+|a_n|=0$이라는 거야.

T_{15}의 값은? (4점)

① 96 ② 102 ③ 108 ④ 114 ⑤ 120

1st a_7의 값을 구하자.

a_7은 a_6, a_8의 등차중항이므로 $2a_7=a_6+a_8$ (세 수 a, b, c가 이 순서대로 등차수열을 이루면 $2b=a+c$가 성립하고 b를 a, c의 등차중항이라 해.)

그런데 조건 (가)에서 $a_7=a_6+a_8$이므로

$2a_7=a_7$ $\therefore a_7=0$

2nd 등차수열 $\{a_n\}$의 첫째항과 공차를 구하자.

조건 (나)에 의하여

$S_8+T_8=(S_7+a_8)+(T_7+|a_8|)=(S_7+T_7)+a_8+|a_8|$

$=84+a_8+|a_8|=84$

($S_8=\sum_{k=1}^{8}a_k=\sum_{k=1}^{7}a_k+a_8=S_7+a_8$)

$\therefore a_8=-|a_8| \Rightarrow a_8=0$ 또는 $a_8<0$ ($T_8=\sum_{k=1}^{8}|a_k|=\sum_{k=1}^{7}|a_k|+|a_8|=T_7+|a_8|$)

($|a_8|\geq0$이므로 $-|a_8|=0$ 또는 $-|a_8|<0$이야.)

이때, $a_8=0$이면 $a_7=0$이라 했으므로 등차수열 $\{a_n\}$의 모든 항이 0이다. 즉, $S_n=0$, $T_n=0$이므로 조건 (나)를 만족시키지 않는다.

따라서 등차수열 $\{a_n\}$의 공차를 d라 할 때, $a_8<0$, $a_7=0$에서 $d<0$이고, $a_7=0$이므로 7 이하의 자연수 n에 대하여 $a_n\geq0$이다.

즉, $S_7=T_7$이므로 조건 (나)의 $S_7+T_7=84$에서 $2S_7=84$

$\therefore S_7=42 \cdots ㉠$ (6 이하의 자연수 n에 대하여 $a_n>0$이므로 $S_6=T_6$이야. 그런데 $a_7=0$이므로 $S_7=T_7$도 성립해.)

따라서 등차수열 $\{a_n\}$의 첫째항을 a라 하면 ㉠에 의하여 등차수열 $\{a_n\}$의 첫째항부터 제7항까지의 합이 42이므로 $\frac{7(a+0)}{2}=42$, $7a=84$

(첫째항이 a이고 제n항이 l인 등차수열의 첫째항부터 제n항까지의 합을 S_n이라 하면 $S_n=\frac{n(a+l)}{2}$)

$\therefore a=12$

또, $a_7=0$에서 $12+6d=0$, $6d=-12$ $\therefore d=-2$

(첫째항이 a이고 공차가 d인 등차수열 $\{a_n\}$의 일반항은 $a_n=a+(n-1)d$야.)

3rd T_{15}의 값을 구하자.

$S_{15}=\sum_{k=1}^{15}a_k=\frac{15\{2\times12+14\times(-2)\}}{2}=-30$이고

조건 (나)에 의하여 $S_{15}+T_{15}=84$이므로 $-30+T_{15}=84$

$\therefore T_{15}=114$

(첫째항이 a이고 공차가 d인 등차수열의 첫째항부터 제n항까지의 합을 S_n이라 하면 $S_n=\frac{n\{2a+(n-1)d\}}{2}$)

다른 풀이: d의 부호를 판별하여 $S_k=T_k$ 또는 $S_k=-T_k$인 k의 값 구하기

등차수열 $\{a_n\}$의 첫째항을 a, 공차를 d라 하면 조건 (가)에 의하여 $a_7=0$이므로 $a+6d=0 \cdots ㉡$

(i) $d>0$일 때, $n\geq7$인 자연수 n에 대하여 $S_n+T_n<S_{n+1}+T_{n+1}$이므로 조건 (나)를 만족시키지 않아.

($a_7=0$이고 $d>0$이므로 7 이상의 자연수 n에 대하여 $a_{n+1}>a_n\geq0$, $|a_{n+1}|>|a_n|\geq0$이야. 즉, $S_n+T_n<S_{n+1}+T_{n+1}$이 성립해.)

(ii) $d=0$일 때, 모든 자연수 n에 대하여 $a_n=0$이므로 $S_n+T_n=0$이므로 조건 (나)를 만족시키지 않아.

(i), (ii)에 의하여 $d<0$이고 ㉡에 의하여 $a=-6d>0$이므로 7 이하의 자연수 n에 대하여 $a_n\geq0$이야.

즉, $S_7=T_7$이므로 조건 (나)의 $S_7+T_7=84$에서 $2S_7=84$ (7 이하의 자연수 n에 대하여 $a_n=|a_n|$이지?)

$\therefore S_7=42$

또, $S_7=42$이니까 등차수열의 합의 공식에 의해

$\frac{7(2a+6d)}{2}=42$, $2a+6d=12$ $\therefore a+3d=6 \cdots ㉢$

㉡, ㉢을 연립하여 풀면 $d=-2$, $a=12$

따라서 등차수열 $\{a_n\}$의 일반항은

$a_n=12+(n-1)\times(-2)=-2n+14$

$\therefore T_{15}=\sum_{k=1}^{15}|a_k|=\sum_{k=1}^{7}a_k+\sum_{k=8}^{15}|a_k|=\sum_{k=1}^{7}a_k-\sum_{k=8}^{15}a_k$

($n\leq7$일 때, $a_n\geq0$, $n\geq8$일 때, $a_n<0$이지?)

$=\sum_{k=1}^{7}a_k-\left(\sum_{k=1}^{15}a_k-\sum_{k=1}^{7}a_k\right)=2\sum_{k=1}^{7}a_k-\sum_{k=1}^{15}a_k$

(수열 $\{a_n\}$에 대하여 $\sum_{k=p}^{n}a_k=\sum_{k=1}^{n}a_k-\sum_{k=1}^{p-1}a_k$)

$=2\sum_{k=1}^{7}(-2k+14)-\sum_{k=1}^{15}(-2k+14)$

(상수 c에 대하여 $\sum_{k=1}^{n}ca_k=c\sum_{k=1}^{n}a_k$, $\sum_{k=1}^{n}c=cn$이고 $\sum_{k=1}^{n}k=\frac{n(n+1)}{2}$이야.)

$=2\left\{(-2)\times\frac{7\times8}{2}+14\times7\right\}-\left\{(-2)\times\frac{15\times16}{2}+14\times15\right\}$

$=84-(-30)=114$

H 69 정답 ④ *Σ와 등차수열의 합 [정답률 42%]

(정답 공식: 첫째항이 a이고, 공차가 d인 등차수열의 첫째항부터 제n항까지의 합을 S_n이라 하면 $S_n=\frac{n\{2a+(n-1)d\}}{2}$이다.)

첫째항이 50이고 공차가 -4인 등차수열의 첫째항부터 제n항까지의 합을 S_n이라 할 때, $\sum_{k=m}^{m+4}S_k$의 값이 최대가 되도록 하는 자연수 m의 값은? (4점)

단서 S_k를 하나의 수열로 보고 제m번째 항부터 제$(m+4)$번째 항까지 5개의 항의 합이 최대가 되는 경우를 구하자.

① 8 ② 9 ③ 10 ④ 11 ⑤ 12

1st S_n의 값이 최대가 되는 자연수 n의 값을 구해.

첫째항이 50이고 공차가 -4인 등차수열의 첫째항부터 제n항까지의 합을 S_n이라 하므로

(첫째항이 a이고, 공차가 d인 등차수열의 첫째항부터 제n항까지의 합을 S_n이라고 하면 $S_n=\frac{n\{2a+(n-1)d\}}{2}$)

$S_n=\frac{n\{2\times50+(n-1)\times(-4)\}}{2}$

$=\frac{n(-4n+104)}{2}=-2n^2+52n$

$=-2(n-13)^2+338$

즉, S_n의 값은 $n=13$일 때 최대가 된다.

(이차함수 $f(x)=a(x-p)^2+q$에 대하여 (i) $a>0$일 때, 이차함수 $f(x)$는 $x=p$에서 최솟값 q를 갖고, (ii) $a<0$일 때, 이차함수 $f(x)$는 $x=p$에서 최댓값 q를 가져.)

2nd 이차함수의 그래프가 축에 대하여 대칭임을 이용하여 자연수 m의 값을 구해.

$f(x)=-2(x-13)^2+338$이라 하면

자연수 n에 대하여 $f(n)=S_n$이다.

$f(n)=S_n$

$f(x)=-2(x-13)^2+338$

$n=11$ $n=12$ $n=13$ $n=14$ $n=15$

이차함수 $y=f(n)$의 그래프가 $n=13$에 대하여 대칭이므로

$S_{12}=S_{14}$, $S_{11}=S_{15}$이고, 가장 큰 값부터 순서대로 나열하면

S_{13}, S_{12}, S_{14}, S_{11}, $\cdots$

즉, $S_{11}+S_{12}+S_{13}+S_{14}+S_{15}$일 때, $\sum_{k=m}^{m+4} S_k$의 값이 최대가 된다.

따라서 $\sum_{k=m}^{m+4} S_k$의 값이 최대가 되도록 하는 자연수 m의 값은 11이다.

다른 풀이: **등차수열의 합 공식과 $S_{m+1}=S_m+a_{m+1}$임을 이용하기**

$S_m=a_1+a_2+\cdots+a_m$

$S_{m+1}=a_1+a_2+\cdots+a_m+a_{m+1}$

$S_{m+2}=a_1+a_2+\cdots+a_m+a_{m+1}+a_{m+2}$

$S_{m+2}=a_1+a_2+\cdots+a_m+a_{m+1}+a_{m+2}+a_{m+3}$

$S_{m+4}=a_1+a_2+\cdots+a_m+a_{m+1}+a_{m+2}+a_{m+3}+a_{m+4}$이므로

$$\sum_{k=m}^{m+4} S_k=S_m+S_{m+1}+S_{m+2}+S_{m+3}+S_{m+4}$$
$$=5S_m+4a_{m+1}+3a_{m+2}+2a_{m+3}+a_{m+4}$$
$$=5(-2m^2+52m)+5(50-4m)+\{50-4(m+1)\}+\{50-4(m+2)\}+\{50-4(m+3)\}$$
$$=-10m^2+22m+460=-10(m-11)^2+1670$$

따라서 $m=11$일 때, $\sum_{k=m}^{m+4} S_k$는 최댓값을 가져.

H 70 정답 ③ *∑와 등차수열의 합 [정답률 53%]

정답 공식: 첫째항이 a이고 공차가 d인 등차수열의 첫째항부터 제n항까지의 합을 S_n이라 하면 $S_n=\frac{n\{2a+(n-1)d\}}{2}$이다.

모든 항이 정수이고 공차가 5인 등차수열 $\{a_n\}$과 자연수 m이 다음 조건을 만족시킨다.

(가) $\sum_{k=1}^{2m+1} a_k<0$ 단서1 등차수열 $\{a_n\}$의 첫째항부터 제 $2m+1$ 항까지의 합이 0보다 작다는 거지?

(나) $|a_m|+|a_{m+1}|+|a_{m+2}|<13$
단서2 등차수열 $\{a_n\}$의 공차가 5이므로 a_{m+1}의 부호에 따라 a_m, a_{m+1}의 부호를 유추할 수 있어.

$24<a_{21}<29$일 때, m의 값은? (4점)

① 10 ② 12 ③ 14
④ 16 ⑤ 18

1st 조건 (가)를 간단히 해.

조건 (가)의 $\sum_{k=1}^{2m+1} a_k<0$에서

$$\sum_{k=1}^{2m+1} a_k=\frac{(2m+1)\{2a_1+(2m+1-1)\times5\}}{2}$$
$$=(2m+1)(a_1+5m)<0$$

이때, $2m+1>0$이므로 $a_1+5m<0$

공차가 5인 등차수열 $\{a_n\}$의 일반항이 $a_n=a_1+(n-1)\times5$이므로 n 대신 $m+1$을 대입하면 $a_{m+1}=a_1+m\times5$야.

$\therefore a_{m+1}<0 \cdots$ ㉠

2nd 조건 (나)를 만족시키는 a_{m+1}의 값을 찾아.

㉠에 의하여 $a_m<0$이므로 조건 (나)의

$|a_m|+|a_{m+1}|+|a_{m+2}|<13$에서

($a_m=a_{m+1}-5$이고 $a_{m+1}<0$이므로 $a_{m+1}-5<-5$에서 $a_m<-5<0$)

$-a_m-a_{m+1}+|a_{m+2}|<13 \cdots$ ㉡

a_{m+2}의 부호에 따라 a_{m+1}의 값을 구하면 다음과 같다.

(i) $a_{m+2}<0$일 때,

(a_{m+1}은 a_m, a_{m+2}의 등차중항이므로 $2a_{m+1}=a_m+a_{m+2}$가 성립하지? 즉, $-a_m-a_{m+1}-a_{m+2}=-a_{m+1}-2a_{m+1}=-3a_{m+1}$이야.)

㉡에서 $-a_m-a_{m+1}-a_{m+2}<13$

$-3a_{m+1}<13 \quad \therefore -\frac{13}{3}<a_{m+1}<0$

그런데 수열 $\{a_n\}$의 모든 항이 정수이므로 a_{m+1}로 가능한 값은 -1, -2, -3, -4이다.

이때, a_{m+1}의 값에 상관없이 $a_{m+2}=a_{m+1}+5>0$이므로 $a_{m+2}<0$을 만족시키지 않는다.

(ii) $a_{m+2}\geq0$일 때,

㉡에서 $-a_m-a_{m+1}+a_{m+2}<13$

$-(a_{m+1}-5)-a_{m+1}+(a_{m+1}+5)<13$

$-a_{m+1}+10<13 \quad \therefore -3<a_{m+1}<0$

그런데 수열 $\{a_n\}$의 모든 항이 정수이므로 a_{m+1}로 가능한 값은 -1, -2이다.

(i), (ii)에 의하여 $a_{m+1}=-1$ 또는 $a_{m+1}=-2$이다.

3rd $24<a_{21}<29$를 만족시키는 등차수열 $\{a_n\}$을 찾아 m의 값을 구해.

(Ⅰ) $a_{m+1}=-1$이면

$a_{m+6}=-1+5\times5=24$, $a_{m+7}=-1+5\times6=29$이므로

$24<a_{21}<29$를 만족시키는 수열 $\{a_n\}$은 존재하지 않는다.

(Ⅱ) $a_{m+1}=-2$이면

$a_{m+6}=-2+5\times5=23$, $a_{m+7}=-2+5\times6=28$,

$a_{m+8}=-2+5\times7=33$이므로 $24<a_{21}<29$를 만족시키는 수열 $\{a_n\}$이 존재한다.

즉, $a_{m+7}=a_{21}$에서 $m+7=21 \quad \therefore m=14$

(Ⅰ), (Ⅱ)에 의하여 조건을 만족시키는 m의 값은 14이다.

H 71 정답 80 *∑와 등비수열의 합 [정답률 88%]

정답 공식: 첫째항이 a, 공비가 $r(r\neq1)$인 등비수열의 첫째항부터 제n항까지의 합 $S_n=\frac{a(1-r^n)}{1-r}$

공비가 양수인 등비수열 $\{a_n\}$에 대하여

$a_1=2$, $\frac{a_5}{a_3}=9$ 단서 등비수열에서 항들 사이의 관계를 파악해야 해. 등비수열 $\{a_n\}$의 공비를 r라고 하면 $a_5=a_4\times r=(a_3\times r)\times r=a_3\times r^2$이야.

일 때, $\sum_{k=1}^{4} a_k$의 값을 구하시오. (3점)

1st 등비수열의 정의를 이용하여 공비를 구하자.

등비수열 $\{a_n\}$의 공비를 r라 하면

$\frac{a_5}{a_3}=\frac{2\times r^4}{2\times r^2}=r^2=9$에서 $\quad \therefore r=3$ ($\because r>0$)

2nd 등비수열의 합의 공식을 이용하여 계산해.

$\therefore \sum_{k=1}^{4} a_k=\sum_{k=1}^{4}(2\times3^{k-1})=\frac{2(3^4-1)}{3-1}=80$

(등비수열의 첫째항이 a, 공비를 r라고 할 때, $r\neq1$이면 첫째항부터 제n항까지의 합 $S_n=\frac{a(1-r^n)}{1-r}=\frac{a(r^n-1)}{r-1}$)

등비수열의 합 개념·공식

첫째항이 a, 공비가 r인 등비수열의 첫째항부터 제n항까지의 합 S_n은

① $r\neq1$일 때, $S_n=\frac{a(1-r^n)}{1-r}=\frac{a(r^n-1)}{r-1}$

② $r=1$일 때, $S_n=na$

H 72 정답 ③ *∑와 등비수열의 합 [정답률 81%]

정답 공식: 첫번째 조건을 통해 공비를 구해 두번째 조건에서 등비수열의 합을 구하는데 사용한다.

등비수열 $\{a_n\}$에 대하여

$$a_3=4(a_2-a_1),\ \sum_{k=1}^{6}a_k=15$$

단서 등비수열 $\{a_n\}$의 첫째항을 a, 공비를 r라 하고, 주어진 조건을 a와 r에 관한 식으로 나타내보자.

일 때, $a_1+a_3+a_5$의 값은? (4점)

① 3 ② 4 ③ 5 ④ 6 ⑤ 7

1st 주어진 조건을 첫째항과 공비로 나타내.

등비수열 $\{a_n\}$의 첫째항을 a, 공비를 r라 하면

$a_3=4(a_2-a_1)$에서 $ar^2=4(ar-a)$ $\quad\therefore a(r-2)^2=0$

이때, $a=0$이면 $\sum_{k=1}^{6}a_k=0$이므로 $a\neq0$ $\quad\therefore r=2$

한편 $\sum_{k=1}^{6}a_k=\frac{a(2^6-1)}{2-1}=15$에서 $a\times63=15$

→ 첫째항부터 제6 항까지의 등비수열의 합이므로 등비수열의 합의 공식 $S_n=\frac{a(r^n-1)}{r-1}$에 $r=2$, $n=6$을 대입해서 구할 수 있어.

$\therefore a=\frac{15}{63}=\frac{5}{21}$

2nd 식의 값을 구해.

$\therefore a_1+a_3+a_5=\frac{5}{21}\times(1+2^2+2^4)=\frac{5}{21}\times21=5$

H 73 정답 ② *∑와 등비수열의 합 [정답률 67%]

정답 공식: 첫째항이 a이고 공비가 r인 등비수열의 첫째항부터 제n항까지의 합을 S_n이라 하면 $S_n=\frac{a(1-r^n)}{1-r}=\frac{a(r^n-1)}{r-1}$이다.

공비가 $\sqrt{3}$인 등비수열 $\{a_n\}$과 공비가 $-\sqrt{3}$인 등비수열 $\{b_n\}$에 대하여

단서 두 등비수열 $\{a_n\}$, $\{b_n\}$의 첫째항이 같고 공비는 부호만 다르니까 두 수열의 홀수번째항은 서로 같고, 짝수번째항은 절댓값은 같고 부호만 달라.

$$a_1=b_1,\ \sum_{n=1}^{8}a_n+\sum_{n=1}^{8}b_n=160$$

일 때, a_3+b_3의 값은? (3점)

① 9 ② 12 ③ 15 ④ 18 ⑤ 21

1st 두 수열 $\{a_n\}$, $\{b_n\}$의 첫째항을 구해.

등비수열 $\{a_n\}$의 공비가 $\sqrt{3}$이므로 $a_n=a_1\times(\sqrt{3})^{n-1}$이고

등비수열 $\{b_n\}$의 공비가 $-\sqrt{3}$이므로 $b_n=b_1\times(-\sqrt{3})^{n-1}$이다.

즉, 모든 자연수 k에 대하여

첫째항이 a이고 공비가 r인 등비수열 $\{x_n\}$의 일반항은 $x_n=ar^{n-1}$이야.

(i) $n=2k-1$일 때, → n이 홀수일 때야.

$a_n=a_{2k-1}=a_1\times(\sqrt{3})^{(2k-1)-1}=a_1\times(\sqrt{3})^{2(k-1)}$,

$b_n=b_{2k-1}=b_1\times(-\sqrt{3})^{(2k-1)-1}=b_1\times(-\sqrt{3})^{2(k-1)}$

$=b_1\times(\sqrt{3})^{2(k-1)}$

$b_1\times(-\sqrt{3})^{2(k-1)}=b_1\times(-1)^{2(k-1)}\times(\sqrt{3})^{2(k-1)}=b_1\times(\sqrt{3})^{2(k-1)}$

이고 $a_1=b_1$이므로 $a_{2k-1}=b_{2k-1}$이다.

(ii) $n=2k$일 때, → n이 짝수일 때야.

$a_n=a_{2k}=a_1\times(\sqrt{3})^{2k-1}$,

$b_n=b_{2k}=b_1\times(-\sqrt{3})^{2k-1}=-b_1\times(\sqrt{3})^{2k-1}$

이고 $a_1=b_1$이므로 $a_{2k}=-b_{2k}$이다.

$b_1\times(-\sqrt{3})^{2k-1}=b_1\times(-1)^{2k-1}\times(\sqrt{3})^{2k-1}=-b_1\times(\sqrt{3})^{2k-1}$

(i), (ii)에 의하여

$\sum_{n=1}^{8}a_n+\sum_{n=1}^{8}b_n=\sum_{n=1}^{4}(a_{2n-1}+a_{2n})+\sum_{n=1}^{4}(b_{2n-1}+b_{2n})$

$\sum_{n=1}^{8}a_n=a_1+a_2+a_3+\cdots+a_8$
$=(a_1+a_3+a_5+a_7)+(a_2+a_4+a_6+a_8)$
$=\sum_{n=1}^{4}(a_{2n-1}+a_{2n})$

마찬가지 방법으로 $\sum_{n=1}^{8}b_n=\sum_{n=1}^{4}(b_{2n-1}+b_{2n})$이야.

$=\sum_{n=1}^{4}(a_{2n-1}+b_{2n-1})+\sum_{n=1}^{4}(a_{2n}+b_{2n})$

(i)에서 $a_{2n-1}=b_{2n-1}$이므로 $\sum_{n=1}^{4}(a_{2n-1}+b_{2n-1})=2\sum_{n=1}^{4}a_{2n-1}$이고

(ii)에서 $a_{2n}=-b_{2n}$, 즉 $a_{2n}+b_{2n}=0$이므로 $\sum_{n=1}^{4}(a_{2n}+b_{2n})=0$이야.

$=2\sum_{n=1}^{4}a_{2n-1}=2\times\frac{a_1(3^4-1)}{3-1}=80a_1$

$a_3=a_1\times(\sqrt{3})^2=a_1\times3$, $a_5=a_1\times(\sqrt{3})^4=a_1\times3^2$, $a_7=a_1\times(\sqrt{3})^6=a_1\times3^3$이므로 수열 $\{a_{2n-1}\}$은 첫째항이 a_1이고 공비가 $(\sqrt{3})^2=3$인 등비수열이야. 즉, $\sum_{n=1}^{4}a_{2n-1}$은 첫째항이 a_1이고 공비가 3인 등비수열의 첫째항부터 제4항까지의 합이야.

그런데 $\sum_{n=1}^{8}a_n+\sum_{n=1}^{8}b_n=160$이므로

$80a_1=160$에서 $a_1=2$

2nd a_3+b_3의 값을 구해.

따라서 $a_n=2\times(\sqrt{3})^{n-1}$이고 $a_3=b_3$($\because$ (i))이므로

$a_3+b_3=2a_3=2\times\{2\times(\sqrt{3})^{3-1}\}=2\times(2\times3)=12$

쉬운 풀이: 첫째항부터 제8 항까지의 항을 직접 더해서 구하기

$a_1=b_1=x$라 하면 $a_n=x\times(\sqrt{3})^{n-1}$, $b_n=x\times(-\sqrt{3})^{n-1}$이므로

$\sum_{n=1}^{8}a_n+\sum_{n=1}^{8}b_n$

$=(x+x\times\sqrt{3}+x\times3+x\times3\sqrt{3}+\cdots+x\times3^3\sqrt{3})$
$\quad+\{x+x\times(-\sqrt{3})+x\times3+x\times(-3\sqrt{3})+\cdots+x\times(-3^3\sqrt{3})\}$

$=2(x+3x+9x+27x)=80x=160$

$\therefore x=2$

따라서 $a_n=2\times(\sqrt{3})^{n-1}$, $b_n=2\times(-\sqrt{3})^{n-1}$이므로

$a_3+b_3=2\times(\sqrt{3})^2+2\times(-\sqrt{3})^2=6+6=12$

H 74 정답 105 *∑와 등비수열의 합 [정답률 72%]

정답 공식: 첫째항이 a이고 공비가 r인 등비수열의 첫째항부터 제n항까지의 합은 $\sum_{k=1}^{n}ar^{k-1}=\frac{a(r^n-1)}{r-1}=\frac{a(1-r^n)}{1-r}$이다.

부등식 $\sum_{k=1}^{5}2^{k-1}<\sum_{k=1}^{n}(2k-1)<\sum_{k=1}^{5}(2\times3^{k-1})$을 만족시키는 모든 자연수 n의 값의 합을 구하시오. (3점)

단서 주어진 부등식을 n에 대한 부등식으로 나타내 봐.

1st 부등식의 각 변을 간단히 나타내.

$\sum_{k=1}^{5}2^{k-1}=\frac{1\times(2^5-1)}{2-1}=31$ → 첫째항이 1이고 공비가 2인 등비수열의 첫째항부터 제5 항까지의 합이야.

$\sum_{k=1}^{n}(2k-1)=\sum_{k=1}^{n}2k-\sum_{k=1}^{n}1=2\sum_{k=1}^{n}k-\sum_{k=1}^{n}1$ → 상수 c에 대하여 $\sum_{k=1}^{n}ca_k=c\sum_{k=1}^{n}a_k$

$\sum_{k=1}^{n}(a_k-b_k)=\sum_{k=1}^{n}a_k-\sum_{k=1}^{n}b_k$

$=2\times\frac{n(n+1)}{2}-1\times n=n^2$

→ $\sum_{k=1}^{n}k=\frac{n(n+1)}{2}$, $\sum_{k=1}^{n}c=c\times n$

$\sum_{k=1}^{5}(2\times3^{k-1})=\frac{2\times(3^5-1)}{3-1}=242$

첫째항이 2이고 공비가 3인 등비수열의 첫째항부터 제5 항까지의 합이야.

2nd 부등식을 만족시키는 모든 자연수 n의 값의 합을 구해.

$\sum_{k=1}^{5} 2^{k-1} < \sum_{k=1}^{n} (2k-1) < \sum_{k=1}^{5} (2\times3^{k-1})$에서 $31 < n^2 < 242$

이때, $5^2=25$, $6^2=36$, $\cdots$, $15^2=225$, $16^2=256$이므로

주어진 부등식을 만족시키는 n의 값은 6, 7, 8, $\cdots$, 15이다.

따라서 주어진 부등식을 만족시키는 모든 자연수 n의 값의 합은

$6+7+8+\cdots+15=\frac{10\times(6+15)}{2}=105$

첫째항이 6이고 제10항이 15인 등차수열의 합이야.

첫째항이 a이고 제n항이 l인 등차수열의 첫째항부터 제n항까지의 합은 $\frac{n(a+l)}{2}$이야.

H 75 정답 ① *∑와 등비수열의 합 [정답률 65%]

정답 공식: 첫째항이 a이고 공비가 $r(r\neq1)$인 등비수열의 첫째항부터 제n항까지의 합을 S_n이라 하면 $S_n=\frac{a(1-r^n)}{1-r}=\frac{a(r^n-1)}{r-1}$

모든 항이 양수인 등비수열 $\{a_n\}$이 다음 조건을 만족시킬 때, a_3의 값은? (4점)

단서1 등비수열의 모든 항이 양수이려면 첫째항과 공비 모두 양수이어야 해.

(가) $\sum_{k=1}^{4} a_k=45$

(나) $\sum_{k=1}^{6} \frac{a_2\times a_5}{a_k}=189$

단서2 두 조건식을 등비수열의 합의 공식을 이용하여 나타낸 후 두 식을 연립하여 첫째항과 공비를 구해.

①12 ② 15 ③ 18 ④ 21 ⑤ 24

1st 등비수열 $\{a_n\}$의 공비를 구하자.

등비수열 $\{a_n\}$의 첫째항을 $a(a>0)$, 공비를 $r(r>0)$라 하면

수열 $\{a_n\}$의 모든 항이 양수이니까 첫째항도 양수여야 하지?

$r=0$이면 첫째항을 제외한 모든 항은 항상 0이야. 또, $r<0$이면 항이 양수인 항과 음수인 항이 교대로 나타나.

(i) $r=1$일 때, $a_n=a$, $\frac{1}{a_n}=\frac{1}{a}$이므로

조건 (가)에서 $\sum_{k=1}^{4} a_k=\sum_{k=1}^{4} a=4a=45$

상수 c에 대하여 $\sum_{k=1}^{n} c=cn$

$\therefore a=\frac{45}{4}$ $\cdots$ ㉠

또, 조건 (나)에서

$\sum_{k=1}^{6} \frac{a_2\times a_5}{a_k}=(a_2\times a_5)\sum_{k=1}^{6} \frac{1}{a_k}=(a\times a)\sum_{k=1}^{6} \frac{1}{a}$

$=(a\times a)\times\frac{6}{a}=6a=189$

$\therefore a=\frac{63}{2}$ $\cdots$ ㉡

그런데 ㉠≠㉡이므로 $r\neq1$이다.

수열 $\left\{\frac{1}{a_n}\right\}$은 첫째항이 $\frac{1}{a}$이고 공비가 $\frac{1}{r}$인 등비수열이야.

(ii) $r\neq1$일 때, $a_n=ar^{n-1}$, $\frac{1}{a_n}=\frac{1}{ar^{n-1}}=\frac{1}{a}\times\left(\frac{1}{r}\right)^{n-1}$이므로

조건 (가)에서 $\sum_{k=1}^{4} a_k=\sum_{k=1}^{4} ar^{k-1}=\frac{a(r^4-1)}{r-1}=45$ $\cdots$ ㉢

첫째항이 a이고 공비가 $r(r\neq1)$인 등비수열의 첫째항부터 제n항까지의 합을 S_n이라 하면 $S_n=\frac{a(r^n-1)}{r-1}=\frac{a(1-r^n)}{1-r}$

또, 조건 (나)에서

$\sum_{k=1}^{6} \frac{a_2\times a_5}{a_k}=(a_2\times a_5)\sum_{k=1}^{6} \frac{1}{a_k}$

$=(ar\times ar^4)\sum_{k=1}^{6}\left\{\frac{1}{a}\times\left(\frac{1}{r}\right)^{k-1}\right\}$

$=a^2r^5\times\frac{\frac{1}{a}\left\{\left(\frac{1}{r}\right)^6-1\right\}}{\frac{1}{r}-1}=\frac{a\left(\frac{1}{r}-r^5\right)}{\frac{1}{r}-1}=\frac{a(1-r^6)}{1-r}$

분모, 분자에 각각 r를 곱한 거야.

$=\frac{a(r^6-1)}{r-1}=189$ $\cdots$ ㉣

㉣÷㉢을 하면 $\frac{\frac{a(r^6-1)}{r-1}}{\frac{a(r^4-1)}{r-1}}=\frac{189}{45}$에서

$\frac{r^6-1}{r^4-1}=\frac{21}{5}$

$r^2=A$라 놓고 인수분해해. 즉, $r^6-1=A^3-1=(A-1)(A^2+A+1)=(r^2-1)(r^4+r^2+1)$이야.

$\frac{(r^2-1)(r^4+r^2+1)}{(r^2-1)(r^2+1)}=\frac{21}{5}$

$\frac{r^4+r^2+1}{r^2+1}=\frac{21}{5}$ ($\because r^2-1\neq0$)

$5r^4+5r^2+5=21r^2+21$

$5r^4-16r^2-16=0$

$(r^2-4)(5r^2+4)=0$

$(r-2)(r+2)(5r^2+4)=0$

$\therefore r=2$ ($\because r>0$)

(i), (ii)에 의하여 $r=2$

2nd 등비수열 $\{a_n\}$의 첫째항을 구하자.

$r=2$를 ㉢에 대입하면 $\frac{a(16-1)}{2-1}=45$에서 $15a=45$

$\therefore a=3$

3rd a_3의 값을 구하자.

따라서 $a_n=3\times2^{n-1}$이므로 $a_3=3\times2^2=12$이다.

H 76 정답 510 *∑와 등비수열의 합 [정답률 67%]

정답 공식: 이차방정식이 중근을 가질 조건은 판별식이 0인 경우이다. 또, 등비수열의 합의 공식은 $\frac{a(1-r^n)}{1-r}$이다.

첫째항이 2이고 모든 항이 양수인 수열 $\{a_n\}$이 있다. x에 대한 이차방정식 $a_nx^2-a_{n+1}x+a_n=0$이 모든 자연수 n에 대하여 중근을 가질 때, $\sum_{k=1}^{8} a_k$의 값을 구하시오. (4점)

단서 x에 대한 이차방정식이 중근을 가지니까 판별식이 0임을 이용하여 수열 $\{a_n\}$을 유추할 수 있어.

1st 이차방정식이 중근을 가지니까 판별식 $D=0$이지?

이차방정식 $a_nx^2-a_{n+1}x+a_n=0$이 중근을 가지므로 판별식 $D=0$이므로

$D=(a_{n+1})^2-4(a_n)^2=0$

$(a_{n+1})^2-(2a_n)^2=0$ $x^2-y^2=(x+y)(x-y)$

$(a_{n+1}+2a_n)(a_{n+1}-2a_n)=0$

주어진 조건에서 $a_n>0$이므로

$a_{n+1}=2a_n$

$\frac{a_{n+1}}{a_n}=2$이므로 수열 $\{a_n\}$은 공비가 2인 등비수열이야.

즉, 수열 $\{a_n\}$은 공비가 2인 등비수열이다.

그런데 수열 $\{a_n\}$은 첫째항이 2이므로

$a_n=2\times2^{n-1}=2^n$

2nd 구한 등비수열을 이용하여 수열의 합을 구하자.

$\therefore \sum_{k=1}^{8} a_k=\sum_{k=1}^{8} 2^k=\frac{2\times(2^8-1)}{2-1}=2\times255=510$

이차방정식의 근의 판별 개념·공식

이차방정식 $ax^2+bx+c=0$에 대하여 $D=b^2-4ac$라 하면

이 이차방정식은

① $D>0$일 때 서로 다른 두 실근을 가진다.

② $D=0$일 때 한 실근(중근)을 가진다.

③ $D<0$일 때 서로 다른 두 허근을 가진다.

H 77 정답 ① *∑와 등비수열의 합 [정답률 68%]

(정답 공식: 두 점 P, Q의 좌표를 각각 구하고, 이를 이용해 x_n의 식을 구한다.)

단서1 기울기가 -1이므로 $\angle PQO=\frac{\pi}{4}$야.

그림과 같이 제 1 사분면에 있는 곡선 $y=\log_2(x+1)$ 위의 점 P를 지나고 기울기가 -1인 직선이 x축과 만나는 점을 Q라 하자. 자연수 n에 대하여 $\overline{PQ}=\sqrt{2n}$이 되도록하는 점 Q의 x좌표를 x_n이라 할 때, $\sum_{k=1}^{5}x_k$의 값은? (4점)

단서2 점 P에서 x축에 내린 수선의 발을 H라 하면 $x_n=\overline{OH}+\overline{HQ}$이므로 두 선분 OH, HQ의 길이를 n에 관한 식으로 나타내면 돼.

① 72 ② 84 ③ 96 ④ 108 ⑤ 120

1st 점 Q의 x좌표 x_n을 n에 관한 식으로 나타내.

점 P에서 x축에 내린 수선의 발을 H라 하면 두 점 P, Q를 지나는 직선의 기울기가 -1이므로 삼각형 PHQ는 $\overline{PH}=\overline{HQ}$인 직각이등변삼각형이다.

이때, $\overline{PQ}=\sqrt{2n}$이므로 $\overline{PH}=n$에서 점 P의 y좌표는 n이다. (삼각형 PHQ는 직각이등변삼각형이므로 $\overline{PQ}:\overline{PH}:\overline{HQ}=\sqrt{2}:1:1$이야.)

또, 점 P는 곡선 $y=\log_2(x+1)$ 위의 점이므로

$n=\log_2(x+1)$에서 $x=2^n-1$ $\therefore$ P$(2^n-1,\ n)$ ($a>0,\ a\neq1$일 때, $a^x=b \Longleftrightarrow x=\log_a b$)

한편, $\overline{OH}=2^n-1$, $\overline{HQ}=\overline{PH}=n$이므로 $\overline{OQ}=\overline{OH}+\overline{HQ}$에서

$x_n=2^n-1+n$

2nd $\sum_{k=1}^{5}x_k$의 값을 구해.

(두 수열 $\{a_n\}$, $\{b_n\}$에 대하여 $\sum_{k=1}^{n}(a_k\pm b_k)=\sum_{k=1}^{n}a_k\pm\sum_{k=1}^{n}b_k$ (복호동순))

$$\therefore \sum_{k=1}^{5}x_k=\sum_{k=1}^{5}(2^k-1+k)=\sum_{k=1}^{5}2^k-\sum_{k=1}^{5}1+\sum_{k=1}^{5}k$$
$$=\frac{2\times(2^5-1)}{2-1}-5\times1+\frac{5\times6}{2}=62-5+15=72$$

다른 풀이: $\overline{PQ}$의 기울기와 길이 이용하기

점 P의 좌표를 $(a,\ b)$(단, a, b는 양수)라 하면 점 Q의 좌표가 $(x_n,\ 0)$이고 직선 PQ의 기울기가 -1이므로 $\frac{0-b}{x_n-a}=-1$에서

(두 점 (x_1, y_1), (x_2, y_2)를 지나는 직선의 기울기는 $\frac{y_2-y_1}{x_2-x_1}$이야.)

$x_n-a=b$ $\therefore x_n=a+b$

$\therefore \overline{PQ}=\sqrt{(x_n-a)^2+(0-b)^2}=\sqrt{b^2+b^2}=\sqrt{2}b$

한편, $\overline{PQ}=\sqrt{2n}$에서 $b=n$이고 점 P$(a,\ n)$이 곡선 $y=\log_2(x+1)$ 위의 점이므로 $n=\log_2(a+1)$에서 $a+1=2^n$ $\therefore a=2^n-1$

$\therefore x_n=a+b=2^n-1+n$

(두 점 (x_1, y_1), (x_2, y_2) 사이의 거리를 d라 하면 $d=\sqrt{(x_2-x_1)^2+(y_2-y_1)^2}$)

(이하 동일)

H 78 정답 242 *∑와 등비수열의 합 [정답률 53%]

(정답 공식: 첫째항이 a, 공비가 r인 등비수열의 일반항은 $a_n=ar^{n-1}$이고, 첫째항부터 제n항까지의 합은 $\sum_{k=1}^{n}ar^{k-1}=\frac{a(r^n-1)}{r-1}$)

첫째항과 공비가 모두 자연수인 등비수열 $\{a_n\}$에 대하여 $5\le a_2\le6$, $42\le a_4\le96$일 때, $\sum_{n=1}^{5}a_n$의 값을 구하시오. (4점)

단서1 두 조건을 통해 등비수열 $\{a_n\}$의 첫째항과 공비에 대한 식을 세울 수 있어.

단서2 등비수열 $\{a_n\}$의 첫째항부터 제5항까지의 합을 구하는 거니까 첫째항과 공비를 구하면 돼.

1st 주어진 조건을 이용하여 등비수열의 첫째항과 공비를 구하자.

등비수열 $\{a_n\}$의 첫째항을 a, 공비를 r라 하면 일반항 a_n은

$a_n=ar^{n-1}$

$5\le a_2\le6$에서

$5\le ar\le6$ ($\because a_2=ar$)

a와 r는 자연수이므로

$ar=5$ 또는 $ar=6$ ⋯ ㉠

또, $42\le a_4\le96$에서

$42\le ar^3\le96$ ($\because a_4=ar^3$)

ar로 각 변을 나누면

$\frac{42}{ar}\le r^2\le\frac{96}{ar}$ ⋯ ㉡

주의 a, r는 모두 자연수이므로 $ar>0$이지. 따라서 양변을 ar로 나누어도 부등호 방향은 그대로야.

2nd ㉠의 경우를 나눠서 생각해 봐.

(i) $ar=5$일 때,

㉡에 의하여

$\frac{42}{5}\le r^2\le\frac{96}{5}$

($\frac{42}{5}=8.4$, $\frac{96}{5}=19.2$이므로 $8.4\le r^2\le19.2$를 만족시키는 제곱수는 $9(=3^2)$, $16(=4^2)$이야. 즉 자연수 $r=3$ 또는 $r=4$)

즉, $r=3$ 또는 $r=4$

그런데 $ar=5$를 만족시키는 자연수 a는 존재하지 않는다.

(ii) $ar=6$일 때,

㉡에 의하여

$\frac{42}{6}\le r^2\le\frac{96}{6}$

$7\le r^2\le16$

즉, $r=3$ 또는 $r=4$

($r=4$이면 $ar=6$에서 $4a=6 \Rightarrow a=\frac{3}{2}$ 즉, a가 자연수가 아니므로 성립하지 않아.)

$ar=6$을 만족시키는 자연수 $r=3$이고, $a=2$

3rd 등비수열의 첫째항부터 제5항까지의 합을 구하자.

따라서 등비수열 $\{a_n\}$은 첫째항 $a=2$, 공비 $r=3$인 등비수열이므로

$$\sum_{n=1}^{5}a_n=\frac{2\times(3^5-1)}{3-1}$$
$$=\frac{2\times(243-1)}{2}=242$$

쉬운 풀이: 두 자연수의 곱은 자연수임을 이용하여 조건을 만족시키는 첫째항과 공비 구하기

등비수열 $\{a_n\}$의 첫째항과 공비를 각각 a, r라 하면

a, r가 모두 자연수이므로 $a_2=ar$도 자연수야.

이때, $a_2<a_4$이므로 $r\neq1$이고 $5\le a_2\le6$에서 $5\le ar\le6$이므로

($5\le a_2\le6$, $42\le a_4\le96$에서 $a_2<a_4$야.)

$ar=5$또는 $ar=6$

(i) $ar=5$인 경우

$a=1$, $r=5$이고 $a_4=1\times5^3=125$

이것은 $42\le a_4\le96$을 만족시키지 않아.

(ii) $ar=6$인 경우

i) $a=1$, $r=6$일 때, $a_4=1\times6^3=216$

이것은 $42\le a_4\le96$을 만족시키지 않아.

ii) $a=2$, $r=3$일 때, $a_4=2\times3^3=54$

이것은 $42\le a_4\le96$을 만족시켜.

iii) $a=3$, $r=2$일 때, $a_4=3\times2^3=24$

이것은 $42\le a_4\le96$을 만족시키지 않아.

(i), (ii)에 의하여 $a=2$, $r=3$이야.

(이하 동일)

H 79 정답 162 *∑와 등비수열의 합 [정답률 54%]

(정답 공식: 첫째항이 a, 공비가 r인 등비수열 $\{a_n\}$의 일반항 $a_n=ar^{n-1}$이고, 첫째항부터 제n항까지의 합 $S_n=\frac{a(1-r^n)}{1-r}$ (단, $r\neq1$)이다.)

첫째항이 2이고 공비가 정수인 등비수열 $\{a_n\}$과 자연수 m이 다음 조건을 만족시킬 때, a_m의 값을 구하시오. (4점)

(가) $4<a_2+a_3\leq12$ 단서 공비에 대한 식을 얻을 수 있어. 공비가 정수라는 조건을 잘 이용해야해.

(나) $\sum_{k=1}^{m}a_k=122$

1st 조건 (가)를 만족하는 공비를 생각해보자.

등비수열 $\{a_n\}$의 공비를 r (r는 정수)라 하면 첫째항이 2이므로

등비수열 $\{a_n\}$의 일반항은 $a_n=2r^{n-1}$ $\quad\therefore a_2=2r,\ a_3=2r^2$

조건 (가)에 위의 식을 대입하면 $4<2r+2r^2\leq12$

$\therefore 2<r+r^2\leq6$

(i) $r^2+r>2$에서

$r^2+r-2=(r+2)(r-1)>0$ $\quad\therefore r<-2$ 또는 $r>1$ ⋯ ㉠

(ii) $r^2+r\leq6$에서 $r^2+r-6=(r+3)(r-2)\leq0$

$\therefore -3\leq r\leq2$ ⋯ ㉡

㉠, ㉡에서

$-3\leq r<-2$ 또는 $1<r\leq2$

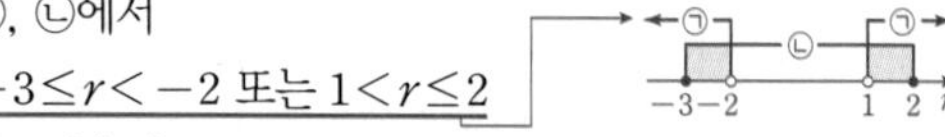

r는 정수이므로 $r=-3$ 또는 $r=2$

2nd 공비 r에 따라 조건 (나)를 만족시키는 자연수 m의 값을 계산하자.

(I) $r=-3$인 경우

조건 (나)에 의해

$$\sum_{k=1}^{m}a_k=\sum_{k=1}^{m}\{2\times(-3)^{k-1}\}=\frac{2\{1-(-3)^m\}}{1-(-3)}$$

$$=\frac{1-(-3)^m}{2}=122$$

첫째항부터 제n항까지의 합 $S_n=\frac{a(1-r^n)}{1-r}$ (단, $r\neq1$)

$1-(-3)^m=244,\ (-3)^m=-243=(-3)^5$ $\quad\therefore m=5$

(II) $r=2$인 경우

조건 (나)에 의해

$$\sum_{k=1}^{m}a_k=\sum_{k=1}^{m}(2\times2^{k-1})=\frac{2(2^m-1)}{2-1}=2(2^m-1)$$

$2(2^m-1)=122,\ 2^m-1=61$ $\quad\therefore 2^m=62$

이때, $2^m=62$를 만족시키는 자연수 m의 값은 존재하지 않는다.

따라서 (I), (II)에 의하여 $r=-3,\ m=5$이므로

$a_m=a_5=2\times(-3)^4=2\times81=162$

H 80 정답 128 *∑와 등비수열의 합 [정답률 43%]

(정답 공식: 첫째항이 a, 공비가 $r(r\neq1)$인 등비수열의 첫째항부터 제n항까지의 합은 $\frac{a(1-r^n)}{1-r}$이다.)

모든 항이 양수인 등비수열 $\{a_n\}$이 다음 조건을 만족시킬 때, a_3의 값을 구하시오. (4점) 단서 등비수열의 모든 항이 양수인 조건에 모순이 되는 경우에 주의하자.

(가) $a_1\times a_2=2a_3$ (나) $\sum_{k=1}^{20}a_k=\frac{a_{21}-a_1}{3}$

1st 조건 (가)의 식을 a_1과 공비(r)로 나타내자.

등비수열 $\{a_n\}$의 공비를 r라 하면 조건 (가)에서

$a_1\times a_2=a_1^2r,\ 2a_3=2a_1r^2$이므로

$a_1^2r=2a_1r^2$ $\quad a_2=a_1\times r,\ a_3=a_2\times r=a_1\times r^2$이야.

$\therefore a_1=2r$ ($\because a_n>0,\ r>0$) ⋯ ㉠ → 모든 항이 양수이므로 공비 r도 양수임을 알 수 있어.

2nd 등비수열의 합을 구하는 공식을 이용해 조건 (나)의 식을 정리하자.

만약 $r=1$이면 조건 (나)에서

$\sum_{k=1}^{20}a_k=20a_1,\ \frac{a_{21}-a_1}{3}=0$이므로

$a_1=0$

그런데 이것은 모든 항이 양수라는 것에 모순이다.

주의 등비수열 $\{a_n\}$에서 공비 $r=1$이면 $a_1=a_2=a_3=\cdots=a_{20}=a_{21}=\cdots$이므로 $\sum_{k=1}^{20}a_k=a_1+a_2+a_3+\cdots+a_{20}=a_1+a_1+a_1+\cdots a_1=20a_1$, $\frac{a_{21}-a_1}{3}=\frac{a_1-a_1}{3}=0$

즉, $r\neq1$이고

$\sum_{k=1}^{20}a_k=\frac{a_1(r^{20}-1)}{r-1}$에서

$\frac{a_{21}-a_1}{3}=\frac{a_1(r^{20}-1)}{3}$

이므로 조건 (나)에 의해

$$\frac{a_1(r^{20}-1)}{r-1}=\frac{a_1(r^{20}-1)}{3}$$

$$\frac{1}{r-1}=\frac{1}{3}$$

$\therefore r=4$

3rd a_3의 값을 계산하자.

㉠의 식에 $r=4$를 대입하면

$a_1=2\times4=8$

$\therefore a_3=a_1\times r^2=8\times4^2=128$

H 81 정답 502 *∑와 등비수열의 합 [정답률 58%]

(정답 공식: $S_n=\frac{a_1(r^n-1)}{r-1}$로 바꾸고 주어진 등식을 이용해 공비를 구한다.)

모든 항이 양의 실수인 등비수열 $\{a_n\}$의 첫째항부터 제n항까지의 합을 S_n이라 하자. $S_3=7a_3$일 때, $\sum_{n=1}^{8}\frac{S_n}{a_n}$의 값을 구하시오. (4점)

단서 a_1과 r에 대한 식을 만들어 보자.

1st $S_3=7a_3$을 이용해서 첫째항 a와 공비 r에 대한 식을 만들자.

모든 항이 양의 실수인 등비수열 $\{a_n\}$의 첫째항을 $a(a>0)$, 공비를 $r(r>0)$라 하면 → 모든 항이 양의 실수이고 $a>0$이니까 $r>0$이어야 해.

$S_3=7a_3$에서 $a+ar+ar^2=7ar^2$

실수 S_3에 등비수열의 합 공식을 쓰는 것보다는 $a_1+a_2+a_3$를 쓰는 게 더 편리해.

$a>0$이므로 양변을 a로 나누면

$1+r+r^2=7r^2,\ 6r^2-r-1=0$

$(3r+1)(2r-1)=0$ $\quad\therefore r=\frac{1}{2}$ ($\because r>0$)

2nd $r=\frac{1}{2}$을 이용해서 $\sum_{n=1}^{8}\frac{S_n}{a_n}$의 값을 구하자.

$$a_n=a\times\left(\frac{1}{2}\right)^{n-1},\ S_n=\frac{a\left\{1-\left(\frac{1}{2}\right)^n\right\}}{1-\frac{1}{2}}=2a\left\{1-\left(\frac{1}{2}\right)^n\right\}\text{이므로}$$

첫째항이 a, 공비가 r (단, $r\neq1$)인 등비수열의 첫째항부터 제n항까지의 합은 $S_n=\frac{a(r^n-1)}{r-1}=\frac{a(1-r^n)}{1-r}$

$$\sum_{n=1}^{8}\frac{S_n}{a_n}=\sum_{n=1}^{8}\frac{2a\left\{1-\left(\frac{1}{2}\right)^n\right\}}{a\times\left(\frac{1}{2}\right)^{n-1}}$$

$$=\sum_{n=1}^{8}(2^n-1)=\frac{2(2^8-1)}{2-1}-8=502$$

다른 풀이: 등비수열의 합 공식 이용하기

모든 항이 양의 실수인 등비수열 $\{a_n\}$의 첫째항을 $a(a>0)$, 공비를 $r(r>0)$라 하면

(i) $r=1$일 때, $S_3=7a_3$에서 $a+a+a=7a$

$4a=0$에서 $a=0$

$a>0$이므로 조건을 만족하지 않는다.

(ii) $r\neq1$일 때

$S_3=7a_3$에서 $\dfrac{a(1-r^3)}{1-r}=7ar^2$

$\dfrac{a(1-r)(1+r+r^2)}{1-r}=7ar^2$

$r\neq1$, $a>0$이므로

$1+r+r^2=7r^2$, $6r^2-r-1=0$, $(3r+1)(2r-1)=0$

$\therefore r=\dfrac{1}{2}\ (\because r>0)$

(이하 동일)

H 82 정답 13 $*\Sigma$와 등비수열의 합 [정답률 51%]

(정답 공식: a_n의 일반항을 구한다. 수열 a_n이 등비수열이면 수열 $\dfrac{1}{a_n}$도 등비수열이다.)

수열 $\{a_n\}$은 첫째항이 양수이고 공비가 1보다 큰 등비수열이다.
단서1 첫째항을 a_1, 공비를 r라 하고 일반항을 세워.
$a_3a_5=a_1$일 때, $\displaystyle\sum_{k=1}^{n}\frac{1}{a_k}=\sum_{k=1}^{n}a_k$를 만족시키는 자연수 n의 값을 구하시오. (4점)
단서2 두 조건으로 a_1과 r에 대한 식을 만들어 보자.

1st 등비수열의 일반항을 이용하여 첫째항과 공비의 관계식을 구하자.
(첫째항이 a_1, 공비가 r일 때, $a_n=a_1r^{n-1}$)

등비수열 $\{a_n\}$의 첫째항을 a_1, 공비를 $r(r>1)$라 하면 $a_n=a_1r^{n-1}$

$a_3a_5=a_1$에서 $a_1r^2\times a_1r^4=a_1$, $a_1r^6=1$ $\quad\therefore a_1=r^{-6}\ \cdots$ ㉠

2nd 수열 $\left\{\dfrac{1}{a_n}\right\}$의 일반항을 구하여 등비수열의 합의 공식으로 $\displaystyle\sum_{k=1}^{n}\frac{1}{a_k}=\sum_{k=1}^{n}a_k$를 정리하자.
(첫째항이 a_1, 공비가 r (단, $r\neq1$)일 때, 첫째항부터 제 n항까지의 합은 $S_n=\dfrac{a_1(r^n-1)}{r-1}$)

수열 $\left\{\dfrac{1}{a_n}\right\}$은 첫째항이 $\dfrac{1}{a_1}$이고 공비가 $\dfrac{1}{r}\left(\dfrac{1}{r}<1\right)$인 등비수열이므로

$$\sum_{k=1}^{n}\frac{1}{a_k}=\frac{\frac{1}{a_1}\left\{1-\left(\frac{1}{r}\right)^n\right\}}{1-\frac{1}{r}}=\frac{r(r^n-1)}{a_1r^n(r-1)}\text{이고 }\sum_{k=1}^{n}a_k=\frac{a_1(r^n-1)}{r-1}\text{이다.}$$

이때, $\displaystyle\sum_{k=1}^{n}\frac{1}{a_k}=\sum_{k=1}^{n}a_k$에서 $\dfrac{r(r^n-1)}{a_1r^n(r-1)}=\dfrac{a_1(r^n-1)}{r-1}$ $\qquad\therefore a_1^2r^n=r$

㉠에 의하여 $(r^{-6})^2r^n=r$에서 $r^{-12+n}=r$이므로 ($▲^●=▲^■\Rightarrow●=■$)

$-12+n=1\ (\because r>1)$

$\therefore n=13$

다른 풀이: 등비수열의 일반항과 지수법칙 이용하기

㉠에 의하여 수열 $\{a_n\}$의 일반항은 $a_n=ar^{n-1}=r^{-6}\times r^{n-1}=r^{n-7}$이므로 ($r^●\times r^■=r^{●+■}$)

$\displaystyle\sum_{k=1}^{n}a_k=\sum_{k=1}^{n}r^{k-7}=r^{-6}+r^{-5}+r^{-4}+\cdots+r^{n-7}\ \cdots$ ㉡
(k에 1부터 n까지 대입하여 합 구하기)

$\displaystyle\sum_{k=1}^{n}\frac{1}{a_k}=\sum_{k=1}^{n}\frac{1}{r^{k-7}}=\sum_{k=1}^{n}r^{7-k}=r^6+r^5+r^4+\cdots+r^{7-n}\ \cdots$ ㉢
($a^{-1}=\dfrac{1}{a}$이니까 $■^{-●}=\dfrac{1}{■^●}$)

㉡$=$㉢이고 $r>1$이므로

$r^{-6}=r^{7-n}$, $r^6=r^{n-7}$, $n-7=6$ $\qquad\therefore n=13$

H 83 정답 2 $*\displaystyle\sum_{k=1}^{n}a_k$와 a_n 사이의 관계 [정답률 87%]

(정답 공식: S_n을 알면 a_n도 구할 수 있다.)

수열 $\{a_n\}$이 $\displaystyle\sum_{k=1}^{n}a_k=2n-1$을 만족시킬 때, a_{10}의 값을 구하시오. (3점)
단서 $S_n=a_k$이니까 수열의 합을 일반항으로 나타내어야 a_{10}의 값을 구할 수 있지.

1st 수열의 합을 일반항으로 나타내어 a_{10}의 값을 구해.
($a_n=S_n-S_{n-1}(n\geq2)$을 이용하면 일반항도 구할 수 있어.)

수열 $\{a_n\}$의 첫째항부터 제n항까지의 합을 S_n이라 하면

$S_n=\displaystyle\sum_{k=1}^{n}a_k=2n-1$이고, $a_n=S_n-S_{n-1}\ (n\geq2)$이므로

$a_n=2n-1-2(n-1)+1=2\ (n\geq2)$

$\therefore a_{10}=2$

($n=1$일 때도 S_n-S_{n-1}을 이용하여 구한 일반항이 성립할까? $a_1=S_1=2\times1-1=1\neq2$이니까 아니네. 하지만 구하는 건 제10항이니까 상관없지?)

톡톡 풀이: $a_{10}=S_{10}-S_9$임을 이용하기

a_{10}을 구하기 위해서는 제10항까지 합에서 제9항까지의 합을 빼주면 구할 수 있겠지?
($(a_1+a_2+\cdots+a_{10})-(a_1+a_2+\cdots+a_9)$)

$\therefore a_{10}=\displaystyle\sum_{k=1}^{10}a_k-\sum_{k=1}^{9}a_k=(2\times10-1)-(2\times9-1)=19-17=2$
($=S_{10}-S_9$)

H 84 정답 ① $*\displaystyle\sum_{k=1}^{n}a_k$와 a_n 사이의 관계 [정답률 65%]

(정답 공식: 수열 $\{a_n\}$에 대하여 $S_n=\displaystyle\sum_{k=1}^{n}a_k$라 하면 $a_1=S_1$, $a_n=S_n-S_{n-1}(n\geq2)$이다.)

$a_1=2$인 수열 $\{a_n\}$과 $b_1=2$인 등차수열 $\{b_n\}$이
단서1 먼저 등차수열 $\{b_n\}$의 일반항을 찾아야 해.
모든 자연수 n에 대하여 $\displaystyle\sum_{k=1}^{n}\frac{a_k}{b_{k+1}}=\frac{1}{2}n^2$을 만족시킬 때,
$\displaystyle\sum_{k=1}^{5}a_k$의 값은? (4점) 단서2 수열 $\left\{\dfrac{a_n}{b_{n+1}}\right\}$의 첫째항부터 제$n$항까지의 합을 이용하여 이 수열의 일반항을 구할 수 있지?

① 120 ② 125 ③ 130 ④ 135 ⑤ 140

1st 등차수열 $\{b_n\}$의 일반항을 구해.

$\displaystyle\sum_{k=1}^{n}\frac{a_k}{b_{k+1}}=\frac{1}{2}n^2$의 양변에 $n=1$을 대입하면

$\dfrac{a_1}{b_2}=\dfrac{1}{2}\times1^2=\dfrac{1}{2}$ $\qquad\therefore b_2=2a_1=2\times2=4\ (\because a_1=2)$

따라서 등차수열 $\{b_n\}$의 공차를 d라 하면 $d=b_2-b_1=4-2=2$이므로

일반항은 $b_n=2+(n-1)\times2=2n\ \cdots$㉠이다.
(첫째항이 a이고 공차가 d인 등차수열 $\{a_n\}$의 일반항은 $a_n=a+(n-1)d$야.)

2nd 수열 $\{a_n\}$의 일반항을 구하고 $\displaystyle\sum_{k=1}^{5}a_k$의 값을 구해.

$c_n=\dfrac{a_n}{b_{n+1}}$이라 하면 $c_1=\displaystyle\sum_{k=1}^{1}c_k=\frac{1}{2}\times1^2=\frac{1}{2}\ \cdots$㉡

$n\geq2$일 때,

$c_n=\displaystyle\sum_{k=1}^{n}c_k-\sum_{k=1}^{n-1}c_k=\frac{1}{2}n^2-\frac{1}{2}(n-1)^2$

$=\dfrac{1}{2}\{n^2-(n-1)^2\}=\dfrac{1}{2}(n^2-n^2+2n-1)=n-\dfrac{1}{2}\ \cdots$㉢

㉢에 $n=1$을 대입하면 $c_1=1-\dfrac{1}{2}=\dfrac{1}{2}$이므로 ㉡에 의하여

$c_n=n-\dfrac{1}{2}(n\geq1)$ $\qquad\therefore \dfrac{a_n}{b_{n+1}}=n-\dfrac{1}{2}$

이때, ㉠에서 $b_{n+1}=2(n+1)$이므로

$a_n=\left(n-\frac{1}{2}\right)b_{n+1}=\left(n-\frac{1}{2}\right)\times 2(n+1)=2n^2+n-1$이다.

$\therefore \sum_{k=1}^{5}a_k=\sum_{k=1}^{5}(2k^2+k-1)=2\sum_{k=1}^{5}k^2+\sum_{k=1}^{5}k-\sum_{k=1}^{5}1$

$\sum_{k=1}^{n}k^2=\frac{n(n+1)(2n+1)}{6}$, $\sum_{k=1}^{n}k=\frac{n(n+1)}{2}$이고 상수 c에 대하여 $\sum_{k=1}^{n}c=cn$이야.

$=2\times\frac{5\times6\times11}{6}+\frac{5\times6}{2}-1\times5=110+15-5=120$

한성은 | 2025 수능 응시 · 익산 남성여고 졸
수열의 합이 문자를 포함해서 제시되어 있는 경우 수열의 합을 이용해서 일반항을 구하는 공식을 활용하는 것이 문제를 푸는 첫 단계가 되는 경우가 많으니까 수열의 합을 이용해서 일반항을 구하는 공식을 잘 알아두는 것이 좋아. 그리고 수열의 합으로 제시된 식이 첫째항에는 적용되지 않는 경우가 종종 있으니까 수열의 합으로 구하는 첫째항과 문제에서 제시해주거나 문제를 푸는 과정에서 구한 첫째항의 값이 일치하는지 확인하는 것도 필요해.

H 85 정답 58 $*\sum_{k=1}^{n}a_k$와 a_n 사이의 관계 [정답률 66%]

(정답 공식: 수열 $\{a_n\}$에 대하여 $S_n=\sum_{k=1}^{n}a_k$라 하면 $a_1=S_1$, $a_n=\sum_{k=1}^{n}a_k-\sum_{k=1}^{n-1}a_k\ (n\ge2)$이다.)

수열 $\{a_n\}$이 모든 자연수 n에 대하여

$$\sum_{k=1}^{n}\frac{4k-3}{a_k}=2n^2+7n$$

단서 $\frac{4k-3}{a_k}=b_k$이라 하고 수열 $\{b_n\}$의 첫째항부터 제n항까지의 합을 S_n이라 하면 $S_n=2n^2+7n$이야. 그럼 $b_n=S_n-S_{n-1}\ (n\ge2)$임을 이용할 수 있겠지?

을 만족시킨다. $a_5\times a_7\times a_9=\frac{q}{p}$일 때, $p+q$의 값을 구하시오.
(단, p와 q는 서로소인 자연수이다.) (4점)

1st 수열 $\{a_n\}$의 일반항을 구하자.

$\sum_{k=1}^{n}\frac{4k-3}{a_k}=2n^2+7n$에서

(i) $n=1$일 때,

주의 수열 $\{a_n\}$의 첫째항부터 제n항까지의 합을 S_n이라 할 때, $a_n=S_n-S_{n-1}\ (n\ge2)$이야. $n=1$이면 $a_1=S_1-S_0$이므로 성립하지 않기 때문에 $n=1$인 경우는 따로 확인해야 해.

(좌변)$=\sum_{k=1}^{1}\frac{4k-3}{a_k}=\frac{4\times1-3}{a_1}=\frac{1}{a_1}$이고

(우변)$=2\times1^2+7\times1=9$이므로 $\frac{1}{a_1}=9$

$\therefore a_1=\frac{1}{9}$

(ii) $n\ge2$일 때,

수열 $\{a_n\}$의 첫째항부터 제n항까지의 합을 S_n이라 하면 $a_1=S_1$, $a_n=S_n-S_{n-1}\ (n\ge2)$이야.

$\frac{4n-3}{a_n}=\sum_{k=1}^{n}\frac{4k-3}{a_k}-\sum_{k=1}^{n-1}\frac{4k-3}{a_k}$

$=(2n^2+7n)-\{2(n-1)^2+7(n-1)\}$

$=2n^2+7n-(2n^2-4n+2+7n-7)$

$=4n+5$

$\therefore a_n=\frac{4n-3}{4n+5}$

이때, (ii)에서 $n=1$일 때 $a_1=\frac{4\times1-3}{4\times1+5}=\frac{1}{9}$이므로

$a_n=\frac{4n-3}{4n+5}\ (n\ge1)$

2nd $a_5\times a_7\times a_9$의 값을 구하자.

$\therefore a_5\times a_7\times a_9=\frac{4\times5-3}{4\times5+5}\times\frac{4\times7-3}{4\times7+5}\times\frac{4\times9-3}{4\times9+5}$

$=\frac{17}{25}\times\frac{25}{33}\times\frac{33}{41}=\frac{17}{41}$

따라서 $p=41$, $q=17$이므로

$p+q=41+17=58$

H 86 정답 ④ $*\sum_{k=1}^{n}a_k$와 a_n 사이의 관계 [정답률 73%]

(정답 공식: S_n을 알면 a_n도 구할 수 있다.)

수열 $\{a_n\}$에 대하여 $\sum_{k=1}^{n}a_k=n^2-n\ (n\ge1)$일 때, $\sum_{k=1}^{10}ka_{4k+1}$의 값은? (3점)

단서 수열 $\{a_n\}$의 합으로 일반항을 구하여 na_{4n+1}의 일반항을 찾자.

① 2960 ② 3000 ③ 3040 ④ 3080 ⑤ 3120

1st 수열의 합으로부터 일반항을 구하자. $a_n=S_n-S_{n-1}\ (n\ge2)$을 이용해.

수열 $\{a_n\}$의 첫째항부터 제n항까지의 합을 S_n이라 하면

$S_n=\sum_{k=1}^{n}a_k=n^2-n$이므로 ($S_n=\sum_{k=1}^{n}a_k$)

$a_n=S_n-S_{n-1}=(n^2-n)-\{(n-1)^2-(n-1)\}=2n-2\ (n\ge2)$

이때, $a_1=S_1=0$이므로 $a_n=2n-2\ (n\ge1)$

$a_n=2n-2$에 $n=1$을 대입한 값이 $S_1=0$과 같으니까

2nd ka_{4k+1}의 식을 세워 주어진 식의 값을 구하자.

이때, $ka_{4k+1}=k\{2(4k+1)-2\}=8k^2$이므로

$\sum_{k=1}^{10}ka_{4k+1}=\sum_{k=1}^{10}8k^2=8\sum_{k=1}^{10}k^2=8\times\frac{10\times11\times21}{6}=3080$

H 87 정답 ④ $*\sum_{k=1}^{n}a_k$와 a_n 사이의 관계 [정답률 65%]

(정답 공식: 6^n은 항상 짝수, 3^n은 항상 홀수이므로 $f(6^n)-f(3^n)$을 정의에 의해 구할 수 있다.)

자연수 n에 대하여 $f(n)$이 다음과 같다.

$$f(n)=\begin{cases}\log_3 n & (n\text{이 홀수})\ \cdots ⓐ\\ \log_2 n & (n\text{이 짝수})\end{cases}$$

단서 ⓐ의 $f(n)$에서 n이 짝수인지, 홀수인지에 따라 로그 식이 다르니까 확인 후 일반항 a_n을 찾아 볼까?

수열 $\{a_n\}$이 $a_n=f(6^n)-f(3^n)$일 때, $\sum_{n=1}^{15}a_n$의 값은? (3점)

① $120(\log_2 3-1)$ ② $105\log_3 2$ ③ $105\log_2 3$ ④ $120\log_2 3$ ⑤ $120(\log_3 2+1)$

1st 3, 6의 거듭제곱이 짝수인지 홀수인지 확인하여 $f(n)$의 값을 구해.

6^n은 6, 36, 216, …으로 항상 일의 자리 숫자가 6이므로 6^n은 짝수이다.

$f(n)=\log_2 n$에 대입해.

$\therefore f(6^n)=\log_2 6^n=\log_2(2\times3)^n$

$=n(1+\log_2 3)$

또, 3^n은 3, 9, 27, 81, 243, 729, …로 일의 자리 숫자는 3, 9, 7, 1이 반복되므로 3^n은 홀수이다.

$f(n)=\log_3 n$에 대입해.

$\therefore f(3^n)=\log_3 3^n=n$

실수 3, 6의 거듭제곱을 직접 계산해봐도 되지만 일의 자리만 구해서 홀수인지 짝수인지 판단하는게 시간이 절약되겠지?

2nd 일반항 a_n을 찾아 $\sum_{n=1}^{15}a_n$의 값을 구해.

$a_n=f(6^n)-f(3^n)=n(1+\log_2 3)-n$

$=n+n\log_2 3-n$

$=n\log_2 3$

$\therefore \sum_{n=1}^{15} a_n = \sum_{n=1}^{15} n\log_2 3 = \log_2 3 \times \sum_{n=1}^{15} n$

$\log_2 3$은 상수로 취급해. 즉, 상수 c에 대하여 $\sum_{k=1}^{n} ca_k = c\sum_{k=1}^{n} a_k$ / $\sum_{k=1}^{n} k = \frac{n(n+1)}{2}$

$= \log_2 3 \times \frac{15\times16}{2}$

$= 120\log_2 3$

H 88 정답 15 $*\sum_{k=1}^{n} a_k$와 a_n 사이의 관계 [정답률 46%]

(정답 공식: $a_nb_n = c_n$로 두면 c_n의 일반항을 구할 수 있다.)

❶ 단서1 첫째항과 공차가 주어진 등차수열 $\{a_n\}$의 일반항 a_n을 구할 수 있지.

첫째항이 2, 공차가 4인 등차수열 $\{a_n\}$에 대하여

❷ $\sum_{k=1}^{n} a_kb_k = 4n^3+3n^2-n$일 때, b_5의 값을 구하시오. (4점)

단서2 주어진 수열의 합을 이용하여 수열의 합과 일반항 사이의 관계를 이용하여 b_n을 유도할 수 있어.

1st 먼저 등차수열 $\{a_n\}$의 일반항 a_n을 구하자.

첫째항이 2, 공차가 4인 등차수열 $\{a_n\}$의 일반항 a_n을 구하면

$a_n = 2+(n-1)\times4 = 4n-2$ ······ ㉠

첫째항이 a, 공차가 d인 등차수열 $\{a_n\}$의 일반항은 $a_n = a+(n-1)d$

2nd 수열의 합과 일반항 사이의 관계를 이용하자.

$\sum_{k=1}^{n} a_kb_k = 4n^3+3n^2-n$

$= n(4n^2+3n-1)$

$= n(n+1)(4n-1)$

이므로 $\sum_{k=1}^{n} a_kb_k = S_n$이라 놓으면

$\sum_{k=1}^{n} a_kb_k - \sum_{k=1}^{n-1} a_kb_k = (a_1b_1+a_2b_2+\cdots+a_nb_n) - (a_1b_1+a_2b_2+\cdots+a_{n-1}b_{n-1}) = a_nb_n$

$S_n - S_{n-1} = \sum_{k=1}^{n} a_kb_k - \sum_{k=1}^{n-1} a_kb_k$

$= n(n+1)(4n-1)-(n-1)n\{4(n-1)-1\}$

$= n(n+1)(4n-1)-(n-1)n(4n-5)$

$= n\{(n+1)(4n-1)-(n-1)(4n-5)\}$

$= n(4n^2+3n-1-4n^2+9n-5)$

$= n(12n-6) = 6n(2n-1)\ (n\geq2)$ S_n-S_{n-1}에서 $n\geq2$이어야 해.

3rd 구한 a_n을 대입하여 b_n을 유도하여 b_5의 값을 구하자.

즉, $a_nb_n = 6n(2n-1)$이므로 ㉠을 대입하면

$(4n-2)b_n = 6n(2n-1)$, $2(2n-1)b_n = 6n(2n-1)$

$\therefore b_n = 3n\ (n\geq2)$ ⇨ $b_5 = 3\times5 = 15$

주의 $n\geq2$이므로 $2n-1\neq0$이므로 양변을 $2n-1$로 나눈 거야.

쉬운 풀이: 주어진 식에서 a_5b_5의 값을 먼저 구하여 해결하기

$\sum_{k=1}^{n} a_kb_k = 4n^3+3n^2-n$이므로

$a_5b_5 = \sum_{k=1}^{5} a_kb_k - \sum_{k=1}^{4} a_kb_k$

$= (4\times5^3+3\times5^2-5)-(4\times4^3+3\times4^2-4)$

$= (500+75-5)-(256+48-4)$

$= 570-300 = 270$ ··· ㉡

이때, 수열 $\{a_n\}$은 첫째항이 2이고, 공차가 4인 등차수열이므로

$a_n = 2+(n-1)\times4 = 4n-2$에서 $a_5 = 4\times5-2 = 18$

이것을 ㉡에 대입하면 $18b_5 = 270$ $\therefore b_5 = 15$

H 89 정답 120 $*\sum_{k=1}^{n} a_k$와 a_n 사이의 관계 [정답률 43%]

(정답 공식: $(2n-1)a_n = b_n$으로 두고 b_n의 일반항을 먼저 구해본다.)

수열 $\{a_n\}$에 대하여

$\sum_{k=1}^{n} (2k-1)a_k = n(n+1)(4n-1)$

일 때, a_{20}의 값을 구하시오. (4점)

단서 수열의 합에 대한 식이 주어졌으니까 수열의 합과 일반항 사이의 관계를 이용하여 일반항을 구할 수 있어.

1st 주어진 식을 S_n이라 놓고 a_n을 유도해 보자.

$\sum_{k=1}^{n} (2k-1)a_k = n(n+1)(4n-1) = S_n$이라 놓자.

$S_n - S_{n-1} = (2n-1)a_n\ (n\geq2)$이므로

$S_n - S_{n-1} = \sum_{k=1}^{n}(2k-1)a_k - \sum_{k=1}^{n-1}(2k-1)a_k$

$(2n-1)a_n$

$= n(n+1)(4n-1)-(n-1)n\{4(n-1)-1\}$

$= n(n+1)(4n-1)-(n-1)n(4n-5)$ $= a_1+3a_2+5a_3+\cdots+(2n-1)a_n - \{a_1+3a_2+\cdots+(2n-3)a_{n-1}\}$

$= n\{(n+1)(4n-1)-(n-1)(4n-5)\}$ $= (2n-1)a_n$

$= n(4n^2+3n-1-4n^2+9n-5)$

$= n(12n-6) = 6n(2n-1)\ (n\geq2)$ S_n-S_{n-1}에서 $n\geq2$이어야 해.

2nd 수열 $\{a_n\}$의 일반항 a_n을 구하여 a_{20}의 값을 계산하자.

$(2n-1)a_n = 6n(2n-1)$이므로

$a_n = 6n\ (n\geq2)$ → $n\geq2$에서 $2n-1>0$, 즉 $2n-1\neq0$이니까 양변을 $2n-1$로 나눈 거야.

$\therefore a_{20} = 6\times20 = 120$

H 90 정답 ① $*\sum_{k=1}^{n} a_k$와 a_n 사이의 관계 [정답률 51%]

[정답 공식: $\sum_{k=1}^{10}\frac{a_{k+1}}{S_kS_{k+1}} = \sum_{k=1}^{10}\frac{S_{k+1}-S_k}{S_kS_{k+1}} = \sum_{k=1}^{10}\left(\frac{1}{S_k}-\frac{1}{S_{k+1}}\right)$]

첫째항이 2이고, 각 항이 양수인 수열 $\{a_n\}$의 첫째항부터 제n항

단서1 $a_1 = 2$이고, $a_n = S_n - S_{n-1}$(단, $n\geq2$)을 이용해.

까지의 합을 S_n이라 하자. $\sum_{k=1}^{10}\frac{a_{k+1}}{S_kS_{k+1}} = \frac{1}{3}$일 때, S_{11}의 값은? (3점)

단서2 $\frac{b-a}{ab} = \frac{1}{a}-\frac{1}{b}$이니까 이 식을 S_n으로 정리해 볼까?

① 6 ② 7 ③ 8 ④ 9 ⑤ 10

1st 수열의 합으로 일반항을 구하는 방법으로 $\frac{a_{k+1}}{S_kS_{k+1}}$을 S_k의 식으로 표현해.

$a_n = S_n - S_{n-1}\ (n\geq2)$임을 이용해.

$a_{k+1} = S_{k+1} - S_k$이므로 주어진 식에 대입하면

$= (a_{k+1}+a_k+\cdots+a_1)-(a_k+a_{k-1}+\cdots+a_1)$

$\sum_{k=1}^{10}\frac{a_{k+1}}{S_kS_{k+1}} = \sum_{k=1}^{10}\frac{S_{k+1}-S_k}{S_kS_{k+1}}$

$\frac{S_{k+1}}{S_kS_{k+1}} - \frac{S_k}{S_kS_{k+1}} = \frac{1}{S_k} - \frac{1}{S_{k+1}}$

$= \sum_{k=1}^{10}\left(\frac{1}{S_k}-\frac{1}{S_{k+1}}\right)$

$= \left(\frac{1}{S_1}-\frac{1}{S_2}\right)+\left(\frac{1}{S_2}-\frac{1}{S_3}\right)+\cdots+\left(\frac{1}{S_{10}}-\frac{1}{S_{11}}\right)$

$= \frac{1}{S_1}-\frac{1}{S_{11}}$

2nd S_{11}의 값을 구하자.

이때, $S_1 = a_1 = 2$이므로 $\frac{1}{2}-\frac{1}{S_{11}} = \frac{1}{3}$

$\frac{1}{S_{11}} = \frac{1}{2}-\frac{1}{3} = \frac{1}{6}$ $\therefore S_{11} = 6$

H 91 정답 ② *Σ의 활용 - 부분분수 [정답률 91%]

(정답 공식: $\frac{1}{AB}=\frac{1}{B-A}\left(\frac{1}{A}-\frac{1}{B}\right)$을 이용한다.)

수열 $\{a_n\}$의 일반항이 $a_n=2n+1$일 때, $\sum_{n=1}^{12}\frac{1}{a_na_{n+1}}$의 값은? (3점)

단서 일반항 a_n이 n에 대한 일차식이니까 $\frac{1}{a_na_{n+1}}$이 부분분수로 분해될 수 있다고 생각하고 문제에 접근해.

① $\frac{1}{9}$ ② $\frac{4}{27}$ ③ $\frac{5}{27}$ ④ $\frac{2}{9}$ ⑤ $\frac{7}{27}$

1st $\frac{1}{a_na_{n+1}}$을 n에 대하여 나타내자.

$a_n=2n+1$에서 $a_{n+1}=2(n+1)+1=2n+3$이므로

$$\frac{1}{a_na_{n+1}}=\frac{1}{(2n+1)(2n+3)}$$ $\frac{1}{AB}=\frac{1}{B-A}\left(\frac{1}{A}-\frac{1}{B}\right)$

$$=\frac{1}{(2n+3)-(2n+1)}\left(\frac{1}{2n+1}-\frac{1}{2n+3}\right)$$

$$=\frac{1}{2}\left(\frac{1}{2n+1}-\frac{1}{2n+3}\right)$$

2nd $\sum_{n=1}^{12}\frac{1}{a_na_{n+1}}$의 값을 구하자.

$$\therefore \sum_{n=1}^{12}\frac{1}{a_na_{n+1}}=\sum_{n=1}^{12}\frac{1}{2}\left(\frac{1}{2n+1}-\frac{1}{2n+3}\right)$$

$$=\frac{1}{2}\sum_{n=1}^{12}\left(\frac{1}{2n+1}-\frac{1}{2n+3}\right)$$

$$=\frac{1}{2}\left\{\left(\frac{1}{3}-\frac{1}{5}\right)+\left(\frac{1}{5}-\frac{1}{7}\right)+\left(\frac{1}{7}-\frac{1}{9}\right)+\cdots+\left(\frac{1}{25}-\frac{1}{27}\right)\right\}$$

$$=\frac{1}{2}\left(\frac{1}{3}-\frac{1}{27}\right)=\frac{1}{2}\times\frac{8}{27}=\frac{4}{27}$$

H 92 정답 ⑤ *Σ의 활용 - 부분분수 [정답률 64%]

(정답 공식: ${}_nC_r=\frac{n!}{r!(n-r)!}$)

수열 $\{a_n\}$이 모든 자연수 n에 대하여

$a_n={}_{n+1}C_2$ 단서 조합의 수 ${}_{n+1}C_2$를 계산하면 수열의 일반항 a_n을 구할 수 있지.

를 만족시킬 때, $\sum_{n=1}^{9}\frac{1}{a_n}$의 값은? (4점)

① $\frac{7}{5}$ ② $\frac{3}{2}$ ③ $\frac{8}{5}$ ④ $\frac{17}{10}$ ⑤ $\frac{9}{5}$

1st 조합의 값을 이용하여 a_n을 구하고 그 역수인 $\frac{1}{a_n}$을 구하자.

$a_n={}_{n+1}C_2=\frac{(n+1)n}{2}$이므로 → ${}_nC_r=\frac{n(n-1)(n-2)\cdots(n-r+1)}{r!}=\frac{{}_nP_r}{r!}$

$\frac{1}{a_n}=\frac{2}{n(n+1)}=2\left(\frac{1}{n}-\frac{1}{n+1}\right)$ $\frac{1}{AB}=\frac{1}{B-A}\left(\frac{1}{A}-\frac{1}{B}\right)$(단, $A\neq B$)

2nd Σ의 정의를 이용하여 값을 구하자.

$$\therefore \sum_{n=1}^{9}\frac{1}{a_n}=2\sum_{n=1}^{9}\left(\frac{1}{n}-\frac{1}{n+1}\right)$$

$$=2\left\{\left(1-\frac{1}{2}\right)+\left(\frac{1}{2}-\frac{1}{3}\right)+\cdots+\left(\frac{1}{9}-\frac{1}{10}\right)\right\}$$

$$=2\left(1-\frac{1}{10}\right)=2\times\frac{9}{10}=\frac{9}{5}$$

H 93 정답 ④ *Σ의 활용 - 부분분수 [정답률 63%]

(정답 공식: 나머지정리에 의해 x에 대한 다항식 $f(x)$를 $x-n$으로 나눈 나머지는 $f(n)$이다.)

n이 자연수일 때, x에 대한 다항식 $x^3+(1-n)x^2+n$을 $x-n$으로 나눈 나머지를 a_n이라 하자. 단서 x에 대한 다항식 $f(x)$를 $x-a$로 나눈 나머지는 나머지정리를 이용하자.

$\sum_{n=1}^{10}\frac{1}{a_n}$의 값은? (3점)

① $\frac{7}{8}$ ② $\frac{8}{9}$ ③ $\frac{9}{10}$ ④ $\frac{10}{11}$ ⑤ $\frac{11}{12}$

1st 나머지 a_n을 구하자.

$f(x)=x^3+(1-n)x^2+n$이라 할 때, $a_n=f(n)$이므로

$a_n=n^3+(1-n)n^2+n=n(n+1)$ 나머지정리에 의해 $f(x)$를 $x-n$으로 나눈 나머지는 $f(n)$이야.

2nd 부분분수를 이용하여 합을 구하자.

실수 부분분수 $\frac{1}{AB}=\frac{1}{B-A}\left(\frac{1}{A}-\frac{1}{B}\right)$ (단, $A\neq B$)을 이용해.

$$\sum_{n=1}^{10}\frac{1}{n(n+1)}=\sum_{n=1}^{10}\left(\frac{1}{n}-\frac{1}{n+1}\right)$$

$$=\left(1-\frac{1}{2}\right)+\left(\frac{1}{2}-\frac{1}{3}\right)+\cdots+\left(\frac{1}{10}-\frac{1}{11}\right)$$

$$=1-\frac{1}{11}=\frac{10}{11}$$

H 94 정답 ⑤ *Σ의 활용 - 부분분수 [정답률 79%]

(정답 공식: 부분분수 $\frac{1}{AB}=\frac{1}{B-A}\left(\frac{1}{A}-\frac{1}{B}\right)$을 이용한다.)

수열 $\{a_n\}$의 첫째항부터 제n항까지의 합을 S_n이라 하자.

$S_n=\frac{1}{n(n+1)}$일 때, $\sum_{k=1}^{10}(S_k-a_k)$의 값은? (3점)

단서 $\sum_{k=1}^{10}(S_k-a_k)=\sum_{k=1}^{10}S_k-\sum_{k=1}^{10}a_k$야.

① $\frac{1}{2}$ ② $\frac{3}{5}$ ③ $\frac{7}{10}$ ④ $\frac{4}{5}$ ⑤ $\frac{9}{10}$

1st $\sum_{k=1}^{10}S_k$의 값과 $\sum_{k=1}^{10}a_k$의 값을 각각 구해.

$S_n=\frac{1}{n(n+1)}=\frac{1}{(n+1)-n}\left(\frac{1}{n}-\frac{1}{n+1}\right)=\frac{1}{n}-\frac{1}{n+1}$이므로

$$\sum_{k=1}^{10}S_k=\sum_{k=1}^{10}\left(\frac{1}{k}-\frac{1}{k+1}\right)$$

$$=\left(\frac{1}{1}-\frac{1}{2}\right)+\left(\frac{1}{2}-\frac{1}{3}\right)+\left(\frac{1}{3}-\frac{1}{4}\right)+\cdots+\left(\frac{1}{10}-\frac{1}{11}\right)$$

$$=1-\frac{1}{11}=\frac{10}{11}$$

이고 $\sum_{k=1}^{10}a_k=a_1+a_2+a_3+\cdots+a_{10}=S_{10}=\frac{1}{10\times11}=\frac{1}{110}$이다.

2nd $\sum_{k=1}^{10}(S_k-a_k)$의 값을 구해.

$$\therefore \sum_{k=1}^{10}(S_k-a_k)=\sum_{k=1}^{10}S_k-\sum_{k=1}^{10}a_k$$

→ 두 수열 $\{a_n\}$, $\{b_n\}$에 대하여 $\sum_{k=1}^{n}(a_k\pm b_k)=\sum_{k=1}^{n}a_k\pm\sum_{k=1}^{n}b_k$(복호동순)

$$=\frac{10}{11}-\frac{1}{110}=\frac{100}{110}-\frac{1}{110}=\frac{99}{110}=\frac{9}{10}$$

H 95 정답 ① *∑의 활용 – 부분분수 [정답률 64%]

(정답 공식: 첫째항부터 제n항까지의 합이 S_n인 수열 $\{a_n\}$에 대하여 $a_n=S_n-S_{n-1}(n\ge2)$, $a_1=S_1$이다.)

수열 $\{a_n\}$이 모든 자연수 n에 대하여

$$\sum_{k=1}^{n}\frac{1}{(2k-1)a_k}=n^2+2n$$

단서 수열의 합과 일반항 사이의 관계를 이용하여 수열 $\{a_n\}$의 일반항을 구해야 돼.

을 만족시킬 때, $\sum_{n=1}^{10}a_n$의 값은? (4점)

① $\frac{10}{21}$ ② $\frac{4}{7}$ ③ $\frac{2}{3}$ ④ $\frac{16}{21}$ ⑤ $\frac{6}{7}$

1st 수열 $\{a_n\}$의 일반항을 구해.

$b_n=\frac{1}{(2n-1)a_n}$, $\sum_{k=1}^{n}\frac{1}{(2k-1)a_k}=\sum_{k=1}^{n}b_k$라 하면

$S_n=n^2+2n$이므로 $n\ge2$일 때,

$b_n=S_n-S_{n-1}=(n^2+2n)-\{(n-1)^2+2(n-1)\}$

$=(n^2+2n)-(n^2-2n+1+2n-2)=2n+1$

한편, $n=1$일 때, $b_1=S_1=1^2+2\times1=3$이므로

$b_n=2n+1(n\ge1)$

$n\ge2$일 때의 수열 $\{b_n\}$의 일반항, 즉 $b_n=2n+1$에 $n=1$을 대입하면 $b_1=2\times1+1=3$으로 $n=1$일 때의 b_1의 값과 같으므로 $n\ge1$일 때 $b_n=2n+1$이 되는 거야.

즉, $\frac{1}{(2n-1)a_n}=2n+1$에서 $(2n-1)a_n=\frac{1}{2n+1}$

$\therefore a_n=\frac{1}{(2n-1)(2n+1)}$

$=\frac{1}{(2n+1)-(2n-1)}\left(\frac{1}{2n-1}-\frac{1}{2n+1}\right)$

$=\frac{1}{2}\left(\frac{1}{2n-1}-\frac{1}{2n+1}\right)$ ← $\frac{1}{AB}=\frac{1}{B-A}\left(\frac{1}{A}-\frac{1}{B}\right)$

2nd $\sum_{n=1}^{10}a_n$의 값을 구해.

→ 수열 $\{a_n\}$과 상수 c에 대하여 $\sum_{k=1}^{n}ca_k=c\sum_{k=1}^{n}a_k$

$\therefore \sum_{n=1}^{10}a_n=\sum_{n=1}^{10}\frac{1}{2}\left(\frac{1}{2n-1}-\frac{1}{2n+1}\right)$

$=\frac{1}{2}\sum_{n=1}^{10}\left(\frac{1}{2n-1}-\frac{1}{2n+1}\right)$

$=\frac{1}{2}\left\{\left(\frac{1}{1}-\frac{1}{3}\right)+\left(\frac{1}{3}-\frac{1}{5}\right)+\left(\frac{1}{5}-\frac{1}{7}\right)+\cdots+\left(\frac{1}{19}-\frac{1}{21}\right)\right\}$

$=\frac{1}{2}\left(1-\frac{1}{21}\right)=\frac{1}{2}\times\frac{20}{21}=\frac{10}{21}$

H 96 정답 ① *∑의 활용 – 부분분수 [정답률 56%]

(정답 공식: $\frac{1}{AB}=\frac{1}{B-A}\left(\frac{1}{A}-\frac{1}{B}\right)$)

공차가 0이 아닌 등차수열 $\{a_n\}$에 대하여

단서1 $|a_6|\ge0$이므로 $a_8\ge0$이어야 해.

$|a_6|=a_8$, $\sum_{k=1}^{5}\frac{1}{a_ka_{k+1}}=\frac{5}{96}$

단서2 $\frac{1}{a_ka_{k+1}}=\frac{1}{a_{k+1}-a_k}\left(\frac{1}{a_k}-\frac{1}{a_{k+1}}\right)$임을 이용하여 식을 정리해.

일 때, $\sum_{k=1}^{15}a_k$의 값은? (4점)

① 60 ② 65 ③ 70
④ 75 ⑤ 80

1st 등차수열 $\{a_n\}$의 첫째항과 공차에 대한 조건을 찾아.

등차수열 $\{a_n\}$의 첫째항과 공차를 각각 a, d라 하면

$a_n=a+(n-1)d$이므로 $|a_6|=a_8$에서 $|a+5d|=a+7d$

$\therefore a+5d=a+7d$ 또는 $a+5d=-(a+7d)$

이때, $a+5d=a+7d$이면 $2d=0$에서 $d=0$이므로 조건을 만족시키지 않는다.

따라서 $a+5d=-(a+7d)$이므로 $2a=-12d$ $\therefore a=-6d$

한편, $|a_6|\ge0$이므로 $a_8\ge0$에서 $a+7d=-6d+7d=d\ge0$

$\therefore d>0(\because d\ne0)$ ⋯ ㉠

함정 $\sum_{k=1}^{5}\frac{1}{a_ka_{k+1}}=\frac{5}{96}$를 이용하면 d의 값은 양수와 음수의 2개가 나와. 따라서 이 조건을 찾지 못하면 d의 값을 결정할 수 없어.

2nd 수열 $\{a_n\}$의 일반항을 구해.

$a_n=a+(n-1)d=-6d+(n-1)d=(n-7)d$이고

$\frac{1}{a_ka_{k+1}}=\frac{1}{a_{k+1}-a_k}\left(\frac{1}{a_k}-\frac{1}{a_{k+1}}\right)=\frac{1}{d}\left(\frac{1}{a_k}-\frac{1}{a_{k+1}}\right)$이므로

공차가 d인 등차수열 $\{a_n\}$에 대하여 $a_{n+1}=a_n+d$이므로 $a_{n+1}-a_n=d$야.

$\sum_{k=1}^{5}\frac{1}{a_ka_{k+1}}=\sum_{k=1}^{5}\frac{1}{d}\left(\frac{1}{a_k}-\frac{1}{a_{k+1}}\right)=\frac{1}{d}\sum_{k=1}^{5}\left(\frac{1}{a_k}-\frac{1}{a_{k+1}}\right)$

수열 $\{a_n\}$과 상수 c에 대하여 $\sum_{k=1}^{n}ca_k=c\sum_{k=1}^{n}a_k$

$=\frac{1}{d}\left\{\left(\frac{1}{a_1}-\frac{1}{a_2}\right)+\left(\frac{1}{a_2}-\frac{1}{a_3}\right)+\cdots+\left(\frac{1}{a_5}-\frac{1}{a_6}\right)\right\}$

$=\frac{1}{d}\left(\frac{1}{a_1}-\frac{1}{a_6}\right)=\frac{1}{d}\left(\frac{1}{-6d}-\frac{1}{-d}\right)=\frac{1}{d}\times\frac{5}{6d}$

$=\frac{5}{6d^2}=\frac{5}{96}$

$6d^2=96$, $d^2=16$ $\therefore d=4(\because ㉠)$

$\therefore a_n=(n-7)\times4=4n-28$

3rd $\sum_{k=1}^{15}a_k$의 값을 구해.

→ 두 수열 $\{a_n\}$, $\{b_n\}$에 대하여 $\sum_{k=1}^{n}(a_k-b_k)=\sum_{k=1}^{n}a_k-\sum_{k=1}^{n}b_k$

$\therefore \sum_{k=1}^{15}a_k=\sum_{k=1}^{15}(4k-28)=4\sum_{k=1}^{15}k-\sum_{k=1}^{15}28$

$=4\times\frac{15\times16}{2}-28\times15$ ← $\sum_{k=1}^{n}k=\frac{n(n+1)}{2}$, $\sum_{k=1}^{n}c=cn$

$=32\times15-28\times15=(32-28)\times15=4\times15=60$

변준서 | 연세대 실내건축학과 2024년 입학 · 화성 화성고 졸

첫 번째 조건에 절댓값이 있기 때문에 a_6이 0보다 크거나 같은 경우와 0보다 작은 경우로 나누어서 풀어야 해. 이런 단순한 분류조차 귀찮다고 경우를 나누어 풀지 않으면 절대 안 돼!
문제에서 공차가 0이 아니라고 했기 때문에 두 가지 경우 중 한 가지 경우는 조건을 만족시키지 않는 것을 알 수 있어. 그리고 두 번째 조건은 부분분수를 이용하여 전개하면 등차수열 $\{a_n\}$의 공차를 구할 수 있지.

∑의 활용 – 유리식과 무리식 (개념·공식)

(1) 부분분수를 이용한 수열의 합

$$\sum_{k=1}^{n}\frac{1}{k(k+1)}=\sum_{k=1}^{n}\left(\frac{1}{k}-\frac{1}{k+1}\right)$$

(2) 근호를 포함한 식으로 나타내어지는 수열의 합
 (i) 일반항의 분모를 유리화한다.
 (ii) 합의 기호 ∑를 풀어 계산한다.

H 97 정답 201 * Σ의 활용 – 부분분수 [정답률 53%]

(정답 공식: n이 자연수이므로 정수 $k=n^2+n=a_n$임을 안다.)

함수 $f(x)=x^2+x-\frac{1}{3}$에 대하여 부등식

$f(n)<k<f(n)+1(n=1, 2, 3, \cdots)$

을 만족시키는 정수 k의 값을 a_n이라 하자.

$\sum_{n=1}^{100}\frac{1}{a_n}=\frac{q}{p}$일 때, $p+q$의 값을 구하시오. (단, p와 q는 서로소인 자연수이다.) (4점)

단서 $f(n)<k<f(n)+1(n=1, 2, 3, \cdots)$에서 $f(n)$과 $f(n)+1$이 정수가 아닐 때, 정수 k는 항상 존재해.

1st 주어진 부등식을 만족시키는 정수 k의 값, 즉 a_n을 구하자.

함수 $f(x)=x^2+x-\frac{1}{3}$이므로

부등식 $f(n)<k<f(n)+1(n=1, 2, 3, \cdots)$은

$n^2+n-\frac{1}{3}<k<n^2+n+\frac{2}{3}$ → k의 값의 범위가 1 차이가 나니까 정수 k가 존재해.

실수 $f(n)+1$과 $f(n)$의 차이가 1이므로 이 두 수 사이에 존재하는 정수 k는 단 하나만 존재해.

위 부등식을 만족하는 정수 $k=n^2+n$이므로

$a_n=n^2+n=n(n+1)$

2nd 부분분수를 이용하여 합을 간단히 구하자.

$\frac{1}{AB}=\frac{1}{B-A}\left(\frac{1}{A}-\frac{1}{B}\right)$

$$\sum_{n=1}^{100}\frac{1}{a_n}=\sum_{n=1}^{100}\frac{1}{n^2+n}$$
$$=\sum_{n=1}^{100}\frac{1}{n(n+1)}$$
$$=\sum_{n=1}^{100}\left(\frac{1}{n}-\frac{1}{n+1}\right)$$
$$=\left(\frac{1}{1}-\frac{1}{2}\right)+\left(\frac{1}{2}-\frac{1}{3}\right)+\cdots+\left(\frac{1}{100}-\frac{1}{101}\right)$$
$$=1-\frac{1}{101}=\frac{100}{101}$$

따라서 $p=101$, $q=100$이므로

$p+q=201$

H 98 정답 31 * Σ의 활용 – 부분분수 [정답률 53%]

(정답 공식: 수열 $\{a_n\}$은 등차수열이다. S_n을 n에 대하여 표현한다.)

수열 $\{a_n\}$이

$a_1=3$, $a_n=8n-4$ $(n=2, 3, 4, \cdots)$

단서1 $S_n=\sum_{k=2}^{n}(8k-4)+a_1$을 시그마의 성질로 정리할까?

를 만족시키고, 수열 $\{a_n\}$의 첫째항부터 제n항까지의 합을 S_n이라 하자. $\sum_{n=1}^{10}\frac{1}{S_n}=\frac{q}{p}$일 때, $p+q$의 값을 구하시오. (단, p와 q는 서로소인 자연수이다.) (4점) 단서2 $\frac{1}{S_n}$의 식을 간단히 하여 정리해 보자.

1st 주어진 점화식에서 첫째항에 주의하면서 S_n을 구하자. → $a_n=8n-4$에 $n=1$을 대입한 값이 a_1이 아니지?

수열 $\{a_n\}$의 첫째항부터 제n항까지의 합 S_n을 구하면

$S_n=3+12+20+28+\cdots+(8n-4)$ $\quad S_n=\sum_{k=2}^{n}a_k+a_1$

$=4+12+20+28+\cdots+(8n-4)-1$ → $8\times1-4=4$이니까

주의 일반항 a_n이 $n\geq2$에서만 성립하기 때문에 주의해서 S_n을 구해야 해.

$=\sum_{k=1}^{n}(8k-4)-1$ → $=\sum_{k=1}^{n}8k-\sum_{k=1}^{n}4$

$=8\times\frac{n(n+1)}{2}-4n-1$ → 상수 c에 대하여

$=4n^2+4n-4n-1=4n^2-1$ ① $\sum_{k=1}^{n}ck=c\sum_{k=1}^{n}k=c\times\frac{n(n+1)}{2}$ ② $\sum_{k=1}^{n}c=cn$

2nd 유리식이 포함된 시그마의 식은 부분분수를 이용하여 계산해.

$$\sum_{n=1}^{10}\frac{1}{S_n}=\sum_{n=1}^{10}\frac{1}{4n^2-1}=\sum_{n=1}^{10}\frac{1}{(2n-1)(2n+1)}$$ → $A^2-B^2=(A-B)(A+B)$
$$=\frac{1}{2}\sum_{n=1}^{10}\left(\frac{1}{2n-1}-\frac{1}{2n+1}\right)$$
$$=\frac{1}{2}\left\{\left(1-\frac{1}{3}\right)+\left(\frac{1}{3}-\frac{1}{5}\right)+\cdots+\left(\frac{1}{19}-\frac{1}{21}\right)\right\}$$
$$=\frac{1}{2}\left(1-\frac{1}{21}\right)=\frac{1}{2}\times\frac{20}{21}=\frac{10}{21}=\frac{q}{p}$$

$\therefore p=21, q=10 \Rightarrow p+q=31$

H 99 정답 ② * Σ의 활용 – 유리화 [정답률 82%]

(정답 공식: 분모에 근호가 있는 경우, 유리화해본다.)

❶ 첫째항이 4이고 공차가 1인 등차수열 $\{a_n\}$에 대하여

❷ $\sum_{k=1}^{12}\frac{1}{\sqrt{a_{k+1}}+\sqrt{a_k}}$

단서 등차수열❶의 일반항을 세워 ❷를 구해야 해. 이때, ❷는 분모에 무리식이 있으니까 유리화 해야겠네.

의 값은? (4점)

① 1 ② 2 ③ 3 ④ 4 ⑤ 5

1st $\frac{1}{\sqrt{a_{k+1}}+\sqrt{a_k}}$을 유리화를 하여 간단히 정리하자.

$$\frac{1}{\sqrt{a_{k+1}}+\sqrt{a_k}}=\frac{1}{\sqrt{a_{k+1}}+\sqrt{a_k}}\times\frac{(\sqrt{a_{k+1}}-\sqrt{a_k})}{(\sqrt{a_{k+1}}-\sqrt{a_k})}=\frac{\sqrt{a_{k+1}}-\sqrt{a_k}}{a_{k+1}-a_k}$$

이때, 주어진 등차수열의 공차가 1이므로

$a_{k+1}-a_k=1$ 등차수열은 일정한 수(공차 d)만큼 증가하거나 감소하니까 인접한 두 항의 차는 d야.

$$\therefore \frac{\sqrt{a_{k+1}}-\sqrt{a_k}}{a_{k+1}-a_k}=\sqrt{a_{k+1}}-\sqrt{a_k}$$

2nd Σ를 나열하여 계산해 보자.

$$\sum_{k=1}^{12}\frac{1}{\sqrt{a_{k+1}}+\sqrt{a_k}}=\sum_{k=1}^{12}(\sqrt{a_{k+1}}-\sqrt{a_k})$$
$$=(\sqrt{a_2}-\sqrt{a_1})+(\sqrt{a_3}-\sqrt{a_2})+\cdots+(\sqrt{a_{12}}-\sqrt{a_{11}})+(\sqrt{a_{13}}-\sqrt{a_{12}})$$
$$=\sqrt{a_{13}}-\sqrt{a_1} \cdots ㉠$$

3rd 등차수열의 일반항을 세워 ㉠에 대입하여 그 값을 구해.

첫째항이 a_1, 공차가 d일 때, $a_n=a_1+(n-1)d$야.

등차수열 $\{a_n\}$은 첫째항이 4이고 공차가 1이므로

$a_n=4+(n-1)\times1=n+3$

이때, $\sqrt{a_{13}}=\sqrt{13+3}=4$, $\sqrt{a_1}=\sqrt{1+3}=2$이므로 ㉠에서

$$\sum_{k=1}^{12}\frac{1}{\sqrt{a_{k+1}}+\sqrt{a_k}}=\sqrt{a_{13}}-\sqrt{a_1}=4-2=2$$

다른 풀이: **등차수열의 일반항을 먼저 대입한 다음 분모를 유리화 하기**

$a_n=4+(n-1)\times1=n+3$이므로

$$\sum_{k=1}^{12}\frac{1}{\sqrt{a_{k+1}}+\sqrt{a_k}}=\sum_{k=1}^{12}\frac{1}{\sqrt{k+4}+\sqrt{k+3}}$$
$$=\sum_{k=1}^{12}\frac{\sqrt{k+4}-\sqrt{k+3}}{(\sqrt{k+4}+\sqrt{k+3})(\sqrt{k+4}-\sqrt{k+3})}$$
$$=\sum_{k=1}^{12}(\sqrt{k+4}-\sqrt{k+3})$$
$$=(\sqrt{5}-\sqrt{4})+(\sqrt{6}-\sqrt{5})+\cdots+(\sqrt{15}-\sqrt{14})+(\sqrt{16}-\sqrt{15})$$
$$=\sqrt{16}-\sqrt{4}=4-2=2$$

H 100 정답 ④ ＊$\sum$의 활용 – 유리화 [정답률 73%]

(정답 공식: $\frac{1}{\sqrt{a}+\sqrt{b}}=\frac{\sqrt{a}-\sqrt{b}}{a-b}(a\neq b)$임을 이용한다.)

모든 항이 양수이고 첫째항과 공차가 같은 등차수열 $\{a_n\}$이

$$\sum_{k=1}^{15}\frac{1}{\sqrt{a_k}+\sqrt{a_{k+1}}}=2$$

를 만족시킬 때, a_4의 값은? (3점)

단서1 모든 항이 양수이므로 첫째항도 양수이고 첫째항과 공차가 같으므로 공차도 양수야. 한편, 모든 항이 양수인 이유는 자연수 k에 대하여 $\sqrt{a_k}$가 정의되기 위해서야.

단서2 좌변의 분모를 유리화하여 식을 정리해.

① 6 ② 7 ③ 8 ④ 9 ⑤ 10

1st 첫째항과 공차가 같음을 이용하여 등차수열 $\{a_n\}$의 일반항을 나타내.

등차수열 $\{a_n\}$의 첫째항과 공차가 같으므로 첫째항과 공차를 모두 $a(a>0)$라 하면 $a_n=a+(n-1)a=an$

첫째항이 a이고 공차가 d인 등차수열 $\{a_n\}$의 일반항은 $a_n=a+(n-1)d$야.

2nd 조건식을 이용하여 등차수열 $\{a_n\}$의 첫째항과 공차를 구해.

$$\frac{1}{\sqrt{a_k}+\sqrt{a_{k+1}}}=\frac{1}{\sqrt{ak}+\sqrt{a(k+1)}}$$
$$=\frac{\sqrt{ak}-\sqrt{a(k+1)}}{\{\sqrt{ak}+\sqrt{a(k+1)}\}\{\sqrt{ak}-\sqrt{a(k+1)}\}}$$
$$=\frac{\sqrt{ak}-\sqrt{a(k+1)}}{ak-a(k+1)}=\frac{\sqrt{ak}-\sqrt{a(k+1)}}{-a}$$
$$=\frac{\sqrt{a(k+1)}-\sqrt{ak}}{a}$$

이므로

$$\sum_{k=1}^{15}\frac{1}{\sqrt{a_k}+\sqrt{a_{k+1}}}$$
$$=\sum_{k=1}^{15}\frac{\sqrt{a(k+1)}-\sqrt{ak}}{a}$$
$$=\frac{1}{a}\sum_{k=1}^{15}\{\sqrt{a(k+1)}-\sqrt{ak}\}$$
$$=\frac{1}{a}\{(\sqrt{2a}-\sqrt{a})+(\sqrt{3a}-\sqrt{2a})+(\sqrt{4a}-\sqrt{3a})+\cdots+(\sqrt{16a}-\sqrt{15a})\}$$
$$=\frac{1}{a}(\sqrt{16a}-\sqrt{a})=\frac{1}{a}(4\sqrt{a}-\sqrt{a})=\frac{3\sqrt{a}}{a}=2$$

$3\sqrt{a}=2a$, $9a=4a^2$, $4a^2-9a=0$, $a(4a-9)=0$

→ 양변을 제곱한 거야.

$\therefore a=\frac{9}{4}(\because a>0)$

3rd a_4의 값을 구해.

따라서 $a_n=\frac{9}{4}n$이므로 $a_4=\frac{9}{4}\times 4=9$

최윤성 서울대 공과대학 광역 2023년 입학 · 서울 양정고 졸

슬슬 복잡한 기호가 나오는 단계의 문제야. 하지만 전혀 겁먹을 필요 없어. 문제를 읽어보면 첫째항과 공차가 같은 등차수열인 것을 알 수 있고, 첫째항과 공차를 d라 하면 $a_n=dn$이니까 주어진 식에 대입하여 d의 값만 구하면 돼. 유리화하고 $\sum$를 풀어서 나타내는 과정이 살짝 복잡하긴 하지만 자신감을 가지고 풀어 봐.

H 101 정답 9 ＊$\sum$의 활용 – 유리화 [정답률 72%]

(정답 공식: $\frac{1}{\sqrt{a}+\sqrt{b}}=\frac{\sqrt{a}-\sqrt{b}}{a-b}(a\neq b)$)

n이 자연수일 때, x에 대한 이차방정식

$$x^2-(2n-1)x+n(n-1)=0$$

의 두 근을 α_n, β_n이라 하자.

$\sum_{n=1}^{81}\frac{1}{\sqrt{\alpha_n}+\sqrt{\beta_n}}$의 값을 구하시오. (4점)

단서 n이라는 문자가 나와있어서 복잡해 보이지만 인수분해가 되는 이차방정식이야. 인수분해를 하면 바로 해를 구할 수 있어.

1st 이차방정식을 풀어서 α_n, β_n을 구하자.

이차방정식 $x^2-(2n-1)x+n(n-1)=0$에서

$(x-n)(x-n+1)=0$

$$\begin{array}{ccc} 1 & -n & \to -n \\ 1 & -(n-1) & \to -n+1 \\ \hline & & -2n+1 \end{array}$$

$\therefore x=n$ 또는 $x=n-1$

즉, $\alpha_n=n$, $\beta_n=n-1$ 또는 $\alpha_n=n-1$, $\beta_n=n$

2nd 시그마의 성질을 이용하여 합을 구해.

$$\sum_{n=1}^{81}\frac{1}{\sqrt{\alpha_n}+\sqrt{\beta_n}}$$
$$=\sum_{n=1}^{81}\frac{1}{\sqrt{n}+\sqrt{n-1}}$$
$$=\sum_{n=1}^{81}(\sqrt{n}-\sqrt{n-1})$$
$$=(\sqrt{1}-0)+(\sqrt{2}-\sqrt{1})+(\sqrt{3}-\sqrt{2})+\cdots+(\sqrt{81}-\sqrt{80})$$
$$=\sqrt{81}=\sqrt{9^2}=9$$

$\frac{1}{\sqrt{n}+\sqrt{n-1}}=\frac{\sqrt{n}-\sqrt{n-1}}{(\sqrt{n}+\sqrt{n-1})(\sqrt{n}-\sqrt{n-1})}=\frac{\sqrt{n}-\sqrt{n-1}}{n-(n-1)}=\sqrt{n}-\sqrt{n-1}$

다른 풀이: 이차방정식의 근과 계수의 관계 이용하기

x에 대한 이차방정식

$x^2-(2n-1)x+n(n-1)=0$

의 두 근을 α_n, β_n이라 하므로 근과 계수의 관계에 의해

$\alpha_n+\beta_n=2n-1$, $\alpha_n\beta_n=n(n-1)$ ⋯ ㉠

n이 자연수이므로 $\alpha_n+\beta_n>0$, $\alpha_n\beta_n\geq 0$ ⇨ $\alpha_n\geq 0$, $\beta_n\geq 0$ ⋯ ㉡

$$(\sqrt{\alpha_n}+\sqrt{\beta_n})^2=\alpha_n+2\sqrt{\alpha_n}\sqrt{\beta_n}+\beta_n$$
$$=\alpha_n+\beta_n+2\sqrt{\alpha_n\beta_n}$$
$$=2n-1+2\sqrt{n(n-1)}\ (\because ㉠)$$
$$=n+2\sqrt{n(n-1)}+(n-1)$$
$$=(\sqrt{n})^2+2\sqrt{n}\sqrt{n-1}+(\sqrt{n-1})^2\ (\because ㉡)$$
$$=(\sqrt{n}+\sqrt{n-1})^2$$

실수 $2n-1=n+n-1$임을 이용할 수 있어야 해.

㉡에 의해

$\sqrt{\alpha_n}+\sqrt{\beta_n}=\sqrt{n}+\sqrt{n-1}$

(이하 동일)

여러 가지 수열의 합 개념·공식

① $\sum_{k=1}^{n}k(k+1)=\frac{n(n+1)(n+2)}{3}$

② $\sum_{k=1}^{n}\frac{1}{k(k+1)}=\sum_{k=1}^{n}\left(\frac{1}{k}-\frac{1}{k+1}\right)=1-\frac{1}{n+1}$

③ $\sum_{k=1}^{n}\frac{1}{k(k+d)}=\frac{1}{d}\sum_{k=1}^{n}\left(\frac{1}{k}-\frac{1}{k+d}\right)$

④ $\sum_{k=1}^{n}\frac{1}{k(k+1)(k+2)}=\frac{1}{2}\sum_{k=1}^{n}\left\{\frac{1}{k(k+1)}-\frac{1}{(k+1)(k+2)}\right\}$

⑤ $\sum_{k=1}^{n}\frac{1}{\sqrt{k+1}+\sqrt{k}}=\sum_{k=1}^{n}(\sqrt{k+1}-\sqrt{k})=\sqrt{n+1}-1$

H 102 정답 ④ *∑의 활용-유리화 [정답률 71%]

(정답 공식: $\sum_{k=1}^{n}(\sqrt{k+1}-\sqrt{k})=(\sqrt{2}-1)+(\sqrt{3}-\sqrt{2})+\cdots+(\sqrt{n+1}-\sqrt{n})$
$=\sqrt{n+1}-1$)

자연수 n에 대하여 직선 $x=n$이 두 곡선 $y=\sqrt{x}$, $y=-\sqrt{x+1}$과 만나는 점을 각각 A_n, B_n이라 하자. 삼각형 $\mathrm{A}_n\mathrm{OB}_n$의 넓이를 T_n이라 할 때, $\sum_{n=1}^{24}\frac{n}{T_n}$의 값은? (단, O는 원점이다.) (4점)

단서 T_n을 구하려면 두 점 A_n, B_n의 좌표가 필요하지? 주어진 두 곡선과 직선 $x=n$의 교점을 이용하여 구하자.

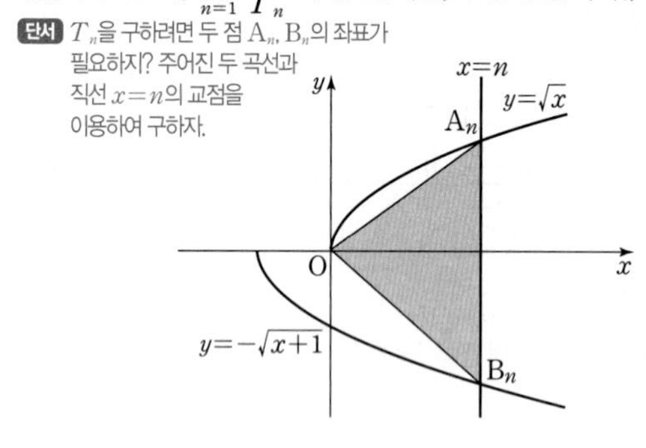

① $\frac{13}{2}$ ② 7 ③ $\frac{15}{2}$ ④ 8 ⑤ $\frac{17}{2}$

1st 두 곡선과 직선 $x=n$의 교점의 좌표를 구하여 T_n을 구하자.

직선 $x=n$이 두 곡선 $y=\sqrt{x}$, $y=-\sqrt{x+1}$과 만나는 점은 각각 $\mathrm{A}_n(n, \sqrt{n})$, $\mathrm{B}_n(n, -\sqrt{n+1})$이다.

삼각형 $\mathrm{A}_n\mathrm{OB}_n$에서 높이는 n이고, 밑변은 $\overline{\mathrm{A}_n\mathrm{B}_n}$이므로

$T_n=\frac{1}{2}n(\sqrt{n}+\sqrt{n+1})$ — $\overline{\mathrm{A}_n\mathrm{B}_n}=\sqrt{n}-(-\sqrt{n+1})=\sqrt{n}+\sqrt{n+1}$이므로 $T_n=\frac{1}{2}\times n\times\overline{\mathrm{A}_n\mathrm{B}_n}$

2nd $\sum_{n=1}^{24}\frac{n}{T_n}$의 값을 구하자.

$$\sum_{n=1}^{24}\frac{n}{T_n}=\sum_{n=1}^{24}\frac{2n}{n(\sqrt{n}+\sqrt{n+1})}$$
$$=\sum_{n=1}^{24}\frac{2}{\sqrt{n}+\sqrt{n+1}}$$
$$=\sum_{n=1}^{24}\frac{2(\sqrt{n+1}-\sqrt{n})}{(\sqrt{n+1}+\sqrt{n})(\sqrt{n+1}-\sqrt{n})}$$
(분모를 유리화하기 위해 분모, 분자에 $(\sqrt{n+1}-\sqrt{n})$을 곱해.)
$$=2\sum_{n=1}^{24}(\sqrt{n+1}-\sqrt{n})$$
$$=2\{(\sqrt{2}-1)+(\sqrt{3}-\sqrt{2})+\cdots+(\sqrt{25}-\sqrt{24})\}$$
(n에 1부터 24까지의 자연수를 대입해.)
$$=2\times(5-1)=8$$

H 103 정답 ② *∑의 활용 – 새롭게 정의된 수열 [정답률 63%]

(정답 공식: 공차가 d인 등차수열 $\{a_n\}$에 대하여 $a_{n+1}-a_n=d$이다.)

수열 $\{a_n\}$은 등차수열이고, 수열 $\{b_n\}$은 모든 자연수 n에 대하여

$$b_n=\sum_{k=1}^{n}(-1)^{k+1}a_k$$

단서1 n 대신 1, 2, 3, …를 차례로 대입하면 $b_1=a_1$, $b_2=a_1-a_2$, $b_3=a_1-a_2+a_3$, …이야.

를 만족시킨다. $b_2=-2$, $b_3+b_7=0$일 때, 수열 $\{b_n\}$의 첫째항부터 제9항까지의 합은? (4점)

단서2 두 조건식에서 등차수열 $\{a_n\}$의 첫째항과 공차를 찾아.

① -22 ② -20 ③ -18 ④ -16 ⑤ -14

1st 등차수열 $\{a_n\}$의 일반항을 구해.

등차수열 $\{a_n\}$의 공차를 d라 하고 $b_n=\sum_{k=1}^{n}(-1)^{k+1}a_k$ … ㉠에

n 대신 2를 대입하면 $b_2=a_1-a_2=-d$

($a_n=a_1+(n-1)d$, $a_{n+1}=a_1+nd$이므로 $a_n-a_{n+1}=\{a_1+(n-1)d\}-(a_1+nd)=-d$)

이때, $b_2=-2$이므로 $-d=-2$에서 $d=2$ … ㉡

또, ㉠에 n 대신 3을 대입하면 $b_3=a_1-a_2+a_3=a_1+d$

($a_{n+1}-a_n=(a_1+nd)-\{a_1+(n-1)d\}=d$)

㉠에 n 대신 7을 대입하면

$b_7=a_1-a_2+a_3-a_4+a_5-a_6+a_7=a_1+d+d+d=a_1+3d$

이때, $b_3+b_7=0$이므로 $(a_1+d)+(a_1+3d)=2a_1+4d=0$

$2a_1=-4d$ $\quad\therefore a_1=-2d=-2\times2=-4$ ($\because$ ㉡)

$\therefore a_n=-4+(n-1)\times2=2n-6$

2nd 수열 $\{b_n\}$의 첫째항부터 제9항까지의 합을 구해.

㉠에서 $b_{n+1}=b_n+(-1)^{n+2}a_{n+1}$이므로

($b_n=a_1-a_2+a_3-\cdots+(-1)^{n+1}a_n$이므로
$b_{n+1}=a_1-a_2+a_3-\cdots+(-1)^{n+1}a_n+(-1)^{n+2}a_{n+1}$
$=b_n+(-1)^{n+2}a_{n+1}$)

n 대신 1, 2, 3, …, 9를 대입하면

$b_1=a_1=-4$

$b_2=b_1-a_2=-4-(2\times2-6)=-2$

$b_3=b_2+a_3=-2+(2\times3-6)=-2$

$b_4=b_3-a_4=-2-(2\times4-6)=-4$

$b_5=b_4+a_5=-4+(2\times5-6)=0$

$b_6=b_5-a_6=0-(2\times6-6)=-6$

$b_7=b_6+a_7=-6+(2\times7-6)=2$

$b_8=b_7-a_8=2-(2\times8-6)=-8$

$b_9=b_8+a_9=-8+(2\times9-6)=4$

따라서 수열 $\{b_n\}$의 첫째항부터 제9항까지의 합은

$b_1+b_2+b_3+\cdots+b_9$

$=(-4)+(-2)+(-2)+(-4)+0+(-6)+2+(-8)+4=-20$

다른 풀이: ∑의 성질 이용하기

등차수열 $\{a_n\}$의 공차를 d라 하면 $a_{n+1}-a_n=d$이므로 자연수 k에 대하여

(i) $n=2k-1$일 때,

$b_n=b_{2k-1}=a_1-a_2+a_3-a_4+a_5-\cdots-a_{2k-2}+a_{2k-1}$
$=a_1+(a_3-a_2)+(a_5-a_4)+\cdots+(a_{2k-1}-a_{2k-2})$
$=a_1+\underbrace{d+d+\cdots+d}_{d\text{가 }(k-1)\text{개}}=a_1+(k-1)d$

(ii) $n=2k$일 때,

$b_n=b_{2k}=a_1-a_2+a_3-a_4+\cdots+a_{2k-1}-a_{2k}$
$=(a_1-a_2)+(a_3-a_4)+\cdots+(a_{2k-1}-a_{2k})$
$=\underbrace{(-d)+(-d)+\cdots+(-d)}_{-d\text{가 }k\text{개}}=-kd$

이때, 위의 풀이에 의하여 $a_1=-4$, $d=2$이므로

$b_{2k-1}=a_1+(k-1)d=-4+(k-1)\times2=2k-6$, $b_{2k}=-kd=-2k$

따라서 수열 $\{b_n\}$의 첫째항부터 제9항까지의 합은

$\sum_{n=1}^{9}b_n=b_1+b_2+b_3+b_4+b_5+b_6+b_7+b_8+b_9$
$=(b_1+b_3+b_5+b_7+b_9)+(b_2+b_4+b_6+b_8)$
$=\sum_{k=1}^{5}b_{2k-1}+\sum_{k=1}^{4}b_{2k}=\sum_{k=1}^{5}(2k-6)+\sum_{k=1}^{4}(-2k)$

($\sum_{k=1}^{n}k=\frac{n(n+1)}{2}$, $\sum_{k=1}^{n}c=cn$ (c는 상수))

$=2\times\frac{5\times6}{2}-6\times5-2\times\frac{4\times5}{2}=30-30-20=-20$

H 104 정답 169 *∑의 활용 – 새롭게 정의된 수열 [정답률 47%]

(정답 공식: 어떤 구간에서 부등식 $\cos x \le k$ (k는 상수)의 해는 그 구간에서 함수 $y=\cos x$의 그래프가 직선 $y=k$의 아래쪽에 위치하는 x의 값의 범위이다.)

> 자연수 n에 대하여 $0 \le x < 2^{n+1}$일 때, 부등식
>
> $\cos\left(\frac{\pi}{2^n}x\right) \le -\frac{1}{2}$ 단서 함수 $y=\cos\left(\frac{\pi}{2^n}\right)$의 주기는 $\frac{2\pi}{\frac{\pi}{2^n}}=2^{n+1}$이므로 주어진 부등식은 cos함수의 한 주기에서 풀면 돼.
>
> 을 만족시키는 서로 다른 모든 자연수 x의 개수를 a_n이라 하자.
>
> $\sum_{n=1}^{7} a_n$의 값을 구하시오. (4점)

1st 주어진 부등식의 해를 구해.

$\frac{\pi}{2^n}x=t$라 하면 $\cos\left(\frac{\pi}{2^n}x\right) \le -\frac{1}{2}$에서 $\cos t \le -\frac{1}{2}$ $(0 \le t < 2\pi)$ ⋯ ㉠
$0 \le x < 2^{n+1}$에서 $0 \le \frac{\pi}{2^n}x=t<2\pi$

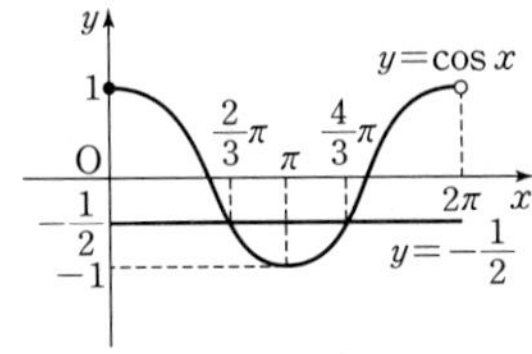

이때, 함수 $y=\cos t$의 그래프와 직선 $y=-\frac{1}{2}$은 그림과 같으므로

부등식 ㉠의 해는 $\frac{2}{3}\pi \le t \le \frac{4}{3}\pi$에서 $\frac{2}{3}\pi \le \frac{\pi}{2^n}x \le \frac{4}{3}\pi$

$\therefore \frac{2^{n+1}}{3} \le x \le \frac{2^{n+2}}{3}$ 구하는 것은 x의 값의 범위니까 치환한 것을 원래의 x로 다시 바꿔주어야 해.

2nd $\sum_{n=1}^{7} a^n$의 값을 구하자.

조건에 의하여 a_n은 부등식 $\frac{2^{n+1}}{3} \le x \le \frac{2^{n+2}}{3}$을 만족시키는 자연수 x의 개수이고 $\frac{2^{n+2}}{3}$은 자연수가 아니므로 → $2^{n+2}=2\times2\times2\times\cdots\times2$이므로 2^{n+2}은 3을 소인수로 갖지 않아. 따라서 3으로 약분할 수 없으므로 자연수가 아니야.

$\sum_{n=1}^{7} a_n$의 값은 부등식 $\frac{2^2}{3} \le x \le \frac{2^9}{3}$을 만족시키는 자연수 x의 개수이다.

$a_1, a_2, \cdots, a_7$은 각각 부등식 $\frac{2^2}{3} \le x \le \frac{2^3}{3}$, $\frac{2^3}{3} \le x \le \frac{2^4}{3}$, ⋯, $\frac{2^8}{3} \le x \le \frac{2^9}{3}$을 만족시키는 자연수 x의 개수야. 그런데 $\frac{2^3}{3}$, $\frac{2^4}{3}$, ⋯은 자연수가 아니므로 $\sum_{n=1}^{7} a_n$의 값은 부등식 $\frac{2^2}{3} \le x \le \frac{2^9}{3}$을 만족시키는 자연수 x의 개수와 같아.

이때, $\frac{2^2}{3}=\frac{4}{3}=1.333\cdots$, $\frac{2^9}{3}=\frac{512}{3}=170.666\cdots$이므로

$\sum_{n=1}^{7} a_n=170-1=169$

다른 풀이: $a_1, a_2, a_3, \cdots, a_7$의 값을 각각 구하여 더하기

(i) $n=1$일 때, 부등식 $\frac{2^2}{3} \le x \le \frac{2^3}{3}$을 만족시키는 자연수 x는 2의 1개이므로 $a_1=1$

(ii) $n=2$일 때, 부등식 $\frac{2^3}{3} \le x \le \frac{2^4}{3}$을 만족시키는 자연수 x는 3, 4, 5의 3개이므로 $a_2=3$

(iii) $n=3$일 때, 부등식 $\frac{2^4}{3} \le x \le \frac{2^5}{3}$을 만족시키는 자연수 x는 6, 7, 8, 9, 10의 5개이므로 $a_3=5$

(iv) $n=4$일 때, 부등식 $\frac{2^5}{3} \le x \le \frac{2^6}{3}$을 만족시키는 자연수 x는 11, 12, ⋯, 21의 11개이므로 $a_4=11$ → $21-11+1=11$(개)

(v) $n=5$일 때, 부등식 $\frac{2^6}{3} \le x \le \frac{2^7}{3}$을 만족시키는 자연수 x는 22, 23, ⋯, 42의 21개이므로 $a_5=21$ → $42-22+1=21$(개)

(vi) $n=6$일 때, 부등식 $\frac{2^7}{3} \le x \le \frac{2^8}{3}$을 만족시키는 자연수 x는 43, 44, ⋯, 85의 43개이므로 $a_6=43$ → $85-43+1=43$(개)

(vii) $n=7$일 때, 부등식 $\frac{2^8}{3} \le x \le \frac{2^9}{3}$을 만족시키는 자연수 x는 86, 87, ⋯, 170의 85개이므로 $a_7=85$ → $170-86+1=85$(개)

(i) ~ (vii)에 의하여

$\sum_{n=1}^{7} a_n=1+3+5+11+21+43+85=169$

수능 핵강

＊삼각부등식 $\sin x < a$의 해를 구하는 순서

삼각부등식은 삼각방정식의 풀이와 그래프를 이용해서 구하면 돼.
삼각부등식 $\sin x < a$의 해는
(i) 주어진 범위 안에서 $y=\sin x$ 함수의 그래프를 그린다.
(ii) 삼각방정식 $\sin x=a$의 해를 구한다.
(iii) 그래프에서 직선 $y=a$의 아랫쪽을 읽어 삼각부등식이 성립하도록 범위를 정한다.
이와 같은 순서로 구하면 돼.

H 105 정답 ③ *∑의 활용 – 새롭게 정의된 수열 [정답률 65%]

(정답 공식: n이 홀수일 때와 짝수일 때를 나누어 $f(n)$의 값을 구한다.)

> 2 이상의 자연수 n에 대하여 $(n-5)$의 n제곱근 중 실수인 것의 개수를 $f(n)$이라 할 때, $\sum_{n=2}^{10} f(n)$의 값은? (4점)
>
> 단서 $(n-5)$의 n제곱근을 x라 하면 $f(n)$의 값은 방정식 $x^n=n-5$를 만족시키는 실수 x의 개수야.
>
> ① 8 ② 9 ③ 10 ④ 11 ⑤ 12

1st $n-5$의 값의 범위에 따라 $f(n)$의 값을 구해 보자.

$(n-5)$의 n제곱근을 x라 하면

(i) $n-5<0$, 즉 $n<5$일 때, → $n=2, 3, 4$일 때
a가 음수일 때, n이 홀수이면 a의 n제곱근 중 실수의 개수는 $\sqrt[n]{a}$의 1개이고 n이 짝수이면 a의 n제곱근 중 실수는 존재하지 않아.
 i) n이 홀수이면 $x^n=n-5$를 만족시키는 실수 x는 $\sqrt[n]{n-5}$ 하나뿐이므로 $f(n)=1$
 ii) n이 짝수이면 $x^n=n-5$를 만족시키는 실수 x는 존재하지 않으므로 $f(n)=0$
 i), ii)에서 $f(2)=f(4)=0$, $f(3)=1$

(ii) $n-5=0$, 즉 $n=5$일 때, $x^5=0$을 만족시키는 실수 x는 0 하나뿐이므로 $f(5)=1$ → 0의 n제곱근은 0 하나뿐이야.

(iii) $n-5>0$, 즉 $n>5$일 때, → $n=6, 7, 8, 9, 10, \cdots$일 때
a가 양수일 때, n이 홀수이면 a의 n제곱근 중 실수의 개수는 $\sqrt[n]{a}$의 1개이고 n이 짝수이면 a의 n제곱근 중 실수는 $\sqrt[n]{a}$, $-\sqrt[n]{a}$의 2개야.
 i) n이 홀수이면 $x^n=n-5$를 만족시키는 실수 x는 $\sqrt[n]{n-5}$ 하나뿐이므로 $f(n)=1$
 ii) n이 짝수이면 $x^n=n-5$를 만족시키는 실수 x는 $\sqrt[n]{n-5}$, $-\sqrt[n]{n-5}$의 2개이므로 $f(n)=2$
 i), ii)에서 $f(6)=f(8)=f(10)=2$, $f(7)=f(9)=1$

2nd $\sum_{n=2}^{10} f(n)$의 값을 구하자.

(i)~(iii)에 의하여

$\sum_{n=2}^{10} f(n)=f(2)+f(3)+f(4)+\cdots+f(10)$
$=0+1+0+1+2+1+2+1+2=10$

H 106 정답 427 *∑의 활용-새롭게 정의된 수열 [정답률 75%]

정답 공식: 이차방정식 $ax^2+bx+c=0$의 두 근이 α, β일 때 $\alpha+\beta=-\frac{b}{a}$, $\alpha\beta=\frac{c}{a}$이다. (단, $a\neq0$)

n이 자연수일 때, x에 대한 이차방정식 $x^2-5nx+4n^2=0$의 두 근을 α_n, β_n이라 하자. 단서 이차방정식의 두 근이 주어졌으니까 이차방정식의 근과 계수의 관계를 이용해.
$\sum_{n=1}^{7}(1-\alpha_n)(1-\beta_n)$의 값을 구하시오. (3점)

1st $\alpha_n+\beta_n$, $\alpha_n\beta_n$을 n에 대하여 나타내.

x에 대한 이차방정식 $x^2-5nx+4n^2=0$의 두 근이 α_n, β_n이므로 이차방정식의 근과 계수의 관계에 의하여

$\alpha_n+\beta_n=5n$, $\alpha_n\beta_n=4n^2$

2nd 주어진 식의 값을 구해.

$(1-\alpha_n)(1-\beta_n)=1-(\alpha_n+\beta_n)+\alpha_n\beta_n$
$=1-5n+4n^2$

상수 c와 두 수열 $\{a_n\}$, $\{b_n\}$에 대하여 $\sum_{k=1}^{n}(a\pm b)=\sum_{k=1}^{n}a_k\pm\sum_{k=1}^{n}b_k$(복호동순) $\sum_{k=1}^{n}ca_k=c\sum_{k=1}^{n}a_k$

$\therefore \sum_{n=1}^{7}(1-\alpha_n)(1-\beta_n)=\sum_{n=1}^{7}(1-5n+4n^2)$
$=\sum_{n=1}^{7}1-5\sum_{n=1}^{7}n+4\sum_{n=1}^{7}n^2$
$=1\times7-5\times\frac{7\times8}{2}+4\times\frac{7\times8\times15}{6}=427$

$\sum_{k=1}^{n}c=cn$, $\sum_{k=1}^{n}k=\frac{n(n+1)}{2}$, $\sum_{k=1}^{n}k^2=\frac{n(n+1)(2n+1)}{6}$

다른 풀이: α_n, β_n을 직접 구해서 해결하기

$x^2-5nx+4n^2=(x-n)(x-4n)=0$에서
$x=n$ 또는 $x=4n$
$\therefore \alpha_n=n$, $\beta_n=4n$
(이하 동일) → $\alpha_n=4n$, $\beta_n=n$이라 해도 결과는 달라지지 않아.

톡톡 풀이: 이차방정식의 두 근이 주어졌을 때 이차방정식을 세워 해결하기

$x^2-5nx+4n^2=0$의 두 근이 α_n, β_n이므로
$x^2-5nx+4n^2=(x-\alpha_n)(x-\beta_n)$ ⋯ ㉠
㉠의 양변에 $x=1$을 대입하면
$1-5n+4n^2=(1-\alpha_n)(1-\beta_n)$
(이하 동일)

자연수의 거듭제곱의 합 개념·공식

① $\sum_{k=1}^{n}k=\frac{n(n+1)}{2}$
② $\sum_{k=1}^{n}k^2=\frac{n(n+1)(2n+1)}{6}$
③ $\sum_{k=1}^{n}k^3=\left\{\frac{n(n+1)}{2}\right\}^2$

H 107 정답 ① *∑의 활용 – 새롭게 정의된 수열 [정답률 67%]

정답 공식: 실수 a의 n제곱근 중 실수인 것의 개수는 n이 홀수이면 1개이고, n이 짝수이면 $a>0$일 때 2개, $a=0$일 때 1개, $a<0$일 때 0개이다.

단서1 $n^2-16n+48$의 부호와 자연수 n의 값에 따라 실수인 것의 개수를 구해야 돼.

자연수 $n(n\geq2)$에 대하여 $n^2-16n+48$의 n제곱근 중 실수인 것의 개수를 $f(n)$이라 할 때, $\sum_{n=2}^{10}f(n)$의 값은? (4점)

단서2 $f(n)$의 값은 0 또는 1 또는 2지?
단서3 구하는 값은 $f(2)+f(3)+f(4)+\cdots+f(10)$이야.

① 7 ② 9 ③ 11
④ 13 ⑤ 15

1st n의 값에 따른 $n^2-16n+48$의 부호를 따져봐.

$n^2-16n+48=(n-4)(n-12)$이므로

$y=n^2-16n+48=(n-4)(n-12)$라 하면 이 함수의 그래프는 n축과 두 점 $n=4$, $n=12$에서 만나고 아래로 볼록한 포물선이야.

$2\leq n<4$ 또는 $n>12$일 때 $n^2-16n+48>0$
$n=4$ 또는 $n=12$일 때 $n^2-16n+48=0$
$4<n<12$일 때 $n^2-16n+48<0$

2nd n의 값이 홀수일 때와 짝수일 때로 나누어 $f(n)$의 값을 구해.

(i) n이 홀수일 때,
n이 홀수이면 a의 n제곱근 중 실수인 것의 개수는 a의 부호에 상관없이 1개야.
$n^2-16n+48$의 부호에 상관없이 $n^2-16n+48$의 n제곱근 중 실수인 것의 개수는 1이므로 $f(n)=1$
$\therefore f(3)=f(5)=f(7)=\cdots=1$

(ii) n이 짝수일 때,
n이 짝수이면 a의 n제곱근 중 실수인 것의 개수는 $a<0$일 때 0개, $a=0$일 때 1개, $a>0$일 때 2개야.

i) $n^2-16n+48<0$, 즉 n이 $4<n<12$인 짝수인 경우
$n^2-16n+48$의 n제곱근 중 실수인 것의 개수는 0이므로
$f(n)=0$
$\therefore f(6)=f(8)=f(10)=0$

ii) $n^2-16n+48=0$, 즉 $n=4$ 또는 $n=12$인 경우
$n^2-16n+48$의 n제곱근 중 실수인 것의 개수는 1이므로
$f(n)=1$
$\therefore f(4)=f(12)=1$

iii) $n^2-16n+48>0$, 즉 n이 $2\leq n<4$ 또는 $n>12$인 짝수인 경우
$n^2-16n+48$의 n제곱근 중 실수인 것의 개수는 2이므로
$f(n)=2$
$\therefore f(2)=f(14)=f(16)=\cdots=2$

$\therefore \sum_{n=2}^{10}f(n)=f(2)+f(3)+f(4)+\cdots+f(10)$
$=2+1+1+1+0+1+0+1+0=7$

실수 a의 실수인 n제곱근 개념·공식

n이 2 이상인 자연수일 때,

	$a>0$	$a=0$	$a<0$
n이 짝수	$\sqrt[n]{a}$, $-\sqrt[n]{a}$	0	없다
n이 홀수	$\sqrt[n]{a}$	0	$\sqrt[n]{a}$

H 108 정답 ③ *∑의 활용 – 새롭게 정의된 수열 ····· [정답률 59%]

(정답 공식: x가 a의 n제곱근이면 x는 방정식 $x^n=a$를 만족시킨다.)

> 자연수 $m(m\geq 2)$에 대하여 m^{12}의 n제곱근 중에서 정수가 존재하도록 하는 2 이상의 자연수 n의 개수를 $f(m)$이라 할 때, $\sum_{m=2}^{9} f(m)$의 값은? (4점)
>
> 단서1 $x^n=m^{12}$를 만족시키는 x의 값이야.
>
> 단서2 m의 값이 2, 3, 4, ⋯, 9일 때의 $f(m)$의 값을 구해서 모두 더하라는 거지?
>
> ① 37 ② 42 ③ 47 ④ 52 ⑤ 57

1st $f(m)$이 의미하는 것부터 찾자.

m^{12}의 n제곱근은 x에 대한 방정식 $x^n=m^{12}$ ⋯ ㉠의 근이다.
즉, $f(m)$은 ㉠을 만족시키는 정수 x가 존재하도록 하는 2 이상의 자연수의 개수이다.

2nd m의 값의 따라 $f(m)$의 값을 구해.

(i) $m=2$일 때,
㉠에서 $x^n=2^{12}$
이 방정식의 근 중에서 정수가 존재하려면 n은 1을 제외한 12의 양의 약수가 되어야 한다.

주의 문제의 조건에서 n이 2 이상의 자연수이므로 n의 값은 1이 될 수 없어.

따라서 가능한 n의 값의 개수는 2, 3, 4, 6, 12로 5이다.
$x^n=2^{12}$에서 $n=2$이면 $x=\pm 2^6$으로 x의 값은 정수야. 마찬가지로 $n=3$이면 $x=2^4$, $n=4$이면 $x=\pm 2^3$, $n=6$이면 $x=\pm 2^2$, $x=12$이면 $x=\pm 2$야.
$\therefore f(2)=5$

(ii) $m=3$일 때,
㉠에서 $x^n=3^{12}$
이 방정식의 근 중에서 정수가 존재하려면 n은 1을 제외한 12의 양의 약수가 되어야 한다.

$12=2^2\times 3$이므로 12의 양의 약수의 개수는 $(2+1)\times(1+1)=6$인데 1을 제외해야 하므로 $6-1=5$(개)야. 이 방법을 사용하면 실수를 줄일 수 있겠지?

따라서 가능한 n의 값의 개수는 2, 3, 4, 6, 12로 5이다.
$\therefore f(3)=5$

(iii) $m=4$일 때,
㉠에서 $x^n=4^{12}$ $\therefore x^n=2^{24}$
$4^{12}=(2^2)^{12}=2^{24}$
이 방정식의 근 중에서 정수가 존재하려면 n은 1을 제외한 24의 양의 약수가 되어야 한다.
따라서 가능한 n의 값의 개수는 2, 3, 4, 6, 8, 12, 24로 7이다.
$\therefore f(4)=7$

(iv) $m=5$일 때,
㉠에서 $x^n=5^{12}$
이 방정식의 근 중에서 정수가 존재하려면 n은 1을 제외한 12의 양의 약수가 되어야 한다.
따라서 가능한 n의 값의 개수는 2, 3, 4, 6, 12로 5이다.
$\therefore f(5)=5$

(v) $m=6$일 때,
㉠에서 $x^n=6^{12}$
이 방정식의 근 중에서 정수가 존재하려면 n은 1을 제외한 12의 양의 약수가 되어야 한다.
따라서 가능한 n의 값의 개수는 2, 3, 4, 6, 12로 5이다.
$\therefore f(6)=5$

(vi) $m=7$일 때,
㉠에서 $x^n=7^{12}$
이 방정식의 근 중에서 정수가 존재하려면 n은 1을 제외한 12의 양의 약수가 되어야 한다.
따라서 가능한 n의 값의 개수는 2, 3, 4, 6, 12로 5이다.
$\therefore f(7)=5$

(vii) $m=8$일 때,
㉠에서 $x^n=8^{12}$ $\therefore x^n=2^{36}$
이 방정식의 근 중에서 정수가 존재하려면 n은 1을 제외한 36의 양의 약수가 되어야 한다.
따라서 가능한 n의 값의 개수는 2, 3, 4, 6, 9, 12, 18, 36으로 8이다.
$\therefore f(8)=8$

(viii) $m=9$일 때,
㉠에서 $x^n=9^{12}$ $\therefore x^n=3^{24}$
이 방정식의 근 중에서 정수가 존재하려면 n은 1을 제외한 24의 양의 약수가 되어야 한다.
따라서 가능한 n의 값의 개수는 2, 3, 4, 6, 8, 12, 24로 7이다.
$\therefore f(9)=7$

(i) ~ (viii)에 의하여
$$\sum_{m=2}^{9} f(m)=f(2)+f(3)+f(4)+f(5)+f(6)+f(7)+f(8)+f(9)$$
$$=5+5+7+5+5+5+8+7=47$$

수능 핵강

*$f(m)$의 값을 일반화하기

자연수 $k(k\geq 2)$와 소수 p에 대하여
(i) $m=p^k$, 즉 m이 p의 k제곱수이면 $x^n=(p^k)^{12}$에서 $x^n=p^{12k}$
이 방정식의 근 중에서 정수가 존재하려면 n은 1을 제외한 $12k$의 양의 약수가 되어야 해.
$\therefore f(m)=(12k$의 양의 약수의 개수$)-1$
(ii) $m\neq p^k$, 즉 m이 p의 k제곱수가 아니면 $x^n=m^{12}$
이 방정식의 근 중에서 정수가 존재하려면 n은 1을 제외한 12의 양의 약수가 되어야 해.
$\therefore f(m)=(12$의 양의 약수의 개수$)-1=5$

최윤성 서울대 공과대학 광역 2023년 입학 · 서울 양정고 졸

이 문제는 방정식 $x^n=m^{12}$의 근 중 실근의 개수가 아니라 근이 정수가 되도록 하는 n의 개수를 묻는 문제로 새로운 유형의 문제였어.
$f(m)$을 일반화하여 문제를 풀었다면 정말 잘 한 거야.
하지만 그렇지 못했다고 해서 실망할 필요는 없어. 이 문제의 핵심은 m^{12}의 n제곱근 중 정수가 되도록 하는 n의 값의 개수를 구할 수 있느냐니까! 그러니 m 대신 2, 3, 4, ⋯, 9를 차례로 대입하여 차근차근 $f(m)$의 값을 구해 봐.

a의 n제곱근 (개념·공식)

① n이 짝수일 때
양수 a의 n제곱근 중에서 실수인 것은 양수와 음수 두 개이고 양인 것은 $\sqrt[n]{a}$, 음인 것은 $-\sqrt[n]{a}$로 나타낸다.
② n이 홀수일 때
실수 a의 n제곱근 중에서 실수인 것은 하나이고 $\sqrt[n]{a}$로 나타낸다.

H 109 정답 ① *∑의 활용 – 새롭게 정의된 수열 [정답률 58%]

(정답 공식: 자연수 N이 $N=p^a\times q^b$로 소인수분해될 때, N의 약수의 개수는 $(a+1)(b+1)$개이다.)

자연수 n의 양의 약수의 개수를 $f(n)$이라 하고, 36의 모든 양의 약수를 $a_1, a_2, a_3, \cdots, a_9$라 하자.
단서1 36의 양의 약수를 직접 구할 수 있지.

$\sum_{k=1}^{9}\{(-1)^{f(a_k)}\times\log a_k\}$의 값은? (4점)

단서2 $f(n)$이 -1의 지수니까 짝수이면 1, 홀수이면 -1이 나와. 즉, n의 약수의 개수가 홀수인지 짝수인지 구해야 해.

① $\log 2+\log 3$ ② $2\log 2+\log 3$
③ $\log 2+2\log 3$ ④ $2\log 2+2\log 3$
⑤ $3\log 2+2\log 3$

1st 36의 양의 약수를 모두 구하고, 함수 $f(a_k)$의 값이 짝수인지 홀수인지 알아보자.

36의 양의 약수를 모두 구하면
1, 2, 3, 4, 6, 9, 12, 18, 36
이때, $f(1), f(4), f(9), f(36)$은 홀수이고, $f(2), f(3), f(6), f(12), f(18)$은 짝수이다.

$f(1)=1, f(4)=f(2^2)=3, f(9)=f(3^2)=3, f(36)=f(2^2\times3^2)=9$

$f(2)=2, f(3)=2, f(6)=f(2\times3)=4, f(12)=f(3\times2^2)=6, f(18)=f(2\times3^2)=6$

2nd $k=1, 2, 3, \cdots, 9$일 때, $(-1)^{f(a_k)}\times\log a_k$의 값을 구하여 더하자.

a_k	$(-1)^{f(a_k)}$	$(-1)^{f(a_k)}\times\log a_k$
1	-1	$-\log 1$
2	1	$\log 2$
3	1	$\log 3$
4	-1	$-\log 4$
6	1	$\log 6$
9	-1	$-\log 9$
12	1	$\log 12$
18	1	$\log 18$
36	-1	$-\log 36$

$\sum_{k=1}^{9}\{(-1)^{f(a_k)}\times\log a_k\}$
$=-\log 1+\log 2+\log 3-\log 4+\log 6-\log 9+\log 12+\log 18-\log 36$
$=\log 2+\log 3+\log 6+\log 12+\log 18-(\log 1+\log 4+\log 9+\log 36)$
$=\log(2\times3\times6\times12\times18)-\log(1\times4\times9\times36)$
$=\log\frac{2\times3\times6\times12\times18}{1\times4\times9\times36}$ ($\log_a MN=\log_a M+\log_a N$, $\log_a\frac{M}{N}=\log_a M-\log_a N$)
$=\log 6$
$=\log 2+\log 3$

수능 핵강

*** 제곱 수의 양의 약수의 개수가 홀수 개인 이유**

a가 제곱 수, 즉 $a=(p_1^{n_1}\times p_2^{n_2}\times\cdots\times p_k^{n_k})^2$ 꼴일 때,
(단, $p_1, \cdots, p_k$는 각각 서로 다른 소수이고 $n_1, \cdots, n_k$는 각각 1 이상의 자연수)
a의 양의 약수의 개수 $f(a)$를 구하면
$f(a)=(2n_1+1)\times(2n_2+1)\times\cdots\times(2n_k+1)$
$=2\times\square+1$
이므로 홀수가 됨을 알 수 있지.

H 110 정답 ② *∑의 활용 – 새롭게 정의된 수열 [정답률 53%]

(정답 공식: 부등식을 m에 관해 정리해보면 n에 대한 다항식으로 표현할 수 있다.)

❶자연수 n에 대하여 ❷$\left|\left(n+\frac{1}{2}\right)^2-m\right|<\frac{1}{2}$을 만족시키는 자연수 m을 a_n이라 하자. $\sum_{k=1}^{5}a_k$의 값은? (4점)

단서 ❶, ❷를 이용하여 m의 식을 만들어야겠지? 이때, m은 자연수이니까 ❷의 범위에서 m을 찾아보자.

① 65 ② 70 ③ 75 ④ 80 ⑤ 85

1st 절댓값을 풀어서 자연수라는 조건을 적용하여 a_n의 식을 찾자.
$|x|<a \Longleftrightarrow -a<x<a$

$\left|\left(n+\frac{1}{2}\right)^2-m\right|<\frac{1}{2}$에서
$-\frac{1}{2}<\left(n+\frac{1}{2}\right)^2-m<\frac{1}{2}$, $-\frac{1}{2}<n^2+n+\frac{1}{4}-m<\frac{1}{2}$
$\therefore -\frac{3}{4}<n^2+n-m<\frac{1}{4}$ → $-\frac{3}{4}<x<\frac{1}{4}$일 때 정수 x의 값은 0뿐이지?
이때, m, n은 자연수로 두 수의 연산은 정수이므로
$n^2+n-m=0$ $\therefore m=a_n=n^2+n$

2nd $\sum_{k=1}^{5}a_k$의 값을 구해.

$\therefore \sum_{k=1}^{5}a_k=\sum_{k=1}^{5}(k^2+k)=\sum_{k=1}^{5}k^2+\sum_{k=1}^{5}k$ ($\sum_{k=1}^{n}k^2=\frac{n(n+1)(2n+1)}{6}$, $\sum_{k=1}^{n}k=\frac{n(n+1)}{2}$)
$=\frac{5\times6\times11}{6}+\frac{5\times6}{2}=55+15=70$

다른 풀이: **$a_1, a_2\cdots$의 값을 직접 구하여 규칙 찾기**

$\left|\left(n+\frac{1}{2}\right)^2-m\right|<\frac{1}{2}$에 $n=1, 2, 3, 4, 5$를 대입하여 계산하자.
n은 자연수이고, $\sum_{k=1}^{5}a_k$이니까 첫째항에서 제5항까지야.

$n=1$일 때, $\left|\frac{9}{4}-m\right|<\frac{1}{2}$에서 $\frac{7}{4}<m<\frac{11}{4}$이므로 $a_1=2=1\times2$

$n=2$일 때 $\left|\frac{25}{4}-m\right|<\frac{1}{2}$에서 $\frac{23}{4}<m<\frac{27}{4}$이므로 $a_2=6=2\times3$

⋮

$a_n=n(n+1)=n^2+n$
(이하 동일)

H 111 정답 502 *∑의 활용 – 새롭게 정의된 수열 [정답률 57%]

(정답 공식: $a_n=1+2+\cdots+2^{n-1}$)

자연수 n에 대하여 2^{n-1}의 모든 양의 약수의 합을 a_n이라 할 때, $\sum_{n=1}^{8}a_n$의 값을 구하시오. (3점)

단서 a_n이 바로 이해가 되지 않을 때는 $n=1, 2, 3, \cdots$을 대입하여 나열해 보자.

1st 2^{n-1}의 모든 양의 약수를 구하여 일반항 a_n을 구하자.

2^{n-1}의 양의 약수는 $1, 2, 2^2, \cdots, 2^{n-1}$이므로 모든 수의 합은
$\therefore a_n=1+2+2^2+\cdots+2^{n-1}=\frac{1\times(2^n-1)}{2-1}=2^n-1$
첫째항이 1, 공비가 2인 등비수열의 첫째항부터 제n항까지의 합이야.

2nd ∑의 성질을 이용하여 $\sum_{n=1}^{8}a_n$의 값을 구해.

$\therefore \sum_{n=1}^{8}a_n=\sum_{n=1}^{8}(2^n-1)=\sum_{n=1}^{8}2^n-\sum_{n=1}^{8}1=\frac{2(2^8-1)}{2-1}-8=502$
1은 상수니까 $\sum_{k=1}^{n}c=cn$(단, c는 상수)

H 112 정답 184 ＊Σ의 활용-새롭게 정의된 수열 … [정답률 47%]

(정답 공식: 집합 A의 모든 원소의 제곱의 합은 $\sum_{i=1}^{15}a_i^2$, 집합 A^C의 모든 원소의 제곱의 합은 $\sum_{i=1}^{15}(31-a_i)^2$이다.)

집합 $U=\{x|x$는 30 이하의 자연수$\}$의 부분집합 $A=\{a_1, a_2, a_3, \cdots, a_{15}\}$가 다음 조건을 만족시킨다.

(가) 집합 A의 임의의 두 원소 a_i, a_j $(i\neq j)$에 대하여
$a_i+a_j\neq 31$
단서 $a_i+a_j\neq 31$이니까 a_i에 대해 a_j는 $31-a_i$의 값이 될 수 없어.

(나) $\sum_{i=1}^{15}a_i=264$

$\frac{1}{31}\sum_{i=1}^{15}a_i^2$의 값을 구하시오. (4점)

1st 조건 (가)를 만족하는 집합을 생각해서 관계식을 세우자.

조건 (가)에서 두 원소의 합이 31이 아니므로 집합 A에 속하지 않는 원소는 $31-a_i$ $(1\leq i\leq 15)$이다.
집합 A에 속하지 않는 원소는 A^C에 속하는 원소라고 할 수 있어.

즉, $\sum_{i=1}^{15}a_i^2$과 $\sum_{i=1}^{15}(31-a_i)^2$의 합은 전체집합 U의 모든 원소의 제곱의 합과 같다.
$a_i\in A$이면 $(31-a_i)\in A^C$이고 전체집합 U의 모든 원소의 제곱의 합은 A의 원소의 제곱의 합과 A^C의 원소의 제곱의 합의 합과 같기 때문에 전체집합 U의 모든 원소의 제곱의 합은 $\sum_{i=1}^{15}a_i$과 $\sum_{i=1}^{15}(31-a_i)^2$의 합과 같아.

$\sum_{i=1}^{15}a_i^2+\sum_{i=1}^{15}(31-a_i)^2=\sum_{i=1}^{30}i^2$

$\sum_{i=1}^{15}a_i^2+\sum_{i=1}^{15}31^2-62\sum_{i=1}^{15}a_i+\sum_{i=1}^{15}a_i^2=\frac{30\times 31\times 61}{6}$ …… ㉠

2nd ㉠의 식과 조건 (나)를 이용해서 $\frac{1}{31}\sum_{i=1}^{15}a_i^2$의 값을 구하자.

[자연수의 거듭제곱의 합]
(1) $\sum_{k=1}^{n}k=\frac{n(n+1)}{2}$
(2) $\sum_{k=1}^{n}k^2=\frac{n(n+1)(2n+1)}{6}$

조건 (나)에 의해

$2\sum_{i=1}^{15}a_i^2+15\times 31^2-62\times 264=5\times 31\times 61$

$\sum_{i=1}^{15}a_i^2=\frac{1}{2}\times(5\times 31\times 61-15\times 31^2+62\times 264)$

$=\frac{31}{2}(5\times 61-15\times 31+2\times 264)=\frac{31}{2}\times 368=31\times 184$

$\therefore \frac{1}{31}\sum_{i=1}^{15}a_i^2=184$

H 113 정답 86 ＊Σ의 활용-새롭게 정의된 수열 [정답률 52%]

(정답 공식: 직선의 기울기를 구하는 공식을 이용해 부등식을 세우고 a에 3부터 차례로 대입해 규칙을 찾는다.)

3보다 큰 자연수 n에 대하여 $f(n)$을 다음 조건을 만족시키는 가장 작은 자연수 a라 하자.

(가) $a\geq 3$
단서2 단서1의 조건을 만족시키는 가장 작은 자연수 a의 값이 $f(n)$이지? 이때, $a\geq 3$이라는 조건을 꼭 기억해!!

(나) 두 점 $(2, 0)$, $(a, \log_n a)$를 지나는 직선의 기울기는 $\frac{1}{2}$보다 작거나 같다.
단서1 두 점 $(2, 0)$, $(a, \log_n a)$를 지나는 직선의 기울기는 $\frac{\log_n a-0}{a-2}$이므로 이 값이 $\frac{1}{2}$보다 작거나 같음을 이용하여 부등식을 세워.

예를 들어 $f(5)=4$이다. $\sum_{n=4}^{30}f(n)$의 값을 구하시오. (4점)

1st 두 점 $(2, 0)$, $(a, \log_n a)$를 지나는 직선의 기울기부터 구하자.

조건 (가)에서 $a\geq 3$이고 조건 (나)에서 $\frac{\log_n a-0}{a-2}\leq\frac{1}{2}$

이때, $a\geq 3$이므로 $\log_n a\leq\frac{a-2}{2}$ … ㉠
$a\geq 3$이므로 $a-2>0$이지? 즉, 부등식의 양변에 양수 $a-2$를 곱해도 부등호의 방향은 변하지 않아.

2nd $a\geq 3$의 자연수이므로 $a=3$, $a=4$, …를 대입해.

(i) ㉠에 $a=3$을 대입하면 $\log_n 3\leq\frac{1}{2}$에서 $\log_n 3\leq\log_n\sqrt{n}$, 즉 $\sqrt{n}\geq 3$
$n>3$이므로 $3\leq\sqrt{n}$
따라서 $f(n)=3$인 n의 값은 $n\geq 9$이다.

(ii) ㉠에 $a=4$를 대입하면 $\log_n 4\leq 1$에서 $\log_n 4\leq\log_n n$, 즉 $n\geq 4$
그런데 (i)에서 $n\geq 9$이면 $f(n)=3$이므로 $f(n)=4$인 n의 값은 $4\leq n\leq 8$이다.

(i), (ii)에 의하여 $f(n)=\begin{cases}4 & (4\leq n<9)\\ 3 & (n\geq 9)\end{cases}$

3rd $\sum_{n=4}^{30}f(n)$의 값을 구하자.

$\sum_{n=4}^{30}f(n)=\sum_{n=4}^{8}f(n)+\sum_{n=9}^{30}f(n)$

$=\{f(4)+f(5)+\cdots+f(8)\}+\{f(9)+f(10)+\cdots+f(30)\}$
$8-4+1=5$(개), $30-9+1=22$(개)

$=4\times 5+3\times 22=86$

톡톡 풀이: 그림을 그려 해결하기

점 $(2, 0)$을 지나고 기울기가 $\frac{1}{2}$인 직선을 기준으로 두 조건 (가), (나)를 만족시키는 직선을 그려보자.

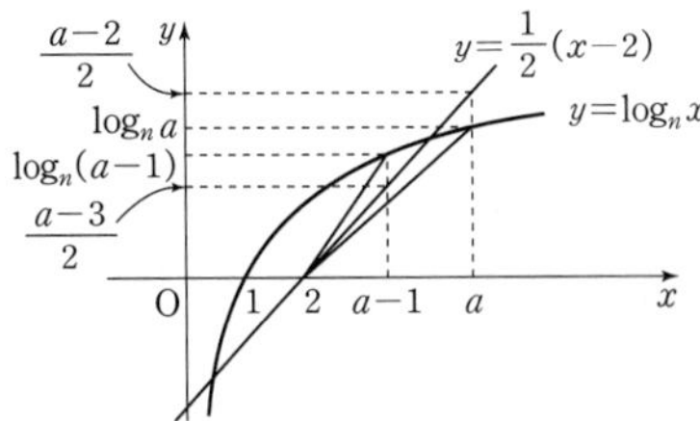

조건 (나)에 의해 두 점 $(2, 0)$, $(a, \log_n a)$를 지나는 직선의 기울기는

$\frac{\log_n a}{a-2}\leq\frac{1}{2}$ … ㉠

이므로 3보다 큰 자연수 n에 대하여 부등식 ㉠을 만족시키는 가장 작은 자연수 a $(a\geq 3)$는 다음 두 부등식을 동시에 만족시켜야 해.

$\log_n a\leq\frac{a-2}{2}$ … ㉡

$\log_n(a-1)>\frac{a-3}{2}$ … ㉢

위의 그림에서 두 점 $(2, 0)$, $(a-1, \log_n(a-1))$을 지나는 직선의 기울기가 $\frac{1}{2}$보다 커야 하므로 $\frac{\log_n(a-1)-0}{a-1-2}>\frac{1}{2}$ $\therefore \log_n(a-1)>\frac{a-3}{2}$

이때, 조건 (가)에서 $a\geq 3$인 자연수 a에 대하여

(i) $a=3$일 때,

㉡에서 $\log_n 3\leq\frac{1}{2}$이므로 $3\leq n^{\frac{1}{2}}$이고 양변을 제곱하면 $n\geq 9$

㉢에서 $\log_n 2>0$이므로 $n>1$

따라서 $n\geq 9$인 모든 자연수 n에 대하여 $f(n)=3$

(ii) $a=4$일 때,

㉡에서 $\log_n 4\leq 1$이므로 $n\geq 4$

㉢에서 $\log_n 3>\frac{1}{2}$이므로 $n^{\frac{1}{2}}<3$이고 양변을 제곱하면 $n<9$

따라서 $4\leq n<9$인 모든 자연수 n에 대하여 $f(n)=4$

(i), (ii)에서 $f(n)=\begin{cases}4 & (4\leq n<9)\\ 3 & (n\geq 9)\end{cases}$

$\therefore \sum_{n=4}^{30}f(n)=\sum_{n=4}^{8}f(n)+\sum_{n=9}^{30}f(n)=4\times 5+3\times 22=86$

H 114 정답 286 *∑의 활용 – 새롭게 정의된 수열 … [정답률 57%]

(정답 공식: $(1+2x+3x^2+\cdots+11x^{10})(1+2x+3x^2+\cdots+11x^{10})$의 괄호 안의 어떤 두 항을 곱의 x의 지수가 10이 나오는 경우를 모두 더한다.)

> $(1+2x+3x^2+4x^3+\cdots+11x^{10})^2$의 전개식에서 x^{10}의 계수를 구하시오. (4점) **단서** 식을 다 전개하지 말고 x^{10}이 되는 경우만 따져 주자.

1st 전개식에서 x^{10}이 나오는 경우를 따져 보자.

전개식에서 x^{10}의 항들은 $1\times11x^{10},\ 2x\times10x^9,\ 3x^2\times9x^8,\ \cdots,\ 11x^{10}\times1$ 이므로 x^{10}의 계수는 (지수의 합이 10이 되도록 ~)

$(1\times11)+(2\times10)+(3\times9)+\cdots+(11\times1)$ (첫째항이 11, 공차가 -1인 등차수열이니까 $12-k$야. 첫째항이 1, 공차가 1인 등차수열이니까 k야.)

$=\sum_{k=1}^{11}k(12-k)=\sum_{k=1}^{11}(12k-k^2)$

함정 일일이 계산해야 될 것처럼 생겼지만 규칙을 찾아 ∑로 나타내면 쉽게 계산할 수 있지?

$=12\sum_{k=1}^{11}k-\sum_{k=1}^{11}k^2$ [자연수의 거듭제곱의 합] ① $\sum_{k=1}^{n}k=\frac{n(n+1)}{2}$ ② $\sum_{k=1}^{n}k^2=\frac{n(n+1)(2n+1)}{6}$

$=12\times\frac{11\times12}{2}-\frac{11\times12\times23}{6}$

$=792-506$

$=286$

H 115 정답 11 *∑의 활용 – 새롭게 정의된 수열 … [정답률 42%]

(정답 공식: 구하고자 하는 자연수는 $np+p(p=1,\ 2,\ \cdots\ n-1)$로 나타낼 수 있다.)

> 자연수 $n(n\ge2)$으로 나누었을 때, 몫과 나머지가 같아지는 자연수를 모두 더한 값을 a_n이라 하자. 예를 들어 4로 나누었을 때, 몫과 나머지가 같아지는 자연수는 5, 10, 15이므로 $a_4=5+10+15=30$이다. $a_n>500$을 만족시키는 자연수 n의 최솟값을 구하시오. (4점)
> **단서** 다항식의 나눗셈을 이용하여 새롭게 정의된 수열의 일반항을 세워 볼까?

1st 다항식의 나눗셈을 이용하여 수열 $\{a_n\}$의 일반항을 구해.

자연수 n으로 나누었을 때의 몫과 나머지가 k로 같다고 하고, 이러한 자연수를 b_k이라 하면 (A를 B로 나눈 몫을 Q, 나머지를 R라 하면 $A=BQ+R$)

$b_k=nk+k=(n+1)k$

이때, a_n은 이러한 자연수 b_n을 모두 더한 값이고, $k=1,\ 2,\ \cdots,\ n-1$이므로

$a_n=\sum_{k=1}^{n-1}b_k=\sum_{k=1}^{n-1}(n+1)k$ (k외의 문자와 수는 상수이니까 $(n+1)$도 상수야.)

$=(n+1)\sum_{k=1}^{n-1}k$ ($\sum_{k=1}^{n}k=\frac{n(n+1)}{2}$에서 n 대신에 $n-1$을 대입해.)

함정 나머지정리에서 $A=BQ+R$일 때 $B>R$이니까 $n>k$이어야 해.

$=(n+1)\times\frac{(n-1)\times n}{2}$

$=\frac{(n-1)n(n+1)}{2}$

2nd $a_n>500$을 만족시키는 자연수 n의 최솟값을 구해.

이때, $a_n>500$을 만족시키므로

$\frac{(n-1)n(n+1)}{2}>500$

$\therefore (n-1)n(n+1)>1000$

(i) $n=10$일 때, $9\times10\times11=990<1000$

(ii) $n=11$일 때, $10\times11\times12=1320>1000$

$\therefore n\ge11$

따라서 조건을 만족시키는 자연수 n의 최솟값은 11이다.

수능 핵강

$*\ a_n=\sum_{k=1}^{n-1}(n+1)k$인 이유

n으로 나누었을 때 몫과 나머지가 같다고 했네? 그 수는 $nk+k$이고, n으로 나눈 나머지는 n보다 작으므로 $k<n$이야. 몫과 나머지가 같으므로 몫 k는 1부터 $(n-1)$까지야.

즉, $a_n=\sum_{k=1}^{n-1}(nk+k)$이므로 수열의 합의 공식을 이용해서 풀어준 뒤 $a_n>500$인 최초의 n을 구하면 돼. 그러나 이렇게 a_n을 구하는 것이 어려우면 수열은 나열해서 규칙성을 찾는 방법이 제일 쉬울 거야.

나머지정리 개념·공식

다항식 A를 다항식 $B(B\ne0)$로 나눌 때의 몫을 Q, 나머지를 R라 하면 $A=BQ+R$ (단, (R의 차수)<(B의 차수))
특히, $R=0$, 즉 $A=BQ$이면 A는 B로 나누어떨어진다고 한다.

H 116 정답 110 *∑의 활용 – 새롭게 정의된 수열 … [정답률 45%]

(정답 공식: $n-0.5\le\sqrt{k}<n+0.5$를 만족시킨다.)

> 수열 $\{a_n\}$의 제n항 a_n을 자연수 k의 양의 제곱근 $\sqrt{k}$를 소수점 아래 첫째 자리에서 반올림하여 n이 되는 k의 개수라 하자. $\sum_{i=1}^{10}a_i$의 값을 구하시오. (4점)
> **단서** $\sqrt{k}$의 범위를 n으로 표현하여 k의 개수를 n의 식으로 나타내.

1st 일반항 a_n을 구하기 위해서는 조건을 만족시키는 k의 개수를 알아야 해. 즉, k의 범위를 구해. (정수 a, b에 대하여 $a\le k<b$이면 정수 k의 개수는 $b-a$이니까 범위를 먼저 구해야 해.)

자연수 k의 양의 제곱근 $\sqrt{k}$를 소수점 아래 첫째 자리에서 반올림하여 자연수 n이 되는 k의 범위는 (0.5를 반올림하면 1, 1.4를 반올림하면 1이 됨을 고려해.)

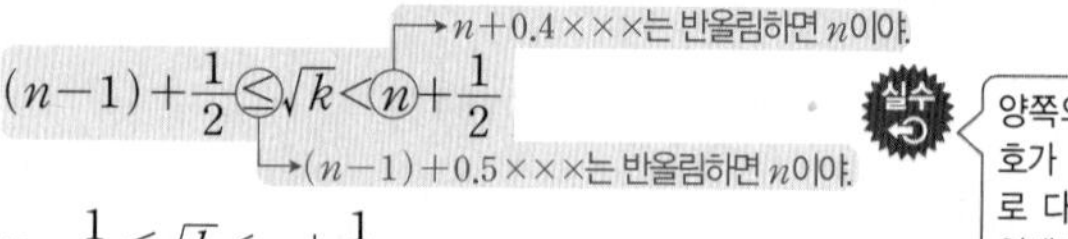

실수 양쪽의 부등호에 등호가 있고 없음이 서로 다름을 반드시 확인해야 해

$n-\frac{1}{2}\le\sqrt{k}<n+\frac{1}{2}$

부등식의 양변을 제곱하면 (각 변이 양수이므로 제곱해도 부등호 방향은 바뀌지 않지?)

$\therefore n^2-n+\frac{1}{4}\le k<n^2+n+\frac{1}{4}$

2nd k는 자연수이니까 구한 범위를 $a\le k\le b$ 꼴로 나타내어 $\sum_{i=1}^{10}a_i$의 값을 구해.

k는 자연수이므로 $n^2-n+1\le k\le n^2+n$ (위 식을 만족시키는 자연수 k는 n^2-n+1부터 n^2+n까지의 수이므로!)

$a_n=(n^2+n)-(n^2-n+1)+1=2n$

$\therefore \sum_{i=1}^{10}a_i=\sum_{i=1}^{10}2i=2\times\frac{10\times11}{2}=110$ (통일하여 표현!!)

H 117 정답 ④ *∑의 활용 – 대입 … [정답률 69%]

(정답 공식: ∑의 정의를 이용하여 좌변을 간단히 나타낸다.)

> 수열 $\{a_n\}$은 $a_1=-4$이고, 모든 자연수 n에 대하여
> $$\sum_{k=1}^{n}\frac{a_{k+1}-a_k}{a_ka_{k+1}}=\frac{1}{n}$$
> **단서** $\frac{a_{k+1}-a_k}{a_ka_{k+1}}$를 정리한 후 ∑를 풀어서 좌변을 간단히 나타내.
> 을 만족시킨다. a_{13}의 값은? (3점)
>
> ① -9 ② -7 ③ -5 ④ -3 ⑤ -1

1st 주어진 식의 좌변을 간단히 해.

$\sum_{k=1}^{n}\frac{a_{k+1}-a_k}{a_ka_{k+1}}=\frac{1}{n}$에서

(좌변)

$=\sum_{k=1}^{n}\frac{a_{k+1}-a_k}{a_ka_{k+1}}=\sum_{k=1}^{n}\left(\frac{1}{a_k}-\frac{1}{a_{k+1}}\right)$

$=\left(\frac{1}{a_1}-\frac{1}{a_2}\right)+\left(\frac{1}{a_2}-\frac{1}{a_3}\right)+\left(\frac{1}{a_3}-\frac{1}{a_4}\right)+\cdots+\left(\frac{1}{a_n}-\frac{1}{a_{n+1}}\right)$

$=\frac{1}{a_1}-\frac{1}{a_{n+1}}=-\frac{1}{4}-\frac{1}{a_{n+1}}$ ($\because a_1=-4$)

이므로 $-\frac{1}{4}-\frac{1}{a_{n+1}}=\frac{1}{n}$ $\therefore \frac{1}{a_{n+1}}=-\frac{1}{4}-\frac{1}{n}$ ⋯ ㉠

2nd a_{13}의 값을 구해.

㉠의 양변에 $n=12$를 대입하면

→ ㉠에서 a_{n+1}에 대한 식을 구했으니까 $n=12$를 대입하여 a_{13}의 값을 구해야 해.

$\frac{1}{a_{13}}=-\frac{1}{4}-\frac{1}{12}=-\frac{1}{3}$

$\therefore a_{13}=-3$

H 118 정답 ⑤ *∑의 활용 – 대입 [정답률 61%]

(정답 공식: 주기가 p인 함수 $f(x)$는 모든 실수 x에 대하여 $f(x+p)=f(x)$가 성립한다.)

실수 전체의 집합에서 정의된 함수 $f(x)$가 구간 $(0, 1]$에서

$f(x)=\begin{cases}3 & (0<x<1)\\ 1 & (x=1)\end{cases}$ **단서1** $0<x\le1$에서 x가 정수일 때 $f(x)=1$, 정수가 아닐 때 $f(x)=3$이라는 거야.

이고 모든 실수 x에 대하여 $f(x+1)=f(x)$를 만족시킨다.

→ **단서2** 함수 $f(x)$는 주기가 1인 함수야.

$\sum_{k=1}^{20}\frac{k\times f(\sqrt{k})}{3}$의 값은? (4점)

① 150 ② 160 ③ 170 ④ 180 ⑤ 190

1st $f(\sqrt{k})$의 값을 구해.

함수 $y=f(x)$의 그래프는 그림과 같다.

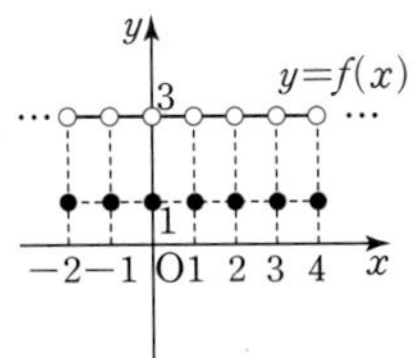

즉, x가 정수일 때 $f(x)=1$이고 x가 정수가 아닐 때 $f(x)=3$이다.

한편, $\sqrt{k}$가 정수가 되려면 k는 제곱수이어야 하므로 20 이하의 자연수 중 $\sqrt{k}$가 정수가 되는 k의 값은 1, 4, 9, 16이다.

→ 어떤 자연수의 제곱이 되는 수를 의미해.

$\therefore f(\sqrt{k})=\begin{cases}1 & (k=1, 4, 9, 16)\\ 3 & (k\neq1, 4, 9, 16)\end{cases}$

2nd $\sum_{k=1}^{20}\frac{k\times f(\sqrt{k})}{3}$의 값을 구해.

→ $1\le k\le20$인 자연수 k에 대하여 $f(\sqrt{k})=3$이라 하고 $\sum_{k=1}^{20}\frac{k\times f(\sqrt{k})}{3}$의 값을 구한 것에서 $k=1, 4, 9, 16$일 때의 $\frac{k\times3}{3}$의 값을 빼고 $k=1, 4, 9, 16$일 때의 실제 $\frac{k\times f(\sqrt{k})}{3}$의 값을 더해 준거야.

$\therefore \sum_{k=1}^{20}\frac{k\times f(\sqrt{k})}{3}$

$=\sum_{k=1}^{20}\frac{k\times3}{3}-\left(\frac{1\times3}{3}+\frac{4\times3}{3}+\frac{9\times3}{3}+\frac{16\times3}{3}\right)$

$+\left\{\frac{1\times f(\sqrt{1})}{3}+\frac{4\times f(\sqrt{4})}{3}+\frac{9\times f(\sqrt{9})}{3}+\frac{16\times f(\sqrt{16})}{3}\right\}$

$=\sum_{k=1}^{20}k-(1+4+9+16)+\left(\frac{1}{3}+\frac{4}{3}+\frac{9}{3}+\frac{16}{3}\right)$

→ $\sum_{k=1}^{n}k=\frac{n(n+1)}{2}$

$=\frac{20\times21}{2}-30+10=190$

H 119 정답 ④ *∑의 활용 – 대입 [정답률 45%]

(정답 공식: $\log_a m+\log_a n=\log_a mn$)

수열 $\{a_n\}$의 일반항은

$a_n=\log_2\sqrt{\frac{2(n+1)}{n+2}}$

이다. $\sum_{k=1}^{m}a_k$의 값이 100 이하의 자연수가 되도록 하는 모든 자연수 m의 값의 합은? (4점)

단서 밑이 같은 두 로그의 합은 진수끼리의 곱으로 나타낼 수 있지? 이를 이용하여 $\sum_{k=1}^{m}a_k$를 m에 대한 식으로 간단히 나타낼 수 있어.

① 150 ② 154 ③ 158 ④ 162 ⑤ 166

1st 로그의 성질을 이용하여 $\sum_{k=1}^{m}a_k$를 m에 관한 식으로 나타내.

$\sum_{k=1}^{m}a_k=\sum_{k=1}^{m}\log_2\sqrt{\frac{2(k+1)}{k+2}}=\frac{1}{2}\sum_{k=1}^{m}\log_2\frac{2(k+1)}{k+2}$ ($\log_a m^k=k\log_a m$)

$=\frac{1}{2}\left\{\log_2\frac{2\times2}{3}+\log_2\frac{2\times3}{4}+\log_2\frac{2\times4}{5}+\cdots+\log_2\frac{2(m+1)}{m+2}\right\}$

($\log_a m+\log_a n=\log_a mn$)

$=\frac{1}{2}\log_2\left\{\frac{2\times2}{3}\times\frac{2\times3}{4}\times\frac{2\times4}{5}\times\cdots\times\frac{2(m+1)}{m+2}\right\}$

$=\frac{1}{2}\log_2\frac{2^{m+1}}{m+2}$

2nd 조건을 만족시키는 모든 자연수 m의 값을 구해.

$\sum_{k=1}^{m}a_k=N$ (N은 100 이하의 자연수)라 하면

$\frac{1}{2}\log_2\frac{2^{m+1}}{m+2}=N$에서 $\log_2\frac{2^{m+1}}{m+2}=2N$, $\frac{2^{m+1}}{m+2}=2^{2N}$

$2^{m+1}=2^{2N}(m+2)$ **주의**

$\therefore 2^{m+1-2N}=m+2$

$m+2$가 2의 거듭제곱이라 할지라도 N이 자연수가 아닐 수도 있어.

따라서 $m+2$는 2의 거듭제곱이어야 한다.

(i) $m+2=2^2$, 즉 $m=2$일 때

$m+2=2$이면 $m=0$인데 m은 자연수이므로 조건을 만족시키지 않아. 즉, $m+2=2^2$인 경우부터 따져주면 돼.

$2^{3-2N}=2^2$에서 $3-2N=2$, $2N=1$ $\therefore N=\frac{1}{2}$

→ $a^{f(x)}=a^{g(x)}$ $(a>0, a\neq1)$이면 $f(x)=g(x)$

그런데 N은 100 이하의 자연수이므로 $m\neq2$

(ii) $m+2=2^3$, 즉 $m=6$일 때

$2^{7-2N}=2^3$에서 $7-2N=3$, $2N=4$

$\therefore N=2$

따라서 $m=6$은 조건을 만족시킨다.

(iii) $m+2=2^4$, 즉 $m=14$일 때

$2^{15-2N}=2^4$에서 $15-2N=4$, $2N=11$

$\therefore N=\frac{11}{2}$

그런데 N은 100 이하의 자연수이므로 $m\neq14$

(iv) $m+2=2^5$, 즉 $m=30$일 때

$2^{31-2N}=2^5$에서 $31-2N=5$, $2N=26$

$\therefore N=13$

따라서 $m=30$은 조건을 만족시킨다.

(v) $m+2=2^6$, 즉 $m=62$일 때

$2^{63-2N}=2^6$에서 $63-2N=6$, $2N=57$

$\therefore N=\frac{57}{2}$

그런데 N은 100 이하의 자연수이므로 $m\neq62$

(vi) $m+2=2^7$, 즉 $m=126$일 때

$2^{127-2N}=2^7$에서 $127-2N=7$, $2N=120$

$\therefore N=60$

따라서 $m=126$은 조건을 만족시킨다.

(vii) $m+2\geq 2^8$, 즉, $m\geq 254$일 때 $N>100$

$m+2=2^8$, 즉 $m=254$이면
$2^{255-2N}=2^8$에서 $255-2N=8$, $2N=247$
$\therefore N=\frac{247}{2}$
따라서 $N>100$이므로 조건을 만족시키지 않아. 또, m의 값이 커질수록 N의 값도 커지므로 $m+2\geq 2^8$일 때 $N>100$이야.

(i)~(vii)에 의하여 조건을 만족시키는 m의 값은 6, 30, 126이므로

(구하는 합)$=6+30+126=162$

H 120 정답 123 *∑의 활용 – 대입 [정답률 52%]

(정답 공식: n에 값을 대입해보면 일정 주기로 a_n의 값이 반복된다는 것을 알 수 있다.)

수열 $\{a_n\}$은 다음 조건을 만족시킨다.

(가) $a_1=1$, $a_2=2$

(나) a_n은 a_{n-2}와 a_{n-1}의 합을 4로 나눈 나머지 $(n\geq 3)$

단서 수열 $\{a_n\}$의 규칙을 찾기 위해서 n 대신 3, 4, 5, …을 a_{n-2}와 a_{n-1}에 대입해 보면서 a_{n-2}와 a_{n-1}의 합을 4로 나눈 나머지를 찾아야 해.

$\sum_{k=1}^{m}a_k=166$일 때, m의 값을 구하시오. (4점)

1st n 대신 3, 4, 5, …를 대입하면서 조건에 맞는 a_n의 값의 규칙을 구해 봐.

(가)에서 $a_1=1$, $a_2=2$

(나)에서 $n\geq 3$인 자연수에 대하여 a_n은 a_{n-2}와 a_{n-1}의 합을 4로 나눈 나머지이므로

$n=3$일 때, $a_{n-2}=a_1=1$, $a_{n-1}=a_2=2$이므로 a_{n-2}와 a_{n-1}의 합을 4로 나눈 나머지 $a_3=3$

$a_1=1$, $a_2=2$, $a_3=3$, $a_4=1$, $a_5=0$

$a_6=1$, $a_7=1$, $a_8=2$, …

2nd 수열 $\{a_n\}$의 규칙성을 이용해서 $\sum_{k=1}^{m}a_k=166$을 만족하는 m의 값을 구하자.

$\sum_{k=1}^{6}a_k=8$, $a_{n+6}=a_n$이므로 $\sum_{k=1}^{6n}a_k=8n$

→ a_n의 값은 1, 2, 3, 1, 0, 1의 6개의 수가 반복되니까 $a_{n+6}=a_n$이야.

$n=20$일 때, $\sum_{k=1}^{120}a_k=160$

→ a_n의 값은 6개의 수가 반복되고 120은 6의 배수이니까 a_{121}은 a_1의 값과 같게 돼.

$a_{121}=a_1=1$, $a_{122}=a_2=2$, $a_{123}=a_3=3$

$$\sum_{k=1}^{m}a_k=166=160+1+2+3$$

$$=\sum_{k=1}^{120}a_k+a_{121}+a_{122}+a_{123}=\sum_{k=1}^{123}a_k$$

$\therefore m=123$

H 121 정답 ① *∑의 활용 – 대입 [정답률 47%]

(정답 공식: $n=1$일 때부터 차례로 a_n을 구해보면 4를 주기로 순환하며 반복된다는 것을 안다.)

수열 $\{a_n\}$에서 $a_n=(-1)^{\frac{n(n+1)}{2}}$일 때, $\sum_{n=1}^{2010}na_n$의 값은? (4점)

단서 수열 $\{a_n\}$이 가지는 규칙을 $n=1, 2, 3, \cdots$을 대입해서 찾자.

① -2011 ② -2010 ③ 0
④ 2010 ⑤ 2011

1st 주어진 수열 $\{a_n\}$에 $n=1, 2, 3, \cdots$을 대입하여 규칙성을 찾자.

$a_n=(-1)^{\frac{n(n+1)}{2}}$에서 규칙을 찾으면

$-1=a_1=a_5=\cdots \Rightarrow a_1=(-1)^{\frac{1\times 2}{2}}=(-1)^1=-1$

$-1=a_2=a_6=\cdots \Rightarrow a_2=(-1)^{\frac{2\times 3}{2}}=(-1)^3=-1$

$1=a_3=a_7=\cdots \Rightarrow a_3=(-1)^{\frac{3\times 4}{2}}=(-1)^6=1$

$1=a_4=a_8=\cdots \Rightarrow a_4=(-1)^{\frac{4\times 5}{2}}=(-1)^{10}=1$

따라서 주기는 4이다.

2nd 주기가 4이므로 4개씩 묶어서 계산하자.

$$\sum_{n=1}^{2010}na_n=(\underbrace{-1-2+3+4}_{=4})+(\underbrace{-5-6+7+8}_{=4})+\cdots+(\underbrace{-2005-2006+2007+2008}_{=4})-2009-2010$$

$$=\underbrace{4+4+\cdots+4}_{2008\div 4=502(\text{개})}-2009-2010$$

$=4\times 502-2009-2010$

$=2008-2009-2010=-2011$

H 122 정답 ④ *∑의 활용 – 대입 [정답률 47%]

(정답 공식: k, p의 값에 특정 값을 대입해보면 규칙성을 알 수 있다. a_1, $\cdots a_p$까지 공차가 1인 등차수열을 이루다가 $a_{p+1}=a_1$이 되면서, 일정 주기로 a_1, $\cdots a_p$까지의 값을 반복한다.)

$p\geq 2$인 자연수 p에 대하여 수열 $\{a_n\}$이 다음 세 조건을 만족시킨다.

단서 조건으로 a_1에서 a_p까지 수열 $\{a_n\}$의 일반항을 구할 수 있지? 이것으로 보기의 진위를 판단해.

(가) $a_1=0$

(나) $a_{k+1}=a_k+1$ $(1\leq k\leq p-1)$ ⇒ 공차 1

(다) $a_{k+p}=a_k$ $(k=1, 2, 3, \cdots)$ ⇒ 주기 p

[보기]에서 옳은 것을 모두 고른 것은? (4점)

[보기]

ㄱ. $a_{2k}=2a_k$

ㄴ. $a_1+a_2+\cdots+a_p=\frac{p(p-1)}{2}$

ㄷ. $a_p+a_{2p}+\cdots+a_{kp}=k(p-1)$

① ㄱ ② ㄴ ③ ㄷ
④ ㄴ, ㄷ ⑤ ㄱ, ㄴ, ㄷ

1st 주어진 조건을 분석하여 a_1부터 a_p까지 구해 볼까?

조건 (가), (나)에서 $a_1=0$, $a_{k+1}=a_k+1(1\leq k\leq p-1)$이므로

$k=p-1$까지이니까 a_p까지 구할 수 있겠지?

$a_1=0$

$a_2=a_1+1=1$ ⇐ $a_{n+1}-a_n=1$에서 수열 $\{a_n\}$은 공차 1인 등차수열이야. (+1)

$a_3=a_2+1=2$ (+1)

$a_4=a_3+1=3$

⋮

$\therefore a_p=p-1$

그런데 조건 (다)에서 $a_{k+p}=a_k(k=1, 2, 3, \cdots)$이므로

$a_{1+p}=a_1$, $a_{2+p}=a_2$, $\cdots$, $a_{2p}=a_p$

수열 $\{a_n\}$은 0, 1, 2, …, $p-1$이 이 순서대로 반복되는 수열이다.

2nd 이를 바탕으로 ㄱ~ㄷ의 참 · 거짓을 알아 봐.

ㄱ. 【반례】 조건 (나)에서 $a_2=1$이지만 $k=1$이라 하면 $\therefore a_2\neq 2a_1$ (거짓)

주의 식을 논리적으로 전개하여 보기의 참과 거짓을 판단하여도 좋지만 이처럼 반례를 하나 찾아서 보기가 거짓임을 쉽고 빠르게 파악할 수 있어.

ㄴ. $a_1+a_2+a_3+\cdots+a_p=0+1+2+\cdots+(p-1)$

$=\frac{p(p-1)}{2}$ (참)

ㄷ. $a_p=a_{2p}=a_{3p}=\cdots=a_{kp}=p-1$이므로

조건 (다)에서 $a_p=a_{p+p}=a_{p+p+p}=\cdots$

$a_p+a_{2p}+a_{3p}+\cdots+a_{kp}=\underbrace{(p-1)+(p-1)+(p-1)+\cdots+(p-1)}_{k\text{개야.}}$

$=k(p-1)$ (참)

따라서 옳은 것은 ㄴ, ㄷ이다.

다른 풀이: **반례를 찾아서 ㄱ이 거짓임을 증명하기**

ㄱ. 【반례】 $p=2$이면 $a_1=0,\ a_2=1,\ a_3=0,\ a_4=1,\ \cdots$

$\therefore\ a_4\neq 2a_2$ (거짓)

H 123 정답 332 *∑의 활용 – 대입 [정답률 58%]

(정답 공식: $\omega^3+1=0$, $\omega^2-\omega+1=0$. ω의 실수부분은 근의 공식을 이용하면 $\frac{1}{2}$임을 알 수 있다. $\omega^3=-1$임을 이용하면 $f(n)$의 값은 특정 주기로 반복된다는 것을 안다.)

방정식 $x^3+1=0$의 한 허근을 ω라 하자.
자연수 n에 대하여 $f(n)$을 ω^n의 실수 부분으로 정의할 때,
$\sum_{k=1}^{999}\left\{f(k)+\frac{1}{3}\right\}$의 값을 구하시오. (3점)

단서 $\omega^1,\ \omega^2,\ \omega^3,\ \cdots$을 차례로 나열하여 규칙을 찾아 볼까?

1st 방정식 $x^3+1=0$을 인수분해하여 허근 ω를 구해.

방정식 $x^3+1=0$에서 $(x+1)(x^2-x+1)=0$의 한 허근을 ω라 하므로

$\omega^3=-1\ \cdots$ ㉠ → $\omega^3+1=0 \Longleftrightarrow (\omega+1)(\omega^2-\omega+1)=0$

$\omega^2-\omega+1=0\ (\because \omega\neq-1)\ \cdots$ ㉡

주의 실근과 허근을 잘 구별할 줄 알아야 해.

$\therefore\ \omega=\frac{1\pm\sqrt{3}i}{2}=\frac{1}{2}\pm\frac{\sqrt{3}}{2}i$

2nd $f(1),\ f(2)$를 구하여 같은 방법으로 $f(3),\ f(4),\ f(5),\ \cdots$를 구해.

$f(n)$은 ω^n의 실수 부분이므로 $f(1)=\frac{1}{2}$

또, ㉡에서 $\underline{\omega^2=\omega-1}_{\ \omega^2-\omega+1=0}=\left(\frac{1}{2}\pm\frac{\sqrt{3}}{2}i\right)-1=\underbrace{-\frac{1}{2}}_{\text{실수 부분이야.}}\pm\frac{\sqrt{3}}{2}i$이므로

$f(2)=-\frac{1}{2}$

$f(3)=-1 \Rightarrow$ ㉠에서 $\omega^3=-1$

$f(4)=-\frac{1}{2} \Rightarrow \omega^4=\omega^3\cdot\omega=-\omega=-\frac{1}{2}\mp\frac{\sqrt{3}}{2}i$

$f(5)=\frac{1}{2} \Rightarrow \omega^5=\omega^3\cdot\omega^2=-\omega^2=\frac{1}{2}\mp\frac{\sqrt{3}}{2}i$

$f(6)=1 \Rightarrow \omega^6=\omega^3\cdot\omega^3=1$

3rd $f(n)$의 규칙을 찾아 $\sum_{k=1}^{999}\left\{f(k)+\frac{1}{3}\right\}$의 값을 구해. → $f(6)=1$이니까 $n=7$부터 다시 반복되겠네.

여기서 $\omega^7=(\omega^3)^2\cdot\omega=\omega$, $\omega^8=(\omega^3)^2\cdot\omega^2=\omega^2$, $\cdots$이므로

$f(7)=f(1),\ f(8)=f(2),\ \cdots$

즉, $f(n)$은 $\frac{1}{2},\ -\frac{1}{2},\ -1,\ -\frac{1}{2},\ \frac{1}{2}$, 1의 값이 순서대로 반복되어 나타난다.

$\therefore\ \sum_{k=1}^{999}\left\{f(k)+\frac{1}{3}\right\}$

$=\sum_{k=1}^{999}f(k)+\sum_{k=1}^{999}\frac{1}{3}$

$999=6\times166+3$이니까 6개씩 166묶음이고 나머지는 $f(997)+f(998)+f(999)=f(1)+f(2)+f(3)$이야.

$=f(1)+f(2)+f(3)+\cdots+f(999)+\frac{1}{3}\times999$

$=\{f(1)+f(2)+f(3)+f(4)+f(5)+f(6)\}\times166$
$\qquad+f(1)+f(2)+f(3)+333$

$=\underbrace{\left(\frac{1}{2}-\frac{1}{2}-1-\frac{1}{2}+\frac{1}{2}+1\right)}_{=0}\times166+\frac{1}{2}-\frac{1}{2}-1+333=332$

H 124 정답 ⑤ *∑의 활용 – 빈칸 [정답률 73%]

(정답 공식: 자연수의 거듭제곱의 합의 공식을 이용한다.)

자연수 n에 대하여 $A_n(n,\ n^2)$을 지나고 직선 $y=nx$에 수직인 직선이 x축과 만나는 점을 B_n이라 하자.

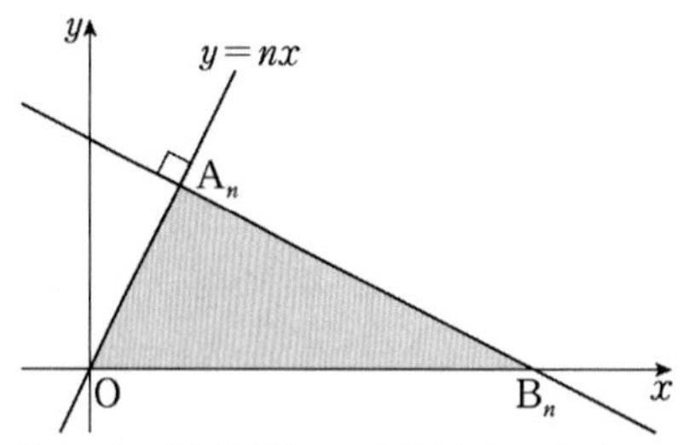

단서1 삼각형 A_nOB_n의 넓이는 선분 OB_n의 길이와 점 A_n의 y좌표만 알면 구할 수 있어.

다음은 삼각형 A_nOB_n의 넓이를 S_n이라 할 때, $\sum_{n=1}^{8}\frac{S_n}{n^3}$의 값을 구하는 과정이다. (단, O는 원점이다.)

> 점 $A_n(n,\ n^2)$을 지나고 직선 $y=nx$에 수직인 직선의 방정식은
>
> 단서2 기울기가 0이 아니고 서로 수직인 두 직선의 기울기의 곱은 -1이야.
>
> $y=$ (가) $\times x+n^2+1$
>
> 이므로 두 점 A_n, B_n의 좌표를 이용하여 S_n을 구하면
>
> $S_n=$ (나)
>
> 따라서 $\sum_{n=1}^{8}\frac{S_n}{n^3}=$ (다) 이다.

위의 (가), (나)에 알맞은 식을 각각 $f(n)$, $g(n)$이라 하고, (다)에 알맞은 수를 r라 할 때, $f(1)+g(2)+r$의 값은? (4점)

① 105 ② 110 ③ 115 ④ 120 ⑤ 125

1st 직선 A_nB_n의 방정식을 구해. → 두 직선의 기울기가 각각 $m,\ n(m\neq0,\ n\neq0)$일 때, 이 두 직선이 서로 수직이면 $mn=-1$이 성립해.

직선 $y=nx$에 수직인 직선의 기울기는 $-\frac{1}{n}$이므로

점 $A_n(n,\ n^2)$을 지나고 직선 $y=nx$에 수직인 직선의 방정식은

$y=-\frac{1}{n}(x-n)+n^2=\underbrace{-\frac{1}{n}}_{(가)}x+n^2+1$

→ 기울기가 m이고 점 $(a,\ b)$를 지나는 직선의 방정식은 $y=m(x-a)+b$야.

2nd 삼각형 A_nOB_n의 넓이 S_n을 구해.

점 B_n은 직선 $y=-\frac{1}{n}x+n^2+1$이 x축과 만나는 점이므로

$y=0$을 대입하면 $0=-\frac{1}{n}x+n^2+1$에서 $\frac{1}{n}x=n^2+1$

→ x축 위의 점의 y좌표는 항상 0이야. 따라서 함수 $y=f(x)$의 그래프와 x축이 만나는 점의 x좌표를 구할 때는 $y=0$을 대입해.

$\therefore\ x=n^3+n$

따라서 점 B_n의 좌표는 $(n^3+n,\ 0)$이므로 $\overline{OB_n}=n^3+n$이고 점 A_n의 y좌표는 n^2이므로 삼각형 A_nOB_n의 넓이 S_n은

$S_n=\frac{1}{2}\times\overline{OB_n}\times(\text{점 }A_n\text{의 }y\text{좌표})=\frac{1}{2}\times(n^3+n)\times n^2=\underbrace{\frac{n^5+n^3}{2}}_{(나)}$

3rd $\sum_{n=1}^{8}\frac{S_n}{n^3}$의 값을 구해. → 상수 c에 대하여 $\sum_{k=1}^{n}ca_k=c\sum_{k=1}^{n}a_k$이고 $\sum_{k=1}^{n}(a_k\pm b_k)=\sum_{k=1}^{n}a_k\pm\sum_{k=1}^{n}b_k$(복호동순)이야.

$\therefore\ \sum_{n=1}^{8}\frac{S_n}{n^3}=\sum_{n=1}^{8}\frac{n^5+n^3}{2n^3}=\sum_{n=1}^{8}\frac{n^2+1}{2}$

$=\frac{1}{2}\sum_{n=1}^{8}n^2+\frac{1}{2}\sum_{n=1}^{8}1$ ← $\sum_{k=1}^{n}c=cn$(c는 상수), $\sum_{k=1}^{n}k^2=\frac{n(n+1)(2n+1)}{6}$

$=\frac{1}{2}\times\frac{8\times9\times17}{6}+\frac{1}{2}\times1\times8=102+4=\underbrace{106}_{(다)}$

4th $f(1)+g(2)+r$의 값을 구해.

따라서 $r=106$이고 $f(n)=-\frac{1}{n}$, $g(n)=\frac{n^5+n^3}{2}$이므로

$f(1)=-\frac{1}{1}=-1$, $g(2)=\frac{2^5+2^3}{2}=20$

$\therefore f(1)+g(2)+r=-1+20+106=125$

H 125 정답 ① ＊Σ의 활용 – 빈칸 [정답률 64%]

(정답 공식: $a>0$, $a\neq1$, $b>0$, $c>0$, $c\neq1$일 때, $\log_a b=\frac{\log_c b}{\log_c a}$)

다음은 $\sum_{k=1}^{14}\log_2\{\log_{k+1}(k+2)\}$의 값을 구하는 과정이다.

> 자연수 n에 대하여
>
> $\log_{n+1}(n+2)=\frac{\boxed{(가)}}{\log_2(n+1)}$이므로
>
> 단서 밑이 $n+1$인 로그를 밑이 2인 로그로 바꾸는 과정이야.
>
> $\sum_{k=1}^{14}\log_2\{\log_{k+1}(k+2)\}$
>
> $=\log_2\left(\frac{\boxed{(나)}}{\log_2 2}\right)$
>
> 따라서
>
> $\sum_{k=1}^{14}\log_2\{\log_{k+1}(k+2)\}=\boxed{(다)}$

위의 (가)에 알맞은 식을 $f(n)$이라 하고, (나), (다)에 알맞은 수를 각각 p, q라 할 때, $f(p+q)$의 값은? (4점)

① 3 ② 4 ③ 5 ④ 6 ⑤ 7

1st 로그의 밑이 2가 되도록 변환하자.

자연수 n에 대하여

$\log_{n+1}(n+2)=\frac{\log_2(n+2)}{\log_2(n+1)}$ ←(가) $\log_a b=\frac{\log_c b}{\log_c a}$

2nd 로그의 성질을 이용하여 합을 계산하자.

$\sum_{k=1}^{14}\log_2\{\log_{k+1}(k+2)\}$

$=\log_2(\log_2 3)+\log_2(\log_3 4)+\log_2(\log_4 5)+\cdots+\log_2(\log_{15}16)$

$=\log_2\left(\frac{\log_2 3}{\log_2 2}\right)+\log_2\left(\frac{\log_2 4}{\log_2 3}\right)+\cdots+\log_2\left(\frac{\log_2 16}{\log_2 15}\right)$

$=\log_2\left(\frac{\log_2 3}{\log_2 2}\times\frac{\log_2 4}{\log_2 3}\times\cdots\times\frac{\log_2 16}{\log_2 15}\right)$

$=\log_2\left(\frac{\log_2 16}{\log_2 2}\right)$ ← $\log_a x+\log_a y=\log_a xy$

$=\log_2\left(\frac{\log_2 2^4}{\log_2 2}\right)$

$=\log_2\left(\frac{4}{\log_2 2}\right)$ ←(나)

$=\log_2 4=2$ ←(다)

즉, $f(n)=\log_2(n+2)$, $p=4$, $q=2$이므로

$f(p+q)=\log_2(4+2+2)$

$=\log_2 8$

$=\log_2 2^3$

$=3$

H 126 정답 ① ＊Σ의 활용 – 빈칸 [정답률 75%]

(정답 공식: 시그마를 풀어서 두 항씩 묶은 후, 등차수열의 합의 공식을 이용한다.)

수열 $\{a_n\}$이 $a_1=0$, ❶ $a_n+a_{n+1}=n$을 만족시킨다. 다음은 두 자연수 m, n에 대하여 $\sum_{k=n-m+1}^{n+m}a_k$의 값을 구하는 과정이다. (단, $m<n$)

> $\sum_{k=n-m+1}^{n+m}a_k$
>
> 단서1 이 식을 둘씩 묶고, ❶을 $a_■+a_{■+1}=■$이라 생각하면 (가)가 보이지?
>
> $=a_{n-m+1}+a_{n-m+2}+\cdots+a_{n+m-1}+a_{n+m}$
>
> $=(n-m+1)+(n-m+3)+\cdots+(n+m-3)+(\boxed{(가)})$
>
> 단서2 첫째항이 $n-m+1$, 끝항이 (가)인 등차수열의 합이 다음 식이므로 (나)는 항의 수이지?
>
> $=\frac{(\boxed{(나)})\{(n-m+1)+(\boxed{(가)})\}}{2}=\boxed{(다)}$

위 과정에서 (가), (나), (다)에 알맞은 것은? (3점)

	(가)	(나)	(다)
①	$n+m-1$	m	mn
②	$n+m-1$	m	n^2
③	$n+m-1$	n	n^2
④	$n+m$	$m-1$	mn
⑤	$n+m$	$n-1$	n^2

1st 조건 $a_n+a_{n+1}=n$을 이용하여 $a_{n+m-1}+a_{n+m}$을 정리한 식이 빈칸 (가)야!

$a_n+a_{n+1}=n$이므로 $a_{n+m-1}+a_{n+m}=n+m-1$이다.

$\therefore \sum_{k=n-m+1}^{n+m}a_k=(a_{n-m+1}+a_{n-m+2})+(a_{n-m+3}+a_{n-m+4})+\cdots$

$+(a_{n+m-1}+a_{n+m})$

$=(n-m+1)+(n-m+3)+\cdots+(n+m-1)$ ←(가) (+2)

2nd 위의 식은 공차가 2인 등차수열이므로 등차수열의 합의 공식을 이용하여 (나), (다)의 빈칸을 채우자.

이때, $\sum_{k=n-m+1}^{n+m}a_k$의 식은 첫째항이 $n-m+1$, 공차가 2인 등차수열의 합이므로 끝항인 $n+m-1$은 주의 $a_n=a_1+(n-1)d$ 꼴로 나타내어 항의 수 n의 값을 찾자.

$n+m-1=(n-m+1)+2(m-1)$에 대하여 제m항이다.

이 등차수열의 합은 첫째항이 a_1, 끝항이 l일 때, 첫째항부터 제n항까지의 합은 $S_n=\frac{n(a_1+l)}{2}$

$\frac{m\{(n-m+1)+(n+m-1)\}}{2}=\frac{m\times2n}{2}=mn$ ←(다) ((나): m)

수능 핵강

＊ 항의 개수를 구하는 다른 방법

$\sum_{k=n-m+1}^{n+m}a_k$에서 첫째항이 $n-m+1$, 끝항이 $n+m-1$이고, 두 항이 묶여서 하나가 되므로 (항의 개수)$=\frac{n+m-(n-m+1)+1}{2}=m$

Σ의 성질과 자연수의 거듭제곱의 합 개념·공식

① Σ의 성질

$\sum_{k=1}^{n}(a_k\pm b_k)=\sum_{k=1}^{n}a_k\pm\sum_{k=1}^{n}b_k$ (복호동순)

$\sum_{k=1}^{n}ca_k=c\sum_{k=1}^{n}a_k$, $\sum_{k=1}^{n}c=cn$ (단, c는 상수)

② 자연수의 거듭제곱의 합

$\sum_{k=1}^{n}k=\frac{n(n+1)}{2}$, $\sum_{k=1}^{n}k^2=\frac{n(n+1)(2n+1)}{6}$

H 127 정답 ① *Σ의 활용 .... [정답률 64%]

(정답 공식: $n\geq2$일 때, $a_n=\sum_{k=1}^{n}a_k-\sum_{k=1}^{n-1}a_k(n\geq2)$이다.)

첫째항이 2인 수열 $\{a_n\}$의 첫째항부터 제n항까지의 합을 S_n이라 하자. 다음은 모든 자연수 n에 대하여

$$\sum_{k=1}^{n}\frac{3S_k}{k+2}=S_n$$

이 성립할 때, a_{10}의 값을 구하는 과정이다.

> 단서 수열의 합과 일반항 사이의 관계를 이용한거지?
>
> $n\geq2$인 모든 자연수 n에 대하여
>
> $a_n=S_n-S_{n-1}=\sum_{k=1}^{n}\frac{3S_k}{k+2}-\sum_{k=1}^{n-1}\frac{3S_k}{k+2}=\frac{3S_n}{n+2}$
>
> 이므로 $3S_n=(n+2)\times a_n\ (n\geq2)$이다.
>
> $S_1=a_1$에서 $3S_1=3a_1$이므로
>
> $3S_n=(n+2)\times a_n\ (n\geq1)$이다.
>
> $3a_n=3(S_n-S_{n-1})$
>
> $=(n+2)\times a_n-(\boxed{(가)})\times a_{n-1}\ (n\geq2)$
>
> $\frac{a_n}{a_{n-1}}=\boxed{(나)}\ (n\geq2)$
>
> 따라서
>
> $a_{10}=a_1\times\frac{a_2}{a_1}\times\frac{a_3}{a_2}\times\frac{a_4}{a_3}\times\cdots\times\frac{a_9}{a_8}\times\frac{a_{10}}{a_9}=\boxed{(다)}$

위의 (가), (나)에 알맞은 식을 각각 $f(n)$, $g(n)$이라 하고, (다)에 알맞은 수를 p라 할 때, $\frac{f(p)}{g(p)}$의 값은? (4점)

① 109 ② 112 ③ 115
④ 118 ⑤ 121

1st 문제의 과정을 따라가며 빈칸을 채워.

$n\geq2$인 모든 자연수 n에 대하여

$a_n=S_n-S_{n-1}=\sum_{k=1}^{n}\frac{3S_k}{k+2}-\sum_{k=1}^{n-1}\frac{3S_k}{k+2}$

$=\left(\frac{3S_1}{3}+\frac{3S_2}{4}+\frac{3S_3}{5}+\cdots+\frac{3S_n}{n+2}\right)$

$-\left(\frac{3S_1}{3}+\frac{3S_2}{4}+\frac{3S_3}{5}+\cdots+\frac{3S_{n-1}}{n+1}\right)$

$=\frac{3S_n}{n+2}$ 수열 $\{a_n\}$의 첫째항부터 제n항까지의 합을 S_n이라 하면 $a_n=S_n-S_{n-1}\ (n\geq2)$, $a_1=S_1$이야.

이므로 $3S_n=(n+2)\times a_n\ (n\geq2)$이다.

$S_1=a_1$에서 $3S_1=3a_1$이므로

$3S_n=(n+2)\times a_n\ (n\geq1)$이다.

$3a_n=3(S_n-S_{n-1})=3S_n-3S_{n-1}$

$=(n+2)\times a_n-\{(n-1)+2\}\times a_{n-1}$ → $3S_n=(n+2)\times a_n$에 n 대신 $n-1$을 대입한 거야.

$=(n+2)\times a_n-(n+1)\times a_{n-1}\ (n\geq2)$ ←(가)

에서 $(n+2)\times a_n-3a_n=(n+1)\times a_{n-1}$

$(n-1)\times a_n=(n+1)\times a_{n-1}$ $\therefore \frac{a_n}{a_{n-1}}=\frac{n+1}{n-1}\ (n\geq2)$ ←(나)

$\therefore a_{10}=a_1\times\frac{a_2}{a_1}\times\frac{a_3}{a_2}\times\frac{a_4}{a_3}\times\cdots\times\frac{a_9}{a_8}\times\frac{a_{10}}{a_9}$

$=2\times\frac{3}{1}\times\frac{4}{2}\times\frac{5}{3}\times\cdots\times\frac{10}{8}\times\frac{11}{9}=10\times11=110$ ←(다)

2nd $\frac{f(p)}{g(p)}$의 값을 구해.

따라서 $f(n)=n+1$, $g(n)=\frac{n+1}{n-1}$이고 $p=110$이므로

$f(p)=f(110)=111$, $g(p)=g(110)=\frac{111}{109}$

$\therefore \frac{f(p)}{g(p)}=\frac{111}{\frac{111}{109}}=109$

H 128 정답 ⑤ *Σ의 활용-빈칸 .... [정답률 51%]

(정답 공식: 첫째항이 a, 공비가 r인 등비수열 $\{a_n\}$에 대하여 $\sum_{k=1}^{n}a_k=\frac{a(r^n-1)}{r-1}=\frac{a(1-r^n)}{1-r}$이다.)

모든 자연수 n에 대하여 직선 $l : x-2y+\sqrt{5}=0$ 위의 점 P_n과 x축 위의 점 Q_n이 다음 조건을 만족시킨다.

> • 직선 P_nQ_n과 직선 l이 서로 수직이다.
>
> • $\overline{P_nQ_n}=\overline{P_nP_{n+1}}$이고 점 P_{n+1}의 x좌표는 점 P_n의 x좌표보다 크다.

단서1 반지름의 길이가 1인 원이야.

다음은 점 P_1이 원 $x^2+y^2=1$과 직선 l의 접점일 때, 2 이상의 모든 자연수 n에 대하여 삼각형 OQ_nP_n의 넓이를 구하는 과정이다. (단, O는 원점이다.)

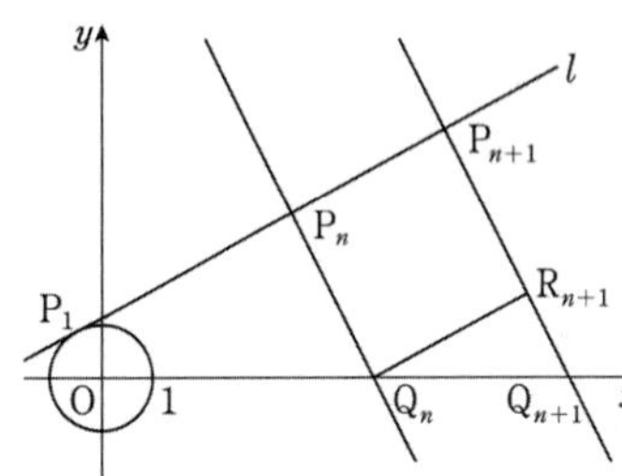

> 자연수 n에 대하여 점 Q_n을 지나고 직선 l과 평행한 직선이 선분 $P_{n+1}Q_{n+1}$과 만나는 점을 R_{n+1}이라 하면 사각형 $P_nQ_nR_{n+1}P_{n+1}$은 정사각형이다.
>
> 직선 l의 기울기가 $\frac{1}{2}$이므로 → 단서2 직선 Q_nR_{n+1}의 기울기는 직선 l의 기울기 $\frac{1}{2}$과 같음을 이용해.
>
> $\overline{R_{n+1}Q_{n+1}}=\boxed{(가)}\times\overline{P_nP_{n+1}}$이고
>
> $\overline{P_{n+1}Q_{n+1}}=(1+\boxed{(가)})\times\overline{P_nQ_n}$이다.
>
> 단서3 $\overline{P_{n+1}Q_{n+1}}=\overline{P_{n+1}R_{n+1}}+\overline{R_{n+1}Q_{n+1}}$
>
> 이때, $\overline{P_1Q_1}=1$이므로 $\overline{P_nQ_n}=\boxed{(나)}$이다.
>
> 그러므로 2 이상의 자연수 n에 대하여
>
> $\overline{P_1P_n}=\sum_{k=1}^{n-1}\overline{P_kP_{k+1}}=\boxed{(다)}$이다. 단서4 $\overline{P_kP_{k+1}}=\overline{P_kQ_k}$
>
> 따라서 2 이상의 자연수 n에 대하여 삼각형 OQ_nP_n의 넓이는
>
> $\frac{1}{2}\times\overline{P_nQ_n}\times\overline{P_1P_n}=\frac{1}{2}\times\boxed{(나)}\times(\boxed{(다)})$이다.

위의 (가)에 알맞은 수를 p, (나)와 (다)에 알맞은 식을 각각 $f(n)$, $g(n)$이라 할 때, $f(6p)+g(8p)$의 값은? (4점)

① 3 ② 4 ③ 5 ④ 6 ⑤ 7

1st 선분 P_nQ_n의 길이를 n에 대하여 나타내.

자연수 n에 대하여 점 Q_n을 지나고 직선 l과 평행한 직선이 선분 $P_{n+1}Q_{n+1}$과 만나는 점을 R_{n+1}이라 하면 사각형 $P_nQ_nR_{n+1}P_{n+1}$은 정사각형이다.

두 직선 Q_nR_{n+1}과 l이 서로 평행하고 두 선분 P_nQ_n, $P_{n+1}Q_{n+1}$이 직선 l과 서로 수직이므로 $\overline{P_nQ_n}=\overline{P_{n+1}R_{n+1}}$이야. 또, $\overline{P_nQ_n}=\overline{P_nP_{n+1}}$이므로 사각형 $P_nQ_nR_{n+1}P_{n+1}$은 정사각형이야.

직선 $l : x-2y+\sqrt{5}=0$, 즉 $y=\frac{1}{2}x+\frac{\sqrt{5}}{2}$의 기울기가 $\frac{1}{2}$이므로 직선 Q_nR_{n+1}도 기울기가 $\frac{1}{2}$이다.

따라서 직선 Q_nR_{n+1}이 x축의 양의 방향과 이루는 각의 크기를 θ라 하면 $\tan\theta=\frac{1}{2}$이므로 직각삼각형 $Q_nQ_{n+1}R_{n+1}$에서

기울기가 a인 직선이 x축의 양의 방향과 이루는 각의 크기가 θ일 때, $\tan\theta=a$야.

$\frac{\overline{R_{n+1}Q_{n+1}}}{\overline{Q_nR_{n+1}}}=\frac{1}{2}$ $\quad\therefore \overline{R_{n+1}Q_{n+1}}=\frac{1}{2}\times\overline{Q_nR_{n+1}}=\frac{1}{2}\times\overline{P_nP_{n+1}}$ ←(가)

사각형 $P_nQ_nR_{n+1}P_{n+1}$은 정사각형이지?

$\therefore \overline{P_{n+1}Q_{n+1}}=\overline{P_{n+1}R_{n+1}}+\overline{R_{n+1}Q_{n+1}}=\overline{P_nP_{n+1}}+\frac{1}{2}\times\overline{P_nP_{n+1}}$

$=\left(1+\frac{1}{2}\right)\times\overline{P_nP_{n+1}}=\frac{3}{2}\times\overline{P_nP_{n+1}}=\frac{3}{2}\times\overline{P_nQ_n}$ ⋯ ㉠

이때, 선분 OP_1은 직선 l과 서로 수직이고 점 O는 x축 위의 점이므로

접선과 원의 접점을 지나는 원의 반지름은 접선과 서로 수직이야.

점 O가 점 Q_1이다. 즉, $\overline{P_1Q_1}=1$이므로 선분 P_nQ_n의 길이를 a_n이라 하

원 $x^2+y^2=1$의 반지름의 길이는 1이지?

면 ㉠에 의하여 수열 $\{a_n\}$은 첫째항이 1이고 공비가 $\frac{3}{2}$인 등비수열이다.

$\therefore \overline{P_nQ_n}=a_n=1\times\left(\frac{3}{2}\right)^{n-1}=\left(\frac{3}{2}\right)^{n-1}$ ←(나) ⋯ ㉡

2nd 선분 P_1P_n의 길이를 n에 대하여 나타내.

2 이상의 자연수 n에 대하여

$\overline{P_1P_n}=\sum_{k=1}^{n-1}\overline{P_kP_{k+1}}=\sum_{k=1}^{n-1}\overline{P_kQ_k}=\sum_{k=1}^{n-1}\left(\frac{3}{2}\right)^{k-1}$ ($\because$ ㉡)

$=\frac{1\times\left\{\left(\frac{3}{2}\right)^{n-1}-1\right\}}{\frac{3}{2}-1}=2\left\{\left(\frac{3}{2}\right)^{n-1}-1\right\}$ ←(다)

첫째항이 a이고 공비가 r인 등비수열의 첫째항부터 제n 항까지의 합을 S_n이라 하면 $S_n=\frac{a(r^n-1)}{r-1}=\frac{a(1-r^n)}{1-r}$이야.

3rd 삼각형 OQ_nP_n의 넓이를 n에 대하여 나타내.

따라서 2 이상의 자연수 n에 대하여 삼각형 OQ_nP_n의 넓이는

$\frac{1}{2}\times\overline{P_nQ_n}\times\overline{P_1P_n}=\frac{1}{2}\times\left(\frac{3}{2}\right)^{n-1}\times2\left\{\left(\frac{3}{2}\right)^{n-1}-1\right\}$이다.

두 직선 P_1O, P_nQ_n은 서로 평행하므로 삼각형 OQ_nP_n의 밑변을 선분 P_nQ_n이라 하면 높이는 선분 P_1P_n의 길이와 같아.

4th $f(6p)+g(8p)$의 값을 구해.

$p=\frac{1}{2}$, $f(n)=\left(\frac{3}{2}\right)^{n-1}$, $g(n)=2\left\{\left(\frac{3}{2}\right)^{n-1}-1\right\}$이므로

$f(6p)+g(8p)=f(3)+g(4)=\left(\frac{3}{2}\right)^2+2\left\{\left(\frac{3}{2}\right)^3-1\right\}$

$=\frac{9}{4}+2\times\left(\frac{27}{8}-1\right)=\frac{9}{4}+2\times\frac{19}{8}$

$=\frac{9}{4}+\frac{19}{4}=7$

H 129 정답 ⑤ *∑의 활용 - 빈칸 [정답률 43%]

(정답 공식: 상수 c에 대하여 $\sum_{k=1}^{n}c=cn$이고 $\sum_{k=1}^{n}k=\frac{n(n+1)}{2}$이다.)

4 이상의 자연수 n에 대하여 다음 조건을 만족시키는 n 이하의 네 자연수 a, b, c, d가 있다.

> • $a>b$
> • 좌표평면 위의 두 점 $A(a, b)$, $B(c, d)$와 원점 O에 대하여 삼각형 OAB는 $\angle A=\frac{\pi}{2}$인 직각이등변삼각형이다.

다음은 a, b, c, d의 모든 순서쌍 (a, b, c, d)의 개수를 T_n이라 할 때, $\sum_{n=4}^{20}T_n$의 값을 구하는 과정이다.

단서1 두 자연수 c, d는 a, b에 의하여 결정되는 자연수이므로 순서쌍 (a, b, c, d)의 개수는 a의 값을 기준으로 하여 가능한 b의 개수를 구하면 돼.

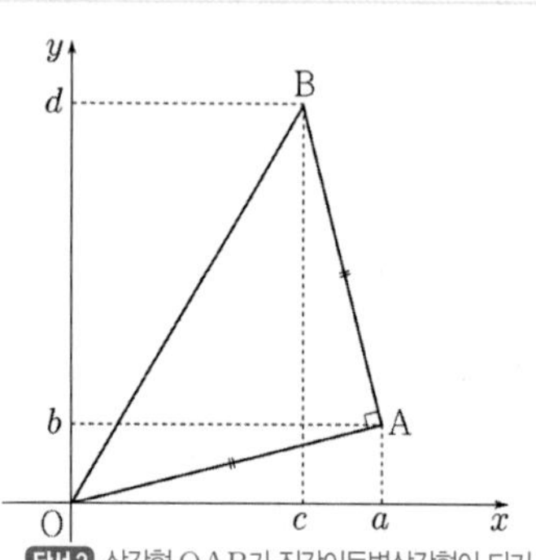

단서2 삼각형 OAB가 직각이등변삼각형이 되기 위한 조건이야.

점 $A(a, b)$에 대하여 점 $B(c, d)$가 $\overline{OA}\perp\overline{AB}$, $\overline{OA}=\overline{AB}$를 만족시키려면 $c=a-b$, $d=a+b$이어야 한다.

이때, $a>b$이고 d가 n 이하의 자연수이므로 $b<\frac{n}{2}$이다.

$\frac{n}{2}$ 미만의 자연수 k에 대하여 $b=k$일 때, $a+b\le n$을 만족시키는 자연수 a의 개수는 $n-2k$이다.

2 이상의 자연수 m에 대하여

(i) $n=2m$인 경우

b가 될 수 있는 자연수는 1부터 (가) 까지이므로

$T_{2m}=\sum_{k=1}^{(가)}(2m-2k)=$ (나)

(ii) $n=2m+1$인 경우 **단서3** 자연수의 거듭제곱의 합을 이용하여 구하면 돼.

$T_{2m+1}=$ (다)

(i), (ii)에 의해 $\sum_{n=4}^{20}T_n=614$

위의 (가), (나), (다)에 알맞은 식을 각각 $f(m)$, $g(m)$, $h(m)$이라 할 때, $f(5)+g(6)+h(7)$의 값은? (4점)

① 71 ② 74 ③ 77
④ 80 ⑤ 83

1st 문제의 풀이 과정을 따라가며 빈칸을 채워 봐.

삼각형 OAB가 $\angle A=\frac{\pi}{2}$인 직각이등변삼각형이므로 점 $A(a, b)$에 대하여 점 $B(c, d)$가 $\overline{OA}\perp\overline{AB}$, $\overline{OA}=\overline{AB}$를 만족시키려면

$c=a-b$, $d=a+b$ ⋯ (★)이어야 한다.

이때, $a>b$이고 d가 n 이하의 자연수이므로

$d=a+b\le n$에서 $b+b<n$, $2b<n$ $\quad\therefore b<\frac{n}{2}$

$\frac{n}{2}$ 미만의 자연수 k에 대하여 $b=k$일 때, $a+b\le n$에서

$a+k\le n$ $\quad\therefore a\le n-k$ … ㉠ (가능한 자연수 a는 $k+1$, $k+2$, $k+3$, …, $n-k$야.)

한편, $a>b=k$이므로 ㉠에 의하여 $k<a\le n-k$

따라서 자연수 a의 개수는 $(n-k)-k=n-2k$이다. (두 자연수 α, β에 대하여 $\alpha<x\le\beta$를 만족시키는 자연수 x의 개수는 $\beta-\alpha$야.)

2 이상의 자연수 m에 대하여

(i) $n=2m$인 경우

$b<\frac{n}{2}=\frac{2m}{2}=m$에서 b가 될 수 있는 자연수는 1부터 $m-1$ 까지이므로 ($b<m$이므로 b가 될 수 있는 자연수는 1, 2, 3, …, $m-1$이야.)

←(가)

$$T_n=T_{2m}=\sum_{k=1}^{m-1}(2m-2k)=2m(m-1)-2\times\frac{(m-1)\times m}{2}$$

(상수 c에 대하여 $\sum_{k=1}^{n}ca_k=c\sum_{k=1}^{n}a_k$이고 $\sum_{k=1}^{n}k=\frac{n(n+1)}{2}$이야.)

$$=2m^2-2m-m^2+m$$

$$=m^2-m \leftarrow(\text{나})$$

(ii) $n=2m+1$인 경우

$b<\frac{n}{2}=\frac{2m+1}{2}=m+\frac{1}{2}$에서 b가 될 수 있는 자연수는 1부터 m까지이므로 ($b<m+\frac{1}{2}$이므로 b가 될 수 있는 자연수는 1, 2, 3, …, m이야.)

$$T_n=T_{2m+1}=\sum_{k=1}^{m}(2m+1-2k)$$

$$=2m\times m+1\times m-2\times\frac{m\times(m+1)}{2}$$

$$=2m^2+m-m^2-m=m^2\leftarrow(\text{다})$$

(i), (ii)에 의하여

$$\sum_{n=4}^{20}T_n=\sum_{m=2}^{10}T_{2m}+\sum_{m=2}^{9}T_{2m+1}=\sum_{m=2}^{10}(m^2-m)+\sum_{m=2}^{9}m^2$$

($\sum_{n=4}^{20}T_n=T_4+T_5+T_6+\cdots+T_{19}+T_{20}$
$=(T_4+T_6+T_8+\cdots+T_{20})+(T_5+T_7+T_9+\cdots+T_{19})$
$=\sum_{m=2}^{10}T_{2m}+\sum_{m=2}^{9}T_{2m+1}$)

$$=\sum_{m=1}^{10}(m^2-m)-\sum_{m=1}^{1}(m^2-m)+\sum_{m=1}^{9}m^2-\sum_{m=1}^{1}m^2$$

($m<n$인 두 자연수 m, n에 대하여 $\sum_{k=1}^{n}a_k=\sum_{k=1}^{m}a_k+\sum_{k=m+1}^{n}a_k$이므로 $\sum_{k=m+1}^{n}a_k=\sum_{k=1}^{n}a_k-\sum_{k=1}^{m}a_k$)

$$=\frac{10\times11\times21}{6}-\frac{10\times11}{2}-(1^2-1)+\frac{9\times10\times19}{6}-1^2$$

($\sum_{k=1}^{n}k^2=\frac{n(n+1)(2n+1)}{6}$)

$$=385-55-0+285-1=614$$

2nd $f(5)+g(6)+h(7)$의 값을 구해.

$f(m)=m-1$, $g(m)=m^2-m$, $h(m)=m^2$이므로

$f(5)=5-1=4$, $g(6)=6^2-6=30$, $h(7)=7^2=49$

$\therefore f(5)+g(6)+h(7)=4+30+49=83$

수능 핵강

*(★)이 되는 이유

점 A에서 x축과 y축에 내린 수선의 발을 각각 A′, A″이라 하고 점 B에서 선분 AA″에 내린 수선의 발을 B′이라 하면 두 직각삼각형 AOA′, ABB′에서 $\overline{OA}=\overline{BA}$, ∠OA′A=∠BB′A=90°야.

또, ∠OAA′=∠A″AA′−∠A″AO=90°−∠A″AO,

∠BAB′=∠BAO−∠A″AO=90°−∠A″AO이므로

∠OAA′=∠BAB′이야.

∴ △AOA′≡△ABB′(RHA 합동)

즉, $\overline{OA'}=a$, $\overline{AA'}=b$이므로 $\overline{AB'}=\overline{AA'}=b$, $\overline{BB'}=\overline{OA'}=a$이어야 해.

∴ $c=\overline{OA'}-\overline{AB'}=a-b$, $d=\overline{AA'}+\overline{BB'}=b+a$

H 130 정답 ② *∑의 활용 – 빈칸 [정답률 49%]

(정답 공식: $\sum_{k=1}^{n}k=\frac{n(n+1)}{2}$, $\sum_{k=1}^{n}k^2=\frac{n(n+1)(2n+1)}{6}$)

다음은 모든 자연수 n에 대하여

$$1\cdot2n+3\cdot(2n-2)+5\cdot(2n-4)+\cdots+(2n-1)\cdot2=\frac{n(n+1)(2n+1)}{3}$$

이 성립함을 보이는 과정이다.

$1\cdot2n+3\cdot(2n-2)+5\cdot(2n-4)+\cdots+(2n-1)\cdot2$

$=\sum_{k=1}^{n}(\boxed{(가)})\{2n-(2k-2)\}$ (단서1 1, 3, 5, …, $2n-1$에서 k번째의 식은 $2k-1$이야.)

$=\sum_{k=1}^{n}(\boxed{(가)})\{2(n+1)-2k\}$ (단서2 k의 값이 1부터 n까지 변하는 값의 합이야. 이때, $\sum_{k=1}^{n}$ 안에 있는 n은 상수 취급해.)

$=2(n+1)\sum_{k=1}^{n}(\boxed{(가)})-2\sum_{k=1}^{n}(2k^2-k)$

$=2(n+1)\{n(n+1)-n\}$

$\quad-2\left\{\frac{n(n+1)(2n+1)}{\boxed{(나)}}-\frac{n(n+1)}{2}\right\}$

$=2(n+1)n^2-\frac{1}{3}n(n+1)(\boxed{(다)})$

$=\frac{n(n+1)(2n+1)}{3}$

이다.

위의 (가), (다)에 알맞은 식을 각각 $f(k)$, $g(n)$이라 하고, (나)에 알맞은 수를 a라 할 때, $f(a)\times g(a)$의 값은? (4점)

① 50 ② 55 ③ 60
④ 65 ⑤ 70

1st 주어진 등식의 좌변을 ∑로 나타내자.

$1\cdot2n+3\cdot(2n-2)+5\cdot(2n-4)+\cdots+(2n-1)\cdot2$

$=\sum_{k=1}^{n}(2k-1)\{2n-(2k-2)\}$ ←(가)

$=\sum_{k=1}^{n}(2k-1)\{2(n+1)-2k\}$ ($2n-(2k-2)=2n+2-2k=2(n+1)-2k$)

$=2(n+1)\sum_{k=1}^{n}(2k-1)-2\sum_{k=1}^{n}(2k^2-k)$ …(★)

2nd $\sum_{k=1}^{n}k=\frac{n(n+1)}{2}$, $\sum_{k=1}^{n}k^2=\frac{n(n+1)(2n+1)}{6}$의 식을 이용하자.

(★)의 식에서

$=2(n+1)\{n(n+1)-n\}-2\left\{\frac{n(n+1)(2n+1)}{3\leftarrow(\text{나})}-\frac{n(n+1)}{2}\right\}$

($2\sum_{k=1}^{n}(2k^2-k)=2\left\{2\times\frac{n(n+1)(2n+1)}{6}-\frac{n(n+1)}{2}\right\}=2\left\{\frac{n(n+1)(2n+1)}{3}-\frac{n(n+1)}{2}\right\}$)

$=2(n+1)n^2-\frac{1}{3}n(n+1)(4n-1)$ ←(다)

$=n(n+1)\left(2n-\frac{4n-1}{3}\right)$

$=n(n+1)\left(\frac{6n-4n+1}{3}\right)$

$=\frac{n(n+1)(2n+1)}{3}$

3rd a의 값을 대입해서 $f(a)g(a)$의 값을 구하자.

$f(k)=2k-1$, $a=3$, $g(n)=4n-1$이므로

$f(3)\times g(3)=5\times11=55$

H 131 정답 ④ ＊Σ의 활용 – 빈칸 [정답률 52%]

(정답 공식: 점의 좌표 중 y좌표가 k일 때, 가능한 x좌표를 그래프를 통해 확인해 본다. $y=\sqrt{x}$ 위에 점 (k^2, k)가 있다는 것을 안다.)

다음은 2 이상의 자연수 n에 대하여 함수 $y=\sqrt{x}$의 그래프와 x축 및 직선 $x=n^2$으로 둘러싸인 도형의 내부에 있는 점 중에서 x좌표와 y좌표가 모두 정수인 점의 개수 a_n을 구하는 과정이다.

단서 x좌표와 y좌표가 모두 정수인 점의 개수를 찾는 과정의 빈칸을 구하려면 앞뒤 상황을 정확히 파악해야 해.

> $n=2$일 때, 곡선 $y=\sqrt{x}$, x축 및 직선 $x=4$로 둘러싸인 도형의 내부에 있는 점 중에서 x좌표와 y좌표가 모두 정수인 점은 $(2, 1)$, $(3, 1)$이므로
>
> $a_2=$ (가)
>
> 이다. 3 이상의 자연수 n에 대하여 a_n을 구하여 보자.
>
> 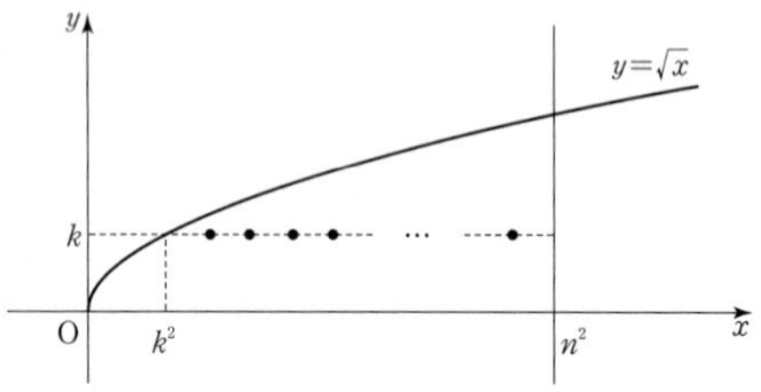
>
>
> 위의 그림과 같이 $1\le k\le n-1$인 정수 k에 대하여 주어진 도형의 내부에 있는 점 중에서 x좌표가 정수이고, y좌표가 k인 점은
>
> (k^2+1, k), (k^2+2, k), $\cdots$, ((나) , k)
>
> 이므로 이 점의 개수를 b_k라 하면
>
> $b_k=$ (나) $-k^2$
>
> 이다.
>
> 따라서 $a_n=\sum_{k=1}^{n-1} b_k=$ (다) 이다.

위의 (가)에 알맞은 수를 p라 하고, (나), (다)에 알맞은 식을 각각 $f(n)$, $g(n)$이라 할 때, $p+f(4)+g(6)$의 값은? (4점)

① 131 ② 133 ③ 135 ④ 137 ⑤ 139

1st $n=2$일 때, x의 좌표와 y좌표가 모두 정수인 점의 개수 a_2를 구해보자.

곡선 $y=\sqrt{x}$, x축 및 직선 $x=4$로 둘러싸인 도형의 내부에 있는 점 중에서 x좌표와 y좌표가 모두 정수인 점은 $(2, 1)$, $(3, 1)$이므로

$a_2=2$ ← (가)

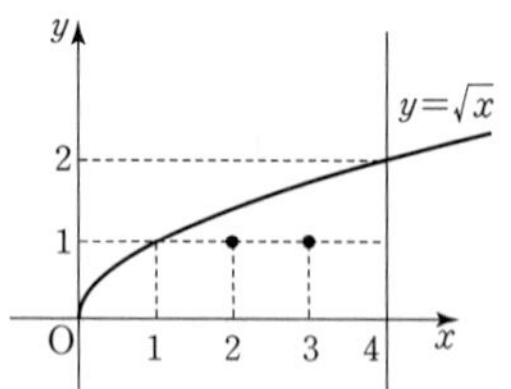

2nd $n\ge3$일 때의 a_n을 구해보자.

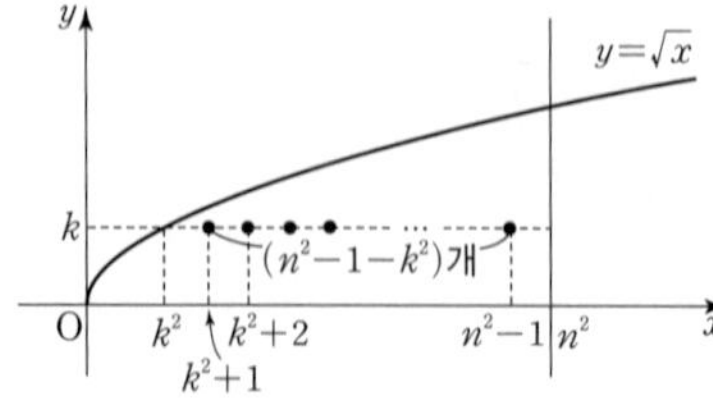

$n\ge3$일 때, $1\le k\le n-1$인 정수 k에 대하여 주어진 도형의 내부에 있는 점 중 y좌표가 k인 점은

(k^2+1, k), (k^2+2, k), $\cdots$, (n^2-1, k) ← (나)

이므로 이 점의 개수를 b_k라 하자. y좌표는 k로 일정하고 x좌표는 1씩 증가해.

$b_k=n^2-1-k^2$

→ a, b가 자연수일 때, $a<x\le b$를 만족시키는 자연수 x의 개수는 $b-a$야.

$$a_n=\sum_{k=1}^{n-1} b_k=\sum_{k=1}^{n-1}(n^2-1-k^2)$$

$$=(n-1)(n^2-1)-\sum_{k=1}^{n-1}k^2$$

$$=(n-1)(n^2-1)-\frac{(n-1)n(2n-1)}{6}$$

$$=\frac{(n-1)(4n^2+n-6)}{6} \leftarrow (다)$$

$p=2$, $f(n)=n^2-1$, $g(n)=\dfrac{(n-1)(4n^2+n-6)}{6}$이므로

$p+f(4)+g(6)=2+15+120=137$

H 132 정답 ④ ＊Σ의 활용 – 빈칸 [정답률 53%]

(정답 공식: 점 B의 x좌표의 최솟값은 k, 최댓값은 $n+1$, 점 D의 y좌표의 최솟값은 k, 최댓값은 n이 된다는 것을 안다.)

자연수 n과 $0\le p<r\le n+1$, $0\le q<s\le n$을 만족시키는 네 정수 p, q, r, s에 대하여 좌표평면에서 네 점 A(p, q), B(r, q), C(r, s), D(p, s)를 꼭짓점으로 하고 넓이가 k^2인 정사각형의 개수를 a_k라고하자. 다음은 $\sum_{k=1}^{n} a_k$의 값을 구하는 과정이다. (단, k는 n 이하의 자연수이다.)

단서1 정사각형의 변의 길이는 자연수이지? 이때, $1\le k\le n$이니까 정사각형의 경우 모두 따져 ❶, ❷를 구해 보자.

> 그림과 같이 넓이가 k^2인 정사각형 ABCD를 만들 때, 두 점 A, B의 y좌표가 주어지면 ❶ x좌표의 차가 $r-p=k$인 변 AB를 택하는 경우의 수는 (가) 이다. 또 두 점 A, D의 x좌표가 주어지면 ❷ y좌표의 차가 $s-q=k$인 변 AD를 택하는 경우의 수는 (나) 이다. 따라서
>
> $a_k=(n+1)(n+2)-(2n+3)k+k^2$
>
> 이다. 그러므로
>
> 단서2 k의 식이 아닌 경우는 상수로 취급하여 시그마의 성질을 이용하여 정리해.
>
> $$\sum_{k=1}^{n} a_k=\sum_{k=1}^{n}\{(n+1)(n+2)-(2n+3)k+k^2\}=\text{(다)}$$

(가), (나), (다)에 들어갈 식으로 알맞은 것은? (3점)

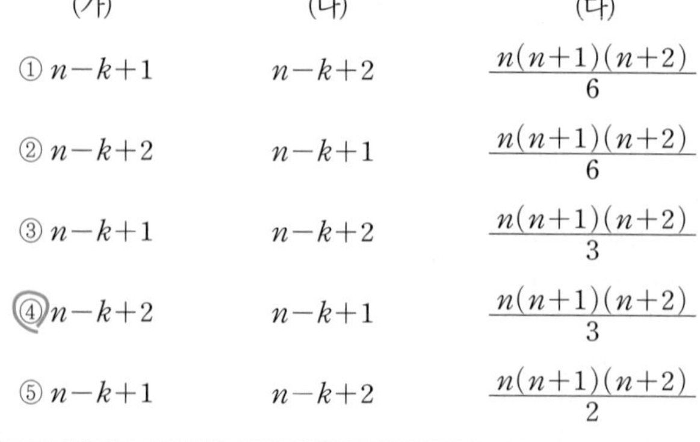

	(가)	(나)	(다)
①	$n-k+1$	$n-k+2$	$\dfrac{n(n+1)(n+2)}{6}$
②	$n-k+2$	$n-k+1$	$\dfrac{n(n+1)(n+2)}{6}$
③	$n-k+1$	$n-k+2$	$\dfrac{n(n+1)(n+2)}{3}$
④	$n-k+2$	$n-k+1$	$\dfrac{n(n+1)(n+2)}{3}$
⑤	$n-k+1$	$n-k+2$	$\dfrac{n(n+1)(n+2)}{2}$

1st $r-p=k$, $s-q=k$가 취할 수 있는 변의 길이를 각각 구해 봐.

$r-p=k$가 취할 수 있는 변의 길이는 1부터 $n+1$까지이고, $s-q=k$가 취할 수 있는 변의 길이는 1부터 n까지이므로 k의 값에 따라 변 AB, 변 AD를 택하는 경우를 표로 나타내자.

k	변 AB의 경우의 수	변 AD의 경우의 수
1	$0\le p<r\le n+1$ $n+1$	$0\le q<s\le n$ n
2	n	$n-1$
3	$n-1$	$n-2$
⋮	⋮ $-(k-1)$	⋮ $-(k-1)$
k	$n-k+2$ ←(가)	$n-k+1$ ←(나)

2nd a_k를 구하여 $\sum_{k=1}^{n}a_k$의 값을 구해.

$a_k=(n-k+2)(n-k+1)=\{(n+2)-k\}\{(n+1)-k\}$
$=(n+1)(n+2)-(2n+3)k+k^2$

$\therefore \sum_{k=1}^{n}a_k=\sum_{k=1}^{n}\{(n+1)(n+2)-(2n+3)k+k^2\}$ (상수, k의 식)
$=n(n+1)(n+2)-\frac{n(n+1)(2n+3)}{2}+\frac{n(n+1)(2n+1)}{6}$
$=\frac{n(n+1)(n+2)}{3}$ ←(다)

H 133 정답 ④ *∑의 활용 – 도형 [정답률 81%]

정답 공식: (삼각형의 넓이)$=\frac{1}{2}\times$(밑변의 길이)$\times$(높이)를 이용해서 a_n을 n에 대한 식으로 나타낼 수 있다.

자연수 n에 대하여 곡선 $y=\frac{3}{x}\ (x>0)$ 위의 점 $\left(n,\ \frac{3}{n}\right)$과 두 점 $(n-1,\ 0)$, $(n+1,\ 0)$을 세 꼭짓점으로 하는 삼각형의 넓이를 a_n이라 할 때, $\sum_{n=1}^{10}\frac{9}{a_na_{n+1}}$의 값은? (4점)

단서 a_n이 삼각형의 넓이니까 밑변의 길이와 높이를 알면 되지? a_n을 n의 식으로 나타내자.

→삼각형의 높이를 바로 알 수 있지? 그림이 큰 힌트를 주니까 소홀히 하지 말자!

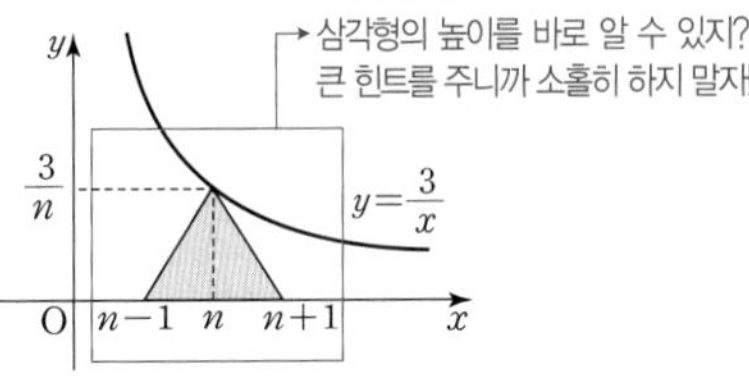

① 410 ② 420 ③ 430 ④ 440 ⑤ 450

1st 삼각형의 밑변의 길이와 높이를 확인하여 a_n을 n의 식으로 나타내어 보자.

세 점 $\left(n,\ \frac{3}{n}\right)$, $(n-1,\ 0)$, $(n+1,\ 0)$을 꼭짓점으로 하는 삼각형의 밑변의 길이는 $(n+1)-(n-1)=2$이고, 높이는 $\left(n,\ \frac{3}{n}\right)$의 y좌표인 $\frac{3}{n}$이므로 삼각형의 넓이 a_n은 $a_n=\frac{1}{2}\times2\times\frac{3}{n}=\frac{3}{n}$

실수: 점 $\left(n,\ \frac{3}{n}\right)$이 꼭짓점이니까 밑변을 포함하는 x축과 $x=n$은 수직이야.

2nd $\sum_{n=1}^{10}\frac{9}{a_na_{n+1}}$에 a_n의 식을 대입하여 그 값을 구해.

$\sum_{n=1}^{10}\frac{9}{a_na_{n+1}}=\sum_{n=1}^{10}\frac{9}{\frac{3}{n}\times\frac{3}{n+1}}=\sum_{n=1}^{10}n(n+1)$
$=\sum_{n=1}^{10}n^2+\sum_{n=1}^{10}n=\frac{10\times11\times21}{6}+\frac{10\times11}{2}=440$

$\sum_{k=1}^{n}k=\frac{n(n+1)}{2}$, $\sum_{k=1}^{n}k^2=\frac{n(n+1)(2n+1)}{6}$

톡톡 풀이: **부분분수 이용하기**

$\frac{9}{a_na_{n+1}}=\frac{9}{a_{n+1}-a_n}\left(\frac{1}{a_n}-\frac{1}{a_{n+1}}\right)=\frac{9}{\frac{3}{n+1}-\frac{3}{n}}\left(\frac{n}{3}-\frac{n+1}{3}\right)$
$=n(n+1)$ $\frac{1}{AB}=\frac{1}{B-A}\left(\frac{1}{A}-\frac{1}{B}\right)$

(이하 동일)

H 134 정답 ③ *∑의 활용 – 그래프 [정답률 66%]

정답 공식: 점 P_n의 좌표를 구한다. 직선 Q_nR_n의 방정식을 구할 수 있다. 그 직선의 방정식의 x, y절편을 이용해 S_n을 구한다.

좌표평면에서 자연수 n에 대하여 그림과 같이 곡선 $y=x^2$과 직선 $y=\sqrt{n}x$가 제1사분면에서 만나는 점을 P_n이라 하자. 점 P_n을 지나고 직선 $y=\sqrt{n}x$와 수직인 직선이 x축, y축과 만나는 점을 각각 Q_n, R_n이라 하자. 삼각형 OQ_nR_n의 넓이를 S_n이라 할 때, $\sum_{n=1}^{5}\frac{2S_n}{\sqrt{n}}$의 값은? (단, O는 원점이다.) (4점)

단서1 곡선과 직선의 교점의 좌표를 구해.

단서2 $S_n=\frac{1}{2}\times$(점 Q_n의 x좌표)$\times$(점 R_n의 y좌표)이지?

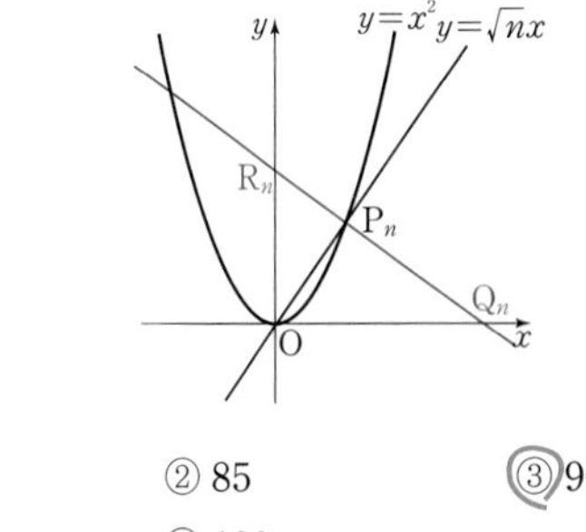

① 80 ② 85 ③ 90
④ 95 ⑤ 100

1st 곡선 $y=x^2$과 직선 $y=\sqrt{n}x$의 교점 P_n의 좌표를 구해.

곡선 $y=x^2$과 직선 $y=\sqrt{n}x$의 교점 P_n의 x좌표는 방정식 $x^2=\sqrt{n}x$, 즉, $x^2-\sqrt{n}x=0$의 해이므로 $x(x-\sqrt{n})=0$

$\therefore x=\sqrt{n}\ (\because x>0)$ ⟶ 점 P_n은 제1사분면 위의 점이므로 (x좌표)>0, (y좌표)>0이야.

주의: 문제에서 주어진 그래프를 통해 정보를 얻어낼 수 있어야 해.

점 P_n의 좌표는 $x=\sqrt{n}$을 $y=x^2$에 대입하면 $y=(\sqrt{n})^2=n$이므로 $P_n(\sqrt{n},\ n)$

2nd 점 P_n을 지나고 직선 $y=\sqrt{n}x$와 수직인 직선의 방정식을 구하여 두 점 Q_n, R_n의 좌표를 각각 구해.

점 $P_n(\sqrt{n},\ n)$을 지나고 직선 $y=\sqrt{n}x$와 수직인 직선의 방정식은

$y=-\frac{1}{\sqrt{n}}(x-\sqrt{n})+n$

직선과 수직인 직선과의 기울기의 곱은 -1이니까 이 직선의 기울기는 $-\frac{1}{\sqrt{n}}$이야.

$\therefore y=-\frac{1}{\sqrt{n}}x+n+1$

따라서 이 직선의 x절편과 y절편이 각각 $\sqrt{n}(n+1)$, $n+1$이므로

직선 $y=ax+b$의 x절편은 $ax+b=0$에서 $x=-\frac{b}{a}$, y절편은 $y=a\cdot0+b=b$

두 점 Q_n, R_n의 좌표는 각각 $(\sqrt{n}(n+1),\ 0)$, $(0,\ n+1)$이다.

3rd 직각삼각형 OQ_nR_n의 넓이 S_n의 식을 세우고 $\sum_{n=1}^{5}\frac{2S_n}{\sqrt{n}}$의 값을 구하자.

$S_n=\frac{1}{2}\times\overline{OQ_n}\times\overline{OR_n}$ ((점 Q_n의 x좌표)$\times$(점 R_n의 y좌표))
$=\frac{1}{2}\times\sqrt{n}(n+1)\times(n+1)=\frac{\sqrt{n}(n+1)^2}{2}$

$\therefore \sum_{n=1}^{5}\frac{2S_n}{\sqrt{n}}=\sum_{n=1}^{5}\left\{\frac{2}{\sqrt{n}}\times\frac{\sqrt{n}(n+1)^2}{2}\right\}$
$=\sum_{n=1}^{5}(n+1)^2=\sum_{n=1}^{5}(n^2+2n+1)$
$=\frac{5\times6\times11}{6}+2\times\frac{5\times6}{2}+5$
$=55+30+5$
$=90$

[자연수의 거듭제곱의 합]
① $\sum_{k=1}^{n}k=\frac{n(n+1)}{2}$
② $\sum_{k=1}^{n}k^2=\frac{n(n+1)(2n+1)}{6}$

H 135 정답 ③ *∑의 활용-도형 [정답률 48%]

(정답 공식: 보조선을 그어 만든 삼각형의 합동을 이용하여 선분 EG의 길이를 구할 수 있다.)

그림과 같이 자연수 n에 대하여 한 변의 길이가 $2n$인 정사각형 ABCD가 있고, 네 점 E, F, G, H가 각각 네 변 AB, BC, CD, DA 위에 있다. 선분 HF의 길이는 $\sqrt{4n^2+1}$이고 선분 HF와 선분 EG가 서로 수직일 때, 사각형 EFGH의 넓이를 S_n이라 하자. $\sum_{n=1}^{10} S_n$의 값은? (4점)

단서2 S_n은 n에 관한 식이므로 사각형 EFGH의 넓이를 n에 관한 식으로 만들어 봐.

단서1 정사각형 내부에서 수직으로 만나는 두 선분의 길이의 특징을 파악하자.

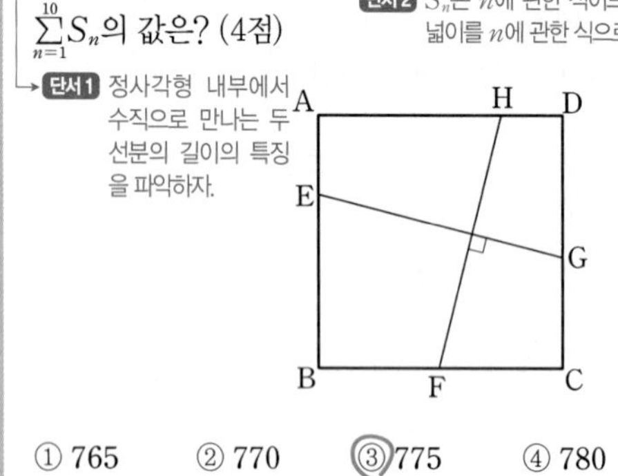

① 765 ② 770 ③ 775 ④ 780 ⑤ 785

1st 보조선을 그어 삼각형을 만들고 삼각형의 합동을 이용하여 선분 HF와 선분 EG의 길이가 같음을 보이자.

점 H에서 선분 BC에 내린 수선의 발을 I라 하고 점 E에서 선분 CD에 내린 수선의 발을 J라 하자. 두 선분 HF, HI와 선분 EJ가 만나는 점을 각각 K, L이라 하고, 선분 EG와 선분 HF가 만나는 점을 N이라 하면

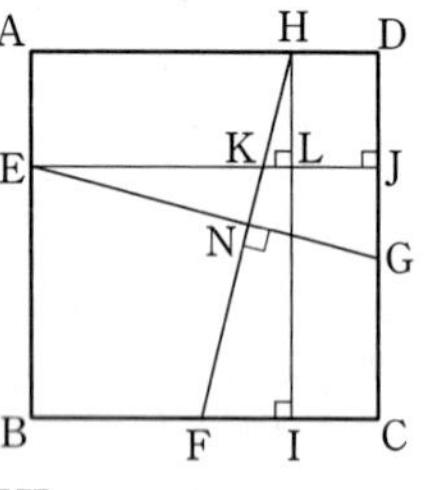

$\angle HKL = \angle NKE$이고,
∠HKL과 ∠NKE는 맞꼭지각으로 같아.

$\angle KLH = \angle ENK = 90°$이므로 $\angle KEN = \angle KHL$

또한 $\overline{HI} = \overline{EJ}$이고 $\angle FIH = \angle GJE = 90°$이므로

두 삼각형 HFI, EGJ는 합동이다.

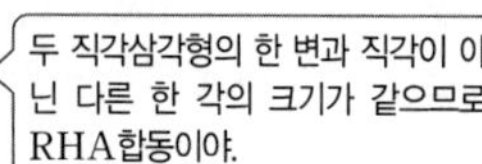

따라서 $\overline{EG} = \overline{HF} = \sqrt{4n^2+1}$

2nd 사각형 EFGH의 넓이를 구하자.

$$S_n = \frac{1}{2} \times \sqrt{4n^2+1} \times \sqrt{4n^2+1}$$
$$= \frac{4n^2+1}{2} = 2n^2 + \frac{1}{2}$$

→ 사각형의 대각선이 서로 수직이면 사각형의 넓이는 $\frac{1}{2} \times$(두 대각선의 길이의 곱)이야.

3rd $\sum_{n=1}^{10} S_n$의 값을 구하자.

따라서

$$\sum_{n=1}^{10} S_n = \sum_{n=1}^{10}\left(2n^2 + \frac{1}{2}\right) = 2\sum_{n=1}^{10} n^2 + \sum_{n=1}^{10}\frac{1}{2}$$

$\sum_{k=1}^{n}(a_k+b_k) = \sum_{k=1}^{n} a_k + \sum_{k=1}^{n} b_k$

$$= 2 \times \frac{10 \times 11 \times 21}{6} + \frac{1}{2} \times 10$$

$\sum_{k=1}^{n} k^2 = \frac{n(n+1)(2n+1)}{6}$

$$= 770 + 5 = 775$$

∑의 성질 개념·공식

① $\sum_{k=1}^{n}(a_k+b_k) = \sum_{k=1}^{n} a_k + \sum_{k=1}^{n} b_k$

② $\sum_{k=1}^{n}(a_k-b_k) = \sum_{k=1}^{n} a_k - \sum_{k=1}^{n} b_k$

③ $\sum_{k=1}^{n} ca_k = c\sum_{k=1}^{n} a_k$ (단, c는 상수)

④ $\sum_{k=1}^{n} c = cn$ (단, c는 상수)

H 136 정답 ① *∑의 활용-도형 [정답률 53%]

(정답 공식: 점 P_k의 좌표를 설정하고 x좌표와 y좌표가 같다는 것을 이용한다. A_k의 값은 점 P_k의 x, y좌표를 곱한 값이다.)

자연수 n에 대하여 함수 $f(x)$가 다음과 같다.

$$f(x) = \frac{x+2n^2+n}{x-n}$$

$n=k(k=1, 2, 3, \cdots)$일 때, 곡선 $y=f(x)$의 제1사분면 위의 점 중에서 x축, y축까지의 거리가 같게 되는 점을 P_k라 하고, 점 P_k에서 x축, y축에 내린 수선의 발을 각각 Q_k, R_k라 하자. 사각형 $OQ_kP_kR_k$의 넓이를 A_k라 할 때, $\sum_{k=1}^{10} A_k$의 값은? (4점)

단서 사각형의 넓이는 (가로)×(세로)이니까 A_k=(점 P_k의 x좌표)×(점 P_k의 y좌표)이지. 이때, 사각형 $OQ_kP_kR_k$는 정사각형이네.

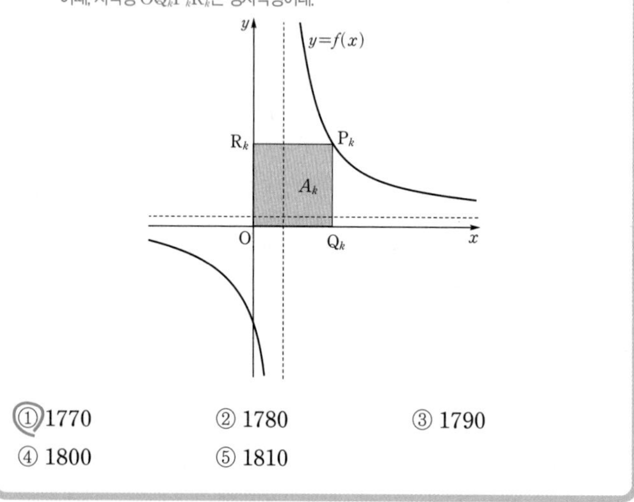

① 1770 ② 1780 ③ 1790
④ 1800 ⑤ 1810

1st 점 P_k에서 x축과 y축에 내린 수선의 길이가 같으므로 점 P_k는 함수 $f(x)$의 그래프와 직선 $y=x$의 교점이야. 점 P_k의 좌표를 (x, x)라 할 수 있으니까.

점 P_k는 함수 $f(x)$의 그래프와 직선 $y=x$의 교점의 x좌표이므로
즉, 방정식 $f(x)=x$의 해이지?

$\frac{x+2k^2+k}{x-k} = x$에서 $x+2k^2+k = x^2-kx$

$x^2-(k+1)x-k(2k+1)=0$

$(x+k)(x-2k-1)=0$

$\therefore x=-k$ 또는 $x=2k+1$

그런데 점 P_k는 제1사분면 위의 점이므로 $P_k(2k+1, 2k+1)$이다.

2nd 넓이 A_k를 주어진 식에 대입한 후 계산하자.

이때, 사각형 $OQ_kP_kR_k$는 한 변의 길이가 $2k+1$인 정사각형이므로 $A_k=(2k+1)^2$이다.
한 변의 길이가 a인 정사각형의 넓이는 a^2이지?

$$\therefore \sum_{k=1}^{10} A_k = \sum_{k=1}^{10}(2k+1)^2 = \sum_{k=1}^{10}(4k^2+4k+1)$$ [자연수의 거듭제곱의 합]

$$= 4 \times \frac{10 \times 11 \times 21}{6} + 4 \times \frac{10 \times 11}{2} + 1 \times 10$$

① $\sum_{k=1}^{n} k = \frac{n(n+1)}{2}$
② $\sum_{k=1}^{n} k^2 = \frac{n(n+1)(2n+1)}{6}$
③ $\sum_{k=1}^{n} c = cn$

$$= 1540 + 220 + 10 = 1770$$

자연수의 거듭제곱의 합 개념·공식

① $\sum_{k=1}^{n} k = \frac{n(n+1)}{2}$

② $\sum_{k=1}^{n} k^2 = \frac{n(n+1)(2n+1)}{6}$

③ $\sum_{k=1}^{n} k^3 = \left\{\frac{n(n+1)}{2}\right\}^2$

H 137 정답 ① *∑의 활용 – 그래프 [정답률 62%]

(정답 공식: 점 A_n의 y좌표가 선분 A_nB_n의 길이이다. 무리수의 근삿값을 알고, 정수 부분의 값을 각각 구해본다.)

자연수 n에 대하여 직선 $x=n$이 무리함수 $f(x)=\sqrt{2x+2}+3$의 그래프와 만나는 점을 A_n, x축과 만나는 점을 B_n이라 하자.

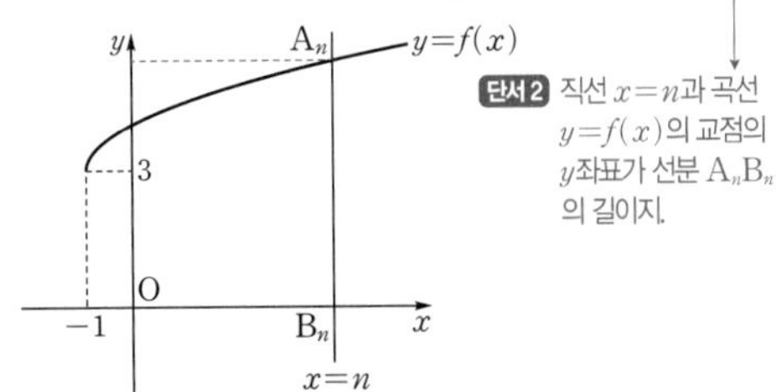

단서2 직선 $x=n$과 곡선 $y=f(x)$의 교점의 y좌표가 선분 A_nB_n의 길이지.

선분 A_nB_n의 길이보다 크지 않은 최대의 정수를 a_n이라 할 때, $\sum_{n=1}^{10}a_n$의 값은? (4점)

단서1 a_n은 점 A_n의 y좌표의 값을 넘지 않는 최대의 정수니까 점 A_n의 y좌표를 찾자.

① 61 ② 62 ③ 63
④ 64 ⑤ 65

1st 곡선 $f(x)$와 직선 $x=n$의 교점 A_n의 y좌표를 구해.

곡선 $y=\sqrt{2x+2}+3$과 직선 $x=n$의 교점 A_n의 좌표는
$A_n(n, \sqrt{2n+2}+3)$이므로
$\overline{A_nB_n}=(\text{점 } A_n\text{의 } y\text{좌표})=\sqrt{2n+2}+3$ $=f(n)$

2nd a_n을 구하기 위하여 자연수 n에 대하여 $a_1, a_2, a_3, \cdots$을 나열해 봐.

a_n은 $\sqrt{2n+2}+3$보다 크지 않은 최대의 정수이므로 자연수 n에 따라 a_n을 나열하면

(i) $1\le n\le 3$인 경우
$5\le\sqrt{2n+2}+3\le\sqrt{8}+3<6$
$\therefore a_1=a_2=a_3=5$
($n=1$일 때 $\sqrt{4}+3=5$, $n=2$일 때 $\sqrt{6}+3>5$, $n=3$일 때 $\sqrt{8}+3>5$)

(ii) $4\le n\le 6$인 경우
$6<\sqrt{10}+3\le\sqrt{2n+2}+3\le\sqrt{14}+3<7$
$\therefore a_4=a_5=a_6=6$
($n=4$일 때 $\sqrt{10}+3>6$, $n=5$일 때 $\sqrt{12}+3>6$, $n=6$일 때 $\sqrt{14}+3>6$)

(iii) $7\le n\le 10$인 경우
$7\le\sqrt{2n+2}+3\le\sqrt{22}+3<8$
$\therefore a_7=a_8=a_9=a_{10}=7$
($n=7$일 때 $\sqrt{16}+3=4+3=7$, $n=8$일 때 $\sqrt{18}+3>7$, $n=9$일 때 $\sqrt{20}+3>7$, $n=10$일 때 $\sqrt{22}+3>7$)

(i), (ii), (iii)에 의하여

$\sum_{n=1}^{10}a_n=5\times3+6\times3+7\times4=61$
(5×3: $a_1+a_2+a_3$, 6×3: $a_4+a_5+a_6$, 7×4: $a_7+a_8+a_9+a_{10}$)

톡톡 풀이: 주어진 조건에 의해 $a_n\le\overline{A_nB_n}<a_n+1$임을 이용하기

선분 A_nB_n의 길이보다 크지 않은 최대의 정수를 a라 하면
$a\le\sqrt{2n+2}+3<a+1$에서
$a-3\le\sqrt{2n+2}<a-2$ ($\because$ $\overline{A_nB_n}\ge3$이므로 $a-3\ge0$)
따라서 각 변을 제곱하면
$(a-3)^2\le2n+2<(a-2)^2$
$(a-3)^2-2\le2n<(a-2)^2-2$
$\therefore \frac{1}{2}(a-3)^2-1\le n<\frac{1}{2}(a-2)^2-1$ ⋯ ㉠

한편, $n=1$이면 $a\le\sqrt{2+2}+3<a+1$에서 $a=5$이지?
$a\ge5$인 정수 a에 따라 자연수 n의 범위를 구해 볼까?
$a=5, 6, 7, \cdots$에서 a_{10}의 값을 알 수 있을 때까지 나열해 봐.

(i) $a=5$인 경우 n의 값의 범위를 구하면 ㉠에 의하여
$\frac{1}{2}(5-3)^2-1\le n<\frac{1}{2}(5-2)^2-1$
$\therefore 1\le n<\frac{7}{2}$ $=3.5$
즉, $n=1, 2, 3$일 때 최대 정수는 5이므로
$a_1=a_2=a_3=5$

(ii) $a=6$인 경우 n의 값의 범위를 구하면 ㉠에 의하여
$\frac{1}{2}(6-3)^2-1\le n<\frac{1}{2}(6-2)^2-1$
$\therefore \frac{7}{2}\le n<7$ ($\frac{7}{2}=3.5$)
즉, $n=4, 5, 6$일 때 최대 정수는 6이므로
$a_4=a_5=a_6=6$

(iii) $a=7$인 경우 n의 값의 범위를 구하면 ㉠에 의하여
$\frac{1}{2}(7-3)^2-1\le n<\frac{1}{2}(7-2)^2-1$
$\therefore 7\le n<\frac{23}{2}$ $=11.5$
즉, $n=7, 8, 9, 10, 11$일 때 최대 정수는 7이므로
$a_7=a_8=a_9=a_{10}=7$

(i)~(iii)에 의하여
$\sum_{n=1}^{10}a_n=5\times3+6\times3+7\times4=61$

H 138 정답 8 *∑의 활용 – 그래프 [정답률 48%]

(정답 공식: 점 A_0에서 점 A_n까지 점 P가 이동한 거리를 구하고, 거리에 따라 점 A_n이 직선 $y=x$ 위에 있게 되는 규칙을 찾는다.)

좌표평면에서 그림과 같이 길이가 1인 선분이 수직으로 만나도록 연결된 경로가 있다. 이 경로를 따라 원점에서 멀어지도록 움직이는 점 P의 위치를 나타내는 점 A_n을 다음과 같은 규칙으로 정한다.

(i) A_0은 원점이다.
(ii) n이 자연수일 때, A_n은 점 A_{n-1}에서 점 P가 경로를 따라 $\frac{2n-1}{25}$만큼 이동한 위치에 있는 점이다.

단서1 점 P가 n번 이동한 거리는 $\sum_{k=1}^{n}\frac{2k-1}{25}$이야. 이때, 이동거리의 정수부분으로부터 점 P가 오른쪽, 또는 위쪽으로 움직였는지를 알 수 있어.

예를 들어, 점 A_2와 A_6의 좌표는 각각 $\left(\frac{4}{25}, 0\right)$, $\left(1, \frac{11}{25}\right)$이다.

단서2 원점에서 시작하여 오른쪽으로 $\frac{1}{25}+\frac{3}{25}$만큼 이동한 점이야.

자연수 n에 대하여 점 A_n 중 직선 $y=x$ 위에 있는 점을 원점에서 가까운 순서대로 나열할 때, 두 번째 점의 x좌표를 a라 하자. a의 값을 구하시오. (4점)

단서3 점 A_n 중에서 $y=x$ 위에 있는 점의 특징을 알아야 해.

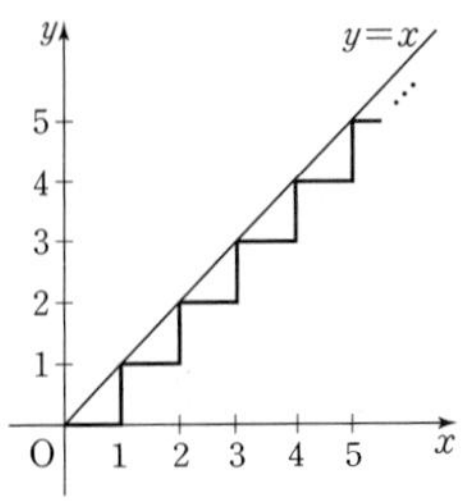

1st 점 A_n이 직선 $y=x$ 위에 있을 조건을 생각해봐. 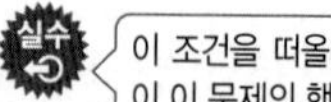 이 조건을 떠올리는 것이 이 문제의 핵심이야.

점 A_n이 직선 $y=x$ 위에 있기 위해서는 점 A_0에서 점 A_n까지 점 P가 경로를 따라 이동한 거리가 짝수이어야 한다. $y=x$ 위의 점의 좌표는 (k, k)야. 즉, 점 P가 움직인 거리는 오른쪽으로 k만큼, 위쪽으로 k만큼이니까 총 $2k$만큼 움직인 거야. (단, k는 자연수)

2nd 점 P가 이동한 거리를 구해.

점 A_0에서 점 A_n까지 점 P가 경로를 따라 이동한 거리는

$$\sum_{k=1}^{n}\frac{2k-1}{25}=\frac{1}{25}\left\{2\times\frac{n(n+1)}{2}-n\right\}=\frac{n^2}{25}=\left(\frac{n}{5}\right)^2 \cdots ㉠$$

$\sum_{k=1}^{n}\frac{2k-1}{25}=\frac{1}{25}\sum_{k=1}^{n}(2k-1)=\frac{1}{25}\left(2\sum_{k=1}^{n}k-\sum_{k=1}^{n}1\right)=\frac{1}{25}\left\{2\times\frac{n(n+1)}{2}-n\right\}=\frac{n^2}{25}$

3rd 직선 $y=x$ 위의 점 A_n 중 원점에서 두 번째로 가까운 점의 x좌표를 구하자.

이때, $\left(\frac{n}{5}\right)^2$이 짝수이면 $\frac{n}{5}$도 짝수이므로

→ 자연수 n에 대하여
• n^2이 짝수이면 n도 짝수
• n^2이 홀수이면 n도 홀수

$\frac{n}{5}=2m$ (단, m은 자연수)에서 $n=10m$이다.

즉, 점 A_n 중 직선 $y=x$ 위에 있는 두 번째 점은 $m=2$, 즉 $n=20$일 때이므로 점 A_{20}이다.

점 A_0에서 점 A_{20}까지 점 P가 경로를 따라 이동한 거리가 $\left(\frac{20}{5}\right)^2=4^2=16$ ($\because$ ㉠)이므로 점 A_{20}의 x좌표는 8이다.

$\therefore a=8$

이동한 거리가 $2k$ (k는 자연수)이면 점 P의 좌표는 (k, k)지?

H 139 정답 200 *∑의 활용 – 그래프 [정답률 43%]

(정답 공식: a_4, a_7의 값을 이용하여 a_n의 첫째항과 공차를 구한다.)

좌표평면에 그림과 같이 직선 l이 있다. 자연수 n에 대하여 점 $(n, 0)$을 지나고 x축에 수직인 직선이 직선 l과 만나는 점의 y좌표를 a_n이라 하자. $a_4=\frac{7}{2}$, $a_7=5$일 때, $\sum_{k=1}^{25}a_k$의 값을 구하시오. (4점)

단서 직선 l을 함수 $y=f(x)$의 그래프라고 하면 $a_n=f(n)$이라 할 수 있어.

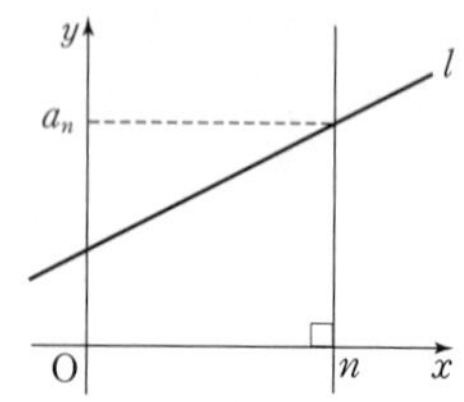

1st a_n을 간단하게 나타내 보자.

점 $(n, 0)$을 지나고 x축에 수직인 직선이 일차함수의 그래프와 만나는 점의 y좌표를 a_n이라 하면 a_n을 n에 관한 일차식으로 나타낼 수 있으므로 수열 $\{a_n\}$은 등차수열이다.

직선 l을 $y=px+q$라 하면 점 (n, a_n)을 지나므로 $a_n=pn+q$이다. 이때, $a_{n+1}-a_n=p$이므로 수열 $\{a_n\}$은 공차가 p인 등차수열이다.

2nd 수열 $\{a_n\}$의 첫째항과 공차를 찾아.

$a_4=\frac{7}{2}$이고 $a_7=5$이므로 등차수열 $\{a_n\}$의 공차를 d라 하면

$3d=a_7-a_4=5-\frac{7}{2}=\frac{3}{2}$

$\therefore d=\frac{1}{2}$

$a_1=a_4-3d=\frac{7}{2}-3\times\frac{1}{2}=2$

3rd 등차수열의 합의 공식을 이용하여 $\sum_{k=1}^{25}a_k$를 계산해.

$$\therefore \sum_{k=1}^{25}a_k=\frac{25\left\{2\times2+(25-1)\times\frac{1}{2}\right\}}{2}=\frac{25\times16}{2}=200$$

$a=2$, $d=\frac{1}{2}$, $n=25$이므로 등차수열의 합 공식 $\frac{n\{2a+(n-1)d\}}{2}$에 대입한 거야.

다른 풀이 ❶: 직선 l의 방정식을 $y=px+q$라 두고 주어진 조건을 이용하기

직선 l의 방정식을 $y=px+q$ (단, $p\neq0$)라 하면 점 $(n, 0)$을 지나고 x축에 수직인 직선 즉, $x=n$과의 교점의 y좌표가 a_n이므로 $a_n=pn+q$이다.

$a_4=\frac{7}{2}$, $a_7=5$이므로 $a_n=pn+q$에 $n=4$, $n=7$을 각각 대입하면

$\frac{7}{2}=4p+q$, $5=7p+q$

두 식을 연립하여 풀면

$p=\frac{1}{2}$, $q=\frac{3}{2}$ $\quad\therefore a_n=\frac{1}{2}n+\frac{3}{2}$

$$\sum_{k=1}^{25}a_k=\sum_{k=1}^{25}\left(\frac{1}{2}k+\frac{3}{2}\right)=\frac{1}{2}\sum_{k=1}^{25}k+\sum_{k=1}^{25}\frac{3}{2}$$
$$=\frac{1}{2}\times\frac{25\times26}{2}+\frac{3}{2}\times25=\frac{25\times16}{2}=25\times8=200$$

다른 풀이 ❷: 직선 l이 지나는 두 점의 좌표 이용하기

$a_4=\frac{7}{2}$이고 $a_7=5$이므로 직선 l은 두 점 $\left(4, \frac{7}{2}\right)$, $(7, 5)$를 지난다.

직선 l의 기울기는 $\frac{5-\frac{7}{2}}{7-4}=\frac{\frac{3}{2}}{3}=\frac{1}{2}$이므로

직선 l의 방정식은 $y=\frac{1}{2}(x-4)+\frac{7}{2}=\frac{1}{2}x+\frac{3}{2}$

점 $(n, 0)$을 지나고 x축에 수직인 직선이 직선 l과 만나는 점의 y좌표가 a_n이므로 $a_n=\frac{1}{2}n+\frac{3}{2}$

$$\therefore \sum_{k=1}^{25}a_k=\sum_{k=1}^{25}\left(\frac{1}{2}k+\frac{3}{2}\right)=\frac{1}{2}\times\frac{25\times26}{2}+\frac{3}{2}\times25=200$$

H 140 정답 ① *∑의 활용 – 그래프 [정답률 45%]

(정답 공식: 점 P_{25}가 $y=\frac{3}{4}x$, $y=0$ 중 어느 직선 위에 있는지, 어떤 원 위에 있는지 파악한다. 점 P_n의 위치의 규칙성을 찾는다.)

다음 그림은 좌표평면에서 원점을 중심으로 하고 반지름의 길이가 1부터 1씩 증가하는 원들이 두 직선 $y=\frac{3}{4}x$, $y=0$과 각각 만나는 점들의 일부를 P_1부터 시작하여 화살표 방향을 따라 P_1, P_2, P_3, $\cdots$으로 나타낸 것이다.

단서 그림과 같이 P_1~P_4, P_5~P_8을 주기로 위치가 돌아오지? 점 P_{25}의 위치와 이때 원의 크기도 확인해야 해.

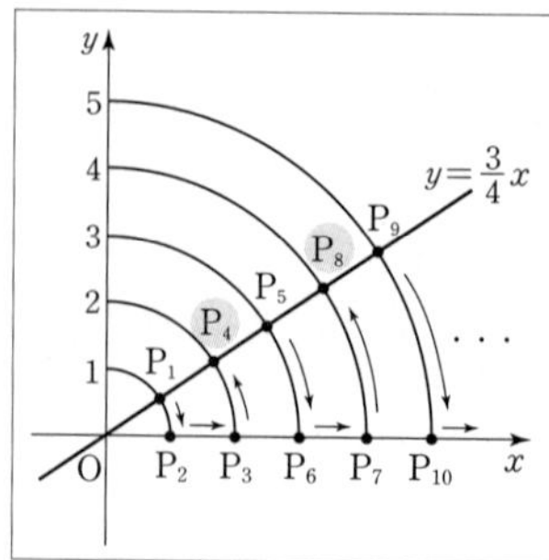

점 P_{25}의 x좌표는? (3점)

① $\frac{52}{5}$ ② 11 ③ $\frac{56}{5}$ ④ 12 ⑤ $\frac{64}{5}$

1st 점 P_{25}가 x축 위에 있는 점인지 직선 $y=\frac{3}{4}x$ 위에 있는 점인지 따져 보자.

직선 $y=\frac{3}{4}x$ 위의 점을 나열해 보면 P_1, P_4, P_5, P_8, P_9, P_{12}, P_{13}, P_{16}, P_{17},
4의 배수를 주기로 진행되는 것을 확인할 수 있으면 좀 더 빨리 풀 수 있어.
P_{20}, P_{21}, P_{24}, P_{25}, …이므로 점 P_{25}는 $y=\frac{3}{4}x$ 위의 점이다.

2nd 점 P_{25}가 위치한 원 위의 반지름의 길이를 구해 볼까?

$P_④$일 때, 반지름의 길이② $=2\times1$ ($=4\times1$)
$P_⑧$일 때, 반지름의 길이④ $=2\times2$ ($=4\times2$)
$P_⑫$일 때, 반지름의 길이⑥ $=2\times3$ ($=4\times3$)
⋮
$P_㉔$일 때, 반지름의 길이 $2\times6=$⑫ ($=4\times6$)

P_{4n}의 반지름의 길이는 $2n$이야.

점 P_{25}는 점 P_{24}보다 1만큼 증가되므로 반지름의 길이는 $12+1=13$이다.

3rd 원점과 점 P_{25} 사이의 거리가 반지름의 길이 13임을 이용하여 점 P_{25}의 x좌표를 구해.

이때, P_{25}의 x좌표를 t라 하면

점 $A(a, b)$와 원점 사이의 거리는 $\overline{OA}=\sqrt{(a-0)^2+(b-0)^2}=\sqrt{a^2+b^2}$이야.

점 $P_{25}\left(t, \frac{3}{4}t\right)$는 원 $x^2+y^2=13^2$ 위의 점이고, 원점과의 거리가 13이므로

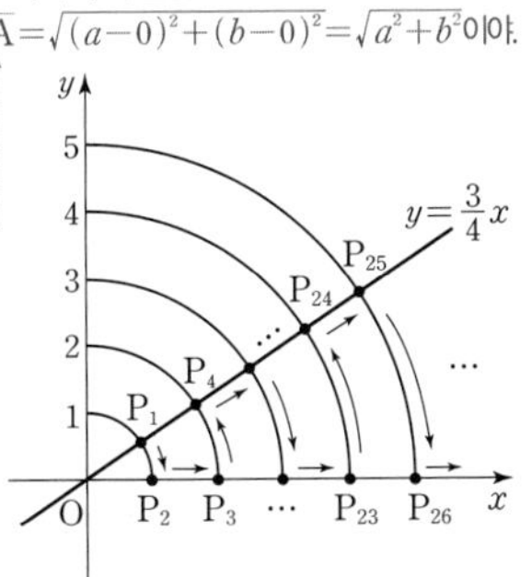

$$\overline{OP_{25}}=\sqrt{t^2+\left(\frac{3}{4}t\right)^2}=13$$

양변을 제곱하여 정리하면

$t^2+\frac{9}{16}t^2=13^2$에서 $\frac{25}{16}t^2=13^2$

$$t^2=13^2\times\frac{4^2}{5^2}=\left(\frac{13\times4}{5}\right)^2=\left(\frac{52}{5}\right)^2$$

$$\therefore t=\frac{52}{5}\ (\because t>0)$$

H 141 정답 ⑤ *∑의 활용 – 규칙 [정답률 62%]

(정답 공식: $\sum_{k=1}^{n}k=\frac{n(n+1)}{2}$)

그림과 같이 한 변의 길이가 1인 정사각형 3개로 이루어진 도형 R가 있다.

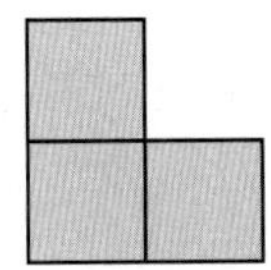

자연수 n에 대하여 $2n$개의 도형 R를 겹치지 않게 빈틈없이 붙여서 만든 직사각형의 넓이를 a_n이라 할 때, $\sum_{n=10}^{15}a_n$의 값은? (3점)

단서 $2n$개의 도형 R를 빈틈없이 붙여서 직사각형을 만들려면 주어진 도형을 시계 방향으로 회전하여 붙여보면 된다.

① 378 ② 396 ③ 414 ④ 432 ⑤ 450

1st $2n$개의 도형 R를 겹치지 않게 빈틈없이 붙여서 만든 직사각형을 생각하고 그 넓이를 n으로 나타내자.

도형 R의 넓이가 3이므로 $2n$개의 도형 R를 겹치지 않게 빈틈없이 붙여서 만든 직사각형은 다음과 같다.

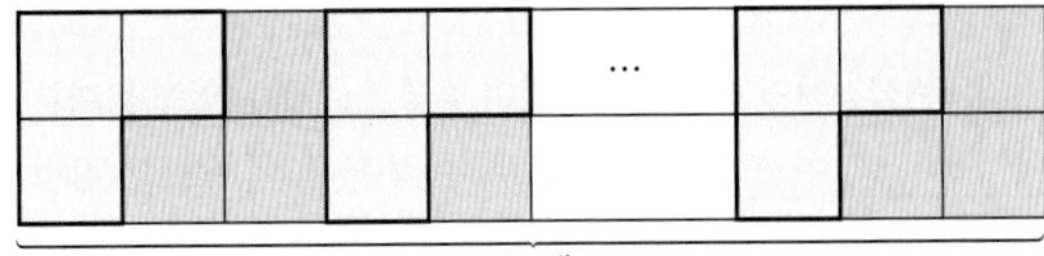

즉, 넓이 a_n은 $a_n=6n$

도형 R의 넓이가 3이므로 R가 $2n$개 있으면 그 넓이는 $3\times2n=6n$이야.

2nd ∑의 성질을 사용해서 값을 구하자.

$$\therefore \sum_{n=10}^{15}a_n=\sum_{n=10}^{15}6n=\sum_{n=1}^{15}6n-\sum_{n=1}^{9}6n$$

$\sum_{k=m}^{n}a_k=\sum_{k=1}^{n}a_k-\sum_{k=1}^{m-1}a_k$

$$=6\times\frac{15\times16}{2}-6\times\frac{9\times10}{2}$$

$1+2+3+\cdots+n=\sum_{k=1}^{n}k=\frac{n(n+1)}{2}$

$$=450$$

다른 풀이: 2nd에서 수열 $\{a_n\}$과 공차가 같고 첫째항이 a_{10}인 수열의 일반항 이용하기

$a_n=3\times2n=6n$이므로

$$\sum_{n=10}^{15}6n=60+66+72+\cdots+90=\sum_{k=1}^{6}(6k+54)$$
$$=6\times\frac{6\times7}{2}+6\times54$$
$$=6\times(21+54)$$
$$=6\times75=450$$

H 142 정답 ④ *∑의 활용 – 규칙 [정답률 62%]

(정답 공식: $a>0$, $a\neq1$이고 $b>0$일 때, $\log_a b=\frac{\log_c b}{\log_c a}$ (단, $c>0$, $c\neq1$))

첫째항이 3이고 공비가 $r(r>1)$인 등비수열 $\{a_n\}$에 대하여 수열 $\{b_n\}$의 각 항이

단서1 $a_n=3\cdot r^{n-1}$

$b_1=\log_{a_1}a_2$
$b_2=(\log_{a_1}a_2)\times(\log_{a_2}a_3)$
$b_3=(\log_{a_1}a_2)\times(\log_{a_2}a_3)\times(\log_{a_3}a_4)$
⋮
$b_n=(\log_{a_1}a_2)\times(\log_{a_2}a_3)\times(\log_{a_3}a_4)\times\cdots\times(\log_{a_n}a_{n+1})$
⋮

일 때, $\sum_{k=1}^{10}b_k=120$이다. $\log_3 r$의 값은? (4점)

단서2 수열 $\{b_n\}$의 일반항을 찾아야겠지?

① $\frac{1}{2}$ ② 1 ③ $\frac{3}{2}$
④ 2 ⑤ $\frac{5}{2}$

1st 먼저 주어진 b_n을 정리해보자.

$$b_n=(\log_{a_1}a_2)\times(\log_{a_2}a_3)\times(\log_{a_3}a_4)\times\cdots\times(\log_{a_n}a_{n+1})$$
$$=\frac{\log a_2}{\log a_1}\times\frac{\log a_3}{\log a_2}\times\frac{\log a_4}{\log a_3}\times\cdots\times\frac{\log a_{n+1}}{\log a_n}$$

밑의 변환 공식을 이용하여 밑이 10인 로그로 변환한 거야.

$$=\log_{a_1}a_{n+1}=\log_3(3r^n)=1+n\log_3 r$$

2nd $\sum_{k=1}^{10}b_k=120$임을 이용해서 $\log_3 r$의 값을 구해보자.

수열 $\{a_n\}$의 일반항 $a_n=a_1\times r^{n-1}=3r^{n-1}(r>1)$이니까 a_{n+1}에 $3r^n$을 대입!

$$\sum_{k=1}^{10}b_k=\sum_{k=1}^{10}(1+k\log_3 r)$$
$$=\sum_{k=1}^{10}1+\log_3 r\sum_{k=1}^{10}k$$
$$=10+\log_3 r\times\frac{10\times11}{2}$$
$$=10+55\log_3 r$$
$$=120$$

$$\therefore \log_3 r=2$$

H 143 정답 ③ *∑의 활용-규칙 [정답률 69%]

정답 공식: 두 점 (x_1, y_1), (x_2, y_2)를 $m:n$으로 내분하는 점의 좌표는 $\left(\frac{mx_2+nx_1}{m+n}, \frac{my_2+ny_1}{m+n}\right)$이다.

자연수 n에 대하여 좌표평면 위의 점 P_n을 다음 규칙에 따라 정한다.

(가) 점 A의 좌표는 (1, 0)이다.
(나) 점 P_n은 선분 OA를 $2^n:1$로 내분하는 점이다.

단서2 점 P_n은 x축 위의 점으로 $l_n=|$점 P_n의 x좌표$|$

단서1 점 P_n의 좌표를 구한 다음 l_n의 길이를 구해야 해. 이때, l_n은 n의 식으로 표현되어야겠지?

$l_n=\overline{OP_n}$이라 할 때, $\sum_{n=1}^{10}\frac{1}{l_n}$의 값은? (단, O는 원점이다.) (4점)

① $10-\left(\frac{1}{2}\right)^{10}$ ② $10+\left(\frac{1}{2}\right)^{10}$ ③ $11-\left(\frac{1}{2}\right)^{10}$ ④ $11+\left(\frac{1}{2}\right)^{10}$ ⑤ $12-\left(\frac{1}{2}\right)^{10}$

1st 점 P_n의 좌표를 구해.

두 점 O(0, 0), A(1, 0)을 $2^n:1$로 내분하는 점 P_n의 좌표는 $\left(\frac{2^n}{2^n+1}, 0\right)$

두 점 (x_1, y_1), (x_2, y_2)를 $m:n$으로 내분하는 점의 좌표는 $\left(\frac{mx_2+nx_1}{m+n}, \frac{my_2+ny_1}{m+n}\right)$

따라서 $\overline{OP_n}$의 길이는 $l_n=\frac{2^n}{2^n+1}$

2nd $\sum_{n=1}^{10}\frac{1}{l_n}$의 값을 구해.

$\sum_{k=1}^{n}(c+a_k)=\sum_{k=1}^{n}c+\sum_{k=1}^{n}a_k=cn+\sum_{k=1}^{n}a_k$

$$\sum_{n=1}^{10}\frac{1}{l_n}=\sum_{n=1}^{10}\frac{2^n+1}{2^n}=\sum_{n=1}^{10}\left\{1+\left(\frac{1}{2}\right)^n\right\}$$

첫째항이 $\frac{1}{2}$, 공비가 $\frac{1}{2}$인 등비수열의 첫째항부터 제10항까지의 합이야.

$$=\sum_{n=1}^{10}1+\sum_{n=1}^{10}\left(\frac{1}{2}\right)^n=10+\frac{\frac{1}{2}\left\{1-\left(\frac{1}{2}\right)^{10}\right\}}{1-\frac{1}{2}}$$

$$=10+\left\{1-\left(\frac{1}{2}\right)^{10}\right\}=11-\left(\frac{1}{2}\right)^{10}$$

첫째항이 a, 공비가 $r(r\neq1)$인 등비수열의 첫째항부터 제n항까지의 합은 $S_n=\frac{a(1-r^n)}{1-r}$

실수 $\sum_{k=1}^{n}c=cn$을 종종 잊기 쉬워.

H 144 정답 ③ *∑의 활용-규칙 [정답률 63%]

정답 공식: $36=6^2$이므로 n의 값을 구할 수 있다. 5부터 40까지의 전체 합을 이용해 m의 값을 구한다.

1부터 9까지 번호가 적힌 9개의 공이 있다. 아래 그림과 같이 가로, 세로, 대각선의 방향에 놓여 있는 공에 적힌 수들의 합이 각각 15가 되도록 3×3 격자판 위에 빈칸 없이 공을 배열하였다.

단서1 이런 유형은 예로 좀 더 쉽게 이해가 되는 경우야. 1부터 n^2까지 번호일 때, $n\times n$의 격자판이 되지? 또한, (1행)+(2행)+(3행) $=1+2+3+\cdots+9$야.

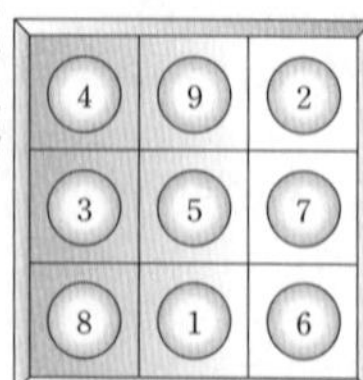

위와 같은 방법으로 5부터 40까지 번호가 적힌 36개의 공을 가로, 세로, 대각선 방향에 놓여 있는 공에 적힌 수들의 합이 각각 m이 되도록 $n\times n$ 격자판 위에 빈칸 없이 모두 배열할 때, $m+n$의 값은?

단서2 예와 다른 조건을 확인하여 단서1과 같이 접근하면 되겠네. (4점)

① 137 ② 139 ③ 141 ④ 143 ⑤ 145

1st 36개의 공에 적힌 모든 수의 합을 이용하여 m의 값을 구해.

36개의 공에 적힌 번호는 5부터 40까지이므로

$$5+6+7+\cdots+40=\sum_{k=5}^{40}k=\sum_{k=1}^{40}k-\sum_{k=1}^{4}k$$

$\sum_{k=m}^{n}a_k=\sum_{k=1}^{n}a_k-\sum_{k=1}^{m-1}a_k$

$$=\frac{40\times41}{2}-\frac{4\times5}{2}$$

$$=820-10=810$$

주의 이 격자판에 공을 놓을 수 있는 공간이 $n\times n=n^2$개 있지? 즉, $n^2=36$!!

2nd 단서를 이용하여 n의 값을 구해 볼까?

5부터 40까지 번호가 적힌 36개의 공을 $n\times n$격자판 위에 빈칸 없이 모두 배열하므로 $n=6$이다. 이때, 가로, 세로, 대각선 방향에 놓여 있는 공에 적힌 수들의 합이 모두 m이 되도록 하므로 가로줄의 합은 m이고, 가로줄이 6개가 있으므로 $6\times m=810$ $\therefore m=135$

$\therefore m+n=135+6=141$

수능 핵강

＊문제에 제시된 예를 파악하여 답 구하기

규칙을 파악하기 위해서 예로 들은 1부터 9까지의 번호가 적힌 9개의 공을 가로, 세로, 대각선 방향에 놓여 있는 공에 적힌 수들의 합이 각각 15가 되는 경우를 알아야 해.

1부터 9까지 공에 적힌 수들의 총합은 $\sum_{k=1}^{9}k=\frac{9\times10}{2}=45$

가로 또는 세로는 각각 3줄이므로 한 줄당 $\frac{45}{3}=15$가 되는 거야.

이와 같이 파악된 것들을 문제에 적용하면

$\sum_{k=5}^{40}k$를 구하고, 5부터 40까지 적힌 공의 개수가 36개니까 $n\times n$ 격자에 빈칸 없이 배열하려면 6×6 격자가 되어야 하는 거야. 즉, $n=6$

이제 가로, 세로, 대각선 방향에 놓여 있는 공에 적힌 수들의 합을 구하면 $\frac{\sum_{k=5}^{40}k}{6}$를 풀면 되겠지?

규칙을 찾는 유형의 문제는 제시된 예를 완벽하게 이해해야지 풀 수 있어. 소홀히 하면 안 돼.

H 145 정답 ⑤ *∑의 활용-규칙 [정답률 45%]

정답 공식: 점 F, F′의 좌표를 구할 수 있다. 변 PF 위에 있는 격자점의 개수는 변 OF 위에 있는 격자점의 개수와 같다.

그림과 같이 좌표평면에 x축 위의 두 점 F, F′과 점 P(0, n) ($n>0$)이 있다. 삼각형 PF′F가 ∠FPF′=90°인 직각이등변삼각형이다.

단서1 $\overline{PF'}=\overline{PF}$이네. 이때, $\overline{OP}=n$이고, $\overline{OF'}=\overline{OF}=n$이지?

n이 자연수일 때, 삼각형 PF′F의 세 변 위에 있는 점 중에서 x좌표와 y좌표가 모두 정수인 점의 개수를 a_n이라 하자. $\sum_{n=1}^{5}a_n$의 값은? (3점)

단서2 $n=1, 2, \cdots$일 때 세 변 위의 정수 개수를 각각 따져주자.

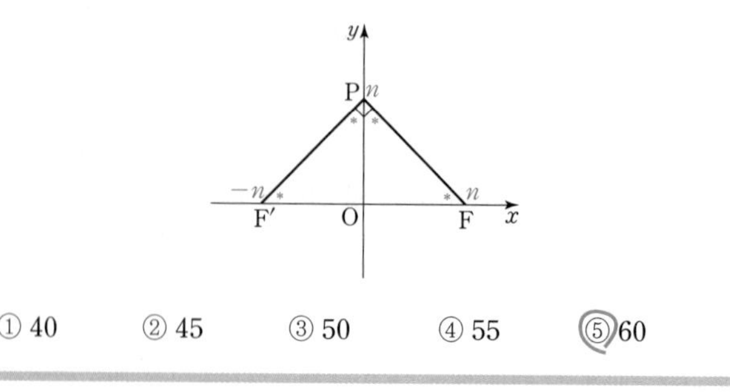

① 40 ② 45 ③ 50 ④ 55 ⑤ 60

1st 직각이등변삼각형의 성질을 이용하여 수열 $\{a_n\}$을 나열해 볼까?

삼각형 PF′F가 직각이등변삼각형이므로 두 점 F, F′의 좌표는 각각 $(n, 0)$, $(-n, 0)$이다.

점 P에서 선분 FF′에 내린 수선의 발 H에 대하여 $\overline{PH}=\overline{HF}=\overline{HF'}$이야.

P, F′, H, F

따라서 자연수 n에 대하여 삼각형 PF′F의 세 변 위의 x좌표와 y좌표가 모두 정수인 점의 개수를 점 P$(0, n)$, 두 변 PF와 PF′(단, x축, y축과의 교점은 제외), 변 F′F의 순서로 따져 주면 (서로 대칭으로 양쪽에 같이 존재하지? 이때, 세 꼭짓점은 제외!)

$n=1$일 때, $a_1=1+(1\times②+①)$ (y축에 대칭으로 두 쌍씩 존재, ①: 원점)

$n=2$일 때, $a_2=1+(1\times 2)+(2\times 2+1)$

$n=3$일 때, $a_3=1+(2\times 2)+(3\times 2+1)$

$n=4$일 때, $a_4=1+(3\times 2)+(4\times 2+1)$

$n=5$일 때, $a_5=1+(4\times 2)+(5\times 2+1)$

⋮

2nd $\sum_{n=1}^{5} a_n$의 값을 계산하자.

$$\sum_{n=1}^{5} a_n = a_1+a_2+a_3+a_4+a_5$$
$$=1\times 5+(1+2+3+4)\times 2+(1+2+3+4+5)\times 2+1\times 5$$
$$=5+20+30+5=60$$

[연속된 수의 합] $\sum_{k=1}^{n} k=\frac{n(n+1)}{2}$을 이용해.

톡톡 풀이: 두 직선 PF, PF′의 방정식 이용하기

삼각형 PF′F가 직각이등변삼각형이므로 직선 PF의 방정식은 $y=-x+n$이고 직선 PF′의 방정식은 $y=x+n$이야. 즉, 두 직선 PF, PF′의 x좌표가 정수이면 y좌표도 정수야. (직선의 방정식에서 n도 자연수이니까.)

(i) 세 점 P, F, F′의 x좌표와 y좌표는 모두 정수이므로 3개 ⇐ P$(0, n)$, F$(n, 0)$, F′$(-n, 0)$

(ii) 변 PF 위, 즉 직선 $y=-x+n\ (0<x<n)$ 위의 x좌표와 y좌표가 모두 정수인 점은 $(n-1)$개 → $0<y=-x+n<n$

(iii) 변 PF′ 위, 즉 직선 $y=x+n\ (-n<x<0)$ 위의 x좌표와 y좌표가 모두 정수인 점은 $(n-1)$개 → $0<y=x+n<n$

(iv) 변 F′F 위, 즉 직선 $y=0\ (-n<x<n)$ 위의 x좌표와 y좌표가 모두 정수인 점은 $(2n-1)$개

[부등식과 정수 x의 개수]
두 정수 a, b에 대하여
① $a<x<b$인 x의 개수는 $b-a-1$
② $a\le x<b$ (또는 $a<x\le b$)인 x의 개수는 $b-a$
③ $a\le x\le b$인 x의 개수는 $b-a+1$

(i)~(iv)에 의하여 구하는 점의 개수는

$a_n=3+(n-1)+(n-1)+(2n-1)$
$=4n$

(이하 동일)

H 146 정답 ③ *∑의 활용-규칙 [정답률 47%]

정답 공식: 시행을 n번 했을 때 점 P는 직선 $x+y=n$ 위에 있다. $x+y=n$ 위의 점 P가 가능한 위치의 개수를 파악할 수 있다.

좌표평면의 원점에 점 P가 있다. 한 개의 동전을 1번 던질 때마다 다음 규칙에 따라 점 P를 이동시키는 시행을 한다.

(가) 앞면이 나오면 x축의 방향으로 1만큼 평행이동시킨다.
(나) 뒷면이 나오면 y축의 방향으로 1만큼 평행이동시킨다.

단서1 규칙을 이용하면 $P_1(0, 1)$, $P_2(1, 0)$ / $P_3(0, 2)$, $P_4(1, 1)$, $P_5(2, 0)$, ⋯. 점 P_n을 나열하면서 규칙을 찾아 볼까?

시행을 1번 한 후 점 P가 위치할 수 있는 점들을 x좌표가 작은 것부터 차례로 P_1, P_2라 하고, 시행을 2번 한 후 점 P가 위치할 수 있는 점들을 x좌표가 작은 것부터 차례로 P_3, P_4, P_5라 하자. 예를 들어, 점 P_5의 좌표는 $(2, 0)$이고 점 P_6의 좌표는 $(0, 3)$이다. 이와 같은 방법으로 정해진 점 P_{100}의 좌표를 (a, b)라 할 때, $a-b$의 값은? (4점)

단서2 100번째 위치할 점 P의 좌표를 구해.

① 1 ② 3 ③ 5 ④ 7 ⑤ 9

1st 정해진 규칙에 따라 P_1, P_2, P_3, ⋯의 좌표를 확인하여 n번 시행 후 점 P가 위치할 수 있는 좌표를 구해 보자.

동전을 n번 던질 때 점 P가 위치할 수 있는 좌표는 $(0, n)$, $(1, n-1)$, ⋯, $(n, 0)$으로 $(n+1)$개이다. (x좌표가 작은 것부터 차례로 배열하자.)

실수: 0부터 n까지는 총 n개가 아닌 $n+1$개의 수가 존재해.

2nd 100번째 위치할 점 P의 좌표를 구해. (→ 점 P_{100}이야.)

시행을 n번 한 후 점 P가 위치할 수 있는 좌표의 모든 개수의 합은

$$2+3+\cdots+(n+1)=\sum_{k=1}^{n}(k+1)=\frac{n(n+1)}{2}+n=\frac{n(n+3)}{2}$$

($\sum_{k=1}^{n} k=\frac{n(n+1)}{2}$)

이때, $n=12$이면 점 P가 위치할 수 있는 좌표의 모든 개수의 합은

$\frac{12\times 15}{2}=90$이므로 P_{100}은 동전을 13번 던져 x좌표가 10번째로 작은 것이다. ($P_{91}(0, 13)$, $P_{92}(1, 12)$, ⋯, $P_{100}(9, ■)$)

(동전을 n번 던져 앞면이 r번 나오면 뒷면은 $(n-r)$번이 나와.)

즉, 앞면이 9번 나오는 경우이므로 $P_{100}(9, 4)$가 된다.

따라서 $a=9$, $b=4$이므로 $a-b=9-4=5$

톡톡 풀이: 직접 점 P_1, P_2, P_3, P_4, ⋯의 좌표를 구하여 규칙 찾기

1번 시행 : $P_1(0, 1)$, $P_2(1, 0)$ ⇒ 2개

2번 시행 : $P_3(0, 2)$, $P_4(1, 1)$, $P_5(2, 0)$ ⇒ 3개

3번 시행 : $P_6(0, 3)$, $P_7(1, 2)$, $P_8(2, 1)$, $P_9(3, 0)$ ⇒ 4개

⋮

n번 시행 : $P_{\frac{n(n+1)}{2}}(0, n)$, ⋯, $P_{\frac{n(n+3)}{2}}(n, 0)$ ⇒ $(n+1)$개

이때, $91=\frac{13\times 14}{2}<100<\frac{13\times 16}{2}=104$이므로 $P_{100}(a, b)$는 시행을 13번 한 후 위치할 수 있는 점이야.

따라서 점 P의 x좌표와 y좌표의 합은 시행한 횟수 $n=13$과 같고 $P_{91}(0, 13)$, ⋯, $P_{104}(13, 0)$이므로

(x좌표)=(동전의 앞면이 나오는 횟수)
(y좌표)=(동전의 뒷면이 나오는 횟수)

$P_{100}(13-4, 0+4)=P_{100}(9, 4)$에서

$a=9$, $b=4$ $\quad\therefore a-b=5$

H 147 정답 ③ *∑의 활용-규칙 [정답률 57%]

정답 공식: 제n항의 항의 개수를 구하고 제n항에서 $\frac{1}{2}$보다 큰 항의 개수인 a_n을 구한다.

다음과 같이 제n행에 첫째항이 $\frac{1}{2^n}$이고 공차가 $\frac{1}{2^n}$인 등차수열의 항을 첫째항부터 차례로 (2^n-1)개 나열한다.

제1행	$\frac{1}{2}$	⇒ 1개
제2행	$\frac{1}{2^2}$, $\frac{2}{2^2}$, $\frac{3}{2^2}$	⇒ 3개
제3행	$\frac{1}{2^3}$, $\frac{2}{2^3}$, $\frac{3}{2^3}$, $\frac{4}{2^3}$, $\frac{5}{2^3}$, $\frac{6}{2^3}$, $\frac{7}{2^3}$	⇒ 7개
⋮	⋮	
제n행	$\frac{1}{2^n}$, $\frac{2}{2^n}$, $\frac{3}{2^n}$, $\frac{4}{2^n}$, ⋯, $\frac{2^n-2}{2^n}$, $\frac{2^n-1}{2^n}$	⇒ (2^n-1)개

위와 같이 나열할 때, 제n행에서 $\frac{1}{2}$보다 큰 수의 개수를 a_n이라 하자. $\sum_{n=1}^{10} a_n$의 값은? (4점)

단서 $\frac{1}{2}=\frac{2^{n-1}}{2^n}$이니까 제 n행의 2^{n-1}번째 이후부터 조건을 만족시켜. 전체 (2^n-1)개 중 이것을 빼서 a_n의 식을 세우자.

① 1003 ② 1008 ③ 1013 ④ 1018 ⑤ 1023

1st 각 행에 나열된 수에서 $\frac{1}{2}$이 되는 곳을 찾아 제n행에서 $\frac{1}{2}$보다 큰 수의 개수 a_n을 찾아보자.

제n행의 분모가 2^n이므로 $\frac{1}{2}$이 되는 수열의 항은 $\frac{1}{2}=\frac{2^{n-1}}{2^n}$이다.

제n행의 k번째 항이 $\frac{1}{2}$이라 하면 $\frac{k}{2^n}=\frac{1}{2}$에서 $k=\frac{2^n}{2}=2^{n-1}$

즉, 제n행에 2^{n-1}번째 항이 $\frac{1}{2}$이다.

이때, 제n행의 항의 개수는 (2^n-1)이므로 제n행에서 $\frac{1}{2}$보다 큰 항의 개수는

2^{n-1}번째 항이 $\frac{1}{2}$이니까 $(2^{n-1}+1)$번째 항부터 $\frac{1}{2}$보다 크게 되겠지? 즉, $2^{n-1}<$(가능한 항)$\le 2^n-1$

$$a_n=(2^n-1)-2^{n-1}$$
$$=2^{n-1}(2-1)-1$$
$$=2^{n-1}-1$$

2nd $\sum_{n=1}^{10}a_n$의 값을 구하자.

$$\therefore \sum_{n=1}^{10}a_n=\sum_{n=1}^{10}(2^{n-1}-1)=\sum_{n=1}^{10}2^{n-1}-\sum_{n=1}^{10}1$$
$$=\frac{2^{10}-1}{2-1}-10=1013$$

H 148 정답 63 $*\Sigma$의 활용 – 규칙 [정답률 45%]

(정답 공식: 2의 거듭제곱수의 행에 나열된 원 안에 1이 있다는 것을 안다.)

그림과 같이 1행에는 1개, 2행에는 2개, …, n행에는 n개의 원을 나열하고 그 안에 다음 규칙에 따라 0 또는 1을 써넣는다.

단서 규칙에 따라 1의 개수와 그 합을 계속 확인하면서 행에 따른 수의 합의 일정한 패턴을 찾아볼까?

(가) 1행의 원 안에는 1을 써넣는다.

(나) $n\ge2$일 때, 1행부터 $(n-1)$행까지 나열된 모든 원 안의 수의 합이 n 이상이면 n행에 나열된 모든 원 안에 0을 써넣고, n 미만이면 n행에 나열된 모든 원 안에 1을 써넣는다.

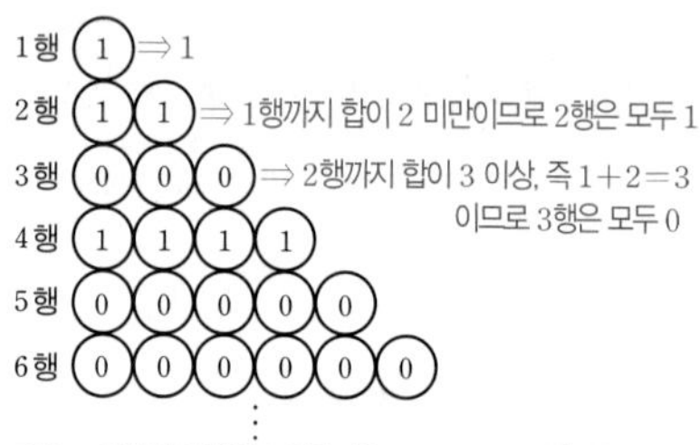

1행부터 32행까지 나열된 원 안에 써넣은 모든 수의 합을 구하시오. (4점)

1st 단서에서 정리한 것처럼 주어진 조건대로 수를 나열하여 규칙성을 찾아보자.

조건에 따라 수를 배열하여 1이 쓰여진 원의 개수를 구하면

1행에 1개, 2행에 2개, 4행에 4개, 8행에 8개, …이므로

4행까지만 구하고 판단하면 n행에 $2(n-1)$개의 1의 수를 써넣었다고 착각할 수 있어. 2의 배수인지 2의 거듭제곱 꼴인지 꼭 다음 항까지 확인하자.

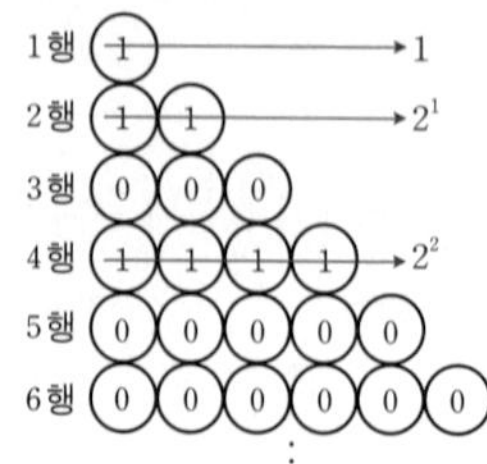

자연수 n에 대하여 2^{n-1}행에 2^{n-1}개의 1이 나오는 것을 알 수 있다.

2nd 1행부터 32행까지 모든 수의 합을 등비수열의 합으로 구해.

따라서 1행부터 32행까지 모든 수의 합은

첫째항이 a_1, 공비가 r (단, $r\ne1$)인 등비수열의 첫째항부터 제n항까지의 합은 $S_n=\frac{a_1(r^n-1)}{r-1}$

$$1+2+4+8+16+32=\sum_{k=1}^{6}2^{k-1}=\frac{2^6-1}{2-1}=63$$

$1+2+2^2+2^3+2^4+2^5$으로 첫째항이 1, 공비가 2인 등비수열의 첫째항부터 제6항까지의 합이야.

등비수열의 합과 자연수의 거듭제곱의 합 (개념·공식)

(1) 첫째항이 a이고 공비가 r인 등비수열의 첫째항부터 제n항까지의 합을 S_n이라 하면

① $r\ne1$일 때, $S_n=\frac{a(1-r^n)}{1-r}=\frac{a(r^n-1)}{r-1}$

② $r=1$일 때, $S_n=na$

(2) 자연수의 거듭제곱의 합

① $\sum_{k=1}^{n}k=\frac{n(n+1)}{2}$

② $\sum_{k=1}^{n}k^2=\frac{n(n+1)(2n+1)}{6}$

③ $\sum_{k=1}^{n}k^3=\left\{\frac{n(n+1)}{2}\right\}^2$

H 149 정답 ④ $*\Sigma$의 활용 – 규칙 [정답률 47%]

(정답 공식: 몇 자리 수가 나열됐을 때, 2, 0, 1, 0이 나올 수 있는지 알아본다.)

1부터 연속된 자연수를 나열하여 각 자릿수로 다음과 같은 수열을 만들었다.

단서 연속된 수를 계속 나열하여 2, 0, 1, 0이 되는 경우를 생각해야겠네. 근데 n의 최솟값이니까 2010보다 작은 수를 찾아 볼까?

1, 2, 3, 4, 5, 6, 7, 8, 9, 1, 0, 1, 1, 1, 2, 1, 3, 1, 4, …

이 수열의 제n항부터 연속된 네 개의 항이 차례로 2, 0, 1, 0일 때, 자연수 n의 최솟값은? (4점)

① 2960 ② 2964 ③ 2968 ④ 2972 ⑤ 2976

1st 자연수를 각각 나열했을 때, 2, 0, 1, 0의 숫자가 처음으로 나오는 경우는?

자연수를 나열하여 차례로 2, 0, 1, 0이 나오는 경우를 찾아보면

1, 2, 3, 4, 5, …, 10, 11, 12, …, 99, 100, 101, 102, …, 999, 1000, …, 1020, 1021, …

따라서 네 자리의 수 1020과 1021에서 2, 0, 1, 0의 숫자 배열이 처음으로 나온다. **주의** 바로 2010, 2011, … 이라고 생각해버리면 안돼.

2nd 앞에서 배열한 숫자들의 개수를 세어 자연수 n의 최솟값을 구하자.

한 자리 수의 자릿수의 개수는 $1\times9=9$(개) → 자릿수의 수마다 하나씩 개수를 세고 있으니까.

두 자리 수의 자릿수의 개수는 $2\times9\times10=180$(개)

세 자리 수의 자릿수의 개수는 $3\times9\times100=2700$(개)

네 자리의 수 중에 1000에서 1019까지의 자릿수의 개수는 $4\times20=80$(개)

여기에 차례로 1, 0, 2, 0, 1, 0, …에서 2부터 2, 0, 1, 0이 된다.

따라서 자연수 n의 최솟값은 $9+180+2700+80+3=2972$

수능 핵강

* 문제의 답을 생각해내는 과정

이 수열의 제 n항부터 연속된 네 개의 항이 차례로 2, 0, 1, 0이 되는 경우는 네 자리의 수 2010, 2011, …과 같을 때도 가능해.

그런데 이 문제에서 2, 0, 1, 0일 때의 자연수 n의 최솟값을 구하는 것이므로 그 숫자가 중간에 나오는 경우도 생각해야 해. 즉, 이 문제처럼 1020과 1021을 연속으로 붙여 놓으면 2, 0, 1, 0이라는 숫자 배열이 충분히 나올 수 있다는 것에 주의하자.

H 150 정답 ③ ＊$\sum$의 활용 – 규칙 [정답률 45%]

(정답 공식: n행에서의 수를 모두 더한 값을 n으로 나타내본다.)

다음과 같이 규칙적으로 나열된 수가 있다.

1행	1					
2행	$\frac{1}{3}$	1				
3행	$\frac{1}{3^2}$	$\frac{1}{3}$	1			
4행	$\frac{1}{3^3}$	$\frac{1}{3^2}$	$\frac{1}{3}$	1		
⋮						
10행	$\frac{1}{3^9}$	$\frac{1}{3^8}$	$\frac{1}{3^7}$	⋯	$\frac{1}{3}$	1
	⇒ 1개	⋯			⇒ 9개	⇒ 10개

대각선으로 같은 수의 개수

1행부터 10행까지의 수를 모두 더한 값은? (4점)

① $\frac{3}{4}\left\{19+\left(\frac{1}{3}\right)^{11}\right\}$ ② $\frac{3}{2}\left\{19+\left(\frac{1}{3}\right)^{11}\right\}$

③ $\frac{3}{4}\left\{19+\left(\frac{1}{3}\right)^{10}\right\}$ ④ $\frac{3}{2}\left\{19+\left(\frac{1}{3}\right)^{10}\right\}$

⑤ $\frac{3}{2}\left\{19+\left(\frac{1}{3}\right)^{9}\right\}$

단서 공비가 $\frac{1}{3}$인 등비수열의 합으로 표현할 수 있도록 나열된 수의 합을 정리해야겠네.

1st 단서에서 정리하였듯이 1행부터 10행까지 숫자의 합을 계산이 편리하게 놓자.

1행부터 10행까지의 마지막 숫자는 1이므로 이를 모두 더하면 10×1

숫자 1은 10개야.

2행부터 10행까지의 뒤에서 두 번째 숫자는 모두 $\frac{1}{3}$이므로 이를 모두 더하면

$9\times\frac{1}{3}$ 숫자 $\frac{1}{3}$은 9개야.

⋮

9행의 첫 번째 숫자와 10행의 두 번째 숫자는 $\frac{1}{3^8}$이므로 이를 모두 더하면

$2\times\left(\frac{1}{3}\right)^8$ 숫자 $\frac{1}{3^8}$은 2개야.

10행의 첫 번째 숫자는 $\left(\frac{1}{3}\right)^9$

2nd 1행부터 10행까지의 수를 모두 더한 값을 구하시오.

위에서 구한 각각의 합을 S라 하면

$$S=10\times1+9\times\left(\frac{1}{3}\right)+8\times\left(\frac{1}{3}\right)^2+\cdots+2\times\left(\frac{1}{3}\right)^8+\left(\frac{1}{3}\right)^9 \cdots ㉠$$

$S=10a^0+9a^1+8a^2+7a^3+\cdots$

$-)\ aS=\quad 10a^1+9a^2+8a^3+\cdots$

$(1-a)S=10a^0-a^1-a^2-a^3-\cdots$

㉠의 양변에 $\frac{1}{3}$을 곱하면

$$\frac{1}{3}S=10\times\frac{1}{3}+9\times\left(\frac{1}{3}\right)^2+8\times\left(\frac{1}{3}\right)^3+\cdots+2\times\left(\frac{1}{3}\right)^9+\left(\frac{1}{3}\right)^{10} \cdots ㉡$$

㉠−㉡을 하면

$$\frac{2}{3}S=10\times1-\left\{\frac{1}{3}+\left(\frac{1}{3}\right)^2+\left(\frac{1}{3}\right)^3+\cdots+\left(\frac{1}{3}\right)^9+\left(\frac{1}{3}\right)^{10}\right\}$$

$$=10-\frac{\frac{1}{3}\left\{1-\left(\frac{1}{3}\right)^{10}\right\}}{1-\frac{1}{3}}=10-\frac{1}{2}\left\{1-\left(\frac{1}{3}\right)^{10}\right\}$$

[등비수열의 합의 공식] 첫째항이 a_1, 공비가 r (단, $|r|<1$)일 때, 첫째항부터 제n항까지의 합 $S_n=\frac{a_1(1-r^n)}{1-r}$

$$=10-\frac{1}{2}+\frac{1}{2}\left(\frac{1}{3}\right)^{10}=\frac{19}{2}+\frac{1}{2}\times\left(\frac{1}{3}\right)^{10}$$

$$\therefore S=\frac{19\times3}{4}+\frac{3}{4}\left(\frac{1}{3}\right)^{10}=\frac{3}{4}\left\{19+\left(\frac{1}{3}\right)^{10}\right\}$$

다른 풀이: 같은 행에 있는 수를 더한 다음 수열의 합 구하기

n행의 합 S_n을 구하자.

n행 : $\frac{1}{3^{n-1}}, \frac{1}{3^{n-2}}, \cdots, \frac{1}{3}, 1$

$$S_n=\frac{1\times\left\{1-\left(\frac{1}{3}\right)^n\right\}}{1-\frac{1}{3}}=\frac{3}{2}\left\{1-\left(\frac{1}{3}\right)^n\right\}$$

$$\therefore \sum_{n=1}^{10}S_n=\sum_{n=1}^{10}\left\{\frac{3}{2}-\frac{3}{2}\times\left(\frac{1}{3}\right)^n\right\}$$

$$=\frac{3}{2}\times10-\frac{3}{2}\times\frac{\frac{1}{3}\left\{1-\left(\frac{1}{3}\right)^{10}\right\}}{1-\frac{1}{3}}$$

$$=\frac{3}{2}\times10-\frac{3}{4}\times\left\{1-\left(\frac{1}{3}\right)^{10}\right\}$$

$$=\frac{3}{4}\left\{19+\left(\frac{1}{3}\right)^{10}\right\}$$

등비수열의 합의 공식 개념·공식

첫째항이 a_1이고 공비가 r인 등비수열의 첫째항부터 제n항까지의 합은

$S_n=\frac{a_1(r^n-1)}{r-1}$

H 151 정답 ⑤ ＊$\sum$의 활용 – 규칙 [정답률 42%]

(정답 공식: n의 값에 따라 검은 돌의 개수가 어떤지 차례대로 구해보면서 규칙성을 찾자. 3행씩 끊어서 보면 주기적으로 패턴이 반복되는 것을 파악한다.)

그림은 다음과 같은 규칙으로 제n행에 n개의 바둑돌을 놓은 것이다. (n=1, 2, 3, ⋯) 단서2 행에서 검은 돌의 개수가 +1이 되는 경우로 묶어서 생각해 볼까?

(가) 제1행에는 검은 돌, 제2행에는 흰 돌을 놓는다.
(나) 각 행에 놓은 바둑돌은 좌우대칭이 되도록 한다.
(다) 각 행에서 두 검은 돌 사이에는 흰 돌을 두 개 놓는다.
(라) 각 행에서 흰 돌은 세 개 이상 연속되지 않게 놓는다.

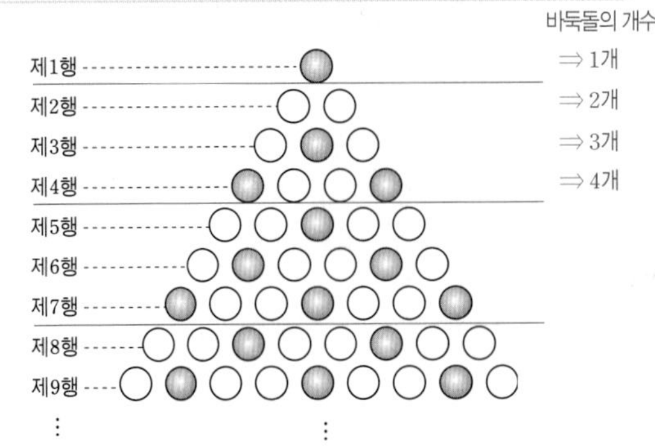

제n행에 놓인 검은 돌의 개수를 a_n이라 할 때, $\sum_{n=1}^{30}a_n$의 값은? (4점)

단서1 검은 돌의 개수의 규칙을 잘 보고 a_n을 나열해 보자.

① 135 ② 140 ③ 145 ④ 150 ⑤ 155

1st 바둑돌의 규칙을 찾아서 검은 돌의 개수를 추론해 보자.

(검은 돌의 개수)=(전체 바둑돌의 개수)−(흰 돌의 개수)로 계산할 수 있어.

⋮ ⋮

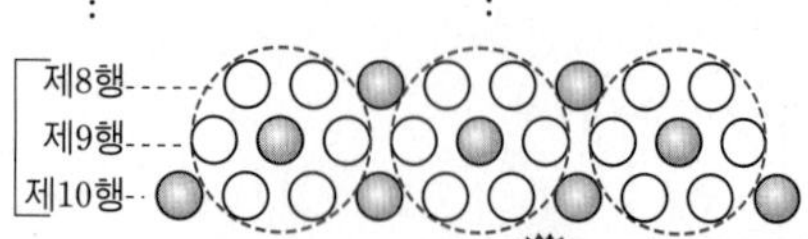

⋮ ⋮

구하려고 하는 값은 각 행의 검은 돌의 개수의 '합'이니까 꼭 a_n의 일반항을 구할 필요는 없겠지?

1행에는 검은 돌의 개수가 1

2, 3, 4행에는 전체 돌의 개수가 $(2+3+4)$이고 흰 돌의 개수가 6이므로 검은 돌의 개수는 $(2+3+4)-6=3$

5, 6, 7행에는 전체 돌의 개수가 $(5+6+7)$이고 흰 돌의 개수가 6×2이므로 검은 돌의 개수는 $(5+6+7)-6\times2=6$

8, 9, 10행에는 검은 돌의 개수가 $(8+9+10)-6\times3=9$

⋮ 행의 수의 합이 전체 돌의 개수이고, 흰 돌의 개수는 6의 배수네. 2행부터 31행까지 3개씩 묶으면 10묶음이 생기지.

29, 30, 31행에는 검은 돌의 개수가 $(29+30+31)-6\times⑩=30$

2nd 이번엔 각 행의 첫 번째에 검은 돌이 있는 것만을 따져 a_{31}의 값을 구하여 $\sum_{n=1}^{30}a_n=(a_1+a_2+\cdots+a_{31})-a_{31}$을 구해.

1행에는 검은 돌이 1개
$(3\times1-2)$행

4행에는 검은 돌이 2개
$(3\times2-2)$행

7행에는 검은 돌이 3개
$(3\times3-2)$행

10행에는 검은 돌이 4개
$(3\times4-2)$행

⋮

31행에는 검은 돌이 11개 ⇒ a_{31}
$(3\times11-2)$행

1행, 4행, 7행, ⋯, 31행으로 각 행의 수가 첫째항이 1, 공차가 3인 등차수열을 이루니까 $1+3(n-1)=3n-2$야. 이때, n은 그 행의 검은 돌의 개수와 같아.

$\therefore \sum_{n=1}^{30}a_n=a_1+a_2+a_3+\cdots+a_{30}$

$=a_1+(a_2+a_3+a_4)+(a_5+a_6+a_7)+\cdots+(a_{29}+a_{30}+a_{31})-a_{31}$

$=1+(3+6+9+\cdots+30)-11$

$=3(1+2+\cdots+10)-10$ → $\sum_{k=1}^{n}k=1+2+3+\cdots+n=\frac{n(n+1)}{2}$

$=3\times55-10=165-10=155$

다른 풀이 : **검은 바둑돌 한 개와 흰 바둑돌 두 개를 하나의 묶음으로 생각하기**

조건 (다)에 의해 두 검은 바둑돌 사이에는 흰 바둑돌을 두 개 놓고, 조건 (나)에 의해 각 행에 놓은 바둑돌은 좌우대칭이 되도록 하므로 검은 바둑돌 한 개와 흰 바둑돌 두 개를 하나의 묶으로 생각하자.

(i) 제 $(3n-2)$행은 가장 앞에 검은 바둑돌이 위치하므로 순서대로 $(3n-3)$개의 바둑돌 중 $(n-1)$개의 검은 바둑돌이 존재하고 마지막에 위치하는 바둑돌은 검은 바둑돌이므로 총 n개의 검은 바둑돌이 있지.

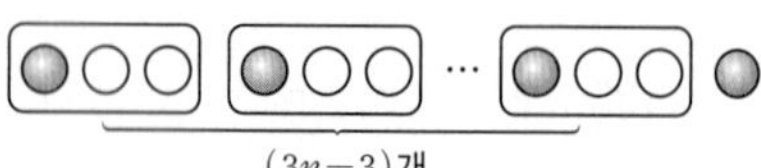

(ii) 제 $(3n-1)$행은 가장 앞에 흰 바둑돌이 두 개 위치하므로 가장 앞과 가장 뒤의 흰 바둑돌을 두 개씩 떼어내어 생각하면 $(n\geq2)$ 제 $(3n-5)$행과 같이 생각할 수 있어.
제 $(3n-5)$행 검은 바둑돌의 개수는 $n-1$이므로
제 $(3n-1)$행 검은 바둑돌의 개수는 $n-1$이야.

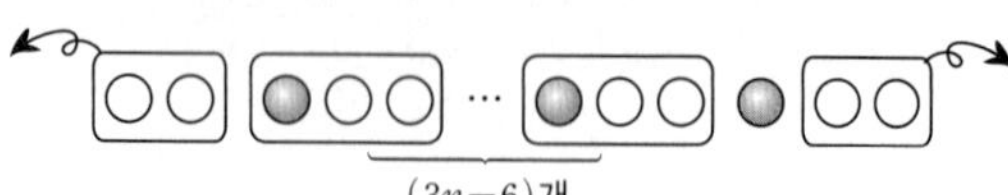

(iii) 제 $3n$행은 가장 앞에 흰 바둑돌이 한 개 위치하므로 가장 앞과 가장 뒤의 흰 바둑돌을 한 개씩 떼어내면 제 $(3n-2)$행과 같이 생각할 수 있어. (i)에서 제 $(3n-2)$행의 검은 바둑돌의 개수는 n이므로 제 $3n$행의 검은 바둑돌의 개수는 n이야.

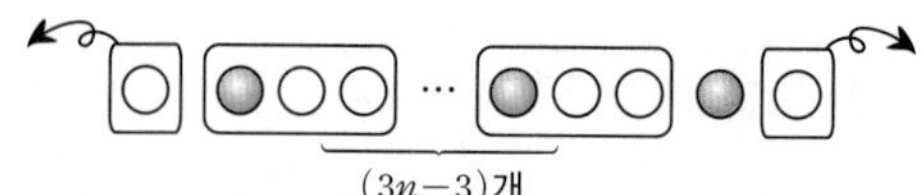

조건 (가)에 의해 제1행의 검은 바둑돌의 개수는 1이고, 제2행의 검은 바둑돌의 개수는 0이야.

(i), (ii), (iii)에 의해 제 $(3n-2)$행, 제 $(3n-1)$행, 제 $3n$행의 검은 바둑돌의 개수의 합은 $3n-1$이야.

$\therefore \sum_{n=1}^{30}a_n=\sum_{n=1}^{10}(3n-1)$

$=3\times\frac{10\times11}{2}-10$

$=155$

H 152 정답 136 *∑의 활용 – 규칙 [정답률 53%]

(정답 공식: 더해지는 삼각형의 개수가 3의 배수 형태를 띤다는 점을 안다.)

그림과 같이 넓이가 1인 정삼각형 모양의 타일을 다음과 같은 규칙으로 붙인다. 단서 n단계의 규칙으로 10단계의 모양을 유추해. 그림과 같이 타일의 개수만큼 넓이도 커지지?

[1단계] : 정삼각형 모양의 타일을 한 개 붙인다.
[n단계] : $(n-1)$단계에서 붙여진 타일의 바깥쪽 테두리의 각 변에 정삼각형 모양의 타일을 붙인다.

이와 같이 10단계를 시행했을 때, 타일로 덮인 부분의 전체의 넓이를 구하시오. (3점)

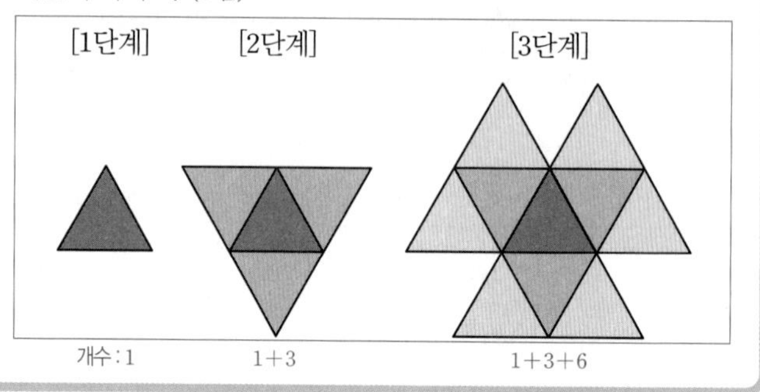

1st 각 단계에서 붙여지는 정삼각형의 타일의 개수를 유추해 보자.

[1단계] [2단계] [3단계] [4단계]

n단계에서 넓이가 1인 정삼각형의 모양의 타일로 덮인 부분의 넓이를 S_n이라 하고 수열 $\{S_n\}$을 구하자.

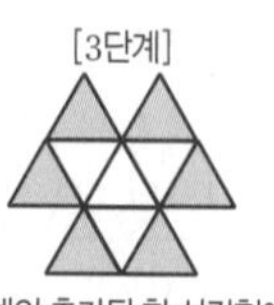

2단계의 추가된 한 삼각형에 2개의 정삼각형이 추가돼.

1단계에서 타일로 덮인 부분의 넓이 $S_1=1$

2단계에서 타일로 덮인 부분의 넓이 $S_2=1+3$

3단계에서 타일로 덮인 부분의 넓이 $S_3=1+3+6$ ⇒ $3+2\times3$

4단계에서 타일로 덮인 부분의 넓이 $S_4=1+3+6+9$ ⇒ $3+2\times3+3\times3$

⋮

1 뒤에 더하는 숫자는 3, 6, 9, 12, ⋯로 3의 배수이다.

2nd 이제 10단계에서 타일로 덮인 부분의 전체 넓이를 구하면 되겠지?

따라서 10단계에서 타일로 덮인 부분의 전체 넓이를 구하면 → 추가되는 타일의 수는 $3\times(10-1)$이야.

$S_{10}=1+3+6+9+\cdots+27$

공차가 3인 등차수열이니까 첫째항이 3, 끝항이 27인 등차수열의 첫째항부터 제9항까지의 합이야.

$=1+\dfrac{9(3+27)}{2}$ → 첫째항이 a, 끝항이 l인 등차수열의 첫째항부터 제n항까지의 합은 $S_n=\dfrac{n(a+l)}{2}$

$=1+135=136$

다른 풀이: **일반항 S_n을 구하여 $n=10$ 대입하기**

S_n의 일반항을 구하여 계산해 볼까?

$S_n=1+3+6+9+\cdots+3(n-1)\ (n\geq 2)$ → $(n-1)$개

$=1+\sum_{k=1}^{n-1}3k=1+3\times\dfrac{(n-1)n}{2}$ → $\sum_{k=1}^{n}k=\dfrac{n(n+1)}{2}$이지만 $\sum_{k=1}^{n-1}k$는 $(n-1)$항까지니까 주의해.

$\therefore S_{10}=1+3\times\dfrac{9\times10}{2}=136$

H 153 정답 ⑤ *∑의 활용-규칙 [정답률 43%]

(정답 공식: 시그마의 값을 구할 때, n개의 줄을 각각 따로 생각해본다.)

그림과 같이 나무에 55개의 전구가 맨 위 첫 번째 줄에는 1개, 두 번째 줄에는 2개, 세 번째 줄에는 3개, …, 열 번째 줄에는 10개가 설치되어 있다.
전원을 넣으면 이 전구들은 다음 규칙에 따라 작동한다.

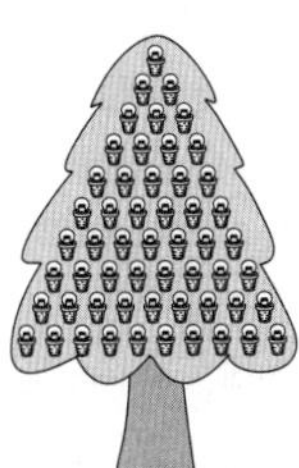

(가) n이 10 이하의 자연수일 때, n번째 줄에 있는 전구는 n초가 되는 순간 처음 켜진다. ⇒ 1번째 줄 1초, 2번째 줄 2초, …

(나) 모든 전구는 처음 켜진 후 1초 간격으로 꺼짐과 켜짐을 반복한다. ⇒ 3초 후는 1, 3번째 줄, 4초 후는 2, 4번째 줄, 5초 후는 1, 3, 5번째 줄, …

전원을 넣고 n초가 되는 순간 켜지는 모든 전구의 개수를 a_n이라고 하자. 예를 들어 $a_1=1$, $a_2=2$, $a_4=6$, $a_{11}=25$이다.
$\sum_{n=1}^{14}a_n$의 값은? (3점)

단서 정리된 전구의 개수가 켜지는 방식으로 a_n을 나열하여 규칙을 찾아보자.

① 215 ② 220 ③ 225 ④ 230 ⑤ 235

1st 전구의 점등 상태를 각각 생각해 보면서 a_n을 나열해 볼까?

전구의 점등 상태를 생각해 보면 k가 홀수일 때는 k 이하의 홀수 줄만 켜지고, k가 짝수일 때는 k 이하의 짝수 줄만 켜진다.
또, 10초 이후에는 홀수 초일 때 홀수 줄만 모두 켜지고, 짝수 초일 때 짝수 줄만 모두 켜진다.

$a_1=1$, $a_2=2$

$a_3=a_1+③=4$, (3번째 줄 전구) $a_4=a_2+④=6$ (4번째 줄 전구)

$a_5=a_3+⑤=9$, (5번째 줄 전구) $a_6=a_4+⑥=12$ (6번째 줄 전구)

⋮

$a_9=1+3+5+7+9=25$, $a_{10}=2+4+6+8+10=30$

$a_{11}=a_9=25$, $a_{12}=a_{10}=30$, …

열번째 줄까지 다 켜진 후 나무의 55개 전구가 규칙대로 점등되니까 $a_{13}=a_{11}=a_9$, $a_{14}=a_{12}=a_{10}$

실수 열 번째 이후에는 모든 불이 다 켜지므로 그 이후의 항이 모두 같음을 알고 있어야 해.

(i) n이 홀수일 때,

$a_1+a_3+a_5+a_7+a_9+a_{11}+a_{13}$ ($a_{13}=a_{11}=a_9$)

$=1+(1+3)+(1+3+5)+(1+3+5+7)+(1+3+5+7+9)\times3$

$=1\times7+3\times6+5\times5+7\times4+9\times3$

$=105$ 1, 3, 5, 7, 9의 개수를 생각하여 더해주면 더 간단히 계산 끝~

(ii) n이 짝수일 때,

$a_2+a_4+a_6+a_8+a_{10}+a_{12}+a_{14}$ → $a_{14}=a_{12}=a_{10}$

$=2+(2+4)+(2+4+6)+(2+4+6+8)+(2+4+6+8+10)\times3$

$=2\times7+4\times6+6\times5+8\times4+10\times3$

$=130$ 마찬가지로 2, 4, 6, 8, 10의 개수를 생각하면 쉬워.

(i), (ii)에 의하여

$\sum_{n=1}^{14}a_n=105+130=235$ → $=a_1+a_2+a_3+\cdots+a_{14}=$(i)+(ii)

다른 풀이: **일반항을 구한 다음 수열의 합 구하기**

a_n의 일반항을 세워 볼까?
$n=2m-1$, $n=2m$으로 나누어 표현해 보면

(i) $1\leq m\leq5$일 때, → 1번째 줄부터 10번째 줄까지 표현.

$a_{2m-1}=\sum_{k=1}^{m}(2k-1)=m^2$

$a_{2m}=\sum_{k=1}^{m}2k=m(m+1)$

(ii) $m\geq6$일 때, → 11초부터 14초까지 켜지는 전구 표현.

$a_{2m-1}=a_9$

$a_{2m}=a_{10}$

따라서 $\sum_{n=1}^{14}a_n$은 홀수 번째 항과 짝수 번째 항을 각각 더하면 되므로

$\sum_{n=1}^{14}a_n=\sum_{m=1}^{5}(a_{2m-1}+a_{2m})+(a_{11}+a_{13})+(a_{12}+a_{14})$ ($=2a_9$, $=2a_{10}$)

$=\sum_{m=1}^{5}\{m^2+m(m+1)\}+2a_9+2a_{10}$

$=\sum_{m=1}^{5}(2m^2+m)+2a_9+2a_{10}$

[자연수의 거듭제곱의 합]
① $\sum_{k=1}^{n}k=\dfrac{n(n+1)}{2}$
② $\sum_{k=1}^{n}k^2=\dfrac{n(n+1)(2n+1)}{6}$

$=2\times\dfrac{5\times6\times11}{6}+\dfrac{5\times6}{2}+50+60$

$=235$

톡톡 풀이: **전구의 위치에 따라 켜지는 횟수와 전구의 개수 구하기**

14초 동안 전구의 위치에 따라 켜지는 횟수와 전구의 개수를 생각해 보자.

전구의 위치	켜진 횟수	전구의 개수	합계
1, 2줄	⑦ 14초 중	3 ⇐ 1+2	7×3
3, 4줄	6 1, 2줄이	7 ⇐ 3+4	6×7
5, 6줄	5 on/off	11 ⇐ 5+6	5×11
7, 8줄	4 가 번갈아	15 ⇐ 7+8	4×15
9, 10줄	3 가면서 돼.	19 ⇐ 9+10	3×19

$\therefore \sum_{n=1}^{14}a_n=7\times3+6\times7+5\times11+4\times15+3\times19=235$

H 154 정답 ④ *∑의 활용-규칙 [정답률 47%]

(정답 공식: 100번째 찍히는 점의 좌표가 어느 단계에서 찍힌 것인지 파악한다.)

좌표평면 위에 다음 [단계]와 같은 순서로 점을 찍는다.

> [단계 1] (0, 1)에 점을 찍는다.
> [단계 2] (0, 3), (1, 3), (2, 3)에 이 순서대로 3개의 점을 찍는다.
> ⋮
> [단계 k] $(0, 2k-1)$, $(1, 2k-1)$, $(2, 2k-1)$, ⋯, $(2k-2, 2k-1)$에 이 순서대로 $(2k-1)$개의 점을 찍는다. (단, k는 자연수이다.)
> ⋮

단서2 [단계 k], 즉 y좌표가 홀수 $2k-1$일 때, $(2k-1)$개의 점이 주어지니까 찍힌 점이 100개일 때의 위치를 유추해 볼까?

이와 같은 과정으로 [단계 1]부터 시작하여 점을 찍어 나갈 때, 100번째 찍히는 점의 좌표는 (p, q)이다. $p+q$의 값은? (4점)

단서1 각 단계에서 찍힌 점의 개수의 합을 알아야 100번째 점의 위치를 알 수 있겠지?

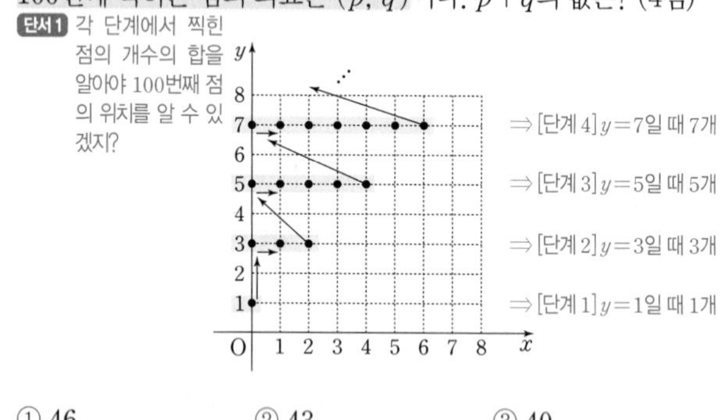

① 46 ② 43 ③ 40 ④ 37 ⑤ 34

1st [단계 k]에서 찍히는 점의 개수가 $2k-1$임을 이용하여 100번째 점의 위치를 찾자.

[단계 k]에서 찍히는 점의 개수가 $2k-1$이므로 [단계 1]에서 [단계 n]까지 찍히는 점의 개수의 합은

($a_k=2k-1$이라 하면 합은 $\sum_{k=1}^{n}a_k=\sum_{k=1}^{n}(2k-1)$이라 표현할 수 있지?)

$$\sum_{k=1}^{n}(2k-1)=2\times\frac{n(n+1)}{2}-n=n^2$$

($\sum_{k=1}^{n}k=\frac{n(n+1)}{2}$)

따라서 100번째 찍히는 점은 [단계 10]의 마지막 점이다.
(100개로 10^2이니까.)

실수: 각 단계마다의 점의 개수를 구해서 100번째 점이 몇 단계의 몇 번째 점인지 알아내는 것이 핵심이야.

2nd [단계 10]의 첫 번째 점의 좌표로 100번째 찍히는 점 (p, q)를 찾아 $p+q$의 값을 구해.

[단계 k]의 첫 번째 점은 $(0, 2k-1)$이므로 [단계 10]의 첫 번째 점은 (0, 19)이고 x축에 평행하여 오른쪽으로 19개의 점을 찍는다. (y좌표가 $2k-1$이니까)

따라서 [단계 10]의 마지막 점은 (18, 19)이다.

$\therefore p+q=18+19=37$

수능 핵강

* 홀수가 나열되는 수열의 첫째항부터 마지막 항까지의 합

1, 3, 5, 7, ⋯인 홀수로 나열되는 수열의 첫째항부터 마지막 항까지의 합은 항의 개수의 제곱이야.

즉, $1+3+5+7+9$의 값은 항의 개수가 5개이므로 합은 $5^2=25$

$1+3+5+\cdots+(2n-1)$의 값은 항의 개수가 n개이므로 합은 n^2이야.

첫째항이 1이라는 조건에 주의하여 사용하면 좀 더 빠르게 구할 수 있어.

H 155 정답 64 *∑의 활용-규칙 [정답률 45%]

(정답 공식: 각각의 보석에 대하여, 규칙을 반복한 횟수에 따라 일반항을 구할 수 있다.)

어떤 학생이 계발 활동 시간에 목걸이를 만들고자 한다. 그림과 같이 세 종류의 인조 보석 ◈, ◎, ☆을 사용하여 처음에는 ◈ 1개, ◎ 1개, ☆ 2개를 꿰고 난 뒤, 다음 규칙을 순서대로 반복한다.

단서2 세 종류의 보석의 증가율이 각각 일정하지? 그럼 등차수열!! 일반항을 세우고, 200개일 때의 모양을 유추해.

> Ⅰ. ◈는 바로 전 단계에 꿴 ◈의 개수보다 1개 더 많이 꿴다.
> Ⅱ. ◎는 바로 전 단계에 꿴 ◎의 개수보다 2개 더 많이 꿴다.
> Ⅲ. ☆는 Ⅰ과 Ⅱ에서 꿴 ◈과 ◎의 개수를 더한 만큼 꿴다.

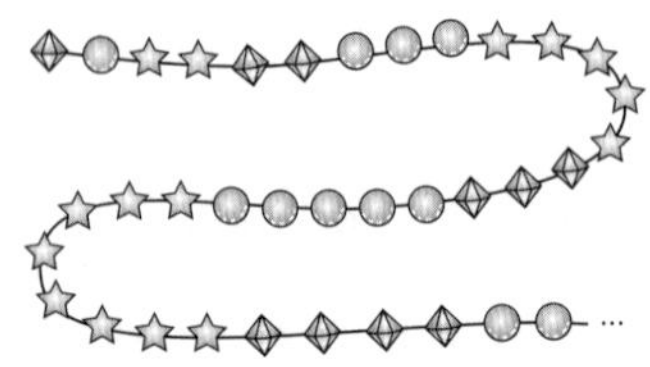

인조 보석 200개를 사용하여 목걸이를 만들었을 때, 목걸이에 있는 ◎의 개수를 구하시오. (4점)

단서1 200개를 일일이 나열하기보다는 규칙을 찾자.

1st n번째 시행 후 세 가지 보석의 개수의 일반항을 구하고, 전체 보석의 개수도 구하자.

주의: 처음에 힘들더라도 문제를 나열하여 일반화시킬 수 있어야 해.

첫 번째 − ◈ : 1개, ◎ : 1개, ☆ : 2개
(+1, +2, +3)
두 번째 − ◈ : 2개, ◎ : 3개, ☆ : 5개
(+1, +2, +3)
세 번째 − ◈ : 3개, ◎ : 5개, ☆ : 8개
⋮
n번째 − ◈ : n개, ◎ : $(2n-1)$개, ☆ : $(3n-1)$개

(◈: 첫째항 1, 공차 1 ⇒ $1+(n-1)\times1=n$)
(◎: 첫째항 1, 공차 2 ⇒ $1+(n-1)\times2=2n-1$)
(☆: 첫째항 2, 공차 3 ⇒ $2+(n-1)\times3=3n-1$)

n번째 시행 후 전체 보석의 개수는

$$\sum_{k=1}^{n}k+\sum_{k=1}^{n}(2k-1)+\sum_{k=1}^{n}(3k-1)=\sum_{k=1}^{n}(6k-2)=6\sum_{k=1}^{n}k-\sum_{k=1}^{n}2$$

[∑의 성질] $\sum_{k=1}^{n}(a_k\pm b_k)=\sum_{k=1}^{n}a_k\pm\sum_{k=1}^{n}b_k$ (복호동순)

$$=6\times\frac{n(n+1)}{2}-2n=n(3n+1)$$

($\sum_{k=1}^{n}k=\frac{n(n+1)}{2}$)

2nd 인조 보석의 개수가 200개가 될 때의 n의 값을 찾아 ◎의 개수를 구하자.

이때, $n=8$이면 $n(3n+1)=8\times(3\times8+1)=200$이므로 $n=8$까지 꿴 보석은 모두 200개이다.

따라서 200개의 인조 보석 중 보석 ◎의 개수는
(n번째 시행에서 $(2n-1)$개이지?)

$$\sum_{n=1}^{8}(2n-1)=\sum_{n=1}^{8}2n-\sum_{n=1}^{8}1$$

[∑의 성질] 상수 c에 대하여 ① $\sum_{k=1}^{n}ca_k=c\sum_{k=1}^{n}a_k$ ② $\sum_{k=1}^{n}c=cn$

$$=2\times\frac{8\times9}{2}-8=72-8=64$$

자연수의 거듭제곱의 합 (개념·공식)

① $\sum_{k=1}^{n}k=\frac{n(n+1)}{2}$

② $\sum_{k=1}^{n}k^2=\frac{n(n+1)(2n+1)}{6}$

③ $\sum_{k=1}^{n}k^3=\left\{\frac{n(n+1)}{2}\right\}^2$

H 156 정답 199 *∑의 활용 - 규칙 [정답률 51%]

(정답 공식: 제20행에 나열된 수의 개수와 맨 처음 수를 파악한다. 19행까지 나열된 수의 개수를 5로 나누었을 때의 나머지를 이용한다.)

다음과 같이 1, 3, 5, 7, 9를 규칙적으로 나열했을 때, 제20행에 나열된 수들의 합을 구하시오. (4점)

제1행				1 ⇒ 1(개)			
제2행			3	5	7 ⇒ 3(개)		
제3행		9	1	3	5	7 ⇒ 3+2=5(개)	
제4행 9		1	3	5	7	9	1 ⇒ 5+2=7(개)
⋮				⋮			

단서 1, 3, 5, 7, 9의 5개의 수를 반복하여 나열하니까 제20행까지 나열된 수의 개수의 합으로 제20행에 나열된 수를 찾자.

1st 각 행의 항의 개수는 $2n-1$이므로 제1행부터 제19행까지 항의 개수를 먼저 구하자.

(제1행 : 1개, 제2행 : 3개, 제3행 : 5개, ⋮ 제n행 : $(2n-1)$개)

제1행부터 제19행까지의 항의 총 개수는

$$\sum_{n=1}^{19}(2n-1)=2\times\frac{19\times20}{2}-19$$
$$=380-19$$
$$=361$$

이 361개의 항은 1, 3, 5, 7, 9가 규칙적으로 72번 반복해서 나타나고 마지막 숫자 1이 남으므로 제19행의 맨 오른쪽 수는 1이다.

(반복되는 수 1, 3, 5, 7, 9가 5개이니까 $361=5\times72+1$)

2nd 제20행의 첫째항과 항의 개수에 의해 제20행에 나열된 수들의 합을 구하자.

따라서 제20행의 첫째항은 3이고, 항의 개수가 $2\times20-1=39$이므로 (→ 제19행의 마지막 수가 1이니까)

제20행에 나열된 수들의 합은

$$\underbrace{(3+5+7+9+1)+(3+5+7+9+1)+\cdots+(3+5+7+9+1)}_{\text{항의 개수 35개}}+(3+5+7+9)$$
$$=(3+5+7+9+1)\times 7+(3+5+7+9)$$

($35=5\times7$)

$$=175+24$$
$$=199$$

H 157 정답 63 *∑의 활용 - 규칙 [정답률 41%]

(정답 공식: 분모가 2^n일 때, 가능한 분자의 개수를 파악한다.)

2 이상의 자연수 n에 대하여 분모는 2^n 꼴이고, 분자는 분모보다 작은 홀수인 모든 분수로 이루어진 다음 수열에서 첫째항부터 제126 항까지의 합을 구하시오. (4점)

$$\frac{1}{2^2}, \frac{3}{2^2}, \frac{1}{2^3}, \frac{3}{2^3}, \frac{5}{2^3}, \frac{7}{2^3}, \frac{1}{2^4}, \frac{3}{2^4}, \cdots \frac{15}{2^4}$$

⇒ 2개 ⇒ 4개 ⇒ 8개

단서 규칙을 가지는 분수를 분모가 같도록 묶어 각 군마다의 개수의 합을 찾아 제126항의 분수를 유추하자.

1st 주어진 수열의 규칙을 찾아야 하는데 우선 분모가 같은 것끼리 군으로 묶어.

주어진 수열을 분모가 같은 것끼리 군으로 묶으면

$$\overbrace{\left(\frac{1}{2^2}, \frac{3}{2^2}\right)}^{1군}, \overbrace{\left(\frac{1}{2^3}, \frac{3}{2^3}, \frac{5}{2^3}, \frac{7}{2^3}\right)}^{2군}, \overbrace{\left(\frac{1}{2^4}, \frac{3}{2^4}, \frac{5}{2^4}, \cdots, \frac{15}{2^4}\right)}^{3군}, \cdots$$

2nd 각 군의 항의 수를 살펴서 제126항이 몇 군에 속하는지 찾아봐.

이때, 각 군의 항의 개수가 2, 4, 8, …이므로 제1군부터 제n군까지의 항의 수는

$$\sum_{k=1}^{n}2^k=\frac{2(2^n-1)}{2-1}=2(2^n-1)$$

[등비수열의 합의 공식]
첫째항이 a_1, 공비가 r (단, $|r|>1$)인 등비수열의 첫째항부터 제 n항까지의 합은 $S_n=\frac{a_1(r^n-1)}{r-1}$

이때, $n=5$일 때 $2(2^5-1)=62$, $n=6$일 때 $2(2^6-1)=126$이므로 제1군부터 제6군까지의 항의 수가 126이다.

3rd 첫째항부터 제126항까지의 합을 구해.

즉, 제1군부터 제6군까지의 합이지?

제6군은 분모가 2^7으로 $\frac{1}{2^7}, \frac{3}{2^7}, \cdots \frac{127}{2^7}$이므로

각 군의 합을 구하면

(분자는 홀수의 합으로 공차가 2인 등차수열의 합이야. $\frac{n(a_1+a_n)}{2}$을 이용해.)

$$\frac{1+3}{2^2}+\frac{1+3+5+7}{2^3}+\frac{1+3+\cdots+15}{2^4}+\frac{1+3+\cdots+31}{2^5}+\frac{1+3+\cdots+63}{2^6}+\frac{1+3+\cdots+127}{2^7}$$

$$=\frac{4}{2^2}+\frac{\frac{4(1+7)}{2}}{2^3}+\frac{\frac{8(1+15)}{2}}{2^4}+\frac{\frac{16(1+31)}{2}}{2^5}+\frac{\frac{32(1+63)}{2}}{2^6}+\frac{\frac{64(1+127)}{2}}{2^7}$$

$$=1+2+2^2+2^3+2^4+2^5$$
$$=\frac{2^6-1}{2-1}=63$$

쉬운 풀이: 제n군의 합을 구한 다음 수열의 합 구하기

구하는 합은 제1군부터 제6군까지의 합이야. 그런데 제n군의 분모는 2^{n+1}이고, 분자의 합은

($k=1$부터 $k=2^n$까지의 홀수의 합으로 $2\cdot1-1, 2\cdot2-1, \cdots, 2\cdot2^n-1$)

$$\sum_{k=1}^{2^n}(2k-1)=2\sum_{k=1}^{2^n}k-2^n=2\times\frac{2^n(2^n+1)}{2}-2^n=4^n$$

[연속된 자연수의 합] $\sum_{k=1}^{n}k=\frac{n(n+1)}{2}$

이므로 (제n군의 합)$=\frac{4^n}{2^{n+1}}=2^{n-1}$ [분수의 합] 분모가 통일되어 있다면 $\frac{(분자의\ 합)}{(분모)}$

$$\therefore (구하는\ 합)=\sum_{n=1}^{6}2^{n-1}=\frac{2^6-1}{2-1}=63$$

($=1+2+\cdots+2^5$으로 첫째항이 1, 공비가 2인 등비수열의 첫째항부터 제6항까지의 합이야.)

H 158 정답 255 *∑의 활용 - 규칙 [정답률 59%]

(정답 공식: b_1, b_2, b_3, …을 구하여 규칙성 발견한다.)

오른쪽 표는 어느 달 국내 원유 수입량의 70 %를 차지하는 두바이(Dubai)유의 1배럴당 국제 가격을 일주일 간격으로 나타낸 것이다. 이 표에 있는 두바이유의 가격 a_n은 다음 관계식을 만족한다.

$a_n=34.4+0.3\times b_n$ (단, n은 자연수)

이러한 추세로 가격이 결정될 때, $\sum_{k=1}^{8}b_k$의 값을 구하시오. (4점)

(가격 단위 : 달러)

n째주	두바이유 가격 a_n
1	34.7
2	35.0
3	35.6
4	36.8
5	39.2
⋮	⋮

단서 b_k의 합을 구해야 하니까 이 식을 b_n에 대한 식으로 표현하고, $n=1, 2, 3, \cdots$에 따른 합을 구해.

1st a_n, b_n 사이의 관계식을 $b_n=\cdots$ 꼴로 나타내.

$a_n=34.4+0.3\times b_n$ (단, n은 자연수)에서

$b_n=\dfrac{a_n-34.4}{0.3}$

2nd 주어진 표를 이용하여 수열 $\{b_n\}$을 구한 후, $\sum_{k=1}^{8}b_k$의 값을 구해.

$b_1=\dfrac{a_1-34.4}{0.3}=\dfrac{34.7-34.4}{0.3}=\dfrac{0.3}{0.3}=1=2^0$ ($\because a_1=34.7$)

주의 b_n을 구하는 과정에서 계산 실수에 주의하자.

$b_2=\dfrac{a_2-34.4}{0.3}=\dfrac{35.0-34.4}{0.3}=\dfrac{0.6}{0.3}=2=2^1$ ($\because a_2=35.0$)

$b_3=\dfrac{a_3-34.4}{0.3}=\dfrac{35.6-34.4}{0.3}=\dfrac{1.2}{0.3}=4=2^2$ ($\because a_3=35.6$)

$b_4=\dfrac{a_4-34.4}{0.3}=\dfrac{36.8-34.4}{0.3}=\dfrac{2.4}{0.3}=8=2^3$ ($\because a_4=36.8$)

$\vdots$

$b_k=2^{k-1}$ → $\dfrac{a_1(r^n-1)}{r-1}$

$\therefore \sum_{k=1}^{8}b_k=\sum_{k=1}^{8}2^{k-1}=\dfrac{2^8-1}{2-1}=255$

H 159 정답 ④ ＊Σ의 활용 - 규칙 [정답률 45%]

(정답 공식: a_1은 1부터 연속된 홀수 10개의 합이다.)

1부터 99까지의 홀수 중 서로 다른 10개를 택하여 그들의 합을 S라

단서1 자연수 k에 대하여 홀수는 $2k-1$로 표현되지?

하자. 이러한 S의 값 중 서로 다른 것을 작은 수부터 차례로 a_1, a_2, a_3, $\cdots$이라 할 때, a_{100}의 값은? (4점)

단서2 a_n을 나열하여 규칙을 찾아 일반항을 세워 볼까?

① 268 ② 278 ③ 288 ④ 298 ⑤ 308

1st S의 정의를 이해하여 a_1, a_2, a_3, $\cdots$의 값을 직접 구해 봐.

S 중 가장 작은 수 a_1은

1부터 연속된 홀수의 합이야. 이때, 10번째 수는 $2k-1=2\times10-1=19$야.

$a_1=1+3+5+\cdots+17+19=\sum_{k=1}^{10}(2k-1)=\sum_{k=1}^{10}2k-\sum_{k=1}^{10}1$

$=2\times\dfrac{10\times11}{2}-10=110-10=100$

[Σ의 성질] ① $\sum_{k=1}^{n}ca_k=c\sum_{k=1}^{n}a_k$ ② $\sum_{k=1}^{n}c=cn$

그 다음으로 작은 수 a_2가 나오게 서로 다른 10개를 택하면

19를 빼고 그 다음 홀수 21까지의 합!!

$a_2=1+3+\cdots+17+21$ → 19보다 2가 더 크므로 $a_2=a_1+2$

$=100+2$

$=102$

마찬가지로 $a_3=104$, $a_4=106$, $\cdots$이므로 수열 $\{a_n\}$은 첫째항이 100, 공차가 2인 등차수열이다.

($a_3=a_2+2$, $a_4=a_3+2$)

[등차수열의 일반항] 첫째항이 a_1, 공차가 d일 때, $a_n=a_1+(n-1)d$

$\therefore a_{100}=100+99\times2=298$

톡톡 풀이: 수열 $\{a_n\}$의 첫째항, 마지막항, 공차를 구하여 수열의 합 구하기

S 중 가장 작은 수는 $1+3+\cdots+19=100$

S 중 가장 큰 수는 $81+83+\cdots+99=900$

수열 $\{a_n\}$은 첫째항이 100, 마지막항이 900이고, 공차가 2인 등차수열을 이루지?

연속인 홀수의 간격은 2이지? 그 합을 크기 순으로 배열하면 간격 2를 유지해.

따라서 구하는 값은

$a_{100}=100+99\times2=298$

1등급 마스터 문제 [4점 + 2등급 대비 + 1등급 대비]

H 160 정답 19 ＊자연수의 거듭제곱의 합의 활용 [정답률 33%]

(정답 공식: 첫째항이 a이고 공차가 d인 등차수열의 첫째항부터 제n항까지의 합을 S_n이라 하면 $S_n=\dfrac{n\{2a+(n-1)d\}}{2}$이다.)

모든 항이 자연수인 등차수열 $\{a_n\}$의 첫째항부터 제n항까지의

단서1 수열 $\{a_n\}$의 첫째항과 공차에 대한 조건을 알 수 있어.

합을 S_n이라 하자. a_7이 13의 배수이고 $\sum_{k=1}^{7}S_k=644$일 때,

단서2 a_7의 값은 13, 26, 39, $\cdots$가 될 수 있지?

a_2의 값을 구하시오. (4점)

1st 주어진 조건을 이용하여 a_3의 값을 구해.

모든 항이 자연수인 등차수열 $\{a_n\}$의 첫째항을 a, 공차를 d라 하면 a는 자연수이고, d는 음이 아닌 정수이다.

a가 자연수이고 $d=0$이면 수열 $\{a_n\}$의 모든 항은 a로 자연수지? 즉, 조건을 만족시키므로 공차 d는 0도 될 수 있어.

이때, $S_n=\dfrac{n\{2a+(n-1)\}d}{2}=\dfrac{2an+dn^2-dn}{2}=\dfrac{d}{2}n^2+\dfrac{2a-d}{2}n$

이므로 → $\sum_{k=1}^{n}(a_k+b_k)=\sum_{k=1}^{n}a_k+\sum_{k=1}^{n}b_k$, $\sum_{k=1}^{n}ca_k=c\sum_{k=1}^{n}a_k$($c$는 상수)

$\sum_{k=1}^{7}S_k=\sum_{k=1}^{7}\left(\dfrac{d}{2}k^2+\dfrac{2a-d}{2}k\right)=\dfrac{d}{2}\sum_{k=1}^{7}k^2+\dfrac{2a-d}{2}\sum_{k=1}^{7}k$

$=\dfrac{d}{2}\times\dfrac{7\times8\times15}{6}+\dfrac{2a-d}{2}\times\dfrac{7\times8}{2}=70d+28a-14d$

$=28a+56d=644$

$\sum_{k=1}^{n}k^2=\dfrac{n(n+1)(2n+1)}{6}$, $\sum_{k=1}^{n}k=\dfrac{n(n+1)}{2}$

$\therefore a+2d=23 \Rightarrow a_3=23 \cdots$ ㉠

수열 $\{a_n\}$의 일반항이 $a_n=a+(n-1)d$이므로 $a_3=a+2d$지?

2nd a_7이 13의 배수임을 이용하여 공차 d의 값을 구해.

㉠에 의하여 $a_1=a=23-2d$이므로 가능한 d의 값은

$a_3=a_1+2d$에서 $a_1=a_3-2d$

$0, 1, 2, \cdots, 11 \cdots$ ㉡이다.

d는 음이 아닌 정수이고 a_1이 자연수이어야 하므로

$23-2d>0$에서 $2d<23$ $\quad\therefore d<\dfrac{23}{2}=11.5$

또, $a_7=a_3+4d=23+4d$이고 이 값이 13의 배수가 되어야 하므로

$a_7=a_6+d=a_5+2d=a_4+3d=a_3+4d$

a_7의 값으로 가능한 값은 23보다 큰 13의 배수이다.

(i) $a_7=26$일 때, $23+4d=26$에서 $4d=3$ $\quad\therefore d=\dfrac{3}{4}$

이것은 ㉡을 만족시키지 않는다.

(ii) $a_7=39$일 때, $23+4d=39$에서 $4d=16$ $\quad\therefore d=4$

이것은 ㉡을 만족시킨다.

(iii) $a_7=52$일 때, $23+4d=52$에서 $4d=29$ $\quad\therefore d=\dfrac{29}{4}$

이것은 ㉡을 만족시키지 않는다.

(iv) $a_7=65$일 때, $23+4d=65$에서 $4d=42$ $\quad\therefore d=\dfrac{21}{2}$

이것은 ㉡을 만족시키지 않는다.

(v) a_7이 65보다 큰 13의 배수일 때,

$d>11$이므로 ㉡을 만족시키지 않는다.

(i)~(v)에 의하여 조건을 만족시키는 공차는 $d=4$이다.

3rd a_2의 값을 구해.

$\therefore a_2=a_3-d=23-4=19$

H 161 정답 525 *자연수의 거듭제곱의 합의 활용 [정답률 34%]

(정답 공식: $\sum_{k=1}^{n} k=\frac{n(n+1)}{2}$, $\sum_{k=1}^{n} k^2=\frac{n(n+1)(2n+1)}{6}$)

다음 조건을 만족시키는 자연수 a, b, c의 모든 순서쌍 (a, b, c)의 개수를 구하시오. (4점)

단서1 자연수 a, b, c에 대하여 $a<b<c$이므로 c의 최솟값은 3이야.

(가) $a<b<c\le 20$

(나) 세 변의 길이가 a, b, c인 삼각형이 존재한다.

단서2 길이가 a, b, c인 세 선분으로 삼각형을 만들 수 있으려면 가장 긴 변의 길이는 나머지 두 변의 길이의 합보다 짧아야 해. 그런데 조건 (가)에서 c가 가장 크니까 $a+b>c$이어야 해.

1st 자연수 c의 값의 범위를 찾자.

세 자연수 a, b, c에 대하여 조건 (가)에서 $a<b<c\le 20$이고 조건 (나)에 의하여 삼각형이 되려면 $a+b>c$가 성립해야 한다.

즉, c의 값에 따라 a, b의 값을 생각할 수 있다. 이때, $c=3$이면 조건 (가)에 의하여 가능한 a, b의 값은 각각 1, 2인데 $3=1+2$이므로 조건 (나)를 만족시키지 않는다.

따라서 자연수 c의 값의 범위는 $4\le c\le 20$이다.

2nd 경우를 나누어 조건을 만족시키는 순서쌍 (a, b, c)의 개수를 구하자.

(i) c가 짝수, 즉 $c=2n+2$ $(n=1, 2, \cdots, 9)$일 때,

$b<c$에서 $b\le c-1$ (b, c는 모두 자연수이고 $b<c$이므로 b의 최댓값은 $c-1$이야.)

즉, b의 최댓값은

$c-1=(2n+2)-1=2n+1$

또, $a+b>c$에서 $b>c-a$이므로

$b\ge c-a+1$ ⋯ ㉠

($a<c$이고 a, c가 모두 자연수이므로 $c-a$도 자연수야. 즉, $b>c-a$에서 자연수 b의 최솟값은 $c-a+1$이야.)

이때, $c-a+1$이 최소가 되려면 a가 최대이어야 하고 $a<b$이므로 a의 최댓값은 $b-1$이다. 이것을 ㉠에 대입하면

$b\ge c-(b-1)+1=c-b+2$

$2b\ge c+2$

$\therefore b\ge \frac{c}{2}+1=\frac{2n+2}{2}+1=n+2$

따라서 b의 최솟값은 $n+2$이다.

이제, b의 값에 따라 가능한 a의 값의 범위를 구하면 (b의 값의 범위는 $n+2\le b\le 2n+1$)

i) $b=2n+1$일 때, $2\le a\le 2n$이므로 가능한 a의 개수는 $2n-2+1=2n-1$이다. (정수 a, b에 대하여 부등식 $a\le x\le b$를 만족시키는 정수 x의 개수는 $b-a+1$이야.)

ii) $b=2n$일 때, $3\le a\le 2n-1$이므로 가능한 a의 개수는 $(2n-1)-3+1=2n-3$이다.

⋮

iii) $b=n+2$일 때, $n+1\le a\le n+1$이므로 가능한 a의 개수는 $n+1$로 1이다.

i)∼ iii)에 의하여 c가 짝수일 때 구하는 순서쌍 (a, b, c)의 개수는

$(2n-1)+(2n-3)+\cdots+1=\sum_{k=1}^{n}(2k-1)$

($\sum_{k=1}^{n} c=cn$ (c는 상수), $\sum_{k=1}^{n} k=\frac{n(n+1)}{2}$이고 두 수열 $\{a_n\}$, $\{b_n\}$에 대하여 $\sum_{k=1}^{n}(a_k+b_k)=\sum_{k=1}^{n}a_k+\sum_{k=1}^{n}b_k$)

$=2\times\frac{n(n+1)}{2}-1\times n=n^2$

(ii) c가 홀수, 즉 $c=2n+3$ $(n=1, 2, \cdots, 8)$일 때,

(i)과 마찬가지로 하면 b의 최댓값은

$c-1=(2n+3)-1=2n+2$이고 최솟값은

$b\ge\frac{c}{2}+1=\frac{2n+3}{2}+1=n+\frac{5}{2}$에서 $n+3$이다. (b는 자연수이고 $b\ge n+\frac{5}{2}$이므로 b의 최솟값은 $n+3$이야.)

이제, b의 값에 따라 가능한 a의 값의 범위를 구하면 (b의 값의 범위는 $n+3\le b\le 2n+2$)

i) $b=2n+2$일 때 $2\le a\le 2n+1$이므로 가능한 a의 개수는 $(2n+1)-2+1=2n$이다.

ii) $b=2n+1$일 때, $3\le a\le 2n$이므로 가능한 a의 개수는 $2n-3+1=2n-2$이다.

⋮

iii) $b=n+3$일 때 $n+1\le a\le n+2$이므로 가능한 a의 개수는 $n+1$, $n+2$로 2이다.

i)∼ iii)에 의하여 c가 홀수일 때 구하는 순서쌍 (a, b, c)의 개수는

$2n+(2n-2)+\cdots+2=\sum_{k=1}^{n}2k=2\times\frac{n(n+1)}{2}$

$=n^2+n$

3rd 자연수 a, b, c의 모든 순서쌍 (a, b, c)의 개수를 구하자.

(i), (ii)에 의하여 구하는 자연수 a, b, c의 순서쌍 (a, b, c)의 개수는

$\sum_{n=1}^{9} n^2+\sum_{n=1}^{8}(n^2+n)=\frac{9\times10\times19}{6}+\left(\frac{8\times9\times17}{6}+\frac{8\times9}{2}\right)$

$=285+(204+36)$

$=525$

($\sum_{k=1}^{n} k^2=\frac{n(n+1)(2n+1)}{6}$)

자연수의 거듭제곱의 합 개념·공식

① $\sum_{k=1}^{n} k=\frac{n(n+1)}{2}$

② $\sum_{k=1}^{n} k^2=\frac{n(n+1)(2n+1)}{6}$

③ $\sum_{k=1}^{n} k^3=\left\{\frac{n(n+1)}{2}\right\}^2$

H 162 정답 180 *$\sum_{k=1}^{n} a_k$와 a_n 사이의 관계 [정답률 38%]

(정답 공식: 수열 $\{a_n\}$에 대하여 $a_n=\sum_{k=1}^{n}a_k-\sum_{k=1}^{n-1}a_k$ $(n\ge 2)$, $a_1=\sum_{k=1}^{1}a_k$이다.)

수열 $\{a_n\}$이 모든 자연수 n에 대하여 다음 조건을 만족시킨다.

(가) $\sum_{k=1}^{2n} a_k=17n$ 단서1 수열의 합과 일반항 사이의 관계를 이용해.

(나) $|a_{n+1}-a_n|=2n-1$ 단서2 조건 (가)를 활용할 수 있도록 조건 (가)를 변형시켜.

$a_2=9$일 때, $\sum_{n=1}^{10} a_{2n}$의 값을 구하시오. (4점)

1st 두 항 a_{2n-1}, a_{2n} 사이의 관계식을 구해.

조건 (가)에서 $\sum_{k=1}^{2n} a_k=17n$이므로

$\sum_{k=1}^{2(n-1)} a_k=17(n-1)=17n-17$이다. (조건 (가)의 식에 n 대신 $n-1$을 대입한 거야.)

$\therefore \sum_{k=1}^{2n} a_k-\sum_{k=1}^{2(n-1)} a_k=a_{2n-1}+a_{2n}$

($\sum_{k=1}^{2n} a_k=a_1+a_2+\cdots+a_{2n-2}+a_{2n-1}+a_{2n}$, $\sum_{k=1}^{2(n-1)} a_k=a_1+a_2+\cdots+a_{2n-2}$이므로 $\sum_{k=1}^{2n} a_k-\sum_{k=1}^{2(n-1)} a_k=a_{2n-1}+a_{2n}$)

$=17n-(17n-17)=17$ $(n\ge 2)$ ⋯ ㉠

주의

$n=1$일 때 $\sum_{k=1}^{2(n-1)} a_k$의 값은 정의되지 않으므로 n이 2 이상인 자연수일 때부터 성립해. 따라서 성급하게 $a_1+a_2=17$이라고 판단하면 안 돼. 이렇게 판단하려면 다른 조건들을 더 살펴봐야 하는 거 잊지 마.

또, 조건 (나)에서 $|a_{n+1}-a_n|=2n-1$ … ㉡이고 ㉡에 n 대신 $2n-1$을 대입하면 $|a_{(2n-1)+1}-a_{2n-1}|=2(2n-1)-1$에서

㉠에서 두 항 a_{2n-1}, a_{2n} 사이의 관계식을 찾았으니까 조건 (나)의 식도 두 항 a_{2n-1}, a_{2n} 사이의 관계식으로 나타내기 위해서 n 대신 $2n-1$을 대입하는 거야.

$|a_{2n}-a_{2n-1}|=4n-3$ … ㉢

2nd 두 항 a_{2n-1}, a_{2n} 사이의 관계식에 n 대신 2, 3, 4, …, 10을 차례로 대입하여 수열 $\{a_{2n}\}$의 각 항을 구해.

(i) $n=2$일 때

㉠에서 $a_3+a_4=17$

㉢에서 $|a_4-a_3|=5$ $\quad\therefore a_4-a_3=5$ 또는 $a_4-a_3=-5$

$a_3+a_4=17$과 $a_4-a_3=5$를 연립하여 풀면 $a_3=6$, $a_4=11$

$a_3+a_4=17$과 $a_4-a_3=-5$를 연립하여 풀면 $a_3=11$, $a_4=6$

그런데 ㉡에서 $|a_3-a_2|=|a_3-9|=3(\because a_2=9)$을 만족시켜야 하므로 $a_3=6$, $a_4=11$이다. $a_3=11$일 때 $|a_3-9|=|11-9|=2$이므로 조건 (나)를 만족시키지 않아.

(ii) $n=3$일 때

㉠에서 $a_5+a_6=17$

㉢에서 $|a_6-a_5|=9$ $\quad\therefore a_6-a_5=9$ 또는 $a_6-a_5=-9$

$a_5+a_6=17$과 $a_6-a_5=9$를 연립하여 풀면 $a_5=4$, $a_6=13$

$a_5+a_6=17$과 $a_6-a_5=-9$를 연립하여 풀면 $a_5=13$, $a_6=4$

그런데 ㉡에서 $|a_5-a_4|=|a_5-11|=7(\because$ (i)에서 $a_4=11)$을 만족시켜야 하므로 $a_5=4$, $a_6=13$이다.

(iii) $n=4$일 때

㉠에서 $a_7+a_8=17$

㉢에서 $|a_8-a_7|=13$ $\quad\therefore a_8-a_7=13$ 또는 $a_8-a_7=-13$

$a_7+a_8=17$과 $a_8-a_7=13$을 연립하여 풀면 $a_7=2$, $a_8=15$

$a_7+a_8=17$과 $a_8-a_7=-13$을 연립하여 풀면 $a_7=15$, $a_8=2$

그런데 ㉡에서 $|a_7-a_6|=|a_7-13|=11(\because$ (ii)에서 $a_6=13)$을 만족시켜야 하므로 $a_7=2$, $a_8=15$이다.

(iv) $n=5$일 때

㉠에서 $a_9+a_{10}=17$

㉢에서 $|a_{10}-a_9|=17$ $\quad\therefore a_{10}-a_9=17$ 또는 $a_{10}-a_9=-17$

$a_9+a_{10}=17$과 $a_{10}-a_9=17$을 연립하여 풀면 $a_9=0$, $a_{10}=17$

$a_9+a_{10}=17$과 $a_{10}-a_9=-17$을 연립하여 풀면 $a_9=17$, $a_{10}=0$

그런데 ㉡에서 $|a_9-a_8|=|a_9-15|=15(\because$ (iii)에서 $a_8=15)$를 만족시켜야 하므로 $a_9=0$, $a_{10}=17$이다.

(i)~(iv)와 같은 방법으로 하면

$a_{11}=-2$, $a_{12}=19$, $a_{13}=-4$, $a_{14}=21$, $a_{15}=-6$, $a_{16}=23$, $a_{17}=-8$, $a_{18}=25$, $a_{19}=-10$, $a_{20}=27$이다.

3rd $\sum_{n=1}^{10} a_{2n}$의 값을 구해.

따라서 $a_2=9$, $a_4=11$, $a_6=13$, …, $a_{20}=27$이므로 $\sum_{n=1}^{10} a_{2n}$의 값은 첫째항이 9이고 공차가 2인 등차수열의 첫째항부터 제10항까지의 합과 같다. 첫째항이 a이고 공차가 d인 등차수열의 첫째항부터 제n항까지의 합을 S_n이라 하면 $S_n=\frac{n\{2a+(n-1)d\}}{2}$이야.

$$\therefore \sum_{n=1}^{10} a_{2n}=\frac{10\times(2\times9+9\times2)}{2}=180$$

$\sum_{n=1}^{10} a_{2n}$의 값을 다른 방법으로 구해 볼까?

① $\sum_{n=1}^{10} a_{2n}$은 첫째항이 9이고 제10항이 27인 등차수열의 합이므로 $\sum_{n=1}^{10} a_{2n}=\frac{10\times(9+27)}{2}=180$

② $a_{2n}=9+(n-1)\times2=2n+7$이므로

$\sum_{n=1}^{10} a_{2n}=\sum_{n=1}^{10}(2n+7)=2\times\frac{10\times11}{2}+7\times10=110+70=180$

H 163 정답 164 ＊Σ의 활용 – 도형 [정답률 33%]

(정답 공식: $\sum_{k=1}^{n} k=\frac{n(n+1)}{2}$, $\sum_{k=1}^{n} k^2=\frac{n(n+1)(2n+1)}{6}$)

자연수 n에 대하여 두 점 $\mathrm{A}(0,\ n+5)$, $\mathrm{B}(n+4,\ 0)$과 원점 O를 꼭짓점으로 하는 삼각형 AOB가 있다. 삼각형 AOB의 내부에 포함된 정사각형 중 한 변의 길이가 1이고 꼭짓점의 x좌표와 y좌표가 모두 자연수인 정사각형의 개수를 a_n이라 하자. $\sum_{n=1}^{8} a_n$의 값을 구하시오. (4점)

단서 먼저 삼각형 AOB의 내부에 x좌표와 y좌표가 모두 자연수인 점의 개수를 먼저 생각해봐야 해.

1st 정사각형의 꼭짓점의 x좌표와 y좌표가 자연수인 경우를 생각해.

함정 정사각형의 꼭짓점의 x좌표와 y좌표가 자연수야. 따라서 삼각형 AOB의 내부에 포함된 정사각형의 개수를 구할 때, 꼭짓점의 x좌표 또는 y좌표가 0일 때는 따져주면 안 돼.

직선 AB의 x절편과 y절편이 각각 $n+4$, $n+5$이므로 직선 AB의 방정식은 $\frac{x}{n+4}+\frac{y}{n+5}=1$, 즉 $y=-\frac{n+5}{n+4}x+n+5$이다.

x절편과 y절편이 각각 a, b인 직선의 방정식은 $\frac{x}{a}+\frac{y}{b}=1$이야.

한편, 자연수 a에 대하여 $x=a$일 때 직선 AB 위의 점의 y좌표는

$$y=-\frac{n+5}{n+4}a+n+5=n+5-\left(1+\frac{1}{n+4}\right)a=n+5-a-\frac{a}{n+4}$$

이고 $0<a<n+4$이면 $0<\frac{a}{n+4}<1$이므로 삼각형 AOB의 내부에 포함된 점 중 $x=a$일 때 y좌표가 자연수인 점의 개수는 $n+4-a$이다.

n, a는 자연수이고 $0<\frac{a}{n+4}<1$이므로 $n+5-a-\frac{a}{n+4}$보다 작은 자연수 중 가장 큰 자연수는 $n+5-a-1=n+4-a$야. 따라서 $x=a$일 때 y좌표가 자연수인 점의 개수는 $n+4-a$가 되는 거야.

2nd x좌표가 1부터 차례대로 변화할 때 정사각형의 개수를 추론하여 a_n을 구하자.

이때, 삼각형 AOB의 내부에 포함된 정사각형 중 한 변의 길이가 1이고 각 꼭짓점의 좌표가 자연수인 정사각형의 네 꼭짓점의 좌표를 자연수 a, b에 대하여 각각 $(a,\ b)$, $(a+1,\ b)$, $(a+1,\ b+1)$, $(a,\ b+1)$이라 하면

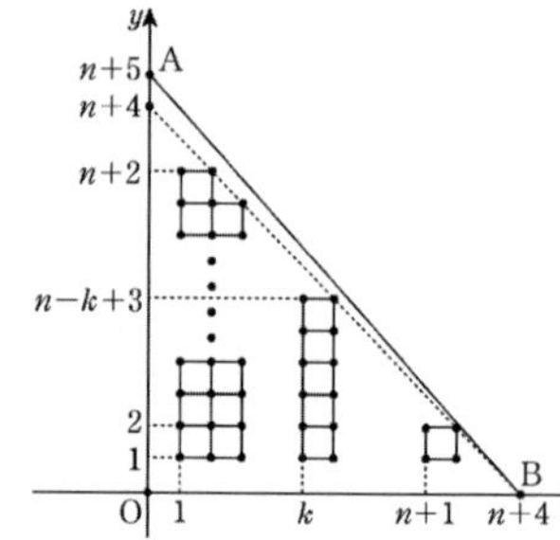

(i) $a=1$일 때, 가능한 b의 값은 1, 2, …, $n+1$이므로 구하는 정사각형의 개수는 $n+1$이다.

위에서 $x=a$일 때 y좌표가 자연수인 점의 개수가 $n+4-a$라 했지? $a=1$일 때, 정사각형의 네 꼭짓점이 모두 삼각형 AOB의 내부에 포함되어야 하므로 점 $(a+1,\ b+1)$, 즉 $(2,\ b+1)$도 삼각형 AOB에 포함되어야 해. 따라서 가능한 b의 값은 $b=1$부터 $b+1=n+4-2$, 즉 $b=n+1$까지야.

(ii) $a=2$일 때, 가능한 b의 값은 1, 2, …, n이므로 구하는 정사각형의 개수는 n이다.

(iii) $a=3$일 때, 가능한 b의 값은 1, 2, …, $n-1$이므로 구하는 정사각형의 개수는 $n-1$이다.

⋮

(iv) $a=n+1$일 때, 가능한 b의 값은 1이므로 구하는 정사각형의 개수는 1이다.

(i)~(iv)에 의하여

정사각형의 꼭짓점의 좌표가 자연수이므로 $a=0$일 때는 따져 줄 필요가 없어. 또, $a\geq n+2$일 때는 정사각형이 만들어지지 않으므로 따져주지 않는 거야.

$$a_n=(n+1)+n+(n-1)+\cdots+3+2+1=\sum_{k=1}^{n+1} k$$

$$=\frac{(n+1)(n+2)}{2}$$

$$=\frac{1}{2}(n^2+3n+2)$$

3rd $\sum_{n=1}^{8} a_n$의 값을 구해.

$\sum_{k=1}^{n} ca_k = c\sum_{k=1}^{n} a_k$ (단, c는 상수)

$$\therefore \sum_{n=1}^{8} a_n = \sum_{n=1}^{8} \frac{1}{2}(n^2+3n+2) = \frac{1}{2}\sum_{n=1}^{8}(n^2+3n+2)$$
$$= \frac{1}{2}\times\left(\frac{8\times9\times17}{6}+3\times\frac{8\times9}{2}+2\times8\right)$$
$$=164$$

쉬운 풀이: 조건을 만족시키는 정사각형을 모두 색칠한 그림을 그려 해결하기

좌표평면 위에 삼각형 AOB를 그리고 삼각형 AOB의 내부에 포함된 정사각형 중 한 변의 길이가 1이고 꼭짓점의 x좌표와 y좌표가 모두 자연수인 정사각형을 색칠하면 그림과 같아.

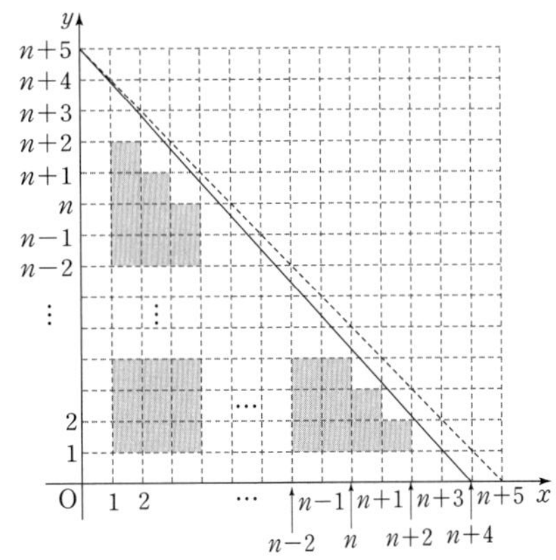

이제 그림에서 삼각형 AOB에 조건을 만족시키는 정사각형의 개수 a_n을 구하자.

(i) 정사각형의 왼쪽 아래에 있는 꼭짓점의 y좌표가 1일 때, x좌표는 1, 2, 3, $\cdots$, $n+1$이므로 구하는 정사각형의 개수는 $n+1$이야.

(ii) 정사각형의 왼쪽 아래에 있는 꼭짓점의 y좌표가 2일 때, x좌표는 1, 2, 3, $\cdots$, n이므로 구하는 정사각형의 개수는 n이야.

(iii) 정사각형의 왼쪽 아래에 있는 꼭짓점의 y좌표가 3일 때, x좌표는 1, 2, 3, $\cdots$, $n-1$이므로 구하는 정사각형의 개수는 $n-1$이야.

⋮

(iv) 정사각형의 왼쪽 아래에 있는 꼭짓점의 y좌표가 $n-1$일 때, x좌표는 1, 2, 3이므로 구하는 정사각형의 개수는 3이야.

(v) 정사각형의 왼쪽 아래에 있는 꼭짓점의 y좌표가 n일 때, x좌표는 1, 2이므로 구하는 정사각형의 개수는 2야.

(vi) 정사각형의 왼쪽 아래에 있는 꼭짓점의 y좌표가 $n+1$일 때, x좌표는 1이므로 구하는 정사각형의 개수는 1이야.

(i)~(vi)에 의하여

$$a_n=(n+1)+n+(n-1)+\cdots+3+2+1=\sum_{k=1}^{n+1}k$$
$$=\frac{(n+1)(n+2)}{2}$$
$$=\frac{1}{2}(n^2+3n+2)$$

(이하 동일)

자연수의 거듭제곱의 합 개념·공식

① $\sum_{k=1}^{n} k = \frac{n(n+1)}{2}$

② $\sum_{k=1}^{n} k^2 = \frac{n(n+1)(2n+1)}{6}$

③ $\sum_{k=1}^{n} k^3 = \left\{\frac{n(n+1)}{2}\right\}^2$

H 164 정답 ④ ＊∑의 활용 – 도형 [정답률 37%]

(정답 공식: 정사각형과 함수의 그래프가 만날 때, k의 최솟값은 $(4n^2, n^2)$을 지날 때이고, 최댓값은 $(n^2, 4n^2)$을 지날 때이다.)

좌표평면에서 자연수 n에 대하여 A_n을 4개의 점

(n^2, n^2), $(4n^2, n^2)$, $(4n^2, 4n^2)$, $(n^2, 4n^2)$

을 꼭짓점으로 하는 정사각형이라 하자.

정사각형 A_n과 함수 $y=k\sqrt{x}$의 그래프가 만나도록 하는 자연수 k의 개수를 a_n이라 할 때, [보기]에서 옳은 것을 모두 고른 것은? (4점)

단서1 k에 따라 $y=k\sqrt{x}$의 정사각형과 만나는 범위를 생각하여 k의 범위를 구해야겠네. 그 다음, a_n을 일반화해야 하는지 판단하자.

[보기]

ㄱ. $a_5=15$

ㄴ. $a_{n+2}-a_n=7$

ㄷ. $\sum_{k=1}^{10} a_k=200$

단서2 구한 k의 범위로 $a_3-a_1=7$, $a_4-a_2=7$이면 모든 자연수에 대해 성립하기 위해 일반화를 해야 해. 그럼 n을 짝수와 홀수로 나누어 볼까?

① ㄴ ② ㄷ ③ ㄱ, ㄴ

④ ㄴ, ㄷ ⑤ ㄱ, ㄴ, ㄷ

1st 정사각형 A_n과 무리함수 $y=k\sqrt{x}$가 만날 때를 생각해.

그림과 같이 함수 $y=k\sqrt{x}$의 그래프가 점 $(4n^2, n^2)$과 점 $(n^2, 4n^2)$ 사이에 존재하면 정사각형 A_n과 함수 $y=k\sqrt{x}$의 그래프는 만난다.

k의 값에 따라 그래프와 정사각형의 위치 관계가 바뀔 수가 있으니까.

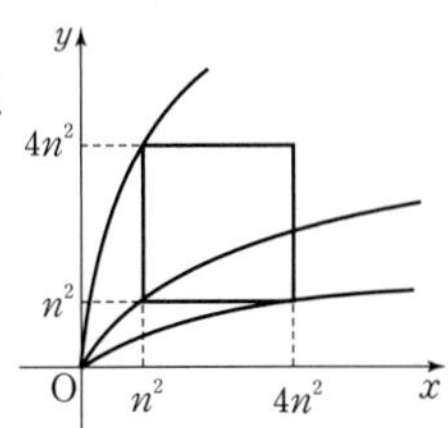

2nd 각 경우의 k의 값을 구한 후 k의 범위를 정해.

(i) $y=k\sqrt{x}$가 점 $(4n^2, n^2)$을 지날 때,

$n^2=k\sqrt{4n^2}$ ($\sqrt{4n^2}=2n$) $\therefore k=\frac{1}{2}n$

(ii) $y=k\sqrt{x}$가 점 $(n^2, 4n^2)$을 지날 때, 주의

$4n^2=k\sqrt{n^2}$ ($\sqrt{n^2}=n$) $\therefore k=4n$

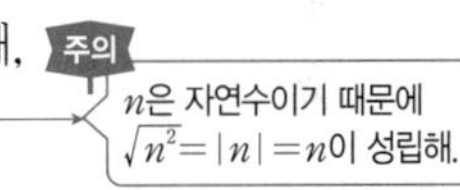

따라서 함수 $y=k\sqrt{x}$의 그래프가 정사각형 A_n과 만나기 위한 k의 범위는

$\frac{1}{2}n\le k\le 4n$ $\cdots$ ㉠

3rd n에 숫자를 대입하여 ㄱ을 확인하고, ㄴ과 ㄷ은 n이 짝수, 홀수일 때로 나누어서 해결해. 함정

n이 자연수라는 조건만 있고 범위에서 $\frac{1}{2}n$으로 인해 짝수일 경우와 홀수일 경우가 달라짐을 알고 경우를 나눌 줄 알아야 해.

ㄱ. $n=5$일 때, ㉠에서 $\frac{5}{2}\le k\le 20$인데 k는 자연수이므로 $3\le k\le 20$ ($2.5\le k\le 20$)

$\therefore a_5=20-3+1=18$ (거짓)

[자연수의 개수] 두 자연수 a, b에 대하여 $a\le k\le b$일 때 자연수 k의 개수는 $b-a+1$이야.

ㄴ. (i) n이 홀수일 때, ㉠에서

$$a_n=4n-\frac{1}{2}(n+1)+1=\frac{7}{2}n+\frac{1}{2}$$
$$a_{n+2}=4(n+2)-\frac{1}{2}(n+3)+1=\frac{7}{2}n+\frac{15}{2}$$

$\therefore a_{n+2}-a_n=7$

㉠에서 $\frac{1}{2}n\le k\le 4n$일 때 n이 홀수이면 $\frac{1}{2}n$은 자연수가 아니지. 자연수로 만들어 k의 개수를 구해. 즉, $n+1$은 짝수이고 $\frac{1}{2}(n+1)$은 자연수야.

(ii) n이 짝수일 때, ㉠에서

$$a_n=4n-\frac{1}{2}n+1=\frac{7}{2}n+1$$

($\frac{1}{2}n$: 자연수)

$$a_{n+2}=4(n+2)-\frac{1}{2}(n+2)+1=\frac{7}{2}n+8$$

$\therefore a_{n+2}-a_n=7$

따라서 n이 홀수, 짝수일 때 모두 $a_{n+2}-a_n=7$이 성립한다. (참)

ㄴ. (i)에서 $a_n=\frac{7}{2}n+\frac{1}{2}$

ㄷ. $\sum_{k=1}^{10}a_k=\sum_{k=1}^{5}a_{2k-1}+\sum_{k=1}^{5}a_{2k}$

ㄴ. (ii)에서 $a_n=\frac{7}{2}n+1$

$=\sum_{k=1}^{5}\left\{\frac{7}{2}(2k-1)+\frac{1}{2}\right\}+\sum_{k=1}^{5}\left\{\frac{7}{2}\times 2k+1\right\}$

$=\sum_{k=1}^{5}(14k-2)$

$=14\times\frac{5\times 6}{2}-2\times 5$

$=210-10=200$ (참)

따라서 옳은 것은 ㄴ, ㄷ이다.

다른 풀이: n이 $2m-1$, $2m$일 때로 나누어서 ㄴ, ㄷ의 참, 거짓 판별하기

$\frac{1}{2}n\le k\le 4n$에서

ㄴ. (i) $n=2m-1$일 때,

$m-\frac{1}{2}\le k\le 8m-4$이므로 이를 만족시키는 자연수 k는 m, $m+1$, $\cdots$, $8m-4$로 개수는

→ $m\le k\le 8m-4$

$a_n=a_{2m-1}=(8m-4)-m+1=7m-3$

이때, $n+2=2m+1=2(m+1)-1$에서

$=(2m-1)+2$

$a_{n+2}=a_{2m+1}=7(m+1)-3=7m+4$이므로

$a_{n+2}-a_n=(7m+4)-(7m-3)$

$=7$

(ii) $n=2m$일 때,

$m\le k\le 8m$이므로 이를 만족시키는 자연수 k는 m, $m+1$, $\cdots$, $8m$으로 개수는

$a_n=a_{2m}=8m-m+1=7m+1$

이때, $n+2=2m+2=2(m+1)$에서

$a_{n+2}=a_{2m+2}=7(m+1)+1=7m+8$이므로

$a_{n+2}-a_n=(7m+8)-(7m+1)=7$

(i), (ii)에 의하여 자연수 n에 대하여 $a_{n+2}-a_n=7$이 성립해. (참)

ㄷ. $\sum_{k=1}^{10}a_k=\sum_{m=1}^{5}a_{2m-1}+\sum_{m=1}^{5}a_{2m}=\sum_{m=1}^{5}(7m-3)+\sum_{m=1}^{5}(7m+1)$

$a_1+a_2+a_3+\cdots+a_{10}=(a_1+a_3+\cdots+a_9)+(a_2+a_4+\cdots+a_{10})$

$=\sum_{m=1}^{5}(14m-2)$

$=14\times\frac{5\times 6}{2}-5\times 2$

$=200$ (참)

H 165 정답 16 *∑의 활용 - 그래프 [정답률 32%]

(정답 공식: 유리함수의 그래프를 그려본다. 식을 좀 더 간단히 하기 위해서 유리함수의 그래프가 점근선의 교점의 좌표에 대해 대칭이라는 점을 이용해본다.)

유리함수 $f(x)=\frac{8x}{2x-15}$와 수열 $\{a_n\}$에 대하여 $a_n=f(n)$이다.

단서1 수열 $\{a_n\}$이 함수식이니까 함수의 그래프를 그려보자. 이때, a_n은 $x=n$이 자연수일 때 함숫값이야.

$\sum_{n=1}^{m}a_n\le 73$을 만족시키는 자연수 m의 최댓값을 구하시오. (4점)

단서2 자연수일 때의 함숫값을 더하여 그 값의 합이 언제 73보다 작거나 같은지를 따져야겠네.

1st 유리함수 $f(x)=\frac{8x}{2x-15}$의 그래프부터 그리자.

곡선 $f(x)=\frac{8x}{2x-15}=\frac{4(2x-15)+60}{2x-15}=4+\frac{60}{2x-15}$

$y=a+\frac{k}{x-b}$일 때, $x=b$, $y=a$가 점근선이야.

의 점근선이 $x=\frac{15}{2}$, $y=4$이므로 그래프는 그림과 같다.

주의: 유리함수는 항상 점근선을 확인하고 대칭성을 이용하자.

$60>0$이니까 그래프의 개형은 $y=\frac{1}{x}$의 그래프와 같은 형태로 점 $\left(\frac{15}{2}, 4\right)$에 대하여 대칭이 되는 거야.

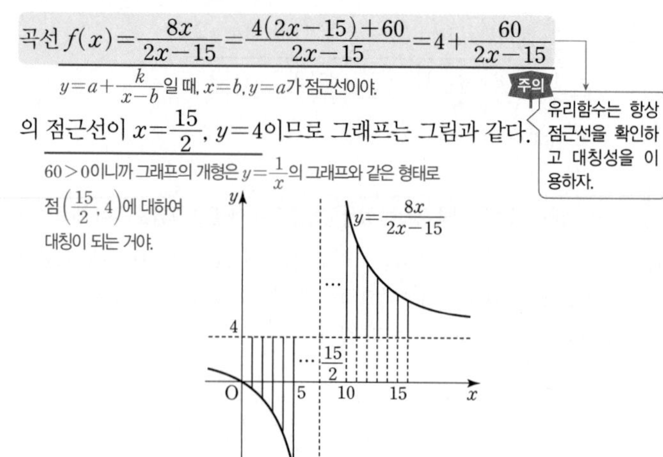

2nd 유리함수의 그래프의 대칭성을 이용하여 함숫값을 계산해 보자.

유리함수는 점근선의 교점에 대하여 대칭이야.

곡선 $y=f(x)$의 그래프는 점 $\left(\frac{15}{2}, 4\right)$에 대해 대칭이므로

$x=n$ ($n=1, 2, \cdots$)에 대하여

$f(7)+f(8)=8$, $f(6)+f(9)=8$

$f(5)+f(10)=8$, $f(4)+f(11)=8$

$f(3)+f(12)=8$, $f(2)+f(13)=8$

$f(1)+f(14)=8$, $f(15)=8$

$f(0)+f(15)=8$이니까.

점 $\left(\frac{15}{2}, 4\right)$에 대하여 대칭이 되니까 두 x값의 중점이 $\frac{15}{2}$가 되는 곳, 예를 들어 $f(7)=4-A$이면 $f(8)$의 값은 x값의 합이 15가 되는 $f(8)=4+A$야. 그래서 함숫값의 합은 $f(7)+f(8)=4-A+4+A=8$이야.

3rd $\sum_{n=1}^{m}a_n\le 73$이 되는 m의 최댓값을 찾자.

이때, $\sum_{n=1}^{14}a_n=f(1)+f(2)+f(3)+\cdots+f(14)=8\times 7=56$

이고, $a_{15}=f(15)=4+\frac{60}{2\times 15-15}=8$, $\Rightarrow \sum_{n=1}^{15}a_n=56+8=64$

$a_{16}=f(16)=4+\frac{60}{2\times 16-15}=7+\frac{9}{17}<8$ $\Rightarrow \sum_{n=1}^{16}a_n<64+8=72$

$a_{17}=f(17)>4$이므로 $\sum_{n=1}^{16}a_n<73<\sum_{n=1}^{17}a_n$이다.

따라서 자연수 m의 최댓값은 16이다.

다른 풀이: 함수 $y=f(x)$에 $x=1, 2, \cdots, 14$를 각각 대입하여 더하기

함수의 그래프의 대칭성을 모르면 못 푸는 문제일까? 그건 아니야. 하나씩 다 대입해서 해결하면 돼.

$f(x)=\frac{8x}{2x-15}=4+\frac{60}{2x-15}$에서

$f(1)=4+\frac{60}{2-15}=4-\frac{60}{13}$

$f(2)=4+\frac{60}{4-15}=4-\frac{60}{11}$

$\vdots$

$f(7)=4+\frac{60}{14-15}=4-60$

$f(8)=4+\frac{60}{16-15}=4+60$

$\vdots$

$f(13)=4+\frac{60}{26-15}=4+\frac{60}{11}$

$f(14)=4+\frac{60}{28-15}=4+\frac{60}{13}$

⇒ 유리수가 서로 지워지는게 보이지?

이므로 $f(1)+f(2)+f(3)+\cdots+f(14)=4\times 14=56$이야.

또, $f(15)=4+\dfrac{60}{30-15}=4+4=8$이고,

$f(16)=4+\dfrac{60}{32-15}=4+3.\times\times\times=7.\times\times\times$,

$f(17)=4+\dfrac{60}{34-15}=4+3.\times\times\times=7.\times\times\times$

(이하 동일)

함수의 대칭성 개념·공식

① 유리함수 $y=\dfrac{p}{x-m}+n$의 그래프는 점 (m, n)에 대하여 대칭이다.
② 삼각함수 $y=\sin x$, $y=\tan x$의 그래프는 원점에 대하여 대칭이다.
③ 삼각함수 $y=\cos x$의 그래프는 y축에 대하여 대칭이다.

H 166 정답 ④ ＊∑의 활용 – 그래프 [정답률 32%]

(정답 공식: 원과 직선만 만나는 경우, 원과 곡선만 만나는 경우, 원이 둘 다 만나는 경우로 나누어 각각 계산해본다.)

좌표평면에서 함수

단서1 함수 $f(x)$의 그래프는 직선과 곡선으로 이루어져 있으므로 원 O_n의 내부를 직선만 지나는 경우, 직선과 곡선이 모두 지나는 경우, 곡선만 지나는 경우로 나누어 생각해 봐.

$$f(x)=\begin{cases}-x+10 & (x<10)\\(x-10)^2 & (x\geq 10)\end{cases}$$

과 자연수 n에 대하여 점 $(n, f(n))$을 중심으로 하고 반지름의 길이가 3인 원 O_n이 있다. x좌표와 y좌표가 모두 정수인 점 중에서 원 O_n의 내부에 있고 함수❶ $y=f(x)$의 그래프의 아랫부분에 있는 모든 점의 개수를 A_n, 원 O_n의 내부에 있고 함수❷ $y=f(x)$의 그래프의 윗부분에 있는 모든 점의 개수를 B_n이라 하자.

$\displaystyle\sum_{n=1}^{20}(A_n-B_n)$의 값은? (4점)

단서2 원 O_n의 중심이 $f(x)$ 위에 있고, 원은 지름에 대하여 대칭이므로 지름에 의해 나누어지는 두 반원의 내부에 있는 x좌표와 y좌표가 모두 정수인 점의 개수(❶=❷)는 같아.

① 19 ② 21 ③ 23 ④ 25 ⑤ 27

1st 직선 $y=-x+10$만 원 O_n의 내부를 지나는 경우, A_n-B_n의 값을 구해.

$1\leq n\leq 7$일 때, 직선 $y=-x+10$만 원 O_n의 내부를 지나게 된다.

원의 반지름의 길이가 3이니까 중심의 x좌표가 $x=8$이면 곡선인 $y=(x-10)^2$과 만나.

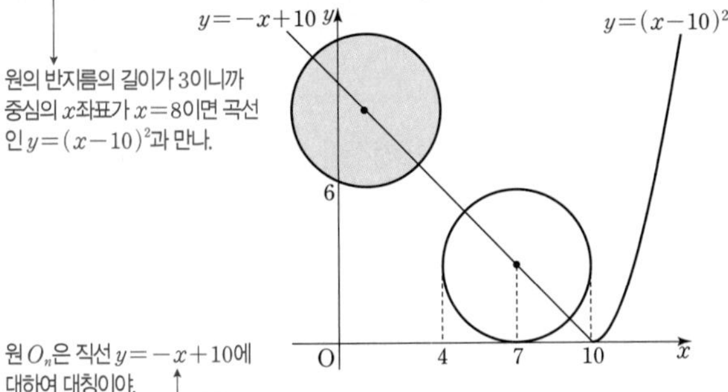

원 O_n은 직선 $y=-x+10$에 대하여 대칭이야.

이 경우에는 대칭성을 이용하여 조사하면 원 O_n의 내부에 있고 곡선 $y=f(x)$의 아랫부분에 있는 점의 개수와 원 O_n의 내부에 있고 곡선 $y=f(x)$의 윗부분에 있는 점의 개수가 같으므로 $A_n-B_n=0$이다.

2nd 직선 $y=-x+10$과 곡선 $y=(x-10)^2$이 동시에 원 O_n의 내부를 지나는 경우, A_n-B_n의 값을 구해.

$8\leq n\leq 11$일 때, 직선 $y=-x+10$과 곡선 $y=(x-10)^2$이 동시에 원 O_n의 내부를 지나게 된다.

→ 원의 중심 $(12, f(12))=(12, 4)$에서 직선 $x+y-10=0$까지의 거리가 $\dfrac{|12+4-10|}{\sqrt{1^2+1^2}}=\dfrac{6}{\sqrt{2}}>3$으로 원과 직선이 만나지 않아.

(i) $n=8$일 때,
[그림 1]에서 대칭성을 이용하여 조사하면 $A_8=B_8$이므로 $A_8-B_8=0$이다.

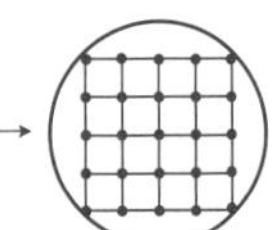

지름의 길이가 6이니까 6×6 격자검판에서 원의 내부의 점을 생각해야 해.

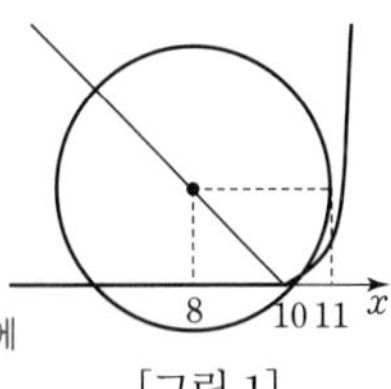

[그림 1]

한편, 반지름의 길이가 3인 원 O_n의 내부에 있는 점 중에서 x좌표와 y좌표가 모두 정수인 점은 25개이다.

(ii) $n=9$일 때,
[그림 2]에서 원 O_n의 내부에 있는 점 중에서 함수 $y=f(x)$의 그래프 위의 점의 개수는 5이고, $B_9=8$이므로
$A_9=25-5-8=12$
$\therefore A_9-B_9=12-8=4$

[그림 2]

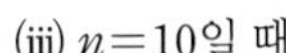

(iii) $n=10$일 때,
[그림 3]에서 원 O_n의 내부에 있는 점 중에서 함수 $f(x)$의 그래프 위에 있는 점의 개수는 4이고, $B_{10}=4$이므로
$A_{10}=25-4-4=17$
$\therefore A_{10}-B_{10}=17-4=13$

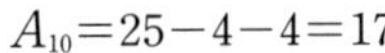

[그림 3]

마찬가지로

(iv) $n=11$일 때,
[그림 4]에서 원 O_n의 내부에 있는 점 중에서 함수 $f(x)$의 그래프 위에 있는 점의 개수는 3이고, $B_{11}=7$이므로
$A_{11}=25-3-7=15$
$\therefore A_{11}-B_{11}=15-7=8$

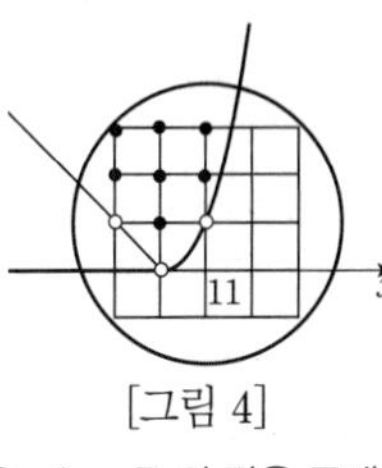

[그림 4]

3rd 곡선 $y=(x-10)^2$만 원 O_n의 내부를 지나는 경우, A_n-B_n의 값을 구해.

$12\leq n\leq 20$일 때, 곡선 $y=(x-10)^2$만 원 O_n의 내부를 지나게 된다. 이 경우에 대칭성을 이용하여 조사하면 원 O_n의 내부에 있고 곡선 $y=f(x)$의 아랫부분에 있는 점의 개수와 원 O_n의 내부에 있고 곡선 $y=f(x)$의 윗부분에 있는 점의 개수가 같으므로 $A_n-B_n=0$이다.

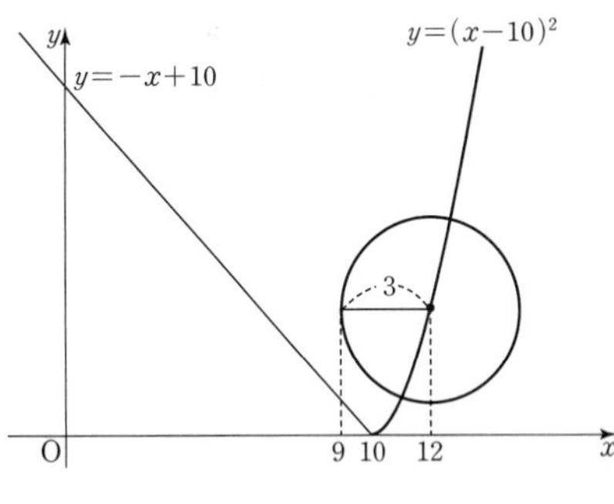

4th $\displaystyle\sum_{n=1}^{20}(A_n-B_n)$의 값을 구해.

$\displaystyle\sum_{n=1}^{20}(A_n-B_n)$ → [시그마의 의미] $\displaystyle\sum_{n=■}^{▲}a_n$은 $a_■$부터 $a_▲$까지 합이야. n자리에 ■, ■+1, ⋯, ▲까지 차례로 대입하여 더해 줘.

$=(A_1-B_1)+\cdots+(A_8-B_8)$ → $1\leq n\leq 8$일 때 $A_n=B_n$
$\quad+(A_9-B_9)+(A_{10}-B_{10})+(A_{11}-B_{11})$
$\quad+(A_{12}-B_{12})+\cdots+(A_{20}-B_{20})$ → $12\leq n\leq 20$일 때 $A_n=B_n$
$=(A_9-B_9)+(A_{10}-B_{10})+(A_{11}-B_{11})$
$=4+13+8=25$

H 167 정답 170 ✪1등급 대비 [정답률 5%]

*조건을 만족시키는 등차수열의 공차 구하기 [유형 05]

공차가 자연수 d이고 모든 항이 정수인 등차수열 $\{a_n\}$이 다음 조건을 만족시키도록 하는 모든 d의 값의 합을 구하시오. (4점)

단서1 등차수열 $\{a_n\}$의 공차 d가 자연수이므로 이 등차수열은 증가하는 수열이야.

(가) 모든 자연수 n에 대하여 $a_n \neq 0$이다.

(나) $a_{2m}=-a_m$이고 $\sum_{k=m}^{2m}|a_k|=128$인 자연수 m이 존재한다.

단서2 $a_n \neq 0$, $a_{2m}=-a_m$에서 a_{2m}과 a_m은 절댓값이 같고 부호만 다르지?

왜 1등급? 조건을 만족시키는 등차수열 $\{a_n\}$의 공차를 구하는 문제이다. 자연수 m이 만족시키는 조건을 분석하고 등차수열의 합을 이용하여 공차 d와 자연수 m 사이의 관계식을 찾는 것이 어려웠다.

단서+발상

단서1 등차수열 $\{a_n\}$의 공차 d가 자연수이므로 이 등차수열은 증가하는 수열임을 유추한다. 발상

단서2 또한, 조건 (나)에서 $a_{2m}=-a_m$이므로 a_{2m}과 a_m의 대소 관계 및 값의 부호를 알아낸다. 발상

이제, a_{2m}을 a_m에 대하여 나타낸 후 조건 (나)의 $a_{2m}=-a_m$을 이용하여 자연수 m과 공차 d의 조건을 찾아야 한다. 적용

마지막으로, n의 값의 범위에 따른 a_n의 부호를 구하고 조건 (나)의 $\sum_{k=m}^{2m}|a_k|=128$을 이용하여 공차 d에 대한 관계식을 찾아 모든 d의 값을 구한다. 해결

주의 공차가 d인 등차수열 $\{a_n\}$에 대하여
$a_n=a_1+(n-1)d=a_2+(n-2)d=\cdots=a_k+(n-k)d$임을 이용하여 두 항 a_p, a_q 사이의 관계식을 공차 d로 나타낼 수 있어야 한다.

(핵심 정답 공식: 첫째항이 음수이고 증가하는 등차수열은 음수에서 양수로 바뀌는 항이 오직 한 번 존재한다.)

----------------- [문제 풀이 순서] -----------------

1st 조건을 해석하자.

조건 (가)에서 $a_n \neq 0$이므로 $a_m \neq 0$, $a_{2m} \neq 0$이고 등차수열 $\{a_n\}$은 증가하는 수열이므로 $a_{2m}>a_m$이다.
공차 d가 자연수이므로 $d>0$이야.

즉, 조건 (나)의 $a_{2m}=-a_m$에 의하여

$a_{2m}>0$, $a_m<0$이다.

한편, $a_{2m}=a_m+md$이고 이것을 $a_{2m}=-a_m$에 대입하면

$a_m+md=-a_m$에서 $-2a_m=md$이므로 m 또는 d는 짝수가 되어야 한다.

a_m에 d를 m번 더한 것이 a_{2m}이야. / $-2a_m=md$의 좌변이 짝수이므로 우변도 짝수이어야 해.

m이 짝수, 즉 $m=2p$(p는 자연수)라 하면 $a_{2m}=-a_m$에서

$a_{2m}+a_m=0$, $a_{4p}+a_{2p}=0$

$\{a_1+(4p-1)d\}+\{a_1+(2p-1)d\}=0$

$2\{a_1+(3p-1)d\}=0$, $2a_{3p}=0$

$\therefore a_{3p}=0$

따라서 m은 홀수이어야 하므로 d가 짝수이다.

m이 짝수일 때 $a_{3p}=0$이고 이것은 조건 (가)를 만족시키지 않으므로 m은 홀수야. 그런데 m 또는 d가 짝수이어야 하므로 d가 짝수이어야 해.

2nd 수열 $\{a_n\}$의 음수인 항과 양수인 항을 찾아.

m이 홀수이므로 $m=2l-1$(l은 자연수)이라 하면

$a_{2m}=-a_m$에서 $a_{4l-2}=-a_{2l-1}$ … ㉠이다.

이때, $a_{3l-1}=a_{4l-2}-(l-1)d=-a_{2l-1}-(l-1)d\,(\because ㉠)=-a_{3l-2}$

이고 $d>0$이므로 $a_{3l-1}>0$, $a_{3l-2}<0$이다.

따라서 $1 \le n \le 3l-2$일 때 $a_n<0$이고 $n \ge 3l-1$일 때 $a_n>0$이다.

3rd 조건을 만족시키는 모든 d의 값의 합을 구해.

조건 (나)에 의하여

$\sum_{k=m}^{2m}|a_k|$

$=\sum_{k=2l-1}^{4l-2}|a_k|$

$=-a_{2l-1}-a_{2l}-a_{2l+1}-\cdots-a_{3l-2}+a_{3l-1}+a_{3l}+a_{3l+1}+\cdots+a_{4l-2}$

$=-a_{2l-1}-(a_{2l-1}+d)-(a_{2l-1}+2d)-\cdots-\{a_{2l-1}+(l-1)d\}$
$\quad+(a_{2l-1}+ld)+\{a_{2l-1}+(l+1)d\}+\cdots+\{a_{2l-1}+(2l-1)d\}$

$=-\{0+1+2+3+\cdots+(l-1)\}d$
$\quad+\{l+(l+1)+(l+2)+\cdots+(2l-1)\}d$

$=-\frac{l(l-1)}{2}d+\frac{l\{l+(2l-1)\}}{2}d=l^2d=128=2^7$

l, d는 모두 자연수이므로 음이 아닌 정수 k에 대하여 l, d는 모두 2^k 꼴이야.

(i) $l=2^0$일 때, $l^2=1$이므로 $d=2^7=128$

(ii) $l=2^1$일 때, $l^2=2^2$이므로 $d=2^5=32$

(iii) $l=2^2$일 때, $l^2=2^4$이므로 $d=2^3=8$

(iv) $l=2^3$일 때, $l^2=2^6$이므로 $d=2^1=2$

(v) $l \ge 2^4$일 때, $l^2 \ge 2^8$이므로 $l^2d=128$을 만족시키는 자연수 d는 존재하지 않는다.

(i)~(v)에 의하여 모든 d의 값의 합은 $128+32+8+2=170$이다.

조건을 만족시키는 모든 d의 값은 $2, 2^3, 2^5, 2^7$이고 이것은 첫째항이 2이고 공비가 $2^2=4$인 등비수열의 첫째항부터 제4항까지의 합이므로 구하는 합은 $\frac{2(4^4-1)}{4-1}=170$이야.

My Top Secret 서울대 선배의 1등급 대비 전략

수열 $\{a_n\}$에 대하여 m이 짝수이면 a_{2m}과 a_m의 중간항인 $a_{\frac{3}{2}m}$이 존재해. 이때, $a_{2m}=-a_m$과 등차중항에 의하여 $a_{\frac{3}{2}m}=\frac{1}{2}(a_{2m}+a_m)=0$이므로 m이 짝수일 때 조건 (가)를 만족시키지 않음을 쉽게 구할 수 있어.

H 168 정답 117 ✪2등급 대비 [정답률 27%]

*모든 항이 정수인 등차수열과 등비수열이 조건을 만족시키도록 일반항 결정하기 [유형 05+06+10]

첫째항이 자연수이고 공차가 음의 정수인 등차수열 $\{a_n\}$과 첫째항이 자연수이고 공비가 음의 정수인 등비수열 $\{b_n\}$이 다음 조건을 만족시킬 때, a_7+b_7의 값을 구하시오. (4점)

단서1 양수에서 시작하여 점점 값이 작아지는 수열이야. 값이 작아져도 절댓값은 커질 수 있으니 유의해야 해.

단서2 양수에서 시작하여 각 항들의 부호가 교차로 나타나는 수열이야.

(가) $\sum_{n=1}^{5}(a_n+b_n)=27$

(나) $\sum_{n=1}^{5}(a_n+|b_n|)=67$

(다) $\sum_{n=1}^{5}(|a_n|+|b_n|)=81$

단서3 절댓값이 포함된 항의 값은 항상 0 또는 양수이므로 음수가 되는 항에 주의하자.

왜 2등급? 주어진 조건을 만족시키고 첫째항이 자연수, 공차가 음의 정수인 등차수열과 첫째항이 자연수, 공비가 음수인 등비수열의 특정항을 구하는 문제이다. 이때, 공차가 음수인 등차수열은 점점 감소하는 수열이고 공비가 음수인 수열은 양수, 음수가 번갈아 나오는 수열임을 파악하여 조건을 만족시키는 등차수열의 첫째항과 공차, 등비수열의 첫째항과 공비를 구하는 것이 어려웠다.

단서+발상

단서1 등차수열의 공차가 음수이므로 이 수열의 각 항은 점점 감소한다. (발상)
이때, 주어진 조건에서 $|a_n|$의 첫째항부터 제5항까지의 합이 주어진 것을 보면 $1<n\le5$인 자연수 n에 대하여 $a_n<0$인 항이 존재함을 파악할 수 있다. (적용)

단서2 두 조건 (가), (나)의 식을 빼면 두 수열 $\{b_n\}$, $\{|b_n|\}$의 차로 정의된 수열의 첫째항부터 제5항까지의 합으로 표현할 수 있는데 수열 $\{b_n\}$은 첫째항부터 양수, 음수가 번갈아 가며 나타나므로 두 수열 $\{b_n\}$, $\{|b_n|\}$의 차로 정의된 수열의 첫째항부터 제5항까지의 합을 수열 $\{b_n\}$의 두 항 b_2, b_4를 이용하여 나타낼 수 있다. (발상)
이것을 수열 $\{b_n\}$의 첫째항과 공비를 이용하여 나타내고 두 수열 $\{b_n\}$, $\{|b_n|\}$의 차로 정의된 수열의 첫째항부터 제5항까지의 합과 수열 $\{b_n\}$의 첫째항이 자연수이고 공비가 음수임을 이용하여 첫째항과 공비를 결정해야 한다. (적용)

단서3 이제 수열 $\{|b_n|\}$의 첫째항부터 제5항까지의 합과 조건 (다)를 이용하여 조건을 만족시키는 수열 $\{a_n\}$의 첫째항과 공차를 결정하면 된다. (유형)

주의 등차수열의 첫째항이 자연수이고 공차가 음의 정수이므로 이 수열의 모든 항은 정수이고 등비수열의 첫째항이 자연수이고 공비가 음의 정수이므로 이 수열의 모든 항도 정수임을 파악해야 한다.

(핵심 정답 공식: 절댓값들의 합을 이용해야 하므로 수열의 각 항의 부호의 변화에 유의하여 합의 관계를 이용한다.)

------------------- [문제 풀이 순서] -------------------

1st 조건 (가), (나)를 이용하여 등비수열 $\{b_n\}$에 관한 식으로 나타내.

등차수열 $\{a_n\}$의 첫째항을 a, 공차를 d라 하고, 등비수열 $\{b_n\}$의 첫째항을 b, 공비를 r라 하자.

조건 (나)의 식에서 조건 (가)의 식을 빼면

$\sum_{n=1}^{5}(a_n+|b_n|)-\sum_{n=1}^{5}(a_n+b_n)$

$=\sum_{n=1}^{5}(|b_n|-b_n)$

$=(b_1-b_1)+(-b_2-b_2)+(b_3-b_3)+(-b_4-b_4)+(b_5-b_5)$

$=-2(b_2+b_4)=67-27=40$ 등비수열 $\{b_n\}$은 첫째항이 자연수이므로 $b_1>0$이고, 공비가 음의 정수이므로 $b_2<0$, $b_3>0$, $b_4<0$, $b_5>0$, 즉 $|b_2|=-b_2$, $|b_3|=b_3$, $|b_4|=-b_4$, $|b_5|=b_5$가 되는 거야.

$\therefore\ b_2+b_4=-20$

여기서 $b_2+b_4=br+br^3=br(1+r^2)=-20$

한편 b는 자연수이고 r는 음의 정수이므로 위 식을 만족하려면 $b=10$, $r=-1$ 또는 $b=2$, $r=-2$이다. 자연수와 음의 정수인 조건을 이용해야만 b, r의 값을 구할 수 있어. $br(1+r^2)=-20$이므로 br는 음의 정수이고 $1+r^2$은 2 이상의 양수이면서 둘 다 20의 약수이어야 해.

(i) $b=10$, $r=-1$인 경우

$\sum_{n=1}^{5}b_n=10-10+10-10+10=10$이므로 조건 (가)에서 $\sum_{n=1}^{5}a_n=17$

$\sum_{n=1}^{5}a_n=(a_3-2d)+(a_3-d)+a_3+(a_3+d)+(a_3+2d)$

$=5a_3=17$

이때 a_3는 정수가 아니므로 조건에 모순된다. 등차수열 $\{a_n\}$은 첫째항이 자연수이고 공차가 음의 정수이므로 모든 항이 정수야.

(ii) $b=2$, $r=-2$인 경우

$\sum_{n=1}^{5}b_n=2-4+8-16+32=22$이므로 조건 (가)에서 $\sum_{n=1}^{5}a_n=5$

한편 $\sum_{n=1}^{5}a_n=5a_3$이므로 $a_3=1$

$\sum_{n=1}^{5}|b_n|=2+4+8+16+32=62$이므로

조건 (다)에서 $\sum_{n=1}^{5}|a_n|=19$

$a_3=1$이고 공차 d는 음의 정수이므로 다음과 같이 3가지 경우로 나누어 볼 수 있다. 주어진 조건의 수열의 합은 항들의 부호에 따라 값이 달라지므로 a_4, a_5의 부호가 바뀌는 것에 유의하여 경우를 나누어야 해.

i) $a_4\ge0$, $a_5\ge0$인 경우

$\sum_{n=1}^{5}a_n=\sum_{n=1}^{5}|a_n|$이므로 모순이다.
$a>0$, $d<0$이므로 $\sum_{n=1}^{5}a_n<\sum_{n=1}^{5}|a_n|$이 성립해야 해.

ii) $a_4\ge0$, $a_5<0$인 경우

$\sum_{n=1}^{5}a_n=a_1+a_2+a_3+a_4+a_5=5$ … ㉠

$\sum_{n=1}^{5}|a_n|=a_1+a_2+a_3+a_4-a_5=19$ … ㉡ ($a_5<0$이므로 실제로 $-a_5>0$이야.)

㉡−㉠에서

$-2a_5=14\quad\therefore\ a_5=-7$

한편 $a_5=a_3+2d=1+2d=-7$이므로

$d=-4$

이때 $a_4=a_3+d=1+(-4)=-3$으로 $a_4\ge0$에 모순된다.

iii) $a_4<0$, $a_5<0$인 경우

$\sum_{n=1}^{5}a_n=a_1+a_2+a_3+a_4+a_5=5$ … ㉢

$\sum_{n=1}^{5}|a_n|=a_1+a_2+a_3-a_4-a_5=19$ … ㉣

㉣−㉢에서

$-2(a_4+a_5)=14$

$\therefore\ a_4+a_5=-7$

$a_4+a_5=(a_3+d)+(a_3+2d)=2+3d=-7$

이므로 $d=-3$ → d가 음의 정수니까 모순이 없어.

따라서 $a_7=a_3+4d=1+4\times(-3)=-11$,

$b_7=br^6=2\times(-2)^6=128$이므로

$a_7+b_7=-11+128=117$

1등급 대비 **특강**

＊ 등차수열의 합 간단하게 나타내기

모든 등차수열 $\{a_n\}$에 대하여 $a_1+a_{2n-1}=a_2+a_{2n-2}=\cdots=2a_n$이므로 $\sum_{k=1}^{2n-1}a_k=(2n-1)a_n$이 성립해.

또한, $a_1+a_{2n}=a_2+a_{2n-1}=a_3+a_{2n-2}=\cdots=a_n+a_{n+1}$이므로 $\sum_{k=1}^{2n}a_k=n(a_n+a_{n+1})$이 성립해.

이를 활용하면 문제에서 $\sum_{n=1}^{5}a_n=5a_3$으로 나타내어 a_3이 정수인 조건을 바로 적용할 수 있어.

H 169 정답 678 ······ 2등급 대비 [정답률 25%]

＊조건을 만족시키는 수열 추론하기 [유형 11]

수열 $\{a_n\}$이 다음 조건을 만족시킨다.

(가) $|a_1|=2$ **단서1** $a_1=2$ 또는 $a_1=-2$라는 거야. → **단서2** 수열 $\{|a_n|\}$은 공비가 2인 등비수열이야.

(나) 모든 자연수 n에 대하여 $|a_{n+1}|=2|a_n|$이다.

(다) $\sum_{n=1}^{10}a_n=-14$ **단서3** 수열 $\{a_n\}$의 첫째항부터 제10항까지의 합이 -14가 되도록 수열 $\{a_n\}$의 각 항의 부호를 정해줘야 해.

$a_1+a_3+a_5+a_7+a_9$의 값을 구하시오. (4점)

 2등급? 조건을 만족시키는 수열의 규칙을 찾아 수열의 합을 계산하는 문제이다. 이 문제는 주어진 수열이 조건을 만족시키려면 각 항이 어떤 식으로 이루어져야 하는지 관찰하는 것이 어려웠다.

단서+발상

단서1 조건 (가)에 의하여 수열 $\{a_n\}$의 첫째항이 될 수 있는 값을 알 수 있다. 개념

단서2 이제, 조건 (나)에 의하여 수열 $\{|a_n|\}$이 공비가 2인 등비수열임을 알 수 있고 개념

단서1 에서 $|a_1|=2$이므로 $|a_n|=2\times2^{n-1}=2^n$이다. 따라서 수열 $\{a_n\}$의 각 항은 $a_n=2^n$ 또는 $a_n=-2^n$으로 나타내어진다. 적용

단서3 수열 $\{2^n\}$의 첫째항부터 제n항까지의 합은

$\sum_{k=1}^{n}2^k=\frac{2\times(2^n-1)}{2-1}=2^{n+1}-2$이고 이 값은 2^{n+1}의 값보다 작으므로

조건 (다)를 만족시키기 위한 a_{10}의 부호를 알 수 있다. 적용

주의 $a_n=2^n$ 또는 $a_n=-2^n$인데 이것으로 수열 $\{a_n\}$의 각 항의 부호가 일정한 규칙으로 나타난다고 생각해서는 안 된다.

핵심 정답 공식: 첫째항이 a이고 공비가 r인 등비수열의 첫째항부터 제n항까지의 합을 S_n이라 하면 $S_n=\frac{a(r^n-1)}{r-1}=\frac{a(1-r^n)}{1-r}$이다.

[문제 풀이 순서]

1st 수열 $\{a_n\}$에 대하여 파악하자.

조건 (가), (나)에 의하여 수열 $\{|a_n|\}$은 첫째항이 2이고 공비가 2인 등비수열이므로

(첫째항이 a이고 공비가 r인 등비수열 $\{a_n\}$의 일반항은 $a_n=ar^{n-1}$이야.)

$|a_n|=2\times2^{n-1}=2^n$

즉, 모든 자연수 n에 대하여 $a_n=2^n$ 또는 $a_n=-2^n$이다.

2nd 조건 (다)를 만족시키도록 하는 수열 $\{a_n\}$을 구해.

$b_n=2^n$이라 하면

$$\sum_{k=1}^{n}b_k=\sum_{k=1}^{n}2^k=\frac{2(2^n-1)}{2-1}=2^{n+1}-2=b_{n+1}-2<b_{n+1}$$이므로

$\sum_{n=1}^{10}a_n$의 값이 음수가 되려면 $a_{10}<0$이 되어야 한다.

($a_{10}>0$, 즉 $a_{10}=2^{10}=1024$이고 $1\le n\le9$인 자연수 n에 대하여 $a_n<0$, 즉 $a_n=-2^n$이면 $\sum_{n=1}^{9}a_n=\sum_{n=1}^{9}(-2^n)=\frac{(-2)(2^9-1)}{2-1}=-2^{10}+2=-1022$이므로 $\sum_{n=1}^{10}a_n=(-1022)+1024=2>0$이야. 따라서 조건 (다)를 만족시키지 않아.)

$\therefore a_{10}=-2^{10}=-1024$

한편, $1\le n\le9$인 자연수 n에 대하여 $a_n>0$, 즉 $a_n=2^n$이면

$$\sum_{n=1}^{9}a_n=\sum_{n=1}^{9}2^n=\frac{2(2^9-1)}{2-1}=2^{10}-2=1022$$이므로

$$\sum_{n=1}^{10}a_n=\sum_{n=1}^{9}a_n+a_{10}=1022+(-1024)=-2\ \cdots㉠$$이다.

따라서 조건 (다)를 만족시키려면 ㉠의 양변에서 각각 12를 빼주어야 하므로 $1\le n\le9$에서 $a_n<0$인 어떤 자연수 n이 존재해야 한다.

이때, $a_1=-2<0$, $a_2=-4<0$이면

$\sum_{n=1}^{9}a_n=1022-(2\times2+2\times4)=1010$이므로

($a_n>0$일 때 $\sum_{n=1}^{9}a_n=a_1+a_2+a_3+\cdots+a_9=1022$이고 $(-a_1)+(-a_2)+a_3+\cdots+a_9=(a_1+a_2+a_3+\cdots+a_9)-(2a_1+2a_2)$이므로 $a_1=-2$, $a_2=-4$가 되면 $\sum_{n=1}^{9}a_n=1022-(2\times2+2\times4)$가 돼.)

$\sum_{n=1}^{10}a_n=\sum_{n=1}^{9}a_n+a_{10}=1010+(-1024)=-14$이고 이것은 조건 (다)를 만족시킨다. 따라서 조건을 만족시키는 수열 $\{a_n\}$은

$$a_n=\begin{cases}-2^n & (n=1,\ 2,\ 10)\\ 2^n & (3\le n\le9)\end{cases}$$이므로

$$a_1+a_3+a_5+a_7+a_9=(-2^1)+2^3+2^5+2^7+2^9$$
$$=-2+8+32+128+512=678$$

My Top Secret 서울대 선배의 ❶ 등급 대비 전략

수열 $\{a_n\}$의 모든 항이 양수일 때

$\sum_{k=1}^{n}a_k=a_1+a_2+a_3+\cdots+a_n=t(t>0)$라 하자.

이때, $1\le p\le n$인 자연수 p에 대하여 a_p의 부호를 바꾸어 더한 값은

$a_1+a_2+\cdots+(-a_p)+\cdots+a_n$

$=(a_1+a_2+\cdots+a_p+\cdots+a_n)-2a_p=t-2a_p$

가 돼.

즉, 문제의 풀이에서 $a_n>0$일 때 $\sum_{n=1}^{9}a_n=1022$이므로 $1\le n\le9$인 자연수 k에 대하여 $a_k<0$이 되면 $\sum_{n=1}^{9}a_n=1022-2a_k$가 돼.

김찬우 전남대 의예과 2022년 입학 · 전북 이리고 졸

두 조건 (가), (나)에 의하여 수열 $\{|a_n|\}$은 첫째항이 2이고 공비가 2인 등비수열임을 알 수 있어. 즉, $|a_n|=2^n$이야. 이때, $\sum_{k=1}^{n-1}2^k=2^n-2$이므로 a^{10}의 값만 음수이면 $\sum_{n=1}^{10}a_n=-2$가 되는데 조건 (다)에서 $\sum_{n=1}^{10}a_n=-14$이므로 a_{10}의 값만 음수가 되면 조건 (다)와 합이 12만큼 차이가 나. 따라서 부호가 음수인 수의 합이 6만큼 추가되면 되는 거고 2와 4의 합이 6이므로 $a_1=-2$, $a_2=-4$이면 주어진 조건을 만족시킨다는 것을 알 수 있어. 수열 $\{2^n\}$의 첫째항부터 제n항까지의 합에 대한 성질을 알고 있었으면 쉽게 풀 수 있는 문제지만 몰라도 $|a_n|=2^n$을 만족시키는 수열을 나열해보고 어떤 항이 음수가 되어야 할지를 추론해보면 해결할 수 있는 문제였어. 이렇게 어떤 수열인지 잘 알 수 없는 경우에는 겁먹지 말고 주어진 조건대로 한 번 나열해 보는 거야.

H 170 정답 320 ✪1등급 대비 [정답률 13%]

*유리함수의 그래프의 성질을 활용하여 조건을 만족시키는 수열의 합 구하기 [유형 10+14]

n이 자연수일 때, 함수 $f(x)=\frac{x+2n}{2x-p}$이

$f(1)<f(5)<f(3)$

을 만족시키도록 하는 자연수 p의 최솟값을 m이라 하자. 자연수 n에 대하여 $p=m$일 때의 함수 $f(x)$와 함수 $g(x)=\frac{2x+n}{x+q}$이

$g(f(5))<g(f(3))<g(f(1))$

을 만족시키도록 하는 자연수 q의 개수를 a_n이라 하자. $\sum_{k=1}^{20}a_k$의 값을 구하시오. (4점)

단서1 유리함수의 그래프를 그리기 위해서 점근선부터 구해야겠지?

단서2 $f(1)<f(5)<f(3)$이 되기 위한 그래프의 모양을 생각해 보자.

 1등급? 유리함수의 그래프에 대한 점근선과 그래프의 증감에 대한 이해를 바탕으로 주어진 부등식을 만족시키도록 하는 수열의 합을 구하는 것이다. 이 문제는 유리함수 $y=f(x)$의 그래프의 개형과 유리함수 $y=g(x)$의 그래프의 개형을 조건을 만족시키도록 그리는 것이 어려웠다.

단서+발상

단서1 유리함수 $y=f(x)$의 그래프를 $y=\frac{k}{x-m}+n\ (k\ne0)$ 꼴로 정리하여 점근선을 우선 파악해야 한다. 유형

단서2 이제, 유리함수 $y=f(x)$의 그래프가 주어진 조건 $f(1)<f(5)<f(3)$을 만족시키는지 $k>0$ 또는 $k<0$인지 판단한다. (발상)

또한, 점근선 $x=\frac{p}{2}$와 $x=1$, $x=3$, $x=5$와의 위치 관계를 파악하여 자연수 p의 최솟값 m을 구한다. (적용)

유리함수 $g(x)$에 대하여도 위와 같은 방법으로 점근선의 방정식을 찾고, 주어진 조건 $g(f(5))<g(f(3))<g(f(1))$을 만족시키도록 위치 관계를 파악하여 자연수 q의 개수 a_n을 구한다. (해결)

(주의) 유리함수의 그래프의 개형을 이용하여 주어진 부등식을 만족시키는 경우를 복잡한 계산없이 추론해낼 수 있다.

(핵심 정답 공식: 주어진 유리함수 $y=f(x)$가 $f(1)<f(5)<f(3)$을 만족시키는 그래프를 그리자.)

[문제 풀이 순서]

1st 함수 $f(x)=\frac{x+2n}{2x-p}$의 그래프가 $f(1)<f(5)<f(3)$을 만족시키는 경우를 생각해.

$$f(x)=\frac{x+2n}{2x-p}=\frac{\frac{1}{2}(2x-p)+\frac{p}{2}+2n}{2x-p}=\frac{1}{2}+\frac{\frac{p}{2}+2n}{2x-p}=\frac{1}{2}+\frac{\frac{p}{4}+n}{x-\frac{p}{2}}$$

→ 유리함수의 점근선을 찾기 위해 분자를 분모로 나눈 후 $y=\frac{k}{x-\alpha}+\beta\ (k\neq0)$ 꼴로 변형해야 해. 이때 점근선은 $x=\alpha$, $y=\beta$야.

→ $f(x)=\frac{x+2n}{2x-p}=\frac{1}{2}+\frac{\frac{p}{4}+n}{x-\frac{p}{2}}$이므로 점근선은 $x=\frac{p}{2}$, $y=\frac{1}{2}$이야.

p와 n이 모두 자연수이므로 $\frac{p}{4}+n>0$

$f(1)<f(5)<f(3)\cdots$ ㉠이 성립하려면 함수 $y=f(x)$의 그래프는 다음과 같아야 한다.

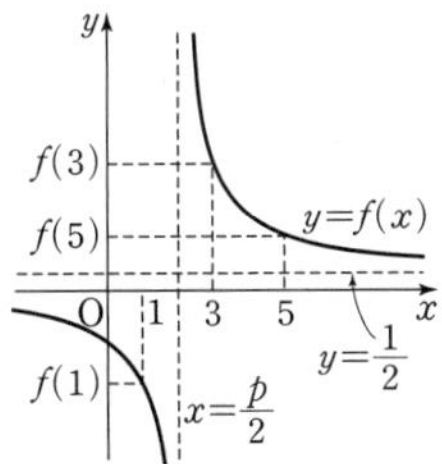

점근선 $x=\frac{p}{2}$에서 $1<\frac{p}{2}<3$이어야 하므로 (실수 ↻) 그래프의 개형으로부터 이를 유추할 수 있어야 해. 등호는 없어야겠지?

$2<p<6$에서 자연수 p의 최솟값 m은 3

2nd 함수 $g(x)=\frac{2x+n}{x+q}$의 그래프가 $g(f(5))<g(f(3))<g(f(1))$을 만족하는 경우를 생각해.

$$g(x)=\frac{2x+n}{x+q}=\frac{2(x+q)+n-2q}{x+q}=2+\frac{n-2q}{x+q}$$

곡선 $y=g(x)$의 두 점근선의 방정식은 $x=-q$, $y=2$

$p=3$일 때 $f(x)=\frac{x+2n}{2x-3}$에 대하여

$x_1=f(1)=-2n-1$, $x_2=f(5)=\frac{2n+5}{7}$, $x_3=f(3)=\frac{2n+3}{3}$

㉠에 의해 $x_1<x_2<x_3$

조건에서 $g(x_2)<g(x_3)<g(x_1)$이 성립해야 하므로 함수 $y=g(x)$의 그래프는 다음과 같아야 한다.

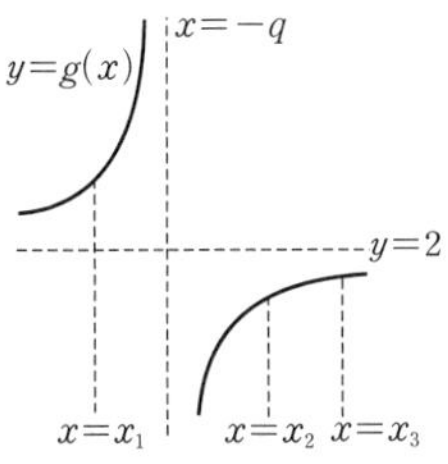

즉, $x_1<-q<x_2$이고 $n-2q<0$이어야 한다.

$-2n-1<-q<\frac{2n+5}{7}$이고 $q>\frac{n}{2}$이어야 하므로

→ $-\frac{2n+5}{7}<q<2n+1$

$\frac{n}{2}<q<2n+1$

3rd 부등식을 만족하는 자연수 q의 개수를 구하자.

n이 홀수인지 짝수인지에 따라 q의 개수가 달라지므로 n이 홀수와 짝수인 경우를 나누어 생각하자.

(i) n이 홀수, 즉 $n=2l-1$ (l은 자연수)일 때

$\frac{2l-1}{2}<q<2(2l-1)+1$

$l-\frac{1}{2}<q<4l-1 \qquad \therefore q=l,\ l+1,\ \cdots,\ 4l-2$

즉, 정수 q의 개수는 $3l-1$ → 차례대로 나열된 정수 $l, l+1, \cdots, 4l-2$의 개수는 $(4l-2)-l+1=3l-1$

(ii) n이 짝수, 즉 $n=2l$ (l은 자연수)일 때

$\frac{2l}{2}<q<2\times2l+1$

$l<q<4l+1 \qquad \therefore q=l+1,\ l+2,\ \cdots,\ 4l$

즉, 정수 q의 개수는 $3l$ → $4l-(l+1)+1=3l$

(i), (ii)에 의하여 $a_{2l-1}=3l-1$, $a_{2l}=3l$

$$\therefore \sum_{k=1}^{20}a_k=\sum_{l=1}^{10}(a_{2l-1}+a_{2l})=\sum_{l=1}^{10}(3l-1+3l)$$
$$=\sum_{l=1}^{10}(6l-1)=6\sum_{l=1}^{10}l-\sum_{l=1}^{10}1$$
$$=6\times\frac{10\times11}{2}-10$$
$$=330-10=320$$

1등급 대비 특강

*** 그래프를 그려서 구하는 값의 범위 구하기**

$f(1)<f(5)<f(3)$을 만족시키는 p의 최솟값 m을 구하기 위해 $f(x)$에 $x=1, 3, 5$를 직접 대입하여 값을 비교하는 방법은 계산이 복잡해.
따라서 유리함수 $y=f(x)$의 그래프를 그려 p의 값의 범위를 따져볼 수 있어. 같은 방법으로 $g(f(5))<g(f(3))<g(f(1))$을 만족시키는 q의 값의 범위를 구할 수 있어.

My Top Secret 서울대 선배의 ① 등급 대비 전략

함숫값을 구하기 어렵다고 느껴지면 그것을 그래프나 직관을 활용해서 해결해보려고 시도하면 좋아. 유리함수의 그래프는 대부분 수식으로 다루는 것보다 그래프의 개형이 간단하니까 그래프를 그려서 다루면 어렵지 않게 해결할 수 있어.

H 171 정답 427 ✪2등급 대비 [정답률 23%]

*평행이동과 주기성을 활용하여 주어진 조건을 만족시키는 함수의 그래프를 그리고 조건을 만족시키는 격자점의 개수 구하기 [유형 14]

함수 $f(x)$가 닫힌구간 $[0, 2]$에서 $f(x)=|x-1|$이고, 모든 실수 x에 대하여 $f(x)=f(x+2)$를 만족시킬 때, 함수 $g(x)$를 $g(x)=x+f(x)$라 하자. 자연수 n에 대하여 다음 조건을 만족시키는 두 자연수 a, b의 순서쌍 (a, b)의 개수를 a_n이라 할 때, $\sum_{n=1}^{15} a_n$의 값을 구하시오. (4점) **단서1** x의 범위에 따라 함수 $g(x)$를 세울까? 이때, 함수 $f(x)$는 주기가 2인 함수이니까 $g(x)$에 적용해.

(가) $n \le a \le n+2$ **단서2** 자연수 a는 n, $n+1$, $n+2$

(나) $0 < b \le g(a)$ **단서3** b의 개수는 $g(a)$이지?

 2등급? 주어진 영역에 속하는 자연수 a, b에 대하여 순서쌍 (a, b)의 개수를 나타내는 수열의 합을 구하는 것이다.
함수 $f(x)$의 주기성과 평행이동의 성질을 활용하여 함수 $y=g(x)$의 그래프의 개형을 파악하고 주어진 조건을 만족시키는 자연수 a, b에 대하여 순서쌍 (a, b)의 개수를 따져보아야 했다.

단서+발상

단서1 주어진 조건을 만족시키는 경우를 구하기 위해 함수 $g(x)$를 파악해야 한다. 함수 $f(x)$는 구간별로 정의되어 있고 주기가 2인 주기함수임을 활용해 $0 \le x \le 2$에서의 함수 $g(x)$를 구할 수 있고, $g(x)$와 $g(x+2)$ 사이의 관계를 파악할 수 있다. 이때, x의 값이 자연수이면 $g(x)$, $g(x+2)$의 값도 자연수이다. (유형)

단서2 n이 자연수이므로 조건 (가)의 $n \le a \le n+2$를 만족시키는 자연수 a는 n, $n+1$, $n+2$이다. (개념)

단서3 마지막으로, $a=n$, $n+1$, $n+2$일 때, $g(a)$의 값도 자연수이므로 $x=a$일 때 $0<b\le g(a)$를 만족시키는 b의 개수는 $g(a)$이다. 따라서 순서쌍 (a, b)의 개수는 $a=n$일 때 b의 개수, $a=n+1$일 때 b의 개수, $a=n+2$일 때 b의 개수를 각각 구하여 합한 것과 같으므로 $a_n=g(n)+g(n+1)+g(n+2)$이다. (발상)

주의 $x-1\ge 0$, $x-1<0$일 때의 함수 $f(x)$의 식이 다르고 함수 $f(x)$는 주기가 2이므로 a_n을 구할 때 n이 홀수일 때와 짝수일 때로 나누어 구해야 한다.

(핵심 정답 공식: 함수 $y=f(x)$, $y=g(x)$의 그래프를 그려보면서 일정한 규칙을 찾는다.)

------------------ [문제 풀이 순서] ------------------

1st 함수 $g(x)$의 그래프를 그려 보자.

닫힌 구간 $[0, 2]$에서 함수 $f(x)=|x-1|$은
절댓값 함수 $f(x)=0$이 되는 x의 값을 기준으로 나누자.

$$f(x)=\begin{cases} -x+1 & (0\le x<1) \\ x-1 & (1\le x\le 2)\end{cases}$$ 이므로 함수 $g(x)=x+f(x)$는

$$g(x)=\begin{cases} 1 & (0\le x<1) \\ 2x-1 & (1\le x\le 2)\end{cases}$$

또한, 모든 실수 x에 대하여 $f(x)=f(x+2)$이므로

$g(x+2)=(x+2)+f(x+2)$
$=x+2+f(x)$
$=g(x)+2$ → [평행이동 함수 표현] 함수 $h(x)$에 대하여 $y=h(x-a)+b$는 함수 $y=h(x)$를 x축, y축의 방향으로 각각 a, b만큼 평행이동한 함수야.

이므로 제1사분면에서 함수 $g(x)$의 그래프는 그림과 같다. ⋯ (*)

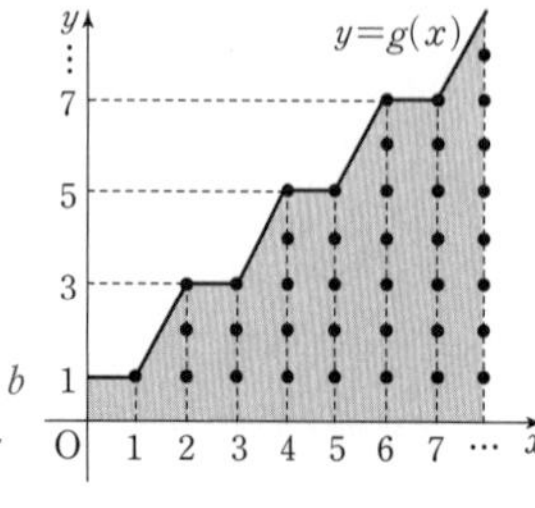

2nd 자연수 n에 대하여 정의된 a_n을 파악해 볼까?

한편, a, b는 모두 자연수이므로 순서쌍 (a, b)는 그림과 같이 x좌표와 y좌표가 모두 자연수인 점으로 나타내어진다. → 자연수 n에 대하여 $g(n)$은 자연수이니까 $b=1, 2, 3, \cdots, g(n)$이야.
또한, $a=n$일 때, 조건 (나)의 $0<b\le g(n)$을 만족시키는 자연수 b의 개수는 $g(n)$이므로 순서쌍 (a, b)의 개수는 $g(n)$의 값과 같다.
따라서 조건 (가)에서 $n\le a\le n+2$이므로 자연수 a의 값은 n 또는 $n+1$ 또는 $n+2$이므로 주어진 조건을 만족시키는 순서쌍 (a, b)의 개수 a_n은

$a_n=g(n)+g(n+1)+g(n+2)$ ⋯ ㉠

실수 문제에서 주어진 조건의 뜻을 정확히 이해하고, 이것처럼 등식을 세우는 것이 이 문제의 핵심이지.

3rd a_1, a_2, ⋯를 차례로 구하여 수열 $\{a_n\}$에서 홀수 번째 항과 짝수 번째 항끼리 묶어 규칙성을 찾아.

이제, ㉠에 $n=1, 2, 3, 4, \cdots$를 대입해 보자.

$a_1=g(1)+g(2)+g(3)=1+3+3=7$
$a_2=g(2)+g(3)+g(4)=3+3+5=11$
$a_3=g(3)+g(4)+g(5)=3+5+5=13$
$a_4=g(4)+g(5)+g(6)=5+5+7=17$
$a_5=g(5)+g(6)+g(7)=5+7+7=19$
$a_6=g(6)+g(7)+g(8)=7+7+9=23$
⋮
(+4, +2, +4, +2, +4)

이때, 수열 $\{a_n\}$을 홀수 번째 항과 짝수 번째 항으로 나누어 수열의 규칙을 확인해 보면

(i) $n=2k-1$(k는 자연수)일 때,
수열 $\{a_{2k-1}\}$은 첫째항이 7, 공차가 6인 등차수열이고, ($a_1=7$)

(ii) $n=2k$(k는 자연수)일 때,
수열 $\{a_{2k}\}$는 첫째항이 11, 공차가 6인 등차수열이다. ($a_2=11$)

[등차수열의 일반항] 첫째항이 a_1, 공차가 d일 때, $a_n=a_1+(n-1)d$

즉, $a_{2k-1}=7+(k-1)\times 6=6k+1$이고, $a_{2k}=11+(k-1)\times 6=6k+5$이다.

4th 이제 $\sum_{n=1}^{15} a_n$의 값을 구할 수 있겠지? 그 값을 계산하자.

$$\therefore \sum_{n=1}^{15} a_n=\underbrace{(a_1+a_3+\cdots+a_{15})}_{8\text{개 항}}+\underbrace{(a_2+a_4+\cdots+a_{14})}_{7\text{개 항}}$$
$$=\sum_{k=1}^{8} a_{2k-1}+\sum_{k=1}^{7} a_{2k}=\sum_{k=1}^{8}(6k+1)+\sum_{k=1}^{7}(6k+5)$$
$$=\left(6\times\frac{8\times 9}{2}+1\times 8\right)+\left(6\times\frac{7\times 8}{2}+5\times 7\right)$$
$$=216+8+168+35=427$$

$\sum_{k=1}^{n} k=\frac{n(n+1)}{2}$

1등급 대비 특강

*** 함수 $y=g(x)$의 그래프 쉽게 그리기**

(*)과 같이 함수 $y=g(x)$의 그래프의 개형이 되는 이유는 구간별로 하나씩 따져줘도 좋지만 평행이동의 개념을 생각하면 좀 더 쉽게 알 수 있지!
즉, $g(x+2)=g(x)+2$에서 $g(x)=g(x+2)-2$이므로
함수 $y=g(x)$의 그래프는 함수 $y=g(x+2)-2$의 그래프와 같아.
이때, 함수 $y=g(x+2)-2$의 그래프는 함수 $y=g(x)$의 그래프를 x축의 방향으로 -2만큼, y축의 방향으로 -2만큼 평행이동한 그래프이지?
따라서 해설의 그림처럼 함수 $y=g(x)$의 그래프가 그려지는 거야.

H 172 정답 ② *합의 기호 $\sum$ [정답률 45%]

(정답 공식: 수열 $\{a_n\}$을 변형하여 $\sum_{n=1}^{16} a_n$의 값을 구한다.)

수열 $\{a_n\}$의 일반항이

$$a_n=\frac{\sqrt{9n^2-3n-2}+6n-1}{\sqrt{3n+1}+\sqrt{3n-2}}$$

단서 자연수의 거듭제곱의 합을 구하는 공식을 이용하는 문제가 아니야. a_n을 적당히 변형시켜 수열의 합을 구해야 해.

일 때, $\sum_{n=1}^{16} a_n$의 값은? (4점)

① 110 ② 114 ③ 118 ④ 122 ⑤ 126

1st 수열 $\{a_n\}$의 일반항을 간단히 나타내.

$9n^2-3n-2=(3n+1)(3n-2)$이고 $6n-1=(3n+1)+(3n-2)$이므로 $\sqrt{3n+1}=A_n$, $\sqrt{3n-2}=B_n$이라 하면

$$a_n=\frac{\sqrt{9n^2-3n-2}+6n-1}{\sqrt{3n+1}+\sqrt{3n-2}}$$
$$=\frac{\sqrt{(3n+1)(3n-2)}+(3n+1)+(3n-2)}{\sqrt{3n+1}+\sqrt{3n-2}}$$
$$=\frac{A_nB_n+A_n^2+B_n^2}{A_n+B_n}=\frac{(A_n^2+A_nB_n+B_n^2)(A_n-B_n)}{(A_n+B_n)(A_n-B_n)}$$

분모, 분자에 A_n-B_n을 각각 곱해.

$$=\frac{A_n^3-B_n^3}{A_n^2-B_n^2}=\frac{(\sqrt{3n+1})^3-(\sqrt{3n-2})^3}{(\sqrt{3n+1})^2-(\sqrt{3n-2})^2}$$
$$=\frac{(\sqrt{3n+1})^3-(\sqrt{3n-2})^3}{(3n+1)-(3n-2)}=\frac{(\sqrt{3n+1})^3-(\sqrt{3n-2})^3}{3}$$

2nd $\sum_{n=1}^{16} a_n$의 값을 구해.

상수 c와 수열 $\{a_n\}$에 대하여 $\sum_{k=1}^{n} ca_k=c\sum_{k=1}^{n} a_k$

$$\therefore \sum_{n=1}^{16} a_n=\sum_{n=1}^{16}\frac{(\sqrt{3n+1})^3-(\sqrt{3n-2})^3}{3}$$
$$=\frac{1}{3}\sum_{n=1}^{16}\{(\sqrt{3n+1})^3-(\sqrt{3n-2})^3\}$$
$$=\frac{1}{3}[\{(\sqrt{4})^3-(\sqrt{1})^3\}+\{(\sqrt{7})^3-(\sqrt{4})^3\}+\{(\sqrt{10})^3-(\sqrt{7})^3\}+\cdots+\{(\sqrt{49})^3-(\sqrt{46})^3\}]$$
$$=\frac{1}{3}\{(\sqrt{49})^3-(\sqrt{1})^3\}=\frac{1}{3}(7^3-1)=\frac{1}{3}\times 342=114$$

H 173 정답 202 *자연수의 거듭제곱의 합의 활용 [정답률 53%]

(정답 공식: $\sum_{k=1}^{n} ca_k=c\sum_{k=1}^{n} a_k$ (c는 상수), $\sum_{k=1}^{n} k=\frac{n(n+1)}{2}$)

자연수 n에 대하여 $\left|n-\sqrt{m-\frac{1}{2}}\right|<1$을 만족하는 자연수 m의 개수를 a_n이라 하자. $\frac{1}{100}\sum_{n=1}^{100} a_n$의 값을 구하시오. (4점)

단서1 부등식을 풀어 m의 범위를 구한 후 m의 개수를 구할 수 있지.

단서2 시그마의 성질과 자연수의 거듭제곱의 합을 구하는 공식을 이용할수 있는지 체크하자.

1st 먼저 주어진 부등식을 풀어서 a_n을 구하자.

$\left|n-\sqrt{m-\frac{1}{2}}\right|<1$에서

$a>0$일 때, $|x|<a \Longleftrightarrow -a<x<a$

$-1<n-\sqrt{m-\frac{1}{2}}<1$, $-n-1<-\sqrt{m-\frac{1}{2}}<-n+1$

각 변에 -1을 곱하자.

$n-1<\sqrt{m-\frac{1}{2}}<n+1$

n은 자연수이므로 $n-1\ge 0$, $n+1>0$

$a>b\ge 0$일 때, $a^2>b^2$이 성립해.

$(n-1)^2<m-\frac{1}{2}<(n+1)^2$, $(n-1)^2+\frac{1}{2}<m<(n+1)^2+\frac{1}{2}$

$(n-1)^2$과 $(n+1)^2$은 자연수이므로 부등식을 만족하는 자연수 m의 개수는 $(n+1)^2-(n-1)^2$이다.

$(n-1)^2+\frac{1}{2}<m<(n+1)^2+\frac{1}{2}$에서 $(n-1)^2$과 $(n+1)^2$은 자연수이므로 자연수의 범위로 생각하면 $(n-1)^2<m\le(n+1)^2$이 돼.

$\therefore a_n=(n+1)^2-(n-1)^2$
$=n^2+2n+1-(n^2-2n+1)=4n$

2nd 자연수의 거듭제곱의 합을 이용하여 $\frac{1}{100}\sum_{n=1}^{100} a_n$의 값을 구하자.

$$\therefore \frac{1}{100}\sum_{n=1}^{100} a_n=\frac{1}{100}\sum_{n=1}^{100} 4n=\frac{4}{100}\sum_{n=1}^{100} n$$

상수 c에 대하여 $\sum_{k=1}^{n} ca_k=c\sum_{k=1}^{n} a_k$

$$=\frac{4}{100}\times\frac{100\times(100+1)}{2}$$
$$=202$$

$\sum_{k=1}^{n} k=\frac{n(n+1)}{2}$

H 174 정답 282 *$\sum_{k=1}^{n} a_k$와 a_n 사이의 관계 [정답률 42%]

(정답 공식: $\sum_{k=1}^{n} a_k=S_n$일 때, $a_1=S_1$, $a_n=\sum_{k=1}^{n} a_k-\sum_{k=1}^{n-1} a_k=S_n-S_{n-1}(n\ge 2)$이다.)

수열 $\{a_n\}$이 모든 자연수 n에 대하여

$$\sum_{k=1}^{n} a_k=n^2+cn \ (c\text{는 자연수})$$

단서1 $\sum_{k=1}^{n} a_k$와 a_n 사이의 관계를 이용하여 수열 $\{a_n\}$의 일반항을 구할 수 있어.

를 만족시킨다. 수열 $\{a_n\}$의 각 항 중에서 3의 배수가 아닌 수를 작은 것부터 크기순으로 모두 나열하여 얻은 수열을 $\{b_n\}$이라 하자. $b_{20}=199$가 되도록 하는 모든 c의 값의 합을 구하시오. (4점)

단서2 c의 값에 따라서 b_{20}이 되는 수열 $\{a_n\}$의 항이 결정되니까 c의 값을 적당히 나누어 $b_{20}=199$를 만족시키는 c의 값을 구해야 해.

1st 수열$\{a_n\}$의 일반항을 구해.

$n\ge 2$일 때,

$$a_n=\sum_{k=1}^{n} a_k-\sum_{k=1}^{n-1} a_k=(n^2+cn)-\{(n-1)^2+c(n-1)\}=2n+c-1$$

한편, $n=1$일 때, $a_1=\sum_{k=1}^{1} a_k=1^2+c\times 1=1+c$이므로

$a_n=2n+c-1(n\ge 1)$

$n\ge 2$일 때의 수열 $\{a_n\}$의 일반항 $a_n=2n+c-1$에 $n=1$을 대입하면 $a_1=2\times 1+c-1=1+c$이고 이 값은 $n=1$일 때의 값과 같으므로 $n\ge 1$부터 성립하는 거야.

2nd 조건을 만족시키는 c의 값을 구해.

자연수 k에 대하여

c의 값이 3의 배수일 때와 3의 배수가 아닐 때로 나누어 조건을 만족시키는 c의 값을 구하면 돼.

(i) $c=3k-2$일 때, $a_n=2n+3k-2-1=2n+3(k-1)$이므로
수열 $\{a_n\}$이 3의 배수가 되는 항은 n의 값이 3의 배수인 항이다.
즉, 수열 $\{a_n\}$의 3의 배수인 항은 a_3, a_6, a_9, $\cdots$이므로
$b_1=a_1$, $b_2=a_2$, $b_3=a_4$, $b_4=a_5$, $\cdots$, $b_{20}=a_{29}$이다.
따라서 $b_{20}=a_{29}=2\times 29+c-1=57+c=199$에서 $c=142$

(ii) $c=3k-1$일 때, $a_n=2n+3k-1-1=2n+1+3(k-1)$이므로
수열 $\{a_n\}$이 3의 배수가 되는 항은 $2n+1$의 값이 3의 배수인 항이다.
즉, 수열 $\{a_n\}$의 3의 배수인 항은 a_1, a_4, a_7, $\cdots$이므로
$b_1=a_2$, $b_2=a_3$, $b_3=a_5$, $b_4=a_6$, $\cdots$, $b_{20}=a_{30}$이다.
따라서 $b_{20}=a_{30}=2\times 30+c-1=59+c=199$에서 $c=140$

(iii) $c=3k$일 때, $a_n=2n+3k-1=2n-1+3k$이므로

수열 $\{a_n\}$이 3의 배수가 되는 항은 $2n-1$의 값이 3의 배수인 항이다.

즉, 수열 $\{a_n\}$의 3의 배수인 항은 a_2, a_5, a_8, $\cdots$이므로

$b_1=a_1$, $b_2=a_3$, $b_3=a_4$, $b_4=a_6$, $\cdots$, $b_{20}=a_{30}$이다.

따라서 $b_{20}=a_{30}=2\times30+c-1=59+c=199$에서 $c=140$

그런데 $c=3k=140$이면 k는 자연수가 아니므로

이때의 조건을 만족시키는 c의 값은 존재하지 않는다.

(i)~(iii)에 의하여 조건을 만족시키는 c의 값은 142 또는 140이므로

(구하는 합)$=142+140=282$

H 175 정답 64 *∑의 활용 - 새롭게 정의된 수열 … [정답률 45%]

(정답 공식: $a>1$일 때 $\log_a f(x)\le\log_a g(x)$이면 $0<f(x)\le g(x)$이다.)

> 자연수 n에 대하여 집합
>
> $\{x\,|\,x\le\log_2(x+n),\ x$는 자연수$\}$
>
> 단서 주어진 집합의 원소는 부등식 $x\le\log_2(x+n)$을 만족시키는 자연수 x야.
>
> 의 원소의 개수를 $f(n)$이라 할 때, $\sum_{n=1}^{20}f(n)$의 값을 구하시오.

1st $x\le\log_2(x+n)$을 변형해.

$f(n)$은 집합 $\{x\,|\,x\le\log_2(x+n),\ x$는 자연수$\}$의 원소의 개수이므로 $f(n)$은 $x\le\log_2(x+n)$을 만족시키는 자연수 x의 개수와 같다.

한편, $x\le\log_2(x+n)$에서 $\log_2 2^x\le\log_2(x+n)$

x와 n은 모두 자연수이므로 $x+n>0$이야. 따라서 부등식의 해를 구할 때 진수 조건을 생각하지 않아도 돼.

$2^x\le x+n$ $\quad\therefore 2^x-x\le n$ … ㉠

2nd 부등식 ㉠을 만족시키는 자연수 x의 값을 구해.

부등식 ㉠에

(i) $x=1$을 대입하면

$2-1\le n$ $\quad\therefore n\ge1$

따라서 부등식 ㉠은 $n=1, 2, 3, \cdots, 20$일 때

$x=1$을 해로 갖는다.

(ii) $x=2$를 대입하면

$2^2-2\le n$ $\quad\therefore n\ge2$

따라서 부등식 ㉠은 $n=2, 3, 4, \cdots, 20$일 때

$x=2$를 해로 갖는다.

(iii) $x=3$을 대입하면

$2^3-3\le n$ $\quad\therefore n\ge5$

따라서 부등식 ㉠은 $n=5, 6, 7, \cdots, 20$일 때

$x=3$을 해로 갖는다.

(iv) $x=4$를 대입하면

$2^4-4\le n$ $\quad\therefore n\ge12$

따라서 부등식 ㉠은 $n=12, 13, 14, \cdots, 20$일 때

$x=4$를 해로 갖는다.

(v) $x=5$를 대입하면

$2^5-5\le n$ $\quad\therefore n\ge27$

즉, 20 이하인 자연수 n에 대하여 부등식 ㉠은

$x=5$를 해로 갖지 않는다.

(vi) 마찬가지로 20 이하인 자연수 n에 대하여 부등식 ㉠은 6 이상인 자연수 x를 해로 갖지 않는다.

3rd $\sum_{n=1}^{20}f(n)$의 값을 구해.

(i)~(vi)에 의하여

$n=1$일 때, 부등식 ㉠을 만족시키는 자연수 x는 1로 1개이다.

$n=2, 3, 4$일 때, 부등식 ㉠을 만족시키는 자연수 x는 1, 2로 2개이다.

$n=5, 6, 7, \cdots, 11$일 때, 부등식 ㉠을 만족시키는 자연수 x는 1, 2, 3으로 3개이다.

$n=12, 13, 14, \cdots, 20$일 때, 부등식 ㉠을 만족시키는 자연수 x는 1, 2, 3, 4로 4개이다.

따라서 $f(n)=\begin{cases}1 & (n=1)\\ 2 & (2\le n\le4)\\ 3 & (5\le n\le11)\\ 4 & (12\le n\le20)\end{cases}$ 이므로

$\sum_{n=1}^{20}f(n)=1+2\times3+3\times7+4\times9=64$

$1\le n\le20$인 자연수 n에 대하여 $f(n)=1$인 n은 1로 1개, $f(n)=2$인 n은 2, 3, 4로 3개, $f(n)=3$인 n은 5, 6, 7, $\cdots$, 11로 7개, $f(n)=4$인 n은 12, 13, 14, $\cdots$, 20으로 9개야.

H 176 정답 ① *∑의 활용- 대입 …… [정답률 56%]

(정답 공식: n 대신 2, 3, 4, 5를 차례로 대입하여 조건을 만족시키는 a_5의 값을 모두 찾는다.s)

> 다음 조건을 만족시키는 모든 수열 $\{a_n\}$에 대하여 $|a_5|$의 최댓값과 최솟값을 각각 M, m이라 할 때, $M+m$의 값은? (4점)
>
> (가) $a_2=27$, $a_3a_4>0$ 단서1 a_3과 a_4의 부호가 같다는 말이야.
>
> (나) 2 이상의 모든 자연수 n에 대하여
>
> $\sum_{k=1}^{n}a_k=2|a_n|$이다. 단서2 $a_n\ge0$일 때와 $a_n<0$일 때를 나누어 생각해.
>
> ① 224 ② 232 ③ 240 ④ 248 ⑤ 256

1st a_2의 값을 이용하여 a_1의 값을 구해.

조건 (가)에서 $a_2=27$이므로 $\sum_{k=1}^{n}a_k=2|a_n|$ … ㉠에 n 대신 2를 대입하면 $\sum_{k=1}^{2}a_k=2|a_2|$에서 $a_1+a_2=2|a_2|$, $a_1+27=2\times|27|$

$a_1+27=54$ $\quad\therefore a_1=27$

2nd 조건을 만족시키는 a_3, a_4, a_5의 값을 차례로 구해.

㉠에 n 대신 3을 대입하면 $\sum_{k=1}^{3}a_k=2|a_3|$에서

$a_1+a_2+a_3=2|a_3|$, $27+27+a_3=2|a_3|$

$\therefore 2|a_3|-a_3=54$ … ㉡

(I) $a_3\ge0$일 때, ㉡에서 $2a_3-a_3=54$ $\quad\therefore a_3=54$

이때, 조건 (가)에 의하여 $a_4>0$이고 ㉠에 n 대신 4를 대입하면

$a_3=54>0$이고 $a_3a_4>0$이어야 하므로 $a_4>0$이야.

$\sum_{k=1}^{4}a_k=2|a_4|$에서 $a_1+a_2+a_3+a_4=2|a_4|$

$27+27+54+a_4=2|a_4|$, $2|a_4|-a_4=108$

$2a_4-a_4=108$ $\quad\therefore a_4=108$

(i) $a_5\ge0$일 때,

㉠에 n 대신 5를 대입하면 $\sum_{k=1}^{5}a_k=2|a_5|$에서

$a_1+a_2+a_3+a_4+a_5=2|a_5|$

$27+27+54+108+a_5=2|a_5|$, $216+a_5=2|a_5|$

$2|a_5|-a_5=216$, $2a_5-a_5=216$ $\quad\therefore a_5=216$

(ⅱ) $a_5<0$일 때,

㉠에 n 대신 5를 대입하면 $\sum_{k=1}^{5}a_k=2|a_5|$에서

$a_1+a_2+a_3+a_4+a_5=2|a_5|$

$27+27+54+108+a_5=2|a_5|$, $216+a_5=2|a_5|$

$2|a_5|-a_5=216$, $-2a_5-a_5=216$, $-3a_5=216$

$\therefore a_5=-72$

(Ⅱ) $a_3<0$일 때, ㉡에서 $-2a_3-a_3=54$, $-3a_3=54$

$\therefore a_3=-18$

이때, 조건 (가)에 의하여 $a_4<0$이고 ㉠에 n 대신 4를 대입하면

$a_3=-18<0$이고 $a_3a_4>0$이어야 하므로 $a_4<0$이야.

$\sum_{k=1}^{4}a_k=2|a_4|$에서 $a_1+a_2+a_3+a_4=2|a_4|$

$27+27+(-18)+a_4=2|a_4|$, $2|a_4|-a_4=36$

$-2a_4-a_4=36$, $-3a_4=36$ $\quad\therefore a_4=-12$

(ⅰ) $a_5\geq0$일 때,

㉠에 n 대신 5를 대입하면 $\sum_{k=1}^{5}a_k=2|a_5|$에서

$a_1+a_2+a_3+a_4+a_5=2|a_5|$

$27+27+(-18)+(-12)+a_5=2|a_5|$, $24+a_5=2|a_5|$

$2|a_5|-a_5=24$, $2a_5-a_5=24$ $\quad\therefore a_5=24$

(ⅱ) $a_5<0$일 때,

㉠에 n 대신 5를 대입하면 $\sum_{k=1}^{5}a_k=2|a_5|$에서

$a_1+a_2+a_3+a_4+a_5=2|a_5|$

$27+27+(-18)+(-12)+a_5=2|a_5|$, $24+a_5=2|a_5|$

$2|a_5|-a_5=24$, $-2a_5-a_5=24$, $-3a_5=24$

$\therefore a_5=-8$

(Ⅰ), (Ⅱ)에 의하여 조건을 만족시키는 a_5의 값은 216, -72, 24, -8이므로 $|a_5|$의 값은 216, 72, 24, 8이다.

따라서 $|a_5|$의 최댓값은 216, 최솟값은 8이므로 $M=216$, $m=8$이다.

$\therefore M+m=216+8=224$

다른 풀이: 수열의 합과 일반항 사이의 관계 이용하기

2 이상인 자연수 n에 대하여 $a_n=\sum_{k=1}^{n}a_k-\sum_{k=1}^{n-1}a_k$ ⋯ ㉠

수열 $\{a_n\}$에 대하여 $S_n=\sum_{k=1}^{n}a_k$일 때 $a_1=S_1$이고 $a_n=S_n-S_{n-1}(n\geq2)$야.

이때, 조건 (나)에서 $\sum_{k=1}^{n}a_k=2|a_n|$이고

$a_n\geq0$이면 $\sum_{k=1}^{n}a_k=2a_n$에서 $\sum_{k=1}^{n}a_k-\sum_{k=1}^{n-1}a_k=2a_n-\sum_{k=1}^{n-1}a_k$이므로

양변에서 $\sum_{k=1}^{n-1}a_k$를 뺀거지?

㉠에 의하여 $a_n=2a_n-\sum_{k=1}^{n-1}a_k$ $\quad\therefore a_n=\sum_{k=1}^{n-1}a_k$ ⋯ ㉡

또, $a_n<0$이면 $\sum_{k=1}^{n}a_k=-2a_n$에서 $\sum_{k=1}^{n}a_k-\sum_{k=1}^{n-1}a_k=-2a_n-\sum_{k=1}^{n-1}a_k$이므로

㉠에 의하여 $a_n=-2a_n-\sum_{k=1}^{n-1}a_k$, $3a_n=-\sum_{k=1}^{n-1}a_k$

$\therefore a_n=-\frac{1}{3}\sum_{k=1}^{n-1}a_k$ ⋯ ㉢

한편, $a_2=27>0$이므로 $a_2=\sum_{k=1}^{1}a_k=a_1=27$ ($\because$ ㉡)

(Ⅰ) $a_3\geq0$이면 $a_3=\sum_{k=1}^{2}a_k=a_1+a_2=27+27=54$ ($\because$ ㉡)

이때, 조건 (가)에 의하여 $a_4>0$이므로

$a_4=\sum_{k=1}^{3}a_k=a_1+a_2+a_3=27+27+54=108$ ($\because$ ㉡)

(ⅰ) $a_5\geq0$이면

$a_5=\sum_{k=1}^{4}a_k=a_1+a_2+a_3+a_4$

$=27+27+54+108=216$ ($\because$ ㉡)

(ⅱ) $a_5<0$이면

$a_5=-\frac{1}{3}\sum_{k=1}^{4}a_k=-\frac{1}{3}(a_1+a_2+a_3+a_4)$

$=-\frac{1}{3}(27+27+54+108)=-72$ ($\because$ ㉢)

(Ⅱ) $a_3<0$이면

$a_3=-\frac{1}{3}\sum_{k=1}^{2}a_k=-\frac{1}{3}(a_1+a_2)=-\frac{1}{3}(27+27)=-18$ ($\because$ ㉢)

이때, 조건 (가)에 의하여 $a_4<0$이므로

$a_4=-\frac{1}{3}\sum_{k=1}^{3}a_k=-\frac{1}{3}(a_1+a_2+a_3)$

$=-\frac{1}{3}(27+27-18)=-12$ ($\because$ ㉢)

(ⅰ) $a_5\geq0$이면

$a_5=\sum_{k=1}^{4}a_k=a_1+a_2+a_3+a_4$

$=27+27-18-12=24$($\because$ ㉡)

(ⅱ) $a_5<0$이면

$a_5=-\frac{1}{3}\sum_{k=1}^{4}a_k=-\frac{1}{3}(a_1+a_2+a_3+a_4)$

$=-\frac{1}{3}(27+27-18-12)=-8$ ($\because$ ㉢)

(Ⅰ), (Ⅱ)에 의하여 조건을 만족시키는 a_5의 값은 216, -72, 24, -8이야.

(이하 동일)

H 177 정답 ⑤ *Σ의 활용 – 대입 [정답률 44%]

(정답 공식: 주어진 조건을 이용하여 수열 $\{a_n\}$의 각 항의 규칙을 찾는다.)

수열 $\{a_n\}$이 $a_1=-3$, $a_{20}=1$이고,

3 이상의 모든 자연수 n에 대하여 $\sum_{k=1}^{n}a_k=a_{n-1}$을 만족시킨다.

$\sum_{n=1}^{50}a_n$의 값은? (4점)

단서1 n에 3 이상의 자연수를 차례로 대입해 봐.

단서2 수열 $\{a_n\}$의 첫째항부터 제50항까지의 합을 구하는 거니까 수열 $\{a_n\}$은 규칙성이 있을 거야.

① 2 ② 1 ③ 0

④ -1 ⑤ -2

1st a_{n-1}, a_n, a_{n+1} 사이의 관계식을 찾아.

3 이상인 자연수 n에 대하여 $\sum_{k=1}^{n}a_k=a_{n-1}$을 만족시키므로

n 대신 3, 4, 5, ⋯를 차례로 대입하면

$n=3$일 때, $\sum_{k=1}^{3}a_k=a_2$에서 $a_1+a_2+a_3=a_2$

$\therefore a_1+a_3=0$ ⋯ ㉠

$n=4$일 때, $\sum_{k=1}^{4}a_k=a_3$에서 $a_1+a_2+a_3+a_4=a_3$

$\therefore a_1+a_2+a_4=0$ ⋯ ㉡

$n=5$일 때, $\sum_{k=1}^{5}a_k=a_4$에서 $a_1+a_2+a_3+a_4+a_5=a_4$

$\therefore a_1+a_2+a_3+a_5=0$ ⋯ ㉢

㉡$-$㉠을 하면

$a_2+a_4-a_3=0$에서 $a_4=a_3-a_2$

㉢$-$㉡을 하면

$a_3+a_5-a_4=0$에서 $a_5=a_4-a_3$

마찬가지 방법으로 n이 6 이상의 자연수일 때,

$\sum_{k=1}^{n}a_k=a_{n-1}$에서 $a_1+a_2+a_3+\cdots+a_{n-1}+a_n=a_{n-1}$

$\therefore a_1+a_2+a_3+\cdots+a_{n-2}+a_n=0$ ⋯ ㉣

또, $\sum_{k=1}^{n+1} a_k = a_n$에서 $a_1+a_2+a_3+\cdots+a_n+a_{n+1}=a_n$

$\therefore a_1+a_2+a_3+\cdots+a_{n-1}+a_{n+1}=0 \cdots$ ㉤

㉤−㉣을 하면 $a_{n-1}+a_{n+1}-a_n=0$

$\therefore a_{n+1}=a_n-a_{n-1}$ (단, $n\ge 3$)

2nd 수열 $\{a_n\}$의 각 항을 구하여 규칙성을 찾아.

$a_1=-3$이고 $a_2=t$라 하면 ㉠에 의하여 $a_3=-a_1=3$

$a_{n+1}=a_n-a_{n-1}$에 n 대신 3, 4, 5, …를 차례로 대입하면

$a_4=a_3-a_2=3-t$

$a_5=a_4-a_3=(3-t)-3=-t$

$a_6=a_5-a_4=-t-(3-t)=-3$

$a_7=a_6-a_5=-3-(-t)=t-3$

$a_8=a_7-a_6=(t-3)-(-3)=t=a_2$

$a_9=a_8-a_7=t-(t-3)=3=a_3$

⋮

주의: 주어진 식은 3 이상인 자연수에 대하여 성립하는 식이야. 따라서 위에서 구한 $a_{n+1}=a_n-a_{n-1}$에 $n=2$를 대입하여 $a_3=a_2-a_1=t+3$으로 구하면 안 돼.

즉, 수열 $\{a_n\}$은 제2항부터 t, 3, $3-t$, $-t$, -3, $t-3$이 반복되므로

$a_2=a_8=a_{14}=\cdots$, $a_3=a_9=a_{15}=\cdots$, $a_4=a_{10}=a_{16}=\cdots$,

$a_5=a_{11}=a_{17}=\cdots$, $a_6=a_{12}=a_{18}=\cdots$, $a_7=a_{13}=a_{19}=\cdots$이다.

3rd $\sum_{n=1}^{50} a_n$의 값을 구해.

$a_2+a_3+a_4+a_5+a_6+a_7$

$=t+3+(3-t)+(-t)+(-3)+(t-3)=0$이고

$a_{20}=a_{14}=a_8=a_2=1$이므로 $t=1$

$\therefore \sum_{n=1}^{50} a_n = a_1+a_2+a_3+\cdots+a_{50}$

$=a_1+8\times(a_2+a_3+a_4+\cdots+a_7)+\underline{a_2}$

$=-3+8\times 0+1=-2$

($a_{50}=a_{44}=a_{38}=\cdots=a_2$)

H 178 정답 3 *∑의 활용 – 대입 [정답률 72%]

정답 공식: 실수 전체의 집합에서 정의된 이차함수 $y=a(x-p)^2+q\ (a>0)$는 $x=p$에서 최솟값을 가진다.

좌표평면 위에 5개의 점 $P_1(-2, 1)$, $P_2(-1, 2)$, $P_3(0, 3)$, $P_4(1, 2)$, $P_5(2, 4)$가 있다. 점 $P_i\ (i=1, 2, 3, 4, 5)$의 x좌표를 x_i, y좌표를 y_i라 할 때, $\sum_{i=1}^{5}(ax_i+b-y_i)^2$의 값이 최소가 되도록 하는 두 실수 a, b에 대하여 $a+b$의 값을 구하시오. (5점)

단서 x_i, y_i의 값이 주어져 있으므로 주어진 식에 대입하여 정리하면 a, b에 대한 이차식이야.

1st $\sum_{i=1}^{5}(ax_i+b-y_i)^2$을 a, b에 대한 식으로 정리해.

점 $P_i(x_i, y_i)$의 좌표를 $\sum_{i=1}^{5}(ax_i+b-y_i)^2$에 대입하면

$$\sum_{i=1}^{5}(ax_i+b-y_i)^2$$
$$=(-2a+b-1)^2+(-a+b-2)^2+(b-3)^2+(a+b-2)^2+(2a+b-4)^2$$
$$=(4a^2-4ab+4a+b^2-2b+1)+(a^2-2ab+4a+b^2-4b+4)+(b^2-6b+9)+(a^2+2ab-4a+b^2-4b+4)+(4a^2+4ab-16a+b^2-8b+16)$$
$$=10a^2-12a+5b^2-24b+34$$

2nd $\sum_{i=1}^{5}(ax_i+b-y_i)^2$의 값이 최소가 되도록 하는 a, b의 값을 각각 구해.

$$=10\left(a^2-\frac{6}{5}a+\frac{9}{25}\right)+5\left(b^2-\frac{24}{5}b+\frac{144}{25}\right)+34-\frac{18}{5}-\frac{144}{5}$$
$$=10\left(a-\frac{3}{5}\right)^2+5\left(b-\frac{12}{5}\right)^2+\frac{8}{5}$$

a, b의 값이 서로에게 영향을 주지 않으니까 각각의 값이 모두 최소일 때 이 값은 최소가 돼. 이때, 실수 x에 대하여 $x^2\ge 0$이니까 $\left(a-\frac{3}{5}\right)^2=0$, $\left(b-\frac{12}{5}\right)^2=0$일 때 이 값은 최소야.

즉, 이것의 최솟값은 $\frac{8}{5}$이고 그 때의 a의 값은 $\frac{3}{5}$, b의 값은 $\frac{12}{5}$이므로

$a+b=\frac{3}{5}+\frac{12}{5}=3$

H 179 정답 ⑤ *∑의 활용 – 그래프 [정답률 53%]

정답 공식: 함수 $y=a\sin(bx+c)+d$의 주기는 $\frac{2\pi}{|b|}$이고 최댓값과 최솟값은 각각 $|a|+d$, $-|a|+d$이다.

자연수 n에 대하여 곡선

$y=n\sin(n\pi x)\ (0\le x\le 1)$

위의 점 중 y좌표가 자연수인 점의 개수를 a_n이라 할 때, $\sum_{n=1}^{10} a_n$의 값은? (4점)

단서 $0<k\le n$인 자연수 k에 대하여 곡선 $y=n\sin(n\pi x)\ (0\le x\le 1)$와 직선 $y=k$가 만나는 점의 개수가 a_n이야.

① 340 ② 350 ③ 360 ④ 370 ⑤ 380

1st n이 홀수일 때 a_n의 값을 구해.

$y=n\sin(n\pi x)$에서 $n\pi x=t$라 하면 $0\le t\le n\pi$이므로 자연수 k에 대하여

(x의 값의 범위가 $0\le x\le 1$이므로 $0\le n\pi x\le n\pi$)

(i) n이 홀수, 즉 $n=2k-1$일 때, 곡선 $y=(2k-1)\sin t$는 다음과 같다.

(최댓값이 $2k-1$이고 최솟값이 $-(2k-1)$인 함수야.)

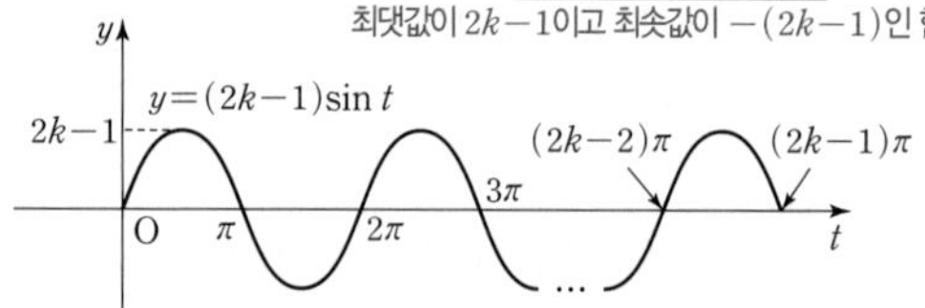

이때, 곡선 $y=(2k-1)\sin t$ 위의 점 중 y좌표가 자연수인 점의 개수는 이 곡선과 직선 $y=\alpha$(α는 $2k-1$ 이하의 자연수)가 만나는 점의 개수와 같으므로

$a_n=a_{2k-1}=\{(2k-2)\times 2+1\}\times k=4k^2-3k$

$0\le t\le\pi$에서 곡선 $y=(2k-1)\sin t$ 위의 점 중 y좌표가 1, 2, 3, …, $2k-2$인 점의 개수는 모두 2이고 y좌표가 $2k-1$인 점의 개수는 1이므로 y좌표가 자연수인 점의 개수는 $(2k-2)\times 2+1$이야. 그런데 $0\le t\le n\pi$에서 ∩ 모양의 개수는 k이므로 $a_{2k-1}=\{(2k-2)\times 2+1\}\times k$야.

2nd n이 짝수일 때 a_n의 값을 구해.

(ii) n이 짝수, 즉 $n=2k$일 때, 곡선 $y=2k\sin t$는 다음과 같다.

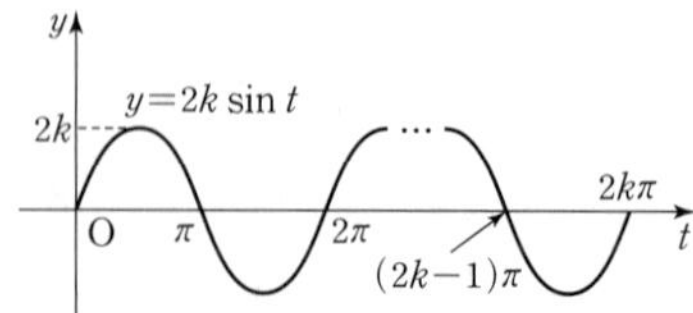

이때, 곡선 $y=2k\sin t$ 위의 점 중 y좌표가 자연수인 점의 개수는 이 곡선과 직선 $y=\beta$(β는 $2k$ 이하의 자연수)가 만나는 점의 개수와 같으므로

$a_n=a_{2k}=\{(2k-1)\times 2+1\}\times k=4k^2-k$

$0\le t\le\pi$에서 곡선 $y=2k\sin t$ 위의 점 중 y좌표가 1, 2, 3, …, $2k-1$인 점의 개수는 모두 2이고 y좌표가 $2k$인 점의 개수는 1이므로 y좌표가 자연수인 점의 개수는 $(2k-1)\times 2+1$이야. 그런데 $0\le t\le n\pi$에서 ∩ 모양의 개수는 k이므로 $a_{2k}=\{(2k-1)\times 2+1\}\times k$야.

3rd $\sum_{n=1}^{10} a_n$의 값을 구해.

$$\therefore \sum_{n=1}^{10} a_n = \sum_{k=1}^{5}(a_{2k-1}+a_{2k}) = \sum_{k=1}^{5}\{(4k^2-3k)+(4k^2-k)\}$$
$$= \sum_{k=1}^{5}(8k^2-4k) = 8\sum_{k=1}^{5}k^2 - 4\sum_{k=1}^{5}k$$
$$= 8\times\frac{5\times6\times11}{6} - 4\times\frac{5\times6}{2}$$
$$= 440-60=380$$

$\sum_{k=1}^{n}k=\frac{n(n+1)}{2}$, $\sum_{k=1}^{n}k^2=\frac{n(n+1)(2n+1)}{6}$

두 수열 $\{a_n\}$, $\{b_n\}$과 상수 c에 대하여 $\sum_{k=1}^{n}ca_k = c\sum_{k=1}^{n}a_k$, $\sum_{k=1}^{n}(a_k \pm b_k)=\sum_{k=1}^{n}a_k \pm \sum_{k=1}^{n}b_k$ (복호동순)

H 180 정답 ① *Σ의 활용 - 규칙 [정답률 54%]

(정답 공식: a_1, a_2, a_3, …을 차례로 구하여 수열 $\{a_n\}$의 일반항을 찾는다.)

좌표평면에 네 점 A(0, 0), B(1, 0), C(1, 1), D(0, 1)이 있다. 자연수 n에 대하여 집합 X_n은 다음 조건을 만족시키는 모든 점 (a, b)를 원소로 하는 집합이다.

단서2 점 (a, b)에서 네 변 AB, BC, CD, DA에 각각 내린 수선의 발까지의 거리의 최솟값이 $\frac{1}{2^n}$이야.

단서1 $0<a<1$, $0<b<1$이라는 거야.

(가) 점 (a, b)는 정사각형 ABCD의 내부에 있다.
(나) 정사각형 ABCD의 변 위를 움직이는 점 P와 점 (a, b) 사이의 거리의 최솟값은 $\frac{1}{2^n}$이다.
(다) $a=\frac{1}{2^k}$이고 $b=\frac{1}{2^m}$인 자연수 k, m이 존재한다.

단서3 a, b가 될 수 있는 수는 $\frac{1}{2}$, $\frac{1}{2^2}$, $\frac{1}{2^3}$, $\frac{1}{2^4}$, …이야.

집합 X_n의 원소의 개수를 a_n이라 할 때, $\sum_{n=1}^{10}a_n$의 값은? (4점)

① 100 ② 120 ③ 140
④ 160 ⑤ 180

1st 집합 X_n의 원소를 찾아 a_n을 구해.

정사각형 ABCD의 내부의 점 (a, b)를 Q라 하고, 점 Q에서 네 변 AB, BC, CD, DA에 내린 수선의 발을 각각 P_1, P_2, P_3, P_4라 할 때 네 선분 QP_1, QP_2, QP_3, QP_4 중 가장 짧은 선분의 길이가 정사각형

이 네 선분의 길이는 각각 $\overline{QP_1}=b$, $\overline{QP_2}=1-a$, $\overline{QP_3}=1-b$, $\overline{QP_4}=a$야.

ABCD의 변 위를 움직이는 점 P와 점 (a, b) 사이의 거리의 최솟값이다.

$n=1$일 때, 네 선분 QP_1, QP_2, QP_3, QP_4 중 가장 짧은 선분의 길이가 $\frac{1}{2}$이므로 조건을 만족시키는 점 (a, b)는 $\left(\frac{1}{2}, \frac{1}{2}\right)$ 뿐이다.

즉, 집합 X_1의 원소의 개수는 1이므로 $a_1=1$

점 (a, b)에 대하여 $0<a<\frac{1}{2}$ 또는 $0<b<\frac{1}{2}$이면 점 P와 점 (a, b) 사이의 거리의 최솟값은 a 또는 b이므로 최솟값은 $\frac{1}{2}$보다 작아. 또, $\frac{1}{2}<a<1$ 또는 $\frac{1}{2}<b<1$이면 점 P와 점 (a, b) 사이의 거리의 최솟값은 $1-a$ 또는 $1-b$이므로 최솟값은 $\frac{1}{2}$보다 작아. 따라서 $a=\frac{1}{2}$, $b=\frac{1}{2}$일 때 조건을 만족시켜.

$n=2$일 때, 네 선분 QP_1, QP_2, QP_3, QP_4 중 가장 짧은 선분의 길이가 $\frac{1}{2^2}$이므로 두 조건 (가), (나)를 만족시키는 점 (a, b)는

네 점 $\left(\frac{1}{2^2}, \frac{1}{2^2}\right)$, $\left(\frac{3}{2^2}, \frac{1}{2^2}\right)$, $\left(\frac{3}{2^2}, \frac{3}{2^2}\right)$, $\left(\frac{1}{2^2}, \frac{3}{2^2}\right)$을 꼭짓점으로 하는 정사각형 위의 점이어야 한다. 그런데 조건 (다)를 만족시켜야 하므로 가능한 점 (a, b)는 $\left(\frac{1}{2^2}, \frac{1}{2^2}\right)$, $\left(\frac{1}{2^2}, \frac{1}{2}\right)$, $\left(\frac{1}{2}, \frac{1}{2^2}\right)$이다.

즉, 집합 X_2의 원소의 개수는 3이므로 $a_2=3$

$n=3$일 때, 네 선분 QP_1, QP_2, QP_3, QP_4 중 가장 짧은 선분의 길이가 $\frac{1}{2^3}$이므로 두 조건 (가), (나)를 만족시키는 점 (a, b)는

네 점 $\left(\frac{1}{2^3}, \frac{1}{2^3}\right)$, $\left(\frac{7}{2^3}, \frac{1}{2^3}\right)$, $\left(\frac{7}{2^3}, \frac{7}{2^3}\right)$, $\left(\frac{1}{2^3}, \frac{7}{2^3}\right)$을 꼭짓점으로 하는 정사각형 위의 점이어야 한다. 그런데 조건 (다)를 만족시켜야 하므로 가능한 점 (a, b)는 $\left(\frac{1}{2^3}, \frac{1}{2^3}\right)$, $\left(\frac{1}{2^2}, \frac{1}{2^3}\right)$, $\left(\frac{1}{2}, \frac{1}{2^3}\right)$, $\left(\frac{1}{2^3}, \frac{1}{2^2}\right)$, $\left(\frac{1}{2^3}, \frac{1}{2}\right)$이다.

즉, 집합 X_3의 원소의 개수는 5이므로 $a_3=5$

⋮

$n=k$일 때, 네 선분 QP_1, QP_2, QP_3, QP_4 중 가장 짧은 선분의 길이가 $\frac{1}{2^k}$이므로 두 조건 (가), (나)를 만족시키는 점 (a, b)는

네 점 $\left(\frac{1}{2^k}, \frac{1}{2^k}\right)$, $\left(\frac{2^k-1}{2^k}, \frac{1}{2^k}\right)$, $\left(\frac{2^k-1}{2^k}, \frac{2^k-1}{2^k}\right)$, $\left(\frac{1}{2^k}, \frac{2^k-1}{2^k}\right)$을 꼭짓점으로 하는 정사각형 위의 점이어야 한다. 그런데 조건 (다)를 만족시켜야 하므로 가능한 점 (a, b)는 $\left(\frac{1}{2^k}, \frac{1}{2^k}\right)$, $\left(\frac{1}{2^{k-1}}, \frac{1}{2^k}\right)$, $\left(\frac{1}{2^{k-2}}, \frac{1}{2^k}\right)$, …, $\left(\frac{1}{2}, \frac{1}{2^k}\right)$, $\left(\frac{1}{2^k}, \frac{1}{2^{k-1}}\right)$, $\left(\frac{1}{2^k}, \frac{1}{2^{k-2}}\right)$, …, $\left(\frac{1}{2^k}, \frac{1}{2}\right)$이다.

y좌표가 $\frac{1}{2^k}$일 때 점의 개수는 k이고, x좌표가 $\frac{1}{2^k}$일 때 점의 개수는 k이므로 $k+k=2k$야. 그런데 $\left(\frac{1}{2^k}, \frac{1}{2^k}\right)$은 두 번 세어졌으므로 $a_k=2k-1$이야.

즉, 집합 X_k의 원소의 개수는 $2k-1$이므로 $a_k=2k-1$

$\therefore a_n=2n-1$

2nd $\sum_{n=1}^{10}a_n$의 값을 구해.

두 수열 $\{a_n\}$, $\{b_n\}$과 상수 c에 대하여 $\sum_{k=1}^{n}(a_k+b_k)=\sum_{k=1}^{n}a_k+\sum_{k=1}^{n}b_k$, $\sum_{k=1}^{n}ca_k=c\sum_{k=1}^{n}a_k$

$$\therefore \sum_{n=1}^{10}a_n=\sum_{n=1}^{10}(2n-1)=\sum_{n=1}^{10}2n-\sum_{n=1}^{10}1=2\sum_{n=1}^{10}n-\sum_{n=1}^{10}1$$
$$=2\times\frac{10\times11}{2}-1\times10=110-10=100$$

$\sum_{k=1}^{n}k=\frac{n(n+1)}{2}$, $\sum_{k=1}^{n}c=cn$ (c는 상수)

수능 핵강

* 그림을 그려 수열 $\{a_n\}$의 일반항 구하기

좌표평면에 조건을 만족시키는 점 (a, b)를 찾으면 다음과 같아.

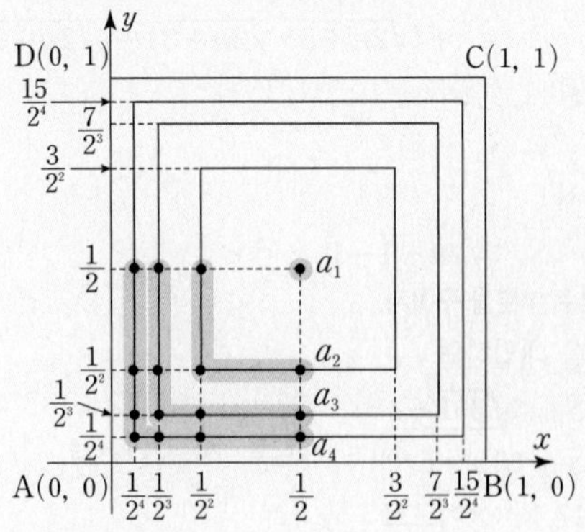

즉, 수열 $\{a_n\}$의 각 항은 1, 3, 5, 7, …이므로 수열 $\{a_n\}$은 첫째항이 1이고 공차가 2인 등차수열이므로 일반항은 $a_n=1+(n-1)\times2=2n-1$이야.

H 181 정답 17 *합의 기호 $\sum$의 성질 [정답률 33%]

(정답 공식: $\sqrt{a}-\sqrt{b}=\frac{(\sqrt{a}-\sqrt{b})(\sqrt{a}+\sqrt{b})}{\sqrt{a}+\sqrt{b}}=\frac{a-b}{\sqrt{a}+\sqrt{b}}$)

자연수 n에 대하여 $S_n=\sum_{k=1}^{n}\frac{1}{\sqrt{2k+1}}$이라 할 때, S_{180}의 정수 부분을 구하시오. (4점)

단서 $S_n=\sum_{k=1}^{n}\frac{1}{\sqrt{2k+1}}=\frac{1}{\sqrt{3}}+\frac{1}{\sqrt{5}}+\cdots+\frac{1}{\sqrt{2k+1}}$이므로 이를 직접 값을 구할 수 없으니까 S_n의 값의 범위를 찾자.

1st S_n의 값의 범위를 찾자.

$\sqrt{2k+1}-\sqrt{2k-1}>\frac{1}{\sqrt{2k+1}}$

$\sqrt{2k+1}-\sqrt{2k-1}=\frac{(\sqrt{2k+1}-\sqrt{2k-1})(\sqrt{2k+1}+\sqrt{2k-1})}{\sqrt{2k+1}+\sqrt{2k-1}}$
$=\frac{(2k+1)-(2k-1)}{\sqrt{2k+1}+\sqrt{2k-1}}$
$=\frac{2}{\sqrt{2k+1}+\sqrt{2k-1}}>\frac{2}{\sqrt{2k+1}+\sqrt{2k+1}}=\frac{1}{\sqrt{2k+1}}$

양변에 $\sum_{k=1}^{n}$을 취하면

$\sum_{k=1}^{n}(\sqrt{2k+1}-\sqrt{2k-1})>\sum_{k=1}^{n}\frac{1}{\sqrt{2k+1}}$

이때,

$\sum_{k=1}^{n}(\sqrt{2k+1}-\sqrt{2k-1})$
$=(\sqrt{3}-\sqrt{1})+(\sqrt{5}-\sqrt{3})+(\sqrt{7}-\sqrt{5})+\cdots$
$+(\sqrt{2n-1}-\sqrt{2n-3})+(\sqrt{2n+1}-\sqrt{2n-1})$
$=\sqrt{2n+1}-1$

$\therefore \sqrt{2n+1}-1>S_n$ ⋯ ㉠

한편,

$\sqrt{2k+3}-\sqrt{2k+1}<\frac{1}{\sqrt{2k+1}}$

$\sqrt{2k+3}-\sqrt{2k+1}$
$=\frac{(\sqrt{2k+3}-\sqrt{2k+1})(\sqrt{2k+3}+\sqrt{2k+1})}{\sqrt{2k+3}+\sqrt{2k+1}}$
$=\frac{(2k+3)-(2k+1)}{\sqrt{2k+3}+\sqrt{2k+1}}$
$=\frac{2}{\sqrt{2k+3}+\sqrt{2k+1}}<\frac{2}{\sqrt{2k+1}+\sqrt{2k+1}}$
$=\frac{1}{\sqrt{2k+1}}$

양변에 $\sum_{k=1}^{n}$을 취하면

$\sum_{k=1}^{n}(\sqrt{2k+3}-\sqrt{2k+1})<\sum_{k=1}^{n}\frac{1}{\sqrt{2k+1}}$

이때,

$\sum_{k=1}^{n}(\sqrt{2k+3}-\sqrt{2k+1})$
$=(\sqrt{5}-\sqrt{3})+(\sqrt{7}-\sqrt{5})+(\sqrt{9}-\sqrt{7})+\cdots$
$+(\sqrt{2n+5}-\sqrt{2n+3})+(\sqrt{2n+3}-\sqrt{2n+1})$
$=\sqrt{2n+3}-\sqrt{3}$

$\therefore \sqrt{2n+3}-\sqrt{3}<S_n$ ⋯ ㉡

㉠, ㉡에 의해서

$\sqrt{2n+3}-\sqrt{3}<S_n<\sqrt{2n+1}-1$ ⋯ ㉢

2nd S_{180}의 정수 부분을 구하자.

㉢에 $n=180$을 대입하면

$\sqrt{363}-\sqrt{3}<S_{180}<\sqrt{361}-1$

$\sqrt{363}-\sqrt{3}<S_{180}<19-1$ $361=19^2$이므로 $\sqrt{361}=\sqrt{19^2}=19$

$\sqrt{363}-\sqrt{3}=17.\times\times\times$이므로

$17.\times\times\times<S_{180}<18$

따라서 S_{180}의 정수 부분은 17이다.

H 182 정답 ③ *$\sum$의 활용 - 새롭게 정의된 수열 [정답률 36%]

(정답 공식: 정수 k에 대하여 $a_n=2k-1$ 꼴일 때와 $a_n=2k$ 꼴일 때로 나누어 조건을 만족시키는 b_n을 구한다.)

첫째항과 공차가 정수인 등차수열 $\{a_n\}$에 대하여 수열 $\{b_n\}$이

단서1 첫째항과 공차가 모두 정수이면 수열 $\{a_n\}$의 모든 항이 정수야.

$$b_n=n^2\sin(\pi a_n)+n\cos(\pi a_n)+1,\ \sum_{n=1}^{7}b_n=3$$

단서2 정수 k에 대하여 $\sin k\pi=0$이고 $\cos(2k-1)\pi=-1$, $\cos 2k\pi=1$이므로 $a_n=2k-1$ 꼴인지, $a_n=2k$ 꼴인지에 따라 b_n이 결정돼.

을 만족시킬 때, $b_{48}+b_{49}+b_{50}$의 값은? (4점)

① 48 ② 50 ③ 52
④ 54 ⑤ 56

1st a_n의 값에 따라 b_n을 구해.

등차수열 $\{a_n\}$의 첫째항과 공차가 모두 정수이므로 a_n의 값은 항상 정수
정수에 정수를 더하거나 빼도 결과는 정수지?
이다.

즉, $\sin(\pi a_n)=0$이고 정수 k에 대하여 $a_n=2k-1$ 꼴이면 $\cos(\pi a_n)=-1$, $a_n=2k$ 꼴이면 $\cos(\pi a_n)=1$이다.

따라서 정수 k에 대하여

$b_n=n^2\sin(\pi a_n)+n\cos(\pi a_n)+1=\begin{cases}-n+1 & (a_n=2k-1)\\ n+1 & (a_n=2k)\end{cases}$

2nd $\sum_{n=1}^{7}b_n=3$을 만족시키는 b_n을 구해.

등차수열 $\{a_n\}$의 첫째항을 a, 공차를 d라 하면 두 정수 l, m에 대하여
첫째항이 a이고 공차가 d인 등차수열 $\{a_n\}$의 일반항은 $a_n=a+(n-1)d$야.

(i) $a=2l-1$ 꼴, $d=2m-1$ 꼴일 때,

$a_n=(2l-1)+(n-1)(2m-1)=2l-1+2mn-n-2m+1$
$=2(mn+l-m)-n$

즉, a_n은 n이 홀수일 때 $2k-1$ 꼴이고 n이 짝수일 때 $2k$ 꼴이다.

$\therefore b_n=\begin{cases}-n+1 & (n\text{이 홀수})\\ n+1 & (n\text{이 짝수})\end{cases}$

따라서 $b_1=-1+1=0$, $b_2=2+1=3$, $b_3=-3+1=-2$, $b_4=4+1=5$, $b_5=-5+1=-4$, $b_6=6+1=7$, $b_7=-7+1=-6$이므로

$\sum_{n=1}^{7}b_n=0+3+(-2)+5+(-4)+7+(-6)=3$

(ii) $a=2l-1$ 꼴, $d=2m$ 꼴일 때,

$a_n=(2l-1)+(n-1)\times 2m=2l-1+2mn-2m$
$=2(mn+l-m)-1$

즉, a_n은 n의 값에 상관없이 $2k-1$ 꼴이다.

$\therefore b_n=-n+1$

따라서 $b_1=-1+1=0$, $b_2=-2+1=-1$, $b_3=-3+1=-2$, $b_4=-4+1=-3$, $b_5=-5+1=-4$, $b_6=-6+1=-5$, $b_7=-7+1=-6$이므로

$\sum_{n=1}^{7}b_n=0+(-1)+(-2)+(-3)+(-4)+(-5)+(-6)$
다음과 같이 구해도 돼. $\sum_{n=1}^{7}b_n=\sum_{n=1}^{7}(-n+1)=-\frac{7\times 8}{2}+1\times 7=-28+7=-21$
$=-21$

(iii) $a=2l$ 꼴, $d=2m-1$ 꼴일 때,

$a_n=2l+(n-1)(2m-1)=2l+2mn-n-2m+1$
$=2(mn+l-m)-n+1$

즉, a_n은 n이 홀수일 때 $2k$ 꼴이고 n이 짝수일 때 $2k-1$ 꼴이다.

$\therefore b_n=\begin{cases} n+1 & (n\text{이 홀수}) \\ -n+1 & (n\text{이 짝수}) \end{cases}$

따라서 $b_1=1+1=2$, $b_2=-2+1=-1$, $b_3=3+1=4$,
$b_4=-4+1=-3$, $b_5=5+1=6$, $b_6=-6+1=-5$,
$b_7=7+1=8$이므로

$\sum_{n=1}^{7}b_n=2+(-1)+4+(-3)+6+(-5)+8=11$

(iv) $a=2l$ 꼴, $d=2m$ 꼴일 때,
$a_n=2l+(n-1)\times 2m=2l+2mn-2m=2(mn+l-m)$
즉, a_n은 n의 값에 상관없이 $2k$ 꼴이다.
$\therefore b_n=n+1$
따라서 $b_1=1+1=2$, $b_2=2+1=3$, $b_3=3+1=4$,
$b_4=4+1=5$, $b_5=5+1=6$, $b_6=6+1=7$, $b_7=7+1=8$이므로

$\sum_{n=1}^{7}b_n=2+3+4+5+6+7+8=35$

다음과 같이 구해도 돼. $\sum_{n=1}^{7}b_n=\sum_{n=1}^{7}(n+1)=\frac{7\times 8}{2}+1\times 7=28+7=35$

(i)~(iv)에 의하여 조건을 만족시키는 수열 $\{b_n\}$은
$b_n=\begin{cases} -n+1 & (n\text{이 홀수}) \\ n+1 & (n\text{이 짝수}) \end{cases}$이다.

3rd $b_{48}+b_{49}+b_{50}$의 값을 구해.

따라서 $b_{48}=48+1=49$, $b_{49}=-49+1=-48$, $b_{50}=50+1=51$이므로
$b_{48}+b_{49}+b_{50}=49+(-48)+51=52$

삼각함수의 값 개념·공식

정수 k에 대하여
① $\sin k\pi=0$, $\sin\left(2k-\frac{3}{2}\right)\pi=1$, $\sin\left(2k-\frac{1}{2}\right)\pi=-1$
② $\cos\left(k+\frac{1}{2}\right)\pi=0$, $\cos 2k\pi=1$, $\cos(2k-1)\pi=-1$

H 183 정답 12

☆2등급 대비 [정답률 29%]

*세 직선으로 둘러싸인 부분에서 x좌표와 y좌표가 모두 자연수인 점의 개수 구하기 [유형 14]

좌표평면에서 자연수 n에 대하여 세 직선

$y=x+1$, $y=-x+2n+1$, $y=\frac{x}{n+1}$

로 둘러싸인 삼각형의 내부(경계선 제외)에 있는 점 (x, y) 중에서 x, y가 모두 자연수인 점의 개수를 a_n이라 하자. $a_n=133$인 n의 값을 구하시오. (4점)

단서1 두 직선은 제1사분면에서 수직으로 만나.

단서2 $y=\frac{x}{n+1}$와 $y=1$, $y=2$의 교점을 구해놓으면, 자연수인 점의 개수를 찾기가 좀 더 수월해져.

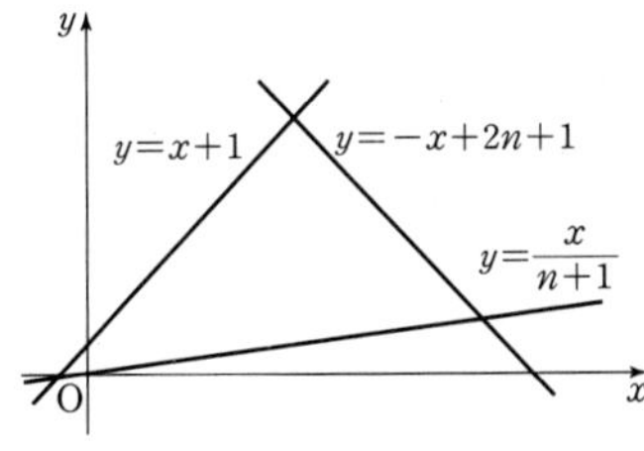

왜 2등급? 기울기가 서로 다른 세 직선으로 둘러싸인 삼각형의 내부에 위치한 x좌표와 y좌표가 모두 자연수인 점 (x, y)의 개수를 구하는 문제이다.
x좌표를 기준으로 주어진 삼각형의 내부에 있는 점의 y좌표의 개수를 구해 따져보는 것이 어려웠다.

단서+발상

단서1 직선 $y=x+1$의 기울기는 1이고, 직선 $y=-x+2n+1$의 기울기는 -1이므로 두 직선은 수직이다. (개념)
한편, 두 직선의 교점은 $(n, n+1)$으로 제1사분면에 위치한다.
따라서 $x=n$일 때 조건을 만족시키는 점의 y좌표를 a라 하면 a의 값의 범위는 $\frac{n}{n+1}<a<n+1$이므로 그 개수는 1, 2, 3, $\cdots$, n의 n개이다. (적용)

단서2 두 직선 $y=x+1$, $y=\frac{x}{n+1}$의 교점과 두 직선 $y=-x+2n+1$, $y=\frac{x}{n+1}$의 교점을 찾고 두 직선 $y=\frac{x}{n+1}$, $y=1$과 두 직선 $y=\frac{x}{n+1}$, $y=2$의 교점을 기준으로 세 직선으로 둘러싸인 삼각형의 내부에 있는 점 중 가능한 자연수 x의 값을 구하면 $x=1, 2, \cdots, 2n-2$임을 파악할 수 있다. (발상)
따라서 x의 값을 기준으로 각 경우의 y좌표가 자연수인 점의 개수를 구한다. (해결)

주의 두 직선 $y=\frac{x}{n+1}$, $y=2$의 교점과 두 직선 $y=-x+2n+1$, $y=2$의 교점을 비교하여 구하고자 하는 삼각형의 내부에 있는 점 중에서 x좌표의 값이 가장 큰 점의 위치를 파악한다.

핵심 정답 공식: 먼저 $n=1$, $n=2$일 때, 삼각형의 내부에 있는 자연수의 개수부터 구하고, $n\geq 3$일 때를 추론한다.

[문제 풀이 순서]

1st $n=1$, $n=2$일 때의 값을 찾아보자.

(i) $n=1$일 때, 세 직선은 $y=x+1$, $y=-x+3$, $y=\frac{x}{2}$이고,
제1사분면에서 두 직선끼리의 교점의 좌표가 $(1, 2)$, $(2, 1)$이므로 삼각형의 내부에 있는 자연수인 점은 $(1, 1)$이다.
$\therefore a_1=1 \cdots$ ㉠

(두 직선 $y=x+1$, $y=-x+3$의 교점의 좌표야. / 두 직선 $y=-x+3$, $y=\frac{x}{2}$의 교점의 좌표야.)

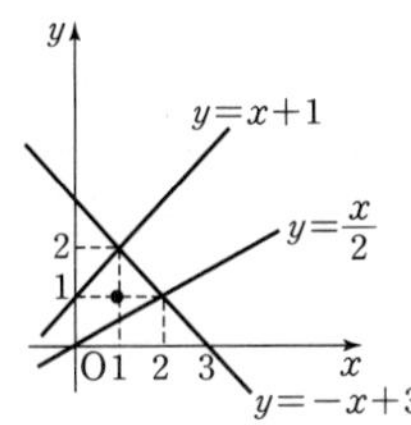

(ii) $n=2$일 때, 세 직선은 $y=x+1$, $y=-x+5$, $y=\frac{x}{3}$이고,
제1사분면에서 두 직선끼리의 교점의 좌표가 $(2, 3)$, $\left(\frac{15}{4}, \frac{5}{4}\right)$이므로 삼각형의 내부에 있는 자연수인 점은 $(1, 1)$, $(2, 1)$, $(2, 2)$이다.
$\therefore a_2=3 \cdots$ ㉡

(두 직선 $y=x+1$, $y=-x+5$의 교점의 좌표야. / 두 직선 $y=-x+5$, $y=\frac{x}{3}$의 교점의 좌표야.)

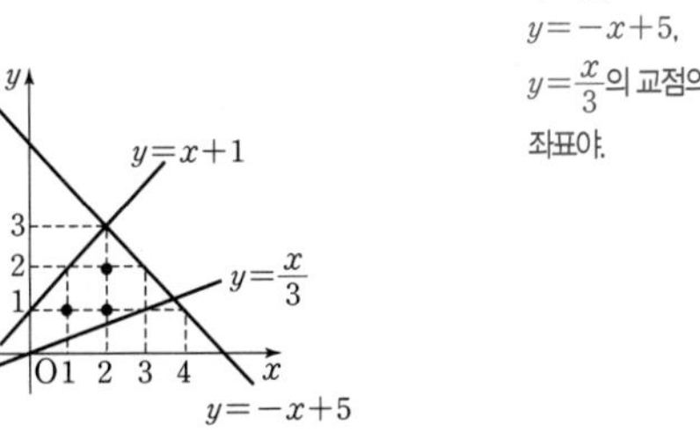

2nd $n\geq 3$일 때 a_n을 구해보자.

(iii) $n\geq 3$일 때 삼각형 내부의 좌표가 모두 자연수인 점의 개수를 구하기 위해 제1사분면에서 직선들의 특징을 알아보자.
i) $y=x+1$, $y=-x+2n+1$은 수직으로 만나고, 교점의 좌표는 $(n, n+1)$이다.
(두 직선의 기울기의 곱이 -1이니까 수직이지?)
ii) $y=-x+2n+1$은 x축과 $(2n+1, 0)$에서 만난다.
iii) $y=\frac{x}{n+1}$는 $(0, 0)$, $(n+1, 1)$, $(2n+2, 2)$를 지난다.

i)~iii)의 내용으로 그래프를 그려보면 다음과 같다.

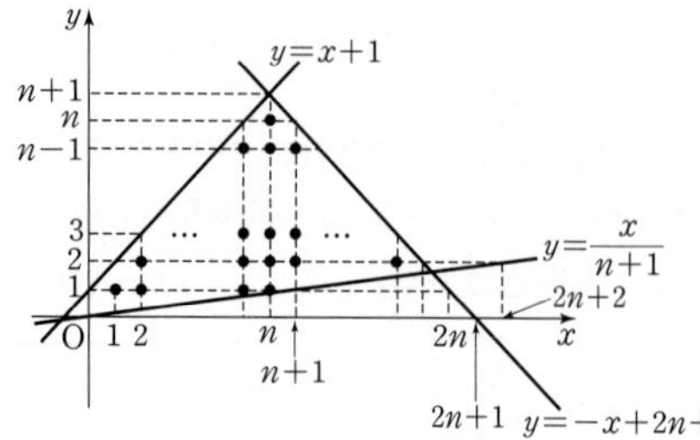

위의 그림에서 $x=1, 2, \cdots, n$일 때 y좌표가 자연수인 점은 각각 1, 2, $\cdots$, n개가 있다.

또한 $x=n+1, n+2, \cdots, 2n-2$일 때 y좌표가 자연수인 점은 각각 $n-2, n-3, \cdots, 1$개가 있다.

$x=n+1$일 때 자연수 y는 $2\le y\le n-1$로 모두 $n-2$개야. $x=n+2$일 때 자연수 y는 $2\le y\le n-2$로 모두 $n-3$개야. 이런 식으로 개수를 세어보면 규칙을 찾을 수 있어.

$a_n=(1+2+\cdots+n)+\{(n-2)+(n-3)+\cdots+1\}$

$=\sum_{k=1}^{n}k+\sum_{k=1}^{n-2}k=\frac{n(n+1)}{2}+\frac{(n-2)(n-1)}{2}$

$=n^2-n+1(n\ge3)$

$\therefore a_n=n^2-n+1(n\ge1)$

$a_1=1^2-1+1=1$
$a_2=2^2-2+1=3$
이지? 1st에서 구한 값과 같아.

3rd $a_n=133$이 되는 n의 값을 찾아.

$a_n=n^2-n+1=133$에서

$n^2-n-132=0$

$(n-12)(n+11)=0$

$\therefore n=12$

My Top Secret 서울대 선배의 ❶ 등급 대비 전략

격자점의 개수는 x좌표나 y좌표의 값 중 하나를 기준으로 다른 좌표가 될 수 있는 점의 개수를 구하여 더하는 방법이 좋아.
보통 가능한 좌표가 적은 것을 기준으로 해야 계산이 복잡하지 않아.

여러 가지 수열의 합 개념·공식

① $\sum_{k=1}^{n}k=\frac{n(n+1)}{2}$

② $\sum_{k=1}^{n}k^2=\frac{n(n+1)(2n+1)}{6}$

③ $\sum_{k=1}^{n}k(k+1)=\frac{n(n+1)(n+2)}{3}$

④ $\sum_{k=1}^{n}\frac{1}{k(k+1)}=\sum_{k=1}^{n}\left(\frac{1}{k}-\frac{1}{k+1}\right)=1-\frac{1}{n+1}$

⑤ $\sum_{k=1}^{n}\frac{1}{k(k+d)}=\frac{1}{d}\sum_{k=1}^{n}\left(\frac{1}{k}-\frac{1}{k+d}\right)$

⑥ $\sum_{k=1}^{n}\frac{1}{k(k+1)(k+2)}=\frac{1}{2}\sum_{k=1}^{n}\left\{\frac{1}{k(k+1)}-\frac{1}{(k+1)(k+2)}\right\}$

⑦ $\sum_{k=1}^{n}\frac{1}{\sqrt{k+1}+\sqrt{k}}=\sum_{k=1}^{n}(\sqrt{k+1}-\sqrt{k})=\sqrt{n+1}-1$

I 수학적 귀납법

기본 기출 문제

I 01 정답 15 *수열의 귀납적 정의 [정답률 63%]

(정답 공식: 주어진 식에 $n=1$, $n=2$를 대입하여 $a_3=a_2+a_1$, $a_4=a_3+a_2$의 식을 적용한다.)

첫째항이 4인 수열 $\{a_n\}$이 모든 자연수 n에 대하여
$a_{n+2}=a_{n+1}+a_n$
을 만족시킨다. $a_4=34$일 때, a_2의 값을 구하시오. (3점)

단서 귀납적으로 정의된 수열은 모든 자연수 n에 대하여 성립하므로 $n=1$과 $n=2$를 대입하여 식을 구하자.

1st 귀납적으로 정의된 수열의 관계식을 이용하여 a_2의 값을 구해.

모든 자연수 n에 대하여 $a_{n+2}=a_{n+1}+a_n$ ⋯ ㉠을 만족시키므로 ㉠에 $n=2$를 대입하면 $a_4=a_3+a_2$

주어진 조건에서 $a_4=34$이므로 $34=a_3+a_2$ ⋯ ㉡

㉠에 $n=1$을 대입하면 $a_3=a_2+a_1$

이것을 ㉡에 대입하면

$34=a_3+a_2=2a_2+a_1$ → $34=a_3+a_2=(a_2+a_1)+a_2=2a_2+a_1$

수열 $\{a_n\}$의 첫째항이 $a_1=4$라 하므로

$34=2a_2+4$ → $34=2a_2+4 \Rightarrow 30=2a_2 \Rightarrow a_2=15$

$\therefore a_2=15$

톡톡 풀이: **a_4를 a_2에 대한 식으로 나타내어 해결하기**

$a_2=p$라 하면 $a_1=4$, $a_2=p$이므로

$a_3=a_2+a_1=p+4$, $a_4=a_3+a_2=(p+4)+p=2p+4$

$a_4=34$이므로 $2p+4=34$ $\therefore a_2=p=15$

I 02 정답 92 *수열의 귀납적 정의 – 하나의 식 [정답률 63%]

(정답 공식: $a_{n+1}+4=2(a_n+4)$이다.)

수열 $\{a_n\}$이 $a_1=2$이고, 모든 자연수 n에 대하여
$a_{n+1}=2(a_n+2)$
를 만족시킨다. a_5의 값을 구하시오. (3점)

단서 수열 $\{a_n\}$이 귀납적으로 정의되었어. a_5의 값을 구하는 거니까 n 대신 1, 2, 3, 4를 대입하여 구하면 돼.

1st 주어진 수열의 귀납적 정의에서 n 대신 1, 2, 3, 4를 대입하여 a_5의 값을 구하자.

수열 $\{a_n\}$이 $a_1=2$이고, 모든 자연수 n에 대하여
$a_{n+1}=2(a_n+2)$ ⋯⋯ ㉠
를 만족시킨다고 하므로 n 대신 1, 2, 3, 4를 차례로 대입하면

수열 $\{a_n\}$에 대하여 첫째항과 두 항 사이의 관계식이 주어지면 n 대신 1, 2, 3, ⋯을 대입하여 각 항의 값을 구할 수 있어.

㉠에 $n=1$을 대입하면

$a_2=2(a_1+2)=2\times(2+2)=8$

㉠에 $n=2$를 대입하면

$a_3=2(a_2+2)=2\times(8+2)=20$

㉠에 $n=3$을 대입하면

$a_4=2(a_3+2)=2\times(20+2)=44$

㉠에 $n=4$를 대입하면

$a_5=2(a_4+2)=2\times(44+2)=92$

I 03 정답 ① *수열의 귀납적 정의 – 빈칸 [정답률 53%]

(정답 공식: 양변에 $(n+2)(n+1)$을 곱한다.)

수열 $\{a_n\}$은 $a_1=1$이고 $a_{n+1}=\dfrac{na_n+6}{n+2}$ $(n\ge1)$을 만족시킨다. 다음은 일반항 a_n을 구하는 과정이다.

> 주어진 식에 의하여
> $(n+2)a_{n+1}=na_n+6$ ⋯ ⓐ
> 이다. $b_n=n(n+1)a_n$이라 하면 **단서1** ⓐ를 b_n 꼴로 나타내어 볼까?
> $b_{n+1}=b_n+$ (가) ⋯ ⓑ
> 이고, $b_1=2$이므로
> $b_n=$ (나) $(n\ge1)$ **단서2** 일반항 b_n을 구하기 위해서 ⓑ에서 $b_{n+1}-b_n=f(n)$의 양변에 $n=1, 2, 3, \cdots, n-1$을 대입하여 각 변을 더해 주면 되겠네.
> 이다. 따라서
> $a_n=\dfrac{(\text{나})}{n(n+1)}$ $(n\ge1)$
> 이다.

위의 (가), (나)에 들어갈 식을 각각 $f(n)$, $g(n)$이라 할 때, $f(4)+g(10)$의 값은? (4점)

① 356 ② 357 ③ 358 ④ 359 ⑤ 360

1st $b_n=n(n+1)a_n$으로 주어진 식을 변형하여 (가)$=b_{n+1}-b_n$을 찾자.

$a_{n+1}=\dfrac{na_n+6}{n+2}$의 양변에 $(n+2)$를 곱하면

$(n+2)a_{n+1}=na_n+6$

다시 양변에 $(n+1)$을 곱하면 → $b_{n+1}=(n+1)(n+2)a_{n+1}$ 꼴을 만들기 위해!!

$(n+1)(n+2)a_{n+1}=n(n+1)a_n+6(n+1)$

이때, $b_n=n(n+1)a_n$이라 하면 $b_{n+1}=(n+1)(n+2)a_{n+1}$이므로

$b_{n+1}=b_n+6(n+1)$ ← (가)

한편, $a_1=1$에서 $b_1=1\times2\times a_1=2$이고

$b_{n+1}=b_n+6(n+1)$에서 n 대신에 1, 2, 3, ⋯, $n-1$을 대입하면

$a_{n+1}=a_n+f(n)$ 꼴은 $n=1, 2, 3, \cdots n-1$을 대입하여 변변 더해서 일반항 a_n을 찾자.

$$b_2=b_1+6(1+1)$$
$$b_3=b_2+6(2+1)$$
$$b_4=b_3+6(3+1)$$
$$\vdots$$
$$+)\ b_n=b_{n-1}+6(n-1+1)$$

$$b_n=b_1+\sum_{k=1}^{n-1}6(k+1)$$
$$=b_1+6\left(\sum_{k=1}^{n-1}k+\sum_{k=1}^{n-1}1\right)$$
① $\sum_{k=1}^{n}k=\dfrac{n(n+1)}{2}$ ② $\sum_{k=1}^{n}c=cn$ (단, c는 상수)
$$=2+6\left\{\frac{n(n-1)}{2}+(n-1)\right\}$$
$$=3n^2+3n-4\ (n\ge1)\ \leftarrow(\text{나})$$

따라서 $b_n=n(n+1)a_n=3n^2+3n-4$이므로

$a_n=\dfrac{3n^2+3n-4}{n(n+1)}$ $(n\ge1)$

2nd $f(4)+g(10)$의 값을 구하자.

따라서 $f(n)=6(n+1)$, $g(n)=3n^2+3n-4$이므로

$f(4)+g(10)=6(4+1)+3\times10^2+3\times10-4$
$=30+326=356$

I 04 정답 ③ *수열의 귀납적 정의 – 경우 나누기 [정답률 63%]

(정답 공식: 귀납적으로 정의된 수열은 직접 $n=1, 2, 3, \cdots$을 대입하여 a_n의 값을 추론한다.)

수열 $\{a_n\}$은 $a_1=3$이고, 모든 자연수 n에 대하여

$$a_{n+1}=\begin{cases}a_n+3 & (n\text{이 홀수인 경우})\\ 2a_n & (n\text{이 짝수인 경우})\end{cases}$$

를 만족시킨다. a_6의 값은? (3점) **단서** n이 짝수냐 홀수냐에 따라 다음 항을 만족시키는 식이 다르지.

① 27 ② 30 ③ 33 ④ 36 ⑤ 39

1st $n=1$에서 $n=5$까지 주어진 수열의 관계식에 대입하여 a_6의 값을 구하자.

$a_1=3$이므로

$a_2=a_1+3=3+3=6$

$a_3=2a_2=2\times6=12$

$a_4=a_3+3=12+3=15$

$a_5=2a_4=2\times15=30$

$\therefore a_6=a_5+3=30+3=33$

주의 a_1에서 $n=1$이 홀수이므로 a_2의 값을 구하기 위하여 $a_{n+1}=a_n+3$의 관계식에 $n=1$을 대입해야 해. a_2에서 $n=2$는 짝수이므로 a_3의 값을 구하기 위하여 $a_{n+1}=2a_n$의 관계식에 $n=2$를 대입해야 하지. 이와 같이 n이 홀수와 짝수가 번갈아 나오므로 관계식을 번갈아 사용해야 해.

I 05 정답 ④ *수열의 귀납적 정의 – 빈칸 [정답률 53%]

(정답 공식: 빈칸의 앞뒤를 채울 수 있는 수를 구한다.)

수열 $\{a_n\}$은 $a_1=1$이고

$$a_{n+1}=\sum_{k=1}^{n}2^{n-k}a_k\ (n\ge1)\cdots ⓐ$$

를 만족시킨다. 다음은 일반항 a_n을 구하는 과정이다.

> 주어진 식으로부터 $a_2=$ (가) 이다. **단서1** ⓐ에 $n=1$을 대입해.
> 자연수 n에 대하여 **단서2** ❶과 ❷를 비교해. 2^{n-k}이 공통임이 보이지?
> $a_{n+2}=\sum_{k=1}^{n+1}2^{n+1-k}a_k=\overset{❶}{\sum_{k=1}^{n}2^{n+1-k}a_k}+a_{n+1}$
> $=$ (나) $\overset{❷}{\sum_{k=1}^{n}2^{n-k}a_k}+a_{n+1}=$ (다) a_{n+1} **단서3** ❷를 이용하여 앞의 식은 a_{n+1}로 정리해야겠네.
> 이다.
> 따라서 $a_1=1$이고, $n\ge2$일 때,
> $a_n=($(다)$)^{n-2}$이다.

위의 (가), (나), (다)에 알맞은 수를 각각 p, q, r라 할 때, $p+q+r$의 값은? (3점)

① 3 ② 4 ③ 5 ④ 6 ⑤ 7

1st 주어진 식에 $n=1$을 대입하여 (가)를 추론해.

수열 $\{a_n\}$에서

$a_1=1$이고, $a_{n+1}=\sum_{k=1}^{n}2^{n-k}a_k$ ⋯ ㉠

㉠에 $n=1$을 대입하면 → ㉠의 n의 자리에 1을 대입해야 해.

$a_2=\sum_{k=1}^{1}2^{1-k}a_k=2^0a_1=1$ 이다. ← (가)

$k=1$에서 $k=1$까지의 합이니까 결국 $k=1$의 값을 구하면 돼.

2nd 식의 전개에서 빈칸은 앞, 뒤 식을 확인하여 (나), (다)를 추론해.

자연수 n에 대하여

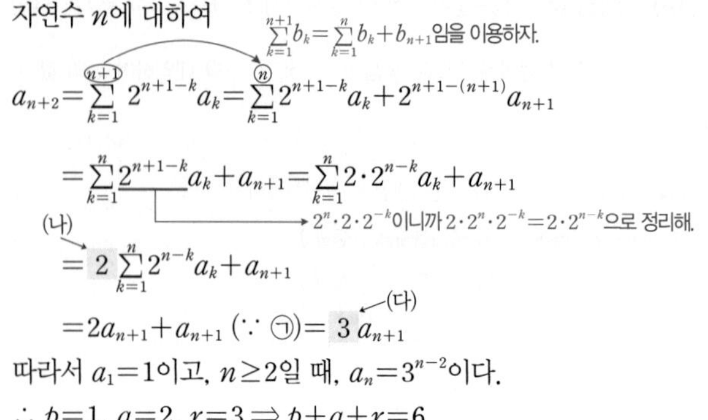

$\sum_{k=1}^{n+1} b_k = \sum_{k=1}^{n} b_k + b_{n+1}$임을 이용하자.

$a_{n+2} = \sum_{k=1}^{n+1} 2^{n+1-k} a_k = \sum_{k=1}^{n} 2^{n+1-k} a_k + 2^{n+1-(n+1)} a_{n+1}$

$= \sum_{k=1}^{n} 2^{n+1-k} a_k + a_{n+1} = \sum_{k=1}^{n} 2 \cdot 2^{n-k} a_k + a_{n+1}$

→ $2^n \cdot 2 \cdot 2^{-k}$이니까 $2 \cdot 2^n \cdot 2^{-k} = 2 \cdot 2^{n-k}$으로 정리해.

(나)

$= 2 \sum_{k=1}^{n} 2^{n-k} a_k + a_{n+1}$

(다)

$= 2a_{n+1} + a_{n+1}$ ($\because$ ㉠) $= 3\,a_{n+1}$

따라서 $a_1 = 1$이고, $n \geq 2$일 때, $a_n = 3^{n-2}$이다.

$\therefore p = 1,\ q = 2,\ r = 3 \Rightarrow p + q + r = 6$

I 06 정답 23 *수열의 귀납적 정의의 활용 ··········· [정답률 57%]

(정답 공식: 점 P_n의 좌표를 하나씩 구해보면 x, y좌표의 값에 규칙성을 찾을 수 있다.)

> 자연수 n에 대하여 좌표평면 위의 점 P_n을 다음 규칙에 따라 정한다.
>
> (가) 세 점 P_1, P_2, P_3의 좌표는 각각 $(-1, 0)$, $(1, 0)$, $(-1, 2)$이다.
>
> (나) 선분 P_nP_{n+1}의 중점과 선분 $P_{n+2}P_{n+3}$의 중점은 같다.
>
> 예를 들어, 점 P_4의 좌표는 $(1, -2)$이다. 점 P_{25}의 좌표가 (a, b)일 때, $a+b$의 값을 구하시오. (4점)
>
> 단서 $P(x_n, y_n)$이라 하고 규칙을 만족시키는 x_{n+3}과 y_{n+3}의 관계식을 세워 점 P_n의 좌표의 일정한 패턴을 찾자.

1st x좌표와 y좌표의 규칙을 찾아 봐.

점 P_n의 좌표를 $P_n(x_n, y_n)$이라 하면 $P_{n+1}(x_{n+1}, y_{n+1})$, $P_{n+2}(x_{n+2}, y_{n+2})$, $P_{n+3}(x_{n+3}, y_{n+3})$

선분 P_nP_{n+1}의 중점의 좌표는 $\left(\frac{x_n + x_{n+1}}{2}, \frac{y_n + y_{n+1}}{2}\right)$이고

선분 $P_{n+2}P_{n+3}$의 중점의 좌표는 $\left(\frac{x_{n+2} + x_{n+3}}{2}, \frac{y_{n+2} + y_{n+3}}{2}\right)$

조건 (나)에 의하여 → $\frac{x_n + x_{n+1}}{2} = \frac{x_{n+2} + x_{n+3}}{2}$, $\frac{y_n + y_{n+1}}{2} = \frac{y_{n+2} + y_{n+3}}{2}$

$x_{n+3} = x_n + x_{n+1} - x_{n+2}$ ··· ㉠

$y_{n+3} = y_n + y_{n+1} - y_{n+2}$ ··· ㉡

2nd P_5, P_6, P_7, ···을 구하여 x좌표와 y좌표의 규칙을 찾아.

$x_1 = -1$, $x_2 = 1$, $x_3 = -1$을 ㉠에 대입하면

$x_4 = x_1 + x_2 - x_3 = 1$, $x_5 = x_2 + x_3 - x_4 = -1$, ···

$\therefore x_n = \begin{cases} -1 & (n\text{이 홀수}) \\ 1 & (n\text{이 짝수}) \end{cases}$

마찬가지로 $y_1 = 0$, $y_2 = 0$, $y_3 = 2$를 ㉡에 대입하면

$y_4 = y_1 + y_2 - y_3 = -2$, $y_5 = y_2 + y_3 - y_4 = 4$

$y_6 = y_3 + y_4 - y_5 = -4$, $y_7 = y_4 + y_5 - y_6 = 6$

$y_8 = y_5 + y_6 - y_7 = -6$, ···

$\therefore y_n = \begin{cases} n-1 & (n\text{이 홀수}) \\ -(n-2) & (n\text{이 짝수}) \end{cases}$

이때, $n = 25$는 홀수이므로 $x_{25} = -1$, $y_{25} = 24$ ← $y_n = n-1$에 $n = 25$를 대입해.

따라서 $P_{25}(a, b) = (-1, 24)$이므로 $a + b = (-1) + 24 = 23$

수능 유형별 기출 문제 [2점, 3점, 쉬운 4점]

I 07 정답 ④ *수열의 귀납적 정의 ··········· [정답률 75%]

(정답 공식: $a_{n+1} + 2 = 2(a_n + 2)$ 꼴로 만들어본다.)

> 수열 $\{a_n\}$에 대하여 $a_1 = 2$이고 $a_{n+1} = 2a_n + 2$일 때, a_{10}의 값은? (3점)
>
> 단서 주어진 식에 $n = 1, 2, 3, \cdots 10$을 대입하여 연립해 볼까?
>
> ① 1022 ② 1024 ③ 2021 ④ 2046 ⑤ 2082

1st 주어진 식에 $n = 1, 2, 3, \cdots$을 대입하여 규칙을 찾아 a_{10}의 값을 찾자.

$a_{n+1} = 2a_n + 2$에 n 대신에 $1, 2, 3, \cdots, n-1$을 대입하면

$a_2 = 2a_1 + 2 = 2^2 + 2$

$a_3 = 2a_2 + 2 = 2(2^2 + 2) + 2 = 2^3 + 2^2 + 2$

$a_4 = 2a_3 + 2 = 2(2^3 + 2^2 + 2) + 2 = 2^4 + 2^3 + 2^2 + 2$

⋮

$a_{10} = 2^{10} + 2^9 + 2^8 + \cdots + 2$ → 첫째항이 2, 공비가 2인 등비수열의 첫째항부터 제10항까지의 합이지?

$= \frac{2(2^{10} - 1)}{2 - 1} = 2 \times 1023 = 2046$ 첫째항이 a_1, 공비가 r인 등비수열의 첫째항부터 제 n항까지의 합은 $S_n = \frac{a_1(r^n - 1)}{r - 1}$

I 08 정답 ⑤ *수열의 귀납적 정의 ··········· [정답률 77%]

(정답 공식: 주어진 조건식은 공비가 3인 등비수열임을 말해준다.)

> 수열 $\{a_n\}$이 모든 자연수 n에 대하여 $a_{n+1} = 3a_n$을 만족시킨다. $a_2 = 2$일 때, a_4의 값은? (3점)
>
> 단서 $a_{n+1} = ra_n$ 꼴이네? 등비수열을 나타내는 점화식이야.
>
> ① 6 ② 9 ③ 12 ④ 15 ⑤ 18

1st 이웃하는 항 사이의 관계를 어떻게 정의했는지 살펴보자.

수열 $\{a_n\}$이 모든 자연수 n에 대하여

$a_{n+1} = 3a_n$, 즉 $\frac{a_{n+1}}{a_n} = 3$이 성립한다. → 이웃하는 항 사이에 일정한 비가 성립하니까 등비수열임을 알 수 있어.

따라서 수열 $\{a_n\}$은 공비 $r = 3$인 등비수열이다.

2nd $a_2 = 2$를 이용하여 첫째항을 구하고, a_4의 값을 알아내자.

첫째항을 a라고 하면 $a_2 = 2$이므로 $a_2 = ar = 3a = 2$

$\therefore a = \frac{2}{3}$

즉, 수열 $\{a_n\}$의 일반항은 $a_n = \frac{2}{3} \times 3^{n-1} = 2 \times 3^{n-2}$

$\therefore a_4 = 2 \times 3^2 = 18$ 첫째항이 a, 공비가 r인 등비수열 $\{a_n\}$의 일반항 $a_n = ar^{n-1}$

I 09 정답 256 *수열의 귀납적 정의 ··········· [정답률 85%]

(정답 공식: 조건 (나)에 $n = 1$을 대입하면 a_1의 값을 구할 수 있고, a_n이 등비수열이고 공비가 -2임을 안다.)

> 수열 $\{a_n\}$이 다음 조건을 만족시킨다.
>
> (가) $a_1 = a_2 + 3$ 단서2 (나)에서 공비를 알 수 있으니까 (가)에서 첫째항을 구하여 일반항 a_n을 세우자.
>
> (나) $a_{n+1} = -2a_n\ (n \geq 1)$ 단서1 $\frac{a_{n+1}}{a_n} = -2$로 일정하므로 등비수열이지?
>
> a_9의 값을 구하시오. (3점)

1st 조건에 의하여 수열 $\{a_n\}$이 등비수열이니까 a_1부터 구하자.

조건 (나)에서 수열 $\{a_n\}$은 공비가 -2인 등비수열이다.

일정한 비율로 증가 또는 감소하는 수열로 $\frac{a_{n+1}}{a_n}=r$ (r는 상수)이고, r는 공비야.

이때, $a_{n+1}=-2a_n$에 n 대신 1을 대입하면

$a_2=-2a_1$

이것을 조건 (가)에 대입하면

$a_1=-2a_1+3,\ 3a_1=3 \qquad \therefore a_1=1$

따라서 수열 $\{a_n\}$은 첫째항이 1이고 공비가 -2인 등비수열이므로

$a_n=1\times(-2)^{n-1}=(-2)^{n-1}$ 첫째항이 a_1, 공비가 r인 등비수열의 일반항은 $a_n=a_1r^{n-1}$이야.

$\therefore a_9=(-2)^8=256$

I 10 정답 ① *수열의 귀납적 정의 [정답률 65%]

(정답 공식: $S_{n+1}-S_{n-1}=a_{n+1}+a_n$이다.)

수열 $\{a_n\}$에 대하여 첫째항부터 제n항까지의 합을 S_n이라 하자. (단, $a_1<a_2<a_3<\cdots<a_n<\cdots$이다.)

$a_1=1,\ a_2=3,\ (S_{n+1}-S_{n-1})^2=4a_na_{n+1}+4(n=2,\ 3,\ 4,\ \cdots)$

일 때, a_{20}의 값은? (3점) **단서** 일반항을 구해야 하니까 합을 일반항으로 나타내어 볼까?

①39 ② 43 ③ 47 ④ 51 ⑤ 55

1st S_n에 관한 식을 a_n에 관한 식으로 바꿔.

수열 $\{a_n\}$에 대하여 첫째항부터 제n항까지의 합이 S_n이므로

$S_{n+1}-S_{n-1}=(a_1+a_2+\cdots+a_{n-1}+a_n+a_{n+1})-(a_1+a_2+\cdots+a_{n-1})$

$=a_{n+1}+a_n$

$a_n=S_n-S_{n-1}$이고 $a_{n+1}=S_{n+1}-S_n$이니까 두 식을 더해도 돼.

즉, $n=2,\ 3,\ 4,\ \cdots$일 때,

$(S_{n+1}-S_{n-1})^2=4a_na_{n+1}+4$에서

$(a_{n+1}+a_n)^2=4a_na_{n+1}+4$

2nd 식을 정리하여 a_{n+1}과 a_n 사이의 관계식을 구해.

$a_{n+1}^2+2a_{n+1}a_n+a_n^2=4a_na_{n+1}+4$

① $(a+b)^2=a^2+2ab+b^2$
② $(a-b)^2=a^2-2ab+b^2$

$a_{n+1}^2-2a_{n+1}a_n+a_n^2=4$

$\therefore (a_{n+1}-a_n)^2=4$

그런데 $a_1<a_2<a_3<\cdots<a_n<\cdots$이라고 하므로 $a_{n+1}>a_n$이다.

$\therefore a_{n+1}-a_n=2$

$a_{n+1}-a_n>0$이니까 $a_{n+1}-a_n=\pm2$에서 양수만 돼.

3rd 수열 $\{a_n\}$이 어떤 수열인지 파악되면 a_{20}의 값을 구하는 건 쉬워.

수열 $\{a_n\}$의 각 항의 차가 2이므로 수열 $\{a_n\}$은 첫째항이 $a_1=1$이고 공차가 2인 등차수열이다.

[등차수열의 일반항] 첫째항이 a_1, 공차가 d일 때, $a_n=a_1+(n-1)d$야.

$\therefore a_{20}=1+(20-1)\times2=1+38=39$

I 11 정답 ③ *수열의 귀납적 정의 [정답률 47%]

(정답 공식: 두 조건 (가), (나)에 적당한 자연수 n을 대입해보며 a_{25}의 값을 구하기 위해 필요한 값을 찾는다.)

수열 $\{a_n\}$은 $0<a_1<1$이고, 모든 자연수 n에 대하여 다음 조건을 만족시킨다.

단서1 주어진 조건을 만족시키는 a_1의 값이 여러 개 나올 수 있다는 것을 추측할 수 있을 거야. 그 중 $0<a_1<1$을 만족시키는 a_1의 값을 찾아야 해.

(가) $a_{2n}=a_2\times a_n+1$

(나) $a_{2n+1}=a_2\times a_n-2$

단서2 두 식의 우변에 같은 값인 $a_2\times a_n$이 있으니까 두 식을 변변 빼서 a_{2n}, a_{2n+1}에 대한 식으로 나타내 봐.

$a_7=2$일 때, a_{25}의 값은? (4점)

단서3 구하는 값이 a_{25}이므로 a_{25}의 값을 구하기 위해 필요한 값이 무엇인지 먼저 찾아 봐.

① 78 ② 80 ③82 ④ 84 ⑤ 86

1st a_{25}의 값을 구하기 위해 필요한 값이 무엇인지 찾아.

$a_7=2$이므로 조건 (나)에 의하여

a_7의 값이 주어졌으므로 이 값을 먼저 조건식을 이용해서 정리할 생각을 해야 해.

$a_7=a_{2\times3+1}=a_2\times a_3-2=2$

$\therefore a_2\times a_3=4 \cdots$ ㉠

조건 (가)에 의하여

$a_6=a_{2\times3}=a_2\times a_3+1$

$=4+1$ ($\because$ ㉠)

$=5 \cdots$ ㉡

한편, 조건 (나)에 의하여

$a_{25}=a_{2\times12+1}=a_2\times a_{12}-2 \cdots$ ㉢

조건 (가)에 의하여

$a_{12}=a_{2\times6}=a_2\times a_6+1$

$=a_2\times5+1$ ($\because$ ㉡)

$=5a_2+1$

이것을 ㉢에 대입하면 $a_{25}=a_2(5a_2+1)-2 \cdots$ ㉣

2nd a_2의 값을 구해.

조건 (나)의 식 $a_{2n+1}=a_2\times a_n-2$에서 조건 (가)의 식 $a_{2n}=a_2\times a_n+1$을 변변 빼면

주의 귀납적으로 정의된 수열에서 주어진 두 조건식에 같은 것이 있다면 두 식을 더하거나 빼서 하나의 식으로 만들어 봐야 해.

$a_{2n+1}-a_{2n}=-3$

$\therefore a_{2n+1}=a_{2n}-3$

이 식의 양변에 $n=1$을 대입하면 $a_3=a_2-3$이고 이것을 ㉠에 대입하면

$a_2(a_2-3)=4$에서

$a_2^2-3a_2-4=0$

$(a_2+1)(a_2-4)=0$

$\therefore a_2=-1$ 또는 $a_2=4$

(i) $a_2=-1$일 때, 조건 (가)에 의하여 $a_2=a_{2\times1}=a_2\times a_1+1$이므로

$-1=-a_1+1$

$\therefore a_1=2$

그런데 $0<a_1<1$이므로 조건을 만족시키지 않는다.

(ii) $a_2=4$일 때, 조건 (가)에 의하여 $a_2=a_{2\times1}=a_2\times a_1+1$이므로

$4=4a_1+1,\ 4a_1=3$

$\therefore a_1=\frac{3}{4}$

이것은 $0<a_1<1$을 만족시킨다.

(i), (ii)에 의하여 $a_1=\frac{3}{4}$, $a_2=4$이므로 ㉣에 의하여

$a_{25}=4(5\times4+1)-2=84-2=82$

강혜윤 서울대 인문계열 2021년 입학 · 경기 수지고 졸

21번이 수열로 나온 것을 보고 긴장한 채로 문제를 읽기 시작했지. 그런데 생각보다 너무 시시한 거야. 작년 수능과 굉장히 비슷한 유형이었기 때문인 것 같아. 기출문제를 열심히 공부한 수험생이라면 쉽게 접근할 수 있었을 거야. 그렇기 때문에 만약 21번이 어려울 거라고 생각하고 그냥 넘겨버린 수험생이라면 후회했을 것 같아. 대비 문제여도 보기와 다르게 쉬운 문제일 수도 있으니까, 2~3분 정도는 문제를 고민하는 시간을 갖는 걸 추천해. 덧붙여서, 수열은 접근법을 알아도 계산 실수를 하기 쉽기 때문에, 과정을 써가면서 차분하게 계산하는 것이 정말 중요하다는 것을 잊지 마.

I 12 정답 ② *수열의 귀납적 정의 [정답률 45%]

(정답 공식: 두 조건 (가), (나)에 적당한 자연수 n을 대입해보며 a_1, a_8의 값을 각각 구한다.)

수열 $\{a_n\}$은 $0<a_1<1$이고, 모든 자연수 n에 대하여 다음 조건을 만족시킨다. 단서1 주어진 조건을 만족시키는 a_1의 값이 여러 개 나올 수 있다는 것을 추측할 수 있을 거야. 그 중 $0<a_1<1$을 만족시키는 a_1의 값을 찾아야 해.

(가) $a_{2n}=a_2\times a_n+1$
(나) $a_{2n+1}=a_2\times a_n-2$

$a_8-a_{15}=63$일 때, $\frac{a_8}{a_1}$의 값은? (4점)
단서2 주어진 조건식을 이용하여 하나의 항으로 나타내 봐.

① 91 ② 92 ③ 93 ④ 94 ⑤ 95

1st $a_8-a_{15}=63$을 만족시키는 a_2의 값을 모두 구해.

조건 (가)에 의하여

$a_2=a_{2\times1}=a_2\times a_1+1$ ⋯ ㉠, $a_4=a_{2\times2}=a_2\times a_2+1=a_2^2+1$

$\therefore a_8=a_{2\times4}=a_2\times a_4+1=a_2(a_2^2+1)+1=a_2^3+a_2+1$ ⋯ ㉡

또, 조건 (나)에 의하여 $a_3=a_{2\times1+1}=a_2\times a_1-2$ ⋯ ㉢

이때, ㉠−㉢을 하면 $a_2-a_3=3$

$\therefore a_3=a_2-3$

→ $a_3=a_2-3$임을 주어진 조건식에서 구할 수도 있어. 조건 (가)의 식에서 조건 (나)의 식을 변변 빼면 $a_{2n}-a_{2n+1}=3$에서 $a_{2n+1}=a_{2n}-3$이지? 이 식의 양변에 $n=1$을 대입하면 $a_3=a_2-3$이야.

즉, $a_7=a_{2\times3+1}=a_2\times a_3-2=a_2(a_2-3)-2=a_2^2-3a_2-2$이고

$a_{15}=a_{2\times7+1}=a_2\times a_7-2=a_2(a_2^2-3a_2-2)-2=a_2^3-3a_2^2-2a_2-2$

이다.

한편, $a_8-a_{15}=63$이므로 $(a_2^3+a_2+1)-(a_2^3-3a_2^2-2a_2-2)=63$

$3a_2^2+3a_2+3=63$, $a_2^2+a_2-20=0$, $(a_2+5)(a_2-4)=0$

$\therefore a_2=-5$ 또는 $a_2=4$

2nd 조건을 만족시키는 a_1, a_2의 값을 각각 구해.

(i) $a_2=-5$일 때, ㉠에 대입하면

$-5=-5a_1+1$, $5a_1=6$ $\therefore a_1=\frac{6}{5}$

그런데 $0<a_1<1$이므로 조건을 만족시키지 않는다.

(ii) $a_2=4$일 때, ㉠에 대입하면

$4=4a_1+1$, $4a_1=3$ $\therefore a_1=\frac{3}{4}$

이것은 $0<a_1<1$을 만족시킨다.

(i), (ii)에 의하여 $a_1=\frac{3}{4}$, $a_2=4$이다.

3rd $\frac{a_8}{a_1}$의 값을 구해.

$a_2=4$를 ㉡에 대입하면 $a_8=4^3+4+1=69$이므로

$\frac{a_8}{a_1}=\frac{69}{\frac{3}{4}}=92$

윤혁 서울대 건설환경공학부 2021년 입학 · 서울 동양고 졸

난 문제의 수열 $\{a_n\}$의 규칙을 찾으려고 열심히 시도해봤어. 그런데 도저히 a_8, a_{15}를 지지고 볶아도 도저히 a_1의 값이 구해지지 않더라고. 그래서 다른 문제 먼저 다 풀고 다시 풀어봐야겠다는 생각을 했어. 나중에 다시 보니 a_1, a_2가 많이 사용되는 것이 보였고 이 두 값을 a, b라 한 후, 주어진 조건을 이용하여 $a_8=b^3+b+1$, $a_{15}=b^3-3b^2-2b-2$인 것을 찾아서 해결했어.

I 13 정답 ③ *수열의 귀납적 정의 - $a_{n+1}=a_n+f(n)$ [정답률 86%]

(정답 공식: $a_{n+1}=a_n+f(n)$ 꼴은 n 대신에 1, 2, 3, ⋯, $n-1$을 대입하여 변변 더 하면 $a_n=a_1+f(1)+f(2)+\cdots+f(n-1)=a_1+\sum_{k=1}^{n-1}f(k)$)

수열 $\{a_n\}$에 대하여

$a_1=6$, $a_{n+1}=a_n+3^n$ $(n=1, 2, 3, \cdots)$

일 때, a_4의 값은? (3점) 단서 $a_{n+1}=a_n+f(n)$ 꼴로 수열이 정의되어 있으니까 n 대신 1, 2, 3을 대입하여 a_4의 값을 구해야지.

① 39 ② 42 ③ 45 ④ 48 ⑤ 51

1st 주어진 식에 n 대신 1, 2, 3을 대입하여 a_4의 값을 구하자.

$a_{n+1}=a_n+3^n$에 n 대신에 1, 2, 3을 대입하면

$a_2=a_1+3^1$ — a_4의 값을 구하는 거니까 주어진 n 대신에 1, 2, 3까지만 대입하면 되겠지.

$=6+3(\because a_1=6)=9$

$a_3=a_2+3^2=9+9=18$

$\therefore a_4=a_3+3^3=18+27=45$

톡톡 풀이: 수열 $\{a_n\}$의 일반항을 구한 후 a_4의 값 구하기

$a_{n+1}=a_n+3^n$에서 $a_{n+1}-a_n=3^n$이므로 $a_n-a_1=\sum_{k=1}^{n-1}3^k$

$a_n=a_1+\sum_{k=1}^{n-1}3^k$

$=6+\frac{3(3^{n-1}-1)}{2}$

$\therefore a_4=6+\frac{3(3^3-1)}{2}$

$=6+39=45$

$a_{n+1}=a_n+3^n$에 n 대신 1, 2, 3, ⋯, $n-1$ 대입하여 변변 더하자.

$a_2=a_1+3^1$
$a_3=a_2+3^2$
$a_4=a_3+3^3$
⋮
$+\underline{)\,a_n=a_{n-1}+3^{n-1}}$
$a_n=a_1+(3^1+3^2+3^3+\cdots+3^{n-1})$
$=a_1+\sum_{k=1}^{n-1}3^k$

수능 핵강

*** 수열의 귀납적 정의를 이용하여 특정항의 값 구하기**

수열의 귀납적 정의를 이용하여 a_4의 값을 구하는 문제야. a_n에서 n의 값이 작을 때는 일반항 공식을 외워서 적용하기보다는 a_2부터 수열의 값을 하나씩 구하는 것이 더 효과적이야.

I 14 정답 ② *수열의 귀납적 정의 - $a_{n+1}=a_n+f(n)$ [정답률 81%]

(정답 공식: n 대신에 1, 2, ⋯, $n-1$을 차례로 대입하여 각 변을 더하면, a_n을 n에 대한 식으로 나타낼 수 있다.)

수열 $\{a_n\}$이 $a_{n+1}-a_n=2n$을 만족시킨다. $a_{10}=94$일 때, a_1의 값은? (3점) 단서 주어진 식에 $n=1, 2, 3, \cdots 9$를 대입하여 각 변을 더해 줄까?

① 5 ② 4 ③ 3 ④ 2 ⑤ 1

1st $a_{n+1}-a_n=2n$에 $n=1, 2, 3, \cdots$을 대입해.

$a_{n+1}-a_n=2n$에 n 대신에 1, 2, 3, ⋯, 9를 대입하면

$a_2-a_1=2\times1$
$a_3-a_2=2\times2$
$a_4-a_3=2\times3$ ⇒ $n=4$라 하면 $a_5-a_4=2\times4$라 할 수 있지?
⋮
$+\underline{)\,a_{10}-a_9=2\times9}$

$a_{10}-a_1=2(1+2+3+\cdots+9)=2\times\frac{9(1+9)}{2}=90$

$\therefore a_1=a_{10}-90=94-90=4$

톡톡 풀이: 수열 $\{a_n\}$의 일반항을 구해서 해결하기

$a_n-a_{n-1}=2(n-1)$이니까 $a_n-a_1=\sum_{k=1}^{n-1}2k$ 주의 $a_{n+1}-a_n=2n$의 식에서 n 대신 $n-1$을 대입한 식이야.

$\therefore a_n=a_1+\sum_{k=1}^{n-1}2k=a_1+2\times\frac{n(n-1)}{2}=n^2-n+a_1$ → 상수 c에 대하여 $\sum_{k=1}^{n}ca_k=c\sum_{k=1}^{n}a_k$야.

이때, $a_{10}=94$이므로 $a_{10}=10^2-10+a_1=94$

$90+a_1=94\qquad\therefore a_1=4$

I 15 정답 15 *수열의 귀납적 정의-$a_{n+1}=a_n+f(n)$ [정답률 65%]

(정답 공식: 조건 (나)의 조건식의 n대신에 1, 2, …, $n-1$을 차례로 대입하여 각 변을 더하면, a_n을 n에 대한 식으로 나타낼 수 있다.)

수열 $\{a_n\}$이 다음 조건을 만족시킨다.

(가) $a_1=36$ 단서2 일반항 a_n을 구하기 위해서 $a_{n+1}-a_n=f(n)$의 양변에 $n=1, 2, 3, \cdots, n-1$을 대입하여 각 변을 더해 주면 되겠네.

(나) $a_{n+1}-a_n=2n-14\ (n\ge1)$

단서1 일반항 a_n을 세워 n의 값을 구해야겠지?

$a_n=6$일 때, 모든 n의 값의 합을 구하시오. (4점)

1st 조건 (나)의 식에 $n=1, 2, 3, \cdots, n-1$을 차례로 대입해 보자.

$a_{n+1}-a_n=2n-14$에 n 대신 1, 2, 3, …, $n-1$을 차례로 대입하면

$a_2-a_1=2\times1-14$

$a_3-a_2=2\times2-14$

$\vdots$

$+)\ a_n-a_{n-1}=2(n-1)-14$

$a_n-a_1=2\{1+2+\cdots+(n-1)\}-14(n-1)$

$=2\times\frac{(n-1)n}{2}-14(n-1)=n^2-15n+14$

[연속한 자연수의 합] $\sum_{k=1}^{n}k=1+2+\cdots+n=\frac{n(n+1)}{2}$을 이용해.

$\therefore a_n=a_1+n^2-15n+14=36+n^2-15n+14=n^2-15n+50$

2nd $a_n=6$을 만족시키는 모든 자연수 n의 값의 합을 구해.

이때, $a_n=6$이므로 $n^2-15n+50=6$에서

$n^2-15n+44=0$

$(n-4)(n-11)=0$

$\therefore n=4$ 또는 $n=11$

주의 n의 방정식이고 근과 계수의 관계에 의하여 n의 값의 합을 두 근의 합 $\alpha+\beta=15$라고 바로 구하면 안 돼. n이 자연수이니까 이차식을 인수분해하여 n의 값을 구하고, 조건에 맞지 않는 경우는 제외해야 해.

따라서 모든 자연수 n의 값의 합은 $4+11=15$이다.

I 16 정답 ⑤ *수열의 귀납적 정의-$a_{n+1}=f(n)+a_n$ [정답률 75%]

(정답 공식: $a_{n+1}-a_n$의 첫째항과 공차를 구한다.)

수열 $\{a_n\}$이 다음 조건을 만족시킨다.

(가) $a_1=1,\ a_2=3,\ a_3=7$

(나) 수열 $\{a_{n+1}-a_n\}$은 등차수열이다.

단서 등차수열의 일반항을 구하여 $a_{n+1}-a_n=f(n)$ 꼴로 표현한 후 $n=1, 2, 3, \cdots, 7$을 대입하여 각 변을 더해 주면 되겠네.

a_8의 값은? (3점)

① 49 ② 51 ③ 53 ④ 55 ⑤ 57

1st 수열 $\{a_{n+1}-a_n\}$의 일반항을 구해.

$b_n=a_{n+1}-a_n$이라 하면 조건 (가)에서 $b_1=a_2-a_1=2,\ b_2=a_3-a_2=4$이므로 수열 $\{b_n\}$은 첫째항이 2이고 공차가 2인 등차수열이다. ($d=b_2-b_1$)

$\therefore b_n=2+(n-1)\times2=2n$

2nd 일반항 $a_{n+1}-a_n$을 이용하여 a_8의 값을 구해.

$a_{n+1}-a_n=2n$이므로 n 대신에 1, 2, 3, …, 7을 대입하면

$a_2-a_1=2\times1$

$a_3-a_2=2\times2$

$\vdots$

$+)\ a_8-a_7=2\times7$

$a_8-a_1=2\times(1+2+3+\cdots+7)$

$=2\times\frac{7(1+7)}{2}$ 첫째항이 a_1, 끝항이 l인 등차수열의 첫째항부터 제 n항까지의 합은 $S_n=\frac{n(a_1+l)}{2}$이야.

$=56$

$\therefore a_8=a_1+56=57$

I 17 정답 ② *수열의 귀납적 정의-$a_{n+1}=f(n)a_n$ [정답률 91%]

(정답 공식: n에 1, 2, …, $n-1$을 차례로 대입하여 각 변을 곱하면, a_n을 n에 대한 식으로 나타낼 수 있다.)

수열 $\{a_n\}$이 $a_1=1$이고, 모든 자연수 n에 대하여

$$a_{n+1}=\frac{2n}{n+1}a_n$$ 단서 주어진 식에 $n=1, 2, 3$을 대입해 보자.

을 만족시킬 때, a_4의 값은? (3점)

① $\frac{3}{2}$ ② 2 ③ $\frac{5}{2}$ ④ 3 ⑤ $\frac{7}{2}$

1st 주어진 식에 $n=1, 2, 3$을 차례로 대입하여 a_4의 값을 구하자.

$a_{n+1}=\frac{2n}{n+1}a_n$에 n 대신에 1, 2, 3을 차례로 대입하여 각각 구하면

$a_2=\frac{2\times1}{2}a_1=1$ ($a_1=1$)

$a_3=\frac{2\times2}{3}a_2=\frac{2\times2}{3}\times1=\frac{4}{3}$

$\therefore a_4=\frac{2\times3}{4}a_3=\frac{2\times3}{4}\times\frac{4}{3}=2$

다른 풀이: 조건식에서 $n=1, 2, 3$을 대입한 식의 각 변을 곱해서 해결하기

$a_2=\frac{2\times1}{2}a_1,\ a_3=\frac{2\times2}{3}a_2,\ a_4=\frac{2\times3}{4}a_3$

위 식의 각 변을 곱하면

실수 $\frac{a_{n+1}}{a_n}=f(n)$ 꼴인 유형에서는 $n=1, 2, 3$ …을 대입하여 각 변을 곱하는 게 일반적이야.

$a_2a_3a_4=\frac{2\times1}{2}\times\frac{2\times2}{3}\times\frac{2\times3}{4}a_1a_2a_3$

$\therefore a_4=2a_1=2\ (\because a_1=1)$ 양변을 a_2a_3으로 나누기

I 18 정답 55 *수열의 귀납적 정의-$a_{n+1}=f(n)a_n$ [정답률 75%]

(정답 공식: n에 1, 2, …, $n-1$을 차례로 대입하여 각 변을 곱하면, a_n을 n에 대한 식으로 나타낼 수 있다.)

수열 $\{a_n\}$이 $a_1=1$이고, 모든 자연수 n에 대하여

$$\frac{a_{n+1}}{a_n}=1-\frac{1}{(n+1)^2}$$ 단서 주어진 식에 $n=1, 2, 3, \cdots, 9$를 대입하여 각 변을 곱해 줄까?

을 만족시킬 때, $100a_{10}$의 값을 구하시오. (3점)

1st 주어진 식에 1, 2, 3, …, 9를 대입하여 a_{10}을 구하자.

$$\frac{a_{n+1}}{a_n}=1-\frac{1}{(n+1)^2}=\frac{n^2+2n}{(n+1)^2}=\frac{n}{n+1}\times\frac{n+2}{n+1}$$

이므로 n 대신에 1, 2, 3, …, 9를 대입하면

$$\frac{a_2}{a_1}=\frac{1}{2}\times\frac{3}{2}$$

$$\frac{a_3}{a_2}=\frac{2}{3}\times\frac{4}{3}$$

$$\frac{a_4}{a_3}=\frac{3}{4}\times\frac{5}{4}$$

⋮

$$\times)\ \frac{a_{10}}{a_9}=\frac{9}{10}\times\frac{11}{10}$$

$$\frac{a_{10}}{a_1}=\frac{1}{2}\times\frac{11}{10}=\frac{11}{20}$$

이므로 $a_{10}=\frac{11}{20}a_1=\frac{11}{20}$ ($a_1=1$)

$\therefore 100a_{10}=100\times\frac{11}{20}=55$

쉬운 풀이: 수열 $\left\{\frac{n}{n+1}a_n\right\}$의 일반항을 이용하여 a_{10}의 값 구하기

$$\frac{a_{n+1}}{a_n}=1-\frac{1}{(n+1)^2}=\frac{n^2+2n}{(n+1)^2}=\frac{n(n+2)}{(n+1)(n+1)}$$

$$=\frac{n}{n+1}\times\frac{n+2}{n+1}$$

에서 $\frac{n+1}{n+2}a_{n+1}=\frac{n}{n+1}a_n(n\geq1)$ … ㉠

이때, $b_n=\frac{n}{n+1}a_n$이라 하면 $b_{n+1}=\frac{n+1}{n+2}a_{n+1}$이므로 ㉠에서

$b_{n+1}=b_n(n\geq1)$

이때, $a_1=1$이므로 $b_1=\frac{1}{2}a_1=\frac{1}{2}$에서 $b_n=\frac{1}{2}$이야.

즉, $b_{10}=\frac{10}{11}a_{10}$에서 $\frac{1}{2}=\frac{10}{11}a_{10}$ $\therefore a_{10}=\frac{11}{20}$

$\therefore 100a_{10}=100\times\frac{11}{20}=55$

I 19 정답 ④ *수열의 귀납적 정의 – 하나의 식 …… [정답률 92%]

(정답 공식: 주어진 항들의 관계식에 $n=1, 2, 3, 4$를 차례로 대입하여 a_5를 구한다.)

수열 $\{a_n\}$은 $a_1=1$이고, 모든 자연수 n에 대하여

$$a_{n+1}+(-1)^n\times a_n=2^n$$

단서 식이 복잡해 보이지만 a_n의 값을 알면 다음 항인 a_{n+1}을 구할 수 있어. a_1의 값이 주어져 있으니 $n=1, 2, 3, \cdots$을 차례로 대입하여 $a_2, a_3, a_4, \cdots$의 값을 구할 수 있지.

을 만족시킨다. a_5의 값은? (3점)

① 1 ② 3 ③ 5 ④ 7 ⑤ 9

1st 주어진 식을 간단히 한 후, $n=1$을 대입하여 a_2를 구하자.

$a_{n+1}+(-1)^n\times a_n=2^n$에서

$a_{n+1}=-(-1)^n\times a_n+2^n=(-1)^{n+1}\times a_n+2^n$ … ㉠

㉠에 $n=1$을 대입하면

$a_2=(-1)^2\times a_1+2^1=1+2=3$

실수 a_{n+1}에 대해 식을 정리하는 과정이야. $-(-1)^n=(-1)\times(-1)^n=(-1)^{n+1}$

2nd $n=2, 3, 4$를 차례로 대입하여 a_3, a_4, a_5를 구하자.

㉠에 $n=2, 3$을 차례로 대입하면

$a_3=(-1)^3\times a_2+2^2=-3+4=1$

$a_4=(-1)^4\times a_3+2^3=1+8=9$

㉠에 $n=4$를 대입하면 $a_5=(-1)^5\times a_4+2^4=-9+16=7$

I 20 정답 ④ *수열의 귀납적 정의 – 하나의 식 …… [정답률 91%]

(정답 공식: a_4의 값을 구하는 것이므로 주어진 관계식에 $n=2, 3, 4$를 대입하여 a_2, a_3, a_4를 구한다.)

수열 $\{a_n\}$이 $a_1=1$이고 모든 자연수 n에 대하여

$$a_{n+1}=\frac{a_n+1}{3a_n-2}$$

단서 a_n과 a_{n+1} 사이의 관계식이 주어졌으므로 $n=1$부터 차례로 대입해서 a_4를 구하면 되겠지?

을 만족시킬 때, a_4의 값은? (3점)

① 1 ② 3 ③ 5 ④ 7 ⑤ 9

1st 주어진 수열의 관계식에 $n=2, 3, 4$를 대입하여 a_4를 구해보자.

$a_1=1$이고,

$$a_2=\frac{a_1+1}{3a_1-2}=\frac{1+1}{3\times1-2}=2$$

$$a_3=\frac{a_2+1}{3a_2-2}=\frac{2+1}{3\times2-2}=\frac{3}{4}$$

$$a_4=\frac{a_3+1}{3a_3-2}=\frac{\frac{3}{4}+1}{3\times\frac{3}{4}-2}=7$$

→ 주어진 식에 $n=1, 2, 3$을 대입해서 각각 a_2, a_3, a_4의 값을 구해.

I 21 정답 ④ *수열의 귀납적 정의 – 하나의 식 …… [정답률 85%]

(정답 공식: n 대신에 1, 2, 3, …를 차례로 대입해본다.)

수열 $\{a_n\}$은 $a_1=12$이고, 모든 자연수 n에 대하여

$$a_{n+1}+a_n=(-1)^{n+1}\times n$$

단서 수열 $\{a_n\}$이 귀납적으로 정의되었지? a_n을 알면 a_{n+1}을 구할 수 있어.

을 만족시킨다. $a_k>a_1$인 자연수 k의 최솟값은? (3점)

① 2 ② 4 ③ 6 ④ 8 ⑤ 10

1st $a_k>a_1$인 자연수 k의 최솟값을 구하자.

$a_{n+1}+a_n=(-1)^{n+1}\times n$에서 $a_{n+1}=-a_n+(-1)^{n+1}\times n$ … ㉠

㉠의 n 대신 1, 2, 3, …를 차례로 대입하면 $a_1=12$이므로

$a_2=-a_1+(-1)^2\times1=-12+1=-11$

$a_3=-a_2+(-1)^3\times2=11-2=9$

$a_4=-a_3+(-1)^4\times3=-9+3=-6$

$a_5=-a_4+(-1)^5\times4=6-4=2$

$a_6=-a_5+(-1)^6\times5=-2+5=3$

$a_7=-a_6+(-1)^7\times6=-3-6=-9$

$a_8=-a_7+(-1)^8\times7=9+7=16$

→ a_1보다 큰 a_k 중 k의 최솟값을 구하는 문제이고 a_8이 처음으로 a_1보다 큰 값이라는 것을 찾았으니까 $n\geq9$일 때의 a_n의 값은 구할 필요 없어.

따라서 $a_k>a_1$을 만족시키는 자연수 k의 최솟값은 8이다.

I 22 정답 ② *수열의 귀납적 정의 - 하나의 식 ······ [정답률 83%]

(정답 공식: $n=1, 2, 3, \cdots$을 차례대로 대입하여 항을 추론한다.)

수열 $\{a_n\}$이 모든 자연수 n에 대하여

$a_{n+1}+a_n=2n^2$ 단서 a_n, a_{n+1}에 대한 관계식에 n 대신 1, 2, 3, …을 대입하면서 값을 하나씩 구하면 돼.

을 만족시킨다. $a_3+a_5=26$일 때, a_2의 값은? (4점)

① 1 ② 2 ③ 3 ④ 4 ⑤ 5

1st $n=1, 2, 3, 4$를 차례로 대입하여 모든 항을 a_1로 나타내자.

$a_{n+1}+a_n=2n^2$에서 ($n=1$을 대입한 후 정리하면 a_2는 a_1에 관한 식으로 나타낼 수 있어. $n=2, 3, 4$도 앞에서 구한 값을 다시 대입하여 a_1로 표현할 수 있어.)

$n=1$일 때, $a_2+a_1=2\times1^2$이므로 $a_2=2-a_1$ ··· ㉠

$n=2$일 때, $a_3+a_2=2\times2^2$이므로 $a_3=8-a_2=6+a_1$ ··· ㉡

$n=3$일 때, $a_4+a_3=2\times3^2$이므로 $a_4=18-a_3=12-a_1$

$n=4$일 때, $a_5+a_4=2\times4^2$이므로 $a_5=32-a_4=20+a_1$ ··· ㉢

2nd 주어진 조건을 이용하여 a_1의 값을 구하자.

$a_3+a_5=26$에서 a_3, a_5에 각각 ㉡, ㉢을 대입하면

$a_3+a_5=(6+a_1)+(20+a_1)=26+2a_1=26$, $2a_1=0$ $\therefore a_1=0$

이를 ㉠의 식에 대입하면 $a_2=2-a_1=2$

I 23 정답 ② *수열의 귀납적 정의 - 하나의 식 ······ [정답률 82%]

(정답 공식: $n=2, 3, 4$를 대입하여 a_2와 a_5의 값을 구한다.)

수열 $\{a_n\}$이 모든 자연수 n에 대하여

$a_na_{n+1}=2n$ 단서 구해야 하는 항이 a_2, a_5이고, 주어진 항이 a_3이니까, 주어진 식에 $n=2, 3, 4$를 대입해보자.

이고 $a_3=1$일 때, a_2+a_5의 값은? (3점)

① $\frac{13}{3}$ ② $\frac{16}{3}$ ③ $\frac{19}{3}$ ④ $\frac{22}{3}$ ⑤ $\frac{25}{3}$

1st $n=2, 3, 4$를 차례대로 대입해봐. (이렇게 정의된 수열 문제에 가장 단순하게 접근하는 방법 중 하나가 바로, n에 차례대로 숫자를 대입하는 거야.)

$a_na_{n+1}=2n$ ··· ㉠이고 $a_3=1$이므로

㉠에 $n=2$를 대입하면

$a_2a_3=4$에서 $a_2\times1=4$ $\therefore a_2=4$

㉠에 $n=3$을 대입하면

$a_3a_4=6$에서 $1\times a_4=6$ $\therefore a_4=6$

㉠에 $n=4$를 대입하면

$a_4a_5=8$에서 $6\times a_5=8$ $\therefore a_5=\frac{8}{6}=\frac{4}{3}$

$\therefore a_2+a_5=4+\frac{4}{3}=\frac{16}{3}$

I 24 정답 ① *수열의 귀납적 정의 - 하나의 식 ······ [정답률 81%]

(정답 공식: a_3, a_4, …의 값을 차례로 구해본다.)

수열 $\{a_n\}$은 $a_1=2$, $a_2=3$이고, 모든 자연수 n에 대하여

$a_{n+2}-a_{n+1}+2a_n=5$ 단서 $n=1, 2, 3, \cdots$을 차례로 대입해보자.

를 만족시킨다. a_6의 값은? (3점)

① -1 ② 0 ③ 1 ④ 2 ⑤ 3

1st $n=1, 2, 3, 4$를 차례로 대입해봐.

$a_1=2$, $a_2=3$, $a_{n+2}=a_{n+1}-2a_n+5$이므로

$n=1$을 대입하면 $a_3=a_2-2a_1+5=3-4+5=4$

$n=2$를 대입하면 $a_4=a_3-2a_2+5=4-6+5=3$

$n=3$을 대입하면 $a_5=a_4-2a_3+5=3-8+5=0$

$n=4$를 대입하면 $a_6=a_5-2a_4+5=0-6+5=-1$

I 25 정답 ⑤ *수열의 귀납적 정의 - 하나의 식 ······ [정답률 75%]

(정답 공식: 수열 $\{a_n\}$에 대하여 $n\geq2$일 때 $a_n=\sum_{k=1}^{n}a_k-\sum_{k=1}^{n-1}a_k$이다.)

수열 $\{a_n\}$이 모든 자연수 n에 대하여

$a_n+a_{n+1}=2n$

을 만족시킬 때, a_1+a_{22}의 값은? (4점)

단서 $a_1+a_{22}=(a_1+a_2+a_3+\cdots+a_{22})-(a_2+a_3+\cdots+a_{21})$

① 18 ② 19 ③ 20 ④ 21 ⑤ 22

1st $n=2k-1$일 때와 $n=2k$일 때를 나누어 생각해.

자연수 k에 대하여

(i) $n=2k-1$이면

$a_n+a_{n+1}=2n$에서 $a_{2k-1}+a_{2k}=2(2k-1)=4k-2$

$\therefore \sum_{n=1}^{22}a_n=\sum_{k=1}^{11}(a_{2k-1}+a_{2k})=\sum_{k=1}^{11}(4k-2)$ ($\sum_{k=1}^{n}k=\frac{n(n+1)}{2}$)

$=4\times\frac{11\times12}{2}-2\times11=242$ ··· ㉠

($\sum_{n=1}^{22}a_n=a_1+a_2+a_3+a_4+\cdots+a_{21}+a_{22}$
$=(a_1+a_2)+(a_3+a_4)+\cdots+(a_{21}+a_{22})$
$=\sum_{k=1}^{11}(a_{2k-1}+a_{2k})$)

(ii) $n=2k$이면

$a_n+a_{n+1}=2n$에서 $a_{2k}+a_{2k+1}=2\times2k=4k$

$\therefore \sum_{n=2}^{21}a_n=\sum_{k=1}^{10}(a_{2k}+a_{2k+1})=\sum_{k=1}^{10}4k=4\times\frac{10\times11}{2}=220$ ··· ㉡

($\sum_{n=2}^{21}a_n=a_2+a_3+a_4+a_5+\cdots+a_{20}+a_{21}$
$=(a_2+a_3)+(a_4+a_5)+\cdots+(a_{20}+a_{21})$
$=\sum_{k=1}^{10}(a_{2k}+a_{2k+1})$)

2nd a_1+a_{22}의 값을 구해.

㉠, ㉡에 의하여

$a_1+a_{22}=\sum_{n=1}^{22}a_n-\sum_{n=2}^{21}a_n=242-220=22$

톡톡 풀이: a_1+a_{2k}의 일반항을 구해서 해결하기

$a_n+a_{n+1}=2n$에서 $a_{n+1}=2n-a_n$이므로 n 대신 1, 2, 3, …을 차례로 대입하면

$a_2=2-a_1$

$a_3=4-a_2=4-(2-a_1)=2+a_1$

$a_4=6-a_3=6-(2+a_1)=4-a_1$

$a_5=8-a_4=8-(4-a_1)=4+a_1$

$a_6=10-a_5=10-(4+a_1)=6-a_1$

⋮

따라서 자연수 k에 대하여 $n=2k$일 때 $a_n=a_{2k}=2k-a_1$에서

$a_1+a_{2k}=2k$이므로 $a_1+a_{22}=2\times11=22$

I 26 정답 139 *수열의 귀납적 정의 - 하나의 식 … [정답률 79%]

(정답 공식: $n=1, 2, 3, 4$를 차례로 대입하여 a_5의 값을 구한다.)

> 수열 $\{a_n\}$은 $a_1=1$이고 모든 자연수 n에 대하여
> $$a_{n+1}+3a_n=(-1)^n\times n$$
> 단서 a_{n+1}과 a_n 사이의 관계식에 $n=1, 2, 3, 4$를 차례로 대입하여 a_5의 값을 구하면 돼.
> 을 만족시킨다. a_5의 값을 구하시오. (4점)

1st a_2, a_3, a_4, a_5의 값을 차례로 구하자.

$a_{n+1}+3a_n=(-1)^n\times n$에서 $a_{n+1}=(-1)^n\times n-3a_n$ … ㉠

$a_1=1$이고, ㉠에 $n=1, 2, 3, 4$를 차례로 대입하면

$a_2=(-1)^1\times1-3a_1=-1-3\times1=-4$

$a_3=(-1)^2\times2-3a_2=2-3\times(-4)=14$

$a_4=(-1)^3\times3-3a_3=-3-3\times14=-45$

$\therefore a_5=(-1)^4\times4-3a_4=4-3\times(-45)=139$

주어진 관계식에서 일반항을 쉽게 찾을 수 없지? 근데 구하는 값이 a_5로 간단하니까 n 대신 1, 2, 3, 4를 차례로 대입하면서 a_5의 값을 구하면 돼.

I 27 정답 ④ *수열의 귀납적 정의 - 하나의 식 …… [정답률 61%]

(정답 공식: 귀납적으로 정의된 수열의 식에서 a_n과 a_{n+1} 사이의 관계식을 구한다.)

> 수열 $\{a_n\}$이 모든 자연수 n에 대하여
> $$a_{n+1}=\sum_{k=1}^{n}ka_k$$
> 단서 이 식에서 a_n과 a_{n+1} 사이의 관계식을 찾아야 해.
> 를 만족시킨다. $a_1=2$일 때, $a_2+\dfrac{a_{51}}{a_{50}}$의 값은? (4점)
>
> ① 47 ② 49 ③ 51 ④ 53 ⑤ 55

1st a_2의 값부터 구하자.

$a_{n+1}=\sum_{k=1}^{n}ka_k$의 양변에 $n=1$을 대입하면 $a_1=2$이므로

$a_2=\sum_{k=1}^{1}ka_k=1\times a_1=1\times2=2$

2nd a_n과 a_{n+1} 사이의 관계식을 구하고 $a_2+\dfrac{a_{51}}{a_{50}}$의 값을 계산하자.

$n\ge2$일 때 $a_n=\sum_{k=1}^{n-1}ka_k$이므로

$a_{n+1}-a_n=\sum_{k=1}^{n}ka_k-\sum_{k=1}^{n-1}ka_k=na_n$

$\therefore a_{n+1}=(n+1)a_n\ (n\ge2)$

$a_n=\sum_{k=1}^{n-1}ka_k=a_1+2a_2+3a_3+\cdots+(n-1)a_{n-1}$, $a_{n+1}=\sum_{k=1}^{n}ka_k=a_1+2a_2+3a_3+\cdots+(n-1)a_{n-1}+na_n$이므로 두 식을 변끼리 빼면 a_n과 a_{n+1} 사이의 관계식을 얻을 수 있어.

이 식의 양변에 $n=50$을 대입하면

$a_{51}=51a_{50}$ $\therefore \dfrac{a_{51}}{a_{50}}=51\ (\because a_{50}>0)$ … (*)

$\therefore a_2+\dfrac{a_{51}}{a_{50}}=2+51=53$

쉬운 풀이: $n=1, 2, 3, \cdots, 50$을 대입하여 a_2와 $\dfrac{a_{51}}{a_{50}}$의 값 각각 구하기

주어진 식의 양변에 $n=1, 2, 3, \cdots, 50$을 차례로 대입하면 $a_1=2$이므로

$a_2=\sum_{k=1}^{1}ka_k=1\times a_1=a_1=2$

$a_3=\sum_{k=1}^{2}ka_k=1\times a_1+2\times a_2=a_2+2a_2=3a_2$

$a_4=\sum_{k=1}^{3}ka_k=1\times a_1+2\times a_2+3\times a_3=a_3+3a_3=4a_3$

⋮

$a_{51}=\sum_{k=1}^{50}ka_k=1\times a_1+2\times a_2+3\times a_3+\cdots+49\times a_{49}+50\times a_{50}$

$=a_{50}+50a_{50}=51a_{50}$

이때, $a_{50}>0$이므로 $\dfrac{a_{51}}{a_{50}}=51$

$\therefore a_2+\dfrac{a_{51}}{a_{50}}=2+51=53$

수능 핵강

***(*)에서 $a_{50}>0$인 이유 알아보기**

이 문제의 조건을 만족시키는 수열 $\{a_n\}$에 대하여 $a_n>0$임을 수학적 귀납법을 이용하여 증명해보자.

(i) $n=1$, $n=2$일 때, $a_1=a_2=2>0$

(ii) $n=k\ (k>2)$일 때, $a_k>0$이 성립한다고 가정하면
$n=k+1$일 때, $a_{k+1}=(k+1)a_k>0$이므로
$n=k+1$일 때도 $a_{k+1}>0$이 성립해.

(i), (ii)에 의하여 모든 자연수 n에 대하여 $a_n>0$이므로 $a_{50}>0$이지?

I 28 정답 8 *수열의 귀납적 정의 - 하나의 식 …… [정답률 73%]

(정답 공식: 주어진 수열의 정의를 이용하여 항들이 가지는 규칙을 파악한다.)

> 수열 $\{a_n\}$이 모든 자연수 n에 대하여
> $$a_{n+1}+a_n=3n-1$$
> 단서 연속한 두 항 사이의 관계를 나타내는 식이야. n에 자연수를 차례로 대입하면 항들 사이의 관계를 구할 수 있어.
> 을 만족시킨다. $a_3=4$일 때, a_1+a_5의 값을 구하시오. (3점)

1st $n=1, 2, 3, \cdots$을 차례대로 대입하여 항들 사이의 관계식을 구해.

$a_{n+1}+a_n=3n-1$에서

귀납적으로 정의된 수열은 n 대신 1, 2, 3, …을 대입하여 규칙을 구하는 경우가 대부분이야.

$n=1$일 때, $a_2+a_1=2$ … ㉠

$n=2$일 때, $a_3+a_2=5$ … ㉡

$n=3$일 때, $a_4+a_3=8$ … ㉢

$n=4$일 때, $a_5+a_4=11$ … ㉣

2nd $a_3=4$임을 이용하여 나머지 항의 값을 구해.

$a_3=4$를 ㉢에 대입하면

$a_4+4=8$ $\therefore a_4=4$

이것을 ㉣에 대입하면

$a_5+4=11$ $\therefore a_5=7$

또, $a_3=4$를 ㉡에 대입하면

$4+a_2=5$ $\therefore a_2=1$

이것을 ㉠에 대입하면

$1+a_1=2$ $\therefore a_1=1$

$\therefore a_1+a_5=1+7=8$

I 29 정답 ② *수열의 귀납적 정의-하나의 식 …… [정답률 79%]

(정답 공식: 귀납적으로 정의된 식에 n 대신 1, 2, 3, …을 대입하여 규칙을 찾는다.)

> 첫째항이 20인 수열 $\{a_n\}$이 모든 자연수 n에 대하여
> $$a_{n+1}=|a_n|-2$$
> 단서 $a_n\ge0$이면 $a_{n+1}=a_n-2$이고 $a_n<0$이면 $a_{n+1}=-a_n-2$야.
> 를 만족시킬 때, $\sum_{n=1}^{30}a_n$의 값은? (3점)
>
> ① 88 ② 90 ③ 92 ④ 94 ⑤ 96

1st 수열 $\{a_n\}$의 각 항을 구해.

$a_{n+1}=|a_n|-2$에 n 대신 1, 2, 3, …을 차례로 대입하면

$a_1=20$이므로

$a_2=|a_1|-2=|20|-2=18$

$a_3=|a_2|-2=|18|-2=16$

$a_4=|a_3|-2=|16|-2=14$

⋮

$a_{10}=|a_9|-2=|4|-2=2$

$a_{11}=|a_{10}|-2=|2|-2=0$

$a_{12}=|a_{11}|-2=|0|-2=-2$

$a_{13}=|a_{12}|-2=|-2|-2=0$

$a_{14}=|a_{13}|-2=|0|-2=-2$

⋮

2nd $\sum_{n=1}^{30} a_n$의 값을 구해.

(i) $1\le n\le 10$일 때, (첫째항이 a이고 공차가 d인 등차수열 $\{a_n\}$의 일반항은 $a_n=a+(n-1)d$야.)

수열 $\{a_n\}$은 첫째항이 20이고 공차가 -2인 등차수열이므로

$a_n=20+(n-1)\times(-2)=-2n+22$

$\therefore \sum_{n=1}^{10} a_n=\sum_{n=1}^{10}(-2n+22)=-2\times\frac{10\times 11}{2}+22\times 10=110$

($\sum_{k=1}^{n} k=\frac{n(n-1)}{2}$, $\sum_{k=1}^{n} c=cn$ (c는 상수))

($1\le n\le 10$일 때, 수열 $\{a_n\}$은 등차수열이고 첫째항이 20, 제10항이 2이므로 $\sum_{n=1}^{10} a_n=\frac{10\times(20+2)}{2}=110$으로 구할 수도 있어.)

(ii) $11\le n\le 30$일 때,

수열 $\{a_n\}$은 0, -2가 반복되는 수열이므로

$$a_n=\begin{cases}0 & (n\text{이 홀수})\\ -2 & (n\text{이 짝수})\end{cases}$$

$\therefore \sum_{n=11}^{30} a_n=\{0+(-2)\}+\{0+(-2)\}+\cdots+\{0+(-2)\}$

$=-20$ (제11항부터 제30항까지 항의 수는 20이므로 $0+(-2)$가 모두 10개야.)

(i), (ii)에 의하여

$\sum_{n=1}^{30} a_n=\sum_{n=1}^{10} a_n+\sum_{n=11}^{30} a_n=110+(-20)=90$

($m<n$인 두 자연수 m, n에 대하여 $\sum_{k=1}^{n} a_k=\sum_{k=1}^{m} a_k+\sum_{k=m+1}^{n} a_k$)

I 30 정답 162 *수열의 귀납적 정의 – 하나의 식 … [정답률 58%]

(정답 공식: n 대신 2, 3, 4를 차례로 대입하여 S_5의 값을 구한다.)

수열 $\{a_n\}$의 첫째항부터 제n항까지의 합을 S_n이라 하자.
$a_1=2$, $a_2=4$이고 2 이상의 모든 자연수 n에 대하여
$a_{n+1}S_n=a_nS_{n+1}$ (단서: a_{n+1}과 S_{n+1}이 동시에 나타나면 접근하기 어렵겠지? 둘 중 하나를 없애는 방법을 고민해야 해.)
이 성립할 때, S_5의 값을 구하시오. (3점)

1st 주어진 관계식을 정리해.

$a_{n+1}S_n=a_nS_{n+1}$에서 ($S_{n+1}=(a_1+a_2+\cdots+a_n)+a_{n+1}=S_n+a_{n+1}$)

$a_{n+1}S_n=a_n(S_n+a_{n+1})$

$a_{n+1}S_n=a_nS_n+a_na_{n+1}$, $a_{n+1}S_n-a_na_{n+1}=a_nS_n$

$(S_n-a_n)a_{n+1}=a_nS_n$, $S_{n-1}a_{n+1}=a_nS_n$

($S_n-a_n=(a_1+a_2+a_3+\cdots+a_{n-1}+a_n)-a_n=a_1+a_2+a_3+\cdots+a_{n-1}=S_{n-1}$)

$\therefore a_{n+1}=\frac{a_nS_n}{S_{n-1}}\ (n\ge 2)$ … ㉠

2nd S_5의 값을 구해.

$a_1=S_1=2$, $a_2=4$이고 $S_2=a_1+a_2=2+4=6$이므로

㉠의 양변에 n 대신 2를 대입하면

$a_3=\frac{a_2S_2}{S_1}=\frac{4\times 6}{2}=12$

$\therefore S_3=S_2+a_3=6+12=18$

㉠의 양변에 n 대신 3을 대입하면

$a_4=\frac{a_3S_3}{S_2}=\frac{12\times 18}{6}=36$

$\therefore S_4=S_3+a_4=18+36=54$

㉠의 양변에 n 대신 4를 대입하면

$a_5=\frac{a_4S_4}{S_3}=\frac{36\times 54}{18}=108$

$\therefore S_5=S_4+a_5=54+108=162$

다른 풀이: S_n을 a_n, a_{n+1}에 대한 식으로 정리한 후 S_5의 값 구하기

$a_{n+1}S_n=a_nS_{n+1}$에서 $a_{n+1}S_n=a_n(S_n+a_{n+1})$

$a_{n+1}S_n=a_nS_n+a_na_{n+1}$, $a_{n+1}S_n-a_nS_n=a_na_{n+1}$

$(a_{n+1}-a_n)S_n=a_na_{n+1}$

$\therefore S_n=\frac{a_na_{n+1}}{a_{n+1}-a_n}\ (n\ge 2)$ … ㉡

이때, $a_1=2$, $a_2=4$이고 $S_2=a_1+a_2=2+4=6$이므로

㉡의 양변에 n 대신 2를 대입하면

$S_2=\frac{a_2a_3}{a_3-a_2}$에서

$6=\frac{4a_3}{a_3-4}$, $4a_3=6a_3-6\times 4$, $2a_3=6\times 4$

$\therefore a_3=12 \Rightarrow S_3=S_2+a_3=6+12=18$

㉡의 양변에 n 대신 3을 대입하면

$S_3=\frac{a_3a_4}{a_4-a_3}$에서

$18=\frac{12a_4}{a_4-12}$, $12a_4=18a_4-18\times 12$, $6a_4=18\times 12$

$\therefore a_4=36 \Rightarrow S_4=S_3+a_4=18+36=54$

㉡의 양변에 n 대신 4를 대입하면

$S_4=\frac{a_4a_5}{a_5-a_4}$에서

$54=\frac{36a_5}{a_5-36}$, $36a_5=54a_5-54\times 36$, $18a_5=54\times 36$

$\therefore a_5=108 \Rightarrow S_5=S_4+a_5=54+108=162$

톡톡 풀이: S_n과 S_{n+1} 사이의 비를 이용해 S_5의 값 구하기

$a_{n+1}=S_{n+1}-S_n$, $a_n=S_n-S_{n-1}\,(n\ge 2)$이므로

$a_{n+1}S_n=a_nS_{n+1}$에서 $n\ge 2$일 때

$(S_{n+1}-S_n)S_n=(S_n-S_{n-1})S_{n+1}$

$S_{n+1}S_n-S_n^{\,2}=S_nS_{n+1}-S_{n-1}S_{n+1}$

$S_n^{\,2}=S_{n-1}S_{n+1}$

$\therefore \frac{S_n}{S_{n-1}}=\frac{S_{n+1}}{S_n}$

즉, 두 항 S_n과 S_{n+1} 사이의 비가 일정해.

이때, $S_1=a_1=2$이고 $S_2=a_1+a_2=2+4=6$이므로

$\frac{S_2}{S_1}=\frac{6}{2}=3$에 의하여 $\frac{S_{n+1}}{S_n}=3$

따라서 $S_{n+1}=3S_n$이므로

$S_5=3S_4=3\times 3S_3=9\times 3S_2=27\times 3S_1=81\times S_1$

$=81\times 2=162$

I 31 정답 ① *수열의 귀납적 정의 – 하나의 식 ······ [정답률 57%]

(정답 공식: a_n의 값에 규칙성이 있음을 찾아낸다. a_n의 값을 이용해서 b_n의 값을 구한다. $b_{n+1}+b_n=a_n+n$의 n에 $n+1$을 대입하고 서로 뺀 식을 이용해서 좀 더 간단하게 b_n에 대해 정리할 수 있다.)

두 수열 $\{a_n\}$, $\{b_n\}$은 $a_1=a_2=1$, $b_1=k$이고, 모든 자연수 n에 대하여

단서 n 대신 1, 2, 3, …을 대입하여 수열 $\{a_n\}$의 규칙을 찾아야 해.

$$a_{n+2}=(a_{n+1})^2-(a_n)^2,\ b_{n+1}=a_n-b_n+n$$

을 만족시킨다. $b_{20}=14$일 때, k의 값은? (4점)

① -3 ② -1 ③ 1 ④ 3 ⑤ 5

1st $a_{n+2}=(a_{n+1})^2-(a_n)^2$에 n 대신 1, 2, 3, …을 대입하여 수열 $\{a_n\}$의 규칙을 찾자.

실수 규칙성을 찾기 힘든 문제는 $n=1, 2, 3$ …을 직접 대입하여 실수하지 않고 풀어야 해.

$a_1=a_2=1$이고 모든 자연수 n에 대하여

$a_{n+2}=(a_{n+1})^2-(a_n)^2$이므로 n 대신 1, 2, 3, …을 대입하자.

$a_3=(a_2)^2-(a_1)^2=1^2-1^2=0$

$a_4=(a_3)^2-(a_2)^2=0^2-1^2=-1$

$a_5=(a_4)^2-(a_3)^2=(-1)^2-0^2=1$

$a_6=(a_5)^2-(a_4)^2=1^2-(-1)^2=0$

$a_7=(a_6)^2-(a_5)^2=0^2-1^2=-1$

⋮

즉, $a_1=a_2=1$이고

$a_{3n}=0$, $a_{3n+1}=-1$, $a_{3n+2}=1$ $(n=1, 2, 3, \cdots)$이다.

2nd b_{20}의 값을 이용하여 수열 $\{b_n\}$의 규칙을 찾자.

$b_1=k$이고 $b_{n+1}=a_n-b_n+n$이므로

$b_{n+1}+b_n=a_n+n$ … ㉠

n 대신 $n+1$을 대입하면

$b_{n+2}+b_{n+1}=a_{n+1}+(n+1)$ … ㉡

→ 수열 $\{b_n\}$에 대하여 귀납적으로 정리하기 위해 b_{n+2}를 구해서 변끼리 차를 구하는 거야.

㉡−㉠을 하면

$b_{n+2}-b_n=a_{n+1}-a_n+1$

여기서 n 대신 18, 16, 14, …, 2를 대입하면

$b_{20}-b_{18}=a_{19}-a_{18}+1$

$b_{18}-b_{16}=a_{17}-a_{16}+1$

$b_{16}-b_{14}=a_{15}-a_{14}+1$

⋮

$b_6-b_4=a_5-a_4+1$

$b_4-b_2=a_3-a_2+1$

각 변을 더하면

$b_{20}-b_2=(a_3+a_5+\cdots+a_{19})-(a_2+a_4+\cdots+a_{18})+9$

그런데 (수열 $\{a_n\}$은 세 개씩 −1, 0, 1의 값이 나오기 때문에 세 개씩 묶어서 합을 구하면 0이 됨을 이용할 수 있어.)

$a_3+a_5+\cdots+a_{19}=0-1+1+0-1+1+0-1+1=0$

$a_2+a_4+\cdots+a_{18}=1-1+0+1-1+0+1-1+0=0$

$\therefore b_{20}-b_2=9$

이때, $b_{20}=14$이므로

$b_2=5$

$b_{n+1}=a_n-b_n+n$이므로 $n=1$을 대입하면

$b_2=a_1-b_1+1$

$=1-k+1=5$

$\therefore k=-3$

다른 풀이: $b_2, b_3, b_4, \cdots, b_{20}$을 직접 구하기

$a_1=a_2=1$이고 $a_{3n}=0$, $a_{3n+1}=-1$, $a_{3n+2}=1$ $(n=1, 2, 3, \cdots)$이지?

이때, $b_{n+1}=a_n-b_n+n$에 n 대신 1, 2, 3, …, 19를 대입하면

$b_2=a_1-b_1+1=1-k+1=2-k$

$b_3=a_2-b_2+2=1-(2-k)+2=1+k$

$b_4=a_3-b_3+3=0-(1+k)+3=2-k$

$b_5=a_4-b_4+4=-1-(2-k)+4=1+k$

$b_6=a_5-b_5+5=1-(1+k)+5=5-k$

$b_7=a_6-b_6+6=0-(5-k)+6=1+k$

$b_8=a_7-b_7+7=-1-(1+k)+7=5-k$

$b_9=a_8-b_8+8=1-(5-k)+8=4+k$

$b_{10}=a_9-b_9+9=0-(4+k)+9=5-k$

$b_{11}=a_{10}-b_{10}+10=-1-(5-k)+10=4+k$

$b_{12}=a_{11}-b_{11}+11=1-(4+k)+11=8-k$

$b_{13}=a_{12}-b_{12}+12=0-(8-k)+12=4+k$

$b_{14}=a_{13}-b_{13}+13=-1-(4+k)+13=8-k$

$b_{15}=a_{14}-b_{14}+14=1-(8-k)+14=7+k$

$b_{16}=a_{15}-b_{15}+15=0-(7+k)+15=8-k$

$b_{17}=a_{16}-b_{16}+16=-1-(8-k)+16=7+k$

$b_{18}=a_{17}-b_{17}+17=1-(7+k)+17=11-k$

$b_{19}=a_{18}-b_{18}+18=0-(11-k)+18=7+k$

$b_{20}=a_{19}-b_{19}+19=-1-(7+k)+19=11-k$

이때, $b_{20}=14$이므로 $11-k=14$ $\therefore k=-3$

I 32 정답 513 *수열의 귀납적 정의 – 하나의 식 ··· [정답률 55%]

(정답 공식: 주어진 부등식을 정리해서 k에 대해서 푼다.)

수열 $\{a_n\}$에서 $a_1=2$이고, $n\geq1$일 때, a_{n+1}은

$$\frac{1}{n+2}<\frac{a_n}{k}<\frac{1}{n}$$

을 만족시키는 자연수 k의 개수이다. a_{10}의 값을 구하시오. (4점)

단서 주어진 부등식으로 k의 값의 범위를 찾아 그 사이 자연수의 개수를 구할 수 있어. 즉, 두 자연수 a, b에 대하여 $a<k<b$이면 그 개수는 $b-a-1$이야.

1st 주어진 부등식을 이용하여 k의 범위를 생각해 봐.

자연수 n에 대하여 $a_n>0$을 만족하므로 주어진 조건식의 역수를 취하면

$n<\frac{k}{a_n}<n+2$

($\frac{1}{n+2}<\frac{a_n}{k}<\frac{1}{n}$에서 n, k가 자연수이니까 a_n은 양수이지?)

(두 양수 a, b에 대하여 $a<x<b$이면 $\frac{1}{x}$의 범위는 $\frac{1}{b}<\frac{1}{x}<\frac{1}{a}$이야.)

$\therefore na_n<k<(n+2)a_n$ $(\because a_n>0)$

따라서 자연수 k의 개수는

$(n+2)a_n-na_n-1=2a_n-1$

이때, a_{n+1}은 자연수 k의 개수이므로

실수 두 자연수 a, b에 대하여 $a<x<b$이면 자연수 x의 개수는 $b-a-1$이야. 예로 $1<x<3\Rightarrow x$의 개수는 $3-1-1=1$이야.

$a_{n+1}=2a_n-1$ … ㉠

2nd 주어진 식에 $n=1, 2, 3, \cdots, 9$를 대입하여 규칙을 찾아 a_{10}의 값을 찾자.

$a_{n+1}=2a_n-1$에 n 대신에 1, 2, 3, …, $n-1$을 대입하면

$a_2=2a_1-1=2^2-1$ $(\because a_1=2)$

$a_3=2a_2-1=2(2^2-1)-1=2^3-2-1$

$a_4=2a_3-1=2(2^3-2-1)-1=2^4-2^2-2-1$

⋮

(첫째항이 1, 공비가 2인 등비수열의 첫째항부터 제9항까지의 합이지?)

$a_{10}=2^{10}-2^8-2^7-\cdots-1=2^{10}-(2^8+2^7+\cdots+1)$

$=2^{10}-\frac{1\times(2^9-1)}{2-1}=1024-512+1=513$

(첫째항이 a_1, 공비가 r인 등비수열의 첫째항부터 제n항까지의 합은 $S_n=\frac{a_1(r^n-1)}{r-1}$)

톡톡 풀이: 수열 $\{a_n\}$의 일반항을 구한 후 a_{10}의 값 구하기

㉠의 식을 정리하면 $a_{n+1}-1=2(a_n-1)$이므로

$a_n-1=(a_1-1)2^{n-1}$ $a_n-1=b_n$이라 하면 $b_{n+1}=2b_n$이니까 수열 $\{b_n\}$은 등비수열이야.

$=2^{n-1}$ ($\because a_1=2$)

따라서 $a_n=2^{n-1}+1$ $(n\geq1)$이므로

$a_{10}=2^9+1=513$

등비수열의 합 개념·공식

첫째항이 a, 공비가 r인 등비수열의 첫째항부터 제n항까지의 합 S_n은

① $r\neq1$일 때, $S_n=\frac{a(1-r^n)}{1-r}=\frac{a(r^n-1)}{r-1}$

② $r=1$일 때, $S_n=na$

I 33 정답 ① *수열의 귀납적 정의-경우 나누기 ···· [정답률 84%]

(정답 공식: 귀납적으로 정의된 수열의 식에 n 대신 1, 2, 3, …을 차례로 대입한다.)

첫째항이 1인 수열 $\{a_n\}$이 모든 자연수 n에 대하여

$$a_{n+1}=\begin{cases}2a_n & (a_n<7)\\ a_n-7 & (a_n\geq7)\end{cases}$$

일 때, $\sum_{k=1}^{8}a_k$의 값은? (3점)

단서 a_{n+1}의 값은 a_n의 값에 의하여 결정돼. 이때, a_1의 값이 주어졌으니까 n 대신 1, 2, 3, …을 차례로 대입해 봐.

①30 ② 32 ③ 34 ④ 36 ⑤ 38

1st 수열 $\{a_n\}$의 각 항을 구해 봐.

$a_1=1$이고

$a_2=2a_1=2\times1=2$ → $a_1=1<7$

$a_3=2a_2=2\times2=4$ → $a_2=2<7$

$a_4=2a_3=2\times4=8$ → $a_3=4<7$

$a_5=a_4-7=8-7=1$ → $a_4=8\geq7$

$a_6=2a_5=2\times1=2$

⋮

4를 주기로 하는 수열이야.

즉, 수열 $\{a_n\}$은 첫째항부터 1, 2, 4, 8이 반복되어 나타나는 수열이므로 모든 자연수 k에 대하여 $a_{4k-3}=a_1$, $a_{4k-2}=a_2$, $a_{4k-1}=a_3$, $a_{4k}=a_4$가 성립한다.

2nd $\sum_{k=1}^{8}a_k$의 값을 구해.

$\therefore \sum_{k=1}^{8}a_k=(a_1+a_2+a_3+a_4)+(a_5+a_6+a_7+a_8)$

$=(a_1+a_2+a_3+a_4)+(a_1+a_2+a_3+a_4)$

$=2(a_1+a_2+a_3+a_4)=2(1+2+4+8)=2\times15=30$

김찬우 전남대 의예과 2022년 입학 · 전북 이리고 졸

수열의 귀납적 정의를 이용하는 문제야. 이런 유형의 수열 문제는 방법이 따로 없어. n 대신 1, 2, 3, …을 차례로 대입해가면서 규칙을 찾아야 해. a_1의 값을 이용하여 a_2의 값을 구하고, 다시 a_2의 값을 이용하여 a_3의 값을 구하면 돼. 이와 같은 방법으로 차례차례 a_1, a_2, a_3, …의 값을 구하다보면 어느 순간 각 항에 대한 규칙을 찾을 수 있어.
이런 유형은 n 대신 1, 2, 3, …을 대입 후 규칙을 찾는 문제라는 것 꼭 기억해!

I 34 정답 ④ *수열의 귀납적 정의－경우 나누기 ··· [정답률 87%]

(정답 공식: 주어진 식에 n 대신 1, 2, 3, …을 대입하여 규칙을 찾는다.)

수열 $\{a_n\}$은 $a_1=10$이고, 모든 자연수 n에 대하여

$$a_{n+1}=\begin{cases}5-\frac{10}{a_n} & (a_n\text{이 정수인 경우})\\ -2a_n+3 & (a_n\text{이 정수가 아닌 경우})\end{cases}$$

를 만족시킨다. a_9+a_{12}의 값은? (3점)

단서 a_n이 정수인지, 정수가 아닌지에 따라 a_{n+1}을 구하는 식이 달라져.

① 5 ② 6 ③ 7 ④8 ⑤ 9

1st n 대신 1, 2, 3, …을 대입하여 수열 $\{a_n\}$의 규칙을 찾아.

$a_1=10$이므로 $a_2=5-\frac{10}{a_1}=5-\frac{10}{10}=4$ → $a_1=10$으로 정수야.

$a_3=5-\frac{10}{a_2}=5-\frac{10}{4}=5-\frac{5}{2}=\frac{5}{2}$ → $a_2=4$로 정수야.

$a_4=-2a_3+3=-2\times\frac{5}{2}+3=-5+3=-2$ → $a_3=\frac{5}{2}$로 정수가 아니야.

$a_5=5-\frac{10}{a_4}=5-\frac{10}{-2}=5+5=10$ $a_5=a_1=10$이므로 수열 $\{a_n\}$은 10, 4, $\frac{5}{2}$, -2가 반복되는 수열이야.

: $a_4=-2$로 정수야.

따라서 음이 아닌 정수 k에 대하여

$a_{4k+1}=a_1=10$, $a_{4k+2}=a_2=4$, $a_{4k+3}=a_3=\frac{5}{2}$, $a_{4k+4}=a_4=-2$이다.

2nd a_9+a_{12}의 값을 구해.

$9=4\times2+1$이므로 $a_9=a_1=10$, $12=4\times2+4$이므로 $a_{12}=a_4=-2$

$\therefore a_9+a_{12}=10+(-2)=8$

I 35 정답 ② *수열의 귀납적 정의-경우 나누기 ···· [정답률 82%]

(정답 공식: 주어진 식에 n 대신 1, 2, 3, …을 대입하여 규칙을 찾는다.)

첫째항이 $\frac{1}{2}$인 수열 $\{a_n\}$이 모든 자연수 n에 대하여

단서1 a_{n+1}을 구하는 식이 n의 값에 따라 달라지는 것이 아니라 a_n의 부호에 따라 달라져.

$$a_{n+1}=\begin{cases}a_n+1 & (a_n<0)\\ -2a_n+1 & (a_n\geq0)\end{cases}$$

일 때, $a_{10}+a_{20}$의 값은? (3점)

① -2 ② -1 ③ 0 ④ 1 ⑤ 2

단서2 a_{20}까지 구하려면 계산 과정이 많이 필요하지? 첫째항부터 제20항까지 구할 필요는 없는 문제야. 수열 $\{a_n\}$이 규칙성을 가질 것이라고 추측하고 문제를 풀어.

1st n 대신 1, 2, 3, …을 대입하여 수열 $\{a_n\}$의 규칙을 찾아.

$a_1=\frac{1}{2}\geq0$이므로 $a_2=-2a_1+1=-2\times\frac{1}{2}+1=0\geq0$

$a_3=-2a_2+1=-2\times0+1=1\geq0$

$a_4=-2a_3+1=-2\times1+1=-1<0$

$a_5=a_4+1=(-1)+1=0\geq0$

$a_6=-2a_5+1=-2\times0+1=1\geq0$

$a_7=-2a_6+1=-2\times1+1=-1<0$

⋮

→ 수열 $\{a_n\}$은 제2항부터 0, 1, -1이 반복되는 수열이야.

$\therefore a_{n+3}=a_n$(단, $n\geq2$)

2nd $a_{10}+a_{20}$의 값을 구해.

$a_{10}=a_7=a_4=-1$, $a_{20}=a_{17}=a_{14}=\cdots=a_2=0$이므로

$a_{10}+a_{20}=(-1)+0=-1$

I 36 정답 ③ *수열의 귀납적 정의 - 경우 나누기 … [정답률 88%]

(정답 공식: 귀납적으로 정의된 수열을 이용하여 항들이 가지는 규칙을 찾는다.)

수열 $\{a_n\}$이 $a_1=1$이고 모든 자연수 n에 대하여

$$a_{n+1}=\begin{cases}2^{a_n} & (a_n\le 1)\\ \log_{a_n}\sqrt{2} & (a_n>1)\end{cases}$$

단서 조건에 맞게 주어진 식에 $n=1, 2, 3, \cdots$을 차례로 대입하여 규칙을 찾아.

을 만족시킬 때, $a_{12}\times a_{13}$의 값은? (3점)

① $\frac{1}{2}$ ② 6 ③ $\sqrt{2}$ ④ 2 ⑤ $2\sqrt{2}$

1st $a_2, a_3, a_4, \cdots$의 값을 각각 구해.

$a_1=1$이므로

$a_2=2^{a_1}=2^1=2>1$

$a_3=\log_{a_2}\sqrt{2}=\log_2\sqrt{2}=\frac{1}{2}\log_2 2=\frac{1}{2}<1$ ($\log_2\sqrt{2}=\log_2 2^{\frac{1}{2}}=\frac{1}{2}\log_2 2$, $\log_a a=1$)

$a_4=2^{a_3}=2^{\frac{1}{2}}=\sqrt{2}>1$

$a_5=\log_{a_4}\sqrt{2}=\log_{\sqrt{2}}\sqrt{2}=1$

$a_6=2^{a_5}=2^1=2$

⋮

2nd $a_{12}\times a_{13}$의 값을 구해.

즉, 자연수 k에 대하여 $a_{4k-3}=1,\ a_{4k-2}=2,\ a_{4k-1}=\frac{1}{2},\ a_{4k}=\sqrt{2}$

이므로 $a_{12}=a_{4\times 3}=\sqrt{2},\ a_{13}=a_{4\times 4-3}=1$ 수열 $\{a_n\}$은 $1, 2, \frac{1}{2}, \sqrt{2}$가 이 순서대로 반복해서 나타나지?

$\therefore a_{12}\times a_{13}=\sqrt{2}\times 1=\sqrt{2}$

I 37 정답 ③ *수열의 귀납적 정의 - 경우 나누기 … [정답률 85%]

(정답 공식: $n=1, 2, 3, \cdots$을 차례로 대입해본다.)

수열 $\{a_n\}$은 $a_1=1$이고, 모든 자연수 n에 대하여

$$\begin{cases}a_{3n-1}=2a_n+1\\ a_{3n}=-a_n+2\\ a_{3n+1}=a_n+1\end{cases}$$

단서1 a_n의 값으로 $a_{3n-1}, a_{3n}, a_{3n+1}$의 값을 구할 수 있다는 거야.

을 만족시킨다. $a_{11}+a_{12}+a_{13}$의 값은? (4점)

단서2 $a_{11}=a_{3\times 4-1}, a_{12}=a_{3\times 4}, a_{13}=a_{3\times 4+1}$이야.

① 6 ② 7 ③ 8 ④ 9 ⑤ 10

1st $a_{11}+a_{12}+a_{13}$의 값을 구하기 위해 필요한 값을 찾아.

$\begin{cases}a_{3n-1}=2a_n+1\\ a_{3n}=-a_n+2\\ a_{3n+1}=a_n+1\end{cases}$ 을 변변 더하면

$a_{3n-1}+a_{3n}+a_{3n+1}=(2a_n+1)+(-a_n+2)+(a_n+1)=2a_n+4$

이것의 양변에 $n=4$를 대입하면

$a_{11}+a_{12}+a_{13}=2a_4+4$ … ㉠ (a_1의 값이 주어져 있으므로 a_4의 값은 $a_{3n+1}=a_n+1$을 이용하여 구하면 돼.)

2nd a_4의 값을 구하고 $a_{11}+a_{12}+a_{13}$의 값을 구해.

이때, $a_4=a_{3\times 1+1}=a_1+1=1+1=2$이므로 ㉠에 의하여

$a_{11}+a_{12}+a_{13}=2\times 2+4=8$

I 38 정답 ④ *수열의 귀납적 정의 - 경우 나누기 … [정답률 85%]

(정답 공식: 주어진 식에 n 대신 $1, 2, 3, \cdots, 8$을 차례로 대입한다.)

수열 $\{a_n\}$은 $a_1=7$이고, 모든 자연수 n에 대하여

$$a_{n+1}=\begin{cases}\frac{a_n+3}{2} & (a_n\text{이 소수인 경우})\\ a_n+n & (a_n\text{이 소수가 아닌 경우})\end{cases}$$

단서 a_n이 소수인 경우와 소수가 아닌 경우의 식이 다르니까 n 대신에 $1, 2, \cdots$를 차례로 대입하여 각 항을 구해야 해.

를 만족시킨다. a_8의 값은? (3점)

① 11 ② 13 ③ 15 ④ 17 ⑤ 19

1st $a_2, a_3, \cdots, a_8$의 값을 차례로 구해.

$a_1=7$은 소수이므로 $a_2=\frac{a_1+3}{2}=\frac{7+3}{2}=5$

$a_2=5$는 소수이므로 $a_3=\frac{a_2+3}{2}=\frac{5+3}{2}=4$

$a_3=4$는 소수가 아니므로 $a_4=a_3+3=4+3=7$

함정 a_4의 값이 a_1의 값과 같다고 해서 이 수열이 주기성을 가진다고 착각하면 안 돼.

$a_4=7$은 소수이므로 $a_5=\frac{a_4+3}{2}=\frac{7+3}{2}=5$

$a_5=5$는 소수이므로 $a_6=\frac{a_5+3}{2}=\frac{5+3}{2}=4$

$a_6=4$는 소수가 아니므로 $a_7=a_6+6=4+6=10$

$a_7=10$은 소수가 아니므로 $a_8=a_7+7=10+7=17$

I 39 정답 ④ *수열의 귀납적 정의 - 경우 나누기 …… [정답률 67%]

(정답 공식: a_6의 값을 이용하여 가능한 a_5의 값, a_5의 값을 이용하여 가능한 a_4의 값, $\cdots$, a_2의 값을 이용하여 가능한 a_1의 값을 모두 찾는다.)

모든 항이 자연수인 수열 $\{a_n\}$이 모든 자연수 n에 대하여

단서1 수열 $\{a_n\}$의 모든 항이 자연수이므로 수열 $\{a_n\}$의 각 항을 구하는 과정에서 자연수가 아닌 항이 나오는 경우는 제외하면 돼.

$$a_{n+1}=\begin{cases}\frac{a_n}{n} & (n\text{이 } a_n\text{의 약수인 경우})\\ 3a_n+1 & (n\text{이 } a_n\text{의 약수가 아닌 경우})\end{cases}$$

단서2 1은 모든 자연수의 약수이므로 $a_2=\frac{a_1}{1}=a_1$이야.

를 만족시킬 때, $a_6=2$가 되도록 하는 모든 a_1의 값의 합은? (4점)

단서3 a_6의 값이 주어졌으니까 주어진 귀납적 정의에 의하여 $a_5, a_4, \cdots, a_1$의 값을 차례로 구하면 돼.

① 254 ② 264 ③ 274 ④ 284 ⑤ 294

1st a_6의 값을 이용하여 가능한 a_5의 값을 모두 구해.

$a_6=2$이므로

5가 a_5의 약수이면 $a_6=\frac{a_5}{5}=2$에서 $a_5=10$

5가 a_5의 약수가 아니면 $a_6=3a_5+1=2$에서 $3a_5=1$

$\therefore a_5=\frac{1}{3}$

그런데 a_5는 자연수이어야 하므로 가능한 a_5의 값은 10이다.

2nd a_5의 값을 이용하여 가능한 a_4의 값을 모두 구해.

$a_5=10$이므로

4가 a_4의 약수이면 $a_5=\frac{a_4}{4}=10$에서 $a_4=40$

4는 $a_4=40$의 약수이므로 조건을 만족시켜.

4가 a_4의 약수가 아니면 $a_5=3a_4+1=10$에서 $3a_4=9$

$\therefore a_4=3$

4가 $a_4=3$의 약수가 아니므로 조건을 만족시켜.

따라서 가능한 a_4의 값은 40 또는 3이다.

3rd 마찬가지 방법으로 가능한 a_3, a_2, a_1의 값을 차례로 구해.

(i) $a_4=40$일 때,

3이 a_3의 약수이면 $a_4=\frac{a_3}{3}=40$에서 $a_3=120$

3이 $a_3=120$의 약수이므로 조건을 만족시켜.

3이 a_3의 약수가 아니면 $a_4=3a_3+1=40$에서 $3a_3=39$

$\therefore a_3=13$

3이 $a_3=13$의 약수가 아니므로 조건을 만족시켜.

따라서 가능한 a_3의 값은 120 또는 13이다.

i) $a_3=120$일 때,

2가 a_2의 약수이면 $a_3=\frac{a_2}{2}=120$에서 $a_2=240$

2가 $a_2=240$의 약수이므로 조건을 만족시켜.

2가 a_2의 약수가 아니면 $a_3=3a_2+1=120$에서

$3a_2=119 \qquad \therefore a_2=\frac{119}{3}$

그런데 a_2는 자연수이어야 하므로 가능한 a_2의 값은 240이다.

이때, 1은 모든 자연수의 약수이므로

$a_2=\frac{a_1}{1}=240$에서 $a_1=240$

ii) $a_3=13$일 때,

2가 a_2의 약수이면 $a_3=\frac{a_2}{2}=13$에서 $a_2=26$

2가 $a_2=26$의 약수이므로 조건을 만족시켜.

2가 a_2의 약수가 아니면 $a_3=3a_2+1=13$에서

$3a_2=12 \qquad \therefore a_2=4$

그런데 2는 $a_2=4$의 약수이므로 가능한 a_2의 값은 26이다.

이때, 1은 모든 자연수의 약수이므로

$a_2=\frac{a_1}{1}=26$에서 $a_1=26$

(ii) $a_4=3$일 때,

3이 a_3의 약수이면 $a_4=\frac{a_3}{3}=3$에서 $a_3=9$

3이 $a_3=9$의 약수이므로 조건을 만족시켜.

3이 a_3의 약수가 아니면 $a_4=3a_3+1=3$에서 $3a_3=2$

$\therefore a_3=\frac{2}{3}$

그런데 a_3은 자연수이어야 하므로 가능한 a_3의 값은 9이다.

$a_3=9$이므로

2가 a_2의 약수이면 $a_3=\frac{a_2}{2}=9$에서 $a_2=18$

2가 $a_2=18$의 약수이므로 조건을 만족시켜.

2가 a_2의 약수가 아니면 $a_3=3a_2+1=9$에서 $3a_2=8$

$\therefore a_2=\frac{8}{3}$

그런데 a_2는 자연수이어야 하므로 가능한 a_2의 값은 18이다.

이때, 1은 모든 자연수의 약수이므로

$a_2=\frac{a_1}{1}=18$에서 $a_1=18$

4th 모든 a_1의 값의 합을 구해.

(i), (ii)에 의하여 조건을 만족시키는 모든 a_1의 값은 240, 26, 18이므로 그 합은 $240+26+18=284$이다.

수열의 귀납적 정의의 응용

개념·공식

이웃하는 항 사이의 관계가 수식이나 문장으로 주어지고 특정한 항의 값을 구하는 문제는

(i) 주어진 조건을 수식으로 나타낸 후

(ii) $n=1, 2, 3, \cdots$을 차례로 대입해보거나

(iii) 여러 가지 수열의 귀납적 정의를 이용하여 일반항을 찾는다.

I 40 정답 7 *수열의 귀납적 정의 - 경우 나누기 [정답률 73%]

정답 공식: 자연수 k에 대하여 $a_{6k-5}=a_1$, $a_{6k-4}=a_2$, $a_{6k-3}=a_3$, $a_{6k-2}=a_4$, $a_{6k-1}=a_5$, $a_{6k}=a_6$이다.

수열 $\{a_n\}$이 다음 조건을 만족시킨다.

(가) $a_{n+2}=\begin{cases} a_n-3 & (n=1, 3) \\ a_n+3 & (n=2, 4) \end{cases}$

단서1 a_3, a_4, a_5, a_6을 a_1 또는 a_2를 이용하여 나타낼 수 있어.

(나) 모든 자연수 n에 대하여 $a_n=a_{n+6}$이 성립한다.

단서2 수열 $\{a_n\}$은 첫째항부터 6을 주기로 같은 값이 반복되는 수열이야.

$\sum_{k=1}^{32} a_k=112$일 때, a_1+a_2의 값을 구하시오. (3점)

1st 수열 $\{a_n\}$의 첫째항부터 제6항까지의 합을 a_1, a_2로 나타내.

조건 (가)에 의하여 → 조건 (가)에 $n=1, 2, 3, 4$를 차례로 대입해.

$a_3=a_1-3$, $a_5=a_3-3=(a_1-3)-3=a_1-6$

$a_4=a_2+3$, $a_6=a_4+3=(a_2+3)+3=a_2+6$

$\therefore a_1+a_2+a_3+a_4+a_5+a_6$

$=a_1+a_2+(a_1-3)+(a_2+3)+(a_1-6)+(a_2+6)=3a_1+3a_2$

2nd a_1+a_2의 값을 구해.

조건 (나)에 의하여

$\sum_{k=1}^{32} a_k=a_1+a_2+a_3+\cdots+a_{31}+a_{32}$

$=(a_1+a_2+\cdots+a_6)+(a_7+a_8+\cdots+a_{12})+\cdots$

$+(a_{19}+a_{20}+\cdots+a_{24})+(a_{25}+a_{26}+\cdots+a_{30})+a_{31}+a_{32}$

$=5(a_1+a_2+\cdots+a_6)+a_1+a_2=5(3a_1+3a_2)+a_1+a_2$

$=16(a_1+a_2)=112$

$a_1=a_7=a_{13}=\cdots$, $a_2=a_8=a_{14}=\cdots$, $a_3=a_9=a_{15}=\cdots$, $a_4=a_{10}=a_{16}=\cdots$, $a_5=a_{11}=a_{17}=\cdots$, $a_6=a_{12}=a_{18}=\cdots$이 성립해.

$\therefore a_1+a_2=7$

I 41 정답 ⑤ *수열의 귀납적 정의 - 경우 나누기 [정답률 75%]

정답 공식: a_{12}의 값이 주어졌으므로 n 대신 11, 10, 9, $\cdots$, 1을 차례로 대입하여 a_1, a_4의 값을 각각 구한다.

수열 $\{a_n\}$이 모든 자연수 n에 대하여

$a_{n+1}=\begin{cases} \frac{1}{a_n} & (n\text{이 홀수인 경우}) \\ 8a_n & (n\text{이 짝수인 경우}) \end{cases}$

단서 n이 홀수인지, 짝수인지에 따라서 a_{n+1}이 달라지지?

이고 $a_{12}=\frac{1}{2}$일 때, a_1+a_4의 값은? (4점)

① $\frac{3}{4}$　② $\frac{9}{4}$　③ $\frac{5}{2}$　④ $\frac{17}{4}$　⑤ $\frac{9}{2}$

1st 귀납적으로 정의된 수열 $\{a_n\}$에 대하여 a_1, a_4의 값을 각각 구해.

→ 밑에서 구한 a_n을 보면 수열 $\{a_n\}$은 첫째항부터 4, $\frac{1}{4}$, 2, $\frac{1}{2}$이 반복되며 나타나고 있어. 즉, 수열 $\{a_n\}$은 4를 주기로 반복되는 수열이야.

11은 홀수이므로 $a_{12}=\frac{1}{a_{11}}=\frac{1}{2}$에서 $a_{11}=2$

10은 짝수이므로 $a_{11}=8a_{10}=2$에서 $a_{10}=\frac{1}{4}$

9는 홀수이므로 $a_{10}=\frac{1}{a_9}=\frac{1}{4}$에서 $a_9=4$

8은 짝수이므로 $a_9=8a_8=4$에서 $a_8=\frac{1}{2}$

7은 홀수이므로 $a_8=\frac{1}{a_7}=\frac{1}{2}$에서 $a_7=2$

6은 짝수이므로 $a_7=8a_6=2$에서 $a_6=\frac{1}{4}$

5는 홀수이므로 $a_6=\frac{1}{a_5}=\frac{1}{4}$에서 $a_5=4$

4는 짝수이므로 $a_5=8a_4=4$에서 $a_4=\frac{1}{2}$

3은 홀수이므로 $a_4=\frac{1}{a_3}=\frac{1}{2}$에서 $a_3=2$

2는 짝수이므로 $a_3=8a_2=2$에서 $a_2=\frac{1}{4}$

1은 홀수이므로 $a_2=\frac{1}{a_1}=\frac{1}{4}$에서 $a_1=4$

2nd a_1+a_4의 값을 구해.

$\therefore a_1+a_4=4+\frac{1}{2}=\frac{9}{2}$

다른 풀이: **수열 $\{a_n\}$의 항들의 규칙을 찾아 a_4의 값 구하기**

수열 $\{a_n\}$의 첫째항을 $a_1=a$라 하면

$a_2=\frac{1}{a_1}=\frac{1}{a}$, $a_3=8a_2=\frac{8}{a}$, $a_4=\frac{1}{a_3}=\frac{a}{8}$, $a_5=8a_4=a$,

$a_6=\frac{1}{a_5}=\frac{1}{a}$, …이지?

따라서 수열 $\{a_n\}$은 a, $\frac{1}{a}$, $\frac{8}{a}$, $\frac{a}{8}$가 반복되는, 즉 4를 주기로 반복되는 수열이므로 자연수 k에 대하여

$a_{4k-3}=a_1$, $a_{4k-2}=a_2$, $a_{4k-1}=a_3$, $a_{4k}=a_4$가 성립해.

이때, $a_{12}=\frac{1}{2}$이므로 $a_{12}=a_{4\times3}=a_4=\frac{a}{8}=\frac{1}{2}$ $\quad\therefore a=4$

따라서 $a_1=a=4$, $a_4=\frac{a}{8}=\frac{4}{8}=\frac{1}{2}$이므로

$a_1+a_4=4+\frac{1}{2}=\frac{9}{2}$

I 42 정답 ① *수열의 귀납적 정의 – 경우 나누기 …… [정답률 71%]

(정답 공식: 귀납적으로 정의된 수열을 이용하여 항들이 가지는 규칙을 파악한다.)

수열 $\{a_n\}$은 $a_1=2$이고, 모든 자연수 n에 대하여

$$a_{n+1}=\begin{cases}\frac{a_n}{2-3a_n} & (n\text{이 홀수인 경우})\\ 1+a_n & (n\text{이 짝수인 경우})\end{cases}$$

단서 a_n을 대입하여 a_{n+1}을 구할 수 있으므로 a_1을 이용하면 수열의 모든 항들을 순서대로 구할 수 있어.

를 만족시킨다. $\sum_{n=1}^{40}a_n$의 값은? (3점)

①30 ② 35 ③ 40
④ 45 ⑤ 50

1st n 대신 1, 2, 3, …를 차례대로 대입하여 수열의 항들을 구한다.

$a_1=2$이므로

$a_2=\frac{a_1}{2-3\times a_1}=\frac{2}{2-3\times2}=\frac{2}{-4}=-\frac{1}{2}$ → a_1의 아래첨자가 1로 홀수인 경우야.

$a_3=1+a_2=1+\left(-\frac{1}{2}\right)=\frac{1}{2}$

$a_4=\frac{a_3}{2-3\times a_3}=\frac{\frac{1}{2}}{2-3\times\frac{1}{2}}=1$

$a_5=1+a_4=1+1=2$

2nd 수열의 규칙을 파악하여 주어진 합을 구해.

따라서

$a_1=a_5=a_9=\cdots=2$

$a_2=a_6=a_{10}=\cdots=-\frac{1}{2}$

$a_3=a_7=a_{11}=\cdots=\frac{1}{2}$

$a_4=a_8=a_{12}=\cdots=1$

→ a_1, a_5의 값이 같고 둘다 n이 홀수이므로 그 다음 항인 a_2, a_6 역시 같은 값이야. 마찬가지로 a_2, a_6의 값이 같고 둘다 n이 짝수이므로 그 다음 항인 a_3, a_7 역시 같은 값이야. 이 과정을 반복하면 $a_{4k-3}=2$, $a_{4k-2}=-\frac{1}{2}$, $a_{4k-1}=\frac{1}{2}$, $a_{4k}=1$ (단, $k=1, 2, \cdots$)임을 알 수 있어.

$\therefore \sum_{n=1}^{40}a_n=10\sum_{n=1}^{4}a_n=10\times\left\{2+\left(-\frac{1}{2}\right)+\frac{1}{2}+1\right\}=30$

I 43 정답 8 *수열의 귀납적 정의 – 경우 나누기 …… [정답률 62%]

(정답 공식: a_{n+1}은 a_n의 부호에 따라 계산하는 방법이 다르므로 값을 모르는 a_3가 양수인 경우와 음수인 경우를 나누어야 한다.)

첫째항이 6인 수열 $\{a_n\}$이 모든 자연수 n에 대하여

$$a_{n+1}=\begin{cases}2-a_n & (a_n\geq0)\\ a_n+p & (a_n<0)\end{cases}$$

단서 a_n의 값의 부호에 따라 다음 항인 a_{n+1}을 계산하는 식이 달라지고 있으므로 각 항의 부호에 유의해서 풀어야 해.

을 만족시킨다. $a_4=0$이 되도록 하는 모든 실수 p의 값의 합을 구하시오. (4점)

1st 첫째항 6을 이용하여 차례대로 다음 항들을 구해보자.

수열 $\{a_n\}$의 첫째항은 $a_1=6$

$a_1\geq0$이므로

$a_2=2-6=-4$

$a_2<0$이므로

$a_3=a_2+p=-4+p$

2nd $a_3\geq0$, $a_3<0$인 경우로 나누어서 계산해야 해. → a_3의 값을 알 수 없으므로 $a_3\geq0$, $a_3<0$의 두 가지 경우로 각각 나누어 풀어야 해.

(i) $a_3=-4+p\geq0$, 즉 $p\geq4$일 때

$a_4=2-a_3=2-(-4+p)=6-p$

$a_4=0$에서 $p=6$

(ii) $a_3=-4+p<0$, 즉 $p<4$일 때

$a_4=a_3+p=(-4+p)+p=-4+2p$

$a_4=0$에서 $p=2$

(i), (ii)에 의하여 $a_4=0$이 되도록 하는 모든 실수 p의 값의 합은

$6+2=8$

I 44 정답 27 *수열의 귀납적 정의 – 경우 나누기 … [정답률 67%]

(정답 공식: a_1, a_2가 홀수인 경우와 짝수인 경우를 나누어 주어진 조건을 만족시키는 경우를 찾는다.)

$a_3=3$인 수열 $\{a_n\}$이 모든 자연수 n에 대하여

$$a_{n+1}=\begin{cases}\frac{a_n+3}{2} & (a_n\text{이 홀수인 경우})\\ \frac{a_n}{2} & (a_n\text{이 짝수인 경우})\end{cases}$$

단서 a_n이 홀수인 경우와 짝수인 경우에 따라 값이 다르지? n 대신에 1, 2, 3, …을 대입하며 a_n의 값을 구해봐.

이다. $a_1\geq10$일 때, $\sum_{k=1}^{5}a_k$의 값을 구하시오. (4점)

1st a_2가 홀수인 경우와 짝수인 경우로 나누어 a_1, a_2의 값을 각각 구해보자.

(i) a_2가 홀수인 경우

$a_3=\frac{a_2+3}{2}$에서 $\underset{a_3=3}{3}=\frac{a_2+3}{2}$

$\therefore a_2=3$

a_1이 홀수이면 $3=\frac{a_1+3}{2}$에서 $a_1=3$ → a_n이 홀수이면 $a_{n+1}=\frac{a_n+3}{2}$을 만족시키므로 a_1이 홀수이면 $a_2=\frac{a_1+3}{2}$이야.

a_1이 짝수이면 $3=\frac{a_1}{2}$에서 $a_1=6$

a_n이 짝수이면 $a_{n+1}=\frac{a_n}{2}$을 만족시키므로 a_1이 짝수이면 $a_2=\frac{a_1}{2}$이야.

이때, $a_1\geq10$을 만족시키는 a_1의 값이 존재하지 않으므로 a_2는 홀수가 아니다.

주의 a_2가 홀수이면 $a_1=3$ 또는 $a_1=6$이지? 근데 문제에서 $a_1\geq10$이라 했어. 즉, a_2가 홀수이면 주어진 조건에 모순이 되니까 a_2는 짝수여야 해.

(ii) a_2가 짝수인 경우

$a_3=\frac{a_2}{2}$에서 $3=\frac{a_2}{2}$

$\therefore a_2=6$

a_1이 홀수이면 $6=\frac{a_1+3}{2}$에서 $a_1=9$

a_1이 짝수이면 $6=\frac{a_1}{2}$에서 $a_1=12$

이때, $a_1\geq10$이어야 하므로 $a_1=12$, $a_2=6$이다.

따라서 $a_4=3$, $a_5=3$이므로

$a_3=3$로 홀수이므로 $a_4=\frac{a_3+3}{2}=\frac{6}{2}=3$

$\sum_{k=1}^{5}a_k=12+6+3+3+3=27$

마찬가지로 $a_5=a_4+\frac{a_4+3}{2}=\frac{6}{2}=3$

$\sum_{k=1}^{n}a_k=a_1+a_2+a_3+\cdots+a_n$

I 45 정답 ② *수열의 귀납적 정의 – 경우 나누기 ··· [정답률 66%]

(정답 공식: a_2, a_3, …의 값을 차례로 구해본다.)

> 수열 $\{a_n\}$은 $a_1=2$이고, 모든 자연수 n에 대하여
>
> $$a_{n+1}=\begin{cases}a_n-1 & (a_n\text{이 짝수인 경우})\\ a_n+n & (a_n\text{이 홀수인 경우})\end{cases}$$
>
> 단서1 a_n이 짝수이냐 홀수이냐에 따라 값이 달라. n 대신 1, 2, 3, …을 대입해 보면서 a_n을 구해 봐.
>
> 를 만족시킨다. a_7의 값은? (3점)
>
> 단서2 구하는 값이 a_7이니까 n 대신 1, 2, …, 6을 대입해 보면 돼.
>
> ① 7 ② 9 ③ 11 ④ 13 ⑤ 15

1st 주어진 조건에 주의하면서 정의에 n 대신 1, 2, 3, …, 6을 대입하여 a_7을 구하자.

$a_1=2$는 짝수이므로

$a_2=a_1-1=1$

a_2는 홀수이므로

$a_3=a_2+2=1+2=3$ → $a_2=1$로 홀수니까 a_3는 $a_{n+1}=a_n+n$에 $n=2$를 대입해야 해.

a_3은 홀수이므로

$a_4=a_3+3=3+3=6$

a_4는 짝수이므로

$a_5=a_4-1=6-1=5$

a_5는 홀수이므로 $a_4=6$으로 짝수니까 a_5는 $a_{n+1}=a_n-1$에 $n=4$를 대입해야 해.

$a_6=a_5+5=5+5=10$

a_6은 짝수이므로

$a_7=a_6-1=10-1=9$

I 46 정답 ③ *수열의 귀납적 정의 ··· [정답률 68%]

(정답 공식: $2\leq m\leq n$인 자연수 m, n에 대하여 $\sum_{k=m}^{n}a_k=\sum_{k=1}^{n}a_k-\sum_{k=1}^{m-1}a_k$임을 이용한다.)

> 수열 $\{a_n\}$이 다음 조건을 만족시킨다.
>
> 단서1 n 대신 1, 2, 3, 4를 대입해 봐.
>
> (가) $1\leq n\leq4$인 모든 자연수 n에 대하여 $a_n+a_{n+4}=15$이다.
>
> 단서2 a_{n+1}을 a_n으로 나타낼 수 있지?
>
> (나) $n\geq5$인 모든 자연수 n에 대하여 $a_{n+1}-a_n=n$이다.
>
> $\sum_{n=1}^{4}a_n=6$일 때, a_5의 값은? (4점)
>
> ① 1 ② 3 ③ 5 ④ 7 ⑤ 9

1st $\sum_{n=5}^{8}a_n$의 값을 구해.

조건 (가)에 의하여

$a_1+a_5=a_2+a_6=a_3+a_7=a_4+a_8=15$이므로

$\sum_{n=1}^{8}a_n=a_1+a_2+a_3+a_4+a_5+a_6+a_7+a_8$

$=(a_1+a_5)+(a_2+a_6)+(a_3+a_7)+(a_4+a_8)$

$=15+15+15+15=60$

이때, $\sum_{n=1}^{4}a_n=6$이므로

$\sum_{n=5}^{8}a_n=\sum_{n=1}^{8}a_n-\sum_{n=1}^{4}a_n=60-6=54$ ⋯ ㉠

$\sum_{n=1}^{8}a_n-\sum_{n=1}^{4}a_n=(a_1+a_2+a_3+\cdots+a_8)-(a_1+a_2+a_3+a_4)=a_5+a_6+a_7+a_8=\sum_{n=5}^{8}a_n$

2nd a_5의 값을 구해.

조건 (나)의 $a_{n+1}-a_n=n$에서 $a_{n+1}=a_n+n$이고

n 대신 5, 6, 7을 차례로 대입하면

$a_6=a_5+5$

$a_7=a_6+6=(a_5+5)+6=a_5+11$

$a_8=a_7+7=(a_5+11)+7=a_5+18$

이므로 ㉠에 의하여 $a_5+a_6+a_7+a_8=54$에서

$a_5+(a_5+5)+(a_5+11)+(a_5+18)=54$, $4a_5+34=54$

$4a_5=20$ $\therefore a_5=5$

다른 풀이: **$a_1+a_2+a_3+a_4$를 a_5에 대한 식으로 나타내어 해결하기**

조건 (가)에 의하여

$a_1+a_5=a_2+a_6=a_3+a_7=a_4+a_8=15$이므로

$a_1=15-a_5$, $a_2=15-a_6$, $a_3=15-a_7$, $a_4=15-a_8$

또, 조건 (나)에 의하여

$a_6-a_5=5$에서 $a_6=a_5+5$

$a_7-a_6=6$에서 $a_7=a_6+6=(a_5+5)+6=a_5+11$

$a_8-a_7=7$에서 $a_8=a_7+7=(a_5+11)+7=a_5+18$

이때, $\sum_{n=1}^{4}a_n=6$에서 $a_1+a_2+a_3+a_4=6$이므로

$(15-a_5)+(15-a_6)+(15-a_7)+(15-a_8)=6$

$60-(a_5+a_6+a_7+a_8)=6$

$60-\{a_5+(a_5+5)+(a_5+11)+(a_5+18)\}=6$

$60-(4a_5+34)=6$, $26-4a_5=6$, $4a_5=20$

$\therefore a_5=5$

I 47 정답 8 *수열의 귀납적 정의 – 경우 나누기 [정답률 42%]

정답 공식: $\sqrt{n}$의 값이 자연수이고 a_n의 값이 양수가 되는 경우에 주의하여 n 대신 1, 2, 3, …를 대입하여 a_5의 값을 a_1으로 나타낸다.

양수 k에 대하여 $a_1=k$인 수열 $\{a_n\}$이 다음 조건을 만족시킨다.

(가) $a_2\times a_3<0$

단서1 두 항 a_2, a_3은 모두 0이 아니고 부호가 서로 반대이어야 해.

(나) 모든 자연수 n에 대하여

$\left(a_{n+1}-a_n+\frac{2}{3}k\right)(a_{n+1}+ka_n)=0$이다.

단서2 $a_{n+1}-a_n+\frac{2}{3}k=0$ 또는 $a_{n+1}+ka_n=0$이야.

$a_5=0$이 되도록 하는 서로 다른 모든 양수 k에 대하여 k^2의 값의 합을 구하시오. (4점)

1st 조건 (나)를 정리해.

$\left(a_{n+1}-a_n+\frac{2}{3}k\right)(a_{n+1}+ka_n)=0$에서

$f(x)g(x)=0 \Leftrightarrow f(x)=0$ 또는 $g(x)=0$

$a_{n+1}-a_n+\frac{2}{3}k=0$ 또는 $a_{n+1}+ka_n=0$

$\therefore a_{n+1}=a_n-\frac{2}{3}k$ 또는 $a_{n+1}=-ka_n$

a_n의 값에 따라 a_{n+1}의 값은 두 가지로 결정돼.

2nd a_1의 값으로 경우를 나누어 a_5의 값을 각각 구해.

$a_1=k$이므로

$a_2=a_1-\frac{2}{3}k=k-\frac{2}{3}k=\frac{1}{3}k$ 또는 $a_2=-ka_1=-k\times k=-k^2$

(I) $a_2=\frac{1}{3}k$일 때,

$a_3=a_2-\frac{2}{3}k=\frac{1}{3}k-\frac{2}{3}k=-\frac{1}{3}k$ 또는

$a_3=-ka_2=-k\times\frac{1}{3}k=-\frac{1}{3}k^2$

I) $a_3=-\frac{1}{3}k$이면

$a_2\times a_3=\frac{1}{3}k\times\left(-\frac{1}{3}k\right)=-\frac{1}{9}k^2<0$이므로 조건 (가)를 만족시킨다.

$a_4=a_3-\frac{2}{3}k=-\frac{1}{3}k-\frac{2}{3}k=-k$ 또는

$a_4=-ka_3=-k\times\left(-\frac{1}{3}k\right)=\frac{1}{3}k^2$

(i) $a_4=-k$이면

$a_5=a_4-\frac{2}{3}k=-k-\frac{2}{3}k=-\frac{5}{3}k$ 또는

$a_5=-ka_4=-k\times(-k)=k^2$

i) $a_5=-\frac{5}{3}k$이면 $a_5<0$이므로 $a_5=0$을 만족시키는 양수 k의 값은 존재하지 않는다.

ii) $a_5=k^2$이면 $a_5>0$이므로 $a_5=0$을 만족시키는 양수 k의 값은 존재하지 않는다.

(ii) $a_4=\frac{1}{3}k^2$이면

$a_5=a_4-\frac{2}{3}k=\frac{1}{3}k^2-\frac{2}{3}k$ 또는

$a_5=-ka_4=-k\times\frac{1}{3}k^2=-\frac{1}{3}k^3$

i) $a_5=\frac{1}{3}k^2-\frac{2}{3}k$이면 $a_5=0$에서

$\frac{1}{3}k^2-\frac{2}{3}k=0$, $\frac{1}{3}k(k-2)=0$

따라서 양수 k의 값은 2이다.

ii) $a_5=-\frac{1}{3}k^3$이면 $a_5<0$이므로 $a_5=0$을 만족시키는 양수 k의 값은 존재하지 않는다.

II) $a_3=-\frac{1}{3}k^2$이면

$a_2\times a_3=\frac{1}{3}k\times\left(-\frac{1}{3}k^2\right)=-\frac{1}{9}k^3<0$ ($\because k>0$)이므로 조건 (가)를 만족시킨다.

$a_4=a_3-\frac{2}{3}k=-\frac{1}{3}k^2-\frac{2}{3}k$ 또는

$a_4=-ka_3=-k\times\left(-\frac{1}{3}k^2\right)=\frac{1}{3}k^3$

(i) $a_4=-\frac{1}{3}k^2-\frac{2}{3}k$이면

$a_5=a_4-\frac{2}{3}k=\left(-\frac{1}{3}k^2-\frac{2}{3}k\right)-\frac{2}{3}k=-\frac{1}{3}k^2-\frac{4}{3}k$

또는 $a_5=-ka_4=-k\times\left(-\frac{1}{3}k^2-\frac{2}{3}k\right)=\frac{1}{3}k^3+\frac{2}{3}k^2$

i) $a_5=-\frac{1}{3}k^2-\frac{4}{3}k$이면 $a_5<0$이므로 $a_5=0$을 만족시키는 양수 k의 값은 존재하지 않는다.

ii) $a_5=\frac{1}{3}k^3+\frac{2}{3}k^2$이면 $a_5>0$이므로 $a_5=0$을 만족시키는 양수 k의 값은 존재하지 않는다.

(ii) $a_4=\frac{1}{3}k^3$이면

$a_5=a_4-\frac{2}{3}k=\frac{1}{3}k^3-\frac{2}{3}k$ 또는

$a_5=-ka_4=-k\times\frac{1}{3}k^3=-\frac{1}{3}k^4$

i) $a_5=\frac{1}{3}k^3-\frac{2}{3}k$이면 $a_5=0$에서

$\frac{1}{3}k^3-\frac{2}{3}k=0$, $\frac{1}{3}k(k^2-2)=0$

$\frac{1}{3}k(k+\sqrt{2})(k-\sqrt{2})=0$

따라서 양수 k의 값은 $\sqrt{2}$이다.

ii) $a_5=-\frac{1}{3}k^4$이면 $a_5<0$이므로 $a_5=0$을 만족시키는 양수 k의 값은 존재하지 않는다.

(II) $a_2=-k^2$일 때,

$a_3=a_2-\frac{2}{3}k=-k^2-\frac{2}{3}k$ 또는

$a_3=-ka_2=-k\times(-k^2)=k^3$

Ⅰ) $a_3=-k^2-\frac{2}{3}k$이면

$a_2\times a_3=-k^2\times\left(-k^2-\frac{2}{3}k\right)=k^4+\frac{2}{3}k^3>0$이므로

조건 (가)를 만족시키지 않는다.

Ⅱ) $a_3=k^3$이면

$a_2\times a_3=-k^2\times k^3=-k^5<0$이므로 조건 (가)를 만족시킨다.

$a_4=a_3-\frac{2}{3}k=k^3-\frac{2}{3}k$ 또는 $a_4=-ka_3=-k\times k^3=-k^4$

(i) $a_4=k^3-\frac{2}{3}k$이면

$a_5=a_4-\frac{2}{3}k=\left(k^3-\frac{2}{3}k\right)-\frac{2}{3}k=k^3-\frac{4}{3}k$ 또는

$a_5=-ka_4=-k\times\left(k^3-\frac{2}{3}k\right)=-k^4+\frac{2}{3}k^2$

i) $a_5=k^3-\frac{4}{3}k$이면 $a_5=0$에서

$k^3-\frac{4}{3}k=0,\ k\left(k^2-\frac{4}{3}\right)=0$

$k\left(k+\frac{2\sqrt{3}}{3}\right)\left(k-\frac{2\sqrt{3}}{3}\right)=0$

따라서 양수 k의 값은 $\frac{2\sqrt{3}}{3}$이다.

ii) $a_5=-k^4+\frac{2}{3}k^2$이면 $a_5=0$에서

$-k^4+\frac{2}{3}k^2=0,\ -k^2\left(k^2-\frac{2}{3}\right)=0$

$-k^2\left(k+\frac{\sqrt{6}}{3}\right)\left(k-\frac{\sqrt{6}}{3}\right)=0$

따라서 양수 k의 값은 $\frac{\sqrt{6}}{3}$이다.

(ii) $a_4=-k^4$이면

$a_5=a_4-\frac{2}{3}k=-k^4-\frac{2}{3}k$ 또는

$a_5=-ka_4=-k\times(-k^4)=k^5$

i) $a_5=-k^4-\frac{2}{3}k$이면 $a_5<0$이므로 $a_5=0$을 만족시키는

양수 k의 값은 존재하지 않는다.

ii) $a_5=k^5$이면 $a_5>0$이므로 $a_5=0$을 만족시키는

양수 k의 값은 존재하지 않는다.

(Ⅰ), (Ⅱ)에 의하여 조건을 만족시키는 양수 k의 값은 $2,\ \sqrt{2},\ \frac{2\sqrt{3}}{3},\ \frac{\sqrt{6}}{3}$

이므로 k^2의 값은 $4,\ 2,\ \frac{4}{3},\ \frac{2}{3}$이다.

3rd k^2의 값의 합을 구해.

따라서 k^2의 값의 합은 $4+2+\frac{4}{3}+\frac{2}{3}=8$

수열의 귀납적 정의의 응용 개념·공식

이웃하는 항 사이의 관계가 수식이나 문장으로 주어지고 특정한 항의 값을 구하는 문제는
(i) 주어진 조건을 수식으로 나타낸 후
(ii) $n=1,\ 2,\ 3,\ \cdots$을 차례로 대입해보거나
(iii) 여러 가지 수열의 귀납적 정의를 이용하여 일반항을 찾는다.

Ⅰ 48 정답 ② *수열의 귀납적 정의-경우 나누기 …… [정답률 45%]

정답 공식: a_{n+1}의 경우에 따라 가능한 a_n의 값을 생각한 후 $a_7=1$에서 시작하여 조건에 맞게 $a_6,\ a_5,\ a_4,\ a_3,\ a_2,\ a_1$의 값이 될 수 있는 수를 차례대로 구해 본다.

첫째항이 자연수인 수열 $\{a_n\}$이 모든 자연수 n에 대하여

$$a_{n+1}=\begin{cases}\frac{1}{2}a_n & \left(\frac{1}{2}a_n\text{이 자연수인 경우}\right)\\(a_n-1)^2 & \left(\frac{1}{2}a_n\text{이 자연수가 아닌 경우}\right)\end{cases}$$

단서1 a_n의 부호에 상관없이 a_{n+1}의 부호는 음이 아님을 알 수 있어.

를 만족시킬 때, $a_7=1$이 되도록 하는 모든 a_1의 값의 합은? (4점)

단서2 a_7의 값을 이용하여 $a_6,\ a_5,\ \cdots$의 값을 역순으로 구하다 보면 a_1이 될 수 있는 모든 수들을 찾을 수 있겠지?

① 120 ② 125 ③ 130 ④ 135 ⑤ 140

1st 수열 $\{a_n\}$의 각 항의 부호를 파악해.

첫째항 a_1이 자연수이고 모든 자연수 n에 대하여

$a_{n+1}=\frac{1}{2}a_n$ 또는 $a_{n+1}=(a_n-1)^2$이므로

$\frac{1}{2}a_n$이 자연수이므로 $a_{n+1}>0$이 돼.

수열 $\{a_n\}$의 모든 항은 음이 아닌 정수이다.

2nd a_{n+1}의 경우에 따라 가능한 a_n의 값을 구해.

a_{n+1}의 값에 따라 가능한 a_n의 값을 구하면 다음과 같다.

(i) $a_{n+1}=(2k)^2$인 자연수 k가 존재하는 경우

i) $\frac{1}{2}a_n$이 자연수가 아닌 경우

$a_{n+1}=(a_n-1)^2$에서 $\sqrt{a_{n+1}}=a_n-1\quad\therefore a_n=\sqrt{a_{n+1}}+1$

ii) $\frac{1}{2}a_n$이 자연수인 경우

$a_{n+1}=\frac{1}{2}a_n$이므로 $a_n=2a_{n+1}$

i), ii)에 의하여 $a_n=\sqrt{a_{n+1}}+1$ 또는 $a_n=2a_{n+1}$

$a_{n+1}=(2k)^2$의 완전제곱식 꼴이므로 a_n의 값은 자연수가 되는 것을 알 수 있어.

(ii) $a_{n+1}=1$인 경우,

i) $\frac{1}{2}a_n$이 자연수가 아닌 경우

$1=(a_n-1)^2$이므로 $a_n=0$

ii) $\frac{1}{2}a_n$이 자연수인 경우

$1=\frac{1}{2}a_n$이므로 $a_n=2$

i), ii)에 의하여 $a_n=0$ 또는 $a_n=2$

(iii) $a_{n+1}=0$인 경우, $a_n=1$

(iv) 그 외의 경우, $a_n=2a_{n+1}$

3rd 가능한 a_1의 값들을 모두 구하여 모든 a_1의 값의 합을 구해.

$a_7=1$이므로 (ii)에 의해 $a_6=0$ 또는 $a_6=2$

수열 $\{a_n\}$의 규칙에 따라 $a_5,\ a_4,\ a_3,\ a_2,\ a_1$의 값을 표로 만들면 다음과 같다.

a_6	0				2		
a_5	1				4		
a_4	0		2		3	8	
a_3	1		4		6	16	
a_2	0	2	3	8	12	5	32
a_1	1	4	6	16	24	10	64

따라서 수열 $\{a_n\}$의 첫째항 a_1이 가능한 값은 $1,\ 4,\ 6,\ 10,\ 16,\ 24,\ 64$이므로 모든 a_1의 값의 합은 $1+4+6+10+16+24+64=125$이다.

I 49 정답 ④ *수열의 귀납적 정의 – 경우 나누기 ······ [정답률 46%]

(정답 공식: 조건을 만족시키는 a_4, a_5의 값을 찾은 후 a_3, a_2, a_1의 값을 차례로 구한다.)

첫째항이 자연수인 수열 $\{a_n\}$이 모든 자연수 n에 대하여

$$a_{n+1}=\begin{cases}\dfrac{a_n}{3} & (a_n\text{이 3의 배수인 경우})\\ \dfrac{a_n^2+5}{3} & (a_n\text{이 3의 배수가 아닌 경우})\end{cases}$$

단서 a_n이 3의 배수인지, 아닌지에 따라 a_{n+1}의 계산식이 달라지지?

를 만족시킬 때, $a_4+a_5=5$가 되도록 하는 모든 a_1의 값의 합은? (4점)

① 63 ② 66 ③ 69 ④ 72 ⑤ 75

1st 수열 $\{a_n\}$의 특징을 찾아보자.

수열 $\{a_n\}$의 첫째항이 자연수이므로 k가 자연수일 때,
$a_n=3k-2$, $a_n=3k-1$, $a_n=3k$인 경우에 대하여 a_{n+1}을 구하자.

귀납적으로 정의된 수열 $\{a_n\}$에서 a_n이 3의 배수인 경우와 3의 배수가 아닌 경우에 a_{n+1}을 구하는 식이 다르므로 a_n이 3의 배수인 경우와 3의 배수가 아닌 경우로 나누는 거야.

a_n이 자연수일 때, 자연수 k에 대하여

$a_n=3k-2$이면

$$a_{n+1}=\frac{(3k-2)^2+5}{3}=\frac{9k^2-12k+9}{3}=3k^2-4k+3$$

k가 자연수이고 $3k^2-4k+3>0$이야. 따라서 $3k^2-4k+3$도 자연수야.

$a_n=3k-1$이면

$$a_{n+1}=\frac{(3k-1)^2+5}{3}=\frac{9k^2-6k+6}{3}=3k^2-2k+2$$

k가 자연수이고 $3k^2-2k+2>0$이야. 따라서 $3k^2-2k+2$도 자연수야.

$a_n=3k$이면 $a_{n+1}=\dfrac{3k}{3}=k$

즉, a_n이 자연수이면 a_{n+1}도 자연수이다.
따라서 a_1이 자연수이므로 모든 자연수 n에 대하여
a_n은 자연수이다. … ㉠

2nd a_4의 값을 구하자.

a_4가 3의 배수이면 $a_5=\dfrac{a_4}{3}$이고 $a_4+a_5=5$이므로

$a_4+\dfrac{a_4}{3}=5$에서 $\dfrac{4a_4}{3}=5$ $\quad\therefore a_4=\dfrac{15}{4}$

이것은 ㉠을 만족시키지 않으므로 a_4는 3의 배수가 아니다.

즉, $a_5=\dfrac{a_4^2+5}{3}$이고 $a_4+a_5=5$이므로

$a_4+\dfrac{a_4^2+5}{3}=5$에서 $a_4^2+3a_4-10=0$, $(a_4+5)(a_4-2)=0$

$\therefore a_4=2$ ($\because$ ㉠)

3rd $a_4=2$임을 이용하여 차례대로 a_3, a_2, a_1의 값을 구하자.

a_3이 3의 배수인 경우와 아닌 경우로 나누어 a_3을 살펴봐야 해. 같은 과정으로 a_2, a_1을 순서대로 구해.

(I) a_3이 3의 배수인 경우

$a_4=\dfrac{a_3}{3}=2$에서 $a_3=6$

a_2의 값을 구하면

Ⅰ) a_2가 3의 배수인 경우

$a_3=\dfrac{a_2}{3}=6$에서 $a_2=18$

Ⅱ) a_2가 3의 배수가 아닌 경우

$a_3=\dfrac{a_2^2+5}{3}=6$에서 $a_2^2=13$이므로 ㉠을 만족시키지 않는다.

Ⅰ), Ⅱ)에 의하여 $a_2=18$

a_1의 값을 구하면

i) a_1이 3의 배수인 경우

$a_2=\dfrac{a_1}{3}=18$에서 $a_1=54$

ii) a_1이 3의 배수가 아닌 경우

$a_2=\dfrac{a_1^2+5}{3}=18$에서 $a_1^2=49$ $\quad\therefore a_1=7$ ($\because$ ㉠)

i), ii)에 의하여 $a_1=54$ 또는 $a_1=7$

(Ⅱ) a_3이 3의 배수가 아닌 경우

$a_4=\dfrac{a_3^2+5}{3}=2$에서 $a_3^2=1$ $\quad\therefore a_3=1$ ($\because$ ㉠)

a_2의 값을 구하면

Ⅰ) a_2가 3의 배수인 경우

$a_3=\dfrac{a_2}{3}=1$에서 $a_2=3$

Ⅱ) a_2가 3의 배수가 아닌 경우

$a_3=\dfrac{a_2^2+5}{3}=1$에서 $a_2^2=-2$이므로 ㉠을 만족시키지 않는다.

Ⅰ), Ⅱ)에 의하여 $a_2=3$

a_1의 값을 구하면

i) a_1이 3의 배수인 경우

$a_2=\dfrac{a_1}{3}=3$에서 $a_1=9$

ii) a_1이 3의 배수가 아닌 경우

$a_2=\dfrac{a_1^2+5}{3}=3$에서 $a_1^2=4$ $\quad\therefore a_1=2$ ($\because$ ㉠)

i), ii)에 의하여 $a_1=9$ 또는 $a_1=2$

(I), (Ⅱ)에 의하여 모든 a_1의 값은 54, 7, 9, 2이므로 그 합은
$54+7+9+2=72$

I 50 정답 ③ *수열의 귀납적 정의–경우 나누기 ······ [정답률 59%]

(정답 공식: a_{n+1}의 값을 이용하여 a_n의 값을 추론한다.)

수열 $\{a_n\}$이 모든 자연수 n에 대하여

$$a_{n+1}=\begin{cases}a_n & (a_n>n)\\ 3n-2-a_n & (a_n\le n)\end{cases}$$

단서1 $a_n>n$인 경우와 $a_n\le n$인 경우에 따라 a_{n+1}을 구하는 방법이 달라.

을 만족시킬 때, $a_5=5$가 되도록 하는 모든 a_1의 값의 곱은?

단서2 $a_5=5$ 이므로 거꾸로 추정하여 a_4, a_3, a_2, a_1을 구해볼 수 있어.

(4점)

① 20 ② 30 ③ 40 ④ 50 ⑤ 60

1st 가능한 a_4의 값을 구해. ($a_4>4$인 경우와 $a_4\le 4$인 경우로 나누어 생각해.)

$a_4\le 4$이면 $a_5=3\times4-2-a_4=5$에서
$10-a_4=5$ $\quad\therefore a_4=5$
이것은 $a_4\le 4$를 만족시키지 않으므로 $a_4>4$이고 $a_5=a_4$에서 $a_4=5$이다.

2nd 가능한 a_3의 값을 구해. ($a_3>3$인 경우와 $a_3\le 3$인 경우로 나누어 생각해.)

$a_3>3$일 때, $a_4=a_3$에서 $a_3=5$
$a_3\le 3$일 때, $a_4=3\times3-2-a_3=5$에서
$7-a_3=5$ $\quad\therefore a_3=2$
따라서 가능한 a_3의 값은 5, 2이다.

3rd a_3의 값에 따라 가능한 a_2, a_1의 값을 각각 구해. (a_2, a_1의 값의 범위에 따라 가능한 a_1의 값을 구해.)

(i) $a_3=5$인 경우

① $a_2>2$이면 $a_3=a_2$에서 $a_2=5$이다.

$a_1>1$일 때, $a_2=a_1$에서 $a_1=5$

$a_1\le1$일 때, $a_2=3\times1-2-a_1=5$에서

$1-a_1=5$ $\quad\therefore a_1=-4$

② $a_2\le2$이면 $a_3=3\times2-2-a_2=5$에서

$4-a_2=5$ $\quad\therefore a_2=-1$

$a_1>1$일 때, $a_2=a_1=-1$이므로 $a_1>1$을 만족시키지 않는다.

$a_1\le1$일 때, $a_2=3\times1-2-a_1=-1$에서

$1-a_1=-1$ $\quad\therefore a_1=2$

이것은 $a_1\le1$을 만족시키지 않는다.

(ii) $a_3=2$인 경우

① $a_2>2$이면 $a_3=a_2$에서 $a_2=2$이므로 $a_2>2$를 만족시키지 않는다.

② $a_2\le2$이면 $a_3=3\times2-2-a_2=2$에서 $4-a_2=2$ $\quad\therefore a_2=2$

$a_1>1$일 때, $a_2=a_1$에서 $a_1=2$

$a_1\le1$일 때, $a_2=3\times1-2-a_1=2$에서

$1-a_1=2$ $\quad\therefore a_1=-1$

(i), (ii)에 의하여

$a_1=5$ 또는 $a_1=-4$ 또는 $a_1=2$ 또는 $a_1=-1$이므로

가능한 모든 a_1의 값의 곱은

$5\times(-4)\times2\times(-1)=40$이다.

I 51 정답 ③ *수열의 귀납적 정의 – 경우 나누기 ·· [정답률 42%]

(정답 공식: a_6의 값에 따라 조건을 만족시키는 a_1의 값을 구한다.)

첫째항이 자연수인 수열 $\{a_n\}$이 모든 자연수 n에 대하여

$$a_{n+1}=\begin{cases}2^{a_n} & (a_n\text{이 홀수인 경우})\\ \frac{1}{2}a_n & (a_n\text{이 짝수인 경우})\end{cases}$$

단서1 a_n이 홀수 또는 짝수라고 했으니까 수열 $\{a_n\}$의 모든 항은 자연수임을 추측할 수 있어.

를 만족시킬 때, $a_6+a_7=3$이 되도록 하는 모든 a_1의 값의 합은? (4점)

단서2 수열 $\{a_n\}$의 모든 항이 자연수이므로 $a_6+a_7=3$을 만족시키는 a_6의 값은 두 가지야. 각각 a_6의 값으로 a_1의 값을 구해 봐.

① 139 ② 146 ③ 153 ④ 160 ⑤ 167

1st 수열 $\{a_n\}$의 모든 항이 자연수임을 수학적 귀납법을 이용하여 증명하자.
($n=1$일 때 성립함을 보이고 $n=k$일 때 성립한다고 가정하면 $n=k+1$일 때도 성립함을 보이는 방법이야.)

a_1은 자연수이므로 a_1이 홀수일 때 $a_2=2^{a_1}$는 자연수이고

a_1이 짝수일 때 $a_2=\frac{1}{2}a_1$도 자연수이다.

따라서 a_1이 자연수이면 a_2도 자연수이다.

한편, 2 이상인 자연수 k에 대하여 a_k가 자연수라 가정하면

a_k가 홀수일 때 $a_{k+1}=2^{a_k}$는 자연수이고,

a_k가 짝수일 때 $a_{k+1}=\frac{1}{2}a_k$도 자연수이다.

따라서 모든 자연수 n에 대하여 a_n은 자연수이다.

2nd 가능한 a_6의 값을 찾아.

수열 $\{a_n\}$의 모든 항이 자연수이므로 $a_6+a_7=3$을 만족시키는 a_6, a_7의 순서쌍 (a_6, a_7)은 $(1, 2)$, $(2, 1)$뿐이다.

$\therefore a_6=1$ 또는 $a_6=2$

3rd 각각의 a_6의 값에 따라 가능한 a_1의 값을 구해.

(i) $a_6=1$일 때

$a_6=1$이고 a_5가 홀수이면 $a_6=2^{a_5}=1$에서 $a_5=0$

이것은 a_5가 자연수라는 조건에 모순이다.

$a_6=1$이고 a_5가 짝수이면 $a_6=\frac{1}{2}a_5=1$에서 $a_5=2$
(2 보다 큰 자연수 n에 대하여 $a_n=1$이면 $a_{n-1}=2$야.)

따라서 가능한 a_5의 값은 2이다.

$a_5=2$이고 a_4가 홀수이면 $a_5=2^{a_4}=2$에서 $a_4=1$

$a_5=2$이고 a_4가 짝수이면 $a_5=\frac{1}{2}a_4=2$에서 $a_4=4$

따라서 가능한 a_4의 값은 1, 4이다
(2 보다 큰 자연수 n에 대하여 $a_n=2$이면 $a_{n-1}=1$ 또는 $a_{n-1}=4$야.)

$a_4=1$이고 a_3이 홀수이면 $a_4=2^{a_3}=1$에서 $a_3=0$

이것은 a_3이 자연수라는 조건에 모순이다.

$a_4=1$이고 a_3이 짝수이면 $a_4=\frac{1}{2}a_3=1$에서 $a_3=2$

$a_4=4$이고 a_3이 홀수이면 $a_4=2^{a_3}=4$에서 $a_3=2$

이것은 a_3이 홀수라는 조건에 모순이다.

$a_4=4$이고 a_3이 짝수이면 $a_4=\frac{1}{2}a_3=4$에서 $a_3=8$
(2 보다 큰 자연수 n에 대하여 $a_n=4$이면 $a_{n-1}=8$이야.)

따라서 가능한 a_3의 값은 2, 8이다.

$a_3=2$이고 a_2가 홀수이면 $a_3=2^{a_2}=2$에서 $a_2=1$

$a_3=2$이고 a_2가 짝수이면 $a_3=\frac{1}{2}a_2=2$에서 $a_2=4$

$a_3=8$이고 a_2가 홀수이면 $a_3=2^{a_2}=8$에서 $a_2=3$

$a_3=8$이고 a_2가 짝수이면 $a_3=\frac{1}{2}a_2=8$에서 $a_2=16$

따라서 가능한 a_2의 값은 1, 4, 3, 16이다.
(2 보다 큰 자연수 n에 대하여 $a_n=8$이면 $a_{n-1}=3$ 또는 $a_{n-1}=16$야.)

$a_2=1$이고 a_1이 홀수이면 $a_2=2^{a_1}=1$에서 $a_1=0$

이것은 a_1이 자연수라는 조건에 모순이다.

$a_2=1$이고 a_1이 짝수이면 $a_2=\frac{1}{2}a_1=1$에서 $a_1=2$

$a_2=4$이고 a_1이 홀수이면 $a_2=2^{a_1}=4$에서 $a_1=2$

이것은 a_2가 홀수라는 조건에 모순이다.

$a_2=4$이고 a_1이 짝수이면 $a_2=\frac{1}{2}a_1=4$에서 $a_1=8$

$a_2=3$이고 a_1이 홀수이면 $a_2=2^{a_1}=3$에서 $a_1=\log_2 3$

이것은 a_1이 자연수라는 조건에 모순이다.

$a_2=3$이고 a_1이 짝수이면 $a_2=\frac{1}{2}a_1=3$에서 $a_1=6$
(2 보다 큰 자연수 n에 대하여 $a_n=3$이면 $a_{n-1}=6$이야.)

$a_2=16$이고 a_1이 홀수이면 $a_2=2^{a_1}=16$에서 $a_1=4$

이것은 a_1이 홀수라는 조건에 모순이다.

$a_2=16$이고 a_1이 짝수이면 $a_2=\frac{1}{2}a_1=16$에서 $a_1=32$
(2 보다 큰 자연수 n에 대하여 $a_n=16$이면 $a_{n-1}=32$야.)

따라서 $a_6=1$일 때 가능한 a_1의 값은 2, 8, 6, 32이다.

(ii) $a_6=2$일 때, (i)의 과정에 의하여

$a_6=2$에서 $a_5=1$ 또는 $a_5=4$

$a_5=1$에서 $a_4=2$, $a_5=4$에서 $a_4=8$

$a_4=2$에서 $a_3=1$ 또는 $a_3=4$, $a_4=8$에서 $a_3=3$ 또는 $a_3=16$

$a_3=1$에서 $a_2=2$, $a_3=4$에서 $a_2=8$, $a_3=3$에서 $a_2=6$

$a_3=16$에서 $a_2=32$

$a_2=2$에서 $a_1=1$ 또는 $a_1=4$, $a_2=8$에서 $a_1=3$ 또는 $a_1=16$이다.

한편, $a_2=6$이고 a_1이 홀수이면 $a_2=2^{a_1}=6$에서 $a_1=\log_2 6$

이것은 a_1이 자연수라는 조건에 모순이다.

$a_2=6$이고 a_1이 짝수이면 $a_2=\frac{1}{2}a_1=6$에서 $\underline{a_1=12}$
2 보다 큰 자연수 n에 대하여 $a_n=6$이면 $a_{n-1}=12$야.

$a_2=32$이고 a_1이 홀수이면 $a_2=2^{a_1}=32$에서 $\underline{a_1=5}$

$a_2=32$이고 a_1이 짝수이면 $a_2=\frac{1}{2}a_1=32$에서 $\underline{a_1=64}$
2 보다 큰 자연수 n에 대하여 $a_n=32$이면 $a_{n-1}=5$ 또는 $a_{n-1}=64$야.

따라서 $a_6=2$일 때 가능한 a_1의 값은
1, 4, 3, 16, 12, 5, 64이다.

(i), (ii)에 의하여 조건을 만족시키는 모든 a_1의 값은 1, 2, 3, 4, 5, 6, 8, 12, 16, 32, 64이므로 그 합은
$1+2+3+4+5+6+8+12+16+32+64=153$이다.

수능 핵강

∗ $a_6+a_7=3$을 만족시키는 a_6의 값 구하기

a_6은 자연수이므로 자연수 k에 대하여

(i) $a_6=2k-1$, 즉 a_6이 홀수일 때
$a_7=2^{a_6}=2^{2k-1}$이므로 $a_6+a_7=3$에서
$(2k-1)+2^{2k-1}=3$, $2k=4-2^{2k-1}$ $\quad\therefore k=2-2^{2k-2}$
그런데 $k\geq2$이면 $2-2^{2k-2}\leq-2$이므로 $k\neq2-2^{2k-2}$
$k=1$이면 $2-2^{2k-2}=2-1=1$이므로 $k=2-2^{2k-2}$이야.
따라서 $a_6=2k-1$일 때, $a_6+a_7=3$을 만족시키는 k의 값은 1이므로 $a_6=2\times1-1=1$

(ii) $a_6=2k$, 즉 a_6이 짝수일 때
$a_7=\frac{1}{2}a_6=\frac{1}{2}\times2k=k$이므로 $a_6+a_7=3$에서
$2k+k=3$, $3k=3$ $\quad\therefore k=1$
따라서 $a_6=2k$일 때, $a_6+a_7=3$을 만족시키는 k의 값은 1이므로 $a_6=2\times1=2$

(i), (ii)에 의하여 조건을 만족시키는 a_6의 값은 1 또는 2야.

변준서 | 연세대 실내건축학과 2024년 입학 · 화성 화성고 졸

첫째항이 자연수라는 특수한 조건과 조건식에 의하여 수열 $\{a_n\}$의 모든 항이 자연수라는 사실은 쉽게 알 수 있지? 그런데 a_n이 홀수인지, 짝수인지에 따라 a_{n+1}을 구하는 식을 달리지니까 a_{n+1}을 이용하여 a_n을 구할 때도 a_n이 홀수일 때와 짝수일 때로 경우를 나누어 차근차근 풀면 돼. 지난 수능, 평가원과 교육청 모의고사를 보면 15번 문항이 고난이도로 출제되었었는데 이번 수능에서는 킬러 문항 배제라는 원칙을 지키기 위해 어렵게 출제되지는 않았어. 예전의 15번의 위상이 사라진 느낌이었어. 앞으로는 문항 번호를 보고 겁을 먹을 필요는 전혀 없을 것 같아.

I 52 정답 ① ∗수열의 귀납적 정의 – 경우 나누기 [정답률 58%]

정답 공식: a_1의 값이 홀수일 때와 짝수일 때로 나누어 a_2, a_4의 값을 각각 구해 조건을 만족시키는 a_1의 값을 찾는다.

첫째항이 자연수인 수열 $\{a_n\}$이 모든 자연수 n에 대하여
단서1 a_1이 홀수일 때와 짝수일 때로 나누어 생각해.

$$a_{n+1}=\begin{cases}a_n+1 & (a_n\text{이 홀수인 경우})\\ \frac{1}{2}a_n & (a_n\text{이 짝수인 경우})\end{cases}$$

를 만족시킬 때, $a_2+a_4=40$이 되도록 하는 모든 a_1의 값의 합은? (4점)
단서2 a_4의 값을 구하려면 먼저 a_3의 값을 구해야 하고 a_3의 값을 구하려면 a_2의 값을 구해야 해.

① 172 ② 175 ③ 178
④ 181 ⑤ 184

1st a_1의 값이 홀수일 때 $a_2+a_4=40$을 만족시키는 a_1의 값을 모두 구해.

자연수 k에 대하여

(i) a_1의 값이 홀수, 즉 $a_1=2k-1$일 때,
$a_2=a_1+1=(2k-1)+1=\underline{2k}$ (짝수)
$a_3=\frac{1}{2}a_2=\frac{1}{2}\times2k=\underline{k}$ (홀수인지, 짝수인지 알 수 없어.)

i) k가 홀수, 즉 a_3이 홀수일 때,
$a_4=a_3+1=k+1$
$a_2+a_4=40$에서 $2k+(k+1)=40$, $3k=39$ $\quad\therefore k=13$
이것은 k가 홀수인 것을 만족시키므로
$a_1=2k-1=2\times13-1=25$

ii) k가 짝수, 즉 a_3이 짝수일 때,
$a_4=\frac{1}{2}a_3=\frac{1}{2}k$
$a_2+a_4=40$에서 $2k+\frac{1}{2}k=40$, $\frac{5}{2}k=40$ $\quad\therefore k=16$
이것은 k가 짝수인 것을 만족시키므로
$a_1=2k-1=2\times16-1=31$

i), ii)에 의하여 a_1의 값이 홀수일 때 조건을 만족시키는 a_1의 값은 25 또는 31이다.

2nd a_1의 값이 짝수일 때 $a_2+a_4=40$을 만족시키는 a_1의 값을 모두 구해.

(ii) a_1의 값이 짝수, 즉 $a_1=2k$일 때,
$a_2=\frac{1}{2}a_1=k$

i) k가 홀수, 즉 a_2가 홀수일 때,
$a_3=a_2+1=\underline{k+1}$ (k가 홀수이므로 $k+1$은 짝수야.)
$a_4=\frac{1}{2}a_3=\frac{k+1}{2}$
$a_2+a_4=40$에서 $k+\frac{k+1}{2}=40$, $\frac{3}{2}k=\frac{79}{2}$ $\quad\therefore k=\frac{79}{3}$
그런데 k는 자연수이어야 하므로 조건을 만족시키지 않는다.

ii) k가 짝수, 즉 a_2가 짝수일 때,
$a_3=\underline{\frac{1}{2}k}$ (k가 짝수이므로 $\frac{1}{2}k$는 자연수야.)

㉠ $\frac{1}{2}k$가 홀수, 즉 a_3이 홀수일 때,
$a_4=a_3+1=\frac{1}{2}k+1$
$a_2+a_4=40$에서 $k+\left(\frac{1}{2}k+1\right)=40$, $\frac{3}{2}k=39$ $\quad\therefore k=26$
이것은 k가 짝수이고 $\frac{1}{2}k$가 홀수인 것을 만족시키므로
$a_1=2k=2\times26=52$

㉡ $\frac{1}{2}k$가 짝수, 즉 a_3이 짝수일 때,
$a_4=\frac{1}{2}a_3=\frac{1}{4}k$
$a_2+a_4=40$에서 $k+\frac{1}{4}k=40$, $\frac{5}{4}k=40$ $\quad\therefore k=32$
이것은 k가 짝수이고 $\frac{1}{2}k$가 짝수인 것을 만족시키므로
$a_1=2k=2\times32=64$

i), ii)에 의하여 a_1의 값이 짝수일 때 조건을 만족시키는 a_1의 값은 52 또는 64이다.

3rd 조건을 만족시키는 모든 a_1의 값의 합을 구해.

(i), (ii)에 의하여 조건을 만족시키는 모든 a_1의 값은 25 또는 31 또는 52 또는 64이므로 그 합은 $25+31+52+64=172$이다.

다른 풀이: **조건을 만족시키는 a_2의 값을 이용하여 a_1의 값 구하기**

조건을 만족시키는 a_2의 값을 먼저 구하자.

자연수 k에 대하여

(i) $a_2=2k-1$, 즉 a_2가 홀수일 때,

$a_3=a_2+1=(2k-1)+1=2k$, $a_4=\frac{1}{2}a_3=\frac{1}{2}\times 2k=k$

$a_2+a_4=40$에서 $(2k-1)+k=40$, $3k=41$ $\quad \therefore k=\frac{41}{3}$

그런데 k는 자연수이어야 하므로 조건을 만족시키지 않아.

(ii) $a_2=2k$, 즉 a_2가 짝수일 때,

$a_3=\frac{1}{2}a_2=\frac{1}{2}\times 2k=k$

i) k가 홀수, 즉 a_3이 홀수일 때,

$a_4=a_3+1=k+1$

$a_2+a_4=40$에서 $2k+(k+1)=40$, $3k=39$ $\quad \therefore k=13$

이것은 k가 홀수인 것을 만족시키므로 $a_2=2k=2\times 13=26$

ii) k가 짝수, 즉 a_3이 짝수일 때,

$a_4=\frac{1}{2}a_3=\frac{1}{2}k$

$a_2+a_4=40$에서 $2k+\frac{1}{2}k=40$, $\frac{5}{2}k=40$ $\quad \therefore k=16$

이것은 k가 짝수인 것을 만족시키므로 $a_2=2k=2\times 16=32$

(i), (ii)에 의하여 주어진 조건을 만족시키는 a_2의 값은 26 또는 32야.

이제 a_2의 값에 따른 a_1의 값을 구하자.

(I) $a_2=26$일 때,

a_1이 홀수이면 $a_2=a_1+1=26$에서 $a_1=25$ (a_1이 홀수인 조건을 만족시켜.)

a_1이 짝수이면 $a_2=\frac{1}{2}a_1=26$에서 $a_1=52$ (a_1이 짝수인 조건을 만족시켜.)

(II) $a_2=32$일 때,

a_1이 홀수이면 $a_2=a_1+1=32$에서 $a_1=31$ (a_1이 홀수인 조건을 만족시켜.)

a_1이 짝수이면 $a_2=\frac{1}{2}a_1=32$에서 $a_1=64$ (a_1이 짝수인 조건을 만족시켜.)

(I), (II)에 의하여 조건을 만족시키는 모든 a_1의 값은 25 또는 52 또는 31 또는 64야.

(이하 동일)

I 53 정답 ③ *수열의 귀납적 정의- 경우 나누기 … [정답률 42%]

(정답 공식: a_2의 값이 짝수일 때와 홀수일 때로 나누어 a_2의 값을 구한다.)

모든 항이 자연수인 수열 $\{a_n\}$이 모든 자연수 n에 대하여

$$a_{n+2}=\begin{cases} a_{n+1}+a_n & (a_{n+1}+a_n\text{이 홀수인 경우}) \\ \frac{1}{2}(a_{n+1}+a_n) & (a_{n+1}+a_n\text{이 짝수인 경우}) \end{cases}$$

를 만족시킨다. $a_1=1$일 때, $a_6=34$가 되도록 하는 모든 a_2의 값의 합은? (4점)

단서 수열의 귀납적 정의가 어떻게 이루어지는지 파악해야 해. 앞의 두 항의 합 a_n+a_{n+1}이 홀수인지 짝수인지에 따라 다음 항 a_{n+2}가 결정돼.

① 60 ② 64 ③ 68 ④ 72 ⑤ 76

1st $a_6=34$임을 이용하여 a_5+a_4의 값을 구해.

a_5+a_4가 홀수이면 $a_6=a_5+a_4$가 홀수이므로 $a_6=34$에 모순이다.

즉, a_5+a_4는 짝수이므로 $a_6=\frac{1}{2}(a_5+a_4)=34$에서

$a_5+a_4=68$

2nd a_2가 짝수와 홀수인 경우로 나누어 $a_6=34$일 때의 a_2의 값을 구해.

(i) a_2가 짝수, 즉 $a_2=2n$(n은 자연수)일 때,

$a_2+a_1=2n+1$은 홀수이므로 $a_3=a_2+a_1=2n+1$이다.

$a_3+a_2=(2n+1)+2n=4n+1$은 홀수이므로

$a_4=a_3+a_2=4n+1$이다.

$a_4+a_3=(4n+1)+(2n+1)=6n+2$는 짝수이므로 ($6n+2=2(3n+1)$)

$a_5=\frac{1}{2}(a_5+a_4)=\frac{1}{2}(6n+2)=3n+1$이다.

이때, $a_5+a_4=68$에서 $(3n+1)+(4n+1)=68$

$7n+2=68$, $7n=66$ $\quad \therefore n=\frac{66}{7}$

이는 n이 자연수란 조건에 모순이므로 a_2는 짝수가 될 수 없다.

(ii) a_2가 홀수 즉, $a_2=2n-1$(n은 자연수)일 때,

$a_2+a_1=(2n-1)+1=2n$은 짝수이므로

$a_3=\frac{1}{2}(a_2+a_1)=\frac{1}{2}\times 2n=n$이다.

이때, $a_3+a_2=n+(2n-1)=3n-1$이고

$3n-1$은 홀수일수도, 짝수일 수도 있으므로 a_3+a_2의 값이 짝수인 경우와 홀수인 경우를 나눠야겠지?

i) $3n-1$이 홀수일 때, $a_4=a_3+a_2=3n-1$이다. ($3n-1$이 홀수이면 n은 짝수야.)

따라서 $a_4+a_3=(3n-1)+n=4n-1$은 홀수이므로

$a_5=a_4+a_3=4n-1$이다.

이때, $a_5+a_4=68$에서 $(4n-1)+(3n-1)=68$, $7n-2=68$

$7n=70$ $\quad \therefore n=10$

ii) $3n-1$이 짝수일 때, $a_4=\frac{1}{2}(a_3+a_2)=\frac{3n-1}{2}$이다. ($3n-1$이 짝수면 n은 홀수야.)

$a_4+a_3=\frac{3n-1}{2}+n=\frac{5n-1}{2}$이므로

$3n-1$은 짝수이므로 n은 홀수야. 즉 $\frac{5n-1}{2}$은 자연수야.
따라서 a_4+a_3의 값이 짝수인 경우와 홀수인 경우를 나눠야겠지?

$\frac{5n-1}{2}$이 홀수이면 $a_5=a_4+a_3=\frac{5n-1}{2}$이고

$\frac{5n-1}{2}$이 짝수이면 $a_5=\frac{1}{2}(a_4+a_3)=\frac{5n-1}{4}$이다.

$a_5=\frac{5n-1}{2}$일 때, $a_5+a_4=68$에서 $\frac{5n-1}{2}+\frac{3n-1}{2}=68$

$4n-1=68$, $4n=69$ $\quad \therefore n=\frac{69}{4}$

그런데 n은 자연수이므로 조건을 만족시키지 않는다.

또 $a_5=\frac{5n-1}{4}$일 때, $a_5+a_4=68$에서 $\frac{5n-1}{4}+\frac{3n-1}{2}=68$

$\frac{11n-3}{4}=68$, $11n-3=272$, $11n=275$ $\quad \therefore n=25$

i), ii)에 의하여 조건을 만족시키는 n의 값은 10 또는 25이다.

한편 $a_2=2n-1$이므로 $n=10$일 때, $a_2=2\times 10-1=19$이고

$n=25$일 때, $a_2=2\times 25-1=49$이다.

따라서 조건을 만족시키는 모든 a_2의 값의 합은 $19+49=68$이다.

I 54 정답 ③ *수열의 귀납적 정의 - 경우 나누기 ··· [정답률 45%]

(정답 공식: 관계식이 주어졌으므로 n의 값을 차례로 대입하여 수열 $\{a_n\}$을 유추한다.)

다음 조건을 만족시키는 모든 수열 $\{a_n\}$에 대하여 $\sum_{k=1}^{100} a_k$의 최댓값과 최솟값을 각각 M, m이라 할 때, $M-m$의 값은? (4점)

(가) $a_5=5$

(나) 모든 자연수 n에 대하여

$$a_{n+1}=\begin{cases} a_n-6 & (a_n\ge 0) \\ -2a_n+3 & (a_n<0) \end{cases}$$

이다.

단서 a_5의 값과 수열 $\{a_n\}$의 관계식을 이용하여 $a_6, a_7, \cdots, a_{100}$을 먼저 구할 수 있어. 그럼 n이 5 이상인 경우의 수열 $\{a_n\}$의 각 항은 결정되어 있으니까 a_1, a_2, a_3, a_4에 따라 $\sum_{k=1}^{100} a_k$의 값을 구하면 돼.

① 64 ② 68 ③ 72 ④ 76 ⑤ 80

1st $a_6, a_7, \cdots$의 값을 먼저 구해.

$a_5=5>0$이므로 $a_6=a_5-6=5-6=-1<0$

$a_7=-2a_6+3=-2\times(-1)+3=5>0$

$a_8=a_7-6=5-6=-1<0, \cdots$

따라서 n이 5 이상의 자연수일 때,

$$a_n=\begin{cases} 5 & (n\text{이 홀수일 때}) \\ -1 & (n\text{이 짝수일 때}) \end{cases}$$

n이 5 이상일 때 수열 $\{a_n\}$의 각 항이 결정되어 있으므로 $\sum_{k=1}^{100} a_k$의 최댓값과 최솟값은 a_1, a_2, a_3, a_4의 값에 따라 결정되겠지?

2nd $\sum_{k=1}^{100} a_k$의 최댓값 M과 최솟값 m을 각각 구해.

a_1, a_2, a_3, a_4의 값 중 음수는 최대 2개가 나올 수 있으므로 다음과 같이 음수의 개수에 따라 경우를 나누자. 즉, $a_5=5$이므로

$a_n<0$이면 $a_{n+1}=-2a_n+3>0$이므로 수열 $\{a_n\}$의 항이 연속하여 음수인 경우는 없어. 즉, a_1, a_2, a_3, a_4의 값 중 음수는 최대 2개 나올 수 있어.

(i) 음수의 개수가 2일 때,

i) $a_4\ge 0$, $a_3<0$, $a_2\ge 0$, $a_1<0$이면

$a_5=a_4-6$에서

$5=a_4-6$ $\therefore a_4=11$

$a_4=-2a_3+3$에서

$11=-2a_3+3$, $-2a_3=8$ $\therefore a_3=-4$

$a_3=a_2-6$에서

$-4=a_2-6$ $\therefore a_2=2$

$a_2=-2a_1+3$에서

$2=-2a_1+3$, $-2a_1=-1$ $\therefore a_1=\frac{1}{2}$

그런데 $a_1<0$이어야 하므로 모순이다.

ii) $a_4<0$, $a_3\ge 0$, $a_2<0$, $a_1\ge 0$이면

$a_5=-2a_4+3$에서

$5=-2a_4+3$, $-2a_4=2$ $\therefore a_4=-1$

$a_4=a_3-6$에서

$-1=a_3-6$ $\therefore a_3=5$

$a_3=-2a_2+3$에서

$5=-2a_2+3$, $-2a_2=2$ $\therefore a_2=-1$

$a_2=a_1-6$에서

$-1=a_1-6$ $\therefore a_1=5$

$\therefore \sum_{k=1}^{100} a_k=5+(-1)+5+(-1)+\sum_{k=5}^{100} a_k=8+\sum_{k=5}^{100} a_k$

(ii) 음수의 개수가 1일 때,

i) $a_4\ge 0$, $a_3\ge 0$, $a_2\ge 0$, $a_1<0$이면

$a_5=a_4-6$에서 $5=a_4-6$ $\therefore a_4=11$

$a_4=a_3-6$에서 $11=a_3-6$ $\therefore a_3=17$

$a_3=a_2-6$에서 $17=a_2-6$ $\therefore a_2=23$

$a_2=-2a_1+3$에서 $23=-2a_1+3$, $-2a_1=20$ $\therefore a_1=-10$

$\therefore \sum_{k=1}^{100} a_k=-10+23+17+11+\sum_{k=5}^{100} a_k=41+\sum_{k=5}^{100} a_k$

ii) $a_4\ge 0$, $a_3\ge 0$, $a_2<0$, $a_1\ge 0$이면

$a_5=a_4-6$에서 $5=a_4-6$ $\therefore a_4=11$

$a_4=a_3-6$에서 $11=a_3-6$ $\therefore a_3=17$

$a_3=-2a_2+3$에서 $17=-2a_2+3$, $-2a_2=14$ $\therefore a_2=-7$

$a_2=a_1-6$에서 $-7=a_1-6$ $\therefore a_1=-1$

그런데 $a_1\ge 0$이어야 하므로 모순이다.

iii) $a_4\ge 0$, $a_3<0$, $a_2\ge 0$, $a_1\ge 0$이면

$a_5=a_4-6$에서 $5=a_4-6$ $\therefore a_4=11$

$a_4=-2a_3+3$에서 $11=-2a_3+3$, $-2a_3=8$ $\therefore a_3=-4$

$a_3=a_2-6$에서 $-4=a_2-6$ $\therefore a_2=2$

$a_2=a_1-6$에서 $2=a_1-6$ $\therefore a_1=8$

$\therefore \sum_{k=1}^{100} a_k=8+2+(-4)+11+\sum_{k=5}^{100} a_k=17+\sum_{k=5}^{100} a_k$

iv) $a_4<0$, $a_3\ge 0$, $a_2\ge 0$, $a_1\ge 0$이면

$a_5=-2a_4+3$에서 $5=-2a_4+3$, $-2a_4=2$ $\therefore a_4=-1$

$a_4=a_3-6$에서 $-1=a_3-6$ $\therefore a_3=5$

$a_3=a_2-6$에서 $5=a_2-6$ $\therefore a_2=11$

$a_2=a_1-6$에서 $11=a_1-6$ $\therefore a_1=17$

$\therefore \sum_{k=1}^{100} a_k=17+11+5+(-1)+\sum_{k=5}^{100} a_k=32+\sum_{k=5}^{100} a_k$

(iii) 음수의 개수가 0일 때, 즉 $a_4\ge 0$, $a_3\ge 0$, $a_2\ge 0$, $a_1\ge 0$이면

$a_5=a_4-6$에서 $5=a_4-6$ $\therefore a_4=11$

$a_4=a_3-6$에서 $11=a_3-6$ $\therefore a_3=17$

$a_3=a_2-6$에서 $17=a_2-6$ $\therefore a_2=23$

$a_2=a_1-6$에서 $23=a_1-6$ $\therefore a_1=29$

$\therefore \sum_{k=1}^{100} a_k=29+23+17+11+\sum_{k=5}^{100} a_k=80+\sum_{k=5}^{100} a_k$

(i)~(iii)에 의하여 $\sum_{k=1}^{100} a_k$의 최댓값 M과 최솟값 m은 각각

$M=80+\sum_{k=5}^{100} a_k$, $m=8+\sum_{k=5}^{100} a_k$

3rd $M-m$의 값을 구하자.

$\therefore M-m=\left(80+\sum_{k=5}^{100} a_k\right)-\left(8+\sum_{k=5}^{100} a_k\right)=72$

수능 핵강

*** a_4, a_3, a_2, a_1의 값 쉽게 구하는 방법**

사실 이 문제는 수형도를 그려가며 따져주는 것이 간단해.
a_5의 값을 시작으로 a_4의 값이 양수일 때와 음수일 때를 나누어 a_4의 값을 각각 구하고 다시 a_4의 값에 따라 a_3의 값이 양수일 때와 음수일 때로 나누어 a_3의 값을 각각 구하면 돼. 이와 같은 방법으로 a_2, a_1의 값을 구해서 그 중 $\sum_{k=1}^{100} a_k$의 값이 최대가 되는 경우와 최소가 되는 경우를 찾아주면 돼.

I 55 정답 70 *수열의 귀납적 정의- 경우 나누기 [정답률 44%]

(정답 공식: n 대신 1, 2, 3, …을 차례로 대입한다.)

> 단서1 a_1의 값은 양수야.
>
> 수열 $\{a_n\}$은 $1<a_1<2$이고, 모든 자연수 n에 대하여
>
> $$a_{n+1}=\begin{cases}-2a_n & (a_n<0)\\ a_n-2 & (a_n\geq 0)\end{cases}$$
>
> 단서2 a_{n+1}의 값은 a_n의 부호에 따라 결정돼.
>
> 을 만족시킨다. $a_7=-1$일 때, $40\times a_1$의 값을 구하시오. (4점)

1st a_2, a_3, …, a_7을 a_1로 나타내.

$1<a_1<2$ … ㉠이므로 $a_2=a_1-2$

㉠에서 $-1<a_2=a_1-2<0$이므로

$a_3=-2a_2=-2(a_1-2)=-2a_1+4$

→ a_{n+1}의 값은 a_n의 부호에 따라 다르게 구해야 하니까 a_n의 부호를 따져주어야 해.

㉠에서 $0<a_3=-2a_1+4<2$이므로

$a_4=a_3-2=(-2a_1+4)-2=-2a_1+2$

㉠에서 $-2<a_4=-2a_1+2<0$이므로

$a_5=-2a_4=-2(-2a_1+2)=4a_1-4$

㉠에서 $0<a_5=4a_1-4<4$이므로

$a_6=a_5-2=(4a_1-4)-2=4a_1-6$

㉠에서 $-2<a_6=4a_1-6<2$

a_6의 값은 $a_6\geq 0$일 수도 있고, $a_6<0$일 수도 있어. 그런데 $a_6<0$이면 $a_7=-2a_6>0$이니까 $a_7=-1$을 만족시키지 않아. 따라서 $a_6\geq 0$임을 알 수 있지.

그런데 $-2<a_6<0$이면 $a_7=-2a_6>0$이므로

$a_7=-1<0$을 만족시키지 않는다.

따라서 $0\leq a_6<2$이므로

$a_7=a_6-2=(4a_1-6)-2=4a_1-8$이고

$a_7=-1$에서 $4a_1-8=-1$, $4a_1=7$

$\therefore a_1=\frac{7}{4}$

2nd $40\times a_1$의 값을 구해.

$\therefore 40\times a_1=40\times\frac{7}{4}=70$

수열의 귀납적 정의의 응용 (개념·공식)

이웃하는 항 사이의 관계가 수식이나 문장으로 주어지고 특정한 항의 값을 구하는 문제는
(i) 주어진 조건을 수식으로 나타낸 후
(ii) $n=1, 2, 3, \cdots$을 차례로 대입해보거나
(iii) 여러 가지 수열의 귀납적 정의를 이용하여 일반항을 찾는다.

I 56 정답 33 *수열의 귀납적 정의 -항의 수 [정답률 74%]

(정답 공식: 주어진 식에 $n=1, 2, 3, \cdots$을 대입하여 규칙을 찾아본다.)

> 수열 $\{a_n\}$은 $a_1=9$, $a_2=3$이고, 모든 자연수 n에 대하여
>
> $a_{n+2}=a_{n+1}-a_n$
>
> 단서1 a_1, a_2의 값이 주어졌으니까 이 식에 $n=1, 2, 3, \cdots$을 차례로 대입하면 수열 $\{a_n\}$의 모든 항을 구할 수 있지?
>
> 을 만족시킨다. $|a_k|=3$을 만족시키는 100 이하의 자연수 k의 개수를 구하시오. (3점)
>
> 단서2 $a_k=3$ 또는 $a_k=-3$을 만족시키는 k의 값을 찾으면 돼.

1st 수열 $\{a_n\}$의 각 항을 구해 봐.

$a_1=9$, $a_2=3$이므로

$a_3=a_2-a_1=3-9=-6$

$a_4=a_3-a_2=-6-3=-9$

$a_5=a_4-a_3=-9-(-6)=-3$

$a_6=a_5-a_4=-3-(-9)=6$

$a_7=a_6-a_5=6-(-3)=9$

$a_8=a_7-a_6=9-6=3, \cdots$

2nd $|a_k|=3$을 만족시키는 100 이하의 자연수 k의 개수를 구해.

수열 $\{a_n\}$은 9, 3, -6, -9, -3, 6이 이 순서대로 반복되는 수열이므로 $|a_k|=3$, 즉 $a_k=3$ 또는 $a_k=-3$을 만족시키는 k의 값은 2, 5, 8, 11, …이다.

이때, 2, 5, 8, 11, …은 첫째항이 2이고 공차가 3인 등차수열이므로 이 수열을 $\{b_n\}$이라 하면

첫째항이 a이고 공차가 d인 등차수열 $\{a_n\}$의 일반항은 $a_n=a+(n-1)d$

$b_n=2+(n-1)\times 3=3n-1$

따라서 구하는 것은 수열 $\{b_n\}$의 100 이하인 항의 개수와 같으므로

$3n-1\leq 100$에서 $3n\leq 101$ $\quad\therefore n\leq\frac{101}{3}=33.666\cdots$

따라서 수열 $\{b_n\}$의 100 이하인 항의 개수는 33이므로

$|a_k|=3$을 만족시키는 100 이하의 자연수 k의 개수는 33이다.

I 57 정답 235 *수열의 귀납적 정의 -항의 수 [정답률 65%]

(정답 공식: a_n의 값이 주기적으로 반복된다.)

> 수열 $\{a_n\}$이 $a_1=3$이고,
>
> $$a_{n+1}=\begin{cases}\frac{a_n}{2} & (a_n\text{은 짝수})\\ \frac{a_n+93}{2} & (a_n\text{은 홀수})\end{cases}$$
>
> 단서 a_n에 따라 주어진 조건이 다르니까 $n=1, 2, 3, \cdots$을 대입하여 a_n의 규칙을 발견해야 해.
>
> 가 성립한다. $a_k=3$을 만족시키는 50 이하의 모든 자연수 k의 값의 합을 구하시오. (4점)

1st 규칙이 발견될 때까지 n 대신 1, 2, 3, …을 대입해 보자.

$a_1=3$, $a_2=\frac{3+93}{2}=48$, $a_3=\frac{48}{2}=24$, $a_4=\frac{24}{2}=12$

$a_1=3$이 홀수이니까 $\frac{a_1+93}{2}$을 구한 거야. → a_2는 짝수이니까 $\frac{a_2}{2}$를 구한 거야.

$a_5=\frac{12}{2}=6$, $a_6=\frac{6}{2}=3$, $a_7=\frac{3+93}{2}=48, \cdots$

즉, a_n의 값이 3, 48, 24, 12, 6의 5개의 수가 반복된다.

2nd 조건을 만족하는 50 이하의 모든 자연수 k의 값의 합을 구해.

$a_k=3$을 만족시키는 50 이하의 모든 자연수 k는 1, 6, 11, 16, …, 46

$a_1=3$이고 a_n의 값이 5개 반복되므로 첫째항이 1, 공차가 5인 등차수열이야.

이 수열은 첫째항이 1이고 공차가 5인 등차수열이므로 일반항은

$1+5(n-1)=5n-4$이고 항의 개수는 10이다.

[등차수열의 일반항] 첫째항이 a_1, 공차가 d인 등차수열의 일반항은 $a_n=a_1+(n-1)d$

따라서 모든 자연수 k의 값의 합은

$\sum_{n=1}^{10}(5n-4)=5\times\frac{10\times(10+1)}{2}-4\times 10=235$

등차수열 (개념·공식)

① **등차수열의 일반항**
첫째항이 a이고 공차가 d인 등차수열 $\{a_n\}$의 일반항은
$a_n=a+(n-1)d$ (단, $n=1, 2, 3, \cdots$)

② **등차중항**
세 실수 a, b, c가 이 순서대로 등차수열을 이룰 때,
$b=\frac{a+c}{2}$가 성립하고, b를 a와 c의 **등차중항**이라고 한다.

I 58 정답 ② *수열의 귀납적 정의용-항의 수 [정답률 73%]

(정답 공식: $a_1=6^6-1$, a_n의 값을 순차적으로 구해보면 $a_7=6^5-1$이고 규칙성을 찾을 수 있다.)

수열 $\{a_n\}$은 단서1 $a_1=5(6^5+6^4+\cdots+1)$로 6의 배수가 아니지?

$a_1=5\times6^5+5\times6^4+5\times6^3+5\times6^2+5\times6+5$,

$$a_{n+1}=\begin{cases}\frac{1}{6}a_n & (a_n\text{이 6의 배수일 때})\\ a_n-1 & (a_n\text{이 6의 배수가 아닐 때})\end{cases}$$

단서2 a_n이 6의 배수가 아닐 때는 1씩 작아지니까 a_1에서 -5를 해야 6의 배수가 되지? 그리고 다시 6의 배수가 되는 n의 값을 찾아가야겠네. 이때, 일정한 규칙을 찾아 보자.

이다. $a_k=1$일 때, k의 값은? (4점)

① 34 ② 35 ③ 36
④ 37 ⑤ 38

1st 등비수열의 합의 공식으로 a_1을 계산하자.

첫째항이 a_1, 공비가 r인 등비수열의 첫째항부터 제n항까지의 합은 $S_n=\frac{a_1(r^n-1)}{r-1}$

$a_1=5\times6^5+5\times6^4+5\times6^3+5\times6^2+5\times6+5$
$=5(6^0+6^1+6^2+6^3+6^4+6^5)$ ← 첫째항이 1, 공비가 6인 등비수열의 첫째항부터 제6항까지의 합이야.
$=5\times\frac{6^6-1}{6-1}=6^6-1$

2nd n 대신 1, 2, 3, …을 대입하여 규칙을 찾자.

주의 규칙성을 찾기 힘든 문제는 $n=1, 2, 3$ …을 직접 대입하여 실수하지 않고 풀어야 해.

$a_2=a_1-1=6^6-2 \Rightarrow a_{n+1}=a_n-1$
$a_3=a_2-1=6^6-3$
⋮
$a_6=a_5-1=6^6-6=6(6^5-1) \Rightarrow$ 6의 배수
$a_7=\frac{1}{6}a_6=6^5-1 \Rightarrow a_{n+1}=\frac{1}{6}a_n$
$a_8=a_7-1=6^5-2$
$a_9=a_8-1=6^5-3$
⋮
$a_{12}=a_{11}-1=6^5-6=6(6^4-1) \Rightarrow$ 6의 배수
$a_{13}=\frac{1}{6}a_{12}=6^4-1 \Rightarrow a_{n+1}=\frac{1}{6}a_n$
⋮
$a_{18}=6(6^3-1)$
⋮
$a_{24}=6(6^2-1)$
⋮
$a_{30}=6(6-1)$ ($=6^1$)
⋮
$a_{36}=6(1-1)=0$ ($=6^0$)
따라서 $a_{36}=a_{35}-1=0$이므로 $a_{35}=1$
$\therefore k=35$

톡톡 풀이: a_n이 6의 배수일 때의 일반항을 구해서 해결하기

규칙에 의하여 6의 배수일 때 일반항을 구하면 $a_{6k}=6(6^{6-k}-1)$이므로
$a_{30}=6(6^{6-5}-1)=6^2-6 \Rightarrow$ 6의 배수
$a_{31}=\frac{1}{6}a_{30}=6-1$, $a_{32}=6-2$
$a_{33}=6-3$, $a_{34}=6-4$
$a_{35}=6-5=1$
따라서 $a_k=1$인 k의 값은 35야.

I 59 정답 ⑤ *수열의 귀납적 정의-빈칸 [정답률 63%]

(정답 공식: 수열 $\{a_n\}$의 첫째항부터 제n항까지의 합을 S_n이라 하면 $a_1=S_1$이고 $a_n=S_n-S_{n-1}(n\geq2)$이다.)

수열 $\{a_n\}$의 첫째항부터 제n항까지의 합을 S_n이라 하자. 다음은 모든 자연수 n에 대하여

$$\sum_{k=1}^{n}\frac{S_k}{k!}=\frac{1}{(n+1)!}$$

이 성립할 때, $\sum_{k=1}^{n}\frac{1}{a_k}$을 구하는 과정이다.

> $n=1$일 때, $a_1=S_1=\frac{1}{2}$이므로 $\frac{1}{a_1}=2$이다.
>
> $n=2$일 때, $a_2=S_2-S_1=-\frac{7}{6}$이므로 $\sum_{k=1}^{2}\frac{1}{a_k}=\frac{8}{7}$이다.
>
> $n\geq3$인 모든 자연수 n에 대하여
>
> $\frac{S_n}{n!}=\sum_{k=1}^{n}\frac{S_k}{k!}-\sum_{k=1}^{n-1}\frac{S_k}{k!}=-\frac{\boxed{(가)}}{(n+1)!}$
>
> 단서1 $\sum_{k=1}^{n}\frac{S_k}{k!}-\sum_{k=1}^{n-1}\frac{S_k}{k!}$를 정리하여 (가)에 알맞은 식을 찾아.
>
> 즉, $S_n=-\frac{\boxed{(가)}}{n+1}$이므로
>
> $a_n=S_n-S_{n-1}=-(\boxed{(나)})$
>
> 이다. 한편 $\sum_{k=3}^{n}k(k+1)=-8+\sum_{k=1}^{n}k(k+1)$이므로
>
> $\sum_{k=1}^{n}\frac{1}{a_k}=\frac{8}{7}-\sum_{k=3}^{n}k(k+1)$
>
> 단서2 $-\sum_{k=3}^{n}k(k+1)=\sum_{k=1}^{2}k(k+1)-\sum_{k=1}^{n}k(k+1)$임을 이용하여 (다)에 알맞은 식을 찾아.
>
> $=\frac{64}{7}-\frac{n(n+1)}{2}-\sum_{k=1}^{n}\boxed{(다)}$
>
> $=-\frac{1}{3}n^3-n^2-\frac{2}{3}n+\frac{64}{7}$
>
> 이다.

위의 (가), (나), (다)에 알맞은 식을 각각 $f(n)$, $g(n)$, $h(k)$라 할 때, $f(5)\times g(3)\times h(6)$의 값은? (4점)

① 3 ② 6 ③ 9
④ 12 ⑤ 15

1st $n=1, 2$일 때, $\sum_{k=1}^{n}\frac{1}{a_k}$을 구해.

모든 자연수 n에 대하여 $\sum_{k=1}^{n}\frac{S_k}{k!}=\frac{1}{(n+1)!}$ … ㉠이 성립하므로

$n=1$일 때, ㉠의 좌변은 $\sum_{k=1}^{1}\frac{S_k}{k!}=\frac{S_1}{1!}=S_1$이고

우변은 $\frac{1}{(1+1)!}=\frac{1}{2!}=\frac{1}{2}$이므로

$S_1=\frac{1}{2}$

$\therefore a_1=S_1=\frac{1}{2}$ … ㉡

$\therefore \sum_{k=1}^{1}\frac{1}{a_k}=\frac{1}{a_1}=2$

$n=2$일 때, ㉠의 좌변은 $\sum_{k=1}^{2}\frac{S_k}{k!}=\frac{S_1}{1!}+\frac{S_2}{2!}=S_1+\frac{1}{2}S_2$이고

우변은 $\frac{1}{(2+1)!}=\frac{1}{3!}=\frac{1}{6}$

$\therefore S_1+\frac{1}{2}S_2=\frac{1}{6}$ … ㉢

ⓛ을 ⓒ에 대입하면

$\frac{1}{2}+\frac{1}{2}S_2=\frac{1}{6}$, $\frac{1}{2}S_2=-\frac{1}{3}$

$\therefore S_2=-\frac{2}{3}$

따라서 $a_2=S_2-S_1=-\frac{2}{3}-\frac{1}{2}=-\frac{7}{6}$이므로

$\sum_{k=1}^{2}\frac{1}{a_k}=\frac{1}{a_1}+\frac{1}{a_2}=2+\left(-\frac{6}{7}\right)=\frac{8}{7}$이다.

→ 수열 $\{a_n\}$의 첫째항부터 제n항까지의 합을 S_n이라 하면 $a_n=S_n-S_{n-1}\ (n\geq 2)$이 성립해.

2nd $n\geq 3$일 때, $\sum_{k=1}^{n}\frac{1}{a_k}$을 구해.

$n\geq 3$인 모든 자연수 n에 대하여

$$\frac{S_n}{n!}=\sum_{k=1}^{n}\frac{S_k}{k!}-\sum_{k=1}^{n-1}\frac{S_k}{k!}=\frac{1}{(n+1)!}-\frac{1}{n!}\ (\because ㉠)$$

$\frac{1}{(n+1)!}-\frac{1}{n!}=\frac{1}{(n+1)!}-\frac{n+1}{n!(n+1)}=\frac{1}{(n+1)!}-\frac{n+1}{(n+1)!}$

$$=\frac{1-(n+1)}{(n+1)!}=-\frac{n}{(n+1)!} \leftarrow (가)$$

즉, $S_n=-\frac{n}{(n+1)!}\times n!=-\frac{n}{n+1}$이므로

$-\frac{n}{(n+1)!}\times n!=-\frac{n}{n!(n+1)}\times n!=-\frac{n}{n+1}$

$$a_n=S_n-S_{n-1}=-\frac{n}{n+1}-\left(-\frac{n-1}{n}\right)$$
$$=-\frac{n}{n+1}+\frac{n-1}{n}$$
$$=\frac{-n^2+(n-1)(n+1)}{n(n+1)}$$
$$=\frac{-n^2+n^2-1}{n(n+1)}$$
$$=-\frac{1}{n(n+1)} \leftarrow (나)$$

이다.

한편, $\frac{1}{a_n}=-n(n+1)$이고

$$\sum_{k=3}^{n}k(k+1)=-\sum_{k=1}^{2}k(k+1)+\sum_{k=1}^{n}k(k+1)$$
$$=-(1\times 2+2\times 3)+\sum_{k=1}^{n}k(k+1)$$
$$=-8+\sum_{k=1}^{n}k(k+1)$$

→ 자연수 p에 대하여 $\sum_{k=p}^{n}a_k=\sum_{k=1}^{n}a_k-\sum_{k=1}^{p-1}a_k$가 성립해.

이므로

$$\sum_{k=1}^{n}\frac{1}{a_k}=\sum_{k=1}^{2}\frac{1}{a_k}+\sum_{k=3}^{n}\frac{1}{a_k}=\frac{8}{7}+\sum_{k=3}^{n}\{-k(k+1)\}$$
$$=\frac{8}{7}-\sum_{k=3}^{n}k(k+1)$$
$$=\frac{8}{7}-\left\{-8+\sum_{k=1}^{n}k(k+1)\right\}$$
$$=\frac{64}{7}-\sum_{k=1}^{n}(k+k^2)=\frac{64}{7}-\sum_{k=1}^{n}k-\sum_{k=1}^{n}k^2$$

$\sum_{k=1}^{n}(a_k+b_k)=\sum_{k=1}^{n}a_k+\sum_{k=1}^{n}b_k$　$\sum_{k=1}^{n}k=\frac{n(n+1)}{2}$, $\sum_{k=1}^{n}k^2=\frac{n(n+1)(2n+1)}{6}$

$$=\frac{64}{7}-\frac{n(n+1)}{2}-\sum_{k=1}^{n}k^2 \leftarrow (다)$$
$$=\frac{64}{7}-\frac{n(n+1)}{2}-\frac{n(n+1)(2n+1)}{6}$$
$$=-\frac{1}{3}n^3-n^2-\frac{2}{3}n+\frac{64}{7}$$

이다.

3rd $f(5)\times g(3)\times h(6)$의 값을 구해.

따라서 $f(n)=n$, $g(n)=\frac{1}{n(n+1)}$, $h(k)=k^2$이므로

$f(5)\times g(3)\times h(6)=5\times\frac{1}{3\times 4}\times 6^2=15$

I 60 정답 ② ＊수열의 귀납적 정의 – 빈칸 [정답률 72%]

(정답 공식: 주어진 식의 양변을 a_na_{n+1}로 나누고, $b_n=\frac{n}{a_n}$으로 놓고 푼다.)

모든 항이 양수인 수열 $\{a_n\}$은 $a_1=\frac{1}{4}$이고

$$(n+1)a_n=a_{n+1}(3n-2a_n)\ (n\geq 1)$$

을 만족시킨다. 다음은 일반항 a_n을 구하는 과정이다.

> 주어진 식의 양변을 a_na_{n+1}로 나누면
>
> $$\frac{n+1}{a_{n+1}}=\frac{3n-2a_n}{a_n}$$
>
> **단서** 푸는 과정을 그대로 따라가보자. 앞뒤 관계를 정확히 파악하는 게 중요해.
>
> 이다. $b_n=\frac{n}{a_n}$이라 하면
>
> $b_{n+1}=3b_n+$ (가)
>
> 이고, $b_{n+1}-1=3(b_n-1)$이다.
>
> $b_1=4$이므로 $b_n-1=$ (나)
>
> $b_n=$ (나) $+1$
>
> 이다. 그러므로
>
> $$a_n=\frac{n}{(나)+1}\ (n\geq 1)$$
>
> 이다.

위의 (가)에 알맞은 값을 p, (나)에 알맞은 식을 $f(n)$이라 할 때, $p+f(3)$의 값은? (4점)

① 24　② 25　③ 26　④ 27　⑤ 28

1st 양변을 a_na_{n+1}로 나누자.

$(n+1)a_n=a_{n+1}(3n-2a_n)$

양변을 a_na_{n+1}로 나누면

$$\frac{n+1}{a_{n+1}}=\frac{3n-2a_n}{a_n}=\frac{3n}{a_n}-2$$

이다. $b_n=\frac{n}{a_n}$이라 하면 → $\frac{n}{a_n}$과 $\frac{n+1}{a_{n+1}}$의 관계가 있으니까 쉽게 이용하기 위해 $b_n=\frac{n}{a_n}$으로 놓은 거야.

$b_{n+1}=3b_n+(-2) \leftarrow (가)$

이고, $b_{n+1}-1=3(b_n-1)$이다.

→ $b_{n+1}=3b_n-2$의 양변에 -1을 더하면 $b_{n+1}-1=3b_n-3 \Rightarrow b_{n+1}-1=3(b_n-1)$

$b_1=4$이므로 수열 $\{b_n-1\}$은

첫째항이 $b_1-1=3$이고 공비가 3인 등비수열이다.

$b_n-1=3^n \leftarrow (나)$

$b_n=3^n+1$

2nd 수열 $\{b_n\}$의 일반항을 이용해 일반항 a_n을 구하자.

$b_n=\frac{n}{a_n}$이므로 $a_n=\frac{n}{b_n}$

$$\therefore a_n=\frac{n}{3^n+1}\ (n\geq 1)$$

실수 $\{a_n\}$의 모든 항이 양수라는 조건이 있었으니까, 최종적으로 구한 일반항이 그 조건을 만족하는지 확인해보면 검산할 수 있겠지?

즉, $p=-2$, $f(n)=3^n$

$\therefore p+f(3)=-2+3^3=25$

I 61 정답 ⑤ *수열의 귀납적 정의-빈칸 [정답률 63%]

(정답 공식: a_n을 구하는 과정에서 빈칸의 앞뒤를 추론한다.)

수열 $\{a_n\}$은 $a_1=12$이고, $\frac{a_{n+1}}{n}=\frac{2a_n}{n+1}+\frac{2^{n+1}}{n+1}(n\geq1)$을 만족시킨다. 다음은 일반항 a_n을 구하는 과정이다.

> 주어진 식에 의하여 $(n+1)a_{n+1}=2na_n+n\times2^{n+1}$이다. … ⓐ
>
> $b_n=\frac{n}{2^n}a_n$이라 하면 $b_{n+1}=b_n+$ (가) $(n\geq1)$이고
>
> 단서1 ⓐ를 b_n 꼴로 나타내어 볼까?
>
> $b_1=$ (나) 이므로 $b_n=$ (다) $(n\geq1)$이다.
>
> 그러므로 $a_n=\frac{2^n}{n}\times$ (다) $(n\geq1)$이다.

단서2 일반항 b_n을 구하기 위해서 $b_{n+1}-b_n=f(n)$의 양변에 $n=1, 2, 3, \cdots, n-1$을 대입하여 각 변을 더해 주면 되겠네.

위의 (가), (다)에 알맞은 식을 각각 $f(n)$, $g(n)$이라 하고, (나)에 알맞은 수를 p라 할 때, $f(p)+g(p)$의 값은? (4점)

① 15 ② 18 ③ 21 ④ 24 ⑤ 27

1st $b_{n+1}-b_n=f(n)$ 꼴로 만들어야 해.

$\frac{a_{n+1}}{n}=\frac{2a_n}{n+1}+\frac{2^{n+1}}{n+1}$의 양변에 $n(n+1)$을 곱하면

$(n+1)a_{n+1}=2na_n+n\times2^{n+1}$이고, 다시 양변을 2^{n+1}으로 나누면

($b_n=\frac{n}{2^n}a_n$ 꼴로 나타내기 위해서)

$\frac{(n+1)a_{n+1}}{2^{n+1}}=\frac{na_n}{2^n}+n$

이때, $b_n=\frac{n}{2^n}a_n$이라 하면 $b_{n+1}=b_n+n$ $(n\geq1)$이고 ←(가)

($b_{n+1}=\frac{n+1}{2^{n+1}}a_{n+1}$)

$a_1=12$이므로 $b_1=\frac{1}{2}a_1=\frac{1}{2}\times12=6$ ←(나)

$b_{n+1}=b_n+n$에서 n 대신에 $1, 2, 3, \cdots, n-1$을 대입하면

$$b_2=b_1+1$$
$$b_3=b_2+2$$
$$b_4=b_3+3$$
$$\vdots$$
$$+)\ b_n=b_{n-1}+n-1$$

$b_n=b_1+(1+2+\cdots+n-1)=6+\frac{(n-1)n}{2}$

[연속된 자연수의 합] $\sum_{k=1}^{n}k=1+2+\cdots+n=\frac{n(n+1)}{2}$을 이용해.

$\therefore b_n=b_1+\sum_{k=1}^{n-1}k$

$=6+\frac{(n-1)n}{2}$

$=\frac{n^2-n+12}{2}$ $(n\geq1)$ ←(다)

$\therefore a_n=\frac{2^n}{n}b_n=\frac{2^n}{n}\times\frac{n^2-n+12}{2}$

2nd $f(n)$, $g(n)$의 식에 조건 (나)의 숫자를 대입하여 $f(p)+g(p)$의 값을 구해.

따라서 $f(n)=n$, $p=6$, $g(n)=\frac{n^2-n+12}{2}$이므로

$f(p)+g(p)=f(6)+g(6)=6+\frac{6^2-6+12}{2}$

$=6+21=27$

I 62 정답 ① *수열의 귀납적 정의-빈칸 [정답률 63%]

(정답 공식: 주어진 과정을 유추하면서 빈칸을 채운다.)

수열 $\{a_n\}$은 $a_1=1$이고,

$$a_{n+1}=\frac{3a_n-1}{4a_n-1}\ (n\geq1)$$

을 만족시킨다. 다음은 일반항 a_n을 구하는 과정의 일부이다.

> 모든 자연수 n에 대하여
>
> ❶ $4a_{n+1}-1=4\times\frac{3a_n-1}{4a_n-1}-1=2-\frac{1}{4a_n-1}$
>
> 이다. 수열 $\{b_n\}$을
>
> $b_1=1$, ❷ $b_{n+1}=(4a_n-1)b_n$ $(n\geq1)$ …… (*)
>
> 이라 하면,
>
> a_n과 b_n이 섞여서 관계식이 주어졌지?
>
> 단서 빈칸의 앞뒤를 살펴봐도 풀리지 않는 경우야. 주어진 ❶을 이용해서 ❷를 새로 나타낸 게 눈에 보이면 끝!
>
> ⋮
>
> $b_{n+2}-b_{n+1}=b_{n+1}-b_n$이다.
>
> 즉, $\{b_n\}$은 등차수열이므로 (*)에 의하여
>
> $b_n=$ (가) 이고, $a_n=$ (나) 이다.

위의 (가), (나)에 알맞은 식을 각각 $f(n)$, $g(n)$이라 할 때, $f(14)\times g(5)$의 값은? (4점)

① 15 ② 16 ③ 17 ④ 18 ⑤ 19

1st 과정을 차근차근 쫓아가 보자.

모든 자연수 n에 대하여

$4a_{n+1}-1=4\times\frac{3a_n-1}{4a_n-1}-1$

($\frac{3(4a_n-1+1)-4}{4a_n-1}=3+\frac{-1}{4a_n-1}$)

$=2-\frac{1}{4a_n-1}$ … ㉠

수열 $\{b_n\}$을 $b_1=1$, $b_{n+1}=(4a_n-1)b_n(n\geq1)$ … ㉡이라 하면

모든 n에 대하여

$b_{n+2}-b_{n+1}=(4a_{n+1}-1)b_{n+1}-b_{n+1}$ ($\because$ ㉡)

$=\left(2-\frac{1}{4a_n-1}\right)b_{n+1}-b_{n+1}$ ($\because$ ㉠)

$=\left(1-\frac{1}{4a_n-1}\right)b_{n+1}$

(b_{n+1}이 공통인수니까 묶어줘. 계수 $2-\frac{1}{4a_n-1}-1$만 계산하면 돼.)

$=b_{n+1}-\frac{b_{n+1}}{4a_n-1}=b_{n+1}-b_n$ ($\because$ ㉡)

$\therefore b_{n+2}-b_{n+1}=b_{n+1}-b_n=\cdots=b_2-b_1$

$=3-1=2$

($b_2=(4a_1-1)b_1=(4\times1-1)\times1=3$)

2nd 첫째항이 a_1이고 공차가 d인 등차수열의 일반항은 $a_n=a_1+(n-1)d$지?

수열 $\{b_n\}$은 첫째항이 $b_1=1$이고 공차가 2인 등차수열이므로

$\therefore b_n=1+(n-1)\times2=2n-1$ ←(가)

$b_{n+1}=2n+1$이므로 ㉡에 대입하면

$2n+1=(4a_n-1)(2n-1)$

$\therefore a_n=\frac{1}{4}\left(\frac{2n+1}{2n-1}+1\right)=\frac{n}{2n-1}$ ←(나)

실수 $n=1$을 대입해서 $a_1=1$이 나오는지 확인해봐.

3rd $f(14)\times g(5)$의 값을 구해.

따라서 $f(n)=2n-1$, $g(n)=\frac{n}{2n-1}$이므로

$f(14)\times g(5)=27\times\frac{5}{9}=15$

I 63 정답 ① *수열의 귀납적 정의 - 빈칸 [정답률 61%]

(정답 공식: $a_{n+1}-a_n$을 정리하여 $a_{n+1}=f(n)a_n$ 꼴로 만든다.)

수열 $\{a_n\}$은 $a_1=10$이고,

$$a_{n+1}=a_1+\frac{1}{2}a_2+\frac{1}{3}a_3+\cdots+\frac{1}{n}a_n\ (n=1,\ 2,\ 3,\ \cdots)$$

을 만족시킨다. 다음은 일반항 a_n을 구하는 과정이다.

> $n\geq 2$인 자연수 n에 대하여
>
> $$a_{n+1}-a_n=\left(a_1+\frac{1}{2}a_2+\frac{1}{3}a_3+\cdots+\frac{1}{n}a_n\right)-\left(a_1+\frac{1}{2}a_2+\frac{1}{3}a_3+\cdots+\frac{1}{n-1}a_{n-1}\right)$$이므로
>
> ❶ $a_{n+1}=$ (가) $\times a_n$이다. 단서1 (가)에 들어갈 식은 바로 위에서 구할 수 있어.
>
> $n=2,\ 3,\ 4,\ \cdots,\ n-1$을 차례로 대입하면
>
> ❷ $a_3=\frac{3}{2}a_2$ 단서2 좌변과 그 다음 식의 우변에 같은 항이 있네? 없애려면 각각을 전부 곱하면 약분이 되면서 없어지겠네!
>
> $a_4=\frac{4}{3}a_3$
>
> ⋮
>
> $a_n=\frac{n}{n-1}a_{n-1}$이므로 $a_n=$ (나) $(n\geq 2)$
>
> 따라서 주어진 수열 $\{a_n\}$의 일반항은
>
> $a_1=10$이고, $a_n=$ (나) $(n\geq 2)$

위의 (가)에 알맞은 식을 $f(n)$, (나)에 알맞은 식을 $g(n)$이라 할 때, $f(5)\times g(10)$의 값은? (4점)

① 60 ② 75 ③ 90 ④ 105 ⑤ 120

1st $a_{n+1}-a_n$을 하여 (가)에 들어갈 식을 구하자.

$$a_{n+1}-a_n=\left(a_1+\frac{1}{2}a_2+\frac{1}{3}a_3+\cdots+\frac{1}{n-1}a_{n-1}+\frac{1}{n}a_n\right)-\left(a_1+\frac{1}{2}a_2+\frac{1}{3}a_3+\cdots+\frac{1}{n-1}a_{n-1}\right)$$

$a_{n+1}-a_n=\frac{1}{n}a_n,\ a_{n+1}=a_n+\frac{1}{n}a_n$

$a_{n+1}=\left(1+\frac{1}{n}\right)a_n \quad \therefore a_{n+1}=\frac{n+1}{n}\times a_n$ ← (가)

2nd $n=2,\ 3,\ 4,\ \cdots,\ n-1$을 차례로 대입하여 (나)에 들어갈 식을 구하자.

$a_3=\frac{3}{2}a_2$

$a_4=\frac{4}{3}a_3$

⋮

$\times)\ a_n=\frac{n}{n-1}\times a_{n-1}$

$a_n=\frac{n}{2}\times a_2$

좌변과 다음 식의 우변에 같은 항이 곱해져 있지? 이럴 땐, 모든 식의 좌변, 우변을 각각 전부 곱하면 거의 대부분 약분이 되면서 간단해져.

우변은 우변끼리 좌변은 좌변끼리 각각 곱하면 $a_3\times a_4\times\cdots\times a_n=\frac{3}{2}\times\frac{4}{3}\times\cdots\times\frac{n}{n-1}\times a_2\times a_3\times\cdots\times a_{n-1}$

그런데 $a_1=a_2=10$이므로 $a_n=5n\ (n\geq 2)$ ← (나)

3rd $f(5)\times g(10)$의 값을 구하자.

따라서 $f(n)=\frac{n+1}{n},\ g(n)=5n$이므로

$f(5)=\frac{6}{5},\ g(10)=5\times 10=50$이므로 $f(5)\times g(10)=\frac{6}{5}\times 50=60$

I 64 정답 ① *수열의 귀납적 정의 - 빈칸 [정답률 57%]

(정답 공식: $\log_a M+\log_a N=\log_a MN,\ \log_a M-\log_a N=\log_a\frac{M}{N}$)

첫째항이 1인 수열 $\{a_n\}$의 첫째항부터 제n항까지의 합을 S_n이라 하자. 다음은 모든 자연수 n에 대하여

$$(n+1)S_{n+1}=\log_2(n+2)+\sum_{k=1}^{n}S_k\ \cdots\ (*)$$

가 성립할 때, $\sum_{k=1}^{n}ka_k$를 구하는 과정이다.

> 주어진 식 $(*)$에 의하여 단서1 $(*)$의 n 대신 $n-1$을 대입한 거야.
>
> $nS_n=\log_2(n+1)+\sum_{k=1}^{n-1}S_k(n\geq 2)\ \cdots$ ㉠
>
> 이다. $(*)$에서 ㉠을 빼서 정리하면
>
> $(n+1)S_{n+1}-nS_n$
>
> $=\log_2(n+2)-\log_2(n+1)+\sum_{k=1}^{n}S_k-\sum_{k=1}^{n-1}S_k(n\geq 2)$
>
> 단서2 이 식의 우변이 $\log_2\frac{n+2}{n+1}$만 남게하여 (가)에 알맞은 식을 구하면 돼.
>
> 이므로 ((가)) $\times a_{n+1}=\log_2\frac{n+2}{n+1}(n\geq 2)$이다.
>
> $a_1=1=\log_2 2$이고, $2S_2=\log_2 3+S_1=\log_2 3+a_1$이므로
>
> 모든 자연수 n에 대하여 $na_n=$ (나) 이다.
>
> 따라서 $\sum_{k=1}^{n}ka_k=$ (다) 이다.

위의 (가), (나), (다)에 알맞은 식을 각각 $f(n)$, $g(n)$, $h(n)$이라 할 때, $f(8)-g(8)+h(8)$의 값은? (4점)

① 12 ② 13 ③ 14 ④ 15 ⑤ 16

1st 수열 $\{na_n\}$의 일반항과 $\sum_{k=1}^{n}ka_k$를 구해.

$(n+1)S_{n+1}=\log_2(n+2)+\sum_{k=1}^{n}S_k\ \cdots\ (*)$에 의하여

$nS_n=\log_2(n+1)+\sum_{k=1}^{n-1}S_k(n\geq 2)\ \cdots$ ㉠

이다. $(*)$에서 ㉠을 빼면

$(n+1)S_{n+1}-nS_n=\left\{\log_2(n+2)+\sum_{k=1}^{n}S_k\right\}-\left\{\log_2(n+1)+\sum_{k=1}^{n-1}S_k\right\}$

이고

(좌변) $=nS_{n+1}+S_{n+1}-nS_n=n(S_{n+1}-S_n)+S_{n+1}$

$=na_{n+1}+S_{n+1}$

$S_{n+1}-S_n=(a_1+a_2+\cdots+a_n+a_{n+1})-(a_1+a_2+\cdots+a_n)=a_{n+1}$

(우변) $=\log_2(n+2)-\log_2(n+1)+\sum_{k=1}^{n}S_k-\sum_{k=1}^{n-1}S_k$

$\log_a M-\log_a N=\log_a\frac{M}{N}$

$=\log_2\frac{n+2}{n+1}+S_n$

$\sum_{k=1}^{n}S_k-\sum_{k=1}^{n-1}S_k=(S_1+S_2+\cdots+S_{n-1}+S_n)-(S_1+S_2+\cdots+S_{n-1})=S_n$

이므로

$na_{n+1}+S_{n+1}=\log_2\frac{n+2}{n+1}+S_n$

$na_{n+1}+S_{n+1}-S_n=\log_2\frac{n+2}{n+1}$

$na_{n+1}+a_{n+1}=\log_2\frac{n+2}{n+1}$

$\therefore (n+1)a_{n+1}=\log_2\frac{n+2}{n+1}(n\geq 2)\ \cdots$ ㉡ ← (가)

㉡의 양변에 $n=1$을 대입하면 $2a_2=\log_2\frac{3}{2}\ \cdots$ ㉢

또, (*)에 $n=1$을 대입하면

$2S_2=\log_2 3+\sum_{k=1}^{1} S_k$에서 $2S_2=\log_2 3+S_1$

$2(a_1+a_2)=\log_2 3+a_1$

$\therefore\ 2a_2=\log_2 3-a_1=\log_2 3-1$

$=\log_2 3-\log_2 2=\log_2 \frac{3}{2}$ … ㉣

㉢, ㉣에 의하여 모든 자연수 n에 대하여

$(n+1)a_{n+1}=\log_2 \frac{n+2}{n+1}$이다.

이 식의 n 대신 $n-1$을 대입하면

$na_n=\log_2 \frac{n+1}{n}\ (n\geq 2)$

이고 양변에 $n=1$을 대입하면 $a_1=\log_2 2=1$

그런데 조건에서 $a_1=1$이므로 모든 자연수 n에 대하여

$na_n=\log_2 \frac{n+1}{n}$ ←(나) 이다.

$\therefore \sum_{k=1}^{n} ka_k=\sum_{k=1}^{n} \log_2 \frac{k+1}{k}$

→ $\log_a M+\log_a N=\log_a MN$

$=\log_2 \frac{2}{1}+\log_2 \frac{3}{2}+\log_2 \frac{4}{3}+\cdots+\log_2 \frac{n+1}{n}$

$=\log_2\left(\frac{2}{1}\times\frac{3}{2}\times\frac{4}{3}\times\cdots\times\frac{n+1}{n}\right)$

$=\log_2 (n+1)$ ←(다)

2nd $f(8)-g(8)+h(8)$의 값을 구해.

따라서 $f(n)=n+1$, $g(n)=\log_2 \frac{n+1}{n}$, $h(n)=\log_2 (n+1)$이므로

$f(8)=9$, $g(8)=\log_2 \frac{9}{8}=\log_2 9-\log_2 8=\log_2 9-3$,

$\log_2 8=\log_2 2^3=3\log_2 2=3\times 1=3$

$h(8)=\log_2 9$

$\therefore f(8)-g(8)+h(8)=9-(\log_2 9-3)+\log_2 9$

$=9-\log_2 9+3+\log_2 9=12$

로그의 성질 (개념·공식)

$a>0$, $b>0$, $c>0$, $a\neq 1$, $c\neq 1$, $x>0$, $y>0$일 때

① $\log_a 1=0$, $\log_a a=1$, $n=\log_a a^n$

② $\log_a xy=\log_a x+\log_a y$

③ $\log_a \frac{x}{y}=\log_a x-\log_a y$

④ $\log_a x^n=n\log_a x$ (n은 실수)

⑤ $\log_a b=\frac{\log_c b}{\log_c a}$

⑥ $\log_{a^m} b^n=\frac{n}{m}\log_a b$

I 65 정답 ① *수열의 귀납적 정의 – 빈칸 ········ [정답률 47%]

(정답 공식: $b_{n+1}=S_{n+1}-S_n$을 이용하여 식을 변형한다.)

모든 항이 양수인 수열 $\{a_n\}$은 $a_1=10$이고

$$(a_{n+1})^{n+1}=\frac{a_1+(a_2)^2+(a_3)^3+\cdots+(a_n)^n}{n}\ (n\geq 1)$$

을 만족시킨다. 다음은 일반항 a_n을 구하는 과정의 일부이다.

> $b_n=(a_n)^n$이라 하면 $b_1=10$이고 주어진 식으로부터
>
> ❶ $b_{n+1}=\frac{b_1+b_2+\cdots+b_n}{n}\ (n\geq 1)$
>
> 이다. ❷ $S_n=\sum_{k=1}^{n} b_k$라 하면
>
> $S_{n+1}=$ (가) $\times S_n$ **단서1** 일반항(❶)으로 합(❷)을 나타내야 하니까 $b_n=S_n-S_{n-1}$을 이용해 볼까?
>
> 이다.
>
> $S_1=10$,
>
> $S_n=S_1\times\frac{S_2}{S_1}\times\frac{S_3}{S_2}\times\cdots\times\frac{S_n}{S_{n-1}}\ (n\geq 2)$
>
> 를 이용하여 S_n을 구하면 **단서2** $\frac{S_n}{S_{n-1}}=$(가)를 이용하여 일반항 S_n을 유추해.
>
> $S_n=$ (나) $(n\geq 1)$
>
> 이다.
>
> ⋮

위의 (가), (나)에 알맞은 식을 각각 $f(n)$, $g(n)$이라 할 때, $f(5)\times g(6)$의 값은? (4점)

① 72 ② 76 ③ 80 ④ 84 ⑤ 88

1st $S_n=\sum_{k=1}^{n} b_k$이니까 $b_n=S_n-S_{n-1}\ (n\geq 2)$을 이용하여 (가)에 알맞은 식을 구해.

$(a_{n+1})^{n+1}=\frac{a_1+(a_2)^2+(a_3)^3+\cdots+(a_n)^n}{n}$에서

$b_n=(a_n)^n$이라 하면 $b_1=10$이고 주어진 식으로부터

→ $a_1=10$이니까 $b_1=(a_1)^1=a_1=10$이야.

$b_{n+1}=\frac{b+b_2+\cdots+b_n}{n}\ (n\geq 1)$

이때, $S_n=\sum_{k=1}^{n} b_k$라 하면

$b_{n+1}=\frac{b_1+b_2+\cdots+b_n}{n}=\frac{\sum_{k=1}^{n} b_k}{n}=\frac{S_n}{n}$이고

$b_{n+1}=S_{n+1}-S_n$에 의하여 $S_{n+1}-S_n=\frac{S_n}{n}$이므로

$b_n=S_n-S_{n-1}$이니까 n 대신에 $n+1$을 대입해.

$S_{n+1}=S_n+\frac{S_n}{n}=\left(1+\frac{1}{n}\right)S_n=\frac{n+1}{n}\times S_n$ ←(가)

2nd $\frac{S_{n+1}}{S_n}=\frac{n+1}{n}$을 이용하여 (나)에 알맞은 식을 구해.

즉, $S_{n+1}=\frac{n+1}{n}S_n$에서 $\frac{S_{n+1}}{S_n}=\frac{n+1}{n}$ … ㉠이고,

유리식의 이런 꼴은 순차적으로 곱하면 분모, 분자가 약분되면서 간단해지겠지?

$S_1=b_1=10$이므로

$S_n=S_1\times\frac{S_2}{S_1}\times\frac{S_3}{S_2}\times\cdots\times\frac{S_n}{S_{n-1}}$

$=10\times\frac{2}{1}\times\frac{3}{2}\times\cdots\times\frac{n}{n-1}$ ($\because$ ㉠)$=10n$ ←(나) $(n\geq 1)$

3rd $f(5)\times g(6)$의 값을 구해.

따라서 $f(n)=\frac{n+1}{n}$, $g(n)=10n$이므로 $f(5)\times g(6)=\frac{6}{5}\times 60=72$

I 66 정답 ⑤ *수열의 귀납적 정의 – 빈칸 [정답률 51%]

(정답 공식: $S_{n+1}+1=2^n(S_n+1)$의 양변에 밑이 2인 로그를 취하고 정리한다.)

첫째항이 1인 수열 $\{a_n\}$에 대하여 $S_n=\sum_{k=1}^{n}a_k$라 할 때,

$a_{n+1}=(2^n-1)(S_n+1)(n\ge1)$ ⋯ (*)

이 성립한다. 다음은 일반항 a_n을 구하는 과정이다.

> 식 (*)의 양변에 S_n을 더하여 정리하면
> $S_{n+1}+1=2^n(S_n+1)$ ⋯ ⓐ
> 이다. $b_n=\log_2(S_n+1)$이라 하면 $b_1=1$이고
> $b_{n+1}=$ (가) $+b_n$ 단서1 ⓐ의 양변에 $\log_2$를 취하여 정리해.
> 이다. 수열 $\{b_n\}$의 일반항을 구하면
> $b_n=\dfrac{n^2-n+2}{2}\ (n\ge1)$
> ❶
> 이므로 $S_n=2^{\frac{n^2-n+2}{2}}-1(n\ge1)$
> 이다. 그러므로 $a_1=1$이고, $n\ge2$일 때
> ❷
> $a_n=S_n-S_{n-1}$ 단서2 ❷와 같이 ❶에 n 대신에 $n-1$을 대입하여 (나)를 유추해
> $=2^{\frac{n^2-n+2}{2}}-2^{(나)}$
> $=2^{(나)}\times(2^{n-1}-1)$
> 이다.

위의 (가)와 (나)에 알맞은 식을 각각 $f(n)$, $g(n)$이라 할 때, $f(12)-g(5)$의 값은? (4점)

① 1 ② 2 ③ 3 ④ 4 ⑤ 5

1st $b_n=\log_2(S_n+1)$을 이용하기 위해 주어진 식에 $\log_2$를 취해.

주어진 $S_{n+1}+1=2^n(S_n+1)$의 양변에 밑이 2인 로그를 취하면

$\log_2(S_{n+1}+1)=\log_2\{2^n(S_n+1)\}=n+\log_2(S_n+1)$ ← $\log_c ab=\log_c a+\log_c b$

이때, $b_n=\log_2(S_n+1)$이라 하면 ⇒ $b_n=\log_2(S_n+1)$ 꼴을 만들기 위해!

$b_1=\log_2(S_1+1)=\log_2(a_1+1)=\log_2 2=1$이고 ← $S_1=\sum_{k=1}^{1}a_k=a_1$이야.

$b_{n+1}=\log_2(S_{n+1}+1)$이므로

$b_{n+1}=n+b_n$ ⋯ ㉠ ← (가)

㉠에 n 대신 1, 2, 3, ⋯, $n-1$을 차례로 대입하면

$b_2=1+b_1$
$b_3=2+b_2$
$b_4=3+b_3$
⋮
$+)\ b_n=(n-1)+b_{n-1}$

$b_n=1+2+3+\cdots+(n-1)+b_1$ ← [연속한 자연수의 합] $\sum_{k=1}^{n}k=1+2+3+\cdots+n=\dfrac{n(n+1)}{2}$을 이용해.

$=\dfrac{n(n-1)}{2}+1=\dfrac{n^2-n+2}{2}\ (n\ge2)$

이때, $n=1$을 대입한 값도 1이고 $b_1=1$이므로 $b_n=\dfrac{n^2-n+2}{2}(n\ge1)$

즉, $\log_2(S_n+1)=\dfrac{n^2-n+2}{2}$에서 $S_n=2^{\frac{n^2-n+2}{2}}-1(n\ge1)$이므로

$a_n=S_n-S_{n-1}=\left(2^{\frac{n^2-n+2}{2}}-1\right)-\left(2^{\frac{(n-1)^2-(n-1)+2}{2}}-1\right)$

$=2^{\frac{n^2-n+2}{2}}-2^{\frac{n^2-3n+4}{2}}=2^{\frac{n^2-3n+4}{2}}(2^{n-1}-1)$ ← (나)

주의 계산 실수하기 가장 쉬운 곳이니까 조심해.

2nd $f(12)-g(5)$의 값을 구해.

따라서 $f(n)=n$, $g(n)=\dfrac{n^2-3n+4}{2}$이므로

$f(12)-g(5)=12-\dfrac{5^2-3\times5+4}{2}=12-7=5$

I 67 정답 ⑤ *수열의 귀납적 정의 – 빈칸 [정답률 57%]

(정답 공식: $S_{n+1}-S_n=a_{n+1}$을 이용해 S_n을 제거한다.)

수열 $\{a_n\}$에서 $S_n=\sum_{k=1}^{n}a_k$라 할 때,

$2S_n=3a_n-4n+3\ (n\ge1)$

을 만족시킨다. 다음은 일반항 a_n을 구하는 과정이다.

> $2S_n=3a_n-4n+3$ ⋯⋯ ㉠
> 에서 $n=1$일 때, $2S_1=3a_1-1$이므로 $a_1=1$이다.
> $2S_{n+1}=3a_{n+1}-4(n+1)+3$ ⋯⋯ ㉡
> ㉡에서 ㉠을 뺀 식으로부터 단서1 $a_{n+1}=S_{n+1}-S_n$임을 이용해야 해.
> $a_{n+1}=3a_n+$ (가)
> 이다. 수열 $\{a_n+2\}$가 등비수열이므로
> 일반항 a_n을 구하면 단서2 $a_{n+1}=pa_n+q$ 꼴의 수열은 공비가 p인 등비수열이야.
> $a_n=$ (나) $(n\ge1)$
> 이다.

위의 (가)에 알맞은 수를 p, (나)에 알맞은 식을 $f(n)$이라 할 때, $p+f(5)$의 값은? (4점)

① 225 ② 230 ③ 235
④ 240 ⑤ 245

1st 주어진 식에 a_n, a_{n+1}을 대입해서 a_n과 a_{n+1}에 관한 관계식을 만들어.

$2S_n=3a_n-4n+3$ ⋯⋯ ㉠

에서 $n=1$일 때, $2S_1=3a_1-1$이므로 $a_1=1$ ← 주어진 관계식이 첫째항부터 성립한다고 했으니까 $a_1=S_1$이야. 즉, $2a_1=3a_1-1$ ⇨ $a_1=1$

$2S_{n+1}=3a_{n+1}-4(n+1)+3$ ⋯⋯ ㉡

㉡−㉠을 하면

$2(S_{n+1}-S_n)=3a_{n+1}-3a_n-4$ ← $S_{n+1}-S_n=a_{n+1}$

$2a_{n+1}=3a_{n+1}-3a_n-4$

$a_{n+1}=3a_n+4$ ← (가)

$a_{n+1}+2=3(a_n+2)$

2nd 수열 $\{a_n+2\}$의 일반항을 구해서 일반항 a_n을 구하자.

수열 $\{a_n+2\}$는 첫째항이 a_1+2, 공비가 3인 등비수열이므로

$a_n+2=(a_1+2)\times3^{n-1}$ ← 첫째항이 a_1, 공비가 r인 등비수열의 일반항 $a_n=a_1r^{n-1}$

일반항 a_n을 구하면

$a_n=3\times3^{n-1}-2=3^n-2\ (n\ge1)$이다. ← (나)

따라서 $p=4$, $f(n)=3^n-2$이므로 $p+f(5)=4+(3^5-2)=245$

등차수열과 등비수열의 귀납적 정의 개념·공식

(1) 등차수열의 귀납적 정의
공차가 d인 등차수열 $\{a_n\}$의 귀납적 정의는
① $a_{n+1}=a_n+d$
② $a_{n+1}-a_n=d$
③ $2a_{n+1}=a_n+a_{n+2}$

(2) 등비수열의 귀납적 정의
공비가 r인 등비수열 $\{a_n\}$의 귀납적 정의는
① $a_{n+1}=ra_n$
② $a_{n+1}\div a_n=r$
③ $(a_{n+1})^2=a_n\times a_{n+2}$

I 68 정답 ② *수열의 귀납적 정의 – 빈칸 [정답률 57%]

(정답 공식: $a_{2n+1}-a_{2n-1}=f(n)$에 n 대신 1, 2, ⋯, $n-1$을 차례로 대입하여 나온 식들을 더하면 a_{2n-1}을 n에 대한 식으로 나타낸다.)

수열 $\{a_n\}$은 $a_1=1$, $a_2=5$이고, 모든 자연수 n 에 대하여

$$a_{n+2}=\begin{cases} a_{n+1}-2a_n & (n\text{이 홀수}) \\ 6a_{n+1}-a_n & (n\text{이 짝수}) \end{cases}$$

를 만족시킨다. 다음은 일반항 a_n을 구하는 과정이다.

> 주어진 식에서 모든 자연수 n에 대하여
> $a_{2n+1}=a_{2n}-2a_{2n-1}$ ⋯ ㉠
> $a_{2n+2}=6a_{2n+1}-a_{2n}$ ⋯ ㉡
> $a_{2n+3}=a_{2n+2}-2a_{2n+1}$ ⋯ ㉢
> 이므로 ㉠, ㉡, ㉢을 연립하여 정리하면
> ❶ $a_{2n+3}-a_{2n+1}=2(a_{2n+1}-a_{2n-1})$
> 이고, ㉠에서 $n=1$일 때 $a_3=3$이므로
> $a_{2n+1}-a_{2n-1}=$ (가) $(n\geq1)$ 단서1 ❶에서 $a_{2n+1}-a_{2n-1}=b_n$이라 하면 수열 $\{b_n\}$은 공비가 2인 등비수열이야.
> 이다. 따라서
> $a_{2n-1}=$ (나) $(n\geq1)$ 단서2 일반항 a_{2n-1}을 구하기 위해서 $a_{2n+1}-a_{2n-1}=f(n)$의 양변에 $n=1, 2, 3, \cdots, n-1$을 대입하여 각 변을 더해 주면 되겠네.
> 이고, ㉠으로부터
> ❷ $a_{2n}=a_{2n+1}+2a_{2n-1}$
> 이므로
> $a_{2n}=$ (다) $(n\geq1)$ 단서3 a_{2n+1}을 유추하여 ❷에 대입하여 일반항 a_{2n}을 찾자.
> 이다. 그러므로 모든 자연수 n에 대하여
> $a_{2n-1}=$ (나), $a_{2n}=$ (다)이다.

위의 (가)에 알맞은 식을 $f(n)$, (나)에 알맞은 식을 $g(n)$, (다)에 알맞은 식을 $h(n)$이라 할 때, $\dfrac{f(5)g(10)}{h(10)-1}$의 값은? (4점)

① 4 ② 8 ③ 12 ④ 16 ⑤ 20

1st 수열 $\{a_{2n+1}-a_{2n-1}\}$의 일반항을 구해.

㉠, ㉡, ㉢을 연립하여 정리하면 $a_{2n+3}-a_{2n+1}=2(a_{2n+1}-a_{2n-1})$ ⋯ (*)

이때, $b_n=a_{2n+1}-a_{2n-1}$이라 하면 $b_{n+1}=2b_n$으로 수열 $\{b_n\}$은 공비가 2인 등비수열이다. $\dfrac{b_{n+1}}{b_n}=2$로 연속한 두 수가 일정한 비를 가지고 증가하므로 등비수열이지?

$a_1=1$, $a_2=5$이고, ㉠에서 $a_3=a_2-2a_1=5-2\times1=3$이므로

$b_1=a_3-a_1=3-1=2$

즉, 수열 $\{b_n\}$은 첫째항이 2, 공비가 2인 등비수열이므로

$b_n=a_{2n+1}-a_{2n-1}=2\times2^{n-1}=2^n$ $(n\geq1)$ ← (가)

2nd 수열 $\{a_{2n+1}-a_{2n-1}\}$의 일반항을 이용하여 a_{2n-1}과 a_{2n}을 구해야 해.

$a_{2n+1}-a_{2n-1}=2^n$에 n 대신에 1, 2, ⋯, $n-1$을 차례로 대입하면

$a_3-a_1=2$
$a_5-a_3=2^2$
⋮
$+)\ a_{2n-1}-a_{2n-3}=2^{n-1}$

$a_{2n-1}-a_1=2+2^2+\cdots+2^{n-1}=\dfrac{2(2^{n-1}-1)}{2-1}=2^n-2$ ← 첫째항이 2, 공비가 2인 등비수열의 첫째항부터 제$(n-1)$항까지의 합이야.

$a_{2n-1}=2^n-2+a_1=2^n-1$ $(n\geq2)$

그런데 이 식에 $n=1$을 대입한 값 1이 $a_1=1$과 같으므로

$a_{2n-1}=2^n-1$ $(n\geq1)$ ← (나)

이때, n 대신에 $n+1$을 대입하면 $a_{2n+1}=2^{n+1}-1$이고, ㉠으로부터

$a_{2n}=a_{2n+1}+2a_{2n-1}$이므로

$a_{2n}=(2^{n+1}-1)+2(2^n-1)=4\times2^n-3$ $(n\geq1)$ ← (다)

3rd (가), (나), (다)의 식을 이용하여 $\dfrac{f(5)g(10)}{h(10)-1}$의 값을 구하자.

따라서 $f(n)=2^n$, $g(n)=2^n-1$, $h(n)=4\times2^n-3$이므로

$\dfrac{f(5)g(10)}{h(10)-1}=\dfrac{2^5(2^{10}-1)}{(4\times2^{10}-3)-1}=\dfrac{32(2^{10}-1)}{4(2^{10}-1)}=8$

수능 핵강

*** ㉠, ㉡, ㉢에서 (*)과 같이 되는 이유 알아보기**

$a_{n+2}=\begin{cases} a_{n+1}-2a_n & (n\text{이 홀수}) \\ 6a_{n+1}-a_n & (n\text{이 짝수}) \end{cases}$에서

(i) n 대신에 $2n-1$을 대입하면 $2n-1$은 홀수이므로
$a_{(2n-1)+2}=a_{(2n-1)+1}-2a_{2n-1}$ $\therefore a_{2n+1}=a_{2n}-2a_{2n-1}$ ⋯ ㉠

(ii) n 대신에 $2n$을 대입하면 $2n$은 짝수이므로
$a_{2n+2}=6a_{2n+1}-a_{2n}$ ⋯ ㉡

(iii) n 대신에 $2n+1$을 대입하면 $2n+1$은 홀수이므로
$a_{(2n+1)+2}=a_{(2n+1)+1}-2a_{2n+1}$ $\therefore a_{2n+3}=a_{2n+2}-2a_{2n+1}$ ⋯ ㉢

(*)과 같이 ㉠, ㉡, ㉢을 연립하여 정리하면
왜 $a_{2n+3}-a_{2n+1}=2(a_{2n+1}-a_{2n-1})$이 되냐구?
㉠+㉡+㉢을 하면
$a_{2n+1}+a_{2n+2}+a_{2n+3}=(a_{2n}-2a_{2n-1})+(6a_{2n+1}-a_{2n})+(a_{2n+2}-2a_{2n+1})$
$=a_{2n+2}+4a_{2n+1}-2a_{2n-1}$
즉, $a_{2n+3}+a_{2n+1}=4a_{2n+1}-2a_{2n-1}$에서 $a_{2n+3}-a_{2n+1}=2a_{2n+1}-2a_{2n-1}$이므로 $a_{2n+3}-a_{2n+1}=2(a_{2n+1}-a_{2n-1})$이 되는 거야.

I 69 정답 ③ *수열의 귀납적 정의 – 빈칸 [정답률 51%]

(정답 공식: $a_{n+1}=S_{n+1}-S_n$을 이용하여 주어진 식을 S_n에 대한 식으로 바꾼다.)

수열 $\{a_n\}$은 $a_1=1$이고, $S_n=\sum_{k=1}^{n}a_k$라 할 때,

$a_{n+1}=(n+1)S_n+n!$ $(n\geq1)$

을 만족시킨다. 다음은 일반항 a_n을 구하는 과정이다.

> 자연수 n에 대하여 $a_{n+1}=S_{n+1}-S_n$ ⋯ ⓐ 이므로 주어진 식에 의하여 $S_{n+1}=(n+2)S_n+n!$ $(n\geq1)$
> 이다. 양변을 $(n+2)!$로 나누면
> $\dfrac{S_{n+1}}{(n+2)!}=\dfrac{S_n}{(n+1)!}+\dfrac{1}{(n+1)(n+2)}$
> 이다. $b_n=\dfrac{S_n}{(n+1)!}$이라 하면 $b_1=\dfrac{1}{2}$이고
> $b_{n+1}=b_n+\dfrac{1}{(n+1)(n+2)}$
> 이다. 수열 $\{b_n\}$의 일반항을 구하면
> $b_n=\dfrac{\text{(가)}}{n+1}$ 단서1 일반항 b_n을 구하기 위해서 $b_{n+1}-b_n=f(n)$의 양변에 $n=1, 2, 3, \cdots, n-1$을 대입하여 각 변을 더해 주면 되겠네.
> 이므로
> $S_n=$ (가) $\times n!$
> 이다. 그러므로
> $a_n=$ (나) $\times(n-1)!$ $(n\geq1)$
> 이다. 단서2 ⓐ를 이용하여 합으로 일반항을 구해 봐.

위의 (가), (나)에 알맞은 식을 각각 $f(n)$, $g(n)$이라 할 때, $f(7)+g(6)$의 값은? (4점)

① 44 ② 41 ③ 38 ④ 35 ⑤ 32

1st $b_{n+1}=b_n+\frac{1}{(n+1)(n+2)}$의 양변에 $n=1, 2, 3, \cdots, n-1$을 대입하여 변끼리 더해 일반항 b_n을 세워 (가)를 유추해.

$b_{n+1}=b_n+\frac{1}{(n+1)(n+2)}$ → 부분분수 $\frac{1}{AB}=\frac{1}{B-A}\left(\frac{1}{A}-\frac{1}{B}\right)$을 이용해.

$b_{n+1}=b_n+\frac{1}{n+1}-\frac{1}{n+2}$

$\therefore b_{n+1}-b_n=\frac{1}{n+1}-\frac{1}{n+2}$

위 식의 양변에 n 대신에 $1, 2, 3, \cdots, n-1$을 차례로 대입하면

$$\begin{aligned} b_2-b_1&=\frac{1}{2}-\frac{1}{3}\\ b_3-b_2&=\frac{1}{3}-\frac{1}{4}\\ &\vdots\\ +)\ b_n-b_{n-1}&=\frac{1}{n}-\frac{1}{n+1}\\ \hline b_n-b_1&=\frac{1}{2}-\frac{1}{n+1}\end{aligned}$$

$\therefore b_n=1-\frac{1}{n+1}\left(\because b_1=\frac{1}{2}\right)$

$=\frac{n}{n+1}$ ←(가)

2nd $b_n=\frac{S_n}{(n+1)!}$에 b_n을 대입하여 일반항 S_n을 구해.

$b_n=\frac{S_n}{(n+1)!}$에서

$S_n=b_n(n+1)!=\frac{n}{n+1}(n+1)!$ ($(n+1)!=(n+1)\times n\times(n-1)\times\cdots\times1$)

$=n\times n!\ \cdots$ ㉠

3rd 합으로 일반항을 구하는 것을 이용하여 일반항 a_n을 세워 (나)를 유추해.
$a_1=S_1$이고 $a_n=S_n-S_{n-1}(n\geq2)$를 이용해.

$a_n=S_n-S_{n-1}(\because$ ㉠$)$

$=n\times n!-(n-1)(n-1)!$

$=(n-1)!\{n\times n-(n-1)\}$

$=(n^2-n+1)(n-1)!\ (n\geq2)$

이때, $n=1$을 대입한 값이 $1\times0!=1$이고 $a_1=1$과 같으므로

$a_n=(n^2-n+1)(n-1)!\ (n\geq1)$ ←(나)

주의 합으로 일반항을 구한 경우에는 $n=1$일 때도 성립하는지 꼭 확인해줘야 해.

따라서 $f(n)=n$, $g(n)=n^2-n+1$이므로

$f(7)+g(6)=7+(36-6+1)=38$

다른 풀이: 3rd 에서 문제에 주어진 등식 $a_{n+1}=(n+1)S_n+n!$에 $S_n=n\times n!$을 대입한 후 정리하여 (나)에 들어갈 식 찾기

한편, $a_{n+1}=(n+1)S_n+n!$에 ㉠을 대입하면

$a_{n+1}=(n+1)S_n+n!$

$=(n+1)n\times n!+n!$

$=(n^2+n+1)n!$

$\therefore a_n=\{(n-1)^2+(n-1)+1\}(n-1)!$

$=(n^2-n+1)\times(n-1)!$ ←(나)

수열의 합과 일반항 사이의 관계 개념·공식

수열 $\{a_n\}$에 대하여 $S_n=\sum_{k=1}^{n}a_k$일 때,

$a_1=S_1,\ a_n=S_n-S_{n-1}\ (n\geq2)$

여기에서 $n\geq2$이라는 것에 주의하자.

I 70 정답 ② *수열의 귀납적 정의 – 빈칸 [정답률 53%]

(정답 공식: n 대신 $n-1$을 대입하여 나온 식과 원래의 식을 빼서 시그마를 없앤다.)

첫째항이 1인 수열 $\{a_n\}$에 대하여 $S_n=\sum_{k=1}^{n}a_k$라 할 때,

$$\frac{S_{n+1}}{n+1}=\sum_{k=1}^{n}S_k\ (n\geq1)\ \cdots\ (*)$$

이 성립한다. 다음은 일반항 a_n을 구하는 과정이다.

> 주어진 식 $(*)$에 의하여 $\frac{S_n}{n}=\sum_{k=1}^{n-1}S_k\ (n\geq2)\ \cdots$ ㉠
>
> 이다. $(*)$에서 ㉠을 빼서 정리하면 **단서1** $\sum_{k=1}^{n}S_k-\sum_{k=1}^{n-1}S_k=S_n$이니까 (가)를 유추해.
>
> ❶ $\frac{S_{n+1}}{S_n}=\frac{\boxed{(가)}}{n}\ (n\geq2)$
>
> 이다. ㉠으로부터 $S_2=2$이고,
>
> $S_n=$❷$\frac{S_n}{S_{n-1}}\times\frac{S_{n-1}}{S_{n-2}}\times\cdots\times\frac{S_3}{S_2}\times S_2\ (n\geq3)$ **단서2** ❶을 ❷에 대입한 후 정리하여 (나)를 유추해.
>
> 이므로 $S_n=n!\times\boxed{(나)}\ (n\geq3)$
>
> 이다. 그러므로 a_n은
>
> $a_n=\begin{cases}1 & (n=1, 2)\\ \frac{n^2-n+1}{2}\times(n-1)! & (n\geq3)\end{cases}$ 이다.

위의 (가), (나)에 알맞은 식을 각각 $f(n)$, $g(n)$이라 할 때, $f(4)\times g(20)$의 값은? (4점)

① 225 ② 250 ③ 275 ④ 300 ⑤ 325

1st 주어진 식에 $n-1$을 대입하자.

첫째항이 1인 수열 $\{a_n\}$의 제 n항까지의 합 S_n에 대하여

$\frac{S_{n+1}}{n+1}=\sum_{k=1}^{n}S_k\ (n\geq1)\ \cdots\ (*)$

이때, $(*)$에 n 대신 $n-1$을 대입하면 $\frac{S_n}{n}=\sum_{k=1}^{n-1}S_k\ (n\geq2)\ \cdots$ ㉠

$(*)$에서 ㉠을 빼서 정리하면 $\frac{S_{n+1}}{n+1}-\frac{S_n}{n}=\sum_{k=1}^{n}S_k-\sum_{k=1}^{n-1}S_k\ (n\geq2)$

$=(S_1+S_2+\cdots+S_n)-(S_1+S_2+\cdots+S_{n-1})=S_n$

$\frac{S_{n+1}}{n+1}-\frac{S_n}{n}=S_n$ → $\frac{S_{n+1}}{S_n}$ 꼴을 만들자.

양변에 $\frac{n+1}{S_n}$을 곱하면

$\frac{S_{n+1}}{S_n}-\frac{n+1}{n}=n+1$ (이항하여 정리하기) $\quad\therefore\frac{S_{n+1}}{S_n}=\frac{(n+1)^2}{n}\ (n\geq2)$ ←(가)

2nd n의 값의 범위에 주의하여 일반항 a_n을 구해.

㉠으로부터 $\frac{S_2}{2}=\sum_{k=1}^{1}S_k=S_1=a_1=1$에서 $S_2=2$이고,

$S_n=\frac{S_n}{S_{n-1}}\times\frac{S_{n-1}}{S_{n-2}}\times\cdots\times\frac{S_3}{S_2}\times S_2$ ⇒ $\frac{S_{n+1}}{S_n}=\frac{(n+1)^2}{n}$을 이용해.

$=\frac{n^2}{n-1}\times\frac{(n-1)^2}{n-2}\times\cdots\times\frac{3^2}{2}\times2$

$=n^2\times(n-1)\times(n-2)\times\cdots\times3=n!\times\frac{n}{2}\ (n\geq3)$ ←(나)

($n\times(n-1)\times(n-2)\times\cdots\times3\times2\times1=n!$)

$\therefore a_n=\begin{cases}1 & (n=1, 2)\\ \frac{n^2-n+1}{2}\times(n-1)! & (n\geq3)\end{cases}$

실수 앞서 구한 S_n을 가지고 일반항 a_n을 구해서 이것처럼 나오면 S_n을 제대로 구한거겠지?

3rd $f(4)\times g(20)$의 값을 구해.

따라서 $f(n)=(n+1)^2$, $g(n)=\frac{n}{2}$이므로

$f(4)\times g(20)=5^2\times\frac{20}{2}=250$

I 71 정답 ④ *수열의 귀납적 정의 – 빈칸 [정답률 59%]

(정답 공식: 식을 적절히 변형하여 등비수열의 꼴로 만들자.)

수열 $\{a_n\}$은 $a_1=3$이고,

$$2a_{n+1}=3a_n-\frac{6n+2}{(n+1)!}\ (n\ge1)$$

를 만족시킨다. 다음은 일반항 a_n을 구하는 과정이다.

> 주어진 식에 의하여
>
> $$2a_{n+1}=3a_n-\frac{6(n+1)-4}{(n+1)!}$$ ❶
>
> 단서1 ❶을 ❷와 같이 만들어 좌변에 이항시키면 남는 식이 (가)네.
>
> 이다.
>
> $$2a_{n+1}-\frac{4}{(n+1)!}=3a_n-3\times\boxed{(가)}$$ ❷
>
> 이므로, $b_n=a_n-\boxed{(가)}$라 하면 $2b_{n+1}=3b_n$이다.
>
> $b_{n+1}=\frac{3}{2}b_n$이고, $b_1=1$이므로
>
> 단서2 일정한 비율로 변화하는 수열은 등비수열이니까 일반항 b_n을 구할 수 있겠지?
>
> $b_n=\boxed{(나)}$
>
> 이다. 그러므로 $a_n=\boxed{(가)}+\boxed{(나)}$이다.

위의 (가), (나)에 알맞은 식을 각각 $f(n)$, $g(n)$이라 할 때, $f(3)\times g(3)$의 값은? (4점)

① $\frac{1}{2}$ ② $\frac{7}{12}$ ③ $\frac{2}{3}$ ④ $\frac{3}{4}$ ⑤ $\frac{5}{6}$

1st b_n으로 치환할 수 있도록 식을 변형하여 (가), (나)를 채우자.

주어진 식에서

$$2a_{n+1}=3a_n-\frac{6(n+1)-4}{(n+1)!}$$ ← $\frac{b-c}{a}=\frac{b}{a}-\frac{c}{a}$

$$2a_{n+1}=3a_n-\frac{6(n+1)}{(n+1)!}+\frac{4}{(n+1)!}$$ → $-\frac{6(n+1)}{n!\times(n+1)}=-\frac{6}{n!}$

$$2a_{n+1}-\frac{4}{(n+1)!}=3a_n-3\times\frac{2}{n!}$$ ←(가)

$$2\left\{a_{n+1}-\frac{2}{(n+1)!}\right\}=3\left(a_n-\frac{2}{n!}\right)$$

이므로 $b_n=a_n-\frac{2}{n!}$라 하면 $2b_{n+1}=3b_n$ → $b_{n+1}=a_{n+1}-\frac{2}{(n+1)!}$

즉, $b_{n+1}=\frac{3}{2}b_n$이고 $b_1=a_1-\frac{2}{1!}=3-2=1$이므로 수열 $\{b_n\}$은 첫째항이 1이고 공비가 $\frac{3}{2}$인 등비수열이다.

첫째항이 a_1, 공비가 r인 등비수열의 일반항은 $a_n=a_1r^{n-1}$이야.

$\frac{b_{n+1}}{b_n}=\frac{3}{2}$이니까 수열 $\{b_n\}$은 일정한 비율로 증가하는 등비수열이고 이 비율이 공비 $r=\frac{3}{2}$이야.

$$\therefore b_n=1\times\left(\frac{3}{2}\right)^{n-1}=\left(\frac{3}{2}\right)^{n-1}$$ ←(나)

그러므로 $a_n=b_n+\frac{2}{n!}=\frac{2}{n!}+\left(\frac{3}{2}\right)^{n-1}$ ⇒ $b_n=a_n-\frac{2}{n!}$이니까

2nd $f(3)\times g(3)$의 값을 구하자.

따라서 $f(n)=\frac{2}{n!}$, $g(n)=\left(\frac{3}{2}\right)^{n-1}$이므로

$$f(3)\times g(3)=\frac{2}{3!}\times\left(\frac{3}{2}\right)^2=\frac{1}{3}\times\frac{9}{4}=\frac{3}{4}$$

I 72 정답 ③ *수열의 귀납적 정의 – 빈칸 [정답률 45%]

(정답 공식: $b_{n+1}=b_n+f(n)$ 꼴에서 n 대신 1, 2, ⋯, $n-1$을 차례로 대입한 후 더하여 b_n을 n에 대한 식으로 나타낸다.)

수열 $\{a_n\}$은 $a_1=1$이고,

$$a_{n+1}=\left(\frac{n^2-1}{n^2}\right)^2a_n+\frac{2n+1}{n^4}\ (n\ge1)\ \cdots ⓐ$$

을 만족시킨다. 다음은 일반항 a_n을 구하는 과정이다.

> 주어진 식의 양변에 $\left(\frac{n}{n+1}\right)^2$을 곱하면
>
> ❶ $$\left(\frac{n}{n+1}\right)^2a_{n+1}=\left(\frac{n-1}{n}\right)^2a_n+\boxed{(가)}$$
>
> 단서1 ⓐ에서 ❶의 식을 정리해.
>
> 이다. ❷ $b_n=\left(\frac{n-1}{n}\right)^2a_n$이라 하면, $b_1=0$이고
>
> $$b_{n+1}=b_n+\frac{1}{n^2}-\boxed{(나)}\ (n\ge1)$$
>
> 단서2 ❷의 식을 정리하여 (나)을 유추해.
>
> 이다. 수열 $\{b_n\}$의 일반항을 구하면
>
> $b_n=\boxed{(다)}\ (n\ge1)$
>
> 단서3 일반항 b_n을 구하기 위해서 $b_{n+1}-b_n=f(n)$의 양변에 $n=1, 2, 3, \cdots, n-1$을 대입하여 각 변을 더해 주면 되겠네.
>
> 이다. 그러므로
>
> $$a_n=\begin{cases}1 & (n=1)\\ \boxed{(다)}\times\left(\frac{n}{n-1}\right)^2 & (n\ge2)\end{cases}$$
>
> 이다.

위의 (가), (나), (다)에 알맞은 식을 각각 $f(n)$, $g(n)$, $h(n)$이라 할 때, $\frac{f(1)\times h(4)}{g(7)}$의 값은? (4점)

① 39 ② 42 ③ 45 ④ 48 ⑤ 51

1st 주어진 식의 양변에 $\left(\frac{n}{n+1}\right)^2$을 곱하여 정리한 후 치환해.

$$a_{n+1}=\left(\frac{n^2-1}{n^2}\right)^2a_n+\frac{2n+1}{n^4}$$

$$\frac{2n+1}{n^4}\times\left(\frac{n}{n+1}\right)^2=\frac{2n+1}{n^2(n+1)^2}$$이므로

함정 빈칸 (가)를 유추하기 위해서 정리해. 즉, $\frac{2n+1}{n^4}\times\frac{n^2}{(n+1)^2}$으로 분리해.

주어진 식의 양변에 $\left(\frac{n}{n+1}\right)^2$을 곱하면

$$\left(\frac{n}{n+1}\right)^2a_{n+1}=\left(\frac{n-1}{n}\right)^2a_n+\frac{2n+1}{n^2(n+1)^2}$$ ←(가)

이제 $b_n=\left(\frac{n-1}{n}\right)^2a_n\ \cdots$ ㉠이라 하면

실수 복잡하게 생겼지만 이것도 부분분수로 나타낼 수 있지.

$$\frac{2n+1}{n^2(n+1)^2}=\frac{2n+1}{(n+1)^2-n^2}\left\{\frac{1}{n^2}-\frac{1}{(n+1)^2}\right\}=\frac{1}{n^2}-\frac{1}{(n+1)^2}$$

[부분분수] $\frac{1}{AB}=\frac{1}{B-A}\left(\frac{1}{A}-\frac{1}{B}\right)$이니까 $A=n^2$, $B=(n+1)^2$이라 하면 $B-A=(n+1)^2-n^2=2n+1$이야.

이므로

$$b_{n+1}=b_n+\frac{1}{n^2}-\frac{1}{(n+1)^2}\ (n\ge1)$$ ←(나)

2nd 수열 $\{b_n\}$의 일반항을 구하기 위해서 n 대신 1, 2, 3, ⋯, $n-1$을 대입하자.

즉, $b_{n+1}-b_n=\frac{1}{n^2}-\frac{1}{(n+1)^2}$에서 n 대신에 1, 2, 3, ⋯, $n-1$을 차례로 대입하면

$$b_2-b_1=\frac{1}{1^2}-\frac{1}{2^2}$$
$$b_3-b_2=\frac{1}{2^2}-\frac{1}{3^2}$$
$$\vdots$$
$$+\underline{)\ b_n-b_{n-1}=\frac{1}{(n-1)^2}-\frac{1}{n^2}}$$
$$b_n-b_1=1-\frac{1}{n^2}$$

이때, ㉠에서 $b_1=0$이므로

$$b_n=\frac{n^2-1}{n^2}\ (n\geq1) \leftarrow(\text{다})$$

㉠에 b_n을 대입하면 $\frac{n^2-1}{n^2}=\left(\frac{n-1}{n}\right)^2a_n$이므로

$$a_n=\begin{cases}1 & (n=1)\\ \frac{n^2-1}{n^2}\times\left(\frac{n}{n-1}\right)^2 & (n\geq2)\end{cases}$$

3rd $\frac{f(1)\times h(4)}{g(7)}$의 값을 구해.

따라서 $f(n)=\frac{2n+1}{n^2(n+1)^2}$, $g(n)=\frac{1}{(n+1)^2}$, $h(n)=\frac{n^2-1}{n^2}$이므로

$$\frac{f(1)\times h(4)}{g(7)}=\frac{\frac{3}{4}\times\frac{15}{16}}{\frac{1}{64}}=45$$

수능 핵강

*** 수열 $\{a_n\}$의 일반항이 $n=1$, $n\geq2$인 경우로 나눠지는 이유 알아보기**

$b_n=\frac{n^2-1}{n^2}$까지만 해도 $n\geq1$에서 성립하는 등식인데, 왜 갑자기 $a_n=\begin{cases}1 & (n=1)\\ \frac{n^2-1}{n^2}\times\left(\frac{n}{n-1}\right)^2 & (n\geq2)\end{cases}$에서부터 $n=1$과 $n\geq2$인 경우에 수열 $\{a_n\}$의 일반항이 달라질까?

수열 $\{a_n\}$의 일반항을 구하는 과정을 자세히 살펴봐! 수열 $\{a_n\}$의 일반항을 구하기 직전에 $\frac{n^2-1}{n^2}=\left(\frac{n-1}{n}\right)^2a_n$의 양변을 $\left(\frac{n-1}{n}\right)^2$으로 나눴어.

항상 등식의 양변을 나누기 전에 나누는 수가 0이 아닌 것을 확인해야 하지?

그런데 $n\neq1$, 즉 $n\geq2$인 경우에는 $\left(\frac{n-1}{n}\right)^2$이 0이 아니지만, $n=1$인 경우는 $\left(\frac{n-1}{n}\right)^2=\left(\frac{0}{1}\right)^2$이기 때문에 양변을 $\left(\frac{n-1}{n}\right)^2$으로 나눌 수가 없지.

그래서 $n=1$과 $n\geq2$인 경우로 나눠서 수열 $\{a_n\}$의 일반항을 각각 구한 거야.

부분분수 개념·공식

① $\frac{1}{n(n+1)}=\frac{1}{n}-\frac{1}{n+1}$

② $\frac{1}{n(n+2)}=\frac{1}{2}\left(\frac{1}{n}-\frac{1}{n+2}\right)$

③ $\frac{1}{(n+\alpha)(n+\beta)}=\frac{1}{\beta-\alpha}\left(\frac{1}{n+\alpha}-\frac{1}{n+\beta}\right)$

I 73 정답 ① *수열의 귀납적 정의 – 빈칸 [정답률 43%]

(정답 공식: 풀이 과정에서 $\frac{n+2}{n(n+1)}=\frac{1+(n+1)}{n(n+1)}=\frac{1}{n(n+1)}+\frac{1}{n}$로 생각한다.)

수열 $\{a_n\}$은 $a_1=3$이고

$$na_{n+1}-2na_n+\frac{n+2}{n+1}=0\ (n\geq1)$$

을 만족시킨다. 다음은 일반항 a_n을 구하는 과정이다.

> ❶ $a_{n+1}-2a_n+\frac{n+2}{n(n+1)}=0$에서
>
> ❷ $a_n-2a_{n-1}+\frac{n+1}{n(n-1)}=0\ (n\geq2)$이므로
>
> $a_{n+1}-a_n-2(a_n-a_{n-1})+\frac{1}{n(n+1)}-$ (가) $=0\ (n\geq2)$
>
> 단서1 두 유리식 ❶, ❷에서 ❶−❷를 하여 (가)를 유추하자.
>
> 이다. $b_n=a_{n+1}-a_n\ (n\geq1)$이라 놓으면 $b_1=\frac{3}{2}$이고,
>
> $b_n+\frac{1}{n(n+1)}=2b_{n-1}+$ (가) $(n\geq2)$
>
> 이다. 따라서
>
> $b_n+\frac{1}{n(n+1)}=2^n\ (n\geq1)$
>
> 단서2 일반항 a_n을 구하기 위해서 $b_n=a_{n+1}-a_n=f(n)$의 양변에 $n=1, 2, 3, \cdots, n-1$을 대입하여 각 변을 더해 주면 되겠네.
>
> 이다. 즉, $b_n=2^n-\frac{1}{n(n+1)}\ (n\geq1)$
>
> 이므로 $a_n=a_1+\sum_{k=1}^{n-1}b_k=$ (나) $(n\geq2)$이다.
>
> $n=1$일 때에도 이 식을 만족시키므로
>
> 모든 자연수 n에 대하여 $a_n=$ (나) 이다.

위의 (가), (나)에 알맞은 식을 각각 $f(n)$, $g(n)$이라 할 때, $g(6)-f(4)$의 값은? (4점)

① 64 ② 66 ③ 68 ④ 70 ⑤ 72

1st 주어진 식에 n 대신에 $n-1$을 대입하자.

주어진 식의 양변을 n으로 나누면

$$a_{n+1}-2a_n+\frac{n+2}{n(n+1)}=0\ \cdots\ ㉠$$

㉠에 n 대신에 $n-1$을 대입하면

$$a_n-2a_{n-1}+\frac{n+1}{n(n-1)}=0\ (n\geq2)\ \cdots\ ㉡$$

㉠−㉡을 하면

빈칸 (가)를 찾기 위해서 $\frac{1}{n(n+1)}$ 꼴을 만들어.

$$a_{n+1}-a_n-2(a_n-a_{n-1})+\frac{n+2}{n(n+1)}-\frac{n+1}{n(n-1)}$$
$$=a_{n+1}-a_n-2(a_n-a_{n-1})+\frac{1+(n+1)}{n(n+1)}-\frac{n+1}{n(n-1)}$$
$$=a_{n+1}-a_n-2(a_n-a_{n-1})+\frac{1}{n(n+1)}+\frac{1}{n}-\frac{n+1}{n(n-1)}$$
$$=a_{n+1}-a_n-2(a_n-a_{n-1})+\frac{1}{n(n+1)}-\frac{2}{n(n-1)}=0\ (n\geq2)\ \cdots\ ㉢$$

← (가)

$\frac{1}{n}-\frac{n+1}{n(n-1)}=\frac{n-1-(n+1)}{n(n-1)}=\frac{-2}{n(n-1)}$

2nd 수열 $\{b_n\}$을 이용하여 수열 $\{a_n\}$의 일반항을 구해.

$b_n=2^n-\frac{1}{n(n+1)}\ (n\geq1)$에서

$a_{n+1}-a_n=b_n$이므로 n 대신에 1, 2, 3, ⋯, $n-1$을 차례로 대입하면

→ $a_{n+1}-a_n=f(n)$ 꼴에서는 $n=1, 2, \cdots, n-1$을 대입하여 각 변을 더해 줘.

$a_2-a_1=b_1$
$a_3-a_2=b_2$
$a_4-a_3=b_3$
$\vdots$
$+)\ a_n-a_{n-1}=b_{n-1}$

$a_n-a_1=b_1+b_2+\cdots+b_{n-1}$

$\therefore a_n=a_1+\sum_{k=1}^{n-1}b_k=3+\sum_{k=1}^{n-1}\left\{2^k-\frac{1}{k(k+1)}\right\}$

$=3+\sum_{k=1}^{n-1}2^k-\sum_{k=1}^{n-1}\frac{1}{k(k+1)}$ → [부분분수]

$=3+\frac{2(2^{n-1}-1)}{2-1}-\sum_{k=1}^{n-1}\left(\frac{1}{k}-\frac{1}{k+1}\right)$ $\quad \frac{1}{AB}=\frac{1}{B-A}\left(\frac{1}{A}-\frac{1}{B}\right)$

$=3+2^n-2-\left\{\left(\frac{1}{1}-\frac{1}{2}\right)+\left(\frac{1}{2}-\frac{1}{3}\right)+\cdots+\left(\frac{1}{n-1}-\frac{1}{n}\right)\right\}$

$=1+2^n-\left(1-\frac{1}{n}\right)=2^n+\frac{1}{n}\ (n\ge2)$ ← (나)

한편, $n=1$일 때 $a_1=2^1+\frac{1}{1}=3$이므로 모든 자연수 n에 대하여 $a_n=2^n+\frac{1}{n}$이 성립한다.

주의 $n=1$일 때는 꼭 따로 확인해주어야 해.

3rd $g(6)-f(4)$의 값을 구해.

따라서 $f(n)=\frac{2}{n(n-1)}$, $g(n)=2^n+\frac{1}{n}$이므로

$g(6)-f(4)=2^6+\frac{1}{6}-\frac{2}{4\times3}=64$

수능 핵강

＊수열 $\{b_n\}$의 일반항을 구하는 과정 알아보기

$b_n=a_{n+1}-a_n(n\ge1)$이라 놓고 수열 $\{b_n\}$의 일반항을 구하는 방법을 알아 볼까?

㉠에서 $a_2-2a_1+\frac{3}{2}=0$, $a_2=2a_1-\frac{3}{2}=\frac{9}{2}$ ($\because a_1=3$)이므로

$b_n=a_{n+1}-a_n(n\ge1)$이라 놓으면 $b_1=a_2-a_1=\frac{3}{2}$이지?

㉢에서 $b_n-2b_{n-1}+\frac{1}{n(n+1)}-\frac{2}{n(n-1)}=0$이므로

$b_n+\frac{1}{n(n+1)}=2b_{n-1}+\frac{2}{n(n-1)}$

$b_n+\frac{1}{n(n+1)}=2\left\{b_{n-1}+\frac{1}{n(n-1)}\right\}(n\ge2)$

이때, $c_n=b_n+\frac{1}{n(n+1)}$이라 하면

$c_n=2c_{n-1}(n\ge2)$이니까 수열 $\{c_n\}$은 공비가 2인 등비수열이야.

즉, 수열 $\left\{b_n+\frac{1}{n(n+1)}\right\}$은 첫째항이 $b_1+\frac{1}{2}=\frac{3}{2}+\frac{1}{2}=2$이고 공비가 2인 등비수열이므로

$b_n+\frac{1}{n(n+1)}=2^n(n\ge1)$ $\quad\therefore b_n=2^n-\frac{1}{n(n+1)}(n\ge1)$

귀납적으로 정의된 수열의 일반항 개념·공식

① $a_{n+1}=a_n+f(n)$ 꼴
n 대신 1, 2, 3, $\cdots$, $n-1$을 대입하여 변변 더한다.

$a_n=a_1+f(1)+f(2)+\cdots+f(n-1)=a_1+\sum_{k=1}^{n-1}f(k)$

② $a_{n+1}=a_nf(n)$ 꼴
n 대신 1, 2, 3, $\cdots$, $n-1$을 대입하여 변변 곱한다.
$a_n=a_1\times f(1)\times f(2)\times\cdots\times f(n-1)$

I 74 정답 ⑤ ＊수열의 귀납적 정의－빈칸 [정답률 53%]

(정답 공식: 주어진 식의 양변을 $n(n+1)$로 나누고 식을 정리한다.)

수열 $\{a_n\}$은 $a_1=2$이고,

$n^2a_{n+1}=(n^2-1)a_n+n(n+1)2^n\ (n\ge1)$

을 만족시킨다. 다음은 일반항 a_n을 구하는 과정이다.

> 주어진 식에 의하여
>
> $a_{n+1}=\frac{(n+1)(n-1)}{n^2}a_n+\frac{n+1}{n}2^n$ $\cdots$ ⓐ
>
> 이다. $b_n=\frac{n-1}{n}a_n$이라 하면 (단서1 ⓐ를 b_n 꼴로 나타내어 볼까?)
>
> $b_{n+1}=b_n+$ (가) $(n\ge1)$ $\cdots$ ⓑ
>
> 이고, $b_1=0$이므로
>
> $b_n=$ (나) $(n\ge1)$ (단서2 일반항 b_n을 구하기 위해서 ⓑ에서 $b_{n+1}-b_n=f(n)$의 양변에 $n=1$, 2, 3, $\cdots$, $n-1$을 대입하여 각 변을 더해 주면 되겠네.)
>
> 이다. 그러므로
>
> $a_n=\begin{cases}2 & (n=1)\\ \frac{n}{n-1}\times(\text{(나)}) & (n\ge2)\end{cases}$

위의 (가), (나)에 알맞은 식을 각각 $f(n)$, $g(n)$이라 할 때, $f(5)+g(10)$의 값은? (4점)

① 1014 ② 1024 ③ 1034 ④ 1044 ⑤ 1054

1st 과정을 차근차근 따라가 보자.

$n^2a_{n+1}=(n^2-1)a_n+n(n+1)2^n\ (n\ge1)$의 양변을 n^2으로 나누면

$a_{n+1}=\frac{(n+1)(n-1)}{n^2}a_n+\frac{n+1}{n}2^n$

다시 양변에 $\frac{n}{n+1}$을 곱하면 $\frac{n}{n+1}a_{n+1}=\frac{n-1}{n}a_n+2^n$ $\cdots$ ㉠

이때, $b_n=\frac{n-1}{n}a_n$ $\cdots$ ㉡이라 하고 이를 이용하여 ㉠의 식을 정리하면 ($b_{n+1}=\frac{n}{n+1}a_{n+1}$)

$b_{n+1}=b_n+2^n\ (n\ge1)$ ← (가)

2nd 수열 $\{b_n\}$의 일반항을 구하자.

$b_1=\frac{1-1}{1}a_1=0$이고 (㉡의 양변에 $n=1$을 대입해.)

$b_{n+1}=b_n+2^n$에서 n 대신에 1, 2, 3, $\cdots$, $n-1$을 차례로 대입하면

$b_2=b_1+2^1$
$b_3=b_2+2^2$
$b_4=b_3+2^3$
$\vdots$
$+)\ b_n=b_{n-1}+2^{n-1}$

$b_n=b_1+2^1+2^2+\cdots+2^{n-1}$ (첫째항이 2, 공비가 2인 등비수열의 첫째항부터 제$n-1$항까지의 합이야.)

$\therefore b_n=b_1+\sum_{k=1}^{n-1}2^k=0+\frac{2(2^{n-1}-1)}{2-1}=2^n-2\ (n\ge2)$

이때, $n=1$일 때, $b_1=0$이므로 $b_n=2^n-2\ (n\ge1)$이고, ㉡에 의하여 ((나) / 범위의 변화에 주의해.)

$a_n=\frac{n}{n-1}b_n(n\ne1)$이므로 (분모가 $n=1$일 때 0이니까 $n\ne1$이야.)

$a_n=\begin{cases}2 & (n=1)\\ \frac{n}{n-1}\times(2^n-2) & (n\ge2)\end{cases}$

따라서 $f(n)=2^n$, $g(n)=2^n-2$이므로

$f(5)+g(10)=2^5+(2^{10}-2)=32+1022=1054$

I 75 정답 ③ *수열의 귀납적 정의 – 빈칸 [정답률 53%]

(정답 공식: 주어진 수열의 귀납적 정의에서 n 대신 $n+1$을 대입하여 빼자.)

수열 $\{a_n\}$의 첫째항부터 제n항까지의 합을 S_n이라 할 때,

$$\begin{cases} a_1=1 \\ 4S_{n+1}=3a_{n+1}+10a_n\ (n=1,\ 2,\ 3,\ \cdots) \end{cases}$$

이 성립한다.

다음은 $\sum_{k=1}^{n}a_{k+1}-5\sum_{k=1}^{n}a_k$를 구하는 과정이다.

> ❶ $4S_{n+2}=3a_{n+2}+10a_{n+1}$에서
>
> ❷ $a_{n+2}=7a_{n+1}+$ (가) $\times a_n$이다.
>
> $a_{n+1}-5a_n=b_n$이라 하면, … ⓐ
>
> 수열 $\{b_n\}$은 공비가 2인 등비수열이다.
>
> $\therefore b_n=$ (나) $(n=1,\ 2,\ 3,\ \cdots)$
>
> 따라서 $\sum_{k=1}^{n}a_{k+1}-5\sum_{k=1}^{n}a_k=$ (다)

단서1 ❶, ❷를 비교해 봐. ❶에서 $a_{n+2}=S_{n+2}-S_{n+1}$을 이용하여 a_n의 식으로 표현해야 하지?

단서2 첫째항이 $b_1=a_2-5a_1$이니까 일반항을 구해.

단서3 ⓐ의 양변에 시그마를 취하면 되겠네. 즉, 등비수열의 합이지?

위의 (가)에 알맞은 수를 p, (나), (다)에 알맞은 식을 각각 $f(n)$, $g(n)$이라 할 때, $\frac{2\times p\times g(10)}{5\times f(3)}$의 값은? (4점)

① -1027 ② -1025 ③ -1023 ④ -1021 ⑤ -1019

1st 수열의 합을 일반항으로 나타내는 것을 이용하여 (가)를 유추해.

$a_{n+2}=S_{n+2}-S_{n+1}$임을 이용하자.

$4S_{n+2}=3a_{n+2}+10a_{n+1}$ … ㉠, $4S_{n+1}=3a_{n+1}+10a_n$ … ㉡에서

㉠−㉡을 하면

$4S_{n+2}-4S_{n+1}=3a_{n+2}+10a_{n+1}-(3a_{n+1}+10a_n)$

$4a_{n+2}=3a_{n+2}+7a_{n+1}-10a_n$

$4(S_{n+2}-S_{n+1})=4\{(a_1+a_2+\cdots+a_{n+1}+a_{n+2})-(a_1+a_2+\cdots+a_{n+1})\}=4a_{n+2}$

$a_{n+2}=7a_{n+1}-10a_n$ ←(가)

$a_{n+2}-5a_{n+1}=2a_{n+1}-10a_n$

$=2(a_{n+1}-5a_n)$

이때, $a_{n+1}-5a_n=b_n$이라 하면 $b_{n+1}=2b_n$이므로 수열 $\{b_n\}$은 공비가 2인 등비수열이다.

$\frac{a_{n+1}}{a_n}=r$ (r는 상수) ⇒ 수열 $\{a_n\}$은 등비수열

2nd 수열 $\{b_n\}$의 일반항과 $a_{n+1}-5a_n=b_n$을 이용하여 (나), (다)를 유추해.

㉡에 $n=1$을 대입하면 $4S_2=3a_2+10a_1$, $4(a_1+a_2)=3a_2+10a_1$ ($S_2=a_1+a_2$)

$\therefore a_2=6a_1=6\ (\because a_1=1)$

즉, 수열 $\{b_n\}$의 첫째항은 $b_1=a_2-5a_1=6-5\times1=1$이므로

$b_n=2^{n-1}\ (n=1,\ 2,\ 3,\ \cdots)$ ←(나)

실수 첫째항, 둘째항을 정확히 구해야 해. 은근히 실수가 많이 나오는 부분이니까 주의해.

$\therefore \sum_{k=1}^{n}a_{k+1}-5\sum_{k=1}^{n}a_k=\sum_{k=1}^{n}(a_{k+1}-5a_k)$

$a_{n+1}-5a_n=b_n$의 양변에 $\sum_{k=1}^{n}$을 취해.

$=\sum_{k=1}^{n}b_k=\sum_{k=1}^{n}2^{k-1}$ → 첫째항이 1, 공비가 2인 등비수열의 첫째항부터 제 n항까지의 합이야.

$=\frac{2^n-1}{2-1}$

$=2^n-1$ ←(다)

따라서 $p=-10$, $f(n)=2^{n-1}$, $g(n)=2^n-1$이므로

$$\frac{2\times p\times g(10)}{5\times f(3)}=\frac{2\times(-10)\times(2^{10}-1)}{5\times2^{3-1}}$$

$$=\frac{2\times(-10)\times(1024-1)}{5\times4}=\frac{-20\times1023}{20}$$

$$=-1023$$

I 76 정답 ④ *수열의 귀납적 정의 – 빈칸 [정답률 47%]

(정답 공식: n 대신 $n-1$을 대입하여 나온 식을 원래의 식에서 빼자.)

수열 $\{a_n\}$은 $a_1=4$이고,

$$a_{n+1}=n\times2^n+\sum_{k=1}^{n}\frac{a_k}{k}\ (n\ge1)\ \cdots ⓐ$$

을 만족시킨다. 다음은 일반항 a_n을 구하는 과정이다.

> 주어진 식에 의하여 $a_n=(n-1)\times2^{n-1}+\sum_{k=1}^{n-1}\frac{a_k}{k}\ (n\ge2)$ … ⓑ
>
> 이다. 따라서 2 이상의 자연수 n에 대하여
>
> $a_{n+1}-a_n=$ (가) $+\frac{a_n}{n}$
>
> 이므로 $a_{n+1}=\frac{(n+1)a_n}{n}+$ (가)
>
> 이다. $b_n=\frac{a_n}{n}$이라 하면
>
> $b_{n+1}=b_n+\frac{(가)}{n+1}\ (n\ge2)$
>
> 이고, $b_2=3$이므로 $b_n=$ (나) $(n\ge2)$
>
> 이다. 그러므로 $a_n=\begin{cases}4 & (n=1)\\ n\times (나) & (n\ge2)\end{cases}$이다.

단서1 ⓐ, ⓑ의 식을 대입하여 정리해야겠네.

단서2 주어진 식에 $n=2,\ 3,\ \cdots,\ n-1$을 대입하여 각 변을 더해 줄까?

위의 (가), (나)에 알맞은 식을 각각 $f(n)$, $g(n)$이라 할 때, $f(4)+g(7)$의 값은? (4점)

① 90 ② 95 ③ 100 ④ 105 ⑤ 110

1st $a_{n+1}-a_n$을 구하여 $f(n)$을 찾자.

$a_{n+1}=n\times2^n+\sum_{k=1}^{n}\frac{a_k}{k}(n\ge1)$에서 n 대신 $n-1$을 대입하면

$a_n=(n-1)\times2^{n-1}+\sum_{k=1}^{n-1}\frac{a_k}{k}(n\ge2)$

두 식을 변끼리 빼면 2 이상의 자연수 n에 대하여

$a_{n+1}-a_n=(n+1)\times2^{n-1}+\frac{a_n}{n}$이므로 ←(가)

$n\times2^n-(n-1)\times2^{n-1}=2n\times2^{n-1}-(n-1)\times2^{n-1}=(n+1)\times2^{n-1}$

$a_{n+1}=\frac{(n+1)a_n}{n}+(n+1)\times2^{n-1}$

$\therefore \frac{a_{n+1}}{n+1}=\frac{a_n}{n}+2^{n-1}(n\ge2)\ \cdots (*)$

2nd $\frac{a_n}{n}=b_n$이라 치환하여 일반항 b_n을 유추하여 $g(n)$을 찾자.

$b_n=\frac{a_n}{n}$ … ㉠이라 하고 $(*)$의 식을 b_n의 꼴로 나타내면,

$b_{n+1}=b_n+2^{n-1}(n\ge2)$ … ㉡ 주어진 조건에서 $a_1=4$, $a_2=6$이므로

$a_2=1\times2^1+\sum_{k=1}^{1}\frac{a_k}{k}=2+\frac{a_1}{1}=2+4=6$

㉠에서 $b_2=\frac{a_2}{2}=\frac{6}{2}=3$

㉡에서 n 대신에 2, 3, 4, …, $n-1$을 대입하면

$a_{n+1}-a_n=f(n)$ 꼴은 n 대신 1, 2, …, $n-1$을 각각 대입하여 변끼리 더해.

$b_3=b_2+2^1$

$b_4=b_3+2^2$

$b_5=b_4+2^3$

⋮

$+)\ b_n=b_{n-1}+2^{n-2}$

$b_n=b_2+2^1+2^2+2^3+\cdots+2^{n-2}$

첫째항이 2, 공비가 2인 등비수열의 첫째항부터 제 $(n-2)$항까지의 합이지?

$\therefore b_n=b_2+\sum_{k=1}^{n-2}2^k=3+\frac{2(2^{n-2}-1)}{2-1}=3+2^{n-1}-2=2^{n-1}+1(n\ge2)$

따라서 $a_n=\begin{cases} 4 & (n=1) \\ n\times(2^{n-1}+1) & (n\geq2) \end{cases}$ (나)

㉠에서 $a_n=nb_n$

이므로 $f(n)=(n+1)\times2^{n-1}$, $g(n)=2^{n-1}+1$

$\therefore f(4)+g(7)=5\times2^3+2^6+1=40+64+1=105$

I 77 정답 ③ *수열의 귀납적 정의 – 빈칸 [정답률 71%]

(정답 공식: $a_n=a_{n-2}+1$이므로 짝수항과 홀수항을 나눠서 a_n을 구할 수 있다.)

수열 $\{a_n\}$은 $a_1=2$이고, $S_n=\sum_{k=1}^{n}a_k$라 할 때, $a_{n+1}=\frac{S_n}{a_n}(n\geq1)$을 만족시킨다. 다음은 S_n을 구하는 과정이다.

> 주어진 식으로부터 $a_2=\frac{S_1}{a_1}=1$이다.
>
> $n\geq3$일 때,
>
> $a_n=\frac{S_{n-1}}{a_{n-1}}=\frac{S_{n-2}+a_{n-1}}{a_{n-1}}=\frac{a_{n-2}a_{n-1}+a_{n-1}}{a_{n-1}}$
>
> ($S_{n-1}=a_1+a_2+\cdots+a_{n-2}+a_{n-1}$, $S_n=a_na_{n+1}$)
>
> 이므로 $a_n=a_{n-2}+1\cdots$ ⓐ
>
> 이다. 따라서 일반항 a_n을 구하면, 자연수 k에 대하여
>
> $n=2k-1$일 때, $a_{2k-1}=k+1$
>
> $n=2k$일 때, $a_{2k}=$ (가)
>
> 단서1 ⓐ에 $n=2k$를 대입하면 $a_{2k}=a_{2(k-1)}+1$이니까 공차가 보이지?
>
> 이다. 한편, $S_n=a_na_{n+1}$이므로
>
> $S_n=\begin{cases} (k+1)\times\text{(가)} & (n=2k-1) \\ \text{(나)} & (n=2k) \end{cases}$
>
> 단서2 $S_{2k}=a_{2k}a_{2k+1}$이니까 위에서 구하는 것을 대입해.
>
> 이다.

위의 (가), (나)에 알맞은 식을 각각 $f(k)$, $g(k)$라 할 때, $f(6)+g(7)$의 값은? (4점)

① 65 ② 67 ③ 69 ④ 71 ⑤ 73

1st n이 짝수일 때와 홀수일 때를 구별하여 일반항 a_n을 구해 보자.

$a_n=a_{n-2}+1$에서 일반항 a_n을 구하면, 자연수 k에 대하여

(i) $n=2k-1$일 때,

$a_{2k-1}=a_{2k-3}+1(k\geq2)$ → $a_3-a_1=1$, $a_5-a_3=1$, $a_7-a_5=1$, $\cdots$

즉, 수열 $\{a_{2k-1}\}$은 첫째항 $a_1=2$이고 공차가 1인 등차수열이므로

$a_{2k-1}=2+(k-1)\times1$

$=k+1(k\geq1)$

[등차수열의 일반항] 첫째항이 a_1, 공차가 d인 등차수열은 $a_n=a_1+(n-1)d$

(ii) $n=2k$일 때,

$a_{2k}=a_{2k-2}+1(k\geq2)$ → $a_4-a_2=1$, $a_6-a_4=1$, $a_8-a_6=1$, $\cdots$

즉, 수열 $\{a_{2k}\}$는 첫째항 $a_2=1$이고 공차가 1인 등차수열이므로

$a_{2k}=1+(k-1)\times1=k\ (k\geq1)$ ← (가)

한편, $S_n=a_na_{n+1}$이므로

$n=2k-1$일 때, $S_n=a_{2k-1}a_{2k}=(k+1)k$

$n=2k$일 때, $S_n=a_{2k}a_{2k+1}=k(k+2)$

→ $a_{2k-1}=k+1$이니까 k 대신 $k+1$을 대입하면 $a_{2k+1}=k+2$야.

$\therefore S_n=\begin{cases} (k+1)k & (n=2k-1) \\ k(k+2) & (n=2k) \end{cases}$ ← (나)

2nd $f(k)$, $g(k)$에 k의 값을 각각 대입하여 구하면 해결!!

따라서 $f(k)=k$이고 $g(k)=k(k+2)$이므로

$f(6)+g(7)=6+7\times9=69$

I 78 정답 ② *수열의 귀납적 정의 – 빈칸 [정답률 45%]

(정답 공식: 주어진 수열의 귀납적 정의에서 n 대신 $n-1$을 대입하여 빼자. S_n을 a_n에 관한 식으로 바꾼다.)

첫째항이 1인 수열 $\{a_n\}$에 대하여 $S_n=\sum_{k=1}^{n}a_k$라 할 때,

$nS_{n+1}=(n+2)S_n+(n+1)^3\ (n\geq1)$

이 성립한다. 다음은 수열 $\{a_n\}$의 일반항을 구하는 과정의 일부이다.

> 자연수 n에 대하여 $S_{n+1}=S_n+a_{n+1}$이므로
>
> $na_{n+1}=2S_n+(n+1)^3\cdots$ ㉠
>
> 이다. 2 이상의 자연수 n에 대하여
>
> $(n-1)a_n=2S_{n-1}+n^3\cdots$ ㉡
>
> 이고, ㉠에서 ㉡을 뺀 식으로부터
>
> 단서1 a_n의 식으로 나타내야 (가)를 유추할 수 있지? ㉠−㉡일 때, $S_n-S_{n-1}=a_n$을 이용하여 정리할 수 있겠네.
>
> $na_{n+1}=(n+1)a_n+$ (가)
>
> 를 얻는다. 양변을 $n(n+1)$로 나누면
>
> ❶ $\frac{a_{n+1}}{n+1}=\frac{a_n}{n}+\frac{\text{(가)}}{n(n+1)}$
>
> 이다. ❷ $b_n=\frac{a_n}{n}$이라 하면,
>
> $b_{n+1}=b_n+3+$ (나) $(n\geq2)$
>
> 단서2 ❷에 의하여 3+(나)가 되도록 ❶을 정리해 보자.
>
> 이므로
>
> $b_n=b_2+$ (다) $(n\geq3)$
>
> 이다. 단서3 일반항 b_n을 구하기 위해서 $b_{n+1}-b_n=f(n)$의 양변에 $n=3$, $\cdots$, $n-1$을 대입하여 각 변을 더해 주면 되겠네.
>
> ⋮

위의 (가), (나), (다)에 들어갈 식을 각각 $f(n)$, $g(n)$, $h(n)$이라 할 때, $\frac{f(3)}{g(3)h(6)}$의 값은? (4점)

① 30 ② 36 ③ 42 ④ 48 ⑤ 54

1st 앞뒤 과정을 잘 살펴보고 (가)에 맞는 식을 구하자.

$na_{n+1}=2S_n+(n+1)^3\ (n\geq1)\cdots$ ㉠

위 식에서 2 이상의 자연수 n에 대하여 n 대신에 $n-1$을 대입하면

$(n-1)a_n=2S_{n-1}+n^3\ (n\geq2)\cdots$ ㉡

㉠−㉡을 하면

$na_{n+1}-(n-1)a_n=2(S_n-S_{n-1})+(n+1)^3-n^3$

$=2a_n+n^3+3n^2+3n+1-n^3$ → $S_n-S_{n-1}=a_n\ (n\geq2)$

$na_{n+1}=(n+1)a_n+3n^2+3n+1$ ← (가)

위 식의 양변을 $n(n+1)$로 나누면

$\frac{a_{n+1}}{n+1}=\frac{a_n}{n}+\frac{3n^2+3n+1}{n(n+1)}\cdots$ ㉢

2nd $3n^2+3n+1$을 $n(n+1)$로 나누어 몫이 3이 되도록 만들어서 (나)를 유추하자.

$b_n=\frac{a_n}{n}$이라 하면 ㉢은

$\frac{3n^2+3n+1}{n(n+1)}$의 분자에서 $n(n+1)$의 항을 가지도록 정리하면 $3n^2+3n+1=3n(n+1)+1$이야.

$b_{n+1}=b_n+\frac{3n(n+1)+1}{n(n+1)}=b_n+3+\frac{1}{n(n+1)}$ ← (나)

$=b_n+3+\left(\frac{1}{n}-\frac{1}{n+1}\right)\ (n\geq2)$

범위에 주의하자!!

$\therefore b_n=b_{n-1}+3+\left(\frac{1}{n-1}-\frac{1}{n}\right)\ (n\geq3)$

이 식에 n 대신 3, 4, $\cdots$, n을 대입하자.

$$b_3 = b_2 + 3 + \frac{1}{2} - \frac{1}{3}$$

$$b_4 = b_3 + 3 + \frac{1}{3} - \frac{1}{4}$$

$$\vdots$$

$$+\big)\ b_n = b_{n-1} + 3 + \frac{1}{n-1} - \frac{1}{n}$$

$$b_n = b_2 + 3(n-2) + \frac{1}{2} - \frac{1}{n}\ (n \ge 3)$$ ←(다)

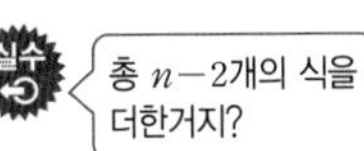

3rd 구한 (가), (나), (다)에 수를 대입하여 계산하자.

$f(n) = 3n^2 + 3n + 1$, $g(n) = \frac{1}{n(n+1)}$,

$h(n) = 3(n-2) + \frac{1}{2} - \frac{1}{n}$이므로 $\frac{f(3)}{g(3)h(6)} = \frac{37}{\frac{1}{12} \times \frac{37}{3}} = 36$

I 79 정답 ⑤ *수열의 귀납적 정의의 활용 [정답률 63%]

(정답 공식: 모든 자연수 n에 대하여 $a_{n+1} - a_n = d$ (d는 상수)를 만족시키는 수열 $\{a_n\}$은 공차가 d인 등차수열이다.)

상수 $k(k>1)$에 대하여 다음 조건을 만족시키는 수열 $\{a_n\}$이 있다.

> 모든 자연수 n에 대하여 $a_n < a_{n+1}$이고 곡선 $y = 2^x$ 위의 두 점 $P_n(a_n, 2^{a_n})$, $P_{n+1}(a_{n+1}, 2^{a_{n+1}})$을 지나는 직선의 기울기는 $k \times 2^{a_n}$이다.

점 P_n을 지나고 x축에 평행한 직선과 점 P_{n+1}을 지나고 y축에 평행한 직선이 만나는 점을 Q_n이라 하고 삼각형 $P_nQ_nP_{n+1}$의 넓이를 A_n이라 하자.

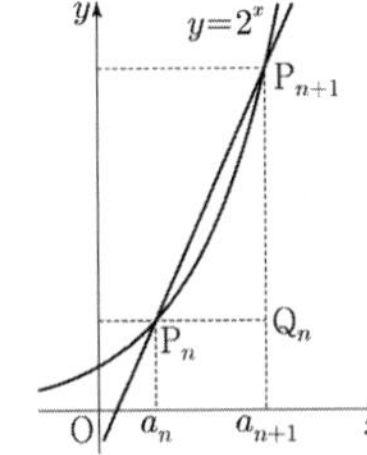

다음은 $a_1 = 1$, $\frac{A_3}{A_1} = 16$일 때, A_n을 구하는 과정이다.

> **단서1** 두 점 $P_n(a_n, 2^{a_n})$, $P_{n+1}(a_{n+1}, 2^{a_{n+1}})$을 지나는 직선의 기울기는 $\frac{2^{a_{n+1}} - 2^{a_n}}{a_{n+1} - a_n}$이야.
>
> 두 점 P_n, P_{n+1}을 지나는 직선의 기울기가 $k \times 2^{a_n}$이므로 $2^{a_{n+1} - a_n} = k(a_{n+1} - a_n) + 1$이다.
>
> 즉, 모든 자연수 n에 대하여 $a_{n+1} - a_n$은 방정식 $2^x = kx + 1$의 해이다. **단서2** 방정식 $2^x = kx + 1$의 해는 곡선 $y = 2^x$과 직선 $y = kx + 1$의 교점의 x좌표와 같아.
>
> $k > 1$이므로 방정식 $2^x = kx + 1$은 오직 하나의 양의 실근 d를 갖는다. 따라서 모든 자연수 n에 대하여 $a_{n+1} - a_n = d$이고, 수열 $\{a_n\}$은 공차가 d인 등차수열이다.
>
> **단서3** 연속된 두 항의 차가 일정한 값 d를 가지는 수열은 연속된 두 항의 차 d를 공차로 하는 등차수열이야.
>
> 점 Q_n의 좌표가 $(a_{n+1}, 2^{a_n})$이므로
>
> $A_n = \frac{1}{2}(a_{n+1} - a_n)(2^{a_{n+1}} - 2^{a_n})$
>
> 이다. $\frac{A_3}{A_1} = 16$이므로 d의 값은 (가) 이고, 수열 $\{a_n\}$의 일반항은 $a_n =$ (나) 이다.
>
> **단서4** a_1, a_2, a_3, a_4를 각각 d에 대하여 나타내고 이 조건을 이용하여 d의 값을 구해야 해.
>
> 따라서 모든 자연수 n에 대하여 $A_n =$ (다) 이다.

위의 (가)에 알맞은 수를 p, (나)와 (다)에 알맞은 식을 각각 $f(n)$, $g(n)$이라 할 때, $p + \frac{g(4)}{f(2)}$의 값은? (4점)

① 118 ② 121 ③ 124 ④ 127 ⑤ 130

1st 수열 $\{a_n\}$의 일반항과 삼각형 $P_nQ_nP_{n+1}$의 넓이 A_n을 구해.

두 점 $P_n(a_n, 2^{a_n})$, $P_{n+1}(a_{n+1}, 2^{a_{n+1}})$을 지나는 직선의 기울기는 $\frac{2^{a_{n+1}} - 2^{a_n}}{a_{n+1} - a_n}$이다.

두 점 (a, b), (c, d)를 지나는 직선의 기울기는 $\frac{d-b}{c-a}$야.

이것이 $k \times 2^{a_n}$과 같으므로

$\frac{2^{a_{n+1}} - 2^{a_n}}{a_{n+1} - a_n} = k \times 2^{a_n}$에서

$2^{a_{n+1}} - 2^{a_n} = k \times 2^{a_n}(a_{n+1} - a_n)$

$2^{a_{n+1}} = k \times 2^{a_n}(a_{n+1} - a_n) + 2^{a_n}$ ← $2^{a_n} > 0$이지? 양변을 2^{a_n}으로 나눠.

$\therefore 2^{a_{n+1} - a_n} = k(a_{n+1} - a_n) + 1$

이때, $a_{n+1} - a_n = x$라 하면 $2^x = kx + 1$ ⋯ ㉠이므로 $a_{n+1} - a_n$은 방정식 ㉠의 해이다.

이때, $k > 1$이므로 방정식 ㉠은 오직 하나의 양의 실근 d를 갖는다. ⋯ (★)

수열 $\{a_n\}$의 연속한 두 항의 차가 d로 일정하므로 수열 $\{a_n\}$은 공차가 d인 등차수열이야.

따라서 $a_{n+1} - a_n = d$ ⋯ ㉡이고, 수열 $\{a_n\}$은 첫째항이 $a_1 = 1$, 공차가 d인 등차수열이므로 $a_n = 1 + (n-1)d$ ⋯ ㉢이다.

첫째항이 a이고 공차가 d인 등차수열 $\{a_n\}$의 일반항은 $a_n = a + (n-1)d$야.

이때, 점 Q_n의 좌표가 $(a_{n+1}, 2^{a_n})$이므로

점 Q_n의 x좌표는 점 P_{n+1}의 x좌표와 같고, y좌표는 점 P_n의 y좌표와 같아.

$\overline{P_nQ_n} = a_{n+1} - a_n$, $\overline{P_{n+1}Q_n} = 2^{a_{n+1}} - 2^{a_n}$이다.

$$\therefore A_n = \frac{1}{2} \times \overline{P_nQ_n} \times \overline{P_{n+1}Q_n}$$
$$= \frac{1}{2} \times (a_{n+1} - a_n) \times (2^{a_{n+1}} - 2^{a_n})$$
$$= \frac{1}{2} \times d \times \{2^{1+nd} - 2^{1+(n-1)d}\}\ (\because ㉡, ㉢)$$

즉, $A_3 = \frac{1}{2} \times d \times (2^{1+3d} - 2^{1+2d})$, $A_1 = \frac{1}{2} \times d \times (2^{1+d} - 2)$이고

조건에서 $\frac{A_3}{A_1} = 16$이므로 $\frac{\frac{1}{2} \times d \times (2^{1+3d} - 2^{1+2d})}{\frac{1}{2} \times d \times (2^{1+d} - 2)} = 16$

$\frac{2^{1+2d}(2^d - 1)}{2(2^d - 1)} = 16$, $2^{2d} = 2^4$, $2d = 4$

$\therefore d = 2$ ←(가)

따라서 수열 $\{a_n\}$의 일반항은 $a_n = 1 + (n-1) \times 2 = 2n - 1$ ←(나) 이므로 모든 자연수 n에 대하여

$$A_n = \frac{1}{2} \times 2 \times (2^{2n+1} - 2^{2n-1}) = 2^{2n+1} - 2^{2n-1}$$
$$= 2^{2n-1}(2^2 - 1) = 3 \times 2^{2n-1}$$ ←(다)

2nd $p + \frac{g(4)}{f(2)}$의 값을 구해.

따라서 $p = 2$이고 $f(n) = 2n - 1$, $g(n) = 3 \times 2^{2n-1}$이므로

$f(2) = 2 \times 2 - 1 = 3$, $g(4) = 3 \times 2^{2 \times 4 - 1} = 3 \times 2^7 = 3 \times 128 = 384$이다.

$\therefore p + \frac{g(4)}{f(2)} = 2 + \frac{384}{3} = 130$

수능 핵강

* 방정식 $2^x = kx + 1$이 오직 하나의 양의 실근을 가지는 이유

(★)에서 왜 방정식 $2^x = kx + 1$이 오직 하나의 양의 실근 d를 가질까?

방정식 $2^x = kx + 1$의 실근은 곡선 $y = 2^x$과 직선 $y = kx + 1$의 교점의 x좌표와 같아. 그런데 $x = a_{n+1} - a_n$이고 $a_n < a_{n+1}$이므로 $x > 0$이어야 해.

따라서 곡선 $y = 2^x$과 직선 $y = kx + 1\ (k > 1)$은 그림과 같으므로 방정식 $2^x = kx + 1$은 1보다 큰 오직 하나의 실근 d를 가지는 거야.

이새영 연세대 기계공학부 2021년 입학 · 서울 선린인터넷고 졸

빈칸추론 문제는 주어진 흐름을 잘 따라가야 하는 문제야. 그리고 문제에서 원하는 방향으로 문제를 바라봐야 하는 것도 중요해. 문제에서 (가)는 수열 $\{a_n\}$의 공차인 d의 값을 구하라고 했으니까 아무리 수열 $\{a_n\}$이 등차수열이 아닌 것처럼 보여도 등차수열이라고 생각하고 문제를 풀 줄 알아야 한다는 거야. 문제에 주어진 식을 활용하는 능력도 아주 중요한데, 문제에서 $2^x=kx+1$이 라고 했으니까 $\frac{A_3}{A_1}$의 값을 이용하여 d의 값을 구하는 과정에서 $2^{a_{n+1}}$, 2^{a_n}을 $ka_{n+1}+1$, ka_n+1로 바꿔준다면 등차수열 $\{a_n\}$의 공차를 구할 수 있을 거야. 그리고 등차수열 $\{a_n\}$의 첫째항은 1로 주어져있고, 등차수열의 일반항을 생각하면 쉽게 풀 수 있을 거야.

I 80 정답 ⑤ *등차수열의 활용 – 그래프와 도형 [정답률 68%]

(정답 공식: 상수 d에 대하여 $a_{n+1}=a_n+d$를 만족시키는 수열 $\{a_n\}$은 공차가 d인 등차수열이다.)

모든 자연수 n에 대하여 다음 조건을 만족시키는 x축 위의 점 P_n과 곡선 $y=\sqrt{3x}$ 위의 점 Q_n이 있다. 단서1 두 점 P_n, Q_n의 x좌표는 서로 같아.

- 선분 OP_n과 선분 P_nQ_n이 서로 수직이다.
- 선분 OQ_n과 선분 Q_nP_{n+1}이 서로 수직이다.

다음은 점 P_1의 좌표가 $(1, 0)$일 때, 삼각형 $OP_{n+1}Q_n$의 넓이 A_n을 구하는 과정이다. (단, O는 원점이다.) 단서2 삼각형 $OP_{n+1}Q_n$의 밑변을 $\overline{OP_{n+1}}$, 높이를 $\overline{P_nQ_n}$이라 하고 넓이 A_n을 n에 대하여 나타내.

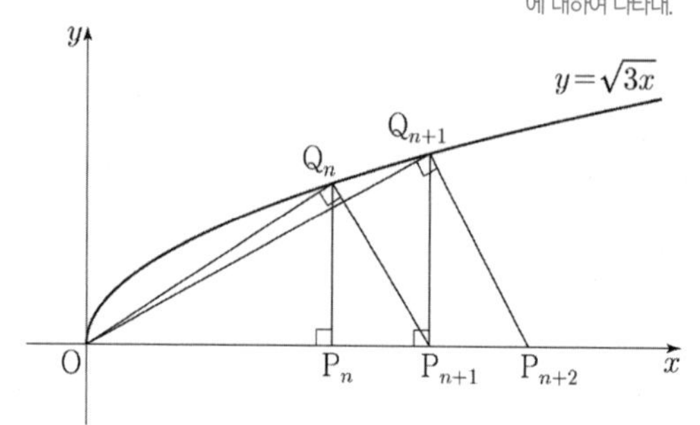

모든 자연수 n에 대하여 점 P_n의 좌표를 $(a_n, 0)$이라 하자.
$\overline{OP_{n+1}}=\overline{OP_n}+\overline{P_nP_{n+1}}$이므로 $a_{n+1}=a_n+\overline{P_nP_{n+1}}$
이다. 삼각형 OP_nQ_n과 삼각형 $Q_nP_nP_{n+1}$이 닮음이므로
$\overline{OP_n}:\overline{P_nQ_n}=\overline{P_nQ_n}:\overline{P_nP_{n+1}}$
이고, 점 Q_n의 좌표는 $(a_n, \sqrt{3a_n})$이므로
$\overline{P_nP_{n+1}}=$ (가)
이다. 따라서 삼각형 $OP_{n+1}Q_n$의 넓이 A_n은
$A_n=\frac{1}{2}\times($ (나) $)\times\sqrt{9n-6}$이다.

위의 (가)에 알맞은 수를 p, (나)에 알맞은 식을 $f(n)$이라 할 때, $p+f(8)$의 값은? (4점)

① 20 ② 22 ③ 24 ④ 26 ⑤ 28

1st 선분 P_nP_{n+1}의 길이를 구해.

모든 자연수 n에 대하여 점 P_n의 좌표를 $(a_n, 0)$이라 하면 점 Q_n의 좌표는 $(a_n, \sqrt{3a_n})$이다.
→ 점 Q_n의 x좌표는 점 P_n의 x좌표 a_n과 같고 점 Q_n은 곡선 $y=\sqrt{3x}$ 위의 점이므로 y좌표는 $\sqrt{3a_n}$이야.

$\therefore \overline{OP_n}=a_n$, $\overline{OP_{n+1}}=a_{n+1}$, $\overline{P_nQ_n}=\sqrt{3a_n}$

이때, 삼각형 OP_nQ_n과 삼각형 $Q_nP_nP_{n+1}$이 닮음이므로
$\overline{OP_n}:\overline{P_nQ_n}=\overline{P_nQ_n}:\overline{P_nP_{n+1}}$에서
→ $\angle OP_nQ_n=\angle Q_nP_nP_{n+1}=90°$, $\angle Q_nOP_n=\angle P_{n+1}Q_nP_n$이므로 두 삼각형 OP_nQ_n, $Q_nP_nP_{n+1}$은 AA 닮음이야.

$a_n:\sqrt{3a_n}=\sqrt{3a_n}:\overline{P_nP_{n+1}}$
$a_n\times\overline{P_nP_{n+1}}=(\sqrt{3a_n})^2$, $a_n\times\overline{P_nP_{n+1}}=3a_n$
$\therefore \overline{P_nP_{n+1}}=3$ ←(가)

2nd 삼각형 $OP_{n+1}Q_n$의 넓이 A_n을 구해.

이때, $\overline{OP_{n+1}}=\overline{OP_n}+\overline{P_nP_{n+1}}$이므로 $a_{n+1}=a_n+\overline{P_nP_{n+1}}$에서
$a_{n+1}=a_n+3$
즉, 수열 $\{a_n\}$은 첫째항이 $a_1=1$이고 공차가 3인 등차수열이므로
$a_n=1+(n-1)\times3=3n-2$
→ 첫째항이 a이고 공차가 d인 등차수열 $\{a_n\}$의 일반항은 $a_n=a+(n-1)d$야.
따라서 $\overline{OP_{n+1}}=a_{n+1}=3(n+1)-2=3n+1$,
$\overline{P_nQ_n}=\sqrt{3a_n}=\sqrt{3(3n-2)}=\sqrt{9n-6}$이므로

$$A_n=\triangle OP_{n+1}Q_n=\frac{1}{2}\times\overline{OP_{n+1}}\times\overline{P_nQ_n}$$
$$=\frac{1}{2}\times(3n+1)\times\sqrt{9n-6}$$ ←(나)

3rd $p+f(8)$의 값을 구해.

따라서 $p=3$, $f(n)=3n+1$이므로 $p+f(8)=3+(3\times8+1)=28$

I 81 정답 ④ *수열의 귀납적 정의의 활용 [정답률 75%]

(정답 공식: 관계식이 복잡할 경우에는 $n=1, 2, 3, \cdots, 7$을 대입한다.)

다음은 어느 시력검사표에 표시된 시력과 그에 해당되는 문자의 크기를 나타낸 것의 일부이다. 단서1 문자 크기가 a_n일 때, 시력이 $0.1\times n$이지?

시력	0.1	0.2	0.3	0.4	⋯	1.0
문자의 크기	a_1	a_2	a_3	a_4	⋯	a_{10}

문자의 크기 a_n은 다음 관계식을 만족시킨다.

$$a_1=10A,\ a_{n+1}=\frac{10A\times a_n}{10A+a_n}$$
단서2 n 대신에 $1, 2, 3, \cdots, 7$을 대입하여 a_8의 값을 구해.

(단, A는 상수이고, $n=1, 2, 3, \cdots, 9$이다.)

이 시력검사표에서 0.8에 해당되는 문자의 크기는? (4점)

① $2A$ ② $\frac{3}{2}A$ ③ $\frac{4}{3}A$ ④ $\frac{5}{4}A$ ⑤ $\frac{6}{5}A$

1st 주어진 관계식에 $n=1, 2, 3, \cdots, 7$을 대입하여 a_8의 값을 구해.

$a_{n+1}=\frac{10A\times a_n}{10A+a_n}$에서 $a_1=10A$이므로

$$a_2=\frac{10A\times a_1}{10A+a_1}=\frac{10A\times10A}{10A+10A}=5A=\frac{10}{2}A$$

$$a_3=\frac{10A\times a_2}{10A+a_2}=\frac{10A\times5A}{10A+5A}=\frac{10}{3}A$$

$$a_4=\frac{10A\times a_3}{10A+a_3}=\frac{10A\times\frac{10}{3}A}{10A+\frac{10}{3}A}=\frac{\frac{(10A)^2}{3}}{\frac{10A}{3}\times4}=\frac{10}{4}A$$

⋮

$$\therefore a_8=\frac{10}{8}A=\frac{5}{4}A$$

따라서 시력 0.8에 해당되는 문자의 크기는 $\frac{5}{4}A$이다.

톡톡 풀이: 수열 $\left\{\frac{1}{a_n}\right\}$의 일반항을 구해서 해결하기

$a_{n+1}=\frac{10A\times a_n}{10A+a_n}$에서 양변을 역수를 취하면

$\frac{1}{a_{n+1}}=\frac{10A+a_n}{10A\times a_n}$이므로

$\frac{1}{a_{n+1}}=\frac{1}{a_n}+\frac{1}{10A}$ 상수 A에 대하여 $\frac{1}{a_{n+1}}-\frac{1}{a_n}$이 일정한 값을 가지지. 연속한 두 수의 차가 일정한 값을 가지면 등차수열이야.

수열 $\left\{\frac{1}{a_n}\right\}$은 첫째항이 $\frac{1}{a_1}=\frac{1}{10A}$이고 공차가 $\frac{1}{10A}$인 등차수열이야.

$\therefore \frac{1}{a_8}=\frac{1}{10A}+(8-1)\times\frac{1}{10A}=\frac{8}{10A}$

함정: 첫째항 a_1, 공차 d인 등차수열의 일반항은 $a_n=a_1+(n-1)d$야.

따라서 시력 0.8에 해당되는 문자의 크기는

$a_8=\frac{10A}{8}=\frac{5}{4}A$

등차수열의 일반항 개념·공식

첫째항이 a_1, 공차가 d인 등차수열 $\{a_n\}$의 일반항 a_n은
$a_n=a_1+(n-1)d\ (n=1, 2, 3, \cdots)$

I 82 정답 132 *수열의 귀납법 정의의 활용 [정답률 47%]

정답 공식: 점 P_1의 좌표가 $(1, 0)$임을 이용하여 점 Q_3의 좌표를 구하고, 점 Q_n의 좌표의 규칙성을 찾는다.

자연수 n에 대하여 좌표평면 위의 점 P_n의 좌표를 $(n, an-a)$라 하자. 두 점 Q_n, Q_{n+1}에 대하여 점 P_n이 삼각형 $Q_nQ_{n+1}Q_{n+2}$의 무게중심이 되도록 점 Q_{n+2}를 정한다. 두 점 Q_1, Q_2의 좌표가 각각 $(0, 0)$, $(1, -1)$이고 점 Q_{10}의 좌표가 $(9, 90)$이다. 점 Q_{13}의 좌표를 (p, q)라 할 때, $p+q$의 값을 구하시오. (단, $a>1$) (4점)

단서 두 점 Q_1, Q_2이 주어졌으니까 Q_{10}까지 차례대로 유도하면 식을 유도할 수 있을 거야.

1st 주어진 두 점 Q_1, Q_2과 점 P_1을 이용하여 Q_3, Q_4, Q_5를 유도하자.

점 P_1의 좌표는 $(1, 0)$, 두 점 Q_1, Q_2의 좌표가 각각 $(0, 0)$, $(1, -1)$이고 점 P_1이 삼각형 $Q_1Q_2Q_3$의 무게중심이므로 Q_3의 좌표를 (a_1, b_1)이라 하면

$\left(\frac{0+1+a_1}{3}, \frac{0+(-1)+b_1}{3}\right)=(1, 0)$이므로 $a_1=2$, $b_1=1$

즉, 점 Q_3의 좌표는 $(2, 1)$이다.

점 P_2의 좌표는 $(2, a)$, 두 점 Q_2, Q_3의 좌표가 각각 $(1, -1)$, $(2, 1)$이고 점 P_2는 삼각형 $Q_2Q_3Q_4$의 무게중심이므로 Q_4의 좌표를 (a_2, b_2)라 하면

$\left(\frac{1+2+a_2}{3}, \frac{-1+1+b_2}{3}\right)$, 즉 $(2, a)$이므로

$a_2=3$, $b_2=3a$

즉, 점 Q_4의 좌표는 $(3, 3a)$이다.

→ $Q_4(3, 3a)$, $Q_7(6, 6a)$, $Q_{10}(9, 9a)$의 규칙을 살펴보면 4, 7, 10에서 $3k+1$로 추론할 수 있고, x좌표, y좌표는 각각 3배씩 커지므로 $Q_{3k+1}(3k, 3ka)$(k는 자연수)를 추론할 수 있어.

점 P_3의 좌표는 $(3, 2a)$, 두 점 Q_3, Q_4의 좌표가 각각 $(2, 1)$, $(3, 3a)$이고 점 P_3는 삼각형 $Q_3Q_4Q_5$의 무게중심이므로 Q_5의 좌표를 (a_3, b_3)이라 하면

$\left(\frac{2+3+a_3}{3}, \frac{1+3a+b_3}{3}\right)$, 즉 $(3, 2a)$이므로

$a_3=4$, $b_3=3a-1$

즉, 점 Q_5의 좌표는 $(4, 3a-1)$이다.

2nd 같은 방법으로 Q_7, $\cdots$, Q_{10}을 구하여 Q_n을 추론하자.

같은 방법으로 구하면

$P_4(4, 3a)$, $Q_4(3, 3a)$, $Q_5(4, 3a-1)$에서
점 Q_6의 좌표는 $(5, 3a+1)$
$P_5(5, 4a)$, $Q_5(4, 3a-1)$, $Q_6(5, 3a+1)$에서
점 Q_7의 좌표는 $(6, 6a)$
$P_6(6, 5a)$, $Q_6(5, 3a+1)$, $Q_7(6, 6a)$에서
점 Q_8의 좌표는 $(7, 6a-1)$
$P_7(7, 6a)$, $Q_7(6, 6a)$, $Q_8(7, 6a-1)$에서
점 Q_9의 좌표는 $(8, 6a+1)$
$P_8(8, 7a)$, $Q_8(7, 6a-1)$, $Q_9(8, 6a+1)$에서
점 Q_{10}의 좌표는 $(9, 9a)$
⋮

즉, $Q_{3k+1}(3k, 3ka)$(k는 자연수) $\cdots$ ㉠

주의: 직접 Q_4, Q_5, Q_6 …을 순서대로 구하여 $3k+1$마다 보이는 특징을 찾아 일반화시킬 줄 알아야 해.

3rd 점 Q_{10}의 좌표가 $(9, 90)$이므로 a의 값을 구하고, 점 Q_{13}을 구하자.

점 Q_{10}의 좌표가 $(9, 90)$이므로

$9a=90 \quad \therefore a=10$

구하려는 것은 점 Q_{13}의 좌표이므로 ㉠에 $k=4$를 대입하면

점 $(3\times4, 3\times4\times10)=(12, 120)$이므로

$p=12$, $q=120$

$\therefore p+q=132$

I 83 정답 255 *수열의 귀납적 정의의 활용 [정답률 43%]

정답 공식: 점 A_{n+1}에서 점 B_{n+1}까지 선을 따라 최단거리로 가는 경로의 수 a_{n+1}을 나타낸다.

그림과 같이 직사각형에서 세로를 각각 이등분하는 점 2개를 연결하는 선분을 그린 그림을 [그림 1]이라 하자. [그림 1]을 $\frac{1}{2}$만큼 축소시킨 도형을 [그림 1]의 오른쪽 맨 아래 꼭짓점을 하나의 꼭짓점으로 하여 오른쪽에 이어 붙인 그림을 [그림 2]라 하자.

이와 같이 3 이상의 자연수 k에 대하여 [그림 1]을 $\frac{1}{2^{k-1}}$만큼 축소시킨 도형을 [그림 $k-1$]의 오른쪽 맨 아래 꼭짓점을 하나의 꼭짓점으로 하여 오른쪽에 이어 붙인 그림을 [그림 k]라 하자.

자연수 n에 대하여 [그림 n]에서 왼쪽 맨 위 꼭짓점을 A_n, 오른쪽 맨 아래 꼭짓점을 B_n이라 할 때, 점 A_n에서 점 B_n까지 선을 따라 최단거리로 가는 경로의 수를 a_n이라 하자. a_7의 값을 구하시오. (4점)

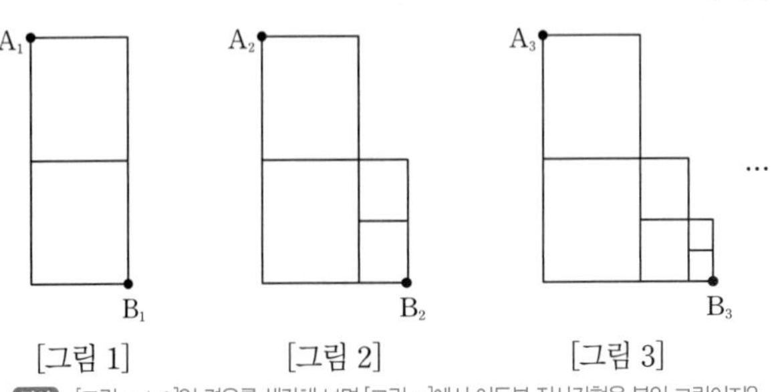

[그림 1] [그림 2] [그림 3]

단서 [그림 $n+1$]인 경우를 생각해 보면 [그림 n]에서 이등분 직사각형을 붙인 그림이지? a_n, a_{n+1}을 비교해 보자.

1st [그림 $n+1$]을 그려서 a_n과 a_{n+1}의 관계에 대해 생각해 봐.

그림과 같이 [그림 $n+1$]에서 두 점 C_{n+1}, D_{n+1}을 잡으면 점 A_{n+1}에서 점 B_{n+1}까지 선을 따라 최단거리로 가는 경로는 점 C_{n+1} 또는 점 D_{n+1}을 지나야 한다.

(i) $A_{n+1} \to C_{n+1} \to B_{n+1}$인 경로 : 1가지

(ii) $A_{n+1} \to D_{n+1} \to B_{n+1}$인 경로 :

$A_{n+1} \to D_{n+1}$인 경로의 수는 2가지이고

$D_{n+1} \to B_{n+1}$인 경로의 수는

$A_n \to B_n$인 경로의 수 a_n과 같으므로

$A_{n+1} \to D_{n+1} \to B_{n+1}$인 경로의 수는

$2a_n$가지 ⟶ 연속인 사건에 대하여 곱의 법칙을 적용하면 $2 \times a_n$

A_{n+1}, $D_{n+1}=A_n$, C_{n+1}, $=B_n$, B_{n+1} [그림 $n+1$]

(i), (ii)에 의하여 점 A_{n+1}에서 점 B_{n+1}까지 선을 따라 최단거리로 가는 경로의 수는

$a_{n+1}=1+2a_n$ ⋯ ㉠

2nd 일반항 a_n으로 a_7의 값을 구해.

이때, a_1은 3개 중 같은 것이 2개인 것을 일렬로 나열하는 경우의 수와 같으므로 $a_1=\dfrac{3!}{2!}=3$

[같은 것이 있는 순열] n개 중에 같은 것이 p, q, r개 있을 때 일렬로 나열하는 방법의 수는 $\dfrac{n!}{p!q!r!}$ (단, $p+q+r=n$)

㉠에서 n 대신에 1, 2, 3, ⋯, $n-1$을 각각 대입하면

$a_2=1+2a_1=1+2\times3$

$a_3=1+2a_2=1+2(1+2\times3)=1+2+2^2\times3$

$a_4=1+2a_3=1+2(1+2+2^2\times3)=1+2+2^2+2^3\times3$

⋮

$a_7=1+2+2^2+\cdots+2^5+2^6\times3=1+2+2^2+\cdots+2^6+2^7$

$=2^5+2^6+2^6\times2$
$=2^5+2^6+2^7$

첫째항이 1, 공비가 2인 등비수열의 첫째항부터 제8항까지의 합이야.

$=\dfrac{2^8-1}{2-1}=255$

I 84 정답 ③ *수열의 귀납법 정의의 활용 ⋯⋯ [정답률 57%]

(정답 공식: $a_{n+1}=a_n+b_n$, $b_{n+1}=a_n$임을 이해한다.)

어느 공원에는 아래 그림과 같이 A 지점에서 출발하여 A 지점으로 돌아오는 제1산책로, A 지점에서 출발하여 B 지점으로 이어지는 제2산책로, B 지점에서 출발하여 A 지점으로 이어지는 제3산책로가 있고, 각 산책로의 거리는 1 km이다.

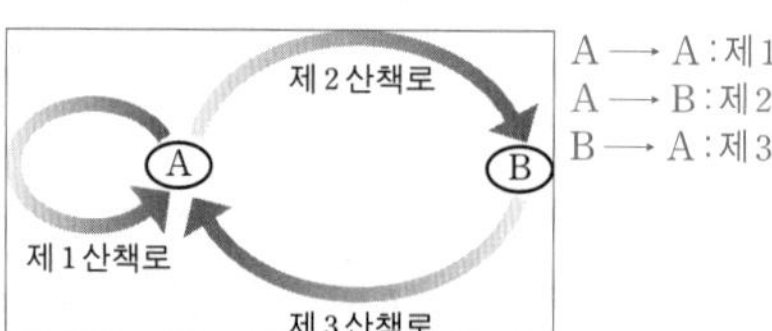

이 산책로들을 따라 다음과 같은 규칙으로 산책한 거리가 n km일 때, ❶A 지점에서 출발하여 A 지점에 도착하는 방법의 수를 a_n, ❷A 지점에서 출발하여 B 지점에 도착하는 방법의 수를 b_n이라 하자.

단서 ❶에서 n km일 때, A ⟶ A로 가는 경우가 a_n, ❷에서도 A ⟶ B로 가는 경우가 b_n이야. $(n+1)$ km일 때, a_{n+1}과 b_{n+1}을 유추해.

(가) 각 산책로에서는 화살표 방향으로만 진행해야 한다.
(나) 같은 산책로를 반복할 수 있다.
(다) 지나지 않는 산책로가 있을 수 있다.

a_7+b_7의 값은? (단, n은 자연수이다.) (4점)

① 21 ② 29 ③ 34
④ 42 ⑤ 55

1st a_n과 b_n, a_{n+1}과 b_{n+1} 사이의 관계를 구해서 문제를 해결하자.

$(n+1)$ km 만에 A로 가는 방법은 ⇒ a_{n+1}

n km일 때 A에 있다가 제 1 산책로를 이용하는 방법과 ⇒ a_n

n km일 때 B에 있다가 제 3 산책로를 이용하는 방법이 있다. ⇒ b_n

또한, $(n+1)$ km 만에 B로 가는 방법은 ⇒ b_{n+1}

n km일 때 A에 있다가 제 2 산책로를 이용하는 방법밖에 없다. ⇒ a_n

따라서 $a_1=1$, $b_1=1$이고, $a_{n+1}=a_n+b_n$, $b_{n+1}=a_n$이다.

주의 문제를 파악하여 관계식을 세울 수 있어야 해.

2nd $n=1, 2, 3, \cdots$을 대입하여 a_7+b_7의 값을 구하자.

$a_2=2$, $b_2=1$ ⇐ a_2 : A ⟶ B ⟶ A, A ⟶ A ⟶ A, b_2 : A ⟶ A ⟶ B

$a_3=a_2+b_2=3$, $b_3=a_2=2$

$a_4=a_3+b_3=5$, $b_4=a_3=3$

$a_5=a_4+b_4=8$, $b_5=a_4=5$

$a_6=a_5+b_5=13$, $b_6=a_5=8$

$a_7=a_6+b_6=21$, $b_7=a_6=13$

$\therefore a_7+b_7=21+13=34$

I 85 정답 101 *수열의 귀납적 정의의 활용 ⋯⋯ [정답률 47%]

(정답 공식: 조건 (다)의 n대신에 2, 3, ⋯, n을 대입하여 각 변을 곱하면 일반항을 구할 수 있다.)

수직선 위에 점 $P_n(n=1, 2, 3, \cdots)$을 다음 규칙에 따라 정한다.

(가) 점 P_1의 좌표는 $P_1(0)$이다.
(나) $\overline{P_1P_2}=1$이다.
(다) $\overline{P_nP_{n+1}}=\dfrac{n-1}{n+1}\times\overline{P_{n-1}P_n}$ $(n=2, 3, 4, \cdots)$

선분 P_nP_{n+1}을 밑변으로 하고 높이가 1인 직각삼각형의 넓이를 S_n이라 하자. $S_1+S_2+S_3+\cdots+S_{50}=\dfrac{q}{p}$일 때, $p+q$의 값을 구하시오. (단, p, q는 서로소인 자연수이다.) (4점)

단서 높이는 같고, 삼각형의 밑변의 길이가 (다)에 의하여 축소되지.

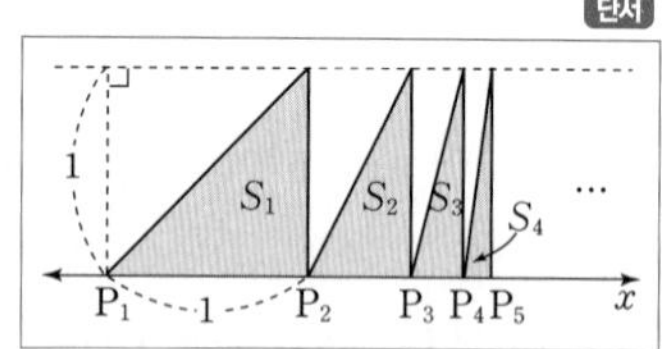

1st 주어진 조건을 이용하여 선분 P_nP_{n+1}의 길이를 구해 보자.

$\overline{P_1P_2}=1$ ⇒ 조건 (나)

$\overline{P_2P_3}=\dfrac{1}{3}\,\overline{P_1P_2}=\dfrac{1}{3}$ ⇒ $\overline{P_nP_{n+1}}=\dfrac{n-1}{n+1}\times\overline{P_{n-1}P_n}$

$\overline{P_3P_4}=\dfrac{2}{4}\,\overline{P_2P_3}=\dfrac{1}{3}\times\dfrac{2}{4}=\dfrac{1\times2}{3\times4}$

$\overline{P_4P_5}=\dfrac{3}{5}\,\overline{P_3P_4}=\dfrac{1\times2}{3\times4}\times\dfrac{3}{5}=\dfrac{1\times2}{4\times5}$

$\overline{P_5P_6}=\dfrac{4}{6}\,\overline{P_4P_5}=\dfrac{1\times2}{4\times5}\times\dfrac{4}{6}=\dfrac{1\times2}{5\times6}$

⋮

$\overline{P_nP_{n+1}}=\dfrac{n-1}{n+1}\,\overline{P_{n-1}P_n}=\dfrac{2}{n(n+1)}$

2nd 밑변이 선분 P_nP_{n+1}이고 높이가 1인 직각삼각형의 넓이의 합을 구하자.

$$S_n=\frac{1}{2}\times1\times\overline{P_nP_{n+1}}=\frac{1}{n(n+1)}$$

$$\therefore S_1+S_2+S_3+\cdots+S_{50}=\sum_{n=1}^{50}S_n=\sum_{n=1}^{50}\frac{1}{n(n+1)}$$

[부분분수]

$$=\sum_{n=1}^{50}\left(\frac{1}{n}-\frac{1}{n+1}\right)\quad \frac{1}{AB}=\frac{1}{B-A}\left(\frac{1}{A}-\frac{1}{B}\right)$$

$$=\left(1-\frac{1}{2}\right)+\left(\frac{1}{2}-\frac{1}{3}\right)+\cdots+\left(\frac{1}{50}-\frac{1}{51}\right)$$

$$=1-\frac{1}{51}=\frac{50}{51}=\frac{q}{p}$$

$\therefore p+q=51+50=101$

I 86 정답 21 *수열의 귀납적 정의의 활용 [정답률 55%]

(정답 공식: 세 점 P_n, Q_n, R_n의 좌표가 각각 $P_n\left(x_n, \frac{1}{x_n}\right)$, $Q_n\left(\frac{1}{x_n}, x_n\right)$, $R_n\left(\frac{1}{x_n}, 0\right)$임을 안다.)

자연수 n에 대하여 점 A_n이 x축 위의 점일 때, 점 A_{n+1}을 다음 규칙에 따라 정한다.

(가) 점 A_1의 좌표는 $(2, 0)$이다.
(나) (1) 점 A_n을 지나고 y축에 평행한 직선이 곡선 $y=\frac{1}{x}(x>0)$과 만나는 점을 P_n이라 한다. ⇒ P_n의 x좌표가 a이면 y좌표는 $\frac{1}{a}$이야.
(2) 점 P_n을 직선 $y=x$에 대하여 대칭이동한 점을 Q_n이라 한다. ⇒ $P_n(a, b)$이면 $Q_n(b, a)$야.
(3) 점 Q_n을 지나고 y축에 평행한 직선이 x축과 만나는 점을 R_n이라 한다. ⇒ $Q_n(b, a)$이니까 $R_n(b, 0)$이야.
(4) 점 R_n을 x축의 방향으로 1만큼 평행이동한 점을 A_{n+1}이라 한다. ⇒ $R_n(b, 0)$이니까 $A_{n+1}(b+1, 0)$

점 A_n의 x좌표를 x_n이라 하자. $x_5=\frac{q}{p}$일 때, $p+q$의 값을 구하시오. (단, p, q는 서로소인 자연수이다.) (3점)

단서 규칙 (나)로 점 A_n의 x좌표를 이용하여 점 A_{n+1}의 x좌표를 나타내어 보자.

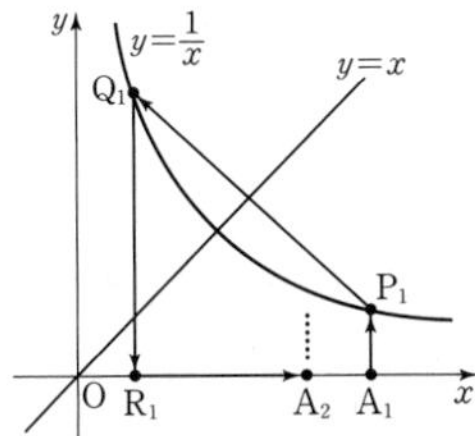

1st 점 A_n의 좌표를 이용하여 점 A_{n+1}의 좌표를 구해.

$A_n(x_n, 0)$이라 하면 점 P_n은 규칙 (1)에 의하여 x좌표가 x_n인 곡선 $y=\frac{1}{x}$ 위의 점이므로

실수 점 $P(a, b)$가 곡선 $y=f(x)$ 위의 점이면 $b=f(a)$가 성립해.

$P_n\left(x_n, \frac{1}{x_n}\right)$ → 점 (a, b)이면 점 (b, a)가 $y=x$에 대하여 대칭이동한 점이야.

이를 $y=x$에 대하여 대칭이동하면 x, y의 좌표가 바뀌므로

$Q_n\left(\frac{1}{x_n}, x_n\right)$

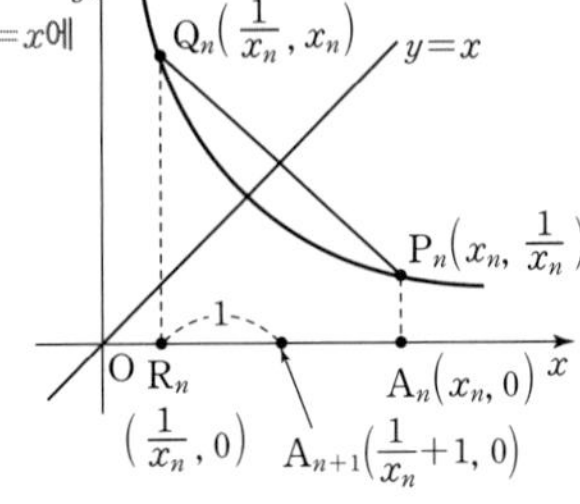

한편, R_n은 규칙 (3)에 의하여 Q_n과 x좌표가 같은 x축 위의 점이므로

$R_n\left(\frac{1}{x_n}, 0\right)$

다시 R_n을 x축의 방향으로 1만큼 평행이동하면 A_{n+1}이므로

x축의 방향으로 c만큼 평행이동하면 점 (a, b)에서 점 $(a+c, b)$야.

$A_{n+1}\left(\frac{1}{x_n}+1, 0\right)$ → 점 A_{n+1}의 좌표는 $(x_{n+1}, 0)$이지?

$\therefore x_{n+1}=\frac{1}{x_n}+1$

실수 문제의 정보를 이용하여 점 A_n의 좌표를 구하고, 이를 일반화하여 A_{n+1}의 좌표를 구해 관계식을 세울 수 있어야 해.

2nd $n=1, 2, 3, 4$를 대입하여 x_5의 값은 구해.

구한 식에 $n=1, 2, 3, 4$를 차례로 대입하면

$$x_2=\frac{1}{x_1}+1=\frac{1}{2}+1=\frac{3}{2}$$

$$x_3=\frac{1}{x_2}+1=\frac{2}{3}+1=\frac{5}{3}$$

$$x_4=\frac{1}{x_3}+1=\frac{3}{5}+1=\frac{8}{5}$$

$$x_5=\frac{1}{x_4}+1=\frac{5}{8}+1=\frac{13}{8}$$

$\therefore p+q=8+13=21$

수열의 귀납적 정의의 응용 (개념·공식)

이웃하는 항 사이의 관계가 수식이나 문장으로 주어지고 특정한 항의 값을 구하는 문제는
(i) 주어진 조건을 수식으로 나타낸 후
(ii) $n=1, 2, 3, \cdots$을 차례로 대입해보거나
(iii) 여러 가지 수열의 귀납적 정의를 이용하여 일반항을 찾는다.

I 87 정답 ② *수열의 귀납적 정의의 활용 [정답률 59%]

(정답 공식: $p_n=p-1-2-\cdots-n$)

다음은 19세기 초 조선의 유학자 홍길주가 소개한 제곱근을 구하는 계산법의 일부를 재구성한 것이다.

1보다 큰 자연수 p에서 1을 뺀 수를 p_1이라 한다. ⇒ $p_1=p-1$
p_1이 2보다 크면 p_1에서 2를 뺀 수를 p_2라 한다. ⇒ $p_2=p_1-2=(p-1)-2$
p_2가 3보다 크면 p_2에서 3을 뺀 수를 p_3이라 한다.
⋮
p_{k-1}이 k보다 크면 p_{k-1}에서 k를 뺀 수를 p_k라 한다.
이와 같은 과정을 계속하여 n번째 얻은 수 p_n이 $(n+1)$보다 작으면 이 과정을 멈춘다.
이때, $2p_n$이 $(n+1)$과 같으면 p는 (가) 이다.

단서 일반항 p_n을 구하여 $2p_n=n+1$을 이용하여 p의 식을 구해.

(가)에 들어갈 식으로 알맞은 것은? (4점)

① $n+1$ ② $\frac{(n+1)^2}{2}$ ③ $\left\{\frac{n(n+1)}{2}\right\}^2$ ④ 2^{n+1} ⑤ $(n+1)!$

1st 주어진 과정을 식으로 표현해 보자.

1보다 큰 자연수 p에서 1을 뺀 수를 p_1이라 하므로 $p-1=p_1$
p_1이 2보다 크면 p_1에서 2를 뺀 수를 p_2라 하므로 $p_1-2=p_2$
p_2가 3보다 크면 p_2에서 3을 뺀 수를 p_3이라 하므로 $p_2-3=p_3$
⋮

p_{n-1}이 n보다 크면 p_{n-1}에서 n을 뺀 수를 p_n이라 하므로

$p_{n-1}-n=p_n$

2nd 구한 식을 변변끼리 더하자.

$$
\begin{aligned}
&p-1=p_1\\
&p_1-2=p_2\\
&p_2-3=p_3\\
&\quad\vdots\\
+)\ &p_{n-1}-n=p_n\\
\hline
&p-(1+2+3+\cdots+n)=p_n
\end{aligned}
$$

→ [연속한 자연수의 합] $k=\frac{n(n+1)}{2}$을 이용해.

$p-\frac{n(n+1)}{2}=p_n$, $2p-n(n+1)=2p_n$

그런데 $2p_n=n+1$이라 하므로 $2p-n(n+1)=n+1$

$2p=n(n+1)+(n+1)=(n+1)^2 \qquad \therefore p=\frac{(n+1)^2}{2}$ ← (가)

I 88 정답 ③ *수학적 귀납법 – 등식의 증명 [정답률 63%]

(정답 공식: 서로 다른 n개에서 r개를 택하는 조합의 수는 ${}_nC_r=\frac{{}_nP_r}{r!}$이다.)

3 이상의 자연수 n에 대하여 집합

$A_n=\{(p, q)\,|\,p<q$이고 p, q는 n 이하의 자연수$\}$

이다. 집합 A_n의 모든 원소 (p, q)에 대하여 q의 값의 평균을 a_n이라 하자. 다음은 3 이상의 자연수 n에 대하여 $a_n=\frac{2n+2}{3}$임을 수학적 귀납법을 이용하여 증명한 것이다.

단서1 $a_k=\frac{2k+2}{3}$임을 이용하여 $a_{k+1}=\frac{2(k+1)+2}{3}$임을 보여야겠지?

(i) $n=3$일 때, $A_3=\{(1, 2), (1, 3), (2, 3)\}$이므로

$a_3=\frac{2+3+3}{3}=\frac{8}{3}$이고 $\frac{2\times3+2}{3}=\frac{8}{3}$이다.

그러므로 $a_n=\frac{2n+2}{3}$가 성립한다.

(ii) $n=k\ (k\geq3)$일 때, $a_k=\frac{2k+2}{3}$가 성립한다고 가정하자.

$n=k+1$일 때,

$A_{k+1}=A_k\cup\{(1, k+1), (2, k+1), \cdots, (k, k+1)\}$

이고 집합 A_k의 원소의 개수는 (가) 이므로

$$a_{k+1}=\frac{\boxed{(가)}\times\frac{2k+2}{3}+\boxed{(나)}}{{}_{k+1}C_2}$$

→ 단서2 집합 A_{k+1}의 모든 원소 (p, q)에 대하여 q의 총합이야.

→ 단서3 집합 A_{k+1}의 원소의 개수야.

$$=\frac{2k+4}{3}=\frac{2(k+1)+2}{3}$$

이다. 따라서 $n=k+1$일 때도 $a_n=\frac{2n+2}{3}$가 성립한다.

(i), (ii)에 의하여 3 이상의 자연수 n에 대하여

$a_n=\frac{2n+2}{3}$이다.

위의 (가), (나)에 알맞은 식을 각각 $f(k)$, $g(k)$라 할 때, $f(10)+g(9)$의 값은? (4점)

① 131 ② 133 ③ 135
④ 137 ⑤ 139

1st $n=3$일 때 성립하는지 확인해.

(i) $n=3$일 때, $A_3=\{(1, 2), (1, 3), (2, 3)\}$이므로

$a_3=\frac{2+3+3}{3}=\frac{8}{3}$이고 $\frac{2\times3+2}{3}=\frac{8}{3}$이다.

따라서 $a_n=\frac{2n+2}{3}$가 성립한다.

2nd $n=k$일 때 성립한다고 가정하고 $n=k+1$일 때 성립하는 지 확인해.

(ii) $n=k\ (k\geq3)$일 때, $a_k=\frac{2k+2}{3}$가 성립한다고 가정하자.

$n=k+1$일 때, → $A_{k+1}=\{(p, q)\,|\,p<q$이고 p, q는 $(k+1)$ 이하의 자연수$\}$

$A_{k+1}=A_k\cup\{(1, k+1), (2, k+1), \cdots, (k, k+1)\}$이고

집합 A_k의 원소의 개수는 ${}_kC_2=\frac{k(k-1)}{2}$ ← (가) 이므로 집합 A_k의 원소

k 이하의 자연수 중 서로 다른 2개를 택하고 두 수 중 작은 수를 p, 큰 수를 q라 하면 되니까 집합 A_k의 원소의 개수는 k 이하의 자연수 중 서로 다른 2개를 택하는 조합의 수와 같아.

(p, q)에 대하여 모든 q의 값의 합은 $\frac{k(k-1)}{2}\times\frac{2k+2}{3}$이고

n개의 수의 평균이 m이면 n개의 수의 총합은 mn이야.

집합 $\{(1, k+1), (2, k+1), \cdots, (k, k+1)\}$의 원소 (p, q)에 대하여 모든 q의 값의 합은 $k(k+1)$이다. 또한 집합 A_{k+1}의 모든 원소의 개수는 ${}_{k+1}C_2$이므로

$$a_{k+1}=\frac{\frac{k(k-1)}{2}\times\frac{2k+2}{3}+k(k+1)}{{}_{k+1}C_2}\ \leftarrow(나)$$

$$=\frac{\frac{k(k-1)(k+1)+3k(k+1)}{3}}{\frac{(k+1)k}{2}}$$

$$=\frac{2k+4}{3}$$

$$=\frac{2(k+1)+2}{3}$$

이다. 따라서 $n=k+1$일 때도 $a_n=\frac{2n+2}{3}$가 성립한다.

(i), (ii)에 의하여 3 이상의 자연수 n에 대하여

$a_n=\frac{2n+2}{3}$이다.

3rd $f(10)+g(9)$의 값을 구해.

따라서 $f(k)=\frac{k(k-1)}{2}$, $g(k)=k(k+1)$이므로

$f(10)+g(9)=\frac{10\times9}{2}+9\times10=135$

수학적 귀납법 – 등식의 증명 개념·공식

모든 자연수 n에 대하여 등식이 성립함을 증명할 때,

(i) $n=1$일 때, 등식이 성립함을 확인한다.

(ii) $n=k$일 때, 등식이 성립한다고 가정하고, $n=k+1$일 때 등식이 성립함을 확인한다.

I 89 정답 ④ *수학적 귀납법 - 등식의 증명 [정답률 78%]

(정답 공식: 수열 $\{a_n\}$에 대하여 $\sum_{k=1}^{n+1}a_k=\sum_{k=1}^{n}a_k+a_{n+1}$이다.)

수열 $\{a_n\}$의 일반항은

$$a_n=(2^{2n}-1)\times 2^{n(n-1)}+(n-1)\times 2^{-n}$$

이다. 다음은 모든 자연수 n에 대하여

$$\sum_{k=1}^{n}a_k=2^{n(n+1)}-(n+1)\times 2^{-n} \cdots\cdots (*)$$

임을 수학적 귀납법을 이용하여 증명한 것이다.

(i) $n=1$일 때, (좌변)$=3$, (우변)$=3$이므로 $(*)$이 성립한다. 단서1 $(*)$의 좌변과 우변에 각각 $n=1$을 대입해 봐.

(ii) $n=m$일 때, $(*)$이 성립한다고 가정하면

$\sum_{k=1}^{m}a_k=2^{m(m+1)}-(m+1)\times 2^{-m}$이다.

$n=m+1$일 때, 단서2 $\sum_{k=1}^{m+1}a_k=\sum_{k=1}^{m}a_k+a_{m+1}$임을 이용하여 식을 전개해.

$$\sum_{k=1}^{m+1}a_k=2^{m(m+1)}-(m+1)\times 2^{-m}+(2^{2m+2}-1)\times \boxed{(가)}+m\times 2^{-m-1}$$

$$=\boxed{(가)}\times\boxed{(나)}-\frac{m+2}{2}\times 2^{-m}$$

$$=2^{(m+1)(m+2)}-(m+2)\times 2^{-(m+1)}$$

이다. 따라서 $n=m+1$일 때도 $(*)$이 성립한다.

(i), (ii)에 의하여 모든 자연수 n에 대하여

$\sum_{k=1}^{n}a_k=2^{n(n+1)}-(n+1)\times 2^{-n}$이다.

위의 (가), (나)에 알맞은 식을 각각 $f(m)$, $g(m)$이라 할 때, $\frac{g(7)}{f(3)}$의 값은? (4점)

① 2 ② 4 ③ 8 ④ 16 ⑤ 32

1st $n=1$일 때, 성립하는지 확인해.

(i) $n=1$일 때,

(좌변)$=\sum_{k=1}^{1}a_k=a_1=(2^{2\times1}-1)\times 2^{1\times(1-1)}+(1-1)\times 2^{-1}$

$=(2^2-1)\times 2^0+0=3$

(우변)$=2^{1\times(1+1)}-(1+1)\times 2^{-1}=2^2-2\times\frac{1}{2}=3$

이므로 $(*)$이 성립한다.

2nd $n=m$일 때 성립한다고 가정하고 $n=m+1$일 때도 성립하는지 확인해.

(ii) $n=m$일 때, $(*)$이 성립한다고 가정하면

$\sum_{k=1}^{m}a_k=2^{m(m+1)}-(m+1)\times 2^{-m}$이다.

$n=m+1$일 때,

$\sum_{k=1}^{m+1}a_k=\sum_{k=1}^{m}a_k+a_{m+1}$

$=\underline{2^{m(m+1)}-(m+1)\times 2^{-m}}$ ($=\sum_{k=1}^{m}a_k$)

$+\underline{(2^{2m+2}-1)\times 2^{m(m+1)}+m\times 2^{-m-1}}$ ($=a_{m+1}$) ← (가): $2^{m(m+1)}$

$=2^{m(m+1)}\times(1+2^{2m+2}-1)-(m+1)\times 2^{-m}+\frac{m}{2}\times 2^{-m}$

$=2^{m(m+1)}\times 2^{2m+2}-\frac{m+2}{2}\times 2^{-m}$ ← (나): 2^{2m+2}

$=2^{m^2+m}\times 2^{2m+2}-(m+2)\times 2^{-m-1}$

$=2^{m^2+3m+2}-(m+2)\times 2^{-(m+1)}$ ($a^m\times a^n=a^{m+n}$)

$=2^{(m+1)(m+2)}-(m+2)\times 2^{-(m+1)}$

이다. 따라서 $n=m+1$일 때도 $(*)$이 성립한다.

3rd $\frac{g(7)}{f(3)}$의 값을 구해.

따라서 $f(m)=2^{m(m+1)}$, $g(m)=2^{2m+2}$이므로

$$\frac{g(7)}{f(3)}=\frac{2^{2\times7+2}}{2^{3(3+1)}}=\frac{2^{16}}{2^{12}}=2^{16-12}=2^4=16$$

($a^m\div a^n=a^{m-n}$)

수학적 귀납법 - 등식의 증명 개념·공식

모든 자연수 n에 대하여 등식이 성립함을 증명할 때,

(i) $n=1$일 때, 등식이 성립함을 확인한다.

(ii) $n=k$일 때, 등식이 성립한다고 가정하고, $n=k+1$일 때 등식이 성립함을 확인한다.

I 90 정답 ① *수학적 귀납법 - 등식의 증명 [정답률 74%]

(정답 공식: $\sum_{k=m+1}^{m+1}k\{k+(k+1)+\cdots+(m+1)\}=\sum_{k=m+1}^{m+1}k^2=(m+1)^2$)

다음은 모든 자연수 n에 대하여

$$\sum_{k=1}^{n}k\{k+(k+1)+(k+2)+\cdots+n\}=\frac{n(n+1)(n+2)(3n+1)}{24} \cdots\cdots (*)$$

단서 증명을 따라가면서 과정을 이해해야 해.

이 성립함을 수학적 귀납법으로 증명하는 과정이다.

[증명]

(i) $n=1$일 때,

(좌변)$=$(우변)$=\boxed{(가)}$이므로 $(*)$이 성립한다.

(ii) $n=m$일 때, $(*)$이 성립한다고 가정하면

$$\sum_{k=1}^{m}k\{k+(k+1)+(k+2)+\cdots+m\}=\frac{m(m+1)(m+2)(3m+1)}{24}$$

이다. $n=m+1$일 때, $(*)$이 성립함을 보이자.

$$\sum_{k=1}^{m+1}k\{k+(k+1)+(k+2)+\cdots+(m+1)\}$$

$$=\sum_{k=1}^{m}k\{k+(k+1)+(k+2)+\cdots+(m+1)\}+\boxed{(나)}$$

$$=\boxed{(다)}+\frac{m(m+1)^2}{2}+\boxed{(나)}$$

$$=\frac{(m+1)(m+2)(m+3)(3m+4)}{24}$$

따라서 $n=m+1$일 때도 성립한다.

(i), (ii)에 의하여 모든 자연수 n에 대하여 $(*)$이 성립한다.

위의 (가)에 알맞은 수를 a, (나), (다)에 알맞은 식을 각각 $f(m)$, $g(m)$이라 할 때, $a+f(2)+g(3)$의 값은? (4점)

① 35 ② 36 ③ 37 ④ 38 ⑤ 39

1st 수학적 귀납법은 $n=1$일 때를 먼저 체크해야 해.

(i) $n=1$일 때, (가) → (좌변)$=1\times1=1$, (우변)$=\frac{1\times2\times3\times4}{24}=1$

(좌변)=(우변)=1이므로 (*)이 성립한다.

2nd 이제 $n=m$일 때, (*)이 성립한다고 가정했을 때, $n=k+1$에서도 성립함을 보이자.

(ii) $n=m$일 때, (*)이 성립한다고 가정하면

$$\sum_{k=1}^{m}k\{k+(k+1)+(k+2)+\cdots+m\}=\frac{m(m+1)(m+2)(3m+1)}{24}$$

이다. $n=m+1$일 때, (*)이 성립함을 보이자.

$$\sum_{k=1}^{m+1}k\{k+(k+1)+(k+2)+\cdots+(m+1)\}$$

$$=\sum_{k=1}^{m}k\{k+(k+1)+(k+2)+\cdots+(m+1)\}+\sum_{k=m+1}^{m+1}k\{k+(k+1)+\cdots+(m+1)\}$$

$k=m+1$이므로 $\sum_{k=m+1}^{m+1}k\{k+(k+1)+\cdots+(m+1)\}=\sum_{k=m+1}^{m+1}k^2=(m+1)^2$

$$=\sum_{k=1}^{m}k\{k+(k+1)+(k+2)+\cdots+(m+1)\}+(m+1)^2 \quad \leftarrow (나)$$

$$=\sum_{k=1}^{m}k\{k+(k+1)+(k+2)+\cdots+m\}+(m+1)\sum_{k=1}^{m}k+(m+1)^2$$

$$=\frac{m(m+1)(m+2)(3m+1)}{24}+\frac{m(m+1)^2}{2}+(m+1)^2 \quad \leftarrow (다)$$

$$=\frac{(m+1)(m+2)(m+3)(3m+4)}{24}$$

따라서 $n=m+1$일 때도 성립한다.

(i), (ii)에 의하여 모든 자연수 n에 대하여 (*)이 성립한다.

3rd $a+f(2)+g(3)$의 값을 구해.

$a=1$, $f(m)=(m+1)^2$, $g(m)=\frac{m(m+1)(m+2)(3m+1)}{24}$이므로

$$a+f(2)+g(3)=1+3^2+\frac{3\times4\times5\times10}{24}$$

$$=1+9+25$$

$$=35$$

수능 핵강

* 수학적 귀납법의 개념 쉽게 이해하기

수학적 귀납법의 기본적인 개념은 도미노와 같다고 생각하면 이해하기 쉬워. A처럼 첫 번째 도미노를 넘어뜨리면 뒤에 세워져 있는 도미노가 쭉 넘어지게 되는데, B처럼 중간에 건너 뛴 도미노가 있다면 넘어지는 것이 멈추게 되는 걸 상상해봐.

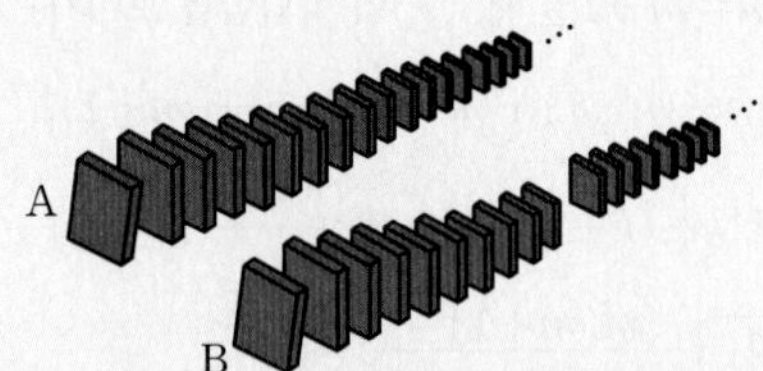

수학적 귀납법을 도미노와 같이 생각한다면 $n=1$과 첫 번째 도미노, $n=k$와 임의의 도미노를 서로 대응해서 생각해보면 수학적 귀납법의 개념을 이해할 수 있어.

I 91 정답 ⑤ *수학적 귀납법-등식의 증명 ······ [정답률 74%]

정답 공식: $n=k$일 때의 식을 이용하여 $n=k+1$일 때 만족해야 하는 식의 좌변을 맞춰보고 우변을 확인한다.

다음은 모든 자연수 n에 대하여

$$\frac{4}{3}+\frac{8}{3^2}+\frac{12}{3^3}+\cdots+\frac{4n}{3^n}=3-\frac{2n+3}{3^n} \quad \cdots (*)$$

이 성립함을 수학적 귀납법으로 증명한 것이다.

[증명]

(1) $n=1$일 때, (좌변)$=\frac{4}{3}$,

(우변)$=3-\frac{5}{3}=\frac{4}{3}$이므로 (*)이 성립한다.

(2) $n=k$일 때, (*)이 성립한다고 가정하면

$$\frac{4}{3}+\frac{8}{3^2}+\frac{12}{3^3}+\cdots+\frac{4k}{3^k}=3-\frac{2k+3}{3^k} \quad \cdots ⓐ$$

이다.

단서1 ❶은 $n=k+1$일 때 성립함을 보이기 위해서야.
❷=ⓐ이니까 식을 정리하면 (가)를 유추할 수 있어.

❶ 위 등식의 양변에 $\frac{4(k+1)}{3^{k+1}}$을 더하여 정리하면

❷ $$\frac{4}{3}+\frac{8}{3^2}+\frac{12}{3^3}+\cdots+\frac{4k}{3^k}+\frac{4(k+1)}{3^{k+1}}$$

$$=3-\frac{1}{3^k}\{(2k+3)-(\boxed{(가)})\}$$

단서2 이 식을 정리하여 (나)를 유추해.

$$=3-\frac{\boxed{(나)}}{3^{k+1}}$$

따라서 $n=k+1$일 때도 (*)이 성립한다.

(1), (2)에 의하여 모든 자연수 n에 대하여 (*)이 성립한다.

위의 (가), (나)에 알맞은 식을 각각 $f(k)$, $g(k)$이라 할 때, $f(3)\times g(2)$의 값은? (4점)

① 36 ② 39 ③ 42
④ 45 ⑤ 48

1st 앞의 식을 보면서 (가), (나)를 유추해 보자.

$$\frac{4}{3}+\frac{8}{3^2}+\frac{12}{3^3}+\cdots+\frac{4k}{3^k}=3-\frac{2k+3}{3^k}$$

위 등식의 양변에 $\frac{4(k+1)}{3^{k+1}}$을 더하여 정리하면

$$\frac{4}{3}+\frac{8}{3^2}+\frac{12}{3^3}+\cdots+\frac{4k}{3^k}+\frac{4(k+1)}{3^{k+1}} \quad (\cdots ⓐ)$$

$$=3-\frac{2k+3}{3^k}+\frac{4(k+1)}{3^{k+1}}$$

$$=3-\frac{1}{3^k}\left\{(2k+3)-\left(\frac{4k+4}{3}\right)\right\} \quad \leftarrow (가)$$

$$=3-\frac{1}{3^k}\left(\frac{2}{3}k+\frac{5}{3}\right) \quad \frac{1}{3^k}\times\frac{2k+5}{3}=\frac{2k+5}{3^k\times3}$$

$$=3-\frac{2k+5}{3^{k+1}} \quad \leftarrow (나)$$

2nd $f(3)\times g(2)$의 값을 구해.

$f(k)=\frac{4k+4}{3}$, $g(k)=2k+5$이므로

$$f(3)\times g(2)=\frac{16}{3}\times9=48$$

I 92 정답 ③ *수학적 귀납법 - 등식의 증명 [정답률 68%]

정답 공식: $\sum_{k=1}^{m+1}(-1)^{k+1}k^2=\sum_{k=1}^{m}(-1)^{k+1}k^2+\sum_{k=m+1}^{m+1}(-1)^{k+1}k^2$
$=\sum_{k=1}^{m}(-1)^{k+1}k^2+(-1)^{m+2}(m+1)^2$

다음은 모든 자연수 n에 대하여

$$\sum_{k=1}^{n}(-1)^{k+1}k^2=(-1)^{n+1}\times\frac{n(n+1)}{2}\quad\cdots(*)$$

이 성립함을 수학적 귀납법으로 증명한 것이다.

[증명]

(i) $n=1$일 때,

(좌변)$=(-1)^2\times1^2=1$

(우변)$=(-1)^2\times\frac{1\times2}{2}=1$

따라서 $(*)$이 성립한다.

단서 ❶은 $m+1$까지의 합이고, ❷는 m까지의 합이니까 (가)를 유추할 수 있지? 이때, (나)는 $(*)$에서 채울 수 있어.

(ii) $n=m$일 때, $(*)$이 성립한다고 가정하면

$$❶\sum_{k=1}^{m+1}(-1)^{k+1}k^2=❷\sum_{k=1}^{m}(-1)^{k+1}k^2+\boxed{(가)}$$
$$=\boxed{(나)}+\boxed{(가)}$$
$$=(-1)^{m+2}\times\frac{(m+1)(m+2)}{2}$$

이다.

따라서 $n=m+1$일 때도 $(*)$이 성립한다.

(i), (ii)에 의하여 모든 자연수 n에 대하여 $(*)$이 성립한다.

위의 (가), (나)에 알맞은 식을 각각 $f(m)$, $g(m)$이라 할 때, $\frac{f(5)}{g(2)}$의 값은? (4점)

① 8 ② 10 ③ 12 ④ 14 ⑤ 16

1st $\sum_{k=1}^{m}$과 $\sum_{k=1}^{m+1}$을 비교해 보면 $\sum_{k=1}^{m+1}$은 $\sum_{k=1}^{m}$보다 제$m+1$항이 더해진 거야.

$a_k=(-1)^{k+1}k^2$이라 하면

$\sum_{k=1}^{m+1}(-1)^{k+1}k^2=\sum_{k=1}^{m}(-1)^{k+1}k^2+\boxed{(가)}$

에서 $\sum_{k=1}^{m+1}a_k=\sum_{k=1}^{m}a_k+\boxed{(가)}$

$\sum_{k=1}^{m+1}a_k-\sum_{k=1}^{m}a_k=a_{m+1}=(-1)^{m+2}(m+1)^2$ ← (가)

$=a_1+a_2+\cdots+a_m+a_{m+1}-(a_1+a_2+\cdots+a_m)$

주의 $\sum_{k=1}^{m+1}$과 $\sum_{k=1}^{m}$ 사이의 관계를 잘 알고 있어야 해.

2nd $(*)$을 이용하여 (가) 앞의 식을 변형한 후 (나)를 찾자.

또, 등식

$\sum_{k=1}^{m}(-1)^{k+1}k^2+\boxed{(가)}=\boxed{(나)}+\boxed{(가)}$에서

등식을 보면 $a+b=\square+b$이니까 $\square=a$야.

$(*)$에 의하여

$\boxed{(나)}=\sum_{k=1}^{m}(-1)^{k+1}k^2=(-1)^{m+1}\times\frac{m(m+1)}{2}$ ← (나)

3rd $\frac{f(5)}{g(2)}$의 값을 구해.

$f(m)=(-1)^{m+2}(m+1)^2$, $g(m)=(-1)^{m+1}\times\frac{m(m+1)}{2}$이므로

$f(5)=(-1)^{5+2}(5+1)^2=-36$, $g(2)=(-1)^{2+1}\times\frac{2(2+1)}{2}=-3$

$\therefore\frac{f(5)}{g(2)}=\frac{-36}{-3}=12$

I 93 정답 ④ *수학적 귀납법 - 등식의 증명 [정답률 65%]

정답 공식: $n=k(k\geq1)$일 때, 성립한다고 가정할 때, 양변에 어떤 식을 더하면 $n=k+1$일 때도 성립하게 되는지 알아본다.

다음은 모든 자연수 n에 대하여

$$1-\frac{1}{2}+\frac{1}{3}-\frac{1}{4}+\cdots+\frac{1}{2n-1}-\frac{1}{2n}$$
$$=\frac{1}{n+1}+\frac{1}{n+2}+\cdots+\frac{1}{2n}$$

이 성립함을 수학적 귀납법으로 증명한 것이다.

[증명]

i) $n=1$일 때, (좌변)=(우변)=$\boxed{(가)}$이므로 주어진 등식은 성립한다. 단서1 성립함을 확인해.

ii) $n=k(k\geq1)$일 때, 성립한다고 가정하면

$$1-\frac{1}{2}+\frac{1}{3}-\frac{1}{4}+\cdots+\frac{1}{2k-1}-\frac{1}{2k}$$
$$=\frac{1}{k+1}+\frac{1}{k+2}+\cdots+\frac{1}{2k}$$

이다.

단서2 양변에 (나)를 더해서 결국에는 $n=k+1$일 때도 성립함을 보일 거야.

$n=k+1$일 때,

$$1-\frac{1}{2}+\frac{1}{3}-\frac{1}{4}+\cdots+\frac{1}{2k-1}-\frac{1}{2k}+\boxed{(나)}$$
$$=\frac{1}{k+1}+\frac{1}{k+2}+\cdots+\frac{1}{2k}+\boxed{(나)}$$
$$=\frac{1}{k+2}+\frac{1}{k+3}+\cdots+\frac{1}{2k+1}+\boxed{(다)}$$
$$=\frac{1}{k+2}+\frac{1}{k+3}+\cdots+\frac{1}{2k+1}+\frac{1}{2k+2}$$

이다.

그러므로 $n=k+1$일 때도 성립한다.

따라서 i), ii)에 의하여 모든 자연수 n에 대하여 주어진 등식은 성립한다.

이 증명에서 (가)~(다)에 알맞은 것을 바르게 짝지은 것은? (3점)

	(가)	(나)	(다)
①	1	$\frac{1}{2k+2}$	$\frac{1}{2k}-\frac{1}{2k+2}$
②	1	$\frac{1}{2k+1}-\frac{1}{2k+2}$	$\frac{1}{k+1}-\frac{1}{2k+2}$
③	$\frac{1}{2}$	$\frac{1}{2k+2}$	$\frac{1}{2k}-\frac{1}{2k+2}$
④	$\frac{1}{2}$	$\frac{1}{2k+1}-\frac{1}{2k+2}$	$\frac{1}{k+1}-\frac{1}{2k+2}$
⑤	$\frac{1}{2}$	$\frac{1}{2k+1}-\frac{1}{2k+2}$	$\frac{1}{2k}-\frac{1}{2k+2}$

1st 수학적 귀납법은 $n=1$일 때를 먼저 체크해야지?

모든 자연수 n에 대하여

$$1-\frac{1}{2}+\frac{1}{3}-\frac{1}{4}+\cdots+\frac{1}{2n-1}-\frac{1}{2n}$$
$$=\frac{1}{n+1}+\frac{1}{n+2}+\cdots+\frac{1}{2n}\quad\cdots(*)$$

이 성립한다고 하므로

(i) $n=1$일 때,

$(\text{좌변})=1-\frac{1}{2}=\frac{1}{2}$, $(\text{우변})=\frac{1}{2}$

즉, $(\text{좌변})=(\text{우변})=\frac{1}{2}$ ←(가)

2nd 이제 $n=k$일 때 $(*)$이 성립한다고 가정했을 때, $n=k+1$에서도 성립함을 보이자.

(ii) $n=k$일 때,

$(*)$이 성립한다고 가정하면

$1-\frac{1}{2}+\frac{1}{3}-\frac{1}{4}+\cdots+\frac{1}{2k-1}-\frac{1}{2k}$

$=\frac{1}{k+1}+\frac{1}{k+2}+\cdots+\frac{1}{2k}$ … ㉠이다.

$n=k+1$일 때,

㉠의 양변에 $\frac{1}{2(k+1)-1}-\frac{1}{2(k+1)}$을 더하면

이 식이 성립하면 $n=k+1$일 때를 보인 거야.

$1-\frac{1}{2}+\frac{1}{3}-\frac{1}{4}+\cdots+\frac{1}{2k-1}-\frac{1}{2k}+\frac{1}{2k+1}-\frac{1}{2k+2}$ ←(나)

$=\frac{1}{k+1}+\frac{1}{k+2}+\cdots+\frac{1}{2k}+\frac{1}{2k+1}-\frac{1}{2k+2}$ ($\because$ ㉠)

$=\frac{1}{k+2}+\frac{1}{k+3}+\cdots+\frac{1}{2k+1}+\frac{1}{k+1}-\frac{1}{2k+2}$ ←(다)

$\frac{1}{k+1}$ → $\frac{2}{2k+2}$로 바꿔서 계산해.

$=\frac{1}{k+2}+\frac{1}{k+3}+\cdots+\frac{1}{2k+1}+\frac{1}{2k+2}$

그러므로 $n=k+1$일 때도 성립한다.

따라서 (i), (ii)에 의하여 모든 자연수 n에 대하여 주어진 등식은 성립한다.

수능 핵강

＊ 수학적 귀납법에서 $n=1$일 때 성립하는지 무조건 확인하려고 하지 말자!

수학적 귀납법의 첫 번째 (i) $n=1$일 때 명제가 성립한다는 것을 고정적으로 생각하지 말자. 주어진 조건에서 $n\ge2$, $n\ge5$ 등 처음 값인 n이 1이 아닐 수 있어.

수학적 귀납법은 처음 값이 성립하고, $n=k$일 때 명제가 성립한다고 가정했을 때, $n=k+1$일 때도 모순없이 성립한다는 것만 알면 되기 때문에 처음 값은 1이 아니라 주어진 조건에서 처음 값이면 충분하다는 거야.

수학적 귀납법의 확장 개념·공식

(1) 수학적 귀납법 - 기본

자연수 n에 대한 명제 $p(n)$이 모든 자연수에 대하여 성립함을 증명하려면

(i) $n=1$일 때 명제 $p(n)$이 성립

(ii) $n=k$일 때 명제 $p(n)$이 성립한다고 가정하면, $n=k+1$일 때도 명제 $p(n)$이 성립

함을 보이면 된다.

(2) 수학적 귀납법의 확장

자연수 n에 대하여 명제 $p(n)$이 $n\ge m$에서 성립함을 증명하려면

(i) $n=m$일 때 명제 $p(n)$이 성립

(ii) $n=k$일 때 명제 $p(n)$이 성립한다고 가정하면, $n=k+1$일 때도 명제 $p(n)$이 성립

함을 보이면 된다.

I 94 정답 ② ＊수학적 귀납법 - 등식의 증명 [정답률 63%]

(정답 공식: $a_k+\frac{1}{k+1}=a_{k+1}$을 유도하여 $n=k+1$일 때 성립하도록 이용한다.)

자연수 n에 대하여 $a_n=1+\frac{1}{2}+\frac{1}{3}+\cdots+\frac{1}{n}$로 정의한다. … ⓐ

다음은 2 이상인 모든 자연수 n에 대하여 등식

❶ $a_1+a_2+a_3+\cdots+a_{n-1}=n(a_n-1)$

이 성립함을 증명한 것이다.

[증명]

(1) $n=2$일 때, (좌변)=(우변)= (가) 이므로 주어진 등식은 성립한다.

단서1 ❶에 $n=2$를 대입해. 이때, a_1, a_2의 값은 ⓐ를 이용해.

(2) $n=k$일 때, 주어진 등식이 성립한다고 가정하면

❷ $a_1+a_2+a_3+\cdots+a_{k-1}=k(a_k-1)$

양변에 a_k를 더하면 단서2 ❷의 식 양변에 a_k를 더해 주면 (나)이지?

$a_1+a_2+a_3+\cdots+a_k=$ (나)

그런데 $a_k=a_{k+1}-$ (다) 이므로

단서3 ⓐ의 식에 n 대신에 $k+1$을 대입해.

$a_1+a_2+a_3+\cdots+a_k=(k+1)(a_{k+1}-1)$

그러므로 $n=k+1$일 때도 성립한다.

따라서 2 이상인 모든 자연수 n에 대하여 주어진 등식은 성립한다.

위 증명에서 (가), (나), (다)에 알맞은 것은? (3점)

	(가)	(나)	(다)
①	1	$ka_{k+1}-k$	$\frac{1}{k}$
②	1	$(k+1)a_k-k$	$\frac{1}{k+1}$
③	1	$(k+1)a_k-k$	$\frac{1}{k}$
④	$\frac{3}{2}$	$ka_{k+1}-k$	$\frac{1}{k+1}$
⑤	$\frac{3}{2}$	$(k+1)a_k-k$	$\frac{1}{k+1}$

1st 먼저 $n=2$일 때, (좌변)과 (우변)의 값이 같음을 확인하여 (가)를 구해.

$a_n=1+\frac{1}{2}+\frac{1}{3}+\cdots+\frac{1}{n}$로 정의하므로

→ 모든 자연수 n에 대하여 성립해. $n=1, 2, \cdots, n+1, \cdots$

$a_1=1$, $a_2=1+\frac{1}{2}=\frac{3}{2}$

2 이상인 모든 자연수 n에 대하여 등식

$a_1+a_2+a_3+\cdots+a_{n-1}=n(a_n-1)$ … ㉠이 성립함을 증명하자.

(1) $n=2$일 때, (좌변)$=a_1=1$, (우변)$=2(a_2-1)=2\left(\frac{3}{2}-1\right)=1$

$\therefore$ (좌변)=(우변)= 1 ←(가)

주의 2 이상의 자연수 n에 대해 등식이 성립한다고 했기 때문에 $n=1$이 아니라 $n=2$일 때 성립하는지 확인하는거야.

2nd 이제 $n=k$일 때 주어진 등식이 성립한다고 가정하고 $n=k+1$일 때도 성립함을 증명해야 해.

(2) $n=k$일 때, $a_1+a_2+a_3+\cdots+a_{k-1}=k(a_k-1)$의 양변에 a_k를 더하면

$a_1+a_2+a_3+\cdots+a_{k-1}+a_k=k(a_k-1)+a_k=ka_k+a_k-k$

$=(k+1)a_k-k$ … ㉡ ←(나)

이때, $a_{k+1}=1+\frac{1}{2}+\frac{1}{3}+\cdots+\frac{1}{k}+\frac{1}{k+1}$에서 ($1+\frac{1}{2}+\cdots+\frac{1}{k}=a_k$)

$a_{k+1}=a_k+\frac{1}{k+1}$

$\therefore a_k=a_{k+1}-\frac{1}{k+1}$ ←(다)

이것을 ㉡의 우변에 대입하면

$$a_1+a_2+a_3+\cdots+a_k=(k+1)\left(a_{k+1}-\frac{1}{k+1}\right)-k$$
$$=(k+1)a_{k+1}-1-k=(k+1)a_{k+1}-(k+1)$$
$$=(k+1)(a_{k+1}-1)$$

즉, $n=k+1$일 때도 성립한다.
따라서 2 이상인 모든 자연수 n에 대하여 주어진 등식 ㉠이 성립한다.

I 95 정답 ④ *수학적 귀납법 – 등식의 증명 [정답률 67%]

(정답 공식: $n=k(k\ge1)$일 때, 성립한다고 가정할 때, 양변에 어떤 식을 더하면 $n=k+1$일 때도 성립하게 되는지 알아본다.)

다음은 모든 자연수 n에 대하여

$$1\cdot n+2\cdot(n-1)+3\cdot(n-2)+\cdots+(n-1)\cdot2+n\cdot1=\frac{n(n+1)(n+2)}{6}\quad\cdots ⓐ$$

가 성립함을 수학적 귀납법으로 증명한 것이다.

[증명]

(i) $n=1$일 때, (좌변)$=1$, (우변)$=1$이므로 주어진 식은 성립한다.

(ii) $n=k$일 때, 성립한다고 가정하면

$$1\cdot k+2\cdot(k-1)+3\cdot(k-2)+\cdots+k\cdot1=\frac{k(k+1)(k+2)}{6}$$

단서1 ❶과 ❷를 비교하여 (가)를 유추하자.

이다. $n=k+1$일 때, 성립함을 보이자.

❶ $1\cdot(k+1)+2\cdot k+3\cdot(k-1)+\cdots+(k+1)\cdot1$

$=1\cdot$❷$k+2\cdot(k-1)+3\cdot(k-2)+\cdots+k\cdot1$

$+$❸$(1+2+3+\cdots+k)+$ (가)

$=\dfrac{k(k+1)(k+2)}{6}+$ (나)

단서2 ⓐ의 좌변이 ❷와 같으니까 ❸을 정리하여 (나)를 유추해.

$=$ (다)

그러므로 $n=k+1$일 때도 성립한다.
따라서 모든 자연수 n에 대하여 주어진 등식은 성립한다.

위의 증명에서 (가), (나), (다)에 알맞은 것을 차례로 나열한 것은? (4점)

	(가)	(나)	(다)
①	k	$\frac{k(k+1)}{2}$	$\frac{(k+1)(k+2)(k+3)}{6}$
②	k	$\frac{k(k+3)}{2}$	$\frac{(k+1)(k+2)(k+3)}{6}$
③	k	$\frac{(k+1)(k+2)}{2}$	$\frac{k(k+1)(k+2)}{6}$
④	$k+1$	$\frac{(k+1)(k+2)}{2}$	$\frac{(k+1)(k+2)(k+3)}{6}$
⑤	$k+1$	$\frac{(k+1)(k+2)}{2}$	$\frac{k(k+1)(k+2)}{6}$

1st 앞과 뒤의 식을 살펴가면서 (가), (나), (다)를 차례로 구해.

$$1\cdot n+2\cdot(n-1)+\cdots+(n-1)\cdot2+n\cdot1=\frac{n(n+1)(n+2)}{6}\quad\cdots ㉠$$

(i) $n=1$일 때, (좌변)$=1$, (우변)$=1$이므로 ㉠은 성립한다.
(ii) $n=k$일 때, ㉠이 성립한다고 가정하면 → ㉡은 항상 참이야.

$$1\cdot k+2\cdot(k-1)+\cdots+(k-1)\cdot2+k\cdot1=\frac{k(k+1)(k+2)}{6}\quad\cdots ㉡$$

이제 $n=k+1$일 때 성립함을 보이자.

$1\cdot(k+1)+2\cdot k+3\cdot(k-1)+\cdots+k\cdot2+(k+1)\cdot1$

$=1\cdot k+1+2\cdot(k-1)+2+3\cdot(k-2)+3+\cdots+k\cdot1+k+k+1$

$=\underbrace{1\cdot k+2\cdot(k-1)+3\cdot(k-2)+\cdots+k\cdot1}_{=㉡}+(1+2+3+\cdots+k)+k+1$ ← (가)

→ $\sum_{k=1}^{n}k=\frac{n(n+1)}{2}$

$=\dfrac{k(k+1)(k+2)}{6}+\dfrac{k(k+1)}{2}+k+1$

공통인수 $k+1$로 묶으면 $(k+1)\left(\frac{k}{2}+1\right)=\frac{(k+1)(k+2)}{2}$

$=\dfrac{k(k+1)(k+2)}{6}+\dfrac{(k+1)(k+2)}{2}$ ← (나)

공통인수 $(k+1)(k+2)$로 묶으면 $(k+1)(k+2)\left(\frac{k}{6}+\frac{1}{2}\right)=\frac{(k+1)(k+2)(k+3)}{6}$

$=\dfrac{(k+1)(k+2)(k+3)}{6}$ ← (다)

→ ㉡에 k 대신에 $k+1$을 대입한 식과 동일하니까.

그러므로 $n=k+1$일 때도 성립한다.
따라서 모든 자연수 n에 대하여 등식 ㉠은 성립한다.

I 96 정답 ③ *수학적 귀납법 – 등식의 증명 [정답률 55%]

(정답 공식: ${}_nC_k=\frac{n!}{(n-k)!k!}$)

다음은 모든 자연수 n에 대하여

$$\sum_{k=1}^{n}\frac{(-1)^{k-1}{}_nC_k}{k}=\sum_{k=1}^{n}\frac{1}{k}\quad\cdots\cdots(*)$$

이 성립함을 수학적 귀납법을 이용하여 증명한 것이다.

(i) $n=1$일 때 (좌변)$=1$, (우변)$=1$이므로 $(*)$이 성립한다.

(ii) $n=m$일 때 $(*)$이 성립한다고 가정하면

$\sum_{k=1}^{m}\frac{(-1)^{k-1}{}_mC_k}{k}=\sum_{k=1}^{m}\frac{1}{k}$이다. $n=m+1$일 때,

$\sum_{k=1}^{m+1}\frac{(-1)^{k-1}{}_{m+1}C_k}{k}$

단서 $\sum_{k=1}^{n}\frac{(-1)^{k-1}{}_nC_k}{k}=\sum_{k=1}^{n}\frac{1}{k}$ 임을 이용할 수 있도록 ${}_{m+1}C_k$를 변형한 거야.

$=\sum_{k=1}^{m}\frac{(-1)^{k-1}{}_{m+1}C_k}{k}+$ (가)

$=\sum_{k=1}^{m}\frac{(-1)^{k-1}({}_mC_k+{}_mC_{k-1})}{k}+$ (가)

$=\sum_{k=1}^{m}\frac{1}{k}+\sum_{k=1}^{m+1}\left\{\frac{(-1)^{k-1}}{k}\times\frac{\text{(나)}}{(m-k+1)!(k-1)!}\right\}$

$=\sum_{k=1}^{m}\frac{1}{k}+\sum_{k=1}^{m+1}\left\{\frac{(-1)^{k-1}}{\text{(다)}}\times\frac{(m+1)!}{(m-k+1)!k!}\right\}$

$=\sum_{k=1}^{m}\frac{1}{k}+\frac{1}{m+1}=\sum_{k=1}^{m+1}\frac{1}{k}$

이다. 따라서 $n=m+1$일 때도 $(*)$이 성립한다.
(i), (ii)에 의하여 모든 자연수 n에 대하여 $(*)$이 성립한다.

위의 (가), (나), (다)에 알맞은 식을 각각 $f(m)$, $g(m)$, $h(m)$이라 할 때, $\frac{g(3)+h(3)}{f(4)}$의 값은? (4점)

① 40 ② 45 ③ 50
④ 55 ⑤ 60

1st $n=1$일 때, 주어진 등식이 성립하는지 확인해.

(i) $n=1$일 때,

(좌변)$=\sum_{k=1}^{1}\frac{(-1)^{k-1}{}_1C_k}{k}=\frac{(-1)^0{}_1C_1}{1}=1$, (우변)$=\sum_{k=1}^{1}\frac{1}{k}=1$

이므로 주어진 등식이 성립한다.

2nd $n=m$일 때, 주어진 등식이 성립한다고 가정하고 $n=m+1$일 때도 성립하는지 확인해.

(ii) $n=m$일 때 주어진 등식이 성립한다고 가정하면

$$\sum_{k=1}^{m}\frac{(-1)^{k-1}{}_{m}C_k}{k}=\sum_{k=1}^{m}\frac{1}{k}$$

이다. $n=m+1$일 때,

$$\sum_{k=1}^{m+1}\frac{(-1)^{k-1}{}_{m+1}C_k}{k}$$

$$=\sum_{k=1}^{m}\frac{(-1)^{k-1}{}_{m+1}C_k}{k}+\sum_{k=m+1}^{m+1}\frac{(-1)^{k-1}{}_{m+1}C_k}{k}$$

$$=\sum_{k=1}^{m}\frac{(-1)^{k-1}{}_{m+1}C_k}{k}+\frac{(-1)^{m}{}_{m+1}C_{m+1}}{m+1}$$

→ ${}_nC_r={}_{n-1}C_{r-1}+{}_{n-1}C_r$

$$=\sum_{k=1}^{m}\frac{(-1)^{k-1}{}_{m+1}C_k}{k}+\frac{(-1)^{m}}{m+1}\ \leftarrow\text{(가)}$$

→ 두 수열 $\{a_n\}$, $\{b_n\}$에 대하여 $\sum_{k=1}^{n}(a_k+b_k)=\sum_{k=1}^{n}a_k+\sum_{k=1}^{n}b_k$

$$=\sum_{k=1}^{m}\frac{(-1)^{k-1}({}_{m}C_k+{}_{m}C_{k-1})}{k}+\frac{(-1)^{m}}{m+1}$$

$$=\sum_{k=1}^{m}\frac{(-1)^{k-1}{}_{m}C_k}{k}+\sum_{k=1}^{m}\frac{(-1)^{k-1}{}_{m}C_{k-1}}{k}+\frac{(-1)^{m}}{m+1}$$

$a_k=\frac{(-1)^{k-1}{}_{m}C_{k-1}}{k}$이라 하면 $a_{m+1}=\frac{(-1)^{m}{}_{m}C_{m}}{m+1}=\frac{(-1)^{m}}{m+1}$이므로

$\sum_{k=1}^{m}\frac{(-1)^{k-1}{}_{m}C_{k-1}}{k}+\frac{(-1)^{m}}{m+1}=\sum_{k=1}^{m}a_k+a_{m+1}$

$=\sum_{k=1}^{m+1}a_k=\sum_{k=1}^{m+1}\frac{(-1)^{k-1}{}_{m}C_{k-1}}{k}$

$$=\sum_{k=1}^{m}\frac{(-1)^{k-1}{}_{m}C_k}{k}+\sum_{k=1}^{m+1}\frac{(-1)^{k-1}\times{}_{m}C_{k-1}}{k}$$

→ ${}_nC_k=\frac{n!}{(n-k)!k!}$

$$=\sum_{k=1}^{m}\frac{1}{k}+\sum_{k=1}^{m+1}\left\{\frac{(-1)^{k-1}}{k}\times\frac{m!}{(m-k+1)!(k-1)!}\right\}\ \leftarrow\text{(나)}$$

$$=\sum_{k=1}^{m}\frac{1}{k}+\sum_{k=1}^{m+1}\left\{\frac{(-1)^{k-1}}{m+1}\times\frac{(m+1)!}{(m-k+1)!k!}\right\}\ \leftarrow\text{(다)}$$

$$=\sum_{k=1}^{m}\frac{1}{k}+\frac{1}{m+1}\sum_{k=1}^{m+1}(-1)^{k-1}{}_{m+1}C_k$$

$\sum_{k=1}^{m+1}(-1)^{k-1}{}_{m+1}C_k$
$={}_{m+1}C_1-{}_{m+1}C_2+{}_{m+1}C_3-\cdots+(-1)^{m}{}_{m+1}C_{m+1}$
$=1-{}_{m+1}C_0+{}_{m+1}C_1-{}_{m+1}C_2+{}_{m+1}C_3-\cdots+(-1)^{m}{}_{m+1}C_{m+1}$
$=1-\{{}_{m+1}C_0-{}_{m+1}C_1+{}_{m+1}C_2-{}_{m+1}C_3+\cdots-(-1)^{m}{}_{m+1}C_{m+1}\}$
$=1-0=1$
이야. 이 내용은 확률과 통계의 이항정리에서 배워.

$$=\sum_{k=1}^{m}\frac{1}{k}+\frac{1}{m+1}\times1$$

$$=\sum_{k=1}^{m}\frac{1}{k}+\frac{1}{m+1}=\sum_{k=1}^{m+1}\frac{1}{k}$$

이다. 따라서 $n=m+1$일 때도 주어진 등식이 성립한다.

(i), (ii)에 의하여 모든 자연수 n에 대하여 주어진 등식이 성립한다.

3rd $\frac{g(3)+h(3)}{f(4)}$의 값을 구해.

$f(m)=\frac{(-1)^{m}}{m+1}$, $g(m)=m!$, $h(m)=m+1$이므로

$f(4)=\frac{(-1)^{4}}{4+1}=\frac{1}{5}$, $g(3)=3!=3\times2\times1=6$, $h(3)=3+1=4$

$\therefore \frac{g(3)+h(3)}{f(4)}=\frac{6+4}{\frac{1}{5}}=50$

I 97 정답 ① *수학적 귀납법 – 등식의 증명 [정답률 49%]

(정답 공식: $f(3^{2k-1}+1)=2$이면 $3^{2k-1}+1=2^2\times p$(p는 홀수)로 나타낼 수 있다.)

자연수 N을 음이 아닌 정수 m과 홀수 p에 대하여 $N=2^m\times p$로 나타낼 때, $f(N)=m$이라 하자.
예를 들어, $40=2^3\times5$이므로 $f(40)=3$이다.
다음은 모든 자연수 n에 대하여

$f(3^{2n-1}+1)=2$ …… $(*)$

임을 수학적 귀납법을 이용하여 증명한 것이다.

단서 증명을 따라가면서 과정을 이해해야 해.

[증명]

(i) $n=1$일 때,
$3^1+1=2^2\times1$이므로 $f(3^1+1)=2$이다.
따라서 $n=1$일 때 $(*)$이 성립한다.
(ii) $n=k$일 때 $(*)$이 성립한다고 가정하면
$f(3^{2k-1}+1)=2$
음이 아닌 정수 m과 홀수 p에 대하여
$3^{2k-1}+1=2^m\times p$
로 나타낼 수 있으므로 $3^{2k-1}+1=$ (가) $\times p$이다.
$3^{2(k+1)-1}+1=9\times3^{2k-1}+1=2^2($ (나) $)$
이고, p는 홀수이므로 (나) 도 홀수이다.
따라서 $f(3^{2(k+1)-1}+1)=2$이다.
그러므로 $n=k+1$일 때도 $(*)$이 성립한다.
(i), (ii)에 의하여 모든 자연수 n에 대하여
$f(3^{2n-1}+1)=2$이다.

위의 (가)에 알맞은 수를 a, (나)에 알맞은 식을 $g(p)$라 할 때, $a+g(7)$의 값은? (4점)

① 65 ② 67 ③ 69 ④ 71 ⑤ 73

1st 모든 자연수 n에 대하여 주어진 식이 성립함을 보이려면 먼저 $n=1$일 때 성립함을 보여야 해.

(i) $n=1$일 때, $3^1+1=2^2\times1$이므로 $f(3^1+1)=2$이다.
따라서 $n=1$일 때 $(*)$이 성립한다.

2nd $n=k$일 때 주어진 식이 성립한다고 가정하면 $n=k+1$일 때도 성립함을 보여야 해.

(ii) $n=k$일 때 $(*)$이 성립한다고 가정하면 $f(3^{2k-1}+1)=2$
음이 아닌 정수 m과 홀수 p에 대하여
$3^{2k-1}+1=2^m\times p$
로 나타낼 수 있고, $m=2$이므로
$3^{2k-1}+1=4p$ ← (가)

→ 자연수 N을 음이 아닌 정수 m과 홀수 p에 대하여 $N=2^m\times p$로 나타낼 때 $f(N)=m$으로 정의하고 있어. 즉, $f(3^{2k-1}+1)=2$이면 $3^{2k-1}+1=2^2\times p$ (p는 홀수)로 나타낼 수 있지.

$\therefore 3^{2k-1}=4p-1$

→ $3^{2(k+1)-1}=3^{2k+1}=3^2\times3^{2k-1}$

또, $3^{2(k+1)-1}+1=9\times3^{2k-1}+1=9(4p-1)+1=36p-8$
$=2^2\times(9p-2)$ ← (나)
이고, p는 홀수이므로 $9p-2$도 홀수이다.
따라서 $f(3^{2(k+1)-1}+1)=2$이다.

→ p가 홀수이면 $9p$도 홀수. (홀수)−(짝수)=(홀수)이므로 $9p-2$는 홀수

그러므로 $n=k+1$일 때도 $(*)$이 성립한다.

(i), (ii)에 의하여 모든 자연수 n에 대하여 $f(3^{2n-1}+1)=2$이다.

(가)에서 $a=4$이고 (나)에서 $g(p)=9p-2$이므로
$a+g(7)=4+(9\times7-2)=65$

I 98 정답 ③ *수학적 귀납법 – 등식의 증명 [정답률 51%]

정답 공식: $(2m+3-2k)^2=(2m+1-2k+2)^2$
$=(2m+1-2k)^2+4+4(2m+1-2k)$
$=(2m+1-2k)^2+8(m+1-k)$

다음은 모든 자연수 n에 대하여

$$\sum_{k=1}^{n}(2k-1)(2n+1-2k)^2=\frac{n^2(2n^2+1)}{3}$$

이 성립함을 수학적 귀납법으로 증명한 것이다.

[증명]

(i) $n=1$일 때, (좌변)$=1$, (우변)$=1$
이므로 주어진 등식은 성립한다.

(ii) $n=m$일 때, 등식 $\sum_{k=1}^{m}(2k-1)(2m+1-2k)^2=\frac{m^2(2m^2+1)}{3}$
이 성립한다고 가정하자. $n=m+1$일 때,

❶ $\sum_{k=1}^{m+1}(2k-1)(2m+3-2k)^2$

단서 ❶은 $m+1$까지의 합이고, ❷는 m까지의 합이니까 (가)를 유추할 수 있어. 또한, ❷와 ❸의 식을 비교하면 $\sum$ 안의 식이 $2m+3-2k$에서 $2m+1-2k$로 바뀌었지? 앞뒤의 식의 변화가 빈칸 추론의 단서야!!

❷ $=\sum_{k=1}^{m}(2k-1)(2m+3-2k)^2+$ (가)

❸ $=\sum_{k=1}^{m}(2k-1)(2m+1-2k)^2$

$+$ (나) $\times\sum_{k=1}^{m}(2k-1)(m+1-k)+$ (가)

$=\frac{(m+1)^2\{2(m+1)^2+1\}}{3}$

이다. 따라서 $n=m+1$일 때도 주어진 등식이 성립한다.
(i), (ii)에 의하여 모든 자연수 n에 대하여 주어진 등식이 성립한다.

위의 (가)에 알맞은 식을 $f(m)$, (나)에 알맞은 수를 p라 할 때, $f(3)+p$의 값은? (4점)

① 11 ② 13 ③ 15 ④ 17 ⑤ 19

1st $n=m$일 때 성립하니까 n자리에 m을 넣고 문맥의 앞뒤 변화에 집중해.

$n=m+1$일 때,

$\sum_{k=1}^{m+1}(2k-1)(2m+3-2k)^2\cdots$ ⓐ

→ $k=1$에서 $k=m+1$까지 항의 합이니까 $k=1$에서 $k=m$까지 항의 합에 $k=m+1$항을 더하면 돼.

$=\sum_{k=1}^{m}(2k-1)(2m+3-2k)^2$
$+\{2(m+1)-1\}\{2m+3-2(m+1)\}^2$

$=\sum_{k=1}^{m}(2k-1)(2m+3-2k)^2+2m+1$ ← (가) ⓐ의 일반항에 k 대신에 $m+1$을 대입해.

이때, $(2m+3-2k)^2=(2m+1-2k+2)^2$
$=(2m+1-2k)^2+4(2m+1-2k)+4$
$=(2m+1-2k)^2+8(m+1-k)$

($2m+1-2k=a$로 보면 $(2m+1-2k+2)^2=(a+2)^2=a^2+4a+4$)

이므로 위 식은

$\sum_{k=1}^{m}(2k-1)(2m+3-2k)^2+2m+1$

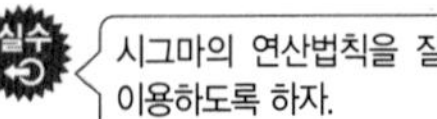

$=\sum_{k=1}^{m}(2k-1)\{(2m+1-2k)^2+8(m+1-k)\}+2m+1$

($\sum_{k=1}^{n}a_k(b_k+c_k)=\sum_{k=1}^{n}a_kb_k+\sum_{k=1}^{n}a_kc_k$)

$=\sum_{k=1}^{m}(2k-1)(2m+1-2k)^2+8\times\sum_{k=1}^{m}(2k-1)(m+1-k)+2m+1$ (8: (나))

2nd $f(3)+p$의 값을 구해.

$f(m)=2m+1$, $p=8$이므로 $f(3)+p=7+8=15$

I 99 정답 ⑤ *수학적 귀납법 – 등식의 증명 [정답률 47%]

정답 공식: $a_k=2^k+\frac{1}{k}$일 때, 주어진 조건식에서 a_{k+1}을 좌변에 두고 정리해본다.

수열 $\{a_n\}$은 $a_1=3$이고

$$na_{n+1}-2na_n+\frac{n+2}{n+1}=0\ (n\ge1)$$

을 만족시킨다. 다음은 일반항 a_n이 $a_n=2^n+\frac{1}{n}\cdots(*)$임을 수학적 귀납법을 이용하여 증명한 것이다.

[증명]

(i) $n=1$일 때, (좌변)$=a_1=3$, (우변)$=2^1+\frac{1}{1}=3$이므로
$(*)$이 성립한다.

(ii) $n=k$일 때, $(*)$이 성립한다고 가정하면

❶ $a_k=2^k+\frac{1}{k}$이므로

단서1 (가)는 k의 식으로 ❷에 ❶을 대입하면 되겠네.

$ka_{k+1}=$ ❷ $2ka_k-\frac{k+2}{k+1}$

단서2 등호로 연결된 식이니까 앞의 식에서 $k\times2^{k+1}$을 제외하여 (나)를 유추해 볼까?

$=$ (가) $-\frac{k+2}{k+1}=k\times2^{k+1}+$ (나)

이다. 따라서 $a_{k+1}=2^{k+1}+\frac{1}{k+1}$이므로
$n=k+1$일 때도 $(*)$이 성립한다.

(i), (ii)에 의하여 모든 자연수 n에 대하여 $a_n=2^n+\frac{1}{n}$이다.

위의 (가), (나)에 알맞은 식을 각각 $f(k)$, $g(k)$라 할 때, $f(3)\times g(4)$의 값은? (3점)

① 32 ② 34 ③ 36 ④ 38 ⑤ 40

1st $n=k$일 때 성립한다고 가정하고, $n=k+1$일 때도 성립함을 보이자.

주의 수학적 귀납법을 이용할 때 기본이 되는 방법이니까 잘 알아두도록 하자.

$n=k$일 때, $(*)$이 성립한다고 가정하면 $a_k=2^k+\frac{1}{k}$이므로

$ka_{k+1}=2ka_k-\frac{k+2}{k+1}$ ⇒ $na_{n+1}-2na_n+\frac{n+2}{n+1}=0$을 만족시키니까 $n=k$라 하고 ❶에 대입해 보자.

$=2k\left(2^k+\frac{1}{k}\right)-\frac{k+2}{k+1}$

($a^n\times a^m=a^{n+m}$이니까 $2\times2^k=2^{k+1}$)

$=k\times2^{k+1}+2-\frac{k+2}{k+1}=k\times2^{k+1}+\frac{2k+2-k-2}{k+1}$

((가): $k\times2^{k+1}+2$)

$=k\times2^{k+1}+\frac{k}{k+1}\cdots$ ㉠ ((나): $\frac{k}{k+1}$)

㉠의 양변을 k로 나누면 $a_{k+1}=2^{k+1}+\frac{1}{k+1}$이므로 $n=k+1$일 때도 $(*)$이 성립한다.

따라서 모든 자연수 n에 대하여 $a_n=2^n+\frac{1}{n}$이다.

2nd $f(3)\times g(4)$의 값을 구하자.

$f(k)=k\times2^{k+1}+2$, $g(k)=\frac{k}{k+1}$이므로

$f(3)=3\times2^{3+1}+2=50$, $g(4)=\frac{4}{4+1}=\frac{4}{5}$

$\therefore f(3)\times g(4)=50\times\frac{4}{5}=40$

I 100 정답 ① *수학적 귀납법 – 등식의 증명 [정답률 41%]

(정답 공식: $(-1)^1m^2+\cdots+(-1)^m\times1^2$
$=(-1)\{(-1)^0(m+1-1)^2+\cdots+(-1)^{m-1}\times(m+1-m)^2\}$
$=-\sum_{k=1}^{m}k=-\frac{m(m+1)}{2}$)

다음 모든 자연수 n에 대하여 등식

$$\sum_{k=1}^{n}(-1)^{k-1}(n+1-k)^2=\sum_{k=1}^{n}k \cdots ㉠$$

가 성립함을 수학적 귀납법으로 증명한 것이다.

[증명]

(1) $n=1$일 때, (좌변)$=1$, (우변)$=1$이므로 ㉠이 성립한다.

(2) $n=m$일 때, ㉠이 성립한다고 가정하면

$$\sum_{k=1}^{m}(-1)^{k-1}(m+1-k)^2=\sum_{k=1}^{m}k \cdots ⓐ$$

이다. $n=m+1$일 때 ㉠이 성립함을 보이자.

$\sum_{k=1}^{m+1}(-1)^{k-1}(m+2-k)^2$

$=(-1)^0(m+1)^2+\underbrace{(-1)^1m^2+\cdots+(-1)^m\cdot1^2}_{❶}$ 단서1 ❶과 ❷를 비교하여 (가)를 유추해.

$=(m+1)^2+$ (가) $\cdot\underbrace{\sum_{k=1}^{m}(-1)^{k-1}(m+1-k)^2}_{❷}$

단서2 ⓐ를 이용하여 (가)× ❷의 식을 정리해야겠네.

$=(m+1)^2+$ (나) $=\sum_{k=1}^{m+1}k$

그러므로 $n=m+1$일 때도 ㉠이 성립한다.

따라서 (1), (2)에 의하여 모든 자연수 n에 대하여 ㉠이 성립한다.

위의 증명에서 (가)에 알맞은 수를 a라 하고, (나)에 알맞은 식을 $f(m)$이라 할 때, $a+f(9)$의 값은? (4점)

① -46 ② -44 ③ -42 ④ -40 ⑤ -38

1st $n=1$일 때 증명하려는 식이 맞는지 확인해야지?

(1) $n=1$일 때, (좌변)=(우변)$=1$이므로 ㉠이 성립한다.

2nd $n=m$일 때 등식이 성립한다고 가정하고, $n=m+1$일 때도 등식이 성립함을 보이자.

(2) $n=m$일 때, ㉠이 성립한다고 가정하면

$$\sum_{k=1}^{m}(-1)^{k-1}(m+1-k)^2=\sum_{k=1}^{m}k \cdots ㉡$$

이제 $n=m+1$일 때 ㉠이 성립함을 보이자.

$\sum_{k=1}^{m+1}(-1)^{k-1}(m+2-k)^2$

$=(-1)^0(m+1)^2+(-1)^1m^2+\cdots+(-1)^m\cdot1^2$

$=(m+1)^2+(-1)\underline{\{m^2+(-1)(m-1)^2+\cdots+(-1)^{m-1}\}}$ ㉡의 좌변을 전개한 식이지.

$=(m+1)^2+(-1)\cdot\sum_{k=1}^{m}(-1)^{k-1}(m+1-k)^2$ ← (가)

$=(m+1)^2+(-1)\cdot\sum_{k=1}^{m}k$ ($\because$ ㉡) → $\sum_{k=1}^{n}k=\frac{n(n+1)}{2}$

$=(m+1)^2+\left\{-\frac{m(m+1)}{2}\right\}$ ← (나)

$=(m+1)\left\{(m+1)-\frac{m}{2}\right\}$

$=\frac{(m+1)(m+2)}{2}=\sum_{k=1}^{m+1}k \Rightarrow n=m+1$일 때도 ㉠이 성립해. → $\frac{n(n+1)}{2}=\sum_{k=1}^{n}k$

3rd 이제 a, $f(m)$을 각각 찾아 $a+f(9)$의 값을 찾아.

따라서 $a=-1$, $f(m)=-\frac{m(m+1)}{2}$이므로 $a+f(9)=-46$

I 101 정답 ④ *수학적 귀납법 – 등식의 증명 [정답률 45%]

(정답 공식: $T_{m+1}-T_m=(m+2)a_{m+1}=\frac{m+1}{2m+6}-\frac{m}{2m+4}$)

수열 $\{a_n\}$이

$$T_n=2a_1+3a_2+\cdots+(n+1)a_n=\frac{n}{2n+4} \cdots ⓐ \text{ (단, } n=1, 2, 3, \cdots)$$

을 만족할 때, 다음은 모든 자연수 n에 대하여

$$\sum_{k=1}^{n}a_k=\sum_{k=1}^{n}\frac{1}{(k+1)^2}-T_n \cdots (*)$$

이 성립함을 수학적 귀납법으로 증명한 것이다.

[증명]

(i) $n=1$일 때,

(좌변)$=a_1=$ (가) 단서1 (*)의 좌변에 $n=1$의 값을 알기 위해서 ⓐ에 $n=1$을 대입해야겠지?

(우변)$=\frac{1}{(1+1)^2}-T_1=$ (가)

이므로 (*)이 성립한다.

(ii) $n=m$일 때, (*)이 성립한다고 가정하면

$$\sum_{k=1}^{m}a_k=\sum_{k=1}^{m}\frac{1}{(k+1)^2}-T_m$$

이다. $n=m+1$일 때, (*)이 성립함을 보이자.

단서2 ⓐ를 이용하여 $T_{m+1}-T_m$으로 a_{m+1}을 나타내어 (나)를 유추하자.

$\sum_{k=1}^{m+1}a_k=\sum_{k=1}^{m}\frac{1}{(k+1)^2}-T_m+a_{m+1}$

$=\sum_{k=1}^{m}\frac{1}{(k+1)^2}-T_m+$ (나) $(T_{m+1}-T_m)$

$=\sum_{k=1}^{m}\frac{1}{(k+1)^2}-T_{m+1}+\frac{m+3}{m+2}(T_{m+1}-T_m)$

$=\sum_{k=1}^{m}\frac{1}{(k+1)^2}-T_{m+1}+\frac{1}{(m+2)^2}$

$=\sum_{k=1}^{m+1}\frac{1}{(k+1)^2}-T_{m+1}$

그러므로 $n=m+1$일 때도 (*)이 성립한다.

따라서 모든 자연수 n에 대하여 (*)이 성립한다.

위의 (가)에 알맞은 수를 a, (나)에 알맞은 식을 $f(m)$이라 할 때, $\frac{a}{f(2)}$의 값은? (3점)

① $\frac{1}{12}$ ② $\frac{1}{6}$ ③ $\frac{1}{4}$ ④ $\frac{1}{3}$ ⑤ $\frac{1}{2}$

1st 먼저 주어진 T_n의 식을 이용하여 a_1부터 찾아.

수열 $\{a_n\}$이 $T_n=2a_1+3a_2+\cdots+(n+1)a_n=\frac{n}{2n+4} \cdots$ ㉠을 만족할 때, 모든 자연수 n에 대하여

$$\sum_{k=1}^{n}a_k=\sum_{k=1}^{n}\frac{1}{(k+1)^2}-T_n \cdots (*)$$

이 성립함을 수학적 귀납법으로 증명해 보자.

주의 수학적 귀납법을 사용한다고 했으니까 T_m과 T_{m+1}을 구하는 방법이 나올 것을 예상하고 빈칸을 채워보자.

(i) $n=1$일 때, ㉠에 $n=1$을 대입하면 $T_1=2a_1=\frac{1}{6}$ $\therefore a_1=\frac{1}{12}$
→ (*)의 좌변에서 $\sum_{k=1}^{1}a_k=a_1$의 값을 알아야 해.

$\therefore$ ((*)의 좌변)$=a_1=\frac{1}{12}$ ← (가)

또, (*)의 우변에 $n=1$을 대입하면

((*)의 우변)$=\frac{1}{(1+1)^2}-T_1=\frac{1}{4}-\frac{1}{6}=\frac{1}{12}$

이므로 (*)이 성립한다.

2nd 빈칸의 앞뒤 식의 변화를 보면서 어떤 식이 들어가야 등호가 성립할지 결정하자.

(ii) $n=m$일 때, $(*)$이 성립한다고 가정하면

$$\sum_{k=1}^{m} a_k=\sum_{k=1}^{m}\frac{1}{(k+1)^2}-T_m$$

이제 $(*)$이 $n=m+1$일 때, 성립함을 보이자.

위의 식의 양변에 a_{m+1}을 더해 주자.

$$\sum_{k=1}^{m+1} a_k=\sum_{k=1}^{m}\frac{1}{(k+1)^2}-T_m+a_{m+1} \cdots ㉡$$

㉠에서 T_{m+1}, T_m을 각각 구하면

$T_{m+1}=2a_1+3a_2+\cdots+(m+1)a_m+(m+2)a_{m+1} \cdots ㉢$

$T_m=2a_1+3a_2+\cdots+(m+1)a_m \cdots ㉣$

㉢$-$㉣을 하면

a_{m+1}의 식을 찾아야 하니까

$T_{m+1}-T_m=(m+2)a_{m+1}$

$T_{m+1}-T_m=\{2a_1+\cdots+(m+1)a_m+(m+2)a_{m+1}\}-\{2a_1+\cdots+(m+1)a_m\}$을 이용해.

$\therefore a_{m+1}=\dfrac{1}{m+2}(T_{m+1}-T_m)$

㉡에서 $\displaystyle\sum_{k=1}^{m+1} a_k=\sum_{k=1}^{m}\frac{1}{(k+1)^2}-T_m+\frac{1}{m+2}(T_{m+1}-T_m)$ ←(나)

(생략)

3rd α, $f(m)$을 찾아 $\dfrac{\alpha}{f(2)}$의 값을 구해.

$$\alpha=\frac{1}{12},\ f(m)=\frac{1}{m+2}\text{이므로 }\frac{\alpha}{f(2)}=\frac{\frac{1}{12}}{\frac{1}{4}}=\frac{1}{3}$$

수능 핵강

＊(생략) 부분에 들어갈 내용 자세히 알아보기

(생략) 부분의 내용을 정리해 볼까?

$$\begin{aligned}\sum_{k=1}^{m+1} a_k&=\sum_{k=1}^{m}\frac{1}{(k+1)^2}-T_m+\frac{1}{m+2}T_{m+1}-\frac{1}{m+2}T_m\\&=\sum_{k=1}^{m}\frac{1}{(k+1)^2}+\frac{1}{m+2}T_{m+1}-\frac{m+3}{m+2}T_m\\&=\sum_{k=1}^{m}\frac{1}{(k+1)^2}-T_{m+1}+T_{m+1}+\frac{1}{m+2}T_{m+1}-\frac{m+3}{m+2}T_m\\&=\sum_{k=1}^{m}\frac{1}{(k+1)^2}-T_{m+1}+\frac{m+3}{m+2}T_{m+1}-\frac{m+3}{m+2}T_m\\&=\sum_{k=1}^{m}\frac{1}{(k+1)^2}-T_{m+1}+\frac{m+3}{m+2}(T_{m+1}-T_m)\\&=\sum_{k=1}^{m}\frac{1}{(k+1)^2}-T_{m+1}+\frac{m+3}{m+2}\left\{\frac{m+1}{2(m+3)}-\frac{m}{2(m+2)}\right\}\ (\because ㉠)\\&=\sum_{k=1}^{m}\frac{1}{(k+1)^2}-T_{m+1}+\frac{m+1}{2(m+2)}-\frac{m(m+3)}{2(m+2)^2}\\&=\sum_{k=1}^{m}\frac{1}{(k+1)^2}-T_{m+1}+\frac{(m+1)(m+2)-m(m+3)}{2(m+2)^2}\\&=\sum_{k=1}^{m}\frac{1}{(k+1)^2}-T_{m+1}+\frac{1}{(m+2)^2}\\&=\sum_{k=1}^{m}\frac{1}{(k+1)^2}+\frac{1}{(m+2)^2}-T_{m+1}=\sum_{k=1}^{m+1}\frac{1}{(k+1)^2}-T_{m+1}\end{aligned}$$

그러므로 $n=m+1$일 때도 $(*)$이 성립해.

따라서 모든 자연수 n에 대하여 $(*)$이 성립해.

수학적 귀납법 개념·공식

자연수 n에 대한 명제 $p(n)$이 모든 자연수에 대하여 성립함을 증명하려면

(i) $n=1$일 때 명제 $p(n)$이 성립

(ii) $n=k$일 때 명제 $p(n)$이 성립한다고 가정하면, $n=k+1$일 때도 명제 $p(n)$이 성립

함을 보이면 된다.

I 102 정답 ⑤ ＊수학적 귀납법 – 등식의 증명 …… [정답률 47%]

(정답 공식: 빈칸의 앞뒤의 식의 변화를 추론한다.)

다음은 자연수 n에 대하여 등식

$$\sum_{i=1}^{2n-1}\{i+(n-1)^2\}=(n-1)^3+n^3 \cdots (*)$$

이 성립함을 수학적 귀납법으로 증명한 것이다.

[증명]

(1) $n=1$일 때, $1+0^2=0^3+1^3$이므로 $(*)$이 성립한다.

(2) $n=k$일 때, $(*)$이 성립한다고 가정하고, $n=k+1$일 때 $(*)$이 성립함을 보이자.

❶ $\displaystyle\sum_{i=1}^{2k+1}(i+k^2)$

단서1 시그마 ❶, ❷에서 1에서 $2k+1$까지 합에서 1에서 $2k-1$까지의 합으로 변경되었으니까 등식을 비교하여 (가)를 유추해 볼까?

❷ $\displaystyle=\sum_{i=1}^{2k-1}\{i+(k-1)^2\}+\sum_{i=1}^{2k-1}(2k-1)+$ (가)

단서2 위 식을 $(*)$을 이용하여 n의 식으로 정리하자.

$=$ (나)

그러므로 $n=k+1$일 때도 $(*)$이 성립한다.

따라서 (1), (2)에 의하여 모든 자연수 n에 대하여 $(*)$이 성립한다.

위의 (가)에 알맞은 식을 $f(k)$, (나)에 알맞은 식을 $g(k)$라 할 때, $\dfrac{g(4)}{f(4)}$의 값은? (3점)

① $\dfrac{23}{7}$ ② $\dfrac{24}{7}$ ③ $\dfrac{25}{7}$ ④ $\dfrac{26}{7}$ ⑤ $\dfrac{27}{7}$

1st $n=1$일 때 성립함을 보이자.

자연수 n에 대하여 등식 $\displaystyle\sum_{i=1}^{2n-1}\{i+(n-1)^2\}=(n-1)^3+n^3 \cdots (*)$

이 성립함을 수학적 귀납법으로 증명해 보자.

(1) $n=1$일 때, (좌변)$=1+(1-1)^2=1$, (우변)$=(1-1)^3+1^3=1$

$\therefore$ (좌변)$=$(우변)

2nd 이제 $n=k$일 때, $(*)$이 성립한다고 가정하고 $n=k+1$일 때도 성립하는지 따지자.

(2) $n=k$일 때, $(*)$이 성립한다고 가정하면

$\displaystyle\sum_{i=1}^{2k-1}\{i+(k-1)^2\}=(k-1)^3+k^3 \cdots$ ㉠이 성립한다.

㉠에서 k 대신 $k+1$을 대입하자.

$n=k+1$일 때도 $(*)$이 성립하는지 따져 보자.

$$\sum_{i=1}^{2k+1}(i+k^2)=\sum_{i=1}^{2k-1}(i+k^2)+\sum_{i=2k}^{2k+1}(i+k^2)$$

$\sum_{k=1}^{n}a_k=\sum_{k=1}^{m}a_k+\sum_{k=m+1}^{n}a_k$

$\displaystyle=\sum_{i=1}^{2k-1}(i+k^2)+(2k+k^2)+(2k+1+k^2)$

$i+k^2$에서 $i=2k$일 때와 $i=2k+1$일 때의 합

$\displaystyle=\sum_{i=1}^{2k-1}\{i+(k-1)^2+(2k-1)\}+(2k^2+4k+1)$

$\displaystyle=\sum_{i=1}^{2k-1}\{i+(k-1)^2\}+\sum_{i=1}^{2k-1}(2k-1)+2k^2+4k+1$ ←(가)

변수는 i이니까 $2k-1$은 상수야.

실수

$\displaystyle=(k-1)^3+k^3+\sum_{i=1}^{2k-1}(2k-1)+(2k^2+4k+1)\ (\because ㉠)$

$=(k-1)^3+k^3+(2k-1)^2+(2k^2+4k+1)$

상수 c에 대하여 $\sum_{k=1}^{n}ca_k=c\sum_{k=1}^{n}a_k$야.

$=(k^3-3k^2+3k-1+k^3)+(4k^2-4k+1)+(2k^2+4k+1)$

$=k^3+k^3+3k^2+3k+1$

$=k^3+(k+1)^3$ ←(나)

$(a+b)^3=a^3+3a^2b+3ab^2+b^3$에서 $a=k$, $b=1$을 대입한 거야.

등식이 성립함을 수학적 귀납법으로 증명한 것이니까 (나)는 $k^3+(k+1)^3$이 안 나오면 이상한 거지?

즉, $n=k+1$일 때도 $(*)$이 성립한다.

따라서 (1), (2)에 의하여 모든 자연수 n에 대하여 $(*)$이 성립한다.

3rd $f(k)$, $g(k)$를 찾아 $\frac{g(4)}{f(4)}$의 값을 구해.

$f(k)=2k^2+4k+1$, $g(k)=k^3+(k+1)^3$이므로

$$\frac{g(4)}{f(4)}=\frac{4^3+(4+1)^3}{2\times4^2+4\times4+1}=\frac{189}{49}=\frac{27}{7}$$

쉬운 풀이: 앞, 뒤의 식을 비교하여 (가)에 알맞은 식 찾기

문제에 주어진 [증명] 과정 중 (2)의

$\sum_{i=1}^{2k-1}\{i+(k-1)^2\}+\sum_{i=1}^{2k-1}(2k-1)+\boxed{(가)}=\sum_{i=1}^{2k+1}(i+k^2)$에서

(좌변)$=\sum_{i=1}^{2k-1}\{i+(k-1)^2+(2k-1)\}+\boxed{(가)}$

$=\sum_{i=1}^{2k-1}(i+k^2)+\boxed{(가)}=\sum_{i=1}^{2k+1}(i+k^2)-\sum_{i=2k}^{2k+1}(i+k^2)+\boxed{(가)}$

이때, (우변)과 비교하면 $\sum_{i=1}^{2k-1}a_i=\sum_{i=1}^{2k+1}a_i-\sum_{i=2k}^{2k+1}a_i \Leftrightarrow \sum_{i=1}^{2k-1}a_i+\sum_{i=2k}^{2k+1}a_i=\sum_{i=1}^{2k+1}a_i$

$-\sum_{i=2k}^{2k+1}(i+k^2)+\boxed{(가)}=0$

$\therefore \boxed{(가)}=\sum_{i=2k}^{2k+1}(i+k^2)=(2k+k^2)+(2k+1+k^2)=2k^2+4k+1$

I 103 정답 ⑤ *수학적 귀납법 – 등식의 증명 ······ [정답률 48%]

(정답 공식: 빈칸의 앞뒤의 식의 변화를 추론한다.)

수열 $\{a_n\}$이 $a_1=\alpha(\alpha\neq0)$이고, 모든 $n(n\geq2)$에 대하여

$(n-1)a_n+\sum_{m=1}^{n-1}ma_m=0$ ··· ⓐ 을 만족시킨다. 다음은

$$a_n=\frac{(-1)^{n-1}}{(n-1)!}\alpha\ (n\geq1)$$

임을 수학적 귀납법을 이용하여 증명한 것이다.

[증명]

(1) $n=1$일 때, $a_1=\alpha=\frac{(-1)^{1-1}}{(1-1)!}\alpha$이다.

(2) i) $n=2$일 때, $a_2+a_1=0$이므로

$a_2=-a_1=\frac{(-1)^{2-1}}{(2-1)!}\alpha$이다.

따라서 주어진 식이 성립한다.

ii) $n=k(k\geq2)$일 때 성립한다고 가정하고, $n=k+1$일 때 성립함을 보이자.

$0=ka_{k+1}+\sum_{m=1}^{k}ma_m$ **단서1** ⓐ에서 ❶을 a_k로 나타내어 (가)를 유추해.

❶ $=ka_{k+1}+\sum_{m=1}^{k-1}ma_m+ka_k$

❷ $=ka_{k+1}+(\boxed{(가)})\times a_k+ka_k$

이므로

$a_{k+1}=\boxed{(나)}\times a_k=\frac{(-1)^k}{k!}\alpha$

이다. **단서2** ❷에서 a_{k+1}을 a_k로 표현해.

따라서 모든 자연수 n에 대하여 $a_n=\frac{(-1)^{n-1}}{(n-1)!}\alpha$이다.

위의 (가), (나)에 알맞은 식의 곱을 $f(k)$라 할 때, $f(10)$의 값은? (4점)

① $\frac{1}{10}$ ② $\frac{3}{10}$ ③ $\frac{1}{2}$ ④ $\frac{7}{10}$ ⑤ $\frac{9}{10}$

1st $n=2$일 때, 성립함을 보이자.

주의: 모든 $n(n\geq2)$에 대하여 성립한다고 했기 때문에 $n=1$이 아닌 $n=2$일 때 성립함을 보이는거야.

$a_1=\alpha(\alpha\neq0)$이고, 모든 자연수 $n(n\geq2)$에 대하여

$(n-1)a_n+\sum_{m=1}^{n-1}ma_m=0$ ··· ㉠

을 만족시킬 때,

$a_n=\frac{(-1)^{n-1}}{(n-1)!}\alpha(n\geq1)$ ··· ㉡

(1) $n=1$일 때,

$a_1=\frac{(-1)^{1-1}}{(1-1)!}\alpha=\alpha$이므로 성립한다.

(2) i) $n=2$일 때, ㉠에서 $a_2+a_1=0$이고,

㉡에서 $a_2=\frac{(-1)^{2-1}}{(2-1)!}\alpha=-\alpha=-a_1$이므로

$n=2$일 때도 주어진 식 ㉡이 성립한다.

2nd $n=k$일 때 성립한다고 가정하고, $n=k+1$일 때도 성립함을 보이자.

ii) $n=k(k\geq2)$일 때, 성립한다고 가정하면 ㉠에서

$\sum_{m=1}^{k-1}ma_m=-(k-1)a_k$ ··· ㉢

이때, $n=k+1$일 때도 성립함을 보이자.

㉠에서

$0=ka_{k+1}+\sum_{m=1}^{k}ma_m$ ⟶ $=1\times a_1+\cdots+(k-1)a_{k-1}+ka_k$

$=ka_{k+1}+\sum_{m=1}^{k-1}ma_m+ka_k$

$=ka_{k+1}+(1-k)\times a_k+ka_k$ ($\because$ ㉢) ← (가)

$=ka_{k+1}+a_k$

이므로

$a_{k+1}=-\frac{1}{k}\times a_k$ ← (나)

㉡에 의하여

$a_{k+1}=-\frac{1}{k}\times\frac{(-1)^{k-1}}{(k-1)!}\alpha$

$=\frac{(-1)^k}{k!}\alpha$

따라서 모든 자연수 n에 대하여 $a_n=\frac{(-1)^{n-1}}{(n-1)!}\alpha$이다.

3rd (가), (나)의 식으로 $f(k)$를 찾아 $f(10)$을 구해.

(가) $=1-k$, (나) $=-\frac{1}{k}$이므로

$f(k)=(1-k)\times\left(-\frac{1}{k}\right)=\frac{k-1}{k}$

$\therefore f(10)=\frac{9}{10}$

수학적 귀납법 개념·공식

자연수 n에 대한 명제 $p(n)$이 모든 자연수에 대하여 성립함을 증명하려면
(i) $n=1$일 때 명제 $p(n)$이 성립
(ii) $n=k$일 때 명제 $p(n)$이 성립한다고 가정하면, $n=k+1$일 때도 명제 $p(n)$이 성립
함을 보이면 된다.

I 104 정답 ④ *수학적 귀납법 – 등식의 증명 …… [정답률 51%]

(정답 공식: 빈칸 (가), (나)에 들어갈 식들은 앞뒤의 식을 더하거나 빼서 구한다.)

수열 $\{a_n\}$이

$$a_1=\frac{1}{2},\ (n+1)(n+2)a_{n+1}=n^2a_n\ (n=1,\ 2,\ 3,\ \cdots)\ \cdots ⓐ$$

일 때, 다음은 모든 자연수 n에 대하여

$$\sum_{k=1}^{n}a_k=\sum_{k=1}^{n}\frac{1}{k^2}-\frac{n}{n+1}\ \cdots (*)$$

이 성립함을 수학적 귀납법으로 증명한 것이다.

[증명]

(1) $n=1$일 때, (좌변)$=\frac{1}{2}$, (우변)$=1-\frac{1}{2}=\frac{1}{2}$이므로 $(*)$이 성립한다.

(2) $n=m$일 때, $(*)$이 성립한다고 가정하면

$$\sum_{k=1}^{m}a_k=\sum_{k=1}^{m}\frac{1}{k^2}-\frac{m}{m+1}$$

이다. $n=m+1$일 때, $(*)$이 성립함을 보이자.

$$\sum_{k=1}^{m+1}a_k=\sum_{k=1}^{m}\frac{1}{k^2}-\frac{m}{m+1}+a_{m+1}$$

단서1 ⓐ에서 a_{m+1}을 a_m으로 나타내.

$$=\sum_{k=1}^{m}\frac{1}{k^2}-\frac{m}{m+1}+\boxed{(가)}a_m$$

$$=\sum_{k=1}^{m}\frac{1}{k^2}-\frac{m}{m+1}+\frac{m^2}{(m+1)(m+2)}\cdot\frac{(m-1)^2}{m(m+1)}\cdot\cdots\cdot\frac{1^2}{2\times 3}a_1$$

단서2 ❶과 ❷의 식은 계속 공통이니까 이 식을 정리하면 (나)를 알 수 있겠네. 또한 (나)를 정리하면 (다)를 알 수 있어.

$$=\sum_{k=1}^{m}\frac{1}{k^2}-\frac{m}{m+1}+\boxed{(나)}$$

$$=\sum_{k=1}^{m}\frac{1}{k^2}-\frac{m}{m+1}+\frac{1}{(m+1)^2}-\boxed{(다)}$$

$$=\sum_{k=1}^{m+1}\frac{1}{k^2}-\frac{m+1}{m+2}$$

그러므로 $n=m+1$일 때도 $(*)$이 성립한다.

따라서 모든 자연수 n에 대하여 $(*)$이 성립한다.

위 증명에서 (가), (나), (다)에 들어갈 식으로 알맞은 것은? (3점)

	(가)	(나)	(다)
①	$\frac{m}{(m+1)(m+2)}$	$\frac{1}{(m+1)^2(m+2)}$	$\frac{1}{(m+1)(m+2)^2}$
②	$\frac{m}{(m+1)(m+2)}$	$\frac{m}{(m+1)^2(m+2)}$	$\frac{1}{(m+1)(m+2)}$
③	$\frac{m^2}{(m+1)(m+2)}$	$\frac{1}{(m+1)^2(m+2)}$	$\frac{1}{(m+1)(m+2)^2}$
④	$\frac{m^2}{(m+1)(m+2)}$	$\frac{1}{(m+1)^2(m+2)}$	$\frac{1}{(m+1)(m+2)}$
⑤	$\frac{m^2}{(m+1)(m+2)}$	$\frac{m}{(m+1)^2(m+2)}$	$\frac{1}{(m+1)(m+2)^2}$

1st 주어진 과정의 앞뒤 변화에 주의하여 빈칸을 채워 나가자.

$\sum_{k=1}^{n}a_k=\sum_{k=1}^{n}\frac{1}{k^2}-\frac{n}{n+1}\ \cdots (*)$에서

(1) $n=1$일 때,

(좌변)$=\sum_{k=1}^{1}a_k=a_1=\frac{1}{2}$, (우변)$=1-\frac{1}{2}=\frac{1}{2}$이므로 $(*)$이 성립한다.

(2) $n=m$일 때,

$(*)$이 성립한다고 가정하면

$$\sum_{k=1}^{m}a_k=\sum_{k=1}^{m}\frac{1}{k^2}-\frac{m}{m+1}$$

$n=m+1$일 때, $(*)$이 성립함을 보이자.

$$\sum_{k=1}^{m+1}a_k=\sum_{k=1}^{m}a_k+a_{m+1}=\sum_{k=1}^{m}\frac{1}{k^2}-\frac{m}{m+1}+a_{m+1}\ \cdots ㉠$$

한편, $(n+1)(n+2)a_{n+1}=n^2a_n$에서

$$a_{n+1}=\frac{n^2a_n}{(n+1)(n+2)}\qquad \therefore a_{m+1}=\frac{m^2a_m}{(m+1)(m+2)}\ \cdots ㉡$$

이를 ㉠에 대입하면

$$\sum_{k=1}^{m+1}a_k=\sum_{k=1}^{m}\frac{1}{k^2}-\frac{m}{m+1}+\frac{m^2}{(m+1)(m+2)}a_m\ \cdots ㉢ \leftarrow (가)$$

2nd ㉡을 이용하여 a_m, a_{m-1}, $\cdots$에 순차적으로 적용해.

㉡에서 $a_m=\frac{(m-1)^2}{m(m+1)}a_{m-1}$, $a_{m-1}=\frac{(m-2)^2}{(m-1)m}a_{m-2}$, $\cdots$,

$a_2=\frac{1^2}{2\cdot3}a_1$이므로 이를 ㉢에 대입하면

주의 약분 과정에서 실수가 잘 발생해. 주의해서 약분하자.

$$\sum_{k=1}^{m+1}a_k=\sum_{k=1}^{m}\frac{1}{k^2}-\frac{m}{m+1}$$
$$+\frac{m^2}{(m+1)(m+2)}\cdot\frac{(m-1)^2}{m(m+1)}\cdot\frac{(m-2)^2}{(m-1)m}\cdot\frac{(m-3)^2}{(m-2)(m-1)}\cdot\cdots\cdot\frac{4^2}{5\cdot6}\cdot\frac{3^2}{4\cdot5}\cdot\frac{2^2}{3\cdot4}\cdot\frac{1^2}{2\cdot3}a_1$$

규칙적인 소거로 $\frac{1}{(m+1)(m+2)}\cdot\frac{1}{(m+1)}\cdot 2\times a_1=\frac{1}{(m+1)^2(m+2)}\ \left(\because a_1=\frac{1}{2}\right)$

$$=\sum_{k=1}^{m}\frac{1}{k^2}-\frac{m}{m+1}+\frac{1}{(m+1)^2(m+2)} \leftarrow (나)$$

3rd 맨 마지막 식으로부터 (다)를 유추해.

(나)$=\frac{1}{(m+1)^2}-$(다)이므로

(다)$=\frac{1}{(m+1)^2}-\frac{1}{(m+1)^2(m+2)}=\frac{m+2-1}{(m+1)^2(m+2)}$ ($\Rightarrow$ (나))

$=\frac{m+1}{(m+1)^2(m+2)}=\frac{1}{(m+1)(m+2)} \leftarrow$ (다)

다른 풀이: **앞, 뒤의 식을 비교하여 (다)에 알맞은 식 찾기**

문제에 주어진 [증명] 과정 중 (2)의

$$\sum_{k=1}^{m}\frac{1}{k^2}-\frac{m}{m+1}+\frac{1}{(m+1)^2}-\boxed{(다)}$$

$$=\sum_{k=1}^{m}\frac{1}{k^2}+\frac{1}{(m+1)^2}-\frac{m}{m+1}-\boxed{(다)}$$

$$=\sum_{k=1}^{m+1}\frac{1}{k^2}-\frac{m}{m+1}-\boxed{(다)}$$

$$=\sum_{k=1}^{m+1}\frac{1}{k^2}-\frac{m+1}{m+2}$$

$\sum_{k=1}^{m}\frac{1}{k^2}+\frac{1}{(m+1)^2}$ → $\sum_{k=1}^{m+1}\frac{1}{k^2}$으로 Σ 안으로 들어갈 수 있어.

두 식을 비교해.

즉, $-\frac{m}{m+1}-\boxed{(다)}=-\frac{m+1}{m+2}$에서

$$\boxed{(다)}=\frac{m+1}{m+2}-\frac{m}{m+1}=\frac{(m+1)^2-m(m+2)}{(m+1)(m+2)}$$

$$=\frac{1}{(m+1)(m+2)} \leftarrow (다)$$

(이하 생략)

I 105 정답 ② *수학적 귀납법 - 등식의 증명 [정답률 55%]

(정답 공식: $n=k$일 때의 식을 변형하여 $n=k+1$일 때의 좌변을 맞춘 후, 우변 또한 식을 정리했을 때 같은지 확인한다.)

다음은 모든 자연수 n에 대하여

$$(1^2+1)\cdot 1!+(2^2+1)\cdot 2!+\cdots+(n^2+1)\cdot n!=n\cdot(n+1)!$$

이 성립함을 수학적 귀납법으로 증명한 것이다.

[증명]

(1) $n=1$일 때, (좌변)$=2$, (우변)$=2$이므로 주어진 등식은 성립한다.

(2) $n=k$일 때, 성립한다고 가정하면

$(1^2+1)\cdot 1!+(2^2+1)\cdot 2!+\cdots+(k^2+1)\cdot k!=k\cdot(k+1)!$ … ⓐ

이다. $n=k+1$일 때, 성립함을 보이자.

$(1^2+1)\cdot 1!+(2^2+1)\cdot 2!+\cdots+(k^2+1)\cdot k!+$❶$\{(k+1)^2+1\}\cdot(k+1)!$

단서1 ⓐ의 양변에 ❶, ❷를 더했으니까 (가)는 알 수 있지?

$=$ (가) $+$❷$\{(k+1)^2+1\}\cdot(k+1)!$

$=($ (나) $)\cdot(k+1)!$ 단서2 앞의 식을 인수 $(k+1)!$을 가지도록 정리해 보자.

$=(k+1)\cdot$ (다) 단서3 앞의 식을 인수 $(k+1)$을 가지도록 정리~!

그러므로 $n=k+1$일 때도 성립한다.

따라서 모든 자연수 n에 대하여 주어진 등식은 성립한다.

위 증명에서 (가), (나), (다)에 들어갈 식으로 알맞은 것은? (3점)

	(가)	(나)	(다)
①	$k\cdot(k+1)!$	k^2+2k+1	$(k+1)!$
②(정답)	$k\cdot(k+1)!$	k^2+3k+2	$(k+2)!$
③	$k\cdot(k+1)!$	k^2+3k+2	$(k+1)!$
④	$(k+1)\cdot(k+1)!$	k^2+3k+2	$(k+2)!$
⑤	$(k+1)\cdot(k+1)!$	k^2+2k+1	$(k+1)!$

1st 과정의 전후를 살피고, 무엇이 변했는지를 주의깊게 살펴봐!

$n=k$일 때 성립한다고 가정하면

$(1^2+1)\cdot 1!+(2^2+1)\cdot 2!+\cdots+(k^2+1)\cdot k!=k\cdot(k+1)!$ … ⓐ

이제 $n=k+1$일 때 성립함을 보이자. ⓐ의 양변에 $\{(k+1)^2+1\}\cdot(k+1)!$을 더하기

$(1^2+1)\cdot 1!+(2^2+1)\cdot 2!+\cdots+(k^2+1)\cdot k!+\{(k+1)^2+1\}\cdot(k+1)!$

$=k\cdot(k+1)!+\{(k+1)^2+1\}\cdot(k+1)!$ ←(가) — 인수 $(k+1)!$로 묶기

$=\{k+(k+1)^2+1\}\cdot(k+1)!$

$=(k^2+3k+2)\cdot(k+1)!$ ←(나) — ⓐ에 k 대신 $k+1$을 대입한 꼴 $(k+1)\cdot(k+2)!$을 만들어야 $n=k+1$에서 성립함을 보일 수 있어.

$=(k+1)(k+2)\cdot(k+1)!$

$=(k+1)(k+2)!$ ←(다)

그러므로 $n=k+1$일 때도 성립한다.

$n!$ 개념·공식

(1) $n!$의 정의

$n!=1\times2\times3\times\cdots\times n$

(2) $n!$의 이용

① $n!=(n-1)!\times n$ ② $n!=\dfrac{(n+1)!}{n+1}$

③ $(n-r)!=\dfrac{n!}{(n-r+1)\times(n-r+2)\times\cdots\times n}$

I 106 정답 ③ *수학적 귀납법 - 등식의 증명 [정답률 51%]

(정답 공식: $(5k-3)\left(\frac{1}{k}+\frac{1}{k+1}+\cdots+\frac{1}{m+1}\right)$에서 $(5k-3)\times\frac{1}{m+1}$항을 따로 떼서 정리한다.)

다음은 모든 자연수 n에 대하여

$$\sum_{k=1}^{n}(5k-3)\left(\frac{1}{k}+\frac{1}{k+1}+\frac{1}{k+2}+\cdots+\frac{1}{n}\right)=\frac{n(5n+3)}{4}$$

이 성립함을 수학적 귀납법으로 증명한 것이다.

[증명]

(1) $n=1$일 때, (좌변)$=2$, (우변)$=2$이므로 주어진 등식은 성립한다.

(2) $n=m$일 때 성립한다고 가정하면

$\displaystyle\sum_{k=1}^{m}(5k-3)\left(\frac{1}{k}+\frac{1}{k+1}+\frac{1}{k+2}+\cdots+\frac{1}{m}\right)$

$=\dfrac{m(5m+3)}{4}$ 단서1 ❶, ❷를 비교하면 $\frac{(가)}{m+1}$는 이 식이 $k=m+1$일 때이지?

이다. $n=m+1$일 때 성립함을 보이자.

❶$\displaystyle\sum_{k=1}^{m+1}(5k-3)\left(\frac{1}{k}+\frac{1}{k+1}+\cdots+\frac{1}{m+1}\right)$

❷$\displaystyle=\sum_{k=1}^{m}(5k-3)\left(\frac{1}{k}+\frac{1}{k+1}+\cdots+\frac{1}{m+1}\right)+\frac{(가)}{m+1}$

$\displaystyle=\sum_{k=1}^{m}(5k-3)\left(\frac{1}{k}+\frac{1}{k+1}+\cdots+\frac{1}{(나)}\right)$

단서2 앞의 식에서 $\frac{(가)}{m+1}$가 나와 ❸이 되니까 (나)를 유추할 수 있지?

❸$\displaystyle+\frac{1}{m+1}\sum_{k=1}^{m}(5k-3)+\frac{(가)}{m+1}$

$\displaystyle=\frac{m(5m+3)}{4}+$❹$\displaystyle\frac{1}{m+1}\sum_{k=1}^{m+1}((다))$

$=\dfrac{(m+1)(5m+8)}{4}$ 단서3 ❸$+\frac{(가)}{m+1}=$❹가 되도록 (다)를 채워보자.

그러므로 $n=m+1$일 때도 성립한다.

따라서 모든 자연수 n에 대하여 주어진 등식은 성립한다.

위의 증명에서 (가), (나), (다)에 알맞은 것은? (4점)

	(가)	(나)	(다)
①	$5m-3$	m	$5k+2$
②	$5m-3$	$m+1$	$5k+2$
③(정답)	$5m+2$	m	$5k-3$
④	$5m+2$	m	$5k+2$
⑤	$5m+2$	$m+1$	$5k-3$

1st $n=1$일 때 성립함을 보이고, $n=m$일 때 성립한다고 가정했지?

(1) $n=1$일 때,

(좌변)$=2=$(우변)이므로 등식이 성립한다.

$\frac{1\times(5\times1+3)}{4}=2$

$\displaystyle\sum_{k=1}^{1}(5k-3)\left(\frac{1}{k}+\frac{1}{k+1}+\cdots+\frac{1}{1}\right)=(5\times1-3)\times1=2$

(2) $n=m$일 때, 성립한다고 가정하면

$\displaystyle\sum_{k=1}^{m}(5k-3)\left(\frac{1}{k}+\frac{1}{k+1}+\frac{1}{k+2}+\cdots+\frac{1}{m}\right)$

$=\dfrac{m(5m+3)}{4}$

2nd $n=m+1$일 때, 과정을 따라가 보자구.

$$\underline{\sum_{k=1}^{m+1}(5k-3)\left(\frac{1}{k}+\frac{1}{k+1}+\cdots+\frac{1}{m+1}\right)}$$

밑줄 친 부분을 $f(k)$라 하면 $\sum_{k=1}^{m+1}f(k)=\sum_{k=1}^{m}f(k)+f(m+1)$

$$=\sum_{k=1}^{m}(5k-3)\left(\frac{1}{k}+\frac{1}{k+1}+\cdots+\frac{1}{m+1}\right)+\underbrace{\frac{5(m+1)-3}{m+1}}_{=f(m+1)}$$

$$=\sum_{k=1}^{m}(5k-3)\underbrace{\left(\frac{1}{k}+\frac{1}{k+1}+\cdots+\frac{1}{m+1}\right)}_{=\frac{1}{k}+\frac{1}{k+1}+\cdots+\frac{1}{m}+\frac{1}{m+1}}+\frac{5m+2}{m+1}\leftarrow(\text{가})$$

$$=\sum_{k=1}^{m}(5k-3)\left(\frac{1}{k}+\frac{1}{k+1}+\cdots+\frac{1}{m}\right)+\frac{1}{m+1}\sum_{k=1}^{m}(5k-3)+\frac{5m+2}{m+1}$$

(나) $\rightarrow \frac{1}{m}$, $\frac{5(m+1)-3}{m+1}=\frac{1}{m+1}\sum_{k=m+1}^{m+1}(5k-3)$

$$=\frac{m(5m+3)}{4}+\frac{1}{m+1}\sum_{k=1}^{m+1}(5k-3)\leftarrow(\text{다})$$

$$=\frac{m(5m+3)}{4}+\frac{1}{m+1}\left\{\frac{5(m+1)(m+2)}{2}-3(m+1)\right\}$$

$\sum k=\frac{m(m+1)}{2}$

$$=\frac{5m^2+3m}{4}+\frac{5m+10}{2}-3=\frac{5m^2+13m+8}{4}$$

$$=\frac{(m+1)(5m+8)}{4}$$

$$=\frac{(m+1)\{5(m+1)+3\}}{4}$$

$n=m+1$에서 성립하지.

(이하 생략)

수능 핵강

＊증명 과정의 빈칸 채우기 문제 풀이 요령

빈칸 채우기 문제는 증명 자체를 완벽하게 이해하고 푼다면 제일 좋겠지만 반드시 그 증명을 다 이해하고 풀 필요는 없어.
증명을 잘 따라가면서 빈칸에 들어갈 식이나 수를 찾아내는 게 더 중요해.
보통 증명 문제는 식의 앞뒤를 잘 끼워 맞추기만 하면 어렵지 않게 해결할 수 있거든.

수학적 귀납법의 확장 개념·공식

(1) 수학적 귀납법 - 기본
자연수 n에 대한 명제 $p(n)$이 모든 자연수에 대하여 성립함을 증명하려면
(i) $n=1$일 때 명제 $p(n)$이 성립
(ii) $n=k$일 때 명제 $p(n)$이 성립한다고 가정하면, $n=k+1$일 때도 명제 $p(n)$이 성립
함을 보이면 된다.

(2) 수학적 귀납법의 확장
자연수 n에 대하여 명제 $p(n)$이 $n\geq m$에서 성립함을 증명하려면
(i) $n=m$일 때 명제 $p(n)$이 성립
(ii) $n=k$일 때 명제 $p(n)$이 성립한다고 가정하면 $n=k+1$일 때도 명제 $p(n)$이 성립
함을 보이면 된다.

I 107 정답 ② ＊수학적 귀납법 - 부등식의 증명 ····· [정답률 67%]

[정답 공식: $a_{k+1}=(1+a_k)\frac{1}{k+2}$]

다음은 모든 자연수 n에 대하여 부등식

$$\frac{1!+2!+3!+\cdots+n!}{(n+1)!}<\frac{2}{n+1}$$

가 성립함을 수학적 귀납법으로 증명한 것이다.

[증명]

자연수 n에 대하여

❶ $a_n=\frac{1!+2!+3!+\cdots+n!}{(n+1)!}$

이라 할 때, $a_n<\frac{2}{n+1}$임을 보이면 된다.

(1) $n=1$일 때, $a_1=\frac{1!}{2!}=\frac{1}{2}<1$이므로 주어진 부등식은 성립한다.

(2) $n=k$일 때, $a_k<\frac{2}{k+1}$라고 가정하면
$n=k+1$일 때,

❷ $a_{k+1}=\frac{1!+2!+3!+\cdots+(k+1)!}{(k+2)!}$ **단서1** ❷에서 ❶의 좌변식을 만들어야 해.

$=$ (가) $(1+a_k)$

$<$ (가) $\left(1+\frac{2}{k+1}\right)=\frac{1}{k+2}+$ (나)

이다. **단서2** 이 식을 정리하여 (나)를 유추해.

자연수 k에 대하여 $\frac{2}{k+1}\leq 1$이므로 (나) $\leq\frac{1}{k+2}$이고
$a_{k+1}<\frac{2}{k+2}$이다.
따라서 $n=k+1$일 때도 주어진 부등식은 성립한다.
그러므로 모든 자연수 n에 대하여 주어진 부등식은 성립한다.

위 증명에서 (가), (나)에 들어갈 식으로 알맞은 것은? (3점)

	(가)	(나)
①	$\frac{1}{k+2}$	$\frac{1}{(k+1)(k+2)}$
②	$\frac{1}{k+2}$	$\frac{2}{(k+1)(k+2)}$
③	$\frac{1}{k+1}$	$\frac{1}{(k+1)(k+2)}$
④	$\frac{1}{k+1}$	$\frac{2}{(k+1)(k+2)}$
⑤	$\frac{1}{k+1}$	$\frac{2}{(k+1)^2}$

1st $n=k$일 때, $a_k<\frac{2}{k+1}$라고 가정하여 $n=k+1$일 때 성립함을 보이자.

$n=k+1$일 때,

$$a_{k+1}=\frac{1!+2!+3!+\cdots+(k+1)!}{(k+2)!}$$

$$=\frac{1}{k+2}\left\{\underbrace{\frac{1!}{(k+1)!}+\frac{2!}{(k+1)!}+\frac{3!}{(k+1)!}+\cdots+\frac{k!}{(k+1)!}}_{=a_k}+\frac{(k+1)!}{(k+1)!}\right\}$$

$=\dfrac{1}{k+2}(1+a_k)<\dfrac{1}{k+2}\left(1+\dfrac{2}{k+1}\right)$ ←(가)

$=\dfrac{1}{k+2}+\dfrac{2}{(k+1)(k+2)}$ ⋯ ㉠ ←(나)

2nd $a_{k+1}<\dfrac{2}{k+2}$로 유도하자.

자연수 k에 대하여 $\dfrac{2}{k+1}\le 1$이므로 양변에 $\dfrac{1}{k+2}$을 곱하면

$\dfrac{2}{(k+1)(k+2)}\le\dfrac{1}{k+2}$이므로 ㉠에서

$a_{k+1}<\dfrac{1}{k+2}+\dfrac{2}{(k+1)(k+2)}\le\dfrac{1}{k+2}+\dfrac{1}{k+2}=\dfrac{2}{k+2}$

그러므로 $n=k+1$일 때도 성립한다.

따라서 모든 자연수 n에 대하여 주어진 부등식이 성립한다.

1st ㉠의 좌변에 $n=2$를 대입하여 (가)에 알맞은 식을 구해.

$n=2$를 ㉠의 좌변에 대입하면 (좌변)$=1+\dfrac{1}{2}=\dfrac{3}{2}$ ←(가)

2nd (나)에 알맞은 식을 구해.

(나)$=\dfrac{2k+1}{k+1}-\dfrac{k}{(k+1)(k+2)}$

$=\dfrac{(2k+1)(k+2)-k}{(k+1)(k+2)}=\dfrac{2(k+1)^2}{(k+1)(k+2)}$

실수 $(2k+1)(k+2)-k$
$=2k^2+4k+2$
$=2(k^2+2k+1)$
$=2(k+1)^2$

$=\dfrac{2(k+1)}{k+2}=\dfrac{2(k+1)}{(k+1)+1}$ ←(나)

3rd $8p\times f(10)$의 값을 구해.

따라서 $p=\dfrac{3}{2}$, $f(k)=\dfrac{2(k+1)}{(k+1)+1}$이므로

$8p\times f(10)=8\times\dfrac{3}{2}\times\dfrac{2\times 11}{12}=22$

I 108 정답 ⑤ *수학적 귀납법-부등식의 증명 [정답률 58%]

정답 공식: $n=k$일 때, $1+\dfrac{1}{2}+\dfrac{1}{3}+\cdots+\dfrac{1}{k}>\dfrac{2k}{k+1}$라고 가정하면 $n=k+1$일 때 성립함을 보여야 한다.

다음은 $n\ge 2$인 모든 자연수 n에 대하여 부등식

$$\left(1+\frac{1}{2}+\frac{1}{3}+\cdots+\frac{1}{n}\right)(1+2+3+\cdots+n)>n^2 \cdots\cdots (*)$$

이 성립함을 수학적 귀납법을 이용하여 [증명]하는 과정이다.

단서1 수학적 귀납법의 증명 과정에서 빈칸 넣기는 앞뒤 식을 잘 살펴보면 어렵지 않게 찾아낼 수 있어.

[증명]

주어진 식 $(*)$의 양변을 $\dfrac{n(n+1)}{2}$로 나누면

$1+\dfrac{1}{2}+\dfrac{1}{3}+\cdots+\dfrac{1}{n}>\dfrac{2n}{n+1}$ ⋯⋯ ㉠

이다. $n\ge 2$인 자연수 n에 대하여

(i) $n=2$일 때, 단서2 ㉠의 좌변에 $n=2$를 대입해.

(좌변)$=$ (가) , (우변)$=\dfrac{4}{3}$이므로 ㉠이 성립한다.

(ii) $n=k$ $(k\ge 2)$일 때, ㉠이 성립한다고 가정하면

$1+\dfrac{1}{2}+\dfrac{1}{3}+\cdots+\dfrac{1}{k}>\dfrac{2k}{k+1}$ ⋯⋯ ㉡

이다. ㉡의 양변에 $\dfrac{1}{k+1}$을 더하면

$1+\dfrac{1}{2}+\dfrac{1}{3}+\cdots+\dfrac{1}{k}+\dfrac{1}{k+1}>\dfrac{2k+1}{k+1}$

이 성립한다. 한편,

$\dfrac{2k+1}{k+1}-$ (나) $=\dfrac{k}{(k+1)(k+2)}>0$

이므로 단서3 등호(=)가 있는 식이야. (나)를 구할 수 있는 일종의 방정식으로 볼 수 있어.

$1+\dfrac{1}{2}+\dfrac{1}{3}+\cdots+\dfrac{1}{k}+\dfrac{1}{k+1}>$ (나)

이다. 따라서 $n=k+1$일 때도 ㉠이 성립한다.

(i), (ii)에 의하여 $n\ge 2$인 모든 자연수 n에 대하여 ㉠이 성립하므로 $(*)$도 성립한다.

위의 (가)에 알맞은 수를 p, (나)에 알맞은 식을 $f(k)$라 할 때, $8p\times f(10)$의 값은? (4점)

① 14 ② 16 ③ 18 ④ 20 ⑤ 22

I 109 정답 ③ *수학적 귀납법-부등식의 증명 [정답률 47%]

정답 공식: $\dfrac{1}{\sqrt{3k+1}}\times\dfrac{1}{\sqrt{\left(1+\dfrac{1}{2k+1}\right)^2}}$

$=\dfrac{1}{\sqrt{3k+1+2(3k+1)\left(\dfrac{1}{2k+1}\right)+(3k+1)\left(\dfrac{1}{2k+1}\right)^2}}$

$<\dfrac{1}{\sqrt{3k+1+2(3k+1)\left(\dfrac{1}{2k+1}\right)+(2k+1)\left(\dfrac{1}{2k+1}\right)^2}}$

다음은 모든 자연수 n에 대하여

$$\frac{1}{2}\times\frac{3}{4}\times\frac{5}{6}\times\cdots\times\frac{2n-1}{2n}\le\frac{1}{\sqrt{3n+1}} \cdots (*)$$

이 성립함을 증명하는 과정이다.

[증명]

(i) $n=1$일 때, $\dfrac{1}{2}\le\dfrac{1}{\sqrt{4}}$이므로 $(*)$이 성립한다.

(ii) $n=k$일 때, $(*)$이 성립한다고 가정하면

$\dfrac{1}{2}\times\dfrac{3}{4}\times\dfrac{5}{6}\times\cdots\times\dfrac{2k-1}{2k}\times\dfrac{2k+1}{2k+2}$

$\le\dfrac{1}{\sqrt{3k+1}}\times\dfrac{2k+1}{2k+2}$ ❶ $=\dfrac{1}{\sqrt{3k+1}}\times\dfrac{1}{1+\text{(가)}}$ ❷

단서1 ❶과 ❷의 식을 비교하면, ❷에서 분자가 1로 바뀌었으니까 ❶을 $2k+1$로 나누어 줄까?

$=\dfrac{1}{\sqrt{3k+1}}\times\dfrac{1}{\sqrt{(1+\text{(가)})^2}}$

$=\dfrac{1}{\sqrt{3k+1+2(3k+1)\times(\text{(가)})+(3k+1)\times(\text{(가)})^2}}$

$<\dfrac{1}{\sqrt{3k+1+2(3k+1)\times(\text{(가)})+(\text{(나)})\times(\text{(가)})^2}}$ ❸

$=\dfrac{1}{\sqrt{3(k+1)+1}}$ ❹ 단서2 ❸과 ❹를 비교하여 (나)의 식을 유추해.

따라서 $n=k+1$일 때도 $(*)$이 성립한다.

그러므로 (i), (ii)에 의하여 모든 자연수 n에 대하여 $(*)$이 성립한다.

위의 증명에서 (가), (나)에 알맞은 식을 각각 $f(k)$, $g(k)$라 할 때, $f(4)\times g(13)$의 값은? (4점)

① 1 ② 2 ③ 3 ④ 4 ⑤ 5

1st $n=k$일 때 성립한다고 가정하고, $n=k+1$일 때, 식 (*)을 유도해.

$\frac{1}{2}\times\frac{3}{4}\times\frac{5}{6}\times\cdots\times\frac{2n-1}{2n}\le\frac{1}{\sqrt{3n+1}}$ ⋯ (*)에서

(i) $n=1$일 때, $\frac{1}{2}\le\frac{1}{\sqrt{3\times1+1}}=\frac{1}{\sqrt{4}}=\frac{1}{2}$이므로 (*)이 성립한다.

(ii) $n=k$일 때, (*)이 성립한다고 가정하면

$\frac{1}{2}\times\frac{3}{4}\times\frac{5}{6}\times\cdots\times\frac{2k-1}{2k}\le\frac{1}{\sqrt{3k+1}}$ ⋯ ㉠

㉠의 양변에 $\frac{2k+1}{2k+2}$을 곱하면

((*)에서 $n=k+1$일 때, 성립함을 보이기 위해서야.)

$\frac{1}{2}\times\frac{3}{4}\times\frac{5}{6}\times\cdots\times\frac{2k-1}{2k}\times\frac{2k+1}{2k+2}$

$\le\frac{1}{\sqrt{3k+1}}\times\frac{2k+1}{2k+2}=\frac{1}{\sqrt{3k+1}}\times\frac{1}{\frac{2k+2}{2k+1}}$ ← 단서2 처럼 분자를 1로 만들기

($\frac{2k+2}{2k+1}=\frac{2k+1+1}{2k+1}=1+\frac{1}{2k+1}$)

$=\frac{1}{\sqrt{3k+1}}\times\frac{1}{1+\frac{1}{2k+1}}$ ←(가)

실수: 빈칸 추론문제를 풀 때 문제에 나와 있는 꼴을 참고하여 풀도록 하자.

$=\frac{1}{\sqrt{3k+1}}\times\frac{1}{\sqrt{\left(1+\frac{1}{2k+1}\right)^2}}$

$(a+b)^2=a^2+2ab+b^2$

$=\frac{1}{\sqrt{3k+1}}\times\frac{1}{\sqrt{1+\frac{2}{2k+1}+\left(\frac{1}{2k+1}\right)^2}}$

$=\frac{1}{\sqrt{3k+1+2(3k+1)\times\frac{1}{2k+1}+(3k+1)\left(\frac{1}{2k+1}\right)^2}}$

$<\frac{1}{\sqrt{3k+1+2(3k+1)\times\frac{1}{2k+1}+(2k+1)\times\left(\frac{1}{2k+1}\right)^2}}$ ←(나)

밑줄 친 부분이 3이면 $\frac{1}{\sqrt{(식)}}$의 (식)$=3k+1+3=3k+4=3(k+1)+1$로 정리할 수 있어.

즉, $2(3k+1)\times\frac{1}{2k+1}+$(나)$\times\left(\frac{1}{2k+1}\right)^2=3$에서 양변에 $(2k+1)^2$을 곱하여 정리하면

(나)$=3(2k+1)^2-2(3k+1)(2k+1)=(2k+1)(6k+3-6k-2)=2k+1$

$=\frac{1}{\sqrt{(3k+1)+\frac{6k+2}{2k+1}+\frac{1}{2k+1}}}$

$=\frac{1}{\sqrt{(3k+1)+3}}$

$=\frac{1}{\sqrt{3(k+1)+1}}$

따라서 $n=k+1$일 때도 (*)이 성립한다.

(i), (ii)에 의하여 모든 자연수 n에 대하여 (*)이 성립한다.

2nd $f(4)\times g(13)$의 값을 구하자.

따라서 $f(k)=\frac{1}{2k+1}$, $g(k)=2k+1$이므로

$f(4)\times g(13)=\frac{1}{2\times4+1}\times(2\times13+1)$

$=\frac{1}{9}\times27$

$=3$

수능 핵강

∗ 수학적 귀납법을 이용한 부등식의 증명

수학적 귀납법으로 부등식을 증명하는 것은 등식을 증명하는 것보다 더 어려워. 부등식이 항상 성립하려면 양수에서 분자가 같을 경우 분모가 작을수록 크다는 것을 이용하거나 분모가 같을 경우 분자가 클수록 크다는 것을 이용하면 돼.

I 110 정답 ② ∗수학적 귀납법 – 부등식의 증명 ⋯ [정답률 53%]

(정답 공식: $(3k+2)(3k+4)=(3k+3)^2-1$)

다음은 모든 자연수 n에 대하여 부등식

$$\sum_{i=1}^{2n+1}\frac{1}{n+i}=\frac{1}{n+1}+\frac{1}{n+2}+\cdots+\frac{1}{3n+1}>1$$

이 성립함을 수학적 귀납법으로 증명한 것이다.

[증명]

자연수 n에 대하여

❶ $a_n=\frac{1}{n+1}+\frac{1}{n+2}+\cdots+\frac{1}{3n+1}$이라 할 때,

$a_n>1$임을 보이면 된다.

(1) $n=1$일 때, $a_1=\frac{1}{2}+\frac{1}{3}+\frac{1}{4}>1$이다.

(2) $n=k$일 때, $a_k>1$이라고 가정하면 $n=k+1$일 때,

❷ $a_{k+1}=\frac{1}{k+2}+\frac{1}{k+3}+\cdots+\frac{1}{3k+4}$ 단서1 ❷에서 ❶의 좌변 식을 만들어 볼까?

$=a_k+\left(\frac{1}{3k+2}+\frac{1}{3k+3}+\frac{1}{3k+4}\right)-$ (가)

한편, $(3k+2)(3k+4)$ (나) $(3k+3)^2$이므로

단서2 부등호가 들어가니까 양쪽의 크기를 비교하자.

$\frac{1}{3k+2}+\frac{1}{3k+4}>$ (다)

단서3 단서2의 부등식을 정리하여 (다)를 유추해.

그런데 $a_k>1$이므로

$a_{k+1}>a_k+\left(\frac{1}{3k+3}+\text{(다)}\right)-\text{(가)}>1$

그러므로 (1), (2)에 의해서 모든 자연수 n에 대하여 $a_n>1$이다.

위의 증명에서 (가), (나), (다)에 알맞은 것은? (3점)

	(가)	(나)	(다)
①	$\frac{1}{k+1}$	$>$	$\frac{2}{3k+3}$
②	$\frac{1}{k+1}$	$<$	$\frac{2}{3k+3}$
③	$\frac{1}{k+1}$	$<$	$\frac{4}{3k+3}$
④	$\frac{2}{k+1}$	$>$	$\frac{4}{3k+3}$
⑤	$\frac{2}{k+1}$	$<$	$\frac{1}{k+1}$

1st 수학적 귀납법을 통해 증명 과정을 따져 봐.

자연수 n에 대하여 $a_n=\frac{1}{n+1}+\frac{1}{n+2}+\cdots+\frac{1}{3n+1}$이라 할 때,

$a_n>1$임을 보이면 된다.

(i) $n=1$일 때,

$a_1=\frac{1}{2}+\frac{1}{3}+\frac{1}{4}>1$ ⇐ 성립!

(ii) $n=k$일 때,

$a_k>1$이라 가정하면 $n=k+1$일 때

$a_{k+1}=\frac{1}{k+2}+\frac{1}{k+3}+\cdots+\frac{1}{3k+4}$

$=\left(\frac{1}{k+1}+\frac{1}{k+2}+\cdots+\frac{1}{3k+1}\right)+\frac{1}{3k+2}+\frac{1}{3k+3}+\frac{1}{3k+4}-\frac{1}{k+1}$ (괄호 $=a_k$)

$=a_k+\left(\frac{1}{3k+2}+\frac{1}{3k+3}+\frac{1}{3k+4}\right)-\frac{1}{k+1}$ ←(가) ⋯ ⓐ

한편, $(3k+2)(3k+4)<(3k+3)^2$이므로 ⇒ $9k^2+18k+8<9k^2+18k+9$ 이므로 (나)

양변을 $(3k+2)(3k+4)(3k+3)$으로 나누면

$$\frac{1}{3k+3}<\frac{3k+3}{(3k+2)(3k+4)}$$

→ $\frac{1}{3k+2}+\frac{1}{3k+4}=\frac{3k+2+3k+4}{(3k+2)(3k+4)}=\frac{6k+6}{(3k+2)(3k+4)}$ 이니까 ⓑ의 $\frac{1}{3k+2}+\frac{1}{3k+4}$ 꼴을 만들기 위해 부등식의 양변에 2를 곱해.

이것의 양변에 2를 곱하면

$$\frac{2}{3k+3}<\frac{6k+6}{(3k+2)(3k+4)}$$

$$\frac{1}{3k+2}+\frac{1}{3k+4}>\frac{2}{3k+3} \cdots ⓑ$$ (다)

그런데 $a_k>1$이므로

$$a_{k+1}>a_k+\left(\frac{1}{3k+3}+\frac{2}{3k+3}\right)-\frac{1}{k+1}>1$$ ⇒ ⓐ, ⓑ에 의하여 (밑줄 부분 $=0$)

그러므로 (i), (ii)에 의하여 모든 자연수 n에 대하여

$a_n>1$이다.

수능 핵강

＊주어진 식에 $n=1, 2, 3, \cdots$을 대입해보며 문제 이해하기

이 문제의 내용을 잘 몰라도 빈칸의 근처를 잘 추론해 보면 답이 나와. 풀 때는 $n=1$, $n=k$, $n=k+1$만 대입해 봤지? 한번 $n=1, 2, 3, \cdots$ 이렇게 대입을 해보면 답만 나오고 어렵게 보이던 문제가 명확히 보일 거야.

I 111 정답 64 ＊수열의 귀납적 정의 – 경우 나누기 ···· [정답률 33%]

(정답 공식: 조건 (나)를 만족시키는 a_3의 값을 구한 후 a_3의 값에 따라 a_2, a_1의 값을 구한다.)

모든 항이 정수이고 다음 조건을 만족시키는 모든 수열 $\{a_n\}$에 대하여 $|a_1|$의 값의 합을 구하시오. (4점)

(가) 모든 자연수 n에 대하여

$$a_{n+1}=\begin{cases} a_n-3 & (|a_n|\text{이 홀수인 경우}) \\ \frac{1}{2}a_n & (a_n=0 \text{ 또는 } |a_n|\text{이 짝수인 경우}) \end{cases}$$

이다. 단서1 a_{n+1}은 $|a_n|$의 값이 홀수일 때와 0 또는 짝수일 때 구하는 식이 달라.

(나) $|a_m|=|a_{m+2}|$인 자연수 m의 최솟값은 3이다.

단서2 $|a_m|=|a_{m+2}|$를 만족시키는 m의 최솟값이 3이므로 $m=3$을 대입했을 때 식이 성립해.

1st 조건 (나)를 만족시키는 a_3과 a_5 사이의 관계식을 구해.

조건 (나)에 의하여 $|a_3|=|a_5|$

$\therefore a_3=a_5$ 또는 $a_3=-a_5 \cdots ㉠$

2nd $|a_3|$이 홀수일 때 조건을 만족시키는 a_1의 값을 구해.

(Ⅰ) $|a_3|$이 홀수이면

$a_4=a_3-3$이고 $|a_4|$는 0 또는 짝수이다.

정수 k에 대하여 $a_3=2k-1$이면 $a_4=a_3-3=(2k-1)-3=2k-4=2(k-2)$이므로 $|a_4|$는 0 또는 짝수야.

$\therefore a_5=\frac{1}{2}a_4=\frac{1}{2}(a_3-3)$

이때, ㉠에 의하여

$a_3=a_5$이면 $a_3=\frac{1}{2}(a_3-3)$에서

$2a_3=a_3-3 \quad \therefore a_3=-3$

$a_3=-a_5$이면 $a_3=-\frac{1}{2}(a_3-3)$에서

$-2a_3=a_3-3$, $3a_3=3 \quad \therefore a_3=1$

Ⅰ) $a_3=-3$이면 $a_4=a_3-3=-3-3=-6$

(i) $|a_2|$가 홀수이면

$a_3=a_2-3=-3$에서 $a_2=0$

그런데 $|a_2|=0$이므로 $|a_2|$가 홀수인 조건을 만족시키지 않는다.

$|a_2|$가 조건을 만족시키지 않으므로 a_1의 값은 구하지 않아도 돼.

(ii) $|a_2|$가 0 또는 짝수이면

$a_3=\frac{1}{2}a_2=-3$에서 $a_2=-6$

그런데 $|a_2|=|a_4|$이므로 조건 (나)를 만족시키지 않는다.

주의 조건 (나)를 만족시키는 자연수 m의 최솟값이 3이므로 3보다 작은 m에 대하여 $|a_m|=|a_{m+2}|$를 만족시키면 안돼.

Ⅱ) $a_3=1$이면 $a_4=a_3-3=1-3=-2$

(i) $|a_2|$가 홀수이면

$a_3=a_2-3=1$에서 $a_2=4$

그런데 $|a_2|=4$이므로 $|a_2|$가 홀수인 조건을 만족시키지 않는다.

(ii) $|a_2|$가 0 또는 짝수이면

$a_3=\frac{1}{2}a_2=1$에서 $a_2=2$

그런데 $|a_2|=|a_4|$이므로 조건 (나)를 만족시키지 않는다.

Ⅰ), Ⅱ)에 의하여 $|a_3|$이 홀수이면 조건을 만족시키는 a_1의 값은 존재하지 않는다.

3rd $|a_3|$이 0 또는 짝수일 때 조건을 만족시키는 a_1의 값을 구해.

(Ⅱ) $|a_3|$이 0 또는 짝수이면 $a_4=\frac{1}{2}a_3$

$|a_4|$가 홀수이면 $a_5=a_4-3=\frac{1}{2}a_3-3$

이때, ㉠에 의하여

$a_3=a_5$이면 $a_3=\frac{1}{2}a_3-3$에서 $\frac{1}{2}a_3=-3 \quad \therefore a_3=-6$

$a_3=-a_5$이면 $a_3=-\frac{1}{2}a_3+3$에서 $\frac{3}{2}a_3=3 \quad \therefore a_3=2$

$|a_4|$가 0 또는 짝수이면 $a_5=\frac{1}{2}a_4=\frac{1}{2}\times\frac{1}{2}a_3=\frac{1}{4}a_3$

이때, ㉠에 의하여

$a_3=\pm a_5$에서 $a_3=\pm\frac{1}{4}a_3 \quad \therefore a_3=0$

Ⅰ) $a_3=-6$이면 $a_4=\frac{1}{2}a_3=\frac{1}{2}\times(-6)=-3$

(i) $|a_2|$가 홀수이면

$a_3=a_2-3=-6$에서 $a_2=-3$

그런데 $|a_2|=|a_4|$이므로 조건 (나)를 만족시키지 않는다.

(ii) $|a_2|$가 0 또는 짝수이면

$a_3=\frac{1}{2}a_2=-6$에서 $a_2=-12$

i) $|a_1|$이 홀수이면

$a_2=a_1-3=-12$에서 $a_1=-9$

ii) $|a_1|$이 0 또는 짝수이면

$a_2=\frac{1}{2}a_1=-12$에서 $a_1=-24$

Ⅱ) $a_3=2$이면 $a_4=\frac{1}{2}a_3=\frac{1}{2}\times2=1$

(i) $|a_2|$가 홀수이면

$a_3=a_2-3=2$에서 $a_2=5$

i) $|a_1|$이 홀수이면

$a_2=a_1-3=5$에서 $a_1=8$

그런데 $|a_1|=8$이므로 $|a_1|$이 홀수인 조건을 만족시키지 않는다.

ii) $|a_1|$이 0 또는 짝수이면

$a_2=\frac{1}{2}a_1=5$에서 $a_1=10$

(ii) $|a_2|$가 0 또는 짝수이면

$a_3=\frac{1}{2}a_2=2$에서 $a_2=4$

i) $|a_1|$이 홀수이면

$a_2=a_1-3=4$에서 $a_1=7$

ii) $|a_1|$이 0 또는 짝수이면

$a_2=\frac{1}{2}a_1=4$에서 $a_1=8$

Ⅲ) $a_3=0$이면 $a_4=\frac{1}{2}a_3=\frac{1}{2}\times0=0$

(i) $|a_2|$가 홀수이면

$a_3=a_2-3=0$에서 $a_2=3$

i) $|a_1|$이 홀수이면

$a_2=a_1-3=3$에서 $a_1=6$

그런데 $|a_1|=6$이므로 $|a_1|$이 홀수인 조건을 만족시키지 않는다.

ii) $|a_1|$이 0 또는 짝수이면

$a_2=\frac{1}{2}a_1=3$에서 $a_1=6$

(ii) $|a_2|$가 0 또는 짝수이면

$a_3=\frac{1}{2}a_2=0$에서 $a_2=0$

그런데 $|a_2|=|a_4|$이므로 조건 (나)를 만족시키지 않는다.

Ⅰ)~Ⅲ)에 의하여 $|a_3|$이 0 또는 짝수이면 조건을 만족시키는 a_1의 값은 -9, -24, 10, 7, 8, 6이다.

4th 조건을 만족시키는 모든 $|a_1|$의 값의 합을 구해.

(Ⅰ), (Ⅱ)에 의하여 조건을 만족시키는 모든 $|a_1|$의 값의 합은 $9+24+10+7+8+6=64$이다.

한성은 | 2025 수능 응시 · 익산 남성여고 졸

귀납적으로 정의된 수열 $\{a_n\}$의 관계식이 주어져 있고, 이 관계식을 이용해서 수열을 추론하는 문제는 경우를 잘 나누는 것이 정말 중요해. 이 문제 같은 경우에는 관계식이 절댓값을 씌운 일반항이 홀수, 짝수 여부에 따라 달라지기 때문에 a_3이 홀수인 경우와 짝수인 경우를 나누어서 생각했어. 그리고 조건 (나)에서 제시된 조건의 최솟값이 3이라 했기 때문에 m이 1, 2인 경우에는 조건 (나)가 성립하지 않는다는 것에 주의해야 해.

Ⅰ 112 정답 ② *수열의 귀납적 정의 – 경우 나누기 [정답률 31%]

(정답 공식: a_3이 4의 배수일 때와 4의 배수가 아닐 때로 경우를 나누어 조건을 만족시키는 a_1의 값을 각각 구한다.)

모든 항이 자연수인 수열 $\{a_n\}$이 다음 조건을 만족시킨다.

(가) 모든 자연수 n에 대하여

$$a_{n+1}=\begin{cases}\frac{1}{2}a_n+2n & (a_n\text{이 4의 배수인 경우})\\ a_n+2n & (a_n\text{이 4의 배수가 아닌 경우})\end{cases}$$

이다. 단서1 $2n$은 짝수이므로 a_n이 홀수이면 a_{n+1}은 홀수이고 a_n이 짝수이면 a_{n+1}은 홀수일 수도, 짝수일 수도 있어.

(나) $a_3>a_5$ 단서2 a_3과 a_5의 대소 관계가 주어졌으니까 a_3이 4의 배수일 때와 4의 배수가 아닐 때로 경우를 나누어 따져보자.

$50<a_4+a_5<60$이 되도록 하는 a_1의 최댓값과 최솟값을 각각 M, m이라 할 때, $M+m$의 값은? (4점)

단서3 a_3의 값에 따라 a_4, a_5의 값을 구하고 이 조건을 만족시키는 a_3의 값을 결정해야 해.

① 224 ② 228 ③ 232 ④ 236 ⑤ 240

1st a_3이 4의 배수일 때의 조건을 만족시키는 a_1의 값을 구해.

a_3이 4의 배수일 때와 4의 배수가 아닐 때로 경우를 나누어 조건을 만족시키는 a_1의 값을 구하면 다음과 같다.

자연수 k에 대하여

(i) $a_3=4k$일 때,

$a_4=\frac{1}{2}a_3+2\times3=2k+6$

i) k가 짝수이면 $a_4=2k+6$은 4의 배수가 아니므로

자연수 m에 대하여 $k=2m$이라 하면 $a_4=2(2m)+6=4m+6=4(m+1)+2$이므로 a_4는 4의 배수가 아니야.

$a_5=a_4+2\times4=(2k+6)+8=2k+14$

이때, 조건 (나)의 $a_3>a_5$에서 $4k>2k+14$, $2k>14$ $\therefore k>7$

또, $50<a_4+a_5<60$에서 $50<(2k+6)+(2k+14)<60$

$50<4k+20<60$, $30<4k<40$ $\therefore \frac{15}{2}<k<10$

따라서 조건을 만족시키는 k의 값의 범위는 $\frac{15}{2}<k<10$

그런데 k는 짝수이어야 하므로 $k=8$ $\therefore a_3=4\times8=32$

① a_2가 4의 배수이면 $a_3=\frac{1}{2}a_2+2\times2$에서

$32=\frac{1}{2}a_2+4$, $\frac{1}{2}a_2=28$ $\therefore a_2=56$

이때, a_1이 4의 배수이면 $a_2=\frac{1}{2}a_1+2\times1$에서

$56=\frac{1}{2}a_1+2$, $\frac{1}{2}a_1=54$ $\therefore a_1=108$

a_1이 4의 배수가 아니면 $a_2=a_1+2\times1$에서

$56=a_1+2$ $\therefore a_1=54$

② a_2가 4의 배수가 아니면 $a_3=a_2+2\times2$에서

$32=a_2+4$ $\therefore a_2=28$

그런데 이것은 a_2가 4의 배수이므로 모순이다.

ii) k가 홀수이면 $a_4=2k+6$은 4의 배수이므로

자연수 m에 대하여 $k=2m-1$이라 하면 $a_4=2(2m-1)+6=4m+4=4(m+1)$이므로 a_4는 4의 배수야.

$a_5=\frac{1}{2}a_4+2\times4=\frac{1}{2}(2k+6)+8=k+11$

이때, 조건 (나)의 $a_3>a_5$에서

$4k>k+11$, $3k>11$ $\quad\therefore k>\frac{11}{3}$

또, $50<a_4+a_5<60$에서 $50<(2k+6)+(k+11)<60$

$50<3k+17<60$, $33<3k<43$ $\quad\therefore 11<k<\frac{43}{3}$

따라서 조건을 만족시키는 k의 값의 범위는 $11<k<\frac{43}{3}$

그런데 k는 홀수이어야 하므로 $k=13$

$\therefore a_3=4\times13=52$

① a_2가 4의 배수이면 $a_3=\frac{1}{2}a_2+2\times2$에서

$52=\frac{1}{2}a_2+4$, $\frac{1}{2}a_2=48$ $\quad\therefore a_2=96$

이때, a_1이 4의 배수이면 $a_2=\frac{1}{2}a_1+2\times1$에서

$96=\frac{1}{2}a_1+2$, $\frac{1}{2}a_1=94$ $\quad\therefore a_1=188$

a_1이 4의 배수가 아니면 $a_2=a_1+2\times1$에서

$96=a_1+2$ $\quad\therefore a_1=94$

② a_2가 4의 배수가 아니면 $a_3=a_2+2\times2$에서

$52=a_2+4$ $\quad\therefore a_2=48$

그런데 이것은 a_2가 4의 배수이므로 모순이다.

i), ii)에 의하여 $a_3=4k$일 때 조건을 만족시키는 a_1의 값은 54, 94, 108, 188이다.

2nd a_3이 4의 배수가 아닐 때의 조건을 만족시키는 a_1의 값을 구해.

(ii) $a_3=4k-1$일 때,

$a_4=a_3+2\times3=(4k-1)+6=4k+5=4(k+1)+1$

a_4는 4의 배수가 아니므로

$a_5=a_4+2\times4=(4k+5)+8=4k+13$

이때, 조건 (나)의 $a_3>a_5$에서 $4k-1>4k+13$

이것을 만족시키는 자연수 k는 존재하지 않으므로 모순이다.

(iii) $a_3=4k-2$일 때,

$a_4=a_3+2\times3=(4k-2)+6=4k+4=4(k+1)$

a_4는 4의 배수이므로

$a_5=\frac{1}{2}a_4+2\times4=\frac{1}{2}\times4(k+1)+8=2k+10$

이때, 조건 (나)의 $a_3>a_5$에서

$4k-2>2k+10$, $2k>12$ $\quad\therefore k>6$

또, $50<a_4+a_5<60$에서 $50<(4k+4)+(2k+10)<60$

$50<6k+14<60$, $36<6k<46$ $\quad\therefore 6<k<\frac{23}{3}$

따라서 조건을 만족시키는 k의 값의 범위는 $6<k<\frac{23}{3}$이므로 $k=7$

$\therefore a_3=4\times7-2=26$

i) a_2가 4의 배수이면 $a_3=\frac{1}{2}a_2+2\times2$에서

$26=\frac{1}{2}a_2+4$, $\frac{1}{2}a_2=22$ $\quad\therefore a_2=44$

이때, a_1이 4의 배수이면 $a_2=\frac{1}{2}a_1+2\times1$에서

$44=\frac{1}{2}a_1+2$, $\frac{1}{2}a_1=42$ $\quad\therefore a_1=84$

a_1이 4의 배수가 아니면 $a_2=a_1+2\times1$에서

$44=a_1+2$ $\quad\therefore a_1=42$

ii) a_2가 4의 배수가 아니면 $a_3=a_2+2\times2$에서

$26=a_2+4$ $\quad\therefore a_2=22$

이때, a_1이 4의 배수이면 $a_2=\frac{1}{2}a_1+2\times1$에서

$22=\frac{1}{2}a_1+2$, $\frac{1}{2}a_1=20$ $\quad\therefore a_1=40$

a_1이 4의 배수가 아니면 $a_2=a_1+2\times1$에서

$22=a_1+2$ $\quad\therefore a_1=20$

그런데 a_1이 4의 배수가 아니어야 하므로 모순이다.

i), ii)에 의하여 $a_3=4k-2$일 때 조건을 만족시키는 a_1의 값은 40, 42, 84이다.

(iv) $a_3=4k-3$일 때,

$a_4=a_3+2\times3=(4k-3)+6=4k+3$

a_4는 4의 배수가 아니므로

$a_5=a_4+2\times4=(4k+3)+8=4k+11$

이때, 조건 (나)의 $a_3>a_5$에서 $4k-3>4k+11$

이것을 만족시키는 자연수 k는 존재하지 않으므로 모순이다.

(i)~(iv)에 의하여 조건을 만족시키는 a_1의 값은 40, 42, 54, 84, 94, 108, 188이다.

따라서 a_1의 최댓값 M과 최솟값 m은 $M=188$, $m=40$이므로

$M+m=188+40=228$이다.

I 113 정답 ④ *수열의 귀납적 정의 – 경우 나누기 [정답률 35%]

(정답 공식: 자연수 k에 대하여 $\log_a a^k=k$이므로 $\log_a a^k$의 값은 자연수이다.)

모든 항이 자연수인 수열 $\{a_n\}$이 다음 조건을 만족시킨다.

(가) $a_1<300$

(나) 모든 자연수 n에 대하여

$$a_{n+1}=\begin{cases}\frac{1}{3}a_n & (\log_3 a_n\text{이 자연수인 경우})\\ a_n+6 & (\log_3 a_n\text{이 자연수가 아닌 경우})\end{cases}$$

이다. **단서1** 자연수 m에 대하여 $a_n=3^m$이면 $a_{n+1}=3^{m-1}$이고 $a_n\neq3^m$이면 $a_{n+1}=a_n+6$이야.

$\sum_{k=4}^{7}a_k=40$이 되도록 하는 모든 a_1의 값의 합은? (4점)

단서2 $a_4+a_5+a_6+a_7=40$이 되는 경우를 찾아야 해.

① 315 ② 321 ③ 327 ④ 333 ⑤ 339

1st a_4의 값이 3의 거듭제곱 꼴인 경우와 아닌 경우로 나누어 $\sum_{k=4}^{7}a_k=40$을 만족시키는 a_4의 값을 찾아.

자연수 m에 대하여 $\log_3 a_n=m$이면 $a_n=3^m$이므로 a_4의 값이 3^m 꼴인 경우와 3^m 꼴이 아닌 경우로 나누어 조건을 만족시키는 a_4의 값을 구하면 다음과 같다.

(i) a_4가 3^m 꼴인 경우

i) $m=1$, 즉 $a_4=3$인 경우

$a_5=\frac{1}{3}a_4=\frac{1}{3}\times3=1$, $a_6=a_5+6=1+6=7$,

$a_7=a_6+6=7+6=13$ ($\log_3 a_4$의 값은 자연수이고 $\log_3 a_5$, $\log_3 a_6$의 값은 자연수가 아니야.)

$\therefore \sum_{k=4}^{7}a_k=3+1+7+13=24$

따라서 주어진 조건을 만족시키지 않는다.

ii) $m=2$, 즉 $a_4=9$인 경우

$a_5=\frac{1}{3}a_4=\frac{1}{3}\times 9=3$, $a_6=\frac{1}{3}a_5=\frac{1}{3}\times 3=1$

$a_7=a_6+6=1+6=7$ ($\log_3 a_4$, $\log_3 a_5$의 값은 자연수이고 $\log_3 a_6$의 값은 자연수가 아니야.)

$\therefore \sum_{k=4}^{7} a_k=9+3+1+7=20$

따라서 주어진 조건을 만족시키지 않는다.

iii) $m=3$, 즉 $a_4=27$인 경우

$a_5=\frac{1}{3}a_4=\frac{1}{3}\times 27=9$, $a_6=\frac{1}{3}a_5=\frac{1}{3}\times 9=3$

($\log_3 a_4$, $\log_3 a_5$, $\log_3 a_6$의 값은 모두 자연수가 아니야.)

$a_7=\frac{1}{3}a_6=\frac{1}{3}\times 3=1$

$\therefore \sum_{k=4}^{7} a_k=27+9+3+1=40$

따라서 주어진 조건을 만족시킨다.

iv) $m\geq 4$, 즉 $a_4\geq 81$인 경우 (수열 $\{a_n\}$의 모든 항은 자연수이므로 a_5, a_6, a_7의 값은 모두 1 이상이지?)

$\sum_{k=4}^{7} a_k$의 값은 81보다 크므로 주어진 조건을 만족시키지 않는다.

i)~iv)에 의하여 a_4가 3^m 꼴인 경우에 주어진 조건을 만족시키는 a_4의 값은 27이다.

(ii) a_4가 3^m 꼴이 아닌 경우

$a_5=a_4+6$이므로

가능한 a_6의 값은 $a_6=\frac{1}{3}a_5=\frac{1}{3}(a_4+6)=\frac{1}{3}a_4+2$ 또는 (a_5의 값이 3^m 꼴인 경우야.)

$a_6=a_5+6=(a_4+6)+6=a_4+12$이다. ($a_5$의 값이 3^m 꼴이 아닌 경우야.)

이 각각에 대하여 가능한 a_7의 값은

$a_7=\frac{1}{3}a_6=\frac{1}{3}\left(\frac{1}{3}a_4+2\right)=\frac{1}{9}a_4+\frac{2}{3}$ 또는 ($a_6=\frac{1}{3}a_4+2$가 3^m 꼴인 경우야.)

$a_7=a_6+6=\left(\frac{1}{3}a_4+2\right)+6=\frac{1}{3}a_4+8$ 또는 ($a_6=\frac{1}{3}a_4+2$가 3^m 꼴이 아닌 경우야.)

$a_7=\frac{1}{3}a_6=\frac{1}{3}(a_4+12)=\frac{1}{3}a_4+4$ 또는 ($a_6=a_4+12$가 3^m 꼴인 경우야.)

$a_7=a_6+6=(a_4+12)+6=a_4+18$이다. ($a_6=a_4+12$가 3^m 꼴이 아닌 경우야.)

i) $a_6=\frac{1}{3}a_4+2$, $a_7=\frac{1}{9}a_4+\frac{2}{3}$인 경우

$\sum_{k=4}^{7} a_k=a_4+(a_4+6)+\left(\frac{1}{3}a_4+2\right)+\left(\frac{1}{9}a_4+\frac{2}{3}\right)$

$=\frac{22}{9}a_4+\frac{26}{3}$

이때, $\frac{22}{9}a_4+\frac{26}{3}=40$에서 $a_4=\frac{141}{11}$

그런데 a_4의 값은 자연수이어야 하므로 이 경우는 조건을 만족시키지 않는다.

ii) $a_6=\frac{1}{3}a_4+2$, $a_7=\frac{1}{3}a_4+8$인 경우

$\sum_{k=4}^{7} a_k=a_4+(a_4+6)+\left(\frac{1}{3}a_4+2\right)+\left(\frac{1}{3}a_4+8\right)=\frac{8}{3}a_4+16$

이때, $\frac{8}{3}a_4+16=40$에서 $a_4=9$

그런데 a_4의 값은 3^m 꼴이 아니어야 하므로 이 경우는 조건을 만족시키지 않는다.

iii) $a_6=a_4+12$, $a_7=\frac{1}{3}a_4+4$인 경우

$\sum_{k=4}^{7} a_k=a_4+(a_4+6)+(a_4+12)+\left(\frac{1}{3}a_4+4\right)=\frac{10}{3}a_4+22$

이때, $\frac{10}{3}a_4+22=40$에서 $a_4=\frac{27}{5}$

그런데 a_4의 값은 자연수이어야 하므로 이 경우는 조건을 만족시키지 않는다.

iv) $a_6=a_4+12$, $a_7=a_4+18$인 경우

$\sum_{k=4}^{7} a_k=a_4+(a_4+6)+(a_4+12)+(a_4+18)=4a_4+36$

이때, $4a_4+36=40$에서 $a_4=1$

이것은 조건을 만족시킨다.

i)~iv)에 의하여 조건을 만족시키는 a_4의 값은 1이다.

(i), (ii)에 의하여 $a_4=27$ 또는 $a_4=1$

2nd 모든 a_1의 값을 찾아 그 합을 구해.

a_4	a_3	a_2	a_1	
27	$3\times 27=81$ ($a_{n+1}=\frac{1}{3}a_n$에서 $a_n=3a_{n+1}$)	$3\times 81=243$	$3\times 243=729$	㉠
			$243-6=237$	㉡
		$81-6=75$	$3\times 75=225$	㉢
			$75-6=69$	㉣
	$27-6=21$ ($a_{n+1}=a_n+6$에서 $a_n=a_{n+1}-6$)	$3\times 21=63$		㉤
		$21-6=15$	$3\times 15=45$	㉥
			$15-6=9$	㉦
1	$3\times 1=3$	$3\times 3=9$	$3\times 9=27$	㉧
			$9-6=3$	㉨
		$3-6=-3$		㉩
	$1-6=-5$			㉪

㉠은 $a_1=729>300$이므로 조건 (가)를 만족시키지 않는다.

㉡은 조건을 만족시킨다.

㉢은 $a_2=\frac{1}{3}a_1$이어야 하는데 $\log_3 a_1$의 값이 자연수가 아니므로 조건을 만족시키지 않는다.

㉣은 조건을 만족시킨다.

㉤은 $a_3=\frac{1}{3}a_2$이어야 하는데 $\log_3 a_2$의 값이 자연수가 아니므로 조건을 만족시키지 않는다.

㉥은 $a_2=\frac{1}{3}a_1$이어야 하는데 $\log_3 a_1$의 값이 자연수가 아니므로 조건을 만족시키지 않는다.

㉦은 $a_1=9$이므로 $\log_3 a_1$의 값이 자연수이다. 즉, $a_2=3$이어야 하는데 $a_2=15$이므로 조건을 만족시키지 않는다.

㉧은 조건을 만족시킨다.

㉨은 $a_1=3$이므로 $\log_3 a_1$의 값이 자연수이다. 즉, $a_2=1$이어야 하는데 $a_2=9$이므로 조건을 만족시키지 않는다.

㉩은 $a_2<0$이므로 조건을 만족시키지 않는다.

㉪은 $a_3<0$이므로 조건을 만족시키지 않는다.

㉠~㉪에 의하여 조건을 만족시키는 a_1의 값은 237, 69, 27이므로 그 합은 $237+69+27=333$이다.

I 114 정답 ② *수열의 귀납적 정의- 경우 나누기 [정답률 33%]

(정답 공식: n 대신 1, 2, 3, …을 대입하면서 조건을 만족시키는 자연수 k의 값을 구한다.)

자연수 k에 대하여 다음 조건을 만족시키는 수열 $\{a_n\}$이 있다.
단서1 가능한 k의 값은 1, 2, 3, …야.

> $a_1=k$이고, 모든 자연수 n에 대하여
> $$a_{n+1}=\begin{cases} a_n+2n-k & (a_n\le 0) \\ a_n-2n-k & (a_n>0) \end{cases}$$
> 이다. 단서2 a_{n+1}의 값은 a_n의 값의 부호에 의하여 결정돼.

$a_3\times a_4\times a_5\times a_6<0$이 되도록 하는 모든 k의 값의 합은? (4점)
단서3 a_3, a_4, a_5, a_6의 값은 모두 0이 될 수 없고 부등식을 만족시키려면 음수가 1개 또는 3개이어야 해.

① 10 ② 14 ③ 18
④ 22 ⑤ 26

1st a_1의 값에 따라 a_2, a_3을 차례로 구해.

k는 자연수이므로 $a_1=k>0$

$a_2=a_1-2\times1-k=k-2-k=-2<0$

$a_3=a_2+2\times2-k=-2+4-k=2-k$

2nd $a_3>0$일 때, 조건을 만족시키는 k의 값을 구해.

a_3의 값의 범위에 따라 경우를 나누어 조건을 만족시키는 k의 값을 구하면 다음과 같다. ($a_3\times a_4\times a_5\times a_6<0$을 만족시키려면 a_3, a_4, a_5, a_6 중 그 어느 것도 0이 될 수 없어. 즉, 각 값이 양수인지, 음수인지만 따져주면 돼.)

(i) $a_3=2-k>0$인 경우

$2-k>0$에서 $k<2$이므로 $k=1$이다. (2보다 작은 자연수는 1뿐이지?)

즉, $a_3=2-1=1>0$이므로

$a_4=a_3-2\times3-k=1-6-1=-6<0$

$a_5=a_4+2\times4-k=-6+8-1=1>0$

$a_6=a_5-2\times5-k=1-10-1=-10<0$

$\therefore a_3\times a_4\times a_5\times a_6>0$ ($a_3>0, a_4<0, a_5>0, a_6<0$)

따라서 조건을 만족시키는 k의 값은 존재하지 않는다.

3rd $a_3<0$일 때, 조건을 만족시키는 k의 값을 구해.

(ii) $a_3=2-k<0$인 경우

$2-k<0$에서 $k>2$ … ㉠

$a_3<0$이므로 $a_4=a_3+2\times3-k=(2-k)+6-k=8-2k$

i) $a_4=8-2k>0$인 경우

$8-2k>0$에서 $2k<8$ $\therefore k<4$

그런데 ㉠에 의하여 $2<k<4$이므로 $k=3$이다.

즉, $a_4=8-2\times3=2>0$이므로

$a_5=a_4-2\times4-k=2-8-3=-9<0$

$a_6=a_5+2\times5-k=-9+10-3=-2<0$

$\therefore a_3\times a_4\times a_5\times a_6<0$ ($a_3<0, a_4>0, a_5<0, a_6<0$)

따라서 $k=3$일 때 주어진 조건을 만족시킨다.

ii) $a_4=8-2k<0$인 경우

$8-2k<0$에서 $2k>8$ $\therefore k>4$ … ㉡

$a_4<0$이므로

$a_5=a_4+2\times4-k=8-2k+8-k=16-3k$

① $a_5=16-3k>0$인 경우

$16-3k>0$에서 $3k<16$ $\therefore k<\frac{16}{3}$

그런데 ㉡에 의하여 $4<k<\frac{16}{3}$이므로 $k=5$이다.

즉, $a_5=16-3\times5=1>0$이므로

$a_6=a_5-2\times5-k=1-10-5=-14<0$

$\therefore a_3\times a_4\times a_5\times a_6<0$ ($a_3<0, a_4<0, a_5>0, a_6<0$)

따라서 $k=5$일 때 주어진 조건을 만족시킨다.

② $a_5=16-3k<0$인 경우

$16-3k<0$에서 $3k>16$ $\therefore k>\frac{16}{3}$ … ㉢

$a_5<0$이므로

$a_6=a_5+2\times5-k=(16-3k)+10-k=26-4k$

그런데 $a_3<0$, $a_4<0$, $a_5<0$이므로

$a_6>0$이 되어야 $a_3\times a_4\times a_5\times a_6<0$을 만족시킨다.

즉, $a_6=26-4k>0$에서 $4k<26$ $\therefore k<\frac{13}{2}$

그런데 ㉢에 의하여 $\frac{16}{3}<k<\frac{13}{2}$이므로 $k=6$이다.

따라서 $k=6$일 때 주어진 조건을 만족시킨다.

(i), (ii)에 의하여 조건을 만족시키는 k의 값은 3, 5, 6이므로 그 합은 $3+5+6=14$이다.

I 115 정답 ④ *수열의 귀납적 정의- 경우 나누기 [정답률 35%]

(정답 공식: a_5의 값을 이용하여 a_4, a_3, a_2, a_1의 값을 차례로 결정한다.)

다음 조건을 만족시키는 모든 수열 $\{a_n\}$에 대하여 a_1의 최댓값을 M, 최솟값을 m이라 할 때, $\log_2\frac{M}{m}$의 값은? (4점)

> (가) 모든 자연수 n에 대하여
> $$a_{n+1}=\begin{cases} 2^{n-2} & (a_n<1) \\ \log_2 a_n & (a_n\ge 1) \end{cases}$$
> 이다. 단서1 $2^{n-2}>0$이고, $a_n\ge1$이면 $\log_2 a_n\ge0$이므로 항상 $a_{n+1}\ge0$임을 알 수 있지?
> (나) $a_5+a_6=1$ 단서2 $0\le a_5\le1$, $0\le a_6\le1$이어야 하겠지?

① 12 ② 13 ③ 14 ④ 15 ⑤ 16

1st a_5, a_6의 값을 결정해.

조건 (가)에서 자연수 n에 대하여

$a_n<1$이면 $a_{n+1}=2^{n-2}>0$이고 $a_n\ge1$이면 $a_{n+1}=\log_2 a_n\ge0$이므로

2 이상의 모든 자연수 n에 대하여 $a_n\ge0$이다.

조건 (가), (나)에서 a_5, a_6의 값을 구하면

$0\le a_5<1$일 때, ($0\le a_5<1$인 경우와 $a_5\ge1$인 경우로 나누어서 a_6을 생각해 봐.)

$a_6=2^{5-2}$에서 $8\le a_5+a_6<9$이므로 $a_5+a_6=1$을 만족시키지 않는다.

$a_5\ge1$일 때,

$a_6=\log_2 a_5\ge0$에서 $a_5+a_6\ge1$

그런데 $a_5+a_6=1$을 만족시키려면 $a_5=1$, $a_6=0$

$\therefore a_5=1, a_6=0$

2nd a_5의 값을 이용하여 a_4의 값을 결정해.

$0\le a_4<1$일 때, ($0\le a_4<1$인 경우와 $a_4\ge1$인 경우로 나누어야겠지?)

$a_5=2^{4-2}=4$이므로 $a_5=1$을 만족시키지 않는다.

$a_4\ge1$일 때,

$a_5=\log_2 a_4=1$이므로 $a_4=2$

$\therefore a_4=2$

3rd a_4의 값을 이용하여 a_3, a_2, a_1의 값을 차례대로 구해봐.

(i) $0 \le a_3 < 1$일 때, $0 \le a_3 < 1$인 경우와 $a_3 \ge 1$인 경우로 나누어 a_4의 값과 비교해. 마찬가지로 a_2와 a_3의 값과 비교한 후, a_1과 a_2를 비교해야 해.

$a_4 = 2^{3-2} = 2$이므로 $0 \le a_3 < 1$

i) $0 \le a_2 < 1$일 때, $a_3 = 2^{2-2} = 1$이므로 $0 \le a_3 < 1$을 만족시키지 않는다.

ii) $a_2 \ge 1$일 때 ($0 \le a_3 < 1$이므로 $0 \le \log_2 a_2 < 1$ 즉, $\log_2 1 \le \log_2 a_2 < \log_2 2$이므로 $1 \le a_2 < 2$)

$a_3 = \log_2 a_2$에서 $1 \le a_2 < 2$

$a_1 < 1$이면 $a_2 = 2^{1-2} = \frac{1}{2}$이므로 $1 \le a_2 < 2$를 만족시키지 않는다.

$a_1 \ge 1$이면 $a_2 = \log_2 a_1$에서 $2 \le a_1 < 4$ ($1 \le a_2 < 2$이므로 $1 \le \log_2 a_1 < 2$ 즉, $\log_2 2 \le \log_2 a_1 < \log_2 4$이므로 $2 \le a_1 < 4$)

(ii) $a_3 \ge 1$일 때,

$a_4 = \log_2 a_3 = 2$에서 $a_3 = 2^2 = 4$

i) $0 \le a_2 < 1$일 때, $a_3 = 2^{2-2} = 1$이므로 $a_3 = 4$를 만족시키지 않는다.

ii) $a_2 \ge 1$일 때,

$a_3 = \log_2 a_2 = 4$에서 $a_2 = 2^4 = 16$

$a_1 < 1$이면 $a_2 = 2^{1-2} = \frac{1}{2}$이므로 $a_2 = 16$을 만족시키지 않는다.

$a_1 \ge 1$이면 $a_2 = \log_2 a_1 = 16$에서 $a_1 = 2^{16}$

(i), (ii)에 의하여 $2 \le a_1 < 4$ 또는 $a_1 = 2^{16}$이므로 $M = 2^{16}$, $m = 2$

$\therefore \log_2 \frac{M}{m} = \log_2 \frac{2^{16}}{2} = \log_2 2^{15} = 15$ ($\log_2 2^{15} = 15\log_2 2 = 15 \times 1 = 15$)

I 116 정답 5 *수열의 귀납적 정의 - 경우 나누기 [정답률 32%]

(정답 공식: 첫째항을 가장 작은 자연수인 1부터 시작해서 조건을 만족시키는 가장 작은 첫째항을 구한다.)

첫째항이 자연수인 수열 $\{a_n\}$이 모든 자연수 n에 대하여

단서1 첫째항이 될 수 있는 것은 1, 2, 3, …이야.

$$a_{n+1} = \begin{cases} a_n - 2 & (a_n \ge 0) \\ a_n + 5 & (a_n < 0) \end{cases}$$

을 만족시킨다. $a_{15} < 0$이 되도록 하는 a_1의 최솟값을 구하시오. (4점)

단서2 첫째항을 1, 2, 3, …이라 하고 $a_{15} < 0$을 만족시키는 첫째항을 찾아 봐.

1st 첫째항을 1, 2, 3, …라 하고 $a_{15} < 0$이 되는 최소의 a_1의 값을 구해.

(i) $a_1 = 1$이라 하면

$a_1 \ge 0$이므로 $a_2 = a_1 - 2 = 1 - 2 = -1$

$a_2 < 0$이므로 $a_3 = a_2 + 5 = -1 + 5 = 4$

$a_3 \ge 0$이므로 $a_4 = a_3 - 2 = 4 - 2 = 2$

$a_4 \ge 0$이므로 $a_5 = a_4 - 2 = 2 - 2 = 0$

$a_5 \ge 0$이므로 $a_6 = a_5 - 2 = 0 - 2 = -2$

$a_6 < 0$이므로 $a_7 = a_6 + 5 = -2 + 5 = 3$

$a_7 \ge 0$이므로 $a_8 = a_7 - 2 = 3 - 2 = 1 = a_1$

$a_8 \ge 0$이므로 $a_9 = a_8 - 2 = 1 - 2 = -1 = a_2$

⋮ ($a_1 = 1$일 때, 각 항을 구한 것을 보면 첫째항부터 제7항까지 1, −1, 4, 2, 0, −2, 3이 나오고 1부터 다시 반복되므로 수열 $\{a_n\}$은 7을 주기로 값이 반복돼.)

즉, 수열 $\{a_n\}$은 모든 자연수 n에 대하여 $a_{n+7} = a_n$을 만족시키므로

$a_{15} = a_8 = a_1 = 1 > 0$

따라서 $a_1 = 1$일 때, $a_{15} < 0$을 만족시키지 않는다.

(ii) $a_1 = 2$라 하고 (i)과 같은 방법으로 하면

$a_2 = 0$, $a_3 = -2$, $a_4 = 3$, $a_5 = 1$, $a_6 = -1$, $a_7 = 4$,

$a_8 = 2 = a_1$, $a_9 = 0 = a_2$, …

즉, 수열 $\{a_n\}$은 모든 자연수 n에 대하여 $a_{n+7} = a_n$을 만족시키므로

$a_{15} = a_8 = a_1 = 2 > 0$

(iii) $a_1 = 3$이라 하고 (i)과 같은 방법으로 하면

$a_2 = 1$, $a_3 = -1$, $a_4 = 4$, $a_5 = 2$, $a_6 = 0$, $a_7 = -2$,

$a_8 = 3 = a_1$, $a_9 = 1 = a_2$, …

즉, 수열 $\{a_n\}$은 모든 자연수 n에 대하여 $a_{n+7} = a_n$을 만족시키므로

$a_{15} = a_8 = a_1 = 3 > 0$

(iv) $a_1 = 4$라 하고 (i)과 같은 방법으로 하면

$a_2 = 2$, $a_3 = 0$, $a_4 = -2$, $a_5 = 3$, $a_6 = 1$, $a_7 = -1$,

$a_8 = 4 = a_1$, $a_9 = 2 = a_2$, …

즉, 수열 $\{a_n\}$은 모든 자연수 n에 대하여 $a_{n+7} = a_n$을 만족시키므로

$a_{15} = a_8 = a_1 = 4 > 0$

(v) $a_1 = 5$라 하고 (i)과 같은 방법으로 하면

$a_2 = 3$, $a_3 = 1$, $a_4 = -1$, $a_5 = 4$, $a_6 = 2$, $a_7 = 0$, $a_8 = -2$,

$a_9 = 3 = a_2$, $a_{10} = 1 = a_3$, …

즉, 수열 $\{a_n\}$은 $n \ge 2$인 자연수 n에 대하여 $a_{n+7} = a_n$을 만족시키므로 $a_{15} = a_8 = -2 < 0$

따라서 $a_{15} < 0$이 되도록 하는 a_1의 최솟값은 5이다.

I 117 정답 ③ *수열의 귀납적 정의–경우 나누기 [정답률 35%]

(정답 공식: r의 값의 범위를 이용하여 수열 $\{a_n\}$의 각 항을 구해 본다.)

수열 $\{a_n\}$이 다음 조건을 만족시킨다.

단서1 $a_4 = r$, $a_8 = r^2$, $a_{12} = r^3$, …이지?

(가) 모든 자연수 k에 대하여 $a_{4k} = r^k$이다.

(단, r는 $0 < |r| < 1$인 상수이다.) **단서2** r의 값의 범위는 $-1 < r < 1$, $r \ne 0$이야.

(나) $a_1 < 0$이고, 모든 자연수 n에 대하여

$$a_{n+1} = \begin{cases} a_n + 3 & (|a_n| < 5) \\ -\frac{1}{2}a_n & (|a_n| \ge 5) \end{cases}$$

이다. **단서3** a_n의 값에 따라 a_{n+1}을 구하는 식이 달라져.

$|a_m| \ge 5$를 만족시키는 100 이하의 자연수 m의 개수를 p라 할 때, $p + a_1$의 값은? (4점)

① 8 ② 10 ③ 12 ④ 14 ⑤ 16

1st r의 값을 구해.

조건 (가)에 의하여

$a_4 = r$이고 $|a_4| < 5$ ($0 < |r| < 1$이므로 $0 < |a_4| < 1$이야.)

조건 (나)에 의하여

$a_5 = a_4 + 3 = r + 3$이고 $|a_5| < 5$ ($-1 < r < 1$에서 $2 < r + 3 < 4$이므로 $2 < |a_5| < 4$야.)

$a_6 = a_5 + 3 = (r + 3) + 3 = r + 6$이고 $|a_6| > 5$ ($-1 < r < 1$에서 $5 < r + 6 < 7$이므로 $5 < |a_6| < 7$야.)

$a_7 = -\frac{1}{2}a_6 = -\frac{1}{2}(r + 6) = -\frac{1}{2}r - 3$이고 $|a_7| < 5$ ($-1 < r < 1$에서 $-\frac{7}{2} < -\frac{1}{2}r - 3 < -\frac{5}{2}$이므로 $\frac{5}{2} < |a_7| < \frac{7}{2}$이야.)

$a_8 = a_7 + 3 = \left(-\frac{1}{2}r - 3\right) + 3 = -\frac{1}{2}r$

그런데 조건 (가)에 의하여 $a_8 = r^2$이므로 $-\frac{1}{2}r = r^2$에서

$r^2 + \frac{1}{2}r = 0$, $r\left(r + \frac{1}{2}\right) = 0$

$\therefore r = -\frac{1}{2}$ ($\because r \ne 0$) ($0 < |r| < 1$이므로 $r \ne 0$이야.)

2nd a_1의 값을 구해.

$r=-\frac{1}{2}$이므로 $a_4=r=-\frac{1}{2}$

이때, $|a_3|$의 값의 범위에 따라 경우를 나누어 a_3의 값을 구하면

$|a_3|<5$일 때, $a_4=a_3+3$에서 $\underline{a_3=a_4-3=-\frac{1}{2}-3=-\frac{7}{2}}$ ($|a_3|<5$를 만족시켜.)

$|a_3|\geq5$일 때, $a_4=-\frac{1}{2}a_3$에서 $\underline{a_3=-2a_4=-2\times\left(-\frac{1}{2}\right)=1}$ ($|a_3|\geq5$를 만족시키지 않아.)

$\therefore a_3=-\frac{7}{2}$

또, $|a_2|$의 값의 범위에 따라 경우를 나누어 a_2의 값을 구하면

$|a_2|<5$일 때, $a_3=a_2+3$에서 $\underline{a_2=a_3-3=-\frac{7}{2}-3=-\frac{13}{2}}$ ($|a_2|<5$를 만족시키지 않아.)

$|a_2|\geq5$일 때, $a_3=-\frac{1}{2}a_2$에서 $\underline{a_2=-2a_3=-2\times\left(-\frac{7}{2}\right)=7}$ ($|a_2|\geq5$를 만족시켜.)

$\therefore a_2=7$

또, $|a_1|$의 값의 범위에 따라 경우를 나누어 a_1의 값을 구하면

$|a_1|<5$일 때, $a_2=a_1+3$에서 $a_1=a_2-3=7-3=4$

$|a_1|\geq5$일 때, $a_2=-\frac{1}{2}a_1$에서 $a_1=-2a_2=-2\times7=-14$

$\therefore a_1=-14(\because a_1<0)$

3rd $|a_m|\geq5$를 만족시키는 100 이하의 자연수 m의 개수를 구해.

조건 (가)에 의하여 $a_{4k}=r^k$이고 $\underline{|a_{4k}|<5}$

조건 (나)에 의하여 ($-1<r<1$에서 $-1<r^k<1$이므로 $0<|a_{4k}|<1$이야.)

$a_{4k+1}=a_{4k}+3=r^k+3$이고 $\underline{|a_{4k+1}|<5}$ ($-1<r^k<1$에서 $2<r^k+3<4$이므로 $2<|a_{4k+1}|<4$야.)

$a_{4k+2}=a_{4k+1}+3=(r^k+3)+3=r^k+6$이고 $\underline{|a_{4k+2}|>5}$ ($-1<r^k<1$에서 $5<r^k+6<7$이므로 $5<|a_{4k+2}|<7$이야.)

$a_{4k+3}=-\frac{1}{2}a_{4k+2}=-\frac{1}{2}(r^k+6)=-\frac{1}{2}r^k-3$이고 $\underline{|a_{4k+3}|<5}$

($-1<r^k<1$에서 $-\frac{7}{2}<-\frac{1}{2}r^k-3<-\frac{5}{2}$이므로 $\frac{5}{2}<|a_{4k+3}|<\frac{7}{2}$이야.)

$a_{4k+4}=a_{4(k+1)}=r^{k+1}$이고 $|a_{4k+4}|<5$

$\vdots$

따라서 자연수 k에 대하여 $m=4k+2$일 때 $|a_m|\geq5$이다.

한편, **2nd** 에서 $a_1=-14$, $a_2=7$, $a_3=-\frac{7}{2}$, $a_4=-\frac{1}{2}$이므로

$|a_m|\geq5$를 만족시키는 100 이하의 자연수 m의 개수는

$1, \underline{2, 6, 10, 14, \cdots, 98}$로 26이다.

($6=4\times1+2$, $98=4\times24+2$이므로 자연수 k에 대하여 100 이하의 $4k+2$ 꼴의 자연수의 개수는 24야.)

따라서 $p=26$, $a_1=-14$이므로 $p+a_1=26+(-14)=12$

> **수열의 귀납적 정의의 응용** 개념·공식
>
> 이웃하는 항 사이의 관계가 수식이나 문장으로 주어지고 특정한 항의 값을 구하는 문제는
> (i) 주어진 조건을 수식으로 나타낸 후
> (ii) $n=1, 2, 3, \cdots$을 차례로 대입해보거나
> (iii) 여러 가지 수열의 귀납적 정의를 이용하여 일반항을 찾는다.

I 118 정답 ② *수열의 귀납적 정의- 경우 나누기 … [정답률 32%]

(정답 공식: n 대신 1, 2, 3, …을 대입하면서 규칙을 찾는다.)

자연수 k에 대하여 다음 조건을 만족시키는 수열 $\{a_n\}$이 있다.

> $a_1=0$이고, 모든 자연수 n에 대하여
>
> $$a_{n+1}=\begin{cases} a_n+\frac{1}{k+1} & (a_n\leq0) \\ a_n-\frac{1}{k} & (a_n>0)\end{cases}$$
>
> 단서1 a_n의 값의 범위에 따라 경우를 나누어 a_{n+1}의 값을 구해.
>
> 이다.

단서2 $a_1=0$, $a_{22}=0$이므로 수열 $\{a_n\}$은 어떤 규칙을 가지고 반복되는 수열이라고 생각할 수 있어.

$a_{22}=0$이 되도록 하는 모든 k의 값의 합은? (4점)

① 12 ② 14 ③ 16
④ 18 ⑤ 20

1st k의 값에 따라 $a_1, a_2, a_3, \cdots$을 차례로 구해 봐.

$a_1=0\leq0$이므로 귀납적으로 정의된 식에 n 대신 1, 2, 3, …을 차례로 대입하면

$a_2=a_1+\frac{1}{k+1}=\frac{1}{k+1}>0$

$a_3=a_2-\frac{1}{k}=\underline{\frac{1}{k+1}-\frac{1}{k}<0}$

(자연수 k에 대하여 $k+1>k$이므로 $\frac{1}{k+1}<\frac{1}{k}$ $\therefore \frac{1}{k+1}-\frac{1}{k}<0$)

$a_4=a_3+\frac{1}{k+1}=\left(\frac{1}{k+1}-\frac{1}{k}\right)+\frac{1}{k+1}$

$=\frac{2}{k+1}-\frac{1}{k}=\frac{k-1}{k(k+1)}$

여기서 $k=1$이면 $\underline{a_4=a_1=0\text{이므로 } a_5=a_2,\ a_6=a_3,}$
$\underline{a_7=a_4=0,\ \cdots\text{이다.}}$ ($k=1$이면 수열 $\{a_n\}$은 $a_1=0, a_2, a_3$이 반복되는 주기가 3인 수열이야.)

즉, 자연수 m에 대하여 $n=3m-2$일 때 $a_n=0$이고

$22=3\times8-2$이므로 $a_{22}=a_1=0$이다.

따라서 $k=1$일 때 주어진 조건을 만족시킨다.

한편, $k>1$이면 $a_4>0$이므로

$a_5=a_4-\frac{1}{k}=\left(\frac{2}{k+1}-\frac{1}{k}\right)-\frac{1}{k}=\frac{2}{k+1}-\frac{2}{k}=2\left(\frac{1}{k+1}-\frac{1}{k}\right)<0$

$a_6=a_5+\frac{1}{k+1}=\left(\frac{2}{k+1}-\frac{2}{k}\right)+\frac{1}{k+1}=\frac{3}{k+1}-\frac{2}{k}=\frac{k-2}{k(k+1)}$

여기서 $k=2$이면 $\underline{a_6=a_1=0\text{이므로 } a_7=a_2,\ a_8=a_3,\ a_9=a_4,\ a_{10}=a_5,}$
$\underline{a_{11}=a_6=0,\ \cdots\text{이다.}}$ ($k=2$이면 수열 $\{a_n\}$은 $a_1=0, a_2, a_3, a_4, a_5$가 반복되는 주기가 5인 수열이야.)

즉, 자연수 m에 대하여 $n=5m-4$일 때 $a_n=0$이고

$22=5\times5-3$이므로 $a_{22}=a_2>0$이다.

따라서 $k=2$일 때 주어진 조건을 만족시키지 않는다.

한편, $k>2$이면 $a_6>0$이므로

$a_7=a_6-\frac{1}{k}=\left(\frac{3}{k+1}-\frac{2}{k}\right)-\frac{1}{k}=\frac{3}{k+1}-\frac{3}{k}=3\left(\frac{1}{k+1}-\frac{1}{k}\right)<0$

$a_8=a_7+\frac{1}{k+1}=\left(\frac{3}{k+1}-\frac{3}{k}\right)+\frac{1}{k+1}=\frac{4}{k+1}-\frac{3}{k}=\frac{k-3}{k(k+1)}$

여기서 $k=3$이면 $\underline{a_8=a_1=0,\ a_9=a_2,\ a_{10}=a_3,\ a_{11}=a_4,\ a_{12}=a_5,}$
$\underline{a_{13}=a_6,\ a_{14}=a_7,\ a_{15}=a_8=0,\ \cdots\text{이다.}}$ ($k=3$이면 수열 $\{a_n\}$은 $a_1=0, a_2, a_3, \cdots, a_7$이 반복되는 주기가 7인 수열이야.)

즉, 자연수 m에 대하여 $n=7m-6$일 때 $a_n=0$이고

$22=7\times4-6$이므로 $a_{22}=a_1=0$이다.

따라서 $k=3$일 때 주어진 조건을 만족시킨다.

한편, $k>3$이면 $a_8>0$이므로

$$a_9=a_8-\frac{1}{k}=\left(\frac{4}{k+1}-\frac{3}{k}\right)-\frac{1}{k}=\frac{4}{k+1}-\frac{4}{k}=4\left(\frac{1}{k+1}-\frac{1}{k}\right)<0$$

$$a_{10}=a_9+\frac{1}{k+1}=\left(\frac{4}{k+1}-\frac{4}{k}\right)+\frac{1}{k+1}=\frac{5}{k+1}-\frac{4}{k}=\frac{k-4}{k(k+1)}$$

여기서 $k=4$이면 $a_{10}=a_1=0,\ a_{11}=a_2,\ a_{12}=a_3,\ a_{13}=a_4,\ \cdots,$ $a_{19}=a_{10}=a_1=0,\ \cdots$이다. $k=4$이면 수열 $\{a_n\}$은 $a_1=0,\ a_2,\ a_3,\ \cdots,\ a_9$가 반복되는 주기가 9인 수열이야.

즉, 자연수 m에 대하여 $n=9m-8$일 때 $a_n=0$이고

$22=9\times3-5$이므로 $a_{22}=a_4>0$이다.

따라서 $k=4$일 때 주어진 조건을 만족시키지 않는다.

마찬가지 방법으로 계속하면

$k=5$일 때 $a_{12}=a_1=0$이므로 자연수 m에 대하여

$n=11m-10$일 때 $a_n=0$이고 $22=11\times2$이므로 $a_{22}=a_{11}<0$이다.

따라서 $k=5$일 때 주어진 조건을 만족시키지 않는다.

$k=6$일 때 $a_{14}=a_1=0$이므로 자연수 m에 대하여

$n=13m-12$일 때 $a_n=0$이고 $22=13\times2-4$이므로

$a_{22}=a_9<0$이다.

따라서 $k=6$일 때 주어진 조건을 만족시키지 않는다.

$k=7$일 때 $a_{16}=a_1=0$이므로 자연수 m에 대하여

$n=15m-14$일 때 $a_n=0$이고 $22=15\times2-8$이므로

$a_{22}=a_7<0$이다.

따라서 $k=7$일 때 주어진 조건을 만족시키지 않는다.

$k=8$일 때 $a_{18}=a_1=0$이므로 자연수 m에 대하여

$n=17m-16$일 때 $a_n=0$이고 $22=17\times2-12$이므로

$a_{22}=a_5<0$이다.

따라서 $k=8$일 때 주어진 조건을 만족시키지 않는다.

$k=9$일 때 $a_{20}=a_1=0$이므로 자연수 m에 대하여

$n=19m-18$일 때 $a_n=0$이고 $22=19\times2-16$이므로

$a_{22}=a_3<0$이다.

따라서 $k=9$일 때 주어진 조건을 만족시키지 않는다.

$k=10$일 때 $a_{22}=a_1=0$이므로 주어진 조건을 만족시킨다.

$k>10$이면 $a_{22}>0$이므로 주어진 조건을 만족시키지 않는다.

2nd $a_{22}=0$이 되도록 하는 모든 k의 값의 합을 구해.

따라서 조건을 만족시키는 모든 자연수 k의 값은 1, 3, 10이므로

모든 k의 값의 합은 $1+3+10=14$이다.

수능 핵강

＊조건을 만족시키는 수열 $\{a_n\}$의 주기

$a_1=0,\ a_{22}=0$이 되려면 수열 $\{a_n\}$은 첫째항부터 제21항까지 안에 일정한 간격으로 반복되는 주기가 있는 수열이어야 돼.

이때, 첫째항부터 제21항까지 항의 수는 21이므로 21의 약수 중에서 주기가 있어야 해. 따라서 가능한 주기는 21의 약수인 1, 3, 7, 21인데 주기가 1인 경우, 즉 $a_1=a_2=a_3=\cdots=a_{22}$이면 주어진 조건을 만족시키지 않으므로 가능한 주기는 3, 7, 21이야.

주기가 3이 되려면 $a_4=0$이어야 하므로 $k=1$, 주기가 7이 되려면 $a_8=0$이어야 하므로 $k=3$, 주기가 21이 되려면 $a_{22}=0$이어야 하므로 $k=10$이야.

I 119 정답 231 ✪1등급 대비 [정답률 16%]

정답 공식: $\sqrt{n}$의 값이 자연수이고 a_n의 값이 양수가 되는 경우에 주의하여 n 대신 1, 2, 3, …를 대입하여 a_{15}의 값을 a_1으로 나타낸다.

수열 $\{a_n\}$은 $a_2=-a_1$이고, $n\geq2$인 모든 자연수 n에 대하여

$$a_{n+1}=\begin{cases}a_n-\sqrt{n}\times a_{\sqrt{n}} & (\sqrt{n}\text{이 자연수이고 } a_n>0\text{인 경우})\\ a_n+1 & (\text{그 외의 경우})\end{cases}$$

단서 $\sqrt{n}$이 자연수가 되는 경우는 n의 값이 1, 4, 9, 16, …인데 귀납적으로 정의된 식이 $n\geq2$인 자연수 n에 대하여 성립하고 $a_{15}=1$이 되도록 하는 a_1의 값을 구하는 거니까 $n=4$ 또는 $n=9$일 때 주의하여 수열 $\{a_n\}$을 추론해.

를 만족시킨다. $a_{15}=1$이 되도록 하는 모든 a_1의 값의 곱을 구하시오. (4점)

단서+발상 [유형 05]

단서 귀납적으로 정의된 수열 $\{a_n\}$의 식에서 a_{n+1}은 $\sqrt{n}$과 a_n의 부호에 따라 결정된다. (개념)

이때, 2 이상의 자연수 n에 대하여 $\sqrt{n}$의 값이 자연수가 되는 자연수 n의 값은 제곱수, 즉 4, 9, 16, …이므로 $a_5,\ a_{10},\ a_{17},\ \cdots$을 구할 때 주의하여 주어진 식에 대입해야 한다. (적용)

한편, $a_{15}=1$이 되도록 하는 a_1의 값을 구하는 것이므로 $a_2,\ a_3,\ a_4,\ \cdots,\ a_{15}$를 a_1으로 나타내어 조건을 만족시키는 a_1의 값을 구한다. (해결)

[문제 풀이 순서]

1st $a_2,\ a_3,\ a_4$를 a_1으로 나타내.

주어진 조건에서 $a_2=-a_1$

$a_3=a_2+1=-a_1+1$

$\sqrt{2}$는 자연수가 아니므로 $a_3=a_2+1$이야.

$a_4=a_3+1=(-a_1+1)+1=-a_1+2$

2nd a_4의 부호에 따라서 경우를 나누어 a_{15}를 a_1으로 나타내어 a_1의 값을 구해.

이때, $\sqrt{4}=2$로 자연수이므로 a_5의 값은 a_4의 부호에 따라 경우를 나누어 생각하자.

(i) $a_4>0$, 즉 $-a_1+2>0$에서 $a_1<2$ …㉠일 때,

$a_5=a_4-\sqrt{4}\times a_{\sqrt{4}}=a_4-2a_2=(-a_1+2)-2(-a_1)=a_1+2$

$\sqrt{4}=2$는 자연수이고 $a_4>0$이므로 $a_5=a_4-\sqrt{4}\times a_{\sqrt{4}}$야.

$a_6=a_5+1=(a_1+2)+1=a_1+3$

$a_7=a_6+1=(a_1+3)+1=a_1+4$

$a_8=a_7+1=(a_1+4)+1=a_1+5$

$a_9=a_8+1=(a_1+1)+5=a_1+6$

이때, $\sqrt{9}=3$으로 자연수이므로 a_{10}의 값은 a_9의 부호에 따라 경우를 나누어 생각하자.

i) $a_9>0$, 즉 $a_1+6>0$에서 $a_1>-6$ … ㉡일 때,

$a_{10}=a_9-\sqrt{9}\times a_{\sqrt{9}}=a_9-3a_3=(a_1+6)-3(-a_1+1)$

$\sqrt{9}=3$은 자연수이고 $a_9>0$이므로 $a_{10}=a_9-\sqrt{9}\times a_{\sqrt{9}}$야.

$=4a_1+3$

$a_{11}=a_{10}+1=(4a_1+3)+1=4a_1+4$

$a_{12}=a_{11}+1=(4a_1+4)+1=4a_1+5$

$a_{13}=a_{12}+1=(4a_1+5)+1=4a_1+6$

$a_{14}=a_{13}+1=(4a_1+6)+1=4a_1+7$

$a_{15}=a_{14}+1=(4a_1+7)+1=4a_1+8$

그런데 $a_{15}=1$이므로 $4a_1+8=1$에서 $4a_1=-7$

$\therefore a_1=-\frac{7}{4}$

이것은 ㉠, ㉡을 만족시키므로 a_1의 값으로 가능하다.

ii) $a_9 \le 0$, 즉 $a_1+6 \le 0$에서 $a_1 \le -6$ … ㉢일 때,

$a_{10}=a_9+1=(a_1+6)+1=a_1+7$

$\sqrt{9}=3$으로 자연수이지만 $a_9 \le 0$이므로 $a_{10}=a_9+1$이야.

$a_{11}=a_{10}+1=(a_1+7)+1=a_1+8$

$a_{12}=a_{11}+1=(a_1+8)+1=a_1+9$

$a_{13}=a_{12}+1=(a_1+9)+1=a_1+10$

$a_{14}=a_{13}+1=(a_1+10)+1=a_1+11$

$a_{15}=a_{14}+1=(a_1+11)+1=a_1+12$

그런데 $a_{15}=1$이므로 $a_1+12=1$에서 $a_1=-11$

이것은 ㉠, ㉢을 만족시키므로 a_1의 값으로 가능하다.

(ii) $a_4 \le 0$, 즉 $-a_1+2 \le 0$에서 $a_1 \ge 2$ … ㉣일 때,

$a_5=a_4+1=(-a_1+2)+1=-a_1+3$

$\sqrt{4}=2$로 자연수이지만 $a_4 \le 0$이므로 $a_5=a_4+1$이야.

$a_6=a_5+1=(-a_1+3)+1=-a_1+4$

$a_7=a_6+1=(-a_1+4)+1=-a_1+5$

$a_8=a_7+1=(-a_1+5)+1=-a_1+6$

$a_9=a_8+1=(-a_1+6)+1=-a_1+7$

이때, $\sqrt{9}=3$으로 자연수이므로 a_{10}의 값은 a_9의 부호에 따라 경우를 나누어 생각하자.

i) $a_9>0$, 즉 $-a_1+7>0$에서 $a_1<7$ … ㉤일 때,

$a_{10}=a_9-\sqrt{9}\times a_{\sqrt{9}}=a_9-3a_3=(-a_1+7)-3(-a_1+1)$

$\sqrt{9}=3$은 자연수이고 $a_9>0$이므로 $a_{10}=a_9-\sqrt{9}\times a_{\sqrt{9}}$야.

$=2a_1+4$

$a_{11}=a_{10}+1=(2a_1+4)+1=2a_1+5$

$a_{12}=a_{11}+1=(2a_1+5)+1=2a_1+6$

$a_{13}=a_{12}+1=(2a_1+6)+1=2a_1+7$

$a_{14}=a_{13}+1=(2a_1+7)+1=2a_1+8$

$a_{15}=a_{14}+1=(2a_1+8)+1=2a_1+9$

그런데 $a_{15}=1$이므로 $2a_1+9=1$에서 $2a_1=-8$

$\therefore a_1=-4$

이것은 ㉣, ㉤을 만족시키지 않으므로 a_1의 값으로 가능하지 않다.

ii) $a_9 \le 0$, 즉 $-a_1+7 \le 0$에서 $a_1 \ge 7$ … ㉥일 때,

$a_{10}=a_9+1=(-a_1+7)+1=-a_1+8$

$\sqrt{9}=3$으로 자연수이지만 $a_9 \le 0$이므로 $a_{10}=a_9+1$이야.

$a_{11}=a_{10}+1=(-a_1+8)+1=-a_1+9$

$a_{12}=a_{11}+1=(-a_1+9)+1=-a_1+10$

$a_{13}=a_{12}+1=(-a_1+10)+1=-a_1+11$

$a_{14}=a_{13}+1=(-a_1+11)+1=-a_1+12$

$a_{15}=a_{14}+1=(-a_1+12)+1=-a_1+13$

그런데 $a_{15}=1$이므로 $-a_1+13=1$에서 $a_1=12$

이것은 ㉣, ㉥을 만족시키므로 a_1의 값으로 가능하다.

(i), (ii)에 의하여 조건을 만족시키는 모든 a_1의 값은 $-\frac{7}{4}$, -11, 12이므로 그 곱은 $\left(-\frac{7}{4}\right)\times(-11)\times 12=231$이다.

My Top Secret 서울대 선배의 ❶ 등급 대비 전략

최근 고난도 문제로 귀납적으로 정의된 수열에서 특정항을 구하는 문제가 꼭 출제되고 있어. 이런 유형은 주어진 식에 n 대신 1, 2, 3, …을 차례로 대입하여 a_1, a_2, a_3, …를 구하여 해결하거나 역으로 …, 3, 2, 1을 차례로 대입하여 …, a_3, a_2, a_1를 구하여 해결할 수 있어. 어떻게 시작해야 할지 모르겠다면 두 방법 모두 적용해 봐.

I 120 정답 ①

✪2등급 대비 [정답률 25%]

*귀납적으로 정의된 수열이 조건을 만족시키도록 하는 수열의 첫째항 구하기 [유형 05]

수열 $\{a_n\}$은 $|a_1| \le 1$이고, 모든 자연수 n에 대하여

$$a_{n+1}=\begin{cases} -2a_n-2 & \left(-1 \le a_n < -\frac{1}{2}\right) \\ 2a_n & \left(-\frac{1}{2} \le a_n \le \frac{1}{2}\right) \\ -2a_n+2 & \left(\frac{1}{2} < a_n \le 1\right) \end{cases}$$

단서1 a_{n+1}은 a_n의 값의 범위에 따라 정의돼.

을 만족시킨다. $a_5+a_6=0$이고 $\sum_{k=1}^{5} a_k>0$이 되도록 하는 모든 a_1의 값의 합은? (4점)

단서2 a_5의 값의 범위에 따라 a_6을 a_5로 나타내어 $a_5+a_6=0$을 만족시키는 a_5의 값을 구해.

① $\frac{9}{2}$ ② 5 ③ $\frac{11}{2}$ ④ 6 ⑤ $\frac{13}{2}$

왜 2등급? $a_5+a_6=0$에서 $\sum_{n=1}^{63} a_k>0$을 이용하려면 a_5의 값을 알아내야 하고, a_5의 값에서 차례로 a_4, a_3, a_2, a_1을 구할 수 있어야 한다. 조건을 만족시키는 a_1의 값이 여러 개 존재하기 때문에 가능한 경우를 나누어 실수 없이 하나씩 확인해보는 것이 중요하다.

단서+발상

단서1 수열 $\{a_n\}$에 대하여 a_{n+1}은 이전 항인 a_n의 값의 범위에 따라 결정되기 때문에 a_n의 값의 범위로 경우를 나눠서 문제에 접근해야 한다. (발상)

단서2 $a_5+a_6=0$이라는 식은 a_6과 이전 항인 a_5 사이의 관계식이므로 (발상) 수열의 귀납적 정의의 범위에 따라 a_5의 값의 범위를 세 가지 경우로 나누어 a_6을 a_5로 나타내고 (적용)

a_6을 $a_5+a_6=0$에 대입하면 가능한 a_5의 값을 찾을 수 있다. (해결)

마지막으로, 단서2에서 찾은 a_5의 값을 이용하여 a_4의 값을 구한다. (발상)

또, a_4의 값을 이용하여 a_3의 값을, a_3의 값을 이용하여 a_2의 값을, a_2의 값을 이용하여 a_1의 값을 차례로 구한다. (적용)

주의 a_5의 값은 하나로 결정되지만 a_4, a_3, a_2, a_1의 값은 각 값의 범위에 따라 여러 개가 존재한다. 각 값의 범위를 빠뜨리지 말고 하나씩 따져주어야 한다.

(핵심 정답 공식: a_5의 값부터 구한 후 차례로 조건을 만족시키는 a_4, a_3, a_2, a_1의 값을 각각 구한다.)

------------------ [문제 풀이 순서] ------------------

1st $a_5+a_6=0$을 만족시키는 a_5의 값을 구해.

(i) $-1 \le a_5 < -\frac{1}{2}$일 때, $a_6=-2a_5-2$

이때, $a_5+a_6=0$에서 $a_5+(-2a_5-2)=0$ $\therefore a_5=-2$

이것은 $-1 \le a_5 < -\frac{1}{2}$을 만족시키지 않는다.

(ii) $-\frac{1}{2} \le a_5 \le \frac{1}{2}$일 때, $a_6=2a_5$

실수 구한 값이 범위에 포함되는지 꼭 확인해줘야 해.

이때, $a_5+a_6=0$에서 $a_5+2a_5=0$ $\therefore a_5=0$

이것은 $-\frac{1}{2} \le a_5 \le \frac{1}{2}$을 만족시킨다.

(iii) $\frac{1}{2} < a_5 \le 1$일 때, $a_6=-2a_5+2$

이때, $a_5+a_6=0$에서 $a_5+(-2a_5+2)=0$ $\therefore a_5=2$

이것은 $\frac{1}{2} < a_5 \le 1$을 만족시키지 않는다.

(i)~(iii)에 의하여 $a_5=0$이다.

2nd $a_5=0$일 때, a_4, a_3, a_2, a_1의 값을 각각 구해.

따라서 $a_5=0$과 $a_{n+1}=\begin{cases} -2a_n-2\left(-1\le a_n<-\dfrac{1}{2}\right) \\ 2a_n \quad \left(-\dfrac{1}{2}\le a_n\le \dfrac{1}{2}\right) \\ -2a_n+2\left(\dfrac{1}{2}<a_n\le 1\right)\end{cases}$ 을 만족시키는

a_4, a_3, a_2, a_1의 값을 구하면 다음 표와 같다.
a_4의 값의 범위를 나누어 a_3의 값을, a_3의 값의 범위를 나누어 a_2의 값을, a_2의 값의 범위를 나누어 a_1의 값을 구하면 돼.

a_5	a_4	a_3	a_2	a_1	
0	-1	$-\frac{1}{2}$	$-\frac{3}{4}$	$-\frac{5}{8}$	(1)
				$-\frac{3}{8}$	(2)
			$-\frac{1}{4}$	$-\frac{7}{8}$	(3)
				$-\frac{1}{8}$	(4)
	0	-1	$-\frac{1}{2}$	$-\frac{3}{4}$	(5)
				$-\frac{1}{4}$	(6)
		0	-1	$-\frac{1}{2}$	(7)
			0	-1	(8)
				0	(9)
				1	(10)
			1	$\frac{1}{2}$	(11)
		1	$\frac{1}{2}$	$\frac{1}{4}$	(12)
				$\frac{3}{4}$	(13)
	1	$\frac{1}{2}$	$\frac{1}{4}$	$\frac{1}{8}$	(14)
				$\frac{7}{8}$	(15)
			$\frac{3}{4}$	$\frac{3}{8}$	(16)
				$\frac{5}{8}$	(17)

3rd $\sum_{k=1}^{5}a_k>0$을 만족시키는 a_1의 값을 구해.

위의 표에 의하여 (1)~(8)일 때 $\sum_{k=1}^{5}a_k<0$, (9)일 때 $\sum_{k=1}^{5}a_k=0$, (10)~(17)일 때 $\sum_{k=1}^{5}a_k>0$이므로 조건을 만족시키는 a_1의 값은 $1, \frac{1}{2}, \frac{1}{4}, \frac{3}{4}, \frac{1}{8}, \frac{7}{8}, \frac{3}{8}, \frac{5}{8}$이다.

$\therefore$ (구하는 합)$=1+\frac{1}{2}+\frac{1}{4}+\frac{3}{4}+\frac{1}{8}+\frac{7}{8}+\frac{3}{8}+\frac{5}{8}$

$=\frac{8+4+2+6+1+7+3+5}{8}=\frac{36}{8}=\frac{9}{2}$

My Top Secret 서울대 선배의 ❶등급 대비 전략

수열의 귀납적 정의에서 제시된 범위가 이전 항에 따라 결정되기 때문에 일반적인 수열의 문제처럼 첫째항을 대입하여 다음 항을 찾는 형태가 아니라 역으로 뒤의 항에서 이전 항을 구하는 방식을 사용해야 해.

I 121 정답 ②

✪2등급 대비 [정답률 23%]

* 귀납적으로 정의된 수열의 첫째항 구하기 [유형 05]

수열 $\{a_n\}$은 모든 자연수 n에 대하여

$a_{n+2}=\begin{cases} 2a_n+a_{n+1} & (a_n\le a_{n+1}) \\ a_n+a_{n+1} & (a_n>a_{n+1})\end{cases}$ **단서1** a_{n+2}는 연속한 두 항 a_n, a_{n+1}의 대소에 따라 결정돼.

을 만족시킨다. $a_3=2$, $a_6=19$가 되도록 하는 모든 a_1의 값의 합은? (4점)
단서2 수열 $\{a_n\}$의 귀납적으로 정의된 식에 $n=1$을 대입하면 a_3을 구할 수 있어.

① $-\frac{1}{2}$ ② $-\frac{1}{4}$ ③ 0
④ $\frac{1}{4}$ ⑤ $\frac{1}{2}$

왜 2등급? 귀납적으로 정의된 수열 $\{a_n\}$이 특정항의 조건을 만족시키도록 하는 모든 첫째항 a_1의 값을 구하는 문제이다.
a_{n+2}가 a_n, a_{n+1}의 대소에 의하여 결정되므로 $a_n\le a_{n+1}$인 경우와 $a_n>a_{n+1}$인 경우로 나누어 모든 경우를 따져보는 과정이 복잡하다.

단서+발상

단서1 $a_n\le a_{n+1}$일 때 $a_{n+2}=2a_n+a_{n+1}$이고, $a_n>a_{n+1}$일 때 $a_{n+2}=a_n+a_{n+1}$이므로 a_n과 a_{n+1}의 대소에 따라 경우를 나누어 주어진 조건을 만족시키는 a_1의 값을 구해야 한다. (발상)

단서2 $a_3=2$임을 활용하기 위해 주어진 식에 $n=1$을 대입하면 a_1과 a_2의 대소에 따라 $a_3=2a_1+a_2$이거나 $a_3=a_1+a_2$인 것을 알 수 있다. (적용)
따라서 $a_3=2$임을 이용하여 a_1, a_2의 대소에 따라 경우를 나누어 a_4, a_5, a_6을 각각 구하고 a_1을 구한다. (해결)

주의 연속된 두 항 a_n, a_{n+1}의 대소에 따라 a_{n+2}의 값이 결정되므로 $a_n\le a_{n+1}$일 때와 $a_n>a_{n+1}$일 때의 모든 경우를 놓치지 말고 따져 주어야 한다.

(핵심 정답 공식: n 대신에 1, 2, 3, 4를 차례로 대입해보고 a_n, a_{n+1}의 대소를 비교하여 $a_3=2$, $a_6=19$를 만족시키는 a_1의 값을 구한다.)

------------------ [문제 풀이 순서] ------------------

1st 귀납적으로 정의된 식에 $n=1$을 대입하자.

주어진 식에 $n=1$을 대입하면

$a_3=\begin{cases} 2a_1+a_2 & (a_1\le a_2) \\ a_1+a_2 & (a_1>a_2)\end{cases}$

2nd a_1, a_2의 대소에 따라 경우를 나누어 a_1의 값을 구하자.

(i) $a_1\le a_2$일 때,
$a_3=2a_1+a_2=2$ … ㉠이므로 $a_2>0$
($a_1\le a_2$이므로 $a_2\le 0$이면 $a_1\le 0$이야. 그럼 $a_3=2a_1+a_2\le 0$이므로 $a_3=2$를 만족시키지 않아. 따라서 $a_2>0$이어야 해.)

이제, $a_1\ge 0$일 때와 $a_1<0$일 때로 경우를 나누어 $a_6=19$를 만족시키는 a_1의 값을 구하자.

i) $a_1\ge 0$일 때, ($a_1\ge 0$이고 $a_2>0$이므로 $a_3=2a_1+a_2\ge a_2$)
$a_2\le a_3$이므로 $a_4=2a_2+a_3=2a_2+2$
$a_3<a_4$이므로 ($a_3\ge a_2>0$이므로 $a_4=2a_2+a_3>a_3$)
$a_5=2a_3+a_4=2\times 2+(2a_2+2)=2a_2+6$
$a_4<a_5$이므로 ($a_4>a_3>0$이므로 $a_5=2a_3+a_4>a_4$)
$a_6=2a_4+a_5=2(2a_2+2)+(2a_2+6)=6a_2+10$
이때, $a_6=19$이므로 $6a_2+10=19$에서 $6a_2=9$ $\therefore a_2=\frac{3}{2}$
이것을 ㉠에 대입하면 $a_3=2a_1+\frac{3}{2}=2$에서 $2a_1=\frac{1}{2}$
$\therefore a_1=\frac{1}{4}$

ii) $a_1<0$일 때, ($a_1<0$이고 $a_2>0$이므로 $a_3=2a_1+a_2<a_2$)

$a_2>a_3$이므로 $a_4=a_2+a_3=a_2+2$

$a_3<a_4$이므로 ($a_2>0$이므로 $a_4=a_2+a_3>a_3$)

$a_5=2a_3+a_4=2\times2+(a_2+2)=a_2+6$

$a_4<a_5$이므로 ($a_3=2$이므로 $a_5=2a_3+a_4>a_4$)

$a_6=2a_4+a_5=2(a_2+2)+(a_2+6)=3a_2+10$

이때, $a_6=19$이므로 $3a_2+10=19$에서 $3a_2=9$ $\therefore a_2=3$

이것을 ㉠에 대입하면 $a_3=2a_1+3=2$에서 $2a_1=-1$

$\therefore a_1=-\frac{1}{2}$

(ii) $a_1>a_2$일 때,

$a_3=a_1+a_2=2$ … ㉡이므로 $a_1>0$ ($a_1>a_2$이므로 $a_1\le0$이면 $a_2<0$이야. 그럼 $a_3=a_1+a_2<0$이므로 $a_3=2$를 만족시키지 않아. 따라서 $a_1>0$이어야 해.)

$a_2<a_3$이므로 ($a_1>0$이므로 $a_3=a_1+a_2>a_2$)

$a_4=2a_2+a_3=2a_2+2$

이제, $a_2\ge0$일 때와 $a_2<0$일 때로 경우를 나누어 $a_6=19$를 만족시키는 a_1의 값을 구하자.

i) $a_2\ge0$일 때

$a_3\le a_4$이므로 ($a_2\ge0$이므로 $a_4=2a_2+a_3\ge a_3$)

$a_5=2a_3+a_4=2\times2+(2a_2+2)=2a_2+6$

$a_4<a_5$이므로 ($a_3=2$이므로 $a_5=2a_3+a_4>a_4$)

$a_6=2a_4+a_5=2(2a_2+2)+(2a_2+6)=6a_2+10$

이때, $a_6=19$이므로 $6a_2+10=19$에서 $6a_2=9$ $\therefore a_2=\frac{3}{2}$

이것을 ㉡에 대입하면 $a_3=a_1+\frac{3}{2}=2$

$\therefore a_1=\frac{1}{2}$

그런데 $a_1>a_2$이어야 하므로 주어진 조건을 만족시키는 a_1의 값은 존재하지 않는다.

ii) $a_2<0$일 때

$a_3>a_4$이므로 ($a_2<0$이므로 $a_4=2a_2+a_3<a_3$)

$a_5=a_3+a_4=2+(2a_2+2)=2a_2+4$

$a_4<a_5$이므로 ($a_3=2$이므로 $a_5=a_3+a_4>a_4$)

$a_6=2a_4+a_5=2(2a_2+2)+(2a_2+4)=6a_2+8$

이때, $a_6=19$이므로 $6a_2+8=19$에서 $6a_2=11$

$\therefore a_2=\frac{11}{6}$

그런데 $a_2<0$이어야 하므로 주어진 조건을 만족시키는 a_2와 a_1의 값은 존재하지 않는다.

(i), (ii)에 의하여 조건을 만족시키는 모든 a_1의 값은 $\frac{1}{4}$, $-\frac{1}{2}$이므로

(구하는 합)$=\frac{1}{4}+\left(-\frac{1}{2}\right)=-\frac{1}{4}$

1등급 대비 특강

* 귀납적으로 정의된 수열에서 접근하기 쉬운 항을 기준으로 잡아 해결하기

조건에서 a_3과 a_6의 값이 주어져 있으므로 a_3을 기준으로 잡던지, a_6을 기준으로 잡아서 a_1의 값을 구해야 해. 그런데 a_3의 값이 a_6의 값보다 따져주기 쉽기 때문에 a_3의 값을 기준으로 a_1, a_2의 대소, 즉 $a_1\le a_2$ 또는 $a_1>a_2$로 경우를 나누어 접근해야 해. 그 다음 a_4의 값을 구하기 위해 a_2, a_3의 대소를 비교하고 a_5의 값을 구하기 위해 a_3, a_4의 대소를 비교하고 a_6의 값을 구하기 위해 a_4, a_5의 대소를 비교해야 해.

I 122 정답 ④

2등급 대비 [정답률 27%]

*새롭게 정의된 수열을 구해 주어진 부등식을 만족시키는 자연수 구하기 [유형 05]

첫째항이 양수이고 공차가 -1보다 작은 등차수열 $\{a_n\}$에 대하여 수열 $\{b_n\}$은 다음과 같다. (단서1 등차수열 $\{a_n\}$의 공차가 -1보다 작으므로 수열 $\{a_n\}$은 감소하는 수열이야. 이때, 첫째항이 양수이므로 $a_n\ge0$, $a_{n+1}<0$을 만족시키는 자연수 n은 오직 하나 존재해.)

$$b_n=\begin{cases} a_{n+1}-\frac{n}{2} & (a_n\ge0) \\ a_n+\frac{n}{2} & (a_n<0) \end{cases}$$

수열 $\{b_n\}$의 첫째항부터 제n항까지의 합을 S_n이라 할 때, 수열 $\{b_n\}$은 다음 조건을 만족시킨다.

(가) $b_5<b_6$ (단서2 $a_n\ge0$, $a_{n+1}<0$을 만족시키는 자연수 n을 구할 수 있어.)
(나) $S_5=S_9=0$ (단서3 이 조건에서 수열 $\{a_n\}$의 일반항을 구해 봐.)

$S_n\le-70$을 만족시키는 자연수 n의 최솟값은? (4점)

① 13 ② 15 ③ 17 ④ 19 ⑤ 21

왜 2등급? 등차수열 $\{a_n\}$을 이용하여 정의된 수열 $\{b_n\}$의 첫째항부터의 제n항까지의 합이 특정한 값보다 작거나 같은 경우의 n의 최솟값을 구하는 문제이다. 수열 $\{b_n\}$이 수열 $\{a_n\}$의 부호에 따라 결정되기 때문에 $a_n\ge0>a_{n+1}$을 만족시키는 자연수 n을 찾는 것이 우선되어야 한다.

단서+발상

단서1 등차수열 $\{a_n\}$의 공차가 -1보다 작으므로 수열 $\{a_n\}$은 감소하는 수열이다. (발상)
즉, 모든 자연수 n에 대하여 $a_n>a_{n+1}$이고 첫째항이 양수이므로 $a_1>a_2>\cdots>a_n\ge0>a_{n+1}$인 자연수 n은 오직 하나 존재한다. (적용)

단서2 조건 (가)에서 b_5, b_6의 대소가 주어졌고 b_5, b_6은 각각 a_5, a_6의 부호에 따라 결정되므로 a_5, a_6의 부호에 따라 경우를 나누어 조건 (가)를 만족시키는 a_5, a_6의 부호를 찾아야 한다. (발상)
이때, 수열 $\{a_n\}$은 감소하는 수열이므로 (i) $a_5\ge0$, $a_6\ge0$, (ii) $a_5\ge0$, $a_6<0$, (iii) $a_5<0$, $a_6<0$의 세 경우만 따져주면 된다. (적용)

단서3 조건 (나)의 $S_5=0$, $S_9=0$을 이용하여 각각 등차수열 $\{a_n\}$의 첫째항과 공차에 대한 관계식을 찾고 두 식을 연립하여 첫째항과 공차를 구하여 수열 $\{a_n\}$의 일반항을 완성한다. (해결)

주의 첫째항이 양수이고 감소하는 등차수열 $\{a_n\}$이 처음으로 음수가 되는 n을 찾는 것이 우선 되어야 한다.

핵심 정답 공식: 첫째항이 a이고 제n항이 l인 등차수열의 첫째항부터 제n항까지의 합은 $\frac{n(a+l)}{2}$이다.

[문제 풀이 순서]

1st $a_n\ge0$, $a_{n+1}<0$인 자연수 n의 값을 찾아 수열 $\{b_n\}$의 일반항을 a_n을 이용하여 나타내자.

조건 (가)에서 수열 $\{b_n\}$의 두 항 b_5, b_6의 대소 관계가 주어졌으므로 수열 $\{a_n\}$의 두 항 a_5, a_6의 부호로 경우를 나누어 따져보자.

(i) $a_5\ge0$, $a_6\ge0$일 때,

$b_5=a_6-\frac{5}{2}$, $b_6=a_7-\frac{6}{2}=a_7-3$

이때, $a_6>a_7$이므로 (등차수열 $\{a_n\}$의 공차가 -1보다 작으므로 수열 $\{a_n\}$은 감소하는 수열이야. 즉, 모든 자연수 n에 대하여 $a_n\ge a_{n+1}$이 성립해.)

$b_5-b_6=\left(a_6-\frac{5}{2}\right)-(a_7-3)=a_6-a_7+\frac{1}{2}>0$에서 $b_5>b_6$이다.

따라서 조건 (가)를 만족시키지 않는다.

(ii) $a_5 \ge 0$, $a_6 < 0$일 때,

수열 $\{a_n\}$은 감소하는 수열이므로 $a_5<0$, $a_6 \ge 0$인 경우는 없어.

$b_5 = a_6 - \frac{5}{2}$, $b_6 = a_6 + \frac{6}{2} = a_6 + 3$

이때, $b_5 - b_6 = \left(a_6 - \frac{5}{2}\right) - (a_6+3) = -\frac{11}{2} < 0$이므로 $b_5 < b_6$이다.

따라서 조건 (가)를 만족시킨다.

(iii) $a_5 < 0$, $a_6 < 0$일 때,

$b_5 = a_5 + \frac{5}{2}$, $b_6 = a_6 + \frac{6}{2} = a_6 + 3$

이때, $b_5 - b_6 = \left(a_5 + \frac{5}{2}\right) - (a_6+3) = a_5 - a_6 - \frac{1}{2} > 0$이므로 $b_5 > b_6$이다.

등차수열 $\{a_n\}$의 첫째항을 a, 공차를 d라 하면 $d<-1$이고 $a_5 - a_6 = (a+4d)-(a+5d) = -d > 1$이지?

따라서 조건 (가)를 만족시키지 않는다. 즉, $a_5 - a_6 - \frac{1}{2} = -d - \frac{1}{2} > \frac{1}{2} > 0$이야.

(i)~(iii)에 의하여 $a_5 \ge 0$, $a_6 < 0$이므로 5 이하의 자연수 n에 대하여 $a_n \ge 0$이고 6 이상의 자연수 n에 대하여 $a_n < 0$이다.

$$\therefore b_n = \begin{cases} a_{n+1} - \frac{n}{2} & (n \le 5) \\ a_n + \frac{n}{2} & (n \ge 6) \end{cases} \cdots ㉠$$

2nd 등차수열 $\{a_n\}$의 일반항을 구하자.

등차수열 $\{a_n\}$의 첫째항을 a, 공차를 d라 하면 $a_n = a + (n-1)d$이고 조건 (나)의 $S_5 = 0$에서

$$S_5 = \sum_{n=1}^{5} b_n = \sum_{n=1}^{5}\left(a_{n+1} - \frac{n}{2}\right) (\because ㉠) = \sum_{n=1}^{5} a_{n+1} - \frac{1}{2}\sum_{n=1}^{5} n$$

등차수열 $\{a_n\}$의 제2항부터 제6항까지의 합이야. $\sum_{k=1}^{n} k = \frac{n(n+1)}{2}$

$$= \frac{5(a_2+a_6)}{2} - \frac{1}{2} \times \frac{5\times 6}{2} = \frac{5\{(a+d)+(a+5d)\}}{2} - \frac{15}{2}$$

첫째항이 a이고 제n항이 l인 등차수열의 첫째항부터 제n항까지의 합은 $\frac{n(a+l)}{2}$이야.

$$= \frac{5(2a+6d)}{2} - \frac{15}{2} = 0$$

$$\frac{5(2a+6d)}{2} = \frac{15}{2}$$

$\therefore 2a + 6d = 3 \cdots ㉡$

또, $S_9 = 0$에서

$$S_9 = S_5 + \sum_{n=6}^{9} b_n = 0 + \sum_{n=6}^{9}\left(a_n + \frac{n}{2}\right)(\because ㉠) = \sum_{n=6}^{9} a_n + \frac{1}{2}\sum_{n=6}^{9} n$$

등차수열 $\{a_n\}$의 제6항부터 제9항까지의 합이야.

$$= \frac{4(a_6+a_9)}{2} + \frac{1}{2}\times(6+7+8+9)$$

$$= \frac{4\{(a+5d)+(a+8d)\}}{2} + \frac{1}{2}\times 30 = 2(2a+13d)+15 = 0$$

$2(2a+13d) = -15$

$\therefore 4a + 26d = -15 \cdots ㉢$

㉡, ㉢을 연립하여 풀면 $d = -\frac{3}{2}$, $a = 6$이므로

$$a_n = 6 + (n-1)\times\left(-\frac{3}{2}\right) = -\frac{3}{2}n + \frac{15}{2}$$

3rd $S_n \le -70$을 만족시키는 자연수 n의 최솟값을 구하자.

(i) $n \le 5$일 때,

$$b_n = a_{n+1} - \frac{n}{2} = -\frac{3}{2}(n+1) + \frac{15}{2} - \frac{n}{2} = -2n + 6$$이므로

$$S_n = \sum_{k=1}^{n} b_k = \sum_{k=1}^{n}(-2k+6) = -2\times\frac{n(n+1)}{2} + 6n = -n^2 + 5n$$

$$= -n(n-5) \ge 0$$

$f(n) = -n(n-5)$라 하면 함수 $y=f(n)$의 그래프는 그림과 같아. 즉, $0 \le n \le 5$에서 $f(n) \ge 0$이야.

따라서 $n \le 5$일 때, $S_n \le -70$을 만족시키는 자연수 n은 존재하지 않는다.

(ii) $n \ge 6$일 때,

$$b_n = a_n + \frac{n}{2} = -\frac{3}{2}n + \frac{15}{2} + \frac{n}{2} = -n + \frac{15}{2}$$이므로

$$S_n = \sum_{k=1}^{n} b_k = S_5 + \sum_{k=6}^{n} b_k = 0 + \sum_{k=6}^{n}\left(-k + \frac{15}{2}\right)$$

$$= -\sum_{k=6}^{n} k + \sum_{k=6}^{n}\frac{15}{2} = -\frac{(n-5)(6+n)}{2} + \frac{15}{2}(n-5)$$

첫째항이 6이고 제$(n-5)$항이 n인 등차수열의 첫째항부터 제$(n-5)$항까지의 합이야.

$$= -\frac{1}{2}n^2 + 7n - \frac{45}{2}$$

즉, $S_n \le -70$에서 $-\frac{1}{2}n^2 + 7n - \frac{45}{2} \le -70$

$n^2 - 14n - 95 \ge 0$, $(n-19)(n+5) \ge 0$ $\quad \therefore n \ge 19$ ($\because$ n은 자연수)

(i), (ii)에 의하여 $S_n \le -70$을 만족시키는 자연수 n의 값의 범위는 $n \ge 19$이므로 자연수 n의 최솟값은 19이다.

1등급 대비 특강

*** $S_5 = S_9 = 0$에 숨겨진 조건 찾기**

조건 (가)에 의하여 수열 $\{b_n\}$이 $n \le 5$일 때와 $n \ge 6$일 때로 나누어 정의되고 $S_5 = S_9 = 0$이므로 $S_9 = 0$을 직접 계산하기 보다는 $S_9 - S_5 = 0$임을 이용하여 $b_6 + b_7 + b_8 + b_9 = 0$임을 파악하면 조금 더 쉽게 계산할 수 있어.

I 123 정답 ⑤

2등급 대비 [정답률 28%]

***조건을 만족시키는 수열 $\{a_n\}$에 대하여 a_9의 최댓값과 최솟값 구하기 [유형 05]**

모든 항이 자연수이고 다음 조건을 만족시키는 모든 수열 $\{a_n\}$에 대하여 a_9의 최댓값과 최솟값을 각각 M, m이라 할 때, $M+m$의 값은? (4점)

(가) $a_7 = 40$ 단서2 a_7이 주어졌으니까 a_6이 3의 배수인지, 아닌지를 나누어 a_9를 구하면 돼.

(나) 모든 자연수 n에 대하여

$$a_{n+2} = \begin{cases} a_{n+1} + a_n & (a_{n+1}\text{이 3의 배수가 아닌 경우}) \\ \frac{1}{3}a_{n+1} & (a_{n+1}\text{이 3의 배수인 경우}) \end{cases}$$

이다. 단서1 a_{n+1}이 3의 배수인지, 아닌지에 따라 항들 사이의 관계식이 달라져.

① 216 ② 218 ③ 220 ④ 222 ⑤ 224

왜 2등급? 주어진 조건을 만족시키는 수열 $\{a_n\}$에 대하여 a_9의 최댓값과 최솟값의 합을 구하는 문제이다.
a_7의 값이 주어졌으므로 a_6이 3의 배수인 경우와 아닌 경우를 빠짐없이 나누어 조건을 만족시키는 수열을 구할 수 있어야 한다.

단서+발상

단서1 조건 (나)에서 a_{n+1}이 3의 배수인지, 아닌지에 따라 항들 사이의 관계식이 달라짐을 확인할 수 있다. (발상)

단서2 조건 (가)에서 a_7이 주어졌으므로 a_6이 3의 배수인지, 아닌지를 나누어야 함을 유추할 수 있다. (적용)
a_6이 3의 배수가 아닌 경우 자연수 k에 대하여 $a_6 = 3k-2$인 경우와 $a_6 = 3k-1$인 경우로 나누어야 한다. (발상)
각 경우에서 모든 항이 자연수이어야 하는 조건을 활용하여 a_9를 구한다. (해결)

(주의) a_6이 3의 배수인 경우와 아닌 경우로 나누어 a_9를 구해야 한다.

핵심 정답 공식: 자연수 k에 대하여 모든 자연수는 $3k-2$, $3k-1$, $3k$의 3가지 형태로 나타낼 수 있다.

[문제 풀이 순서]

1st a_6이 3의 배수인 경우의 a_9를 구해.

$a_{n+2}=\begin{cases} a_{n+1}+a_n & (a_{n+1}\text{이 3의 배수가 아닌 경우}) \\ \frac{1}{3}a_{n+1} & (a_{n+1}\text{이 3의 배수인 경우}) \end{cases}$ 이고 $a_7=40$이므로

a_6의 값에 따라 경우를 다음과 같이 나누자.

(i) a_6이 3의 배수인 경우 → a_6이 3의 배수이면 자연수 k에 대하여 $a_6=3k$ 꼴이야.

$a_7=\frac{1}{3}a_6$에서 $40=\frac{1}{3}a_6$ $\therefore a_6=120$

이때, $a_7=40$은 3의 배수가 아니므로

$a_8=a_7+a_6=40+120=160$

$a_8=160$은 3의 배수가 아니므로

$a_9=a_8+a_7=160+40=200$

2nd a_6이 3의 배수가 아닌 경우의 a_9를 구해.

(ii) a_6이 3의 배수가 아닌 경우

i) 자연수 k에 대하여 $a_6=3k-2$이면 (가능한 a_6의 값은 $1, 4, 7, 10, \cdots$이야.)

$a_7=a_6+a_5$에서

$a_5=a_7-a_6=40-(3k-2)=42-3k=3(14-k)$

이때, a_5는 자연수이므로

$a_5=3(14-k)>0$에서

$14-k>0$ $\therefore k<14 \cdots$ ㉠

한편, $a_5=3(14-k)$는 3의 배수이므로

> **함정** a_5가 3의 배수인지, 아닌지에 따라 a_7의 값을 구하는 식이 다르기 때문에 a_5를 $3\times$(자연수)$-p(p=0, 1, 2)$ 꼴로 나타내봐야 해.

$a_6=\frac{1}{3}a_5$에서 $3k-2=\frac{1}{3}\times3(14-k)$, $3k-2=14-k$

$4k=16$ $\therefore k=4$

이것은 ㉠을 만족시키므로 $a_6=3\times4-2=10$이고

$a_7=40$은 3의 배수가 아니므로 $a_8=a_7+a_6=40+10=50$

$a_8=50$은 3의 배수가 아니므로 $a_9=a_8+a_7=50+40=90$

ii) 자연수 k에 대하여 $a_6=3k-1$이면 (가능한 a_6의 값은 $2, 5, 8, 11, \cdots$이야.)

$a_7=a_6+a_5$에서

$a_5=a_7-a_6=40-(3k-1)=41-3k$

이때, a_5는 자연수이므로 $a_5=41-3k>0$에서

$3k<41$ $\therefore k<\frac{41}{3}=13.6\times\times\times \cdots$ ㉡

한편, $a_5=41-3k$는 3의 배수가 아니므로

$a_6=a_5+a_4$에서 ($a_5=41-3k=3(14-k)-1$이므로 3의 배수가 아니야.)

$a_4=a_6-a_5=(3k-1)-(41-3k)=6k-42=3(2k-14)$

이때, a_4는 자연수이므로 $a_4=3(2k-14)>0$에서

$2k-14>0$, $2k>14$ $\therefore k>7 \cdots$ ㉢

㉡, ㉢에 의하여 $7<k<13.6\times\times\times \cdots$ ㉣

한편, $a_4=3(2k-14)$는 3의 배수이므로

$a_5=\frac{1}{3}a_4$에서 $41-3k=\frac{1}{3}\times3(2k-14)$

$41-3k=2k-14$, $5k=55$ $\therefore k=11$

이것은 ㉣을 만족시키므로 $a_6=3\times11-1=32$이고

$a_7=40$은 3의 배수가 아니므로 $a_8=a_7+a_6=40+32=72$

$a_8=72$는 3의 배수이므로 $a_9=\frac{1}{3}a_8=\frac{1}{3}\times72=24$

(i), (ii)에 의하여 조건을 만족시키는 a_9의 값은 200, 90, 24이다.

3rd a_9의 최댓값과 최솟값의 합을 구해.

따라서 a_9의 최댓값은 $M=200$이고 최솟값은 $m=24$이므로

$M+m=200+24=224$

＊ a_6이 3의 배수가 아닐 때 조건을 만족시키는 a_6의 값 구하기

a_6이 3의 배수가 아닌 경우를 따질 때, a_5를 식으로 표현하여 a_5가 3의 배수인지, 아닌지를 따지면 a_6의 값을 쉽게 구할 수 있어.
이때, 모든 항이 자연수라는 조건을 빼먹지 않아야 해.

최윤성 서울대 공과대학 광역 2023년 입학 · 서울 양정고 졸

이 문제를 처음 봤을 때 a_7을 주고 a_9를 구하라는 문제여서 '할 만한데?' 싶었지. 왜냐하면 경우의 수가 표면적으로 4가지밖에 없었거든. a_9를 구하기 위해서는 a_8을 구해야 하고, a_8을 구하기 위해서는 a_7과 a_6이 필요하기 때문에 $a_6=k$라 하고 풀기 시작했어. 그리고 k가 3의 배수일 때와 3의 배수가 아닐 때로 나누어 풀었지. k가 3의 배수라면 $a_6=120$이 되어서 a_9의 값을 쉽게 구할 수 있었어.
그런데 k가 3의 배수가 아니라면 $a_8=k+40$이고 이 값이 3의 배수인지, 아닌지를 나누어 풀어야 하기 때문에 a_9의 값을 구하기가 조금 까다로웠어. 그래도 차근차근 구해보니까 가능한 a_9의 값을 모두 찾을 수 있었지.

I 124 정답 79

☆2등급 대비 [정답률 22%]

＊귀납적으로 정의된 두 수열의 관계를 이용하여 특정항 구하기 [유형 05]

두 수열 $\{a_n\}$, $\{b_n\}$이 모든 자연수 n에 대하여 다음 조건을 만족시킨다.

(가) $a_{2n}=b_n+2$
(나) $a_{2n+1}=b_n-1$
(다) $b_{2n}=3a_n-2$
(라) $b_{2n+1}=-a_n+3$

단서1 두 조건 (가), (나)를 이용하면 수열 $\{a_n\}$의 연속한 두 항의 합을 b_n을 이용하여 나타낼 수 있어.

단서2 두 조건 (다), (라)를 이용하면 수열 $\{b_n\}$의 연속한 두 항의 합을 a_n을 이용하여 나타낼 수 있어.

$a_{48}=9$이고 $\sum_{n=1}^{63}a_n-\sum_{n=1}^{31}b_n=155$일 때, b_{32}의 값을 구하시오. (4점)

왜 2등급? 귀납적으로 정의된 수열의 특정항을 구하는 문제이다. 두 수열 $\{a_n\}$, $\{b_n\}$에서 연속된 두 항의 합을 다른 수열의 특정한 항으로 나타내어 따져볼 수 있어야 하고, 수열의 합의 개념을 정확히 알고 있어야 한다.

단서+발상

단서1 조건 (가)에서 $a_{2n}=b_n+2$이고, 조건 (나)에서 $a_{2n+1}=b_n-1$이므로 두 식을 변변 더하면 $a_{2n}+a_{2n+1}=2b_n+1$이다. (발상)
즉, $\sum_{k=1}^{2n+1}a_k=a_1+\sum_{k=1}^{n}(a_{2k}+a_{2k+1})=a_1+\sum_{k=1}^{n}(2b_k+1)$이 성립한다. (적용)

단서2 조건 (다)에서 $b_{2n}=3a_n-2$이고, 조건 (라)에서 $b_{2n+1}=-a_n+3$이므로 두 식을 변변 더하면 $b_{2n}+b_{2n+1}=2a_n+1$이다. (발상)
즉, $\sum_{k=1}^{2n+1}b_k=b_1+\sum_{k=1}^{n}(b_{2k}+b_{2k+1})=b_1+\sum_{k=1}^{n}(2a_k+1)$이 성립한다. (적용)

주의 연속한 두 항의 합을 다른 수열의 특정한 항으로 나타내어 식을 정리해야 한다. 그렇지 않으면 계산이 매우 복잡해진다.

(핵심 정답 공식: 수열 $\{a_n\}$에 대하여 $\sum_{k=1}^{2n+1}a_k=a_1+\sum_{k=1}^{n}(a_{2k}+a_{2k+1})$이다.)

[문제 풀이 순서]

1st b_{32}의 값을 구하기 위해 필요한 것이 무엇인지 찾자.

$b_{32}=3a_{16}-2$ ($\because$ 조건 (다))$=3(b_8+2)-2$ ($\because$ 조건 (가))

$=3b_8+4=3(3a_4-2)+4$ ($\because$ 조건 (다))$=9a_4-2$

$=9(b_2+2)-2$ ($\because$ 조건 (가))$=9b_2+16$

$=9(3a_1-2)+16$ ($\because$ 조건 (다))$=27a_1-2$ ⋯ ㉠

2nd $a_{48}=9$를 이용하여 b_1의 값을 구하자.

$a_{48}=9$이므로 조건 (가)에 의하여

$a_{48}=b_{24}+2=9$에서 $b_{24}=7$

조건 (다)에 의하여

$b_{24}=3a_{12}-2=7$에서 $3a_{12}=9$ $\quad\therefore a_{12}=3$

조건 (가)에 의하여

$a_{12}=b_6+2=3$에서 $b_6=1$

조건 (다)에 의하여

$b_6=3a_3-2=1$에서 $3a_3=3$ $\quad\therefore a_3=1$

조건 (나)에 의하여

$a_3=b_1-1=1$에서 $b_1=2$ ⋯ ㉡

3rd $\sum_{n=1}^{63}a_n-\sum_{n=1}^{31}b_n=155$를 이용하여 a_1의 값을 구하고 b_{32}의 값을 구하자.

두 조건 (가), (나)를 변변 더하면

$a_{2n}+a_{2n+1}=(b_n+2)+(b_n-1)=2b_n+1$ ⋯ ㉢

두 조건 (다), (라)를 변변 더하면

$b_{2n}+b_{2n+1}=(3a_n-2)+(-a_n+3)=2a_n+1$ ⋯ ㉣

$\therefore \sum_{n=1}^{63}a_n-\sum_{n=1}^{31}b_n$

→ $\sum_{n=1}^{63}a_n=a_1+a_2+a_3+\cdots+a_{63}$
$=a_1+(a_2+a_3)+(a_4+a_5)+\cdots+(a_{62}+a_{63})$
$=a_1+\sum_{n=1}^{31}(a_{2n}+a_{2n+1})$

$=a_1+\sum_{n=1}^{31}(a_{2n}+a_{2n+1})-\sum_{n=1}^{31}b_n$

$=a_1+\sum_{n=1}^{31}(2b_n+1)-\sum_{n=1}^{31}b_n$ ($\because$ ㉢)

→ $\sum_{n=1}^{31}(2b_n+1)-\sum_{n=1}^{31}b_n=2\sum_{n=1}^{31}b_n+\sum_{n=1}^{31}1-\sum_{n=1}^{31}b_n$
$=\sum_{n=1}^{31}b_n+1\times31$

$=a_1+1\times31+\sum_{n=1}^{31}b_n$

$=a_1+31+\left\{b_1+\sum_{n=1}^{15}(b_{2n}+b_{2n+1})\right\}$

→ $\sum_{n=1}^{31}b_n=b_1+b_2+b_3+\cdots+b_{31}$
$=b_1+(b_2+b_3)+(b_4+b_5)+\cdots+(b_{30}+b_{31})$
$=b_1+\sum_{n=1}^{15}(b_{2n}+b_{2n+1})$

$=a_1+b_1+31+\sum_{n=1}^{15}(2a_n+1)$ ($\because$ ㉣)

$=a_1+b_1+31+1\times15+2\sum_{n=1}^{15}a_n$

$=a_1+b_1+46+2\left\{a_1+\sum_{n=1}^{7}(a_{2n}+a_{2n+1})\right\}$

$=3a_1+b_1+46+2\sum_{n=1}^{7}(2b_n+1)$ ($\because$ ㉢)

$=3a_1+b_1+46+2\times1\times7+4\sum_{n=1}^{7}b_n$

$=3a_1+b_1+60+4\left\{b_1+\sum_{n=1}^{3}(b_{2n}+b_{2n+1})\right\}$

$=3a_1+5b_1+60+4\sum_{n=1}^{3}(2a_n+1)$ ($\because$ ㉣)

$=3a_1+5b_1+60+4\times1\times3+8\sum_{n=1}^{3}a_n$

$=3a_1+5b_1+72+8a_1+8(a_2+a_3)$

$=11a_1+5b_1+72+8(2b_1+1)$ ($\because$ ㉢)

$=11a_1+21b_1+80=155$

$\therefore 11a_1+21b_1=75$

여기에 ㉡을 대입하면 $11a_1+21\times2=75$에서 $11a_1=33$

$\therefore a_1=3$ ⋯ ㉤

따라서 ㉠에 ㉤을 대입하면 $b_{32}=27\times3-2=81-2=79$

1등급 대비 **특강**

*** 특정한 항의 값을 이용하여 첫째항 구하기**

귀납적으로 정의된 수열에서 첫째항이 주어지지 않고 a_{48}이 주어졌지? 이 경우 주어진 4개의 식에서 n에 어떤 자연수를 대입해야 a_{48}이 나올 수 있는지 따져주면 $a_{48}=b_{24}+2$임을 알 수 있어. 같은 방식으로 b_{24}가 나오기 위해 어떤 식에 어떤 자연수 n을 대입할지 찾을 수 있어.
따라서 $a_{48}=9$를 이용하여 $b_1=2$인 조건을 찾을 수 있고 b_{32}의 값도 a_1에 대하여 나타낼 수 있어. 또, 두 수열 $\{a_n\}$, $\{b_n\}$의 연속한 두 항의 합을 각각 b_n, a_n을 이용하여 나타내어 주어진 식을 간단하게 정리하면 a_1, b_1을 구할 수 있어.

My Top Secret 서울대 선배의 ❶등급 대비 전략

두 조건 (가), (나)를 보고 두 식의 우변에 공통적으로 b_n이 있으므로 이 두 식의 양변을 더하여 정리할 수 있겠다는 생각을 해야 해. 또한, 두 조건 (다), (라)도 마찬가지로 양변을 더하여 정리할 수 있겠다는 생각을 해야 해. 수열에 관련된 문항에서 주어진 식을 보았을 때 공통적인 부분이 보인다면 이를 묶어 활용하는 아이디어가 종종 활용 돼.

경찰대, 삼사 중요 기출 문제 [어려운 3점+4점+5점]

I 125 정답 ① *수열의 귀납적 정의 [정답률 62%]

(정답 공식: 주어진 조건 $a_{n+2}=a_n+2$에 의해 홀수 번째 항과 짝수 번째 항을 구분하여 구한다.)

첫째항이 1이고, 둘째항이 p인 수열 $\{a_n\}$이 $a_{n+2}=a_n+2\ (n\geq1)$를 만족시킨다. $\sum_{k=1}^{10}a_k=70$일 때, 상수 p의 값은? (3점)

단서 홀수 번째 항만으로 이루어진 수열은 등차수열이 돼. 마찬가지로 짝수 번째 항으로만 이루어진 수열도 등차수열이야.

① 5 ② 6 ③ 7 ④ 8 ⑤ 9

1st 홀수 번째 항과 짝수 번째 항들을 분리해서 생각해보자.

주의 a_{n+2}와 a_n 사이의 관계식이 주어졌기 때문에 홀수 번째 항과 짝수 번째 항들을 분리해서 생각해야 해.

수열 $\{a_n\}$이 $a_{n+2}=a_n+2\ (n\geq1)$을 만족하므로

수열 $\{a_{2n-1}\}$과 수열 $\{a_{2n}\}$은 각각 공차가 2인 등차수열이다.

홀수 항끼리 이웃하는 항의 차는 2로 일정해. 짝수 항들도 마찬가지야.

2nd 등차수열의 합 공식을 이용하자.

$\sum_{k=1}^{10}a_k=\sum_{k=1}^{5}a_{2k-1}+\sum_{k=1}^{5}a_{2k}$

$=\frac{5(a_1+a_9)}{2}+\frac{5(a_2+a_{10})}{2}$

→ 홀수(짝수) 번째 항만 볼 때 $a_9(a_{10})$은 다섯 번째 항이야.

$=\frac{5\times(2+4\times2)}{2}+\frac{5\times(2p+4\times2)}{2}$

→ 등차수열 $\{a_n\}$의 첫째항부터 제n항까지의 합은 $\frac{n\{2a+(n-1)d\}}{2}=\frac{n(a_1+a_n)}{2}$

$=5\times(p+9)=70$

$\therefore p=5$

다른 풀이: 수열 $\{a_n\}$의 첫째항부터 제10항까지 직접 구해서 해결하기

수열 $\{a_n\}$이 $a_{n+2}=a_n+2$를 만족시키므로 $n=1, 3, 5, 7$을 대입해보면

$a_3=a_1+2=3\ (\because a_1=1)$

$a_5=a_3+2=5$

$a_7=a_5+2=7$

$a_9=a_7+2=9$

또한, $a_2=p$이므로 $n=2, 4, 6, 8$을 대입해보면

$a_4=a_2+2=p+2$

$a_6=a_4+2=p+4$

$a_8=a_6+2=p+6$

$a_{10}=a_8+2=p+8$

$\sum_{k=1}^{10} a_k=(a_1+a_3+a_5+a_7+a_9)+(a_2+a_4+a_6+a_8+a_{10})$

$=(1+3+5+7+9)+\{p+(p+2)+(p+4)+(p+6)+(p+8)\}$

$=25+5p+20=70$

$\therefore p=5$

등차수열의 합 개념·공식

① 첫째항이 a이고 공차가 d인 등차수열의 첫째항부터 제n항까지의 합을 S_n이라 하면 $S_n=\frac{n\{2a+(n-1)d\}}{2}$

② 첫째항이 a이고 제n항이 l인 등차수열의 첫째항부터 제n항까지의 합을 S_n이라 하면 $S_n=\frac{n(a+l)}{2}$

I 126 정답 ④ *수열의 귀납적 정의 - $a_{n+1}=f(n)a_n$ [정답률 64%]

정답 공식: $a_{n+1}=f(n)a_n$으로 정의된 수열에 n 대신 1, 2, 3, … 를 차례로 대입한 후 변끼리 곱한다.

두 수열 $\{a_n\}$, $\{b_n\}$이

$a_n=\sum_{k=1}^{n} k$, 단서1 a_n을 n에 대한 식으로 나타내.

$b_1=1,\ b_n=b_{n-1}\times\frac{a_n}{a_n-1}\ (n\ge 2)$ 단서2 n 대신 2, 3, 4, …를 차례로 대입해 봐.

를 만족시킬 때, b_{100}의 값은? (4점)

① $\frac{44}{17}$ ② $\frac{46}{17}$ ③ $\frac{48}{17}$

④ $\frac{50}{17}$ ⑤ $\frac{52}{17}$

1st 귀납적으로 정의된 수열 $\{b_n\}$에서 b_{100}의 값을 구해.

$a_n=\sum_{k=1}^{n} k=\frac{n(n+1)}{2}$이므로

[자연수의 거듭제곱의 합]
$\sum_{k=1}^{n} k=\frac{n(n+1)}{2},\ \sum_{k=1}^{n} k^2=\frac{n(n+1)(2n+1)}{6},\ \sum_{k=1}^{n} k^3=\left\{\frac{n(n+1)}{2}\right\}^2$

$\frac{a_n}{a_n-1}=\frac{\frac{n(n+1)}{2}}{\frac{n(n+1)}{2}-1}=\frac{n(n+1)}{n(n+1)-2}=\frac{n(n+1)}{n^2+n-2}$

$=\frac{n(n+1)}{(n-1)(n+2)}$

$\therefore b_n=b_{n-1}\times\frac{a_n}{a_n-1}=b_{n-1}\times\frac{n(n+1)}{(n-1)(n+2)}$

이 식의 양변에 n 대신 2, 3, 4, …, 100을 차례로 대입하면

$b_1=1$이고

$b_2=b_1\times\frac{2\times3}{1\times4}$

수열은 규칙성이 있는 수들의 나열이므로 각각의 항을 하나의 수로 나타내는 것보다 규칙성이 보이도록 수를 곱하거나 더하는 과정을 모두 쓰는 것이 도움이 돼. 이 문제에서는 $\frac{2\times3}{1\times4}=\frac{3}{2}$으로 나타내면 규칙을 찾을 수 없어.

$b_3=b_2\times\frac{3\times4}{2\times5}$

$b_4=b_3\times\frac{4\times5}{3\times6}$

⋮

$b_{99}=b_{98}\times\frac{99\times100}{98\times101}$

$b_{100}=b_{99}\times\frac{100\times101}{99\times102}$

양변을 각각 곱하면

$b_{100}=1\times\frac{2\times3}{1\times4}\times\frac{3\times4}{2\times5}\times\frac{4\times5}{3\times6}\times\cdots\times\frac{99\times100}{98\times101}\times\frac{100\times101}{99\times102}$

$=\frac{3\times100}{1\times102}=\frac{50}{17}$

I 127 정답 ① *수열의 귀납적 정의 - 하나의 식 [정답률 61%]

정답 공식: $n=1, 2, 3, \cdots$을 차례로 대입하여 수열의 항 사이의 규칙성을 찾아 주어진 $\sum$를 계산한다.

$a_1=1$인 수열 $\{a_n\}$이 모든 자연수 n에 대하여

$(4-a_{n+1})(2+a_n)=8$

을 만족시킬 때, $\sum_{k=1}^{9}\frac{8}{a_k}$의 정수 부분은? (4점)

단서 구하는 것이 수열 $\left\{\frac{8}{a_n}\right\}$의 첫째항부터 제9항까지의 합이니까 $b_n=\frac{8}{a_n}$이라 하고 주어진 등식을 정리하여 수열 $\{b_n\}$에 대한 식을 얻어야 해.

① 43 ② 44 ③ 45

④ 46 ⑤ 47

1st 치환을 이용하여 주어진 식을 간단히 정리해.

$b_n=\frac{8}{a_n}$이라 하면 $a_n=\frac{8}{b_n}$이므로 $(4-a_{n+1})(2+a_n)=8$에서

$\left(4-\frac{8}{b_{n+1}}\right)\left(2+\frac{8}{b_n}\right)=8,\ 8+\frac{32}{b_n}-\frac{16}{b_{n+1}}-\frac{64}{b_{n+1}b_n}=8$

$\frac{2}{b_n}-\frac{1}{b_{n+1}}-\frac{4}{b_{n+1}b_n}=0$, $2b_{n+1}-b_n-4=0$

양변에 b_nb_{n+1}을 곱해.

$2b_{n+1}=b_n+4\quad \therefore b_{n+1}=\frac{1}{2}b_n+2$ ⋯ ㉠

2nd $\sum_{k=1}^{9}\frac{8}{a_k}$의 값을 구해.

$b_1=\frac{8}{a_1}=\frac{8}{1}=8=4+4$이고 ㉠에 n 대신 1, 2, 3, …, 8을 차례로 대입하면

$b_2=\frac{1}{2}b_1+2=\frac{1}{2}\times8+2=6=2+4$

$b_3=\frac{1}{2}b_2+2=\frac{1}{2}\times6+2=5=1+4$

$b_4=\frac{1}{2}b_3+2=\frac{1}{2}\times5+2=\frac{5}{2}+2=\frac{1}{2}+4$

$b_5=\frac{1}{2}b_4+2=\frac{1}{2}\times\frac{9}{2}+2=\frac{9}{4}+2=\frac{1}{4}+4$

$b_6=\frac{1}{2}b_5+2=\frac{1}{2}\times\frac{17}{4}+2=\frac{17}{8}+2=\frac{1}{8}+4$

$b_7=\frac{1}{2}b_6+2=\frac{1}{2}\times\frac{33}{8}+2=\frac{33}{16}+2=\frac{1}{16}+4$

$b_8=\frac{1}{2}b_7+2=\frac{1}{2}\times\frac{65}{16}+2=\frac{65}{32}+2=\frac{1}{32}+4$

$b_9=\frac{1}{2}b_8+2=\frac{1}{2}\times\frac{129}{32}+2=\frac{129}{64}+2=\frac{1}{64}+4$

$\therefore \sum_{k=1}^{9}\frac{8}{a_k}=\sum_{k=1}^{9}b_k=(4+4)+(2+4)+(1+4)+\cdots+\left(\frac{1}{64}+4\right)$

㉠에 n 대신 1, 2, 3, …를 차례로 대입하여 구한 값을 보면 수열 $\{b_n\}$은 첫째항이 4이고 공비가 $\frac{1}{2}$인 등비수열에 4를 더한 값과 같아. 즉, 수열 $\{b_n\}$의 일반항은 $b_n=4\times\left(\frac{1}{2}\right)^{n-1}+4$로 유추할 수 있어.

→ 수열 $\{b_n\}$의 첫째항부터 제9항까지의 합이므로 구하는 값은 첫째항이 4이고 공비가 $\frac{1}{2}$인 등비수열의 첫째항부터 제9항까지의 합과 4×9의 합이야.

$=\left(4+2+1+\cdots+\frac{1}{64}\right)+4\times9=\frac{4\left\{1-\left(\frac{1}{2}\right)^9\right\}}{1-\frac{1}{2}}+36$

첫째항이 a이고 공비가 r인 등비수열의 첫째항부터 제n항까지의 합을 S_n이라 하면 $S_n=\frac{a(1-r^n)}{1-r}=\frac{a(r^n-1)}{r-1}$이야.

$=8-8\left(\frac{1}{2}\right)^9+36=44-\left(\frac{1}{2}\right)^6$

$=43.\times\times\times$ $0<\left(\frac{1}{2}\right)^6<1$

따라서 $\sum_{k=1}^{9}\frac{8}{a_k}$의 정수 부분은 43이다.

톡톡 풀이: 수열 $\{b_n\}$의 일반항을 구해서 해결하기

㉠에서 $b_{n+1}-\alpha=\frac{1}{2}(b_n-\alpha)$라 하면 $\alpha=4$

$b_{n+1}-\alpha=\frac{1}{2}(b_n-\alpha)$에서 $b_{n+1}=\frac{1}{2}b_n+\frac{1}{2}\alpha$

이것이 $b_{n+1}=\frac{1}{2}b_n+2$와 같아야 하므로 $\frac{1}{2}\alpha=2$에서 $\alpha=4$

즉, $b_{n+1}-4=\frac{1}{2}(b_n-4)$이므로 수열 $\{b_n-4\}$는 첫째항이

$b_1-4=\frac{8}{a_1}-4=8-4=4$이고 공비가 $\frac{1}{2}$인 등비수열이야.

즉, $b_n-4=4\times\left(\frac{1}{2}\right)^{n-1}$에서 $b_n=4\times\left(\frac{1}{2}\right)^{n-1}+4$

(이하 동일)

I 128 정답 ② *수열의 귀납적 정의 – 하나의 식 … [정답률 74%]

(정답 공식: $\sum_{k=1}^{n}a_k=a_1+a_2+a_3+\cdots+a_n$)

수열 $\{a_n\}$은 $a_1=\frac{3}{2}$이고, 모든 자연수 n에 대하여

$a_{2n-1}+a_{2n}=2a_n$

을 만족시킨다. $\sum_{n=1}^{16}a_n$의 값은? (3점)

단서 주어진 식에 n 대신 1, 2, 3, …를 차례로 대입하여 어떤 방법으로 $\sum_{n=1}^{16}a_n$의 값을 구할 수 있을지 생각해봐야 해.

① 22 ② 24 ③ 26 ④ 28 ⑤ 30

1st 주어진 식에 n 대신 1, 2, 3, …, 8을 차례로 대입해 봐.

$a_{2n-1}+a_{2n}=2a_n$에 n 대신 1, 2, 3, …, 8을 차례로 대입하면

$a_1+a_2=2a_1$, $a_3+a_4=2a_2$, $a_5+a_6=2a_3$, $a_7+a_8=2a_4$

$a_9+a_{10}=2a_5$, $a_{11}+a_{12}=2a_6$, $a_{13}+a_{14}=2a_7$, $a_{15}+a_{16}=2a_8$

2nd $\sum_{n=1}^{16}a_n$의 값을 구해.

$\therefore \sum_{n=1}^{16}a_n=(a_1+a_2)+(a_3+a_4)+\cdots+(a_{15}+a_{16})$

Σ를 풀어 전개하면 앞에서 구한 것을 어떻게 활용해야 할지 보일 거야.

$=2a_1+2a_2+2a_3+2a_4+2a_5+2a_6+2a_7+2a_8$

$=2(a_1+a_2)+2(a_3+a_4)+2(a_5+a_6)+2(a_7+a_8)$

$=2\times2a_1+2\times2a_2+2\times2a_3+2\times2a_4$

$=4(a_1+a_2)+4(a_3+a_4)=4\times2a_1+4\times2a_2$

$=8(a_1+a_2)=8\times2a_1=16a_1=16\times\frac{3}{2}=24$

다른 풀이: 합의 기호의 정의를 이용하여 구하는 값을 간단히 나타내어 해결하기

$\sum_{n=1}^{16}a_n=\sum_{n=1}^{8}(a_{2n-1}+a_{2n})=\sum_{n=1}^{8}2a_n=2\sum_{n=1}^{8}a_n$

$\sum_{n=1}^{16}a_n=(a_1+a_2)+(a_3+a_4)+\cdots+(a_{15}+a_{16})=\sum_{n=1}^{8}(a_{2n-1}+a_{2n})$

$=2\sum_{n=1}^{4}(a_{2n-1}+a_{2n})=2\sum_{n=1}^{4}2a_n=4\sum_{n=1}^{4}a_n$

$=4\sum_{n=1}^{2}(a_{2n-1}+a_{2n})=4\sum_{n=1}^{2}2a_n=8\sum_{n=1}^{2}a_n$

$=8\sum_{n=1}^{1}(a_{2n-1}+a_{2n})=8\sum_{n=1}^{1}2a_n=16\sum_{n=1}^{1}a_n$

$=16a_1=16\times\frac{3}{2}=24$

I 129 정답 ① *수열의 귀납적 정의 – 하나의 식 … [정답률 62%]

(정답 공식: 귀납적으로 정의된 수열은 $n=1, 2, 3, \cdots$를 차례로 대입하여 규칙을 찾는다.)

수열 $\{a_n\}$이 모든 자연수 n에 대하여 다음 조건을 만족시킨다.

(가) $a_{2n+1}=-a_n+3a_{n+1}$

(나) $a_{2n+2}=a_n-a_{n+1}$ 단서 두 식을 연립하여 하나의 식으로 간단히 나타내.

$a_1=1$, $a_2=2$일 때, $\sum_{n=1}^{16}a_n$의 값은? (4점)

① 31 ② 33 ③ 35

④ 37 ⑤ 39

1st $a_{2n+1}+a_{2n+2}$을 구하자.

두 조건 (가), (나)의 식 $a_{2n+1}=-a_n+3a_{n+1}$, $a_{2n+2}=a_n-a_{n+1}$을 변변 더하면

$a_{2n+1}+a_{2n+2}=(-a_n+3a_{n+1})+(a_n-a_{n+1})=2a_{n+1}$ … ㉠

2nd n 대신 1, 2, 3, …, 7을 차례로 대입하자.

㉠에 n 대신 1, 2, 3, …, 7을 차례로 대입하면

$a_3+a_4=2a_2$, $a_5+a_6=2a_3$, $a_7+a_8=2a_4$, $a_9+a_{10}=2a_5$

$a_{11}+a_{12}=2a_6$, $a_{13}+a_{14}=2a_7$, $a_{15}+a_{16}=2a_8$

3rd $\sum_{n=1}^{16}a_n$의 값을 구하자.

$a_1=1$, $a_2=2$이므로

Σ를 풀어 전개하면 앞에서 구한 것을 어떻게 활용해야 할지 보일 거야.

$\sum_{n=1}^{16}a_n=(a_1+a_2)+(a_3+a_4)+\cdots+(a_{15}+a_{16})$

$=(1+2)+2a_2+2a_3+\cdots+2a_7+2a_8$

$=3+2\times2+2(a_3+a_4)+2(a_5+a_6)+2(a_7+a_8)$

$=7+2\times2a_2+2\times2a_3+2\times2a_4=7+4\times2+4a_3+4a_4$

$=15+4(a_3+a_4)=15+4\times2a_2=15+8a_2=15+8\times2=31$

수열의 귀납적 정의의 응용 개념·공식

이웃하는 항 사이의 관계가 수식이나 문장으로 주어지고 특정한 항의 값을 구하는 문제는

(i) 주어진 조건을 수식으로 나타낸 후

(ii) $n=1, 2, 3, \cdots$을 차례로 대입해보거나

(iii) 여러 가지 수열의 귀납적 정의를 이용하여 일반항을 찾는다.

I 130 정답 297 *수열의 귀납적 정의 – 하나의 식 [정답률 61%]

(정답 공식: $\frac{1}{a_{n+1}}=\frac{a_n+1}{a_n}=1+\frac{1}{a_n}$로 고치고 수열 $\left\{\frac{1}{a_n}\right\}$에 대한 일반항을 구한다.)

수열 $\{a_n\}$이 단서 양변의 역수를 취하고, 수열 $\left\{\frac{1}{a_n}\right\}$을 새로운 수열로 치환해보자.

$$a_1=1,\ a_{n+1}=\frac{a_n}{a_n+1}\ (n\ge1)$$

을 만족시킬 때, $A=\sum_{k=1}^{9}a_ka_{k+1}$, $B=\sum_{k=1}^{9}\frac{1}{a_ka_{k+1}}$이라 하자.
AB의 값을 구하시오. (4점)

1st 주어진 조건에 역수를 취한 후 관계식을 살펴봐.

주어진 조건에 역수를 취하면

$\frac{1}{a_1}=1$, $\frac{1}{a_{n+1}}=\frac{a_n+1}{a_n}=1+\frac{1}{a_n}$

이때 $\frac{1}{a_n}=b_n$으로 놓으면 $b_{n+1}=1+b_n$이므로 수열 $\{b_n\}$은 첫째항이 1, ($b_1=\frac{1}{a_1}=1$) 공차가 1인 등차수열이다.

즉, $b_n=n$이므로

$\frac{1}{a_n}=n\quad \therefore a_n=\frac{1}{n}$

2nd a_n을 이용하여 A, B의 값을 각각 구하자.

$A=\sum_{k=1}^{9}a_ka_{k+1}=\sum_{k=1}^{9}\frac{1}{k(k+1)}$ → 부분분수 $\frac{1}{AB}=\frac{1}{B-A}\left(\frac{1}{A}-\frac{1}{B}\right)$ (단, $A\ne B$)

$=\sum_{k=1}^{9}\left(\frac{1}{k}-\frac{1}{k+1}\right)$

$=\left(\frac{1}{1}-\frac{1}{2}\right)+\left(\frac{1}{2}-\frac{1}{3}\right)+\cdots+\left(\frac{1}{9}-\frac{1}{10}\right)=1-\frac{1}{10}=\frac{9}{10}$

$B=\sum_{k=1}^{9}\frac{1}{a_ka_{k+1}}$

$=\sum_{k=1}^{9}k(k+1)$

$=\sum_{k=1}^{9}k^2+\sum_{k=1}^{9}k$ ($\sum_{k=1}^{n}k^2=\frac{n(n+1)(2n+1)}{6}$, $\sum_{k=1}^{n}k=\frac{n(n+1)}{2}$)

$=\frac{9\times10\times19}{6}+\frac{9\times10}{2}$

$=285+45=330$

$\therefore AB=\frac{9}{10}\times330=297$

I 131 정답 ⑤ *수열의 귀납적 정의 – 하나의 식 [정답률 57%]

(정답 공식: 주어진 식이 음이 아닌 모든 정수 k와 모든 자연수 m에 대하여 성립하므로 주어진 식에 간단한 수를 대입해 본다.)

함수 $g(x)$와 수열 $\{a_n\}$이 음이 아닌 모든 정수 k와 모든 자연수 m에 대하여

$$a_1=1,\ a_2=3,\ a_{2k+1}+2a_m=g(m+k)$$

단서 $m=1$을 대입한 식과 $m=2$를 대입한 식을 연립하면 k에 대한 식으로 만들 수 있어.

를 만족시킬 때, $\sum_{k=1}^{10}g(k)$의 값은? (4점)

① 170 ② 180 ③ 190 ④ 200 ⑤ 210

1st 함수 $g(x)$의 식을 구해.

모든 자연수 m에 대하여 $a_{2k+1}+2a_m=g(m+k)$ ⋯ ㉠를 만족하므로
$m=1$을 대입하면
$g(1+k)=a_{2k+1}+2a_1=a_{2k+1}+2\times1=a_{2k+1}+2$ ⋯ ㉡
$m=2$를 대입하면
$g(2+k)=a_{2k+1}+2a_2=a_{2k+1}+2\times3=a_{2k+1}+6$ ⋯ ㉢
㉢−㉡을 하면 $g(2+k)-g(1+k)=4$ ⋯ ㉣이고 음이 아닌 모든 정수 k에 대하여 주어진 등식이 성립하므로 ㉣에 $k=0$을 대입하면
$g(2)-g(1)=4$ (수열 $\{a_n\}$에 대하여 $a_{n+1}-a_n=d$이면 수열 $\{a_n\}$은 공차가 d인 등차수열이야.)
즉, 함수 $g(k)$는 첫째항부터 공차가 4인 등차수열이다.
$\therefore g(k)=g(1)+(k-1)\times4=4k+g(1)-4$
한편, ㉠에 $k=0$, $m=1$을 대입하면 $a_1+2a_1=g(1+0)$에서
$g(1)=3a_1=3\times1=3$이므로 $g(k)=4k+3-4=4k-1$

2nd $\sum_{k=1}^{10}g(k)$의 값을 구해.

$\therefore \sum_{k=1}^{10}g(k)=\sum_{k=1}^{10}(4k-1)=4\sum_{k=1}^{10}k-\sum_{k=1}^{10}1=4\times\frac{10\times11}{2}-1\times10$

$=220-10=210$

두 수열 $\{a_n\}$, $\{b_n\}$에 대하여 $\sum_{k=1}^{n}(a_k-b_k)=\sum_{k=1}^{n}a_k-\sum_{k=1}^{n}b_k$이고 상수 c에 대하여 $\sum_{k=1}^{n}c=cn$이야. 또, 1부터 n까지의 모든 자연수의 합은 $\sum_{k=1}^{n}k=\frac{n(n+1)}{2}$이야.

I 132 정답 ① *수열의 귀납적 정의 – 경우 나누기 [정답률 58%]

(정답 공식: n에 적당한 자연수를 대입하여 m의 값을 구한다.)

다음 조건을 만족시키는 모든 수열 $\{a_n\}$에 대하여 a_1의 최솟값을 m이라 하자.

단서1 수열 $\{a_n\}$의 모든 항이 정수가 되도록 하는 a_1의 최솟값이 m이라는 거야.

(가) 수열 $\{a_n\}$의 모든 항은 정수이다.
(나) 모든 자연수 n에 대하여
$a_{2n}=a_3\times a_n+1$, $a_{2n+1}=2a_n-a_2$이다.

단서2 $9=2\times4+1$이므로 a_9의 값을 구하려면 a_2, a_4의 값을 알아야 해.

$a_1=m$인 수열 $\{a_n\}$에 대하여 a_9의 값은? (4점)

① −53 ② −51 ③ −49
④ −47 ⑤ −45

1st m의 값을 구해.

조건 (나)의 식에 $n=1$을 대입하면
$a_{2n}=a_3\times a_n+1$에서 $a_2=a_3\times a_1+1$ ⋯ ㉠
$a_{2n+1}=2a_n-a_2$에서 $a_3=2a_1-a_2$ ⋯ ㉡
㉠을 ㉡에 대입하면
$a_3=2a_1-(a_3\times a_1+1)$에서
$a_3+a_3\times a_1=2a_1-1$, $a_3(1+a_1)=2a_1-1$

$\therefore a_3=\frac{2a_1-1}{a_1+1}=\frac{2(a_1+1)-3}{a_1+1}$

$=2-\frac{3}{a_1+1}$ ⋯ ㉢

(2가 정수이므로 a_3의 값이 정수가 되려면 $\frac{3}{a_1+1}$의 값이 정수가 되어야 해. 즉, a_1+1은 3의 약수가 되어야 해.)

이때, a_3의 값이 정수이어야 하므로 a_1+1의 값은 3의 약수가 되어야 한다. 즉, a_1+1이 될 수 있는 값은 −3, −1, 1, 3이므로 a_1의 값은 −4, −2, 0, 2이다.
따라서 a_1의 최솟값은 −4이므로 $m=-4$

2nd $a_1=m$일 때, a_9의 값을 구해.

$a_1=m=-4$일 때, ㉢에 의하여

$a_3=2-\dfrac{3}{-4+1}=3$

또, ㉠에 의하여 $a_2=a_3\times a_1+1=3\times(-4)+1=-11$이고

$a_4=a_3\times a_2+1=3\times(-11)+1=-32$이다.

$\therefore a_9=2a_4-a_2=2\times(-32)-(-11)=-64+11=-53$

a_9의 값을 구하려면 a_2, a_4의 값만 알면 돼. 따라서 a_5, a_6, a_7, a_8의 값을 구할 필요는 없어.

I 133 정답 ③ *수열의 귀납적 정의 - 경우 나누기 [정답률 54%]

(정답 공식: 조건에 맞는 a_n의 값을 주어진 식에 대입하여 a_{n+1}의 값을 차례로 구한다.)

수열 $\{a_n\}$은 $a_1=4$이고, 모든 자연수 n에 대하여

$$a_{n+1}=\begin{cases}\dfrac{a_n}{2-a_n} & (a_n>2)\\ a_n+2 & (a_n\le 2)\end{cases}$$

단서 a_n의 값이 2보다 큰 경우와 2보다 작거나 같은 경우로 나뉘어 a_{n+1}이 결정되는 거야. $n=1, 2, 3, \cdots$을 대입하여 하나씩 항을 구해야 해.

이다. $\sum_{k=1}^{m}a_k=12$를 만족시키는 자연수 m의 최솟값은? (4점)

① 7 ② 8 ③ 9 ④ 10 ⑤ 11

1st n 대신 1, 2, 3, …을 대입하며 a_n을 직접 구해보자.

모든 자연수 n에 대하여

$a_{n+1}=\begin{cases}\dfrac{a_n}{2-a_n} & (a_n>2)\\ a_n+2 & (a_n\le 2)\end{cases}$ 이 성립하므로

n 대신 1, 2, 3, …을 대입하여 항의 값을 구하자.

$a_2=\dfrac{a_1}{2-a_1}=\dfrac{4}{2-4}=-2$

$a_3=a_2+2=-2+2=0$ → $a_1=4>2$이므로 $a_2=\dfrac{a_1}{2-a_1}$

$a_4=a_3+2=0+2=2$ → $a_2=-2\le 2$이므로 $a_3=a_2+2$

$a_5=a_4+2=2+2=4$

$a_6=\dfrac{a_5}{2-a_5}=\dfrac{4}{2-4}=-2$

$a_7=a_6+2=-2+2=0$

⋮

이와 같은 방법으로 항을 구하면 항은 4, -2, 0, 2가 반복된다.

수열 $\{a_n\}$: 4, -2, 0, 2, 4, -2, 0, 2, …이야.

2nd 이제 $\sum_{k=1}^{m}a_k=12$가 되는 최솟값 m을 구하자.

$S_m=\sum_{k=1}^{m}a_k=a_1+a_2+a_3+\cdots+a_m$을 표로 나타내면 다음과 같다.

m	1	2	3	4	5	6	7	8	9	10	11	12	…
a_m	4	-2	0	2	4	-2	0	2	4	-2	0	2	…
S_m	4	2	2	4	8	6	6	8	⑫	10	10	⑫	…

따라서 구하는 m의 최솟값은 9이다.

$\sum_{k=1}^{m}a_k=12$가 성립하는 m의 값은 9, 12가 될 수 있지만 최소인 m을 구하는 거니까 9가 되는 거야.

I 134 정답 ④ *수열의 귀납적 정의 - 빈칸 [정답률 52%]

(정답 공식: 주어진 풀이 과정의 앞뒤를 보면서 빈칸에 채울 숫자나 식을 유추한다.)

수열 $\{a_n\}$은 $a_1=-\dfrac{5}{3}$이고

$$a_{n+1}=-\frac{3a_n+2}{a_n}\ (n\ge1)\ \cdots\cdots(*)$$

다음은 일반항 a_n을 구하는 과정이다.

(*)에서

$$a_{n+1}+2=-\frac{a_n+\boxed{(가)}}{a_n}\ (n\ge1)$$

단서1 (*)의 양변에 2를 더하고 정리해 봐.

이다. 여기서

$$b_n=\frac{1}{a_n+2}\ (n\ge1)$$

이라 하면 $b_1=3$이고

$$b_{n+1}=2b_n-\boxed{(나)}\ (n\ge1)$$

단서2 b_n의 정의와 수열 $\{a_n\}$의 점화식을 이용하여 수열 $\{b_n\}$의 점화식을 찾아보자.

이다. 수열 $\{b_n\}$의 일반항을 구하면

$$b_n=\boxed{(다)}\ (n\ge1)$$

이므로

$$a_n=\frac{1}{\boxed{(다)}}-2\ (n\ge1)$$

이다.

위의 (가)와 (나)에 알맞은 수를 각각 p, q라 하고, (다)에 알맞은 식을 $f(n)$이라 할 때, $p\times q\times f(5)$의 값은? (4점)

① 54 ② 58 ③ 62 ④ 66 ⑤ 70

1st (*)에서 양변에 2를 더하고 식을 정리하자.

(*)에서

$a_{n+1}+2=-\dfrac{3a_n+2}{a_n}+2=-\dfrac{3a_n+2-2a_n}{a_n}$

$=-\dfrac{a_n+2}{a_n}\ (n\ge1)\cdots$ ㉠ ← (가)

2nd 수열 $\{b_n\}$의 점화식을 찾아야 해.

$b_n=\dfrac{1}{a_n+2}\ (n\ge1)$이라 하면

$a_1=-\dfrac{5}{3}$이므로 $b_1=\dfrac{1}{a_1+2}=\dfrac{1}{-\frac{5}{3}+2}=3$

$b_{n+1}=\dfrac{1}{a_{n+1}+2}=-\dfrac{a_n}{a_n+2}$ ($\because$ ㉠)

$=-\dfrac{(a_n+2)-2}{a_n+2}=\dfrac{2}{a_n+2}-1=2b_n-1\ (n\ge1)$ ← (나)

3rd 식을 정리하여 수열 $\{b_n\}$의 일반항을 구해.

$b_{n+1}-1=2b_n-2=2(b_n-1)$ — $b_n-1=c_n$이라 놓으면 $c_{n+1}=2c_n$에서 수열 $\{c_n\}$이 등비수열인 것을 알 수 있어.

이므로 수열 $\{b_n-1\}$은 첫째항이 $b_1-1=2$이고 공비가 2인 등비수열이다. ($b_1=3$)

$\therefore b_n-1=2^n$

즉, 수열 $\{b_n\}$의 일반항은 $b_n=2^n+1\ (n\ge1)$ ← (다)

따라서

$a_n=\dfrac{1}{2^n+1}-2\ (n\ge1)$ → $b_n=\dfrac{1}{a_n+2}$에서 $a_n+2=\dfrac{1}{b_n}$, 즉 $a_n=\dfrac{1}{b_n}-2$야.

$p=2$, $q=1$, $f(n)=2^n+1$이므로

$p\times q\times f(5)=2\times1\times(2^5+1)=66$

I 135 정답 ② *수학적 귀납법 - 부등식의 증명 ···· [정답률 67%]

(정답 공식: $n=m$일 때, 주어진 부등식이 성립한다고 가정한 후 $n=m+1$일 때 부등식이 성립하는지를 증명하는 과정임을 이해하고 증명 과정의 빈칸의 식을 추론한다.)

다음은 모든 자연수 n에 대하여 부등식

$$\sum_{k=1}^{n} \frac{{}_{2k}\mathrm{P}_k}{2^k} \le \frac{(2n)!}{2^n} \cdots\cdots (*)$$

이 성립함을 수학적 귀납법으로 증명한 것이다.

(i) $n=1$일 때,

(좌변)$=\frac{{}_2\mathrm{P}_1}{2^1}=1$이고, (우변)$=$ (가) 이므로 $(*)$이 성립한다.

단서1 주어진 부등식의 우변에 $n=1$을 대입하여 계산하면 돼.

(ii) $n=m$일 때, $(*)$이 성립한다고 가정하면

$$\sum_{k=1}^{m} \frac{{}_{2k}\mathrm{P}_k}{2^k} \le \frac{(2m)!}{2^m}$$

이다. $n=m+1$일 때,

$$\sum_{k=1}^{m+1} \frac{{}_{2k}\mathrm{P}_k}{2^k} = \sum_{k=1}^{m} \frac{{}_{2k}\mathrm{P}_k}{2^k} + \frac{{}_{2m+2}\mathrm{P}_{m+1}}{2^{m+1}}$$

단서2 앞의 식에서 분모에 $(m+1)!$이 곱해진 거야.

$$= \sum_{k=1}^{m} \frac{{}_{2k}\mathrm{P}_k}{2^k} + \frac{\text{(나)}}{2^{m+1}\times(m+1)!}$$

$$\le \frac{(2m)!}{2^m} + \frac{\text{(나)}}{2^{m+1}\times(m+1)!}$$

$$= \frac{\text{(나)}}{2^{m+1}} \times \left\{ \frac{1}{\text{(다)}} + \frac{1}{(m+1)!} \right\}$$

$$< \frac{(2m+2)!}{2^{m+1}}$$

이다. 따라서 $n=m+1$일 때도 $(*)$이 성립한다.

(i), (ii)에 의하여 모든 자연수 n에 대하여

$$\sum_{k=1}^{n} \frac{{}_{2k}\mathrm{P}_k}{2^k} \le \frac{(2n)!}{2^n}$$ 이다.

위의 (가)에 알맞은 수를 p, (나), (다)에 알맞은 식을 각각 $f(m)$, $g(m)$이라 할 때, $p+\frac{f(2)}{g(4)}$의 값은? (4점)

① 16 ② 17 ③ 18 ④ 19 ⑤ 20

1st $n=1$일 때, 주어진 부등식이 성립하는지 확인해.

(i) $n=1$일 때,

(좌변)$=\sum_{k=1}^{1} \frac{{}_{2k}\mathrm{P}_k}{2^k}=\frac{{}_2\mathrm{P}_1}{2^1}=\frac{2}{2}=1$

(우변)$=\frac{(2\times1)!}{2^1}=\frac{2!}{2}=\frac{2\times1}{2}=1$ ← (가)

이므로 주어진 부등식이 성립한다.

2nd $n=m$일 때, 주어진 부등식이 성립한다고 가정하고 $n=m+1$일 때도 주어진 부등식이 성립하는지 확인해.

(ii) $n=m$일 때, 주어진 부등식이 성립한다고 가정하면

$\sum_{k=1}^{m} \frac{{}_{2k}\mathrm{P}_k}{2^k} \le \frac{(2m)!}{2^m}$이다.

$n=m+1$일 때,

$$\sum_{k=1}^{m+1} \frac{{}_{2k}\mathrm{P}_k}{2^k} = \sum_{k=1}^{m} \frac{{}_{2k}\mathrm{P}_k}{2^k} + \frac{{}_{2m+2}\mathrm{P}_{m+1}}{2^{m+1}}$$

${}_n\mathrm{P}_r=n\times(n-1)\times(n-2)\times\cdots\times(n-r+1)=\frac{n!}{(n-r)!}$

$$= \sum_{k=1}^{m} \frac{{}_{2k}\mathrm{P}_k}{2^k} + \frac{(2m+2)\times(2m+1)\times2m\times\cdots\times(m+2)}{2^{m+1}}$$

분모, 분자에 각각 $(m+1)!$을 곱해 봐.

$$= \sum_{k=1}^{m} \frac{{}_{2k}\mathrm{P}_k}{2^k} + \frac{(2m+2)!}{2^{m+1}\times(m+1)!} \leftarrow \text{(나)}$$

$$\le \frac{(2m)!}{2^m} + \frac{(2m+2)!}{2^{m+1}\times(m+1)!}$$

$$= \frac{(2m+2)!}{2^m(2m+2)(2m+1)} + \frac{(2m+2)!}{2^{m+1}\times(m+1)!}$$

$$= \frac{(2m+2)!}{2^{m+1}} \times \left\{ \frac{1}{(m+1)(2m+1)} + \frac{1}{(m+1)!} \right\}$$

(다) ← $(m+1)(2m+1)$

m이 자연수이므로 $0<\frac{1}{(m+1)(2m+1)}<\frac{1}{2}$, $0<\frac{1}{(m+1)!}\le\frac{1}{2}$이지? $\therefore 0<\frac{1}{(m+1)(2m+1)}+\frac{1}{(m+1)!}<1$

$$< \frac{(2m+2)!}{2^{m+1}}$$

이다. 따라서 $n=m+1$일 때도 $(*)$이 성립한다.

(i), (ii)에 의하여 모든 자연수 n에 대하여

$\sum_{k=1}^{n} \frac{{}_{2k}\mathrm{P}_k}{2^k} \le \frac{(2n)!}{2^n}$이다.

3rd $p+\frac{f(2)}{g(4)}$의 값을 구해.

따라서 $p=1$, $f(m)=(2m+2)!$, $g(m)=(m+1)(2m+1)$이므로

$$p+\frac{f(2)}{g(4)}=1+\frac{(2\times2+2)!}{(4+1)(2\times4+1)}=1+\frac{6!}{5\times9}=1+16=17$$

I 136 정답 217 *수열의 귀납적 정의의 활용 ···· [정답률 35%]

(정답 공식: $\log_a M+\log_a N=\log_a MN$이다.)

두 집합 X, Y를

단서 수열 $\{a_n\}$의 모든 항이 자연수가 되도록 하는 a_1의 값이 여러 가지라는 거야.

$X=\{\{a_n\} \mid \{a_n\}$은 모든 항이 자연수인 수열이고, $\log a_n+\log a_{n+1}=2n\}$,

$Y=\{a_4 \mid \{a_n\}\in X\}$

라 하자. 집합 Y의 모든 원소의 합이 $p\times100$일 때, p의 값을 구하시오. (5점)

1st a_1이 될 수 있는 값을 구해. → $\log_a M+\log_a N=\log_a MN$

$\log a_n+\log a_{n+1}=2n$에서

$\log a_na_{n+1}=2n$ → $a^x=b \Leftrightarrow x=\log_a b$

$\therefore a_na_{n+1}=10^{2n}=100^n \cdots$ ㉠

이것의 양변에 $n=1$을 대입하면

$a_1a_2=100 \cdots$ ㉡

이때, 수열 $\{a_n\}$의 모든 항이 자연수이므로 a_1, a_2는 100의 양의 약수가 되어야 한다. 따라서 a_1이 될 수 있는 값은

1, 2, 4, 5, 10, 20, 25, 50, 100이다.

2nd a_1의 값을 이용하여 a_4의 값을 구해.

→ 구해야 하는 값은 a_4이고 a_1의 값을 알고 있으니까 이것을 이용하여 a_4의 값을 구해야 해.

㉠의 양변에 $n=2$, 3을 대입하면

$a_2a_3=100^2 \cdots$ ㉢

$a_3a_4=100^3 \cdots$ ㉣

㉡×㉣÷㉢을 하면

$\frac{a_1a_2\times a_3a_4}{a_2a_3}=\frac{100\times100^3}{100^2}$, $a_1a_4=100^2$

$\therefore a_4=\frac{100^2}{a_1}$

즉, a_1의 값이 1, 2, 4, 5, 10, 20, 25, 50, 100일 때 a_4의 값은 각각 10000, 5000, 2500, 2000, 1000, 500, 400, 200, 100이므로 집합 Y의 모든 원소의 합은

$10000+5000+2500+2000+1000+500+400+200+100=21700$

따라서 $p\times100=21700$에서 $p=217$

다른 풀이: **a_2, a_3, a_4의 값을 차례로 구해 a_4를 a_1에 대한 식으로 나타내기**

a_4의 값을 다른 방법으로 구해 볼까?

$a_1a_2=100$이므로 $a_2=\dfrac{100}{a_1}$

$a_2a_3=100^2$이므로 $a_3=\dfrac{100^2}{a_2}=100^2\times\dfrac{a_1}{100}=100a_1$

$a_3a_4=100^3$이므로 $a_4=\dfrac{100^3}{a_3}=\dfrac{100^3}{100a_1}=\dfrac{100^2}{a_1}$

(이하 동일)

I 137 정답 17 ✪1등급 대비 [정답률 11%]

*귀납적으로 정의된 수열이 특정 범위에서 등차수열이 되는 경우를 통해 주어진 조건을 만족시키는 첫째항 구하기 [유형 01+05]

수열 $\{a_n\}$은 a_1이 자연수이고, 모든 자연수 n에 대하여

$$a_{n+1}=\begin{cases}a_n-d & (a_n\geq0)\\ a_n+d & (a_n<0)\end{cases}\ (d\text{는 자연수})$$

이다. $a_n<0$인 자연수 n의 최솟값을 m이라 할 때, 수열 $\{a_n\}$은 다음 조건을 만족시킨다.

단서1 $a_n<0$인 자연수 n의 최솟값을 m이라 했으니까 a_m이 처음으로 음수가 되는 항이고, $a_1, a_2, \cdots, a_{m-1}$은 0 또는 양수임을 의미해.

(가) $a_{m-2}+a_{m-1}+a_m=3$

단서2 $a_m<0$이고, $a_{m-1}>0$, $a_{m-2}>0$임을 이용하여 a_{m-1}의 값을 유도할 수 있어.

(나) $a_1+a_{m-1}=-9(a_m+a_{m+1})$

(다) $\displaystyle\sum_{k=1}^{m-1}a_k=45$

a_1의 값을 구하시오. (단, $m\geq3$) (4점)

왜 1등급? 귀납적으로 정의된 수열이 주어진 조건을 만족시킬 때의 a_1의 값을 구하는 문제이다.
문제의 조건에서 $a_n<0$을 만족시키는 자연수 n의 최솟값이 m이므로 $n<m$일 때 $a_n\geq0$임을 알아내야 한다. 또한, a_{n+1}과 a_n의 관계에서 $n<m$일 때 수열 $\{a_n\}$이 등차수열인 것과 주어진 수열의 합을 이용하여 m, d의 값을 찾는 과정이 복잡하다.

단서+발상

단서1 a_1이 자연수이므로 $a_n<0$이 될 때까지 수열 $\{a_n\}$은 n이 커질수록 점점 작아진다. (개념)
또한, $a_n<0$을 만족시키는 자연수 n의 최솟값이 m이므로 $n<m$일 때 $a_n\geq0$이다. (발상)

단서2 $n<m$일 때 $a_n\geq0$이므로 $a_{n+1}=a_n-d$이다. 즉, $n\leq m$일 때는 수열 $\{a_n\}$이 공차가 $-d$인 등차수열임을 의미한다. (개념)
따라서 등차중항을 활용해 $a_{m-2}+a_m=2a_{m-1}$임을 알 수 있다. (적용)

주의 a_1과 d가 양수이고 $m\geq3$임에 유의하여 m의 값을 하나로 결정할 수 있다.

핵심 정답 공식: 등차수열 $\{a_n\}$의 첫째항을 a_1, 공차를 d라 하면 첫째항부터 제n항까지의 합은 $\dfrac{n\{2a_1+(n-1)d\}}{2}$이다.

[문제 풀이 순서]

1st 조건 (가)를 이용하여 a_1의 값을 구하자.

모든 자연수 n에 대하여

$$a_{n+1}=\begin{cases}a_n-d\ (a_n\geq0)\ \cdots ㉠\\ a_n+d\ (a_n<0)\ \cdots ㉡\end{cases}\ (d\text{는 자연수})$$

$a_n<0$인 자연수 n의 최솟값을 m이라 하므로 $a_m<0$이고, a_m이 처음으로 음수가 되는 항이다.

즉, $a_{m-1}\geq0$이므로

$a_m=a_{m-1}-d$ (∵ ㉠) ⋯ ㉢

$a_{m-1}\geq0$이면 a_{m-2}도 0 또는 양수이므로

→ a_m이 처음으로 음수가 되므로 그 이전의 항은 모두 0 또는 양수야.

$a_{m-1}=a_{m-2}-d$ (∵ ㉠)

즉, $a_{m-2}=a_{m-1}+d$ ⋯ ㉣

조건 (가)에 의하면

$a_{m-2}+a_{m-1}+a_m=(a_{m-1}+d)+a_{m-1}+(a_{m-1}-d)$ (∵ ㉢, ㉣)

$=3a_{m-1}=3$

$\therefore a_{m-1}=1$ ⋯ ㉤

이것을 ㉢, ㉣에 대입하면

$a_m=1-d$ ⋯ ㉥, $a_{m-2}=d+1$

또한 $a_{m+1}=a_m+d=(1-d)+d=1$ ⋯ ㉦

이를 표로 나타내면 다음과 같다.

⋯	$1-d$	1	$1+d$	⋯
⋯	a_m	a_{m-1}	a_{m-2}	⋯
		a_{m+1}		

2nd 조건 (나)를 이용하여 d를 m에 대한 식으로 나타내자.

$a_{n+1}=a_n-d$ $(a_n\geq0)$에서

$a_{n+1}-a_n=-d$

즉, 수열 $\{a_n\}$은 첫째항부터 제$(m-1)$항까지는 공차가 $-d$인 등차수열을 이루므로

→ 첫째항이 a_1이고, 공차가 d인 등차수열의 일반항 a_n은 $a_n=a_1+(n-1)d$

$a_{m-1}=a_1+(m-2)\times(-d)$

$\therefore a_1=a_{m-1}+(m-2)d=1+(m-2)d$ (∵ ㉤) ⋯ ㉧

조건 (나)에서

$a_1+a_{m-1}=-9(a_m+a_{m+1})$

$\{1+(m-2)d\}+1=-9\{(1-d)+1\}$ (∵ ㉧, ㉤, ㉥, ㉦)

$2+(m-2)d=9(d-2)$ ⋯ ㉨

$(m-2)d-9d=-18-2$

$(m-11)d=-20$

$\therefore d=\dfrac{20}{11-m}$ ⋯ ㉩

3rd 조건 (다)를 이용하여 m과 d의 값을 구하여 a_1의 값을 구하자.

조건 (다)에서 $\displaystyle\sum_{k=1}^{m-1}a_k=45$이므로 수열 $\{a_n\}$의 첫째항부터 제$(m-1)$항까지의 합이 45이다. 이때, 첫째항부터 제$(m-1)$항까지는 등차수열을 이루므로

$\displaystyle\sum_{k=1}^{m-1}a_k=\frac{(m-1)\{2a_1+(m-2)(-d)\}}{2}$

$=\dfrac{(m-1)[2\{1+(m-2)d\}+(m-2)(-d)]}{2}$ (∵ ㉧)

$=\dfrac{(m-1)\{2+(m-2)d\}}{2}$

→ 첫째항이 a_1이고, 공차가 d인 등차수열 $\{a_n\}$의 첫째항부터 제n항까지의 합은 $\dfrac{n\{2a_1+(n-1)d\}}{2}$

$=\dfrac{(m-1)\times9(d-2)}{2}$ (∵ ㉨)$=45$

즉, $(m-1)(d-2)=10$

$(m-1)\left(\frac{20}{11-m}-2\right)=10$ ($\because$ ㊅)

$(m-1)\{20-2(11-m)\}=10(11-m)$

$(m-1)(2m-2)=10(11-m)$

$(m-1)(m-1)=5(11-m)$

$m^2-2m+1=55-5m$

$m^2+3m-54=0$

$(m-6)(m+9)=0$

$\therefore m=6$ 또는 $m=-9$

m은 자연수이므로 $m=6 \Rightarrow d=\frac{20}{11-6}=4$ ($\because$ ㊅)

이것을 ⓞ에 대입하면

$a_1=1+(6-2)\times4=17$

 다른 풀이: **$a_2, a_3, \cdots, a_{m-1}, a_m, a_{m+1}$을 직접 구하여 d를 m에 대한 식으로 나타내기**

$a_2=a_1-d$

$a_3=a_2-d=a_1-2d$

$a_4=a_3-d=a_1-3d$

⋮

$a_{m-2}=a_1-(m-3)d$ ⋯ ㉠

$a_{m-1}=a_1-(m-2)d$ ⋯ ㉡

$a_m=a_1-(m-1)d$ ⋯ ㉢

$a_n<0$인 자연수 n의 최솟값을 m이라 하므로 $a_m<0$이고, a_m이 처음으로 음수가 되는 항이야.

조건 (가)에서

$a_{m-2}+a_{m-1}+a_m$

$=\{a_1-(m-3)d\}+\{a_1-(m-2)d\}+\{a_1-(m-1)d\}$ ($\because$ ㉠, ㉡, ㉢)

$=3a_1-3md+6d=3$

$\therefore a_1-md+2d=1 \Rightarrow a_1=md-2d+1$ ⋯ ㉣

조건 (나)에서

$a_1+a_{m-1}=-9(a_m+a_{m+1})$

$a_1+(a_1-md+2d)$

$=-9\{(a_1-md+d)+(a_1-md+d+d)\}$ ($\because$ ㉡, ㉢, ㉠)

$20a_1-19md+29d=0$

여기에 ㉣을 대입하면

$20(md-2d+1)-19md+29d=0$

$md-11d+20=0 \qquad \therefore d=\frac{20}{11-m}$

(이하 동일)

My Top Secret 서울대 선배의 ❶ 등급 대비 전략

귀납적으로 정의된 수열에서 첫째항부터 나열을 통해 규칙을 발견할 수 있지만, 역으로 어떤 항이 주어지고 첫째항까지 거꾸로 추적해 나가는 경우도 있어. 이럴 때는 a_n의 값의 조건을 잘 확인하여 이를 만족시키도록 하는 수열 $\{a_n\}$을 구해야 해.

1회 수학 I 실전 기출 모의고사

문제편 p. 312

1회 01 정답 ⑤ *로그의 계산 [정답률 97%]

(정답 공식: $\log_a b+\log_a c=\log_a bc$)

$27^{\frac{1}{3}}+\log_2 4$의 값은? (2점)

단서 거듭제곱 꼴은 지수법칙, 로그는 로그의 성질을 이용하여 간단히 해.

① 1 ② 2 ③ 3 ④ 4 ⑤ 5

1st 지수법칙과 로그의 성질을 이용해서 식을 정리해.

 이렇게 지수와 로그의 성질을 둘 다 이용해야 하는 문제도 많이 나오지. 지수와 로그의 성질은 기본 중의 기본이니까 제대로 익혀두자.

$27^{\frac{1}{3}}+\log_2 4=\underline{(3^3)^{\frac{1}{3}}}+\log_2 2^2=3+2\underline{\log_2 2}=3+2=5$

($(a^m)^n=a^{mn}$, $\log_2 2=1$)

로그 개념·공식

a, b, c, x, y가 양수이고, $a\neq1$, $b\neq1$, $c\neq1$일 때,

① $\log_a a=1$

② $\log_a 1=0$

③ $\log_a x+\log_a y=\log_a xy$

④ $\log_a x-\log_a y=\log_a \frac{x}{y}$

⑤ $\log_a b=\frac{\log_c b}{\log_c a}$

⑥ $\log_a b=\frac{1}{\log_b a}$

⑦ $\log_a b\times\log_b c\times\log_c a=1$

⑧ $\log_{a^m} b^n=\frac{n}{m}\log_a b$ $(m\neq0)$

1회 02 정답 ③ *삼각함수의 최대·최소-일차식 꼴 [정답률 89%]

(정답 공식: 함수 $y=\sin x$의 최댓값, 최솟값을 이용한다.)

함수 $f(x)=a\sin x+1$의 최댓값을 M, 최솟값을 m이라 하자. $M-m=6$일 때, 양수 a의 값은? (3점)

① 2 ② $\frac{5}{2}$ ③ 3 ④ $\frac{7}{2}$ ⑤ 4

단서 함수 $f(x)$는 함수 $y=\sin x$를 a배한 후 y축의 방향으로 1만큼 평행이동한 함수지? 그럼 함수 $y=\sin x$의 최댓값과 최솟값을 이용하여 함수 $f(x)$의 최댓값과 최솟값을 구할 수 있어.

1st 함수 $y=\sin x$의 최댓값과 최솟값은 각각 $1, -1$임을 이용하여 함수 $f(x)$의 최댓값과 최솟값을 구해.

$\underline{-1\le\sin x\le1}$이므로 각 변에 a를 곱하면

$-a\le a\sin x\le a$ ($\because a>0$) → 함수 $y=\sin x$의 치역은 $\{y\mid-1\le y\le1\}$이야.

다시 각 변에 1을 더하면

$-a+1\le a\sin x+1\le a+1$

따라서 함수 $f(x)$의 최댓값과 최솟값은 각각

$M=a+1$, $m=-a+1$

2nd $M-m=6$의 값을 이용해서 양수 a의 값을 구하자.

이때, $M-m=6$이므로 $M-m=a+1-(-a+1)=6$에서

$2a=6$

$\therefore a=3$

1회 03 정답 ③ *삼각함수 사이의 관계 - $\sin\theta\times\cos\theta$, $\sin\theta\pm\cos\theta$ [정답률 87%]

(정답 공식: $\sin^2\theta+\cos^2\theta=1$이고, $\tan\theta=\dfrac{\sin\theta}{\cos\theta}$이다.)

$\sin\theta-\cos\theta=\dfrac{\sqrt{3}}{2}$일 때, $\tan\theta+\dfrac{1}{\tan\theta}$의 값은? (3점)

단서 주어진 조건식이 sin, cos으로 주어졌으니까 구하는 식도 sin, cos으로 나타내야 한다고 생각해 봐.

① 6 ② 7 ③ 8 ④ 9 ⑤ 10

1st 조건식의 양변을 제곱해 보자.

$\sin\theta-\cos\theta=\dfrac{\sqrt{3}}{2}$의 양변을 제곱하면

$\sin^2\theta-2\sin\theta\cos\theta+\cos^2\theta=\dfrac{3}{4}$

$\sin^2\theta+\cos^2\theta=1$

$1-2\sin\theta\cos\theta=\dfrac{3}{4}$

$2\sin\theta\cos\theta=\dfrac{1}{4}$ $\therefore \sin\theta\cos\theta=\dfrac{1}{8}$

$\therefore \tan\theta+\dfrac{1}{\tan\theta}=\dfrac{\sin\theta}{\cos\theta}+\dfrac{\cos\theta}{\sin\theta}=\dfrac{\sin^2\theta+\cos^2\theta}{\sin\theta\cos\theta}$ ($\sin^2\theta+\cos^2\theta=1$)

$\tan\theta=\dfrac{\sin\theta}{\cos\theta}$

$=\dfrac{1}{\sin\theta\cos\theta}=\dfrac{1}{\frac{1}{8}}=8$

삼각함수 사이의 관계 (개념·공식)

① $\tan\theta=\dfrac{\sin\theta}{\cos\theta}$

② $\sin^2\theta+\cos^2\theta=1$

③ $1+\tan^2\theta=\dfrac{1}{\cos^2\theta}$

1회 04 정답 ① *로그의 정의 [정답률 73%]

(정답 공식: 모든 실수 x에 대하여 log가 정의되기 위해서는 밑이 1이 아닌 양수여야 하고, 진수가 x의 값에 관계없이 항상 양수여야 한다.)

모든 실수 x에 대하여 $\log_a(x^2+2ax+5a)$가 정의되기 위한 모든 정수 a의 값의 합은? (3점)

단서 로그가 정의되기 위해서는 (진수)>0, (밑)>0, (밑)≠1이어야 해.

① 9 ② 11 ③ 13 ④ 15 ⑤ 17

1st 로그의 (밑)>0, (밑)≠1이어야 해.

$\log_a(x^2+2ax+5a)$가 정의되기 위해서 밑인 a가

$a>0$, $a\neq1$ … ㉠

이 성립되어야 한다.

2nd 로그의 (진수)>0이어야 해.

모든 실수 x에 대하여 $x^2+2ax+5a>0$이어야 하므로 이차방정식 $x^2+2ax+5a=0$의 판별식 $D<0$이어야 한다.

→ 이차부등식 $ax^2+bx+c>0\,(a>0)$이 모든 실수 x에 대하여 성립하려면 이차방정식 $ax^2+bx+c=0$이 실근을 가지면 안 되므로 판별식 $D<0$이어야 해.

$\dfrac{D}{4}=a^2-5a<0$

$a(a-5)<0$

$\therefore 0<a<5$ … ㉡

㉠, ㉡을 모두 만족시키는 정수 a는 2, 3, 4이므로 이 값들의 합은 9이다.

㉠에서 $a\neq1$임을 잊지 말자.

실수: 로그 $\log_a N$의 밑의 조건은 $a\neq1$, $a>0$이어야 해.

1회 05 정답 ② *로그방정식의 활용 [정답률 75%]

(정답 공식: 두 점 A, B의 x좌표를 각각 m에 대한 식으로 나타낼 수 있다.)

곡선 $y=-2^x$을 y축의 방향으로 m만큼 평행이동시킨 곡선을 $y=f(x)$라 하고, 곡선 $y=f(x)$가 x축과 만나는 점을 A라 하자. (단, $m>2$이다.)

단서1 함수 $f(x)$의 식을 구하자.

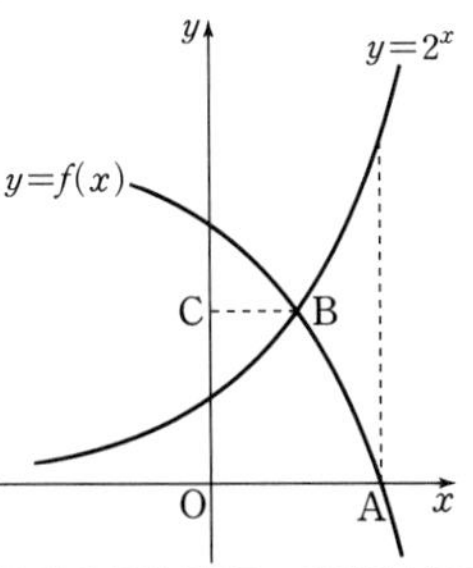

단서2 $f(x)$의 식을 이용해 두 점 A, B의 좌표를 m에 대한 식으로 나타내자.

곡선 $y=2^x$이 곡선 $y=f(x)$와 만나는 점을 B, 점 B에서 y축에 내린 수선의 발을 C라 하자. $\overline{OA}=2\overline{BC}$일 때, m의 값은? (4점)

① $2\sqrt{2}$ ② 4 ③ $4\sqrt{2}$ ④ 8 ⑤ $8\sqrt{2}$

1st $\overline{OA}$와 $\overline{BC}$의 길이를 m에 대하여 나타내자.

곡선 $f(x)$는 곡선 $y=-2^x$을 y축의 방향으로 m만큼 평행이동시킨 것이므로 $f(x)=-2^x+m$이다.

이때, $\overline{BC}$의 길이는 두 곡선 $y=f(x)$와 $y=2^x$의 교점 B의 x좌표와 같으므로 $y=-2^x+m$과 $y=2^x$의 교점 B의 x좌표를 구하면

$-2^x+m=2^x$, $2^x=\dfrac{m}{2}$, $x=\log_2\dfrac{m}{2}$

$\therefore \overline{BC}=\log_2\dfrac{m}{2}$ … ㉠

한편, $\overline{OA}$의 길이는 곡선 $y=f(x)$가 x축과 만나는 점 A의 x좌표와 같다. 따라서 점 A의 x좌표를 구하면

$-2^x+m=0$, $2^x=m$, $x=\log_2 m$

$\therefore \overline{OA}=\log_2 m$ … ㉡

2nd $\overline{OA}=2\overline{BC}$가 성립함으로 m의 값을 구하자.

㉠, ㉡에서

$\log_2 m=2\log_2\dfrac{m}{2}$, $\log_2 m=\log_2\left(\dfrac{m}{2}\right)^2$, $m=\dfrac{m^2}{4}$

$m^2-4m=0$, $m(m-4)=0$ → $m=0$이면 $f(x)=-2^x$의 그래프와 $y=2^x$의 그래프는 만나지 않아. 즉, 교점 B가 존재하지 않지!

$\therefore m=4$ ($\because m>2$)

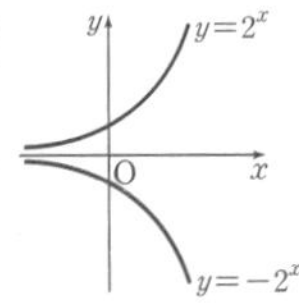

주의: 문제의 범위 조건에 맞는지 꼭 확인하자.

로그방정식의 풀이 (개념·공식)

① $\log_a f(x)=\log_a g(x)$ 꼴일 때, $f(x)=g(x)$를 푼다. (단, $f(x)>0$, $g(x)>0$)

② $\log_a f(x)=\log_b g(x)$ 꼴일 때, 밑을 통일하고 ①과 같이 푼다.

③ $\log_a x$, $(\log_a x)^2$이 포함된 식은 $\log_a x=t$로 치환한다.

④ $\{f(x)\}^{\log_a x}$과 같이 지수에 로그가 있을 때에는 양변에 $\log_a$를 취한다.

모의고사 1회

1회 06 정답 ① *수열의 귀납적 정의 – 빈칸 [정답률 67%]

(정답 공식: 푸는 과정을 따라가면서 빈칸에 들어갈 식을 유추한다.)

모든 항이 양수인 수열 $\{a_n\}$은 $a_1=10$이고

$$(a_{n+1})^n=10(a_n)^{n+1}\ (n\ge1)$$

을 만족시킨다. 다음은 일반항 a_n을 구하는 과정이다.

> 주어진 식의 양변에 상용로그를 취하면
>
> $n\log a_{n+1}=(n+1)\log a_n+1$ … ⓐ
>
> 이다. 양변을 $n(n+1)$로 나누면 (단서1 ⓐ의 1이 어떻게 변화하는지 확인하면 (가)를 유추할 수 있지?)
>
> $\dfrac{\log a_{n+1}}{n+1}=\dfrac{\log a_n}{n}+$ (가)
>
> 이다. $b_n=\dfrac{\log a_n}{n}$이라 하면 $b_1=1$이고
>
> $b_{n+1}=b_n+$ (가) (단서2 $b_{n+1}-b_n=f(n)$의 양변에 $n=1, 2, 3, \cdots, n-1$을 대입하여 각 변을 더해 주면 일반항 b_n을 구할 수 있어.)
>
> 이다. 수열 $\{b_n\}$의 일반항을 구하면
>
> $b_n=$ (나)
>
> 이므로 $\log a_n=n\times$ (나)
>
> 이다. 그러므로 $a_n=10^{n\times\text{(나)}}$이다.

위의 (가)와 (나)에 알맞은 식을 각각 $f(n)$과 $g(n)$이라 할 때, $\dfrac{g(10)}{f(4)}$의 값은? (4점)

① 38 ② 40 ③ 42 ④ 44 ⑤ 46

1st 주어진 과정을 따라가면서 빈칸에 알맞은 식을 추론해 봐.

$(a_{n+1})^n=10(a_n)^{n+1}$의 양변에 상용로그를 취하면

$\log(a_{n+1})^n=\log 10(a_n)^{n+1}=\log(a_n)^{n+1}+\log 10$

$n\log a_{n+1}=(n+1)\log a_n+1$

양변을 $n(n+1)$로 나누면

$$\frac{\log a_{n+1}}{n+1}=\frac{\log a_n}{n}+\frac{1}{n(n+1)} \leftarrow \text{(가)}$$

이때, $b_n=\dfrac{\log a_n}{n}$이라 하면 $b_1=\dfrac{\log a_1}{1}=1(\because a_1=10)$이고

($b_{n+1}=\dfrac{\log a_{n+1}}{n+1}$)

$$b_{n+1}=b_n+\frac{1}{n(n+1)}$$

n 대신 $1, 2, 3, \cdots, n-1$을 차례로 대입하면

$$b_2=b_1+\frac{1}{1\times2}$$

$$b_3=b_2+\frac{1}{2\times3}$$

$$\vdots$$

$$+\Big)\ b_n=b_{n-1}+\frac{1}{(n-1)\times n}$$

$$b_n=b_1+\frac{1}{1\times2}+\frac{1}{2\times3}+\cdots+\frac{1}{(n-1)\times n}$$

[부분분수] $\dfrac{1}{AB}=\dfrac{1}{B-A}\left(\dfrac{1}{A}-\dfrac{1}{B}\right)$

$$=1+\left\{\left(1-\frac{1}{2}\right)+\left(\frac{1}{2}-\frac{1}{3}\right)+\cdots+\left(\frac{1}{n-1}-\frac{1}{n}\right)\right\}=2-\frac{1}{n} \leftarrow \text{(나)}$$

따라서 $\log a_n=n\times\left(2-\dfrac{1}{n}\right)$이므로 $a_n=10^{n\times\left(2-\frac{1}{n}\right)}$

($b_n=\dfrac{\log a_n}{n}$이니까.)

2nd 이제 $\dfrac{g(10)}{f(4)}$의 값을 구하자.

따라서 $f(n)=\dfrac{1}{n(n+1)}$, $g(n)=2-\dfrac{1}{n}$이므로

$$\frac{g(10)}{f(4)}=\frac{2-\frac{1}{10}}{\frac{1}{4(4+1)}}=\frac{\frac{19}{10}}{\frac{1}{20}}=38$$

1회 07 정답 ① *수열의 귀납적 정의의 활용 [정답률 37%]

(정답 공식: 점 Q가 지나간 선분의 길이에서, 점 Q가 어느 선분 위에 위치할지를 먼저 찾는다.)

자연수 n에 대하여 좌표평면 위의 점 $P_n(x_n, y_n)$을 다음 규칙에 따라 정한다.

> (가) $x_1=y_1=1$
>
> (나) $\begin{cases}x_{n+1}=x_n+(n+1)\\ y_{n+1}=y_n+(-1)^n\times(n+1)\end{cases}(n\ge1)$

(단서1 점 Q는 한 번에 좌표평면의 한 칸의 대각선을 이동하네.)

점 Q는 원점 O를 출발하여 $\overline{OP_1}$을 따라 점 P_1에 도착한다. 자연수 n에 대하여 점 P_n에 도착한 점 Q는 점 P_{n+1}을 향하여 $\overline{P_nP_{n+1}}$을 따라 이동한다. 점 Q는 한 번에 $\sqrt{2}$만큼 이동한다. 예를 들어, 원점에서 출발하여 7번 이동한 점 Q의 좌표는 (7, 1)이다. 원점에서 출발하여 55번 이동한 점 Q의 y좌표는? (4점)

(단서2 선분 P_nP_{n+1}의 길이가 $55\sqrt{2}$일 때, n의 값을 (나)를 이용하여 유추해.)

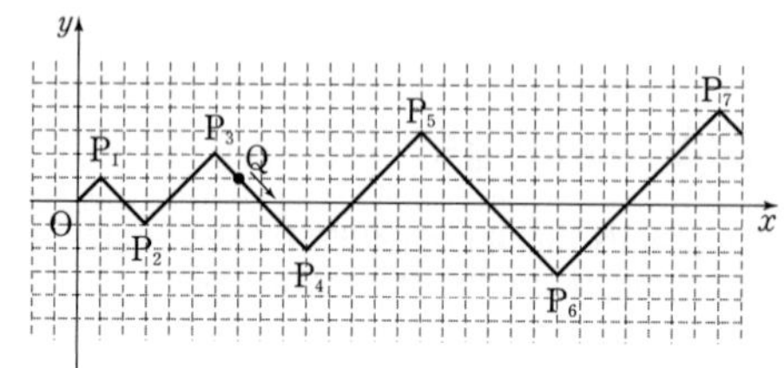

① -5 ② -6 ③ -7 ④ -8 ⑤ -9

1st 점 Q가 55번 이동했음을 이용하여 점 Q의 위치를 유추해 보자.

원점 O를 점 P_0라 하면 $\overline{P_0P_1}=\sqrt{2}$, $\overline{P_1P_2}=2\sqrt{2}$, $\overline{P_2P_3}=3\sqrt{2}$, …이므로 $\overline{P_{n-1}P_n}=\sqrt{2}n\ (n\ge1)$ (좌표평면의 칸이 1×1, 2×2, 3×3이니까 $n\times n$일 때 $\sqrt{2}n$이야.)

따라서 원점 O에서 출발한 점 Q가 점 P_n까지 이동했을 때 점 Q가 지나간 선분의 길이는

$\Rightarrow \overline{P_0P_1}+\overline{P_1P_2}+\overline{P_2P_3}+\cdots+\overline{P_{n-1}P_n}=\sqrt{2}+2\sqrt{2}+3\sqrt{2}+\cdots+n\sqrt{2}$

$$\sum_{k=1}^{n}\sqrt{2}k=\sqrt{2}\sum_{k=1}^{n}k=\frac{\sqrt{2}n(n+1)}{2}$$

[Σ의 성질] $\displaystyle\sum_{k=1}^{n}ca_k=c\sum_{k=1}^{n}a_k$ (c는 상수)

이때, 점 Q는 한 번에 $\sqrt{2}$만큼 55번 이동했으므로 점 Q가 이동한 거리는 $55\sqrt{2}$이다.

[자연수의 거듭제곱의 합] $\displaystyle\sum_{k=1}^{n}k=\frac{n(n+1)}{2}$

즉, $\dfrac{\sqrt{2}n(n+1)}{2}=55\sqrt{2}$에서

$n(n+1)=2\times55=10\times11$

$\therefore n=10$

따라서 점 Q가 55번 이동한 후의 위치는 점 P_{10}과 같다.

2nd y_{10}의 값을 구하자.

$y_{n+1}=y_n+(-1)^n\times(n+1)$에 n 대신 1, 2, 3, ⋯, 9를 대입하면

$$\begin{aligned} y_2&=y_1+(-1)^1\times 2\\ y_3&=y_2+(-1)^2\times 3\\ y_4&=y_3+(-1)^3\times 4\\ &\vdots\\ +)\ y_{10}&=y_9+(-1)^9\times 10 \end{aligned}$$

주의 좌표값을 찾을 때 항을 나열하면 규칙성을 찾거나 계산하기 쉬운 형태로 나오는 경우가 많아.

$$\begin{aligned} y_{10}&=y_1+\{(-2)+3+(-4)+\cdots+(-10)\}\\ &=1+\{(-2)+3+(-4)+\cdots+(-10)\}\\ &=1-6=-5 \end{aligned}$$

$\{(-2)+3+(-4)+\cdots+(-10)\}=(-2+3)+(-4+5)+(-6+7)+(-8+9)-10$

1회 08 정답 108 ＊등비수열의 특정항 구하기 – 특정항 이용 [정답률 71%]

(정답 공식: $a_n=a_1r^{n-1}$을 이용해 식을 정리하고 첫째항과 공비를 구한다.)

> 등비수열 $\{a_n\}$에 대하여 단서 등비수열의 일반항을 세워, ❶, ❷를 이용하여 a_1과 공비 r의 값을 찾자.
>
> ❶ $a_7=12$, ❷ $\dfrac{a_6a_{10}}{a_5}=36$
>
> 이 성립할 때, a_{15}의 값을 구하시오. (3점)

1st 등비수열의 일반항을 이용하여 주어진 조건을 첫째항과 공비로 표현해.

등비수열 $\{a_n\}$의 첫째항을 a_1, 공비를 r라 하면 → $a_n=a_1r^{n-1}$

주어진 조건에서

$\dfrac{a_6a_{10}}{a_5}=\dfrac{a_1r^5\times a_1r^9}{a_1r^4}=a_1r^{10}=36$ ⋯ ㉠

또, $a_7=12$이므로

$a_1r^6=12$ ⋯ ㉡

2nd a_{15}의 값을 구하기 위하여 ㉠, ㉡을 적절히 변형하자.

㉠÷㉡을 하면

$\dfrac{ar^{10}}{ar^6}=\dfrac{36}{12}$ $\therefore r^4=3$ ⋯ ㉢

$\therefore a_{15}=ar^{14}=ar^{10}\times r^4=36\times 3$($\because$ ㉠, ㉢)$=108$

쉬운 풀이: a_5를 첫째항이라 하고 a_{15}의 값 구하기

a_5를 첫째항으로 주어진 조건을 정리하자.

$a_7=a_5r^2=12$ ⋯ ㉠′

a_5를 시작으로 a_7은 3번째이지?

$\dfrac{a_6a_{10}}{a_5}=\dfrac{a_5r\times a_5r^5}{a_5}=36$ → a_5를 시작으로 a_6, a_{10}은 각각 2번째, 6번째야.

$\therefore a_5r^6=36$ ⋯ ㉡′

㉡′÷㉠′을 하면

$\dfrac{a_5r^6}{a_5r^2}=\dfrac{36}{12}$이므로 $r^4=3$

$\therefore a_{15}=a_5r^{10}=a_5r^2\times(r^4)^2=12\times 3^2=108$

a_5의 값을 구하지 않고 ㉠′을 이용해. 만약 ㉡′을 이용하면 $a_{15}=a_5r^6\times r^4=36\times 3=108$

등비수열의 일반항 개념·공식

① 첫째항이 a이고 공비가 r인 등비수열 $\{a_n\}$의 일반항은

$a_n=ar^{n-1}$

② $a_n=a_{n-1}r$ $(n\ge 2)$, $a_1=a$

1회 09 정답 32 ＊지수함수의 최대·최소 – 지수가 일차식 [정답률 82%]

(정답 공식: 함수 $y=a^x$에서 $a>1$이면 증가함수, $0<a<1$이면 감소함수임을 안다.)

> 닫힌구간 $[-1, 3]$에서 두 함수
>
> $f(x)=2^x$, $g(x)=\left(\dfrac{1}{2}\right)^{2x}$
>
> 의 최댓값을 각각 a, b라 하자. ab의 값을 구하시오. (3점)
>
> 단서 함수 $f(x)$는 (밑)$=2>1$이므로 증가함수이고, 함수 $g(x)$는 $0<$(밑)$=\frac{1}{2}<1$이므로 감소 함수야.

1st 지수함수의 밑이 1보다 큰지, 작은지 확인하자.

함수 $f(x)$의 밑은 $2>1$이고 함수 $g(x)$의 밑은 $0<\dfrac{1}{2}<1$이므로 함수 $f(x)$는 증가함수, 함수 $g(x)$는 감소함수이다.

즉, 닫힌구간 $[-1, 3]$에서 함수 $f(x)$는 $x=3$일 때 최대이고, 함수 $g(x)$는 $x=-1$일 때 최대이므로

$a=f(3)=2^3=8$

$b=g(-1)=\left(\dfrac{1}{2}\right)^{-2}=4$

$\therefore ab=8\times 4=32$

(i) $y=a^x$에서 $a>1$일 때, 정의역이 $\{x\mid m\le x\le n\}$이면 치역은 $\{y\mid a^m\le y\le a^n\}$

(ii) $y=a^x$에서 $0<a<1$일 때, 정의역이 $\{x\mid m\le x\le n\}$이면 치역은 $\{y\mid a^n\le y\le a^m\}$

1회 10 정답 11 ＊Σ의 활용 – 대입 [정답률 63%]

(정답 공식: a_2의 값을 미지수로 설정하면 모든 a_n을 a_1, a_2로 표현할 수 있다.)

> 수열 $\{a_n\}$은 $a_1=7$이고, 다음 조건을 만족시킨다.
>
> (가) $a_{n+2}=a_n-4$ $(n=1, 2, 3, 4)$ ⇒ $n=1$부터 4까지 순서대로 대입해서 a_3부터 a_6까지 a_1과 a_2로 표현 가능해.
>
> (나) 모든 자연수 n에 대하여 $a_{n+6}=a_n$이다. ⇒ 6을 주기로 같아지지?
>
> $\displaystyle\sum_{k=1}^{50}a_k=258$일 때, a_2의 값을 구하시오. (4점)
>
> 단서 조건을 최대한 활용해야 해. 즉, (가)에서 모든 n이 아니라 4 이하인 자연수이고, (나)에서 수열 $\{a_n\}$의 주기가 주어졌으니까 두 조건으로 수열 $\{a_n\}$을 모두 표현할 수 있어.

1st 두 조건으로 수열 $\{a_n\}$을 a_1과 a_2로 표현해 볼까?

조건 (가)에서 $a_{n+2}=a_n-4$ $(n=1, 2, 3, 4)$이므로

$a_3=a_1-4=7-4=3$ ⇒ $a_1=7$이니까 식의 값을 정리해 두자.

$a_4=a_2-4$

$a_5=a_3-4=3-4=-1$

$a_6=a_4-4=(a_2-4)-4=a_2-8$

조건 (나)에서 모든 자연수 n에 대하여 $a_{n+6}=a_n$이므로

$a_7(=a_1)=\cdots$, $a_8(=a_2)=\cdots$, $a_9(=a_3)=\cdots$,
($=7$) ($=3$)

$a_{10}=(a_4)=\cdots$, $a_{11}(=a_5)=\cdots$, $a_{12}(=a_6)=\cdots$
($=a_2-4$) ($=-1$) ($=a_2-8$)

2nd $\displaystyle\sum_{k=1}^{50}a_k$의 값을 a_2의 식으로 나타내어 a_2의 값을 구해.

$$\begin{aligned} \sum_{k=1}^{50}a_k&=a_1+a_2+a_3+\cdots+a_{48}+a_{49}+a_{50}\\ &=8(a_1+a_2+a_3+a_4+a_5+a_6)+a_1+a_2\\ &=8\{7+a_2+3+(a_2-4)+(-1)+(a_2-8)\}+7+a_2\\ &=25a_2-17\\ &=258 \end{aligned}$$

$a_1+\cdots+a_{48}$: 6개씩 묶음으로 하면 8묶음이야. $a_{n+6}=a_n$에서 $a_{49}=a_1$, $a_{50}=a_2$야.

$25a_2=275$

$\therefore a_2=11$

모의고사 1회

1회 11 정답 987 *코사인법칙의 활용 [정답률 54%]

(정답 공식: 코사인법칙은 $b^2=a^2+c^2-2ac\cos B$이다.)

단서1 t초 후 갑이 간 거리는 $100t$, 을이 간 거리는 $200t$야.

그림과 같이 갑이 탄 배는 항구 A에서 출발하여 800 m 떨어진 등대 B를 향해 ❶속력 100 m/분으로 직선 경로를 따라서 항해하고, 을이 탄 배는 섬 C에서 출발하여 1000 m떨어진 항구 A를 향해 ❷속력 200 m/분으로 직선 경로를 따라서 항해하고 있다.

$\angle BAC=\frac{\pi}{3}$일 때, 항구 A와 섬 C를 각각 동시에 출발한 갑, 을이 탄 두 배가 같은 시간에 지나는 지점을 잇는 선분이 B지점과 C지점을 잇는 선분과 평행이 되는 순간의 두 배 사이의 거리는 $\frac{q}{p}\sqrt{21}$이다. $q-p$의 값을 구하시오.
(단, p, q는 서로소인 자연수이고, 두 배의 크기는 무시한다.) (4점)

단서2 선분 BC와 평행인 길이를 구하는 것이므로 두 변의 길이와 그 끼인각의 크기를 이용하여 코사인법칙의 변형으로 선분 BC를 구할 수 있어.

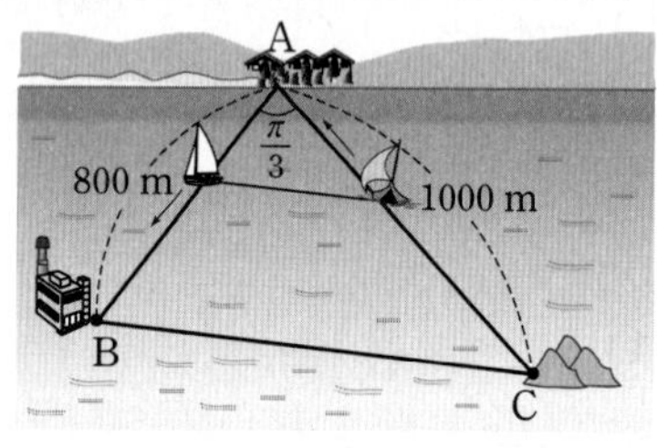

1st 갑과 을이 탄 배를 각각 점 P, Q라 하고 조건을 만족시키는 도형을 그려서 선분 BC의 길이를 구하자.

갑과 을이 탄 배를 각각 점 P, Q로 표시하고 $\overline{PQ}/\!/\overline{BC}$가 되도록 도형을 그리면 다음과 같다.

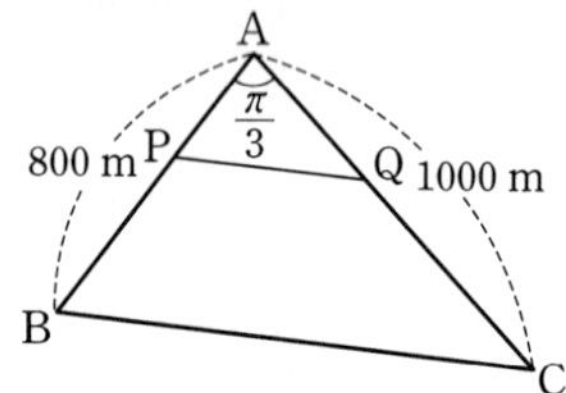

삼각형 ABC에서 코사인법칙을 이용하면 ($b^2=a^2+c^2-2ac\cos B$)

$\overline{BC}^2=800^2+1000^2-2\times800\times1000\times\cos\frac{\pi}{3}=200^2\times21$

$\therefore \overline{BC}=200\sqrt{21}$

2nd t분 후 갑과 을의 움직인 거리를 구하고 두 삼각형 ABC, APQ가 닮음임을 이용하자.

t분 후 갑과 을이 움직인 거리는 $\overline{AP}=100t$, $\overline{CQ}=200t$이므로 $\overline{AQ}=1000-200t$

(갑이 탄 배의 속도는 100 m/분이므로 $\overline{AP}=100t$, 을이 탄 배의 속도는 200 m/분이므로 $\overline{CQ}=200t$)

$\overline{BC}$와 $\overline{PQ}$가 평행이므로 $\triangle ABC\backsim\triangle APQ$

$100t:800=(1000-200t):1000$ ($\overline{AP}:\overline{AB}=\overline{AQ}:\overline{AC}$)

$\therefore t=\frac{40}{13}$

($\angle APQ=\angle ABC$, $\angle AQP=\angle ACB$(동위각)이므로 두 삼각형 APQ, ABC는 AA 닮음이야.)

3rd $t=\frac{40}{13}$를 대입하여 선분 PQ의 길이를 구해.

$\overline{AB}=800$, $\overline{AP}=100\times\frac{40}{13}$이므로

$\overline{AB}:\overline{AP}=13:5$, $13:5=200\sqrt{21}:\overline{PQ}$

$\therefore \overline{PQ}=\frac{1000\sqrt{21}}{13}$

따라서 $p=13$, $q=1000$이므로 $q-p=987$

2회 수학 I 실전 기출 모의고사

문제편 p. 314

2회 01 정답 ① *지수법칙 - 밑이 다른 계산(곱셈) [정답률 93%]

(정답 공식: 밑을 2와 3으로 바꾼다.)

$8^{\frac{2}{3}}\times9^{\frac{1}{2}}$의 값은? (2점) 단서 밑이 8, 9로 다르므로 각각을 지수법칙으로 계산해.

① 12 ② 10 ③ 8
④ 6 ⑤ 4

1st 밑이 다른 두 수의 곱이니까 각각에 지수법칙을 적용하여 계산해.

$8^{\frac{2}{3}}\times9^{\frac{1}{2}}=(2^3)^{\frac{2}{3}}\times(3^2)^{\frac{1}{2}}=2^2\times3=12$ ($(a^m)^n=a^{mn}$)

2회 02 정답 ④ *삼각함수의 성질 [정답률 84%]

(정답 공식: $\cos\left(\frac{\pi}{2}\pm\theta\right)=\mp\sin\theta$, $\sin(\pi\pm\theta)=\mp\sin\theta$(복호동순))

단서1 θ가 제1사분면각이므로 $\sin\theta>0$, $\cos\theta>0$, $\tan\theta>0$이다.

$0<\theta<\frac{\pi}{2}$이고 $\tan\theta=\frac{3}{4}$일 때, $\cos\left(\frac{\pi}{2}-\theta\right)+2\sin(\pi-\theta)$의 값은? (3점)

단서2 삼각함수의 성질을 이용하여 식을 간단히 하자.

① $\frac{6}{5}$ ② $\frac{7}{5}$ ③ $\frac{8}{5}$
④ $\frac{9}{5}$ ⑤ 2

1st $\tan\theta$의 값을 만족시키는 직각삼각형을 이용하여 $\sin\theta$의 값을 구하자.

$\tan\theta=\frac{3}{4}\left(0<\theta<\frac{\pi}{2}\right)$이므로 그림과 같은 직각삼각형을 생각할 수 있다. 이 직각삼각형의 빗변의 길이는 피타고라스 정리에 의해

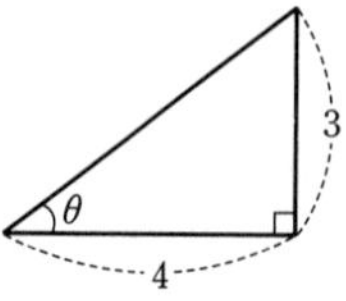

(빗변의 길이)$=\sqrt{4^2+3^2}=\sqrt{25}=5$

$\therefore \sin\theta=\frac{3}{5}$

2nd 삼각함수의 성질을 이용하여 주어진 식의 값을 구하자.

$\cos\left(\frac{\pi}{2}-\theta\right)+2\sin(\pi-\theta)$

$=\sin\theta+2\sin\theta$ ($\cos\left(\frac{\pi}{2}-\theta\right)=\sin\theta$, $\sin(\pi-\theta)=\sin\theta$)

$=3\sin\theta=3\times\frac{3}{5}=\frac{9}{5}$

삼각함수 (개념·공식)

(1) $\pi\pm\theta$의 삼각함수
① $\sin(\pi+\theta)=-\sin\theta$, $\sin(\pi-\theta)=\sin\theta$
② $\cos(\pi+\theta)=-\cos\theta$, $\cos(\pi-\theta)=-\cos\theta$
③ $\tan(\pi+\theta)=\tan\theta$, $\tan(\pi-\theta)=-\tan\theta$

(2) $\frac{\pi}{2}\pm\theta$의 삼각함수
① $\sin\left(\frac{\pi}{2}+\theta\right)=\cos\theta$, $\sin\left(\frac{\pi}{2}-\theta\right)=\cos\theta$
② $\cos\left(\frac{\pi}{2}+\theta\right)=-\sin\theta$, $\cos\left(\frac{\pi}{2}-\theta\right)=\sin\theta$
③ $\tan\left(\frac{\pi}{2}+\theta\right)=-\frac{1}{\tan\theta}$, $\tan\left(\frac{\pi}{2}-\theta\right)=\frac{1}{\tan\theta}$

2회 03 정답 ③ ＊등비수열의 특정항 구하기－첫째항 이용 [정답률 94%]

(정답 공식: 첫째항이 a이고, 공비가 r일 때, 등비수열 $\{a_n\}$의 일반항은 $a_n=ar^{n-1}$이다.)

모든 항이 양수인 등비수열 $\{a_n\}$에 대하여 $a_1=1$, $a_2+a_3=6$일 때, a_6의 값은? (3점)

단서 등비수열은 첫째항과 공비만 알아내면 어떤 항이든 구할 수 있어.

① 8 ② 16 ③ 32 ④ 64 ⑤ 128

1st $a_n=a_1r^{n-1}$으로 놓고 a_2, a_3을 표현하자.

등비수열 $\{a_n\}$의 첫째항을 a_1, 공비를 r라 할 때, 일반항 a_n은 $a_n=a_1r^{n-1}$

공비를 r라 하면 $a_2=a_1r=r$, $a_3=a_1r^2=r^2$

2nd 공비 r의 값을 구하자.

$a_2+a_3=6$이므로 $r+r^2=6$에서

$r^2+r-6=0$, $(r+3)(r-2)=0$

이때, 등비수열 $\{a_n\}$의 모든 항이 양수이므로 $r>0$ $\therefore r=2$

3rd a_6의 값을 구하자.

$\therefore a_6=a_1r^5=r^5=2^5=32$

2회 04 정답 ④ ＊사인법칙과 삼각형의 외접원 [정답률 85%]

(정답 공식: 삼각형 ABC의 외접원의 반지름의 길이를 R라 하면 $\frac{a}{\sin A}=\frac{b}{\sin B}=\frac{c}{\sin C}=2R$가 성립한다.)

그림과 같이 삼각형 ABC에서 $\angle A=\frac{\pi}{3}$, $\overline{BC}=4$일 때, 외접원의 반지름 R의 길이는? (3점)

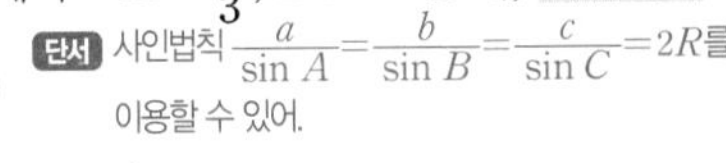

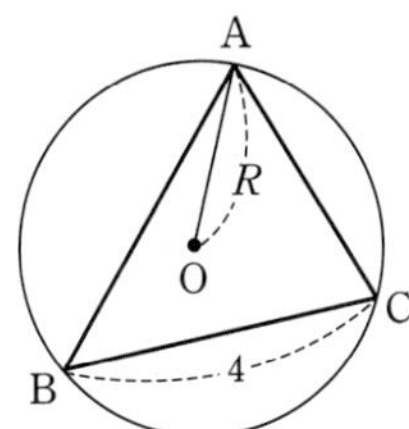

① $\frac{\sqrt{3}}{3}$ ② $\frac{2\sqrt{3}}{3}$ ③ $\sqrt{3}$ ④ $\frac{4\sqrt{3}}{3}$ ⑤ $\frac{5\sqrt{3}}{3}$

1st 사인법칙을 이용해서 외접원의 반지름의 길이를 구하자.

외접원의 반지름을 R라 하면 사인법칙에 의하여

$\frac{4}{\sin\frac{\pi}{3}}=2R$ $\sin\frac{\pi}{3}=\frac{\sqrt{3}}{2}$

$\therefore R=\frac{2}{\frac{\sqrt{3}}{2}}=\frac{4\sqrt{3}}{3}$

사인법칙과 삼각형의 외접원 개념·공식

삼각형 ABC의 외접원의 반지름의 길이를 R라 하면 삼각형의 세 변의 길이와 세 각의 크기 사이에는 다음과 같은 관계가 성립한다.

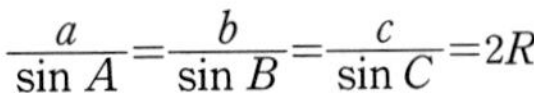

즉, 삼각형에서 변의 길이와 마주 보는 각에 대한 사인함수의 값의 비는 일정하다.

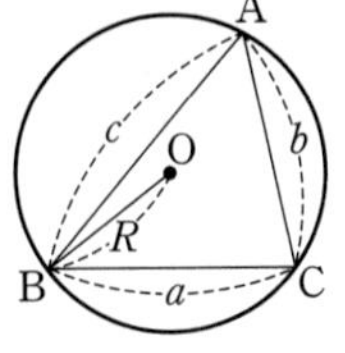

2회 05 정답 ① ＊$\sum$의 활용－규칙 [정답률 65%]

(정답 공식: 15와 서로소인 자연수는 3의 배수, 5의 배수가 아닌 자연수이다.)

수열 $\{a_n\}$은 15와 서로소인 자연수를 작은 수부터 차례대로 모두 나열하여 만든 것이다. 예를 들면 $a_2=2$, $a_4=7$이다. $\sum_{n=1}^{16}a_n$의 값은? (4점)

단서 수열 $\{a_n\}$의 규칙이 쉽게 보이지 않을 때에는 n의 범위를 좁혀서 생각해 보자.

① 240 ② 280 ③ 320 ④ 360 ⑤ 400

1st 수열 $\{a_n\}$의 규칙을 찾아보자.

$1\le n\le 15$를 만족시키는 자연수 n 중 15와 서로소인 자연수 8개

$16\le n\le 30$을 만족시키는 자연수 n 중 15와 서로소인 자연수 8개

→ $1\le n\le 15$를 만족시키는 자연수 중 3의 배수 5개, 5의 배수 3개, 15의 배수 1개이므로 $15-(3+5-1)=8$

⋮

$15(k-1)+1\le n\le 15k$를 만족시키는 자연수 n 중 15와 서로소인 자연수 8개 ($k=1, 2, 3, \cdots$)

2nd $\sum_{n=1}^{16}a_n$의 값을 구하자.

→ $1\le n\le 15$, $16\le n\le 30$에서 15와 서로소인 자연수가 각각 8이니까 1부터 30까지의 합에서 빼는 거야.

$\sum_{n=1}^{16}a_n$은 1부터 30까지의 자연수의 합에서 15와 서로소가 아닌 수들의 합, 즉 3의 배수 또는 5의 배수들의 합을 빼서 구할 수 있다.

1부터 30까지의 자연수 중에는 10개의 3의 배수, 6개의 5의 배수, 2개의 15의 배수가 있으므로

→ (3의 배수들의 합)＋(5의 배수들의 합)－(15의 배수들의 합)

$$\sum_{n=1}^{16}a_n=\sum_{n=1}^{30}n-\left(\sum_{n=1}^{10}3n+\sum_{n=1}^{6}5n-\sum_{n=1}^{2}15n\right)$$

$$=\frac{30\times31}{2}-\left(3\times\frac{10\times11}{2}+5\times\frac{6\times7}{2}-15\times\frac{2\times3}{2}\right)$$

$$=240$$

함정 $n(A\cup B)=n(A)+n(B)-n(A\cap B)$와 같이 교집합을 빼야하는 것을 잊지 말자.

다른 풀이: 15와 서로소인 자연수들의 규칙을 찾아 해결하기

$a_1=1$, $a_2=2$, $a_3=4$, $a_4=7$, $a_5=8$, $a_6=11$, $a_7=13$, $a_8=14$이고

k ($k=1, 2, \cdots, 14$)가 15와 서로소이면 $15+k$도 15와 서로소이므로

$a_9=a_1+15$, $a_{10}=a_2+15$, $\cdots$, $a_{16}=a_8+15$

$\sum_{n=1}^{8}a_n=1+2+4+7+8+11+13+14=60$

$\therefore \sum_{n=1}^{16}a_n=\sum_{n=1}^{8}a_n+\sum_{n=9}^{16}a_n=\sum_{n=1}^{8}a_n+\sum_{n=1}^{8}a_n+15\times8$

→ $a_9+a_{10}+\cdots+a_{16}=(a_1+15)+(a_2+15)+\cdots+(a_8+15)=\sum_{n=1}^{8}a_n+15\times8$

$=2\sum_{n=1}^{8}a_n+15\times8$

$=2\times60+120=240$

$\sum$의 성질 개념·공식

① $\sum_{k=1}^{n}(a_k+b_k)=\sum_{k=1}^{n}a_k+\sum_{k=1}^{n}b_k$

② $\sum_{k=1}^{n}(a_k-b_k)=\sum_{k=1}^{n}a_k-\sum_{k=1}^{n}b_k$

③ $\sum_{k=1}^{n}ca_k=c\sum_{k=1}^{n}a_k$ (단, c는 상수)

④ $\sum_{k=1}^{n}c=cn$ (단, c는 상수)

2회 06 정답 ④ *로그함수와 지수함수의 그래프와 도형 …… [정답률 77%]

(정답 공식: $\overline{AB}$, $\overline{BD}$의 길이가 나와 있으므로 점 A의 좌표를 미지수로 두면 다른 점들의 좌표도 같은 미지수로 나타낼 수 있다. x축에 평행한 직선 위의 점들의 y좌표, y축에 평행한 직선 위의 점들의 x좌표가 같음을 이용한다.)

그림과 같이 곡선 $y=2\log_2 x$ 위의 한 점 A를 지나고 x축에 평행한 직선이 곡선 $y=2^{x-3}$과 만나는 점을 B라 하자. 점 B를 지나고 y축에 평행한 직선이 곡선 $y=2\log_2 x$와 만나는 점을 D라 하자. 점 D를 지나고 x축에 평행한 직선이 곡선 $y=2^{x-3}$과 만나는 점을 C라 하자. $\overline{AB}=2$, $\overline{BD}=2$일 때, 사각형 ABCD의 넓이는? (4점)

단서1 두 점 A, B의 x좌표의 차가 2이고, 두 점 B, D의 y좌표의 차가 2야.

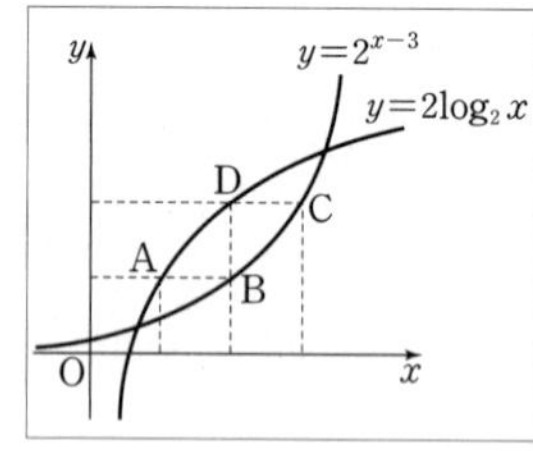

단서2 점 A의 x좌표를 t로 놓고 네 점 A, B, C, D의 좌표를 t에 대한 식으로 나타내.

① 2 ② $1+\sqrt{2}$ ③ $\frac{5}{2}$
④ 3 ⑤ $2+\sqrt{2}$

1st 점 A의 x좌표를 t라 하고, 점 A, B, D의 좌표를 구해.

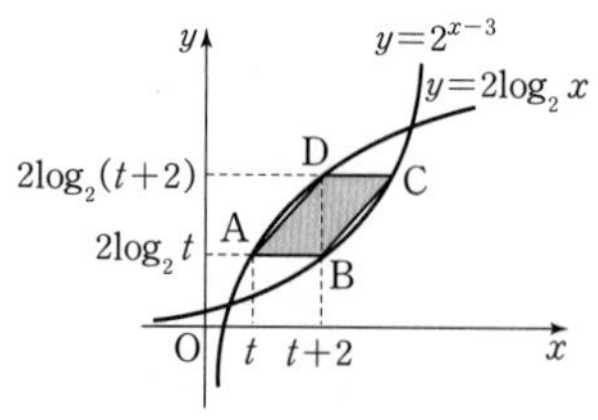

점 A의 x좌표를 t라 하면 $A(t,\ 2\log_2 t)$이고, $\overline{AB}=2$이므로
두 점 B, D의 좌표는 각각 $B(t+2,\ 2^{t-1})$, $D(t+2,\ 2\log_2(t+2))$
→ $y=2^{x-3}$에 $x=t+2$를 대입한 거야.

2nd 주어진 조건을 이용하여 t의 값을 구해.

이때, 두 점 A, B의 y좌표가 같으므로
$2\log_2 t=2^{t-1}$에서
$\log_2 t=2^{t-2}$ … ㉠
또, $\overline{BD}=2$이므로 $2\log_2(t+2)-2^{t-1}=2$에서
$\log_2(t+2)=2^{t-2}+1$ … ㉡
㉠을 ㉡에 대입하면
$\log_2(t+2)=\log_2 t+1$ → $\log_2 2$
$\log_2(t+2)=\log_2 2t$
$t+2=2t$
$\therefore t=2$
$\therefore A(2,\ 2),\ B(4,\ 2),\ D(4,\ 4)$
→ $A(2, 2\log_2 2) \Rightarrow A(2, 2)$
$B(2+2, 2^{4-3}) \Rightarrow B(4, 2)$
$D(2+2, 2\log_2(2+2)) \Rightarrow D(4, 4)$

한편, 점 C는 곡선 $y=2^{x-3}$ 위의 점이고, 두 점 C, D의 y좌표가 같으므로
$2^{x-3}=4=2^2$에서
$x=5$
$\therefore C(5,\ 4)$
따라서 사다리꼴 ABCD의 넓이를 S라 하면
$$S=\frac{1}{2}\times(\overline{AB}+\overline{DC})\times\overline{BD}$$
→ $\overline{DC}=|(\text{점 C의 } x\text{좌표})-(\text{점 D의 } x\text{좌표})|=5-4=1$
$$=\frac{1}{2}\times(2+1)\times 2=3$$

2회 07 정답 ⑤ *수열의 귀납적 정의 – 빈칸 …… [정답률 51%]

(정답 공식: 앞뒤의 과정을 그대로하면서 빈칸을 유추한다.)

수열 $\{a_n\}$은 $a_1=1$이고,
$$a_{n+1}=n+1+\frac{(n-1)!}{a_1a_2\cdots a_n}\ (n\ge 1)$$
을 만족시킨다. 다음은 일반항 a_n을 구하는 과정의 일부이다.

> 모든 자연수 n에 대하여
> $a_1a_2\cdots a_na_{n+1}=a_1a_2\cdots a_n\times(n+1)+(n-1)!$
> 이다. $b_n=\dfrac{a_1a_2\cdots a_n}{n!}$이라 하면, $b_1=1$이고
> $b_{n+1}=b_n+$ (가) 단서1 $b_{n+1}-b_n$ 꼴로 나타내.
> 이다. 수열 $\{b_n\}$의 일반항을 구하면 단서2 $b_{n+1}-b_n$에 $n=1, 2, 3, \cdots$을 대입하여 각 변을 더해 줄까?
> $b_n=$ (나) 이므로 $\dfrac{a_1a_2\cdots a_n}{n!}=$ (나) 이다.
> ⋮
> 따라서 $a_1=1$이고, $a_n=\dfrac{(n-1)(2n-1)}{2n-3}\ (n\ge 2)$이다.

위의 (가)에 알맞은 식을 $f(n)$, (나)에 알맞은 식을 $g(n)$이라 할 때, $f(13)\times g(7)$의 값은? (4점)

① $\frac{1}{70}$ ② $\frac{1}{77}$ ③ $\frac{1}{84}$ ④ $\frac{1}{91}$ ⑤ $\frac{1}{98}$

1st $a_1a_2\cdots a_{n+1}$에서 a_{n+1}에 주어진 식을 대입해 보자.

$$a_1a_2\cdots a_na_{n+1}=a_1a_2\cdots a_n\times\left\{n+1+\frac{(n-1)!}{a_1a_2\cdots a_n}\right\}$$
$$=a_1a_2\cdots a_n\times(n+1)+(n-1)!$$
위 식의 양변을 $(n+1)!$로 나누면 → $b_n=\frac{a_1a_2\cdots a_n}{n!}$ 꼴로 나타내기 위해서야.
$$\frac{a_1a_2\cdots a_na_{n+1}}{(n+1)!}=\frac{a_1a_2\cdots a_n}{n!}+\frac{1}{n(n+1)}$$
이때, $b_n=\dfrac{a_1a_2\cdots a_n}{n!}$이라 하면, $b_1=\dfrac{a_1}{1!}=\dfrac{1}{1}=1$이고
$$b_{n+1}=b_n+\frac{1}{n(n+1)} \quad \therefore f(n)=\frac{1}{n(n+1)}$$ ← (가)

2nd 수열 $\{b_n\}$의 일반항을 구하자.

$b_{n+1}-b_n=f(n)$에서
$$b_2-b_1=\frac{1}{1\times2}$$
$$b_3-b_2=\frac{1}{2\times3}$$
⋮
$$+\big)\ b_n-b_{n-1}=\frac{1}{(n-1)\times n}$$
$$b_n-b_1=\frac{1}{1\times2}+\frac{1}{2\times3}+\cdots+\frac{1}{(n-1)\times n}=\sum_{k=1}^{n-1}\frac{1}{k(k+1)}$$
[부분분수] $\dfrac{1}{AB}=\dfrac{1}{B-A}\left(\dfrac{1}{A}-\dfrac{1}{B}\right)$
$$\therefore b_n=b_1+\sum_{k=1}^{n-1}\frac{1}{k(k+1)}=1+\sum_{k=1}^{n-1}\left(\frac{1}{k}-\frac{1}{k+1}\right)$$
$$=1+\left\{\left(1-\frac{1}{2}\right)+\left(\frac{1}{2}-\frac{1}{3}\right)+\cdots+\left(\frac{1}{n-1}-\frac{1}{n}\right)\right\}=2-\frac{1}{n}$$ ← (나)
$$\therefore g(n)=2-\frac{1}{n}=\frac{2n-1}{n}$$
실수 주의: 맨 앞의 항이 남았으니까 맨 뒤에서도 마지막 항이 남는거야.

3rd $f(13)\times g(7)$의 값을 구하자.

$$\therefore f(13)\times g(7)=\frac{1}{13\times14}\times\frac{13}{7}=\frac{1}{98}$$

수능 핵강

＊빈칸 채우기 문제 풀이 요령

이런 유형의 문제는 무작정 계산하려 하기보다는 식의 앞뒤를 맞춰가면서 유추해 나가는 것이 해법에 쉽게 접근하는 요령이야.

$b_n=\frac{a_1a_2\cdots a_n}{n!}$과 $b_{n+1}=\frac{a_1a_2\cdots a_{n+1}}{(n+1)!}$의 두 식에서 $b_{n+1}-b_n=f(n)$을 구할 수 있어.

이때, $a_1a_2\cdots a_n\times(n+1)+(n-1)!=a_1a_2\cdots a_{n+1}$을 이용해 준다면 식을 쉽게 바꿔서 풀 수 있을 거야. $f(n)$을 이용해 수열 $\{b_n\}$의 일반항을 구할 수 있는데 이게 바로 $g(n)$임을 알 수 있어. 그리고 마지막으로 주어진 조건에 따라 숫자를 대입해 주면 돼. 하지만 마지막까지 숫자 계산에 주의해야 해.

2회 08 정답 14 ＊로그방정식의 해 – 밑을 같게 만드는 경우 [정답률 93%]

(정답 공식: 로그의 성질을 이용한다.)

로그방정식 $\log_8 x-\log_8(x-7)=\frac{1}{3}$의 해를 구하시오. (3점)

단서 로그의 성질을 이용해 주어진 방정식을 $\log_8 f(x)=\frac{1}{3}$ 꼴로 만들어봐.

1st 밑이 같은 로그방정식을 풀자.

실수 로그함수 문제를 풀 때에는 항상 진수조건을 확인하는 습관을 가지자.

진수의 조건에서 $x>0$, $x-7>0$이므로 $x>7$을 만족시켜야 하고,

로그방정식 $\log_8 x-\log_8(x-7)=\frac{1}{3}$에서

[로그의 성질]
① $\log_a x+\log_a y=\log_a xy$
② $\log_a x-\log_a y=\log_a \frac{x}{y}$

$\log_8 \frac{x}{x-7}=\frac{1}{3}$이므로 $\frac{x}{x-7}=8^{\frac{1}{3}}=2$

$8^{\frac{1}{3}}=(2^3)^{\frac{1}{3}}=2^{3\times\frac{1}{3}}=2^1=2$

$x=2x-14$

$\therefore x=14$

로그방정식의 풀이 (개념·공식)

① $\log_a f(x)=\log_a g(x)$ 꼴일 때, $f(x)=g(x)$를 푼다. (단, $f(x)>0$, $g(x)>0$)
② $\log_a f(x)=\log_b g(x)$ 꼴일 때, 밑을 통일하고 ①과 같이 푼다.
③ $\log_a x$, $(\log_a x)^2$이 포함된 식은 $\log_a x=t$로 치환한다.
④ $\{f(x)\}^{\log_a x}$과 같이 지수에 로그가 있을 때에는 양변에 $\log_a$를 취한다.

2회 09 정답 12 ＊등차중항 [정답률 75%]

(정답 공식: 세 수 a, b, c에 대하여 b가 a와 c의 등차중항일 때, $b=\frac{a+c}{2}$이다.)

이차방정식 $x^2-24x+10=0$의 두 근 α, β에 대하여 세 수 α, k, β가 이 순서대로 등차수열을 이룬다. 상수 k의 값을 구하시오. (3점)

단서 k가 α와 β의 등차중항이므로 등차중항의 성질을 이용하면 되겠지?

1st 등차중항의 성질을 이용하자.

이차방정식 $x^2-24x+10=0$의 두 근이 α, β이므로

이차방정식의 근과 계수의 관계에 의하여

$\alpha+\beta=24$ ⋯ ㉠

[이차방정식의 근과 계수의 관계]
이차방정식 $ax^2+bx+c=0$의 두 근을 α, β라 하면
$\alpha+\beta=-\frac{b}{a}$, $\alpha\beta=\frac{c}{a}$

세 수 α, k, β가 이 순서대로 등차수열을 이룬다고 하므로

k가 α와 β의 등차중항이다.

세 수 a, k, β가 이 순서대로 등차수열을 이룰 때, k를 α와 β의 등차중항이라 하고 $2k=\alpha+\beta$가 성립해.

$\therefore k=\frac{\alpha+\beta}{2}=\frac{24}{2}(\because ㉠)=12$

2회 10 정답 25 ＊지수법칙의 활용 [정답률 68%]

(정답 공식: $\frac{1}{n(n+1)}=\frac{1}{n}-\frac{1}{n+1}$)

$f(n)=a^{\frac{1}{n}}$(단, $a>0$, $a\neq1$)일 때,

$$f(2\times3)\times f(3\times4)\times\cdots\times f(9\times10)=f(k)$$

를 만족하는 상수 k에 대하여 $10k$의 값을 구하시오. (4점)

단서 좌변의 함숫값을 대입하여 우변 $f(k)=a^{\frac{1}{k}}$인 k의 값을 구해.
이때, 좌변의 지수인 $\frac{1}{n(n+1)}$은 부분분수로 정리하면 순차적으로 소거할 수 있네.

1st $f(n)$의 정의와 부분분수를 이용하여 주어진 식의 좌변을 간단히 해.

$f(n)=a^{\frac{1}{n}}$이므로 $\frac{1}{AB}=\frac{1}{B-A}\left(\frac{1}{A}-\frac{1}{B}\right)$

$f(2\times3)\times f(3\times4)\times\cdots\times f(9\times10)$

$=a^{\frac{1}{2\times3}}\times a^{\frac{1}{3\times4}}\times\cdots\times a^{\frac{1}{9\times10}}$

$a^l\times a^m\times\cdots\times a^n=a^{l+m+\cdots+n}$

$=a^{\frac{1}{2\times3}+\frac{1}{3\times4}+\cdots+\frac{1}{9\times10}}$

$\frac{1}{k(k+1)}$ 꼴이 연속된 유리수의 합은 부분분수를 이용해.

$=a^{\left(\frac{1}{2}-\frac{1}{3}\right)+\left(\frac{1}{3}-\frac{1}{4}\right)+\cdots+\left(\frac{1}{9}-\frac{1}{10}\right)}$

$=a^{\frac{1}{2}-\frac{1}{10}}=a^{\frac{2}{5}}$

2nd 주어진 방정식을 이용하여 k의 값을 구해.

$f(2\times3)\times f(3\times4)\times\cdots\times f(9\times10)=f(k)$에서

$a^{\frac{2}{5}}=a^{\frac{1}{k}}$이므로 $\frac{1}{k}=\frac{2}{5}$ $\therefore k=\frac{5}{2}$ $\Rightarrow 10k=10\times\frac{5}{2}=25$

밑이 같으니까 지수만 같으면 OK.

2회 11 정답 25 ✪2등급 대비 [정답률 22%]

＊로그의 값이 정수가 되도록 하는 자연수 k의 개수 구하기 [유형 03+06]

100 이하의 자연수 전체의 집합을 S라 할 때, $n\in S$에 대하여 집합

$$\{k\,|\,k\in S\text{이고 }\log_2 n-\log_2 k\text{는 정수}\}$$

의 원소의 개수를 $f(n)$이라 하자. 예를 들어, $f(10)=5$이고 $f(99)=1$이다. 이때, $f(n)=1$인 n의 개수를 구하시오. (4점)

단서 $\log_2 n-\log_2 k=\log_2\frac{n}{k}$이 정수가 되기 위한 k의 조건을 찾아야겠네.

왜 2등급? $\log_2 n-\log_2 k$가 정수가 되도록 하는 자연수 k의 개수를 구하는 문제로 n이 홀수일 때와 짝수일 때, n이 50 이하일 때와 50보다 클 때로 나누어 따져보아야 할 것이 많다.

단서+발상

단서 $\log_2\frac{n}{k}$이 정수이면 $\frac{n}{k}=2^a$(a는 정수) 꼴이다.

즉, $k=n$, $2n$, $4n$, $8n$, ⋯이거나 $k=\frac{n}{2}$, $\frac{n}{4}$, $\frac{n}{8}$, ⋯이다. 개념

이를 만족시키는 k가 하나뿐이라면 $n\in S$이고, $k\in S$이므로 $k=n$이다.

즉, $2n\notin S$이고, $\frac{n}{2}\notin S$인 n에 대하여 $f(n)=1$이다. n이 자연수이므로 $2n$도 자연수이다. 따라서 $2n$은 100보다 큰 자연수가 되어야 $2n\notin S$가 된다. 발상

n이 100 이하이면 $\frac{n}{2}$은 100 이하이므로 $\frac{n}{2}$은 자연수가 아니어야 $\frac{n}{2}\notin S$가 된다.

따라서 n은 홀수이고 50보다 크다. 해결

주의 $\log_2 n-\log_2 k$는 자연수뿐만 아니라 0이나 음의 정수도 될 수 있다.

(핵심 정답 공식: $\frac{n}{k}$이 2의 거듭제곱꼴이 되어야 한다. n이 50 이하이면 $k=2n$이 가능하다. n이 짝수이면 $k=\frac{1}{2}n$이 가능하다.)

[문제 풀이 순서]

1st 주어진 집합 $\{k \mid k \in S$이고 $\log_2 n - \log_2 k$는 정수$\}$가 의미하는 것을 파악하여 $\frac{n}{k}$의 값을 유추하자. ($=\log_2 \frac{n}{k}$)

→ $\log_2 \frac{n}{k} = a$(a는 정수), $\frac{n}{k} = 2^a$이야. 즉 $\frac{n}{k}$는 2의 거듭제곱이야.

S는 100 이하의 자연수 전체의 집합이므로 n과 k는 100 이하의 자연수이다.
이때, $\log_2 n - \log_2 k = \log_2 \frac{n}{k}$이 정수가 되어야 하므로 $\frac{n}{k}$이 $\cdots$, $\frac{1}{4}$, $\frac{1}{2}$, 1, 2, $\cdots$, 즉 2^a(a는 정수) 꼴로 나타낼 수 있는 k의 값을 구하면 된다.

2nd n이 짝수일 때와 홀수일 때로 나누어 $f(n)=1$인 n의 값을 찾자.

주의 로그가 자연수가 되도록 할 때에는 로그의 밑이 a일 때 진수가 a^n이 되는 조건을 항상 따져 보도록 하자.

$1 \le k \le 100$인 자연수 k에 대하여

(ⅰ) $1 \le n \le 50$인 자연수 n일 때,
$k=n$ 또는 $k=2n$이라 하면
(k의 값의 범위도 $1 \le k \le 100$이니까.)
$n \in S$, $2n \in S \Rightarrow \log_2 \frac{n}{n} = 0$, $\log_2 \frac{n}{2n} = -1$
두 값 모두 주어진 조건을 만족시키므로 k의 개수는 최소한 두 개 이상이다.
즉, $f(n) \ge 2$ (n의 값에 따라 $k=n$, $k=2n$ 꼴이 나오니까.)

(ⅱ) $52 \le n \le 100$인 자연수 n이 짝수일 때, $k=n$ 또는 $k=\frac{n}{2}$이라 하면
($\Rightarrow 52, 54, 56, \cdots, 100$) ($k$의 값의 범위도 $1 \le k \le 100$이니까.)
$n \in S$, $\frac{n}{2} \in S \Rightarrow \log_2 \frac{n}{n} = 0$, $\log_2 \frac{n}{\frac{n}{2}} = 1$
마찬가지로 두 값 모두 주어진 조건을 만족시키므로 $f(n) \ge 2$

(ⅲ) $51 \le n \le 99$인 자연수 n이 홀수일 때,
($\Rightarrow 51, 53, 55, \cdots, 99$)
$k=n$일 때만 $\log_2 \frac{n}{k}$이 정수가 될 수 있으므로 $f(n)=1$을 만족한다.
(n이 홀수이면 $k=\frac{n}{2}$은 정수가 아니야.)

따라서 (ⅰ)~(ⅲ)에 의하여 $f(n)=1$인 n은 51부터 99까지의 홀수이므로 25개이다. ($=\frac{99-51}{2}+1$)

1등급 대비 **특강**

$*\, f(n) \ge 2$인 경우의 m의 값은 구하지 않는 이유

문제에서는 $f(n)=1$이 되는 자연수 n의 개수를 묻고 있으므로
$f(n) > 1$인 자연수 n에 대해서는 $f(n)$의 값을 구체적으로 구할 필요가 없어.
따라서 $f(n)=1$이 되도록 $2n \notin S$이고, $\frac{n}{2} \notin S$인 경우만 생각하면 돼.

My Top Secret 서울대 선배의 ❶ 등급 대비 전략

새로운 유형의 문제에서는 귀납적으로 생각하는 것이 중요해.
문제에서 일반화된 규칙을 바로 찾기란 힘들어. 예를 들어, $n=10$, $n=99$일 때 각각 k의 값을 나열해 보면서 어떤 n이 주어진 경우에 $f(n)=1$인지 생각해 볼 수 있어야 해.
즉, 주어진 집합을 A라 하면
$n=10$일 때, $A=\{5, 5\times2, 5\times2^2, 5\times2^3, 5\times2^4\}$이므로 $f(10)=5$
$n=99$일 때, $A=\{99\}$이므로 $f(99)=1$
따라서 $n=1, 2, 3, \cdots$ 또는 $n=100, 99, 98, \cdots$을 차례로 대입하면서 가능한 k의 값을 추론하여 규칙을 찾아봐.

3회 수학 I 실전 기출 모의고사

문제편 p. 316

3회 01 정답 ④ *삼각함수의 성질 [정답률 94%]

(정답 공식: $\sin(\pi+\theta) = -\sin\theta$이다.)

$\sin\frac{7}{6}\pi$의 값은? (2점)
단서 $\frac{7}{6}\pi = \pi + \theta$의 꼴로 나타낸 후 값을 구해.

① -1 ② $-\frac{\sqrt{3}}{2}$ ③ $-\frac{\sqrt{2}}{2}$
④ $-\frac{1}{2}$ ⑤ 0

1st $\sin\frac{7}{6}\pi$의 값을 구하자.

$$\sin\frac{7}{6}\pi = \sin\left(\pi + \frac{\pi}{6}\right) = -\sin\frac{\pi}{6} = -\frac{1}{2}$$
($\sin(\pi+\theta) = -\sin\theta$)

3회 02 정답 ③ *지수법칙 – 밑이 같은 계산 [정답률 92%]

(정답 공식: 밑을 3으로 통일한다.)

$3^{\frac{2}{3}} \times 9^{\frac{3}{2}} \div 27^{\frac{8}{9}}$의 값은? (3점)
단서 밑을 3으로 통일할 수 있지?

① 1 ② $\sqrt{3}$ ③ 3
④ $3\sqrt{3}$ ⑤ 9

1st 각각의 지수에 대한 밑을 통일해. (→ 3, 9, 27이니까 3으로 통일해.)

$$3^{\frac{2}{3}} \times 9^{\frac{3}{2}} \div 27^{\frac{8}{9}} = 3^{\frac{2}{3}} \times (3^2)^{\frac{3}{2}} \div (3^3)^{\frac{8}{9}}$$
$$= 3^{\frac{2}{3}} \times 3^3 \div 3^{\frac{8}{3}} = 3^{\frac{2}{3}+3-\frac{8}{3}} = 3$$
($a^m \times a^n \div a^l = a^{m+n-l}$)

다른 풀이: **거듭제곱근으로 나타낸 후 거듭제곱근의 성질 이용하기**

$$3^{\frac{2}{3}} \times 9^{\frac{3}{2}} \div 27^{\frac{8}{9}} = \sqrt[3]{3^2} \times \sqrt{9^3} \div \sqrt[9]{27^8}$$
$$= \sqrt[3]{3^2} \times \sqrt{3^6} \div \sqrt[3]{3^8}$$
($\sqrt{(3^2)^3} = \sqrt{3^6}$, $\sqrt[9]{27^8} = \sqrt[9]{(3^3)^8} = \sqrt[9]{(3^8)^3}$)
$$= \sqrt[6]{3^4} \times \sqrt[6]{3^{18}} \div \sqrt[6]{3^{16}} = \sqrt[6]{\frac{3^4 \times 3^{18}}{3^{16}}} = \sqrt[6]{3^6} = 3$$
(6의 거듭제곱근으로 통일!!)

거듭제곱근의 성질과 지수법칙 개념·공식

(1) 거듭제곱근의 성질
$a>0$, $b>0$이고 m, n이 양의 정수일 때,
① $\sqrt[n]{a}\sqrt[n]{b} = \sqrt[n]{ab}$ ② $\frac{\sqrt[n]{a}}{\sqrt[n]{b}} = \sqrt[n]{\frac{a}{b}}$
③ $\sqrt[n]{a^m} = (\sqrt[n]{a})^m$ ④ $\sqrt[m]{\sqrt[n]{a}} = \sqrt[mn]{a}$
⑤ $\sqrt[np]{a^{mp}} = \sqrt[n]{a^m}$ (단, p는 자연수)

(2) 지수법칙
$a>0$, $b>0$이고 m, n이 실수일 때,
① $a^m a^n = a^{m+n}$ ② $a^m \div a^n = a^{m-n}$
③ $(a^m)^n = a^{mn}$ ④ $(ab)^n = a^n b^n$
⑤ $\left(\frac{b}{a}\right)^n = \frac{b^n}{a^n}$

3회 03 정답 ④ *삼각방정식 – 일차식 꼴 [정답률 84%]

(정답 공식: $y=|\sin 2x|$의 그래프와 $y=\frac{1}{2}$의 그래프의 교점을 찾는다.)

$0\le x<2\pi$일 때, 방정식

$$|\sin 2x|=\frac{1}{2}$$

단서 함수 $y=\sin 2x$의 그래프와 두 직선 $y=\frac{1}{2}$, $y=-\frac{1}{2}$을 그려서 교점이 몇 개인지 확인해 봐.

의 모든 실근의 개수는? (3점)

① 2 ② 4 ③ 6 ④ 8 ⑤ 10

1st 함수 $y=\sin 2x$의 그래프를 이용하여 실근의 개수를 구해.

$|\sin 2x|=\frac{1}{2}$에서 $\sin 2x=\pm\frac{1}{2}$

$0\le x<2\pi$에서 $y=\sin 2x$의 그래프와 두 직선 $y=\frac{1}{2}$, $y=-\frac{1}{2}$은 그림과 같다.

함수 $y=\sin 2x$의 최댓값과 최솟값은 각각 1, -1이고, 주기는 $\frac{2\pi}{2}=\pi$야.

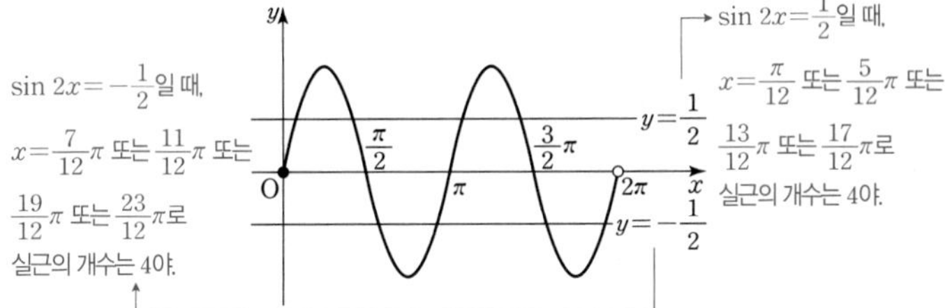

따라서 방정식 $|\sin 2x|=\frac{1}{2}$의 모든 실근의 개수는 8이다.

다른 풀이: **함수 $y=|\sin 2x|$의 그래프를 이용하여 실근의 개수 구하기**

$0\le x<2\pi$에서 $y=|\sin 2x|$의 그래프와 직선 $y=\frac{1}{2}$은 그림과 같아.

$y=|f(x)|$의 그래프는 $y=f(x)$의 그래프의 x축 아랫부분을 x축에 대하여 대칭시켜 x축 위로 올린 그래프야.

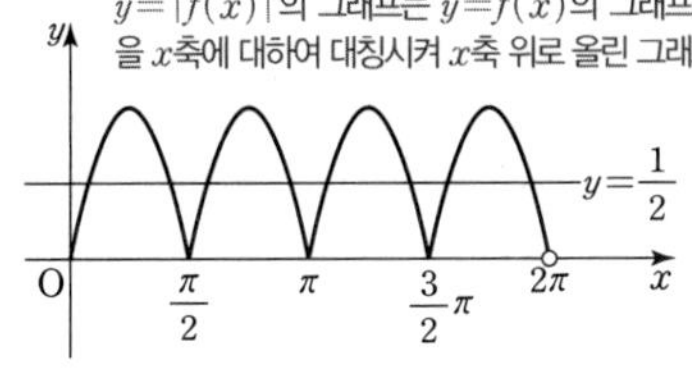

따라서 방정식 $|\sin 2x|=\frac{1}{2}$의 모든 실근의 개수는 8이야.

3회 04 정답 ④ *등차수열의 합의 활용 [정답률 85%]

(정답 공식: 등차수열의 첫째항부터 제n항까지의 합 $S_n=\frac{n\{2a_1+(n-1)d\}}{2}=\frac{n(a_1+l)}{2}$)

1과 2 사이에 n개의 수를 넣어 만든 등차수열

$$1,\ a_1,\ a_2,\ \cdots,\ a_n,\ 2$$

단서 등차수열의 첫째항과 끝항을 알 수 있으니까 $(n+2)$개의 합을 구할 수 있지?

의 합이 24일 때, n의 값은? (3점)

① 11 ② 12 ③ 13 ④ 14 ⑤ 15

1st 등차수열의 합의 공식 $S_n=\frac{n(a+l)}{2}$을 이용하여 n의 값을 구해. (→ 첫째항부터 제n항까지의 합!)

주어진 등차수열은 항의 수가 $(n+2)$개이고 첫째항이 1, 끝항이 2이므로

1과 2, n개의 수가 있으니까 전체 개수를 알 수 있지?

$S_{n+2}=\frac{(n+2)(1+2)}{2}=24$ → 첫째항부터 제$(n+2)$항까지의 합!

$3(n+2)=48$

$\therefore n=14$

3회 05 정답 ⑤ *수열의 귀납적 정의 – 경우 나누기 [정답률 88%]

(정답 공식: a_n의 값이 짝수인지 홀수인지에 따라 알맞은 식에 대입하여 a_{n+1}의 값을 구한다.)

수열 $\{a_n\}$은 $a_1=1$이고, 모든 자연수 n에 대하여

$$a_{n+1}=\begin{cases}(a_n)^2+1 & (a_n\text{이 짝수인 경우})\\ 3a_n-1 & (a_n\text{이 홀수인 경우})\end{cases}$$

단서 a_n이 홀수인지 짝수인지에 따라 a_{n+1}을 구하는 식이 달라짐에 유의해야 해.

를 만족시킨다. a_4의 값은? (4점)

① 10 ② 11 ③ 12 ④ 13 ⑤ 14

1st $a_1=1$을 이용하여 a_2, a_3, a_4를 차례로 구하자.

$a_1=1$이므로

$a_2=3a_1-1=3-1=2$ → a_1이 홀수이므로 $a_2=3a_1-1$로 계산해.

$a_3=(a_2)^2+1=2^2+1=5$ → a_2가 짝수이므로 $a_3=(a_2)^2+1$로 계산해.

$\therefore a_4=3a_3-1=3\times5-1=14$ → a_3가 홀수이므로 $a_4=3a_3-1$로 계산해.

3회 06 정답 ① *사인법칙의 변형 [정답률 64%]

(정답 공식: 삼각형 ABC에서 사인법칙 $\frac{a}{\sin A}=\frac{b}{\sin B}=\frac{c}{\sin C}$가 성립한다.)

다음은 반지름의 길이가 6인 원의 두 현 AC, BD가 원의 내부에서 수직으로 만날 때, $\overline{AB}+\overline{CD}$의 최댓값을 구하는 과정이다.

단서1 $\overline{AC}\perp\overline{BD}$

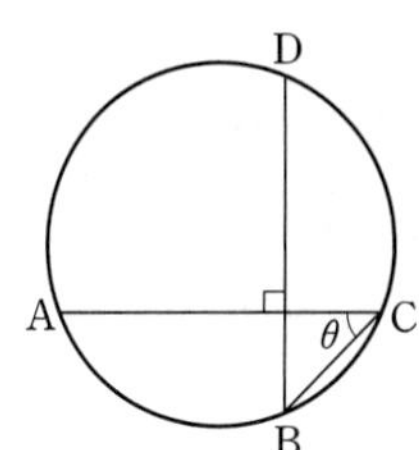

$\angle ACB=\theta$라 하면 $\angle DBC=$ (가) 이다.

사인법칙에 의하여

단서2 $\angle ACB+\angle DBC=\frac{\pi}{2}$이므로 $\angle DBC=\frac{\pi}{2}-\theta$이다.

$\frac{\overline{AB}}{\sin\theta}=12$이고 $\overline{CD}=$ (나) 이다.

따라서, $\overline{AB}+\overline{CD}$의 최댓값은 (다) 이다.

위의 과정에서 (가), (다)에 들어갈 알맞은 수를 각각 a, b라 하고, (나)에 들어갈 알맞은 식을 $f(\theta)$라 할 때, $b+f(a+\theta)$의 값은? (4점)

① $12\sqrt{2}$ ② $12\sqrt{3}$ ③ 24 ④ $12\sqrt{5}$ ⑤ $12\sqrt{6}$

1st $\angle DBC$의 크기를 θ로 나타내고 선분 CD의 길이를 구하자.

두 선분 AC, BD의 교점을 P라 하면

삼각형 PBC에서 $\angle BPC=\frac{\pi}{2}$이므로

$\angle DBC=\frac{\pi}{2}-\theta\left(0<\theta<\frac{\pi}{2}\right)$이다. ← (가)

또한, 삼각형 BCD에서 사인법칙에 의하여

$\frac{\overline{CD}}{\sin\left(\frac{\pi}{2}-\theta\right)}=\frac{\overline{CD}}{\cos\theta}=12$ ← $\frac{a}{\sin A}=\frac{b}{\sin B}=\frac{c}{\sin C}=2R$

$\therefore \overline{CD}=12\cos\theta$ ← (나)

2nd $\overline{AB}+\overline{CD}=12\sin\theta+12\cos\theta$의 최댓값은 $\cos\theta=x$, $\sin\theta=y$로 놓고 구하자.

$\overline{AB}+\overline{CD}=12\sin\theta+12\cos\theta$이므로

$\cos\theta=x$, $\sin\theta=y$라 하면 $x^2+y^2=1$이다.

삼각함수 사이의 관계에 의하여 $\cos^2\theta+\sin^2\theta=1$이므로 $\cos\theta=x$, $\sin\theta=y$라 하면 $x^2+y^2=1$이야.

$12x+12y=k$라 하면 원과 직선이 접할 때 k가 최대 또는 최소가 된다.

주의: $x^2+y^2=r^2$ 위의 한 점의 좌표를 $(r\cos\theta, r\sin\theta)$라고 나타낼 수 있어.

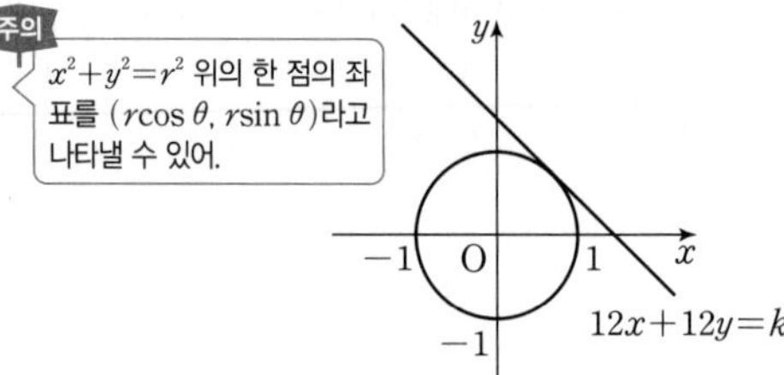

원점 O과 직선 $12x+12y=k$사이의 거리는

$$\frac{|-k|}{\sqrt{12^2+12^2}}=1$$

점 (x_1, y_1)과 직선 $ax+by+c=0$ 사이의 거리를 d라 하면 $d=\frac{|ax_1+by_1+c|}{\sqrt{a^2+b^2}}$이다.

$\therefore k=\pm12\sqrt{2}$

$\therefore \overline{AB}+\overline{CD}=12(\sin\theta+\cos\theta)\le12\sqrt{2}$ ← (다)

3rd $b+f(a)$의 값을 구하자.

$a=\frac{\pi}{2}-\theta$, $f(\theta)=12\cos\theta$, $b=12\sqrt{2}$이므로

$$b+f(a+\theta)=12\sqrt{2}+f\left(\frac{\pi}{2}\right)$$
$$=12\sqrt{2}+12\cos\frac{\pi}{2}$$
$$=12\sqrt{2}$$

3회 07 정답 ① *∑의 활용 – 새롭게 정의된 수열 [정답률 58%]

정답 공식: 수열 $\{a_n\}$에 대하여 첫째항부터 제n항까지의 합을 S_n이라 하면 $\sum_{k=p}^{q}a_k=\sum_{k=1}^{q}a_k-\sum_{k=1}^{p-1}a_k=S_q-S_{p-1}$이다.

수열 $\{a_n\}$의 첫째항부터 제n항까지의 합 S_n이 다음 조건을 만족시킨다.

> (가) S_n은 n에 대한 이차식이다.
> (나) $S_{10}=S_{50}=10$
> (다) S_n은 $n=30$에서 최댓값 410을 갖는다.

단서1 이차식이 $n=r$에서 최댓값 t를 갖는다면 그 이차식을 $a(n-r)^2+t$ $(a<0)$이라고 나타낼 수 있어.

50보다 작은 자연수 m에 대하여 $S_m>S_{50}$을 만족시키는 m의 최솟값을 p, 최댓값을 q라 할 때, $\sum_{k=p}^{q}a_k$의 값은? (4점)

단서2 $S_n=\sum_{k=1}^{n}a_k$이므로 S_n을 이용하기 위한 식으로 주어진 식을 변형해야겠지?

①39 ② 40 ③ 41
④ 42 ⑤ 43

1st 주어진 조건을 만족하는 S_n을 구해.

조건 (가)에서 S_n은 n에 대한 이차식이고,

조건 (다)에서 S_n은 $n=30$일 때 최댓값 410을 가지므로

$S_n=a(n-30)^2+410$ (단, a는 $a<0$인 상수)라 놓을 수 있다.

조건 (나)에서 $S_{10}=10$이므로

$10=a(10-30)^2+410$

$400a=-400$

$\therefore a=-1$

즉, $S_n=-(n-30)^2+410$

실수 5: 이차함수가 최댓값을 갖는다고 하므로 $a<0$이야. 최솟값을 갖는다면 $a>0$이어야겠지.

2nd $S_m>S_{50}$을 만족시키는 m의 최솟값과 최댓값을 각각 구해.

$S_m>S_{50}=S_{10}$을 만족시키는 자연수 m의 범위는 $10<m<50$이므로

m의 최솟값 p는 $p=11$이고,

m의 최댓값 q는 $q=49$이다.

다음과 같이 그래프를 이용하여 파악하면 자연수 m의 범위를 금방 알 수 있어.

(S_n, $S_n=-(n-30)^2+410$, $S_n=10$, 10 50, n)

3rd $\sum_{k=p}^{q}a_k$의 값을 구해.

$$\therefore \sum_{k=p}^{q}a_k=\sum_{k=11}^{49}a_k$$
$$=S_{49}-S_{10}$$
$$=\{-(49-30)^2+410\}-10$$
$$=39$$

거듭제곱 계산이 복잡하면 다음과 같이 인수분해공식을 이용하여 구해도 돼. $20^2-19^2=(20+19)\times(20-19)=39\times1=39$

수능 핵강

*** 수열 $\{a_n\}$의 합 S_n이 주어졌을 때, 일반항 구하기**

부분합 S_n을 이용하여 수열 $\{a_n\}$의 일반항을 구하는 문제도 출제될 수 있으니 S_n을 이용하여 수열 $\{a_n\}$의 일반항 a_n을 구해보자.

$a_1=S_1=-(1-30)^2+410=-431$

$n\ge2$일 때,

$a_n=S_n-S_{n-1}$
$=\{-(n-30)^2+410\}-\{-(n-1-30)^2+410\}$
$=(n-31)^2-(n-30)^2$
$=(n-31+n-30)(n-31-n+30)$
$=(2n-61)\times(-1)$
$=-2n+61$

이므로

$a_1=-431$, $a_n=-2n+61$ $(n\ge2)$

수열의 합과 일반항 사이의 관계 개념·공식

수열 $\{a_n\}$의 첫째항부터 제n항까지의 합을 S_n이라 하면 다음이 성립한다.

$a_1=S_1$, $a_n=S_n-S_{n-1}$ $(n\ge2)$

3회 08 정답 4 *지수방정식의 해 – 밑을 같게 만드는 경우 [정답률 92%]

정답 공식: $\frac{1}{9}$을 3^{-2}으로 바꿔 지수끼리 비교한다.

방정식 $3^{-x+2}=\frac{1}{9}$을 만족시키는 실수 x의 값을 구하시오. (3점)

단서 주어진 방정식의 양변의 밑을 3으로 통일하여 해를 구해.

1st 밑을 같게 만들어서 지수끼리 비교해.

$\frac{1}{9}=3^{-2}$이므로 $3^{-x+2}=\frac{1}{9}$에서

$3^{-x+2}=3^{-2}$, $-x+2=-2$

$\therefore x=4$

$a^{f(x)}=a^{g(x)}$에서 $a>0$, $a\ne1$이면 $f(x)=g(x)$야.

다른 풀이: **양변에 밑이 3인 로그를 취하여 방정식의 해 구하기**

주어진 식의 양변에 밑이 3인 log를 취하면

$\log_3 3^{-x+2}=\log_3\frac{1}{9}$, $\log_3 3^{-x+2}=\log_3 3^{-2}$

$-x+2=-2$

$\therefore x=4$

3회 09 정답 9 *삼각함수의 최대·최소 – 이차식 꼴 [정답률 75%]

(정답 공식: 삼각함수 사이의 관계를 이용하여 $\cos x$에 대한 식으로 변형시킨다.)

함수 $f(x)=\sin^2 x+\sin\left(x+\frac{\pi}{2}\right)+1$의 최댓값을 M이라 할 때, $4M$의 값을 구하시오. (3점) 단서 $\sin\left(x+\frac{\pi}{2}\right)=\cos x$, $\sin^2 x=1-\cos^2 x$임을 이용하여 주어진 식을 정리해.

1st 삼각함수의 성질을 이용하여 주어진 식을 변형해.

$\sin^2 x=1-\cos^2 x$, $\sin\left(x+\frac{\pi}{2}\right)=\cos x$이므로

$y=\sin\left(x+\frac{\pi}{2}\right)$의 그래프는 $y=\sin x$의 그래프를 x축의 방향으로 $-\frac{\pi}{2}$만큼 평행이동한 것으로 $y=\cos x$의 그래프와 일치하므로 $\sin\left(x+\frac{\pi}{2}\right)=\cos x$야.

$$\begin{aligned}f(x)&=\sin^2 x+\sin\left(x+\frac{\pi}{2}\right)+1\\&=(1-\cos^2 x)+\cos x+1\\&=-\cos^2 x+\cos x+2\\&=-\left(\cos x-\frac{1}{2}\right)^2+\frac{9}{4}\end{aligned}$$

이때, $-1\le\cos x\le1$이므로 함수 $f(x)$는 $\cos x=\frac{1}{2}$일 때,

함수 $y=\cos x$의 치역은 $\{y\mid -1\le y\le1\}$이야.

최댓값 $\frac{9}{4}$를 가진다.

따라서 $M=\frac{9}{4}$이므로 $4M=4\times\frac{9}{4}=9$

3회 10 정답 9 *로그의 정의 [정답률 75%]

(정답 공식: $\log_a x$가 정의되기 위하여 밑의 조건과 진수의 조건을 만족시켜야 한다.
밑의 조건 : $a>0$, $a\neq1$
진수의 조건 : $x>0$)

$\log_x(-x^2+4x+5)$가 정의되기 위한 모든 정수 x의 값의 합을 구하시오. (4점) 단서 로그가 정의되기 위해서는 밑과 진수의 조건을 따져 주어야 해.

1st 로그의 밑과 진수의 조건을 이용하자.

주어진 로그에서 x가 밑이므로

$x>0$, $x\neq1$ … ㉠

또, 진수는 $-x^2+4x+5$이므로

$-x^2+4x+5>0$, $x^2-4x-5<0$

$(x+1)(x-5)<0$ → 이차함수 $f(x)=(x+1)(x-5)$의 그래프에서 $f(x)<0$을 만족시키는 영역은 그림과 같아.

$\therefore -1<x<5$ … ㉡

㉠, ㉡에서

$0<x<5$, $x\neq1$

따라서 정수 x는 2, 3, 4이므로 합은

$2+3+4=9$

수능 핵강

*** 로그의 정의**

$a>0$, $a\neq1$일 때, 임의의 양수 N에 대하여 $a^x=N$을 만족하는 실수 x를 $x=\log_a N$과 같이 나타내기로 약속했지? 이것을 a를 밑으로 하는 N의 로그라고 하는 거야. 이때 N은? $\log_a N$의 진수!!
다시 말하자면 수학은 정의부터 출발하는 거구, 정의는 새로운 약속이야!!

3회 11 정답 196 ✪1등급 대비 [정답률 15%]

*지수함수의 그래프와 원이 만나도록 하는 원의 중심의 좌표 구하기 [유형 01+08]

다음 조건을 만족시키는 두 자연수 a, b의 모든 순서쌍 (a, b)의 개수를 구하시오. (4점)

단서2 $1\le a\le10$, $1\le b\le100$인 조건을 이용해 단서1에서 구한 조건을 만족시키는 순서쌍 (a, b)의 개수를 구해봐.

(가) $1\le a\le10$, $1\le b\le100$
(나) 곡선 $y=2^x$이 원 $(x-a)^2+(y-b)^2=1$과 만나지 않는다.
(다) 곡선 $y=2^x$이 원 $(x-a)^2+(y-b)^2=4$와 적어도 한 점에서 만난다.

단서1 함수 $y=2^x$의 그래프와 반지름의 길이가 1, 2인 원이 만나도록 하는 원의 중심의 x좌표 a에 대한 b의 값의 범위를 구해야 해.

왜 1등급? 중심이 (a, b)이고 반지름의 길이가 각각 1, 2인 원과 곡선 $y=2^x$이 만나는 경우를 구하는 문제로 a, b의 값의 범위를 바탕으로 a의 값을 기준으로 하여 b의 값의 범위를 따져보아야 한다.

단서+발상

단서1 곡선 $y=2^x$이 원 $(x-a)^2+(y-b)^2=4$와 만나면서 원 $(x-a)^2+(y-b)^2=1$과 만나지 않는 경우는 원 $(x-a)^2+(y-b)^2=4$와 만나는 경우에서 원 $(x-a)^2+(y-b)^2=1$과 만나는 경우를 제외하면 되므로 (발상)
원 $(x-a)^2+(y-b)^2=1$과 만나는 경우와 원 $(x-a)^2+(y-b)^2=4$와 만나는 경우를 구해야 한다. (적용)

단서2 a, b는 자연수임으로 $1\le a\le10$, $1\le b\le100$인 조건을 이용하여 순서쌍의 개수를 구할 수 있다. a의 값의 범위가 더 좁으므로 a의 값을 기준으로 b의 값을 따져보면 쉽게 구할 수 있다. (해결)

(주의) 문제에서 주어진 자연수 a, b의 값의 범위에 주의하여 경우의 수를 구하여야 한다.

(핵심 정답 공식: a의 값의 범위에 따라 달라지는 b의 값의 범위를 따져가며 푼다.
두 원 $(x-a)^2+(y-b)^2=1$과 $(x-a)^2+(y-b)^2=4$가 곡선 $y=2^x$과 처음 만날 때의 a와 b, 마지막으로 만날 때의 a와 b를 각각 구해준다.)

----------------- [문제 풀이 순서] -----------------

1st 두 원이 곡선과 만나는 경우를 생각해.

곡선 $y=2^x$이 두 원 $(x-a)^2+(y-b)^2=1$ … ㉠,
$(x-a)^2+(y-b)^2=4$ … ㉡와 만나는 경우를 각각 구하자.

$a=n$(n은 자연수)일 때, 곡선 $y=2^x$이 반지름의 길이가 1인 원 ㉠과 만날 때의 가능한 b의 범위를 구하면

함정 이러한 유형은 규칙성이 존재하기 때문에 원의 중심의 좌표를 n처럼 미지수로 놓고 만나는 범위를 일반화하여 나타낼 수 있어야 해.

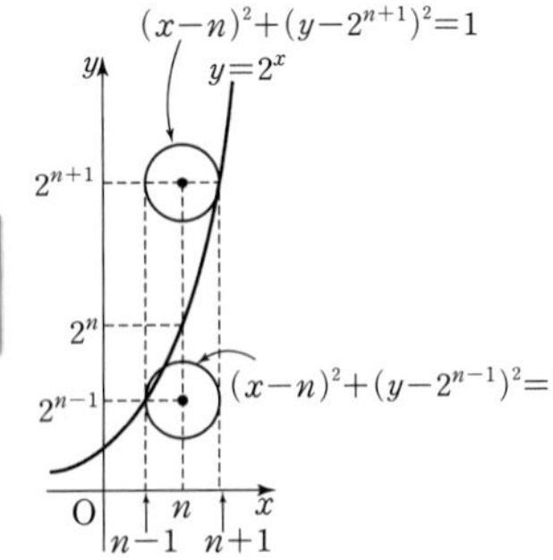

$(x-n)^2+(y-b)^2=1$에서 $b=2^{n-1}$일 때 곡선 위의 점 $(n-1, 2^{n-1})$에서 곡선과 원이 처음으로 만나고

$b=2^{n+1}$일 때 곡선 위의 점 $(n+1, 2^{n+1})$에서 곡선과 원이 마지막으로 만나므로 원 ㉠이 곡선과 만나게 되는 b의 범위는 $2^{n-1}\le b\le2^{n+1}$… ㉢ (단, b는 자연수)이다.

마찬가지로 곡선 $y=2^x$이 반지름의 길이가 2인 원 ㉡과 만날 때의 가능한 b의 범위를 구하면 $(x-n)^2+(y-b)^2=4$에서 $b=2^{n-2}$일 때 곡선 위의 점 $(n-2,\ 2^{n-2})$에서 곡선과 원이 처음으로 만나고 $b=2^{n+2}$일 때 곡선 위의 점 $(n+2,\ 2^{n+2})$에서 곡선과 원이 마지막으로 만나므로 원 ㉡이 곡선과 만나게 되는 b의 범위는 $2^{n-2}\le b\le 2^{n+2}$ … ㉣ (단, b는 자연수)이다.

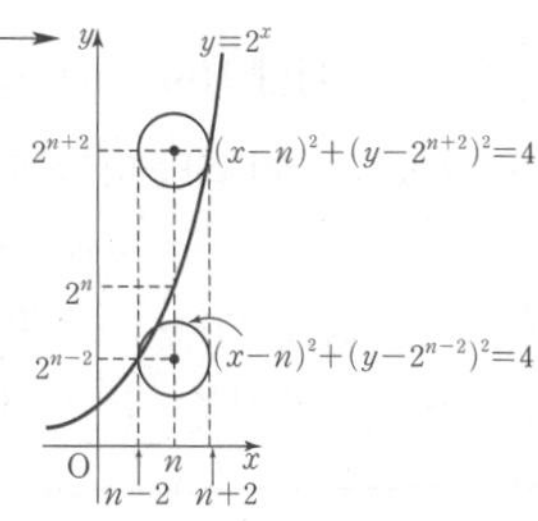

2nd $a=1,\ 2,\ 3,\ \cdots$일 때 가능한 b의 값을 구하자.

(i) 조건 (가)를 만족시키는 두 자연수 a, b에 대하여 곡선 $y=2^x$이 원 ㉠과 만나는 경우는 ㉢에 의해
→ $1\le a\le 10,\ 1\le b\le 100$
→ $a=n$일 때, $2^{n-1}\le b\le 2^{n+1}$

$a=1$일 때, $1\le b\le 2^2$
$a=2$일 때, $2\le b\le 2^3$
$a=3$일 때, $2^2\le b\le 2^4$
$a=4$일 때, $2^3\le b\le 2^5$
$a=5$일 때, $2^4\le b\le 2^6$
$a=6$일 때, $2^5\le b\le 100$
$a=7$일 때, $2^6\le b\le 100$

주의 문제에서 주어진 b의 범위에 주의하자.
→ $2^7=128$, $2^8=256$이지만 조건 (가)에서 $b\le 100$이라 했으므로 $a=6,\ 7$일 때의 b의 최댓값은 100이야.

$8\le a\le 10$일 때, 조건을 만족시키는 자연수 b는 100보다 크므로 존재하지 않는다. $a=8$이면 $2^7\le b\le 2^9$에서 $128\le b\le 512$가 되어 $1\le b\le 100$이라는 조건에 맞지 않아.

따라서 이때의 순서쌍의 개수는
자연수 a, $b(a<b)$에 대하여 $a\le x\le b$를 만족시키는 자연수 x의 개수는 $b-a+1$(개)

$$2^2+(2^3-2+1)+(2^4-2^2+1)+(2^5-2^3+1)+(2^6-2^4+1)+(100-2^5+1)+(100-2^6+1)$$
$$=(2^2-2^2)+(2^3-2^3)+(2^4-2^4)+(2^5-2^5)+(2^6-2^6)+(-2)+(1+1+1+1+1+1)+100+100$$
$$=-2+1\times 6+100\times 2=204$$

(ii) 조건 (가)를 만족시키는 두 자연수 a, b에 대하여 곡선 $y=2^x$이 원 ㉡과 만나는 경우는 ㉣에 의해
→ $a=n$일 때, $2^{n-2}\le b\le 2^{n+2}$

$a=1$일 때, $1\le b\le 2^3$
→ $n=1$이면 $2^{1-2}\le b\le 2^{1+2}$, 즉 $\frac{1}{2}\le b\le 2^3$인데 $1\le b\le 100$이라 했으니까 $1\le b\le 2^3$이야.
$a=2$일 때, $1\le b\le 2^4$
$a=3$일 때, $2\le b\le 2^5$
$a=4$일 때, $2^2\le b\le 2^6$
$a=5$일 때, $2^3\le b\le 100$
$a=6$일 때, $2^4\le b\le 100$
$a=7$일 때, $2^5\le b\le 100$
$a=8$일 때, $2^6\le b\le 100$
→ b의 최댓값은 100이지?

$9\le a\le 10$일 때, 조건을 만족시키는 자연수 b는 100보다 크므로 존재하지 않는다.

따라서 이때의 순서쌍의 개수는

$$2^3+2^4+(2^5-2+1)+(2^6-2^2+1)+(100-2^3+1)+(100-2^4+1)+(100-2^5+1)+(100-2^6+1)$$
$$=(2^3-2^3)+(2^4-2^4)+(2^5-2^5)+(2^6-2^6)+(-2)+(-2^2)+(1+1+1+1+1+1)+(100+100+100+100)$$
$$=-2-2^2+1\times 6+100\times 4=400$$

이때, (i)의 경우는 (ii)의 경우에 포함되므로 구하는 순서쌍 $(a,\ b)$의 개수는 (ii)의 순서쌍의 개수에서 (i)의 순서쌍의 개수를 빼주면 된다.

따라서 구하는 순서쌍 $(a,\ b)$의 개수는 $400-204=196$이다.

곡선 $y=2^x$이 원 ㉠과는 만나지 않고 원 ㉡과는 만나야 하고 (ii)의 경우가 (i)의 경우를 포함하므로 구하는 순서쌍의 개수는 (ii)의 경우의 순서쌍의 개수에서 (i)의 경우의 순서쌍의 개수를 빼면 돼.

다른 풀이: a의 값에 따른 b의 값을 모두 찾아서 순서쌍 $(a,\ b)$의 개수 구하기

주어진 조건에서 곡선 $y=2^x$이 원 ㉡과 만나야 하므로 $a=n$일 때, $2^{n-2}\le b\le 2^{n+2}$이지?

그런데 원 ㉠과는 만나지 않아야 하므로 부등식 $2^{n-1}\le b\le 2^{n+1}$을 만족시키지 않아야 해. 즉, $a=n$일 때, $b<2^{n-1}$ 또는 $b>2^{n+1}$이야.

따라서 구하는 순서쌍 $(a,\ b)$는 $a=n$일 때, 두 부등식의 공통부분인 $2^{n-2}\le b<2^{n-1}$ 또는 $2^{n+1}<b\le 2^{n+2}$을 만족시켜야 하지.

(i) $2^{n-2}\le b<2^{n-1}$을 만족시키는 경우는

$a=1$일 때, $\frac{1}{2}\le b<1$이므로 자연수 b의 값은 없어.
$a=2$일 때, $1\le b<2$이므로 $b=1$
$a=3$일 때, $2\le b<4$이므로 $b=2,\ 3$
$a=4$일 때, $4\le b<8$이므로 $b=4,\ 5,\ 6,\ 7$
$a=5$일 때, $8\le b<16$이므로 $b=8,\ 9,\ \cdots,\ 15$
$a=6$일 때, $16\le b<32$이므로 $b=16,\ 17,\ \cdots,\ 31$
$a=7$일 때, $32\le b<64$이므로 $b=32,\ 33,\ \cdots,\ 63$
$a=8$일 때, $64\le b\le 100$이므로 $b=64,\ 65,\ \cdots,\ 100$
$a=9$, $a=10$일 때는 $b>100$이므로 조건을 만족시키는 자연수 b의 값은 존재하지 않아.

따라서 순서쌍 $(a,\ b)$의 개수는 $1+2+4+8+16+32+37=100$

(ii) $2^{n+1}<b\le 2^{n+2}$을 만족시키는 경우는

$a=1$일 때, $4<b\le 8$이므로 $b=5,\ 6,\ 7,\ 8$
$a=2$일 때, $8<b\le 16$이므로 $b=9,\ 10,\ \cdots,\ 16$
$a=3$일 때, $16<b\le 32$이므로 $b=17,\ 18,\ \cdots,\ 32$
$a=4$일 때, $32<b\le 64$이므로 $b=33,\ 34,\ \cdots,\ 64$
$a=5$일 때, $64<b\le 100$이므로 $b=65,\ 66,\ \cdots,\ 100$
$a\ge 6$인 경우에는 $b>100$이므로 조건을 만족시키는 자연수 b의 값은 존재하지 않아.

따라서 순서쌍 $(a,\ b)$의 개수는 $4+8+16+32+36=96$

(i), (ii)에서 조건을 만족시키는 순서쌍 $(a,\ b)$의 개수는 $100+96=196$

지수함수 $y=a^x(a>0,\ a\ne 1)$ 개념·공식

① 정의역은 실수 전체의 집합이고, 치역은 양의 실수 전체의 집합이다.
② $a>1$일 때, x의 값이 증가하면 y의 값도 증가한다.
$0<a<1$일 때, x의 값이 증가하면 y의 값은 감소한다.
③ 그래프는 두 점 $(0,\ 1)$, $(1,\ a)$를 지나고, 그래프의 점근선은 x축(직선 $y=0$)이다.
④ 그래프

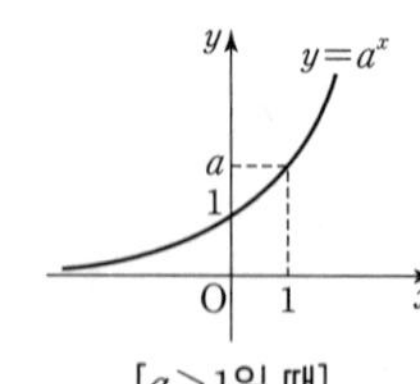

$[a>1$일 때$]$

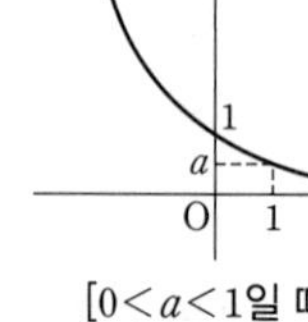

$[0<a<1$일 때$]$